U0941053

中国文化年鉴

ALMANAC OF CHINESE CULTURE

2010

中华人民共和国文化部 编

新 华 出 版 社

图书在版编目（CIP）数据

中国文化年鉴．2010/中华人民共和国文化部编．--北京：新华出版社，2011.1
ISBN 978-7-5011-9546-6

Ⅰ．①中… Ⅱ．①中… Ⅲ．①文化事业－中国－2010－年鉴 Ⅳ．①G12－54

中国版本图书馆CIP数据核字（2011）第001340号

中国文化年鉴（2010）

责任编辑：梁秋克　王晓娜
特约编辑：朱德生
封面设计：朱　江
封面篆刻：庞书田

出 版 发 行：新华出版社
网　　址：http://www.xinhuapub.com
地　　址：北京市石景山区京原路8号
邮　　编：100040
经　　销：新华书店
广告总代理：北京厚积广告有限责任公司
印　　刷：北京盛通印刷股份有限公司
开　　本：850×1168mm　1/16
印　　张：58.75印张
彩 色 插 页：8.5印张
字　　数：1640千字
版　　次：2011年4月第1次
印　　次：2011年4月北京第1次印刷
书　　号：ISBN 978-7-5011-9546-6
定　　价：360.00元

本社购书热线:(010)63077112

《中国文化年鉴》(2010)
编 辑 委 员 会

《中国文化年鉴》（2010）
编 辑 部

主 任：

陈 樱 文化部文化科技司

副主任：

梁秋克 新华出版社

李 蔚 文化部文化科技司

牛根富 文化部文化科技司

成 员：

陈向红 文化部办公厅

李红琼 文化部政策法规司

宁伟群 文化部文化科技司

罗 娟 文化部文化科技司

《中国文化年鉴》（2010）
鸣 谢 单 位

文化部办公厅
文化部政策法规司
文化部财务司
文化部人事司
文化部艺术司
文化部文化科技司
文化部文化市场司
文化部文化产业司
文化部社会文化司
文化部非物质文化遗产司
文化部外联局
文物局
中国艺术研究院
中国国家图书馆
故宫博物院
中国国家博物馆
中国文化报社
中国国家京剧院
中国国家话剧院
中国歌剧舞剧院
中国东方歌舞团
中国交响乐团
中国儿童艺术剧院
中央歌剧院
中央芭蕾舞团
中国美术馆
中国国家画院
中国对外文化集团公司
文化部恭王府管理中心
文化部艺术服务中心
国家清史纂修领导小组办公室
中外文化交流中心
中国艺术科技研究所
文化部民族民间文艺发展中心
文化部全国文化信息资源建设管理中心
北京市文化局
天津市文化局
河北省文化厅
山西省文化厅
内蒙古自治区文化厅
辽宁省文化厅
吉林省文化厅
黑龙江省文化厅
上海市文化广播影视管理局
江苏省文化厅
浙江省文化厅
安徽省文化厅
福建省文化厅
江西省文化厅
山东省文化厅
河南省文化厅
湖北省文化厅
湖南省文化厅
广东省文化厅
广西壮族自治区文化厅
海南省文化广电出版体育厅
重庆市文化局
四川省文化厅
贵州省文化厅
云南省文化厅
西藏自治区文化厅
陕西省文化厅
甘肃省文化厅
青海文化和新闻出版厅
宁夏回族自治区文化厅
新疆维吾尔自治区文化厅
新疆生产建设兵团

《中国文化年鉴》（2010）
组稿人员名单

（按姓氏笔画排序）

于春城	干德明	亢　博	尤玉芳	王永昭
王芬林	王建华	王昊宇	王　娜	王　林
王珊珊	王　培	艾合麦提江·艾卖提		邓泽洲
冯彦瑞	包东波	龙仕勇	关福才	刘培婷
安战国	朱鸿文	朱　楠	祁　鑫	邢凌翔
何　塔	宋　薇	宋　磊	张建平	张　勇
张倍宁	张　蕾	李文娣	李　玮	李金奎
李胜先	李海泉	杜宁远	杨晓辉	杨　渊
杨　菊	沈　婧	肖明伟	邱玉红	邱邑洪
邱　雷	邹　端	陈卫军	陈如福	陈　峰
陈　真	陈培军	陈新华	周广明	周汉萍
周志华	郑起朝	金　梅	赵东亚	赵姗姗
徐　健	敖　超	郭素娥	顾　春	梁朝阳
蒋　静	谢万幸	詹秋红	蔡世超	蔡靖杰
谭粤红	霍瑞娟	戴　健		

中国艺术研究院

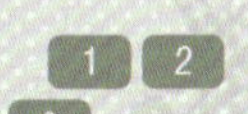

1. 2009 年 1 月 19 日，中共中央政治局委员、国务委员刘延东（右三）在文化部部长蔡武（左三），文化部副部长、中国艺术研究院院长王文章（右二）等陪同下到我院调研指导工作，并与我院美术学系博士毕业生亲切交谈。（摄影：孙承健）
2. 2009 年 3 月 20 日，我院承办的《雪域风情——藏族非物质文化遗产精粹展》在澳门隆重举办。十届全国人大常委会副委员长热地（前排中）、澳门特区行政长官何厚铧（前排右一）等在我院非物质文化遗产保护中心副主任田青（前排左一）陪同下参观展览。（摄影：周磊）
3. 2009 年 3 月 30 日，"中国艺术研究院希望小学"捐赠仪式在中国艺术研究院研究生院举行。陕西省安康市汉滨区教育局局长郭放军（右二）接受由文化部副部长、中国艺术研究院院长王文章（左三）题写的"中国艺术研究院希望小学"校名。著名艺术家范曾（右一）、王能宪副院长（左一）等出席捐赠仪式。目前，中国艺术研究院已向陕西省和贵州省捐赠了两所希望小学。（摄影：朱全飈）

4. 2009 年 4 月 29 日，越南副总理阮善仁一行访问我院。图为阮善仁（右二）在张庆善副院长（右一）等陪同下参观我院图书馆。（摄影：刘晓辉）
5. 2009 年 4 月 18 日，"纪念王朝闻百年诞辰座谈会"在我院召开，图为座谈会现场。（摄影：朱全飈）
6. 2009 年 10 月 19 日至 21 日，由我院与欧盟文化中心合作组织联合举办的"第二届中欧文化对话"在丹麦哥本哈根举行。图为"第二届中欧文化对话"研讨会现场。（摄影：黑明）
7. 2009 年 11 月 13 日，中国艺术研究院中国当代艺术院正式挂牌成立。图为文化部副部长、中国艺术研究院院长王文章（前排左一）为中国艺术研究院中国当代艺术院院长罗中立颁发聘书。（摄影：戴幼楠）

中国国家图书馆

国家图书馆《百年国图赋》

2月20日，“国家图书馆建馆100周年庆祝活动”新闻发布会在国家图书馆学术报告厅举行。

4月30日，由国家图书馆建立的国内首个政府公开信息整合服务门户——“中国政府公开信息整合服务平台”正式开通，为公众提供政府公开信息的检索与服务。

6月18日，国家图书馆博士后科研工作站揭牌，这是我国首家在图书馆设立的博士后科研工作站。

4月23日上午，国家图书馆与中国图书馆学会在总馆南区文津广场隆重举办大型公益活动“让我们在阅读中一起成长”，迎接第14个“世界读书日”。

9月8日，作为国家图书馆建馆100周年庆典系列活动之一，“百年记忆——国家图书馆馆史展”在我馆总馆南区原工具书阅览室开展。

9月1日，“百年守望——国家图书馆特藏精品展”在国家图书馆南区展览厅隆重开幕。

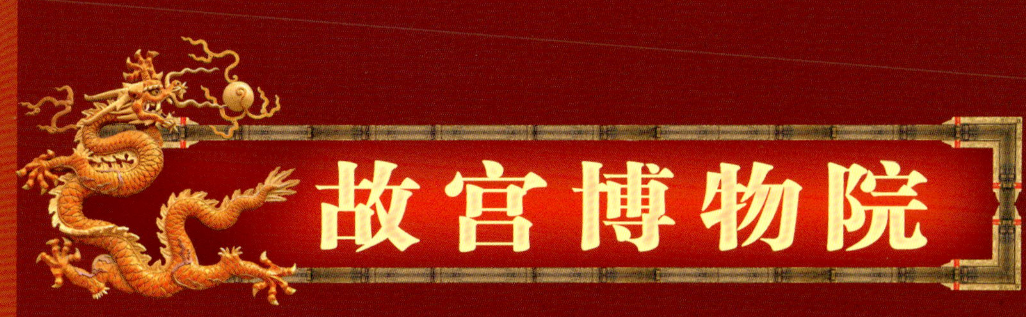

故宫修缮工程专家咨询委员会第六次全体会议委员合影

北京故宫博物院郑欣淼院长与台北故宫博物院院长周功鑫会谈

古陶瓷保护研究国家文物局重点科研基地举行挂牌仪式

北京故宫博物院代表团回访台北故宫时双方工作人员合影

故宫西玉河基地开工典礼

美国总统奥巴马参观故宫

八一

中国人民革命军事博物馆

ZHONGGUO
RENMIN
GEMING
JUNSHI
BOWUGUAN
《复兴之路》大型主题展览
我们的队伍向太阳

中国国家博物馆

1 2
3 4
5

1. 国家博物馆“复兴之路”基本陈列于2009年9月25日上午隆重开幕
2. 12月22日至23日，中国共产党中国国家博物馆第二次代表大会隆重召开
3. 11月13日，文化部直属机关党委向国家博物馆颁发“北京市国庆安保工作先进集体”奖牌
4. 国家博物馆召开“古代中国陈列”形式设计研讨会
5. 国家博物馆出版的馆藏经典《聊斋图说》

中国国家京剧院

6月26日，文化部副部长赵少华等审看京剧《情仇剑》

1月7日，文化部春节“文化下乡”慰问演出启动仪式在梅兰芳大剧院举行。图为文化部部长蔡武、文化部副部长王文章与国家京剧院和中直院团艺术家代表合影留念

高清晰数字电影《白蛇传》开机仪式现场

10月2日，梅兰芳大剧院隆重上演经典名剧《群英会》，图中于魁智饰演诸葛亮与张建国饰演鲁肃

国家京剧院一团青年演员李阳鸣等演出京剧《红灯记》

9月1-2日，国家京剧院演职员赴河北承德慰问演出。图为演职员在承德承朝高速公路建设工地慰问演出现场。

6月14日—23日，应台湾传达艺术有限公司的邀请，剧院长宋官林、团长于魁智率领剧院一团一行75人，第14次赴台湾演出

10月8日至20日，法兰克福书展中国主宾国活动广场活动现场

京剧《四海之内皆兄弟》剧照

中国国家话剧院

1

2

3

4

5

6

中国国家话剧院2009年上演新剧目

1《这是最后的斗争》是国家话剧院庆祝国庆六十周年献礼剧目，演出阵容强大，同时也是国家话剧院2009年度“本土现实主义戏剧创作策略”中的首部作品。该剧谨守“三一律”，对现实有着淋漓尽致的批判，引发观众思索。

2《空中花园谋杀案》具有悬疑黑色色彩，摇滚乐队与演员的互动式表演满足了观众对于中国原创音乐剧的某种遐想。音乐的能量把原本平面而理性的台词变得立体又感性，令观众用脚踏起节拍，融入其中。

3《简?爱》是国家大剧院原创话剧开山之作，是国家大剧院、国家话剧院强强联手、倾力打造的一部标志性品牌剧目。该剧尊重原著，导演王晓鹰以细致、考究、诗意的导演语言再现英式古典风，展示温馨的英伦浪漫，同时让观众审视自身的怯弱与丑陋。

4《堂吉诃德》通过精致讲究、时尚感十足的灯光、舞美、多媒体、服装造型给予观众视觉冲击，充满西班牙风情的“男扮女装弗拉明戈舞”、中西合璧的“白蛇传”傀儡戏，给观众留下深刻印象。这是中国第一次上演全本《堂吉诃德》。

5《都市囧人》是国家话剧院首部都市喜剧，也是“09’国话之秋”演出季的重点剧目，让观众重温国话血脉中喷薄的喜剧基因。全剧充满编谎、圆谎、拆谎、救谎智力PK，剧中人“暧昧很近、婚姻很远”的状态，是当下社会的一个缩影。

6《信》主题综艺晚会通过巧妙的艺术处理将丰富多彩的节目有机组合，既是一台热情精彩的春节联欢晚会，又是一出真情巧妙的舞台艺术作品，更是一封深情荡漾的家书。这台演出中流淌始终的信心、信念、信用、信赖、信任……正是它的心灵与信魂。

东方演艺集团

中国东方演艺集团有限公司是全国文化体制改革工作的试点单位，是文化部直属表演艺术团体中率先转企改制的单位。入选“文化企业 30 强”标志着集团的转企改制取得了阶段性的成果，体现了中宣部、文化部对集团改革工作的肯定与鼓励，同时也对集团的发展提出了更高的要求。改制组建中国东方演艺集团，是在社会主义市场经济条件下，对国家艺术院团发展模式的崭新探索，因此集团在深化文化体制改革的进程中担负着重要的使命。集团全体演职员工将在部党组的领导下，向着集团化、规模化、产业化的方向稳步迈进，实现艺术生产和经营的跨跃式发展。

上海世博会驻场演出

上海世博会驻场演出

中国东方演艺集团有限公司
荣膺中国文化企业三十强称号

俄罗斯文化年

马可波罗

马可波罗

中国儿童艺术剧院

1. 2009年10月《十二生肖》赴澳大利亚墨尔本文化交流演出
2. 2009年6月延安
3. 2009年5月《十二生肖》赴越南文化交流演出
4. 2009年1月中国儿艺赴涿鹿慰问演出
5. 2009年9月中国儿艺赴西藏公益演出

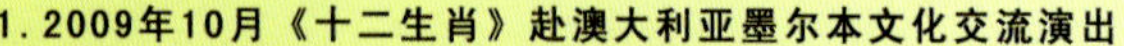

1 2
3 4
5

2009年7月 神话舞台连续剧《西游记》（第二部）

8 6
7

6. 2009年5月 益智儿童剧《三只小猪·变变变》新闻发布会
7. 2009年10月“皮皮鲁·鲁西西”系列童话剧《魔方大厦》
8. 2009年5月 益智儿童剧《三只小猪·变变变》

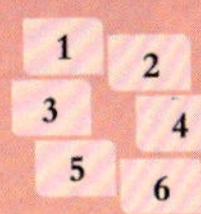

1. 应邀参加第37届香港艺术节，在香港文化中心演出五场《牡丹亭》。
2. 芭蕾大师米歇尔·加斯卡赫为演员排练《火鸟》。图片作者司廷宏。
3. 8月在墨尔本艺术中心剧场演出七场《大红灯笼高高挂》，首演前我驻墨总领事在府邸设宴招待我团全体演职员。
4. 8月在墨尔本艺术中心剧场演出七场《大红灯笼高高挂》，首演前我驻墨总领事在府邸设宴招待我团全体演职员。
5. 文化部召开“中央芭蕾舞团国际芭蕾舞比赛获奖演员表彰会议”，表彰我团4位在赫尔辛基和莫斯科国际芭蕾比赛中获大奖的年轻演员。
6. 12月29日，近80位中外嘉宾参加我团主办的“庆祝中央芭蕾舞团成立50周年国际研讨会”。

我团在法国巴黎歌剧院演出中国经典芭蕾舞剧《红色娘子军》后全体合影

全国文化信资管理中心

李长春同志在嘉兴大桥镇基层点

西藏曲水县支中心

少数民族语言译制工作培训现场

共享工程参展“辉煌六十年成就展”引起广泛关注

全国文化信息资源共享工程进村入户工作现场会

“文化共享杯”竞赛现场气氛火热

“双百”人物吴天祥做客“荆楚讲坛”

贵州遵义支中心组织的活动现场

北京分中心在海淀行知实验学校设立基层服务点

沈阳音乐学院南校区

沈阳音乐学院南校区位于沈阳市浑南新区大学城，是沈阳音乐学院本科教学校区之一，其占地面积150亩，建筑面积16.9万平方米。成立十二年来，南校区以“培养精通音乐、舞蹈、表演艺术，适应社会发展需求的实用型人才”为办学宗旨，坚持“让艺术走向大众”的办学理念，为繁荣我国文化艺术事业，构建和谐社会做出了巨大贡献。

南校区承担着沈阳音乐学院衍生专业的教学任务，除音乐、舞蹈教育等传统专业外，还设有戏剧影视文学、艺术商务与管理、播音与主持、广播电视编导、表演、录音艺术、音乐疗法、合唱指挥、模特教育、化妆与人物造型、社会艺术教育与管理、舞台艺术、行进艺术教育、音乐传播、现代舞、舞台影像、戏剧影视服装设计等边缘、交叉专业。专业交叉、有机互动、良性循环，正在成为南校区的办学特色。

几年来，南校区在创作、科研、艺术实践等诸多方面也取得了丰硕成果，师生在国际、国内重大比赛中频频获奖。2004年7月南校区青年合唱团在德国布莱梅“第三届国际合唱奥林匹克大赛”中凭借一曲《霸王别姬》夺得了“混声合唱亚军”、“现代音乐合唱银奖”两项大奖。2006年8月在第八届全国“桃李杯”舞蹈比赛中，南校区应用舞蹈教育系荣获五项大奖。

沈音南校区一直致力于大众化艺术教育的普及，2010年推出了“百万市民艺术培训工程”，作为沈阳市艺术惠民“双百万”的子项目之一，此项活动得到了辽宁省委、省政府、沈阳市委、市政府的高度重视。活动启动一年来，已惠民8万余人。南校区的几千名师生在这项活动中担任教学工作，为前来学习的市民服务。目前，从市民填写的授课反馈表来看，市民对授课效果的满意率能够达到100%，市民希望这样的活动能够长期进行，真正让艺术惠民，让百姓受益。2010年8月，“百万市民艺术培训工程”成功入选文化部“国家文化创新工程”项目。2011年1月，南校区获得2010年沈阳高校十大社会服务贡献奖。2011年2月，南校区获沈阳市2010年艺术惠民双百万工程“突出贡献单位”荣誉称号。

南校区马欣院长参加百万市民艺术培训工程启动仪式

南校区 珠联璧合交响音乐会在国家大剧院演出

南校区体育馆

南校区参赛作品《祭》荣获文华艺术院校奖新曲目创作奖二等奖

2004年7月南校区青年合唱团获第二届国际合唱奥林匹克大赛两项银奖

校内一景

南校区正门

南校区视听中心

目录

Content

重要讲话

文化工作综述

文化政策法规

文化体制改革

公共文化服务

专业艺术

文化市场

文化产业

文化科教

非物质文化遗产保护

对外文化交流

对港、澳、台地区文化交流

文物事业

文化设施建设

文化人才队伍建设

部属单位概况

地方文化建设

文化机构人员

彩页顺序

第一部分

第二部分

第三部分

第四部分

索引

中国文化年鉴

Chinese Culture Yearbook

重要讲话

The Important Speech

在河南博物院考察时的讲话

李长春

（2009年11月14日）

河南博物院是一个有着82年历史的国家重点博物馆，在全国具有特殊地位和广泛影响。我上次来这里考察是在2003年10月，当时提出博物院要在贴近实际、贴近生活、贴近群众上下工夫，把专业性、学术性和知识性、趣味性、观赏性有机结合起来，改进展陈手段，特别要充分利用现代科技手段，进一步提高展览的震撼力和互动性。这次来考察，看到河南博物院变化很大，展陈方式、展陈内容、展陈手段等方面都上了一个大台阶。展览内容十分丰富，既见物又见人还见精神，文物活灵活现地展现在观众面前，各个历史时期的代表性人物都得到了体现，充分坚持了历史是人民群众创造的这一马克思主义唯物史观。展陈手段改进很大，注重展示的背景资料、复原陈列等应用，充分运用了多媒体技术，把一些文物的形成过程、发掘过程都充分展示出来，背景故事介绍得很清楚，对一些文物从各个不同角度进行了展示。采取了很多落实“三贴近”原则的实际举措，如“天地经纬展”以多媒体技术展示观星台、地动仪，激发了观众的想象力，使人们感觉身临其境，从文化鉴赏提升到文化体验。同时，在延伸博物馆的服务功能方面做了有益的尝试，如主动与有关方面紧密结合、更好地服务社会，加强文物研究开发和科学知识普及，为热爱文物的群众提供服务。特别是实行了免费开放，参观人数增加了3倍，更好地发挥了公共文化服务功能。总的来看，河南博物院“三贴近”工作实践富有成效，取得了比较好的社会效益，是全国文博事业快速发展攀上新台阶的缩影，看了以后感到非常高兴。结合考察情况，就博物馆事业发展，我有以下几点思考：

一、当前我国博物馆事业正处于发展的好时期

博物馆是社会主义文化事业的重要组成部分，是文化基础设施建设的重要方面，是公共文化服务体系建设的重要内容，是保障人民群众基本文化权益的重要阵地。加快博物馆事业发展，充分发挥博物馆的功能作用，有利于加强文物的保护、发掘、管理、研究和利用，大力弘扬优秀传统文化，积极传播社会主义先进文化，推动社会主义文化大发展大繁荣，提高我国文化软实力；有利于为人民群众提供更好的文化鉴赏、文化体验等服务，不断丰富群众精神文化生活，满足人民群众日益增长的精神文化需求；有利于充分宣传展示中华民族的辉煌历史和伟大创造，让人民群众更好地学习掌握历史文化知识，增长知识、愉悦身心、陶冶情操、升华情怀，增强民族自豪感和爱国热情，提高全民族思想道德素质和科学文化素质。

当前，我国文化建设正处于历史上最好的时期之一。党的十六大以来，以胡锦涛同志为总书记的党中央高度重视文化建设，把文化建设纳入中国特色社会主义事业“四位一体”总体布局，提出了兴起社会主义文化建设新高潮、推动文化大发展大繁荣的战略任务，进一步明确了社会主义市场经济条件下我国文化发展的基本思路，这就是坚持社会主义先进文化前进方向，一手抓公益性文化事业，构建覆盖全社会的公共文化服务体系，更好地保障人民群众读书看报、听广播看电视、进行公共文化鉴赏、参与大众文化活动等基本文化权益；一手抓经营性文化产业，繁荣文化市场，更好地满足人民群众多层次、多方面、多样化的精神文化需求。近年来，通过认真贯彻落实中央关于文化建设和文化体制改革的一系列的决策部署，我国文化事业出现了蓬勃发展的良好局面，博物馆事业发展也进入了一个新时期，面临着极好的发展机遇。一方面，党中央、国务院从贯彻落实科学发展观、促进经济社会协调发展和人的全面发展出发，高度重视公共文化服务体系建设，财政投入力度不断加大，鼓励社会力量积极参与，着力提高公共文化产品供给能力，努力保障人民群众的基本文化权益。作为公益性文化事业一个重要方面的博物馆事业，迎来了新的发展机遇。各地按照中央要求，纷纷加大投入力度，新建、改扩建博物馆，不断改善文物藏品保护、陈列展览和社会服务条件。另一方面，人民群众精神文化需求日益旺盛，为博物馆事业发展提供了内在动力。随着经济发展和社会进步，人民群众对精神文化生活的要求越来越迫切、越来越高。国际经验表明，当人均GDP超过3000美元的时候，文化消费会快速增长。近年来，我国经济社会持续快速发展，2008年人均GDP超过3000美元，广大群众物质生活条件不断改善，对精神文化生活的需求快速提高，越来越多地走进博物馆，渴望在这里得到文化享受和精神愉悦，对博物馆事业发展寄予了殷切期望。特别是近年来，为了更好地发挥博物馆的社会效益，我们采取了一条政策，就是推动公共博物馆、纪念馆向社会免费开放，受到了全社会的普遍欢迎，进一步激发了公众参观的兴趣，参观人数普遍比免费开放前增加数倍，有的甚至增加10倍之多。这也充分表明，面对人民群众日益增长的精神文化需求，我们的文化供给还很不够，还不能很好地满足人民群众的需求。这是我们发展博物馆事业的重要推动力。我们要站在深入贯彻落实科学发展观、推动社会主义文化大发展大繁荣的战略和全局高度，把博物馆事业发展摆上重要位置，正确认识博物馆事业发展面临的形势，抓住难得机遇，用好有利条件，加快发展步伐，提高服务水平，努力开创博物馆事业发展新局面。

二、进一步明确博物馆建设的方向和目标

博物馆建设要坚持以政府为主导，以公共财政为支撑，始终把社会效益放在首位，着力体现公益性、教育性、服务性的要求，不断完善服务功能，使博物馆在服务人民群众、服务经济社会发展中发挥更大作用。

第一，要把博物馆建设成为群众爱国主义教育的重要阵地。加强爱国主义教育，是构建社会主义核心价值体系的一个基本途径，是实现中华民族伟大复兴的强大精神动力。鸦片战争以来，中国长期处于半殖民地半封建社会，西方列强纷纷入侵，统治者丧权辱国，社会战乱不断，国家积贫积弱，极大地伤害了广大人民群众的民族自尊心。在迈向中华民族伟大复兴的征程上，加强群众爱国主义教育，不断增强民族自信心和自豪感，十分必要和迫切。博物馆承载着中华民族的辉煌历史，铭刻着中华民族的伟大创造，是群众接受爱国主义教育的重要阵地。要坚持面向群众、服务群众，改善服务设施，创新服务方式，充分利用博物馆所拥有的丰富历史文化资源，突出思想内涵，通过举办形式多样的主题展览，生动展示中华民族丰富的历史文化遗产和灿烂的文明进步成就，生动展示中国人民在中国共产党领导下创造美好生活、实现中华民族伟大复兴的艰巨历程和辉煌成就，大力弘扬以爱国主义为核心的民族精神和以改革创新为核心的时代精神，吸引更多群众走进博物馆，使群众通过耳听、眼看、心想，赞叹祖国的辉煌历史，感怀民族的伟大精神，使人们发自内心、发自肺腑热爱祖国，不断增强民族自尊心、自信心、自豪感。

第二，要把博物馆建设成为传播先进文化、愉悦群众身心的精神家园。博物馆不仅是一个国家、一个民族文化遗产的重要载体，也是加强社会教育、丰富公众文化生活的重要场所。要充分发挥博物馆的公共文化服务功能，让更多的人走进博物馆，通过参观博物馆，鉴赏祖先创造出的灿烂文化，掌握历史知识，领略先进文化，提高综合素质。要通过丰富的展品、高品位的展览、完善的服务，使人们沉浸在历史文化的长河中，愉悦身心、陶冶情操，得到各类富有趣味性、激励性、参与性的精神享受，把博物馆真正办成群众学习知识的文化殿堂，办成满足人民群众文化生活需要的精神家园。

第三，要把博物馆建设成为广大青少年接受教育的第二课堂。在21世纪人才竞争日趋激烈的形势下，推动大学、中学、小学由应试教育转向素质教育的要求越来越紧迫。博物馆作为国民教育的重要组成部分，是一部立体的“百科全书”，具有美育教育、思想教育、实践教育等特点，应当成为广大青少年提升思想道德、培养创新精神、增强审美情趣、提高实践能力的第二课堂。据统计，在美国有88%的博物馆提供从幼儿到少年的教育项目，70%的博物馆在过去5年中增加了面向教师和学生的服务，经常可以看到老师和学生在博物馆里感知历史、探索自然奥秘。要把公共博物馆的建设和各项工作的开展与青少年教育紧密结合起来，与学校的课外活动和社会实践紧密结合起来，积极探索校外活动与学校教育有效衔接的工作机制，使博物馆成为青少年提高各方面素质的实践基地和重要课堂。要根据青少年群体的认知特点，结合学校的课程安排，制订有针对性的工作计划，组织形式多样的陈展活动，增加一些让青少年自己动手参与的内容，进一步增强参与性、互动性、体验性和趣味性，达到寓教于乐、寓教于游的目的。要针对不同年龄、不同阶段孩子的特点和需要，对基本陈列设计不同形式的讲解和说明，认真解决好“因人施讲”的问题，力求达到最佳教育功效。要积极完善博物馆服务，有条件的地方可采取接送学生、接受预约和开展“博物馆进校园”活动，为孩子学习参观提供便利。

第四，要把博物馆建设成为旅游业发展的新兴景点。历史文化是吸引公众的瑰宝，博物馆是不可或缺的旅游资源。世界著名的博物馆，如巴黎卢浮宫、纽约大都会博物馆等，以及我国的故宫博物院、西安兵马俑博物馆等，都是旅游业的靓丽名片。我国推动博物馆免费开放，为旅游业发展提供了一种可以无偿使用的优质旅游资源，调动了旅行社组织游客到博物馆参观的积极性，激发了游客到博物馆参观的热情，使博物馆追求的社会效益最大化与旅行社追求的经济效益最大化有机统一起来，形成了一种公共文化建设与旅游经济发展相互促进、互利共赢的可喜局面。要进一步推动博物馆与旅游机构开展多渠道、多形式的合作，加强为旅游配套的硬件建设和软件服务，加大推介力度，扩大社会影响，打造旅游品牌，吸引更多国内外游客前来参观，使博物馆成为每个旅游目的地的一项重要文化体验、成为旅游线上的兴奋点。近年来，河南在促进博物馆建设与旅游业融合发展方面探索了一些好的做法，下一步要在实践中继续创新，努力从旅游“温线”变成旅游“热线”，创造更多新鲜经验。

第五，要把博物馆建设成为对外文化交流的重要窗口。对外文物展览交流是传播历史文化的重要途径，是展示国家形象、提高文化软实力的有效手段。要加强与国外博物馆的交流合作，坚持走出去与请进来相结合，不断扩大对外文物展览交流，真正把博物馆打造成为“中国走向世界、中国了解世界”的重要窗口。要有计划、有目的、有针对性地组织好对外文物展览工作，与国外著名的博物馆合作，组织专题文物巡展，向世界人民展示我国辉煌灿烂的文明成就与和平和谐的文化理念，进一步增进世界各国人民对中华文化的了解和认同。要加大我国公共博物馆的国外宣传推介力度，进一步扩大我国博物馆的国际影响力。特别是要加强与港、澳、台的文物交流，使港澳台同胞在参观文物、回望历史中增加民族自豪感和对祖国认同归属感，为民族团结、国家统一作出积极贡献。要有计划地组织举办国际文物展览，使群众在家门口领略到世界各国人民创造的灿烂历史和先进文化。

第六，要把博物馆建设成为学术研究和科普教育的重要平台。博物馆既是文物收藏、陈列展览、教育服务的重要机构，也是开展科学研究、普及历史文化的重要力量。要充分发挥专业人才集中的优势，积极开展对古代文化、科技等方面的研究，积极参与重大学术课题研究，深入挖掘文物所蕴涵的文化内涵和科学价值，不断向深度、广度拓展，把破碎的、间断的、表面的实物概念，还原成连贯的、完整的、厚重的历史文化，成为历史文化学术研究的重要基地。要积极承担历史文化科普教育的社会责任，坚持走出去宣传和请进来学习相结合，创新科普教育思路、途径和手段，推进历史文化知识的科普化、生动化、大众化、现代化，不断提升博物馆的形象，更好地满足人民群众的精神文化需求。

三、在开拓创新中加快博物馆事业发展

新中国成立以来特别是改革开放以来，我国博物馆事业取得了很大的成就，积累了许多好的经验。但同时也要看到，经济社会的新变化，科学技术的新进步，人民群众的新需求，对发展博物馆事业提出了新的更高的要求。要认真贯彻中央关于深化文化体制改革、加快公共文化服务体系建设的一系列决策部署，在继承和发扬优良传统的基础上，进一步解放思想，深化改革，创新服务运行机制，激发内在活力，提高服务水平，最大限度地发挥博物馆的社会效益。

第一，要创新发展观念。适应新要求、新任务，推进博物馆事业创新发展，首先要创新发展观念。要牢固树立群众观念，积极探索贴近实际、贴近

生活、贴近群众的新思路、新办法，把观众满意不满意作为博物馆全部工作的出发点和落脚点，把学术性、专业性、知识性、趣味性、观赏性有机统一起来，切实增强为群众服务的意识。要牢固树立时代意识，紧紧把握时代脉搏，紧跟现代科技和现代展览技术的发展步伐，把先进的管理理念、运作方式、体制机制、科技手段等融入博物馆的建设与发展中，充分体现先进性、时代性、科学性。要牢固树立实践观点，经常深入实际，针对群众需求确定博物馆社会教育的主题，把博物馆工作融入经济社会发展大局，融入人民群众的实际生活。

第二，要创新体制机制。增强博物馆发展的生机与活力，关键在建立健全体制机制。要根据实际需要，进一步建立和完善具有我国特点的博物馆体系。我们不赞成“县县建博物馆”，但有条件的地方可以根据本地的资源优势，结合重大的考古发现和文物保护需求，建设遗址博物馆。地市级中心城市要把建设特色性博物馆作为重点，省一级要重点建设综合性博物馆，省会城市博物馆和省级博物馆要统筹规划、各有侧重，形成特色鲜明、布局合理的博物馆体系，防止简单雷同，避免重复建设。同时，要调动社会各方面的积极性，支持民营博物馆健康发展，逐步形成以公立博物馆为主体、各种类型的民营博物馆为补充，相互促进、共同繁荣的博物馆事业发展格局。要抓住当前正在进行的文化体制改革的机遇，结合博物馆事业的特点和本单位的实际，坚持把社会效益摆在首位，把为社会服务的好坏作为考核的根本标准。要积极探索完善法人治理结构，深化内部劳动人事和分配制度改革。要通过优化博物馆组织结构，合理配置内部资源，完善配套激励机制，不断提高运行效率。要最大限度地争取社会力量支持、参与博物馆建设，实现发展模式由封闭型向开放型的转变，逐步建立政府主导、法律规范、社会参与的博物馆管理体系，建立以展示教育、开放服务为核心的评价体系和政府、公众代表相结合的监督体系。

第三，要创新展陈内容。陈列展览是博物馆直接面向社会和公众、展示博物馆水准的重要窗口，是博物馆实现宣传教育职能和展示学术成果的基本途径。要增强展陈内容的整体性，系统反映中华民族5000年文明史，反映重要历史发展阶段，反映古代政治、经济、文化、军事、科技、教育等各个方面具有标志性的重要内容。要增强展陈内容的比较性，通过中外文物、中外历史的对比，古今演变的对比，不同类型文物的对比等多种方式，更好地揭示文物蕴涵的历史文化价值。要增强展陈内容的生动性，通过介绍文物发现、发掘的过程，文物的历史背景，与文物有关的历史人物的故事等多方面的信息，让静止的展品活起来、动起来，让高深的专业知识生动化、形象化，引导人们在参观中增加历史知识和文物知识，提高观赏兴趣。特别是要注重介绍文物的古代工艺，展示我国古代的发明创造和工艺成果，再现古代技术和工艺流程，增强观众的民族自豪感和创新意识。

第四，要创新展示方式。新颖的展示方式，是博物馆增强吸引力和震撼力的重要方面。要注重创意设计，善于运用声光电等现代科技手段增强博物馆文化的表现力，给观众营造身临其境的氛围，增强展览的震撼力和视觉效果，增强展览的生动性、直观性和趣味性，帮助人们深入了解和亲身体验中华文明的丰富内涵和独特魅力。要重视观众心理需求，以观众的感受为依据，使陈展方式和服务手段更趋人性化，让观众在轻松愉悦的氛围中感受到展览的魅力与趣味。要探索把电影、电视、幻灯、录音、激光动画等声、光、电的辅助设备和新型工艺材料科学地运用于陈列展览，增强展览的文化表现力，丰富观众的信息量。要增强展览的参与性、互动性，通过模拟场景、多媒体背景介绍、动手制作等多种方式，让观众参与其中，把文物鉴赏提升为文化体验，给观众留下深刻印象。

第五，要创新传播手段。现代科技的日新月异，为传播手段的创新提供了条件，人民群众的需求变化为传播手段的创新提出了要求。要适应数字技术快速发展的形势，认真组织实施“数字博物馆计划”，大力推动网上博物馆建设，特别是借助全国文化信息资源共享工程和远程教育网络，使博物馆文化辐射广大城镇、农村和边远地区，不断延伸博物馆的传播和服务功能，提升信息传播、教育推广和知识普及的能力和水平。要依托文物藏品、陈列展览，积极开发多层次的博物馆纪念品和博物馆文化产品，让观众把博物馆文化带回家，满足群众爱好，使历史文化传播得更深入更持久。

第六，要创新人才培养。人才是推动博物馆事业发展繁荣的强大支撑。要适应博物馆建设和“三贴近”的需要，把人才培养、队伍建设作为博物馆改革和发展的大事来抓，着力培养多层次、多元化人才。要不断充实研究型人才和各种专业人才，特别是要重视培养一批善于运用现代科技手段保护和利用文物的高技术人才，一批熟悉和掌握古代科技知识和传统工艺的专门人才，一批兼通文物研究和博物馆管理的复合型人才，一批文博知识较为丰富、外语水平较高的外向型人才。要加强博物馆讲解队伍建设，将具有丰富的历史文化知识、深厚的专业造诣的人员充实到讲解队伍中去，通过丰富的专业知识和流畅的语言表达能力，使博物馆宣传教育工作水平得以全面提升。

各级党委政府要高度重视文博事业的发展，自觉肩负起保障人民群众基本文化权益的职责，把文博事业作为向人民群众提供公共文化服务的重要途径，纳入地方经济社会发展总体规划，摆上重要议事日程，坚持政府主导，社会参与，保护、发掘、管理、展示、利用有机结合的原则，推动文博事业健康、协调、可持续发展。要认真贯彻中央决策部署，进一步建立和完善公立博物馆免费开放的财政经费保障机制。全社会都要认真贯彻落实《文物保护法》，自觉遵守法律法规。要加强宣传普及工作，增强全社会的文物保护意识，营造有利于文物保护、发掘、管理、展示和利用的良好氛围。

在2009年全国文化厅局长会暨公共文化服务体系建设座谈会上的讲话

刘延东

（2009年1月13日）

同志们：

新年伊始，文化部召开全国文化厅局长会暨公共文化服务体系建设座谈会，非常重要。过去一年是党和国家历史上极不平凡的一年。以胡锦涛为总书记的党中央带领全国各族人民，从容应对难事急事，成功举办喜事大事，战胜年初严重低温雨雪冰冻和“5·12”汶川特大地震造成的大灾难，实现中国人民百年奥运梦想和航天人出舱行走这一航天史上历史性突破，隆重纪念改革开放30周年，各项事业都取得了显著成就。在党中央、国务院坚强领导下，文化系统广大干部职工高举中国特色社会主义伟大旗帜，以邓小平理论和“三个代表”重要思想为指导，贯彻落实科学发展观，积极进取，改革创新，扎实做好文化建设各领域工作，在文艺创作生产、公共文化服务、文化产业发展、文化遗产保护、文化“走出去”等方面取得了新的成绩，文化基础设施和人才队伍建设迈出新的步伐，为人民群众提供精神文化食粮，促进了文化建设的协调发展。特别是在汶川特大地震中，文化系统发挥了安抚救援、鼓舞士气的积极作用。文化部还组织了历时半年、几十个国家和地区上万名艺术家参加的重大文化活动，为北京奥运会实践人文奥运理念营造了热烈的氛围。纪念改革开放30周年系列展演活动也异彩纷呈，唱响了改革开放好、社会主义好的时代主旋律。在此，向全国文化工作者表示敬意和问候！

两天来，大家结合蔡武同志的工作报告，总结去年工作，研究今年工作。刚才几位地方同志交流了工作经验，很受启发。下面，我谈几点体会和认识。

一、回顾文化发展的不平凡历程，更加自觉地推动文化大发展大繁荣

去年我们刚刚纪念了改革开放30周年，今年又将迎来新中国成立60周年。回顾历史，总结经验，对于我们提高推动文化大发展大繁荣的自觉性、坚定性很有意义。

党和政府历来十分重视文化发展和建设。以毛泽东、邓小平、江泽民为核心的党的三代中央领导集体和以胡锦涛为总书记的党中央，高度重视文化建设，把新的文化力量作为中国革命的重要力量，把文化建设作为中国特色社会主义事业总体布局的重要组成部分，把提高建设先进文化的能力作为党的执政能力建设的重要方面，走出了一条中国特色社会主义文化发展道路。

30年来，伴随着改革开放和国家各项事业的发展，我国文化建设空前发展和繁荣，呈现出活力迸发、硕果累累、英才辈出的崭新面貌。30年来，文化建设的指导思想和前进方向得到确立，改革开放新时代的文化发展理念深入人心。文艺创作呈现百花齐放的繁荣景象，产生出大批思想深刻、艺术精湛、人民群众欢迎的精品力作。基层文化日益生动活跃，社区文化、企业文化、村镇文化、校园文化多姿多彩，涌现出形式多样、内容新颖、独具特色的文化活动，人民群众精神文化生活更加丰富。文化体制改革取得重大进展，公益性文化事业加快发展，以公有制为主体、多种所有制共同发展的文化产业格局正在形成，文化市场体系逐步完善，文化产业呈现蓬勃发展的势头。文化基础能力建设步伐加快，覆盖城乡的公共文化服务网络初步形成，公共文化投入不断增加，文化法制环境不断完善，一系列重点文化工程启动实施。中华文化得到传承与弘扬，文化遗产保护为全社会所重视，中外文化交流日益活跃，中国文化的国际影响力不断提升。

可以说，我国现代化建设能够取得今天这样伟大的成就，物质文明与精神文明能够同步提升，社会能够保持和谐稳定、生机勃勃，文化战线功不可没。改革开放的伟大时代造就了文化的繁荣

发展，文化建设也为国家、为人民、为改革开放作出了重大贡献。

当前，我国文化发展同党和国家各项事业一样，已经站在一个新的历史起点上，面临着前所未有的机遇和挑战。对文化领域面临的形势，胡锦涛总书记等中央领导同志作过深刻阐述，我理解要把握4个方面：一是党领导的社会主义事业要永远立于不败之地，必须让社会主义核心价值体系在全体人民心中深深扎根，打牢这一思想基础要求充分发挥文化建设的重要作用。二是中华民族要实现伟大复兴，必须有先进文化作指引，建设强大的国家软实力，要求文化大发展大繁荣。三是现代化的过程也是一个孕育和创造富有时代特征的先进文化的过程，现代化目标本身就包含了建设高度发达的现代文化的任务。四是我国正处于经济快速发展、体制转轨和社会转型的深刻变革时期，这既是黄金发展期，又是矛盾凸显期，需要发挥文化的特有功能，促进社会团结和谐。

面对新形势新任务，中央对文化发展做出新部署。党的十七大强调了加强文化建设、提高文化软实力的极端重要性，提出了推动文化大发展大繁荣、掀起文化建设新高潮的新要求，进一步明确了我国文化工作的努力方向。胡锦涛总书记、温家宝总理、李长春同志等中央领导都对文化工作做出过重要指示。学习十七大以来中央关于文化工作的精神和论述，我体会比较突出的有5点：一是明确了文化建设的战略地位，把文化建设作为中国特色社会主义事业“五位一体”总体布局的重要组成部分。强调物质文明和精神文明两手抓、两手都要硬，是中国特色社会主义的显著特征。二是强调了文化建设的重要作用，指出文化越来越成为民族凝聚力和创造力的重要源泉，成为综合国力竞争的重要因素，成为衡量社会文明程度和人民生活质量的显著标志，丰富精神文化生活越来越成为我国人民的热切期望。三是指明了文化建设的前进方向，提出“高举旗帜、围绕大局、服务人民、改革创新”的16字总要求，强调要坚持社会主义先进文化的方向，建设社会主义核心价值体系，建设和谐文化，弘扬中华文化，推进文化创新，增强文化发展的活力。四是确立了人民群众在文化建设中的主体地位，强调要坚持以人为本，满足人民群众日益增长的精神文化需求，提高全民族的思想道德素质和科学文化素质，使人民基本文化权益得到更好保障，使社会文化生活更加丰富多彩。要坚持全党动员、全民参与、全社会参与，最大限度地发挥广大文化工作者的积极性、主动性、创造性。五是提出了文化改革与发展的一系列重大方针政策，强调要坚持为人民服务、为社会主义服务的方向，全面贯彻百花齐放、百家争鸣的方针，坚持贴近实际、贴近生活、贴近群众。要一手抓繁荣、一手抓管理，深化文化体制改革，扶持公益性文化事业，大力发展文化产业，用现代科技创新文化发展方式，加强文化对外交流。“十七大”以来中央对文化建设的这些新论述，回答了新世纪新阶段我国文化发展的一系列重大问题，体现了我们党在新的历史条件下的高度文化自觉。我们一定要认真学习，深刻领会，切实贯彻落实到文化建设的各个方面。

二、正确认识和处理文化发展的重要关系，推动文化工作实现科学发展

当前，全党深入学习实践科学发展观活动正在全面展开。在新的起点上推进文化建设实现新的跨越，必须坚定不移地贯彻落实科学发展观。解放思想、改革创新、与时俱进，将科学发展观的要求体现在文化发展建设的各个方面。推动文化工作实现科学发展，我体会要把握好以下8个方面的关系。

第一，正确处理发展与改革的关系，坚持以改革为动力推进文化大发展大繁荣。当前，我国文化事业蓬勃发展，但仍相对滞后于经济发展，与现代化建设的要求还不相适应，与群众的需要还有较大差距。这就决定了文化建设的主题仍是发展，而且不是一般的发展，是大发展。这既是中央的要求，也是人民的期盼。中央对一项事业明确提出“大发展”的不多，提到这样的高度，既体现了中央的重视，也表明了文化发展亟须加强。而体制机制障碍正是制约文化发展的深层次矛盾，文化要实现大发展大繁荣，必须要以改革为动力，积极探索，勇于创新，打破束缚文化发展的体制机制障碍，转变文化发展方式，加快形成科学有效的文化管理体制，形成富有效率的文化生产和服务运行机制，真正解放和发展文化生产力。只有发展，才能增强我国文化的实力和竞争力，更好地服务改革开放和现代化建设；只有改革，才能使文化发展始终充满活力，更好地实现大发展大繁荣。

第二，正确处理主导与多样的关系，坚持在包容多样、尊重差异中推进社会主义核心价值体系建设。建设社会主义核心价值体系是文化工作的根本任务。要把建设社会主义核心价值体系的要求体现到文化建设的方方面面，宣传科学理论，传播先进思想，塑造美好心灵，弘扬社会正气，不断巩固全党全国各族人民团结奋斗的共同思想基础。同时也要看到，我国经济社会正在发生深刻变革，人们的思想观念也正在发生深刻变化，社会思想意识日益活跃，呈现出多元、多样、多变的发展趋势。文化发展必须适应社会多样化的客观现实，不断丰富文化产品供给，创造不同品种、样式、载体和风格的文化，满足社会各类群体各个层次的文化需求。要把主导和多样统一于社会主义文化建设的具体实践中，主导并不是强求一律，多样不等于听之任之、放弃导向。要在包容多样中立主导，在尊重差异中谋共识，在交流交融中一以贯之，形成既百花齐放、百家争鸣又朝着共同目标前进的生动局面。

第三，正确处理引导教育人民与满足群众需求之间的关系，坚持把服务人民群众作为文化工作的根本出发点。“二为”方向是文化工作的根本方向，人民群众是文化建设的主体和根本依靠力量。文化工作要影响人、感召人、服务人，就必须坚持“以人为本”理念。一方面要发挥文化引导社会、教育人民的基本功能，提高全体人民的人文素质和文明程度，促进人的全面发展。另一方面要发挥文化满足人民群众精神需求的重要作用，创作生产更多体现时代精神、人民群众喜闻乐见的文化精品，为社会提供良好的文化服务。我国将长期处于社会主义初级阶段，人民群众日益增长的物质文化需要同落后的社会生产之间的矛盾仍然是主要矛盾。特别是随着人民生活水平不断提高，我国进入了文化消费的快速增长期。国际经验表明，人均GDP超过1000美元后，人们对公共服务的需求开始进入快速增长阶段。我国2007年人均GDP已接近2400美元。我们要把满足群众需求与加强教育引导有机结合，寓思想引导于文化消费之中，坚持思想性、艺术性、观赏性的有机统一，增强吸引力和感染力。我们正处于一个伟大的时代，应该鼓励更多的文艺工作者沉下心来、深入生活，潜心创作更多体现盛世风采、人民群众喜欢、能够流传下去的精品力作。

第四，正确处理政府办文化事业与运用市场机制发展文化产业的关系，坚持政府在发展公益性文化事业中的主导作用和市场在文化资源配置中的基础性作用。政府和市场在文化建设中承担着不同的功能和职责，不能彼此混淆、相互错位。文化具有强烈的意识形态属性，发展公益性文化政府要承担主要职责，该政府管的，一定要坚决管住、管好。要维护文化市场秩序，保护知识产权，营造公平竞争的环境。此外，满足多层次、多方面的需求，还要充分发挥市场对文化资源配置的基础性作用，支持民办、多种所有制文化企业发展，引导和鼓励社会资金进入公共文化领域。发展文化产业要充分依靠市场机制，在确保导向正确的前提下，繁荣文化市场，争取更大的经济效益。因此，要坚持“两手抓”，一手抓公益性文化事业，发挥政府的主导作用和主要责任；一手抓经营性文化产业，发挥市场和社会力量的作用。应该由政府投入的公益性文化事业必须确保投入，应该由市场主导的经营性文化产业不能长期依赖政府。政府和市场的作用都充分发挥，才能促进文化事业与文化产业协调发展，实现社会效益与经济效益双丰收。

第五，正确处理城乡、区域文化发展的关系，坚持统筹兼顾，从薄弱环节入手推进文化建设均衡协调发展。城乡、区域文化建设差距较大、发展不平衡，是一个不可否认的现实。目前我国广大农村和西部地区文化发展还比较落后，公共文化产品供给不足，农民群众及城镇低收入居民、农民工等群体文化生活还比较匮乏，保障人民群众基本文化权益的任务仍然艰巨。落实科学发展观，必须把统筹城乡、区域文化发展作为重要政策取向，在继续提高城市和东部地区文化发展水平的同时，推动农村和中西部地区文化事业加快发展，形成优势互补、协调发展的新格局。文化惠民工程等重大文化建设项目要重心下移，公共文化资源要向农村倾斜、向中西部地区倾斜，公共文化服务网络要进一步向农村延伸、向城市社区延伸，逐步实现基本公共服务的均等化。要积极探索城乡互动互助的新方式，组织好多种形式的公益性文化活动，推进文化下乡，丰富农村、边远山区和进城务工人员的精神文化生活，确保全体人民共享文化改革发展成果，增强幸福感。

第六，正确处理“硬件”与“软件”的关系，坚持提高文化建设的持续发展能力。文化设施是公共文化服务的重要基础和平台，如果这个“硬件”不硬，人民群众的基本文化权益就无法保障。但是，只有“硬件”不行，必须“硬件”、“软件”一起抓。一些地方存在的重“硬件”建设而轻“软件”建设的观念和做法必须改变。如果“软件”抓不好，“硬件”就得不到科学管理和有效运用，文化服务的能力和水平还是上不去。近年来，我们加大政府投入，启动一批重大文化建设工程，大幅度改善了文化发展的基础条件，许多地方文化建设基本面貌焕然一新。将来我们要在此基础上，一方面继续把重大工程和重大项目组织好实施好，提高“硬件”建设的水平，加快构建覆盖全社会的公共文化服务体系，增强公共文化服务和产品的供给能力。另一方面要处理好形式与内容的关系，更加重视文化内容建设，创作更多的优秀作品；更加重视科学管理，创新体制机制，提高文化设施的利用效率，使之在服务群众文化生活中更好地发挥作用。“软硬件”都抓好了，文化建设才能实现可持续发展。

第七，正确处理传统形式与现代技术的关系，坚持依靠科技进步创造新的文化增长点。文化建设既要发扬传统、彰显特色，又要与时俱进、不断更新。我们在长期实践中积累的优秀传统文艺形式和方法不仅不能舍弃，而且还要巩固、发展和完善。同时也要看到，现代科学技术日新月异，以数字化、网络化为代表的现代信息技术突飞猛进，信息传播方式已产生了革命性飞跃。科技进步是推动文化发展的根本动力。我们必须主动适应现代信息技术发展的新趋势，用现代技术来提升文化建设的水平。一方面，要用现代科技手段改造传统文化产业，表现和丰富传统文化的内涵，提高传统文化的表现力，实现内容、形式和风格的多样化，使传统艺术形式获得新的生机。另一方面，要用现代科技手段创作新的文艺形式和文化产品，催生新的文化业态，创造新的文化需求。当前，互联网打破传统媒体的时空界限，已经成为覆盖广、影响大、发展势头强劲的大众传媒，为文化发展开辟了潜力巨大的发展空间。要注重建设好、使用好、管理好新兴文化阵地特别是网络阵地，充分发挥互联网传播先进文化、开展公共文化服务和舆论引导作用。

第八，正确处理传播中华文化与吸收外来优秀文化的关系，不断提高国家的文化软实力。中华文化源远流长、博大精深、丰富多彩。我们要以更加自信的姿态“走出去”，把文化“走出去”与外交、外贸、科技、教育、体育等领域的国际交流合作结合起来，拓展政府和民间两个渠道，开展全方位、高质量的对外文化交流。要发挥文化企业和文化产品的独特作用，培育知名品牌，扩大文化的传播范围，增加我国文化产品和服务在国际市场上的份额，更好地展示我国的发展成就和良好国际形象。同时，我们不能故步自封，要以更加宽广的胸怀“引进来”，勇于和善于吸收、融汇世界优秀文化成果，为中华文化注入新鲜血液。传播中华文化与吸收外来优秀文化都是提升我国文化软实力的重要途径，两者不可偏废。这两方面的工作做好了，才能够构筑强有力的国家文化软实力，搭建与世界各国人民沟通、理解、信任的桥梁，让中华文明为世界文明的多样性和人类文明作出更大贡献。

三、加强公共文化服务体系建设，努力保障人民群众基本文化权益

公共文化服务体系面向群众，服务群众，其根本目的是使文化成为城乡广大群众人人参与、人人享有的事业。公共文化服务体系建设是深入学习实践科学发展观、推动文化大发展大繁荣的重要内容。其建设的成效，关系到充分保障人民群众基本文化权益，关系到改革成果惠及全体人民，关系到社会主义事业的延续和发展，关系到党的执政地位和基层政权的巩固。我们必须从政治的和战略的高度，从党和国家长远发展的高度，加强公共文化服务体系建设。

经过改革开放30年的努力，我国公共文化服务体系建设取得了重大进展，保障水平有了明显提升，为群众参与文化活动创造了有利条件。但我们也要清醒看到，目前我国公共文化服务水平仍不高，历史欠账较多。公共文化服务体系建设缺乏有力保障和财政支撑，基层公共文化基础设施落后，公共文化服务资源总量偏少、质量不高，广大群众的基本文化需求同公共文化服务能力不足之间的矛盾仍然比较严重。为加强公共文化服务体系建设，中央出台了一系列政策措施，国务院在应对金融危机、扩大内需的10项措施中明确提出要加快文化事业发展。我们要抓住这一良好契机，健全服务组织，扩大服务网络覆盖面，拓展服务领域，努力向全社会提供更多更好的基本公共文化服务。

第一，加强基层公共文化设施建设，实现公共文化资源的共建共享。文化馆、文化站等公共文化设施是政府提供公共产品、开展公共服务的基础和载体。加强设施建设是公共文化服务体系建设的首要任务。要科学规划并抓紧建设国家、省、市、县、农村乡镇和城市社区乃至行政村的六级公共文化设施，到2010年基本建成以社区和乡镇基层文化设施为基础、覆盖城乡的公共文化服务设施网络，让群众就近方便地参加文化活动，享受公共文化服务。在文化设施规划和建设中，要重视统筹城乡公共文化服务，以加强农村公共服务为关键环节，落实新增教育、卫生、文化、计划生育等事业经费主要用于农村的规定，缩小城乡公共文化服务的差距。要把城市社区文化设施纳入建设规划，妥善解决城市社区文化设施建设的资金来源问题，鼓励发达地区与发达城市率先建立完善、全覆盖的公共文化服务体系。要通过几年努力，力争使城乡基层文化基础设施、文化活动场所与流动文化设施有一个较大的发展，基本形成较为完备的公共文化设施网络。要建立公共文化资源共建共享机制。优先安排涉及群众切身利益的文化建设项目。加快推进实施广播电视村村通工程、全国文化信息资源共享工程、农村电影放映工程等，这些工程的基层服务要依托乡镇综合文化站和村文化室统一管理，统筹协调，综合利用，避免多头建设。要加强文化设施的管理和使用，整合各部门各单位的文化资源，使不同文化资源相互补充、相互促进，提高公共文化设施的使用效率。

第二，深化内部改革，提高公共文化服务能力。公共文化单位在公共文化服务体系建设中承担着重要职责。加强公共文化服务体系建设的一个重要方面，就是深化公共文化单位改革，切实提高服务能力。一要按照中央关于文化体制改革总体部署，深化县级图书馆、文化馆劳动、人事、分配等方面的内部改革，增强公益性文化事业的活力。二要鼓励公共文化单位积极创新服务方式。比如实行定点服务与流动服务相结合，采用政府购买、补贴等方式，向基层、低收入和特殊群体提供免费文化服务。要努力探索公益性文化活动社会化运作的方式。要在总结经验的基础上，把好做法加以推广和应用。三要在博物馆、纪念馆免费开放的基础上，逐步推进公共图书馆、文化馆免费开放，提高公共服务质量。四是中央、省、市级文化机构要按照“三贴近”的要求，推动工作重点、文化资源和文化服务下移，建立经常性下乡服务制度。五要建立健全绩效管理与评估体系，促进公共文化服务的规范化和制度化。

第三，整合各方面资源，共同推进公共文化服务体系建设。推动文化建设既是文化战线的重要任务，也是全社会的共同责任。文化部门要切实履行好职责，并主动争取各方面的配合与支持；发展改革、财政、社保、税务、工商等与文化建设密切相关的部门，要切实担负起责任，在政策、财力、物力等方面积极提供支持和保障。要鼓励社会力量参与公共文化服务体系建设，提供公益性的文化服务。要落实关于进一步支持文化事业发展若干经济政策，广泛调动社会各界参与和支持的积极性，鼓励社会力量对公益文化活动、项目和文化设施等方面的捐赠，鼓励和引导非公有资本按规定进入文化领域，形成公共文化服务的多元化与社会化格局。

第四，加强公共文化队伍建设，提高干部队伍整体素质。队伍素质决定着公共文化服务的水平。要抓紧实行职业资格制度，建立准入制度。要注重加强培训，更新从业人员知识和技能，提高服务本领。要注重发挥基层文化骨干、文化名人的作用，加强农村业余演出队、业余电影放映队、文化中心户等业余队伍建设。要在农村行政村发展农村文化管理员，城市社区发展社区文化指导员，形成一支扎根基层、服务群众的专兼职公共文化队伍。要大力发展文化志愿者队伍，增强公共文化服务队伍的活力。

第五，加强领导、加大投入，为公共文化服务体系建设提供保障。加强公共文化服务体系建设，领导是关键。一是各级党委、政府要把加强公共文化服务体系建设作为深入学习实践科学发展观、推动文化大发展大繁荣的重要方面，纳入重要议事日程抓实抓好。二是切实增加政府对公共文化体系建设的投入。各级政府都要确保文化事业经费的增长不低于当年财政收入的增长幅度。对中央在扩大内需中新增加的文化建设投入，要切实管好用好，严防挪用、挤占和腐败行为。三是建立农村公共文化服务经费保障机制。党的十七届三中全会明确强调要建立稳定的农村文化投入保障机制。中央和省、市三级要设立农村文化建设专项资金，确保农村重点文化建设的资金需求。可通过政府购买的方式，支持开展农村公共文化活动，保障农村县乡公共文化机构的正常运转。

四、突出关键领域和重点工作，切实完成2009年文化工作各项任务

2009年是新中国成立60周年，也是我们应对国际经济形势复杂变化、保持我国经济平稳较快发展的关键一年。目前我国处于本世纪以来经济发展最困难的时期。最近胡锦涛、温家宝等中央领导同志多次强调，要增强忧患意识，居安思危，增强信心，妥善应对。目前，中央已出台一系列扩内需、保增长、调结构、惠民生的重大措施，长春和云山同志在全国宣传部部长会上也提出具体要求。文化部门要紧密配合中央重大战略部署，主动扎实做好工作，为服务国家改革发展大局作出贡献。

第一，组织好庆祝新中国成立60周年系列活动，唱响时代主旋律。国庆活动是今年党和国家政治生活中的一件大事。文化部门要根据中央的部署，组织开展歌颂新中国成立60年辉煌成就的系列文艺活动，宣传共产党好、社会主义好、伟大祖国好、改革开放好，营造欢乐祥和的喜庆氛围，展现社会主义祖国欣欣向荣、生机勃勃的美好前景，展示中国人民蓬勃向上、开拓奋进的精神风貌，努力做到“抓活动、出精品；创特色、树形象；增动力、促和谐”。要发挥举国体制的优越性，精心规划，缜密组织，创作出一批具有民族特色、反映时代特点、深受群众喜爱的文艺精品，特别是《复兴之路》大型音乐舞蹈史诗，是中央交给文化部的政治任务，也是庆祝新中国成立60周年各项文艺活动中的重头戏，一定要组织完成好。要增强精品意识，实施国家舞台艺术精品工程（二期）等重大项目。各地也要积极动员，深入开展丰富多彩的群众性文艺活动，组织最优秀的文艺工作者，产生出一批有分量的成果。

第二，积极应对金融危机，加快培育文化产业。当前，国际金融危机正在蔓延扩散，我国发展的外部经济环境十分严峻，也会对文化事业和文化产业的发展带来压力。但从世界历史看，两次经济危机都催生了文化产业的发展。例如，1929年到1933年美国在经济大萧条期间，推出系列“新政文化计划”，迎来了广播、电影、游乐等产业在三四十年代的飞速发展，崛起了好莱坞、迪斯尼、时代华纳等文化产业集团，使美国成为世界第一文化产业强国。1997年亚洲金融危机后，日本实行文化立国战略，推动以动漫为代表的文化产业的发展壮大，文化产业规模居世界第二；韩国以韩剧为突破口，加大财政、税收支持，动员民间资本，建设文化园区，10年来文化产业规模扩大了5倍，帮助韩国走出经济低谷。可见，只要善于发现和捕捉有利时机，就能最大限度地化解危机的影响，反而能为文化发展提供重大机遇。我国目前的状况：一是金融危机凸显了文化产品和服务的精神激励、心理抚慰功能，进一步刺激了大众化、娱乐性文化需求；二是催生新的新闻信息和资讯需求，信息、资讯服务可能成为传媒业发展新的增长点；三是强化了市场的优胜劣汰效应，为文化创意产业的发展提供了契机，有利于文化产业结构调整。可以说，文化发展既是扩大投资，满足群众现实需求的领域，也是可以创造新需求的领域。我们要把应对金融危机作为文化建设的重要契机，积极发展文化产业，扩大文化消费。积极发展新的文化业态，推进网上购物、消费、游戏、动漫发展，增加文化产业在国民经济中的比例，利用文化创意成果拉动相关服务业和制造业的发展，增加大众化、娱乐性文化产品和服务的供给，扩大群众文化消费，有效带动国内需求。要通过产业政策引导和市场化运作，壮大我国文化产业的规模和整体实力，打造有自主知识产权、有市场影响的文化品牌。文化产业基础是文化企业，要尽快培养一批有实力、有竞争力的骨干文化企业。要研究降低文化准入门槛的政策，引导更多社会资本投资文化产业。要通过出口退税、金融支持等政策，鼓励文化产品扩大出口。要充分发挥文化建设在维护和谐稳定中的功能，通过丰富多彩的文化活动和有针对性的公共文化服务，疏导情绪，鼓舞斗志，激励全社会形成共克时艰的信心和勇气。

第三，加大力度，加快进度，推动文化体制改革取得明显进展。当前，文化体制改革已经由试点转向全面推开，这一阶段任务更加繁重。文化系统要增强改革意识、市场意识、开放意识，加大改革力度，在体制机制改革创新上下工夫。要推进国有经营性文化单位转企改制，完善法人治理结构，建立现代企业制度，使之成为合格市场主体；积极推进公益性文化事业单位深化改革，增强活力，促进服务方式的创新和服务能力的提高；打破传统文化资源分配体制，打破条块分割、地区封锁和城乡分离，建立健全统一开放、竞争有序的现代文化市场体系；加快建立党委领导、政府管理、行业自律、企事业单位依法运营的文化管理体制和富有活力的文化产品生产经营机制；妥善处理利益关系，完善配套政策，保护和激发广大文化工作者投身文化建设的积极性和主动性。

第四，加强文化部门自身建设，提高履行职责的能力和水平。贯彻落实科学发展观，要求我们从思想观念到工作方法都有大的创新，在推动政府职能转变上迈出更大的步伐，使工作与形势发展相适应。要注意抓好六个环节：一是抓定位。要按照社会主义市场经济体制的要求，完善职能定位，逐步实现由办文化为主向管文化为主转变，由主要面向直属单位转为面向全社会，履行好政策调节、市场监管、社会管理、公共服务职能。二是抓规划。要摸清文化各领域发展的现状和问题，提出具有前瞻性、科学性、可行性的目标和规划，并抓好现有规划和文件的贯彻落实。三是抓政策法规。文化工作一靠政策引导，二靠法规制度的严格管理。要根据不同区域、不同经济水平和发展阶段的需要，制定政策、完善政策、落实政策，不搞一刀切；要把好的政策及时上升为制度规范和法律法规，推动工作法制化。四是抓试点。每一项大的改革发展措施出台前，都要先选择不同地区进行试点，取得成熟经验后再推广。这样既能大胆开拓，又能积极稳妥。五是抓督察。对重大方针政策的贯彻执行，对人民群众关注的热点难点问题的解决，要加大监察力度，绝不放松。要改进督察方式，通过督察掌握进度，发现问题，提高政策的执行力。六是抓效能。有的同志反映，现在有的部门干工作，“日计有余，岁计不足”。要在建设服务型政府上下工夫，提高工作效率和服务质量。要改进工作作风，真抓实干，不搞花架子，把更多的精力用在解决实际问题上。要始终保持昂扬向上、奋发有为的精神状态，努力为党和国家工作、为人民服务。

同志们，文化工作责任重大，使命光荣。让我们在以胡锦涛同志为总书记的党中央的领导下，高举中国特色社会主义伟大旗帜，坚持以邓小平理论和“三个代表”重要思想为指导，深入贯彻落实科学发展观，开拓进取，扎实工作，推进文化大发展大繁荣，以优异的成绩向新中国成立60周年献礼！

在全国非物质文化遗产保护、古籍保护暨文博事业杰出人物表彰、颁证、授牌电视电话会议上的讲话

刘延东

（2009 年 6 月 11 日）

同志们：

在新中国成立60周年前夕，又正值第四个“文化遗产日”到来之际，文化部、人力资源和社会保障部和国家文物局召开这次表彰、颁证、授牌电视电话会议，具有十分重要的意义。刚才，表彰了近年来在文化遗产保护工作中取得突出成绩的先进集体和个人，向非物质文化遗产传承人和古籍名录收藏单位、重点保护单位代表，以及文博事业杰出人物进行了颁证和授牌。在此，我代表国务院，向受到表彰的单位和个人表示热烈的祝贺！向全国广大文化遗产保护工作者表示亲切的慰问！向长期以来关心支持文化遗产保护工作的各界人士表示衷心的感谢！

党中央、国务院对文化遗产保护工作历来高度重视，确立了“保护为主，抢救第一，合理利用，加强管理”的工作方针，制定了一系列法律法规和政策，推动文化遗产保护事业取得了历史性成就。特别是近年来，逐步建立文化遗产保护体系，开展了许多卓有成效的工作，取得可喜进展。一是文物保护成绩显著，保护水平大幅提高。摸清家底、人才培养、安全保障等基础工作进一步夯实，大量珍贵文物遗产在国家经济建设进程中得到有效保护，博物馆免费开放取得重要突破，获得广泛好评。二是非物质文化遗产保护意识深入人心，保护工作迈出新的步伐。一批濒危的非物质文化遗产得到记录和抢救，代表性传承人得到重点保护，国家、省、市、县四级名录体系初步建立，文化生态保护区建设等整体性保护进展顺利。三是古籍抢救、保护和利用卓有成效，文献价值得到进一步挖掘。各地古籍保护机构和工作机制更加健全，古籍保存条件得到改善，古籍中积淀的民族智慧得到开发利用。

多年来，全国广大文化遗产保护工作者怀着对历史、对民族高度负责的态度，以崇高的使命感和忘我的奉献精神，致力于中华优秀文化遗产的抢救保护和传承发展，恪尽职守，淡泊名利，耐得住寂寞，守得住清贫，长年奋战在艰苦边远地区，长期坚守在文献故纸堆中，在平凡的岗位上作出了突出贡献。许多人为之付出了毕生的心血与汗水，事迹感人至深、令人敬佩。今天受到表彰的先进集体和个人，就是广大文化遗产保护工作者的杰出代表。

下面，我就加强我国文化遗产保护工作谈几点意见：

一、从全局和战略高度，充分认识民族文化遗产保护工作的重要意义

当今时代，文化越来越成为民族凝聚力和创造力的重要源泉、越来越成为综合国力竞争的重要因素，丰富精神文化生活越来越成为我国人民的热切愿望。党的十七大提出了推动文化大发展大繁荣、兴起社会主义文化建设新高潮“两大一新”的战略部署，强调要加强对各民族文化的挖掘和保护，重视文物和非物质文化遗产保护，做好文化典籍整理工作。文化遗产事业是社会主义文化事业的重要组成部分。加强文化遗产保护，既是落实党的十七大精神的重要举措，也是功在当代、利在千秋的重大使命。

第一，加强文化遗产保护是传承中华文明、增强国家软实力的迫切需要。中华民族要实现伟大复兴，必须有先进文化做指引，建设强大的国家软实力。我国是拥有5000年悠久历史的文明古国，把丰富的文化资源转化为文化软实力，首先要立足于对民族优秀传统文化的传承和弘扬。丰富的传统文化资源不等于强大的文化软实力，文化资源只有得到保护和开发，转化为巨大的影响力和吸引力，才能成为软实力。我国各族人民在

漫长的历史发展中共同创造的宝贵文化遗产，是悠久历史的稀世见证，是文化延续和传承的主要载体。从某种意义上说，保护文化遗产，就是保护中华民族生存、发展和走向未来、走向世界的文化根基，使中华文化更具魅力和生命力。近年来，我们加大了文物出境展览的力度，很多稀世文物作为外交使者、国家名片，面向世界传播中华文化，起到了非常好的效果。我们必须从这样的高度，深刻认识文化遗产保护的历史意义和现实价值，大力弘扬优秀文化传统，促进我国文化软实力和国际影响力的提升。

第二，加强文化遗产保护是建设社会主义核心价值体系的重要内容。党领导的社会主义事业要永远立于不败之地，必须让社会主义核心价值体系在全体人民心中深深扎根，打牢这一思想基础要求充分发挥文化建设的重要作用。文化遗产是民族文化的精华、民族智慧的象征和民族精神的结晶。保护文化遗产是增强民族情感纽带、增进民族团结、维护国家统一的重要文化基础，是增强民族自信心自豪感、凝聚民族意志的必然要求。我们要通过文化遗产保护，深入挖掘和充分展示其中所凝聚的深刻内涵，将其融入建设社会主义核心价值体系之中，为树立共同理想、弘扬民族精神和时代精神做出不懈努力。

第三，加强文化遗产保护是贯彻落实科学发展观的必然要求。贯彻落实科学发展观的一个基本要求，就是更加注重经济社会协调发展，使广大群众共享改革发展成果，避免出现“一条腿长、一条腿短”的问题。文化遗产具有传承文明、普及知识、资政育人的功能。保护好文化遗产，一方面，能够为学术研究提供有历史文化价值的宝贵资源，促进教育、科技等各项社会事业发展，如社科类文化遗产可以为高校、科研院所提供文史资料，中医类古籍可以为传统中医复兴提供借鉴，古代兵书中蕴涵的军事战略思想可以为现代军事发展提供参考；能够直接满足群众文化需求，丰富精神生活，营造文化氛围，促进人民群众思想道德和科学文化素质的提高。另一方面，文化遗产的保护与开发，也能够有效带动文化产业和旅游业发展，为区域经济发展创造新的增长点。因此，一定要处理好有效保护、合理利用、加强管理、弘扬传承的关系，切实加强文化遗产保护工作，为促进经济社会全面协调可持续发展作出积极贡献。

同时我们也要看到，当前文化遗产保护工作仍然存在一些亟待解决的突出问题。随着工业化、城镇化的推进，有的地方出现了重视搞建设、忽视保护文化遗产的状况，一些文化遗产及其生存环境受到严重威胁，经济发展与文化遗产保护的矛盾突出，大规模城乡建设中稍不留神就可能造成对文化遗产的损坏，而文化遗产是不可再生的宝贵资源，一旦破坏，会造成无法挽回的损失；文化遗产保护工作进展不平衡，保护能力和水平有待提升，执法不严问题仍然存在，安全风险加大，近年来文物被盗现象频发、文物走私猖獗；文化遗产保护的法律体系还不健全，队伍素质仍需提高，经费保障不足，全社会对文化遗产保护的认识有待加强等。我们一定要保持清醒头脑，增强紧迫感和责任感，认真解决好存在的突出问题，把文化遗产保护工作提高到一个新水平。

二、抓好重点工作，扎实推进文化遗产保护事业

当前，我国正处于从文化遗产大国向文化遗产强国跨越的关键阶段，文化遗产保护工作既有较好的基础，也面临更艰巨的任务。我们要认真贯彻中央有关精神，按照“保护为主、抢救第一、合理利用、加强管理”的指导方针，遵循文化遗产保护规律，建立科学完备的保护制度，提升文化遗产保护工作服务经济社会发展全局的能力。重点要抓好以下几方面工作：

第一，加快推进普查工作。通过普查摸清家底，是文化遗产保护的基础和前提。目前，文物系统正在开展第三次全国文物普查，非物质文化遗产普查、古籍普查也取得了阶段性成果。要加强分类指导和科学规划，深入细致地做好普查工作，全面掌握我国文化遗产的基本情况，依法进行登记、建档和公布。要重视实地普查，保证普查资料的真实性、完整性、规范性，确保普查质量。要注重运用文字、录音、录像、数字化多媒体等各种方式，对文化遗产进行系统准确的记录，建立反映我国文化遗产基本面貌的档案资料和数据库。

第二，加强名录体系建设。国家已先后公布了两批非物质文化遗产国家级名录和《国家珍贵古籍名录》，调动了各地发掘和保护文化遗产的积极性，促进了社会关注度的提高，推动了文化遗产保护条件的改善。要把名录体系建设作为重要抓手，继续按照评审标准，对非物质文化遗产代表作和国家珍贵古籍进行认定，逐步完善我国文化遗产保护名录体系，使保护工作更加科学化规范化。

第三，建立完善非物质文化遗产传承机制。非物质文化遗产主要依靠传承人口传心授，传承人是非物质文化遗产的承载者和传递者。只有建立以人为核心、科学有效的传承机制，才能使非物质文化遗产薪火相传，一些非物质文化遗产濒临消亡，一个重要原因是后继乏人。要按照《关于加强我国非物质文化遗产保护工作的意见》（国办发〔2005〕18号文件）精神，陆续命名和公布非物质文化遗产项目代表性传承人，赋予他们以国家认可的荣誉，给予必要的生活保障，增强他们传承历史文化的责任感、紧迫感和积极性，使他们受到社会的尊重，充分发挥影响带动作用，让珍贵文化遗产代代相传。

第四，加强科技在文化遗产保护中的运用。如今科技越来越广泛地运用于文化遗产发掘、保护和利用的各个环节，文化遗产保护的成效与科技创新更加密切相关。要加快文化遗产科技保护成果的推广应用，形成开放、流动、竞争、协作的文化遗产保护科技创新体系，用现代科技提高保护、研究和传承传播水平。要加强文物保护科技创新基地与平台建设，建设一批高水平的国家重点文物保护科研基地、古籍修复中心和古籍实验室。要运用科技手段加强文化遗产保护重大课题的研究，积极开展国际交流合作，学习借鉴国际先进经验，着力突破文物保护维修的关键技术和前沿技术。

第五，改善文化遗产生存状况和安全条件。当前，我国部分文化遗产存在生存状况堪忧、保存条件落后的问题，一些文物保护单位、古籍收藏单位、博物馆保管环境和安全防范设施存在隐患，建设达标的比例较低。要因地制宜，借鉴成功经验，探索建立文化生态区和古籍重点保护单位，健全分级管理的科学体系。要着力改善文化遗产收藏保管条件，积极推进修复整理和研究利用，强化安全监管制度建设，完善安全防范设施，消除安全隐患。要加强文物市场监管，严格市场准入，严厉打击盗窃、盗掘、走私、倒卖文物等违法犯罪活动，严防文物流失。

三、加强组织领导，完善文化遗产保护的各项保障

保护文化遗产是一项长期艰巨的任务，也是一项复杂的系统工程。目前这项工作的方针、任务、思路已经明确，关键是切实加强领导，认真抓好落实。

第一，建立健全领导体制和工作机制。加强文化遗产保护是政府公共文化服务职能的重要内容，必须发挥政府的主导作用。地方各级政府要把文化遗产保护工作纳入议事日程，纳入经济社会发展规划。要正确处理文化遗产保护与经济建设的关系，制定保护规划，优先安排抢救处于濒危状态的重大文化遗产种类和项目，避免走先破坏、再重建的弯路。要加强组织协调，帮助解决突出问题和特殊困难。目前，非物质文化遗产保护、古籍保护工作建立了部际联席会议制度。各地也要结合实际，建立相应的职责明确、分工协作的协调机构或工作机制，有效整合各方面资源和力量。要加强文化遗产保护立法工作，加快推进《非物质文化遗产保护法》立法进程，为开展保护工作提供法律保障。

第二，加大对文化遗产保护的投入力度。中央财政要对重大文物保护项目、非物质文化遗产保护工程、古籍保护工作给予经费保障。地方各级政府要根据本地实际，设立地方性文化遗产保护项目，落实所需经费。此外，在社会力量参与文化遗产保护方面尚有很大潜力可挖。国家有关部门要抓紧完善社会捐赠和赞助文化遗产保护的政策措施，鼓励社会团体、企业和个人积极参与，逐步形成政府主导、社会力量广泛参与的经费投入机制。

第三，进一步营造良好社会环境和舆论氛围。繁荣发展文化遗产保护事业，需要全社会的热情关注和大力支持。各级文化文物行政部门及博物馆、群艺馆、文化馆、图书馆等公共文化单位，要把宣传和介绍优秀文化遗产作为重要任务，把握群众审美情趣和心理特点，组织内容丰富、形式多样、群众喜闻乐见的活动，使文化遗产保护融入社会生活。要继续推进博物馆免费开放，让更多的人特别是青少年走进博物馆，了解中华民族灿烂悠久的历史文化，培育整个社会的人文精神。广播电视、报刊杂志、互联网等新闻媒体要积极承担社会责任，传播普及相关知识，增强全社会保护文化遗产的观念和意识。再过两天就是“文化遗产日”了，要抓住这一契机加大宣传，在全社会营造有利于文化遗产保护的浓厚氛围。

第四，加强文化遗产保护队伍建设。多年来，我们形成了一支文化遗产保护队伍，这是最可宝贵的一笔财富。今天参加会议和受到表彰的各位同志都是这支队伍的中坚和骨干。但是也要看到，目前我们的人才队伍与保护工作的总体要求相比还有较大差距，人员总量不足，结构分布不合理，青年人才比较匮乏。我们要采取更加有力的措施，充实队伍，完善结构，提高素质，增强活力。要充分尊重、倾听和吸纳老一代文化遗产保护工作者的意见，坚持以老带新，建立人才梯队，激发青年人的主动性创造性，让更多的优秀人才脱颖而出。要充分利用高校和科研院所的知识储备和人才资源，加强基础研究、学科建设和人才培养。要在全社会广泛宣传受到表彰的先进集体和个人的事迹，使他们的崇高品质和精神发扬光大。同时，也希望受到表彰的同志们坚定传承民族优秀文化的信念，珍爱荣誉，再接再厉，发挥模范带头作用，作出更大贡献。希望广大文化遗产保护工作者以他们为榜样，进一步树立高尚的职业理想，培育脚踏实地、埋头苦干、淡泊名利、甘于奉献的作风，为我国文化遗产保护事业添砖加瓦。

同志们，做好文化遗产保护工作使命光荣，责任重大。让我们更加紧密地团结在以胡锦涛同志为总书记的党中央周围，锐意进取，扎实工作，开创文化遗产保护事业新局面，为社会主义文化大发展大繁荣、为全面建设小康社会作出新的更大贡献！

在2009年全国文化厅局长会议上的讲话

蔡　武

（2009年1月12日）

同志们：

这次会议是在贯彻落实党的十七大精神，深入开展学习实践科学发展观活动的形势下召开的。会议的主要任务是：以党的十七大精神为指导，深入贯彻落实科学发展观，传达贯彻中央领导同志关于文化工作的重要指示精神和全国宣传部长会议精神，认真总结2008年的文化工作，全面部署2009年文化工作，努力开创文化建设的新局面。

党中央、国务院高度重视文化工作。党的十七大对我国的文化建设进行了全面部署，指明了文化发展和文化工作的方向，明确了文化建设的总体思路和目标任务。2009年新年前夕，李长春、刘云山、刘延东同志来到文化部，就学习实践科学发展观，进一步深化文化体制改革，推动文化大发展大繁荣进行调查研究，并作了重要讲话。中央领导同志结合当前国内外形势和文化工作的实际，深入精辟地分析了文化工作面临的机遇和挑战，指出了在文化建设和发展中存在的问题，对下一步的文化工作提出了明确要求。中央领导同志要求我们充分认识当前我国文化建设面临的新形势新任务，进一步增强责任感、光荣感、紧迫感，进一步解放思想，转变观念，以科学发展观统领文化建设，抓住关键，突出重点，积极推动文化建设取得新成效。希望文化系统的广大干部职工认真学习领会中央领导同志的重要讲话精神，鼓足干劲，增强信心，团结一致，扎实工作，创造文化建设新的业绩，不辜负党中央、国务院的期望和重托，努力完成历史赋予我们的光荣使命。

下面，我根据中央领导同志的讲话精神，谈3点意见。

一、围绕大局，积极进取，2008年各项工作扎实推进

2008年是很不平凡很不寻常的一年。我们迎来了改革开放30周年、北京奥运会和残奥会、神舟七号成功上天等大事和喜事，也接连经历了一些历史罕见的重大自然灾害和难以预料的突发事件。对文化系统来说，2008年也不同寻常。中央对文化部领导班子进行了充实调整，新老党组实现了平稳过渡。在过去的一年里，在以胡锦涛同志为总书记的党中央坚强领导下，整个文化系统深入学习实践科学发展观，高举旗帜，围绕中心，经受了严峻的考验，紧密围绕“两大一新”的总体要求，锐意进取，开拓前进，圆满完成了文化建设的各项任务，向党和人民交了一份满意的答卷。

（一）面对复杂局势和重大事件，遵照中央的战略部署，冲锋在前，圆满完成各项任务

文化系统在抗击自然灾害，特别是在抗震救灾伟大斗争中发挥了独特作用。年初，文化系统广大干部职工和全国人民一道抗击冰雪灾害，作出了巨大的贡献。“5·12”汶川特大地震发生后，文化系统紧急动员起来，全力以赴投入抗震救灾。地震发生第二天，文化部向四川省发出慰问信。同时研究部署了在文化系统开展对口支援灾区的工作，迅速转发了江苏省文化厅向全国文化系统发出的对口支援灾区的倡议书。随后，文化部党组就文化系统救灾工作进行了更为周密的部署。经过短短两天筹备，与中宣部等九部门共同主办“爱的奉献”2008宣传文化系统抗震救灾大型募捐活动，募集善款15亿多元，在全国掀起抗震救灾热潮。文化部先后召开党组会、部务会和部长办公会10余次，研究部署文化系统抗震救灾及灾后恢复重建中的重要问题。部领导分别多次带队赴灾区慰问，实地察看文化系统受灾情况，指导灾区文化部门抗震救灾工作。积极与财政部等部门沟通，落实灾民安置过渡期文化服务经费6300万元。组织动员艺术家们深入地震灾区体验生活，创作出一批生动感人的文艺作品。成都艺术剧院联合国家话剧院创作并上演了大型话剧《坚守》，四川省文化馆制作了《我是汶川人》、《五星红旗在十三亿人心中飘扬》等优秀歌曲音像光盘，配送到灾区文化馆（站），组织广大群众歌咏传唱。

为加快灾后恢复重建，文化部制定并下发《公共文化设施灾后重建规划指导意见》，召开了文化系统灾后重建对口支援工作会议，就灾民安置过渡期间公共文化服务的安排制定了措施。国家文物局在震后迅速组织多个工作组赶赴灾区实地调研、评估，全面掌握文化遗产受损情况，指导抢险救灾，并及时向党中央、国务院和有关部门报告灾情，争取紧急抢险专项经费3000万元；制定《国家汶川地震灾后重建规划——文物抢救保护修复专项规划》，及时迅速启动了都江堰古建筑群、理县桃坪羌族碉楼与村寨抢救修复工程等10余个文物抢救保护项目。及时有效的文化活动和文化服务，缓解和安抚了受灾群众紧张情绪和受伤心灵，鼓舞了灾区人民和社会各界万众一心、众志成城、战胜灾害的斗志和信心。在这场抗击特大自然灾害的特殊战斗中，文化战线的同志们经受了严峻的考验，作出了独特的贡献。

努力实践“人文奥运”理念，北京奥运系列文化活动丰富多彩。为实践“人文奥运”理念，文化部牵头会同相关部门举办了系列奥运文化活动——“2008北京奥运重大文化活动”，历时半年，包括232个国内项目和227个国际及港澳台地区项目，古今相承、中外互动、开放多样，涵盖各艺术门类。其中国内部分包括全国优秀舞台剧（节）目展演、“群星奖”优秀节目展演、专业艺术展览、非物质文化遗产展演和“中国故事”，国际及港澳台地区部分包括“相约北京——2008”奥运文化活动。来自全世界80多个国家和地区的近万名艺术家演出600多场次，现场观众超过100万人次，是我国举办的迄今为止活动规模最大、时间跨度最长、艺术水平最高的文化盛会。在奥运村举办“中国故事·祥云小屋”非物质文化遗产展览，各省、自治区、直辖市文化厅局都派出展团，集中展示了最具代表性的100多个国家级非物质文化遗产项目和其他传统民族、民俗、民间文化，受到国内外观众的热捧，充分映衬了“人文奥运”的理念。

纪念改革开放30周年系列活动成果丰硕。文化系统广大干部职工和文化艺术工作者对改革开放怀有特殊的感情，在迎来改革开放30周年之际，我们积极组织开展了改革开放30年文化事业发展专题研究，回顾改革开放以来文化事业发展的历程，深刻总结30年来文化建设的宝贵经验和启示，充分认识改革开放对文化事业发展的重大意义。这个课题的主报告和9个分报告已结集出版，作为我们纪念十一届三中全会30周年的一份礼物。由中宣部、文化部、国家大剧院主办的全国现实题材优秀剧目展演，展示了9部改革开放以来创作的优秀戏剧作品；全国文化体制改革试点院团优秀剧节目汇报演出，10个院团将11台剧目献给了观众；中国儿童戏剧演出周，集中展示了近年来儿童剧创作的优秀成果。“纪念改革开放30周年美术作品展”以国画、油画、雕塑等多种艺术形式记录了30年来的时代变革和社会变迁。在苏州市举办了“纪念改革开放30周年——首届全国农民文艺会演”，2500余名来自基层的群众文化活动骨干参加演出，上演140场、315个节目，是农民文化活动的一次精彩展示和艺术盛会。在安徽举行了首届全国农民歌会，作为农村改革发祥地向改革开放30周年的献礼。我代表文化部在人民大会堂作了改革开放30年文化建设发展专题报告，各级文化部门在报刊、电视台、网络等各类媒体上组织了系列专访、述评、综述、专题报告会等活动，宣传报道改革开放30年文化建设取得的伟大成就，在社会上引起了强烈的反响。各地还组织开展了丰富多彩的纪念改革开放30周年的演出、展览及各类群众性文化活动，唱响了改革开放好、中国特色社会主义好的时代最强音。

（二）以繁荣发展为中心，以改革创新为动力，各项文化事业进展顺利

一是鼓励艺术创新，增强精品意识，各类文艺活动多姿多彩。以改革开放30周年为契机，一批反映近代以来中华民族奋发图强、争取国家独立、民族解放的英勇历程，讴歌改革开放伟大实践和伟大成就的文艺作品问世或进入创作修改阶段。以重大工程项目为抓手，促进艺术精品的创作生产，38个院团参与的“国家舞台艺术精品工程”全国展演活动的演出场次达400多场。“国家舞台艺术精品工程（二期）”启动实施。“国家重大历史题材美术创作工程”全面推开。“文华奖”剧（节）目的评选与展演、“交响乐之春”演出季、中国京剧艺术节、全国声乐比赛、全国杂技比赛等活动成功落下帷幕，促进了舞台艺术繁荣，丰富了人民群众精神生活。继续实施“国家昆曲艺术抢救、保护和扶持工程”、“全国重点京剧院团扶持工程”，传统艺术在继承和创新中薪火相传。精心组织“高雅艺术进校园”活动，10个具有国家水准和民族特色的艺术院团分赴21个省(区、市)的100余所高校演出168场，10余万名大学生近距离欣赏高水平演出，聆听专家深入浅出的讲解，普及与提高相结合，产生了良好的效果。加强了对各类艺术机构的评估工作，制定了全国音乐舞蹈院团评估指标体系，修订了全国美术馆评估办法和标准，开展了国家级中等艺术职业学校的调整与评审工作。

二是以服务基层为重点，以重大文化工程为抓手，公共文化服务体系建设加快步伐。乡镇综合文化站建设稳步推进，中央财政已投入11亿元，支持全国7000多个乡镇综合文化站设施建设，占乡镇综合文化站建设规划任务的1/4。中央财政设立专项资金，对中西部地区具备开展文化活动条件的达标乡镇文化站给予每站6万～8万元设备购置经费补助，目前已落实2008年度补助资金2.59亿元。辽宁省也设立了专项资金，为建成的乡镇文化站配备图书、计算机、音响等设备，2008年共投入400万元。公共文化设施服务能力进一步提高。目前全国已有1000余座博物馆、纪念馆陆续实现免费开放，受到各地群众的热烈欢迎。截至2008年10月，全国文化信息资源共享工程自建、共建各级服务点达61.4万个，资源总量达73.9TB。吉林省积极探索基层公共图书馆与高校共建共享，采取组建图书馆联盟、对口支援共建等方式，提高服务能力和水平。浙江省嘉兴市积极探索城乡一体化公共图书馆服务体系模式，2008年全市实现了乡镇分馆全覆盖。送书下乡工程全年共向292个国家级贫困县送书200万册。重大文化工程进展顺利。国家图书馆二期暨数字图书馆落成，国家博物馆扩建工程近日封顶；国家大剧院运营一周年成绩辉煌，演出800多场，观众突破100万人次；中国美术馆扩建工程已选好新址；国家话剧院工程进展顺利；恭王府博物馆正式开放，观众如潮。公共文化服务行业标准和业务评估体系建设取得了新进展。组建了全国剧场标准化技术委员会等8个标准化专业委员会，印发了《公共图书馆建设用地指标》、《文化馆建设用地指标》、《公共图书馆建设标准》等设施建设标准，发布了《古籍修复技术规范与质量要求》等5项国家标准和行业标准。开展第二次全国文化馆评估定级工作，参评馆达到2995个，占文化馆总数的93.4%，上等级馆共占文化馆总数的35%。

三是坚持一手抓繁荣，一手抓管理，文化市场稳步发展。健全文化市场政策法规体系，印发了《文化市场重大案件管理办法》，修订《2008年文化市场行政执法考评细则》，起草《艺术品管理条例》，下发《关于构建合理演出市场供应体系促进演出市场繁荣发展的若干意见的通知》等文件，促进艺术品、演出娱乐、网吧、网络文化、动漫等市场的健康持续发展。举办优秀民营文艺表演团体研修班，加强了对民营文艺表演团体的扶持。与中宣部等有关部门联合召开全国服务农民服务基层文化建设先进单位表彰大会，对民营院团、文化馆站、文化大院等直接服务农民的文化机构、团体进行了表彰奖励。加强了对文化市场秩序的整治，江苏、上海、北京、天津、海南、湖北、重庆、贵州等省市查处全国文化市场十大案件，重拳打击了各类违法文化经营活动。奥运会期间，北京、上海、天津、辽宁、河北等省市深入开展文化市场“奥运保障行动”，加强对重点地域、重点场所、重点部位的执法检查，整顿规范文化市场秩序，有力保障了奥运前后文化市场平稳、有序运行。

四是搭建交流平台，加强典型引导，文化产业快速发展。以博览会为平台推动文化产业发展，第四届中国(深圳)国际文化产业博览交易会、第四届中国西部(西安)文化产业博览会、2008中国义乌文化产品交易博览会成交额分别达702.32亿元人民币、58.77亿元人民币、18.6亿元人民币。举办第六届中国国际网络文化博览会和第四届中国国际动漫游戏博览会。培育文化产业骨干企业和战略投资者，加快文化产业基地和区域性特色文化产业群建设。命名山东曲阜新区和沈阳棋盘山开发区为第二批国家级文化产业示范园区，北京老舍茶馆有限公司等59个企业和单位为第三批国家文化产业示范基地。河北、浙江、山东、陕西等28个省、区、市共评出468个省级文化产业示范基地。奖励2007～2008年度优秀出口文化产品和服务项目，对国家文化出口重点企业进行了鼓励和扶持。组织参加昂古莱姆国际连环漫画艺术节，中国漫画第一次在政府指导下大规模走出国门，共签署11份跨国合作项目，总标的达1.15亿元人民币。组织参加加拿大渥太华动画节、第42届法国戛纳国际音乐博览会和香港音乐汇展。成功举办第七届中韩日文化产业论坛和第三届中国—东盟文化产业论坛。文化产业项目服务工作扎实推进。上海、江苏、云南、四川等23个省、区、市设立了扶持文化产业发展专项资金。文化产业行业组织建设逐步开展，辽宁、河南、广东、广西等13个省、区、市已成立省级文化产业协会。

五是切实抓好基础性工作，不断拓展新领域，文化遗产保护工作大力推进。组织丰富多彩的“文化遗产日”活动，贯彻文化遗产保护的法律法规，普及文化遗产保护知识，提高了公众文化遗产保护的自觉意识。文物保护工作成效明显。在第三次全国文物普查中，已有1994个县级行政区域启动了实地文物调查，共普查登记不可移动文物123480处。完成西藏三大工程文物建筑主体维修工程，故宫大修工程、应县木塔保护、晋东南早期建筑保护、涉台文物保护等重大文物保护工程进展顺利。大遗址保护成绩斐然。三峡工程、川气东送、西气东输、京沪高速铁路等大型建设工程中的文物保护工作稳步推进，“南海Ⅰ号”、丝绸之路等考古和文物保护工作成效显著。福建土楼申报世界文化遗产成功，大运河等申遗准备工作顺利推进。非物质文化遗产保护工作卓有成效。国家公布了第二批国家级非物质文化遗产名录510项、第一批国家级非物质文化遗产扩展项目名录147项，以及第二批国家级非物质文化遗产项目代表性传承人551名，颁布了《国家级非物质文化遗产项目代表性传承人认定与管理暂行办法》。命名了青海热贡文化和四川—陕西羌族文化两个生态保护实验区，进一步探索非物质文化遗产整体保护方式。

六是深入调研，加强指导，文化体制改革工作取得新进展。贯彻落实全国文化体制改革工作会议精神，下发《关于进一步深化文化系统文化体制改革的意见》，明确了当前和今后一个时期推进文化体制改革的总体要求和指导方针，对重点领域的重点工作进行了部署，加强了对文化系统改革工作的指导。配合中宣部、财政部等部门，积极推进改革配套政策的完善，推动出台国办发〔2008〕114号文件。制定印发《文化部关于印发直属事业单位岗位设置管理工作实施方案的通知》，文化部直属事业单位内部机制改革继续深化。积极探索文艺表演团体改革和经营性文化单位转企改制的有效途径。中国东方歌舞团等单位正在准备启动转企改制，将增强中直单位在文化体制改革中的示范作用。杭州越剧院、杭州歌舞剧院等5家市属文艺院团与杭州华数数字电视有限公司开展合作，探索传统文艺院团与数字电视、互联网协作发展新模式。贵州省启动省京剧院和贵阳市京剧院两团整合工作，制定出台《贵州京剧院组建方案》、《省、市京剧团改革成本分析及匡算》等9个配套政策，积极探索同一城市同类国办艺术院团资源整合和结构调整。文化市场综合行政执法改革成效显著，北京、上海、重庆、沈阳、西安、深圳等大城市和其他37个地级市完成了文化市场行政综合执法机构组建，执法效率和依法行政能力明显提高。

七是围绕中心，服务大局，对外和对港澳台文化交流工作迈上新台阶。强化与主要大国、区域组织和发达国家的文化关系。与美国联邦文化机构开展合作项目取得积极进展。在意大利罗马成功举办“走近中国”艺术节，各种文艺演出活动近70场，观众达8万余人次，成为中意建交以来在意举办的最大规模的文化活动。在英国、瑞士举办的中国艺术节以及与其他欧洲国家举办的文化交流活动均产生了良好效果。保持与俄罗斯、日本及其他邻国的文化交往，成功举办第10届亚洲艺术节。依托“上合组织”开展对中亚国家文化交流。积极促进“10+3”区域合作进程。同发展中国家的交流明显增加，对非洲文化工作力度加大，积极开展与阿拉伯国家的交流，不断提升与中东欧、独联体和“前南”国家的交流，与拉美及南太平洋国家交流渐趋活跃。文化中心建设稳步推进。柏林中国文化中心启用，与日本签署了互设文化中心的协定并启动东京选址工作，中国与俄罗斯、墨西哥互设文化中心工作启动磋商，曼谷中国文化中心筹建工作正式展开。

坚持“立足主流，面向青少年，着眼长远，以文化认同促进港澳与内地融合”的方针，大力推动中华文化在港澳地区的传播。出台了《文化部关于进一步加强对港澳文化交流工作的指导意见》，制定了一系列对港澳文化事业的支持政策，重点加强与特区政府文化官员、文化界人士、青少年的文化交流。在广东建立对港澳文化交流基地，扩大三地在文化资源、文化产业、文化人才等方面合作。积极推动港澳地区参与亚洲艺术节、“艺海流金”等文化交流活动，增进港澳文化艺术界人士对祖国的情感和对中华文化的了解与认同。积极配合中央对台工作大局，对台文化交流活动规模、水平和影响进一步扩大。成功举办了首届海峡两岸文博会。浙江、河南赴台举办“浙江文化周”和“中原文化宝岛行”活动；福建在台中县和台南市成功举办“妈祖之光”大型综艺晚会，并派出梨园戏剧团赴台南参加“郑成功文化节”；南京市和台北县合作，成功举办“两岸城市艺术节”——“南京市文化艺术周”和“台北县文化艺术周”。

八是加强协调，统筹兼顾，文化建设的保障体系取得新进展。文化投入进一步加大。2008年，中央财政投入文化事业费比2007年增长15.89%，首次突破15亿元大关；补助地方文化事业经费共计21.67亿元，超过2001～2007年补助经费的总和。文化法制建设整体推进。《非物质文化遗产保护法》立法工作取得重要进展。结合学习实践科学发展观活动，开展了对法规政策的清理工作。加强执法监督，推行行政执法责任制。对十省市开展了《社会艺术水平考级管理办法》执法检查。加强制度建设，进一步加强和规范我部行政复议和法律实务工作。开展“五五”普法中期督导检查，积极推动文化系统普法工作。“人才兴文”战略稳步实施。以思想政治建设为重点，领导班子和干部队伍建设工作得到加强。以能力建设为核心，加强了公务员队伍和文化专业人才队伍建设。完成了文化部“三定”方案的制定落实。贯彻落实十七届中央纪委二次全会和国务院廉政工作会议精神，文化系统党风廉政建设进一步加强。以领导干部为重点，加强监督，推进廉政文化建设，反腐倡廉教育深入开展。

总之，过去的几年，在文化系统广大干部职工的共同努力下，各项工作都取得了显著成绩。正如中央领导同志在视察文化部时所讲的，“十七大”报告指出，文化建设“开创了新局面”，这其中包括文化部和全国文化系统作出的积极贡献。特别是去年以来，文化部积极主动服务全党全国工作大局，凝聚力量，鼓舞士气，坚定信心，营造了良好氛围，发挥了重要作用。在推进文化工作的同时，顺利实现了领导班子的新老交替。当然，我们的工作中还存在一些问题。如，一些重点文化工程和项目资金落实不到位，执行力度不够；在建立基层公共文化机构经费保障机制方面，在落实从城市住房开发投资中提取1%用于社区公共文化设施建设的政策方面，进展不够大；体制改革特别是文艺院团转企改制的进程还显得缓慢，不少地方、不少单位还在等待、观望；机关中还存在官僚主义和文牍主义作风，工作效率不高，等等。这些问题都需要我们对照科学发展观的要求，围绕大局，认真反思，不断改进我们的工作，更好地完成党中央、国务院交给我们的任务。

二、深入开展学习实践科学发展观活动，紧密结合文化工作实际，牢固树立新的文化发展理念

科学发展观是以胡锦涛同志为总书记的党中央总结我国发展实践，把握世界发展趋势，坚持解放思想、实事求是、与时俱进，推进党的理论创新取得的重要成果，是中国特色社会主义理论体系的重要组成部分。科学发展观不仅是我国经济社会发展的重要指导方针，也是社会主义文化发展的重要指导方针。中央决定在全党开展深入学习实践科学发展观活动，是用中国特色社会主义理论体系武装全党的重大举措，是深入推进改革开放、推动经济社会又好又快发展、促进社会和谐稳定的迫切需要，是提高党的执政能力、保持和发展党的先进性的必然要求。在文化领域，面对经济社会发展新阶段对文化建设的新要求，面对人民群众对丰富文化生活的新期待，面对推动文化“两大一新”的新任务，我们必须深入学习实践科学发展观，切实以科学发展观统领文化建设，切实把科学发展观贯穿到文化建设的全过程。当前文化系统的首要任务，就是深入开展学习实践科学发展观活动，使文化建设的各项工作更加符合科学发展观的要求，实现社会主义文化大发展大繁荣的奋斗目标。

2008年初，文化部党组在深入学习贯彻党的十七大精神过程中，在全系统开展大调研活动，各地文化厅局也普遍开展专题调研，掌握了大量实际情况，获得了不少鲜活经验。在去年7月份召开的全国文化厅局长座谈会上，部党组明确提出要以科学发展观为指导，谋划文化建设的长远发展。根据中央的统一部署，自去年9月下旬开始，在中央督导组的指导下，文化部深入开展了学习实践科学发展观活动。近4个月来，先后组织了党组理论学习中心组集体学习，交流对学习科学发展观的认识。党组成员分别带队，深入机关、直属单位和各地进行调研。举办了机关及直属单位司局级和处级干部学习培训班；召开了由各类人员参加的座谈会；致函各地文化厅局，广泛征求各方面对推进文化建设的意见和建议；组织开展了解放思想大讨论。在认真学习、深入调研、广泛听取意见的基础上，党组召开了专题民主生活会，对照科学发展观的要求，认真梳理各方面意见和建议，深入分析制约文化科学发展的突出问题，提出一系列整改措施，并形成分析检查报告，接受干部群众的评议。经过学习、培训、讨论、调研，特别是经过解放思想大讨论，在事关文化发展的一系列重大问题上达成了共识，对文化建设面临的发展机遇和挑战也有了更加深刻的理解和认识。

（一）清醒认识、准确查找文化系统在贯彻落实科学发展观方面存在的问题

正如中央领导同志所深刻指出的，由于我国仍然处于并将长期处于社会主义初级阶段，人民群众日益增长的物质文化需求同落后的社会生产之间的矛盾这一社会主要矛盾没有变，我国文化发展的整体水平还不高，还不能很好地满足人民日益增长的精神文化需求，还没有充分发挥在推动经济社会发展中的积极作用，还需要进一步加强文化在引导社会、教育人民方面的功能。我国文化在国际上的影响力和竞争力与我国国际地位不相适应，与我国5000年文明积淀的丰厚文化资源不相适应。就文化建设自身来看，文化发展的体制机制还不健全，活力还不强，与全社会快速增长的精神文化需求不相适应，与日趋完善的社会主义市场经济体制不相适应，与对外开放不断扩大，国际文化竞争日趋激烈的新形势不相适应，与现代科学技术和传播手段迅猛发展并广泛应用的新形势不相适应。这种不相适应不但表现在我们的思想观念之中，也反映在我们的实际工作之中。

一是思想观念还需要进一步解放。对于新时期新阶段文化发展所处的国际国内环境的发展变化还缺乏深刻的认识判断，对于发展中出现的新情况、新问题还缺乏比较系统的分析研究，对于关系到文化事业长远发展的战略性问题还缺乏比较深入的思考。受计划经济体制下形成的思维定式影响，文化系统思想还不够解放，对于市场在资源配置中的基础性作用认识还不足。对于高新技术的运用还不敏感。对文化体制改革的紧迫性和改革的思路、整体内容等方面的认识还不够深刻，思想还不够统一。

二是政府职能还需要进一步转变。宏观管理职能还需要进一步加强，依法行政、科学行政的意识还须加强。重“办文化”轻“管文化”的现象依然存在。抓具体活动多、抓比赛评奖多、抓审批事项多、抓会议推动多。更多地依赖传统的行政命令，不善于综合运用经济、法律、财政、税收等各种手段进行文化管理。重事前审批，轻事后监管。文化政策法规建设落后于实践需要。部机关司局存在职能交叉的现象，机关与事业单位关系不够顺畅，与真正实现政企分开、政事分开、政资分开、依法管理还有相当的距离。

三是体制机制还需要进一步改革。不大善于区分不同类型的文化产品和文化服务。在发展公益性文化事业方面，劳动、人事、分配等内部机制缺乏活力。一些文化事业单位特别是文化部直属事业单位性质定位不明确，分类不清，改革操作性实施方案尚未形成。在发展经营性文化产业方面，不大善于运用市场经济规律合理配置资源，对多种所有制文化企业发展扶持不够。在培育市场主体方面，有活力、有实力的文化企业数量还远远不够。吸引社会各界重视和支持文化事业和文化产业的能力不够强，缺少社会力量参与文化建设的平台和渠道。文化建设项目总体偏少，文化投入长期不足，资金来源渠道单一。在文化市场综合行政执法改革中，还有大量工作要做。

四是基层文化的建设力度还需要进一步加大。公共文化设施建设还比较滞后，城乡之间、区域之间文化设施建设差距很大，而且呈扩大趋势。城市建设中缺乏文化设施建设规划。对公民文化权益的具体内容缺乏深入研究，公共文化服务体系评估标准尚待建立。农村公共文化服务经费保障机制还未建立，对农村文化市场的培育和监管需要进一步加强。基层公共文化服务队伍力量不足，素质有待提高。

五是领导班子和干部人才队伍建设还需要进一步加强。各级文化部门领导班子以科学发展观统领文化建设的自觉性有待提高。领导班子和干部队伍的专业结构、年龄结构等还需要进一步合理化，能力和水平有待进一步提高。党风廉政建设需要进一步加强。对文化艺术人才的培养还缺乏全面的规划和强有力的措施，专业人才青黄不接，学术带头人、艺术接班人培养和引进都不够。选人用人的机制还不够灵活，管理效率不高，文化艺术人才管理体制亟需改革。机关干部队伍中还存在官僚主义和文牍主义作风，服务意识和创新意识不够强，工作效率不够高。

（二）深刻认识和剖析制约文化科学发展的突出问题的根源

经过深入思考和剖析，我们认为，产生上述问题的原因是多方面的，有客观方面的，也有主观方面的。文化系统在深入开展学习实践科学发展观活动中，要着重对照科学发展观的要求，深挖主观方面的原因。

一是忧患意识、自觉意识不够强。面对人民群众对文化产品的种类、数量、品位要求和对文化服务方式、质量要求的迅速提高，面对世界范围内各种思想文化交流、交融、交锋日益频繁以及文化软实力竞争中西强我弱的严峻局面，许多同志还缺乏强烈的忧患意识，缺乏足够的责任感、紧迫感、使命感和高度文化自觉。

二是宏观视野、战略思维不够宽。考虑问题常常局限于眼前，局限于微观，局限于自己办文化，局限于直属单位，从而不能很好地统筹文化发展与经济发展，统筹区域文化发展，统筹城乡文化发展，统筹文化事业和文化产业的发展，统筹不同人群的文化需求，统筹国内国际两个大局。从总体上看，文化系统视野、思维仍需要进一步拓展。

三是群众观念、基层观念不够牢。文艺精品力作还较少，难以满足人民群众对高品位高质量文化精品的期待。在艺术生产和评价体系中，重视评奖、忽视市场，重视专家、忽视观众，重视形式、忽视本体的现象还比较严重。没有始终坚持把基层工作实际和基层文化工作者的要求作为我们科学决策的基础和着力点，机关的工作重心下移不够，深入基层有待进一步加强。

四是工作抓手、工作作风不够实。现有的工作抓手主要是在以前的体制机制下形成的，迫切需要按照科学发展观的要求，探索新的制度设计和运转方式，寻找新的工作抓手。干部队伍的精神状态、精神面貌还需要进一步改进。求真务实的作风还不够，散、软、弱的现象还比较突出，执行力不强，有些该定的事定不下来，该办的事没有及时办。

（三）牢固树立新的符合科学发展观的文化发展理念，把好思想观念这个总开关

党的十六大以来，我们以科学发展观为指导，不断探索中国特色社会主义事业中的文化发展规律，逐步形成了一些新的文化发展理念。一是在文化的作用与地位上，明确了文化建设是中国特色社会主义事业总体布局的重要组成部分，文化越来越成为民族凝聚力和创造力的重要源泉、越来越成为综合国力竞争的重要因素，丰富精神文化生活越来越成为我国人民的热切愿望。二是在文化发展方向上，要牢牢把握社会主义先进文化的前进方向，建设社会主义核心价值体系，发展面向现代化、面向世界、面向未来的，民族的科学的大众的社会主义文化。三是在文化发展目的上，要坚持以人为本，满足人民群众日益增长的精神文化需求，保障人民群众基本文化权益，丰富人民群众的精神文化生活。四是在文化发展动力上，坚持改革创新和科技进步，破除制约发展的体制性障碍，不断解放和发展文化生产力。五是在文化发展思路上，要坚持一手抓公益性文化事业、一手抓经营性文化产业；一手努力构建覆盖城乡、惠及全民的公共文化服务体系，一手壮大文化产业、繁荣社会主义文化市场；一手抓繁荣、一手抓管理，推动文化全面协调健康发展。六是在文化发展格局上，要着力形成以公有制为主体、多种所有制共同发展的文化产业格局，以民族文化为主体、吸收外来有益文化的文化对外开放格局。七是在文化发展战略上，要提升国家文化软实力，提高全民族的思想道德和科学文化素质，促进人的全面发展，实施文化“走出去”战略，增强中华文化国际影响力。八是在文化发展领导力量和依靠力量上，要始终坚持党对文化工作的领导，充分发挥人民群众在文化建设中的主体作用，最大限度地发挥广大文化工作者的积极性、主动性、创造性。这八个方面的新理念，既是改革开放30年来积极探索中国特色社会主义文化建设的道路中逐步摸索总结出来的重要经验，也是在对文化发展规律和社会主义初级阶段社会发展规律的科学把握中逐步形成的重要理论成果，初步回答了新的历史条件下文化为什么要发展，实现什么样的发展，怎样发展和发展为了谁，发展依靠谁等一系列重大问题，是科学发展观在文化建设领域的集中体现，充分表明我们党对中国特色社会主义认识的不断深化，对新的历史条件下文化发展客观规律的把握，是我们在新的历史时期推动文化大发展大繁荣，兴起社会主义文化建设新高潮的重要理论依据。我们要在整个文化系统深入开展学习实践科学发展观活动，用新的文化发展理念来统一大家的思想和意志，用新的文化发展理念来指导文化建设，努力贯彻到文化建设的各个方面，并在实践中不断丰富和完善。

（四）不断解放思想，转变观念，树立高度的文化自觉

要紧密结合文化工作实际，针对在学习实践活动中查找出来的突出问题，进一步解放思想，转变观念，大力加强7个方面的意识：

一是忧患意识。强烈的忧患意识，是保持一个国家、一个民族、一个社会奋发向上的内在驱动力。居安尚且需要思危，更何况当前国内外形势如此错综复杂，更何况我们的文化建设存在着如前所说的种种不适应。我们面临的发展机遇前所未有，面对的挑战也前所未有。所以，要不断增强忧患意识，积极应对挑战。要清醒认识到，文化建设确实取得了巨大的成绩，积累了一定的经验，为推动文化大发展大繁荣奠定了良好基础，但我们不能就此满足，故步自封，要看到文化建设自身还存在着许多不足，与其他领域相比也还有很大的差距，必须积极进取，永不懈怠，始终保持昂扬向上的精神状态，始终保持艰苦奋斗的优良作风。要冷静面对未来可以预料和难以预料的各种风险和考验，不断增强对外开放不断扩大条件下应对急剧变化的国际形势的能力，不断增强科学技术迅猛发展趋势下应对挑战的能力，不断增强社会主义市场经济体制发展中创新体制机制的能力，不断增强适应人民群众对文化建设的新期待新要求、满足人民群众文化需求的能力，更加充分发挥文化在推动经济社会发展，引导社会、教育人民方面的作用，不断开拓文化事业的新局面。

二是大局意识。胡锦涛总书记在纪念党的十一届三中全会召开30周年大会上指出：“中国特色社会主义是全面发展、全面进步的事业，是物质文明和精神文明相辅相成、协调发展的事业。”文化建设是“四位一体”格局的重要组成部分，从事文化工作必须要有很强的大局意识。增强大局意识，首先要明确文化的地位和作用，增强文化自觉。要充分认识党中央把文化建设摆上突出位置的战略意义。一方面要看到，中国特色社会主义的全面小康社会必须是经济、政治、文化、社会协调发展的社会，加快文化发展对于提高经济社会发展质量、巩固发展成果、增强发展后劲、增强综合国力具有重要作用。要更加重视文化建设，把文化建设纳入经济社会发展全局，摆到更加突出的地位，投入更多的物力财力，使文化建设与经济建设、政治建设、社会建设整体推进、共同发展。另一方面，文化建设也必须围绕大局、服务大局，坚持“以经济建设为中心”，为中国特色社会主义建设提供思想保证、精神动力、智力支持和文化条件。要把思想统一到中央对形势的分析判断上来，统一到中央决策部署上来，以思想认识的高度一致保证行动和工作的高度协调。要紧紧围绕党和国家工作大局，牢牢把握文化工作的正确导向，唱响科学发展、和谐发展的主旋律，使文化领域的思想理论建设和各项业务建设始终保持积极健康、蓬勃向上的良好态势。要坚持转变作风，狠抓落实，将大局意识贯穿于具体实际工作各个环节；坚持求真务实精神和艰苦奋斗精神，扎扎实实做好本职工作，多干打基础、利长远的事，多抓加强基层和基础工作的事，努力做出经得起实践、人民、历史检验的实绩。

三是发展意识。科学发展观的第一要义是发展。推动文化的大发展大繁荣，最根本的是要紧紧抓住发展这个主题，转变发展理念，破解发展难题，转换发展方式，切实将文化建设纳入经济社会发展全局，以加快文化自身发展推动经济社会又好又快发展。要用发展的思路、发展的眼光，正确对待发展中出现的诸多问题，处理好发展实践中的重大关系，解决好发展中出现的各类矛盾。必须坚持实事求是的思想路线，把是否有利于促进文化繁荣发展作为评判文化工作的基本标准，与时俱进，勇于探索，永不僵化，永不停滞。要以发展为第一要务，坚持文化工作重在建设的方针。文化建设是一种在积累中发展，在发展中创新的渐进过程。要认真总结和吸取历史经验教训，排除来自各方面的干扰，避免折腾，不为任何困难所困，不为任何风险所惧，坚定发展方向和发展目标，聚精会神搞建设，一心一意谋发展。要从社会主义初级阶段的基本国情出发，从经济社会发展实际出发，科学制定发展规划，合理安排文化投入，积极实施文化建设项目，增强文化建设与经济社会发展的协调性。不能提出超越现阶段实际可能的过高的目标、要求，不能把只能在将来去做的事提前到今天来做，避免做过多的不切实际的许诺，把人们的胃口吊起来，但实际上又做不到。要坚持统筹兼顾，理顺文化与经济社会发展的关系，加强文化建设各个方面、各个环节之间的相互协调和配合，使文化发展的结构和布局更加全面均衡，发展的速度与质量效益更加协调统一，进一步增强文化可持续发展的能力。

四是改革创新意识。改革是解放和发展生产力的根本途径，创新是一个民族的灵魂。文化领域是最需要创新的领域，创新是文化的生命力所在。只有坚持改革，才能为建设社会主义先进文化提供强大的动力；只有锐意创新，才能为文化大发展大繁荣开辟更加宽广的道路。以科学发展观统领文化建设，最重要的一点，就是要增强改革的紧迫感，坚定改革的信念和信心，要明确改革的思路，探索改革的有效方式，加大改革力度，加快改革步伐，推动文化系统的体制改革向纵深发展，破解文化发展难题，转变文化发展方式，增强文化发展活力，解放和发展文化生产力。

要大力加强文化的内容形式创新，在继承优秀文化传统的基础上，推动不同艺术门类和文化活动相互融合，努力创造与当代社会相适应、与现代文明相协调，具有中国风格、中国气派的社会主义新文化。各级文化部门要围绕文化艺术繁荣发展的需要，研究制定更多鼓励文化内容形式创新的政策和措施。要大力增强文化系统对现代科技发展的敏感性，建立以文化企业为主体、市场为导向、产学研相结合的文化创新机制，积极推动文化与市场、科技和产业的结合，积极利用现代科技提高传统文化的表现力，积极运用现代科技手段开发利用民族文化资源，改造传统文化产业，催生新的文化业态，发展新兴产业，加快构建传输快捷、覆盖广泛的文化传播体系，为文化发展不断注入生机和活力。

五是以人为本的意识。科学发展观的核心是以人为本，文化工作更需要始终坚持以人为本。人民是文化创造的主体，是文化服务的对象，是文化产品“够资格和不够资格”的最终裁判者。要充分尊重人民群众在文化建设中的主体地位，充分发挥人民群众的主体作用，尊重人民的创造精神，倾听人民群众的意见，激发人民群众参与文化建设的积极性、主动性、创造性，推动全社会文化创造活力竞相迸发、充分涌流。要把满足人民日益增长的精神文化需求，促进人的全面发展作为文化工作的根本目标，把实现好、维护好、发展好人民文化权益作为文化建设的出发点和落脚点，大力发展文化事业和文化产业，努力提高文化产品和服务的供给能力。要以人民群众满意不满意作为衡量工作成效的根本尺度，建立健全面向群众、服务群众的体制机制，多提供人民需要的文化产品和服务，多做有利于保障人民基本文化权益的事情，让文化发展成果惠及全体人民。要坚持贴近实际、贴近生活、贴近群众，从人民的生产实践和生活中汲取丰富营养，激发创造活力，努力体现人民的意愿，反映人民的呼声，歌颂人民群众建设祖国、建设中国特色社会主义的伟大实践。文化产品的创作生产是非常复杂的精神劳动，需要专家学者、作家艺术家充分发挥个人的创造精神。对于文化艺术领域的领导者来讲，坚持以人为本，还需要全心全意地为作家艺术家服好务。要尊重知识、尊重劳动、尊重创造、尊重人才，要为文化工作者、文艺工作者创造一个导向鲜明、宽松和谐的创作环境，保证作家艺术家有个人创造性和个人爱好的广阔天地，保证作家艺术家有思想和幻想、内容和形式的广阔天地；提倡尊重差异、包容多样、鼓励创新、宽容失败，提倡不同流派、风格的自由发展，提倡各种学术见解的平等争鸣，同时提倡互相尊重、互相学习、取长补短、共同提高。要切实把这些指导原则变为具体的政策、措施和办法，变成可操作的工作。要全面贯彻落实党的知识分子政策，团结广大知识分子，团结得越多越好。

六是市场意识。改革开放以来，尤其是党的十六大以来，党中央从我国社会主义初级阶段和社会主义市场经济这样一个实际出发，提出文化建设从主要依靠计划经济手段，向充分发挥政府宏观调控作用和发挥市场在文化资源配置中的基础性作用转变，提出建设社会主义先进文化也可以利用市场机制，利用多种所有制形式，利用各种民间资本，这是思想上的一次新解放。从实践上看，社会主义市场经济体制的确立，大大拓展了精神文化产品的创作、生产、流通和消费的空间，为文化发展提供了难得的机遇。文化领域凡是对市场开放的行业，一般说来发展得比较快比较好，比如说网络游戏、动漫产业、电视剧的生产，等等。从一些文化单位改革的成效来看，也具有充分的说服力。近年来，一些艺术院团通过改革建立与市场经济体制相适应的体制机制，大大解放了艺术生产力，从过去“要我演”到现在的“我要演”，动力机制发生了改变，调动起了人的积极性和主动性。增强市场意识还是解决当前文化市场中公有制市场主体缺位问题的需要。在文化领域向多种所有制开放的条件下，公有制文化单位不面向市场，就可能被逐渐边缘化；在日趋激烈的国际文化市场竞争中，公有制文化单位依然停留在传统体制，掌握的文化资源不能发挥效用，就不可能具备进入国际市场、参与国际竞争的市场主体地位和实力；这不仅关系到文化自身的发展，还直接影响到国家文化安全。此外，只有面向市场，参与市场竞争，公有制文化单位才能提高对高新技术的敏感性，激发利用新技术推动自主创新，发展文化产业的内在动力。市场意识的确立也为我们正确处理两个效益提供了思想基础。在社会主义市场经济条件下，文化产品和服务既有教育人民、引导社会的意识形态属性，也有通过市场交换、获取经济利益、实现再生产的商品属性。意识形态属性决定了追求社会效益的价值取向，商品属性则决定了追求经济效益的价值取向。人们越来越多地通过市场满足文化需求，购买优秀文化产品和服务的人越多，受教育的面就越大，经济效益就越好，社会效益也就越广泛。从这个意义上说，没有经济效益，社会效益也难以落实，文化产业也无法实现再生产。反之，如果文化产品不讲社会效益，不能满足人民群众健康有益的文化需求，就会逐渐被市场淘汰，经济效益也无从谈起。因此，我们首先要不断提高文化产品和服务的质量，努力达到思想性、艺术性的统一，同时要善于运用市场机制，鼓励文化企业在确保正确导向的前提下争取更大的经济效益，把面向群众与面向市场有机地结合起来，努力实现社会效益与经济效益的有机统一。

七是法治意识。市场经济是竞争、自主、开放的经济，其运行的前提是参与市场经济活动的主体都具有独立的法人地位，通过竞争、优胜劣汰达到资源配置的优化。市场经济的运行需要有一个共同遵守竞争规则的公平竞争环境、稳定的社会秩序和体现社会公平正义的公共服务，这些条件市场本身并不能实现，而需要依靠有权威和公信力的政府来提供。因此，市场经济需要政府的角色由全能政府向有限政府转变，由人治向法治转变，把职能从无所不能转移到经济调节、市场监管、社会管理和公共服务上来。不断增强法治意识，加快职能转变，是在社会主义市场经济条件下文化行政部门引导推动文化发展的必然选择。要积极推进政企分开、政资分开、政事分开、政府与中介组织分开，推进管办分离，把不该由文化部门管理的事项转移出去，把该由文化部门管理的事项切实管好。进一步理顺文化部门与所属文化企事业单位和市场中介组织的关系，使政府文化部门的工作重心由过去的办文化转向为文化事业和文化产业的发展创造良好环境，提供优质服务，维护市场秩序，加强社会管理。着力创新文化管理机制，改变较为单一的管理手段和方式，逐步实现从行政管理手段为主到运用行政、经济、法律等多种管理方式并重的转变。要高度重视文化法制建设，把健全文化法律法规作为文化部门的一项重点工作抓实，抓出成效，尽快扭转文化行政行为缺乏法律依据、文化事业发展缺少法律保障的被动局面。要坚持依法行政，加强文化市场监管，建立文化市场综合执法机构，推进综合执法，形成权责明确、行为规范、监督有效、保障有力的执法体制，建设廉洁公正、作风优良、业务精通、素质过硬的执法队伍。切实解决机构重叠、职能交叉、多头执法、重复执法的问题，促进各项执法制度的建设，建立文化市场管理的长效机制，降低执法成本，提高工作效率，为文化事业的繁荣和文化产业的发展提供更加良好的法制环境。

三、抓住机遇，突出重点，开创2009年文化工作新局面

2009年是新中国成立60周年，是深入贯彻落实党的十七大精神、推进“十一五”规划顺利实施的关键一年，也是我们应对国际经济形势复杂变化，保持我国经济平稳较快发展的重要一年。做好今年的文化工作，意义重大。当前的国际金融危机对我国经济产生了很大影响，但我国发展的重要战略机遇期仍然存在。并且同基础设施建设一样，文化建设具有反周期调节的性质，历史经验表明，越是经济低迷，越是加强基础设施建设和文化建设的重要时机。国家调整宏观经济政策为加大文化建设投入提供了战略突破口。中央确定扩大内需的10项措施中，明确把文化发展作为重要内容。去年第四季度增加安排的1000亿元中央投资，分给乡镇文化站建设8亿元。中央刺激经济、解决民生问题的决策，为文化的逆势上行发展提供了非常难得的机会。

面对新形势、新任务，我们确定的2009年文化工作总体思路是：全面贯彻落实党的十七大、十七届三中全会和中央经济工作会议、全国宣传部长会议精神，学习贯彻胡锦涛总书记在纪念党的十一届三中全会召开30周年大会上重要讲话精神，坚持以邓小平理论和“三个代表”重要思想为指导，以科学发展观统领文化工作，按照“高举旗帜、围绕大局、服务人民、改革创新”的总要求，落实国务院确定的文化部新的“三定”方案，以加强公共文化服务体系建设，加快文化产业发展，深化文化体制改革，促进艺术繁荣，加强文化市场监管，加大文化遗产保护力度，扩大对外文化交流，加强人才队伍建设和党风廉政建设为重点，全面推进各项工作，促进文化大发展大繁荣，以优异的成绩迎接新中国成立60周年。《2009年文化工作要点》（草案）已经作为会议材料印发，请大家提出意见，会后将根据大家提出来的意见和建议修改印发。《要点》是2009年工作的纲，紧紧抓住这个纲，才能保证我们的工作有序、有效开展。下面，我就做好今年工作，再强调几点意见。

第一，要加快构建覆盖城乡的公共文化服务体系，切实保障人民群众的基本文化权益。建设公共文化服务体系是保障人民群众基本文化权益的主要途径，是推动文化“两大一新”的必然要求，是文化工作最重要的任务之一。今年全党全国工作大局是保增长、扩内需、调结构、促改革、惠民生。要在这个大局下加强公共文化服务体系建设。按照公益性、基本性、均等性、便利性的原则，不断提高公共文化产品的供给和服务能力，是政府的重要职责。要坚持以政府为主导，以公共财政为支撑，以公益性文化事业单位为骨干，以基层特别是农村为重点，鼓励全社会积极参与，创新公共文化服务方式。设施建设是公共文化服务体系的基础，也是公共文化服务体系建设的弱项。要进一步推动国家、省、市、县、农村乡镇（城市社区）、农村行政村六级公共文化服务设施建设，尤其是完善基层公共文化设施网络。要着重加快推进乡镇综合文化站建设，力争在今明两年中央财政各投入14亿元，加上相关地方配套，实现乡乡有文化站的目标。大力推进城市社区公共文化设施建设和村文化活动室建设。公共文化产品和服务的供给能力是公共文化服务体系的灵魂，设施再多，服务水平低，也于事无补。要继续实施全国文化信息资源共享工程、流动文化车等重大文化惠民工程，开展多种形式的流动文化服务和文化资源跨界共建共享，方便群众就近、便捷地获得高品质的文化服务。充足的财政投入是持续提供公共文化服务的前提。要积极协调相关部门建立公共文化服务体系财政保障机制，落实公共文化服务设施免费开放和县、乡、村公共文化服务单位正常运转所必需的经费。重大文化工程是我们工作的重要抓手，来之不易。要保证重大工程的实施进度，不能拖拖拉拉，为以后争取更多的项目打下良好的基础。要抓住中央实施积极的财政政策和适度宽松的货币政策的时机，提高策划、组织和实施项目的能力，善于从大局出发思考关系文化长远发展、与国家发展战略高度关联的重大项目，善于从可持续发展着眼规划安排项目，形成“实施一批、申报一批、储备一批”的良性循环。在这里要强调一下汶川特大地震灾害灾后文化重建问题。灾区省市要按照重建规划，尽快实现文化设施修复、重建，完善公共文化服务体系。全国文化系统要继续大力支持地震灾区的文化重建工作。

文化遗产保护工作近年来深受社会关注，必须扎实推进。要继续搞好第三次文物普查，推进重点文物保护工程项目，进一步规范文物市场，大力加强文物保护工作。要积极推动《非物质文化遗产保护法》的立法进程，进一步规范非物质遗产保护工作。要抓住保护和管理这两个重点环节，在普查、传承人保护、文化生态保护区建设等各方面，采取更有力的措施。要做好首次非物质文化遗产普查，开展第三批国家级非物质文化遗产名录申报和第三批国家级非物质文化遗产项目代表性传承人评审工作，推进非物质文化遗产保护研究基地和文化生态保护实验区建设，开创“非遗”保护工作新局面。

第二，要加快推进文化体制改革，增强文化发展活力，解放和发展文化生产力。目前，文化领域体制改革虽然取得一定成效，但不少方面受传统体制的影响还很深，对文化体制改革精神和部署的认识还有待提高，改革进程与其他相关行业相比还有一定的差距。要进一步解放思想，加强对中央有关改革精神和改革政策的学习，正确认识制约本地区、本单位发展的问题，把思想统一到中央的决策与部署上来，增强对改革的紧迫性和重要性的认识，提高改革的主动性、积极性和自觉性。要根据中央总体部署，深入贯彻落实科学发展观，统筹规划，突出重点，切实加大力度、加快进度，着力加强对文化系统改革工作的指导，要全面推进各方面体制机制的创新，加快重点领域和关键环节改革步伐，着力推进文化部直属单位的调整改革和体制机制创新，着力完善和落实深化改革的配套政策，着力健全推动改革的领导体制和工作机制。要提高改革决策的科学性，增强改革措施的协调性，妥善处理各方面利益关系。要打破按部门、按行政区划和行政级次分配文化资源和产品的传统体制，打破条块分割、地区封锁、城乡分离的市场格局，加快建立健全统一开放、竞争有序的现代文化市场体系。要加快经营性文化事业单位转企改制步伐，完善支持文化企业发展壮大的政策保障体系，推动演艺、音像、娱乐、艺术品等产业的跨地区跨行业兼并、重组，实现规模化、集约化发展。要重点加强对文艺院团改革的指导。目前，文化部正在和中宣部联合制定《全国国有艺术表演团体改革指导意见》，要力争于3月前按程序审定、颁布。上半年召开国有艺术表演团体改革经验交流现场会。下半年对全国国有艺术表演团体改革工作进行督察。各地也要因地制宜，加快院团改革步伐，积极深化艺术院团改革。单一院团难以独立走向市场，或者整合资源更有利于市场生存发展的，可以考虑将转企改制与结构调整结合起来，与院团改造结合起来，进行整体安排。要认真贯彻落实长春同志关于扶持转制院团发展的指示精神，帮助转制院团解决好与其规模及业务发展需要相适应的演出场所的问题，实现“一团一场”的配置要求。文化市场综合行政执法改革与政府职能转变关系密切，还要继续大力推进。适当的时候，文化部将会同中宣部召开文化市场综合行政执法改革经验交流会。公益性文化事业单位内部机制改革是一项长期的任务，要以增强活力、改善服务为目标，推进内部劳动人事、收入分配、社会保障制度改革，着重建立健全公共文化机构绩效考核体系，引入竞争机制，健全激励约束机制。除了推动面上的改革，文化部还要制定出台《文化部直属单位调整改革总体方案》，大力推进文化部直属单位改革。要加快中国东方歌舞团、文化部文化市场发展中心、中国文化报社、中国录音录像出版总社、中国演出管理中心等单位转企改制的步伐，力争上半年有1～3家单位完成转企改制前期工作，挂牌成立新企业。

第三，要以组织新中国成立60周年国庆文艺活动为契机，推动文化创新，大力繁荣文艺创作。今年是新中国成立60周年大庆之年，组织开展系列歌颂新中国成立60年辉煌成就的文艺活动，为60周年大庆营造欢乐祥和的喜庆氛围，充分展现社会主义祖国欣欣向荣、生机勃勃的国家形象，是文化工作大局意识的重要体现。特别是大型音乐舞蹈史诗《复兴之路》，是中央交给文化部的重大政治任务，也是庆祝新中国成立60周年各项文艺活动中的重头戏，一定要全力抓好。要精心规划，缜密组织，调集精兵强将，高质量地完成创排任务。高度密集的系列文化活动既是向祖国献礼，也是繁荣文艺创作、集中展示创作成果的一次良机。要增强精品意识，积极实施国家舞台艺术精品工程（二期）等重大项目，各地文艺工作者要对精品工程2007～2008年度资助的剧目进行进一步的修改、加工、提高，推出一批具有民族特色、反映时代特点、深受群众喜爱的文艺精品。要结合政府职能转变改革评奖机制，把群众评价和市场反应作为重要标准，加大现有奖项的清理力度，延长评奖周期，发挥好评奖的激励和引导作用。要积极探索扶持艺术院团发展的有效方式，调整艺术院团项目经费资助办法，在资助范围及标准、剧目论证、研讨、宣传、奖励等方面为院团艺术创作注入新的活力，促进院团文艺创作的全面繁荣。

第四，要大力发展文化产业，满足人民群众多层次、多方面、多样化的精神文化需求。社会主义市场经济条件下文化发展的基本思路，就是一手抓公益性文化事业，一手抓经营性文化产业，两轮驱动，两翼齐飞。大力发展文化产业，有利于加强文化与市场、科技的结合，不断解放和发展文化生产力，提高我国文化产品的国际竞争力，从整体上提高国家文化软实力，是我国经济社会全面、协调、可持续发展的必然要求，也是应对当前世界金融危机的有力手段。我们必须更加重视文化产业发展，抓住机遇大力加快文化产业发展。要加快文化产业基地和区域性特色文化产业群建设，当务之急是要培育一批有实力、有竞争力的骨干文化企业，特别是国有文化企业，解决公有制文化主体缺位问题。文化部门要转变观念，改变工作方式。要完善国家文化产品和投融资项目服务交易平台，为文化企业健康发展保驾护航，为文化产业发展提供更优质的服务。文化产业博览会对文化企业发展的作用不容小视，但是我们在其中的角色应当有所转变，要变直接承办为协调组织。要认真总结几年来文化产业展会的经验教训，以提高效率、提高效益为目标，整合相关文化产业博览会，调整好重点文化产业博览交易会的举办周期。建立国家级文化产业示范园区部际联席会议制度，文化部门要做好牵头和协调工作，发挥相关部门的积极性，做好国家文化产业示范基地和国家级文化产业示范园区的指导工作。必须强调指出的是，发展文化产业，一定要保持对科学技术的敏感，积极创新体制机制，引进、消化、吸收科学技术再创新，推动高新技术在文化领域的推广运用，加强文化产业的自主创新能力。

第五，要扩大对外文化交流，增强中华文化的国际影响力。实施中华文化“走出去”战略，加强与世界各国和国际组织的交往，提高中华文化的国际影响力，在我国整个对外战略中占有非常重要的地位。同时，这是一个非常复杂的命题，虽然我们现在摸索出了一些经验，但对于哪些文化要走出去、怎么样走出去，还要进一步研究。要坚持政府主导，官民并举，社会广泛参与，整合各种文化资源和力量，积极开展对外文化交流活动。要继续配合总体外交，发挥文化独特作用，发挥中央和地方两个积极性，请进来，走出去，动起来，活起来，不断扩大对外文化交流的规模、层次、效益。在推动对外文化交流过程中，要注意3个问题。一要守住国内文化阵地。我国加入WTO，承诺开放文化市场，国外文化资本和产品大举进入，国内文化市场面临剧烈的国际竞争。在推动“走出去”的时候，一定要守住国内市场、看好后院。要立足国内、立足传统、立足创新，采取有效措施，扎实做好各项文化工作，增强我国的文化实力，增加国产文化产品的国内市场占有率，减少文化贸易逆差。二要注重发挥文化贸易在“走出去”中的重要作用。文化贸易与政府交流项目相比，具有持久性、广泛性、活力强、政治敏感度低等特点，容易为国外受众接受。我们要充分发挥这个优势，加大对文化外贸工作指导和管理力度，国内外相互配合，着力培育国家文化产品出口重点企业和文化经纪组织及文化经纪人，加快建立与国际文化经纪组织和文化经纪人的联系，大力推动文化企业走出去，鼓励文化企业开展文化贸易，参与国际文化市场竞争，努力扩大我国文化产品和服务在国际文化市场上的份额。三要加强对外文化交流的机制建设。开展对外文化交流，文化部门不能单打独斗，要注重发挥各部门、各级政府的积极性，健全对外文化交流部际协调机制和区域协调机制，利用双边和多边文化合作机制，统筹协调全国的对外文化交流工作，形成对外文化交流工作合力。

第六，要转变政府职能，提高各级文化部门“管文化”的水平。转变政府职能，逐步实现由办文化为主向管文化为主转变，由管微观向管宏观转变，由主要面向直属单位转为面向全社会，既是文化部学习实践科学发展观的重要载体，也是建设法治政府和服务型政府的要求，应当成为各级文化部门工作的一个重点。要把实现“三个转变”作为一项重要任务来抓，抓好、抓实、抓出成效。要做好法规清理工作，摸清文化工作的立法需求，制定文化立法规划，加强与相关部门的合作，积极推动文化立法进程，提升文化立法的层次。归纳、梳理文化领域已制定的政策，找准政策需求点，加强研究和统筹力度，整合各级文化部门的力量，克服政策制定过程中的软肋，逐步建立健全政策体系。今年重点要落实对公益性文化事业捐赠的税收优惠政策，从城市住房开发投资中提取1%用于社区公共文化设施建设的政策等。大力加强依法行政。各级文化部门要认真梳理与所属单位、挂靠社团的关系，分清哪些是具有行政职能的授权委托事业单位，哪些是文化中介机构，哪些是文化经营单位，要明确各自的职责，该收回的职能收归机关，做到权责明确，依法行事。继续深化行政审批制度改革，加大分权、放权力度，使权力运行得到有效监督，做到阳光行政，人民满意。加强文化市场监管，是实现由“办”到“管”，转变政府职能的重要内容。要把提高监管技术水平、开展专项整治、加强日常监管结合起来，建立市场监管的长效机制。加快全国文化市场监控平台建设，加强对歌舞娱乐场所、网吧和演出市场管理，特别是对在城郊、农村演出的内容和质量加大监管力度。对于新兴的文化市场，要加强研究，及时应对新产生出来的监管问题，如网络游戏虚拟货币、网络作品下载等方面的管理问题。要高度重视文化建设中的安全问题，注重文化内容的引导、监管，确保国家文化安全；注重文化生产、经营中的安全生产，防止出现重大事故，确保文化建设平稳健康发展。

同志们！

过去的一年里，全国广大文化工作者服从服务于党和国家工作大局，用自己的辛勤耕耘为文化繁荣发展作出了贡献，我们为之感到骄傲和自豪；新的一年，困难不小，挑战严峻，但也是大事、喜事接踵而来，我们肩负的使命更加艰巨而又无比光荣。让我们紧密团结在以胡锦涛同志为总书记的党中央周围，高举中国特色社会主义伟大旗帜，深入贯彻落实科学发展观，振奋精神，迎难而上，开拓进取，坚韧不拔，努力工作，为开创文化建设新局面，推动社会主义文化大发展大繁荣作出应有的贡献。

春节将至，给大家拜个早年，祝大家在新的一年里，工作顺利，身体健康，合家幸福，万事如意！

在全国文化体制改革经验交流会上的讲话

蔡 武

（2009年8月14日）

同志们：

今天上午，传达了长春同志对这次会议作出的重要批示，云山同志、延东同志发表了重要讲话。长春同志充分肯定了文化体制改革取得的丰硕成果，对深入贯彻落实科学发展观、进一步深化文化体制改革、加快构建有利于文化科学发展的体制机制作出了重要指示。云山同志系统总结了文化体制改革工作的成功经验，深刻分析了当前文化体制改革面临的形势和任务，对认真贯彻落实中央精神，加快文化体制改革步伐进行了全面部署。延东同志深刻阐述了继续深化文化体制改革的重要性和紧迫性，对抓住当前有利时机，推动文化体制改革在重点领域和关键环节取得新的突破提出了明确要求。各级文化行政部门要深刻领会中央领导同志重要批示和重要讲话精神，结合各地区、各单位的实际，认真组织学习宣传，抓紧贯彻落实。

从中央领导同志重要批示和讲话中可以看出，文化系统深化体制改革涉及5个大的方面：一是经营性文化事业单位转企改制；二是公益性文化事业单位创新运行机制、完善公共文化服务体系；三是转变文化发展方式、振兴文化产业，提升文化产业发展质量；四是深入推进文化市场综合执法改革，加快组建统一的文化市场综合执法机构，促进政府职能转变，整合地市级综合文化责任主体；五是积极创新文化“走出去”模式，增强中华文化的国际影响力和竞争力。这5个方面要求都很重要，中央领导同志都作了深刻阐述，既有路线图、时间表，也有任务书。各级文化行政部门要全面领会、整体部署、协调推进。在上述5项任务中，经营性文化单位转企改制是中心环节、重点内容。在转企改制工作中，国有文艺演出院团的改革又是一个相对薄弱、特殊的方面，按照云山同志的指示精神，我们要“积极推进，努力使整个文艺演出院团改革呈现新气象，打开新局面”。

刚才7位与会代表的发言，从不同的角度，介绍了近年来各地在推进文艺演出院团改革创新、大力发展演艺产业方面的探索和经验，谈得都很好，听后很受鼓舞。前不久，中宣部、文化部联合下发了《关于深化国有文艺演出院团体制改革的若干意见》（以下简称《意见》），进一步明确了国有院团体制改革的指导思想、目标任务和基本原则，阐明了国有院团体制改革的中心环节和主要内容，提出了深化国有院团体制改革在宏观环境建设、政策支持、组织保障等方面的总体要求，为做好当前和今后一个时期国有院团体制改革工作提供了基本遵循。下面，我结合对文化体制改革先进典型的学习，就深入贯彻落实中央领导同志重要批示、讲话和《意见》精神，加大力度、加快进度，开创国有文艺演出院团体制改革的新局面，讲几点意见。

一、深刻认识文化体制改革的重大意义，不断增强推进改革的自觉性和坚定性

党的十七大深刻阐述了文化建设的重要性，鲜明提出更加自觉更加主动地推动文化大发展大繁荣、兴起社会主义文化建设的新高潮、提高国家文化软实力的战略任务，明确要求在时代的高起点上推动文化内容形式、体制机制、传播手段创新，解放和发展生产力，对深化文化体制改革、完善文化政策、鼓励文化创新做出了一系列重要部署，充分反映了我们党对中国特色社会主义建设总体布局的认识达到了新的高度，对发展社会主义先进文化的认识达到了新的高度，对社会主义市场经济条件下文化建设规律的认识达到了新的高度。

文化体制改革是一场深刻的制度革命，是新体制对阻碍文化生产力发展的旧体制的突围，没有这种制度性的突破，文化就不可能实现大发展大繁荣。近年来，文化系统按照中央的部署，积极推进文化体制改革，在推动经营性事业单位转企改制、深化公益性事业单位内部机制改革、推行文化市场综合执法、转变政府职能、推动中华文化走出去等方面，进行了一系列有益的探索，改革步伐逐步加快，改革成效不断凸显，产生了重要的社会影响。同时，我们也清醒地看到，与中央提出的目标、任务和要求相比，与其他领域的改革进展相比，文化领域体制改革工作还相对滞后。一是计划经济体制下形成的一系列旧的思想观念没有彻底破除，等、靠、要的思想在一定的范围内还较为普遍地存在，体制改革的思想准备和舆论准备还远远滞后于改革发展新形势的要求。二是掌握大量文化资源的国有文化单位大都还游离于市场经济体制之外，不仅影响了以公有制为主体、多种所有制共同参与文化产业发展的格局的形成，而且影响了中华文化走出去和国家文化软实力的进一步提升。三是文化系统战线长，领域宽，门类多，但文化系统体制改革配套政策措施还不够完善，还不能为改革发展提供有力的政策支持。四是传统的文化体制与高新技术的联系不紧密、对高新技术的运用不敏感，没有完全建立起以企业为主体、市场为导向、产学研相结合的文化创新体系。当前，文化体制改革已进入攻坚克难的关键阶段，文化系统的同志们一定要认清形势，振奋精神，大胆探索，勇于开拓，积极投身改革，真正形成想改革、议改革、干改革的良好环境和氛围。

二、全面贯彻落实《意见》精神，加快推进国有文艺演出院团体制改革步伐

当前，文化建设的春天已经到来，推进国有文艺演出院团体制改革面临着极好的机遇。党中央、国务院高度重视文艺工作，为改革提供了坚强的领导保证；我国综合国力日益增强，为改革提供了坚实的物质基础；全面建设小康社会对文艺繁荣提出新的要求，为改革提供了强劲动力；文化体制改革配套政策不断完善，为改革提供了有力保障；文化体制改革试点工作取得显著成绩，为改革提供了丰富的实践经验。我们必须从不断解放和发展文化生产力、丰富人民精神文化生活、提高国家文化软实力的高度，充分认识深化国有文艺演出院团体制改革的重大意义，抓住机遇，奋力进取，加快形成有利于演艺业出精品、出人才、出效益的体制条件。

（一）充分认识推进国有文艺院团体制改革的历史必然性，认真总结和推广试点实践的宝贵经验

我国现行的国有文艺演出院团体制，是在革命战争年代形成的文工团基础上，通过新中国成立初期对私营剧团实行“改人、改戏、改制”而形成的，后来又学习了前苏联管理剧院（团）的模式，逐步形成了计划经济体制下按行政级别、区域划分分层设置剧院（团）的布局结构。改革开放以来，国有院团不断探索改革创新的路径，如1983年试行“承包制”，1988年倡导“双轨制”，1994年推行中直院团考评聘任制等，在当时的历史条件下对推动国有院团的发展发挥了重要作用，也为以后的改革积累了宝贵经验。但总体而言，这些改革并没有深刻触及国有院团的体制，更多的是着眼于完善机制。实践证明，如果体制不改革，只在机制上做文章，无法解决根本问题，更无法推动国有文艺院团持续快速的发展。

2003年，文化体制改革试点工作会议深入贯彻党的十六大精神，鲜明指出要以发展为主题，以体制创新为重点，切实推动国有文艺演出院团深化改革。6年来，各地各有关部门解放思想、大胆实践，积极探索以新的体制破解国有院团发展难题，一大批国有院团在体制转换中求活力，在面向市场中求发展，在服务群众中求效益，取得了显著的成绩，积累了有益的经验。一是一批国有院团从体制改革入题，通过转企改制，投身市场竞争，焕发了艺术创作生产的生机与活力，演出场次、演出收入增长明显，国有院团的主力军作用得到充分体现。二是一些地区将国有院团转企改制与院团资源重组相结合，进一步完善了院团的布局结构，市场对资源配置的基础性作用得到了进一步的发挥，大大提高了艺术生产的效率。三是一大批国有院团积极推进内部管理机制的转换，加大劳动人事、收入分配、社会保障制度改革力度，在项目策划、剧目制作、市场推广、品牌运作等方面创造了大量新鲜经验，国有院团面向市场、面向群众的意识和能力不断增强。四是一大批国有和民营企业，在国家政策的扶持下，积极参与国有院团体制改革，寻求互利双赢、共同发展的途径，多种所有制市场主体参与艺术创造、活跃演艺市场的局面正在加快形成。这些改革的成效和经验充分证明，中央关于深化国有文艺演出院团体制改革的指导方针、工作思路和政策措施是完全正确的。深入推进国有文艺演出院团改革创新，就必须沿着中央确定的以发展为主题、以体制创新为重点的方向前进，就必须充分发挥先进典型的示范作用，使改革试点的宝贵经验转化为进一步深化改革的强大动力。

（二）深刻认识当前国有文艺院团改革面临的深层次矛盾，切实增强完成体制改革任务的紧迫感责任感

在过去的6年里，国有文艺院团体制改革虽然取得了重大进展，但还处于“盆景”和“试验田”阶段，没有形成大面积的“百花园”和“丰收田”。在深化院团改革的过程中，一些深层次矛盾逐渐显现：一是在市场经济条件下，演艺业本身在市场化，但院团体制未改，艺术创作和生产与市场脱节，造成投入与产出不相匹配，效率低下，艺术产品的质量和数量不能满足人们多样化的需求。二是一些国有院团长期依赖政府，体制机制僵化，难以留住人才，造成了各类艺术人才的短缺和艺术创新能力不强，影响了主力军作用的进一步发挥。三是按照行政区划和级次层层办团的做法，导致国有院团“软、小、散、弱”问题突出，难以打造骨干演艺企业和具有影响力的文化品牌。四是演艺市场发育还不健全，院团的投融资渠道不畅，资金保障的长效机制尚未建立，改革的外部环境有待进一步完善。这些突出的矛盾和问题，都需要在实践中不断探索，寻找切实可行的措施，逐步加以解决。这就要求我们进一步增强紧迫感、责任感，抓住关键，突出重点，着力解决影响和制约文化科学发展的体制问题，推动改革向纵深发展。

（三）坚持解放思想、转变观念，用新的文化发展理念指导国有文艺演出院团体制改革

党的十六大以来，我们以科学发展观为指导，不断探索中国特色社会主义事业中的文化发展规律，逐步形成了一些新的文化发展理念。这些新的文化发展理念，深刻回答了新的历史条件下文化为什么要发展，实现什么样的发展，怎样发展和发展为了谁、发展依靠谁等一系列重大问题，既是改革开放30年来积极探索中国特色社会主义文化建设的道路中逐步摸索总结出来的重要经验，也是在对文化发展规律和社会主义初级阶段社会发展规律的科学把握中逐步形成的重要理论成果。在新的文化发展理念的指引下，通过几年来的改革实践，我们对长期困扰国有文艺院团发展的思想误区有了更深刻的认识，对于在新的形势下国有院团如何摆脱僵化观念束缚、实现科学发展有了更明确的思路。一是要进一步破除崇尚事业、恐惧企业的思想，改变片面强调文化的意识形态特殊性而排斥文化产品的商品属性、产业属性的观念，明确社会主义市场经济条件下文化发展的基本思路，就是要一手抓公益性文化事业，一手抓经营性文化产业，做到两轮驱动、两翼齐飞。二是要进一步树立面向市场、面向群众的意识。艺术创作是面向市场、面向群众，还是面向专家、面向领导这一问题，实质上是解决我们的文艺为谁服务的问题，是解决如何坚持把社会效益放在首位，实现社会效益和经济效益相统一的问题，也是进一步确立正确的艺术评奖导向的问题。在市场经济条件下，艺术产品没有接受市场检验，没有产生经济效益，很难讲有好的社会效益。三是要进一步消除以不同所有制身份论贵贱，以事业、企业身份论高低的落后观念，从思想上解决赋予市场主体平等地位的问题。院团的好坏、优劣，不是由单位的性质决定的，而是看它创作出多少艺术精品、培养出多少艺术人才、产生出多大的社会影响。不是凡事业的院团就是好的、重要的，转为企业的就是差的或一般的。四是要正确认识企业经营与文化责任的关系，创作、生产、演出艺术作品是文艺演出院团最根本的存在方式和演员最重要的艺术实践形式，也是院团弘扬主旋律、满足群众艺术需要、丰富社会文化生活的责任所在。深化国有院团的体制改革，不是要弱化院团所承担的文化责任，而是要探索通过与市场结合的办法，使国有院团更好地履行文化责任。五是要清醒看到，国有院团在文化市场上长期缺位，不利于党和政府对文化发展方向的引导，不利于确立社会主义先进文化的主导地位，甚至会危及国家的文化安全。必须尽快通过深化改革，确立国有院团的市场主体地位，增强其竞争力，扩大其影响力，发挥好引领作用。

近年来文化体制改革的实践表明，凡是对以上问题认识深刻的地区和院团，演艺事业都获得了较快发展。《意见》正是在深刻领会新的文化发展理念的内涵、认真总结院团改革试点经验的基础上，提出了国有院团改革的基本思路，明确了改革的方向和举措，确立了改革的目标任务。

（四）紧紧抓住国有文艺演出院团体制改革的中心环节，大力塑造合格的演艺市场主体

《意见》鲜明提出，转企改制是深化国有文艺演出院团体制改革的中心环节，明确要求对市场发育相对成熟的国有院团确定转制工作进度，除新疆、西藏外，各省、自治区、直辖市和计划单列市、省会城市2009年底前都要至少完成一家直属院团整体转制；试点工作基础较好的地区，现阶段要有计划地分期分批展开；2010年后，将国有院团转制工作向面上推开，对确定转制的院团全面实现转制。这一改革路线图和时间表的确立，顺应了培育国有演艺市场主体、加快推动演艺业发展壮大的要求，顺应了解放和发展演艺生产力、丰富人民精神文化生活的要求，顺应了发挥市场在演艺资源配置中的基础性作用、完善文化领域宏观调控的要求，为国有院团体制改革工作提供了最为重要的行动指南。在工作实践中，我们要牢牢把握“三个坚持”。

一是坚持区别对待、分类指导，采取灵活多样的方式推进转企改制。在转企改制的步骤和程序上，歌舞、杂技、曲艺、话剧、地方戏曲等方面的国有院团要率先进行整体转制；其他院团可以通过组建项目公司等方式，推行市场化运作机制，为转企改制积累经验、创造条件。在转企改制的推动主体上，各级文化行政主管部门要在“党委统一领导，政府组织实施”的体制下，切实承担起具体落实有关工作任务的职责，同时也要善于引导具备资质的各类企业积极参与，通过市场运作方式成为推动国有院团转企改制的重要主体。在转企改制和资源整合的关系问题上，提倡扶持转制院团加快做优做强，帮助其作为龙头企业与演出中介机构、演出场所等组建综合性演艺集团公司，迅速培育大型的骨干演艺企业。

二是坚持以改革的力度提升发展的速度，以发展的成果检验改革的成效。转制工作的成效如何，要通过转制院团的发展业绩来衡量，要通过演艺产业的繁荣发展来衡量，要通过广大人民群众的满意程度来衡量。转制院团要加快完善法人治理结构，加强成本核算，改进经营方式，真正建立起适应市场竞争需要的艺术创作、生产机制，绝不能搞“翻牌公司”。要积极运用市场手段和资本力量，大力开发原创性演艺产品，不断推出名家名角，不断打造出社会效益、经济效益俱佳的知名文化品牌。要善于整合优质资源，加快发展壮大步伐，努力成为演艺领域的旗舰、航母和巨无霸。一句话，更好地实现出人、出戏、出效益，是我们推动转企改制工作的根本目的。

三是坚持扶优扶强、抓重点带一般，显著增强国有资本在演艺领域的主导作用。要选择部分成长性好、竞争力强的国有或国有控股演艺企业，加大扶持力度，鼓励其以资本为纽带，开展跨地区兼并、重组，成为善于利用国内国外两种资源、积极开拓国内国外两个市场的演艺业重要支柱。要大力支持有实力、有信誉的民营企业参与国有院团转企改制和股份制改造，打造跨地区、跨所有制、跨业态的新型演艺市场主体。

（五）坚持统筹兼顾、协调推进，全面提速国有院团体制改革进程

院团体制改革是一项复杂的系统工程，在加快推进国有院团体制改革中，要注意统筹和处理好6个关系：

一是统筹和处理好体制创新与机制转换的关系。体制创新是国有院团改革的根本方向。中央领导同志指出，国有院团改革的基本方向是产业化、企业化、市场化。转企改制的院团要自断退路，实现可核查、不可逆的改革，义无反顾，走向市场。同时，我们也要高度重视推进保留事业体制的院团深化劳动人事、收入分配和社会保障制度改革，建立健全绩效考评体系，完善激励和约束机制，在面向市场、面向群众中增强活力、改进服务。

二是统筹和处理好转企改制与结构调整的关系。结构调整是深化国有院团体制改革的重要内容，是优化转制院团发展环境的必然要求。各地在大力推进国有院团转企改制的同时，要按照“整合资源、调整布局、优化结构、提高效益”的要求，加快打破按行政区划和行政级次分配文化资源和产品的传统体制，打破条块分割、地区封锁、城乡分离的市场格局，积极推进有条件和实力的院团引进战略投资者，以资本和业务为纽带，进行合乎市场规律的兼并和重组，着力提高产业集中度。要加快整合同一城市中不同层级重复设置的国有院团。对无演出能力、长期完全依赖财政补贴生存的国有院团，在妥善安置人员的前提下，核销其单位建制。总之，要通过结构调整，切实提高演艺业整体发展质量和水平。

三是统筹和处理好培育市场主体与完善市场体系的关系。市场主体能不能在市场中发展壮大，除了企业自身努力以外，很大程度取决于现代市场体系的完善程度。要使文化企业有更完备的竞争平台，必须加快建立起统一、开放、竞争、有序的现代文化市场体系，当前特别是要加快人才、资金、技术等要素市场建设，加快电子票务、剧场院线等现代演艺营销体系建设，为转制院团市场化发展提供良好的条件。

四是统筹和处理好分类指导和均衡推进的关系。林林总总的演艺品种，在市场化程度上差异很大。我们强调，国有院团的转企改制，一定要坚持区别对待、分类指导，绝不能搞一刀切、一窝蜂。市场发育程度好、市场前景明朗的艺术品种，要坚决推进转企改制，对于市场发育程度不高的艺术品种，应慎重稳妥地谋划发展之道，待条件具备时再考虑转企改制。对那些由于各种条件和因素，必须保留事业体制的艺术品种和院团，要明确划定。同时，我们也要强调，无论是何种院团，都要确立面向市场、面向群众的意识，从各自的实际出发，按深化改革的要求做好各方面的工作，绝不能"躲进小楼成一统"，置身于改革之外。

五是统筹和处理好院团改革和事业单位整体改革的关系。从整个改革全局来看，文化体制改革相对滞后，需要加快进度，实现与其他领域改革的协调发展。但从事业单位改革均衡推进的角度看，院团改革又不能脱离整个事业单位改革的整体进度而单兵突进。因此，在推进院团改革过程中，要瞻前顾后，注意与事业单位整体改革相衔接、相协同，防止走回头路。

六是统筹和处理好国有院团改革与民营院团发展的关系。民营院团是我国社会主义文化事业的重要组成部分，来自于民间、成长于民间、服务于民间，是活跃和繁荣城乡基层文化市场的生力军。在文化体制改革中，要认真借鉴经济体制改革的成功经验，处理好存量改革与增量放活的关系。要坚持一手抓国有院团的体制机制改革，壮大国有院团的实力和竞争力，充分发挥其繁荣社会主义文化的主力军作用；一手抓民营院团的健康发展，通过完善对民营院团的扶持政策，放开搞活，使民营院团有一个快速成长、良好发展的环境，鼓励各类社会资源举办各种民营院团，促进形成以公有制为主体、多种所有制共同参与演艺产业发展的格局。

（六）进一步落实和完善院团改革的保障政策，为院团改革营造良好政策环境

各地要深入学习、研究以国办发〔2008〕114号文为代表的一系列改革配套文件，用好用足支持国有院团改革发展的既有优惠政策。与此同时，各地文化行政部门要积极争取有关部门支持，围绕《意见》提出的要求，结合实际，大胆探索，制定更具操作性、更加优惠的地方性政策，保障国有院团体制改革顺利推进。

一要在资源配置上对转制院团实行倾斜。国有院团大多底子薄、包袱重、体量小，只有对率先转企改制的院团给予倾斜，帮助其优先获得发展资源，才能真正实现"早改早受益，早改早发展"。要大力改善转企改制院团生产经营基本条件，以新建、改造、委托经营、租赁等多种形式，为转企改制院团配备相对固定的演出场所，实现"一团一场"。要通过政府采购、场次补贴等方式，吸引转企改制院团提供公益性演艺服务，在同等条件下，政府文艺演出采购项目可优先吸纳转制院团参加竞标。

二要在资金支持上对转制院团实行倾斜。这方面最重要的工作，是要确保院团转制后原有财政拨款继续拨付，不能减少。各地要使这项政策成为一项长期的制度性安排。对开发性项目，还应通过文化产业发展专项资金或基金等予以支持。要让大家真真切切地感受到，推进国有院团转企改制，不是政府"甩包袱"，而是帮助"找出路"。除此之外，还要采取其他方式拓宽转制院团的资金渠道，例如，要推进有条件的地方探索建立文化艺术发展基金，采取项目补贴、定向资助、贷款贴息和以奖代补等办法，加大对转制院团的资金支持力度，重点扶持精品创作生产，鼓励增加演出场次，支持人才培养。要鼓励各地采取多种方式为转制院团搭建投融资平台，完善演艺产业投融资体系。要完善和落实鼓励企业、个人捐赠文艺演出院团的税收减免政策，有效调动社会力量资助文艺演出院团的积极性。

（七）坚持以人为本，切实维护广大演职员工合法权益，进一步激发他们的积极性、主动性、创造性

广大演职员工是深化改革、推动发展的主体

力量。现在，国有院团体制改革已进入一个新的阶段，利益关系调整更加广泛，深层次矛盾和问题日益凸显。改革能不能深入下去，关键还要看能不能把干部职工的改革热情充分激发出来，形成推进改革的深厚群众基础。我们一定要牢固树立以人为本的观念，坚定不移地走群众路线，把解决实际问题和做好思想工作结合起来，动员和激励广大演职员工积极支持改革、踊跃投身改革。

一是要妥善做好人员安置和身份转换工作。如果不解除国有院团演职员工的实际问题和后顾之忧，改革就难以顺利推进。各地要按照新人新办法、老人老办法的原则，结合实际、大胆探索，采取灵活多样的办法，妥善解决转制院团人员安置和身份转换问题。对转制院团中有特殊贡献的演职员工，可探索实行期股期权等激励机制和办法，支持转制院团股份制改造时按照规范的办法吸收职工参股购股。对目前经营暂时存在困难的转制院团，要积极争取有关部门支持，通过建立包括企业年金在内的多层次养老保障体系，解决转企改制后的养老待遇水平衔接问题。对于转制院团中年龄偏大、或难以继续从事演艺事业的在职演艺人员，可以安排到博物馆、图书馆、文化馆、社区文化活动中心等文化单位，充实基层文化工作队伍。

二是要充分激发蕴藏在广大演职员工中的艺术创造活力。在转企改制过程中，要认真贯彻百花齐放、百家争鸣的方针，弘扬主旋律，提倡多样化，营造宽松和谐的艺术创新氛围。在艺术发展上要提倡不同品种和业态的大胆创造，大力支持原创性产品的生产和传播，加大知识产权保护力度，推出更多具有中国特色、中国风格、中国气派的演艺精品，充分展现中华文化的创新风范，使勇于创新、善于创新成为我国演艺业发展的潮流。要善于发现和培养具有创新精神、富于创造能力的艺术人才，保护创新热情、鼓励创新实践、完善创新机制、宽容创新挫折，努力形成多出演艺精品、多出创新人才的生动局面。

（八）加强领导，狠抓落实，确保院团改革平稳有序推进

现在，国有文艺演出院团体制改革的大计方针已经确定，关键在于狠抓落实。各地要将国有院团体制改革工作列为当前文化体制改革的重中之重，按照《意见》要求，加强领导，周密部署，确保完成各项既定任务。

一要深入贯彻《意见》精神，在解放思想中凝聚共识。各级文化行政部门要把学习、贯彻《意见》精神作为深入学习实践科学发展观的关键环节，在机关干部和国有院团演职员工中广泛、深入地开展“推动思想解放，加快改革步伐”主题学习活动，引导干部职工深刻认识深化国有院团体制改革的重要性紧迫性，增强完成各项改革任务的使命感和责任感，全面理解和把握深化国有院团体制改革的中心环节和基本要求，特别要提高推进转企改制工作的自觉性、主动性和创造性，积极推动演艺业又好又快发展。

二要建立健全领导体制，形成富于效率的工作机制。健全、高效的领导体制和工作机制，是推进改革的必要条件。各省、自治区、直辖市和计划单列市文化厅（局）要健全体制改革工作领导机构，组建精干的工作班子，完善会议、协调、调研、督察等方面工作制度，切实承担起推进本地区国有院团体制改革的职责。文化部将通过举办各省、自治区、直辖市及计划单列市国有院团体制改革工作负责人培训班等形式，推动建立上下联动、沟通密切、运转高效的工作机制。

三要宣传和推广改革典型，营造深化改革的舆论氛围。抓好典型示范，是推进改革的重要方法。各地要切实抓好对国有院团体制改革既有先进典型的宣传，掀起学典型、用典型的热潮，引导干部职工从比差距中增动力，在学先进中树信心。同时，要密切关注改革动态，鼓励探索和创新，及时总结和推广新的典型经验。文化部将采取编发改革动态、组织媒体采访、召开专题会议、出版典型经验选编和报告文学等形式，大力宣传和推广各地涌现的改革先进典型。

四要建立目标责任制，确保各项任务落到实处。强化问责和督查制度，是确保改革取得实效的有力保障。各地文化行政主管部门负责同志，要通过深入细致的工作，争取同级党委、政府把国有文艺演出院团体制改革纳入重要工作范畴，纳入同级财政预算，纳入对有关负责干部的考核考查，确保改革工作领导到位、人员到位、资金到位、措施到位。文化部将建立国有院团改革工作督察和通报制度，定期编制各省、自治区、直辖市及计划单列市国有院团改革工作进度通报。中宣部、文化部考虑在今年年底或明年年初适时对各省、自治区、直辖市及计划单列市贯彻落实《意见》情况开展集中督察，并通报督察情况，对做得好的地区和单位予以表扬和激励，对动作迟缓的地区和单位提出限期改进要求。

同志们，深化国有文艺演出院团体制改革，使命光荣，任务艰巨。我们既要充分估计进一步推动改革的复杂性和艰巨性，又要充分看到面临的有利条件和良好环境。我们相信，有党中央的高度重视，有基层干部群众的热切期盼，有各试点地区、试点院团所创造的宝贵经验，经过大家的共同努力，新一轮国有文艺演出院团体制改革工作一定能够取得圆满成功。

以具有时代精神和艺术魅力的精品力作带动全国文艺创作繁荣发展

——在2009年国家艺术院团创作工作会议上的讲话

蔡　武

（2009年8月6日）

同志们：

我们这次会议的主要任务是：研究和探讨如何创作出具有时代精神和艺术魅力的剧（节）目，如何进一步推出精品力作，使国家艺术院团真正成为代表国家最高水准、肩负建设国家主流文化战略任务的专业艺术院团，充分发挥国家艺术院团在全国的导向性、代表性和示范性作用，促进和带动全国的文艺创作繁荣发展。

下面我着重讲三个方面的问题。

一、国家艺术院团创作生产取得的成绩

在新中国成立60周年的历史时期，我们需要认真总结国家艺术院团创作、演出、管理、发展等各方面的情况，按照中国特色社会主义文化建设的总要求，按照艺术生产自身特有的艺术规律，按照市场经济的基本规律，总结经验，发扬成绩，认识不足，吸取教训，深化改革，开拓创新，使国家艺术院团在取得现有成就的基础上得到更好更快的发展。

第一，多年来，国家艺术院团积累了一批艺术品质过硬、群众喜闻乐见的优秀创作剧目。在国家艺术院团的历史上，有可以称得上是光辉灿烂的艺术记录，如京剧《穆桂英挂帅》、《杨门女将》、《红灯记》，歌剧《白毛女》、《原野》，话剧《抓壮丁》、《阿Q正传》，芭蕾舞剧《红色娘子军》、《祝福》，民族舞剧《铜雀伎》、《宝莲灯》，儿童剧《马兰花》、《报童》，交响乐《嘎达梅林》，钢琴协奏曲《黄河》，民族音乐《春节序曲》、《春江花月夜》，以及许多著名的歌曲、舞蹈节目等。很多经典性艺术作品流传下来，成为我国当代艺术史上的精彩篇章。近年来，国家艺术院团也创作出一批有影响的新剧目，如京剧《文成公主》，话剧《生死场》，歌剧《杜十娘》，芭蕾舞剧《大红灯笼高高挂》，舞剧《南京1937》，儿童剧《小蝌蚪找妈妈》、《月光摇篮曲》，歌舞《秘境之旅》、《蔚蓝色的浪漫》、《四季情韵》等。这些优秀的保留剧目以及新创作剧目，既是国家艺术院团几代艺术家心血、智慧的结晶，也是国家艺术院团艺术品牌的标志和艺术水准的代表；既为新一代艺术人才的培养、发展提供了丰厚养料，更为满足广大人民群众文化需求提供了丰美的精神食粮；既是国家艺术院团引领国内众多院团、实现自身带头作用的有力保证，更是奠定国家艺术院团“国家队”地位和作用的坚实基础。

第二，集中了一批德艺双馨、蜚声全国的优秀艺术家。国家艺术院团的辉煌，离不开一代又一代优秀的艺术家及优秀创作、表演人才，正是有了这样一大批德艺双馨的艺术人才在舞台表演艺术上耕耘不辍，才有了国家艺术院团的历史辉煌和创作业绩，也才有了当今深厚的艺术积累。在老一代的艺术家中，我们拥有很多艺术大家；在如今的国家艺术院团中，我们也同样拥有一大批全国一流的优秀表演人才和艺术创作人员，遍及京剧、话剧、音乐、舞蹈等各个艺术领域，可谓群星灿烂。这批优秀的艺术人才，凭借独特的艺术创造力，成为国家艺术院团赖以奠定自身地位和艺术优势的不可替代的宝贵艺术资源。

第三，建立了有效的演出运营机制，优秀剧目的影响不断扩大。近年来，随着我国市场经济的持续发展和文化产业的迅猛兴起，以及国家财政对国家艺术院团演出扶持力度加大，国家艺术院团大力开拓演出市场，主动迎接市场挑战，在演出收入方面取得显著成效。国家艺术院团2005年演出总收入为8000万元、2006年为1.2亿元、2007年为1.5亿元，2008年达到1.7亿元。呈现出连年递进式的良好增长趋势，4年内演出收入翻了一番。实践证明，国家艺术院团由于其雄厚的实力和独特的资源，对市场竞争具有很强的适应能力，依靠有针对性的艺术创作、较高的艺术质量和灵活多样的经营方式，迅速将艺术生产力转化为现实经济效益。四年翻一番的快速发展势头，是国家艺术院团不懈努力、探索创新的见证。

第四，发挥了国家艺术院团在公共文化服务方面的示范作用。作为代表国家形象的艺术表演团体，国家艺术院团在公共文化服务方面做了大量积极而有效的工作，显现出高度的责任心和使命感。在慰问抗击雨雪冰冻灾害、抗震救灾演出、“三下乡”慰问演出、高雅艺术进校园演出等一系列活动中，国家艺术院团充分调动广大艺术家的积极性，克服各种困难，以优秀的艺术作品，无私奉献的精神，奔赴灾区，深入基层，深入群众，将党中央、国务院的温暖和关怀送到最需要的地方去，将丰美的精神食粮送到群众中去，取得了非常好的社会效果。我特别认真地阅读了《中国文化报》发表的春节期间赴四川、甘肃、陕西地震灾区艺术家们每人一句的感言，这些感言都发自肺腑，情真意切，道出了演员们的心声，发出了人间最真最善最美的声音。我为此而感动、沉思了很久，我想，在国家有难、人民受灾的时候，国家艺术院团的艺术家们以高昂的热情，精彩的艺术，深厚的人文关怀，抚慰人们的心灵，激励重建家园的斗志，激发民族不屈的精神，作出了我们文艺工作者应该作的贡献。

第五，圆满完成了国家的各项重大演出活动和对外文化交流任务。国家艺术院团承担了中央和国家许多重要的演出任务，包括一些重要外事演出任务，充分彰显出国家艺术院团在体现国家文化形象方面所起的重要作用。许多中央的重要演出活动，比如国庆音乐会、新年京剧晚会、新年茶话会、春节团拜会、元宵文艺晚会等，还有一些随中央领导出访的外事演出任务，基本上是以国家艺术院团为班底。国家艺术院团每年都圆满完成中央交办的各项重要演出任务，受到中央领导的高度评价。这种评价既是对国家艺术院团艺术作品质量的认可，也是对国家艺术院团艺术人才水平的认可，更是对国家艺术院团展现国家文化形象能力的认可。我们应该珍惜这来之不易的荣誉，通过更加优异的艺术创作，不断向人民群众奉献优秀的精神食粮。

二、国家艺术院团目前存在的问题与差距

结合近几年的情况，特别是从2008年国家艺术院团创作演出等各项工作的总结与分析中，我感到各院团在充分肯定成绩的同时，要更加清醒、深刻地认识到国家艺术院团目前面临的主要问题和严峻挑战，特别是影响艺术创作的体制性和机制性障碍。在认真思考和研究的基础上，我归纳出几条国家艺术院团在艺术创作方面存在的问题和差距。这些问题和差距既有院团艺术生产本身的原因，也有多种社会的因素，还有行业发展和院团管理自身的问题。我在这里提出来，希望能够引起大家的重视和思考。

第一，国家艺术院团的创作与中央“两大一新”的要求有差距。党的十七大报告指出：“当今时代，文化越来越成为民族凝聚力和创造力的重要源泉，越来越成为综合国力竞争的重要因素，丰富精神文化生活越来越成为我国人民的热切愿望。”并希望广大文艺工作者坚持社会主义先进文化前进方向，创作更多反映人民主体地位和现实生活、群众喜闻乐见的优秀精神文化产品，兴起社会主义文化建设新高潮，更加自觉、更加主动地推动文化大发展大繁荣，让人民共享文化发展成果，出精品、出人才、出效益，在艺术创作中体现社会主义核心价值观。

目前，从全国的艺术创作整体状况来看，一方面各地都相继涌现出一批关注现实、关注民生，具有鲜明时代精神和强烈艺术感染力的优秀作品，在社会上引起了热烈反响，受到观众的热情欢迎。另一方面，在文化艺术领域中也出现了泛娱乐化和庸俗、低俗、媚俗甚至恶俗的创作倾向，文艺创作漠视改革开放、构建社会主义和谐社会和中华民族伟大复兴进程中人民群众的自信、奋发、开拓、创新的气概和精神，忽视普通人的生活状态和精神面貌。有些作品缺乏文化品位、精神品格和人文精神，既无思想深度，也缺乏对时代、生活和人的生动刻画。这些作品不能使人感受到思想的启示，感悟到时代的变迁，受到美好感情的浸染，也不能使人得到审美的感受。尽管这样的情况在我们国家艺术院团的艺术生产中还不明显，但值得引起我们的重视。

相比之下，国家艺术院团近年来的艺术创作从题材上来看，还是以历史题材的剧目居多，具有强烈现实意义、直面当代社会生活、紧扣时代脉搏、反映当代中国人民精神风貌和时代精神的优秀作品还不多。说明我们的艺术创作和中央提出的要求，和时代与人民的要求，还存在着很大的差距。当然，这并不是说历史题材就不能反映时代精神，好的历史题材照样可以观照现实生活，折射当代人的心灵，但是，最能引起观众共鸣的依然是最直接反映现实生活、具有强烈时代精神和艺术魅力的现实题材的艺术作品。从总体上看，国家艺术院团在现实题材创作方面比较薄弱，这也成为国家艺术院团艺术创作的“软肋”。

第二，国家艺术院团的创作与国家文化发展战略的要求有差距。一个民族的复兴和强国的兴起，必须有文化的兴盛，也应该有艺术的繁荣，文化“软实力”的提升，形成强大的国际文化影响力。改革开放以来，我国政治、经济、社会快速发展，取得了令世人瞩目的成就。但是中国的文化艺术还没有像政治、经济和社会发展那样，取得相称的国际地位。虽然我们拥有悠久辉煌的文明史，但由于近现代的落后与列强的入侵，国家积贫积弱100多年，导致中国文化的影响力日渐微弱。新中国成立后，和经济社会发展一样，中国文化的发展进入了一个新的历史时期，但由于诸多历史和社会原因，我国文化发展经历了曲折的历程，尤其是经历了“文化大革命”那样的摧残，文化发展步履蹒跚。直到今天，我国文化产品出口数量有限，文化贸易交易量很低，文化国际影响力和竞争力还很弱，演出和艺术品只占有很少的国际市场。目前我们面对复杂的国际形势和日益激烈的国际竞争，面对各种思潮相互激荡，面对西方文化的渗透，如果我们的国家艺术院团不能以自身的艺术创造构成具有国际影响力的艺术品牌，以带动全国艺术院团艺术创作质量的提升，我们国家的舞台艺术产品就难以具有国际竞争力，舞台艺术产品“走出去”就很困难，在西方发达国家的强势文化面前就会打败仗，而且难免会沦落为发达国家的文化原料产地和文化产品销售地。因此，我们必须要锐意创新，立志创作出具有竞争力的国际品牌性的文化产品，这是提升我国文化“软实力”的需要，是中华民族伟大复兴的需要。这也是国家艺术院团义不容辞的责任，国家艺术院团应该成为艺术创新、作品创作的“旗舰”。

当然，我们国家也有一些很优秀的剧目在国外演出非常成功，像京剧的传统经典剧目、杂技节目等都在国际舞台上获得广泛欢迎。还有一些近几年创作出的优秀剧目，在国外市场上赢得了非常好的声誉和影响。国家艺术院团也有一些品种和剧目在国外产生一定影响，如京剧、芭蕾、歌舞、交响乐、民乐等在许多国家的演出都产生很好的效益与影响。但总起来看，一是数量还很少，二是影响范围很有限，三是真正去做商演的还为数不多。目前国家艺术院团的创作作品缺乏国际竞争力，缺乏鲜明的中国文化魅力和强烈的艺术感染力，还难以在国际舞台上产生重大影响。从国家实现文化“走出去”战略的角度看，国家艺术院团在创作上还有很大的差距，需要我们付出更多的心血和更大的努力。

第三，国家艺术院团的创作状况与自身的地位和职责要求有差距。众所周知，在国家艺术事业的发展中，需要国家艺术院团发挥“导向性、代表性、示范性”作用，以引领整个艺术沿着正确的方向，向着高远的目标发展，这是国家艺术院团的基本定位和根本要求。而体现这种作用的基本标志，一是精品力作，二是优秀人才。也就是说，国家艺术院团必须拥有真正的艺术精品力作，能够代表国家水平和民族文化形象；必须拥有具有高水准、有影响的一大批艺术家和全国一流的艺术创作、演出、管理、经营队伍。改革开放以来，文艺的发展正在冲破计划经济体制下形成的樊篱，多种所有制和多种经营方式的艺术院团破土而出，许多院团活力很强，许多剧种焕发出新的生机。社会上有人认为，目前国家艺术院团的创作在某些方面不如一些地方院团，特别是在一些重要剧种如京剧、话剧、歌剧、舞剧等。面对这样的质疑，国家艺术院团应该引起深刻的思考，要思考为什么会出现这种质疑，检验一下我们的艺术创作是否确实代表了国家水平，是否达到了目前本艺术门类、本行业的最高水准，我们是否能够真正起到“代表性、导向性、示范性”的作用？从艺术人才聚集来看，国家艺术院团是否真正会聚了最优秀的艺术人才？是否有足够的吸引力吸引最优秀的人才？是否能在艺术创作实践中有效地培养出最优秀的艺术人才？

第四，国家艺术院团的创作与目前所拥有的人才资源、资金投入等条件不相称。从人才资源的角度看，目前国家艺术院团拥有许多地方院团无法比拟的人才优势，确实聚集了一大批最优秀的艺术人才，也是很多艺术人员向往的地方。人才是艺术创作的基础，丰富的人才资源应该能为国家艺术院团的创作提供源源不绝的动力。但是事实却并不尽如人意。这些年来，由于社会机制的变化，开放程度的提高，人才的有序和无序流动大大加快，据我了解，国家艺术院团的很多艺术人才加盟地方剧目或体制外团体和影视剧目创作，创作出许多优秀的作品，是创作团队中举足轻重的灵魂人物。但是这其中许多人在国家艺术院团中却往往没有创作，没有作品，有的甚至很多年没有排过戏，没有上过台。这些优秀的艺术人才，没能为国家艺术院团奉献出自己的才能，创排出优秀的作品，也没能在国家艺术院团的舞台上得到施展才华的机会。为什么会出现这种现象，怎样扭转和改变这种状况，这是很值得我们深思的。

此外，从国家财政投入的角度看，国家艺术院团近年来得到了国家财政的大力支持，从创作到演出的经费支持和保障比以前有了很大改善，为国家艺术院团的创作搭建了一个良好的平台，打下了坚实的基础，提供了必要的条件。我们已经不那么囊中羞涩、捉襟见肘。但是相对于大多数条件并不如我们的地方院团而言，国家艺术院团的创作却是投入产出不成比例。一些投入国家创作经费排出来的作品，演几场后就再不能演出了。为什么会形成这样的局面？怎样扭转和改变这种状况？这同样是很值得我们深思的。当然，从整体上来说，与国家艺术院团的地位、功能、生产能力和基础设施条件相比，国家财政投入仍然偏低，文化部会与财政等部门协调，力争国家艺术院团的经费投入逐年增加。但同时，降低生产成本，提高创作演出效益，是我们必须面对的一个课题。

三、对国家艺术院团创作工作的要求

第一，要坚定不移地坚持正确的文艺方向，贯彻落实党的文艺方针政策。坚持正确的方向，贯彻落实党的文艺方针政策，是文艺工作的根本问题。60年来，我国的文艺事业走过了一条繁荣发展的道路，在这条道路上，既有辉煌的成果，也有因曲折复杂的折腾造成的停滞和伤害。回顾革命文艺发展史，1942年毛泽东同志《在延安文艺座谈会上的讲话》提出“文艺为最广大的人民群众，首先是为工农兵服务”这一根本性的论断，基本奠定了我国革命文艺发展方向的政治基础。几十年来，我们的文艺方针大体上是在这样一个基础上来制定。随着我国经济和社会发展所经历的曲折，我们在具体的文艺方针、文艺政策上也同样出现波折。在社会主义建设初期，毛泽东同志提出了“百花齐放、百家争鸣”的文艺方针，倡导“洋为中用、古为今用”的原则。但这个方针，在相当长一个时期内，没有得到很好的贯彻执行。20世纪50年代后期，随着指导思想上“左”的倾向的发展，文艺方针出现偏差。造成的结果是，我国的文艺事业在这一时期，虽确有一些产生过重大影响的优秀作品，但总体而言，风格越来越单一，创作越来越公式化，作品越来越脱离实际生活，社会文化生活越来越单调，艺术家的创作主动性、积极性受到扼制。直到史无前例的“文化大革命”，又从文艺战线上肇始，文艺事业受到极大的摧残，全国只剩下8个“样板戏”。整个文艺领域思想被禁锢，队伍被打散，创作被垄断，万马齐喑，百花凋零。

1978年党的十一届三中全会后，实现了党和国家工作重点历史性的转折，实行了改革开放的政策。邓小平同志在第四次文代会上提出文艺要坚持“为人民服务，为社会主义服务”的方向，社会主义物质文明和精神文明要一起抓，同时，明确提出在文艺创作上提倡不同形式和风格的自由发展，在艺术理论上提倡不同观点和学派的自由讨论。这是恢复了党的实事求是的思想路线之后，针对我国改革开放的实践，在文艺方针上纠正过去的偏差所作出的全面的振聋发聩的号召，由此我们迎来了文艺发展的春天。此后，虽然在具体的政策上有过许多新的发展和调整，但作为我国文艺事业发展的根本方向和方针，“二为”方向和“双百”方针，始终统领着文艺思想路线和方针政策。

在改革开放的新阶段，以江泽民同志为核心

的党的第三代领导集体十分重视文艺工作，提出“文艺是民族精神的火炬，是人民奋进的号角”，将先进文化建设上升到立党之本、执政之基的高度来认识。在新的历史起点上，面对复杂的国际国内形势，胡锦涛总书记提出“以人为本”的科学发展观，提出“高举旗帜、围绕大局、服务人民、改革创新”的基本要求。我们要以科学发展观统领文艺事业，就必须全面、准确地把握党在新时期的文艺方针，全面准确把握“二为”方向和“双百”方针在新时期新阶段的深刻内涵及特定的要求。这些内涵和要求可概括为以下几个方面：

——坚持以人为本，坚持为人民服务，就是要努力满足人民群众日益多样化的文化需求，保障人民群众的基本文化权益；就是要坚持“三贴近”的原则；就是要坚持人民在艺术创作中的主体地位；就是要尊重艺术家的创造性劳动。

——坚持为社会主义服务，就是要努力反映中国特色社会主义的伟大实践，努力反映改革开放的伟大实践；就是要运用各种艺术形式来表现中国特色社会主义核心价值体系的深刻内涵和精神实质，坚持社会主义先进文化的前进方向。

——坚持“百花齐放、百家争鸣”，就是要真正提倡不同形式和风格的自由发展，倡导不同观点和学派的自由讨论；就是要鼓励创新，支持探索，宽容失败；就是要在艺术和学术问题上，不扣帽子，不打棍子，开展健康的、平等基础上的争鸣和文艺批评；就是在尊重差异中发展主流，在包容多样中确立主导。

——就是要在坚持社会主义先进文化前进方向的同时，正确处理高雅与通俗、普及与提高、继承与创新、民族化与国际化、主导性与多样化等各种关系，文艺创作的路子越走越宽；推动艺术创作生产全面地、协调地、可持续地发展。

第二，不断推出优秀艺术作品，是国家艺术院团的中心任务。优秀文艺作品是一个国家、一个时代精神文明水平的集中反映，对全社会的精神产品生产具有重要的示范和影响作用。优秀作品也是国家艺术院团立身之本，生存之基，对国家艺术院团的发展举足轻重。创作属于时代、属于人民的精品力作，就思想性而言，应该以社会主义核心价值体系为中心，弘扬民族精神，讴歌时代精神，赞颂真、善、美，体现传统文化的精华并努力创造新时代的文化；就题材选择而言，应该有深沉的人文关怀，关注民生，关注现实，注重现实题材的创作，积极反映当代中国的社会风貌和人民心声；就艺术水平而言，应该大胆创新，不懈追求，使作品具有强烈的艺术魅力，争取体现本艺术品种、本行业当前创作演出的最高水准。创作演出能够代表国家艺术形象、体现国家最高艺术水平、具有时代精神和正确导向的精品力作，是国家艺术院团肩负的职责和任务，也是国家艺术院团艺术生产的关键环节、重要基础。

首先，国家艺术院团必须把创作精品力作作为工作的中心任务和首要目标。创作是艺术发展的源头，是艺术生产的中心环节。院团工作千头万绪，但是抓好创作、推出精品力作始终是一切工作的根本和基础。优秀的文艺作品，是国家艺术院团实现为人民服务、为社会主义服务的基础和保证，是艺术人才锻炼成长的舞台，是国家艺术院团满足观众需求，实现社会效益和经济效益的必要条件，是国家艺术院团安身立命的根本。如果没有精品力作，国家艺术院团的地位就会受到质疑，对于院团领导而言，也有负于自己的岗位和职责。因此，能否为创作推出优秀作品而竭诚努力，创造良好环境条件，从而促进推出优秀作品，应该成为考核国家艺术院团领导班子和主要负责人的重要工作指标。

其次，国家艺术院团对于推出精品力作要有明确的规划和目标。创作推出与国家艺术院团地位和职责相称的精品力作，不能只停留在想法和口头上，也需要制定清晰的目标和明确的规划。要从院团的实际出发，根据创排剧目需要，创造必要条件，使艺术家们能够深入生活，深入实际，特别是深入改革开放和现代化建设第一线，深入人民群众之间，把握时代脉搏，体察人民愿望，以最广大人民群众为服务对象和表现主体，自觉到生活中激发灵感，采撷素材，获取营养；使艺术家们能够有机会对其他艺术门类和院团的作品进行观摩、交流；要组织和引导艺术家们努力学习、领会和实践科学发展观，提高自己观察生活、理解生活、正确把握当代生活的水平和能力；要有创作精品力作的雄心壮志，不能甘于平庸；要把压力转变为动力，用现实而又高远的目标来激励和激发艺术家们的创造活力、主动性和积极性。

最后，要采取切实的措施和有效的办法为精品力作的生产创造良好的、宽松的创作环境，严格按照既定的工作规划持续不懈地努力，扎实地推进，将各项工作切实落实到位，才能保证最终目标的实现。院团可以通过责任制、绩效考评等有效机制和制度，保证艺术生产符合艺术规律，最大限度地为艺术创作提供各方面的保障和支持。

第三，国家艺术院团必须建立健全科学有效的艺术生产决策机制。艺术生产是一项十分复杂的工作，特别是舞台艺术属于综合艺术，绝不是一两个人就能完成的生产过程，要遵循艺术规律，服从艺术规律。一部艺术作品从创意的产生到排练演出，涉及许多因素和环节，是否投入艺术生产，应进行多方面的论证，包括题材的选择、艺术性的评估、营销推广的策划、演出市场的调研和预测等等。建立科学的创作决策体制和机制，对于艺术生产而言至关重要。

要建立一套行之有效的科学决策机制，首先，要有艺术决策机构，比如建立专家艺术委员会，广泛听取专家的意见，发挥专家在上演剧目选定及创作规划等方面的积极作用。比如建立艺术创作室，集中专业创作力量，或建立艺术工作室，对院团上演剧目进行加工修改等。当然，我们的很多院团领导本身就是专家和权威，甚至是行内的领军人物，对于院团的创作情况有独到的眼光和见解，对于艺术创作有发言权。但是，从艺术生产综合性的特点及民主决策、科学决策的要求出发，院团的建设和发展包括创作生产必须依靠健全的机制、完善的制度。院团对于艺术创作的决策要充分发挥艺术委员会和专家们的咨询、建议作用，避免决策的随意性和缺乏科学性。

其次，在创作决策过程中，还有一个重要程序必须引起特别重视，即要注重建立演出市场论证机制。要建立相应的演出市场机构，充分发挥艺术经营管理人员的作用，对作品的艺术价值和市场效应进行全面科学的论证，提出科学的市场预测和令人信服的各项预测数据，以期实现作品思想性、艺术性和观赏性的高度统一，避免出现决策的片面性和随意性，确保上演剧目成为“又叫好、又叫座”，具有持久演出生命力的优秀作品。

另外，在决定上演剧目的过程中，人才选择与使用也是关键的环节，要通过严格的机制选择最优秀、最适合的创作人员，包括演员的选择都应该按照剧目的需要，按照一定的选拔机制来确定，让排练和演出等方面都坚持依靠科学、合理的决策机制进行有效的管理。充分发挥各个方面的优势，“让专业的更专业”，真正变成“强强联合”。这样机制下产生的剧目才会具有基本的艺术质量保障。现在社会上有所谓“潜规则”之说，在我们国家艺术院团，绝不允许所谓“潜规则”横行，一定要抵制行业的不正之风，无论是在上演剧目选择，选人用人，还是进行市场营销，都要遵从艺术规律，遵从艺术道德，遵从市场法则；要尊重观众，尊重同行，也要自重。在这方面国家艺术院团也要成为全行业的表率。

第四，国家艺术院团必须把艺术创新作为艺术创作的根本原则。党的十七大报告指出：“在时代的高起点上推动文化内容形式、体制机制、传播手段创新，解放和发展文化生产力，是繁荣文化的必由之路。”艺术的生命是创新，创新是艺术的灵魂。胡锦涛同志在中国文联第八次全国代表大会、中国作协第七次全国代表大会上的讲话中指出：“一切有理想有抱负的文艺工作者，都要大力发扬创新精神，积极开拓文艺的新天地。”日新月异发展的改革开放的新时代，人民群众对美好生活的新追求，文艺多元化发展的新态势，人们审美取向的新变化，都对文艺创新提出了新的更高要求。文艺创作的繁荣，关键在创新，只有在继承基础上的创新，才是有源之水，有本之木，作品才有可能既蕴涵历史积淀的深厚文化精神和审美传统，又体现蓬勃充盈的时代精神和新颖鲜活的艺术面貌。我们要深刻理解胡锦涛同志指出的：“不善于继承，没有创新的基础；不善于创新，缺乏继承的活力”，正确把握艺术继承与创新的关系，在文艺观念和文艺创作的内容、风格、流派以及文艺体裁、形式、表现手段等方面不断创新，以更多具有时代艺术风采和中国特色、中国风格、中国气派的优秀作品，满足人民群众和时代的要求。

国家艺术院团的艺术品种，既有我国传统艺术的经典和代表，也有近现代以来从国外引入的。对于外来艺术品种，如何使之“民族化”，在创作上走出中国风格、中国气派的艺术道路，是这类艺术品种不断探索的一个重要方面。话剧进入中国百余年，在不断的革新和发展过程中，已经成功实现了“本土化”的艺术演变，涌现出一批优秀的经典剧目，成为广大群众喜闻乐见的艺术形式。同样，芭蕾舞的创作中也出现了像《红色娘子军》、《大红灯笼高高挂》这样经典的中国风格的艺术作品。一段时期内，歌剧、交响乐的“中国化”也发展得有声有色，推出了一些好作品，但相比较而言，歌剧和交响乐在“中国化”道路上的脚步比较缓慢，特别是近年来在创作上明显出现不知所措、目标模糊的状况，这会影响到艺术创作的发展。当然，外来艺术品种民族化的探索，只是一个方面。尊重它原来的艺术特质和艺术呈现形态，以此追求世界一流的艺术水准，同样是十分重要的。我们所说的外来艺术品种的民族化探索，主要的还是强调表现中华民族的文化精神和中国人民的思想情感。怎样去保持特定艺术品种的特质，并使之与当代中国文化的精神相结合，仍然是外来艺术品种生存、发展中需要不断探索、创新的大问题。在这方面，一定要克服绝对化，片面性。

对于传统艺术品种而言，也要有与时俱进的创新精神，努力追求和创造属于当代的艺术风格和流派。无论是被尊为国粹的京剧，还是具有深厚传统的民族音乐、民族舞蹈，要想得到传承和发展就必须不断创新。以京剧而言，正是由于梅兰芳的大胆革新才形成了梅派，而今梅派已经成为令人推崇和学习的典范。但是仅仅固守一招一式的传承，也不会再有超越梅兰芳的成就，只有继承梅兰芳的创新精神才能真正将京剧推向新的高峰。立足传统，创立当今时代新的艺术语言、艺术面貌，与时俱进、继承革新而不是抱残守缺、墨守陈规，努力适应当代人的审美趣味和欣赏习惯，是传统艺术不断传承发展的根本途径。

同时，艺术本体的创新也是推动艺术创作发展的重要因素。像杂技《肩上芭蕾》这一技巧的创新，直接催生了杂技剧《天鹅湖》的创作，也正是因为这部作品的成功，使杂技剧这种崭新的艺术形式进入人们的视野，为古老的杂技艺术的发展开拓了崭新的局面。此外，随着现代科学技术的发展，各种新媒体、新的艺术形式、艺术品种不断出现，艺术产品的传播手段和途径也更加丰富。这些都为院团艺术生产提供了创新的物质基础和可能性。院团的艺术生产应该更加密切地与现代科技，特别是数字、网络技术等高科技结合，不断拓展创新发展的空间。

艺术创新的关键还在于奇妙的艺术想象力和生动的艺术形象的创造。艺术最需要想象力，平庸是艺术的大敌。具有想象力的独创的艺术形象，会永久地停留在人们的脑海之中。具有典型性的是《梁祝》的化蝶，感动了一代又一代中国观众，也感动了许多国家的观众。当然，艺术想象力是艺术家的灵感创造，是艺术最高境界的追求，因此国家艺术院团的艺术生产要营造有利于创新的环境和氛围，创造有利于艺术人才成长和施展才华的条件和工作机制，鼓励原创，宽容失败，让艺术家张开想象的翅膀，在艺术的天空翱翔。

第五，国家艺术院团要建立客观科学的创作评价标准。长期以来，确定一部文艺作品水平和质量的标准，是一个众说纷纭、莫衷一是的问题。文艺不同于体育项目，具有非常明确的硬性标准。跑百米只差 0.01 秒也有高下之分。艺术作品确实具有“智者见智，仁者见仁”的问题。但是，一部艺术作品也是具有客观的、符合艺术规律的衡量与评价标准。首要的指标就是好看不好看，群众喜欢不喜欢，满意不满意。这种直观的评价，虽然显得浅显，也许不能全部反映作品的深刻内涵，但这种直观的评价确是一部作品生命力的最重要的基础，和者盖寡的作品，虽然可能深刻，但也只能是小圈子里孤芳自赏的把玩。观众是文艺作品最终的服务对象，艺术创作的最终目的也是为了满足人民群众日益增长的文化需要，将更多优秀的文艺作品奉献给广大人民群众。在今天的社会状况和一般情况下，广大群众对于文艺作品的满意度和接受程度是与文艺作品的票房状况相联系的。一部艺术作品能够受到群众的欢迎，必然是又叫好又叫座的，必然带来较好的经济效益。反之，一部作品和者寥寥，得不到观众的认可，没有好的演出市场，很难说是成功的精品力作。因此，演出场次是衡量艺术创作成功与否的一个重要标准，是检验一部作品思想性、艺术性和观赏性的基本指标。从国家艺术院团近几年演出情况看，有的作品只演出几场或十多场，就“刀枪入库、马放南山”，这可能有两种情况：一种情况是我们的观念还停留在过去的认识之中，不重视作品的市场推广，仍然停留在“评奖是主要目的、领导是基本观众、仓库是最终归宿”的框框之中；另一种可能就是不善于经营销售，不会开发市场。货是好货，但打不开市场，知难而退，草草收兵。这种状况启发我们，在创作决策过程中，要有对市场和票房的预测和评估，要有开发、开拓市场的预案。只有达到基本的演出场次后，才能保证投入与产出的基本平衡，也才能产生一定规模的社会效益；也只有经过在舞台上的不断演出，一部艺术作品才能不断打磨和历练，加工提高，完成艺术的再度创作，从而开拓出更大的市场来，这也是艺术生产规律的自身要求。

当然，由于艺术创作自身的特殊性，仅靠演出市场和演出场次的量化标准，并不能完全说明一部艺术作品的真正价值。对于国家艺术院团的创作生产要进行客观、科学的评价，也应该尊重和倾听来自专家和观众的最真实的声音。特别是要建立健全文艺批评的良性机制，每一个院团都应该建立一个与批评家联系的渠道，采取一些特殊的联系方法，每创作一部艺术作品，都要让批评家如影随形，都要让真挚、准确、友好、犀利的评论不时见诸报端，让批评家既成为诤友，也成为良师益友，让文艺评论成为改进和提高艺术作品的催化剂。绝不能采取“为我所用”、“急功近利”的态度对待文艺评论，虽然孩子都是自己的好，但有时候听听不同的声音，我们的孩子会成长得更健康，更有出息。

另外，从艺术特殊规律来看，艺术的评价标准也是一个发展变化的过程，每一个历史时期都有独特的艺术审美标准，特别是作为欣赏主体的观众其审美标准也有一个不断变化、提高的过程，从不懂到喜欢，从欣赏到迷恋，从低层次到高素质，因此，国家艺术院团的作品还具有引导观众、提高观众的艰巨任务。而这样的作品其评价标准也自然不是一个静态的过程。

应该说，树立客观、科学的艺术作品评价标准是对国家艺术院团创作生产的有力推动。今后，应该将评价标准与国家艺术院团的创作投资机制相结合，进一步改革和探索国家财政对创作演出的投资模式，更好地调动国家艺术院团的创作生产积极性，通过绩效评估更大限度地提高国家财政投入的效益。

第六，国家艺术院团要建立和完善优秀保留剧目上演制度。有没有保留剧目、有多少保留剧目，是衡量一个艺术院团实力的重要指标。保留剧目是经过长期演出实践的磨砺、得到观众认可、能够代表艺术院团创作实力和最高艺术水准的优秀作品。保留剧目一般都具有很强的社会影响力，通常是著名艺术家和艺术院团艺术成就和独特风格的象征，也是艺术院团创作积累下的“品牌”。国家艺术院团拥有丰富的剧目资源，例如在高雅艺术进校园活动中，国家艺术院团演出的基本上都是各自经典的保留剧目，如京剧的不少经典传统剧目，歌剧《原野》、《卡门》，芭蕾舞《红色娘子军》、《天鹅湖》等等，所到之处获得了大学生的热情欢迎。这些中外历史上的精品力作，经过时间和观众的检验，已经成为代表各个院团艺术创作最高水平的保留剧目，成为各个院团的品牌性剧目和宝贵资产，也是文艺事业发展繁荣的显著标志。

保留剧目无疑都是艺术院团创作生产的精品力作，而我们现在推出新创作的优秀作品，也要按照“立得住、留得下、传得开”的要求来努力，使之成为院团今后的保留剧目。因此，国家艺术院团既要重视新剧目的创作，也要注重保留剧目和资源的盘活，充分发挥保留剧目的品牌效益。建立和完善保留剧目上演制度，整合和挖掘剧目资源，有利于国家艺术院团凝聚人心，团结力量，推动院团的建设和长足发展；建立和完善保留剧目上演制度，有利于国家艺术院团培养和推出优秀艺术人才，为人才的成长和锻炼提供良好的平台；建立和完善保留剧目上演制度，让优秀作品更多地为人民群众演出，不仅为国家艺术院团培养观众、赢得市场，也更加充分地展现国家艺术院团的创作演出实力，提高国家艺术院团的知名度和权威性。

因此，国家艺术院团要努力通过建立和完善保留剧目上演机制，让经典的优秀剧目尽可能多地与观众见面，最大限度地发挥保留剧目的社会效益和经济效益。经过认真研究，我们计划将定期举办国家艺术院团优秀剧目展演活动，集中检阅国家艺术院团在剧目创作方面取得的成绩，展示国家艺术院团艺术队伍的精神面貌。具体方案艺术司正在制定之中。希望各院团认真筹备，把展演活动办成一个艺术品牌，成为衡量国家艺术院团艺术成果的重要舞台。

第七，国家艺术院团推出精品力作的根本出路在于改革。马克思主义认为，艺术生产的本质特征是“艺术家充满激情和独特人生体验的、不可重复的个人独创，是艺术家本质力量的生动体现”。真正具有审美价值的艺术作品中，总是奔流着创作者自身的内在情感，是其内在生命的凝聚，是艺术家有意识地通过形象来实现的一种美的创造。

文艺事业发展的历程，一再向我们证明，文艺工作者的创作激情受到保护，创作氛围宽松就会产生好作品；文艺工作者的热情受到打击和压制，没有创作的自由，文艺事业的发展就会受到阻碍，甚至停滞不前。改革开放以来，我国进行了一系列的艺术表演团体体制改革，从20世纪80年代初期实行的“承包制”到80年代后期实行的“双轨制”，从90年代中后期实行的“考评聘用制”，一直到近年来我们正在进行的部分院团“转企改制”改革，其实都是以破除阻碍艺术发展的体制、机制性束缚，解放艺术生产力、调动艺术人员积极性为目的，以期通过改革优化资源配置，建立适应社会主义市场经济体制的科学合理的管理体制和内部运行机制。在这方面，我们有许多成功的经验和做法，也有许多深刻的教训值得借鉴。艺术表演团体的改革道路，饱含着文化系统广大文艺工作者的智慧和心血。改革给我们提供了丰富的经验和深刻的启迪。艺术表演团体的改革一步一步走到今天，改革是一个渐进的过程，在一定意义上说，改革没有止境，我们应当勇于面对改革，并且勇于探索，在不断深化改革中走上新的发展阶段。

在国有艺术院团的体制改革问题上，中央的政策十分明确，对那些市场发育较成熟，有良好市场前景的歌舞、杂技、曲艺、话剧、地方戏曲、儿童剧等院团，尽快转企改制，培育合格的市场主体；对那些标志国家艺术水平和民族文化特色，需要保护的艺术品种的院团，不实行转企，保留其事业体制，但院团内部要转换机制，深化人事制度、分配制度和社会保障制度三项改革，以激发活力。目前，国家艺术院团的改革，正在逐步深化，在体制和机制上建立起一些良好的做法，比如，有的院团在聘用制方面迈出的步子很大，实行了一定意义上的全员聘用制。有的院团在劳动合同方面具有详细全面的内容，根据演出量确定劳务报酬等等。在邀请主要创作人员方面，也形成许多有效的科学的做法。但是，目前国家艺术院团依然存在不符合改革精神，不符合市场经济发展要求，也不符合艺术规律的弊端和问题。这些弊端体现在管理体制、人事制度、分配制度、演出经营机制等各方面，其中特别是在创作体制和机制方面，需要我们下大力气进行改革，建立一套符合国家艺术院团自身要求的艺术创作体制和机制。比如在创作机制上，要建立剧本稿酬制度，引导优秀编剧为国家艺术院团创作作品，改变目前剧作者流失的被动局面；要采取切实措施，保障艺术创作人员的合法权益和利益，并为艺术人员创造各种良好的生活和工作条件，解决他们的后顾之忧，营造出有利于艺术人才施展才华的环境，筑巢引凤，使他们以高昂的积极性全力以赴投入到创作和生产中来。再比如，要建立新创剧目的修改加工提高的机制，改变目前创作作品不再修改、难以提高的不利状态，舞台艺术的特征就是不断修改、加工提高，而目前的创作机制难以让导演、作曲、舞台美术等人员进行精益求精、更上一层楼的修改，往往是上演后再也没有修改加工的机会。

同志们，我们要清醒地认识到国家艺术院团在社会主义文化大发展大繁荣进程中所肩负的神圣职责和光荣使命，清醒地认识到国家艺术院团作为艺术创作的“国家队”的重要地位和作用。让我们团结一致，不断进取，努力创作演出能够反映时代精神、代表国家文化形象的精品力作，把最好的艺术作品奉献给最广大的人民群众，将中国优秀作品推向国际文化市场，大力弘扬优秀民族文化，扩大中国文化在世界的影响。我相信，在大家的共同努力下，国家艺术院团的建设和发展会越来越好，国家艺术院团会创造出更加灿烂的艺术成就，国家艺术院团的未来会更加美好，更加壮丽。

在纪念新中国成立60周年报告会上的讲话

蔡　武

（2009年8月28日）

同志们：

今年是新中国成立60周年。60年前，在中国共产党的领导下，全国各族人民经过艰苦卓绝的斗争，推翻了“三座大山”在中国的统治，成立了中华人民共和国。这是20世纪中国最伟大的历史事件之一，也是20世纪人类历史发展进程中最辉煌的篇章之一。新中国的建立和社会主义制度的确立，实现了中国社会历史上最广泛最深刻的社会变革，为当代中国的一切发展奠定了根本的政治前提和制度基础，也为文化建设与发展奠定了政治前提和制度基础。

60年来，我国文化建设取得了辉煌成就，虽然历经坎坷曲折，甚至遭到巨大挫折，但从总体上来看，文化建设响应人民的呼唤和时代的召唤，高擎民族精神的火炬，吹响时代进步的号角，通过各种艺术方式讴歌人民、昭示光明、凝聚力量、鼓舞人心，激励亿万人民为建设一个富强、民主、文明、和谐的社会主义现代化国家而不懈奋斗。在这60年中，一代又一代的文化工作者以昂扬的精神状态、出色的艺术创造，热情歌颂全国各族人民的伟大实践，为推动我国社会发展进步、弘扬民族精神和时代精神、满足人民群众的文化需求、促进人的全面发展付出了辛勤劳动，进行了艰苦探索，作出了重要贡献。新中国文化事业深深植根于中华民族传统文化的深厚土壤，继承五四新文化运动的科学精神，发扬革命文化的优秀传统，不断适应新时代的发展需要，在对实践和规律不懈和反复的认识和探索中，终于走上了一条中国特色社会主义文化建设的康庄大道。

一、60年来我国文化发展的重要历程

（一）新中国的成立开启了我国文化建设的新航程

新中国成立之初，国家百废待兴，文化建设也走入了一个新的建设时期。正如毛泽东同志在1949年全国新政协会议上庄严地指出：“随着经济建设的高潮的到来，不可避免地将要出现一个文化建设的高潮。中国人被人认为不文明的时代已经过去了，我们将以一个具有高度文化的民族出现于世界。”1949年7月，召开了第一次文代会，成立了中华全国文学艺术界联合会以及各艺术领域协会，对动员广大文艺工作者积极参加新中国社会主义文化艺术事业建设起到了推动作用。会议明确提出了文艺为人民服务，首先是为工农兵服务这一基本方针。为了促进文化艺术事业的发展，1956年，毛泽东同志提出艺术问题上的“百花齐放”，学术问题上的“百家争鸣”应该成为我国发展科学和繁荣文学艺术的方针。在“二为”方向和“双百”方针的鼓舞下，极大地激发了广大文艺工作者的创作热情，积极实践，投身于火热的生活，创作了一大批优秀的文艺作品，文化艺术界出现了生机勃勃的景象，形成了新中国文化艺术事业发展的第一个高潮。

文艺创作呈现繁荣景象，积累了一批优秀作品。无论在反映生活的广度、深度上，还是在创作的数量、质量上，都有很大的发展和提高。文学创作方面，从小说《三里湾》、《红旗谱》，叙事诗《阿诗玛》、《格萨尔王传》，散文《茶花赋》、《长江三日》等一大批文化审美含量高、影响广泛的经典作品不但在当时受到广大人民的喜爱，至今仍脍炙人口。戏剧创作演出方面，各地方剧种得到了较好的发展。1956年6月，文化部召开第一次全国戏曲剧目工作会议，决定实行剧目开放。全国各地挖掘出大量的传统剧目，不少剧目经过整理加工获得了新生。电影创作方面，涌现了《上甘岭》、《英雄儿女》、《冰山上的来客》等一批优秀作品，截至“文革”前夕，我国共摄制了影片600多部、纪录片约1000部、新闻片1800部左右、科教片640多部、美术片127部。在音乐创作方面，涌现出《歌唱祖国》、《我们走在大路上》、《我为祖国献石油》、《唱支山歌给党听》等一大批优秀歌曲。大型音乐舞蹈史诗《东方

红》和《长征组歌》成为划时代的佳作。《江姐》、《洪湖赤卫队》、《刘三姐》、《红珊瑚》等歌剧堪称中国歌剧艺术史上的华彩乐章。舞蹈艺术创作方面，积累了《红绸舞》、《鱼美人》、《荷花舞》、《红色娘子军》、《小刀会》等许多被群众喜爱的作品。美术作品创作方面，艺术家们面向大众、深入表现生活，形成了精神内涵深广、形式丰富多样的鲜明中国美术特色。《蛙声十里出山泉》、《祖国万岁》、《洪荒风雪》、《开国大典》、《征服黄河》等，都是这一时期的杰出精品。

新型的文化管理体制在探索中逐步建立。1956年，在对私有制进行社会主义改造中，我国逐步建立了与计划体制相适应的文化管理体制。一是加快对旧戏曲的改造，建立新型艺术管理体制。新中国成立后，旧中国遗留下来的各种民间戏曲团体和戏班子数量庞大。1951年5月，政务院发布《关于戏曲改革工作的指示》，提出"改戏、改人、改制"的号召，提出了用新戏曲逐渐代替旧戏曲的方针。在延安时期建立的文工团基础上，将所有的民间文艺团体、戏班子、艺人组成国营文艺团体。在学习借鉴苏联等国家经验的基础上，组建了中国京剧院、中央歌剧院、中央乐团、北京人民艺术剧院等一大批完全有别于旧戏班子的新型文艺院团。文艺工作者的社会地位发生了翻天覆地的变化，促进了新中国文艺事业的发展。二是通过对国外古典艺术品种的引进，建立和丰富了我国的艺术门类体系。在苏联等社会主义国家的帮助下，我国引进了芭蕾舞、交响乐、歌剧、油画等许多西方古典艺术门类，建立了艺术教育体系，培养了大批优秀文艺人才。三是按照统筹兼顾、分工合作的原则，在加快公营、公私合营出版机构改组和调整中，成立了人民出版社、人民教育出版社、人民文学出版社等专业出版社。到1957年底，全国图书出版社达到103家。

突破西方对我国的封锁，积极开拓对外文化交流的新航道。新中国成立后，中国新生政权受到西方各国的重重封锁和各种制裁。为了配合我国外交大局，我国在文学艺术、新闻出版、广播电影、遗产保护等领域，重点与社会主义国家、亚非拉发展中国家和少数西方国家开展了广泛的文化交流与合作，扩大了新中国在国际社会中的影响力，为社会主义和平建设争取有利的国际环境发挥了重要作用。至1966年，我国与各国共签订41个文化合作协定和155个文化交流执行计划，平均每年文化交流项目达100余起，参与文化交流达2000人次。各类文化代表团互访频繁，交流项目不断增加，为增进中国与各国人民的相互了解、友谊和理解，发挥了重要作用。

公共文化事业得到快速发展，群众文化生活进一步丰富。1953年，文化部发布了《关于整顿和加强文化馆、站工作的指示》，明确了文化馆（站）为群众服务。1956年，又下发了《关于群众艺术馆的任务和工作的通知》，对群众艺术馆的性质、任务、编制、经费等做出了明确规定，并正式成立了中央群众艺术馆。随着大规模经济建设的开展，一大批文化设施在各地纷纷建立。到1965年，全国已有县级文化馆2598个，城乡影剧院2943个，县级以上图书馆562个，群众艺术馆62个，乡镇文化站2125个，为人民群众参与文化活动提供了保障。为了维护公民的阅读权益，提高全民族的科学文化素质，国家实施了一系列具有重大文化积累价值的基础性图书出版工程。在"文革"前17年间，我国出版了大量经典著作和有重要影响的优秀图书，出版物品种、数量得到快速增长。1965年全国出版图书20143种，总印数21.71亿册，全国年人均图书3册，比1950年的图书品种数增加了约1倍，图书供给量增加了7.8倍。一些有相当影响、意义重大的辞书工具书，如《新华字典》、《现代汉语词典》等陆续出版。

新中国成立后的17年，我国文化建设虽然取得巨大成绩，但也经历了曲折，给今天的人们留下了值得深思的历史教训。由于受政治运动的冲击，广大文艺工作者的积极性创造性受到巨大挫伤。1957年，反"右"派斗争被严重扩大化，一批知识分子、爱国人士和党内干部被错划为"右派分子"，遭到打击，酿成不幸后果。特别是1957年开展了对丁玲、冯雪峰所谓"反党集团"的批判，一大批有才华的文艺工作者被错划成"右派分子"，文艺界出现了大批判浪潮。一时间，文学观念、艺术倾向、创作方法上的差别和分歧，被当作"政治问题"处理，被看作是对立阶级力量之间的冲突、较量的表现。在辩论和批判的方式上，也逐渐超出了文艺批评中应坚持的实事求是的态度，艺术家的创造性、主动性和积极性受到极大扼制。

违背艺术自身发展规律，文艺方针出现偏差，对艺术创作造成了严重后果。我国的文艺事业在这一时期，虽然产生过一批优秀作品，但总体而言，由于一度违背了艺术规律，艺术风格越来越单一，创作越来越公式化，作品越来越脱离实际生活，社会文化生活越来越单调。特别是1958年“大跃进”运动，以高指标、瞎指挥、浮夸风为主要标志的“左”倾错误泛滥起来。由于片面强调主观能动作用，提出要在文学、电影、戏剧、音乐、美术、理论研究等方面都要争取“大跃进”，文艺创作也出现了放卫星。要求群众文化活动做到人人能读书、能写诗，人人会唱歌、会画画、会舞蹈、会表演、会创作，严重违背了艺术生产的规律。正如周恩来同志所指出的：“1959年，尤其是1960年以后，由于执行总路线在具体工作上发生偏差，这不能不影响到各个方面，其中也包括文艺方面。”

在极“左”指导思想的影响下，将意识形态领域的阶级斗争扩大化，严重干扰“双百”方针贯彻落实。1961年到1962年，为了纠正反“右”扩大化和“大跃进”对文化艺术界带来的冲击，中央召开了各类文艺工作座谈会，制定了“文艺8条”、“剧院(团)工作10条”、“电影工作32条”等，提出调整、改进文艺工作的意见。条例要求即使在批评被认为是错误观点的时候，也应严格区分政治问题与学术、艺术问题的界限，严格划分敌我矛盾和人民内部矛盾，不应用对敌斗争的方法去处理学术和艺术上的不同观点，指出文艺不仅应鼓舞人民的革命热情，提高人民的思想觉悟，而且也应使他们得到正当的艺术享受和健康娱乐，凡是能满足以上任何一种要求的作品，都是为人民服务、为社会主义服务的。经过调整，文艺工作得到逐步恢复。但这个调整时间较短暂。在八届十中全会上，毛泽东同志提出无产阶级同资产阶级的矛盾仍然是我国社会的主要矛盾的观点，进一步断言在整个社会主义历史阶段资产阶级都将存在和企图复辟，并成为党内产生修正主义的根源。在这次会议上，毛主席批评小说《刘志丹》说，“利用小说反党，这是一大发明”。1963年和1964年毛主席分别作出批示，对文学艺术界存在的问题提出了尖锐的批评。两个批示以后，文艺界兴起大批判的浪潮。在一些媒体上，对《李慧娘》、《谢瑶环》等戏曲，对《北国江南》、《早春二月》等电影，对许多文艺理论观点公开进行政治批判，并很快波及哲学、经济学、历史学等领域。八届十中全会之后，意识形态领域阶级斗争扩大化主要表现为将文化艺术领域中存在的问题，直接与阶级斗争和修正主义联系起来，致使大批判不断升级，特别是对新编历史剧《海瑞罢官》的批判，更具有政治斗争的性质，成为“文化大革命”的先导，在我国文化发展史上留下了极为深刻的教训。

（二）“文革”十年浩劫给文化建设带来深重的灾难

1966年爆发了“文化大革命”，文化领域首当其冲成了重灾区。1966年4月的《部队文艺工作座谈会纪要》提出所谓“文艺黑线专政论”，声称新中国成立以来文艺界“被一条与毛主席思想相对立的反党反社会主义的黑线专了我们的政”，由此全面否定了新中国成立17年社会主义文艺事业的成就和20世纪30年代以来革命文艺的传统。宣称要坚持“无产阶级专政下的继续革命”，文艺界遭到前所未有的浩劫。大批文艺界著名代表人物和艺术家被划入“文艺黑线”的圈子，成了反面人物，受到各种批判，有的甚至被迫害致死。1969年“斗、批、改”后，主管全国文化工作的国务院文化部所属单位、文联，各种艺术家协会及其工作人员，全部被下放到干校劳动改造，接受再教育。在艺术创作中，宣扬唯心主义史观和教条主义，排斥和否定文学艺术内容多样性，提出了所谓“三突出原则”，严重地违背了艺术创作规律和“双百”方针。丰富多彩的中国传统剧种、剧目和文艺形式，大都被打成“毒草”，勒令停止演出，唯有几个“革命样板戏”“一花独秀”，“八亿人民八台戏”成了当时文艺领域的真实写照。在电影方面，除了极少数革命题材的电影被保留外，“文革”前拍摄的电影基本被否定。在美术方面，国画的传统内容受到横加指责与批判，并收集所谓迎合西方资产阶级和修正主义的“黑画”进行展览批判。在出版方面，除了“马恩列斯毛”的著作外，几乎所有的中国和外国经典文学艺术作品、历史哲学法律等人文和社会学科的书籍被作为封资修的东西打入冷宫，禁止出版发行和阅读。背诵领袖的语录、诗词，学唱样板戏成了群众性文化活动的主要内容和主要形式，使群众文化活动发展成为群众性的政治运动。公共图书馆、博物馆几乎停业闭馆，公共文化设施被挪作他用，大批珍贵文化遗产、图书典籍被当作“四旧”和文化糟粕遭到扫荡和摧毁。对外文化工作遭到严重破坏，机构被撤销，干部队伍被解散，外国优秀文化的借鉴作用被全盘否定，与外国签订文化协定和年度交流执行计划也全部中断。在这10年中，文化专制主义肆虐盛行，思想禁锢成为束缚人们思想的精神牢笼。文化百花园一片凋零，遭到史无前例的浩劫。

（三）改革开放引领文化建设踏上繁荣发展的新征程

以党的十一届三中全会为标志，我国进入了社会主义事业发展新的历史时期。我们党总结了国际国内历史经验，确立了党在社会主义初级阶段的基本理论、基本路线、基本纲领，做出了改革开放的战略抉择，在应对国际国内风云变幻中，经受了巨大考验，中国特色社会主义展示出蓬勃生机。经过改革开放30年的发展，我国经济建设取得了举世瞩目的伟大成就，极大地增强了我国的综合国力，为进一步提升国家文化软实力，推动中华文化走向世界，开辟了广阔的空间。30年来，中国文化建设以解放思想为先导，以改革开放为动力，与时俱进，开拓进取，始终以宽阔的视野、博大的胸襟和包容的气魄，走出了一条中国特色社会主义的文化发展道路。

党的十一届三中全会召开后，党和国家工作重心实现了从“以阶级斗争为纲”到“以经济建设为中心”的历史性的转折。文化战线拨乱反正，正本清源，彻底否定“文化大革命”的错误路线，挣脱“两个凡是”的精神枷锁，大胆解放思想，积极改革开放，投身到新时期的文化艺术实践活动中，文化领域万马齐喑的沉闷局面迅速得到改变。1979年10月，召开了第四次全国文代会。邓小平同志在会上的《祝词》中提出了我国新时期文学艺术的任务，指出了文艺为人民服务、为社会主义服务的方向，创造性地阐发了百花齐放、百家争鸣、推陈出新、洋为中用、古为今用的方针，提出了在艺术创作上提倡不同形式和风格的自由发展，在艺术理论上提倡不同观点和学派的自由讨论。指出了“人民是文艺工作者的母亲”，“人民需要艺术，艺术更需要人民”，旗帜鲜明地明确了文艺与时代、文艺与人民、文艺与政治的关系。党的十一届三中全会以后，全社会文化创造热情空前高涨，涌现出一大批优秀的作家、艺术家和具有鲜明时代特色的文化精品杰作，文化园地展现出一派勃勃生机。1992年邓小平同志视察南方重要谈话的发表和党的十四大的召开，社会主义市场经济体制作为我国基本经济制度得以确立，促进了经营性文化活动的蓬勃兴起和文化消费需求的迅速增长，推动了文化市场的培育和发展。党的十三届四中全会以后，以江泽民同志为核心的党中央进一步深化和丰富了中国特色社会主义文化建设的理论与实践，特别是“三个代表”重要思想将建设先进文化上升至立党之本、执政之基的高度来认识。党的十五大报告又明确指出：“有中国特色社会主义的文化，是凝聚和激励全国各族人民的重要力量，是综合国力的重要标志。”全面提升了文化建设在现代化建设中的重要地位和作用。2000年，党的十五届五中全会第一次提出了文化产业的概念。打破传统计划经济体制下的国家统包统管文化事业的模式，发挥市场在合理配置文化资源中的基础性作用和发展文化事业中的积极作用，在全社会逐步形成共识。在实践中，公益性文化事业与经营性文化产业的分野日渐清晰；在观念上，“两手抓，两加强”的文化改革与发展的基本思路逐渐形成。

进入新世纪新阶段以来，以胡锦涛同志为总书记的党中央提出的科学发展观，进一步回答了新形势下发展中国特色社会主义一系列问题。科学发展观不仅是我国经济社会发展的重要指导思想和方针，也是社会主义文化发展的重要指导思想和方针。党的十六大以来，在科学发展观引领下，在探索中国特色社会主义文化发展规律中，我们党逐步形成了一系列新的文化发展理念，初步回答了社会主义市场经济条件下文化为什么要发展，实现什么样的发展，怎样发展和发展为了谁，发展依靠谁等一系列重大问题。特别是明确将发展公益性文化事业作为满足人民群众基本文化需求、保障人民基本文化权益的主要途径，把发展文化产业作为满足人民群众多样化文化需求、促进经济又好又快发展的重要途径，深刻反映了我们对新的历史条件下文化发展规律的认识和把握，解决了长期困扰人们对文化发展与市场的关系问题。

党的十七大进一步强调文化越来越成为民族凝聚力和创造力的重要源泉，越来越成为综合国力竞争的重要因素，丰富精神文化生活越来越成为我国人民的热切愿望，发出“推动文化建设大发展大繁荣”、“兴起社会主义文化建设新高潮”的时代号召，为中国特色社会主义文化事业繁荣发展指明了前进的方向。

二、60年来我国文化建设取得的巨大成就

新中国成立60年来，我国文化建设在探索中前进，在曲折中发展。这60年大体上可以分为前30年和后30年。前30年是建立社会主义制度，探索社会主义文化事业发展道路的30年，历经艰辛和曲折，为后30年的发展奠定了基础，积累了经验教训。后30年，深入推进改革，实现全面开放，找到了一条中国特色社会主义文化发展的道路。经过60年特别是改革开放30年的实践与发展，各项文化建设成就斐然，文化建设进入了历史上最好的发展时期之一。

（一）百花竞放，文艺创作日益繁荣

在党的一系列文艺方针政策指引下，广大艺术工作者锐意创新，艺术创作观念逐步从封闭走向开放，创作方法从单一走向丰富，创作题材从狭窄走向广阔，表现形式从单调走向多样，文艺创作积极活跃。各级文化部门加大对艺术创作的扶持和宏观引导，组织了中国艺术节、中国戏剧节、全国杂技比赛、全国声乐比赛等具有导向性的艺术活动，为艺术创作展示提供了大舞台。我国文艺各个门类百花竞放，异彩纷呈，一批思想性、艺术性、观赏性俱佳的艺术精品脱颖而出。“文华奖”自1991年设立以来，到目前先后有96个剧目获“文华大奖”，329台剧目获“新剧目奖”。国家舞台艺术精品工程从实施以来，共推出50台精品剧目，100多台优秀剧目。国家重大题材美术创作工程推出了104件优秀美术作品。在政府的扶持下，传统艺术得到弘扬，一些古老的剧种展现出新姿。例如，以“百戏之祖”闻名的昆曲艺术重放异彩，京剧艺术得到保护与发展。为了配合党和国家的重大活动，广大文化工作者全力以付，在营造氛围、凝聚力量方面发挥了积极作用。在香港、澳门回归之际，组织开展了一系列重大文化活动，增进了港澳同胞与大陆同胞的情感。2008年奥运会期间，组织了232个国内项目和227个国际及港澳台地区项目，营造了喜庆、热烈的氛围，充分彰显了人文奥运的理念。为庆祝中华人民共和国成立60周年，组织“庆祝中华人民共和国成立60周年献礼演出”，创作排演大型音乐舞蹈史诗《复兴之路》，举办“向祖国汇报——共和国美术60年”大型展览等系列活动，通过丰富多彩的文艺形式，大力唱响时代主旋律。艺术创作更加注重维护全体公民的基本文化权益，满足全社会多层次、多方面的文化需求，在服务社会中创造效益。通过“文化下乡”、“高雅艺术进校园”、为进城务工人员送戏等措施，丰富了基层群众的文化生活，推动了高雅艺术的普及。2002至2008年，全国各级艺术院团在农村演出场次达202万场、观众人数超过32.5亿人次。许多演出场馆相继推出低票价政策，满足不同人群看演出的需求。文艺理论研究不断开辟新领域、创造新成果。自1983年以来，共有850余项艺术学科研究课题获得国家社会科学基金及文化部资助，《中华艺术通史》等一大批成果代表了当代艺术理论建设的新水平，标志着我国艺术学新学科体系逐步形成。

（二）关注民生，公共文化服务体系初具规模

随着文化建设理念的不断深化，社会文化工作逐步从“唱唱跳跳”的一般性活动组织向公共文化服务体系建设转变。以基本阵地、基本队伍、基本内容、基本活动方式为重点，以重大文化工程为抓手，公共文化服务体系建设扎实推进。公共文化设施建设得到加强，初步形成了覆盖城乡的公共文化服务网络。截至2008年底，全国共有公共图书馆2819个，文化馆（含群艺馆）3217个，文化站37938个，村（社区）文化室247332个，公共博物馆1893座，为维护公民基本文化权益提供了基础保障。公共文化服务方式和手段不断创新，服务质量和水平显著提高。2004年起，我国各级各类国有博物馆、纪念馆、美术馆、有条件的爱国主义教育基地等逐步实行优惠或者免费开放。2008年，全国文化、文物系统博物馆、纪念馆开始向社会免费开放，到2008年底，全国已有1007个博物馆、纪念馆陆续向社会免费开放，观众人数突破1.54亿人次。文化部等部门相继实施创建文化先进县活动、全国万里边疆文化长廊建设工程、知识工程、蒲公英计划、全国文化信息

资源共享工程、送书下乡工程、流动舞台车工程，推动了基层文化建设，扩大了公共文化服务的覆盖面。今年上半年，文化部先后召开四次经验交流会，推广浙江台州和嘉兴、四川成都、辽宁等地在推动公共文化服务、建立农村图书馆服务网络、加快社区文化建设、推进信息资源共享工程进村入户的经验，推动公共文化服务体系建设再上新台阶。在政府的引导下，群众文化活动逐渐实现了从“小文化”向“大文化”的转变、由封闭型向开放型的转变、由接受型向参与型的转变、由国家包办向政府主导下社会力量共同参与举办转变。城乡群众文化生活丰富多彩，广场文化、社区文化、企业文化、校园文化、军营文化日益繁荣，农民自办文化蓬勃开展。老年人、未成年人、残疾人、进城务工人员等特殊群体的文化需求得到重视。中国老年合唱节、中国少儿歌曲创作推广活动受到群众的热烈欢迎。国家大力扶持少数民族文化建设，在文化设施建设、文艺人才培养、对外文化交流、文物保护等方面对少数民族地区实行优先政策，积极开展对口支援，产生了良好的效果。

（三）从无到有，文化市场和文化产业蓬勃发展

伴随着改革开放的步伐和社会主义市场经济体制的确立，伴随着人民群众物质生活水平的提高和精神文化需求的增长，文化市场不断壮大，文化产业蓬勃发展。目前，我国基本形成了由娱乐市场、演出市场、音像市场、电影市场、网络文化市场、艺术品市场等组成的统一、开放、竞争、有序的文化市场体系。以综合行政执法、社会监督、行业自律、技术监控为主要内容的文化市场监管体系初步建立，许可证制度、备案制度、文化经营活动审批制度、进口文化产品内容审核制度相结合的文化市场准入机制不断完善。文化执法队伍建设得到加强，截至2007年底，全国已成立中央、省、市、县四级文化市场行政执法管理机构3706个，覆盖全部省级、地市级和84%的县级；共有文化市场专职执法人员20797名，逐步形成了一支专业化的文化执法队伍。文化产业日益成为市场经济条件下繁荣社会主义文化、满足人民群众精神文化需求的重要途径，对国民经济增长的贡献不断上升。各类资本发展文化产业的积极性日益高涨，初步形成了以公有制为主体、多种所有制共同发展的文化产业格局。国有资本在文化市场中的控制力明显提高，国有文化单位结构不断优化，整体实力和竞争力有所增强。同时，民营文化企业不断壮大，成为我国文化产业的一支生力军。据初步统计，截至2007年底，仅文化系统行业管理的经营性文化产业机构就达32万家，形成了由娱乐业、演出业、音像业、网络文化业、文化旅游业、文物和艺术品业等构成的文化产业体系。传统文化产业重新焕发生机，动漫、网络游戏等新兴文化产业快速发展。一批具有较强实力、竞争力、影响力和自主创新能力的文化产业骨干企业迅速成长，文化产业规模化、集约化、专业化水平不断提高。文化部先后命名了3批137家国家文化产业示范基地。文化部与中国美术家协会共同命名了3批10家“文化(美术)产业示范基地”。有22个省、自治区、直辖市评选出了429个省级文化产业示范基地。文化产业政策体系逐步完善，为促进文化产业发展提供了强有力的制度保障。党中央、国务院非常重视发挥文化在应对金融危机中的独特作用，7月22日国务院常务会议通过《文化产业振兴规划》，积极谋划，推动文化产业发展。

（四）传承创新，文化遗产保护成效显著

文化遗产保护领域不断拓宽，保护体系逐渐完善，保护成效日益凸显，保护意识不断增强。物质文化遗产保护稳步推进。以《文物保护法》为基础，我国建立起比较完善的文物保护法律体系和工作体系，文物事业正在步入法制化、规范化的轨道。今年8月，文化部发布《文物认定管理暂行办法》，自10月1日起施行，标志着我国文化遗产法制建设工作取得新的成果。先后开展3次文物普查，第三次文物普查共调查登记不可移动文物40多万处，其中新发现的达25万多处。国务院先后公布6批全国重点文物保护单位，共计2351处，历史名城109座，历史文化名镇、名村251个。西藏布达拉宫、罗布林卡、萨迦寺三大重点文物维修工程于今年8月胜利竣工。故宫等历史建筑的保护和修缮成效显著。三峡水库、西气东输、青藏铁路、南水北调等国家重点工程的考古工作深入开展。长城、丝绸之路、大运河、大遗址、工业遗产、乡土建筑的保护逐渐提到工作议程。博物馆体系日臻完善，初步形成了门类丰富、特色鲜明的博物馆发展新格局。文物市场主体更加多样，文物市场管理逐步规范。近年来，打击文物盗掘和走私活动的国际交流与合作进一步加强，文物追缴工作成效明显。非物质文化遗产保护工作取得了突破性进展。1979年，文化部、国家民委、中国文联等部门共同开展“中国民族民间十部文艺集成志书”编纂工作，被誉为“当代中国的文化长城”。2003年，文化部、财政部、国家民委、中国文联共同实施“中国民族民间文化保护工程”，非物质文化遗产保护进入新的历史阶段。2005年6月，第一次全国非物质文化遗产普查正式启动。国家、省、市、县四级非物质文化遗产保护名录体系初步建立。目前，国务院已公布两批1028项国家级非物质文化遗产名录项目。文化部公布了两批1328名国家级非物质文化遗产项目代表性传承人，命名了闽南、徽州、热贡和羌族文化生态保护实验区，优秀传统文化的传承和文化生态保护取得良好成效。世界文化遗产申报和保护取得突破。目前我国已拥有世界文化遗产38处，总数居世界第三。昆曲艺术、古琴艺术、新疆维吾尔木卡姆艺术以及与蒙古国联合申报的蒙古族长调民歌艺术已被联合国教科文组织列入“人类口头和非物质遗产代表作”名录。列入名录的文化遗产都得到了有效保护。2009年2月，文化部联合有关部门，共同举办了中国非物质文化遗产传统技艺大展，参与民间艺人1176名、展出珍贵实物2322件，参观人数达20多万人次，销售总额突破1000万元。国务院自2006年起设立“文化遗产日”，全社会文化遗产保护意识不断增强。古籍保护工作得到加强。从2001年起，文化部、财政部共同组织实施“中华再造善本工程”，第一期工程共影印出版了宋元时期的中华古籍善本758种8990册，第二期已于2008年启动。2007年，国家又实施中华古籍保护计划，目前国务院已经颁布两批6870部《国家珍贵古籍名录》及113家全国古籍重点保护单位。

（五）对外及对港澳台文化交流积极活跃，影响深远

随着历史的发展，新中国对外文化工作在交流中探索，在继承中创新，逐步形成了全方位、多层次、宽领域、多渠道的对外文化交流新格局。目前，我国同世界上160多个国家和地区保持着良好的文化交流关系，与145个国家签订政府间文化合作协定和近800个年度文化交流执行计划。“中法文化年”、“中俄国家年”、“中日文化体育交流年”等大型文化外交活动，极大提升了中国文化的国际影响力，文化外交日益成为我国对外战略中继经济、政治外交之后的第三大支柱。对外文化交流渠道日益拓展，逐步形成了“政府主导、社会参与、多种方式运作”的活动机制。全国各地已与120个国家建立了1500对友好省州和友好城市关系，与148个国家的458个民间团体和组织建立友好合作关系。近几年，对外文化交流项目的年均总数与人次均超过改革开放前30年的总和。充分利用国际舞台表达我国主张，参与国际文化规则的制定，不断提高我国在国际文化事务中的话语权。积极打造文化品牌，“中国春节”、“相约北京”、“亚洲艺术节”、“中国文化年”、“吴桥国际杂技节”、“中国上海国际艺术节”、“北京国际音乐节”影响深远。海外文化阵地建设不断加强，目前已在82个国家设立96个使领馆文化处(组)，已建成海外中国文化中心7个、孔子学院140多所。中国国际广播电台、中央电视台国际频道在海外传播能力显著增强，覆盖面进一步扩展。中国文化产品和服务“走出去”初见成效，许多具有浓郁民族风格的中国文化产品走出国门，市场份额不断增加，提高了中华文化的影响力。深化内地与港澳台地区的文化交流与合作，“艺海流金”、“中华文化精品港澳行”、“情系长安”等活动增进了港澳台同胞对中华文化的了解与认同。

（六）锐意进取，文化体制改革不断深化

党的十六大以来，党中央对深化文化体制改革做出了一系列重要决策。根据中央提出的改革目标和任务，文化系统广大干部职工进一步解放思想，不断增强改革的主动性和积极性，坚持以改革为动力，以发展为第一要务，积极探索，勇于创新，各项改革工作取得了明显成效。积极培育和塑造合格市场主体，一批经营性文化事业单位完成转企改制。据不完全统计，全国有40个省级、147个地市级、240个县级演出公司、展览公司、电影公司、音像公司、影剧院等文化单位完成改制，并进一步完善了法人治理结构，建立了现代企业制度。2009年7月，在南京召开了全国文化体制改革经验交流会，会议就近年来全国文化体制改革进展情况进行了回顾总结，表彰了12个改革先进地区和42家先进典型单位，交流了改革先进经验。国有院团改革步伐日益加快。一批国有院团通过转企改制，焕发了艺术创作生产的生机与活力，国有院团的主力军作用得到充分体现。目前全国已有77家国有艺术院团完成了转企改制工作。一些地区将国有院团转企改制与院团资源重组相结合，进一步完善了院团的布局结构，市场对资源配置的基础性作用得到了进一步的发挥。一大批国有院团积极推进内部管理机制的转换，在项目策划、剧目制作、市场推广、品牌运作等方面创造了大量新鲜经验。一大批国有和民营企业，在国家政策的扶持下，积极参与国有院团体制改革，多种所有制市场主体参与艺术创造、活跃演艺市场的局面正在加快形成。前不久，文化系统就贯彻落实中宣部、文化部不久前下发的《关于深化国有文艺演出院团改革的若干意见》，进行了部署，进一步明确了下一阶段国有院团改革的目标和重点任务，加大了国有院团改革的力度。公益性文化事业单位的内部改革不断深化，普遍实行了岗位责任制、全员聘用制、效益工资制等激励和约束机制，激发了干部职工的积极性，创新服务方式，强化了公共文化服务的公益性，工作重心进一步下移，公共文化服务职能得到较好发挥。文化市场综合执法改革成效显著。截至今年3月，第一批确定的9个试点地区基本完成综合执法改革试点工作，新增的89个试点地区中，19个地区已组建综合执法机构，文化市场管理中长期存在的职能交叉、多头执法等问题得到初步解决。

（七）扎实稳健，文化建设的保障体系更加完善

文化的繁荣发展离不开物质、政策、人才等方面的基础保障。一是随着对文化建设地位作用认识的不断深化，各级政府逐步加大对文化建设的投入力度，为文化繁荣发展提供了坚实的物质基础。党的十六大以来，国家财政对文化事业投入达到了历史最高水平。文化事业费逐年增加，有力地支持了文化事业发展。中央和省级财政设立了专项扶持资金，加大对农村地区，特别是老、少、边、穷地区文化建设的扶持力度。二是进一步完善文化政策，加强文化法制建设。近年来，在加大财政投入、开征文化事业建设费、鼓励对公益性文化事业捐赠、支持社会力量兴办文化事业、扩大市场准入等方面，国家出台了一系列促进文化发展的政策，使长期困扰文化建设的投入不足、资金短缺等难题得到一定程度的缓解。随着依法治国基本方略的确立，文化法制建设的步伐不断加快，立法数量明显增加，立法效力层次提升，立法质量稳步提高，立法空白逐渐得到填补，文化法律框架体系初步形成。深化行政审批制度改革，大幅度取消和下放行政审批项目。2002年前，文化部行政审批项目共有66项，到2008年只保留9项，通过简政放权，放宽了行业准入门槛，激发了社会活力。文化执法效能不断提高。2008年，文化部为加强信息化建设，采用高技术手段加强市场监管，推进了网吧监管平台建设，取得阶段性成果。改革开放以来，特别是全国人才工作会议以来，文化部提出“人才兴文”战略，着力建立和完善以能力建设为核心的人才培养机制，以公开、平等、竞争、择优为导向的选人用人机制，以能力和业绩为导向的社会化人才评价机制，以贡献与报酬相适应鼓励创新的激励保障机制，为优秀人才的大量涌现提供了良好的环境，培养造就了一支以党政人才、专业人才和经营人才为核心、老中青相结合的文化人才队伍，为我国文化建设提供了必要的人力资源和智力支持。

新中国成立60年来，文化建设取得了辉煌成就，但同时，我们也应清醒地看到，我国处于并将长期处于社会主义初级阶段这一基本国情没有变，人民群众日益增长的物质文化需求同落后的社会生产之间这一社会主要矛盾没有变。文化建设中还存在许多问题，有些问题还很突出，文化发展还面临着严峻挑战。这些问题大致上有以下几个方面：

第一，我国文化发展的整体水平还不高，还不能很好地满足人民群众日益增长的精神文化需求，文化在推动经济社会发展中的作用还没有得到充分发挥。从文化的投入看，与教育、卫生、科技等其他社会事业投入相比，文化投入显得偏低，投入的严重不足带来文化产品和服务供给的严重短缺，与我国当前文化需求快速增长之间形成了巨大的结构性缺口，极大地制约了经济社会的发展。从公共文化服务体系建设来看，公共文化产品与服务的供给还不能完全实现均等化、普惠制，还不能满足人民群众特别是广大农村和经济欠发达地区人民群众的文化需求。例如，根据国际图联的标准，平均5万人应拥有一座公共图书馆，我们现在是40万人一座，美国、英国、法国等发达国家4万人以下一座，我们与发达国家还有比较大的差距。从文化产业的发展来看，我国文化产业在整个国民经济中所占的比重还很低，文化在推动经济社会发展中的作用还没有得到充分发挥。2007年，文化产业增加值占GDP的比重只有2.6%，远远低于美国、韩国、英国等国家。据社会科学文献出版社2004年出版的《中国文化产业国际竞争力报告》对15个国家文化产业竞争力的综合评价分析：中国的文化产业国际竞争力指数为0.22，低于0.5这一国际竞争力指数的平均值，不及平均指数的43%，居于15个受测评国家的末位，文化产业国际竞争力明显处于弱势地位。此外，目前我国文化发展不平衡的情况还比较突出，文化在引导社会、教育人民方面的功能亟待加强。

第二，文化发展的体制机制还不健全，活力还不强，与日趋完善的社会主义市场经济体制不相适应，与对外开放不断扩大的新要求还不相适应，与现代科学技术和传播手段迅猛发展和广泛应用的新形势不相适应。当前，我国文化发展的环境和条件发生了深刻变化，原有文化体制机制的不完善与不断发展变化的经济基础和体制环境不相适应的问题日益凸显。相当数量的经营性国有文化单位还游离于市场体制之外，造成合格市场主体的大量缺位。条块分割、地区封锁、城乡分离的市场壁垒制约了统一开放、竞争有序的现代市场体系的形成。产业集约化程度低，存在“散、小、弱、差”的现象，市场在资源配置中的基础性作用还没有充分地发挥。丰富的民族文化资源还没有与资金、技术等生产要素有机地结合，还不能转化为现实的生产力。文化贸易进出口存在严重逆差。例如，2002年，韩国从中国进口电影产品，中国产品只占其总进口额的2.4%，仅此一项，中韩文化贸易逆差就达到14.8个百分点；2003年，中国出版物出口创汇2469.34万美元，而进口用汇达16880.91万美元；我国引进版权12516项，输出版权811项，版权贸易逆差达到15 ：1。此外，现代科学技术和传播手段的迅猛发展和广泛应用，在给我们提供难得的发展机遇和空间的同时，也对文化事业的创新提出了严峻的挑战。

第三，文化软实力西强我弱，与我国国际地位不相适应，与我国五千年文明拥有丰富的文化资源不相适应，亟待提升国家文化软实力。当今世界范围内各种思想文化交流、交融、交锋更加频繁，西方发达国家凭借经济、科技上的优势，加紧对我进行文化输出和思想渗透。渗透与反渗透的斗争更加复杂。我国有五千年的文明和丰富的文化资源，但还没有完全转化为我们的软实力。与我国的经济、政治影响力相比，我国文化在国际上的影响力和传播力还比较弱。世界对中国的认识还常常不符合实际，其主要原因就是我们树立和传播中国自身形象的能力还比较弱，在国际的舆论场中处于劣势。

面对这些根本性问题，面对这样严峻的挑战，我们不能盲目乐观。正如胡锦涛总书记所指出的，我们自己的思想、作风、能力、素质与推动科学发展的要求还不适应，思想不够解放，创新意识不强，缺乏进行战略思维、系统思维、创新思维的能力。我们必须要有强烈的忧患意识和责任意识，要有强烈的紧迫感，要经常思考怎样把文化建设真正纳入经济社会发展全局，更加自觉、更加主动地推动文化大发展大繁荣，为经济社会又好又快发展提供强大动力和道德支撑。

三、60年来文化建设的基本经验

60年中国文化建设的实践，加深了我们对什么是中国特色的社会主义文化、怎样建设社会主义文化的认识，积累了十分宝贵的经验：

（一）高度重视文化建设在经济社会发展中的重要地位和作用，不断提高全党全社会的文化自觉

中国特色社会主义，必须是政治、经济、文化、社会协调发展的社会。只有经济增长，没有文化的大发展大繁荣，不是全面发展的社会；没有文化的大发展大繁荣，经济社会的发展缺乏智力和道德的支撑，是缺乏生命力的不可持续的发展。只有把文化建设纳入经济社会发展的全局，把它摆到更加突出的地位，使其与经济建设、政治建设、社会建设整体推进、共同发展，才能提高我国的综合国力和竞争实力，增强我国人民的幸福感和

促进社会的和谐发展，这是我们党在探索社会主义建设和改革开放实践中，对我国社会发展规律的深刻认识，也是对人类社会实现可持续发展规律的深刻认识。文化复兴是民族复兴的重要标志。没有文化的复兴不是真正的民族复兴。

（二）坚持以人为本，满足人民群众日益增长的精神文化需求，保障公民的基本文化权益

科学发展观的核心是以人为本。过去，我们仅仅讲文化的功能是“以文化人”，也就是教育、宣传的功能还不全面，现在还要强调满足人民群众的多样化精神文化需求，维护人民的文化权益。文化建设坚持以人为本，就是要把满足人民群众日益增长的精神文化需求、保障公民的基本文化权益、促进人的全面发展作为根本目的和一切工作的出发点和落脚点，准确把握人民群众精神文化生活的新要求新期待，大力发展文化事业和文化产业，提高文化产品与服务的供给能力，使文化发展成果由全体人民共享，维护公共文化生活的公平与正义，实现普惠，不能只面向专家、面向少数人，要面向基层、面向广大群众。坚持以人为本，必须充分发挥文化在教育人民、引导社会方面的重要功能。坚持用社会主义核心价值积极引领社会思潮，用中国特色社会主义共同理想凝聚力量，用以爱国主义为核心的民族精神和以改革创新为核心的时代精神鼓舞斗志，用社会主义荣辱观引领风尚。坚持以人为本，必须切实尊重人民群众在文化建设中的主体地位，深刻认识人民群众是文化创造的主体和文化创造活力的源泉所在，坚持以人民群众满意不满意作为衡量、检验、评价文化建设成效的根本尺度，尊重人民群众的首创精神，保护一切创新成果，形成引导有力、激励有效、活跃有序、宽松和谐、不同主体踊跃参与文化创造的机制和环境，激发全社会文化创造活力，充分发挥人民群众参与文化建设的积极性、主动性和创造性。

（三）坚持以繁荣发展为主题，重建设，不折腾，为人民群众奉献更多更好的精神食粮

发展是硬道理，是党执政兴国的第一要务。文化的繁荣发展，需要着眼长远，立足当前，重在建设，贵在积累，扎扎实实、持之以恒地加以推进。要防止和警惕急功近利，避免以运动的方式搞文化、瞎折腾，把文化建设当“政绩工程”、“面子工程”，做不切实际的高指标的承诺。实践证明，只有一心一意谋发展，聚精会神地推动文化领域的思想建设、队伍建设、制度建设、基础设施建设和业务建设，狠抓落实，才能开创文化建设事业的新局面。坚持以繁荣发展为主题，必须以“出精品、出人才、出效益”为目标，坚持贴近实际、贴近生活、贴近群众，充分调动广大文艺工作者的积极性和创造性，使文艺创作和文化工作深深植根于人民大众之中，使亿万人民创造历史的实践活动真正成为文艺创作和各类文化事业兴旺发达的源头活水。坚持以繁荣发展为主题，必须坚持3个两手抓，即坚持一手抓公益性文化事业，一手抓经营性文化产业，准确认识和把握文化的意识形态属性和产业属性，促进公益性文化事业和经营性文化产业的协调发展。坚持一手抓努力构建覆盖城乡、惠及全民的公共文化服务体系，一手抓壮大文化产业、繁荣文化市场，确保人民群众的基本文化权益，满足人民群众多元、多样、多变的文化需求。坚持一手抓繁荣，一手抓管理，促进文化市场活跃健康、规范有序地发展。

（四）坚持以科技创新和体制创新为动力，加快文化领域创新体系建设，解放和发展文化生产力

文化是最需要创新的领域。科技创新和体制机制创新，是文化创新体系的两大重要支撑。加快科技创新，必须建立以企业为主体、以市场为导向、产学研相结合的创新体系，着力打造一批具有知识产权、有核心技术的自主品牌，增强民族文化产品的竞争力。必须依托以数字技术、网络技术为代表的现代信息技术，提升传统产业，提速新兴产业，重点扶持具有高科技含量、高附加值、广阔市场前景的新兴业态，在推动文化与科技的融合中抢占文化发展的制高点。必须不断运用高新技术手段，推进文化内容和形式、传播方式和传播手段的创新，提高文化产品的感染力和传播力。加快文化体制机制创新，必须着力破除体制障碍，体制是带有根本性的，改革不实现体制的突破，光在机制上做文章，最终可能又回到原地。因此，必须要解放思想，用创新的精神，着力在影响和制约文化科学发展的深层次矛盾和问题上实现重点突破，建立起符合文化发展规律和市场经济发展要求的宏观文化管理体制与富有活力的微观运行机制。转变政府职能，加快培育合格现代市场主体，构建现代文化市场体系，完善文化产业政策，充分发挥市场在资源配置中的基础性作用。

（五）坚持尊重知识、尊重劳动、尊重创造、尊重人才，遵循文化发展规律，努力实现文化的科学发展、和谐发展

文化生产是一项极其复杂的创造性劳动，最需要充分发挥个人的聪明才智和独创精神。坚持4个尊重，必须认真贯彻“双百”方针，实行学术民主、艺术民主，尊重艺术家的创造性，保证作家艺术家有思想和幻想的自由、内容和形式创造的广阔天地，充分理解文艺创作的艰苦性，保护艺术家探索的积极性，鼓励不同风格和流派的存在，包容艺术探索中的不成熟甚至失败。只有在人格上得到尊重，创作上受到重视，文艺工作者的创造激情才能充分涌流迸发，才能创作出更多更好的文化产品。胡锦涛总书记在十七届三中全会讲话中，着重讲到要做好知识分子工作。文化工作者队伍是知识分子队伍中重要的部分，我们要认真学习贯彻总书记的重要讲话，团结广大知识分子，团结得越多越好；要同知识分子交朋友，交知心朋友，要在尊重的前提下，善意批评，积极引导。必须按照文化艺术自身的客观规律组织艺术生产，减少乃至废止在艺术领域里的行政干预，切忌脱离客观规律，搞文化建设“大跃进”。必须正确处理弘扬主旋律与提倡多样化的关系。在大力唱响主旋律的同时，还要适应人民群众精神文化多方面、多层次、多样化的需求，积极发展各种健康有益的文化，使社会主义文化更加多姿多彩。必须正确处理好社会效益和经济效益的关系。遵循社会主义市场经济运行的基本规则，充分发挥市场对文化艺术生产资源的配置作用，最大努力寻求文化艺术规律与市场规律的辩证统一。

（六）必须坚持对外文化交流，实施文化“走出去”战略，提升国家文化软实力，增强中华文化国际影响力

开展对外文化交流，实施文化“走出去”战略，是我国对外战略中极为重要的组成部分。增进不同国家和人民之间的了解与友谊，向世界展示和传播我国文化，是增强我国文化软实力的必由之路。在对外文化交流中之所以取得巨大成就，在于我们兼收并蓄，善于吸收，融会世界优秀文化成果，取长补短，为我所用。他山之石，可以攻玉。当前，中国与世界的关系正在发生深刻而广泛的变化，面对全球化的浪潮，绝不能闭关自守。只有更加主动地、更加坚定不移地积极参与国际文化交流，在扩大交流中正确处理民族化与国际化，坚持文化自主性与尊重世界文化多样性，“走出去”与“守得住”，“走出去”与“引进来”等关系。做到既传播我国优秀文化，又促进不同文化的交流；既吸收外来有益文化，又保持民族文化的独立品格，促进自身文化的发展，不断增强国民对本国文化的自信心和民族自豪感。要处理好官方交流与民间交流，发挥中央积极性与地方积极性，开展对外文化贸易与扩大对外文化交流等关系，统筹协调国内国际两种资源、两个市场，整合资源，形成合力。要处理好传统与现代的关系，推动传统文化与现代传播方式相结合，当代文化与现代科技相结合，不断提高中华文化的感染力、影响力和亲和力。

（七）必须坚持解放思想，转变观念，推动改革开放，为文化事业发展提供强大动力

解放思想，实事求是，是马克思主义活的灵魂，是我们党在革命、建设和改革开放实践中逐渐形成的思想路线。在这条思想路线的指引下，广大文化工作者逐步把思想从右的或“左”的文艺思潮中解放出来，从对马克思主义僵化的、教条主义的错误理解中解放出来，转变观念，创新思维，积极推动各项文化建设，取得了令人瞩目的成就。改革开放是历史的必然选择，是推动各项事业发展的根本动力。在改革开放方针的指引下，我们以解放思想促进转变观念，以转变观念促改革创新，以改革创新促文化发展，积极开展文化体制改革，探索建立新型文化管理体制，培育合格市场主体，推动文化事业单位内部机制改革。实践充分证明，哪里有思想的解放，哪里就有改革的新思路新举措，哪里就有工作的新气象、发展的新局面。当前，中国与世界的关系发生了深刻的变化，面对全球化的浪潮，闭关自守是不可能的。必须坚定不移地扩大对外开放，参与国际交流、交融、交锋，必须在交流、交融、交锋中学习、借鉴、扬弃。经济是这样，政治上是这样，文化上也是这样。必须统筹国内和国际两个大局，积极利用国际国内两个市场两种资源，大力推动中华文化“走出去”，增强中华文化的国际影响力和竞争力。

（八）必须坚持党对文化工作的领导，高举中国特色社会主义伟大旗帜，确保先进文化的前进方向

领导我们事业的核心力量是中国共产党。中

国共产党代表着中国先进文化的前进方向。党对我国文化工作的领导权是历史发展的必然，是广大人民群众的选择。因此，高举中国特色社会主义伟大旗帜，确保先进文化的前进方向，必须坚持党对文化工作的领导，在这个原则问题上绝不能有丝毫动摇。高举中国特色社会主义伟大旗帜，坚持先进文化的前进方向，最根本的是必须坚持和巩固马克思主义在意识形态领域的指导地位，这里特别要强调坚持中国化的马克思主义在意识形态领域的指导地位，不能搞指导思想的多元化。要坚定不移地贯彻“二为”方向和“双百”方针，在坚持以社会主义核心价值体系引领文化建设的同时，正确处理好尊重差异、包容多样与坚持主导、发展主流的关系，学会在包容多样中确立主导，在尊重差异中求得和谐，在交流交融中谋求共识，在变化变动中一以贯之，团结一切可以团结的力量，化消极因素为积极因素，最大限度地凝聚力量，形成共识。当前，我国经济体制深刻变革，社会结构深刻变动，利益格局深刻调整，思想观念深刻变化，这是历史的进步，是时代的潮流，同时对加强和提高党的执政能力、改善党对文化工作的领导提出了更高的要求。我们只能顺应这种潮流和趋势，而不能逆潮流而动。因此，就必须不断解放思想，与时俱进，不断研究文化领域的新情况、新问题，以中国化的马克思主义指导文化工作实践，用科学发展观来统领文化建设，把社会主义核心价值体系建设与文化建设的具体任务紧密结合起来，努力发展面向现代化、面向世界、面向未来的、民族的科学的大众的社会主义文化。

四、贯彻落实科学发展观，推动文化建设快速发展

当前，文化工作面临着新的挑战和机遇，肩负着推动社会主义文化大发展大繁荣的新任务。面对人民群众对文化建设的新期待，面临现代科学技术和传播手段迅猛发展、国际国内形势复杂多变，我们必须以科学发展观为指导，采取有效措施，推动文化建设再上新台阶，开创新局面：

（一）努力提高文化产品和服务的质量，满足人民多样化的文化需求，促进人的全面发展

随着经济的发展和人民生活水平的提高，我国人均 GDP 已超过了 3000 美元。根据国际惯例，当人均 GDP 达到或超过 3000 美元，文化消费将进入一个需求旺盛期。相比之下，无论是我国文化发展的整体水平，还是文化产品的供给和服务，还不能很好地满足人民群众日益增长的精神文化需求。因此，必须努力提高文化发展的整体水平，逐步缩小城乡、经济发达与欠发达地区之间的文化差异，不断提高文化产品和服务的质量。要坚持把繁荣文艺创作当作重点工作来抓，充分调动广大艺术家和文化工作者的积极性和创造性，努力创作更好的文艺作品。不断改善评奖激励机制，鼓励艺术创新，不断促进科技与艺术的融合。要充分利用文化产业的优势，采取有力措施，推动文化产业快速发展。加快发展重点文化产业，实施重大项目带动战略，着力培育一批骨干文化企业，加快文化产业园区和基地建设，努力扩大文化消费，建设现代文化市场体系，发展新兴文化业态，扩大对外文化贸易。要进一步加强公共文化服务体系建设，实现人民群众的基本文化权益。加快重大文化工程建设，提供更加丰富的公共文化资源。在切实完成公共博物馆向全社会免费开放的基础上，逐步推动公共美术馆、图书馆免费开放。

（二）深入推动文化体制改革，建立健全保障文化科学发展的体制机制，进一步解放和发展文化生产力

深化文化体制改革是党中央站在新的历史起点，深刻分析我国全面建设小康社会所面临的形势和任务提出的一项重大战略部署。目前，文化体制改革取得了重大进展，但是从总体上看，文化体制改革还处于“盆景”和“试验田”阶段，没有形成大面积的“百花园”和“丰收田”。因此，必须加大力度，加快进度，加以推进。要进一步解放思想，坚定信心。深刻认识文化体制改革的战略意义和现实意义，把思想统一到中央的决策与部署上来，增强推进改革的自觉性、坚定性和主动性。要明确改革的关键环节，突出重点，加快进度，推动文化体制改革取得新的实质性进展。加快经营性文化事业单位转企改制，着力培育合格市场主体。努力推动国有文艺院团改革取得新进展。着力培育骨干文化企业和文化领域战略投资者，切实增强国有文化企业的整体实力和竞争力。进一步深化公益性文化单位内部劳动人事、收入分配和社会保障制度改革，激发内在活力，提高服务水平。

（三）进一步提升软实力，增强中华文化的凝聚力、影响力和感召力

要加强对物质文化遗产和非物质文化遗产的保护，弘扬民族优秀传统文化，不断培育民族精神，增强民族凝聚力。要拓展对外文化交流渠道和方式，进一步提升中华文化的影响力和传播力。坚持以我为主、为我所用的原则，不断改革创新对外文化交流的形式和内容。积极打造具有自主知识产权和较强竞争力的知名文化品牌。

（四）加强人才队伍和法制建设，转变政府职能，为文化事业发展提供强有力的支撑和保障

文化建设需要强有力的人力支撑和制度保障。要努力建设一支规模宏大、结构合理、素质较高的文化人才队伍，为文化建设提供智力支持。要紧密围绕文化建设的中心任务开展文化人才队伍建设。要按照中央关于推进文化体制改革和行政管理体制改革的总体要求，将文化行政部门的工作重心由过去的“办文化”为主向管文化为主转变，由管微观向管宏观转变，由主要面向直属单位向面向全社会转变，履行好政策调节、市场监管、社会管理、公共服务的职能。要为文化事业和文化产业的发展创造良好环境，研究制定文化发展战略和规划，提供政策指导和服务，保障全体公民的文化权益。要把政策法规建设作为重要基础性工作来抓，制定立法规划，推动重点领域的立法，推动重大政策的研究。

新中国60华诞即将来临。回望征程，岁月如歌；展望未来，豪情满怀。在新的历史起点上，文化建设的任务重大，使命神圣。广大文化工作者将继续在以胡锦涛同志为总书记的党中央的领导下，高举中国特色社会主义伟大旗帜，与时俱进，开拓创新，以更加负责的精神、更加扎实的工作，努力推动文化大发展大繁荣，迎接社会主义文化建设新的高潮！

谢谢大家！

加快推进国有文艺演出院团体制改革

文化部党组副书记、副部长　欧阳坚

（2009年6月29日）

舞台艺术在中国有着悠久的历史和深厚的根基，一直是人民群众最喜爱的艺术形式之一。作为一种直观的、面对面的艺术交流形式，舞台艺术有着其他艺术形式无法比拟的优势和特点。与影视等艺术形式相比，在欣赏过程中，舞台艺术能给人们带来更直接、更真实、更亲切的感受和体验。可以说，舞台艺术以其不可替代的独特魅力，在林林总总、异彩纷呈的艺术门类中，始终占据着重要的位置。然而，目前我国的舞台艺术和演艺产业与时代的呼唤、人民的期盼还有相当大的差距。因此，如何繁荣舞台艺术、怎样发展演艺产业，已成为摆在我们面前的一项历史课题和紧迫任务。

一、统一认识，深刻领会推进国有文艺演出院团体制改革的重大意义

改革开放尤其是新世纪以来，我国的舞台艺术获得了长足的发展，演艺产业展现出蓬勃的生机，为文艺的繁荣和发展作出了巨大的贡献。在这一进程中，民营院团以其独特的体制优势和市场敏锐性，在面向市场、服务大众方面异军突起，展现出蓬勃的生机与活力。与此形成强烈反差的是，不少国有院团却举步维艰、陷入困境。民营院团的快速发展，在演艺市场上已对国有院团形成了一种倒逼的态势，抢占了市场份额，挤压了国有院团的生存空间，使国有院团失去了原有的文化阵地，在一定程度上削弱了引领舞台艺术发展方向的能力。造成这种状况的根本原因，就是国有院团的体制不顺、机制不活。因此，在党中央做出的加快推进文化体制改革的重大部署中，国有院团的改革成为重点领域。

从已实施了6年的试点实践来看，国有院团改革取得了一定的进展和成效，但与文化领域其他行业相比，改革的进度偏慢，成效也不够明显。对此，中央领导同志作出了一系列重要指示，要求高度重视国有文艺院团的改革工作，加大力度，加快进度，不断取得新的实质性进展，确保整个文化体制改革顺利、协调地推进。

当前，要深化国有院团改革，最重要的就是要提高认识、转变观念，也就是要从根本上搞清楚、弄明白为什么要进行国有院团改革。为此，我们可以通过3个方面的事例来加以比较和说明。

事例一：从历史上看，我国的国粹——京剧之所以能够发展壮大，并不是靠政府的供养和纳税人的投入，而是靠自己去闯市场，靠自身的拼搏来求生存、谋发展。正是在这个过程中，不仅在融汇汉剧、昆曲、徽剧等传统剧种的基础上形成了一种全新的、深受群众喜爱的艺术形式，同时也创作出一大批经久不衰、风格迥异的传世佳作，涌现出了梅兰芳、尚小云、程砚秋、荀慧生、马连良、周信芳、谭鑫培、盖叫天、裘盛戎等一批艺术大师。可以说，正是在市场竞争中才成就了京剧当年的繁荣和辉煌。

事例二：从现实来看，改革开放以来，一大批民营院团依靠自身努力，借助市场的力量，不断发展壮大，创作出许多深受人民群众喜爱、既叫好又叫座的舞台精品，还有不少走出了国门、走向了世界，在获得良好经济效益的同时，也弘扬了优秀的中华文化。比如《印象刘三姐》、《宋城千古情》、《丽水金沙》等，其中有的剧目已连续演出数千场，累计收益达几亿元；刘老根大舞台艺术团去年一年收入就达9660万元。目前已有不少民营演艺企业，总资产已达几亿元甚至十几亿元，成为演艺市场的新兴力量，发挥着国有院团应该发挥但难以发挥的作用。而大多数事业体制的国有院团却是市场在萎缩，影响在下降，人员在流失。民营院团之所以能够在逆境中崛起，一个根本原因就是实行了企业化管理、市场化运作。

事例三：从国际上看，世界上大多数国家，都没有政府包办的文艺院团。目前来看，凡是发展较好的院团，大都是社会化、民营化的演出团体，主要靠基金会或企业的投资和演出收入来实现自身的生存和发展。因此，这些院团都会自觉地按

照市场的需求和观众的喜好来创作与生产。比如，由爱尔兰舞蹈团创作的《大河之舞》、美国百老汇的《歌剧魅影》和《悲惨世界》、加拿大太阳马戏团创作的综艺舞台节目等等，都是长演不衰、一票难求，有的连续演出几十年，总收入达到十几亿甚至几十亿美元，其中太阳马戏团一年收入就超过10亿美元。又如日本宝塚歌剧团的演出，多年来保持着很高的上座率，经常可达到110%。更为重要的是，这些剧目都曾在许多国家巡演，在取得丰厚经济回报的同时，也有效传播了本国的文化，具体展现了国家的软实力。

通过以上事例可以发现，舞台艺术要繁荣发展，一个主要的途径就是要培育真正的市场主体，把一切能够进入市场的国有院团，逐步有序地变为演艺企业，从而为演艺产业发展奠定坚实的微观基础。

应该说，我们的事业体制形成于新中国成立初期，有它的合理性，也确实创作了一批优秀的舞台艺术精品。但是在当前的形势下，国有事业体制的院团基本上还停留在党和政府部门文工团的阶段，与老百姓的期盼、市场的需求之间的差距越来越大，在个别地方甚至还出现了发展方向上的一些偏差。就像有人说的，我们的事业院团运行的基本模式是“财政是投资主体、领导是基本观众、获奖是根本目的、仓库是最终归宿”。这种状况已严重阻碍了舞台艺术的繁荣和演艺产业的发展，必须通过改革，探索新的发展路径。我想这就是中央做出深化国有院团体制改革重大决策的原因和历史背景。

二、解放思想，提高对国有文艺演出院团体制改革关键问题的认识

要增强文艺院团体制改革的自觉性、主动性，首先要提高3个方面的认识：

第一，所有的文艺院团都应该面向市场、面向群众。在市场经济条件下，绝大多数艺术价值都是通过市场来展现的，艺术家的劳动回报大都是通过市场来实现的，人民群众的艺术喜好也往往是通过市场来体现的。如果不面向市场，就不能充分实现艺术的价值，也就不能真正了解人民群众对艺术的需求。离开了市场，往往就背离了群众，割断了艺术与人民群众的紧密联系，也在很大程度上影响了社会效益的实现。大量的事例反复证明，在坚持正确导向、遵循国家法律的前提下，一台剧目的演出，往往只有取得了经济效益才有可能产生社会效益，如果没有经济效益，一般也很难有社会效益。

毛泽东同志《在延安文艺座谈会上的讲话》指出，我们的文学艺术是为人民大众的。背离了人民大众，艺术就失去了根基和源泉。新一届中央领导集体也反复要求我们文艺工作者要坚持“三贴近”。在新形势下做到“三贴近”，最便捷最有效的方式就是贴近市场，贴近市场才能贴近群众，贴近群众也就贴近了实际、贴近了生活。在现实当中，我们有些院团贴近的不是市场、也不是群众，而是领导和专家；创作生产的目的不是为了服务人民、服务基层，而主要是为了获奖和评职称。因此，在创作上就很容易投领导和专家所好，跟着评奖的“指挥棒”转，从而忽略了为人民大众服务这一根本目的。要改变此种状况，就要使舞台艺术的创作生产与市场对接，充分考虑人民群众的需求，这样才能真正推动舞台艺术的繁荣和发展。

第二，把转企改制作为院团改革的中心环节和主要任务。体制是带有战略性、根本性、长远性的制度设计和安排，而机制是受制于体制的。如果体制出了问题，只在机制上做文章、打转转，不在体制改革上下工夫，治标不治本，是不能从根本上解决问题的。现在，影响我们发展的最主要问题是体制障碍，它在很大程度上使我们的国有院团长期游离于市场之外，抑制了国有院团的生机与活力，束缚了广大演职人员的积极性和创造性。由于不是市场主体，国有院团就难以充分利用市场机制来有效配置资源。从眼前看，事业体制似乎让单位有一定的保障，让职工有一定的安全感，但从长远看，却是制约了自身的发展。因此，只有突破事业体制这个外壳，才能使国有院团获得更大的发展空间，进一步放开被束缚的手脚，从而实现自身更好更快的发展。

需要特别指出的是，让更多有条件的院团转企改制，绝不是政府“卸包袱、推责任”，也不是财政“养得起、养不起”的问题，而是让这些院团在政府的扶持下，通过进入市场获得更多的资源，实现可持续发展。因为，行政掌控的资源是有限的，而市场配置资源的能力是无限的，所以，我们一定要从以往的崇尚“事业”、惧怕“企业”的误区中走出来，改变长期以来形成的一种观念，即认为事业的院团就是好的、就是重要的，转为企业的就是差的或弱的。其实，院团的好坏、优劣，不是由单位的性质决定的，而是看它创作出多少艺术精品、培养出多少艺术人才、产生出多大的社会影响。因此，一定要全面准确地理解国有院团转企改制在整个院团改革中的重大意义。

第三，切实加大对转企院团的扶持力度。政策上适当向转企院团倾斜，这是由国有院团的特殊性所决定的。一是老人多、包袱重，不少院团离退人员比现职人员还要多；二是不少艺术行当的演艺人员艺术生命周期短，三四十岁就面临着转岗和再安排；三是欠账多、底子薄，相当多的国有院团财政投入少、演出装备落后、缺乏固定的演出场所，参与市场竞争的物质条件差；四是国有院团长期在事业体制下运行，缺乏市场运营的经验和人才，要真正成为市场主体，自然有一个适应的过程；五是转为企业的院团，仍然承担着许多公益性的演出，也需要财政以政府购买服务的方式给予扶持；六是要调动院团转企改制的积极性，就必须贯彻中央“早改早受益、早改早发展”的要求，向率先改革的院团配置更多的优质资源。因此，对转企的国有院团，应该在一定时期内，提供更加优惠的政策保障、给予更加倾斜的财政支持。

三、积极探索，进一步推动国有文艺演出院团体制改革工作向纵深拓展

国有院团改革一定要坚持分类指导、因地制宜，实行一团一策。大致可以采取“转企一批、保留一批、归并一批、撤销一批”的做法，也就是：凡是应当进入市场的国有院团，均要有序、分批转制为企业；对还有待培育市场需求的高雅艺术和优秀传统剧种，可以继续保留事业体制；同城不同层级的同类院团，可以归并整合；对既没有观众、也不是具有较高传承价值的剧种，可以注销院团，人员重新安置。根据中央关于深化国有院团体制改革的有关精神，结合当前院团发展的实际情况，我们应努力做好以下几项工作：

第一，分期分批地推动具备进入市场条件的院团实现转企改制。杂技、曲艺、歌舞、话剧、一般戏曲等国有院团要率先加快转企改制的步伐。除新疆、西藏外，各省、自治区、直辖市和计划单列市、省会城市要确保在今年内至少推动一家国有院团完成转企改制，2010年后，向面上推开。试点工作基础较好的地区，现在就要有计划分期分批在面上展开 。其他院团可以组建项目公司，推行市场化运作机制，为转企改制积累经验、创造条件。

在转企改制的过程中，要把结构调整、资源整合结合起来，统筹规划、合理安排。在同一个地方，相同的演艺资源要进行优化重组，同时鼓励股份制或民营演艺企业和各类社会资本参与国有院团的转企改制，以资本为纽带，共同组建股份制的演艺企业。在此基础上，尽快建立起大型的演艺集团公司，力争实现规模化生产、集约化经营，从而提高新剧目的策划研发能力和市场开拓营销能力，逐步培育国有和国有控股的骨干演艺企业，使之成为演艺产业的“生力军”和主导力量，引领演艺产业又好又快发展。

第二，切实落实好针对转企改制院团的各项特殊政策。根据国有院团的特殊性，鼓励或允许各个地方在已有的文化体制改革配套政策的基础上，制定一些更加优惠的扶持政策。比如，对凡没有固定演出场地的转企院团，政府要做出专项安排，帮助建设和改造演出场地；对于转企的院团，原有的财政支持力度不能减，而且还要根据发展情况和项目需要有所增加；院团转企后，离退休人员和正式职工要按照“老人老政策、新人新办法”的原则妥善安排，确保演职人员的合法权益；在股份制企业，对有特殊贡献的演职人员和经营管理者，可以探索实行个人持股的办法，以留住和吸引高端人才；舞台艺术的各类评奖要在同等条件下，优先向转企的院团倾斜。凡是中央和地方所制定的扶持政策，一旦出台就要切实贯彻好、落实好，充分发挥政策的保障和激励作用。

第三，进一步推动保留事业体制院团面向市场、面向群众。部分高雅艺术院团，比如交响乐、芭蕾舞、有代表性的地方戏等，观众面较窄，市场发育不足，可以仍保留事业体制，重点做好传承、普及和推广工作。但是也要深化内部机制改革，不断降低成本、提高效率、改善服务、增加演出场次。同时还应该尽快建立事业院团绩效考评体系和量化评价标准，真正形成有效的约束机制和激励机制。

第四，进一步探索和改进财政对国有院团改革发展的支持方式。各个地方应在不断增加对转企院团投入的同时，实现财政资金由养人、养单位逐步向做事业、求发展转变，也就是干得多的多得，干得少的少得，不干的不得，干得格外好的还要给奖励。在具体实施中，可以采取“三个一点”的办法，也就是精品创作的时候“给一点”，公益演出的时候“补一点”，产生了良好社会反响再“奖一点”，以鼓励各类院团多出好作品，多演好剧目。

第五，抓紧培养既懂艺术，又懂经营、科技的复合型人才。目前，影响院团转企改制、制约其顺利进入市场的重大障碍是人才短缺，尤其是缺乏善于经营管理和懂得现代科技的专门人才。因此，在推进改革的过程中一定要把人才培养作为一项重要而紧迫任务抓实抓好。首先应该采取“缺什么就补什么”的办法，举办多种类型的人才培训班；其次要通过社会招聘，吸纳引进各类急需人才；最后是要通过与相关企业的合资合作，在引进资金的同时，也引入先进的管理理念和经营、科技方面的人才。只要是人才，不论来自国有还是民营、不管来自事业还是企业，都要一视同仁、为其提供平等竞争的机会，让更多的人才有施展才华的舞台，有创业的环境。

国有院团改革是当前文化体制改革的重点，也是难点，涉及面广、情况复杂、政策性强，不可能一蹴而就，也不可能按一种模式来推进，需要各个方面的共同努力、不断探索。我们相信，有中央的坚强领导，有以往改革积累的宝贵经验，在广大文艺工作者的共同努力下，国有文艺演出院团体制改革必将进一步加快步伐，我国的舞台艺术将会获得更大的繁荣，演艺产业必将取得更大的发展。

发扬成绩 扎实工作 努力推动古籍保护工作全面深入开展

——在2009年古籍保护工作会议上的讲话

文化部副部长 周和平

（2009年4月13日）

同志们：

根据议程安排，现在我们召开2009年古籍保护工作会议。本次会议的主要内容是，总结前一阶段的工作，同时，按照国务院办公厅《关于进一步加强古籍保护工作的意见》（国办发〔2007〕6号）精神，研究和部署2009年度及今后一个阶段的工作任务。

下面，我谈两点意见。

一、古籍保护工作的进展情况

2008年是全国古籍保护工作取得明显成效的一年。一年来，在各级党委、政府的大力支持下，各地积极贯彻落实国办发〔2007〕6号文和《文化部关于印发〈全国古籍普查工作方案〉等文件的通知》精神，按照“保护为主、抢救第一、合理利用、加强管理”的方针，建立健全组织机构，认真开展古籍普查、修复和人才培训，积极申报国家珍贵古籍名录、全国古籍重点保护单位，古籍保护工作机制初步形成，呈现出良好的工作局面，主要体现以下6个方面：

一是普查工作取得积极进展。全国古籍普查工作稳步推进，各地已完成的普查条目总数近6万条，山东、甘肃、陕西、北京等省份进展较快，山东完成数量最多，达23000条；为利用计算机技术和网络技术，提高古籍普查的效率和普查数据的准确性，在广泛调研的基础上，国家古籍保护中心组织研发了“全国古籍普查平台”系统，进行相关测试，即将投入使用；国家古籍保护中心先后举办了11期500余人次的古籍编目普查人员培训班，逐步建立起了符合工作需要的普查工作队伍；军事科学院图书馆藏《十三经注疏》等一批《中国古籍善本书目》未曾著录的珍贵古籍先后登记，并入选了首批《国家珍贵古籍名录》，成为普查工作的亮点；此外，山东等省份已经先期开展编纂《中华古籍总目》分省卷的有关工作。

二是《国家珍贵古籍名录》及“全国古籍重点保护单位”的申报评审工作顺利实施。通过各系统、各有关单位、各位专家近半年多的共同努力，经申报、初审、公示、审批等程序，2008年3月1日，国务院下发文件，批准公布了首批2392种《国家珍贵古籍名录》及51家“全国古籍重点保护单位”。7月28日，中共中央政治局委员、国务委员刘延东亲自出席“第一批国家珍贵古籍名录颁证暨第一批全国古籍重点保护单位授牌”仪式，并做重要讲话。年底，《第一批国家珍贵古籍名录图录》编辑出版。第一批《国家珍贵古籍名录》和“全国古籍重点保护单位”的公布，受到全国古籍保护界、文化界、新闻媒体的高度关注，在全社会和海内外引起了强烈反响，极大地鼓舞了全国广大古籍保护工作者，调动了各地的工作积极性。

各地、各系统及有关单位对申报第二批《国家珍贵古籍名录》、全国古籍重点保护单位高度重视，组织工作卓有成效。

名录申报方面：截至2009年初，申报数量达到12119余部，涉及文化、教育、文物、民委、宗教、档案、新闻出版总署、中科院、社科院、部队、中医等系统的437家单位及个人。申报数量及所涉及的申报单位均比第一批增加了1倍。澳门特别行政区首次参加申报，澳门方面还提出，希望在澳举办普查、修复等培训，并成立古籍保护分中心；教育部系统有关单位、中国社科院、中国艺术研究院、军事科学院及北京、黑龙江等省份严格按照规定时间报送了申报材料；上海、天津、山西、浙江、湖北、辽宁、吉林、重庆等省份，严格把关，申报数量较大，质量较高。浙江省中心在浙江图书馆网站和《钱江晚报》上刊登消息，动员社会参与申报工作。山西省中心深入基层收藏单位，对申报工作进行了调研督导；中医药系统及江苏、山东、湖南等省不仅上报数量多，而且上报前均经过本系统及本省专家委员会的严格审核；与第一批申报相比，安徽、河北、河南、海南等省份的组织工作有明显进步；云南、甘肃、内蒙古、贵州、广西等一些边远省份克服交通不便、收藏单位分散等困难，积极组织申报。云南省严格遵守定级标准，实事求是，不盲目上靠，书影拍摄数量多、质量高，为评审工作奠定了良好基础。

重点保护单位申报方面：截至2009年初，重点保护单位的申报数量达到124家，与第一批申报数量大体相当。一些第一次申报时未获批准的单位，如军事科学院军事图书资料馆、河南省新乡市图书馆、山东大学、山东曲阜师范学院、四川大学、上海华东师大、西南大学、江西省图书馆等投入资金，改善条件，这次再次进行了申报。

为做好评审工作，国家古籍保护中心组织专家研究制定了敦煌、佛经、简帛、碑帖等定级标准及民族文字古籍入选《国家珍贵古籍名录》标准，以进一步增强评审工作的准确性、科学性。

在积极参加申报《国家珍贵古籍名录》及“全国古籍重点保护单位”的同时，江苏、重庆、广东、山西、辽宁、西藏、青海等不少省份已启动了省级珍贵古籍名录及古籍重点保护单位的评审工作，为申报国家级目录和重点保护单位、建立分层次的古籍保护工作体系奠定了基础。其中，西藏已公布两批25部区级珍贵古籍名录；江苏公布首批1588部省级珍贵古籍名录、20个省级古籍保护单位，第二批省级名录、保护单位即将公布。

三是启动了国家级古籍修复中心的申报评审工作。为促进古籍修复工作积极、有序地开展，文化部将在全国范围选择一批具备条件的古籍收藏单位，陆续建立国家级古籍修复中心。2008年10月，文化部办公厅下发《关于申报国家级古籍修复中心的通知》，公布了国家级古籍修复中心的职能、条件和申报审批程序。全国文化、教育、文物、中医系统的18家单位参加了申报。经初审，有15个单位达到申报条件，下一步，将进行专家考察和评审。

四是人才培训工作扎实推进。2008年，国家古籍保护中心组织开展了新中国成立以来规模最大的古籍人才培训，先后在北京及全国8个省组织开展了20余期各类古籍人才培训班，培训942人次，人员范围涉及全国各有关系统的335家单位。培训内容涉及古籍普查、编目、修复、鉴定等方面，培训教材基本定型，课程设置日趋合理，受到学员的广泛好评。各地结合实际也广泛开展了培训工作。2008年，各省（区、市）共举办培训2500人次，其中，江苏、福建、浙江、重庆、江西、山东、山西、云南、贵州、安徽、广东、广西、湖北、海南、吉林、四川、甘肃等省培训力度较大。此外，为争取将古籍人才培养纳入国民教育体系，国家古籍保护中心与北京大学积极协商，在北京大学中文系古典文献专业大学本科开设了古籍鉴定与保护课程，并于2009年在该专业设立了研究生课程。文化部与教育部就联合挂牌成立“古籍保护培训基地”、“古籍保护实践基地”，初步进行了沟通，达成了合作意向。

五是古籍保护的工作机制初步形成，经费投入不断加大。在古籍普查、名录和保护单位申报、评审等工作中，古籍保护工作部际联席会议机制运转良好。为加强对古籍保护工作的统一协调，各省（区、市）文化厅（局）也积极与相关部门加强沟通，建立起职责明确、分工协作的工作协调机制。截至目前，黑龙江、吉林、辽宁、天津、河北、内蒙古、山西、陕西、甘肃、青海、西藏、新疆、上海、江苏、山东、安徽、湖北、江西、重庆、贵州、云南、福建、广东、广西等24个省（区、市）建立了古籍保护的联席会议制度。除个别省份外，全国绝大多数省（区、市）古籍保护中心已挂牌成立，并在普查、名录及重点保护单位申报等工作中有效地发挥了作用。山西、浙江、江苏、广东等省份还及时编发工作简报，加强了对古籍保护工作进展情况的宣传和汇报。

财政支持力度不断加大。中央财政补助经费由2006年的500万元、2007年的2500万元，增加到2008年的3000万元，2009年仍将支持3000万元。2008年底，中央财政划拨700万元，对经编制部门批准挂牌、普查等工作组织较好的20个省级中心给予了30万元至50万元的经费奖励。各地也普遍加大了经费投入力度，截至目前，投入总量已超过4000万。在财政支持下，广东等省份还加大了对珍贵古籍的购买、入藏力度。

六是古籍保护工作的社会影响日益增强。为扩大古籍保护工作的影响，增强全社会的古籍保护意识，文化部组织开展了几次大规模的新闻宣传活动，在《人民日报》、《光明日报》、《文化报》等媒体进行专版报道，进行了两次中国政府网在线访谈。2008年6月14日，作为第三个“文化遗产日”活动的重要组成部分，文化部在国家图书馆举办了全国珍贵古籍特展。这次展览是文化部继2006年成功举办“文明的守望——中华古籍特藏保护展览”之后的又一次古籍保护成果的全面展示，是新中国成立以来规模最大的古籍专题展览，汇聚了入选第一批《国家珍贵古籍名录》的代表作，其珍品之多、展品数量之大、文献类型之丰富均属前所未有，展出的古籍善本近400种，选自30个省区市80个单位和个人。展览共举办近一个半月，吸引社会各界群众数万人参观，取得了良好的社会反响。各省也采取多种形式，广泛开展了古籍保护工作的宣传。

古籍保护工作虽然取得了以上的积极进展，但也存在一些较为突出的困难和问题：

一是认识问题。个别省的文化行政部门对古籍保护工作重要性、紧迫性认识不足，还没有将古籍工作列入重要议事日程。由于认识上的差异，各地工作力度不一，投入力度差距大，进展不一，发展不平衡，有的省份各项工作已全面开展，个别省份则进展缓慢。

二是队伍问题。古籍保护专业人员匮乏特别是编目、鉴定和修复人才短缺的问题，仍比较突出。各单位古籍工作人员编制少、增加编制难的困难仍普遍存在。

三是经费问题。由于多方面的原因，一些地方的古籍保护经费投入仍十分有限，工作无法有效开展。

四是机制问题。由于古籍保护工作跨行业、跨系统的特点，需建立有效的领导和协调机制。目前，从总体上看，古籍保护工作还不够全面和普遍，面向全社会的工作协调机制尚未全面建立。一些省份至今还未建立联席会议制度和省级保护中心，影响了古籍保护工作的整体进展。

同志们，古籍保护工作是一项长期的历史任务，从总体上看目前的工作尚处于起步阶段，还面临着许多问题和困难，进一步加大力度，积极有效地推进古籍保护工作，是各级文化主管部门及广大古籍保护工作者面临的一项紧迫任务。我们要充分认识古籍保护的重要性、紧迫性和艰巨性，继续团结奋斗，努力推动古籍保护事业的不断前进。

二、提高认识，明确任务，认真做好2009年度的古籍保护工作

今年是具有特殊意义的一年。在经历汶川特大地震灾害、成功举办举世瞩目的北京奥运会之后，在党中央、国务院的正确领导下，全国各族人民、各条战线都在以良好的精神面貌，努力克服金融危机的不利影响，迎接新中国成立60周年。各级文化主管部门、广大古籍工作者，要进一步振奋精神，始终保持良好的工作状态，努力推动古籍保护工作全面深入的开展。要坚持以国办发〔2007〕6号文为指导，围绕建立健全古籍保护工作体系、工作机制这个核心，进一步加大力度，继续扎实推进各项工作。

（一）进一步提高做好古籍保护工作重要性和紧迫性的认识

党中央、国务院高度重视古籍保护工作，党的十七大报告指出：要“加强对各民族文化的挖掘和保护，重视文物和非物质文化遗产保护，做好文化典籍整理工作”。2007年1月下发的《国务院办公厅关于进一步加强古籍保护工作的意见》，全面阐述了古籍保护工作的重要意义、指导思想、基本方针、主要任务、基本目标和具体要求，标志着我国古籍保护工作步入到新的发展阶段。在2008年7月28日“第一批国家珍贵古籍名录颁证暨第一批全国古籍重点保护单位授牌”仪式上的讲话中，刘延东同志对古籍保护工作取得的成绩给予了充分肯定，同时强调：“要站在构建社会主义和谐社会、建设社会主义核心价值、传承中华文化、增强国家软实力的高度，切实做好古籍保护工作”，并对今后进一步加强古籍保护工作提出了明确要求。

古籍是中华民族宝贵的文化遗产，是中华民族在数千年历史发展过程中创造的重要文明成果，蕴涵着中华民族特有的精神价值、思维方式和想象力、创造力，是中华民族绵延数千年，一脉相承的历史见证，也是人类文明的瑰宝。保护好古籍，就是保护中华文化的根脉。在前人的基础上，通过我们这一代以及今后几代人的努力，保护、传承并利用好中华古籍，让世世代代的炎黄子孙通过古籍了解我们民族光辉的历史，继承和发展我们民族优秀的文化，对于建设社会主义核心价值，提升国家软实力，促进中华民族的伟大复兴，具有重要意义，是广大文化工作者、古籍工作者的神圣责任和光荣使命。

当前，古籍保护工作虽取得了积极进展，但任务仍然艰巨。各级文化主管部门要进一步提高认识，进一步增强工作的责任感和使命感。要深入贯彻落实科学发展观，以党的十七大精神为指导，按照《国务院办公厅关于进一步加强古籍保护工作的意见》精神，始终坚持"保护为主、抢救第一、合理利用、加强管理"方针，加强领导，加大投入，抓住重点，扩大宣传，推动古籍保护工作全面、有序、持续的开展。

（二）抓紧开展古籍普查工作

古籍普查是古籍保护工作的重点和基础环节，这次普查是建国以来在全国范围内进行的第一次全面深入的调查。要通过普查，全面、准确地了解和掌握各级公藏单位、民间所藏古籍情况，摸清底数，从而有针对性、有计划地开展古籍保护工作。各地要进一步加强对普查工作的组织领导，按照《全国古籍普查工作方案》的要求，在国家古籍保护中心的指导下，制定具体工作计划和方案，落实经费，确保2009年底前基本完成一、二级古籍的普查，并从2010年开始对二级以下古籍进行普查。文化部将适时对各地普查进展情况进行抽检和通报。要继续以国家珍贵古籍名录的申报评审为抓手，带动古籍普查工作的全面展开。

国家古籍保护中心要加快古籍普查计算机平台的建设进度，争取于2009年5月底前投入使用。国家古籍保护中心要结合古籍普查计算机平台的使用，对各省级中心和各大系统开展普查培训，组织实施网上登记，确保平台数据2009年底达到5万条。各省古籍保护中心分中心负责本地区古籍普查登记工作。

各地要进一步建立健全古籍普查机构，配备普查人员和设备，建立岗位责任制和工作细则，对普查工作各个环节实行全过程的质量控制，严格按照标准和程序开展普查登记工作，提交普查数据，提高普查工作质量。各级普查机构须对下级的普查数据采用随机抽样和重点抽查相结合的办法进行质量检查，确保普查数据的准确性。

要加紧编纂、出版《中华古籍总目》分省卷。在普查基础上，编纂、出版《中华古籍总目》，对我国现存古籍进行全面、系统的整理，对于摸清底数，加强古籍的保护与利用，具有极重要的意义。国家古籍保护中心将在文化部领导下统一组织，统一制定《中华古籍总目》的著录规则、分类、款目组织、体例和装帧形式，按照统一体例编纂和出版。编纂、出版《中华古籍总目》分省卷所需经费，中央财政将给予补助。今年文化部将适时组织召开全国古籍普查编目工作会议，组织各省级中心的领导、专家，研究、部署《中华古籍总目》分省卷的编纂出版工作。

（三）认真做好第二批《国家珍贵古籍名录》、全国古籍重点保护单位的评审工作

实践证明，建立《国家珍贵古籍名录》和命名全国古籍重点保护单位是国家古籍保护工作体系的重要组成部分，是推进全国古籍保护工作的重要抓手。前不久，文化部组织召开了专家委员会会议，组织成立了第二批《国家珍贵古籍名录》、全国古籍重点保护单位评审工作委员会，召开了专家评审会议。与第一批相比，第二批《国家珍贵古籍名录》、全国古籍重点保护单位申报数量大，涉及单位多，工作任务成倍增长，要加强组织协调，抓紧开展评审工作，及时报请国务院批准，争取于2009年6月13日（"文化遗产日"）公布。要紧紧依靠和发挥专家委员会的作用，严格遵守评审标准，严格履行评审、公示、联席会议审核等程序，确保评审工作的准确性、公正性。

要建立健全省级珍贵古籍名录、古籍重点单位的评审机制。具备条件的省份，应尽快启动省级珍贵古籍名录和古籍重点保护单位的申报评审工作，促进各地古籍保护工作的深入开展，同时为申报评审《国家珍贵古籍名录》、全国古籍重点保护单位奠定基础。

要积极改善古籍保管条件。对列入全国古籍重点保护单位的收藏单位，各地要加大投入，加强管理，建设专门古籍库房，改善古籍保管条件。对未列入全国古籍重点保护单位的收藏单位，要按照文化部颁布的《古籍特藏书库基本要求》，加强硬件设施建设，完善安全措施，切实保障古籍的完好与安全。要采取有效措施，进一步建立健全古籍保护制度，对列入《国家珍贵古籍名录》的珍贵古籍，要妥善保管，重点保护。

（四）切实加强古籍修复工作

要按照标准和程序，尽快评审、公布国家级古籍修复中心。国家古籍保护中心要精心组织专家实地考察和评审，及时上报文化部审批，力争于2009年6月13日公布评审结果。要进一步明确、完善国家级古籍修复中心的职责，加强设施设备建设和人员配备，充分发挥其在古籍修复工作中的核心作用，带动古籍修复工作的全面开展。有条件的地区也可以考虑建立省级古籍修复中心。

要研究制定古籍修复办法，规范各级古籍的修复原则、程序、方法和流程，明确工作责任，加强修复工作的科学化、规范化，切实防止因修复不当引起古籍的再次毁损，确保古籍修复工作科学、有序地开展，确保修复质量。

各地要有计划、有重点地对破损古籍进行修复。要制定修复计划和具体方案，集中资金，区分轻重缓急，避免破坏性修复。一、二级善本的修复要严格按照有关规定，根据古籍的实际情况，提出个性化的修复方案，报国家级古籍修复中心审定后实施，并建档备查。

（五）大力开展古籍保护人才队伍培训

要以建立一支技术精湛、素质较高、适应古籍保护工作发展需要的古籍人才队伍为目标，以古籍普查、编目和修复为重点，组织实施《2009年度全国古籍保护培训工作计划》。2009年，国家古籍保护中心将举办20个培训班，培训人员将超过千人次。国家古籍保护中心要认真做好有关的具体组织工作，各地要积极选派人员参加培训。各省（区、市）文化厅（局）、省级古籍保护中心要结合实际，制定计划，落实经费，积极开展本省（区、市）的古籍人才培训。

启动文献修复师职业资格认证工作。2004年，文化部会同原国家劳动和社会保障部共同制定、公布了《文献修复师职业标准》。但由于多方面的原因，文献修复师职业资格认证工作一直未启动。近年来，随着全国古籍保护工作的开展和顺利实施，启动此项工作的条件已经具备，时机已经成熟。经反复研究和协调，文化部将于今年上半年启动文献修复师资格认证工作，组织培训和考试，力争在2009年10月前为首批文献修复师颁发证书。同时，将进一步研究职业资格等级与人员岗位聘用、职称评审、工资待遇的挂钩和对接问题。

要积极推进古籍修复人才学历教育工作。加强与教育部协商，进一步推进古籍修复人才学历教育工作。选择有条件的高校，由文化部、教育部共同挂牌成立“古籍保护培训基地”，定期选派古籍修复人员参加集中培训。同时，在国家古籍保护中心及部分省级古籍保护中心、古籍收藏单位由两部联合挂牌成立“古籍保护实践（习）基地”，为在校师生服务。

（六）积极推动古籍保护的法规建设和研究利用工作

积极推动古籍保护法规建设。文化部将于近期组织成立古籍保护法规建设工作小组，与国务院法制办等部门密切沟通，广泛收集相关资料，推动古籍保护的有关法规建设。

积极开展科研课题申报工作。国家古籍保护中心要充分发挥科研带头作用，加强有关的课题研究，文化部将与科技部密切沟通，确保国家级古籍保护实验室等古籍科研课题项目列入2009年科技部有关项目。

积极开展对古籍修复、保护所用材料、专用工具等行业用品的研制推广。国家古籍保护中心要继续开展古籍相关标准的调研、制定工作，按照有关程序，适时将有关标准提升为国家标准，促进古籍保护工作的标准化、规范化建设。

要加强古籍保护工作的国际交流与合作。组织筹备召开“中文古籍保存保护国际研讨会”，邀请各国的专家，就保存、保护、修复、整理研究、传播等古籍保护的相关问题，广泛开展研讨，跟踪古籍保护修复国际政策和动态，扩大我国古籍保护工作的国际影响。继续组织专业考察团，赴欧美、日本等国开展“国外古籍保护与中国古籍收藏情况”考察。

要积极有效地利用古籍保护的成果，推进古籍的数字化、缩微复制和整理出版工作，向社会和公众开放古籍资源，为公众提供方便快捷的文献服务。积极推进中华再造善本二期工程。中华再造善本二期工程目前已初步完成二期选目570种，包括《明代编》310种、《清代编》226种、《民族文字编》34种，选择的重点是明、清两代版本稀少、文献及学术价值较高的珍贵古籍，其中，大部分属国家一、二级古籍及入选第一批《国家珍贵古籍名录》的古籍。要认真总结和汲取再造善本一期的成功经验，发挥专家作用，切实做好二期的工作。二期选目涉及的有关地区和收藏单位要积极做好配合工作。

（七）加强领导，确保全年工作任务的落实

要进一步建立完善的古籍保护工作领导协调机制。尚未建立省级古籍保护工作联席会议及保护中心的省份要加紧组织建立。各省（区、市）文化厅（局）要切实加强对古籍保护工作的领导，认真研究制订2009年度及今后几年的工作计划，并抓好计划执行情况的督促检查。国家古籍保护中心要积极与各省级古籍保护中心加强沟通和联系，在古籍普查、古籍修复、古籍保护技术领域协同配合，按照统一标准，有序推进各项工作。各省（区、市）古籍保护中心负责具体指导本地区古籍保护的业务工作，严格按照相关技术规范，开展古籍保护工作。

要进一步加大经费投入。要争取财政支持和加大投入，建立有效的古籍保护工作经费保障机制，确保古籍保护工作顺利开展。2009年，中央财政将对各地开展的古籍普查、古籍修复、《中华古籍总目》分省卷编纂等工作适当给予经费支持。各地文化部门要争取党委和政府的支持，加强与财政部门的沟通，把古籍保护经费纳入地方财政预算。同时，要制定优惠政策，吸纳社会资金投入古籍保护工作。

要进一步加大宣传。各地、各有关部门和各级各类图书馆，要通过讲座、展览、研讨等形式，大力宣传古籍保护工作的重要意义，普及古籍保护知识，展示保护成果，促进古籍利用。要结合庆祝新中国成立60周年、“文化遗产日”、“图书馆服务宣传周”、“全民阅读”等活动，加大古籍保护工作的宣传力度，进一步培养公众的古籍保护意识，大力营造全社会共同关注、参与和支持古籍保护事业的良好氛围。

同志们，做好古籍保护工作，是一件功在当代、利在千秋的大事，是党和政府的责任，是各级文化主管部门、广大古籍保护工作者的使命。我们一定要坚持以科学发展观为统领，站在构建社会主义和谐社会、建设社会主义核心价值、传承中华文化、增强国家软实力的高度，充分认识加强古籍保护工作的重要意义，切实增强责任感和紧迫感，积极采取有效措施，推动我国古籍保护工作全面、扎实、有序地开展，以出色的工作业绩为新中国成立60周年献礼！

谢谢大家！

在2009年全国文化厅局外事工作座谈会上的讲话

文化部副部长　赵少华

（2009年8月5日）

同志们：

这次全国文化厅局外事工作座谈会的主要任务是：以邓小平理论和“三个代表”重要思想为指导，全面贯彻落实科学发展观，深入学习全国文化厅局长座谈会的精神，认真总结过去一年全国对外文化工作，深刻分析当前对外文化工作面临的机遇与挑战，理清思路、明确重点，围绕如何进一步全面推进对外文化工作、努力提升对外文化工作迈上新台阶做出要求部署，为对内实现“保增长、保民生、保稳定”与对外大力推动中华文化走出去、提高中华文化影响力作出贡献。

在此，我谨代表文化部并受文化部党组书记蔡武部长的委托，对各地方文化厅局长期以来为对外文化工作做出的努力与贡献表示衷心感谢，并向所有对外文化工作战线的同志们表示亲切慰问。下面，我就过去一年来对外文化工作的情况谈几点体会：

一、关于过去一年工作

在文化部党组的领导下，通过学习实践科学发展观活动，以及学习落实中央领导同志关于对外文化工作的重要指示精神，特别是李长春、刘云山、刘延东同志来文化部视察调研时提出的指示要求，过去一年来，对外文化工作坚持围绕中心，服务大局，坚持解放思想，实事求是，与时俱进，开拓创新，在全国文化系统的共同努力下，在社会各界的大力支持下，攻坚克难、奋发进取，取得了显著的成绩，打开了良好的工作局面。

（一）中央领导关于对外文化工作的一系列重要指示精神，为新时期对外文化工作指明了方向

一直以来，党和国家领导同志高度重视、亲切关怀对外文化工作。近一年来，中央领导先后就对外文化工作作出了60多次批示，内容涉及国家形象塑造、战略规划、文化外交、文化安全、文化贸易、文化中心建设、文化走出去、依法管理、整合资源、统筹协调、春节品牌建设与港澳台文化交流等多个方面。根据中央领导的指示精神，在宏观上要紧紧把握国内、国际两个大局，将对外文化工作作为提升国家软实力、树立国家良好形象的长期战略课题，积极推动中华文化走出去，在维护国家文化安全的前提下引进世界优秀文化成果；在微观上要更加注重建立完善体制机制建设，加强统筹协调，资源整合，更多借用商业方式传播中华文化，集中力量办大事，形成全方位、多层次、广覆盖的工作格局。中央领导的指示精神高瞻远瞩、高屋建瓴，为我们以科学发展观为统领，全面推进对外文化工作指明了方向。

同时，近一年来中央领导同志身体力行，亲自出席了多项重大文化外事活动，胡锦涛主席出席了今年庆祝中俄建交60周年文艺晚会，在中美建交30周年之际亲自为美国国家交响乐团访华题写贺词，还在今年2月视察了我驻毛里求斯的中国文化中心；温家宝总理和李长春、习近平等中央领导同志也分别在今年视察了我驻柏林、首尔和马耳他的中国文化中心。温家宝总理、刘延东国务委员分别出席了中朝友好年和第10届亚洲艺术节开幕式活动等。同志们，中央领导同志对对外文化工作重视与关怀是对所有文化战线工作者的鼓励与鼓舞，更是激励与鞭策，我们唯有愈发勤勉努力，愈发奋发有为，争取百尺竿头更进一步。

（二）学习实践科学发展观活动为进一步改进和提高对外文化工作提供了新的契机

文化部自去年9月，历时近半年时间，全面深入地开展了学习实践科学发展观活动。在部党组的领导下，外联局（港澳台办）高度重视，认真实施，紧密结合当前对外对港澳台文化工作实际，召开解放思想大讨论与专题工作研讨会，全局上下广开言路、集思广益，国内国外广泛征求意见，着力解决当前制约对外文化工作发展的突出问题，特别是对照部党组提出在学习实践活动中围绕思想观念、职能转变、体制机制、班子队伍建设等方面的问题加以解决。目的就是要为实

现对外文化工作的全面、协调、可持续发展，把思想真正统一到中央对新形势下对外文化工作的决策与部署上来，统一到文化部党组对对外文化工作的具体要求与实施中来，绝不能墨守陈规、得过且过、做步自封、止步不前，而要在继承中谋求发展、在发展中创新前进，努力推动对外文化工作迈上新台阶。

1. 关于思想观念问题。这次学习实践活动恰逢改革开放30年与新中国成立60年，是我们立足当前、回顾历史与谋划未来的大好时机。60年沧海桑田，对外文化工作与其他各项文化事业一样取得了翻天覆地的变化。近期，蔡武部长专门撰写的题为《新中国60年对外文化工作历程》的文章刚刚在《求是》杂志上发表，这篇文章全面系统地回顾了60年来对外文化工作的发展历程，集中阐述了对外文化工作60年来的主要成就，并对新中国成立以来，特别是改革开放以来对外文化工作的经验做了鞭辟入里的总结，提出了十条基本经验和重要启示，对于我们在新时期新形势下贯彻落实中央精神，继续努力开创对外文化工作的新局面具有重要指导意义。这次会议将组织同志们进行学习。

遵照学习实践科学发展活动的要求，围绕学习贯彻党的十七大报告精神，针对当前对外文化工作的现状，我们进行了多方面的调研，结合之前外联局在地方开展的系列调研，重点召开了东南沿海部分省市参加的外事工作座谈会，邀请地方文化厅局与文化企事业单位的负责人进行了座谈。通过调研，在对各省对外文化工作的基本情况进行摸底的同时，更对文化部自身负责的对外文化工作情况进行了检查与反思。我们有一份调研报告总结了中部地区的对外文化工作状况：有地位、待提高；有目标、待清晰；有主体、待壮大；有项目、待开发；有渠道、待扩大。我个人体会，这几句话不仅反映了中部地区的对外文化工作状况，对于我们对外文化工作的整体现状同样也是比较适用。如果再补充一句，我们的工作是有思想、待落实，或者说是待更加积极有为、科学高效的落实。文化部今后将进一步积极有为地加强指导、加强协调、加强落实。

在学习实践科学发展观活动的过程中也恰逢出台文化部的新“三定”方案，其中对对外文化工作的职责调整主要是：原由国务院新闻办承担的组织大型对外文化交流活动的职责划归文化部管理；增加了指导、管理中国驻外文化中心工作，管理外国在华文化中心的职责；加强指导、管理对外文化宣传工作职责；加强指导文化企业、文化产品“走出去”职责；加强对中国对外文化集团公司和中外文化交流中心的业务指导职责等。通过学习实践活动与落实新“三定”方案，我们初步勾勒出了当前对外和对港澳台文化工作的基本轮廓，即通过开展文化外交、文化交流、文化外宣、文化外贸四个方面的工作，以努力实现当前对外与对港澳台文化工作的目标：全方位地开展对外文化交流，提升国家软实力，增强中华文化国际影响力；积极引进世界优秀文明成果和先进管理经验，促进文化创新，为建设创新型国家贡献力量；积极促进对外文化贸易，大力推动文化企业、文化产品和服务走出去；为社会主义和谐社会建设贡献力量，维护国家文化安全；树立走和平发展道路的国际形象，积极推动和谐世界建设；推进“一国两制”实践和祖国和平统一大业，共同弘扬中华文化，促进港澳人心回归，密切两岸文化关系。

2. 关于制度机制。建立健全制度机制是我们各项工作顺利进行的根本保障。开展对外文化交流，文化部门不能唱独角戏，而要发挥各部门、各级政府的积极性，健全对外文化交流部际协调机制和区域协调机制，利用双边和多边文化合作机制，统筹协调全国的对外文化交流工作，形成对外文化交流的合力，形成“全国一盘棋”的工作局面。为此，我们首先从横向层面做起，为进一步加强国家各相关部门间的沟通与协调，充分发挥各部门的职能优势，整合资源、优势互补、形成合力，进一步提高“走出去”的效率与水平，文化部已经提出建立由国务院领导担任负责人的对外文化工作部际协调机制。该机制的主要任务将是研究拟定对外文化工作整体战略、规划与相关政策、措施；协调解决全国对外文化工作中的重大问题；讨论确定工作重点并监督协调落实；指导、推进全国对外文化工作的实施。目前有关该机制的筹备工作正在推进中。

其次，从纵深发展着手，为进一步加强对地方对外文化资源的整合协调，也是听取了地方文化厅局领导和同志们的意见建议，文化部从今年起将原来的全国地方文化厅局外事处长会改成为全国文化厅局外事工作座谈会。邀请地方文化厅局领导与外事处长共同出席会议，就是要将提升规格、扩大范围后的座谈会，变成为进一步加强文化部与地方厅局交流沟通、促进对全国的对外文化资源进一步整合利用的一个高效的工作平台。相信有地方厅局领导的亲身参与，各地的对外文化工作将获得更多的重视与支持，我们的对外文化事业必将获得新的更大发展。

第三，文化部外联局从自身工作机制建设入手，进一步提高工作的计划性与前瞻性。目前正着手研究制定对外文化工作的“十二五”规划纲要，将进一步阐明对外文化发展战略，明确重点工作领域和工作方向，并对双边和多边文化合作机制的建设利用进一步加以明确。这将是未来5年我国对外文化事业发展的蓝图，是对外文化工作战线共同的行动纲领，是文化部履行对外文化工作政策指导、宏观调控和监督检查职责的重要依据。拿出来请同志们认真修改，待基本成形后，再专题召开会议听取意见。

3. 关于队伍作风建设。目前我们在国外设有90多个文化处（组）和7个文化中心，有外事干部400多名，构成了我们对外文化工作的桥头堡与生力军。在外事队伍中还包括从地方文化系统抽调到驻外机构工作的优秀干部，约占我驻外干部总数的45%。面对国内国外工作环境的变化，坚持以人为本，切实加强对外文化工作队伍的组织建设与作风建设，将是一项长期而艰巨的任务。而调动和发挥好国内国外两支队伍的积极性、主动性、创造性是对外文化工作保持持久生命力与战斗力的根本保障。在学习实践活动中我们出台了《文化部关于驻外人员选派工作补充规定》和《文化部关于鼓励外事干部出国长驻的有关规定》，进一步加大了外派工作的力度和透明度。

根据新“三定”方案，文化部将加强指导文化企业、文化产品“走出去”的职责划归外联局，成立了对外文化贸易处，外联局原综研处更名为政策法规处，目前外联局（港澳台办）共有17个处室。为进一步加强党建工作和外派干部队伍的管理工作，下一步还将建立党委办公室（国外工作办公室）。总的来看，在学习实践科学发展观的活动中，通过学习、检查、分析、整改，无论是国内还是国外的文化外事干部在提高思想认识、调整工作思路、工作布局，改进工作方法的同时，进一步注重改进工作作风、提高服务意识、增强服务能力，力查、力戒官僚主义和文牍主义作风，较大地提高了工作效率，有力保障了各项工作任务的顺利落实。在学习实践科学发展观的活动中，根据当前文化工作需要与文化部干部队伍的建设情况，文化部司局级领导干部进行了较大幅度地轮岗交流，外联局的领导班子做了一定的调整。新的领导班子要率先垂范，团结带领外联局国内国外的全体干部，心无旁骛、开拓进取，与全国文化系统的同志们一道为开创对外文化工作的新局面共同努力奋斗。

（三）坚持配合国家外交大局，政府与民间并举，对外及对港澳台文化工作亮点纷呈

一年来，文化部和地方各文化厅局紧密配合、通力协作，紧紧围绕国内、国外两个大局，全面推进文化外交、文化交流、文化外宣和文化贸易工作，取得显著成绩。

1. 在配合国家重大外事活动中，文化外交发挥了重要作用。成功举办了中朝友好年开幕式、中俄建交60周年晚会、庆祝中美建交30周年等多项重大文化外交活动。北京、上海、内蒙古、江苏、浙江、辽宁等地文化厅局给予了大力支持，派出艺术家积极参与，圆满完成任务，有力配合了党和国家领导人出席的重要外事活动。其中，2009年6月17日胡锦涛主席和梅德韦杰夫总统共同出席的庆祝中俄建交60周年文艺晚会，来自北京、上海、内蒙古、江苏、辽宁等地130余名中方演职人员，在外联局与对外文化集团的统筹指导下，精诚合作，献上了一台高水准的文艺晚会，赢得现场观众的热烈喝彩。演出结束后，胡锦涛主席和梅德韦杰夫总统起立并频频向演员挥手致意，观众们久久不肯离去，并用最热烈最真挚的掌声向中俄两国艺术家们表示祝贺和敬意。演出结束后，受胡锦涛主席委托，中共中央书记处书记、中央办公厅主任令计划，国务委员戴秉国看望了中方演员，称赞演出是代表国家水平的高水准演出，感谢全体演员为国争光。俄罗斯国家电视台对晚会进行了现场直播，中央电视台第一频道于18日晚黄金时段对晚会进行了转播。

2. 对外文化交流积极活跃，有力促进了社会发展与文化繁荣。一年来，文化部与北京、上海、四川、新疆、河南、山东、浙江、广东、湖南、湖北等地文化厅局合作，成功举办了“相约北京”联欢活动、北京国际音乐节、中国上海国际艺术节、中国成都国际非物质文化遗产节、中国新疆国际民族舞蹈节、第10届亚洲艺术节、孔子文化节、“2008非洲文化聚焦”、湖南张家界国际乡村音乐周等活动，以及中国国际小提琴比赛（青岛）、中国国际声乐比赛（宁波）、中国武汉国际杂技艺术节等比赛；积极组织福建、江苏、青海、内蒙古、西藏等地参与向联合国教科文组织申报人类非物质文化遗产代表作名录。上述活动影响巨大，参与广泛，既巩固扩大了我对外文化交流与合作，同时也有力提升了国内社会文化建设的综合水平。

其中，第10届亚洲艺术节在河南郑州举办，来自亚洲4个国家的文化部长、22个国家的驻华使节和20个国家的艺术团以及17个国内表演团的2000多名艺术家参加了艺术节。13天共举办956场文化活动，吸引390万各界民众广泛参与。“中国张家界国际乡村音乐周”邀请了来自世界五大洲的31支民间乐队，数万中外游客一起参与了此次活动。希腊著名歌唱家马瑞沙女士回国后举办专场活动，详细介绍了访华经历，当地主流媒体对此给予了广泛报道，中央领导对湖南成功举办乡村音乐周给予了充分肯定。“2008非洲文化聚焦”活动在深圳成功举办，共接待了来自25个国家的167位非洲来宾。此次活动是落实2006年中非合作论坛北京峰会的具体措施，是新中国成立以来规模最大、参与人数最多的一次对非文化交流活动。文化部与北京、上海、浙江、重庆、广东、陕西、内蒙古、河南等文化厅局合作，共派出400余名艺术家赴意大利，成功举办了中国艺术节。第二届中国成都国际非物质文化遗产节是自1972年中国恢复联合国合法席位以来，联合国教科文组织首次参与我国主办的大型文化活动。26个省、区、市的1600多个非物质文化遗产项目，630多名传承人参加了博览会，520多万人次直接参与，拉动当地社会消费54.2亿元，在国际国内产生了广泛影响，对全国各地的非物质文化遗产保护工作起到了积极的推动作用。

3. 对外文化宣传积极有效，品牌与阵地建设稳步推进。一年来紧密围绕国家外交大局，对外宣传密切配合北京奥运会、改革开放30周年、澳门回归祖国10周年、中美建交30周年、新中国成立60周年等活动，努力创新，拓宽思路，扩大宣传影响。中外文化交流中心承担了外宣网站的建设工作，中国文化网得到快速发展。2008年以来文化网的读者访问量，无论从页面浏览总量，还是独立的访问者人数，都比往年有较大幅度的增长，接近6年来最高峰。

根据中央领导的指示精神和文化部的统一部署，今年年初，文化部与吉林、安徽、海南、广西、黑龙江等14个省区市的文化厅局密切合作，成功举办了海外春节文化活动。活动范围覆盖亚洲、欧亚、亚非、西欧、非洲、美洲、大洋洲等广大地区。春节文化活动受到海外民众欢迎，亦成为当地媒体关注的焦点，正逐渐成为在海外宣传中国和推动中华文化走出去的重要品牌。在今年春节期间，温家宝总理在我对驻德国柏林中国文化中心出席春节联欢活动，产生广泛积极的影响。在泰国的春节活动，中国政府文化代表团和来自7个省（自治区）的艺术团与泰王室、政府总理、部长以及近50万名泰国民众，共同参加了“曼谷中国春节文化活动”。在澳大利亚，河南省政府组派650人参加了悉尼“中国农历新年花车巡游”活动，观众达20万人次。此外，《风中少林》剧组在悉尼春节巡游后还在澳大利亚商业巡演了33场。

海外文化中心建设稳步推进，柏林中国文化中心于去年5月正式启用。一年来，我驻外7个文化中心开展了丰富多彩的文化活动，受到了各驻在国的主流社会与普通民众的欢迎，特别是与地方文化厅局合作，举办了甘肃“敦煌丝路花雨”展览、“青海文化周”、“来自新疆天山的祝福”、江苏“瓦莱塔中国春节”等活动。相信伴随着海外建设的布局不断铺开，中国文化中心将成为我文化走向世界的重要平台。

4. 大力发展对外文化贸易，积极推动中国文化企业和产品走出去。根据中央领导的指示要求，充分利用国际通行的商业运作方式，进一步推动中国文化产品和企业走进海外文化市场，增强中华文化的国际影响力和竞争力，取得显著成绩。外联局对外文化贸易处成立以来，围绕促进和规范对外文化贸易开展了积极的工作，就打造对外贸易平台，疏通渠道，加强政策法规研究，提供文化贸易信息服务，构建对外文化贸易统计系统等做了大量的基础性工作。同时，各地海外商业市场的拓展成绩斐然。中国对外文化集团公司联合山东杂技团打造的《中国风》剧目今年1～4月赴美国和加拿大的70多个城市进行商业演出，集团公司自主品牌剧目《武林时空》今年4～7月赴英国商业巡演50场。天津歌舞剧院在日本推出的《异彩流金》大型乐舞，商演40余场，开创了该剧院首次长时间海外商业演出的先河；《功夫传奇》首次赴英商演；黑龙江冰雕展连续5年在美国3个城市展出，影响力越来越大；四川自贡灯展与加拿大合作，每年举办为期半年的灯展；杭州金海岸演艺集团打造的综合舞台剧《印象中国》在荷兰、德国巡演30场，获得良好的社会和经济效益。据有关数据统计，2008年四川省对外文化贸易总额超过2亿元，其中出口贸易总额达到1.1亿元；上海文化贸易额达1.02亿元，其中杂技版《天鹅湖》已在国外演出189场，演出总收入已达4300万元。

5. 与时俱进，积极拓展对港澳台文化工作，取得成效。对港澳文化工作坚持"立足主流，面向青少年，着眼长远，以文化认同促进人心回归"的工作策略，发挥文化艺术的情感纽带作用，积极开展内地与港澳地区的文化交流合作，鼓励地方特色文化项目赴港澳交流。支持澳门民政总署举办"内地春节习俗展演"，先后推出河南和贵州、湖北和湖南民间春节习俗和民族节庆特色展演活动；支持香港康乐及文化事务署举办"香港元宵节嘉年华彩灯会"、"同乐今宵中秋彩灯会文艺展"，先后派出浙江东方民族民间歌舞团和贵州民族学院艺术团、河北杂技团等参加展演。为纪念西藏和平解放50周年，在澳门举办"雪域风情——藏族非物质文化遗产精粹展"。十届全国人大常委会副委员长热地、澳门特别行政区行政长官何厚铧等出席了开幕式。活动得到中央领导的肯定，要求我们继续积极推动各民族非物质文化遗产精粹"走出去"，使之为促进内地与港澳、海外文化交流发挥更大作用。由文化部与黑龙江省政府举办的第五届"艺海流金——走进黑土地"大型文化交流活动取得圆满成功。作为对港澳文化交流重点品牌项目，艺海流金活动已分别在四川、河北、河南、贵州等省举办，形成了良好的品牌效应，在港澳各界产生了较为广泛的影响。

积极配合国家对台工作大局，紧抓海峡两岸关系和平发展新机遇，成功策划、组织了一系列高水平、有影响的对台文化交流活动。上个月，文化部配合中央台办在湖南长沙举办第五届两岸经贸文化论坛受到两岸各界的高度重视，蔡武部长以《大力推动两岸文化交流，共同传承中华优秀文化》为题发表的精彩演讲更引起了与会各界人士的强烈共鸣。文化部还推荐了余秋雨等30名文化界知名人士与文化产业界知名人士以及福建、浙江、江苏、河南、上海等对台文化交流基地文化厅（局）负责人参加了论坛。2008年以来，文化部和南京市政府合作先后在南京市和台北县成功举办"两岸城市艺术节——台北县文化艺术周"和"两岸城市艺术节——南京市文化艺术周"活动，成为两岸城市文化交流的又一盛事。与福建省政府等单位共同主办首届海峡两岸（厦门）文化产业博览交易会，汇集两岸优秀文化产品和服务，签约项目金额达58亿元人民币，达到了构建海峡两岸文化产业合作与对接的综合平台的目的。与厦门市人民政府等单位在厦门共同举办第五届"海峡两岸民间艺术节"大型文化交流活动，充分展示了两岸同胞同根同源的历史传承。

"情系"系列两岸文化联谊行活动是我部近年来发挥各地文化优势着力打造的对台文化交流品牌之一。"情系三峡"、"情系黄山"、"情系香格里拉"、"情系敦煌"、"情系中原"和"情系湖湘"以及刚刚在陕西成功举办邀请100名台湾文化人士参加的第七届"情系长安——两岸文化联谊行"大型交流活动，均得到了各省的高度重视与大力支持。以文化凝聚人心，增强台湾同胞对祖国大陆的认同感和向心力。"情系"活动在海峡两岸形成广泛影响。

另外，发挥对港澳和对台文化交流基地的作用。文化部加强了对福建、浙江、江苏、河南、上海等对台文化交流基地以及广东对港澳文化交流基地的指导，支持各基地的文化厅（局）开展各具特色、形式多样的文化交流活动，重点培育各基地的交流品牌，如上海市文广局举办的系列两岸文化交流论坛、浙江省文化厅赴台举办的"浙江文化节"、河南省文化厅赴台举办的"中原文化宝岛行"等活动。特别重视发挥福建在对台文化工作中的前沿阵地作用。2008年，与福建省合作组派大型团体150人赴台南参加"2008郑成功文化节"，与福建省广播影视集团分别在台中、台南举办“妈祖之光”大型综艺晚会，现场观众达10万人之多，反响十分热烈。2009年，再次与福建省合作，连续组派两批共9个福建表演艺术团体370人赴台湾台中、台南参加“妈祖文化节”和“郑成功文化节”，闽台乡音乡情引起广泛共鸣。

6.发挥地方文化特色，积极开展丰富多彩的文化交流活动。一年来，各省区市党委政府高度重视对外文化工作，将其纳入本地社会经济文化发展的重要组成部分，开展了丰富多彩、独具特色的对外文化交流活动。主要表现为以下几个特点：

（1）各地利用友好省州市关系积极开展文化交流与合作。例如，北京市与秘鲁首都利马合作，组派北京歌舞剧院赴秘鲁参加结好20周年活动；北京市还将分别组派现代舞团和北方昆曲剧院赴以色列特拉维夫—雅法和日本东京联合举办结好周年庆祝活动；黑龙江省与日本北海道隔年互派文化艺术团进行交流，并开展课题研究和调查交流活动；江苏省与英国埃郡举办结好20周年——江苏文化节系列活动，除演出外还与当地学校进行了系列交流活动。

（2）以宣传本地社会经济文化为主题的文化周、文化节活动纷纷亮相海外。如由浙江省人民政府和墨西哥下加利福尼亚州政府举办的“2009墨西哥·中国浙江文化节”为期2个月，影响广泛；2009年，河南省人民政府在澳大利亚悉尼举办“中原文化澳洲行”活动，全面展示了河南文化社会和经济发展风貌；天津市举办意大利天津周、韩国天津周和香港天津周等系列活动；江西景德镇在联合国教科文组织总部举办的旨在宣传传统陶瓷艺术和文化的展览，对宣传我非物质文化遗产发挥了积极作用；四川连续4年在法国举办“四川美食节”，融川菜、川剧、川艺为一体，增进了海外对四川的了解。包括“云南韵味“的民族歌舞在内的云南别具风情的文化艺术在海外大放异彩，已成为云南一张亮丽的名片，今年1月，云南分别在新加坡和印度成功举办大型文化、艺术和旅游展活动。

（3）积极搭建本地国际文化交流平台，促进当地经济社会发展。如北京市举办的系列国际演出季，上海市举办的上海之春国际音乐节，青海省举办的青海湖国际诗歌节，广西举办的南宁国际民歌节，山西省举办的平遥国际摄影展，吉林省举办的长春国际雕塑展，广东举办的美术双年展等活动，丰富了当地文化生活，促进了当地社会、经济、文化、旅游的协同发展。

（4）积极利用当地资源，主动配合国家文化外宣工作。如西藏、新疆、内蒙古、陕西、江苏、上海、湖南、山西等地根据国家统一部署，针对“藏独”、“疆独”、“法轮功”等反华势力开展了卓有成效的文化外宣活动等。

二、当前对外文化工作面临的机遇与挑战

当前，世界政治多极化、经济全球化趋势加速发展，国际形势正在发生复杂而深刻的变化。金融危机席卷全球，国际及周边环境更为复杂，不确定因素增多。但是，和平与发展仍然是当今时代的主题，维护和发展世界文化多样性已成为国际社会的广泛共识，文化软实力日渐成为各国综合国力竞争的重要内容。党的十七大以来，我国进入了建设社会主义小康社会的关键期，国内文化建设兴起了繁荣发展的新高潮。面对国内外形势的变化和发展，对外文化工作既面临着有利机遇，也面临着诸多不利因素。为此，我们要审时度势，把握机遇，迎接挑战，根据中央的统一部署，把对外文化工作提升到一个新的水平。

（一）关于当前开展对外文化工作的机遇

1.经过30年的改革开放，我国经济快速发展，综合国力不断增强，为开展对外文化工作，推动“中华文化走出去”奠定了坚实的物质基础。

2.国内文化体制改革不断深入，文化产业和文化市场蓬勃发展，文化事业掀起了大发展大繁荣的新高潮，涌现了一大批优秀的文化艺术作品，为我们开展对外文化工作提供了丰富的资源保障。

3.和谐社会建设与文化建设成为我国新时期社会主义现代化建设的重要内容，迫切需要我们开展广泛的对外文化交流与合作，引进世界优秀文明成果，促进国内文化事业发展，满足人民群众日益增长的文化需求。

4.我国国际地位不断提高，影响力与日俱增，我国独特的发展模式为世界广泛关注，世界各国人民希望了解中国、认识中国，与我开展文化交流与合作的愿望更加强烈，为我国对外文化工作的进一步发展提供了广阔的空间。

5.在金融危机背景下，文化往往具有反周期增长的特性。此次金融危机为我吸引海外优秀人才、学习借鉴国外先进文化生产与管理理念、加

快海外宣传阵地建设、推动“中华文化走出去”提供了一定的机遇。

（二）关于当前对外文化工作面临的挑战

1. 面对我国的迅速崛起，西方敌对势力和境外反华势力对我实施西化分化，阻挠干扰我稳定发展的图谋没有改变。自去年发生在拉萨的“3·14”事件、奥运火炬传递在国外受阻和今年发生的乌鲁木齐“7·5”事件给我们再次敲响了警钟。

2. 在当前国际舆论主导权以及国家软实力竞争中，西强我弱的局面没有改变，我国文化的影响力和竞争力有待进一步提高。

3. 国内社会主义市场经济体系仍处在不断完善过程中，文化建设也正处在调整、转型和上升阶段，文化体制改革工作尚在进行，文化产业和文化市场亟需进一步培育，我文化“走出去”基础有待进一步夯实。

4. 对外文化工作长期面临着投入不足、条块分割、资源分散、“走出去”渠道单一、政策法规建设滞后、市场运作能力较弱等问题。

在对外文化工作面临的上述形势下，努力促进形成有利于中国发展的国内国际环境，坚持为国家的内政外交服务，特别是要将有效应对国际金融危机冲击、保持经济平稳较快发展，为保增长、保民生、保稳定服务，作为当前和今后一个时期对外文化工作的重要任务。在本世纪头20年是我国发展的重要战略机遇期没有改变的前提下，对外文化战线的全体同志要进一步增强机遇意识，正确把握机遇和挑战的辩证关系，善于在严峻的挑战中捕捉和运用机遇，不断增强工作的前瞻性和主动性。要进一步增强忧患意识，始终居安思危，保持清醒头脑，做到未雨绸缪，充分估计前进道路上的各种困难与风险，增强使命感和责任感，勇于进取，开拓创新，为使我国在政治上更有影响力、经济上更有竞争力、形象上更有亲和力、道义上更有感召力，努力发挥好对外文化工作的独特作用。

三、下一步工作思路和要求

回顾一年来的工作，我们取得了一些成绩，但是离中央领导的要求和时代赋予我们的使命还有一定的差距，我们的工作中仍存在一些突出的问题和困难，表现为：对对外文化工作的全局战略思考不够，工作体制机制需进一步完善，工作职能需进一步转变，对外文化传播能力、中国文化在国际市场的竞争力亟待加强等等，需要在今后的工作中坚持以邓小平理论和“三个代表”重要思想为指导，深入贯彻落实科学发展观，要继续解放思想，开拓进取，要迎难而上，勇攀高峰，全面推动对外文化工作的科学发展。

（一）要研究思考制定对外文化工作战略

要在世界文化发展的格局中深入思考中华文化的地位与作用，如何立足当代中国文化，继承中华文化优秀传统，使中华文化更好更快地走向世界，同时以博大宽广的胸怀借鉴人类一切优秀文明成果。文化部正着手研究制定对外文化工作的“十二五”规划纲要，将进一步阐明对外文化发展战略。要根据世界格局变化，研究如何全方位、多层次地推进对外文化工作，重点针对发展与大国文化关系，做实做深构筑周边地缘文化战略，巩固我在发展中国家的文化交流合作基础，推动各种形式的对外文化交流活动，要积极参与开展多边文化外交，参与国际规则制定，增强中国的话语权，坚决维护国家文化安全和战略利益。

（二）要加强统筹协调，进一步整合全国对外文化资源

针对当前对外文化工作中存在的条块分割、资源分散、各自为政的现状，要尽快在中央和地方两个层面建立相关机制，即在中央层面的对外文化工作部际协调机制与文化部和地方文化厅局建立的垂直协调机制。这次座谈会的召开即标志着协调机制的正式启动。对于我们的座谈会，既要务虚、不断放宽我们的工作视野，积极研讨工作；更要务实、抓工作的高效落实。根据工作计划，文化部今年下半年还将有包括“亚欧文化艺术节”、“欧罗巴艺术节”、日本中国文化节、中美文化论坛、尼泊尔中国文化节、伊朗中国文化周等20余项重点工作，明年还将举办“欢乐春节”、“意大利中国年”、“中印国家节”、“瑞士文化风景艺术节（中国主题国）”等一系列大型对外文化活动。这些活动的清单已经印发给大家，希望各地文化厅局积极参与。另外明年的上海世博会将是继奥运会后我国举办的又一历史性盛会。文化部将与其他部门联合举办论坛，世博会期间也将举行近2万场各类文艺表演活动，世博会将是集中展示中国文化的一个重要窗口。总之，为保障与地方统筹协调机制的有效运行，文化部将利用网络优势，构建全国对外文化资源和信息交互

平台，尽快建立全国对外文化资源项目库，不但要保质保量，更要明确资源的使用方向，以有的放矢、有效利用，实现文化部与地方对外文化资源和信息的互通共享。

（三）加强政策法规建设，提高科学管理能力

长期以来，对外文化工作主要依靠内部文件实行归口管理，为进一步加强依法管理，文化部正开始着手起草《对外文化交流条例》等法规文件，并将出台《条例》的具体实施办法，逐渐构筑起科学的依法管理体系。同时，为进一步推进地方对外文化工作，起草了《关于进一步加强地方文化外事工作的指导意见》，内容涉及完善管理体制、明确职责任务、统筹协调机制、加大对少数民族地区支持力度和加大财政投入等，共27个条款。因为是征求意见稿，有些条文内容的提法是否妥当、可操作性如何，还要进一步斟酌，但要抛砖引玉，要听取地方厅局的意见，所以希望大家在会上抓紧时间对于两个文件——《“十二五”期间对外文化工作规划纲要》和《关于进一步加强地方文化外事工作的指导意见》予以认真研究，并结合实际提出意见。

（四）继续加强对外文化机构和干部队伍建设

当前对外文化工作领域不断拓宽，对干部队伍的素质提出了越来越高的要求。我们要适应新形势新任务，加强和改进对外队伍的党建工作，按照德才兼备、以德为先的要求，努力建设一支政治素质高、业务能力强、组织纪律严、经得起风波考验的外事干部队伍。要加强用中国特色社会主义理论体系武装对外干部，教育引导外事干部牢固树立正确的世界观、人生观、价值观，坚定理想信念，提高理论素养，加强知识学习，深化战略研究，增强工作本领，发扬文化外事干部的优良传统和作风，警惕和防范各种腐朽思想侵蚀，始终做到忠于党、忠于国家、忠于人民、忠于职守。我们要采取切实措施，加强机构和队伍建设。文化部将积极协助地方培训干部，培养人才，同时欢迎地方选派优秀年轻干部到文化部挂职锻炼，或到驻外使领馆文化处组和文化中心工作，文化部外联局也将抽调优秀干部到地方挂职锻炼。

（五）重视做好对外文化贸易工作

随着我国文化产业的迅猛发展，对外文化贸易正逐渐成为我对外文化工作的重要领域和今后“中华文化走出去”的重要手段。遵照李长春同志的指示：要大力实施文化“走出去”战略，在继续推动政府间文化交流的同时，着力打造一批具有国际竞争力的外向型文化企业，打造具有重要影响力的国际文化交易平台，打造具有核心竞争力的知名文化品牌，以企业为主体、以市场化运作为主要方式推动文化产品“走出去”。文化部将与地方密切合作，加紧制定促进和规范对外文化贸易的政策法规，着手搭建文化贸易平台，疏通进入国外重点文化市场渠道，建立健全国际文化市场信息服务体系，为我国文化产品和文化企业走出去牵线搭桥，加大对中国文化产品推介力度。支持中外文化企业合作，通过商业渠道在主要国际文化市场推出“中国演出季”、“中国当代艺术品推介展”、“中国非物质遗产博览”等。请各地方文化厅局尽快就推动对外文化贸易工作的情况进行研究，特别要对已经开展实施的各类对外文化贸易活动拉出清单，进行汇总，报外联局。目前，外联局贸易处对2010年各省（区、市）的商演项目计划做了初步统计，已有18个省（区、市）上报了对外商演项目共计108项。相信相关数据还会进一步增加，因为有些省的项目还在联络中。对外文化集团要思考依托现有工作基础，将分散的演艺团体整合起来、形成规模，盘活“走出去”的艺术资源。

（六）加强海外文化阵地建设

遵照中央领导的指示精神，将进一步加快推进中国文化中心的海外建设发展，制定《中国文化中心发展规划（2011 ~ 2020年）》，逐步在世界范围内形成科学合理的布局，使之成为中华文化走出去的重要平台，希望各地加大与海外文化中心的合作力度。目前，除已建成的7个文化中心外，我国与意大利、俄罗斯、墨西哥、日本、西班牙、泰国、蒙古、印度、新加坡、苏丹、斯里兰卡等互设文化中心的工作正在积极筹备和商谈中，到2011年，我将努力完成国务院批准的驻泰国、日本、蒙古、西班牙、俄罗斯和墨西哥等6个文化中心的谈判和建设工作，并投入运营。

同志们，对外文化工作使命光荣、责任重大，大有可为、任重道远，让我们在以胡锦涛同志为总书记的党中央领导下，高举中国特色社会主义伟大旗帜，坚持以邓小平理论和“三个代表”重要思想为指导，深入贯彻落实科学发展观，为推动社会主义文化的大发展大繁荣，顽强拼搏、扎实进取，以优异成绩向伟大祖国成立60周年献礼！谢谢大家！

在全国文化系统贯彻落实惩治和预防腐败体系工作规划经验交流会议上的讲话

文化部党组成员、中纪委驻文化部纪检组组长　李洪峰

（2009年8月18日）

同志们：

在党中央颁布《建立健全惩治和预防腐败体系2008～2012年工作规划》一年之后，我们今天召开全国文化系统贯彻落实惩治和预防腐败体系工作规划经验交流会。

这次会议的主要任务是：以邓小平理论和“三个代表”重要思想为指导，深入贯彻落实科学发展观，总结交流文化系统各单位贯彻落实惩治和预防腐败体系工作规划的经验和做法，进一步扎实推进文化系统惩治和预防腐败体系建设。文化部党组对这次会议高度重视，今年初就将这次会议列为文化部召开的重要会议之一。希望同志们充分利用这次机会，认真总结交流贯彻落实惩治和预防腐败体系工作规划的经验和做法，相互学习，取长补短，为文化系统的反腐倡廉建设做出新贡献。下面，我讲5点意见。

一、文化系统贯彻落实《工作规划》、推进惩治和预防腐败体系建设取得新进展

加强惩治和预防腐败体系建设，是党中央从完成经济社会发展的重大任务和巩固党的执政地位的全局出发，为做好新形势下反腐倡廉工作做出的重大战略决策，是我们党对执政规律和反腐倡廉工作规律认识的进一步深化，是从源头上防治腐败的根本举措。继2005年1月党中央颁布建立健全惩治和预防腐败体系《实施纲要》后，2008年5月又颁布了建立健全惩治和预防腐败体系《工作规划》。几年来，文化部党组高度重视文化系统惩治和预防腐败体系建设，切实加强领导，狠抓工作落实，下发了《中共文化部党组关于贯彻落实建立健全惩治和预防腐败体系2008～2012年工作规划的实施意见》，对贯彻落实《工作规划》提出明确要求，做出全面部署。按照十七届中央纪委三次全会关于认真贯彻落实《工作规划》，加强惩治和预防腐败体系建设的要求，驻部纪检组监察局积极协助部党组，充分发挥组织协调作用，以贯彻落实《工作规划》为重点，加强惩治和预防腐败体系建设，整体推进文化系统反腐倡廉建设各项工作深入开展。今年以来，协助部党组召开了文化部2009年党风廉政建设工作会议、文化部2009年基本建设廉政工作会议、文化部行业作风建设会议、文化部党风廉政建设领导小组会议、贯彻落实全国纪委书记座谈会精神会议、全国文化厅局纪检组组长（纪委书记）、监察室主任工作会议等重要会议，认真贯彻落实了十七届中央纪委三次全会和国务院第二次廉政工作会议精神，全面部署了文化系统反腐倡廉各项工作任务，整体推进《工作规划》的贯彻落实。经过大家的共同努力，文化系统惩治和预防腐败体系建设取得新进展，反腐倡廉各项工作取得了新成效。

（一）反腐倡廉宣传教育扎实有效

贯彻落实《工作规划》，教育是基础。思想政治教育是我们党的政治优势和传家宝，是贯彻执行党的路线方针政策的重要保证，是惩治和预防腐败的第一道防线。按照《工作规划》的要求，今年上半年，驻部纪检组监察局积极协助部党组，以领导干部为重点，开展了内容丰富、形式多样、扎实有效的教育活动。一是坚持正面教育。把加强党员领导干部党性修养、树立和弘扬良好作风作为重要内容，组织传达学习了胡锦涛总书记在十七届中央纪委第三次全会上的重要讲话，以及部党组下发的《关于学习实践科学发展观进一步加强机关作风建设的通知》、《关于贯彻落实〈中共中央办公厅、国务院办公厅关于党政机关厉行节约若干问题的通知〉精神，倡导机关厉行节约的通知》等文件精神，使党员领导干部受到深刻的党性党风党纪教育。在开展深入学习实践科学发展观活动中，组织机关各司局、各直属单位党员干部观看了《执政之魂——加强从政道德修养》

教育片，教育广大党员干部特别是领导干部始终保持共产党人的政治本色，牢固树立正确的世界观、人生观、价值观，坚持正确的事业观、工作观、政绩观。二是坚持开展反腐倡廉警示教育。在警示教育过程中，部党组高度重视自身建设，把接受反腐倡廉教育作为党组理论学习中心组学习的重要内容，邀请最高人民检察院反贪污贿赂总局负责同志为部党组成员及各司局负责同志作反腐倡廉专题讲座，同时还认真学习了中央纪委《关于2008年省部级领导干部违纪违法案件的通报》，并进行了认真讨论。配合部直属机关党委纪委邀请北京市检察机关的同志为部机关和国家文物局机关及直属单位副处长以上领导干部作预防职务犯罪主题报告。继续利用去年驻部纪检组监察局编辑的《全国文化系统警示教育案例材料》，在文化系统党员干部中开展警示教育活动，取得了很好的教育效果。三是加强了反腐倡廉教育的基础性建设。上半年，经驻部纪检组监察局组织协调，文化部与中央纪委创办了共建纪检监察廉政图书资料室活动，由中央纪委方正出版社向文化部赠送2870册品种齐全、内容丰富的纪检监察廉政图书，为文化部的反腐倡廉建设建造了一个图书资料阵地。驻部纪检组监察局为此专门下发通知，欢迎文化部各司局、各直属单位党员干部充分利用这个阵地，积极开展廉政知识学习活动，了解反腐倡廉工作的方针政策，增强廉洁从政的意识，受到文化部干部群众的广泛欢迎。四是大力开展廉政文化建设。去年9月份至今年4月份，文化部与中央纪委、监察部在北京共同成功举办了全国廉政文化大型绘画书法展，并先后在上海、浙江、广东、重庆、河南、陕西、甘肃等七省市进行了巡展，获得了圆满成功。《人民日报》、《光明日报》、《中国纪检监察报》等重要新闻媒体都做了报道。在巡展期间，展览引起当地党委、政府高度重视，许多党政主要负责同志都参观了展览，并给予高度评价。有的地方还将组织党员干部参观展览，作为当地开展深入学习实践科学发展观活动的重要内容，受到社会各界一致好评。五是同文化部司局级领导干部进行集体廉政谈话。集中谈了学习问题、民主集中制建设问题、团结问题和廉洁自律问题，效果很好。

（二）反腐倡廉规章制度不断健全

贯彻落实《工作规划》，制度建设是保证。大力加强反腐倡廉制度建设，是惩治和预防腐败体系建设的重要内容。按照《工作规划》的要求，今年，驻部纪检组监察局协助部党组，紧密结合文化工作实际，在以往工作的基础上，进一步加大了反腐倡廉制度建设力度，努力创造用制度管权、按制度办事、靠制度管人的环境。一是制定了贯彻落实《工作规划》的配套措施。协助部党组制定下发了文化部贯彻落实《工作规划》的实施意见、《中共文化部党组关于贯彻落实中共中央纪委关于推进惩治和预防腐败体系建设的检查办法（试行）的实施意见》，明确了文化部贯彻落实《工作规划》的重点任务、牵头部门、协办部门及监督检查的总体要求、主要内容、方式方法，确保文化系统惩治和预防腐败体系建设各项任务落到实处。二是细化了党风廉政建设责任制。会同文化部直属机关党委纪委，协助部党组重新修定了《文化部党风廉政建设责任制规定》，积极推进党风廉政建设一岗双责制，形成一级抓一级、层层抓落实的领导体制；完善了主要领导负总责、领导班子其他成员分工负责的责任追究制度。三是完善干部人事工作的监督制度。会同部人事司，协助部党组制定了《文化部党组管理干部任职前人事司听取驻部纪检组意见和驻部纪检组回复人事司意见实施办法》，进一步强化了对干部选拔任用工作的监督。四是进一步完善信访举报制度。制定了《驻文化部纪检组监察局关于受理信访举报的暂行规定》，努力提高信访举报工作的质量和水平。会同部直属机关党委纪委，协助部党组起草下发了《中共文化部党组巡视工作办法（试行）》和《行政问责暂行规定》。这些制度的建立，整体提高了惩治和预防腐败体系建设科学化、规范化、制度化水平，为文化系统的反腐倡廉建设提供了有效的制度保证。

（三）对权力运行的监督不断加强

贯彻落实《工作规划》，加强监督是关键。全面履行监督检查职责，是《党章》赋予纪检监察机关的重要职能。按照《工作规划》的要求，驻部纪检组监察局牢固树立“加强监督是本职、疏于监督是失职、不善于监督是不称职”的观念，认真履行监督职责。一是加强了对文化部党组及其成员、部机关和直属单位领导班子、领导干部遵守党的政治纪律、贯彻落实科学发展观、执行民主集中制等情况的监督，对党风廉政建设方面存在的问题积极提出意见和建议，对文化部重要工作、重大事项都积极参与，进行监督。二是通过参加各单位领导班子考核、领导干部民主生活会，对各级领导班子廉洁自律情况进行监督检查，促进了领导干部勤政廉政。三是加强了对干部人事工作的监督。坚持干部工作监督联席会议制度和局处级干部任职前由纪检监察部门签署廉政意见的制度，对部机关所有司局级、处级干部竞争上岗、任职、转正等均签署了廉政意见。对文化部2009年公务员考录工作进行了全程监督。四是加强了对文艺评审评奖活动的监督。上半年，对原创动漫画扶持计划（2008年）终审、全国戏曲（北方片）优秀剧目展演初评和评选工作进行了监督，保证了文艺评审评奖活动“公开、公正、公平”。五是加强了对工程建设领域的监督。会同部财务司，协助部党组连续几年召开文化部基本建设廉政工作会议，要求各项目单位严格遵守工程建设的规章制度和廉洁从业规定，项目单位的纪检监察、财务等部门加强监督检查，确保了工程建设的顺利进行。上半年，对国家博物馆改扩建工程5个项目的招投标、文化部历史档案数字化项目招投标、国家话剧院剧场及办公楼工程招标资格预审进行了监督，有效防止了不廉洁行为的发生。六是参与了中央扩大内需促进经济增长政策落实情况的监督检查工作。根据中央统一部署，我带领中央检查组对广东、海南两省进行了监督检查；驻部纪检组监察局配合财务司，赴河南、安徽两省对乡镇文化站建设情况进行了监督检查，保证了中央扩大内需促进经济增长政策的贯彻落实。

（四）党风政风行风建设不断加强

贯彻落实《工作规划》，加强风气建设是条件。风气建设是反腐倡廉建设的重要工作，在全党全社会努力形成好的党风、政风、行风，是有效惩治和预防腐败的重要条件。按照《工作规划》的要求，驻部纪检组监察局坚持标本兼治、纠建并举的方针，全面履行职责，协助部党组不断加强风气建设，文化部门的行业作风建设取得新进展。一是完善了纠风工作的规章制度。协助部党组制定了《文化部关于加强部门和行业作风建设的意见》，以制度建设保障纠风工作顺利推进。二是参与了文化市场专项整治行动。去年，以迎接北京奥运会为主线，参与了文化市场“奥运保障行动”，坚决打击生产和传播含有危害国家领土完整、影响民族团结稳定、宣扬淫秽色情内容的违法文化产品，为北京奥运会的成功举办营造了良好的文化环境。今年，又以新中国成立60周年为主线，以保护知识产权、维护未成年人合法权益、保障国家文化安全为重点，配合文化部有关部门，开展了专项治理行动。三是认真贯彻落实国务院纠风办召开的中央国家机关部门和行业作风建设经验交流会精神，协助部党组召开了文化部行业作风建设会议。这是文化部第一次召开行业作风建设工作会议，引起各方面的高度重视。文化部党组副书记、副部长欧阳坚代表部党组宣读了《文化部加强部门和行业作风建设的意见》，文化部6个司局的主要负责同志作大会发言，介绍了他们抓行业作风建设的情况和下一步工作打算，文化部党组书记、部长蔡武作了重要讲话，对文化部门行业作风建设进行全面部署。中央纪委常委、监察部副部长、国务院纠风办副主任屈万祥出席会议并作重要讲话，对文化部门加强行业作风建设取得的成绩给予充分肯定，同时又对文化部门的行业作风建设工作提出了新要求。这次会议开得很成功，社会反响很好，对推动文化系统行业作风建设起到了积极的促进作用。

（五）惩治腐败工作力度不断加大

贯彻落实《工作规划》，充分发挥查处违纪违法案件的治本功能。按照《工作规划》的要求，驻部纪检组监察局高度重视查办案件工作，认真查处违纪违法案件。近年来，共查办了12件违纪违法案件，涉及15人，其中判处有期徒刑7人，司法机关认定犯罪免予刑事处罚1人。上半年，收到举报信件87件（含重复件）、申诉2件、部领导批转3件、中组部赴文化部后备干部考察组转办3件，共计95件。其中，自查协查25件、申诉2件。目前，经过核查、函询和其他方式处理，已了结15件，正在核查的5件，待查的5件。另有申诉件2件，经复核已了结。对上年度遗留的2件，1件已核查了结，1件检察院已对其提起公诉。在查办案件工作中，坚持将依纪依法办案的要求贯彻落实到办案的各个环节，保障被调查人的合法权利。在坚决惩处违纪违法行为的同时，还非常注意为受到错告诬告的同志澄清问题，鼓励、保护那些努力开拓创业、勤奋工作的同志的积极性。今年，根据一起典型的诬告案件，协助部党组下发了《中共文化部党组关于王永章同志被诬告收受贵重文物复制品一事调查情况的通报》，对不负责任的诬告行为提出严肃批评，弘扬了正气，打击了歪风邪气。同时注意以案说法、以案说纪，用身边的事，教育身边的人，通过违纪违法案例，教育党员干部，查找案发原因，总结经验教训，堵塞制度漏洞，取得了很好的综合效果。

（六）调研工作不断深入

深入实际调查研究，是转变工作作风的重要标志，也是做好工作的基本前提。今年以来，驻部纪检组监察局加强了调研工作，深入反腐倡廉工作第一线，广泛听取党员干部和群众对党建工作和反腐倡廉工作的意见和建议。受部党组委托，我先后主持召开了文化部机关司局长座谈会、直属单位行政负责人座谈会、党（纪）委书记座谈会、党（纪）办主任座谈会、党支部书记座谈会、党员代表座谈会、群众组织代表座谈会、民主党派和无党派人士代表座谈会、离退休老同志代表座谈会等9次座谈会，广泛听取大家的意见和建议，深入了解文化部各单位党建和反腐倡廉工作的好经验、好做法。驻部纪检组监察局加大调研工作力度，深入基层，深入实际，认真开展调研活动。上半年，对国家博物馆、中国交响乐团、恭王府管理中心、文化市场发展中心、国家话剧院、中国艺术研究院、中国儿童艺术剧院等单位贯彻落实文化部党风廉政建设工作会议的情况进行了调研，深入了解这些单位开展党风廉政建设和反腐败工作情况及存在的问题；对河北、辽宁两省文化厅及一些所辖市文化局贯彻落实《工作规划》情况进行了调研，努力掌握第一手资料，增强工作的有效性和针对性，为进一步推进文化系统惩治和预防腐败体系建设打下很好的基础。

（七）纪检监察干部队伍素质不断提高

贯彻落实《工作规划》，不断提高纪检监察干部队伍自身素质，为文化系统惩治和预防腐败体系建设提供坚强组织保证。今年以来，驻部纪检组监察局严格按照“政治坚强、公正清廉、纪律严明、业务精通、作风优良”的要求，加强了文化系统纪检监察干部队伍建设。一是开展了向全国优秀纪检监察干部王瑛和全国文化系统优秀纪检监察干部学习的活动。向全国文化系统印发了《关于开展向王瑛同志学习活动的通知》和《中共文化部党组关于表彰全国文化系统优秀纪检监察干部的决定》，要求文化系统各单位纪检监察干部向王瑛同志和文化部表彰的优秀纪检监察干部学习，做党的忠诚卫士，当群众的贴心人，切实做到对党和国家无限忠诚，对腐败分子和消极腐败现象坚决斗争，对广大干部和群众关心爱护，对自己和亲属严格要求，为文化系统的反腐倡廉工作作出新贡献。二是与文化部直属机关党委纪委联合举办了两次文化部纪检监察干部学习班、研讨班，请有关专家授课，学习纪检监察业务理论知识，不断提高业务能力和工作水平。同时要求纪检监察干部要不断加强学习，不断提高自身素质，靠好的素质塑造形象、靠好的本领实现价值、靠好的作风赢得信任。三是积极参加深入学习实践科学发展观活动，加深了对科学发展观的科学内涵、精神实质和基本要求的认识，进一步坚定了以科学发展观统领纪检监察工作的自觉性，保障科学发展、服务科学发展的能力有了很大提高。

全国文化系统各文化厅局的纪检监察部门，在当地党委、政府和纪委的正确领导下，按照党中央的要求和部署，积极协助本单位党组（党委），紧密结合文化部门工作实际，认真贯彻落实《工作规划》，大力推进惩治和预防腐败体系建设工作，做了大量的工作，取得了明显成绩。

在建立健全惩治和预防腐败体系建设的领导体制、工作机制方面，全国文化系统大部分文化厅局都成立了贯彻落实《工作规划》领导小组或者惩治和预防腐败体系建设领导小组，制定了贯彻落实《工作规划》的实施方案，做到了任务分解，责任落实。在宣传教育方面，各单位都坚持以党员领导干部为重点，加强反腐倡廉宣传教育，特别是都注重发挥文化部门的优势，积极推进廉政文化建设，抓住文艺形式受众面广的特点，强化反腐倡廉的宣传教育工作。如山西省文化厅举办的“正气之声”文艺晚会、江西省文化厅举办的“清风颂”——纪念建党88周年文艺晚会、吉林省文化厅组织创作的京剧《孙安动本》、湖北省地方戏曲艺术剧院改编的现代汉调警示剧《但愿人长久》、四川人民艺术剧院创作的话剧《红叶旅途》、青岛市话剧院创作的话剧《天堂向左、深渊往右》等都取得了很好的宣传教育效果；江苏省文化厅积极将廉政文化推向农村，制定了《关于进一步加强农村廉政文化建设的意见》，在农村开展了丰富多彩的文化活动，既丰富了农民的精神文化生活，又为农村党风廉政建设营造了良好的氛围；

艺术研究院充分利用人才优势，不断深化对廉政文化建设的理论研究。在制度建设方面，各单位也不断加大工作力度。如河北省文化厅全面开展行政权力运行监控机制建设，对行政权力行使前、行使中、行使后3个主要环节实施全过程的监控，促进各项行政权力规范运行；安徽省文化厅开展了“制度建设年”活动，按照“谁主管、谁负责、谁制定、谁清理”的工作思路，对近年来制定的规范性文件进行全面审查和清理，并在清理的基础上，加强制度修订、完善和创新；国家文物局以及天津、内蒙古、上海、浙江、宁夏、大连、厦门、深圳等地文化厅局不断完善行政审批制度、干部人事制度、财务管理制度等规章制度。在监督制约方面，各省市文化厅局都加强了对干部选拔任用、财政资金运行、重大工程建设项目等重点领域和关键环节的监督。如国家图书馆、故宫博物院、国家博物馆等单位加强了对工程建设项目的监督；北京市文化局加强了对城市奥运文化广场活动项目的监督；安徽、河南、广西、贵州、甘肃等省文化厅加强了对新增中央投资乡镇文化站项目的监督检查；四川省文化厅加强了对抗震救灾资金物质的监督；西藏自治区、新疆维吾尔自治区、新疆生产建设兵团文化厅局加强了对党员干部遵守政治纪律的监督，确保了中央决策部署落到实处。在纠风工作方面，各省市文化厅局坚持以人为本，认真开展党风政风行风建设。如山东、广东等省文化厅制定了加强政风行风建设的意见；山西、黑龙江、海南、宁波等地文化厅局通过参加政风行风热线，开展政风行风民主评议活动，倾听人民群众对文化部门工作的意见和建议，保障人民群众的合法权益；吉林、福建、湖南、重庆等地文化厅局通过加强文化市场管理，依法打击黑网吧和非法娱乐活动，净化了文化市场环境。在查办案件方面，各文化厅局牢固树立查办案件是尽职、有案不查是失职的观念，严格依纪依法查办案件。如辽宁、黑龙江、湖北、云南、陕西、甘肃、青海等省文化厅认真对待群众来信来访，按规定的程序进行核实并给予答复，分析查找案件线索，严肃惩治违纪违法分子，同时注重发挥查办案件的治本功能，通过查处一件案件，教育一批党员干部，完善一套规章制度。

总之，在同志们的共同努力下，文化系统惩治和预防腐败体系建设取得了可喜的成绩。这是文化系统各级领导、广大纪检监察干部共同努力的结果。在此，我对同志们表示衷心的感谢！

二、认真总结文化系统贯彻落实《工作规划》、推进惩治和预防腐败体系建设的基本经验

贯彻落实《工作规划》、建立健全惩治和预防腐败体系是一项重大的政治任务，任重而道远。经过同志们几年的努力，全国文化系统各单位的惩治和预防体系建设取得很大成绩。但相对党中央的要求和文化系统反腐倡廉工作的实际来说，我们取得的成绩还只是初步的，工作还有不少差距。我们还需要紧密结合文化工作实际，不断总结和探索，为文化系统各单位进一步贯彻落实好《工作规划》打好基础。认真总结我们的工作，以下5个方面是需要继续坚持和发扬的：

（一）继续坚持以科学发展观统领惩治和预防腐败体系建设

科学发展观是中国特色社会主义理论体系的重要组成部分，是我国经济社会发展的重要指导方针，是发展中国特色社会主义必须坚持和贯彻的重大战略思想，也是推进惩治和预防腐败体系建设必须坚持的强大思想武器。要以科学发展观为指导，把维护党的政治纪律作为首要职责，确保中央政令畅通；要按照统筹兼顾的方法来加强惩治和预防腐败体系建设，既着眼全局，又突出重点、抓住关键；要针对影响和制约科学发展的突出问题和薄弱环节，完善规章制度；要切实坚持以人为本的理念，促进中央关于维护和发展文化民生的各项政策落到实处，让人民共享文化发展成果；要进一步做好信访举报工作，拓宽群众参与反腐倡廉建设的渠道；要进一步完善违纪行为惩处制度，把处理人与教育人、挽救人有机结合起来，惩前毖后、治病救人。

（二）继续坚持围绕中心、服务大局

要把反腐倡廉建设纳入社会主义文化建设的大局之中，把惩治和预防腐败体系建设的各项任务融入到公共文化基础设施建设、文化产业发展、文化艺术创作、文化市场管理、文化体制改革的各个领域，使之与社会主义文化大发展大繁荣的要求相适应，为社会主义先进文化建设提供坚强的政治保证，防止反腐倡廉建设与文化建设相脱离、“两张皮”的现象。要把惩治和预防腐败体系建设纳入党的建设的全局之中，使之与党的思想建设、组织建设、作风建设、制度建设有机结合起来。

（三）继续坚持全面贯彻反腐倡廉建设的方针

标本兼治、综合治理、惩防并举、注重预防是反腐倡廉建设的指导方针，要从总体上把握，全面贯彻执行。一方面要坚持惩防并举，惩治于已然，防范于未然，在坚决惩治腐败的同时，更加注重治本、更加注重预防、更加注重制度建设；另一方面要坚持标本兼治，既要治标，又要治本，深化改革，健全制度，整体推进反腐倡廉各项工作，把教育的说服力、制度的约束力、监督的制衡力、改革的推动力、纠风的矫正力、惩治的威慑力有机结合起来，共同发挥作用。

（四）继续坚持党风廉政建设和反腐败斗争的领导体制和工作机制

惩治和预防腐败体系建设是一项系统工程，必须依靠各方面的力量共同完成。要坚持党委统一领导、党政齐抓共管、纪委组织协调、部门各负其责、依靠群众支持和参与的领导体制和工作机制，严格执行党风廉政建设责任制。厅局纪检组（纪委）要充分发挥组织协调作用，协助党组（党委）抓好任务分解和落实，加强与相关职能部门的沟通联系，整合力量和资源；各职能部门要充分发挥职能作用，认真做好所承担的各项工作；要注意认真听取本单位干部群众的反映，集中干部群众的智慧，赢得干部群众的支持和拥护。

（五）继续坚持改革创新，创造性地开展工作

创新是一个民族进步的灵魂，是一个国家兴旺发达的不竭动力，也是一个政党永葆生机的源泉。《工作规划》认真总结了惩治和预防腐败体系建设的成功经验和有效做法，本身就是改革创新的产物。同时，惩治和预防腐败体系又是开放的体系，需要以改革创新的精神不断深化、发展和完善。实践没有止境，创新也没有止境。要不断解放思想、实事求是、与时俱进，充分发挥主观能动性、创造性，永不自满，永不懈怠，不断探索，不断创新，在解放思想中统一思想，用发展着的马克思主义指导文化系统惩治和预防腐败体系建设的实践。

三、进一步提高思想认识，切实把贯彻落实《工作规划》、推进惩治和预防腐败体系建设摆在重中之重的位置

认真贯彻落实《工作规划》、扎实推进惩治和预防腐败体系建设，对于深入开展党风廉政建设和反腐败斗争，推进党的建设的新的伟大工程，保证社会主义文化建设目标的实现，具有十分重要的意义。

（一）贯彻落实《工作规划》是反腐倡廉建设的重点任务

贯彻落实《工作规划》，完善以惩治和预防腐败体系为重点的反腐倡廉建设，是党的十六大以来反腐倡廉理论发展和实践经验的科学总结。2003年10月，党的十六届三中全会提出建立健全与社会主义市场经济体制相适应的惩治和预防腐败体系的目标。2004年9月，党的十六届四中全会强调，要坚持标本兼治、综合治理、惩防并举、注重预防的方针，抓紧建立健全惩治和预防腐败体系。2005年1月，中央颁布了惩治和预防腐败体系建设《实施纲要》。2007年10月，党的十七大提出以完善惩治和预防腐败体系为重点加强反腐倡廉建设，将建立健全惩治和预防腐败体系写入《党章》，用党内根本法的形式固定下来。2008年5月，中央颁布惩治和预防腐败体系建设《工作规划》，明确了当前和今后一个时期惩治和预防腐败体系建设的指导思想、基本要求、工作目标、主要任务，进一步回答了党风廉政建设和反腐败斗争坚持什么方向、抓什么工作、怎么抓好工作的问题，是全面落实《实施纲要》、扎实推进惩治和预防腐败体系建设的基本遵循。认真贯彻《工作规划》，有利于把惩治和预防腐败体系建设各项任务落到实处，有利于把反腐倡廉建设提高到一个新的更高水平。

（二）贯彻落实《工作规划》是全面推进党的建设新的伟大工程的必然要求

今年是我们党建党88周年，执政60周年。我们党之所以成为执政党，是历史的选择、人民的选择。新时期新阶段我们党肩负着新的历史使命，党要站在时代前列带领人民开创事业发展的新局面，经受住长期执政、改革开放和发展社会主义市场经济的考验，就必须加强党的自身建设。反腐倡廉建设是党的自身建设的重要组成部分，与思想建设、组织建设、作风建设、制度建设一起成为党的建设的基本任务。加强反腐倡廉建设能为思想建设、组织建设、作风建设、制度建设提供重要保障。贯彻落实《工作规划》、推进惩治和预防腐败体系建设，有利于党员干部坚定理想信念，增强党性修养，更好地促进党的思想建设；

有利于树立正确用人导向，建设团结奋进的领导班子和高素质党员干部队伍，更好地促进党的组织建设；有利于党员干部保持奋发进取的精神和清正廉洁的作风，保持党同人民群众的血肉联系，更好地促进党的作风建设；有利于健全以民主集中制为核心的党内各项制度，增强党内制度法规的权威性和实效性，更好地促进党的制度建设，从而不断提高党的执政能力、巩固党的执政地位，使党始终成为中国特色社会主义事业的坚强领导核心。

（三）贯彻落实《工作规划》是推动社会主义文化大发展大繁荣的重要保证

党的十七大报告提出了推动社会主义文化大发展大繁荣的宏伟目标，实现这一目标，需要文化系统广大党员干部的共同努力，需要各方面工作的协调推进。贯彻落实《工作规划》、推进惩治和预防腐败体系建设，有利于深入学习贯彻落实科学发展观，确保中央关于文化工作的各项方针政策的全面贯彻落实；有利于培育文明风尚，建设社会主义核心价值体系，增强社会主义意识形态的吸引力和凝聚力，加强社会主义精神文明建设；有利于及时发现和解决文化系统党风政风行风存在的突出问题，更好地解决群众最关心、最直接、最现实的利益问题，营造党风纯、政风清、行风好的良好社会氛围；有利于始终保持文化系统各级党组织和广大党员的先进性，增强文化干部队伍的凝聚力、创造力和战斗力；有利于推进体制机制的创新与完善，增强文化事业发展的活力和动力。

四、以改革创新精神抓好《工作规划》的落实，扎实推进文化系统惩治和预防腐败体系建设

文化系统贯彻落实《工作规划》、建立健全惩治和预防腐败体系是一项长期的战略任务，要坚持一切从实际出发，有目标、有计划、分阶段、分步骤地扎实推进，把《工作规划》的要求与文化系统的实际紧密结合起来，抓住重点，突破难点，努力取得新进展。

（一）充分发挥部门优势，深入推进廉政文化建设

廉政文化以生动活泼的文化艺术形式表现廉洁从政的思想内涵，把反腐倡廉建设与文化建设结合起来，既开辟了党风廉政建设和反腐败斗争的新途径，又拓展了社会主义文化建设的新空间；既是反腐倡廉建设的创举，又是文化建设的创新工程。加强廉政文化建设，是文化系统各单位惩治和预防腐败体系建设中的重点工作，要充分运用好、组织好、发挥好文化部门的资源优势、人才优势、阵地优势，立足当前、着眼长远，切实抓紧抓好。加强廉政文化建设，今明两年，驻部纪检组监察局要做好4件事。一是组织好《廉政史鉴》丛书的编辑出版工作，系统整理我国悠久灿烂古代文明中的廉政文化遗产。二是筹备好中央纪委、文化部、监察部、国家文物局联合举办的“中国廉政文物大型展览”。这个展览，将在北京举办，在全国巡展。通过巡展，使广大党员干部群众深刻缅怀中国共产党带领全国各族人民进行艰苦卓绝的革命斗争历史，激发爱国热情，弘扬艰苦奋斗的优良传统和改革创新的时代精神。三是与文化部有关单位联合举办“中国廉政文化高峰论坛”，邀请知名专家学者和有关同志参加研讨，逐渐将这个论坛办成有影响的品牌，通过这个论坛，深化廉政文化理论研究，扩大廉政文化的社会影响力。四是准备明年与文化部有关部门联合举办全国廉政戏剧展演。各文化厅局要认真做好当地展演推荐工作，推选出一批优秀的、代表当地特色的廉政戏剧参加全国展演。通过展演活动，进一步在全党全社会营造“以廉为荣、以贪为耻”的社会氛围。

（二）继续加强反腐倡廉教育，巩固反腐倡廉建设的基石

反腐倡廉教育的根本目的，是为了提高党员干部的思想政治素质、转变党员干部的思想观念、解决党员干部的思想问题。因此，教育必须入情入理，入脑入心，不断增强针对性和有效性，不断提高吸引力和感染力。要大力推动教育理念的创新，深刻把握新形势下反腐倡廉教育的特点和规律；要大力推动思想政治工作制度的创新，紧紧抓住重要领域和关键环节，在切实解决思想问题上下工夫；要大力推动思想政治工作方法的创新，把握不同对象的思想状况和价值取向，因人施教、分类施教，力争取得实效；要紧紧抓住党员领导干部这个重点，广泛、深入、持久地加强理想信念、艰苦奋斗、廉洁从政和党性党风党纪教育，使党员领导干部做到立党为公、执政为民，永葆人民公仆政治本色。

当前，要重点加强政治纪律教育，使广大党员干部增强政治敏锐性和政治鉴别力，坚决抵制各种错误思想和言论，坚决维护中央权威，把思想和行动统一到中央对形势的分析判断和对工作的决策部署上来，全力维护改革发展稳定的大局。

（三）继续加强反腐倡廉制度建设，增强制度执行力

制度建设是反腐倡廉的治本之策，也是惩治和预防腐败体系建设的核心内容。依靠制度防治腐败，是坚持依法行政、依法治国的必然要求。近年来，党中央不断加大反腐倡廉制度建设力度。前不久，中央又出台了《中国共产党巡视工作条例（试行）》、《关于实行党政领导干部问责的暂行规定》、《国有企业领导人员廉洁从业若干规定》和《关于开展工程建设领域突出问题专项治理工作的意见》。在这么短的时间内，集中出台4个重要文件，这在党的历史上是少有的，同志们一定要高度重视，深刻理解，认真贯彻落实。

当前，文化系统各单位纪检监察部门，要积极协助本单位党组（党委）认真学习4个文件的基本精神，把握主要内容和有关要求，把学习宣传贯彻落实4个文件作为一项重要政治任务，抓紧抓好。各单位纪检监察干部要带头学习，学深学透。要以学习贯彻落实4个文件为契机，根据形势的发展变化和本单位工作实际，按照规定的程序做好制度的"废、改、立"，进一步推进反腐倡廉制度建设。根据4个文件的要求，驻部纪检组监察局和部直属机关党委，已协助部党组制定了文化部党政领导干部问责的《暂行规定》和《中共文化部党组巡视工作办法（试行）》。要通过学习贯彻落实四个文件，进一步促进文化系统各级党政领导干部践行全心全意为人民服务的宗旨，以对党和国家高度负责、对人民高度负责的精神，切实履行好党和人民赋予的职责，兢兢业业完成好各项工作任务。同时加强对各级领导班子及其成员的巡视，坚决纠正各种违纪违法行为，保证党的方针政策和重大决策部署的贯彻执行。

（四）着力解决监督不到位问题，继续强化监督制约

有效惩治和预防腐败，既要有严格的自律，又要有健全的他律。加强和健全党内监督和各方面的监督，是加强反腐倡廉建设的关键环节。必须围绕权力运行的重点领域和关键环节，加强监督检查。当前要特别注意加强对干部选拔任用工作的监督，着重检查在干部选拔任用工作中，是否认真贯彻执行党和国家的有关规定，是否坚持党要管党、从严治党的方针，是否坚持"任人唯贤、德才兼备、以德为先"的选拔干部原则，是否符合选拔任用干部的规定程序；要继续加强对文艺评审评奖活动的监督，保证文艺评审评奖活动公开、公平、公正。

在此，我要特别强调的是，文化系统各级纪检监察机构要切实加强对本单位本系统工程建设项目的监督。当前，文化基础设施建设任务非常繁重，各地都有一些重大文化项目开工建设，新增中央投资的乡镇综合文化站建设正进入关键阶段。要按照中央《关于开展工程建设领域突出问题专项治理工作的意见》的要求，认真进行专项治理。要突出监管重点，着重加强项目建设程序的监管，科学确定项目规模、工程造价和标准；着重加强对招标投标活动的监管，规范招标方式的确定、招标文件的编制、资格审查、评标定标、招标代理等行为；着重加强项目建设过程的监管，坚持合理工期、合理标价、合理标段，加强资金管理，控制建设成本，禁止转包和违法分包；着重加强工程质量与安全监管，落实工程质量和安全生产领导责任制。要坚决查办工程建设领域的腐败案件，发现一起，查处一起，绝不姑息。通过切实有效的措施，确保各项文化基础设施项目建设成为优质工程、安全工程、廉洁工程、样板工程、民心工程。

（五）继续加强行业作风建设，以优良的党风带政风促行风

要认真贯彻落实文化部行业作风建设会议精神，严格按照《文化部关于加强行业作风建设的意见》，切实抓好作风建设。一是要规范文艺创作演出，针对文艺创作中存在的脱离群众，搞大制作、高票价等虚化浮躁之风，文艺演出中出现的"低俗""恶搞""假唱"等现象，进一步加强管理，坚持文艺为人民服务、为社会主义服务的方向。二是要加强文化市场监管，严厉打击各类非法经营行为。三是要提高公共文化服务机构从业人员的服务水平，进一步增强图书馆、博物馆、美术馆等公共文化机构从业人员服务意识，提高服务能力。四是要加强社团管理，针对社团管理制度还不健全的问题，研究新形势下社团管理中出现的新情况、新问题，进一步加强制度建设。

（六）畅通信访举报渠道，严肃查办违法违纪案件

惩治和预防，是反腐败不可或缺的两手，必须坚持两手抓，两手都要硬。只有坚决有力地查处腐败案件和腐败分子，才能充分表明我们反腐败的坚强决心，才能充分体现标本兼治，才能充分取信于民。要进一步做好信访举报工作，拓宽党员、群众参与反腐倡廉建设的渠道，保障党员、群众的民主权力，尊重党员的主体地位和群众的合理诉求，解决好信访举报反映的问题。要以查处发生在领导机关和领导干部中滥用职权、贪污受贿、腐化堕落、失职渎职的案件为重点，严肃查处利用干部人事权、行政审批权索贿受贿、徇私舞弊的案件，严肃查处工程建设领域的腐败案件。要提高依法依纪办案水平，坚持依法办案、文明办案，善于从大局上把握办案工作，努力使查办案件取得良好的政治效果、社会效果、法纪效果。

五、加强组织建设，切实提高纪检监察干部队伍素质

纪检监察工作责任重大，使命光荣。长期以来，文化系统的纪检监察干部为推进党风廉政建设和反腐败斗争、保证社会主义文化事业的顺利发展，做了大量工作，发挥了重要的作用。但是，与新形势新任务的要求相比，与党中央和人民群众的期望相比，我们这支队伍还存在一些不足。各单位要充分认识加强纪检监察干部队伍建设的重要性和紧迫性，采取有效措施，努力建设一支高素质的纪检监察干部队伍。

一是要加强班子建设。首先要配齐班子，现在大部分文化厅局纪检监察部门都实行了派驻制度，绝大部分都配齐了纪检组组长和监察室主任，但还有少数厅局没有配齐。领导班子不健全、人员不齐备的纪检监察部门要力争在今年年底前配齐领导班子。第二要配强班子，要把那些党性好、作风正、能力强、威信高的干部选入纪检监察部门领导班子，特别是要选好配好“一把手”，进一步优化领导班子年龄、知识和专业结构，增强领导班子的生机与活力。

二是要加强队伍建设。人员不足、力量薄弱是派驻纪检监察部门的普遍状况，这严重影响和制约着纪检监察部门职能作用的发挥。要积极加强与当地省市纪委和驻在部门的沟通与联系，充实工作力量，配齐工作人员。

三是要加强素质建设、能力建设和作风建设。文化系统的纪检监察干部要带头“讲党性、重品行、做表率”。要加强学习，通过持之以恒的学习，掌握科学的思想方法、工作方法，不断提高政治素质、理论素质和思想道德素质，不断提高监督能力、办案能力、组织协调能力和依法依纪履行职责的能力，不断增强政治意识、大局意识、责任意识、忧患意识，着力破除因循守旧、不思进取、得过且过的观念，脚踏实地、求真务实，严于律己、清正廉洁，做党的忠诚卫士、当人民群众的贴心人，始终树立纪检监察干部可亲、可信、可敬的形象。

同志们，贯彻落实《工作规划》，扎实推进惩治和预防腐败体系建设任务光荣而艰巨。让我们紧密团结在以胡锦涛同志为总书记的党中央周围，高举中国特色社会主义伟大旗帜，深入贯彻落实科学发展观，开拓创新、锐意进取、振奋精神，为加快文化系统惩治和预防腐败体系建设，努力取得反腐倡廉工作新成绩，作出更大的贡献，以优异的成绩为新中国成立60周年献礼。

在2009年全国艺术创作工作会议上的讲话

文化部副部长　王文章

（2009年11月6日）

同志们：

昨天上午蔡武部长在全国艺术创作会议开幕之时作了重要讲话，与会的同志们在讨论中认为蔡武部长的讲话全面回顾了60年来特别是改革开放30年来文艺发展和艺术创作的历程，深刻地总结了文艺创作和文艺实践的历史和现实经验，揭示了社会主义文艺创作的本质规律，并对新阶段艺术创作的繁荣发展提出了新的要求。讲话充满辩证法，既有很高的理论性，又有很强的实践性，对于全国的文艺创作具有重要的指导意义。这次会前，我们认真学习了中共中央政治局委员、中央书记处书记、中宣部部长刘云山在文学创作座谈会上的重要讲话，讲话高屋建瓴，指出要站在新的历史起点上推动我国文学事业持续繁荣。云山同志要求文学创作必须坚持正确的价值取向，文学创作应当积极弘扬时代主旋律，文学创作需要不断深入生活，汲取营养，文学创作要在继承的基础上勇于创新，文学创作应以更宽广的胸怀面向世界。蔡武部长关于发展繁荣艺术创作的讲话中体现了云山同志讲话中这些重要的指导思想。全国艺术创作会议之后，我们要按照云山同志和蔡武部长讲话的精神，部署贯彻落实，积极推动艺术创作的发展和繁荣。

结合学习云山同志、蔡武部长讲话的精神和大家讨论交流中发言得到的启发，我仅就艺术创新的问题谈几点想法，与大家交流。之所以要谈这个问题，是因为繁荣艺术创作是一个系统工程，而艺术创新则是这一系统工程的核心。

“艺术”本身是一个比较宽泛的概念，特别是当代艺术的出现，使人们对艺术概念的认识，已经从“什么是艺术”转向了“什么不是艺术”。当代社会，艺术的品种和形态呈现越来越多样的形态。同时艺术范畴之内各种不同的艺术形式，如舞台艺术和造型艺术的规律也不一样。虽然艺术有基本的规律，但不同艺术形态之间也还存在很大的差异。我主要想就舞台艺术创新的问题来谈谈我的想法。

我们处在一个创新的时代。在社会发展中，文化创新有很重大的意义，创新既是文化的本质属性，也是我国当代经济、政治、社会、时代发展的必然要求。而艺术创新则需要在文化创新的背景下来思考，不能离开文化创新的社会环境来谈艺术创新。现在，社会主义市场经济体制带来的人们的思想活动就如党的十七大报告中所讲的正呈现出独立性、选择性、多变性和差异性，而且这种趋势越来越明显，客观上要求社会生活越来越多样性，各种文化艺术形态要更加丰富。在这种情况下，文化市场的发展，在趋利的动因下，它首先满足的是人们对文化产品多样化的需求。而需求者的大众性，则决定了市场首先大量提供的是娱乐性产品。而这种市场导向，使更多的文化产品生产者去生产大众“零距离”感知的易接受的文化产品。舞台艺术生产整体上属于精神领域的创造活动，它独创性的很多作品难以适应这种市场需要，因之，在一个文化产品生产越来越丰富的时代，独创性的艺术产品反而有可能受到文化市场的挤压。艺术形态的多样化，包括当代艺术的出现和艺术概念的泛化，与艺术为适应变革着的社会而演变不能说没有关系。

在这样一个社会发展趋势下，我们来讨论艺术创新的问题，就显得十分必要。因为创新就不是因循，不是趋时，是以艺术创造的独特性来引领这个时代文化艺术品格的提升。首先现代社会的发展，需要引领人们精神指向的艺术作品。这样的艺术作品主要不是通过感官刺激使人获得娱乐，而是以深刻的思想蕴涵和精美的有意味的形式，使人们得到认识世界、认识人生的启发，精神的愉悦和情感的陶冶及形式美的欣赏。鲁迅先生所说的，文艺是国民精神的火光，是引导国民精神前途的灯火，指的应该是，文艺作品应该任何时候都要表达对时代的关注和对人的命运的关切，都要体现一种文化价值和精神价值。当然，这些都要以艺术的方式并且要艺术地呈现出来。在一般性文化产品越来越丰富的时候，更需要呼唤优秀的艺术作品，使人们通过艺术的欣赏和浸染不断提升精神追求和文化追求。

其次，伟大的时代需要有与反映这个时代并与这个时代的变革精神相称的标志性的艺术作品。创作这样的作品，应该是我们这个时代的艺术家义不容辞的责任。党的十七大要求兴起文化建设新高潮，推动文化大发展大繁荣。假如其中代表这个时代的标志性的舞台艺术作品缺失，这个目标就不能实现。

另外，舞台艺术是所有艺术形式中最能充分体现艺术与观众内心情感对应关系的艺术方式，是与观众最亲近的一种艺术。它对观众的精神和情感及审美趣味的影响，比任何一种艺术都更强烈、更持久。当前我们从北京和各地一些舞台演出剧目上座和观众反应的趋势来看，正有越来越多的观众开始从大众化娱乐中向舞台艺术靠拢。这说明随着整个社会文化产品的丰富，观众也会逐渐寻求更高层次的艺术欣赏方式。我们应该以具有深刻思想蕴涵和强烈艺术魅力的艺术作品满足当代观众的需求，这是我们的责任。

我想从两方面来谈谈艺术创新的问题。首先，从艺术本体来谈：

（一）艺术创新离不开对传统文化的传承和对外来文化形态的借鉴与吸收

任何艺术创新都是在原有的传统基础上生发和变化的。比如，我们很多人看韩国的电视剧《大长今》，它表现的剧中人物关系和特定的历史环境，在很大成分上体现着中国传统文化思想，但是这种思想在我们自己的电视剧中却很少体现出来。而我们自己的历史战争题材和宫廷生活题材的一些影视剧，表现的人物关系和杀戮的情节，却明显是受西方此类表现题材的影响，有的简直就是翻版。这就是为什么我们反而爱看《大长今》的主要原因。这实际上是一个文化传承的问题。

再如日本，虽然近代脱亚入欧，但是与中国的文化联系仍然十分紧密。现在，日本的民间艺术发展非常兴旺，雕塑、陶器、造纸、漆器等技艺非常普遍。我记得有一次到大阪去，看到当地有品牌的手工技艺都得到了有效的保存，这体现的不是经济的成绩，而是体现了传统文化的传承。还有日本的歌舞伎，在现在演出时非常严谨地注意对传统演出细节加以保护，日本在传统文化与舞台艺术的依存关系方面的经验，值得我们学习。现在日本微观经济单位的发展都体现了传统文化的传承。日本的传统节日有上千个；日本国立电视台每周日上午都会在黄金时段播出传统诗歌等；现在日本人有700万至1000万在写传统诗歌，在这些方面，我们就不如日本。日本是一个现代化的国家，但是日本的现代化是建立在对传统文化的继承之上。我最近看到一个报道，一个外国记者指出日本最具活力的是文化，虽然日本经济出现一些问题，但是文化仍然是最有活力的文化之一。从日本对传统文化的传承高度重视上，我们应该思考的是艺术创作的传统文化传承问题。要在继承传统的基础上来进行创新，特别是中国主体艺术，更离不开传统文化的传承。比如，中国书法，目前存在很多创新的表现。有一次我去看一个展览，中日韩三国书法展览，在中日韩三国轮流展览，发现韩国人写的书法很有传统文化的根基，而中国的书法家写的书法，传统的根基则比较弱。为什么日本的舞台艺术整体上体现着鲜明的日本文化特色，除了重视舞台艺术形式本身的传承以外，它还重视与本民族传统文化的联结是重要原因。所以主体性的艺术没有传统的基础，艺术创新就是无本之木、无源之水。

这是一方面，另一方面，艺术创新离不开对外来文化形态的借鉴与吸收。从中国的历史来看，时代强盛是由许多因素构成的，但文化的强盛是时代强盛的重要表现。唐代就注意用开阔的眼光、博大的胸怀吸收外来文化。玄奘取经，带回了佛教经典657部，1335卷，在今天中国传统文化中，佛教文化已成为重要内容。在当代中国，更要以博大的胸襟借鉴吸收外来文化艺术。

对外来艺术形态首先要正视。

以当代艺术为例。有一段时间当代艺术成为社会的焦点，我们没有加以分析，有时视而不见，认为这不是艺术，结果中国当代艺术的话语权在很大程度上被西方所掌握。在当代，我们对外来艺术，一方面不能视而不见，要正视；当然另一方面也不能被外来艺术取代，这是一个取舍的尺度问题，但是首先是正视，然后才是分析取舍的问题。

在借鉴吸收外来文化形态方面，重要的基础是文化自信。文化自信很重要。现在中国的现代化进程在加快，经济、政治地位提升，综合国力发展，世界各国都不可能视而不见。在这种背景下，看待外来文化更要有开放和自信的心态。如果没有文化自信为基础，一个可能是像对待当代艺术一样不敢正视，当然更不可能借鉴吸收；另一个可能是盲目吸收，丢失自我。我想以梅兰芳1936年访美演出为例来谈谈文化自信的问题。以京剧为代表的中国戏曲被视为世界当代三大戏剧体系之一，与梅兰芳向美国、日本、苏联介绍中国京剧有关。在梅兰芳赴美国演出前，关于演出什么行当的戏曾有过争论，有些人主张演老生、武生，宣传中国“正面形象”，有些人主张变革花脸、胡须等行头以“适应”外国人，最后还是在华的外国人说，就是让梅兰芳演旦角；关于是演旧戏还是演新编戏，最后还是决定演梅兰芳最拿手的能充分表现中国戏曲特点的传统戏。演出前，梅兰芳请画师把京剧体系分类用中英文对照标出，向外国人全面介绍京剧。演出获得巨大成功。梅兰芳在美演出历时半年，演了72场，被誉为“罕见风格大师”；南加利福尼亚学院和波摩拿学院授予梅文学博士荣誉学位。

回国后，有人总结说：“我们的戏一切照旧，是很对的了。”这就是表现了一种文化的自信。我们想象一下，如果梅兰芳当时没有演旦角，或者对原有的京剧样式做了很大改变，演出就可能不会那么成功。

梅兰芳在1935年3至4月间访苏演出，当年4月14日，在苏对外文化协会礼堂举行了座谈会，埃森斯坦、布莱希特、斯坦尼斯拉夫斯基等都参加座谈会并发言。戏剧家、导演梅耶荷德说：“看完梅兰芳的演出……那就是该把我们所有的演员的手都砍掉。”这当然是一种极端的说法，但是也说明如今我们看待传统艺术，是应该带有一种文化自信的。而我们现在的“创新”，更多的是吸收新的因素，却忽视了艺术本体原有的艺术优势。比如，有一次我看《牡丹亭》，演出以舞台转动的形式表现时空变化，放弃了原有的演员身形移动的表现方式，虽然显示了舞台科技的发达，但却抹杀了艺术本身的表现力。这就是“创新”的损失，在文化创新时，我们一定要保持高度的文化自觉。

（二）艺术创新是内容与形式的统一

艺术创新不仅是形式的创新，而且是内容的创新，是形式与内容的统一。现在演出剧目创新有所谓的“捷径”，就是在艺术形式上下工夫，而忽视在艺术本体上下工夫。现在，国家国力增强了，投入增多了，经费比以前充足了，有的剧目有条件设置很好的舞美，这当然好，如广州儿艺的《八层半》，这部剧目的魔幻题材要求舞美动用高科技，而且是越丰富越好。但是，不从剧种特点出发，影响了艺术本体优势的发挥，这种所谓的“舞台创新”实际上是本末倒置。创新不单纯是形式的创新，真正的创新应该是艺术本体内涵和形式统一的创新。

艺术创新必须首先要研究艺术规律，尊重艺术规律。究竟什么是艺术规律？就是艺术创造的基本原则。它的内涵很多，典型性、独特性、形象性和综合性等等，这些都是基本的规律。而具体到某一种艺术形式，更有它特殊的规律。如话剧、电影与戏曲的差别。艺术规律是赖以构成每一个艺术品种特质的本质规律。只有在遵循这个规律的基础上，再采用现代声光电等来丰富，才能在保持其特质的基础上，结合现代的舞台技术推进艺术创新。舞台科技不是不可以用，相反，应该大力吸收，但运用时要审慎，不能伤及舞台艺术特质。比如，戏曲中的龙套，4个人就代表了千军万马，以少胜多，这是中国传统的戏剧风格，也同样很好地表现发生的场景。今天满台是人，龙套就有几十个，反而损害了艺术表现方式原有的美感。在科技日益进步的今天，必须清醒地认识到要在保持艺术特质的基础上，促进当代舞台艺术创新。

（三）艺术创新的思想和情感来自艺术形象

在艺术创新中，艺术形象对受众的冲击非常重要。我们看演出，特别是戏剧，就是被艺术形象所影响和震撼。当然，有些舞台艺术不是创造舞台形象，而是创造音乐形象，在高雅、庄严的氛围中，用音乐来表现艺术形象，效果也是一致的。这种艺术形象不是粗浅的、表面的舞台形态，而是以独特的个性、鲜活的形象传达某种价值观的艺术典型。我们从国内外许多经典的舞台艺术形象中都能看到这一点。

云山同志在文学创作座谈会的讲话中指出：“价值观不是抽象的、绝对的，而是具体的、历史的。”我们应该坚持的就是社会主义核心价值体系的基本要求。要把这种价值取向的要求体现在创作实践中。

（四）艺术创新要注重形成艺术品牌

现在的时代是一个品牌的时代。随着社会的物质产品大大丰富，人们的选择，越来越注重品牌。目前中国制造了世界1/3的计算机，1/2的数码相机和DVD播放机，2/3的复印机，欧美市场75%的礼品和玩具都是中国制造的，一看中国真是文化产品大国。但是真正有影响力的文化品牌却还是变形金刚、芭比娃娃等国外的品牌。我们所关注的往往首先是文化产品的使用价值和物质价值，文化价值和精神价值还没有得到体现。例如在艺术生产方面，太阳马戏团是表演艺术的品牌，而目前其中中国演员占了2/3，但是，却铸成了别人的艺术品牌，确实值得我们深思。例如，英国的歌剧品牌《歌剧院的幽灵》，从1986年伦敦西区首演算起，总的演出收入32亿美元。日本的四季剧团，1953年成立，现在每天有8至10个剧组在日本全国各地演出，每年收入12亿元人民币，直接观众达230万人次。现在这些都成为世界品牌。现在有一些中国元素，如花木兰、功夫熊猫，成为美国人进行艺术创新的品牌。这必须引起我们思考，要通过艺术创新形成自己的艺术品牌。

以上讲的这些国外的剧目，作为舞台艺术，都已成为独立的品牌演艺产业。这里需要指出的是，演艺产业和舞台艺术是有差别的，英国的《歌剧院的幽灵》、日本的四季剧社从舞台艺术演变为演艺产业，但很多优秀的经典舞台艺术并不演变为独立的演艺产业，比如西方的交响乐、芭蕾、歌剧，比如我们的人艺。德国慕尼黑一个研究机构指出，德国歌剧本身不作为独立的演艺产业，但其延伸方向发展到了包括旅游等其他领域，共同构成演艺产业。

舞台艺术也可以成为品牌。它的核心是艺术质量、品格形成的持久影响。比如说北京人艺的话剧、苏州昆曲剧院的青春版《牡丹亭》，这些都是中国艺术品牌的影响。

除了上面所说的艺术质量和品格，要形成自己的艺术品牌最重要的是院团要建立常态的演出机制，不靠一时明星走穴式的轰动。建立和坚持保留剧目制度就是一个方式。文化部开始进行优秀保留剧目评选活动，并给予资金资助，表明了我们对这项工作的重视。现在不少院团每年新创作的剧目好几个，但是能演10年的剧目很少，大部分剧目演20、30场就很不错了，能演5年、10年的剧目不是很多，这是时间、精力的极大浪费。艺术的粗制滥造加大了中国艺术创新的时间成本，这是我们在艺术创新中必须正视和重视的问题。

以上主要是从艺术本体方面谈艺术创新，下面我再从艺术管理方面谈谈如何推进艺术创新的问题：

艺术管理，就是要创造一个适合艺术家发挥其聪明才智、进行自由的舞台艺术创作的环境。在这里，所谓以艺术管理推动艺术创新，主要是从宏观管理的角度来谈。推动艺术创新，主要从以下几个方面抓艺术管理：

（一）抓规划

有规划就有创作目标，有目标就会推动我们采取措施来实现目标。重庆市在抓规划、抓创作方面做得很好，重庆市2008～2012年创作规划在组织队伍、奖励机制、搭建平台等方面都做得很好。小组讨论时，我也听到四川、福建、江苏、山西等地的同志们介绍了本省的创作规划。

（二）抓机制

主要是健全艺术院团内部的管理机制，只有健全内部管理机制，艺术创新才有保障。如果艺术院团内部管理机制不健全，没有形成科学规范的政策机制，舞台创新、舞台繁荣便无从谈起。健全艺术院团内部管理机制，主要体现在3个方面：很好地体现物质利益原则，必要的规章制度和必要的思想政治工作。这三者要统一起来，忽视了任何一方都搞不好院团的管理。

纵观全国的演艺队伍，特别是市、县级艺术院团，演员收入普遍较低，增加演员收入，不仅是艺术创新的需要，也是稳定队伍、发展队伍的需要。在市场经济快速发展的今天，人们对舞台艺术产品的需求也日趋强烈，艺术院团要积极建立本团优秀保留剧目，努力开拓市场，增加演职人员收入，稳定队伍。以国家话剧院为例，是否能够发挥剧院众多优秀创作、表演艺术人才力量，为本团所用，是考验剧院内部管理机制是否健全的重要指标。近一年来，国家话剧院通过与本团著名艺术家预定演出档期、签订协议等切实可行的管理手段，进一步调动了演员参与院团创作表演的积极性，取得了良好的效果。

（三）抓队伍

这里主要讲抓编剧队伍。现在上海不养编剧

队伍了，因为可以调用全国优秀编剧人才，为我所用，所谓“借鸡生蛋”。但综观全国，大部分省区市是不具备这种条件的。一流的编剧、导演、音乐、舞美等人才还不是很多，大家都想这些人为自己拍戏，也就形成了某些比赛30台剧目中一个导演的就占了11台的现象，出现了所谓文化“包工头”。由此可见，培养、健全、壮大编剧队伍十分重要，这支队伍是舞台艺术的基础，没有这个基础，舞台艺术就无从谈起。现在，各地已经开始认识到抓编剧队伍的重要性，纷纷提出要培养自己的编剧队伍，中直院团开始建立自己的编导室，并在条件允许的情况下，自己养编剧。有人对养编剧这种做法有些顾虑，认为成本太高，这一方面可以通过“聘任制”等形式加以解决，另一方面，我们也应该认识到，中直院团及一些重要艺术团体的常态艺术生产就决定了院团需要有一支稳定的编剧队伍，一个专业的艺术院团需要有这一组成部分，否则院团的构建就存在着某种程度的缺失。以中国京剧院为例，从历史上看，只要是院团产生大批优秀剧目的时期，必定也是院团艺术编导室较为健全、强大之时，剧目的创作、上演必须经过编导室的审定、加工和提高，保证了剧目的艺术质量。而现在有些院团是演员自己拿着剧本说适合自己，便开始排练，但演出效果并不尽如人意。

我们必须清醒地认识到，与绘画、小说写作不同，舞台艺术作为综合性艺术，不是某一个体创造就能完成的，舞台艺术必须通过艺术管理来组织，对各门类艺术人才加以科学调配，真正发挥艺术人才的群体优势，使之形成合力，才能保证作品质量。我们这里提到一定要抓编剧队伍建设，也是从符合艺术规律的要求提出来的。梅兰芳的作品在创作之时，并不是梅兰芳一个人说了算，恰恰相反，很多情况都是别人说了算，梅兰芳的艺术是整套艺术创作班底集体共同努力的结果，正是这种强大的创作力量，保证了梅派艺术的高品质。

还有一支队伍建设同样很重要，那就是艺术评论队伍。现在的评论多是捧场式评论、广告式评论，缺少真正能够分析作品得失、令人信服的评论。有的评论写得很好，但是在发表时采用了笔名的形式，这种现象值得我们深思。我们抓艺术精品时，艺术评论是不可缺失的重要部分，如何改变艺术评论现状，需要我们认真思考。

（四）抓投入

抓投入是抓艺术创新的基础，没有经济的保障，艺术创新便难以进行。虽然经济投入与精品产生并非简单的正比关系，但随着时代的发展，舞台创作也提出了新的要求，不断加大投入是必须的。我们看到，各地文化厅局都在不断加大投入力度，但是四五百万的资金投入并不充裕，难以满足将文化发展作为国家发展重要战略部分、实现文化大发展大繁荣的时代要求。在加大资金投入方面，文化部一直与财政部保持着良好沟通，财政部也表现出很积极的态度。按照财务政策，文化专项资金必须按年度划拨、年底将统一收回余额部分，在这种情况下，有时候难免出现文化主管部门虽然认为该剧目尚未完全达到资金投放标准、但最终仍划拨资金的情况。针对这种情况，今后可能会采取类似基金会的形式，将创作资金的余额部分收回，部分资金接受包括个人在内的社会申请。

针对于大家普遍谈到的评奖问题，我们对评奖在繁荣艺术创作方面所起的积极作用是充分肯定的，但现在确实存在着评奖过多过滥的问题。试想，一个艺术院团在艺术创作之初便以评奖为目标，这势必对作品创作产生阻碍，也会使院团、文化管理部门疲于奔命，我们应该从这种情况中挣脱出来。对于如何改进评奖模式，文化部已经启动优秀保留剧目评选活动，第一届已经评出18台优秀保留剧目。这些优秀剧目入选条件的重要标准便是均须达到演出超过400场这一条件，这一评选条件表明，真正优秀的作品必须能够经受市场的考验，经得起时间和观众的检验。

抓规划、抓机制、抓队伍、抓投入，这四方面能抓好，就会有质量、有品牌、有市场、有效益。根据云山同志和蔡武部长的讲话精神，也是受了大家交流发言的启发，我是有感而谈，不当之处，请大家批评指正。

谢谢大家！

在全国文化市场监管工作视频会议上的讲话

文化部部长助理 丁 伟

（2009 年 11 月 27 日）

同志们：

下午好！很高兴在文化部视频会议主会场与文化市场管理战线的同事们进行交流。以视频会议的形式研究问题和部署工作，是文化市场管理实现科技化、网络化发展的具体体现，也是建立资源节约型社会的具体体现。希望在以后的工作中，我们能更充分地利用视频会议系统这个平台，与各级文化市场管理部门建立节约、高效、互动的工作机制。

2009 年以来，在部党组的领导下，文化市场管理工作以党的十七大精神为指导，以深入贯彻落实科学发展观，切实履行国务院对文化部的职责规定为重点，在推进文化市场综合执法改革，加强网络游戏、网络音乐和动漫的行业管理，完善演出、娱乐、艺术品市场体系，开展文化市场集中整治行动，切实加强文化市场监管等方面，取得了一定成绩，为新中国成立 60 周年大庆创造了和谐稳定的社会文化环境。下面，我就近期文化市场管理情况向大家作简要通报：

一、全面履行国务院赋予文化部的新职责，文化市场综合执法改革工作取得实质性进展

2008 年，在国务院办公厅印发的文化部新“三定”方案中，明确增加了文化部“协调拟定文化市场发展规划、政策和法规草案、主管动漫游戏以及指导文化市场综合执法的职责”和“对从事演艺活动的民办机构进行监管的职责”两项工作。为落实新“三定”方案，文化部与中央编办进行沟通，促成了《中央机构编制委员会办公室关于对文化部、广电总局、新闻出版总署〈“三定”规定〉中有关动漫、网络游戏和文化市场综合执法的部分条文的解释》（中央编办发〔2009〕35 号）的下发，进一步明确和理顺了三部局网络游戏、动漫、综合执法等领域的管理职能，并积极主动与相关部门做好职能交接工作。

今年 9 月，中央宣传部、中央编办、文化部、国家广电总局、新闻出版总署联合下发了《关于加快推进文化市场综合执法改革工作的意见》，明确要求组建统一的文化市场综合执法机构，建立健全统一的综合执法领导体制，确定了推进文化市场综合执法改革的时间表、路线图和任务书，标志着综合执法改革工作全面启动。为贯彻《意见》精神，文化部先后下发《关于加强文化市场综合执法指导工作的通知》、《关于加强文化市场综合执法制度建设的意见》、《2009 年全国文化市场行政执法（综合执法）考评细则》等一系列规范性文件，建立了文化市场综合执法的工作制度、激励制度和考评制度。

10 月 20 日，经中央领导同志批准，中央文化体制改革工作领导小组办公室在浙江省杭州市召开全国文化市场综合执法改革经验交流会，交流综合执法改革经验，全面部署加快推进综合执法改革工作。

二、进一步完善文化市场准入和退出制度，把好文化市场管理入口

建立规范完善的文化市场准入和退出机制，是文化市场管理的重要组成部分。在规范产品准入制度方面，今年以来文化部出台了《营业性演出管理条例实施细则》（文化部令第 47 号）、《第一批游戏游艺机市场准入机型机种指导目录》、《关于规范进口网络游戏产品内容审查申报工作的公告》、《文化部关于加强和改进网络音乐内容审查工作的通知》、《文化部、海关总署关于美术品进出口管理暂行规定》等部门规章和政策文件，在演出、进口电子游戏机、进口网络游戏和音乐、美术品进出口等领域建立了较为完善的内容审查标准和程序，初步实现网络音乐等文化产品的网上申报，把美术品进出口等部分行政许可项目委托到省级文化部门，提高了审批效率，简化了审批环节。这些规章制度也建立了相应的文化市场退出机制，如《营业性演出管理条例实施细则》中，明确了对于假唱等违规行为的监管和处罚。根据实施细则，我部督办了山东单县假唱案、四川温江假唱案、辽宁葫芦岛违法演出案；开展了第六批、第七批违法网络游戏查处工作，对百余家涉嫌违法网络游戏运营的企业立案查处。文化市场准入和退出机制，为文化市场管理提供了有力的政策支撑和重要抓手。

全国网吧监管平台建设顺利，中央监管平台和17个省份实现了互联互通，网吧监管总数日均达到71393家。“全国文化系统视频会议系统”已全面开通，文化市场管理的信息化水平明显提升。

三、以“调结构、扩内需、促就业、惠民生”为工作目标，大力促进文化市场繁荣

今年以来，我国面临着复杂的经济形势和环境，金融危机加快了我国经济结构调整的步伐，作为新兴服务业的重要组成部分，文化产业和旅游业必将在应对金融危机中发挥重要作用。为充分发挥文化带动旅游，旅游带动文化消费的作用，文化部和国家旅游局成立了文化旅游合作协调发展领导小组，9月8日，两部局联合印发了《关于促进文化与旅游结合发展的指导意见》，明确在旅游演出、非物质文化遗产展示、游戏游艺场所经营、工艺品（纪念品）开发、文化旅游市场推广、市场秩序整治、复合型人才培养等十大领域开展合作，并于2010年共同推出以“文化旅游、和谐共赢”为主题的“中国文化旅游主题年”系列活动。在资金支持、政策制定等方面，两部门也将加大协调与配合的力度，力争做到优势互补，实现“树形象、提品质、增效益”的合作目标。

此外，我部还印发了《文化部关于促进民营文艺表演团体发展的若干意见》、《网吧连锁企业认定管理办法》、《关于加强网络游戏虚拟货币管理工作的通知》等文件，举办了中国（天津）演艺博览会、实施中国现当代艺术推广计划、动漫展演扶持计划等活动，努力实现以行政管理为手段，调整市场结构，培育市场主体，以重大工程项目为抓手，带动文化消费热点，促进文化市场的健康发展。

四、开展文化市场集中整治行动，为新中国成立60周年创造和谐稳定的社会文化环境

今年以来，文化部相继开展了净化社会文化环境、整治互联网低俗之风、动漫市场、网吧市场等专项整治行动。据统计，2009年1～9月全国受理举报49467起；共处理网吧案件40450件，收缴电子游戏机、电路板等非法物品25841件，收缴非法书报刊953万册，收缴非法音像制品2841万余张（盘）。通过治理整顿，实现了“创建平安文化市场，促进社会和谐稳定”的工作目标，为新中国成立60周年创造了和谐稳定的社会文化环境。

同志们，这些成绩的取得，来自于全国各级文化市场管理工作者的共同努力，当然，文化市场管理工作仍存在不少突出问题，如何以新的思路解决好这些问题，稍后欧阳同志还要作重要讲话，希望大家结合各自情况，认真抓好贯彻落实工作。

文化工作综述

Cultural Wrap-up

中国文化年鉴

2009年是新世纪以来我国经济社会发展最为困难的一年，是全国人民共克时艰、经受严峻考验的一年，也是文化建设各项工作开拓进取、成效显著的一年。文化部在党中央、国务院的正确领导下，全面贯彻党的十七大和十七届三中、四中全会精神，深入贯彻落实科学发展观，以推动文化大发展大繁荣为目标，围绕中心，服务大局，准确把握当前新形势对文化工作带来的影响，明确思路，突出重点，进一步解放思想、砥砺奋进，圆满完成了党中央国务院交办的各项任务和年初既定的工作计划，各项工作取得了新进展。

一、加快公共文化服务体系建设，保障人民群众基本文化权益

2009年，文化部党组坚持贯彻落实以人为本的科学发展观，把加快构建覆盖城乡、惠及全民的公共文化服务体系作为体现政府基本职能的工作重点，积极协调发改委、财政等部门争取资金，加大投入，推进各项基础建设。

加快乡镇综合文化站建设。中央财政投入10亿元补助全国6000多个乡镇综合文化站建设项目。截至目前，共争取中央财政资金21亿元，完成规划总投资的53%，新建、改扩建1.2万个乡镇综合文化站。此外，还争取中央财政专项资金4.83亿元，为已建成的3586个乡镇综合文化站配备了文化共享工程设备和开展文化活动必需的设备器材，并新增加0.41亿元资金，为西部地区484个街道文化站和3112个乡镇综合文化站赠送电脑21200台，有效解决文化站“空壳”现象，提高服务群众的能力。颁布了《乡镇综合文化站管理办法》，为文化站的发展提供制度保障，对于加强和规范乡镇综合文化站管理将产生重要的作用。

加强县级图书馆、文化馆建设。2009年，争取县级两馆修缮专项资金3.03亿元，对全国面积未达标的县级两馆维修改造给予资金补助，解决面积狭小、设施落后等问题，使其具备良好的服务条件。

加强城市社区文化中心（文化活动室）建设。争取中央财政新设立设备购置专项资金10.59亿元，用5年时间对中西部地区2008年底前已建有文化设施的社区文化中心（社区文化活动室）设备购置进行补助，已安排资金2.59亿元，进一步完善城市社区文化基础设施功能，丰富城市居民文化生活。

继续推进全国文化信息资源共享工程。2009年，中央财政资金继续安排7.1亿元。目前，全国已建成各级中心和基层服务点75.7万个，拥有专兼职工作人员68万人，资源总量达73.91TB。其中县级支中心达到2814个，覆盖率96%；乡镇基层服务点15221个，覆盖率44%；村基层服务点457488个，覆盖率75%。

不断提高公共文化服务能力和水平。相继召开一系列现场经验交流会，以典型带动，推进公共文化服务体系建设。浙江台州大力实施“三个三”文化计划，着力建设农村、社区、企业三类文化俱乐部，举办“农民文化节”、“邻居文化节”、“企业文化节”三大文化节，建立“百分之一”文化计划共建机制、公益性文化项目政府采购制度、文化设施建设以奖代补机制3项文化制度，从网络设施、活动内容、制度保障3个方面搭建服务构架，建立起较为完善的公共文化服务体系，让人民群众共享文化发展成果。成都市调动各方积极性，卓有成效地推动城市社区文化中心建设，开展丰富多样的群众文化活动。深圳等地建设“城市街区24小时自助图书馆系统”，实现图书馆永不闭馆。嘉兴等地整合图书馆资源，以城带乡，推动建立和完善以县图书馆、乡镇综合文化站、村文化室为主体的农村公共图书馆服务网络，让广大农村群众享受与城市居民基本一致的阅读待遇。吉林等地采取总分馆和行业分馆等模式，通过建立跨系统的图书馆联盟，实现文献信息资源共建共享，提升服务水平和效率。辽宁等地依托广播电视“村村通”网络，传输文化共享工程信息资源，实现文化共享工程进村入户，让广大基层群众在家里通过电视机就能收看文化共享工程节目。以“部级领导干部历史文化讲座”为龙头，各级公共图书馆普遍开展讲座服务。进一步深化博物馆免费开放，研究提高免费开放工作的能力和水平。2009年，全国各级文化文物部门归口管理的公共博物馆、纪念馆中有1447家向社会免费开放。2009年，中央财政继续安排5000万元，为中西部基层剧团配备165辆流动舞台车，至此该工程2007年实施以来已配备804台，有效改善了基层剧团的演出条件。

积极争取中央财政加大投入。在有关部委的

支持下，2009年中央财政对地方各项文化工程投入总量达30.59亿元，比2008年增加8.92亿元，增长41.16%。“十一五”截止到2009年底，中央财政累计投入63.69亿元，已比“十五”增加55.58亿元，达6.85倍。在中央财政的支持下，基层文化设施建设力度加大，服务能力逐步增强，公共文化服务体系建设整体推进，取得明显成效。

推进重大文化设施建设项目。国家博物馆改扩建工程结构完成，9月底“复兴之路”基本陈列在改扩建后的国家博物馆顺利开展。中国国家话剧院剧场工程结构已全部完成。中国美术馆二期工程已报经国务院正式批准立项。中国非物质文化遗产展示馆暨中国工艺美术馆确定了项目选址，完成了项目建议书的编制。中央歌剧院剧场工程正在进行项目建议书的评审。中国国家画院扩建工程积极推进。

二、以庆祝新中国成立60周年为契机，大力促进艺术繁荣

坚持“二为”方向和“双百”方针，鼓励艺术院团坚持“三贴近”和文艺创作演出面向市场、面向观众，通过评奖、举办各类艺术活动，正确引导文艺创作，促进艺术创作持续繁荣。

组织举办系列重大文化活动，为祖国60华诞营造欢乐、喜庆的氛围。围绕庆祝新中国成立60周年，集中人才，集中力量，创作和加工复排了一大批优秀作品，以丰富多彩的艺术形式，大力唱响共产党好、社会主义好、改革开放好、伟大祖国好的时代主旋律。

为庆祝新中国成立60周年，根据中央的部署和要求，由文化部负责具体组织了大型音乐舞蹈史诗《复兴之路》的创排和演出。从创意到演出，历时近两年，汇集了全国优秀的文艺人才，全力打造了一部描绘历史画卷、高扬时代精神、富有艺术魅力的继大型音乐舞蹈史诗《东方红》之后的又一当代标志性的艺术精品。自9月20日在人民大会堂首演成功后，为社会各界代表连续演出16场，近10万各界群众观看了演出，反响强烈。9月28日晚，胡锦涛、江泽民、吴邦国、温家宝、贾庆林、李长春、习近平、李克强、贺国强、周永康等党和国家领导人，与首都各界群众5000多人一起观看了《复兴之路》。随后策划制作的国家大剧院版《复兴之路》，从2010年元月起，连续演出80场，进一步扩大这部优秀作品的影响。

庆祝中华人民共和国成立60周年献礼演出活动于2009年6月至10月在北京举行。来自全国各地包括台、港、澳地区在内的上万余名艺术工作者在首都各主要演出场馆演出110余台优秀剧（节）目近400余场，观众超过30万人次。社会反响强烈，营造了良好的国庆节日氛围。本次演出活动名家荟萃、异彩纷呈，既有优秀保留剧目，又有新创的献礼剧目，各主要艺术门类和少数民族艺术品种得到充分展示，台湾剧团首次参加献礼演出成为一大亮点。为了让广大人民群众共享艺术成果，在实行低票价的同时，还组织艺术家和艺术院团深入工厂、农村、部队、学校和社区开展了慰问演出，受到热烈欢迎。

“向祖国汇报——新中国美术60年”大型美术展览在中国美术馆举办，共展出名家名作687件，吸引观众近13万人次。该展览主题鲜明，亮点突出，是为祖国60华诞的史诗性巨献，也是60年来中国美术取得的丰硕成果的集中展示。“国家重大历史题材美术创作工程”经过近5年的创作，共评出104件入选作品，为国家留下了一笔宝贵的精神财富和物质财富，该展览在中国美术馆隆重举办，并免费向公众开放。在国家博物馆举办的“复兴之路”基本陈列自9月25日开展至11月30日第一阶段展览结束，以其丰富的内容、充足的文物、突出的艺术性、浓厚的氛围、精良的制作，吸引近30万观众参观。此外，编印了《祝福祖国——庆祝新中国成立60周年群众歌曲集》到群众中发放，受到普遍欢迎和好评。精心做好“辉煌六十年——中华人民共和国成立60周年成就展”文化单元的展览展示工作。还举办了第三届中国少年儿童合唱节、第11届中国老年合唱节、首届全国农民合唱大会等丰富多彩的群众性文化活动，表达社会各界群众对伟大祖国的热爱和祝福。

创新艺术管理手段，改进完善文艺评奖。开展首届优秀保留剧目大奖评选，18部经过时间和观众检验、久演不衰、深受广大观众喜爱的优秀作品获得“优秀保留剧目大奖”称号，在全国艺术院团和文化管理部门引起了强烈反响。继续实施国家舞台艺术精品工程（二期），举办第三届地方戏（南北片）优秀剧目展演、第六届儿童剧优秀剧目展演、“第八届全国舞蹈比赛”、“第一届全国青少年钢琴比赛”、“第九届‘桃李杯’舞蹈比赛”、“第九届全国青少年小提琴比赛”等。结合各项比赛和展演，改进完善文艺评奖工作，减少评奖数量，提高评奖质量，强化了评奖机制的激励和导向作用。

保护和扶持优秀传统艺术，做好艺术普及和下基层工作。继续实施《国家重点京剧院团保护和扶持规划》，资助11个国家重点京剧院团赴10余个国家和地区演出，并完成了333场进校园演出，成功举办第四届中国昆剧节和第五届中国昆曲国际学术研讨会。春节前后，中直院团深入地震灾区、农村贫困地区、革命老区、少数民族地区和厂矿企业慰问演出160余场，受到基层群众热烈欢迎。组织汶川地震一周年、西藏民主改革50周年慰问演出活动。继续深入大中小学校开展“高雅艺术进校园”活动，共为近20万学子演出154场，提高青少年学生的艺术修养。

三、以直属试点单位和国有文艺演出院团转企改制为重点，文化体制改革取得新突破

按照中央关于文化体制改革的总体部署和要求，加大力度，积极推进，改革步伐明显加快，改革成效不断显现。

国有文艺演出院团体制改革试点全面启动。会同中宣部联合下发了《关于深化国有文艺演出院团体制改革的若干意见》，国有院团体制改革工作全面启动，进展顺利，态势良好。全国共确定了172家试点院团，目前已有114家院团完成转企改制，其中中直院团1家、省级院团38家、省会城市院团28家、计划单列市院团6家、地市级院团21家、县区级院团20家。北京演艺集团公司、陕西省演艺集团公司、上海文广演艺集团公司等演艺集团相继成立，成为区域性龙头文化企业。

文化部直属试点单位转企改制取得突破性进展。推动中国东方歌舞团（国家歌舞团）、《中国文化报》、文化部文化市场发展中心、中国演出管理中心转企改制，组建中国东方演艺集团有限公司、中国文化传媒集团有限公司、中国动漫集团有限公司，并正式挂牌成立。根据中央关于新闻出版单位体制改革的要求，部属出版社转企改制工作扎实推进，启动了中国录音录像出版总社、文化艺术出版社、国图出版社、紫禁城出版社的转企改制工作。着手进行中国对外文化集团公司的公司制改造，建立现代法人治理结构，为下一步股份制改革夯实基础。

文化市场综合执法改革取得重要突破。与中宣部等部门联合下发《关于加快推进文化市场综合执法改革工作的意见》，确定了加快推进文化市场综合执法改革的时间表、路线图和任务书。召开全国文化市场综合执法改革经验交流会，交流综合执法改革经验，部署推进综合执法改革相关工作。目前，北京、上海、重庆、浙江、广东等省市基本完成改革任务；江苏、辽宁、河南、山西、吉林等省已对改革工作做出全面部署；其他地方的改革工作也在积极推进中。文化市场综合执法改革取得了实质性进展，科学的文化市场管理体制正在建立，机制体制、机构队伍、市场监管等方面出现了新变化、新气象。

四、积极应对国际金融危机，推动文化产业逆势上扬

2009年，面对国际金融危机的影响，在一系列政策、措施的推动下，文化产业逆势上扬，保持了较快的发展势头，并在一些关键环节取得突破性进展。

出台重大政策，助推文化产业快速发展。组织调研并起草了《当前形势下加快文化产业发展的对策报告》，为中央领导决策提供了重要的参考。国务院常务会议通过并颁布了《文化产业振兴规划》，标志着文化产业上升为国家的战略性产业，纳入到党和国家的重要工作目标。文化部积极贯彻落实国务院《文化产业振兴规划》，及时下发《关于加快文化产业发展的指导意见》和《文化产业投资指导目录》，对振兴文化产业进行总体部署，提出了文化产业的10个发展方向和发展重点、10项主要任务和10条保障措施，对社会资本进入文化产业进行了积极引导和规范，得到了社会的广泛认可。《规划》和《指导意见》的出台，为文化产业的发展提供了有力的政策支撑。

着力突破文化产业融资难的瓶颈。联合相关部门共同研究出台《关于金融支持文化出口的指导意见》，成立“金融支持文化产业发展跨部门工作小组”。文化部与中国进出口银行、中国银行分别签订了《关于扶持培育文化出口重点企业、重点项目的合作协议》和《支持文化产业发展战略合作协议》，借助金融机构的资金优势，建立健全文化产业投融资体系，支持文化企业发展。深圳华强集团、中国对外文化集团公司也分别与两家银行签订了战略合作协议，上海城市舞蹈团、杭州宋城、俏佳人传媒、黑龙江冰雕等47个项目已被银行受理，申贷总额近80亿元，有些项目已开始放款，并享受优惠利率。

大力推动动漫产业发展。中央编办进一步明确了文化部的动漫产业管理职能，为推动动漫发展提供了有力的保证。发挥地方政府积极性，文化部会同天津市人民政府、北京市人民政府启动建设国家动漫产业综合示范园和中国动漫游戏城。开展动漫企业认定工作，积极推动财政部、国家税务总局发布《关于扶持动漫产业发展有关税收政策问题的通知》，明确了对经认定的动漫企业在增值税、企业所得税、营业税、进口关税、进口环节增值税等税种上的优惠政策。实施“原创动漫扶持计划”和“原创动漫推广计划”，向“原创动漫扶持计划”（2008）确定的101个项目单位拨付扶持资金，用于提高作品质量、扩大作品传播，先后在深圳、上海、天津、贵阳、拉萨、南昌、北京等地向公众集中展示这些优秀原创动漫作品。组织国内数十家动漫企业赴日本参加东京国际动漫展，签约金额与合作意向近1亿元人民币。加强动漫游戏会展、交易、节庆等活动管理，成功举办首届中国动漫艺术大展、第四届中国原创手机动漫大赛。

抓住重要环节，引导产业发展。积极推动文化产权交易平台试点，借力已挂牌的上海、深圳文化产权交易所等专业机构，设计文化产业的无形资产评估、抵质押和交易体系，搭建公共服务平台，推进文化产权交易。积极推动对外文化贸易，探索中外政府间和民间文化产业合作的新模式，努力向外推介我国的文化企业和文化产品，搭建“走出去”的平台。发挥政府资金的导向作用，对2008年度国家重点出口文化企业进行奖励，全国文化系统共接受奖励2250万元，极大地调动了文化企业走出去的积极性。加强对国家文化产业示范基地和园区的管理工作，起草《国家级文化产业示范园区管理办法》。成功举办第五届中国（深圳）国际文化产业博览交易会和第四届北京国际文化创意产业博览会。本届深圳文博会尽管受国际金融危机影响，但展会规模和交易量逆市增长，创下了历史最好成绩，总成交880.69亿元，比上届增加178.37亿元，增长25.4%。与上届相比，本届北京文博会签约项目的内容和结构发生了可喜的变化，直接投资于影视制作、动漫游戏、演艺娱乐、数字内容等领域的产业合作项目大幅度提高，银企合作活跃，现场小额交易频繁，规模快速上升，彰显文博会的贸易平台和产业带动作用。

五、管理和繁荣并举，促进文化市场健康发展

进一步加强管理，努力创建平安文化市场。完善法规制度，依法加强管理。大力推动实施新修订的《营业性演出管理条例实施细则》，与有关部门联合印发《关于加强网络游戏虚拟货币管理工作的通知》，从行政管理角度规范网络游戏虚拟货币的发行、使用、交易等行为，制定进口电子游戏机型机种审查标准，规范进口网络游戏产品内容审查申报工作，完善网络游戏进口审查和国产备案的报审系统。运用计算机网络技术，提高文化市场管理水平。建设网络音乐内容审查平台和数据库系统，初步实现进口网络文化内容审查网络审批。积极推进全国网吧监管平台建设，中央监管平台已与22个省级网吧监管平台实现了互联互通，网吧监管总数日均达到8.1万家。加大执法力度，打击违法行为。开展了第六批、第七批违法网络游戏查处工作，对百余家涉嫌违法网络游戏运营的企业立案查处。针对互联网低俗之风、非法演出和假唱以及动漫市场、网吧市场、娱乐市场、网络游戏中存在的违法行为，召开全国电视电话会议，做出专门部署清理整顿工作，取得显著成效，促进了文化市场健康发展。据统计，2009年1～10月全国受理举报5.43万起，共办结网吧案件3.93万件，收缴非法物品4660万件，其中非法音像制品3057万余张（盘），实现了“创建平安文化市场，促进社会和谐稳定”的工作目标。

积极培育市场主体，促进市场繁荣发展。印发《文化部关于促进民营文艺表演团体发展的若干意见》，在积极争取设立民营文艺表演团体专项扶持资金、政府采购、提供演出场地和器材、简化审批手续、人才培养和表彰奖励等方面提出了切实可行的措施；制定《网吧连锁企业认定管理办法》，采取税收优惠等政策扶持，稳步推进

网吧连锁企业发展，激励网吧市场的整合与提升；与国家旅游局联合印发《关于促进文化与旅游结合发展的指导意见》，加强文化与旅游的结合和合作，以文化提升旅游市场，以旅游带动文化消费。举办（天津）演艺博览会、网络文化博览会、实施中国现当代艺术推广计划、动漫展演扶持计划等活动，以重大工程项目整合企业资源，提升中国文化产品在国际市场中的地位和竞争力，同时带动文化消费热点，扩大内需。

六、更新理念，拓展领域，推进文博事业发展

第三次全国文物普查稳步推进。全国实地文物调查启动率为99.7%，完成率为95.8%，全国共调查登记不可移动文物89.2万处，其中新发现65.17万处，复查24.03万处。工业遗产、20世纪遗产、乡土建筑、文化景观等新型文化遗产在普查中得到充分重视，水下文物普查取得阶段性成果。并以此次普查为契机，积极探索普查成果的转化和应用工作，把普查成果与基本建设、城乡规划、旧城改造、新农村建设相衔接，使普查成果最大限度地服务于社会各项事业，惠及民众生活。

重大文物保护项目进展顺利。西藏三大文物保护工程顺利竣工，山西南部早期建筑维修工程有序开展，应县木塔监测系统、现状信息采集系统均已建成，全面养护工程顺利进行。昙石山遗址、福州三坊七巷、施琅宅祠墓等涉台文物保护工程扎实开展。

考古和大遗址保护工作稳步开展。南水北调东、中线初设阶段文物保护方案业经批复。水下考古机构建设取得进展，国家水下文化遗产保护中心正式挂牌成立，“南海Ⅰ号”、“华光礁Ⅰ号”、“南澳Ⅰ号”等水下考古和文物保护工作有序开展。从推动区域社会、经济全面发展出发，调动地方政府参与大遗址保护工作的积极性，形成了《良渚共识》和《洛阳宣言》，大遗址保护工作顺利推进。探索建设“国家考古遗址公园”，制定《国家考古遗址公园管理办法》和《国家考古遗址公园评定细则》。良渚、牛河梁等考古遗址公园建设工作陆续启动。

震后文化遗产抢救保护全面实施。截至2009年10月，灾后文物抢救保护项目资金到位22亿元，灾后文化遗产项目储备工作及开工工程进展顺利。已编制、评审极重灾区各类文物保护工程方案170多个；完成文物保护单位抢救维修保护项目储备100项，占国家规划项目153项的65.36%。茂县羌族博物馆新馆建设工程等56个灾后文物抢救保护项目已开工，完成不可移动文物修复工程12个，到2009年底灾后文物抢救保护工程开工率将达到60%。

世界遗产保护事业扎实推进。五台山作为文化景观列入《世界遗产名录》，目前我国已有38处世界遗产，位居世界第三。嵩山历史建筑群、杭州西湖、丝绸之路、大运河保护、元上都遗址、云南红河哈尼梯田等项目申报世界遗产工作扎实推进。

博物馆事业不断发展。中国文字博物馆正式开馆。完成二三级博物馆评估定级工作，公布国家二级博物馆171个、国家三级博物馆288个，目前，国家一二三级博物馆共542个，约占全国博物馆总数2900家的1/5。开展第八届全国博物馆十大陈列展览精品评选。启动中央地方共建国家级重点博物馆工作，扶持一批代表中华民族历史文明的重要博物馆。推动民办博物馆建设，目前，我国登记注册的民办博物馆有386个，占全国博物馆总数的13.3%，成为我国博物馆体系的重要组成部分。

中华古籍保护计划和中华再造善本工程继续实施，公布了第二批国家珍贵古籍名录名单4478部，第二批全国古籍重点保护单位62家。启动实施了西藏古籍保护工作。

七、明确目标，积极推进，非物质文化遗产保护取得成效

2009年，经国务院批准，文化部正式成立非物质文化遗产司，各地的非遗保护机构和队伍也逐步建立健全，各项非遗保护工作有力推进，取得可喜进展。

普查工作基本结束。首次全国非物质文化遗产普查工作基本完成，各地参与普查工作人员76万人次，走访民间艺人86万人次，参与民众达上千万人次，收集珍贵实物和资料26万多件，掌握非物质文化遗产资源总量近56万项，出版非物质文化遗产普查资料汇编1500多种（类）。

名录体系初步建立。完成第三批国家级非物

质文化遗产项目申报工作。认定公布了三批国家级非物质文化遗产项目代表性传承人共1488名。国家、省、市、县四级名录体系初步建立。2009年，中央财政投入2.73亿元，对国家级名录项目及代表性传承人开展传习活动给予补助。

文化生态保护区建设稳步推进。为推动非物质文化遗产整体性保护，加强文化生态保护区建设，指导起草了《关于加强文化生态保护区建设工作的意见》和《国家级文化生态保护区申报暂行办法》。

基础设施建设不断加强。目前，全国共建立非物质文化遗产博物馆424个、展厅96个，民俗博物馆179个，传习所1216个。并起草了《关于加强非物质文化遗产基础实施建设的意见》和《非物质文化遗产博物馆建设与管理暂行办法》，以加强建设规范管理。

提高全民的保护意识。元宵节期间成功举办了中国非物质文化遗产传统技艺大展，展示非物质文化遗产传统技艺项目的重要价值和独特魅力，推动了生产性保护工作的开展，为非物质文化遗产注入新的活力。围绕新中国成立60周年、中华民族传统节日和“文化遗产日”，开展丰富多彩的非物质文化遗产展演活动。第二届中国（成都）国际非物质文化遗产节如期举办，活动多达300多项，13个国家的130多个代表团参加了相关活动。组织“中国非物质文化遗产展演——少数民族传统音乐舞蹈专场”等活动。

非遗申报工作成绩显著。2009年9月，在联合国教科文组织保护非物质文化遗产政府间委员会第四次会议上，我国的“羌年”、“黎族传统纺染织绣技艺”和“中国木拱桥传统营造技艺”等3项被列入联合国教科文组织公布的“急需保护的非物质文化遗产名录”；“中国书法”、“中国篆刻”、“中国剪纸”等22项列入“人类非物质文化遗产代表作名录”。目前，我国列入“代表作名录”的项目总数达到26项，居世界第一。积极争取联合国教科文组织支持，获准建立了亚太地区非物质文化遗产保护中心。

“十部文艺集成志书”编纂工作圆满收官。历时30年，近5亿字、298部、400册省卷的“十部文艺集成志书”全部出版，举办了成果展览、学术研讨会以及专场民间艺术演出等系列活动。

清史纂修工作进展顺利。主体部分中通纪、典志、传记、史表分别已完成初稿50%、40%、60%、70%，审改工作正式启动，档案文献收集、整理、出版、网络数字化建设工作稳步推进。

八、推进文化创新，强化科技支撑

积极探索创新理念对文化建设的推动作用。圆满完成第三届文化部创新奖评审工作，共有129个项目参评，涉及文物保护和“非遗传承”、博物馆和图书馆建设与服务、社会文化服务和文化市场管理、体制机制改革和艺术人才培养等文化工作的各个方面。“中国盲人数字图书馆网站建设”等20个项目获得了文化部创新奖，其中《徽州文化生态保护的创新与实践》荣获特等奖。正式启动国家文化创新工程，将武汉大学作为文化创新工程研究基地，下达了《新兴城市文化建设中的科技自觉》等2009年度“国家文化创新工程”7个项目任务书。出版发行《文化创新蓝皮书——中国文化创新报告》。

充分发挥高新科技对文化建设的支撑作用。重新启动科技创新项目立项，极大鼓舞了各地文化科技工作者、文化企业的积极性，从全国申报的108个项目中遴选出30个项目作为2009年度文化科技创新项目。对部级科技项目《城市街区24小时自助图书馆系统》组织专家进行验收。图书馆自动化集成系统（ILAS）Ⅲ正式投入使用，截至目前，全国已有3000余家图书馆使用ILAS系统，惠及亿万读者。

针对现实需要，加强文艺科学理论研究。完成“2009年度国家社科基金艺术学项目”评审立项工作，“昆曲口述史”等基础性研究项目和“基层文化体制改革与农村公共文化服务体系建设的政策与路径研究”等当前急需的现实性研究项目，共计102项课题入选立项。完成文艺科学部级课题评审立项工作，“文化体制改革与中国边疆安全”等41个课题获准立项。

努力拓展艺术教育工作，规范社会艺术水平考级。加强对艺术职业院校及共建院校的指导工作，组织对艺术学现状进行调研并经专家论证，形成了《文化部关于“艺术学”提升为高等教育学科门类的意见》，已上报国务院学位办。成立全国社会艺术水平考级服务标准技术委员会，审定《社会艺术水平考级备案管理规范》，为考级规范化管理奠定了基础。对涉外考级工作进行调研，着手制定《涉外考级试点管理办法》。

九、完善协调机制，整合各方资源，对外及对港澳台文化交流工作全面提升

对外文化工作整体格局基本形成。提出了统筹协调中央和地方、政府和民间、国内和国外的文化资源，形成“一盘棋”的工作思路，在中央层面建立“对外文化工作部际联席会议”；文化部与地方互动工作机制基本成熟，为加强与地方文化厅局交流沟通、促进全国对外文化资源进一步整合提供了高效的工作平台。加强对全国地方对外文化工作的领导和指导，将地方对外文化工作纳入国家整体对外文化工作的大格局。对各部门资源进行整合，以大文化概念开展大型文化交流活动，形成合力，扩大影响。

有重点地开展对外文化交流。积极配合国家领导人出访活动和外国领导人访华活动，以及纪念中美建交30周年、中俄建交60周年、中朝建交60周年以及上合组织元首峰会、亚欧首脑峰会、中日韩领导人会议等重大双边、多边活动举办了一系列文化活动，得到中央领导高度重视和社会的广泛关注。成功举办了欧罗巴利亚中国艺术节、纽约卡内基“古今回响——中国文化盛宴”艺术节、中朝友好年、日本中国文化节、中泰一家亲、尼泊尔中国节、东欧五国中国文化节、阿拉伯海湾中国艺术节等大型文化交流活动。创新工作方式，积极做好与美国主要联邦文化机构新任领导人的工作，巩固和加强了双方的合作关系，认真落实双方合作开展的各个文化交流项目。着眼未来，做好对欧盟官方交流，开启了首次中欧文化政策对话，确定了今后中欧文化交流的重点领域。落实亚欧首脑会议和温家宝总理向国际社会所做的承诺，在北京成功举办首届亚欧文化艺术节。在对发展中国家的文化交流中，创新工作方式，以“2009中国文化聚焦”活动整合文化资源，完成了与非洲20多个国家的双边文化交流执行计划。适应对方所需，采取灵活务实工作方式，加强了人力资源培训、小额援助等方面的工作，开办“阿拉伯国家文化艺术人才培养高级研修班”，实施“非洲文化人士访问计划”等，丰富了交流手段，拓展了合作途径，取得良好效果。不断创新打造“相约北京”联欢活动、北京国际音乐节、中国上海国际艺术节、吴桥国际杂技艺术节、亚洲艺术节和“欢乐春节”等在国内和国外举办的文化交流品牌，全面展示中国的文化形象，扩大对外文化贸易，取得政治、外交、社会、文化和经济的综合效应。

海外中国文化中心作用日益凸显。在积极面向驻在国民众推介中国文化的同时，利用高访、节庆等时机，有效开展系列文化活动，不断扩大中华文化的影响，成效显著。2009年，文化中心成功配合我重大国事活动达10次之多。胡锦涛、温家宝、李长春、习近平等党和国家领导人分别视察了我驻外文化中心，对我驻外文化中心的工作给予充分肯定，极大促进了海外中国文化中心的建设。东京中国文化中心成立，我驻外文化中心已达8个。与俄罗斯签订互设文化中心协议，与罗马尼亚、新加坡签署设立文化中心的谅解备忘录，在墨西哥、泰国、蒙古、西班牙设立文化中心的工作也取得重要进展。

对台文化工作取得突破性进展。实现自两岸交流以来文化主管部门直接对话，达成11项共识及11项近期交流项目，形成了两岸官方共同支持和推动两岸文化交流的良性格局。两岸故宫博物院院长实现互访，60年来首次合作在台北故宫博物院举办“雍正展——清世宗文物大展”。贯彻中央关于加强做台湾中南部地区民众工作的精神，在台湾中南部地区成功举办一系列面向基层民众的文化交流活动。还赴台举办“守望精神家园——第一届两岸非物质文化遗产月”、“国风——中华非物质文化遗产专场演出”和迄今为止规模最大的“海峡两岸当代艺术展”等多项大型两岸文化交流活动，引起岛内各界热烈反响。“情系长安——两岸文化联谊行”、“海峡两岸民间艺术节”、“两岸文博会”等对台文化品牌的影响力日益扩大，增强台湾同胞对中华民族、中华文化的归属感。

对港澳文化工作不断深入。进一步推进内地与港澳特区的文化交流与合作，实现优势互补，派团参加第37届香港艺术节，协助香港成功举办第10届“香江明月夜”大型音乐会。积极配合澳门特区政府举办庆祝澳门回归祖国10周年大型演出活动，在澳门成功举办“雪域风情——藏族非物质文化遗产精粹展”。加大对港澳青少年的工作力度，来自12所港澳高校的百余名大学生在国家图书馆等11家文博机构实习；在香港6所高校举办“国粹香江校园行”活动，增强了港澳同胞的国家意识和文化认同。

十、深入贯彻落实科学发展观，切实转变政府职能，大力加强机关建设

2009年以来，文化部党组按照中央的统一部署，高度重视学习实践科学发展观活动和学习贯彻党的十七届四中全会精神，并以此为契机，坚持以科学发展观统领文化建设全局，按照建设法治政府和服务型政府的要求，切实转变政府职能，加强机关科学化、规范化管理，努力实现由办文化为主向管文化为主转变、由管微观为主向管宏观为主转变、由主要面向直属单位向面向全社会转变。通过学习实践活动，文化部系统广大党员干部接受了一次系统的、全面的科学发展观教育，进一步加深了对科学发展观的理解，明确了文化工作实现科学发展的思路，形成了文化领域推动科学发展的共识，进一步增强了贯彻落实科学发展观的自觉性和坚定性，提高了推动文化发展、服务文化发展的能力。此外，文化类新社会组织学习科学发展观活动有序推进。

为落实学习实践活动整改方案，部党组以作风建设和干部队伍建设为重点，大力加强机关建设。2009年3月，印发了《关于学习实践科学发展观，进一步加强机关作风建设的通知》，从遵守行为规范、严肃工作纪律、精简会议活动、加强公文管理等具体事项，提出明确要求，把作风建设落到实处，推动机关提高工作质量和效率，使机关的作风和干部的精神面貌有了明显改变。按照管行业就要管作风的要求，7月制定印发了《文化部关于加强行业作风建设的意见》，召开了行业作风建设工作会议，对文化部行业作风建设作出部署，努力以优良的政风、行风推动文化大发展大繁荣。

针对部机关和直属单位领导班子和干部队伍中存在的突出问题，在广泛听取各方面意见的基础上，2009年，部党组分5批对部系统司局级领导班子和机关处级领导干部进行了集中调整补充，机关15个司局有11个司局的一把手进行了轮岗交流，机关和直属单位有44名司局级干部平级交流使用，干部交流力度之大前所未有。与此同时，还选拔任命一批司局级和处级领导干部，较好地解决了机关和直属单位领导班子和干部队伍中存在的主要问题，得到了广大干部群众的认可和支持。在干部选拔任用过程中，坚持“德才兼备、以德为先”的原则，按照《干部选拔任用条例》，把握正确的用人导向，不让干事的人吃亏，不让老实人吃亏，树立新风正气，调动了干部的积极性，增加了队伍的凝聚力和战斗力。

2009年，文化部还切实加强部直属机关党的建设，召开了中国共产党文化部直属机关第八次代表大会，明确当前和今后一个时期文化部机关党建工作的目标和任务，选举产生了新一届中共文化部直属机关委员会和纪律检查委员会。认真贯彻落实党的十七届四中全会精神和全国机关党的建设工作会议精神，加强思想建设和组织建设。整体推进文化系统惩治和预防腐败体系建设，大力加强反腐倡廉教育和廉政文化建设。重新修订了《文化部党风廉政建设责任制》，制定下发《中共文化部党组巡视工作办法（试行）》和《文化部党组行政问责暂行规定》。与中纪委、监察部共同举办全国廉政文化大型绘画书法展，受到社会各界一致好评。切实加强对人、财、物、基建项目、文艺评审评奖活动等重要部门、重点领域和关键环节的监督。党风廉政建设和反腐败工作成效显著，文化系统反腐倡廉建设的经验还得到了中纪委高度评价，在全系统形成了风清气正、和谐向上的良好风貌。

中国文化年鉴

Chinese Culture Yearbook

文化政策法规

Cultural Policies and Regulations

文化政策综述

2009年，是举国同庆新中国60华诞、欢乐祥和的一年，也是新世纪以来我国经济发展最为困难的一年，文化建设面临着新的机遇与挑战。作为文化建设的有力支撑，文化政策工作稳步推进，在文化遗产保护、文化产业发展、文化市场管理等方面取得了可喜突破。

一、“十二五”时期文化发展重大战略研究

为了进一步总结新时期文化发展的规律，明确新时期文化建设的发展战略、基本思路和主要目标，文化部积极开展规划研究，启动了“十二五”文化发展规划预研究工作。在对“十一五”文化发展规划执行情况进行检查评估的基础上，深刻分析“十一五”文化发展规划执行、规划取得的成效和存在的问题及原因，并就“十二五”期间文化工作各领域的发展思路、目标任务、重大工程，规划编制的宏观理念、战略思考、编制技术和指标体系等重要问题进行了初步研究，形成了初步框架。

二、公共文化服务体系建设政策的研究与制定

公共文化服务体系建设是保障公民基本文化权益的重要途径。为促进公共文化服务体系建设，文化部门从加强文献信息资源共建共享服务、贯彻实施有关规章等方面制定公共文化政策。

为促进文化、教育、科技系统文献信息资源共建共享，更好地服务基层，服务群众，切实保障人民群众基本文化权益，文化部会同教育部、科技部于2009年3月联合下发了《关于进一步加强文献信息资源共建共享服务基层的意见》（文社文发〔2009〕10号）。《意见》要求充分认识文献信息资源共建共享的重要意义，大力开展跨系统文献信息资源共建共享，更好地服务于基层和广大社会公众，并要求加强领导，建立健全文献信息资源共建共享的长效机制。为了使文化部8月发布的《乡镇综合文化站管理办法》得到有效落实，10月，文化部办公厅下发《关于贯彻实施〈乡镇综合文化站管理办法〉有关事项的通知》，要求将学习、宣传《办法》纳入基层文化队伍培训计划，作为文化站长培训的一项重要内容，加强《办法》的宣传工作，根据本地实际加紧制定本地加强乡镇综合文化站建设的政策法规，并按照《办法》和有关农村文化建设、公共文化服务体系建设相关政策法规，开展自查自纠工作。

三、文化遗产保护政策的研究与制定

加强文化遗产保护是凝聚民族精神、提高国家文化软实力的有效手段。为了加强文化遗产保护，有关部门在文物、非物质文化遗产、古籍保护等方面出台了有关政策。

为了加强文物保护工作，国家文物局于2009年12月下发了《国家文物局关于印发〈国家考古遗址公园管理办法（试行）〉的通知》（文物保发〔2009〕44号）、《关于贯彻实施〈文物认定管理暂行办法〉的指导意见》（文物政发〔2009〕45号）。其中，《国家文物局关于印发〈国家考古遗址公园管理办法（试行）〉的通知》对考古遗址的保护、展示与利用，考古遗址公园的建设和管理进行了规范。《办法》规定，国家文物局负责国家考古遗址公园的评定管理工作，省级文物行政部门负责本行政区域内国家考古遗址公园的监督管理工作，遗址所在地县级以上人民政府负责国家考古遗址公园建设和运营的组织实施。国家考古遗址公园的立项申请由遗址所在地县级以上人民政府提出，经省级文物行政部门初审同意后，报国家文物局，并规定了申请条件、需要申报的材料和国家考古遗址公园管理机构须履行的职责等。《关于贯彻实施〈文物认定管理暂行办法〉的指导意见》对文物认定的标准、认定的机构和人员、认定工作的经费、认定工作的程序、认定申请书的内容、以及听取公众意见和馆藏文物备案等问题做了详细规定。

为进一步规范和加强国家非物质文化遗产保护中央补助地方专项资金的管理与使用，提高资金使用效益，12月，文化部办公厅下发《关于加强国家非物质文化遗产保护中央补助地方专项资金使用与管理的通知》（办财务发〔2009〕21号）。《通知》要求进一步明确中央补助地方专项资金的使用范围，统筹考虑，合理安排，做好中央补助地方专项资金的申报工作，加强中央补助地方专项资金的管理、监督和检查，建立中央补助地方专项资金使用与管理情况年报制度。

为了推动古籍保护工作，国务院于6月发布《关于公布第二批国家珍贵古籍名录和第二批全国

古籍重点保护单位名单的通知》（国发〔2009〕28号）。《通知》要求，各地区、各部门要继续贯彻“保护为主、抢救第一、合理利用、加强管理”的指导方针，认真总结经验，切实加大工作力度，进一步做好珍贵古籍的保护、管理和合理利用工作。为贯彻落实《国务院办公厅关于进一步加强古籍保护工作的意见》（国办发〔2007〕6号）和《国务院关于进一步繁荣和发展少数民族文化事业的若干意见》（国发〔2009〕29号）精神，加强西藏自治区古籍保护工作，弘扬中华优秀传统文化，促进西藏自治区经济、社会协调发展，根据西藏自治区古籍保护工作的需要，9月，文化部、教育部、科技部、国家民委、新闻出版总署、宗教局、文物局、中医药局联合下发《关于支持西藏古籍保护工作的通知》（文社文发〔2009〕44号）。《通知》要求，要认真按照中央关于援藏工作的分工，根据《方案》要求，进一步明确责任，在人员、经费、物资和信息交流以及技术支援等方面，加强对西藏自治区古籍保护工作的对口支援，切实加大对西藏自治区古籍保护工作的支持力度，努力促进西藏文化事业的大发展大繁荣。

四、文化产业发展政策的研究与制定

在国际金融危机的背景下，文化产业的优势逐渐凸现。国家对文化产业工作高度重视，在总体规划、投融资扶持、发展新兴产业、推动文化与旅游结合、鼓励文化企业走出去等方面出台了一系列推动文化产业发展的政策性文件。

为贯彻落实党的十七大关于加快振兴文化产业的精神，结合当前应对国际金融危机的新形势和文化领域改革发展的迫切需要，2009年9月，国务院颁布了《文化产业振兴规划》。这是我国第一部文化产业专项规划，也是继钢铁、汽车、纺织、装备制造、船舶、电子信息等十大产业振兴规划之后，国务院确定的第11个产业振兴规划，标志着文化产业上升为国家重要战略产业。《文化产业振兴规划》确定了新形势下文化产业发展的指导思想、基本原则、目标任务、重点项目和扶持政策，提出了发展重点文化产业、实施重大项目带动战略、培育骨干文化企业、加快文化产业园区和基地建设、扩大文化消费、建设现代文化市场体系、发展新兴文化业态、扩大对外文化贸易等8项重点任务，对于加快推进文化产业发展具有重要指导意义。

为了贯彻落实《国家“十一五”时期文化发展规划纲要》和《文化产业振兴规划》，9月，文化部下发《关于加快文化产业发展的指导意见》（文产发〔2009〕36号）。《意见》指出，当前，文化产业正面临重要的发展机遇，文化行政部门必须抓住机遇，迎难而上，锐意进取，有所作为，推动文化产业又好又快发展。《意见》提出了加快文化产业发展的指导思想、基本原则和主要目标，并要求在演艺业、动漫业、文化娱乐业、游戏业、文化会展业、文化旅游业、艺术品和工艺美术、艺术创意和设计、网络文化、文化产品数字制作与相关服务等方向重点发展。《意见》还要求深化文化体制改革，鼓励非公有资本进入文化产业，培育骨干文化企业，不断延伸文化产业链，建设现代文化产业基地和园区，实施重大项目带动战略，建设现代文化市场体系，建立健全文化产业投融资体系，运用高新科技促进文化产业升级，大力推动对外文化贸易为主要任务，并加强完善文化产业发展的保障措施。

为贯彻落实《文化产业振兴规划》关于积极吸收社会资本进入文化产业领域的要求，方便国内投资主体了解文化产业发展方向，文化部于9月下发《关于制定〈文化部文化产业投资指导目录〉的公告》。《目录》对投资主体的界定、分类原则、文化产业投资的有关要求等进行了明确规定。为拓展文化产业的融资渠道，促进我国文化贸易快速发展，扶持培育壮大文化企业，打造一批具有国际竞争力和核心竞争力的文化企业和重点项目，提升中国文化产品和服务在国际市场的竞争力，4月，商务部、文化部、广电总局、新闻出版总署、中国进出口银行联合下发《关于金融支持文化出口的指导意见》。文件要求，要按照“各部门组织推荐，进出口银行独立审贷”的原则，发挥中央有关部委与地方主管部门的政策优势和组织优势，以及进出口银行总行与各营业机构的市场优势和资金优势，共同搭建文化、金融合作平台，以支持文化企业和项目“走出去”为重点，将支持文化产业“走出去”与“引进来”相结合，全面支持文化贸易发展。

为促进我国动漫产业健康快速发展，增强动漫产业的自主创新能力，7月，财政部、国家税务总局联合下发《关于扶持动漫产业发展有关税收政策问题的通知》（财税〔2009〕65号）。《通知》就扶持动漫产业发展中有关增值税、企业所得税、营业税、进口关税和进口环节增值税等一系列问题进行了规定。为贯彻落实《动漫企业认定管理办法（试行）》（文市发〔2008〕51号），做好动漫企业认定管理工作，确保动漫企业认定工作顺利推进，推动我国动漫产业的健康快速发展，6月，文化部、财政部、国家税务总局联合下发《关于实施〈动漫企业认定管理办法〉（试行）有关问题的通知》（文产发〔2009〕18号）。《通知》要求，尽快建立健全工作机制，加快认定进程，严格把握认定标准，规定了动漫企业认定年审受理申请时间等。12月，文化部、财政部、国家税务总局联合下发《关于公布2009年第一批通过认定的动漫企业名单的通知》（文产函〔2009〕2621号），根据《动漫企业认定管理办法（试行）》的有关规定，经审核，公布2009年第一批通过认定的动漫企业名单。要求认真做好"动漫企业证书"的发放工作，按照规定对通过认定的动漫企业进行监督检查和年审，督促动漫企业自觉遵守国家有关法律、法规和政策，进一步建立高效、便捷的认定工作机制，推动动漫产业发展。

为落实中央扩大内需的战略部署，推进文化与旅游协调发展，满足人民群众日益增长的文化消费需求，文化部、国家旅游局于8月联合下发《关于促进文化与旅游结合发展的指导意见》（文市发〔2009〕34号）。《意见》提出，要高度重视文化与旅游的结合发展，以打造文化旅游系列活动品牌；打造高品质旅游演艺产品；利用非物质文化遗产资源优势，开发文化旅游产品；实施品牌引领战略，引导文化旅游产品开展品牌化经营；鼓励主题公园、旅游度假区设立连锁网吧、游戏游艺场所；举办文化旅游项目推介洽谈会，推动文化旅游企业开展合作；深度开发文化旅游工艺品（纪念品）；加强文化旅游产品的市场推广；积极培育文化旅游人才；规范文化旅游市场经营秩序。《意见》要求在当地党委和政府的领导下，结合本地工作实际，抓紧制定具体办法，精心组织，周密部署，扎实推进，确保各项政策措施落到实处。要加强统筹、分工协作，进一步完善文化旅游合作机制，积极探索推进文化旅游协作的新方法、新思路、新途径，不断开创文化旅游工作的新局面。

为培育我国文化产业骨干企业，鼓励和支持文化企业参与国际竞争，扩大文化产品和服务出口，增强中华文化的国际影响力，11月，商务部、文化部、广电总局、新闻出版总署联合发布《2009～2010年度国家文化出口重点企业目录》（中华人民共和国商务部、中华人民共和国文化部、国家广播电影电视总局、国家新闻出版总署公告2009年第89号），对138家国家文化出口重点企业进行了公告。

五、规范文化市场发展政策的研究与制定

为从根本上促进文化市场健康有序发展，有关部门从净化未成年人成长的社会环境、加强不同领域市场管理、提高执法水平等方面制定了一系列政策。

为进一步落实《中华人民共和国未成年人保护法》，深入贯彻《中共中央、国务院关于进一步加强和改进未成年人思想道德建设的若干意见》，保护未成年人合法权益，促进未成年人健康成长，2009年1月，中办、国办发布了《关于进一步净化社会文化环境促进未成年人健康成长的若干意见》（中办发〔2009〕6号）。《意见》指出了净化社会文化环境工作的重要性、总体要求和原则，要求加大网吧管理力度，着力优化网络环境，大力净化荧屏声频，进一步整治出版物市场和校园周边环境，努力为未成年人提供更多更好的精神文化产品和文化服务，并切实加强对净化社会文化环境工作的领导等。为进一步落实该《意见》，文化部会同国家文物局联合下发《关于贯彻落实中共中央办公厅、国务院办公厅〈关于进一步净化社会文化环境 促进未成年人健康成长的若干意见〉的通知》（文市发〔2009〕8号），会同工商总局、公安部、工业和信息化部、中国关心下一代工作委员会联合下发《关于进一步净化网吧市场有关工作的通知》（文市发〔2009〕9号）。《关于贯彻落实中共中央办公厅、国务院办公厅〈关于进一步净化社会文化环境 促进未成年人健康成长的若干意见〉的通知》要求切实加强文化市场管理，整治文化场所经营秩序，打击非法文化产品，净化文化市场环境；积极促进优秀文化产品的创作和传播，满足未成年人的文化生活需求；推进文化市场综合执法改革，加快全国网络文化市场

监管平台建设，为净化社会文化环境提供基本保障和技术手段；加快行业协会建设，做好文化经营企业自律工作；加强领导，明确责任，切实做好中办、国办《关于进一步净化社会文化环境促进未成年人健康成长的若干意见》的贯彻实施工作。《关于进一步净化网吧市场有关工作的通知》要求严厉查处网吧违规接纳未成年人，加大黑网吧查处取缔力度，规范网吧接入服务行为，建立黑网吧整治协作机制，严格网吧市场准入审核关，抵制低俗暴力内容在网吧传播，完善网吧及网络游戏管理工作协调机制建设。

为规范网络游戏市场经营秩序，6月，文化部、商务部联合下发《关于加强网络游戏虚拟货币管理工作的通知》（文市发〔2009〕20号），要求严格市场准入，加强主体管理，规范发行和交易行为，防范市场风险，加强市场监管，严厉打击利用虚拟货币从事赌博等违法犯罪行为，加大执法力度，净化市场环境。为切实改进和加强网络游戏内容管理，落实网络游戏管理责任，11月，文化部下发《关于改进和加强网络游戏内容管理工作的通知》（文市发〔2009〕46号）。《通知》要求，建立网络游戏经营单位自我约束机制，完善网络游戏内容监管制度，强化网络游戏社会监督与行业自律等。为推动网络音乐发展，规范网络音乐经营，切实落实《文化部关于网络音乐发展和管理的若干意见》，根据《信息网络传播权保护条例》、《互联网文化管理暂行规定》、《文化部关于网络音乐发展和管理的若干意见》，文化部于8月下发《关于加强和改进网络音乐内容审查工作的通知》（文市发〔2009〕31号）。《通知》就管理主体和管理对象，进口网络音乐内容审查，国产网络音乐备案，规范网络音乐经营行为和加强网络音乐内容监管等一系列问题做了详细规定。

为推进网吧行业规模化、连锁化发展，加强网吧连锁企业的规范与管理，文化部于9月下发《关于印发〈网吧连锁企业认定管理办法〉的通知》（文市发〔2009〕35号）。《办法》提出国家扶持和鼓励网吧的连锁化、规模化、专业化、品牌化，支持和引导非连锁网吧向连锁业态发展。提出网吧连锁企业应加强管理，严格自律，努力提高经营管理水平，完善服务管理体系，为促进网吧行业规范发展，提高我国社会信息化服务水平作出贡献。并规定了组织与实施、条件与程序以及罚则等。

为深入贯彻《娱乐场所管理条例》，加强游艺娱乐场所管理，规范游艺娱乐市场秩序，满足人民群众精神文化需求，文化部、公安部、国家工商行政管理总局于2月联合下发《关于进一步加强游艺娱乐场所管理的通知》（文市发〔2009〕4号）。《通知》指出，要高度重视游艺娱乐场所管理工作，科学制订游艺娱乐场所的总量与布局规划，严格设定游艺娱乐场所的设立条件，依法开展游艺经营场所的审批工作，严格规范游艺娱乐场所安全经营行为，严厉打击违规违法经营活动，建立健全游艺娱乐市场长效监管机制。

为促进演出市场繁荣，文化部于6月下发《关于促进民营文艺表演团体发展的若干意见》（文市发〔2009〕15号）。《意见》指出，扶持民营文艺表演团体发展要统一思想，提高认识；加大扶持力度，促进民营文艺表演团体发展；深化管理，加强服务，为民营文艺表演团体营造良好市场环境等。为加强对演出市场的管理，11月，文化部办公厅下发《关于贯彻〈营业性演出管理条例实施细则〉的通知》。《通知》要求，切实做好《实施细则》的宣传贯彻工作，加强对演员签约机构的引导和管理，完善个体演员和个体演出经纪人备案程序，简化演出审批手续，加强对临时搭建舞台、看台营业性演出的监管，加强对以营业性演出方式从事电视文艺节目录制活动的管理，加强对非营业性演出活动的服务和监管，严厉打击假唱、假演奏行为，加强对演出行业组织的指导，积极转变工作作风，提高依法行政能力等。

为了加强对美术品进出口经营活动的审批管理，6月，文化部会同海关总署下发《关于印发〈美术品进出口管理暂行规定〉的通知》（文市发〔2009〕第21号）。《通知》要求切实加强对美术品进出口经营活动、商业性美术品展览活动的管理，促进中外文化交流，丰富人民群众文化生活。6月，文化部会同海关总署下发关于《美术品进出口管理的公告》（部便函〔2009〕29号）。《公告》指出，委托美术品进出口口岸所在地省、自治区、直辖市文化行政部门负责本辖区美术品的进出口审批。公告对美术品范围，进出口经营活动，进出口单位等事项进行规定。

为了提高文化市场管理执法水平，文化部办

公厅下发《关于印发〈2009年全国文化市场行政执法（综合执法）考评细则〉的通知》（办市发〔2009〕10号）。通知要求，各地文化行政部门和文化市场综合执法机构要结合当地文化市场工作实际，对照《2009年文化市场行政执法（综合执法）考评细则》的测评项目、内容及指标，以网络文化市场计算机监管平台建设、文化市场综合执法改革、迎接新中国成立60周年专项整治行动和执法队伍建设为重点，将考评工作贯穿于全年执法工作，切实加强对基层执法工作的监督指导，解决主要矛盾和突出问题，规范市场秩序，为社会主义文化大发展大繁荣创造和谐文化环境。

六、文化发展的保障和激励政策的研究与制定

为了推动公益性文化事业和经营性文化产业发展，推进文化体制改革，为文化建设营造良好的发展环境，有关部门从税收等方面制定了一系列政策。

为弘扬和传承中外传统文化艺术，提高国家文化软实力，促进我国对文物和艺术品等进口藏品的收藏和保护事业的健康发展，财政部、海关总署、国家税务总局于2009年1月联合下发《国有公益性收藏单位进口藏品免税暂行规定》（财政部、海关总署、国家税务总局公告2009年第2号）。《规定》指出，国有公益性收藏单位以从事永久收藏、展示和研究等公益性活动为目的，以接受境外捐赠、归还、追索和购买等方式进口的藏品，免征进口关税和进口环节增值税、消费税；符合规定的国有公益性收藏单位进口藏品，应持捐赠、归还、追索和购买等有效进口证明及海关规定的其他有关文件办理海关手续；国有公益性收藏单位免税进口的藏品应建立藏品登记备案制度；国有公益性收藏单位免税进口的藏品应永久收藏，并仅用于非营利性展示和科学研究等公益性活动，不得转让、抵押、质押或出租；免税进口藏品如需在国有公益性收藏单位之间依照国家有关法律法规的规定进行调拨、交换、借用，应依照法律法规的规定履行相关手续，同时报送文化文物行政管理部门备案，并抄报海关。

为推动公益性文化事业发展，3月，文化部下发《关于转发〈财政部、国家税务总局、民政部关于公益性捐赠税前扣除有关问题的通知〉的通知》（文政法发〔2009〕6号）。《通知》要求各单位要高度重视，广泛宣传，认真学习和准确把握财税〔2008〕160号的主要内容，充分利用好税收优惠政策，积极采取措施，为社会力量捐赠公益性文化事业营造良好氛围，创造便利条件。文化类基金会等公益性社会团体要根据《通知》的要求，加强自身建设，完善内部管理制度，积极申请公益性捐助税前扣除资格，接受社会组织评估，增强社会公信力，争取社会力量的广泛支持，推动公益文化事业的繁荣发展。

为了推动文化企业发展，3月，财政部、海关总署、国家税务总局联合下发《关于支持文化企业发展若干税收政策问题的通知》（财税〔2009〕31号）。《通知》根据《国务院办公厅关于印发文化体制改革中经营性文化事业单位转制为企业和支持文化企业发展两个规定的通知》（国办发〔2008〕114号）有关精神，就文化企业的税收政策等相关问题进行了规定。

为了进一步明确有关部门在文化管理方面的职责，中央机构编制委员会办公室于9月下发《关于印发〈中央编办对文化部、广电总局、新闻出版总署“三定”规定中有关动漫、网络游戏和文化市场综合执法的部分条文的解释〉的通知》（中央编办发〔2009〕35号）。《通知》针对3个部门在执行中对有关动漫、网络游戏和文化市场综合执法工作等条文出现的不同的理解，要求3个部门做好责任协调工作，严格执行《“三定”规定》中明确3个部门之间“划出”、“划入”的职责，各司其职，各负其责，积极配合，相互支持，共同做好工作。

为了推进文化行业职业资格制度建设，根据人社部关于职业技能鉴定有关要求，11月，文化部办公厅下发《关于印发〈文化行业特有职业技能鉴定规程（试行）〉等五个暂行规定的通知》（办人发〔2009〕18号）。《通知》要求，各单位应遵照《文化行业特有职业技能鉴定规程（试行）》、《文化行业特有职业技能鉴定考评人员管理办法（试行）》、《文化行业特有职业资格证书核发与管理办法（试行）》和《文化行业特有职业技能鉴定质量督导管理办法（试行）》五个规定执行，以推动文化行业特有职业技能鉴定、考评、管理和督导工作科学化、规范化，促进职业技能鉴定

等工作健康发展。

文化法制工作综述

2009年的文化法制工作在广度和深度上都有明显进展，对各领域文化事业和文化产业的发展起到了积极的推动作用。

一、文化立法工作全面推进

法律层面：继续推进非物质文化遗产保护和公共图书馆的立法工作。国务院法制办会同文化部等有关部门，进一步加强了非物质文化遗产保护方面的立法工作。一年来，通过广泛征求意见、深入调查研究、召开论证会、积极与全国人大教科文卫委员会沟通、交流等方式，使立法工作取得显著进展。公共图书馆立法工作的重点是依托国家图书馆及中国图书馆学会，完成了《立法背景与必要性、可行性研究》、《新时期公共图书馆的性质与功能研究》、《公共图书馆的设置与体系建设研究》、《公共图书馆管理体制研究》、《公共图书馆绩效评估研究》等11项立法支撑课题研究。文化部在学习借鉴研究成果的基础上形成了《公共图书馆法（草稿）》。

行政法规层面：为充分发挥文化产业在调整结构、扩大内需、增加就业、推动发展中的重要作用，结合应对国际金融危机的新形势和文化领域改革发展的迫切需要，国务院于2009年9月份制定出台了《文化产业振兴规划》。该规划阐明了加快文化产业振兴的重要性紧迫性，明确了指导思想、基本原则和规划目标，布置了8个方面的重点任务，并提出了相应的政策措施和保障条件。文化遗产保护方面，国务院于6月9日下发了《国务院关于公布第二批国家珍贵古籍名录和第二批全国古籍重点保护单位名单的通知》，同时加快了《博物馆条例》的立法进程。2009年，法制办会同国家文物局、文化部对博物馆立法工作涉及的重点、难点问题进行了认真研究，又对条例进行了两次重大修改，并就民办博物馆等问题在北京、浙江、广东等地进行了深入调研。社会文化方面，中办、国办于1月28日下发了《关于进一步净化社会文化环境 促进未成年人健康成长的若干意见》，提出了加大网吧管理力度、着力优化网络环境、大力净化荧屏声频、进一步整治出版物市场和校园周边环境、努力为未成年人提供更多更好的精神文化产品和文化服务等措施。7月5日，国务院发布《关于进一步繁荣发展少数民族文化事业的若干意见》，明确了繁荣发展少数民族文化事业的指导思想、基本原则和目标任务，并从政策措施、体制机制等方面为做好这一工作提供了保障。

规章层面：文化部发布了《文物认定管理暂行办法》（文化部令第46号）、《营业性演出管理条例实施细则》（文化部令第47号）和《乡镇综合文化站管理办法》（文化部令第48号）等3个部门规章，分别涉及文化遗产保护、文化市场管理和公共文化服务等方面。全国各地围绕着扩大公共文化服务、加强文化市场管理及综合执法、促进文化产业发展、加大文化遗产保护力度等工作，制定了相应的地方性法规和政府规章，如《西藏自治区文化市场管理条例》、《福建省文物保护管理条例》、《天津市文化市场相对集中行政处罚权规定》、《浙江省文化馆管理办法》、《恩施土家族苗族自治州民族文化遗产保护条例实施细则》、《厦门市重点文化企业认定暂行办法》等，为文化事业和文化产业的繁荣发展提供了法律保障。

二、文化法制基础工作扎实开展

推进行政审批制度改革工作。2009年7月，根据监察部《关于对现有行政许可事项进行审核论证并提出取消或调整建议的通知》(监函〔2009〕76号)要求，文化部对现有9项行政许可事项进行了深入审核论证，提出了具体的审核意见，报送行政审批制度改革部际联席会议办公室。

实施《国家知识产权战略》。根据《实施国家知识产权战略纲要任务分工》，文化部承担了两项牵头任务（分别是建立健全传统知识保护制度；加强民间文艺保护，促进民间文艺发展）以及七项具体任务。为着力解决文化系统存在的知识产权保护问题，文化部制定了2009年实施工作计划。在全国知识产权宣传周（4月20～26日）活动期间，积极参加组委会举办的各项活动，在部机关举办了中美知识产权谈判与争端的讲座，在文化部网站上开展宣传活动。11月，召开了文化系统知识产权保护工作座谈会，通过专家讲解、交流经验、答疑解惑等方式，重点解决相关司局、直属单位、各在文化厅局在知识产权保护中存在的突出问题。

回顾总结新中国成立60年来文化法制建设。以新中国成立60周年为契机，文化部组织力量撰写了《新中国成立60年文化法制建设》的报告。报告系统回顾了新中国成立60年来的文化法制建设历程，总结了取得的成绩，提炼了工作经验。

加强文化法制队伍建设，夯实文化法制建设基础。在2008年文化法制联络员队伍建设的基础上，进一步完善了文化法制联络员制度，将联络员制度扩大到文化部各直属单位。2009年9月，举办了2009年度文化法制骨干研讨培训班，就我国法治建设现状、文化法律的制定和实施、文化执法体系建设以及文化管理热点问题举办专题讲座，交流总结2009年文化法制建设进展情况，探索下一步文化法制骨干工作机制，研究文化部直属事业单位联络员队伍建设。11月，召开了2009年度全国文化法制联络员会议，通报了近年来的文化政策法规工作，提炼了新中国成立60年来文化法制工作的基本经验，并结合当前的形势对下一步的文化法制工作提出了明确的要求和部署。

积极为文化部中心工作提供法律服务。在文化系统转发财政部、国家税务总局、民政部《关于公益性捐赠税前扣除有关问题的通知》，明确了公益性捐赠税前扣除的10个重大问题，为文化公益性事业单位接受捐赠提供了有益借鉴。编撰了2008年度的《中华人民共和国文化法规汇编》，作为文化工作者的工具书。

三、行政执法监督工作进展顺利

专项执法检查活动顺利开展。为庆祝新中国成立60周年，创造良好的社会文化环境，2009年6月底，文化部下发《关于开展文化市场集中整治行动的通知》（文市函〔2009〕1143号），相继部署了专项执法行动，在各地全面加大了文化市场执法检查力度。为切实加强对集中整治行动的督导检查，文化部办公厅下发《关于加强文化市场集中整治行动督查工作的通知》(办市函〔2009〕412号)，并先后联合中央综治办、中央文明办、共青团中央等相关部门，抽调部分省（区、市）文化行政部门和综合执法机构负责人，组成15个督查组，采取交叉检查方式，分赴各地检查集中整治行动进展情况。此外，为落实中办发〔2007〕21号文件中“从城市住房开发投资中提取1%用于社区公共文化设施建设”政策，文化部会同住房和城乡建设部共同开展《城乡规划法》、《公共文化体育设施条例》等的执法检查活动，督导居住小区配套文化设施建设工作。

大力推动文化市场综合执法改革。针对当前推进综合执法改革存在的主要困难和问题，9月，中央宣传部、中央编办、文化部、国家广电总局、新闻出版总署正式联合下发《关于加快推进文化市场综合执法改革工作的意见》（中宣发〔2009〕25号），明确要求加快组建统一的文化市场综合执法机构，建立健全统一的综合执法领导体制，明确综合执法机构的职责、编制、人员和经费，进一步推进综合执法工作的法制化、科学化、规范化，加强对综合执法改革工作的组织领导，确立了加快推进文化市场综合执法改革的时间表、路线图和任务书，标志着改革工作由试点阶段向全面启动、加快推进阶段迈进。为贯彻落实《意见》精神，文化部于9月10日制定下发了《文化部关于加强文化市场综合执法指导工作的通知》（文市发〔2009〕37号），明确指导综合执法的工作职责、总体目标及具体内容，提出具体工作要求。同时，文化部还下发了《关于加强文化市场综合执法制度建设的通知》，分别从业务工作、人员管理、激励约束、协作协调等4个方面提出了18项基本制度。《通知》提出，第一步要在2010年底之前，尽快制定实施一批迫切需要的综合执法基本制度，第二步要在2013年底之前，构建起统一规范、科学完备的综合执法制度体系。

统一文化市场综合执法文书。为了适应新形势下文化市场综合执法的需要，文化部根据《行政处罚法》、《文化市场行政执法管理办法》等有关规定，下发了《文化部关于统一文化市场综合执法文书的通知》（文市发〔2009〕39号）。《通知》将文化市场执法文书统一成“举报受理单”、“立案审批单”、“现场检查笔录”、“责令整改通知书”、“当场处罚决定书”等23种，对规范文化市场行政执法行为起到了积极的推动作用。

专　题

文化政策（重要文献）选编

一、文化产业振兴规划

（新华社北京2009年9月26日电）

党的十七大明确提出，要积极发展公益性文化事业，大力发展文化产业，激发全民族文化创造活力，更加自觉、更加主动地推动文化大发展大繁荣。为贯彻落实中央精神，在重视发展公益性文化事业的同时，加快振兴文化产业，充分发挥文化产业在调整结构、扩大内需、增加就业、推动发展中的重要作用，结合当前应对国际金融危机的新形势和文化领域改革发展的迫切需要，特制定本规划。

【加快文化产业振兴的重要性紧迫性】

文化产业是市场经济条件下繁荣发展社会主义文化的重要载体，是满足人民群众多样化、多层次、多方面精神文化需求的重要途径，也是推动经济结构调整、转变经济发展方式的重要着力点。党的十六大以来，党中央、国务院高度重视发展文化产业，采取了一系列政策措施，深入推进文化体制改革，加快推动文化产业发展。国有经营性文化单位转企改制取得重要进展，涌现出一批具有较强实力和竞争力的文化企业和企业集团，文化产业规模逐步壮大，以公有制为主体、多种所有制共同发展的文化产业格局初步形成。文化“走出去”步伐加快，文化进出口贸易逆差逐步缩小，我国文化产业的国际竞争力不断增强。总的看，我国文化产业呈现出健康向上、蓬勃发展的良好态势，正在成为推动社会主义文化大发展大繁荣的重要引擎和经济发展新的增长点。同时要看到，我国文化产业的发展水平还不高、活力还不强，与人民群众日益增长的精神文化需求还不相适应，与日趋完善的社会主义市场经济体制还不相适应，与现代科学技术迅猛发展及广泛应用还不相适应，与我国对外开放不断扩大的新形势还不相适应。当前，国际金融危机仍未见底，并对文化产业发展产生诸多影响，但困难和挑战中蕴含着新的机遇和有利条件，文化具有反向调节功能，面对经济下滑，文化产业有逆势而上的特点，这为创新文化体制机制、做大做强文化产业带来了契机。要抓住机遇，大力振兴文化产业，为“保增长、扩内需、调结构、促改革、惠民生”做出贡献。

【指导思想、基本原则和规划目标】

（一）指导思想。全面贯彻党的十七大精神，坚持以邓小平理论和“三个代表”重要思想为指导，深入贯彻落实科学发展观，紧紧围绕《国家“十一五”时期文化发展规划纲要》确定的文化产业发展的各项目标任务和当前文化体制改革的重点，大力培育市场主体，加快转变文化产业发展方式，进一步解放和发展文化生产力，切实维护我国文化安全，推动文化产业又好又快发展，将文化产业培育成国民经济新的增长点。

（二）基本原则。坚持把社会效益放在首位，努力实现社会效益和经济效益的统一；坚持以体制改革和科技进步为动力，增强文化产业发展活力，提升文化创新能力；坚持走中国特色文化产业发展道路，学习借鉴世界优秀文化，积极推动中华民族文化繁荣发展；坚持以结构调整为主线，加快推进重大工程项目，扩大产业规模，增强文化产业整体实力和竞争力；坚持内外并举，积极开拓国内国际文化市场，增强中华文化在国际上的影响力。

（三）规划目标。完成经营性文化单位转企改制，文化市场主体进一步完善，活力进一步增强，文化产业规模不断扩大，推动经济社会发展的功能和作用得到较好发挥。

1. 文化市场主体进一步完善。按照创新体制、转换机制、面向市场、增强活力的原则，基本完成经营性文化单位转企改制，文化市场主体进一步完善，活力进一步增强。

2. 文化产业结构进一步优化。重点行业和项目对文化的拉动作用明显增强，文化创意、影视制作、出版发行、印刷复制、广告、演艺娱乐、文化会展、数字内容和动漫等产业得到较快发展，以资本为纽带推进文化企业兼并重组取得重要进展，力争形成一批跨地区跨行业经营、有较强市场竞争力、产值超百亿的骨干文化企业和企业集团。

3. 文化创新能力进一步提升。文化体制机制创新取得实质性进展，文化产业发展活力明显增强，以企业为主体、市场为导向、产学研相结合的文化创新体系初步形成，文化原创能力进一步提高，数字化、网络化技术广泛运用，文化企业装备水平和科技含量显著提高。

4. 现代文化市场体系进一步完善。市场在文化资源配置中的基础性作用得到更好的发挥，文化产品和生产要素合理流动，城乡文化市场进一步发展，现代流通组织和流通形式逐步成为文化流通领域的主要力量，文化消费领域不断拓展，在城乡居民消费结构中的比重明显增加。

5.文化产品和服务出口进一步扩大。一批外向型骨干文化企业和国际知名品牌初步形成，对外文化贸易渠道和网络进一步拓展，文化产品和服务出口大幅增长，文化贸易逆差明显缩小，成为我国服务贸易出口的重要增长点。

【重点任务】

当前和今后一个时期，要着力做好以下8个方面工作：

（一）发展重点文化产业。以文化创意、影视制作、出版发行、印刷复制、广告、演艺娱乐、文化会展、数字内容和动漫等产业为重点，加大扶持力度，完善产业政策体系，实现跨越式发展。文化创意产业要着重发展文化科技、音乐制作、艺术创作、动漫游戏等企业，增强影响力和带动力，拉动相关服务业和制造业的发展。影视制作业要提升影片、电视剧和电视节目的生产能力，扩大影视制作、发行、播映和后产品开发，满足多种媒体、多种终端对影视数字内容的需求。出版业要推动产业结构调整和升级，加快从主要依赖传统纸介质出版物向多种介质形态出版物的数字出版产业转型。出版物发行业要积极开展跨地区、跨行业、跨所有制经营，形成若干大型发行集团，提高整体实力和竞争力。印刷复制业要发展高新技术印刷、特色印刷，建成若干各具特色、技术先进的印刷复制基地。演艺业要加快形成一批大型演艺集团，加强演出网络建设。动漫产业要着力打造深受观众喜爱的国际化动漫形象和品牌，成为文化产业的重要增长点。

（二）实施重大项目带动战略。以文化企业为主体，加大政策扶持力度，充分调动社会各方面的力量，加快建设一批具有重大示范效应和产业拉动作用的重大文化产业项目。继续推进国产动漫振兴工程、国家数字电影制作基地建设工程、多媒体数据库和经济信息平台、“中华字库”工程、国家“知识资源数据库”出版工程等重大文化建设项目。选择一批具备实施条件的重点项目给予支持。

（三）培育骨干文化企业。着力培育一批有实力、有竞争力的骨干文化企业，增强我国文化产业的整体实力和国际竞争力。坚持政府引导、市场运作，科学规划、合理布局，在重点文化产业中选择一批成长性好、竞争力强的文化企业或企业集团，加大政策扶持力度，推动跨地区、跨行业联合或重组，尽快壮大企业规模，提高集约化经营水平，促进文化领域资源整合和结构调整。鼓励和引导有条件的文化企业面向资本市场融资，培育一批文化领域战略投资者，实现低成本扩张，进一步做大做强。

（四）加快文化产业园区和基地建设。加强对文化产业园区和基地布局的统筹规划，坚持标准、突出特色、提高水平，促进各种资源合理配置和产业分工。对符合规划的产业园区和基地，在基础设施建设、土地使用、税收政策等方面给予支持。建设若干辐射全国的区域文化产品物流中心，建设一批文化创意、影视制作、出版发行、印刷复制、演艺娱乐和动漫等产业示范基地，支持和加快发展具有地域和民族特色的文化产业群。

（五）扩大文化消费。不断适应当前城乡居民消费结构的新变化和审美的新需求，创新文化产品和服务，提高文化消费意识，培育新的消费热点。加强原创性作品的创作，打造一批具有核心竞争力的知名文化品牌。努力降低成本，提供价格合理、丰富多样的精神文化产品和服务。加快建设具有自主知识产权、科技含量高、富有中国文化特色的主题公园。开发与文化结合的教育培训、健身、旅游、休闲等服务性消费，带动相关产业发展。

（六）建设现代文化市场体系。建立健全门类齐全的文化产品市场和文化要素市场，促进文化产品和生产要素的合理流动。重点建设传输快捷、覆盖广泛的文化传播渠道。发展文艺演出院线，推动主要城市演出场所连锁经营。支持全国文化票务网络建设。推进有线电视网络整合，鼓励通过并购、重组等方式，进行广电网络的区域整合和跨地区经营。推进电影院线、数字电影院线的跨地区整合以及数字影院的建设和改造。支持国有出版发行企业以资本为纽带实行跨地区兼并重组。鼓励非公有资本进入文化创意、影视制作、演艺娱乐、动漫等领域。支持优先选用拥有自主知识产权、产品质量水平高的文化设备及产品。

（七）发展新兴文化业态。采用数字、网络等高新技术，大力推动文化产业升级。支持发展移动多媒体广播电视、网络广播影视、数字多媒体广播、手机广播电视，开发移动文化信息服务、数字娱乐产品等增值业务，为各种便携显示终端提供内容服务。加快广播电视传播和电影放映数字化进程。积极推进下一代广播电视网建设,发挥第三代移动通信网络、宽带光纤接入网络等网络基础设施的作用,制定和完善网络标准,促进互联互通和资源共享,推进三网融合。积极发展纸质有声读物、电子书、手机报和网络出版物等新兴出版发行业态。发展高新技术印刷。运用高新技术改造传统娱乐设施和舞台技术,鼓励文化设备提供商研发新型电影院、数字电影娱乐设备、便携式音响系统、流动演出系统及多功能集成化音响产品。加强数字技术、数字内容、网络技术等核心技术的研发,加快关键技术设备改造更新。

(八)扩大对外文化贸易。落实国家鼓励和支持文化产品和服务出口的优惠政策,在市场开拓、技术创新、海关通关等方面给予支持。制定《2009～2010年度国家文化出口重点企业和项目目录》,形成鼓励、支持文化产品和服务出口的长效机制。重点扶持具有民族特色的文化艺术、展览、电影、电视剧、动画片、网络游戏、出版物、民族音乐舞蹈和杂技等产品和服务的出口,抓好国际营销网络建设。支持动漫、网络游戏、电子出版物等文化产品进入国际市场。鼓励文化企业通过独资、合资、控股、参股等多种形式,在国外兴办文化实体,建立文化产品营销网点,实现落地经营。办好国家重点支持的文化会展,通过中国(深圳)国际文化产业博览会、中国国际广播影视博览会、北京国际图书博览会等推动文化产品和服务出口。支持文化企业参加境外图书展、影视展、艺术节等国际大型展会和文化活动。

【政策措施】

(一)降低准入门槛。落实国家关于非公有资本、外资进入文化产业的有关规定,根据文化产业不同类别,通过独资、合资、合作等多种途径,积极吸收社会资本和外资进入政策允许的文化产业领域,参与国有文化企业的股份制改造,形成以公有制为主体、多种所有制共同发展的文化产业格局。

(二)加大政府投入。中央和地方各级人民政府要加大对文化产业的投入,通过贷款贴息、项目补贴、补充资本金等方式,支持国家级文化产业基地建设,支持文化产业重点项目及跨区域整合,支持国有控股文化企业股份制改造,支持文化领域新产品、新技术的研发。支持大宗文化产品和服务的出口。大幅增加中央财政“扶持文化产业发展专项资金”和文化体制改革专项资金规模,不断加大对文化产业发展和文化体制改革的支持力度。

(三)落实税收政策。贯彻落实《国务院办公厅关于印发文化体制改革中经营性文化事业单位转制为企业和支持文化企业发展两个规定的通知》中的相关税收优惠政策,研究确定文化产业支撑技术的具体范围,加大税收扶持力度,支持文化产业发展。

(四)加大金融支持。鼓励银行业金融机构加大对文化企业的金融支持力度。积极倡导鼓励担保和再担保机构大力开发支持文化产业发展、文化企业“走出去”的贷款担保业务品种。支持有条件的文化企业进入主板、创业板上市融资,鼓励已上市文化企业通过公开增发、定向增发等再融资方式进行并购和重组,迅速做大做强。支持符合条件的文化企业发行企业债券。

(五)设立中国文化产业投资基金。按照有关管理办法,由中央财政注资引导,吸收国有骨干文化企业、大型国有企业和金融机构认购。基金由专门机构进行管理,实行市场化运作,通过股权投资等方式,推动资源重组和结构调整,促进国家文化发展战略目标的实现。

【保障条件】

(一)加强组织领导。地方各级人民政府要按照科学发展观的要求,切实将《规划》的实施列入重要议事日程,把《规划》提出的目标任务纳入经济社会发展总体规划,建立相关的考核、评价和责任制度,作为评价地区发展水平、衡量发展质量和领导干部工作实绩的重要内容。文化行政主管部门在党委宣传部门协调指导下,具体组织实施,相关部门密切配合,确保《规划》提出的各项任务落到实处。

(二)深化文化体制改革。通过深化文化体制改革,进一步解放和发展文化生产力,激发全社会的文化创造活力。要紧紧抓住转企改制、重塑市场主体这个中心环节,加快推进出版发行单位转企改制和兼并重组,加快电影制片、发行、放映单位和文艺院团转企改制,抓好党报党刊发行体制和广播电视节目制播分离改革。大力推动行政管理体制改革和政府职能转变,建立统一高效的文化市场综合执法机构。

(三)培养文化产业人才。继续抓好全国宣传文化系统“四个一批”人才培养工程,着力加强领军人物和各类专门人才的培养。继续办好经营管理人才培训班，培养一批熟悉市场经济规律，懂经营、善管理的人才。吸引财经、金融、科技等领域的优秀人才进入文化产业领域。注重海外文化创意、研发、管理等高端人才的引进，为我国文化产业发展提供强有力的人才保障。

（四）加强立法工作。进一步完善法律体系，依法加强对文化产业发展的规范管理。完善国家知识产权保护体系，严厉打击各类盗版侵权行为，促进国家文化创新能力建设。

二、文化部关于加快文化产业发展的指导意见

文产发〔2009〕36号

各省、自治区、直辖市文化厅（局）、新疆生产建设兵团文化局，国家文物局，文化部各直属单位，各驻外使领馆文化处（组）：

为深入贯彻落实科学发展观，根据《国家“十一五”时期文化发展规划纲要》和《文化产业振兴规划》，现就加快文化产业发展提出如下意见。

【加快文化产业发展的重要性和紧迫性】

党的十七大提出推动社会主义文化大发展大繁荣、兴起社会主义文化建设新高潮的重大战略任务，对加快文化产业发展提出了一系列新要求，极大提升了文化产业的作用和地位。文化产业是市场经济条件下繁荣发展社会主义文化的重要载体，是满足人民群众多样化、多层次、多方面精神文化需求的重要途径，是推动经济结构调整、转变经济发展方式、保持经济平稳较快发展的重要着力点，是实现经济、政治、文化、社会全面协调可持续发展的重要内容，是推动中华文化走出去的主导力量。加快文化产业发展是文化行业学习实践科学发展观的必然要求和内在需要，是文化行政部门顺应时代发展、转变自身职能、服务发展大局的必然要求和迫切需要。党的十六大以来，我国文化产业呈现出健康向上、蓬勃发展的良好态势，增势强劲、规模扩大、质量提升，新兴业态迅速崛起，正在成为推动社会主义文化大发展大繁荣的重要引擎和经济发展新的增长点。

同时要看到，我国文化产业发展水平还不高，活力还不强。对文化产业发展的思想认识不足，工作力度不够，与文化建设“两大一新”的战略任务要求还不相适应；产业总量和水平偏低，对国民经济贡献和影响偏小，与人民群众日益增长的精神文化需求还不相适应；合格的市场主体和骨干文化企业偏少，产业集中度偏低，与社会主义市场经济体制还不相适应；文化产业领域科技应用和现代传播手段使用较少，与现代科学技术迅猛发展及广泛应用还不相适应；对外文化贸易中缺少具有国际影响力的文化产品，与对外开放不断扩大的新形势不相适应。切实加大力度，加快进度，促进文化产业的大发展，已经成为摆在文化行政部门和文化行业面前一项重要而紧迫的任务。

当前，文化产业正面临重要的发展机遇。综合国力不断提高，人民群众文化需求日益旺盛，文化消费快速增长，为文化产业发展提供了广阔前景；党和政府高度重视，文化产业政策不断完善，文化体制改革深入推进，为文化产业发展提供了有力保障；科技迅猛发展，为文化产业创新业态、扩大传播、转型升级提供了有利条件；文化传播渠道不断拓展，为以内容创作生产为核心的文化产业提供了新的发展机遇；全球性金融危机凸显了文化产业逆势而上的特点，为文化产业发展提供了良好契机；中华文化影响力不断扩大，为中国文化产业提供了全面提升国际竞争力的平台。文化行政部门必须抓住机遇，迎难而上，锐意进取，有所作为，推动文化产业又好又快发展。

【加快文化产业发展的指导思想、基本原则和主要目标】

（一）指导思想。以邓小平理论和“三个代表”重要思想为指导，深入贯彻落实科学发展观，按照《国家“十一五”时期文化发展规划纲要》和《文化产业振兴规划》的要求，进一步解放和发展文化生产力，深化文化体制改革，培育市场主体，转变发展方式，优化产业结构，推进产业创新，扩大文化消费，实现文化产业又好又快发展。

（二）基本原则。坚持以人为本，通过文化产业的发展满足人民群众日益增长的精神文化需求，实现好、维护好、发展好人民群众的文化权益；坚持以发展为主题，把发展文化产业作为市场经济条件下繁荣社会主义文化的重要途径，壮大产业规模，提高产业质量，提升产业效益；坚持以改革创新为动力，为文化产业发展创造良好体制机制和政策环境，创新文化生产、传播、流通、消费方式，提升产业核心竞争力；坚持社会效益优先，实现社会效益与经济效益的统一。

（三）主要目标。文化产业发展速度明显高于同期国内生产总值增长速度，在国民经济中所占比重逐步提高，力争到“十二五”期末实现主要文化产业增加值比2007年翻两番。文化产业结构更加合理，布局更加科学，文化产品和服务更加丰富多彩，文化产品市场和要素市场更加健全，文化市场秩序更加规范，文化产业发展保障体系更加完备，文化产业整体影响力和竞争力明显增强，涌现一批深受人民群众喜爱的文化精品，形成一批具有较强实力的文化企业和企业集团。演艺、动漫、游戏等行业的发展进入世界先进行列。基本扭转文化产品和服务的出口逆差状况，显著提高中国文化产品的国际影响力。完成经营性文化单位转企改制。培育一批文化上市企业。建设覆盖全国主要城市的文艺演出院线，培育一批跨地域的演艺集团公司，打造一批可供市场长年演出的剧目，建成2～3个国家级动漫游戏产业综合示范园区，推动建设具有国际影响力的中华文化主题公园，打造一批具有国际影响力的文化会展、节庆活动，培育一批具有国际竞争力的动漫和网络游戏企业。

【文化产业的发展方向和发展重点】

（一）演艺业。繁荣舞台艺术创作，鼓励和支持投资兴办演出团体、演出场所、演出经纪机构和举办演出活动。按照整合资源、调整布局、优化结构、提高效益的要求，大力推进资源重组，提高演艺产业整体发展质量和水平，提高演艺业的市场化程度。加强演出网络建设，促进演出院线与有关服务业的合作。推动演艺与旅游、会展、传媒、科技等结合，打造富有特色的演艺项目。大力推动演艺产品走向世界。

（二）动漫业。鼓励创造具有中国风格和国际影响的动漫形象和动漫品牌，占领国内主流市场，积极开拓国际市场，使我国动漫产业跻身世界动漫强国行列。实施国产动漫振兴工程，提高原创动漫产品质量，增强动漫艺术、技术创新能力和市场营销能力，形成创作、生产和销售环环相扣的产业链。积极发展网络动漫、手机动漫等新兴业态。鼓励发展面向国际市场的动漫服务外包。

（三）文化娱乐业。促进歌舞娱乐场所健康发展，扩大群众娱乐消费。积极开发具有民族特色、健康向上和技术先进的新兴娱乐方式，创新娱乐业态。调整优化娱乐场所结构，鼓励娱乐企业连锁经营。在大中城市积极发展集演艺、休闲、旅游、餐饮、购物、健身等为一体的综合性文化娱乐设施。重点扶持具有自主知识产权、科技含量高、富有中国文化特色的主题公园，坚持科学规划、合理布局，有序发展，防止盲目建设。

（四）游戏业。增强游戏产业的核心竞争力，推动民族原创网络游戏的发展，提高游戏产品的文化内涵。鼓励研发具有自主知识产权的网络游戏技术、电子游戏软硬件设备，优化游戏产业结构，提升游戏产业素质，促进网络游戏、电子游戏、家用视频游戏的协调发展。鼓励游戏企业打造中国游戏品牌，积极开拓海外市场。

（五）文化会展业。发展各类综合和专业文化会展活动，重点支持覆盖全国并具有国际影响的文化会展活动，重点发展专业化、特色化文化会展活动。办好中国（深圳）国际文化产业博览交易会、中国北京文化创意产业博览会等重大文化会展，打造文化产品展示交易平台，推动文化消费和文化贸易。办好2010年上海世博会相关文化活动及会展。扩大会展、节庆的文化消费。促进文化会展、节庆与旅游、商贸合作。鼓励国内企业、个人参加国外文化会展活动，推动海外文化推广活动的产业化运作。加强对地方文化会展、节庆活动的引导和规范。

（六）文化旅游业。促进文化与旅游相结合，以文化提升旅游的内涵，以旅游扩大文化的传播和消费。打造文化旅游系列活动品牌，扶持具有地方、民族特色的文化旅游项目，建立《文化旅游节庆活动扶持名录》和《国家文化旅游重点项目名录》。鼓励对演艺与旅游资源整合，在知名旅游景区打造高品质、有特色的演艺精品。在有效保护的基础上，对历史文化名城、文物古迹进行科学开发利用，合理开发传统手工技艺类和表演类非物质文化遗产。深度开发文化旅游工艺品，提升品位，拓宽市场。

（七）艺术品和工艺美术。繁荣美术创作，促进当代艺术品产业健康发展，鼓励兴办艺术品经营机构，鼓励艺术品收藏，培育诚信画廊，推动中国当代艺术品的海外推广。支持传统工艺美术面向市场，鼓励工艺美术技艺创新。鼓励农民通过手工技艺增收致富。支持发展文物仿制产业，提高文物仿制技术和水准，开拓文物仿制品市场。

（八）艺术创意和设计。大力发展平面设计、外观设计、工艺美术设计、雕塑设计、服装设计及展览设计，提升设计创意能力和水平。支持具有民族传统文化特色的设计产品的国内外推广。推动艺术创意和设计业与其他产业合作，提高其他产业的文化内涵和审美效果。鼓励发展面向国际市场的艺术设计服务外包。

（九）网络文化。提高网络音乐、网络美术等网络文化产品的原创水平，提升文化品位，发挥网络文化产业在文化建设中的重要作用。促进网络文化产业链相关环节的融合与沟通，创新营销推广模式。鼓励和支持数字技术、网络技术，以及计算机硬件企业和通信企业参与网络文化内容产品的生产和经营。继续稳步推进网吧连锁化、规模化、专业化、品牌化经营。

（十）文化产品数字制作与相关服务。发展以数字化生产、网络化传播为主要特征的文化数字内容产业。鼓励扶持对舞台剧目、音乐、美术、文物、非物质文化遗产和文献资源进行数字化转化和开发。大力采用数字技术传播文化产品，为各种便携显示终端提供内容，丰富文化表现形式和传播渠道。

【加快文化产业发展的主要任务】

（一）深化文化体制改革。按照中央关于深化文化体制改革的要求，加快经营性文化事业单位转企改制步伐，建立现代企业制度，完善法人治理结构。鼓励成长性好、竞争力强的国有文化企业，开展跨行业、跨地区、跨所有制的兼并重组，迅速做强做大。

（二）鼓励非公有资本进入文化产业。认真落实《国务院关于非公有资本进入文化产业的若干决定》，制定《文化部文化产业投资指导目录》，引导、扶持、规范非公有资本进入文化产业。积极鼓励非公有资本参与文化事业单位转企改制。非公有制文化企业在资金扶持、项目审批、政府采购、职称评定、命名评比、表彰奖励等方面，与国有文化企业一视同仁。

（三）培育骨干文化企业。着力培育一批有实力和竞争力的骨干文化企业，在演艺、动漫、游戏、网络文化、数字节目制作等领域发挥龙头作用。以合资、合作等方式大力发展股份制企业，引进战略投资者，培育一批主业突出、核心竞争力强的上市公司。推动演艺业、动漫游戏业的资源整合，在全国形成一批有自主创新能力的演艺、动漫企业集团。在全国形成若干有聚集效应和强大辐射力的演艺院线。

（四）不断延伸文化产业链。利用资本力量，加强资源整合，打通创意设计、研发生产、营销推广、衍生产品等产业链。积极整合创作、院团、剧场、经纪等演艺资源，形成剧本创意、演出策划、剧场经营、市场营销、演艺产品开发等紧密衔接、相互协作的演艺产业链。以增强动漫游戏原创能力为核心，通过形象和作品授权等方式，大力开发图书、音像、服装、玩具、文具、主题公园等相关衍生产品，不断延伸产业链，提高产品附加值。

（五）建设现代文化产业基地和园区。建立一批高起点、规模化、代表国家水准和未来发展方向的文化产业示范基地和示范园区，积极争取在征地和税收等政策上给予支持。建立一批提供研发设计、信息咨询、生产制作、合作交流等便利的公共服务平台。加强对国家级和省级文化产业园区的规划、认定、调整和指导工作，明确认定标准，严格审批程序，开展定期考核，实施动态管理，坚决防止一哄而上、盲目建设和恶性竞争。通过科学规划、政策引导、合理规范，使基地和园区成为文化科技创新的孵化器、文化企业快速成长的助推器、文化产业集约发展的大平台。

（六）实施重大项目带动战略。以文化企业为主体，加大政策扶持力度，充分调动社会各方面的力量，加快建设一批具有重大示范作用和产业拉动作用的重大文化产业项目。切实抓好《文化产业振兴规划》中确定的重大文化产业项目的落实。同时，各地要根据实际情况，充分利用本地人才和技术优势，科学论证，认真策划一批先导性、基础性、战略性重大项目，并在项目立项、政策扶持、银行信贷、土地使用、配套服务等方面给予积极支持。

（七）建设现代文化市场体系。建立健全门类齐全的文化产品市场和文化要素市场。建立新型文化产品配送体系，大力发展连锁经营。积极推动全国文化票务网络建设，以大中城市为主，尽快建成遍布全国的演出票务销售终端。发展文化经纪代理、评估鉴定、版权交易、推介咨询等中介服务机构，引导其规范运作，向品牌化、专业化方向发展。

（八）建立健全文化产业投融资体系。协调金融监管机构，共同研究制定金融扶持文化产业发展的政策和办法。与银行等金融机构建立长期合作关系，不断扩大合作领域。支持组建文化信贷担保公司，争取建立文化企业贷款贴息机制。支持组建多种形式的文化产业创业、风险投资基金。通过改进无形资产评估和抵押办法，促进银行开展文化企业授信工作，为文化企业融资创造条件。鼓励具备条件的文化企业上市融资和发行企业债券、融资票据等。积极引进实力雄厚的战略投资者，开展多种形式的长期投资合作，增强文化企业资金实力。

（九）运用高新科技促进文化产业升级。加快文化与科技的结合，用现代科技创新传统文化行业，催生新的文化业态。积极推广舞台技术、网络技术、数字技术、虚拟技术、仿真技术、语言文字技术、声音技术、图形图像技术、动漫制作技术和新材料技术。推动有关部门对大量运用高新技术的文化企业实行税收优惠政策。制定“国家文化科技提升计划”，加快演艺、动漫游戏等领域先进适用技术的推广应用。

（十）大力推动对外文化贸易。建立以政府为主导，以企业为主体，以市场化运作为主要方式的工作机制。加强文化行政部门与文化企业和商会（协会）之间开拓海外市场的沟通及协作。开展对外文化贸易统计和信息研究。积极搭建对外文化贸易平台，为企业进入国际市场铺设道路。加强知识产权保护和品牌意识，加强地区间协调合作，防止中国文化产品在海外市场恶性竞争。积极扶持和指导文化精品创作和生产，为进入海外主流市场，扩大中华文化的国际影响力创造条件。

【完善文化产业发展的保障措施】

（一）加强组织领导。各级文化行政部门要统一思想，提高认识，高度重视文化产业，将其列入重要工作日程。进一步强化对文化产业工作的组织领导，加强文化产业专门工作机构的建设，在人员、经费等方面给予必要保障。

（二）充分发挥政策的引导促进作用。各地要深入研究，全面、准确、系统地把握中央和地方制定的一系列文化产业政策，把优惠政策用好用足。鼓励各地结合实际，制订出台更具有针对性和可操作性的优惠政策。通过政策的引导、调控作用，促进文化产业又好又快发展。

（三）完善文化产业法制体系。把行之有效的产业政策，上升为国家或地方法律法规，使文化产业纳入法制化的发展轨道。加强文化市场法规建设，进一步修订完善相关法律法规，为文化产业发展营造良好环境。

（四）加强文化产业规划。做好《国家“十一五”时期文化发展规划纲要》和文化部《文化建设“十一五”规划》的评估检查工作，对照评估检查结果，有针对性地改进工作，加强贯彻实施力度，确保“十一五”时期文化产业发展各项目标和重大项目的完成。同时，积极开展“十二五”时期文化产业发展规划的研究工作，并将文化产业发展规划纳入本地“十二五”时期经济社会发展总体规划。

（五）完善文化市场准入机制。建立和完善以许可制度、备案制度、进口文化产品内容审查制度相结合的文化市场准入机制。加快文化产业各领域技术标准、服务标准和管理办法的制订、宣传和实施。根据文化产业各门类的特点，开展文化企业等级评估和资质认定工作，提高文化企业的管理和服务水平。制定国家重点扶持文化企业的有关认定管理办法，为落实国家对文化企业的财税金融优惠政策提供依据。认真贯彻《动漫企业认定管理办法（试行）》，做好动漫企业认定工作。

（六）加强文化市场监管。坚持分工负责与齐抓共管、日常巡查与技术监管、行业自律与社会监督相结合，建立健全统一、高效、便捷的全国文化市场监控管理体系。扎实推进文化市场综合执法改革，建立健全文化市场行政执法队伍。以打击盗版为重点，严厉查处和制裁破坏文化市场秩序的非法经营行为，净化文化市场环境，维护诚信、公平、竞争有序的市场秩序。

（七）指导组建全国性、区域性行业协会。发挥好行业协会在行业规划、行业协调、行业管理、行业自律、行业培训、制定行业标准、维护行业利益等方面的作用，使之成为联系文化产业界的桥梁和纽带，努力形成文化企业、行业协会与政府部门之间的良性互动，推动文化行政部门由办文化为主向管文化为主的转变。

（八）建立健全文化产业的激励约束机制。开展《国家文化出口重点企业目录》和《国家文化出口重点项目目录》评选认定工作，对出口业绩突出的文化企业给予奖励。研究制定完善文化产业基地、园区管理办法。建立文化企业信用档案和信用评级制度，提高诚信企业的知名度和贷款授信额度。

（九）加强文化产业的人才培训及使用。建立健全文化产业在职人员业务培训和继续教育制度。重点培养文化产业领域的领军人物、创意创新人才、专业技术人才和经营管理人才。完善文化产业人才职称评定制度。鼓励文化单位与高等学校合作举办研修班、培训班。鼓励在有条件的大型文化企业设立博士后科研工作站。鼓励政府部门、科研机构、企业与高校联合建立文化产业人才培养基地。完善公平竞争和分配激励机制，鼓励和支持优秀拔尖人才脱颖而出。比照科技人才引进政策和科技留学归国人才政策，加大引进文化产业人才的力度，促进高端文化产业人才就业和创业。

（十）充分发挥我驻外文化机构作用，构建通往国际市场的平台和渠道。驻外使（领）馆文化处（组）、文化中心要提高对对外文化贸易工作重要性的认识，将促进对外文化贸易工作纳入日常工作，积极协助文化企业开拓海外市场，帮助企业开展海外市场调研和建立海外贸易基地，利用国外大型文化活动扩大中国文化产品的国际影响，协助和指导企业做好海外市场权益维护工作。

2009 年 9 月 10 日

三、国务院关于进一步繁荣发展少数民族文化事业的若干意见

国发〔2009〕29 号

各省、自治区、直辖市人民政府，国务院各部委、各直属机构：

为全面贯彻党的十七大精神，深入贯彻落实科学发展观，进一步繁荣发展少数民族文化事业，推动社会主义文化大发展大繁荣，促进各民族共同团结奋斗、共同繁荣发展，现提出如下意见。

【繁荣发展少数民族文化事业具有重要意义】

（一）文化是民族的重要特征，是民族生命力、凝聚力和创造力的重要源泉。少数民族文化是中华文化的重要组成部分，是中华民族的共有精神财富。在长期的历史发展过程中，我国各民族创造了各具特色、丰富多彩的民族文化。各民族文化相互影响、相互交融，增强了中华文化的生命力和创造力，不断丰富和发展着中华文化的内涵，提高了中华民族的文化认同感和向心力。各民族都为中华文化的发展进步作出了自己的贡献。

（二）党和国家历来高度重视和关心少数民族文化事业。新中国成立以来特别是改革开放以来，少数民族文化事业取得了历史性的重大成就。少数民族文化工作体系不断完善，少数民族语言文字得到保护和发展，少数民族优秀传统文化得到传承和弘扬，少数民族文学艺术日益繁荣，少数民族和民族地区文化产业初具规模，文化体制改革不断深化，对外交流不断加强。少数民族文化事业的发展在提高各族群众文明素质，促进民族地区经济社会发展，推动民族团结进步事业，繁荣社会主义先进文化方面，发挥了重要作用。

（三）繁荣发展少数民族文化事业，是一项长期而重大的战略任务。在少数民族文化事业取得巨大进步的同时，也必须充分认识存在的一些亟待解决的突出困难和特殊问题。文化基础设施条件相对落后，公共文化服务体系比较薄弱，文化机构不够健全，人才相对缺乏，文化产品和服务供给能力不强，文化遗产损毁、流失、失传等现象比较突出，境外敌对势力加紧进行文化渗透等。因此，必须从贯彻落实科学发展观、巩固民族团结、兴起社会主义文化建设新高潮、推动社会主义文化大发展大繁荣的高度，深刻认识繁荣发展少数民族文化事业的特殊重要性和紧迫性，把繁荣发展少数民族文化事业作为一项重大的战略任务，采取更加切实、更加有效的政策措施，着力加以推进。

【繁荣发展少数民族文化事业的指导思想、基本原则和目标任务】

（四）指导思想。全面贯彻党的十七大精神，高举中国特色社会主义伟大旗帜，以邓小平理论和“三个代表”重要思想为指导，深入贯彻落实科学发展观，牢牢把握社会主义先进文化的前进方向，紧紧围绕共同团结奋斗、共同繁荣发展的

民族工作主题，以建设社会主义核心价值体系为主线，以完善公共文化服务体系为重点，以加强基础设施建设为手段，以推动文化创新为动力，以改革体制机制为保障，以满足各族群众日益增长的精神文化需求为出发点和落脚点，促进少数民族文化建设与全国文化建设、与民族地区经济社会建设、与民族地区教育事业协调发展，促进民族团结、实现共同进步，更加自觉、更加主动地为推动社会主义文化大发展大繁荣作贡献。

（五）基本原则。坚持为人民服务、为社会主义服务的方向和百花齐放、百家争鸣的方针，尊重差异、包容多样，既要继承、保护、弘扬少数民族文化，又要推动各民族文化相互借鉴、加强交流、和谐发展。坚持面向现代化、面向世界、面向未来，把握规律性，保持民族性，体现时代性，推动少数民族文化的改革创新，不断解放和发展少数民族文化生产力。坚持贴近实际、贴近生活、贴近群众，生产更多各族群众喜闻乐见的优秀精神文化产品。坚持社会效益和经济效益相统一，把社会效益放在首位，充分发挥政府和市场的作用，促进少数民族文化事业和文化产业协调发展。坚持基本公共服务均等化，优先发展少数民族和民族地区文化事业，保障少数民族和民族地区各族群众的基本文化权益。坚持因地制宜、分类指导，不断完善扶持少数民族文化事业发展的政策措施。

（六）目标任务。到2020年，民族地区文化基础设施相对完备，覆盖少数民族和民族地区的公共文化服务体系基本建立，主要指标接近或达到全国平均水平，少数民族群众读书看报难、收听收看广播影视难、开展文化活动难等问题得到较好解决，少数民族优秀传统文化得到有效保护、传承和弘扬。实施一批重大文化项目和工程，推出一批体现民族特色、反映时代精神、具有很高艺术水准的文化艺术精品，创作生产更多更好适应各族群众需求的优秀文化产品。文化工作体制机制创新取得重大突破，科学有效的宏观管理体制和微观服务运行机制基本形成，政策法规更臻完备，政府文化管理和服务职能显著增强。文化市场体系更加健全，以公有制为主体、多种所有制共同发展的少数民族文化产业格局更加合理。少数民族文化对外交流迈出重大步伐，国际影响力和竞争力进一步提高。

【繁荣发展少数民族文化事业的政策措施】

（七）加快少数民族和民族地区公共文化基础设施建设。大力推进民族地区县级图书馆文化馆、乡镇综合文化站和村文化室、广播电视村村通工程、农村电影放映工程、农家书屋工程、文化信息资源共享工程等建设，保障民族地区基层文化设施有效运转。地广人稀的民族地区配备流动文化服务车和相关设备，建设和完善流动服务网络。大力推进数字和网络技术等现代科技手段的应用和普及，形成实用、便捷、高效的公共文化服务体系。国家实施各项重大文化工程时，切实加大对少数民族和民族地区的倾斜力度。

（八）繁荣发展少数民族新闻出版事业。加大对民族类新闻媒体的扶持力度，加快设备和技术的更新改造，提高信息化水平和传播能力，扩大覆盖面和受益面。对涉及少数民族事务的重大宣传报道活动、少数民族文字重大出版项目，给予重点扶持。逐步实现向少数民族群众和民族地区基层单位免费赠阅宣传党和国家大政方针、传播社会主义核心价值体系、普及科学文化技术知识的图书、报刊和音像制品等出版物。加强少数民族语文翻译出版工作，逐步提高优秀汉文、外文出版物和优秀少数民族文字出版物双向翻译出版的数量和质量。扶持民族类重点新闻网站建设，支持少数民族文字网站和新兴传播载体有序发展，加强管理和引导。少数民族出版事业属公益性文化事业，中央和地方财政要加大对纳入公益性出版单位的少数民族出版社的资金投入力度，逐步增加对少数民族文字出版的财政补贴。

（九）大力发展少数民族广播影视事业。巩固广播电视村村通工程、农村电影放映工程建设成果，扩大民族地区广播影视覆盖面，对设施维护进行适当补助，确保长期通、安全通。提高少数民族语言广播影视节目制作能力，加强优秀广播影视作品少数民族语言译制工作。提高民族地区电台、电视台少数民族语言节目自办率，改善民族地区尤其是边远农牧区电影放映条件，增加播放内容和时间。推出内容更加新颖、形式更加多样、数量更加丰富的少数民族广播影视作品，更好地满足各族群众多层次、多方面、多样化精神文化需求。

（十）加大对少数民族文艺院团和博物馆建

设扶持力度。重点扶持体现民族特色和国家水准的少数民族文艺院团建设，积极鼓励少数民族文艺院团发展。扶持民族自治地方重点民族博物馆或民俗博物馆建设，鼓励社会力量兴办各类民族博物馆。民族自治地方的综合博物馆要突出少数民族特色，适当设立少数民族文物展览室、陈列室。加强少数民族文物征集工作，改善馆藏少数民族文物保存条件，做好少数民族文物鉴定、定级工作，提升管理、研究和展示服务水平。

（十一）大力开展群众性少数民族文化活动。鼓励举办具有民族特色的文化展演和体育活动，支持基层开展丰富多彩的群众性少数民族传统节庆、文化活动，加强指导和管理。尊重群众首创精神，发挥各族群众在文化建设中的主体作用，努力探索保护和传承少数民族优秀传统文化的有效途径。进一步办好全国少数民族文艺会演和全国少数民族传统体育运动会。

（十二）加强对少数民族文化遗产的挖掘和保护。结合第三次全国文物普查和非物质文化遗产普查，开展少数民族文化遗产调查登记工作，对濒危少数民族重要文化遗产进行抢救性保护。加大现代科技手段运用力度，加快少数民族文化资源数字化建设进程。进一步加强人口较少民族文化遗产保护。扶持少数民族古籍抢救、搜集、保管、整理、翻译、出版和研究工作，逐步实现少数民族古籍的科学管理和有效保护。加强少数民族非物质文化遗产发掘和保护工作，对少数民族和民族地区非物质文化遗产保护予以重点倾斜，推进少数民族非物质文化遗产申报联合国教科文组织“人类非物质文化遗产代表作名录”和国家级非物质文化遗产名录，加大对列入名录的非物质文化遗产项目保护力度。积极开展少数民族文化生态保护工作，有计划地进行整体性动态保护。加强保护具有浓郁传统文化特色的少数民族建筑、村寨。

（十三）尊重、继承和弘扬少数民族优秀传统文化。加强宣传引导，营造尊重和弘扬少数民族优秀传统文化的社会氛围。国家保障各民族使用和发展本民族语言文字的自由，鼓励各民族公民互相尊重、互相学习语言文字。尊重语言文字发展规律，推进少数民族语言文字的规范化、标准化和信息处理工作。在有利于社会发展和民族进步前提下，使各民族饮食习惯、衣着服饰、建筑风格、生产方式、技术技艺、文学艺术、宗教信仰、节日风俗等，得到切实尊重、保护和传承。加强对工业化、信息化、城镇化、市场化、国际化深入发展形势下少数民族文化发展特点和规律研究，不断开辟传承和弘扬少数民族优秀传统文化的有效途径，推进和谐文化和中华民族共有精神家园建设。

（十四）大力推动少数民族文化创新。促进现代技术和手段在少数民族文化发展中的应用，鼓励具有民族特色和时代气息的优秀文化作品创作，提高少数民族文化产品数量和质量。加大对少数民族艺术精品创作扶持力度，打造一批有影响的少数民族文学、戏曲、影视、音乐等文化艺术品牌。国家舞台艺术精品工程要进一步向少数民族和民族地区倾斜。国家各级各类文化奖项，少数民族文化作品获奖应占合理比重，对优秀少数民族文化作品及有突出贡献的文化工作者给予奖励和表彰，进一步激发少数民族文化创作的积极性、主动性和创造性。

（十五）积极促进少数民族文化产业发展。把握少数民族文化发展特点和规律，建设统一、开放、竞争、有序的文化市场体系，培育文化产品市场和要素市场，形成富有效率的文化生产和服务运行机制。充分发挥少数民族文化资源优势，鼓励少数民族文化产业多样化发展，促进文化产业与教育、科技、信息、体育、旅游、休闲等领域联动发展。确定重点发展的文化产业门类，推出一批具有战略性、引导性和带动性的重大文化产业项目，建设一批少数民族文化产业园区和基地，在重点领域取得跨越式发展。

（十六）加强边疆民族地区文化建设。支持边疆地区少数民族语言文字新闻出版业发展，增加公共文化产品特别是少数民族语言文字文化产品有效供给。进一步提高边疆民族地区广播电视覆盖率和影响力。发挥边疆少数民族人文优势，加强与周边国家文化交流，促进和谐周边环境建设。加强边疆民族地区文化产品进出口市场监管，清除各类非法印刷品，加强卫星接收设施监督管理工作，防止非法盗版、接收、传播境外广播电视节目，有效防范境外敌对势力文化渗透活动，维护边疆地区文化安全。

（十七）努力推进少数民族文化对外交流。

切实增加少数民族文化在国家对外文化交流中的比重。每年安排一定数量的少数民族文化活动参与中外互办文化年和在国外举办的中国文化节、文化周、艺术周、电影周、电视周、文物展、博览会以及各类演出、展览等，促进形成全方位、多层次、宽领域的对外文化交流格局。打造一批少数民族文化对外交流精品，巩固少数民族文化对外交流已有品牌，进一步提升少数民族文化国际影响力。大力推动少数民族文化与海外华人华侨、台湾同胞、港澳同胞的交流，增强中华文化的认同感，为促进国家和平统一服务。

【完善少数民族文化事业发展的体制机制】

（十八）完善少数民族文化事业发展政策法规。加强少数民族文化立法工作，适时研究制订有关少数民族文化保护和发展的法律法规和政策措施。加快制定和完善从事少数民族文化工作的专业（技术）人员职称评定政策和资质认证、机构和团体建设等方面的相关标准和办法。研究、制定或修订有关文化事业和文化产业政策法规时，要充分考虑少数民族文化的特殊性，增加专条专款加以明确。推动国家扶持与市场运作相结合，从制度上更好发挥市场在少数民族文化资源配置中的基础性作用，引导社会力量参与少数民族文化建设，形成有利于科学发展的宏观调控体系。

（十九）深化少数民族和民族地区文化事业单位体制机制改革。实行公益性事业与经营性业务分类管理，对公益性事业单位实行聘用制度、岗位管理制度和岗位绩效工资制度。引入竞争机制，采取政府招标、项目补贴、定向资助等形式，对重要少数民族文化产品、重大公共文化项目和公益性文化活动给予扶持。支持少数民族文化单位按照有关规定转企改制，在一定期限内给予财政、税收等方面的优惠政策，做好劳动人事、社会保障的政策衔接，按照新人新办法、老人老办法的原则制定相关政策。

（二十）加强少数民族文化事业发展经费保障，加大政府对少数民族文化事业的投入。中央和省级财政在安排促进民族地区发展和宣传文化发展相关经费时，逐步加大对少数民族文化事业的支持力度。继续实行相关税收优惠政策，鼓励和扶持少数民族和民族地区文化事业和文化产业发展。

（二十一）加大少数民族文化人才队伍建设力度。努力造就一支数量充足、素质较高的少数民族文化工作者队伍，营造有利于优秀人才脱颖而出的体制机制和社会环境，着力培养一大批艺术拔尖人才、经营管理人才、专业技术人才。积极保护和扶持少数民族优秀民间艺人和濒危文化项目传承人，对为传承非物质文化遗产做出突出贡献的传承人，按照国家有关规定给予表彰。支持高等院校和科研机构参与抢救濒危文化，推动相关学科建设，培养濒危文化传承人。

【加强对少数民族文化工作的领导】

（二十二）切实把少数民族文化工作摆上更加重要的位置。各地区、各部门要进一步提高对少数民族文化工作重要性的认识，增强责任感和紧迫感，切实把少数民族文化工作纳入重要议事日程，纳入当地经济社会发展总体规划，纳入科学发展考评体系。加强对少数民族文化工作的调查研究，定期听取工作汇报，做出部署，狠抓落实。关心支持少数民族和民族地区文化工作部门和单位的建设，及时研究解决存在的突出困难和特殊问题，充分调动和有效保护少数民族文化工作者的积极性、主动性、创造性。

（二十三）推动形成分工协作、齐抓共管的良好局面。在党委统一领导下，建立健全政府统筹协调、业务部门主管、有关部门密切配合、社会各界广泛参与的少数民族文化工作格局。各有关部门编制规划、部署工作，要把少数民族文化工作作为重要内容，加大支持力度，确保目标任务完成。加强舆论宣传，营造有利于少数民族文化事业发展的社会氛围。充分发挥各方面的积极作用，不断开创少数民族文化工作的新局面。

各地区、各部门要按照本意见的精神，结合实际，制定贯彻实施的具体措施和办法。有关部门要加强对本意见贯彻执行情况的督促检查。

2009 年 7 月 5 日

四、中共中央办公厅、国务院办公厅关于进一步净化社会文化环境促进未成年人健康成长的若干意见

中办发〔2009〕6 号

为深入贯彻《中共中央、国务院关于进一步加强和改进未成年人思想道德建设的若干意见》（中发〔2004〕78 号），进一步落实《中华人民

共和国未成年人保护法》，保护未成年人合法权益，促进未成年人健康成长，经中央同意，现就进一步净化社会文化环境提出如下意见。

【净化社会文化环境工作的重要性、总体要求和原则】

1. 充分认识净化社会文化环境工作的重要性和紧迫性。近年来，各地区各有关部门认真贯彻落实中央关于加强和改进未成年人思想道德建设的决策部署，依据《中华人民共和国未成年人保护法》，大力净化社会文化环境，取得了显著成效。网吧经营秩序得到有效规范，网络淫秽色情等违法有害信息蔓延势头得到遏制，荧屏声频明显净化，校园周边环境大为改观。但也要清醒地看到，净化社会文化环境工作任务依然十分艰巨，网络淫秽色情等违法有害信息问题仍然存在，“黑网吧”屡禁不止，网吧接纳未成年人现象时有发生，少数文化产品存在低俗媚俗倾向，等等。解决这些问题，对于确保未成年人健康成长和全面发展，教育引导未成年人树立理想信念、锤炼道德品质，创造积极健康向上的社会环境、形成良好社会风尚，具有十分重要的意义。各级党委和政府要从培养中国特色社会主义事业合格建设者和可靠接班人的高度，从对社会、家庭和广大未成年人切实负责的高度，充分认识净化社会文化环境工作的重要性和紧迫性，巩固已有成果，加大工作力度，创新方法手段，务求取得实效。

2. 净化社会文化环境工作的总体要求是：认真贯彻党的十七大精神，高举中国特色社会主义伟大旗帜，以邓小平理论和“三个代表”重要思想为指导，深入贯彻落实科学发展观，深入持久开展“扫黄打非”斗争，深入持久开展网络淫秽色情等违法有害信息专项整治，大力净化社会文化环境，大力净化网吧、网络、荧屏声频、出版物市场和校园周边环境，坚决遏制淫秽色情等违法有害信息的传播，营造有利于未成年人健康成长的良好社会文化环境和氛围。

3. 净化社会文化环境工作应当遵循以下原则：坚持以推进社会主义核心价值体系建设为根本，把社会主义核心价值体系建设的要求融入未成年人思想道德建设之中；坚持贴近实际、贴近生活、贴近群众，增强工作的针对性、实效性；坚持依法管理、综合治理，齐抓共管、形成合力；坚持属地管理、守土有责，谁主管谁负责、谁审批谁负责；坚持把社会效益放在首位，促进经济效益与社会效益的统一；坚持疏堵结合、标本兼治，一手抓发展、一手抓管理，正确处理发展与管理的关系，努力提供更多更好的文化产品和文化服务，不断满足未成年人精神文化需求。

【加大网吧管理力度】

4. 严格控制网吧总量。坚持严控总量、调整存量、优化结构，着力推动现有网吧经营连锁化，提升网吧服务水平和行业形象，把网吧建设成为传播文明的窗口。文化部门要严把审核关，会同公安、工商、电信管理等部门对市场混乱、监管不力、群众反映强烈的地区的网吧进行集中整治，务求取得明显成效。

5. 采取有力措施防止淫秽色情等违法有害信息在网吧传播。所有网吧都要抓紧实施互联网安全保护技术措施和经营管理技术措施，用强有力的技术手段坚决堵住淫秽色情等违法有害信息在网吧的传播。依法坚决打击利用网吧制作、下载、复制、发布、传播淫秽色情等违法有害信息的行为。严格执法，强化日常管理，着力整治网吧接纳未成年人行为。落实网吧社会监督制度，设立专门的网吧监督员，随时发现并制止淫秽色情等违法有害信息在网吧 出现，及时制止未成年人进入网吧。由各地关心下一代工作委员会在“五老"人员中招募志愿者，文化部门为网吧监督员颁发聘书，对网吧实行社会监督。各地政府要对网吧监督员提供必要的经费支持。

6. 坚决取缔“黑网吧”。各地工商、文化、公安等部门要根据各自的职责分工，在当地党委和政府领导下，积极主动，及时查处“黑网吧”；对查处不力的，要追究主管部门的责任。工商部门或由工商部门会同公安部门依法取缔“黑网吧”。文化部门一旦发现“黑网吧”，要及时书面通报工商部门，由工商部门会同公安部门予以取缔。电信管理部门要及时终止“黑网吧”互联网接入服务；对违法情节严重的“黑网吧”业主，要移交司法机关依法追究刑事责任。

【着力优化网络环境】

7. 加强网络基础管理。各有关部门要针对互联网和移动通信网上出现的新情况新问题，抓紧建立和完善各项管理制度，尽快形成市场准入、退出机制和日常监管机制，确保网络安全规范运行。电信管理部门要抓紧完善全国统一的网站登记备案数据库、域名数据库和IP地址数据库，为监管部门查处违法有害信息提供技术支持；积极推进手机实名制，抓紧完善网站实名制，进一步研究网络实名制；抓紧制定出台手机媒体服务管理条例。

8. 严厉打击网络淫秽色情活动。始终保持对互联网和移动多媒体上淫秽色情等违法有害信息的高压态势，定期开展全国性的网络淫秽色情专项整治行动，做到及时查处、严厉打击。运用现代技术手段加强日常监管，广电部门要抓好网络视听节目管理，切实落实信息审查、播出管理、记录留存和违法有害信息发现、防范、报告措施；电信管理部门要会同文化、广电、新闻出版部门加强网络监管，要求网络运营商不得为未持有信息网络传播视听节目

许可证的网站提供视听节目接入服务，不得为未持有互联网出版许可证的网站提供互联网出版接入服务，不得为未持有网络文化经营许可证的网站提供网络音乐、网络动漫等文化产品经营活动接入服务。电信管理部门要定期开展互联网接入服务市场治理，检查托管主机和虚拟空间服务单位互联网信息安全管理责任和相关管理制度的落实情况，检查淫秽色情等违法有害信息发现、停止传输、留存记录等技术措施的落实情况，及时查处安全管理责任不落实、违法有害信息频发的网站。电信管理、金融、公安部门要通力合作，规范网上支付平台和手机代收费业务，依法严厉处罚为淫秽色情网站提供代收费服务的服务商，坚决切断淫秽色情网站的利益链。

9. 及时清除低俗媚俗、格调低下的网上信息垃圾和相关网站。继续深入开展文明办网、文明上网活动。对外宣传部门要协调有关部门完善相关司法解释和部门规章，推动文明办网，定期对文明办网情况进行检查，有针对性地解决存在的问题。充分发挥各级互联网协会的作用，从行业自律的角度推动文明办网。组织精干懂行的志愿者队伍，对文明办网、文明上网情况进行监督，及时清除互联网上不利于未成年人健康成长的不良信息。要通过资质年检、诫勉谈话、停业整顿、吊销执照等行政手段加大对各类电信企业和网络服务企业传播低俗媚俗内容的管理力度。

10. 完善网络管理防控技术手段。健全互联网搜索引擎安全管理系统，切实落实违法有害信息过滤措施，有效通过搜索引擎传播淫秽色情等违法有害信息。文化、广电、新闻出版部门要加大工作力度，加快全国网络文化市场计算机监管平台建设、互联网视听节目监管体系建设和互联网出版监管系统建设。随着第三代移动通信（3G）牌照的发放，要及时加强对手机视频的管理，严防有害信息通过手机传播。开发推广绿色上网过滤软件，通过国家统一招标、采购，在新出厂计算机终端预装过滤软件，并向网吧、学校、家庭等网络用户提供免费下载服务。继续实施网络游戏防沉迷系统，有关部门要对网络游戏加强审查，严格把关，凡未设置防沉迷系统的网络游戏，一律不准运行。在中国文明网和各级文明网建立网络过滤技术宣传介绍网页并设立网上心理咨询站，辅导家长安装过滤软件，拦截淫秽色情等违法有害信息。

【大力净化荧屏声频】

11. 严格控制不适合未成年人的广播影视节目在大众传媒上播出。广电部门要坚决把住影视节目审查关口，建立健全严格的节目审查制度和节目播出程序，精心选调高素质节目审查人员，组成强有力的队伍，禁止不宜于未成年人观看的影视剧、影视动画片和纪实电视专题节目播出。

12. 努力防止广播电视节目低俗媚俗之风对未成年人的不良影响。广电部门要切实加强对综艺类、情感类、法制类、选拔类、谈话类节目的管理，有效遏制广播电视节目中的低俗媚俗之风。

13. 大力整治不良广告。新闻出版、广电部门要严把广告刊播关，凡不利于未成年人身心健康的广告一律不得在报纸、杂志、广播、电视上刊播。要制定明确具体的广告审查细则，进一步健全广告刊播审查制度。对外宣传部门要制定并实施不得在互联网上发布不良广告的规定。工商部门要依法查处各类损害未成年人身心健康的不良广告。

【进一步整治出版物市场和校园周边环境】

14. 及时查处有损未成年人身心健康的不良出版物。新闻出版部门要加大对涉及未成年人身心健康出版物的审读审看监管力度，建立健全审读把关制度，防止不良出版物流入市场。对因审查不力、把关不严而流入市场的不良出版物，要依法予以收缴并追究出版单位责任；对非法委托印制销售不良出版物的，要依法予以惩处。

15. 加强校园周边环境治理。严格禁止在中小

学校周围开办电子游艺室、歌舞厅等娱乐场所。严格执行《互联网上网服务营业场所管理条例》和有关规定，禁止在中小学校周围200米以内开办网吧和和设立投注点，禁止在中小学校周围600米以内设立彩票专营场所。各有关部门在审批这类项目时要严格把关，教育、公安、文化、工商部门要定期组织开展校园周边环境专项检查，发现问题要及时处理。严厉打击教唆胁迫、引诱指使未成年人从事各种不良文化活动进行牟利的不法行为。

【努力为未成年人提供更多更好的精神文化产品和文化服务】

16.加强未成年人精神文化产品创作生产和推介。净化社会文化环境、促进未成年人健康成长，要坚持重在建设。文化、广电、新闻出版、文联、作协、科协等有关部门和单位要认真组织实施少儿文艺出版精品工程，大力组织创作生产优秀少儿歌曲、动漫、网络游戏、影视片、出版物等。加强对少儿文艺和科普作品创作生产的引导，加大政策激励力度，实行重点倾斜、专项资助，鼓励作家、艺术家、科学家创作出版更多为不同年龄段未成年人喜闻乐见、益德益智的精品力作，丰富未成年人的精神世界。加强对优秀少儿精神文化产品的宣传推介，特别是加大对红色经典文艺作品的推介力度，使广大未成年人更多地受到革命传统教育。采取多种方式向社会推荐优秀网络文化产品，促进适合未成年人精神文化需求的优秀文化产品数字化、网络化传播。

17.推进未成年人活动阵地建设。坚持各级各类爱国主义教育示范基地和公益性文化设施向未成年人免费开放，充分发挥其对未成年人进行思想道德教育的重要作用。校外活动场所要坚持公益性原则，政府部门要在资金上加大对校外活动场所的扶持力度，丰富充实未成年人课外生活，努力满足广大未成年人活动的需要。对外宣传部门要协调有关方面创办专门面向未成年人的网站，精心设计，丰富内容，创新手段，增强吸引力，引导广大未成年人文明上网。

18.电台电视台要大力办好少儿频率、频道。由中央人民广播电台和中央电视台分别牵头，建立全国少儿广播电视节目协作机制，分别成立全国性的少儿节目交换中心，通过政府财政补贴，使各地少儿频率、频道以低价购买或交换的方式获得优秀少儿节目。中央和各地电台电视台也要从人力、资金、技术等方面更多地投入到少儿节目生产制作之中，把少儿频率、频道办得更加丰富多彩。

【切实加强对净化社会文化环境工作的领导】

19.各级党委和政府要把净化社会文化环境工作摆上重要日程。各级党政领导干部要充分认识净化社会文化环境的重要意义，切实增强政治意识、大局意识、责任意识，把做好这项工作作为义不容辞的责任；切实做到守土有责、守土尽责，把本地区的事情管好；切实加强对本地区各有关部门的组织协调，进一步健全完善学校、家庭、社会“三结合”教育网络，形成在党委和政府领导下齐抓共管的工作格局。

20.健全净化社会文化环境工作的组织协调机制。在中央文明委领导下，建立由中央文明办牵头，中央外宣办、教育部、公安部、工业和信息化部、文化部、工商总局、广电总局新闻出版总署、共青团中央、全国妇联、中国关心下一代工作委员会等部门参加的全国净化社会文化环境工作协调小组。各有关部门既要紧密配合、相互协作。又要各负其责各尽其职。中央文明办主要负责与各有关部门的组织协调，中央外宣办主要负责互联网上违法有害信息的及时清除，教育部主要负责学校道德教育、校园文化建设和校外活动场所建设管理，公安部主要负责打击网络、手机淫秽色情等网上违法犯罪活动和互联网安全监督管理，工业和信息化部主要负责互联网、手机行业管理，文化部主要负责对网吧、网络游戏、网络音乐、动漫等的监管，工商总局主要负责对文化市场主体资格的监管，广电总局主要负责广播影视节目及影视动漫节目创作生产、播出播放和网络、手机视听节目监管，新闻出版总署主要负责出版物市场、互联网出版监管和网络游戏的网上出版前置审批以及对境外著作权人授权的互联网游戏作品的审批，共青团中央主要负责未成年人权益保护和预防未成年人违法犯罪有关工作，全国妇联主要负责未成年人家庭教育工作，中国关心下一代工作委员会主要负责组织“五老”人员做好关心教育下一代工作。全国净化社会文化环境工作协调小组要定期召开联席会议，督促检查有关文件的贯彻落实情况，组织协调专项整治行动。各地也要成立相应的协调小组，负责做好有关工作。

21.建立健全净化社会文化环境工作激励机

制。要把净化社会文化环境工作纳入创建文明城市、文明村镇、文明单位等群众性精神文明创建活动之中，纳入创建全国未成年人思想道德建设工作先进城市、先进单位之中，作为评比考核的重要内容。要把网站纳入评选表彰文明单位的范围，中央文明办要会同有关部门组织开展全国文明网站评选表彰工作。要把未成年人纳入普法范围，增强广大未成年人的法制观念。要强化群众监督，建立举报机制，对举报有功人员进行奖励。

22. 充分发挥有关行业协会在净化社会文化环境中的重要作用。各类文化行业协会要尽快建立和完善行业自律公约，加强职业道德教育，引导从业人员增强社会责任感，自觉践行社会公德和职业道德；要切实履行职责，加强行业管理，规范行业行为，引导从业人员自觉为净化社会文化环境做贡献。

五、中共中央宣传部、文化部关于深化国有文艺演出院团体制改革的若干意见

文政法发〔2009〕25号

各省、自治区、直辖市党委宣传部、文化厅（局），新疆生产建设兵团党委宣传部、文化局，各计划单列市党委宣传部、文化局，文化部各司局，各直属单位：

为深入贯彻党的十七大精神，全面落实科学发展观，推动社会主义文化大发展大繁荣，根据中央关于深化文化体制改革的部署和要求，就深化国有文艺演出院团体制改革提出如下意见。

【深化国有文艺演出院团体制改革的重要性和紧迫性】

1. 国有文艺演出院团是繁荣社会主义文艺的中坚力量，在社会主义精神文明建设中承担着重要使命。改革开放特别是党的十六大以来，国有文艺演出院团围绕中心、服务大局，大力推进艺术创作和生产，推出了一批思想性、艺术性、观赏性俱佳的演艺精品，培养了众多德艺双馨的优秀人才，为繁荣发展文化艺术、满足公众文化需求、提高全民文化素质做出了重要贡献。一批国有文艺演出院团解放思想、大胆实践，积极探索以新的体制机制破解发展难题，显著增强了自身艺术创造力和市场竞争力，为深化改革积累了新鲜经验。

2. 国有文艺演出院团的体制改革虽然取得不少成绩，但与文化体制改革的总体要求还有较大差距。随着演艺业赖以生存和发展的经济基础、体制条件和社会环境的深刻变化，国有文艺演出院团旧有体制的弊端日益显露。绝大多数国有院团仍保留事业体制，没有形成与市场对接的体制机制，没有成为市场主体，缺乏通过市场竞争做大做强的内在动力；相当多的剧（节）目以参评获奖为主要生产目的，没有进入市场，忽视观众需求，社会效益与经济效益都受到制约；现行体制是按照行政区划和级次层层办团，“小而全”、“散而弱”，很难形成有实力的文化品牌，不利于中华文化“走出去”；许多院团包袱沉重，人员能进不能出、能上不能下，影响了演职员工的工作积极性，生产经营难以为继。这种状况与日趋完善的社会主义市场经济体制不相适应，与人民群众不断增长的精神文化需求不相适应，与推动社会主义文化大发展大繁荣的战略目标不相适应。切实加大力度、加快进度，开创国有文艺演出院团体制改革工作的新局面，已成为当前深化文化体制改革的重大课题，成为摆在我们面前的突出任务。

3. 当前，推进国有文艺演出院团体制改革面临极好机遇。党中央、国务院高度重视文艺工作，为改革提供了坚强的领导保证；我国综合国力日益增强，为改革提供了坚实的物质基础；全面建设小康社会对文艺繁荣提出新的要求，为改革提供了强劲动力；文化体制改革配套政策不断完善，为改革提供了有力保障；文化体制改革试点工作取得显著成绩，为改革提供了丰富的实践经验。我们必须从不断解放和发展文化生产力、丰富人民精神文化生活、提高国家文化软实力的高度，充分认识深化国有文艺演出院团体制改革的重大意义，抓住机遇，奋力进取，加快形成有利于演艺业出精品、出人才、出效益的体制条件。

【深化国有文艺演出院团体制改革的指导思想、目标任务和基本原则】

4. 深化国有文艺演出院团体制改革的指导思想是：高举中国特色社会主义伟大旗帜，以邓小平理论和“三个代表”重要思想为指导，深入贯彻落实科学发展观，按照“高举旗帜、围绕大局、服务人民、改革创新”的总要求，坚持社会主义先进文化的前进方向，坚持面向群众、面向市场，以转企改制为中心环节，全面推进体制机制创新，进一步解放和发展文化生产力，努力满足广大人民群众日益增长的多层次多方面的精神文化需求。

5. 深化国有文艺演出院团体制改革的目标任务是：加快转企改制工作步伐，积极培育新型市场主体。对市场发育相对成熟的歌舞、杂技、曲艺、话剧、地方戏曲等方面的国有院团，要确定转企改制工作进度，加大改革力度。除新疆、西藏外，各省、自治区、直辖市和计划单列市、省会城市2009年底前都要至少完成一家直属院团整体转企改制；试点工作基础较好的地区，现阶段要有计划地分期分批展开；2010年后，将国有院团转企改制工作向面上推开。各省、自治区、直辖市要于2010年前选择一至两个试点县，推动县级院团转企改制，探索政府采购公益性演艺服务的方式，开发农村演艺市场。加快形成统一、开放、竞争、有序的现代演艺市场体系，更大程度地发挥市场在演艺资源配置中的基础性作用，积极建设电子票务、剧场院线等现代演艺营销体系。着力转变政府职能，加强和改进演艺领域宏观管理，推动建设一批新型行业组织和市场中介机构。打造一批外向型演艺企业，大力推动演艺产品和服务“走出去”。

6. 实现上述目标任务，要遵循以下基本原则：把解放思想、转变观念作为深化改革的重要前提，牢固树立符合科学发展观要求的新的文化发展理念；把繁荣发展艺术生产、不断满足人民群众精神文化需求作为深化改革的根本出发点，坚持以发展为主题，以改革开放和科技进步为动力；把面向群众、面向市场作为深化改革的基本要求，始终把社会效益放在首位，努力实现社会效益和经济效益的统一；把区别对待、分类指导作为深化改革的基本方法，进一步明确各类国有文艺演出院团的职能、任务和改革途径；把广大演职员工作为深化改革的主体力量，充分发挥他们的积极性、主动性、创造性；把完善和落实政策作为深化改革的有力保障，务求实现“早改早受益、早改早发展”。

【深化国有文艺演出院团体制改革的基本内容】

7. 坚持把转企改制作为深化国有文艺演出院团体制改革的中心环节。按照创新体制、转换机制、面向市场、壮大实力的基本要求，着力扶持转企改制院团做大做强，显著增强国有资本在演艺领域的主导作用。

以多种形式探索转企改制。推动歌舞、杂技、曲艺、话剧、地方戏曲等方面的国有院团率先进行整体转企改制。其他院团可以通过组建项目公司等方式，推行市场化运作机制，为转企改制积累经验、创造条件。推动兴办文化产业投资公司，支持院团转企改制。鼓励引进战略投资者，支持其以控股、参股等形式参与院团股份制改造。

完善转企改制院团的企业运行机制。改变院团在传统事业体制下的机构设置，加快完善法人治理结构。加强成本核算，改进经营方式，建立适应市场竞争需要的艺术生产机制。运用市场手段和资本力量，进行演艺产品及衍生品的创意、生产和营销。大力开发原创性演艺产品，打造具有核心竞争力的知名文化品牌。

着力培育骨干演艺企业。鼓励转企改制院团整合优质资源，与演出中介机构、演出场所等组建综合性演艺集团公司，延伸和完善产业链。选择部分成长性好、竞争力强的大型国有或国有控股演艺企业，加大扶持力度，鼓励其以资本为纽带，开展跨地区兼并、重组，成为善于利用国内国外两种资源、积极开拓国内国外两个市场的演艺业主导力量。支持民营企业参与国有文艺演出院团转企改制和股份制改造，打造跨所有制、跨业态的大型演艺企业。

8. 把结构调整作为深化国有文艺演出院团体制改革的重要内容。按照整合资源、调整布局、优化结构、提高效益的要求，大力推进演艺资源重组，提高演艺业整体发展质量和水平。加快整合同一城市中不同层级重复设置的国有院团，暂时不具备整体合并条件的，可以剥离经营性资产共同组建演艺企业。对无演出能力、长期完全依赖财政补贴生存的国有院团，核销其单位建制，符合条件的人员可按相关规定充实到文化馆、群艺馆等公益性文化单位。对演出剧（曲）种被列入国家级非物质文化遗产名录，且目前市场化程度较低的地方重点国有院团，可以与相关的公益性文化单位合并，原有财政资金用于扶持剧（曲）种传承和公益性展演活动。

9. 积极推进县级院团体制改革。借鉴农村电影放映工程的有关做法，采取企业经营、市场运作、政府购买服务、基层群众受惠的方式，按照“试点先行、逐步推开”的方针，推进县级院团转企改制，加强政府扶持，培育市场主体，探索农村演艺服务供给的新模式。

10. 深化保留事业体制院团的内部机制和管理

制度改革。按照面向市场、转换机制、增强活力、改善服务的要求，着力提高事业院团市场适应能力和发展活力。深化人事、社会保障和内部收入分配制度改革，完善激励和约束机制。改进财政投入方式，建立健全绩效考评体系，增强群众评价在考评中的作用，建立考评信息公开发布制度，强化评估结果与单位财政拨款、干部任用的联系。保留事业体制院团，须报经同级人民政府和上级文化行政主管部门批准。

【深化国有文艺演出院团体制改革的宏观环境建设】

11. 加快推进宏观管理体制改革。推动文化行政管理部门逐步实现由办文化为主向管文化为主转变，由管微观向管宏观转变，由主要面向直属单位转为面向全社会，强化政策调节、市场监管、社会管理和公共服务职能。积极推动演艺领域国有文化资产监管体制改革，切实推进政企分开、政事分开、管办分离。支持民营文艺表演团体与国有院团平等竞争、共同发展。

12. 建立文艺演出院团和演艺产品的新型评价体系。打破事业、企业界限，消除国有、民营差别，不论行政级次，以艺术生产水平、群众欢迎程度和市场表现作为评价标准，确定重点院团，由国家予以扶持。改进现行评奖机制，扩大群众对文艺评奖的参与面，合理增加经济效益在评选指标中的比重。规范并适当压缩演艺评奖活动，完善其审批、登记、备案等制度。

13. 完善演艺市场流通体系。建设资源共享的演出院线体系和互联互通的演出票务系统，打破条块分割、地区封锁、城乡分离的市场格局，实现生产要素合理流动和资源优化配置。加强行业组织建设，发挥其在行业自律、资格认定、经营指导、权益保障等方面的积极作用。发展和完善经纪、代理、评估、推介、咨询等中介机构，推行面向演艺领域的专业化、社会化服务。加大知识产权保护力度，维护演艺市场秩序。

【深化国有文艺演出院团体制改革的政策支持】

14. 加大对转企改制院团的扶持力度。充分考虑国有文艺演出院团大多底子薄、包袱重、体量小的现状，对率先转企改制的院团给予倾斜，帮助其优先获得发展资源，尽快做大做强。大力改善转企改制院团生产经营基本条件，以新建、改造、委托经营、租赁等多种形式，为转企改制院团配备相对固定的演出场所。支持转企改制院团与新闻媒体开展各种形式的合作，拓展发展空间。通过政府采购、场次补贴等方式，吸引转企改制院团提供公益性演艺服务。在同等条件下，政府有关文化活动采购项目可优先吸纳转企改制院团参加竞标。

15. 拓宽转企改制院团资金筹集渠道。用足用好支持文化体制改革和文化产业发展的有关经济政策，推动各项政策性资金及时足额到位。积极争取有关部门支持，确保院团转企改制后原有正常事业费继续拨付，并通过文化产业发展资金等予以支持。推进有条件的地方探索建立文化艺术发展基金，采取项目补贴、定向资助、贷款贴息和以奖代补等办法，加大对转企改制院团的资金支持力度，重点扶持精品创作生产和人才培养。鼓励各地采取多种方式为转企改制院团搭建投融资平台，完善演艺产业投融资体系。完善鼓励企业、个人捐赠文艺演出院团的税收减免政策，有效调动社会力量资助文艺演出院团的积极性。

16. 切实保障广大演职员工权益。按照新人新办法、老人老办法的原则，鼓励各地结合实际、大胆探索，采取灵活多样的办法，妥善解决转企改制院团人员安置问题。自工商登记之日起，转企改制院团与在职职工签订企业劳动合同，实行企业用工制度和收入分配制度。研究制定符合演艺职业特点的转岗政策。对转企改制院团中有特殊贡献的演职员工，可探索实行期股期权等激励机制和办法，支持转企改制院团股份制改造时按照规范的办法吸收职工参股购股。积极争取有关部门支持，通过包括企业年金在内的多层次养老保障体系，解决转企改制后的养老待遇水平衔接问题。对于年龄偏大、确有困难的演艺人员，可安排到博物馆、图书馆、文化馆、社区文化活动中心等文化单位，充实基层文化工作队伍。

17. 建立对经济欠发达地区国有文艺演出院团的文化援助机制。加大对西部和少数民族地区国有文艺演出院团体制改革的资金支持。鼓励东部地区与中西部地区文艺演出院团加强交流与合作。推动制定相关优惠政策，吸引符合条件的大学毕业生、志愿者到西部和少数民族地区从事演艺服务。

【深化国有文艺演出院团体制改革的组织领导】

18. 进一步解放思想、转变观念。深入学习实践科学发展观，不断增强文化体制改革的责任感紧迫感，着力转变那些不适应不符合文化科学发展的思想观念，牢固树立和落实新的文化发展理念。充分考虑文化的意识形态特点和社会主义精神文明建设的需要，适应社会主义市场经济发展的要求，遵循文化艺术自身发展规律，锐意进取，大胆探索，全面推进国有文艺演出院团体制机制创新。充分发挥党组织的政治保障作用，团结和带领工会、共青团等群众组织，开展深入细致的思想政治工作，使广大演职员工自觉支持改革、参与改革。

19. 建立健全领导体制和工作机制。按照“党委统一领导、政府组织实施、宣传部门协调指导、文化行政主管部门具体落实、相关部门密切配合”的要求，在本级文化体制改革工作领导小组指导下，组建工作机构，负责国有文艺演出院团体制改革工作。加强组织领导，加快制定和完善工作制度，强化统筹协调，形成上下联动、高效运转的工作机制，切实解决改革中的实际困难和问题。充分发挥新闻媒体的作用，认真做好宣传动员工作，及时推广改革典型和成功经验。

20. 推动建立目标责任制。各省、自治区、直辖市（新疆、西藏除外）要制定本地国有文艺演出院团体制改革工作方案，明确工作进度，细化目标任务，抓紧组织实施。要把国有文艺演出院团改革发展纳入党委、政府重要工作议程，纳入对有关负责干部的考核考察。中央各部门各单位所属文艺演出院团要努力在改革中走在前列，发挥示范作用。中宣部、文化部将开展督促检查，表彰奖励改革力度大、效果好的地区和单位，对动作迟缓的地区和单位提出限期改进要求。

2009 年 7 月 27 日

六、财政部、国家税务总局、中宣部关于转制文化企业名单及认定问题的通知

财税〔2009〕105 号

各省、自治区、直辖市、计划单列市党委宣传部、财政厅（局）、国家税务局、地方税务局，新疆生产建设兵团财务局：

根据《国务院办公厅关于印发文化体制改革中经营性文化事业单位转制为企业和支持文化企业发展两个规定的通知》（国办发〔2008〕114 号）精神，以及《财政部 国家税务总局关于文化体制改革中经营性文化事业单位转制为企业的若干税收政策问题的通知》（财税〔2009〕34 号）的规定，现就转制文化企业名单及认定问题通知如下：

一、2008 年 12 月 31 日之前已经审核批准执行《财政部 海关总署 国家税务总局关于文化体制改革中经营性文化事业单位转制后企业的若干税收政策问题的通知》（财税〔2005〕1 号）的转制文化企业，2009 年 1 月 1 日至 2013 年 12 月 31 日期间，相关税收政策按照财税〔2009〕34 号文件的规定执行。本条所称转制文化企业包括：

（一）根据《财政部 海关总署 国家税务总局关于发布第一批不在文化体制改革试点地区的文化体制改革试点单位名单的通知》（财税〔2005〕163 号）、《财政部 海关总署 国家税务总局关于公布第二批不在试点地区的文化体制改革试点单位名单和新增试点地区名单的通知》（财税〔2007〕36 号）和《财政部 海关总署 国家税务总局关于发布第三批不在试点地区的文化体制改革试点单位名单的通知》（财税〔2008〕25 号），由财政部、海关总署、国家税务总局分批发布的不在试点地区的试点单位。

（二）由北京市、上海市、重庆市、浙江省、广东省及深圳市、沈阳市、西安市、丽江市审核发布的试点单位，包括由中央文化体制改革工作领导小组办公室提供名单，由北京市发布的中央在京转制试点单位。

（三）财税〔2007〕36 号文件规定的新增试点地区审核发布的试点单位。

上述转制文化企业名称发生变更的，如果主营业务未发生变化，持原认定的文化体制改革工作领导小组办公室出具的同意更名函，到主管税务机关履行更名手续；如果主营业务发生变化，依照本通知第二条规定的条件重新认定。

二、从 2009 年 1 月 1 日起，需认定享受财税〔2009〕34 号文件规定的相关税收优惠政策的转制文化企业应同时符合以下条件：

（一）根据相关部门的批复进行转制。中央各部门各单位出版社转制方案，由中央各部门各单位出版社体制改革工作领导小组办公室批复；中央部委所属的高校出版社和非时政类报刊社的转制方案，由新闻出版总署批复；文化部、广电总局、新闻出版总署所属文化事业单位的转制方案，由上述 3 个部门批复；地方所属文化事业单位的转制方案，按照登记管理权限由各级文化体制改革工作领导小组办公室批复。

（二）转制文化企业已进行企业工商注册登记。

（三）整体转制前已进行事业单位法人登记的，转制后已核销事业编制、注销事业单位法人。

（四）已同在职职工全部签订劳动合同，按企业办法参加社会保险。

（五）文化企业具体范围符合《财政部 海关总署 国家税务总局关于支持文化企业发展若干税收政策问题的通知》（财税〔2009〕31号）附件规定。

（六）转制文化企业引入非公有资本和境外资本的，须符合国家法律法规和政策规定；变更资本结构的，需经行业主管部门和国有文化资产监管部门批准。

三、中央所属转制文化企业的认定，由中宣部会同财政部、国家税务总局确定并发布名单；地方所属转制文化企业的认定，按照登记管理权限，由各级宣传部门会同同级财政厅（局）、国家税务局和地方税务局确定和发布名单，并逐级备案。

四、经认定的转制文化企业，可向主管税务机关申请办理减免税手续，并向主管税务机关备案以下材料：

（一）转制方案批复函；

（二）企业工商营业执照；

（三）整体转制前已进行事业单位法人登记的，需提供同级机构编制管理机关核销事业编制、注销事业单位法人的证明；

（四）同在职职工签订劳动合同、按企业办法参加社会保险制度的证明；

（五）引入非公有资本和境外资本、变更资本结构的，需出具相关部门的批准函；

五、未经认定的转制文化企业或转制文化企业不符合本通知规定的，不得享受相关税收优惠政策。已享受优惠的，主管税务机关应追缴其已减免的税款。

六、本通知适用于经营性文化事业单位整体转制和剥离转制两种类型。

（一）整体转制包括：（图书、音像、电子）出版社、非时政类报刊社、新华书店、艺术院团、电影制片厂、电影（发行放映）公司、影剧院等整体转制为企业。

（二）剥离转制包括：新闻媒体中的广告、印刷、发行、传输网络部分，以及影视剧等节目制作与销售机构，从事业体制中剥离出来转制为企业。

财政部 国家税务总局 中宣部

2009年8月13日

七、文化部、国家旅游局关于促进文化与旅游结合发展的指导意见

文市发〔2009〕34号

各省、自治区、直辖市文化厅（局）、旅游局，新疆生产建设兵团文化局、旅游局：

为落实中央扩大内需的战略部署，推进文化与旅游协调发展，满足人民群众日益增长的文化消费需求，现提出以下意见：

【高度重视文化与旅游的结合发展】

近年来，在各级党委、政府的领导和支持下，文化、旅游相互融合、相互促进，取得了一定的经济效益和良好的社会效益。但总的来看，文化与旅游结合发展仍存在合作领域不宽广、合作机制不顺畅、政策扶持不到位等问题，文化旅游发展现状与当前日益增长的市场需求还不完全适应。在新形势下促进文化与旅游深度结合，是文化和旅游部门的共同责任。

文化是旅游的灵魂，旅游是文化的重要载体。加强文化和旅游的深度结合，有助于推进文化体制改革，加快文化产业发展，促进旅游产业转型升级，满足人民群众的消费需求；有助于推动中华文化遗产的传承保护，扩大中华文化的影响，提升国家软实力，促进社会和谐发展。各地要从构建社会主义和谐社会的高度，以“树形象、提品质、增效益”为目标，采取积极措施加强文化与旅游结合，切实推动社会主义文化大发展大繁荣。

【推进文化与旅游结合发展的主要措施】

（一）打造文化旅游系列活动品牌。举办全国性文化旅游节庆活动。从2010年开始，文化部、国家旅游局每4年推出一个中国文化旅游主题年，每2年举办一届中国国际文化旅游节。引导区域性文化旅游节庆活动。在兼顾时间和地域布局的前提下，文化部和国家旅游局每2年公布8至10个地方文化旅游节庆活动扶持名录，并通过联合举办、政策优惠、资金补贴等多种方式进行支持，期满后根据活动绩效对扶持名录进行调整并予以公布。

（二）打造高品质旅游演艺产品。从促进旅游发展的角度，鼓励对现有演艺资源进行整合利用，鼓励社会资本以投资、参股、控股、并购等方式进入旅游演出市场，允许适度引进境外资本投资国内旅游演出市场。鼓励运用现代高新科学技术，创新演出形式，提升节目创意，突出地域特点和文化特色，打造优秀旅游演出节目。旅游景区（点）要广泛吸纳文艺演出团体和艺术表演人才以多种方式灵活参与景区经营，不断提高景区（点）的文化内涵。有条件的红色旅游景区，要积极开发面向市场、面向群众的演出活动，丰富红色旅游的文化内涵，提高红色旅游的经济效益。

（三）利用非物质文化遗产资源优势，开发文化旅游产品。坚持保护为主、合理利用的原则，既要保留非物质文化遗产的原生态和本真性，又要通过旅游开发向外界宣传推广。对传统技艺类非物质文化遗产，通过生产性保护方式，加以合理利用，为旅游业和文化产业发展注入新鲜元素。对传统表演艺术类非物质文化遗产，一方面注重原真形态的展示；另一方面通过编排，成为具有地方民族特色和市场效益的文化旅游节目。依托文化生态保护实验区中独具特色的文化生态资源，积极发展文化观光游、文化体验游、文化休闲游等多种形式的旅游活动。

（四）实施品牌引领战略，引导文化旅游产品开展品牌化经营。以旅游热点地区为重点，采取地方申报，文化部和国家旅游局认定的方式，编制双年度《国家文化旅游重点项目名录》，对列入名录的文化旅游项目在行业政策、项目审批、信息服务和市场开拓等方面给予重点扶持。对文化旅游结合发展成效突出的典型项目，文化部和国家旅游局共同进行表彰。给予一批以资本为纽带的文化旅游企业必要的政策扶持，支持其向集团化和品牌化方向发展。引导和支持优秀旅游城市规划建设旅游文化名街、名镇，推进文化旅游示范县建设，打造文化旅游特色产业聚集区。

（五）鼓励主题公园、旅游度假区设立连锁网吧、游戏游艺场所。结合不同主题公园、旅游度假区的特点，鼓励网吧连锁企业在符合一定标准和条件的主题公园和旅游度假区开设直营连锁门店，鼓励游艺娱乐企业在主题公园和旅游度假区开设游艺娱乐场所，丰富文化主题内容，创新文化传播体验方式，提升主题公园和旅游度假区的感染力和吸引力，打造一站式旅游消费和文化娱乐园区。

（六）举办文化旅游项目推介洽谈会，推动文化旅游企业开展合作。各级文化和旅游部门通过举办论坛、投资洽谈会、项目交易会等形式，推进文化企业与旅游企业的沟通与合作。鼓励以资本为纽带的文化、旅游企业间的合作，实现优势互补、市场共享。旅行社企业要积极组织和宣传具有地方特色的文化项目和文化活动，提升旅游产品的文化品位。

（七）深度开发文化旅游工艺品（纪念品）。文化行政部门鼓励创意制作符合地方文化特点的文化旅游工艺品（纪念品），挖掘旅游品牌的形象价值，拓展旅游品牌的产业链条；旅游部门积极创造条件，加强文化旅游工艺品（纪念品）的市场推广，逐步提高工艺品（纪念品）的信誉和影响力。举办全国文化旅游工艺品（纪念品）博览会和全国文化旅游工艺品（纪念品）创意设计大赛。鼓励有创新特色的文化旅游工艺品（纪念品）申请外观设计专利，加强对文化旅游工艺品（纪念品）的知识产权保护。

（八）加强文化旅游产品的市场推广。文化旅游推广与对外文化工作相结合，在中国与其他国家举办的文化年或其他主题文化活动中增设旅游产品和项目展示，整合各方资源，增强宣传效果，扩大国际影响。旅游部门发挥市场推广优势，将反映地方文化特色的文化产品纳入国内外旅游项目推广计划，充实旅游产品的文化内涵。

（九）积极培育文化旅游人才。文化部与国家旅游局联合编制文化旅游人才培训规划，确立一批文化旅游实践基地和文化旅游人才培养院系（专业），加强文化旅游人才培训。根据市场需求和文化旅游产业发展实际，定期组织文化旅游从业人员业务培训，联合开展导游和讲解员培训，努力培育一支高素质、专业化的文化旅游人才队伍。

（十）规范文化旅游市场经营秩序。文化市场执法机构与旅游质监机构要建立规范文化旅游市场经营秩序的联合监管机制，开展联合执法和日常监督检查。要依照法律法规规定，抓住重点问题、关键环节实施监管。坚决打击欺骗、胁迫旅游者参加计划外自付费项目或强制购物的行为，打击导游司机私自收受高额回扣行为，打击假冒伪劣文化旅游工艺品（纪念品），打击宣扬低俗色情和封建迷信的文化旅游产品和非法经营行为。

【加强组织领导，完善工作机制】

建立文化部门与旅游部门协作配合长效工作机制，进一步加强对文化旅游结合工作的领导。文化部和国家旅游局成立两部门分管部局领导牵头，相关职能司局参加的文化旅游合作发展领导小组。各级文化部门和旅游部门要建立相应合作协调工作机制，制定本地区文化旅游发展规划，定期通报文化旅游结合发展的最新动态，加强本地区文化旅游的紧密合作。

各级文化和旅游部门要进一步增强对文化旅游结合发展重要性的认识，增强使命感和责任感。要按照本《意见》要求，在当地党委和政府的领导下，结合本地工作实际，抓紧制定贯彻本《意见》的具体办法，精心组织，周密部署，扎实推进，确保各项政策措施落到实处。要加强统筹、分工协作，进一步完善文化旅游合作机制，积极探索推进文化旅游协作的新方法、新思路、新途径，不断开创文化旅游工作的新局面。

2009 年 8 月 31 日

2009 年文化法规选编

一、乡镇综合文化站管理办法

（中华人民共和国文化部令第 48 号。2009 年 8 月 5 日文化部部务会议审议通过，自 2009 年 10 月 1 日起施行。）

第一章　总　则

第一条　为了促进乡镇综合文化站的建设，加强对乡镇综合文化站的管理，充分发挥乡镇综合文化站的作用，根据《公共文化体育设施条例》和国家有关规定，制定本办法。

第二条　本办法中的乡镇综合文化站（以下简称“文化站”），是指由县级或乡镇人民政府设立的公益性文化机构，其基本职能是社会服务、指导基层和协助管理农村文化市场。

第三条　乡镇人民政府负责文化站日常工作的管理，县级文化行政部门负责对文化站进行监督和检查，县文化馆、图书馆等相关文化单位负责对文化站开展对口业务指导和辅导。

第二章　规划和建设

第四条　文化部会同有关部门组织制定全国文化站建设规划和标准，并对其实施情况进行监督检查。

第五条　文化站建设应纳入当地国民经济和社会发展计划，与当地经济社会发展水平相适应，建设规模应符合国家有关规定；应纳入当地城乡建设规划，优先安排用地指标，无偿划拨建设用地。

各级人民政府应对少数民族地区、边远贫困地区的文化站建设予以重点扶持。

第六条　文化站应位于交通便利、人口集中、便于群众参与活动的区域，一般不设在乡镇人民政府办公场所内。

文化站的选址、设计、功能安排等应征得县级文化行政部门的同意。

第七条　文化站基本功能空间应包括：多功能活动厅、书刊阅览室、培训教室、文化信息资源共享工程基层点和管理用房，以及室外活动场地、宣传栏等配套设施。

第八条　文化站应配置开展公共文化服务必需的设备、器材和图书等文化资源，并有计划地予以更新、充实。

文化站设施和设备必须按照国家有关规定办理资产登记及相关手续，依法管理，确保国有资产安全、完整和有效使用。

第九条　因乡镇建设规划需拆除文化站或者改变其功能、用途的，应依照国家有关法律、法规的规定择地重建。乡镇人民政府在做出决定前，应广泛听取群众的意见，并征得县级文化行政部门同意，报县级人民政府批准。

第三章　职能和服务

第十条　文化站的主要职能是，开展书报刊借阅、时政法制科普教育、文艺演出活动、数字文化信息服务、公共文化资源配送和流动服务、体育健身和青少年校外活动等。

第十一条　文化站通过以下方式履行职能，开展服务：

（一）举办各类展览、讲座，普及科学文化知识，传递经济信息，为群众求知致富，促进当地经济建设服务。

（二）根据当地群众的需求和设施、场地条件，组织开展丰富多彩的、群众喜闻乐见的文体活动和广播、电影放映活动；指导村文化室（文化大院、俱乐部等）和农民自办文化组织建设，辅导和培训群众文艺骨干。

（三）协助县级文化馆、图书馆等文化单位配送公共文化资源，开展流动文化服务，保证公共文化资源进村入户。

（四）在县级图书馆的指导下，开办图书室，开展群众读书读报活动，为当地群众提供图书报刊借阅服务。

（五）建成全国文化信息资源共享工程基层服务点，开展数字文化信息服务。

（六）在县级文化行政部门的指导下，搜集、整理非物质文化遗产，开展非物质文化遗产的普查、展示、宣传活动，指导传承人开展传习活动。

（七）协助县级文化行政部门开展文物的宣传保护工作。

（八）受县级文化行政部门的委托，协助做好农村文化市场管理及监督工作。发现重大问题或事故，依法采取应急措施并及时上报。

第十二条　文化站应完善内部管理制度，建立、健全服务规范，并根据其功能、特点向公众开放，保障其设施用于开展文明、健康的文化体育活动。文化站应在醒目位置标明服务内容、开放时间和注意事项。

第四章　人员和经费

第十三条　文化站应配备专职人员进行管理，编制数额应根据所承担的职能和任务及所服务的乡镇人口规模等因素确定。

第十四条　文化站站长应具有大专以上学历或具备相当于大专以上文化程度，热爱文化事业，善于组织群众开展文化活动，具备开展文化站工作的业务能力和管理水平。文化站站长由乡镇人民政府任命或聘任，事先应征求县级文化行政部门的意见。

第十五条　文化站实行职业资格制度，文化站从业人员须通过文化行政部门或委托的有关部门组织的相应考试、考核，取得职业资格或岗位培训证书。

文化站从业人员可根据本人的学历条件、任职年限、工作业绩和业务水平等申报相应的专业技术资格。

第十六条　文化站实行聘用制和岗位目标管理责任制。在岗人员退休或被调离、辞退后，应及时配备相应人员，确保文化站正常工作不受影响。

第十七条　文化行政部门负责对文化站从业人员进行定期培训。各级文化培训机构、群艺馆、文化馆、图书馆、艺术学校、艺术院团等具体承担人员培训任务。

第十八条　文化站的建设、维修、日常运转和业务活动所需经费，应列入县乡人民政府基本建设投资计划和财政预算，不得随意核减或挪用。中央、省、市级财政可对文化站设施建设和内容建设予以经费补助。

第十九条　鼓励企业、社会团体、个人捐赠或资助文化站。依法向文化站捐赠财产的，捐赠人可按照有关法律规定享受优惠。

第五章　检查和考核

第二十条　文化行政部门负责定期对文化站设施建设、经费投入、工作开展情况等进行检查、考评。文化站建设情况应纳入创建全国和地区性文化先进单位的考核指标体系。

第二十一条　对在农村文化建设中做出突出贡献的文化站和文化站从业人员，由县级以上人民政府或有关部门给予奖励。

第六章　附　则

第二十二条　本办法由文化部负责解释。

第二十三条　本办法自 2009 年 10 月 1 日起施行。

二、文化部办公厅关于贯彻实施《乡镇综合文化站管理办法》有关事项的通知

办社文函〔2009〕472 号

各省、自治区、直辖市文化厅（局），新疆生产建设兵团文化局，各计划单列市文化局：

《乡镇综合文化站管理办法》（以下简称《办法》）已于 2009 年 9 月 8 日以文化部令的形式颁布，自 2009 年 10 月 1 日起开始正式实施。现就贯彻实施《办法》的有关事项通知如下：

一、高度重视，认真组织文化系统和相关文化单位学习、宣传、贯彻。《办法》的颁布，对于提高乡镇综合文化站管理和服务水平，将乡镇综合文化站的管理纳入科学化、法制化轨道，促进农村公共文化服务体系建设，具有重要意义。各级文化行政部门，特别是县级文化行政部门要充分认识《办法》颁布的重要意义，认真制定本部门学习、宣传、贯彻《办法》的工作方案，组织文化系统和相关文化单位集中一段时间开展学习、宣传、贯彻《办法》活动，并将学习《办法》

与学习其他农村文化建设和公共文化服务体系建设相关政策法规结合起来，使文化系统干部职工，特别是县乡文化行政部门和文化站从业人员熟知《办法》，全面掌握有关条文内容，准确掌握《办法》的各项规定，从而进一步增强各级文化行政部门和相关文化单位的责任意识和服务意识，把乡镇综合文化站建好、管好、用好，切实发挥乡镇综合文化站在公共文化服务体系建设中的重要作用。

二、将学习、宣传《办法》纳入基层文化队伍培训计划，作为文化站长培训的一项重要内容。通过举办专题讲座、知识竞赛和座谈交流等多种方式，组织县级文化行政部门、文化馆、图书馆和乡镇综合文化站从业人员认真学习《办法》和相关政策法规，全面掌握文化站相关政策知识，明确文化站的职能和任务，认真落实《办法》的各项要求，提高管理能力和服务水平，更好地为基层群众服务。

三、通过各种新闻媒介和宣传渠道，加强《办法》的宣传工作。各地要积极与新闻媒体等进行沟通，通过报纸、电视台、电台、互联网等播发消息，或开展专题宣传报道，重点宣传新中国成立60年来，在乡镇文化站岗位上默默奉献、做出突出成绩的文化站和文化站工作队伍，让广大基层群众了解文化站，理解和支持文化站的工作，并积极参与文化站开展的各项活动，更好地享受公共文化服务。各级群众艺术馆、文化馆、图书馆和乡镇综合文化站要通过板报、橱窗等方式，在设施场所的显著位置公布《办法》内容，加大宣传力度，广泛宣传《办法》的各项规定和主要内容。要通过宣传，使各级地方人民政府和相关部门明确职责和任务，使广大群众和社会各界更加关心、支持文化站建设，积极营造文化站发展的良好社会氛围。

四、根据本地实际，加紧制定本地加强乡镇综合文化站建设的政策法规。《办法》针对农村文化发展的实际情况，对文化站规划建设、职能服务、经费保障、人才队伍等方面做出了明确的规定，各级文化行政部门要根据《办法》，结合本地实际，加紧制定本地贯彻落实《办法》的有关规定，严格落实《办法》各项规定，切实加强对乡镇综合文化站的建设和管理，保障乡镇综合文化站建设顺利开展。

五、按照《办法》和有关农村文化建设、公共文化服务体系建设相关政策法规，开展自查自纠工作。各省（区、市）文化厅（局）要在2009年12月31日前，组织一次全省（区、市）贯彻落实乡镇综合文化站相关政策法规情况的专项检查工作，对照《办法》和相关政策法规，查找不足和困难、问题，提出督查意见，以及本地加强乡镇综合文化站建设的对策和措施。

各省（区、市）文化厅（局）要根据本地工作实际制定贯彻落实《办法》的具体方案，并与专项督查报告一并于2010年2月1日前报送我部社会文化司。

特此通知

2009年10月16日

三、营业性演出管理条例实施细则

（中华人民共和国文化部令第47号。2009年8月5日文化部部务会议审议通过，自2009年10月1日起施行。）

第一章 总 则

第一条 根据《营业性演出管理条例》（以下简称《条例》），制定本实施细则。

第二条 《条例》所称营业性演出是指以营利为目的、通过下列方式为公众举办的现场文艺表演活动：

（一）售票或者接受赞助的；

（二）支付演出单位或者个人报酬的；

（三）以演出为媒介进行广告宣传或者产品促销的；

（四）以其他营利方式组织演出的。

第三条 国家依法维护营业性演出经营主体、演职员和观众的合法权益，禁止营业性演出中的不正当竞争行为。

第二章 营业性演出经营主体

第四条 文艺表演团体是指具备《条例》第六条第一款规定条件，从事文艺表演活动的经营单位。

第五条 演出经纪机构是指具备《条例》第六条第二款规定条件，从事下列活动的经营单位：

（一）演出组织、制作、营销等经营活动；

（二）演出居间、代理、行纪等经纪活动；

（三）演员签约、推广、代理等经纪活动。

第六条 演出场所经营单位是指具备《条例》第八条规定条件，为演出活动提供专业演出场地及服务的经营单位。

第七条 申请设立文艺表演团体，应当向文化主管部门提交下列文件：

（一）申请书；

（二）名称预先核准通知书、住所和从事的艺术类型；

（三）法定代表人或者主要负责人的身份证明；

（四）演员的艺术表演能力证明；

（五）与业务相适应的演出器材设备书面声明。

前款第四项所称演员的艺术表演能力证明，可以是下列文件之一：

（一）中专以上学校文艺表演类专业毕业证书；

（二）职称证书；

（三）演出行业协会颁发的演员资格证明；

（四）其他有效证明。

第八条 申请设立演出经纪机构，应当向文化主管部门提交下列文件：

（一）申请书；

（二）名称预先核准通知书、住所；

（三）法定代表人或者主要负责人的身份证明；

（四）演出经纪人员的资格证明；

（五）资金证明。

法人或者其他组织申请增设演出经纪机构经营业务的，应当提交前款第（一）、（四）项规定的文件。

第九条 依法取得营业执照或者事业单位法人证书、民办非企业单位登记证书的演出场所经营单位，应当自领取证照之日起20日内，持上述证照和有关消防、卫生批准文件，向所在地县级文化主管部门备案，县级文化主管部门应当出具备案证明。备案证明式样由文化部设计，省级文化主管部门印制。

个体演员可以持个人身份证明和本实施细则第七条第二款规定的艺术表演能力证明，个体演出经纪人可以持个人身份证明和演出经纪人员资格证明，向户籍所在地或者常驻地县级文化主管部门申请备案，文化主管部门应当出具备案证明。备案证明式样由文化部设计，省级文化主管部门印制。

第十条 申请设立中外合资经营、中外合作经营的演出经纪机构，除了提交本实施细则第八条规定的文件外，还应当提交下列文件：

（一）可行性研究报告、合同、章程；

（二）合资、合作经营各方的资信证明及注册登记文件；

（三）中国合资、合作经营者的投资或者提供的合作条件，属于国有资产的，应当依照有关法律、行政法规的规定进行资产评估，提供有关文件；

（四）合资、合作经营各方协商确定的董事长、副董事长、董事或者联合管理委员会主任、副主任、委员的人选名单及身份证明；

（五）其他依法需要提交的文件。

中外合资、合作经营演出经纪机构的董事长或者联合委员会的主任应当由中方代表担任，并且中方代表应当在董事会或者联合委员会中居多数。

第十一条 申请设立中外合资经营、中外合作经营的演出场所经营单位，应当提交下列文件：

（一）申请书；

（二）名称预先核准通知书、住所；

（三）可行性研究报告、合同、章程；

（四）合资、合作经营各方的资信证明及注册登记文件；

（五）中国合资、合作经营者的投资或者提供的合作条件，属于国有资产的，应当依照有关法律、行政法规的规定进行资产评估，提供有关文件；

（六）合资、合作经营各方协商确定的董事长、副董事长、董事或者联合管理委员会主任、副主任、委员的人选名单及身份证明；

（七）土地使用权证明或者租赁证明；

（八）其他依法需要提交的文件。

中外合资、合作经营演出场所经营单位的董事长或者联合委员会的主任应当由中方代表担任，并且中方代表应当在董事会或者联合委员会中居多数。

第十二条 香港特别行政区、澳门特别行政区的演出经纪机构经批准可以在内地设立分支机构，分支机构不具有企业法人资格。

香港特别行政区、澳门特别行政区演出经纪机构在内地的分支机构可以依法从事营业性演出的居间、代理活动，但不得从事其他演出经营活动。香港特别行政区、澳门特别行政区的演出经纪机构对其分支机构的经营活动承担民事责任。

香港特别行政区、澳门特别行政区的演出经纪机构在内地设立分支机构，必须在内地指定负责该分支机构的负责人，并向该分支机构拨付与其所从事的经营活动相适应的资金。

第十三条 香港特别行政区、澳门特别行政区的演出经纪机构申请在内地设立分支机构，应当提交下列文件：

（一）申请书；

（二）分支机构的名称、住所；

（三）演出经纪机构在港、澳的合法开业证明；

（四）演出经纪机构章程、分支机构章程；

（五）分支机构负责人任职书及身份证明；

（六）演出经纪人员的资格证明；

（七）演出经纪机构的资金证明及向分支机构拨付经营资金的数额及期限证明；

（八）其他依法需要提交的文件。

第十四条 香港特别行政区、澳门特别行政区的投资者申请在内地设立独资经营的演出经纪机构，除提交本实施细则第八条规定文件外，还应当提交下列文件：

（一）可行性研究报告、章程；

（二）投资者的身份证明；

（三）其他依法需要提交的文件。

第十五条 香港特别行政区、澳门特别行政区的投资者申请在内地设立独资经营的演出场所经营单位，应当提交下列文件：

（一）申请书；

（二）名称预先核准通知书、住所；

（三）可行性研究报告、章程；

（四）投资者的资信证明和法定代表人的身份证明；

（五）资金来源、数额、期限及证明；

（六）土地使用权证明或者租赁证明；

（七）其他依法需要提交的文件。

第十六条 香港特别行政区、澳门特别行政区投资者申请在内地设立合资、合作经营的演出经纪机构或者演出场所经营单位，参照本实施细则第十条第一款、第十一条第一款的规定办理。

台湾地区的投资者申请在大陆设立合资、合作经营的演出经纪机构、演出场所经营单位，参照本实施细则第十条、第十一条的规定办理。

第十七条 依照《条例》第十一条、第十二条规定设立合资、合作、独资经营的演出经营主体或者分支机构的，在取得文化部颁发的批准文件后，应当在90日内持批准文件通过所在地省级商务主管部门向商务部提出申请，办理有关手续，并依法到工商行政管理部门办理注册登记，领取营业执照后，到文化部领取营业性演出许可证。

第三章 演出管理

第十八条 申请举办营业性演出，应当在演出日期3日前将申请材料提交负责审批的文化主管部门。

申请举办营业性涉外或者涉港澳台演出，应当在演出日期20日前将申请材料提交负责审批的文化主管部门。

第十九条 申请举办营业性演出，应当持营业性演出许可证或者备案证明，向文化主管部门提交符合《条例》第十七条规定的文件。

申请举办临时搭建舞台、看台的营业性演出，还应当提交符合《条例》第二十一条第（二）、（三）项规定的文件。

对经批准的临时搭建舞台、看台的演出活动，演出举办单位还应当在演出前向演出所在地县级文化主管部门提交符合《条例》第二十一条第（一）项规定的文件，不符合规定条件的，演出活动不得举行。

《条例》第二十一条所称临时搭建舞台、看台的营业性演出是指符合《大型群众性活动安全管理条例》规定的营业性演出活动。

《条例》第二十一条第（一）项所称演出场所合格证明，是指由演出举办单位组织有关承建单位进行竣工验收，并作出的验收合格证明材料。

申请举办需要未成年人参加的营业性演出，应当符合国家有关规定。

第二十条 申请举办营业性涉外或者涉港澳台演出，除提交本实施细则第十九条规定的文件外，还应当提交下列文件：

（一）资金安排计划书和资金证明。

（二）演员有效身份证明复印件；

（三）2年以上举办营业性演出经历的证明文件；

（四）近2年内无违反《条例》规定的书面声明。

前款第（一）项所称资金证明是指由申请单位开户银行出具的当月基本存款账户存款证明，或者银行等金融机构同意贷款的证明，或者其他单位同意借款、投资、担保、赞助的证明及该单位开户银行出具的当月基本存款账户存款证明。

文化主管部门审核涉外或者涉港澳台营业性演出项目，必要时可以依法组织专家进行论证。

第二十一条 举办营业性涉外演出，应当通过演出所在地省级文化主管部门向文化部提出申请，省级文化主管部门应当在7日内出具审核意见报文化部审批。

跨省区演出的，应当出具其他演出所在地省级文化主管部门的审核意见。

第二十二条 经文化部批准的营业性涉外演出，在批准的时间内增加演出地的，举办单位或者与其合作的具有涉外演出资格的演出经纪机构，应当在演出日期10日前，持文化部批准文件和本实施细则第十九条规定的文件，到增加地省级文化主管部门备案，省级文化主管部门应当出具备案证明，并抄报文化部。

第二十三条 经批准到艺术院校从事教学、研究工作的外国或者港澳台艺术人员从事营业性演出的，应当委托演出经纪机构承办。

第二十四条 歌舞娱乐场所、旅游景区、主题公园、游乐园、宾馆、饭店、酒吧、餐饮场所等非演出场所经营单位需要在本场所内举办营业性演出的，应当委托演出经纪机构承办。

在上述场所举办驻场涉外演出，应当报演出所在地省级文化主管部门审批。

第二十五条 申请举办含有内地演员和香港特别行政区、澳门特别行政区、台湾地区演员共同参加的营业性演出，可以报演出所在地省级文化主管部门审批，具体办法由省级文化主管部门制定。

国家另有规定的，从其规定。

第二十六条 在演播厅外从事电视文艺节目的现场录制，符合本实施细则第二条规定条件的，应当依照《条例》和本实施细则的规定办理审批手续。

第二十七条 举办募捐义演，应当依照《条例》和本实施细则的规定办理审批手续。

参加募捐义演的演职人员不得获取演出报酬；演出举办单位或者演员应当将扣除成本后的演出收入捐赠给社会公益事业，不得从中获取利润。

演出收入是指门票收入、捐赠款物、赞助收入等与演出活动相关的全部收入。演出成本是指演职员食、宿、交通费用和舞台灯光音响、服装道具、场地、宣传等费用。

募捐义演结束后10日内，演出举办单位或者演员应当将演出收支结算报审批机关备案。

举办其他符合本实施细则第二条所述方式的公益性演出，参照本条规定执行。

第二十八条 营业性演出经营主体举办营业性演出，应当履行下列义务：

（一）办理演出申报手续；

（二）安排演出节目内容；

（三）安排演出场地并负责演出现场管理；

（四）确定演出票价并负责演出活动的收支结算；

（五）依法缴纳或者代扣代缴有关税费；

（六）接受文化主管部门的监督管理；

（七）其他依法需要承担的义务。

第二十九条 举办营业性涉外或者涉港澳台演出，举办单位应当负责统一办理外国或者港澳台文艺表演团体、个人的入出境手续，巡回演出的还要负责其全程联络和节目安排。

第三十条 营业性演出活动经批准后方可出售门票。

第三十一条 营业性演出不得以假唱、假演奏等手段欺骗观众。

前款所称假唱、假演奏是指演员在演出过程中，使用事先录制好的歌曲、乐曲代替现场演唱、演奏的行为。

演出举办单位应当派专人对演唱、演奏行为进行监督，并做出记录备查。记录内容包括演员、乐队、曲目的名称和演唱、演奏过程的基本情况，并由演出举办单位负责人和监督人员签字确认。

第三十二条 举办营业性演出，应当根据舞台设计要求，优先选用境内演出器材。

第三十三条 举办营业性演出，举办单位或者个人可以为演出活动投保安全责任保险。

第三十四条 鼓励演出经营主体协作经营，建立演出院线，共享演出资源。

第三十五条 各级文化主管部门应当将营业性演出的审批事项向社会公布。

第三十六条 文化主管部门对体现民族特色和国家水准的演出，应当依照有关规定给予补助和支持。

县级以上人民政府有关部门可以依照《条例》的有关规定和财务管理制度，鼓励和支持体现民族特色和国家水准的演出。

第三十七条 文化主管部门或者文化行政执法机构检查营业性演出现场，应当出示文化市场行政执法证件，演出举办单位应当配合。

第三十八条　文化主管部门可以采用技术手段，加强对营业性演出活动的监管。

第三十九条　各级文化主管部门应当建立演出经营主体基本信息登记和公布制度、演出信息报送制度、演出市场巡查责任制度，加强对演出市场的管理和监督。

第四十条　演出行业协会是演出经营主体和演出从业人员的自律组织。

全国性演出行业协会负责组织实施演员、演出经纪人员等演出从业人员的资格认定工作。

各级文化主管部门可以委托演出行业协会开展有关工作，并加强指导和监督。

第四章　演出证管理

第四十一条　文艺表演团体和演出经纪机构的营业性演出许可证包括1份正本和2份副本，有效期为2年。

营业性演出许可证由文化部设计，省级文化主管部门印制，发证机关填写、盖章。

第四十二条　文艺表演团体和演出经纪机构应当自领取营业性演出许可证之日起90日内，到工商行政管理部门办理注册、登记后，持营业执照副本报发证机关备案。

第四十三条　文化主管部门吊销文艺表演团体或者演出经纪机构的营业性演出许可证，应当通知工商行政管理部门变更其经营范围或者吊销营业执照。

文艺表演团体和演出经纪机构的营业性演出许可证，除文化主管部门可以依法暂扣或者吊销外，其他任何单位和个人不得收缴、扣押。

第四十四条　吊销、注销文艺表演团体营业性演出许可证的，应当报省级文化主管部门备案。吊销、注销演出经纪机构营业性演出许可证的，应当报文化部备案。

第四十五条　文化主管部门对文艺表演团体和演出经纪机构实施行政处罚的，应当将处罚决定记录在营业性演出许可证副本上并加盖处罚机关公章，同时将处罚决定通知发证机关。

第五章　罚　则

第四十六条　违反本实施细则第十九条的规定，未在演出前向演出所在地县级文化主管部门提交《条例》第二十一条规定的演出场所合格证明而举办临时搭建舞台、看台营业性演出的，由县级文化主管部门依照《条例》第四十四条第一款的规定给予处罚。

第四十七条　举办营业性涉外或者涉港澳台演出，隐瞒近2年内违反《条例》规定的记录，提交虚假书面声明的，由负责审批的文化主管部门处以3万元以下罚款。

第四十八条　违反本实施细则第二十二条规定，经文化部批准的涉外演出在批准的时间内增加演出地，未到演出所在地省级文化主管部门备案的，由县级文化主管部门依照《条例》第四十四条第一款的规定给予处罚。

第四十九条　违反本实施细则第二十三条规定，经批准到艺术院校从事教学、研究工作的外国或者港澳台艺术人员擅自从事营业性演出的，由县级文化主管部门依照《条例》第四十三条规定给予处罚。

第五十条　违反本实施细则第二十四条规定，非演出场所经营单位擅自举办演出的，由县级文化主管部门依照《条例》第四十三条规定给予处罚。

第五十一条　非演出场所经营单位为未经批准的营业性演出提供场地的，由县级文化主管部门移送有关部门处理。

第五十二条　违反本实施细则第二十六条规定，在演播厅外从事符合本实施细则第二条规定条件的电视文艺节目的现场录制，未办理审批手续的，由县级文化主管部门依照《条例》第四十三条规定给予处罚。

第五十三条　违反本实施细则第二十七条规定，擅自举办募捐义演或者其他公益性演出的，由县级以上文化主管部门依照《条例》第四十三条规定给予处罚。

第五十四条　违反本实施细则第二十八条、第二十九条规定，在演出经营活动中，不履行应尽义务，倒卖、转让演出活动经营权的，由县级文化主管部门依照《条例》第四十五条规定给予处罚。

第五十五条　违反本实施细则第三十条规定，未经批准，擅自出售演出门票的，由县级文化主管部门责令停止违法活动，并处3万元以下罚款。

第五十六条　违反本实施细则第三十一条规定，演出举办单位没有现场演唱、演奏记录的，由县级文化主管部门处以3000元以下罚款。

以假演奏等手段欺骗观众的，由县级文化主管部门依照《条例》第四十七条的规定给予处罚。

第五十七条　违反本实施细则第四十二条规

定，取得营业性演出许可证的文艺表演团体和演出经纪机构，未在90日内持营业执照副本报发证机关备案的，由发证机关责令改正。

第五十八条 县级以上文化主管部门或者文化行政执法机构检查营业性演出现场，演出举办单位拒不接受检查的，由县级以上文化主管部门或者文化行政执法机构处以3万元以下罚款。

第五十九条 上级文化主管部门在必要时，可以依照《条例》的规定，调查、处理由下级文化主管部门调查、处理的案件。

下级文化主管部门认为案件重大、复杂的，可以请求移送上级文化主管部门调查、处理。

第六章 附 则

第六十条 本实施细则由文化部负责解释。

第六十一条 本实施细则自2009年10月1日起施行，2005年8月30日发布的《营业性演出管理条例实施细则》同时废止。

四、文化部办公厅关于贯彻《营业性演出管理条例实施细则》的通知

办市函〔2009〕493号

各省、自治区、直辖市文化厅（局），新疆生产建设兵团文化局，北京、天津、上海、重庆市文化市场行政执法总队：

《营业性演出管理条例实施细则》（文化部令第47号，以下简称《实施细则》）已于2009年8月28日发布，自2009年10月1日起施行。为深入贯彻《实施细则》，促进演出市场繁荣健康发展，现就有关事项通知如下：

【做好《实施细则》的宣传贯彻工作】

各级文化行政部门要提高对学习、宣传、贯彻《实施细则》重要性的认识，认真制定计划，抓好落实。要深入学习、把握《营业性演出管理条例》（以下简称《条例》）及《实施细则》立法精神，建立符合本地区实际的演出市场管理制度。要加强对演出单位和演出从业人员的培训，增强其依法经营和依法维权的意识。要充分利用报纸、电视、广播、互联网等媒体，广泛、深入宣传，为贯彻《实施细则》营造良好的舆论环境。

【加强对演员签约机构的引导和管理】

演员签约代理是演出市场不可或缺的重要环节，加强对演员签约机构的服务、引导和管理，对于健全演员培养模式、维护演员合法权益、规范演员行为有着重要意义。根据国务院新“三定”方案精神，舞台演员的签约、推广、代理活动由文化部管理。各省级文化行政部门要及时开展对辖区内演员签约机构的摸底调查，凡2009年10月1日后申请设立的，应当依照《条例》及《实施细则》规定的条件和程序申领营业性演出许可证；已设立的，应当于2010年9月30日前补办手续，申领营业性演出许可证，逾期未办理的，不得从事演员签约、推广、代理业务。

【完善个体演员和个体演出经纪人备案程序】

为方便个体演员、个体演出经纪人依法从事演出经营、经纪活动，《实施细则》放宽了备案条件。已领取营业执照的个体演员、个体演出经纪人申请备案的，县级文化行政部门应当及时出具备案证明；未取得营业执照的个体演员、个体演出经纪人申请备案的，县级文化行政部门应当依照《实施细则》第九条规定予以备案。

【简化演出审批手续】

各省级文化行政部门要进一步完善演出审批、备案制度，简化工作流程，最大程度地方便演出经营者。在歌舞娱乐场所、旅游景区、主题公园、游乐园、宾馆、饭店、酒吧等场所举办驻场涉外演出，由省级文化行政部门审批；举办含有内地演员和港澳台演员共同参加的营业性演出，可以报省级文化行政部门一并审批，其中涉及台湾地区演员的，依照《文化部办公厅关于贯彻〈对台湾地区文化交流归口管理办法〉的通知》（办港澳台发〔2005〕28号）的规定程序办理；经文化部批准的营业性涉外演出，在批准的时间段内增加演出地的，到增加地省级文化行政部门备案。

【加强对临时搭建舞台、看台营业性演出的监管】

《实施细则》明确了临时搭建舞台、看台工程质量的验收程序。对符合《大型群众性活动安全管理条例》规定的临时搭建舞台、看台演出，县级以上文化行政部门应当严格依照《实施细则》的规定，审核演出举办单位提交的其依照《建筑工程质量管理条例》规定程序取得的竣工验收合格证明材料。凡在演出前不能提交的，演出活动不得举办。

【加强对以营业性演出方式从事电视文艺节目录制活动的管理】

凡符合《实施细则》第二条规定条件的电视

文艺节目现场录制活动，均应当委托演出经纪机构承办，并依照《条例》和《实施细则》的规定办理审批手续。各地文化行政部门要提高责任意识，加强管理，防止任何单位以录制节目为名规避审批，确保演出市场的公平、公正。

【加强对非营业性演出活动的服务和监管】

非营业性演出是指不以营利为目的举办的演出活动。各地文化行政部门一方面要提高服务意识，为非营业性演出活动提供良好的政策环境；另一方面要加强监管，防止个别演出单位或其他社会机构以公益名义从事营业性演出，规避审批，逃税漏税，侵害观众权益。参加政府组织的文艺汇演、调演、节庆演出或举办非营业性涉外、涉港澳台交流演出，应当持有关书面文件备查。举办非营业性涉外或涉港澳台交流演出（可以售票和做广告），应按有关外事规定审批，需要增加营业性演出活动的，举办单位应在审批单位同意后，依照《条例》和《实施细则》的规定另行报批。

【严厉打击假唱、假演奏行为】

各地文化行政部门和文化市场综合执法机构要加强对营业性演出现场的监管，加大对假唱、假演奏的查处力度；要完善执法程序，利用现代科技手段，努力解决假唱、假演奏行为取证难的问题，做到查处有方，执法有据，处罚有力；要通过对典型案例的曝光，加大对假唱、假演奏行为的震慑力；要积极发挥舆论宣传和社会监督的力量，将存在假唱、假演奏行为的演员和有关责任方在媒体曝光，努力在全社会营造抵制假唱、假演奏的氛围；要大力培养观众维权意识，最大限度地挤压假唱、假演奏的生存空间。

【加强对演出行业组织的指导】

各级文化行政部门要加强对演出行业协会的指导，督促演出行业协会认真履行《条例》及《实施细则》赋予的职责，切实做好演员和演出经纪人员的培训、考核、资格认证工作，提高演出行业的职业化水平；督促演出行业协会加快行业技术、服务标准的制定工作，促进演出行业规范化建设，提高演出行业服务水平。

【积极转变工作作风，提高依法行政能力】

各级文化行政部门要牢固树立依法行政意识，严格规范行政行为，提高依法行政水平。要积极转变工作方式，强化公共服务职能和服务意识，简化办事程序，降低公共服务成本。要切实保障市场监管的公正性和有效性，坚决打破地区封锁、部门保护和行业垄断，建设现代演出市场体系。要充分发挥文化执法机构作用，建立和完善演出市场执法监督体系。县级文化行政部门要切实担负起演出市场日常服务和监管职责，地市级以上文化行政部门要加强宏观管理和政策引导，共同推动演出市场的繁荣健康发展。

特此通知

附件：营业性演出许可证和演出场所经营单位、个体演员、个体演出经纪人备案证明式样、规格及填写规范

2009 年 11 月 6 日

附件：

营业性演出许可证和演出场所经营单位、个体演员、个体演出经纪人备案证明式样、规格及填写规范

一、营业性演出许可证

（一）营业性演出许可证由省级文化主管部门按照文化部原设计要求统一印制，式样、规格及制作材料不变，在发证日期下增加“有效日期”一栏。

（二）单位名称：填写单位全称。经批准在规定范围内使用从属名称的，可以在副本上加括号注明。

（三）住所：填写主要办公场所的详细地址。

（四）法定代表人：填写法定代表人姓名；非法人单位的不填。

（五）主要负责人：法人单位兼营的，填写演出业务部门主要负责人姓名；非法人单位的填写主要负责人姓名。

（六）企业类型：按照国家统计局、国家工商总局《关于划分企业登记注册类型的规定》填写，如“国有企业”、“集体企业”、“有限责任公司”、“股份有限公司”、“合伙企业”、“个人独资企业”、“合资经营企业（台资）”、“港商独资经营企业”、“中外合作经营企业”等。

（七）注册资本：用大写数字填写，如“壹佰万元”。

（八）单位类别：根据类别不同分别填写。如中国交响乐团的演出证填写为“文艺表演团体”，

中国对外演出公司的演出证填写为“演出经纪机构”。

（九）核定人数：文艺表演团体核定人数是指现有全部演职员从业人员数；演出经纪机构核定人数，专业演出经纪机构填写全部从业人员数，兼营单位填写部门从业人员数。

（十）经营范围：文艺表演团体按照其表演的艺术种类填写，如“音乐表演”、“戏曲表演”、“歌舞表演”、“杂技表演”、“综合文艺表演”等；演出经纪机构填写“经营演出及经纪业务”。

（十一）编号：用发证机关地区简称加阿拉伯数字编号。正本、副本用一个编号，副本应在编号后用“—”加上副本序号。如某省文化厅颁发的某演出公司演出证副本的编号为“× 文演 01—1”和“× 文演 01—2”。

（十二）成立日期：是指经文化主管部门批准从事营业性演出的时间。

（十三）发证日期：加盖发证机关公章。公章以圆弧内下端空白处居中横套“年 月 日”。

（十四）有效日期：填写从发证之日期顺推 2 年的日期。

（十五）主要从业人员登记：各级国家机关（含部队）设立的文艺表演团体，填写法定代表人及演出业务部门主要负责人，也可以同时填写主要演员；其他文艺表演团体应当全部登记。演出经纪机构填写法定代表人、主要负责人及主要业务人员。

人员有变更的，应当及时报文化主管部门在“备注”栏中注销。

（十六）奖罚记录：由做出奖罚决定的机关填写并加盖公章。

（十七）工商注册机关：填写领取营业执照的工商行政管理机关。

（十八）注册号：指工商行政管理部门核发的营业执照上的注册号。

（十九）发证机关电话：填写发放演出证的文化主管部门电话。

（二十）持证单位电话：填写演出单位常用的业务电话。

二、演出场所经营单位备案证明

（一）演出场所经营单位备案证明由省级文化主管部门按照文化部原设计要求统一印制，式样、规格及制作材料不变，在备案机关下增加“有效日期”一栏。

（二）备案号：用备案机关地区简称加阿拉伯数字编号。

（三）单位名称：填写单位全称。经批准在规定范围内使用从属名称的，可以同时注明。

（四）法定代表人：法人单位的填写法定代表人姓名；非法人单位的不填。

（五）主要负责人：法人单位兼营的，填写场所主要负责人姓名；非法人单位的填写主要负责人姓名。

（六）住所：填写营业场所的详细地址。

（七）企业类型：按照国家统计局、国家工商总局《关于划分企业登记注册类型的规定》填写，如“国有企业”、“集体企业”、“有限责任公司”、“股份有限公司”、“港商独资经营企业”、“中外合作经营企业”等。

（八）注册资本：用大写数字填写，如“壹佰万元”。

（九）核定人数：是指能够对外售票的实有座席数或经核准可容纳的观众人数。

（十）工商注册机关：指领取营业执照的工商行政管理机关。

（十一）注册号：指工商行政管理部门核发的营业执照上的注册号。

（十二）注册时间：指工商行政管理部门核发的营业执照上的时间。

（十三）备案机关：加盖备案的文化主管部门公章。公章以圆弧内下端空白处居中横套“年 月 日”。

（十四）有效日期：填写从发证之日期顺推 2 年的日期。

三、个体演员、个体演出经纪人备案证明

（一）个体演员、个体演出经纪人备案证明由省级文化主管部门按照文化部原设计要求统一印制，式样、规格及制作材料不变，在备案机关下增加“有效日期”一栏。

（二）备案号：用备案机关地区简称加阿拉伯数字编号。

（三）名称：是指经依法核准的字号名称。无字号名称的，本项目不填写。

（四）经营者姓名：填写申请人姓名。家庭经营的，参加经营的家庭成员姓名应当同时填写。

（五）住所：填写户籍所在地或者常住地详细地址。

（六）资金数额：用大写数字填写。

（七）从业人数：指参加经营活动的所有人员，包括经营者、参加经营活动的家庭成员、帮手和学徒。

（八）经营范围：个体演员按照其表演的艺术种类填写，如“音乐表演”、“戏曲表演”、“歌舞表演”、“杂技表演”等；演出经纪人填写“演出居间、代理业务”。

（九）工商注册机关：指领取营业执照的工商行政管理机关。

（十）注册号：指工商行政管理部门核发的营业执照上的注册号。

（十一）注册时间：指工商行政管理部门核发的营业执照上的时间。

（十二）备案机关：加盖备案的文化主管部门公章。公章以圆弧内下端空白处居中横套“年 月 日”。

（十三）有效日期：填写从发证之日期顺推2年的日期。

四、营业性演出许可证和演出场所经营单位、个体演员、个体演出经纪人备案证明的所有项目均应当用钢笔、毛笔等不褪色书写工具填写或用计算机打印。

五、文物认定管理暂行办法

（中华人民共和国文化部令第46号。2009年8月5日文化部部务会议审议通过，自2009年10月1日起施行。）

第一条 为规范文物认定管理工作，根据《中华人民共和国文物保护法》制定本办法。

本办法所称文物认定，是指文物行政部门将具有历史、艺术、科学价值的文化资源确认为文物的行政行为。

第二条 《中华人民共和国文物保护法》第二条第一款所列各项，应当认定为文物。

乡土建筑、工业遗产、农业遗产、商业老字号、文化线路、文化景观等特殊类型文物，按照本办法认定。

第三条 认定文物，由县级以上地方文物行政部门负责。认定文物发生争议的，由省级文物行政部门作出裁定。

省级文物行政部门应当根据国务院文物行政部门的要求，认定特定的文化资源为文物。

第四条 国务院文物行政部门应当定期发布指导意见，明确文物认定工作的范围和重点。

第五条 各级文物行政部门应当定期组织开展文物普查，并由县级以上地方文物行政部门对普查中发现的文物予以认定。

各级文物行政部门应当完善制度，鼓励公民、法人和其他组织在文物普查工作中发挥作用。

第六条 所有权人或持有人书面要求认定文物的，应当向县级以上地方文物行政部门提供其姓名或者名称、住所、有效身份证件号码或者有效证照号码，以及认定对象的来源说明。县级以上地方文物行政部门应做出决定并予以答复。

县级以上地方文物行政部门应当告知文物所有权人或持有人依法承担的文物保护责任。

县级以上地方文物行政部门应当整理并保存上述工作的文件和资料。

第七条 公民、法人和其他组织书面要求认定不可移动文物的，应当向县级以上地方文物行政部门提供其姓名或者名称、住所、有效身份证件号码或者有效证照号码。县级以上地方文物行政部门应当通过听证会等形式听取公众意见并做出决定予以答复。

第八条 县级以上地方文物行政部门认定文物，应当开展调查研究，收集相关资料，充分听取专家意见，召集专门会议研究并做出书面决定。

县级以上地方文物行政部门可以委托或设置专门机构开展认定文物的具体工作。

第九条 不可移动文物的认定，自县级以上地方文物行政部门公告之日起生效。

可移动文物的认定，自县级以上地方文物行政部门做出决定之日起生效。列入文物收藏单位藏品档案的文物，自主管的文物行政部门备案之日起生效。

第十条 各级文物行政部门应当根据《中华人民共和国文物保护法》第三条的规定，组织开展经常性的文物定级工作。

第十一条 文物收藏单位收藏文物的定级，由主管的文物行政部门备案确认。

文物行政部门应当建立民间收藏文物定级的工作机制，组织开展民间收藏文物的定级工作。定级的民间收藏文物，由主管的地方文物行政部门备案。

第十二条 公民、法人和其他组织，以及所有权人书面要求对不可移动文物进行定级的，应当向有关文物行政部门提供其姓名或者名称、住所、有效身份证件号码或者有效证照号码。有关文物行政部门应当通过听证会等形式听取公众意见并予以答复。

第十三条 对文物认定和定级决定不服的，可以依法申请行政复议。

第十四条 国家实行文物登录制度，由县级以上文物行政部门委托或设置专门机构开展相关工作。

文物登录，应当对各类文物分别制定登录指标体系。登录指标体系应当满足文物保护、研究和公众教育等需要。

根据私有文物所有权人的要求，文物登录管理机构应当对其身份予以保密。

第十五条 违反本办法规定，造成文物破坏的，对负有责任的主管人员和其他直接责任人员依法给予处分；构成犯罪的，依法追究刑事责任。

第十六条 古猿化石、古人类化石、与人类活动有关的第四纪古脊椎动物化石，以及上述化石地点和遗迹地点的认定和定级工作，按照本办法的规定执行。

历史文化名城、街区及村镇的认定和定级工作，按照有关法律法规的规定执行。

第十七条 本办法自2009年10月1日起施行。

六、国家文物局关于贯彻实施《文物认定管理暂行办法》的指导意见

文物政发〔2009〕45号

各省、自治区、直辖市文物局（文化厅、文管会）：

《文物认定管理暂行办法》已于2009年10月1日起施行。为配合该办法的实施，现提出以下指导意见：

【关于文物认定的标准】

按照《中华人民共和国文物保护法》，各地在开展文物认定工作过程中，可以考虑将中华人民共和国成立作为文物认定的年代依据之一。文物认定的对象可以包括中华人民共和国成立以前制作或形成的各类可移动和不可移动的文化资源，以及中华人民共和国成立以后制作或形成的具有重要或代表性的可移动和不可移动的文化资源。

【关于文物认定的机构和人员】

文物认定的决定由县级以上地方文物行政部门作出。县级以上地方文物行政部门可以直接进行文物认定，也可以设置专门机构或委托有条件的文物、博物馆事业单位开展认定工作，但是不得委托社会中介机构。同时，文物行政部门应当加强对现有机构和人员的培训，不断提高文物认定工作水平。

【关于文物认定工作的经费】

文物认定是县级以上地方文物行政部门履行职能的行政行为。根据有关规定，国家行政机关在职责范围内办理公务，除国家法律、法规另有规定外，不许收费。各级文物行政部门要积极向同级人民政府争取经费支持，将文物认定工作经费列入财政预算。

【关于认定工作的程序】

文物认定的主体是县级以上地方文物行政部门，包括省、市、县级文物行政部门。除文物行政部门已设置或委托办理机构外，申请人可以向上述任一文物行政部门提出文物认定申请。

申请人依法要求认定可移动文物的，应向其户籍所在地的县级以上地方文物行政部门提出。申请人依法要求认定不可移动文物的，应向认定对象所在地的县级以上地方文物行政部门提出。

县级以上地方文物行政部门受理文物认定申请后，原则上应在20个工作日内做出决定并予以答复。需要委托专业机构或者专家评估论证，以及需要以听证会形式听取公众意见的，所需时间不计算在20个工作日内。

【关于文物认定申请书的内容】

申请人依法要求认定文物的，所提交的书面材料除包括申请人的基本情况外，还应包括申请对象的基本信息。要求认定可移动文物的，申请人应当提供认定对象的合法来源说明。各地可根据工作实际需要，补充收集其他必要信息。

【关于听取公众意见】

听取公众意见可根据需要采取不同形式，如书面调查、实地走访、座谈会、听证会、网络征求意见等。听证会是听取公众意见的方式之一，可根据实际需要决定是否召开。

【关于馆藏文物备案】

各级文物行政部门应当高度重视馆藏文物的备案工作，积极要求文物收藏单位完善藏品档案，及时依法备案，严格履行法律规定的工作程序。

文物认定工作能够推动文物保护的各项基础

工作，能够提高全社会的文物保护意识。地方各级文物行政部门要增强法治意识，切实做好文物认定工作。

后附相关表格，供开展认定工作时参考。（略）

特此。

2009 年 12 月 17 日

七、文化部、公安部、国家工商行政管理总局关于进一步加强游艺娱乐场所管理的通知

文市发〔2009〕4 号

各省、自治区、直辖市文化厅（局）、公安厅（局）、工商行政管理局，新疆生产建设兵团文化局、公安局，北京市、天津市、上海市、重庆市、宁夏回族自治区文化市场行政执法总队：

为深入贯彻《娱乐场所管理条例》，加强游艺娱乐场所管理，规范游艺娱乐市场秩序，满足人民群众文化需求，现就游艺娱乐场所管理的有关事项通知如下：

【高度重视游艺娱乐场所管理工作】

各级文化、公安、工商部门和执法机构要把游艺娱乐场所是否文明健康、规范有序、人民群众是否满意，作为衡量文化市场管理水平的一个重要标志，作为学习实践科学发展观是否取得实效的一个重要标准。要按照科学规划、有序准入、规范经营、有效管理的总体要求，坚持规范与发展并重，审批一家监管一家，杜绝重审批轻监管、只审批不监管的现象，防止一哄而上、盲目发展；要严格市场准入标准，健全市场退出机制，不断创新监管措施，完善管理制度，形成有进有出、动态有序的市场体系；要积极规范合法经营，严厉打击非法经营，营造公平竞争的市场环境；要坚持科学发展理念，优化产业结构，转变增长方式，提升产业层次，引导游艺娱乐场所向规模化、品牌化、综合型、特色型发展，为游艺娱乐市场的可持续发展营造良好氛围，为人民群众提供健康的文化娱乐环境。

【科学制订游艺娱乐场所的总量与布局规划】

省级文化行政部门负责制订本行政区域内游艺娱乐场所总量与布局规划。游艺娱乐场所的总量与布局规划要与当地和谐社会建设和文明城市创建的总体要求相适应，与当地人民群众的文化娱乐需求相适应，与当地人民政府的监管能力相适应。要按照自下而上，逐级上报的程序，反复沟通，充分酝酿，在充分考虑当地经济发展水平、人口总量与分布、市场需求和监管能力等因素的基础上，深入调查研究，广泛听取意见，全面统筹、科学制订总量和布局规划。总量和布局规划应当报当地人民政府同意后公布、下达，并报送文化部备案。

对游艺娱乐市场秩序混乱、监管不力、造成恶劣社会影响的地区，上级文化行政部门可以依据市场实际需要调整或停止其总量布局规划的实施。

【严格设定游艺娱乐场所的设立条件】

游艺娱乐场所的设立除应符合《娱乐场所管理条例》的有关规定外，各省级文化行政部门还要在综合考虑地域区域经济差异的基础上，规定本地游艺娱乐场所的最低营业面积等条件，因地制宜，差别设定。游艺娱乐场所使用的游戏设施设备必须是依法生产、进口，并经文化部内容审查通过的产品。游艺娱乐场所一律禁止设置具有押分退分、退币、退钢珠等赌博功能的电子游戏设施、设备；不得以现金或者有价证券作为奖品，不得回购奖品。进行有奖经营活动的，奖品应当健康有益。游艺娱乐场所变更游戏设施设备数量和奖品目录应当根据当地县级文化、公安部门要求在规定时间内备案。游戏、游艺应严格实行分区经营。除国家法定节假日外，游艺娱乐场所设置的电子游戏机不得向未成年人提供。电子游戏区域和电子游戏专营场所应当悬挂未成年人限制进入警示标志，并设专人专岗加强管理。

【依法开展游艺经营场所的审批工作】

要严格依据《中华人民共和国行政许可法》、《娱乐场所管理条例》、《政府信息公开条例》等法律法规的规定和本行政区域游艺娱乐场所总量和布局规划，按照公开、公平、公正的原则依法开展游艺娱乐场所的审批工作。要及时向社会公开游艺娱乐场所的设立条件、受理程序、受理材料及审批结果，明确告知准入机型机种，做到政策统一、标准统一、工作透明、政务公开。文化行政部门应当就申请单位的设立地点、面积等是否符合条例要求进行实地勘察，就行政审批所依据的法律法规、申请单位及法人代表基本情况、受理反馈意见的部门及监督电话、通讯地址等内容进行公示。游艺经营场所的审批应当依法举行听证，有关听证的程序，依照《中华人民共和国行政许可法》的规定执行。开设的场地应符合消

防安全的相关规定，申请单位在取得消防等相关职能部门批准文件并领取娱乐经营许可证后，方可到工商部门依法办理登记手续，领取营业执照。领取营业证照后，应当根据《娱乐场所管理条例》、《娱乐场所治安管理办法》的有关规定，向公安机关备案。

对游艺娱乐场所违法违规经营有所抬头、无证照经营问题有所增多、带有赌博性质的电子游戏机经营活动有所增加的地方，各级文化、公安、工商部门要联合开展以取缔无证照经营活动为主的专项整治行动，整治行动取得实效后方可开展审批工作。

【严格规范游艺娱乐场所安全经营行为】

游艺娱乐场所法定代表人、主要负责人是维护本场所安全经营秩序的第一责任人。游艺娱乐场所经营活动应当符合《娱乐场所管理条例》、《娱乐场所治安管理办法》等行政法规、规章的规定，确保场所经营活动健康、文明、规范、安全。游艺娱乐场所应当制定安全工作方案和应急疏散预案，营业期间应当保证疏散通道和安全出口畅通、不得封堵、锁闭疏散通道和安全出口，不得在疏散通道和安全出口设置栅栏等影响疏散的障碍物。应当配备已取得资格证书的专业保安人员，应当与从业人员签订文明服务责任书，建立从业人员名簿、营业日志和巡查制度。营业期间，从业人员要统一着装，佩带工作标志。游艺娱乐场所电子游戏机每单次游戏消费金额不得超过4元，消费者每人每天用于游戏的消费金额不得超过200元。游艺娱乐场所应当在营业场所的出入口、主要通道安装闭路电视监控设备，闭路电视监控设备录像资料应当留存30日备案，并在文化行政部门、公安机关依法查询时予以提供。

【严厉打击违规违法经营活动】

文化行政部门和执法机构要充分发挥主管部门的作用，全面清查游艺娱乐场所中游戏设施设备所负载的文化内容，检查场所内的标志、游戏方法说明和游戏内容等是否以国家通用语言文字为基本的用语用字。坚决查处在国家法定节假日外向未成年人提供电子游戏机的经营行为，坚决查处超时经营行为。对游戏项目含有《娱乐场所管理条例》禁止内容、违规接纳未成年人、擅自变更游戏设施设备或在禁止时间营业的，要依据条例予以处罚。省级文化行政部门要在《娱乐场所管理条例》规定的处罚幅度内制定量化处罚标准。要依法取缔无证照游艺娱乐场所，对涉嫌具有赌博功能的游戏设施设备要及时通报移送公安部门。

公安部门负责依法对游艺娱乐场所治安状况的监督管理，依法查处赌博违法犯罪活动，收缴具有赌博功能的游戏设施设备。全面检查监控设备安装使用、监控录像留存、保安人员配备等情况。在查处治安、刑事案件时，发现擅自从事游艺娱乐场所经营活动，要依法予以取缔。在查处游艺娱乐场所违法活动中，对需要吊销“娱乐经营许可证”和营业执照的，应通报文化、工商部门。

工商部门要严格依照《娱乐场所管理条例》的规定，把好游艺娱乐场所市场准入关。要依照《无照经营查处取缔办法》和地方政府关于查处取缔无照经营工作的职责划分，积极协调，坚决查处取缔无照游艺娱乐场所。对被前置许可部门撤销许可证的，要依法责令其限期办理变更或注销登记，逾期不办的，吊销其营业执照。对于无照经营行为触犯刑律的，依法移送司法机关追究刑事责任。

凡违反《娱乐场所管理条例》规定，2年内被处以3次警告或者罚款又有违反条例行为应受行政处罚的，文化、公安部门可以依据法定职权责令停业整顿3个月至5个月。2年内被2次责令停业整顿又有违反条例行为应受行政处罚的，文化部门要依法吊销其“娱乐经营许可证”。

文化、公安、工商部门要建立游艺娱乐场所违法违规情况通报制度。对通报的事项，各部门要高度重视，认真查处，并及时向通报部门反馈查处情况。

对违反《娱乐场所管理条例》第五十六条规定的，要严肃追究相关部门及其工作人员的行政责任，直至追究刑事责任。

【建立健全游艺娱乐市场长效监管机制】

要通过建立游艺娱乐市场管理目标责任制、违法行为警示记录系统、现场检查记录制度和挂牌督办、跟踪治理、完善技术管理措施、制订游艺娱乐经营场所日常检查最低频度标准、量化处罚标准等方式，切实加强日常监督检查，落实管理责任。要建立健全专业性行业组织，充分发挥其自律、协调、监督和维护企业合法权益的职能，强化行业管理，加强行业自律，提升行业形象，建设诚信市场。要通过开展学习培训、签订责任书、建立场内巡查制度和营业日志等方式，落实经营者责任，提高经营者的自我管理意识和守法经营意识。要建立健全游艺娱乐市场社会监督体系，建立义务监督员队伍，动员社会力量、新闻媒体参与游艺娱乐经营场所监管和审批的全过程，增加工作的透明度和公开性。要正确对待监督，主动接受监督。对群众举报、媒体曝光的违法经营行为，做到有案必查、查案必果，并及时反馈和公布查处情况，形成政府管理、行业自律、企业负责与社会监督相结合的市场监管体系。

各省、自治区、直辖市文化、公安、工商部门可根据本通知精神，结合本地区本部门实际情况制订具体的实施方案。

特此通知

2009年2月4日

八、文化部、商务部关于加强网络游戏虚拟货币管理工作的通知

文市发〔2009〕20号

各省、自治区、直辖市文化厅（局）、商务厅（局），新疆生产建设兵团文化局、商务局，北京市、天津市、上海市、重庆市、宁夏回族自治区文化市场行政执法总队：

近年来，随着网络游戏的迅速发展，网络游戏虚拟货币广泛应用于网络游戏经营服务之中。网络游戏虚拟货币在促进网络游戏产业发展的同时，也带来了新的经济和社会问题。主要体现在：一是用户权益缺乏保障；二是市场行为缺乏监管；三是网络游戏虚拟货币在使用中引发的纠纷不断。

为规范网络游戏市场经营秩序，根据《互联网文化管理暂行规定》、《关于进一步加强网吧及网络游戏管理工作的通知》（文市发〔2007〕10号）和《关于规范网络游戏经营秩序查禁利用网络游戏赌博的通知》（公通字〔2007〕3号）等文件精神，经中国人民银行等部门同意，现就加强网络游戏虚拟货币管理工作通知如下。

【严格市场准入，加强主体管理】

（一）本通知所称的网络游戏虚拟货币，是指由网络游戏运营企业发行，游戏用户使用法定货币按一定比例直接或间接购买，存在于游戏程序之外，以电磁记录方式存储于网络游戏运营企业提供的服务器内，并以特定数字单位表现的一种虚拟兑换工具。网络游戏虚拟货币用于兑换发行企业所提供的指定范围、指定时间内的网络游戏服务，表现为网络游戏的预付充值卡、预付金额或点数等形式，但不包括游戏活动中获得的游戏道具。

（二）文化行政部门要严格市场准入，加强对网络游戏虚拟货币发行主体和网络游戏虚拟货币交易服务提供主体的管理。从事“网络游戏虚拟货币发行服务”和“网络游戏虚拟货币交易服务”业务的，依据《国务院对确需保留的行政审批项目设定行政许可的决定》（国务院第412号令）和《互联网文化管理暂行规定》管理。凡提供上述两项服务的企业，须符合设立经营性互联网文化单位的有关条件，向企业所在地省级文化行政部门提出申请，省级文化行政部门初审后报文化部审批。“网络游戏虚拟货币发行企业”是指发行并提供虚拟货币使用服务的网络游戏运营企业。“网络游戏虚拟货币交易服务企业”是指为用户间交易网络游戏虚拟货币提供平台化服务的企业。同一企业不得同时经营以上两项业务。

（三）企业申请从事“网络游戏虚拟货币发行服务”业务的，除依法提交相关材料外，须在业务发展报告中提交虚拟货币表现形式、发行范围、单位购买价格、终止服务时的退还方式、用户购买方式（含现金、银行卡、网上支付等购买方式）、用户权益保障措施、技术安全保障措施等内容。

（四）从事“网络游戏虚拟货币交易服务”业务须符合商务主管部门关于电子商务（平台）服务的有关规定。此类企业在提出申请时，除依法提交的材料外，须在业务发展报告中提交服务（平台）模式、用户购买方式（含现金、银行卡、网上支付等购买方式）、用户权益保障措施、用户账号与实名银行账户绑定情况、技术安全保障措施等内容。

（五）已经从事网络游戏虚拟货币发行或交易服务的企业，应在本通知印发之日起3个月内，向文化行政部门申请相关经营业务。逾期未申请的，由文化行政部门按照《互联网文化管理暂行规定》予以查处。文化行政部门批准文件抄送商务部和中国人民银行。

【规范发行和交易行为，防范市场风险】

（六）网络游戏运营企业应当依据自身的经营状况和产品营运情况，适量发行网络游戏虚拟货币。严禁以预付资金占用为目的的恶意发行行

为。网络游戏运营企业发行虚拟货币总量等情况，须按季度报送企业所在地省级文化行政部门。

（七）除利用法定货币购买之外，网络游戏运营企业不得采用其他任何方式向用户提供网络游戏虚拟货币。在发行网络游戏虚拟货币时，网络游戏运营企业必须保存用户的充值记录。该记录保存期自用户充值之日起不少于 180 天。

（八）网络游戏虚拟货币的使用范围仅限于兑换发行企业自身所提供的虚拟服务，不得用以支付、购买实物产品或兑换其他企业的任何产品和服务。

（九）网络游戏运营企业应采取必要的措施和申诉处理程序措施保障用户的合法权益，并在企业向用户提供服务的网站上显著位置进行说明。

（十）用户在网络游戏虚拟货币的使用过程中出现纠纷的，应出示与所注册的身份信息相一致的个人有效身份证件。网络游戏运营企业在核实用户身份后，应提供虚拟货币充值和转移记录，按照申诉处理程序处理。用户合法权益受到侵害时，网络游戏运营企业应积极协助进行取证和协调解决。

（十一）网络游戏运营企业计划终止其产品和服务提供的，须提前60天予以公告。终止服务时，对于用户已经购买但尚未使用的虚拟货币，网络游戏运营企业必须以法定货币方式或用户接受的其他方式退还用户。

网络游戏因停止服务接入、技术故障等网络游戏运营企业自身原因连续中断服务 30 天的，视为终止。

（十二）网络游戏运营企业不得变更网络游戏虚拟货币的单位购买价格，在新增虚拟货币发行种类时，需根据本通知第三条所列材料内容报文化行政部门备案。

（十三）网络游戏运营企业不支持网络游戏虚拟货币交易的，应采取技术措施禁止网络游戏虚拟货币在用户账户之间的转移功能。

（十四）网络游戏虚拟货币交易服务企业在提供网络游戏虚拟货币相关交易服务时，须规定出售方用户使用有效身份证件进行实名注册，并要求其绑定与实名注册信息一致的境内银行账户。网络游戏虚拟货币交易服务企业必须保留用户间的相关交易记录和账务记录，保留期自交易行为发生之日起不少于 180 天。

（十五）网络游戏虚拟货币交易服务企业要建立违法交易责任追究制度和技术措施，严格甄别交易信息的真伪，禁止违法交易。在明知网络游戏虚拟货币为非法获取或接到举报并核实的，应及时删除虚假交易信息和终止提供交易服务。

（十六）网络游戏虚拟货币交易服务企业不得为未成年人提供交易服务。

（十七）网络游戏虚拟货币发行企业和交易服务企业应积极采取措施保护个人信息安全，在相关部门依法调查时，必须积极配合，并提供相关记录。

（十八）网络游戏运营企业提供用户间虚拟货币转移服务的，应采取技术措施保留转移记录，相关记录保存时间不少于 180 天。

【加强市场监管，严厉打击利用虚拟货币从事赌博等违法犯罪行为】

（十九）各地要按照公安部、文化部等部门《关于规范网络游戏经营秩序查禁利用网络游戏赌博的通知》（公通字〔2007〕3 号）的要求，配合公安机关从严整治带有赌博色彩的网络游戏，严厉打击利用网络游戏虚拟货币从事赌博的违法犯罪行为。

（二十）网络游戏运营企业不得在用户直接投入现金或虚拟货币的前提下，采取抽签、押宝、随机抽取等偶然方式分配游戏道具或虚拟货币。

（二十一）网络游戏虚拟货币发行和交易服务企业应积极配合管理部门，采取技术手段打击“盗号”、“私服”、“外挂”等。

（二十二）对经文化部认定的网络游戏“私服”、“外挂”网站上提供网上支付服务的，由文化部通报中国人民银行。

【加大执法力度，净化市场环境】

（二十三）对未经许可，擅自从事网络游戏虚拟货币发行和交易服务的企业，由省级以上文化行政部门依据《互联网文化管理暂行规定》予以查处。

（二十四）对违反本通知要求的网络游戏虚拟货币发行和交易服务企业，由文化行政部门、商务主管部门通知其限期整改。逾期未整改的，由有关部门依法予以查处。

（二十五）建立网络游戏虚拟货币管理工作协调机制，加大对“盗号”、“私服”、“外挂”、非法获利、洗钱等违法行为的打击力度。各部门应定期沟通，协调配合，及时通报有关情况，在各自职责范围内做好网络游戏虚拟货币的管理工作。

（二十六）网络游戏运营企业所发行的网络游戏虚拟货币不得与游戏内道具名称重合。网络游戏内道具的管理规定由国务院文化行政部门会同有关部门另行制订。

特此通知

2009 年 6 月 4 日

九、文化部、海关总署关于印发《美术品进出口管理暂行规定》的通知

文市发〔2009〕第 21 号

各省、自治区、直辖市文化厅（局）、新疆建设兵团文化局，各直属海关：

根据《国务院对确需保留的行政审批项目设定行政许可的决定》（中华人民共和国国务院令第 412 号）和《美术品经营管理办法》（文化部第 29 号令）的有关规定，文化部负责对美术品进出口经营活动的审批管理，海关负责对美术品进出境环节进行监管。为切实贯彻落实上述规定，加强对美术品进出口经营活动、商业性美术品展览活动的管理，促进中外文化交流，丰富人民群众文化生活，文化部、海关总署制定了《美术品进出口管理暂行规定》。现印发给你们，请遵照执行。

特此通知

2009 年 6 月 17 日

十、美术品进出口管理暂行规定

为加强对美术品进出口经营活动、商业性美术品展览活动的管理，促进中外文化交流，丰富人民群众文化生活，现将美术品进出口管理有关事项规定如下：

一、本规定所称美术品，是指艺术创作者以线条、色彩或者其他方式创作的具有审美意义的造型艺术作品，包括绘画、书法、雕塑、摄影、装置等作品，以及艺术创作者许可并签名的，数量在 200 件以内的复制品。

本规定所称美术品不包括工业化批量生产的工艺美术产品，不包括文物。

二、本规定所称美术品进出口经营活动，是指从境外进口或向境外出口美术品的经营活动。

本规定所称涉外商业性美术品展览活动，是指以销售、商业宣传为目的在境内公共展览场所举办的，有境外艺术创作者或者境外艺术作品参加的各类展示活动。

同一批已经批准进口或出口的美术品复出口或复进口，进口单位可持原批准文件正本到原进口或出口口岸海关办理相关手续，文化行政部门不再重复审批。上述复出口或复进口的美术品如与原批准文件内容不符，进出口单位应当到文化行政部门重新办理审批手续。

三、本规定所称美术品进出口单位，是指在商务部门备案登记，取得进出口资质的企业。

四、国家鼓励进口和出口有利于传播世界优秀文化艺术、有利于提升人民群众思想、道德、文化、欣赏水平的美术品。

美术品进出口活动应当遵守国家有关法律、法规。美术品进出口单位应当接受文化行政部门的指导、监督和检查，确保进出口的美术品具有合法的来源。

任何单位和个人不得销售、展览、展示或者利用其他商业形式传播未经文化行政部门批准进口的美术品。

五、禁止含有下列内容的美术品进出境：

（一）违反宪法确定的基本原则的；

（二）危害国家统一、主权和领土完整的；

（三）泄漏国家秘密、危害国家安全或者损害国家荣誉和利益的；

（四）煽动民族仇恨、民族歧视，破坏民族团结，或者侵害民族风俗习惯的；

（五）宣扬或者传播邪教、迷信的；

（六）扰乱社会秩序，破坏社会稳定的；

（七）宣扬或者传播淫秽、色情、赌博、暴力、恐怖或者教唆犯罪的；

（八）侮辱或者诽谤他人、侵害他人合法权益的；

（九）蓄意篡改历史、严重歪曲历史的；

（十）危害社会公德或者有损民族优秀文化传统的；

（十一）法律、行政法规和国家规定禁止的其他内容。

六、文化部委托美术品进出口口岸所在地省、自治区、直辖市文化行政部门负责本辖区美术品的进出口审批。文化部对各省、自治区、直辖市文化行政部门的审批行为进行监督、指导，并依

法承担审批行为的法律责任。

美术品进出口口岸所在地省、自治区、直辖市文化行政部门的审批行为应对文化部负责，并按每季度一次报送文化部审查备案。

七、美术品进出口单位应当在美术品进出口前，向美术品进出口口岸所在地省、自治区、直辖市文化行政部门提出申请，并报送以下材料：

（一）美术品进出口单位的企业法人营业执照、对外贸易经营者备案登记表；

（二）进出口美术品的来源、目的地、用途；

（三）艺术创作者名单、美术品图录和介绍；

（四）审批部门要求提供的其他材料。

文化行政部门应当自受理申请之日起15日内做出决定。批准的，发给批准文件，批准文件中应附美术品详细清单。申请单位持批准文件到海关办理手续。不批准的，文化行政部门书面通知申请人并说明理由。

八、在境内举办涉外商业性美术品展览活动，应当由举办涉外商业性美术品展览活动的单位，于展览日45日前，向展览举办地省、自治区、直辖市文化行政部门提出申请（展品超过120件的，向文化部提出申请），并报送以下材料：

（一）主办或承办单位的企业法人营业执照、对外贸易经营者备案登记表；

（二）展览活动方案；

（三）举办单位与其他相关单位签订的合同或者协议；

（四）经费预算及资金来源证明；

（五）场地使用协议；

（六）境外来华参展艺术创作者或参展单位的情况介绍；

（七）境外来华参展美术品的名录、图片和介绍；

（八）审批部门要求的其他材料。

展览举办地省、自治区、直辖市文化行政部门应当在受理申请之日起20日内做出批准或者不批准的决定。申请人持批准文件到海关办理有关手续；不批准的，文化行政部门书面通知申请人并说明理由。

九、美术品进出口口岸所在地省、自治区、直辖市文化行政部门在美术品进出口和涉外商业性美术品展览活动审批过程中，对申报美术品内容有疑义的，可提交文化部进行复核，文化部接到申请之日起15日内提出复核意见。复核时间不计入省、自治区、直辖市文化行政部门的审批时限。

十、以研究、教学参考、馆藏、公益性展览等非经营性用途的美术品进出境，应当委托美术品进出口单位参照本规定第七条办理进出口手续。

个人携带、邮寄美术品进出境，应主动向海关申报。超过自用、合理数量的，参照本规定的七条办理。

对个人携带、邮寄美术品进出境，进出境海关认为内容性质难以确定时，可要求携带人、收件人将拟进出境美术品的相关材料送美术品进出口口岸所在地省、自治区、直辖市文化行政部门审查，文化行政部门在接受上述材料15日之内出具审查意见。海关根据审查意见决定是否验放。

十一、美术品进出口单位，不得擅自更改、增减批准进出口的美术品数量、作品名称和其他资料。如有更改，应当及时将变更事项向审批部门申报，经审批部门批准确认后，方可变更。文化行政部门的批准文件，不得伪造、涂改，不得出租、出借、出售或者以其他任何形式转让。

十二、进出口经营活动中含有国家禁止内容的美术品，或者擅自销售、展览、展示，以及利用其他商业形式传播未经文化行政部门批准进口的美术品的，由所在地县级以上文化行政部门责令改正，并视情节轻重予以警告，没收违法物品，或者并处5000元以上30000元以下罚款。

十三、擅自更改、增减批准进出口的美术品数量、作品名称和其他资料，伪造、涂改，出租、出借、出售或者以其他任何形式转让文化行政部门批准文件，由所在地县级以上文化行政部门视情节轻重予以警告、撤销原批准文件，并处2000元以上10000元以下罚款。

十四、违反本规定，构成走私行为，违反海关监管规定行为或者其他违反海关法行为的，由海关依照《中华人民共和国海关法》和《中华人民共和国海关行政处罚实施条例》的有关规定处理；构成犯罪的，依法追究刑事责任。

十五、文化和海关行政部门根据本规定做出行政处罚决定时，应当出具行政处罚决定书。当事人对文化和海关行政部门的行政处罚决定不服时，可以依法申请复议或者依法向人民法院提起诉讼。对文化行政部门做出的行政处罚决定，当事人逾期不申请复议，不向人民法院提起诉讼又不履行的，由做出行政处罚决定的行政部门申请人民法院强制执行。对海关做出的行政处罚决定，当事人逾期不履行的，由海关按照《中华人民共和国海关行政处罚实施条例》第六十条规定进行处理。

十六、从中国香港特别行政区、澳门特别行政区和台湾地区进口或者向上述地区出口美术品，参照本规定执行。

十七、本规定涉及美术品进出口管理业务部分由文化部解释，涉及海关业务部分，由海关总署解释。

十八、本规定自 2009 年 8 月 1 日起执行。

特此规定

十一、文化部关于加强和改进网络音乐内容审查工作的通知

文市发〔2009〕31 号

各省、自治区、直辖市文化厅（局），新疆生产建设兵团文化局，北京市、天津市、上海市、重庆市文化市场行政执法总队：

为推动网络音乐发展，规范网络音乐经营，切实落实《文化部关于网络音乐发展和管理的若干意见》，根据《信息网络传播权保护条例》、《互联网文化管理暂行规定》（以下简称《暂行规定》）、《文化部关于网络音乐发展和管理的若干意见》（文市发〔2006〕32 号），现就加强和改进网络音乐内容审查工作有关事项通知如下：

【管理主体和管理对象】

（一）网络音乐是指用数字化方式通过互联网、移动通信网、固定通信网等信息网络，以在线播放和网络下载等形式进行传播的音乐产品，包括歌曲、乐曲以及有画面作为音乐产品辅助手段的 MV 等。

（二）从事网络音乐产品的制作、发布、传播（含直接提供音乐产品链接方式）、进口等经营活动，须是经文化部批准设立的经营性互联网文化单位（以下简称“经营单位”）。

（三）经营单位经营网络音乐产品，须报文化部进行内容审查或备案。

【进口网络音乐内容审查】

（四）进口网络音乐产品是指原始版权为境外自然人、法人和其他组织所拥有的网络音乐产品。进口网络音乐产品，须经文化部内容审查通过后，方可投入运营。

（五）进口网络音乐产品报审单位须为该网络音乐产品在中国内地的直接被授权人。直接被授权人是指直接获得该网络音乐产品的独家且完整的在中国内地的信息网络传播权或代理权的经营单位（以下简称“进口单位”）。

中国香港、澳门特别行政区和台湾地区的网络音乐产品参照进口网络音乐产品报审。

（六）进口单位与境外网络音乐版权人签订的网络音乐进口合同（协议）须符合以下规定：

1. 进口网络音乐的授权期应在一年以上（含一年）；

2. 合同（协议）标的物为音乐产品的信息网络传播权；

3. 合同（协议）应符合我国《合同法》、《著作权法》等法律法规的有关规定；

4. 合同（协议）应注明在经过文化部内容审查通过后方可生效执行。

（七）进口音乐产品报审进口网络音乐时须提供以下材料，并对所提供材料的真实性负责：

1. 进口网络音乐审查申请表（电子版）；

2. 网络文化经营许可证、营业执照（复印件）；

3. 报审歌曲的原文和译文歌词（电子版）；

4. 网络音乐进口合同（协议）、原始版权证明材料和授权书（复印件）；

5. 内容审查所需的其他材料。

（八）进口网络音乐产品报审程序。

1. 进口单位报审材料中的电子版通过“文化部网络音乐报备软件”（以下简称报备软件，下载网址：www.ccnt.gov.cn）进行报审，按照“报备软件”的要求填写相关信息，并上传到文化部网络音乐审查受理系统。需提交的纸质文件、CD 等材料挂号寄至文化部。

2. 报审材料齐全的，文化部予以受理，并在受理后 20 个工作日内（不包括专家评审所需时间）根据专家审查意见做出批准或者不批准的决定。批准的核发“进口网络音乐产品批准单”，不批准的说明理由。

3. 对内容审查特殊时限要求的音乐产品，进口单位可通过“报备软件”提供的快速通道功能进行申请，文化部在受理后 3 个工作日内做出批准或者不批准的决定。

4. 对已通过其他相关部门内容审查，并正式出版发行的进口音乐产品，进口单位须提供相关

部门的批准文件，文化部核实后准予以网络音乐形式进行传播，并对内容审查程序予以简化。

（九）已批准进口的网络音乐产品在授权期满后需再次进口的，须重新办理进口手续。授权期内决定终止进口的，进口单位须报文化部撤销其批准文号。

（十）对已批准进口的网络音乐产品在国内进行转授权时，须由原进口单位在转授权行为发生后20日内报文化部备案，被授权的经营单位不再另行报审。备案时须提供以下材料：

1. 进口网络音乐产品转授权备案申请表（电子版）；

2. 文化部原批准文件（复印件）；

3. 被授权经营单位网络文化经营许可证和经营执照（复印件）；

4. 转授权合同（协议）（复印件）；

5. 报备所需的其他材料。

（十一）在本通知印发之日前未经内容审查的进口网络音乐产品，须按照本通知的要求在2009年12月31日前向文化部报审。

【国产网络音乐备案】

（十二）国产网络音乐作品实施备案制度。网络音乐经营单位应在正式运营后30日内报文化部备案。

（十三）经营单位须提供以下材料，并对所提供材料的真实性负责：

1. 国产网络音乐审查申请表（电子版）；

2. 网络文化经营许可证、营业执照（复印件）；

3. 报备歌曲的歌词（电子版）；

4. 国产网络音乐使用合同（协议）、原始版权证明材料和授权书（复印件）；

5. 备案所需的其他材料。

（十四）国产网络音乐备案程序。

1. 经营单位报审材料中的电子版通过“报备软件”进行报备。相关信息按照“报备软件”的提示要求进行填写，并上传至文化部网络音乐审查受理系统。需提交纸质文件、CD等材料的，挂号寄至文化部。

2. 备案材料齐全的，文化部予以受理；并在受理后10个工作日内，核发《国产网络音乐产品备案表》。

3. 对已正式出版发行的国产音乐产品，经营单位可提供相应的出版物版号，文化部核实后予以备案并简化备案程序。

【规范网络音乐经营行为】

（十五）经营单位应当严格按照《暂行规定》的要求，建立网络音乐内容自审制度，设置专门部门负责音乐内容的自审自查。经营单位提供网民编创和表演等网络音乐上传服务的，要加强审查，保障其合法性。

（十六）经营单位须在网络音乐产品页面显著位置标注其批准文号或备案文号，不得擅自变更经文化部批准或备案的网络音乐产品的名称等其他信息，不得擅自增删或变更网络音乐产品内容。

【加强网络音乐内容监管】

（十七）各地文化行政部门要加强对属地内的网络音乐经营单位的管理，对运营环节中的音乐内容要及时跟踪监管，对从事违法网络音乐经营活动和提供违法网络音乐产品的经营单位依法查处。

特此通知

2009年8月18日

十二、文化部关于改进和加强网络游戏内容管理工作的通知

文市发〔2009〕46号

各省、自治区、直辖市文化厅（局），新疆生产建设兵团文化局，北京市、天津市、上海市、重庆市文化市场行政执法总队：

近年来，我国网络游戏市场快速发展，在满足人民群众多样化精神文化需求、促进文化产业发展等方面起到了重要作用。但与此同时，网络游戏原创精品不足、产品结构单一、文化内涵较低问题严重制约了中国网络游戏的健康发展。特别是一些网络游戏企业受利益驱动，片面追求游戏粘着力，甚至以血腥、暴力、色情、赌博等低俗和违法违规内容吸引用户，给消费者尤其是未成年人身心健康带来不利影响。为切实改进和加强网络游戏内容管理，落实网络游戏管理责任，现就有关事项通知如下：

【建立网络游戏经营单位自我约束机制】

（一）树立正确的文化价值取向，提高网络游戏产品的文化内涵。网络游戏产品和服务承担着娱乐、审美、教育、交流等重要的文化使命和社会责任。网络游戏经营单位应当将社会效益放在首位，在游戏的研发运营中以社会主义核心价

值体系为指导，增强产品的文化内涵，大力弘扬时代精神和民族优秀文化，为实现人的全面发展与社会和谐服务。

（二）改进游戏规则，调整产品结构。网络游戏企业要根据国家文化发展需要和市场走向，创新游戏规则，丰富游戏内容，调整产品结构，改变以“打怪升级”为主导的游戏模式，对游戏玩家之间的“PK 系统”、“婚恋系统”等进行更加严格的限制，采取技术措施，加强对未成年玩家的注册指导和游戏时间限制。

（三）专设机构人员负责产品内容自审自查。网络游戏运营单位要设立专门的内容自审机构负责游戏产品内容的管理，组织产品策划、研发、运营人员进行政策法规培训，提高相关人员的法律意识和社会责任意识。在网络游戏产品研发、申报、上线运营前对产品内容进行自审自查，保障网络游戏产品内容的合法性。内容自审机构的负责人应由经过文化部门培训的人员担任。

（四）健全企业负责人培训考核制度。文化部将制定《经营性互联网文化单位负责人培训考核纲要》，在两年内对包括网络游戏企业在内的网络文化企业负责人及研发、运营部门负责人进行培训考核，将国家的管理要求内化到企业管理之中。

【完善网络游戏内容监管制度】

（五）加强对进口和国产网络游戏内容的审查备案管理。文化部将进一步调整充实网络游戏内容审查机构和人员，完善网络游戏审查技术要求和工作流程，并根据网络游戏产品发展变化，修改完善内容审查细则。

（六）实施网络游戏研发技术引导工程。制定技术标准，建设游戏开发及工程管理规范，为国产原创网络游戏提供必要的技术支撑，带动国产精品网络游戏的研发生产。评选社会效益和经济效益良好的优秀网络游戏产品，鼓励思想性强、趣味丰富、具有教育意义的网络游戏开发运营。

（七）落实网络游戏经营主体属地管理。省级文化行政部门要对本行政区域内从事网络游戏经营活动的企业开展一次全面的梳理，一是要实地检查其是否取得文化部核发的《网络文化经营许可证》、是否严格按照许可证载明的经营范围进行经营；二是要实地检查网络游戏经营单位是否按照有关规定履行网络游戏产品审批或备案手续、落实内容自审制度、运营规范制度；三是要加强对网络游戏经营单位经营管理人员、内容审查人员的政策指导，分期分批开展法律法规和相关业务培训；四是要严格审查申请从事网络游戏经营活动单位的资质，在初审工作中加强注册资本及股东结构的审核，对申请网络游戏经营资质的企业要在营业执照、章程以及股东证明材料、注册资金等方面加强审验；凡不符合《互联网文化管理暂行规定》所要求条件的，一律不予受理。

（八）加强网络游戏产品内容的跟踪监管。省级文化行政部门要对本行政区域内网络游戏经营单位的网络游戏产品运营情况逐一进行网上巡查，巡查内容包括：网络游戏故事背景、情节语言、地名设置、任务设计、经济系统、交易系统、生产建设系统、社交系统、客服系统、对抗功能、角色形象、声音效果、地图道具、动作呈现、团队系统等方面，产品内容不得含有《互联网文化管理暂行规定》或其他法律法规所禁止的内容。检查中发现的有关问题及时上报。

（九）突出重点，坚决封堵违法网络游戏。各省级文化行政部门和文化市场综合执法机构要重点查处以下违法网络游戏及其经营行为：利用互联网对运营的网络游戏产品进行格调低俗的广告宣传和市场推广；运营宣扬低俗、色情、赌博、暴力等内容的网络游戏产品；未经批准，擅自从事网络游戏经营活动；提供未经文化部批准进口的网络游戏产品；运营国产网络游戏产品未按规定备案的；向未成年人提供虚拟货币交易、在用户直接或变相投入现金或网络游戏虚拟货币的前提下，采取随机抽取等偶然方式使用户获取游戏产品和服务的；非法提供网络游戏“私服”、“外挂”等。要积极会同通信管理、工商行政管理等部门，落实对违法经营单位的行政处罚。同时，将行政处罚和技术监管相结合，对提供违法网络游戏的网站通过技术措施予以封堵。

（十）加强管理与执法责任追究。各级文化行政部门和文化市场综合执法机构要落实管理责任制，根据本地区网络文化市场状况配置专门力量，加强互联网文化管理知识技能学习，提升管理人员素质能力，并将网络游戏管理作为工作重点纳入到对综合执法机构的考核之中。

【强化网络游戏社会监督与行业自律】

（十一）完善社会监督制度。各级文化行政

部门要建立学校、家长、媒体、社会紧密配合的综合治理机制，充分发挥网吧及网络游戏管理工作协调小组的重要作用，密切配合，形成合力，提升网络游戏监管水平。根据舆情和举报情况，定期组织教育工作者、消费者、有关部门以及新闻媒体等各方面代表对特定网络游戏产品进行评议，并将评议结果向社会发布。

（十二）加强行业自律。加快筹建全国及地方网络游戏行业协会，建立和完善行业自律公约，引导网络游戏经营单位增强社会责任感，健全内部管理制度，自觉遵守法律法规和社会公德、职业道德，自觉为营造健康文明的网络文化环境作出贡献。

特此通知

2009 年 11 月 13 日

十三、财政部、海关总署、国家税务总局公告

2009 年第 2 号

《国有公益性收藏单位进口藏品免税暂行规定》经国务院批准，现予以公布施行。《财政部 国家税务总局 海关总署关于印发〈国有文物收藏单位接受境外捐赠、归还和从境外追索的中国文物进口免税暂行办法〉的通知》（财税〔2002〕81 号）经国务院批准同时停止执行。

特此公告。

附件：1. 国有公益性收藏单位进口藏品免税暂行规定

2. 免税进口藏品备案表

财政部 海关总署 国家税务总局

2009 年 1 月 20 日

附件 1：

国有公益性收藏单位进口藏品免税暂行规定

第一条　为贯彻落实科学发展观，弘扬和传承中外传统文化艺术，提高民族文化软实力，促进我国对文物和艺术品等进口藏品的收藏和保护事业的健康发展，特制定本规定。

第二条　国有公益性收藏单位以从事永久收藏、展示和研究等公益性活动为目的，以接受境外捐赠、归还、追索和购买等方式进口的藏品，免征进口关税和进口环节增值税、消费税。

第三条　本规定所称国有公益性收藏单位，是指：

（一）国家有关部门和省、自治区、直辖市、计划单列市相关部门所属的国有公益性图书馆、博物馆、纪念馆及美术馆（以下简称省级以上国有公益性收藏单位）。

省级以上国有公益性收藏单位的名单，由财政部会同国务院有关部门以公告的形式发布。

（二）财政部会同国务院有关部门核定的其他国有公益性收藏单位。

第四条　本规定所称的藏品，是指具有收藏价值的各种材质的器皿和器具、钱币、砖瓦、石刻、印章封泥、拓本（片）、碑帖、法帖、艺术品、工艺美术品、典图、文献、古籍善本、照片、邮品、邮驿用品、徽章、家具、服装、服饰、织绣品、皮毛、民族文物、古生物化石标本和其他物品。

第五条　国有公益性收藏单位进口与其收藏范围相应的藏品，方能享受本规定的税收政策。

第六条　符合规定的国有公益性收藏单位进口藏品，应持捐赠、归还、追索和购买等有效进口证明及海关规定的其他有关文件办理海关手续。免税进口藏品属于海关监管货物。

第七条　国有公益性收藏单位免税进口的藏品应依照《中华人民共和国文物保护法》、《中华人民共和国文物保护法实施条例》和《博物馆管理办法》进行管理，建立藏品登记备案制度。免税进口藏品入境 30 个工作日内须记入藏品总账——进口藏品子账，列入本单位内部年度审计必审科目。同时按规定格式（附表略）报送主管文化文物行政管理部门备案，并抄报海关。

第八条　国有公益性收藏单位免税进口的藏品应永久收藏，并仅用于非营利性展示和科学研究等公益性活动，不得转让、抵押、质押或出租。

第九条　免税进口藏品如需在国有公益性收藏单位之间依照国家有关法律法规的规定进行调拨、交换、借用，应依照法律法规的规定履行相关手续，同时报送主管文化文物行政管理部门备案，并抄报海关。

国有公益性收藏单位将免税进口藏品转让、

抵押、质押或出租的，由海关依照国家有关法律法规的规定予以处罚；构成犯罪的，依法追究刑事责任。

对于有上述违法违规行为的单位，在1年内不得享受本税收优惠政策；被依法追究刑事责任的，在3年内不得享受本税收优惠政策。

第十条 海关总署根据本规定制定具体实施细则。

第十一条 本规定由财政部会同海关总署和国家税务总局负责解释。

第十二条 本规定自公布之日起施行。

中国文化年鉴

Chinese Culture Yearbook

文化体制改革

cultrual Restructuring

综　述

2009年，文化系统认真贯彻中央决策部署，把深化文化体制改革作为学习实践科学发展观的重要突破口，进一步解放思想、转变观念，坚持以改革促发展、以发展带改革，紧紧抓住国有文艺院团体制改革、经营性文化事业单位转企改制、文化市场综合执法改革、文化产业发展、转变政府职能等关键环节，推动文化系统体制改革向纵深发展。在改革基础相对薄弱、改革进度相对滞后的条件下，实现了由试点先行、稳步推进到攻坚克难、全面推进的转变，思想认识得到大提高，改革队伍得到大加强，工作思路实现新突破，全系统改革发展工作呈现新风貌。

一、国有文艺院团体制改革试点全面启动

文化部会同中宣部于2009年7月联合下发了《关于深化国有文艺演出院团体制改革的若干意见》（以下简称《意见》），参与筹备全国文化体制改革经验交流会，专门举办全国国有文艺院团体制改革工作培训班，推动全国文化系统迅速掀起学习、贯彻中央关于深化国有院团体制改革精神的热潮。《意见》下发后，全国共确定了转企改制试点院团172家，2009年完成转制的达69家，超过了过去6年的总和。转制院团类型不断扩展，除歌舞、杂技等市场发育相对成熟、改革经验积累相对丰富的院团外，一些话剧团、地方戏曲院团也积极转变体制，面向市场求发展。转制院团范围不断扩大，由省级向地市级和县级延伸，2009年实现转企改制的院团中，除1家中直院团外，还有28家省级院团、31家地市级院团和9家县级院团。骨干演艺集团公司集中涌现，北京演艺集团公司、陕西省演艺集团公司、上海文广演艺集团公司、河南歌舞演艺集团有限责任公司相继成立，成为区域性龙头演艺企业。

二、经营性文化事业单位转企改制实现重大突破

文化部在扎实调研的基础上，确定了对中国东方歌舞团、中国文化报社、文化部文化市场发展中心和中国演出管理中心进行转企改制的思路，制定了同步推进多种类型的事业单位转企改制、建立现代企业制度、一举打造3家中央级国有文化集团有限公司的转制方案。在中央领导同志的精心指导下，在相关部委的大力支持下，3家集团公司于2009年11月10日顺利完成工商注册工作，为文化领域组建中央级国有独资公司积累了经验，探索了道路。3家集团公司的转制后续工作正紧锣密鼓地开展，推动了中央对转企改制后文化企业管理办法和国有文化资产管理办法的研究制定工作。根据中央关于新闻出版单位体制改革的要求，文化部及时启动了文化部系统各出版社转企改制工作。中国录音录像出版总社转制方案正在进一步论证修改中，拟于2010年完成转企改制工作。文化艺术出版社、国家图书馆出版社、紫禁城出版社的转制方案已报请中央各部门各单位出版社体制改革工作领导小组审批同意，各项转企改制工作全面启动。一些地方的经营性文化事业单位转企改制也取得了显著进展，山西省直和试点城市国有经营性文化单位转企改制工作全面完成。辽宁全省110多家包括文化系统在内的经营性文化事业单位实现转企改制，职工由“事业人”一步到位变为“企业人”，做到了不留壳、不借壳、不建壳，可核查、不可逆。

三、文化市场综合执法改革进程明显加快

2009年9月，文化部会同相关部委联合下发了《关于加快推进文化市场综合执法改革工作的意见》，10月在杭州召开全国文化市场综合执法改革经验交流会，明确了改革的目标任务、重点工作。文化部先后下发《关于加强文化市场综合执法指导工作的通知》等多个文件，为进一步健全权责明确、行为规范、监督有效、保障有力的文化市场综合执法体制，提高文化市场综合执法的规范化水平提供政策保障。2009年，全国共有北京、上海、浙江、广东、海南、重庆、山西等7个省市全部完成综合执法改革工作。全国333个地级市（包括副省级城市）中，已有62个组建了市级综合执法机构，70个整合了文化、广电、新闻出版等部门，成立综合文化行政主体。总体来看，全国文化市场综合执法改革工作进展顺利，呈现出加速推进的良好态势，许多地区取得了重要突破。文化市场执法队伍不断加强，执法行为进一步规范，执法能力和水平明显提高。

四、公共文化服务运行机制创新稳步推进

2009年，文化部先后在浙江和四川召开公共文化服务体系建设经验交流会、全国城市社区文化建设经验交流会，总结经验，部署工作。文化部会同有关部门联合下发了《关于进一步加强资源共享服务基层的意见》，建立健全跨系统的“图书馆联盟”、“图书馆联合体”等工作机制。国家图书馆、国家博物馆、中国美术馆等公共文化服务单位，突出公益属性，强化服务职能，推动人事、收入分配和社会保障制度改革进一步深化，服务质量和服务水平进一步提高。2009年，全国向社会免费开放的各级文化文物部门归口管理的公共博物馆、纪念馆达1444家。

五、推动文化产业发展迈出新步伐

2009年初，文化部向国务院提交了《当前形势下加快发展文化产业的研究报告》，为制定《文化产业振兴规划》提供参考意见。国务院公布《文化产业振兴规划》后，文化部及时制定《关于加快文化产业发展的指导意见》和《文化产业投资指导目录》，以推进重点产业、重点园区和重点项目发展驶上快车道。为大力推动文化产业投融资体系建设，文化部积极研究、促进解决文化企业资产评估及质押担保等问题，鼓励、扶持文化企业开展融资及产权交易，分别与中国进出口银行、中国银行签订了《关于扶持培育文化出口重点企业、重点项目的合作协议》和《支持文化产业发展战略合作协议》，向中国进出口银行和中国银行共推荐47个文化产业项目，涉及资金76.03亿元。

六、推动政府职能转变有了新拓展

2009年，文化部按照建设法治政府和服务型政府的要求，积极推动文化系统由办文化为主向管文化为主转变、由管微观为主向管宏观为主转变、由主要面向直属单位向面向全社会转变。全面落实新“三定”方案，进一步理顺网络游戏、动漫、综合执法等领域的管理职能，推进形成科学有效的管理体制。全力推进依法行政，对现有的166项文化政策内容进行清理，做好废、改、立工作，《非物质文化遗产保护法》、《公共图书馆法》、《艺术品市场管理条例》、《对外文化交流条例》等立法工作取得重要阶段性成果。进一步规范文化市场主体和文化产品准入制度，修订实施《营业性演出管理条例实施细则》，进一步扩大对港澳台市场主体的开放，制定进口电子游戏机型机种审查标准，规范进口网络游戏产品、网络音乐以及美术品进出口内容审查工作，减少审批环节，提高审批效率。

七、推动中华文化“走出去”取得新成效

2009年，文化部征求13个部委和机构的意见，经国务院批准，建立了“对外文化工作部际联席会议”制度，为整合资源，形成合力，推动中华文化“走出去”奠定了重要基础。积极推动对外文化贸易，根据“政府为主导，企业为主体，以市场运作为方式”的原则，努力向外推介我国的文化企业和文化产品，搭建促进文化企业和文化产品“走出去”的平台。会同相关部委，联合发布了《2009～2010年度国家文化出口重点企业目录》和《2009～2010年度国家文化出口重点项目目录》，奖励了211家文化出口企业和225个重点项目。大力创新“走出去”的服务模式，设立了“国家对外文化交流重大项目专业咨询委员会”，就重大对外文化交流项目进行论证和评估；建立了全国对外文化交流项目库，为对外文化工作提供充足的、体现国家水平的项目资源。我国文化企业在应对国际金融危机的挑战中，积极进军国际市场，取得初步成效。天创国际演艺制作交流有限公司买下了美国布兰森市白宫剧院产权，这是中国企业第一次在海外拥有自己的剧场。在文化部、中国进出口银行的帮助下，北京俏佳人传媒顺利并购美国国际视听传播有限公司，整合为国际中国联播网（ICN），成为由民营企业在海外以商业化模式运营的重要传媒阵地。

专项改革

一、国有文艺院团体制改革

2009年，文化系统按照中央的要求和部署，全面启动国有文艺院团体制改革试点工作，取得了突破性进展。李长春同志在2010年全国宣传部长会议上，充分肯定国有文艺院团体制改革是2009年文化体制改革工作两大亮点之一。2009年，文化部推动国有文艺院团体制改革的主要工作有：

（一）制定下发推进国有文艺院团体制改革的指导性文件。2009年，文化部改革办在深入研究9个中直院团和文化体制改革试点地区国有院团体制改革经验的基础上，形成了《关于深化国

有文艺演出院团体制改革的若干意见》（以下简称《意见》）初稿，并会同中宣部改革办对初稿进行数十次修改，确保《意见》充分体现中央关于深化国有文艺院团体制改革的精神和院团改革发展的客观需要。文化部与中宣部、财政部、人社部等部门多次沟通、协商，就支持国有文艺院团改革发展的相关政策达成了共识。经文化部党组会、中宣部部务会审议通过，并经中央领导同志审阅、同意，2009年7月中宣部、文化部联合下发了《意见》，明确了国有文艺院团体制改革的"路线图"和"时间表"。

（二）组织《意见》的贯彻实施。参与筹备全国文化体制改革经验交流会，对国有文艺院团体制改革工作进行专题部署。及时下发文化部关于贯彻落实《意见》的通知，举办全国国有文艺演出院团体制改革工作培训班，推动全国各地文化系统掀起学习、贯彻中央关于深化国有文艺演出院团体制改革精神的热潮。公开发布两批共172家国有文艺院团转企改制试点名单，全面启动国有文艺院团体制改革试点工作。

（三）加强督促检查工作。按照中央文化体制改革工作领导小组的安排和部署，文化部领导陪同中央领导同志赴辽宁等13个省（区、市）、文化部领导带队赴河北等7个省（区、市），对文化体制改革工作进行指导、督促和检查，重点了解国有文艺院团体制改革过程中存在的问题、困难，及时研究对策措施。2009年底，文化部下发《关于开展国有文艺院团体制改革进展情况自查的通知》，对全国国有文艺院团体制改革进展情况进行摸底调查，向全系统印发《全国国有文艺演出院团体制改革重点工作进展情况通报》和《各省区市国有文艺演出院团体制改革重点工作进展情况统计表》，有力地促进了各地院团体制改革工作的进程。

（四）完善院团改革的领导体制和工作机制。督促各省（区、市）文化厅（局）建立健全文化体制改革工作领导小组，加强纵向联系，形成了较为完备的院团改革工作领导体系。召开各地文化厅（局）改革办主任座谈会，对推动院团改革的重点工作做出具体安排和部署。建立改革情况季报制度，及时掌握各地改革的最新进展、突破性配套政策和转制实践中的好经验、好做法。

（五）明确国有文艺院团转制规程。按照"可核查、不可逆"的要求，会同中宣部联合下发《关于规范国有文艺演出院团转企改制工作的通知》，指导和督促各地试点文艺院团规范转企改制各项工作。组织编写《文化事业单位转企改制操作实务》、《国有文艺院团体制改革政策解读》、《文化体制改革政策汇编》，阐释宣传改革政策，明确工作规程，切实推动转企改制试点院团规范转制，为真正实现市场化运作奠定基础。

（六）做好典型宣传和推广工作。组织开展"长流水、不断线"的宣传工作，及时反映改革工作进展，正确引导社会对国有院团体制改革的关注焦点，组织中央重点媒体全年刊发有关新闻报道20余篇。文化部改革办收集整理典型案例40多个，编辑下发《国有文艺演出院团体制改革参阅材料汇编》，产生了积极影响。

（七）开展理论研讨和调查研究工作。2009年，文化部委托有关高校和研究机构开展"推进国有文艺院团转企改制和发展的政策需求研究"等多项课题研究，多次召开专家论证会、专题研讨会，征求专家学者、艺术家和基层文化管理部门的意见和建议，研究新形势下推动国有院团改革发展的新途径、新方法。会同相关部门赴山西、云南、贵州等地专题调研《意见》的实施情况，为更加有针对性地指导、帮助经济欠发达地区的国有院团体制改革工作打下了良好基础。

总体来看，2009年国有文艺院团体制改革工作全面启动，进展顺利，态势良好：

（一）各类国有文艺院团以多种模式转企改制，呈现众多亮点。一批市场发育相对成熟的歌舞、杂技、曲艺、话剧、地方戏曲等国有院团充分发挥积极性、主动性、创造性，相继进行了转企改制，不断为全国国有文艺院团体制改革积累新的经验。部分国有文艺院团在事业单位企业化经营的基础上，以市场化运作实现跨越式发展，如中国东方歌舞团2005年以来，通过不断完善内部机制、打造艺术精品、强化市场营销，形成人才培育、艺术研发、项目规划、资本运作、产品创排、舞美工程、演出推广、票务营销、影视制作等一整套完善强大的艺术发展链条，2008年底资产总额达到24482万元，演出收入达到6173万元。2009年，中国东方歌舞团转企改制组建国有独资的中国东方演艺集团有限公司，实现了中直院团转企改制零的突破。部分国有文艺院团以资产为纽带，整合优质资源，组建演艺集团公司，如上海文广演艺（集团）有限公司依托上海文广集团，对完成转制的6家演艺企业和3家演出中介服务公司实施经营管理，形成了集演艺业产、供、销以及演艺人才培训、舞美制作等于一体的大型演艺集团公司。还有部分国有文艺院团通过兴办文化产业投资公司，以控股、参股等形式参与院团转企改制，如西安秦腔剧院整建制移交西安曲江新区管理运营，成立了西安秦腔剧院有限责任公司，由西安曲江文化产业投资（集团）有限公司控股，下设易俗社、三意社、梦回长安3个分公司，实现了演艺资源与资本的对接，推动了秦腔艺术的传承发展。其他转制院团也都从自身实际出发，因地制宜，探索改革发展道路。

（二）认真遵循“可核查、不可逆”的改革要求，国有文艺院团转企改制规范化程度明显提高。文化部会同中宣部联合下发《关于规范国有文艺演出院团转企改制工作的通知》，指导和督促各地试点文艺院团规范转企改制各项工作。各地充分认识到，要真正实现市场化运作，实现跨越式发展，就必须规范转制，建立现代企业制度。如辽宁省营口市将市青年京剧团、评剧团、歌舞团转企改制，撤销事业单位建制，组建了营口市艺术剧院有限责任公司，完成了工商注册，建立了现代企业法人治理结构，注销了三团事业建制，将职工身份由事业单位职工转变为企业员工，并为全体员工办理了社会保险。其他地方也按照中央的要求，积极开展自查，规范转制过程。

（三）各地积极改善国有院团体制改革保障条件，取得重要突破。云南、陕西、甘肃、山西、贵州等省出台文化体制改革配套文件，为解决转制院团的社会保障水平衔接、转制成本支付、演出设施改善等方面问题提供了有力的政策保障。陕西省针对省直文艺院团的实际，在人员安置问题上实现政策突破，对从事舞蹈、杂技、管乐、戏曲武功、舞美装置等特殊艺术表演专业满25年以上的演职人员，可以按事业单位退休办法办理提前退休手续；省财政对解除劳动（聘用）关系或经批准辞职自谋职业的职工按照一定标准给予经济补偿。各地为增强转制院团“造血功能”，提升其在市场竞争中做强做大的能力，切实加大资金扶持的力度。甘肃省利用文化产业发展专项资金中对转企改制的甘肃杂技团1000万元贷款贴息53万元。天津实行“一团一场一所”的做法，确保转企改制院团有自己的固定演出场所，为文艺院团的改革发展奠定了良好的基础。

二、文化部直属试点单位转企改制

2009年，文化部在扎实调研、充分论证的基础上，确定了对中国东方歌舞团、中国文化报社、文化部文化市场发展中心和中国演出管理中心进行转企改制的思路，制定了同步推进多种类型的事业单位转企改制、建立现代企业制度，一举打造三家中央级国有文化集团有限公司的转制方案，文化部直属经营性事业单位转企改制取得突破性进展。

党的十六大以来，文化系统深入贯彻落实中央关于深化文化体制改革的总体安排部署，扎实推进直属单位改革，积极探索道路，积累经验，为组建3家集团公司奠定了良好的基础。首先，文化系统通过深入学习实践科学发展观，进一步牢固树立了新的文化发展理念，解决了长期困扰人们的文化发展与市场的关系问题，为推动转企改制工作扫清了思想上的障碍。其次，文化体制改革试点工作取得显著成绩，为改革提供了丰富的实践经验。如，中国对外文化集团公司作为中央确定的首批文化体制改革试点单位之一，自组建以来，走出了一条市场化、企业化、产业化发展的新路，实现了从文化中介商到文化集成商的转变。2008年，中国对外文化集团公司在全球50多个国家和地区的210座城市举办了74项、5600场次演出和展览，吸引海外观众1100万人次，其中商业项目超过60%。这些发展成绩，为改革赢得了声誉。再次，以国办发〔2008〕114号文件为代表的一系列改革配套政策的出台，为转企改制工作提供了有利的政策环境，较好地解除了经营性文化事业单位的后顾之忧。最后，在全球性金融危机的背景下，我国文化产业逆势上扬，尤其是文化娱乐、动漫游戏、文艺演出等领域呈现出良好的发展态势，为推动转企改制提供了有利的外部条件。

几家单位转企改制、资源重组的改革思路，也对其自身发展和整合行业的长远发展有战略意义。中国东方歌舞团是由原东方歌舞团、中国歌舞团在2005年实行“两团合并、整合资源”组建的国家重点院团，是行业排头兵。东方歌舞团率先转企改制，组建综合性演艺集团公司，发展目标是打造演艺产业链完备、股权多元化、具有强大国际竞争力的国有骨干演艺企业集团，对培育演艺市场新型市场主体、打造演艺骨干国有文化企业和战略投资者具有重要意义。《中国文化报》是文化部主管的全国性文化类日报，报社转制为中国文化传媒集团有限公司后，将坚持正确的舆论导向，坚持突出主业、多业发展，打造国家级综合性文化传媒企业集团。中国文化报社的转企改制，是在推进报刊分类改革方面的一次积极探索和有益尝试。文化部文化市场发展中心、中国演出管理中心均为文化部直属市场服务型事业单位，合并转制为中国动漫集团有限公司后，将积极引进战略投资者，实施股份制改造，打造代表国家水准、具备行业引领能力的动漫游戏产业骨干企业。数字内容和动漫是需要大力发展的重点文化产业和新兴文化业态。中国动漫集团有限公司的组建，将会大大推进数字文化资源的整合，提高产业集中度。

在推动几家单位转企改制过程中，文化部深入贯彻中央关于深化文化体制改革的精神，积极与中央文化体制改革工作领导小组各成员单位通力合作、协调沟通，共同解决了出资人确认、企业工商登记、发展规划制定等一系列重大问题。3家集团公司于2009年11月10日顺利完成工商注册工作，为文化领域组建中央级国有独资公司积累了经验，对推动改革向纵深推进、向面上拓展，推动文化产业又好又快发展，起到了有力的示范和拉动作用。目前，3家集团公司的转制后续工作正紧锣密鼓地开展，极大地推动了中央对转企改制后文化企业管理办法和国有文化资产管理办法的研究制定工作。

中国对外文化集团公司按照现代企业制度完善法人治理结构，为下一步推进股份制改革创造了良好条件。根据中央关于新闻出版单位体制改革的要求，文化部及时启动了文化部系统各出版社转企改制工作。中国录音录像出版总社转制方案几经论证，正在进一步修改中，拟于2010年完成转企改制工作。文化艺术出版社、国家图书馆出版社、紫禁城出版社的转制方案已经中央各部门各单位出版社体制改革工作领导小组审批同意，各项转企改制工作全面启动。文物出版社转企改制工作也在积极筹备中。

三、公共文化服务运行机制改革

2009年，文化部先后在嘉兴市、台州市和成都市召开公共文化服务体系建设经验交流会、全国城市社区文化建设经验交流会，总结经验，部署工作。会同有关部门联合下发了《关于进一步加强资源共享服务基层的意见》，建立健全跨系统的“图书馆联盟”、“图书馆联合体”等有效工作机制，努力构建高效、便捷的面向社会广大公众的文献信息服务体系。国家图书馆、国家博物馆、中国美术馆等公共文化服务单位，突出公益属性，强化服务职能，推动人事、收入分配和社会保障制度改革进一步深化，服务质量和服务水平进一步提高。2009年，全国向社会免费开放的公共博物馆、纪念馆达1444家。深圳自主研发“城市街区24小时自助图书馆系统”，市民不用亲自到图书馆，就能享受借书、还书、办证、预借等图书馆提供的服务。嘉兴等地整合图书馆资源，以城带乡，推动建立和完善以县图书馆、乡镇综合文化站、村文化室为主体的农村公共图书馆服务网络，使广大农村群众享受到与城市居民基本一致的阅读待遇。吉林等地采取总分馆和行业分馆等模式，通过建立跨系统的图书馆联盟，实现文献信息资源的共建共享，提升服务水平和效率。辽宁省重点推进文化信息资源共享工程进村入户工作，以有线电视网络传输方式为主，基本实现已通有线电视农户的广播覆盖，实现县支中心和乡镇、行政村、自然村服务点的点播覆盖，在有条件的地区推广点播用户80～100万户。浙江台州通过实施“三个三”文化计划，着力建设农村、社区、企业三类文化俱乐部，举办“农民文化节”、“邻居文化节”、“企业文化节”三大文化节，建立“百分之一”文化计划共建机制、公益性文化项目政府采购制度、文化设施建设以奖代补3项文化制度，从网络设施、活动内容、制度保障3个方面搭建服务构架，建立起较为完善的公共文化服务体系，让人民群众共享文化发展成果。成都市调动各方积极性，卓有成效地推动城市社区文化中心建设，开展丰富多样的群众文化活动。

2009年，保留事业体制的中直院团内部机制改革进一步深化。中央直属院团中保留事业体制的8家院团按照“国家扶持、转换机制、面向市场、增强活力”的要求，探索在市场经济条件下内部管理机制的改革。中央歌剧院积极调整演出营销机制，利用现代化信息手段，逐步建立起与各地演出机构较为密切的营销网络，成功举办首届“国际歌剧季”，为振兴发展歌剧艺术、培养歌剧人才、拓展中外歌剧艺术交流，创建了崭新窗口与平台。国家话剧院建立“国家话剧院北京演出院线”，实现了演出运营方式的根本性转变，形成了“长时段、多剧目、多场次、多场点”的国话演出新模式。中国交响乐团将北京音乐厅转制为剧院管理有限公司，组建全国音乐厅院线联盟，实现经营权与所有权分离。同时加强内部机制改革，针对交响乐团的职业特点和规律建立现代化的管理体系，通过流程管理和预算控制，实现责任管理，提高资金使用效率。中国儿童艺术剧院把中国儿童剧场的固定场所演出与到全国各地的商业演出营销相结合，充分发挥中国儿童剧场与假日经典小剧场的窗口优势，把只限于做上门生意转化为剧场资源、学校资源、外省市资源优势互补，充分调动营销人员的积极性，使营销贯穿到艺术创作、剧目生产、演出的整个环节。国家京剧院逐步摸索在对外合作项目上不断拓宽合作模式，以外向型项目为引擎推动剧院的改革发展，启动了与深圳市文化局、吉林省京剧院的合作共建，迈出了构建全国京剧院团合作平台的重要一步，坚持梅兰芳大剧院阵地演出，不断提升国家京剧院和梅兰芳大剧院的品牌效益。中央民族乐团把演出作为中心任务，通过著名指挥家系列音乐会、“江山如此多娇”大型民族音乐会等，树立国家艺术院团品牌，在艺术表演与创作上起到示范性、代表性作用，极大地提升了社会影响力。

四、文化市场综合执法改革

2009年9月，文化部会同相关部委联合下发了《关于加快推进文化市场综合执法改革工作的意见》，推动综合执法改革从试点阶段转入全面展开、加快推进阶段。10月，又会同中宣部等部门在杭州召开全国文化市场综合执法改革经验交流会，进一步明确改革目标任务和重点工作。文化部先后下发《关于加强文化市场综合执法指导工作的通知》等多个文件，为进一步健全权责明确、行为规范、监督有效、保障有力的文化市场综合执法体制，提高文化市场综合执法规范化水平提供了政策保障。2009年已有北京、上海、重庆、浙江、广东、海南、山西等7个省、市基本完成综合执法改革工作；辽宁、吉林、山东、江苏、安徽、河南、甘肃等8个省已制定下发了加快推进全省综合执法工作的实施意见或工作方案。在333个地级行政区（包括副省级城市）中，已有88个组建了市级综合执法机构，103个整合了文化、广播影视、新闻出版等部门成立综合文化责任主体。就试点地区情况来看，中央确定的98个试点地区中，北京，上海，重庆，浙江，广东，天津河西区、西青区，河北保定、邯郸，辽宁沈阳、鞍山、本溪，吉林通化，江苏南京、苏州、无锡、常州、淮安、宿迁，安徽芜湖、安庆、蚌埠，山东济南、青岛、莱芜、临沂、滨州，山西太原、阳泉、晋城、晋中，河南郑州、开封、洛阳、安阳、商丘，湖北仙桃、武穴，海南海口、三亚、文昌、保亭，贵州安顺，云南保山、丽江，陕西西安、宝鸡，甘肃兰州等49个试点地区基本完成综合执法机构组建工作。一些未被列入试点的地区也开展了综合执法改革，如：辽宁营口，山东烟台、淄博、潍坊、济宁、威海、泰安、聊城、日照、菏泽，安徽亳州、宁国，河北武安，湖北天门，湖南武陵源区、凤凰县等分别组建了文化市场综合执法机构，实行统一综合执法。总体来看，目前全国文化市场综合执法改革工作进展顺利，呈现出加速推进的良好态势，许多地区取得了重要突破。

五、推动政府职能转变

2009年，文化部按照建设法治政府和服务型政府的要求，积极推动文化系统由办文化为主向管文化为主转变、由管微观为主向管宏观为主转变、由主要面向直属单位向面向全社会转变。全面落实新“三定”方案，进一步理顺网络游戏、动漫、综合执法等领域的管理职能，推进形成科学有效的管理体制。全力推进依法行政，对现有166项文化政策内容进行清理，做好废、改、立工作，《非物质文化遗产保护法》、《公共图书馆法》、《艺术品市场管理条例》、《对外文化交流条例》等立法工作取得重要阶段性成果。进一步规范文化市场主体和文化产品准入制度，修订实施《营业性演出管理条例实施细则》，进一步扩大对港澳台市场主体的开放，制定进口电子游戏机型机种审查标准，规范进口网络游戏产品、网络音乐以及美术品进出口内容审查工作，减少审批环节，提高审批效率。强化政府服务职能，认真推动工作重心下移，主动为地方、为基层单位解决问题，服务意识和服务质量明显提高。各地文化主管部门也积极顺应形势，结合本地特点，及时调整职能，转换角色。云南省整合各类资源，强化扶持政策，加大投入力度，走出了一条政府主导、龙头带动、事业产业互动的文化产业发展模式。安徽省文化厅强化公共服务和社会管理，积极推进行政审批制度改革。对原有39项行政许可项目逐项清理，取消了16项，划转了1项；对依法保留的项目，优化审批流程，简化办事程序，压缩审批时限，提高工作效率；取消了全部12项行政性收费项目，成为全国没有行政性收费的省直厅局之一。北京市文化局重新设置机关处室并调整职能，增加面向社会服务的专业处室，同时，创造良好发展环境，提高服务能力，逐步理顺与下属文化单位的关系。江西省文化厅精简行政审批项目，结合政府机构改革，先后5次对实施的行政许可项目进行了清理，简政放权，将省级文化行政审批清理减少为24项，精简率达37%。

中国文化年鉴

Chinese Culture Yearbook

公共文化服务

Public Cultural Services

综　述

2009年，社会文化司认真贯彻落实党的十七大和十七届三中、四中全会精神，按照中央和部党组关于公共文化服务体系建设的思路、目标和要求，结合学习实践科学发展观活动，努力推进各方面工作，取得了一定成绩，主要有以下5个特点：

一、以城乡基层为重点，通过制度建设和典型带动，推进基层公共文化服务体系建设

（一）加快推进城乡基层文化设施建设

2009年，文化部把加快构建覆盖城乡、惠及全民的公共文化服务体系作为工作重点，加强城乡基层文化设施建设。

1. 加快乡镇综合文化站建设。2009年，中央财政投入10亿元补助全国6000多个乡镇综合文化站建设项目。截至2009年底，中央财政共投入资金21亿元，完成规划总投资的53%，新建、改扩建1.2万个乡镇综合文化站。此外，中央财政还投入专项资金4.83亿元，为已建成的3586个乡镇综合文化站配备了文化共享工程设备和开展文化活动必需的设备器材，并新增加0.41亿元资金，为西部地区484个街道文化站和3112个乡镇综合文化站赠送电脑21200台，有效解决文化站“空壳”现象，提高服务群众的能力。

2. 加强县级图书馆、文化馆建设。2009年，中央财政安排县级两馆修缮专项资金3.03亿元，对全国面积未达标的县级两馆维修改造给予资金补助，解决面积狭小、设施落后等问题，使其具备良好的服务条件。

3. 加强城市社区文化中心（文化活动室）建设。中央财政新设立设备购置专项资金10.59亿元，用5年时间对中西部地区2008年底前已建有文化设施的社区文化中心（社区文化活动室）设备购置进行补助，2009年已安排资金2.59亿元，进一步完善城市社区文化基础设施功能，丰富城市居民文化生活。

4. 继续推进全国文化信息资源共享工程。2009年，中央财政资金继续安排7.1亿元，用于文化信息资源共享工程建设。截至2009年底，全国已建成各级中心和基层服务点75.7万个，拥有专兼职工作人员68万人，资源总量达90TB。其中县级支中心达到2814个，覆盖率96%；乡镇基层服务点1.52万个，覆盖率44%；村基层服务点45.75万个，覆盖率75%。

2009年，中央财政对地方各项文化工程投入总量达30.59亿元，比2008年增加8.92亿元，增长41.16%。截至2009年底，“十一五”前4年中央财政累计投入63.69亿元，已比“十五”增长55.58亿元，达6.85倍。基层文化设施建设力度加大，服务能力逐步增强，公共文化服务体系建设整体推进，取得明显成效。

（二）加强公共文化政策法规建设

2009年，文化部继续加强公共文化政策法规建设，以文化部令形式正式印发《乡镇综合文化站管理办法》。《公共图书馆法》（讨论稿）、《文化馆管理办法》、《城市社区文化设施管理办法》、《公共图书馆服务标准》等一系列规范性文件正在起草论证过程中。

为促进基层文化特别是农村文化的发展，2009年9月8日，《乡镇综合文化站管理办法》以文化部令的形式颁布，共6章23条。这一办法规定了乡镇综合文化站的性质、职能、任务，并就规划、选址、建设、人员、经费、设施设备更新维护等方面提出了明确要求。

1. 明确性质和职能。“总则”、“职能与服务”两章规定，乡镇综合文化站是由县级或乡镇人民政府设立的公益性文化机构。乡镇人民政府负责文化站日常工作的管理，县级文化行政部门负责对文化站进行监督和检查，县级文化馆、图书馆等相关文化单位负责开展对口业务指导和辅导。基本职能是社会服务、指导基层和协助管理农村文化市场，具体包括开展书报刊借阅服务、普及时政法制科普知识、举办各类文艺演出活动、提供数字文化信息服务、开展体育健身和青少年校外活动等。

2. 明确规划和建设。第二章“规划与建设”规定，文化站建设应纳入当地国民经济和社会发展计划，与当地经济社会发展水平相适应，建设规模应符合国家有关规定，并把文化站建设纳入当地城乡建设规划，优先安排用地指标，无偿划拨建设用地，确保了文化站的公益性。对少数民族地区、边远贫困地区的文化站建设，各级人民

政府应予以重点扶持。

在选址方面，规定文化站要位于交通便利、人口集中、便于群众参与活动的区域，一般不设在乡镇人民政府办公场所内。其选址、设计、功能安排等应征得县级文化行政部门的同意，拆除文化站或者改变其功能、用途的，应广泛听取群众的意见，并征得县级文化行政部门同意，报县级人民政府批准。经批准拆除文化站或者改变其功能、用途的，应依照国家有关法律、法规的规定择地重建。

3. 明确人员和经费。第四章“人员和经费”规定，文化站应配备专职人员进行管理，编制数额应根据所承担的职能和任务及所服务的乡镇人口规模确定。从业人员须通过文化行政部门组织的相应考试、考核，取得职业资格或岗位培训证书，各级文化培训机构、群艺馆、文化馆、图书馆、艺术学校、艺术院团等具体承担人员培训任务。

文化站的建设、维修、日常运转和业务活动所需经费，应列入县乡人民政府基本建设投资计划和财政预算，不得随意核减或挪用，中央、省、市级财政可对文化站设施建设和内容建设予以经费补助。依法向文化站捐赠财产的，捐赠人可按照国家税法的有关规定享受优惠。

4. 强化检查和考核。为了确保乡镇综合文化站发挥职能和作用，《乡镇综合文化站管理办法》专设“检查和考核”一章，强调加强对乡镇综合文化站进行检查评估和绩效考评。要求文化行政部门负责定期对文化站设施建设、经费投入、工作开展情况进行检查、考评，并把文化站建设情况纳入创建全国和地区性文化先进单位的考核指标体系。

《管理办法》的颁布为文化站的发展提供了制度保障，对于加强和规范乡镇综合文化站管理具有重要作用。

（三）注重基层文化队伍建设

为加强基层文化干部队伍建设，文化部2009年下发《关于开展全国文化站长轮训工作的实施意见》，决定在2009～2013年期间，每年举办2期示范性全国文化站长培训班。按分级负责、地方为主的原则，在5年内把全国7.7万余名文化站长及文化专干轮训一遍。2009年，中央文化管理干部学院举办两期培训班，共培训100多名文化站站长。针对基层文化站长的培训需求，培训班不断充实培训内容、创新培训方式。一是在课程设置上，针对基层文化工作特点，开设“基层公共文化活动的创意与策划”，舞蹈、音乐、美术作品赏析，摄影技术与赏析等课程。二是在培训方法上，采取专题教学与参观考察相结合，同时引入案例教学、现场教学、讨论教学等新型培训方法。三是加强案例教材建设，从各地实际文化工作中选出一些案例，编印“文化建设案例选编”，作为文化站长培训班的教材。文化部组织干部培训工作直接覆盖到基层，深入到乡镇、社区，在全国尚属首次。通过培训，文化站长们增强了信心，明确了思路，开阔了视野；掌握了政策，更新了观念，丰富了学识；加强了交流，增进了了解，建立了友谊。

2009年，各地在基层文化队伍培训工作中取得了一定的成绩，积累了宝贵的经验。

1. 制定专项规划。福建、浙江、广西等10省区制定了专项规划，明确了培训目标、培训对象与人数、培训内容、培训形式和时间、培训教材和师资、考核与结业、经费预算等内容，并建立工作机构，制定培训计划，为做好培训工作奠定了良好的基础。有的地方通过活动带动对基层文化队伍的整体培训，广西以“千团万场”为抓手实施“基层文化骨干培训大行动”、天津实施“千村百站”基层文艺骨干培训工程、江西实行“5511”文化人才培养工程。有的地方结合新农村建设，制定专门针对农村业余文化队伍的送培训下乡专项规划，如福建的“村级文化协管员培训”、甘肃的“新农村建设基层文化人才素质提升”培训项目工程、浙江的“农村文化队伍素质提升工程”、河北启动了“专业技术人员进万村兴百业”活动、湖北实施“荆楚农村基层文化骨干万人培训”工程。在探索城市基层文化队伍培训方面，上海通过推进社区文化指导员派送工作做出了有益的尝试。这些地方在制定基层文化队伍培训规划的时候，注意重心下移，兼顾到了专兼职两支文化队伍的培训。

2. 争取专项经费。广西、重庆把基层文化队伍培训经费列入地方政府年度预算，浙江、广东、甘肃、湖北、四川等五省设立了基层文化队伍培训专项经费。2007年以来，浙江省级财政共计补助1500万元基层文化队伍培训专项资金，带动市县两级对培训经费的投入约2679万元。甘肃省在财政困难的情况下，2009年，申请专项经费9万元，用于文化馆长素质提升培训项目。

3. 丰富培训内容。文化馆站系统积极开展音乐、舞蹈、戏曲、小品、书法、美术、摄影等培训以及馆站管理、群众文化活动策划等培训，浙江针对文化馆长培训开设文化创新理念与实践等课程，做出了前瞻性的探索。图书馆系统内部加强电子编目、古籍保护等业务技能培训。根据实际需要，各地在加强原有培训项目的基础上，依托重点工作培训专业人才，及时调整和更新培训内容。近年来，各地相继开展基层“非遗”申报、普查、保护培训和共享工程技能培训。

4. 拓展培训方式。基层文化队伍培训形式多样、手段不断丰富，各地采取集中办班、以会代训、外地交流、送培训下乡等多种形式。针对业余文化队伍分布广、人数多的特点，各地依托共享工程网络，开展远程培训。河南利用网络信息平台，开辟远程教育版面，定期上传相关业务知识专题讲座、领导讲话、专家访谈等内容。

5. 出版培训教材。为使培训内容系统化、规范化，浙江、四川等五省文化厅编制了统一教材，为基层培训工作提供了简单实用的学习范本。浙江的《农村文化队伍素质提升工程辅导教材》针对文化馆长、图书馆长、文化站干部、农村（社区）等基层文化骨干，培训突出重点，讲求实效。按照“村屯文艺骨干培训大行动”规划，广西成立专家指导组，编写、印刷农村、社区群众文化活动辅导员培训教材。这些教材在实际培训工作中，实用性强，简单易学，保障了培训工作的顺利开展。

6. 建立激励机制。为保证培训成效，各地通过一系列奖惩措施，建立激励机制。四川把队伍培训与人事制度改革结合起来，结合基层文化机构从业人员职业资格认证制度，开展了职业资格培训，计划用5年时间，对现有基层文化队伍进行职业资格培训，将培训及学习考核情况作为从业资格、选拔任用、晋职晋级和职称评定的重要依据和必备条件，认真执行落实。

二、以推动服务创新为重点，通过深化改革和资源整合，提升公共文化服务水平

（一）召开现场经验交流会，充分发挥典型引路作用，推进公共文化服务体系建设

1. 公共文化服务体系建设现场经验交流会

2009年4月，中宣部和文化部在台州市召开“推动公共文化服务体系建设现场经验交流会”，总结推广浙江省台州等地公共文化服务体系建设的有益经验，不断丰富基层群众的业余文化生活。中宣部副部长焦利、文化部副部长周和平及全国各省区市党委宣传部、文化厅局等相关负责同志近200人出席会议。中共中央政治局委员、书记处书记、中宣部部长刘云山对会议的召开高度重视，专门作出了重要批示。会议主要取得以下成果：

（1）交流经验，为推动公共文化服务体系建设提供新思路。近年来，浙江台州大力实施“三个三”文化计划，着力建设农村、社区、企业三类文化俱乐部，举办“农民文化节”、“邻居文化节”、“企业文化节”三大文化节，建立“百分之一”文化计划共建机制、公益性文化项目政府采购制度、文化设施建设以奖代补机制3项文化制度，从网络设施、活动内容、制度保障3个方面搭建服务构架，建立起较为完善的公共文化服务体系，让人民群众共享文化发展成果。吉林省努力打造“欢乐庄稼院”、甘肃省“千台大戏送农村”、江西省实施农村文化建设“一村一品”活动、河北省通过“村民中心”建设完善文化服务功能、重庆市实现基层文化建设“四大突破”、山东省诸城市建设农村社区服务中心等经验先后在会上进行了交流。

（2）对加强公共文化服务体系建设提出要求做出部署。会议指出，各级文化部门要实施好乡镇综合文化站建设规划，加强基层公共文化设施建设；积极推动建立基层公共文化服务经费保障机制；加强全国文化信息资源共享工程的建设，推动数字化文化服务进入千家万户；充分利用非物质文化遗产资源，活跃群众文化生活；加强管理，创新服务模式；坚持两条腿走路，调动社会力量支持基层文化建设；加强基层文化队伍建设，加强基层公共文化资源的整合。

（3）为推进公共文化服务体系建设建言献策。会议期间，代表们实地考察了台州市的部分社区、乡村和企业文化建设情况，并就着力推进公共文化服务体系建设进行了分组讨论。代表们认为，近年来党中央、国务院高度重视公共文化服务体系建设，出台了一系列政策措施，当前关键是狠抓落实。这次会议总结、交流了台州市实施“三

个三”文化计划以及吉林、甘肃、江西、河北、重庆、山东等地的经验，对各地推进公共文化服务体系建设具有十分重要的借鉴意义。发挥典型引路的作用，学习、借鉴台州等地的经验，结合本地实际，制定推进本地公共文化服务体系建设的政策措施。大家就如何落实“从城市住房开发投资中提取1%，用于社区公共文化设施建设”等文化经济政策，以及加强城乡统筹、建立公共文化服务经费保障机制、促进基层文化队伍建设、实现公共文化资源共享等提出了具体意见。

大家建议，在公共文化服务体系建设过程中，一方面政府加大投入，保证政府兴办的公共文化单位的正常运转，不断提高公共文化单位的活力；另一方面调动社会力量的积极性，吸引社会资金支持公共文化服务体系建设，形成政府主导、社会力量广泛参与的公共文化经费保障机制。同时，注意充分调动广大群众的积极性，激发蕴涵在群众中的文化创造力，既要“送文化”，更要“育文化”，把“育文化”作为工作的着力点，努力建立基层文化建设的长效机制；继承和弘扬中华民族优秀传统文化，并与当代文化相结合，体现民族性和时代特征，使之融于广大人民群众的生产生活之中，并为广大人民群众服务；以乡镇为中心，以村和社区为重点，充分发挥家庭和邻里在基层文化建设中的基础性作用；注重整合资源，特别在乡村和街道社区两级，实现资源共享，形成合力，加强各部门之间的沟通与协调，建立基层文化资源的共享机制；坚持专兼职结合、两条腿走路，特别注意对业余文化队伍和骨干的培养，通过发展壮大业余文化队伍和志愿者队伍，带动和影响更多群众参与基层文化建设。

2. 全国农村图书馆服务网络建设经验交流会议

2009年4月，文化部、浙江省人民政府在浙江嘉兴联合召开全国农村图书馆服务网络建设经验交流会议，交流和推广嘉兴及各地建设农村图书馆服务网络的成功经验，研究、部署新形势下的城乡公共图书馆服务体系建设工作。

会议指出，近年来，嘉兴市创新管理体制，积极推进城乡公共图书馆服务体系建设，取得了良好的社会效益，受到群众欢迎。嘉兴模式的主要特点是“政府主导、多级投入、集中管理、资源共享”，其经验主要有三：一是党委、政府的高度重视。二是大胆探索，勇于创新。三是强有力的措施保障。嘉兴实行的总分馆模式，学习和借鉴了全国其他地区的一些经验，同时结合实际，在建设理念、人员管理、投入运行机制、服务等方面，均有所突破、有所创新，成为在全国具有一定示范意义的崭新的发展模式，走出了一条以城带乡、符合实际的公共图书馆服务体系建设与发展的道路，为构建覆盖城乡的公共文化服务体系、为本地区经济社会发展做出了积极贡献，受到图书馆界、学界及社会的广泛关注，值得各地学习和借鉴。

在推进城乡公共图书馆服务体系建设方面，各地大胆探索，结合实际，勇于创新，创造了许多好的模式和经验：一是实行总分馆制。上海、北京、天津、杭州、嘉兴、深圳、东莞等地因地制宜，积极探索多种形式的总分馆制，优化了资源配置，提高了服务效益，方便了广大群众，取得了良好成效。二是开展流动服务。广东、山西、湖北、甘肃、江西、重庆等地开展流动图书馆、流动图书车等流动服务，与阵地服务相配合，使图书馆服务惠及更多的农村基层群众。三是利用文化共享工程基层服务网络开展服务。各地依托文化共享工程县、乡、村基层服务网络，积极开展面向农村的信息服务。四是建立行业分馆、专业分馆。国家图书馆、天津图书馆等积极开设行业分馆、专业分馆，主动为各行业和各部门服务。五是开展讲座、展览、参考咨询等服务。图书馆的社会教育功能得到了充分发挥，图书馆工作日益得到各级领导的关注和重视。

会议期间，浙江省嘉兴市、浙江省文化厅、上海市文广局、广东省文化厅、山西省文化厅、湖北省文化厅、天津市文化局、陕西省文化厅等8家单位分别介绍了各自推进城乡公共图书馆服务网络建设的经验和做法。与会代表观看了嘉兴探索建立总分馆模式、努力构建城乡一体化公共图书馆服务体系的专题片，实地参观、考察了嘉兴市及所属平湖市、桐乡市开展图书馆总分馆建设的有关情况，并围绕会议主题进行了分组讨论。与会代表对“嘉兴模式”给予了高度评价，大家表示，以嘉兴等为代表的总分馆制是我国城乡公共图书馆服务体系的发展方向，要及时传达、认真贯彻落实会议精神，结合实际，积极推进本地区城乡公共图书馆服务体系、文化共享工程建设，使城乡人民群众早得实惠。

3. 全国城市社区文化建设经验交流会议

2009 年 5 月 30 ~ 31 日，文化部在四川省成都市召开全国城市社区文化建设经验交流会议。会前，李长春等党中央、国务院领导同志在《文化部关于召开全国城市社区文化建设经验交流会议有关问题的请示》上作出重要批示，刘延东专门为会议发来贺信。刘延东在贺信中指出，各地区和各有关部门要充分认识社区文化建设的重要性和紧迫性，认真贯彻落实中央关于城市社区建设和基层文化建设的决策部署，把社区文化设施建设纳入文化建设和经济社会发展总体规划之中，以政府为主导，加强市、区、街道和社区各级公共文化设施建设，完善社区文化设施网络，努力为广大群众提供快捷方便的公共文化服务；要加强综合利用，建立健全社区文化资源共建共享机制，提高公共文化设施的综合使用效率；要加强领导，统筹规划，密切配合，齐抓共管，充分学习和借鉴各地乃至世界各国的社区文化建设经验，进一步完善政策措施，依靠广大社区群众，广泛开展军民共建、警民共建、区域共建、文企共建、文校共建等多种形式的文化活动，共同推进社区文化建设。

会上进行了城市社区文化建设典型经验交流。四川省、成都市、北京市西城区、上海市、江苏省连云港市、浙江省台州市、山东省青岛市、新疆维吾尔自治区克拉玛依市分别介绍了当地加强社区文化建设的主要经验和做法。成都市作为全国统筹城乡综合配套改革试验区，以构建城乡统一的公共服务制度为关键，以社区和村为重点，积极推进城乡基本公共服务均等化，构建惠及人人的公共文化服务体系，基本建立起了全域成都 15 分钟公共文化服务圈，形成了政府主导、社会参与的长效保障机制，实现城乡群众基本文化权益同保障、共发展。北京市西城区整合学校资源，把社区教育学校纳入城市公共文化服务体系，在街道一级实现了“1121”的目标，即：每个街道有 1 个文化站、1 个社区教育学校、2 个街道图书馆和 1 个数字电影院。

在这次会议上，蔡武部长对推进城市社区文化建设做了工作部署。要求各地文化行政部门认真学习典型经验，根据党中央、国务院领导同志批示要求，把加强社区文化建设作为完善公共文化服务体系、改善文化民生、惠及千家万户的重要方面，坚持“政府主导、社会参与、因地制宜、分类实施”的原则，推进城市社区文化设施建设。

第一，要强化责任，加快城市社区文化设施建设。政府加大投入，在社区文化基础设施建设、经费保障、管理服务、文化资源提供、人员培训等方面提供必要的政策和资金保障。全面落实关于“把社区文化中心建设纳入城市规划”的要求，切实将社区文化中心建设纳入经济社会发展总体规划。积极推动各项政策的落实。各地根据实际情况，研究制定落实国家政策的具体措施。鼓励各地因地制宜，积极探索，提出切实可行的解决途径。认真落实《城乡规划法》、《公共文化体育设施条例》、《城市居住区规划设计规范》的规定和要求，城市居住区和新建小区住宅必须配套建设文化设施，配建的文化设施与住宅同步规划、同步建设和同时投入使用。根据城市社区实际，探索不同的建设方式，因地制宜建设社区文化设施。

第二，努力创新文化活动方式，加强延伸服务，吸引广大群众积极参与社区文化建设。社区文化工作要体现“以人为本”的服务理念，工作重心下移，把工作面向社区广大群众，并有针对性地开展一些常规性的工作，尤其重视对外来务工人员、老年人和未成年人提供文化服务。

第三，充分发挥社区人才优势，形成专兼结合的社区文化工作队伍。抓好社区专职人员和业余骨干的业务培训工作，积极为他们提供展示平台，创造岗位培训和继续教育机会；充分调动社区居民的积极性，建立各种群众性合唱团、秧歌队、书法社、读书社、少儿艺术团等团队和组织。

第四，建立健全社区文化共建共享机制，整合资源，共同推进社区文化建设。各级文化部门主动与宣传、民政、卫生、教育、科技、体育等有关部门和团体密切合作，发挥各自优势，广泛开展军民共建、警民共建、区域共建、文企共建、文校共建等多种形式的文化活动，形成共建合力；加强文化设施的管理和使用，整合各部门、各单位的文化资源，使不同文化资源相互补充、相互促进，提高公共文化设施的使用效率。

第五，加强领导、加大投入，为社区文化建设提供保障。各级文化行政部门积极推动当地党委、政府把社区文化工作摆上重要工作日程，把社区文化建设纳入当地国民经济和社会发展总体规划，纳入各级政府的目标管理责任制，纳入各级财政预算；将社区文化建设纳入创建全国文明城市和全国文化先进单位工作中，把社区文化建设情况作为开展评选表彰和进行文化先进单位复查的重要内容，加强检查和指导；切实担负起管理社区文化的职责。

（二）开展全国文化先进县（单位）检查验收工作

评选表彰全国文化先进县，是文化部一项重要表彰工作。按照全国文化先进县4年开展一次的惯例，2009年文化部开展了新一届全国文化先进单位的评选表彰工作，同时为巩固创建成果，开展了第二次全国文化先进县（集体）复查工作。根据工作安排，2009年7月至8月，文化部由人事司牵头，办公厅、财务司、社文司和国家图书馆、文化信息资源建设管理中心、国家非物质文化遗产保护中心等单位派人参加，成立了10个复查验收工作小组，分赴20个省、自治区、直辖市进行新申报文化先进单位的抽查验收和已有文化先进县的复查工作。通过抽查验收，较全面了解和掌握全国文化先进县的建设情况和存在问题。

1. 基本情况

各地对创建“全国文化先进单位”和保持“全国文化先进县”高度重视，切实将文化建设纳入县域经济社会发展全局，制定规划，出台政策，落实措施，文化建设取得了很大成绩。实践证明，创建文化先进单位（县）工作，是促进地方党委政府重视和支持文化建设的有效载体，是落实党中央、国务院加强文化建设各项政策措施的有力手段和抓手，是推动文化建设大发展大繁荣的重要工作机制。

（1）党委和政府高度重视文化建设，切实将文化工作摆在重要位置。大多数县（市、区）党委、政府站在实践科学发展观和全面建设小康社会的战略高度，高度重视文化建设，文化工作纳入党委和政府的重要议事日程，纳入国民经济和社会事业发展规划，纳入财政预算和干部考核指标体系。

（2）加大投入力度，不断完善经济政策，努力建立文化事业经费保障机制。在保证政府投入的基础上，一些县（区、市）积极探索和鼓励社会力量资助公益性文化事业，开拓思路，拓展文化经费投入渠道。

（3）公共文化设施网络建设不断加强，国家重点文化工程稳步发展。各县（区、市）注重抓基础，建载体，搭平台，形成了以图书馆、文化馆为中心，文化站为骨干，社区活动室或农家文化大院为基础的公共文化服务网络，促进了当地文化事业的蓬勃发展。全国文化信息资源共享、送书下乡、流动舞台车等重点文化工程取得很大的成绩。各县（区、市）重视文化信息资源共享工程建设，加大建设力度，已初步形成了以县级支中心为中心，乡镇基层服务点为支架，村级基层服务点为终端的文化共享工程基层数字化网络系统。

2. 存在的问题

创建全国先进县工作受到了各地党委、政府特别是县域党委、政府的高度重视，对于推动文化建设与经济社会协调发展，促进“两大一新”目标的实现，发挥了不可替代的重要作用。但在实际工作中，创建工作也存在一些困难和问题：

（1）公共文化设施建设仍有待完善。近年来，各县（区、市）在公共文化设施建设上有很大进展，很多地方县文化馆、图书馆、乡镇文化站设施建设上已经达标，但是设施建设整体水平仍不高。按照公共文化服务体系建设和文化大发展大繁荣的要求，文化设施的功能需要进一步完善。

（2）公共文化经费保障机制需要进一步加强。由于近年来不断加大投入，部分省区的基层公共文化设施逐渐完善，省、市、县、乡镇、村五级文化设施网络正在建立。公共文化设施建设情况态势很好，但缺乏日常的运转、活动经费和购书经费，尚未设立公共文化经费。此外，文化事业建设投入渠道单一，主要依靠地方政府财政投入，借助社会力量支持办文化的办法不多。地方政府关于引导社会力量投资文化事业的具体政策和措施还很少。

（3）基层文化资源需要进一步加强整合。近年来，宣传、文化、广电、新闻出版、体育等各部门对乡镇工作越来越重视，各自都实施了一些重点工程，转移支付的力度很大，但政出多门，资源浪费的现象比较突出。乡镇文化站多功能、综合性的特点和作用还没有充分发挥，为基层提供公共文化服务的能力较弱。

（4）文化人才队伍素质需要进一步提高。基层文化人才队伍素质参差不齐、管理不够规范，部分地区存在着文化管理人才、专业文艺人才短缺、人员老化、结构不合理的情况。业余群众文化队伍建设亟待加强，群众文艺创作人才匮乏，基层涌现出的文艺“名家”很少。此外，文艺技术人才、文化经营管理人才紧缺，严重影响了基层文化事业的进一步发展。

3. 有关建议

根据抽查验收情况，以及各地的意见和建议，对创建工作提出如下具体建议。

（1）对评定的全国文化先进县给予奖励政策。全国文化先进县评选工作作为促进基层文化建设的重要抓手，给创建县带来了很高的荣誉。为进一步推动各地加强文化建设的积极性，希望给予一定物质奖励措施，或者在一些面向基层的重大文化工程的实施上，对全国文化先进县给予一定的倾斜。

（2）修改完善评价体系，兼顾东西地区的平衡。有的地方政府反映，新的《全国文化先进单位评选标准》比较细，操作性也比较强，但有些硬性指标对于欠发达地区来说，标准还有点高，希望适当考虑欠发达地区的经济和社会发展实际情况，在标准上适当降低，充分调动各地区创建全国文化先进单位的积极性。

（3）建立公共文化服务经费保障机制，鼓励社会积极参与。加紧与财政部共同研究制定公共文化服务经费保障机制，保证该项经费长期落实。可要求各地政府高度重视公共文化服务长效保障机制的建设，将公共文化服务经费纳入财政预算，每年能够维持稳定的增长幅度。地方政府应出台有针对性的具体的政策和措施吸引社会力量参与文化事业。鼓励企业参与文化建设，与社会团体合作，吸纳各方资金，有力促进文化事业的发展。

（4）切实加强基层文化队伍的教育培训力度。切实加大教育培训力度，明确工作任务和目标，建立健全考核评价机制。研究制定优秀文化人才的引入机制。调动各级文化单位的积极性，充分利用好现有文化设施，发挥好文化人才队伍作用。各地区要充分地重视基层群众的力量，抓好群众文艺创作；善于调动群众积极性，大力支持开展群众文艺创作活动。

三、全国文化信息资源共享工程建设取得新进展

2009年，在党中央、国务院及各级党委、政府的重视下，各地文化行政部门认真贯彻落实科学发展观，加大管理力度，文化共享工程建设取得新进展。文化共享工程作为基层公共文化服务的重要抓手和基础性工程，为实现基层群众基本文化权益，活跃群众文化生活，推动各地经济社会发展，促进社会主义新农村建设和和谐社会建设，发挥了重要作用。

（一）各地高度重视，积极推进文化共享工程建设

2009年，各级文化行政部门采取有力措施，积极推进文化共享工程建设。北京市把文化共享工程列入2009年市人民政府折子工程。辽宁省充实文化共享工程建设领导小组，设立了文化共享工程专职机构，并把文化共享工程列入为群众办实事的“民生工程”和“环保攻坚惠民工程”的重要内容。黑龙江省把文化共享工程作为省委、省人民政府2009年的十大重点工程，省文化厅党组将其列入年度重点工作。安徽省将文化建设纳入省人民政府目标管理考核体系，并将文化共享工程市、县级支中心建设作为一项考核指标，列入省人民政府对各市人民政府年度文化工作考核的内容之一。河南、湖南把文化共享工程建设列为省委、省人民政府承诺2009年为人民群众办好的十大实事之一。湖北省把文化共享工程建设纳入新农村建设规划，并逐级签署责任书。

（二）各级财政投入力度不断加大，为工程建设提供了有力保障

2009年，各地加大投入力度，地方财政积极落实建设资金85557万元，为文化共享工程顺利实施提供了有力保证。天津、辽宁、江苏、安徽、湖北、广东、重庆、贵州投入力度较大。

（三）基层服务网络建设继续推进，规范化建设程度提高

截至2009年底，东部地区累计建设文化共享工程县级支中心466个，达规划建设总数的67%；乡镇基层服务点5559个，达规划建设总数的79%；村基层服务点172155个，达规划建设总

数的94%。北京市在县级支中心全部建成的基础上，按照市级支中心的标准对设备进行了升级。山东省重点开展了基层规范化服务站点的创建活动，使全省规范化站点迅速增加。

（四）资源建设工作进一步加强，数字资源不断丰富

文化共享工程国家中心和各省级分中心资源建设工作取得较大进展。截至2009年底，资源量达到90 TB，其中，国家中心达到23.5 TB，各地达到63.76 TB，国家数字图书馆提供了2.74 TB资源。资源量比2008年增加16.09 TB。

国家中心建设的视频资源达28592部（场）、17094小时，包括文艺、农业、文化教育、少数民族语言等内容。各地建设了43753部（场）、52530小时的视频资源。国家图书馆提供了电子书刊、专题讲座等资源。各地为农村党员干部现代远程教育工作提供了丰富多彩的文化信息资源，截至2009年底，向各地远程办累计提供69TB数字资源。

黑龙江省采用多媒体技术制作整合了较为丰富的专题讲座、非物质文化遗产等具有地方特色的数字资源。浙江省组织协调各市县级支中心开展本地特色资源建设工作，已有14个数据库项目和15个课件开始建设。安徽省精心打造了一批以《徽州建筑》、《安徽红色记忆》、《安徽历史文化名城》为代表的精品数字文化资源。福建省建成了一批以《闽南文化》为代表的特色鲜明的精品数字文化资源库群。湖北省分中心讲座资源建设被湖北省委宣传部评为全省15项文化活动品牌之一。广西数字资源建设标准规范，适用性强。四川省积极开展康巴藏语的视频资源建设，为藏族群众提供喜闻乐见的文化资源。陕西省完成了《陕西千人腰鼓彩车进北京》等专题资源库建设。青海省积极开展藏族安多语资源建设工作，第一批译制任务已经完成。

（五）传输方式不断创新，入户工作取得新的进展

2009年，辽宁省积极创新，结合本省有线电视网，辅以卫星传输，在全省范围内开展了文化共享工程入户工作。已设立60000多个服务点，覆盖全省所有涉农县区自然村，点播方式用户达到209万户，广播方式用户达到226万户。其他各地也因地制宜，采取多种传输方式，保证文化共享工程资源的充分使用。一些地区通过在数字电视上开辟专用频道、IPTV接入等多种渠道部分实现了入户，拓展了服务范围。文化共享工程入户工作覆盖人口已超过5000万。

2009年，国家中心继续依托电子政务外网向各省传递资源，新开通了海南、西藏、新疆生产建设兵团3个地区的传输渠道，全国33个省级分中心已全部开通，实现了支持互联网、专网的双网下载和上传资源。电子政务外网已成为国家中心与各省级分中心之间传输的主渠道。2009年，文化共享工程运行管理系统在全国范围内开始试运行，对于加强文化共享工程管理，促进信息沟通起到了重要作用。

各地积极采用先进技术手段创新服务方式。2009年，《山东省文化信息资源共享工程创新运行应用模式研究》获得第三届文化部创新奖。黑龙江省建设了远程监控技术管理系统、视频会议系统和数字资源共享服务系统，初步搭建了黑龙江省文化共享工程技术支撑平台，使省级分中心的龙头作用得到充分发挥。上海市对“上海数字文化网”进行了升级改造，新网站速度快，内容丰富，并增加了视频资源分类排行、手机订阅等新功能。江苏省的县级支中心与乡镇基层服务点之间采用虚拟专网技术，对资源传送统一管理。浙江网络图书馆为读者提供了“一站式”资源检索和文献服务的统一平台，初步实现了全省公共图书馆和文化共享工程服务网点资源的统一使用。江西省利用电子政务外网将文化信息资源传递到本省各县级支中心，并进一步延伸到乡镇。陕西省已建设达标的71个县级支中心全部运行在省文化共享工程虚拟专网上，实现了视频点播、远程视频监控等功能，并利用Web2.0技术建立了播客互动平台，实现了支中心制作的数字视频资源自主发布。

（六）培训工作有序开展，基层工作队伍素质得到提高

国家中心和各地文化行政部门通过集中培训、网络教学、卫星播放、光盘观看等方式，培训人员71万人次。2009年，举办了首届“文化共享杯——全国文化信息资源共享工程知识与技能竞赛”，在各地掀起了岗位练兵的热潮。活动覆盖11.2万个各级中心和基层服务点，有13.3万余人参加了竞赛活动。天津市通过开展县级支中心网站测评等方式，调动基层人员的积极性。河北省制定了

《河北省文化信息资源共享工程人员能力标准》，对培训工作进行规范。福建省将文化共享工程作为村文化信息协管员培训的重要内容。湖北省针对文化共享工程建设、管理、服务等方面，分门别类地开展了多种内容的专项培训，并与省扶贫办联合开展了"千村书记"培训班。湖南省组织开展了"信息素养培训计划"。广西壮族自治区分中心先后150次深入基层开展现场技术指导，现场培训基层工作人员服务技能。海南省积极发挥省级分中心的指导培训职能，工作人员深入基层一线进行现场培训，保障网点正常运行，保证资源及时更新。新疆维吾尔自治区编写了维语培训手册，对少数民族工作人员开展培训。

（七）服务活动丰富多彩，成效显著

2009年，全国围绕"新中国成立60周年"、"学习双百人物"等重大主题，共组织4万余次活动，丰富了基层群众的文化生活。据不完全统计，2009年有1.9亿多人次享受到文化共享工程的服务，社会效益更加显著。北京市使用文化共享工程网络专线直接将数字电影文件传送到村，使每个行政村每年可享受到50～100场数字电影。河北省分中心利用"我的DV网上行"系统开展了"用DV讲述你的春节故事"等一系列丰富多彩的网上活动，深受群众欢迎。内蒙古自治区利用移动服务车等多种方式，深入牧区开展服务。上海市积极推进"十个进入"活动，结合"上海世博会"主题，组织指导各级服务网点定期开展形式多样的服务活动。浙江省文化厅与省总工会联合组织开展"文化共享工程进企业"行动。安徽省组织了"庆国庆"文化共享工程网上有奖知识竞赛活动。江西省在"江西文化信息资源网"上开辟"农民网校"专栏，向广大农民群众提供各类实用的农业技术视频资源。重庆市走进扶贫培训基地、农民工阳光公寓等地，为弱势群体服务。四川省在灾后重建过程中，充分发挥文化共享工程的作用，开展了种植养殖、医疗保健、农民工进城务工培训等服务活动，取得良好效果。云南省创立了"农文网培学校"，开展面向农民的素质教育。西藏自治区南木林县、芒康县、安多县等支中心利用学生假期举办计算机应用培训班，洛扎县支中心到偏远乡村播放爱国主义影片。

四、古籍保护工作全面开展

2009年，在有关部门的大力支持下，我国的古籍保护工作取得了很大成绩，为全面开展古籍保护工作打下了坚实基础。

（一）国务院公布第二批《国家珍贵古籍名录》及"全国古籍重点保护单位"

2009年6月9日，国务院批准公布第二批《国家珍贵古籍名录》和第二批"全国古籍重点保护单位"。6月11日，文化部召开全国电视电话会议，中共中央政治局委员、国务委员刘延东出席会议，向第二批国家珍贵古籍名录收藏单位、第二批全国古籍重点保护单位代表颁证，并就文化遗产保护和古籍保护工作发表重要讲话，要求各地以国务院公布第二批《国家珍贵古籍名录》和全国古籍重点保护单位为契机，坚持"保护为主、抢救第一、合理利用、加强管理"方针，进一步采取积极、稳妥措施，切实做好古籍保护工作，使中华民族珍贵的文献典籍薪火相传。

1.第二批《国家珍贵古籍名录》面广物珍

《国家珍贵古籍名录》主要收录1912年前以中国古典装帧形式存在，具有重要历史、思想和文化价值的珍贵古籍，少数民族文字古籍视具体情况适当放宽。第二批《国家珍贵古籍名录》共4478部，其中先秦两汉9部、魏晋南北朝隋唐五代146部、宋辽夏金元645部、明清时期3411部，民族文字13文种266部，其他文字古籍1部。本次评审工作得到社会各界积极响应，申报单位是第一批的2倍，共申报古籍12199种。公共图书馆系统有106家申报，入选2679部；高等院校有102家参与申报，965部古籍入选；文博系统60余家单位参与申报，有47家的551部入选；个人申报比第一批增加12家，14家藏品中有7家入选。在第二批《国家珍贵古籍名录》评审中，有一些未见于以前著录的善本出现。如安徽皖西学院的一部宋衢州州学刻元明递修的《三国志》、云南大学图书馆的宋刻《春秋经传集解》、辽宁省馆的宋淳熙年间浙刻《扬子法言》，均未见于《中国善本总目》著录，颇引人瞩目。民族文字增加布依文的品种，数量增加到266部。澳门特别行政区有1家收藏单位的3部古籍入选，成为此次评审中的亮点。

2."全国古籍重点保护单位"特点鲜明

第二批全国古籍重点保护单位评审共收到图书馆、档案馆、博物馆等行业125家单位的申报材料。国家古籍保护中心组织专家分赴全国各申报单位进行实地考察，以保证评审的公平公正。入选“全国古籍重点保护单位”必须具备4项最基本的条件：收藏古籍的数量一般在10万册件以上或收藏古籍善本数量在3000册件以上；有古籍专用书库；有专门的古籍保护机构和工作人员，管理制度健全；有专项古籍保护经费。特别对于消防设施有非常严格的规定，古籍库没有自动灭火装置，一般不予入选。其目的是借以促进库房的标准化，达到古籍生存最基本的要求。全国各系统的16位专家最终确定62家申报单位为第二批“全国古籍重点保护单位”推荐单位。后经评审委员会终审，并经过公示、部际联席会议讨论等程序，文化部向国务院上报了第二批《国家珍贵古籍名录》及第二批“全国古籍重点保护单位”。2009年6月，第二批《国家珍贵古籍名录》及第二批“全国古籍重点保护单位”由国务院正式公布。

第二批“全国古籍重点保护单位”特点鲜明，其中甘肃拉卜楞寺、浙江瑞安玉海楼、山西祁县图书馆较有特色。位于甘南藏族自治州夏河县的拉卜楞寺，是藏传佛教格鲁派六大寺院之一，距今已有280年的历史，保留有全国最好的藏传佛教教学体系。浙江瑞安玉海楼，建于清光绪十四年（1888年），是我国现存不多且完整保持原有格局和功能的藏书楼，现存古籍图书4000多种，30000多册。山西省祁县图书馆收藏古籍5.4万册，其中善本1.8万册，藏有宋本《昌黎先生集考异》等珍本，在县级图书馆中非常突出。

3.“国家珍贵古籍特展”异彩纷呈

为提高全社会对于古籍保护工作的重视，2010年6月13日至7月3日，文化部在国家图书馆举办“国家珍贵古籍特展”，对公众免费开放。展览从3个部分系统地展示国家、集体和个人在保护古籍、传承文明方面所作的努力和贡献，展示新中国成立60年来我国古籍保护工作取得的巨大成就。展览期间还配合举办“文津讲坛”系列专题讲座、“文津读书沙龙”、“古籍修复互动讲座”、中小学生专场等各种丰富的活动。

（二）加强西藏古籍保护工作，制定《西藏自治区古籍保护工作方案》

为贯彻落实《国务院办公厅关于进一步加强古籍保护工作的意见》（国办发〔2007〕6号）和《国务院关于进一步繁荣和发展少数民族文化事业的若干意见》（国发〔2009〕29号）精神，加强西藏自治区古籍保护工作，弘扬中华优秀传统文化，促进西藏自治区经济、社会协调发展，根据西藏自治区古籍保护工作的需要，文化部、教育部、科技部、国家民委、新闻出版总署、宗教局、文物局、中医药局下发《关于支持西藏古籍保护工作的通知》（文社文发〔2009〕44号），2009年，文化部出台了《西藏自治区古籍保护工作方案》。

西藏自治区保存着以藏文古籍为主的多文种古籍，这些古籍流传久远，卷帙浩繁，是中华民族悠久历史文化的见证，是中华民族和人类文明的宝贵遗产。目前，全国存世藏文古籍总数约在百万函以上，其中约2/3收藏在西藏自治区。由于历史等方面的原因，西藏自治区古籍存世情况不清，古籍保护任务繁重，人才缺乏。对西藏自治区现存藏文古籍和其他文种古籍进行全面、系统的普查，有计划地科学地开展古籍保护工作，对于抢救和保护西藏文化遗产，维护民族团结和国家统一，促进西藏经济社会协调发展具有重大的现实意义和深远的历史意义。

五、重大群众文化活动丰富多彩

2009年，文化部通过组织一系列具有导向性的重大群众文化活动，带动各地群众文化工作和活动的开展。

（一）组织开展2009年元旦春节群众文化活动

根据文化部的统一部署，各地文化部门积极组织开展2009年元旦春节期间文化下乡慰问活动。各地艺术院团、图书馆、文化馆和广大文化艺术工作者积极响应，踊跃参与，精心编排节目、组织活动，深入农村、厂矿、敬老院等，为广大群众送去丰富多彩的文化活动，让基层群众过一个欢乐祥和的节日。

（二）举办“永远的辉煌”——第11届老年合唱节

2009年9月2日至5日，由文化部和重庆市人民政府联合主办的“永远的辉煌”——第11届老年合唱节在重庆举行。

参加本届合唱节的团队都要献唱至少一首由组委会认可的“红歌”，因此，“红歌”成为本届合唱节的最大亮点。来自25个省、自治区、直辖市和中央直属单位的60支老年合唱团的3000多名老年歌手齐聚山城，除举行了5场交流展演外，还走进广场、社区、校园与当地群众交流、互动。

在9月5日晚举行的本届合唱节的闭幕式上，

60支合唱团分别获得“红岩杯”、“红梅杯”和“红叶杯”奖项。

（三）实施重点文化工程，扶持优秀舞台艺术，为青少年提供优秀文化产品

1. 继续实施“中国少儿歌曲创作推广计划”

少儿歌曲作为一种特殊的艺术形式，因其普及面广、寓教于乐、易于接受等特点，在少年儿童健康成长过程中具有不可替代的作用。在党中央、国务院领导同志直接关心下，在社会各界的鼎力支持和共同努力下，“中国少儿歌曲创作推广计划”自2005年实施以来，在少儿歌曲的创作和推广方面顺利开展，稳步推进，取得了可喜的成绩。先后征集了上千首新创少儿歌曲，推出了30首优秀推荐作品，举办了两届中国少年儿童合唱节及一系列有影响的社会推广活动，为弘扬中华优秀传统文化，对未成年人进行爱国主义思想教育起到了积极作用。同时，一批优秀的少儿歌曲在广大未成年人中产生了积极反响，也得到了社会各界的广泛赞誉。

2009年5月24日，中国少儿歌曲创作推广计划领导小组办公室委托中国文化报社在京召开了“优秀少儿歌曲创作推广理论研讨会”。中国少儿歌曲创作推广计划领导小组的部分成员，团中央、妇联有关部门领导，音乐界专家、学者、教育工作者及多家媒体代表60余人参加了研讨会。研讨会围绕少儿歌曲的创作和征集作品、建立和培训少儿歌曲创作队伍、多形式广泛开展推广普及活动等问题展开，通过对中国少儿歌曲的历史回顾，总结经验、探讨路径、提出想法和建议，为进一步推广普及优秀少儿歌曲的措施和机制献计献策。

2009年上半年，中国少儿歌曲创作推广计划领导小组办公室委托中国合唱协会在部分试点省市开展少儿歌曲推广活动。中国合唱协会选择了天津市、浙江省杭州市和嘉兴地区、四川省成都市和双流县、山西省太原市和晋中地区作为开展少儿歌曲推广活动的第一批试点地区。上述地区在当地教委和合唱协会的认真组织下，已经有步骤、有重点地开展了一系列新创少儿歌曲的推广活动。4月下旬，合唱协会派出部分专家赴上述试点地区指导、检查推广活动落实情况。5月下旬，文化部、教育部相关部门的领导也亲赴天津、浙江、四川等试点地区参加当地组织的中国少儿歌曲创作推广计划第一、二批推荐歌曲汇报演唱活动。

2. 举办第三届中国少年儿童合唱节

为庆祝新中国成立60周年，充分展示改革开放30年来少儿歌曲创作发展的成绩和近年来“中国少儿歌曲创作推广计划”的成果，文化部、财政部、教育部、广电总局、共青团中央、全国妇联、中国文联、北京市人民政府于2009年5月23日晚19:30在北京二十一世纪剧院共同举办“歌声伴着我成长”——庆祝新中国成立60周年优秀少儿歌曲音乐晚会。

2009年是新中国成立60周年，也是中国少先队建队60周年，同时5月23日是毛泽东同志《在延安文艺座谈会上的讲话》的发表日。在这个特殊的年份和日期，回顾新中国成立以来传唱不衰的一批经典少儿歌曲，展示推广近年来“中国少儿歌曲创作推广计划”推出的新创少儿歌曲，对于激发广大未成年人的爱国热情，引导未成年人树立正确的理想信念，充分表达未成年人歌唱伟大祖国的美好心愿具有十分重要的意义。

晚会共分3个章节，分别为“春的思念”、“春的记忆”和“春的五彩”，加“序”和“尾声”。3个章节共包括23首歌曲，既有改革开放前《小燕子》、《让我们荡起双桨》等经典歌曲和改革开放后《小螺号》、《外婆的澎湖湾》等脍炙人口的歌曲，也有“中国少儿歌曲创作推广计划”实施以来最新创作、广大青少年较为熟悉的《春晓》、《青春舞台》等优秀新歌。整台晚会以《春天在哪里》和《我们是共产主义接班人》贯穿。300余名中小学生上台演出。

晚会充分突出未成年人特点，用孩子的纯真声音，表现孩子朴素纯洁的情感。演唱歌曲题材广泛，充分表现了广大少年儿童对祖国的热爱，对大自然的热爱，对美好生活的向往，以及积极向上的生活态度。晚会选择的歌曲曲目时间跨度很大，可以说是新中国成立60周年以来中国优秀少儿歌曲的集中回顾和精彩展示。晚会的表现形式丰富多样，既有独唱、合唱、齐唱、表演唱等传统表现形式，还增加了舞蹈、电影、视频等现代舞台元素，在原声复现的基础上实现老歌新唱的特点。此台晚会是奉献给“六一”国际儿童节的一份厚礼。

3. 第六届全国儿童剧优秀剧目展演广受欢迎

儿童剧是面向广大未成年人的一种专业舞台

艺术形式。文化部多年来积极扶持和鼓励儿童剧创作和演出。新中国成立以来，我国儿童剧艺术队伍从无到有、从小到大，创作不断发展，艺术日臻成熟，取得了令人瞩目的成就。在儿童剧发展过程中，适时举办全国性的创作演出活动，已经成为推动儿童剧日益繁荣的有力措施。2009年3月15日至29日，文化部主办的第六届全国儿童剧优秀剧目展演在广州市举行。本届展演的参演剧目题材广泛，有描绘校园生活、贴近当下少年儿童学习生活的青春校园剧；有取材古典名著与传说、蕴涵优秀传统文化精髓的神话剧；有充满童真童趣、展示丰富多彩想象力的童话剧；还有反映革命斗争、体现不屈不挠的民族精神的革命历史剧。这些剧目颂扬了勇敢、善良、诚实、友爱等美好品格，展示了少年儿童丰富多彩的学习生活和细腻生动的情感世界。参加本次展演的团队中，既有专业的儿童剧团，也有相当数量的话剧院团和地方戏曲院团。无论是展演前还是展演结束后，这些儿童剧创作演出团队都积极深入校园演出，以为广大少年儿童观众服务为已任。在广大儿童剧艺术工作者的积极探索、努力奋斗下，儿童剧艺术在时代浪潮中，正在焕发勃勃生机。

（四）切实保障农民工基本文化权益

2009年，文化部结合本部门工作职责，围绕为农民工提供公共文化服务，保障农民工享有基本文化权益等重点内容，采取多种措施，加强和改进农民工文化活动阵地和设施建设，充分发挥现有活动场所的作用，为广大农民工提供丰富的文化资源和文化服务。

1. 充分利用图书馆、文化馆、文化站等公益性文化设施加大为农民工服务的力度。北京市在全市开展了专门为农民和农民工服务的“读书益民”工程。“十一五”期间，市政府投资2000多万元，建立了1100个益民书屋，每个书屋将拥有电视机、DVD机、50种以上音像制品和1000册以上图书。建筑工地的书屋随工程项目部迁移。书屋定期更换图书，免费向来京务工人员、山区孩子和远郊区县的村民开放借阅。“十一五”期间将为农民工提供10万种30万册图书、2500种3000套音像制品及200台电视机、DVD机。重庆市充分发挥现有公共文化设施的作用，建立固定与流动相结合的农民工文化服务场所，为农民工提供学习各类知识、参与文化活动的条件。全市共设立农民工文化活动室300多个，添置了腰鼓、音响等设备，广泛开展坝坝舞等娱乐健身类文化活动。沙坪坝区设立了8个社区农民工活动室和10个文化广场，深受农民工欢迎。全市共设立了100多个农民工图书馆分馆，渝中区在农民工聚居区设立了“农民工自学阅览室”10个，取得了较好的效果。宁波市通过流动图书馆、文化中心户等多种形式，为外来务工者提供更多更好的公共文化服务。其中公共图书馆启动的图书流通站以及“送书到工地”活动，至今已建立外来务工人员图书流通站100余个。深圳市两年之内在工业区、科技园区建起了20个外来工图书馆，依托社区图书馆、厂区图书馆等场所，在全市农民工集中的地区重点建设“全国文化信息资源共享工程”农民工服务点20个，丰富了农民工的文化生活。基层文化设施向广大农民工群体提供的免费文化服务，产生了良好的社会影响。

2. 把活跃农民工的文化生活纳入文化建设目标，纳入基本职能范畴。要求各地加强农民工文化情况的调查研究，深入了解和分析农民工文化生活特点和文化需求，掌握农民工文化消费习惯。要求公益性文化单位积极开展面向农民工的文化服务，引导和激励文艺工作者和文化团体深入农民工生活，组织创作和生产农民工喜闻乐见的文艺作品，开展适合农民工的文化活动。组织和鼓励各文化团体深入工地、厂房为农民工慰问演出，为农民工提供健康有益的文化产品和文化服务。2009年11月16日～19日，文化部在广东省中山市举办了“首届全国农民合唱大会”。来自全国14个省、自治区、直辖市的20多支农民、农民工合唱团队踊跃参加。这项工作有力地推动和促进了歌咏这种健康娱乐方式在农民工群体中的普及。北京、上海、广州等地文化部门开展了“请民工进剧场，送戏到工地，送书上工地”等活动，深受广大农民工的欢迎。太原市开展以“共建和谐”为主题的“关爱农民工百日送文化活动”，坚持把维护农民工文化权益作为一项重点工作来抓，成立了活动领导小组，本着“走出去，请进来”的原则，先后组织了7个电影放映小分队和5个文艺演出小分队，深入到农民工集中的企业和工地以及10个县（市、区），为坚守在工作岗位上的农民工免费送电影、送演出、送书籍，同时免费开放工人文化宫等工会文化活动场所，供农民工业余时间参与文化活动。重庆市各区县文化馆以“送文化下乡”、“送红歌进社区、乡村”等形式为载体，深入社区、工地、厂矿为农民工群体开展巡回演出和现场教唱活动，深受广大农民工群众欢迎。近年来，全市组织举办农民工合唱活动共计500余场，农民工登台演出3万余人，参与合唱活动的农民工近20万人次。宁波市通过开展农民工歌手大赛、舞蹈大赛、网页设计大赛和散文比赛，充分发现和挖掘农民工中的各类文化艺术人才，为他们提供展示、表现自我的舞台和空间。同时还推出了“万场电影千场戏”进农村、农村数字电影放映工程、“活力宁波”群众文化活动、节日广场文化“天天演”等面向广大农民工的文化活动。深圳市充分利用市、区群艺馆、文化馆、图书馆、街道文化站和文化广场等公益性文化场馆举办周末广场音乐会、周末讲座、周末艺术沙龙和周末剧场演出活动，低价或免费向市民和农民工开放，吸引他们进图书馆和剧场，提高他们的文化素质。深圳市着眼于维护农民工文化权益，探索为外来民工提供文化服务的长效机制，打造出一个农民工文化服务品牌，即外来民工文化节。每年举办一届，每届持续一个月，于当年5月举行。2009年5月举办的外来民工文化节开展的文化活动在500场次左右，参与的农民工人数在150万人次左右，形成了“政府搭台，民工唱戏”的文化景观。

3.加强农民工免费培训工作，丰富培训内容，提高农民工文化素质。2009年1月，文化部在《关于认真贯彻中央决策部署，切实做好基层公共文化服务工作的通知》中要求，图书馆、文化馆、文化站等公共文化单位要发挥在社会教育、信息服务和人才培训等方面的优势，有针对性地举办各种专题辅导班、短期培训班等，积极开展再就业技能培训，帮助失业人员和返乡农民工谋求新出路，为他们提供再就业和科技致富的信息，提高再就业技能。全国文化信息资源共享工程要依托工作网络，利用现有的数字资源，开展面向农民工和下岗职工的再就业知识讲座、技能培训、信息咨询服务等，帮助他们就近方便地更新知识，提高再就业技能和致富能力。同时，要积极引导他们形成正确的就业观，积极应对困难和挑战，帮助他们增强再就业的信心和勇气。北京市朝阳区文化馆常年免费开办农民工电影专场，并义务为农民工培养电影放影员。在农民工聚集地区的文化馆和图书馆，请农民工进馆为他们提供培训和图书阅览等文化服务。重庆图书馆组织开展农民工法律维权、建筑专业等讲座10次，农民工听众达3000人次；免费开展电脑培训21期，培训1000多人次。重庆市少儿图书馆在国庆节期间培训农民工子女500多人。沙坪坝区组织实施文化培训“阳光工程”，先后组织艺术班培训1000多名农民工子女。巴南区图书馆每年都要培训农民工2500人次。北碚图书馆专门开办了农民工培训学校，切实解决了当地农民工的后顾之忧。深圳市利用全国文化信息资源共享工程的资源优势和技术优势，为农民工提供网上阅读、影视播放、知识讲座等文化活动，深受农民工欢迎。各级图书馆针对农民工的生活和工作需要组织内容丰富的讲座和信息咨询，每月至少举办1次讲座、展览和读书活动，厂区图书馆图书每季度至少轮换1次。

六、进一步繁荣发展少数民族文化事业

（一）全国少数民族文化工作会议召开

2009年6月12日至13日，国务院在北京召开全国少数民族文化工作会议。中共中央政治局委员、国务院副总理回良玉，中共中央政治局委员、国务委员刘延东出席会议并作重要讲话。会议强调，要全面贯彻党的十七大精神，高举中国特色社会主义伟大旗帜，以邓小平理论和“三个代表”重要思想为指导，深入贯彻落实科学发展观，牢牢把握社会主义先进文化前进方向，紧紧围绕共同团结奋斗、共同繁荣发展的民族工作主题，促进少数民族文化建设与全国文化建设协调发展，促进民族团结、实现共同进步，更加自觉、更加主动地推动社会主义文化大发展大繁荣。

会议提出，繁荣发展少数民族文化事业，要坚持为人民服务、为社会主义服务的方向和百花齐放、百家争鸣的方针，尊重差异、包容多样，推动各民族文化相互借鉴、加强交流、和谐发展。坚持面向现代化、面向世界、面向未来，把握规律性，保持民族性，体现时代性，推动少数民族文化改革创新，不断解放和发展文化生产力。坚持贴近实际、贴近生活、贴近群众，生产更多各族群众喜闻乐见的优秀精神文化产品。坚持社会

效益和经济效益相统一，把社会效益放在首位，充分发挥市场机制作用，促进文化事业和文化产业协调发展。坚持基本公共服务均等化，保障少数民族群众的基本文化权益。坚持因地制宜、分类指导，不断完善扶持少数民族文化事业发展的政策措施。

会议要求，加强少数民族文化建设，要以建设社会主义核心价值体系为主线，以完善公共文化服务体系为重点，以加强基础设施建设为手段，以推动文化创新为动力，以改革体制机制为保障，以满足各族群众日益增长的精神文化需求为出发点和落脚点。到2020年，民族地区文化基础设施、公共文化服务体系建设要接近或达到全国平均水平。实施一批重大文化项目和工程，推出一批文化艺术精品，创作生产更多更好的优秀文化产品。文化体制改革取得重大突破，科学有效的管理体制和运行机制基本形成，政策法规更加完备。文化市场体系更加健全，文化产业格局更加合理。文化对外交流水平和国际影响力、竞争力进一步提高。

会议强调，繁荣发展少数民族文化事业，是一项长期而重大的战略任务，是一个宏大而复杂的社会系统工程。一要统筹推进全国文化建设和少数民族文化发展。把繁荣发展少数民族文化纳入繁荣发展中华文化、提高国家文化软实力和国际竞争力的总体战略。二要统筹推进民族地区经济建设和文化建设。加快民族地区经济发展，为少数民族文化发展奠定雄厚的物质基础；要更加重视民族地区的文化建设，使文化建设成为推动经济发展的强大动力，为各族群众提供更多更好的文化产品。三要统筹推进公益性文化事业和经营性文化产业。坚持把发展公益性文化事业作为保障各族人民基本文化权益的主要途径，同时要促进少数民族文化产业加快发展，不断满足各族群众日益增长的多方面的文化需求。四要统筹推进少数民族文化保护继承和创新发展。坚持古为今用，推陈出新，在保护继承的基础上大力推动少数民族文化创新和发展。五要统筹推进少数民族文化市场建设和管理。坚持“一手抓繁荣，一手抓管理”，建设繁荣、规范、有序的文化市场，抵御外来有害思想和文化渗透，切实维护民族地区文化安全和社会稳定。

会议提出，当前和今后一个时期重点抓好以下工作：一是以边疆、基层和农牧区为重点，加强公共文化基础设施和服务体系建设，提高公共文化产品和服务的供给能力和水平。二是加强对少数民族优秀文化遗产的挖掘和保护，实施少数民族重点文物保护工程。三是大力推进少数民族文化创作、传播方式和体制机制创新，加快建设文化产业基地和文化产业群，打造有竞争力的文化品牌。四是进一步拓展少数民族文化对外交流合作的广度和深度，实施少数民族和民族地区对外文化交流精品战略。

（二）国务院出台《关于进一步繁荣发展少数民族文化事业的若干意见》

为全面贯彻党的十七大精神，深入贯彻落实科学发展观，进一步繁荣发展少数民族文化事业，推动社会主义文化大发展大繁荣，促进各民族共同团结奋斗、共同繁荣发展，2009年7月5日，国务院出台《关于进一步繁荣发展少数民族文化事业的若干意见》（国发〔2009〕29号）。意见明确了繁荣发展少数民族文化事业的重要意义、指导思想、基本原则、目标任务、政策措施、体制机制等方面的内容，提出了少数民族文化建设的发展目标：力争到2020年，民族地区文化基础设施相对完备，覆盖少数民族和民族地区的公共文化服务体系基本建立，主要指标接近或达到全国平均水平，少数民族群众读书看报难、收听收看广播影视难、开展文化活动难等问题得到较好解决，少数民族优秀传统文化得到有效保护、传承和弘扬。实施一批重大文化项目和工程，推出一批体现民族特色、反映时代精神、具有很高艺术水准的文化艺术精品，创作生产更多更好适应各族群众需求的优秀文化产品。文化工作体制机制创新取得重大突破，科学有效的宏观管理体制和微观服务运行机制基本形成，政策法规更臻完备，政府文化管理和服务职能显著增强。文化市场体系更加健全，以公有制为主体、多种所有制共同发展的少数民族文化产业格局更加合理。少数民族文化对外交流迈出重大步伐，国际影响力和竞争力进一步提高。

专题

国务院关于公布第二批国家珍贵古籍名录和第二批全国古籍重点保护单位名单的通知

国发〔2009〕28号

各省、自治区、直辖市人民政府，国务院各部委、各直属机构：

国务院批准文化部确定的第二批国家珍贵古籍（4478部）名录和第二批全国古籍重点保护单位（62个）名单，现予公布。

各地区、各部门要继续贯彻“保护为主、抢救第一、合理利用、加强管理”的指导方针，认真总结经验，切实加大工作力度，进一步做好珍贵古籍的保护、管理和合理利用工作。

附件：1.第二批国家珍贵古籍名录（4478部）（附件1发地方和有关部门）（略）

2.第二批全国古籍重点保护单位名单（62个）

2009年6月9日

附件2：

第二批全国古籍重点保护单位名单

（62个）

中国民族图书馆
中国社会科学院历史研究所图书馆
中国人民解放军军事图书资料馆
南开大学图书馆
河北大学图书馆
山西省祁县图书馆
吉林省图书馆
吉林省长春图书馆
吉林省吉林市图书馆
吉林大学图书馆
黑龙江省齐齐哈尔市图书馆
哈尔滨师范大学图书馆
上海师范大学图书馆
华东师范大学图书馆
上海中医药大学图书信息中心
江苏省无锡市图书馆
江苏省南通市图书馆
江苏省镇江市图书馆
江苏省吴江市图书馆
扬州大学图书馆
浙江省杭州市图书馆
浙江省温州市图书馆
浙江省嘉兴市图书馆
浙江省绍兴图书馆
浙江大学图书馆
浙江省瑞安市文物馆（玉海楼）
安徽师范大学图书馆
安徽中国徽州文化博物馆
福建师范大学图书馆
厦门大学图书馆
江西省图书馆
江西省萍乡市图书馆
山东省济南市图书馆
山东省烟台图书馆
山东大学图书馆
山东师范大学图书馆
山东省博物馆
山东省青岛市博物馆
山东省曲阜市文物管理委员会孔府文物档案馆
河南省新乡市图书馆
郑州大学图书馆
武汉大学图书馆
湖北大学图书馆
湖南师范大学图书馆
湖南省社会科学院图书馆
华南师范大学图书馆
暨南大学图书馆
广西壮族自治区图书馆
广西师范大学图书馆
重庆市北碚图书馆
西南大学图书馆
四川省成都图书馆
四川省泸州市图书馆
四川省南充市图书馆
四川大学图书馆
四川省成都杜甫草堂博物馆
贵州师范大学图书馆
陕西师范大学图书馆

兰州大学图书馆
甘肃省甘南藏族自治州夏河县拉卜楞寺图书馆（藏经）
新疆维吾尔自治区图书馆

国务院关于进一步繁荣发展少数民族文化事业的若干意见

国发〔2009〕29号

各省、自治区、直辖市人民政府，国务院各部委、各直属机构：

为全面贯彻党的十七大精神，深入贯彻落实科学发展观，进一步繁荣发展少数民族文化事业，推动社会主义文化大发展大繁荣，促进各民族共同团结奋斗、共同繁荣发展，现提出如下意见。

一、繁荣发展少数民族文化事业具有重要意义

（一）文化是民族的重要特征，是民族生命力、凝聚力和创造力的重要源泉。少数民族文化是中华文化的重要组成部分，是中华民族的共有精神财富。在长期的历史发展过程中，我国各民族创造了各具特色、丰富多彩的民族文化。各民族文化相互影响、相互交融，增强了中华文化的生命力和创造力，不断丰富和发展着中华文化的内涵，提高了中华民族的文化认同感和向心力。各民族都为中华文化的发展进步作出了自己的贡献。

（二）党和国家历来高度重视和关心少数民族文化事业。新中国成立以来特别是改革开放以来，少数民族文化事业取得了历史性的重大成就。少数民族文化工作体系不断完善，少数民族语言文字得到保护和发展，少数民族优秀传统文化得到传承和弘扬，少数民族文学艺术日益繁荣，少数民族和民族地区文化产业初具规模，文化体制改革不断深化，对外交流不断加强。少数民族文化事业的发展在提高各族群众文明素质，促进民族地区经济社会发展，推动民族团结进步事业，繁荣社会主义先进文化方面，发挥了重要作用。

（三）繁荣发展少数民族文化事业，是一项长期而重大的战略任务。在少数民族文化事业取得巨大进步的同时，也必须充分认识存在的一些亟待解决的突出困难和特殊问题。文化基础设施条件相对落后，公共文化服务体系比较薄弱，文化机构不够健全，人才相对缺乏，文化产品和服务供给能力不强，文化遗产损毁、流失、失传等现象比较突出，境外敌对势力加紧进行文化渗透等。因此，必须从贯彻落实科学发展观、巩固民族团结、兴起社会主义文化建设新高潮、推动社会主义文化大发展大繁荣的高度，深刻认识繁荣发展少数民族文化事业的特殊重要性和紧迫性，把繁荣发展少数民族文化事业作为一项重大的战略任务，采取更加切实、更加有效的政策措施，着力加以推进。

二、繁荣发展少数民族文化事业的指导思想、基本原则和目标任务

（四）指导思想。全面贯彻党的十七大精神，高举中国特色社会主义伟大旗帜，以邓小平理论和“三个代表”重要思想为指导，深入贯彻落实科学发展观，牢牢把握社会主义先进文化的前进方向，紧紧围绕共同团结奋斗、共同繁荣发展的民族工作主题，以建设社会主义核心价值体系为主线，以完善公共文化服务体系为重点，以加强基础设施建设为手段，以推动文化创新为动力，以改革体制机制为保障，以满足各族群众日益增长的精神文化需求为出发点和落脚点，促进少数民族文化建设与全国文化建设、与民族地区经济社会建设、与民族地区教育事业协调发展，促进民族团结、实现共同进步，更加自觉、更加主动地为推动社会主义文化大发展大繁荣作贡献。

（五）基本原则。坚持为人民服务、为社会主义服务的方向和百花齐放、百家争鸣的方针，尊重差异、包容多样，既要继承、保护、弘扬少数民族文化，又要推动各民族文化相互借鉴、加强交流、和谐发展。坚持面向现代化、面向世界、面向未来，把握规律性，保持民族性，体现时代性，推动少数民族文化的改革创新，不断解放和发展少数民族文化生产力。坚持贴近实际、贴近生活、贴近群众，生产更多各族群众喜闻乐见的优秀精神文化产品。坚持社会效益和经济效益相统一，把社会效益放在首位，充分发挥政府和市场的作用，促进少数民族文化事业和文化产业协调发展。坚持基本公共服务均等化，优先发展少数民族和民族地区文化事业，保障少数民族和民族地区各族群众的基本文化权益。坚持因地制宜、分类指导，不断完善扶持少数民族文化事业发展的政策措施。

（六）目标任务。到2020年，民族地区文化基础设施相对完备，覆盖少数民族和民族地区的公共文化服务体系基本建立，主要指标接近或达到全国平均水平，少数民族群众读书看报难、收听收看广播影视难、开展文化活动难等问题得到较好解决，少数民族优秀传统文化得到有效保护、传承和弘扬。实施一批重大文化项目和工程，推出一批体现民族特色、反映时代精神、具有很高艺术水准的文化艺术精品，创作生产更多更好适应各族群众需求的优秀文化产品。文化工作体制机制创新取得重大突破，科学有效的宏观管理体制和微观服务运行机制基本形成，政策法规更臻完备，政府文化管理和服务职能显著增强。文化市场体系更加健全，以公有制为主体、多种所有制共同发展的少数民族文化产业格局更加合理。少数民族文化对外交流迈出重大步伐，国际影响力和竞争力进一步提高。

三、繁荣发展少数民族文化事业的政策措施

（七）加快少数民族和民族地区公共文化基础设施建设。大力推进民族地区县级图书馆文化馆、乡镇综合文化站和村文化室、广播电视村村通工程、农村电影放映工程、农家书屋工程、文化信息资源共享工程等建设，保障民族地区基层文化设施有效运转。地广人稀的民族地区配备流动文化服务车和相关设备，建设和完善流动服务网络。大力推进数字和网络技术等现代科技手段的应用和普及，形成实用、便捷、高效的公共文化服务体系。国家实施各项重大文化工程时，切实加大对少数民族和民族地区的倾斜力度。

（八）繁荣发展少数民族新闻出版事业。加大对民族类新闻媒体的扶持力度，加快设备和技术的更新改造，提高信息化水平和传播能力，扩大覆盖面和受益面。对涉及少数民族事务的重大宣传报道活动、少数民族文字重大出版项目，给予重点扶持。逐步实现向少数民族群众和民族地区基层单位免费赠阅宣传党和国家大政方针、传播社会主义核心价值体系、普及科学文化技术知识的图书、报刊和音像制品等出版物。加强少数民族语文翻译出版工作，逐步提高优秀汉文、外文出版物和优秀少数民族文字出版物双向翻译出版的数量和质量。扶持民族类重点新闻网站建设，支持少数民族文字网站和新兴传播载体有序发展，加强管理和引导。少数民族出版事业属公益性文化事业，中央和地方财政要加大对纳入公益性出版单位的少数民族出版社的资金投入力度，逐步增加对少数民族文字出版的财政补贴。

（九）大力发展少数民族广播影视事业。巩固广播电视村村通工程、农村电影放映工程建设成果，扩大民族地区广播影视覆盖面，对设施维护进行适当补助，确保长期通、安全通。提高少数民族语言广播影视节目制作能力，加强优秀广播影视作品少数民族语言译制工作。提高民族地区电台、电视台少数民族语言节目自办率，改善民族地区尤其是边远农牧区电影放映条件，增加播放内容和时间。推出内容更加新颖、形式更加多样、数量更加丰富的少数民族广播影视作品，更好地满足各族群众多层次、多方面、多样化精神文化需求。

（十）加大对少数民族文艺院团和博物馆建设扶持力度。重点扶持体现民族特色和国家水准的少数民族文艺院团建设，积极鼓励少数民族文艺院团发展。扶持民族自治地方重点民族博物馆或民俗博物馆建设，鼓励社会力量兴办各类民族博物馆。民族自治地方的综合博物馆要突出少数民族特色，适当设立少数民族文物展览室、陈列室。加强少数民族文物征集工作，改善馆藏少数民族文物保存条件，做好少数民族文物鉴定、定级工作，提升管理、研究和展示服务水平。

（十一）大力开展群众性少数民族文化活动。鼓励举办具有民族特色的文化展演和体育活动，支持基层开展丰富多彩的群众性少数民族传统节庆、文化活动，加强指导和管理。尊重群众首创精神，发挥各族群众在文化建设中的主体作用，努力探索保护和传承少数民族优秀传统文化的有效途径。进一步办好全国少数民族文艺会演和全国少数民族传统体育运动会。

（十二）加强对少数民族文化遗产的挖掘和保护。结合第三次全国文物普查和非物质文化遗产普查，开展少数民族文化遗产调查登记工作，对濒危少数民族重要文化遗产进行抢救性保护。加大现代科技手段运用力度，加快少数民族文化资源数字化建设进程。进一步加强人口较少民族文化遗产保护。扶持少数民族古籍抢救、搜集、保管、整理、翻译、出版和研究工作，逐步实现少数民族古籍的科学管理和有效保护。加强少数民族非物质文化遗产发掘和保护工作，对少数民族和民族地区非物质文化遗产保护予以重点倾斜，推进少数民族非物质文化遗产申报联合国教科文组织“人类非物质文化遗产代表作名录”和国家级非物质文化遗产名录，加大对列入名录的非物质文化遗产项目保护力度。积极开展少数民族文化生态保护工作，有计划地进行整体性动态保护。加强保护具有浓郁传统文化特色的少数民族建筑、村寨。

（十三）尊重、继承和弘扬少数民族优秀传统文化。加强宣传引导，营造尊重和弘扬少数民族优秀传统文化的社会氛围。国家保障各民族使用和发展本民族语言文字的自由，鼓励各民族公民互相尊重、互相学习语言文字。尊重语言文字发展规律，推进少数民族语言文字的规范化、标准化和信息处理工作。在有利于社会发展和民族进步前提下，使各民族饮食习惯、衣着服饰、建筑风格、生产方式、技术技艺、文学艺术、宗教信仰、节日风俗等，得到切实尊重、保护和传承。加强对工业化、信息化、城镇化、市场化、国际化深入发展形势下少数民族文化发展特点和规律研究，不断开辟传承和弘扬少数民族优秀传统文化的有效途径，推进和谐文化和中华民族共有精神家园建设。

（十四）大力推动少数民族文化创新。促进现代技术和手段在少数民族文化发展中的应用，鼓励具有民族特色和时代气息的优秀文化作品创作，提高少数民族文化产品数量和质量。加大对少数民族艺术精品创作扶持力度，打造一批有影响的少数民族文学、戏曲、影视、音乐等文化艺术品牌。国家舞台艺术精品工程要进一步向少数民族和民族地区倾斜。国家各级各类文化奖项，少数民族文化作品获奖应占合理比重，对优秀少数民族文化作品及有突出贡献的文化工作者给予奖励和表彰，进一步激发少数民族文化创作的积极性、主动性和创造性。

（十五）积极促进少数民族文化产业发展。把握少数民族文化发展特点和规律，建设统一、开放、竞争、有序的文化市场体系，培育文化产品市场和要素市场，形成富有效率的文化生产和服务运行机制。充分发挥少数民族文化资源优势，鼓励少数民族文化产业多样化发展，促进文化产业与教育、科技、信息、体育、旅游、休闲等领域联动发展。确定重点发展的文化产业门类，推出一批具有战略性、引导性和带动性的重大文化产业项目，建设一批少数民族文化产业园区和基地，在重点领域取得跨越式发展。

（十六）加强边疆民族地区文化建设。支持边疆地区少数民族语言文字新闻出版业发展，增加公共文化产品特别是少数民族语言文字文化产品有效供给。进一步提高边疆民族地区广播电视覆盖率和影响力。发挥边疆少数民族人文优势，加强与周边国家文化交流，促进和谐周边环境建设。加强边疆民族地区文化产品进出口市场监管，清除各类非法印刷品，加强卫星接收设施监督管理工作，防止非法盗版、接收、传播境外广播电视节目，有效防范境外敌对势力文化渗透活动，维护边疆地区文化安全。

（十七）努力推进少数民族文化对外交流。切实增加少数民族文化在国家对外文化交流中的比重。每年安排一定数量的少数民族文化活动参与中外互办文化年和在国外举办的中国文化节、文化周、艺术周、电影周、电视周、文物展、博览会以及各类演出、展览等，促进形成全方位、多层次、宽领域的对外文化交流格局。打造一批少数民族文化对外交流精品，巩固少数民族文化对外交流已有品牌，进一步提升少数民族文化国际影响力。大力推动少数民族文化与海外华人华侨、台湾同胞、港澳同胞的交流，增强中华文化的认同感，为促进国家和平统一服务。

四、完善少数民族文化事业发展的体制机制

（十八）完善少数民族文化事业发展政策法规。加强少数民族文化立法工作，适时研究制定有关少数民族文化保护和发展的法律法规和政策措施。加快制定和完善从事少数民族文化工作的专业（技术）人员职称评定政策和资质认证、机构和团体建设等方面的相关标准和办法。研究、制定或修订有关文化事业和文化产业政策法规时，要充分考虑少数民族文化的特殊性，增加专条专款加以明确。推动国家扶持与市场运作相结合，从制度上更好发挥市场在少数民族文化资源配置中的基础性作用，引导社会力量参与少数民族文化建设，形成有利于科学发展的宏观调控体系。

（十九）深化少数民族和民族地区文化事业单位体制机制改革。实行公益性事业与经营性业务分类管理，对公益性事业单位实行聘用制度、岗位管理制度和岗位绩效工资制度。引入竞争机

制，采取政府招标、项目补贴、定向资助等形式，对重要少数民族文化产品、重大公共文化项目和公益性文化活动给予扶持。支持少数民族文化单位按照有关规定转企改制，在一定期限内给予财政、税收等方面的优惠政策，做好劳动人事、社会保障的政策衔接，按照新人新办法、老人老办法的原则制定相关政策。

（二十）加强少数民族文化事业发展经费保障，加大政府对少数民族文化事业的投入。中央和省级财政在安排促进民族地区发展和宣传文化发展相关经费时，逐步加大对少数民族文化事业的支持力度。继续实行相关税收优惠政策，鼓励和扶持少数民族和民族地区文化事业和文化产业发展。

（二十一）加大少数民族文化人才队伍建设力度。努力造就一支数量充足、素质较高的少数民族文化工作者队伍，营造有利于优秀人才脱颖而出的体制机制和社会环境，着力培养一大批艺术拔尖人才、经营管理人才、专业技术人才。积极保护和扶持少数民族优秀民间艺人和濒危文化项目传承人，对为传承非物质文化遗产做出突出贡献的传承人，按照国家有关规定给予表彰。支持高等院校和科研机构参与抢救濒危文化，推动相关学科建设，培养濒危文化传承人。

五、加强对少数民族文化工作的领导

（二十二）切实把少数民族文化工作摆上更加重要的位置。各地区、各部门要进一步提高对少数民族文化工作重要性的认识，增强责任感和紧迫感，切实把少数民族文化工作纳入重要议事日程，纳入当地经济社会发展总体规划，纳入科学发展考评体系。加强对少数民族文化工作的调查研究，定期听取工作汇报，做出部署，狠抓落实。关心支持少数民族和民族地区文化工作部门和单位的建设，及时研究解决存在的突出困难和特殊问题，充分调动和有效保护少数民族文化工作者的积极性、主动性、创造性。

（二十三）推动形成分工协作、齐抓共管的良好局面。在党委统一领导下，建立健全政府统筹协调、业务部门主管、有关部门密切配合、社会各界广泛参与的少数民族文化工作格局。各有关部门编制规划、部署工作，要把少数民族文化工作作为重要内容，加大支持力度，确保目标任务完成。加强舆论宣传，营造有利于少数民族文化事业发展的社会氛围。充分发挥各方面的积极作用，不断开创少数民族文化工作的新局面。

各地区、各部门要按照本意见的精神，结合实际，制定贯彻实施的具体措施和办法。有关部门要加强对本意见贯彻执行情况的督促检查。

国务院

2009 年 7 月 5 日

文化部、教育部、科技部关于进一步加强文献信息资源共建共享服务基层的意见

文社文发〔2009〕10 号

各省、自治区、直辖市、新疆生产建设兵团文化厅（局）、教育厅（教委）、科技厅（委、局）：

文献信息资源是国家重要的战略资源，是我国经济社会发展的重要保障条件。当前，我国进入全面建设小康社会、构建社会主义和谐社会的重要时期，进一步推进文献信息资源共建共享，具有重大战略意义。按照深入学习实践科学发展观的要求，为促进文化、教育、科技系统文献信息资源共建共享，更好地服务基层，服务大众，切实保障人民群众基本文化权益，提出以下意见：

一、充分认识文献信息资源共建共享的重要意义

（一）加强文献信息资源共建共享，是贯彻落实科学发展观的客观要求，是实现文献信息资源建设发展战略目标的必然途径。整合资源，共建共享，是先进高效的管理方式，是社会主义制度优越性的体现，是我国文献信息资源建设的重要战略目标。新中国成立以来特别是改革开放 30 年来，我国图书馆事业取得长足进步，文化、教育、科技等各系统文献信息资源共建共享工作不断推进，初见成效。但由于我国图书馆事业基础薄弱、发展不平衡等问题依然存在，文献信息资源共建共享总体上处于起步阶段。加强文献信息资源的共建共享，是全国文化、教育、科技系统面临的紧迫任务，有利于节约人力、物力、财力，提升政府财政资金的效用，有利于统筹文化、教育、科技等各系统文献信息资源建设与服务，统筹城乡文化发展，实现资源的优势互补，提升图书情报机构的整体效能，推动图书馆事业全面协调可

持续发展。

（二）加强文献信息资源共建共享，有利于建设学习型社会，加快科教兴国战略的实施，发挥文化、教育、科技事业在社会发展与进步中的重要作用。图书馆是公民终身的学校，图书馆事业发展水平是一个国家、一个地区文明程度的重要标志。加强文化、教育、科技系统的文献资源共享，推进图书馆事业，加大相关领域人才培养力度，有利于促进公民素质的提高，推动文化、教育、科技事业的全面发展，推动国民经济发展和社会进步，为全面实现小康社会宏伟目标提供强有力的智力支撑。

（三）加强文献信息资源共建共享，有利于建立惠及全民的公共文化服务体系，更好地满足人民群众多层次、多样化的精神文化需求。随着我国经济社会的发展，人民群众精神文化方面的需求日益增长并呈多样化。加强文献信息资源共享，为广大公众提供高效、便捷的文献信息服务，努力构建起面向全社会的图书馆服务体系，有利于提高我国公共文化服务的整体水平，更好地满足广大人民群众的精神文化需求，促进社会主义和谐社会建设。

二、大力开展跨系统文献信息资源共建共享，更好地服务于基层和广大社会公众

（四）文献信息资源共建共享的基本目标是：以政府为主导，充分发挥文化、教育、科技系统图书馆的积极性和各自优势，有效整合、利用各系统文献信息资源，加大基层服务力度，更好地满足广大社会公众特别是基层群众的文献信息需求，努力构建高效、便捷的面向社会广大公众的文献信息服务体系，并以此为基础，推动文化、教育、科技系统在科研、人才培养等方面实现资源共享。

（五）总结经验，改革创新，不断推动文献信息资源共建共享工作的深入开展。各省、自治区、直辖市要学习和借鉴吉林、广东等地经验，推进工作创新，建立健全跨系统的“图书馆联盟”、“图书馆联合体”、“文献资源共建共享协作网”等有效的工作机制，推动文化、教育、科技图书馆开展通阅、通借、文献传递等合作，扩大文献信息资源的服务范围和受众面，推动本地区文献信息资源共建共享工作的全面深入开展。

（六）文化行政部门要广泛开展优秀文化进校园、进科研院所活动。各级公共图书馆要配合教育、科研工作需要，制定优惠政策，提供文献信息资源服务；要通过全国文化信息资源共享工程平台，把优秀的文化信息资源送进校园和科研院所，丰富广大师生及科技工作者的文化生活；要在各级公共图书馆特别是基层图书馆建立实习基地，为广大师生及科技工作者提供社会实践平台；要充分利用非物质文化遗产保护、全国古籍保护工作等的成果，将优秀传统文化融入各级学校的德育教育、素质教育之中。

（七）高校图书馆、科技系统图书馆要积极支持基层公共图书馆的建设。高校、科技系统图书馆要积极开展与基层公共图书馆的对口帮扶、支援共建，从图书、数字文献、设备、人才培养、业务指导等方面支持基层公共图书馆建设；有条件的高校要根据基层公共图书馆的实际需要，设立图书馆员培训基地，为基层公共图书馆培训业务骨干，努力提高基层图书馆员的业务素质。

（八）进一步加强数字文献资源共建共享。进一步完善全国数字图书馆建设与服务联席会议机制，充分发挥文化共享工程、国家数字图书馆、全国高校文献信息保障系统、国家科技图书文献中心的网络平台作用，协调资源采购方案，优化资源配置，防止资源重复建设；要加强联合编目、馆际互借、联合参考咨询、数据库建设的合作等，逐步统一标准规范，协调服务政策，实现互联互通、跨库检索，促进资源共享。

三、加强领导，建立健全文献信息资源共建共享的长效机制

（九）建立健全领导、协调机制。建立由文化部牵头，教育部、科技部等有关部门组成的全国文献信息资源共建共享部际联席会议制度，联席会议办公室设在文化部。部际联席会议各成员单位要按照职能分工，认真履行职责，密切配合，共同做好文献信息资源共建共享工作。各省、自治区、直辖市也要建立相应的工作机制，形成政府统一领导、各有关部门密切配合的工作格局。

（十）加大投入，合理使用经费。要进一步明确和充分发挥政府在推进文献信息资源共建共享中的主导作用。各省、自治区、直辖市文化、教育、科技主管部门要积极争取当地党委、政府的支持，设立专项经费，支持跨系统资源共享的平台建设、资源建设与整合、人员培训等。

（十一）加大宣传力度。各地要及时总结跨系统文献信息资源共建共享的经验，加强交流，推广先进典型。同时，要充分发挥新闻舆论的作用，制定具体方案，采取多种方式，进一步扩大宣传，将文献信息资源共建共享的成果更好地惠及基层和广大社会公众。

文化部　教育部　科技部

2009 年 2 月 26 日

中华人民共和国文化部令

第 48 号

《乡镇综合文化站管理办法》已经 2009 年 8 月 5 日文化部部务会议审议通过，现予发布，自 2009 年 10 月 1 日起施行。

部长　蔡武

2009 年 9 月 17 日

乡镇综合文化站管理办法

第一章　总则

第一条　为了促进乡镇综合文化站的建设，加强对乡镇综合文化站的管理，充分发挥乡镇综合文化站的作用，根据《公共文化体育设施条例》和国家有关规定，制定本办法。

第二条　本办法中的乡镇综合文化站（以下简称“文化站”），是指由县级或乡镇人民政府设立的公益性文化机构，其基本职能是社会服务、指导基层和协助管理农村文化市场。

第三条　乡镇人民政府负责文化站日常工作的管理，县级文化行政部门负责对文化站进行监督和检查，县文化馆、图书馆等相关文化单位负责对文化站开展对口业务指导和辅导。

第二章　规划和建设

第四条　文化部会同有关部门组织制定全国文化站建设规划和标准，并对其实施情况进行监督检查。

第五条　文化站建设应纳入当地国民经济和社会发展计划，与当地经济社会发展水平相适应，建设规模应符合国家有关规定；应纳入当地城乡建设规划，优先安排用地指标，无偿划拨建设用地。

各级人民政府应对少数民族地区、边远贫困地区的文化站建设予以重点扶持。

第六条　文化站应位于交通便利、人口集中、便于群众参与活动的区域，一般不设在乡镇人民政府办公场所内。

文化站的选址、设计、功能安排等应征得县级文化行政部门的同意。

第七条　文化站基本功能空间应包括：多功能活动厅、书刊阅览室、培训教室、文化信息资源共享工程基层点和管理用房，以及室外活动场地、宣传栏等配套设施。

第八条　文化站应配置开展公共文化服务必需的设备、器材和图书等文化资源，并有计划地予以更新、充实。

文化站设施和设备必须按照国家有关规定办理资产登记及相关手续，依法管理，确保国有资产安全、完整和有效使用。

第九条　因乡镇建设规划需拆除文化站或者改变其功能、用途的，应依照国家有关法律、法规的规定择地重建。乡镇人民政府做出决定前，应广泛听取群众的意见，并征得县级文化行政部门同意，报县级人民政府批准。

第三章　职能和服务

第十条　文化站的主要职能是，开展书报刊借阅、时政法制科普教育、文艺演出活动、数字文化信息服务、公共文化资源配送和流动服务、体育健身和青少年校外活动等。

第十一条　文化站通过以下方式履行职能，开展服务：

（一）举办各类展览、讲座，普及科学文化知识，传递经济信息，为群众求知致富，促进当地经济建设服务。

（二）根据当地群众的需求和设施、场地条件，组织开展丰富多彩的、群众喜闻乐见的文体活动和广播、电影放映活动；指导村文化室（文化大院、俱乐部等）和农民自办文化组织建设，辅导和培训群众文艺骨干。

（三）协助县级文化馆、图书馆等文化单位配送公共文化资源，开展流动文化服务，保证公共文化资源进村入户。

（四）在县级图书馆的指导下，开办图书室，开展群众读书读报活动，为当地群众提供图书报刊借阅服务。

（五）建成全国文化信息资源共享工程基层服务点，开展数字文化信息服务。

（六）在县级文化行政部门的指导下，搜集、整理非物质文化遗产，开展非物质文化遗产的普查、展示、宣传活动，指导传承人开展传习活动。

（七）协助县级文化行政部门开展文物的宣传保护工作。

（八）受县级文化行政部门的委托，协助做好农村文化市场管理及监督工作。发现重大问题或事故，依法采取应急措施并及时上报。

第十二条　文化站应完善内部管理制度，建立、健全服务规范，并根据其功能、特点向公众开放，保障其设施用于开展文明、健康的文化体育活动。文化站应在醒目位置标明服务内容、开放时间和注意事项。

第四章　人员和经费

第十三条　文化站应配备专职人员进行管理，编制数额应根据所承担的职能和任务及所服务的乡镇人口规模等因素确定。

第十四条　文化站站长应具有大专以上学历或具备相当于大专以上文化程度，热爱文化事业，善于组织群众开展文化活动，具备开展文化站工作的业务能力和管理水平。文化站站长由乡镇人民政府任命或聘任，事先应征求县级文化行政部门的意见。

第十五条　文化站实行职业资格制度，文化站从业人员须通过文化行政部门或委托的有关部门组织的相应考试、考核，取得职业资格或岗位培训证书。

文化站从业人员可根据本人的学历条件、任职年限、工作业绩和业务水平等申报相应的专业技术资格。

第十六条　文化站实行聘用制和岗位目标管理责任制。在岗人员退休或被调离、辞退后，应及时配备相应人员，确保文化站正常工作不受影响。

第十七条　文化行政部门负责对文化站从业人员进行定期培训。各级文化培训机构、群艺馆、文化馆、图书馆、艺术学校、艺术院团等具体承担人员培训任务。

第十八条　文化站的建设、维修、日常运转和业务活动所需经费，应列入县乡人民政府基本建设投资计划和财政预算，不得随意核减或挪用。中央、省、市级财政可对文化站设施建设和内容建设予以经费补助。

第十九条　鼓励企业、社会团体、个人捐赠或资助文化站。依法向文化站捐赠财产的，捐赠人可按照有关法律规定享受优惠。

第五章　检查和考核

第二十条　文化行政部门负责定期对文化站设施建设、经费投入、工作开展情况等进行检查、考评。文化站建设情况应纳入创建全国和地区性文化先进单位的考核指标体系。

第二十一条　对在农村文化建设中做出突出贡献的文化站和文化站从业人员，由县级以上人民政府或有关部门给予奖励。

第六章　附则

第二十二条　本办法由文化部负责解释。

第二十三条　本办法自 2009 年 10 月 1 日起施行。

文化部关于表彰全国文化先进单位的决定

各省、自治区、直辖市文化厅（局），新疆生产建设兵团文化局：

自 1991 年始，文化部在全国开展了文化先进县表彰工作，表彰了一大批文化建设成绩突出的文化先进县（市、区）。表彰工作开展以来，各地方政府以邓小平理论和“三个代表”重要思想为指导，深入学习实践科学发展观，紧紧围绕繁荣社会主义文化这个中心，着眼于满足广大基层群众的文化需求，对文化建设给予了高度重视，认真将文化建设纳入重要议事日程，纳入当地经济和社会发展规划，将文化设施建设纳入城乡建设规划，加大对文化建设的投入，加强文化基础设施建设和文化队伍建设，有力地促进了基层文化、经济、社会的协调发展，为建设和谐文化、构建和谐社会作出了突出的贡献。2009 年正值新中国成立 60 周年，为激励地方政府更加重视文化工作，推动社会主义文化大发展大繁荣，兴起社会主义文化建设新高潮，文化部开展了新一届全国文化先进县评选表彰工作，表彰名称更名为“全国文化先进单位”。经过评定和考察，文化部决定授予北京市密云县等65个县（市、区）“全国文化先进单位”荣誉称号（表彰名单见附件）。

这次表彰的“全国文化先进单位”是近年来在落实科学发展观，建设先进文化的过程中涌现出来的先进典型。它们在文化工作中，认真落实“贴近实际、贴近生活、贴近群众”的要求，坚持文艺为人民服务、为社会主义服务的方向和“百花齐放”、“百家争鸣”的方针，在加强公共文化设施建设、完善公共文化服务体系、丰富群众文化活动、落实国家重点文化工程、开展非物质文化遗产保护工作、加强文化人才队伍建设等方面取得了显著的成绩，在创新公共文化服务内容和方式、打造地方文化品牌、规范文化市场、积极发展文化产业、深化文化体制改革、引导和鼓励社会力量参与文化建设等方面取得了新经验，产生了良好的社会效益，为繁荣先进文化，构建和谐社会作出了突出的贡献。希望这次获得表彰的全国文化先进单位珍惜荣誉、谦虚谨慎、戒骄戒躁、锐意进取，充分发挥在先进文化建设中的带头作用，争取更大的成绩。各地要切实加强对这些先进典型经验的总结、学习和宣传，加快文化建设的步伐，为推动社会主义先进文化建设和经济、社会的协调发展作出更大的贡献！

2009年11月12日

附件：

全国文化先进单位名单

（共65个）

北京市密云县
天津市津南区
河北省文安县
河北省定州市
河北省迁安市
山西省长治县
山西省洪洞县
山西省屯留县
内蒙古自治区莫力达瓦达斡尔族自治旗
内蒙古自治区伊金霍洛旗
辽宁省沈阳市于洪区
辽宁省辽阳市宏伟区
吉林省安图县
吉林省永吉县
黑龙江省齐齐哈尔市富拉尔基区
黑龙江省绥芬河市
黑龙江省哈尔滨市道外区
上海市徐汇区
上海市宝山区
江苏省东海县
江苏省金坛市
江苏省扬州市邗江区
浙江省平湖市
浙江省临海市
浙江省杭州市拱墅区
安徽省繁昌县
安徽省铜陵县
安徽省五河县
福建省泉州市鲤城区
福建省厦门市湖里区
江西省南康市
山东省青岛市城阳区
山东省广饶县
山东省郯城县
河南省新安县
河南省宝丰县
河南省焦作市解放区
湖北省安陆市
湖北省秭归县
湖南省湘潭县
湖南省龙山县
广东省广州市越秀区
广东省深圳市盐田区
广东省蕉岭县
广西壮族自治区昭平县
广西壮族自治区鹿寨县
海南省昌江黎族自治县
四川省成都市成华区
四川省米易县
四川省成都市青羊区
重庆市万州区
贵州省凤冈县
贵州省大方县
云南省昆明市盘龙区
云南省富源县
西藏自治区拉孜县
陕西省铜川市耀州区

陕西省榆林市榆阳区
陕西省镇巴县
甘肃省张掖市甘州区
青海省乐都县
宁夏回族自治区贺兰县
新疆维吾尔自治区昌吉市
新疆维吾尔自治区洛浦县
新疆生产建设兵团农六师五家渠市

文化部关于表彰全国文化系统先进集体和先进工作者的决定

各省、自治区、直辖市人力资源社会保障（人事、劳动保障）厅（局）、文化厅（局），新疆生产建设兵团人事局、劳动保障局、文化局，文化部各直属单位：

近年来，在党中央、国务院的正确领导下，全国文化系统广大干部职工以邓小平理论和“三个代表”重要思想为指导，深入贯彻落实科学发展观，坚持文艺为人民服务、为社会主义服务的方向，坚持“百花齐放”、“百家争鸣”的方针，与时俱进，开拓创新，扎实工作，为推动新时期社会主义文化事业建设和文化产业发展作出了突出贡献，涌现出一大批先进集体和先进个人。

为表彰先进，树立一批在新时期文化建设和文化体制改革中做出突出成绩的典型，发挥先进典型引领和示范作用，人力资源社会保障部、文化部决定，授予北京市崇文区文化委员会等150个单位“全国文化系统先进集体”荣誉称号；授予张宏达等253名同志“全国文化系统先进工作者”荣誉称号，被授予“全国文化系统先进工作者”荣誉称号的人员，享受省部级劳动模范和先进工作者待遇。希望受到表彰的集体和个人，珍惜荣誉，再接再厉，为推动社会主义文化大发展大繁荣作出更大的贡献。

全国文化系统广大干部职工要以受表彰的先进集体和个人为榜样，更加紧密地团结在以胡锦涛同志为总书记的党中央周围，高举中国特色社会主义伟大旗帜，坚持先进文化的前进方向，解放思想，团结拼搏，努力开创文化建设的新局面，促进经济社会的全面、协调、可持续发展，为构建社会主义和谐社会作出新的更大贡献。

附件：1. 全国文化系统先进集体名单
2. 全国文化系统先进工作者名单

人力资源社会保障部　文化部
2009年11月17日

附件1：

全国文化系统先进集体名单
（共150个）

北京市
崇文区文化委员会

天津市
天津自然博物馆
天津市杂技团
蓟县文物保管所

河北省
河北交响乐团
井陉县文化体育局
秦皇岛市文化局
霸州市文化旅游局
徐水县文化体育局
邯郸市平调落子剧团

山西省
山西省图书馆
山西华晋舞剧团
山西省群众艺术馆
忻州市北路梆子剧团
运城市蒲剧青年实验演出团

内蒙古自治区
巴彦淖尔市乌拉特中旗文体广电局
锡林郭勒盟民族歌舞团
呼和浩特市文物事业管理处
乌兰察布市文化市场稽查队

辽宁省
辽宁省博物馆
本溪市文化局
阜新市图书馆
绥中县绥中镇文化站

朝阳市图书馆

吉林省

吉林省京剧院
延边朝鲜族自治州文化局
长春市文化市场稽查支队
东丰县文化新闻出版和体育局

黑龙江省

黑龙江省京剧院
黑龙江省图书馆
哈尔滨市群众艺术馆
大庆市文化局
双鸭山市文化市场稽查队

上海市

上海杂技团
上海市文化艺术档案馆
普陀区文化局

江苏省

江苏省演艺集团歌剧舞剧院
江苏省苏州昆剧院
常州博物馆
南京市杂技团
盐城市图书馆
扬州中国雕版印刷博物馆（扬州博物馆）

浙江省

宁波市海曙区文化馆
海宁市文化广电新闻出版局
武义县文化馆
衢州市婺剧团
嵊泗县文化馆
浙江省文物考古研究所

安徽省

宁国市文化广播电视局
颍上县文化局
马鞍山市文化局
滁州市文化局
安庆再芬黄梅艺术剧院
安徽省图书馆

福建省

福建省艺术研究院
厦门市图书馆
漳州市文物管理委员会办公室
上杭县文化体育出版局
三明市歌舞团

江西省

江西省博物馆
景德镇市文化局
赣南采茶歌舞剧院
于都县文化馆
宜丰县文化市场稽查大队

山东省

济南市图书馆
淄博市张店区文化局
枣庄市图书馆
临沂市文化出版局
邹平县文化体育局
莱芜市莱芜梆子剧团
山东省京剧院

河南省

平顶山市文化局
新乡市文化稽查队
三门峡市文化局
商丘演艺集团
新县文化局
河南省豫剧一团

湖北省

宜昌市非物质文化遗产保护中心
仙桃市文化广播电视新闻出版局
荆门市艺术剧院
荆州市文化市场稽查支队
武汉市革命博物馆
湖北省歌剧舞剧院

湖南省

湖南省博物馆
株洲市艺术剧院

常德市文化局
宁远县文化局
怀化市文化市场稽查支队
湘西土家族苗族自治州文化局

广东省
广东美术馆
广州市杂技艺术剧院有限责任公司
佛山市顺德区文体广电新闻出版局
梅州市山歌剧团
惠州市惠城区陈江街道办事处文化站
中山市群众艺术馆

广西壮族自治区
柳州市文化局
广西壮族自治区图书馆
广西壮族自治区木偶剧团
藤县文化和体育局
靖西县文化和体育局

海南省
海南省琼剧院
陵水黎族自治县文化广电出版体育局

重庆市
沙坪坝区文化馆
重庆三峡歌舞剧团
重庆市文物考古所
重庆市非物质文化遗产保护中心

四川省
攀枝花市文化局
宜宾市文化局
绵阳市文化馆
泸县文体广电局
阿坝藏族羌族自治州文化局
四川省大木偶剧院
广安市文物管理所

贵州省
黔西南布依族苗族自治州文化局
黔东南苗族侗族自治州文化局
贵州省黔剧团
贵州省博物馆
大方县文体广播电视局

云南省
昆明市文化局
玉溪市滇剧团
曲靖市文化局
贡山独龙族怒族自治县文化局
临沧市文物管理所
保山市文化广电新闻出版局

西藏自治区
昌都地区文化局
林芝地区广播电影电视局

陕西省
镇巴县文化馆
陕西省雕塑院
陕西省艺术研究所
旬阳县文化旅游局
西安市群众艺术馆
榆林市民间艺术团
宝鸡市新声剧团

甘肃省
陇南市文化出版局
兰州大剧院
天水市文化文物出版局
临夏回族自治州文化出版局

青海省
青海省民族歌舞剧院
西宁市群众艺术馆
共和县文化体育广播电视局

宁夏回族自治区
宁夏民族艺术研究所
吴忠市文化馆

新疆维吾尔自治区
若羌县文物管理所楼兰文物保护站
温泉县乌兰牧骑队
新疆杂技团
新疆维吾尔自治区艺术研究所（新疆维吾尔自

治区非物质文化遗产保护研究中心）

新疆生产建设兵团
农三师文工团

文化部直属单位
故宫博物院
中国东方歌舞团演出中心
中外文化交流中心大型项目部

附件2：
全国文化系统先进工作者名单
（共253名）

北京市
张宏达　西城区文化委员会主任
徐　伟　朝阳区文化委员会副主任 文化馆馆长

天津市
卢永琇（女）　天津博物馆宣教部主任 副研究馆员
万　里　天津市中国大戏院经理 副研究馆员
易娟梓（女）　天津交响乐团，二级指挥
张文生（回族）　宁河县芦台大剧院经理 政工师
贾玉山　天津市武清区文化局党组书记、局长
穆双喜　天津市北辰区文化馆馆长

河北省
王竹平　河北省文化厅艺术处处长
赵仓群　河北省古代建筑保护研究所 高级工程师
李耀峰　石家庄市文化局党组书记、局长
武永军（满族）　滦平县文化旅游局局长
周晓梅（女）　承德避暑山庄研究所所长 研究馆员
邓幼明　张家口市文化局党组书记、局长
史凤敏（女）　唐山市实验话剧团一级演员
贾体良　廊坊市文化局文化产业办公室主任
赵华淼　衡水市文化局直属党委副书记办公室主任
赵沧来　沧州市文化局党组书记、局长
李恩玮　邢台市文物管理处处长，研究馆员

山西省
王斌祥　大同市要孩儿剧团团长，一级演员
苏峰景　阳泉市群众艺术馆馆长，二级导演
吴宪章　晋中市群众艺术馆馆长，二级演员
杨　峰　临汾蒲剧院小梅花蒲剧团团长，二级演奏员
王高林　山西省歌舞剧院，一级演奏员
石焕发（女）　山西省图书馆副馆长、研究馆员
吴国荣　太原市文化广播电视局局长

内蒙古自治区
王志浩（蒙古族）　鄂尔多斯市鄂尔多斯青铜器博物馆馆长 研究馆员
李月仙（女）　鄂尔多斯市伊金霍洛旗乌兰牧骑 一级编导
孙志忠　乌兰察布市民族艺术学校校长 一级演员
苗铁吉　兴安盟文化局副局长
化金贵（满族）　乌海市文化局党组书记、局长
李小林（满族）　内蒙古自治区京剧团团长 二级艺术评论
李晓秋（蒙古族）　内蒙古自治区图书馆馆长 研究馆员

辽宁省
龙延生（女）　辽宁省群众艺术馆馆长、教授
安　宁　沈阳杂技演艺集团有限公司董事长
刘仲丹　台安县文化体育局局长
林　萍（女）　抚顺市满族艺术剧院培训中心副主任 一级演员
刘桂腾　丹东市文化局局长、党委书记、研究馆员
吴玉林　锦州市文化局党委书记、局长
贺雅贤（女）　营口市博物馆馆长，馆员
陶希铭（女）　辽阳市文化局局长、书记
张艳秋（女）　铁岭市周恩来少年读书旧址纪念馆馆长 研究馆员
王江玲（女，回族）　盘锦市歌舞团书记、副团长一级演员

吉林省

刘春梅（女） 吉林省歌舞剧院歌舞团团长 一级演员
李仁玉（女，朝鲜族） 吉林市文化局副局长 党委副书记
贾书层（女） 长春市双阳区评剧团副团长 一级演员
马福文 乾安县文化新闻出版和体育局局长 党委书记
洪　炜（女） 敦化市图书馆馆长，副研究馆员
刘初英（女） 通化市二道江区文化新闻出版和体育局局长
于伟民（满族） 长春市文化局副局长

黑龙江省

王艳君（女） 黑龙江艺术职业学院、一级导演
关心民 黑龙江省杂技团团长，一级编剧
李陈奇 黑龙江省文物考古研究所所长、研究馆员
王凤菊（女） 牡丹江市文化局局长、书记
裴龙善（朝鲜族） 鸡西市朝鲜族艺术馆馆长、馆员
潘忠林 黑河市文物管理委员会主任
马志英（女） 拜泉县文体局党委书记、局长

上海市

罗小慈（女） 上海民族乐团，一级演员
郭　宇 上海京昆艺术中心副总裁 党委副书记，一级导演
吴孝明 上海文广演艺中心总裁 党委副书记，高级政工师
应文灿 宝山区文广局副局长
王建军 浦东新区三林镇文广服务中心书记主任
俞志清 虹口区文化馆党委书记、副馆长
陈先行 上海图书馆上海科学技术情报研究所 历史文献中心副主任，研究馆员
俞晓夫 上海油画雕塑院副院长，一级美术师

江苏省

冯玲秀（女） 南京市群众艺术馆馆长、会计师
徐全心 江苏省演艺集团京剧院院长 党支部书记，一级演员
沈军军（女） 连云港市艺术学校党支部书记 常务副校长，二级艺术监督
裴安年 洪泽县洪泽湖博物馆馆长
李国平 金坛市文化局副局长，二级美术师
武爱苹 江苏省柳琴剧团书记、团长 主任舞台技师
许建荣 常州市文化馆馆长、副书记、二级演员
赵固平 泰兴市图书馆（博物馆）馆长、研究馆员
杨建民 无锡市文化广电新闻出版局文化遗产处处长 副研究馆员
艾金梅（女） 江苏省戏剧学校副校长、一级演员
邱冠华 苏州图书馆馆长，馆员
钱艺春 扬州市歌舞团支部书记、团长 二级艺术监督
陈　林 东海县文化局局长

浙江省

褚树青 杭州图书馆馆长，研究馆员
邓京山 杭州歌舞剧院院长、书记、二级演奏员
徐曙鸣 宁波剧院经理、书记
缪小源 温州市瓯剧团团长、书记，舞台技师
卢桂芳（女） 温州市歌舞团团长、书记、一级演员
陈亦祥 长兴县文化广电新闻出版局局长 党委书记
章明丽（女） 嘉兴市图书馆馆长、书记 副研究馆员
朱　燕（女） 浙江绍剧团团长、书记 高级经济师
林江华 温岭市横峰街道文化站站长
严慧荣 景宁畲族自治县文化广电新闻出版局局长、书记
翁国生 浙江京剧团团长，一级导演

安徽省

苏　伟（女） 合肥市文化广电新闻出版局社文处处长
刘传师 亳州市谯城区梆剧团团长 二级演奏员
张志翔 宿州市文化局副局长，二级导演
金　明 蚌埠市艺术研究所，一级编导
高　扬（女） 六安市文化局（新闻出版局、版权局） 办公室主任
沈汉青 淮南市博物馆馆长，副研究馆员
靳晓苏 含山县文化馆馆长，馆员

曾玉琴（女） 太湖县图书馆馆长、副研究馆员
蒋建国 安徽省黄梅戏剧院院长、书记、一级演员

福建省

栗建安 福建省博物院考古所所长，研究馆员
吉　阳 福建省歌舞剧院副院长，一级演奏员
王景贤 泉州市木偶剧团团长，一级编剧
翁惠文 宁德市文化与出版局局长
于建生 漳州市文化与出版局局长

江西省

刘昌兵 江西省文物保护中心主任、副研究馆员
何庐珍（女） 九江市话剧团团长、二级演员
胡周文 上高县文化局局长
王炳万 万年县文物保护管理局局长
副研究馆员
章志刚 新余市群众艺术馆副馆长、副研究馆员
陈　琳 新干县文化广播电视局局长
郭祥达 江西省赣州美术馆馆长、二级美术师

山东省

冷秀云（女） 青岛市图书馆馆长、党总支书记
高级政工师
柏绪民 东营市艺术馆，一级演员
王明月 烟台市吕剧院副院长，一级导演
胡立东 泰安市文化局局长、党委书记
张文升 潍坊市寿光市文化局局长
孔祥金 曲阜文化旅游发展投资集团总经理
孙盛和 威海市文化广电新闻出版局副局长
单忠元 日照五莲县文体局局长
县委宣传部副部长
董志强 德州市京剧团副团长，一级演员
姜广进 菏泽市文化局文化科科长
张连增 聊城市海源阁图书馆馆长，研究馆员
孙清华 山东省文艺演出公司党支部书记
一级艺术指导
于联华（女） 山东歌舞剧院艺术指导、一级演员

河南省

张松林 郑州市文物考古研究院院长、研究员
曾广庆 开封市博物馆馆长，副研究馆员
徐建莉（女） 洛阳市文化局局长
杜希堂 安阳大剧院经理
刘乡英（女） 濮阳市文化局局长
李　成 南阳市卧龙区文化局局长
陈解民（女）
漯河戏曲创作工作室主任、一级编剧
赵玉环（女） 项城市豫剧团团长、二级演员
田　凯（回族） 河南博物院副院长、研究馆员
谭静波（女）
河南省艺术研究院副院长、研究馆员
李利宏 河南省话剧院院长，研究员
张志清 河南省文物考古研究所副所长
研究馆员
崔喜梅（女） 河南省文化厅艺术幼儿园园长
高级教师

湖北省

朱世慧 湖北省京剧院院长，一级演员
郑学国 潜江市文化局党委书记、局长
余银功 广水市文化体育局党组书记、局长
王汉卿 云梦县楚剧团党支部书记、团长
沈安安 巴东县文化体育局副局长
巴东县文工团团长
高　军 襄樊市图书馆馆长，党支部副书记
尤成立 十堰市群众艺术馆馆长、主任舞台技师
杨卫平 鄂州市群众艺术馆创作部主任
陈泽民 武汉市民众乐园党委书记、总经理
孙在本
黄冈市李四光纪念馆馆长、党支部书记、馆员
王本友（土家族）
神农架林区文物管理所所长，馆员

湖南省

罗建国 湖南省少年儿童图书馆馆长、研究馆员
刘登雄 湖南省祁剧院院长，一级演员
吕亮亮 湖南省歌舞剧院院长，二级演员
杨晓刚 长沙市歌舞剧院院长、主任舞台技师
李安元 衡阳市文化局局长
李东升 娄底市文化局局长
何迪明 湖南省群众艺术馆馆长、二级演奏员
邹世毅 湖南省艺术研究所所长
《艺海》主编，一级编剧
古　平（女） 岳阳市花鼓戏剧团，一级演员
李　波 湘潭市群众艺术馆馆长，副研究馆员

广东省

麦玉清（女） 广东粤剧院副院长，一级演员
曹玉荣（女） 广东歌舞剧院，一级演奏员
陈金荣 广州市美术公司经理，高级工程师
简定雄 深圳市福田区文化局副局长
蔡耀华 汕头市南澳县潮剧团团长、三级演奏员
关　宏（女，满族）
佛山市群众艺术馆，副研究馆员
邓晓辉（瑶族）
乳源瑶族自治县必背镇文化站站长
廖　武 梅州市群众艺术馆馆长，一级编剧
李东来（回族）广东省东莞图书馆馆长、研究馆员
谭伟强
开平市文化广电新闻出版局党组书记、局长
杨一平 湛江市文化广电新闻出版局副书记
副研究馆员
萧健玲（女） 广东省肇庆市博物馆书记
研究馆员
胡锡娟（女） 云浮市文化馆馆长，副研究馆员
黄　芬（女，瑶族）
清远市群众艺术馆馆长，馆员

海南省

陈　良 海南省文化广电出版体育厅社会文化处处长
林东雄 海南省文化艺术学校校长
郭玉光 昌江黎族自治县图书馆馆长，馆员

广西壮族自治区

陈晓玲（女） 南宁市文化局局长
潘世明（壮族） 广西艺术学校校长、一级演员
龙　倩（女） 广西桂剧团团长，一级演员
杨戈平 桂林市艺术研究所，一级编剧
苏　伟 博白县杂技艺术团团长，三级演员
蒋仕宽 贺州市平桂管理区沙田镇综合文化站站长
李德禄 陆川县文化馆馆长

重庆市

江小平 黔江区民族文化艺术馆馆长
易　军（女） 巫山县文物管理所所长
刘　钢 南岸区文化广电新闻出版局局长
党委书记，高级工程师
王　毅（女） 重庆市曲艺团，一级演奏员
陈　骅 重庆市群众艺术馆，研究馆员

四川省

余　梅（女，羌族）
汶川县文化体育局党组书记、局长
周远明（女） 自贡恐龙博物馆馆长
副研究馆员
泽旺吉美（藏族） 德格县印经院文管局局长
鲁红勇（彝族） 布拖县文化馆馆长，馆员
余义奎 巴中市文化馆馆长，副研究馆员
马　红（女，回族） 广元市文化馆馆长，馆员
范　建 达州市艺术剧院副院长、二级演奏员
黄　伟 德阳市文化局副局长
张汝宜 四川省文化馆馆长，研究馆员
李利林 乐山市文化局调研员
杨辉国 遂宁市文化局党组书记、局长
朱树喜 成都市文化局党组书记、局长

贵州省

侯丹梅（女） 贵阳市京剧院团长，一级演员
田　云（女，回族） 安顺市文化局副局长
杨晓辉 贵州省文化艺术研究所美术研究室主任
一级美术师
汪　洋 都匀市歌舞剧团团长，二级编导
田进领 兴义市文体广电局局长

云南省

李声均 水富县两碗乡文化体育站站长
黄邦勇 澜沧拉祜族自治县文化馆，馆员
李之典（纳西族）
丽江市古城区文化广播电视新闻出版局局长
李友仁 云南省图书馆馆长，副研究馆员
钟履柏（彝族）
云南艺术剧院（云南省演出公司）总经理
王　昆 云南省文物总店总经理，副研究馆员
杨国良（回族）
楚雄彝族自治州文化局党组书记、局长
李正有（彝族）
红河哈尼族彝族自治州文化局局长
张跃华（白族）
迪庆藏族自治州文化局办公室主任

西藏自治区

次仁罗布（藏族）
西藏自治区话剧团团长、书记

金巴洛珠（藏族） 日喀则地区文化局局长
拉巴次仁（藏族） 山南地区洛扎县文广局局长
县委宣传部副部长
刘爱霞（女）
那曲地区文化广播电影电视局文化科副科长

陕西省

王　宏 陕西省歌舞剧院古典艺术团团长
一级导演
李　梅（女） 陕西省戏曲研究院艺术总监
一级演员
韩　炜 咸阳市文化局党组书记、局长
唐仙惠（女） 渭南市群众艺术馆馆长
副研究馆员
刘海明 铜川市耀州区文化局局长
朱　强 吴起县文化馆馆长，副研究馆员
安世平 延安市文化局政秘科科长
王　铎 汉中市文化文物局党组书记、局长
姚元魁 镇安县文化体育旅游局局长
辛建华 榆林市文化文物局副局长

甘肃省

云丹龙珠（藏族）
甘南藏族自治州文化出版局局长、党组书记
屈　纲 酒泉市文化出版局局长、党组书记
韩　煦（女） 甘肃省歌舞剧院，二级演员
李德强 陇南市武都区文化体育局局长
石劲松 甘肃炳灵寺文物保护研究所所长

青海省

张景元
青海省民族语影视译制中心主任、主任记者
索昂拉毛（女，藏族）
玉树藏族自治州文物管理所副主任科员
吴　星（蒙古族）
海西蒙古族藏族自治州群众艺术馆馆长、馆员
阿生梅（女，蒙古族）
海晏县文化体育广播电视局局长
张生荣 乐都县社会发展局（文体广电科技局）局长

宁夏回族自治区

侯　艳（女） 宁夏秦腔剧团，二级演员
郭正祥 银川市文化广播电视局局长

张建贵 彭阳县文化广播电视旅游局党总支书记
魏海林 石嘴山市文化馆馆长，馆员

新疆维吾尔自治区

常锋英（女） 克拉玛依市文化局局长
李凤妹（女） 阜康市文化体育局局长
刘建军（回族）
库尔勒市文化体育广播电视局局长
热娜·阿不都克里木（女，维吾尔族）
新疆歌舞团，一级演员
艾合麦提江·马合木提（维吾尔族）
和田地区墨玉县文化体育局局长
郭向飞（女） 塔城市文化馆，副研究馆员

新疆生产建设兵团

刘灿霞（女）
农四师党委宣传部（文化广播电视局）文化干事
王建昌 新疆兵团豫剧团副团长，一级演奏员

文化部直属单位

杨飞云 中国艺术研究院中国油画院院长、教授
陈红彦（女）
国家图书馆国家古籍保护中心办公室主任
研究馆员
曹欣欣（女）
中国国家博物馆展览二部主任，研究馆员
冯　英（女） 中央芭蕾舞团团长，一级演员
关　峡（满族） 中国交响乐团团长，一级作曲

“永远的辉煌”第11届中国老年合唱节红叶杯获奖名单

（共13支）

广西柳州夕阳红合唱团
陕西省西安知音合唱团
山东省聊城东阿阿胶英姿合唱团
甘肃省文化馆黄河合唱团
贵州省六盘水市老年大学合唱团
湖北省武汉市永田合唱团
中国第一汽车集团公司老解放合唱团
四川省广元市文化馆老年合唱团
湖北省十堰市银光合唱团
重庆市合川区金九老年合唱团
甘肃省兰州市老年艺术团合唱队

共和国同龄之声天荣合唱团
辽宁省葫芦岛市老干部艺术团合唱团

“永远的辉煌”第11届中国老年合唱节 红岩杯获奖名单

（共19支）

广东省深圳群声合唱团
上海市宝钢淞涛合唱团
广东省老干部活动中心金枫合唱团
北京北大荒合唱团
浙江温州市合唱团二团
四川省音协CNC女子爱乐合唱团
重庆市大渡口区男声合唱团
重庆市国资委老干部合唱团
福建省老干部海峡合唱团
重庆大学老年合唱团
重庆市文化广播电视局中老年合唱团
郑州工人合唱团
贵州文华合唱团
重庆市沙坪坝区文化馆群星合唱团
广东省珠海市香洲区老干部合唱团
湖南株洲市妇联常春艺术团
重庆市巴南区星光合唱团
山东省淄博骄阳合唱艺术团
重庆市万州区三峡合唱团

“永远的辉煌”第11届中国老年合唱节 红梅杯获奖名单

（共25支）

重庆“中渝之声”老年合唱团
重庆石桥农民合唱团
云南省文化馆云南聂耳合唱团
新疆家园合唱团
黑龙江省大庆油田老干部处老石油合唱团
广西老干部活动中心合唱团
广西南宁绿城之声老年合唱团
湖北省武汉市星海老年女声合唱团
浙江省嘉兴市新四军历史研究会南湖星光合唱团
重庆市国土资源房屋管理局金云雀老干部合唱团
福建漳州市老年大学合唱团
山西省太原市小店区女子合唱团
胜利油田老年合唱团
湖南省长沙市老年干部大学枫叶艺术团
江苏省文化馆老年文化大学“春之声”女声合唱团
贵州老年大学合唱团
四川省南充市文化馆老年合唱团
山西星海合唱团
华北油田金秋合唱团
黑龙江省鸡西市群众艺术馆童心合唱团
西南大学秋韵合唱团
内蒙古通辽市萨日郎艺术团
辽宁省抚顺合唱艺术团
内蒙古鄂尔多斯市老干部合唱团
江西老年大学艺术团

中国文化年鉴

Chinese Culture Yearbook

专业艺术

Professional arts

综 述

为庆祝新中国成立60周年华诞，2009年全国广大文艺工作者以饱满的热情投入艺术创作，推出了一大批思想性、艺术性、观赏性统一的优秀艺术作品，舞台艺术好戏连台，造型艺术异彩纷呈，唱响了时代的主旋律，为国庆营造了欢乐祥和的喜庆氛围，为人民奉献了精美的精神食粮。大型音乐舞蹈史诗《复兴之路》鸿篇巨制，万众瞩目；“向祖国汇报——新中国美术60年”大型美术展览和国家重大历史题材美术创作工程作品展在京开幕并举办全国巡展；历时半年之久、110余台优秀剧目献礼演出犹如流动的彩虹，成为首都舞台的亮丽风景；首届优秀保留剧目大奖举行隆重的表彰大会；国家舞台艺术精品工程、《国家重点京剧院团保护和扶持规划》、《国家昆曲艺术抢救、保护和扶持工程》不断推进；第三届全国地方戏优秀剧目展演、第六届全国儿童剧展演、第八届全国舞蹈比赛、第二届中国诗歌节等活动姹紫嫣红，展现了文艺工作者昂扬奋进、勇于拼搏的精神风貌，显示出当代舞台艺术的勃勃生机。

一、《复兴之路》：富有魅力的标志性精品之作

在新中国文艺史上，大型音乐舞蹈史诗《东方红》、《中国革命之歌》，曾给亿万观众留下了难忘的印象。为庆祝中华人民共和国成立60周年，根据中央的部署和要求，文化部负责组织了大型音乐舞蹈史诗《复兴之路》的创作和演工作。从创意到演出，历时近两年，汇集了全国优秀的文艺人才，全力打造了一部描绘历史画卷、高扬时代精神、富有艺术魅力的当代标志性艺术精品。《复兴之路》内容宏阔，堪称一部表现中华民族伟大复兴的艺术编年史。它选取了鸦片战争以来各个阶段最有代表性的事件，艺术地再现了诸多历史场景，展现了当代中华民族争取国家独立和民族解放的历史，记录了探索救国真理和强国之路的历程，展现了当代中国改革开放和现代化建设的伟大成就。《复兴之路》吹响了一曲高扬民族精神和时代精神的奋进号角。它围绕社会主义核心价值体系建设，通过文艺作品进行革命传统教育、爱国主义教育和社会主义理想信念教育，从而使我们倍加珍惜中华民族大家庭的团结，珍惜无数先烈为之奋斗而得来的幸福生活，使广大人民群众更加深刻地认识到，只有社会主义才能救中国，只有改革开放才能发展中国，只有走中国特色社会主义道路才能使中国富强。《复兴之路》时代感浓郁，大气磅礴，艺术精湛，是一部充满艺术创新精神的精品力作。既有平民大众的视角，又有英雄主义境界，既有亲切温馨的描绘，又有恢弘磅礴的渲染，既有历史悲情的陈述又有时代豪气的张扬，呈现出强烈的艺术表现力和感染力。国庆前后，《复兴之路》在人民大会堂连续演出16场，党和国家领导人与10余万首都各界观众观看了演出，反响强烈。为了满足广大观众的欣赏需求，从1月15日起，大型音乐舞蹈史诗《复兴之路》又在国家大剧院连续演出84场。

二、献礼演出：新中国成立60年文艺创作的累累硕果

2009年6 ~ 10月，中宣部、文化部在北京举办“庆祝中华人民共和国成立60周年献礼演出”活动。活动汇集了全国各地包括港、澳、台地区的110余台优秀剧（节）目，上万名艺术工作者在北京演出400余场，观众超过30万人次。参演作品充分体现了新中国成立60年来特别是改革开放以来我国舞台艺术繁荣发展的成果。参演剧目既包括京剧《穆桂英挂帅》、越剧《红楼梦》、黄梅戏《天仙配》、儿童剧《马兰花》、歌剧《洪湖赤卫队》、芭蕾舞剧《红色娘子军》等一大批久演不衰的经典剧目；也有京剧《廉吏于成龙》、川剧《金子》、话剧《立秋》、舞剧《丝路花雨》等众多新时期以来涌现的广为群众熟悉和喜爱的优秀剧目；还有交响音乐会“柏坡交响——新中国从这里走来”、话剧《窝头会馆》等一批新创作的庆祝新中国成立60周年献礼剧目以及一批革命历史题材和现实题材佳作，涵盖了我国主要的艺术门类（剧种）。藏族、蒙古族、维吾尔族、壮族、回族、朝鲜族、彝族、苗族、哈萨克族、哈尼族等少数民族都有代表性的艺术品种参加。民营演出团体、在文化体制改革中改制的院团以及台湾地区首次参加国庆献礼演出都成为本次活动的亮点。为了使广大人民群众共享艺术发展成果，在实行低票价的同时，还组织部分参演院团和著名艺术家深入厂矿、农村、部队、社区和学校，开展了慰问演出，受到热烈欢迎。

三、造型艺术：波澜壮阔的历史画卷

历时5年的国家重大历史题材美术创作工程，是全国美术工作者向国庆60周年奉献的一份厚礼。展览展出的104件作品凝聚了众多艺术家数年的心血和努力，呈现了当前我国主题性美术创作的最佳水平。艺术家们通过真实感人的艺术形象传达出震慑人心的艺术魅力，用如椽画笔为波澜壮阔的中国近现代史绘制出气势恢弘的艺术画卷。通过思想性与艺术性俱佳的主题美术作品，弘扬了中国人民在争取民族解放和社会进步的历史进程中，所表现出的以爱国主义为核心的伟大民族精神和以改革创新为核心的时代精神，是用艺术的方式塑造国家和民族的形象。我国美术界老中青三代优秀艺术家，以强烈的责任意识参与创作，把对于文化使命的思考和对精神品格的追求，贯注在对历史精神的追溯和创作技巧的探索之中，以严格的艺术标准和深刻的思想内涵树立当代艺术创作的价值标准和品格追求，发挥了积极的示范性作用，有力地引导了当代美术创作的发展方向，推动了我国美术创作的发展，开拓了我国当代主流美术创作的新局面，为国家积累了宝贵的精神财富和物质财富。

“向祖国汇报——新中国美术60年”大型美术展览既是为新中国60华诞献礼的史诗性巨献，也是60年来中国美术所取得的丰硕成果的集中展示。展览规模宏大、精品荟萃。共展出名家名作687件。作品题材广泛，主题鲜明，内容丰富，构成了一幅具有鲜明时代特色的宏大画卷。这两项大型展览，实行免费参观，深受群众欢迎，盛况空前。

四、优秀保留剧目大奖：文艺评奖机制的重大创新

文艺评奖对于推出优秀作品和优秀人才，具有重要作用。但评奖所产生的负面效应也为社会诟病。文化部开展的首届优秀保留剧目大奖评选活动，重视观众和市场的评价，提高对演出场次的要求，树立了正确的评奖导向，有利于艺术院团建立科学合理的保留剧目轮换演出机制，有利于舞台艺术的长期繁荣发展，受到广大观众和文艺工作者的热烈欢迎。

优秀保留剧目大奖的评选，从近30年来创作演出的1000多部申报剧目中，评选出了18部久演不衰、深受广大观众喜爱的优秀作品，并授予“优秀保留剧目大奖”。这些获奖作品题材广泛、艺术品种多样，充分体现了“双百”方针和“三并举”剧目政策，体现了思想性、艺术性、观赏性的和谐统一，多部作品成为经典之作。京剧《盘丝洞》、《三打陶三春》，河北梆子《钟馗》都经过新的改编，剧本文学和舞台表演都有新的创造。莆仙戏《春草闯堂》、越剧《五女拜寿》、闽剧《贬官记》从20世纪60年代、80年代以来一直在舞台上演出，并有许多剧种移植上演。特别令人欣喜的是，现实题材的眉户《迟开的玫瑰》和革命历史题材的吕剧《苦菜花》久演不衰，也成为优秀的保留剧目。

优秀保留剧目揭示了继承与创新的深刻内涵，显示出巨大的艺术魅力。莆仙戏《春草闯堂》诙谐幽默，被京剧、黄梅戏、豫剧等剧种的600多个剧团移植演出，曾经轰动全国。川剧《金子》舞台呈现新颖，更具现代气息，为戏曲创作的继承创新提供了典范。改革开放后复排改编的大型声乐套曲《长征组歌》，恢弘激荡，在合唱艺术史上具有里程碑意义。

优秀保留剧目的久演不衰和广泛移植演出，赢得了良好的社会效益和经济效益。舞剧《丝路花雨》在海内外演出1600余场，话剧《立秋》共演出500多场，投资150万元，实现演出收入1000多万元，创造了话剧演出史上的奇迹。儿童剧《一二三，起步走》演出4000多场，全国近100个院团移植。杂技剧《时空之旅》每天都有演出，2005年首演至今，演出1600场，演出收入1.7亿元。

五、文艺建设工程：文艺事业持续繁荣发展的有力举措

2009年，连续实施的各项重大文艺建设工程，为舞台艺术的可持续发展提供了资金保证。被联合国教科文组织列入首批人类口头与非物质遗产代表作的昆曲，在“国家昆曲艺术抢救、保护和扶持工程”的推动下，取得明显成效。2009年，举办了第四届中国昆剧节和第五届中国昆曲国际学术研讨会，集中展示了一批传统剧目和新创作剧目，表彰奖励了一批昆曲优秀理论工作者及贡

献突出的单位。5年来7个昆曲院团传承、创作、演出的剧目日益增多；中国昆曲博物馆藏品不断丰富，昆曲新一代的领军人物逐渐崭露头角；进校园公益性和普及性演出700场以上，观众达100万人次，新一代昆曲观众逐渐形成；人才有序流动，形成了良好的持续发展氛围。

随着《国家重点京剧院团保护和扶持规划》的继续实施，京剧院团焕发生机。截至2009年，财政部、文化部共资助国家重点京剧院团2950万元，资助多部新剧目创作及演出。目前京剧院团的生存环境有了很大的改善，在传统继承和艺术创新方面不断取得成绩，表演人才培养的成果开始显露。11个国家级重点京剧院团都拥有了自己的专门剧场，17个省级重点京剧院团中15个院团有了专门剧场。业务经费大幅提高，实际演出场次大大超过了规定场次。

国家舞台艺术精品工程稳步推进，为优秀作品提供了打造、提升的坚实平台。为了促进艺术创作面向市场，面向群众，2009年精品工程进一步改进了评选方式，提高了对申报作品演出场次的要求，扩大了精品工程的资助范围，把深受观众欢迎特别是广大农民喜爱的小戏纳入其中。财政部、文化部正在研究制定《国家繁荣文艺创作专项资金管理办法》，资金总量达到1亿元，2010年开始启动后，将为文艺事业的持续繁荣发展提供长期、稳定的资金支持。

2009年，实施文化惠民工程，大力开展公益性演出活动，服务人民群众，成为艺术院团的共识。元旦春节之际，文化部9个直属院团全部深入基层开展形式多样的慰问演出160余场，深受广大人民群众的欢迎。春节期间，按照中央领导“让灾区群众过好灾后第一个春节”的指示精神，由文化部直属院团组建的4支慰问演出小分队分赴四川、陕西、甘肃等地震灾区慰问演出，将党中央国务院的关怀带到灾区第一线，与灾区人民共度春节，以真诚精彩的演出为灾区人民送去了欢乐。5月，四川汶川特大地震发生一周年之际，艺术家们又奔赴地震灾区进行“心连心”慰问演出活动。此外，“高雅艺术进校园”活动逐步深入，共为近20万学子演出154场，提高了青少年学生的艺术修养，受到广大师生的一致好评。

专　题

国家舞台艺术精品工程

一、2007～2008年度国家舞台艺术精品工程重点资助（精品）剧目揭晓

国家舞台艺术精品工程是文化部、财政部共同实施的一项旨在扶持舞台艺术发展的重大建设项目，是贯彻落实党的十六大指示精神和“三个代表”重要思想的重要举措。2002年启动，推出了50台精品剧目和100多台优秀作品，凝聚和培育了一大批艺术人才，丰富了人民群众的精神生活，实现了出精品、出人才、出效益。2009年，文化部、财政部决定继续实施国家舞台艺术精品工程，继续对舞台艺术发展提供资金支持。

2009年9月公布的30台作品是从全国申报的近百部作品中遴选的具备加工修改潜力的优秀之作。精品工程专项资金投入1600万元（每台作品50万～80万元），地方财政配套投入也相当可观，为作品进一步修改奠定了经济基础。2009年11月，在江南名城苏州还召开了精品工程经验交流会，文化部艺术司、剧目演出院团、所属文化主管部门签订了协议，明确职责，约定了4月份完成修改，5月起接受验收。虽然验收时间有所推迟，对艺术院团来讲，但延长了修改加工的时间，有利于提高艺术质量。同时，艺术司也在积极落实中央领导关于文艺评奖的有关指示精神，反复研究论证精品工程的运作机制。

以往的验收评审方式是专家到院团所在地观看现场演出。那样做的好处是现场感强烈，观众反应比较直观。不利之处在于花费的时间比较长。考虑到现代录像制作技术已经能够完整、准确地反映艺术作品的全貌，这次采用观摩影像资料的方式评审验收，有效地节省时间，节约成本。

研究决定对精品工程的运作机制继续完善。在申报范围上，除原有大型作品外，还增加了小型作品。在申报资格上，场次要求比原来翻一番。原来昆曲、歌剧要求20场以上，其他作品50场

以上，新的要求是昆曲、歌剧50场以上，其他作品100场以上。这是落实文艺评奖改革、促进艺术院团面向市场、面向观众的积极措施，将有利于艺术院团树立“三贴近”意识和演出意识，有利于艺术创作的繁荣与发展。

经专家委员会认真评审，话剧《矸子山上的男人女人》等10部作品当选为“重点资助剧目”，豫剧《常香玉》等6部作品滚动入选2008 ～ 2009“年度资助剧目”。上述剧目将获得精品工程专项资金的进一步支持，不断增加演出场次、服务人民群众，提高艺术质量。

2007～2008年度重点资助剧目名单

演出单位	艺术品种	剧目名称
辽宁人民艺术剧院	话剧	《矸子山上的男人女人》
河南省豫剧二团	豫剧	《清风亭上》
安徽省黄梅戏剧院	黄梅戏	《雷雨》
浙江小百花越剧团	越剧	《梁山伯与祝英台》
甘肃省陇剧院	陇剧	《官鹅情歌》
*湖南省花鼓戏剧院	花鼓戏	《老表轶事》
北京军区政治部战友文工团	话剧	《士兵突击》
广州杂技团	杂技剧	《西游记》
山西省京剧院	京剧	《走西口》
*苏州市滑稽剧团	儿童剧	《青春跑道》

注：带*者为滚动入选作品

滚动进入2008～2009年度资助剧目名单

演出单位	艺术品种	剧目名称
河南省豫剧一团	豫剧	《常香玉》
湖北省荆门市艺术剧院	花鼓戏	《十二月等郎》
无锡歌舞剧院	舞剧	《西施》
南京军区政治部文工团	话剧	《马蹄声碎》
上海话剧艺术中心	话剧	《秀才与刽子手》
广西壮族自治区歌舞剧院	音乐剧	《桂花雨》

2008～2009年度国家舞台艺术精品工程（二期）年度资助剧目名单

演出单位	艺术品种	剧目名称
福建省京剧院	京剧	《北风紧》
北京军区政治部战友文工团	京剧	《红沙河》
甘肃省京剧院	京剧	《丝路花雨》
上海京剧院	京剧	《成败萧何》
沈阳评剧院	评剧	《我那呼兰河》
河南省豫剧三团	豫剧	《香魂女》
湖南省湘剧院	湘剧	《李贞回乡》
天津评剧院	评剧	《寄印传奇》
太原市实验晋剧院青年剧团	晋剧	《傅山进京》
运城市蒲剧青年实验演出团	蒲剧	《山村母亲》
浙江省越剧团	越剧	《九斤姑娘》
南京市越剧团	越剧	《柳毅传书》
陕西省戏曲研究院青年团	秦腔	《大树西迁》
湖北省地方戏曲艺术剧院	楚剧	《大别山人》
黑龙江省齐齐哈尔市话剧团	话剧	《风刮卜奎》
武汉人民艺术剧院	儿童剧	《古丢丢》
三峡歌舞剧院	话剧	《三峡人家》
西藏自治区话剧团	话剧	《扎西岗》
银川艺术剧院	舞剧	《月上贺兰》
武汉杂技团	主题杂技晚会	《英雄天地间》
中国杂技团有限公司	杂技	《SPLENDID·一品一三绝》
新疆杂技团	杂技剧	《你好，阿凡提》
上海歌剧院	歌剧	《雷雨》
总政歌剧团	歌剧	《太阳雪》
河南省鹤壁市豫剧一团	豫剧	（小戏）《调查》

福建省仙游县鲤声剧团	莆仙戏	（小戏）《搭渡》
河南省豫剧一团	豫剧	《常香玉》
湖北省荆门市艺术剧院	花鼓戏	《十二月等郎》
无锡歌舞剧院	舞剧	《西施》
南京军区政治部文工团	话剧	《马蹄声碎》
上海话剧艺术中心	话剧	《秀才与刽子手》
广西壮族自治区歌舞剧院	音乐剧	《桂花雨》

二、2008 ~ 2009 年度国家舞台艺术精品工程资助剧目名单（评语）

《北风紧》

本剧以施宜生的命运为线索，通过受命、别妻、报警、妻怨和诀别等场面组织戏剧情节，结构严谨、故事生动，塑造了施宜生这一崭新的栩栩如生的艺术形象。施目睹战乱给宋、金两国百姓带来苦难，因此他反战主和，希望百姓休养生息。当他发现自己的江南人身份与议和的使命只是被用来掩盖金兵攻宋的阴谋时，他向宋报警；而当宋兵有备，金兵惨败，面对自己丈人和十万金兵葬身沙场，他又不得不以死谢罪。他的死是对民族和好的呼唤，体现了古代文人以天下民生为本的理想、信念在那个时代不可实现的悲剧。他在命运抉择的煎熬中，在异质文化的漂泊间完成了精神和道德的建构，这种建构给当代观众提供了丰富的思想启迪和审美感受。本剧在舞台表现上朴实简洁，富有诗意。

建议进一步提高演员表演总体水平。文本上，还应该进一步理清施宜生的心理和情感脉络，标艳和古离罕身上也有许多针线不密的地方等等。希望通过进一步加工修改，让这个戏的艺术水准更上一层。

《红沙河》

该剧在遵循京剧艺术规律、充分发挥本体艺术特征的前提下，发挥战友文工团的综合优势，勇于创新，融交响乐、歌舞、舞台科技灯光、效果于一体，从内容到形式全方位地进行了可贵的探索。舞台呈现新颖、气势磅礴，唱腔行云流水，主角陈少华、刘伟的演唱尤为突出，艺术地表现了新时期部队的风采，有着强烈的时代精神。

该剧如在陈少华、刘伟的人物个性上进一步深化，鲜活地揭示出各自的心理矛盾，转变观念的层递，加强戏剧性，精心推敲出一两个脍炙人口的唱段，把握好歌舞在戏中的“度”，深入浅出地体现出新时期部队军事变革发展的内容，有望成为一部反映现代军事题材的戏曲精品。

《丝路花雨》

该剧用京剧这一艺术形式，对同名舞剧的故事做出了新的诠释，英娘、神笔张、波斯商人伊努斯和他的儿子张恩等几个人物，都塑造得比较生动丰满。体现了古代西域不同民族人民在与恶势力斗争中的团结互助，体现了人民的美好善良的感情和不屈的斗争精神。

作品发挥了京剧艺术的特点和优势，同时吸收了姊妹艺术的表现形式，以新颖的舞台面貌形象地展示了敦煌文化的瑰丽与神奇，具有鲜明的民族特色和地域特色。希望在演出中不断加工提高，使之成为一出优秀的保留剧目。

《成败萧何》

这是一部既体现艺术传承，又有丰富现代意蕴的戏剧，给人以回肠荡气的艺术感受。本剧立足于“成也萧何，败也萧何”的典故，实际上表现的是“败也萧何”的过程，因此事件和人物极为集中。全剧围绕刘邦设宴、藏捕钟离昧和最后诛杀韩信等事件，组织起了波澜起伏、引人入胜的情节，成功塑造了萧何、韩信以及刘邦、吕后等几个富有深度的人物形象。萧何和韩信作为剧中主要人物，其心理情感也更加细致、更加精彩。对于萧何劝韩信伏诛的理由，本剧在尊重历史真实的基础上，做了合理的想象和富有新意的诠释，传达了浓厚的人生况味，取得了震撼人心的艺术效果。一、二度创作融为一体，表演导演和音乐设计都给人留下深刻的印象。饰演萧何的演员表演富有麒派艺术神韵，也体现出本剧在继承传统和凸显艺术特色方面的追求及成功。

本剧有较大的艺术潜力，因此也存在着不小的艺术修改和加工空间。萧何这一人物可以沿着已有的创作理念进一步开掘。如劝韩信进宫受诛一节，应更多体现他以牺牲自己的声名为代价主动担当起责任这一点，使他的悲剧意义更大。韩信与刘邦冲突的主客观原因交集也可以处理得更加明晰。此外，本剧的结构以及唱腔、念白的处理还可以进一步梳理，加强戏剧的节奏感。

《我那呼兰河》

该剧根据女作家萧红的代表作《生死场》、《呼兰河传》为主改编，讲述了20世纪30年代呼兰河畔劳苦大众的悲惨遭遇，同时也表现了东北人民面对日寇入侵、誓死保卫家乡的精神。

该剧舞台整体呈现颇具创新意识，艺术表现上在保留评剧传统元素的精髓外，融入了话剧、舞剧的元素，表现了"守望时代人生、寻找最可贵的中国精神"的内核。故事情节大悲大喜、层次清晰合理，其诗化的念白、唱词以及戏曲、舞蹈、话剧、歌剧、交响乐等多种艺术形式的结合令人耳目一新。

不足在于主要人物的唱腔缺少布局、缺少层次，唱腔所用板式单一，主要唱段还缺少深度和震撼人心的魅力，一些唱段人物个性不突出，配乐应再戏曲化些。

《香魂女》

此剧是一部突出"三农"和改革开放现实题材的力作，以两代女人的命运与心灵碰撞为主线，在反思和追寻中升华出赏心悦目的光辉。本剧主题及艺术特色鲜明，叙写人情人性动人心魄、深受观众喜爱。在艺术手法上，为传统豫剧赋予了现代特色，又在现代手法中借鉴了传统的精华。通过不断演出实践与打磨，本剧的创作和演员表演获得了很大的提高，使香嫂与环环两人的婚姻悲剧显得格外饱满、有血有肉。音乐旋律凸显了地域特色中淳朴的乡土气，舞台美术以香魂塘为背景，烘托出清新流畅、色彩明丽的环境。

此戏本身起点高、基础好，有经过打造成为精品的潜能。希望声腔与流派结合，舞美上室内环境的装饰再具体而形象些。

《李贞回乡》

该剧主题立意深刻生动、富有传奇色彩，歌颂了共产党员李贞对革命的坚定信念与不怕流血牺牲的高尚情怀。该剧在编剧、导演、表演、舞美、音乐等各方面都具有良好基础和潜能，具有很大的挖掘空间。导演手法借鉴了影视的"闪回"元素，运用在戏曲舞台上，两个时代背景闪回插叙，令人耳目一新。主演功底扎实、声情并茂。

应加强对于唱段的打磨，争取每场都有让人难忘的核心唱段。演员在声腔上要注意解决青年女性的甜亮与老年女性的浑厚沧桑之感，注意唱念上对于人物的不同塑造，形体表演也应更加自然。另外，在体现戏曲"无声不歌，无动不舞"的特性方面，此剧闹祠堂一场的舞蹈非常好，希望在剧首尾再精心设计，全面展示戏曲中"唱与舞"、"人物与道具"互动的关系。

《寄印传奇》

该剧是一部题材独特、主题积极、人物形象极为深刻生动的评剧新作。当铺女老板冷月芳这样精明干练、聪慧深情的女性形象，在评剧舞台上不可多得。反面人物县令侯文甫的形象也丰富而复杂，绝不简单化。冷月芳与侯文甫的充满人情味的关系，揭示了反腐倡廉的具有现实意义的主题。

该剧在编织故事、设置戏剧矛盾方面，多有动人之处。冷月芳的"赠瓶试贪"和"赏琴试情"等独特的情节都很有戏剧性，有强烈的舞台效果。主演出色的唱段充分展示了评剧艺术的魅力，使表演精彩纷呈。舞台、服装设计等也有精美的创造。

《傅山进京》

该剧以傅山晚年进京的一段真实故事为背景，围绕傅山和康熙两位剧中主人公的精神博弈展开剧情，表现了傅山关注民生、反对奴性的独立人格，塑造了青年康熙尊儒兴教、求贤若渴的帝王胸襟，体现了中华文化"和而不同"的高超境界。

该剧是近年来不可多得的优秀新编历史剧，是一出有着深厚的思想内涵、文化品位和感人形象、艺术妙趣的好戏。剧目既尊重历史和人物，巧妙地化解这一题材的立意难题；又在历史和人物原型的基础上展开了艺术的创造，用5个回合"被逼进京"、"依发辨症"、"雪夜论书"、"梦妻抒怀"、"午门抗旨"，给观众讲了一个非常好看的故事；同时，把原本一出严肃、厚重、深沉、激情的历史正剧，一位孤傲的倔老头傅山，写得如此生动感人、机趣横生、妙不可言，给严肃的史剧涂抹上了几许喜剧色彩，极显主创的艺术功力。

该剧已经比较成熟。"梦妻抒怀"一场的合理性和逻辑性似可进一步推敲；全剧最后君臣矛盾的解决似还可再智慧和巧妙一些。

《山村母亲》

该剧塑造了一位平凡而又伟大的母亲形象，故事情节并不曲折却催人泪下、感人至深，具有强烈的艺术震撼力。母亲对儿女深深的亲情和对社会博爱的情怀，将引发人们对"子欲养而亲不待"的深思，启发天下儿女要诚心孝敬父母，从而促进家庭的和睦和社会的和谐，具有很强的现实意义和永久的思想价值。

该剧的舞台呈现简洁流畅，导演对人物的把握和形式运用上极具功力。表演既有对戏曲传统程式的巧妙运用，又大量吸收了话剧对人物内心的深层次把握，十分贴切自然、大方细腻，彰显出母亲的人格魅力。该剧思想性和审美性的高度融合，构成了其较高的艺术价值。

《九斤姑娘》

新版越剧《九斤姑娘》是根据越剧“小歌班”时期的代表剧目《箍桶记》和《相骂本》两出小戏整理改编而成的大戏，是越剧推陈出新的佳作。此剧生动地表现了江南水乡小镇普通百姓的生活情趣，虽无重大的政治主题，但能给观众以极大的审美愉悦。剧中主人公九斤作为出身草根的善良、聪慧的可爱典型，塑造得相当成功。猜谜斗智是本剧的主体，充分表现了中国民间的智慧，最终追求的是以智慧化解矛盾，达到和谐的目的。

新版《九斤姑娘》保持和发扬了越剧音乐的优良传统，把越剧初创时期习用的曲调〔吟哦调〕、〔鹦哥调〕、〔湖州曲〕等改造得非常精致，有别开生面的效果。表演方面保持了浙江越剧团自20世纪50年代以来探索的男女合演，显得十分难能可贵。

《柳毅传书》

新版《柳毅传书》是传统剧目推陈出新的佳作。从人物形象的塑造到舞台技术的运用，都有新的突破与发展。主人公柳毅的戏剧行动更加积极，是一个感情丰富的守信义、重然诺、嫉恶扬善的可爱君子。龙女三娘的形象较原版也更为丰满。该剧表演显示了强大的实力，在越剧观众中具有极大的号召力。舞台采用了数码投影等新媒体手段，把神话题材、水下世界表现得神奇而美丽，使当代观众获得了极大的审美愉悦。

《大树西迁》

该剧通过交通大学教授苏毅、孟冰茜一家人的命运，折射出中国社会近50年的变革发展脉络，既有纵深的历史感，又有丰厚的社会横断面，通过成功的舞台展现，塑造了以孟冰茜为代表的具有鲜活性格特色的新中国知识分子人物形象。

剧作采用由点及面层层辐射的结构法，以孟冰茜为核心依次展现她的一家人，由这一家人再外延至社会各色人等，营造出全景式的社会画面和半个世纪中国历史的变迁，从而最终完成对孟冰茜性格的塑造。剧中其他人物塑造也均具有一定典型性，也进而强化了主人公性格的塑造，从而使剧作在塑造典型性格这一现实主义重要创作方法上取得了令人欣喜的成功。

如果剧作在孟冰茜的性格特色、细腻的内心感情以及在与身边几个主要人物的关节点和个别群体场面上进一步加工打磨，当会更上层楼。

《大别山人》

楚剧《大别山人》，湖北省地方戏曲艺术剧院演出。该剧演绎了革命战争年代一段“送郎当红军”的爱情故事。大别山的一个小山庄里，桂英送青梅竹马的福哥当红军。临别之际，两人许下生死诺言，一个是“不死就等”！一个是“不死就回”！执手盟誓，一诺千金。在16年的等待里，无论是血与火的战争洗礼，还是生与死的情感考验，他们无怨无悔，至真情怀，历久弥坚。《大别山人》向我们充分展现了革命老区人民无私奉献的高尚情怀，凄美壮丽，感人至深。据介绍，该剧的创作素材就来自于革命老区红安的生活原型。

该剧是典型的革命历史题材，写人性、写情感，写老区百姓的生活，人情味十足，为近年来革命历史题材剧目中的佼佼者，给予观众的是动情后的泪湿衣襟，是震撼后的心灵净化，是凄美凝重中的审美愉悦。全剧情节不枝不蔓，一波三折，有悬念，有期待，紧扣人物命运，起承转合，流畅完整，每场戏都有看点、亮点，都有精彩动人之处。

该剧已经比较成熟，在一些细节处可再精益求精。

《风刮卜奎》

该剧讲述清代“流人”后裔宁汝成，清代镇边官员后裔、宁汝成之妻德平一家从20世纪初至20世纪末，特别是在从袁世凯复辟到齐齐哈尔解放这30多年中几个关键时期，宁家两代人的家族史和城市历史，成功地塑造了德平、宁汝成、宁子寒等几个鲜活生动的典型人物形象。剧情紧扣着社会动荡变迁中人物的命运展开，具有浓郁的凝重感和沧桑感，有较高的认识价值和审美价值。

希望紧紧把握住特定历史阶段的人物性格和内心世界，深化爱国爱乡情怀，以现实主义创作方法为基础，结合表现主义的手法，对文本和二度创作再精心打磨，并解决节奏和布景中的某些处理尚嫌简单的问题，使其更精致。

《古丢丢》

本剧以一个经常被人忽视，但内心情感世界相当丰富的孩子渴望得到周围人的关爱和理解，而故意折断老师一盒粉笔来引起大家对她的关注为主线，串起了几个小学生身上发生的小故事，从而体现这个世界每个人都需要关爱，尤其孩子们需要更多的爱的主题，是一出很好看的儿童剧。

作品内容来源于现实生活，没有臆造，没有让孩子说大人话从而有意拔高主题思想。全剧风格朴实无华、清新、阳光、鲜活、有趣。成功地塑造了主人公古丢丢的形象，向人们展示了她丰富的内心世界，得到小观众们的欢迎。

希望演员在表演上更贴近真实，台词避免嗲味和无缘无故的笑声，继续加工提高。

《三峡人家》

该剧通过三峡一个江边小镇的居民平凡而多姿的日常生活，性格各异的人物形象，描绘了一副生动而多彩的世相图，折射出了生活的嬗变、历史的演进，构筑了当今和谐社会的崭新场景。

该剧极富生活情趣，人物形象鲜活生动，语言幽默风趣，承继了四川方言话剧的喜剧传统，表现上综合了多种艺术元素，丰富了表现手段，使该剧具有了强烈的艺术感染力和独特的艺术特色，产生了强烈的剧场效果。

希望能够进一步加工提高，突出主线，将诸多人物和事件通过小店主钱三、胖嫂这对主要人物串联起来，在平面展示众多人物的基础上，把全剧推向一个更丰满的高潮。

《扎西岗》

该剧真实地反映了西藏新一代农民的创业故事，并通过扎西岗村巴丹带领广大村民克服困难、改善生活、共同致富的经历，在舞台上展现了一幅自然淳朴、可信可敬的生活画卷，对促进西藏地区的繁荣发展，活跃文化生活，推动民族团结进步，起到了积极的作用。

演出追求表现出现实生活中的故事情节，创造出具有典型特色的舞台环境，并在美术设计、灯光、服装、化妆等方面围绕剧本的主题进行了努力的探索，准确恰当地呈现出民族、地域等方面的时代特征，探索是成功的。希望在目前演出版本的基础上，对剧本内容和戏剧结构再进行完善充实，将生活中的典型事例更合理地表现在剧中。

《月上贺兰》

舞剧以写实的结构方式进行，根据宁夏当地民间传说创作了舞台上华美的、感人的爱情故事，舞段融粗犷、静穆、优美、缠绵、凝重为一体，营造出舞剧本身的述说语言，人物鲜明，戏剧性强，舞蹈语汇以阿拉伯舞蹈为主体，融入了现代舞、芭蕾舞等元素并大段采用了“胡旋舞、胡腾舞”，体现出鲜明的异域特色，有些舞段相当精彩。

音乐为舞剧起到推波助澜的作用，以交响乐为表现形式，具有丰富内涵，主体音乐苍凉、雄浑、粗犷、柔美，有强烈的冲击力与震撼力。舞美在写实的基础上运用了空间变化和灯光为舞剧营造了环境和氛围，服装设计华丽，有想法，制作讲究，舞剧整体风格统一。

《英雄天地间》

“沧海横流，方显出英雄本色”，主题杂技晚会《英雄天地间》调动杂技惊、险、奇、难的本质属性，以宏大的历史时空为背景，融入多种历史文化元素，在时尚的演绎中浓墨重彩地抒写英勇无畏坚毅顽强的英雄主义精神内涵。晚会整体形式和主题内容和谐统一相得益彰，英雄主义的心灵体验，美不胜收的视听感受，焕发着征服人心的杂技艺术魅力。

《Splendid·一品一三绝》

《Splendid·一品一三绝》晚会以高品质的杂技技巧为强大内核，在高品位的艺术情境载体中尽显大气磅礴的盛世风貌。晚会展示了杂技技巧发展的最高水平和杂技艺术创作的最新成就，彰显了传统艺术深厚凝重、博大精深的丰富内涵。晚会在市场博弈中以打造中国杂技艺术品牌的勇气，表现了为文化大发展、大繁荣作出实质性贡献的历史担当。

《你好，阿凡提》

音乐杂技剧《阿凡提》准确地捕捉了地域文化特点和时代发展脉搏，从广为流传深入人心的民间故事人物入手，精心打造具有地域民族特色的音乐剧杂技，成功地实现了使传统杂技从技巧走向人文和历史，进而走近市场，走进观众内心。剧目以鲜明的民族特色背景，浓郁的地域文化氛围，富有特色的杂技技巧，以及生动的人物形象，赢得了市场和观众，也赢得了荣誉和影响。

《雷雨》

歌剧《雷雨》改编于曹禺著名话剧《雷雨》，从文本上看，歌剧《雷雨》将话剧《雷雨》中的思想精华移植得比较到位，将话剧中最有张力的几条矛盾冲突线索以及主要人物内心情感提炼进歌剧之中，文本的改编基本上是成功的。从整个舞台呈现看，可以感觉得到主创人员对歌剧《雷雨》做了精心努力，舞台美术设计有独到的处理，譬如倾斜的客厅立柱、窗户对这部作品的批判意义作了形象又精粹的暗示。专业的乐队演奏为这部作品的总体质量营造发挥了突出的作用。歌剧这个高雅的外来艺术如何能够真正适应中国观众、赢得中国观众，一直是带有挑战性的课题，虽然歌剧《雷雨》在努力探索，但仍然没有很好地解决这个课题。总体看下来，歌剧《雷雨》的剧情呈现略显沉闷，节奏也略嫌缓慢。

几点建议供参考：在用西洋歌剧这个艺术形式来讲述这个著名的中国人的故事时，是不是首先应当把“中国化”这个命题考虑得更加成熟？能不能更加大胆地破与立，对西洋歌剧的某些固定程式给以改造，找到令中国观众更适应、更感兴趣的叙述方式？譬如宣叙调的使用，能不能改为以语言来交代呢？(话剧《雷雨》里的语言本来就很精彩的)

《太阳雪》

歌剧《太阳雪》截取小说《我在天堂等你》部分精彩章节，作了成功的改编。该剧以严谨的戏剧结构和强烈的戏剧冲突讴歌了当年我军进藏女兵们在运送后勤物资进西藏过程中克服千难万险，做出伟大牺牲的感人事迹和大无畏的革命精神。本剧也以清新、明快、动情的叙事展现了她们的战友情怀和爱恋情感，塑造了一组可亲、可爱、可敬的女兵英雄形象。全剧对观者具有强烈的艺术感染力和深刻的思想启示作用。

作为现实题材的歌剧作品，该剧的创作是成功的，文本、作曲、导表演都有精彩的表现。全剧结构精练，谋篇布局合理，节奏把握张弛有度，唱词精到、感人；导演运用多种手段在方寸舞台上成功地刻画人物，展现情节，抒发情愫；音乐创作具备军旅气势，浑厚苍劲，旋律悦耳动听，并具有鲜明的西藏地域特色；在演唱上也不拘一格，尽管几个主要角色运用了不同的唱法，但仍然浑然一体。《太阳雪》的成功对中国民族歌剧走向更加成熟做了有意义的探索。

小戏《调查》

该小戏展示了一个一心为民、舍弃自家利益、忍受委屈和困难、全身心为群众造福的好“村官”形象，树立了一个党的好干部典型，编剧手法新颖、简练，矛盾冲突明确，导演、表演、唱腔音乐等方面都突出了地域特色和剧种特点。从思想性、艺术性、可看性等方面都称得上一出很好的小戏，作为当前服务“三农”的前沿戏剧起着积极作用。

小戏《搭渡》

这是一出贴近现实生活的小戏。主人公大叔的贪图小利、聪明反被聪明误的形象，被塑造得生动鲜明，与“搭渡”的二嫂的无私、善良形成了鲜明的反差，在有限的舞台时空中，运用写意、虚拟的戏曲化的创造，营造了整体的喜剧氛围。大叔良心未泯、自责自歉的心灵历程，也刻画得惟妙惟肖，完成了设置的戏剧悬念，达到了较好的喜剧效果。

三、关于50台精品剧目有关情况的调查报告

2002 ~ 2007年，国家舞台艺术精品工程共评选出50台精品剧目，针对50台精品剧目的艺术品种、演出场次及各剧目赢利情况做了深入调查。现将调查情况汇报如下：

（一）总体情况

剧目种类	演出场次（场）	年均场次（场）	总投入（万元）	演出收入（万元）	赢利情况（万元）	投入产出比
舞剧（歌舞、杂技）（14）	7186	1267	13095	38023	24928	290.36%
地方戏（11）	4597	582	2394	5167	2773	215.83%
京昆（8）	1267	201	1977	3758	1781	190.09%
话剧（儿童剧）（15）	10136	1183	6194.2	9064.2	2870	146.33%
歌剧（2）	331	64	1150	746	-404	64.87%
总计	23517	3298	24810.2	56758.2	31948	228.77%

调查50台精品剧目中舞剧（歌舞、杂技）14台、地方戏11台、京昆8台、话剧（儿童剧）15台、歌剧2台，2002 ~ 2007年共演出23517场，年均场次3298场，演出总投入24810.2万元，演出总收入56758.2万元，总赢利31948万元，投入产出

比为228.77%。根据各剧种赢利的投入产出情况，投入成本较少而演出收入较好的剧种为舞剧（歌舞、杂技）类，其次为地方戏、京昆、话剧（儿童剧），歌剧类未收回成本。

其中，34台剧目已收回成本并有赢利，占全部剧目的68%。有10台剧目演出场次过500场，其中有5台剧目演出过1000场。有10台剧目演出收入过1000万元。50台剧目中，只有一台剧目不再演出，有4台剧目因演员等其他情况，稍作调整补充可以演出，其余45台剧目仍在继续演出，占全部剧目的90%。现将成绩突出的前5台剧目列表如下：

演出场次最多的5台剧目列表

剧目名称	艺术品种	演出场次（场）	排名
一二三，起步走	儿童剧	4000	1
宝贝儿	儿童剧	2040	2
云南映象	歌舞	1982	3
ERA-时空之旅	杂技剧	1355	4
铡刀下的红梅	豫剧	1200	5

演出收入最多的5台剧目列表

剧目名称	艺术品种	演出场次（场）	排名
ERA-时空之旅	杂技剧	14689	1
大梦敦煌	舞剧	5200	2
云南映象	歌舞	4105	3
大红灯笼高高挂	芭蕾舞	2992	4
一二三，起步走	儿童剧	2000	5

赢利最多的5台剧目列表

剧目名称	艺术品种	演出收入（万元）	总投入（万元）	赢利情况（万元）	排名
ERA-时空之旅	杂技剧	14689	3000	11689	1
大梦敦煌	舞剧	5200	800	4400	2
云南映象	歌舞	4105	800	3305	3
大红灯笼高高挂	芭蕾舞	2992	850	2142	4
天鹅湖	杂技剧	1896	746	1150	5

投入产出情况最好的5台剧目列表

剧目名称	艺术品种	演出收入（万元）	总投入（万元）	赢利情况（万元）	投入产出比	排名
公孙子都	昆剧	1128	120	1008	940.00%	1
大梦敦煌	舞剧	5200	800	4400	650.00%	2
程婴救孤	豫剧	757	135	622	560.74%	3
红领巾	儿童剧	500	90.2	409.8	554.32%	4
迟开的玫瑰	眉户戏	660	123	537	536.59%	5

（二）各剧目情况

1. 舞剧（歌舞、杂技）

剧目种类	剧目名称	艺术品种	首演时间	演出时长（年）	演出场次（场）	年均场次（场）	总投入（万元）	演出收入（万元）	赢利情况（万元）	投入产出比
舞剧（歌舞、杂技）（14）	ERA-时空之旅	杂技剧	2005.9.27	4	1355	339	3000	14689	11689	489.63%
	大梦敦煌	舞剧	2000.4.24	9	570	63	800	5200	4400	650.00%
	云南映象	歌舞	2003.8.8	6	1982	330	800	4105	3305	513.13%
	大红灯笼高高挂	芭蕾舞	2001.5.2	8	187	23	850	2992	2142	352.00%
	天鹅湖	杂技剧	2004.9	5	187	37	746	1896	1150	254.16%
	二泉映月	芭蕾舞	1997	12	338	28	574	1690	1116	294.43%
	红河谷	舞剧	2004.8.25	5	182	36	285	1200	915	421.05%
	一把酸枣	舞剧	2004.11	5	557	111	1000	1600	600	160.00%
	八桂大歌	歌舞	2003.4.5	6	258	43	570	1080	510	189.47%
	风中少林	舞剧	2004.10	5	218	44	1500	1853	353	123.53%
	妈勒访天边	舞剧	1999	10	360	36	1000	792	-208	79.20%
	依依山水情	杂技剧	2003.9.18	6	686	114	600	366	-234	61.00%
	红梅赞	舞剧	2001.8	8	196	25	600	200	-400	33.33%
	筑城记	舞剧	2006.5	3	110	37	770	360	-410	46.75%

舞剧（歌舞、杂技）剧目赢利情况（万元）

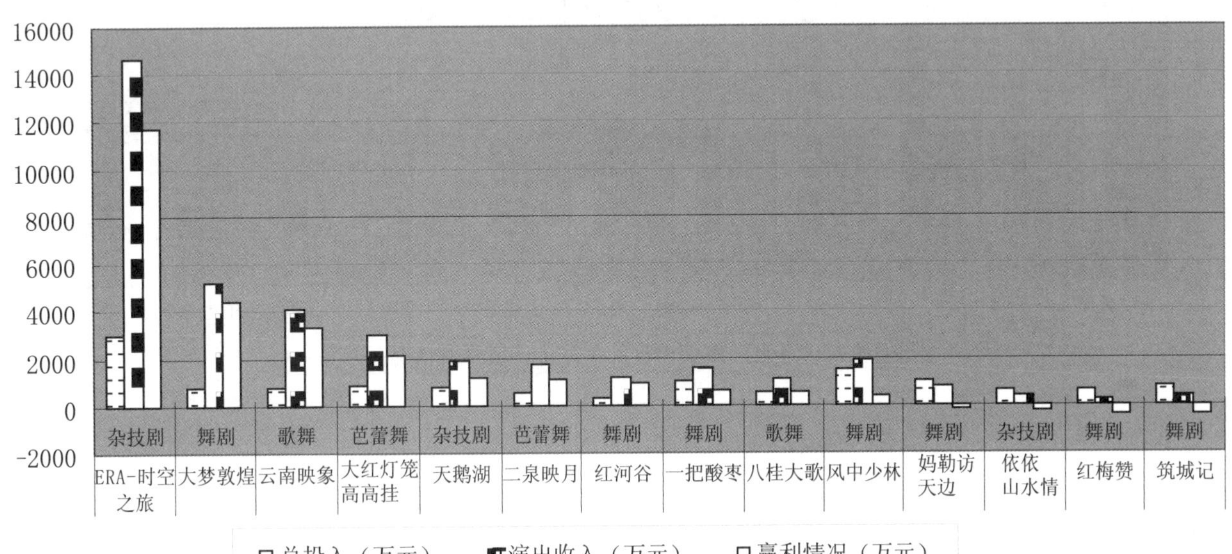

舞剧（歌舞、杂技）类共14台，其中赢利剧目10台，演出收入均超过1000万元以上，赢利金额前3名分别为：《ERA-时空之旅》（杂技剧）11689万元、投入产出比为489.63%，《大梦敦煌》（舞剧）4400万元、投入产出比为650%，《云南映象》（歌舞）3305万元、投入产出比为513.13%。未收回成本的剧目有4台分别为：《妈勒访天边》（舞剧）、《依依山水情》（杂技剧）、《红梅赞》（舞剧）、《筑城记》（舞剧）。

2. 地方戏

剧目种类	剧目名称	艺术品种	首演时间	演出时长（年）	演出场次（场）	年均场次（场）	总投入（万元）	演出收入（万元）	赢利情况（万元）	投入产出比
地方戏（11）	程婴救孤	豫剧	2002.9	7	631	90	135	757	622	560.74%
	迟开的玫瑰	眉户戏	1999.1	10	513	51	123	660	537	536.59%
	铡刀下的红梅	豫剧	2001.7	8	1200	150	380	860	480	226.32%
	金子	川剧	1997.8	12	267	22	407	886	479	217.69%
	陆游与唐琬	越剧	2003（新）	6	86	14	130	471	341	362.31%
	补天	吕剧	2003.11	6	326	54	260	500	240	192.31%
	大儒还乡	桂剧	2004.12.28	5	410	82	300	386	86	128.67%
	变脸	川剧	1997.10	12	260	22	87	160	73	183.91%
	易胆大	川剧	2005.10	4	218	55	147	220	73	149.66%
	董生与李氏	梨园戏	1993.10	16	251	16	160	132	-28	82.50%
	贬官记	闽剧	1992.1	17	435	26	265	135	-130	50.94%

地方戏剧目赢利情况（万元）

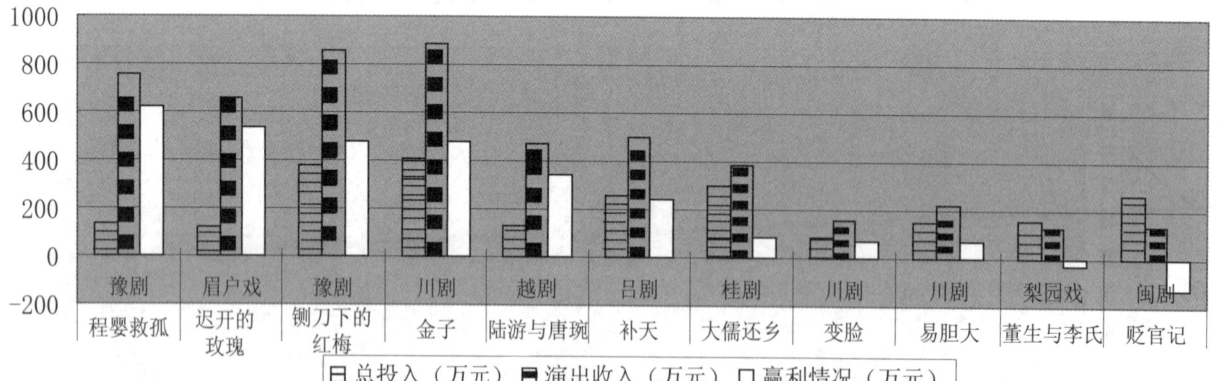

地方戏类共11台，其中赢利剧目9台，赢利金额前3名分别为：《程婴救孤》（豫剧）622万元、投入产出比为560.74%，《迟开的玫瑰》（眉户戏）537万元、投入产出比为536.59%，《陆游与唐琬》（越剧）341万元、投入产出比为362.31%。未收回成本的剧目有2台分别为：《董生与李氏》（梨园戏）、《贬官记》（闽剧）。

3. 京昆

剧目种类	剧目名称	艺术品种	首演时间	演出时长（年）	演出场次（场）	年均场次（场）	总投入（万元）	演出收入（万元）	赢利情况（万元）	投入产出比
京昆（8）	公孙子都	昆剧	2005.9	4	485	121	120	1128	1008	940.00%
	宰相刘罗锅	京剧	2000	9	119	13	300	1156	856	385.33%
	华子良	京剧	2001.1	8	153	19	204	467	263	228.92%
	膏药章	京剧	1987.12	22	260	12	200	245	45	122.50%
	廉吏于成龙	京剧	2002.12.11	7	71	10	320	284	-36	88.75%
	贞观盛事	京剧	1999.6.25	10	81	8	320	244	-76	76.25%
	文成公主	京剧藏戏	2005.8.27	4	40	10	205	89	-116	43.41%
	班昭	昆剧	2001.3	8	58	7	308	145	-163	47.08%

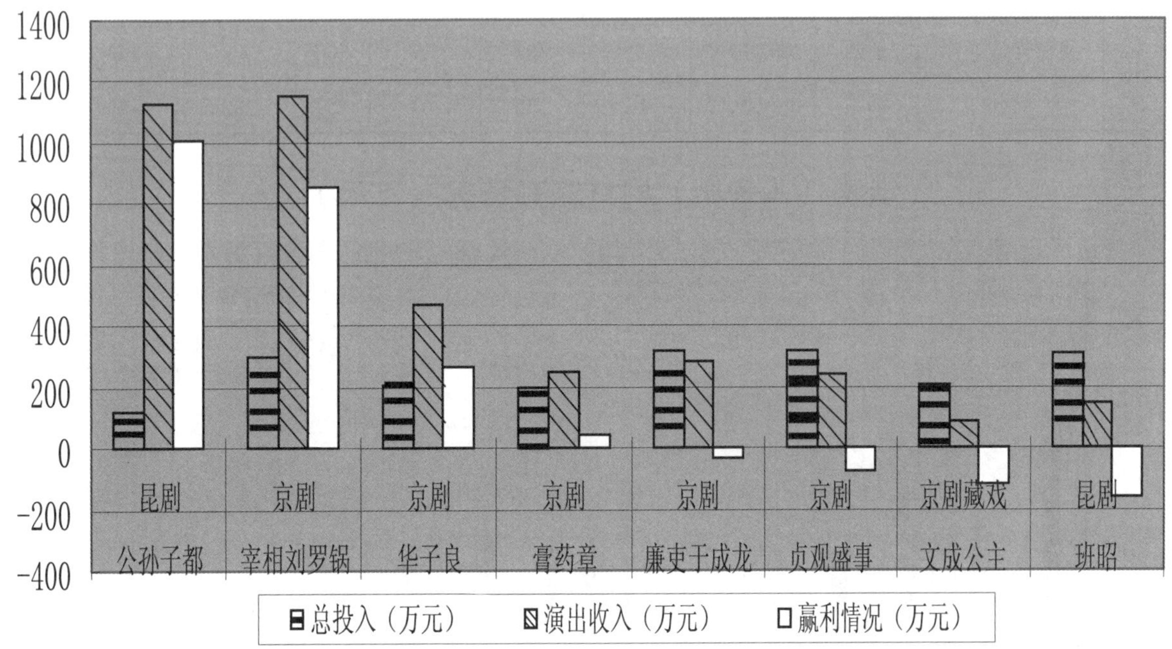

京昆类共8台，其中赢利剧目4台，分别为：《公孙子都》（昆剧）1008万元、投入产出比为940.00%，《宰相刘罗锅》（京剧）856万元、投入产出比为385.33%，《华子良》（京剧）263万元、投入产出比为228.92%，《膏药章》（京剧）45万元、投入产出比122.50%。未收回成本的剧目有4台分别为：《廉吏于成龙》（京剧）、《贞观盛事》（京剧）、《文成公主》（京剧藏戏）、《班昭》（昆剧）。

4. 话剧（儿童剧）

剧目种类	剧目名称	艺术品种	首演时间	演出时长（年）	演出场次（场）	年均场次（场）	总投入（万元）	演出收入（万元）	赢利情况（万元）	投入产出比
话剧（儿童剧）（15）	一二三，起步走	儿童剧	1996.6	13	4000	308	1200	2000	800	166.67%
	柠檬黄的味道	儿童剧	2005.9	4	760	190	170	763	593	448.82%
	立秋	话剧	2004.4.27	5	463	93	450	1000	550	222.22%
	红领巾	儿童剧	2001.5	8	562	70	90.2	500	409.8	554.32%
	黄土谣	话剧	2004.5	5	184	37	150	550	400	366.67%
	宝贝儿	儿童剧	1997.10	12	2040	170	320	610	290	190.63%
	万家灯火	话剧	2002.10.15	7	120	17	688	962	274	139.83%
	虎踞钟山	话剧	1997.8	12	138	12	600	800	200	133.33%
	凌河影人	话剧	2001	8	412	52	479	639	160	133.40%
	父亲	话剧	1999	10	428	43	394	538	144	136.55%
	郭双印连他乡党	话剧	2005.8	4	300	75	180	254	74	141.11%
	生死场	话剧	1999.6.11	10	81	8	186	125	–61	67.20%
	天籁	话剧	2006.9	3	135	45	230	85.2	–144.8	37.04%
	我在天堂等你	话剧	2002.10.17	7	387	55	300	36	–264	12.00%
	商鞅	话剧	1996.9.12	13	126	10	757	202	–555	26.68%

话剧（儿童剧）剧目赢利情况（万元）

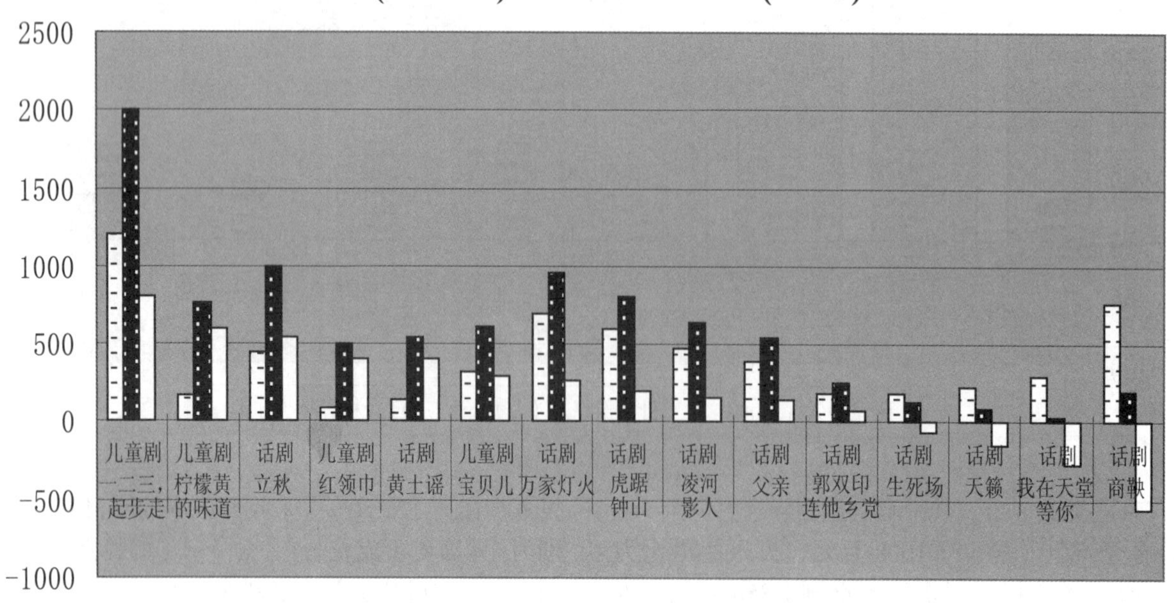

话剧（儿童剧）类共15台，其中赢利剧目11台，赢利金额前3名分别为：《柠檬黄的味道》（儿童剧）593万元、投入产出比为448.82%，《红领巾》（儿童剧）409.8万元、投入产出比为554.32%，《黄土谣》（话剧）400万元、投入产出比为366.67%。未收回成本的剧目有4台分别为：《生死场》（话剧）、《天籁》（话剧）、《我在天堂等你》（话剧）、《商鞅》（话剧）。

5. 歌剧

剧目种类	剧目名称	艺术品种	首演时间	演出时长（年）	演出场次（场）	年均场次（场）	总投入（万元）	演出收入（万元）	赢利情况（万元）	投入产出比
歌剧（2）	苍原	歌剧	1995.10	14	103	7	700	553	-147	79.00%
	野火春风斗古城	歌剧	2005.8	4	228	57	450	193	-257	42.89%

歌剧类共2台，均未收回成本。

由以上调查结果可以看出：

舞剧（歌舞、杂技）类投入产出比最高，尤其是杂技剧《ERA–时空之旅》在短短4年的时间内创下了投入产出比489.63%的好成绩。杂技作为我国的一项艺术瑰宝近十几年来蓬勃发展，在世界比赛中拿到了无数奖项，杂技剧也摆脱了传统单一的表演形式，将音乐、舞蹈、剧情等艺术因素融入到了表演中，给观众带来耳目一新的感受。当然也存在杂技团体过多过乱、产品缺乏新意、经费困难等原因造成的困扰，这就需要国家针对不同问题制定相应的法规政策。本次调查的50台精品工程中的歌舞剧收入比较良好，只有少数亏损，说明近年来歌舞剧整体势头发展良好，创作内容丰富、体裁风格多样化。

地方戏作为各族人民长期的生产生活艺术结晶一直具有其独特的魅力风格，传统流行的大剧种如豫剧、川剧、越剧等为广大群众所欢迎是因为各剧种几乎每年都有新剧目，并在表演创作上有创新，符合当下观众的审美需求。

话剧，尤其是儿童剧近年来在党和政府的重视下得到了快速发展。本次调查中的儿童剧剧目全部赢利，剧目创作情节活泼明快、主旨积极向上、寓教于乐。话剧如今的体裁愈加丰富、表演场地和形式也呈现多样化，本次入选国家50台精品剧目的话剧是这一时期原创话剧的代表作品，题材新颖、思想性强。然而像《商鞅》等优秀剧目却未收回成本，这种情况值得思考，主要是话剧市场分布不均、观众群有限以及票价较低等问题引起的。

京剧是中华民族艺术的瑰宝，昆曲更是被联合国教科文组织授予世界首批《人类口头遗产和非物质遗产代表作》，党和政府十分重视京昆艺术的弘扬和发展，从人力物力财力上都对京昆给予了大力的支持，并且取得了一定得成效，但从调查中可以看出，京昆剧的发展还是存在着困境，八部剧目赢利亏损各占一半，究其原因一方面是缺乏创作人才和表演人才，生产经费严重不足、传统剧目流失衰落、远离观众审美习惯。

歌剧类的赢利情况最差，这与近年来歌剧创作演出体制有关。制作周期长、资金投入大，创作人才缺乏、不符合当下观众的审美需求等等原因造成了如今歌剧的困境。因此振兴歌剧必须要总结成败经验，寻找科学理论的指导，创作出符合观众审美习惯和能提升观众审美眼光的优秀作品。

国家艺术精品工程代表了我国舞台艺术发展的最高水平，代表了国家的艺术形象，演出剧目思想性高、欣赏性强，风格丰富多彩，受到了广大群众的广泛好评和热烈欢迎。同时为演出市场的繁荣做了保障，也是创作剧目品牌化的有效途径、是推动国家艺术精品的有力平台。

舞台艺术创作与生产

一、蔡武部长在2009年全国艺术创作会议上的讲话

同志们：

今天我们大家济济一堂，会聚在重庆这个充满了历史文化传统和创作气息的新兴城市，共同探讨艺术创作和艺术精品涌现的规律，共商文艺发展大计，意义深远。首先，我代表文化部党组，

向出席此次会议的作家艺术家和文化战线的领导同志们致以亲切的问候和真挚的谢忱，衷心感谢重庆市委市政府、重庆市文化广播电视局为我们这次会议所做的精心的筹备工作，预祝这次会议开得成功，开得圆满。

今年是新中国60华诞。对文艺发展史而言，新中国成立后的60年，我们经历过不懈的探索，艰难的跋涉，取得过辉煌的成绩，也经受过严重的磨难，既有成功的经验，也有沉痛的教训。在庆祝新中国成立60周年之际，我们认真、深入、细致地回顾和总结了60年来我国文化发展所走过的历程。从成就方面来讲，新中国建立之后，在继承自五四运动以来革命文艺逐步形成的光荣传统的基础上，在向以苏联为首的社会主义阵营国家学习借鉴的条件下，新中国文艺发展进入了一个新的历史阶段。党和政府确立了“二为”方向和“双百”方针，建立了崭新的文艺管理体制，组建了党领导的文艺队伍，团结了新老文艺工作者一起耕耘。新中国文艺事业的初建时期，是一个前所未有的、欣欣向荣的、充满了革命主义理想的、朝气蓬勃的时期，那个时期也是新中国文艺创作的繁荣时期。仅就文艺创作而言，在“文革”前的17年，就创作出了一大批脍炙人口、堪称传世的精品力作。诸如郭沫若、老舍、田汉、茅盾、巴金、艾青、曹禺……那些伟大的名字，人民不会忘记，共和国不会忘记，历史不会忘记。尽管他们的成就各异，艺术门类不同，但他们拥有一个共同的隐形墓志铭，那就是“人民的文艺功臣”。只要我们回味一下《红旗谱》、《青春之歌》、《红岩》、《林海雪原》、《创业史》、《艳阳天》，等等；只要我们再吟诵一次艾青的诗、臧克家的诗、郭小川的诗、贺敬之的诗、闻捷的诗……只要我们再观看一遍《茶馆》、《蔡文姬》、《雷雨》、《霓虹灯下的哨兵》、《十五贯》、《龙须沟》……每当我们读到这些，我们就会感动，就会陶醉，就会不仅为这些精品骄傲而且为这些力作拍案叫绝。新中国建立后的前30年，为我们后来改革开放30年文艺事业的大发展打下了重要的基础。

从经历的曲折来讲，自1957年之后，由于党和政府指导思想上左的倾向的发展，“不能不影响到艺术的发展”，在艺术创作的指导思想上，“以阶级斗争为纲”、“为无产阶级政治服务”成为主旋律，逐渐被强调到绝对的地步；对文艺工作者这一知识分子队伍的重要组成部分，不是作为无产阶级队伍的一部分，而是作为教育、改造甚至批判的对象；在文艺创作的风格上，政治标准第一，多样化被取消，被禁止；正常的文艺批评基本上被大批判所替代，动辄“上纲上线”。即便如此，到“文化大革命”前夕，整个文艺战线仍被认为是一条又粗又黑的“黑线”“专了无产阶级的政”，导致在文化大革命中文艺界在劫难逃，受害最深、损失最重。

1978年党的十一届三中全会，实现了党和国家工作重心的转移，抛弃了以阶级斗争为纲的错误路线，确立了以经济建设为中心，实行改革开放，实现了伟大的历史性转折。这一转折也开启了我国文艺发展的历史新纪元。以邓小平同志1979年在第四次文代会上讲话为标志，文艺发展真正迎来春天，进入了一个全新的历史阶段。第四次文代会最重要的意义就是拨乱反正，结束了过去在文艺指导思想上的错误，文艺发展真正回到了马克思主义的发展道路上。改革开放30年来，文艺发展最大的变化，是不是有这样几个方面：一是坚持解放思想，实事求是，拨乱反正，把思想观念从过去长期左的束缚和禁锢中解放出来，把思想统一到中国特色社会主义理论体系上，把思想统一到党在社会主义初级阶段的基本理论、基本纲领、基本路线、基本政策上，把思想统一到科学发展观上。二是在坚持“二为”方向、“双百”方针的前提下，改革开放新时期给作家艺术家以充分的创作自由，文学艺术真正出现了弘扬主旋律与提倡多样化相统一的崭新局面，最近云山同志在文学创作座谈会上的讲话中深刻地讲述了这样一个道理——弘扬主旋律与提倡多样化。三是文学艺术走出象牙塔，真正走进生活，走进百姓，在记录时代发展、见证历史巨变、弘扬民族精神方面发挥了独特作用，现在，我们的文艺生活已经成为广大人民群众日常生活不可或缺的重要方面，而我们的供给远远不能满足人民群众日益增长的精神文化需求，这种需求像火山迸发一样具有巨大的能量。四是创作活力更加旺盛，不断进行艺术创新，文化创新，到现在无论是新的艺术门类、新的艺术流派、新的艺术风格、新的艺术形式，层出不穷。这30年，才真正出现了“百花齐放”的宏大景观！

六十年来的文艺创作，始终与民族振兴联系在一起，始终与祖国的进步息息相关。艺术创作发展的历程，无论是经验，还是教训，都给我们以深刻的启示：（1）只有全面贯彻党的文艺方针政策，“百花齐放、百家争鸣”，“为人民服务，为社会主义服务”，树立马克思主义文艺观，始终自觉地站在民族和人民的根本利益立场，把社会主义核心价值体系融汇到全部文艺创作实践中去，讴歌真善美，鞭挞假恶丑，传播先进文化，抵制腐朽文化，才能开创文艺创作工作的新局面。（2）只有真正坚持“以人为本”，深刻理解“以人为本”的丰富内涵，牢固树立文艺创作源自人民、为了人民、属于人民、服务人民的观念，始终自觉地把人民群众日益增长的审美要求放在首位，以人民群众满意不满意，观众和读者欢迎不欢迎作为衡量艺术成败的重要尺度，才能真正创作出为人民群众所喜爱的艺术作品。（3）只有深入生活，投身火热的当代生活实践，和人民同呼吸，共命运，怀百姓情感，写百姓生活，呐喊时代的强音，把高尚的思想境界、健康的人生追求、美好的艺术情趣传递给人民，才能真正塑造出感人至深的鲜活艺术形象。（4）只有尊重艺术规律，真正把作家艺术家作为创作的主体，尊重作家艺术家的创造性和想象力，用小平同志的话讲，在坚持“二为”方向的前提下，给作家艺术家以充分的创作自由，让他们的想象力自由的驰骋，始终自觉地对他们政治上坦诚信任，经济上优惠保障，生活上温暖关怀，极大地焕发广大作家艺术家的旺盛创造热情，极大地解放文艺生产力，才能迎来人才辈出、精品纷呈的文艺春天。

经过30年波澜壮阔的改革开放，中国社会已经发生了翻天覆地的变化。我们经常讲4个深刻变革——经济体制深刻变革，社会结构深刻变动，利益格局深刻调整，思想观念深刻变化。这里我想提出一个问题，这4个方面的深刻变革究竟是历史的倒退还是历史的进步？现在，在宣传思想战线，在文艺创作领域，常常困惑我们的一些问题、一些争论，都和我们对这样一个深刻的变化的判断有关系，如何做出判断，这是一个非常重要的问题。我认为，这4个深刻的变革当然是历史的进步。这是时代的潮流，是社会发展的大趋势，是不可阻挡的，它不以我们的主观意志为转移，改革开放走到今天，必然会出现这样的情况，这是一种潮流，也是中国社会走向进步、走向现代化的必然过程，既然是历史的潮流，正如孙中山先生所说：“历史潮流，浩浩汤汤，顺之者昌，逆之者亡。”我们今天所处的时代，是一个以变革、调整、创新为显著特征的时代。作为文化工作者、文艺工作者，我们要适应、顺应这种历史的潮流，而相应地进行文化的改革与创新，以适应和推动这种历史的进步，推动改革开放的不断深化，而不是相反。觉得天下大乱，无所适从，那是一种错误的状态。改革开放30年来，我们不断探索中国特色社会主义建设规律、共产党执政的规律、人类社会发展的规律，我们在认识规律性上下的功夫是最大的，取得的成就也是最大的。正是在这种探索中，不断地解放思想、不断创新，才形成了邓小平理论、“三个代表”重要思想和科学发展观，形成中国特色社会主义理论体系、发展道路和发展模式，这种探索顺应了历史发展的规律，从实际出发，找到了符合中国实际的独特的发展道路。作为文艺工作者，我们要把思想统一到党在艰难探索中、在改革开放实践中形成的马克思主义的最新理论成果，以科学发展观统领我们的思想，在科学发展观的指导下，巩固新的文化发展理念，指导我们的工作。在这样的大背景下，社会生活在深刻的变革中尽现文化多样性的新型风貌，这是中国历史上从来没有过的文化新风貌，鲜活生动的伟大实践为文艺创作提供了新的题材、新的人物、新的情感和新的精神，人民群众的日常文化诉求，也是空前的多样化，多层次、多方面、多角度，这种需求也是从来没有过的。在计划经济条件下，人民群众的生活是配给制的，人民群众没有选择的余地。而现在，人民群众的文化需求可谓千姿百态、多种多样，这样一种状况向我们的文艺创作提出了富有时代特征的挑战。全球化进程加快，后现代文化思潮推波助澜，世界各种思潮、观念在激荡，交流、交融、交锋，世界文化市场整体性增强，我们也在推动中华文化走出去，参与世界文化市场竞争，文化消费在文化生活方式和文化生产结构中的地位进一步得到巩固，在当下的金融危机中，我们深刻意识到了这一点，我国应对本次金融危机最有利的条件是我们巨大的国内市场、巨大的内需，在启动内需时我们发现，文化需求、文化消费更是一个无限广阔的空间，正是这样一种判断，我们才抓住了这次历史机遇，使我们整个文化产业的发展逆势上扬。国际文化产业的竞争格局基本形成，新的文艺形态与新的文化生态呈现出方兴未艾之势，特别是数字技术、互联网的发展，对我们的文化发展、文艺创作提供了前所未有的历史机遇。作为文学艺术创作的原动力的创作动机出现了多元发展的态势，作为文学艺术创作的受众的人民大众对文学艺术的期待和欣赏，出现多元发展的态势，文学艺术创作发展的机制和管理办法，也要适应市场经济体制的客观要求，正在冲破过去单一的樊篱，不可避免地出现多样化的发展趋势。这是无法回避的现实，也是不可阻挡的潮流。面对新情况、新问题、新格局，我们究竟应该怎么办？我们的态度是，积极应对，乘势而上。我们选择了中国特色社会主义，这个中国特色社会主义道路，在经济体制上，就是以公有制为主体、多种所有制共同发展的格局，就是社会主义市场经济体制。为适应这样一种经济体制，文化体制相应地必须进行改革，在新旧体制的转换过程中，在新旧观念的撞击和交融中，发展方向、政策方针、管理机制等许多尖锐的问题摆在我们面前。从文艺创作的角度来讲，我们在大力提升以保障公民基本文化权益为核心的公共文化服务水平的同时，我们要努力把文化产业做大做强；在确保公共文化利益均等的同时，我们也要努力实现文化市场的健康发展与法制秩序；在拓展文化消费空间和文化消费方式的同时，努力开掘当代中华民族文化的精神深度与审美高度，从当代中国人民的伟大实践中寻找和发现文艺创作的新的主题、情节、语言、诗情和画意，为时代写史、为时代画像、为时代立言。总而言之，我们要在挑战面前处变不惊，在做出我们的文化政策选择时要有全局意识、大局意识，要有统筹协调、整体发展的意识，辩证发展的意识，也就是说，在文化领域中要全面贯彻落实科学发展观，用在科学发展观指导下形成的新的文化发展理念来引领我们的文艺创作和文艺实践，紧跟时代步伐，准确把握时代主题，创作出更多反映时代主旋律的精品力作。

谈到文艺辩证法，谈到文艺创作和文艺实践中统筹协调、辩证发展问题，我想深入一层地谈一谈。世间万事万物，从来都是辩证地生存与发展。列宁在《唯物主义与经验批判主义》中告诫我们，凡事不懂得运用辩证法去思考问题，就容易犯经验主义、教条主义或者形而上学的错误。改革开放前，我们之所以在文艺指导方面屡受挫折，从认识论和思想方法角度看，很重要的一点就是片面性、绝对化，是教条主义、形而上学作怪。对我们当前所处的文艺生存境遇，我们必须坚持唯物辩证法，坚持全面而不是片面的、动态而不是静态的，相互联系的而不是孤立地去看待、去研究、去判断，我们要善于抓住本质，反映主流。一方面，我们要在公共生活领域大力拓展文化消费、文化娱乐和文化休闲，大力提升艺术市场营销水平、艺术策划推介水平和艺术产业创意水平；另一方面，更要在民族文化精神层面大声呼唤属于我们这个时代的艺术精品、艺术大师，不能只从文化消费、文化休闲的角度来提出文艺创作任务，要从有利于国家富强、民族团结、社会和谐，有利于改革发展稳定，有利于人民幸福出发，以文艺的形式更好地体现时代潮流，留下我们这个时代的“精神图谱”。我们要把两者有机地统一起来，这是一个很不容易的任务。过去我们在极“左”思潮的背景下，犯过错误，甚至犯过像“文化大革命”那样严重的错误，错误之一就是形而上意识形态文化价值无限膨胀，并且形成对形而下日常文化空间和日常文化生活方式的极端挤压，所谓创作方法上的“高、大、全”，创作语言上的“假、大、空”，创作风格上的“一刀切”，完全脱离了现实生活，脱离了人民群众的现实需求，使艺术创造走入了死胡同，丧失了生命活力，文革时期，“八亿人民八部戏”，那是一片文化的荒漠。但是，现在我们在市场大潮的冲击面前，是否要警惕出现另外一种情况，就是形而下消费文化价值无限膨胀，并且形成对形而上文化精神和艺术审美理想的挤压。诚然，我们当代社会并不是到处铺满鲜花，到处充满高尚，还存在许多不尽如人意的地方，深层次社会矛盾不断凸显，存在着一些丑恶现象。对这些丑恶现象不是不要在文艺作品中反映，而是应该如何去反映。一段时间以来，对崇高精神价值的消解，对严肃艺术的“玩世不恭”，对外来艺术的良莠不分，在文艺领域出现的低俗、媚俗之风，新兴媒体中片面追求收视率、点击率，“吸引眼球”，而不惜糟践艺术的尊严，文化市场中为追逐利润而放任黄、赌、毒等怪现象层出不穷，引起文艺界有识之士的忧虑，引起全社会的广泛关注，这是我们值得重视的现象。从文艺辩证法的角度看，任何一种挤压都会造成对文化和艺术的伤害，任何一个极端都会影响我们的文艺生活和文艺创作走上健康、正规的发展道路。毫无疑问，在社会主义初级阶段，我们只能走社会主义市场经济道路，我们要把社会主义的基本制度和市场经济体制结合起来。我们这样一个地域辽阔、人口众多的泱泱大国，我们这样一个有5000年文化辉煌的古老民族，我们生活在这样一个急剧转型、国家崛起的火热时代，我们在热情呼吁满足人民群众日益增长的多样化的精神文化需求，在热情鼓励尊重差异，包容多样的同时，也必须高扬社会主义核心价值观的旗帜，也必须高唱时代的主旋律，要给人以积极向上的力量，也必须有这个时代振聋发聩的历史强音和响彻寰宇的时代精神，要有中国精神、中国风格、中国气派，应该有这个时代辉煌的文艺抒写和伟大的文艺灵魂。

一个民族的挺立，是因为民族拥有不竭的智慧和不屈的灵魂；一个时代的文化辉煌，是因为时代的文化精神激励着民族的抗争和奋起；在民族和时代的旗帜下，文艺精神追求和审美理想是任何时候文艺必须担当的历史宿命。我们的作家艺术家适逢中华民族复兴的伟大时代，必须勇当时代进步的弄潮儿，想象更加丰富，思想更加深邃，眼界更加开阔，理想更加远大；必须善于抵御各种诱惑，坐得了冷板凳，在不懈的文艺创作追求中重塑自己的精神个性和审美表现力；必须以中华民族复兴为己任，以表达人民的愿望为己任，以创作代表这个伟大时代的精神作品为己任，这是当代作家艺术家神圣的历史使命。

要担当起这个历史的重任，我们的文学艺术家必须把握好以下三点：一是深刻把握中国特色社会主义核心价值体系，提高中国化马克思主义思想水平，尤其是要提高在科学发展观指导下的马克思主义中国化的最新思想成果的学习，融会和贯通，完整理解人类普遍精神、社会主义基本价值取向以及中华民族当下诉求的有机统一，自觉站稳“文艺为人民服务，为社会主义服务”的创作立场，讴歌真善美，鞭挞假恶丑，努力使我们的文艺创作成为社会主义现代化道路上统一思想的号角，指引行动的旗帜，催人奋进的鼓点。要在贯彻落实科学发展观上开动脑筋，尤其是要把“以人为本”的思想贯彻落实到文艺创作实践的各个环节，努力解决好文艺与人民的关系，怀百姓情感，写百姓生活，把人民作为文艺创作的表现主体和服务主体，通过真实的悲欢离合与健康的喜怒哀乐，使我们的文艺致力于人间真情的呼唤，人心悲悯的抚慰，人世至爱的颂吟。二是认真反思中国现代化运动过程中的成功与失败，经验与教训。对于共和国60年风雨历程，尤其是对于改革开放30年的时代巨变，对于其中的社会矛盾冲突、历史发展规律和深刻的时代内容，要有作家艺术家独特的观察视角和独到的审美把握。在这里，要特别注意防止文化人最容易犯的片面性、绝对化、情绪化的毛病；从思想方法角度，要防止思想僵化，“九斤老太”式的“今不如昔”的保守观念，现在有些同志思想还停留在过去，对今天改革开放的实践情况有各种不满，总觉得不如过去好，这种认识是片面的。我们要看到改革开放30年后的今天，是我们文艺创作、文艺事业发展最好的时期，社会发展也进入了最好的时期，今天我们的国家充满了勃勃生机。从文艺创作角度而言，也拥有了前所未有的自由和宽松环境，以及能够充分施展才能的天地，这是历史发展的巨大进步和深刻变化。中国在今天能够在世界上不再受人欺侮，成为世界瞩目的焦点，我们感到从未有过的骄傲和自豪。必须坚定不移地把思想统一到党的十七大精神上，改革开放是唯一正确的选择。在文艺创作领域，也要防止民族虚无主义、食洋不化，甚至全盘西化的自由化倾向。一段时间以来，在当代艺术的问题上，我们有过深入的讨论。作家艺术家们要把反思的成果转化为凝聚性的厚重文艺作品，转化为富有审美感召力的鲜活艺术形象，转化为“兴、观、群、怨”的强烈艺术激情，转化为人民群众共同的精神坐标。当代文艺如果没有这样的反思和转化，就不可能产生真正意义上的艺术经典，就不可能塑造文艺在广大人民群众心目中的神圣地位，就不可能像巴尔扎克那样洞穿19世纪法国上流社会或者像鲁迅那样直指国民的灵魂。三是真切体验人民群众的现实社会生活，到生活中去，到中国社会的每一个阶层中去，到具有不同利益诉求的人群中去，与他们同甘苦、共命运。只有了解广大人民群众所思所想，观察其所累所困，体会其所爱所恨，共同其所忧所乐，使作家艺术家成为生活经验的集大成者，成为社会阅历丰富参与者，成为人生感受的切肤之痛或得意尽欢者，才有可能产生文艺作品中艺术符号的感人肺腑、艺术意境的断人魂魄、艺术精神的振聋发聩。真正富有生活底蕴的作品，才有可能产生强烈的社会共鸣。处在我们这样一个飞速发展的历史时期，个人、社会乃至整个民族都在经历着史无前例的创建和重塑，情绪的冲动，灵魂的撞击，英雄与懦夫同行，美好与邪恶博弈，社会生活的复杂性和人的内在复杂性，都要求我们的作家艺术家必须深入生活，经风沐雨，有真切的体味才能产生有血有肉的文字，才能产生精神灌注的文艺作品，才能让中国和世界为之一振，才能留给文艺史永远不灭的感动。

当然，繁荣文艺创作，提高文艺创作的精神高度和审美力度，涉及的问题很多，要讲的道理也很多，在座的作家艺术家朋友比我理解得更全面、更准确、更深入。我之所以从文艺辩证法出发，在这次全国艺术创作会议上特别强调地讲这一个方面的问题，是因为文艺创作乃一切后续文化生活的基础，创作是文化建设的源头，人类文化符号积累下来的、最重要的载体就是作品。一个时期以来，我们的文艺创作出现一些现象，值得我们研究。我们的文艺创作呈现的原创性品质比较薄弱，不少文艺作品趋时、模仿、跟风，题材、样式、风格甚至艺术表现雷同，看不到艺术家独创性的艺术个性，看不到艺术家思想的再提炼，感情的炽热燃烧，心态浮躁，思想浮浅，作品浮肿。如果我们对艺术创作的独创性重视得不够或者解决得不好，如果我们对艺术创作的思想厚重和感情深邃没有要求，如果我们不是旗帜鲜明地号召在尊重差异中要确立主导、在包容多样中要把握主流，将会给我们的文艺发展、给我们民族的文化建设带来无法估量的后遗症。党的十七大以来，中央对文化建设十分重视，做出了“文化大发展大繁荣”和“兴起社会主义文化建设新高潮”的战略部署，这对我们既是机遇，同时也是挑战。大家想一想，如果我们的文艺创作苍白无力、平庸复制、扎堆克隆或者在低俗之风中热衷于炒作，如果我们不能站在时代高度奉献出富有厚重精神气象的文艺精品，如果我们不能在创作源头上呈现勃勃生机，文化大发展大繁荣便无从谈起，我们也没有办法向亿万人民交代、向共和国交代、向历史和未来交代。

除了这个根本问题之外，我在这里还想强调一下，用科学发展观统领文化建设，统领艺术事业，我们一定要学会统筹协调，一定要坚持辩证唯物主义，处理好我们会时时面对的无法回避的，而又时时会困惑我们的若干重大关系问题，也许听起来是老生常谈，但是如果你仔细思考，你会发现，如果能在艺术实践中真正把握好这些尺度，处理好这些关系，在我们面前将会呈现出一个全新的充满活力的无限广阔的艺术创作天地和空间。天高任鸟飞，海阔凭鱼跃。这些重大关系是：

（一）传统与现代的关系

任何一个国家和民族文化的传承与发展都是在既有文化传统基础上进行的。文化是一个包含了传统基因和现代成分的连续实体。文化是动态的，总是处于连续嬗变、不断发展的进程之中。不同的时代，传统与现代的内涵和外延差异很大。今天的传统文化，可以被看作是古人对于更传统文化的“现代”阐释，而今天的现代文化有可能成为明天的传统文化。

中国文化传统包括中华民族5000年来形成的优秀历史文化传统，以及五四运动以来包括我们党领导的争取民族自由和解放斗争中形成的革命文化传统，蕴涵着深厚宽广的思想、感情、语言和艺术资源。这些优秀文化传统深深熔铸在以爱国主义为核心的团结统一、爱好和平、勤劳勇敢、自强不息的民族精神之中，是我们宝贵的精神文化财富，是维系中华民族的精神纽带，需要我们百倍珍惜和精心呵护。传统文化是现代文化的深厚根基，是我们的精神家园。我们要充分认识中华传统文化的历史意义和现实价值，要对传统文化有一种敬畏，千万不可轻薄对待。改革开放以来，我国经济建设飞速发展，在物质富足的同时，人们在精神层面的追求也越来越高，回归优秀传统的呼声越来越高涨。比如，近年来国学不断升温，一些中小学也开设了古代文化经典课程。国学热的出现说明，虽然经过革命和政治运动，经过西方社会思潮的冲击，中华优秀传统文化依然具有强大的生命力，人们自觉地在向先人致敬，向传统寻根。前不久，汉字整形成为一个热点话题，消息一出，街头巷尾，议论纷纷。这也从另外一个角度告诉我们，传统文化涉及每个人，涉及到当代文化建设的大局，千万不能马虎大意。

我们学习传统文化、传承传统文化、敬畏传统文化，并不意味着我们因循守旧、抱残守缺、故步自封。相反，我们坚持取其精华、去其糟粕，推陈出新，古为今用，更好地传承民族精神，同时勇于创新、善于创新。传统文化是历代先人创新的结晶，现代文化是优良传统在新时代的发展。任何一种优秀的文化传统，只有与时俱进，不断创新，才能保持旺盛的生命力。在许多艺术品种中间，我们还是习惯地表现传统文化，像传统戏剧最精彩的折子戏是以传统戏居多，这就有一个创新问题，京剧昆曲都有创新的问题，很多的艺术品种，如果不坚持在继承基础上的创新都会失去生命力。

（二）继承与创新的关系

继承优秀文化传统是我们前进的根基，在继承的基础上创新是时代发展的要求。胡锦涛同志在中国文联第八次全国代表大会、中国作协第七次全国代表大会上的讲话指出，推进文化发展，基础在继承，关键在创新。继承和创新，是一个民族文化生生不息的两个重要轮子。不善于继承，没有创新的基础；不善于创新，缺乏继承的活力。5000年的中华文化之所以从未中断过，是因为我们的先人从没有间断对文化的传承，也从没有间断闪耀人类智慧的文化创新。正是在传承和创新中，造就了丰富多彩、博大精深、绵延不断的中华文化。

关于处理继承与创新的关系，一方面，应当继续坚持“取其精华，去其糟粕”的方法，不断汲取优秀的传统文化来丰富中国现代文化体系。既不能全盘否定传统文化，也不能全盘西化。另一方面，我们也应当认识到，任何一种文化体系都是一个生命整体，都是一种历史的产物，其糟粕与精华往往是共生的，就是一个硬币的两面。企图将其一分为二，将“优”的一面拿到现代文化中来，将“劣”的一面去掉，是很困难的。这就必须寻找正确的方法和途径，我认为这是在思想方法上非常重要的一个方面。有一种说法叫做“划界说”，即划清传统文化在现代文化体系中起作用的界限和范围。传统文化在处理人伦关系、诚信守信、人与自然和谐共处等方面，特别是中华文化中的“和合文化”这个观念，天人合一、和谐万方，这在处理人际关系、人与社会的关系、人与自然的关系方面是具有优势的，中华文化在这方面是非常地博大精深的，要让它在这里充分发挥作用。而树立现代意义上的人文精神、主体意识、民主法制意识、现代化意识、文化多元化意识等，则要借鉴西方自启蒙运动、文艺复兴以来形成的人文主义的思想。其中某些方面是我们传统文化中所欠缺的，比如我们常讲到“公仆意识”、“民本意识”。在研究中国古代政治史的时候，我关注到中国古代民主意识的发展，发现我国古代最先进的民主思想，是要为民做主，这与西方的民主意识不同，没有把人民作为主体，而是高居于人民之上的。这种古代最先进的民本思想，与现代意义上的民主不完全相同。我们在建设中国特色社会主义的现代文化过程中，必须以中国化的马克思主义为指导，就是我们平常所说的坚持毛泽东思想、邓小平理论、“三个代表”重要思想，全面贯彻落实科学发展观；要借鉴西方现代文化的其他成果，并结合中国现代化建设中形成的新思想、新话语、新理论等，构建新的话语体系，构建并不断完善社会主义核心价值体系。党的十六大以来提出要构建社会主义核心价值体系，目前我们对“社会主义核心价值体系”有粗略的表述：“马克思主义指导思想，中国特色社会主义共同理想，以爱国主义为核心的民族精神和以改革创新为核心的时代精神，社会主义荣辱观，构成社会主义核心价值体系基本内容”。这个命题提出来了，但是我认为构建社会主义核心价值观这个任务，从理论上、学术上、实践上都需要我们不断探索、完善。

创新是文化的本质属性和显著特征。创新意味着超越，需要有超越前人、超越自我的勇气，需要不断焕发创作激情、增强原创能力；需要勇于追赶时代潮流，去接近、研究、借鉴新的文化现象、文艺现象；需要进一步解放思想，大力推进文艺观念、内容、风格、流派的创新，推进文艺体裁、题材、形式、手段的发展；需要大力推动文化创新体系建设，在推动文艺与科技的融合中抢占文艺发展的制高点，提高文艺产品的感染力和传播力。

（三）高雅与低俗的关系

高雅与低俗是非常难以定义的、难以判定的一对概念。自从有文明以来，雅和俗逐渐成为人类行为的定义域，每个人的行为好像就在雅俗之间往返游弋。大雅大俗、脱雅近俗、雅致粗俗、高雅低俗，此类词汇总穿梭在一定阶层的人们中间。在文化上、艺术上，谈论高雅与低俗的关系，我想有特定的指向，那就是在艺术创作上要遵循艺术规律，要源于生活，又要高于生活，既保持生活的鲜活又不拘泥于生活，作品不能仅诉诸于人的感官，而是要给受众以更持久的影响，把高尚的思想境界、健康的人生追求、美好的艺术情趣传递给人们，升华他们的思想和境界。说到高雅与低俗的关系，就不能不说如何判定，这也是个非常棘手的问题。从个人偏好来看，雅是人的体验，雅的标准在人这儿。可以说，仁者见仁，智者见智。从发展变化的角度来看，雅与俗是在不停地转化的。比如京剧、昆曲是高雅艺术，但并不意味着从它们诞生的那天起，就是高雅的，也有一个不断提炼、升华的过程。同一种艺术样式，创作出的作品也不一定都是高雅的，比如话剧是大家公认的高雅艺术，但近几年比较火爆的小剧场话剧，有些剧目也出现了某些低俗化的倾向，比如没有突出的思想主题和人物特征，完全是一个个“段子”的串烧，目的是逗大家乐呵一下。近年来，我们宣传文化部门在如何评判雅与俗的问题上，一直在试图确立一个标准，或者说导向，虽然取得了一定的成效，但社会上仍然存在一些不同的观点，要注意把握好“度”。高雅与低俗，说到底是精英文化与大众文化的关系问题，是由谁来主导话语权的问题。主张“高雅说”的精英文化试图确立自己的主导权，规定什么是好的，什么是不好的，什么是雅的，什么是俗的。随着个体意识的崛起，人们对权威的崇拜越来越淡化，精英的标准已经很难被大众接受。“山寨春晚”、“山寨百家讲坛”的出现，各种形式的“恶搞”，就是大众文化对精英文化的解构。这是非常独特的文艺现象，值得我们高度关注，寻找破解它的正确途径。

我个人认为，高雅与低俗并存将是一个会长期存在的客观现实。文化的多元性赋予人民选择的空间，而自主选择恰恰是权利赖以生存的前提。我们不能强迫老百姓必须接受什么，不能接受什么，这是不现实的。作为文化管理部门，我们要提倡高雅艺术，但我们也不随意干涉。我们的目标是，努力形成尊重差异、包容多样，既有统一意志又有个人心情舒畅、既包容多样又有力抵制各种错误和腐朽思想的生动局面。在实际工作中，我们鼓励文艺创作和演出既要尊重市场规律，更要尊重艺术规律；既要注重文艺产品的商品属性，更要注重其意识形态属性，不能一味地追随市场而忽略文艺自身审美规律的要求。尽最大努力寻求艺术规律与市场规律辨证统一的艺术创作与生产道路，使得文艺创作和文艺市场互相促进，共同繁荣。

努力提高文艺作品的质量，不向金钱低头，不搞低俗、媚俗，是坚持艺术规律和市场规律的契合点。坚持文艺作品思想性、艺术性和观赏性的统一，既是党和人民对文艺作品的要求，也是文艺创作的规律性总结。只有通过优秀作品，我们的文艺创作才能真正建立起与人民群众的联系，满足人民群众多样化、多层次的审美需求；才能真正服务于人民群众，在潜移默化中提高人民群众的审美情趣和文化素养；才能真正团结和鼓舞人民，促进全社会形成积极向上的思想基础和价值取向，创造良好的道德风尚和民族精神。

（四）普及与提高的关系

艺术普及与提高的关系，与如何实现艺术的功能、与如何满足人们的精神文化需求息息相关。艺术既有教育、引导人民的功能，又有娱乐、审美功能。过去我们过度重视艺术的教育功能，也就是如何“提高”的问题，而忽视了艺术的娱乐、审美功能，即艺术对人民群众“普及”的重要性。人们的精神文化需求既受到历史、社会、个人因素的制约又具有可塑性。我经常在周末到公园锻炼，每每最感动的就是看到许多退休职工聚在一起唱歌、跳舞，非常开心，这样的文化活动已经成为他们生活中不可或缺的部分。我们作为文化工作者，有责任为满足人民群众的精神文化需求，为保障人民群众最基本的文化权益而提供更好的条件。我们对于群众精神文化生活的引导是必要的，不可或缺的，但是我们更要考虑如何创造条件去满足人民群众的精神文化需求。我们对于人民群众精神文化生活的引导与满足群众精神文化需求不仅不矛盾，而且是“满足”的题中应有之义。着眼“提高”，才能真正地“普及”，而摈弃“提高”的“普及”，势必流于迎合与媚俗，抑或热闹一时，但终归“媚久生厌”。同时，提高不是靠空洞的说教，而是通过文化艺术的认识功能和审美功能来实现的。寓教于乐，寓“提高”于满足人民群众的需求之中，文艺才能在提高全民族思想道德素质和科学文化素质方面发挥其不可替代的重要作用。

文化艺术生产的根本目的是为了满足人民群众不断增长的精神文化需求。群众对文化的需求具有多样性、发展性、自主选择性的特点，只有满足这种需求特点，我们的文化艺术才能让人民群众自觉地接受，也才能实现文化艺术作品的功能。特别是随着人民生活水平不断提高，我国进入了文化消费的快速增长期。我们要利用这个契机，发挥文化满足人民群众精神需求的重要作用，创作生产更多体现时代精神、人民群众喜闻乐见的文化精品，为社会提供良好的文化服务。

（五）引领与包容的关系

文化建设具有意识形态属性，确立什么样的指导思想关系到我国文化事业的性质与方向，关系到我们党是否代表先进文化的发展方向。坚持马克思主义在文化领域的指导地位，引领多样化文化的发展，是我们党关于文化建设的一贯思想，有其贯彻始终的连续性。

当前，指导思想一元化与文化多样化共存，是我国社会发展的客观事实。用一元化指导思想引领多样化文化，也是我国社会发展的客观要求。有人担心强调指导思想的一元化，会造成文化专制主义，会影响艺术繁荣，会影响我们吸收和借鉴世界各国人民创造的有益文化成果。我想这种顾虑是多余的。我们坚持马克思主义的指导地位，不是照搬照抄马列的教条，更不是要回到过去，那是对马克思主义错误理解基础上形成的所谓“指导思想”，而是坚持以马克思主义的世界观和方法论指导各种艺术实践，要用中国化的马克思主义也就是结合中国实际、不断解放思想、开拓创新的马克思主义中国化的最新成果来指导艺术实践。马克思主义本身也要求思想解放，观念更新，坚持百花齐放，百家争鸣。马克思主义是与时俱进的科学理论，中国共产党人也在不断地解放思想，更新观念，反对僵化保守。因此，我们提出在文艺创作方面坚持指导思想一元化，只会有利于我们以更加积极的态度、更加广阔的视野、更加包容的胸怀，去学习、去吸收、去借鉴。

用一元化的指导思想提升多样化社会思潮的品质，有效整合多样化的社会意识，是社会主义核心价值体系的基本要求。社会主义核心价值体系包括几方面的精神，传统文化中的优秀的先进的因素，人类创造的文明成果中的普遍精神与当下的人民群众的诉求，这些都是构建社会主义核心价值体系必须汲取养料的重要来源。社会主义核心价值体系不是单纯对马克思主义逻辑演绎、理论推导的结果，而是要从人民群众的现实生活中、从把握时代的特点、把握人类社会发展规律的角度来概括、提炼、总结，所以它的思想来源也是多样的。要从人类创造的一切文明成果中汲取养料，要从优秀的中华文化传统中汲取养料，要从广大人民群众的实际需求中汲取养料，寻找到能够统一思想、成为共同思想基础、共同行为规范和民族精神核心的社会主义核心价值体系。我们要以一统多、以一导多、以一带多、以多促一、以多补一，要以主流的价值取向引导全社会的价值取向，努力造就一种富有时代特征的社会价值认同感。处理一元化与多样化的关系，要防止理论上和实践中的偏差，既要防止“去意识形态化”，又要防止“唯意识形态化”，更不能“泛意识形态化”；既不能用多样化冲击指导思想一元化，也不能借口一元化来“纯洁文化”。要把主导和多样统一于社会主义文化建设的生动实践中，主导并不是强求一律，多样不等于听之任之、放弃导向。要在包容多样中立主导，在尊重差异中谋共识，在交流交融中一以贯之，形成既百花齐放、百家争鸣又朝着共同目标前进的生动局面。

我国经济社会正在发生深刻变革，人们的思想观念也正在发生深刻变化，社会思想意识日益活跃，呈现出多元、多样、多变的发展趋势。社会生活丰富多彩、文化繁荣发展的标志应该是百花齐放、多姿多彩。在新时期新阶段，我们要适应社会发展和文化建设的规律，提倡什么，赞成什么，允许什么，限制什么，引导什么，反对什么，抵制什么，都要十分谨慎认真地对待，切不可简单化，非此即彼，非白即黑。文化发展必须适应社会多样化的客观现实，不断丰富文化产品供给，创造不同品种、样式、载体和风格的文化，满足社会各类群体、各个层次的文化需求，给有益的、健康的、流行的、时尚的文化以发展的空间。在丰富多彩的题材中贯穿主旋律、弘扬主旋律，以内容、形式、方法、手段的多样化和广泛性来表现主旋律、弘扬主旋律，这才是正确的方正。

（六）开放与防范的关系

在全球化的时代，任何一种文明或文化都不可能单独发展和独立存在，不同文化需要相互交流、相互学习、相互借鉴。向世界优秀文化成果学习，博采众长、为我所用，是时代的必然要求。同时，我们也清醒地认识到，今天的文化建设面临的挑战也非常大。世界文化“西强我弱”的整体格局没有改变，西方有些强国仍然在推行文化霸权，力图迫使我们接受他们的价值观念。在西方文化思潮的影响下，圣诞节、情人节、愚人节等“洋节”也在中国流行起来。文化是一个民族的灵魂、面貌和特征。因此，如何处理民族化与国际化的关系，引进来与走出去、守得住的关系，如何在扩大开放中防范外来腐朽文化入侵，是摆在我们面前的重大课题。

在处理开放与防范的关系时，我们要对中华文化充满自信。既要摒弃民族虚无主义，摒弃那种妄自菲薄、食洋不化，甚至全盘西化、仰洋人鼻息、挟洋以自重的错误文化观念，有一些艺术品在国外被炒成“天价”，然后就自以为成了当代中国文化的主流，这是极不科学的。我们判断的标准不是西方的某些势力推波助澜、兴风作浪、人为炒作的结果，我们的标准是在社会实践中广大人民群众对它的判定和评价。同时，又要防止坐井观天、盲目自大、孤芳自赏、排外惧外、封闭保守的狭隘民族主义文化观念。我们的文化建设必须坚持民族的、科学的、大众的社会主义文化方向，必须继承弘扬民族文化，必须保持和突出我们文化鲜明的民族特色、民族特性。我们学习和借鉴国外的优秀文化成果，目的也是为我们中华文化的创新汲取养料，更好地保持和弘扬我们文化的中国特色。也只有这样，我们才能在世界文化百花园中成为盛开的奇葩，才能有效地保护我们的文化主权和文化安全。多样性是世界文化的一个基本特征。坚持世界文化的多样性，努力保持民族文化自身的独特性，也是我们在国际文化领域中进行竞争和交锋的有力武器。一旦我们民族的文化特性被同化掉了，那就没有民族的独立自主可言了。

我们的文化建设又必须顺应全球化和全面对外开放的时代潮流，以更加宽广的胸怀和眼界“引进来”，勇于和善于吸收、融汇世界优秀文化成果，为中华文化注入新鲜血液。在提升国家文化软实力，实施文化“走出去”战略中，要认真处理好“越是民族的，越是世界的”这一定律和“适应受众的思维方式、欣赏习惯、接受能力和语言特点”这一跨文化传播规律的辩证关系，增强中华文化的吸引力、亲和力、说服力和导向力。传播中华文化与吸收外来优秀文化都是提升我国文化软实力的重要途径，两者不可偏废。这两方面的工作做好了，才能够构筑强有力的国家文化软实力，搭建与世界各国人民沟通、理解、信任的桥梁，让中华文明为世界文明的多样性和人类文明做出更大贡献。

（七）社会效益与经济效益的关系

经济与文化的融合已成为当今社会发展的一种趋势，经济发展需要文化来支撑。在开创中华民族美好未来的历史进程中，文化既为经济社会全面协调发展提供强大的精神动力、智力支持和道德基础，同时本身也是经济社会发展的重要内容。因此，社会主义文化建设既能产生社会效益，也能产生经济效益，而如何处理两个效益的关系，是一个重大问题。二者既有谁先谁后的问题，也就是冲突的一面，又有相互促进、相互统一的一面。

文学艺术创作和生产要坚持把社会效益放在首位，这是精神产品创作与生产的内在规律所决定的。在市场经济条件下，文学艺术产品又有一般商品的属性，要遵循价值规律。两个效益如何统一？质量是必要前提，市场是基本途径。人们通过市场满足文化需求，优秀的文学艺术作品，购买的人越多，社会效益就越广泛，经济效益也就越好。没有经济效益，社会效益就是空的。比如，我们一些作品把领导当成基本观众，把评奖当成主要目的、仓库是最终归宿。这样的作品没有观众，经济效益无从谈起，更别说社会效益。我们把社会效益放在首位，并不是否认经济效益，而是要通过正确处理两者的关系，努力实现两个效益的统一。如果不讲社会效益，经济效益最终也无从谈起。过去一些同志常认为主旋律的艺术作品不可能产生很好的经济效益，最近的实践也打破了这种观念，《建国大业》这样的主旋律影片上映3周就创造了3亿多的票房。事实证明，好的主旋律作品既能产生很好的社会效益，同样能产生巨大的经济效益。实现社会效益与经济效益的有机统一，是社会主义市场经济条件下文学艺术作品创作和生产中必须坚持的一个基本准则。

最后，我还想提一下文艺创作的队伍建设问题。任何一项事业都要靠人、靠队伍来做，文艺创作更是如此，一支充满活力的、才华横溢的创作队伍是繁荣文艺创作的主力军。各级文化行政部门，要高度重视文艺创作队伍的建设。我们现在文艺创作队伍有些青黄不接的现象，当然我们也看到不断涌现出一大批新锐。毛主席说过，思想观念变化了，人才就在眼前。我们有时候担心年轻人比如“80后”、“90后”与我们差异很大，担心他们能不能继承传统、扛起旗帜、继续前辈开辟的道路。其实这种担心是不必要的。长江后浪推前浪，一代总比一代强。这是历史的规律，后来人比我们拥有更优越的条件和环境。对于年轻人我们要给予充分的信任。对于艺术创作队伍建设，我们要做好3个方面的工作：一是对现有的艺术人才要给他们创造更好的条件，来激发他们的创作活力、创作热情，包括老艺术家和几代文艺创作队伍，要使“老树发新芽”。创造更好的条件、创造更加宽松的环境、创造更加有利于“百花齐放、百家争鸣”的环境，这是我们在人才队伍建设方面首先要做好的事情。二是要重视青年人才队伍培养，要充分地信任青年人，要给他们创造深入生活的条件、提高综合素养的条件和深入艺术实践的条件，要给他们提供平台和舞台，让他们有施展抱负的机会，在艺术创作的实践中间成才。三是要大胆地引进人才，充实创作队伍。我们不仅要重视文艺创作的专业队伍的建设，同时也要加强群众队伍的建设和培养。广大人民群众不仅是文艺作品服务的主体，同时也是文艺创作本体的主体。我们要面向基层、重心下移，搞好群众性的文艺创作活动。在群众性的文艺创作活动中会涌现出大量的真正来自于人民、来自于民间的、有浓厚生活气息、充满时代气息的、为人民群众喜闻乐见的大量艺术作品和艺术人才。要善于发现这些人才，培养出一支宏大的群众性的创作队伍。专群结合，这样我们的艺术创作队伍才会是一支浩浩荡荡的大军。而且人才队伍建设不仅仅是指作家、艺术家，对于各种门类、艺术创作和生产各个方面的专门人才的培养都要高度重视。

同志们，我们正处在一个前所未有的大变革、大发展时期，正在演绎的当代中国历史为我们的文艺创作提供了无与伦比的丰厚土壤。旌旗猎猎、鼓角争鸣的中华民族伟大复兴，呼唤一切有作为的作家艺术家无怨无悔地为我们的崇高事业而献身，就像恩格斯论及文艺复兴所说的那样，这是一个伟大的时代，是一个需要巨人而且的的确确产生了许多巨人的时代。让我们紧密团结在以胡锦涛同志为总书记的党中央周围，高举邓小平理论和“三个代表”重要思想伟大旗帜，深入贯彻落实科学发展观，把握时势，珍惜机遇，迎难而上，以高度的社会责任感和历史使命感为创作动力，创作出一大批无愧于民族、无愧于时代、无愧于人民的优秀文学艺术作品。

谢谢大家。

2009年11月5日

二、2009年全国艺术创作会议

2009年全国艺术创作会议于11月5～6日在重庆隆重召开。文化部党组书记、部长蔡武出席会议并作重要讲话。重庆市委副书记、市长王鸿举致欢迎辞，文化部党组成员、副部长王文章主持会议。重庆市委常委、宣传部部长何事忠，重庆市副市长谭栖伟等领导及中宣部、文化部、解放军总政治部相关司局负责人出席会议。文化部直属艺术院团，全国各省、自治区、直辖市和新疆生产建设兵团以及各省会城市、计划单列市文化部门、艺术院团的负责人参加会议。今年全国艺术创作会议主要任务是深入贯彻落实科学发展观，部署全国艺术创作工作，交流各地创作经验，推动全国艺术创作繁荣发展。

蔡武部长在讲话中全面深刻地回顾了新中国成立60年来文艺发展和艺术创作的曲折历程，肯定了文艺工作者经过不懈探索和努力奋斗所取得的辉煌成绩。纵观60年我国文艺创作发展历程，蔡武部长指出，只有全面贯彻党的文艺方针政策，树立马克思主义文艺观，始终自觉地站在民族和人民的根本利益立场，真正坚持“以人为本”，深刻理解“以人为本”的丰富内涵，牢固树立文艺创作源自人民、为了人民、属于人民、服务人民的观念，尊重艺术规律，真正把作家艺术家作为创作的主体，尊重作家艺术家的创造性和想象力，才能解放文艺生产力，迎来人才辈出、精品纷呈的文艺春天。面对当今这个以变革、调整、创新为显著特征的时代，蔡武部长指出，经济体制的深刻变革、社会结构的深刻变动、利益格局的深刻调整和思想观念的深刻变化，要求文化工作者、文艺工作者一定要顺应历史的潮流，在文化领域中要全面贯彻落实科学发展观，以在科学发展观指导下形成的新的文化发展理念来引领文艺创作和文艺实践，紧跟时代步伐，准确把握时代主题，创作出更多反映时代主旋律的精品力作。

谈到文艺创作和文艺实践中统筹协调、辩证发展问题，蔡武部长强调，面对我们当前所处的文艺生存境遇，必须坚持唯物辩证法，坚持全面而不是片面地、动态而不是静态地、相互联系而不是孤立地去看待、研究、判断，抓住本质，反映主流。文学艺术家必须把握好以下3点：一是深刻把握中国特色社会主义核心价值体系，自觉站稳“文艺为人民服务，为社会主义服务”的创作立场，怀百姓情意，写百姓生活，把人民作为文艺创作的表现主体和服务主体；二是认真反思中国现代化过程中的成功与失败、经验与教训，要有作家艺术家独特的观察视角和独到的审美把握；三是真切体验人民群众的现实社会生活，与他们同甘苦、共命运，创作真正富有生活底蕴的作品。

蔡武部长说，党的十七大以来，中央对文化建设十分重视，做出了“文化大发展大繁荣”和“兴起社会主义文化建设新高潮”的战略部署，这对我们既是机遇，同时也是挑战。我们要用科学发展观统领文化建设，统领艺术事业，一定要坚持辩证唯物主义，处理好若干重大关系问题，这些重大关系主要可以概括为7个方面：传统与现代的关系、继承与创新的关系、高雅与低俗的关系、普及与提高的关系、引领与包容的关系、开放与防范的关系、社会效益与经济效益的关系。

11月5日下午，按照全国艺术创作会议安排，与会代表们分成4个小组，进行分组讨论。与会代表一致表示，蔡武部长的讲话高屋建瓴、实事求是、深刻全面，既具有鲜明的辩证性和深刻的理论性，又具有极强的针对性和指导性，讲话从科学发展观的高度阐释了文化发展和文艺创作的规律，站位高，落点实，对全国文艺创作具有很强的现实意义和指导意义。大家紧紧围绕蔡部长讲话，结合各地区、各单位艺术创作生产的实际情况，交流各地文艺创作情况，内容涉及挖掘地域优势打造舞台艺术精品、加大资金投放增强导向性指引、培养后备艺术人才扶持地方戏剧、制定艺术规划繁荣少数民族边疆地区文艺创作、深化体制改革解放艺术生产力等多个方面。在讨论中，与会代表也指出目前各地文艺创作在剧本资源、基层院团生存状况等方面面临的问题和困难，并对如何继续改革文艺评奖繁荣文艺创作、进一步增强对优秀文艺作品的推广宣传力度、继续加强对于文化体制改革的政策扶持和具体指导、加大对公共文化服务体系建设的推进力度及对边疆地区、少数民族地区艺术创作的关注与扶持等方面提出了良好的意见和建议。11月6日上午，艺术司司长董伟主持进行大会交流。小组召集人吉林省文化厅厅长林君、山西省文化厅副厅长窦明生、甘肃省文化厅副厅长张明、重庆市文化广播电视局局长汪俊，分别向大会详细介绍了各小组讨论的情况及本省推动文艺创作繁荣的经验。

11月6日，王文章副部长作总结讲话。围绕云山同志近期在文学创作座谈会上的讲话精神和蔡武部长本次会议的讲话精神，并结合分组讨论交流的发言情况，王文章副部长主要就艺术创新的问题与大家做了交流。

与会代表普遍认为，本次全国艺术创作会议的召开恰逢新中国成立60周年，对于全国艺术创作工作具有重要的指导意义，是一次明确方向、振奋精神的会议，是一次交流经验、催人奋进的会议。会后将迅速向本省市领导汇报会议精神，并认真组织学习，传达、领会蔡武部长和王文章副部长的讲话精神，进一步结合各地实际抓好贯彻落实，共同努力，用丰硕的艺术创作成果为文艺事业发展作出新的贡献。

三、蔡武部长在首届优秀保留剧目大奖获奖作品表彰大会上的讲话

同志们：

大家好！

在新中国成立60周年之际，文化部首次举办了优秀保留剧目大奖评选活动，推出了一批优秀保留剧目。我代表部党组向获得首届优秀保留剧目大奖的艺术院团表示热烈祝贺！向参与创作演出的艺术家表示诚挚的敬意！

优秀保留剧目是经过长期演出实践磨砺、经受了时间和观众检验的优秀艺术作品。开展优秀保留剧目大奖评选对于正确引导剧目创作，鼓励艺术院团多为人民创作精品、深化文化体制改革，促进艺术创作持续繁荣具有重要意义。

刚才，3位老艺术家以数十年艺术实践之感悟，言简意赅地讲述了优秀保留剧目对于艺术创作的促进作用，道出了他们对文化部设立优秀保留剧目大奖、鼓励创作经得起时间和观众检验的作品的欣喜之情。下面，我讲几点意见。

（一）优秀保留剧目大奖是对新时期艺术创作成果的全面展示和检阅

本次评选活动，以1978年以来首演并且演出超过400场为起点，对改革开放30年来的舞台艺术创作成果进行了一次全面的调查和筛选。这项活动从5月份启动以来，得到了全国各省区市、解放军文化主管部门和艺术院团的积极响应。第一次调查结果显示，全国各地申报的作品近1200部。正式报送音像及文字资料的作品多达350部以上，最终荣获“优秀保留剧目大奖”的18部作品就是“多中选好、优中选优”的结果。纵观这次参评获奖作品，呈现出以下几个特点：

（1）题材广泛、艺术品种多样，既包括传统戏、新编历史剧，又包括现代戏，充分体现了“双百”方针和“三并举”剧目政策。

获奖的优秀保留剧目，集中体现了中华民族优秀传统文化和民族精神，实现了思想性、艺术性、观赏性的和谐统一。这些剧目脍炙人口、雅俗共赏，多部作品已成为经典之作。这18部作品中，包括戏曲9部，话剧2部，儿童剧2部，木偶剧1部，歌舞杂技类作品4部。仅以9部戏曲为例，既有改编的传统戏，也有新编历史剧和现代戏。其中京剧《盘丝洞》、《三打陶三春》，河北梆子《钟馗》都经过新的改编，剧本文学和舞台表演都有新的创造。莆仙戏《春草闯堂》、越剧《五女拜寿》、闽剧《贬官记》从20世纪60年代、80年代以来一直在舞台上演出，并有许多剧种移植上演。特别令人欣喜的是，多部现代戏成为优秀的保留剧目，如川剧《金子》、眉户《迟开的玫瑰》和革命历史题材的吕剧《苦菜花》等，都久演不衰，深受广大观众的喜爱。曾经有一种说法，认为主旋律的作品可能不会有众多的观众，但实践和事实证明，弘扬主旋律的作品，同样能赢得观众，关键是剧目本身的质量是否“三贴近”，是否精益求精。

（2）揭示了继承与创新的深刻内涵，显示出巨大的艺术魅力。

老一代剧作家陈仁鉴编剧的莆仙戏《春草闯堂》诙谐幽默，表演精湛，被京剧、黄梅戏、豫剧等剧种的600多个剧团移植演出，曾经轰动全国。川剧《金子》对川剧各种传统表演形式、语汇进行了精到的选择与组合，同时又多方面吸收与借鉴其他剧种优长，舞台呈现新颖，更具现代气息，为戏曲创作的继承创新提供了典范。舞剧《丝路花雨》，以崭新的舞蹈语汇为舞剧艺术注入了新的活力，从创作观念和舞台样式上突破了中国民族舞剧原有的局限，成为中国舞蹈史上的具有划时代意义的精品佳作。改革开放后复排改编的大型声乐套曲《长征组歌》，保留了原作精华，恢弘激荡、气势磅礴，被誉为中国合唱艺术史上具有里程碑意义的鸿篇巨制。木偶剧《火焰山》造型生动、制作精美、独树一帜地采用“天桥高台”舞台形式，融提线木偶、杖头木偶、掌上木偶多种技艺为一炉，堪称新时期木偶戏的扛鼎之作。正确处理继承与创新的关系，是传统艺术在新的历史条件下繁荣发展的关键。没有继承，创新将是无本之木、无源之水；没有创新，传统艺术就没有生命力，更何谈继承。

（3）造就了名角、名团，促进了艺术人才队伍建设。

这些剧目催生和锻造了一大批艺术人才，艺术人才又为优秀保留剧目增光添彩，人才与作品相映成辉、相得益彰。此次入选的剧目星光闪烁，多个剧种的领军人物担当主角。《苦菜花》中的郎咸芬、《五女拜寿》中的茅威涛、《父亲》中的宋国锋、《金子》中的沈铁梅、《一二三，起步走》中的顾芗……这些剧目的持续演出，还为一代又一代青年艺术家提供了学习、成长的舞台。几代“小百花”、“钟馗”、“母亲”和十几位“英娘”，用无悔的青春、赤诚的心血，凝聚出一台台优秀剧目的赫赫威名，铸造了一个个艺术院团的闪亮招牌。实践证明，优秀剧目不仅可以造就名角、名团，而且，通过他们的示范和引领，可以有力地促进艺术人才队伍建设，为艺术事业的长期可持续发展奠定坚实的基础。

（4）尤为值得称道的是，这些剧目的久演不衰和广泛移植演出，不但满足了人民群众日益增长的审美需求，而且生动地诠释了在社会主义市场经济条件下，优秀剧目良好的社会效益和经济效益的辩证关系。

深刻的思想内涵、强烈的现实关照、独特高超的表演技艺、一批又一批青年演员的精彩演绎，使得这些剧目常演常新，常演不衰。舞剧《丝路花雨》诞生于1979年，演出跨度整整30年。30年来，该剧出访过朝鲜、意大利、俄罗斯、日本、中国香港等20多个国家和地区，在海内外演出1600余场，深受欢迎。话剧一向是演出市场的难点，但是，从2004年到现在，短短5年时间里，话剧《立秋》走遍大江南北，轰动宝岛台湾，首演至今共演出500多场，投资150万元，实现演出收入1000多万元，创造了话剧演出史上的奇迹。儿童剧《一二三，起步走》演出4000多场，全国近100个院团移植，受到小观众的热烈欢迎。杂技剧《时空之旅》每天都有演出，2005年首演至今，演出1600场，演出收入1.7亿元，是总投资3000万元的5.6倍。实践证明，一部好的剧目，不但有良好的社会效益，同样可以创造巨大的经济效益；没有市场和观众的认可和喜爱，没有好的经济效益，也谈不上有什么社会效益。在这里，社会效益与经济效益是高度的、辩证的统一体。

（二）开展优秀保留剧目大奖评选是政府文化主管部门改进文艺评奖的积极举措

文艺评奖对于促进新剧目创作、推出优秀艺术人才具有很强的激励和导向作用。中国文化艺术政府奖——文华奖评选已历10余届，推出了一大批优秀作品和优秀人才。进入新世纪实施的国家舞台艺术精品工程，在国家财政的鼎力支持下，扶持、打造了数十部精品剧目，塑造了舞台艺术的国家形象，取得了显著的成效。这是要充分肯定的。但是，不可否认，近年来，由于各种“评奖”的指挥棒作用，舞台艺术领域也出现了一些值得注意的现象，如有的院团编演新剧目只重视参评获奖，而不重视剧目的长期演出。有的剧目在获奖之后便“刀枪入库马放南山”，不能在舞台上流传；有些作品专家们欣赏品评，但观众并不买账，“叫好不叫座”。这种现象不能不引起我们的高度关注。戏剧创作的目的，就是为了演出，就是为了满足广大人民群众观看、鉴赏和审美的需求，那种只为评奖创作、制作剧目，是不正确的“政绩观”在作祟，既不符合戏剧创作的目的，更不符合文艺自身的发展规律。开展优秀保留剧目大奖评选，重视观众和市场的评价，提高对演出场次的要求，就是要坚持正确的评奖导向，鼓励优秀剧目面向观众、面向市场，接受检验。从这次评选情况看，有上千台剧目达到了要求的场次，说明好的剧目完全能够做到“叫好又叫座”。

与以往的文艺评奖相比，优秀保留剧目大奖的评选着眼于演出，着眼于传承和继承，着眼于在演出实践中接受时间和观众的检验，更加符合艺术规律，有利于建立艺术生产的长效机制，有利于优秀舞台艺术作品的积累，有利于艺术事业的繁荣与发展。这一评奖导向的重大变化，反映出政府部门对艺术规律、市场规律认识的不断深化，以及与此相应的在文化管理手段上的不断调整和完善。优秀保留剧目大奖评选活动，对今后的艺术创作和生产必将产生深远的影响。

当然，由于是第一次开展优秀保留剧目大奖评选活动，难免还有遗珠之憾。一些优秀作品因为名额所限没能入选。在基层农村厂矿深受百姓欢迎的小戏等小型作品，申报数量较少，这次评选出现了空缺。

今后，优秀保留剧目大奖将作为文化部常规艺术活动定期举行。今年没有入选的作品，还可在继续演出、接受观众检验、提升艺术质量后，参加明年的评选。文化部明年还将举办优秀保留剧目展演活动，进一步扩大这些优秀作品的社会影响。与此同时，我们还要认真研究，不断完善评奖机制，力争把优秀保留剧目大奖办成文化部的又一个品牌项目，使之真正发挥为促进舞台艺术和演出市场繁荣的导向作用。

（三）充分发挥优秀保留剧目的示范作用，推动艺术创作的持续繁荣发展

优秀保留剧目是改革开放30年来舞台艺术的珍贵财富，经受住了时间的检验，在新中国舞台艺术史上留下了色彩斑斓的一页，是文艺工作者同心同德、锐意进取、努力拼搏的心血结晶。优秀保留剧目创作生产的成功经验，给我们留下了诸多有益的启示。

（1）只有全面贯彻党的文艺方针政策，始终坚持“为人民服务，为社会主义服务”的方向，坚持“百花齐放，百家争鸣”的方针，始终坚持把社会主义核心价值体系融汇到全部文艺创作实践中去，讴歌真善美，鞭挞假恶丑，传播先进文化，抵制腐朽文化，才能创作出经得住时间和观众检验的优秀作品，才能开创文艺工作的新局面。优秀保留剧目所描写的爱国敬业、诚信立仁、惩恶扬善、孝老爱幼等等中华民族的传统美德，不仅是全社会所普遍认同的价值观，而且在今天，在新的历史条件下显得更加珍贵。

（2）只有真正坚持“以人为本”，深刻理解“以人为本”的丰富内涵，牢固树立文艺创作源自人民、为了人民、属于人民、服务人民的观念，始终自觉地把人民群众日益增长的精神文化需求和审美要求放在首位，以人民群众满意不满意，观众欢迎不欢迎作为衡量艺术成败的重要尺度，才能创作出为人民群众所喜爱的艺术作品。人常说，“金杯银杯不如老百姓的口碑，金奖银奖不如老百姓的夸奖”。是观众给了优秀保留剧目响亮的名声，是市场赋予了优秀保留剧目可观的回报。

（3）只有坚持紧跟时代步伐，引领时代潮流，不断汲取优秀的传统文化，善于学习新的文学艺术科学技术，善于从世界多样化的文明成果中学习和借鉴，勇于探索创新，才能创作出独具个性与魅力的艺术作品。齐白石曾讲过，“学我者生，似我者死。”优秀保留剧目正是抓住了这一点，才能够在数年、数十年的时间里始终生机盎然，常演不衰。

（4）只有坚持长期不断的演出、倾听观众的心声，积累艺术经验，锤炼艺术品质，才能够实现舞台艺术作品社会效益和经济效益的辩证统一。演出市场不仅是艺术作品的试金石，更是艺术作品成长的良田沃土。优秀保留剧目高达数百、上千场的演出实践，为优秀作品异地共存、异时共享提供了可能，最终使作品深入人心，产生巨大的社会影响。

（5）执着著拼搏、艰苦奋斗的人才队伍是艺术发展的根本保证。沧海横流，方显英雄本色；艰难困苦，砥砺精神品格。艺术创作是艰苦的创造性劳动，需要耐得住寂寞，守得住清贫，“板凳坐得十年冷”，更需要长期积累，厚积薄发。优秀保留剧目所推出的艺术领军人才再一次证实：淡泊名利才能做到志存高远；持之以恒才能迈向成功彼岸。

今天出席大会的除获奖院团的代表、参加国庆献礼演出活动的艺术家代表、2008 ~ 2009 国家舞台艺术精品工程年度资助剧目院团代表之外，还有各省、自治区、直辖市政府、解放军艺术创作主管部门的领导同志。借此机会，我向全国的艺术院团和艺术家们提出几点希望：

（1）学习优秀保留剧目的创作经验。首先，从艺术决策机制上看，要进行科学的市场论证，要把能不能立得住、传得开、留得下，当作一项重要的指标。不能单纯为了获奖而创作，投入大量人力物力，获奖后“刀枪入库、马放南山”。更不能急功近利，为了迎合社会上的不良风气，迎合市场，而降低艺术品位，丢失艺术的尊严，搞媚俗低俗的东西。其次，要把有没有艺术创新，有没有艺术感染力和艺术生命力当作重要指标。要摒弃浮躁、沉心静气。要力图准确把握时代潮流，深刻理解人民群众的精神文化需求，坚持贴近实际、贴近生活、贴近群众，正确认识弘扬主旋律和提倡多样化的关系，从火热的现实生活中选取人民群众喜闻乐见的题材、主题和人物；要勇于创新，既要不断满足观众的审美需求，又要积极引导和提升观众的审美趣味。

（2）不断创造新的优秀保留剧目。在今年夏天召开的国家艺术院团创作工作会议上，我曾经说过，有没有保留剧目、有多少保留剧目是一个院团实力、水准的重要指标。优秀保留剧目更是如此。从本次评选看，入围院团中，有的拥有多部优秀作品，形成了自身的保留剧目。如北京京剧院、上海京剧院、浙江小百花越剧团、辽宁人民艺术剧院等等。但也有的院团是“单打一”，仅有一两部剧目维持日常演出，对艺术生产和院团的长期发展极为不利。各艺术院团要赶快行动起来，抓紧研究论证，尽快组织、创作出能够长期保留下去的新剧目。今天的创新，在明天就成为传统。现在的新创作作品，可能成为以后的保留剧目。我们不仅要传承前辈的优秀保留剧目，更要不断创造新的剧目，为当代、为后人留下我们这个时代的精神风貌和艺术积累。

我国现有数千家艺术院团，每年创作的艺术作品数以千计，能够成为院团保留剧目经常演出的不在少数。但是，距离优秀保留剧目还存在或多或少的差距。我想，要想解决这一问题，除了狠抓新剧目创作之外，还要盘活已有资源，学会两条腿走路。一方面要重新审视和挖掘各院团原有保留剧目的潜力，多听取观众和专家的意见进行修改、加工，在大量演出中不断提高；另一方面要提升现有保留剧目的艺术质量，把普通的、一般性的保留剧目提高、转化为优秀保留剧目。

（3）建立保留剧目演出制度。演出是艺术院团的生存之本。艺术院团要坚持面向观众、面向市场的原则，牢固树立演出意识，发挥保留剧目的品牌效应，使之取得最大的社会效益和经济效益。要借鉴国内外的经验，从各地实际出发，逐步建立演出季制度，制定科学合理的演出规划。加大国内市场的开拓力度，不断增加演出场次，服务人民群众。要积极研究剧目移植推广的方式方法，发挥移植演出的独特魅力，扩大优秀保留剧目的影响力。还要借鉴现代经营管理理念，做大做强，面向国际市场，在中国文化“走出去”战略中展示中国当代舞台艺术的风采与实力。

（4）加快人才培养步伐。人才是创作、演出、管理的第一资源。各级政府和艺术院团要高度重视人才的培养工作，大力营造有利于优秀人才脱颖而出的环境和机制。要尊重知识、尊重人才、尊重创造、尊重劳动，要有海纳百川的胸襟，伯乐识马的眼力，用事业吸引人，用感情打动人，用适当的待遇留住人，用制度和法规管理人，形成长江后浪推前浪、人才辈出的良好氛围。

文化发展的最终目的是要满足人民群众日益增长的精神文化需求，保障人民群众的基本文化权益。当前，中国的文化建设已经进入最好的历史时期之一。让我们紧密团结在以胡锦涛为总书记的党中央周围，锐意进取、开拓创新，努力创作优秀的舞台艺术作品，满足人民群众的精神文化需求，为推动文化大发展、大繁荣，掀起社会主义先进文化建设新高潮而努力奋斗。

新年将至，在过去的一年里，全国的文艺工作者努力奋斗，无私奉献，为新中国60华诞献礼演出和创造欢乐、祥和、热烈的社会文化氛围做出了杰出贡献，我代表文化部向全国的文艺工作者表示衷心感谢和崇高的敬意！祝愿大家在新的一年里，身体健康，工作顺利，合家幸福，万事如意！

谢谢大家。

2009 年 12 月 15 日

四、文化部首届优秀保留剧目大奖表彰大会

经过近 8 个月的严格评选，首届优秀保留剧目大奖揭晓，川剧《金子》、越剧《五女拜寿》等 18 部作品获此殊荣。12 月 15 日，文化部首届优秀保留剧目大奖表彰大会在京隆重举行，文化部党组书记、部长蔡武，党组成员、副部长王文章出席会议并为获奖作品颁奖。

本次评选活动以 1978 年以来首演且演出场次超过 400 场的剧目为起点，对改革开放 30 年来的舞台艺术创作成果进行了一次全面调查和筛选。活动共收到全国各地申报的作品近 1200 部，其中正式报送音像及文字资料的作品350余部，经过“多中选好、优中选优”，最终 18 部作品荣获“优秀保留剧目大奖”，包括戏曲 9 部、话剧 2 部、儿童剧 2 部、木偶剧 1 部、歌舞杂技类作品 4 部。

蔡武在讲话中指出，优秀保留剧目是经过长期演出实践磨砺、经受了时间和观众检验的优秀艺术作品。开展优秀保留剧目大奖评选对于正确引导剧目创作，鼓励艺术院团多为人民创作精品，深化文化体制改革，促进艺术创作持续繁荣具有重要意义。

会上，老一辈艺术家徐晓钟、尚长荣、红线女都表示，优秀保留剧目大奖评选活动功在当今，利在后世，对艺术生产将产生深远的导向意义。5 位院团长介绍了创作优秀保留剧目的宝贵经验。

据介绍，优秀保留剧目大奖评选将作为文化部常规艺术活动定期举行。今年没有入选的作品，还可在继续演出、接受观众检验、提升艺术质量后，参加明年的评选。文化部明年还将举办优秀保留剧目展演活动，进一步扩大这些优秀作品的社会影响。与此同时，文化部还将认真研究，不断完善评奖机制，力争把优秀保留剧目大奖办成文化系统的一个亮丽品牌。

获奖剧目名单

剧目名称	艺术品种	演出场次	演出单位
金子	川剧	500	重庆市川剧院
五女拜寿	越剧	508	浙江小百花越剧团
春草闯堂	莆仙戏	1000	福建省仙游县鲤声剧团
苦菜花	吕剧	427	山东省吕剧院
迟开的玫瑰	眉户	600	陕西省戏曲研究院
贬官记	闽剧	436	福建省实验闽剧院
盘丝洞	京剧	746	上海京剧院
三打陶三春	京剧	1000	北京京剧院
钟馗	河北梆子	527	河北省河北梆子剧院
父亲	话剧	443	辽宁人民艺术剧院
立秋	话剧	500	山西省话剧院
马兰花（新版）	儿童剧	819	中国儿童艺术剧院
一二三，起步走	儿童剧	4053	江苏省苏州市滑稽剧团
火焰山	木偶剧	3800	福建省泉州市木偶剧团
长征组歌	大型声乐套曲	1200	北京军区战友文工团
丝路花雨	舞剧	1592	甘肃省歌舞剧院
ERA-时空之旅	杂技	1430	时空之旅文化发展有限公司
大梦敦煌	舞剧	678	兰州大剧院

五、全国政协副主席、中国文联主席孙家正致第二届中国诗歌节的贺信

欣闻第二届中国诗歌节在西安隆重开幕，谨表示热烈的祝贺！

诗歌是闪耀在人类文学艺术皇冠上的灿烂明珠，它是反映社会生活、抒发思想情感最灵动优美的旋律，更是直抵心扉、滋润心灵的精神甘露。每当我们回望历史上那些灿烂辉煌的诗篇，从流芳百世的名篇佳句中总能够感受到民族文化精神的强烈脉动和生命力。中国诗歌节的举办，通过雅俗共赏的艺术形式把诗歌艺术普及到社会生活中去，让经典的诗篇在当代人们的生活中回响，使诗歌艺术在群众中焕发出新的生命和活力，这对于优秀文化传统的传承和发扬以及民族精神的凝聚和塑造都具有积极的意义。

文化的发展是国家进步和民族强盛的内在动力，文化的建设需要开拓创新，也需要传承和积累。我相信，中国诗歌节的举办将会推动我国文学艺术的进一步繁荣进步，对于提升全民族精神文化素质、构建社会主义和谐社会也将产生积极的影响。

祝第二届中国诗歌节圆满成功！

六、陈晓光副部长致第二届中国诗歌节开幕词

第二届中国诗歌节今晚在古城西安隆重开幕了，我谨代表中华人民共和国文化部和第二届中国诗歌节组委会表示热烈的祝贺！并向来自全国各地的诗人、作家、艺术家和嘉宾们表示热诚的欢迎！

第二届中国诗歌节以“盛世中国，诗意长安”为主题，将以诗歌朗诵会的形式，把经典诗句融化在人们的心中，以缤纷的文艺舞台再现诗歌的华彩乐章，以广泛的群众歌咏朗诵掀起高涨的诗歌浪潮。具有悠久历史的古城西安，将披上节日的盛装，成为诗歌的海洋，成为人民群众欢乐幸福的地方。我相信，第二届中国诗歌节一定能办成诗歌艺术的盛会，真正成为人民群众的文化节日。

我希望，通过举办中国诗歌节，能够唤起人民大众对诗歌的关注和感情，能够催生少年儿童心中诗歌的萌芽，让诗人走进大众，让诗歌走向生活。

祝第二届中国诗歌节圆满成功！

七、第二届中国诗歌节在西安隆重举办

2009 年 5 月 23 ~ 28 日，由文化部、中国作家协会、陕西省人民政府共同主办，西安市人民政府承办的第二届中国诗歌节在古都西安成功举办。中国诗歌节是国家级的诗歌艺术盛会，对于繁荣我国的诗歌艺术、弘扬民族文化、振奋民族精神，具有十分重要的意义。第二届中国诗歌节以“盛世中国，诗意长安”为主题，充分体现了“诗歌艺术的盛会、人民群众的节日”的办节宗旨，得到社会各界的广泛赞誉和当地人民群众的热情欢迎。

（一）第二届中国诗歌节主要活动精彩纷呈

第二届中国诗歌节举办期间，六大类 60 余项活动高潮迭起、异彩纷呈，众多著名艺术家献艺西安，许多诗人争相在古城畅叙诗情，广大群众踊跃参与各类文化活动，使古都西安沉浸在“诗

歌艺术的盛会，人民群众的节日”浓厚的氛围中。

1. 诗歌艺术活动形式多样、精彩纷呈，充分展现诗歌文化魅力

第二届中国诗歌节是诗歌艺术的盛会。“盛世中华——第二届中国诗歌节开幕式文艺演出”格调高雅、气势恢弘，突出诗歌特点，紧紧围绕“盛世中华”的主题，精选古今经典诗歌篇目，将诗、乐、歌、舞相得益彰地呈现在观众面前，营造出典雅、庄严、和谐、浪漫的诗意氛围。文艺演出会聚了瞿弦和、丁建华、濮存昕、郭凯敏、凯丽、肖雄、李琳、佟凡、辛柏青、朱媛媛、贾一平、么红、尤泓斐、汪正正等著名演员，艺术家们精彩的诗歌朗诵和表演，以及舞台诗意纯美的意境呈现，得到诗人和观众的高度评价和热情欢迎。许多脍炙人口的诗篇更是得到现场观众的热情回应，台上台下相互应和，共同沉醉在浓浓的诗意情景之中。诗歌节闭幕式演出选取了西安市临潼区华清池实景舞剧《长恨歌》。该剧以白居易的《长恨歌》为创作蓝本，以唐明皇和杨贵妃的爱情故事为线索，充分发挥华清池的特殊地理优势，利用高科技手段和丰富的舞台呈现，演绎出一台集山水风光、大唐气象、古典乐舞、爱情传奇于一体的精彩舞剧，为第二届中国诗歌节的落幕画上圆满的句点。

第二届诗歌节期间，组委会邀请了北京人艺话剧《李白》、浙江小百花越剧团《陆游与唐琬》、陕西省戏曲研究院秦腔历史剧《杜甫》等多部优秀剧（节）目在西安演出。同时，分别在陕西省美术博物馆、西安亮宝楼、西安博物院举办了陕西中青年艺术家“诗情画意”书画展览、“长安雅集”大型书画展览及“纪念王维·诗画辋川”精品书画展。此外，《人民文学》、《诗选刊》分别编撰出版了第二届中国诗歌节专辑，并举办诗歌节全国征文征诗活动，同时编选出版了第二届中国诗歌节《诗韵华魂》丛书。通过优秀剧目演出、美术展览以及相关出版活动的配合，利用多种艺术形式全面立体地呈现出诗歌艺术的魅力，营造出丰富多元的诗歌艺术氛围，同时也为人民群众提供了更多的参与诗歌文化活动、欣赏诗歌艺术作品、享受诗歌文化魅力的机会。

2. 诗歌论坛关注时代精神，探讨当代诗歌创新发展之道

本届诗歌节论坛主题是“当代诗歌的时代精神与大众审美”，充分体现了诗的本质和重述当代诗歌的使命意识。来自全国各地，包括港澳台地区以及海外的诗人和诗歌理论家代表200余人参加分别在西北大学和陕西师范大学举办的2场诗歌论坛。不同地区、不同民族、不同年龄层次和不同风格流派的诗人们，相聚欢洽，诗意融融，围绕诗歌所应具备的时代精神、诗歌的大众审美取向、诗歌创作技巧等话题进行了广泛研讨，取得了丰硕的理论成果。大家普遍认为，诗歌是时代的表达，古典诗歌的传统需要接续，当代诗歌的创作应该走进群众，反映时代，诗歌创作应该回归对于心灵、真情和自由的追求，诗歌要获得发展必须妥善处理诗歌与时代、诗歌与群众的关系。

3. 群众文化活动高潮迭起，百万青少年踊跃参与诗歌节

第二届中国诗歌节是人民群众的节日。自3月底开始启动的“诗满长安”群众文化活动让古城西安真正成为诗歌的海洋、欢乐的海洋。群众诗社、合唱团、学校、军营等文化团体和单位踊跃参与，各种以诗歌为主题的数十场文化活动在诗歌节主会场西安市各个城区和分会场延安、临潼举办，诗人们走进军营、校园，走到群众中去。特别值得一提的是，西安市广大中小学生积极参与诗歌节，其中诗歌节期间万名中小学生集体诗歌朗诵、千名小学生诗歌朗诵比赛、中小学生唐诗300首书画现场书写展示和西安中小学艺术展演等活动，将校园诗歌文化活动推向高潮。通过诗歌节的举办，不仅展示了中小学生健康向上的精神风貌，也对青少年进了一次中国传统文化和诗歌文化的艺术熏陶，用诗歌艺术滋养孩子们的心灵，陶冶孩子们的情操，在他们的生命中留下美好的回忆。

此外，本届诗歌节还专门组织了“曲江流饮”、“雁塔题名”等诗人与群众共同参与的诗歌文化活动，农民参与演出的专场活动，《延安颂》军人诗歌朗诵会，残疾人演出的“诗满长安——关爱生命·情暖人间”诗歌朗诵会等40余项诗歌文化活动。丰富多彩的群众文化活动充分凸显了诗歌节的“群众参与性”，大大丰富了西安市民的精神文化生活，同时也让诗歌艺术在人民生活中重新焕发出新的生机与活力。

（二）第二届中国诗歌节社会反响强烈

第二届中国诗歌节的举办得到了社会各界的广泛关注。全国政协副主席孙家正在致第二届中国诗歌节的贺信中指出：“中国诗歌节的举办，通过雅俗共赏的艺术形式把诗歌艺术普及到社会生活中去，让经典的诗篇在当代人们的生活中回响，使当代的诗歌艺术在群众中焕发出新的生命和活力，这对于优秀文化传统的传承和发扬以及民族文化精神的凝聚和塑造都具有积极的意义。”

中国诗歌节的举办获得诗人的一致好评。著名诗人、学者、陕西师范大学教授霍松林说：“第二届中国诗歌节是一场空前的盛会！西安不仅仅是周秦汉唐盛世之都，也是唐诗的故里，诗歌的故乡。这次诗歌节在西安举办真可谓是‘诗歌回家’，‘唐诗回家’，不论是对于中国文学界，还是对于西安都具有空前的历史文化意义。”著名诗人雷抒雁也对诗歌节的举办表示了由衷的赞赏：“盛唐时期，长安就是诗歌的精神家园，现在在西安举办诗歌节，可谓是诗歌回到了故乡。尤其是举办的一些中小学生的朗诵更是有利于在学生间推广，有利于诗歌的普及，也为诗人和读者之间架起了一个很好的桥梁，体现了咱们国家对文化建设的重视。”还有很多诗人都在参与诗歌节文化活动的过程中，表达了对于诗歌节的肯定：“中国诗歌节就是应该让诗歌回归大众，回归时代，让诗歌所蕴蓄的精神成为大众审美的重要特质”；“西安组织这样大规模的诗歌朗诵，对于这些正在学校读书的孩子来说，是一件有意义的事情，对于广大市民来说，也起到了文化普及的作用”。

新华网陕西频道和新浪网读书频道专门设立了第二届中国诗歌节专题。诗歌节的举办也引起网友的热议。网友“牛儿”留言：“对于中国的传统文化教育和爱国主义教育，要脱离书本和政治课堂，用切身的参与才能发自内心……诗歌节这样的活动能更好地唤醒人们的文化意识，很好很好。”网友“匆匆过客”留言：“诗歌节让诗歌回到了大众生活，使人们的精神很丰盈更充实，享受诗意的生活是每个人的心底的一种愿望。这次诗歌节就提供这样的平台，虽然没有直接参与，但感觉到高兴，由衷的高兴。我觉得这不仅是一种文化活动，而且是一种诗意的活动。”应该说，第二届中国诗歌节的举办不仅获得了诗人、专家的赞誉，也获得了广大人民群众的热情欢迎和高度评价。

（三）第二届中国诗歌节经验与启示

第二届中国诗歌节能够成功举办，得益于很多方面的积极配合和周密安排，也为今后的工作提供了可资借鉴的宝贵经验。

1. 组织工作全面细致，分工明确，责任到位

周密细致的组织工作是第二届中国诗歌节成功举办的保证。西安被确定为第二届中国诗歌节举办城市后，陕西省、西安市领导高度重视，多次召开会议，商讨、策划诗歌节的具体组织与运营。西安市委、市政府把办好诗歌节作为西安市2009年文化工作的重点，列入相关部门目标考核任务。第二届中国诗歌节设立组织委员会，下设执行委员会，负责各项任务的全面协调和具体实施。

2. 周密策划，广泛动员，调动人民群众的积极性

西安市文化局、教育局承担本届诗歌节群众文化活动的筹备和组织工作，动员全市13区县政府、各中小学、各文艺团体积极行动，从3月29日上巳节至5月28日端午节期间，先后举办群众文化活动40余项。学生、农民、军人、残疾人都参与了本届诗歌节的活动，在西安市掀起了群众文化活动的热潮。同时还组织著名诗人和作家，走进校园、走进军营、走进大众，参加到群众文化活动中去，和市民一起吟诵诗歌、品鉴古乐、游览古迹。西安市学校“校校开展、班班进行、人人参与”诗歌文化活动，“天天吟诵，处处比赛”，仅在教育系统就有100万学生直接或间接地参与了本届诗歌节群众文化活动，在广大中小学师生中掀起了读诗、赏诗、写诗、诵诗的高潮。

3. 做好宣传工作，进一步扩大诗歌节的社会影响

本届诗歌节宣传工作启动早、持续时间长、覆盖范围广，获得了各级领导、嘉宾和海内外著名诗人、学者的一致好评。据不完全统计，截至目前，第二届中国诗歌节平面媒体大版面持续报道报道达300多条，电视广播媒体报道100多条；网络媒体首发报道200多条，经网络转载报道100多万条。其中，中央电视台新闻频道、综艺频道对开幕式及主要活动盛况进行报道，并对开幕式全程录播。中央教育电视台、中央人民广播电台

等均大篇幅的报道本届诗歌节盛况。香港《大公报》、《中国文化报》、《中国文艺报》、《中国经营报》、《光明日报》、《经济日报》、《中国青年报》、《中国消费者报》、《中国旅游报》等10多家境外及中央媒体大版面报道本届诗歌节开幕盛况。新华社派出6个宣传报道小组，全程跟踪各项主要活动，及时权威报道活动进展。新华网和新浪网都开设第二届中国诗歌节专题，对诗歌节开、闭幕式及论坛等重要活动进行网络视频直播。多渠道、多形式的深度报道和媒体宣传，进一步扩大了第二届中国诗歌节的社会影响，也让更多的群众得以分享诗歌节的成果。

4. 各部门协调配合，接待和后勤保障工作到位

为保证第二届中国诗歌节各项活动的顺利进行，主办方和承办方密切协作，以高度的责任感和认真细致的工作态度，以及扎实稳妥的工作作风，认真落实安排各项接待任务和后勤保障工作。通过开展诗歌节的整体保障工作，使西安市各有关部门、单位配合更加紧密，为今后类似活动的环境保障工作积累了更加丰富的经验。

作为全国性的重要文化活动，第二届中国诗歌节的成功举办，也为我们带来了深刻的启示。

第一，诗歌艺术对于人的精神陶冶和心灵塑造具有深远影响，特别是对于青少年的成长和传统文化的传承发挥着至关重要的作用。诗歌艺术在我国具有深厚的群众基础，自古以来诗歌就是教育启蒙和文化传承最重要的途径之一，也是陶冶情操、颐养性情的重要方式。诗歌艺术具有唤醒灵魂、涤荡心灵的独特魅力，诗意也是人们对于精神境界的一种高尚追求和向往。举办诗歌文化活动，为广大群众提供了一次亲近诗歌、激发诗情、感受诗意的机会，在诗歌艺术的感染下，人们享受到心灵的震撼和精神的愉悦。尤其是对于青少年来说，丰富多彩的诗歌艺术活动，相对于日常课堂学习的诗歌内容而言，形式更加多样，内容更加充实，使广大青少年更加全面深刻也更加感性地感受到诗歌艺术的魅力，这对于培养青少年对于中国传统文化的兴趣，激发他们的爱国热情，传承和发扬中华民族精神具有深远的意义。文化主管部门应该充分认识到诗歌艺术对于文化传承和人的全面发展方面的重要作用，发挥诗歌艺术在传播推广方面的便捷、灵活、多样的特点，通过形式多样的诗歌艺术活动，可以对人民群众的审美趣味、精神追求和文化观念产生积极的正面的引导。

第二，诗歌艺术的推广和普及应该与时俱进，不断探索新的方式和途径。诗歌自身的文学特性决定了它在不仅在抒发情感、创作传播方面具有天然的优势，而且在艺术表现方面也具有丰富的可能性，可以与音乐、舞蹈、书画等多种艺术形态达到完美的结合。诗歌节期间，不仅开幕式文艺演出是通过音乐、舞蹈、歌曲、朗诵以及视频等多种艺术形式立体地呈现了诗的魅力，而且学生和群众参与的诗歌文化活动，也是形式多样，读诗、唱诗、演诗、写诗、画诗、舞诗，精彩纷呈。不仅如此，与诗有关的优秀剧目演出更是获得了观众的热烈欢迎。诗歌的发展、推广和普及，应该随着时代的发展而不断注入新的活力，在创作内容、表现形式和传播手段上要不断创新，才能满足人民群众多种多样的精神需求。借助艺术的手段立体多元地呈现诗歌，如同给诗歌插上了飞翔的翅膀，让人民群众能够更加全面地感受到诗的魅力。

第三，诗歌艺术只有在群众中才能焕发生机，人民群众需要更多优秀的文化活动满足精神需求。第二届中国诗歌节的举办再次证明，诗歌必须走进群众、走进生活才能焕发生机与活力。人民群众积极参与诗歌活动的热情给诗人们带来极大震撼和鼓舞。事实证明，诗歌一直在群众中有着深厚的基础，人民群众需要诗歌，需要诗歌艺术来滋养心灵，陶冶情操。诗歌更需要群众，诗歌只有走向大众，只有走进火热的社会生活，才能焕发出源源不绝的生命力。同时，随着国家经济的发展和社会的进步，人民群众对于精神文化生活的要求也越来越高。中国诗歌节的举办，始终坚持文学品味、诗歌品格，要体现国家文化活动的规格和水平，同时也注意充分发挥和展示地方文化资源优势，获得当地民众的真诚欢迎。第二届中国诗歌节不仅赢得广大西安市民的热情响应，甚至吸引了许多周边城市的民众纷纷赶到西安参与各项文化活动。文化主管部门应该努力为群众举办更多优秀的文化活动，让广大人民群众能够分享文化建设的成果。

八、王文章副部长为“国家昆曲艺术抢救、保护和扶持工程五年成果展示”题写的序言

中国昆曲艺术已有600余年的历史，它以独

特的演剧体系在世界戏剧之林独树一帜。同时，它以深厚的文化内涵和精湛的表演技艺，对京剧和众多地方戏曲剧种的产生和发展产生过直接的影响，是我国戏曲的“百戏之师”，其历史文化传承价值和艺术、学术价值不言而喻。

2001年5月18日，联合国教科文组织公布昆曲艺术为“人类口头和非物质遗产代表作”。近七八年来，昆曲艺术的价值，包括它的文化内涵和本质特征，它对民族传统艺术特别是戏曲艺术的影响，以及它对世界文化艺术多元化呈现的意义，正在得到更广泛的社会认知。对于采取更切实际的措施来保护这一人类文化遗产，已经成为人们的共识。特别是由国家重视，进行规划和给予经济的扶持，形成一个保护的机制，使昆曲艺术的保护与发展达到全面、持续的要求，更是近年来进行保护工作的一个目标。2004年3月，按照党和国家对昆曲艺术“抢救、保护和扶持”的指导方针，文化部与财政部联合制定了《国家昆曲艺术抢救、保护和扶持工程实施方案》，对昆曲艺术的抢救、保护与发展提出了全面的实施措施。古老的昆曲艺术，曾经历过它的历史辉煌，但也曾陷入命悬一线、岌岌可危的困境。新的时代的国家层面上的全面扶持，在昆曲的历史上还从来没有过。《国家昆曲艺术抢救、保护和扶持实施方案》公布后，从国家文化主管部门到各昆曲剧院和昆曲艺术家、理论工作者，都以高度的责任感，为昆曲艺术在当代的继承发展作着努力。5年来，主要做了以下方面的工作：

1. 从代表性和精粹性出发，挖掘和整理了一批昆曲优秀传统剧目，抢救、传承了一批优秀的昆曲折子戏；中国艺术研究院、中国昆曲博物馆对具有史料价值的昆曲文物资料进行集中搜集，积累了重要的昆曲研究资料。

2. 实施昆曲艺术进校园活动，在校园的普及性、公益性演出，使青年学生加深了对祖国优秀文化遗产的了解，也使昆曲艺术找到了新时代的知音。

3. 昆曲人才培养和提高取得成果。青年演员培训班和编、导、演、音、美等专业人才培训，成效显著。

4. 在苏州定期举办中国昆曲论坛，为昆曲艺术理论研究、交流搭建平台。

5. 表彰奖励了一批在昆曲艺术保护、继承、革新、发展等方面有突出贡献的单位和老、中、青艺术家，进一步激发昆曲艺术工作者参与传承、发展昆曲艺术的创造性、积极性。

6. 举办了第三届中国昆剧艺术节、昆剧优秀青年演员展演等具有重要影响的昆曲艺术活动，集中展示了昆曲艺术抢救、保护和扶持的最新成果。支持昆剧院、团赴国外和中国港、澳、台地区演出，产生了良好的艺术反响。

春华秋实，兰苑芳菲；展望未来，任重道远。昆曲保护第一个五年计划的有效实施，使昆曲艺术的当代发展有了可喜的成绩。但必须看到，昆曲的现状，与当代人类社会全面、可持续发展的要求，与继承弘扬民族优秀文化遗产的时代要求相比，都有差距，昆曲艺术在当代仍面临很多传承的困难。对昆曲艺术的保护、传承与发展要做好几件事。

1. 加强对昆曲艺术的理论研究和总结。昆曲艺术的本质特征、深刻文化内涵、艺术精粹的呈现形态、表演体系，包括昆曲艺术史等，急应以今天文化包容的开阔视野，在挖掘遗产、唤醒以往被忽视的记忆的基础上，来进行这项工作。只有对昆曲艺术的内涵和本质特征进行研究和正确认识，有透彻的了解，才不会丢失自我，真正全面地把昆曲艺术继承、保护下来。

2. 培养昆曲艺术人才。除了正规的艺术院校要重视昆曲艺术人才的培养以外，目前要重点抓好昆曲优秀曲目的传承。昆曲鼎盛时期，演出曲目有1000余台，传字辈艺人学习和演出曲目达到700余台，留存下来400余台，而目前舞台上大约能演出100台，而这100台中，许多表演的精粹已经难以恢复。新中国成立后培养的许多优秀演员，今天已经都在60岁上下，他们是承前启后的一代演员，他们身上保留了昆曲艺术表演的很多精粹的绝活，如能传承下来，对昆曲今后在舞台上以独特的光彩延续和发展，是十分重要的。1980年在苏州举办昆剧传习所成立60周年，当时有16位传字辈艺人与会，会上即确定他们选定优秀的学生（其中不少是继字辈、世字辈的演员），把自己代表性折子戏的表演传承下来。会后，他们又分别在南京、苏州、上海、浙江等地教学，一年后在苏州举行了会演，教学成果引人赞叹。对今天的中年优秀表演艺术家和已退出舞台的著名艺术家，也应采取这样的办法，在两三年内，使他们代表性的曲目能够基本传授下来。同时，参照创办昆曲传习所的做法，选拔少年学员，在上海、江苏或北京，举办昆曲班，以 8 ~ 10 年的时间，培养昆曲艺术的后继人才。如能培养 60 名左右优秀的基本功扎实、对昆曲艺术有深入理解的青年人才，那么，就可以保持昆曲艺术几十年内有一个薪传的核心队伍。

3. 结合当代著名昆曲表演艺术家对青年人才拿手曲目的传授，以录像方式，记录他们表演的优秀传统折子戏。通过努力把能够演出的剧目全部记录下来。同时，组织对多年不演出的传统剧目挖掘整理，认真排练演出并录像记录。对这类剧目的挖掘整理，尤其要强调文化记忆的价值。《长生殿》、《浣纱记》、《牡丹亭》、《窦娥冤》、《荆钗记》、《邯郸记》、《琵琶记》、《桃花扇》等代表性剧目，要坚持长期连续演出。其他有独特价值的剧目，都可陆续列入复排之列，以在演出上呈现昆曲舞台艺术的整体面貌。

4. 在北京、上海、南京、杭州、苏州等地建立昆曲演出季制度，当代著名演员交流挂牌演出优秀折子戏，并演出阵容整齐的优秀剧目。要重视普及宣传昆曲艺术，特别是在大学校园进行优秀剧目的演出及艺术讲座。

作为人类优秀文化遗产，昆曲艺术的保护是多方面的。首要的是实施连续的中长期保护规划。近 20 年来，我国对昆曲艺术的保护作了许多工作，当前，面临社会主义市场经济体制的转型，以及现代化进程加快，昆曲艺术的保护面临更多现实问题。值得我们欣慰的是，党和国家把昆曲艺术的保护作为文化遗产保护的一项重要工作对待，这将比以往任何时候的保护工作更具推动的可能性和取得成效。作为昆曲艺术保护的主体机构——有关艺术表演团体以及研究机构，也要通过改革，加强体制机制运行的有效性来促进保护工作的进展。

九、2009 年全国昆曲院团长工作会议

2009 年 2 月 20 日，全国昆曲院团长工作会议在苏州召开。文化部艺术司副司长蔺永钧、文化部艺术司戏剧处副处长吕育忠和全国 7 个昆曲院团的院（团）长，苏州市文广局有关负责人，上海戏剧学院戏曲学院、中国昆曲博物馆负责人出席了会议。

2009 年是昆曲艺术抢救、保护和扶持工程 5 年计划的最后一年。会议对 5 年来昆曲工程的实施情况和取得的成绩进行了总结。加上 2009 年即将资助的昆曲项目，5 年来，国家昆曲抢救、保护和扶持工程办公室资助全国 7 个昆曲院团共整理改编上演了 23 部昆曲传统剧目、新创了 15 部昆曲新剧目、录制了 200 出优秀传统折子戏；资助中国昆曲博物馆收集整理了一批有历史价值的昆曲文物和历史资料；在浙江、上海和苏州分别建立了昆曲创作人才培训中心，昆曲表演艺术人才培训中心和昆曲艺术理论研究中心，并成功举办了 5 届昆曲创作人员培训班 ,5 届昆曲表演艺术人才培训班，对 170 余位昆曲编、导、音、舞美创作人员进行了培训，对 200 余位在职优秀青年演员进行了业务培训。在苏州举办了 5 届中国昆曲论坛，共有 150 余位海内外昆曲学者参加了论坛，为昆曲艺术的传承与发展提供了理论保障；资助全国 7 个昆曲院团举行昆曲进校园公益性和普及性演出 700 余场，观众总人次达 100 万；在对外文化交流方面，资助了北方昆曲剧院赴日本演出，江苏省昆剧院赴瑞士、英国、荷兰演出，浙江省昆剧团赴瑞典演出，湖南省昆剧团赴爱沙尼亚、拉脱维亚、英国、土库曼斯坦演出，江苏省苏州昆剧院赴美国、比利时、日本、英国、希腊演出。举办了第三届中国昆剧艺术节，展示了一批优秀昆曲剧目，表彰了 22 位昆曲优秀主创人员；举办了全国昆曲优秀青年演员评比展演，表彰奖励了昆曲青年十佳演员、十佳新秀及十佳论文获得者。即将举办的第四届中国昆剧艺术节，将成为一个展示 5 年来的传承保护成果的好平台。届时，各院团将挑选出 2 台剧目，1 台参演、1 台参赛。同时，在昆剧艺术节上，还将表彰 30 位昆曲理论研究工作者，7 家对昆曲艺术作出突出贡献的单位，并再次评出昆曲十佳演员、十佳新秀。昆曲艺术不仅逐步步入良性循环发展轨道，而且在中国文化艺术界形成了一道独特的风景线。

会上，文化部艺术司向全国 7 个昆曲院团部署了 2009 年昆曲主要工作，要求各昆曲院团争取以最好的成绩，展示昆曲艺术院团优化自身改革、积极推动艺术生产、培养艺术人才的优秀成果，体现昆曲艺术在国家抢救、保护和扶持下的勃勃生机，向党和国家交出一份圆满的答卷。

十、第四届中国昆剧艺术节

2009 年 6 月 18 ~ 26 日，由文化部、江苏省人民政府共同主办的第四届中国昆剧艺术节，在昆

曲发祥地苏州隆重举行。这是继2000年首届昆曲艺术节举办以来，规模最大的一次昆曲艺术盛会。全国7个昆曲院团和中国昆曲博物馆、上海戏剧学院戏曲学院在艺术节上献演了由《国家昆曲艺术抢救、保护和扶持工程》专项资助排演的包括中国五大古典名著《西厢记》、《琵琶记》、《牡丹亭》、《长生殿》和《桃花扇》在内的13台优秀传统经典剧目。来自美国和中国香港地区的昆曲社团也和内地昆剧院团联袂在昆剧节上一展风采。期间，还举办了中国昆曲论坛和昆曲优秀理论研究工作者和为昆曲艺术作出突出贡献的单位表彰大会等活动。

被誉为我国民族戏曲"幽兰"的昆曲艺术，长期以来一直得到党中央、国务院领导同志的高度重视和亲切关怀。2004年，党中央、国务院领导同志就昆曲艺术作出"抢救、保护和扶持"的重要批示。从2005年起，文化部、财政部共同实施了《国家昆曲艺术抢救、保护和扶持工程》。广大昆曲艺术工作者认真贯彻落实胡锦涛、温家宝、李长春、陈至立等中央领导同志的批示精神，按照构筑科学的文化遗产生态保护体系的思路，紧紧围绕文化部、财政部《国家昆曲艺术抢救、保护和扶持工程》确定的各项任务，积极传承和创作演出，昆曲艺术呈现出前所未有的发展态势，为昆曲艺术的传承和发展打下了坚实的基础。

2009年是《国家昆曲艺术抢救、保护和扶持工程》实施的第五年，昆曲艺术在剧目建设、人才培养、进校园公益性演出及在对外文化交流方面取得了显著的成绩。5年来，《国家昆曲艺术抢救、保护和扶持工程》资助了包括我国五大古典名著《西厢记》、《琵琶记》、《牡丹亭》、《长生殿》和《桃花扇》在内的38台剧目；资助7个昆曲院团录制了200出优秀传统折子戏；资助7个昆曲院团进校园等公益性演出1131场，观众人数近100万人次；资助7个昆曲院团赴瑞典、爱沙尼亚、美国、英国、北爱尔兰、俄罗斯、比利时、土库曼斯坦、日本、荷兰、希腊、法国、新加坡及中国香港和台湾地区进行对外文化交流；举办了5届昆曲主创人员培训班，5届昆曲表演艺术人才培训班，3届中国昆曲论坛；表彰了22位昆曲优秀主创人员；奖励了优秀昆曲青年演员展演"十佳演员"、"十佳新秀"和"十佳论文"获得者。

本届昆剧节在13台参评剧目中评出了"优秀剧目奖"和"剧目奖"，在参演演员中评出了3名"特别荣誉奖"、10名"优秀表演奖"和10名"优秀青年演员表演奖"，并对一批昆曲优秀理论研究工作者和为昆曲艺术作出突出贡献的单位进行了表彰，紧扣展示经典剧目、推出优秀人才的宗旨，全面展示了国家昆曲工程实施五年来在剧目建设和人才培养方面所取得的成果。

获奖名单

优秀剧目奖（以得票多少为序）

上海昆剧团	《长生殿》
北方昆曲剧院	《西厢记》
江苏省苏州昆剧院	《牡丹亭》
江苏省昆剧院	《1699·桃花扇》
浙江昆剧团	《红泥关》
江苏省苏州昆剧院	《长生殿》

剧目奖（以得票多少为序）

中国昆曲博物馆	《玉簪记》
永嘉昆剧团	《琵琶记》
浙江昆剧团	《西园记》
上海戏剧学院戏曲学院	《寻亲记》
上海昆剧团	《紫钗记》
江苏省昆剧院	《绿牡丹》
湖南省昆剧团	《比目鱼》

特别荣誉奖

蔡正仁	上海昆剧团
张静娴	上海昆剧团
张铭荣	上海昆剧团

优秀表演奖（以得票多少为序）

王振义	北方昆曲剧院
魏春荣	北方昆曲剧院
王　芳	江苏省苏州昆剧院
林为林	浙江昆剧团
倪　泓	上海昆剧团
谷好好	上海昆剧团
龚隐雷	江苏省昆剧院
刘文华	永嘉昆剧团
李公律	浙江昆剧团
余　彬	上海昆剧团

优秀青年演员表演奖（以得票多少为序）

黎　安	上海昆剧团
俞玖林	江苏省苏州昆剧院
施夏明	江苏省昆剧院
沈丰英	江苏省苏州昆剧院
肖向平	中国昆曲博物馆
罗晨雪	江苏省昆剧院
单　雯	江苏省昆剧院
毛文霞	浙江昆剧团
刘　娜	湖南省昆剧团
袁国良	上海昆剧团

组织工作奖

苏州市人民政府

十一、“向祖国汇报——庆祝中华人民共和国成立60周年”第三届全国地方戏优秀剧目（南北片）展演

2009年6月13日，由文化部主办，文化部艺术司、浙江省文化厅和山西省文化厅承办的第三届全国地方戏优秀剧目（南北片）展演，在山西太原落下帷幕。本届展演历时一个月，共有来自全国30个省、自治区、直辖市的45台剧目在杭州和太原一展风采，向祖国和人民汇报了新世纪以来地方戏在剧目创作和人才培养方面取得的崭新成就，为共和国60华诞献上了一份厚礼。最终，山西省晋剧院的《麦穗儿黄了》获得特别奖；西藏自治区藏剧团的《朵雄的春天》、新疆生产建设兵团豫剧团的《天雪》获得荣誉奖。浙江小百花越剧团的《梁山伯与祝英台》、山西省太原市实验晋剧院青年剧团的《傅山进京》、沈阳演艺集团沈阳评剧院的《我那呼兰河》、云南省花灯剧团、云南省民族艺术研究所的《梭椤寨》、中国评剧院的《马本仓当“官”记》5台剧目获得一等奖，河南省豫剧二团的《清风亭上》、黑龙江省龙江剧院的《鲜儿》、天津评剧院的《寄印传奇》等12台剧目获得二等奖，福建省芳华越剧团的《唐琬》等25台剧目获得参演剧目奖。山西省文化厅和浙江省文化厅获本次展演活动的组织工作奖。文化部副部长王文章和山西省委省政府以及山西省文化厅的领导同志出席了闭幕式并为获奖剧目及单位颁奖。颁奖结束后，举办了精彩的闭幕式戏曲晚会。

一个月来，参加本次展演的25个剧种45台剧目，为广大观众演出达90余场，成为新时期以来规模最大、参演剧目最多的一次地方戏展演活动。参演院团来自全国30个省、自治区、直辖市，既有领军当今戏曲舞台的名家名团，也有不少来自边远地区和少数民族地区的地方戏院团，还有许多面向群众、扎根基层的县级基层院团。参演剧目中现代戏、新编历史剧和整理改编传统戏三者并举，题材广泛、内容丰富、风格多样、异彩纷呈，充分展示了戏曲艺术工作者既善于继承传统，又勇于开拓创新的不懈追求和探索精神。文化部副部长王文章在致辞中说，本次展演中涌现出的不少新编历史剧，将历史人物和事件与现实关照交织在一起，既有厚重的历史哲思又有鲜明的时代感；精心整理和改编的传统剧目，去粗取精、推陈出新，揭示了新的历史内涵，焕发了新的时代美感；而现代戏的创作尤为突出，一批直面现实生活的剧目，讴歌新时代、赞美新生活，不仅从不同角度生动地展现改革开放以来社会生活的丰富性，而且塑造了许多具有时代特点、体现时代精神的崭新的艺术形象，展示了当代中国人解放思想、开拓创新的时代风貌。

本届全国地方戏优秀剧目（南北片）展演，不但为各参演院团提供了一次展示剧目创作和人才培养可喜成就的机会，也为全国地方戏曲院团提供了一个相互学习交流，共同发展的平台。本次展演以“向祖国汇报，请百姓看戏”为主题语，采取政府主导与市场运作相结合的方式，实行低票价的惠民政策，满足广大群众的需求，保证更多的观众能够走进剧场，共享地方戏艺术的精彩魅力。尤其是在太原市的北方片展演，每场戏上座率都达到九成以上。同时，组委会还根据不同的剧目题材，专门举办了多场以工人、农民、部队、武警、社区居民为服务对象的公益演出，从而进一步发挥了优秀作品的社会影响力，体现了艺术为人民服务的目的。

获奖名单

特别奖

山西省晋剧院	《麦穗儿黄了》

荣誉奖

西藏自治区藏剧团	《朵雄的春天》
新疆生产建设兵团豫剧团	《天雪》

一等奖（以得票多少为序）

浙江小百花越剧团 《梁山伯与祝英台》
山西省太原市实验晋剧院青年剧团 《傅山进京》
沈阳演艺集团沈阳评剧院 《我那呼兰河》
云南省花灯剧团
云南省民族艺术研究所 《梭椤寨》
中国评剧院 《马本仓当“官”记》

二等奖（以得票多少为序）

河南省豫剧二团 《清风亭上》
黑龙江省龙江剧院 《鲜儿》
天津评剧院 《寄印传奇》
河南省越调剧团 《三探老子》
河北省石家庄市河北梆子剧团 《女人九香》
甘肃省陇剧院 《苦乐村官》
湖北省实验花鼓剧院 《生命童话》
长春评剧院 《宰相胡同》
海南省琼剧院 《下南洋》
绍兴小百花越剧团 《李慧娘》
重庆市川剧院 《李亚仙》
厦门市金莲升高甲剧团 《阿搭嫂》

参演剧目奖（以得票多少为序）

福建省芳华越剧团 《唐琬》
山东省聊城市豫剧院 《大明贤后》
山东省吕剧院 《大唐黜官记》
浙江越剧团 《九斤姑娘》
陕西省戏曲研究院小梅花秦腔团 《杨门女将》
广西壮族自治区桂剧团 《烽火“南欧”》
湖南省花鼓戏剧院 《作田汉子也风流》
安徽省黄梅戏剧院 《徽商胡雪岩》
湖南省湘剧院 《李贞回乡》
宁夏回族自治区银川市秦腔剧团《庄妃与多尔衮》
广州红豆粤剧团 《刑场上的婚礼》
上海越剧院 《韩非子》
山西省临汾市眉户剧团 《父亲》
广州粤剧团 《三家巷》
江苏省演艺集团锡剧团 《桃花村》
甘肃省定西市秦剧团 《百合花开》
四川省自贡市川剧团 《刘光第》
辽宁省锦州市评剧团 《新台月》
河南省平顶山市豫剧团 《李清照》
内蒙古自治区呼和浩特市晋剧团 《满都海》
辽宁省朝阳评剧团 《赵尚志·1933》
云南省玉溪市滇剧团 《抚仙湖之恋》
广东粤剧院一团 《东坡与朝云》
江西省赣南采茶歌舞剧院 《快乐标兵》
贵州省黔剧团 《大学生村官》

组织工作奖

山西省文化厅
浙江省文化厅

十二、中国话剧艺术发展论坛

2009年8月28日，由文化部主办，中国话剧艺术研究会、辽宁省文化厅、辽宁省老艺术家协会、辽宁人民剧院承办的新中国成立60周年——中国话剧艺术发展论坛在抚顺市隆重召开。中国话剧艺术研究会会长、人民表演艺术家李默然，中宣部文艺局艺术处处长李小虹、文化部艺术司副司长张明、辽宁省文化厅长郭兴文、抚顺市委副记喻国伟、抚顺市委常委宣传部部长刘国强、抚顺市副市长刘诗等出席活动。

论坛为期4天，主题是关注现实生活，反映人民呼声，踏着时代的步伐，使话剧大发展。论坛期间，来自全国各地的近60位艺术家一起观看了抚顺市《带陌生女人回家》等4部不同风格话剧的精彩演出，回顾了百年话剧的发展历程，围绕论坛的主题剖析了话剧艺术品种的优长与短缺、强势与弱点，探讨了话剧如何坚守与创新、话剧担负的责任、话剧的今天与明天等方面的问题。

以辽宁人民艺术剧院为代表的北方话剧，这些年来推出了一批优秀话剧作品，尤以《报春花》、《高山下的花环》、《父亲》、《凌河影人》、《矸子山上的男人女人》等深受广大观众的喜爱。在论坛上，辽宁人民艺术剧院院长宋国锋回顾了该剧院创作排演现实主义戏剧的历程。改革开放以来，辽宁人民艺术剧院先后排演了43部话剧，其中40部是现实生活题材的作品。在排演现实生活题材的作品时，辽宁坚持了与时俱进、兼容并蓄的原则，邀请陈薪伊、查明哲等国内优秀导演执导，在表演形式上力求创新和突破，收到很好效果。而在演出实践中体会到，凡是创作上有创新、在剧作上赋予真情实感的作品，就会受到观众的喜爱，就会经得起市场的考验。

与会专家还就现实主义戏剧在当今市场经济

中的状态发表了自己的见解。戏剧评论家田本相认为，把戏剧推向市场不能冒进，探索戏剧固然重要，但非理性激进和冒进是行不通的。艺术不能折腾，而应如骆驼坦步那样发展，有钱并不能直接产生艺术，需要艺术家的责任。剧作家刘锦云认为，当前出现了戏剧文学日渐萎缩的现象，有人说，戏剧私奔了，嫁给了钱，剧作家消失了自己，这是很可悲的现象。因此，文学没有表达到位的，也就只有靠导演艺术家和舞台设计家们来弥补，戏剧的大包装现象就由此出现了。戏剧不能少了大根，这个根就是艺术之根。刘锦云呼吁：剧作家们要向曹禺等老剧作家学习，创作出的作品要有平民心态，要把观众当朋友，而不要以老师对待学生的心态对待观众，而对于经典要有敬畏之心，只有这样，现实主义的戏剧才能真正赢得市场。

十三、第六届全国儿童剧优秀剧目展演

2009 年 3 月 15 ~ 29 日，由文化部主办，文化部艺术司、广州市文化局承办的第六届全国儿童剧优秀剧目展演在广州市举行。十余天里，来自全国 17 个省、直辖市及中直单位的 21 台剧目共演出了 42 场，一批题材广泛、内涵丰富、表现形式丰富多彩的儿童剧作品，让广大观众特别是儿童观众享受到了一次难得的艺术盛宴。

与上届全国儿童剧展演相比，本届儿童剧展演在题材开拓、内涵深化和艺术手段创新上都取得了崭新的突破，体现了广大儿童剧艺术工作者积极探索、追求发展的奋斗精神，也体现了儿童剧艺术在时代浪潮下焕发的勃勃生机，显示了近年来儿童剧创作总体水平的提高。本届儿童剧优秀剧目展演的参演剧目中，有描绘校园生活、贴近当下少年儿童学习生活的青春校园剧；有取材古典传说、蕴涵优秀传统文化精髓的神话剧；有充满童趣童真、展示丰富多彩想象力的童话剧；还有反映革命斗争、体现不屈不挠的民族精神的革命历史剧。这些剧目颂扬了勇敢、善良、诚实、友爱的美好品格，展示了少年儿童丰富多彩的学习生活和细腻生动的情感世界。

本届儿童剧展演贯彻落实中央领导和文化部领导近期关于淡化评奖意识、促进舞台艺术健康发展的指示精神，将展演办成了展示儿童剧创作艺术成就的盛会，办成了面向观众、服务少年儿童的生动课堂，办成了儿童剧院团互相学习和相互交流的舞台。这次活动不仅得到了广大少年儿童的欢迎，还获得了不少专家的赞誉，他们纷纷撰文和接受采访，盛赞儿童剧创作取得的可喜成就和活动组织工作的成效。新华网、新浪网、中央电视台、《中国文化报》、《广州日报》、《羊城晚报》等不少媒体都对展演活动给予了广泛宣传和积极评价，展演取得了良好的社会反响。

（一）把握时代脉搏，开拓创作视野

儿童剧是众多艺术形式中唯一以观众对象命名的艺术品种。以精美的戏剧作品，启迪儿童心智，反映儿童成长历程，丰富未成年人的精神文化生活，是儿童剧艺术工作者光荣而神圣的职责。本届儿童剧展演的一大特点，就是在题材拓展方面取得了崭新的突破。本届儿童剧展演中，有近半数的作品，是贴近儿童生活的现实题材作品，比往届在数量和质量上都有了进一步的提高。其中一些剧目，具有鲜明的时代特征和现实意义。

我国现有 1 亿多农民外出打工，每年约有 2000 万农民工子弟进城读书，安徽省话剧院创作的《山里的泥鳅》以这个突出的社会问题为切入点，生动描绘了以山里娃泥鳅为代表的农民工孩子到城里上学引发的一连串故事，体现了儿童剧选材的重大突破。该剧编导说："关注现实、关注社会问题，关注泥鳅和他的小伙伴们，这便是我们创作这部剧作的根本初衷。"广东省木偶艺术剧院有限公司的《八层半》，则针对当今社会的环境保护这一与人类生存发展息息相关的重大课题，将童话与现实生活相结合，通过小主人公进入科学馆"八层半"的奇遇，从孩子的眼光中反映了人类共同面临的环境问题，讲述了人与人、人与自然、人与动物之间的交流与互动，表达了重建和谐生态环境的美好愿望。

除一批原创剧目之外，本次儿童剧展演中的剧目，还从古今中外的文学、戏剧领域中进行了广泛取材，使展演剧目呈现出多姿多彩、百花竞放的局面。如选自中国古典名著的《西游记》，从古典传说汲取精华的《渔童》、《沉香救母》，取材于国外绘本的《你看起来好像很好吃》，移植于国外剧目的《丑公主》，由当代儿童小说改编的《我和我的影子》、《巨人的城堡》，都体现了儿童剧创作的题材多样性，为儿童剧创作注

入了新鲜血液。

长期以来，儿童剧创作的难点是如何以儿童的视角进行艺术创作，而非编导者站在成人角度对儿童进行简单说教。本届儿童剧展演，在这一方面取得了重要突破，涌现出了一批反映儿童心理、能够引发共鸣和感悟的好戏。荣获一等奖的武汉人民艺术剧院的《古丢丢》，以独特的视角、细腻的情感，深入挖掘儿童心理，通过几个平凡的小故事，展示了一个不被周围人关注理解的孩子的精神面貌和生活状态，不但引起了孩子的共鸣和感动，也给成人带来了回味和思考。这体现了儿童剧的创作，正在突破“教育剧”的模式，而回归到写儿童、为儿童创作的本体意识。青岛市话剧院的《向前，向前》，是本次展演中唯一一部反映高中生活的剧目，它通过“80后”女教师和“90后”高中生的互动和成长，展示了充满热情和锐气、站在时代潮流前端的当代青少年群像，显示出强烈的青春激情和现代气息。济南儿童艺术剧院的《我和我的影子》，则讲述了一个怯懦、不自信的平凡小学生，在自己“影子”的帮助和激励下获得自信，勇敢面对自我，收获友情和进步的故事，塑造了活泼、真诚、勇敢的当代儿童群像。剧中的老师，在学生犯了错误时，没有简单批评说教，而是站出来和学生一起承担责任，这是一个崭新的教师形象。

（二）传承与创新结合，艺术手段丰富多彩

本届儿童剧展演，不但在题材和内涵上有了崭新的突破，在表现形式上，也有进一步的拓展和提高。中国儿童艺术剧院的《西游记》，首次将中国古典名著搬上儿童剧舞台，表现形式集音乐、戏剧、舞蹈、武术等为一体，可谓“唱念做打”俱全，在保持古典名著精髓的同时，以多元的艺术手段，在舞台上展示了宏大而绚丽的神话世界，实现了传统文化和多种艺术形式的成功结合。福建人民艺术剧院的《渔童》，将传统高甲戏艺术表现方式巧妙地糅合在剧中，人物塑造具有鲜明的中国特色，展示了传统民间故事的魅力。北京儿童艺术剧院有限公司的《你看起来好像很好吃》，浙江话剧团、浙江儿童艺术剧团的《果果的绿野仙踪》等，则以精致的舞台设计、丰富的艺术表现手法、现代化的舞台科技手段，为孩子们营造出了一个如梦似幻的童话世界。此外，在本届儿童剧展演中的几台木偶戏、皮影戏中，既传承了传统艺术的精髓，也体现了创作理念的更新和艺术手段的发展。上海木偶剧团的《春的畅想》，打破了木偶剧表演的常规方式，是木偶艺术从形式到内容的一次全新的畅想和实践。湖南省木偶皮影艺术剧院的《狼孩》，河北省唐山市皮影剧团的《沉香救母》，则以新颖生动、充满现代感的表现方式，赋予了古老艺术新的生命。

（三）淡化评奖意识，着力面向观众

本次儿童剧展演仅设1个一等奖，2个二等奖和1个特等奖，体现了评奖意识的淡化，突出了以展演的形式推动艺术交流和促进艺术建设发展，以展演的形式更好地面向观众、服务观众的目的。

在参加本次儿童剧展演的剧团中，有专业的儿童剧团，也有相当数量的话剧院团、地方戏曲院团等，儿童剧创作演出队伍在不断扩大。他们以为广大少年儿童观众服务为己任，深入校园演出，积极面向市场，无论是展演前还是展演结束后，各院团都将面向观众，更好地服务于少年儿童作为重要的目标。中国儿童艺术剧院的《西游记》自2009年首演以来共演出了30多场，这次展演结束以后，将赴苏州、宁波、杭州等地继续演出。武汉人民艺术剧院的《古丢丢》自首演以来，已在上海、北京、深圳、海南及武汉等地演出240余场，在展演结束后，还将继续在国内巡演。安徽省话剧院创演的《山里的泥鳅》自2007年首演后，在合肥、上海等地演出百余场，其中包括7场为农民工子弟的专场演出。天津儿童艺术剧院创演的《第七片花瓣》,2008年3月5日至4月中旬先后在上海白玉兰剧场、川沙剧场、南市影剧院等剧场共演出60场。《小小阿凡提》是西安儿童艺术剧院经多年打磨的优秀保留剧目，已在全国各地连续演出了500余场。四川人民艺术剧院在“5·12”大地震后，携《草房子》等剧目，为北川中学、东汽中学、映秀小学等灾区中小学校及紫坪埔大坝的工作人员、抗震一线的武警演出30余场。

此次儿童剧展演，不仅受到了艺术界的广泛关注，也得到了广州少年儿童观众的热烈欢迎。神话剧、童话剧的魔幻氛围，使孩子们沉迷其中，心旷神怡；神奇的木偶和皮影操作，赢得了小观众的热烈掌声；而表现当代学生题材的儿童剧，更是让孩子们感同身受，引起强烈共鸣，不少孩子看完一遍后，又接着看第二遍。观演互动是儿童剧的一大表现特征，在此次展演中，台上台下互动十分热烈，在剧情发展到高潮时，孩子们兴致高涨，全心投入，营造了良好的剧场氛围。

自费来广州观摩的日本话剧人社理事长伊藤巴子无比感慨地说，中国政府对于儿童剧的支持和经费上的资助，对儿童剧的发展起到了重要的作用。日本的儿童剧团全部都是民营的，得到政府的支持非常困难，相比之下中国儿童剧团太幸福了。与日本儿童剧相比，中国的儿童剧内容更加丰富和贴近现实。但她也认为，与日本相比，中国的儿童剧团数量太少，应积极帮助和鼓励民营儿童院团的发展，让偏远地区的孩子也能看到儿童剧。

（四）科学高效运作，实现社会效益和经济效益的双赢

在为期15天共42场的展演中，约3万人次观看了演出，接待各地院团演职人员及观摩人员约3000人次，票房收入近40万元，平均上座率高达98%，实现了社会效益和经济效益的双赢。

广州市委宣传部、市文化局、市教育局、团市委都非常珍惜和重视这次展演活动，把学校的音乐课搬到剧场，让更多的学生在家门口看到来自全国的优秀剧目。组委会对学校包场一律实行免费，共有30多所学校，15000名学生观看了演出。有的学校组织了亲子专场，让家长和学生一起观看儿童剧；还有的学校调整课时，保证学生能够看到演出。为了让更多的广州市民看到来自各地的优秀儿童剧，除了组织学校学生观看外，组委会还拿出了近2万张票，组织中国票务在线等4家票务公司联合营销，并实行低票价原则，最低票价20元，最高票价也仅120元，同时推出了亲子套票、家庭套票、旅游套票等。市委宣传部专门组织媒体开会，介绍剧目内容，开展形式多样的剧目宣传活动，把剧目适合的年龄段公布社会，让不同年龄段的儿童自己挑选剧目。通过多种形式的营销，保证了42场演出上座率均达到98%，不少场次还在走廊过道加座。

在承办过程中，文化部艺术司和广州市文化局把节俭办活动的理念贯穿整个工作之中。原来按预算场租需100多万元，为节省开支，组委会尽量说服剧场降低场租，并科学安排装台和演出时间，不仅将原计划20天的展演时间压缩到15天，还节省经费30万元。此外，还将原计划投入的30万元广告宣传经费，改为聘请评论家写评论报道，只用了3万元，见报了上百篇文章，同样起到了很好的宣传效果。

广州市文化局将这次儿童剧展演作为“九艺节”前的大练兵，按照“九艺节”的运作模式运行。组委会抽调了市属6个院团舞台队对演出场地进行保障，及时同院团领导协商，科学安排，周密部署，确保了每个演出院团装台和演出的顺利。为了避免外地院团到广州吃住行不方便，广州市文化局对来穗演出团体一律实行吃住行全部免费安排。同时还组建了志愿者服务队，受到各地院团一致好评。16天来，共接待演职员、观摩人员3000人次，派出车辆500多台次，行车数万公里，没有发生一起安全责任事故，服务满意率达100%，承办单位共收到锦旗12面，感谢信20多封。

这次展演活动，社会影响积极、剧场上座率空前、演员满意度高。同时，政府运作成本低，体现了高效务实的原则，真正实现了社会效益和经济效益的双丰收。

（五）儿童剧发展面临的问题和困境

少年儿童是祖国的未来和希望，儿童剧的演出对陶冶他们的道德情操、提高他们的文化素质、丰富他们的精神生活、塑造他们美好的精神世界，起着重要的作用。但是，由于儿童剧市场的特殊性，儿童剧的创作演出和院团的生存发展，其问题和困境不容忽视。

比较其他艺术品种，儿童剧演出主要是面向未成年人，是最具公益性的文化事业，如果演出票价高，孩子们无力消费；票价低，院团入不敷出。因此，一些儿童剧虽然演出场次高，但收益甚微。而另一方面，许多儿童剧院团面临经费投入不足的状况，使院团的生存发展受到了很大的制约。目前，不少儿童剧团属差额拨款单位，像西安儿童艺术剧院每年财政拨款只有50%，不能满足院团的生存发展需要。

一些专家呼吁，儿童剧团还是应该国家扶持，通过政府投入，使更多的孩子可以观看到儿童剧，为未成年人的健康成长，营造一个良好的生态环境。著名儿童剧表演艺术家连德枝认为，提升市场份额，意味着票价提高，也就是说只有能买得起票的观众能看到儿童剧，因此，儿童剧要靠政府买单，儿童剧团还是应该国家扶持。著名儿童剧作家代路认为，儿童戏剧的繁荣，来自于各地政府的重视和大力支持。他指出，和过去相比，我们的儿童戏剧事业已经有了长足的进步，但是和世界上一些发达国家相比，和我们国家的实际需要比较，还有不小的差距。目前，儿童剧事业仍然需要通过政府扶持，以公益性演出为主。近年来，上海市政府每年拨款从全国各地引进优秀儿童剧，用政府补贴的形式"请"孩子们进剧场看演出，大大促进了儿童剧艺术在上海的发展。

全国文化体制改革正在逐步深入，如何通过改革，进一步调动广大文艺工作者的积极性，最大限度地解放艺术生产力，不断满足人民群众日益增长的精神文化需求，让人民群众特别是未成年人共享文化发展的成果，以精美的艺术作品塑造儿童美好的精神世界，既是广大儿童剧艺术工作者的光荣使命，也是政府文化主管部门义不容辞的责任。

获奖名单

特等奖

广东省木偶艺术剧院有限公司　《八层半》

一等奖

武汉人民艺术剧院　《古丢丢》

二等奖

中国儿童艺术剧院　《西游记》
安徽省话剧院　《山里的泥鳅》

优秀奖（按演出先后为序）

重庆市话剧团　《小萝卜头》
上海木偶剧团　《春的畅想》
西安儿童艺术剧院　《小小阿凡提》
浙江话剧团、浙江儿童艺术剧团　《果果的绿野仙踪》
青岛市话剧院　《向前，向前》
河北省唐山市皮影剧团　《沉香救母》
四川人民艺术剧院　《草房子》
广东话剧院儿童剧团　《小鸡要飞》
成都艺术剧院少儿艺术剧团
成都艺术剧院木偶皮影剧团　《巨人的城堡》
中国福利会儿童艺术剧院　《丑公主》
湖南省木偶皮影艺术剧院　《狼孩》
福建人民艺术剧院　《渔童》
济南儿童艺术剧院
济钢集团儿童艺术剧院　《我和我的影子》
北京儿童艺术剧院股份有限公司　《你看起来好像很好吃》
天津儿童艺术剧院　《第七片花瓣》
河北省河北梆子剧院　《我想种太阳》
哈尔滨话剧院　《绿野仙踪》

组织工作奖

广州市文化局

十四、第十四届全国音乐作品（合唱、室内乐）评奖

2009 年 12 月 1 日，由文化部主办，中央歌剧院承办的第 14 届全国音乐作品（合唱、室内乐）评奖颁奖仪式暨获奖作品音乐会在国家大剧院举行。

参加本届评奖的作品题材广泛，形式多样，创作水平较前 13 届有了明显的提高。在前期报名阶段就得到了全国各省区市文化主管部门及广大作者的广泛关注与热情参与。本次评奖共从参评的 160 首作品中评选出 22 首合唱、20 首室内乐作品。

全国音乐作品评奖自改革开放至今已走过近 30 年的历程随着时代的进步和发展，作者在创作思维上更加以人为本，呈现出多元化的发展趋势。作者多为专业团体、艺术院校、部队文艺单位及少数民族地区的作曲家，他们之中既有专门从事合唱艺术创作的艺术工作者，也有来自基层文化工作岗位的音乐爱好者。在歌词写作上追求生动自然，旋律创作上讲究优美动听，编配手法上力求层次丰富。获奖作品除《铁军之歌》反映历史题材外，绝大多数作品都反映了当今现实生活，具有强烈的时代感，形式上既有无伴奏的多声部合唱，也有中小型艺术合唱，还有大型交响合唱等。本次评奖作品呈现许多可供群众选唱的歌唱祖国、歌唱美好生活的好歌、新歌，专家评委认为本次评奖作品艺术质量令人欣慰。

如何有利于推动我国的室内乐创作、演出，推广获奖作品的出版，是这次评委总结会上重点讨论的内容之一。专家们指出，在本届评奖中，有一些室内乐作品能自觉以 21 世纪我国现代音乐专业创作的水平为起点，兼顾作品的音乐性，使

民族音乐元素通过西方创作技法的运用在社会得以广泛传播，为百姓所接受。下一步应当通过各种形式的演出，形成室内乐良性的生存、发展机制，逐步改变室内乐在人们固有意识中“阳春白雪”、高不可攀的印象，使之满足人民群众的文化需求，提升大众欣赏室内乐的水平，繁荣此类作品创作，推动优秀作品的传播。

十五、第八届全国舞蹈比赛

2009年11月15至20日，由文化部主办、湖北省文化厅承办的第八届全国舞蹈比赛在武汉顺利举行。文化部副部长王文章，湖北省委常委、宣传部部长李春明，湖北省人民政府副省长张岱梨等领导同志出席开幕式。本届全国舞蹈比赛以精湛的艺术、创新的机制、一系列惠民举措和人民群众的广泛参与，充分体现了本届舞蹈比赛“荟萃舞蹈艺术精品、繁荣文化艺术事业”的宗旨，圆满完成了预定的各项任务，是一次高水平、有特色、精彩难忘的舞蹈艺术盛会。

（一）第八届全国舞蹈比赛的基本情况

第八届全国舞蹈比赛报名情况十分踊跃，参赛作品多，涉及范围广。共有来自全国29个省、自治区、直辖市，台湾地区以及解放军和各部委所属院校、院团的559个节目报名参赛，其中独舞、双人舞、三人舞节目289个，群舞节目270个，最终有116个节目参加现场决赛。

经过4天8场决赛的激烈角逐和评委的严格评审，第八届全国舞蹈比赛分别为独舞、双人舞、三人舞组和群舞组两个组别评出文华舞蹈节目创作奖和表演奖。其中，独舞、双人舞、三人舞组文华舞蹈节目创作奖二等奖2名，三等奖3名，优秀创作奖12名，文华舞蹈节目表演奖一等奖2名，二等奖2名，三等奖3名，优秀表演奖15名；群舞组文华舞蹈节目创作奖一等奖1名，二等奖2名，三等奖3名，优秀创作奖12名，文华舞蹈节目表演奖一等奖1名，二等奖2名，三等奖3名，优秀表演奖12名。同时，第八届全国舞蹈比赛还评出评委会特别奖5名，组委会特别奖3名，组织奖1名。

（二）第八届全国舞蹈比赛的主要特点

在文化部和湖北省委、省政府的高度重视下，在全国舞蹈界广大文艺工作者的积极参与下，经过多方共同努力，本届舞蹈比赛呈现出内容丰富、参与广泛、氛围浓厚、亲民惠民、接待周到、安全有序等诸多亮点。

1. 参赛节目精彩纷呈

参赛节目整体水平较高。第八届全国舞蹈比赛作为我国舞蹈专业领域的权威赛事，集聚了全国一大批优秀编导、演员和节目，参赛节目有的曾摘取“荷花奖”，有的捧过“桃李杯”，有的在中央电视台舞蹈大赛上大展风光。参赛演员表演水平普遍较高，一批条件优秀并具有扎实舞蹈表演功底的舞蹈新秀崭露头角，部队群舞演员也体现出较高的整体水平。

参赛节目地域和民族特色鲜明。116个决赛节目集中展现出我国广袤土地上多民族、多地域、多风情的鲜明特色，藏族、维吾尔族、蒙古族、朝鲜族、彝族、回族、傣族、土家族、佤族、达斡尔族、羌族、苗族、傈僳族、哈萨克族等10多个少数民族舞蹈均有所展现。台湾地区第一次派选手参加比赛，其独具地域特色的民族舞蹈令人耳目一新。

参赛节目题材丰富。本届舞蹈比赛参赛节目在题材选择上十分丰富，既有革命历史题材，又有现实生活主题；既有反映民族特色的作品，又有展现军旅生活的节目。与往届全国舞蹈比赛相比，本届比赛关注现实题材的作品较多，涌现出像《刀锋》、《叭一口》、《我的长征》、《怀念战友》在内的一批精品佳作。编导普遍对现实题材给予高度关注，注重表现当下现实生活中发生的重大事件，值得鼓励和提倡。汶川大地震成为本届舞蹈比赛参赛节目的焦点主题，独舞《下一节课》、《生死不离》，双人舞《回家》，三人舞《生命的空间》，群舞《生命之火》等作品以艺术的表现形式再现当灾难来临时，人们团结一心、不离不弃、顽强求生的人文精神。

参赛节目注重创新。注重创新是本届舞蹈比赛众多参赛节目的一大特点。此次比赛有很多大胆创新的作品。历史题材方面的《汉宫秋月》、民族民间舞《翻身农奴把歌唱》、原生态形式的《羌山红》、《吉祥颂》，以及《破·立》、《+ / -》、《镜中花》等一批作品，在创新上都有重要收获，动作设计更加富有张力，光影效果更加炫人耳目。群舞《他们·她们》在军事题材舞蹈方面独辟蹊径，打破往常军旅作品主要表现军事训练的固有模式，把视角转移到男兵女兵的日常生活中，展现他们之间的朋友情、战友情，独具艺术的感染力。

2. 办赛机制不断创新

本届舞蹈比赛在办赛机制上深入探索，按照“政府主导、社会参与、市场运作”的原则，努力创新办赛机制，收到明显成效。

一是建立社会筹资工作机制。本届舞蹈比赛在合理使用文化部专项经费的同时，充分运用全国舞蹈比赛的品牌效应，积极探索政府主导与市场运作相结合承办大型文化艺术活动的新途径，吸引企业和社会力量，以赞助、冠名、协作、捐赠等形式支持赛事，本届比赛累计得到近百万元的经费支持和物质支持。通过有效合作，达到了文企双赢的效果。

二是建立票务营销市场化运作机制。第八届全国舞蹈比赛执委会将全部票务营销工作委托当地演出公司负责，建成第八届全国舞蹈比赛演出票务营销网络，采取邮政快递、网上购票、网点销售、电话订票等方式，开展票务工作。新建立的网上购票、选座、支付系统，方便全国观众网上购票，争取了大量的外地观众，效果十分明显，网上购票比例高达60%。据统计，第八届全国舞蹈比赛开闭幕式和8场决赛演出共出票13260张，观众上座率达到了90%以上，实现票房总收入585770元，票房净收入527193元。

本届比赛还充分利用湖北移动的12580、《手机报》、移动梦网等信息化手段，为活动提供宣传和参与平台，通过信息化的手段，为关注者送去信息、为参与者提供渠道、为选手提供平台，让更多的人感受到舞蹈大赛的魅力。在加大售票力度的同时，比赛认真落实“文化惠民”精神，对军烈属、60岁以上老人、在校大学生实行半价票制，保证更多喜爱舞蹈艺术的青少年和人民群众能够参与到高水平的舞蹈赛事中来，能够欣赏到高雅的舞蹈艺术。

3. 宣传造势氛围浓厚

为营造浓厚的节日氛围，进一步扩大全国舞蹈比赛的影响力，文化部、湖北省委省政府高度重视比赛宣传工作，湖北省委宣传部专门研究、制定出《第八届全国舞蹈比赛宣传报道方案》，明确第八届全国舞蹈比赛宣传报道重点，明确赛前、赛中和赛后3个阶段新闻媒体宣传报道工作要求，要求湖北省和武汉市主要新闻媒体全力做好第八届全国舞蹈比赛宣传报道工作。10月27日和11月5日，组委会分别在北京和武汉召开第八届全国舞蹈比赛新闻发布会，邀请中央和湖北、武汉的主要新闻媒体记者参与本届舞蹈比赛的宣传报道。通过媒体的广泛宣传，全国舞蹈比赛未赛先热，社会知晓度明显提升，形成了比较广泛的影响。

获奖名单

独舞、双人舞、三人舞项目组

文华舞蹈节目创作一等奖（空缺）

文华舞蹈节目创作二等奖（2个）

双人舞《夜巷》
上海歌剧院
编导：马　涛

三人舞《爸爸的画笔》
武汉歌舞剧院
编导：熊　涛　李　翔

文华舞蹈节目创作三等奖（3个）

三人舞《生命的空间》
东莞市长安音乐舞蹈协会
编导：刘　影　裘华松　邱　宏　陈　灵

独舞《尼苏妹诺》
杭州歌舞剧院
编导：田　露

独舞《打鼓佬》
中央民族大学舞蹈学院
编导：王天佑

文华舞蹈节目优秀创作奖（12个）

独舞《呐喊》
中国人民解放军沈阳军区政治部文工团
编导：高成明　王盛峰　戚　岳

独舞《乘风归去》
中国人民解放军总政治部歌舞团
编导：胡　磊

双人舞《同窗》
中国人民解放军海军政治部文工团
编导：钱　鑫　王思思

双人舞《两点一线》
无锡市歌舞剧院
编导：汤成龙

美术创作、塑造国家形象都具有重要意义。5年一届的美术作品展是美术界的盛会，也是中国大众的文化盛会，将为广大观众提供丰富多样的文化享受。全国美术作品展已经成为历史最长、最具权威性和影响的国家品牌。

四、中国美术馆馆藏作品巡回展

由教育部、文化部、财政部组织的高雅艺术进校园活动，以“走近大师、感受经典、陶冶情操、提高修养”为主题，在国家财政专项经费支持下，组织国家级艺术院团赴高校演出，组织学生乐团和地方艺术院团在当地高校和中学巡回演出，组织全国高校艺术教育专家讲学团赴中西部高校讲学，受到了大学生的热烈欢迎。活动从2005年开展以来，全国有500多万大学生成为高雅艺术进校园活动的直接受益者。

为了丰富活动的内容和形式，让高校学生能够多渠道接受高雅艺术熏陶，面对面、零距离地感受优秀美术作品的艺术魅力，2009年高雅艺术进校园活动新增了“中国美术馆馆藏作品巡回展”项目，组织中国美术馆到高校为学生展出中国近现代美术作品。这是组委会首次组织国家级造型艺术展走进高等院校。此前，高雅艺术进校园活动以音乐、舞蹈、戏剧等表演艺术为主，视觉艺术部分主要通过专家讲座的形式进行普及。

2009年，“中国美术馆馆藏作品巡回展”分为两个主题展：即“20世纪中国油画精品”和“20世纪中国画风采”。展览将汇集中国20世纪最具代表性画家的代表作品，如唐一禾的《七七的号角》、汤小铭的《永不休战》、李可染的《万山红遍层林尽染》、吴冠中的《山村晴雪》、贾又福的《太行丰碑》等经典作品。这些作品代表了中国20世纪美术发展的总体水平，也从不同维度反映了20世纪中国社会的深刻变化。在中国，20世纪是一个充满艰苦求索和新旧更替的百年，百年的中国美术也实现了历史的跨越，油画这一舶来艺术在中国这片土地上生根、发芽、茁壮成长，并以其鲜明的文化内涵和重要的社会影响成为中国当代文化的一个重要组成部分；而传统的中国画艺术也实现了由旧式的古典艺术演进为具有鲜明时代精神和民族特色的现代艺术形态，在改革开放以后更加焕发出勃勃生机。

本次巡回展的作品均为中国美术馆馆藏珍品，对展览场所的面积、空间、温度、湿度以及安全因素等有较高的要求。为了保证展览成功，组委会对全国有关学校进行了问卷调查，在对京津两地的学校进行问卷调查和实地考察的基础上，2009年“中国美术馆馆藏作品巡回展”将在北京的5所高校进行试点，首展暨开幕式于6月5日在中央民族大学美术馆开幕，展览主题为“20世纪中国油画精品”。教育部、文化部、财政部的有关领导和中央民族大学各族师生共500余人出席了开幕式并观看了展览。首展将于6月17日结束。

本次展览后，中国美术馆馆藏作品巡回展将先后到北京航空航天大学、清华大学、北京师范大学、首都师范大学等4所高校举行展览。为了让广大师生更好地理解展出作品，提高艺术鉴赏水平，展览期间主办方将为每期展览配备一场专家讲座，对展出作品进行讲解，并提供相关书面资料。此外，中国美术馆还将在其网站专设“中国美术馆馆藏作品巡回展”主题网页，提供更加丰富的展览资讯，为广大师生搭建交流的平台。

五、中国美术馆纪念“5·12”主题展览

为了纪念“5·12”汶川地震一周年，引起社会对灾区重建的广泛关注，提高人们对防灾减灾、保护生命与环境的认识，2009年5月12日，由文化部艺术司和联合国开发计划署支持，中央美术学院协办，中国美术馆策划组织的“渡：国际应急建筑设计展”在京隆重开幕。

“渡：国际应急建筑设计展”邀请了国际知名的16支优秀建筑设计团队参加展览。设计了16件可行、快捷、安全、美观和更人性化的应急建筑，会聚成别开生面的场景，以国际化的视野，从建筑、设计、艺术、教育、人文和科技等重要角度积极推广环境保护意识和灾后人文关怀。举办这个展览不仅具有应用性和人文性，也突出了功能有机的艺术性。建筑师们能够运用艺术和美的形式，为灾民创造幸福、温暖和欢乐的环境，从而帮助他们超越所遭受的灾难与创伤的严酷现实。在开幕式上邀请到场的观众与建筑师们共同来搭建参展作品，体现应急建筑把建筑的专业性返回给公众的特点。展品中有一件是在四川灾区已经建成的教室的复本，参观的儿童可以进去体验这个教室。展览还和乐高玩具合作，在现场让孩子们搭建他们心中的乐园。伴随展览的还有一次国际研讨会，邀请国内外著名专家和学者，围绕着平衡和改善人与环境的中心议题，展开对于防御、

救灾和重建的讨论。

“汶川记忆——张桐胜5·12地震摄影展”则是真实客观地记录汶川地震这一重大自然灾害，艺术家张桐胜在地震后不久，亲赴映秀镇、龙溪乡、北川县等19个重灾区，拍摄了“5·12”大地震对自然环境、人类家园、文化遗产以及人的生命和心灵的摧残与破坏，记录了人们在这场灾难面前的真实状态，体现了艺术家的社会责任感与人文关怀。

“礼赞生命——中国5·12大地震抗灾主题雕塑展”由中国文联、中华慈善总会、中国美术家协会及中国美术馆联合主办，展出作品106件，选自全国应征来稿600件中。这次主题展览塑造了象征中华民族志气、坚强、善良、团结的一座座精神丰碑，体现了党和政府的英明领导，也是美术界抗灾行为的一次延伸。

六、第二届全国艺术设计大展

2009年10月24日，“2009北京世界设计大会暨首届北京国际设计周”在北京盛大开幕，这是世界设计大会首次在中国举办，来自全球6大洲百余个国家和地区的千余名设计师、百余位知名学者、数十家企业、协会、机构参与了此次规模空前的设计盛会。

为配合“2009年北京世界设计大会”的举行，中央美术学院与中国美术馆联合举办的“第二届全国艺术设计大展——设计·生产力”10月26日在中国美术馆拉开帷幕，展览将持续至11月9日。作为“2009北京世界设计大会暨首届北京国际设计周特展”的重要组成部分，本次设计大展用艺术的方法，形象地讲述设计如何拉动企业效益增值，阐述“设计是第二发动机”，“设计是生产力”的理念，以期掀起设计创新经济的浪潮。

文化部副部长王文章，文化部艺术司司长董伟，教育部国际司副司长沈阳，北京市人民政府副秘书长侯玉兰，中央美术学院院长潘公凯等社会各界人士出席了隆重的开幕式。

展览以突出现代设计在产品增值链条中的关键地位为宗旨，确立现代设计的自主创新是产业发展的生产力。展览通过广州例外服饰有限公司、北京俏江南餐饮有限公司、SOHO中国有限公司、奥迪四大品牌的典型案例明确阐释了现代设计在衣、食、住、行各个领域对增加产品附加值的重要意义，使观众切实感受和认识到现代设计在促进企业(品牌)发展和提高企业(品牌)竞争力中所起到的关键作用。

七、全国美术馆专业委员会2009年年会

2009年12月27日，全国美术馆专业委员会2009年年会在北京召开。全国各地近30家美术馆馆长及部分美术馆书记、中层干部出席了会议，文化部艺术司司长董伟出席会议并作了讲话。

董伟司长指出，全国各地的美术馆为庆祝新中国60年华诞开展了不同形式的展览和庆祝活动，所做出的成绩是突出的，为此向全国美术馆界表示由衷的敬意和感谢。同时对专委会一年来取得的工作成绩予以肯定，总结过去面向未来，明年又会迎来新的亮点，做好2010年世界博物馆大会的相关工作。

范迪安馆长在工作报告中总结了全国美术馆事业新的发展态势，指出2009年全国美术馆的主要工作特色和成绩表现为6个方面：围绕庆祝新中国成立60周年，各地策划和举办了丰富多彩的主题展览，营造了国庆文化氛围，形成了广泛社会影响；以提高公共文化服务水平为目标，创新服务内容和方式，举办了大量的公共教育活动；进一步扩大国际艺术交流，推出中国美术“走出去”，在国外举办了大量展览和学术活动；加强了馆际协作交流，形成资源共享，学术合作，举办了大量以不同馆藏品构成的主题展和巡展，通过专委会平台沟通了信息，推动馆际协作；进一步加强了内部管理、队伍建设和建章立制；进一步加强了硬件建设，一批场馆得以改扩建和新建，提高了美术馆的专业化水平。

会议还回顾了专委会一年来的工作，交流了各馆好的经验，对开展“全国美术馆评估”、2010年在上海举办“国际现当代美术馆专业委员会年会”及举行“全国美术馆年度精品展览评选”活动等事宜进行了讨论，形成了专委会下一年工作计划。

国家艺术院团

2009年国家艺术院团创作工作会议

2009年8月6日至7日，2009年国家艺术院团创作工作会议在京召开。文化部党组书记、部长蔡武，文化部党组成员、副部长陈晓光出席会议，文化部党组成员、副部长王文章主持会议。文化

部有关司局、9家国家艺术院团以及中国美术馆、中国国家画院的主要负责同志和专业创作人员参加会议。

本次会议的主要任务是：研究和探讨如何创作出具有时代精神和艺术魅力的剧、节目，如何进一步推出精品力作，使国家艺术院团真正成为代表国家最高水准、肩负建设国家主流文化战略任务的专业艺术院团，充分发挥国家艺术院团在全国的导向性、代表性和示范性作用，促进和带动全国的文艺创作繁荣发展。

蔡武部长在讲话中首先充分肯定了国家艺术院团创作生产取得的成绩。他指出，多年来，国家艺术院团积累了一批艺术品质过硬、群众喜闻乐见的优秀剧目，集中了一批德艺双馨、蜚声全国的优秀艺术家，建立了有效的演出运营机制，优秀剧目的影响不断扩大，发挥了在公共文化服务方面的示范作用，圆满完成了国家的各项重大演出活动和对外文化交流任务。但也应该看到，国家艺术院团的创作与中央“两大一新”的要求、与国家文化发展战略的要求、与自身的地位和职责要求还有差距，与目前所拥有的人才资源、资金投入等条件还不相称。要更加清醒、深刻地认识到国家艺术院团目前面临的主要问题和严峻挑战，特别是影响艺术创作的体制性和机制性障碍。蔡武在讲话中强调，国家艺术院团要清醒认识自身在社会主义文化大发展大繁荣进程中所肩负的神圣职责和光荣使命，清醒认识国家艺术院团作为艺术创作的“国家队”的重要地位和作用，团结一致，不断进取，努力创作演出能够反映时代精神、代表国家文化形象的精品力作，把最好的艺术作品奉献给最广大的人民群众，将中国优秀作品推向国际文化市场，大力弘扬民族优秀文化，扩大中国文化在世界的影响。

结合蔡武部长讲话精神，与会同志结合各院团的实际情况，深入交流了艺术创作的思路和设想。文化部党组成员、副部长王文章出席闭幕会议并作总结讲话。他希望各院团及时传达、认真学习讲话精神，研究贯彻落实讲话精神的具体办法，促进国家艺术院团创作的繁荣发展。

文化部艺术司将进一步改进国家艺术院团创作资金管理办法，对重点剧目加大扶持力度，并在2010年“十一”前后举办国家艺术院团优秀剧目展演活动。

河北省文化厅

2009年庆祝第四个"文化遗产日"暨第二届河北省民俗节

河北省农村文化辅导基地授牌暨北豆村农民文化中心落成典礼

彩色周末开幕式

到工地演出

河北省"缅怀革命先烈 牢记两个务必"清明节主题活动

河北省群艺馆合唱团在中央电视台参加全国"爱国歌曲大家唱"展演

山西省文化厅

1	2	3	4
5	6		

1. 张明亮厅长会见斯里兰卡文化遗产部官员培训团一行
2. 省领导胡苏平、王雅安、张平、令政策等出席2009年山西省重大文化活动先进集体和先进个人表彰大会暨文化惠民工程设备配送仪式
3. 山西省小百灵艺术团赴台进行文化交流
4. 省委常委、宣传部长胡苏平等领导在省文化厅厅长张明亮的陪同下视察省京剧院并观看京剧《五台圣境》
5. 第三届全国地方戏优秀剧目（北方片）展演开幕大戏《麦穗儿黄了》
6. 北路梆子《金水桥》剧照

晋剧《常家戏楼》剧照

1 2 3

1. 全国文化信息资源共享工程辽宁平台开播仪式
2. 辽宁省扶持乡镇文化站音响设备
3. 沈阳金融博物馆荣获全国博物馆十大陈列展览精品奖

4 5 6

4. 纪念清宫散佚书画国宝入藏辽宁省博物馆60周年座谈会
5. 辽宁省京剧优秀剧目巡演
6. 辽宁省文化厅厅长郭兴文会见韩国驻沈阳总领事馆总领事

辽宁省文化厅

辽宁省非物质文化遗产展示活动

辽宁省首届农民文化艺术节

吉林省文化厅

2009年12月30日吉林省曲艺团有限责任公司正式成立

国家文化部2009年9月1日部长蔡武到省图书馆调研

庆祝中华人民共和国成立60周年《潮涌松江》大型歌舞晚会

2009年5月18日，吉林动漫集团成立大会

2009年9月28日吉林省图书馆新馆奠基仪式在长春市南部新城举行

庆祝建国60周年全省农村文化活动月暨农民文艺展演周

国庆60周年吉林彩车

黑龙江省文化厅

龙江剧《鲜儿》剧照

原创歌舞《中华吟》剧照

出席"中国文化遗产日"的省市领导参观展览

省市集中开展"中国文化遗产日"宣传活动

国家非物质文化遗产保护项目渔皮制作技艺代表性传承人向全国人大常委会副委员长路甬祥介绍鱼皮的熟制过程

话剧《风刮卜奎》剧照

京剧《靺鞨春秋》剧照

京剧《靺鞨春秋》剧照

江苏省文化厅

国家一级博物馆南京博物院两期建筑工程设计方案效果图

1 2 3
4

1. 江苏省国画院书画家"走进江苏新农村"暨向蒋巷村捐赠书画
2. 文化遗产日江苏系列活动
3. 庆祝国六十华诞江苏万人歌咏大会在奥体中心隆重举行
4. 庆祝新中国成立六十周年江苏省优秀剧（节）目展演开幕式

1. 江西省博物馆举行的SIANA(南昌)数字艺术动漫国际活动周吸引了法国、巴西等40多个国家和地区的100余个企业和基地组团参加
2. 人流如织的井冈山革命博物馆
3. 省市军民庆祝新中国成立六十周年文艺晚会
4. 获奖作品赣南采茶戏《快乐标兵》剧照
5. 2009年8月11日夜晚，北京天桥剧场拉开了大型风情歌舞《赣风》的序幕
6. 从2005年开始的农村文化三项活动，在2009年继续为广大农民带来丰富多彩的文化生活

京剧《嫦娥》剧照

河南省文化厅

木偶剧《牡丹仙子》获第11届国际木偶艺术节最高奖金火花奖

《清风亭上》剧照

2009年全国艺术创作会议

中华人民共和国文化部

重庆省文化厅

2009年全国艺术创作会议

1	2	3	4
5	6	7	
8			

1. 中宣部长刘云山视察重庆图书馆
2. 2009全市舞台艺术创作工作会
3. 第十一届中国老年合唱节
4. 第二届中国重庆文化艺术节·文化艺术创新论坛
5. 重庆市文化广播电视局局长汪俊在全国创作工作会上作交流发言
6. 第十一届中国上海国际艺术节·重庆文化周
7. 国际博物馆日暨白鹤梁水下博物馆开馆
8. 第二届中国重庆文化艺术节·舞台艺术之星选拔赛

沈阳市文化广电新闻出版局

评剧《我那呼兰河》荣获文华大奖

京剧《古寺圣火》获中国京剧节银奖

成功举办第三届中国东北文化产业博览交易会

音乐作品《春韵》荣获国家群星奖

沈阳大学生文化节荣获国家群星奖

承办全国文化遗产保护宣传讲解大赛

2010中国沈阳（第二届）动漫电玩博览会开幕式

谭振山口头文学列入首批国家级非物质文化遗产名录

金融博物馆荣获全国博物馆十大陈列展览精品奖

东北拉场戏《差钱了》荣获国家群星奖

《太谷秧歌交响组曲》由晋中市文化广电新闻出版局委约国家一级作曲王西麟先生创作完成。2010年12月3日《太谷秧歌交响音乐会》在北京中山公园音乐堂演出。整场音乐会分为上下半场，上半场由太谷秧歌剧团表演传统太谷秧歌经典剧目，下半场由著名指挥家谭利华指挥北京交响乐团、山西省歌舞剧院交响乐团联袂演奏《太谷秧歌交响组曲》，上下半场组织表现形式对比鲜明，独特的构想突出了创新传承的文化意义，起到了同曲异工、相得益彰的效果，演绎了民族与世界之经典，诠释了传统与现代之创新。《太谷秧歌交响音乐会》CD、DVD唱片将被提名为第七届中国金唱片奖。

各级领导参加音乐会首演

晋中市文广新局音乐会筹备组

演出后领导演员合影

新闻发布会签约仪式

擦亮城市名片 彰显名城风采

清名桥古运河

无锡市五大历史文化街区(名镇) 保护修复

惠山祠堂群

荣巷老街

荡口古镇

小娄巷

无锡是一座历史悠久的江南古城，具有6000多年人类生活史、3100多年文字记载史、2500多年建城史，是古代吴文化的发源地、近代民族工商业的发祥地和现代乡镇企业的诞生地，2007年被国务院公布为国家历史文化名城。

自西汉高祖五年(公元前202年)建县，2500多年来，城址未变，城名依旧，唐宋以来形成的以古运河为中轴线的“龟背状”和“一弓九箭”的城市空间布局保留至今，并完整地保存了清名桥、惠山、荣巷、小娄巷、荡口等众多历史文化街区、古镇。近年来，无锡市通过实施五大街区（名镇）保护性修复工程，编制规划，投入巨资，整理修复，挖掘底蕴，街区历史风貌和居民生活环境得到显著改善，成为宜居宜商宜游的文化胜地和彰显城市风采的靓丽名片。

江南水弄堂、运河绝版地——清名桥街区

清名桥街区位于南门外古运河与伯渎港交汇处，以全国文物保护单位“古运河”为中轴，南长街和南下塘分列左右。

据史料记载，3200多年前，泰伯奔吴定居梅里，开凿了中国最古老的运河伯渎港，后吴王夫差开凿江南古运河，至隋、元时期，伯渎港与京杭大运河连通。千百年来，清名桥街区因河而生，因河而兴。其间大小河流7条，桥梁码头20多座，老街旧弄30余条。大窑路古窑群，延绵长达1.5公里，现存42座，其中较完整的约19座。运河沿河文物古迹荟萃、工业遗存众多，有各级文保单位19处，牌坊8座，新登记、新发现文物19处。两岸居民枕河而居，粉墙黛瓦、前店后坊，并仍保留着传统的生活习俗。街区被全国政协考察团认定为运河“绝版之地”,享有“运河绝版地、江南水弄堂”美名。

山水胜景、文化景观——惠山古街

惠山古街位于京杭大运河西侧，龙头河、惠山浜纵贯其间，江南名山惠山、锡山耸立西、南，形成了江南古镇少见的独特山水架构。

惠山古街人文胜景荟萃，现有国保单位3处，省保单位6处，市保单位10多处。古街汇集了寺庙、道观、公所、会馆、义庄和书院等多种江南传统建筑，尤其是集中118处从明代到民国、类型各异的名人祠堂群，在国内极为罕见；有以惠山浜、龙头河水街，惠山横、直街和上、下河塘旱街为基本格局和特色传统水旱街坊；有以惠山寺玉皇殿为主体的佛教、道教文化；有以寄畅园为首的古典园林文化；有以二泉为核心的泉茶文化；有以惠泉黄酒为代表的酒文化；有以惠山泥人为杰出代表的传统民间工艺文化等。

荣氏家族、工商巨子——荣巷街区

荣巷街区地处惠山支脉龙山南麓、梁溪河的北岸。明代正德年间，荣氏族人始迁于此，村落演变为街镇。近代，以荣宗敬、荣德生为代表的荣氏家族在民族工商界的崛起，给荣巷带来了前所未有的繁荣，留下了一大批具有时代烙印和地方特色的近代建筑群，这些建筑群中不仅有大量的民居，还有祠堂、学校、商店、酒肆、茶馆、当铺、药铺、钱行、图书馆、救熄会、医院等，建筑类型极为丰富。现存一条长约380米的老街以及100多组近代建筑组群，约有几百个建筑单体，形式之多、品种之全、做工之精、内容之丰富，在江苏省内少见，2002年被公布为省级文保单位。

名门望族、小巷幽弄——小娄巷街区

小娄巷位于老城区中心，距今约有900年历史，是无锡老城内现存历史最久、面积最大、知名度最高、培养人才最多的历史街巷，2002年被公布为省级文保单位。

自宋代以来，小娄巷人才辈出，先后产生了1名状元、13名进士、15名举人、近80名秀才。其历史建筑大都在清咸丰年间被毁，但其现存建筑均为传统的江南民居建筑：明代无锡第一胜处“万备堂”和状元孙继皋“少宰第”部分建筑的遗存还存在；谈氏宗祠等还保存着清代早期建筑的风格特征；秦椿旧宅“修俭堂”等建筑颇具清中晚期的特色；秦毓鎏的佚园基本保持着其辛亥革命失败后归隐故里、始建时的格局和风貌；华绎之等住宅，中西融合，显现了民国时期的建筑风貌。小娄巷北面中心位置一条长约百米的老备弄，贯穿南北，是整个无锡地区现存最长的旧式备弄，历史传统风貌十分浓郁。

华氏聚落、水乡名镇——荡口古镇

荡口古镇位于城东锡甘路附近，具有典型的江南水乡特色和丰富的历史文化古迹，2003年被公布为省级历史文化名镇。

自明初华氏迁徙至此以后，荡口镇逐步发展成为一个江南闻名的商埠，数百年以来，名人辈出。如，筑“真赏斋”收藏大量珍贵书画的明代大藏画家华夏；明代首创铜活字印刷的华燧和他的“汇通馆”；第一个用工尺符号记录大量琵琶曲谱的民族音乐琵琶演奏家华秋苹；清代著名的数学家、教育家、翻译家华蘅芳、华世芳兄弟故居；首创乱针刺绣法的刺绣艺术家华图珊；民族工商业家华绎之；当代著名漫画家华君武、词曲家王莘等。古镇北仓河沿岸及老街留存的明清建筑群，尤其是华氏老义庄、华蘅芳兄弟故居等，是华氏兴衰的历史见证，具有较高的历史、科学和艺术价值，2002年被公布为省级文保单位。

廊坊市文化广电新闻出版局

1. 2009年3月14-15日，全省农村文化建设座谈会在文安县召开。文化部社会文化司司长张旭、省文化厅厅长冯韶慧、省委宣传部副部长王景武、廊坊市委常委、宣传部长辛绍杰等领导出席会议
2. 2009年全市文化新闻出版局长工作会议
3. 2009年欢乐中国行・精彩河北 魅力廊坊 正在表演的是国家级非物质文化遗产项目“文安八卦掌”
4. 2009年第五届深圳文博会廊坊工艺品展区
5. 廊坊市河北梆子剧团排演的大型新编历史剧河北梆子《吕端》剧照
6. “温馨家园”2009廊坊文化艺术节——太极扇表演
7. 2009年中国・廊坊国际经贸洽谈会开幕式——风筝舞表演

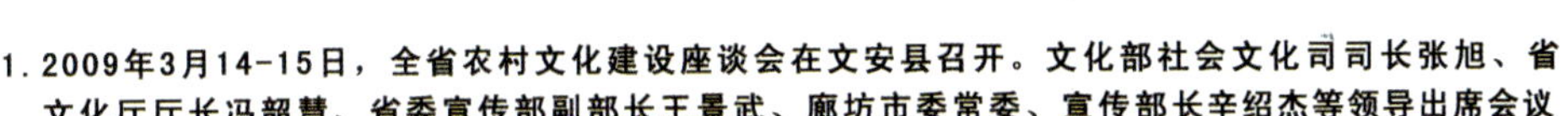

祖国您好

重庆市巴南区庆祝中华人民共和国成立60周年

1949-2009

重庆市巴南区
文化广电新闻出版局

1. 兴建中的文化中心
2. 拟建中的巴渝风情街
3. 中国交响乐团“神圣的战争”
4. 木洞山歌艺术表演队做客央视《小崔说事》

深圳文联

深圳音乐工程激情奏响"五年大计"

12月，市文联在F518创意园隆重举行深圳艺术家工作室成立暨挂牌仪式，首批7个艺术家工作室成立。市委常委、宣传部长王京生出席了挂牌仪式并为艺术家工作室揭牌

各个门类的文化艺术创新活动五彩斑斓，将创意概念向广义的创意文化领域拓展，丰富了"创意12月"的内涵，集中释放和呈现深圳这座年轻城市的文艺创意能量

市文联党组特别注重调查研究，制定新一年工作大计之始，必先前往各区调研

2009年，市文联艺术团举行"文艺进社区、温暖你我心"系列活动，在全市各区共巡演了20多场，为市民提供了多样性、多层次、高质量的文化产品——《梦幻西游》剧照

改革开发文学工程，金秋10月再掀高潮，深圳重点题材创作扶持项目签约仪式、第三届深圳网络文学拉力赛启动仪式及第六届深圳青年文学奖颁奖典礼在深圳文艺会堂的举行，再度展现深圳文学的创作实力

山东省图书馆百年华诞

山东省图书馆是山东省文化厅直属全额拨款的公益性事业单位。始建于1909年，是国内创建较早的省级公共图书馆之一。经过几代人一百年的不懈努力，至2010年，山东省图书馆馆舍面积达6.4万余平方米，馆藏文献633万（册）件，其中古籍藏量75万余册，海源阁专藏、易经专藏、山东地方志专藏享誉海内外，数字资源总量已达到30TB，拥有持证读者23万人，年接待读者200余万人次，文献借阅400余万册次，跻身国内十大省级公共图书馆之列。

近年来，在省委、省政府和省文化厅领导的关怀和正确领导下，在全馆同人的辛勤努力下，我馆先后荣获“全国文化工作先进集体”、“省级精神文明单位”、“读者喜爱的图书馆”、“青年文明号”、“山东省职业道德建设十佳单位”、“文化部群星奖”等荣誉称号。2009年文化部第四次公共图书馆评估定级中，我馆确定为一级图书馆。具有百年悠久历史的山东省图书馆，正焕发出灿烂的光辉。

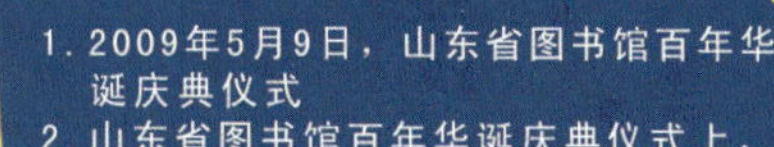

1. 2009年5月9日，山东省图书馆百年华诞庆典仪式
2. 山东省图书馆百年华诞庆典仪式上，周和平副部长和黄胜副省长共同开通了“中国国家数字图书馆山东分馆暨文化共享工程进万家”平台
3. 山东省图书馆馆藏精品陈列展
4. 山东省图书馆百年馆庆馆长座谈会
5. 2009年5月9日，山东省图书馆举行“第四届全省读书朗诵大赛”颁奖典礼暨汇报演出，来济参加馆庆活动的文化部领导为获奖选手颁奖
6. 山东省图书馆百年馆史图片展
7. 出席百年馆庆庆典的领导参观山东省文化信息资源共享工程管理中心
8. 国家图书馆、山东省文化厅和山东省图书馆在百年馆庆庆典上正式签署了共同建设“中国国家数字图书馆山东分馆”的合作协议

百年守望 百年辉煌

陕西省图书馆

陕西省图书馆创建于1909年9月，是我国成立较早的公共图书馆之一，也是西部地区最早成立的省级公共图书馆。2001年9月30日,陕西省图书馆新馆正式向广大读者开放。陕西省图书馆新馆占地2.03公顷，建筑面积4.7万平方米，主楼12层，裙楼6层，设计藏书容量400万册，阅览座位2000个。

2009年9月16日，陕西省图书馆迎来了建馆100周年纪念。在建馆百年之际，陕西省图书馆对馆舍布局及馆容馆貌进行了全面的改造。通过改造，全面改善了阅览环境，科学整合了文献资源，实现了藏借阅一体化，打破了条块分割，将一至三层统一为一个服务区域。馆藏文献和阅览空间得到了最大限度开发利用，使广大读者享受到舒适便利、宽敞明亮的阅读条件。重新开放的陕西省图书馆采用了先进的RFID无线射频识别技术，新增加了读者自助借还书机、自助办证机、24小时馆外还书机、大屏幕电子阅报等先进设备，呈现了崭新的服务意识和服务模式，以更加舒适、便利、人性化、高质量的服务回馈社会，回报读者。

100年来，历代陕图人薪火相传，奋斗不息，为陕图的不断发展壮大付出了汗水和心血，铸就了陕图人自强不息的精神。在新的百年征程已经起航之际，陕西省图书馆将一如既往地开拓进取，竭诚服务，用优良的服务业绩回报读者与全社会对图书馆事业的关爱支持，让广大人民群众充分享受公共文化的阳光。

1. 省部级领导嘉宾出席百年馆庆庆典活动
2. 重新改造开放后的省图借阅区
3. 实施免费开放后读者如潮
4. 陕西图书馆流动服务车东方集团服务点

陕西省图书馆建馆一百周年庆典

2009年9月19日陕西省图书馆百年庆典仪式

深圳少年儿童图书馆位于深圳市福田区红荔路1011号，是由深圳市政府在原深圳图书馆馆址上投资改建的大型现代文化设施。其占地面积2.2万平方米，建筑面积1.56万平方米，于2009年4月23日正式开馆。坐落于美丽的深圳荔枝公园旁，浓荫蔽天，绿草如茵，环境优雅，闹中取静，集秀丽的自然景观和浓郁的文化气息于一体，是深圳闹市中的一颗明珠。

作为深圳特区及港澳地区目前唯一一家独立的专门为少儿、家长及教育工作者服务的文献信息中心，深圳少儿图书馆新馆设施齐全，功能完备。图书馆根据不同的服务对象与文献特征开展全方位、立体化服务，开放外借区、现报现刊阅览区、网络学习区、视障阅览区、国学馆、幼儿借阅区、亲子阅览区、读画世界等多个阅览区域。同时设有多功能报告厅、阅读实践中心、活动基地、推广基地、科普基地等服务区域，目前音像馆、视频点播区、青少年成长参考咨询阅览区也正在筹建中。全馆设计目标藏馆藏120万册，现拥有各类图书文献60万册，期刊报纸1200种，读者席位1200个，日均接待读者约5000人次。

深圳少年儿童图书馆秉承以人为本的服务宗旨，为广大读者提供简便、快捷的服务，除周一闭馆外，每天9:00–21:00面向市民连续开放，每周服务72小时。在服务方式上，实行全免费服务，创立“阅读积分制”，提供网络续借、电话续借等服务，并开展网络信息及数字化文献阅读服务。

深圳少年儿童图书馆不仅是各类少儿文献资料的存储、流通、检索、咨询中心，也是开展少儿读书活动场所。“深圳少儿迎大运，大运足迹映鹏城”

深圳少年儿童图书馆

少儿艺术创作、红姐姐讲故事、少图讲座、少图剧场、母亲节、父亲节、暑期特别活动，不仅提供给孩子们展示的舞台，而且陶冶了他们的情操。深圳少年儿童图书馆的“筋杜鹃”青少年经典阅读计划、“常青藤”文献资源共建共享计划、“蒲公英”劳务工子女关爱计划、“康乃馨”无差别阅读计划，“向日葵”深圳童年珍藏计划等，受到了深圳广大青少年及其家长的热烈欢迎和好评。2010年7月30日还开通了自主研发的数字资源阅读平台——“e读站”项目，9月份后将逐步在条件成熟的中小学、社区试点，2年内将建100个“e读站”，使全市中小学生、老师、市民、劳务工广泛受益。

秉承全心全意为少年儿童及其工作者、家长服务的宗旨，深圳少年儿童图书馆在学术研究方面也做出了成绩。1998年完成《中国图书馆图书分类法——儿童图书馆（中小学图书馆版）》第二版的修订，2004年编制出版《中国少年儿童文献分类主题词表》。与此同时，由深圳少儿图书馆牵头完成，国家文化部的重点文化科研课题“中国少年儿童信息大世界——网上图书馆”的设计、组织和建设，并被中国数字图书馆授予“中国数字图书馆少年儿童中心馆”。

少年智则国智，少年强则国强。深圳少年儿童图书馆将继续强化公共文化服务，推动未成年人思想道德建设，成为全市少年儿童快乐阅读乐园，并为家长、少儿教育工作者提供文献保障和信息服务。

2009年11月20日，国家文化部副部长周和平在广西桂林图书馆建馆100周年庆典仪式上讲话

2009年11月20日，自治区副主席陈章良在广西桂林图书馆建馆100周年庆典仪式上讲话

2009年11月17日，桂林市政府李志刚市长（图右一）到广西桂林图书馆视察馆庆准备工作

广西壮族自治区桂林图书馆

2009年11月20日，国家文化部副部长周和平（图左二）在广西桂林图书馆观看广西桂林图书馆新馆模型，了解新馆建设情况

2009年11月20日，文化部周和平副部长（图左二）、自治区陈章良副主席（图右二）、国家图书馆詹福瑞馆长（图左一）、桂林市委刘君书记（图右一）为“中国国家数字图书馆广西桂林分馆”揭牌

2009年11月20日，参加广西桂林图书馆百年馆庆的领导合影

东莞图书馆

东莞图书馆新馆于2005年9月28日正式开馆。新馆建筑面积44654平方米，在全国地市级位列第一，设有大陆首家漫画图书馆、全国首家自助图书馆、衣食住行图书馆以及东莞书屋、台湾书屋等10个馆中馆，拥有20余个对外服务窗口。东莞图书馆是以数字图书馆为基础，体现知识交互理念、融合传统图书馆功能的现代城市中心图书馆，采用藏、借、阅、查、展、售一体的新型服务模式。

近年来，在上级领导的高度重视和全市上下积极参与中，东莞市图书馆公共服务体系基本形成。到2009年底，已建立起以1个总馆、47个分馆、102个服务站的地区图书馆网群，实现了图书馆在时间上365天每天24小时全天候服务，在空间上覆盖全市32个镇街的体系化服务，创造了东莞地区图书馆事业的飞跃和辉煌。

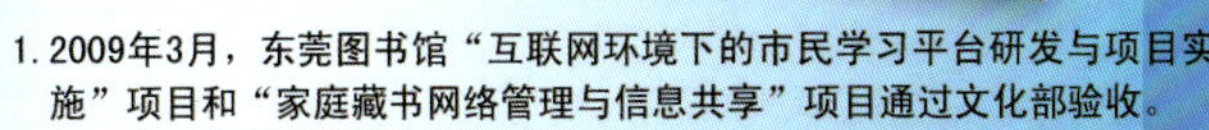

1. 2009年3月，东莞图书馆“互联网环境下的市民学习平台研发与项目实施”项目和“家庭藏书网络管理与信息共享”项目通过文化部验收。
2. 2009年，东莞图书馆联合各镇街、村（社区）分馆共同启动“图书馆服务到户工程”，通过好书推荐、活动信息预告、读书会、节假日专题活动、开通市民学习网、建立家庭数字图书馆等便民措施，推送图书馆服务到家庭。图为万江理想0769小区的服务现场。
3. 2010年5月23日，东莞图书馆迎来新馆开馆以来第1000万名读者。
4. 东莞读书节是市委、市政府着力打造的知识传播活动品牌，从2005年起一年一度举办。图为2010“书香岭南”全民阅读活动暨东莞第六届读书节启动仪式。

宁波市图书馆

宁波市图书馆始建于1927年，迄今已有80余年服务社会的历史。现馆舍面积12000平方米，下设图书外借室、少儿图书室、报刊阅览室、图书阅览室、电子阅览室、古籍·地方·艺术文献阅览室、盲人阅览室等10余个服务窗口。365日天天开放，全年无馆休。馆内现有各类数据库26个，合计210多万种中文图书全文、1万多种期刊全文。近年来，宁波市图书馆不断创新服务载体，完善服务网络，拓展服务内容，打造服务品牌，推出了一系列亲民悦民的公共文化服务举措：“零门槛开放”公益惠民、“流动图书馆”遍及城乡、“汽车图书馆”送书上门、“网络图书馆”24小时开通、“天一讲堂”周周开讲、“天一展览”新品迭出、“书香宁波”读书活动高潮不断……优雅的环境、丰富的资源、优质的服务使宁波市图书馆成为宁波市民学习知识、交流信息、陶冶情操的理想场所。

宁波市图书馆外景

1. “汽车图书馆”驶上街头，进企业、进校园、进社区免费送文化送服务。
2. “流动图书馆”送书上门，免费服务，定期流转。图为市图书馆给扎在高海拔的部队战士送书。
3. “天一讲堂”汇聚名家，周周开讲，受到市民追捧。
4. 零门槛开放公益惠民，双休日宁波市图书馆自修大厅一座难求。

宁波大学园区图书馆（鄞州区图书馆）

大学园区（鄞州区）图书馆主建筑于2003年12月28日建成并正式向社会开放，占地面积为58000平方米，总建筑面积约28000平方米，总投资近1.4亿元，为宁波市八大文化设施之一。馆内设有阅览区，共有2000个座位，1200个网络信息接点和250台计算机。还设有公众教学区、报告厅、展览厅、小型音乐厅、文化沙龙、活动中心等设施。自开放以来，实行免费办理读者证、免押金集体办证、免费借阅图书、免费上网、免费使用数据库、免费停放车辆等，同时，免费向读者提供其他相关服务。允许读者将本人的提包、书籍等带入馆内，以方便读者。馆内除地方文献、古籍外，所有图书实行“外借、内阅、参考”一条龙开架服务。附近的“宁波院士雕塑园”也由图书馆负责管理。“宁波院士雕塑园”于2005年底对外开放，现有宁波籍院士铜像雕塑89尊，是宁波市爱国主义教育基地和青少年科普基地。2010年度该馆被文化部评为一级图书馆。

2004年6月，鄞州区图书馆（下简称区馆）与宁波大学园区图书馆（下简称园区馆）合并。实行“一套班子、两块牌子、统一管理”。图书馆现挂有四块牌子：宁波大学园区图书馆、宁波市第二图书馆、鄞州区图书馆和宁波市数字图书馆。其中宁波大学园区图书馆和鄞州区图书馆属不同的法人实体。在人员处理方面，两馆合并后，所有人员的工作由全馆统一安排。但在工资待遇方面，区馆人员由鄞州区财政发放，园区馆人员则由市教育局发放。

2010年度该馆共接待到馆读者140万人次；外借图书90万册次；新增读者8.8万人，比去年同期增加57%；到目前为止有效读者16万人；解答咨询6000多条，培训读者1000余人次；举办讲座56场，展览17场，举办各类读书活动30多次，在各类新闻媒体报道达90多次。今年园区馆和区馆经费购买的新增图书12万种/19万册，到目前为止，两馆已有藏书80多万册，如包括各分馆藏书总藏量达到130万册。中外文献数据库18个，年网上注册用户80万，电子文献2.3万亿篇，下载800万篇，文献传递80万篇。

2008年起，图书馆逐步建立馆外服务点，至今在机关、企事业单位和教育院校、社区共建分馆300个、“市民书屋”、“职工书屋”百家、乡镇图书馆（室）120个、“汽车图书馆”50家、“漂流图书站”51个、“集体借阅站”30个。

为实现公共图书馆资源“普遍均等、惠及全民”，近两年来鄞州区图书馆探索实施了筹建“区图书馆分馆”、开通“汽车图书馆”、启动“爱心漂流书库”等系列新举措，成效明显。其中2008年在全市首推的“汽车图书馆”服务模式经过两年运行已逐步成熟，2010年初该模式“主动、按需、流动、灵活、免费”的五大贴心服务得到了郑继伟副省长、成岳冲副市长、夏素珍副区长等各级领导的批示肯定。截止2010年底全区共建有区图书馆分馆51家、汽车图书馆服务点50个、爱心漂流点67个。

图书馆的主要特色服务品牌有：

1、鄞州区图书馆城乡服务一体化
2、两年一届的“王应麟读书节”活动
3、明州大讲堂
4、漂流书库
5、英语沙龙
6、明州展廊
7、地方文化名人网站建设
8、宁波市数字图书馆中心门户平台
9、亲子阅读
10、光盘借阅

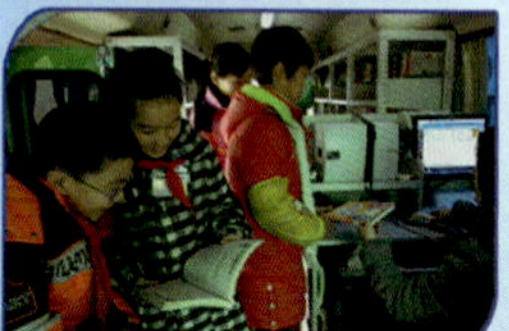

1. 明州大讲堂
2. 第三届王应麟读书节
3. 英语沙龙
4. 迎六一·你读书·我买单
5. 汽车图书馆

报告厅

综合借阅区

古籍阅览室

儿童玩具图书馆

上海当代作家作品手稿收藏展示馆

开馆仪式

上海市普陀区图书馆

西安图书馆

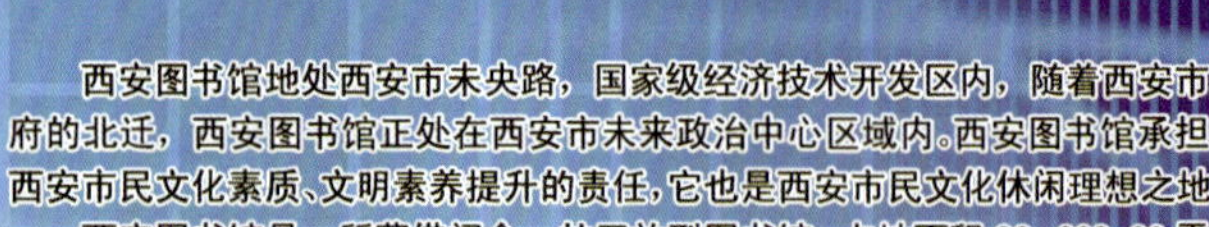

西安图书馆地处西安市未央路，国家级经济技术开发区内，随着西安市政府的北迁，西安图书馆正处在西安市未来政治中心区域内。西安图书馆承担着西安市民文化素质、文明素养提升的责任，它也是西安市民文化休闲理想之地。

西安图书馆是一所藏借阅合一的开放型图书馆，占地面积 30，309.66 平方米，建筑面积 13，466 平方米，总体五层局部六层，外观典雅简捷。建筑结构上采取同层高、同柱网、同荷载、大开间形式，在设计时本着智能化、人本化的原则，在图书馆内部设计了完善的综合智能系统，诸如计算机网络管理系统、闭路电视系统、语音系统、中央空调系统、消防报警监控系统，为善本珍稀文献的保存还设置了恒温恒湿功能。

目前，西安图书馆设有 4 个职能科室，6 个业务部室。职能科室为办公室、组织人事科、计划财务科、工程技术部；业务部室为文献建设部、读者服务一部、读者服务二部、参考咨询部、信息技术部、培训中心。对外开放的有电子阅览室、报纸阅览室、少儿阅览室、外借书库、青少年阅览室、综合阅览室、期刊阅览室、地方文献阅览室、历史文献阅览室、参考工具书阅览室、过期期刊阅览室、过期期刊库、过期报纸库、视障阅览室、自修室等 16 个服务窗口和 6 个分馆。另外还有 160 坐席设施先进的多功能报告厅。全馆共有阅览坐席 1022 个，全馆计算机 117 台，文献总藏量 32 万册、件，年入藏报纸 200 种，期刊 2000 种。征订清华同方博刊等数据库和电子图书，图书馆业务管理自动化，采用 ILAS 图书馆自动化管理集成系统。所有服务窗口实行全开架，服务内容全免费。全年 365 天对外开放，每天开放 10 小时。

1. 陕西省委常委、西安市市委书记孙清云检查西安图书馆工作
2. 红色之旅
3. 有书看 心里充满阳光
4. 送春联活动
5. 西安图书馆外景
6. 西安市公安消防支队分馆揭牌
7. 柞水春游
8. 综合阅览室
9. 历史文献阅览室
10. 过期期刊阅览室

地址：西安市未央路岗家寨 145 号
邮编：710018
联系电话：029-86521358

守望历史记忆的

武汉博物馆

武汉博物馆（市文物交流中心）属地志类综合性博物馆。是收藏珍贵历史文物，举办陈列展览，凸显国有文物交流的主渠道作用，打造地区文化品牌，进行科学研究的文化事业单位。

武汉博物馆机构设有文物交流中心、办公室、展览部、保管部、宣教部、开发部、总务部、保卫部等部门。全馆行政编制103人；管理人员26人，专业技术人员77人。

武汉博物馆馆藏丰富，现有藏品10万余件。包括了瓷器、陶器、青铜器、书画、玉器、及竹、木、牙雕、珐琅器、印章等众多种类。

武汉博物馆除了常年展出大型地方史陈列《武汉古代历史》、《武汉近现代历史》和《历代文物珍藏》、《古代陶瓷艺术》、《明清书画艺术》三个专题艺术陈列外；同时，每年还不定期举办或引进国内外各种优秀展览十余个。如《秦兵马俑国宝文物特展》、《戴高乐生平展》、《十九世纪下半叶俄罗斯现实主义绘画展》、《多彩的波尔多—城市文化遗产展》、《楚都文物精华展》、《雪域明珠—藏传佛教文化艺术展》、《巴黎珠宝摄影艺术展》、《民国政要手迹展》、《清代七十二状元扇书法作品特展》、《黑与白的艺术》磁州窑精品展、《1871—1949武汉珍稀图像——英国国家图书馆藏照片暨哲夫先生捐赠文物展》等。其中《武汉古代历史陈列》荣获第五届全国十大陈列精品奖。

提供图文：刘国斌；摄影：左易正

2010年全国文物艺术品交流会暨武汉市文物交流中心揭牌仪式

《武汉近现代历史》展厅

《武汉近现代历史》展厅

2010年5月18日武汉博物馆活动现场

上海少年儿童图书馆

上海少年儿童图书馆建于1941年，其前身是上海儿童私立图书馆，1952年由市文化局接管改名为上海市少年儿童图书馆，1980年6月，由国家名誉主席宋庆龄题写馆名，定名为上海少年儿童图书馆。1995年以来连续多次被文化部评定为一级图书馆。

上海少年儿童图书馆在市文广局的关心指导下，坚持以读书育人为目标，以创新为动力，不断拓宽服务领域，打造少儿图书馆服务品牌，努力推进少儿图书馆服务网络建设，加强对少年儿童的思想素质教育，经多年的辛勤耕耘，已逐步形成了良好的运行机制，成为少儿求知的乐园、成才的沃土。

江苏省常熟市图书馆

1. 万人读书行启动仪式
2. 免费办证
3. 易中天品“先秦诸子”大型公益讲座
4. “纪念王淦昌先生百年诞辰”图片书画展

辛亥革命武昌起义纪念馆

辛亥革命武昌起义纪念馆是依托中华民国军政府鄂军都督府旧址（即武昌起义军政府旧址）建立的专题性博物馆。位于湖北省武汉市武昌阅马场，西邻黄鹤楼，北依蛇山，南面首义文化公园。占地2万平方米，建筑面积约1万平方米。

该馆所依托的旧址由主楼、东西配楼、议员公所、前后花园、院门、门房及围墙等建筑组成，自成院落，是一处典型的砖木结构的中西合璧庭院式建筑群。

该馆原为湖北咨议局局址。1909年，为配合清政府预备立宪的步调，湖北当局动工兴建湖北咨议局，为方便议员起居休息，又在咨议局后修建议员公所，1910年同时竣工。1911年（农历辛亥年）10月10日，在孙中山民主革命思想旗帜下集结起来的湖北革命党人，蓄势既久，敢为天下先，打响了辛亥革命的“第一枪”。次日，起义士兵占据咨议局，推举黎元洪出任军政府都督，宣告废除清朝宣统年号，建立中华民国军政府鄂军都督府，由此诞生了中国历史上第一个民主共和政权。革命党人发布文告，呼吁各省起义。义旗一举，四方响应，一举结束了清王朝的统治，开启了中国民主共和制的大门。

1912年，孙中山先生辞去临时大总统职务后，首途武汉，凭吊战场，安抚流离，访问鄂军都督府，表达对武汉军民的深厚感情。1926年10月，北伐军攻克武昌，以此作国民党湖北省党部办公地，后湖北省参议院驻此办公。1949年后，中共湖北省省委、省政协、中共湖北省委统战部相继在此办公。1961年，武昌起义军政府旧址被国务院公布为首批全国重点文物保护单位。1981年，依托旧址成立辛亥革命武昌起义纪念馆，国家名誉主席宋庆龄题写馆名，是中宣部首批命名的全国百家爱国主义教育示范基地和团中央命名的全国青少年教育基地。2002年加挂“辛亥革命博物馆”馆名。

经过近三十年的建设和发展，该馆已逐步成为辛亥革命的纪念中心，辛亥革命史迹文物资料的保护收藏中心、陈列展览宣传教育中心和科学研究中心。

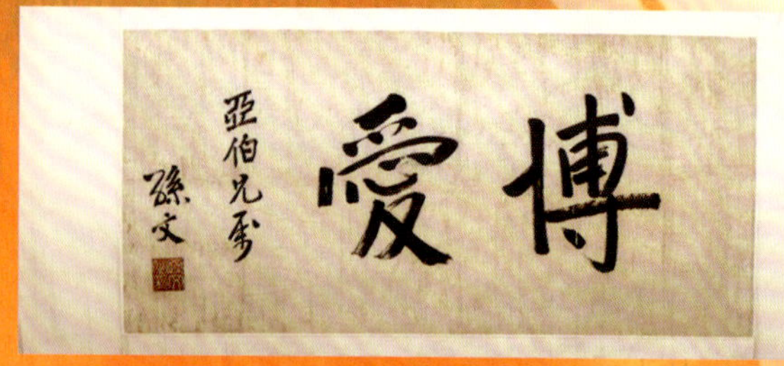

孙中山为曹亚伯题“博爱”横披

1912年4月10日孙中山在武昌与鄂军都督府欢迎人员合影

革命党士兵持枪护卫鄂军都督府

鄂军教导团章

彭汉遗赠孙中山粉彩山水人物图索耳花盆

黄祯祥血衣

四川博物院
SICHUAN MUSEUM

王建玉大带

水陆攻战纹铜壶

观音菩萨头造像

说唱陶俑

西王母

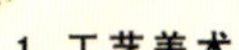

1. 工艺美术
2. 书画
3. 汉代陶石
4. 汉代陶石

四川博物院创建于1941年3月，时称“四川博物馆”。其后，几迁其址，数易其名。2009年落成于雅致幽美的杜甫草堂与秀丽恬静的浣花公园旁边的新馆定名为“四川博物院”，是在四川省委、省政府直接关心下建成的、四川迈向二十一世纪标志性的文化工程；是一座具有收藏、展示、研究、教育、欣赏等多种功能的现代化园林式综合性博物馆。四川博物院占地面积88亩，主体建筑面积32026平方米。10个常设展厅，4个引进高端外展临时展厅，总面积10000平方米。文物库房面积6500平方米，文物修复保护中心3622平方米，交流服务中心9096平方米，游客服务中心1871平方米，纪念品中心666平方米，学术报告厅425平方米。

福建省昙石山遗址博物馆

昙石山遗址位于闽江下游北岸，距离福州市区21公里。遗址发现于1954年，迄今已历经十次面积不等的考古发掘，发现了一大批墓葬、灰坑、壕沟、陶窑等遗迹，以及大量的陶器、石器、贝器和骨器等文物。历次的考古发掘和研究表明，该遗址以新石器时代文化遗存为主，兼有青铜时代文化遗存，前后持续时间长达二千多年。2001年，昙石山遗址被国务院公布为第五批全国重点文物保护单位。以该遗址命名的新石器时代文化“昙石山文化”，基本涵盖了以闽江中下游地区为中心的福建东部沿海地区，并对周边更广泛地域的古代文化产生了重要影响。昙石山文化具有鲜明的海洋文化特色，她不仅是闽江流域古文化的摇篮、福建文明的起源地，也是先秦时期闽台两岸海洋文化的源头。在中国新石器时代文化群星璀璨的天空，她是崛起于东南沿海的一颗明星。

1998年，福建省昙石山遗址博物馆正式成立，这是福建省第一座依托于史前遗址的博物馆。2005年，福建省政府启动“昙石山遗址保护和博物馆建设”的省重点建设项目，2008年6月14日，遗址博物馆新馆落成并对外试运行。2010年春节前夕，经改扩建的遗址厅竣工并对外开放，至此，昙石山遗址博物馆以完整的文化园区的面貌呈现在广大游客面前。昙石山文化园区占地面积约108.8亩，包括博物馆主体建筑、遗址厅以及遗址公园，环境优美，设备先进，布局合理，展线顺畅。

《海峡文明之根——昙石山文化陈列》是昙石山遗址博物馆新馆的基本陈列，展线长约220米，面积1460平方米，由序厅、第一展厅小序厅、第一展厅场景厅、休息厅、第二展厅等组成。

展览以半个多世纪以来考古发掘出土的昙石山文化遗物为陈列品，充分运用雕塑、仿真场景、多媒体、图片、文字资料和声光电等多种方式，多方位、生动地再现了五千年前昙石山人生产、生活的场景，还揭示了昙石山人的社会意识，昙石山文化的源流及与海峡对岸新石器时代文化的紧密联系。基本陈列反映了昙石山文化在中国新石器时代文化中的地位，在福建闽越文化中所留下的不可磨灭的烙印，对史前海峡两岸文化交流、闽台古文化渊源以及南岛语族的起源等课题研究所具有的重要意义。

昙石山文化园区将充分发挥近邻福州省会都市的区位优势和昙石山遗址的历史、科学、旅游三大价值，成为福建省精神文明、物质文明和爱国主义教育基地建设的重要窗口和文化旅游的优秀品牌。昙石山文化独特的文化内涵，与台湾史前文化的紧密联系，还将使得昙石山遗址成为研究闽台文化、南岛语族起源等重大课题的重要基地。

1. 新馆剪彩
2. 2010年11月18日，大溪地法属波利尼西亚人驾驶独木舟寻根到昙石山遗址博物馆
3. 新馆落成典礼
4. 昙博遗址厅
5. 第一展厅局部

清·光绪 粉彩九桃天球瓶

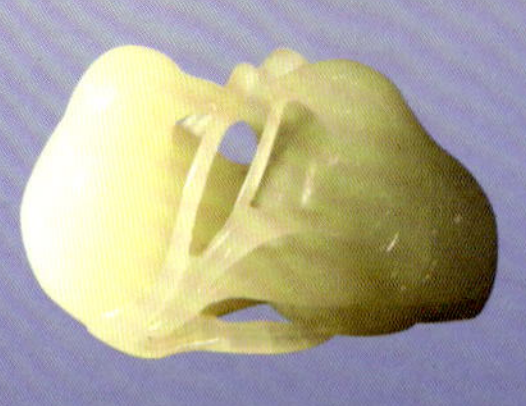

清·和田玉安居天乐业摆件

清·光绪 粉彩百花不露地描金盖碗

清末 紫檀罗汉床

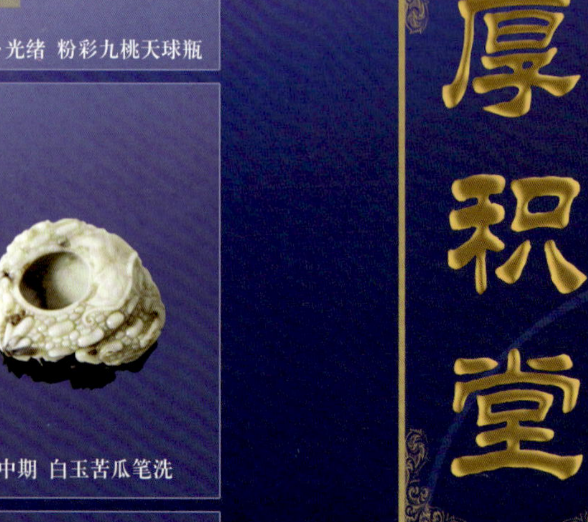

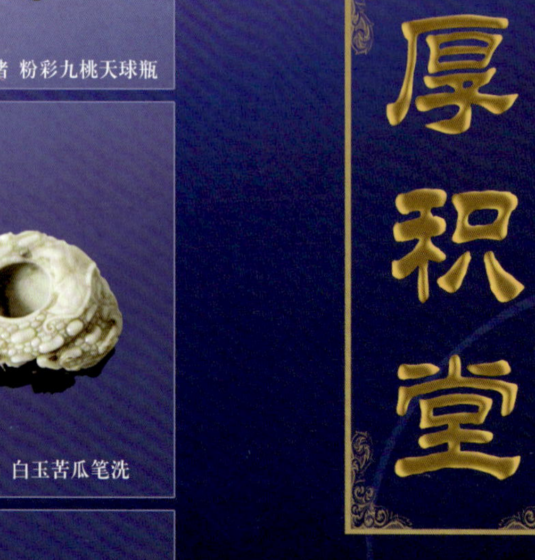

厚积堂

清中期 白玉苦瓜笔洗

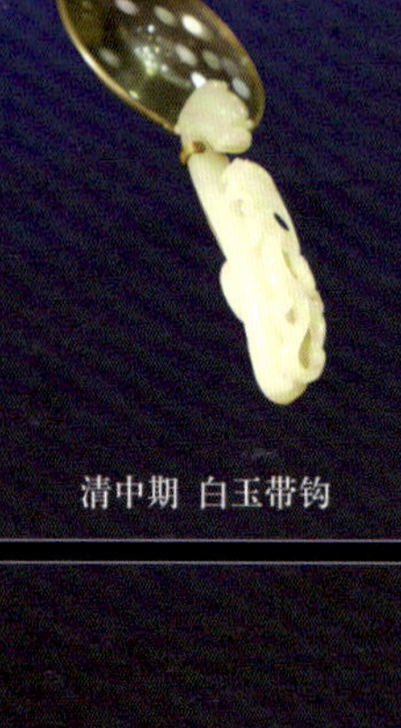

清中期 白玉带钩

清 犀皮漆盖盒（一对）

清 青花开光龙纹卷缸

清·道光
矾红底四开光黄釉墨彩山水纹尊

清·乾隆
双螭开光龙纹海棠型铜炉

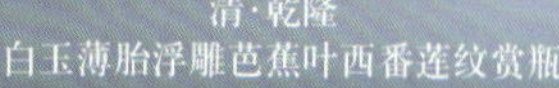

清·乾隆
白玉薄胎浮雕芭蕉叶西番莲纹赏瓶

澳门文物大使协会

2009文物大使参观郑家大屋

"澳门文物大使协会"成立于2004年8月1日，为一非牟利团体，以"爱护文物、传承文化"为理念开拓会务工作。本会主要成员为澳门文物大使，他们均受过系统性培训，具有文物专业知识，对澳门历史及文物建筑风格范畴具有一定认知，多年来提供"文物之旅"优质导赏服务及进行各种教育推广活动，致力投入文化保育事业。

2009年本会先后主办、合办及协办了13项以文化遗产及文化创意产业为主题的活动，以及开展了约100次"文物之旅"导赏服务，共约1700人次参与，建立起特色的品牌活动。当中的"第三届澳门文物大使培训计划"共吸引近300名澳门青年报名参加，经过两轮挑选及考核，最终42名学员取得文物大使的培训资格，确保文物保育事业薪火相传；此培训计划成为中国中央电视台及澳门特区政府联合摄制的澳门回归十年大型纪录片《澳门十年》其中一项素材，亦收录在澳门特区政府教育暨青年局及北京人民教育出版社合作编制的初中教材《品德与公民》内。为丰富导赏服务形式，在2009年6月中国文化遗产日及回归十周年期间，本会举办多场"听旧城说．夜游世遗"活动。在昏黄街灯下，文物大使带领市民及游客者游览澳门历史城区的夜间美景、细说古街及民间传说，认识澳门历史及地道文化。

夜游世遗活动

2009年童乐画世遗亲子绘画比赛

2009年夜游世遗

2009年澳门青年广东文化考察之旅

定点导赏

澳门文化遗产导游协会

澳门文化遗产导游协会于2009年9月5日依法设立，创会会长简万宁博士。协会以宣传和推广"澳门历史城区"(世界文化遗产)为己任，始终走在澳门世界文化遗产旅游的第一线，向各地到访澳门的游客解说"澳门历史城区"，使他们对这一块世界稀有的全人类共同拥有的世界级的文化遗产的历史、艺术和科学突出的普世价值以及对世界遗产资源的稀缺性、完整性、真实性、不可复制性等特征有更全面的认识和了解，从而自觉、主动地珍惜和爱护世界遗产资源。在解说和导游实践中，我们始终不忘教育游客，向他们灌输正确的遗产旅游的观念和模式，加强和提高游客对遗产资源的保护意识，使澳门世界文化遗产的突出的普世价值获得永续和传承，造福全人类和我们的子孙后代。

协会以纯"世遗游"或"主动型的遗产旅游"为服务方向和内容，淡化重博彩和购物元素的旅游体验，致力提升澳门旅游的文化品味和产品档次，努力打造重文化内涵的现代文化遗产旅游。

协会成立一年多来，始终秉持自己的立会宗旨，积极实践和兑现自己的服务承诺。在此期间，协会积极开展多种的会务活动：对内，从提升会员的专业知识和服务水平目标出发，积极开展与本职工作相关的各类活动，如举办世界文化遗产知识和保护相关的学术研讨会、讲座和论坛；对外，坚持"近融远交"的指导思想，加强与本澳乃至本澳以外的文化社团的交流和合作，积极参与各项与世界遗产相关的社会和学术性活动，共同推动和促进世界遗产的持续发展。

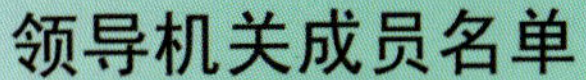

领导机关成员名单

1. 大会（3人）
   - 主席： 简万宁（创会会长）
   - 副主席：云昌明
   - 秘书： 刘群爱

2. 理事会（11人）
   - 理事长： 林娇君
   - 副理事长： 陈国英 黄玉琼 王家强 郑少宁
   - 理事： 司徒慧贤 陈少萍 梁结维 高映芬 侯瑾瑜
   - 秘书长： 陈纬勋

3. 监事会（5人）
   - 监事长： 林清
   - 副监事长： 陈健美 柯美燕
   - 监事： 范桂珊 邓淑娴

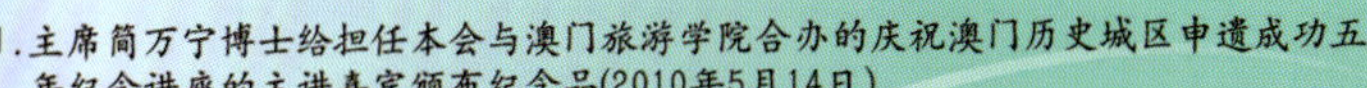

1. 主席简万宁博士给担任本会与澳门旅游学院合办的庆祝澳门历史城区申遗成功五周年纪念讲座的主讲嘉宾颁布纪念品(2010年5月14日)
2. 主席简万宁博士被邀请担任"文化遗产与社会发展民间本土论坛"嘉宾之一，在讨论环节回答与会者的问题(2010年7月17日)
3. 第一届大会、理事会和监事会成员在成立庆典上合影留念(2009年9月5日)
4. 第一届大会、理事会和监事会成员与出席成立庆典的嘉宾合影(2009年9月5日)
5. 主席简万宁博士出席2010年9月16日至17日在澳门举行的第6届世界遗产论坛并担任论坛嘉宾，作《澳门世界文化遗产旅游推动和拉动因素不足的原因分析》报告

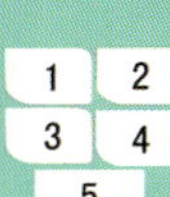

中国戏曲现代戏研究会

会长　姚欣

中国戏曲现代戏研究会于1981年在文化部副部长周巍峙同志的倡导和支持下，经文化部批准，民政部登记注册，成立了全国演出戏曲现代戏成绩突出的剧院团和艺术研究院所，为团体会员的中国戏曲现代戏研究会。现代戏研究会现为文化部领导的非盈利性民间专业艺术社团，它以每年一次年会为基础工作方式，组织团体会员代表和专家，分别就剧本创作和剧目生产中相关问题进行研讨，以促进戏曲现代戏的发展。研究会成立近30年来，已分别与江苏、北京、上海、天津、河北、山东、山西、陕西、河南、四川、甘肃、湖南、湖北、浙江、福建等省市文化厅局，联合主办了20多次年会。文化部领导周巍峙、贺敬之、赵起扬、高占祥、潘震宙等同志，曾多次出席年会指导工作。

2009年年会于浙江金华

山西太原晋祠前合影

2009年理事会一角

四川省大木偶剧院

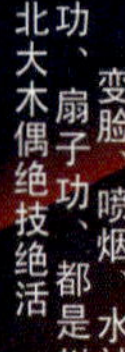

变脸、喷烟、水袖功、扇子功、都是川北大木偶绝技绝活

变脸

彩蝶纷飞

四川省大木偶剧院，是一个有艺术实力的国家省级专业艺术表演团体，不仅拥有自己的造型艺术家，表演艺术家和剧作家，还有丰富的保留剧目，如大型神话木偶戏《玉莲花》、《红宝石》、《白蛇传》、《三打白骨精》以及歌舞《逛新城》、《花伞舞》、《脸谱乐》等。

1987年以来，剧院受中国文化部派遣，先后赴前苏联、芬兰、新加坡、马来西亚等国家访问演出，参加印度新德里、荷兰阿姆斯特丹国际木偶艺术节演出。剧院曾多次代表四川省参加第二届中国艺术节、第五届中国艺术节、西南艺术节、全国木偶皮影戏汇演、全国木偶皮影"金狮奖"大赛等全国性的重大艺术活动，并在全国汇演中荣获剧目、造型、舞美、优秀表演、表演等五项大奖，第二届"金狮奖"木偶皮影大赛获银奖，铜奖。荣获人力资源和社会保障部、文化部共同颁发的全国文化系统先进集体荣誉称号。被国家四部委命名为国家文化出口重点项目。

春到高原

国家级木偶表演艺术家李泗元和造型艺术家李发海先生

长绸舞和青年表演艺术家曾必勇

花伞舞

1. 齐白石雕像
2. 后人弟子作品
3. 木雕陈列

齐白石纪念馆

齐白石纪念馆是为纪念世界文化名人、世界和平奖获得者、一代中国画巨匠、艺术大师齐白石而修建的公共文化设施。择址于湘潭市区白马湖，占地400余亩，依湖设馆，湖水尽纳于园，自此名湖有归。

齐白石纪念馆由中宣部批准于1993年5月建成开馆，2002年湘潭市委、市政府对原馆进行重新改造扩建，2004年11月齐白石诞辰140周年举办首届中国（湘潭）齐白石国际文化艺术节及齐白石纪念新馆落成开放。

齐白石纪念馆系两层仿木砖瓦庭院式建筑群落，具典型的湖湘名居风格。硬山飞檐，白墙青瓦；回廊曲院，抱水依林。虾姿戏藻，抚格扇之雕花；竹影摇风，窥漏窗之新月。展厅面积2600平方米，展线长度430米，文物368件，图片187张，展品173件，并设有会议厅、创作室等配套设施和监控室、消防控制室等功能用房，投入资金5200万元。目前，纪念馆的硬件设施和展览条件处于全国同类纪念馆的前列。

地　址：湖南省湘潭市雨湖区大湖路2号
电　话：0731-58222741
传　真：0731-58259802

4.原作陈列厅
5.篆刻展厅
6.艺术人生陈列

刘海粟美术馆

刘海粟美术馆，又名常州美术馆。常州市人民政府为弘扬海粟先生的光辉业绩和爱国精神，于1989年立项，1993年建成一期工程；1998年建成以海粟先生故居“静远堂”命名的二期工程2009年9月改造提升三期工程竣工，改造建筑面积1119.4平方米，增加建筑面积491平方米，目前全馆总建筑面积为3500平方米，有“艺海堂”刘海粟精品陈列室、“存天阁”刘海粟生平陈列室、精品展厅“季芳厅”、“沧海厅”和“静远厅”等。展厅总面积共计1300平方米，开幕大厅面积为275平方米。

刘海粟美术馆具有现代美术馆和名人纪念馆双重功能，是兼容展览、收藏、交流、研究和普及美育的多功能、多维立体艺术中心。将展示、陈列高质量的艺术作品，收藏研究当代不同风格流派的作品，增进与海内外艺术家之间的友谊和交往，努力服务于社会和大众。

4.17巡展宁波

福建巡展

7.13厦门展

1. 静远厅
2. 报告厅
3. 季芳厅
4. 贵宾接待室
5. 沧海厅
6. 开幕式大厅

羊城创意产业园

羊城创意产业园是羊城晚报报业集团创建的大型文化创意产业集聚区，占地18公顷，位于广州市黄埔大道中309、311号，毗邻珠江新城CBD，地处城市主干道及地铁沿线，交通便捷。园区绿树成荫，生态环境优美。

园区第一阶段的建设是利用旧厂房改造，功能置换，大量引进设计公司、文化艺术机构入驻园区，目前园区入驻文化和设计类企业逾百家。

园区还持续举办各类文化和创意活动，使园区不仅成为创意产业的办公集聚区，而且成为各类文化创意时尚潮流活动的基地。

园区着力建设创意产业公共服务平台，新的网络服务平台“羊城创意网”（www.yccyy.com）已开通，为更多创意企业提供信息、咨询、人才、市场、法律等服务。羊城创意网还为创意人士和创意产品开设创意网店，开展在线交易。

园区的报业文化区建有亚洲最大的报业印务中心、印艺报业博物馆，获国家旅游局认定为“全国工业旅游示范点”。

目前，羊城创意产业园已完成了第一阶段的建设，正着手启动第二阶段建设，对园区进行升级打造。

2010年5月15日，中共中央政治局常委李长春同志考察了羊城创意产业园。羊城创意产业园列入了《广东省建设文化强省规划纲要（2011-2020年）》、广东省现代产业体系建设总体规划（2010-2015年），并列入了广东省现代产业500强项目、广东省重点建设项目、广州市重点建设项目，获文化部命名为“国家文化产业示范基地”。

羊城创意产业园在保留旧工厂的时代特色和历史印记基础上增加创意和时尚元素，努力营造独特的文化艺术氛围，打造一个旧与新、历史与现代、建筑与产业、环境与人生动结合的特别的城市“看点”和名片。

1月16日羊城创意网的网店主在园区大聚会并现场举办创意市集

1月16日在园区举办的广州第一届尖叫音乐节

3月18日至7月1日在园区举办的广州美院试验艺术学生作品展

5月15日至5月31日在园区举办的大型艺术展览连州国际摄影年展广州巡展

现代报业印务中心

大型设计中心——广州瀚华建筑设计公司办公大楼

中国文化年鉴

Chinese Culture Yearbook

文化市场

Cultural Market

综 述

2009年，在部党组领导下，文化市场司以党的十七大精神为指导，深入贯彻落实科学发展观，切实履行新“三定”职责，加强文化市场管理，努力推进文化市场管理机制建设和制度创新。

一、履行新职责，推进文化市场综合执法改革

（一）文化市场综合执法改革取得突破性进展

2009年9月，中央宣传部、中央编办、文化部、国家广电总局、新闻出版总署联合下发《关于加快推进文化市场综合执法改革工作的意见》，确立了加快推进文化市场综合执法改革的时间表、路线图和任务书，标志着改革工作由试点阶段向全面启动、加快推进阶段迈进。为切实贯彻《意见》精神，10月20日，全国文化体制改革工作领导小组办公室在浙江省杭州市召开全国文化市场综合执法改革经验交流会，交流综合执法改革经验，部署推进综合执法改革相关工作。下发了《文化部关于加强指导综合执法工作的通知》、《文化部关于加强综合执法制度建设的通知》、《文化部关于统一文化市场综合行政执法文书的通知》3个文件，确立了文化部指导综合执法工作地位和具体职能。

截止到2009年底，江苏、辽宁、河南、吉林、山西等省完成方案的制定，天津、安徽等10省市正在抓紧拟定实施方案。

（二）落实“三定”职责，协调网络游戏等职能交接

按照部党组的指示精神，本着坚决履行职责、加强部门协调配合的原则，在网络游戏职能理顺工作中，严格党政机关工作纪律，公正理性地处理部门之间的不同意见，坚定地落实职能调整，推动中央编办下发的《关于动漫、网络游戏和文化市场综合执法的部分条文的解释的通知》，进一步明确了文化部作为网络游戏主管部门的管理职责。

二、加强制度建设，规范行为，简化行政审批

修订《营业性演出管理条例实施细则》（文化部令第47号），强化对民营演艺机构的监管，将从事演员签约、代理和推广的经纪公司纳入文化部管理范畴；完善了制止和处罚假唱的条款，在社会上引起强烈反响。印发《文化部办公厅关于贯彻〈营业性演出管理条例实施细则〉的通知》，部署《实施细则》的宣传贯彻及演出市场监管工作。

联合公安部、国家工商总局下发《关于进一步加强游艺娱乐场所管理的通知》，制定管理措施，加强对游艺娱乐场所的监管；开展电子游戏机内容审查，把好监管关。

联合海关总署印发《美术品进出口管理暂行规定》，将美术品进出口内容审查工作委托给省级文化行政部门实施，减少审批环节，提高审批效率。筹建文化部文化产品内容审查专家委员会，为内容审查工作提供专家支持，努力促进文化产品审查的制度化、科学化和程序化。

三、建立网络文化市场计算机监管平台系统，提升综合执法的科技化水平

截止到2009年年底，22个省级平台已与中央监管平台实现互联互通，日均巡查网吧8万家；完成了全国文化系统视频会议系统（文化部加各省级视频会议系统合计37个）；“全国文化市场综合执法办公系统”软件的设计开发已经完成，并在江苏、山东、湖南等省地区试点。开发文化部网吧监管软件，并在重庆、海南等6个省试点安装。

四、加强队伍建设，开展文化市场集中整顿

部署文化市场平安建设，开展第二次全国文化市场执法案卷评比。创新执法培训模式，将浙江、安徽、山东、四川、西藏等9个省（区）的培训纳入文化部执法培训体系，推进省以下执法人员培训工作，为全方位、系统化的执法培训奠定了良好基础。

2009年，按照中央和文化部的统一部署，文化部文化市场司相继开展了净化社会文化环境、整治互联网低俗之风、动漫市场、网吧市场等专项整治行动。据统计，1～10月，全国受理举报54374起，立案63544件，移交案件4194件，办结案件56296件，罚款15718万余元，停业整顿22155家次，吊销许可证6556家，没收物品4661万件，其中非法音像制品3058万件；2009年以来发文督办了213件案件，内容涵盖演出、娱乐、网络游戏、电影等不同市场门类。重点督办了山

东单县、四川成都、辽宁葫芦岛等地的非法演出等重大案件9件；首次查处了以假唱、假演奏欺骗观众的案件；下发了第六、第七批违法违规网络文化企业的查处通知。通过治理整顿，为新中国成立60周年创造了和谐稳定的社会文化环境。

五、加强对网络文化的监管职责

（一）强化网络游戏及网络音乐内容管理

下发《文化部关于加强网络游戏虚拟货币管理工作的通知》、《关于规范进口网络游戏产品内容审查申报工作的公告》，完善网络游戏进口审查和国产备案的报审系统，建设网络音乐内容审查平台和数据库系统，初步实现进口网络文化内容审查网络审批；建立互联网文化单位负责人定期培训制度。举办两期共200多家网络文化经营单位参加的业务培训班。

（二）加强网络游戏虚拟货币管理

针对网络游戏虚拟货币管理工作面临的突出问题，2009年6月，文化部联合商务部发布了《关于加强网络游戏虚拟货币管理工作的通知》。从行政管理角度规范虚拟货币的发行、使用、交易等行为，切实加强管理，改变虚拟货币的不良影响。

（三）起草网络游戏管理相关规定

落实中央领导的批示精神，起草《网络游戏管理办法》。切实加强网络游戏内容监管，规范网络游戏产品运营秩序。

六、创新工作思路，大力推进文化市场繁荣

2009年9月8日，文化部和国家旅游局联合印发《关于促进文化与旅游结合发展的指导意见》，明确在旅游演出、非物质文化遗产展示、市场秩序整治等十大领域开展合作，以文化带动旅游，以旅游带动文化消费。

印发《文化部关于促进民营文艺表演团体发展的若干意见》，提出扶持民营文艺表演团体发展的具体措施。

制定《网吧连锁企业认定管理办法》，以政策扶持网吧连锁发展为导向，推进网吧市场的整合与提升。

举办中国（天津）演艺博览会、第七届中国国际网络文化博览会、实施中国现当代艺术推广计划、动漫展演扶持计划等活动。召开中韩游戏产业合作协调机制会议，推动中韩游戏产业合作与发展。

七、其他工作

1.完成中央领导批示90件，处理公文2784件。全国人大、政协提案、建议案29件。

2.开展中国文化市场30年征文活动。结合“辉煌60年”成就展览，组织文化市场30年征文活动，全面回顾和总结文化市场30年来取得的成绩、经验和教训，共收征文1745篇，所有文章全部上网，在《中国文化报》刊登16篇。9月28日对征文进行评审，评出一等奖10名，二等奖20名，三等奖50名，组织奖3名。在天津召开了中国文化市场30年征文颁奖仪式和座谈会。

3.修订文化市场统计制度。在财务司的统一协调下，修订了全国文化市场统计制度，删除统计指标5项，修订统计指标11项，新增统计指标6项，修改指标解释18项。召开全国文化市场统计工作会暨制度及软件培训会。布置了2009年文化市场统计工作，进一步完善文化市场综合执法数据统计。

专　题

2009年中国网络音乐市场年度报告

一、中国网络音乐发展状况

（一）中国网络音乐市场正在蓬勃发展

2009年是中国网络音乐产业发展第二个10年的开端，过去的10年中，在国家相关行业主管部门的指导下，中国网络音乐行业不断开拓进取，逐渐探索出了符合大众需求和市场发展规律的业务形式，网络音乐不但成为人们喜闻乐见的数字娱乐方式，开辟出了巨大的市场空间，也在多方面推动了传统音乐产业的发展，成为其新的平台。

2009年，中国网络音乐市场保持了较好的运行态势，在线音乐和无线音乐两大领域都实现了用户规模的稳步增长和市场规模的迅速发展，市场整体版权保护状况不断改善，商业模式探索逐渐成熟，对传统音乐产业的整合拉动作用日益显著，市场呈现良好的发展态势。

从用户规模来看，截止到2009年年底，我国在线音乐总体用户规模已达到3.2亿人，与2008年相比增加了28.8%，年用户增加量达7174万人。

在无线音乐领域,我国无线音乐用户数已经达到4.7亿人，与2008年相比增长15%，年用户增长量超过6000万人。

从市场规模来看，2009年我国网络音乐总体市场规模已经达到20.1亿元人民币（以服务提供商总收入计），发展迅猛。

从市场结构来看，网络音乐两大构成领域的市场规模存在较显著的不平衡，2009年，中国无线音乐市场规模为18.4亿元人民币（以服务提供商总收入计），占网络音乐市场规模的91.5%；而在线音乐市场规模为1.7亿元人民币，仅占网络音乐市场规模的8.5%。

从商业模式来看，在线音乐市场的主要商业模式是广告收入，占88.3%，用户付费模式尚处于探索阶段，比例较小；无线音乐领域的主要商业模式是基于电信运营商平台的用户付费；电信运营商也因此获得了无线音乐产业链上的绝大部分收益，而增值服务提供商和内容提供商获得的份额较为有限。

（二）网络音乐促进音乐产业发展变革，具有重要的社会意义

从以上数据不难看出，在第二个10年的开端，中国网络音乐市场呈现出蓬勃旺盛的发展态势，规模巨大并且增长迅速的网络音乐市场，也在众多方面改变了音乐产业的面貌，成为其发展的重要推动力和新的平台。

网络音乐使音乐的载体和播放设备发生了转变，拓展了用户获得音乐的渠道，使用户获得和欣赏音乐的方便性大大增强，成本明显降低。这大大扩展了音乐产品的消费人群和市场空间。

网络音乐也改变了音乐的欣赏模式，让音乐突破了介质的限制，得以更灵活地传播和欣赏。消费者可以直接选择自己最中意的歌曲，音乐欣赏的单位从专辑逐渐向单曲转化。

网络音乐正在创造新的发行模式，使音乐的发行和传播渠道逐渐从音像店转到互联网和移动网络，这使其反应更快，成本更低，能更迅捷和全面地满足受众需求。网络音乐的发行模式不断取得成功，正逐渐取代传统的发行模式，这也使唱片公司推广的效率升高，成本和风险降低，并进一步降低了创作和传播的门槛，促使许多并未受过专业培养训练的年轻人大胆投身创作和演唱，非职业创作者和歌手向专业的创作者和歌手以及唱片公司发起挑战。

网络音乐对音乐产业的影响是全面而深刻的，随着在音乐产业中的比重进一步加大，必将促进音乐产业沿着网络技术与音乐产品、信息技术与文化市场融合发展的方向前进。网络音乐所具有的重要社会意义也将更明显地得以体现：

网络音乐市场的繁荣有利于提高人民群众精神文明生活的平均水平，满足广大群众在社会经济发展中逐渐多样化的精神文化需求，丰富社会主义文化，并进一步推动文化与经济、政治、社会的协调发展。

网络音乐的发展有利于协调科技进步与文化内容之间的关系。网络技术的发展，不仅增加了音乐传播方式的多样性，而且改变了音乐文化的发展模式，影响了音乐市场的消费行为。同时，音乐文化市场的变动又推动了新的传播技术、搜索技术、交易技术等各种技术手段的进一步发展。网络音乐市场的发展就是科技与文化交汇的过程，体现了文化引领科技、科技促进文化的良性循环。

网络音乐的发展是我国优秀文化创新发展的缩影和推动力。网络与音乐的结合，为优秀音乐作品的创作、宣传和传播创造了更有利的条件。优秀的音乐作品通过网络得到了更多的认可和积极的回报，进一步促进了我国音乐文化的创新发展，同时也扩大了优秀音乐作品在人民群众中的影响范围，使我国的优秀文化通过音乐的形式得到全国、乃至全世界人们的了解和认同。

（三）网络音乐市场发展中存在的问题

网络音乐市场的迅速发展也伴随一些亟待解决的问题。

版权问题是网络音乐市场发展面临的最严重挑战，尤其在互联网领域，免费音乐下载盛行，大量网站向用户提供未经授权的音乐，非法链接、非法上传下载等现象普遍存在。盗版问题严重破坏了网络音乐的市场秩序，制约了合理赢利模式的发展，阻碍了市场的良性循环，使网络音乐市场中多方的利益都受到损害，而且往往与违法违规内容有联系，既不利于网络音乐产业发展，也对社会整体的文化市场造成了损害，阻碍了其健康合理发展。

在在线音乐领域，庞大的用户数、巨大的影

响力与有限的市场规模形成了强烈反差，商业模式不成熟是造成这一现象的主要原因。受制于版权、用户消费观念等问题，在线音乐的商业模式一直处于探索中，这使其市场规模被限制在了较小的空间，也使参与这一市场的大量企业难以获得收入，几乎处于“零起点”状态。这种状况既限制了各产业主体的投入，影响了市场的长期发展，也使众多市场主体为了维持生存，过度看重短期利益，间接造成了音乐内容和运作模式上大量不规范的操作，形成了一定的社会问题。

在无线音乐领域，以电信运营商平台为基础的商业模式较为成熟有效，但运营商在市场中占据了绝对的主导地位，获取了市场创造的大部分利润，其他产业各方的收入更多地受运营商政策而非自身业务状况的影响。这种闭环式的结构使得价值链中各方作出的贡献和获得的利益产生了显著的失衡，限制了服务提供商和内容提供商在无线音乐市场中的发展。长此以往，内容提供商将缺乏资金进行内容创作，并降低对无线音乐市场开拓的积极性，进而不利于在市场中建立的良性竞争体系和市场的持久稳定发展。

（四）以管理促进发展

为了解决网络音乐市场发展中存在的问题，达到规范网络音乐市场秩序、保护知识产权、增强企业竞争实力、鼓励优秀作品的创作和传播、促进网络音乐市场健康繁荣发展的目的。2009年，国务院文化行政部门延续了对网络音乐“以管理促发展”的管理思路，有效加强了对网络音乐市场的管理：

在市场准入方面，强化网络音乐市场管理体制和组织机构，进一步贯彻和执行网络文化市场准入机制。文化部严格贯彻和执行网络文化市场的准入机制，通过对经营主体的准入控制和规范，对其市场行为进行规范。允许有实力、能制作好的网络音乐产品且遵守国家相关法规的企业、公司、网站进入网络音乐经营领域；不允许未经过准入审批的网站、公司、个人网站转载、传播网络音乐。

在内容审查方面，严格执行内容审查机制，通过内容审查，存在内容和导向问题的音乐产品得以剔除，从而更好地构筑社会主义的网络文化宣传阵地，建设有中国特色的网络音乐文化。2009年8月26日，文化部印发了《文化部关于加强和改进网络音乐内容审查工作的通知》。《通知》以促进整个网络音乐市场的持续健康发展为方针，其目的是进一步推动网络音乐发展，切实落实《文化部关于网络音乐发展和管理的若干意见》精神，加强和改进网络音乐内容审查工作。《通知》的颁布，对完善网络音乐管理制度，促进市场健康有序发展起到了重要的作用。

在技术手段运用方面，运用技术手段提高网络文化管理水平，加强网络文化管理，建立全国网络文化市场计算机监管平台等，这在防范网络文化和网络音乐的问题上能够发挥不可替代的作用。

在规范市场方面，引导消费习惯，从观念上转变人们的消费方式。目前，我国网络音乐的版权问题较为突出。作为管理部门，文化部努力通过引导消费习惯，使消费者的观念从无偿拥有转变到付费消费，在制度上重视网络知识产权的维护，制定出相应的法规，加大网络音乐知识产权的保护力度和执法力度，建立网络音乐的反盗版监控体系。

在创作激励方面，广纳人才，建立起活跃的创作激励机制。终端消费环节的强大与原创生产环节的薄弱之间的巨大落差，是网络音乐市场必须要解决的重要问题，文化部充分利用网络音乐节、网络音乐论坛等丰富多彩的形式推动网络音乐产业进一步发展，真正发掘出一批具有优秀音乐才华的人才，推出一大批深受大众喜爱的原创音乐作品，打造出一批具有中国风格和国际影响力的民族原创网络音乐品牌，从而推动网络音乐产业的健康发展。

在科技与文化结合方面，注重传播方法和渠道先进性，把新科技融入到音乐中，努力让技术和内容携手共进，使网络产业与文化产业，信息产业与内容产业共同健康有序发展。

二、中国网络音乐市场发展趋势

展望未来中国网络音乐市场发展，主要呈现出如下趋势：

网络音乐将成为未来音乐市场主流形式。目前，全球传统唱片、CD等的销量都在不断下降，而网络音乐占整体音乐市场的份额则在不断上升。在我国，网络音乐市场在政府相关部门的管理与引导和各市场主体的共同努力下，正朝着健康、有序的方向发展，市场各方合作解决版权问题、探索商业模式已经成为大势所趋。同时，我国国民经济的快速增长为网络音乐带来了庞大的市场需求和广阔的发展空间，国民的文化产品消费水平也在逐年上升，计算机、互联网及移动通信技术的进一步普及发展，都为网络音乐提供了良好的环境，可以预见，不久的将来，网络音乐将占据音乐市场大部分的市场份额，成为未来音乐市场的主流形式。

新的业务形式不断发展，全曲下载成为3G业务亮点。3G的高带宽不仅会带来用户体验的改变，更将使各类无线音乐面临全新的发展空间，并促进市场结构的变化；与目前彩铃业务为主的情况不同，全曲下载业务将成为无线音乐3G时代发展的亮点。用户的广阔需求、较高的认知和接受程度以及终端的发展完善，都为全曲下载奠定了基础。同时，这也符合运营商培育新的业务增长点、保持无线音乐领域结构的合理性和增长性的需要，将获得运营商的大力推动。全曲下载的业务潜力将进一步被挖掘出来，并将成为未来网络音乐的业务亮点。

多种网络载体融合创建产业新局面。在我国，多种网络载体相融合的趋势已经呈现，电信网和计算机网已经实现了资源和应用合一，无线电信网络也已经开始了与有线电信网络的应用整合，并将在即将到来的3G时代完成融合。2009年末，国家明确表示大力推进计算机网、电信网、广电网三网融合，这将大大推动我国信息网络的融合，为网络音乐创造新的发展空间，并从终端、用户、经营主体等诸多方面促进网络音乐市场各要素的进一步发展变化，改变网络音乐的市场状况，开创网络音乐的产业新局面。

中国网络游戏市场年度报告

前　言

2009年是中国网络游戏产业发展的第10个年头。过去10年，在国家相关行业主管部门的指导下，中国网络游戏企业不断开拓进取、求实创新，使中国的网络游戏市场发展迅速，成为全球数字娱乐市场最为重要的组成部分之一。

2009年，中国的网络游戏市场在金融危机背景下，总体规模却不断扩大，市场呈现出更加繁荣的态势。中国网络游戏市场在2009年规模已达到258亿元人民币，同比增长39.5%。其中，国产网络游戏规模达到157.8亿元人民币，占整体网络游戏市场规模的61.2%，同比增长41.9%，超过了网络游戏整体市场的增速。

2009年，中国网络游戏企业继续发力海外市场，在海外出口方面取得了较大突破。国产网络游戏已被翻译成近10种语言，出口至50多个国家和地区，成为中国文化产业出口的重要组成部分，也是全球网络游戏行业的亮点。

但是，在网络游戏行业急速膨胀、快速发展的过程中，网络游戏所带来的负面影响日益突出，被社会舆论高度关注和聚焦，形成了不利于网络游戏市场稳定繁荣的氛围，损害了网络游戏行业形象，阻碍了行业的可持续发展。

2009年，随着中国网络游戏市场的管理职能得到进一步理顺，针对网络游戏行业存在的突出问题，文化部联合相关部门，从严格主体准入制度、改进内容审查机制、加强市场监管力度、引导建立行业自我约束机制等方面进一步加大了网络游戏市场的监管力度，相继出台了多项政策与措施。同时，各级文化主管部门通过深入贯彻相关政策、夯实行业发展基础、规范行业经营行为、净化市场发展环境，为我国网络游戏市场继续保持可持续性和谐发展奠定了坚实的基础。

展望未来，随着中国网络游戏市场管理政策的不断完善，行业自律的不断加强，预计未来5年，中国网络游戏市场仍将保持快速增长。

一、中国网络游戏市场发展概况

（一）市场规模

2009年，中国网络游戏市场保持了较好的运行态势。主要表现为，市场收入规模、用户规模均保持了较为稳定的增长，产品类型不断丰富。企业竞争虽仍较为激烈，但呈现公正、公平、有序的态势。

从市场规模来看，2009年中国网络游戏市场规模为258亿元人民币，同比2008年增长39.5%。其中国产网络游戏市场规模达到157.8亿元人民币，同比2008年增长41.9%，占总体市场规模的61.2%。

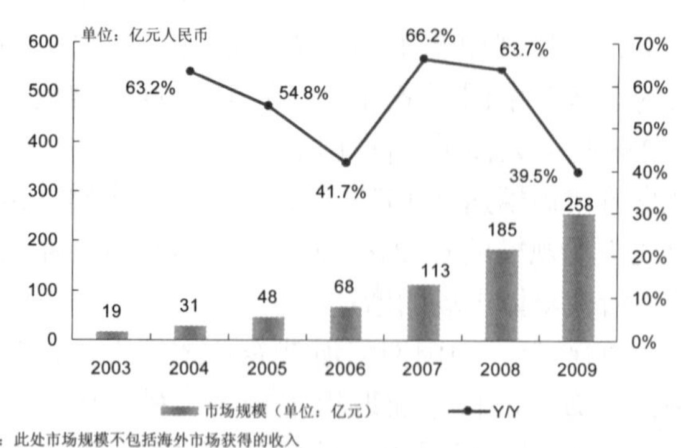

中国网络游戏市场规模及增速 2003 ～ 2009

从用户规模来看，据中国互联网络信息中心（CNNIC）数据显示：2009 年中国大型网络游戏市场用户规模为 6931 万人，同比 2008 年增长约 24.8%。

从产品规模来看，截止到 2009 年底，中国市场上共有 361 款大型网络游戏处于开放测试或者商业化运营阶段，与 2008 年同期相比增加 68 款。2009 年全年共有 115 款大型网络游戏产品通过文化部的审查或备案，其中国产游戏 80 款，进口游戏 35 款，而 2008 年只有 48 款大型网络游戏产品通过审查或备案，其中国产游戏 19 款，进口网络游戏 29 款。

从市场竞争格局来看，截止到 2009 年底，全国共有 499 家网络游戏运营企业。据文睿研究数据表明：2009 年，国内网络游戏运营商市场份额排名发生调整，腾讯取代盛大成为第一名，市场占有率达到 21.7%；盛大和网易分居二、三位，前三名总共占据 52.9% 的市场份额。排名前 12 的企业依次为腾讯、盛大、网易、搜狐畅游、完美时空、巨人、久游、光宇华夏、九城、金山、网龙和世纪天成，总共占据中国网络游戏市场份额 87.7%。

（二）市场结构

中国的网络游戏市场主要由大型多人同时在线角色扮演游戏（MMORPG）、高级休闲游戏（ACG）、网页游戏、棋牌休闲游戏和其他游戏组成。2009 年，中国网络游戏市场格局仍然呈现以 MMO RPG 为主，ACG、网页游戏、棋牌类休闲游戏为辅的局面。其中：MMORPG 是中国网络游戏市场的主导力量，占中国网络游戏市场份额的 79.0%，收入规模达到 203.8 亿元；ACG 排名第二，占市场份额的 13.8%，收入规模达到 35.5 亿元；棋牌休闲游戏及其他类游戏排名第三，占市场份额的 3.9%，收入规模达到 10.1 亿元；网页游戏市场份额最小，占 3.3%，2009 年收入规模为 8.6 亿元。

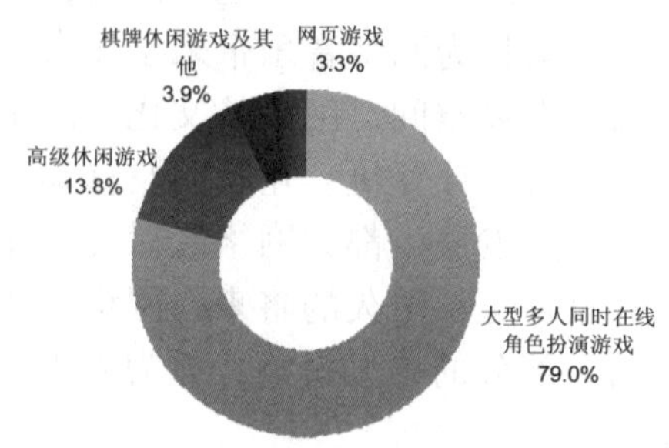

2009 年中国网络游戏不同细分市场收入份额

（三）区域分布

中国网络游戏运营企业区域分布呈以北京、上海、广东为中心，带动浙江、四川、重庆、福建发展的特点。目前，中国大型网络游戏运营企业分布较为集中，主要聚集在北京、上海和广东三地，其中包括北京的完美时空、搜狐畅游、金山软件、光宇华夏，上海的盛大、巨人网络、第九城市和久游，广东的腾讯和网易等，它们中的部分企业已成为该地方经济发展的重要力量。

除上述地区外，受到上海发达的网络游戏运营企业环境影响和自身经济发展程度的影响，浙江、江苏也分别出现了游戏蜗牛、渡口网络、傲天科技等优秀的网络游戏企业，而在西南地区，四川成都的梦工厂和锦天科技等公司，在研发上具有一定优势，成为不可小觑的企业。

总体而言，网络游戏企业多集中在经济相对发达的地区，而中西部经济欠发达地区数量少。北京、上海和广东三足鼎立，是中国网络游戏产业发展的三大中心。

北京：游戏市场结构呈现特点为多层次。在 MMORPG 占据主要市场份额的情况下，棋牌休闲游戏、网页游戏及社交游戏等新兴游戏类型的发展虽然已取得了一定成就，但是北京的网络游戏企业在高级休闲游戏开发和运营上仍处于较弱的水平。完美时空、搜狐畅游、金山软件及光宇华夏等是北京大型游戏运营企业的主要组成部分，且均以 MMORPG 开发和运营为主；联众公司则以棋牌休闲游戏和联合运营见长；千橡互动、昆仑万维、游戏谷等是中国网页游戏行业的翘楚。除此之外，北京还聚集了一大批优秀的研发企业，例如目标软件、像素软件、永航科技等，这些企业也研发出了多款在国内市场上具备较大影响力的网络游戏。

上海：游戏市场呈现特点为 MMORPG、高级休闲游戏和网页游戏均衡发展，在 MMORPG 运营方面，有盛大、第九城市和巨人网络等领先企业；在高级休闲游戏运营方面，盛大、久游、世纪天成和天游软件均为行业领先者。它们运营的《冒险岛》、《劲舞团》、《跑跑卡丁车》、《街头篮球》等都是国内市场占有率较高的高级休闲游戏；九维网则是网页游戏的领军企业之一。

广东：网络游戏市场的典型代表企业是网易和腾讯。网易是中国收入规模排名第三的网络游戏运营商，并在 2009 年取代第九城市，已成为《魔兽世界》在中国的运营商。腾讯则是中国最大的网络游戏运营商，在诸多细分类型游戏市场中均占有较高的市场份额。除了 MMORPG、ACG，以及传统的棋牌休闲游戏外，腾讯今年在社交类游戏中的成绩也不俗，其旗下的《QQ 农场》月收入最高达到了 5000 万元。

（四）对产业链的相关影响

1. 网络游戏市场产业链概述

网络游戏产业主要由游戏开发、游戏运营和游戏消费三大环节组成。除此之外，还有宽带接入商 / 固网运营商等环节为企业和网络游戏用户提供网络接入服务；IT 企业提供服务器、PC、存储设备等；虚拟物品交易平台、游戏内置广告代理商等网络游戏衍生企业为用户和企业提供增值服务。

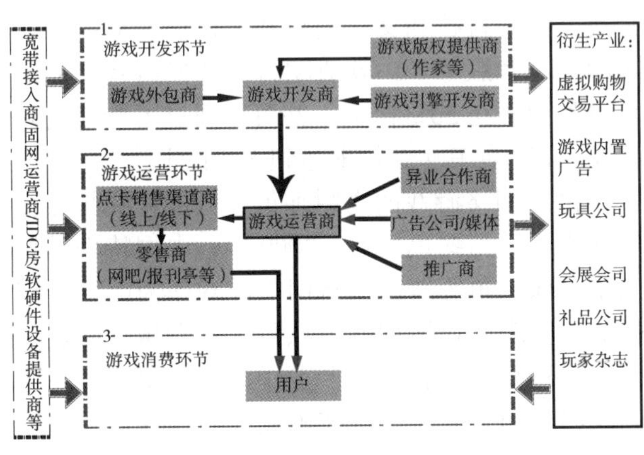

来源：文睿研究

网络游戏市场产业链图

2. 网络游戏开发商是产业的源头

开发商的主要职能在于开发网络游戏产品。2009 年，中国网络游戏开发商的现状是：一款大型网络游戏的开发团队一般在 20 ~ 100 人之间，开发周期从 12 ~ 36 个月不等，去除购买网络游戏引擎所支付的费用外，开发预算通常在 500 万 ~ 2000 万元之间。网页游戏的开发成本则较低，大部分都在 10 万 ~ 50 万元之间，单款游戏开发团队一般在 5 ~ 20 人之间，开发周期从 3 个月 ~ 1 年不等。目前，网页游戏开发成本在不断升高，部分网页游戏的开发预算已经达到了百万元级别。

在游戏开发环节，还有游戏外包商提供美术、程序等外包服务，游戏引擎开发商为游戏开发商提供引擎授权等环节。值得关注的是，目前提供游戏引擎授权的公司一般为国外公司，如德国 Crytech，澳大利亚 BigWorld Technology，美国 Epic games 等。

中国的大型网络游戏运营商，如盛大、网易、腾讯、完美时空等，均有自己的研发部门。除此之外，北京像素软件、北京目标软件、北京永航科技、厦门吉比特、广州火石软件、广州网游数码、深圳网域、成都梦工厂等都是国内较为知名的网络游戏开发商。

3. 网络游戏运营商是产业的主体

运营商的主要作用就是运营网络游戏，包括架设服务器、推广网络游戏（线上和线下）、进行游戏内营销和运营、建立客户团队反馈网络游戏用户需求、与渠道合作分发游戏点卡等。网络游戏运营商需要整合广告公司、媒体、推广商、渠道商等多个资源，以保证网络游戏的成功商业化。

网络游戏运营商既可以自主研发网络游戏产品，也可以通过代理运营的方式从开发商处获得游戏产品。如果采用代理运营形式，运营商需要支付一定的初始授权金和后期运营收入分成（有时还需要支付保底金）。目前，网络游戏运营商为国内开发商支付的单款游戏初始授权金一般在 100 万 ~ 1000 万元人民币之间，为海外开发商支付的单款游戏授权金一般在 100 万 ~ 1000 万美元之间，而分成比例一般为 20% ~ 35%。

4. 网络游戏与相关产业

网络游戏主要相关产业包括电信业、IT 业以及出版和传媒业。此外，对相关衍生领域，如玩具、文具、服饰、娱乐设施、游戏展会等也有直接或间接的带动作用。

在电信业务方面，网络游戏运营企业需要租用IDC和带宽服务，网络游戏用户也需要使用带宽服务上网，电信业受网络游戏影响产生的直接收入主要体现为IDC和带宽服务的销售收入；在IT业方面，主要会涉及PC、网络游戏服务器、网络及存储产品、软件及服务等，网络游戏的发展带动了企业和家庭PC的升级，并且带来了大量网络游戏服务器、网络及存储产品、软件及服务的需求，IT业受网络游戏影响产生的收入主要包括软硬件和服务的销售收入；在出版和传媒业上，由于网络游戏的发展壮大，出现了专门面向网络游戏用户的线上和线下媒体，它们主要依靠出售广告或向网络游戏用户销售刊物获利。另外，网络游戏运营企业本身也会选择各种媒体投放广告，所以出版和传媒业受网络游戏影响产生的收入主要是广告销售收入及各种游戏类报纸、刊物的销售收入。

2009年，中国网络游戏的市场销售收入达到258亿元人民币，电信业、IT业、出版及传媒业由此产生的直接收入为645亿元，为网络游戏市场销售收入规模的2.5倍。其中电信业务由此产生的直接收入达412.8亿元人民币，为网络游戏市场实际销售收入的1.6倍；IT行业由此产生的直接收入达129亿元人民币，为网络游戏市场实际销售收入的0.5倍；出版和媒体行业由此产生的直接收入为103.2亿元人民币，为网络游戏市场销售收入的0.4倍。

二、 网络游戏产生的社会影响

（一）网络游戏对文化产业发展具有积极的推动作用

网络游戏是一种新型的文化产品，并且已经迅速发展成为一个具备较大规模的产业。

网络游戏满足的是人类精神层次的需求，它的源头是创意，核心是内容。网络游戏伴随着互联网和IT技术的蓬勃发展而产生，新技术改变了游戏的承载载体，改变了游戏的表现形式，甚至改变了游戏的玩法，但是没有改变网络游戏属于文化产品的本质。

网络游戏的文化性表现在很多方面：一方面，网络游戏内容本身具备很强的文化色彩。游戏的内容，无论是场景、游戏内人物设置，还是游戏机制设计，都继承了中国乃至人类过往数千年积累的精神财富，在抽象层面上，它体现了民族的价值观和信仰，在具像层面上则形成了有形产品。另一方面，网络游戏的影响力已经辐射到电影、音乐、广告、文学等传统文化娱乐领域。近年来，网络游戏企业和其他行业企业展开了大量的异业合作，如将文学作品改编成网络游戏，将同名电视剧改编为网络游戏，将网络游戏和电影合作营销，专门为网络游戏打造游戏音乐等等，许多传统文化娱乐产业中的企业纷纷进入网络游戏领域，而网络游戏企业也在尝试进入电影、文学等行业。

2009年，网络游戏产业与传统文化娱乐产业的融合不断加速，网络游戏已经成为当今社会的一个流行符号。因此，网络游戏产品既是一种商品，同时又具备文化属性，承担着文化传播的使命。发展网络游戏产业既要重视经济效益，也要重视社会效益，但应当把社会效益放在首位。

（二）网络游戏不断促进产业转型

随着综合国力的逐步增强，中国已经进入全面建设小康社会的新时期。作为世界经济发展潮流和新型服务业的文化产业，网络游戏产业日益成为中国转变经济增长方式、优化产业结构的重要推动力量。

网络游戏以文化、创意理念为核心，是人类的知识、智慧和灵感在娱乐方式上的表现。网络游戏作为一种知识密集型产品，需要综合客户端软件、服务器端软件、用户数据库、计费平台软件等计算机技术，以及美术、音乐、影视等艺术知识。同时，网络游戏在技术创新和研发等方面处于产业链的高端环节，是一种高附加值的产业。游戏产品中科技和文化的附加值比例明显高于普通的产品和服务。一款成功自主研发游戏产品的平均利润率在50%以上，并可以通过不断地更新游戏内容，使其生命周期达到5年以上。

由于网络游戏的高附加值、低能耗的特点，使其成为新型绿色产业。2009年，中国特别是长三角、珠三角等地区已将网络游戏作为改造传统行业，实现产业转型的重点目标和领域，如杭州着力打造全国文化创意产业中心，提出“提高原创能力，加强共性关键技术攻关，高效发展动漫游戏与数字娱乐业”等理念，其他地方政府也纷纷出台举措，将网络游戏作为产业转型的重点领域。

（三）网络游戏对解决就业做出贡献

在2009年金融危机影响下，许多传统行业企业都不同程度缩减人员，而网络游戏行业仍继续吸纳就业人才，并且每年吸纳的就业人数在不断增长。2009年，网络游戏行业直接吸纳的就业人数超过5万人，其中新增就业岗位超过1万个。预计未来3年内网络游戏行业每年新增的就业岗位将以15% ~ 20%的速度增长。预计至2013年，网络游戏行业直接解决的就业人数将接近10万人。

（四）网络游戏拉动中国内需

目前，中国经济主要依靠投资和出口拉动增长，在金融危机形势下，我国政府做出扩大内需的战略决策，并出台了一系列扩大内需的相关政策措施，这些措施为推动文化消费、文化产业的发展提供了机遇。随着人们生活水平的提高，人们的内需已从物质消费逐渐转向文化消费，网络游戏作为一种新兴的文化生活方式和重要的文化消费方式受到了广大群众的青睐，所以大力发展网络游戏产业与国家扩大内需的目标具有一致性。

网络游戏作为一种新型消费，其收入规模远远超过传统的三大娱乐内容产业——电影票房、电视娱乐节目和音像制品发行，是金融危机环境下我国经济增长发展的亮点。在金融危机形势下，随着人们收入和消费的降低，对购房、买车、旅游等支出大大减少，而对一些能带来极大心理慰藉的文化娱乐产品的消费将增加，网络游戏以其人均消费很低的特点契合了人们的消费方式，同时在经济危机下，人们的空闲时间相对增加，这部分时间通常被网络吸收，网络游戏因兼具文化消费品和网络操作的特点而受到人们的青睐。2009年网络游戏逆势而上，这是“口红效应”在文化娱乐产业中的一个体现。

据中国社科院等部门联合发布的《中国文化产业发展蓝皮书》称，我国目前的人均文化消费水平仅为发达国家的1/4，网络游戏作为新兴的文化产业，在未来中国居民消费水平升级和消费结构大调整时期具有非常大的发展潜力，对于拉动内需将起到更加重要的作用。

（五）网络游戏出口创汇渐成亮点

网络游戏行业不仅在国内市场取得了骄人的成绩，在海外出口方面也有良好的表现：2009年，中国网络游戏海外市场收入达到1.06亿美元，较2008年增长47.2%。

中国网络游戏产品所普遍具有的东方文化特质在国际市场上日益受到各国网络游戏用户的欢迎。目前，中国出口的网络游戏产品达到50余款，以完美时空、网龙、金山为代表的一批优秀企业通过版权贸易、联合运营、在海外设立子公司独立运营等方式，将中国网络游戏出口至亚、欧、非、北美、南美五个大洲，遍及美国、俄罗斯、英国、法国、德国、意大利、沙特阿拉伯、巴西、韩国、日本、泰国、新加坡、越南、菲律宾、中国台湾、中国香港等近50多个国家和地区，被翻译成英语、韩语、日文、法语、德语、意大利语、西班牙语、葡萄牙语、荷兰语等近10种语言。网络游戏以市场经济的形式在传播中国优秀文化的同时为我国出口创汇做出了贡献。

（六）未成年人沉迷网络游戏和未成年人保护问题

未成年人沉迷网络游戏是社会关注的焦点，也是未成年人保护的重要内容。

人大执法检查把未成年人沉迷网络游戏作为重点内容。在2008年第十一届全国人大常委会第四次会议上，全国人大常委会执法检查组在作关于检查《中华人民共和国未成年人保护法》实施情况的报告时提到，在保障未成年人上网权利的同时，必须采取切实措施，把好网络游戏内容关，依法严查存在违禁内容的网络游戏，加强对网吧的日常监管，切实承担起审批监管责任，对“批而不管”的单位和个人实行问责制，依法追究相关人员的责任。2009年，全国和各地方人大继续加强对未成年人保护法的执法检查，并将网络游戏、网吧等作为检查的重点领域之一。

中央文明办2009年对各地净化社会环境工作进行专项督查，其中网吧管理和优化网络环境作为重点督查内容。在网吧管理方面重点督查了着力整治网吧接纳未成年人、有效防止淫秽色情等违法有害信息在网吧传播、坚决取缔“黑网吧”等方面的情况。此项行动对于营造适合未成年人的健康网络环境，减轻网络游戏对未成年人的负面影响有着积极的意义。

卫生部11月发布《未成年人健康上网指导（征求意见稿）》，对我国未成年人生活方式现状、网络使用的情况分类和应对、网络不当使用的预防等几个方面分别作了相关阐述，对未成年人健康上网提出了明确的指导意见。

引起未成年人沉迷网络游戏的原因是多方面的。一是部分网络游戏的设置和内容，易引发未成年人沉迷。二是目前未成年人面临校外活动场所不足等问题。全国人大常委会执法检查组关于检查《中华人民共和国未成年人保护法》实施情况的报告，其中提到公益性未成年人活动场所建设和管理存在总量不足、发展不平衡等问题。三是目前针对未成年人的精神娱乐产品不够丰富，无法满足未成年人强烈的好奇心、求知欲和参与愿望。四是部分家庭对孩子教育方式欠妥，责任不够。目前据调查，一些留守儿童感受不到应有的关心和照顾，容易造成性格内向孤僻，易在虚拟的网络世界寻求安慰等。

因此，未成年人沉迷游戏的问题需要全社会共同参与，从立法执法、活动场所与环境、适合未成年人的精神产品、家庭教育等多方面综合解决，帮助未成年人健康使用网络，正确对待网络游戏。

（七）低俗内容破坏网络游戏市场形象

2009年，网络游戏低俗之风一度盛行，严重损害了行业形象，造成恶劣的社会影响。其中主要表现为：《红灯中心》、《都市迷情》等少数网络游戏以色情淫秽为内容，采用服务器境外架设等方式，利用互联网在中国境内传播；一些网络游戏以“黑帮”、“黑社会”、“江湖”等为题材，突出表现打、杀、抢、奸、骗等反社会行为，渲染血腥暴力，鼓动、教唆游戏用户在游戏中扮演“黑社会”成员，赞美“黑社会”生活，扭曲社会的法制和道德规范；一些网络游戏企业受利益驱使，片面追求用户吸引力和短期流量效果，不惜以色情、血腥、暴力等低俗和违法违规内容，在市场宣传推广环节吸引游戏用户。

上述问题主要集中在网页游戏领域。自2008年网页游戏兴起以来，联合运营成为网页游戏的主要商业模式。联合运营分担了网络游戏的运营风险，降低了企业进入门槛，使大量互联网企业迅速进入网络游戏的领域中。同时，大量非经营性的个人站点、博客等因具有一定点击率，也被视为可产生付费用户的领域。因此，网页游戏联合运营企业将个人站点、博客作为销售渠道，纳入游戏的宣传推广中。由于这些站点素质良莠不齐，为追求短期利益不惜铤而走险，用色情淫秽广告来诱骗游戏用户点击，使游戏低俗之风蔓延，形成社会热点。

为遏制网络游戏低俗之风，在2009年，文化部先后发布第六批、第七批违法违规网络游戏运营单位及其网络游戏产品名单，集中部署查处了219余款格调低俗以及宣扬低俗、赌博、暴力等内容的网络游戏产品，着力打造一个文明、健康、和谐的绿色网络游戏环境。

（八）用户权益保障不足引发矛盾冲突

用户权益保障始终是2009年网络游戏市场的热点问题。由于用户权益保障不足所引发的矛盾冲突不断发生，以年终《水浒Q传》运营权发生转移，用户数据未能顺利交接，引发大量游戏用户进行抵制事件，达到矛盾冲突的顶点。

用户权益保障不足发生在网络游戏运营的各个方面，主要表现为：（1）部分游戏运营企业技术安全措施不到位，产生用户账号、虚拟道具等丢失、盗窃现象。（2）一些游戏运营企业客户服务不到位，严重影响了用户体验。（3）游戏运营企业在用户合法权益受到侵害或者与网络游戏用户发生纠纷时，推诿举证的责任。（4）网络游戏运营中服务器问题、充值过程中欺诈行为，市场推广中虚假宣传等现象经常发生。

造成用户权益保障不足的原因，主要表现在3个方面：一是部分运营企业以“赚一笔就走”的心态，追求短期效应。在运营中以游戏能够迅速上线，网络游戏用户能够迅速充值为目的，漠视用户利益，忽视技术安全保护措施。二是一些运营企业虽然意识到用户权益保障的重要性，但限于自身技术实力不足，研发设计漏洞等因素，造成运营中问题不断，处理时捉襟见肘。三是近年网络游戏快速发展产生财富效应，吸引众多企业和个人盲目进入。不少新进入的企业在投入了数百甚至上千万元，投入后资金链断裂，在服务器购买、客服团队建设等方面仓促应对。四是针对网络游戏用户权益保障的法律法规尚需细化。

这些问题的日积月累，引发了用户对运营企业和产品的不满，甚至引发网上的热议和社会群体性事件，产生了恶劣的社会影响。

三、网络游戏市场管理

（一）文化部网络游戏管理体系

目前，文化部作为网络游戏的主管部门已经形成了以主体准入、内容审查、技术监管、执法监督等一整套网络游戏市场管理体系。

1. 主体准入

2003年5月，文化部以部门规章的形式发布了《互联网文化管理暂行规定》（文化部第27号令，2004年修订为2号令），对包括网络游戏在内的网络文化产品及其经营活动提出了明确要求。2005年7月，文化部、信息产业部联合下发《关于网络游戏发展和管理的若干意见》，对申请设立从事网络游戏经营活动的经营性互联网文化单位，除符合有关规定外，还应当具备1000万元以上的注册资金。

凡在中国境内从事网络游戏经营活动的企业主体，需要取得“网络文化经营许可证”。《互联网文化管理暂行规定》对经营主体设立的条件、经营范围、注册资金做出了规定。

截至2009年12月31日，文化部共审批经营性互联网文化单位1049家，其中，因违法违规或未按规定进行审核换证被注销经营资格的单位206家。

文化部在工作中还注意加强对互联网文化经营单位的业务培训，目前已有100余家从事互联网文化经营的企业负责人参加了培训，学习了网络文化管理的法律法规，提高了网络文化经营的思想认识和责任意识。对于建立和完善网络游戏经营单位培训制度，加强行业自律、自觉抵制互联网低俗之风具有重要意义。

2. 内容审查

2004年，文化部下发了《关于加强网络游戏产品内容审查工作的通知》(文市发〔2004〕14号)，颁布了进口网络游戏产品内容审查和国产网络游戏备案管理的具体办法，正式实施了内容审查制度。其中包括：（1）进口网络游戏产品内容审查。进口网络游戏产品应当由文化部批准的经营性互联网文化单位经营，在文化部内容审查批准后，方可经营。（2）国产网络游戏产品备案。国产网络游戏产品在上网运营60日内，由经文化部批准设立的经营性互联网文化单位对游戏内容进行自行审核后，报文化部备案。

进口网络游戏产品的内容审查，由文化部设立的进口游戏产品内容审查委员会负责。经审查通过的进口网络游戏产品，由文化部核发批准文件。开展网络游戏产品的内容审查。审查委员会成员由来自国内科研机构、专家学者、政协委员、中小学教师、文化执法人员、文化外交人员、信息产业技术人员以及有关政府部门等社会各界人士组成。审查委员会人员按照《互联网文化管理暂行规定》第十七条规定中的10个方面内容进行审查。

3. 技术监管

2005年以来，文化部不断改变管理方式，强化信息化管理手段，用信息化提高监管效率。在中央财政的支持下，积极推进全国文化市场技术监管平台的建设。按照统筹规划、分步实施，全国联网、分级监管原则，文化部以全国网吧技术监管平台为起点，建成覆盖网吧、网络游戏、网络音乐、歌舞娱乐、演出、艺术品、动漫等市场的技术监管体系。

目前，全国各省市网吧技术监管平台已建成使用，并与文化部中央平台实现联网。技术监管的实现，有效屏蔽了不良网络游戏和非法网站在消费终端的传播。在网吧技术监管平台上，对网络游戏已实施黑白名单动态监管。

4. 执法监督

在运营监管环节，文化部在网络游戏管理上，构建了中央、省、市、县四级执法监督体系。在对违法违规进行行政处罚的同时，充分发挥“经营性互联网文化活动监管通知单”制度的预警作用，及时纠正和查处。对网络游戏等经营性互联网文化活动中出现的问题及时发出警示并要求改正，针对社会关注、群众反响强烈的倾向性问题，坚持跟踪监管，引导网络游戏的发展方向。

截止到2009年年底，文化部共计发布了7批违法游戏产品名单及查处通知。这些违法行为主要集中在4个方面：（1）未经批准擅自从事网络游戏经营活动；（2）含有危害国家安全、宣扬淫秽、赌博、暴力等违法内容；（3）提供未经文化部批准进口的网络游戏；（4）非法提供网络游戏“私服”、“外挂”。

（二）2009年网络游戏市场管理现状

2009年，针对网络游戏行业存在的突出问题，文化部联合相关部门，从严格主体准入制度、改进内容审查机制、加强市场监管力度、引导建立行业内自我约束机制等方面进一步规范了网络游戏市场监管，同时，各级文化主管部门积极配合，深入落实相关政策，夯实行业发展基础，规范行业经营行为，净化市场发展环境，为我国网络游戏行业接下来发展中继续保持可持续性和谐发展奠定了坚实的基础。

1. 重点解决网络游戏未成年人保护问题

文化部高度重视网络游戏运营中未成年人的保护问题。从内容、运营、执法多个环节不断提出具体要求和措施解决相关问题。2009年以来，文化部先后发布了《文化部、国家文物局关于贯彻落实〈中共中央办公厅、国务院办公厅关于进一步净化社会文化环境 促进未成年人健康成长的若干意见〉的通知》、《关于进一步净化网吧市场有关工作的通知》等文件。在已有管理政策的基础上，要进一步重视网络游戏内容审查和监督管理，引导网络游戏研发方向，限制不适合未成年人道德观、价值观、世界观培养的游戏功能，遏制网络游戏对于未成年人的不良影响，有效解决未成年人沉迷游戏等一系列问题。

同时，文化部与教育部等相关部门多次召开专题研讨会，与相关教育工作者、业内专家进行研究，并提出具体措施。在不能杜绝未成年人接触网络游戏的趋势下，应当引导未成年人“玩健康的游戏”以及“健康地玩游戏”，要制定未成年人使用网络游戏的专家指导意见并向社会发布，指导家长、教师、学校担负起监督管理责任，保护未成年人身心健康。

2. 大力整治网络游戏的低俗之风，查处一批违法网络游戏重点案件

针对互联网存在低俗之风，根据中央、国务院部署，文化部门开展了专项整治行动。在网络游戏方面，文化部进一步加大打击整治力度，先后发布了《关于查处第六批违法游戏产品及经营活动的通知》、《关于开展文化市场集中整治行动的通知》、《关于立即查处“黑帮”主题非法网络游戏的通知》、《关于查处第七批违法游戏产品及经营活动的通知》文件，采取有效措施，查处219款格调低俗宣传以及宣扬低俗、赌博、暴力等内容的网络游戏产品，严厉打击运营非法网络游戏及非法运营网络游戏、私服外挂等违法行为。

同时，各级文化部门和综合执法机构积极利用技术手段有效封堵非法游戏。截止到2009年12月底，各级文化部门和综合执法机构已通过技术监管平台有效阻止各类非法游戏共约8708万次，其中封堵非法网络游戏506.6万余次，阻截非法单机游戏848.4万余次，屏蔽非法游戏网站7353.5万余次，有效阻止了非法网络游戏通过网吧等互联网上网服务营业场所传播，并对含有色情淫秽内容的《红灯中心》和《都市迷情》，以“黑帮”为主题的《教父》和《江湖》，进行低俗宣传的《商业大亨》以及宣扬低俗、赌博、暴力内容的《Office三国》、《酒吧世界》等非法网络游戏产品进行了重点查处。通过一系列的整治活动，市场秩序已经大为好转。

3. 出台网络游戏虚拟货币管理措施

2009年6月，针对网络游戏虚拟货币管理工作面临的突出问题，文化部联合中国人民银行、商务部发布了《关于加强网络游戏虚拟货币管理工作的通知》。从行政管理角度规范虚拟货币的发行、使用、交易等行为，解决网络游戏虚拟货币市场行为缺乏监管、用户权益缺乏保障、网络游戏虚拟货币使用范围缺少限制等问题，切实加强管理，遏制网络游戏虚拟货币的不良影响。《通知》对网络游戏虚拟货币具体使用作了详细规定：网络游戏虚拟货币只能够购买本企业的虚拟物品和服务，不得借助网络游戏虚拟货币开发赌博性质的玩法，对网络游戏虚拟货币交易必须推进真实身份认定，禁止未成年人交易，严防非法交易等。同时，《通知》还在保护网络游戏用户利益上迈出了一大步。针对此前盗号案件频发、侦破困难等问题，文化部明确网络游戏虚拟货币发行企业和交易服务企业应积极采取措施保护个人信息安全，在相关部门依法调查时，必须积极配合，并提供相关记录。

网络游戏虚拟货币措施的出台得到了游戏行业积极响应。多家游戏公司表示，将从加强用户权益保障、取消“开箱子”、禁止虚拟货币在用户账户之间的转移等方面开展工作，以响应虚拟货币管理的相关规定。海外媒体对此也进行了报道。《华尔街日报》认为规定“首次对中国境内的虚拟货币进行了定义”，“新规旨在减少虚拟货币对实体货币市场的负面影响，虚拟货币的发行商对这些措施公开表示了支持。”

4. 加强内容管理、提升文化内涵

2009年，文化部下发了《关于改进和加强网络游戏内容管理工作的通知》，明确提出建立网络游戏经营单位自我约束机制、完善网络游戏内容监管制度。要求网络游戏企业要创新游戏规则，改变以打怪升级为主导的游戏模式，对游戏网络游戏用

户之间的PK、婚恋等系统进行严格限制，采取技术措施加强对未成年网络游戏用户的注册指导和游戏时间限制。加强对网络游戏产品研发环节的引导，从源头改善网络游戏内容及解决沉迷问题。

5.建立了互联网文化单位负责人定期培训制度

为提升网络游戏从业人员的政治素质和业务水平，在2009年，文化部先后在昆明、上海举办了两期“互联网文化经营单位业务培训班”，共有180余家互联网文化经营单位的负责人参与了培训。培训的内容包括我国互联网文化产业现状与发展趋势、网络文化政策与解读、网络文化企业的社会责任、网络游戏分级研究、国内外文化产品内容审查标准。举办互联网文化经营单位业务培训班，对网络文化经营单位从业人员进行培训，对于加强网络文化建设，提升网络文化企业管理者和从业者的政治素质、引导研发和创作内容积极健康向上的网络文化产品，具有非常重要的意义。

文化部将不断健全企业负责人培训制度，将制定《经营性互联网文化单位负责人培训考核纲要》，在两年内对包括网络游戏企业在内的网络文化企业负责人及研发、运营部门负责人进行培训考核，将国家的管理要求内化到企业管理之中。

6.规范、引导和培育网络游戏市场

2009年，文化部不断夯实管理基础，细化管理措施，规范、引导和培育网络游戏市场。

（1）印发《关于规范进口网络游戏产品内容审查申报工作的公告》，进一步规范进口网络游戏内容审查报审程序。下发《文化部文化市场司关于上海魔贝网络科技有限公司联合运营网络游戏行为认定的复函》，对国产网络游戏联合运营进行明确规定。进一步完善网络游戏进口审查和国产备案的电子报审系统。目前，所有进口网络游戏产品内容审查和国产网络游戏产品备案工作，全部实施电子报审，使文化部行政许可工作更加公开、透明和有序。

（2）规范网络游戏会展行为。2009年6月，文化部发布了《关于加强动漫游戏会展交易节庆等活动管理的通知》。明确了包括网络游戏在内的各类动漫游戏会展交易活动审批程序。《通知》要求涉外和国际性动漫游戏会展交易活动需经主办单位所在省级文化行政部门初审后报文化部审批；其他动漫游戏会展交易活动由主办单位报省级文化行政部门备案；中央国家机关有关部门和省级人民政府以及文化部直属单位主办的涉外和国际性动漫游戏会展交易活动，由主办单位直接报文化部审批；中央国家机关有关部门直属单位主办的涉外和国际性动漫游戏会展交易活动，由其主管部门报文化部审批。对未经文化行政部门审批而擅自举办动漫游戏会展交易活动的机构，文化行政部门或文化市场综合执法机构应当及时制止，并依法予以查处。

（3）开展国际合作。根据2008年《中华人民共和国文化部与大韩民国文化体育观光部关于游戏产业及文化合作谅解备忘录》，中韩建立了游戏产业合作协调机制，并于2009年6月开展了第一次会议。会上，就中韩游戏产业合作协调机制工作、政策信息通报、举办中韩游戏文化节、网络游戏成瘾对策和开展游戏产业人才培养等问题进行了商定和执行。

（4）打造展会平台，引导和培育市场主体。2009年10月，文化部指导知名品牌展会游戏开发者大会（GDC）在上海举办。会上全球相关的游戏设计者、程序员、艺术家、制作发行人、音视频专家、运营人员、客服人员等专业人士汇集一堂，交流游戏创造的经验和成果，为中国游戏开发提供了借鉴。

2009年12月，文化部联合科技部、广电总局、新闻出版总署、国务院新闻办、共青团中央及北京市政府联合主办了第七届中国国际网络文化博览会。展会参观达10万人次，展览场地面积达3.5万平方米，参展企业及相关参会企业单位380余家。网博会展示了我国网络文化发展最新成就，为游戏产业企业搭建了沟通、交流、交易的平台。

7.网络游戏管理职责进一步理顺

2009年9月7日，为切实贯彻落实国务院“三定”规定，进一步理顺网络游戏管理职责，中央编办下发了《中央编办对文化部、广电总局、新闻出版总署〈“三定”规定〉中有关动漫、网络游戏和文化市场综合执法的部分条文的解释》（中央编办发〔2009〕35号）。其中，进一步理顺了网络游戏管理职责。

中央编办发〔2009〕35号文件明确，文化部、新闻出版总署《“三定”规定》中规定：“文化部负责动漫和网络游戏相关产业规划、产业基地、项目建设、会展交易和市场监管。”“国家新闻出版总署负责在出版环节对动漫进行管理，对游戏出版物的网上出版发行进行前置审批。”《“三定”规定》中还明确“将国家新闻出版总署动漫、网络游戏管理（不含网络游戏的网上出版前置审批），及相关产业规划、产业基地、项目建设、会展交易和市场监管的职责划入文化部。”按照上述规定，文化部是网络游戏的主管部门。

在文化部的统一管理下，新闻出版总署负责“网络游戏的网上出版前置审批”。“网络游戏的网上出版”是指网络游戏的出版物，“前置审批”是指在经工业和信息化部门许可通过互联网向上网用户提供服务之前由新闻出版总署对网络游戏出版物进行审批。一旦上网，完全由文化部管理。对经新闻出版总署前置审批过的网络游戏，文化部应允许上网，不再重复审查，并在管理中严格按新闻出版总署前置审批的内容管理；网络游戏出版物未经新闻出版总署前置审批擅自上网的，由文化部负责指导文化市场执法队伍进行查处，新闻出版总署不直接对已上网的网络游戏进行处理。

新闻出版总署《“三定”规定》中科技与数字出版司职责中“负责对出版境外著作权人授权的互联网游戏作品进行审批”中的“出版境外著作权人授权的互联网游戏作品”，是指经境外著作权人授权并在互联网上网的游戏出版物。新闻出版总署负责对这类出版物进行审批，其他进口网络游戏的审批工作由文化部负责。

（三）2010年网络游戏市场管理思路

1. 完善法规建设

依法行政是网络游戏市场管理的基础。网络游戏的快速发展已凸显市场管理法律法规的滞后。目前，我国的网络游戏管理面临着现行法规体系与网络游戏市场发展现状不相适应的困境，还缺乏一部针对网络游戏市场管理的专门规章。

为此，文化部将出台《网络游戏管理办法》，全方位地提出管理要求、提供监管依据，向体制机制要秩序，实现网络游戏行业全面协调可持续发展。《网络游戏管理办法》将对网络游戏的经营主体、内容管理、运营服务、经营活动等环节做出全面系统的规定。针对社会、家长、行业所关心、关注的深层次问题，提出具有可操作性的解决办法。同时，明确文化行政部门和文化综合执法机构的监管职责，加大执法力度，创新市场监管手段，提升市场监管能力。

2. 加大监管力度

2010年，文化部将加大监管力度，针对擅自从事网络游戏经营活动，宣扬低俗、色情、淫秽、赌博、暴力等违法内容，以及网络游戏虚拟货币违规经营活动，网络游戏用户权益保障不足，网络游戏“私服”、“外挂”等行为开展整治工作。监管工作将采取日常监管与执法监督相结合，教育规范与行政处罚相配套，重点查处一批大案、要案，解决群众关心、社会反应强烈的热点问题和深层次问题。

3. 加强未成年人保护

为进一步贯彻落实《中共中央办公厅、国务院办公厅关于进一步净化社会文化环境 促进未成年人健康成长的若干意见》，有效解决未成年人沉迷网络游戏等现象，在2010年网络游戏市场管理中，文化部将继续加强对未成年人的保护措施，遏制网络游戏对未成年人的不良影响。

文化部将联合相关部门指导推出关于未成年人使用网络游戏的专家指导意见；加强对网络游戏产品研发环节的引导，从源头改善网络游戏内容及解决沉迷问题；改进针对未成年人服务的网络游戏规则，改变以打怪升级为主导的游戏模式，对游戏网络游戏用户之间的PK、婚恋等系统进行严格限制，采取技术措施加强对未成年网络游戏用户的注册指导和游戏时间限制；不断完善网络游戏内容审查标准，对网络游戏中含有成瘾性、不良诱导性的内容在产品准入环节予以坚决封堵；指导和推广上海等地开展的网络游戏“适龄提示”工程；建立各部门协调配合的综合治理监管机制。

4. 指导行业自律

行业自律是网络游戏市场规范发展重要基础。2010年，文化部将大力推进和指导网络游戏行业自律的建设。

（1）建立网络游戏运营企业自我约束机制。网络游戏运营企业要设立专门的职能机构，配备专业人员负责网络游戏产品内容和经营行为的自查与管理，保障网络游戏产品内容和经营行为合法性。同时，树立社会责任意识，自觉承担起保障用户权益以及保护未成年人身心健康的社会责任。

（2）分类指导，突出重点。针对大型多人同时在线角色扮演游戏（MMORPG）易引发未成年人沉迷，社会反应强烈等问题，文化部将指导网络游戏运营企业开展“网络游戏未成年人家长监护工程”。家长可实名举报沉迷网络游戏的未成年人的游戏账号，一经核实，网络游戏运营企业将依照家长的要求，依法限制或停止对该未成年人提供相关服务，以达到及时制止未成年人的不良游戏行为，为家长或社会对未成年人网络游戏活动的监督管理提供便利。针对网页游戏（Web Game）主要存在的市场宣传推广格调低俗，产品内容同质化严重，运作不规范等突出问题，文化部将指导网络游戏运营企业指导成立网页游戏行业自律联盟，开展行业自律，自觉接受社会监督，抵制和谴责违法违规行为，切实履行企业的社会责任。

（四）2009 年网络游戏市场主要政策一览（见下表）

2009 年中国网络游戏市场政策列表

颁布时间	名称	主要内容	发布单位
2008 年 12 月 24 日	《文化部办公厅关于查处第六批违法游戏产品及经营活动的通知》	查处一批境内违法传播的色情游戏，查处一批未经批准擅自从事经营性互联网文化活动的网络游戏企业和未经许可擅自经营海外进口网络游戏的企业；通报非法提供网络游戏“私服”、“外挂”的企业名单等	文化部
2009 年 3 月 19 日	《文化部、国家文物局关于贯彻落实〈中共中央办公厅、国务院办公厅关于进一步净化社会文化环境 促进未成年人健康成长的若干意见〉的通知》	整治网吧等文化场所经营秩序，重点打击违法接纳未成年人行为；打击违法、含有违禁内容的网络游戏等文化产品；加强对网络游戏的网络巡查和对运营环节的跟踪监管等	文化部
2009 年 3 月 28 日	《关于进一步净化网吧市场有关工作的通知》	查处网吧违规接纳未成年人、坚决取缔黑网吧、严格网吧市场准入审核关、抵制低俗暴力内容在网吧传播、完善网吧及网络游戏管理工作协调机制	文化部、国家工商行政总局、公安部、工信部、中国关心下一代工作委员会
2009 年 4 月 24 日	《关于规范进口网络游戏产品内容审查申报工作的公告》	明确报审的进口网络游戏产品，须为开发完全、与正式运营（或公测）版本一致的产品。并指出变更运营企业的，原进口批准文号自动撤销，由新的运营企业重新向文化部报审	文化部
2009 年 6 月 4 日	《关于加强网络游戏虚拟货币管理工作通知》	加强网络游戏虚拟货币管理，严格市场准入，规范网络游戏虚拟货币的发行和交易，加强市场监管	文化部、商务部
2009 年 6 月 22 日	《文化部关于开展文化市场集中整治行动的通知》	遏制含有禁止内容的网络游戏等文化产品及服务进入文化市场，打击各类违法文化经营活动，加强网吧监管，加大网吧等文化经营场所安全检查力度	文化部
2009 年 7 月 24 日	《文化部办公厅关于立即查处“黑帮”主题非法网络游戏的通知》	查处以“黑帮”及类似渲染反社会题材的违法内容网络游戏，要求相关企业停止运营此类非法游戏	文化部
2009 年 9 月 8 日	《文化部文化产业投资指导目录》	制定《文化部文化产业投资指导目录》，网络游戏属于“鼓励类”投资产业	文化部
2009 年 9 月 14 日	文化部办公厅关于转发中央编办《关于印发〈中央编办对文化部、广电总局、新闻出版总署“三定”规定中有关动漫、网络游戏和文化市场综合执法的部分条文的解释〉的通知》	明确文化部、国家广播电视总局、国家新闻出版总署三部门在网游、动漫方面的权利与职责，进一步明确文化部网络游戏主管部门职能	文化部
2009 年 10 月 27 日	《文化部办公厅关于查处第七批违法游戏产品及经营活动的通知》	查处一批涉嫌违法的网络游戏产品及其运营单位，以及非法提供“私服”、“外挂”的企业	文化部

续 表

颁布时间	名称	主要内容	发布单位
2009 年 11 月 13 日	《文化部关于改进和加强网络游戏内容管理工作的通知》	加强网络游戏内容管理，限制以打怪升级为主导的游戏模式和“PK 系统”、“婚恋系统”等；对未成年网络游戏用户进行注册指导和游戏时间限制；完善网络游戏内容审查备案制度；加强网络游戏研发技术引导；利用行政处罚和技术封堵相结合查处违法网络游戏	文化部

四、网络游戏市场发展现状分析

（一）国产网络游戏发展状况

近年来，在文化部支持民族原创和自主研发网络游戏产业的政策及相关配套措施支持下，中国网络游戏企业不断开拓进取、努力创新，推出了大量品质优秀的国产游戏。目前，国产网络游戏已经居于市场主流。

2009 年，中国自主研发网络游戏产品在国内市场的运营收入达到 157.8 亿元，同比增长 41.9%。随着网络游戏市场收入规模的逐年增长，自主研发产品收入规模也随之增长，但自主研发产品收入占网络游戏市场总收入的比例较为稳定，始终保持在 60% 左右。

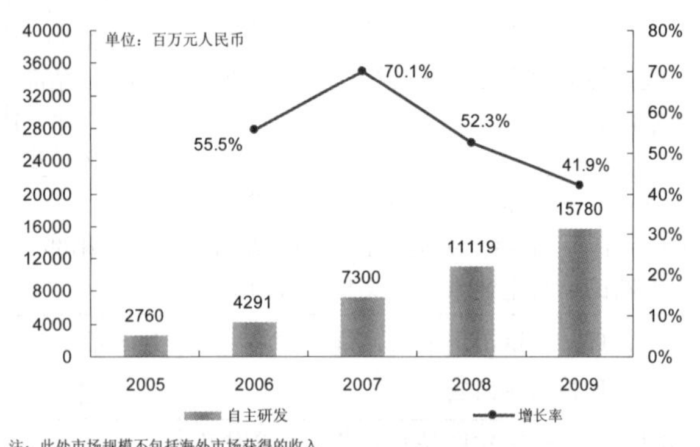

中国自主研发网络游戏产品收入规模 2005 ～ 2009

从企业来看，2009 年，完美时空、网易、搜狐畅游和金山等领先的网络游戏开发商和运营商，其自主研发产品收入保持了稳定增长。另外一批新兴的自主研发游戏厂商也进入市场，且其自主研发的产品表现突出，如《成吉思汗 OL》、《蜀门 OL》等。

从产品来看，中国自主研发的网络游戏以 MMORPG 为主，《梦幻西游》、《大话西游》、《问道》、《天龙八部》、《诛仙》、《传奇世界》、《征途》等自主研发游戏是中国在线人数最高的一批 MMORPG。而在高级休闲游戏领域，韩国游戏仍然占有较大优势。

（二）大型多人同时在线角色扮演游戏市场

1. MMORPG 市场发展依然稳健

MMORPG 是中国网络游戏市场最为重要的组成部分，占据总体网络游戏市场 79% 左右的份额。自 2005 年以来，MMORPG 收入规模一直保持相对稳定增长，2009 年中国市场 MMORPG 游戏收入规模达到 203.8 亿元，较 2008 年增长 35.2%。MMORPG 占整体网络游戏市场的比例略微下滑 1.5 个百分点至 79%。

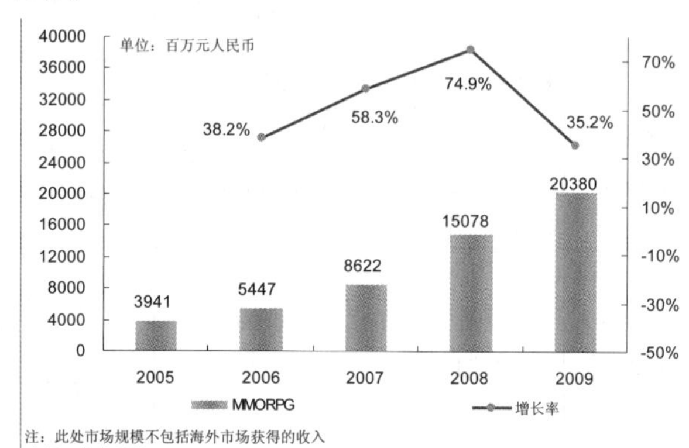

中国 MMORPG 产品收入规模 2005 ～ 2009

2. 回合制 MMORPG 大量涌现，但成功产品很少

2006 ～ 2008 年是中国网络游戏市场迅速发展的 3 年，这个阶段即时制 MMORPG 市场竞争异常激烈，而《梦幻西游》、《大话西游 2》、《问道》、《水浒 Q 传》等回合制游戏却异军突起，一直保持着不错的增长势头。这种状况使得不少网络游戏企业对回合制游戏的市场预期增高，并开始通过代理或自主研发的方式储备回合制游戏，以一款游戏开发周期为 18 ～ 30 个月来计算，它们储备的游戏会在 2008 ～ 2010 年集中推向市场。

2004 ～ 2007 年，中国市场每年新发布的回合制游戏不超过 3 款，到 2008 年这一数据增长到 5 款，而 2009 年新发布的回合制游戏则进一步增长到 8 款，回合制游戏市场竞争进一步加强。据文睿研究数据表明：2009 年排名前 15 位的游戏厂商新增的 MMORPG 游戏中，回合制游戏占 19.3%。

但从目前市场表现来看，2009 年仅有《梦幻诛仙》这一款新推出的回合制游戏在线人数超过了10万人。出现这种情况的原因是：回合制游戏非常注重社区化，网络游戏用户在游戏中大多沉淀了深厚的关系，他们登录游戏已经不仅仅是为了玩游戏，也是为了和朋友交流。除非某个网络游戏用户的朋友都愿意离开游戏，否则单个网络游戏用户很难离开原来的游戏。因此新推出的回合制游戏如果没有较大创新，难以发展老游戏用户。

3. MMORPG 发展已经较为成熟，竞争进入细节和文化层面

MMORPG 是中国乃至全球最为成熟的网络游戏类型之一。大部分近两年发布的 MMORPG 在功能上都大同小异——“打怪”、“做任务”、“升级”、“下副本”、“PK”等都是非常成熟的玩法，几乎所有游戏都有自动寻路系统、宠物系统、社交系统、纸娃娃系统、装备锻造系统等成熟的功能系统，很多网络游戏的开发都模仿了一些成熟且成功的网络游戏。

正是因为网络游戏的功能逐渐成熟，目前领先的游戏企业在 MMORPG 的开发竞争上已经上升到细节和文化层面。所谓细节层面的竞争，指的是把 UI 及 UE 做得更为人性化、把场景及人物做得更漂亮、把升级的节奏做得更符合网络游戏用户需求、把任务和剧情做得更有趣味，等等。当前，业界普遍认为，一款优秀的网络游戏是需要花大量的人力、物力、财力和时间精雕细琢开发出来的。而文化层面，指的则是世界观的构建、NPC 和场景的设置、网络游戏的机制设计等，就是让网络游戏不仅仅是声音和图像的聚合物，更是具备灵魂的文化产品，网络游戏产品能否很好地传递其想要传递的文化是未来网络游戏产品的重要竞争因素。

（三）高级休闲游戏市场

1. 休闲网络游戏的发展速度在加快

2009 年，中国休闲网络游戏市场规模达到35.5 亿元人民币，同比 2008 年增长 49.7%，占总体网络游戏市场规模的 13.8%，而 2008 年休闲网络游戏增长率仅为 15%。

2009 年，休闲网络游戏规模增速加大的原因主要是在当年出现了一批市场表现突出的休闲游戏产品：《穿越火线》在 2008 年第三季度最高同时在线人数为 60 万人，而其在 2009 年第三季度最高同时在线人数为 160 万人；《CSonline》在2008 年同时最高在线人数为 10 万人，其在 2009年最高同时在线人数为 40 万人；《QQ 炫舞》在2009 年的最高同时在线人数也突破了 100 万人。

与 MMORPG 崇尚“团队、勇气、尊严”不同，休闲网络游戏的特点是“轻松、自由、快乐”，休闲游戏每局持续时间较短，网络游戏用户能够在短时间内享受到游戏的乐趣，达到放松的效果，因而也受到了很多都市网络游戏用户的喜爱。

但值得关注的是，当前国内休闲游戏市场几乎被韩国网络游戏占领，国产休闲网络游戏所占的份额很低。

2. 赛车类、舞蹈类和射击类休闲游戏三足鼎立

目前，国内的休闲游戏领域，赛车类、舞蹈类、射击类游戏呈三足鼎立态势，其中射击类游戏后来居上，目前具有最广泛的用户群。

赛车类游戏：《QQ 飞车》、《跑跑卡丁车》这两款游戏是赛车类游戏中的佼佼者，它们占据中国赛车类游戏市场 80% 以上的市场份额，这两款游戏的最高同时在线用户总和在 70 万 ~ 100 万人之间浮动。

舞蹈类游戏：《劲舞团》的成功吸引了大量工作室加入到了舞蹈类游戏的开发中，过去 3 年，中国市场涌现出了《超级舞者》、《劲舞世界》、《舞街区》、《热舞派对》、《QQ 炫舞》等多款优秀的舞蹈类休闲游戏。目前，《QQ 炫舞》和《劲舞团》这两款游戏占中国舞蹈类游戏市场 80% 以上的份额，它们的最高同时在线人数为 120万 ~ 150万人。舞蹈类游戏的一个发展趋势是“次世代”画面的舞蹈类游戏，此类游戏画面更逼真、更绚丽，一些开发企业已经采购了世界领先的引擎，正准备开发一些全新的舞蹈类游戏。

射击类游戏：此类网络游戏在 2007 年底、2008 年年初才开始在中国出现，但其发展迅速。目前市场上两款领先的射击类网络游戏《穿越火线》和《CS OL》最高在线人数总和在 160 万 ~ 200万人之间浮动。早在射击类网络游戏在中国出现之前，《CS》（一款局域网对战 FPS 游戏）在过去的 10 年中一直是中国最受欢迎的局域网对战游戏，《CS》的风靡为射击类网络游戏培养了广泛的用户群。

3. 休闲游戏的赢利能力不如 MMORPG

与 MMORPG 的 ARPU 高达 50 ~ 100 元相比，大部分休闲游戏的 ARPU 较低，赛车类、枪战类

的游戏一般都仅为15～30元，并且此类游戏的付费比率也不如MMORPG高。在线人数相同的两款MMORPG和休闲游戏，后者收益一般只有前者的1/5～1/3，而二者发展用户的成本相当。也就是说，对网络游戏运营商而言，现阶段休闲游戏的投入产出比远不如MMORPG，投资风险较高，因此众多游戏企业对于投资开发、运营休闲游戏兴趣不大，这不利于休闲游戏的发展。

目前，ARPU较高的休闲游戏类型只有诸如《劲舞团》这样的音乐舞蹈类游戏，而《QQ炫舞》和《劲舞团》占据了该市场80%以上的份额，大量其他音乐舞蹈类游戏在夹缝中生存，每个月的收入在几十万到百万元人民币之间。

（四）网页游戏市场

1. 网页游戏市场正在迅猛发展

2009年，网页游戏市场规模占整体游戏市场规模的3.3%，市场规模为8.6亿元，同比2008年增长91.1%。

根据游戏门户网站17173.com不完全统计显示：截止到2008年6月，市场上仅有131款网页游戏；到2008年12月底，市场上网页游戏迅速增长到263款；到2009年6月底，网页游戏数量和2008年年底相比又大幅增长56.3%，达到411款；到2009年12月，网页游戏数量达到516款，较上半年增长了25.5%，网页游戏推出的速度要远远高于MMORPG游戏。

2. 网页游戏的发展遇到了瓶颈

在网页游戏市场与用户规模迅速增长的同时，网页游戏的相关支持与基础却没有得到相应的发展，在很多方面都存在着隐患和问题。

在技术方面，网页游戏由于其自身特点，在同等条件下游戏画质和目前主流网络游戏相比通常会逊色不少。但是国外的网页游戏通过技术优化，可以将一个原来需要数百兆客户端的游戏变成一个网页游戏，达到接近网络游戏的效果。相比之下，国内的网页游戏厂商抱着急于求成的态度在尽可能短的时间开发出来的大量网页游戏，更像是一个网站加强版，与国外网页游戏在技术上的差距还较大。

在产品方面，目前大批网页游戏竞相上市，不可避免地将网页游戏的竞争带入了同质化阶段。不仅仅是被动同质化，更出现了主动同质化的趋势。比如几款战争策略类游戏大获成功后，市场上就迅速涌现出数百款模仿这类游戏的作品。

在市场推广方面，最初的成功使得众多网页游戏企业认为符合既往成功模式的网页游戏只要开发出来就都能赚钱，因此一拥而上进入市场。但这必然会带来网页游戏市场的混乱。目前市场上的游戏产品超过了500款，各自之间的产品差异很小，抄袭盗版盛行。这样的恶性竞争、同质化竞争，其结果将不可避免带来运营不规范，以及宣传推广的混乱。

3. 网页游戏的发展前景存在不确定性

网页游戏由于其低廉的制作成本、多样化的产品以及较低的进入门槛，吸引了众多中小型企业和团队加入，同时一些大型的游戏企业也开始尝试涉足网页游戏的开发与经营。

但是，目前网页游戏市场上产品数量多、竞争激烈、管理不规范，一些企业甚至采用涉黄、涉赌的方式来进行宣传，这种状况已经引起政府部门的重视，并采取一系列措施来规范市场。如果网页游戏企业仍然不加强自律，将面临政府主管部门对于该市场的严格管制。

网页游戏中另一个影响其发展前景的重要因素就是其用户黏性低，用户流失量大。如果在接下来网页游戏市场的发展过程中，企业不能采取行之有效的方法解决这一问题，用户黏性低必然会影响产品的生命周期，进而影响企业的状况和市场的发展。

当前，一些业界专家认为2D网络游戏在逐渐网页化，这将促进网页游戏行业的发展。但是，在传统2D网络游戏的开发上，新兴的网页游戏企业并不比传统的网络游戏企业有优势。而且，随着市场的发展，相对3D游戏而言，2D游戏市场份额正在逐渐萎缩。

综上所述，网页游戏市场目前处于快速增长的阶段，但是由于网页游戏自身特性及竞争影响，使得目前网页游戏的发展前景存在较大不确定性，需要市场用户来检验网页游戏市场的走势。

（五）社交游戏及其他新兴游戏市场

1. 社交游戏在最近一年取得了爆发式增长

2008年下半年以来，开心网（kaixin001.com）的崛起带动了中国社交网站的爆发性增长。2008年4月份才推出的开心网在推出6个月后，网站流量已经进入Alexa全球排名前100位，并一度超越了市场的另外两个对手——人人网（原校内网）和 51.com。进入到 2009 年，开心网已经稳居中国 SNS 网站流量前三名。

分析此次社交网站爆发性增长的原因，必须要提到基于社交网站的一种全新游戏形式——社交游戏。《开心农场》、《争车位》、《朋友买卖》等游戏的用户数和活跃用户数在此轮社交平台增长中都达到了惊人的地步，可以说此次社交平台的增长是由社交游戏带动的。根据 Becomemedia 数据，截止到 2009 年 12 月上旬，人人网（原校内网）的应用排行中前三名分别是《开心农场》、《阳光牧场》和《人人餐厅》，其中《开心农场》的总用户数达到 2700 万人，活跃用户数达到 358 万人。

目前，中国社交游戏市场面临最大的机遇是中国互联网的高速发展和社交网站服务渗透率的提高。CNNIC 数据显示：2008 年，中国互联网网民中社交网站用户渗透率仅有 19.3%，未来还有很大的提升空间。从行业驱动因素来看，口碑效应将进一步提升 SNS 服务影响力，而获得融资的社交网站服务提供商必将加大线上线下市场推广以发展用户，同时社交网站服务的细化也将降低用户流失率，预计到 2011 年中国社交网站用户规模有望超过 5 亿人。

2. 社交游戏用户群非常广泛

社交游戏具备广泛的用户群体，而且这些用户群体和互联网及传统网络游戏群体的特征有较大的区别。

CNNIC 数据显示：截止到 2008 年底，中国社交网站用户规模达到了 5700 万人，而中国网络游戏用户规模则达到了 1.25 亿人；2009 年，中国社交网站用户数达到 1.24 亿人，在社交网站用户中，以玩游戏为使用社交网站目的的用户比例达到 27.4%。

而社交网站用户又具有区别于整体互联网用户的特征：从性别上看，女性网民更为内敛的特性使得她们愿意在网络上装饰个人空间、通过社交网站表现自我，而男性则倾向于在现实生活中交友。因此在社交网站群体中女性比例要高于其他网络游戏中的女性比例；从年龄上看，社交游戏由于其简单易上手，很多中老年网民使用起来不会再有障碍感；从收入上看，社交游戏的花费非常低廉，各个收入阶层的人均可以进行社交游戏，综上所述，社交游戏用户的群体覆盖了区别于其他类型网络游戏的用户群体，具有广泛的发挥空间。

3. 海外市场是中国社交游戏开发商的重点

随着社交游戏的持续升温，国内社交游戏开发商开始将战略部署至海外，2009 年一些国内社交游戏开发商的产品在海外取得了良好的成绩与口碑，由于海外社交游戏市场赢利模式要远比国内市场成熟，在可以预见的未来，海外市场将是中国社交游戏开发商的战略重点之一。

在海外市场，尤其是欧美国家，基于 Facebook、Myspace 等社交网站的社交游戏是很重要的游戏类型之一，Zynga、Playfish 等海外社交游戏开发商的年收入都已经是 1 亿美元的规模，而《FarmVille》等社交游戏每日的活跃用户高达 2000 万人。在与海外市场社交游戏开发商的竞争中，中国的一些社交游戏开发商毫不示弱，热酷的《开心牧场》是日本市场上最受欢迎的社交游戏之一，5 分钟的《开心农场》在登录 Facebook 平台后日活跃用户也迅速超过了 100 万人。

4. 儿童虚拟社区是亮点

与其他类型游戏相比，儿童虚拟社区发展时间较短，但是其不俗的表现已经引起人们的关注。从 2008 年下半年开始，在中国市场中以《摩尔庄园》为代表的儿童虚拟世界在国内开始快速发展。到 2009 年初，《摩尔庄园》和《奥比岛》两个儿童虚拟世界的名称已成为网络游戏热门词汇。市场对儿童虚拟社区的热烈反应迅速引发了产业界和资本界对这类产品的关注，目前《摩尔庄园》已经拿到了启明创投 500 万美金的投资，《奥比岛》也获得了红杉资本数千万元人民币的投资。另外，目前国内还有数十家企业在从事虚拟世界的开发和运营，更多的投资商正在寻求市场的投资机会。

国内互联网的发展变化和国际市场中儿童虚拟社区的成功引导刺激了我国儿童虚拟社区市场的发展。但是，由于儿童虚拟社区用户群体的特殊性，使得此种网络游戏受到了非常大的舆论压力。少年儿童作为国家的未来是政府和社会最关注和重点保护的群体，针对少年儿童所有的产品都必须接受社会的监督和政府严格的管理，一旦出现问题，这些产品将受到极大的社会舆论压力，甚至可能被迫退出市场。2009 年 9 月份，被爆出的儿童沉迷于虚拟社区《摩尔庄园》事件，对儿童虚拟社区的社会形象造成了较大的负面影响。

（六）网络游戏市场存在的问题

1. 网络游戏同质化依然严重，产品结构不合理

国内网络游戏市场发展到今天，同质化已经严重制约了市场发展。网络游戏行业发展10年以来，以“打怪、升级”为标准套路的玩法已经迅速成为中国MMORPG类游戏的标准公式。作为一种成熟的玩法，该游戏设计已经得到了市场的认可，但是某些游戏企业急功近利、为追求快速高额回报的做法却有失偏颇——这些企业往往会在该玩法基础上，加一个故事背景，改改人物形象，就推出一款新游戏，而其所用的故事背景、人物形象又都会与当前市场最受欢迎的游戏相类似。其推出游戏速度很快、模仿程度也非常高。

休闲游戏是一种较特殊的游戏产品，在任意一个细分的休闲游戏市场，都极易形成一款产品垄断整个细分市场的局面。这与休闲游戏的社交性和重视游戏基础玩法是分不开的。而国内的游戏企业在某款休闲游戏取得成功后，常会盲目地紧随其后推出类似的游戏，如《劲舞团》推出后，我国休闲游戏市场上短时间出现了大量的音乐舞蹈类游戏。但是这种盲目的模仿又都很难在市场中站稳。网络游戏用户可能在这类游戏推出初期会使用一段时间，但当发现该游戏与原来已有的游戏类似，而游戏中的朋友或对手却没有原来的游戏多时，即便画面更精美、游戏人物设定更可爱，网络游戏用户也会离开。

而2009年以来火爆的SNS社交游戏，也主要集中在“偷菜”、“江湖”等几种游戏内容当中。各种“农场”漫天飞舞，玩法大同小异，网络游戏用户也被迷惑的眼花缭乱。

仅仅依靠“快速”、“模仿”推出大量同质化的游戏，并不是一个正常市场应有的状态，对于一个企业来说，这样做也只能获得短期的收益，而无法建立长期的品牌。在中国网络游戏发展10年后火爆的今天，出现这种情况的原因是多方面的。其中最重要的原因之一就是企业重“收益性”轻“游戏性”，这也是目前我国网络游戏中缺少文化积淀、缺少引人入胜的情节等特点的主要原因之一。

2. 网页游戏行业竞争激烈，内容和宣传低俗化、山寨化较为严重

近两年来，大量的团队和企业涌入了网页游戏行业，市场上的产品由2008年初的不足100款迅速扩展到2009年的500款以上。数量庞大的博客、论坛、文学网站、视频网站、个人站点加入到网页游戏的推广和联合运营中，互联网上随处可见大同小异的网页游戏弹窗广告。伴随着行业的急速膨胀，网页游戏行业的问题也在凸显。

一方面，网页游戏在产品研发上存在严重的“山寨化”。企业之间相互抄袭，大量产品雷同，这使网页游戏行业一直处在低水平、同质化的竞争状态。尤其是战争策略类的网页游戏，此类游戏研发成本极低，加上此前一些成功案例的刺激，市场在短时间内便一哄而上研发出数百款玩法大同小异的此类型游戏。目前大量的新网页游戏已经找不到发展空间，大量开发团队处于有游戏无收入的状态。另一方面，不少企业在网页游戏营销上打色情淫秽、暴力的擦边球，互联网上随处可见低俗的网页游戏宣传广告，大大破坏了行业的形象。

网页游戏行业的混乱也引起了政府部门的重视，此前，文化部组织了多次打击违规经营网页游戏的活动。最近一次是2009年11月4日，文化部下发了《关于查处第七批违法游戏产品及经营活动的通知》，其中有50余家企业产品都与网页游戏相关，它们大多数涉及赌博、低俗和暴力的宣传，抑或是未经文化部批准，擅自从事经营性互联网文化活动。

3. 人才储备不足是限制网络游戏行业发展的重要因素

网络游戏行业是高度智力密集型产业，一流的人才 + 足够的资金 + 宽松的空间 = 世界级的游戏，可以说，人才是网络游戏产业发展的基石。

但是目前人才问题已经成为限制各大网络游戏企业发展的最重要因素。几乎所有的网络游戏企业都表示缺乏人才，缺研发、缺策划、缺运营，各个岗位的中高层人才都非常缺乏。由于不断有资金进入行业，上市游戏企业也在不断扩大规模，这使游戏人才的需求在不断膨胀。人才的供不应求使这个行业的人才流动极其频繁。尤其是在北京、上海等游戏企业密集的地方，游戏行业人才流动非常频繁，一个做出成功游戏的团队成员，往往很快就会“分道扬镳”、变成分布在各个企业的新团队领导人，甚至某些本来不是管理人才、行业经验只有1～2年的职场新人，经过几轮跳槽后就能变成带着几十人团队的管理人员。

过于频繁甚至是恶意竞争的人才流动使行业

形成了一种浮躁的气氛：只重视收入，能不能做出好游戏反而不是那么重要了。目前市场上大量的游戏工作室都是由几个经验丰富的游戏人加上十几个没有经验的新人组成——经验缺乏本身并不是问题，只要公司可以提供较好的在岗培训即可，但是大量的工作室在投资商的压力下往往需要在 12 ~ 24 个月之内作出一款游戏，这迫使很多工作室只能走抄袭这条“捷径”。这样的工作室和游戏开发策略很难开发出精品网络游戏。

4. 网络游戏市场存在的恶性竞争

网络游戏市场在高速发展的同时，也伴随了一些不和谐的声音，甚至是恶性竞争。第一是产品研发层面，部分游戏企业在游戏内容上抄袭现象严重、知识产权纠纷不断。第二是人才的不正当竞争。互相挖脚、团队跳槽的事件屡屡发生，严重影响了游戏产品的研发，也给整个行业带来了浮躁的心态。目前国内的游戏高端人才还远未满足整个市场的巨大需求，游戏企业的竞争在很大程度上演变成人才竞争，核心团队的变动往往给原来的游戏产品带来毁灭性打击。第三是对于终端渠道的恶性争夺。如对于网吧资源的争夺，在网吧宣传、安装客户端软件，定时的包机活动等。第四是对于媒体资源的争夺，不仅向媒体发送强大的宣传攻势、突出自己的产品、弱化对方产品的压力，甚至自主控制媒体，使媒体完全为自己公司服务。以上这些竞争手段如果使用不当，就有可能演变为市场的恶性竞争，将给整个市场的良性竞争和健康发展带来破坏性影响。

五、网络游戏衍生市场

（一）网络游戏虚拟物品交易

1. 网络游戏虚拟物品的一级市场和二级市场

网络游戏虚拟物品交易是指对依托于电脑技术和网络游戏存在的游戏中的虚拟道具、游戏币、游戏账号和游戏预付费卡等相关交易。目前，网络游戏虚拟物品交易逐渐形成完整的市场结构。根据网络游戏虚拟物品的交易主体和过程，可以将网络游戏虚拟物品交易市场划分为一级市场和二级市场。

网络游戏虚拟物品交易一级市场：指网络游戏运营商发行依托于电脑技术存在的网络游戏相关产品和服务的市场，是网络游戏相关的产品和服务首次进行交易的市场，这些产品和服务包括游戏预付费卡、游戏虚拟道具、游戏账号等。

网络游戏虚拟物品交易二级市场：指网络游戏用户按游戏规则获得运营商提供的产品和服务后，通过虚拟物品第三方专业交易平台、可交易虚拟物品的第三方综合交易平台以及其他非一级市场渠道与他人进行交易相关产品和服务的市场，此处的产品和服务包括游戏虚拟道具、游戏账号等，但不包括游戏预付费卡。

从以上定义不难看出，所谓网络游戏虚拟物品交易一级市场，指的就是网络游戏运营商和网络游戏用户之间通过网络游戏虚拟货币交易建立起来的市场。此处的网络游戏虚拟货币表现为网络游戏的预付充值卡、预付金额或点数等形式，网络游戏用户购买虚拟货币后可用于兑换发行企业所提供的指定范围、指定时间内的网络游戏服务，而网络游戏的二级市场指的是网络游戏用户之间交易虚拟物品形成的市场。

所以，网络游戏虚拟物品交易一级市场的市场规模即为游戏运营商的游戏运营收入规模，2008 年网络游戏一级市场交易规模约为 185 亿元，2009 年该市场规模达到 258 亿元。2008 年网络游戏虚拟物品交易二级市场交易规模约为 70 亿元，2009 年该交易规模达到 93 亿元。

2. 网络游戏虚拟物品交易二级市场规模

在中国的网络游戏虚拟物品交易二级市场，网络游戏用户之间的交易大致分为两种方式，一种方式是通过第三方的交易平台进行交易，交易平台提供交易信息资讯、交易担保服务等，另外一种方式是网络游戏用户之间直接交易。目前，使用第三方的交易平台是交易的主要模式。

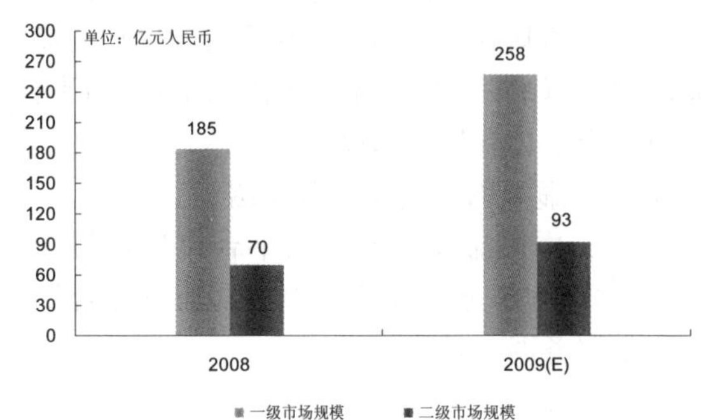

中国网络游戏虚拟物品交易一、二级市场规模

2009 年，中国网络游戏虚拟物品交易二级市场的交易规模约为 93 亿元，同比 2008 年增长 32.9%。其中，来自网络游戏虚拟物品交易平台的交易规模约为 75 亿元，同比 2007 年增长约

41.5%，占总交易规模的 80.6%。

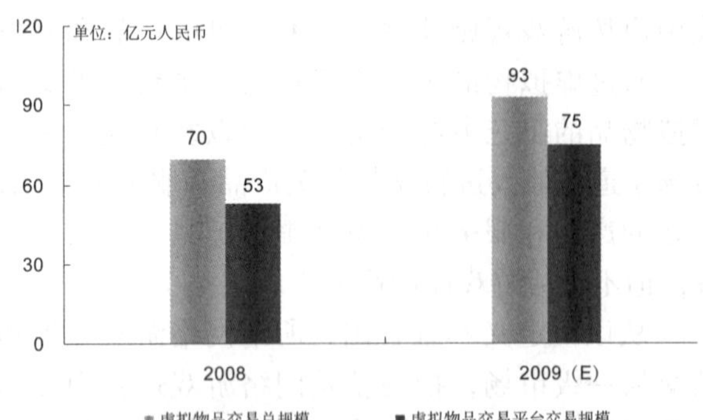

中国网络游戏虚拟物品交易二级市场规模 2008 ～ 2009

据 CNNIC 数据显示，2009 年中国网络游戏用户数为 6931 万人，其中付费用户数为 2765.5 万人，占网络游戏用户数的 39.9%，而在网络游戏付费用户中，有 24.9% 的用户有过线下虚拟物品交易的行为，达到 688.6 万人。

2009 年，来自虚拟交易平台的交易规模增速超过了网络游戏用户之间直接交易规模增速，通过专业虚拟物品交易平台交易是网络游戏用户首选的交易模式。调研显示：59.6% 的网络游戏用户在一级市场中购买游戏虚拟道具，38.7% 的网络游戏用户通过虚拟道具交易平台找其他网络游戏用户购买游戏虚拟道具。

网络游戏用户愿意选择在专业的虚拟物品交易平台交易，主要原因在于：一方面，虚拟物品交易平台买卖用户多，交易信息量大。虚拟物品交易平台首要的属性是"平台"性，可以为买卖双方提供信息的汇总，节约买卖双方寻找合作的时间成本。另一方面，虚拟物品交易平台相对安全。作为第三方交易服务机构，各个虚拟物品交易平台不仅能够起到一个信息汇总的作用，还能利用自身在网络交易方面成熟的基础和经验，为网络游戏用户交易安全做出保证。如综合性交易平台中专门的支付平台，在支付安全上具有强大的保障。

3. 主要虚拟物品交易平台介绍

目前，中国虚拟物品交易平台市场格局主要以专业性第三方交易服务商为主、辅以综合性第三方交易服务商为补充。

5173.com

5173（www.5173.com）是目前中国规模最大的专业化电子游戏商务平台。该平台主要业务包括游戏 C2C 交易服务、游戏安全服务、游戏资讯服务、游戏社区服务、B2C 数字商城等专业服务。截止到 2009 年年底，5173 拥有注册会员 2400 多万名，日均页面浏览量 2000 万次，日均独立访问 IP 数 550 万个，日均新增会员 3 万人。公司先后获得了 IDGVC 和华登国际 1000 万美元的风险投资。

淘宝网 / 拍拍网

淘宝网、拍拍网等多家综合性第三方交易平台作为中国虚拟物品交易平台市场的重要补充，各自具有不同的优势。

其中淘宝网作为市场整体占有率排名第一的综合类第三方交易平台，游戏虚拟物品在其总交易量中占有重要比例，其特有的"支付宝"支付模式由于安全性、便捷性和广大的用户基础，受到网络游戏用户欢迎。

拍拍网依靠腾讯庞大的互联网用户基础，也获得了一定的游戏虚拟物品交易平台市场份额，其自有的在线支付平台"财付通"与淘宝网的"支付宝"一样都为个人用户提供免费服务。

（二）网络游戏内置广告市场

1. 游戏内置广告市场尚处在起步期

游戏内置广告（IGA）是一种全新的依托于网络游戏呈现的广告类型，这种广告可以嵌入网络游戏中，结合游戏的场景、情节来进行广告播放。IGA 是网络游戏的一种全新赢利模式，以往游戏的赢利模式是面向网络游戏用户收费，而游戏内置广告则是面向广告客户收费。

根据中国互联网数据中心 DCCI 数据显示，中国网络游戏内置广告市场规模在 2008 年达到了 2.3 亿元，比 2007 年增加了近 2 倍，2009 年网络游戏内置广告市场规模将达到 4.5 亿元。由于网络游戏内置广告具有与广告结合度高、广告展示时间长、广告针对性强等特点，正在成为继传统广告媒体之后的一个新兴优质广告平台，引起众多广告投放者的注意。

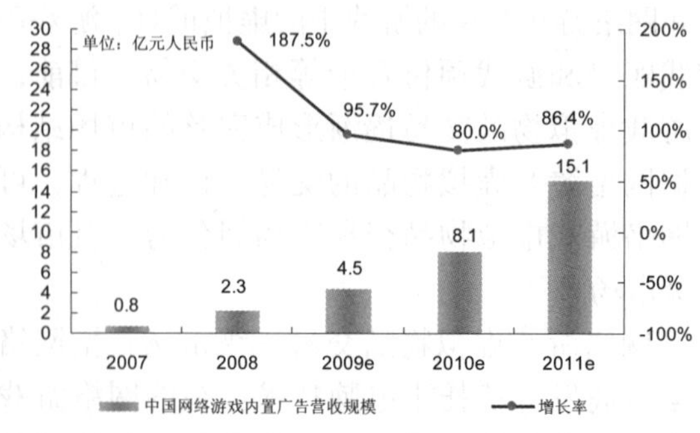

中国网络游戏内置广告营收规模及预测 2007 ～ 2011

但是，目前 IGA 公司、投放游戏内置广告的企业主、被投放广告的游戏数量尚处在一个较低的阶段，整个IGA市场的格局尚未明朗。一些游戏内置广告公司在拿到风险投资或者一些广告订单后在短期内得到极速的增长，而后因为经营状况不佳又很快从市场上消失。

目前市场上主流的几家游戏内置广告公司，如北京NGI、上海IGA、上海网游互动传媒（盛大网络子公司）、北京壁虎科技等，经营状况都不是很好，市场格局并不稳定。

2. 游戏内置广告的特点

游戏内置广告的类型很多，按照广告出现的时间不同，网络游戏内置广告可以分为游戏登录广告、游戏进行时广告、场景切换广告、游戏退出广告等；按照广告的形式不同，网络游戏内置广告又可以分为游戏中3D立体物件、特制场景为主的游戏场景，游戏道具赞助、游戏内文字广播、游戏官方网站广告和游戏形象授权等形式。当前，IGA主要具备如下特点：

（1）网络游戏内置广告中广告与游戏结合紧密，结合程度高。区别于传统媒体上的广告，网络游戏内置广告通过策划往往可以与游戏中的场景或者游戏内容相结合，因而其用户对于广告的接受程度较高。如游戏中设定与广告相关的任务，在网络游戏用户玩游戏的同时就熟悉到广告的内容。开心网中的《开心农场》与中粮公司之间的合作就是一个成功的网络游戏内置广告，通过在农场中种植有悦活标签的水果，让网络游戏用户熟悉悦活的果汁品牌。

（2）网络游戏内置广告展示时间更长。传统媒体的广告对于用户的展示时间往往很短，如电视电影中的广告通常以秒来计算，而平面媒体的广告则不能引起人们长时间的停留。网络游戏内置广告由于游戏与广告的紧密结合，使得网络游戏用户在玩游戏的同时接受广告信息，广告得以长时间对用户展示。

（3）网络游戏内置广告针对性强。网络游戏的细分市场具有多样性，其用户也千差万别。与传统媒体不同，网络游戏可以很轻松地明确各个细分市场中的主要用户群体，这样就为广告投放者提供了极大的便利，可以使广告精准地投放在目标客户中。

3. 阻碍游戏内置广告市场发展的因素

目前游戏内置广告在国内发展状况并不乐观，主要阻碍因素在于：

首先，市场规模小，技术仍不成熟。虽然现在IGA市场规模已达到4.5亿元，但是相对于整个传统广告行业来说市场规模仍然很小，仅占整个互联网广告营销行业的2.6%，绝大部分广告公司都没有针对IGA的预算。另外，网络游戏内置广告对于技术要求较高，广告与游戏结合的程度、广告在游戏中的呈现效果等都需要相应的技术来支持，使得IGA这种广告形式的普及受到一定限制。

其次，大型游戏企业开展IGA业务意愿不强烈，且短期内难以改变。由于目前IGA开展时间有限，很多大公司对于这种广告类型都采取观望态度。最主要的原因是大公司担心IGA会影响用户游戏体验，从而影响到主营业务，而网络游戏行业的持续升温，在2009年市场规模已达258亿元，高额的回报使得网络游戏业内各家大型企业不会轻易尝试IGA，以免承受降低网络游戏利润的风险。

最后，产业链长且生态系统复杂。由于技术的特殊性和企业对其接受的程度，IGA的产业链相比传统广告行业产业链更长也更复杂，IGA产业链包括：广告主、4A公司、广告代理商、第三方监测机构以及网络游戏企业等各方面参与者。参与者众多使得IGA广告运作的沟通成本与协调成本高于传统广告形式；加之网络游戏企业并没有像传统媒体一样采取开放的态度来对待IGA，广告主对于IGA也缺乏了解，最终使得IGA的生态系统较传统广告行业更为复杂，以上因素严重阻碍了IGA行业的发展。

六、国产网络游戏出口市场

（一）出口规模

近年来，国产游戏产品出口形势取得了很大突破，出口产品数量大大增加，出口收入快速增长，一批国产游戏产品通过市场渠道进入国际社会，部分游戏企业通过海外投资参与国际资本循环。

据统计，2009年中国网络游戏海外市场收入达到1.06亿美元，较2008年增长47.2%，而2008年海外出口收入同比增速仅为30.9%。在结束了2006、2007年海外市场收入爆发式增长后，2008年与2009年网络游戏海外市场收入增长相对平缓，保持在30% ~ 50%之间。

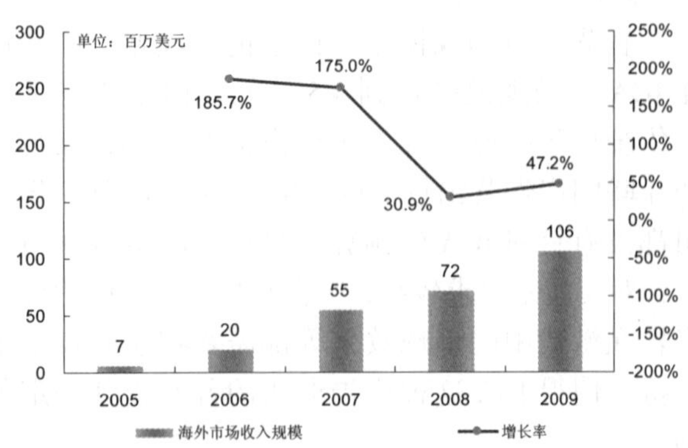

中国网络游戏产品海外出口规模 2005 ～ 2009

从海外出口企业市场占有率来看，2009 年完美时空、网龙、金山分别位于第一、二、三位，其中完美时空海外市场收入达到 2.64 亿人民币，占中国网络游戏产品海外出口规模的 36.7%，网龙和金山分居二、三位，市场份额分别为 18.9% 和 8.3%。海外出口规模排名第四位至第八位的游戏企业依次是搜狐畅游、盛大、游戏蜗牛、久游和大承网络，它们的出口规模在 3000 万 ~ 6000 万元人民币之间。

（二）出口模式

在网络游戏出口方面，根据不同企业的战略及出口国当地的实际情况，主要采用如下 3 种出口方式：

1. 在海外设立子公司独立运营

目前只有少数公司（网龙，完美时空）选择在海外设立子公司独立运营，这种运营的方式可以独享海外收益，完全掌握海外市场的各种数据，及时了解客户需要，对于以后针对国际市场的研发有很大作用。但是这种方式的限制条件也比较多：首先这种方式主要在欧美地区推行，欧美地区的运营商竞争程度比较高，没有哪一家运营商掌握了大量的用户资源，有利于新运营商的进入，但是东南亚地区的运营商通常具有垄断地位，新进入者较难生存；其次，在海外设立子公司对资金有一定的要求，除了成立公司的基本费用，在海外推行一款游戏需要投入大量的营销资金，如果运营失败，将带来巨大的损失，因此具有较高的运营风险。

2. 版权贸易

版权贸易是目前游戏的主要出口方式，这种形式是和国外的游戏运营商签署代理合作协议，游戏出口方提供开发好的游戏产品，并参与后期的技术层面运营维护和版本升级，而收益可以包括一次性版权购买，以及后期运营的提成。这种方式对于游戏出口方，可以提供比较稳定的收入，并且在海外营销和运营方面，研发企业也不需要追加很多成本，充分利用海外代理商在海外的资源，可以说是一种比较节约资金的出口方式。但是，由于游戏的运营由其他企业负责，国内的游戏企业不能同国外用户直接对话，了解客户的直接需求，在其游戏开发中，不利于直接针对客户需求对游戏做调整。

3. 联合运营

联合运营是指除了版权交易，游戏出口方参与游戏运营工作。这也是目前较多企业选择的方式之一，这种方式可以使自己直接了解到国外客户的需求，国外市场的发展情况，并针对客户的问题迅速做出反应，同时也可以充分利用海外合作伙伴在当地的资源，但是这种方式采用收入分成办法，收益取决于游戏的运营情况，受当地市场影响比较大，很难提供非常稳定的收益。

（三）出口产品一览

从产品类型来看，我国自主研发网络游戏出口以 MMORPG 为主，休闲游戏比较少，网页游戏出口状况保持良好态势。

据统计，截止到 2009 年底，已经有 51 款大型网络游戏产品输出约 50 个国家和地区，被翻译成近 10 种语言。

中国主要大型网络游戏产品出口情况一览

所属公司	序号	名称	出口国家和地区
北京完美时空网络技术有限公司	1	热舞派对	新加坡、马来西亚、泰国、越南、中国台湾、中国香港、中国澳门
	2	神鬼传奇	中国香港、中国澳门、中国台湾、越南
	3	口袋西游	中国香港、中国澳门、中国台湾、韩国
	4	完美世界国际版	日本、韩国、马来西亚、泰国、菲律宾、印尼、越南、中国港澳台地区、俄罗斯联邦及其他俄语地区、约 40 个欧洲国家
	5	武林外传	日本、韩国、马来西亚、泰国、中国香港、中国澳门、中国台湾、越南、新加坡
	6	诛仙	中国台湾、日本、俄罗斯联邦及其他俄语地区
	7	赤壁	日本、韩国、马来西亚、泰国、中国香港、中国澳门、中国台湾、越南、新加坡
北京像素软件科技有限公司	8	寻仙	中国台湾、中国香港、日本
北京目标在线科技有限公司	9	天骄 2	德国等欧洲国家
北京麒麟网信息科技有限公司	10	成吉思汗 OL	中国台湾、越南、新加坡、马来西亚
北京中视网元娱乐科技有限公司	11	星际帝国	日本
福建网龙计算机网络科技技术有限公司	12	征服	欧洲、北美、中国台湾、沙特阿拉伯、北非等 12 个国家和地区
	13	机战	中国香港、泰国、越南
	14	魔域	菲律宾、俄罗斯及其独联体地区、美国、印尼、马拉西亚、巴西
广州网游数码科技有限公司	15	大话战国	中国香港、中国澳门、中国台湾、越南
	16	天羽传奇	中国香港、中国澳门、中国台湾
杭州渡口网络科技有限公司	17	魔神争霸	欧洲（德国、法国等欧洲国际）、中国香港、中国澳门、中国台湾
	18	天机	中国香港、中国台湾、马来西亚、泰国、印尼
金山软件股份有限公司	19	剑侠情缘	中国台湾、越南、马来西亚
	20	封神榜	中国台湾、越南
	21	剑侠情缘二	中国台湾、越南、马来西亚
	22	反恐行动	泰国、马来西亚
	23	春秋 Q 传	马来西亚
蓝港在线（北京）科技有限公司	24	西游记	越南
上海大承网络技术有限公司	25	龙	美国、加拿大、欧洲（30 多个国家）、韩国、日本、中国港澳台、新加坡、马来西亚、泰国、越南、巴西、俄罗斯
	26	功夫世界	美国、加拿大、马来西亚、韩国、新加坡、中国香港、中国澳门、中国台湾、日本

续表

所属公司	序号	名称	出口国家和地区
上海久游网络科技有限公司	27	超级舞者	马拉西亚、新加坡、中国香港、泰国、印尼、美国、加拿大、越南、欧洲（英国、德国、法国、意大利、比利时）等 31 个国家和地区
	28	超级乐者	英国、德国、法国、意大利、比利时等 31 个国家和地区
	29	宠物精灵	越南、泰国、马拉西亚、新加坡、印尼、菲律宾、中国台湾、中国香港、日本
	30	魔力宝贝 2	中国台湾、中国香港、泰国、马来西亚
上海巨人网络集团有限公司	31	征途	俄罗斯、越南、中国台湾
上海鸿利数码科技有限公司（金酷游戏）	32	生肖传说	北美
	33	魔界 Online	中国台湾、北美
上海摩力游数字娱乐游戏公司	34	海盗王 Online	印尼、日本
上海盛大网络发展有限公司	35	梦幻国度	中国香港、中国澳门
	36	传奇世界	越南
	37	疯狂赛车	中国香港、中国澳门、越南、菲律宾、印度、印尼、
	38	大海战	北美、欧洲
	38	纵横天下	美国、欧洲、俄罗斯、韩国、中国台湾、中国香港、中国澳门、东南亚（越南等）
	40	英雄之门	韩国
	41	风云	俄罗斯、中国台湾
	42	格子客	欧美
上海天雷网络科技有限公司	43	蜀门 OL	美国、韩国、法国、越南、印度、马来西亚、菲律宾
搜狐畅游股份有限公司	44	天龙八部	韩国、泰国、马来西亚、越南、中国台湾、中国香港、北美、新加坡
苏州市蜗牛电子有限公司	45	航海世纪	韩国、欧洲（英国 / 法国 / 德国）、北美（加拿大 / 美国）、南非、泰国、马来西亚、新加坡、菲律宾、澳大利亚等 20 多个国家和地区
	46	机甲世纪	日本、北美、德国等欧洲国家
	47	街舞区	中国台湾 、新马泰、菲律宾、泰国、越南、日本、北美、巴西、俄罗斯
	48	天子	中国香港、中国台湾
	49	九阴真经	中国台湾、中国香港、马来西亚、越南、泰国、俄罗斯、欧洲国际
	50	英雄之城	中国香港、中国台湾、北美、欧洲
厦门网游网络科技开发有限公司	51	秦始皇 OL	中国台湾

七、2009年行业投融资概要

（一）股权投资

尽管2009年全球经济已经呈现复苏态势，但2008年以来的金融危机对私募股权融资行业的影响仍不可轻视。据私募股权投资研究机构清科的数据显示：截至2009年11月30日，2009年共有26支可投资于亚洲市场（包括中国大陆地区）的私募股权基金，共成功募集资金123.84亿美元，比2008年全年募资额锐减79.7%。其中，私募股权投资机构在中国大陆地区共投资了102个案例，投资总额达84.27亿美元，比2008年全年投资金额下降12.3%。

据CNNIC数据：2009年中国互联网的渗透率已经超过全球平均水平，但距离美国、日本等国家超过70%的渗透率还有较大差距，所以中国的互联网渗透率有非常大的增长空间。而且，中国网民对于各种互动娱乐的需求正在不断增长，娱乐需求的增加将带动网络游戏产业的发展，因此中国网络游戏市场的发展前景较好。

目前，中国的网络游戏行业仍然是从事股权投资的各类投资机构、企业的关注焦点，但从2009年网络游戏行业的投融资来看，出现了一些新的变化。

1. 私募股权投资重点从大型网络游戏转向儿童虚拟社区和社交游戏

此前，中国网络游戏行业的股权投资主要集中在大型网络游戏上。进入2009年，大型网络游戏投资热度逐渐减退，儿童虚拟社区和社交游戏成为了投资商的关注点。

2009年，多家儿童虚拟社区运营商获得了投资，其中，运营《摩尔庄园》的上海淘米科技获得了启明创投500万美元的投资；运营《奥比岛》的广州百田信息科技获得了红杉资本超过3000万元人民币的投资，此外，运营《海底世界》的上海酷噜网络科技也宣称已获得风险投资。作为一种面向全新用户群、以寓教于乐为宗旨、游戏内容和此前大型网络游戏几乎完全不同的游戏类型，儿童虚拟社区正在中国蓬勃发展。

此前在社交游戏方面，多家海外的社交游戏开发商分别获得了超过千万美元的投资。2009年以来，《开心农场》等国内社交游戏的成功也终于引起了风险投资商的关注，以社交游戏开发为主业的热酷和五分钟先后获得了150万美元和350万美元的投资。

2. 网页游戏市场投资由全面开花转向重点突破

网页游戏是2008年网络游戏行业投资的热点之一，当时众多的中小型网页游戏企业分别获得了来自行业内外的投资，投资额从100万～2000万元不等，2008年网页游戏行业的投资可谓是全面开花。例如自红杉资本300万美金投资网页游戏企业北京新娱兄弟后，上海维莱、上海猜趣、北京豌豆互动、北京众诚科技等众多网页游戏企业也获得了行业内资金支持，这些资金主要来自盛大网络的“18基金”以及千橡互动“V计划”。2008年，产业内企业投向网页游戏领域的资金总计超过5000万元人民币。

进入2009年，网页游戏市场投资仍然保持较高热度，但投资策略已经从全面开花转向重点突破，风险投资对待网页游戏市场的态度比2008年更加理性，一些之前经过市场检验的网页游戏企业成为了投资商关注的重点企业，而新兴的网页游戏企业与去年相比则更难获得投资。例如，2009年初，网页游戏开发和运营商北京游戏谷获得了启明创投和思伟投资共计1000万美元的投资；2009年12月，上海晨路科技宣布获得了紫江创投复旦基金会1.5亿元人民币的投资，上述两家企业在获得投资之前都已经有成功的产品开发和运营经历。

3. 行业内投资依然活跃，但出现调整

游戏行业内投资一直比较活跃，其中的佼佼者是盛大网络。截止到2008年底，盛大网络已经投资了近30家游戏企业，投资额超过3亿元人民币；到2009年年底，盛大网络投资额达到了5亿元人民币左右，但占股比例均未超过25%。根据盛大网络计划，2010～2012年盛大将继续拿出至少5亿元人民币投资不少于40个项目。

目前，行业排名前十的大型网络游戏运营商都设有专门的投资收购部门或相关的业务人员，积极寻求好的开发团队对其进行投资。其中，巨人网络、搜狐畅游和光宇华夏在2009年分别推出了针对游戏行业中小开发团队合作的“赢在巨人”、“祁宝计划”和“曙光计划”。其中，巨人已经投资上海云雀软件、杭州雪狼湖等企业，而搜狐畅游则通过“祁宝计划”代理了3款网络游戏，光宇华夏的“曙光计划”也在进行中。

大型网络游戏通过股权投资的方式与中小开发团队达成合作，优势在于能够将自身丰富的运营管理经验和开发团队的创新开发能力相结合，打造行业内更紧密的合作模式，实现双赢发展。

2009 年中国网络游戏行业主要私募案例

时间	企业	投资方	涉及金额	所属领域
3 月	北京游戏谷	启明创投、思伟投资	1000 万美元	网页游戏
3 月	北京极光互动	美国一家私募基金	近亿元人民币	大型网络游戏
6 月	上海淘米网络	启明创投	500 万美元	儿童虚拟社区
12 月	上海五分钟	德丰杰（DFJ）	350 万美元	社交游戏
12 月	广州百田信息科技	红杉资本	超过 3000 万元	儿童虚拟社区
12 月	上海晨路信息科技	紫江创投复旦基金会	1.5 亿元	网页游戏
12 月	热酷	日本 IVP (Infinity Venture Partners)	150 万美元	社交游戏

来源：公开信息

（二）上市与并购

1.2009 年网络游戏行业新增 2 家上市公司

自 2007 年巨人网络、完美时空、金山、网龙 4 家公司分别在美国和中国香港上市后，2008 年受金融危机等因素影响，全行业并没有上市事件。2009 年僵局打破，中国网络游戏行业再添 2 家上市公司。

2009 年 4 月 2 日，搜狐（NASDAQ：SOHU）游戏部门分拆上市，畅游（NASDAQ：CYOU）成为 2009 年以来在美国纳斯达克上市的第一家中国公司，融资额为 1.2 亿美元。

2009 年 9 月 25 日，盛大网络（NASDAQ：SNDA）下属的盛大游戏分拆上市，盛大游戏（NASDAQ：GAME）是 2009 年美国市场融资规模最大的 IPO 之一，融资金额达到 10.4 亿美元。

除了在海外市场上市外，一些游戏企业也在考虑在国内 A 股上市，如深圳市中青宝网网络科技股份有限公司正在筹备登陆创业板，如果成功上市，将成为 A 股首家以网络游戏为主营业务的上市公司。

中国网络游戏市场规模到 2014 年将突破 600 亿元人民币，考虑到中国网络游戏产业良好的发展前景，预计中国网络游戏行业在未来几年还将增加数家游戏上市公司。据悉，光宇华夏、久游等中国网络游戏企业已经在启动 IPO。

2. 行业并购逐渐活跃

2009 年，网络游戏行业的并购呈现出比较活跃的态势。

3 月，A 股上市公司博瑞传播（60080）宣布以 4.4 亿元人民币的价格全资收购网络游戏开发和运营商成都梦工厂，成为 A 股继海虹控股（000503）之后的第二家网络游戏概念企业。

12 月，美国纳斯达克上市公司空中网（NASDAQ：KONG）宣布以最高 8000 万美元的价格全资收购网络游戏开发和运营商上海大承网络。

除此之外，2009 年 12 月盛大和金山也宣布成立了合资公司共同运营游戏、开发海外市场。其中，不排除游戏公司之间展开进一步资本层面合作的可能。

并购是行业发展到一定阶段的产物，随着行业增长的放缓、行业竞争的日趋激烈，未来中国网络游戏行业有可能出现更多的并购事件。

八、市场发展趋势

（一）网络游戏类型将不断丰富，玩法将出现创新

激烈的市场竞争将促使游戏开发企业创新，量变将最终产生质变。

出于降低投资风险、迅速获得回报的考虑，过去几年中国的自主研发网络游戏绝大部分以赢利模式和玩法成熟的 MMORPG 为主，游戏开发商的重点往往是在现有玩法的基础上考虑如何把画面做得更精美、把数值做得更平衡、把细节做得更完善、把社交性玩法做得更贴心，这使得目前市场上数以百计的网络游戏陷入了同质化的竞争中。

然而，市场竞争的激烈程度在不断加剧，这将推动网络游戏公司必须突破当前的同质化竞争，寻求在游戏玩法上取得创新。和街机、单机时代丰富的游戏玩法相比，网络游戏可以创新的点还很多。可以预计，未来 3 年中国的网络游戏类型将更加丰富，不断出现新的产品填补细分市场。

（二）网络游戏海外出口将面临较大发展机会

当前，电子游戏的网络化是全球性的大趋势。无论是 PC 游戏还是电视机游戏，无论是在欧洲、

北美，还是亚洲太平洋地区，网络游戏都是一个重要的潮流。

中国在电视机游戏、PC单机游戏的发展上远远落后于欧洲、北美和日本市场。在网络游戏的发展上，中国在最初的几年也落后于韩国市场。可喜的是，过去的10年，在国务院文化行政部门的大力扶持下，中国的网络游戏企业发愤图强，开拓进取，大力开展技术创新、运营创新，并不断拓展海外市场业务。目前，中国部分网络游戏企业的研发水平已经不比海外同行差，部分中国游戏企业的产品在海外已经具备了较大影响力。

作为文化创意产业的重要组成部分，网络游戏是否具有文化内涵对于网络游戏的成败起着重要的作用。中国有着悠久的历史，是四大文明古国之一，有着深厚的文化底蕴，这是中国网络游戏企业的重要优势。

从全球网络游戏市场来看，欧洲和北美的游戏企业目前的重点仍在电视游戏上，对于PC网络游戏的重视程度还不够，网络游戏在欧洲和北美也只是处于起步期，市场规模还较小。在可以预见的3年，中国的网络游戏企业海外发展的重点仍是韩国、越南、泰国、日本等地。

目前，中国游戏企业在网络游戏的研发水平上已逐渐走到世界前列，预计随着电子游戏网络化的趋势不断明显，中国的网络游戏企业海外出口也将面临更大的发展机遇。

（三）网络游戏3D化将为创业公司带来较大的商业机会

相对2D网络游戏而言，3D网络游戏具有更好的画面展现，可承载的游戏形式、玩法更加丰富多彩，3D游戏也是欧美等游戏市场主流的网络游戏形式。

在中国目前的MMORPG市场中，3D游戏只占20% ~ 30%的市场份额，随着硬件和带宽环境的改善、网络游戏用户操作游戏的不断熟练，预计未来5年3D的MMORPG所占市场份额有望翻倍，这意味着未来5年3D MMORPG市场规模有望增长超过100亿元人民币。

从目前市场的实际情况来看，完美时空是3D网络游戏研发的领头羊，而网易、网龙、光宇华夏、搜狐畅游、久游等大型网络游戏公司在3D MMORPG开发上的尝试都不是非常成功，反而是一些新成立的公司在3D游戏的开发上显露了强劲的实力。

也就是说，在3D MMORPG市场未来5年新增的过百亿市场规模中，一部分中小型游戏公司可能会占据相当的市场份额，这是创业公司很大的机会。

（四）网络游戏将与其他文化娱乐产业呈现深度融合

2009年以来，网络游戏产业与其他文化娱乐产业呈现融合式的发展，出现了诸多根据电影、电视剧、小说改编的网络游戏，一些网络游戏也在尝试改编成电视剧和电影，一些网络游戏公司也参与到了电影制作，而且取得了不俗的成绩，另外，一些电影和电视剧行业的企业也在投资网络游戏，其中不乏央视、中影集团、湖南卫视这样的龙头企业，至于网络游戏企业与传统文化娱乐企业在营销上的合作则更是数不胜数。尽管网络游戏产业和其他文化娱乐产业的融合在早几年前已有苗头，但是限于当时的市场环境，很少有成功的案例，多数的融合体现在异业营销层面。现在，随着诸多领先企业对网络游戏融合业务的重视，相信将会迅速给行业带来新风尚。

网络游戏与其他文化娱乐产业具备共性，均是以创意为源头，以内容为主体，之间存在着融合发展的可能性。如果说2009年是中国网络游戏产业和其他文化娱乐产业融合的“起步年”，那么2010 ~ 2011年将迅速进入“快速成长年”，预计2010 ~ 2011年将有为数不少融合发展的案例出现，包括会有大量创意是来于自其他文化娱乐产业推出的网络游戏等。

网络游戏和其他文化娱乐产业的融合是一个很重要的趋势，这个趋势对加速网络游戏概念传播、扩大网络游戏在主流人群中的影响力、提升网络游戏的社会形象都将起到莫大的帮助。

九、总结

当前，网络游戏产业已经成为中国文化创意产业的重要组成部分，与人民群众的日常生活结合得日益紧密。经过过去10年的发展，中国网络游戏行业已经处于成长期，并逐步渗透至整个主流网络文化产业，同时，在激烈的行业竞争中，中国网络游戏市场已经形成了具有中国特色的商业模式。

目前，无论是从市场规模、企业数量还是从用户规模来看，中国的网络游戏产业都已经成为文化创意产业的一个重要分支，网络游戏在促进文化传播、促进中国产业结构转型、解决就业、拉动内需等方面起到了积极的作用，在推动出口创汇、缓冲社会矛盾方面也作出了较大的贡献。但是，网络游戏在发展过程中也凸现出一些问题，低俗的游戏内容和宣传方式、行业内恶性竞争、对网络游戏用户权益保障不足等问题严重损害了行业形象，引发了公众舆论对行业的谴责，加剧了行业运行的风险，不利于行业全面、协调可持续发展。

针对网络游戏市场的现状和存在的问题，2009年文化部采取积极措施，规范了行业经营行为，净化了市场发展环境。然而，作为一个正在蓬勃发展的新兴产业，网络游戏市场不断涌现出的新企业、新产品、新模式给文化主管部门带来了极大的挑战。从目前管理的实际情况来看，仍然存在管理不到位、存在管理漏洞、监管出现灰色地带的问题。

展望未来，在网络游戏企业不断开拓进取的努力下，在中国互联网普及率不断提高的大背景下，在相关主管部门鼓励文化创意产业、鼓励游戏原创、鼓励出口的政策支持下，中国的网络游戏市场规模还将进一步扩大，中国网络游戏企业在全球的竞争力也将进一步加强，网络游戏在文化创意产业中也将起到更加重要的作用。

与此同时，也要正视目前行业的现状，认清行业存在的问题。目前，我国网络游戏行业仍然存在的一些问题犹如毒瘤一般，不断吸食行业发展的血液和养分，不解决这些问题，行业发展的根基始终不牢固，企业经营的信心始终不充足，行业发展的前景也如雾里看花。因此，文化部今后将继续从内容监管、运营规范、监督执法等多个层面入手，建立和完善“政府监管、行业自律、社会参与、舆论监督”的网络游戏市场长效管理机制，促进网络游戏行业健康成长与发展！

附录

1. 相关定义和专业名词解释

名词	解释 / 定义
网络游戏	广义的网络游戏指需要借助于互联网或移动互联网进行数据传输和交互，同时借助于服务器及客户终端进行数据处理，利用电脑、手机或者其他客户终端进行操作及显示的电子游戏，包括电脑网络游戏、手机网络游戏、电视联网游戏等。在中国，目前网络游戏一般指电脑网络游戏，也就是必须借助于互联网运营、可供多人同时参与的电脑游戏。本文研究的对象即为电脑网络游戏。
电视游戏	又称控制台游戏（Console game），电子游戏的一种，通常指以电视为显示屏幕，通过WII、PS2/3、XBox等主机游戏控制器控制的电子游戏。
MMORPG	Massive Multiplayer Online Role-Playing Game，大型多人同时在线角色扮演游戏。支持多人同时在线的大型游戏，该类游戏一般具有故事背景和故事情节，并且随着网络游戏用户游戏过程的进行情节可以持续发展；网络游戏用户在游戏中扮演一个游戏角色，在整个具有故事情节和背景的虚拟游戏世界中与其他网络游戏用户扮演的游戏角色进行互动。较典型的如《梦幻西游》、《魔兽世界》等。
ACG	高级休闲游戏（Advanced Casual Game），此类游戏一般为卡通画面风格，游戏内容轻松且持续性弱，网络游戏用户在游戏中着重体验游戏玩法及与其他网络游戏用户之间的竞技过程。较典型的ACG游戏如《跑跑卡丁车》、《劲舞团》等。
MMOG	Massive Multiplayer Online Game，大型多人同时在线游戏，简称大型网络游戏，包含MMORPG和ACG。
社交游戏	Social Game，基于社交网站的联网小游戏，此类游戏一般玩法较为简单，不需要下载客户端，并且基于一个社交网站而存在，游戏的玩法和内容强调网络游戏用户与网络游戏用户之间的社交性，游戏互动性强，如《开心农场》、《争车位》等。
严肃游戏	Serious Game，属于视频和计算机游戏中的一种。严肃游戏有多种风格，但其核心目的并非以普通游戏的娱乐为目的。严肃游戏通常是一种具有游戏的外观与感觉的对于现实事件或过程的模拟，其主要目的是训练或教育使用者。
棋牌休闲游戏平台	此种平台是以对战性、竞技性强的棋牌类游戏为主要内容，一个平台往往包含多种游戏，网络游戏用户通过平台与其他网络游戏用户在棋牌游戏中对战、竞技。此类游戏平台如联众世界、QQ对战平台等。

续 表

名词	解释 / 定义
网页游戏	Web Game，又称无端网游，是基于网络浏览器的多人在线互动游戏，用户无需下载客户端，只要打开网页就可以玩网页游戏。目前国内的网页游戏以战争策略类为主，例如《纵横天下》、《部落战争》等。
网络游戏虚拟货币	网络游戏虚拟货币是指由网络游戏运营企业发行，游戏用户使用法定货币按一定比例直接或间接购买，存在于游戏程序之外，以电磁记录方式存储于游戏企业提供的服务器内，并以特定数字单位表现的一种虚拟兑换工具。网络游戏虚拟货币用于兑换发行企业所提供的指定范围、指定时间内的网络游戏服务，表现为网络游戏的预付充值卡、预付金额或点数等形式，但不包括游戏活动中获得的游戏道具。
PCU	Peak Cocurrent User，最高同时在线用户，指某个时段内，某款游戏最高同时在线的用户人数。
ACU	Average Cocurrent User，平均同时在线用户，指某个时段内，某款游戏平均在线人数。
ARPU	Average Revenue Per User，每用户平均收入。本文中如无特殊说明，一般指付费网络游戏用户平均每个月的付费情况。
RTS	Real-Time Strategy，即“即时战略”游戏，游戏中的内容情节以即时进行为特征。
FPS	First Person Shooting，即“第一人称射击”游戏，以第一人称视角为画面呈现的射击类游戏，例如《穿越火线》等。
IGA	In Game Advertising，游戏内置广告是一种全新依托于网络游戏呈现的广告类型，这种广告可以嵌入网络游戏中，结合游戏的场景、情节来进行广告传播。
NPC	Non Player Character，“非网络游戏用户控制的角色”，指的是游戏中由系统生成的角色，这些角色能够参与游戏，但不受网络游戏用户的控制。
UI	User Interface（用户界面）的简称。UI 设计则是指对软件的人机交互、操作逻辑、界面美观的整体设计。
UE	User Experience（用户体验）是一种纯主观的在用户使用一个产品（服务）过程中建立起来的心理感受。
网络游戏市场规模	本文中网络游戏市场规模如无特殊说明，均指网络游戏运营商面向网络游戏用户的游戏运营收入总和，包括通过各种渠道出售游戏预付费充值卡、在线充值序列号等收入。不包括游戏运营商海外出口的初始版权金、保底费用和分成收入，也不包括游戏运营商通过其他营利模式获得的收入。

2.2009 年中国网络游戏行业大事记

1 月 7 日，网龙网络有限公司宣布捣毁一家提供私服“一条龙”服务的挂名 IDC 商，扣缴各类侵权服务器近 500 台，关闭各类私服网站 100 多个，这是至今为止国内最大一起非法私服供应商因侵权遭严处的案例。

1 月 14 日，巨人网络推出“赢在巨人”计划。该计划为创业者提供资金、技术、团队补充、推广运营等全方位的支持。项目成功后，创业团队可获得最高 20% 的利润分成。

2 月 5 日，完美时空公司旗下 Q 版飞天宠物空战网络游戏产品《口袋西游》出口韩国，成为其又一款出口至韩国的游戏产品。《口袋西游》是完美时空于 2008 年打造的一款全新 Q 版 3D MMORPG 网络游戏产品，也是完美时空首款以宠物为主题的游戏产品。

3 月 7 日，网龙网络有限公司旗下崭新 Q 版回合制网络游戏《开心 Online》正式公测，公测首日突破 10 万人同时在线。

3 月 18 日，搜狐畅游的《天龙八部》最高同时在线人数突破 80 万，跻身中国网络游戏行业第一阵营。

3月19日，文化部、国家文物局关于贯彻落实《中共中央办公厅、国务院办公厅关于进一步净化社会文化环境 促进未成年人健康成长的若干意见》的通知。要求：严禁在学校周围设立娱乐场所，除国家法定节假日外，游艺娱乐场所设置的电子游戏机不得向未成年人提供；严格禁止游艺娱乐场所的电子游戏机内的游戏项目中含有暴力、色情等非法内容；以文化部等三部门印发的《关于进一步加强游艺娱乐场所管理的通知》为依托，建立健全游艺娱乐市场长效监管机制。

3月28日，文化部、国家工商行政总局、公安部、工信部、中国关心下一代工作委员会共同发布《关于进一步净化网吧市场有关工作的通知》，查处网吧违规接纳未成年人、坚决取缔黑网吧、严格网吧市场准入审核关、抵制低俗暴力内容在网吧传播、完善网吧及网络游戏管理工作协调机制。

4月2日，搜狐旗下游戏业务的畅游公司在纳斯达克上市，这使得搜狐成为国内第一家拥有2家上市公司的互联网公司。

4月16日，美国暴雪娱乐公司和网易公司对外宣布，暴雪在大陆地区《魔兽世界》现有运营权协议到期后，将其独家运营权授予网易旗下关联公司，为期3年。《魔兽世界》运营权由第九城市易手网易。

4月24日，文化部发布《关于规范进口网络游戏产品内容审查申报工作的公告》，明确报审的进口网络游戏产品，须为开发完全、与正式运营(或公测)版本一致的产品。并指出变更运营企业的，原进口批准文号自动撤销，由新的运营企业重新向文化部报审。

6月4日，文化部、商务部联合下发《关于加强网络游戏虚拟货币管理工作通知》。该通知主要是针对网络游戏虚拟货币市场中用户权益缺乏保障、市场行为缺乏监管、网络游戏虚拟货币在使用中不断引发纠纷等问题而颁布的，主要从严格市场准入、规范发行和交易行为、严厉打击利用虚拟货币从事赌博等违法犯罪行为等方面进行监管和规范。

6月9日，盛大网络宣布以4620万美元价格收购华友世纪51%股份，盛大开始在音乐、娱乐方面布局。

6月22日，文化部发布《关于开展文化市场集中整治行动的通知》。主要内容为遏制含有禁止内容的网络游戏等文化产品及服务进入文化市场，打击各类违法文化经营活动，加强网吧监管，加大网吧等文化经营场所安全检查力度。

6月23日，文化部党组成员、部长助理丁伟表示，文化部将进一步规范游戏会展交易市场秩序，逐步建立公正、公平的市场竞争环境。对于游戏开发者大会GDC（Game Developers Conference®，简称“GDC”）进入中国所遇到的问题和困难，文化部将提供必要的支持和帮助。

6月29日，巨人网络宣布《征途》免费版将于7月6日取消“开箱子”功能，以响应文化部等最近对网络游戏虚拟货币管理的新规定。

7月，文化部文化市场司在昆明举办了“首届互联网文化经营单位业务培训班”。这是文化部首次面向全国网络文化企业举办的培训班，对于加强网络文化建设，提升网络文化企业管理者和从业者的政治素质、引导研发和创作内容积极健康向上的网络文化产品，具有非常重要的意义。来自全国各地的60余家互联网文化经营单位的100多名学员参加了培训和交流。

7月8日，巨人网络自主研发的首款网页游戏《黄金国度》封测，标志着巨人网络正式进入网页游戏领域。

7月8日，搜狐旗下公司畅游正式对麒麟网发起诉讼，指出麒麟网的主力网络游戏《成吉思汗》涉嫌使用畅游旗下的《天龙八部》相关程序，侵犯其知识产权，要求其停止运营该游戏。

7月22日，网易宣布《魔兽世界》自7月30日起开始内测。

7月24日，《文化部办公厅关于立即查处“黑帮”主题非法网络游戏的通知》，查处以“黑帮”及类似题材的渲染反社会、违法内容的网络游戏，相关企业要停止运营此类非法游戏。

8月2日，网易《梦幻西游Online》的最高同时在线人数又创新高，达到256万人。

8月6日，完美时空推出首款2D回合制MMORPG网络游戏《梦幻诛仙》，这是完美时空在产品组合多样化的一个表现方面，同时这也是进军回合制市场的一种尝试。

8月9日，完美时空投资的首部电影《非常完美》首映，该片票房收入突破了9000万元人民币。

8月20日，盛大最新推出了“零世界”平台，这是以用户参与—用户设计—用户创造为核心理念的 MMO 游戏平台。“零世界”的推出，将推动网络游戏向用户自主设计、自主创造、自主运营的多产品平台转变。

9 月 8 日，《文化部文化产业投资指导目录》制定了文化产业投资指导目录，明确网络游戏属于“鼓励类”投资产业。

9 月 14 日，文化部办公厅关于转发中央编办《关于印发〈中央编办对文化部、广电总局、新闻出版总署“三定”规定中有关动漫、网络游戏和文化市场综合执法的部分条文的解释〉的通知》。条文中明确规定：文化部是网络游戏的主管部门，负责网络游戏相关产业规划、产业基地、项目建设、会展交易和市场监管；在文化部统一管理下，国家新闻出版总署负责网络游戏出版物的网上出版前置审批。在进口网络游戏管理中，新闻出版总署负责对“出版境外著作权人授权的网络游戏作品进行审批”。新闻出版总署除负责对这类出版物进行审批外，其他进口网络游戏的审批工作由文化部负责。

9 月 19 日，《魔兽世界》中国官网宣布《魔兽世界》在中国大陆重新正式收费运营，允许全国各地网络游戏用户创建新账号，购买并充值游戏时间。

9 月 25 日，盛大游戏有限公司在美国纳斯达克上市，融资 10.4 亿美元，成为 2009 年美国股市上规模最大的 IPO。

10 月 11 ~ 13 日，文化部党组成员、部长助理丁伟参加在上海举办的 2009 游戏开发者大会·中国（GDC China 2009）。丁伟表示，作为中国政府主管动漫、游戏行业的职能部门，希望 GDC China 各主办、协助机构能充分利用国际、国内资源，充分发挥 GDC 的品牌效应，进一步提升中国游戏自主创新、自主开发能力，促进国际间的交流、交易，给中国游戏产业带来更多机会。

10 月 12 ~ 13 日，文化部文化市场司在上海举办了第二届“互联网文化经营单位业务培训班”，来自全国各地的 100 余家互联网文化经营单位的 160 多名学员参加了培训。文化部党组成员、部长助理丁伟出席开班仪式并讲话。此次培训内容包括我国互联网文化产业现状与发展趋势、网络文化政策与解读、网络文化企业的社会责任、网络游戏分级研究、国内外文化产品内容审查标准、网络音乐内容审查报审流程介绍等等。

10 月 23 日，搜狐畅游公司正式宣布签下 Crytek 公司旗下“CryEngine3”和 BigWorld 公司的 BigWorld 引擎，开始进军 3D 大型网络游戏市场。

10 月 27 日，文化部办公厅发布《关于查处第七批违法游戏产品及经营活动》的通知，通报了涉嫌违法、违规的 188 家运营单位及其游戏产品，共涉及低俗宣传、擅自从事经营性互联网文化活动、非法提供网络游戏“私服”和非法提供网络游戏“外挂”等 7 个方面的违法、违规游戏行为。

11 月 2 日，新闻出版总署发出通知，终止《魔兽世界》(燃烧的远征)审批，退回关于引进出版《魔兽世界》的申请。通知同时要求，网之易公司立即停止违规行为，纠正错误，停止收费和新账号注册。新闻出版总署将视情依法对其做出相应的行政处罚，包括停止其互联网接入服务。

11 月 12 日，盛大与湖南卫视在上海共同召开发布会，宣布共同出资成立盛世影业传媒公司。盛世影业将主营影视、唱片、艺人经纪、演出活动等业务。

11 月 13 日，文化部发布《关于改进和加强网络游戏内容管理工作的通知》。通知中要求网络游戏企业改变以“打怪升级”为主导的游戏模式，同时对网络游戏用户之间的“PK 系统”、“婚恋系统”进行严格限制，但这些措施不影响目前游戏。

12 月 2 日，麒麟网与盛大联合运营《成吉思汗·刺陵》，同时麒麟游戏与中影合作营销，首次为中国网络游戏用户提供“电影式网游”娱乐服务。

12 月 4 日，光宇游戏与目标软件公司正式签约国内自主研发的角色扮演类网络游戏《天骄 3》，发力 3D MMORPG 领域。

12 月 4 ~ 7 日，第七届中国国际网络文化博览会在北京展览馆举办，本届网博会的主题为“阳光网络·创新生活”。文化部部长蔡武、文化部党组副书记副部长欧阳坚、科学技术部副部长刘燕华、国务院新闻办公室副主任董云虎、新闻出版总署副署长孙寿山、文化部部长助理丁伟、共青团中央宣传部长阳向东、韩国文化产业振兴院院长李在雄和众多厂商代表参加了本届网博会的开幕盛典。

12 月 11 日，腾讯和巨人正式宣布推出大型 2D MMORPG 游戏《绿色征途腾讯版》，官网同期正式上线。

3. 中国网络游戏行业主要企业

（1）盛大

盛大业务简介

上海盛大网络发展有限公司（以下简称“盛大网络”）是多元化的互动娱乐集团，2004年在美国纳斯达克证券交易所上市（NASDAQ:SNDA），是中国网络游戏产业的领军企业。

过去几年，盛大网络通过一系列收购、重组，旗下已经拥有网络游戏、数字音乐、网络视频、网络文学、电影等多个业务单元。尽管2009年该公司网络游戏业务市场份额下滑到第二位，但是盛大多个娱乐产品之间的协同效应一旦发挥，其发展潜力不容忽视。

盛大游戏（SDG）：

盛大游戏经营MMORPG、休闲游戏等产品的开发和运营业务。盛大游戏（NASDAQ：GAME）于2009年9月在纳斯达克分拆上市，融资超过10亿美元。

盛大在线（SDO）：

盛大在线通过统一的用户管理、多元化的线上线下收费渠道、高效的支付系统及完善的客户服务，为各类互联网互动娱乐内容（包括盛大游戏和其他游戏公司的网络游戏）提供了运营和出版平台。

盛大文学：

盛大文学通过整合国内的原创文学力量，已经形成了中国最大的网络原创文学平台。目前，盛大文学拥有起点中文网（www.qidian.com)、晋江原创网（www.jjwxc.net ）和红袖添香网站（www.hongxiu.com）。

盛大音乐及视频业务：华友世纪和酷6

6月，盛大网络以4260万美元收购了华友世纪51%的股份。华友世纪是一家纳斯达克上市公司（NASDAQ:HRAY）。华友集团在中国的艺人经纪、音乐制作及无线音乐分发领域占有领先地位。同时华友也通过其关联公司从事音乐会和其他音乐活动的组织业务。华友在音乐和音乐相关产品以及其他移动增值服务领域也占据领先地位。

11月，酷6（ku6.com）与华友世纪通过换股的方式合并，成为华友的全资子公司。酷6是中国领先的网络视频分享网站，CR-Nielsen数据显示：酷6在中国互联网视频类网站中流量排名第三位，仅在优酷和土豆之后，超过了新浪视频、56.com等网站。

18基金：

18基金是盛大游戏旗下，全国首创且规模最大的网络游戏创投基金。从时间段来看，18基金的投资范围包括网游创意、早期网游、半成品网游和成熟网游精品。从产品类型来看，18基金投资的产品以MMORPG和网页游戏为主，也包括专业的3D游戏引擎研发商。

截至2009年底，18基金已经成功投资近40家游戏公司，涉及金额超过5亿元。目前已投资的公司包括上海麦石、上海松果、上海游益、上海维莱科技、福州领域、北京穿越网络、深圳悠悠数码、沈阳翼牛网络、厦门御风行等。根据盛大网络计划，2010～2012年盛大至少还将拿出5亿元投资不少于40个项目。

盛大市场表现

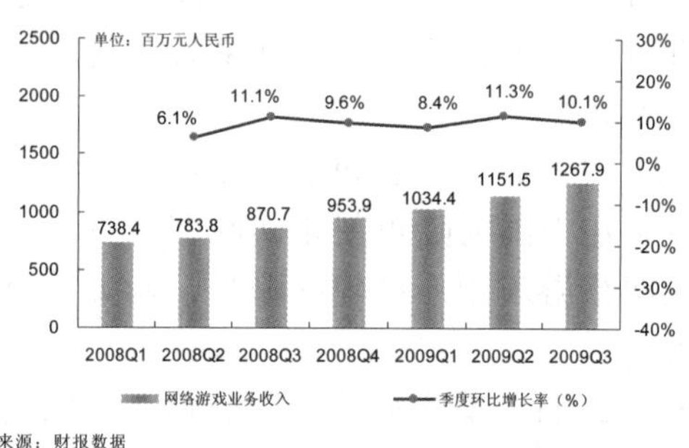

盛大网络游戏业务收入2008～2009

盛大企业特点

战略规划具有远见性。过去10年，从进军游戏行业、重视网吧推广、转型按道具收费、布局战略投资等行为都体现出了盛大网络的领先意识。而且，盛大网络还尝试了一些游戏行业从未有过的业务布局。目前，盛大网络已经拥有网络游戏、网络文学、网络视频、音乐等多个业务布局，未来这些业务的协同效应想象空间很大。

游戏业务内部管理规范。中国网络游戏行业发展时间还比较短，大部分游戏企业的管理都非常粗放，业务非常依赖于为数有限的几位核心员工。盛大从2004年开始大力推进公司的规范化管理，希望将公司的核心竞争力建立在科学的管理流程而不是少数的几位核心员工上。在产品研发立项、研发管控、产品代理、产品运营、产品投资等决策上，盛大依托于测评中心和项目管理中心，已经建立起规范化的流程。

优秀的游戏运营能力。盛大的游戏运营能力在中国游戏行业排在前列。盛大拥有数以亿计的用户数据，基于对游戏运营的深刻理解，盛大网络对海量用户游戏数据进行挖掘，非常熟悉中国网络游戏用户的特征、偏好、付费行为等。

产品线多元化。盛大目前在运营的自主研发、代理运营及合作开发的产品超过了30款，还有超过10款产品等待2010年上线运营。而且，通过战略投资布局，盛大定位于投资中小游戏研发团队的“18基金”在行业知名度非常大，未来有望获得更多国产优秀游戏的代理权。

游戏业务尚未摆脱《传奇》系列的影响。盛大游戏（NASDAQ:GAME）财报显示：2009年上半年，《传奇世界》和《热血传奇》两款游戏分别贡献盛大游戏收入的56.4%和20.6%，而这两款游戏运营的时间分别已经超过了7年和5年。

网络游戏（特别是3D网络游戏）自主研发能力还需要市场检验。盛大游戏业务的定位是全球领先，但是该公司的网络游戏自主研发实力却一直未得到市场认可，尤其在3D网络游戏的自主研发上和顶尖公司相比还有一定差距。

（2）腾讯

腾讯业务简介

腾讯公司是一家在香港证券交易所上市的公司（HKG:0700），是中国互联网产业的领军企业，也是全球领先的互联网公司。

腾讯公司成立于1998年，基于其用户群极其庞大的QQ即时通讯平台，腾讯经营了网络媒体（互联网门户业务）、网络游戏、互联网增值、无线互联网增值、电子商务等多块业务，旗下产品包括QQ即时通讯工具（QQ和TM）、QQ.com、QQ Zone、QQ音乐、QQ旋风、TT浏览器、QQ影音、QQ游戏平台、拍拍网、手机QQ网以及超过10款大型网络游戏等业务。

腾讯的游戏业务包括QQ游戏平台、MMORPG、高级休闲游戏（ACG）三类。其中：

QQ游戏平台：QQ游戏平台是中国在线人数最高的休闲游戏平台，占据中国休闲游戏平台80%以上市场份额。目前该平台共经营87款小型休闲游戏。腾讯财报显示：2009年三季度QQ游戏平台最高同时在线人数达到570万人，平均同时在线人数达到300万人。

MMORPG：腾讯目前经营8款MMORPG。其中，《地下城与勇士》是目前中国在线人数最高的网络游戏：2009年第三季度，《地下城与勇士》PCU超过了200万人。而腾讯MMORPG第三季度总的PCU和ACU分别为310万人和170万人。

ACG：腾讯目前经营6款ACG。其中，《穿越火线》、《QQ炫舞》和《QQ飞车》分别是中国在线人数最高的射击类游戏、舞蹈类游戏和赛车类游戏，其中《穿越火线》在2009年第三季度PCU达到了160万人，《QQ炫舞》在当季度PCU超过了100万人。腾讯数据显示：2009年第三季度，腾讯的ACG业务PCU和ACU分别为350万人和130万人。

腾讯市场表现

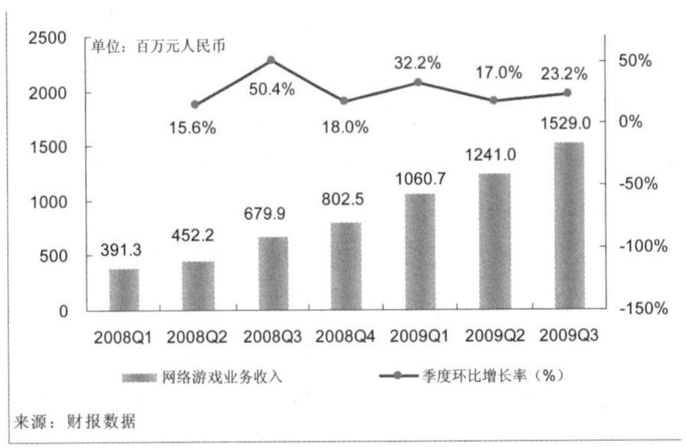

腾讯网络游戏业务收入2008～2009

腾讯企业特点

用户数量庞大、黏性强的QQ即时通讯平台。腾讯的QQ即时通讯工具是全球用户数最大的IM之一，占据了中国即时通讯市场90%以上的市场份额。腾讯数据财报显示：2009年第三季度，腾讯QQ即时通讯活跃账户数达到4.85亿元，最高同时在线账户达到7550万元。即时通讯是一个黏性极强的互联网应用，用户已经习惯通过QQ和自己的朋友、家人、同事等交流，除非出现严重的技术问题或者市场上出现革命性的产品，否则他们很难流失。

通过强大的赢利能力建立起的品牌。腾讯游戏业务的赢利能力体现于其运营的游戏产品中：中国的网络游戏用户是韩国的2～3倍，但是《地下城与勇士》在中国的PCU是韩国的10倍以上；《穿越火线》在全球其他国家的运营情况都一般，但是在中国的PCU达到了160万人；《QQ炫舞》是最近4年唯一超越了《劲舞团》的舞蹈类游戏。强大的赢利让国内外大部分游戏开发公司都将腾讯作为运营商合作伙伴的首选，因而腾讯也较容易获得优秀的、第三方开发的网络游戏产品。

自主研发能力尚未得到市场验证。腾讯的大型网络游戏业务90%以上的收入都来自于代理的游戏，自主研发的《QQ三国》、《QQ堂》表现并不突出，这也使得腾讯的游戏业务利润率低于完美时空、巨人网络等自主研发公司。不过，值得关注的是，腾讯最近几年游戏业务发展迅猛，旗下也逐渐聚集了一大批优秀的游戏制作人员，该公司2010～2011年将推出多款自主研发的网络游戏，包括《QQ西游》、《轩辕传奇》等。

（3）网易

网易业务简介

网易是一家美国纳斯达克证券交易所的上市公司（NASDAQ:NTES）。该公司是一家兼顾经营互联网门户和无线增值服务的网络游戏开发和运营公司，旗下拥有网络游戏、163.com新闻门户、电子邮箱、问道搜索引擎等多个产品和业务。

2008年8月之前，网易是一家以纯粹自主研发为特色的网络游戏公司，其自主研发的《梦幻西游》、《大话西游》系列是中国市场上最为成功的网络游戏。根据网易数据显示：《梦幻西游》的PCU在2009年8月份达到了256万人，是中国在线人数最高的网络游戏。除此之外，网易前后花费超过4年研发的《天下贰》在2009年也开始正式公测，目前运营状况良好，是中国市场上少数富有竞争力的自主研发3D MMORPG。

但2008年8月后，网易的特色变为自主研发混合代理运营。这主要来源于网易当月宣布和全球领先的网络游戏开发商暴雪娱乐的合作：2008年8月暴雪娱乐将旗下的《星际争霸2》、《魔兽争霸3：混乱之治》、《魔兽争霸3：冰封王座》，以及为上述游戏提供在线多人互动服务的战网平台在中国大陆的独家运营权，授予网易的关联公司上海网之易网络科技发展有限公司。双方成立合资公司，提供游戏运营的技术支持等服务。

2009年6月，暴雪和九城关于《魔兽世界》的代理合同到期，《魔兽世界》的运营权也转交给了网易。根据文化部和新闻出版总署相关政策规定，游戏运营权变更需要重新审批，这使得魔兽世界从6月7日起连续停服54天，到7月31日才被允许向原有网络游戏用户展开内测，且不能收费。直至9月18日，网易才宣称按照相关规定开始了《魔兽世界》对所有网络游戏用户的开发测试，并开始收费。

网易市场表现

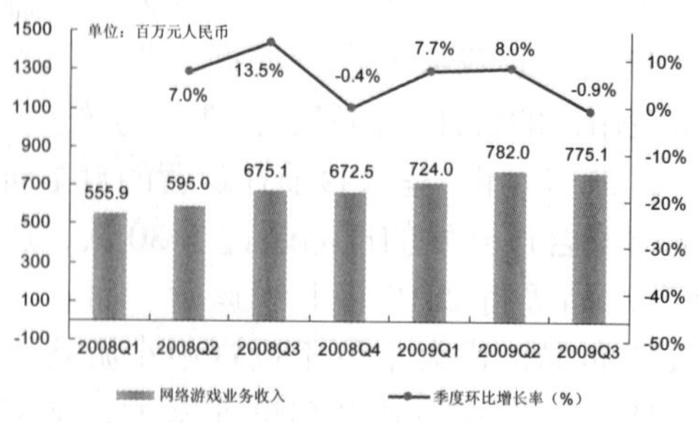

网易网络游戏业务收入2008～2009

网易企业特点

具备较强的自主研发实力。网易是中国老牌自主研发商，拥有近千人组成的精干游戏研发团队，甚至为中国网络游戏行业培养了大量的研发人才。基于强大的自主研发实力，网易在游戏代理上主动权更大，在游戏运营上灵活性更强，在可持续发展上竞争力更大。

《梦幻西游》良好的品牌效应。《梦幻西游》是中国在线人数最高网络游戏，且在过去5年的运营过程中，一直没有出现大的运营事故，对外挂控制得也一直较好，而其浓重的中国风也受到了网络游戏用户的广泛欢迎。良好的品牌效应使得网易在推出续作、授权周边衍生品制造生产时更有优势。

和暴雪的合作将提升网易的赢利能力。《魔兽世界》如果运营顺利，有望在未来3年每年为网易带来超过10亿元的应收，而且暴雪的《星际争霸2》等游戏赢利也不可小觑。

丰富的互联网业务运营经验。除了网络游戏外，网易还拥有中国第四大门户网站——163.com，以及中国用户量最大的电子邮箱，而这些业务积累起的用户及传播渠道都对网络游戏业务的发展极为有利的，而且，网易丰富的互联网业务运营经验对网络游戏的运营也很有帮助，这一点在《梦幻西游》良好的社区型运营中可以得到体现。

主力游戏面临较为激烈的市场竞争。《梦幻西游》是网易当前最为主要的游戏，占据该公司游戏业务70%左右的营收。该游戏是一款2D回合制游戏，运营时间已经超过5年。而且，目前回合制游戏这个细分市场已经受到了各大网络游戏企业的重视，不少游戏企业正在计划推出回合制网络游戏。2009年完美时空也推出了第一款2D

回合制游戏《梦幻诛仙》，激烈的市场竞争可能会抢夺《梦幻西游》的市场份额。

（4）完美时空

完美时空业务简介

北京完美时空网络技术有限公司（以下简称“完美时空”）是一家美国纳斯达克证券交易所的上市公司（NASDAQ:PWRD），该公司是中国领先的网络游戏开发和运营商，是中国最大的3D网络游戏开发和运营商，也是中国最大的网络游戏出口企业。

完美时空主要基于自主研发的Angelica 3D和Cube Engine 3D这两款3D网络游戏引擎来研发网络游戏。过去3年，完美时空每1～2季度都会推出一款自主研发的网络游戏，开发效率非常高。目前已经陆续推出了《完美世界》、《武林外传》、《完美世界国际版》、《诛仙2》、《赤壁》、《热舞派对Ⅱ》、《口袋西游》，以及《神鬼传奇》8款3D网络游戏和1款2D回合制游戏《梦幻诛仙》。

在海外出口方面，完美时空是中国最大的网络游戏出口企业。该公司通过代理授权方式将旗下的7款游戏（除了《完美世界》和《梦幻诛仙》）出口到亚洲、欧洲和南美洲数十个国家和地区，并在北美于2008年4月成立美国全资子公司Perfect World Entertainment Inc.，负责完美时空游戏在北美的本地化和运营工作。迄今为止，已有3款完美时空的游戏在北美市场成功推出，分别是《完美世界国际版》、《口袋西游》和《诛仙》。

2009年，完美时空推出了两款全新网络游戏《神鬼传奇》和《梦幻诛仙》。

完美时空市场表现

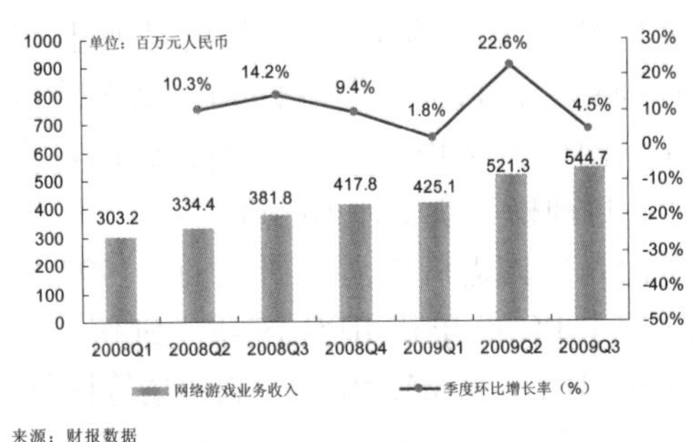

完美时空网络游戏业务收入2008～2009

完美时空企业特点

领先的3D网络游戏开发实力。完美时空是中国最大、研发实力最强的3D网络游戏开发商，是目前国内少数的拥有自主知识产权3D引擎的游戏公司。基于对自主研发引擎的深刻认识，完美时空能够迅速的推出新游戏，降低游戏开发风险，并能够迅速的培养游戏人才。

强大的海外出口实力。完美时空是中国海外出口最大的网络游戏公司，且在出口金额上已经远超过国内其他公司，基于此前4年的海外市场运作，完美时空对欧美和日韩的游戏市场用户需求、运营环境特别了解，这在较长一段时间内都是完美时空的竞争优势。

优秀的市场推广能力。完美时空的游戏推广能力在业内排名前列，该公司拥有一只高效的地面推广队伍，以及精干的线上营销团队。从完美时空的营收来看，完美时空的游戏业务营收和市场推广费用有很强的相关性，显示了该公司强大的市场推广能力。

完美时空的3D网络游戏市场面临激烈的竞争。完美时空的优势建立在3D网络游戏上，而3D网络游戏市场正是目前国内各大厂商关注的焦点，网易、畅游、金山、腾讯等大型公司都在纷纷加强3D网络游戏的开发和产品引进，预计未来2～3年，这一市场的竞争将异常激烈，完美时空是否能够保持竞争优势还需要时间检验。

（5）畅游

畅游业务简介

畅游有限公司（以下简称“畅游”）是一家美国纳斯达克证券交易所上市公司（NASDAQ:CYOU），该公司由搜狐（NASDAQ:SOHU）游戏部门分拆而来，目前从事网络游戏自主研发和运营服务，经营《天龙八部》、《刀剑英雄》等游戏。

畅游前身搜狐游戏事业部于2003年正式进军网络游戏市场。2003年2月，搜狐畅游代理韩国WIZGATE网络游戏《骑士Online》。2004年7月，搜狐畅游代理运营像素软件MMORPG《刀剑Online》。2007年5月，搜狐畅游推出首个自主研发的MMORPG《天龙八部》，2009年畅游推出第4款MMORPG《刀剑英雄2》。

进入2009年，畅游为保证产品质量，将原计划2009年发布的《鹿鼎记》推迟到2010年上线，随后又花费巨资代理了台湾中华网龙网络游戏《中华英雄OL》，购买了CryEngine 3和Bigworld两个3D引擎，并推出了《刀剑英雄2》。这些动作一方面扎实了畅游的产品线，另外一方面为畅游未来5年的自主研发布局打好了基础。

畅游市场表现（见下图）

畅游企业特点

强大的媒体资源支持。畅游母公司搜狐拥有中国大陆最大的网络游戏线上媒体——www.17173.com，以及搜狐门户矩阵的支持，如搜狐网、焦点房地产网等。

较强的自主研发力量，成功的游戏运营经验。搜狐畅游自主研发的《天龙八部》是中国在线人数最高的MMORPG之一，PCU曾超过80万人，具备开发和运营高在线人数游戏的经验。

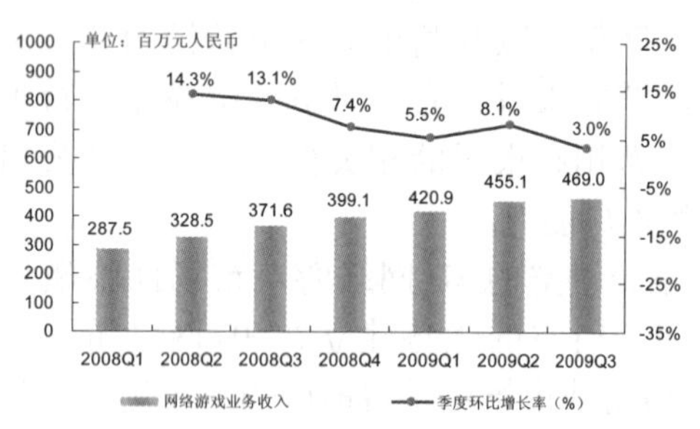

搜狐畅游网络游戏业务收入2008～2009

3D网络游戏开发及运营能力尚未得到市场验证。畅游2009年宣布其第一款自主研发的3D网络游戏《鹿鼎记》推迟6～9个月推出，并购买了2款商业化3D引擎。从3D网络游戏的运营来看，目前该公司尽管已经有了数款3D游戏的储备，但尚未正式开展运营。

（6）网龙

网龙业务简介

网龙是一家香港证券交易所上市公司（HKG:0777），该公司目前主要经营网络游戏开发和运营服务，是中国网络游戏行业出口规模最大的公司之一。

网龙于2002年推出了第一款MMORPG《幻灵游侠》，随后相继推出了《征服》、《信仰》、《魔域》等7款游戏，并于2003年出口第一款MMORPG《幻灵游戏》到美国，目前网龙已经有4款游戏出口到美国、日本、西班牙、台湾等国家和地区。

网龙在2009年并没有推出新游戏。该公司在开发上继续秉承了和国际领先开发公司合作的方针，2009年7月，该公司宣布将与EA旗下的Mythic Entertainment合作，以EA系列游戏《网络创世纪》（Ultima Online™）为蓝本，开发新款MMORPG，同时网龙还将获得包括香港、澳门地区在内的中国及印度地区的独家运营及分销权。另外，网龙在2009年的出口保持了不错的增长势头，旗下多款游戏已出口到东南亚和欧洲多个国家和地区。

网龙市场表现

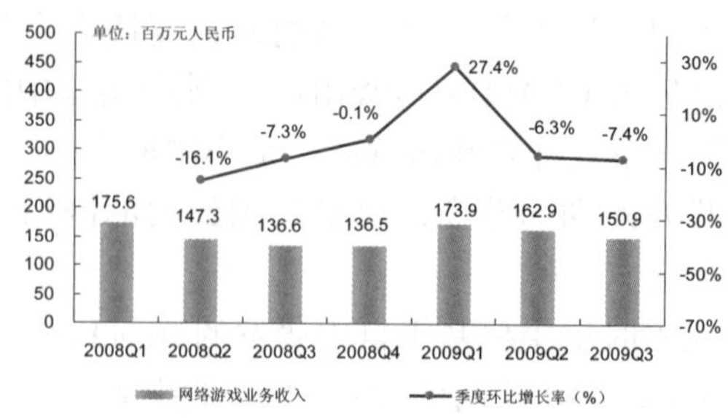

网龙网络游戏业务收入2008～2009

网龙企业特点

深厚的网络游戏开发经验。网龙是中国最老牌的网络游戏开发商之一，其子公司天晴数码已经成功推出了多款网络游戏，尤其擅长2D及2.5D网络游戏的开发和运营，其中，《魔域》是2007～2008年中国在线人数最高的MMORPG之一。

成功的海外市场运营经验。网龙是中国网络游戏行业第二大出口商，在欧美和东南亚等地都积累了丰富的出口经验。

没有成功的3D网络游戏开发经验。作为国内最早的网络游戏开发商之一，网龙错过了2005～2008年中国3D网络游戏市场崛起的机会，没有在这个阶段积极布局3D游戏开发，未能积累起成功的3D游戏开发经验。

（7）金山软件

金山软件业务简介

金山软件是一家香港证券交易所上市公司（HKG:3888），目前经营软件和网络游戏两大核心业务，创造了WPS、金山词霸、金山毒霸、剑侠情缘、封神榜等众多知名品牌。

金山是中国老牌的游戏研发商，1997年推出第一款基于PC的单机RPG游戏《剑侠情缘》，2003年推出第一款MMORPG《剑侠情缘网络版》，目前金山运营十多款自主研发的网络游戏，游戏类型以MMORPG为主。

金山在2009年推出了第一款自主研发的3D MMORPG《剑侠情缘3》，并积极地和盛大等公司展开了联合运营的合作。

金山软件市场表现

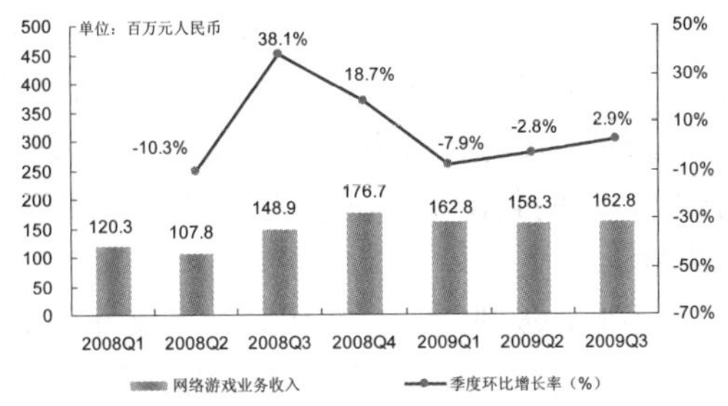

来源：财报数据

金山软件网络游戏业务收入 2008 ～ 2009

金山软件企业特点

优秀的研发能力及多个知名游戏品牌。金山是中国成立最早的网络游戏研发商之一,先后打造了“剑侠”、“封神榜”等多个知名游戏品牌。该公司在2009年成功推出了第一款3D网络游戏《剑侠情缘3》,3D游戏的研发能力得到了市场验证，这将对该公司为了3 ~ 5年的发展产生重要的积极影响。

优秀的地面推广能力及完善的销售渠道。作为国内领先的办公软件开发商，金山早在2000年时就已经开始建设自己的销售渠道，目前该公司拥有国内网络游戏企业内最完善的渠道之一。另外，金山的地面推广团队也是国内规模最大的团队之一。

丰富的游戏出口经验。金山是中国最大的网络游戏出口商之一，该公司多款游戏在东南亚多个国家的游戏市场占有重要的地位。随着《剑侠情缘3》的推出，该公司的游戏出口将进一步扩展到欧美地区。

产品商业化能力尚待提高。做为国内老牌的研发商，金山具备行业领先的研发能力，也先后推出了多个知名的游戏品牌。但是从市场表现来看，金山的大多数游戏在线人数都不高，在10万 ~ 20万人之间徘徊。这敦促了金山要进一步加强产品商业化的能力，并加强游戏运营。

（8）巨人网络

巨人网络业务简介

巨人网络位于上海，成立于2004年11月18日。巨人是一家集游戏研发、运营、销售于一体的综合性游戏企业，2007年11月，巨人在纽约证券交易所上市（NYSE:GA）。

巨人旗下著名的游戏产品《征途》在2006年公测当日最高同时在线人数突破20万人，2008年该款游戏PCU又突破了200万人，成为了中国在线人数最高的网络游戏之一。过去几年，巨人推出了一系列以《征途》为原始版本的“《征途》系列游戏”，包括《征途时间版》、《征途怀旧版》、《绿色征途》等等。

2009年，巨人网络推出网络游戏业天使投资“赢在巨人”计划，投资了一批中小游戏研发企业，并大刀阔斧地对公司管理进行改制，成立了5家研发子公司。另外，巨人网络现在还和腾讯展开了联合运营方面的合作，开始探索新的运营模式，这一点值得关注。

巨人网络市场表现

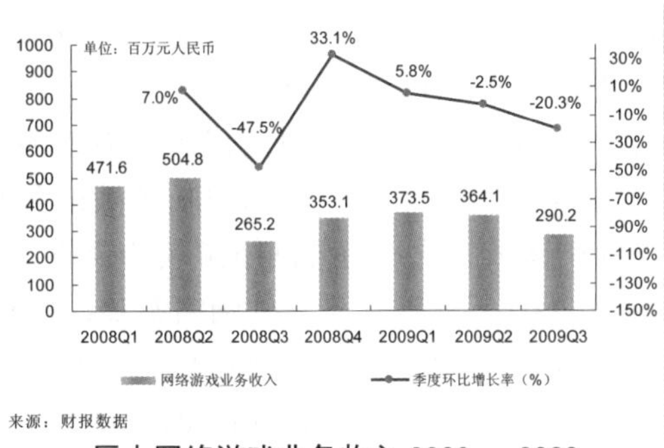

来源：财报数据

巨人网络游戏业务收入 2008 ～ 2009

巨人网络企业特点

优秀的游戏运营及策划创新力。过去几年，巨人网络在游戏内和游戏外一系列的成功营销，以及《征途》独特的产品设计，显示了该公司对于用户行为和偏好的深刻认知，以及巨人在游戏运营和策划上极强的创新力。

经验丰富的管理层。以史玉柱先生为首的巨人网络管理层经验丰富，是中国改革开放以来最早成功的企业家，他们拥有丰富的传统行业经营与管理经验，而《征途》游戏的成功则显示了他们有能力把传统行业的经验与新兴行业嫁接。为调动团队积极性，2009年11月，巨人旗下5家项目子公司正式挂牌成立，项目子公司由巨人网络出资51%、项目核心团队出资49%成立，也只有拥有丰富企业管理经验的管理层才能做出如此大胆的举动。

业界覆盖面最广、执行力最强的地面推广团队。巨人管理团队过去的十几年在中国传统销售渠道建设和地面推广上具备其他公司难以复制的经验。

收入仍然没有摆脱对《征途》单款游戏的依赖。尽管《征途》之后，巨人先后推出了《巨人》、《万王之王3》等游戏，并储备了《体育帝国》，但从目前的市场表现来看，《巨人》和《万王之王3》并不成功。而且，更值得担忧的是《征途》这款游戏一直在走下坡路，巨人网络今年2、3季度的营收已经连续下滑。不过值得庆幸是的，巨人网络在2009年下半年推出的《绿色征途》目前表现良好，未来有望支持巨人保持较为稳定的发展。

（9）第九城市

第九城市业务简介

上海第九城市信息技术有限公司（以下简称市“第九城市”）前身为Gamenow，是中国国内第一个网络虚拟社区。2000年5月经过改版，正式命名为第九城市，随后以代理运营的方式进入网络游戏行业。2004年12月，第九城市在美国纳斯达克上市（NASDAQ:NCTY）。

第九城市业务涉及游戏的代理运营、游戏研发等多方面内容，尤其专注和擅长游戏的代理运营。作为中国最早代理海外网络游戏的企业之一，第九城市2002年开始代理海外网络游戏，与韩国、美国等多家国际知名游戏企业达成中国地区游戏代理运营协议，包括韩国Webzen的《奇迹》和美国暴雪的《魔兽世界》，其中《魔兽世界》是目前中国最受欢迎的网络游戏之一，在中国市场最高同时在线人数曾超过100万人。

2009年6月，在第九城市和暴雪娱乐《魔兽世界》的合同到期后，网易获得了《魔兽世界》的代理权。第九城市失去占自身收入80%以上的《魔兽世界》，进入了调整期。目前，九城正在积极布局自主研发和针对中小团队的投资，并代理了台湾宇峻奥汀科技开发的战略RPG游戏《三国群英传2OL》。

第九城市市场表现

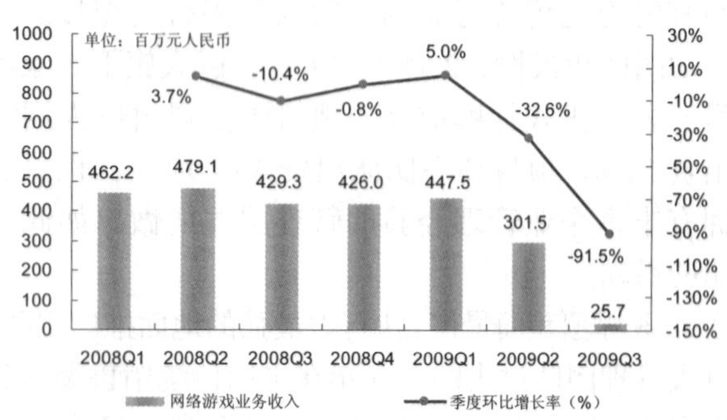

第九城市网络游戏业务收入2008～2009

第九城市企业特点

丰富的3D网络游戏运营经验。第九城市在过去5年通过《魔兽世界》等游戏积累了丰富的3D游戏运营经验，只要有合适的产品，九城未来有望抓住3D游戏迅猛发展的机会。

丰富的产品储备。基于前作的分析，第九城市目前产品线中的《Audition 2》、《三国群英传2》等游戏在线人数均有潜力达到数十万，也就是说，这两款游戏在推出后有可能为九城每年带来数亿元的营收。

公司处于转型期，存在风险。九城在失去《魔兽世界》之后，营收陡然下降90%，从一家年营收超过10亿元的公司变成了一家年收入只有2亿元左右的公司，存在一定的转型风险，如人员流失等。

自主研发实力尚未得到市场认可。九城目前正在积极开展自主研发，该公司研发人员从无到有，目前已经有300余人的规模，同时开发多款游戏。目前其第一款自主研发的游戏《名将三国》正在公测中，市场表现良好，但能否在较长的时间内保持较为稳定的在线人数还需要时间观察。

（10）久游

久游业务简介

上海久游网络科技有限公司（下称“久游”）是一家网络游戏开发和运营公司，也是中国最大的休闲网络游戏运营商之一。

久游的前身是2003年成立的上海润星网络科技有限公司，该公司于2003～2004年先后推出了《猎人MM》、《科隆》、《相约星期9》等游戏，但表现都不佳。2005年年初，久游先后推出了《劲乐团》和《劲舞团》，两款游戏的最高同时在线人数分别达到了30万人和70万人，使得久游成为了当时国内最大的休闲网络游戏运营商。但2008～2009年，在腾讯等公司的激烈竞争下，久游大型休闲网游市场的冠军地位被腾讯取代。

久游近年来在积极布局自主研发。2009年，该公司公布了自主研发的6款游戏，包括根据中国香港漫画大师黄玉郎漫画作品《神兵玄奇》改编的次世代风格MMORPG《神兵传奇》、自主研发3D横版格斗网络游戏《勇士Online》，近未来题材的次世代风格MMORPG《侠道飞车Online》、海战题材的卡通风格MMORPG《蓝海战记（Florensia）》，3D画面大型休闲体育网络游戏《劲爆篮球》，及3D次世代舞蹈及图形化虚拟社区《GT劲舞团2》。

2009年，久游的新游戏《SD敢达OL》表现良好，值得关注。

久游企业特点

丰富的休闲网络游戏营销及运营经验。久游在过去4年运营了多种类型的休闲网络游戏，包括竞速模拟、音乐舞蹈模拟、体育模拟、格斗模拟等，在这个过程中，久游积累了丰富的休闲网络游戏营销及运营经验。在游戏营销上，久游采用了大量的异业营销的方法，如冠名明星真人秀节目“舞林大会”，投资拍摄著名作家海岩小说《舞者》的同名电视剧，并成为2010年上海世博会世博社区游戏指定运营商。

丰富的产品储备。除了类型多样的休闲网络游戏外，久游在最近几年也在积极储备MMORPG。目前久游的MMORPG中值得期待的大作包括改编自黄玉郎经典作品《神兵玄奇》的《神兵传奇》，武侠格斗类MMORPG《流星蝴蝶剑OL》，以及改编自马荣成先生同名漫画的《风云》等。

广泛的海外合作关系及丰富的游戏出口经验。久游是中国最大的网络游戏出口商之一，其自主研发的多款游戏出口至北美、欧洲、东南亚、台湾和香港等多个国家和地区。而且，在游戏研发上，久游擅长和海外（尤其是日本）领先的游戏公司合作，积累了丰富的经验。

久游在休闲网络游戏领域将持续遭遇到腾讯等公司的强力竞争。久游的《劲舞团》在和腾讯的《QQ炫舞》的竞争中形势不容乐观，而且未来还将遇到腾讯、完美时空、九城等公司相同类型游戏更激烈的竞争。

久游的MMORPG自主研发和运营能力未得到市场验证。过去的2～3年，尽管久游在MMORPG领域投入了大量的资源，先后推出了《风火之旅》、《宠物森林》、《魔力宝贝2》、《仙剑OL》等自主研发或代理的MMORPG，但目前市场反响尚处一般水平。

（11）光宇华夏

光宇华夏业务简介

北京光宇华夏科技有限责任公司（下称“光宇华夏”）是光宇国际（HK.01043）的全资子公司。光宇华夏创建于1999年，是中国领先的游戏运营及游戏产品开发商，目前该公司运营《问道》、《西游Q记》、《秦始皇》等多款MMORPG，并运营休闲网络游戏《炫舞吧》、《幻象之翼》以及网页游戏《狂想之都》。

2009年，光宇华夏运营的《问道》在线人数保持了比较稳定的增长，并于5月份突破了百万在线，成为中国自主研发的第三款百万在线的网络游戏。该公司还于2009年12月宣布签约目标软件3D MMORPG《天骄3》，全面进入3D游戏领域。除此之外，光宇华夏还在积极布局自主研发，目前，该公司在沈阳、成都、北京、深圳四地拥有研发团队，研发人员超过450人，同时研发8款网络游戏。

光宇华夏企业特点

丰富的回合制网络游戏运营经验。光宇华夏运营的《问道》是中国在线人数最高的回合制网络游戏之一，仅次于《梦幻西游》，而且《问道》是一款代理运营的游戏，在运营之初表现并不理想，随后经过了光宇华夏和研发商吉比特之间多次沟通、多次对游戏进行修改才达到了后来的百万在线。这更显示了光宇华夏优秀的运营能力。

异常踏实的工作作风。光宇华夏在进入游戏行业之初的几年并不成功：代理运营的第一款韩国游戏《希望OL》让该公司损失了上亿元人民币，最初花费了大量精力建立的推广团队也不成功，而现在的支柱游戏《问道》在代理之初在线人数不足1万。但是，尽管遇到了很多挫折，光宇华夏仍然坚持了下来，并不断扎实研发及运营能力，显示了该公司异常踏实的工作作风。

优秀的地面推广能力。光宇华夏的地面推广团队是业内最优秀的地推队伍之一，人数超过了1500人。

网络游戏自主研发实力尚未得到市场认可。光宇华夏在2009年推出了第一款自主研发的3D MMORPG《创世OL》，这款游戏研发周期超过了3年，但是从目前的运营的实际情况来看表现并不太理想。目前，光宇华夏已经在沈阳、成都、北京、深圳4个地方设立了研发团队，研发人数超过了450人，同时开发多款网络游戏。但是从行业发展经验来看，在尚未推出成功自主研发游戏的情况下，就同时开始多个游戏产品研发，往往会遇到较大的挑战。

（12）联众

联众是中国最早从事网络游戏运营的公司，总部位于北京。该公司经营的“联众世界”棋牌休闲游戏平台是中国第二大棋牌游戏平台。联众也是中国最大的网络游戏联合运营商之一，该公司通过联合运营的方式运营多款大型网络游戏，研发合作伙伴包括成都梦工厂、西安纷腾、北京游戏谷等。

“联众世界”棋牌游戏平台最早于1998年开始运营，一直到2004年之前都是中国最大的棋牌游戏平台，但自从2004年腾讯推出“QQ游戏”平台，联众的市场份额就迅速被挤压至不到10%，目前在线人数只有“QQ游戏”的1/10。最近几年，联众在新任CEO伍国梁的带领下，积极开展自主研发，并探索新的运营方式，试图突破竞争困境。目前，联众的第一款自主研发的格斗类网络游戏《精武世界》正在内测中。

从未来的发展来看，联众具备自己独特的优势：

高粘度的用户平台。过去几年在腾讯的激烈竞争下，目前还留在“联众世界”的数百万活跃网络游戏用户粘度非常高，和其他游戏平台相比，联众的网络游戏用户具备高年龄、高学历、高收入的特点，而且具备很强的消费能力。

主要股东NHN丰富的资源。联众的主要股东NHN是韩国最大的互联网公司之一，拥有韩国最大的搜索引擎Naver和韩国最大的网络游戏门户。

但是，联众面临的挑战则在于目前还没有独立运营成功大型网络游戏的经验，而且其所在的棋牌休闲游戏平台将继续遭遇到腾讯的激烈竞争，所在的大型网络游戏联合运营市场则面临盛大等公司竞争。

所以，联众想要在未来的游戏行业中占有一席之地，需要进一步积极转型，大力推进大型网络游戏的开发和运营，并不断扎实研发、渠道、市场及运营能力。

（13）世纪天成

世纪天成是一家总部在上海的游戏运营公司，是中国最大的休闲网络游戏运营商之一，通过代理运营的方式运营《跑跑卡丁车》、《CS OL》等网络游戏，这两款游戏分别是中国在线人数第二高的赛车类游戏和FPS游戏。

世纪天成最近2年受到了腾讯的激烈竞争。此前，《跑跑卡丁车》是中国在线人数最高的赛车类休闲网络游戏，但自从2008年上半年腾讯推出《QQ飞车》后，《跑跑卡丁车》的在线人数就大幅下滑到30万人。世纪天成的另外一款网络游戏《CS online》是以美国游戏开发商Valve的著名游戏《CS》为基础，由韩国NEXON创作开发的FPS同名网络游戏巨作，但是推出时间却比腾讯的FPS网络游戏《穿越火线》晚了6个月的时间，尽管世纪天成组建了一支优秀的市场团队、投入了不少市场资源来推广《CS online》，但目前的实际状况是《CS online》在线人数不及《穿越火线》的1/4。

从未来的发展来看，世纪天成所处的领域和腾讯高度重合，可以预计该公司将在产品代理（例如世纪天成的韩国合作伙伴未来可能更愿意将产品代理给腾讯）、产品推广和产品运营各个环节遭遇到腾讯的激烈竞争。

（14）麒麟网

北京麒麟网信息科技有限公司（下称“麒麟网”）是一家位于北京的网络游戏开发和运营公司，由原搜狐《天龙八部》主创人员尚进于2007年7月牵头成立，该公司先后获得了超过2000万美元的风险投资。

麒麟网是2007年后成立的游戏公司的佼佼者，该公司于2009年4月正式推出了其自主研发的第一款MMORPG《成吉思汗OL》，该游戏的最高同时在线人数一度超过了30万人，是2009年新推出游戏中在线人数最高的网络游戏之一。

目前麒麟网研发人员已经接近300人，正在研发第二款3D MMORPG《聊斋》，考虑到游戏的生命周期，预计《成吉思汗OL》至少在未来较长一段时间内都能给公司贡献较为稳定的现金流，这将给公司的研发团队创造了宽松的研发环境。

不过值得关注的是，目前麒麟网的《成吉思汗OL》和搜狐畅游的《天龙八部》产生了一些知识产权上的纠纷，相关案件还在审理过程中，无论审判结果如何，都会对中国的网络游戏版权保护产生积极的影响。

（15）蓝港在线

蓝港在线（北京）科技有限公司（下称“蓝港在线”）成立于2007年3月，是一家网络游戏研发和运营公司。该公司由金山软件原高级副总裁王峰领衔创立，自成立以来已获得IDG、北极光创投、NEA等风险投资公司超过3000万美元的风险投资。

蓝港在线在过去2年打造了一只超过300人的自主研发团队，成立了多个工作室，并通过两款游戏的运营磨合了市场、运营及客服团队。

目前，蓝港在线正式运营了两款代理的游戏《新倚天剑与屠龙刀》及《问鼎》，拥有《西游记》、

《佣兵天下》、《东邪西毒》、《开心大陆》、《快乐神仙》及代号为“图腾”的6款自主研发项目，并在2009年投资了网络游戏公司神雕网络。

2010年将是蓝港在线自主研发产品集中推出的一年，《西游记》是该公司2010年的主力产品，届时市场将检验蓝港在线研发团队在过去3年的成绩。

（16）千橡互动

千橡互动集团是集娱乐互动门户、沟通娱乐平台、高端IT新闻社区、网络游戏等多元化业务为一身的综合性互联网集团公司。旗下拥有人人网、开心网、猫扑网、Donews等多个资讯及社区网站及《天书奇谈》等多款网络游戏。

千橡互动是中国最大的网页游戏运营公司，旗下经营《天书奇谈》、《猫游记》等多款网页游戏。除了网页游戏外，千橡互动还代理了厦门御风行开发的MMORPG《蜀山OL》。

从未来的发展来看，由于网页游戏行业本身存在不确定性，所以千橡互动本身的游戏业务也存在一定的风险。不过该公司的《天书奇谈》在同类产品中品质有较大优势，而且千橡互动借助于猫扑网、人人网等平台，在网页游戏运营上具备独特的优势。

另外，千橡互动目前也在积极布局3D网络游戏的自主研发，但是3D游戏的开发投入资源大、时间长，风险很高，未来是否能够成功，取决于千橡互动是否能够持续投入资源以及能否有合适的团队。

4. 中国网络游戏10年历程

过去10年，中国网络游戏产业经历了萌芽期、起步期和快速成长期，即将于2012年前后进入成熟期。

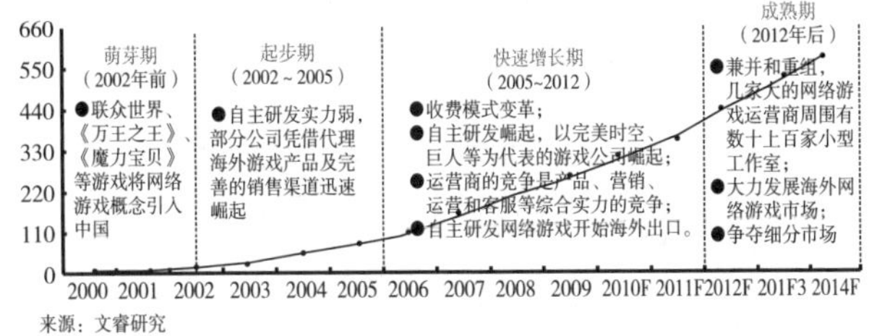

中国网络游戏产业发展历程

萌芽期（1998～2002）：市场规模大约从0～15亿元。

早在1998年，联众世界已经把棋牌网络游戏概念引入中国，2000年左右《万王之王》、《石器时代》、《魔力宝贝》等游戏正式把MMORPG概念引入中国，盛大、第九城市等公司通过代理运营的方式进入网络游戏行业，而网易、金山等公司则在这个时期开始投入资源进行网络游戏的自主研发。

起步期（2002～2005）：市场规模大约从15亿～50亿元。

经过前几年的产品代理和开发准备，此阶段《热血传奇》、《奇迹》、《大话西游》、《梦幻西游》、《魔兽世界》等游戏先后推出，这些游戏在线人数迅速增长，为游戏公司带来了大量的收入。盛大和第九城市凭借网络游戏的概念在2004年5月和12月分别登陆了美国纳斯达克证券交易所，而网络游戏业务也迅速成为了网易公司的主要收入来源。

网络游戏极强的赢利能力迅速吸引了大量资本进入这个行业，日后网络游戏行业的主要力量如完美时空、搜狐畅游、巨人网络、久游、腾讯等，都是在2004～2005年的时候成立或者开始开展网络游戏业务。

市场起步阶段需要好的游戏产品来培养用户和培育市场，但是这个阶段国内开发商的实力非常薄弱，于是和国外开发商合作、引进好的游戏产品便成为这一时期运营商的核心资源。代理好了游戏产品后，运营商需要能够将游戏产品交付给用户，并通过渠道销售游戏点卡进行赢利，因此良好的销售渠道也是这个阶段运营商的核心资源。

快速成长期（2005～2012）：市场规模大约从50亿～500亿。

此阶段是中国网络游戏行业快速发展的阶段，市场规模迅速增长，用户规模不断扩大，产品类型日渐丰富。各种不同角度文化理念的MMORPG大量涌现，以舞蹈、竞速、体育模拟等为主题的高级休闲游戏迅速增长。

同时这一阶段也是国产网络游戏迅速发展的阶段。2005年之前，国内游戏市场绝大部分的收入是由韩国、美国或者中国台湾地区的游戏创造的，中国内地自主研发的网络游戏非常弱势。2005年之后，《梦幻西游》、《征途》、《问道》等国产游戏在线人数先后突破了100万，除此之外，还有《天龙八部》、《诛仙》、《魔域》、《剑侠》系列等多款国产优秀游戏。有关数据显示，2009

年国产游戏已经占据中国游戏市场60%以上的收入。

随着网络游戏用户数的增长，对于中国文化背景的网络游戏感兴趣的网络游戏用户将会占据多数，而且中国的游戏运营商和海外开发商之间的矛盾也在制约运营商的发展，因此这个阶段拥有自主研发实力和好的游戏产品成为运营商的核心资源。

成熟期（2012年以后）

2012年以后，中国网络游戏市场的增长率将下降到10%以下，市场进入成熟期。

这个阶段中国市场网络游戏企业之间的竞争已经是细分市场的竞争，而且由于中国网络游戏企业在此前的10多年时间积累了大量的开发经验，他们在全球都是富有竞争力的网络游戏开发商，所以海外市场将成为众多企业的竞争焦点。

中国网吧市场年度报告

前　言

中国互联网的发展已经走过了10多年的历程。据中国互联网络信息中心《第25次中国互联网络发展状况统计报告》数据显示：截至2009年底，中国网民人数已经达到3.84亿人，网民规模年增长率为28.9%，互联网普及率达到28.9%。其中，在网吧上网的网民占网民总数的35.1%，达到1.35亿人，比2008年增长6.7%。

在互联网的发展历程中，网吧不但形成了广阔的市场，更成为中国社会信息化进程的重要推动力量。在依靠机时费作为主要赢利模式的网吧经营进入了微利时代的背景下，2009年，网吧行业总产值仍达886亿元人民币。同时，它还带动了电信服务、计算机软硬件、游戏、影音、文学和信息服务等信息与通信技术产业的共同发展。通过互联网和电脑终端，网吧提供各种信息获取及休闲娱乐服务，形式灵活方便、费用低廉，因而吸引了大量网民特别是社会低收入群体，形成了新兴的网络文化消费模式。在社会主义初级阶段，实现工业化、信息化的过程中，城乡信息化还存在严重不均衡和巨大数字鸿沟的情况下，网吧以市场的方式，缩小了城乡信息化差距，填补了数字鸿沟，弥补了信息服务中公共投入的不足。

但是，网吧在发挥积极作用的同时，违法违规经营现象屡禁不止，如网吧内接纳未成年人、擅自设立黑网吧、传播有害信息、侵犯知识产权等。特别是在农村地区和一些地方的城乡结合部，未成年人进入问题十分严重，已经成为未成年人保护工作的焦点和社会长期关注的重点，是网吧管理工作中的顽疾。

自2002年国务院颁布、实施《互联网上网服务营业场所管理条例》以来，文化部会同各有关部门不断加大网吧市场管理力度，一方面通过合理的布局规划控制网吧总量，优化网吧市场结构，推进网吧连锁化经营；另一方面通过严格执法和社会监督，坚决取缔黑网吧，以禁止网吧接纳未成年人为重点，保护未成年人的合法权益。

当前，我国网吧市场的发展正从数量扩张的外延式向服务提升的内涵式转变，连锁化经营正逐渐成为行业发展的主题。2010年，文化部将进一步推动网吧连锁化发展，使规模化、连锁化、主题化、品牌化的网吧逐步占据市场主导地位。

一、市场概况

（一）网吧产业链

网吧经过10多年的发展，已经形成了较为完整的产业链。目前网吧产业链主要包括以下三类：一是基础类企业，即为网吧企业提供运营基础条件的网吧软硬件提供商、系统集成商以及电信运营商；二是内容类企业，即网吧内容和增值服务的提供商；三是基于网吧平台的广告运营商。上述企业与网吧企业相互依存，互为带动，形成网吧产业链。

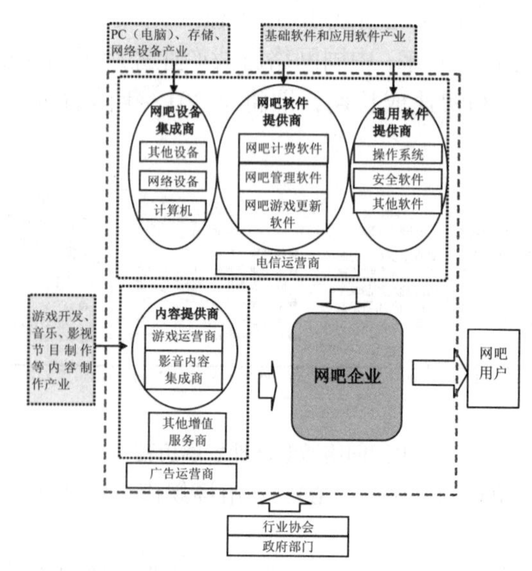

图1　网吧产业链

（二）用户规模及地区分布

1. 用户规模

随着网民规模的扩大，网吧用户也在不断增长。截至2009年底，全国网吧用户规模达1.35亿人，与2008年相比增加843万人，年增长率为6.7%，增速明显放缓。

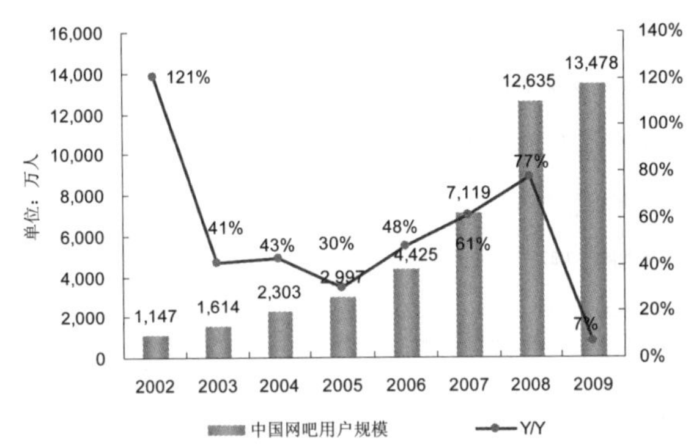

来源：CNNIC

图 2　全国网吧用户规模及增长率 2002 ～ 2009

网吧用户增速放缓的主要原因有以下 3 点：

一是手机作为一种互联网接入终端被广泛应用，越来越多的网民选择用手机上网，仅 2009 年，手机网民的增长量就超过了 1 亿人。

二是工作场所上网条件的改善，分流了部分网吧用户的上网需求。

三是家庭电脑的日渐普及，在家上网的网民数量明显增多。

上述因素客观上降低了网吧在提供互联网上网服务中的作用。

2. 网吧用户地区分布

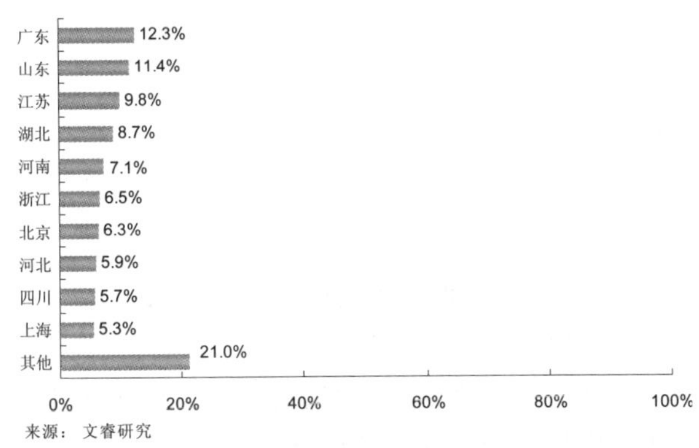

来源：文睿研究

图 3　2009 年全国网吧用户地区分布

目前，网吧用户主要集中在广东、山东、江苏、湖北、河南等省，浙江、北京、四川、河北、上海次之。

（三）场所规模、类型及地区分布

1. 场所规模

2001 年，全国网吧的总量为 37 万家。在北京“蓝极速”网吧火灾事故发生后，文化部加强了网吧市场监管，进行了全国范围内的治理整顿，停止了网吧的审批工作。至 2002 年底，全国网吧总量降至 11.3 万家。

2003 ～ 2009 年，各级文化行政部门在继续保持严管重罚的高压态势下，根据文化部的部署，开展了连锁网吧的推进工作。各地在消化现有存量市场的网吧中，又根据当地经济水平、市场需求和管理现状，发展和推进直营与加盟两种形态的网吧连锁经营模式。至 2009 年，全国网吧总量达到 13.8 万家。

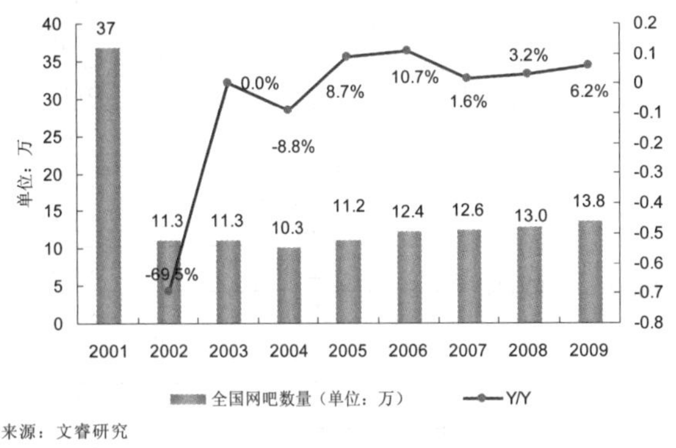

来源：文睿研究

图 4　全国网吧数量及增长率 2001 ～ 2009

2. 类型分布

网吧市场中，以网吧拥有的电脑终端数量为划分标准，网吧分为大型网吧（300 台以上）、中型网吧（100 ～ 299 台）和小型网吧（100 台以下）。2009 年，大型网吧占 7%，中型网吧占 46%，小型网吧占 47%。其中，中小型网吧仍然占据市场主导地位。

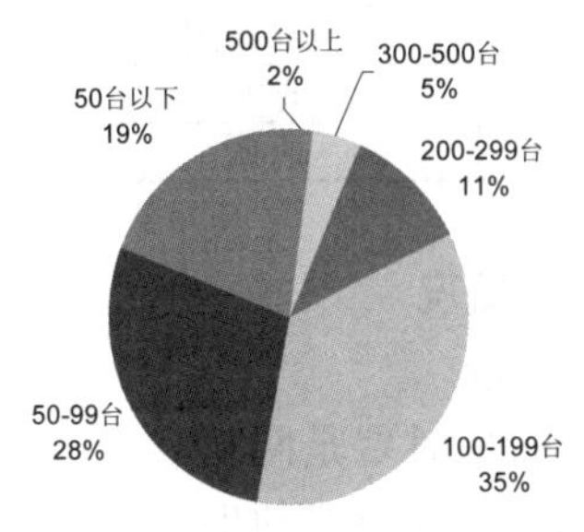

来源：文睿研究

图 5　2009 年全国网吧类型分布

3. 地区分布

各地网吧数量差异明显。2009年，山东、湖南、湖北、江苏四省的网吧数量居全国前四位，均超过了8000家。河南、辽宁、广东、浙江等省网吧数量约为6000 ~ 8000家。

表1　各省（区、市）网吧地区分布

规模	省（区、市）	网吧数量
> 8000家	山东	12965
	湖南	10974
	湖北	8393
	江苏	8139
6000 ~ 7999家	河南	7635
	辽宁	7413
	广东	7396
	四川	7256
	河北	7140
	浙江	6715
3000 ~ 5999家	安徽	5960
	黑龙江	5212
	江西	5015
	云南	3881
	山西	3561
	福建	3507
	吉林	3355
	重庆	3200
1000 ~ 2999家	内蒙古	2959
	广西	2765
	新疆	2450
	贵州	2323
	甘肃	1939
	陕西	1566
	上海	1485
	北京	1438
	海南	1052
< 1000家	天津	913
	宁夏	738
	新疆兵团	430
	青海	419
	西藏	311

（四）经营概况

1. 机时费分布

网吧收取的机时费是网吧收入的主要来源。自1996年以来，全国网吧机时费单位水平呈下降趋势。平均价格从最初的20元/小时逐渐下降到目前的2元/小时左右。

2009年，全国网吧机时费平均价格为每小时1 ~ 3元。其中，每小时收取2 ~ 3元机时费的网吧占53.1%；1 ~ 2元的网吧占27.6%。

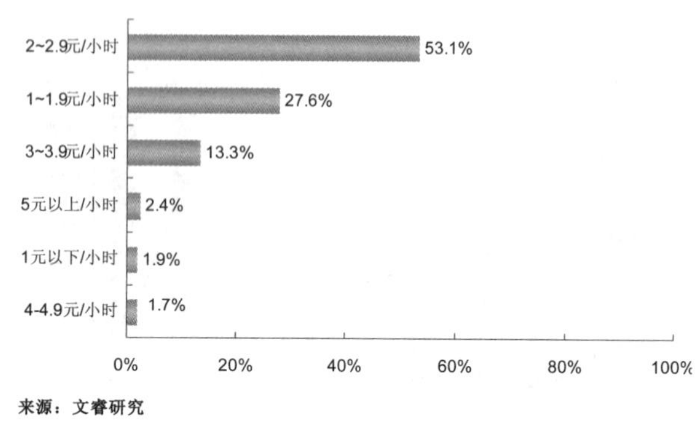

图6　2009年全国网吧机时费分布

近年来，随着网吧增值业务的多元化发展，机时费收入占网吧总收入的比重正逐渐降低，由90%降低至目前的85%。

2. 平均净收入分布

目前，年净收入10万元以下的网吧占37.6%，10万 ~ 30万元的占25.7%，100万元以上的占6.2%，近10%的网吧还处于亏损状态。

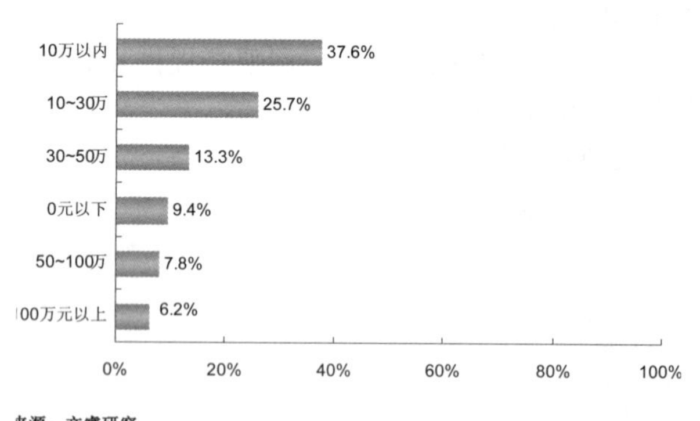

图7　2009年全国网吧平均年净收入

3. 网吧投入产出情况

目前，我国网吧平均拥有100台电脑。下表以此平均数为例，说明网吧投入产出情况：

表 2　网吧投入产出一览表

月收入	单位：元	所占比例
机时费	2.5 元 / 小时 ×0.9×100 台 ×50%×12 小时 ×30 天 =40500	87%
其他增值服务收入	6000	13%
总计：	46500	
月支出	费用（单位：元）	所占比例
房租	8000	26%
水电费	8000	26%
税费	7200	24%
人员工资	4000	13%
宽带	1200	4%
其他增值服务收入	2000	7%
总计：	30400	
固定投资	费用（单位：元）	所占比例
办理各种证照	100000	17%
空调 + 装修 + 桌椅	15000+22220+40000=77220	13%
服务器 + 交换机 + 路由器	6000+13000+11000=30000	5%
电脑 + 收银机	101×3800=383800	65%
总计：	591020	

（五）连锁网吧概况

2003 年，为规范网吧市场秩序，提升和改造现有网吧市场的经营结构，文化部以推进连锁化、品牌化等方式，用行政审批的方法推行了“10+3”的连锁网吧模式。“10+3”的连锁网吧模式是每个省（自治区、直辖市）审批设立的互联网上网服务营业场所连锁经营企业不超过 3 家，全国性互联网上网服务营业场所连锁经营企业原则上不超过 10 家。

2009 年，文化部联合工商总局、公安部等五部委印发《关于进一步净化网吧市场有关工作的通知》，规定各级文化行政部门不得突破文化部核准的 2008 ~ 2009 年网吧发展总量布局规划，不得擅自增加网吧总量，并且各地的总量布局规划指标应全部用于网吧连锁企业的直营门店布点。在制度安排、政策扶持上鼓励和推动网吧连锁企业兼并、重组现有存量市场的单体企业。同年 9 月，文化部印发《网吧连锁企业认定管理办法》，明确了“网吧连锁企业”的定义与标准，根据网吧连锁经营发展的实际和自身规律，将网吧连锁企业的管理由事前的行政许可调整为事后的行政确认。

将现代服务业中行之有效的连锁产业形态引入网吧行业，对规范管理有着重要的意义。一是有利于改变管理方式，优化管理措施；二是有利于从根本上提升网吧行业的形象，优化市场结构，引导网吧向规范化、规模化方向发展；三是有利于进一步扶持培养一批有实力又能承担社会责任的连锁企业，进而有效提升网吧管理的整体水平，创新网络文化市场管理的模式。

1. 市场规模

2009 年，全国连锁网吧企业数量超过 150 家，其直营门店超过 4500 个。全国大部分省、自治区和直辖市均有连锁网吧企业分布。其中，网吧连锁企业数量最多的 3 个省份分别为湖南、河南、上海，分别拥有网吧连锁企业 15 家、14 家和 13 家；其次为辽宁、浙江、湖北、山东四省，分别拥有网吧连锁企业 8 家、7 家、7 家和 5 家；而经济欠发达的西部地区，连锁网吧数量则较少。目前，全国与区域性的连锁网吧发展缓慢。

2. 经营模式

连锁网吧企业的经营模式主要分为两种类型：一种是总公司下设非法人分支机构的经营模式；另一种是独立法人模式。

目前，网吧连锁尚处于发展的初级阶段，市场中采用独立法人经营模式的企业居多。在这种模式管理下，每个网吧都具有独立的企业法人资格和法律地位，总公司只收取加盟费和管理费。但由于其组织形式较为松散，采用该模式的连锁网吧企业总公司控制力相对较弱，难以开展加盟商招募、门店管理、人员培训、经营监管、技术支持等特许经营业务，易导致“连而不锁”现象的发生。

在赢利模式上，目前网吧连锁企业也尚未突破单体网吧的传统模式。加盟门店的主要收入来源依然是机时费收入，缺乏明晰的增值服务模式，短期内很难达到真正的规模效应。

3. 渠道价值

连锁网吧在互联网的运用和发展中，有着巨大的渠道价值。通过渠道覆盖，实现多种差异化的增值服务，是连锁网吧商业价值的优势所在；然而，当前“连而不锁”的问题影响了渠道价值的发挥。目前，基于网吧渠道的增值服务主要有以下 3 种类型：

（1）游戏类增值服务。游戏娱乐是网吧用户主要的消费形式。连锁网吧能够利用网吧用户定向消费的市场基础，将用户优势转化为网络游戏的销售渠道优势，并通过与游戏企业的合作，进行有效的版本更新、市场推广和服务。目前，网吧是网络游戏企业重要的市场营销渠道，而连锁业态的规模效应，营销执行力的渠道价值将进一步整合、提升游戏产业链上下游环节。

（2）生活类增值服务。通过互联网求职、互动沟通以及支付生活开支等已成为人们新的互联网运用方式和手段。网吧可借助自身的软件服务平台为此提供便利的服务，同时为网吧带来新的赢利增长点。连锁网吧利用其空间覆盖广、总体需求大、单体服务成本低的优势为各类生活服务提供商搭建起了销售渠道。

（3）商务类增值服务。在商务活动越来越频繁的情况下，网吧尤其是连锁网吧可以利用其覆盖城乡、门店分布广泛的特点，为商务人士提供“虚拟办公室”等商务服务，形成跨地区的庞大商务服务平台。

二、社会影响

网吧是社会发展的产物，它在促进互联网技术普及、满足人民群众的精神文化需求、拉动信息与通信技术等相关产业发展等方面发挥着积极的作用。但在网吧市场中存在的接纳未成年人、擅自设立黑网吧、传播有害信息等不规范经营行为，成为社会关注的热点问题，损害了网吧的整体形象。

（一）网吧行业的积极作用

1. 成为传播社会主义先进文化的新途径

随着科学技术的发展，互联网正在成为传播社会主义先进文化的新途径、公共文化服务的新平台、人们健康精神文化生活的新空间。网吧作为中国网民第二大上网场所，为社会公众提供了便捷的新闻浏览、查阅资料、游戏娱乐、沟通交流等互联网应用服务。2009 年，在网吧用户的各项互联网应用服务中，网络游戏的使用率为 45.3%，网络视频的使用率为 32.6%，网络音乐的使用率为 29.7%，网络新闻的使用率为 11.9%，搜索引擎的使用率为 17.6%。由此，网吧正成为新兴的网络文化消费终端，它在传播我国社会主义核心价值观、弘扬社会主义精神文明等方面起着不可替代的作用。

2. 在缓解就业压力方面发挥应有的作用

2009 年，全国 13.8 万家网吧共有从业人员 58 万人。网吧在吸纳就业、缓解就业压力方面发挥着应有的作用。网吧为社会提供了大量的工作岗位，主要包括网吧经营管理职位、网络技术管理职位、从事收银及卫生等服务岗位等。

在这些岗位中，从事服务类工作的人力需求最大；这为有效解决大量教育层次较低的人群的就业问题提供了渠道。随着网吧市场规模效应的显现，网吧人力市场需求将日趋旺盛，巨大的就业缺口需要填补。

3. 为低收入人群提供便利的文化娱乐服务

在网吧中进行文化娱乐消费已成为网吧用户上网的主要目的。据文睿调查研究显示，在网吧的文化娱乐消费中，网络游戏的使用率达 45.3%；网络聊天、网络影音服务的使用率分别为 33.4%、32.6% 和 29.7%。网吧已经成为中国网民一个重要的娱乐平台。

同时，网吧已成为广大低收入者进行文化娱乐的最主要的场所。目前，我国网吧的平均消费水平每小时2元左右，与其他娱乐场所相比，其低廉的价格吸引了年轻的打工族、在校大学生及农村地区的广大低收入群体。据文睿研究统计，2009年网吧用户中，收入在3000元以下的人群占90%，收入在2000元以下的人群占60%，无收入者占21%。网吧的出现不仅为社会低收入群体解决了上网问题，更成为老百姓普遍接受的较为廉价便捷的休闲娱乐场所。

4. 推动信息和通信技术产业的发展

网吧行业与信息和通信技术产业关联密切，不断推动信息和通信技术产业的发展，主要体现在以下几点：

（1）网吧市场的迅速扩张带动了大量的计算机、存储和网络设备需求。网吧成为硬件厂商重要的目标市场。2009年，全国网吧电脑终端增加约128万台。以平均每台电脑价格3500元计算，2009年网吧为电脑终端厂商带来的产值增加额达到近45亿元。

（2）网吧的运营、管理及增值服务都需要相应的专业软件支持，由此带动了网吧应用软件的增长和发展。

（3）电信运营商为网吧提供基础的互联网接入服务。由于网吧带宽利用率高，业务量大，网吧尤其是连锁网吧已经成为拉动电信带宽需求的一类特殊大客户。2009年，全国网吧互联网接入支出大约为20亿元。

随着网民对计算机及网络性能要求的不断提高和网吧行业竞争的日益激烈，网吧将在进一步推动信息和通信技术产业发展上发挥重要的作用。

（二）违法违规经营行为引发的社会问题

1. 违规接纳未成年人

近年来，在各部门的共同努力之下，通过一系列的整治措施，网吧管理工作取得了一定的成效。然而，一些未成年人沉溺网吧的现象仍然没有得到有效解决，特别是在城乡结合部和农村的网吧市场中，未成年人进入现象屡禁不止。

未成年人是国家的希望，民族的未来。《中华人民共和国未成年人保护法》已明确规定未成年人不得进入网吧，为未成年人的健康成长提供了法制保障。由于未成年人心理发育不成熟，自我控制能力较弱，进入网吧的未成年人在无人监护的情况下，易受不良信息侵害并沉迷于虚拟世界。网络沉迷易导致未成年人学习成绩下降，损害身心健康，引发家长、社会的担忧，甚至家庭矛盾。

2. 传播暴力、色情等有害信息

部分网吧管理不规范，为了短期利益，通过安装暴力游戏、引进色情视频或以网吧服务器经营色情网站等手段吸引用户，造成暴力、色情等有害信息在网吧的传播。

暴力、色情等有害信息严重危害网吧用户的身心健康，造成人们价值观和行为模式的扭曲，对未成年人的危害尤其大，是影响未成年人安全上网的突出问题。未成年人正处于生理、心理和思维的发育时期，缺乏辨别是非能力、心理承受能力和自控力。经常接触暴力、色情等有害信息易影响未成年人正确人生观、价值观及世界观的形成，易诱发未成年人犯罪，不益于其健康成长。

此外，有害信息的传播易在网吧中形成不良的文化环境，滋生“黄、赌、毒”等违法犯罪活动。

3. 侵犯知识产权

2009年，发生了一系列状告网吧影视侵权事件，从华谊兄弟起诉广州市网吧侵权案到桂林54家网吧被起诉侵犯181件著作权案，网吧侵犯知识产权事件纷纷见诸报端。

软件和影音一直是网吧涉及知识产权侵犯的两大领域。目前高额的版权费和网吧业主相对滞后的版权意识是导致网吧侵权行为频频发生的主要原因。网吧中侵犯知识产权的行为，严重扰乱文化市场秩序，抑制知识创新，影响社会资源的优化配置；对规范经营的网吧企业造成不公平竞争，不利于网吧市场健康发展；损害网吧自身的增值服务、渠道价值，不利于增值服务业务的开展和赢利模式的创新。

三、市场管理

（一）管理现状

1. 管理体制

2002年9月，国务院颁布《互联网上网服务营业场所管理条例》，确立了由文化行政部门牵头，各部门协同、齐抓共管的网吧市场管理体系。根据《互联网上网服务营业场所管理条例》，文化、公安、工商、电信等部门在各自的职责范围内对网吧市场进行管理。

县级以上人民政府文化行政部门负责互联网上网服务营业场所经营单位的设立审批，并负责对依法设立的互联网上网服务营业场所经营单位经营活动的监督管理；公安机关负责对互联网上网服务营业场所经营单位的信息网络安全、治安及消防安全的监督管理；工商行政管理部门负责对互联网上网服务营业场所经营单位登记注册和营业执照的管理，并依法查处无照经营活动；电信管理等其他有关部门在各自职责范围内，依照条例和有关法律、行政法规的规定，对互联网上网服务营业场所经营单位分别实施有关监督管理。

2. 管理机制

目前我国已形成了一整套较为完备的网吧市场管理机制，即在全国网吧及网络游戏管理工作协调小组领导下，充分运用中央、省、市、县四级行政执法体系，各成员单位齐抓共管、各司其职、相互配合，“政府监管、行业自律、社会监督”的长效管理机制。

2005 年，由国务院文化主管部门牵头，工商、公安、信息产业、教育、财政、法制办、文明办、共青团等部门（单位）组成的全国网吧管理工作协调小组成立；2007 年，全国网吧管理工作协调小组调整为全国网吧及网络游戏管理工作协调小组，增加监察部、卫生部、中国人民银行、新闻出版总署、中央综治办为成员单位。

文化部作为网吧主管部门，逐步构建起由法律、行政法规、地方性法规、部门规章、地方规章等组成的多层次政策体系，切实加强网吧监管。各级文化行政部门和文化市场综合执法机构不仅造就了一支政治强、业务精、作风正、纪律严、形象好的文化市场管理和执法队伍，而且初步建立起依法审批、公正执法的监督保障机制，形成了用科技手段服务和监管网吧市场的有效模式，网吧市场管理工作逐步走上科学化、制度化和规范化的道路。

3. 管理措施

各级文化行政部门和文化市场综合执法机构严格按照相关法律、法规要求，实施了一系列切实有效的网吧市场管理措施。

（1）加强市场准入，进行总量布局规划。2002 年 9 月，《互联网上网服务营业场所管理条例》开始施行。《条例》规定对进行互联网上网服务经营场所的经营主体实施前置审批制度，要求其取得“网络文化经营许可证”，并对经营主体的设立条件、场所营业面积和相关设备标准进行明确规定。

2007 年 2 月，文化部等 14 部门联合印发《关于进一步加强网吧及网络游戏管理工作的通知》（文市发〔2007〕10 号），规定严格控制网吧总量，不再审批新的网吧。

2009 年，文化部以推进连锁网吧，加大未成年人保护为工作重点，进一步加强网吧市场管理，强化市场退出机制，规范网吧市场秩序。在总量布局规划的总体部署下，2009 年网吧数量增加约 8000 家。

表 3　2009 年网吧总量布局规划（单位：家）

省份	2009 网吧总量布局规划	省份	2009 网吧总量布局规划
山东	1314	吉林	277
湖南	0	重庆	681
湖北	107	内蒙古	269
江苏	564	新疆	1214
河南	3841	贵州	1849
辽宁	0	陕西	709
广东	5906	上海	239
河北	1480	北京	98
浙江	102	海南	66
安徽	0	天津	287
黑龙江	426	宁夏	0
江西	0	青海	64
山西	190	西藏	39
福建	820	甘肃	322
云南	393	四川	1645
广西	6208		

（2）强化执法监督，严厉打击各类违法违规经营行为。2009 年，各级文化行政部门和文化市场综合执法机构加大执法力度，打击各种违法违规经营活动，共出动 3374071 人次，检查互联网上网服务营业场所 2972521 家次，责令改正 168705 家，停业整顿 8102 家。

①未成年人进入问题

未成年人问题是网吧管理的重点问题。依据《关于进一步净化网吧市场有关工作的通知》要求，文化行政部门将当地网吧市场执法与未成年人保护水平作为文化市场行政执法考评的重要指标，对网吧接纳未成年人行为坚持严管重罚。同时，通过完善社会监督制度、建立和完善行业自律公约的方式，引导网吧经营者自查自纠自律，净化网吧市场环境，为未成年人的健康成长创造良好的社会环境。

在此基础上，各地进一步加大了对农村网吧的监管力度，建立健全农村文化市场监管体系，保护留守儿童和外来务工人员子女等城乡未成年人的身心健康，防止未成年人进入网吧与沉溺网吧。

2009年，文化部针对接纳未成年人、取缔黑网吧、打击网上传播有害文化信息等违法经营活动开展了专项整治行动。专项行动期间，各省（自治区、直辖市）领导召开联席会议，开展多部门联合督导检查，对执法不严、查处不力、配合不到位造成的接纳未成年人等严重问题进行查处，负责到人。在专项行动中，全国共查处非法接纳未成年人的网吧9000多家，吊销《网络文化经营许可证》900多家。

②黑网吧问题

黑网吧问题是网吧市场的毒瘤。在这些无证经营的网吧中，未成年人进入现象突出，安全隐患大量存在，网络文化内容缺乏有效监管。黑网吧的存在，严重危害网吧用户特别是未成年人的身心健康，严重扰乱网吧市场正常的经营秩序。

2009年，各级文化行政部门和文化市场综合执法机构积极配合工商部门，分别于春节期间和6月至9月，开展了两次查处取缔黑网吧专项行动，共查处取缔黑网吧4万家次。

（3）加快网吧监管平台建设，加强技术监管手段。经过近几年的建设，已有23个省份实现了与网络文化市场计算机中央监管平台的互联互通，各级文化行政部门与文化市场综合执法机构积极发挥技术监管优势，利用中央、省、市、县四级技术管理网络，进一步提高管理效能。同时，充分利用技术监管平台，有效屏蔽网吧内有害信息和不良网站的传播，全面提升网络文化内容监控预警能力，构筑起全方位、多层次、人防与技防相结合的监防体系，保护广大人民群众特别是未成年人的身心健康。

（4）建立健全社会监督机制。各级文化行政部门和文化市场综合执法机构充分调动全社会的积极性，积极发挥12318举报电话、新闻媒体及“五老”义务监督员（老干部、老专家、老军人、老教师、老模范）等社会监督作用，进一步拓宽监督渠道。

2009年，全国共有“五老”义务监督员127501名，他们已成为各地网吧社会监督的主力军，在协助执法部门有效遏制网吧违法违规经营活动方面起着越来越重要的作用。

表4　各省（区、市）网吧义务监督员数量

省（区、市）	网吧义务监督员（人）	省（区、市）	网吧义务监督员（人）
江苏	19800	上海	1800
山东	16000	天津	1500
安徽	9680	青海	1390
黑龙江	8378	云南	2400
辽宁	6500	吉林	4615
山西	5341	广西	2278
湖南	3972	江西	1300
内蒙古	3896	河南	1235
甘肃	1300	贵州	1107
四川	12000	宁夏	728
陕西	1197	北京	670
湖北	3382	海南	420
河北	3049	新疆兵团	402
广东	2456	西藏	31
重庆	2362	福建	5100
浙江	2000	新疆	1212

（5）加强行业自律。2009年，全国共有各级网吧行业协会857个，已经逐步成为网吧管理部门和网吧企业之间的桥梁和纽带。在行业协会的推动下，网吧行业自律机制正在逐步健全，并形成内在的规范动力。

2009年，净化社会文化环境网吧行业自律大会在西安召开，来自全国14个省（区、市）以及16个副省级城市的网吧行业协会负责人共同发表《净化网吧行业自律宣言》，表明网吧要在不断的发展中加强自律，在自律中寻求规范，在规范中实现和谐有序发展的决心。此次会议的召开，对进一步规范网吧行业自律、健全行业协会机制有着重要的作用。

目前，河南、浙江、山东、湖北、湖南、安徽、江苏等省份的网吧协会数量较多，且分布在省内的各个区域（其中，省会城市分布较多）；经济欠发达地区的网吧协会数量则较少甚至没有。

表5　各省（区、市）网吧行业协会数量

省（区、市）	网吧行业协会数量	省（区、市）	网吧行业协会数量
陕西	13	河北	14
河南	129	辽宁	14
浙江	72	天津	13
山东	67	黑龙江	8
湖北	57	四川	89
湖南	52	云南	8
安徽	50	宁夏	7
江苏	41	福建	6
重庆	28	海南	5
广西	53	甘肃	4
广东	10	西藏	3
贵州	28	新疆	3
内蒙古	21	青海	2
吉林	21	山西	1
上海	19	北京	1
江西	18		

（二）存在的突出问题

1. 黑网吧屡禁不止

近年来，随着整治工作的不断深入，黑网吧取缔工作取得了较好的成效。但在城乡结合部及农村地区，黑网吧依然屡禁不止，并出现了假借“科技信息服务站”、“电脑培训部”等名义的“隐性黑网吧”。

黑网吧的滋生严重扰乱了网吧市场秩序，危害了未成年人身心健康，造成了恶劣的社会影响。

一是不规范经营行为频发。在这些黑网吧场所内，由于长年疏于监管，未成年人进入、网吧内文化产品内容及超时经营等问题突出，影响网吧用户特别是未成年人的身心健康，不利于网吧市场公平竞争氛围的形成。

二是安全隐患突出。黑网吧的经营场所通常极为隐蔽，经营面积小、通风条件差，消防安全问题突出，给网吧用户的人身及财产安全带来极大隐患。

2. 多头管理

网吧管理涉及文化、工商、公安、通信管理等多个部门。国务院《互联网上网服务营业场所管理条例》虽然明确规定了各部门的职责权限；但在实际操作过程中，在一些管理事务上仍存在职责不明、分工不清的现象，造成相互推诿，导致管理不到位甚至管理缺位。同时，名目繁多的收费，也让网吧不堪重负，挤压网吧正常经营的空间和环境。

3. 连锁网吧推进中的瓶颈

（1）倒卖网吧经营许可证的现象仍未根除。自2002年北京“蓝极速”网吧事件之后，文化主管部门加大了对网吧的监管力度。2003年，文化部扶持连锁网吧发展，限制单体网吧经营许可证的审批。2004年，全国开展网吧的专项整治，暂停网吧的审批工作。网民规模的迅速增长与网吧经营许可证的审批控制之间产生了巨大的供需缺口，网吧经营许可证成为稀缺资源。部分连锁企业不切实进行连锁网吧管理和经营，而利用文化部发展网吧连锁的政策，倒卖网吧许可证，造成恶劣的影响。

为遏制网吧许可证的倒卖行为，2009年3月，文化部、国家工商行政管理总局、公安部、工业和信息化部、中国关心下一代工作委员会印发了《关于进一步净化网吧市场有关工作的通知》（文市发〔2009〕9号），规定网吧经营单位办理变更法定代表人登记事项的，应先注销其《网络文化经营许可证》后，按新设立互联网上网服务营业场所的标准和条件重新受理申请。以此，严格规范连锁网吧企业经营行为，杜绝“假连锁”、“假加盟”等行为发生。这些措施在一定程度上缓解了网吧经营许可证的倒卖行为，但仍未根除。

（2）扶持政策有待加强。目前，推进网吧连锁方面的配套政策还不完善，网吧连锁经营企业在名称注册、税收等方面仍有困难，规模优势不能充分发挥，连锁网吧企业“连而不锁”的现象日趋严重。这些原因一方面导致网吧连锁企业未能在网吧市场中形成竞争力优势，另一方面将一些有实力的企业阻挡在网吧市场之外，违反了公平原则和公正要求。

（三）2010年网吧市场管理思路

1. 规范仍是网吧市场管理的主要工作

针对网吧市场未成年人进入、黑网吧、传播有害信息等违法违规经营现象屡禁不止的现状，进一步加强市场管理、规范经营秩序仍是2010年的主要工作。

一是以禁止未成年人进入网吧为工作重点，开展网吧严格执法示范活动；坚持严管重罚，强化市场退出机制；奖优罚劣，创造优胜劣汰、公平竞争的政策环境和市场环境。

二是各部门密切配合，依法查处、取缔黑网吧，保持高压态势，挤压黑网吧的生存空间。

三是对为网吧提供网络文化内容产品的单位，实施严格的主体准入，强化网吧内文化内容日常监管，依法打击通过网吧下载、使用淫秽色情、凶杀暴力、格调低俗、侵权盗版等文化内容的经营行为，消除文化安全隐患。

2. 大力推进网吧连锁整合

通过促进网吧连锁经营业态的发展，让规模化、连锁化、主题化、品牌化的网吧逐步占据市场主流，一直是文化部网吧管理工作的政策方向。

2010 年，文化部将按照《网吧连锁企业认定管理办法》，整合现有网吧市场，支持和引导非连锁网吧向连锁业态发展。

一是严格控制总量，强化退出机制。各地要严格按照文化部核准的 2008 ~ 2009 年网吧发展总量布局规划的要求执行，坚决控制网吧现有总量，用更具约束力和管理能力的全资或控股的直营连锁吸纳现有存量市场的网吧。

二是跟进配套政策，提供切实保障。文化部将协调相关部门，在企业注册、计算机管理系统、电信资费、税收等方面给予一定的政策扶持；为连锁网吧企业兼并、收购、控股的单体网吧，提供简化便捷的“网络文化经营许可证”变更手续；鼓励国有资本和社会资本进入网吧市场，充分发挥国有文化企业的示范带动和导向作用。

三是坚持多措并举，推进连锁网吧长效机制建设。规范“网络文化经营许可证”等证照的变更手续，防止“假连锁”、“假直营”现象的产生；推进连锁网吧企业的信用建设，促使连锁网吧企业守法经营和诚信经营。

（四）网吧市场主要管理政策一览

表 6　网吧市场主要管理政策

时间	名称	相关内容
2002 年 9 月	《互联网上网服务营业场所管理条例》	明确审批、管理权限，将未成年人禁入作为工作重点，从严审批、控制总量、合理布局、优化结构，加强宏观管理和调控力度，强化经营者的责任和管理要求，努力推进全国网络文化市场监督管理系统的建设，着重强调网络安全等问题。
2002 年 12 月	文化部办公厅关于实施《互联网上网服务营业场所计算机经营管理系统技术规范》的通知（办市发〔2002〕47 号）	按照“统筹规划，分步实施；全国联网，分级监控；功能完备，标准统一”的原则，采取招标等方式组织开发、安装本地区互联网上网服务营业场所计算机经营管理系统，进而建立健全网络文化市场计算机管理系统。
2003 年 4 月	《关于加强互联网上网服务营业场所连锁经营管理的通知》（文市发〔2003〕15 号）	首次提出“促进和规范网吧等互联网上网服务营业场所的连锁经营和管理”。文化部负责全国性和跨省连锁经营的互联网上网服务营业场所的审批；各省、自治区、直辖市文化行政部门负责本行政辖区内连锁网吧的审批，限制单体网吧的发展。
2004 年 10 月	文化部、国家工商行政管理总局、公安部等九部委联合印发《关于进一步深化网吧专项整治工作的意见》（文市发〔2004〕38 号）	以未成年人进入、黑网吧、网上有害文化信息传播、消防与治安安全、网吧接入服务为重点，加大执法力度；通过加强部门协调、社会监督、宣传教育，推动网吧连锁，充实完善长效管理机制；加强组织领导，强化属地管理，严格追究责任。
2005 年 4 月	文化部、国家工商行政管理总局、公安部等 9 部委联合印发《关于进一步深化网吧管理工作的通知》（文市发〔2005〕10 号）	以“深化网吧管理工作，构建网吧管理长效机制，巩固网吧专项整治成果”为原则，提高思想认识，调整充实组织领导体系；落实属地管理制度；加强行政执法，完善日常管理；做好总量规划，严格市场准入；推进网吧连锁，优化市场结构；加强社会监督，推进行业自律；疏堵结合，引导未成年人文明上网。
2007 年 2 月	文化部等 14 部门联合印发《关于进一步加强网吧及网络游戏管理工作的通知》（文市发〔2007〕10 号）	针对网吧接纳未成年人、黑网吧和网络游戏沉迷问题，尤其是青少年沉迷网吧和网络游戏的问题进行管理；进一步加强网吧及网络游戏管理，规范网吧及网络游戏市场秩序，以创新的精神加强网络文化建设和管理部署。

续　表

时间	名称	相关内容
2008年7月	文化部、国家工商行政管理总局、公安部印发《关于网吧管理工作有关问题的通知》（文市发〔2008〕25号）	要继续抓好文市发〔2007〕10号文件的落实，狠抓严格执法，推进网吧连锁，改善宏观调控，加强内容管理，完善法制体系，深化网吧管理长效机制建设。
2009年3月	文化部、国家工商行政管理总局、公安部、工业和信息化部、中国关心下一代工作委员会印发《关于进一步净化网吧市场有关工作的通知》（文市发〔2009〕9号）	严厉查处网吧接纳未成年人，坚决取缔黑网吧，严格网吧市场准入审核关，抵制低俗暴力内容在网吧传播，完善网吧及网络游戏管理工作协调机制建设。
2009年5月	国家工商总局、中央文明办、公安部、文化部、工业和信息化部、中国关心下一代工作委员会联合印发《关于加强协调配合开展查处取缔黑网吧专项行动的通知》（工商个字〔2009〕96号）	自2009年6～9月，在全国范围内组织开展查处取缔“黑网吧”专项行动：专项行动分为宣传动员、排查摸底、集中整治和总结验收共四个阶段实施，加强部门合作、确保部门任务落实，并且配合召开电视电话会议，加强督查，开展表彰等形式使黑网吧取缔行动取得良效。
2009年9月	文化部关于印发《网吧连锁企业认定管理办法》的通知（文市发〔2009〕35号）	推进网吧行业规模化、连锁化发展，加强网吧连锁企业的规范与管理，首次对“网吧连锁企业”有了明确定义，提高全国性或跨区域连锁网吧进入门槛、降低区域性连锁网吧的门槛，各地经文化部已批复的总量布局规划指标，应全部用于网吧连锁企业的直营门店布点。
2009年12月	文化部办公厅印发《关于开展2010年元旦、春节期间文化市场专项整治行动的通知》	重点解决当前文化市场存在的突出问题，促进网络游戏、网吧、网络音乐、演出等市场健康发展，加强文化市场监管，加大对网吧接纳未成年人和黑网吧的整治力度，协助做好安全生产执法检查。

四、设施及服务现状

（一）硬件设施

2009年，全国网吧市场的电脑终端保有量为1316万台，同比增长10.8%，增速相比2008年的32.6%出现明显下降。

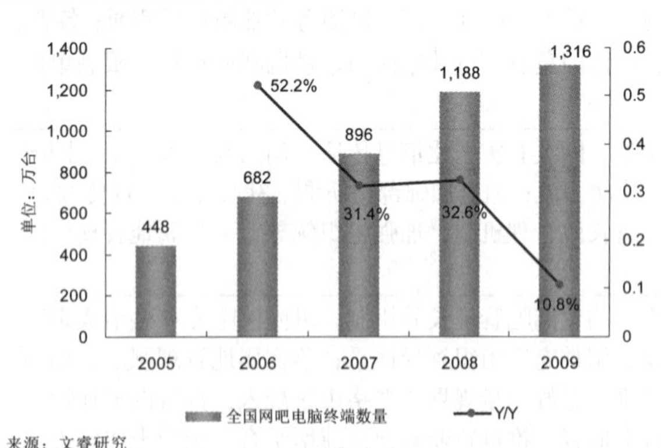

图8　全国网吧电脑终端数量2005～2009

文睿研究数据显示，30%的网吧每两年更新一次配置，19%的网吧一年更新一次，10%的网吧每半年更新一次，6%的网吧从未进行过更新。

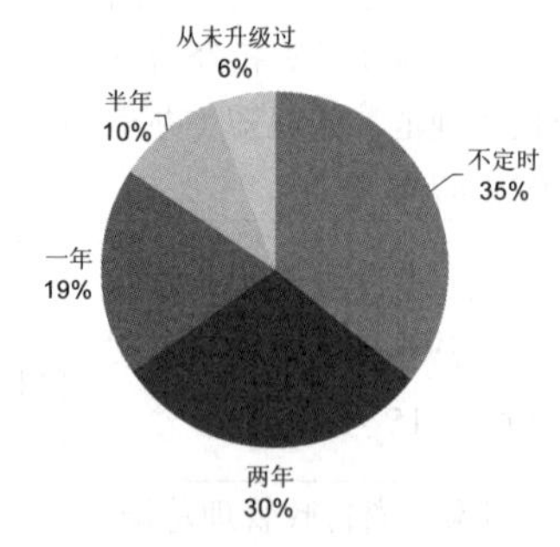

来源：文睿研究

图9　2009年网吧电脑更新频率

网吧电脑的内存、显卡和显示器是更新最为频繁的配件。

电脑内存的更新频率最高。2008年，网吧中配置2G内存的电脑终端仅占20.3%；2009年，这个比重已经升至58.6%。2009年，网吧电脑的显卡以512M、256M显存为主，分别占38.7%和25.8%。2009年，网吧电脑显示器以19寸和21寸的液晶显示器为主，分别占36.1%和23.2%。

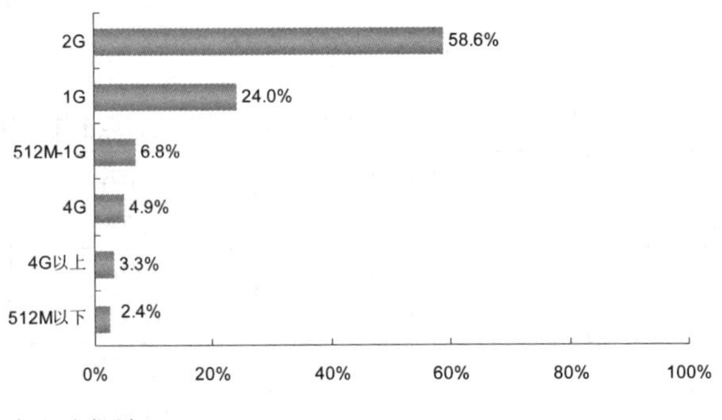

来源：文睿研究

图 10 2009 年网吧电脑内存配置

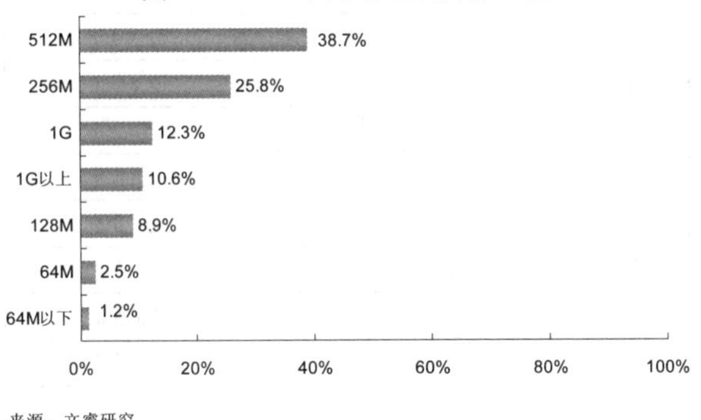

来源：文睿研究

图 11 2009 年网吧电脑显存配置

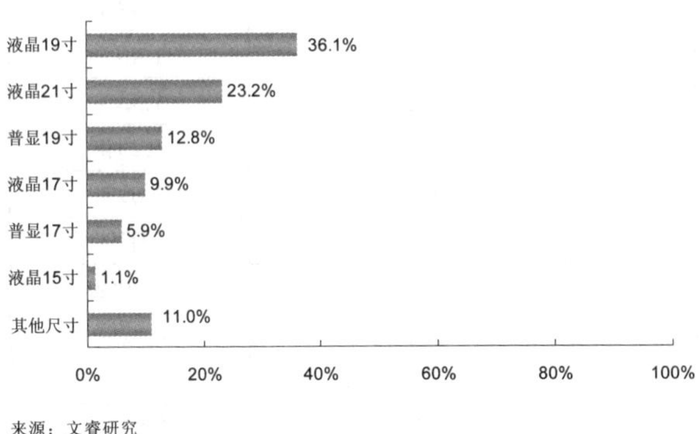

来源：文睿研究

图 12 2009 年网吧电脑显示器配置

（二）软件系统

网吧中的软件系统主要分为三大类：业务类、通用类及应用类。业务类软件主要包括计费软件、游戏更新软件等，其主要功能是会员管理、数据管理、安全管理、财务管理、游戏更新等。通用类软件主要包括操作系统、网络浏览器和防杀毒软件等。应用类主要包括即时通讯软件、网络视频软件、网络音乐软件等。在业务类软件中，网吧计费软件是网吧经营管理的基础工具。目前网吧市场中计费软件的市场占有率如图 13：

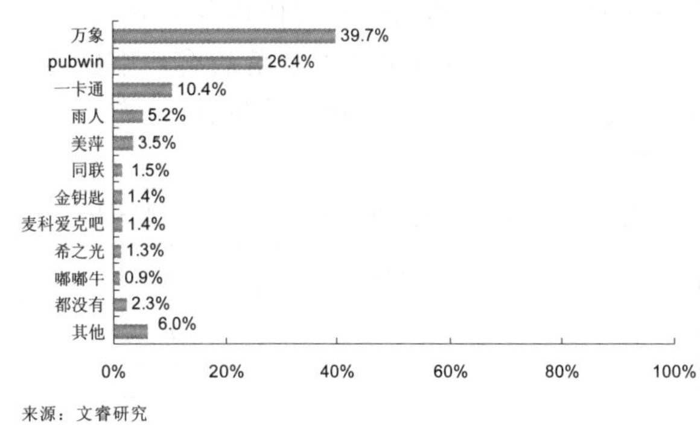

来源：文睿研究

图 13 2009 年网吧安装计费软件情况

游戏更新软件是网吧业务类软件中运用最广泛的软件之一。各品牌游戏更新软件的市场占有率如图 14：

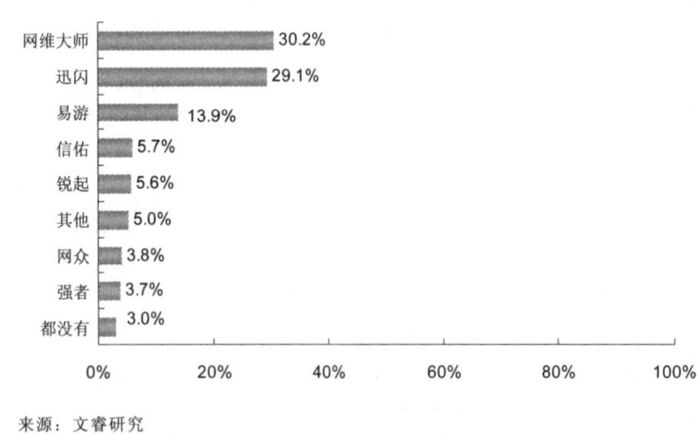

来源：文睿研究

图 14 2009 年网吧安装游戏更新软件情况

（三）网吧服务

网吧提供的服务分为基础服务和增值服务。网吧的基础服务包括网络游戏、即时通讯、网络影音等。增值服务包括食品饮料等快速消费品销售、广告投放、网络游戏推广等。

1. 基础服务

（1）网络游戏。我国网络游戏的起步和发展与网吧是紧密相联的。网络游戏自 2000 年在我国出现以后，很大程度上是依靠网吧用户群的支持才逐步发展壮大起来的。随着网络游戏市场的扩大，游戏也开始成为网吧快速发展的重要推动力量。

中国网吧用户中约有 30% 的人将玩网络游戏作为网吧消费的主要目的，网络游戏对于吸引网吧用户、扩展客户群体具有非常重要的作用。2009 年，在中国网吧增值服务利润贡献度排行中，游戏点卡、游戏周边产品的销售排名第二，比重超过 30%。同时，网络游戏厂商在网吧进行的大型推广活动、大型竞技比赛等对于营造网吧氛围、吸引更多用户产生了积极的影响。目前，网络游戏与网吧已经形成紧密的互动和共生关系。

网吧主要是通过预置安装游戏客户端的方式向用户提供游戏服务。2009 年网吧网络游戏安装情况如表 7：

表 7　2009 年网吧网络游戏安装排行榜

序号	游戏名称	安装率
1	地下城与勇士	95.37%
2	穿越火线	94.74%
3	QQ 飞车	92.31%
4	QQ 炫舞	91.63%
5	劲舞团	86.64%
6	跑跑卡丁车	85.42%
7	梦幻西游	79.88%
8	天龙八部	76.85%
9	魔域	72.69%
10	问道	72.35%
11	CS Online	67.24%
12	QQ 音速	63.52%
13	QQ 三国	62.23%
14	街头篮球	56.12%
15	诛仙	55.83%
16	泡泡堂	55.24%
17	大话西游	54.67%
18	寻仙	49.70%
19	热血传奇	49.68%
20	QQ 华夏	49.66%
21	魔兽世界	48.36%
22	传奇世界	48.01%
23	征途	47.34%
24	QQ 幻想	43.07%
25	梦幻诛仙	41.91%
26	QQ 飞行岛	41.51%
27	完美世界国际版	39.36%
28	神鬼传奇	39.28%
29	热血江湖	38.22%
30	永恒之塔	36.39%

数据来源：新浩艺

2009 年，网吧内 MMO 游戏（大型多人在线游戏）的点击排行如表 8：

表 8　2009 年网吧 MMO 游戏（大型多人在线游戏）点击排行榜

序号	游戏名称	点击率
1	问道	11.70%
2	梦幻西游	11.69%
3	天龙八部	9.07%
4	魔兽世界	5.75%
5	大话西游	5.09%
6	魔域	4.98%
7	诛仙	2.89%
8	QQ 三国	2.69%
9	永恒之塔	2.42%
10	神鬼传奇	2.18%
11	征途	2.13%
12	QQ 华夏	1.91%
13	热血传奇	1.65%
14	寻仙	1.65%
15	传奇世界	1.53%
16	热血江湖	1.45%
17	成吉思汗	1.42%
18	完美世界国际版	1.40%
19	天下贰	1.33%
20	梦幻诛仙	1.25%
21	剑侠情缘 I	1.09%
22	蜀门 OL	1.02%
23	特种部队	0.89%
24	英雄岛	0.82%
25	大话西游 3	0.81%
26	鬼吹灯外传	0.81%
27	冒险岛	0.76%
28	敢达 OL	0.76%
29	刀剑 Online	0.70%
30	三国争霸	0.60%

数据来源：新浩艺

2009 年，网吧内休闲游戏的点击排行如表 9：

表 9　2009 年网吧休闲游戏点击排行榜

序号	游戏名称	安装率
1	地下城与勇士	38.95%
2	穿越火线	24.01%
3	QQ 炫舞	10.26%
4	劲舞团	7.36%
5	QQ 飞车	6.75%
6	CS Online	3.72%

续 表

序号	游戏名称	安装率
7	跑跑卡丁车	2.04%
8	街头篮球	1.48%
9	QQ 音速	0.94%
10	QQ 三国	0.77%
11	泡泡堂	0.62%
12	AVA	0.27%
13	热舞派对	0.26%
14	特种部队	0.25%
15	鬼吹灯外传	0.23%
16	冒险岛	0.22%
17	敢达 OL	0.22%
18	GT 劲舞团 2	0.17%
19	QQ 飞行岛	0.14%
20	超级舞者	0.13%
21	疯狂赛车	0.12%
22	彩虹岛	0.12%
23	FIFA Online2	0.11%
24	英雄连	0.10%
25	飚车	0.08%
26	FIFA Online	0.07%
27	GT 劲舞团	0.06%
28	舞街区	0.06%
29	QQ 堂	0.05%
30	超级跑跑	0.04%

数据来源：新浩艺

（2）即时通讯。据文睿研究数据显示，网吧用户中以沟通交流为主要目的的占 27.2%。目前，即时通讯工具不但实现了文本、图片、语音以及视频的即时沟通，而且集成了新闻、游戏、搜索、电子商务等功能，从而成为综合性的娱乐服务平台。

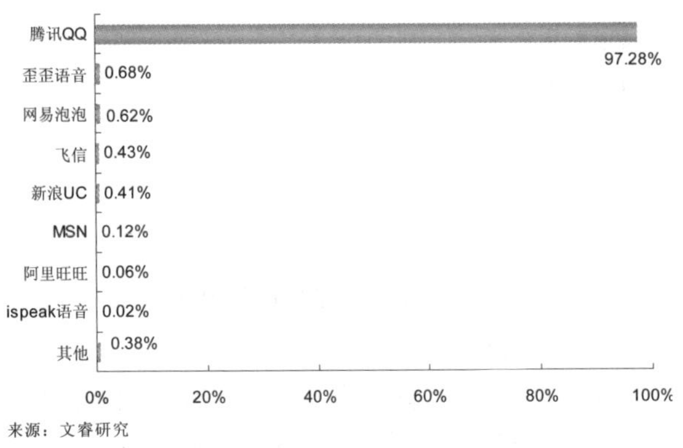

图 15　2009 年网吧用户使用即时通讯情况

网吧的即时通讯市场竞争格局比较稳定，市场集中度高。腾讯 QQ 覆盖网吧即时通讯用户的比例高达 97.28%，位居第一；歪歪语音和网易泡泡分别占 0.68% 和 0.62%，新浪 UC 为 0.41%，占比很小。

（3）影音服务。

①互联网影音服务。互联网影音根据内容来源和采用技术不同，分为视频分享、门户视频、网络电视和网络影音下载四大类。其中，视频分享、门户视频、网络电视在网吧用户中应用相对较多，网络影音下载则较少。

视频分享提供了进行视频信息发布和共享的平台，用户原创内容分享是其最突出的特征。视频分享内容丰富多样，互动性强，所以成为网吧用户进行互联网影音服务的首要选择。在网络视频分享服务平台中，网吧用户使用优酷网和土豆网的分别达到 48.3% 和 47.6%；网吧用户使用 56 网和酷 6 网的都在 13% 左右。

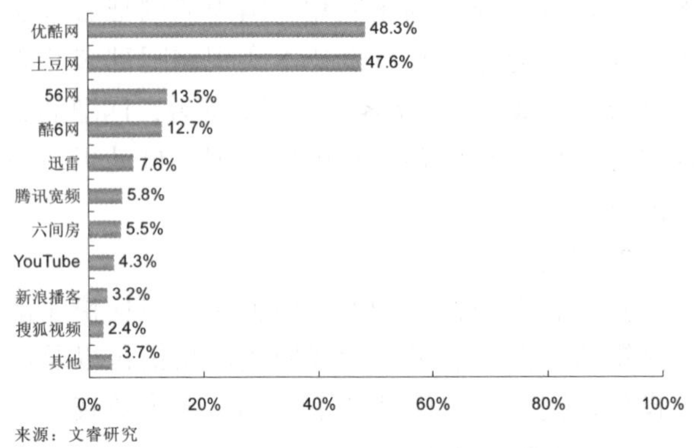

图 16　2009 年网吧用户使用互联网影音情况

2009 年，影视作品是网吧用户观看最多的互联网影音节目类型，使用率为 78.6%；幽默滑稽短片、音乐类等休闲类影音节目使用率分别占 32.2% 和 28.8%。

门户视频是由新浪、搜狐等门户网站提供的互联网影音服务。门户视频在网吧用户中使用率较高，新闻、大型活动赛事、专题等是吸引网吧用户的主要项目。

目前，网吧用户对于 PPlive、PPstream 和 UUsee 等网络电视的使用率较低，而对于网络影音下载的使用率则更低。

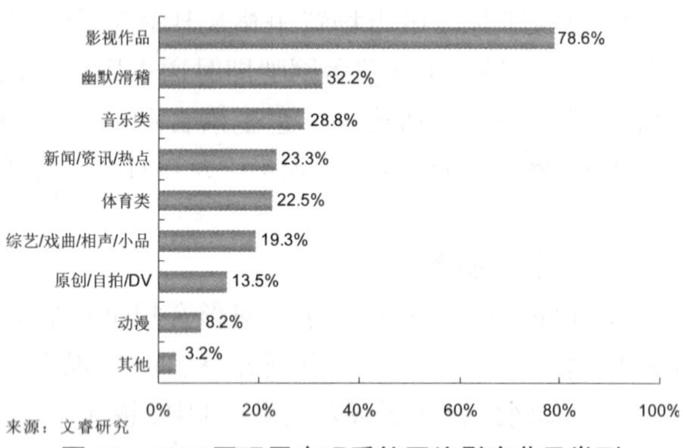

图 17　2009 网吧用户观看的网络影音节目类型

②网吧内影音服务。影音服务一直是网吧用户重要的娱乐方式。网吧通过架设自己的影音服务器，向网吧用户提供网吧影音内容。

自 2006 年至今，网吧影音内容版权纠纷时有发生。为规避盗版风险，部分网吧业主不再直接提供影音内容给网吧消费者，而仅提供互联网影音资源的接口来间接提供影音服务。

此外，有的网吧通过购买专业运营商的影音库来实现服务内容的正版化。国内的网吧影音服务企业主要通过 ICD 分发技术实现网吧部署和影片更新，即基于主机 / 客户端模式部署，网吧的影音服务器做缓存储备，利用带宽闲时自动更新节目内容。

2. 增值服务

目前，网吧提供的增值服务主要包括快速消费品销售、游戏点卡及游戏周边产品销售以及广告投放，同时还有游戏线下互动、电子竞技、传真打印、主题专区等。

（1）食品、饮料等快速消费品收入是网吧增值服务收入中最主要的部分，其营业额占网吧总营业额的 20% 左右[2]。

（2）游戏点卡销售收入在网吧增值服务收入中的比重仅次于食品、饮料等快速消费品。63.5% 的网吧用户选择在网吧充值[3]。

（3）网吧作为拥有固定用户群体的公众场所，成为广告投放的有效渠道。

2009 年，全国网吧广告市场规模近 2 亿元人民币[4]，广告投放主体包括网络游戏、快速消费品、搜索引擎等企业。其中，网络游戏企业是网吧广告的主要投放者，占全部投放量的 85% 以上[5]。在所有的网吧广告收入中，网吧业务平台软件商获得 90% 以上的收益，网吧自身收益率较低。

[2] 数据来源：文睿研究

[3] 数据来源：文睿研究

[4] 数据来源：艾瑞咨询

[5] 数据来源：新浩艺

五、用户特征及行为

（一）网吧用户特征

1. 性别特征

根据中国互联网络信息中心《第 25 次中国互联网络发展状况统计报告》，中国互联网网民中男、女比例分别为 54.2% 和 45.8%。而 2009 年，中国网吧用户中男性占 89%，女性占 11%。

网吧用户性别比例与总体网民情况不一致的主要原因：一是网吧作为以网络游戏为主要内容的休闲娱乐场所，男性玩家更多；二是网吧内群体集聚氛围也更吸引男性网民。

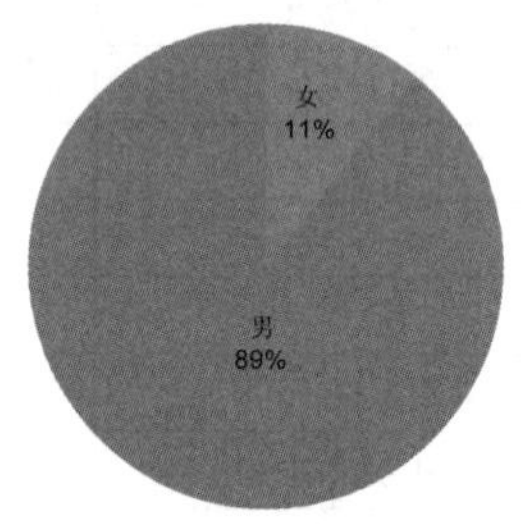

图 18　2009 年网吧用户性别特征

2. 年龄特征

网吧用户群体中，18 ~ 24 岁的年轻人群占 70.3%，25 ~ 30 岁的人群占 18%。但在城乡结合部和农村地区，仍存在未成年人进入网吧的现象。

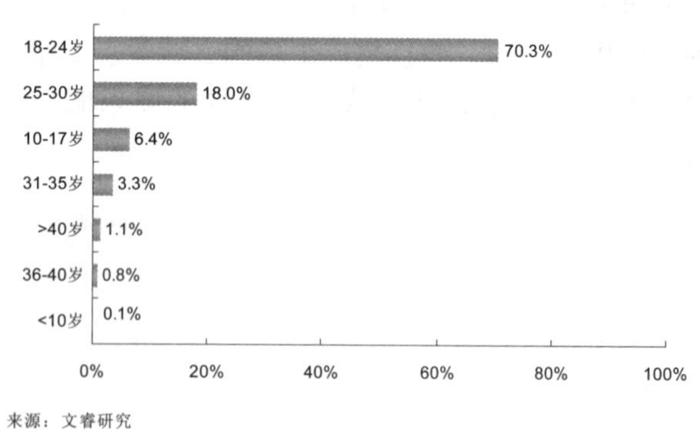

图 19　2009 年网吧用户年龄分布

3. 教育程度

网吧用户的教育程度相对较低，本科学历以下人群约占 85%，本科学历占 14.5%，硕士 / 博士学历人群仅占 0.6%。

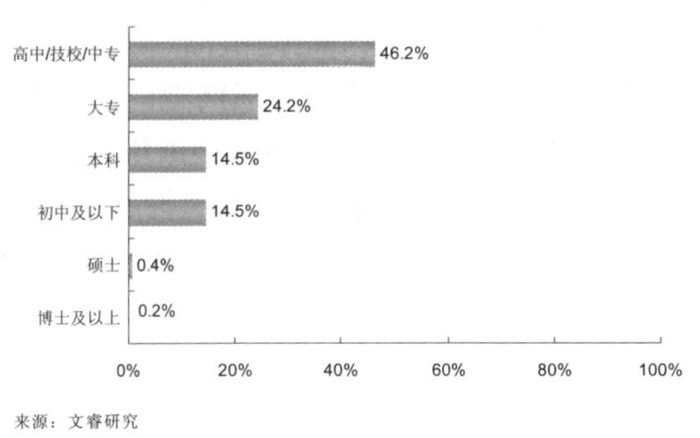

图 20　2009 年网吧用户教育程度

4. 职业特征

网吧消费主体如下图：大、中专学生和无业人员依然是中国网吧的主要消费群体，分别占 26.2% 和 22.4%。

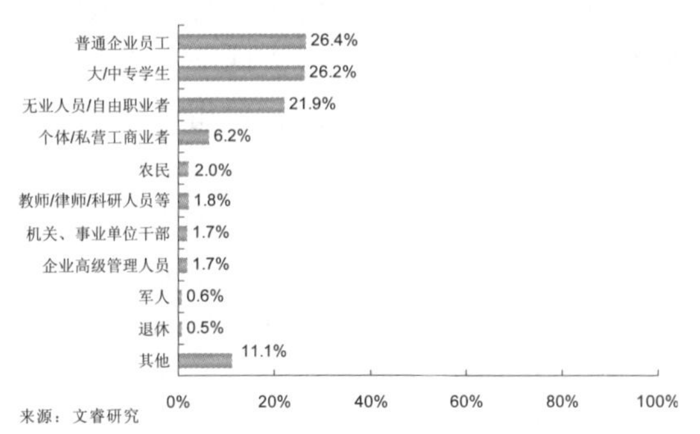

图 21　2009 年网吧用户职业特征

5. 收入特征

网吧用户收入在 1000 元至 2000 元的网民占 39.5%；无收入人群占 21.2%，这与职业特征所反映出网吧用户以低收入人群为主是一致的。

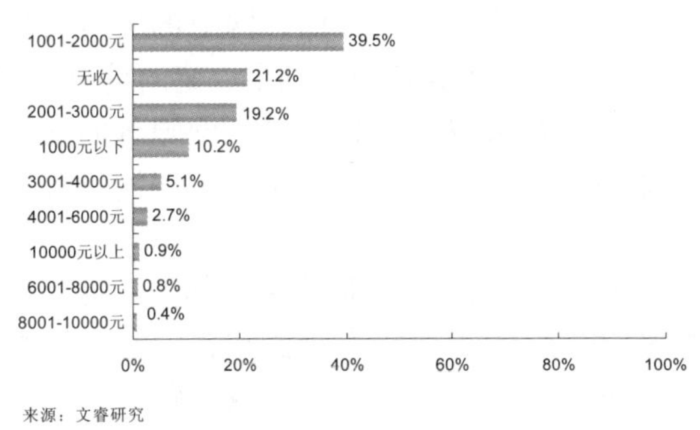

图 22　2009 年网吧用户月收入情况

（二）网吧用户的上网行为

1. 网吧用户平均每次上网时长

网吧用户平均每次上网时间 3 ~ 5 小时的占 44%；1 ~ 2 小时的占 30%；6 ~ 12 小时的网吧用户占 15%。

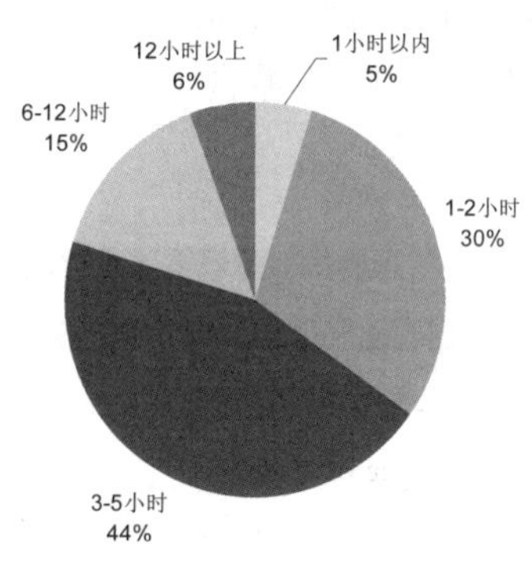

图 23　2009 年网吧用户平均每次上网时长

2. 网吧用户的上网频率

每周至少到网吧上网消费一次的用户占 56%，每天到网吧上网消费的占 37%。

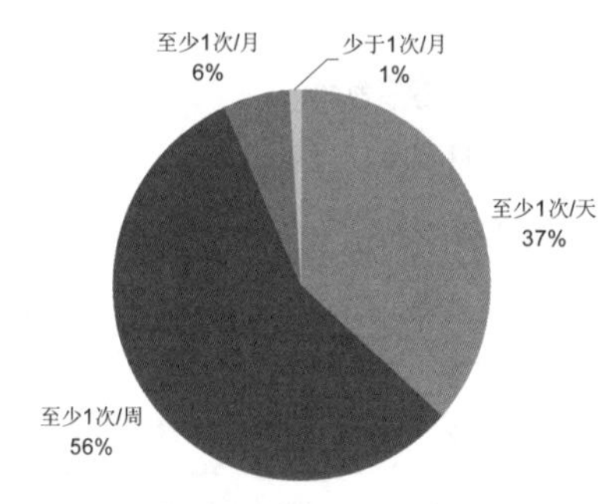

图 24　2009 年网吧用户到网吧上网的频率

3. 网吧用户的网络应用状况

2009 年，网吧用户主要使用网络游戏、即时通讯、影音服务等互联网应用。值得关注的是，尽管网吧作为公共场所，其网络安全性一直受到用户的质疑，但在网吧进行网络购物、网上支付等活动的用户还是分别达到了 6.7% 和 6.1%。

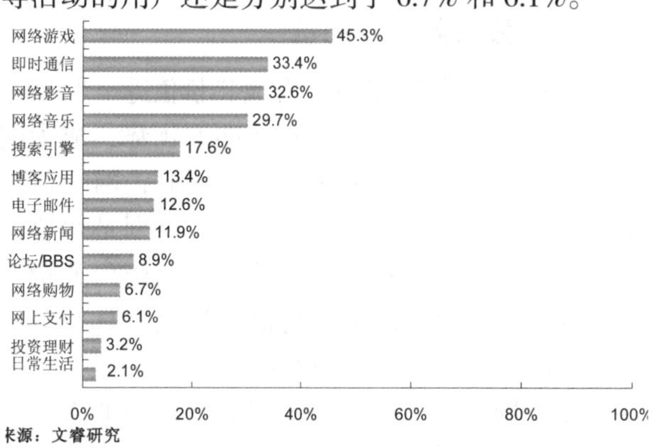

图 25　2009 年网吧用户常用的网络应用

（三）网吧用户的个人消费行为

1. 消费项目

2009 年，网吧用户在网吧内最频繁的个人消费行为依次为购买饮料（86.7%）、购买网络游戏点卡（79.7%）、购买零食（45.3%）、购买游戏周边产品（18.3%）。

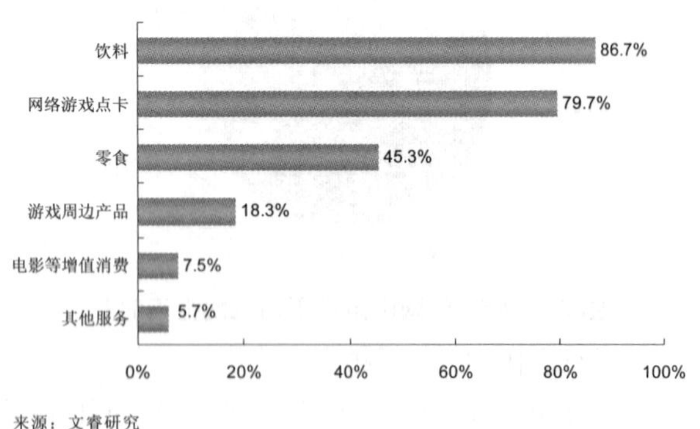

图 26　2009 年网吧用户个人消费项目

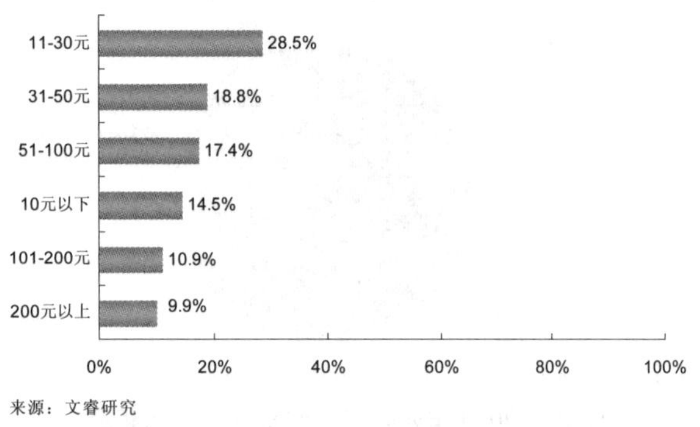

图 27　2009 年网吧用户平均每月消费金额

2. 消费额度

2009 年，网吧用户除交付上网费用外，每周其他消费额为 10 ~ 30 元的占 28.5%，30 ~ 50 元的占 18.8%，每周消费额最高可达 200 元以上。网吧仍是当前适合于低收入群体消费的文化娱乐场所。

六、发展趋势与前景

（一）新型渠道的多元化营销价值进一步体现

网吧因其拥有众多电脑终端的优势，成为网络文化产品和服务的销售渠道。同时，网吧作为公共服务场所，可以为日常消费品特别是快速消费品提供广阔的销售平台。随着网吧用户消费需求的多样化，网吧的渠道价值也将朝着日益多元化的方向发展，其中蕴藏巨大商机。

在市场的趋动和政策的引导下，网吧连锁化将逐步占据网吧市场的主导地位。连锁化的经营方式通过合理整合、配置现有网吧资源，使连锁化经营的规模化、集约化效益得以充分体现；从而更有利于进一步拓展、提升网吧的渠道价值，深度挖掘网吧赢利模式，增强网吧整体竞争力。

网络游戏运营商、快速消费品厂商、搜索引擎运营商、电子消费类产品提供商、文化类的电子商务提供商等可充分利用连锁网吧门店分布广、覆盖深，一级、二级、三四级城市逐渐渗透的特点，依托连锁网吧的渠道平台，实现广告和销售的有机结合，创造出新的营销模式，突破销售渠道不畅的瓶颈。

（二）网吧市场的渠道价值是金融资本的热切关注点

截至 2009 年年底，全国网吧行业内金融资本大多以网吧硬件设备的融资租赁形式存在，所占比重仍然很小。

究其原因，主要有两方面：一方面，大多金融资本特别是风险投资需要高回报率，而目前网吧行业赢利模式缺乏创新的现状导致金融资本仍持观望态度；另一方面，过去网吧行业的政策导向并不明晰，前景尚不明朗，使得金融资本不敢轻意涉足。

2010 年，随着政府大力推进网吧连锁化经营模式，网吧市场特别是连锁网吧企业在市场和政策的双重作用下，投资环境将显著改善，其蕴涵的巨大渠道价值也将进一步彰显，成为金融资本的热切关注点。

七、结语

网吧的形成与发展有其一定的必然性和合理性，在社会主义初级阶段，在我国信息化、工业化过程中，网吧作为获取信息、休闲和交往的场所，成为满足城乡低收入居民特别是城市流动人口上网需求的重要场所。一方面，网吧的发展对加速我国信息化的进程和普及起到了一定的推动作用；另一方面，对未成年人禁止进入网吧等明文规定尚不能执行到位，导致未成年人沉迷网络等现象的发生。

文化部作为网吧行业的主管部门，规范网吧市场秩序、保护未成年人合法权益一直是网吧管理工作的一项重点。对此，各级文化行政部门和文化市场综合执法机构采取了一系列措施：一是坚持严管重罚，打击各类违法违规经营行为，保持高压态势；二是强化责任，进一步落实行政执法责任制，将责任落实到人，严格责任追究制，确保政令畅通；三是加强社会监督，建立和完善举报奖励制度，健全网吧社会监督员队伍，提高监督实效；四是将在城乡公共文化服务机构中大力发展免费的电子阅览室，为广大群众提供便捷的上网服务，加强对群众，特别是未成年人上网的引导。

同时，文化部将大力推进连锁网吧工作，并将此项工作作为规范网吧市场秩序的重要手段。鼓励网吧连锁化、规模化、专业化、品牌化，支持和引导非连锁网吧向连锁业态发展。

附录

1. 相关定义和专业名词解释

名词	解释 / 定义
网吧	2002年9月，国务院颁布的《互联网上网服务营业场所管理条例》规定，网吧是一种互联网上网服务营业场所，即通过计算机等装置向公众提供互联网上网服务的营业性场所。互联网上网服务包括通过互联网进行的信息浏览、信息查询、网络休闲、收发电子邮件等多种信息服务，同时具备以下四个条件的，即可认定为互联网上网服务营业场所：第一，通过计算机等装置提供经营服务；第二，向社会公众开放；第三，提供互联网上网经营服务（含局域网）；第四，该场所是营业性场所。因此，无论是否冠以网吧名称，只要符合上述条件的互联网上网服务营业场所都属于网吧的范畴。
黑网吧	没有按照《互联网上网服务营业场所管理条例》取得“网络文化经营许可证”的互联网上网服务营业场所。
网吧用户	通过网吧进行相关信息获取、服务获取、娱乐获取等具有自主控制权的个人或团体。
网吧连锁企业	根据文化部关于印发《网吧连锁企业认定管理办法》的通知（文市发〔2009〕35号），网吧连锁企业是指在企业总部的统一管理下，按照连锁经营的组织规范，以统一服务规范、统一财务管理，统一形象标识和统一计算机远程管理的形式，由企业总部或其分公司、子公司全额投资或控股开设的直营门店开展互联网上网服务经营活动的投资管理企业。特许或加盟、自由连锁等形式的连锁网吧经营单位不列入本办法调整范围。
单体网吧	单体网吧是指独立投资、自主经营的网吧。
直营连锁网吧	各连锁子网吧由总部直接运营、直接管理；总部对各子网吧拥有所有权，对子网吧经营中的各项具体事务均有决定权。
加盟（特许）连锁网吧	总部网吧和加盟网吧之间通过订立特许经营合同建立起关系，并通过合同明确各自的权利和义务；核心是特许经营权的转让，各特许加盟店的人事和财务关系是相互独立的。
自由连锁网吧	自由连锁是加盟店按自发的意志、自愿组成的组织，各加盟店之间存在横向联系但相互联系较为松散，他们在合同期内可以自由退出，通常总部一般为非营利性机构，不收或收取少量的会费。
影音服务	影音服务是指在互联网上或网吧内提供的影视、音乐播放服务。

2. 网吧的分类标准

网吧通常以规模、技术、经营模式、经营范围等为分类标准。

根据规模不同分为小型网吧（100及以下台电脑）、中型网吧（100 ~ 299台电脑）和大型网吧（300台以上电脑）。

根据不同的企业组织形式，网吧可以分为单体网吧和连锁网吧。单体网吧是指独立投资、自主经营的网吧；连锁网吧是指《网吧连锁企业认定管理办法》的通知（文市发〔2009〕35号）中定义的“网吧连锁企业”。

根据不同的经营范围，网吧可以分为单一性网吧和多功能网吧。单一性网吧基本只提供上网服务，多功能网吧除了提供上网服务外，还提供餐饮、娱乐等其他增值服务。

目前，中国的网吧通常采用规模和组织形式的复合分类标准，分为单体网吧、中小型连锁网吧和大型连锁网吧。

3. 2009年网吧市场大事记

1月，新疆维吾尔族自治区文化厅、新闻出版局为加快推进新疆地区网吧软件正版化工作，联合下发通知，明确要求：“2009年3月30日前服务器桌面操作系统软件的正版率必须达到40%。要求把系统软件推进工作与年审工作结合起来，凡以各种理由推托、拒绝更换正版软件的经营企业一律不得参加年审。” 文件下达后，乌鲁木齐市网吧业主反响强烈。

针对部分地方省区市自行开展的推行网吧软件正版化造成的不良影响，文化部重申：第一，坚决反对以行政手段在网吧强制推行操作系统软件正版化。第二，文化部门要依法维护网吧相关知识产权保护工作。第三，各地要从该事件中深刻吸取教训，认真听取行业声音和群众意见，避免社会矛盾激化，防止此类事件再次发生。

3月19日，文化部、国家文物局联合印发《关于贯彻落实〈中共中央办公厅、国务院办公厅关于进一步净化社会文化环境 促进未成年人健康成长的若干意见〉的通知》（文市发〔2009〕8号），要求切实加强文化市场管理，整治文化场所经营秩序，打击非法文化产品，净化文化市场环境；积极促进优秀文化产品的创作与传播，满足未成年人的文化生活需求；推进文化市场综合执法改革，加快全国网络文化市场监管平台建设，为净化社会文化环境提供基本保障和技术手段等。

3月28日，由文化部、国家工商行政管理总局、公安部、工业和信息化部、中国关心下一代工作委员会等部委联合印发《关于进一步净化网吧市场有关工作的通知》（文市发〔2009〕9号），对严厉查处网吧违规接纳未成年人；坚决取缔黑网吧；严格网吧市场准入审核关；抵制低俗暴力内容在网吧传播；以及完善网吧及网络游戏管理工作协调机制建设等工作作出了重要部署。

4月30日，华谊兄弟继2008年状告广州40余家网吧播放《集结号》之后又将广州市某网吧告上了法庭，理由是该网吧未经授权在局域网上复制播放电影《墨攻》，接着12月份华谊兄弟又针对《功夫之王》的版权问题将广州市的某网吧告上法庭。近年来华谊兄弟起诉了广州市约200家网吧，全部胜诉，目前已获赔近百万元，网吧盗版影视的维权运动开始受到更多关注。

5月15日，国家工商总局、中央文明办、公安部、文化部、工业和信息化部、中国关心下一代工作委员会联合印发《关于加强协调配合开展查处取缔黑网吧专项行动的通知》（工商个字〔2009〕96号），部署自2009年6～9月，在全国范围内组织开展查处取缔“黑网吧”专项行动：专项行动分为宣传动员、排查摸底、集中整治和总结验收共4个阶段实施，加强部门合作、确保部门任务落实，并且配合召开电视电话会议，加强督查，开展表彰等形式使黑网吧取缔行动取得良效。

5月16日，微软开始在东莞推行网吧正版化，计划在5年内对东莞网吧完成“正版化”。

7月29日，山东冠县公安局城关派出所向县城的网吧下发了“停业整顿两个月”的通知，全城关闭所有网吧，冠县县委常委、副县长邓丽表示，“整顿网吧的目的是规范，不是关闭！”

9月7日，文化部关于印发《网吧连锁企业认定管理办法》的通知（文市发〔2009〕35号），明确了网吧连锁企业的标准和范围，加强了网吧连锁企业管理与发展的制度建设，着力于促进网吧市场进一步优化结构、规范经营，为网吧行业实现规模化、连锁化发展提供了新动力。创新了网吧连锁标准，并将网吧连锁企业的管理由事前的行政许可调整为事后的行政确认，更加符合网吧连锁经营发展的实际和其自身规律。

9月9日，在文化部指导下，北京、上海、陕西等14个省级网吧行业协会，大连、厦门、广州等16个计划单列市、省会城市的网吧行业协会在西安召开净化社会文化环境网吧行业自律大会，并共同发表了《净化网吧行业自律宣言》。

9月，全国网吧行业协会年会召开。各地网吧行业协会充分交流了开展的工作，围绕当前网吧行业存在的主要问题、如何促进网吧行业自律发展等内容进行了深入探讨。会上，协会代表还纷纷建议主管部门重视网吧协会的管理和发展，尽快指导成立全国性网吧协会组织，以便统筹规划全国网吧行业发展与自律。

11月11日，文化部、中央文明办、工商总局、公安部、工业和信息化部和中国关心下一代工作委员会等六部委联合印发《关于开展2009年净化网吧市场、查处取缔黑网吧督查工作的通知》（文明电字〔2009〕23号）。六部委组成净化社会文化环境工作督查组，于11月15日至30日对各地包括净化网吧、查处取缔黑网吧在内的净化社会文化环境工作情况进行督查。

12月4日，文化部办公厅下发《关于开展2010年元旦、春节期间文化市场专项整治行动的通知》，重点解决当前文化市场存在的突出问题，促进网络游戏、网吧、网络音乐、演出等市场健康发展，加强文化市场监管，加大对网吧接纳未成年人和黑网吧的整治力度，协助做好安全生产执法检查。

12月6日，第四届中国网吧产业发展大会召开。大会以“网吧产业发展”为主旨话题，旨在通过行业交流、主题讨论，以期形成网吧观察的新视角，构建网吧发展的新思路，打开网吧发展的新空间，引发网吧价值的新思考。

4. 网吧市场发展历程

1995年之前，国内首家网吧“3C+T”在上海成立。这种以网络咖啡屋形式经营的网吧开始在全国其他地区相继出现。由此，网吧开始兴起。此时的网吧主要功能是提供上网终端服务和有限的游戏娱乐服务，部分网吧提供饮料、食品等服务项目。当时的网吧用户多以高校、公司职员以及外籍人士为主。

当时由于中国的互联网发展不发达，加之个人上网所需的设备和网络费用成本高昂，网吧成为人们获取互联网服务的主要场所，但网吧规模较小，消费价格相对较高，人均每小时消费价格为20元左右。

1995～1998年，网吧经历了第一个发展高峰。电脑游戏的发展使网吧吸引了一批时尚青年，网吧用户群体开始增加，网吧也从单一的上网场所向游戏类娱乐场所发展，服务内容以单机游戏为主，上网服务开始成为网吧的次要服务项目。

由于不少年轻人开始以网吧提供的游戏服务作为重要的娱乐手段，使网吧行业的用户群体进一步扩大，网吧行业丰厚的利润和逐渐增长的用户群体使国内网吧的数量进一步增加。同时，随着网吧数量的增加和竞争的需要，网吧消费水平开始降低，人均每小时消费10～15元。此时的网吧规模一般维持在10～20台电脑之间，很少有40台电脑以上的网吧出现。

1998～2000年，互联网设施的升级以及硬件设备的降价普及，促使国内网吧的数量迅速膨胀，从而引起大规模的行业内竞争。网吧间的竞争以价格战为主，人均每小时消费水平直线下降，5元、3元、1元，网吧的机时费达到最低水平。

当价格竞争触底后，网吧业主开始理性思考吸引客源的途径，纷纷在改善上网环境、提高上网速度、更新硬件设备等方面下功夫。同时，包时限优惠、增加增值服务等也成为网吧业主拓宽用户群的赢利手段。

但是，随着网吧行业竞争的日趋激烈及市场规模的扩大，部分网吧不规范经营行为所引发的社会问题也逐渐凸显出来。

2000～2003年。2001年上海东方网点连锁管理有限公司成立，全国不少地区的网吧自发结合成网吧联盟体系，开始了在网吧连锁化经营上的尝试，网吧行业开始复苏。

伴随着网络游戏在国内的流行，网吧用户群体迅速激增。然而，网吧的管理水平远远滞后于网吧用户增长的速度，网吧自身管理薄弱所带来的弊病进一步显现。2002年6月，北京“蓝极速”网吧事件后，国家有关部门开始加大对网吧行业的管理力度，同年9月，国务院颁布了《互联网上网服务营业场所管理条例》（以下简称《条例》），至此全国开展网吧整顿专项行动，网吧行业进入了重新洗牌阶段。

该《条例》理顺了管理体制，以“从严审批、控制总量、合理布局、优化结构”为原则，加强宏观管理和调控力度，并且强化经营者的责任和管理要求，努力推进全国网络文化市场监督管理系统的建设。在此期间，缺乏管理的非正规中小型网吧关、停、并、转，网吧行业进入正规化发展阶段，同时网吧消费价格开始回升，并且稳定在合理水平。

2003～2007年。2002年，全国各地出现过网吧连锁店的形式，但大多没有正规的连锁化实质内容。2003年4月，文化部印发《关于加强互联网上网服务经营场所连锁经营管理的通知》的发布，进一步引导网吧行业向正规化、健康化的方向发展，国内网吧行业正式开始了连锁化的发展道路。

国内的网络游戏在2002年开始飞速发展，网络游戏消费群体大量出现，再次为网吧行业提供了极大的发展与推动力量，连锁网吧在电脑设备购买更新、提供服务种类、经营管理手段方面显示出明显优势，政府开始扶持连锁网吧的发展，单体网吧的发展开始受到限制，2004年，政府管理部门开始停止对单体网吧的审批。

同时，由于网吧行业在发展的过程中，速度增长较快，在利益的驱使下，一些网吧业主违法接纳未成年人，提供暴力、色情等不健康网络内容服务等现象时有发生；随着网络游戏的风靡，一些未成年人在网吧沉迷网络游戏导致悲剧，在社会上造成了很大的负面影响。政府在此期间主要针对未成年人进入网吧、黑网吧、有害信息传播等主要监管重点，对网吧行业的规范发展进行管理。

在此阶段，鉴于网吧与消费者的贴近，其市场价值逐渐得到认可，网吧的渠道功能受到PC产业链、快速消费品销售商和游戏运营商的青睐和重视。同时，由于网吧用户娱乐需求的增长，因此网吧也开始向大型休闲娱乐场所转化，网吧业主对于网吧新的经营模式和赢利模式的探索得到进一步加强。

2007 ~ 2009年。2007年，政府停止网吧经营许可证的审批，网吧总体数量趋于稳定。2007年，网吧的赢利水平有所下降，网吧开始进入微利时代。2008年，受金融危机和国内经济形势的影响，一些网吧开始寻求多元化经营，网吧对发展增值服务的需求日渐迫切。

中国艺术品市场白皮书

一、关键词

1. 艺术原创作品（艺术品）：是指艺术创作者以线条、色彩或者其他方式创作的具有审美意义的造型艺术作品，包括绘画、书法、雕塑、雕刻、摄影、装置等作品。

2. 艺术衍生品：包括艺术复制品和艺术授权产品两类。

3. 艺术复制品：艺术创作者许可并签名的，限量在200件以内的复制品。不包括工业化批量生产的工艺美术产品。不包括以商业广告、产品说明、创作者自用以及其他实用目的制作、印刷、拍摄的造型艺术产品。

4. 艺术授权产品：是指经艺术创作者（著作权拥有者）授权制作生产的各类产品。

5. 艺术品交易：是指以买断、代理、寄售、拍卖等形式销售艺术品，并获得销售收入、佣金、服务费以及其他经济补偿的经营性活动。

6. 艺术品展览：是指在特定时间、场所，向社会公众集中展示、展销艺术品的活动。

7. 艺术品进出口：是指为实现销售、展览及其他商业目的，从境外引进或者向境外出口艺术品的经营活动。不包括消费者和艺术创作者本人自用的艺术品进出境活动。

8. 画廊：展览和销售美术作品的场所，也指展卖美术品的商业企业。画廊的性质是中间商市场，或者叫转卖者市场，是艺术品交易一级市场，一个以赢利为主要目的、购买艺术品再转卖出去的商业场所。

9. 艺术品拍卖：是指以委托寄售为业的商业企业，按一定章程规则，用公开出价和竞价的方式当众出卖寄售的艺术品，将它转让给最高出价者的买卖形式和商业行为。从事拍卖的商行或者公司叫做“拍卖行”或者“拍卖公司”。是艺术品交易二级市场，拍卖行或者拍卖公司从拍卖成交的金额中收取一定比例的金额作为手续费，一般是买卖双方均需向拍卖行或者拍卖公司缴纳手续费（佣金）。

10. 艺术品博览会：是大规模、高品位、综合性的艺术商品集中展示交易形式、买卖场所和组织活动。它具有浓厚的文化氛围和鲜明的时代特点，将艺术审美和商品经济有机地结合在一起，它是社会经济高度发展后带动文化消费需求增长的必然产物，也是一个国家、地区艺术市场走向成熟的重要标志之一。

二、市场概述

（一）中国艺术品市场在文化产业中的地位

2003年9月，文化部制定下发的《关于支持和促进文化产业发展的若干意见》，将文化产业界定为：“从事文化产品生产和提供文化服务的经营性行业。”2004年，国家统计局对“文化及相关产业”的界定是：为社会公众提供文化娱乐产品和服务的活动，以及与这些活动有关联的活动的集合。

艺术作为一种精神产品，在整个社会产品中占有越来越大的比重。艺术价值是很重要的精神价值，其客观作用在于调节、改善、丰富和发展人的精神生活，提高人的精神素质。艺术品作为一种特殊商品，它具备商品的基本属性——使用价值和价值，它的使用价值不是表现为某种物质的工具性，而是体现在精神和文化上——藉以满足人们的某种审美需要和精神需求。

艺术品市场在两个层面上被称为文化产业的“原点和核心”。第一，艺术启发创意，艺术修养是创意之魂，创意是文化产业之根本；第二，艺术品具备自身市场规模的同时，影响并带动诸多产业的发展，形成附加值效益，称为艺术衍生品产业。本白皮书将艺术品市场总体划分为“艺术原作品市场”和“艺术衍生品市场”，后者的综合产值不可限量，并随着人们生活水平的提高，需求会快速放大。

2009年，我国艺术品拍卖业的年度成交额为212.5亿元，加上画廊业及民间交易的部分，总交易额保守估计约为1200亿元。通过对比发现：2009年，我国艺术品拍卖业的交易额与网络游戏市场规模持平，是中国电影票房收入的4倍。北京地区2009年的演出市场年收入为10亿元，艺术品拍卖市场的成交额为100亿元，相差近10倍。由此可以看出，艺术品市场在文化产业总产值中占有不可低估的比重。2009年，我国的新闻出版业总产值突破1万亿元，是文化产业的产值龙头，如果将“艺术衍生品市场”的产值纳入艺术品市场的统计范畴，那么，艺术品市场的总产值有望在5年内与新闻出版业持平。

2008年，联合国贸发会议将文化产业进行了如下的标准分类，图中“视觉艺术”即我们定义的“艺术品市场”，这张图有助于我们正确理解艺术品市场在文化产业中的位置，以及艺术品市场与周边其他文化产业类别的关系。

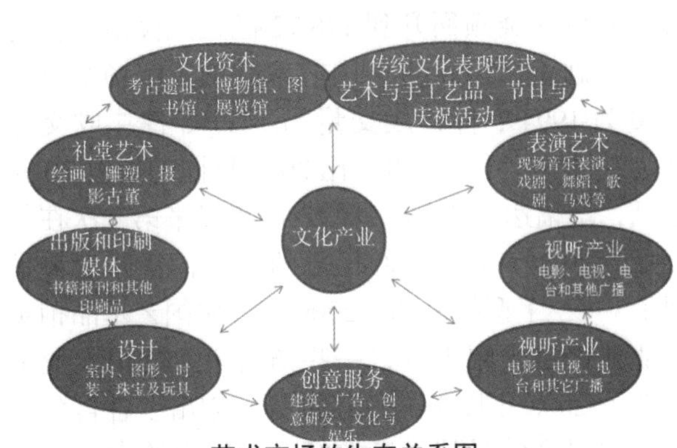

艺术市场的生态关系图

通过以下3张图从不同的角度描绘了艺术品市场的“生态关系”。“艺术品市场结构图”将一个繁复的艺术圈划分为核心层、外围层和相关层3个层面，可用于做产业构成分析；“艺术品市场关联图”以艺术品为核心，圈定了与其关系最为紧密8个角色，描述了艺术品市场的核心构成；“艺术品市场产业链条图”描述了艺术品市场的价值链，可用于做产值分析。

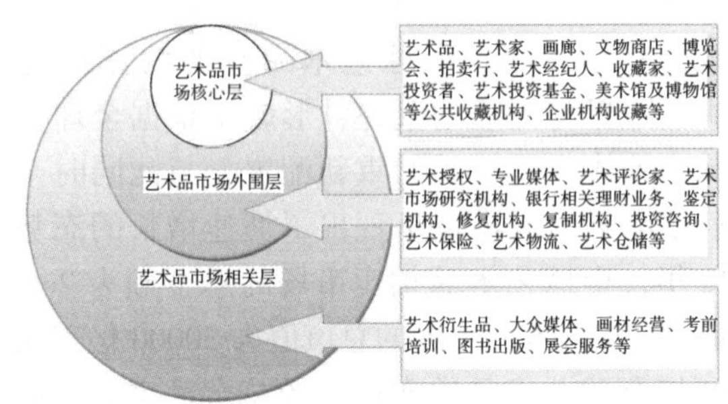

艺术品市场的结构图

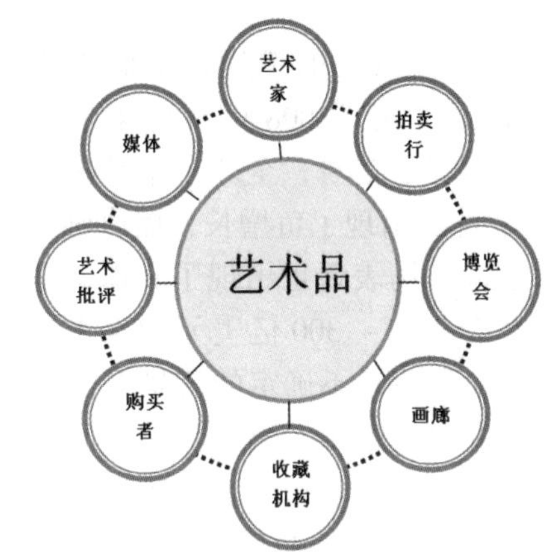

艺术品市场关联图

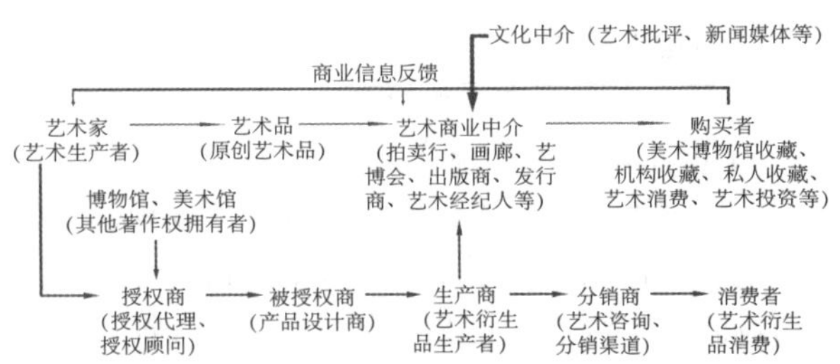

艺术品市场产业链条图

（二）全球艺术品市场

21世纪以来的全球艺术品市场呈现出了全球化与信息化的两大趋势，而全球化与信息化已经成为全球艺术品市场新的发展基础，两者之间的高速互动也成为全球艺术品市场进一步发展的助推力。艺术品市场全球化的成果，主要表现在艺术品交易开放性体系的初步形成，而以中国、印度、中东、俄罗斯为代表的新兴艺术品市场发展，以及新兴市场针对全球艺术品市场体系的不断融入，更增强了开放性的色彩，并提供了丰富的多样性。随着近年来经济全球化的深入发展，全球艺术品交易的开放性格局在客观上加速了艺术资源的全球化流通，同时又推动了全球艺术市场的规模发展。2000年以来，全球艺术品资源的流通已经超越了国界与洲际的壁垒，形成了根据全球艺术品市场具体供需关系的重新配置，与此同时全球艺术品市场的规模也呈现出了加速增长的态势。2002年，全球艺术品拍卖市场的总金额为260亿美元，全球艺术品市场的总市值为30000亿美元，2007年全球艺术品拍卖市场的总金额突破400亿美元，全球艺术品市场的总市值达到了50000亿美元。

由于国际金融风暴的爆发，2008年全球艺术品市场受到了冲击。2008年，全球艺术品市场的总体价格下降了37%，全球艺术品拍卖市场自2002年以来首次出现了负增长，而以画廊为代表的艺术品零售市场表现也出现了衰退，全年成交金额维持在250亿～300亿美元的水平。在全球经济继续波动和前景不确定的背景下，2009年全球艺术品市场仍呈现出了整体性衰退。但是自2009年第三季度以来，全球艺术品市场已经在价格指数窄幅回升，在拍卖市场的流标率逐步降低，在经典艺术品、战后艺术品的交易价格小幅上涨，以及在市场信心指数重新正向上扬等方面，出现了止跌回稳的迹象。

（三）中国艺术品市场

21世纪以来的中国艺术品市场，一直保持了较好的发展态势。中国艺术品市场的市场规模在稳定中增长，市场经营活动在竞争中活跃，并在与国际市场间的交流互动日渐频繁中，进一步提升了中国艺术品市场的话语权与影响力，逐渐成长为全球艺术品市场重要组成部分之一。2000年，中国艺术品拍卖市场的总成交金额为12.50亿元人民币，经过8年发展至2007年，中国艺术品拍卖市场的总成交金额为223.04亿元人民币，市场规模扩大了16.84倍，年平均增长率为210.50%。2006年，北京市文物局依法审核和批准14家文物商店经营，使北京市文物商店的经营总量达到46家，增长率达到了43.8%，同年北京市配合国家文物局审批文物拍卖企业31家，使北京市文物拍卖企业总量达到73家，增长率达到了73.8%。2007年，北京地区画廊数量突破300家，其中新成立的画廊比例占总数的30%。2007年，包括艺术品拍卖、古玩市场、画廊交易、艺术品博览会交易等在内的中国艺术品市场总规模，达到了1561.28亿元人民币。2007年，中国艺术品拍卖市场成交额占全球艺术品拍卖市场的7.3%，比2006年提高了2.4%，首次名列全球的第3位。

在国际复杂经济形势的影响下，2008年的中国艺术品市场出现了调整与波动。具体表现在：2008年，中国画廊业的整体销售数量下降、交易价格下滑、客户流失，还有48.90%左右的中国画廊明显感受到了艺术品市场的调整压力。2008年，中国艺术品拍卖市场自20世纪90年代恢复发展以来也首次出现了成交总额的负增长。2008年中国艺术品拍卖市场总成交金额为191.94亿元人民币，较2007年的223.04亿元人民币下降了14.1%。此外，2008年中国古玩交易市场的成交金额降幅达37.4%，艺术品博览会的规模缩水明显，参展商数量下降了31.5%。

面对国际复杂经济形势的挑战，在政府宏观经济调控政策的影响下，在国内产业转型尤其是文化创意产业蓬勃发展的背景下、在国家相关行业主管部门的积极指导以及艺术界、艺术品经营行业的努力配合下，2009年中国艺术品市场在强调大局稳定的同时继续谋求自身的发展。经过近半年的积极调整，2009年下半年中国艺术品拍卖市场的成交金额回升到148.72亿元人民币。在这样的基础上，2009年中国艺术品拍卖市场全年上拍量为199495件，成交量为141165件，成交总额为212.5亿元人民币，比2008年同期增收20.56亿元，增幅达10.71%，自2000年以来第二次在年度成交额上突破了200亿元的关口，整体走势呈现了“V”字型的复苏。2009年，中国艺术品拍卖企业业绩也大幅提升，一些知名企业的拍卖业绩改变了2008年以来的低迷颓势，创出了各自公司自成立以来的最佳年度业绩。在国内拍卖市场的带动下，2009年中国艺术品市场整体表现明显优于全球市场，体现出全面复苏的良好发展态势。

三、现状分析

（一）产业影响力表现

2009年，中国艺术品市场虽然受到了国内外复杂金融因素的影响，但是经过改革开放以来的开拓创新，已经发展成为一个具备较大规模的产业平台。同时作为文化产业的重要组成部分，中国艺术品市场也正在通过与其他产业间的协同合作，进一步扩大对中国社会和经济发展的影响力。

中国艺术品市场以产业化的形态方式积极推动中国文化传承与发展。艺术品市场，一方面有着与其他市场相一致的经济属性，一方面由于经营运作内容的特殊性，具有了更多的文化色彩。因此，现阶段的中国艺术品市场除了通过与其他市场的融合互通，承担着中国文化产业开拓发展的责任之外，也正在积极担负起民族文化的传承与传播的重要使命。以中国艺术品拍卖业为例，2009年，中国艺术拍卖企业共有120余家举办了800余场次的艺术品拍卖活动，举办拍卖预展活动近250余次，印制拍卖图录近600余种，其中近半数以上的比例涉及中国古代艺术品和近现代艺术品，对中国传统文化的传播、展现与推广起到了积极的作用。此外，在全国举办的艺术品交易会、艺术品博览会中，中国古代和近现代艺术品也得到了一定比例的展示，如2009艺术北京经典艺术博览会，展期4天参观群众接近2.8万人次。

中国艺术品市场在推广中国当代艺术方面起到了积极作用。2009年，中国艺术品拍卖企业举办针对中国油画及当代艺术品的拍卖专场共50余场次，上拍量为8997件，成交量为6369件，成交金额为24.70亿元。而以北京地区的画廊为例，2009年举办展览数量为750余次，北京的798艺术区更成为了海内外艺术爱好者欣赏中国当代艺术的必游之地。此外，北京、上海、广州、香港地区等地举办的当代艺术博览会，2009年共计展出当代艺术品近5000件，累计参观人次近30万。

中国艺术品市场为中外文化交流、艺术品交易搭建平台。在画廊市场方面，2009年，国外当代艺术的展览活动日趋频繁，亚洲尤其是日、韩、印度等国的当代艺术已经成为国内购买力日益关注的对象，而以合资或独资方式进入中国的海外画廊数量也在逐年提高。以北京798艺术区为例，2009年外资画廊的数量在2008年37家的基础上增加至43家，其中韩资画廊的数量占比最大，共有8家。外资画廊的进驻，一方面增强了艺术区的整体实力和国际化交流程度，一方面对应于国际复杂经济形势的背景反映出海外市场对中国未来发展前景的信心。在拍卖市场方面，借助于中国艺术品拍卖市场的平台，在中国艺术品不断走出国门向世界展示中国传统艺术和当代艺术的魅力的同时，中国优秀艺术品的“海外回流”规模逐年扩大，一些具有重要历史文物价值的中国古代艺术重归祖国怀抱，如在2009年拍卖市场中创出“天价”的吴彬《十六应真图卷》、曾巩《局事帖》、朱熹等7家《宋名贤题徐常侍篆书之迹》，都是“海外回流”的重要佐证。此外，艺术北京、CIGE、上海当代、艺术香港等各地举办的艺术博览会，或以“亚洲”为核心，或以“全球”为目标，力邀海外画廊及艺术机构参展，在中外文化交流和艺术品交易各个层面上，搭建起更具互动性的平台。

中国艺术品市场的繁荣带动了相关产业的发展。2009年，中国艺术品市场的稳定发展，产生了良好的市场边际效应。由于画廊业、艺术品拍卖业以及艺术品博览会的商业活动与运营涉及面广，不仅与画材、装饰、包装、展会服务、印刷等专业领域密切相关，更辐射至金融保险、饭店、餐饮、物流、航运、旅游等领域。因此2009年中国艺术品市场的稳定发展，既可以通过该领域的新增就业岗位进一步吸纳新毕业大学生等高层次人才的就业，同时又借助于和各行业的跨界融合，以艺术创意为源头，延伸出一个具备高附加值的知识密集型与具有社会辐射型的产业模型，例如针对艺术授权的营运和交易、艺术衍生品的推广和市场拓展等，将对我国经济的全面协调发展和产业结构的进一步调整具有重要意义。

（二）经营主体分析

从经营主体而言，一个相对成熟的艺术品市场应由画廊、艺术品拍卖和艺术品博览会等组合而成，其中以画廊、文物商店为代表形成艺术品市场中的一级市场（或称艺术品零售市场），以艺术品拍卖为核心形成艺术品市场中的二级市场（或称艺术品二手市场），在艺术品市场中发挥着主导性的影响，而艺术品博览会则以大型展会的交易模式，承担着一级市场、二级市场间的沟通纽带和艺术品交易补充性渠道的作用。

20世纪90年代初期，随着改革开放进程的不断深入，国内的画廊、艺术品拍卖和艺术品博览会各自应运而生。进入21世纪以来，国内的画廊、艺术品拍卖和艺术品博览会在20世纪90年代的发展基础上，以艺术品交易为主轴，逐渐形成一级市场和二级市场，既分层经营又彼此扭合的市场有机结构，同时艺术品博览会作为中国艺术品市场中的重要一环，继续发挥着越来越重要的市场作用。2009年，中国艺术品市场的各经营主体，在不断进行自我提升的同时，逐步强化不同主体间的互动配合，推动中国艺术市场结构性优化的进程，反映中国艺术品市场逐步成熟的特征。

1. 画廊

当代意义上的画廊，发端于欧洲的沙龙体制。除了以经典艺术作为重要经营内容外，21世纪的画廊普遍参与当代艺术的经营，通过多样化的经营，承担了从价值发现到社会认同的推广工作。

目前画廊业在全球范围内得到迅速发展，逐渐成为各国文化产业的重要组成部分。其现实意义，不仅体现在画廊作为一级市场的核心，正在发挥应有的市场作用，同时画廊又通过和公共收藏体系、私人收藏活动的结合，通过与相关产业跨界的互动，已经成为文化产业价值链的高端环节。在发展过程中，画廊也在吸引社会资金参与、吸收各层次人才加入、创造社会新增就业岗位等方面，产生良好的社会效应。

国内画廊的起步较晚，从改革开放至今经历了4个阶段，总体呈现从无到有、从不成熟到相对成熟的发展特征。第一个阶段是指中国改革开放的初期。在这一阶段，随着国家政治、经济、文化政策的有效调整，传统画店式艺术品销售得到恢复，但由于相关政府主管单位监管和法律法规配套的缺失，发展规模和发展速度都受到了制约。第二个阶段是指20世纪整个80年代。在这一阶段，国内经济领域深入改革，艺术品市场迅速发展，针对民众艺术品消费的画廊、画店数量明显增加，针对国外艺术品消费者的经营单位结合国家对外旅游业的发展势头，也取得了良好的业绩增长。第三个阶段是指整个90年代。在这一阶段，部分画廊逐渐摆脱传统的"画店"经营和旅游性的"美术品商店"的运作模式，引入"签约代理"等当代经营制度，经营内容逐步转向中国当代艺术的推广销售。第四个阶段是指2000年至今。这一阶段是国内画廊加速发展时期。具体表现在整体数量增加、大型化发展、经营良好并出现赢利，以及外资画廊大量涌入等方面，此外在国内经济文化中心城市和沿海经济文化发达地区，出现以画廊经营为核心的文化产业聚集区，如北京的798艺术区、上海的莫干山艺术区等，成为新兴的文化生活方式和文化消费方式的重要推动力。

2009年的国内画廊，在2000年以来的发展基础上，首先针对国内外经济形势的新变化，通过经营方式的转变，增强自身的抗风险能力。在经营方式的转变上，国内画廊除了在注重降低运营成本的同时，采取降价开源等措施促进销售之外，还在多元化经营模式的建设上进行了探索。一些画廊从原来只单纯经营油画，开始涉及多媒体、雕塑、装置等新艺术品的推广经营。一些画廊也从原来单纯经营艺术品，拓展出新的销售渠道，例如艺术图书的编辑设计、艺术衍生品的开发销售，甚至派生出针对艺术消费人群的收藏讲座、培训、咨询等专业性的服务内容。其次在克服国际复杂金融形势影响的前提下，逐渐形成多元竞走的发展态势。多元竞走，不仅指的是画廊所经营作品的风格或定位的多元，还涵盖了经营者的背景、操作的手段、公关的策略等诸方面的多元。与此同时，关心中国当代艺术创作，强调中外艺术的交流，注重艺术资源整合与行业间合作，也成为了目前国内画廊的基本认识与共同愿景。

2. 艺术品拍卖

艺术品拍卖是一般意义上的拍卖市场的重要组成部分，其运作模式一方面与整体拍卖市场相类似，一方面又因为艺术品作为较为特别的交易对象而具有一定的特殊性。例如在拍卖方式上，艺术品拍卖基本采取"加价式"（英格兰式）拍卖形式，遵循"高价者得"的基本原则。艺术品拍卖有着相对悠久的历史，与画廊经营所不同的是，它具有以稀缺性艺术资源和艺术资源再流通为目的的交易特点。作为艺术品市场中的风向标，艺术品拍卖中所出现的成交高价以及所增加的新内容，对于整体市场往往起到引导性的重要作用。

拍卖业在中国的历史可以追溯到19世纪晚期。新中国建立后的1958年，旧中国遗留下来的最后一家拍卖行在天津关闭。随着改革开放的进程，中国的拍卖业在中断了近30年之后，于1986年在广州恢复成立了第一家拍卖机构——广州拍卖行。1997年《中华人民共和国拍卖法》的颁布，标志着中国拍卖业进入了以市场化、法制化、国际化为特征的历史新阶段。

20世纪90年代至今的中国艺术品拍卖，经历了3个不同的历史阶段。1992年至1995年为第一阶段，是中国艺术品拍卖市场的草创期，其标志性的事件是1992年深圳市动产拍卖行举办“首届当代中国名家字画精品拍卖会”、1993年首家中国艺术品拍卖股份制企业“中国嘉德国际拍卖有限公司”成立、1995年中国拍卖行业协会的成立。1996年至2002年为第二阶段，是中国艺术品拍卖市场稳定发展的时期。在这一时期，中国艺术品拍卖从经营机构的数量、经营范围的种类、拍卖业绩的提高等诸方面，都显示出在稳定中求发展的特征。此外，以2002年宋徽宗《写生珍禽图卷》2530万元人民币成交、米芾《研山铭》2999万元人民币成交为标志，不仅提高了中国艺术品拍卖市场的全球地位，更带动了全球范围内中国书画艺术资源向国内市场的流动，即所谓的“海外回流”现象。

2003年至今为第三阶段，是中国艺术品拍卖市场加速发展的时期。在这一时期的中国艺术品拍卖，除了在经营机构的数量、经营范围的种类、拍卖业绩的提高等诸方面，继续保持快速发展之外，又进一步在经营模式上与全球艺术品市场全面接轨，同时形成以北京、上海为核心的中心化发展态势。

面对国内外复杂经济形势，2009年的中国艺术品拍卖通过调整、提升等多种措施来解决现实中存在的问题。其中对于核心竞争力的重塑、拍卖模式的创新以及拍卖内容的拓展，成为了调整提升的主要方向。首先是在提高专业化与核心竞争力的方面，2009年中国艺术品拍卖企业，一方面通过对已有标的的市场估值、对潜在市场客户的挖掘维护、对服务方式及内容等方面的调整，强化各自企业的专业化水平，一方面在拍卖行内部，通过加强管理、找准经营定位、提高员工素质，为企业积蓄发展的力量；其次是在拍卖模式的创新与尝试方面，2009年中国拍卖企业开始注重国际艺术资源的整合，通过进军海外市场和与国际拍卖企业的合作，参与亚洲艺术品市场的协同发展；最后，在经营内容的拓展上，中国艺术品拍卖企业在2009年逐渐拓展出书法、雕塑、印章、紫砂壶等拍卖专场项目，以及中国现当代工艺美术品、国际当代艺术、红酒等新的拍卖内容，在抵御风险的同时，针对国内外艺术消费领域的新变化，求新求变，并为未来的可持续性发展带来了活力。

3. 艺术品博览会

艺术品博览会的原型是古代城市中的商业集市，其近代形态来源于1851年在伦敦举办的“伦敦万国工业产品大博览会”。20世纪60年代，随着社会进一步分工与专业化的进程，专业性的艺术博览会逐步从综合性的博览会中脱离出来。作为艺术品与市场的集大成者，艺术品博览会是目前世界上针对艺术品的大型展示交易活动。在过去的30余年间，世界上许多大城市群起仿效，形成了一股举办艺术博览会的热潮，至今这一发展势头仍十分强劲。目前在世界各地举办的艺术博览会总数不下50家，其中尤以瑞士“巴塞尔国际艺术博览会”、英国伦敦“佛利兹艺术博览会”、德国“科隆国际艺术博览会”、法国“巴黎国际现代艺术博览会”、西班牙“马德里现代艺术博览会”最为知名，有“世界五大艺博会”之誉。

艺术品博览会在20世纪90年代被引入国内，已有近20年的历史，发展至今经历了2个阶段。1993年至2003年为第一阶段，是中国艺术品博览会的草创期。其标志性的事件是1993年在广州举办的“首届中国艺术博览会”，博览会的举办改变了以往由国家拨款举办展会的单一方式，通过众多参展机构的参与，以开放性、国际性博览会的形式把艺术品推向市场。此后，中国艺术品博览会逐步发展，在90年代中期中国的主要都会城市北京、上海等地纷纷创办了各自的艺术品博览会。2003年至今为第二阶段，是中国艺术品博览会逐步规范发展的重要时期。其标志性的事件是2004年在北京举办的首届中国国际画廊博览会，进一步明确了以艺术品经纪机构和销售机构为核心参展主体的参展标准，并提出了专业化、学术化和接轨海外的发展目标。此后，艺术北京、上海当代、艺术香港等相继创办，在展会组织机构、展会内容日趋国际化的同时，也体现出在经营定位、展会服务、学术方向等方面的多元化发展。

由于艺术品博览会的经营运作，既依托于一级市场画廊的发展现状，又与二级市场艺术品拍卖的行情趋势密不可分，因此中国艺术品博览会在2009年同样面临着自身的经营调整问题。针对

2008年以来海内外画廊低迷不振、营运艰难的现实情况，中国艺术品博览会一方面通过进一步吸引高端客户，促进展会期间的艺术品交易，一方面强调资源共享，吸引更多参展商、买家的参与。在降低参展商的参展成本方面，各博览会在多渠道筹措资金上下足工夫，尤其在吸引社会资金赞助形成多赢局面上取得了一定的突破。作为经营调整的重要举措，2009年的中国艺术品博览会普遍重视在专业性和学术性上的拓展，借助学术性论坛、学术邀请展、公共艺术等项目的举办，增强艺术品博览会的学术水准与专业美誉度。作为文化产业重要表现形式的艺术品博览会，在提升自身品牌的同时，注重跨界合作，增加针对艺术设计、艺术咨询、艺术展会服务、艺术衍生品以及艺术旅游的推广力度，更自觉地融入当地城市的经济、文化的脉动之中，推动所在城市的文化产业发展，提升了所在城市的文化品质，对于城市的文化行销、人文环境的改善也具有明显的现实意义。

（三）经营产品分析

基于悠久的历史积淀和当代文化艺术的蓬勃发展，目前中国艺术品市场所经营的艺术产品，种类繁多，形式各异。大致可分为艺术原创作品和艺术衍生品二大类。艺术原创作品是指艺术创作者以线条、色彩或者其他方式创作的具有审美意义的造型艺术作品，包括绘画、书法、雕塑、雕刻、摄影、装置等作品。艺术衍生品包括艺术复制品和艺术授权产品二类，它们都是基于艺术授权经营模式的艺术产业化成果。艺术复制品是指经艺术创作者许可并签名限量在200件以内的复制产品；艺术授权产品是指经艺术创作者授权制作生产的各类产品。从历史发展的角度而言，艺术原创作品进入艺术品市场的时间较早，有着悠久的历史，艺术复制品与近现代工业文明的发展进程密不可分，艺术授权产品则是新生事物，与近年来国内外文化产业的开拓创新密切相关。从2009年中国艺术品市场来看，针对艺术原创作品的经营仍是市场的核心部分，艺术衍生品针对国内艺术品消费人群的日益增加，具有了广阔的发展前景，是中国艺术品经营中的新增长点。

1. 艺术原创作品

在2009年中国艺术品市场中，艺术原创作品是国内的画廊、艺术品拍卖、艺术品博览会等艺术品经营单位的主要经营产品。其中，国内艺术品拍卖的涉猎面较广，涵盖了古代、近现代、当代等不同历史时期艺术家的作品，国内画廊、艺术品博览会则偏重于当代艺术家原创作品的经营推广。

从2009年中国艺术品市场表现来看，中国书画作品、中国瓷器杂项、中国油画及当代艺术品在各类原创艺术作品经营中业绩突出，在艺术品市场中具有举足轻重的地位。以国内艺术品拍卖为例，在2009年艺术品拍卖市场的分布中，中国书画作品的上拍数量为96316件，成交数量为71438件，成交率为74.10%，成交金额为108.31亿元人民币，占总成交金额的50.97%；中国瓷器杂项的上拍数量为94182件，成交数量为63358件，成交率为67.27%，成交金额为79.84亿元人民币，占总成交金额的37.40%；中国油画及当代艺术品的上拍数量为8997件，成交数量为6369件，成交率为70.90%，成交金额为24.70亿元人民币，占总成交金额的11.62%。其中中国书画在上拍数量、成交数量、成交金额以及所占市场金额比例等方面都处于市场领先的地位。除了市场流通量大、价值认同度高、购买人群基数广泛等优势因素之外，国内艺术品经营主体风险意识明显增强，通过市场经营品种的结构性调整来抵御经济环境不利因素影响，以及国内买家群体重归价值判断，通过选择购买中国书画来纠偏国内市场的浮躁性、盲目性和非理性，是中国书画在2009年成为市场亮点的原因。

从推动中国艺术品市场复苏的角度而言，中国书画在2009年下半年出现突破行情是其中的核心力量。2009年，中国书画拍卖成交金额达到了创纪录的108.31亿元人民币，这是中国艺术品拍卖自恢复以来首次出现单一品类拍卖年度成交金额突破百亿元的现象，比2008年增长73.43%。其中中国古代书画市场经营表现突出，2009年，中国古代书画拍卖成交金额为38.33亿元人民币，比2008年增收了16.09亿元人民币，增幅达72.35%，所占中国书画拍卖成交金额的比例，也从2008年的35.00%增加到2009年的35.39%。2009年中国古代书画在拍卖单价上也出现了大幅提高，2008年中国古代书画作品的年度拍卖成交纪录是宋徽宗《临怀素圣母帖》，成交价为1.15亿元人民币，由台湾地区的拍卖企业创出，2009年全年中国古代书画共有4件作品超亿元人民币成交，最高成交纪录为明吴彬《十八应真图卷》的1.69亿元人民币，成交纪录也全部为国内拍卖企业所创出。

2009年，瓷器杂项的国内拍卖业绩，相比2008年同期减收5.78亿元人民币，下降幅度为7.38%，但是从2009年国内瓷器杂项经营的整体情况来看，市场经营稳定，市场交易趋于活跃，该经营品种在国内外复杂经济形势影响下市场抗风险能力已有所体现。从细分市场而言，在2009年国内瓷器杂项拍卖市场成交金额中，瓷器占比31.46%，仍居首位，其他依次为珠宝14.65%，玉器13.14%，家具6.32%，文玩6.31%，佛像4.49%，古籍善本2.32%，钱币1.92%，犀牛雕1.32%，邮票0.62%。对比2008年的相关数据，玉器、家具、古籍善本、邮票、钱币分别出现了2.80%、2.34%、0.6%、0.27%、0.20%的年度增长，而小幅下降的有瓷器、佛像等品类，下降幅度最大的是珠宝，下降幅度达6.31%。从2009年国内各地文物商店、大型古玩市场的交易情况来看，出现了两极分化的市场现象，100万元以上瓷器杂项中的精品销售情况良好，20万元以内的作品市场也购销两旺，其中如以硬木所制作各式家具，以和田玉料所制作的挂件、赏器等，由于制作材料几近枯竭，市场流通量日渐稀缺，因此在一级市场中2009年的交易价格涨幅也较大。

中国油画及当代艺术在经过2003年以来近6年的价格增长，至2008年进入了行情调整的新阶段。2009年，中国油画及当代艺术的国内画廊经营情况，普遍出现了价格下降、交易萎缩的现象。尤其在中国当代艺术的高价位作品部分，国内画廊面对国内外复杂经济形势的不利因素冲击，大多采用降价促销的方式。作为经营内容调整的近期方向，国内画廊对于青年艺术家作品的推广销售日益重视，一些标价在10万元之内的青年艺术家作品，与已成名画家相比“性价比”优势明显，吸引了新一代收藏家的关注。2009年，中国油画及当代艺术的拍卖市场与2008年相比仍出现成交总额上的明显下滑，全年减收19.52亿元人民币，降幅达44.1%，所占市场比例也从2008年的22.46%降至2009年的11.62%。在整体调整的背景中，“红色经典油画”和“写实油画”不跌反升，成为拍卖市场的亮点，其中如“红色经典”中的靳尚谊《毛泽东视察上钢三厂》，拍卖成交价为2021.6万元，“写实油画”中的陈逸飞《踱步》，拍卖成交价为4043.2万元，各自创出了艺术家作品拍卖的新纪录，反映出目前中国油画拍卖中的“经典化”行情变化。伴随着国内画廊、艺术品拍卖的调整与开拓，雕塑、装置、影像、多媒体等当代艺术品，从过去的无人问津发展成为市场的新增长点，购买人群也有所增加。在2009年艺术品拍卖市场成交金额的分布上，油画等平面作品占比下降了2.09%，雕塑、装置、影像、多媒体等的拍卖市场份额有所提高。

2. 艺术复制品

目前在市场中流通的艺术复制品，包括了以传统手工方式制作的产品，如临摹绘画、高仿陶瓷与木版水印等，以现代印制技术制作的产品，如丝网印刷等，以当代技术制作的产品，如数码输出品等。一些艺术复制品得到艺术家的许可并具有艺术家的本人签名，借助现当代技术精密制作取得接近于原作的视觉效果，但是艺术复制品的根本属性仍是原作的拷贝，同时在材质、触感、品质、韵味等方面都逊色于原作。

长期以来，艺术复制品在继承发扬民族传统、传播当代文化艺术等方面发挥了积极作用，其实用价值大于收藏价值、投资价值。但是近年来随着国内艺术审美水平与艺术消费力的提高，艺术复制品在装饰布置、礼品馈赠等方面的社会需求逐年增加，针对艺术复制品的收藏活动日趋活跃，市场销售随之扩大。

目前的艺术复制品收藏主要以精品复制品为对象，原作价值、原作社会知名度、复制技艺和复制数量，是艺术复制品收藏价值的4个衡量因素。一些制作精良、限量发行的高品质复制品，体现了对原作的理解和消化，同时具有制作工序多、制作周期长的特点，因此在画廊市场中标价较高，达到了万元之上的价格水平。一些高端艺术复制品也进入到了艺术品拍卖市场，并取得了较好的拍卖成绩和投资回报率，如吴冠中签名版水印木刻复制品《江南印象》，原画廊标价为1600元人民币，2006年春季拍卖中以44000元人民币成交。

随着中国当代艺术海外市场的出现，中国当代艺术复制品也走出国门，畅销海外。如2004年张晓刚等5位中国当代艺术家签名版丝网印刷制作的《中国当代艺术精品版画集》，2005年在韩国的画廊销售价为每套1万美元，2008年的市场转让价格达到了5万美元。

艺术复制品作为正在发展中的市场经营产品，仍面临着许多亟待解决的问题。其中建立相应的制作流程规范和产品标准体系，对于进一步规范艺术复制品的制作与销售具有现实意义，此外在注重高端艺术复制品收藏市场拓展的同时，进一步开发大众消费市场，建立多渠道的分销代理网络，也是艺术复制品可持续性发展的市场要素。

3. 艺术授权产品

艺术授权产品是艺术品市场中的重要品类，是将艺术作品的无形价值作为版权商品进行市场推广的产物。广义的艺术授权由产品授权、企业艺术合作、城市艺术应用3个方面组成，狭义艺术授权专指的是产品授权部分，包括画作授权、商品授权、数字授权等。艺术授权，从艺术家角度而言，不仅取得了除原作交易之外的商业回报，同时通过艺术授权过程中的包装、推介、展示和交易行为，对艺术家进行了更广泛的社会化宣传；从被授权商的角度而言，是运用艺术塑造品牌、提升产品附加值、增加获利的新营运方式。而艺术授权产品的出现，既在一定程度上增加了原作的市场价值，也通过跨界的合作推广延长了艺术品的产业链条，形成多赢的商业模式，拓展了艺术品市场的疆域，提高了艺术品市场的产业化水平与在文化产业中的地位。

艺术授权在国外已有20多年的发展历史，发展至今已经形成相对成熟的商业模型，如在欧美地区有每年定期举办的艺术授权博览交易会，目前全球授权零售市场总产值约为1800亿美元，其中艺术授权与出版占到了10%的市场份额，约为189亿美元，已经超过了艺术品原作在国外市场交易总额，产业年增长速度保持在5%，有着很好的市场发展前景。国内艺术授权市场虽然刚刚起步，但近年来随着文化产业的发展，市场拓展速度明显加快。2009北京国际文化创意产业博览会中，国内首次举办了艺术授权交易会，来自国内外的参展商与被授权厂商良性互动，促成了超过1亿元人民币的艺术授权商品签约交易。

从目前国内艺术品市场中流通交易的艺术授权产品来看，艺术授权商、被授权商通过复制、展示、改作、出租等操作方式与各种商业用途相结合，从包括卡片、月历、包装纸、明信片等平面性的艺术授权产品，逐步扩展为针对客户消费新变化的立体雕塑、动态影像等多种产品形式。面对2009年国际复杂经济形势，国内的艺术授权企业，一方面加强了与大众消费零售市场的互动联系，通过对食品、日用品、装饰品、礼品等行业的厂商、经销商的艺术授权，进一步扩大了艺术授权的范围与艺术授权的产品种类；一方面增强了对我国民族文化传统的挖掘和整理，更多地引入民族文化艺术的元素，提升了国内艺术授权产品的附加值和核心竞争力，着力拓展海外销售的市场与对外贸易的渠道。

作为国内刚刚起步的市场经营产品，艺术授权产品的加速发展将面临知识产权保护不足、中介组织不完整和产业分工不细致等方面的现实问题。要将中国文化藉由艺术授权及其产品推向国际，继续参考国际成功艺术授权经验，加快建构具有中国特色的艺术授权产业模式，是解决问题的最好方式。

（四）购买力分析

购买力指的是人们支付货币购买商品或劳务的能力，是通过社会总产品和国民收入的分配和再分配形成的。艺术品购买力专指人们出于消费、收藏、投资等目的支付货币购买艺术品或劳务的能力，艺术购买力的大小，既与社会经济发展水平、社会整体财富情况密切相关，又与社会文化进步、国民文化素质、民族传统承继密不可分。

按照国际通行的划分标准，当一个国家人均GDP达到1000美元至2000美元的时候，艺术品购买力逐渐启动，达到8000美元的时候，艺术品购买力将推动艺术品市场进入繁盛期。对应于中国艺术品市场的发展，2003年至2006年中国人均GDP从1000美元增加到了2000美元，在此期间中国艺术品市场出现了跨越式的发展。2009年中国人均GDP达到了3600美元，在我国居民消费结构变动中，教育、文化已经成为当今消费热点，尤其沿海经济发达地区针对文化艺术产品的购买力增长较快。

现阶段国内艺术品购买力的分析研究，可以从艺术收藏、艺术消费与艺术投资3个角度进行观察。

1. 艺术收藏

艺术收藏由三部分组成，即美术博物馆的收藏、企业或机构的收藏和私人收藏。进入21世纪以来，随着我国综合国力增强和个人财富累积，国内美术博物馆收藏、企业或机构的收藏和私人收藏，在藏品的数量、品质等方面都呈现出不同程度的提升。

政府主管单位针对美术博物馆、民营非赢利性艺术机构的收藏，给予了一定的政策倾斜和资金支持，但由于收藏资金明显不足，有关美术博物馆、民营非赢利性艺术机构的社会捐赠制度、免税扶持政策尚不完备，国内美术博物馆及相关艺术机构针对艺术品市场的购买力有限，因此无法像国外那样真正起到引领市场走向、确立价值标准、推动市场发展的标杆作用。2009年，上海地方财政给与上海美术馆的收藏预算额度为200万元，深圳关山月美术馆的每年收藏预算额度可达1000万元，但收藏项目需经报批且程序复杂，无法适应目前的市场变化。

国内的企业收藏，近年来发展速度很快，成为中国艺术品市场中越来越重要的参与力量。但是国内国有大型企业的参与度较少，民营企业的占比较大，尤其是在国内沿海民营企业发展较好的省份如广东、浙江、山东，民营企业艺术私藏的发展速度更快。在北京、上海等国内重要中心城市，企业收藏力度也有所增强。以泰康人寿保险股份有限公司为例，近年艺术收藏资金的投入量达2亿元人民币，初步形成关于20世纪中国美术的企业收藏线索。由于企业收藏是近年来才出现的新生事物，因此在目标定位、程序规范、藏品管理、回馈社会等方面，都有待改进完善。

相比而言，国内发展速度最快的是私人收藏。由于国内正处于个人财富加速增长的历史时期，尤其是国内的高净值财富人群在满足了物质生活需求之后，对高品质生活的追求带动了向艺术品收藏的转向。国内的私人收藏，缺乏家族传承的渠道，从艺术品市场中购买就变成了主要途径。随着近年来的发展，国内私人收藏的购买力对国内外艺术品市场的影响力也越加明显。以香港拍卖市场为例，2009香港佳士得秋拍，来自国内的买家数量已占到21%，在11个拍卖类别中有6个类别的最高成交价为国内买家创出。国内私人收藏从行业背景来说，主要集中在近年来个人财富增长最快的领域，如房地产、金融投资、能源与基础材料、高科技等行业。2008年，金融投资行业背景的私人收藏占比57.7%，在国内各行业中名列首位；在购买倾向上，2009年国内私人收藏以经典艺术品为主流，列前3位的是瓷器杂项和珠宝手表占比34%，古代书画占比25%，当代艺术品占比13%。由于私人收藏个人化程度较大，因此推动国内私人收藏的发展，须强化针对文化价值的有效引导，同时，沟通平台与交流机制的建立，对于确立符合中国文化价值观的收藏标准具有积极意义。

2. 艺术消费

从艺术品市场购买力结构而言，艺术收藏往往处于相对高端的位置，购买方向主要针对的是稀缺性的艺术资源，而艺术消费相对位置较低，具有大众化的特点。艺术消费，既是艺术收藏的发展基础，也是促进文化产业发展的重要因素。

根据国际通行的划分标准，当人均GDP达到3000美元，国民的文化与艺术消费将进入快速的增长期。随着2009年我国人均GDP超过3000美元的水平，国内艺术消费也呈现出了明显扩张的特征。而现阶段中国艺术品市场对于艺术新资源的拓展，如市场针对中国当代艺术品尤其是青年艺术家作品的引入，市场对于艺术衍生产品的开发，也为国内的艺术消费提供了更多样化的产品类型。国内画廊市场2009年的调研数据显示，有33%的人认为艺术消费将成为市场主流，认为艺术投资将主导市场的比例则从2008年的43%下降到了2009年的19%。针对国内画廊从业者的调研也显示出，2009年艺术消费者在市场购买人群中的所占比例提高了25%，单价消费区间为2000元至20000元，消费对象也从艺术衍生类产品如艺术复制品、艺术授权产品，提升到原创版画、青年艺术家的原创作品等。虽然现阶段国内艺术消费扩张很快，但仍具有一定的盲目性。因此重视并有效引导艺术消费者的审美需求，调整艺术产品结构，开发出更多原创性强且消费者喜闻乐见的艺术产品，是进一步扩大国内艺术消费市场的重要工作。

3. 艺术投资

进入21世纪，艺术投资逐渐成为了社会热议的话题。从中国艺术品市场来看，艺术投资的理念已经从意识启蒙逐渐成为了某种共识与行为实践。艺术投资是以艺术品为投资对象，通过适时地买入与卖出获取差价回报。现阶段国内的艺术投资，在给予艺术品市场更多流动性资金的同时，也给艺术品市场带来了很多的不确定性，导致市场行情的不稳定或过度波动。

2009年相关统计数据显示，资产在1000万元之上的国内财富人群中，理财投资方向仍以房地产为主，比例上升至33.3%，选择股票的从2007年的33.3%下降至23.0%。虽然2009年中国艺术品市场受到国际复杂经济形势的影响而出现了调整，但选择艺术品投资的比例却有所增加，排名从2008年的第8位上升到目前的第4位。其中在国内经济文化中心城市如北京、上海，财富人群选择艺术品投资的比例为18.3%，排序仅在房地产、股票之后。通过数据，可以看到艺术投资在国内投资人群中的上升趋势。

除了针对中国艺术品市场的直接性投资之外，国内金融行业陆续推出的艺术理财产品和2009年深圳、上海文化产权交易所相继挂牌，也在为国内艺术投资开辟间接性的投资渠道和投资方式。

四、国际地位与作用

（一）全球化与中国市场地位提升

1. 艺术品市场的全球化

21世纪以来，全球艺术品市场呈现出了两大趋势：即全球化与由此所获得信息的渠道增加。全球化与信息化成为全球艺术品市场新的发展基础，两者之间的互动也成为全球艺术品市场进一步发展的助推力。艺术品市场全球化的成果主要表现在开放性交易体系的初步形成上。以中国、印度、中东、俄罗斯为代表的新兴艺术品市场勃兴，针对全球艺术品市场体系的融入，增强了开放性的色彩，提供了丰富的多样性。艺术品开放性交易体系的形成，在客观上加速了艺术资源的全球性流通，推动了全球艺术市场规模的发展。

2. 新兴市场的发展

以中国、俄罗斯、印度、中东地区为代表的新兴艺术市场的崛起，对全球艺术品市场的既有格局形成挑战。新兴市场购买力的崛起，导致2002年以来全球范围内艺术品价格的强劲上扬，其中亚洲区的增长最为迅速，反映出亚洲艺术市场的活力以及巨大的潜力。中国成为了艺术品市场增长速度最快的国家，至2007年6月中国当代艺术品的拍卖交易额超越法国，仅次于美国、英国，排到了全球的第3位，由此在全球范围内越来越多地拥有了属于自己的文化权力以及市场话语。

（二）全球化影响

1. 中心定价的影响

由于新兴市场仍处于发展与起步的阶段，因此全球艺术品市场的“中心化”现象只是得到了部分的扭转。这种影响直接体现在艺术品定价权上。以西方国家为中心的定价原则，不仅牵引了中国艺术家的创作，同时艺术品市场中心的回报率也对中国艺术品市场产生了牵引作用。由于跟随中心定价原则，中国艺术品市场不但在向国际定价靠拢，连品质与格调也在接近，这就是全球化给中国艺术品市场所带来的新挑战。

2. 新兴艺术市场间的竞争

全球化虽然给予了新兴市场巨大的发展机遇，但是每个新兴市场不仅要面对来自“中心市场”的反作用力，同时还要面对新兴市场间越来越明显的竞争压力。作为新兴艺术市场代表的中国在不久的将来将要面对更为复杂的市场形势。在东亚地区，中国将面临与日本、韩国的竞争，与此同时也要面对来自南亚地区的印度、中东地区以及俄罗斯等国的市场竞争。

近年来韩国艺术品市场的活跃度有目共睹，随着韩国艺术品市场的进一步发展，其本国购买力对中、韩核心艺术资源的竞争力也有了空前的提高，而大量韩国艺术资源通过韩国在中国的画廊机构渠道进入中国市场，也引起了中国国内相关市场人士的广泛关注。

日本国内的拍卖市场虽然规模不大，但同样取得了加速增长的业绩。国际艺术品市场中出现的购买日本当代艺术的热潮，既有日本与中国等亚洲各国当代艺术相比的“性价比”优势，也有日本艺术在20世纪90年代之后其市场价值一直被低估的原因。目前日本国内艺术品市场的整合力度加大，日本当代艺术品的对外输出已从针对中国、韩国，逐渐向全球蔓延。

自2002年以来印度艺术品的国际市场价格增长了10倍。除了国际市场之外，近年来印度国内艺术品市场出现30% ~ 35%的年增长率。2008年，印度国内的市场规模约为1.5亿美元。随着印度艺术国际地位的提高，藏家的增多，印度艺术市场逐渐成为全球的市场焦点。

中东地区的艺术品购买力是不可忽视的力量。随着迪拜在艺术世界中地位的崛起，带动了整个中东地区艺术市场的发展。国际著名拍卖行纷纷入驻迪拜，国际性的画廊也为迪拜的商业和金融环境所吸引。迪拜艺术市场的急剧发展，背后的推手既有本土的购买群体，也有来自国际的购买力。以迪拜为中心的中东艺术品市场的迅猛发展，已让欧美、亚洲感受到了竞争的压力。

俄罗斯同中国、印度一样被认为是新兴艺术品市场的代表。俄罗斯国内艺术品市场近年来发展迅速，也吸引了更多的资金进入。此外在全球化的发展背景下，拉美地区、非洲艺术品市场也取得了长足的进步，正在成长为全球艺术品市场中的新兴势力。

（三）机遇与挑战

1. 历史性的机遇

2009 年由于受制于美英各国整体经济形势，全球艺术品交易中心的市场行情继续走低。虽然从 2009 年第三季度开始，纽约、伦敦的艺术品市场出现了局部的恢复性行情，但短期预测依旧并不乐观。

2009 年的新兴艺术品市场，普遍受到国际金融风暴的冲击。具体而言，2009 年的俄罗斯艺术品市场出现很大的波动，画廊销售下降，艺术品价格持续走低；自 2008 年 10 月以来，印度艺术品市场的信心指数下降 63%，市场普遍认为印度当代艺术的市场需求，需要 3 ~ 10 年时间才能得以恢复；韩国艺术品市场的规模从 2007 年的 4000 亿韩元降至 2008 年的 3000 亿韩元；日本艺术品市场出现低迷不振，日本当代艺术市场依靠国际购买力支撑；中东艺术品市场也在 2009 年难逃大势而归于平淡，2009 年迪拜当代艺术博览会规模萎缩到 61 家画廊，苏富比多哈拍卖会夜场拍卖的成交率为 55%，成交金额跌至 450 万美元。对于全球艺术品市场来说，新兴市场的价值开始重新定位。

2. 提升地位引领发展

（1）由于受到金融风暴的持续影响，2009 年全球艺术品市场交易中心的作用渐趋弱化。随着纽约、伦敦两地的苏富比、佳士得拍卖公司宣布放弃亚洲当代艺术包括中国当代艺术的拍卖项目，其中心定价的“风向标”作用也日渐失效。因此如何摆脱以中心市场为唯一的“风向标”，从速确立符合中国本土价值观的市场定价体系，形成中国艺术品市场的核心价值与核心竞争力，不仅是中国艺术品市场近期的工作之重，也是关乎未来发展而必须解决的根本问题。

（2）虽然自 2009 年三季度以来国际艺术品市场出现了止跌回暖的迹象，但是 2009 年度中国艺术品市场表现不仅优于全球的整体水平，更在下半年率先实现了实质性的复苏。由此中国艺术品市场已经成为了目前引领全球艺术品市场回稳复苏的重要推力。中国艺术品市场要在未来的全球市场中发挥更大的作用，甚至成为主导性的力量，应当在 2009 年恢复性复苏的基础上，进一步实现自身可持续性发展的长期目标。这就需要中国艺术品市场有效地与中国社会经济文化的发展保持良性互动，加速市场从复苏至全面性增长的进程，把握金融风暴后的历史机遇，融入艺术市场全球化的发展，进一步提升中国艺术品市场的国际地位。

（3）从 2008 年金融风暴爆发以来的新兴市场表现来看，跟随西方而缺乏自己的独立性，偏重投资而缺乏真正的收藏支撑，各自为战而缺乏资源整合与协作，这些都真实地反映出新兴市场的不成熟缺陷。虽然新兴市场客观上存在着诸多不足，但是金融风暴之后全球化与新兴市场间所产生的新语境与新变化，同样带给中国艺术品市场以历史性的发展机遇。中国艺术品市场在立足于自身发展的同时，应该更多地参与到新兴市场在后金融风暴时代的“再出发”进程之中，通过资源整合、市场协同、优势互补等具体方式，有效扭转新兴市场现阶段的低迷颓势，引领新兴市场的未来发展，从而营造出有助于中国艺术品市场自身发展的良好的外部环境，推动全球艺术品市场新格局的生成。

五、政府政策与行业规范

中国的艺术品市场自新中国成立以来，虽历经变迁，但总体发展保持着健康蓬勃的趋势，这一方面得益于中华民族 5000 年延绵不绝的文化传脉，另一方面离不开文化部、商务部、文物局、工商行政管理总局等相关政府主管部门不懈的政策引导和行业自身规范的努力。虽然针对中国艺术品市场规范的工作仍十分艰巨，但随着相关政府主管部门在一些关键性的引导要素上作出政策上的突破，必然会进一步加速市场健康有序的发展。

（一）《中华人民共和国拍卖法》

20世纪90年代初，国家通过颁布《文物拍卖试点管理办法》、《文物拍卖管理暂行办法》，以及之后的《艺术品市场管理规定》、《拍卖市场管理办法》等使得艺术品拍卖逐渐趋于程序化和合法化。1995年，中国嘉德、北京翰海、北京荣宝、中贸圣佳、上海朵云轩、四川翰雅6家公司作为国家第一批拍卖文物试点单位获得批准。1990～1997年迎来第一个艺术品拍卖高潮，拍卖成交额逐年上升，拍卖门类也相应增多。《中华人民共和国拍卖法》于1997年开始实施，中国文物艺术品拍卖进程经过高速发展步入行业规范的市场调整时期。

（二）《美术品经营管理办法》

1994年，文化部颁布了《美术品经营管理办法》（文化部令第8号），它对于加强美术品经营管理，保护创作者、经营者、消费者的合法权益，促进艺术事业健康发展有着积极的意义。自2004年起，文化部在《美术品经营管理办法》的基础上开始起草《艺术品管理条例》（以下简称《条例》），多次征求了经贸委、外经贸部、海关等相关部门的意见，召开专家和经营者座谈会。2009年，文化部多次组织专家研讨，对《条例》进行了进一步修改完善，期望通过《条例》能够总体规范画廊、艺术品拍卖行和艺术品博览会等艺术品市场经营秩序，以及与艺术品市场相关领域的行业标准和配套办法，实行艺术品经纪人资格考试认证制度和艺术品鉴定评估制度，确立艺术品经营专业人才职业资格并将其纳入到国家整体的职业资格认证体系之中。

（三）2009中国文物与艺术品拍卖国际论坛

2009年12月12～13日，“2009中国文物与艺术品拍卖国际论坛”在北京举行。论坛邀请政府官员、海内外拍卖企业，专家、学者和媒体机构的代表，以中国文物与艺术品拍卖业发展面临的机遇和挑战为题，进行了广泛而深入的研究。论坛认为，伴随着中国宏观经济的持续发展，在政府的扶持与指导下，广大业界人士不懈努力，中国文物与艺术品拍卖市场规模空前、发展迅速。但中国文物与艺术品拍卖业在高速发展的进程中，也存在诸多问题，面临严峻挑战需要积极改进、应对和解决。对于社会上反映强烈的交易秩序、拍品真伪等问题，论坛强调，拍卖企业必须坚定不移地依法打假，贯彻诚信原则，清除少数害群之马。论坛宣言提出4点要求和愿望：（1）对于拍品的鉴定意见是职业技能和职业操守的综合体现，拍卖企业有责任增强自身鉴别真伪的能力，以降低拍卖标的争议，赢得市场信誉。（2）中国文物与艺术品拍卖业要加快国际化进程，在运作模式、门类设置、人员培养以及技术运用上，广泛吸取国际先进经验，为中国文物和艺术品市场的持续发展打好基础。（3）文物与艺术品拍卖业普遍受到舆论和公众的密切关注，新闻舆论起着重要的促进和监督作用，拍卖企业应主动接受媒体监督，并与之建立良性的互动关系。（4）政府相关部门应从国家文化产业建设的战略高度，一如既往地关心和扶持中国文物与艺术品拍卖业的发展，完善诸如拍品出境、拍品监管以及有关税收等方面的政策法规，促进文物艺术品拍卖业的健康成长。

（四）《文物艺术品拍卖规程》

在2009年12月，商务部正式公告了《文物艺术品拍卖规程》（SB/T 10538-2009）行业标准，该标准是我国拍卖行业恢复发展20多年来的第一部行业标准，标准于2010年7月1日正式实施。标准对文物艺术品拍卖中的拍卖图录、委托竞投等重要术语作出了界定，规定了拍卖活动应当遵守的基本原则。标准最重要的内容，是结合文物艺术品拍卖实践，对拍卖程序中的拍卖标的征集、鉴定、审核、保管，拍卖委托，拍卖图录的制作，拍卖会的实施，拍卖结算，争议解决途径，拍卖档案的管理等主要环节作出详细规定，以便于拍卖企业直接依据标准开展经营活动，推动拍卖各当事方积极参与拍卖，维护合法权益。

（五）《美术品进出口管理暂行规定》

为加强对美术品进出口经营活动、商业性美术品展览活动的管理，促进中外文化交流，丰富人民群众文化生活，文化部、海关总署近期先后下发了《文化部、海关总署关于印发〈美术品进出口管理暂行规定〉的通知》（文市发〔2009〕21号）和《文化部、海关总署关于美术品进出口管理的公告》，自2009年8月1日起执行。规定对美术品、美术品经营活动、涉外商业性美术展览经营活动等的具体含义都作了详细诠释；对美术品进出口管理审批、境内举办涉外商业性美术品展览活动审批、办理程序也都提出了具体要求。规定的核心是委托美术品进出口口岸所在地省、自治区、直辖市文化行政部门负责本辖区美术品的进出口审批。这个规定是一种审批权下放的体现，根本目的在于简化行政审批的程序，减轻企业不必要的成本负担。

六、发展中的制约因素

虽然中国艺术品市场总体发展保持着健康蓬勃的趋势，但也存在诸多的制约因素，包括诚信建设、法制环境、政策环境、服务保障体系等方方面面仍待健全。从积极的角度看，市场持续发展的势头，为艺术品市场的服务保障体系提供了一个广阔的完善和发展前景，包括艺术保险、艺术物流、艺术展览、艺术仓储等，服务保障体系是整个艺术市场链条的润滑剂，也是艺术市场成熟与否的一个重要特征。

（一）政策监管与税收政策的引导

在我国，艺术品被列为进口商品的第21类，与奢侈品列为一类，其中与我国签订优惠贸易国的国家，艺术品原作的进口税率为12%，复制品的税率为14%，没有与我国签订优惠贸易协定的国家，艺术品进口关税为50%。但实际情况是，由于关税、进口环节增值税、消费税等多种税费的累积，即使采用12%的进口税率，艺术品进口的综合税率往往也超过了30%。在国际上各国将艺术品的引入作为有利于国人精神文明、素质提高以及彰显国家形象来看待，因此大多数国家采取了低关税甚至是零关税的措施来鼓励艺术品的引入，一般国外艺术品关税最高是8%，美国为3%。2004年俄罗斯也采取对艺术品进口的零关税制度，自实行以来，一年内俄罗斯进口艺术品的数量超过了前10年的总和。

艺术品经营企业缴纳的地方税种主要包括营业税、城建税、教育费附加税、企业所得税、代扣代缴个人所得税、印花税等税种。由于目前文化创意产业缺少具体的税收优惠政策，因此最重要的产业政策引导手段——税收，在艺术品行业还不能得到体现。

（二）诚信体系建设

诚信的缺失，是我国艺术品市场发展的最大障碍。艺术品市场的各个交易主体都存在着不同程度的诚信缺失，包括艺术品的鉴定评估部门，一直处于无序的状态。艺术品市场信用管理体系的建立已经刻不容缓，并且要积极、稳妥地进行，要根据不同地区的不同情况，采取试点先行的措施，逐步推广信用管理制度。艺术品市场的信用管理是综合的管理体系，涉及法律、道德、管理、服务、信息等多方面的统筹规划，亟待政府相关主管部门加大力度统合协调。

（三）服务体系保障

1. 艺术保险的普遍缺失

按国际惯例，艺术品保险范围包括艺术品失窃后的赔偿和损坏后的赔偿。在国外艺术品保险比较发达的国家，通常每一种艺术运作的行为，每一种保障都是不同的，这样可以针对艺术品所面对的危险性提供比较完整的保险方式。安盛艺术品保险(AXA ART)是艺术品保险领域的国际知名企业，分支机构遍及世界发达国家和地区，其运作经验和模式值得我们借鉴。目前，我国自有的艺术保险服务，一般是由展览服务公司或艺术物流公司附设，通过它们与保险公司的洽谈合作进行保险，尚没有独立、专门的保险公司直接承保个人艺术品，这主要在于艺术品保险本身涉及较强的专业性和特殊性。中国的艺术品的投保意识同样亟待加强。

2. 艺术物流急需专业化

艺术物流在国外有数十年的历史，市场相当成熟，一般大型展会和博物馆级藏品交流展览都会请专门的艺术物流公司来做。中国艺术物流还属于起步阶段，除一些国家级博物馆采用专业艺术物流服务外，大量画廊、拍卖行、美术馆、艺术家和收藏家仍以普通货物运输的方式运输作品。而即便是国家级美术馆也仅仅在大型展览时才会采用这种“昂贵”的运输方式。把艺术品当成货物运输，往往会出现一些纰漏，导致作品损坏。国内艺术物流的瓶颈是收费较高和专业程度不足。

3. 展览展示的水平亟待进一步提高

狭义的来说，艺术展览服务包括了展览工程、展具租赁、设计装饰、现场搭建等等。更为全面的业务则包括了出入境事务、安排相关活动及协助办理签证等等。国内专业性的艺术展览服务公司尚在少数，大多仍由一般的展览服务公司承接。从目前来看，除了博览会和大型拍卖会以外，画廊等中小型展览组织方很少愿意请专业的艺术展览服务公司提供服务。

4. 艺术仓储有待发展

随着艺术品收藏投资成为热点，同时，艺术

品对仓储和摆放环境要求较高，所以专业的艺术仓储有很好的市场发展前景。国际上，瑞士银行和德意志银行等均对其私人银行客户提供相关业务。目前，国内出现了一些承担艺术仓储的公司或机构，但大多处于发展的初级阶段，有的仍依附于物流公司，专业服务水平相对较低，跨界合作能力差。有的仓储设备简陋，无法达到客户的基本要求。

七、未来发展趋势

展望未来，中国艺术品市场的发展将呈现如下趋势：

（一）市场经营主体结构持续调整优化

改革开放后，中国艺术品市场从无到有，由小到大，从毫无经验可循到初步走向规范，画廊业、拍卖业、艺术品博览会三位一体的市场经营主体结构初步建立。由于国内的画廊起步晚，经验少，艺术家和买家都还不够成熟，国内艺术品市场一直存在二级市场独大，挤压其他市场经营主体经营空间的不规范现象。从近两年的发展情况看，国内的拍卖公司锐意进取，在核心竞争力的重塑、拍卖模式的创新以及拍卖内容的拓展方面大胆改革，成效显著；国内的艺术品博览会与画廊业，更加注重对于自身品牌内涵的延伸及拓展，更加注重学术互动和藏家服务，逐步趋于成熟。在此基础上，经营主体结构的调整优化将成为中国艺术品市场发展的必然趋势。

（二）艺术衍生品市场的逐步成熟

本白皮书尝试对“艺术衍生品市场”进行了广义层面的规范和定义，目的是以原创艺术品市场为出发点，推动更大范围的产业延伸，形成增值效应。艺术衍生品为价格昂贵的名家巨作搭建了走向普通百姓的桥梁，实现了艺术品从高端收藏品转向个性化消费品的突破，有助于消费型艺术品市场的启动与发育。“艺术衍生品市场”的发展，取决于知识产权保护水平的提高，取决于授权和被授权经营者的理念创新，取决于市场消费群体的观念转变，取决于媒体舆论的宣传引导。随着市场的逐步成熟，艺术衍生品将会充实和丰富人们的生活，带来更多的和谐、美好和精彩。

（三）文化产权交易所促进艺术品市场的规范和流通

2009年，相继挂牌的深圳、上海文化产权交易所，是有别于传统艺术品市场的一种新型市场业态。文化产权交易所将通过架构文化与资本的对接服务平台，为文化产业打通更广泛的融资渠道，为各类出资主体进入文化产业提供便捷、规范、有效的服务和支持。艺术品市场是文化产权交易所的重点服务领域，这必将促进艺术品流通，进一步规范市场。

（四）金融企业进一步接轨艺术品市场

随着艺术品市场的逐步成熟，艺术品的资产属性渐次显现。2009年，国内银行、信托公司、私募基金开始积极关注艺术品市场，成为跨界实践比较踊跃和集中的一年，民生银行、招商银行、建设银行、中信银行等诸多金融机构分别从各个角度进行探索。广泛学习国外经验，结合国情、循序渐进，艺术品市场的金融化将成为一种趋势。

八、结语

随着人均GDP的持续增高，文化传承意识的日渐增强，国人对文化产品及服务的需求趋于旺盛，中国正在发展成为“文化经济大国”。中国艺术品市场作为一个日趋国际化的产业平台，将成为传承文化的有机载体，成为当代时尚文化的推广旗帜，成为中外文化交流的纽带桥梁。通过产业平台的延伸，带动制造业转型升级，带动现代服务业品质提升，带动旅游产业个性化发展，带动城市生活美好升华。总之，中国艺术品市场及其相关产业将在社会经济文化领域中占有更加重要的地位。

附　录

2006 ~ 2009年中国画廊业的调研与分析

在文化部文化市场司的支持和指导下，艺术市场分析研究中心从2007年至2009年针对我国画廊市场现状做了3次有针对性的调研普查工作。通过这些有针对性的调研，了解我国画廊市场的发展现状，为政府相关政策的制定提供参考依据。

2007年2月与2008年3月，艺术市场分析研究中心对北京、上海两地重要艺术区内的画廊及相关艺术机构展开调研，掌握基本情况，并对2006年至2008年国内画廊业的发展特点进行了初步分析；2009年4月，艺术市场分析研究中心通过问卷调查的方式，针对2009年复杂经济形势对国内画廊的影响展开调研；2009年6月，艺术市场分析研究中心又以798艺术区、草场地艺术区、酒厂艺术区北京三大艺术区内的画廊进行调查，通过调研进而分析国际金融风暴对于国内画廊内的后续性影响，以及国内画廊业在经营上的调整与变化。

调研成果和分析结论，部分归入“中国现当代美术推广计划”重点学术课题《中国艺术品市场研究报告》中，现将有关本次白皮书的内容以附录方式呈现。

一、2006～2007年北京、上海地区画廊基本情况调研

（一）2006、2007年北京和上海两地画廊的经营情况

1.画廊的经营品类和营销方式延续了多元化特征

①经营品类。与2006年北京地区画廊调研积累的数据相比，2007年的数据显示各类经营品类所占的比例均有所增长，说明各个画廊经营的品类在不断丰富。而2007年，影像已超越版画位居油画、雕塑之后成为画廊业第三大经营品类，也从侧面反映出影像艺术品在一级市场中的重要性在提升。与2006年数据相比，2007年油画、雕塑、版画、影像、装置所占的比例均有所上升，反映出上海地区画廊的经营品类也在不断丰富。

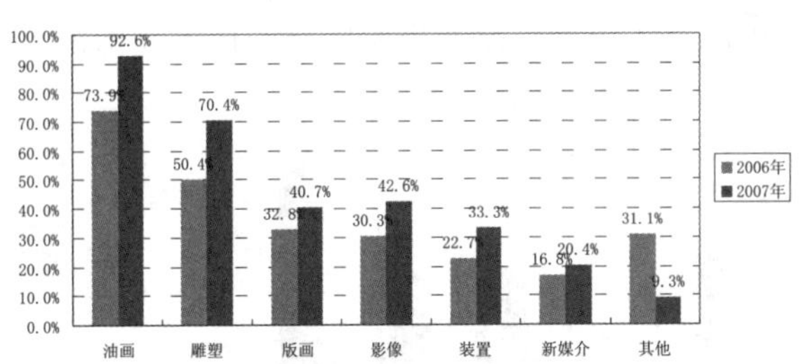

图1　北京地区画廊的经营品类及其比例情况

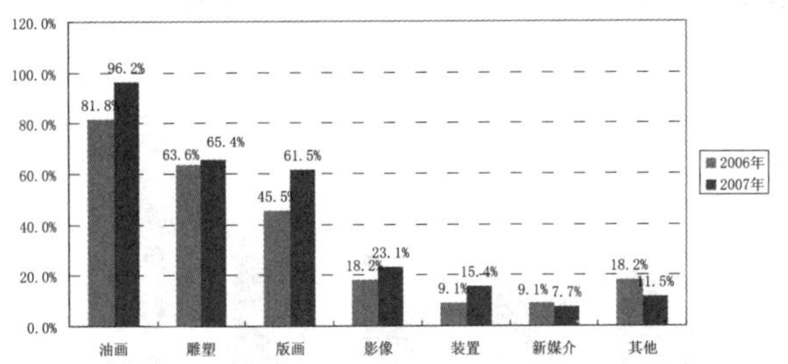

图2　上海地区画廊的经营品类及其比例情况

② 营销方式。2007年画廊业延续了以往营销方式的多元化特征，但各种营销方式所占的比例构成相较于2006年已经发生变化。与2006年北京地区画廊调研积累的数据相比，2007年艺术博览会的交易在画廊销售性获利渠道中发挥了比以往更为重要的作用。2007年上海地区画廊的获利渠道，与2006年相比新增了出租场地和网络销售两项，其中通过出租场地获利的画廊占的比例猛增到34.6%，反映上海地区画廊在销售渠道上有新的拓展。

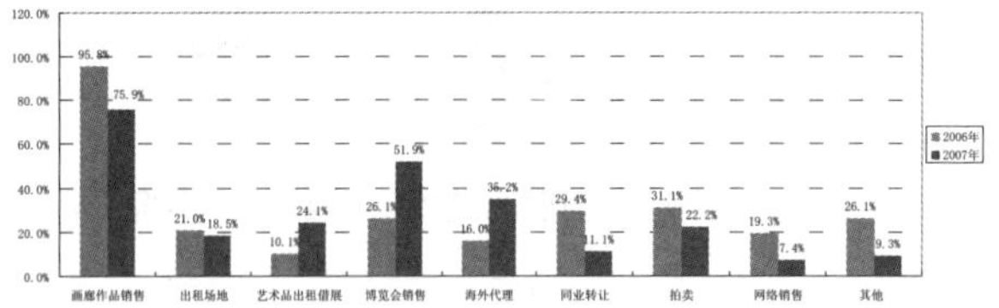

图3　北京地区画廊的获利渠道情况

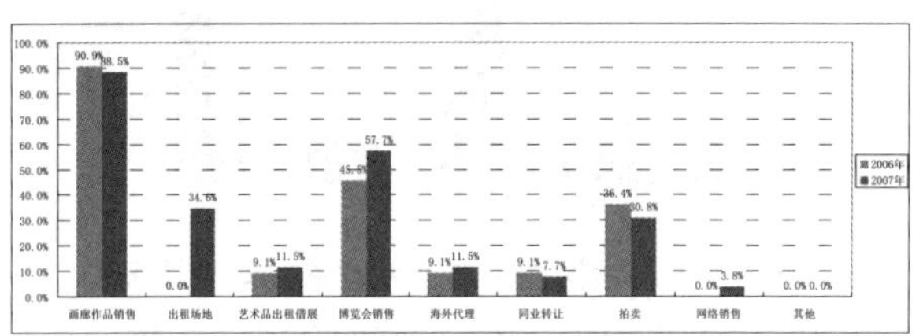

图4　上海地区画廊的获利渠道情况

2.画廊的艺术资源持续扩张

画廊大多通过与艺术家签约或合作的方式来取得艺术资源，画廊所有的签约艺术家或合作艺术家的数量也是衡量经营规模的重要指标。

① 签约艺术家人数。签约代理制度已经成为中国画廊普遍实行的经营方式，而2007年画廊签约艺术家的人数较2006年出现普遍、显著的增长。

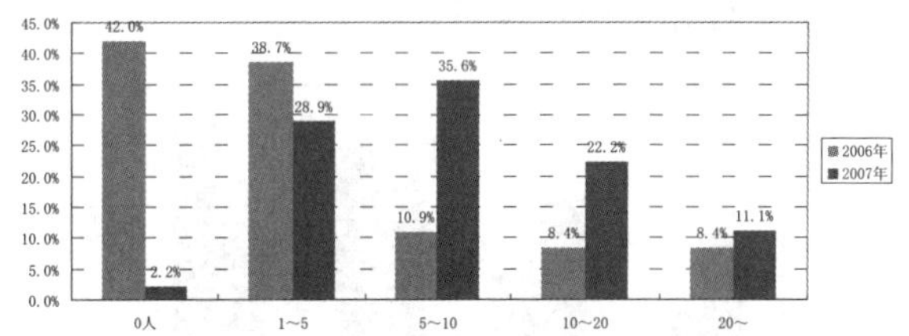

图5　北京地区画廊签约艺术家人数情况

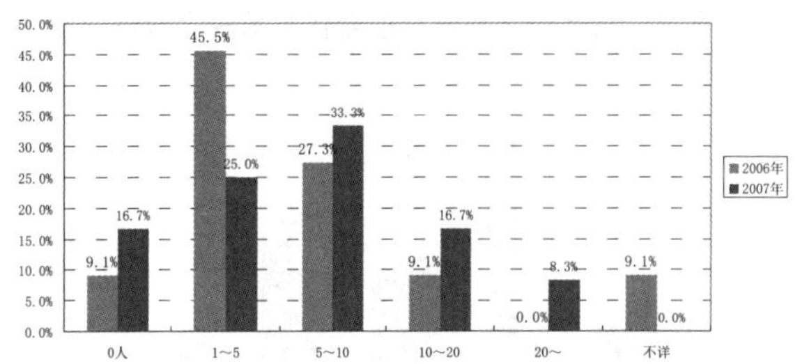

图6　上海地区画廊签约艺术家人数情况

② 艺术家签约年限。画廊与签约艺术家合作年限的长短，可以反映画廊对艺术资源的控制态

度、具体的经营方式和发展目标的自我设定等内容。2007 年北京地区画廊与艺术家的合作关系在逐渐稳定的良好趋势。上海地区画廊签约艺术家年限情况较北京地区更为复杂。

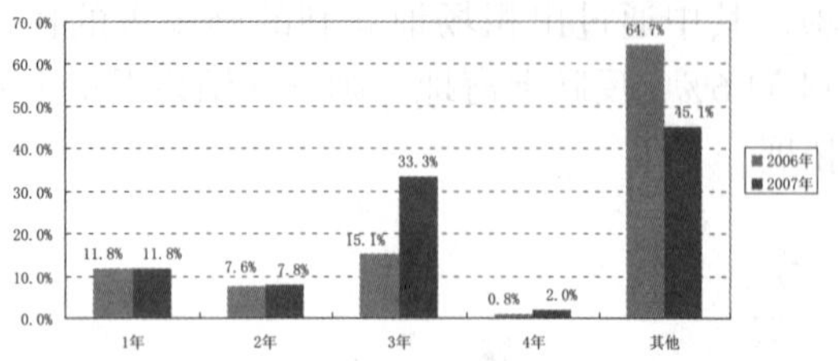

图 7　北京地区画廊与艺术家签约年限情况

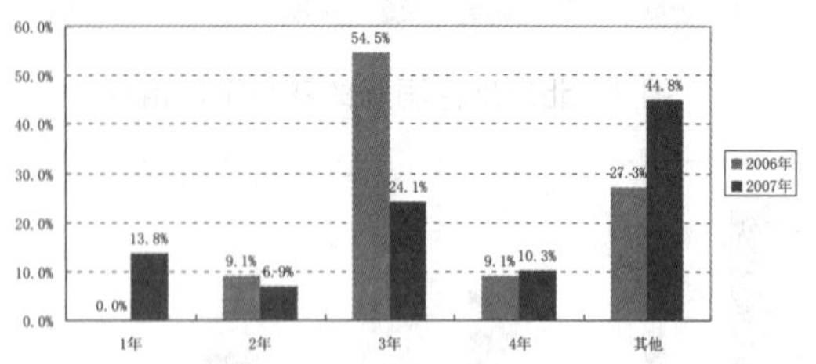

图 8　上海地区画廊与艺术家签约年限情况

③ 合作艺术家人数。画廊除了经营签约代理的艺术家作品之外，通常也会通过合作的方式来经营一些艺术家的作品，大致通过展览合作、寄售合作、买断合作等方式。这些合作一方面可以弥补画廊经营艺术资源的不足；另一方面也可以加强与业界的沟通协作，达到整合艺术资源、扩大画廊影响的目的。2007 年，北京地区画廊合作艺术家人数在持续增多，也从侧面显示出画廊所有的艺术资源在持续扩张。上海地区画廊的合作艺术家人数和规模也在增长扩大。

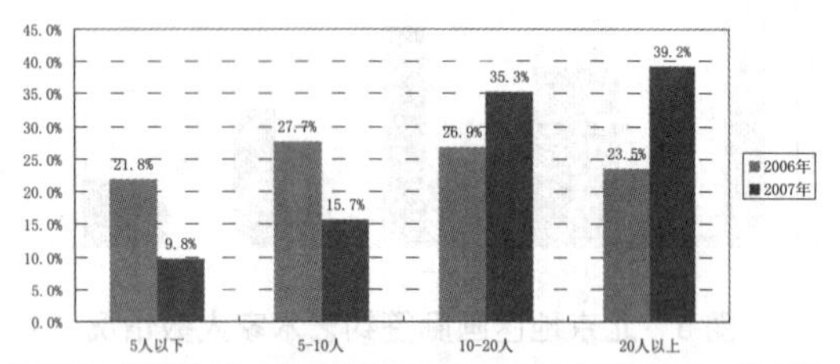

图 9　北京地区画廊目前合作艺术家人数情况

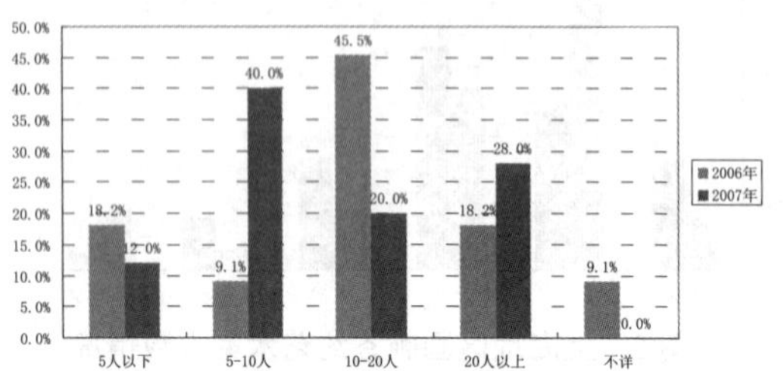

图 10　上海地区画廊目前合作艺术家人数情况

3. 画廊的运营成本提高

2007 年，画廊的运营成本与 2006 年相比有显著提高。

①场地租金。2007 年，北京、上海两地画廊的场地租金普遍有较大幅度的增长，画廊的经营成本将面临行业性的整体提高。

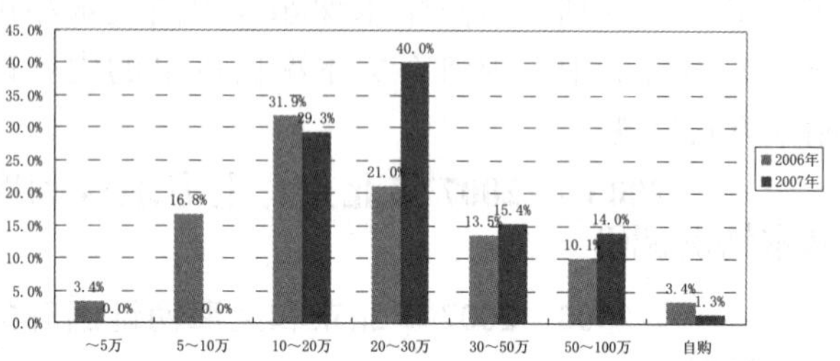

图 11　北京地区画廊经营场地年租金情况（万元 / 年）

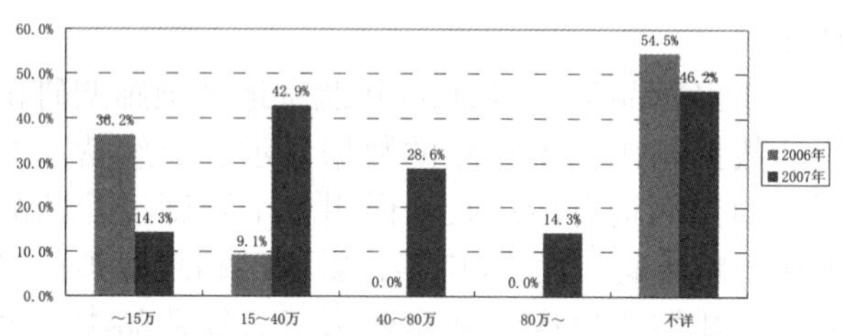

图 12　上海地区画廊经营场地年租金情况（万元 / 年）

②员工工资。北京、上海两地画廊员工工资的变化，显示出从业人员的工资待遇得到了普遍提高，具体情况因画廊的规模不同、工作责任的不同而相区别；对画廊而言，日常经营成本中员工工资的支出高于以往，反映出画廊经营成本在增加。

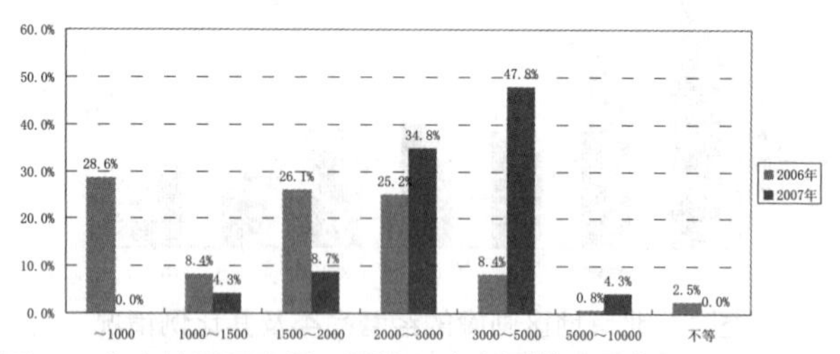

图 13　北京地区画廊员工平均工资水平情况图表（元 / 月 / 人）

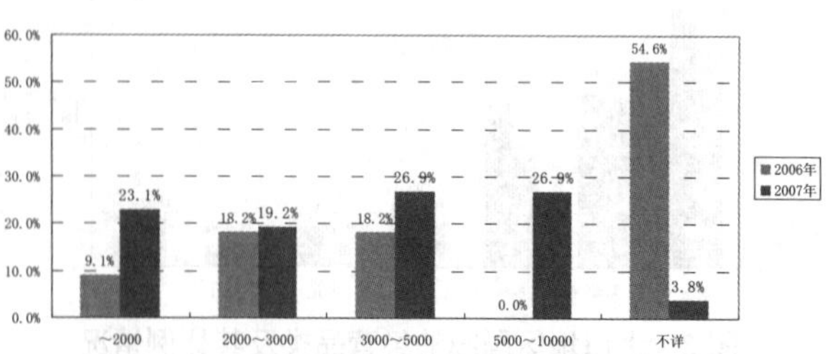

图 14　上海地区画廊员工平均工资水平情况图表（元 / 月 / 人）

③画廊年内举办展览的次数。2007 年，北京地区画廊展览活动的活跃度高于上海地区。

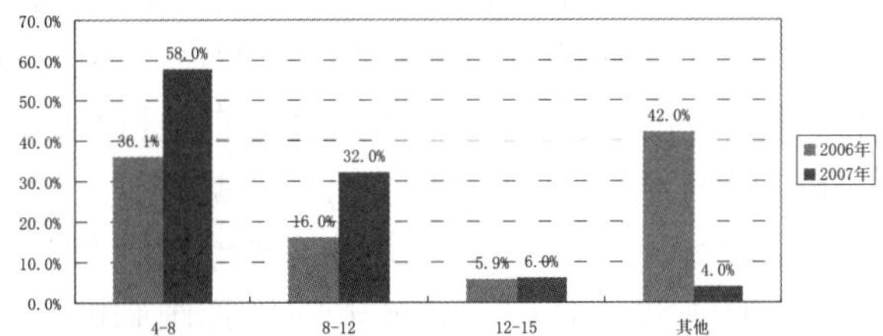

图 15　北京地区画廊举办展览次数情况

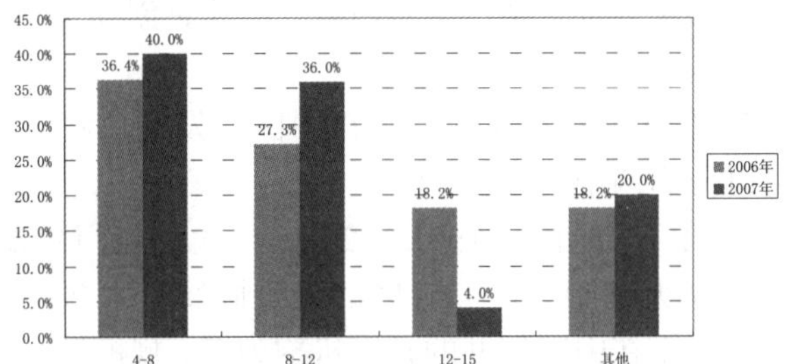

图 16　上海地区画廊举办展览次数情况

④画廊每次展览的平均费用。2007 年，北京、上海地区画廊每次举办展览的平均费用支出已经有了显著增长，而画廊年内举办展览次数增多、展览平均费用提高，必定导致画廊的项目运营支出增长，进而拉高画廊的经营成本。

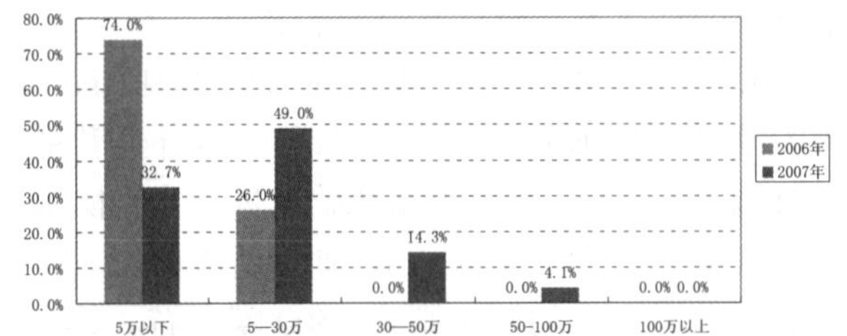

图 17　北京地区画廊举办展览平均支出情况（万元 / 次）

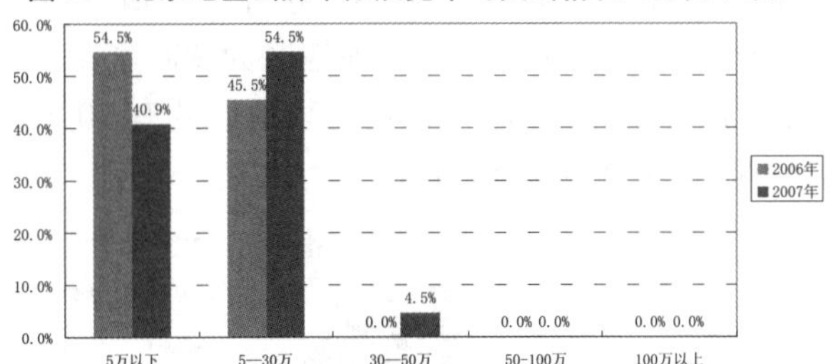

图 18　上海地区画廊举办展览平均支出情况（万元 / 次）

⑤画廊年内印制画册的数量。2007 年，北京、上海两地的画廊印制画册的数量比 2006 年都有所增加，画册印刷方面支出的增多也将提高画廊的经营成本。

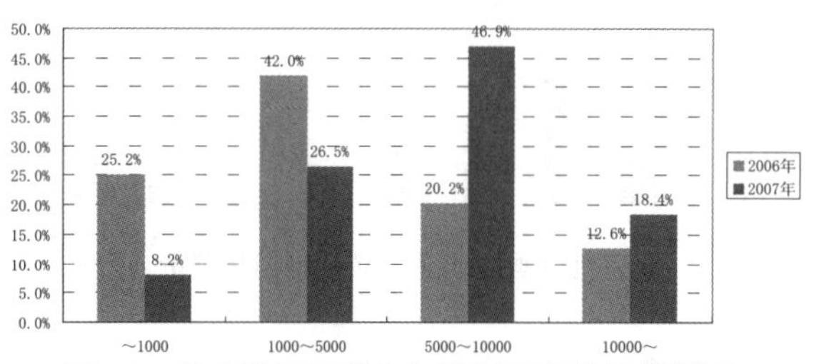

图 19　北京地区画廊全年印制画册的数量情况

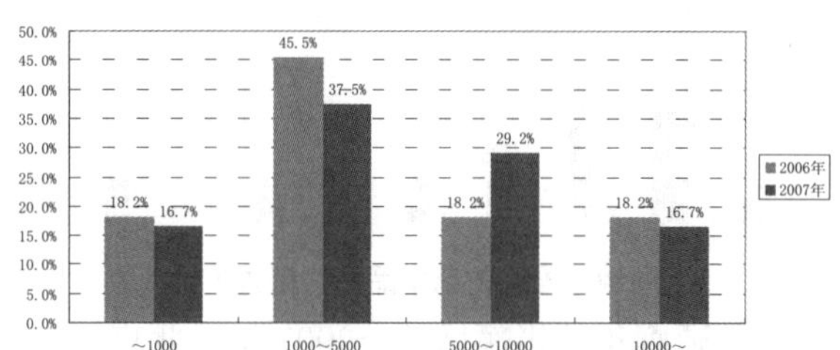

图 20　上海地区画廊全年印制画册的数量情况

4. 画廊的营业收益呈现增长态势

① 画廊年销售艺术品的数量增加。2007 年，北京、上海地区画廊业销售量的总体性增长，从一个侧面反映出画廊业经营状况在持续向好。

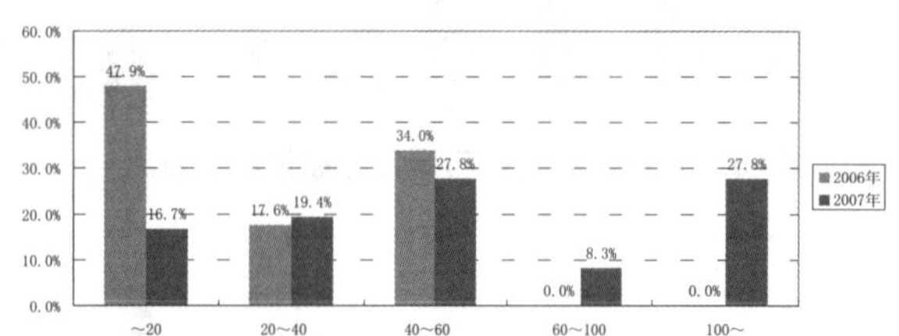

图 21　北京地区画廊年销售艺术品的数量（张、件）

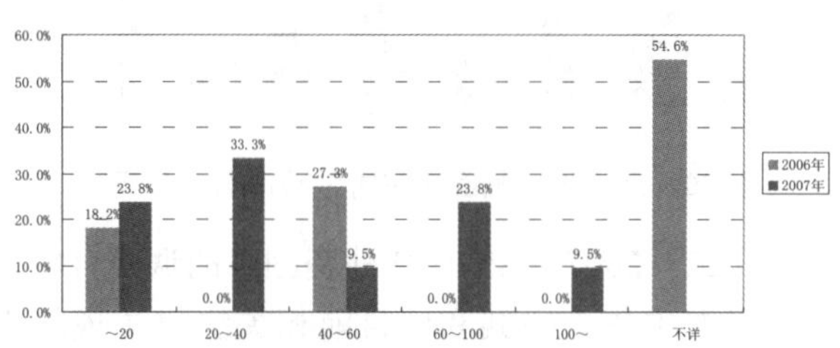

图 22　上海地区画廊年销售艺术品的数量（张、件）

② 画廊的艺术品平均销售单价提高。根据目前中国艺术品市场的价格情况，如果以 5 万元为低端与中等价格的分界、以 30 万元为中等价格与高端价格的分界，那么 2007 年北京地区画廊的销售价格基本处于中等价格的水平，经营低端价格艺术品的画廊所占比例急剧缩小，而经营高端价格艺术品的画廊比例显著增长。上海地区画廊的艺术品平均售价也处于增长中，但比北京为低。

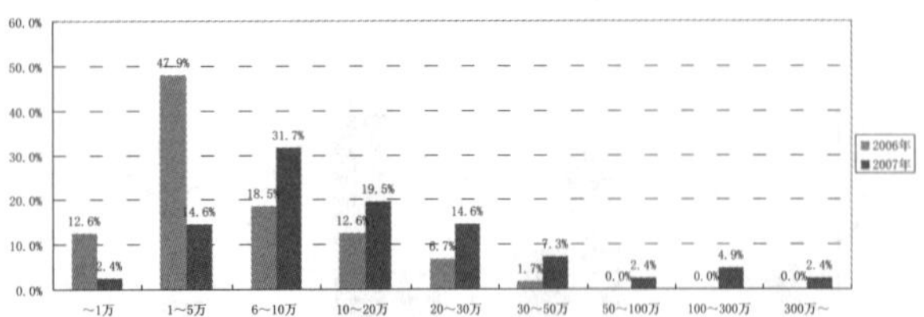

图 23　北京地区画廊的艺术品平均销售单价（万元）

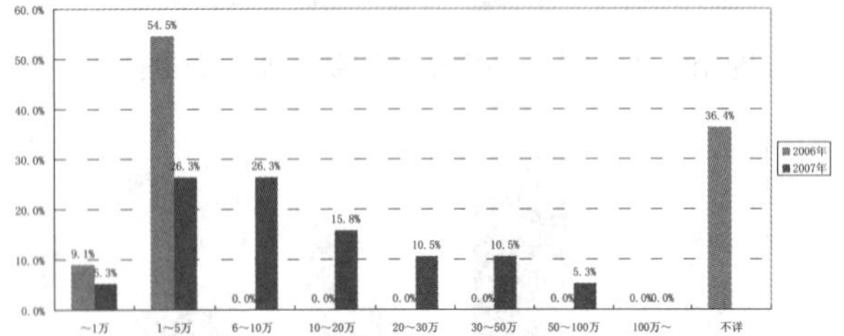

图 24　上海地区画廊的艺术品平均销售单价（万元）

③ 画廊年销售额增长。2007 年，北京、上海地区画廊在年销售额方面有了整体性的提高，而个别画廊已向更大规模发展。

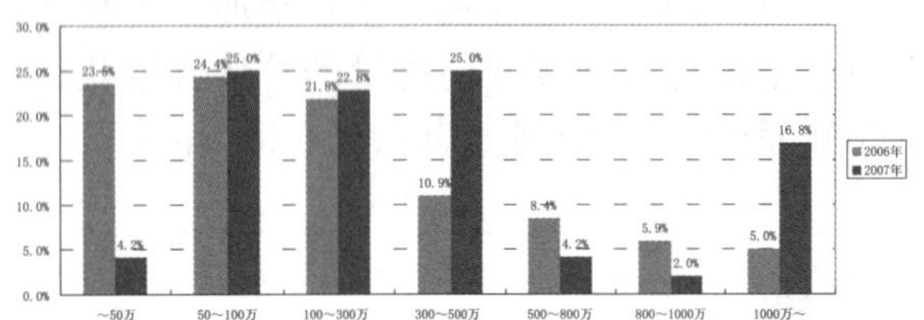

图 25　北京地区画廊年销售总额情况（万元）

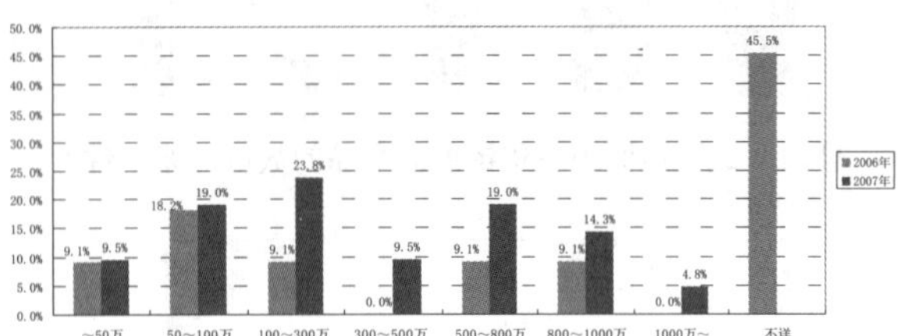

图 26　上海地区画廊年销售总额情况（万元）

（二）2007 ～ 2008 年外资画廊的调研分析

根据中华人民共和国目前相关法律法规的界定，外资不仅包括了外国人的投资，也包括中国港、澳、台地区投资者的投资。目前国内关于“外资画廊”的界定实际上是非常宽泛的，即泛指除中国大陆地区人士所设立的画廊之外的画廊经营单位。其中可以分为海外画廊（外国画廊或中国港澳台地区画廊）在我国开办的画廊分支机构，海外人士（外国人士或中国港澳台地区的人士）在我国创办与经营的画廊机构，外籍华人在我国开办、创办与经营的画廊机构，海外人士（外国人士或中国港澳台地区的人士）与国内人士合资开办、创办与经营的画廊机构等。

外资画廊在中国的活动肇始于 20 世纪 70 年代末、80 年代初的改革开放时期。80 年代初在中国对外开放的沿海地区，尤其是广东地区出现了海外画廊的经营者和艺术经纪人。此外，北京、上海等政治、文化中心也出现了海外画廊与艺术经纪人的活动。而真正意义上的外资画廊的出现则是到了 1991 年，即澳大利亚留学生布朗在中央美术学院美术史系进修学习后，在北京创办了“红门画廊”。

历史地看，外资画廊在中国的发展过程大致可以分为两个阶段：

第一个阶段是 1991 ～ 2000 年，以“红门画廊”的创立为肇始。这一阶段的外资画廊，大多是以海外人士在中国创办的画廊机构为多，规模较小，但影响较大，尤其对于中国当代艺术在海外的早期推广起到了重要的作用。

第二阶段是 2001 年至今，是外资画廊在中国的快速增长时期。这一阶段的外资画廊出现了多样化的发展形态，其中海外画廊进入中国开设分支机构已成为主流，在中外艺术的交流、中外艺术市场的接轨等方面具有深远的意义。

据不完全的统计，截止到 2007 年 12 月，中国大陆地区注册登记或以画廊名义对外经营的艺术机构共有 2378 个。在此基础上进一步剔除那些主营或兼营画材、画框及配饰的经营单位，以艺术品经营为主体的画廊则在 1500 家左右。其中北京地区画廊数量最多，为 400 家左右；其次为上海地区，为 120 家左右；其他地区为 980 家左右。主营当代艺术的外资画廊在北京地区约有 70 家，分别来自 20 个国家和地区。

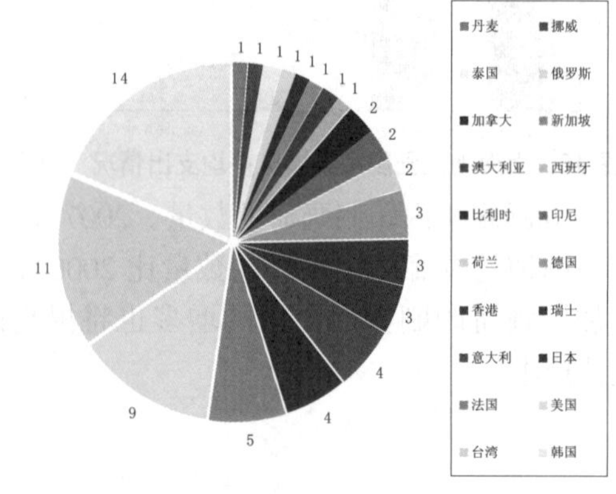

图 27　北京地区外资画廊来源国家分布图表

北京地区外资画廊的来源地域以亚洲为主，达到 51.43%；其次为欧洲、北美洲、大洋洲。从来源国家来看韩国最多，其次为中国台湾地区，美国居于第3位。上海地区外资画廊的来源地域欧美画廊占据绝对优势，亚洲地区画廊份额尚不足北京地区比重的一半。可见亚洲画廊更为偏重北京地区。就艺术区分布而言，北京地区主营当代艺术的外资画廊主要集中于798艺术区、草场地艺术区和酒厂艺术区三地，截至2007年12月，798艺术区内约有37家外资画廊，草场地艺术区内约有15家，酒厂艺术区约有5家。上海地区外资画廊分布较为分散，大多散布于市内，只有约3家集中于莫干山50号艺术区内。

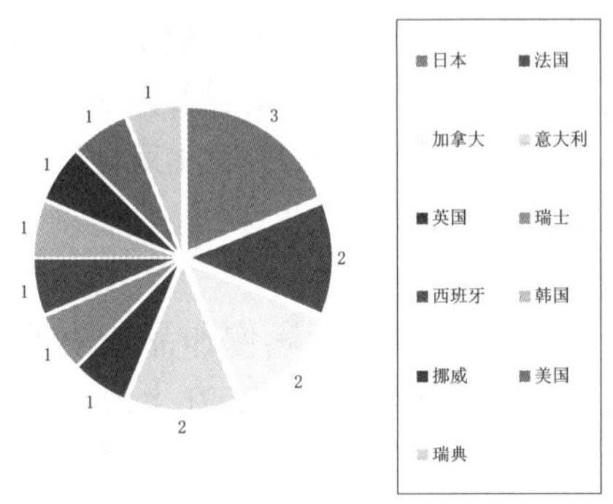

图28　上海地区外资画廊来源国家分布图表

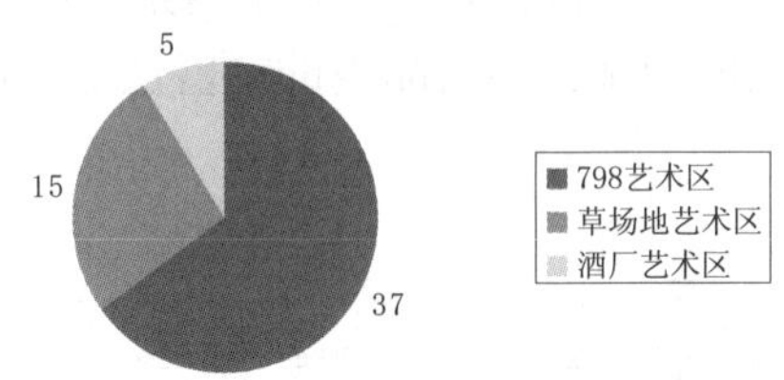

图29　北京外资画廊按主要艺术区分布图表

（三）2007～2008年北京艺术区的比较调研

1. 艺术区域的形成及其区位特点

目前北京已有的艺术区包括：“798艺术区”、“草场地艺术区”、“酒厂艺术区”和“观音堂艺术区”。

①“798艺术区”位于北京东北部，紧邻机场高速公路，处于燕莎商圈的辐射范围内，并与中央美术学院和酒仙桥工商区相接，是艺术活动频繁和在京外国工商人士聚集的地方。

798艺术区的兴起源于中央美术学院的带动：1998年中央美术学院雕塑系教师首先在798厂租用场地进行艺术创作，之后陆续吸引了其他艺术家和艺术经纪人的进入，并在以后的时间里逐渐形成了艺术区的面貌。目前798艺术区内画廊、艺术中心、艺术家工作室、艺术书店、艺术媒体、艺术品衍生品商店、设计公司、奢侈品牌、餐饮店等杂而处之，其中又以商业画廊数量最多。2004年798艺术区内举办了首次大山子艺术节，迄今已成功举办4届，每年都吸引大量的观众参观，已成为北京艺术界的盛事之一。798艺术区以其画廊展览频繁、艺术活动丰富、观众流量大而知名，但也存在场地租金昂贵、物业管理差等问题。798艺术区已经发展成为北京最为著名、活跃的创意文化产业基地。

②“草场地艺术区”位于东四环与东五环之间，紧邻京通和京津塘高速公路，与已有的“798艺术区”距离约一公里。草场地艺术区从布局上可以划分为A、B、C三个区域，主要为艺术家工作室、画廊和艺术中心。从周边环境上看，此处原为工厂区，空间场地较大，彼此之间相对独立，干扰较少，便于各家画廊形成自己的经营风格。

③“酒厂艺术区”位于北四环与北五环之间。酒厂艺术区筹建于2005年，是由于商家看好中央美术学院的潜在影响力，将北京酒厂直接策划和改造成艺术画廊区。同时，酒厂艺术区的兴起也是由于中央美术学院年轻艺术家的直接参与进驻。目前，酒厂艺术区内以艺术家工作室居多，其次为商业画廊。酒厂艺术区因规划整洁，道路整齐，环境清幽而广受青睐。

④“观音堂艺术区”位于东四环与东五环之间，紧邻京通高速公路，处于国贸商圈的辐射范围，交通便利、地理位置优越。观音堂艺术区由当地政府发起并规划，本名“观音堂文化大道”，于2006年6月开业，第一期工程全长700米，目前入驻画廊约50家，每家画廊面积在300平方米到600平方米之间。该区域内，画廊较为集中，不易形成差异化经营，但便于观众参观。

2. 各区域画廊的使用空间上的特点

①各艺术区内画廊使用面积。新兴画廊区的使用面积的扩大化趋势明显。

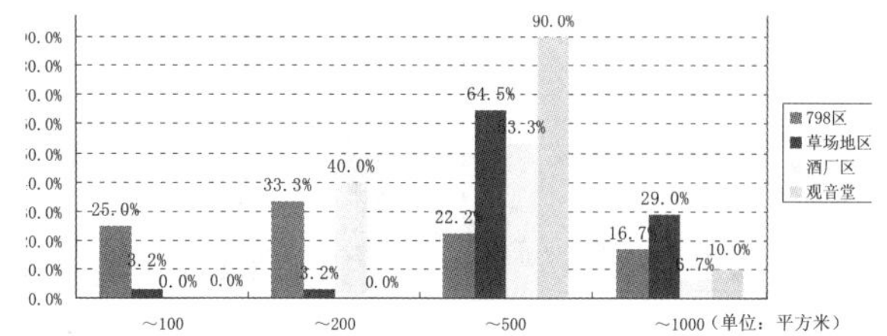

图30　各艺术区画廊使用面积的比例构成

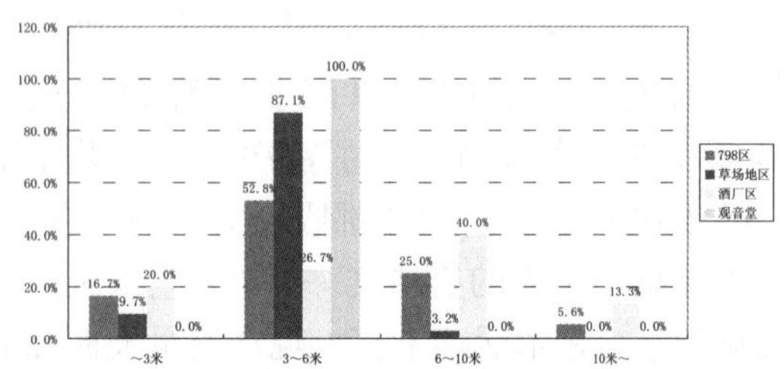

图 31 各艺术区画廊建筑净高的比例构成

②各艺术区内画廊建筑净高和展线高度。各个新建画廊区的展线高度也有所提高，特别是“草场地艺术区”和“酒厂艺术区”。

“草场地艺术区”和“观音堂艺术区”的展现高度多在 3 ~ 4 米之间。

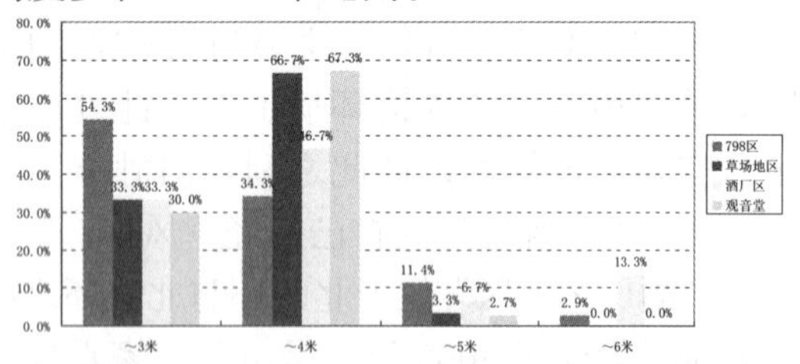

图表 32 各艺术区画廊展线高度的比例构成

3. 各艺术区画廊的租金成本比较分析

在场地租金方面，由于艺术区的发展历史、交通地理优势和人文环境不同，艺术区之间呈现出较大的差异。由于画廊场地租金所占经营成本的压力巨大，低租金是导致新画廊区域形成的一个重要依据。

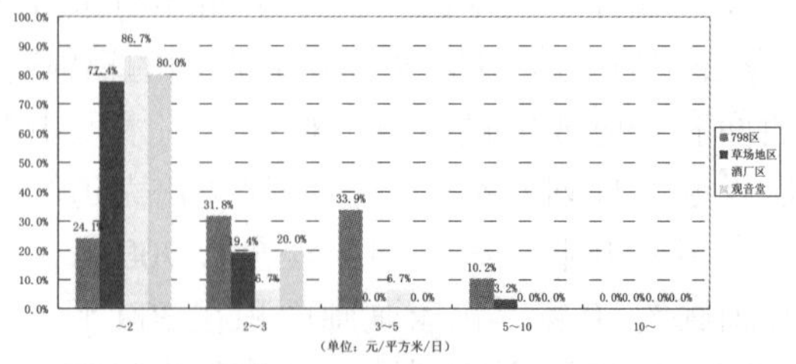

图 33 各艺术区画廊的日均平方米租金的比例构成

4. 艺术区内画廊的年参观人次

“798 艺术区”为北京地区人气最旺的艺术区，艺术区的租金多少与其观众流量有着密切关系。

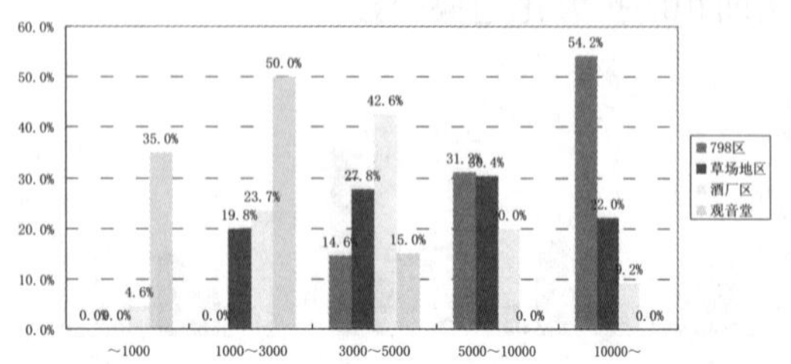

图 34 各艺术区画廊年参观人数情况

5. 画廊选择目前所在艺术区的原因

交通便利、靠近艺术资源、经营成本、配套设施、艺术区名气、艺术区未来前景是画廊选择艺术区的标准。艺术区的发展应该和周边资源和有利因素相结合，形成艺术资源综合配比上的优势。

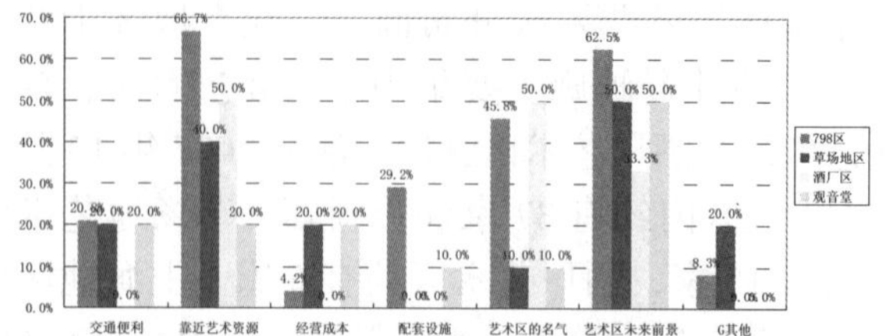

图 35 画廊选择目前所在艺术区的原因

6. 画廊认为目前所在的艺术区存在哪些问题

物业管理、政府政策、租金、区内设施配套、观众发展、周边环境是画廊普遍关心的问题。

（四）2007 ～ 2008 年北京地区、上海地区画廊市场比较调研

1. 经营品类

在北京，2007 年影像作品成为油画和雕塑之后画廊业第三大经营品类；在上海，版画仍为油画、雕塑之后的第三大经营品类。同时，上海地区经营装置艺术和新媒介艺术的画廊比例也小于北京。影像、装置和新媒介艺术在上海地区的推广较弱，而北京的画廊在经营品类的丰富性上要优于上海。

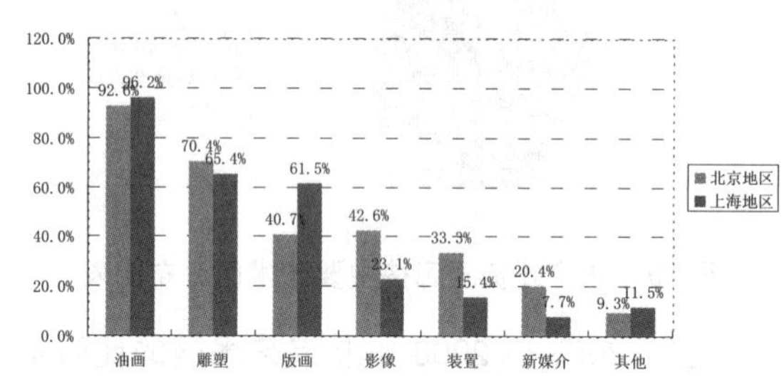

图 36 京沪两地画廊的经营品类情况

2. 寻找艺术家的途径

2007 年，北京地区的画廊更倾向于学术展览和专业媒体的推荐，而上海地区画廊则更多依靠艺术家自荐或推荐的方式寻找艺术资源；在对艺术家市场行情信息的认可度上，北京地区的画廊也比上海地区的画廊更高。

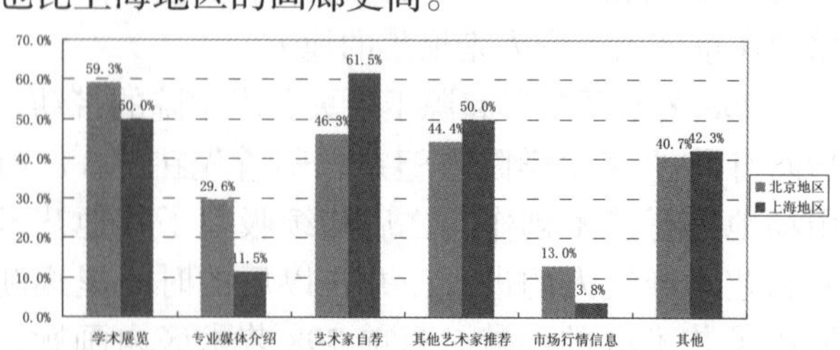

图 37 京沪两地画廊寻找艺术资源（艺术家）的途径

3. 签约艺术家人数

2007 年，京沪两地画廊调研的数据显示：16.7% 的上海画廊没有和艺术家签约，而北京地区仅有 2.2% 的画廊没有签约艺术家；可以看出，签约代理制在北京地区的画廊中更为普及和完善。

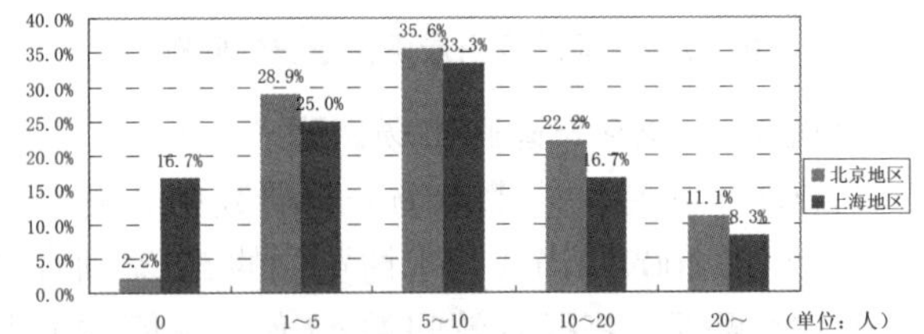

图 38　京沪两地画廊目前签约艺术家人数情况

4. 合作艺术家人数

2007 年，北京地区画廊合作艺术家人数以 20 人以上居多，上海地区则以 5 ~ 10 人区间居多。总体上来看北京地区的画廊的合作艺术家人数普遍多于上海地区。

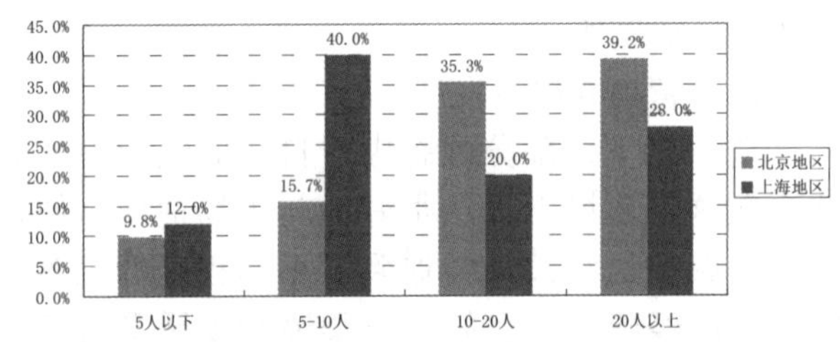

图 39　京沪两地画廊目前合作艺术家人数情况

5. 举办展览的平均费用

在画廊举办展览的平均费用方面，2007 年，北京、上海两地画廊展览费用均以 50 万～ 30 万元区间为主，但北京地区展览费用在 30 万元以上的画廊比重明显高于上海地区。

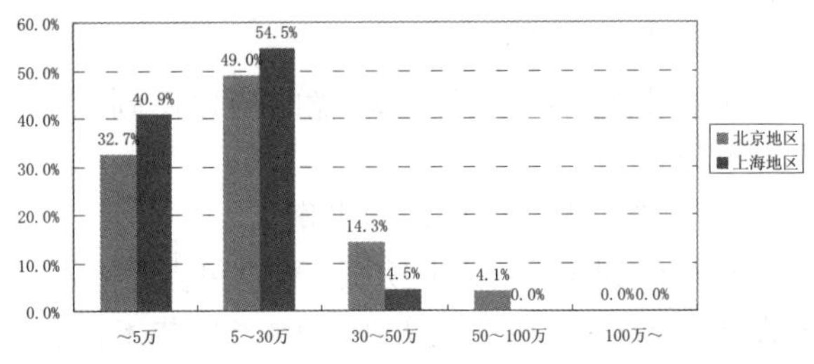

图 40　京沪两地画廊举办展览平均费用情况

6. 年内出版画册的数量

2007 年，北京地区画廊年内出版画册的数量要普遍高于上海地区，因此，北京的画廊的展览支出也就相应高于上海的画廊。

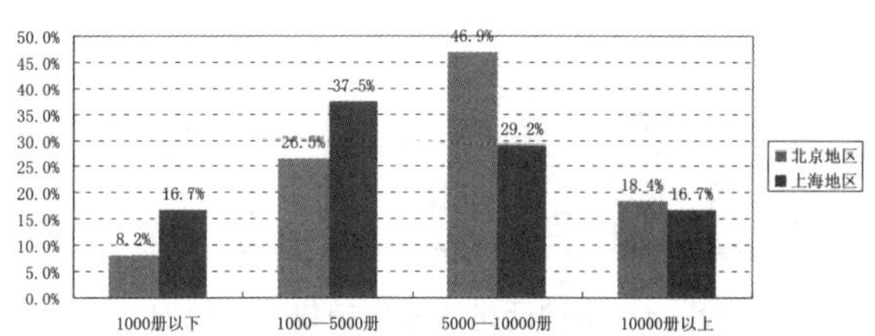

图 41　京沪两地画廊全年出版画册的数量情况

7. 年内销售艺术作品的数量

2007 年，年内销售作品数量在 40 ~ 100 张（件）之间的画廊所占比例，京沪两地基本持平；年内销售作品数量在 100 张（件）以上的画廊所占比例，北京地区则高于上海地区。

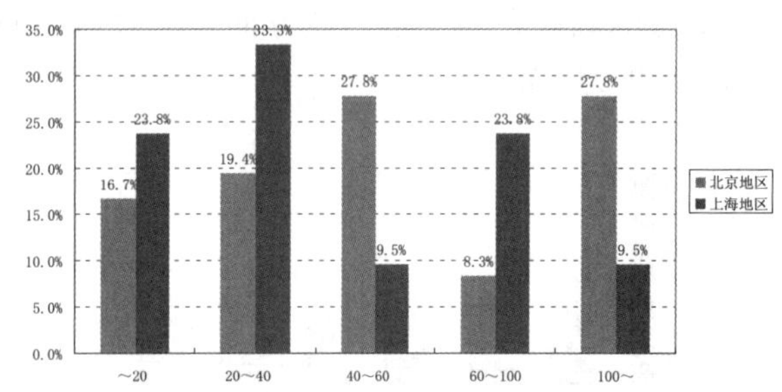

图 42　京沪两地画廊年销售艺术品的数量

8. 艺术品平均销售单价

2007 年，上海地区经营低端艺术品的画廊所占比例高于北京地区，经营中端艺术品的画廊所占比例则小于北京地区。

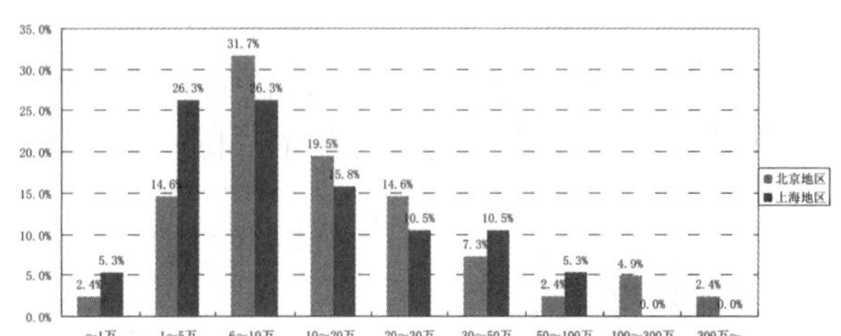

图 43　京沪两地画廊艺术品的平价销售单价

9. 年销售总额

2007 年，上海地区年销售额在 50 万元以下的画廊所占比例高于北京地区；年销售额在 50 万～ 100 万元、100 万～ 300 万元、300 万～ 500 万元 3 个区间的画廊比例，北京地区则高于上海地区；年销售额在 500 万～ 800 万元、800 万～ 1000 万元 2 个区间的画廊比例，上海地区又高于北京地区；北京地区年销售额超过 1000 万元的画廊比例高于上海地区。

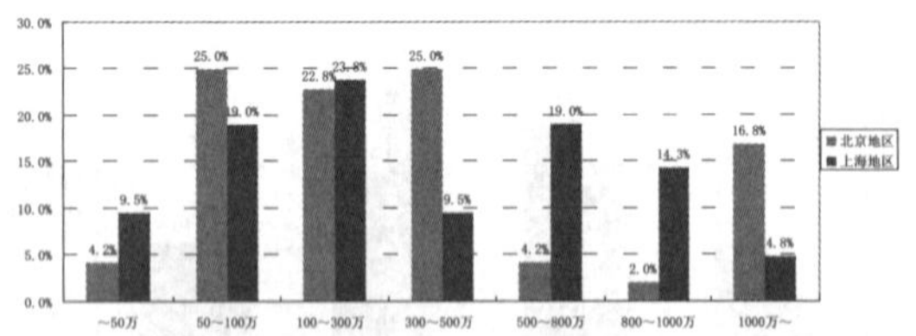

图 44　京沪两地画廊年销售总额情况

10. 客户群属性

比较京沪两地画廊的客户群属性：上海地区的画廊都拥有私人客户，而北京地区则有 3.7% 的画廊没有私人客户；在企业收藏、基金会、公共美术馆、私人美术馆、画廊或拍卖公司，以及其他六大类别中，北京地区均高于上海地区。所以北京地区的画廊在客户群属性方面较上海地区的画廊普遍更为丰富。

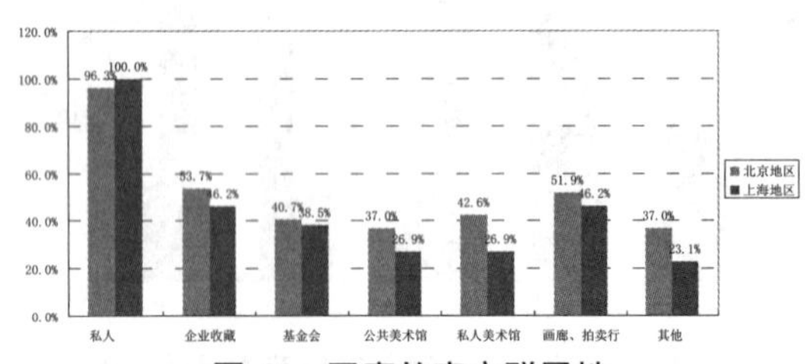

图 45　画廊的客户群属性

11. 客户中个人购买者所属行业

比较京沪两地购买者所属行业，在教育界、艺术家、同业 3 个领域，北京地区画廊所占的比例高于上海地区画廊，而其他领域北京地区画廊所占比例则全部低于上海地区画廊的比例。与上海地区相比，在北京地区来自教育界、艺术界和画廊同业的私人买家更为支持艺术品的一级市场。

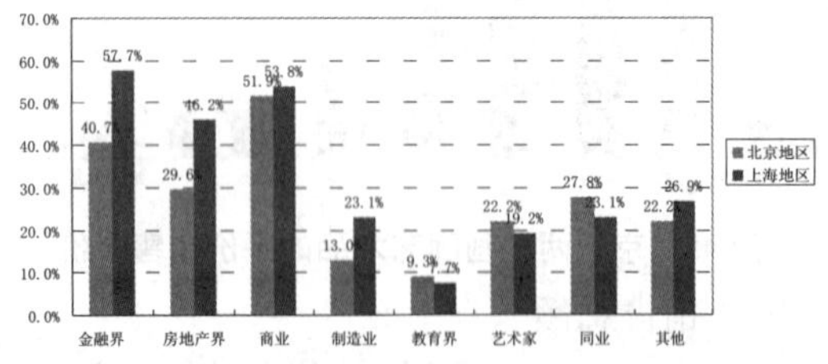

图 46　画廊客户中个人购买者所属行业比例构成

12. 目前画廊内最亟需解决的问题

2007 年，对北京地区画廊影响最大的问题是缺少合适的艺术家和专业从业人员；困扰上海地区画廊最多的问题也是缺少专业从业人员，在对学术支持的需求方面，上海地区的画廊比北京地区的画廊更为迫切。

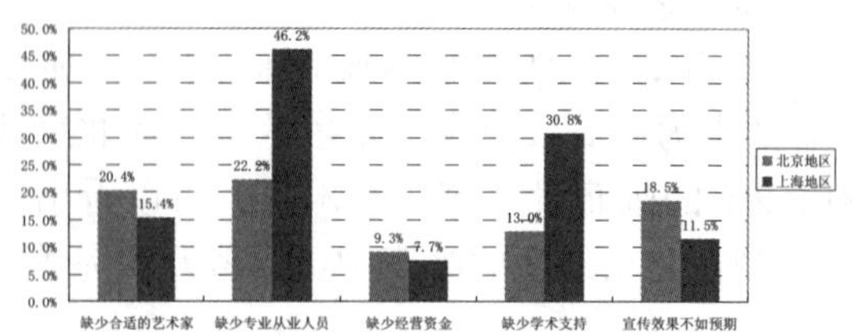

图 47　目前画廊内最亟需解决的问题

2008 ～ 2009 年画廊市场调研（一）

2009 年 4 月，艺术市场分析研究中心对参加“艺术北京 2009”当代艺术博览会的 52 家画廊进行了一次调研。获得有效问卷 47 份。从问卷的调查结果我们可以看到金融危机前后的艺术品市场及画廊市场有如下的变化：

1. 金融危机给画廊带来消极影响

所有画廊均表示受到了全球性金融危机的影响。中国本土画廊由于中国经济受到此次金融危机的影响较为有限，因此画廊所感受到的冲击没有外资画廊强烈。

2. 经营模式决定发展

危机之下，部分画廊由于自身的经营模式和结构在这种环境下无法很好地与市场适应，使得这些画廊在经济波动时遇到了不同程度的困难，但那些已经建立了良好经营渠道和发展平台的画廊在此次经济波动中受到的影响有限。

3. 资源决定画廊前景

就画廊的销售情况看，不少画廊的买家构成比例由原来的国外客户占八成，国内客户占二成的比例关系变成了现在的国内买家占四成，国外买家占六成。国外买家的流失对画廊提出了更高的要求。

4. 运营成本下降

调研数据显示，经济环境的变化使画廊运营成本下降。

5. 当代艺术品市场走向平衡

调研结果显示：架上绘画、雕塑和装置艺术品、多媒体和影像作品这三大类别的当代艺术品在画廊的经营比重上基本达到了“三分天下”的局面，打破了以往架上绘画“一家独大”的状况。这说明随着艺术市场的不断发展，画廊经营的艺术品类也日益多元化。

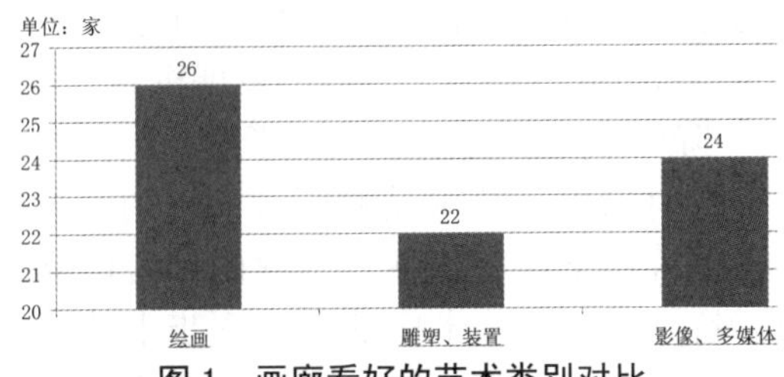

图 1　画廊看好的艺术类别对比

6. 画廊看好年轻艺术家

有 76% 的画廊表示他们会积极寻找有潜力的年轻艺术家进行合作，给年轻艺术家提供更多的展示机会。画廊选择年轻艺术家进行合作也是从画廊自身的经营来考虑，谋求未来的发展空间。

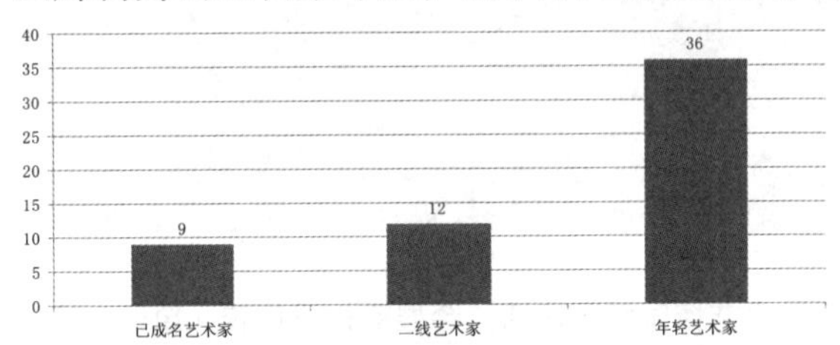

图 2　画廊看好的艺术家比例图

7. 藏家继续观望

70% 的画廊的负责人表示他们大部分的藏家目前保持着观望的态度。

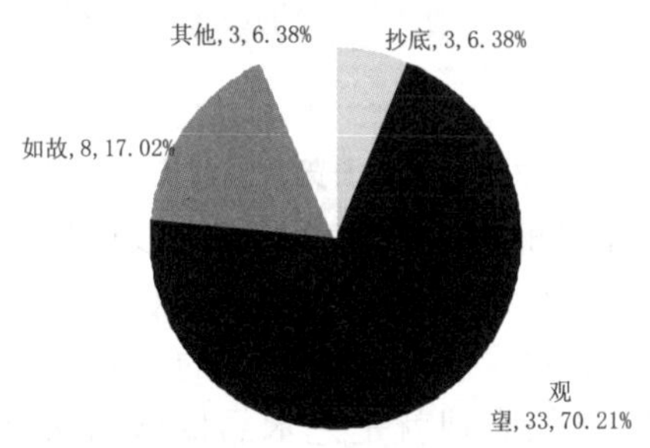

图 3　画廊目前买家的购买意愿分布

8. 画廊信心提升

2008 年 12 月，艺术市场分析研究中针对画廊做的问卷调研得出的“画廊信心指数”结果为 0.1。2009 年 4 月得出的结果为 0.165。两次的调研结果数据的变化说明画廊的信心指数有所上升。有 83% 的画廊对中国当代艺术品市场的未来发展充满信心。

2008 ～ 2009 年画廊市场调研（二）

2009 年 6 月，艺术市场分析研究中心对目前北京最为著名的三大当代艺术区——798 艺术区、草场地艺术区和酒厂艺术区进行了最新一次的统计调查，这是在全球性金融危机发生之后对于北京这 3 个艺术区画廊变动情况的一次重要调研。

1. 外资画廊数量增加

① 798 艺术区流动量增加。从全球性的金融危机爆发以来，798 艺术区内的画廊产生了相应的变化。就数量上来看，798 艺术区最为活跃之时，艺术区内的画廊、艺术机构和其他文化企业机构的数量曾一度达到了 250 多家，而如今 798 艺术区内，艺术机构的数量也不过 180 余家，数量减少了约 70 家。在 2008 年下半年到 2009 年上半年，9 家外资画廊搬离或撤出 798 艺术区，但同时有 16 家新的外资画廊进驻 798 艺术区。798 艺术区内的外资画廊的数量由 2008 年的 37 家增加到了今年的 43 家。

2008 年下半年至 2009 年上半年 798 艺术区画廊迁移表

画廊名称	国籍	变迁
陈绫蕙当代空间	中国台湾	退出 798
空白空间	德国	迁至草场地
苏河艺术	挪威	退出中国
具象画廊	中国	退出 798
红门画廊	澳大利亚	退出 798
协民国际艺术中心	中国台湾	退出中国
墨画廊	韩国	退出中国
物波画廊	韩国	退出中国
站台中国	中国	退出 798
中国当代画廊	英国	退出中国

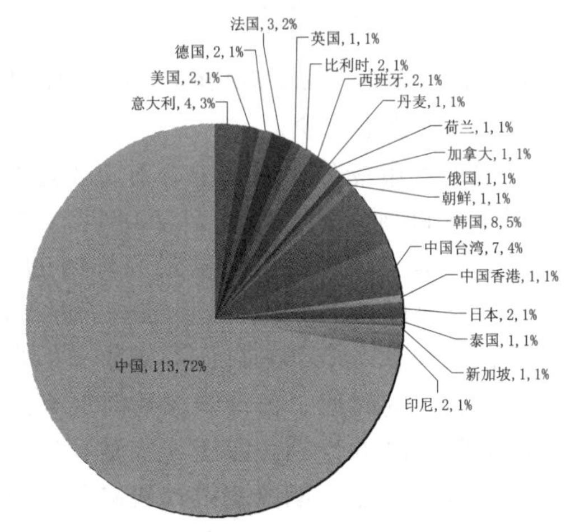

图 4　2009 年 798 艺术区画廊来源国家（地区）分布图

② 草场地艺术区老牌聚集。截至 2009 年 6 月，草场地艺术区共聚集了 31 家画廊。外资画廊 19 家，占整个艺术区构成的 61%；中国本土画廊 12 家，

占据了39%的份额。与2008年相比，外资画廊整体的数量基本没有发生变化。

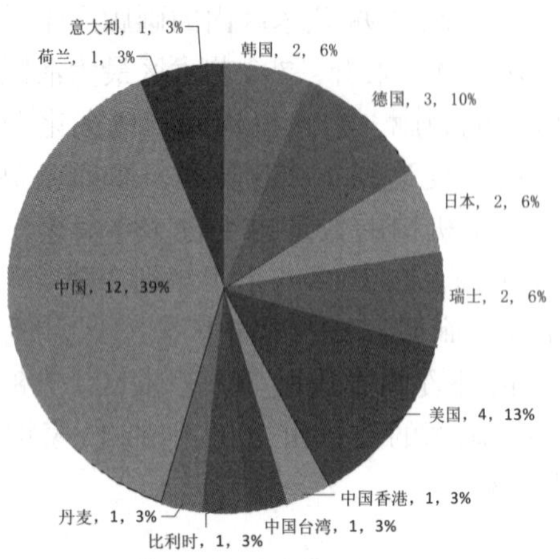

图5 草场地艺术区画廊来源国家（地区）分布图

③ 酒厂艺术区保持不变。酒厂艺术区始建于2005年，现有26家，其中外资画廊7家，中国本土画廊有19家。由于酒厂艺术区早在建设之初，就与该艺术区的土地所有者签定了10年不变的租赁合同，因此酒厂艺术区内画廊没有出现任何变动。

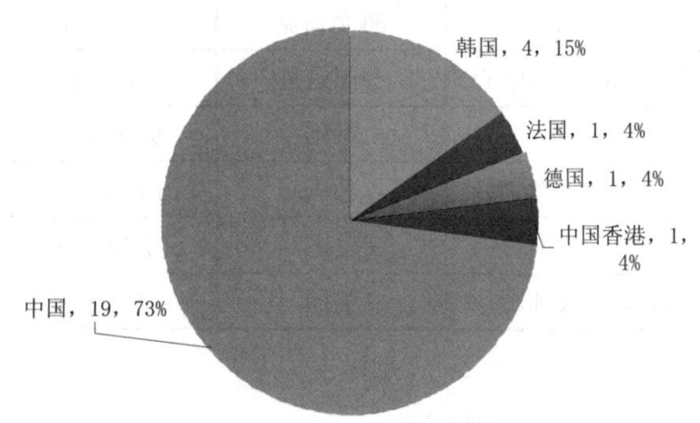

图6 2009年酒厂艺术区画廊来源国家（地区）分布图

2. 本土画廊数量减少

而根据艺术市场分析研究中心对798艺术区内的中国本土画廊调研发现，自2008年至2009年6月，中国本土画廊的数量由最高峰时的160多家减少到了现在的113家，数量缩减了近1/4。画廊的所有赢利基本全部来自作品销售，但当此次金融危机袭来的时候，很多藏家暂时放弃或者取消了购买艺术品的计划，即使这些画廊适当调整作品售价也很难在短期内获得销售赢利。销售停滞加上成本增加导致那些资金实力并不雄厚的画廊必然会出现经营上的困难，甚至出现有些画廊暂时关门、倒闭的现象。

3. 画廊转变经营方式

不管是增加的外资画廊还是减少的本土画廊，在目前艺术市场较为低迷的时期大都选择了开源节流的经营方式等待着下一波的发展机遇。

① 降低成本。受金融危机影响，国内外的很多买家暂时退出了艺术品购买者的行列，艺术品的价格也开始下跌，这使得画廊的销售面临极大压力，特别是798艺术区的租金逐步上涨，一些艺术机构已很难继续生存。画廊不得不全方位地“节流”。画廊普遍减少了举办展览的次数，并延长了展览展期、普遍减少了展览广告的投放量、并且有选择性地参加博览会。

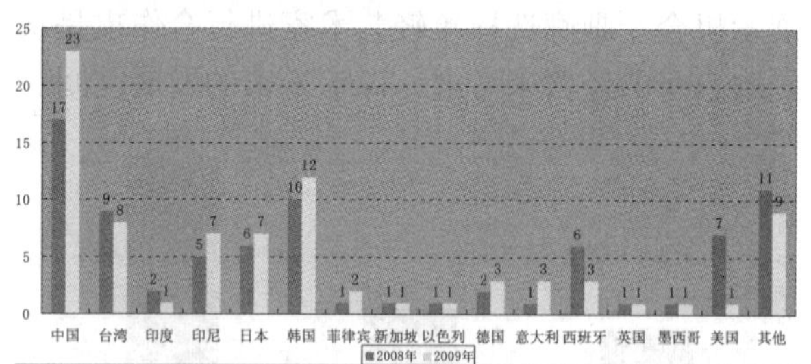

图7 中艺博国际画廊博览会展商构成比较（单位：家）

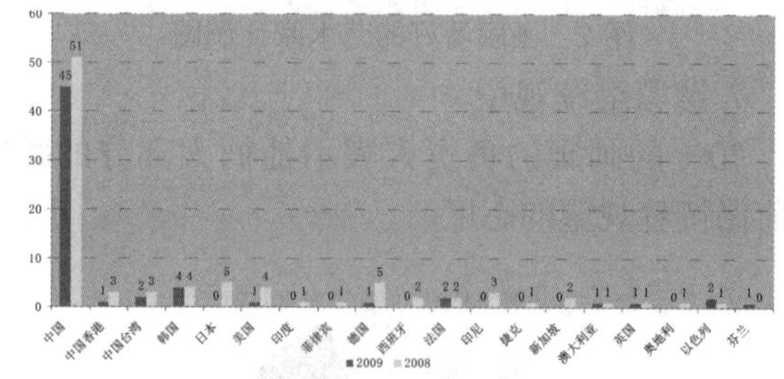

图8 艺术北京当代艺术博览会展商构成（单位：家）

② 降价销售。画廊市场在一段市场发展高峰期必然会进入到一个调整期，这既是由大的经济环境所决定的，也是市场规律的必然。画廊市场调整最明显的表现就是艺术品价格的回落。买方在目前行情调整的时期不断地向画廊提出降价要求。画廊为促进销售也大都选择降价销售的策略。

③ 多元的发展模式。当前，画廊由以前单纯的经营艺术品拓展出了全新的销售渠道。不少画廊都开始涉猎艺术图书出版、各种艺术衍生品开发、销售，并针对藏家进行艺术品收藏讲座、培训、咨询等服务。

④ 大力推荐年轻艺术家。近年来，“70后”甚至“80后”新生代艺术家大受画廊追捧。这些年轻艺术家作品风格具有创新性，作品价格与已成名画家相比要低很多，而且他们创作的作品也更能吸引新一代收藏家的关注。许多画廊认为，画廊和藏家现在介入收藏中国优秀青年艺术家的作品都是最佳时机。

总之，目前的金融危机对画廊的影响在减弱，画廊业的发展其实已经出现了回暖的迹象。这次的金融危机其实对于中国画廊市场的发展来讲其实并不完全是坏事，这次的危机使更多画廊有了抵抗危机的意识，具备了一定抗风险的能力，同时也促使画廊对其经营模式做出了新的调整，这种从被动变成主动的改变，对促进整个画廊业的发展大有裨益。

2009年中国艺术品拍卖市场报告

一、2009年中国艺术品拍卖市场行情呈"V"字型回暖

自2000年以来，中国艺术品拍卖市场几乎每年都保持着增长态势，尤其是自2003之后拍卖市场一直处在快速发展的通道当中，2000年中国艺术品拍卖市场成交总额为12.5亿元人民币、2001年13.74亿元、2002年20.3亿元、2003年26.63亿元、2004年猛增到77.53亿元、2005年达到了创纪录的156.21亿元、2006年165.94亿元、2007年中国艺术品拍卖市场成交额再次创出历史新高，成交额突破了200亿元的关口，达到了223.04亿元、但到2008年，中国艺术品拍卖市场这种自2000年以来每年都保持增长的态势却由于金融危机的突然爆发没有得到延续，2008年中国艺术品拍卖市场的成交总额为183.4亿元，比2007年减少了39.64亿元，下降的幅度为17.78%，这也是中国艺术品拍卖市场自进入新世纪以来成交总额首次呈现"负增长"。2009年，中国艺术品市场的成交总额达到了212.5亿元人民币。212.5亿元的年度成交总额是中国艺术品拍卖市场自2000年以来年度成交额第二次突破了200亿元大关，虽然比2007年的223.04亿元仍少11亿元，但比2008年的183.4亿元则增加了29.1亿元，增幅达15.87%。从2000年至2009年中国艺术品拍卖市场成交额图表来看，中国艺术品拍卖市场从2007年到2009年整体的走势呈现出"V"字型，中国艺术品拍卖市场经过2008年下半年至2009年上半年的调整之后，在2009年下半年市场复苏已成事实。

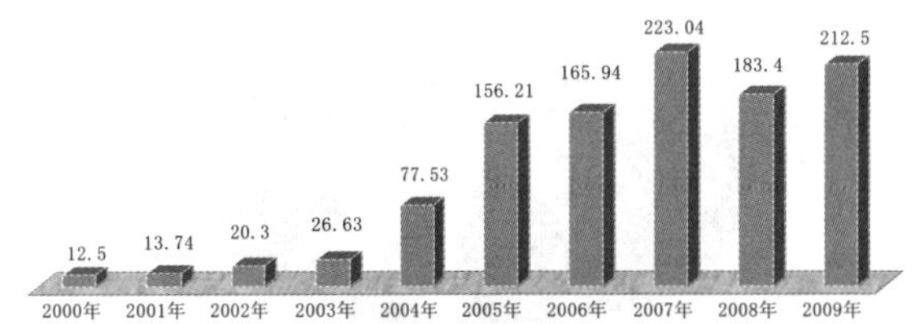

2000～2009年中国艺术品拍卖市场成交额（单位：亿元）

二、2008、2009年市场核心数据比较

1.2009年，中国艺术品拍卖市场共计有199495件拍品上拍，成交了141165件，成交率70.76%。2008年，中国艺术品拍卖市场共计有171702件拍品上拍，成交了111523件，成交率64.95%。对比2008年和2009年的数据，2009年拍卖市场中的上拍量比2008年增加了27793件，成交量增加了29642件，成交率提高了5.81%。上拍量、成交量、成交率3项核心数据的变化说明2009年国内艺术品市场交易活跃度比2008年有所提高。

2009年中国艺术品市场分类市场成交表（单位：万元）

拍品类别	上拍量	成交量	成交金额
中国书画	96316	71438	1083189.21
瓷器杂项	94182	63358	794825.53
油画和当代艺术	8997	6369	247000.06
总计	199495	141165	2125014.79

2008年中国艺术品市场分类市场成交表（单位：万元）

拍品类别	上拍量	成交量	成交金额
中国书画	82164	56076	639476.91
瓷器杂项	76410	46818	782535.29
油画和当代艺术	12678	8629	411789.51
总计	171702	111523	1833801.72

2.2009年，中国书画上拍量达到96316件，成交71438件，成交率74.1%，成交额108.32亿元，占拍卖市场50.97%的份额；瓷器杂项上拍量有94182件，成交63358件，成交率67.27%，成交额79.48亿元，占拍卖市场37.4%的份额；油画和当代艺术上拍量8997件，成交6369件，成交率70.9%，成交额24.7亿元，占拍卖市场11.63%的份额。

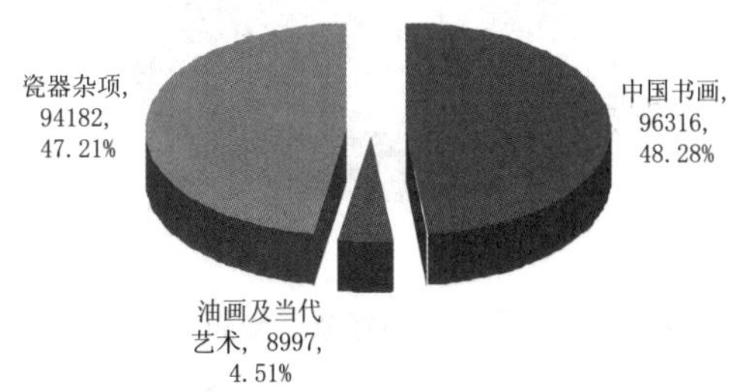

2009年艺术拍卖市场上拍量

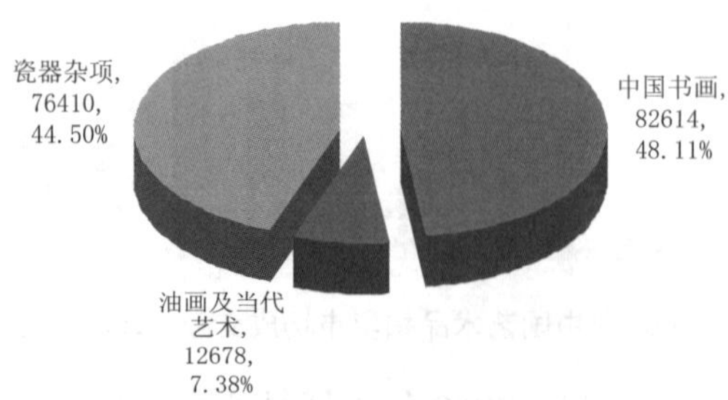

2008 年艺术拍卖市场上拍量

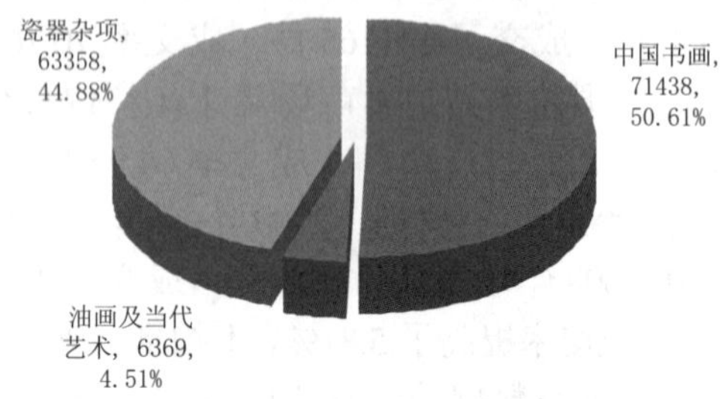

2009 年艺术拍卖市场成交量

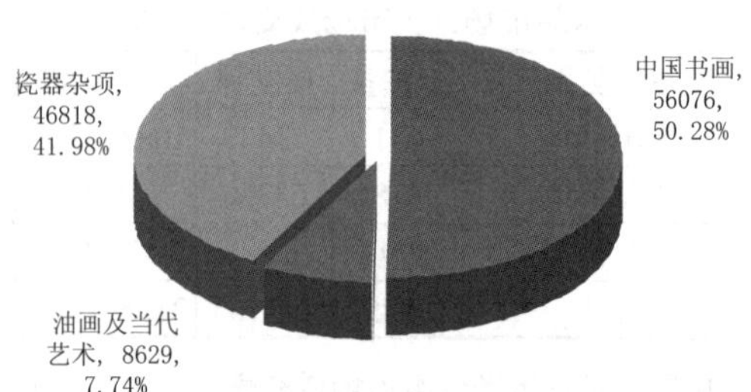

2008 年艺术拍卖市场成交量

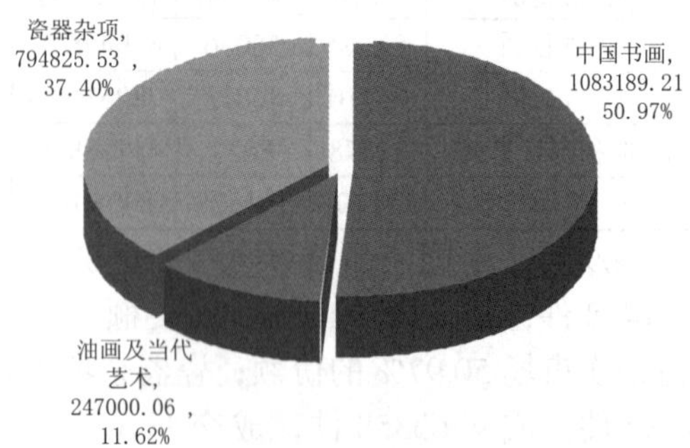

2009 年艺术品拍卖市场成交金额（万元）

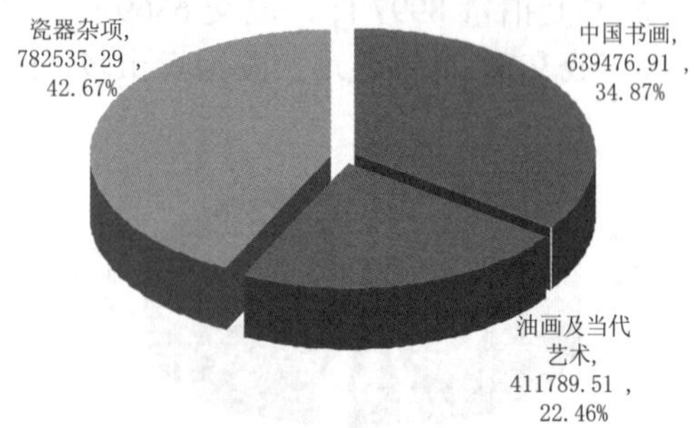

2008 年艺术品拍卖市场成交金额（万元）

3.2008 年，中国书画上拍了 82164 件，成交 56076 件，成交率 68.24%, 成交额 63.94 亿元，占拍卖市场 34.88% 的份额；瓷器杂项上拍了 76410 件，成交 46818 件，成交率 61.27%, 成交额 78.25 亿元，占拍卖市场 42.67% 的份额；油画和当代艺术上拍量 12678 件，成交 8629 件，成交率 68.06%，成交额 41.17 亿元，占拍卖市场 22.45% 的份额。

① 从上拍量看，2009 年书画的上拍量比 2008 年增加了 14152 件；瓷器杂项的上拍量比 2008 年增加了 17772 件；油画和当代艺术上拍量减少了 3681 件。

② 从成交量看，2009 年书画的成交量比 2008 年增加了 15362 件；瓷器杂项的成交量比 2008 年增加了 16540 件；油画和当代艺术成交量减少了 2260 件。

③ 从成交率看，2009 年书画的成交率比 2008 年有 5.86% 的增长；瓷器杂项的成交率比 2008 年有 6% 的增长，油画和当代艺术的成交率比 2008 年有 2.84% 的增长。

④ 从成交额看，2009 年书画的成交额比 2008 年增加了 44.38 亿元，增幅达 69.4%；2009 年瓷器杂项的成交额比 2008 年增加了 1.23 亿元，增幅仅 1.5%；而 2009 年油画和当代艺术的成交额却比 2008 年减少了 16.47 亿元，降低了 40%。

⑤ 从各类拍品所占的市场份额看，2009 年书画所占的市场份额增加了 16.09%；瓷器杂项所占的市场份额下降了 5.27%；油画和当代艺术所占的市场份额下降了 10.82%。

从以上 5 组数据比较看，无论是从上拍量、成交量、成交率、成交额和所占的市场份额，2009 年，书画行情均呈现出比 2008 年有明显的增长，尤其是成交额增加了 44.38 亿元，所占市场份额也有 16.09% 充分说明 2009 年拍卖市场中，书画成交的活跃度最高。2009 年瓷器杂项同样在上拍量、成交量、成交率、成交额方面超越 2008 年，其中，成交额只有 1.5% 的小幅增加。但瓷器杂项所占的市场份额却呈减少的趋势，从另一侧面反映出市场交易热点的转换。2009 年油画和当代艺术每项数据均比 2008 年有所下降，其中成交额比 2008 年减少了 16.47 亿元，降低了 40%、所占市场的份额也减少了 10.82%，充分反映出这部分市场行情有所调整。

三、拍卖市场分板块数据分析

1. 中国书画出现突破行情，成为推动市场复

苏的核心力量

2009年中国艺术品拍卖市场之所以能够呈现出“V”字型复苏的走势，关键是由于中国书画的市场行情产生了突破性的变化。2009年中国书画市场拍卖成交额达到了创纪录的108.32亿元，这是中国艺术市场历年拍卖以来单独品类艺术品的年度成交额首次突破百亿元大关。

2009年中国书画市场成交表（单位：万元）

拍品类别	上拍量	成交量	成交金额
古代书画	19264	14450	383374.59
近现代书画	53576	40503	590731.96
当代书画	23476	16485	109082.66
总计	96316	71438	1083189.21

2008年中国书画市场成交表（单位：万元）

拍品类别	上拍量	成交量	成交金额
古代书画	16720	11312	222446.60
近现代书画	44136	30399	333312.21
当代书画	21191	13975	79873.93
总计	82047	55686	635632.74

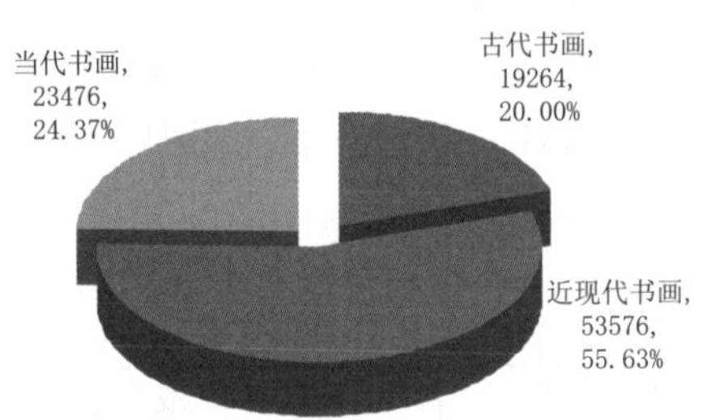

2009年中国书画上拍量

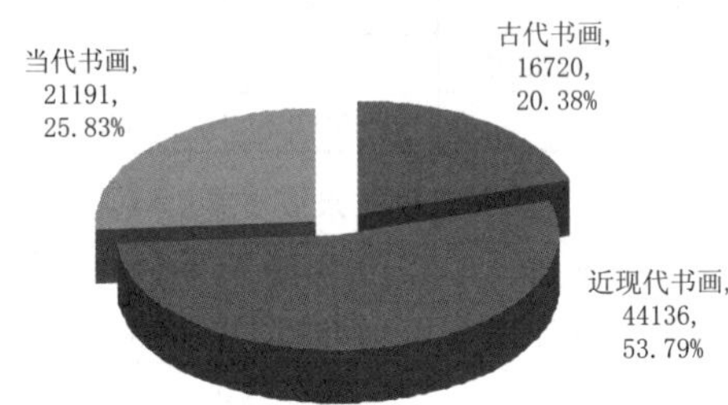

2008年中国书画上拍量

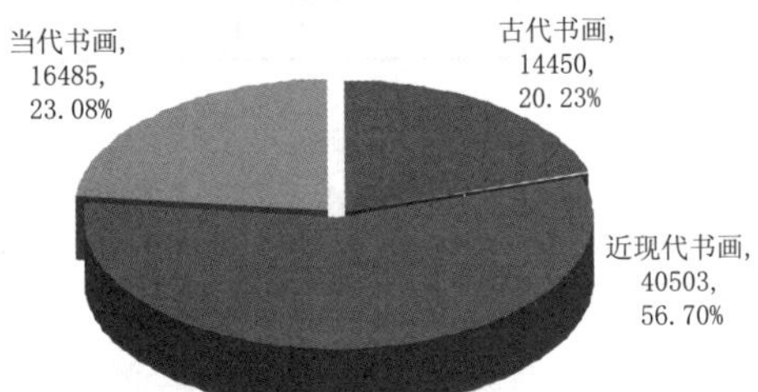

2009年中国书画拍量成交量

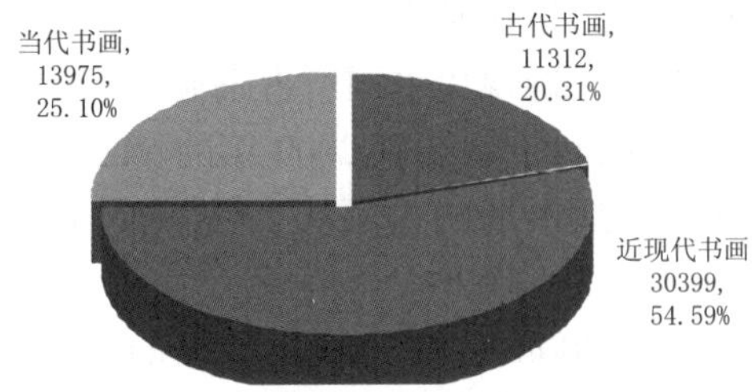

2008年中国书画拍量成交量

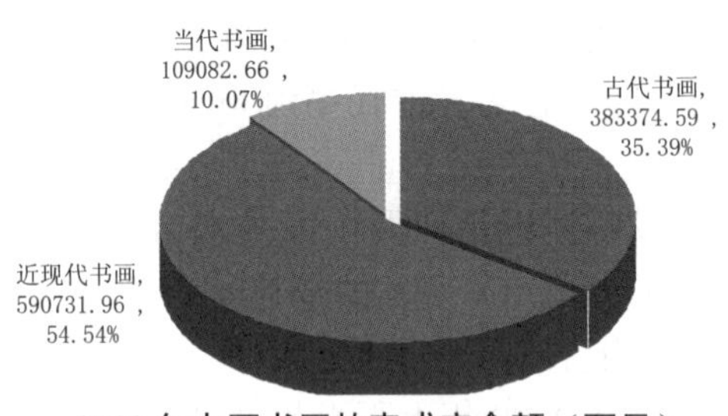

2009年中国书画拍卖成交金额（万元）

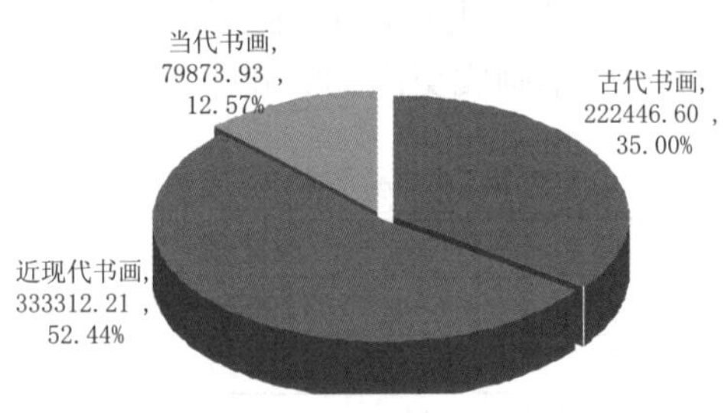

2008年中国书画拍卖成交金额（万元）

① 从上拍量看，2009年古代书画的上拍量比2008年增加了2544件；近现代书画的上拍量比2008年增加了9440件；当代书画上拍量增加了2285件。

② 从成交量看，2009年古代书画的成交量比2008年增加了3138件；近现代书画的成交量比2008年增加了10104件；当代书画成交量减少了2510件。

③ 从成交率看，2009年古代书画的成交率75.01%，2008年古代书画的成交率67.65%，相比较，2009年古代书画成交率增长了7.36%；2009年近现代书画的成交率75.59%，2008年近现代书画的成交率68.87%，相比较，2009年近现代书画成交率增长了6.72%；2009年当代书画的成交率70.22%,2008年当代书画的成交率65.94%，相比较，当代书画的成交率增长了4.26%。

④ 从成交额看，2009年古代书画的成交额比2008年增加了16.09亿元，增幅达72.34%；2009年近现代书画的成交额比2008年增加了25.74亿元，增幅仅77.22%；2009年当代书画的成交额却比2008年增加了2.92亿元，增幅36.59%。

⑤ 从各类拍品所占的市场份额看，古代书画

占书画市场的份额从2008年的35%增加到2009年的35.39%；近现代书画所占书画市场的份额从2008年的52.44%增加到2009年的54.54%；当代书画所占书画市场的份额从2008年的12.57%下降到2009年的10.07%。

从以上2008年和2009年数据的变化显示，无论从上拍量、成交量、成交率、成交额和所占的市场份额看，古代书画和近现代书画的数据均呈现上升势头，其中这两类拍品的成交额增幅均在70%以上，足见，古代书画和近现代书画在2009年拍卖市场中交易量得到进一步放大，这也为书画市场整体行情以及中国艺术品拍卖市场在2009年的复苏奠定了坚实的基础。

2.2009年下半年书画成交活跃

另外，从2009年上下半年书画、瓷器杂项、油画和当代艺术三类拍品的成交数据比较来看，2009年下半年书画成交比2009年上半年增幅明显。

2009年上半年中国艺术品市场分类市场成交表（单位：万元）

拍品类别	上拍量	成交量	成交金额
中国书画	39634	29637	342630.1184
瓷器杂项	40888	28659	223606.0718
油画和当代艺术	3196	2193	71294.5085
总计	83718	60489	637530.6987

2009年下半年中国艺术品市场分类市场成交表（单位：万元）

拍品类别	上拍量	成交量	成交金额
中国书画	56682	41801	740559.09
瓷器杂项	53294	34699	571219.45
油画和当代艺术	5801	4176	175705.55
总计	115777	80676	1487484.09

对比2009年上下半年，中国书画的上拍量、成交量、成交金额看，下半年书画的上拍量比上半年增加了17048件，成交量增加了12164件，成交金额增加了39.79亿元，增幅达116%，可见2009年下半年中国书画成交势头比下半年增幅显著。

3.书画精品价格进入“亿元时代”

此外，古代书画和近现代书画在2009年创造的高价也带动了整体市场行情的发展。其中最值得关注的是，古代书画的成交额已经进入到了“亿元时代”。中贸圣佳拍卖公司2009年10月秋季拍卖中上拍的徐扬《平定西域献俘礼图》的成交额高达1.34亿元；北京保利11月秋季拍卖的明代画家吴彬《十八应真图》以1.69亿元的天价将中国古代书画此前的拍卖价格纪录再次刷新！在同一专场中，宋代书法家曾巩的书法《局事帖》也以1.01亿元人民币的价格再次突破亿元大关；中国嘉德秋季拍卖的《朱熹、张景修等宋名显题徐常侍篆书之迹》(手卷)也达到了1.008亿元的高价。短短的一个拍卖季中国古代书画就有4件拍品的成交额超过了亿元大关。这种现象充分说明藏家对于古代书画精品的承受力从以前的千万级提高到亿级。在古代书画的“天价”效应下，中国近现代书画也是高价不断：北京保利秋季拍卖的“中国近现代及当代书画”夜场拍卖中齐白石的作品《可惜无声花鸟工虫册页》（十三开）拍到了9520万元的天价，创出了齐白石个人作品以及中国近现代书画拍卖价格的历史新高！傅抱石的作品《杜甫诗意图》在香港佳士得拍出了5287.76万元人民币，也创下傅抱石作品拍卖新高！北京匡时国际秋季拍卖推出的张大千1965年的巨制《瑞士雪山》以5264万元的高价再创艺术家本人作品拍卖价格新高！古代书画和近现代书画市场交易量与高价这种“双管齐下”的配合正是拍卖市场复苏的核心动力。

4.2009年油画和当代艺术成交萎缩

2009年油画和当代艺术成交表　（单位：万元）

拍品类别	上拍量	成交量	成交金额
油画及当代艺术	7731	5528	227953.81
影像作品	448	233	1903.18
雕塑、装置作品	818	608	17143.06
总计	8997	6369	247000.06

2008年油画和当代艺术成交表　（单位：万元）

拍品类别	上拍量	成交量	成交金额
油画及当代艺术	10685	7385	380634.43
影像作品	508	289	2587.98
雕塑、装置作品	930	679	20094.80
总计	12123	8353	403317.22

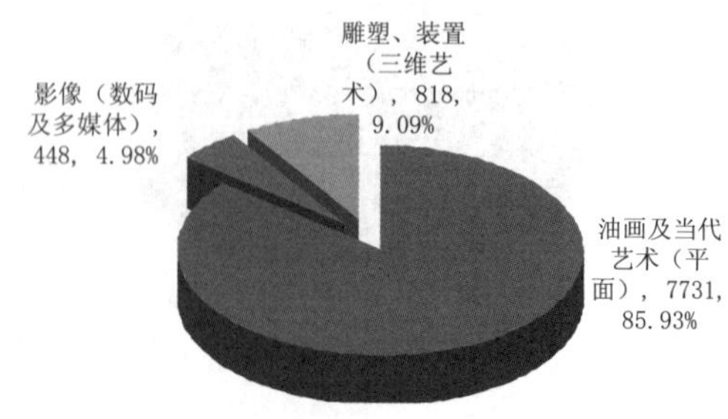

2009年油画及当代艺术上拍量

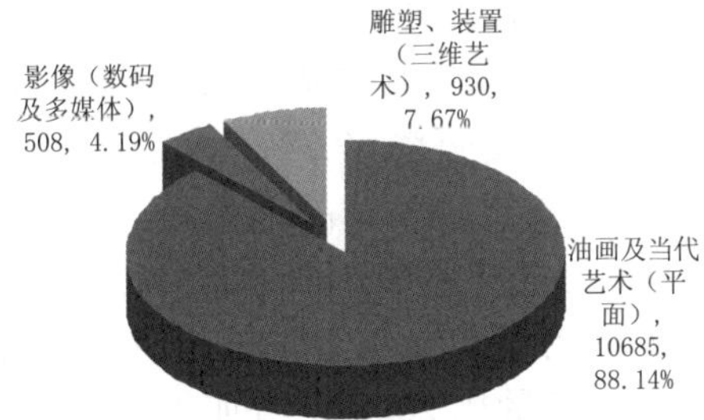

2008 年油画及当代艺术上拍量

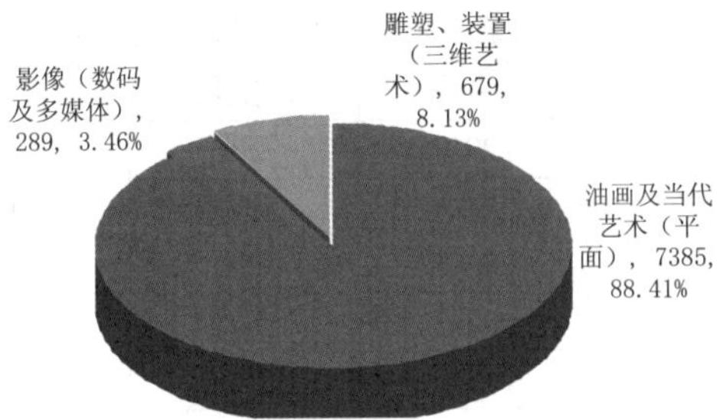

2008 年油画及当代艺术拍卖成交量

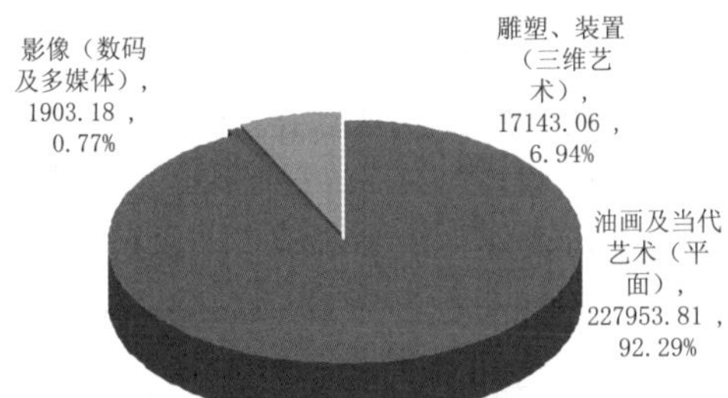

2009 年油画及当代艺术拍卖成交量

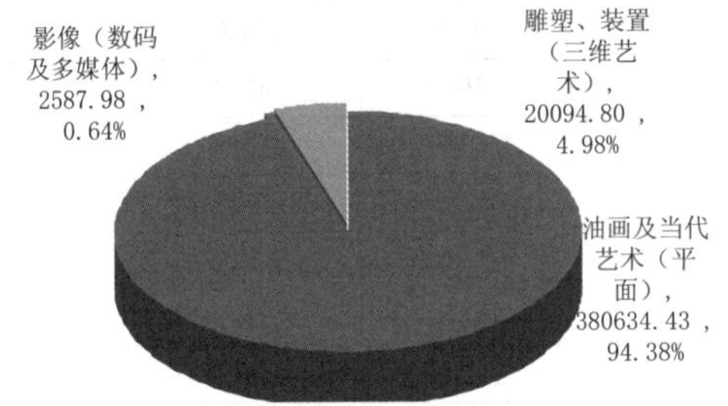

2008 年油画及当代艺术拍卖成交金额　（单位：万元）

① 从上拍量看，2009 年油画和当代艺术的上拍量比 2008 年减少了 2954 件；影像作品的上拍量比 2008 年减少了 60 件；雕塑、装置作品的上拍量减少了 112 件。

② 从成交量看，2009 年油画和当代艺术的成交量比 2008 年减少了 1857 件；影像作品的成交量比 2008 年减少了 56 件；雕塑、装置作品的成交量减少了 71 件。

③ 从成交率看，2009 年油画和当代艺术的成交率 71.5%，2008 年油画和当代艺术的成交率 69.11%，相比较，2009 年油画和当代艺术成交率增加了 2.39%；2009 年影像作品的成交率 52%，2008 年影像作品的成交率 56.89%，相比较，2009 年影像作品的成交率比 2008 年降低了 4.89%。2009 年雕塑、装置作品的成交率 74.32%，2008 年雕塑、装置作品的成交率 73.01%，相比较，2009 年雕塑、装置作品的成交率比 2008 年增长了 1.31%。

④ 从成交额看，2009 年油画和当代艺术成交额比 2008 年减少了 15.27 亿元，降低了 40.12%；2009 年影像作品的成交额比 2008 年减少了 684.8 万元，降低了 26.46%；2009 年雕塑、装置作品的成交额比 2008 年减少了 2951.74 万元，降低了 14.69%。

⑤ 从各类拍品所占的市场份额看，油画和当代艺术占市场的份额从 2008 年的 94.38% 减少到 2009 年的 92.29%；影像作品占市场的份额从 2008 年的 0.64% 增加到 2009 年的 0.77%；雕塑、装置作品所占书画市场的份额从 2008 年的 4.98% 增加到 2009 年的 6.94%。

从上拍量、成交量看，2009 年油画和当代艺术市场中的各类拍品的数量均比 2008 年减少。但从成交率看，油画和当代艺术的成交率在 2009 年比 2008 年有所上升，雕塑、装置作品的成交率比 2008 年有小幅上升，影像作品的成交率有 4.89% 的下降，反映出影像作品在 2009 年市场交易难度增大。从成交额看，油画和当代艺术作为这部分市场的主要构成，其在 2009 年交易出现了较大调整，雕塑、装置作品次之，影像作品由于交易规模最小，因此相应调整的幅度也最小。从各类拍品所占市场份额看，油画和当代艺术依然在这部分市场中占据绝对优势，雕塑、装置作品的市场份额上升，反映出市场买家对这类拍品的关注度比 2008 年有所提高，影像作品的市场份额下降同样反映出这部分市场交易的清淡。

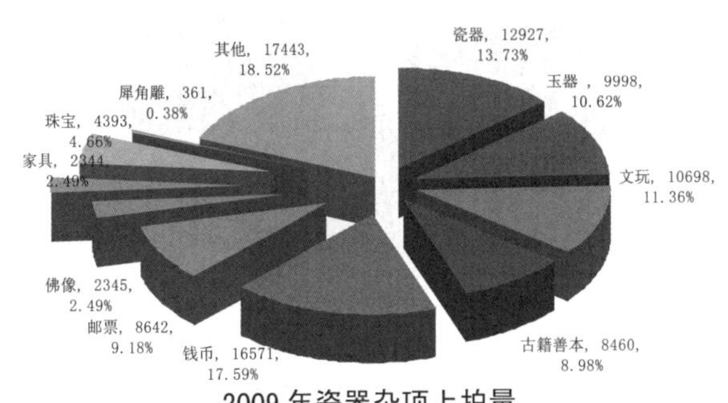

2009 年瓷器杂项上拍量

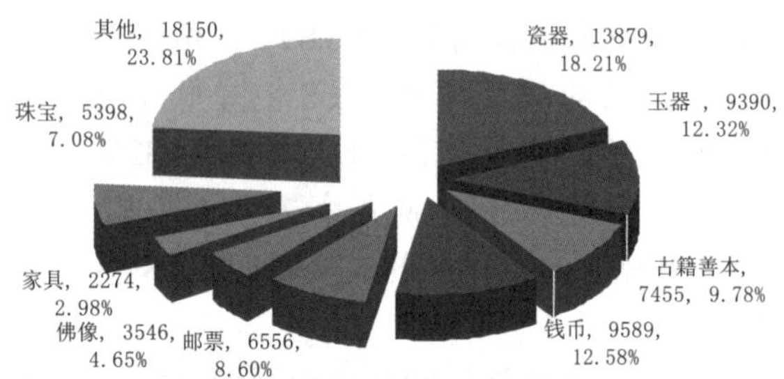

2008 年瓷器杂项上拍量

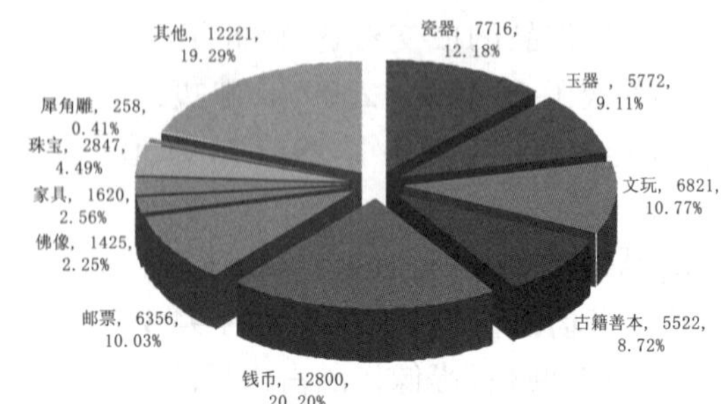

2009 年瓷器杂项拍卖成交量

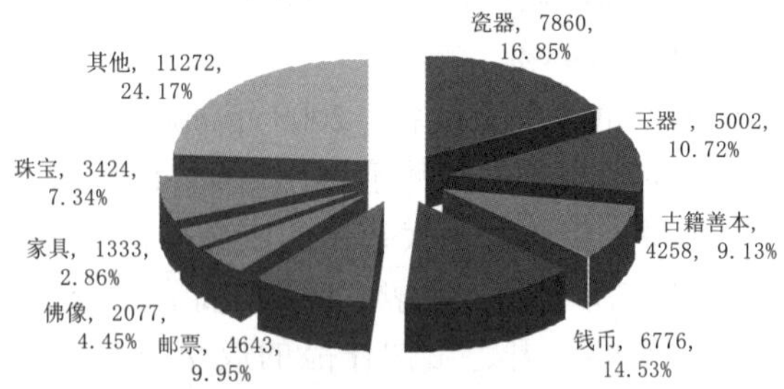

2008 年瓷器杂项拍卖成交量

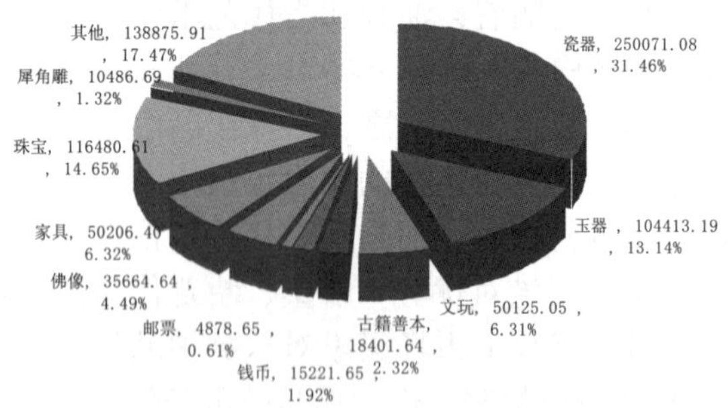

2009 年瓷器杂项拍卖成交金额（万元）

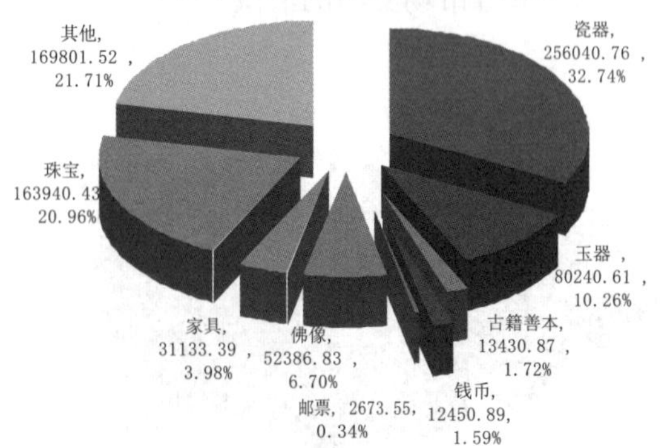

2009 年瓷器杂项拍卖成交金额（万元）

5.2009 年瓷器杂项市场成交小幅上扬

2009 年，瓷器杂项拍品上拍量 94182 件，成交了 63358 件，成交率 67.27%，成交额 79.48 亿元。2008 年，瓷器杂项拍品上拍量 76237 件，成交了 46645 件，成交率 61.18%，成交额 78.20 亿元。相比较，2009 年瓷器杂项上拍量比 2008 年增加了 17945 件，成交量比 2008 年增加了 16713 件，成交率增加了 6.09%，成交额增长了 1.28 亿元。

2009 年瓷器杂项成交表（单位：万元）

拍品类别	上拍量	成交量	成交金额
瓷器	12927	7716	250071.08
玉器	9998	5772	104413.19
文玩	10698	6821	50125.05
古籍善本	8460	5522	18401.64
钱币	16571	12800	15221.65
邮票	8642	6356	4878.65
佛像	2345	1425	35664.64
家具	2344	1620	50206.40
珠宝	4393	2847	116480.61
犀角雕	361	258	10486.69
其他	17443	12221	138875.91
总计	94182	63358	794825.53

2008 年瓷器杂项成交表（单位：万元）

拍品类别	上拍量	成交量	成交金额
瓷器	13879	7860	256040.76
玉器	9390	5002	80240.61
古籍善本	7455	4258	13430.87
钱币	9589	6776	12450.89
邮票	6556	4643	2673.55
佛像	3546	2077	52386.83
家具	2274	1333	31133.39
珠宝	5398	3424	163940.43
其他	18150	11272	169801.52
总计	76237	46645	782098.85

① 从上拍量看，2009 年瓷器的上拍量比 2008 年减少了 952 件，玉器的上拍量比 2008 年增加了 608 件，2009 年古籍善本的上拍量比 2008 年增加了 1005 件，2009 年钱币的上拍量比 2008 年增加了 6982 件，2009 年邮票的上拍量比 2008 年增加了 5096 件，2009 年佛像的上拍量比 2008 年减少了 1201 件，2009 年家具的上拍量比 2008 年增加了 70 件，2009 年珠宝的上拍量比 2008 年减少了 1005 件，2009 年其他类杂项的上拍量比 2008 年减少了 707 件。

②从成交量看，2009年瓷器的成交量比2008年减少了144件，玉器的成交量比2008年增加了770件，2009年古籍善本的成交量比2008年增加了1264件，2009年钱币的成交量比2008年增加了6024件，2009年邮票的成交量比2008年增加了1713件，2009年佛像的成交量比2008年减少了652件，2009年家具的成交量比2008年增加了287件，2009年珠宝的成交量比2008年减少了577件，2009年其他类杂项的成交量比2008年增加了949件。

③从成交率看，2009年瓷器的成交率59.69%，2008年瓷器的成交率56.63%，相比较，成交率增长了3.06%；2009年玉器的成交率57.73%，2008年玉器的成交率53.24%,相比较，成交率增长了4.49%；2009年古籍善本的成交率65.27%，2008年古籍善本的成交率57.11%，相比较，成交率增长了8.16%；2009年钱币的成交率77.24%，2008年钱币的成交率70.66%，成交率增长了6.58%；2009年邮票的成交率73.54% ,2008年邮票的成交率70.82%，成交率增长了3.26%；2009年佛像的成交率60.76%,2008年佛像的成交率58.57%，相比较，成交率降低了2.19%；2009年家具的成交率69.11%，2008年家具的成交率58.61%,相比较，成交率增长了10.5%；2009年珠宝的成交率64.8%，2008年珠宝的成交率63.43%,相比较，成交率增长了1.37%；2009年其他类杂项的成交率70.06%，2008年其他类杂项的成交率62.1%,相比较，成交率增长了7.96%。

④从成交额看，2009年瓷器的成交额比2008年减少了5969.6万元，2009年玉器的成交额比2008年增加了24172.58万元，2009年古籍善本的成交额比2008年增加了4970.77万元，2009年钱币的成交额比2008年增加了2770.76万元，2009年邮票的成交额比2008年增加了2205.1万元，2009年佛像的成交额比2008年减少了16722.19万元，2009年家具的成交额比2008年增加了19073.01万元，2009年珠宝的成交额比2008年减少了47459.82万元，2009年其他类杂项的成交额比2008年减少了30925.61万元。

⑤从各类拍品所占的市场份额看，2009年瓷器所占的市场份额比2008年降低了1.28%；玉器所占的市场份额比2008年增长了2.88%；古籍善本所占的市场份额比2008年增长了0.6%；2009年钱币所占的市场份额比2008年增长了0.33%；2009年邮票所占的市场份额增长了0.27%；2009年佛像所占的市场份额比2008年降低了2.21%；2009年家具所占的市场份额比2008年增长了2.34%；2009年珠宝所占的市场份额比2008年降低了6.31%；2009年其他类杂项所占的市场份额比2008年降低了4.24%。但是2009年文玩和犀角雕类拍品成交比较活跃，文玩2009年所占的市场份额达到了6.31%；犀角雕所占的市场份额达到了1.32%。

从上拍量看，2009年瓷器、佛像、珠宝、其他杂项的上拍量比2008年有减少，而玉器、古籍善本、钱币、邮票、家具的成交量均有所增加。从成交量看，2009年瓷器、佛像、珠宝的成交量比2008年均有所减少；而玉器、古籍善本、钱币、邮票、家具和其他类杂项的成交量均在增多。从成交率看，在所有瓷器杂项拍品中只有佛像的成交率2009年低于2008年，其余各类拍品的成交率在2009年均有所增加，反映出这部分市场流动性比2008年活跃。从成交额看，瓷器、佛像、珠宝、其他杂项的成交额2009年出现了走低，而玉器、古籍善本、钱币、邮票、家具的成交额均出现了增加，但是由于2009年文玩、犀角雕拍品的成交额分别达到了5.01亿元和1.04亿元，这两类拍品成交的活跃弥补了其他品类交易出现的调整，从而使2009年瓷器杂项的成交额比2008年只有小幅增加。

2009年中国艺术品博览会市场报告

艺术品博览会以画廊为基本参展单位，面貌比较整齐，具有促销艺术品、推进文化交流、培育艺术市场、提高城市知名度等多方面的作用，在现有的艺术交易方式中，艺术品博览会是重要平台。艺术品博览会对于所在城市的经济文化促进作用是巨大的，除了博览会场内交易所形成的产值之外，还会带动相关产业形成更大的产值联动效应，如艺术保险、印刷包装、交通运输、展台装饰、展品修复、餐饮住宿、商店娱乐等。成熟的艺术品博览会同时可以集结众多的高消费人群，是当地经济发展的巨大推动力量，可以形成一个完整的文化产业链。

一、京沪港三足鼎立

近几年来，中国艺术品博览会行业明显呈现

出京沪港三足鼎立的局面。北京、上海、香港是中国经济文化发展最具代表性的3个城市。在这3个城市中，共有艺术北京当代艺术博览会（ART BEIJING）、中艺博国际画廊博览会（China International Gallery Exposition，简称CIGE）、上海艺术博览会国际当代艺术展（ShContemporary，简称上海当代）和香港国际艺术展（Hong Kong International Art Fair，简称ART HK）这4家博览会。这些艺术品博览会各有其不同侧重点与经营特色。艺术北京·当代艺术博览会于2009年4月26日举行，同时“影像北京”也同期上演。该博览会有61家国内外重要画廊参展，中国本土画廊占到所有参展画廊的72%，彰显出艺术北京支持本土画廊的主旨，同时也与“艺术北京基金”设立的初衷相一致。4天的展期，参观人数达2.5万人次，成交额近亿元。2009中艺博国际画廊博览会于4月16日至19日举行。参展画廊有84家，其中27%是中国本土画廊。2009上海当代于9月9～13日举办。参展画廊有76家，其中中国本土画廊有25家，占33%。上海当代的成交额达到5000多万元。2009香港国际艺术展作为香港旅游局推广项目，成为2009年上半年香港最重要的文化活动之一，于5月14日至17日在香港会展中心举行。共有来自24个国家的110家画廊参展，其中中国本土画廊所占比例为13%。该博览会吸引了大约2万名观众，总成交额高达2000万美元。

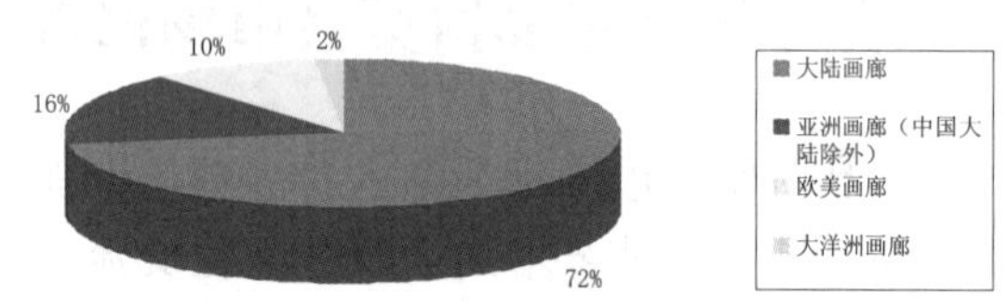

图1　艺术北京2009参展商构成

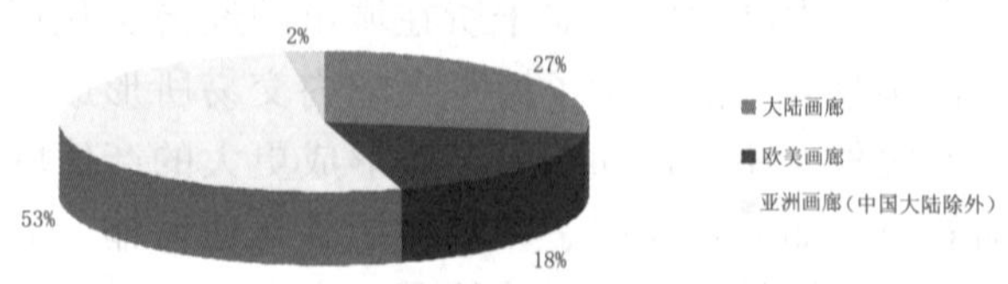

图2　中艺博北京2009参展商构成

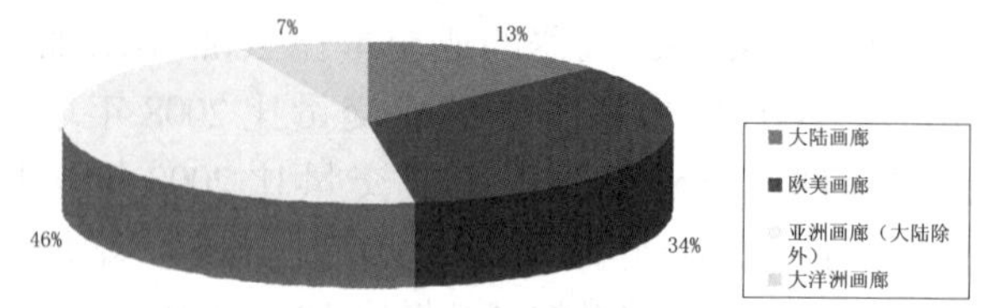

图3　香港国际艺术展2009参展商构成

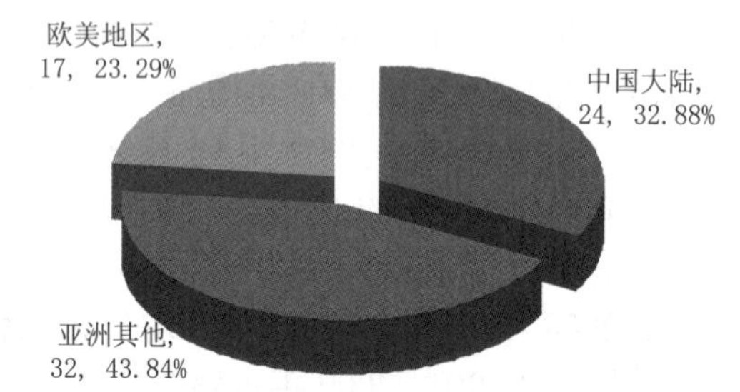

图4　上海当代2009参展商构成

二、品牌拓展与模式创新

2009年，艺术品博览会业内更加注重对于自身品牌内涵的延伸及拓展，另外在经营模式上也有所创新。在充分挖掘品牌内涵与拓展方面以艺术北京当代艺术博览会最为突出。2009年11月7日，艺术北京当代艺术博览会举办了首届“艺术北京·经典艺术博览会”，充分抓住了市场在经过2008年秋季的调整之后购买力向经典艺术转向的时机。举办经典艺术博览会既为国内经营经典艺术的画廊搭建了交易平台，也有效延伸了艺术北京当代艺术博览会的品牌。该博览会成交额接近亿元，另有多件作品以高价成交，例如德国收藏家族成立的哈格曼画廊带来的现实主义大师德加的《站立的女人》就以千万余元人民币的高价被一位台湾藏家买走。“CLASSIC简经典西画沙龙”也售出了5幅作品，其中柯罗的《水边劳作》以580万元被一位中国藏家买走。北京中艺博文化传播有限公司也联合航美传媒于9月19日推出了“GREEN当代艺术展”。这一艺术展以艺术家为参展单位，从其细则上可以看出对尚未成名的艺术家的支持。这也是中艺博做出的新尝试。2009年11月13日，由文化部文化市场发展中心主办、北京中文发国际文化交流有限公司承办的“2009首届北京国际当代艺术酒店博览会”在北京金茂威斯汀饭店开幕。该艺术博览会邀请了中国大陆活跃的二十余家最具代表的当代艺术画廊参展。这是首次在中国大陆举办的酒店式博览会。

三、注重与学术互动

在注重艺术品博览会作为艺术品交易平台的同时，艺术品博览会均更加注重与学术的互动。博览会在展览期间大多会举办一系列的非营利活动，例如举办学术论坛、学术邀请展以及举办公共艺术项目等。这些非营利学术活动的举办体现出博览会对于学术的倚重，同时也有效地强化了博览会的品牌形象。例如2009年4月27日，艺术北京当代艺术博览会就推出了与中关村科技园区雍和园管理委员会共同主办，由皇城艺术馆、艺术市场分析研究中心（AMRC）联合承办的“2009艺术经济论坛”。在11月7日举办的首届“艺术北京·经典艺术博览会”上，也举办了主题展览“化迹纸上”及回溯百年系列专题展“开拓创新——中国第一代雕塑家作品展”、“中国气派”经典油画展”、“黄胄作品回顾展”展览。此外，在展会期间，该博览会还设立了一系列论坛，为国内收藏家提供经典艺术的入门指导。2009香港国际艺术展，也举办了多场的座谈会和研讨会以及艺术外围展等活动。

2009上海当代	1.“发现：发现论坛”
2009艺术北京	1.“艺术突破”主题展览
	2.“艺术家影院”
	3.“邂逅巴马科”项目：非洲当代摄影双年展的精彩获奖作品
	4.“时尚北京”：展出了15位国际知名的当代时尚摄影艺术家的系列作品
	5.“影像北京2009——影像艺术高峰论坛”
	6.发行了“影像北京2009特刊”
	7.“艺术北京1+1慈善展”
	8.“2009艺术经济论坛”
2009中艺博	1.MAPPING ASIA：亚洲年轻艺术家个展
	2.国际艺术家个展
	3.Subliminals——非营利艺术机构邀请特展
	4.视频展览
	5.论坛
2009香港国际艺术展	1.南华早报：艺术世界之未来展览及赞助
	2.横越波斯湾特别展览
	3.《后室谈》：亚洲艺术文献库09香港国际艺术展活动
	4.“焦点系列”座谈会
	5.研讨会

四、艺术赞助成为大势所趋

世界知名品牌和机构与艺术界的合作已经成为惯例。艺术品博览会是一个综合性的交易和展示平台。对于世界知名品牌和机构而言，赞助艺术品博览会可以进一步增强品牌的知名度，同时可以在短时间获得接触更多高端客户的机会。赞助艺术品博览会对于世界知名品牌和艺术品博览会而言是一次能够达到双赢目的的合作。从博览会方面而言，世界知名品牌和机构的赞助不仅可以给博览会在运营上提供资金上的支持，而且可以借助这些知名品牌相对完善的推广平台，汲取它们的长处。对于国际上已经较为成熟的艺术品博览会，这一点已经做得比较完善，博览会的合作机构有许多都是石油、煤炭等制造业，或者保险、航空等服务业，具有强大的产业链系统，博览会则与之建立长期的稳定合作。但是在中国，艺术品博览会尤其是当代艺术品博览会本身就是一个新兴事物，与知名品牌的合作更是处在起步阶段，但是2009年艺术品博览会受到知名品牌和机构赞助的趋势则更为明显，知名品牌和机构对于艺术品博览会的支持力度也在不断地加强。

4家艺术博览会赞助合作机构统计表

博览会名称	赞助合作机构
2009艺术北京	大众汽车
	三星
	广东美术馆
2009中艺博	科宝博洛尼集团
	马爹利
	彭博新闻社
	ILLY咖啡
	Contemporary Art Society
	摩登天空
	尤伦斯当代艺术中心
	今日美术馆
2009香港国际艺术展	Glashutte original手表
	香港君悦酒店
	Veune Clicquot
	Quintessentially
	智行基金会
	SmarTone
	Travel Partner
	香港设计中心
	香港投资贸易署
	THE PAWN餐厅酒吧
2009香港国际艺术展	兰桂坊
	香港建筑师学会

续表

博览会名称	赞助合作机构
2009 香港国际艺术展	CUT + PASTE
	Jimsum thensome
	尤伦斯基金会
	香港加拿大商会
	LUXE City Guides
	Luxury INSIDER

五、更加重视开发高端客户

经济学领域有著名的二八定律，即 20% 的人手里掌握着 80% 的财富。这个定律被逐渐引入到艺术品博览会中后，就明显表现为各个艺博会对高端客户的注视。艺术北京、中艺博、上海当代、香港国际艺术展这四家艺术品博览会在举办期间都设立了“VIP 专场”，同时，各博览会还根据自己的定位，结合所在城市的优势，不断改进服务的水准和质量。

艺术北京在 2008 年就组织成立了“艺术北京”收藏俱乐部。该俱乐部通过定期举办收藏下午茶、漫步艺术区、游古都北京以及主体讲座等一系列活动，培养吸引潜在客户，提出为藏家们提供更直接的艺术感受、更专业的收藏指导等目标。2009 香港国际艺术展开展了贵宾服务计划，符合艺术品博览会审核要求的申请者可以全程享受通行无阻的尊贵待遇，包括艺术专家领引的私人导赏行“精粹艺术”，以及其他专门安排给贵宾的特别节目。并且 2009 香港国际艺术展有专为海外旅客而设的贵宾体验，结合了自身节目和香港的大都会魅力，综合了视觉、味觉和听觉各个领域。

2009 上海当代也实施了“亚太藏家计划”。上海当代与合艺典藏协作，为对艺术抱有兴趣的潜在藏家开展一系列活动，包括提供专业建议、价值评估、定制收藏方案、策划项目和考察等相关服务。

六、国际化正在进行

“从中国到国际”将是博览会的共同发展方向。结合各自实际情况，艺术北京、中艺博、上海当代、香港国际艺术展这四家博览会都提出了“从中国走向亚洲，继而走向国际”的发展方向。艺术北京提出了“团结亚洲、融入国际”的理念；中艺博则有着“放眼亚洲，对接全球”的雄心壮志；香港国际艺术展 2009 的策展人则希望博览会“关注亚洲，走向国际”；上海当代则以东西方艺术交流为宗旨，支持并培养亚洲新兴市场与全球艺术市场的交融。从中国走向国际是这四家博览会未来发展的共同愿景和努力的方向。

随着拍卖市场中 2009 年亚洲艺术市场一体化趋势的显现，中艺博明确提出了“立足中国，涵盖亚洲，放眼世界”的自身定位，中艺博 2009 参展商中，除中国之外的亚洲画廊更是占到了 52% 的份额。上海当代因其主办方的西方背景，所以从最初开始就开始国际化路线，强调中西艺术的交流。但是从参展商方面来看，上海当代除中国之外的亚洲画廊所占比例，从 2007 年 24% 升至 2008 年的 31%，2009 年更达到了 44%，所以从这点来看国际性又是一个相对的概念，目前来讲，他们还是相当重视亚洲市场。2009 香港国际艺术展除中国大陆外的亚洲画廊所占比例从首届的 43% 上升至 46%。2009 年，该博览会更是开设了“横越波斯湾”单元，推出来自伊朗、阿联酋和伊拉克的六位亚洲艺术家的作品。香港国际艺术展充分发挥其地缘优势，正在初步实现其举办真正具备国际色彩的艺术展览的宏大梦想。艺术品博览会也将为亚洲艺术市场的整合发展作出应有的贡献。

2009 年中国艺术品金融化实践的调研

随着艺术品市场的逐步成熟，艺术品的资产属性渐次显现，银行、信托公司、私募基金及相关研究人员开始积极关注这个领域，2009 年成为各方跨界实践比较踊跃和集中的一年。

（一）银行的实践

目前，国内银行业可以为客户提供的艺术类的相关服务，可以概括为以下几类：艺术品投资基金和信托计划的发行；增值服务，举办沙龙、提供培训、组织交流；艺术品估价的服务；银行企业艺术品收藏；艺术赞助。总体来看，国内各银行在艺术品领域的动作还属于探路性质，其切入的深度和操作方式各不相同。

1. 艺术品投资基金和信托计划的发行

（1）民生银行推出非凡理财“艺术品投资计划”1 号和 2 号。2007 年，民生银行自主研发推出的国内第一只参与艺术品市场交易的资产管理产品。该产品通过设立投资决策委员会、引入信托公司第三方监管、要求艺术顾问公司提交保证金、在投资交易规程中加入到期特别处理条款等方式进行风险管理。产品的委托管理期为24个月。2009年7月，“艺术品投资计划”1号产品如约到期，年化收益率12.75%，绝对收益率25.5%。2009年12月29日，民生银行又推出“艺术品投资计划”2号产品。

（2）2009年6月，国投信托有限公司推出国内首款艺术品投资集合资金信托计划，该款产品是国投信托携手保利文化艺术有限公司、中国建设银行北京分行共同为高端客户提供的另类投资信托理财产品。该产品募集资金规模4650万元，产品的委托管理期为18个月，信托资金主要用于购买所选定艺术作品的收益权，投资者能享受到7%的预期年收益。

2. “艺术品赏鉴计划”

（1）2009年6月，招商银行正式公布了其“艺术品赏鉴计划”。首先由专业的艺术品经营机构给招商银行私人银行客户提供艺术品，客户从中选择；其次，客户在银行存入作品价格全额对应的保证金，即可拥有一年的免费鉴赏期；最后，免费鉴赏期结束后，客户只要完好无损退回艺术品，银行就全额退还保证金，客户也可以继续选择其他的艺术品，循环获得鉴赏权益。如该艺术品升值，客户仍可按照原先的价格购买艺术作品，由银行将客户原先交的“保证金”转到提供藏品的艺术品经营机构。

（2）中信银行私人银行是第一个聘请独家艺术顾问的国内私人银行，他们为客户设计的增值服务活动之一就是提供艺术鉴赏服务。

3. 增值服务，举办沙龙、提供培训、组织交流

国内各大银行及其私人银行机构都在常规性的为贵宾客户提供上述服务，尤其包括民生银行、招商银行、建设银行、中国银行等。中信银行每年不定期组织高端客户去欧美看大师作品、看私人藏家的藏品、看企业收藏、看画廊、看拍卖等，引领客户对艺术进行全方位的了解，全部开销由中信银行私人银行买单。

4. 艺术赞助

（1）艺术论坛和活动的赞助。比如，招商银行赞助博鳌论坛亚洲艺术展，举办艺术沙龙；民生银行赞助亚洲艺术论坛等。

（2）艺术馆赞助，比如，民生银行赞助炎黄美术馆，建立民生银行美术馆等。

（二）深圳、上海、北京的文化产权交易所及类似机构相继挂牌

1.2009年，国务院正式发布了《文化产业振兴规划》，其核心指导思想是“建设现代文化市场体系，建立门类齐全的文化产品市场和文化要素市场，促进文化产品和生产要素的合理流动”。该指导思想成为创立“文化产权交易所”的政策理论依据，促成了深圳、上海、北京等地的文化产权交易所及类似机构的相继挂牌。李长春同志在视察深圳文化产权交易所时明确指出：文化产权的交易要与股市相配套，国家将积极支持深圳和上海两地的文化产权交易所的发展。

2. 产权市场是依据中国国情创造出的一个基础性资本市场平台，目前已发展成为国有权益“阳光流转”和国有资产保值增值的重要平台。把产权市场与艺术品市场相结合，是一条解决艺术品市场资源分散、市场不规范和交易效率低下的捷径。

3. 文化产权交易所将为中国的艺术品市场带来一股革新之风。因为，产权交易机构是一类特殊的金融企业，它的核心优势在于提供艺术品市场与金融资本的对接服务，它将孕育出不同的交易流程、不同的登记和文献管理规则、不同的价格形成模式、不同的市场氛围、不同的参与方式、不同的结算周期、不同的市场覆盖范围。作为新生事物，值得密切关注。

4. 文化产权交易所的基础功能及在艺术品市场的应用：

（1）通过架构文化与资本的对接服务平台，为文化产业打通更广泛的融资渠道，为各类出资主体进入文化产业提供便捷、规范、有效的服务和支持。艺术品市场将是文化产权交易所的重点应用领域之一。

（2）依托国内产权市场的丰富经验，建立健全艺术品产权交易规则和交易系统，广泛发布艺术品产权项目信息，发挥产权市场的价格发现功能和平台定价机制，发挥评估、担保、银行、基金等中介和金融机构的投资功能，降低交易成本，提高项目成交率。

（3）配合国家主管机关，承担起文物艺术品产权的登记职能，提供产权的评估、交割、结算、过户、质押登记等各种增值服务，完善产权鉴定、确权及相关交易功能。

（4）通过政策引导，促成艺术资源自愿“入场”交易，形成良性循环，达到规范市场的目的。

（5）积极探索各种金融创新手段，通过类证券化产品设计，引导各类资本进入艺术品市场，加强市场的流动性，促进交易的规范性，为金融市场提供标准化交易品种。

（三）其他的金融化实践

作为一种准金融的经营方式，艺术品典当业务逐步引起了媒体和公众的注意，2009年9月华夏典当行正式推出艺术品典当融资业务，2009年年底荣宝斋在北京开设的艺术品类典当行也获得了国家有关部门的批准，有望成为行业标杆。艺术品典当行的运作机制、费率规定，配套的法律法规，国际化视野下的发展方向等问题都值得我们关注。

2009年中国艺术品市场大事记

1月，798艺术区当选北京名片。

2月，国家文物局发布《关于审核佳士得拍卖行申报进出境的文物相关事宜的通知》。文化部复查中国诚信画廊，7画廊被取消资格。

3月，中国现当代美术文献研究中心正式落户北京东风艺术区。

4月，第六届中艺博国际画廊博览会开幕。香港苏富比清乾隆《粉青釉浮雕芭蕉叶纹镂空“缠枝牡丹图”长颈胆套瓶》4770万港币成交，刷新了单色釉瓷器拍卖价格的最高纪录。艺术北京2009成功举办。博鳌论坛首次开设亚洲当代艺术展。

5月，2009香港国际艺术博览会开幕。亚洲联合拍卖周移师香港。歌德拍卖有限公司与北京通银典当有限公司合作，首开国内艺术典当业务。中国嘉德2009春季拍卖会“丁张弓良收藏中国军用钞票”专场创造军钞拍卖新纪录。北京保利2009年春季拍卖会宋徽宗《写生珍禽图》以6172万元高价成交，刷新当时中国书画拍卖的世界纪录。北京保利春季拍卖会首开红酒、帝王书画专场拍卖。

6月，招商银行在国内启动“私人银行艺术赏鉴计划”。国投信托有限公司、保利文化艺术有限公司、中国建设银行北京分行3家机构联手推出国内首款艺术品投资集合资金信托计划——“国投信托·盛世宝藏1号保利艺术品投资集合资金信托计划”。北京华彬艺术品产权交易所隆重揭牌。中菲金融担保公司推出当代书画金融按揭服务。福建省民间艺术馆联合工商银行福州分行在福州正式推出“艺术品免息分期付款”业务。国内首家文化产权交易所——上海文化产权交易所在上海外高桥保税区正式挂牌成立。北京产权交易所与中国工艺美术集团共同打造的高档工艺美术品交易平台正式启动。文化部、海关总署下发了《文化部、海关总署关于印发〈美术品进出口管理暂行规定〉的通知》（文市发〔2009〕21号）。

7月，中国民生银行非凡理财“艺术品投资计划”1号的1期和2期理财产品到期，年收益率达12.75%。国务院常务会议讨论并通过《文化产业振兴规划》（简称《规划》），这是继纺织、轻工等规划之后的第11大产业振兴规划。文化部、海关总署发布《文化部、海关总署关于美术品进出口管理的公告》，对美术品进出口管理的有关事项予以明确。

8月，2009年首届北京798双年展开幕“向祖国汇报——新中国美术60年”大展在中国美术馆隆重开幕台湾老牌画廊——大未来画廊正式分家。

9月，中艺博举办Green当代艺术展。2009上海艺术博览会国际当代艺术展盛大举行。“国家重大历史题材美术创作工程作品展览”在中国美术馆隆重举行。华夏典当行正式推出艺术品典当业务。

10月，香港苏富比2009年秋季拍卖会，乾隆御制“水波云龙”宝座以8578万港元的成交价打破中国家具世界拍卖纪录。“全球艺术品收藏论坛”首次在中国举行。中贸圣佳“十五周年庆典艺术品拍卖会”，徐扬《平定西域献俘礼图》以13440万元的成交价刷新中国书画拍卖的世界纪录。法国Artprice 2008至2009年全球当代艺术市场报告发布，TOP100位当代艺术家排行榜中中国艺术家比例首次居全球第一。首届中国当代艺术收藏家年会暨收藏家藏品邀请展在宋庄和静园艺术馆举办。

11月，首届“艺术北京·经典艺术”博览会，德加的《站立的女人》以千万余元人民币的高价售出。中国嘉德国际拍卖公司2009年秋季拍卖会成交15.33亿元，单季拍卖达到18.81亿元，全年拍卖成交27.05亿元，创出中国拍卖公司单季拍卖及全年拍卖成交总额新高。北京保利秋季拍卖中，古代书画连创新高，吴彬《十八应真图》（手卷）以1.69亿元成交，有评论称中国书画进入“亿元时代”。中国艺术研究院中国当代艺术院正式挂牌成立，罗中立出任首届院长。第四届中国北京国际文化创意产业博览会落下帷幕，43万人参加，以文化创意产业投融资、集聚区入住、文化产品授权、交易，艺术品拍卖为内容的14个专场项目推介交易吸引了海内外3000多客商到会洽谈。深圳文化产权交易所在深圳挂牌成立。

12月，第11届全国美术作品展览获奖和优秀作品展览在中国美术馆成功举办。北京艺术区拆迁争议频频，艺术家联合开展“暖冬”艺术区巡展计划。歌华文化艺术交易中心在歌华大厦11层挂牌成立，是国内首家为各种文化艺术产品、版权及项目交流、交易和投融资提供专业服务的公益性平台。国内唯一的书画艺术专业电视频道——中央数字电视《书画频道》开始在北京落地播出。商务部发布《文物艺术品拍卖规程》（SB/T 10538-2009）行业标准，该标准是我国拍卖行业恢复发展20多年来第一部行业标准，并将于2010年7月1日正式实施。

2009年文化市场综合执法报告

2009年，综合执法办公室按照文化部、文化市场司年初确定的工作重点，积极推进文化市场综合执法改革，全面加快网络文化市场计算机监管平台建设，组织开展文化市场集中整治行动，做了大量工作，取得明显成效。

（一）切实履行“指导文化市场综合执法”的职责，积极推进文化市场综合执法改革

一是联合中宣部、中央编办、国家公务员局等部门共同开展文化市场综合执法改革调研。为切实履行国务院“三定”规定赋予的职责，掌握各地综合执法改革进展情况，总结综合执法改革经验，经商中宣部改革办同意，以文化部办公厅名义下发了《关于开展文化市场综合执法改革情况调研的通知》，印发了调研提纲，对调研的意义、形式、内容等提出明确要求；联合中宣部改革办、国家公务员局组织了4个调研组，分别前往湖南、广东、陕西、甘肃、云南、贵州等地进行了实地考察。

二是起草《文化部关于文化市场综合执法改革有关情况的报告》，上报中央文化体制改革工作领导小组。在调研的基础上，形成了专题报告，汇报了综合执法改革的进展情况、取得的主要成效及存在的主要问题，提出了制定下发加快推进综合执法改革工作的文件、召开经验交流会、加强督查指导等意见。中央政治局委员、中宣部部长刘云山在报告上作出重要批示。

三是代拟《关于加快推进文化市场综合执法改革工作的意见》，上报中央文化体制改革工作领导小组。根据中央领导的批示精神和中宣部的要求，针对当前推进综合执法改革存在的主要困难和问题，文化部代为草拟了《关于加快推进文化市场综合执法改革工作的意见》，分别书面征求了国家广电总局、新闻出版总署的意见，在充分吸收两部门意见的基础上，对代拟稿的内容进行了调整、补充和修改，并将相关情况上报中央文化体制改革工作领导小组。2009年9月，中央宣传部、中央编办、文化部、国家广电总局、新闻出版总署正式联合下发《关于加快推进文化市场综合执法改革工作的意见》（中宣发〔2009〕25号），明确要求加快组建统一的文化市场综合执法机构，建立健全统一的综合执法领导体制，明确综合执法机构的职责、编制、人员和经费，进一步推进综合执法工作的法制化、科学化、规范化，加强对综合执法改革工作的组织领导，确立了加快推进文化市场综合执法改革的时间表、路线图和任务书，标志着改革工作由试点阶段向全面启动、加快推进阶段迈进。

四是参与组织召开文化市场综合执法改革经验交流会，学习贯彻《意见》精神，全面部署加快推进文化市场综合执法改革工作。10月20日，全国文化体制改革工作领导小组办公室在浙江省杭州市召开全国文化市场综合执法改革经验交流会，学习贯彻中宣发〔2009〕25号文件精神，交流综合执法改革经验，部署推进综合执法改革工作。文化部副部长欧阳坚、广电总局副局长赵实、新闻出版总署副署长蒋建国、中央编办副主任黄文平及中宣部副部长孙志军分别作了重要讲话，浙江、上海、广东、常州、潍坊等5个单位作大会经验交流，北京、重庆、沈阳、丽江等6个单位作书面交流。为贯彻落实《意见》精神，文化部制定下发了《文化部关于加强文化市场综合执法指导工作的通知》（文市发〔2009〕37号），明确指导综合执法的工作职责、总体目标及具体内容，提出具体工作要求；制定下发了《文化部关于加强文化市场综合执法制度建设的意见》（文市发〔2009〕38号），建立健全综合执法工作制度，规范行政执法工作；下发了《文化部关于统一文化市场综合行政执法文书的通知》（文市发〔2009〕39号），统一规范执法文书，提高各地依法行政水平。

（二）全面推进网络文化市场计算机监管平台建设，努力推动实现综合执法工作的信息化

一是加快网络文化市场计算机监管平台建设进度。根据长春、云山、延东同志在视察文化部时做出的重要指示精神，将网络文化市场计算机监管平台建设列入2009年度重点督办事项，监管平台建设进度明显加快。截至2009年9月底，已有16个省份实现与中央监管平台的互联互通，网吧监管总数日均达到71393家。

二是全面开通"全国文化系统视频会议系统"。为提高文化系统工作效率，降低行政成本，提高危机应对能力，全面开通了"全国文化系统视频会议系统"，系统包括文化部主会场与各省文化厅、文化市场行政执法总队36个分会场。目前，系统运行稳定，工作正常。

三是开发试点"全国文化市场综合执法办公系统"。"全国文化市场综合执法办公系统"是文化市场管理电子政务系统，该系统可以实现经营单位管理、网上办案、公文信息发布等功能。目前，系统软件的设计开发已经完成，并且在山东、湖南、江苏、浙江、广西等地区进行试点。

（三）以文化市场集中整治行动为抓手，切实加强文化市场监管，为新中国成立60周年创造和谐稳定的社会文化环境

一是针对文化市场不同时期、不同阶段出现的突出问题，相应组织开展专项整治行动，加大对违法行为的打击力度。年初，文化部确定了创建平安文化市场，促进社会和谐稳定，为新中国成立60周年创造良好社会文化环境的工作思路，相继部署了净化社会文化环境、整治互联网低俗之风以及网吧市场、娱乐市场等专项整治行动。8月4日，针对当前动漫市场存在的一些亟需解决的问题，特别是非法动漫产品在一些地方大量存在、部分企业擅自进口国外动漫产品、极少数动漫产品含有国家法律法规禁止的内容等突出问题，为规范动漫市场经营秩序，维护动漫市场文化安全，保护动漫产品知识产权，推动原创动漫产业发展，为未成年人健康成长创造良好的社会文化环境，文化部、国家工商总局联合下发《关于开展动漫市场专项整治行动的通知》，决定自2009年8月至11月，在全国范围内开展动漫市场专项整治行动，并发布了第一批重点动漫产品保护目录，加强对重点民族原创动漫产品的重点保护。10月27日，针对"私服"、"外挂"等侵权假冒及宣扬低俗、赌博、暴力等禁止内容的非法网络游戏经营活动较为猖獗的情况，文化部办公厅专门下发《关于查处第七批违法游戏产品及经营活动的通知》，再次部署对低俗、侵权、违禁等非法网络游戏产品及其经营活动进行大规模的查处。

按照中央和文化部的统一部署，各地全面加大了文化市场执法检查力度。据统计，2009年各级文化行政部门和综合执法机构共出动执法人员854万人次，检查经营单位640万家次，受理举报6.2万件，办结案件6.5万件，罚款1.8亿元，吊销许可证6600余家。

二是组织开展文化市场集中整治行动，为新中国成立60周年创造和谐稳定的社会文化环境。6月底，文化部下发《关于开展文化市场集中整治行动的通知（文市函〔2009〕1143号），决定自7月1日至10月31日，以保护知识产权、维护未成年人合法权益、保障国家文化安全为重点，部署在全国开展文化市场集中整治行动。针对有少数地方行动迟缓，组织不力，对一些重点问题、重点部位的整治工作还不到位。为深入开展文化市场集中整治行动，切实加强对集中整治行动的督导检查，文化部办公厅下发《关于加强文化市场集中整治行动督查工作的通知》(办市函〔2009〕412号)，要求各地对照集中整治行动确定的目标任务，深入组织开展净化社会文化环境工作，坚决打击含有禁止内容的文化产品及服务，开展游艺娱乐场所专项检查，加强网吧市场监管，开展动漫市场专项整治，加大文化经营场所安全检查力度，确保本地区文化市场不发生重大事故、不形成社会热点、不造成负面影响，实现"创建平安文化市场，促进社会和谐稳定"的既定目标。行动期间，文化部先后联合中央综治办、中央文明办、共青团中央等相关部门，抽调部分省(区、市)

明办、共青团中央等相关部门，抽调部分省（区、市）文化行政部门和综合执法机构负责人，组成15个督查组，采取交叉检查方式，分赴各地检查集中整治行动进展情况。期间，下发《文化部办公厅关于广西南丹发生未成年人在网吧猝死事件有关情况的通报》（办市发〔2009〕13号），要求各地吸取教训，引以为戒，始终将加强网吧市场监管，保护未成年人合法权益作为日常执法工作的重中之重，坚决打击违法接纳未成年人等违法经营活动，坚决依法从严从重处罚。

三是加强对大案要案的督查督办力度，相继查处了一批重大文化市场案件。按照中央和文化部的统一部署，各地进一步加大了文化市场执法监管力度，相继查办了一批有影响力、具有典型性的重大案件，严厉打击了不法经营活动，有效规范了市场秩序。文化部先后督办了山东单县、四川、辽宁葫芦岛等地的非法演出案件，尤其是首次查处了以假唱、假演奏欺骗观众的案件，目前案件仍在调查处理当中。上半年，共有17个省（市）报送了76件文化市场重大案件，内容涵盖演出、娱乐、音像、书报刊、网络游戏、网络影视、网吧、文物、电影等不同市场门类。其中，音像案件26件，约占总数的34%；书报刊案件18件，约占总数的24%；网吧案件18件，约占总数的24%；网络侵权案件9件，约占总数的12%；演出娱乐案件3件，约占总数的4%。

此外，还制定下发《2009年全国文化市场行政执法（综合执法）考评细则》，对各地执法工作进行评议考核；将组织评选、表彰奖励2009年全国文化市场行政执法先进单位和优秀个人，发布2009年文化市场十大案件；充分整合行政执法培训资源，将安徽、山东、福建、浙江、江苏、四川、甘肃、内蒙古、西藏等省区的培训纳入文化部执法培训体系，切实加强综合执法队伍之间的交流。

2009年文化市场大事记

2009年10月20日，全国文化体制改革工作领导小组办公室在浙江省杭州市召开全国文化市场综合执法改革经验交流会，学习贯彻中宣发〔2009〕25号文件精神，交流综合执法改革经验，部署推进综合执法改革工作。

7月1日至10月31日，以保护知识产权、维护未成年人合法权益、保障国家文化安全为重点，在全国开展文化市场集中整治行动。

8～11月，在全国范围内开展动漫市场专项整治行动，并发布了第一批重点动漫产品保护目录，加强对重点民族原创动漫产品的重点保护。

8月28日，修订《营业性演出管理条例实施细则》（文化部令第47号），强化对民营演艺机构的监管；完善了制止和处罚假唱的条款。

10月，举办中国（天津）演艺博览会。

12月，举办第七届中国国际网络文化博览会。

中国文化年鉴

Chinese Culture Yearbook

文化产业

Cultural Industries

综 述

2009年文化产业司在部党组和分管部长的领导下，经过全司同志一致努力，较好地完成了一年的工作任务。

（一）圆满完成深入学习实践科学发展观活动

根据《中共中央关于在全党深入学习实践科学发展观活动的意见》和《文化部深入学习实践科学发展观活动实施方案》，文化部文化产业司按照要求，紧密结合文化产业工作实际，积极开展学习实践科学发展观活动，圆满完成了深入学习实践科学发展观活动各阶段任务，着力推动文化产业各项工作按照科学发展观的要求上一个新台阶。

（二）产业政策和规划工作

第一，组织编写了《当前形势下加快文化产业发展的研究报告》一书，为国务院发布《文化产业振兴规划》起到了重要的铺垫作用。第二，下发了《文化部关于加快文化产业发展的指导意见》，制定了《文化产业投资指导目录》，提出了文化产业的10个发展方向和发展重点、10项主要任务和10条保障措施，对社会资本进入文化产业进行了积极的引导和规范。

（三）建立文化产业投融资体系

第一，积极推进金融支持文化产业发展相关文件的出台。2009年4月，商务部、文化部、广电总局、新闻出版总署、中国进出口银行联合出台《关于金融支持文化出口的指导意见》。2009年8月，文化部与中宣部、财政部、中国人民银行、银监会、证监会、保监会、外汇管理局等部门成立“金融支持文化产业发展跨部门工作小组”，开展联合调研，共同研究制订金融支持文化产业发展的政策文件，有望于年底前出台，并在贷款利率、担保政策和风险补偿方面取得突破。第二，开展政银合作拓宽文化产业融资渠道。2009年三、四月，文化部分别与中国进出口银行、中国银行签订了《关于扶持培育文化出口重点企业、重点项目的合作协议》和《支持文化产业发展战略合作协议》。目前，上海城市舞蹈、杭州宋城、俏佳人传媒、黑龙江冰雕等项目已被银行受理，个别项目已开始放款，并享受优惠利率。此外，中国进出口银行与深圳华强集团有限公司签订了贷款额度为100亿元的《支持文化科技产业“走出去”战略合作协议》，重点支持华强集团自主知识产权原创文化科技产品出口、大型项目输出及文化科技产业园的建设。中国银行和中国对外文化集团公司签署了《中国银行与中国对外文化集团公司战略合作协议》。第三积极推进文化产权交易平台试点的建立。借力已挂牌的上海文化产权交易所、深圳文化产权交易所，以及北京产权交易所、中国人民大学文化科技园管委会、中国社科院等专业机构，对文化产权、无形资产登记、评估、抵质押和交易等环节进行研究，设计符合我国文化产业发展规律，被金融机构认可的无形资产评估、抵质押和交易体系，搭建公共服务平台。

（四）积极参与部直属单位转企改制和组建文化产业集团的相关工作，大力培育文化市场主体

参与推动中国文化报、中国东方歌舞团、中国对外文化集团、文化市场发展中心和中国演出管理中心的转企改制工作，为组建中国动漫集团、中国演艺集团和中国文化传媒集团与北京、天津、河北等地积极沟通并进行了实地考察。

（五）大力推动动漫产业加快发展

第一，2009年9月，中央编办印发了对文化部、广电总局、新闻出版总署《“三定”规定》中有关动漫、网络游戏和文化市场综合执法部分条文的解释（中央编办发〔2009〕35号），进一步明确了文化部是动漫的主管部门，为文化行政部门的动漫工作提供了有力的制度保证。第二，在各方面的共同努力下，中国动漫集团有限公司已于2009年11月挂牌成立，国家动漫产业综合示范园和中国动漫游戏城已分别于2009年7月和10月启动建设。第三，2009年6月，文化部与财政部、国家税务总局就实施《动漫企业认定管理办法（试行）》的有关问题下发通知（文产发〔2009〕18号）。7月，财政部、国家税务总局发布了《关于扶持动漫产业发展有关税收政策问题的通知》，明确了对经认定的动漫企业在增值税、企业所得税、营业税、进口关税、进口环节增值税等税种上的优惠政策。第四，举办首届中国动漫艺术大展，全面展示新中国成立以来动漫艺术与产业的发展成就。由文化部等十部门联合主办的首届中国动漫艺术大展系列活动于2009年10～11月在京举行，本次大展系列活动包括展览、展映、展演、展播等活动。大展全面系统地回顾展示了新中国成立以来的动漫精品力作，展示了近年来我国动漫产业蓬勃发展的成就。李长春、刘延东、孙家正先后赴中国美术馆参观了大展，给予高度评价并就发展动漫产业作了重要指示。展览期间还举办了多个学术研讨会，这些活动都在动漫业界引起了热烈反响。第五，2009年6月，文化部发布了《关于加强动漫游戏会展交易节庆等活动管理的通知》（文产发〔2009〕19号）。确定了对动漫游戏会展"控制总量，分类管理，加强规划和指导"的总体原则，明确了对动漫游戏会展等活动的审批程序，并提出了加强监管的要求。第六，实施"原创动漫扶持计划"和"原创动漫推广计划"，推动原创动漫发展。"原创动漫扶持计划"（2008）的700万元扶持资金已于2009年上半年全部拨付101个项目单位，用于提高作品质量、扩大作品传播。2009年上半年文化部启动了"原创动漫推广计划"，通过专题展览等形式，先后在深圳、上海、天津、贵阳、拉萨、南昌、北京等地区向公众集中展示以"原创动漫扶持计划"（2008）所扶持的优秀原创动漫作品为代表的一批我国优秀原创动漫作品。刘延东、汪洋参观了"原创动漫推广计划"深圳文博会展区，对这一工作予以充分肯定和鼓励。

（六）加强对国家文化产业基地和园区的管理工作

在委托各省、自治区、直辖市文化厅局完成2009年国家级文化产业示范基地自检的基础上，通过对各地的巡检报告和相关材料进行认真分析，起草了2009年度基地巡检报告和巡检情况简表。为加强和规范国家级园区的创建、发展和监管，正在起草《国家级文化产业示范园区管理办法》。

（七）做好文化产业人才培训工作

第一，落实部领导的指示，举办了全国文化厅（局）长文化产业研修班。第二，在重庆举办第六届"西部地区文化产业经营管理人才培训班"。第三，提高动漫人才培养质量，开展动漫专项课题研究。2009年11月，2009国家原创动漫高级研修班（动画导演方向）在北京电影学院举行，19个省市的50名动画导演人才参加学习。2009年，文化产业司还委托有关研究机构开展了"中国动画史"、"中国漫画史"、"动漫受众调查"、"动漫播出机制"等专项课题研究，为提高动漫管理工作水平提供依据。

（八）文化部轮值主办第五届深圳文博会及第四届北京文博会取得圆满成功

2009年5月15～18日，第五届中国（深圳）国际文化产业博览交易会取得圆满成功。本届深圳文博会共有28个省区市、56个国家和地区的1708家政府团组、机构和企业参展。总展览面积124万平方米，参展商2171家；观众近358万人次，同比增长25%，其中专业观众37.49万人次；总成交额880.69亿元，同比增长25.4%，其中出口交易额87.66亿元，占10%，投资规模超亿元的项目103个。尽管受国际金融危机影响，本届深圳文博会的展会规模和交易量仍逆市增长，并且创下了深圳文博会历史最好成绩。第四届北京文博会11月25日至29日在京举办，据不完全统计，本届文博会共签署文艺演出、出版发行、版权贸易、影视节目制作交易、设计创意、动漫与网络游戏研发制作、古玩艺术品交易、文化旅游等合作意向、协议322个，总金额55.2亿美元。其中，亿元以上的项目32个，占签约总数的10%；北京签约总额占55%。与上届相比，本届文博会签约项目的内容和结构发生了可喜的变化：一是直接投资于影视制作、动漫游戏、演艺娱乐、数字内容等领域的产业合作项目大幅度提高，在签约总金额中占据绝大部分比重，反映出我国文化创意产业已从初期的探索、培育迈入开花结果、加速发展的新阶段；二是银企合作活跃，签署银企合作协议金额超过14亿元，标志着金融支持文化创意产业发展的领域和渠道进一步拓宽；三是现场小额交易频繁，规模快速上升，仅崇文区传统工艺品的贸易金额就突破1亿元，带动了一批工业企业的生产和销售，彰显文博会的贸易平台和产业带动作用。

（九）抓好重大产业项目

积极争取将全国文艺演出院线建设、中华文化主题公园、中国动漫游戏城等重大文化产业项目建设列入国务院颁布的《文化产业振兴规划》。6月1日，完成我部与河北省人民政府《廊坊万庄文化生态旅游产业园框架合作协议》的签约。

（十）加快中国文化产业走出去步伐

第一，举办相关论坛与研讨会。"中国—东

盟文化产业论坛”，“中英音乐剧论坛”，“中欧文化产业论坛”。2009中国吉林国际动漫游戏论坛。第二，11月，文化部与商务部、广电总局、新闻出版总署共同评审了2008年国家重点出口文化企业的业绩，并通过中央财政发放奖金5800万元。四部委还联合发布了《2009～2010年度国家文化出口重点企业目录》和《2009～2010年度国家文化出口重点项目目录》，并在第二届中国服务贸易大会上举行了授牌仪式。第三，推动动漫产业对外交流、走向世界。组织动漫企业赴日本参加第八届东京国际动漫节，取得显著成果。文化产业司就动漫游戏出口形势起草的《文化要情》得到了中央领导同志的批示，根据领导批示精神，文化产业司起草了动漫游戏出口奖励办法。3月，文化产业司以国家团的方式组织国内数10家动漫企业赴日本参加东京国际动漫展，签约金额与合作意向近1亿元人民币。

具体工作如下：

（一）参与制定《文化产业振兴规划》

党的十七大明确提出，要积极发展公益性文化事业，大力发展文化产业，激发全民族文化创造活力，更加自觉、更加主动地推动文化大发展大繁荣。为贯彻落实中央精神，在重视发展公益性文化事业的同时，加快振兴文化产业，充分发挥文化产业在调整结构、扩大内需、增加就业、推动发展中的重要作用，结合当前应对国际金融危机的新形势和文化领域改革发展的迫切需要，制定本规划。

（二）发布《加快文化产业发展的指导意见》

为深入贯彻落实科学发展观，根据《国家“十一五”时期文化发展规划纲要》和《文化产业振兴规划》，现就加快文化产业发展提出如下意见。（全文附后）

（三）推进金融支持文化产业发展相关文件的出台

2009年4月，商务部、文化部、广电总局、新闻出版总署、中国进出口银行联合出台《关于金融支持文化出口的指导意见》。8月，文化部与中宣部、财政部、中国人民银行、银监会、证监会、保监会、外汇管理局等部门成立“金融支持文化产业发展跨部门工作小组”，开展联合调研，共同研究制订金融支持文化产业发展的政策文件。

（四）轮值主办第五届深圳文博会取得圆满成功

2009年5月15～18日，第五届中国（深圳）国际文化产业博览交易会取得圆满成功。本届深圳文博会共有28个省区市、56个国家和地区的1708家政府团组、机构和企业参展。总展览面积124万平方米，参展商2171家；观众近358万人次，同比增长25%，其中专业观众37.49万人次；总成交额880.69亿元，同比增长25.4%，其中出口交易额87.66亿元，占10%，投资规模超亿元的项目有103个。在本届深圳文博会上，举办了中欧文化产业论坛、第五届中国文化发展战略论坛等一系列重要活动，发布了中英文版《2009文化产业投融资手册》、《我国文化体制改革状况年度报告（2009）》和《我国文化产品和服务进出口状况年度报告（2009）》等政府部门权威报告。

（五）全国文化厅（局）长文化产业研修班在清华大学举行

2009年10月19～23日，全国文化厅（局）长文化产业研修班在清华大学举行。此次研修班由国家文化部主办，清华大学国家文化产业研究中心承办。来自全国各省、自治区、直辖市、计划单列市的40多名文化厅（局）主管文化产业的负责人参加了研修班。

研修班安排了充实的课程、考察和研讨。文化部党组成员、部长助理丁伟为学员们作了题为《政府如何推动文化产业发展》的报告。授课领导和专家为来自中宣部、国家税务总局、财政部的领导、国家文化产业研究中心的教授，以及几家大型文化企业集团的老总。研修班期间组织全体学员到北京产权交易所、国际版权交易中心、中关村科技园雍和园区、中科院自动化所及一批影视、网游、动漫企业等进行实地考察。参加研讨班的学员还就有关授课内容和访问心得进行了多次深入而热烈的交流。

文化产业是市场经济条件下繁荣发展社会主义文化的重要载体，是满足人民群众多样化、多层次、多方面精神文化需求的重要途径，也是推动经济结构调整、转变经济发展方式的重要着力点。2009年9月，国务院正式颁布《文化产业振兴规划》（以下简称《规划》），文中明确指出，“文化行政主管部门在党委宣传部门协调指导下，具体组织实施，相关部门密切配合，确保《规划》提出的各项任务落到实处”。因此，此次针对省一级文化行政主管部门负责人的研修班的成功举办，将对我国文化产业的全面协调发展起到积极推动作用。

（六）推动中央编办出台关于动漫管理职责分工的文件，部署和推动地方文化行政部门全面开展动漫管理工作

2009年9月，中央编办印发了对文化部、广电总局、新闻出版总署《“三定”规定》中有关动漫、网络游戏和文化市场综合执法部分条文的解释（中央编办发〔2009〕35号），进一步明确了文化部是动漫的主管部门，为文化行政部门的动漫工作提供了有力的制度保证。在此前后，文化产业司还就落实“三定”规定多次与有关部门沟通协调，并起草了相关文件。同月，文化产业司在吉林举办了全国文化行政部门动漫产业管理专题研修班，对全国省级文化行政部门动漫管理干部进行专题培训，进一步动员和部署全国文化系统的动漫管理工作。同时，文化产业司还着手起草动漫产业发展规划。

（七）建立政府直接参与的银企合作机制

2009年三四月，文化部分别与中国进出口银行、中国银行签订了《关于扶持培育文化出口重点企业、重点项目的合作协议》和《支持文化产业发展战略合作协议》。中国进出口银行与深圳华强集团有限公司签订了贷款额度为100亿元的《支持文化科技产业“走出去”战略合作协议》，中国银行与中国对外文化集团公司签署了《中国银行与中国对外文化集团公司战略合作协议》。根据签约协议，文化部通过各地文化厅局在全国范围内征集了3批文化产业申贷项目，经过严格筛选和评审，选出75个项目分别推荐给中国进出口银行和中国银行。上海城市舞蹈《茶秀》、杭州宋城、俏佳人传媒、黑龙江冰雕、苏州香山工房、西安华清池《长恨歌》、扬州工美等项目已获银行批贷放款，个别项目享受优惠利率。同时，文化部进一步拓展与国家开发银行、中国工商银行、中国出口信用保险公司等金融机构的业务合作，共同探讨通过多样化金融工具为文化企业提供更为有效的融资服务。

（八）做好文化出口与服务贸易相关工作

2009年11月，文化部与商务部、广电总局、新闻出版总署共同评审了2008年国家重点出口文化企业的业绩，并通过中央财政发放奖金5800万元。四部委还联合发布了《2009～2010年度国家文化出口重点企业目录》和《2009～2010年度国家文化出口重点项目目录》，并在第二届中国服务贸易大会上举行了授牌仪式。2009年，文化部参与起草了《关于进一步推进国家文化出口重点企业和项目目录相关工作的指导意见》和《服务贸易中长期发展规划纲要》等政策文件，深入推进文化出口和服务贸易工作。

（九）发布2009年度国家文化产业示范基地巡检报告

2009年7～12月，文化部文化产业司对137家国家文化产业示范基地进行了巡检。此次巡检，由各示范基地自检，省级文化厅（局）巡检并向文化产业司汇总结果。文化产业司没有参与全面的实地巡检工作。本报告是基于各省级文化厅（局）汇报的书面材料和文化产业司对部分示范基地的情况进行电话核实、实地抽查的结果。

从巡检情况看，绝大部分国家文化产业示范基地均能够按照国家级示范基地的要求，在所从事的经营领域健康发展。特别是能够面向市场，努力开拓，在推进文化体制改革、文化业态创新、地方经济和农村经济发展、弘扬民族特色文化产业、民营文化产业发展壮大、实施中华文化产品“走出去”战略、促进就业等方面进行了有益的探索和实践，取得了良好的成果，较好地发挥了国家级示范基地的示范、带动、辐射作用。

巡检中，也发现个别国家文化产业示范基地，因为种种原因，已经不再发挥示范作用。对此，下一步将根据文化部《国家文化产业示范基地评选命名管理办法》中的有关条款，进行相应的处理。

（十）国家级文化产业示范园区第一次联席会议在深圳华侨城召开

2009年2月26日，由文化产业司发起主办的国家级文化产业示范园区第一次联席会议在深圳华侨城召开。文化产业司领导及相关领导出席了会议。西安曲江新区、深圳华侨城集团、曲阜新区、沈阳棋盘山开发区4家国家级文化产业示范园区的代表参加了此次会议。

会议由华侨城集团副总裁董亚平主持。会上，与会代表们就当地党委和政府的扶植措施，园区今后发展的方向和目标，未来将要采取的新举措，计划与其他园区进行的合作产业项目，以及对上级政府部门的建议和意见等方面发表了各自的观点。各单位还就如何发挥国家级文化产业示范园区的协同效应、如何共同提升国家级文化产业示范园区的文化品牌影响力等方面的问题进行了探讨。文化部文化产业司领导在发言中对4家国家级文化产业示范园区的成绩给予了肯定。

国家级文化产业示范园区第二次联席会议在沈阳棋盘山开发区举行。

2009年8月29日，在第三届中国东北文化产业博览交易会举办期间，国家级文化产业示范园区在沈阳举行了第二次联席会议。文化产业司领导、4家国家级文化产业示范园区的负责人以及各园区所在地的文化行政管理部门的有关负责人、国家开发银行负责投融资业务的有关人员出席了会议。

会上，大家就各示范园区的发展形式进行了深入的交流，并共同探讨如何运用金融手段做大做强园区。与会人士还结合《文化产业振兴规划》和《国家级文化产业示范园区管理办法（征求意见稿）》以及文化产业投融资等问题进行了讨论和交流。

（十一）公布《文化部文化产业投资指导目录》（2009年）

《文化部文化产业投资指导目录》（下称《指导目录》）只适用于国内投资主体。国外投资主体投资文化产业按照《外商投资产业指导目录》执行。国内投资主体包括国有投资主体和非国有投资主体。国有投资主体是指各级政府及其授权国有资产投资机构、国有或者国有控股企业、其他国有经济组织。非国有投资主体是指集体企业、私营企业、其他非国有经济组织和个人。

《指导目录》根据我国文化产业发展的现实情况和《文化产业振兴规划》提出的发展方向，划分为鼓励类、允许类、限制类和禁止类。鼓励类和限制类产业列入《指导目录》。禁止类产业为国家法律法规和有关政策明令禁止的产业。不属于鼓励类、限制类和禁止类的产业，除国家另有规定外均为允许类文化产业。允许类、禁止类文化产业暂不列入《指导目录》。（全文附后）

（十二）组织编写《当前形势下加快文化产业发展研究报告》一书

2009年5月，由文化部文化产业司组织编写的《当前形势下加快文化产业发展研究报告》一书由文化艺术出版社出版。

为了切实贯彻落实中央领导的指示精神，抓住机遇推动文化产业的发展，文化部党组进行了专题研究和部署，成立了由文化系统领导、专家学者、基层文化工作者、新闻媒体记者组成的“文化部加快文化产业发展研究课题组”，对当前形势下如何加快文化产业发展进行了比较系统和深入的调查研究，通过实地走访、召开各种座谈会和研讨会、收集查阅相关资料等多种方式，认真分析了当前文化产业发展面临的形势和任务，研究了文化产业的发展现状和比较优势，探索了把握文化产业发展的战略机遇，借鉴了文化产业在金融危机时期抚慰心灵、振奋精神、振兴经济的国际经验，提出了加快我国文化产业发展的对策建议。《当前形势下加快文化产业发展研究报告》一书就是这次调研成果的总汇。

全书分为3个部分，第一部分是《总报告——当前形势下加快文化产业发展研究报告》。报告全面展示了我国文化产业发展的成绩和问题，详细分析了文化产业的特点和比较优势，强调了要紧紧抓住当前形势下文化产业发展的战略机遇，阐述了加快发展的主要目标和终点战略，提出了加快发展的具体对策。第二部分是8个专题报告，它们既是总报告形成的基础又是它的重要补充和丰富，既与总报告形成内在的统一联系又单成一章，具有相对独立性。《专题报告之一——我国文化产业发展现状及面临的问题》，分析了文化产业发展的形势。《专题报告之二——我国文化产业发展面临的机遇与挑战》，强调了机遇与挑战并存，总体上机遇大于挑战。《专题报告之三——文化产业所具有的特点和比较优势》，以大量案例和实践经验阐明了文化产业与其他产业特别是传统产业相比所具备的独特优势。《专题报告之四——我国文化产业未来十年发展前景分析》，对我国未来10年文化产业的经济目标、就业目标、消费目标和出口目标进行了分析预测，展现了我国文化产业巨大的发展空间。《专题报告之五——大力培育现代文化企业对策建议》、《专题报告之六——加快文化产业园区建设对策建议》、《专题报告之七——加快文化产业投融资体系建设对策建议》、《专题报告之八——积极推动中华文化“走出去”对策建议》分别从当前文化产业发展中面临的几个主要问题入手，强调了它们各自的重要意义，分析了存在的问题，提出了对策建议。第三部分是国内外文化产业发展的典型案例，既有各国政府加快文化产业发展的典型案例，又有地方和企业文化产业快速发展的成功探索。这些案例从不同方面和角度给我们以启示和借鉴。

（十三）第六期西部地区文化产业经营管理人才培训班在重庆举办

2009年12月8日，为期4天的第六期“西部地区文化产业经营管理人才培训班”在重庆开班。这次培训由国家文化部文化产业司、重庆市委宣传部、重庆市文化广电局联合主办。来自西部12个省（区、市）文化产业有关单位和重庆市各区县（自治县）党委宣传部、文化广电局及部分大型国有、民营文化企业等的近300名学员参加了此次培训，他们均为所属单位文化部门的负责人。

培训期间，文化产业司、国家发改委宏观经济研究院产业所、国家税总政法司、北大文化产业研究所、中国社科院文化研究中心、中国动漫集团、中国人民大学文化科技园管委会等单位的领导和专家，分别就《文化产业振兴规划》出台背景、文化产业发展转向资金及融资政策、文化产业示范基地创建管理和发展、文化产业项目策划运作成功案例推介及分析中国文化产业的运作模式和发展路径等课题进行了分析讲解，培训活动还组织了学员参观考察重庆旅游文化产业基地。

西部地区文化产业经营管理人才培训班是文化部为贯彻西部大开发战略，针对西部地区发展文化产业中存在的流通管道不通、文化产品不对路和经营管理人才匮乏等问题而特别安排的，培训每年举办一次，已经先后在成都、内蒙古等地举办过5期。本期在重庆举办，是贯彻落实国务院3号文件的具体行动，是实施文化部和重庆市人民政府合作协议的重要内容，对提升重庆市文化产业人才队伍的整体能力和促进全市文化产业发展都具有重要的推动作用。

（十四）参与组建中国动漫集团公司，建设国家动漫产业综合示范园和中国动漫游戏城

2009年初以来，文化产业司认真贯彻部领导指示，全力配合有关司局、单位筹建中国动漫集团公司，积极与北京市、天津市有关方面协调中国动漫游戏城和国家动漫产业综合示范园建设事宜，多次为两处园区建设的选址、规划等问题组织专家论证。在各方面的共同努力下，中国动漫集团有限公司已于2009年11月挂牌成立，国家动漫产业综合示范园和中国动漫游戏城已分别于2009年7月和10月启动建设。通过这些举措，将加快产业结构调整，培育动漫产业骨干企业和战略投资者，加强动漫产业发展的基础设施建设、技术研发支撑、新兴业态培育，增强动漫企业集聚效应，提高企业自主研发能力，打造动漫精品，实现动漫产业高起点、规模化、集约化发展。

（十五）会同财政部、税务总局制定动漫企业认定相关配套政策，全面开展动漫企业认定工作

2009年6月，文化部与财政部、国家税务总局就实施《动漫企业认定管理办法（试行）》的有关问题下发通知（文产发〔2009〕18号）。随后，文化产业司就动漫企业认定工作多次做出部署。2009年7月，财政部、国家税务总局发布了《关于扶持动漫产业发展有关税收政策问题的通知》，明确了对经认定的动漫企业在增值税、企业所得税、营业税、进口关税、进口环节增值税等税种上的优惠政策。2009年9月以来，各地陆续上报了动漫企业认定申请材料300余份，文化产业司对申请材料进行了认真审核，首批通过认定的100家动漫企业名单将在2009年12月由文化部、财政部、税务总局联合公布，广大动漫企业将由此享受到充分的财税优惠政策。

（十六）举办首届中国动漫艺术大展，全面展示新中国成立以来动漫艺术与产业的发展成就

由文化部等十部门联合主办的首届中国动漫艺术大展系列活动于2009年10～11月在京举行。本次大展系列活动包括展览、展映、展演、展播等活动。大展全面系统地回顾展示了新中国成立以来的动漫精品力作，展示了近年来我国动漫产业蓬勃发展的成就。李长春、刘延东、孙家正先后赴中国美术馆参观了大展，给予高度评价并就发展动漫产业作了重要指示。展览期间还举办了多个学术研讨会，这些活动都在动漫业界引起了热烈反响。2009年6月，我部和上海市人民政府在上海举办了第五届中国国际动漫游戏博览会，2009年10月我部和安徽省人民政府在芜湖举办了第二届中国国际动漫创意产业交易会。

（十七）制定《文化部关于加强动漫游戏会展交易节庆等活动管理的通知》，规范动漫会展等活动秩序

针对近年来动漫游戏会展交易节庆等活动中存在的问题，2009年6月，文化部发布了《关于加强动漫游戏会展交易节庆等活动管理的通知》

（文产发〔2009〕19号），确定了对动漫游戏会展“控制总量，分类管理，加强规划和指导”的总体原则，明确了对动漫游戏会展等活动的审批程序，并提出了加强监管的要求。根据这一文件，文化部先后审批了一批国际性动漫会展活动。同时，文化产业司还着手起草动漫产业基地园区的管理办法。

（十八）实施“原创动漫扶持计划”和“原创动漫推广计划”，推动原创动漫发展

“原创动漫扶持计划”（2009）顺利启动，各地动漫企业和动漫创作团队踊跃申报，目前已收到符合要求的漫画作品196个，网络动漫原创作品514个，原创人才（团队）104个，手机动漫（含手机游戏）作品1985个，原创人才75个，评审工作正在有序进行。为使全国动漫业界和广大动漫爱好者充分感受近年来我国原创动漫发展的成果，2009年上半年文化部启动了“原创动漫推广计划”，通过专题展览等形式，先后在深圳、上海、天津、贵阳、拉萨、南昌、北京等地区向公众集中展示以“原创动漫扶持计划（2008）”所扶持的优秀原创动漫作品为代表的一批我国优秀原创动漫作品。刘延东、汪洋同志参观了“原创动漫推广计划”深圳文博会展区，对这一工作予以充分肯定和鼓励。

2009年2月，由文化部、工业和信息化部、湖南省人民政府等部门联合主办的第三届中国原创手机动漫大赛在湖南卫视成功举行了颁奖晚会。2009年6月，第四届中国原创手机动漫游戏大赛顺利启动，并在前三届的基础上，增设了手机游戏的奖项。截至目前，大赛参赛团队共计900家，其中动漫团队750家，游戏团队150家，征集作品92146件。

（十九）推动动漫产业对外交流、走向世界

2009年3月，文化产业司以国家团的方式组织国内数十家动漫企业赴日本参加东京国际动漫展，签约金额与合作意向近1亿元人民币，充分体现了中国动漫走向世界的良好态势。2009年9月，文化部与吉林省人民政府联合举办了2009中国吉林国际动漫游戏论坛，来自20多个国家的100多位动漫专家参加论坛交流探讨，取得了良好的成效。

（二十）提高动漫人才培养质量，开展动漫专项课题研究

在文化产业司的大力推动下，2009年2月，教育部、文化部高等学校动漫类教材建设专家委员会组建成立，该委员会将研制高等学校动漫类专业规范、制定动漫类教材建设规划，有助于提升我国动漫高等教育的质量。11月，2009国家原创动漫高级研修班（动画导演方向）在北京电影学院举行，19个省市的50名动画导演人才参加学习。2009年，文化产业司还委托有关研究机构开展了“中国动画史”、“中国漫画史”、“动漫受众调查”、“动漫播出机制”等专项课题研究，为提高动漫管理工作水平提供依据。

（二十一）做好扶持动漫产业发展部际联席会议办公室的相关工作

根据工作需要和人员变动情况，2009年4月，联席会议办公室印发了调整后的联席会议组成人员名单。2009年6月，联席会议办公室召开会议，欧阳坚作主旨讲话，丁伟作工作报告，与会各部门对文化部履行办公室职能所做的工作予以充分肯定。2009年，联席会议办公室进一步加强了信息工作，全年编发简报60多期，在联席会议成员单位和各地动漫工作机构中充分发挥了信息沟通桥梁的作用。

在中央财政专项资金支持下，联席会议办公室组织建设了北京（大兴）新媒体、黑龙江、湖南（手机动漫）等动漫公共技术服务平台，并对中影集团和上海、常州的公共技术服务平台二期建设予以支持。2009年11月，文化产业司在上海召开会议，推广上海平台的经验，推动各平台提高公共服务水平。联席会议办公室委托中国文化报社建设动漫公共信息服务平台，作为联席会议办公室的电子政务平台、公共服务平台和信息发布平台，建设工作进展顺利。

专 题

文化产业投资指导目录说明

1.投资主体的界定

《文化部文化产业投资指导目录》（下称《指导目录》）只适用于国内投资主体。国外投资主体投资文化产业按照《外商投资产业指导目录》执行。

国内投资主体包括国有投资主体和非国有投

资主体。

国有投资主体是指各级政府及其授权国有资产投资机构、国有或者国有控股企业、其他国有经济组织。

非国有投资主体是指集体企业、私营企业、其他非国有经济组织和个人。

2. 分类原则

《指导目录》根据我国文化产业发展的现实情况和《文化产业振兴规划》提出的发展方向，划分为鼓励类、允许类、限制类和禁止类。

鼓励类和限制类产业列入《指导目录》。

禁止类产业为国家法律法规和有关政策明令禁止的产业。不属于鼓励类、限制类和禁止类的产业，除国家另有规定外均为允许类文化产业。

允许类、禁止类文化产业暂不列入《指导目录》。

（1）鼓励类的原则

鼓励类主要是针对具有良好的经济和社会效益，市场前景好，关联带动作用突出，技术含量和附加值高，有利于产业结构优化升级，能够有效地扩大内需，增加就业，扩大文化产品出口的产业。

（2）限制类的原则

限制类主要针对符合行业准入条件，但国家规定需有计划按比例逐步发展的产业以及有投资比例要求的产业。

3. 文化产业投资的有关要求

投资《指导目录》的各类产业，凡要求进行前置审批的产业，应按照国家有关政策法规到前置许可机关先行报批。

投资文化产业形成的文化产品和服务，不得含有下列内容：违反宪法基本原则；危害国家统一、主权和领土完整，危害国家安全，或者损害国家荣誉和利益；煽动民族仇恨、民族歧视，侵害民族风俗习惯，伤害民族感情，破坏民族团结，违反宗教政策；扰乱社会秩序，迫害社会稳定；危害社会公德或者民族优秀文化传统；宣扬淫秽、色情、邪教、迷信或者渲染暴力；侮辱或者诽谤他人，侵害他人合法权益。

4.《指导目录》公布后，对于鼓励类文化产业，享受相应的优惠政策。

5. 本目录自公布之日起施行。今后将根据国家有关政策法规和文化产业发展情况进行调整或修订。

6. 本目录由文化部负责解释。

文化产业投资指导目录

第一部分　鼓励类

1. 演艺服务业
文艺创作
艺术表演团体
营业性演出
舞台美术、服装、道具
文艺演出院线
艺术表演场所
2. 网络文化和动漫服务业
（1）网络文化服务业
网络文化信息服务
数字内容产品开发
网络博物馆、图书馆、美术馆
网络游戏
网络音乐
手机游戏
手机音乐
网络、手机游戏衍生产品开发
移动多媒体文化产品开发
（2）动漫服务业
动漫创作
动漫工作室
动漫文化推广
动漫技术开发与应用
动漫服务平台
动漫衍生产品开发
3. 文化休闲娱乐服务业
休闲娱乐服务
文化旅游资源开发与经营
民族特色文化产品开发与经营
农村文化服务产品开发与经营
民间民俗工艺品开发与经营
4. 文化科技服务业
文化科技成果产业化服务
文化中小企业创新服务
文化艺术新技术研发、应用与推广
文化新产品研发、应用与推广

文化科技服务平台建设与开发

5. 其他文化服务业

（1）文化商务服务

艺术设计

摄影服务

票务服务

文化艺术经纪代理服务

文化艺术品鉴定、咨询服务

文化艺术产品物流配送

文化产业认证服务

文化艺术培训服务

文化产业咨询服务

（2）文化会展服务

会展策划及组织服务

境外参展服务

（3）文化活动服务

节庆文化活动策划、组织

艺术活动策划、组织

民族、民俗活动策划、组织

（4）文化信息服务

文化行业信息服务

文化市场信息服务

（5）文化投资服务

文化企业孵化中心

文化产业投资基金

文化产业风险投资基金

文化产业创业投资服务

文化投资担保服务

（6）文化贸易服务

文化产品出口服务

文化贸易经纪代理

6. 文化用品、设备及相关文化产品的生产销售

乐器及相关产品生产销售

游艺器材及娱乐用品生产销售

照相器材生产销售

工艺美术品生产销售

第二部分　限制类

1. 网络文化和动漫服务业

（1）网络文化服务业

互联网上网场所设立、经营

（2）动漫服务业

国内大型动漫游戏会展

2. 文化休闲娱乐服务业

大型文化主题公园建设

大型文化活动

文化产业振兴规划

党的十七大明确提出，要积极发展公益性文化事业，大力发展文化产业，激发全民族文化创造活力，更加自觉、更加主动地推动文化大发展大繁荣。为贯彻落实中央精神，在重视发展公益性文化事业的同时，加快振兴文化产业，充分发挥文化产业在调整结构、扩大内需、增加就业、推动发展中的重要作用，结合当前应对国际金融危机的新形势和文化领域改革发展的迫切需要，制定本规划。

一、加快文化产业振兴的重要性、紧迫性

文化产业是市场经济条件下繁荣发展社会主义文化的重要载体，是满足人民群众多样化、多层次、多方面精神文化需求的重要途径，也是推动经济结构调整、转变经济发展方式的重要着力点。党的十六大以来，党中央、国务院高度重视发展文化产业，采取了一系列政策措施，深入推进文化体制改革，加快推动文化产业发展。国有经营性文化单位转企改制取得重要进展，涌现出一批具有较强实力和竞争力的文化企业和企业集团，文化产业规模逐步壮大，以公有制为主体、多种所有制共同发展的文化产业格局初步形成。文化“走出去”步伐加快，文化进出口贸易逆差逐步缩小，我国文化产业的国际竞争力不断增强。总的来看，我国文化产业呈现出健康向上、蓬勃发展的良好态势，正在成为推动社会主义文化大发展大繁荣的重要引擎和经济发展新的增长点。

同时要看到，我国文化产业的发展水平还不高、活力还不强，与人民群众日益增长的精神文化需求还不相适应，与日趋完善的社会主义市场经济体制还不相适应，与现代科学技术迅猛发展及广泛应用还不相适应，与我国对外开放不断扩大的新形势还不相适应。当前，国际金融危机仍在蔓延，并对文化产业发展产生诸多影响，但困难和挑战中蕴涵着新的机遇和有利条件，文化具有反向调节功能，面对经济下滑，文化产业有逆势而上的特点，这为创新文化体制机制、做大做强

文化产业带来了契机。要抓住机遇，大力振兴文化产业，为“保增长、扩内需、调结构、促改革、惠民生”做出贡献。

二、指导思想、基本原则和规划目标

1. 指导思想。全面贯彻党的十七大精神，坚持以邓小平理论和“三个代表”重要思想为指导，深入贯彻落实科学发展观，紧紧围绕《国家“十一五”时期文化发展规划纲要》确定的文化产业发展的各项目标任务和当前文化体制改革的重点，大力培育市场主体，加快转变文化产业发展方式，进一步解放和发展文化生产力，切实维护我国文化安全，推动文化产业又好又快发展，将文化产业培育成国民经济新的增长点。

2. 基本原则。坚持把社会效益放在首位，努力实现社会效益和经济效益的统一；坚持以体制改革和科技进步为动力，增强文化产业发展活力，提升文化创新能力；坚持走中国特色文化产业发展道路，学习借鉴世界优秀文化，积极推动中华民族文化繁荣发展；坚持以结构调整为主线，加快推进重大工程项目，扩大产业规模，增强文化产业整体实力和竞争力；坚持内外并举，积极开拓国内国际文化市场，增强中华文化在国际上的影响力。

3. 规划目标。完成经营性文化单位转企改制，文化市场主体进一步完善，活力进一步增强，文化产业规模不断扩大，推动经济社会发展的功能和作用得到较好的发挥。

（1）文化市场主体进一步完善。按照创新体制、转换机制、面向市场、增强活力的原则，基本完成经营性文化单位转企改制，文化市场主体进一步完善，活力进一步增强。

（2）文化产业结构进一步优化。重点行业和项目对文化的拉动作用明显增强，文化创意、影视制作、出版发行、印刷复制、广告、演艺娱乐、文化会展、数字内容和动漫等产业得到较快发展，以资本为纽带推进文化企业兼并重组取得重要进展，力争形成一批跨地区跨行业经营、有较强市场竞争力、产值超百亿的骨干文化企业和企业集团。

（3）文化创新能力进一步提升。文化体制机制创新取得实质性进展，文化产业发展活力明显增强，以企业为主体、市场为导向、产学研相结合的文化创新体系初步形成，文化原创能力进一步提高，数字化、网络化技术广泛运用，文化企业装备水平和科技含量显著提高。

（4）现代文化市场体系进一步完善。市场在文化资源配置中的基础性作用得到更好的发挥，文化产品和生产要素合理流动，城乡文化市场进一步发展，现代流通组织和流通形式逐步成为文化流通领域的主要力量，文化消费领域不断拓展，在城乡居民消费结构中的比重明显增加。

（5）文化产品和服务出口进一步扩大。一批外向型骨干文化企业和国际知名品牌初步形成，对外文化贸易渠道和网络进一步拓展，文化产品和服务出口大幅增长，文化贸易逆差明显缩小，成为我国服务贸易出口的重要增长点。

三、重点任务

要着力做好以下8个方面工作：

1. 发展重点文化产业。以文化创意、影视制作、出版发行、印刷复制、广告、演艺娱乐、文化会展、数字内容和动漫等产业为重点，加大扶持力度，完善产业政策体系，实现跨越式发展。文化创意产业要着重发展文化科技、音乐制作、艺术创作、动漫游戏等企业，增强影响力和带动力，拉动相关服务业和制造业的发展。影视制作业要提升影片、电视剧和电视节目的生产能力，扩大影视制作、发行、播映和后产品开发，满足多种媒体、多种终端对影视数字内容的需求。出版业要推动产业结构调整和升级，加快从主要依赖传统纸介质出版物向多种介质形态出版物的数字出版产业转型。出版物发行业要积极开展跨地区、跨行业、跨所有制经营，形成若干大型发行集团，提高整体实力和竞争力。印刷复制业要发展高新技术印刷、特色印刷，建成若干各具特色、技术先进的印刷复制基地。演艺业要加快形成一批大型演艺集团，加强演出网络建设。动漫产业要着力打造深受观众喜爱的国际化动漫形象和品牌，成为文化产业的重要增长点。

2. 实施重大项目带动战略。以文化企业为主体，加大政策扶持力度，充分调动社会各方面的力量，加快建设一批具有重大示范效应和产业拉动作用的重大文化产业项目。继续推进国产动漫振兴工程、国家数字电影制作基地建设工程、多媒体数据库和经济信息平台、“中华字库”工程、国家“知识资源数据库”出版工程等重大文化建设项目。选择一批具备实施条件的重点项目给予支持。

3. 培育骨干文化企业。着力培育一批有实力、有竞争力的骨干文化企业，增强我国文化产业的整体实力和国际竞争力。坚持政府引导、市场运作，科学规划、合理布局，在重点文化产业中选择一批成长性好、竞争力强的文化企业或企业集团，加大政策扶持力度，推动跨地区、跨行业联合或重组，尽快壮大企业规模，提高集约化经营水平，促进文化领域资源整合和结构调整。鼓励和引导有条件的文化企业面向资本市场融资，培育文化领域战略投资者，实现低成本扩张，进一步做大做强。

4. 加快文化产业园区和基地建设。加强对文化产业园区和基地布局的统筹规划，坚持标准、突出特色、提高水平，促进各种资源合理配置和产业分工。对符合规划的产业园区和基地，在基础设施建设、土地使用、税收政策等方面给予支持。建设若干辐射全国的区域文化产品物流中心，建设一批文化创意、影视制作、出版发行、印刷复制、演艺娱乐和动漫等产业示范基地，支持和加快发展具有地域和民族特色的文化产业群。

5. 扩大文化消费。不断适应当前城乡居民消费结构的新变化和审美的新需求，创新文化产品和服务，提高文化消费意识，培育新的消费热点。加强原创性作品的创作，打造一批具有核心竞争力的知名文化品牌。努力降低成本，提供价格合理、丰富多样的精神文化产品和服务。加快建设具有自主知识产权、科技含量高、富有中国文化特色的主题公园。开发与文化结合的教育培训、健身、旅游、休闲等服务性消费，带动相关产业发展。

6. 建设现代文化市场体系。建立健全门类齐全的文化产品市场和文化要素市场，促进文化产品和生产要素的合理流动。重点建设传输快捷、覆盖广泛的文化传播渠道。发展文艺演出院线，推动主要城市演出场所连锁经营。支持全国文化票务网络建设。推进有线电视网络整合，鼓励通过并购、重组等方式，进行广电网络的区域整合和跨地区经营。推进电影院线、数字电影院线的跨地区整合以及数字影院的建设和改造。支持国有出版发行企业以资本为纽带实行跨地区兼并重组。鼓励非公有资本进入文化创意、影视制作、演艺娱乐、动漫等领域。支持优先选用拥有自主知识产权、产品质量水平高的文化设备及产品。

7. 发展新兴文化业态。采用数字、网络等高新技术，大力推动文化产业升级。支持发展移动多媒体广播电视、网络广播影视、数字多媒体广播、手机广播电视，开发移动文化信息服务、数字娱乐产品等增值业务，为各种便携显示终端提供内容服务。加快广播电视传播和电影放映数字化进程。积极推进下一代广播电视网建设，发挥第三代移动通信网络、宽带光纤接入网络等网络基础设施的作用，制定和完善网络标准，促进互联互通和资源共享，推进三网融合。妥善处理新兴文化产业发展与网络信息安全的关系，切实维护国家文化和信息安全。积极发展纸质有声读物、电子书、手机报和网络出版物等新兴出版发行业态。发展高新技术印刷。运用高新技术改造传统娱乐设施和舞台技术，鼓励文化设备提供商研发新型电影院、数字电影娱乐设备、便携式音响系统、流动演出系统及多功能集成化音响产品。加强数字技术、数字内容、网络技术和安全播出等核心技术的研发，加快关键技术设备改造更新。

8. 扩大对外文化贸易。落实国家鼓励和支持文化产品和服务出口的优惠政策，在市场开拓、技术创新、海关通关等方面给予支持。制定《2009 ~ 2010 年度国家文化出口重点企业和项目目录》，形成鼓励和支持文化产品和服务出口的长效机制。重点扶持具有民族特色的文化艺术、展览、电影、电视剧、动画片、网络游戏、出版物、民族音乐舞蹈和杂技等产品和服务的出口，抓好国际营销网络建设。支持动漫、网络游戏、电子出版物等文化产品进入国际市场。鼓励文化企业通过独资、合资、控股、参股等多种形式，在国外兴办文化实体，建立文化产品营销网点，实现落地经营。办好国家重点支持的文化会展，通过中国（深圳）文化产业博览会、中国国际广播影视博览会、北京国际图书博览会等推动文化产品和服务出口。支持文化企业参加境外图书展、影视展、艺术节等国际大型展会和文化活动。

四、政策措施

1. 降低准入门槛。落实国家关于非公有资本、外资进入文化产业的有关规定，根据文化产业不同类别，通过独资、合资、合作等多种途径，积极吸收社会资本和外资进入政策允许的文化产业领域，参与国有文化企业的股份制改造，形成以公有制为主体、多种所有制共同发展的文化产业格局。

2. 加大政府投入。中央和地方各级人民政府要加大对文化产业的投入，通过贷款贴息、项目补贴、补充资本金等方式，支持国家级文化产业基地建设，支持文化产业重点项目及跨区域整合，支持国有控股文化企业股份制改造，支持文化领域新产品、新技术的研发，支持大宗文化产品和服务的出口。大幅增加中央财政"扶持文化产业发展专项资金"和文化体制改革专项资金规模，不断加大对文化产业发展和文化体制改革的支持力度。

3. 落实税收政策。贯彻落实《国务院办公厅关于印发文化体制改革中经营性文化事业单位转制为企业和支持文化企业发展两个规定的通知》中的相关税收优惠政策，研究制定文化产业支撑技术的具体范围，加大税收扶持力度，支持文化产业发展。

4. 加大金融支持。鼓励银行业金融机构加大对文化企业的金融支持力度。积极倡导鼓励担保和再担保机构大力开发支持文化产业发展、文化企业"走出去"的贷款担保业务品种。支持有条件的文化企业进入主板、创业板上市融资，鼓励已上市文化企业通过公开增发、定向增发等再融资方式进行并购和重组，迅速做大做强。支持符合条件的文化企业发行企业债券。

5. 设立中国文化产业投资基金。按照有关管理办法，由中央财政注资引导，吸收国有骨干文化企业、大型国有企业和金融机构认购，基金由专门机构进行管理，实行市场化运作，通过股权投资等方式，推动资源重组和结构调整，促进国家文化发展战略目标的实现。

五、保障条件

1. 加强组织领导。地方各级人民政府要按照科学发展观的要求，切实将规划的实施列入重要议事日程，把规划提出的目标任务纳入经济社会发展总体规划，建立相关的考核、评价和责任制度，作为评价地区发展水平、衡量发展质量和领导干部工作实绩的重要内容。文化行政主管部门在党委宣传部门协调指导下，具体组织实施，相关部门密切配合，确保规划提出的各项任务落到实处。

2. 深化文化体制改革。通过深化文化体制改革，进一步解放和发展文化生产力，激发全社会的文化创造活力。要紧紧抓住转企改制、重塑市场主体这个中心环节，加快推进出版发行单位转企改制和兼并重组，加快电影制片、发行、放映单位和文艺院团转企改制，抓好党报党刊发行体制和广播电视节目制播分离改革。大力推动行政管理体制改革和政府职能转变，建立统一高效的文化市场综合执法机构。

3. 培养文化产业人才。继续抓好全国宣传文化系统"四个一批"人才培养工程，着力加强领军人物和各类专门人才的培养。继续办好经营管理人才培训班，培养一批熟悉市场经济规律，懂经营、善管理的人才。吸引财经、金融、科技等领域的优秀人才进入文化产业领域。加强对体制外人才的培养，以及海外文化创意、研发、管理等高端人才的引进，为我国文化产业发展提供强有力的人才保障。

4. 加强立法工作。进一步完善法律体系，依法加强对文化产业发展的规范管理。完善国家知识产权保护体系，严厉打击各类盗版侵权行为，促进国家文化创新能力建设。

中国文化年鉴

Chinese Culture Yearbook

文化科教

Cultural Science and Education

综 述

2009年，文化科技司全体同志在部党组和分管部长领导下，牢牢把握住文化科教工作的基础作用、支撑作用、动力作用和提升作用，围绕文化创新、文化科技、艺术科研、艺术教育4个方面积极缜密地开展工作，圆满完成了年度工作计划，并为下一年度工作的开展清晰了思路，垒高了起点。

一、充分发挥文化创新对于文化建设的动力作用，启动文化创新工程

（一）通过第三届“文化部创新奖”推动文化建设

“文化部创新奖”设立于2004年，2009年举行的第三届评审工作，共有129个项目申报，参评项目涉及文物保护和“非物质文化遗产传承”、博物馆和图书馆建设的科技进步、社会文化服务和文化市场管理、文化体制机制改革和艺术人才培养等方方面面的工作。9月11日至12日，第三届文化部创新奖评审在安徽合肥举行，《中国盲人数字图书馆网站建设》等20个项目荣获文化部创新奖，其中《徽州文化生态保护的创新与实践》荣获文化部创新特等奖。12月7日，第三届文化部创新奖颁奖会暨文化创新高峰论坛在广东深圳举行，“论坛”强化了文化创新对于文化建设的动力作用，产生了很好的效果。

（二）启动“国家文化创新工程”培育“创新奖”成果

“国家文化创新工程”是2009年获得财政部资助的项目，虽然只有200万元资助经费，但文化部科技司认真组织专家推荐并论证，正式确认《新兴城市文化建设中的科技自觉》、《村落型文化遗产的保护与社区可持续发展》、《国家动漫游戏产业产权交易中心优化建设项目》、《“数字文化家园”：上海东方社区信息苑》、《区域文化联动》、《图书馆服务模式创新》、《昆曲遗产保护继承弘扬工程》等作为年度“工程”的资助项目，以此在“创新奖”成果中优中选优，培育推广。4月，经部领导批准，正式批复武汉大学设立“国家文化创新研究中心”的批示件。11月，涵盖多位专家学者真知灼见，内容涉及诸多方面文化创新理念的《文化创新蓝皮书——中国文化创新报告》出版，初步完成了本年度“国家文化创新工程”在项目培育、基地建设和理论阐述等方面的工作。

二、积极探索文化科技对于文化建设的支撑作用，强化文化科技自觉

（一）“科技创新项目”立项工作重新启动

近10年来，由于缺少必要的经费，既有的《文化部科技项目管理办法》虽未废止，但立项工作却一直处于休眠状态。2009年，在部党组的大力支持下，文化科技司于1月8日重新颁布了《文化部科技创新项目管理办法（暂行）》，并得到国家财政一定的经费支持。文化科技创新项目立项工作的重新启动使文化工作者再度正视文化科技对于文化建设的支撑作用，有108个项目进行申报，其中有29个项目经过评审被确立为2009年度文化科技创新项目，现已进入研发阶段。

（二）科技项目管理工作成效显著

文化科技项目管理工作是一项长期性、过程性、幕后性的工作。2009年3月，文化科技司组织召开了由广东省东莞图书馆承担的部级科技项目《互联网环境下的市民学习平台研发与项目实施》、《家庭藏书网络管理与信息共享》专家验收会。这两个项目利用科技的手段对市民更好地利用图书馆资源和加强家庭藏书网络服务等方面做了开拓性的研究，满足了互联网环境下市民进行终身学习的需求。4月，配合中宣部完成了《科技进步与文化建设研究》专项调研报告，围绕科学技术与文化建设的关系、高新技术对文化建设的影响、科学技术推动文化发展的对策与建议等方面深入研究，数易其稿并最终形成了一份16万字的材料，为文化科技如何更好地服务文化建设拓宽了思路。6月，对2007年立项的部级科技项目《城市街区24小时自助图书馆系统》组织专家进行验收，并主办了深圳图书馆文化部科技成果——《图书馆自动化集成系统》（ILAS）20周年纪念会暨ILAS Ⅲ发布会。专家们认为，《城市街区24小时自助图书馆系统》在管理理念、技术应用、服务模式上均属国内首创，为城市图书馆网络的建设提供了全新的理念模式，为全国公共图书馆事业的发

展起到了示范与引领作用，该项目受到了李长春同志的充分肯定。ILAS项目是文化科技司代部于1988年下达由深圳图书馆承担的图书馆自动化集成系统，截止到20年后的今天，全国有3000余家图书馆使用该系统，惠及亿万读者。科技项目管理工作的成效在2009年得到显著呈现。

（三）文化标准化建设工作稳步推进

为保证《文化标准化工作中长期规划》的顺利实施，2009年，文化科技司加强了对文化行业标准化从业人员的管理，于5月12～14日组织文化行业标准化工作培训班。根据文化行业的实际需要，完成《演出场馆设备技术术语舞台机械》（WH/T35-2009）、《舞台机械台下设备安全》（WH/T36-2009）、《舞台机械操作与维修导则》（WH/T37-2009）、《舞台扩声系统跳线柜、接线箱（盒）及设置规范》（WH/T38-2009）和《专业音频和扩声用扬声器实用规范》（WH/T39-2009）等标准申请备案工作。配合国家标准化管理委员会进行文化领域标准体系框架建设，指导文化部所属8个全国标准化技术委员会开展工作，并积极筹建“全国动漫游戏产业标准化技术委员会”。

三、全面促进艺术科研对于文化建设的提升作用，推动艺术学研究与时俱进

（一）国家社科基金艺术学项目年度评审工作圆满完成

2009年，共收到全国30个省区市1847个申报项目，经过认真评审，《昆曲口述史》、《中国少数民族剪纸艺术传统调查与研究》等基础性研究项目，《基层文化体制改革与农村公共文化服务体系建设的政策与路径研究》、《文化产业拉动内需的实证研究》、《中国公众艺术消费现状研究》、《中国动漫产业民族化发展趋势研究》、《中国文化产业产权理论与产权制度研究》、《改革开放三十年农民文化需求变迁研究》等当前急需的对策性研究项目共102项入选为“2009年度国家社科基金艺术学项目”。这些项目大体反映出当前我国艺术学学科建设与发展的轮廓，绝大部分课题都将在文化建设中起到提升作用。

（二）文化艺术科研部级课题评审立项工作成为有效补充

在“国家社科基金艺术学项目”立项基础上，我们充分考虑地方文化厅局的建议，对文化系统人员所申报的课题以及紧扣国家和地方文化艺术建设实际的研究课题纳入文化部文化艺术科学研究项目的评审，通过组织专家论证，共有《文化体制改革与中国边疆安全》、《四川非物质文化遗产在后抢救保护的对策研究》、《云南多元民族文化的艺术创新理论与实践研究》、《民营职业剧团现状及发展趋势研究》、《新时期我国对外文化贸易发展的国家战略》等41个课题获准立项。

（三）立项课题日常管理工作认真、严格

艺术科研管理工作给人的印象是“一年干一件事，一件事干一年”（甚至若干年）。在艺术科研日常管理工作方面，2009年一是开展项目年度检查工作。起草下发了《文化部科技司关于调整国家社科基金艺术学项目年度检查等有关管理工作的通知》，对2008年度332个在研项目进行了检查，并对其中155个项目中所涉及的重要事项变更、补报、鉴定及撤项等问题进行审核并提出处理意见。目前正在对2009年度466个在研项目反馈材料进行汇总，并对项目变更事项进行审核，提出处理意见。二是做好项目成果鉴定、结项工作。对《社会主义新农村文化艺术建设研究》等40个项目鉴定专家进行审核、调整，指导、协调鉴定工作。完成了《中国近代戏曲史》等2009年度第一、二批共29个项目鉴定结项材料的审核、报批及结项通知书发放等工作。目前正在对第三批结项项目（《中国满族传统说部艺术集成》等）材料进行审核、报批并发放结项通知书。三是首次组织“国家数据库专项课题”鉴定结项工作。这批课题是2005年文化科技司社科处与全国文化信息资源建设管理中心合作立项的。目前，这批课题基本上已经完成，有6个项目正在鉴定过程中。文化科技司将根据有关鉴定结果，总结经验，开拓思路，紧密结合文化部有关工作，推广此类合作方式。四是编发了2009年度国家社科基金艺术学项目《成果要报》6期。

（四）在深入调研基础上加强艺术研究部门职能拓展和人才培训工作

一年一度的“全国艺术科学规划管理培训会”主要是各地文化主管部门通报国家哲学社会科学发展的最新形势和近年来艺术科研规划管理工作有关情况，并就切实做好国家社科基金艺术学课题申报工作进行专题培训。为筹备2010年“全国艺术科学规划管理培训会”，加强全国艺术研究

院所建设，为文化系统培养一支优秀的艺术科研队伍，文化科技司通过发放调查表和实地考察座谈等方式，对全国艺术研究院所进行了调研。

四、认真把握艺术教育对于文化建设的基础作用，拓展艺术院校共建的抓手

（一）加强对艺术职业院校及共建院校的指导工作

2009年3月，根据部领导批示，就“艺术学”提升为高等教育学科门类的建议组织了“艺术学现状调研”和“专家论证会”，形成了《文化部关于“艺术学”提升为高等教育学科门类的意见》，上报国务院学位办。4月，组织专家参加杭州市艺术学校以及河南艺术职业学院举办的艺术院校办学定位研讨会；参与教育部组织的艺术职业院校新一轮专业目录的修订。7月，为进一步贯彻落实《文化部、文物局关于贯彻落实〈国务院关于进一步促进宁夏经济社会发展的若干意见〉精神支持宁夏文化建设的实施意见的通知》有关精神，组织专家座谈会为宁夏艺术职业学校的发展出谋划策，促成该校与全国八所重点艺术职业院校签订了合作共建协议。与此同时，严格“文华艺术院校奖”的评奖范围，完善评比办法，不断提升这一品牌的含金量。2009年，由文化部主办，厦门市人民政府和福建省文化厅联合承办的“第一届全国青少年钢琴比赛”在厦门举办；由文化部主办，沈阳市人民政府和沈阳音乐学院联合承办的“第九届‘桃李杯’舞蹈比赛”在辽宁沈阳举办；由文化部主办，青岛市人民政府承办的“第九届全国青少年小提琴比赛”在青岛举办。上述评比活动及其后续的教学改进工作成为我们对艺术院校工作指导的重要抓手。

（二）发挥艺术教育行业协会的桥梁作用

中国艺术职业教育学会是文化科技司联系全国各艺术职业院校的桥梁、纽带。2009年4月，在河南郑州召开中国艺术职业教育学会理事会会议。以“学习实践科学发展观，科学制定艺术职业教育大发展的工作规划”为主题，对中国艺术职业教育的发展现状、思路等进行了深入调研和讨论。10月，组织完成了《改革开放30年艺术职业教育蓝皮书》的出版发行工作，该书系统总结了改革开放30年来艺术职业教育取得的经验，客观反映了在我国改革开放伟大历史进程和职业教育事业实现跨越式发展的大背景下，艺术职业教育在办学理念、办学规模、办学效益及教学改革、培养质量、办学条件等方面取得的重大突破和辉煌成就。11月，在广西南宁组织召开了中国艺术职业教育学会第23次年会，共有来自全国86所艺术职业院校的160多名代表参会。会议对一年来艺术职业教育现状进行了回顾、总结，并就新时期艺术职业教育面临的新机遇、新挑战展开讨论。

（三）规范并着手调整全国社会艺术水平考级的管理工作

2009年初，组织召开了全国社会艺术水平考级服务标准技术委员会成立大会，讨论并通过章程、年度工作计划，审定《社会艺术水平考级备案管理规范》，确立了工作重点，为考级规范化管理奠定了基础。联合考级管理中心对中央音乐学院等在京的3家跨省考级机构涉外考级工作进行调研，着手制定了《涉外考级试点管理办法》。修改了部分音乐类考级专业目录。为确保60周年国庆期间考级工作平稳有序进行，加强对全国考级管理机构和考级机构的管理，下发《文化部科技司关于做好2009年社会艺术水平考级工作的通知》。根据有关主管部门要求，将取消文化部跨省考级机构审批权，顺应转变政府职能的要求，调整管理方式。

专 题

2009年度国家社科基金艺术学项目立项名单

立项批准号	项目名称	立项类别	项目负责人	项目负责人所在单位
09AA001	西方数码艺术理论六十年	国家重点	黄鸣奋	厦门大学
09AB002	昆曲口述史	国家重点	王安奎	中国艺术研究院
09AC003	国家体验与国族认同：17年少数民族题材电影的文化意义与政治功能	国家重点	余　纪	西南大学
09AD004	仪式音乐的地域性与跨地域性、传统与变迁的个案与比较研究	国家重点	肖　梅	上海音乐学院
09AF005	中国现代手工艺术的发展研究	国家重点	何　洁	清华大学
09AF006	中国少数民族剪纸艺术传统调查与研究	国家重点	乔晓光	中央美术学院
09BA007	新时期艺术道德论	国家一般	宋建林	中国艺术研究院
09BA008	桂林抗战艺术史	国家一般	李建平	广西社会科学院
09BA009	公共文化服务体系建设中的公共艺术发展问题研究	国家一般	黄有柱	襄樊学院
09BA010	民俗艺术学研究	国家一般	陶思炎	东南大学
09BA011	比较艺术学体系研究	国家一般	李倍雷	大连大学
09BA012	新中国60年蒙古族艺术发展研究	国家一般	宋生贵	内蒙古大学
09BA013	中国特色社会主义文艺理论体系研究	国家一般	熊元义	江汉大学
09BB014	河南戏曲现代戏研究	国家一般	李红艳	河南省艺术研究院
09BB015	河南曲艺信息资料数据库建设与研究	国家一般	吴金宝	南阳师范学院
09BB016	汉剧发展历史与艺术形态研究	国家一般	朱伟明	湖北大学
09BB017	戏曲作曲研究	国家一般	刘正维	武汉音乐学院
09BB018	扬州评话史研究	国家一般	肖淑芬	扬州大学
09BB019	浙江婺剧研究	国家一般	包华升	金华市艺术研究所
09BB020	从古典到现代——20世纪中国戏曲转型	国家一般	吕效平	南京大学
09BB021	东北大鼓艺术流变研究	国家一般	冯志莲	沈阳音乐学院
09BB022	明清传奇演出史稿	国家一般	刘水云	浙江传媒学院
09BC023	改革开放以来中国电影经验与发展策略研究	国家一般	周　星	北京师范大学
09BC024	新媒体时代的电视文化艺术研究	国家一般	陈　默	中国传媒大学

续 表

立项批准号	项目名称	立项类别	项目负责人	项目负责人所在单位
09BC025	艺术流变与文化视野：新世纪的中国电影（2000 ～ 2009）	国家一般	吴涤非	中国艺术研究院
09BC026	60 年来香港和内地电影互动及影响研究（1949 ～ 2009）	国家一般	赵卫防	中国艺术研究院
09BC027	当代中国电影的创意研究：理论与实践	国家一般	陈旭光	北京大学
09BC028	中国电影编剧口述史	国家一般	郑宜庸	福建师范大学
09BC029	电视媒介仪式与文化传播	国家一般	张兵娟	郑州大学
09BC030	数字动漫艺术的视觉传播	国家一般	邱秉常	青岛大学
09BC031	中国电影口述历史研究	国家一般	吴　迪	中国电影艺术研究中心
09BD032	民间唢呐音乐的程式与即兴	国家一般	周青青	中央音乐学院
09BD033	民间音乐的“游移”结构原则研究	国家一般	蓝雪霏	福建师范大学
09BD034	中国动画电影音乐发展研究（1935 ～ 2008）	国家一般	程兴旺	江西师范大学
09BD035	当代中国民族管弦乐发展研究	国家一般	程　岩	沈阳师范大学
09BD036	蒙古族“短调”民歌（包古尼哆）	国家一般	李世相	内蒙古大学
09BD037	20 世纪中国古代音乐史学	国家一般	郑祖襄	杭州师范大学
09BD038	新中国声乐史研究	国家一般	郭克俭	浙江师范大学
09BE039	中国古代雅乐舞发展史	国家一般	王宁宁	中国艺术研究院
09BE040	中国水族舞蹈的历史传承与现代重构研究	国家一般	陈显勋	贵州省黔南州文学艺术研究所
09BF041	世界玻璃艺术史研究	国家一般	王建中	清华大学
09BF042	中国古代玉雕艺术与伊斯兰玉雕艺术的交流	国家一般	许晓东	故宫博物院
09BF043	张光宇艺术研究	国家一般	唐　薇	清华大学
09BF044	20 世纪中国工笔画研究	国家一般	宋晓霞	中央美术学院
09BF045	当代中国水墨语言体系研究	国家一般	刘进安	首都师范大学
09BF046	全球化背景下的岭南莨纱绸服饰文化资源保护与复现对策研究	国家一般	吴　洪	深圳大学
09BF047	中国古代设计史史料学研究与数据库建设	国家一般	朱和平	湖南工业大学
09BF048	14 ～ 18 世纪华瓷与亚欧人文艺术的交流	国家一般	詹　嘉	景德镇陶瓷学院
09BF049	基于工作过程的服装设计理论与方法论研究	国家一般	吕学海	山东工艺美术学院
09BF050	中国水彩画观念史	国家一般	潘耀昌	上海大学

续　表

立项批准号	项目名称	立项类别	项目负责人	项目负责人所在单位
09BF051	从梁启超到滕固——中国近现代美术史学的思想研究	国家一般	杨振宇	中国美术学院
09BF052	中国北派山水画的自然形态与笔墨形态研究	国家一般	陈云刚	中国美术学院
09BF053	当代设计艺术伦理学研究	国家一般	张建春	浙江工商大学
09BF054	中国古代服装结构研究	国家一般	李当岐	清华大学
09BF055	中国画写实问题研究	国家一般	叶　青	江西省社会科学院
09BF056	数字媒体设计中中国元素的融入及其应用研究	国家一般	吴　为	安徽艺术职业学院
09BF057	黑龙江美术史研究	国家一般	卢禹舜	哈尔滨师范大学
09BF058	中国古代玉雕设计史研究	国家一般	孔富安	山西大学
09BG059	科学发展观视阈下创新公共文化服务体系建设研究	国家一般	高福安	中国传媒大学
09BG060	文化产业拉动内需的实证研究	国家一般	魏鹏举	中央财经大学
09BG061	文化生产方式创新与新业态培育研究：制度和技术变迁视角	国家一般	谭　军	中共无锡市委党校
09BG062	文化产业信用评估制度研究	国家一般	孟繁华	沈阳师范大学
09BG063	中国动漫产业民族化发展趋势研究	国家一般	张成义	青岛大学
09BG064	文化创新的理论与实践研究	国家一般	巫志南	上海社会科学院
09BG065	中国文化产业产权理论与产权制度研究	国家一般	王声平	浙江万里学院
09BG066	中国公众艺术消费现状研究	国家一般	景乃权	浙江大学
09BG067	基层文化体制改革与农村公共文化服务体系建设的政策与路径研究	国家一般	傅才武	武汉大学
09CA068	东南亚宗教艺术的特点及其在保持社会稳定中的作用	国家青年	吴杰伟	北京大学
09CB069	当代晋东南村落赛社演化与戏剧形态研究	国家青年	王学锋	中国艺术研究院
09CB070	中国戏曲研究院与“戏改”	国家青年	张　静	中国艺术研究院
09CB071	戏曲音像的历史沿革与传播研究	国家青年	王小梅	福建省艺术研究院
09CB072	高甲戏“傀儡丑”技艺的整理与研究	国家青年	吴慧颖	厦门市台湾艺术研究所
09CC073	新时期中国电视剧叙事的原型嬗变与创新研究	国家青年	卢　蓉	中国传媒大学
09CC074	中国当代女性导演研究	国家青年	赵　远	中国艺术研究院
09CC075	基于3G移动网络的情节互动式手机电影艺术形态研究	国家青年	贾云鹏	北京邮电大学
09CD076	近现代中国二胡音乐创作研究	国家青年	汪海元	安徽师范大学

续 表

立项批准号	项目名称	立项类别	项目负责人	项目负责人所在单位
09CD077	融合与个性——广西少数民族音乐的传统与当代变迁	国家青年	吴 凡	中国艺术研究院
09CD078	新媒体环境下的中国流行音乐现状及发展趋势研究	国家青年	张又丹	深圳大学
09CE079	中国舞剧产业经济研究	国家青年	陈雪飞	浙江师范大学
09CF080	20 世纪中国油画本土化现象研究	国家青年	李昌菊	北京林业大学
09CF081	20 世纪西方设计伦理思想研究	国家青年	周 博	中央美术学院
09CF082	跨语境艺术史研究下的中国书画	国家青年	王菡薇	南京师范大学
09CF083	威尼斯油画技法研究（15 ～ 16 世纪）	国家青年	张春华	南京航空航天大学
09CF084	中国古代女性书法文化史	国家青年	常 春	西安美术学院
09CG085	中国农村公共文化服务体系研究	国家青年	肖 庆	中国艺术研究院
09CG086	思路与出路：非物质文化遗产保护与旅游产品升级	国家青年	贺小荣	湖南师范大学
09CG087	国家文化行政体制在当代西方的建构和演变	国家青年	陈 鸣	上海大学
09CG088	改革开放 30 年农民文化需求变迁研究	国家青年	李 勇	河北省文化厅
09EA089	布依族摩教艺术调查研究	国家西部	周国茂	贵阳学院
09EB090	河西曲艺研究	国家西部	王文仁	河西学院
09EB091	川剧演出史	国家西部	郭 勇	四川省川剧艺术研究院
09EB092	失传元杂剧研究	国家西部	胡 颖	兰州大学
09EC093	西部大开发背景下西部电视剧创作问题研究——以甘肃、陕西、四川为例	国家西部	黄怀璞	西北师范大学
09EC094	电视栏目剧的发展与对策研究	国家西部	郭 庆	重庆广播电视集团（总台）
09ED095	广西民歌传承人保护机制与方法研究	国家西部	徐寒梅	广西艺术学院
09ED096	新中国成立 60 年来新疆维吾尔十二木卡姆研究的回顾与总结	国家西部	付晓东	新疆师范大学
09EE097	藏族民间祭祀舞蹈研究	国家西部	万代吉	西藏大学
09EF098	西藏民间美术资源的调查研究	国家西部	霍守义	西藏大学
09EF099	建国 60 年新疆少数民族题材美术创作与民族文化传承研究	国家西部	李 勇	新疆师范大学
09EG100	贵州省非物质文化遗产传承人生存状况评估体系研究	国家西部	陆勇昌	贵州省黔南州文学艺术研究所
09EG101	撒拉族文化遗产保护与研究——以青海河湟地区撒拉族民间艺术为例	国家西部	舍秀存	青海民族学院
09EG102	宁蒙陕甘四省（区）毗连区文化圈建设的研究	国家西部	马宇祯	宁夏回族自治区文化厅

第一届全国青少年钢琴比赛

"第一届全国青少年钢琴比赛"是经中宣部批准，正式纳入"中国文化艺术政府奖——文华艺术院校奖"的子项赛事。为促进我国钢琴教学质量和演奏水平的提高，选拔和培养青少年钢琴演奏人才，推动我国艺术教育事业的发展，文化部决定举办本届比赛。

一、赛事概况

第一届全国青少年钢琴比赛由文化部主办，厦门市人民政府、福建省文化厅承办，福建中烟工业公司、厦门烟草工业有限责任公司、厦门市鼓浪屿万石山风景名胜区管理委员会、厦门宏泰艺术中心协办，2009年5月24日至30日在厦门市举办。参赛对象为全国（含港澳台地区）艺术院校及艺术专业在校生，到厦门参赛的选手约100人。主要活动内容包括开幕式、初赛、复赛、决赛、闭幕式暨颁奖晚会等。比赛场地安排在鼓浪屿音乐厅和厦门宏泰音乐厅。

本届比赛分预赛、初赛、复赛和决赛4个阶段。选手分少年一组（14周岁以下）和少年二组（14～18周岁）2个组别。预赛以评委审看选手报送的音像资料方式进行，评选出96名选手（每个组别约48名）到厦门正式参赛。每个组别进入复赛人数为12人，进入决赛人数为6人。复赛阶段由钢琴协奏，决赛阶段少年一组由钢琴协奏，少年二组由乐队协奏。2个组别分设第一名至第六名6个奖项，获奖选手将获得奖金及证书，进入复赛而未进入决赛的选手获演奏奖证书，第一至第六名获奖选手的指导教师获优秀指导教师奖。

本届比赛邀请我国著名钢琴演奏家、教育家、教授等担任评委，评委人数14人，具有广泛的代表性和权威性。初赛时评委分2组进行评审，复赛和决赛时评委不分组。

厦门歌舞剧院交响乐团将担任决赛和闭幕式暨颁奖晚会演出的协奏。该剧院于1996年创排歌剧《阿美姑娘》荣获文化部颁发的"文华"大奖。近年来，交响乐团得到了中外著名指挥家韩中杰、黄晓同、严良堃、卞祖善、朱晖等的精心指导和严格训练，并与众多海内外著名音乐家合作演出，积累了大量的中外名曲，锻炼提高了乐团的水平。2008年，该乐团组织创作并演出了交响乐集《我的海峡》、交响曲《厦门交响曲》、清唱剧《海峡史诗》等大型交响音乐作品，深受各界好评。

应邀担任指挥的是我国著名钢琴家和指挥家石叔诚，他曾在美国、德国学习指挥，并在国内外举办了大量的指挥演出活动，同时，他也是钢琴协奏曲《黄河》创作成员之一，其演奏的《黄河》被誉为"最杰出和最具权威的演绎"。由于其深厚的艺术造诣和突出贡献，被文化部授予"优秀专家"称号。

本届比赛安排在厦门举办，旨在调动地方参与文化事业建设的积极性，提高地方城市的知名度。厦门自1980年设立特区以来，经济持续高速发展，经过30年的改革开放，城市的经济、文化等各项事业取得了辉煌的成就。在这座美丽的滨海城市，有被誉为"民族音乐的活化石"的南音和闽台两岸共同培育的歌仔戏为代表的传统音乐，有以钢琴音乐为代表的西洋音乐等，音乐文化底蕴深厚，古典与现代、西洋与民族兼容并蓄，交相辉映。近年来，厦门先后创作了一大批优秀艺术作品获得了"五个一工程"奖、文华奖、曹禺戏剧奖、金钟奖等国家级奖项。

近几年来，厦门市每年都要举办几项全国性、国际性的艺术活动，如第六届全国舞蹈比赛、第四届世界合唱比赛、第四届中国国际钢琴比赛等等，正是这些高层次、高水准的文化活动，充分展示了城市的魅力，提升了城市的品味，厦门的知名度和影响力也因此得到了很大的扩展和提高。

二、工作安排

2009年3月初，文化部向各艺术院校下发参赛通知并公布比赛章程，由各院校组织选手报名参赛（选手需经所在学校同意方可报名参赛），报名截止时间为4月15日。

4月下旬，在北京举行预赛，由专家对选手报送的音像资料进行评审。5月初公布入围正式比赛的选手名单。

5月中旬，在厦门召开新闻发布会。接着召开领队会议，布置赛事工作并进行参赛顺序抽签。5月23日选手报到，5月24日开赛，5月30日闭幕。

三、赛事特点

（一）高规格

此项赛事是经中宣部批准，正式纳入"中国

文化艺术政府奖——文华艺术院校奖”的子项赛事，也是文化部首次举办的全国青少年钢琴比赛，体现政府对艺术教育事业的重视与关怀。

（二）广覆盖

参赛对象涵盖港澳台地区在内的全国各艺术院校及艺术专业在校生，覆盖面广，影响大，这也为大陆与港澳台地区的艺术教育的沟通与交流提供了一个崭新的平台。

（三）促进地方文化发展

将文化部主办的艺术赛事放在地方举办，有利于合理调整全国性艺术活动的布局，调动地方参与文化事业建设的积极性，提高地方城市的知名度，促进地方城市的全面、科学、协调发展。

（四）推动文化与企业的合作

福建中烟工业公司、厦门烟草工业有限责任公司、鼓浪屿万石山风景名胜区管理委员会、厦门宏泰艺术中心作为协办单位，为比赛提供资金、比赛场馆及比赛用琴等的支持，积极参与筹办赛事，有力地推动了“企业品牌”与“文化品牌”的发展提升，促进了厦门文化产业的繁荣发展。

第一届全国青少年钢琴比赛获奖名单

名次奖

少年一组

第一名 熊嘉诚 中央音乐学院附属中等音乐学校

第二名 孙麒麟 四川音乐学院钢琴系

第三名 张纪元 上海音乐学院附属中等音乐专科学校

第四名 卢梦佳 上海音乐学院附属中等音乐专科学校

第五名 张宁馨 中央音乐学院附属中等音乐学校

第六名 宋子辉 上海音乐学院附属中等音乐专科学校

少年二组

第一名 空缺

第二名 陈　涵 上海音乐学院附属中等音乐专科学校

第三名 杨超君 上海音乐学院附属中等音乐专科学校

张　越 深圳艺术学校

第四名 空缺

第五名 鹿　尧 中央音乐学院附属中等音乐学校

第六名 陈俊珲 上海音乐学院附属中等音乐专科学校

杜天奇 四川音乐学院

演奏奖

少年一组

季友兰 中央音乐学院附属中等音乐学校

郑宜含 中央音乐学院鼓浪屿钢琴学校

田雅伊 深圳艺术学校

刘子豪 上海音乐学院附属中等音乐专科学校

刘金华 中央音乐学院附属中等音乐学校

王迪夫 中央音乐学院鼓浪屿钢琴学校

少年二组

徐小忆 星海音乐学院附属中等音乐学校

王琛琛 中央音乐学院附属中等音乐学校

陈幸欣 星海音乐学院附属中等音乐学校

孙　策 星海音乐学院附属中等音乐学校

黄河清 四川音乐学院

叶子豪 厦门市音乐学校

优秀指导教师奖

王　雁　金爱平　周　帆　杨韵琳　黄　烁　常　桦　娜塔莎　陈光泉　钟　听　但昭义　肖　爽

第三届文化部创新奖获奖项目

特等奖 1 项

项目名称：徽州文化生态保护的创新与实践

完成单位：安徽省文化厅
安徽省黄山市文化局
安徽省宣城市绩溪县文化广播电视局

完成人：杨　果　田传江　郭　因　丁光清　张媛媛　王长丰　金　涛　胡红蔚　左金刚

创新奖 19 项

项目名称：组合式仿真古建筑模型

完成单位：中国艺术研究院

完成人：刘　托

项目名称：中国盲人数字图书馆网站建设
完成单位：国家图书馆
中国残疾人联合会信息中心
中国盲文出版社
完成人：李春明　王志庚　张　炜　龙　伟
李志尧　赵媛媛　李　彤　胡宏哲
周　琴　何　川

项目名称：全国图书馆志愿者行动
完成单位：中国图书馆学会
国家图书馆
15个省（自治区）文化厅和省图书馆、省图书馆学会
中国科学技术学会学术部
完成人：陈　力　汤更生　李国新　范并思
杨玉麟　邱冠华　于良芝　金武刚
李超平　胡京波

项目名称：深圳市民文化大讲堂
完成单位：中共深圳市委宣传部
深圳市社会科学联合会
《中国文化报》深圳记者站
完成人：王京生　吴　忠　乐　正　黄发玉
林金华　王跃军　汤庭芬　杨　建
何国勇　刘婉华

项目名称：中演票务通全国票务网络系统
完成单位：中国对外文化集团公司
完成人：张　宇　黄慧广　周青青　丁　明
薛利平　边　宇

项目名称：e卡通——上图电子资源远程服务
完成单位：上海图书馆上海科学技术情报研究所
完成人：张　奇　陈顺忠　彭　伟　朱普德
金家琴　邱君瑞　张　磊　史晓红
夏　海　吴建明

项目名称：区域文化联动
完成单位：吴江市文化广播电视管理局
吴江市文化馆
完成人：钱　俊　沈泉生　杨筱东　赵雨萍
朱晓红　刘建华　陈月良　丁泉生
朱颖浩　严凤仙

项目名称：百分之一文化计划
完成单位：台州市文化广电新闻出版局
台州市建设规划局
完成人：许良云　吴文斌　杜小平　江海波
黎　燕

项目名称：高职艺术人才就业模式的探索与实践
完成单位：安徽艺术职业学院
完成人：张　云　王　红　吴家宝　钱　农
林禄明　吴宁宁　秦　励　张　诚
胡彩红　吴瑞侠

项目名称：先进文化唱响新农村
（邓州文化茶馆建设）
完成单位：邓州市文化局
中共邓州市委宣传部
邓州市人民文化馆
完成人：刘朝瑞　刘树华　朱艳红　阿　颖
闫富传　崔伟伟　张绍从　李中龙
杨　平　刘仲杰

项目名称：福建艺术扶贫工程
完成单位：福建省艺术馆
完成人：吴志跃　黄晓光　陈秀梅　刘如珍
宋珍珍　陈宗荣　徐玉萍　黄晓楠
宋曼君　詹红丹

项目名称：三坊七巷历史文化遗产保护规划及数字技术应用
完成单位：清华大学建筑设计研究院
福州市规划设计研究院
福州市三坊七巷管理委员会
福州市文物管理局
完成人：张　杰　卫　国　吕　舟　杨　勇
陈　亮　张　飏　魏　樊　叶子文
张　弓　高　峰

项目名称：山东省文化信息资源共享工程创新运行应用模式研究
完成单位：山东省文化厅
山东省图书馆

完成人：李宗伟　李　军　赵炳武　李西宁
周玉山　孙振东　周　浩　周　宁
蔡小晶　李晓婷

项目名称：实施“文化惠民”工程——创新基层公共文化服务品牌打造模式——“文化周末”“九个一”系列工程
完成单位：东莞市莞城街道办事处
莞城文化周末工程办公室
完成人：张彤飚　黄优秀　王柏全

项目名称：城市街区自助图书馆
完成单位：深圳图书馆
完成人：吴　晞　甘　琳　王　林　秦格辉
刘　哲　杜秦生　张　桦　孔　足
李星光　杨雄标
项目名称：“南海Ⅰ号”整体打捞与水下文化遗产保护
完成单位：广东省文化厅
交通部广州打捞局
完成人：曹淳亮　景李虎　苏桂芬　龙家有
陈北先　何伟章　卜　工　魏　峻
崔　勇　曹　劲

项目名称：蜀风雅韵—成都非物质文化遗产数字博物馆
完成单位：成都图书馆
完成人：钟刚毅　王　利　肖　平　王　骢
郭　星　尹正元　陈孟洵　王承佳
张红灵　代瑞雪

项目名称：北京2008奥运形象创新设计专项
完成单位：中央美术学院
完成人：潘公凯　谭　平　王　敏　许　平
宋协伟　杭　海　王沂蓬　刘　波
肖　勇　吕品晶

项目名称：上音历史唱片可干预智能化修复与数据库管理系统
完成单位：上海音乐学院
上海协言科学技术服务有限公司
完成人：吴粤北　袁　征　张　潇　韩　斌
王劲松　周　畅

第九届全国青少年小提琴比赛

2009年10月下旬，由文化部主办，青岛市人民政府承办的第九届全国青少年小提琴比赛在青岛市举办。

“全国青少年小提琴比赛”自1981年举办以来，已在北京、上海、沈阳、青岛等地成功举办了8届。2005年，该项赛事正式纳入“中国文化艺术政府奖——文华奖”子项“文华艺术院校奖”系列赛事，每3年一届，成为由政府主办高规格的青少年小提琴专业赛事。参赛选手为国内各大音乐学院、艺术院校小提琴专业在校生。近30年来，该项赛事以展示我国小提琴专业教学成果，总结交流教学及创作经验，繁荣小提琴创作为宗旨，推出了薛伟、刘扬、陈曦、黄蒙拉、杨晓宇等大批小提琴优秀演奏人才，对于促进我国艺术院校小提琴教学质量和表演水平的提高作出了积极的贡献。

本届比赛分设青年组和少年组两个组别，分3轮进行，第一轮、第二轮为淘汰赛，第三轮为决赛。参赛选手以院校为单位报名参赛，各组分设6名名次奖、演奏奖、中国作品演奏奖、中国新作品演奏奖、优秀指导教师奖和优秀钢琴伴奏奖等奖项。各组进入第二轮选手名额为20人，进入第三轮选手名额为10人。2009年的奖金额度较上届有了较大幅度提高。

近年来，青岛市委市政府围绕实施“文化强市”战略，积极推动“音乐之岛”城市文化品牌建设。市政府先后投资改扩建了人民会堂、青岛大学音乐厅、青岛音乐厅等一大批文化场馆。自2005年以来，相继承办了中国国际小提琴比赛、全国青少年小提琴比赛、全国小提琴考级优秀选手展演活动，形成了国内外权威音乐赛事循环举办的良好格局。由青岛市政府主办的青岛音乐节，每年都举办形式多样、内容丰富的演出活动，如国际音乐大师班、周广仁钢琴夏季学院、青岛交响乐团音乐季等。青岛市政府还陆续邀请了两届中国国际小提琴比赛的优秀获奖选手参加青岛音乐节、“相约北京”演出，为年轻的小提琴艺术家创造演出机会。青岛市政府坚持推行“文化惠民”工程，实行演出低票价，使广大市民不出家门就可欣赏到高雅艺术和高水准的音乐赛事，为音乐的普及教育起到了强大的推动作用。

该赛事的承办将进一步彰显青岛特有的艺术魅力和深厚的文化底蕴，为青岛“音乐之岛”城市文化品牌的深化增添更为浓重的一抹光彩。作为承办国内外两项小提琴比赛的重要城市，2009青岛音乐节于8月18日开幕，届时将举办国际音乐大师班、海韵国际钢琴节、现代民谣演出季等系列活动，第九届全国青少年小提琴比赛将作为压轴大戏最后登场。

第九届全国青少年小提琴比赛获奖名单

青年组

第一名　张安迪　中央音乐学院附中
第二名　何　畅　中央音乐学院
第三名　张好箐　上海音乐学院附中
第四名　倪惠丰　上海音乐学院
第五名　唐　韵　上海音乐学院附中
第六名　李芙蓉　中央音乐学院
演奏奖　莫婷婷　星海音乐学院
　　　　田博阳　上海音乐学院附中
　　　　张可涵　中央音乐学院
　　　　冯继霆　四川音乐学院附中
优秀指导教师奖　谢　楠、童卫东、魏　韵、郑石生、黄晨星、俞丽拿、张　提
指导教师奖　韦　玮、刘培彦、李开祥
中国作品演奏奖　空缺
中国新作品演奏奖　空缺
优秀钢琴伴奏奖：黄萌萌　中央音乐学院
　　　　　　　　施　雯　上海音乐学院
钢琴伴奏鼓励奖：李秋薇　四川音乐学院

少年组

第一名　李泽宇　上海音乐学院附中
第二名　张金茹　上海音乐学院附中
第三名　石小玄　上海音乐学院附中
第四名　汤杰明　中央音乐学院附小
第五名　张李峻伊　中央音乐学院附中
第六名　王温迪　中央音乐学院附中
演奏奖　沈可依　上海音乐学院附中
　　　　党华莉　星海音乐学院附中
　　　　任瑞琪　武汉音乐学院附中
　　　　郭子凌　西安音乐学院附中
优秀指导教师奖　方　蕾、郑石生、赵　薇、王　泓、张　提
指导教师奖　黄晨星、徐　悦、熊治群、朱耀熹、李齐华
中国作品演奏奖　李泽宇　上海音乐学院附中
中国新作品演奏奖　任瑞琪　武汉音乐学院附中
优秀钢琴伴奏奖　孙松青　上海音乐学院
钢琴伴奏鼓励奖　叶　青　上海音乐学院

第九届“桃李杯”舞蹈比赛

2009年8月13～23日，由文化部主办、沈阳市人民政府和沈阳音乐学院联合承办的第九届“桃李杯”舞蹈比赛，在辽宁沈阳市举行。

“桃李杯”舞蹈比赛是我国艺术教育界一项重要的专业赛事，自1985年由北京舞蹈学院发起。首届至今，始终本着检阅我国舞蹈教学成果，总结交流教学及创作经验，提高教学质量和表演水平，繁荣舞蹈剧目创作，发现、选拔优秀人才的宗旨，已经成功举办了8届，逐步形成了鲜明的“桃李”特色。

该赛事以高雅的艺术品位和青春活力，以造就刘敏、于晓雪、沈培艺、黄豆豆、王亚彬、武巍峰、刘岩等著名舞蹈演员，张继钢、陈维亚、赵明等著名舞蹈编导等成果，享有了“中国舞蹈奥斯卡”的美誉，成为海内外舞蹈艺术界广为关注的、具有崇高学术地位的品牌舞蹈赛事。

改进、变革、创新是“桃李杯”舞蹈比赛的主要标志，同时也是“桃李杯”赖以生存发展的基石。本届比赛紧紧围绕全国舞蹈教育发展形势的需要，在对往届比赛经验的客观分析以及对全国艺术院校舞蹈教学现状充分调研的基础上，秉承“桃李杯”舞蹈比赛的好传统，对第九届“桃李杯”舞蹈比赛的形式和内容进行科学的创新和改革，使本届“桃李杯”舞蹈比赛拥有了主要的几大亮点：

一是本届“桃李杯”舞蹈比赛的举办时间正值新中国成立60周年之际，举国上下都在庆祝伟大祖国的生日。丰富多彩的舞蹈艺术将融入沈阳

人民的生活，“桃李杯”舞蹈比赛将以高水平的不同风格的舞蹈盛宴为沈阳营造良好的文化艺术氛围，成为沈阳人民迎接祖国生日文化活动的重要组成部分。

二是在比赛期间将举办2场舞蹈专场演出，让舞蹈艺术走向大众。我国是一个多民族国家，56个民族，56朵花，56个兄弟姐妹是一家。此次专场演出将汇聚汉、藏、蒙、维、朝、佤、傣等多个民族的舞蹈艺术作品，让沈阳人民在品尝舞蹈艺术魅力的同时领略祖国大家庭中各个民族特色的风采，从而更加热爱我们伟大的祖国。

三是本届比赛在参赛院校和人数上突破了往届，参赛院校达到131所，参赛人数达4797人，成为“桃李杯”舞蹈比赛历史上之最。来自全国31个省、自治区、直辖市的优秀舞蹈学子，将在沈阳的4个剧场相互交流、相互学习，展示他们的学习成果和院校的教学成果。

四是“桃李杯”舞蹈比赛历来以高规格、高质量、高品位、高学术著称于舞蹈界赛事领域，并以权威性、示范性、导向性、艺术性引领着我国舞蹈教育的走向。此届“桃李杯”舞蹈比赛设置了“原创剧目奖”，就是鼓励和倡导艺术院校培养综合舞蹈艺术人才的举措。届时，无论是古典舞、民族民间舞还是芭蕾舞、芭蕾现代舞、群舞、精品组合课将有各具探索性和挖掘性的剧目、组合呈现于舞台，再次突显“桃李”特色和独特的赛事风格。

五是海外同胞积极参加“桃李杯”舞蹈比赛。来自美国、加拿大、新加坡、韩国等国家的近300名选手参加了本届比赛，这也是历届“桃李杯”舞蹈比赛海外选手参赛数量最多的一次。充分体现了“桃李杯”舞蹈比赛在世界尤其是在华夏传人中的影响。

本届比赛共产生了芭蕾舞、民间舞、古典舞、群舞、精品组合课等不同组别一等奖、二等奖、三等奖、优秀表演奖共211名。

第九届“桃李杯”舞蹈比赛获奖名单

芭蕾青年组（男子）

一等奖　空　缺
二等奖　李　林
三等奖　杨　鹏、梁泽程、任　楠
优秀表演奖　徐文瀚、薛　理、胡　骏、温少伟、隋万龙

芭蕾青年组（女子）

一等奖　刘思睿
二等奖　张为琳、周　瑜
三等奖　张为璐、高　歌、于晓婷
优秀表演奖　鞠雪婷、孙　榕、李思佳　王　琳、郑　韵

芭蕾少年甲组（男子）

一等奖　马晓东
二等奖　邸　健、陈镇威
三等奖　王　维、袁岸璞、吴延龄
优秀表演奖　唐靖奇、孙　超、童大钢　寇祖权、梁铭毅、侯旭磊

芭蕾少年甲组（女子）

一等奖　彭兆倩
二等奖　赵婉婷
三等奖　张雪宁、孙雅莉、陈姿含
优秀表演奖　徐依汝、尧尹晨、陈滨滨

芭蕾少年乙组（男子）

一等奖　张智尧
二等奖　李　剑、王立中
三等奖　滕建凯、杨天博、龚溢文
优秀表演奖　李重均、涂翰彬、欧阳苏男、方　智、刘士诚、张晋浩

芭蕾少年乙组（女子）

一等奖　毛晶晶
二等奖　徐　琰、余晓彤
三等奖　尚瑶谦、刘晨欣、孙　祎
优秀表演奖　杨睿琦、孙艺萌、邱远仪　张　媛、张　瑾、陆亚琦

中国古典舞A级青年组（男子）

一等奖　孙　科、王韬瑞
二等奖　高　健
三等奖　马蛟龙、宋玉龙、郑　杰
优秀表演奖　朱亚超、单思涵、姜泽佐、

高泽炜、喻鑫宇

中国古典舞A级青年组（女子）
一等奖　唐诗逸
二等奖　杨笑婷、胡玉婷
三等奖　陈　晨、周　杰、戎昳宁
优秀表演奖　裴雅婷、石雪函、张傲子玄、石　崇

中国古典舞B级青年组（男子）
一等奖　李洪墨
二等奖　秦牛牛、吕　锐
三等奖　单　煊、张　森、芦　航
优秀表演奖　闫　海、陈代航、朱　琦、苏　健、张　强、熊　鹰、姜欧翔

中国古典舞B级青年组（女子）
一等奖　吴嘉雯
二等奖　吕慧文、张　烨
三等奖　田　超、李　领、杨晶晶、章文慧
优秀表演奖　冯　婧、刘　妮、江雅丽　施珍妮、陈　梦

中国古典舞A级少年甲组（男子）
一等奖　李彧彧
二等奖　蒲　宇、李郦鲸、龚　延
三等奖　胡珈诚、高俊雅
优秀表演奖　徐一鸣、张鹤腾、韩小童

中国古典舞A级少年甲组（女子）
一等奖　吴灵薇、华宵一
二等奖　贺梦娇
三等奖　王念慈、姜蔚琳、苗　祎
优秀表演奖　卢奕佳、朱　磊

中国古典舞B级少年甲组（男子）
一等奖　陈世豪
二等奖　陈　曦、曹乾尧
三等奖　彭一畅、赵森杰、程兴业
优秀表演奖　金　超、张　鹏、何志凯、林海山、王晓明、李松霖

中国古典舞B级少年甲组（女子）
一等奖　吕程亮
二等奖　曹玥瑶、高雯倩
三等奖　林姿艳、谭紫蜜、吴　瑶、杨永倩
优秀表演奖　张　咪、李　彧、吴　莹、刘木苏、王潇羽、齐　男、朱方幸子

中国民族民间舞A级青年组（男子）
一等奖　边　疆
二等奖　威力斯、刘　彬
三等奖　查龙浩、钟宏宇、刘洪斌
优秀表演奖　李德戈景、彭措索南、贝毓卓、刘　嵩、孙　根、李永强、张　峰

中国民族民间舞A级青年组（女子）
一等奖　骆文博
二等奖　邓　韵、李亚迪、陶　洋
三等奖　范　蕊、徐曼妮
优秀表演奖　安　然、于弘洋、冯敬雅、吴萌萌、何　婷、陈　汐、金　晨、王　景

中国民族民间舞B级青年组（男子）
一等奖　赵　磊
二等奖　何华铭、李本尖措、陈　功
三等奖　高佳音、陈虹达、达布力·黑巴提
优秀表演奖　李秀加、毕大明、娄本松、乌宏志、杨文艺

中国民族民间舞B级青年组（女子）
一等奖　张雪佳
二等奖　王　鹤、方　玲
三等奖　席　欢、张梦露、张洪艺
优秀表演奖　金　妮、王春燕、王　驰、保奕帆、王皓婧、丁　爱

中国民族民间舞A级少年甲组（男子）
一等奖　刘　敬
二等奖　戴泽伟、敖明俊
三等奖　时　林、曾博文、杨　健

优秀表演奖　陈　政、赛博渊、邹业东、
胡世闻、李佳佳、郝　飞

中国民族民间舞A级少年甲组（女子）

一等奖　袁　竹
二等奖　高　寒、韩　燕
三等奖　张　妮、崔译丹、貌　昱
优秀表演奖　来嘉悦、朱亦悦、欧阳吉芮、
姜　浩、杨　娜、李　靖、
周紫薇

中国民族民间舞B级少年甲组（男子）

一等奖　王　鹏
二等奖　周　易、何仲达
三等奖　林国伟、徐仁豪、张子豪
优秀表演奖　杨张煜、蒋　可、黄琛迪、
朝格满达、吕　密、李　岩

中国民族民间舞B级少年甲组（女子）

一等奖　全春爱
二等奖　于小涵、张　爽
三等奖　何　柳、李　婧、陶禹霏
优秀表演奖　曾　菲、王治馨、陈　玲、
李　蜜、陈　楠、沈　静、
牧梦蕾、吕锶琴

中国舞少年乙组（男子）

一等奖　方　瑞
二等奖　崔晨曦、董志明
三等奖　苏　洋、蔡亦寒、高　嵩
优秀表演奖　沈徐斌、金汉迪、王　智、
周　昊、谢素豪、吴昊林

中国舞少年乙组（女子）

一等奖　毕　然、刘　盈
二等奖　胡图兰
三等奖　张欣怡、王　媛、梅玉炫
优秀表演奖　赵婕雯、李书琪、周琳琳、
朱梦婷、蒋　雯、郝　鑫

群舞（中国民族民间舞组）表演奖

一等奖
《翻身农奴把歌唱》
《草原汉子》
《女儿花》
《花鼓敲天下》
《阿婆的幸福生活》
《姥家门口唱大戏》
二等奖
《梦里寻她千百度》
《蝴蝶春情》
《长白瀑布》
《古扎丽古丽》
《风筝》
《赶海乐》
《扇花花开》
三等奖
《醉山寨》
《芦花香香鼓儿响》
《羌》
《阳春面》
《草原英魂》
《乐》
《孔雀部落》
《糯玉香》
《毛南古歌》
优秀表演奖
《冲霄汉》
《风酥雨忆》
《黑土地的妞》
《骏马·烈酒·激情》
《律栋吟》
《喊太阳》
《黑山银花》
《西兰卡普情韵》
《犟姑娘》
《凤鸣九州》
《跳弦》
《俏丫戏春》
《盘羊》

群舞（中国民族民间舞组）舞蹈剧目奖

一等奖
《翻身农奴把歌唱》
《草原汉子》
《阿婆的幸福生活》

《姥家门口唱大戏》
《长白瀑布》
《蝴蝶春情》
二等奖
《女儿花》
《梦里寻她千百度》
《花鼓敲天下》
《芦花香香鼓儿响》
《风筝》
《古扎丽古丽》
《扇花花开》
《阳春面》
《乐》
三等奖
《醉山寨》
《赶海乐》
《羌》
《风酥雨忆》
《孔雀部落》
《黑土地的妞》
优秀剧目奖
《草原英魂》
《黑山银花》
《毛南古歌》
《糯玉香》
《骏马·烈酒·激情》
《冲霄汉》
《喊太阳》
《律栋吟》
《西兰卡普情韵》
《犟姑娘》
《俏丫戏春》
《盘羊》
《跳弦》
《凤鸣九州》

群舞（中国古典舞组）表演奖
一等奖
《且吟春语》
《汉宫秋月》
《兰陵王入阵曲》
二等奖
《龙飞凤舞》
三等奖
《嵩山晨曲》
《鱼儿》
《桃花扇随想》
优秀表演奖
《秦淮河上》
《拓》
《问道武当》
《采桑》
《梦与鸟飞》

群舞（中国古典舞组）舞蹈剧目奖
一等奖
《鱼儿》
《汉宫秋月》
《兰陵王入阵曲》
二等奖
《嵩山晨曲》
《拓》
《龙飞凤舞》
《桃花扇随想》
三等奖
《且吟春语》
《秦淮河上》
《问道武当》
《梦与鸟飞》
《采桑》

群舞（芭蕾舞组）表演奖
一等奖
《数码的语言》
二等奖
《秋》
三等奖
《榕树仙子》
《茉莉花》
《可小可笑》
优秀表演奖
《喵》
《+/-》
《梦……飞翔》
《偶·丫》

群舞（芭蕾舞组）舞蹈剧目奖

一等奖

《秋》

《数码的语言》

二等奖

《榕树仙子》

《喵》

《茉莉花》

《可小可笑》

三等奖

《+/–》

《梦……飞翔》

《偶 · 丫》

舞蹈教学精品组合课保护传统舞蹈文化贡献奖

北京舞蹈学院

内蒙古大学艺术学院

重庆艺术学校

优秀组合编排奖：

北京舞蹈学院

北京舞蹈学院

大连艺术学校

中央民族大学舞蹈学院

沈阳音乐学院舞蹈学院

优秀组合表现奖：

北京舞蹈学院

延边大学艺术学院

广西师范大学音乐学院

南京艺术学院舞蹈学院

云南艺术学院舞蹈学院

港澳台及海外组（男子）

三等奖　梅忠孝

优秀表演奖　罗　钧、刘冠贤

港澳台及海外组（女子）

三等奖　李卓儿、刘海蒂

优秀表演奖　诸葛琇彬、杜恩妤、陈妍錂、尹美惠、李莲花、杨紫瑶、黄士容、蔡　烁、林佩佩、黄心颖、冯培甄、董虹妏、杨紫仪、郭怡欣、黄真凰、黄小妮、蔡逸慧

港澳台及海外组（群舞）

优秀表演奖　《花艳》《红河欢歌》、《雪山袖》、《江湖行》、《秦俑达阵》、《说唱脸谱》《哥像月亮天上走》《彝山奏鸣》、《天河喜鹊七夕情》、《有一个美丽的地方》

舞蹈教学剧目创作奖（芭蕾舞）

一等奖　《双鱼座》

二等奖　《思》、《扑面而来》

三等奖　《当我离开时》、《城》、《再来一遍》、《聆听》

舞蹈教学剧目创作奖（古典舞）

一等奖　《水墨孤鹤》、《逼上梁山》、《罗敷行》、《小薇、小薇》、《逍遥游》

二等奖　《梨园一生》、《红玉丹心》、《红豆》、《乡愁无边》

三等奖　《月满春江》、《勾践》、《梦随翎翅飞苍茫》、《新生》、《咏扇》、《芳春行》、《金刚》

舞蹈教学剧目创作奖（民族民间舞）

一等奖　《阿珈鼓》、《那一别》（汉族——江西）、《牧马人》（蒙古族）

二等奖　《舞童》朝鲜族、《轮月》（蒙古族）、《小河弯弯》（傣族）、《傣画》（傣族）、《闲鹤》、《雪域精羚》（藏族）、《可可西里的雪莲花》、《说兰花》（花鼓灯）、《马兰花》（蒙古族）

三等奖　《心中的绿洲》、《王的舞者》、《希娜里》朝鲜族、《月光下的凤尾竹》（傣族）、《天浴》、《情醉了》、《舞鼓悦山巅》（藏族）、《长调》（蒙古族）、《民族村里的小伙》（彝族）、

《店小二》（东北秧歌）、
《第一双新靴》（藏族）

舞蹈教学剧目创作奖（中国舞乙组）
一等奖　《提线木偶》
二等奖　《牧童短笛》、《小扁担三尺三》
三等奖　《恰同学少年》、《战鼓行》

舞蹈教学剧目创作奖（海外组）
优秀剧目奖　《荷塘月色》中国舞、
中国民族民间舞《水人歌》、
朝鲜舞《比纳礼》、
民族民间舞《画灵傣》、《框限》、
《用心看世界》、《风舞竹动》、
《绿叶神音》、《弦子的传说》、
蒙古族双人舞《爱》、
汉族舞蹈《诗的随想》
《鼓乐》、《火红的旋律》、
《刀光剑影》、《那一瞬间》、
《思念》、《新嫁娘》、《俏红娘》、
蒙古族双人舞《爱》

院校原创教学剧目奖（芭蕾）
《扑面而来》、《当我离开时》、《思》、
《城》、《706》套房、《聆听》、
《城市精灵》、《到我内心深处来》

院校原创教学剧目奖（中国古典舞）
《水墨孤鹤》、《逼上梁山》、《金刚》、
《红豆》、《勾践》、《月满春江》、
《小薇、小薇》、《梦随翎翅飞苍茫》、
《咏扇》、《北望河山》

院校原创教学剧目奖（中国民族民间舞）
《那一别》（汉族——江西）、
《牧马人》（蒙古族）、《心中的绿洲》、
《王的舞者》、《舞童》朝鲜族、
《希娜里》朝鲜族、《独在他乡》（朝鲜族）、
《舞鼓悦山巅》（藏族）、
《空谷颤栗》（蒙古族）、《闲鹤》、
《第一双新靴》（藏族）、
《说兰花》（花鼓灯）、
《可可西里的雪莲花》、《森塔斯》

院校原创教学剧目奖（中国舞乙组）
《提线木偶》、《牧童短笛》、《恰同学少年》、
《最美的旋律》、《春晓》、《青釉流韵》

院校原创教学剧目奖（群舞民间舞）
《翻身农奴把歌唱》、《草原汉子》、
《女儿花》、《梦里寻她千百度》、
《姥家门口唱大戏》、《长白瀑布》
《古扎丽古丽》、《羌》、《风酥雨忆》、
《乐》、《毛南古歌》

院校原创教学剧目奖（群舞中国古典舞）
《汉宫秋月》、《兰陵王入阵曲》、《鱼儿》、
《嵩山晨曲》、《龙飞凤舞》、
《桃花扇随想》、《拓》

2009年度文化科技项目验收一览表

序号	编号	项目名称	项目完成单位	验收日期
1	验字〔2009〕1号	互联网环境下的市民学习平台研发与项目实施	东莞图书馆	2009年3月27日
2	验字〔2009〕2号	家庭藏书网络管理与信息共享	东莞图书馆	2009年3月27日
3	验字〔2009〕3号	城市街区24小时自助图书馆系统	深圳图书馆	2009年4月7日

2009年度文化部科技创新项目立项名单

编号	类别	项目名称	承担单位	申报部门	项目负责人	文化部补助(万元)
1	科技规划	“十二五”文化科技发展规划预研究	中国艺术科技研究所、中国传媒大学信息工程学院	中国艺术科技研究所	李秋立 蒋　伟	5
2	社会文化、文化市场	移动终端自助信息服务模式研究	文化部全国文化信息资源建设管理中心	文化部全国文化信息资源建设管理中心	张晓星	10
3		我国公共文化服务体系建设中的高校资源利用研究	青岛大学	山东省文化厅	陈志强	2
4		襄樊市城乡一体化公共文化服务模式、方式和支撑技术的研究及实践	襄樊学院	湖北省文化厅	丁长河	3
5		在“特殊”学校开展校外科技文化教育的运行模式	中国福利会少年宫	上海市文化广播影视管理局	陈白桦	3
6		中国艺术品资本市场发育及其支撑体系研究	文化部文化市场发展中心	文化部文化市场发展中心	梁　钢	5
7	文化产业、动漫	航天科技文化园	北京航天软件技术有限公司 航天文化创意产业发展中心	北京市文化局	车　玫	0
8		张江动漫谷公共技术支撑平台	上海张江动漫科技有限公司	上海市文化广播影视管理局	刘　军	0
9		基于VRGIS一体化技术的网络三维游戏驱动引擎及海洋益智游戏开发	上海兰基斯软件有限公司	上海市文化广播影视管理局	陈　戈	0
10		基于运动捕捉和虚拟运动库的三维动画辅助工具及三维海洋数字动漫制作	青岛如临其境科技有限公司	山东省文化厅	韩　勇	0
11		基于哼唱的音乐检索系统	上海文广新闻传媒集团	上海市文化广播影视管理局	王　豫 闵友钢	0
12	图书馆、文化信息	虚拟家庭图书馆研究	国家图书馆计算机与网络系统部	国家图书馆	吴　斌	5
13		下一代移动互联网图书馆服务模式研究	国家图书馆计算机与网络系统部	国家图书馆	魏大威	6
14	图书馆、文化信息	广西文化电子信息服务平台建设	广西文化信息中心	广西壮族自治区文化厅	李格训	0
15	文化遗产保护	北京传统手工艺文化传播和交易促进平台	北京博越世纪科技有限公司	北京市文化局	蒋海涛	5
16		苏州传统失蜡铸造工艺的挖掘与传承研究	苏州工艺美术职业技术学院	江苏省文化厅	王汉卿	5
17		面向博物馆陈列文物的隔震技术研究	故宫博物院	故宫博物院	周　乾	5
18		文化遗产安全保护呼叫中心技术研究	南京博物院	江苏省文化厅	张小朋	5
19		基于Web GIS的甘肃少数民族音乐数字化展示平台的研究和开发	西北民族大学	甘肃省文化厅	沙景荣	3

续　表

编号	类别	项目名称	承担单位	申报部门	项目负责人	文化部补助（万元）
20	舞台技术	剧场信息的规划整合与全国剧场普查信息系统建设研究	中国传媒大学信息工程学院、中国艺术科技研究所	中国艺术科技研究所	任　慧 李秋立	5
21		演出场所全国技术监管平台技术体系研究	中国传媒大学信息工程学院、中国艺术科技研究所	中国艺术科技研究所	陈新桥 杨　磊	5
22		我国下一代网络化演艺灯光系统的架构与技术标准体系研究	中国传媒大学信息工程学院、中国艺术科技研究所	中国艺术科技研究所	蒋　伟 闫贤良	5
23		数字化 RDM 控制大功率 LED 舞台摇头电脑灯	广州市番禺区珠江灯光音响实业有限公司	广东省文化厅	李英民	0
24		舞台灯具光度数据照相测试法	广州市番禺区珠江灯光音响实业有限公司	广东省文化厅	王竹生	0
25		3D 舞台虚拟预演系统软件	云南省民族艺术研究所	云南省文化厅	杨要武	5
26	乐器改革	古琴及板腔共鸣体材料微观结构干预方法关键技术研究	吉林省文化科技研究所	吉林省文化厅	张继勇	5
27	艺术教育	数字化音乐伴侣学习系统	中央音乐学院	中央音乐学院	赵易山	5
28		音乐数字媒体艺术人才培养模式研究与艺术实践	上海音乐学院	上海音乐学院	何训田 代晓蓉	5
29		大跨度城市雕塑（地标性艺术构筑体）结构与材料力学的研究与应用	中央美术学院	中央美术学院	卓　凡	2

2009 年度国家文化创新工程立项项目名单

序号	项目名称	项目来源	承担单位
1	昆曲遗产保护继承弘扬工程	首届创新奖获奖项目	苏州市文化广播电视管理局
2	区域文化联动	第三届创新奖获奖项目	吴江市文化广播电视管理局、吴江市文化馆
3	新兴城市文化建设中的科技自觉	委托项目	深圳市委宣传部
4	村落型文化遗产的保护与社区可持续发展	委托项目	文化部民族民间文艺发展中心
5	深圳城市街区自助图书馆和东莞无人值守图书馆	第三届创新奖获奖项目	深圳图书馆、东莞图书馆
6	国家动漫游戏产业产权交易中心优化建设项目	委托项目	上海动漫产业振兴基地
7	“数字文化家园”：上海东方社区信息苑	第二届创新奖获奖项目	上海市文广局

《改革开放30年艺术职业教育蓝皮书》出版

为了充分发挥文化行业对艺术职业教育的指导和引领作用，体现政府的服务意识，文化部文化科技司组织完成了《改革开放30年艺术职业教育蓝皮书》的出版发行工作。《蓝皮书》系统总结了改革开放30年来艺术职业教育取得的经验。客观反映了在我国改革开放伟大历史进程和职业教育事业实现跨越式发展的大背景下，艺术职业教育在历经30年的不断开拓进取，锐意创新，无论在办学理念、办学规模、办学效益还是在教学改革、培养质量和办学条件等方面都取得了重大突破和辉煌成就。

国家社会科学基金艺术学规划研究项目成果要报第33期

一、《中国近代戏曲史》

国家社会科学基金艺术学“十五”规划重点项目成果《中国近代戏曲史》（项目负责人：中国艺术研究院贾志刚）在课题组全体成员历时5年深入研究大量历史文献与资料的基础上撰写完成，该项研究成果坚持历史唯物主义与辩证唯物主义方法，立足戏曲艺术的本体特征，论述了从1840年至1949年中国近代戏曲艺术百年发展、演变的脉络与特点，成为迄今为止第一部中国近代戏曲史专著，填补了中国戏曲史研究的空白，具有开拓意义。

该专著共计100万字、700幅配图，分为：从1840年鸦片战争至1911年辛亥革命时期、从1911年辛亥革命至1937年抗日战争时期、从1937年抗日战争至1949年解放战争时期3编23章及大事记等部分。3编的划分反映了不同时期近代中国戏曲艺术发展、演变的特点，突出了发展的主脉；3编以综述为纲，统领声腔剧种、戏曲文学、戏曲表演、戏曲音乐、舞台美术、戏曲教育与班社6部分，克服了传统戏曲史著作偏重论述文学剧本的不足，内容丰富，资料翔实，具有综合性、系统化特点，使之成为一部名副其实的戏曲艺术史；该专著就史论戏，把近代戏曲置于近代中国经济、政治、社会、文化剧烈变动的特定历史背景中去考察与研究，将“变革”的主线贯穿于近代戏曲百年的全过程，如：地方戏崛起使以昆曲为代表的古典戏曲走向衰落，板式变化体取代曲牌联套体的主导地位，戏曲表演产生出不同于昆曲的行当体制等等，既注意发展变化的社会因素的推动与制约，又注意艺术自身的发展规律及艺术家、艺人的自觉等种种演变因素；该专著对诸如“五四”新文化论争对戏曲的影响、戏曲改良的意义、声腔剧种的起源等近代戏曲史中长期争论的一些悬而未决的问题，都在充分研究各家学说观点的基础上，提出了实事求是、客观公允的见解；该专著还以相当的篇幅论述了多姿多彩的少数民族戏曲乃至日据时期的台湾戏曲，避免了以往戏曲史专著仅反映中国大陆汉族地区戏曲这一局限性。

该专著与已出版的《中国戏曲通史》（从戏曲起源与形成至1840年前后）、《中国当代戏曲史》（从1949年至1998年）上下衔接，承前启后，共同构成了一部较为完整的中国戏曲通史。

该专著较为准确地反映了近代戏曲百年的发展规律，为学科建设打下了坚实的基础，对探讨当代戏曲的发展走向乃至如何创立新的表演流派、戏曲院团如何改革等亟待解决的现实问题也具有重要的参考价值。

二、《中国美术史学理论研究》

国家社会科学基金艺术学“十五”规划2003年度项目成果《中国美术史学理论研究》（项目负责人：清华大学美术学院陈池瑜）以我国历代书画著述与相关文献为研究对象，采用史料梳理与史学理论研究、宏观把握与个案剖析、学理探讨与史料考证、辨析等相结合的方法，较为深入、系统地研究了中国美术史学的产生与发展历程及其史学理论。由中国艺术研究院、北京大学、北京师范大学等单位专家组成的鉴定组认为，该成果系中国目前第一部中国美术史学理论著作，属填补学术空白的开创性课题，首次建构了系统性的中国美术史学发展的理论框架。

该专著共40万字，分为总体概括中国美术史学特征的绪论、按历史顺序分别探讨汉魏六朝、唐、宋、元、明、清至现代各历史阶段中国美术史学在著述与理论、方法等方面的成就及特点等8章。

该专著既注重对历史的梳理，又注重理论总

结，提出了中国美术史学理论与著述方法的若干特征等新的见解：

——在我国，书法史意识萌动最早，由书法史带动绘画史，并由书法史而开艺术史之先河。

——在中国美术史学的发展过程中，早期以论、品带史，史包含在论、品之中；中后期以史传包含品、论，而品、论仍在史传中发挥较大作用，并且将史传和作品记述、著录、鉴赏、辨伪相结合，美术史形态呈现多样化形式；与此相连，美术史由早期以对书画家的品评为中心转化为以对书画作品的记叙与辨伪为中心，美术史著述语言也由早期品、论形式中象征性语言和较为抽象的语言转变为叙事性和具体描述性语言。

——中国美术史学文本写作常常表现出史、论、评（品）相统一的特征，且在唐宋时期已显现，明清时期部分书画史文本则形成以史传为中心旁涉评论、收藏、著录、装裱、题跋、考辨的综合性文本，形成富有中国民族特征的美术史写作方法。

——汉唐时期形成的有关书画是经艺之本、王政之始、可以帮助兴成教化、鉴戒贤愚的艺术史观，是将书画看成有益于国家和社会的重要事业，这一在儒家礼乐思想及诗事君父、教化风俗等观念影响下形成的思想，贯穿于编撰书画史的过程中，成为著述书画史的最基本治史原则，并影响到宋以后的书画史编著，成为中国艺术史学理论的重要基础。

——通过研究 20 世纪上半叶中国美术史学向现代化转型的过程和特点，提出其成就主要表现于在开掘传统书画史材料的同时，吸收外国新的艺术史观念和方法，并拓展雕塑史、民间美术等新的研究领域，建立起新的中国绘画史和中国美术史体系，使中国美术史的研究进入一个新阶段。

——提出通过深入开掘中国美术史学的优良传统，同时也注重借鉴西方及其他地区国家艺术史研究的积极成果与理论方法，积极创建具有影响力的现代中国艺术史理论与方法，推进现代形态的新的中国艺术史学科的发展。

国家社会科学基金艺术学规划研究项目成果要报第 34 期

一、《视觉文化传播：历史、理论与实践》

当今世界正进入一个以视觉化为特征的时代，以电视、电影、摄影、数码影像、互联网为代表的大众媒体潮水般生产和传播着各种各样的视觉图像，形成了独特的视觉文化景观和传播现象，深刻影响着人类社会的文明进程，成为现代媒介化社会研究中一个重要领域，国家社会科学基金艺术学“十五”规划项目成果《视觉文化传播：历史、理论与实践》（项目负责人：复旦大学孟建）以对视觉文化的理论诠释为重点，将宏观与微观、动态与静态、定性与定量等研究相结合，较为全面、深入地阐述了视觉文化传播的起源、发展历史、表现形态、传播渠道、基本规律、社会影响、具体实践等问题，特别是对视觉文化理论的现状与发展、视觉文化视野中的社会变动、视觉文化传播的表象与现实、视觉文化与消费社会、视觉文化传播中的全球化与本土化等命题进行了深入探讨。

该成果形式是由 30 篇论文构成、共计 25 万字的论文集，分为视觉文化传播的理论建构、多维视野中的视觉文化传播、视觉文化传播的当代实践 3 部分。

——初步界定了视觉文化传播的研究对象与基本概念，提出视觉文化是一种脱离以语言为中心的理性主义形态，日益转向以形象特别是影像为中心的感性主义文化形态；视觉文化传播是指经由形象媒介特别是影像媒介实施传播而形成的一种独特的文化传播形态；视觉文化传播不但标志着一种文化形态与传播方式的转变和形成，而且还意味着人类思维范式的一种转换。

——从哲学、经济学、社会学、心理学、艺术学、技术科学等多维视角，对视觉与思维、视觉语言结构、视觉符号、视觉文化的哲学基础等具有根本性的理论问题进行了研究。

——对当代国内外视觉文化传播实践特别是视觉文化产业的现状与发展趋势进行了调查研究，通过大量具有代表性的案例，分析了国内外视觉文化传播实践的特征、现状和存在的问题，对中国视觉文化研究与视觉文化产业的进一步发展提出了建议。认为视觉文化研究已对实践领域产生重要影响，视觉文化传播不但是一种新的文化形态，而且是一种重要的产业形态；在语言为中心的文化形态中，占据主导地位的是语言符号的生产、流通和消费，而在形象为中心的视觉文化形态中，占据重要地位（无论在数量上还是在其影响上）的是视觉符号的生产、流通和消费，其中，影视视觉符号的生产、流通和消费已成为世界范围内规模与影响巨大的产业形态；一方面，视觉文化产业的快速发展需要理论去诠释、指导和规范；另一方面，也要将研究成果运用于实践，使之迅速转化为生产力。

二、《中日韩动画产业发展战略比较研究》

国家社会科学基金艺术学“十五”规划项目成果《中日韩动画产业发展战略比较研究》（项目负责人：中央电视台王甫）着眼于中国动画产业的发展与问题，通过对中日韩三国动画产业的发展历史、产业现状、产业链分析、产业政策、投融资模式的比较分析，在总结归纳三国动画产业的发展脉络及其共性与特性、成功经验，并深入分析中国动画产业现状与存在问题的基础上，提出了促进中国动画产业健康发展的途径与对策建议：

1. 转变观念——调查显示：日本动画产品受众平均年龄为32岁，针对不同国家受众的民族传统进行形象设计则是韩国动画海外发行成功的重要原因之一。因而我国动画制作应转变受众定位偏重少儿而忽视成人、功能定位偏重教化而忽视愉悦、题材内容定位偏重本民族传统而忽视不同国家受众的民族传统及其共性等固有观念，加强上述被长期忽视的方面，特别是加强受众群愉悦基础的研究与针对性。

2. 重视剧本的创作——加强现代题材作品创作，赋予题材内容以时代性与新意；注重动画形象品牌的建立及其市场开发价值的规划与设计；规范剧本市场与征稿方式，保护创作者的合法权益与创作积极性；注重研究剧本的赢利模式、推广渠道及其内部管理等。

3. 进一步加强政府的政策性扶持——进一步加强政府相关部门间的协调，在资金、题材、制作、播出、出版、发行及衍生产品开发等方面为动画产业发展创造有利的条件与运行机制，细化企业在整个产业链不同环节的分工与衔接，进一步拓展海外发行渠道，鼓励企业积极参与国际影视动漫展会等，推动中国原创动画充分占领市场。

4. 促进产、学、研一体发展——推动高等学校动画院系在培养复合型人才的同时，加强动画的创意策划、制作技术、经营管理等研究与实践，组织团队进行动画作品创作，将优秀作品投入市场，在此基础上逐步组成动画制作企业。

5. 采用新的节目形式——用动漫手段对相声、小品、笑话、寓言、传说等传统艺术经典加以解构与改编，融入新的艺术元素，在保持原作审美特质的前提下，变其原有的平面化为视觉艺术的多维立体化，通过专辟的电视栏目播出以扩大受众面，实现“艺术经典，时尚演绎”的目标。中央电视台2005年推出的《轻松十分》、《快乐驿站》等新型动画栏目，播出以来一直保持前10名的收视率与收视份额，最高时位居全台收视率第四名。

6. 借鉴日韩“产业链融合”经验——日本动画制作企业普遍采用“以项目为核心的制作委员会”模式及“窗口战略”、“资源重复使用战略”等，即由动画制作公司、电视台、出版社、衍生产品厂商等各类产业链相关机构提出创意，争取投资方共同组成某项目制作委员会，共同研究该项目并分包制作、分享其版权，在播出发行环节利用同一作品在不同媒体流通，在衍生产品开发环节以某项目核心内容为基础重复使用资源、多角度开展业务，这些做法既可灵活自如地嫁接各类相关资源，又可保证后期市场的充分开发，使动画创意的增值效应最大化；韩国动画产业则由动画制作商与动画形象产品开发商在资金、资源等各方面全程相互渗透、相互支持，形成动画制作商与动画形象产品开发商共生共荣的良性循环结构，共同推动动画产业的发展。

该成果为15万字的研究报告，主要内容由中日韩动画产业发展历史、中日韩动画产业现状、中日韩动画产业链的对比分析、中日韩政府的动画产业政策比较、中日韩动画产业投融资模式比较、中国动画产业发展对策6部分构成。

国家社会科学基金艺术学规划研究项目成果要报第35期

一、《中国文化产业发展的理论与实践研究》

国家社科基金艺术学“十五”规划项目成果《中国文化产业发展的理论与实践研究》（项目负责人：湖北省文化厅宋丹娜）已经完成。该成果从中国文化市场演进与文化产业模式、技术创新与文化市场形态的演变、文化市场的意识形态属性与文化体制的特殊性、文化商品市场及其产业业态变迁、文化服务市场及产业形态的变迁、文化资源市场及其发展概况，以及区域文化市场、城市文化产业与国家文化竞争力的关系研究，运用文化学、管理学、经济学、统计学的研究方法，探索文化产业跨学科、综合性的研究路径，并在此基础上构建我国文化市场与文化产业互动发展的理论模型。同时，从纵向历史脉络，厘清文化市场的发展历史、基本状况，并对未来的发展趋势进行了预期和预测。

由于长期在文化系统工作，课题组的主要成员较早接触到中国文化市场和文化产业这个领域。既经历了中国文化产业从出现到成熟的整个过程，也对文化产业作为一种概念提出到蔚为中国产业界之大观的整个发展过程有着切身体会。

该成果的研究特色在于：对文化市场与文化产业的关系进行了分析，指出文化市场与文化产业是一个问题的两个方面，两者之间相互支撑、相互促进；指出文化市场形态随着技术的不断进步而变革；对文化体制改革的问题、对文化体制改革的本质属性进行了深入探讨；注重资料和数据的运用，从实证和数据出发，力图构建一种比较系统的理论框架，为文化管理部门服务。

二、《环渤海地区文化产业发展问题研究》

国家社科基金艺术学“十五”规划项目成果《环渤海地区文化产业发展问题研究》（项目负责人：天津工业大学赵宏）采用定性和定量分析相结合的方法，分析了环渤海地区中各个省市的文化产业存在的同质性和异质性，剖析了各个省市之间的文化产业的空间关系，并以此为基点论证了环渤海地区建立以北京为中心，以天津、大连、青岛为次级中心的文化产业发展模式以及相应的产业发展动力机制和约束机制的迫切性。

课题组全面考察了环渤海地区的文化产业发展现状，以该地区文化产业发展中存在的问题为切入点，对其发展的环境和制约因素进行分析论证，并提出相关的政策性建议。

课题组提出以优势带动劣势，对环渤海地区应当培育和发展的支柱文化产业进行选择和分析，寻找迅速发展文化产业的突破口，培育和发展支柱文化产业，构建符合文化产业发展的产业群体和运行机制，推动环渤海地区的文化资源的优化重组，提高文化资源的利用效率，促进文化产业成为环渤海地区新的经济增长点等观点，对发展环渤海地区文化产业具有一定的现实针对性和可操作性。

国家社会科学基金艺术学规划研究项目成果要报第36期

一、《澳门美术史》

国家社科基金艺术学“十五”规划项目成果《澳门美术史》（项目负责人：浙江大学莫小也）将澳门美术作为一个整体研究对象，以澳门社会文化发展为背景，将历史学与美术学作交叉性、综合性研究，图像丰富，结构完备，比较完整地反映了澳门美术发展状况。

该成果共计20万字，附图180余幅，主要有3个方面的突破。首先，将澳门美术史划分为：彩陶与石刻遗物时期，宗教艺术地图时期，地志画与风情画时期，西洋风贸易画时期，以及中西绘画并举与现代艺术时期5个阶段，分别深入研究，具有一定的系统性与开拓性。其次，采用点面结合的方式，在许多个案方面不仅有深入的研究，也提出了一系列人物、画种、历史线索的思考。再次，该研究着眼在中西美术交流的大框架下进行，特别重视澳门的文化背景、澳门作为文化交流的桥头堡，在美术领域所取得的丰硕成果与特色。

该成果填补了中国近现代美术史、中西美术交流史中澳门专题的若干空白点，使澳门美术研究有了新的起点。在应用方面，该成果对于当代澳门美术史的阐述，对实施现行我国特别行政区文化政策具有一定参考价值，同时对国内如何开拓美术领域的对外交流方面也有借鉴作用。

二、《川江号子研究》

国家社科基金艺术学“十一五”规划项目成果《川江号子研究》（项目负责人：重庆艺术研究所段明）较为全面地总结了重庆境内船工们几千年来喊唱的川江号子，并对其发生发展历史、音乐构成、文化内涵、基本特征和保护传承等作了系统论述。

该成果共计170万字，收录了364首乐曲、259首唱词。其结构合理严谨，理论精当，资料翔实，记谱规范。全书以分类体系、构成体系、形态体系三者结合构建川江号子的完整体系，具有独创性、规范性、学科性，有利于人们对川江号子的全面深入了解。

课题组做了广泛深入的收集、整理和研究工作，采访了数以百计作为川江号子的创造者和传播者的老船工，足迹遍及巴山渝水，获取了大量的第一手资料，通过记录整理成具有文献价值的口传作品。

该成果在研究方法上，运用“底层叙述”和“口述史”的方法，记录了一些老船工的生活及喊号子的经历。他们还以民俗学材料和历史材料为依据，较深入地揭示了川江号子之所以产生和长期流传背后，所隐含的深厚的历史文化背景，提出了许多具有学术价值的新解。

中国文化年鉴

Chinese Culture Yearbook

非物质文化遗产保护

The Protection of Intangible Cultural Heritage

综　述

2009年3月4日，文化部非物质文化遗产司正式成立并开始工作。在近10个月的时间里，非遗司按照部党组、部领导对非遗司和非遗保护工作的要求，一面根据部机关行政和办公的规章制度，根据机关党建工作的要求，努力加强自身建设；一面按照“三定”方案确定的职责分工，加强业务建设，开展业务活动。同时注意思考非遗保护的长远思路和总体规划。在部领导的关心和机关司局、直属单位的帮助下，完成了开局之年的工作任务。

2009年，非遗司主要参与和完成了以下工作任务。

一、举办中国非物质文化遗产传统技艺大展系列活动

2009年2月元宵节期间，非遗司与国家发改委、财政部、北京市人民政府共同举办了中国非物质文化遗产传统技艺大展。大展包括传统技艺产品销售订货会、技艺展演、元宵节民俗踩街、生产性方式保护论坛等系列活动。共展出传统技艺、传统美术项目133项，展出实物2322件（包括剪纸画绘、印刷装潢、陶冶烧造、雕镌塑作、五金錾锻、制茶酿造、木作编扎、织染纫绣、中医等方面的实物）。共有1176名非物质文化遗产代表性传承人及民间艺人参加了活动，14名中国工艺美术大师在展厅里表演技艺。这次大展是近年来非物质文化遗产保护成果的集中展示，是规模最大、种类最全的一次传统技艺大展。大展以动态的现场演示为主，生动地体现了非物质文化遗产活态传承的特点。

中央有关部委、北京市的一些部门和单位，一些大中小学都自发组织集体参加，一些省（区、市）党委政府部门的领导、地方文化系统的人员还专程到北京参加展览。展出进行了15天，参加人数达到了27万多人次。李长春、刘云山、刘延东等中央和国务院领导都参观了展览并给予很高的评价。近500名部级领导干部、各国驻华使节也参观了这次大展。全国100多家平面媒体发表了200多篇稿件对大展进行了深入报道，中央电视台朝闻天下栏目、共同关注栏目、综艺快报栏目每天都有专题报道，科教频道为这次大展专门制作了《中国手艺》特别节目。北京电视台、香港凤凰卫视、澳门卫视等都对大展进行了详细报道。百度网、谷歌网等网页搜索达7万余条。

这次大展达到了让人民共享非物质文化遗产保护成果、营造欢乐祥和节日气氛的预期目的。

二、召开全国非物质文化遗产处长会议

为通报非物质文化遗产保护工作有关情况，2009年4月8日，非遗司邀请各省（区、市）文化厅（局）非物质文化遗产处处长，在浙江省台州市召开全国非物质文化遗产处长会议，通报全国非物质文化遗产保护工作情况，审议第三批国家级非物质文化遗产项目代表性传承人推荐名单，部署2009年非物质文化遗产保护专项资金申请使用及“十二五”预算规划工作。这次会议对完成全年工作起了关键作用。

三、召开文化生态保护区建设研讨会

为了加强文化生态保护区建设，非遗司在深入调研的基础上，2009年5月17～19日，在安徽省黄山市组织召开了“文化生态保护区建设研讨会”。会议总结、交流了文化生态保护实验区建设的经验和成果，深入研讨了文化生态保护区建设的理论和实践意义，进一步明确了文化生态保护区建设的基本模式和基本的方式方法，为生态区的建设和发展确定了明确的目标和方向。出席会议的有已命名的闽南文化、徽州文化、热贡文化、羌族文化4个文化生态保护实验区所在福建、安徽、江西、青海、四川和陕西文化部门代表，正在申报文化生态保护实验区的湖南、浙江、广东、广西、贵州、云南、吉林等省（区）文化部门代表，以及文化生态保护方面的专家学者，共70多人。

会后，非遗司组织起草了《关于加强文化生态保护区建设工作的意见》及《国家级文化生态保护区申报暂行办法》。

四、公布第三批国家级非物质文化遗产项目代表性传承人，组织“文化遗产日”系列活动

2009年6月13日是我国第四个“文化遗产日”。为迎接新中国成立60周年，办好这次遗产日，非遗司开展了“文化遗产日”系列活动。

6月11日，由文化部、人保部和国家文物局联合举办的全国非物质文化遗产保护、古籍保护暨文博事业杰出人物表彰、颁证、授牌电视电话会议在国务院召开。中共中央政治局委员、国务委员刘延东出席会议并作重要讲话。发改委等部际联席会议成员单位的领导也参加了会议。大会隆重表彰了35名全国非物质文化遗产保护先进工作者、40个全国非物质文化遗产保护工作先进集体和120名先进个人。会上还公布了第三批国家级非物质文化遗产项目代表性传承人711位。

“文化遗产日”期间，非遗司配合外联局，共同参与了文化部与四川省人民政府、联合国科教文组织举办的第二届中国成都国际非物质文化遗产节。共举办了六大类370多项活动，吸引了520多万人直接参与，拉动社会消费54.2亿元，在国际国内产生了积极广泛影响。

6月12～14日在北京天桥剧场举办中国非物质文化遗产展演——少数民族传统音乐舞蹈专场演出。这次演出汇集了全国10个省（区、市）的20个特色鲜明的传统音乐、传统舞蹈类节目。参演人员由藏族、维吾尔族、羌族等13个少数民族组成，有包含13位国家级非物质文化遗产项目代表性传承人在内的160位民间艺人同台献艺，其中年龄最小的仅10岁，年龄最大的78岁。这次调演再次展现了我国少数民族多姿多彩的传统艺术，也加深了人们对这些民族的认同与理解。

“文化遗产日”当天，文化部联合中央电视台，携手北京、天津、河北、江苏、浙江、山东、安徽、河南八省市文化厅（局）和电视台，共同打造历时4小时的“2009中国记忆——中国文化遗产日”电视直播行动。通过现场采访、专家访谈等多种形式，对京杭大运河两岸的文化遗产进行全方位的展示。

下发通知，部署和要求全国文化单位精心组织策划遗产日活动。北京的空竹文化节、浙江的全国绝技绝活展演与中国织绣精品大展、新疆维吾尔自治区的非物质文化遗产专家论坛讲座、发行第四个文化遗产日纪念封、青海的非物质文化遗产成果图片展览、云南的民间歌舞展演、西藏的遗产日宣传展示等活动，不仅提高了广大群众对文化遗产保护工作的关注度，在全社会范围内形成了文化遗产保护热潮。

可以说，非遗司利用遗产日开展多角度、多层次、全方位的部署和动员，真正办成了一个宣传保护非物质文化遗产的盛大节日。

五、举办“非物质文化遗产生产性保护座谈会”暨“第三届中国非物质文化遗产保护——苏州论坛”

为进一步促进非物质文化遗产生产性保护，2009年9月11～13日，文化部和江苏省人民政府在苏州召开了“非物质文化遗产生产性保护座谈会”暨“第三届中国非物质文化遗产保护——苏州论坛”。这次座谈会暨论坛总结交流了近年来非物质文化遗产生产性保护的基本经验，重点探讨了非物质文化遗产保护融入现代生产生活、服务大局、服务社会的重要意义和有效途径，探讨了非物质文化遗产生产性保护的政策措施，为推动非物质文化遗产生产性保护起到了积极的指导和推动作用。出席会议的有各省（区、市）文化厅（局）负责同志、非物质文化遗产生产性保护工作成效显著的相关企业代表、国家级非物质文化遗产项目代表性传承人及专家、学者等，共计150人。

六、召开联合国教科文组织批准我国非物质文化遗产项目新闻发布会，并下发有关通知

2009年9月28日至10月2日，在阿拉伯联合酋长国首都阿布扎比召开的联合国教科文组织保护非物质文化遗产政府间委员会第四次会议上，我国的羌年、黎族传统纺染织绣技艺、中国木拱桥传统营造技艺3项入选联合国教科文组织公布的“急需保护的非物质文化遗产名录”（以下简称“急需保护名录”）；中国传统桑蚕丝织技艺、南音、格萨（斯）尔等22项入选“人类非物质文化遗产代表作名录”（以下简称“代表作名录”），加上之前申报成功的昆曲、古琴艺术、新疆维吾尔木卡姆艺术以及与蒙古国联合申报的蒙古族长调民歌4项，共有29项。我国成为世界上入选代表作名录项目最多的国家，表明了国际社会对我国非物质文化遗产保护工作的充分肯定。

10月13日，文化部专门举行了新闻发布会和图片展，向在京50多家主要新闻媒体的记者，介绍了我国申报联合国教科文组织名录项目的工作情况，以及下一步做好这些入选联合国教科文组织名录项目保护工作的主要措施。

会后，即以文化部办公厅名义，下发了《关

于加强入选“人类非物质文化遗产代表作名录”项目和“急需保护的非物质文化遗产名录项目”保护工作的通知》，要求各地充分认识我国非物质文化遗产项目入选联合国教科文组织名录的重大意义，明确保护责任，落实保护措施，进一步加强保护工作。

七、开展第三批国家级非物质文化遗产名录项目申报及审核工作

为部署开展第三批国家级非物质文化遗产项目申报工作，2009 年 7 月 17 日，以文化部名义下发了《关于申报第三批国家级非物质文化遗产名录项目有关事项的通知》。截至 10 月中旬，31 个省（区、市）、新疆生产建设兵团、中央有关部门及港澳地区共报送第三批国家级非物质文化遗产名录申报项目 3136 项。

非遗司及时组织专家制定了第三批国家级非物质文化遗产名录申报项目材料审核标准，与中国非物质文化遗产保护中心一道，组织专家和工作人员对申报项目材料进行了初步审核，提出了审核意见并及时反馈各地、各单位。对申报材料确不合格的项目，取消其评审资格；对需要修改完善的、具有重大价值的项目，反馈各地、各单位进行再次修改和完善，报送文化部，可进入下一步评审程序。

八、配合外联局和中国非物质文化遗产保护中心参加了“守望精神家园——第一届两岸非物质文化遗产月”系列活动

共同举办了“国风——中华非物质文化遗产专场演出”和“根与魂——中华非物质文化遗产大展”，参加了“保护·传承·弘扬——两岸非物质文化遗产论坛”。这次活动是两岸开放交流以来规模最大、等级最高、持续时间最长的文化交流活动之一，拓展了两岸文化交流的广度和深度，加深了台湾各界对中华文化的认同和理解，为构筑两岸文化交流之桥开辟了新通道，为共同弘扬中华民族优秀文化谱写了新篇章。

九、召开全国非物质文化遗产保护督查工作会议

为促进全国非物质文化遗产保护工作的深入开展，2009 年 11 月 26 ~ 27 日，文化部在京召开了全国非物质文化遗产保护督查工作会议，总结近一年来非物质文化遗产保护工作的进展情况，部署全国非物质文化遗产保护督查工作。

蔡武部长、周和平副部长出席会议并作重要讲话。非物质文化遗产保护工作部际联席会议成员单位有关部门负责同志、文化部有关司局负责同志、专家代表，以及全国各省、自治区、直辖市文化厅（局）有关负责同志共 180 多人参加了这次会议。

蔡武在讲话中充分肯定了这些年非遗保护工作取得的成绩。指出，要进一步增强责任感，将非物质文化遗产工作作为落实党的十七大精神、践行科学发展观、推动文化大发展大繁荣的重要举措，作为传承中华文脉、建设中华民族共有精神家园、增强国家软实力的重大历史使命，认真解决保护工作中存在的突出问题，不断提高保护工作水平。他强调，要认真挖掘和深刻认识祖国传统文化的历史意义和现实价值，开展非物质文化遗产保护工作，要处理好保护与利用、传承与发展的关系，处理好非物质文化遗产保护与宗教的关系，处理好非物质文化遗产保护与民间信仰的关系，处理好民俗与迷信的关系。要运用历史唯物主义和辩证唯物主义的观点，对非物质文化遗产进行历史的、具体的、科学的研究分析，并进行认真、细致地梳理和科学扬弃，取其精华，弃其糟粕，使之与当代社会相适应，与现代文明相协调。

蔡武对下一步的非遗保护工作提出了明确要求。他强调：要从国家的长治久安以及国家发展全局、外交全局出发，以更加博大宽厚的胸怀、海纳百川的心态，与世界其他民族、其他国家进行交流，加强同周边、邻近的国家在非物质文化遗产保护领域的合作。

蔡武部长的讲话在专家学者和与会代表中产生了强烈反响。大家一致认为，蔡部长的讲话有很高的境界和理论深度，回答了近年来非遗保护中的一些重大理论和实践问题，具有很强的针对性和指导性。一些想法和观点还是第一次提出，很有启发性。

十、2009 年非物质文化遗产保护工作取得了以下成果

（一）全国非物质文化遗产普查基本结束

普查工作是非物质文化遗产保护的一项基础性工作。2005 年 6 月，文化部部署了全国非物质文化遗产普查工作，目的是通过普查，全面了解和掌握各地非物质文化遗产的种类、数量、分布状况、生存环境、保护现状和存在的问题。自普查工作启动以来，各地高度重视，精心组织，广泛发动，成果显著。

据不完全统计，参与这次普查的工作人员有76万人次，走访民间艺人86万人次，投入经费3.7亿元，收集珍贵实物和资料26万多件，普查的文字记录量达8.9亿字，录音记录7.2万小时，录像记录13万小时，拍摄图片408万张，汇编普查资料8万册，非物质文化遗产资源总量近56万项。

如浙江省共投入普查力量23.3万人，投入普查经费6451.2万元，普查覆盖面达到全省所有的行政村和乡镇(街道)。山东省建立了"完成一本书、一个档案资料室、一个珍贵实物陈列厅、一个数据库"的"四个一"普查验收模式，科学保存普查成果，逐级进行评估验收，全省直接投入非物质文化遗产普查的费用达4400多万元，共投入专业普查人员3.22万人，动员社会力量和志愿者参与普查16.77万人。

作为我国第一次非物质文化遗产全面普查，这次普查深入到社区、乡村，广泛宣传了开展非物质文化遗产保护工作的意义，普及了非物质文化遗产保护知识，扩大了社会影响，提高了社会公众的保护意识，也培养、锻炼了非物质文化遗产保护工作队伍。

根据各地普查工作进度，2009年文化部研究制定了非物质文化遗产普查验收方案，下发了《文化部办公厅关于开展全国非物质文化遗产普查验收工作的通知》。目前，各地基本完成了本地区非物质文化遗产普查的自查工作，各省（区、市）已报送了普查报告、普查工作统计表及资源清单等材料。在这次督查工作中，非遗司将组织专家对完成普查工作的省（区、市）开展验收，摸清全国非物质文化遗产资源总量、分布情况和濒危状况，以及各门类非物质文化遗产资源的数量、价值、特色及其传承与发展状况等。

（二）非物质文化遗产名录体系初步形成

名录体系建设是非物质文化遗产保护工作的重要内容，有利于发挥政府的权威认定和示范引导作用，调动各个主体传承保护的积极性。非遗司确立了进入国家名录必须是省级名录、进入省级名录必须是市级名录的机制，推动非物质文化遗产名录体系建设逐步加快。2006年、2008年，经推荐、评审、公示、公布等程序，国务院批准公布了两批1028项国家级非物质文化遗产名录。全国各省（区、市）和新疆生产建设兵团共评审公布了省级非物质文化遗产名录4315项，一些市、县也建立了本级非物质文化遗产名录。国家非物质文化遗产名录体系初步形成。

（三）代表性传承人传承机制初步建立

传承人是非物质文化遗产的重要承载者和传递者，他们掌握并承载着非物质文化遗产的知识和精湛技艺，既是非物质文化遗产活的宝库，又是非物质文化遗产代代相传的代表性人物。传承人的保护，是非物质文化遗产保护工作的关键。为加强代表性传承人的保护，文化部命名公布了三批国家级非物质文化遗产项目代表性传承人共1488名，进一步扩大了国家级项目代表性传承人的队伍。各地也陆续开展了省、市、县级非物质文化遗产项目代表性传承人的认定和命名工作。目前，全国省级非物质文化遗产项目代表性传承人达到5590名。

2009年6月，人事部、文化部共同授予35名国家级非物质文化遗产项目代表性传承人享受省部级劳模待遇的全国非物质文化遗产保护先进工作者称号，并于6月11日在国务院小礼堂召开了全国非物质文化遗产保护、古籍保护暨文博事业杰出人物表彰、颁证、授牌电视电话会议，中共中央政治局委员、国务委员刘延东出席了电视电话会议，并向这些获得称号的第三批国家级非物质文化遗产项目代表性传承人代表颁发了证书、绶带，充分表明了党中央、国务院对非物质文化遗产保护工作的高度重视和充分认可，彰显了代表性传承人保护工作的重要性，促进了非物质文化遗产名录项目有效保护与传承。2009年，在国家非物质文化遗产中央补助地方专项资金中，继续按照每人每年8000元的标准对国家级非物质文化遗产项目代表性传承人予以资助。一些地方也积极投入资金，加大对非物质文化遗产项目代表性传承人的支持力度。

（四）文化生态保护区建设稳步推进

文化生态保护区建设是推动非物质文化遗产整体性保护的一项重要举措。《国家"十一五"时期文化发展规划纲要》要求，在"十一五"期间确定10个国家级民族民间文化生态保护区，对非物质文化遗产内容丰富、较为集中的区域，实施整体性保护。目前，文化部已相继设立了闽南、徽州、热贡、羌族四个文化生态保护实验区。

2009年5月17～19日，文化部在安徽省黄山市组织召开了“文化生态保护区建设研讨会”，对国家级文化生态保护实验区建设情况进行了总结、交流，对文化生态保护区建设的意义和重要性、特点与规律、思路和模式、目标和成效评估等进行了深入研讨，进一步明确了下一步文化生态保护区建设的工作思路。会后经过征求专家意见，起草了《关于加强文化生态保护区建设工作的意见》及《国家级文化生态保护区申报暂行办法》。目前，这两个文件已经以文化部办公厅名义下发至各地和有关部门进一步征求意见。

各地也在积极探索文化生态的整体性保护，湖南省湘西土家族苗族文化生态保护实验区、浙江省海洋渔文化（象山）生态保护实验区、广东省客家文化（梅州）生态保护实验区和山西晋中文化生态保护实验区都已向文化部提交申请，并初步完成专家论证。在上述涉及文化生态保护的意见和办法出台后，很快就进行评审。广西红水河流域铜鼓文化生态保护实验区、贵州省黔东南文化生态保护实验区和云南省大理白族文化生态保护实验区等也正准备申请设立；吉林、内蒙古、山东、河南等省也在积极筹备申请设立文化生态保护实验区。一些地方为积极推动文化生态保护工作，开始设立省级文化生态保护区。2009年，国家非物质文化遗产保护中央补助地方专项资金也加大了已设立的文化生态保护实验区的资金补助力度，总补助金额达到1500万元。

（五）非物质文化遗产展示和传习基础设施建设逐步展开

非物质文化遗产博物馆、民俗博物馆、传习所等基础设施承担着收藏、展示、研究、传习非物质文化遗产的重要职能，是开展非物质文化遗产保护传承工作的重要场所。非物质文化遗产注重活态的传承，能够实现公益性和经营性的有机结合，因此开展非物质文化遗产展馆建设注重其特殊性，要考虑它的特殊规律。各地积极加强基础设施建设，已经兴建了一批多种性质的非物质文化遗产博物馆、传习所，如四川省成都市专门划出1800亩地用于非物质文化遗产基础设施建设，山东省济南市、浙江省宁波市等许多城市都出现了非物质文化遗产博物馆和传习所建设的良好势头。2009年，非遗司对全国各地非物质文化遗产专题博物馆、民俗博物馆、传习所建设情况进行了专项调查，据不完全统计，目前，全国各省（区、市）共建立非物质文化遗产博物馆424个、展厅96个，民俗博物馆179个，传习所1216个，初步掌握了各地非物质文化遗产展示和传习基础设施建设的规模和状况。在此基础上，非遗司起草了《关于加强非物质文化遗产基础设施建设的意见》及《非物质文化遗产博物馆建设与管理暂行办法》，并征求了有关专家意见。这两个文件已印发各地和有关部门征求意见。非遗司对地市级城市国家级非物质文化遗产项目分布情况进行了调查，并向国家发改委提出了建设一批非物质文化遗产博物馆的初步方案，争取将非物质文化遗产基础设施建设纳入国家“十二五”规划。

（六）通过合理利用，非物质文化遗产得到传承和发展

合理利用非物质文化遗产资源，推动非物质文化遗产融入生产生活，既能活跃群众文化生活，又能为老百姓带来实惠，促进非物质文化遗产传承和发展。利用非物质文化遗产的文化内涵，对于推动艺术创新、动漫等文化产业发展，形成一批有影响的文化产业品牌，也具有重要意义。如《花木兰》、《印象·刘三姐》等艺术作品，都是成功挖掘非物质文化遗产文化内涵的典范。

生产性保护是非物质文化遗产保护的一种重要方式。各地积极探索非物质文化遗产生产性保护，涌现出一批生产性保护的典型，对于推动非物质文化遗产融入当代社会、融入生产生活，引起民众关注，带动相关产业发展，拉动内需、扩大就业、促进经济平稳较快增长等方面都发挥了重要作用。一大批老字号在生产性保护的大背景下得到了保护和发展，重新焕发了生机和活力。

（七）健全工作机构，加强人才队伍建设

为指导各地开展非物质文化遗产保护工作，非遗司在国家层面成立了非物质文化遗产保护工作部际联席会议。在这次国务院机构改革中，文化部单独增设了非物质文化遗产司。非遗司还设立了中国非物质文化遗产保护中心。各省（区、市）也成立了省级非物质文化遗产保护工作组织领导机构，设立了非物质文化遗产处或省级保护中心。一些地市也陆续建立非物质文化遗产保护工作机构。各级非物质文化遗产保护工作机构积极开展培训工作，提高了非物质文化遗产保护工作人员的业务水平。中国艺术研究院、中央民族大学、浙江大学等许多高等院校相继开设了民族民间艺术或非物质文化遗产的相关课程，培养了一批既懂业务又懂管理的复合型人才，有力地推动了非物质文化遗产保护工作的顺利开展。

（八）加大经费投入，提供有效的资金保障

中央和地方各级财政大力支持非物质文化遗产保护工作。财政部、文化部联合印发了《国家非物质文化遗产保护专项资金管理暂行办法》，设立了非物质文化遗产保护专项资金，用于资助非物质文化遗产的普查、采录、保护、培训、研究、传播、出版，及传承人开展传习活动等。截至2009年7月，中央财政已累计投入6.59亿元非物质文化遗产保护专项资金。各地对非物质文化遗产保护的投入力度也不断加大。据不完全统计，2005年至2009年地方省级财政共投入约11.3亿元。保护经费的增加，有力地保障了非物质文化遗产保护工作的开展。

（九）开展理论研究，发挥专家作用，指导保护工作

非物质文化遗产理论研究在实践中不断推进和完善，指导了保护工作的开展。文化部和各地举办了许多大型国内国际学术研讨会和论坛，就非物质文化遗产管理机制、保护立法、非物质文化资源与生态环境保护、非物质文化遗产传承人保护、文化生态保护区建设、非物质文化遗产生产性保护、灾难与非物质文化遗产保护、各国非物质文化遗产保护经验等方面进行深入交流和探讨，对非物质文化遗产保护工作的开展起到了很好的指导作用。《非物质文化遗产概论》等一批非物质文化遗产的学术专著相继出版，对非物质文化遗产的定义、价值、意义、分类、保护的现状与发展，以及历史经验和国外经验等进行深入的探讨和研究，提高了非物质文化遗产保护理论水平。

非物质文化遗产保护工作之所以取得如此成就，与专家的积极参与是分不开的。众多专家学者在非物质文化遗产保护工作中，积极献言献策，开展理论研究，为非物质文化遗产保护工作科学发展作出了重要贡献。为充分发挥专家在非物质文化遗产保护工作中的重要作用，鼓励专家指导保护工作，文化部成立了国家非物质文化遗产保护工作专家委员会，吸纳社会各界、各方面的专家参与保护工作。各地也成立了相应的专家委员会，建立了专家咨询制度，为科学开展保护工作提供决策参考和智力支持。

（十）开展宣传教育，促进非物质文化遗产的传播和弘扬

从2006年开始，各地文化部门利用“文化遗产日”和民族传统节日，大力开展非物质文化遗产展览、展演、论坛、讲座等宣传展示活动，利用报刊杂志、广播电台、电视台、网络等现代媒体，集中、全面、深入地报道宣传非物质文化遗产保护工作。文化部先后举办了中国非物质文化遗产保护成果展、中国非物质文化遗产专题展、中国非物质文化遗产传统技艺大展、非物质文化遗产珍稀剧种展演、少数民族传统音乐舞蹈展演和第一届、第二届中国成都国际非物质文化遗产节等活动，与中央电视台科教频道合作推出“中国记忆——中国文化遗产日直播行动”等。各地通过积极与教育部门协商，将民歌、民乐纳入中小学音乐课，将剪纸、年画纳入美术课，将传统技艺纳入手工课，积极推进非物质文化遗产进课堂、进教材、进校园，使非物质文化遗产成为对青少年进行传统文化教育和爱国主义教育的重要载体。通过这些活动的宣传展示和教育，促进了非物质文化遗产的传播，扩大了社会影响，营造了保护非物质文化遗产的良好氛围，提高了全社会的保护意识。

（十一）扩大国际交流与合作，推动非物质文化遗产“走出去”

我国是参与制定和加入联合国教科文组织《保护非物质文化遗产公约》较早的国家之一，并以高票入选保护非物质文化遗产政府间委员会。2006年11月至今，我国多次派代表团出席保护非物质文化遗产政府间委员会会议，积极参与有关国际规则的制定。连续两次在成都举行国际非物质文化遗产节，举办博览会，建立博览公园。

近年来，我国积极参与国际非物质文化遗产保护交流与合作。2009年“文化遗产日”期间，在四川省成功举办了第二届中国成都国际非物质文化遗产节和非物质文化遗产国际论坛，达成了《成都共识》。国际非物质文化遗产节的举办既满足了当地人民群众的文化需求，又推动了文化繁荣发展，还大大推动了当地经济的发展，10多天活动，拉动社会消费达54.2亿元。设在中国艺术研究院的“亚太地区非物质文化遗产保护中心”，目前已经得到联合国教科文组织的批准，不久将举行揭牌仪式，举办培训活动。

2009年完成的这些工作，进一步拓展了非遗保护的视野和范围，丰富了非遗保护的办法和措施，把全国的非遗保护工作扎扎实实地向前推进了一步。

2003年以来，非遗司按照联合国科教文组织《保护非物质文化遗产公约》的规定，按照国务院办公厅《关于加强我国非物质文化遗产保护工作的意见》（国办发〔2005〕18号）和国务院《关于加强文化遗产保护的通知》（国发〔2005〕42号）精神，开始了非遗保护工作。在6年多的时间里，在非遗保护方面做了大量开创性、基础性的工作，形成了我国非遗保护的框架体系和实践特色，取得了许多重要成果。唤醒了全社会保护非物质文化遗产的自觉意识，受到了党中央国务院领导的充分肯定和高度评价。也因此，非物质文化遗产保护成了新时期全国文化工作的一个新的组成部分，一个全国文化系统和地方政府普遍关注的工作热点和亮点。

专　题

中国非物质文化遗产传统技艺大展

为弘扬中华民族优秀传统文化，加强非物质文化遗产保护与传承，推动非物质文化遗产生产性保护和传统技艺相关产业发展，拉动内需，扩大就业，文化部与国家发改委、科技部、工业和信息化部、财政部等14个非物质文化遗产保护工作部际联席会议成员单位和北京市人民政府，在2009年元宵节期间（2月9～23日），共同举办了中国非物质文化遗产传统技艺大展系列活动，在社会产生强烈反响。这次大展充分展示了非物质文化遗产的丰富内涵和独特魅力，生动地展现了中华民族的精湛技巧、高超智慧和杰出创造力和非物质文化遗产保护的重要成果。

一、内容丰富，形式多样，展示精湛技艺

此次大展系列活动内容丰富，形式多样，包括中国非物质文化遗产传统技艺大展、中国传统技艺产品销售订货会、中国传统烹饪和副食加工技艺展演、元宵节民俗踩街活动、非物质文化遗产生产性方式保护论坛等，以动态的现场演示为主，生动地体现了非物质文化遗产活态传承的特点。活动汇集了国家级和省级非物质文化遗产名录的传统技艺、传统美术项目133项，参与这次活动的民间艺人共有1176名，展出各种珍贵实物2322件，包括剪纸画绘、印刷装潢、陶冶烧造、雕镌塑作、五金錾锻、制茶酿造、木作编扎、织染纫绣、中医等。130名国家级和省级非物质文化遗产项目代表性传承人，以及14名中国工艺美术大师在展厅里现场表演其精湛技艺。

二、精心组织，加强宣传，引起广泛关注

中国非物质文化遗产保护中心等承办单位及各省（区、市）文化部门在春节放假期间坚持加班加点，抢赶进度，精心组织，周密安排，将工作任务分解落实到人，确保了大展系列活动如期开幕。

为加强对大展系列活动的宣传，2月3日，文化部专门召开了新闻发布会，邀请了60多家媒体参加，集中对大展系列活动的有关内容进行重点报道。大展系列活动开幕以来，据不完全统计，有100多家平面媒体发表了200多篇稿件对大展进行了深入报道，中央电视台朝闻天下栏目、共同关注栏目、综艺快报栏目每天都有专题报道，科教频道为这次大展专门制作了《中国手艺》特别节目。北京电视台、教育电视台、香港凤凰卫视、澳门卫视等也对大展进行了详细报道。网络媒体高度重视，百度网有相关网页搜索约2.09万条，谷歌网达5.56万余条，相关网络新闻为560余篇。

这次大展专门举办了领导专场、驻华使节及在京外国媒体专场。大展开幕以来，引起各界的高度关注。中共中央政治局常委李长春，中共中央政治局委员、书记处书记、中宣部部长刘云山2月18日下午一同参观大展。在参观展览中，李长春强调，要按照“保护为主、抢救第一、合理利用、传承发展”的方针，高度重视并切实做好传统技艺的保护和传承工作。要进一步创新传承方式，鼓励具有产业和市场潜力的传统技艺开发文化产品，拓展服务项目，开拓旅游文化市场，在与产业和市场的结合中更好地实现传承和可持续发展，在参与创造物质财富和精神财富的实践中焕发出新的生机和活力。要积极运用现代科学技术研究发掘传统技艺，再现传统生产技术和工艺流程，把非物质文化遗产的保护和传承提高到新水平。要广泛深入发掘非物质文化遗产的代表性人物，支持他们以各种方式培养传承人，完善对他们的激励机制。要加强宣传教育，普及非物质文化遗产知识，增强全社会保护意识，营造有利于非物质文化遗产保护、传承和发展的良好氛围。

2月10日晚，中共中央政治局委员、国务委员刘延东也专程参观了展览，并给予很高的评价。2月9日，全国人大常委会副委员长司马义·铁力瓦尔地，全国政协副主席白立忱，非物质文化遗产保护工作部际联席会议成员单位和北京市政府负责同志出席了开幕式并剪彩。全国人大常委会副委员长路甬祥、陈至立，国务委员兼国务院秘书长马凯，原中共中央政治局常委、国务院副总理李岚清，全国政协副主席阿不来提·阿不都热西提、黄孟复、罗富和以及近500名部级领导干部、各国驻华使节参观了这次大展，对这次大展的举办都给予了充分的肯定和高度的评价。

大展吸引了社会各界前去参观，自开幕以来，中央有关部委、大中小学都自发组织集体参观，各省（区、市）党委政府领导、文化部门负责同志以及各地文化工作者纷纷专程来京参观展览。据不完全统计，自2月9日至17日，参观人数已达11万人次。许多观众留言，对大展予以高度赞誉，并表示这次大展举办得好，非常精彩，应该多举办这样的展览，对于弘扬祖国优秀传统文化，非常有意义。

三、推动保护，促进发展，弘扬中华优秀文化

这次大展系列活动是新中国成立以来规模最大、种类最为齐全、内容最为丰富的一次传统技艺大展。通过对各种传统技艺的充分展示，进一步增强了广大群众的保护意识，为传统技艺的保护和传承，发挥了积极的作用。举办这次大展系列活动，对于积极贯彻“保护为主，抢救第一，合理利用，传承发展”的工作方针，发挥非物质文化遗产资源的独特优势，在保护为主，合理利用的基础上，积极探索对非物质文化遗产进行生产性保护，促进相关产业发展，为拉动内需，推动经济平稳较快增长，作出积极贡献。据统计，自2月9日开幕至2月13日闭幕，中国传统技艺产品销售订货会商品销售额及订货额达500多万元。

大展系列活动丰富了群众文化生活，营造了浓郁的节日氛围。这次活动从元宵节开始，持续半个月，举办一系列丰富多彩的传统技艺展示活动。广大群众可以免费参观这些展览和演出，对丰富节日期间的群众文化生活，让人民共享非物质文化遗产保护的成果，营造欢乐祥和的节日气氛，发挥了重要作用。

第二届中国成都国际非物质文化遗产节

2009年6月1～13日，第二届中国成都国际非物质文化遗产节（以下简称“非遗节”）成功举办。中共中央政治局委员、国务委员刘延东发来贺词，全国人大常务委员会副委员长陈昌智以及文化部、四川省和成都市的主要领导出席相关活动。这是自1972年中国恢复联合国合法席位，联合国教科文组织首次参与主办我国的大型文化活动。“非遗节”举办了六大类370多项活动，吸引了520多万人直接参与，拉动社会消费54.2亿元，在国际国内产生了积极广泛影响。

一、活动丰富，充分展示了非物质文化遗产个性魅力

“非遗节”主要包括开幕式暨天府大巡游、国际论坛、非物质文化遗产博览会、优秀剧目剧场演出和慰问演出、主题分会场活动和配套活动、闭幕式演出。每项活动始终突出展现非物质文化遗产原生态和活态魅力，使“非遗节”成为了张扬非物质文化遗产个性，荟萃人类文化多样性的精神家园。

二、参与广泛，有力推动了非物质文化遗产保护事业发展

“非遗节”得到了国际国内的积极响应和广泛参与，31个国家常驻联合国教科文组织大使、联合国教科文组织代表应邀出席了相关活动，参加了非物质文化遗产国际论坛，围绕“灾难与非物质文化遗产保护”，形成并发表了具有广泛国际影响力的《成都共识》，这将成为国际社会在非物质文化遗产保护领域的指导性文献。13个国家和32支国内表演队伍的3000多人参加了街头巡游和主题分会场活动；26个省（区市）的1600多个非物质文化遗产项目，630多名传承人参加了在非物质文化遗产国家公园举办的博览会；12种剧目演出了56场；190多支表演队伍参加了非物质文化遗产国家公园广场10个主题日、5个主题分会场、16个配套活动和闭幕式的各种演出活动。据统计，参加第二届“非遗节”各种表演和展演活动有7000余人，国内观摩团120余个，公益性的各项节会活动吸引了520余万人直接参与，有力地宣传了非物质文化遗产保护知识，推动了保护事业。

三、反响强烈，赢得国际社会国内各界积极广泛赞誉

参加“非遗节”国内代表一致认为“非遗节”已经成为了国内展示非物质文化遗产魅力，增进交流与合作，促进保护事业的重要平台。出席国际论坛的各国大使和教科文组织代表高度赞赏中国政府积极履行国际义务，坚持相互尊重、和谐发展，广泛参与了联合国教科文组织为保护非物质文化遗产所开展的工作，特别是积极参加了《保护非物质文化遗产公约》的实施细则制定工作等国际多边交流与合作。在审议《成都共识》时，各国大使一致要求加上“与会代表高度评价中国各级政府为保护本国文化遗产做出的努力，并对已成传统的中国成都国际非物质文化遗产节的成功举办表示祝贺。”联合国教科文组织执行局主席、贝宁大使亚伊认为：“成都国际‘非遗节’已经成为促进国际间文化交流与合作的重要平台。”联合国教科文组织非物质文化遗产委员会主席阿瓦德·阿里·萨勒哈称赞：“‘非遗节’是展示世界文化多样性，促进相互了解和沟通的大舞台。”中国驻联合国教科文组织大使师淑云认为：“举办‘非遗节’，在展示中华民族文化魅力的同时，有力地提升了中国在联合国教科文组织框架内的影响力。”来自国际国内的上百家传媒全程跟踪报道了“非遗节”，中央电视台、香港凤凰卫视、四川卫视、成都电视台等直播、录播了重要节会活动，进一步扩大了“非遗节”的影响。

四、效果明显，彰显抗震救灾精神促进灾后恢复重建

第二届“非遗节”是“5·12”汶川特大地震发生一周年后，在四川省举办的首个常态化的大型国际活动，各项节会活动始终突出展示和弘扬伟大抗震救灾精神，展示中国文化魅力，展示四川灾后重建成果，展示灾区人民重建美好家园的坚定信念和良好精神风貌。在非物质文化遗产博览会全面展示四川省6个重灾区市州非物质文化遗产抢救保护成果的同时，积极搭建推动非物质文化遗产生产性保护的平台，生产性保护的产品市场交易活跃，平均每天近100万元，最多一天的交易额达200多万元，累计近1200多万元。

为成功举办“非遗节”做了大量艰苦细致工作的成都市，节后表达了争取“非遗节”定点成都、永久举办的信心和决心。文化部和四川省委、省政府认为，持续和定期在成都举办国际“非遗节”，将有助于推动非物质文化遗产保护事业，有助于促进国际文化交流与合作。

“文化遗产日”系列活动

2009年6月13日是我国第四个“文化遗产日”。为迎接新中国成立60周年，在此期间，全国各地围绕“弘扬民族文化，延续中华文脉”的主题，举办了一系列非物质文化遗产保护专题展览、展演、论坛、表彰和宣传活动，营造非物质文化遗产保护的氛围，集中展示近年来我国非物质文化遗产保护工作的成果，向社会全方位、多角度宣传我国非物质文化遗产资源的丰富内涵和独特魅力。

一、表彰先进，营造全民参与文化遗产保护的良好氛围

为表彰和奖励近年来在文化遗产保护领域作出突出贡献的单位和个人，2009年6月11日，由文化部、人保部和国家文物局联合举办的全国非物质文化遗产保护、古籍保护暨文博事业杰出人物表彰、颁证、授牌电视电话会议在国务院召开。中共中央政治局委员、国务委员刘延东，出席会议并作重要讲话。发改委、教育部、科技部、工业和信息化部、国家民委等13个部际联席会议成员单位领导也参加了会议。大会隆重表彰了35名全国非物质文化遗产保护先进工作者、40个全国非物质文化遗产保护工作先进集体和120名先进个人，并向21位为新中国文物、博物馆事业发展作出历史贡献的老一辈文物、博物馆工作者授予“中国文物、博物馆事业杰出人物”荣誉称号。会上还公布了第三批国家级非物质文化遗产项目代表性传承人711位，以及经国务院批准的第二批4478部《国家珍贵古籍名录》和第二批62家全国古籍重点保护单位，并向代表颁证、授牌。

二、积极策划，利用多种展示和宣传手段

为迎接第四个“文化遗产日”到来，文化部多次召开专题会议，对中央文化单位和地方文化单位的活动进行总体部署，积极引导主流媒体宣传报道。5月27日，文化部专门召开了新闻发布会，邀请60多家媒体参加，集中对“文化遗产日”系列活动的有关内容进行重点报道。各地围绕遗产日主题，在部署“文化遗产日”系列活动过程中，高度重视宣传工作，利用报纸、电视、电台、网络等媒体集中宣传文化遗产保护工作成果，普及文化遗产保护工作知识。“文化遗产日”当天，文化部联合中央电视台，携手北京、天津、河北、江苏、浙江、山东、安徽、河南八省市文化厅（局）和电视台，共同打造历时4小时的“2009中国记忆——中国文化遗产日”电视直播行动。通过现场采访、专家访谈等多种形式，对京杭大运河两岸的文化遗产进行全方位的展示，并在直播中现场播报遗产日期间举办的重要活动。

三、精心组织，弘扬中华优秀传统文化

“文化遗产日”期间，文化部与四川省人民政府、联合国科教文组织共同举办了第二届中国成都国际非物质文化遗产节。共举办了六大类370多项活动，吸引了520多万人直接参与，拉动社会消费54.2亿元，在国际国内产生了积极广泛影响。

为展示少数民族传统音乐舞蹈的丰富内涵和独特魅力，文化部于6月12～14日在北京天桥剧场举办中国非物质文化遗产展演——少数民族传统音乐舞蹈专场演出。这次演出汇集了全国10个省（区、市）的14个特色鲜明的传统音乐、传统舞蹈类国家级非物质文化遗产名录项目。参演人员由藏族、维吾尔族、羌族等13个少数民族组成，有包含13位国家级非物质文化遗产项目代表性传承人在内的160位民间艺人同台献艺，其中年龄最小的仅10岁，年龄最大的78岁。该演出以动态的现场演示生动地体现了非物质文化遗产活态传承的特点。

四、全国联动，各地节目丰富多彩

“文化遗产日”期间，全国各地精心策划组织丰富多彩的活动，北京的空竹文化节、浙江的全国绝技绝活展演与中国织绣精品大展、新疆维吾尔自治区的非物质文化遗产专家论坛讲座、发行第四个文化遗产日纪念封、青海的非物质文化遗产成果图片展览、云南的民间歌舞展演、西藏的遗产日宣传展示等活动，不仅提高了广大群众对文化遗产保护工作的关注度，在全社会范围内形成了文化遗产保护热潮。

第三届中国非物质文化遗产保护——苏州论坛

2009年9月11～13日，“非物质文化遗产生产性保护座谈会”暨“第三届中国非物质文化遗产保护——苏州论坛”在江苏省苏州市举行。会议总结交流了近年来非物质文化遗产生产性保护的经验，探讨了推进非物质文化遗产生产性保护的理论与实践问题。文化部副部长周和平出席座谈会并讲话。

一、总结交流非物质文化遗产生产性保护的经验和做法

会议全面总结了近年来我国在非物质文化遗产生产性保护工作中取得的经验和成绩，指出了当前生产性保护工作中存在的问题，会议强调应充分认识开展非物质文化遗产生产性保护的重要意义，正确处理好非物质文化遗产生产性保护中的各种关系，着重从加强人才队伍培养、探索生产性保护方式和管理模式、加强理论研究、出台生产性保护扶持性政策、纳入当地经济社会总体发展规划等方面，采取有力措施，推动非物质文化遗产生产性保护持续有效开展。

为科学有效地推进非物质文化遗产生产性保护，与会专家们从不同的研究角度，提出了各自的观点和建议。中国艺术研究院李荣启研究员认为，生产性保护应坚持保护为主，但也要合理利用。浙江师范大学陈华文教授提出了原生态、就地保护、政府扶持和技能传承等原则。中山大学叶春生教授以广东凉茶为例，阐述了凉茶的复兴在于其商品化、产业化经营和生产技艺的革新，并强调在生产性保护过程中，要高度重视文化载体的保护。中国艺术研究院王安葵研究员提出了“传统戏剧的‘生产性保护’”的观点，尊重传统的客观规律，加强优秀传统剧目作品的生产。

各省（区、市）文化部门、国家级非物质文化遗产项目代表性传承人代表以及在非物质文化遗产生产性保护方面取得显著业绩的企业代表也介绍了开展非物质文化遗产保护的经验和做法。青海热贡艺术代表性传承人娘本阐述了依托热贡画院开展艺人培训、打造热贡艺术品牌、发展产业的做法和设想。北京雕漆技艺代表性传承人文乾刚强调政府资金支持、税收减免等优惠政策的必要性。浙江龙泉青瓷烧制技艺代表性传承人徐朝兴提出了文化立瓷、科教强瓷、产业兴瓷的生产性保护措施。湖南土家族织锦技艺代表性传承人叶水云希望在学习传统中要继承和提炼精华，推动织锦品种多元化、发展项目效益互补化。中国宣纸集团公司代表黄飞松提出宣纸产业多条腿走路、多层次保护的构想。

二、探索推进文化生态保护的措施与方法

文化生态保护区建设是近年来非物质文化遗产保护工作的重点。中央民族大学祁庆富教授提出，文化生态保护区建设，要立足真实性、活态性保护，正确处理好非物质文化遗产保护与旅游开发、文化创意的关系，发挥政府主导作用，逐步形成高度的文化自觉。中国艺术研究院吕品田研究员提出了要将目前的文化生态保护区建设上升为建设“文化特区”的理念。中国艺术研究院孙建君研究员结合在山西晋中文化生态保护区实地调研的情况，指出目前文化生态保护的方向符合非物质文化遗产保护工作的实际，但有待进一步深化。来自安徽省黄山市、青海省黄南藏族自治州的代表分别汇报了建设徽州、热贡文化生态保护实验区的主要做法和工作思路，并从机构建设、政策扶持、资金支持等方面提出建议。

在非物质文化遗产专题博物馆、民俗博物馆和传习所的建设方面，与会专家也提出了很好的建议。中国艺术研究院秦华生研究员重点阐明了少数民族曲艺传习所建设的特点和意义。大同大学凌建英教授就广灵剪纸博物馆建设，提出了开展非物质文化遗产博物馆建设的思路；江苏省南通蓝印花布博物馆吴元新馆长介绍了该馆通过收藏、展示、研究、生产、经营为一体的方式，在传承和保护南通蓝印花布印染技艺方面取得的经验和具体做法。

中华守望精神家园——第一届两岸非物质文化遗产月

为加强新形势下两岸文化交流，应台湾沈春池文教基金会邀请，文化部以中华文化联谊会和中国艺术研究院名义，策划组织“守望精神家园——第一届两岸非物质文化遗产月”系列活动，这是首次在台以非物质文化遗产保护与传承为主题策划举办的大型文化活动。“国风——中华非物质文化遗产专场演出”于2009年11月5～17日先后在台北县市和台中县市演出5场，吸引了岛内各界观众8000余人观看，引起巨大反响，在岛内掀起“非物质文化遗产”的热潮，拉开了第一届两岸非物质文化遗产月系列活动的序幕。

一、专场演出盛况空前，技惊四座

有着深厚民族文化积淀的12项祖国大陆非物质文化遗产轮番登台，精彩绝伦的演出让现场观众叹为观止，掌声、喝彩声、惊叹声不断，气氛热烈。朝鲜族农乐舞《丰收乐》以热烈奔放的舞蹈拉开专场演出的序幕。贵州侗族大歌《蝉之歌》、长阳山歌《花咚咚姐》、彝族海菜腔《金鸟银鸟飞起来》歌声清亮纯净，和声优美，高音卓绝。蒙古族的长调、呼麦展示了草原儿女的豪情奔放。泉州提线木偶戏表演动作细腻，活灵活现，幽默诙谐。昆曲《牡丹亭·惊梦》美轮美奂，余味悠长，令观众如痴如醉。融合舞蹈与技巧的苗族芦笙舞《滚山珠》让观众不时发出惊叹。散场后，观众久久不肯离去，纷纷向两岸主办单位道贺，称赞演出精彩，令人耳目一新。演出结束后的演员见面会上，观众们争相与演员们合影、索要签名。

台“立法院”院长王金平、“文建会”副主委洪庆峰观看了“国风”演出团的彩排，大加赞赏。台中县县长黄仲生、台中市副市长萧家旗和台湾“文建会”、“陆委会”、“海基会”、“教育部”主管官员及各县市民意代表观看了“国风”的演出。台湾“文建会”和台北市文化局当场表示希望邀请“国风”演出团2010年再次来台演出，并希望与我部合作举办“第二届两岸非物质文化遗产月”系列活动。台湾中国文化大学教授、前“海基会”副董事长焦仁和先生接受记者采访时表示，节目充分体现中华民族宽阔的包容性，福建泉州木偶剧团表演的提线木偶，令人陶醉！台湾著名文化学者林谷芳、台湾艺术大学校长黄光男、“国父纪念馆”馆长郑乃文、台湾戏曲学院校长郑荣兴以及著名作家陈若曦、李昂等文化界知名人士均对“国风”精彩演出赞叹不已。

二、精心策划，为两岸非物质文化遗产月赢得开门红

文化部抓住当前两岸关系面临大交流、大合作、大发展的有利时机，主动策划、赴台组织举办“守望精神家园——第一届两岸非物质文化遗产月”系列活动，除了“国风”专场演出之外，还在台北市和台中市举办“根与魂——中华非物质文化遗产大展”和“保护·传承·弘扬——两岸非物质文化遗产论坛”，旨在通过这一平台，加强两岸在保护与传承中华非物质文化遗产领域的交流与合作，增进台湾民众的中华文化认同和中华民族认同。

“国风”专场演出为台湾各届所关注的原因在于，一是演出阵容强大，共有包括7名国家级非物质文化遗产项目代表性传承人在内的140多名民间艺术家，12个有着极高欣赏价值的传统音乐、戏曲和舞蹈项目，其中昆曲、古琴艺术、维吾尔木卡姆、蒙古族长调、呼麦、侗族大歌、朝鲜族农乐舞7个项目已入选联合国教科文组织公布的“人类非物质文化遗产代表作名录”。二是演出节目主题丰富，内容广泛，有对日常生活的摹写，有对民族历史传说的演绎，有对爱情的讴歌，有对丰收、节日的欢庆，在一定程度上反映了中国大陆不同民族、不同地域民众的性格气质，同时也展现了中华各民族、各地区非物质文化遗产多姿多彩的面貌。三是台湾普遍称“非物质文化遗产”为“无形文化资产”，台湾民众对“非物质文化遗产”的概念还很模糊。“国风”专场演出首次将“中华非物质文化遗产”这一概念引入台湾民众的文化视野，并且让台湾文化界对这一概念有了初步的认识，为今后两岸广泛开展非物质文化遗产领域的交流与合作奠定了基础。

三、媒体反响强烈，扩大中华非物质文化遗产在台湾的影响

“国风”演出在海峡两岸引起强烈反响，新华网、中新网、人民网和中国台湾网在第一时间报道了该团赴台交流的消息。首场演出吸引了众多媒体的关注，新华社以“中华非物质文化遗产专场演出惊艳台北”为题报道演出盛况，称赞这台精彩绝伦的演出让台北观众叹为观止。中新社称“中华非物质文化遗产专场晚会台首演艺惊四座”、中央人民广播电台报道“民族文化‘盛宴’令台湾观众陶醉”。台湾《联合报》对演出团进行专访，称赞大陆非物质文化遗产专场演出“八民族、十二个原生态节目引起广大回响”。

“国风”专场演出的成功为“守望精神家园——第一届两岸非物质文化遗产月”系列活动赢得良好的声誉，有利于深入开展两岸非物质文化遗产的交流与合作，进一步加强交流活动的针对性，不断扩大中华非物质文化遗产在海峡两岸的影响力。

文化部关于公布第三批国家级非物质文化遗产项目代表性传承人的通知

文非遗发〔2009〕6号

各省、自治区、直辖市文化厅（局），新疆生产建设兵团文化局，各计划单列市文化局：

根据《国务院办公厅关于加强我国非物质文化遗产保护工作的意见》（国办发〔2005〕18号）（以下简称《意见》）精神，为有效保护和传承国家级非物质文化遗产，鼓励和支持国家级非物质文化遗产项目代表性传承人开展传习活动，按照《文化部办公厅关于推荐第三批国家级非物质文化遗产项目代表性传承人的通知》（办社图函〔2008〕367号）的要求，经各地申报、专家评审委员会评审、社会公示等程序，最后确定了张定强等711名第三批国家级非物质文化遗产项目代表性传承人名单，现予以公布。

国家级非物质文化遗产项目代表性传承人是非物质文化遗产的重要承载者和传递者，掌握着非物质文化遗产的丰富知识和精湛技艺，是非物质文化遗产活态传承的代表性人物。各地区、各部门要按照《意见》要求，认真贯彻“保护为主、抢救第一、合理利用、传承发展”的工作方针，鼓励和支持国家级非物质文化遗产项目代表性传承人开展传习活动，切实做好非物质文化遗产保护工作，为弘扬中华文化，建设中华民族共有精神家园，推动社会主义文化大发展大繁荣，构建社会主义和谐社会，作出新的贡献。

特此通知。

附件：第三批国家级非物质文化遗产项目711名代表性传承人名单（排名不分先后）

2009年5月26日

附件：

第三批国家级非物质文化遗产项目711名代表性传承人名单

（排名不分先后）

一、民间文学（25人）

序号	姓名	性别	民族	申报地区或单位	项目名称	项目编码
03-0778	张定强	男	苗	贵州省台江县	苗族古歌	Ⅰ-1
03-0779	黄达佳	男	壮	广西壮族自治区田阳县	布洛陀	Ⅰ-2
03-0780	李作柄	男	汉	甘肃省武威市凉州区	河西宝卷	Ⅰ-13
03-0781	罗成贵	男	汉	湖北省丹江口市	伍家沟民间故事	Ⅰ-15
03-0782	刘远扬	男	汉	重庆市九龙坡区	走马镇民间故事	Ⅰ-17
03-0783	刘则亭	男	汉	辽宁省大洼县	古渔雁民间故事	Ⅰ-18
03-0784	刘永芹	女	蒙古	辽宁省喀喇沁左翼蒙古族自治县	喀左东蒙民间故事	Ⅰ-19
03-0785	王锡余	男	汉	上海市青浦区	吴 歌	Ⅰ-22
03-0786	张浩生	男	汉	江苏省无锡市		
03-0787	买买提阿力·阿拉马提	男	柯尔克孜	新疆维吾尔自治区克孜勒苏柯尔克孜自治州	玛纳斯	Ⅰ-25
03-0788	桑 珠	男	藏	西藏自治区	格萨（斯）尔	Ⅰ-27
03-0789	罗布生	男	蒙古	内蒙古自治区		
03-0790	爱新觉罗·庆凯	男	满	辽宁省文学艺术界联合会民间文艺家协会	满族民间故事	Ⅰ-53
03-0791	孙家香	女	土家	湖北省长阳土家族自治县	都镇湾故事	Ⅰ-56
03-0792	何巴特尔	男	蒙古	内蒙古自治区科尔沁左翼中旗	嘎达梅林	Ⅰ-59
03-0793	郭有珍	女	彝	云南省楚雄彝族自治州	梅 葛	Ⅰ-63
03-0794	李腊翁	男	德昂	云南省德宏傣族景颇族自治州	达古达楞格莱标	Ⅰ-65

续 表

序号	姓名	性别	民族	申报地区或单位	项目名称	项目编码
03-0795	马虎成	男	东乡	甘肃省东乡族自治县	米拉尕黑	Ⅰ-68
03-0796	才仁索南	男	藏	青海省治多县	康巴拉伊	Ⅰ-69
03-0797	茶汉扣文	男	蒙古	青海省海西蒙古族藏族自治州	汗青格勒	Ⅰ-70
03-0798	夏赫·买买提	男	维吾尔	新疆维吾尔自治区	维吾尔族达斯坦	Ⅰ-71
03-0799	哈孜木·阿勒曼	男	哈萨克	新疆维吾尔自治区福海县	哈萨克族达斯坦	Ⅰ-72
03-0800	海来热几	男	彝	四川省美姑县	彝族克智	Ⅰ-75
03-0801	彭继龙	男	土家	湖南省龙山县	土家族梯玛歌	Ⅰ-80
03-0802	塔瓦力地·克里木	男	柯尔克孜	新疆维吾尔自治区乌恰县	柯尔克孜约隆	Ⅰ-83

二、传统音乐（96人）

<table>
<tr><th>序号</th><th>姓名</th><th>性别</th><th>民族</th><th>申报地区或单位</th><th>项目名称</th><th>项目编码</th></tr>
<tr><td>03-0803</td><td>刘改鱼</td><td>女</td><td>汉</td><td>山西省左权县</td><td>左权开花调</td><td>Ⅱ-1</td></tr>
<tr><td>03-0804</td><td>韩运德</td><td>男</td><td>汉</td><td>山西省河曲县</td><td>河曲民歌</td><td>Ⅱ-2</td></tr>
<tr><td>03-0805</td><td>扎格达苏荣</td><td>男</td><td>蒙古</td><td rowspan="4">内蒙古自治区</td><td rowspan="5">蒙古族长调民歌</td><td rowspan="5">Ⅱ-3</td></tr>
<tr><td>03-0806</td><td>阿拉坦其其格</td><td>女</td><td>蒙古</td></tr>
<tr><td>03-0807</td><td>淖尔吉玛</td><td>女</td><td>蒙古</td></tr>
<tr><td>03-0808</td><td>赛音毕力格</td><td>男</td><td>蒙古</td></tr>
<tr><td>03-0809</td><td>加·道尔吉</td><td>男</td><td>蒙古</td><td>新疆维吾尔自治区
和布克赛尔蒙古自治县</td></tr>
<tr><td>03-0810</td><td>雷美凤</td><td>女</td><td>畲</td><td>福建省宁德市</td><td rowspan="2">畲族民歌</td><td rowspan="2">Ⅱ-7</td></tr>
<tr><td>03-0811</td><td>蓝陈启</td><td>女</td><td>畲</td><td>浙江省景宁畲族自治县</td></tr>
<tr><td>03-0812</td><td>王善良</td><td>男</td><td>汉</td><td>江西省兴国县</td><td>兴国山歌</td><td>Ⅱ-8</td></tr>
<tr><td>03-0813</td><td>彭泗德</td><td>男</td><td>汉</td><td>湖北省兴山县</td><td>兴山民歌</td><td>Ⅱ-9</td></tr>
<tr><td>03-0814</td><td>汤明哲</td><td>男</td><td>汉</td><td>广东省梅州市</td><td>梅州客家山歌</td><td>Ⅱ-11</td></tr>
</table>

续 表

序号	姓名	性别	民族	申报地区或单位	项目名称	项目编码
03-0815	黄代书	男	土家	重庆市石柱土家族自治县	石柱土家啰儿调	Ⅱ-15
03-0816	李学华	男	傈僳	云南省泸水县	傈僳族民歌	Ⅱ-17
03-0817	杜秀兰	女	裕固	甘肃省肃南裕固族自治县	裕固族民歌	Ⅱ-19
03-0818	杜秀英	女	裕固			
03-0819	汪莲莲	女	汉	甘肃省康乐县	花儿（莲花山花儿会）	Ⅱ-20
03-0820	刘郭成	男	汉	甘肃省岷县	花儿（二郎山花儿会）	
03-0821	张明星	男	回	宁夏回族自治区	花儿（宁夏回族山花儿）	
03-0822	韩生元	男	回	新疆维吾尔自治区乌鲁木齐市米东区	花儿（新疆花儿）	
03-0823	喻良华	男	汉	重庆市巴南区	木洞山歌	Ⅱ-26
03-0824	孟凡林	男	汉	江西省武宁县	薅草锣鼓（武宁打鼓歌）	Ⅱ-27
03-0825	王爱民	男	土家	湖北省长阳土家族自治县	薅草锣鼓（长阳山歌）	Ⅱ-27
03-0826	吴仁和	男	侗	贵州省从江县	侗族大歌	Ⅱ-28
03-0827	潘萨银花	女	侗			
03-0828	吴仕恒	男	侗	贵州省黎平县	侗族琵琶歌	Ⅱ-29
03-0829	芒　来	男	蒙古	内蒙古自治区锡林浩特市	多声部民歌（潮尔道——蒙古族合声演唱）	Ⅱ-30
03-0830	温桂元	男	壮	广西壮族自治区马山县	多声部民歌（壮族三声部民歌）	
03-0831	郎加木	男	羌	四川省松潘县	多声部民歌（羌族多声部民歌）	
03-0832	李禹贤	男	汉	中国艺术研究院	古琴艺术	Ⅱ-34
03-0833	刘正春	男	汉	江苏省南京市	古琴艺术（金陵琴派）	
03-0834	刘善教	男	汉	江苏省镇江市	古琴艺术（梅庵琴派）	
03-0835	谢导秀	男	汉	广东省广州市	古琴艺术（岭南派）	
03-0836	布　林	男	蒙古	内蒙古自治区	蒙古族马头琴音乐	Ⅱ-35

续 表

序号	姓名	性别	民族	申报地区或单位	项目名称	项目编码
03-0837	姚少林	男	汉	河北省唐海县	唢呐艺术（唐山花吹）	Ⅱ-37
03-0838	卢补良	男	汉	山西省忻州市	唢呐艺术（晋北鼓吹）	
03-0839	牛其云	男	汉	山西省壶关县	唢呐艺术（上党乐户班社）	
03-0840	刘有生	男	汉	江西省于都县	唢呐艺术（于都唢呐公婆吹）	
03-0841	周　惠	男	汉	上海市	江南丝竹	Ⅱ-40
03-0842	沈凤泉	男	汉	浙江省杭州市		
03-0843	楼正寿	男	汉	浙江省杭州市	十番音乐（楼塔细十番）	Ⅱ-44
03-0844	汤凯旋	男	汉	广东省广州市	广东音乐	Ⅱ-49
03-0845	李自春	男	汉	重庆市巴南区	吹打（接龙吹打）	Ⅱ-52
03-0846	简伯元	男	土家	湖北省五峰土家族自治县	土家族打溜子	Ⅱ-54
03-0847	王振湖	男	汉	山西省临汾市	晋南威风锣鼓	Ⅱ-56
03-0848	黄一宝	男	汉	山西省晋城市	上党八音会	Ⅱ-58
03-0849	夏老肥	男	汉	河北省安新县	冀中笙管乐（安新县圈头村音乐会）	Ⅱ-59
03-0850	刘　勤	男	汉	河北省易县	冀中笙管乐（东韩村拾幡古乐）	
03-0851	王如海	男	汉	河北省定州市	冀中笙管乐（子位吹歌）	Ⅱ-59
03-0852	何忠信	男	汉	陕西省	西安鼓乐	Ⅱ-61
03-0853	杨达吾德	男	回	宁夏回族自治区	回族民间器乐	Ⅱ-63
03-0854	武济文	男	汉	山西省文水县	文水鈲子	Ⅱ-64
03-0855	释汇光	男	汉	山西省五台县	五台山佛乐	Ⅱ-66
03-0856	章祥摩兰	男	汉			
03-0857	洪振仁	男	汉	辽宁省鞍山市	千山寺庙音乐	Ⅱ-67
03-0858	杨翠娥	女	汉	福建省泉州市	南　音	Ⅱ-71
03-0859	王秀怡	女	汉	福建省厦门市		
03-0860	王向荣	男	汉	陕西省榆林市	陕北民歌	Ⅱ-73
03-0861	贺玉堂	男	汉	陕西省延安市		

续 表

序号	姓名	性别	民族	申报地区或单位	项目名称	项目编码
03-0862	王兰英	女	汉	江苏省高邮市	高邮民歌	Ⅱ-75
03-0863	王兆珍	女	汉	湖北省荆州市荆州区	马山民歌	Ⅱ-81
03-0864	姚启华	男	汉	湖北省丹江口市	吕家河民歌	Ⅱ-83
03-0865	顾友珍	女	汉	浙江省嘉善县	嘉善田歌	Ⅱ-87
03-0866	余家冰	女	汉	湖北省老河口市	老河口丝弦	Ⅱ-104
03-0867	陈千均	男	苗	湖南省吉首市	苗族民歌（湘西苗族民歌）	Ⅱ-109
03-0868	戴碧生	男	瑶	湖南省隆回县	瑶族民歌（花瑶呜哇山歌）	Ⅱ-110
03-0869	王 女不 大	女	黎	海南省琼中黎族苗族自治县	黎族民歌（琼中黎族民歌）	Ⅱ-111
03-0870	岩瓦洛	男	布朗	云南省勐海县	布朗族民歌（布朗族弹唱）	Ⅱ-114
03-0871	马建军	男	藏	甘肃省天祝藏族自治县	藏族民歌（华锐藏族民歌）	Ⅱ-115
03-0872	华尔贡	男	藏	甘肃省甘南藏族自治州	藏族民歌（甘南藏族民歌）	
03-0873	达哇战斗	男	藏	青海省玉树藏族自治州	藏族民歌（玉树民歌）	
03-0874	排孜拉·依萨克江	男	乌孜别克	新疆维吾尔自治区喀什地区	乌孜别克族埃希来、叶来	Ⅱ-117
03-0875	安宝龙	男	回	青海省门源回族自治县	回族宴席曲	
03-0876	殷荣珠	女	汉	上海市崇明县	琵琶艺术（瀛洲古调派）	Ⅱ-118
03-0877	林嘉庆	男	汉	上海市南汇区	琵琶艺术（浦东派）	
03-0878	朱大祯	男	汉	浙江省平湖市	琵琶艺术（平湖派）	
03-0879	赵登山	男	汉	山东省菏泽市	古筝艺术（山东古筝乐）	Ⅱ-119
03-0880	刁登科	男	汉	辽宁省瓦房店市	笙管乐（复州双管乐）	Ⅱ-120
03-0881	王国卿	男	汉	河南省新密市	笙管乐（超化吹歌）	
03-0882	刘耀文	男	汉	山西省太原市	锣鼓艺术（太原锣鼓）	Ⅱ-123
03-0883	严三秀	女	土家	湖南省龙山县	土家族咚咚喹	Ⅱ-125

续 表

序号	姓名	性别	民族	申报地区或单位	项目名称	项目编码
03-0884	库尔曼江·孜克热亚	男	哈萨克	新疆维吾尔自治区伊犁哈萨克自治州	哈萨克六十二阔恩尔	Ⅱ-126
03-0885	于苏甫江·亚库普	男	维吾尔	新疆维吾尔自治区	维吾尔族鼓吹乐	Ⅱ-127
03-0886	杨枝光	男	侗	湖南省通道侗族自治县	芦笙音乐（侗族芦笙）	Ⅱ-129
03-0887	阿迪力汗·阿不都拉	男	哈萨克	新疆维吾尔自治区伊犁哈萨克自治州	哈萨克族冬布拉艺术	Ⅱ-132
03-0888	阿迪里别克·卡德尔	男	柯尔克孜	新疆维吾尔自治区乌恰县	柯尔克孜族库姆孜艺术	Ⅱ-133
03-0889	松 纯	男	汉	江苏省常州市	佛教音乐（天宁寺梵呗唱诵）	Ⅱ-138
03-0890	释隆江	男	汉	河南省开封市	佛教音乐（大相国寺梵乐）	
03-0891	顿 珠	男	藏	西藏自治区墨竹工卡县	佛教音乐（直孔噶举派音乐）	
03-0892	成来加措	男	藏	甘肃省夏河县	佛教音乐（拉卜楞寺佛殿音乐道得尔）	
03-0893	徐建业	男	汉	宁夏回族自治区平罗县	佛教音乐（北武当庙寺庙音乐）	
03-0894	张玉保	男	汉	河北省广宗县	道教音乐（广宗太平道乐）	Ⅱ-139
03-0895	李满山	男	汉	山西省阳高县	道教音乐（恒山道乐）	
03-0896	石季通	男	汉	上海市道教协会	道教音乐（上海道教音乐）	
03-0897	尤武忠	男	汉	江苏省无锡市	道教音乐（无锡道教音乐）	
03-0898	张明贵	男	汉	陕西省佳县	道教音乐（白云山道教音乐）	

三、传统舞蹈（56人）

序号	姓名	性别	民族	申报地区或单位	项目名称	项目编码
03-0899	贺俊义	男	汉	陕西省绥德县	秧歌（陕北秧歌）	Ⅲ-2
03-0900	姚大新	男	汉	山东省济阳县	秧歌（济阳鼓子秧歌）	
03-0901	郑玉华	男	汉	河北省曲周县	龙舞（曲周龙灯）	Ⅲ-4
03-0902	费土根	男	汉	上海市松江区	龙舞（舞草龙）	

续 表

序号	姓名	性别	民族	申报地区或单位	项目名称	项目编码
03-0903	杨书范	男	汉	江苏省溧水县	龙舞（骆山大龙）	Ⅲ-4
03-0904	黄焯根	男	汉	广东省中山市	龙舞（醉龙）	
03-0905	王建文	男	汉	北京市	狮舞（白纸坊太狮）	Ⅲ-5
03-0906	尹少山	男	汉	河北省沧县	狮舞（沧县狮舞）	
03-0907	李大志	男	回	河南省沈丘县	狮舞（槐店文狮子）	
03-0908	杨再先	男	汉	安徽省蚌埠市	花鼓灯（蚌埠花鼓灯）	Ⅲ-6
03-0909	邓　虹	女	汉	安徽省凤台县	花鼓灯（凤台花鼓灯）	
03-0910	张士根	男	汉			
03-0911	程长庆	男	汉	江西省婺源县	傩舞（婺源傩舞）	Ⅲ-7
03-0912	彭英芳	男	汉	广东省湛江市麻章区	傩舞（湛江傩舞）	
03-0913	余杨富	男	藏	甘肃省文县	傩舞（文县池哥昼）	
03-0914	范廷禄	男	汉	甘肃省永靖县	傩舞（永靖七月跳会）	
03-0915	杨　敏	女	汉	辽宁省海城市	高跷（海城高跷）	Ⅲ-9
03-0916	王新惠	男	汉	辽宁省盖州市	高跷（盖州高跷）	
03-0917	邱剑英	男	汉	福建省泉州市	泉州拍胸舞	Ⅲ-12
03-0918	田景仁	男	土家	重庆市酉阳土家族苗族自治县	土家族摆手舞（酉阳摆手舞）	Ⅲ-17
03-0919	阿　德	女	藏	四川省新龙县	锅庄舞（甘孜锅庄）	Ⅲ-20
03-0920	白马尼麦	男	藏			
03-0921	才　哇	男	藏	青海省称多县	锅庄舞（称多白龙卓舞）	
03-0922	布扎西	男	藏	青海省囊谦县	锅庄舞（囊谦卓干玛）	
03-0923	金明焕	男	朝鲜	辽宁省本溪市	朝鲜族农乐舞（乞粒舞）	Ⅲ-24
03-0924	韩奎昇	男	朝鲜	辽宁省铁岭市	朝鲜族农乐舞	
03-0925	李成元	男	汉	陕西省横山县	鼓舞（横山老腰鼓）	Ⅲ-42
03-0926	杨门元	男	汉	甘肃省武威市	鼓舞（凉州攻鼓子）	
03-0927	代三海	男	汉	甘肃省武山县	鼓舞（武山旋鼓舞）	
03-0928	杨印海	男	汉	河北省黄骅市	麒麟舞	Ⅲ-43
03-0929	汤裕道	男	汉	江苏省高淳县	竹马（东坝大马灯）	Ⅲ-44

续 表

序号	姓名	性别	民族	申报地区或单位	项目名称	项目编码
03-0930	陈金文	男	汉	福建省莆田市	灯舞（莆田九鲤灯舞）	Ⅲ-45
03-0931	吴观球	男	汉	广东省深圳市	灯舞（沙头角鱼灯舞）	
03-0932	毋启富	男	汉	河南省博爱县	灯舞（苏家作龙凤灯舞）	
03-0933	张洪通	男	汉	河北省南皮县	沧州落子	Ⅲ-46
03-0934	孙永超	男	汉	安徽省凤台县	火老虎	Ⅲ-48
03-0935	吴修富	男	土家	湖北省利川市	肉连响	Ⅲ-52
03-0936	吴华得	男	汉	四川省平昌县	翻山铰子	Ⅲ-55
03-0937	张有万	男	汉	陕西省靖边县	靖边跑驴	Ⅲ-56
03-0938	赵明华	男	瑶	湖南省江华瑶族自治县	瑶族长鼓舞	Ⅲ-60
03-0939	朱金龙	男	羌	四川省汶川县	羌族羊皮鼓舞	Ⅲ-62
03-0940	茶春梅	女	彝	云南省巍山彝族回族自治县	彝族打歌	Ⅲ-70
03-0941	鲁朝金	男	彝	云南省南涧彝族自治县	彝族跳菜	Ⅲ-71
03-0942	俸继明	男	布朗	云南省双江拉祜族佤族布朗族傣族自治县	布朗族蜂桶鼓舞	Ⅲ-77
03-0943	李增保	男	拉祜	云南省澜沧拉祜族自治县	拉祜族芦笙舞	Ⅲ-79
03-0944	昂　嘎	女	藏	西藏自治区墨竹工卡县	宣舞（普堆巴宣舞）	Ⅲ-80
03-0945	拉　巴	男	藏	西藏自治区拉孜县	堆谐（拉孜堆谐）	Ⅲ-82
03-0946	索朗次仁	男	藏	西藏自治区拉萨市城关区	谐钦（拉萨纳如谐钦）	Ⅲ-83
03-0947	次旺丹增	男	藏	西藏自治区南木林县	谐钦（南木林土布加谐钦）	
03-0948	平措玉杰	男	藏	西藏自治区	嘎　尔	Ⅲ-85
03-0949	江白轮珠	男	藏	西藏自治区芒康县	芒康三弦舞	Ⅲ-86
03-0950	扎　桑	男	藏	西藏自治区曲水县	廓　孜	Ⅲ-89
03-0951	李扎西	男	藏	甘肃省舟曲县	多地舞	Ⅲ-90
03-0952	卢永祥	男	藏	甘肃省卓尼县	巴郎鼓舞	Ⅲ-91
03-0953	月　香	女	锡伯	新疆维吾尔自治区察布查尔锡伯自治县	锡伯族贝伦舞	Ⅲ-95
03-0954	艾买提·司马义	男	维吾尔	新疆维吾尔自治区哈密地区	维吾尔族赛乃姆	Ⅲ-96

四、传统戏剧（196人）

序号	姓名	性别	民族	申报地区或单位	项目名称	项目编码
03-0955	张寄蝶	男	汉	江苏省	昆曲	Ⅳ-1
03-0956	黄小午	男	汉	江苏省	昆曲	Ⅳ-1
03-0957	石小梅	女	汉	江苏省	昆曲	Ⅳ-1
03-0958	胡锦芳	女	汉	江苏省	昆曲	Ⅳ-1
03-0959	林继凡	男	汉	江苏省	昆曲	Ⅳ-1
03-0960	柳继雁	女	汉	江苏省	昆曲	Ⅳ-1
03-0961	林媚媚	女	汉	浙江省	昆曲	Ⅳ-1
03-0962	辛清华	男	汉	上海市	昆曲	Ⅳ-1
03-0963	王芝泉	女	汉	上海市	昆曲	Ⅳ-1
03-0964	韩建成	男	汉	北京市	昆曲	Ⅳ-1
03-0965	丛兆桓	男	汉	北京市	昆曲	Ⅳ-1
03-0966	雷子文	男	汉	湖南省	昆曲	Ⅳ-1
03-0967	陈济民	男	汉	福建省泉州市	梨园戏	Ⅳ-2
03-0968	蔡娅治	女	汉	福建省泉州市	梨园戏	Ⅳ-2
03-0969	王胜利	男	汉	福建省泉州市	梨园戏	Ⅳ-2
03-0970	王少媛	女	汉	福建省莆田市	莆仙戏	Ⅳ-3
03-0971	吴陈俊	男	汉	浙江省松阳县	高腔（松阳高腔）	Ⅳ-7
03-0972	任庭芳	男	汉	四川省	川剧	Ⅳ-12
03-0973	徐寿年	男	汉	四川省	川剧	Ⅳ-12
03-0974	肖德美	男	汉	四川省	川剧	Ⅳ-12
03-0975	高凤莲	女	汉	重庆市	川剧	Ⅳ-12
03-0976	周继培	男	汉	重庆市	川剧	Ⅳ-12

续 表

序号	姓名	性别	民族	申报地区或单位	项目名称	项目编码
03-0977	许倩云	女	汉	陕西省	秦 腔	Ⅳ-16
03-0978	马友仙	女	汉	陕西省	秦 腔	Ⅳ-16
03-0979	贠宗翰	男	汉	陕西省	秦 腔	Ⅳ-16
03-0980	李爱琴	女	汉	陕西省	秦 腔	Ⅳ-16
03-0981	肖玉玲	女	汉	陕西省	秦 腔	Ⅳ-16
03-0982	康少易	男	汉	陕西省	秦 腔	Ⅳ-16
03-0983	吕明发	男	汉	陕西省	秦 腔	Ⅳ-16
03-0984	余巧云	女	满	陕西省	秦 腔	Ⅳ-16
03-0985	田桂兰	女	汉	山西省	晋 剧	Ⅳ-18
03-0986	程玉英	女	汉	山西省	晋 剧	Ⅳ-18
03-0987	马玉楼	女	汉	山西省	晋 剧	Ⅳ-18
03-0988	吴 同	男	回	河北省张家口市	北路梆子	Ⅳ-20
03-0989	牛学祯	女	汉	河北省张家口市	北路梆子	Ⅳ-20
03-0990	杨仲义	男	汉	山西省忻州市	北路梆子	Ⅳ-20
03-0991	成凤英	女	汉	山西省忻州市	北路梆子	Ⅳ-20
03-0992	吴国华	女	汉	山西省晋城市	上党梆子	Ⅳ-21
03-0993	张爱珍	女	汉	山西省晋城市	上党梆子	Ⅳ-21
03-0994	张保平	男	汉	山西省晋城市	上党梆子	Ⅳ-21
03-0995	张志明	男	汉	山西省长治市	上党梆子	Ⅳ-21
03-0996	田春鸟	男	汉	河北省	河北梆子	Ⅳ-22
03-0997	王冠君	男	汉	河南省	豫 剧	Ⅳ-23
03-0998	冯占顺	男	汉	河南省	豫 剧	Ⅳ-23
03-0999	李建海	男	汉	河南省内乡县	宛 梆	Ⅳ-24
03-1000	何西良	男	汉	山东省菏泽市牡丹区	大平调	Ⅳ-26
03-1001	毛爱莲	女	汉	河南省许昌市	越 调	Ⅳ-27

续 表

序号	姓名	性别	民族	申报地区或单位	项目名称	项目编码
03-1002	冯志孝	男	汉	中国京剧院	京 剧	Ⅳ -28
03-1003	王晶华	女	汉	中国京剧院	京 剧	Ⅳ -28
03-1004	张春孝	男	汉	中国京剧院	京 剧	Ⅳ -28
03-1005	张学津	男	汉	北京市	京 剧	Ⅳ -28
03-1006	赵葆秀	女	汉	北京市	京 剧	Ⅳ -28
03-1007	邓沐玮	男	汉	天津市	京 剧	Ⅳ -28
03-1008	杨乃彭	男	汉	天津市	京 剧	Ⅳ -28
03-1009	艾世菊	男	汉	上海市	京 剧	Ⅳ -28
03-1010	汪正华	男	汉	上海市	京 剧	Ⅳ -28
03-1011	李炳淑	女	汉	上海市	京 剧	Ⅳ -28
03-1012	童祥苓	男	汉	上海市	京 剧	Ⅳ -28
03-1013	周少麟	男	汉	上海市	京 剧	Ⅳ -28
03-1014	朱世慧	男	汉	湖北省京剧院	京 剧	Ⅳ -28
03-1015	谷化民	男	汉	安徽省	徽 剧	Ⅳ -29
03-1016	胡和颜	女	汉	湖北省武汉市	汉 剧	Ⅳ -30
03-1017	程彩萍	女	汉	湖北省武汉市	汉 剧	Ⅳ -30
03-1018	邓玉璇	女	汉	福建省龙岩市	闽西汉剧	Ⅳ -33
03-1019	刘厚云	男	汉	湖北省荆州市	荆河戏	Ⅳ -35
03-1020	孟凡真	男	汉	河北省威县	乱弹（威县乱弹）	Ⅳ -39
03-1021	安录昌	男	汉	河北省石家庄市	石家庄丝弦	Ⅳ -40
03-1022	范 增	男	汉	山西省灵丘县	灵丘罗罗腔	Ⅳ -42
03-1023	李松云	女	汉	山东省	柳子戏	Ⅳ -43
03-1024	孔祥启	男	汉	山东省	柳子戏	Ⅳ -43
03-1025	冯宝泉	男	汉	山东省	柳子戏	Ⅳ -43
03-1026	宋自武	男	汉	河南省滑县	大弦戏	Ⅳ -44
03-1027	陈乃春	男	汉	福建省福州市	闽 剧	Ⅳ -45
03-1028	陈新国	男	汉	福建省福州市	闽 剧	Ⅳ -45

续 表

序号	姓名	性别	民族	申报地区或单位	项目名称	项目编码
03-1029	严木田	男	汉	广东省海丰县	西秦戏	Ⅳ-47
03-1030	吕忠文	男	汉	福建省泉州市	高甲戏	Ⅳ-48
03-1031	苏燕玉	女	汉			
03-1032	林英梨	女	汉	福建省厦门市		
03-1033	刘玉芝	女	汉	山东省金乡县	四平调	Ⅳ-50
03-1034	王凤云	女	汉	山东省成武县		
03-1035	周　丹	女	汉	辽宁省沈阳市	评　剧	Ⅳ-51
03-1036	刘　萍	女	汉	北京市中国评剧院		
03-1037	谷文月	女	汉			
03-1038	陈佩华	女	汉	天津评剧院		
03-1039	金采风	女	汉	上海市	越　剧	Ⅳ-53
03-1040	吕瑞英	女	汉			
03-1041	毕春芳	女	汉			
03-1042	韩玉敏	女	汉	上海市	沪　剧	Ⅳ-54
03-1043	沈仁伟	男	汉			
03-1044	茅善玉	女	汉			
03-1045	丁　杰	男	汉	江苏省苏州市	苏　剧	Ⅳ-55
03-1046	蒋剑锋	男	汉	江苏省演艺集团扬剧团	扬　剧	Ⅳ-56
03-1047	吴蕙明	女	汉			
03-1048	筱荣贵	女	汉	江苏省镇江市		
03-1049	姚恭林	男	汉			
03-1050	丁玉兰	女	汉	安徽省合肥市	庐　剧	Ⅳ-57
03-1051	孙邦栋	男	汉	安徽省合肥市	庐　剧	Ⅳ-57
03-1052	张一平	女	汉	湖北省	楚　剧	Ⅳ-58
03-1053	张巧珍	女	汉			
03-1054	王传玲	女	汉	山东省枣庄市	柳琴戏	Ⅳ-63
03-1055	朱树龙	男	汉	江苏省徐州市		
03-1056	张金兰	女	汉	山东省临沂市		
03-1057	李家高	男	汉	湖北省阳新县	采茶戏	Ⅳ-65

续 表

序号	姓名	性别	民族	申报地区或单位	项目名称	项目编码
03-1058	高桂枝	女	汉	河南省	曲 剧	Ⅳ -68
03-1059	肖德金	男	汉	甘肃省敦煌市	曲子戏（敦煌曲子戏）	Ⅳ -69
03-1060	张 福	男	汉	山西省朔州市	秧歌戏（朔州秧歌戏）	Ⅳ -70
03-1061	张润来	男	汉	山西省繁峙县	秧歌戏（繁峙秧歌戏）	
03-1062	苗根生	男	汉	山西省祁县	秧歌戏（祁太秧歌）	
03-1063	白美云	女	汉	山西省太谷县		
03-1064	任森奎	男	汉	山西省武乡县	秧歌戏（襄武秧歌）	
03-1065	武利平	男	汉	内蒙古自治区呼和浩特市	二人台	Ⅳ -73
03-1066	杜焕荣	女	汉	山西省河曲县		
03-1067	贾德义	男	汉			
03-1068	淡文珍	男	汉	陕西省府谷县		
03-1069	钟石金	男	汉	广东省紫金县	花朝戏	Ⅳ -75
03-1070	孟永香	女	土家	湖北省恩施市	灯 戏	Ⅳ -77
03-1071	吴尚德	男	侗	湖南省通道侗族自治县	侗 戏	Ⅳ -83
03-1072	金星明	男	傣	云南省德宏傣族景颇族自治州	傣 剧	Ⅳ -86
03-1073	李正勤	男	汉	山西省临猗县	锣鼓杂戏	Ⅳ -88
03-1074	蒋品三	男	土家	湖北省恩施市	傩戏（恩施傩戏）	Ⅳ -89
03-1075	刘佳文	男	汉	河北省唐山市	皮影戏（唐山皮影戏）	Ⅳ -91
03-1076	李修山	男	汉	河北省邯郸市	皮影戏（冀南皮影戏）	
03-1077	王钱松	男	汉	浙江省海宁市	皮影戏（海宁皮影戏）	
03-1078	张坤荣	男	汉			
03-1079	沈圣标	男	汉			
03-1080	谷宝珍	女	满	黑龙江省望奎县	皮影戏（望奎县皮影戏）	
03-1081	范正安	男	汉	山东省泰安市	皮影戏（泰山皮影戏）	
03-1082	李兴时	男	汉	山东省济南市	皮影戏（济南皮影戏）	
03-1083	陈光辉	男	汉	河南省罗山县	皮影戏（罗山皮影戏）	

续 表

序号	姓名	性别	民族	申报地区或单位	项目名称	项目编码
03-1084	林聪鹏	男	汉	福建省泉州市	木偶戏（泉州提线木偶戏）	Ⅳ -92
03-1085	王建生	男	汉			
03-1086	颜洒容	女	汉	福建省晋江市	木偶戏（晋江布袋木偶戏）	
03-1087	陈炎森	男	汉	福建省漳州市	木偶戏（漳州布袋木偶戏）	
03-1088	武　兴	男	汉	山西省孝义市	木偶戏（孝义木偶戏）	
03-1089	殷大宁	男	汉	江苏省扬州市	木偶戏（杖头木偶戏）	
03-1090	华美霞	女	汉			
03-1091	卓乃金	男	汉	浙江省平阳县	木偶戏（平阳木偶戏）	
03-1092	吴明月	男	汉	浙江省苍南县	木偶戏（单档布袋戏）	
03-1093	王贯英	女	汉	河北省保定市	老调（保定老调）	Ⅳ -93
03-1094	辛秋花	女	汉			
03-1095	庞小保	男	汉	河北省武安市	赛　戏	Ⅳ -95
03-1096	张海臣	男	汉	河北省永年县	永年西调	Ⅳ -96
03-1097	朱月梅	女	汉	安徽省宿州市	坠子戏	Ⅳ -97
03-1098	李仙宝	男	汉	山西省黎城县	上党落子	Ⅳ -98
03-1099	李英杰	男	汉	山西省运城市	眉户（运城眉户）	Ⅳ -99
03-1100	赵有年	男	汉	辽宁省鞍山市	海城喇叭戏	Ⅳ -100
03-1101	赵贵君	男	汉	吉林省农安县	黄龙戏	Ⅳ -101
03-1102	筱文艳	女	汉	上海淮剧团	淮　剧	Ⅳ -102
03-1103	马秀英	女	汉			
03-1104	张云良	男	汉	江苏省盐城市		
03-1105	裔小萍	女	汉			
03-1106	倪同芳	女	汉	江苏省演艺集团锡剧团	锡　剧	Ⅳ -103
03-1107	王兰英	女	汉			
03-1108	沈佩华	女	汉			
03-1109	姚　澄	女	汉			

续 表

序号	姓名	性别	民族	申报地区或单位	项目名称	项目编码
03-1110	吴雅童	男	汉	江苏省常州市	锡 剧	Ⅳ-103
03-1111	杨秀英	女	汉	江苏省淮安市	淮海戏	Ⅳ-104
03-1112	胡夕平	男	汉	江苏省通州市	童子戏	Ⅳ-105
03-1113	陈茶花	女	汉	浙江省温州市	瓯 剧	Ⅳ-106
03-1114	李子敏	男	汉			
03-1115	沈守良	男	汉	浙江省余姚市	姚 剧	Ⅳ-108
03-1116	葛素云	女	汉	浙江省金华市	婺 剧	Ⅳ-110
03-1117	郑兰香	女	汉			
03-1118	姜志谦	男	汉	浙江省江山市		
03-1119	吕金玲	女	汉	安徽省宿州市	花鼓戏	Ⅳ-112
03-1120	周钦全	男	汉	安徽省淮北市		
03-1121	迟秀云	女	汉	安徽省宣城市		
03-1122	杨玉屏	女	汉			
03-1123	杨建娥	女	汉	湖南省常德市		
03-1124	田爱云	女	汉	河南省开封市	二夹弦	Ⅳ-113
03-1125	李京华	女	汉	山东省定陶县		
03-1126	宋瑞桃	女	汉			
03-1127	吴天乙	男	汉	福建省泉州市	打城戏	Ⅳ-114
03-1128	张贤读	男	汉	福建省屏南县	屏南平讲戏	Ⅳ-115
03-1129	郎咸芬	女	汉	山东省吕剧院	吕 剧	Ⅳ-116
03-1130	李岱江	男	汉			
03-1131	李 渔	男	汉			
03-1132	林建华	女	汉			
03-1133	刘桂松	女	汉	山东省菏泽市	山东梆子	Ⅳ-118
03-1134	郝瑞芝	女	汉	山东省泰安市		
03-1135	开瑞宝	男	汉	山东省嘉祥县		

续 表

序号	姓名	性别	民族	申报地区或单位	项目名称	项目编码
03-1136	房灵合	男	汉	山东省菏泽市	枣 梆	Ⅳ -120
03-1137	张文英	女	汉			
03-1138	蒋云霞	女	汉	江苏省徐州市	徐州梆子	Ⅳ -121
03-1139	曾金贵	男	汉	湖南省长沙市	湘 剧	Ⅳ -127
03-1140	曹汝龙	男	汉			
03-1141	谢忠义	男	汉	湖南省桂阳县		
03-1142	刘登雄	男	汉	湖南省祁剧院	祁 剧	Ⅳ -128
03-1143	梁素珍	女	汉	广东汉剧院	广东汉剧	Ⅳ -129
03-1144	王英蓉	女	汉	海南省琼剧院	琼 剧	Ⅳ -130
03-1145	陈育明	男	汉	海南省海口市		
03-1146	党中信	男	汉	陕西省合阳县	合阳跳戏	Ⅳ -133
03-1147	尹维新	男	汉	甘肃省陇南市	武都高山戏	Ⅳ -134
03-1148	李家显	男	佤	云南省腾冲县	佤族清戏	Ⅳ -135
03-1149	李茂荣	男	彝	云南省大姚县	彝 剧	Ⅳ -136
03-1150	洪 琪	女	汉	广西壮族自治区南宁市	邕 剧	Ⅳ -138

五、曲艺（51 人）

序号	姓名	性别	民族	申报地区或单位	项目名称	项目编码
03-1151	王月香	女	汉	江苏省苏州市	苏州评弹（苏州评话、苏州弹词）	Ⅴ -1
03-1152	邢晏春	男	汉			
03-1153	张国良	男	汉			
03-1154	金声伯	男	汉			
03-1155	杨乃珍	女	汉			
03-1156	陈希安	男	汉	上海市书场工作者协会		
03-1157	余红仙	女	汉			
03-1158	惠兆龙	男	汉	江苏省扬州市	扬州评话	Ⅴ -2
03-1159	王立岩	女	汉	河北省乐亭县	乐亭大鼓	Ⅴ -8
03-1160	董湘昆	男	汉	天津市宝坻区	京东大鼓	Ⅴ -10

续 表

序号	姓名	性别	民族	申报地区或单位	项目名称	项目编码
03-1161	梁金华	女	汉	山东省青岛市	胶东大鼓	Ⅴ-11
03-1162	宋小青	女	汉	浙江省绍兴市	摊簧（绍兴摊簧）	Ⅴ-18
03-1163	宋爱华	女	汉	河南省	河南坠子	Ⅴ-20
03-1164	魏世发	男	汉	甘肃省兰州市	兰州鼓子	Ⅴ-24
03-1165	玉　光	女	傣	云南省西双版纳傣族自治州	傣族章哈	Ⅴ-44
03-1166	康朗屯	男	傣			
03-1167	布比玛丽·贾合甫拜	女	哈萨克	新疆维吾尔自治区伊犁哈萨克自治州	哈萨克族阿依特斯	Ⅴ-45
03-1168	常宝霆	男	满	天津市	相　声	Ⅴ-47
03-1169	李仁珍	女	汉	江苏省扬州市	扬州弹词	Ⅴ-50
03-1170	彭延坤	男	汉	湖南省长沙市	长沙弹词	Ⅴ-51
03-1171	胡正华	男	汉	浙江省杭州市	杭州评词	Ⅴ-52
03-1172	李自新	男	汉	浙江省杭州市	杭州评话	Ⅴ-53
03-1173	连丽如	女	满	北京市宣武区	北京评书	Ⅴ-57
03-1174	单田芳	男	汉	辽宁省鞍山市		
03-1175	刘兰芳	女	满			
03-1176	田连元	男	汉	辽宁省本溪市		
03-1177	何祚欢	男	汉	湖北省武汉市	湖北评书	Ⅴ-58
03-1178	张明智	男	汉	湖北省武汉市	湖北大鼓	Ⅴ-61
03-1179	王俊川	男	汉	山西省襄垣县	襄垣鼓书	Ⅴ-62
03-1180	栗四文	男	汉	山西省沁县	三弦书（沁州三弦书）	Ⅴ-64
03-1181	雷恩久	男	汉	河南省南阳市	三弦书（南阳三弦书）	
03-1182	徐文珠	女	汉	浙江省平湖市	平湖钹子书	Ⅴ-66
03-1183	杨华生	男	汉	上海市黄浦区	独脚戏	Ⅴ-68
03-1184	王汝刚	男	汉			
03-1185	刘树根	男	汉	浙江省杭州市		
03-1186	魏云彩	男	汉	江苏省徐州市	徐州琴书	Ⅴ-73
03-1187	徐　述	女	汉	四川省曲艺团	四川扬琴	Ⅴ-75
03-1188	刘时燕	女	回			
03-1189	华国秀	女	汉	重庆市三峡曲艺团	四川竹琴	Ⅴ-76

续 表

序号	姓名	性别	民族	申报地区或单位	项目名称	项目编码
03-1190	程永玲	女	汉	四川省成都艺术剧院	四川清音	Ⅴ-77
03-1191	肖顺瑜	女	汉			
03-1192	朱顺根	男	汉	浙江省金华市	金华道情	Ⅴ-78
03-1193	叶英盛	男	汉	浙江省义乌市		
03-1194	何云根	男	汉	浙江省绍兴县	绍兴宣卷	Ⅴ-83
03-1195	戴春兰	女	汉	浙江省温州市鹿城区	温州莲花	Ⅴ-84
03-1196	谭柏树	男	汉	重庆市曲艺团	车 灯	Ⅴ-88
03-1197	黄吉森	男	汉			
03-1198	邹忠新	男	汉	四川省成都市	金钱板	Ⅴ-91
03-1199	张 徐	男	汉			
03-1200	刘 钧	男	汉	青海省西宁市	青海平弦	Ⅴ-92
03-1201	李得顺	男	汉	青海省西宁市	青海越弦	Ⅴ-93

六、传统体育、游艺与杂技（19 人）

序号	姓名	性别	民族	申报地区或单位	项目名称	项目编码
03-1202	陈新发	男	汉	福建省宁德市	宁德霍童线狮	Ⅵ-6
03-1203	胡金超	男	汉	浙江省永康市	线狮（九狮图）	
03-1204	释永信	男	汉	河南省登封市	少林功夫	Ⅵ-7
03-1205	陈敬宇	男	汉	河北省沧州市	沧州武术（燕青拳）	Ⅵ-10
03-1206	吴连枝	男	回		沧州武术（孟村八极拳）	
03-1207	杨振国	男	汉	河北省永年县	太极拳（杨氏太极拳）	Ⅵ-11
03-1208	陈小旺	男	汉	河南省焦作市	太极拳（陈氏太极拳）	
03-1209	陈正雷	男	汉			
03-1210	任文柱	男	汉	河北省廊坊市	八卦掌	Ⅵ-25
03-1211	陈正耀	男	汉	河北省雄县	鹰爪翻子拳	Ⅵ-27
03-1212	马德行	男	汉	河南省博爱县	八极拳（月山八极拳）	Ⅵ-28
03-1213	梁晓峰	男	汉	山西省晋中市	心意拳	Ⅵ-29
03-1214	买西山	男	回	河南省周口市	心意六合拳	Ⅵ-30
03-1215	吕延芝	女	回			

续 表

序号	姓名	性别	民族	申报地区或单位	项目名称	项目编码
03-1216	苌红军	男	汉	河南省荥阳市	苌家拳	Ⅵ-34
03-1217	热合曼库力·尕夏	男	塔吉克	新疆维吾尔自治区塔什库尔干塔吉克自治县	马球（塔吉克族马球）	Ⅵ-37
03-1218	哈森其其格	女	鄂温克	内蒙古自治区鄂温克族自治旗	鄂温克抢枢	Ⅵ-40
03-1219	崔富海	男	汉	山西省忻州市	挠羊赛	Ⅵ-41
03-1220	金寿昌	男	汉	浙江省绍兴市	调 吊	Ⅵ-54

七、传统美术（83人）

序号	姓名	性别	民族	申报地区或单位	项目名称	项目编码
03-1221	房志达	男	汉	江苏省苏州市	桃花坞木版年画	Ⅶ-3
03-1222	刘守本	男	汉	北京市西城区	内画（北京内画鼻烟壶）	Ⅶ-15
03-1223	陈永才	男	汉	广东省佛山市	剪纸（广东剪纸）	Ⅶ-16
03-1224	倪秀梅	女	汉	黑龙江省方正县	剪纸（方正剪纸）	
03-1225	张方林	男	汉	江苏省南京市	剪纸（南京剪纸）	
03-1226	王桂英	女	汉	江苏省徐州市	剪纸（徐州剪纸）	
03-1227	杨兆群	男	汉	江苏省金坛市	剪纸（金坛刻纸）	Ⅶ-16
03-1228	吴善增	男	汉	浙江省浦江县	剪纸（浦江剪纸）	
03-1229	陈秋日	女	汉	福建省漳浦县	剪纸（漳浦剪纸）	
03-1230	袁秀莹	女	汉	福建省柘荣县	剪纸（柘荣剪纸）	
03-1231	刘诗英	女	汉	江西省瑞昌市	剪纸（瑞昌剪纸）	
03-1232	范祚信	男	汉	山东省高密市	剪纸（高密剪纸）	
03-1233	栾淑荣	女	汉	山东省烟台市	剪纸（烟台剪纸）	
03-1234	杨春枝	女	汉	河南省卢氏县	剪纸（卢氏剪纸）	
03-1235	张家忠	男	汉	湖北省鄂州市	剪纸（鄂州雕花剪纸）	
03-1236	胡敬先	男	汉	湖北省仙桃市	剪纸（仙桃雕花剪纸）	
03-1237	邓兴隆	男	汉	湖南省泸溪县	剪纸（踏虎凿花）	

续 表

序号	姓名	性别	民族	申报地区或单位	项目名称	项目编码
03-1238	姚建萍	女	汉	江苏省苏州市	苏 绣	Ⅶ -18
03-1239	赵红育	女	汉	江苏省无锡市	苏绣（无锡精微绣）	
03-1240	金蕾蕾	女	汉	江苏省南通市	苏绣（南通仿真绣）	
03-1241	康 宁	女	汉	重庆市渝中区	蜀 绣	Ⅶ -21
03-1242	倪东方	男	汉	浙江省青田县	青田石雕	Ⅶ -33
03-1243	王金生	男	汉	安徽省黄山市	徽州三雕	Ⅶ -37
03-1244	俞有桂	男	汉	江西省婺源县	徽州三雕（婺源三雕）	
03-1245	陈盖洪	男	汉	浙江省宁波市	宁波朱金漆木雕	Ⅶ -41
03-1246	王笃纯	男	汉	浙江省乐清市	乐清黄杨木雕	Ⅶ -42
03-1247	黄义罗	男	汉	福建省泉州市	木偶头雕刻（江加走木偶头雕刻）	Ⅶ -44
03-1248	乔锦洪	男	汉	江苏省无锡市	竹刻（无锡留青竹刻）	Ⅶ -46
03-1249	徐秉方	男	汉	江苏省常州市	竹刻（常州留青竹刻）	
03-1250	罗启松	男	汉	浙江省台州市黄岩区	竹刻（黄岩翻簧竹雕）	
03-1251	吴玉成	男	汉	河北省玉田县	泥塑（玉田泥塑）	Ⅶ -47
03-1252	吴光让	男	汉	广东省潮安县	泥塑（大吴泥塑）	
03-1253	徐兴国	男	汉	四川省大英县	泥塑（徐氏泥彩塑）	
03-1254	杨栖鹤	男	汉	宁夏回族自治区隆德县	泥塑（杨氏家庭泥塑）	
03-1255	尕藏尖措	男	藏	青海省湟中县	塔尔寺酥油花	Ⅶ -48
03-1256	西合道	男	藏	青海省同仁县	热贡艺术	Ⅶ -49
03-1257	娘 本	男	土			
03-1258	夏吾角	男	土			
03-1259	罗藏旦巴	男	藏			
03-1260	张金培	男	汉	广东省东莞市	灯彩（东莞千角灯）	Ⅶ -50
03-1261	何伟福	男	回	上海市卢湾区	灯彩（上海灯彩）	
03-1262	陈柏华	男	汉	江苏省句容市	灯彩（秦淮灯彩）	
03-1263	邓 辉	男	汉	广东省佛山市	灯彩（佛山彩灯）	
03-1264	林汉彬	男	汉	广东省潮州市湘桥区	灯彩（潮州花灯）	

续 表

序号	姓名	性别	民族	申报地区或单位	项目名称	项目编码
03-1265	何福礼	男	汉	浙江省东阳市	竹编（东阳竹编）	Ⅶ-51
03-1266	宋增礼	男	汉	江西省瑞昌市	竹编（瑞昌竹编）	
03-1267	牟秉衡	男	汉	重庆市梁平县	竹编（梁平竹帘）	
03-1268	郎志丽	女	满	北京市海淀区	面人（北京面人郎）	Ⅶ-52
03-1269	赵艳林	女	满	上海工艺美术研究所	面人（上海面人赵）	
03-1270	李金城	男	汉	山东省菏泽市牡丹区	面人（曹州面人）	
03-1271	喻芳泽	男	汉	江西省湖口县	草编（湖口草龙）	Ⅶ-54
03-1272	钱高潮	男	汉	浙江省临安市	石雕（鸡血石雕）	Ⅶ-56
03-1273	贡保才旦	男	藏	青海省泽库县	石雕（泽库和日寺石刻）	
03-1274	宋世义	男	汉	北京市玉器厂	玉雕（北京玉雕）	Ⅶ-57
03-1275	仵海洲	男	汉	河南省镇平县	玉雕（镇平玉雕）	
03-1276	高兆华	男	汉	广东省广州市荔湾区	玉雕（广州玉雕）	
03-1277	颜景新	男	汉	山东省曲阜市	木雕（曲阜楷木雕刻）	Ⅶ-58
03-1278	龙从发	男	汉	湖北省武汉市硚口区	木雕（武汉木雕船模）	
03-1279	宋水官	男	汉	江苏省苏州市	核雕（光福核雕）	Ⅶ-59
03-1280	王绪德	男	汉	山东省潍坊市	核雕（潍坊核雕）	
03-1281	黄学文	男	汉	广东省增城市	核雕（广州榄雕）	
03-1282	应业根	男	汉	浙江省永康市	锡 雕	Ⅶ-62
03-1283	查·巴智	男	藏	青海省果洛藏族自治州	藏文书法（果洛德昂洒智）	Ⅶ-64
03-1284	聂方俊	男	汉	湖南省凤凰县	彩扎（凤凰纸扎）	Ⅶ-66
03-1285	徐艳丰	男	汉	河北省永清县	彩扎（秸秆扎刻）	
03-1286	周廷义	男	汉	河北省邯郸市	彩扎（彩布拧台）	
03-1287	石荣圣	男	汉	江苏省邳州市	彩扎（邳州纸塑狮子头）	Ⅶ-66
03-1288	黎 伟	男	汉	广东省佛山市	彩扎（佛山狮头）	
03-1289	黄德清	男	汉	浙江省乐清市	龙档（乐清龙档）	Ⅶ-67
03-1290	金松群	男	汉	江苏省常州市	常州梳篦	Ⅶ-68
03-1291	金铁铃	男	满	北京市崇文区	北京绢花	Ⅶ-70

续　表

序号	姓名	性别	民族	申报地区或单位	项目名称	项目编码
03-1292	王素花	女	汉	河南省开封市	汴　绣	Ⅶ -74
03-1293	汪国芳	女	羌	四川省汶川县	羌族刺绣	Ⅶ -76
03-1294	邢兰香	女	汉	北京京城百工坊艺术品有限公司	料器（北京料器）	Ⅶ -84
03-1295	周锦云	男	汉	浙江省温州市	瓯　塑	Ⅶ -85
03-1296	谢学运	男	汉	山东省鄄城县	砖塑（鄄城砖塑）	Ⅶ -86
03-1297	樊德然	男	汉	四川省成都市	糖塑（成都糖画）	Ⅶ -88
03-1298	缪成金	男	汉	浙江省温州市鹿城区	镶嵌（彩石镶嵌）	Ⅶ -91
03-1299	陈明伟	男	汉	浙江省宁波市	镶嵌（骨木镶嵌）	
03-1300	廖惠林	男	汉	广东省江门市新会区	新会葵艺	Ⅶ -92
03-1301	赵庆泉	男	汉	江苏省扬州市	盆景技艺（扬派盆景技艺）	Ⅶ -94
03-1302	李云义	男	白	云南省大理市	建筑彩绘（白族民居彩绘）	Ⅶ -96
03-1303	李生斌	男	汉	陕西省	建筑彩绘（陕北匠艺丹青）	

八、传统技艺（136人）

序号	姓名	性别	民族	申报地区或单位	项目名称	项目编码
03-1304	陈圣发	男	汉	江西省景德镇市	景德镇手工制瓷技艺	Ⅷ -7
03-1305	王炎生	男	汉			
03-1306	曹开永	男	汉			
03-1307	周双喜	男	汉	江苏省南京市	南京云锦木机妆花手工织造技艺	Ⅷ -13
03-1308	金　文	男	回			
03-1309	刘香兰	女	黎	海南省五指山市	黎族传统纺染织绣技艺	Ⅷ -19
03-1310	边　多	男	藏	西藏自治区日喀则地区	藏族邦典、卡垫织造技艺	Ⅷ -21
03-1311	买特肉孜·买买提	男	维吾尔	新疆维吾尔自治区且末县	花毡、印花布织染技艺	Ⅷ -23
03-1312	刘大炮	男	汉	湖南省凤凰县	蓝印花布印染技艺	Ⅷ -24
03-1313	余云山	男	汉	江西省	景德镇传统瓷窑作坊营造技艺	Ⅷ -29
03-1314	王必生	男	汉	江苏省南京市	南京金箔锻制技艺	Ⅷ -36

续 表

序号	姓名	性别	民族	申报地区或单位	项目名称	项目编码
03-1315	史徐平	男	汉	北京市	剪刀锻制技艺（王麻子剪刀锻制技艺）	Ⅷ-38
03-1316	龙米谷	男	苗	湖南省凤凰县	苗族银饰锻制技艺	Ⅷ-40
03-1317	麻茂庭	男	苗			
03-1318	许建平	男	汉	江苏省苏州市	明式家具制作技艺	Ⅷ-45
03-1319	种桂友	男	汉	北京市崇文区	家具制作技艺（京作硬木家具制作技艺）	
03-1320	杨 虾	男	汉	广东省广州市	家具制作技艺（广式硬木家具制作技艺）	
03-1321	白音查干	男	蒙古	内蒙古自治区阿鲁科尔沁旗	蒙古族勒勒车制作技艺	Ⅷ-46
03-1322	吴水森	男	汉	安徽省休宁县	万安罗盘制作技艺	Ⅷ-49
03-1323	张国栋	男	汉	甘肃省天水市秦州区	雕漆技艺	Ⅷ-50
03-1324	薛生金	男	汉	山西省平遥县	平遥推光漆器髹饰技艺	Ⅷ-51
03-1325	季克良	男	汉	贵州省	茅台酒酿制技艺	Ⅷ-57
03-1326	袁仁国	男	汉			
03-1327	郭双威	男	汉	山西省汾阳市	杏花村汾酒酿制技艺	Ⅷ-59
03-1328	郭俊陆	男	汉	山西省太原市	老陈醋酿制技艺（美和居老陈醋酿制技艺）	Ⅷ-61
03-1329	叶启桐	男	汉	福建省武夷山市	武夷岩茶（大红袍）制作技艺	Ⅷ-63
03-1330	王兴武	男	苗	贵州省丹寨县	皮纸制作技艺	Ⅷ-67
03-1331	玉勐嘎	女	傣	云南省临沧市	傣族、纳西族手工造纸技艺	Ⅷ-68
03-1332	次仁多杰	男	藏	西藏自治区	藏族造纸技艺	Ⅷ-69
03-1333	王柏林	男	汉	安徽省岳西县	桑皮纸制作技艺	Ⅷ-70
03-1334	汪爱军	男	汉	安徽省绩溪县	徽墨制作技艺	Ⅷ-73
03-1335	郑 寒	男	汉	安徽省歙县	歙砚制作技艺	Ⅷ-74

续 表

序号	姓名	性别	民族	申报地区或单位	项目名称	项目编码
03-1336	高文英	女	汉	北京市荣宝斋	木版水印技艺	Ⅷ-77
03-1337	蒋　敏	男	汉	上海书画出版社		
03-1338	多吉登次	男	藏	西藏自治区江达县	藏族雕版印刷技艺（波罗古泽刻版制作技艺）	Ⅷ-80
03-1339	陈子福	男	汉	重庆市荣昌县	制扇技艺（荣昌折扇）	Ⅷ-81
03-1340	孙　颖	女	汉	北京剧装厂	剧装戏具制作技艺	Ⅷ-82
03-1341	黄运英	男	黎	海南省保亭黎族苗族自治县	黎族树皮布制作技艺	Ⅷ-84
03-1342	钟自奇	男	汉	湖南省浏阳市	浏阳花炮制作技艺	Ⅷ-86
03-1343	尹昌太	男	汉	河北省井陉县	烟火爆竹制作技艺（南张井老虎火）	
03-1344	张巍岱	男	汉	江西省万载县	烟火爆竹制作技艺（万载花炮制作技艺）	
03-1345	韩福龄	男	汉	山东省潍坊市	风筝制作技艺（潍坊风筝）	Ⅷ-88
03-1346	魏永珍	女	汉	天津市南开区	风筝制作技艺（天津风筝魏制作技艺）	
03-1347	蒋建国	男	汉	北京市门头沟区	琉璃烧制技艺	Ⅷ-90
03-1348	葛原生	男	汉	山西省		
03-1349	陈文增	男	汉	河北省曲阳县	定瓷烧制技艺	Ⅷ-92
03-1350	杨　志	男	汉	河南省禹州市	钧瓷烧制技艺	Ⅷ-93
03-1351	高水旺	男	汉	河南省洛阳市	唐三彩烧制技艺	Ⅷ-94
03-1352	邓文科	男	汉	湖南省醴陵市	醴陵釉下五彩瓷烧制技艺	Ⅷ-95
03-1353	王龙才	男	汉	广东省潮州市枫溪区	枫溪瓷烧制技艺	Ⅷ-96
03-1354	余培锡	男	汉	广东省广州市	广彩瓷烧制技艺	Ⅷ-97
03-1355	李人帡	男	汉	广西壮族自治区钦州市	陶器烧制技艺（钦州坭兴陶烧制技艺）	Ⅷ-98
03-1356	孙诺七林	男	藏	云南省迪庆藏族自治州	陶器烧制技艺（藏族黑陶烧制技艺）	

续 表

序号	姓名	性别	民族	申报地区或单位	项目名称	项目编码
03-1357	周康明	男	汉	浙江省湖州市	蚕丝织造技艺（双林绫绢织造技艺）	Ⅷ-99
03-1358	常张勤	女	汉	河北省魏县	传统棉纺织技艺	Ⅷ-100
03-1359	吐尔逊木沙	男	维吾尔	新疆维吾尔自治区伽师县		
03-1360	马舍勒	男	东乡	甘肃省东乡族自治县	毛纺织及擀制技艺（东乡族擀毡技艺）	Ⅷ-101
03-1361	宋树牙	男	汉	江西省万载县	夏布织造技艺	Ⅷ-102
03-1362	颜坤吉	男	汉	重庆市荣昌县		
03-1363	赵芳云	女	汉	山东省嘉祥县	鲁锦织造技艺	Ⅷ-103
03-1364	粟田梅	女	侗	湖南省通道侗族自治县	侗锦织造技艺	Ⅷ-104
03-1365	叶　娟	女	傣	云南省西双版纳傣族自治州	傣族织锦技艺	Ⅷ-106
03-1366	梁　珠	男	汉	广东省佛山市顺德区	香云纱染整技艺	Ⅷ-107
03-1367	康玉生	男	汉	北京市	地毯织造技艺（北京宫毯织造技艺）	Ⅷ-110
03-1368	刘赋国	男	汉	内蒙古自治区阿拉善左旗	地毯织造技艺（阿拉善地毯织造技艺）	
03-1369	买吐送·吐地	男	维吾尔	新疆维吾尔自治区洛浦县	地毯织造技艺（维吾尔族地毯织造技艺）	
03-1370	孟兰杰	女	鄂伦春	黑龙江省黑河市爱辉区	鄂伦春族狍皮制作技艺	Ⅷ-112
03-1371	李金善	男	汉	北京市东城区	盛锡福皮帽制作技艺	Ⅷ-113
03-1372	玉山·买买提	男	维吾尔	新疆维吾尔自治区沙雅县	维吾尔族卡拉库尔胎羔皮帽制作技艺	Ⅷ-114
03-1373	何凯英	男	汉	北京市	内联升千层底布鞋制作技艺	Ⅷ-115
03-1374	王金勇	男	汉	山东省招远市	黄金溜槽堆石砌灶冶炼技艺	Ⅷ-116
03-1375	王殿祥	男	汉	江苏省南京市	金银细工制作技艺	Ⅷ-117
03-1376	张克康	男	汉	云南省曲靖市	斑铜制作技艺	Ⅷ-118
03-1377	朱炳仁	男	汉	浙江省杭州市	铜雕技艺	Ⅷ-119

续 表

<table>
<tr><th>序号</th><th>姓名</th><th>性别</th><th>民族</th><th>申报地区或单位</th><th>项目名称</th><th>项目编码</th></tr>
<tr><td>03-1378</td><td>俄色呷玛</td><td>男</td><td>藏</td><td>四川省白玉县</td><td>藏族金属锻造技艺（藏族锻铜技艺）</td><td rowspan="3">Ⅷ-120</td></tr>
<tr><td>03-1379</td><td>次旦旺加</td><td>男</td><td>藏</td><td>西藏自治区拉孜县</td><td rowspan="2">藏族金属锻造技艺（藏刀锻制技艺）</td></tr>
<tr><td>03-1380</td><td>龙多然杰</td><td>男</td><td>藏</td><td>青海省玉树藏族自治州</td></tr>
<tr><td>03-1381</td><td>道　安</td><td>女</td><td>汉</td><td>四川省成都市青羊区</td><td>成都银花丝制作技艺</td><td>Ⅷ-121</td></tr>
<tr><td>03-1382</td><td>吾甫尔·热合曼</td><td>男</td><td>维吾尔</td><td>新疆维吾尔自治区英吉沙县</td><td>维吾尔族传统小刀制作技艺</td><td>Ⅷ-122</td></tr>
<tr><td>03-1383</td><td>陶克图白乙拉</td><td>男</td><td>蒙古</td><td>内蒙古自治区科尔沁左翼后旗</td><td>蒙古族马具制作技艺</td><td>Ⅷ-123</td></tr>
<tr><td>03-1384</td><td>闫改好</td><td>男</td><td>汉</td><td>山西省长子县</td><td>民族乐器制作技艺（长子响铜乐器制作技艺）</td><td rowspan="3">Ⅷ-124</td></tr>
<tr><td>03-1385</td><td>金季凤</td><td>男</td><td>朝鲜</td><td>吉林省延边朝鲜族自治州</td><td>民族乐器制作技艺（朝鲜族民族乐器制作技艺）</td></tr>
<tr><td>03-1386</td><td>热合曼·阿布都拉</td><td>男</td><td>维吾尔</td><td>新疆维吾尔自治区疏附县</td><td>民族乐器制作技艺（维吾尔族乐器制作技艺）</td></tr>
<tr><td>03-1387</td><td>白静宜</td><td>女</td><td>满</td><td>北京市通州区</td><td rowspan="2">花丝镶嵌制作技艺</td><td rowspan="2">Ⅷ-125</td></tr>
<tr><td>03-1388</td><td>马福良</td><td>男</td><td>汉</td><td>河北省大厂回族自治县</td></tr>
<tr><td>03-1389</td><td>甘而可</td><td>男</td><td>汉</td><td>安徽省黄山市屯溪区</td><td>漆器髹饰技艺（徽州漆器髹饰技艺）</td><td rowspan="2">Ⅷ-127</td></tr>
<tr><td>03-1390</td><td>陈思碧</td><td>女</td><td>汉</td><td>重庆市</td><td>漆器髹饰技艺（重庆漆器髹饰技艺）</td></tr>
<tr><td>03-1391</td><td>吉伍巫且</td><td>男</td><td>彝</td><td>四川省喜德县</td><td>彝族漆器髹饰技艺</td><td>Ⅷ-128</td></tr>
<tr><td>03-1392</td><td>张　苏</td><td>男</td><td>汉</td><td>安徽省宣城市</td><td>宣笔制作技艺</td><td>Ⅷ-130</td></tr>
<tr><td>03-1393</td><td>张逢学</td><td>男</td><td>汉</td><td>陕西省西安市长安区</td><td>楮皮纸制作技艺</td><td>Ⅷ-131</td></tr>
<tr><td>03-1394</td><td>邹洪利</td><td>男</td><td>汉</td><td>河北省易县</td><td>砚台制作技艺（易水砚制作技艺）</td><td rowspan="3">Ⅷ-133</td></tr>
<tr><td>03-1395</td><td>蔺永茂</td><td>男</td><td>汉</td><td>山西省新绛县</td><td>砚台制作技艺（澄泥砚制作技艺）</td></tr>
<tr><td>03-1396</td><td>李茂棣</td><td>男</td><td>汉</td><td>甘肃省岷县</td><td>砚台制作技艺（洮砚制作技艺）</td></tr>
<tr><td>03-1397</td><td>高式熊</td><td>男</td><td>汉</td><td rowspan="2">上海市静安区</td><td rowspan="2">印泥制作技艺（上海鲁庵印泥）</td><td rowspan="2">Ⅷ-134</td></tr>
<tr><td>03-1398</td><td>符骥良</td><td>男</td><td>汉</td></tr>
</table>

续 表

序号	姓名	性别	民族	申报地区或单位	项目名称	项目编码
03-1399	王超辉	男	汉	浙江省瑞安市	木活字印刷技术	Ⅷ-135
03-1400	林初寅	男	汉			
03-1401	王辛敬	男	汉	北京市荣宝斋	装裱修复技艺（古字画装裱修复技艺）	Ⅷ-136
03-1402	周永干	男	汉	江苏省兴化市	传统木船制造技艺	Ⅷ-137
03-1403	陈芳财	男	汉	福建省晋江市	水密隔舱福船制造技艺	Ⅷ-138
03-1404	冯怀女	男	汉	广东省东莞市	龙舟制作技艺	Ⅷ-139
03-1405	毕六福	男	汉	四川省泸州市江阳区	伞制作技艺（油纸伞制作技艺）	Ⅷ-140
03-1406	宋志明	男	汉	浙江省杭州市	伞制作技艺（西湖绸伞）	
03-1407	次仁平措	男	藏	西藏自治区墨竹工卡县	藏香制作技艺	Ⅷ-141
03-1408	田希云	男	汉	新疆生产建设兵团	土碱烧制技艺	Ⅷ-143
03-1409	高景炎	男	汉	北京红星股份有限公司	蒸馏酒传统酿造技艺（北京二锅头酒传统酿造技艺）	Ⅷ-144
03-1410	商立云	女	满	河北省平泉县	蒸馏酒传统酿造技艺（山庄老酒传统酿造技艺）	
03-1411	秦文科	男	汉	山西省朔州市	蒸馏酒传统酿造技艺（梨花春白酒传统酿造技艺）	
03-1412	李玉恒	男	汉	辽宁省沈阳市	蒸馏酒传统酿造技艺（老龙口白酒传统酿造技艺）	Ⅷ-144
03-1413	陈 林	女	汉	四川省宜宾市	蒸馏酒传统酿造技艺（五粮液酒传统酿造技艺）	
03-1414	赖登燡	男	汉	四川省成都市	蒸馏酒传统酿造技艺（水井坊酒传统酿造技艺）	
03-1415	李家顺	男	汉	四川省射洪县	蒸馏酒传统酿造技艺（沱牌曲酒传统酿造技艺）	
03-1416	许朝中	男	汉	江苏省丹阳市	酿造酒传统酿造技艺（封缸酒传统酿造技艺）	Ⅷ-145

续 表

序号	姓名	性别	民族	申报地区或单位	项目名称	项目编码
03-1417	王秀兰	女	汉	北京张一元茶叶有限责任公司	花茶制作技艺（张一元茉莉花茶制作技艺）	Ⅷ-147
03-1418	杨继昌	男	汉	浙江省杭州市	绿茶制作技艺（西湖龙井）	Ⅷ-148
03-1419	谢四十	男	汉	安徽省黄山市徽州区	绿茶制作技艺（黄山毛峰）	
03-1420	魏月德	男	汉	福建省安溪县	乌龙茶制作技艺（铁观音制作技艺）	Ⅷ-150
03-1421	王文礼	男	汉			
03-1422	史奇刚	男	汉	浙江省象山县	晒盐技艺（海盐晒制技艺）	Ⅷ-153
03-1423	卓玛央宗	女	藏	西藏自治区芒康县	晒盐技艺（井盐晒制技艺）	
03-1424	雷定成	男	汉	四川省郫县	豆瓣传统制作技艺（郫县豆瓣传统制作技艺）	Ⅷ-155
03-1425	杨银喜	男	汉	北京六必居食品有限公司	酱菜制作技艺（六必居酱菜制作技艺）	Ⅷ-158
03-1426	徐永珍	女	汉	江苏省扬州市	茶点制作技艺（富春茶点制作技艺）	Ⅷ-161
03-1427	赵友铭	男	汉	上海功德林素食有限公司	素食制作技艺（功德林素食制作技艺）	Ⅷ-164
03-1428	于良坤	男	汉	浙江省金华市	火腿制作技艺（金华火腿腌制技艺）	Ⅷ-166
03-1429	白永明	男	汉	北京便宜坊烤鸭集团有限公司	烤鸭技艺（便宜坊焖炉烤鸭技艺）	Ⅷ-167
03-1430	满运来	男	回	北京月盛斋清真食品有限公司	牛羊肉烹制技艺（月盛斋酱烧牛羊肉制作技艺）	Ⅷ-168
03-1431	赵铁锁	男	汉	内蒙古自治区阿拉善盟	牛羊肉烹制技艺（烤全羊技艺）	
03-1432	罗世伟	男	汉	福建省福州市	聚春园佛跳墙制作技艺	Ⅷ-172
03-1433	姚炎立	男	汉	河南省洛阳市	真不同洛阳水席制作技艺	Ⅷ-173
03-1434	董直机	男	汉	浙江省泰顺县	木拱桥传统营造技艺	Ⅷ-175
03-1435	郑多金	男	汉	福建省寿宁县		

续 表

序号	姓名	性别	民族	申报地区或单位	项目名称	项目编码
03-1436	王世猛	男	汉	福建省惠安县	闽南传统民居营造技艺	Ⅷ-179
03-1437	达列力汗·哈比地希	男	哈萨克	新疆维吾尔自治区塔城地区	哈萨克族毡房营造技艺	Ⅷ-183
03-1438	张怀升	男	俄罗斯	新疆维吾尔自治区塔城地区	俄罗斯族民居营造技艺	Ⅷ-184
03-1439	马进明	男	撒拉	青海省循化撒拉族自治县	撒拉族篱笆楼营造技艺	Ⅷ-185

九、传统医药（24人）

序号	姓名	性别	民族	申报地区或单位	项目名称	项目编码
03-1440	孙树武	男	汉	河南省焦作市	中药炮制技术（四大怀药种植与炮制）	Ⅸ-3
03-1441	李成杰	男	汉			
03-1442	杨巨奎	男	汉	山西省太谷县	中医传统制剂方法（龟龄集传统制作技艺）	Ⅸ-4
03-1443	李英杰	男	汉	江苏省苏州市	中医传统制剂方法（雷允上六神丸制作技艺）	
03-1444	秦玉峰	男	汉	山东省东阿县	中医传统制剂方法（东阿阿胶制作技艺）	
03-1445	刘光瑞	男	汉	重庆市渝中区	针灸（刘氏刺熨疗法）	Ⅸ-5
03-1446	刘 钢	男	汉	北京市护国寺中医医院	中医正骨疗法（宫廷正骨）	Ⅸ-6
03-1447	罗金殿	男	汉	北京市朝阳区	中医正骨疗法（罗氏正骨法）	
03-1448	石仰山	男	汉	上海市黄浦区	中医正骨疗法（石氏伤科疗法）	
03-1449	郭艳锦	女	汉	河南省洛阳市	中医正骨疗法（平乐郭氏正骨法）	

续 表

序号	姓名	性别	民族	申报地区或单位	项目名称	项目编码
03-1450	米　玛	男	藏	西藏自治区藏医学院	藏医药（藏医外治法）	Ⅸ-9
03-1451	格桑次仁	男	藏	西藏自治区山南地区藏医院	藏医药（藏医尿诊法）	
03-1452	李先加	男	藏	青海省藏医院	藏医药（藏医药浴疗法）	
03-1453	丹增彭措	男	藏	西藏自治区藏医院	藏医药（藏药炮制技艺）	
03-1454	索朗顿珠	男	藏			
03-1455	洛桑多吉	男	藏	西藏自治区藏药厂	藏医药（藏药七十味珍珠丸配伍技艺）	
03-1456	白玛加措	男	藏	西藏自治区雄巴拉曲神水藏药厂	藏医药（藏药珊瑚七十味丸配伍技艺）	Ⅸ-9
03-1457	俄　日	男	藏	青海省金诃藏药药业股份有限公司	藏医药（藏药阿如拉炮制技艺）	
03-1458	尕玛措尼	男	藏			
03-1459	桑　杰	男	蒙古		藏医药（七十味珍珠丸赛太炮制技艺）	
03-1460	尼　玛	男	藏			
03-1461	区欲想	男	汉	广东省广州潘高寿药业股份有限公司	传统中医药文化（潘高寿传统中药文化）	Ⅸ-11
03-1462	乌　兰	女	蒙古	内蒙古自治区	蒙医药（赞巴拉道尔吉温针、火针疗法）	Ⅸ-12
03-1463	阿古拉	男	蒙古			

十、民俗（25人）

序号	姓名	性别	民族	申报地区或单位	项目名称	项目编码
03-1464	罗周文	男	京	广西壮族自治区东兴市	京族哈节	Ⅹ-7
03-1465	岳麻通	男	景颇	云南省陇川县	景颇族目瑙纵歌	Ⅹ-11
03-1466	陆有昌	男	汉	江苏省南京市	秦淮灯会	Ⅹ-50
03-1467	顾业亮	男	汉			
03-1468	石化明	男	苗	重庆市秀山土家族苗族自治县	秀山花灯	Ⅹ-51
03-1469	彭兴茂	男	土家			
03-1470	杜同海	男	汉	山西省潞城市	民间社火	Ⅹ-54
03-1471	赵喜文	男	汉	河北省井陉县	民间社火（桃林坪花脸社火）	

续 表

序号	姓名	性别	民族	申报地区或单位	项目名称	项目编码
03-1472	欧海金	男	水	贵州省黔南苗族布依族自治州	水书习俗	X -70
03-1473	潘老平	男	水			
03-1474	蔺文艺	男	汉	河北省邯郸市	灯会（苇子灯阵）	X -81
03-1475	邵传富	男	汉	安徽省肥东县	灯会(肥东洋蛇灯）	
03-1476	肖永庆	男	羌	四川省茂县	羌 年	X -82
03-1477	王治升	男	羌	四川省汶川县		
03-1478	赵云山	男	汉	河北省隆尧县	抬阁（芯子、铁枝、飘色）（隆尧县泽畔抬阁）	X -87
03-1479	张根志	男	汉	浙江省浦江县	抬阁（芯子、铁枝、飘色）（浦江迎会）	
03-1480	刘文昌	男	汉	安徽省临泉县	抬阁（芯子、铁枝、飘色）（肘阁抬阁）	
03-1481	钟郁文	男	汉	四川省兴文县	抬阁（芯子、铁枝、飘色）（大坝高装）	
03-1482	符恒余	男	汉	四川省江油市	抬阁（芯子、铁枝、飘色）（青林口高抬戏）	
03-1483	邓均朝	男	汉			
03-1484	刘端富	男	汉	福建省福鼎市	抬阁（芯子、铁枝、飘色）（福鼎沙埕铁枝）	
03-1485	黎　明	男	汉	广东省吴川市	抬阁（芯子、铁枝、飘色）（吴川飘色）	
03-1486	彭娘耀	男	汉	广东省陆河县	抬阁（芯子、铁枝、飘色）（河田高景）	
03-1487	王安大	男	汉	四川省渠县	三汇彩亭会	X -104
03-1488	贡嘎仁增	男	藏	西藏自治区	藏族天文历算	X -121

中国文化年鉴

Chinese Culture Yearbook

对外文化交流

Foreign Cultural Exchange

综 述

2009年是不平凡的一年，适逢新中国60华诞，又是实施“十一五”规划的关键之年。在党中央和国务院的正确领导和关怀下，在有关部委和各地方的支持协助下，文化部坚持以科学发展观为指导，积极应对国际、国内各种复杂形势所带来的挑战，抓住机遇，统筹国外和国内两个大局，群策群力，扎实工作，对外文化工作在各个方面取得了长足的发展。

一、举办大型文化交流活动，扩大中华文化影响

一年来，成功举办欧罗巴利亚中国艺术节、纽约卡内基“古今回响——中国文化盛宴”艺术节、中朝友好年、日本中国文化节、中泰一家亲、尼泊尔中国节、东欧五国中国文化节、非洲20国的“中国文化聚焦”、阿拉伯海湾中国艺术节、亚洲艺术节暨亚洲文化部长圆桌会议等各项大型文化交流活动。此外，我驻外使（领）馆还在驻在国策划、组织了丰富多彩的庆祝新中国成立60周年展演、宣传和纪念活动，巩固友好关系，营造良好氛围，比较集中宣传和介绍了中国传统文化。

二、驻外中国文化中心建设取得历史性进展

胡锦涛主席、温家宝总理、习近平副主席、李长春同志等党和国家领导人先后到我驻柏林、毛里求斯、马耳他、首尔、开罗等中心视察，出席我驻东京文化中心揭牌仪式，见证我在新加坡设立文化中心谅解备忘录、中俄互设文化中心协议和中罗互设文化中心协议的签署，对文化中心工作多次作出重要批示，寄予了殷切希望。在中央的大力支持推动下，我在墨西哥、泰国、蒙古、俄罗斯、西班牙、新加坡设立文化中心工作取得重要进展。各驻外文化中心加大与当地的合作日益深化，各类文化活动影响进一步扩大，合作形式和涉及领域进一步拓宽。

三、积极参与国际多边文化交流与合作，参与国际规则制定，扩大我国在重大国际文化事务上的话语权

2009年10月，欧罗巴利亚中国艺术节在比利时开幕，阿尔贝二世国王偕王室全体成员和参众两院议长、首相、内阁主要成员及欧盟委员会主席等陪同习近平副主席出席开幕式。艺术节涵盖来自国内19个省区市以及港台地区的500多场艺术活动，覆盖比利时各大城市，深入欧盟总部，辐射德、法、荷、卢、芬等国，在西欧文化主流舞台上集中展示中华文化，影响深远。文化部还积极参与在香港举办的“亚洲文化部长论坛”及联合国教科文组织《文化多样性公约》和非物质文化遗产保护等工作，成功举办“成都国际非遗节”并发表《成都宣言》，推动非遗申报工作取得重大进展。积极参与中日韩文化合作机制、中阿合作论坛、中非合作论坛、中欧文化产业论坛、中欧文化政策年度磋商机制和东亚拉美论坛等并发挥积极作用，全面深化各类区域性国际多边文化合作。

四、对外文化品牌建设稳步推进

“春节品牌”是文化部在海外举办的大型文化活动，已持续多年。2009年在亚、欧、美及大洋洲各国举办，大获成功。国内派出数十个艺术团为各国观众和海外华人表演精彩的文艺节目，受到热烈欢迎，亦成为当地媒体关注的焦点。多年来已成功举办的宁波国际声乐比赛、青岛国际小提琴比赛获得国际音乐比赛世界联盟年会的认可，与厦门国际钢琴比赛一道成为国际公认、在我国举办的三大艺术赛事。“相约北京”联欢活动、上海国际艺术节、北京国际音乐节、吴桥国际杂技艺术节、成都国际非物质文化遗产节、亚洲艺术节及非洲文化聚焦等都已成为服务群众的文化盛会与都市文化名片。

五、完善工作机制，加强统筹协调，整合国内外资源

加强中央与地方、国内与国外对外文化工作的协调与配合，调动各方资源，充分发挥各方优势，更积极有效地推动中华文化“走出去”。

回顾2009年，对外文化工作取得了长足的进展，要继续深入贯彻落实科学发展观，解放思想，开拓进取，推动对外文化工作更加扎实有效地开展，为全面提升中华文化的国际影响力和竞争力，进一步提升国家文化软实力谱写新的篇章！

（一）美大地区概况

美洲、大洋洲地区国家分布广、数量多，横跨北美洲、中美洲、南美洲和大洋洲。国情各不相同，既有美国、加拿大、澳大利亚、新西兰这些社会经济发展居世界先进水平的国家，也有巴西、墨西哥等新兴发展中大国，还有拉美安第斯地区、中美洲和加勒比以及南太岛国等幅员和人口较小的国家。

中国政府与该地区主要国家政府文化主管部门建立了良好的合作关系，双方互访频繁，与该地区各国重要文化机构的交流与合作得到进一步加强，并在此基础上举办了一些规模大、水平高、影响广的文化活动。

2009年，中国政府积极在美洲、大洋洲开展对外文化宣传与交流工作，取得了丰硕的成果。截至2009年底，与该地区的文化交流项目共178起，2838人次（含出国商演项目26起，688人次）。其中出访142起，2371人次；来访36起，467人次（注：以上所列数据仅为经文化部外联局美大处审批掌握的数据，撰稿时应汇总其他部委及地方省区市的数据）。签署了《中国人民共和国文化部和加拿大遗产部文化合作意向书》和《中澳文化协定2009～2011年度执行计划》两个双边文化合作执行计划。

（二）西欧地区概况

我国与西欧地区23个国家建立了外交关系。目前，我国与18国签有文化合作协定，与其中14国签有年度交流计划，与四国签署备忘录。

2009年，中国与西欧的文化交流与合作健康稳定地发展，在项目规模和质量以及运作水平上不断提高。积极配合配合国家领导人访问该地区国家，通过各类文化交流活动充分发挥文化外交沟通思想，交流心灵，凝聚情感的独特作用。民间层面各种类型的专业交流与合作十分活跃，进入市场运作的项目日趋增多。中国出访的项目主要集中在杂技、音乐和视觉艺术类。近年来，国内各级地方政府注重打造品牌项目，积极在欧洲举办文化周或文化节活动。

2009年，在比利时成功地举办了欧罗巴利亚中国艺术节，中国政府文化代表团出访西班牙、马耳他、意大利、比利时、德国、挪威等国家，签订了中马、中英、中意新的文化交流执行计划以及中挪文化交流谅解备忘录，组织浙江、江苏、吉林、湖南和青海艺术团赴6个西欧国家开展“春节品牌”活动，策划陕西社火民间艺术团参加爱丁堡军乐节等对欧文化交流活动，接待了德国博物馆馆长代表团等欧洲文化界人士访华。

（三）欧亚地区概况

2009年是中国与欧亚地区对外文化交流中重要的一年。这一年，中国分别与俄罗斯、保加利亚、罗马尼亚、波兰、捷克、斯洛伐克、匈牙利、阿尔巴尼亚等国同时迎来建交60周年大庆，意义重大。2009年，在莫斯科和北京分别举办庆祝中俄建交60周年活动；参加上合组织文化部长会晤和上合组织成员国艺术节；为庆祝与东欧国家建交60周年，在该地区部分国家举办“中国文化节”活动。与多个国家或根据双边文化合作计划进行交流，或互派演展团组赴对方国家参加国际艺术节等多边交流活动。出访团组的数量和质量较往年有明显提高，文化交流的深度与广度进一步扩展。据不完全统计，2009年经文化部审批的与欧亚地区文化交流项目共计77起，1114人次，其中出访42起，623人次，来访35起，491人次。部级团出访6起，23人次，来访6起，24人次。签署了7个两国文化合作执行计划，签署了2个会议纪要。

（四）亚洲地区概况

2009年，在区域内开展文化工作的任务日趋繁重，各国期盼中国能够在包括文化在内的各领域承担更多责任。东盟10+1、10+3机制也积极深化文化领域的交流与合作，相关项目明显增多。亚洲区域性文化合作方兴未艾，发展空间广阔。

2009年是中华人民共和国成立60周年，改革开放30周年。利用此契机，中国政府积极在亚洲地区开展对外文化工作，取得了丰硕的成果。截至2009年底，与该地区的官方文化交流项目500余起，与巴基斯坦、菲律宾、新加坡、越南、朝鲜、蒙古签署了年度文化交流执行计划。

（五）亚非地区概况

2009年，中国文化部继续推动与西亚北非地区国家文化高层互访，增进双边文化主管部门的相互了解和友谊。伊朗、阿曼、塞浦路斯、阿联酋、埃及、伊拉克等国文化部长和文化部门高级官员先后访华，进一步深化了我与西亚北非地区国家双边文化合作关系。

积极贯彻中阿合作论坛关于加大对阿拉伯国家务实合作的精神，落实《中阿合作论坛2008年至2010年行动执行计划》，先后组织和参与中阿合作论坛框架下的多项活动，邀请阿拉伯文化官员访华考察，邀请阿拉伯视觉艺术家来华采风创作，开办“阿拉伯国家文化艺术人才培养高级研修班”和杂技培训班等，加深中阿双边文化关系。

在叙利亚、科威特举办了“中国艺术节暨湖南文化周”大型综合文化活动，并组派南京杂技团出访土耳其和也门两国。同时，先后组派中国民族歌舞团、浙江歌舞剧院民乐小组、吉林民乐团、河南武术杂技团等多个艺术团组分别参加中国与苏丹建交50周年活动、中国驻西亚北非地区国家使馆举办的庆祝中华人民共和国成立60周年活动。

2009年，中国政府分别与埃及和阿曼等国政府签署了新年度文化执行计划，中国文化部与阿联酋阿布扎比文化遗产总局签署了合作谅解备忘录。中国文化部审批的中国与西亚北非地区文化交流项目计46起，853人次；与西亚北非地区文化贸易关系不断深化。经文化部审批的来自中国不同地区的10个演出团体在本地区进行商业演出，319人次。

（六）非洲地区概况

非洲（撒哈拉沙漠以南地区）面积2070万平方公里，人口7.8亿人，约有1500个民族，主要为黑色人种。地势由东南向西北倾斜，有“高原大陆”之称，95%以上地区属热带和亚热带气候。非洲历史悠久，幅员广袤、资源丰富、发展潜力巨大，是发展中国家最集中的大陆。目前本区域共有46个国家，其中42国与中国建交。

中国和非洲友谊源远流长，基础坚实。半个多世纪以来，无论国际风云如何变幻，中非始终休戚与共、真诚相待。近年来，特别是中非合作论坛北京峰会以来，中非在发展新型战略伙伴关系基础上，政治互信不断加强、经贸关系发展迅速、文化交流富有成果，已成为政治上彼此信赖、相互支持的战略伙伴，经济上优势互补，互利共赢的合作伙伴和文化上相互学习、借鉴的交流伙伴。

半个多世纪以来，经中非双方共同努力，中非文化交流与合作取得了长足发展，在演展、新闻出版、广播影视、文物、博物馆、图书馆以及人力资源开发等多方面进行了广泛交流与合作。中非合作论坛北京峰会后，中非双方积极贯彻峰会精神，着力兑现峰会承诺，进一步加大文化交流和合作力度，推动中非文化关系迈上了新台阶，双方文化交往在数量、规模和形式上都有了新的突破，“中非文化聚焦”和“非洲文化人士访问计划”等交流品牌已初步形成并产生良好反响。据不完全统计，2009年，我国与非洲各国的文化交流项目共35起，385人次。其中出访20起，246人次；来访15起，139人次，并与塞内加尔等国签署了新的文化合作协定执行计划。

专　题

年度重大活动

一、春节文化活动

随着我国际影响力不断增强，海外春节活动影响也日益扩大，正逐渐成为海外社会各阶层、各种族沟通和传递祝福的新纽带和推动中华文化走出去的有效途径，成为促进文化融合、吸引海外民众的公众节日。据不完全统计，2009年春节前后，包括美国总统奥巴马、英国首相布朗、法国总统萨科奇、澳大利亚总理陆克文、加拿大总理哈珀、日本首相麻生太郎、巴西总统卢拉等在内的15个国家的首脑祝贺中国春节，有近百个国家举办了与春节有关的庆祝活动，参与人数过万的大规模春节活动在全世界有数十起。有6个国家、州和城市已将春节列为法定公众节日。2009年春节期间，文化部从全国14个省市选派了多个文艺团体数百人，不仅精选了歌舞、杂技、民乐、武术、民间特色表演等丰富的节目，还派出了青海、新疆等少数民族艺术团参加，体现了中国传统春节和多民族文化特色。

（一）美大地区

河南省在澳大利亚悉尼举办了以文艺演出、展览、春节大巡游、经贸洽谈和旅游推介为重要内容的“中原文化澳洲行”活动。其中《风中少林》剧组在澳大利亚成功地进行了30余场商业性巡演。

（二）西欧地区

2009年春节期间，在西欧地区以伦敦、巴黎、哥本哈根三市为中心并赴德国、荷兰、马耳他，参加当地庆祝农历新年的活动。策划并组派了5个高水平的艺术团组分别赴法国、马耳他、德国、荷兰、丹麦和英国访问演出。

（三）欧亚地区

2009年1月31日至2月20日，文化部组派新疆歌舞团演出小组一行20人赴俄罗斯圣彼得堡、哈萨克斯坦阿拉木图和阿斯坦纳执行“春节品牌”

演出任务。哈文化信息部部长库尔穆哈迈德、副部长布里巴耶夫等政府和议会官员观看了演出。

（四）亚洲地区

2009年1月22日至2月9日，中国文化部与泰国旅游体育部、曼谷市政府、我驻泰使馆在泰国共同举办了“2009·中国春节文化活动”，文化部副部长赵少华率领中国政府文化代表团访泰并出席了重要活动。大年初一，诗琳通公主、泰总理阿披实·威差齐瓦、副总理素贴·特素班、曼谷市长素坤攀·巴里帕、旅游体育部部长充蓬·信拉巴阿差等政府要员以及近50万名身着诗琳通公主所设计“红衫”民众，与由赵少华率领的政府代表团和来自中国7个省（自治区）的艺术团在曼谷耀华力街共同举办了庆祝中国春节文化活动。

文化部组派了由广西壮族自治区、海南省、安徽省、烟台市、黑龙江省、吉林省、内蒙古自治区艺术家组成的165人艺术团赴泰国曼谷、普吉府、芭提雅市、合艾等地参加活动。泰国家电视3台、7台和9台对开幕式活动进行了现场直播。当地主流媒体均在重要时段和版面做了报道，对我连续多年在泰举办中国春节文化活动的情况及其对促进中泰文化交流乃至政治关系的发展给予了高度评价。

（五）非洲地区

2009年1月11～29日，中国文化部组派新疆艺术团一行26人赴吉布提、博茨瓦纳和毛里求斯访演，庆祝中国与吉布提建交30周年，推动中华文化走进非洲。“来自天山的祝福”融新疆各民族歌舞和杂技为一体，具有鲜明艺术特色。该团共为非洲观众奉献了11场演出，毛里求斯总统贾格纳特（Anerood Jugnauth）、总理拉姆古兰（Navinchandra Ramgoolam）和博茨瓦纳副总统帕蒂·梅拉费（M.S.Merafhe）等三国多位政要出席观看。

二、中美建交30周年

2009年是中华人民共和国和美利坚合众国建交30周年。中美双方举办了一系列的文化交流类纪念活动。

（一）中国当代艺术展

2009年3月25日至7月26日，为庆祝中美建交30周年，中国美术馆与美国子午线国际中心合作，在美国子午线国际中心举办“第二现实——中国当代艺术”展览，展品共计44件。后根据美方要求，展览又在美国延展至2009年9月16日。中国美术馆馆长范迪安率团赴美参加开幕式。

（二）中美建交30周年图片展

2009年1月12～17日，中国人民对外友好协会在北京主办“回望三十年——纪念中美建交30周年图片展”，展品共计366幅。在北京展出后，该协会还与尼克松图书馆和出生地基金会合作，于2009年1月21日至25日赴美国洛杉矶举办了该展。展览由中国图片社协办，清华大学中美关系研究中心提供学术策划，清华大学美术学院负责制作。

（三）青岛交响乐团赴美访演

2009年1月23日到2月1日，中国对外文化集团公司组派青岛交响乐团一行89人，在美国举办了5场“中华风韵”——2009年中国春节音乐会。巡演规模最多每场达到2000多人，共巡演5座城市，进入2个国际文化地标纽约卡内基音乐厅和华盛顿肯尼迪艺术中心，3所美国高等学府哈佛大学、耶鲁大学和肯恩大学，直接影响观众近万人。

（四）美国国家交响乐团访华并在国家大剧院举行首场演出

中华人民共和国主席胡锦涛、美利坚合众国总统奥巴马和中国文化部部长蔡武为交响乐团访华题词。

三、欧罗巴利亚中国艺术节

2005年6月，比利时国王阿尔贝二世访华时向胡锦涛主席提出邀请中国参加2009年在比利时举办的欧罗巴利亚艺术节。胡主席表示同意。2009年10月8日至2010年2月14日，“欧罗巴利亚中国艺术节”在比利时举办。10月8日，比利时国王阿尔贝二世偕王室全体成员、参议院议长德戴瓦尔、众议院议长德瓦尔、首相范隆普、外交大臣莱特姆及内阁主要成员、欧盟委员会主席巴罗佐陪同正在比利时访问的中国国家副主席习近平共同出席了在布鲁塞尔美术宫举办的“欧罗巴利亚中国艺术节”开幕式。开幕式上，欧罗巴利亚国际协会主席雅格布·德哈根伯爵、中国文化部副部长赵少华、比利时外交大臣伊夫·莱特姆分别致辞。

该艺术节围绕“古老的中国，当代的中国，多彩的中国，中国与世界”四大主题，通过组织近50个展览和50余个涉及表演艺术、文学、电影等领域的项目（共约500场活动），全面展现古老中国的悠久文化传统和当代中国生机勃勃的艺术创作。共有来自北京、上海、广东、江苏等19个省、自治区、直辖市的58家博物馆、美术馆、图书馆、考古机构、公共和民间文化机构以及1000余名艺术家参与艺术节活动。来自中国香港和中国台湾的文化机构和艺术家也作为中华文化的重要组成参与了艺术节。整个中国艺术节覆盖了比利时各大城市的主要展、演场馆，并辐射到德国、法国、荷兰、卢森堡、芬兰等其他欧洲国家。整个活动吸引了150万左右的比利时及欧洲其他国家观众。

四、中俄建交60周年文艺晚会

2009年是中俄建交60周年，在胡锦涛主席访问俄罗斯期间，6月17日在莫斯科大剧院成功举办了庆祝中俄建交60周年文艺晚会暨“中国文化节”开幕式演出。胡锦涛主席和梅德韦杰夫总统以及中俄各界嘉宾近1000人出席了晚会。中国文化部组派以中央民族歌舞团、南京军区前线文工团等多家单位组成的“中国艺术团”一行120人赴俄执行演出任务。此次演出不仅是一场单纯的文艺表演，也是一场重大的文化外交活动。晚会的主题是中俄两国人民的和平、友谊、合作，节目设计上突显了中国元素和俄罗斯元素的交融与互动。节目内容涵盖了交响乐、声乐、民族歌舞、民乐、杂技、芭蕾舞、诗歌朗诵等。俄罗斯国家电视第一频道、文化频道做了现场直播。中国中央电视台第一、四频道于次日黄金时间转播，中俄观众通过电视荧屏观看了这场反映中俄人民间友好情谊的晚会。

五、中国“俄语年”闭幕式演出

2009年10月13日，中俄建交60周年庆祝大会暨中国“俄语年”闭幕式文艺演出在北京人民大会堂举办。中国总理温家宝和俄罗斯总理普京在演出前先后致辞，回顾了中俄建交60年走过的不平凡历程，高度评价了中俄战略协作伙伴关系取得的丰硕成果。随后，两国总理与各界来宾共同观看了俄罗斯亚历山大红旗歌舞团和中国演员的联合演出。演出结束后，两国总理赠送花篮，祝贺演出成功。

六、亚洲艺术节

2009年8月17～26日，由文化部和内蒙古自治区人民政府共同主办的第11届亚洲艺术节暨亚洲文化部长圆桌会议在内蒙古自治区鄂尔多斯市举办。来自阿富汗、孟加拉、不丹、柬埔寨、朝鲜、日本、老挝、蒙古、缅甸、尼泊尔、菲律宾、巴基斯坦、新加坡、斯里兰卡、泰国、越南共16个亚洲国家的文化部部长或其代表应邀出席了亚洲文化部长圆桌会议和亚洲艺术节的主要活动。共同通过并签署了旨在携手应对当前世界性金融危机、深化亚洲区域文化合作的《鄂尔多斯倡议》，使本次会议成为亚洲区域文化合作历史进程中一个重要的里程碑，为处于新历史节点上的亚洲文化交流与合作指明了方向，《鄂尔多斯倡议》的签署成为第11届亚洲艺术节的重要遗产。文化部部长蔡武在亚洲文化部长圆桌会议上进行了主旨发言。

来自29个国家的驻华使节和21个国家35个艺术团的2500多位艺术家参加了艺术节的相关活动，主要内容包括：以“吉祥草原、祝福亚洲”为主题的第11届亚洲艺术节开幕晚会、鄂尔多斯那达慕大会，“薪传——首届中国少数民族非物质文化遗产展”、以城市剧场和各旗县社区为舞台的亚洲各国艺术团巡演和花车巡游、亚洲雕塑艺术主题公园活动、“四海一家”驻华使馆艺术藏品展、范曾先生书画展、鄂尔多斯国际美术大展、鄂尔多斯亚洲艺术摄影展等。

此外，本届亚艺节期间还举办了2009中国鄂尔多斯科技产业博览会、招商项目推介会、鄂尔多斯旅游产品洽谈交易会、库布其国际沙漠生态文化论坛等横跨多个领域，全面展示鄂尔多斯开放、创新、科学发展的精神面貌的活动。

第11届亚洲艺术节是首次在中国西部少数民族地区举办，打造了更有亲和力、感召力的多民族国家形象，增进了亚洲国家对我国政策和各民族团结发展现状的了解。

七、中朝友好年

2009年3～10月，为庆祝中朝建交60周年，中华人民共和国政府和朝鲜民主主义人民共和国政府共同举办了“中朝友好年”。3月18日，中朝友好年开幕式在北京国家大剧院隆重举行。国务院总理温家宝和来访的朝鲜内阁总理金英日共同出席开幕式，两国总理在开幕式发表致辞，并与中朝两国观众2000多人共同观看了开幕式演出。开幕式《友谊颂》演出在文化部为纪念中朝建交60周年暨中朝友好年而特别创作的大型交响乐《友谊颂》

中拉开序幕。来自中国人民解放军总政治部歌舞团、歌剧团、北京舞蹈学院，以及朝鲜万寿台艺术团、血海歌剧团和国立民族艺术团等两国200多位艺术家共同演出了舞蹈《扎西德勒》、歌舞《天空》、女子群舞《阳山道》和男子舞蹈《象帽舞》等具有中朝两国鲜明文化特色的节目，演出在两国艺术家合作的《中朝人民友谊之歌》的乐曲中圆满结束。艺术家们的精彩表演博得了现场观众热烈掌声。演出结束后，温家宝总理和金英日总理走上舞台与两国艺术家亲切握手，合影留念。

9月30日至10月6日，中国文化部组派了由广州军区战士文工团、杂技分团，辽宁省芭蕾舞团和中央歌剧院、中央音乐学院等单位人员组成的中国艺术团一行125人赴朝鲜参加了“庆祝中朝建交60周年暨中朝友好年联合演出”。10月5日，国务院总理温家宝与朝鲜内阁总理金英日在东平壤大剧院与平壤各界群众1500人共同观看了“庆祝中朝建交60周年暨中朝友好年联合演出”。

八、“2009中国文化聚焦”系列活动

为落实中非合作论坛北京峰会精神，兑现《中非合作论坛——北京行动计划（2007～2009）》文化方面承诺，文化部联合国家广播电影电视总局、新闻出版总署、体育总局和我相关驻非使馆于4～12月在非洲23个国家举办了内容丰富、形式多样、风格各异的中国文化宣传推广活动。该活动在非洲产生了积极广泛的影响，得到了各国政要及民众的普遍欢迎，对进一步加强中非文化交流，增进中非相互了解和友谊，推动中非友好合作关系全面发展发挥了重要作用。

“中非文化聚焦”系近年来形成的中非间文化交往的一著名活动品牌，每届活动均由文化部等中央部委及地方省区市联合举办。2008年10月23日至11月2日，首届“非洲文化聚焦”大型文化交流活动由文化部、广电总局、新闻出版总署和广东省政府联合主办，深圳市政府承办。该活动集非洲政府团访问、文艺演出、艺术展览、文化政策圆桌会议、文博专家挂职调研、客座艺术家来华创作、驻华使节观摩、纪录片播放、涉非图书展览等于一体，是首次中央多部委联合、央地联手、媒体广泛参与的大型中非文化交流活动。2009年，中非合作论坛第四届部长级会议通过的《中非合作论坛——沙姆沙伊赫行动计划（2010～2012年）》将“中非文化聚焦”品牌列入文化领域表述中，规定逢双年在中国举办“非洲文化聚焦”活动，逢单年在非洲举办“中国文化聚焦”活动。

九、第九届“相约北京”联欢活动

2009年4月28日至5月29日，由文化部和北京市人民政府、国家广播电影电视总局共同主办的第九届“相约北京”在北京举办，共有世界上20多个国家和地区的50多个中外艺术团体、600多名艺术家参加。本届“相约北京”以“创意欢乐分享、艺术温暖生活”为主题，包括剧场演出、广场联欢、艺术展览、公开讲座和艺术工作坊五大活动形式，涵盖音乐、舞蹈、戏剧和视觉艺术四大艺术门类，分为开幕式“欢乐颂——历届中国国际钢琴、小提琴和声乐比赛获奖选手音乐会”、闭幕式“俄罗斯明星芭蕾舞团访华演出”、庆典中国、世界音乐之旅、多媒体作品展演、国内原创精品展演六大特色板块。活动期间，共呈献了110多场精彩演出和活动，观众规模达200多万人次。中共中央政治局常委李长春，中共中央政治局委员、北京市委书记刘淇，中共中央政治局委员、国务委员刘延东等中央领导及有关部委和北京市的领导出席观看了本届“相约北京”的开幕演出；文化部副部长赵少华出席观看了本届“相约北京”闭幕式演出。

十、第二届中国成都国际非物质文化遗产节

2009年6月1～13日，第二届中国成都国际非物质文化遗产节（下称“非遗节”）在渝成功举办。由文化部、四川省人民政府和联合国教科文组织共同主办，成都市人民政府、四川省文化厅和中国非物质文化遗产保护中心承办，成都市文化局和成都市金牛区人民政府协办。这是联合国教科文组织首次与我国共同主办的大型国际文化交流活动，也是“5·12”汶川特大地震发生后四川省举办的首个大型国际活动。本届“非遗节”以“多彩民族文化、人类精神家园”为主题，举办了包括开幕式暨天府大巡游、国际论坛、非物质文化遗产博览会、非物质文化遗产精品剧（节）目剧场演出和慰问演出、主题分会场活动和系列配套活动、闭幕式暨颁奖活动六大类370多项。以“灾难与非物质文化遗产保护”为主题的国际论坛达

成《成都共识》向国际社会发表并铭刻碑文永久矗立在非物质文化遗产国家公园；13支国外和32支国内表演队伍共3000多名表演人员参加了街头巡游和主题分会场活动；26个省、区、市的1600多个非物质文化遗产项目，630多名传承人参加了在非物质文化遗产国家公园举办的博览会；12种剧目参与剧场和慰问演出共56场；190多支表演队伍参加了非物质文化遗产国家公园广场10个主题日、5个主题分会场、16个配套活动和闭幕式“多彩家园”的各种演出活动，参演人员达7000余人；内容丰富、精彩纷呈的节会活动共吸引500多万人参与，使“非遗节”真正成为“文化的盛会，民众的节日”。中共中央政治局委员、国务委员刘延东为“非遗节”发来贺词，全国人大常务委员会副委员长陈昌智、文化部部长蔡武、副部长周和平、赵少华及其他有关国家部委领导、四川省和成都市的主要领导、120余个国内观摩团以及31个国家常驻联合国教科文组织大使和教科文组织代表、各国驻成都领事应邀出席相关活动。来自上百家传媒的数百名记者全程跟踪、广泛深入报道该节盛况。中央电视台、香港凤凰卫视、四川卫视、成都电视台等直播、录播了重要节会活动。“非遗节”期间，31个国家常驻教科文组织大使参加了成都大使论坛。

十一、首届亚欧文化艺术节

为落实亚欧首脑会议和温家宝总理向国际社会所做的承诺，2009年9月2日至8日，由文化部、外交部、国家广播电影电视总局、国家新闻出版总署和北京市人民政府共同主办的首届亚欧文化艺术节在北京隆重举办。本届艺术节以“多样文化、创意共享”为主题，举办了文艺表演、艺术展览、图书音像展览、电影展播周和文化合作论坛等一系列丰富多彩的活动。来自40多个亚欧会议成员国的600多名艺术家、专家学者、文化官员和企业代表参加了艺术节相关活动。其间，展出上述国家图书6万多种，播映电影16部，3万多名观众直接参与艺术节的文化交流活动，数亿观众通过广播、电视收听、收看了艺术节的部分节目及有关报道。中央政治局委员、国务委员刘延东，国务委员戴秉国，文化部部长蔡武，副部长赵少华，外交部部长助理翟隽，广电总局副局长胡占凡，新闻出版总署副署长李东东，北京市委常委、宣传部长、北京市副市长蔡赴朝等领导同志以及亚欧会议成员国的驻华使节出席了艺术节相关活动。

十二、25项非遗项目成功列入联合国教科文组织非遗名录

2009年9月28日至10月2日，在阿联酋首都阿布扎比召开的联合国教科文组织保护非物质文化遗产政府间委员会第四次会议审议并批准世界各国12个项目列入急需保护的非物质文化遗产名录（简称“急需保护名录”），76个项目列入人类非物质文化遗产代表作名录（简称“代表作名录”）。其中，我国的“羌年”、“黎族传统纺染织绣技艺”和“中国编楔木拱桥营造技艺”3项被列入急需保护名录；“中国书法”、“中国篆刻”、“中国剪纸”等22项被列入代表作名录。目前，我国列入代表作名录的项目总数达到26项，加上列入急需保护名录的3项，合计29项。

十三、第11届中国上海国际艺术节

2009年10月18日至11月18日，第11届中国上海国际艺术节在沪举办，主题为“用艺术点亮心灵”。围绕主题设有舞台演出、群文活动、演出交易会、节中节、论坛、展览博览六大活动板块及韩国—重庆嘉宾文化周。舞台演出共推出55台优秀剧目，国际演出交易会有20多个国家和地区的艺术节、演出机构、剧院和演出团体参加，共达成多项演出交易意向；“节中节”包括第六届上海国际魔术节暨国际魔术比赛、首届上海国际优秀木偶艺术大赛暨优秀剧目展演、第五届中国上海国际青年钢琴比赛和第三届上海朱家角水乡“世界音乐”节；论坛包括艺术节高峰论坛、钢琴大师论坛和中韩文化交流与发展论坛；展览博览包括10项题材多样的艺术展、专题展、艺术器材展和工艺精品博览会。本届艺术节由文化部副部长欧阳坚宣布开幕，全国政协副主席历无畏及上海市主要领导出席艺术节开幕式并观看开幕演出大型原创民族舞剧《王昭君》；文化部副部长赵少华、外联局局长董俊新出席闭幕式并与上海市有关领导一同观看闭幕演出歌剧《楚霸王》。

十四、第12届中国吴桥国际杂技艺术节

2009年10月31日至11月13日，由文化部和河北省人民政府共同主办的第12届中国吴桥国际杂技艺术节在河北省石家庄市（主会场）和沧州市（分会场）举行。本届艺术节以“友谊、交流、

繁荣、发展”为主题，共有来自22个国家和地区的200多位杂技艺术家呈献了32个精彩节目。全国政协副主席郑万通、文化部副部长周和平、河北省省长胡春华、副省长孙士彬等领导出席在河北艺术中心举行的开幕式晚会，国务委员刘延东、全国人大副委员长桑国卫、文化部部长蔡武、河北省委书记张云川、省长胡春华、副省长孙士彬等领导出席了闭幕式晚会。

双边文化交流

一、美大地区出访

（一）文化部副部长陈晓光出访加拿大、美国

2009年11月4～15日，文化部副部长陈晓光率中国政府文化代表团一行5人访问了加拿大和美国。与加拿大遗产部签署了《中国人民共和国文化部和加拿大遗产部文化合作意向书》，出席了纽约卡内基音乐厅主办的“古今回响—中国文化庆典”活动的闭幕式并观看了上海交响乐团演出。

（二）文化部部长助理丁伟率政府文化代表团出访南太岛国

2009年8月17～28日，文化部丁伟部长助理率领中国政府文化代表团一行，对法属波利尼西亚、斐济和瓦努阿图进行了友好访问并出席斐济红花节开幕式。访问期间，代表团广泛接触了当地政府首脑、主管文化的政府官员，传达了中国政府重视发展同南太各国和地区在文化领域的交流与合作的意愿，听取了对方对发展我与当地文化合作的建议，参观了当地的文化设施，加深了对南太的政治、经济、社会、文化发展状况的了解。

（三）美大地区文化艺术团组出访

2009年1月15～25日，应新西兰中华电视网和新西兰屋仑华侨会所邀请，河北民间绝活艺人一行6人赴新西兰奥克兰参加“花市同乐日”活动。

1月15日至3月14日，内蒙古自治区民族歌舞剧院“安达组合”赴美进行巡回商演。该组合在美中西部地区深入大、中、小学校，社区剧院，养老院和其他基层机构，为美当地青少年、老年人和社区普通民众举办演出和有关音乐知识讲座，在当地掀起中国文化热潮，受到了美国普通民众的热烈欢迎和好评。

1月19日至2月6日，中国对外文化集团公司组派青岛交响乐团一行89人赴美举办“中华风韵”—2009年中国春节音乐会。

1月28日至2月6日，应澳大利亚“中华年”组委会和澳大利亚中国统一促进会的邀请，北京中演圣大文化传播有限公司和北京华明伟业国际文化交流中心与中国对外文化交流协会共同赴澳主办“相约中国节”——2009悉尼春节文艺晚会暨“澳大利亚中华年”闭幕式演出。

2月6～15日，应新西兰亚洲基金会邀请，浙江婺剧团一行23人、四川省资中木偶剧团一行4人赴新西兰参加第10届奥克兰元宵灯节和第五届基督城元宵灯节演出。

2月8～17日，应秘鲁国家文化委员会和哥伦比亚黄金博物馆的邀请，国家博物馆组派以董琦为团长的5人工作组，赴秘鲁、哥伦比亚访问，分别与秘鲁国家文化委员会和哥伦比亚黄金博物馆就合作办展事进行商谈。

2月18～23日，应美国圣路易斯艺术博物馆邀请，故宫博物院王亚民一行3人赴美国参加“明代宫廷艺术展”开幕式。

2月25日至3月6日，应澳大利亚动力博物馆和新西兰提帕帕博物馆的邀请，国家博物馆组派以陈国强为团长的6人考察小组赴澳大利亚和新西兰访问。

2～3月，应中美文化创意公司邀请，中国对外文化集团公司组派北京舞蹈学院青年舞蹈团一行44人赴美国洛杉矶、旧金山等地演出。

2月中旬至11月，应美国UniverSoul马戏团邀请，中国对外文化集团公司组派沧州杂技团“重蹬技”节目组一行2人，赴美参加该马戏团2009年的巡演。

2月下旬至11月底，应美国玲玲马戏团邀请，中国对外文化集团公司组派河南省郑州星光演出有限公司一行26人，赴美国随该马戏团演出。

3月1～9日，应美国俄克拉荷马大学邀请，中国艺术研究院创作研究中心创作员莫言，赴美国参加该校中美关系研究所首届纽曼华语文学奖颁奖典礼并参加相关学术交流活动。

3月6～8日，应美国詹姆斯·罗里莫先生邀请，遵义市杂技团演员高原、罗兰2人赴美国参加由

阿诺·施瓦辛格和詹姆斯·罗里莫举办的阿诺体育节，演出“芭蕾顶技”节目一场。

3月6日至10月11日，应阿根廷艾克音乐制作公司（AKE MUSIC PRODUCTIONS/LIVE WORLD SRL）邀请，沈阳杂技团一行44人赴巴西、阿根廷、秘鲁等国巡回演出。

3月12～24日，应墨西哥下加州文化厅的邀请，浙江省厅曲艺杂技总团一行35人，赴该州举办“天堂风情——大型杂技专场演出”。

3月16日至2010年3月15日，应美国恒创股份有限公司邀请，重庆杂技团陈涛等一行35人赴美国田纳西州塞维维尔市进行商业性演出。

3月18～28日，应美国子午线国际中心邀请，中国美术馆馆长范迪安等一行5人赴美参加《第二现实——中国当代艺术》展。

3月26日至5月4日，应美国目标娱乐公司、爱情制作公司及贺森家庭娱乐公司联合邀请，浙江曲艺杂技总团赴美国加州圣雷蒙市嘉乐艺术中心和密苏里州布兰森市银元城“世界之村”演出。

4月3日至5月20日，由文化部文化市场发展中心及深圳市文化局主办，深圳美术馆承办，北京中文发国际文化交流有限公司执行的“墨非墨——中国当代水墨展”在美国费城德雷塞尔大学举办，展品共计92件。

4月4～29日，应加拿大广播公司及中国驻哥伦比亚使馆和墨西哥城艺术界组委会邀请，杭盖乐队一行6人赴加、哥、墨巡演。

5月1～18日，应加拿大郁金香节组委会的邀请，文化部组派南京市杂技团一行12人赴加拿大进行访问演出。

5月2～16日，应美中关系全国委员会邀请，中国美术馆组派钱林祥等一行2人赴美国考察访问，参加美方组织的“中国博物馆与青少年儿童教育项目”。

5月10日至12月30日，应美国国际特别项目有限公司邀请，遵义市杂技团《依依山水情》精品剧目演出团一行29人赴美国芝加哥进行演出。

5月17日至6月1日，应大温哥华中华文化中心邀请，中国艺术研究院刘波赴加拿大筹备及出席“刘波中国书画展”。

5月18日至10月18日在休斯敦，2009年11月19日至2010年3月31日在华盛顿，应美国得克萨斯州休斯敦自然科技博物馆和华盛顿特区国家地理协会邀请，陕西省文物交流中心在美国展出“中国秦兵马俑展”。

5月25～29日，应美国哈佛燕京图书馆馆长郑炯文邀请，中国国家图书馆陈力等3人赴美，与美国哈佛燕京图书馆就双方开展古籍数字化合作项目进行商讨，落实合作意向。

5月30日至6月9日，应澳大利亚外交商贸部的邀请，中国美术馆马书林赴澳大利亚参加澳大利亚“国际文化访问者计划”，与澳国立美术馆等机构商谈馆际交流。

6月20日，由文化部外联局、中国驻澳大利亚使馆文化处、澳大利亚博物馆协会和澳大利亚国家美术馆共同主办的2009中澳美术馆经营管理研讨会在澳大利亚开幕。河南省美术馆等9个美术馆专业人员参加了此次活动。

6月20～27日，应联合国经社事务部公共行政和发展管理司邀请，中国京剧院组派张建国等14人赴美国纽约联合国总部参加联合国公共服务日庆祝和纪念活动演出。

6月22日至8月23日，应加拿大太阳马戏团邀请，成都军区战旗文工团杂技分团一行25人赴新西兰参加“龙狮”杂技晚会的演出。

6月28日至7月19日，中国图书馆学会组派河南省图书馆副馆长孔德超等一行10人，赴美国进行“图书馆馆长专题交流”活动。

7月1～28日，应美国国会图书馆邀请，国家图书馆组派高红等一行12人访美，与该馆进行业务交流。

7月8～28日，应古巴文化部、牙买加文化、青年和体育部、芝加哥中国文化周组委会和世界艺术家体验组织的邀请，中演集团公司组派天津歌舞剧院民乐小组一行12人，赴古巴、牙买加和美国进行访问演出。

7月9日至8月2日，应加拿大埃德蒙顿展览馆邀请，广西玉林市博白县杂技艺术团一行24人赴加拿大演出。

7月20～30日，应美国美亚艺术中心邀请，中国广播艺术团组派以王书伟为团长的艺术团一行89人赴美国进行“中国改革开放30周年，中美建交30周年暨庆祝中华人民共和国成立60周年美国西部地区巡演活动”。

7月23日至8月7日，应智利圣地亚哥芭蕾舞团的邀请，中央芭蕾舞团演员邢亮、曹舒慈2人，赴智利参加圣地亚哥芭蕾舞团成立50周年庆典演出。

7月26～31日，应澳大利亚华人文化艺术界联合会邀请，中国歌剧舞剧院组派44人赴澳大利亚举办“盛世霓裳——2009李玉刚首场个人独唱音乐会”。

7月30日至2010年1月15日，应美国国际特别项目有限公司邀请，黑龙江省冰雪艺术发展有限公司一行160人，赴美国田纳西州、佛罗里达州、得克萨斯州和马里兰州四地制作冰雕艺术展。

8月1～11日，应巴西国际木偶节组委会邀请，唐山市皮影剧团一行6人赴巴西利亚参加第五届巴西国际木偶节。

8月2～10日，应墨尔本艺术中心剧院邀请，中央芭蕾舞团一行90人赴澳大利亚墨尔本演出中国经典芭蕾舞剧《大红灯笼高高挂》。

8月8日至2010年12月31日，应加拿大太阳马戏团邀请，中国对外文化集团公司组派北京市杂技团《爬杆》节目组一行2人，赴美国拉斯维加斯演出。

8月15日至2010年7月31日，应美国大苹果马戏团邀请，中国对外文化集团公司组派中国铁路文工团杂技团“晃管”节目组一行5人赴美与该马戏团进行合作演出。

8月17日至9月2日，应新西兰红花节组委会邀请，文化部委托重庆市文广局组派重庆市杂技团一行16人参加斐济红花节并顺访瓦努阿图。

8月31日至9月10日，中国对外文化集团公司组派天津歌舞剧院一行11人赴哥伦比亚参加国家警察局下属慈善机构组织的义演。

9月1日至11月30日，应加拿大太阳马戏团邀请，成都军区战旗文工团杂技分团一行26人，赴墨西哥参加“龙狮”杂技晚会演出。

9月8～16日，应澳大利亚国际3CT公司的邀请，江西省杂技团一行15人赴澳大利亚演出。

9月16日至10月26日，应美国中西部艺术联盟邀请，四川省歌舞剧院“天资国乐”演出团一行18人赴美西地区5个城市巡回演出。

9月17～22日，应澳大利亚布里斯班市政府邀请，重庆三峡杂技艺术团一行14人赴澳大利亚布里斯班市参加由布里斯班市政府主办的该市建市150周年庆典活动。

9月17～23日，应新西兰中国团体联合会邀请，文化部归国华侨联合会组派6人艺术小组赴新参加该会举办的第11届中秋艺术节暨庆祝中华人民共和国成立60周年庆祝活动。

9月19日至10月6日，天津歌舞剧院一行16人赴美国、墨西哥参加当地庆祝新中国成立60周年文艺演出。

9月20～29日，应世界建筑文物保护基金会邀请，故宫博物院组派段勇等6人赴美就乾隆花园修复项目实施的有关问题与美方进行交流研讨，并参加古建修复培训和研讨会。

9月22日至10月10日，四川遂宁民间艺术团一行15人赴圭亚那、特多和苏里南，参加庆祝新中国成立60周年文艺演出。

9月22～28日，山西省文化厅组派山西太重鼓乐团25人赴澳大利亚墨尔本演出。

9月23日至10月14日，中国对外文化集团公司组派天津歌舞剧院民乐艺术家小组一行4人赴阿根廷、多米尼加参加庆祝新中国成立60周年文艺演出。

9月26日至10月18日，应美国汉风艺术推广中心和加拿大CSL文化公司邀请，中国对外文化集团公司组派北京军区战友文工团一行76人赴美国洛杉矶、旧金山以及加拿大温哥华等地演出舞剧《红楼梦》。

9月29日至10月4日，中国对外文化交流协会派遣东方快车音乐家、香港乐团助理指挥苏柏轩、著名小提琴演奏家李传韵和上海音乐学院钢琴演奏家孙颖迪等4人赴布里斯班与昆交合作，共同推出中秋音乐会。

9月29日至10月17日，应北美文化艺术联合会、加拿大厦门友好协会邀请，福建省厦门爱乐乐团一行92人赴美国、加拿大演出交响诗篇《土楼回响》。

10月3～8日，应澳大利亚阿德莱德艺术节中心邀请，广东省广州杂技团一行60人赴澳大利亚阿德莱德市参加第三届“澳亚艺术节”。

10月6～18日，应墨西哥“塔毛利帕斯国际艺术节”组委会邀请，浙江曲艺杂技总团一行26人，赴墨西哥参加“塔毛利帕斯国际艺术节”演出。

10月，文化部委托陕西省文化厅组派陕西省民间艺术剧院皮影团一行10人赴委内瑞拉、玻利维亚和厄瓜多尔访问演出。访演期间，艺术团在委内瑞拉加拉加斯，玻利维亚拉巴斯、奥鲁罗、科恰班巴和厄瓜多尔基多、拉塔贡嘎、安巴托、布约等8个城市进行了11场演出，获得圆满成功，受到出访国家主流社会、新闻媒体和普通民众的广泛好评。

10月7～12日，应美国哈佛燕京图书馆邀请，国家图书馆馆长詹福瑞等3人赴美，与美国哈佛燕京图书馆就双方开展“古籍数字化合作项目”进行商讨，落实合作细节。

10月20日至11月2日，应美国汉风艺术推广中心邀请，中国杂技团一行37人赴美国进行商演。

10月24日至11月1日，应澳大利亚墨尔本维多利亚艺术中心邀请，中国儿童艺术剧院“十二生肖”剧组一行20人赴澳大利亚墨尔本参加维多利亚艺术中心《2009年教育与家庭系列演出项目》演出。

10月28日至11月10日，应中美电影节组委会邀请，国家京剧院袁慧琴赴美，参加中美电影节的相关活动。

10月31日至11月9日，应阿根廷总统府文化国务秘书豪赫·科斯克拉和智利图书馆、档案和博物馆局局长尼维亚·帕尔玛邀请，故宫博物院组派副院长李季等一行4人赴阿根廷和智利访问，就博物馆管理、文化遗产保护领域的合作、互办展览和互派专家事进行交流。

11月9～18日，应美国弗利尔美术馆、华美协进会、亚洲艺术博物馆邀请，故宫博物院组派王素等一行6人赴美国进行学术交流。

11月14日至2010年5月13日，应美国芝加哥艺术学院邀请，故宫博物院文保科技部馆员雷勇作为2010年度“利荣森纪念交流计划”入选受资助学者，赴美国进行古建筑保护和彩绘颜料分析的研习活动。

11月25～29日，应澳大利亚悉尼大学邀请，文化部原部长王蒙赴悉尼大学进行学术交流。

11月29日至12月2日，应美国斯坦福大学图书馆邀请，国家图书馆组派副馆长魏大威等2人赴美国，参加在斯坦福大学举办的数字图书馆建设研讨会。

11月至2011年11月，应美国玲玲马戏团邀请，中国对外文化集团公司组派河南濮阳华晨杂技集团有限公司杂技小组一行24人赴美国参加玲玲马戏团巡演。

12月3～7日，应新西兰奥克兰音乐协会和曼努考交响乐团邀请，天津歌舞剧院一行23人赴新西兰奥克兰进行访问，与新西兰交响乐团合作演出《黄河大合唱》。

12月20～26日，文化部组派工作小组赴委内瑞拉首都加拉加斯出席了中国——委内瑞拉政府高级混合委员会（中委高委会）第八次会议，并与委方有关部门代表召开了中委高委会文化分委会会议。

二、美大地区来访

（一）美国博物馆图书馆署主席拉蒂奇博士访华

2009年7月14～20日，应文化部邀请，美国博物馆图书馆署主席拉蒂奇博士率包括该机构主管图书馆事务的副主任乔伊斯·雷博士、国际事务特别顾问亨利·莫兰先生以及“中美图书馆员专业交流项目”美方负责人——美国伊利诺伊大学编目主管蒋树勇教授等6人代表团访华。访华期间，代表团对甘肃省、四川省的博物馆、图书馆机构发展情况进行了考察，同中方有关人员进行了座谈。

（二）美国大学表演经理人组织和美国中西部艺术联盟代表团访华

2009年12月6～15日，应文化部邀请，美国中西部艺术联盟主席大卫·法拉尔先生亲率包括MUPS召集人—宾夕法尼亚大学表演艺术中心主任乔治·图铎在内的美国大学表演经理人组织（MUPS）和美国中西部艺术联盟代表团（Arts Midwest）一行13人访华。访华期间，代表团访问了上海、四川和北京，观看了三地演艺团体的优秀作品并与各团体负责人、主创人员、部分演员和个人等进行了座谈，了解相关情况和演出条件。

（三）美大地区其他文艺团组来访

2009年1月1日，中国对外演出公司与中国歌剧舞剧院联合邀请美国男高音歌唱家Juatin Vickers，美籍华人女中音歌唱家梁宁、小提琴家郭庆赴海南演出。

3月9～16日，中国交响乐团邀请加拿大指挥马可·帕里索托，到北京与该团合作演出。

3月21日至4月3日，由中华人民共和国

文化部和乌拉圭驻华大使馆共同主办，中国对外艺术展览中心承办的“锦绣乌拉圭”摄影图片展在北京皇城美术馆举办，展出乌拉圭摄影家胡里奥·特斯托尼摄影作品共计26件。

4月21～26日，中国爱乐乐团邀请美国艺术家约瑟夫·希尔弗斯坦，到北京与该团合作演出。

4月22～26日，中国文化国际旅行社邀请加拿大钢琴家雅克·杜普雷到北京演出。

5月5日、6日，中国对外文化集团公司邀请美国杨百翰大学国际民族舞蹈团一行44人参加第九届“相约北京”联欢活动，在保利剧院演出。

5月10～25日，中国文化国际旅行社邀请美国康科迪亚交响管乐团一行49人来京访演。

5月12～17日，中国爱乐乐团邀请奥地利指挥家约翰内斯·威尔德纳和美籍钢琴家殷承宗于到北京与该团合作演出。

5月14～15日，国家大剧院邀请美国匹兹堡交响乐团一行125人来北京演出。

5月23～28日，文化部外联局邀请美国诗人珍·赫什菲尔德女士（Jane Hirshfield）赴西安参加“第二届中国西安诗歌节”并于5月28日至31日在北京访问。

5月24日至6月1日，中国交响乐团邀请美国指挥家莫瑞斯·佩勒斯与该团合作演出。

5月24日至6月7日，中国爱乐乐团邀请美国小提琴演奏家莎拉·张到北京合作演出。

6月3～15日，中国文化国际旅行社邀请美国波莱布中学管弦乐团一行42人访华，在北京、上海和西安三地进行管弦乐交流活动。

6月10～17日，北京中演世纪文化传播有限责任公司邀请美国国家交响乐团一行115人访华，在北京、西安演出。

6月16～21日，中国爱乐乐团邀请美国钢琴家齐蒙·巴托，来北京与该团合作演出。

6月17～21日，中国文化国际旅行社邀请美国钢琴家迪米特里·拉赫玛诺夫来北京演出。

7月14～20日，文化部邀请美国博物馆与图书馆事业机构主席拉蒂奇博士率文化代表团一行6人，访问北京、甘肃、四川。

7月17日，国家大剧院邀请美国纽斯德三重奏一行2人来京访演。

9月8～20日，中国图书馆学会邀请美国伊利诺伊大学图书馆中国馆研究员蒋树勇等一行5人，来华参加在北京、兰州和西安举办的“中美图书馆专业交流项目·图书馆专业普及交流”活动。同时邀请美国国会图书馆前亚洲部主任李华伟、伊利诺伊大学图书馆馆长波拉·考夫曼等2人作为嘉宾来华参加上述活动。

10月20～28日，国家大剧院邀请美国艺术家Kevin Kenner到北京演出。

11月12～15日，国家大剧院邀请美国芭蕾舞剧院一行130人来京演出。

11月28日至12月6日，中国交响乐团邀请美国指挥家莫瑞斯·佩勒斯，到北京与该团合作演出。

12月3～6日，国家大剧院邀请美国何塞·利蒙现代舞团一行25人来京演出。

三、西欧地区出访

（一）文化部部长蔡武访问西班牙、马耳他

2009年1月29日至2月3日，文化部部长蔡武部长陪同国务院总理温家宝访问了西班牙，并应邀访问了马耳他，分别同西班牙文化副大臣、马耳他文化、体育部部长举行了会谈，签署了《中华人民共和国政府与马耳他共和国政府2009～2012年文化交流执行计划》。

（二）加强同欧盟文化交流工作，拓宽文化交流渠道

为了加强与欧盟的文化交流工作，2009年5月，文化部部长蔡武邀请欧盟委员会教育文化总司司长坎坦率团访华，出席第五届深圳文博会“中欧文化产业论坛”，并与蔡武部长就中欧文化政策交换了意见，开启了首次中欧文化政策对话。

10月14日，文化部外联局董俊新局长在比利时参加“欧罗巴利亚中国艺术节”开幕式活动的期间，在布鲁塞尔同欧盟委员会教育文化总司文化司司长苏哈就中欧加强文化领域内的交流与合作进行了富有成效的磋商，建立了中欧司局级官员年度磋商机制，并确定了今后中欧文化交流的重点领域。

由此，中欧在文化领域合作的路线图基本明晰，双方对彼此在文化领域的关切、合作意愿、运作机制有了更深一步的了解，为制订下一步的工作计划奠定了基础，拓宽了渠道。

（三）文化部副部长赵少华访问意大利

2009年7月，文化部副部长赵少华随同国家主席胡锦涛访问意大利，与意大利外长签署

了《中华人民共和国政府和意大利共和国政府2009～2011年度文化交流执行计划》。

（四）文化部副部长陈晓光访问挪威

2009年11月，文化部副部长陈晓光访问挪威并与文化大臣签署了《中华人民共和国政府于挪威王国政府文化交流谅解备忘录》。

（五）文化部组派浙江省艺术团赴爱尔兰、英国、德国演出

2009年9月16日至10月1日，文化部组派浙江省艺术团一行32人赴爱尔兰、英国、德国演出。

（六）陕西社火艺术团一行94人参加第61届爱丁堡军乐节演出

2009年8月7日至29日，文化部组派陕西社火艺术团一行95人应爱丁堡军乐节组委会邀请，前往英国参加第61届爱丁堡军乐节演出 并进行了25场正式演出。演出以厚重的中华文化风情、具有历史和民俗感的服装、充满激情的表演赢得了现场观众、主办方和媒体的热烈好评，成为整台演出的亮点之一。

四、西欧地区来访

（一）文化部部长蔡武会见西班牙文化大臣

2009年8月，西班牙文化大臣辛德女士访华，出席北京国际书展西班牙主宾国活动，蔡武部长会见了辛德女士，就进一步发展中西文化关系交换了意见。

（二）德国博物馆馆长代表团一行5人应邀访华

2009年9月14～23日，德国柏林国家博物馆总馆长艾森豪威尔教授及其助理艾伯特博士以及巴伐利亚国家绘画收藏馆总馆长施伦克教授应中国文化部邀请访问了北京、西安、杭州、苏州和上海，德国普鲁士文化遗产基金会主席帕钦格教授和德累斯顿国家艺术收藏馆总馆长罗特教授于2009年9月16日至18日访问了北京。访华期间，国家文物局单霁翔局长代表蔡武部长在北京和顺府会见并宴请了帕钦格主席一行。

（三）英国爱丁堡军乐节主席劳登将军应文化部邀请访华

2009年2月23～28日，英国爱丁堡军乐节主席劳登将军应文化部邀请访华，访问北京和西安。在华期间，劳登将考察我国军乐、打击乐的表演和实践，商定陕西社火团参加2009年8月的爱丁堡军乐节演出事宜。

（四）中法文化交流之春活动

自2006年以来，法国每年4～6月在中国十多个城市与中国文化机构合作举办中法文化交流之春，至今已举办4届。2009年的交流之春活动拓展到20个城市，共100多场活动，其中大部分是中法艺术家合作的项目。

（五）“德中同行”活动

自2007年以来，德国外交部在中国举办为期三年的“德中同行”活动,即每年选择两个中国城市，全面展示德国的经济、文化、教育、科技、环保等方面的情况。2009年，“德中同行”活动分别于5月和9月在沈阳和武汉举办，取得了很好的效果。迄今为止，已有5个城市的约80万的中国民众参与过“德中同行”活动。上述活动既促进了中国民众对欧洲文化的了解以及中欧艺术家之间的直接交流，同时也繁荣了国内的文化市场。

五、欧亚地区出访

（一）文化部副部长欧阳坚出访东欧三国

2009年9月12～20日，为进一步推动中国与罗马尼亚、白俄罗斯和塞尔维亚的文化交流与合作，应罗马尼亚文化、宗教与民族遗产部、白俄罗斯文化部和塞尔维亚文化部的邀请，中国文化部副部长欧阳坚率中国政府文化代表团一行5人赴上述三国进行友好访问，并出席了在白俄罗斯举办的“中国文化节”开幕式。9月15日，欧阳坚副部长与罗马尼亚文化、宗教与民族遗产部部长帕莱奥洛古举行了工作会谈，中国驻罗马尼亚大使刘增文出席。会后，双方共同签署了《中华人民共和国政府和罗马尼亚政府2009～2012年文化合作计划》。9月16日，欧阳坚副部长与白俄罗斯文化部部长拉杜什科举行了工作会谈，中国驻白俄罗斯大使鲁桂成出席。当晚，欧阳坚和拉杜什科共同出席了在白俄罗斯国家音乐厅举办的第五届“中国文化节”开幕式演出。9月18日上午，欧阳坚副部长与塞尔维亚文化部长布拉迪奇举行了会谈。下午，欧阳坚副部长在塞尔维亚政府大楼拜会了塞尔维亚副总理克尔科巴比齐。中国驻塞大使魏敬华出席了上述会见、会谈活动。

（二）文化部副部长王文章出访匈牙利

2009年10月10～14日，为庆祝中国与匈牙利建交60周年，根据中匈两国文化部达成的协议，应匈牙利教育和文化部邀请，文化部副部长王文章率中国政府文化部代表团一行5人赴匈牙利进行友好访问。10月12日，王文章副部长与匈牙利教育和文化部主管文化艺术的国务秘书史奈依代尔·玛尔塔博士举行了友好会谈。10月12日下午，王文章副部长出席了在布达佩斯农业博物馆举行的“墨非墨—中国当代水墨艺术展”开幕式并讲话。10月13日上午，王文章副部长出席了在布达佩斯首都图书馆举办的赠书仪式。晚上，出席了在布达佩斯“毛达池”剧院举办的“中国文化节”开幕式演出并讲话。

（三）文化部副部长赵少华出访保加利亚、匈牙利

2009年10月14日，随同中国国家副主席习近平出访的文化部副部长赵少华在保加利亚首都索非亚与保加利亚文化部部长拉希多夫共同签署了《中华人民共和国文化部和保加利亚共和国文化部2008～2012年文化合作计划》。访保期间，赵少华副部长还应邀与保文化部副部长德雷利埃夫共进工作晚餐。10月16日，习近平访问匈牙利期间，中国文化部副部长赵少华与匈牙利教育和文化部主管文化艺术的国务秘书史奈依代尔·玛尔塔共同签署了《中华人民共和国文化部和匈牙利共和国教育文化部2010～2012年文化合作计划》。

（四）中国小提琴家李传韵赴保加利亚、塞尔维亚和波兰巡演

2009年3月23日至4月18日，为庆祝中国与保加利亚和波兰建交60周年，应保加利亚鲁塞市“三月国际音乐节”、保加利亚多布里奇市交响乐团、保加利亚普罗夫迪夫市爱乐乐团、塞尔维亚“东方之家”协会以及波兰热舒弗市爱乐乐团邀请，中国文化部对外文化交流协会组派中国著名小提琴家李传韵赴上述三国进行巡回演出。此次巡演共演出5场，其中保加利亚3场，塞尔维亚1场，波兰1场。

（五）《墨非墨》赴波兰、匈牙利、罗马尼亚和克罗地亚巡展

2009年9～11月，根据中国文化部与波兰、匈牙利、罗马尼亚等国文化部签署的年度文化执行计划，文化部组派由深圳美术馆和中国中文发国际文化交流公司（隶属文化部文化市场发展中心）策划的“墨非墨—中国当代水墨艺术展”赴上述三国展出。

（六）中国煤矿文工团出访白俄罗斯

2009年7月9～14日，应白俄罗斯文化部邀请，中国文化部组派中国煤炭文工团艺术团一行16人赴白俄罗斯参加“第18届维杰布斯克斯拉夫人集会”国际艺术节。

（七）中国广播民乐团赴东欧四国巡演

2009年7月18～31日，为庆祝中国与斯洛伐克、保加利亚和罗马尼亚建交60周年，应斯洛伐克第34届布拉迪斯拉发夏季文化艺术节、斯洛文尼亚第57届卢布尔雅那艺术节、保加利亚“瓦尔纳之夏”国际音乐节、保加利亚鲁塞市政府、罗马尼亚康斯坦察市议会的邀请，文化部组派以中国广播艺术团副团长艾立群率领的中国广播民族乐团一行20人赴上述四国进行访问演出。全部6场演出均受到当地观众和广大华人的热烈欢迎和高度赞誉。

（八）上海昆剧团出访乌兹别克斯坦

2009年8月24日至9月1日，应乌兹别克斯坦“东方旋律”国际音乐节组委会的邀请，文化部对外文化交流协会组派上海昆剧团一行8人赴乌兹别克斯坦参加在撒马尔罕市举办的第七届“东方旋律”国际音乐节。“东方旋律”国际音乐节是由乌兹别克斯坦总统卡里莫夫倡议，并得到联合国教科文组织支持的国际性音乐盛会。音乐节闭幕上，上海昆剧团获得了音乐节组委会颁发的特别奖。

（九）中国当代水墨艺术展赴白俄罗斯、塞尔维亚巡展

2009年9月10日至11月5日，根据中国文化部与白俄罗斯文化部、塞尔维亚文化部签订的年度文化执行计划，中国文化部组派广州美术学院大学城美术馆策划的“新意象——中国当代水墨艺术展”赴上述两国展出。本次展览是在白俄罗斯、塞尔维亚举办的“中国文化节”的重要部分。展览汇聚了17位中国当代艺术家的29件作品。9月10～27日，在白俄罗斯国家历史文化博物馆展出。

（十）中国广播电影交响乐团赴波兰、白俄罗斯、罗马尼亚巡演

2009年9月9～26日，为庆祝中国与波兰和罗马尼亚建交60周年，根据中国和罗马尼亚两国政府文化合作计划及中国文化部与波兰、白俄罗斯两国文化部签署的文化合作议定书，文化部组派中国广播电影交响乐团及中国著名小提琴家李传韵一行43人赴上述三国执行“中国文化节”演出任务。共演出8场，其中波兰2场，白俄罗斯3场，罗马尼亚3场。

（十一）中央民族歌舞团赴捷克、匈牙利、塞尔维亚巡演

2009年10月4～26日，根据中国文化部与捷克、匈牙利和塞尔维亚三国文化部签订的文化合作执行计划，为庆祝中捷和中匈建交60周年，应上述三国文化部的邀请，中国文化部组派中央民族歌舞团一行55人赴上述三国执行“中国文化节”任务。此次巡演共演出9场，其中捷克演出4场，匈牙利演出3场，塞尔维亚演出2场。

（十二）中国美术馆展览赴捷克展出

2009年10月9日至2010年1月10日，为庆祝中国和捷克建交60周年，根据中捷两国文化部签订的2007～2011年文化合作议定书，文化部组派由中国美术馆策划的“影中戏—中国美术馆藏皮影珍品展”和“开放的视域——中国艺术30年”赴捷克国家美术馆现当代分馆展出。本次展览是捷克“中国文化节”的组成部分，由中国美术馆和捷克国家美术馆联合承办。

（十三）“中保庆祝建交60周年音乐会”在索非亚举办

2009年10月15日晚，为庆祝中国与保加利亚建交60周年，并为配合中国国家副主席习近平访保，文化部组派中国青年指挥家陈琳、琵琶演奏家杨靖及女高音歌唱家吴碧霞赴保加利亚与索非亚爱乐乐团合作推出“中保庆祝建交60周年音乐会”。

（十四）“中国文化日”在亚美尼亚举办

2009年11月16～23日，根据中国文化部与亚美尼亚文化部签署的文化合作执行计划，应亚美尼亚文化部邀请，文化部组派中国文化代表团和杭州歌舞剧院演出小组一行25人赴亚美尼亚举办“中国文化日”活动。

（十五）“中国现代平面设计展”在阿尔巴尼亚展出

2009年11月20～23日，为庆祝中国和阿尔巴尼亚建交60周年，由驻阿尔巴尼亚使馆与阿尔巴尼亚国家博物馆联合举办的“中国元素——中国现代平面设计展”在阿国家历史博物馆开幕。

六、欧亚地区来访

（一）黑山文化部长布拉尼斯拉夫·米丘诺维奇访华

2009年4月13～17日，应中国文化部邀请，黑山文化、体育、媒体部部长布拉尼斯拉夫·米丘诺维奇来华进行友好访问。4月14日，蔡武部长和米丘诺维奇部长共同签署了《中华人民共和国政府和黑山政府文化、教育、社会科学和体育领域合作协定》。

（二）乌克兰文化旅游部副部长科汉·季莫费·格利戈罗维奇访华

2009年5月9～14日，应中国文化部邀请，以乌克兰文化旅游部副部长科汉·季莫费·格利戈罗维奇为团长的乌克兰政府文化代表团一行5人来华进行友好访问。5月12日，文化部副部长赵少华（中乌文化合作混委会中方主席）出席了在京举办的中乌文化合作混委会第二次会议，并与科汉副部长共同签署了会议纪要及《中乌两国文化部2009～2012年文化合作计划》。

（三）斯洛伐克文化部长马雷克·马贾里奇访华

2009年5月12～17日，应中国文化部邀请，以斯洛伐克共和国文化部长马雷克·马贾里奇为团长的斯洛伐克政府文化代表团一行5人来华进行友好访问。5月13日，文化部部长蔡武在京会见了代表团一行，并与马贾里奇部长共同签署了《中华人民共和国文化部和斯洛伐克共和国文化部2009～2013年文化合作计划》。访问期间，马贾里奇部长还应邀出席了第五届中国（深圳）国际文化产业博览交易会，并赴上海访问。

（四）哈萨克斯坦文化信息部副部长布里巴耶夫访华

2009年6月23～26日，应中国文化部邀请，以哈萨克斯坦文化信息部副部长布里巴耶夫为团长的哈文化信息部代表团一行8人来华出席中哈合作委员会文化和人文合作分委会第五次会议。6月24日，文化部副部长赵少华（分委会中方主席）与布里巴耶夫共同主持召开了分委会第五次会议并签署了会议纪要。

（五）俄罗斯文化部副部长戈鲁特瓦访华

2009年9月7～11日，应中国文化部邀请，以俄罗斯联邦文化部副部长戈鲁特瓦为团长的俄罗斯政府文化代表团一行4人来华访问。9月8日，中国文化部副部长赵少华与戈鲁特瓦在京共同主持召开了中俄文化合作分委会第九次会议。

（六）拉脱维亚文化部部长因茨·达尔德里斯访华

2009年11月2～6日，根据《中华人民共和国文化部和拉脱维亚共和国文化部2006～2010年文化交流计划》，应中国文化部邀请，以拉脱维亚文化部部长因茨·达尔德里斯为团长的拉脱维亚政府文化代表团一行4人访华。11月3日，中国文化部部长蔡武在京会见了代表团一行。

（七）保加利亚世界遗产图片展在华举办

2009年3月23日，“保加利亚共和国世界文化遗产图片展”开幕式在北京金台艺术馆举办。展览以图片方式介绍了保加利亚境内的7处世界文化遗产和2处世界自然遗产。应邀来华访问的保加利亚共和国副总理兼外交部长伊瓦伊洛·卡尔芬、中国文化部副部长王文章、保加利亚教科文全国委员会主席依琳娜·博科娃等出席了开幕式。

七、亚洲地区出访

（一）日本中国文化节

2009年9月15日，中国文化部在日本举办“中国文化节”，文化部副部长赵少华率团出席文化节开幕式系列活动。这是在日本民主党执政，日本政坛实现政权交替之后，中国政府在日本举办的规模和影响最大的文化活动。文化节开幕式演出“鄂尔多斯婚礼”以我国少数民族蒙古族的婚礼风俗为主要内容，向日本新政府及各界人士展现了中国民族团结共谋发展的现实风貌。文化节项目一共有30多项，内容涵盖演出、展览、电影、书法、摄影等多种艺术形式。

（二）第四届尼泊尔中国节

2009年10月10～16日，由文化部、江苏省人民政府、中国驻尼泊尔使馆和尼泊尔世界文化网络共同主办，江苏省文化厅、南通市人民政府承办的第四届尼泊尔“中国节”在尼泊尔共和国首都加德满都举办。本届“中国节”以“感受江苏·走进南通”为主题，内容包括文艺演出、时装表演、中华人民共和国成立60周年图片展（图片150幅）、鲁迅生平展（图片80幅）、经贸博览会、中国电影周等。

（三）第四届“中泰一家亲”音乐歌舞晚会

2009年12月12～26日，应文化部邀请，泰国朱拉蓬公主一行55人来华访问。分别在北京、上海、广东举办第四届“中泰一家亲”音乐歌舞晚会。

第四届“中泰一家亲”音乐歌舞晚会由中泰两国艺术家联袂打造，中国歌剧舞剧院、上海歌剧院和广州交响乐团参与演出，朱拉蓬公主亲自登台并演奏了5首古筝名曲。在京期间，全国人大常委会委员长吴邦国会见了朱拉蓬公主一行；国务委员刘延东、文化部部长蔡武和泰国外交部长甲西出席观看了12月15日晚举办首场演出。

“中泰一家亲”音乐歌舞晚会是中泰两国政府确定的中泰文化交流的重要品牌项目，已先后于2001年、2002年和2005年在曼谷和北京轮流举办了3届。泰国朱拉蓬公主每次都亲自登台演出古筝名曲，为中泰文化交流史写下了辉煌篇章。

（四）内蒙古乌兰牧骑歌舞团出访亚洲七国

2009年9月1日至10月8日，为配合我驻外使领馆举办庆祝中华人民共和国成立60周年国庆纪念活动，中国文化部组派内蒙古自治区鄂尔多斯伊金霍洛旗歌舞团赴日本参加由文化部和驻日本使馆联合主办的“中国文化节”开幕式，演出歌舞晚会“鄂尔多斯婚礼”，并组派鄂尔多斯达拉特旗歌舞团赴缅甸、越南，乌审旗歌舞团赴斯里兰卡、印尼，鄂托克前旗歌舞团赴菲律宾，鄂托克旗歌舞团赴孟加拉进行交流演出，演出场次达20场，观众2万余人次。

（五）在蒙古国举办中国画精品展

2009年10月2～8日，为庆祝中华人民共和国和蒙古共和国建交60周年，中国文化部与蒙古国教育、文化和科技部共同在蒙古国首都乌兰巴托举行“春风化雨——纪念中华人民共和国成立60周年暨中蒙建交60周年中国画精品展”，展出新中国成立60年来，特别是改革开放30年来的体现民族精神和时代风貌的大型国画经典作品共计60幅。展览紧贴时代脉搏，具有鲜明的时代特征，反映了新时期中国画发展的最新面貌。

八、亚洲地区来访

（一）斯里兰卡政府文化官员研修团

2009年3月1～15日，应中国文化部邀请，斯里兰卡政府文化官员研修团一行18人来华，对北京、陕西、山西、辽宁进行了友好访问并对中国开展世界文化遗产的保护和开展群众文化等方面进行了学习和研究。斯里兰卡政府文化官员研修团成员来自斯里兰卡各省，在京期间，研修团成员在文化部文化管理干部学院学习了中国在世界文化遗产的保护和社区文化管理的有关政策和法规，并在陕西、山西、辽宁进行了实地考察。

（二）中日韩水墨精品展

2009年10月10日，为配合在北京举办的第二次中日韩领导人会议，由中国文化部主办的“意向东方——中日韩水墨精品展”在北京人民大会堂举办。该展共展出中日韩三国近现代大家的书法和水墨绘画作品52幅，并特别展出了由三国青年画家共同创作的《傲雪迎春图》。中华人民共和国总理温家宝、大韩民国总统李明博和日本国首相鸠山由纪夫共同观看了展览，温家宝总理在随后的中日韩商务峰会上对本次展览以及由三国青年画家为该展共同创作的特别展品给予了高度评价。

九、亚非地区出访

（一）温家宝视察开罗中国文化中心

2009年11月6～8日，应阿拉伯埃及共和国总理纳齐夫邀请，国务院总理温家宝对埃及进行正式访问。7日上午，温家宝视察了开罗中国文化中心，观看了埃及学员的汇报演出，参观了中心图书馆和语音教室，向埃及文化界人士颁发“中埃文化交流贡献奖”，并即席发表了重要讲话。

温家宝总理为9位获得“中埃文化交流贡献奖”的埃及友好人士颁奖。他们分别是埃中友协副主席艾哈迈德·瓦利大使、国际奥委会成员穆尼尔·萨比特、开罗歌剧院院长阿卜杜勒·穆伊姆·卡米勒博士、埃及国家博物馆馆长沃法·绥迪格博士、埃及文化部对外关系事务国务秘书萨勒玛·穆巴拉克博士、亚非作家协会主席穆罕默德·摩根博士、苏伊士运河大学副校长阿里·泽雅特博士、艾因夏姆斯大学语言学院副院长纳赫莱·厄立布博士、爱资哈尔大学语言与翻译学院中文系主任阿卜杜·阿齐兹·哈姆迪博士。颁奖仪式结束后，温家宝总理与获奖者合影留念。

（二）四川南充市歌舞剧院艺术团访问以色列、土耳其、约旦

2009年6月27日至7月19日，应以色列民俗促进中心（MAATAF）、土耳其布尔萨国际民间舞蹈节组委会和约旦安曼夏季艺术节组委会邀请，四川南充市歌舞剧院艺术团一行25人赴以色列、土耳其和约旦三国访问，先后参加了“以色列民族民间艺术节”、“布尔萨国际民间舞蹈节”、“约旦艺术节”和“安曼建市100周年艺术节”。

6月25日至7月7日，艺术团先后在以色列的欧西拉特—马特阿谢、细络米、阿富拉、拉姆雷、特拉维夫（首都）、泽梅尔等10多个城市演出18场，受到各艺术节主办方、各国艺术团和观众的高度评价。

7月8～12日，艺术团在参加土耳其“布尔萨国际民间舞蹈节”期间，共演出3场。

7月12～19日，艺术团参加了由43个国家参加的“约旦艺术节”和“安曼夏季艺术节”，在安曼、亚喀巴、克拉克等地举行了6场演出，观众超过10000人。

（三）中国残疾人艺术团访问黎巴嫩、以色列

2009年6月28日至7月6日，应黎巴嫩南部提尔艺术节组委会邀请，中国残疾人艺术团一行57人访黎参加提尔艺术节。

2009年7月29日至8月3日，应黎巴嫩概念活动公司邀请，中国残疾人艺术团一行30人赴黎巴嫩商演。

2009年10月15～21日，应以色列哈法克公司邀请，中国残疾人艺术团一行58人赴以色列商演。

（四）中国浙江歌舞剧院民乐小组访问突尼斯、塞浦路斯和叙利亚

2009年9月22日至10月17日，为庆祝中华人民共和国成立60周年，由中国文化部主办，中国浙江歌舞剧院民乐小组一行8人赴突尼斯共和国、塞浦路斯共和国和阿拉伯叙利亚共和国访问演出，共演出15场，受到当地观众的热烈欢迎。

（五）中国吉林民乐团访问约旦、埃及

2009年9月24日至10月11日，中国吉林民乐团赴约旦、埃及访问演出。参加中国驻约旦和埃及使馆举办的庆祝中华人民共和国成立60周年国庆招待会及文化交流演出共15场，受到中国驻约、埃使馆及当地各界观众的热烈欢迎。

（六）“来自中国的问候”走进阿尔及利亚、摩洛哥、苏丹

2009年11月13～27日，应阿尔及利亚民主人民共和国文化部、摩洛哥王国文化部、苏丹共和国文化青年体育部邀请，中国河南艺术团一行22人赴三国举办“来自中国的问候”访问演出。

（七）南京市杂技团访问土耳其、也门

2009年11月17日至12月4日，应土耳其

文化旅游部和也门文化部的邀请，南京市杂技团一行24人赴土耳其、也门访问演出。杂技团先后在土耳其内夫谢希尔、安卡拉、奥尔度、萨姆松、伊斯坦布尔5个省市进行了8场专场演出，在也门首都萨那市举行了2场专场演出。全程10场演出，现场观众累计超过7000人。

（八）中国艺术节暨湖南文化周

2009年12月14～24日，应叙利亚文化部、科威特国家文化艺术委员会邀请，由中国文化部外联局局长助理杨治率领的湖南省文化艺术代表团一行62人赴叙利亚和科威特访问，参加由中国文化部和中国湖南省人民政府共同举办的“2009阿拉伯海湾地区中国文化节暨湖南文化周”，内容包括文化官员代表团访问和“浪漫湖南”歌舞演出等。

叙利亚文化部部长、新闻部部长和科威特文委会秘书长、副秘书长分别出席了在叙利亚大马士革、拉塔基亚和科威特首都科威特城举办的3场演出，两国3000名观众观看了演出，其中，两国国家电视台分别对在拉塔基亚和科威特城举办的演出进行了现场直播。

（九）亚非地区文化艺术团组出访

2009年1月11日至2月17日，应阿拉伯联合酋长国迪拜节日之城会演中心邀请，安徽省杂技团一行23人赴迪拜商业演出。

1月15日至2月15日，应以色列特拉维夫大学孔子学院邀请，空政文工团独唱演员哈辉和中国艺术研究院古琴演奏家林晨2人艺术家小组赴以色列交流演出。

1月19日至2月12日，应阿曼苏丹国马斯喀特市第10届马斯喀特艺术节组委会邀请，民间手工艺家胡敏等一行18人参加第10届马斯喀特艺术节。

1月28日至2月8日，应土耳其迈卡音乐戏剧电影股份公司（MEGA MUZIKAL TIYATRO SIN EMA）邀请，中国杂技团一行51人赴土耳其伊斯坦布尔演出“杂技魅力”晚会10场。

1月31日至2月7日，中国文联艺术团一行130人赴埃及举办“今日中国”艺术周活动。

2月2～7日，应埃及国家文化中心主席邀请，安徽省歌舞剧院民族管弦乐团一行68人赴埃及访问演出。

2月7～11日，应苏丹文化部邀请，中国民族歌舞团23人赴苏丹访问演出，庆祝中国苏丹建交50周年。

2月中旬至10月，应以色列特维特电影和演出制作有限公司邀请，山东省杂技团马祖敏等一行20人赴以色列商业演出。

2月下旬至11月中旬，应以色列特维特电影和演出制作有限公司邀请，河南郑州星光演出公司杂技摩托车节目组一行6人赴以色列特拉维夫、耶路撒冷、海法、纳扎里斯等20个城市举行商业演出。

3～4月，“郑作良版画艺术展”在开罗中国文化中心作为常设展览展出。

3月7～17日，中国文化部外联局局长助理汪志刚率中国文化官员考察团对阿曼、卡塔尔和阿联酋进行工作访问，就中国在上述三国举办大型文化活动等议题进行了深入探讨。

4月20日至10月20日，应土耳其肯恩表演组织有限公司（GEN ORGANISYON GOSTERI）邀请，湖南省杂技团一行42人赴土耳其安塔利亚省商业演出。

6月1日至10月30日，应塞浦路斯索里德娱乐有限公司（SOLID ENTERTAINMENTS LTD.）邀请，河北沧州杂技团任吉营等3人赴塞浦路斯参加商业演出。

7月1日至8月20日，应沙特阿拉伯马尔萨勒（Mersal）娱乐公司总经理海赛姆·纳西尔先生（Mr.Haytham Nassier）邀请，安徽省杂技团一行50人赴沙特阿拉伯吉达市都市丛林马戏场演出。

7月23～30日，应埃及文化部邀请，河北省文化代表团暨河北省杂技团奥运情怀剧组一行35人赴埃及访问，并举办“河北文化周”活动。文化周内容以杂技演出为主，同时举办河北省经济、文化、旅游宣传和推介活动。

7月25～30，中国国家博物馆副研究馆员崔金贵、助理馆员顾恒赴埃及考察，筹备中非合作论坛成果展览。

9月27日至10月19日，应黎巴嫩辛纳集团（Scenez Group）邀请，中国杂技团一行48人赴黎巴嫩商演。

10月31日至11月15日，应中非合作论坛办公室邀请，中国国家博物馆曹欣欣等9人赴埃及，参加“中非合作论坛北京峰会后续行动成果图片展”的筹备及随后的布展、撤展工作。

11月20～25日，应伊朗驻华使馆文化处邀请，中国艺术研究院王绍军、刘静2位副研究员赴伊朗艺术研究院进行中国戏曲讲座学术活动。

11月16～28日，中国文化部外联局副局长李鸿率文化代表团一行3人对突尼斯、叙利亚和黎巴嫩三国进行工作访问。

12月5～10日，应沙特阿拉伯文化新闻部邀请，中国文化部赴沙特阿拉伯举办“中国刺绣精品展”，为期一周。

十、亚非地区来访

（一）伊朗外交部人权和国际妇女事务总司长纳扎里博士拜会中国文化部领导

2009年2月24日，中国文化部副部长赵少华在文化部会见了应全国妇联邀请来华访问的伊朗外长夫人、伊外交部人权和国际妇女事务总司长纳扎里博士一行4人。

（二）阿曼手工业总局局长阿伊莎女士访华

2009年6月22～29日，阿曼手工业总局总局长（正部级）阿伊莎·哈尔凡·贾米拉·斯亚比女士率阿手工业代表团一行5人访华，旨在加强两国的文化交流与合作，吸取中国在手工业发展和非物质文化遗产保护领域的成功经验。6月23日，赵少华副部长在北京会见了应邀来访的阿曼手工业总局局长阿伊莎女士（正部级）。

（三）塞浦路斯教育文化部部长安德列斯访华

2009年6月26日至7月2日，应中国文化部邀请，塞浦路斯教育文化部部长安德列斯·德米特里欧率政府文化代表团一行11人对我国进行友好访问。6月29日，中国文化部部长蔡武在北京会见安德列斯一行，双方就中塞文化关系现状以及进一步加强两国文化交流与合作进行了广泛而深入的探讨。代表团一行结束在京的访问后，赴长春参观访问。

（四）阿联酋阿布扎比文化遗产总局局长苏尔坦亲王访华

2009年8月10～20日，阿联酋阿布扎比文化遗产总局局长苏尔坦·本·扎耶德·阿勒纳哈扬（王室成员）访华。8月13日，中国文化部部长蔡武在北京会见苏尔坦·本·扎耶德·阿勒纳哈扬一行。双方愉快地回顾了中阿文化关系，并就进一步加强两国的交流与合作等议题进行了深入探讨。会见结束后，双方共同签署了《中国文化部和阿联酋阿布扎比文化遗产总局谅解备忘录》。

（五）埃及文化部长法鲁克·侯斯尼访华

2009年8月19日，中国文化部部长蔡武在北京会见埃及文化部长法鲁克·侯斯尼一行。双方回顾了中埃文化关系，并就进一步加强两国文化交流与合作等议题进行了深入探讨。法鲁克此次应埃及驻华使馆邀请来华进行私人访问。访华期间，除了拜会文化部外，法还拜会了教育部等其他部门。

（六）阿曼外交部秘书长巴德尔访华

2009年12月10日，中国文化部副部长王文章在北京会见了应中国外交部邀请来华参加中阿战略磋商的阿曼外交部秘书长巴德尔一行。双方就如何进一步加强双边文化交流合作关系交换了意见。会见结束后，双方共同签署了《中华人民共和国政府和阿曼苏丹国政府文化、卫生、新闻协定2010至2015年执行计划》。

（七）伊朗文化艺术展

2009年2月15～21日，伊朗文化艺术展在京举办。中国文化部副部长赵维绥与专程来华的伊朗文化与伊斯兰联络组织主席代表贾法尔·沙姆斯杨共同为伊朗文化艺术展开幕剪彩。伊朗艺术家欧拉姆·阿里·伊特穆纳为团长的伊朗文化艺术展代表团一行4人应中国文化部邀请，随展访华。该展由中国文化部和伊朗驻华使馆共同举办，旨在庆祝伊朗伊斯兰革命30周年和中华人民共和国成立60周年。

（八）塞浦路斯Aradippos民族歌舞团访华

2009年9月1～8日，塞浦路斯Aradippos民族歌舞团一行20人应中国文化部邀请，来华举办文化交流演出活动，庆祝中华人民共和国成立60周年。访华期间，歌舞团分别在北京首都图书馆音乐厅和天津华夏未来剧场举办了3场文艺演出。

（九）伊拉克国家民间歌舞团23人访华

2009年10月24～30日，伊拉克文化部副部长法兹·拉齐兹率伊拉克国家民间歌舞团一行23人应中国文化部邀请访华，举办庆祝中华人民共和国成立60周年演出。访华期间，歌舞团分别在北京和天津举办了3场文艺演出。10月26日晚，中国文化部副部长周和平、伊拉克文化部副部长法兹·拉齐兹、文化部外联局副局长李鸿出席并观看了在北京首都图书馆音乐厅的表演。

（十）亚非地区文化艺术团组其他来访

2009年1月25日至2月9日，以色列芭蕾舞团一行46人应北京市演出有限责任公司邀请访华，在国家大剧院演出4场。

2月19～25日，伊朗艺术院代表团一行5人应中国艺术研究院邀请访华，两院签署《中国艺术研究院与伊朗艺术院交流合作备忘录》，就进一步加强两国艺术研究机构的交流与合作进行了研讨和交流。

3月7～16日，以色列卡梅尔剧院一行34人应上海马戏城演出有限公司与上海话剧艺术中心邀请，与上海话剧艺术中心合作，分别于3月11、12、14、15日在上海话剧艺术中心艺术剧院演出话剧《哈姆雷特》4场。

5月1～3日，以色列Salem乐队一行6人应四川省演出展览公司和成都先锋文化传媒有限公司邀请访华，参加在成都市新都区保利198郁金香公园举办的“热波（成都）国际音乐节”。

5月11～31日，来自约旦、黎巴嫩、巴勒斯坦、叙利亚、也门、阿尔及利亚、科摩罗、埃及、摩洛哥、苏丹10个阿拉伯国家联盟成员国的18名政府文化官员和重要文化机构负责人参加了在华举办的“阿拉伯国家文化艺术人才培养高级研修班”。

5月22日至6月4日，突尼斯、摩洛哥、约旦、叙利亚4国文化机构负责人一行4人应中国文化部邀请，访问北京、杭州、长沙、深圳4个主要城市。

5月26日，以色列音乐家大卫·多尔（DAVID D'OR）一行6人应以色列驻华使馆邀请，在四川成都市锦江宾馆举办“以色列向四川致敬”演唱会。

5月26～30日，以色列卡梅尔·特拉维夫舞蹈艺术团一行50人应中国对外文化集团公司邀请访华，来华演出并参加第九届“相约北京”联欢活动。5月31日至6月7日，该团应中国成都国际非物质文化节成都执委会邀请参加“第二届中国成都国际非物质文化遗产节”。

5月29日至6月28日，埃及、叙利亚、黎巴嫩、也门、沙特阿拉伯、阿尔及利亚、阿曼、巴勒斯坦等国8位知名油画家应中国文化部邀请，来华参加阿拉伯知名艺术家采风创作计划，为期一个月，并举办作品汇报展。

7月25～26日，以色列特拉维夫苏珊娜·德拉儿舞蹈中心一行14人应广东星海演艺发展有限公司邀请访华，赴中国广东参加第六届“广东现代舞周”演出活动。

8月2～9日，以色列钢琴家吉尔·舒哈特应中国国家京剧院邀请访华，与中国国家京剧院合作，在国家大剧院、梅兰芳大剧院举办两场“中华神韵——庆祝新中国成立60周年李慕良先生作品暨京剧经典唱段音乐会”。

8月15日至9月1日，以色列钢琴家吉尔·沙哈应北京保利紫禁城剧院管理有限公司邀请访华，在北京中山公园音乐堂演出。

9月25～26日，黎巴嫩“2010·上海世博会”总协调员哈比卜·沙姆斯（Habib Chams）先生一行2人，应中国文化部邀请，作为友好人士顺访北京，就黎巴嫩卡拉卡拉艺术团参加第二届阿拉伯艺术节事与中方进行商讨。

10月31日，以色列钢琴家罗塞·罗森博伊姆应浙江省杭州演出有限公司邀请访华，赴中国杭州演出。

11月9～14日，伊朗艺术研究院Masoud Jafari Jozani和Alireza Raissian 2位著名导演应中国艺术研究院邀请访华。

11月15～25日，卡塔尔文化部文化艺术司司长萨里赫等3人应中国文化部邀请，访问北京、宁夏银川两地，考察文化设施建设，并与两地文化艺术机构交流。

11月14日，10名苏丹杂技学员和1名苏丹杂技教练来华，赴河北吴桥杂技艺术学校培训。

11月14日，苏丹文化青年体育部艺术司总司长舒尔·登勇率领的苏丹政府文化代表团一行3人应中国文化部邀请，访问北京等地，并赴河北沧州吴桥杂技艺术学校看望了在华参加杂技培训的苏丹杂技学员。

12月8～25日，以色列钢琴家迈克·萨尔卡应北京保利紫禁城剧院管理有限公司邀请访华，在北京中山公园音乐堂演出。

12月17～25日，应中国文化部邀请，由中国对外文化集团公司中国对外艺术展览中心承办，“对画——中国与也门艺术家联展”在北京国子监博物馆展出。共展出中国画家赴也门创作的作品和也门画家来华采风作品共80余幅绘画作品和50余幅摄影作品，也门文化部长艺术顾问、著名艺术家哈奇姆先生随展来访。

十一、非洲地区出访

（一）在中国国家主席胡锦涛访问非洲四国期间举办文化活动

2009年2月10日至17日，国家主席胡锦涛对沙特阿拉伯、马里、塞内加尔、坦桑尼亚和毛里求斯五国进行了国事访问。文化部积极配合此次高访，专门在坦桑尼亚和毛里求斯举办了系列文化宣介活动，营造友好合作氛围，进一步促进了中非间的文化交流与合作。

在胡主席出席的中国援建坦桑尼亚国家体育场竣工典礼上，文化部组织吴桥杂技学校培训的坦杂技学员、坦少林功夫学校学员和坦歌唱家表演了武术、杂技等节目。此外，为配合胡主席演讲活动，文化部还专门调配中坦摄影家摄影作品，举办了“中国摄影家眼中的坦桑尼亚”展览。在毛里求斯，胡锦涛主席视察了毛里求斯中国文化中心。

（二）“2009中国文化聚焦”——中国文化部部长蔡武率政府文化代表团访问毛里求斯和塞舌尔

2009年10月23日至31日，应毛里求斯、塞舌尔两国文化部邀请，文化部部长蔡武率中国政府文化代表团一行6人访问毛里求斯和塞舌尔。

毛里求斯总统阿纳罗德·贾格纳特（Anerood JUGNAUTH）、塞舌尔总统詹姆斯·阿里克斯·米歇尔（JAMES ALIX MICHEL）分别会见了代表团。出访期间，蔡武部长分别与毛里求斯教育、文化和人力资源部部长瓦桑·库马尔·班瓦里(Vasant Kumar BUNWAREE)和塞舌尔社区发展、青年、体育和文化部文森特·梅里顿部长（Vincent Merit on）举行了工作会谈，并与班瓦里共同签署了《中华人民共和国政府和毛里求斯共和国政府文化合作协定2010～2012年执行计划》。在毛访问期间，蔡武部长代表中国文化部向毛方赠送了两艘龙舟，出席了“非洲画家笔下的中国”作品展开幕式，视察了毛里求斯中国文化中心，并在毛里求斯大学发表了题为《加强交流与合作，共建和谐中非文化关系》的主旨演讲。

（三）“2009中国文化聚焦”——中国文化部部长特别助理李洪峰率政府文化代表团访问纳米比亚、卢旺达和肯尼亚

2009年5月19日至30日，文化部部长特别助理李洪峰率中国政府文化代表团一行5人应邀访问纳米比亚、卢旺达和肯尼亚。纳米比亚青年、国家服务、体育和文化部副部长颇哈姆巴·什费塔（Pohamba Shifeta）、卢旺达体育文化部长约瑟夫·哈比纳扎（Joseph Habineza）和肯尼亚国家遗产和文化国务部常秘雅各布·米阿龙（Jacob Ole Miaron）分别会晤了代表团一行。出访期间，李洪峰还出席了中国文化部向纳米比亚文化部捐赠20万元办公器材的交接仪式。

（四）“2009中国文化聚焦”：“来自敦煌的祝福”——甘肃艺术团赴坦桑尼亚、津巴布韦和加纳访演

2009年4月23日至5月9日，文化部组派甘肃艺术团一行24人赴坦桑尼亚、津巴布韦、加纳三国访演。该团在坦桑尼亚参加了中坦建交45周年庆祝活动，在津巴布韦参加了哈拉雷国际艺术节，共演出11场。

坦桑尼亚外交和国际合作部部长伯纳德·梅姆贝（Bernard Kamillius Membe）、津巴布韦文化部部长大卫·考塔特（David Coltart）、加纳酋长事务和文化部部长亚历山大·阿苏姆·阿汉萨（Alexander Asum Ahensah）等三国政府官员以及外国驻非使节等专程观看了艺术团演出并给予高度评价。

演出由《敦煌舞蹈》、《藏族舞蹈》、《杂技魔术》等12个节目组成，充分体现了甘肃地域特色和中国灿烂辉煌的文化。

（五）“2009中国文化聚焦”——老舍茶艺表演队赴毛里求斯访演

2009年4月20日至29日，文化部组派老舍茶艺表演队一行12人赴毛里求斯，参加在路易港举办的“第五届毛里求斯唐人街美食文化节”活动，举办了多场中国茶文化讲座和传统文艺演出。毛里求斯前副总统和夫人、消费者保护和公民权利部部长、卡特邦市市长、外国驻毛使团代表等出席了有关活动。

“唐人街美食文化节”由毛里求斯华商总会于2005年创办，至今已举办5届，旨在介绍中华饮食文化，每年均吸引大批民众及游客前来参观，已成为毛里求斯人民了解中国饮食文化的重要渠道。

（六）“2009中国文化聚焦”——中国武术团两次赴非访演

2009年5月21日至6月11日，中国武术协会组派中国武术团及随团记者一行31人赴加蓬、肯尼亚、赞比亚、马拉维和坦桑尼亚访演，共演出10场。赞比亚总统鲁皮亚·班达（Rupiah Banda）及夫人、肯尼亚国家遗产与文化部长威廉·奥利·恩蒂马马（William Ole Ntimama）、马拉维总统内阁办公室首席秘书、青年发展与体育部常秘、外交部常秘、坦桑尼亚国际奥委会秘书长等出席相关活动。此外，该团还在3国积极开展武术培训工作，约400名学员参加了培训。

11月26日至12月6日，中国武术协会组派中国武术团一行25人访问南非和利比里亚，共进行4场表演，受到当地民众的热烈欢迎。利比里亚总统、副总统以及多位议长、部长等专门出席观看了武术表演。

（七）“2009中国文化聚焦”——“东方魅力”艺术团赴非洲六国访演

2009年9月17日至10月6日，文化部组派“东方魅力”艺术一团一行31人赴喀麦隆、贝宁、尼日利亚三国访演，该团由中国铁路文工团和中国武术协会组成。9月24日至10月11日，文化部组派“东方魅力”艺术二团一行29人赴塞内加尔、几内亚、马里三国进行友好访演，该团由北京精华武术龙狮表演团、中国吴桥杂技学校、中国广播艺术团、中国歌剧舞剧院、中国铁路文工团组成。两团在六国正式演出10场，节目包括舞蹈、杂技、民乐、武术等，多角度展示了中国丰富的艺术形式和特色。

喀麦隆总理府秘书长及妇女部长、青年部长、文化部秘书长、贝宁总统代表、通讯部长，尼日利亚文化部长、塞内加尔文化部长、新闻部长、马里文化部长、青年体育部长等政要出席观看了我艺术家们的表演，并给予了高度评价。

（八）“2009中国文化聚焦”——“非洲画家笔下的中国”主题画展

2008年和2009年，文化部连续两年实施“非洲文化人士访问计划·客座画家来华创作”，共邀请来自毛里求斯等非洲10国的知名画家在深圳进行客座创作，创作了大量优秀作品，遴选出的24幅作品于2009年运至贝宁和毛里求斯，举办“非洲画家笔下的中国”主题画展。

2009年9月2日，“非洲画家笔下的中国”画展在贝中国文化中心开幕。中国驻贝大使耿文兵、贝行政与机构改革部长、商务部长等共同为活动揭幕。贝政商、文化、艺术界人士和多国驻贝外节、正在贝访问的深圳市文化采风团等300多人出席。10月26日至11月12日，“非洲画家笔下的中国”在毛里求斯中国文化中心举办。中国文化部长蔡武，毛教育、文化和人力资源部部长瓦桑·库马尔·班瓦里 (Vasant Kumar BUNWAREE)、中国驻毛大使边燕花以及毛各界代表等120余人出席开幕式，蔡武和班瓦里为活动剪彩。共有1000余人参观了画展。

（九）“2009中国文化聚焦”——中国电影展

为进一步推进中非广电领域合作，2009年5月11日，“2009中国电影展”在肯尼亚首都内罗毕举行。广电总局副局长赵实和肯尼亚新闻通讯部部长出席了影展开幕式。该展播放了9部中国近年出品的优秀影片，使非洲观众有机会更形象生动地了解中国。

（十）“2009中国文化聚焦”——中国图书展

2009年6月29日至7月10日，新闻出版总署组团一行7人在马里、肯尼亚、纳米比亚考察出版机构，洽谈进一步开拓非洲出版、印刷等业务，并在马里举办“2009中国文化聚焦——中国图书展”。7月9日，该展在马里首都巴马科阿斯基亚中学孔子学堂开幕，展出中国图书近千册，内容涉及儿童读物、汉语学习等各个门类，代表团还向前来参加书展的公众赠送了法语版《非洲常见病防治读本》。马里文化部长穆罕默德·莫克塔尔（Mohamed El Moctar）等出席了图书展。

（十一）“2009中国文化聚焦”——中国刺绣精品展在贝宁和毛里求斯展出

2009年10月7日至30日，文化部委派苏州2名刺绣专家携“绣之雅韵——中国刺绣精品展”赴博茨瓦纳和贝宁展出，共展出37幅苏绣精品，并进行了现场演示。该展还分别参加了中国驻贝宁使馆和中国驻毛里求斯使馆组织的庆祝新中国成立60周年活动，取得了良好效果。

十二、非洲地区来访

（一）肯尼亚遗产和文化部常秘（副部级）雅各布·米阿龙率政府文化代表团访华

2009年3月19～28日，应文化部邀请，肯尼亚国家遗产和文化国务部常秘（副部级）雅各布·米阿龙（Jacob Ole Miaron）率肯政府文化代表团一行4人来华，先后在北京、昆明、丽江和深圳参观访问。

3月20日，王文章副部长会见并宴请雅各布·米阿龙常秘一行，双方签署了《中国政府和肯尼亚政府文化合作协定2009～2011年执行计划》。代表团在云南和深圳期间，云南省政协副主席陈勋儒、丽江市副市长杨一奔、深圳市文广局局长陈威会见并宴请了代表团。

（二）塞内加尔文化部部长瑟里涅·马马杜·布索·莱耶率政府文化代表团访华

2009 年 9 月 1 日至 10 日，应文化部邀请，塞内加尔文化部长瑟里涅·马马杜·布索·莱耶（Sergne Mamadou Bousso LEYE）率领塞政府文化代表团一行 4 人来华，先后访问了北京、湖南和上海。9 月 3 日，文化部部长蔡武在北京会见塞文化部长一行。双方回顾了中塞两国在文化领域的交往与合作情况，就进一步加强两国文化关系进行了深入探讨，并共同签署了《中塞文化协定 2009 ~ 2011 年执行计划》。

（三）莱索托旅游、环境和文化大臣莱博杭·恩齐尼率政府文化代表团访华

2009 年 9 月 6 日至 12 日，应文化部邀请，莱索托王国旅游、环境和文化大臣莱博杭·恩齐尼（Lebohang NTS' INYI）率领莱政府文化代表团一行 3 人访华，先后访问了北京和浙江。9 月 7 日，文化部部长蔡武在北京会见了恩齐尼一行，双方就进一步加强两国文化交流与合作等事宜进行了广泛而深入地探讨，并共同签署了《中国和莱索托政府文化合作协定 2009 ~ 2012 年执行计划》。

（四）贝宁文化、扫盲和国语促进部长加利乌·索格洛率政府文化代表团访华

2009 年 12 月 9 日至 16 日，应文化部邀请，贝宁共和国文化、扫盲和国语促进部部长加利乌·索格洛（Galiou Soglo）率贝政府文化代表团一行 4 人访华，先后访问了北京、青海和上海。12 月 11 日，文化部部长蔡武在京会见了贝宁文化部长一行，双方就进一步加强两国文化关系深入交换了意见，并签署了《中国和贝宁政府文化合作协定 2010 ~ 2013 年执行计划》。

（五）相约北京——几内亚非洲舞蹈团来华访演

2009 年 5 月初至 6 月初，应文化部邀请，几内亚非洲舞蹈团一行 30 人来华演出，庆祝中几建交 50 周年。该团参加完“2009 上海世界音乐周”后于 2009 年 5 月 5 日、6 日在北京解放军歌剧院与中央民族歌舞团共同演出 2 场，文化部副部长赵少华出席了 5 日的演出。5 月 9 日至 5 月 19 日，该团赴湖南参加张家界国际乡村音乐周活动，5 月 26 日至 31 日参加第九届“相约北京”联欢活动广场演出，5 月 31 日至 6 月 3 日赴成都参加第二届中国成都国际非物质文化遗产节活动。

（六）相约北京——莫桑比克艺术团来华访演

2009 年 5 月 11 日至 24 日，应文化部邀请，莫桑比克音乐家小组一行 4 人来华演出，该小组于 5 月 13 日至 19 日赴湖南参加张家界国际乡村音乐周活动，5 月 22 日在北京化工大学交流演出。

（七）相约北京——刚果（布）歌舞团来华访演

2009 年 5 月 25 日至 6 月 10 日，应文化部邀请，刚果（布）歌舞团一行 22 人来华演出。该团于 5 月 26 ~ 31 日参加第九届“相约北京”联欢活动广场演出，5 月 31 日至 6 月 3 日赴成都参加第二届中国成都国际非物质文化遗产节活动。

（八）相约北京——贝宁国家歌舞团来华访演

2009 年 5 月 12 日至 6 月 9 日，应文化部邀请，贝宁国家歌舞团一行 18 人来华演出，并于 5 月 13 日至 19 日赴湖南参加张家界国际乡村音乐周活动，5 月 26 日至 31 日参加第九届“相约北京”联欢活动广场演出，5 月 31 日至 6 月 3 日赴成都参加第二届中国成都国际非物质文化遗产节活动。

（九）莱索托艺术团来华访演

2009 年 9 月 6 日至 9 月 12 日，应文化部邀请，莱索托艺术团一行 20 人来华交流演出。该团 9 月 6 日至 9 日赴重庆参加“第二届中国重庆文化艺术节”活动，后返京于 9 月 11 日晚在解放军剧院进行一场专场演出，赵少华副部长观看了演出。

莱索托艺术团主要包含马里摩文化艺术团和纳莱利艺术团。其表演形式简单，却极具感染力，展示了莱索托民族传统文化的独特魅力。节目有：《膝盖舞》、《刀剑舞》、《靴子舞》和《战争舞》等。

（十）“朋友·伙伴·兄弟”——中国摄影家眼中的非洲大型系列展览

为贯彻中非合作论坛北京峰会精神，落实《中非合作论坛北京行动计划（2007 ~ 2009）》关于推动双方民间开展文化交流的承诺，文化部于 2008 年组织 12 名国内知名摄影家分 4 组赴非洲 9 国进行采风创作。2009 年，文化部精选上述摄影家作品，举办了 18 个系列采风作品展，主要分为国内展、国外展和综合展。

2 月 10 日至 17 日，胡锦涛主席访问坦桑尼亚期间，文化部在坦举办“朋友·伙伴·兄弟——中国摄影家眼中的坦桑尼亚”采风作品展。

4 月至 10 月，文化部外联局和有关地方省（市）

文化厅（局）共同主办的"朋友·伙伴·兄弟——中国摄影家眼中的塞内加尔、加蓬、马里、坦桑尼亚、卢旺达、贝宁和埃塞俄比亚"7个国别展览分别在深圳、河南、福建、青海、甘肃举办。国内展共展出摄影作品500多幅，观众总人数近5万人。

作为"2009中国文化聚焦"活动的一部分，以上主题摄影展于6～10月分别在马里、贝宁、埃塞俄比亚、塞内加尔、卢旺达、马拉维、埃及和加蓬展出。当地政府高官和中国驻8国大使出席了展览开幕式并致辞，展览产生了热烈反响。

9月、11月，"朋友·伙伴·兄弟——中国摄影家眼中的非洲"采风作品联展在"2009平遥国际摄影大展"和北京中国人民革命军事博物馆展出，共展出作品182幅。2009年，《"朋友·伙伴·兄弟"——中国摄影家眼中的非洲》摄影集由中国文联出版社付梓印刷。

十三、对外培训和文化援助

（一）湖南专家赴厄立特里亚培训舞蹈、雕塑

2009年5月至10月，应厄立特里亚执政党文化局邀请，文化部派遣株洲市群众艺术馆舞蹈编导欧雪花等3人小组赴厄举办舞蹈编导和雕塑培训班，指导和协助厄方筹办独立日、国家艺术节等大型庆典活动。

（二）在毛里求斯举办中国书法文化讲座

2009年9月底、10月初，应毛里求斯文化部邀请，文化部委派宁夏书画艺术发展促进协会常务副会长、回族阿拉伯文书法家田进才赴毛参加毛里求斯穆斯林开斋节文化庆祝活动。在活动上进行现场书法表演，并在毛里求斯中国文化中心举办书法讲座。

（三）"非洲文化人士访问计划"——文化政策圆桌会议

为加强中非治国理政经验交流，支持非洲国家加强能力建设，2009年8月，文化部举办了第三届"非洲文化人士访问计划·文化政策圆桌会议"，安哥拉、多哥等13个非洲国家政府文化主管部门的13名副部级、司局级文化官员来华参加。王文章副部长在开幕式上作了题为《中国的国内文化发展和对外文化交流》的主旨发言。非洲国家官员介绍了各自的文化政策。代表团访问了北京、深圳和甘肃，并考察了博物馆、美术馆等公共文化设施和文化产业基地。

首届"非洲文化人士访问计划·文化政策圆桌会议"于2007年在京开幕，邀请了非洲11国17名司局级文化官员参加。第二届于2008年在京召开，共有非洲12国12名司局级官员参加。

（四）"非洲文化人士访问计划"——客座画家来华创作

为加强中非艺术家的交流，2009年4月至6月，第二期"非洲文化人士访问计划·客座画家来华创作"项目在深圳举办，文化部邀请坦桑尼亚、毛里求斯、塞内加尔、突尼斯、喀麦隆5名画家在深圳画院采风，共创作了油画、速写、水墨作品50多幅，作品深受中国文化影响。深圳画院为画家们举办了"深圳，你好！——非洲客座艺术家作品品展"。

首期"非洲文化人士访问计划·客座画家来华创作"项目于2008年9月至11月在深圳画院举办，邀请了肯尼亚、埃及、科特迪瓦、贝宁、南非5名画家来华进行客座创作与交流。

（五）津巴布韦石雕艺人赴湖南创作

2009年9月至12月，文化部外联局邀请津巴布韦4名石雕艺人在湖南省张家界进行了为期3个月的石雕创作。作品由张家界湖南黄龙洞股份投资有限公司收藏，一定程度上推动了中非文化贸易的开展。

（六）向肯尼亚、纳米比亚、喀麦隆提供小额援助

根据2009年工作计划，文化部外联局完成对肯尼亚、喀麦隆和纳米比亚各20万元人民币的小额援助工作。

（七）吴桥杂技学校培训非洲学员

吴桥杂技学校培训非洲学员项目系文化部于2002年发起，2002年至2005年由文化部资助，2006年由商务部作为"北京行动计划"培训项目进行资助。迄今，由两部共同资助培训的非洲杂技学员已达200余人，分别来自肯尼亚、加纳、科摩罗、埃塞俄比亚、苏丹等国。受训学员曾参加"友谊颂"（中非合作论坛北京峰会文艺演出）、"非洲之夜"等大型活动。2009年，吴桥杂技学校招收了12名苏丹学员和6名坦桑尼亚学员，他们学习了中国传统杂技节目《草帽》、《车技》等。

（八）阿拉伯国家文化艺术人才培养高级研修班

2009年5月11日至31日，来自约旦、黎巴嫩、巴勒斯坦、叙利亚、也门、阿尔及利亚、科摩罗、

埃及、摩洛哥、苏丹10个阿拉伯国家联盟成员国的18名政府文化官员和重要文化机构负责人参加了在华举办的“阿拉伯国家文化艺术人才培养高级研修班”。研修班由中国文化部、商务部主办，中央文化管理干部学院承办。研修班期间，共组织专题讲座11讲，专题研讨会3次，参观考察专业艺术院校5所、博物馆美术馆13座、剧场和音乐厅6所、文化产业园区和文化产业示范基地4个，并安排了其他社会考察和互动体验项目。

多边文化交流

一、国际交往

【蔡武出席上合文化部长第六次会晤】

2009年4月26日至28日，根据上海合作组织成员国文化部长第五次会晤纪要，应俄罗斯文化部部长阿夫捷耶夫邀请，文化部部长蔡武率中国政府文化代表团一行6人出席在俄罗斯鞑靼斯坦共和国首府喀山举行的上海合作组织成员国文化部长第六次会晤。会晤期间，各国文化部长共同总结了上合框架内多边文化交流合作的情况，讨论了2009年6月俄罗斯叶卡捷琳堡上合组织元首峰会期间举办第五届成员国艺术节的事宜，通过了《上海合作组织成员国文化部长第六次会晤宣言》，并签署了会晤纪要等文件。

【文化部副部长赵少华副部长率中国政府文化代表团出席在联合国教科文组织总部举办的文化多样性艺术节】

2009年5月，文化部精选了一批具有代表性的演展项目参加由联合国教科文组织在巴黎总部主办的文化多样性艺术节。赵少华副部长应邀率中国政府文化代表团出席艺术节活动。中国驻法大使、中国常驻教科文组织代表、教科文组织副总干事、文化助理总干事、教科文组织执行局主席及各国常驻教科文组织大使等出席观看了中国少林寺武僧团在艺术节上的精彩表演。赵少华副部长还利用出席艺术节活动的机会，拜会了教科文组织高层和部分国家常驻教科文组织的代表，并就非遗保护等事宜交换了意见。

【国际文化政策论坛文化多样性和全球化工作组会议国际文化政策论坛部长级年会工作组会议】

2009年2月26日至27日，国际文化政策论坛（下称“INCP”）文化多样性和全球化工作组会议于部长级年会工作组会议在维也纳召开。来自加拿大、奥地利、法国、古巴、马里等19个国家以及文化多样性国际联盟、法语国家联盟、英联邦基金会等国际非政府组织的近40名代表出席了会议。文化部组派了外联局2人和中国社会科学院章建刚教授出席会议。会议主要就《保护和促进文化表现形式多样性公约》（下称《公约》）的第16条“优惠待遇”的操作指南以及如何推动更多国家批准加入《公约》等问题展开深入探讨，为3月23～25日在巴黎召开的《公约》政府间委员会第二次特别会议做准备。

【联合国教科文组织《保护和促进文化表现形式多样性公约》政府间委员会第二次特别会议】

2009年3月21日至23日，联合国教科文组织《保护和促进文化表现形式多样性公约》（下称《公约》）政府间委员会第二次特别会议在巴黎教科文组织总部召开。文化部外联局、中国常驻教科文组织代表团、外交部、国家知识产权局、中国社会科学院等有关部门人员参加了会议。

会议上，24个政府间委员会委员国均派代表出席，45个缔约国及欧盟组织、33个非缔约国、2个政府间组织及4个非政府组织均派代表作为观察员列席会议。教科文组织总干事松蒲晃一郎、文化助理总干事李薇丽出席了会议开幕式。在为期3天的时间里，会议围绕制定《公约》第16条“给发展中国家优惠待遇”的实施细则进行了深入讨论，取得了实质性进展。会议同时审议了对文化多样性国际基金的筹款和提高公约知名度、提交给缔约国大会审议的委员会活动报告以及委员会制定的系列文件进行了审议。

【国际音乐比赛世界联盟第53届年会】

2009年4月，国际音乐比赛世界联盟第53届年会在澳大利亚墨尔本召开。文化部组团参加。会上正式批准中国国际声乐比赛（宁波）和中国国际小提琴比赛（青岛）入盟。至此，包括中国国际钢琴比赛（厦门）在内的文化部主办的三大国际艺术比赛均已成为国际音乐比赛世界联盟成员。这标志着我国举办的国际艺术比赛均得到国际艺术比赛业界权威机构的认可。

【在华建立亚太中心报告获批准联合国教科文组织第181届执行会议】

2009年4月23～28日，文化部组团参加了教科文组织第181届执行局会议。会上一致通过了我国提出的在华建立由教科文组织支持的亚太地区非物质文化遗产保护中心(第2类)(下称“亚太中心”)的报告。日本和韩国建立亚太中心的报告也同时获得通过。同年10月，上述三国分别建立亚太中心的报告获得第35届联合国教科文组织大会批准。经过磋商，中国亚太中心的主要职能为培训，日本和韩国中心的主要职能分别是研究和信息收集及网络建设。在华建立亚太中心的提议获得批准是国际社会对我国非物质文化遗产保护工作的认可，同时也是我国与教科文组织在文化领域开展合作的全新模式。

【联合国教科文组织《保护和促进文化表现形式多样性公约》第二届缔约国大会】

2009年6月15～18日，联合国教科文组织《保护和促进文化表现形式多样性公约》(简称《公约》)第二届缔约国大会在巴黎联合国教科文组织总部召开。文化部组团参加。会议审议批准了我国参与制定的文化多样性《公约》系列文件，并宣布实施阶段正式启动。教科文组织于2005年10月通过的文化多样性《公约》(迄今已有99个缔约方)构建了保护和促进文化表现形式多样性的国际法框架，有助于减缓强势文化对其他文化的冲击，有助于改善全球化带来的文化传播和文化贸易的不平衡状态，表达了国际社会大多数国家的共同意愿。该《公约》的实施将有助于发展中国家建立一个富有活力的文化产业。我国于2006年12月批准加入文化多样性《公约》，并于2007年6月在巴黎首届缔约国大会上当选保护文化多样性政府间委员会委员国。2007年至2009年，我国作为委员国的代表成员，一直积极参与该《公约》实施细则的制定。在大会上，我国竞选连任委员会委员国。

【联合国教科文组织《保护非物质文化遗产公约》政府间委员会第四次会议】

2009年9月文化部组团参加了在阿联酋首都阿布扎比召开的联合国教科文组织保护非物质文化遗产政府间委员会第四次会议。会议审议并批准世界各国12个项目列入急需保护名录，76个项目列入代表作名录。其中，我国的“羌年”、“黎族传统纺染织绣技艺”和“中国木拱桥传统营造技艺”3项被列入急需保护名录；“中国书法”、“中国篆刻”、“中国剪纸”等22项被列入代表作名录。目前，我国列入代表作名录的项目总数达到26项，加上列入急需保护名录的3项，合计29项。

【联合国教科文组织第35届大会】

2009年10月召开的教科文组织第35届大会批准了在华建立亚太中心的建议。根据教科文组织的有关要求，2009年11月，我国政府应与教科文组织签署建立亚太中心的协议，并于2009年12月举行亚太中心挂牌仪式。根据联合国教科文组织有关二类中心的规定要求，亚太中心必须具有独立法人资格、属非营利性国际机构。联合国教科文组织不对该中心承担法律或财政义务。根据此前经部批准的与教科文组织签订的亚太中心协议(草案)，我中心将以中国艺术研究院为依托单位，具有独立法人地位和经费保障。

【联合国教科文组织《保护和促进文化表现形式多样性公约》政府间委员会第三次常会】

2009年12月7日至9日，《保护和促进文化表现形式多样性公约》(下称《公约》)政府间委员会第三次常会在巴黎联合国教科文组织总部召开。文化部组派外联局局长助理杨治为团长的6人代表团与会，团员还包括社会科学院和外交部条法司人员。本次会议是《公约》2009年6月正式进入实施阶段后召开的第一次政府间委员会会议，各方均对会议高度重视。23个政府间委员会委员国代表出席会议，52个缔约国及欧盟、32个非缔约国、5个政府间组织及12个非政府组织派代表作为观察员列席会议，参会人数达310余人，是《公约》通过以来规模最大的一次政府间委员会会议。我国会上成功当选下届常会副主席。

【中非合作论坛第四届部长级会议有关工作】

2009年11月8日，中非合作论坛第四届部长级会议在埃及沙姆沙伊赫召开。会议通过了《中非合作论坛沙姆沙伊赫宣言》和《中非合作论坛沙姆沙伊赫行动计划(2010～2012年)》两成果文件。文化部提出了2010～2012年开展对非文化工作设想和两份成果文件中有关文化的具体表述，文化从“社会发展领域合作”中剥离，成为“人文交流与合作”篇章中的主体。于芃副局长参加了中非合作论坛后续行动委员会与驻华使节磋商会并赴埃及参加第四届部长级会议。

【其他有关国际会议】

2009年1月21日至31日，中国戏剧家协会驻会副主席董伟等2人赴伊朗和阿联酋参加法加尔国际戏剧节及国际剧协会议。

10月14日至20日，中国戏剧家协会王岭应国际戏剧协会和国际剧协苏丹中心邀请，赴苏丹参加国际剧协第129次执委会。

10月17日至23日，中国音协张锡海、齐巧荔和高山人3人应国际音乐理事会邀请，赴突尼斯参加国际音乐理事会第33届代表大会暨第三届世界音乐论坛。

12月8日至11日，国家图书馆申晓娟应埃及亚历山大图书馆邀请，赴埃及参加“世界数字图书馆技术研讨会”。

【上合文化官员考察团访华】

2009年3月17日至25日，应中国文化部邀请，来自俄罗斯、哈萨克斯坦、乌兹别克斯坦、塔吉克斯坦、吉尔吉斯斯坦5个上海合作组织成员国文化系统的司局级和处级官员一行7人，来华进行了为期9天的文化考察活动。代表团先后访问了北京、上海、苏州3个城市，参观考察了中国美术馆、北京舞蹈学院、上海博物馆、苏绣研究所等近20个文艺机构和文化产业单位。3月19日中午，文化部副部长赵少华在京会见并宴请了代表团全体。

【31国大使等出席第二届中国成都国际非物质文化遗产节】

6月1～13日，来自31个国家常驻联合国教科文组织大使和教科文组织代表、各国驻成都领事应邀出席了第二届中国成都国际非物质文化遗产节的相关活动。

【多国官员等参加首届亚欧文化艺术节】

2009年9月2日至8日，来自40多个亚欧会议成员国的600多名艺术家、专家学者、文化官员和企业代表参加了在北京举办的首届亚欧文化艺术节相关活动。

二、国际组织、国际公约框架下的文化交流

（一）文化部组艺术团参加教科文文化多样性艺术节

2009年5月，文化部精选了一批具有代表性的演展节目参加教科文组织在巴黎总部主办的文化多样性艺术节。文化部副部长赵少华应教科文组织邀请率中国政府文化代表团出席艺术节活动。中国驻法大使、中国常驻教科文组织代表、教科文组织副总干事、文化助理总干事、教科文组织执行局主席及各国常驻教科文组织大使等高层人士出席观看了中国少林寺武僧团在艺术节上的精彩表演。

（二）“上合艺术节”在叶卡捷琳堡举行

2009年6月15日，上海合作组织成员国元首理事会第九次会议在俄罗斯叶卡捷琳堡举行。当晚，第五届“上海合作组织成员国艺术节”在叶卡捷琳堡宇宙电影院举行。来自俄罗斯、中国等6个成员国和4个观察员国的300余名艺术家登台献艺。充分展示了“互信、互利、平等、协商、尊重多样文明、谋求共同发展”的“上海精神”。由南京军区政治部前线文工团的舞蹈《绿荫》和上海杂技团的杂技《单人艺术造型》融合而成的节目《春绿》在开幕式演出中大获成功，掌声响起达19次之多，成为全场最受欢迎的节目之一。

（三）首届亚欧文化艺术节

2009年9月2日至8日，为落实亚欧首脑会议和温家宝总理向国际社会所做的承诺，由文化部、外交部、国家广播电影电视总局、国家新闻出版总署和北京市人民政府共同主办的首届亚欧文化艺术节在北京隆重举办。本届艺术节以“多样文化、创意共享”为主题，举办了文艺表演、艺术展览、图书音像展览、电影展播周和文化合作论坛等一系列丰富多彩的活动。来自40多个亚欧会议成员国的600多名艺术家、专家学者、文化官员和企业代表参加了艺术节相关活动。中央政治局委员、国务委员刘延东，国务委员戴秉国，文化部部长蔡武、副部长赵少华，外交部部长助理翟隽，广电总局副局长胡占凡，新闻出版总署副署长李东东，北京市委常委、宣传部长、北京市副市长蔡赴朝等领导同志以及亚欧会议成员国的驻华使节出席了艺术节相关活动。

三、国际艺术比赛

（一）鼓励国际艺术比赛获奖选手及指导教师

2009年，中国各艺术团体及院校共有33人次选手、26人次指导教师在6项文化部鼓励参加的国际艺术比赛中获奖。根据《文化部关于进一步完善参加国际艺术比赛管理模式改革的通知》（文外函〔2009〕1671号）精神，文化部于2010年初为获奖选手及指导教师颁发了奖金和荣誉证书。获奖选手名单见附件1。

附件 1：

2009 年参加文化部鼓励国际艺术比赛获奖选手及指导教师奖励名单

序号	姓名	比赛名称	名次	院校	指导老师
1	马 琦	第 46 届德国克林根塔尔国际手风琴大赛（青年组）	一等	中央音乐学院	曹晓青
2	马 琦	第 34 届意大利卡斯特费达多国际手风琴比赛（青年组）	一等	中央音乐学院	曹晓青
3	马 琦	第 62 届世界杯国际手风琴锦标赛（青年世界杯组）	一等	中央音乐学院	曹晓青
4	阮明园	第 34 届意大利卡斯特费达多国际手风琴比赛（成人组）	二等	中央音乐学院	曹晓青
5	阮明园	第 62 届世界杯国际手风琴锦标赛（世界杯组）	三等	中央音乐学院	曹晓青
6	田佳男	第 34 届意大利卡斯特费达多国际手风琴比赛（少年组）	一等	中央音乐学院	曹晓青
7	田佳男	第 34 届意大利卡斯特费达多国际手风琴比赛（青年流行）	二等	中央音乐学院	曹晓青
8	田佳男	第 62 届世界杯国际手风琴锦标赛（青年流行乐组）	一等	中央音乐学院	曹晓青
9	王寒之 方 向	第 34 届意大利卡斯特费达多国际手风琴比赛（室内乐组）	一等	中央音乐学院	曹晓青
10	王寒之 方 向	第 34 届意大利卡斯特费达多国际手风琴比赛（艺术演奏）	三等	中央音乐学院	曹晓青
11	高义程	第 34 届意大利卡斯特费达多国际手风琴比赛（成人组）	四等	四川音乐学院	陈 军
12	高义程	第 62 届世界杯国际手风琴锦标赛（世界杯组）	二等	四川音乐学院	陈 军
13	刘海瑜	第 62 届世界杯国际手风琴锦标赛（成人流行乐组）	二等	四川音乐学院	陈 军
14	贺 倩	第 62 届世界杯国际手风琴锦标赛（键盘组）	一等	四川音乐学院	张晓波
15	刘 浏 王 茜 罗嘉琪 贺 倩	第 62 届世界杯国际手风琴锦标赛（室内乐组）	一等	四川音乐学院	梁云江 张晓波
16	刘烙斌	第六届韩国首尔国际舞蹈比赛（芭蕾舞青年组男子）	三等	深圳艺术学校	徐 健
17	余晓彤	第六届韩国首尔国际舞蹈比赛（芭蕾舞青年组女子）	三等	深圳艺术学校	徐 健
18	黄俊泷	第六届赫尔辛基国际芭蕾舞比赛（成人组男子）	一等	广州芭蕾舞团	德力格尔
19	李瑞林	第 34 届意大利卡斯特费达多国际手风琴比赛·（艺术家组）	二等	天津音乐学院	刘文林
20	宋 娜 丰 雷 陈 蕾	第 34 届意大利卡斯特费达多国际手风琴比赛（重奏组）	一等	天津音乐学院	王域平
21	许 鹏	第 62 届世界杯国际手风琴锦标赛（键盘组）	二等	上海师范大学	李 聪

续 表

序号	姓名	比赛名称	名次	院校	指导老师
22	万一钟	第62届世界杯国际手风琴锦标赛（成人流行乐组）	三等	上海师范大学	王从余
23	马　爽 孟　茜	第62届世界杯国际手风琴锦标赛（室内乐组）	二等	中国戏曲学院	孟　茜
24	范云翔	美国吉他基金会国际吉他比赛	一等	中央音乐学院	陈　志
25	包　红	韩国首尔国际舞蹈比赛	二等	杭州歌舞团	邓　林

（二）文化部关于公布《2010～2011年文化部鼓励参加的国际艺术比赛项目》的通知和文化部关于2010年至2011年参加国际艺术比赛管理规定的通知

为进一步规范和完善我国选手参加国际艺术比赛，文化部于2010年4月先后颁布了《文化部关于公布〈2010～2011年文化部鼓励参加的国际艺术比赛项目〉的通知》（见附件2）和《文化部关于2010年至2011年参加国际艺术比赛管理规定的通知》。

附件2：

2010～2011年文化部鼓励参加的国际艺术比赛项目

一类比赛

序号	比赛名称	国　家	时　间	地点
1	第16届肖邦国际钢琴比赛 16th International Fryderyk Chopin Piano Competition	波兰	2010年10月 2～23日	华沙
2	第10届西贝柳斯国际小提琴比赛 The 10th International Violin Competition "Jean Sibelius"	芬兰	2010年 11月21日～ 12月2日	赫尔辛基
3	梅纽因国际青少年小提琴比赛 Yehudi Menuhin International Competition for Young Violinists	挪威	2010年4月 16～25日	奥斯陆
4	2010年美国杰克逊国际芭蕾舞比赛 2010 USA International Ballet Competition	美国	2010年6月 12～27日	密西西比 杰克逊
5	伊丽莎白王后国际音乐比赛（作曲、钢琴、声乐） Queen Elisabeth International Music Competition of Belgium（Composition, Piano, Singing）	比利时	2009/2010年（作曲） 2010年5月3～29日(钢琴)，2011年5月(声乐)	布鲁塞尔
6	维也纳汉斯·嘉伯（美景宫）国际声乐比赛 International Hans Gabor Belvedere Singing Competition	奥地利	2010年6月（第29届） 2011年6月（第30届）	维也纳
7	威尔第国际声乐比赛 Concorso Internazionale per Voci Verdiani	意大利	2010年6月(每年一届) www.bussetolive.com info@bussetolive.com	布塞托
8	美国吉他基金会国际古典吉他比赛 2010 GFA International Concert Artixt Competition	美国	2010年6月 22～27日	奥斯丁
9	第24届瓦尔纳国际芭蕾舞比赛 24th International Ballet Competition －VARNA	保加利亚	2010年7月 15～30日	瓦尔纳

续 表

序号	比赛名称	国 家	时 间	地点
10	德国克林根塔尔国际手风琴比赛（成人组、青年组） International Accordion Competition Klingenthal	德国	2010年8月（第47届） 2011年8月（第48届）	克林根塔尔
11	第53届帕格尼尼国际小提琴比赛 The 53rd International Violin Competition "Premio Paganini"	意大利	2010年9月 15～26日	热那亚
12	第5届中国国际钢琴比赛（厦门） The 5th China International Piano Competition (Xiamen)	中国	2010年10月28日 ～11月8日	厦门
13	2011年BBC卡迪夫国际声乐比赛 BBC Cardiff Singer of the World 2011	英国	2011年 6月11～19日	卡迪夫
14	第9届荷兰李斯特国际钢琴比赛 The 9th International Franz Liszt Piano Competition	荷兰	2011年3月27日 ～4月9日	乌特勒支
15	第14届柴可夫斯基国际音乐比赛（钢琴、小提琴、大提琴、声乐） 14th International Tchaikovsky Competition (Piano, Violin, Cello and Voice)	俄罗斯	2011年6月14日 ～7月2日	莫斯科
16	宋雅皇后国际声乐比赛 The Queen Sonja International Music Competition	挪威	2011年8月	奥斯陆
17	匈牙利李斯特国际钢琴比赛 International Piano Competition In memorian Ferenc Liszt	匈牙利	2011年9月8～19日 www.filharmoniabp.hu/hode/554	布达佩斯
18	第五届中国国际声乐比赛（宁波） The 5th China International Voice Competition (Ningbo)	中国	2011年10月	宁波
19	德国"新声音"国际声乐比赛 Neue Stimmen International Singing Competition	德国	2011年10月	居特斯洛
20	第三届中国国际小提琴比赛（青岛） The 3rd China International Violin Competition (Qingdao)	中国	2011年10月	青岛

二类比赛

序号	比赛名称	国家	时间	地点
1	卡尔·尼尔森国际音乐比赛（长笛、风琴） Carl Neilsen International Music Competition & Festival	丹麦	2010年5月30日～6月9日（长笛）2011年5月31日～6月9日（风琴）	奥登塞
2	乔尔切·埃奈斯库国际音乐比赛（钢琴，小提琴，作曲） George Enescu International Festival and Competition (Piano, Violin, Composition)	罗马尼亚	2011年9月	布加勒斯特
3	第四届日本仙台国际音乐比赛（小提琴、钢琴） The 4th Sendai International Music Competition	日本	2010年5月22日～6月6日（小提琴），2010年6月13日～27日（钢琴）	仙台
4	蒙特利尔国际音乐比赛（小提琴、钢琴） Montreal International Musical Competition (Violin, Piano)	加拿大	2010年5月24日～6月4日（小提琴） 2011年5月（钢琴）	蒙特利尔
5	日内瓦国际音乐比赛（钢琴、双簧管、声乐、弦乐四重奏） Geneva International Music Competition(Piano, Oboe, Voice, String Quartet)	瑞士	2010年11月（钢琴、双簧管）2011年11月（声乐、弦乐四重奏）	日内瓦

续 表

序号	比赛名称	国家	时间	地点
6	慕尼黑国际音乐比赛 （大提琴、长笛、法国号、钢琴二重奏、钢琴、管风琴、双簧管、小号） ARD International Music Competition Munich(Cello, Flute, French Horn, Piano Duo, Piano, Organ, Oboe, Trumpet)	德国	2010年8月22日～9月10日（大提琴、长笛、法国号、钢琴二重奏）2011年8月29日～9月16日（钢琴、管风琴、双簧管、小号）	慕尼黑
7	韩国尹伊桑国际音乐比赛（钢琴、小提琴） Isang Yun Music Competition	韩国	2010年10月（钢琴） 2011年10月（小提琴）	统营
8	阿瑟·鲁宾斯坦国际钢琴大师赛 The Arthur Rubinstein International Piano Master Competition	以色列	2011年3月	特拉维夫
9	西班牙哈恩国际钢琴比赛 Jaen International Piano Contest	西班牙	2010年4月9日～16日（第52届） 2011年4月（第53届）	哈恩
10	克里夫兰国际钢琴比赛 The Cleveland International Piano Competition	美国	2011年7月26日～8月7日	克里夫兰
11	第八届乌克兰弗拉基米尔·霍洛维茨国际青年钢琴家比赛 The 8th International Vladimir Horowitz Competition	乌克兰	2010年4月11～26日	基 辅
12	第15届美国吉娜·巴考尔国际钢琴比赛 The 15th International Gina Bachauer Piano Competition	美国	2010年6月17日～7月1日	盐湖城
13	斯克里亚宾国际钢琴比赛 Alexander Scriabin International Piano Competition	意大利	2010年2月（第12届） 2011年2月（第13届）	克鲁索托
14	多明戈国际声乐比赛 Domingo International Singing Competition	意大利	2010年 4月25日～5月1日	米兰
15	阿尔卡莫国际声乐比赛 International Vocal Contest “Citta di Alcamo”	意大利	2010年9月（第13届） 2011年9月（第14届）	阿尔卡莫
16	第47届法国图卢兹国际声乐比赛 The 47th Concours International de Chant de la Ville de Toulouse	法国	2010年9月	图卢兹
17	意大利贝利尼国际声乐比赛 Bellini International Vocal Music Competition	意大利	2010年11月（每年一届）	意大利
18	第12届马赛国际歌剧比赛 12nd Marseilles International Opera Competition	法国	2011年10月	马赛
19	西班牙弗朗西斯科·维尼亚斯国际声乐比赛 “Francisco Vinas” International Singing Competition	西班牙	2010年1月7～17日（第47届） 2011年1月12～23日（第48届）	巴塞罗那
20	毕尔巴鄂国际声乐比赛 International Voice Competition of Bilbao	西班牙	2010年11月	毕尔巴鄂
21	第三届加琳娜·维什涅夫斯卡娅国际歌剧比赛 III International Opera Singers Competition of Galina Vishnevskaya	俄罗斯	2010年6月1～7日	莫斯科
22	罗马尼亚“金鹿”国际通俗音乐比赛 The International Festival of Pop Music “The Golden Stag”	罗马尼亚	2011年8月 www.cerbuldeaur.ro, goldenstag2001@yahoo.com	布拉索夫
23	哈萨克斯坦“亚洲之声”国际通俗音乐比赛 The international music festival “Voice of Asia” in Kazakhstan	哈萨克斯坦	每年一届	阿拉木图

续 表

序号	比赛名称	国家	时间	地点
24	第八届印第安纳波里国际小提琴比赛 8th Quadrennial International Violin Competition of Indianapolis	美国	2010 年 9 月 10 ~ 26 日	印第安纳波里
25	若多尔夫·利皮泽国际小提琴比赛 International Violin Competition "Rodolfo Lipizer"	意大利	2010 年 9 月 3 ~ 12 日（第 29 届）2011 年 9 月 9 ~ 18 日（第 30 届）	戈里齐娅
26	希尔国际小提琴比赛 Micheal Hill International Violin Competition	新西兰	2011 年 6 月	奥克兰
27	第 14 届维尼雅夫斯基国际小提琴比赛 The 14th Henryk Wieniawski International Violin Competition	波兰	2011 年 10 月 8 ~ 23 日	波兹南
28	第三届埃曼纽·费尔曼国际大提琴比赛 The 3rd International Cello Competitions "Grand Prix Emanuel Feuermann"	德国	2010 年 11 月 16 ~ 21 日	柏林
29	第 10 届莱诺·特堤斯国际中提琴比赛 10th Lionel Tertis International Viola Festival and Competition	英国	2010 年 3 月 20 ~ 27 日	马恩岛
30	洛桑国际舞蹈比赛 Lausanne International Ballet Competition	瑞士	2010 年 1 月（第 38 届） 2011 年 1 月（第 39 届）	洛桑
31	美国纽约国际芭蕾舞比赛 New York International Ballet Competition	美国	2010 年 6 月 21 日 ~ 28 日（第 26 届）2011 年 6 月（第 27 届）	纽约
32	韩国首尔国际舞蹈比赛 （芭蕾、民族舞蹈、现代舞） Seoul International Dance Competition	韩国	2010 年 8 月（第七届） 2011 年 8 月（第八届）	首尔
33	第七届日本名古屋国际芭蕾舞及现代舞比赛 7thNagoya International Ballet & Modern Dance Competition	日本	2011 年 5 月	名古屋
34	白俄罗斯维捷布斯克国际现代舞比赛 International Festival of Modern Choreography	白俄罗斯	2010 年 11 月	维捷布斯克
35	意大利卡斯特费达多国际手风琴比赛（艺术家组） International "Citta di Castelfidardo" Prize and Award for Accordion Bands and Soloists	意大利	2010 年 10 月（第 35 届） 2011 年 10 月（第 36 届）	卡斯特费达多
36	世界杯国际手风琴比赛（世界杯组） Coupe Mondiale		2010 年（第 63 届） 2011 年（第 64 届）	上海
37	日本东京国际古典吉他比赛 TOKYO International Guitar Competition	日本	2010 年 11 月（第 53 届） 2011 年 12 月（第 54 届）	东京
38	维也纳国际古典吉他演奏家比赛 International Guitar Competition Karl Scheit Vienna	奥地利	2010 年 9 月 28 日 ~ 10 月 2 日	维也纳

（三）文化部外联局召开中国国际音乐艺术比赛研讨会

2009 年 6 月 20 ~ 21 日，文化部外联局召开了中国国际音乐艺术比赛研讨会，组织专家就如何改进完善我国选手出国参加国际艺术比赛的管理工作、如何改进完善我国三大国际艺术比赛的组织工作、对各国举办的国际艺术比赛进行打分评级的可能性以及新中国成立 60 年来我国选手出国参加国际艺术比赛获奖成就的回顾总结和宣传报道事宜等议题进行了广泛交流和深入探讨，为完善、细化国际艺术比赛的组织、管理措施提供了科学依据。

四、在华举办的多边艺术周、艺术节及国际会议

（一）第九届“相约北京”联欢活动

2009 年 4 月 28 日至 5 月 29 日，由文化部和北京市人民政府、国家广播电影电视总局共同主办的第九届“相约北京”在京举办，共有世界 20 多个国家和地区的 50 多个中外艺术团体 600 多名艺术家参加。中共中央政治局常委李长春，中共

中央政治局委员、北京市委书记刘淇，中共中央政治局委员、国务委员刘延东等中央领导及有关部委和北京市的领导出席观看了本届“相约北京”的开幕演出；文化部副部长赵少华出席观看了本届“相约北京”闭幕式演出。

（二）第12届北京国际音乐节

2009年10月10日至30日，由文化部与北京市人民政府共同主办，北京国际音乐节艺术基金会承办的第12届北京国际音乐节在北京举办。本届北京国际音乐节共有来自中国、芬兰、德国、英国、韩国、美国、俄罗斯、澳大利亚、肯尼亚等国的音乐名家和著名音乐团体奉献了21场丰富多彩的音乐会和歌剧演出。开幕式演出是由芬兰萨沃林纳歌剧节制作的一台负有盛名的威尔第经典歌剧《麦克白》；闭幕式音乐会是由几位曾参与影片《从毛泽东到莫扎特》拍摄的中国天才演奏家联袂演出，旨在纪念中美建交30周年暨这部荣获奥斯卡奖的纪录片拍摄30周年。本届音乐节由文化部部长蔡武致开幕词并宣布开幕。国务委员刘延东，人大常委会副委员长华建敏，中共北京市委常委、宣传部长、北京市副市长蔡赴朝等领导同志以及中央、全国人大有关部门、国务院各部委、国家各有关部门和北京市相关单位的领导出席观看了开幕式演出；加拿大、立陶宛驻华大使和法国新任驻华领事也应邀出席观看了演出。全国人大常委会副委员长华建敏以及中组部，全国人大财经委、外委会，文化部，商务部，卫生部，银监会，中国科协，中国国际友好联络会，中央社会主义学院和北京市的相关领导出席观看了闭幕式演出。

（三）第11届中国上海国际艺术节

2009年10月18日至11月18日，第11届中国上海国际艺术节在沪举办，主题为“用艺术点亮心灵”。围绕主题设有舞台演出、群文活动、演出交易会、节中节、论坛、展览博览六大活动板块及韩国、重庆嘉宾文化周。舞台演出共推出55台优秀剧目，国际演出交易会有20多个国家和地区的艺术节、演出机构、剧院和演出团体参加，共达成多项演出交易意向；“节中节”包括第六届上海国际魔术节暨国际魔术比赛、首届上海国际优秀木偶艺术大赛暨优秀剧目展演、第五届中国上海国际青年钢琴比赛和第三届上海朱家角水乡“世界音乐”节；论坛包括艺术节高峰论坛、钢琴大师论坛和中韩文化交流与发展论坛；展览博览包括10项题材多样的艺术展、专题展、艺术器材展和工艺精品博览会。

（四）第二届中国成都国际非物质文化遗产节

2009年6月1日至13日，第二届中国成都国际非物质文化遗产节（下称“非遗节”）在成都市成功举办。本届“非遗节”由文化部、四川省人民政府与联合国教科文组织共同主办，成都市人民政府、四川省文化厅和中国非物质文化遗产保护中心承办，成都市文化局和成都市金牛区人民政府协办。这是联合国教科文组织首次与我国共同主办的大型国际文化交流活动，也是“5·12”汶川特大地震发生后四川省举办的首个大型国际活动。本届“非遗节”以“多彩民族文化、人类精神家园”为主题，举办了包括开幕式暨天府大巡游、国际论坛、非物质文化遗产博览会、非物质文化遗产精品剧（节）目剧场演出和慰问演出、主题分会场活动和系列配套活动、闭幕式暨颁奖活动6大类370多项。以“灾难与非物质文化遗产保护”为主题的国际论坛达成《成都共识》向国际社会发表并铭刻碑文永久矗立在非物质文化遗产国家公园；13支国外和32支国内表演队伍共3000多名表演人员参加了街头巡游和主题分会场活动；26个省、区、市的1600多个非物质文化遗产项目，630多名传承人参加了在非物质文化遗产国家公园举办的博览会；12种剧目参与剧场和慰问演出共56场；190多支表演队伍参加了非物质文化遗产国家公园广场10个主题日、5个主题分会场、16个配套活动和闭幕式“多彩家园”的各种演出活动，参演人员达7000余人；内容丰富、精彩纷呈的节会活动共吸引500多万人直接参与。

（五）第12届中国吴桥国际杂技艺术节

2009年10月31日至11月13日，由文化部和河北省人民政府共同主办的第12届中国吴桥国际杂技艺术节在河北省石家庄市（主会场）和沧州市（分会场）举行。本届艺术节以“友谊、交流、繁荣、发展”为主题，共有来自22个国家和地区的200多位杂技艺术家呈献了32个精彩节目。

（六）首届中国宁夏国际文化艺术旅游博览会

2009年9月8日至16日，首届中国宁夏国际文化艺术旅游博览会在银川举办。本届博览会由文化部、国家民委、国家广电总局、国家旅游局、中国人民对外友好协会和宁夏回族自治区人民政府共同主办。文化部副部长赵少华出席博览会开幕式暨同一首歌大型晚会并代表主办单位讲话，之后还出席了博览会综合展览开幕式和文化旅游招商项目签约仪式等活动。本届博览会共邀请相关国家部委、团体，外国驻华使领馆官员，各省、区、市代表团，社会各界近2000人；参展单位和企业600余家；国内外演艺团体15个、3200人，演出节目40台、104场；约40家国内外新闻、网络媒体的200多名记者参与报导。博览会期间，共推介和商洽项目500个，落实重点投资项目210个，协议资金190.1亿元。同时还签署了30个文化旅游招商项目协议，其中包括银川剧院开发、宁夏艺校迁建、黄河书院建设等文化设施开发建设，以黄河金岸景区开发为重点的旅游项目建设及合作，以动画片、民族歌舞和影视剧为重点的文艺作品创排合作项目，以刺绣等为重点的非物质文化遗产规模化生产合作项目等5个类别，签约资金为81亿元。

（七）第四期“东盟10+3文化人力资源开发合作研讨班”

2009年10月12日至23日，文化部主办的第四期“东盟10+3文化人力资源开发合作研讨班”在北京市、甘肃省、陕西省举办。本届研讨班是中国文化部第四次执行亚洲区域合作专项资金项目，“东盟”与中、日、韩12个国家的24位局级文化官员应邀出席了本届研讨班。在华期间，各国代表就本期非物质文化遗产保护这一主题充分交流与研讨，并实地考察了我国文化遗产保护的现状，有效增进了“东盟”10+3各国政府文化工作者的相互理解与友谊，为在区域内开展相关领域进一步合作奠定基础。

五、我国申报联合国教科文组织人类非物质文化遗产代表作名录和急需保护的非物质文化遗产名录的情况

2009年9月，在阿联酋首都阿布扎比召开的联合国教科文组织保护非物质文化遗产政府间委员会第四次会议上，我国非物质文化遗产的申报工作取得进展，本次会议审议并批准世界各国12个项目列入急需保护的非物质文化遗产名录（简称“急需保护名录”），76个项目列入人类非物质文化遗产代表作名录（简称“代表作名录”）。其中，我国的“羌年”、“黎族传统纺染织绣技艺”和“中国编梁木拱桥营造技艺”3项被列入急需保护名录；“中国书法”、“中国篆刻”、“中国剪纸”等22项被列入代表作名录。目前，连同2008年由“人类口头和非物质遗产代表作名录”转入代表作名录的“昆曲”、“古琴艺术”、“新疆维吾尔木卡姆艺术”、“蒙古族长调民歌”4个项目，我国列入代表作名录的项目总数达到26项，加上列入急需保护名录的3项，合计29项。

代表作名录项目及其列入时间如下：

昆曲（2008）

古琴艺术（2008）

新疆维吾尔木卡姆艺术（2008）

蒙古族长调民歌（2008）联合申报国家：中国、蒙古国

中国雕版印刷技艺（2009）

中国书法（2009）

中国剪纸（2009）

中国传统木结构营造技艺（2009）

中国朝鲜族农乐舞（2009）

格萨（斯）尔（2009）

侗族大歌（2009）

花儿（2009）

玛纳斯（2009）

呼麦（2009）

南音（2009）

热贡艺术（2009）

中国传统桑蚕丝织技艺（2009）

端午节（2009）

妈祖信俗（2009）

中国篆刻（2009）

南京云锦织造技艺（2009）

龙泉青瓷传统烧制技艺（2009）

宣纸传统制作技艺（2009）

藏戏（2009）

西安鼓乐（2009）

粤剧（2009）

急需保护名录项目：

羌年（2009）

黎族传统纺染织绣技艺（2009）

中国编梁木拱桥营造技艺（2009）

中外文化传播

一、综述

2009年4月，文化部外联局制作了DVD套装"非物质文化遗产"，内含多语种（汉语、英语、法语、西班牙语、葡萄牙语、阿拉伯语、俄语、日语、德语、意大利语）外宣片《中国新疆维吾尔木卡姆艺术》、《蒙古长调》、《昆曲》、《琴》。

2009年5月，文化部外联局制作完成DVD西藏主题套装，内含多语种（汉语、英语、法语、西班牙语、葡萄牙语、阿拉伯语、俄语、日语、德语、意大利语）故事片《农奴》、《益西卓玛》、《静静的嘛呢石》和多语种（汉语、英语、法语、西班牙语、葡萄牙语、阿拉伯语、俄语、日语、德语、意大利语）纪录片《发展中的西藏》、《新西藏》、《西藏往事》。

8月，文化部外联局制作完成9部多语种（汉语、英语、法语、西班牙语、葡萄牙语、阿拉伯语、俄语、日语、德语、意大利语）DVD外宣故事片《胡同里的阳光》、《农奴》、《东极拯救》、《我的家在哪里》、《棋王和他的儿子》、《绝代》、《李米的猜想》、《志愿者》、《乡村婚礼》和19部多语种（汉语、英语、法语、西班牙语、葡萄牙语、阿拉伯语、俄语、日语、德语、意大利语）DVD外宣专题片《黄河文明散记》、《江南水乡》、《中国现代绘画》、《皇城根下的老人》、《舞蹈者》、《印山纪事》、《中国古代瑰宝》、《恭王府》、《开平碉楼》、《古村 古树 古桥》、《戏迷》、《草原牧歌》、《天鹅湖纪事》、《北京风情》、《云锦拾萃》、《今日西藏》、《西藏往事》、《新西藏》、《发展中的西藏》。

二、专题片与专题展览

（一）《走近中国》专题片

2009年8月，文化部外联局拍摄制作了多语种（汉语、英语、法语、西班牙语、葡萄牙语、阿拉伯语、俄语、日语、德语、意大利语）外宣专题片《走近中国》。从1949年中华人民共和国宣告成立起，60多年来，经过几代人的不懈努力，新中国不但走出了经济落后、物质匮乏的困境，成功解决了第一人口大国的温饱问题，更依靠改革开放的勇气和胆识，实现了经济和社会发展的一个又一个突破。新中国用她的第一个甲子，实现了一次历史性的跨越。使广大外国受众对新中国成立60周年来在各个领域所取得的成就有了广泛和深刻的了解。

（二）"中国万花筒——当代生活面面观"图片展

2009年8月，为庆祝新中国成立60周年，文化部外联局制作了"中国万花筒"大型国庆图片展，并配以庆祝新中国成立60周年海报。175个驻外使领馆使用了该展，取得了良好的宣传效果。

（三）《感知澳门》专题片

2009年8月，文化部外联局拍摄制作了多语种（汉语、英语、法语、西班牙语、葡萄牙语、阿拉伯语、俄语、日语、德语、意大利语）外宣专题片《感知澳门》。该片主要讲述了澳门这不到30平方公里的土地，如今已发展成为开放、自由、多元文化与特色经济协调发展的经济体。回归10年来，澳门的经济快速发展，不同肤色、不同民族、不同宗教信仰的人们和谐相处，多姿多彩的文化、旅游、博彩吸引着来自世界各地的人们。该专题片发往中国驻外100多个国家240余使领馆和文化中心，使广大外国受众对澳门的历史、现状及其今后的发展有了进一步的了解。

（四）"澳门风情"图片展

2009年3月，为配合澳门回归10周年，文化部外联局制作大型图片展"澳门风情"。49个驻外使领馆使用了该展，赢得了各国观众对澳门回归的理解和支持。

（五）看图话春节（外交官演讲PPT）

2009年12月，为配合"欢乐春节"品牌活动在全球的推广，文化部外联局制作了外交官电子讲演稿《看图话春节》中文及英、法、西、阿、俄、德6种外文版本，制作后上传中国文化网，供驻外使领馆自行下载使用。

（六）中国春节展

2009年8月，为配合2010年"欢乐春节"活动，文化部外联局制作了5套（英、法、阿、俄4个语种）《中国春节展》供有关使领馆使用。

（七）纽约帝国大厦中国春节橱窗展

2009年12月，文化部外联局策划并制作在纽约帝国大厦一层大厅举办了"中国春节橱窗展"，通过不同的春节展品和场景，让观众更好地了解中国的风俗及发展变化，赢得了观众和使馆人员的喜爱，取得了非常好的宣传效果。

（八）《茶文化》专题片

2009年8月，文化部外联局拍摄制作了多语种（汉语、英语、法语、西班牙语、葡萄牙语、阿拉伯语、俄语、日语、德语、意大利语）外宣专题片《茶文化》。中国是世界上最早发现、栽培、加工和利用茶的国家。茶，更是中国同世界交流的纽带，茶叶由中国传播到世界各地已有两千多年的历史。专题片使广大外国受众对中国茶的历史、工艺及其独特的文化内涵有了广泛的了解。

（九）《社区文化》专题片

2009年8月，文化部外联局完成拍摄制作了多语种专题片《社区文化》。该片以北京金鱼池社区为缩影，折射出中国人不仅物质条件得到了极大改善，生活观念与人际交往也进行着与时俱进的调整。使广大外国受众对中国社区的形成、现状及其特点有了进一步的了解。

（十）《南京云锦》专题片

2009年8月，文化部外联局拍摄制作了多语种（汉语、英语、法语、西班牙语、葡萄牙语、阿拉伯语、俄语、日语、德语、意大利语）外宣专题片《南京云锦》。使广大外国受众对云锦的历史、现状及其工艺有了更好的了解。

（十一）蓝色记忆——中国印染艺术展

2009年8月，文化部外联局制作完成了“蓝色记忆——中国印染艺术展”。该展介绍并展示中国传统的三大印染工艺：扎染、蜡染和蓝印花布。让外国人对这一优秀的民间工艺有更直观的了解和认识，并加深对中国传统文化的理解。

（十二）中国女红展

2009年12月，文化部外联局制作完成了“中国女红展”。以女红这一传统的艺术形式，充分展现中国女性优雅、含蓄、婉约的气质，展现她们的品德修养、持家技能和审美趣味。

（十三）南京云锦展

2009年7月，文化部外联局制作完成“南京云锦展”。南京云锦是中国丝织技艺最高水平的代表之一，是非物质文化遗产的重要项目。为介绍并展示云锦的历史、工艺特点、文化底蕴。该展览展现云锦的生产过程、特殊织造手段、专用织机，以及云锦与中国文化的关系。

（十四）笔墨情致——中国书画文房展

2009年3月，文化部外联局制作完成的“笔墨情致——中国书画文房展”。中国书画艺术是不同于西方绘画的东方艺术体系，并成为中华艺术文明的重要表征。此展从中国书画的构图、用笔、着墨、敷色等层面展示解析作品，阐释中国书画所具有的东方特质，在引导观众欣赏、认识中国书画的同时，激发对中国书画艺术的兴趣。

（十五）北京中轴线展

2009年7月，文化部外联局制作完成的“北京中轴线展”。以北京中轴线的文化精神为主题，既展示中轴线上的重要建筑，也展示不同时期中轴线区域内的人文生活景观，让外国观众领略中轴线上建筑规划的壮美，以及中轴线背后中国文化的内涵，增强对北京这个既有深厚历史文化底蕴，又充满机遇与活力的现代化国际都市的了解。

文化中心工作

一、综述

中国文化中心是中国政府派驻在境外的官方文化机构，是在境外推介中华文化的窗口，开展交流合作的平台，增进理解互信的桥梁。文化中心以优质、普及、友好、合作为原则，不间断地开展各项文化活动，进行中国文化的教学培训和提供权威客观的信息服务，促进和深化与驻在国的文化交流与合作，增进与驻在国人民之间的相互了解和友谊。

在海外设立中国文化中心是扩大国际文化交流与合作、加快中华文化走出去、提升中国文化国际影响力的战略举措。1988年，中国的改革开放步入第十个年头，在解放思想的改革大旗指引下，新中国首批中国文化中心在非洲的毛里求斯和贝宁建成并对外开放。贝宁和毛里求斯中国文化中心的多年实践，为文化中心今后的建设发展摸索和积累了宝贵的经验。

进入21世纪后，伴随改革开放的不断深入，中国政治稳定，经济发展，文化繁荣，在世界上的影响力不断扩大，中国政府作出了与外国互设文化中心的决策。从2002年至2008年，我驻开罗、巴黎、马耳他、首尔、柏林中国文化中心相继建成并对外开放。多年来，各国的文化中心围绕三大功能定位，在文化及相关领域内，高频率、不间断地开展形式多样的活动，把中国文化送到了驻在国民众的家门口，形成规模适度、主题明确、保持频率、常有常新的文化活动局面。

经过近几年的发展和实践，围绕三大功能，我相继开发了春节品牌、发现中国讲座、奖学之旅、“文化中心合作伙伴”访华计划、来华创作、短期培训等由国内统筹安排和部署的重点品牌项目，同时鼓励各中心也根据自身的特点，开发中心的自主品牌。中国文化中心的一系列品牌活动不仅在驻在国产生广泛影响，同时获得其政府和社会各界的欢迎和好评，使我文化中心在当地的影响力稳步提升。

2009年是中国文化中心事业大发展的一年。国家主席胡锦涛在2月视察了毛里求斯中国文化中心。当年，中央领导同志在出访期间7次视察中国文化中心，在国事活动中3次见证设立文化中心政府文件的签署。温家宝、李长春、习近平、刘延东等中央领导同志也多次对中国文化中心工作作出重要批示。

胡锦涛主席和其他中央领导对中国文化中心建设发展的重要指示，为文化中心的发展指明了方向，极大地推进了文化中心的建设。根据中央领导和文化部领导有关指示精神，文化部开始起草制定未来10年中国文化中心的发展规划，全面加强中国文化中心的建设力度。

2009年，除设立东京中国文化中心外，我国还与新加坡、俄罗斯、罗马尼亚签署了设立文化中心的政府文件，在泰国、蒙古、俄罗斯、西班牙、新加坡、墨西哥等多个国家设立文化中心的筹建工作，也取得积极进展，另有近40个国家提出了希望与我互设或邀我单设文化中心，中国文化中心建设发展全面提速。

与此同时，2009年，毛里求斯、贝宁、开罗、巴黎、马耳他、首尔、柏林7个驻外中国文化中心根据文化部领导对2009年对外文化工作的总体要求，贯彻中国文化中心工作的既定指导思想，紧密围绕“信息服务、教学培训和文化活动”三大功能定位，举办了大量活动。

2009年春节期间，各中国文化中心全力打造的春节品牌好戏连台、亮点频出，吸引了各界的广泛关注。期间正在德国访问的温家宝总理于1月29日来到柏林中国文化中心，出席了在文化中心举办的中国驻德使馆春节联欢会。正在马耳他访问的文化部部长蔡武于2月2日出席了在马耳他中国文化中心举办的“中国刺绣展”开幕仪式。马耳他总统芬内克·阿达米2009年两度参加马耳他中国文化中心举办的“2009瓦莱塔中国春节”系列活动，毛里求斯总统贾格纳特、总理拉姆古兰、副总理比比琼、首席大法官杨钦俊和前总统奥夫曼等出席观看了由毛里求斯中国文化中心组织举办的我新疆艺术团的演出，此外毛里求斯、贝宁、埃及、马耳他、德国等国的多位部长级政府官员也参加了由所在国中国文化中心举办的春节活动，凸现中国文化中心在当地的影响。

2009年是新中国成立60周年，国庆期间又恰逢传统节日中秋节，各中国文化中心围绕这一独特主题，于国庆节前后举办了20多场（次）形式多样、内容丰富的庆祝活动。毛里求斯总统贾格纳特夫妇、马耳他总统乔治·阿贝拉夫妇、贝宁总统亚伊的代表阿达贾、埃及人民议会议长等各国政要纷纷出席所在国家中国文化中心的节庆活动，成为国庆活动的一大亮点。国庆期间，由文化部和中国驻法大使馆联合主办的“中国印——李岚清篆刻艺术展”在巴黎中国文化中心开幕，作者270余方的篆刻艺术作品，以石可言美、石可言志、石可言情、石可言事、石可言趣的“五言”理念，引起观者的浓厚兴趣。

2009年，我7个中国文化中心举办了大量演出、展览、“发现中国”讲座、文化周、比赛、影视放映等形式多样的文化活动，涵盖文化、教育、影视、体育、出版、传媒等各领域，进行的教学培训包括语言、文化、艺术、体育等多种门类，开设汉语、书画、养生、篆刻、茶艺、编织、太极、中国文化、二胡和古筝等近百个课程班，通过图书馆和网站提供了全面、权威信息服务，有效发挥了窗口、平台和桥梁作用，为弘扬和推广中华文化，为促进和深化我国与其他国家在文化及其他领域的交流与和合作，为增进当地民众对中国的了解，发挥了不可替代的作用。

二、国家领导人视察中国文化中心

（一）胡锦涛视察毛里求斯中国文化中心

2009年2月17日，正在毛里求斯进行国事访问的胡锦涛主席，来到毛里求斯中国文化中心，与正在中心学习的学员亲切交流。在汉语教室里，胡主席与毛里求斯学员一起吟诵中国诗词；在武术教室和舞蹈教室里，胡主席分别与学习武术和中国舞蹈的学员亲切交谈，同时还慰问了在中心任教的中国教师。胡主席就驻外中国文化中心的发展作了重要指示，指出“海外中国文化中心是一件大好事，要加强建设，多创造条件，逐步推开”。胡主席还对文化中心的人才培养问题作了重要指示。

（二）温家宝在柏林出席春节联欢会

2009年1月29日上午，正在德国访问的温家宝总理来到柏林中国文化中心，出席正在这里举办的春节联欢会。柏林中国文化中心洋溢一派欢乐气氛，场内挂满红色宫灯、红色春联和颇富中国特色的吉祥装饰，人们舞起狮子，打起腰鼓，喜气洋洋地迎接总理的到来。温总理与驻德使馆工作人员、留学生、华人华侨和中资机构代表一起欣赏了由我驻德使馆馆员表演的舞蹈《爱我中华》、留德学者演唱的《长江之歌》，并登台带领大家高唱《歌唱祖国》。联欢会结束后，温总理发表讲话向大家介绍了此行出访欧洲的情况和国内经济形势。

（三）温家宝视察开罗中国文化中心

2009年11月7日，正在埃及进行国事访问的温家宝总理，视察了开罗中国文化中心。温总理观看了学员汇报表演，两个埃及少年朗诵《登鹳雀楼》后，用汉语高声祝愿埃中文化交流“更上一层楼”；埃及姑娘美琪载歌载舞《大中国》时，温总理情不自禁地击掌伴奏。温总理在为荣获“中埃文化交流贡献奖”的9位人士颁奖后发表了即席讲话，他说，文化交流是人们心灵的交流，是任何物质交流不能替代的，也是不可磨灭的，就像中埃友谊，永远长存。温总理表示希望开罗中国文化中心成为中埃友谊、中阿友谊、中非友谊的桥梁，希望埃及在中国开设文化中心，加强两国文化、医疗、教育等领域的交流。随后，温总理在图书馆和语音教室回答了埃及青年的提问，勉励他们好好学习，加强与中国青年的友好交流。

（四）李长春视察首尔中国文化中心

2009年4月6日，正在韩国访问的政治局常委李长春一行在中国驻韩大使程永华的陪同下，视察了首尔中国文化中心并观看中心学员春季汇报演出。汉语少年班的韩国小朋友身着传统民族服装，用流畅的汉语背诵《春晓》和《静夜思》等唐诗；汉语班学员演唱中文歌曲《朋友》；中国民乐班的学员娴熟地演奏二胡曲目《甜蜜蜜》和《赛马》。随后，李长春视察了中心图书馆，了解中心信息服务情况并向图书馆赠送了一批图书。李长春向正在阅读的韩国学员询问其对文化中心的建议和要求，鼓励他们认真学习，为推动中韩友谊多做贡献。在参观中心汉语班教学和书法教学后，李长春还观看了反映西藏民主改革50年巨变的“西藏今昔”图片展。

（五）习近平视察马耳他中国文化中心

2009年2月21日，正在马耳他进行国事访问的习近平副主席视察了马耳他中国文化中心。习副主席听取了我驻马大使和文化中心主任的情况介绍，并参观了马耳他摄影师拍摄的中国文化中心活动图片展和当地主流媒体报道中心活动剪报展示。习副主席还参观了“中国刺绣展”，与正在图书馆学习的汉语班学员亲切交谈。习副主席充分肯定中心工作，认为可以总结很多经验并推而广之。在会见马耳他前总统德马科时，习副主席说：“今天上午，我参观了马耳他中国文化中心，这是在德马科先生积极倡导和推动下建成的。今天，这个中心不仅是中马友好关系的象征，也成为促进两国文化交流、增进彼此友谊的重要平台。”

（六）习近平视察柏林中国文化中心

2009年10月11日，正在德国访问的国家副主席习近平在文化部赵少华副部长和驻德大使吴红波陪同下，视察了柏林中国文化中心。习副主席参观了“留德学人庆祝国庆60周年艺术展”，与中心成人读书班、儿童读书会、汉语教学班及儿童舞蹈班的师生交谈，鼓励他们努力学习汉语和中国文化，为促进两国人民的友谊作出贡献。习副主席还会见了参加“经典与创新”中德文学论坛的德国文学研究所所长布劳恩等人，并与他们亲切交谈，表示希望两国文学家、翻译家创作和翻译更多的打动两国读者心灵的作品。习副主席指出，柏林中国文化中心是中国在欧洲设立的第三个文化中心，是促进中德文化交流的重要窗口和平台；中国有5000年的历史，应以文化中心为平台，向德国和欧洲人民介绍博大精深的中华文化。

三、文本商签和中心揭牌

（一）签署在新加坡设立中国文化中心谅解备忘录

2009年11月12日，胡锦涛主席访问新加坡期间，与新加坡总理李显龙共同出席于新加坡设立“中国文化中心”的签字仪式，中国文化部副部长赵少华和新加坡新闻通讯及艺术部常任秘书陈英杰分别代表本国政府在谅解备忘录上签字。

（二）中俄签署互设文化中心的协定

2009 年 10 月 13 日，《中华人民共和国政府和俄罗斯联邦政府关于互设文化中心的协定》在北京签署。温家宝总理和正在中国访问的俄联邦总理普京，共同见证了签字仪式；文化部部长蔡武和俄联邦独联体事务、俄侨和国际人文合作署长穆罕默德申，分别代表本国政府签字。

（三）与罗马尼亚签署互设文化中心谅解备忘录

10 月 20 日，正在罗马尼亚访问的中国国家副主席习近平和罗马尼亚代总理博克共同见证了中罗双方签署互设文化中心谅解备忘录。

（四）东京中国文化中心揭牌

2009 年 12 月 14 日，中国国家副主席习近平出席东京中国文化中心的揭牌仪式。习近平副主席与日本众议院议长横路孝弘共同为东京中国文化中心揭牌。

附件 3：

2009 年驻外中国文化中心工作情况分类表

国别职能		毛里求斯	贝宁	开罗	巴黎	马耳他	首尔	柏林	合计起数	合计人次	点击率	新闻稿
文化活动	演出	13	6	6	5	4	5	6	45	12454		
	展览	10	17	5	14	6	6	9	67	8503		
	文化节（周）	3	3	7	2	3			18	9105		
	比赛	5	3	4	4	1	3		20	5596		
	沙龙 / 读书会	14	19	16	5	9	5	15	83	8171		
	采访	1				5			6	0		
	慈善活动			1					1	40		
	会展				1				1	0		
	研讨会			3	1				4	318		
合计									245 起	43829（出席人次）		
教学培训	汉语	155	164	811	510	95	1750	150		3635		
	武术、太极	266	88	117						471		
	舞蹈	167	76							243		
	书法绘画				24					24		
	掐丝		36							36		
	编织					10				10		
	剪纸		29							29		
	古筝				4					4		

续　表

国别职能		毛里求斯	贝宁	开罗	巴黎	马耳他	首尔	柏林	合计起数	合计人次	点击率	新闻稿
	养生				10					10		
	茶艺				5					5		
	篆刻				24					24		
	中华文明				12					24		
合计										4515（注册人数）		
信息服务	读者接待（人次）			1600	1200		5000			7800		
	讲座（起数）	4	10		9	8	5	13	49	4790		
	影视放映（起数）	14	10	22	26	10	49	15	146	5298		
	期刊（期数）				4							
	网站点击率（人次）				131388		95000	40342		0	266730	
合计									195 起	17888（出席人次）		
报回新闻稿		47	37	34	12	33	33	52				248 篇

四、对外国在华文化中心的管理

发布了《外国政府在中国设立的文化中心办理全国组织机构代码相关问题的通知》

文化部和质量监督检验检疫总局联合发布了《外国政府在中国设立的文化中心办理全国组织机构代码相关问题的通知》，对外国文化中心办理全国组织机构代码作出了明确规定，并正在与国税总局和海关总署等部门商定外国文化中心办理税号、海关登记等手续。为加强对外国文化中心的管理向前推进了一步。

2009 年大事记

一、美大地区

7 月，美国博物馆图书馆事业机构主席拉蒂奇博士率代表团访华，并考察甘肃、四川文化机构的发展情况。

8 月 17 ~ 28 日，文化部部长助理丁伟率领中国政府文化代表团一行，对法属波利尼西亚、斐济和瓦努阿图进行了友好访问并出席斐济红花节开幕式。

11 月 4 ~ 15 日，文化部副部长陈晓光率中国政府文化代表团一行 5 人访问了加拿大和美国。

二、西欧地区

1 月 29 日至 2 月 3 日，文化部部长蔡武部长陪同国务院总理温家宝访问了西班牙，同西班牙文化副大臣签署了《中华人民共和国政府与马耳他共和国政府 2009 ~ 2012 年文化交流执行计划》。

7 月，文化部副部长赵少华随同国家主席胡锦涛访问意大利，与意大利外长签署了《中华人民共和国政府和意大利共和国政府 2009 ~ 2011 年度文化交流执行计划》。

8 月，西班牙文化大臣辛德女士访华，出席北京国际书展西班牙主宾国活动，文化部部长蔡武会见了辛德女士。

11月，文化部副部长陈晓光访问挪威并与文化大臣签署了《中华人民那共和国政府于挪威王国政府文化交流谅解备忘录》。

三、欧亚地区

2月20日，文化部副部长赵少华会见了亚美尼亚新任驻华大使阿尔缅·萨尔基相先生，双方就如何进一步推进两国文化关系发展坦诚交换了意见。

3月17日至25日，应中国文化部邀请，上海合作组织成员国文化官员考察团一行7人访华。

3月23日，文化部副部长王文章应邀出席了在北京金台艺术馆举办的“保加利亚共和国世界文化遗产图片展”开幕式。

4月13至17日，应中国文化部邀请，黑山文化、体育、媒体部部长布拉尼斯拉夫·米丘诺维奇来华进行友好访问。

4月26日至28日，应俄罗斯文化部部长阿夫捷耶夫邀请，文化部部长蔡武率中国政府文化代表团一行6人出席在俄罗斯鞑靼斯坦共和国首府喀山举行的上海合作组织成员国文化部长第六次会晤。

5月9日至14日，应中国文化部邀请，以乌克兰文化旅游部副部长科汉·季莫费·格利戈罗维奇为团长的乌克兰政府文化代表团一行5人来华进行友好访问。

5月11日，文化部副部长赵少华在中国文化部会见波兰文化和民族遗产部全权代表、波兰纪念肖邦诞辰200周年活动委员会主席瓦尔德马·东布罗夫斯基。

5月12日至17日，应中国文化部邀请，以斯洛伐克共和国文化部长马雷克·马贾里奇为团长的斯洛伐克政府文化代表团一行5人来华进行友好访问。

5月13日，文化部部长蔡武在部内会见了应中国国际问题研究基金会邀请访华的吉尔吉斯共和国文化信息部部长拉耶夫一行。

6月17日，国家主席胡锦涛主席和俄罗斯联邦总统梅德韦杰夫出席在莫斯科大剧院举办的庆祝中俄建交60周年文艺晚会暨“中国文化节”开幕式演出。

6月23日至26日，应中国文化部邀请，以哈萨克斯坦文化信息部副部长布里巴耶夫为团长的哈文化信息部代表团一行8人来华出席中哈合作委员会文化和人文合作分委会第五次会议。

9月7日至11日，应中国文化部邀请，以俄罗斯联邦文化部副部长戈鲁特瓦为团长的俄罗斯政府文化代表团一行4人来华访问。

9月11日至22日，中国文化部副部长欧阳坚率中国政府文化代表团一行5人赴罗马尼亚、白俄罗斯和塞尔维亚三国进行友好访问。

10月10日至14日，文化部副部长王文章率中国政府文化部代表团一行5人赴匈牙利进行友好访问。

10月13日，中俄建交60周年庆祝大会暨中国“俄语年”闭幕式文艺演出在北京人民大会堂举办，中国总理温家宝和俄罗斯总理普京出席。

10月14日至18日，文化部副部长赵少华随同中国国家副主席习近平出访保加利亚和匈牙利，并代表中方签署《中华人民共和国文化部和保加利亚共和国文化部2008～2012年文化合作计划》及《中华人民共和国文化部和匈牙利共和国教育文化部2010～2012年文化合作计划》。

11月9日，中国文化部副部长赵少华会见了全国人大邀请来访的塞尔维亚议会外委会主席德拉戈柳布·米丘诺维奇一行。

四、亚洲地区

2月19日，文化部部长蔡武在文化部会见前来拜会的日本驻华大使宫本雄二，双方就如何通过文化交流推动中日关系交换了意见。

2月25日，文化部部长蔡武在文化部会见应邀来访的新加坡新闻、通讯及艺术部部长李文献一行，双方就中新文化交流现状、两国文化事业和产业发展状况广泛交换了意见。

2月26日，中共中央政治局委员、国务委员刘延东在北京会见了以朝鲜对外文化联络委员会代委员长文在哲为团长的朝鲜政府文化代表团。

3月24日，文化部副部长王文章在文化部会见来访的日本茶道里千家千玄室大宗匠一行，双方进行了热情友好的交谈。

4月16日，由中国美术馆和新加坡美术馆共同主办的“心向：林子平水墨历程”展览在中国美术馆隆重开幕。文化部副部长赵少华和新加坡新闻、通讯及艺术部代部长吕德耀出席开幕式并剪彩。开幕式前，赵少华与吕德耀进行了简短会晤。

4月17日，文化部副部长赵少华在文化部会见印度驻华大使拉奥，并签署了《中印政府在2010年举办“中国节”、“印度节”活动谅解备忘录》。

9月14日，文化部部长蔡武会见了日本前驻华大使、现任日中交流中心所长阿南惟茂先生。

11月6日，文化部副部长赵少华在京会见并宴请了泰国朱拉蓬公主一行。

11月23日，文化部副部长赵少华会见日本株式会社“汎企画21”董事长津田忠彦一行3人，双方进行了热情友好的交谈。

12月18日，文化部部长蔡武在文化部会见了日本前首相、众议院议员羽田孜率领的日本日中国际交流推进协会代表团一行。

五、亚非地区

2月1日至2月6日，中国文联副主席冯远（副部级）为团长的中国文联代表团一行6人应埃及文化部邀请，访问埃及，与埃及文学艺术界交流。

2月18日，国家文物局局长单霁翔率6人代表团访问阿尔及利亚。

4月10日，中国文化部副部长赵少华在文化部会见伊拉克驻华大使穆罕默德·萨比尔·伊斯梅尔博士，就尽快恢复两国文化合作与交流进行了会谈。

4月14日，中国文化部部长蔡武在文化部会见摩洛哥王国新任驻华大使贾法尔·阿尔吉·哈基姆，双方就进一步加强两国文化交流与合作广泛深入地交换了意见。

10月24日至30日，伊拉克文化部副部长法兹·阿齐兹率国家民间歌舞团一行23人应文化部邀请访华，在北京、天津两地举办交流演出。

六、非洲地区

1月11日至29日，文化部外联局组派新疆艺术团一行26人赴吉布提、博茨瓦纳和毛里求斯访演。庆祝中吉建交30周年同时打造春节品牌。毛里求斯总统贾格纳特（Anerood Jugnauth）、总理拉姆古兰（Navinchandra Ramgoolam）和博茨瓦纳副总统帕蒂·梅拉费（M. S. Merafhe）等三国多位政要出席观看。

1月19日，驻中非使馆与班吉市八区文化中心联合举办的“中国电影周”在该中心开幕。中非青体部长、总统府、总理府高官等200多人出席了开幕式。

2月10日至17日，国家主席胡锦涛对沙特阿拉伯、马里、塞内加尔、坦桑尼亚和毛里求斯5国进行了国事访问。文化部积极配合此次高访，专门在坦桑尼亚和毛里求斯举办了系列文化宣介活动，营造友好合作氛围，进一步促进了中非间的文化交流与合作。

2月18日至3月1日，应埃塞俄比亚文化旅游部的邀请，国家文物局单霁翔局长一行6人赴埃塞访问，与埃文化旅游部长穆罕默德·迪里尔（Mohanned Dirir）签署了《中华人民共和国国家文物局与埃塞俄比亚联邦民主共和国文化研究保护局关于合作保护文化遗产的谅解备忘录》。

3月19日至3月28日，肯尼亚国家遗产与文化国务部常秘雅各布·米阿龙（Jacob Ole Miaron）（副部级）率政府文化代表团一行4人访华。文化部副部长王文章会见了代表团一行，并与肯方签署了《中国政府和肯尼亚政府文化合作协定2009 ~ 2011年执行计划》。

3月24日至27日，尼日利亚旅游文化部长贝约·吉布里勒·嘎达(Jibrin Bello Gada)以私人身份率团访华，文化部副部长赵少华会见并宴请代表团。

4月20日至29日，老舍茶艺表演队一行12人赴毛里求斯参加唐人街美食文化节活动，毛消费者保护和公民权利部部长邓学升等出席了表演团在中国文化中心举办的茶文化讲座。

4月23日至5月9日，甘肃艺术团一行24人赴坦桑尼亚、津巴布韦和加纳访演，庆祝中坦建交45周年、参加津哈拉雷国际艺术节。坦桑尼亚外交和国际合作部长伯纳德·梅姆贝（Bernard Kamillius Membe）、津巴布韦文化部部长大卫·考塔特（David Coltart）、加纳酋长事务和文化部部长亚历山大·阿苏姆·阿汉萨（Alexander Asum ~ Ahensah）等三国政府官员以及外国驻非使节等观看了艺术团演出。

5月6日，来华参加“相约北京”的几内亚非洲舞蹈团在北京解放军歌剧院与中央民族歌舞团共同演出，文化部副部长赵少华出席观看。

5月11日，作为“2009中国文化聚焦”系列活动组成部分的中国电影展在肯尼亚内罗毕举行。广电总局副局长赵实和肯尼亚新闻通讯部长等出席了影展开幕式。

5月19日至30日，李洪峰部长特别助理率中国政府文化代表团一行5人访问了纳米比亚、卢旺达、肯尼亚。

5月19日至6月1日，应南部非洲中华福建同乡总会、纳米比亚中华工商联合总会、博茨瓦纳中华福建同乡会的邀请，中国侨办组派“亲情中华”慰问艺术团一行19人赴南非、纳米比亚和博茨瓦纳访演。

5月21日至6月11日，中国武术协会组派中国武术团及随团记者一行31人赴加蓬、肯尼亚、赞比亚、马拉维和坦桑尼亚访演，共演出10场。赞比亚总统鲁皮亚·班达（Rupiah Banda）及夫人、肯尼亚国家遗产与文化部长威廉·奥利·恩蒂马马（William Ole Ntimama）等出席观看。

6月11日，“朋友·伙伴·兄弟——中国摄影家眼中的塞内加尔”采风作品展在塞国家艺术画廊开幕。中国驻塞内加尔大使卢沙野、塞文化和法语国家部长瑟里涅·马马杜·布索·赖耶（Sergne Mamadou Bousso LEYE）出席了展览开幕式。

6月19日 由文化部外联局、福建省文化厅主办的“朋友·伙伴·兄弟——中国摄影家眼中的坦桑尼亚和卢旺达”采风作品展在福建省博物院开幕。福建省副省长洪捷序、文化部外联局局长董俊新、坦桑尼亚驻华大使等出席了展览开幕式。

6月29日至7月10日，新闻出版总署组团在马里、肯尼亚、纳米比亚考察出版机构，洽谈进一步开拓非洲出版、印刷等业务，并在马里举办“2009中国文化聚焦——中国图书展”。马里文化部长穆罕默德·莫克塔尔（Mohamed El Moctar）等出席了有关活动。

7月16日，文化部副部长赵少华和佛得角驻华大使儒利奥·德莫赖斯（Julio Cesar Freire De Morais）在京签署《中华人民共和国政府和佛得角共和国政府文化合作协定2009～2012年执行计划》。这是中佛两国政府文化协定首个执行计划。

7月17日至26日，文化部外联局与青海省文化厅、新闻出版厅联合主办的“朋友·伙伴·兄弟——中国摄影家眼中的贝宁”采风作品展在青海省博物馆举办。青海省副省长吉狄马加、中共青海省委常委、宣传部部长曲青山和贝宁驻华大使出席了展览开幕式并共同为展览剪彩。

8月17日至28日，应文化部邀请，来自安哥拉、多哥、刚果（金）、几内亚、加蓬、喀麦隆、科摩罗、科特迪瓦、卢旺达、毛里求斯、塞舌尔、乍得和中非等13个非洲国家政府文化主管部门的13名副部级、司局级文化官员参加了2009年度“非洲文化人士访问计划·文化政策圆桌会议”活动。王文章副部长在会议上作主旨发言。代表团还考察了甘肃和深圳。

9月1日至10日，塞内加尔文化部长瑟里涅·马马杜·布索·莱耶（Sergne Mamadou Bousso LEYE）率领塞政府文化代表团一行4人来华访问，先后访问了北京、湖南、上海。文化部部长蔡武会见代表团一行，并与莱耶签署了《中塞文化合作协定2009～2011年执行计划》。

9月2日，“非洲画家笔下的中国”画展在贝中国文化中心开幕。中国驻贝大使耿文兵、贝行政与机构改革部长、商务部长等共同为活动揭幕。贝政商、文化、艺术界人士和多国驻贝外交使团代表、正在贝访问的深圳市文化采风团等300多人出席。

9月6日至12日，莱索托王国旅游、环境和文化大臣莱博杭·恩齐尼（Lebohang NTS’INYI）率领莱政府文化代表团一行3人访华。文化部部长蔡武会见代表团一行，并与恩齐尼签署了《中莱文化合作协定2009～2012年执行计划》。

9月6日至9月12日，莱索托艺术团一行20人来华交流演出。该团9月6日至9日在重庆参加“第二届中国重庆文化艺术节”活动，后返京于9月11日晚在解放军剧院进行一场专场演出，文化部副部长赵少华观看了演出。

9月16日，国家文物局局长单霁翔和埃塞俄比亚文化遗产研究与保护总局局长在北京共同签署了《中华人民共和国政府和埃塞俄比亚联邦民主共和国政府关于防止盗窃、盗掘和非法进出境文化财产的协定》。

9月19日至25日，文化部外联局主办的“朋友·伙伴·兄弟——中国摄影家眼中的非洲”采风作品联展参加“2009平遥国际摄影大展”，山西省委常委、宣传部长胡苏平、文化部外联局局长助理项晓炜、卢旺达和埃塞俄比亚驻华大使等参加了大展开幕式。

9月25日至10月10日，作为“2009中国文化聚焦”活动一部分，文化部组派“东方魅力”艺术团（两队）分别赴塞内加尔、几内亚、马里和喀麦隆、贝宁、尼日利亚访演。

10月19日至31日，文化部部长蔡武率中国政府文化代表团赴马尔代夫、毛里求斯和塞舌尔访问，与毛教育、文化与人力资源部部长瓦桑·库马尔·班瓦里 (Vasant Kumar BUNWAREE) 共同签署了《中毛政府文化合作协定 2010 年至 2012 年执行计划》。

10 月 26 日至 11 月 12 日，“非洲画家笔下的中国”在毛里求斯中国文化中心举办。中国文化部长蔡武，毛教育、文化和人力资源部长瓦桑·库马尔·班瓦里 (Vasant Kumar BUNWAREE)、中国驻毛大使边燕花以及毛各界代表等 120 余人出席开幕式。

11 月 26 日至 12 月 6 日，中国武术协会组派中国武术团一行 25 人访问南非和利比里亚，利比里亚总统、副总统以及多位议长、部长等专门出席观看了武术表演。

12 月 9 日至 16 日，贝宁文化、扫盲和国语促进部长加利乌·索格洛（Galiou Soglo）率政府文化代表团一行 4 人访华，文化部部长蔡武在京会见了贝文化部长一行，双方签署了《中国和贝宁政府文化合作协定 2010 至 2013 年执行计划》。

文化交流协议文件与国际公约

2009 年 4 月 14 日，中国文化部部长蔡武与来访的黑山文化、体育、媒体部部长布拉尼斯拉夫·米丘诺维奇共同签署了《中华人民共和国政府和黑山政府文化、教育、社会科学和体育领域合作协定》。

2 月 18 日至 3 月 1 日，应埃塞俄比亚文化旅游部的邀请，国家文物局单霁翔局长一行 6 人赴埃塞访问，与埃文化旅游部长穆罕默德·迪里尔（Mohanned Dirir）签署了《中华人民共和国国家文物局与埃塞俄比亚联邦民主共和国文化研究保护局关于合作保护文化遗产的谅解备忘录》。

9 月 16 日 国家文物局局长单霁翔和埃塞俄比亚文化遗产研究与保护总局局长在北京共同签署了《中华人民共和国政府和埃塞俄比亚联邦民主共和国政府关于防止盗窃、盗掘和非法进出境文化财产的协定》。

中国文化年鉴

Chinese Culture Yearbook

对港、澳、台地区文化交流

With Hong Kong and Macao Special and Administrative Regians and Taiwan Regian cultural exchange

2009年对港澳文化交流综述

2009年，对港澳文化工作坚持以科学发展观为指导，按照党中央对港澳工作的战略部署和总体要求，积极配合港澳特区政府，创新理念，整合资源，因势利导，以文化人，不断深化内地与港澳的文化交流与合作，加快实现两岸三地文化融合，促进港澳民众人心回归。

一、对港澳文化交流工作迈上新台阶，中华文化影响力在港澳地区日益增强

（一）内地优秀艺术团体的优秀剧目赴港澳交流不断增多

据不完全统计，2009年内地与港澳地区的文化交流项目达1026项、17182人次。中央芭蕾舞团的《牡丹亭》、中国话剧院的《聆听·爱》、河南歌舞剧院的《木兰诗篇》、山西艺术职业学院华晋舞剧团的《一把酸枣》、上海歌剧院的《威尔弟安魂曲》、北京市河北梆子剧团的《杜十娘》、河南省嵩山少林武僧团的《快乐少林》、天津市青年京剧团的《郑和下西洋》以及中国残疾人艺术团的《我的梦》、北京人民艺术剧院的《天下第一楼》等著名艺术团体的优秀剧目先后赴港澳交流演出。

（二）内地优秀艺术团组参与港澳举办的国际性文化活动不断增多

京剧各流派各行当《京剧名家汇演》及上海京剧院《廉吏于成龙》剧组一行近300人赴香港参加第37届香港艺术节，以庞大的演出阵容和精湛的艺术水平在香港引起强烈反响。陕西省歌舞剧院、甘肃拉卜愣寺僧乐团、云南西双版纳州南传佛乐团参加香港“丝绸之路艺术节”，山西五台山佛乐团参加香港第三届世界文化系列艺术节，河北省歌舞剧院参加第九届澳门荷花节，陕西省小梅花秦腔团参加澳门艺术节，陕西安志顺打击乐艺术团、内蒙古民族歌舞团参加澳门国际音乐节，内蒙古杂技团参加香港“2009年国际综艺合家欢”，河南省文化厅参加第七届澳门妈祖文化旅游节。

此外，2009年春节期间，第九届“内地春节习俗展演——洞庭南北贺新岁”在澳门隆重开幕；浙江东方民族民间歌舞团赴香港参加“己丑年元宵节嘉年华彩灯会”演出，云南文山州民族歌舞团、河北省杂技团赴港参加“中秋彩灯会”演出，反响热烈；“第10届‘香江明月夜’大型中秋音乐会”在香港文化中心音乐厅隆重举行。这些活动已经成为港澳地区庆祝传统节日的品牌活动，对促进港澳同胞对祖国文化艺术的了解、争取人心回归起到了积极作用。

二、对特区政府的支持不断加强，配合中心、服务大局的工作取得明显成效

（一）以丰富的文化资源全力支持港澳特区开展新中国成立60周年、澳门回归10周年文化庆祝活动

中国国家博物馆与香港康文署联合举办“百年中国”文物展览、“开国大典——新中国成立大型图片文物回顾展”，中国艺术研究院、中国西藏文化保护与发展协会联合在澳门举办“雪域风情——藏族非物质文化遗产精粹展”，故宫博物院在澳门举办“九九归一——庆祝澳门回归祖国10周年故宫珍宝展”，这些大型展览项目在港澳地区引起强烈反响。同时，文化部还组派中国国家交响乐团、湖北省歌剧舞剧院、北京舞蹈学院、中央电视台等单位近200名艺术家和主持人赴澳门参加“庆祝澳门回归祖国10周年文艺晚会”演出，并奉献了由文化部策划组织的晚会压轴节目——“最美的祝福”，配合特区政府保证了专场晚会的圆满成功。此外，解放军总政歌舞团、中央民族歌舞团、中国京剧艺术基金会艺术团、浙江宁波市歌舞团、云南省花灯剧团、石家庄市京剧团、福建省文联、福建省梨园实验剧团、上海市演艺总公司艺术团、广西杂技团、中华全国归国华侨联合会艺术团等分别赴港澳参加国庆和庆祝回归系列活动，受到港澳同胞热烈欢迎。

（二）大力支持港澳特区非物质文化遗产保护工作

中央政府一直高度重视港澳特区的非物质文化遗产保护和名录申报工作。第一批国家级非物质文化遗产名录中，就有香港、澳门和广东省联合申报的粤剧和凉茶。2009年10月，粤剧被联合国教科文组织保护非物质文化遗产政府间委员会会议列入联合国教科文组织“人类非物质文化遗产代表作名录”，得到港澳同胞的赞许，对进一步推动内地与港澳非物质文化遗产保护工作起到

了积极作用。此外，为进一步保护并传承港澳地区文化艺术，推进港澳文化建设与发展，促进内地与港澳的文化交流与合作，《中国民族民间文艺集成志书》香港卷、澳门卷的编纂工作正式启动，有关部门正在积极协调港澳特区政府文化部门推动该项工作的开展，共同推动中华优秀传统文化的传承和发展。

（三）充分发挥内地健全的文化艺术专业设置和丰富的文化艺术教育资源，鼓励优秀文化艺术专业人才赴港澳应聘、教学，全力协助特区政府做好文化人才培养工作

2009 年 7 月，文化部港澳台办和中央驻澳门联络办文教部在北京成功举办“澳门特区文化产业高级研修班”。以“共商特区文化产业发展思路、寻求内地与澳门间产业合作”为主题，对来自澳门特区政府职能部门、行业协会及其相关业界的 31 名学员进行了培训，增进了澳门业界人士对内地文化产业前沿理论和发展情况的了解和认识，对于促进澳门与内地的文化产业合作与发展起到了积极的推动作用。

三、与港澳特区文化行政管理部门的沟通机制不断完善，与港澳文化艺术界人士的联系更加紧密

（一）与港澳特区政府高层人士的沟通不断加强

2009 年，内地与港澳特区政府高层人士互访频繁，联系紧密，通过高层互访、出席活动等方式，沟通信息、整合资源，深化三地的文化交流与合作。2009 年 6 月，文化部部长蔡武率团访问港澳，拜会全国政协副主席董建华以及曾荫权、何厚铧两位特首，会见香港特区民政事务局局长曾德成、澳门特区文化局局长何丽钻；10 月，率团赴香港出席“亚洲文化合作论坛”并发表演讲。在出席“镜海观澜——澳门艺术博物馆藏澳门美术作品展”、“澳门特别行政区十周年成就展”等活动时，与到访北京的何厚铧特首等港澳官员进行了会面。3 月，文化部副部长赵少华陪同十届全国人大常委会副委员长热地，专程赴澳门出席“雪域风情——藏族非物质文化遗产精粹展”开幕式，并与何厚铧特首进行会面；10 月，陪同刘延东、蒋树声等党和国家领导人出席“祖国不会忘记——港澳同胞奉献祖国 60 周年”大型图片展开幕式。10 月，王文章副部长赴香港出席“香江明月夜——大型中秋音乐会”，与全国政协副主席董建华、曾荫权特首、中央驻港联络办副主任李刚等一同观看演出。12 月，周和平副部长率团赴香港出席“2009 博鳌青年论坛（香港）”并担任主讲嘉宾。内地与港澳高层领导的紧密联系，对深化内地与港澳的文化交流，实现优势互补、共同弘扬中华文化意义深远。

（二）与港澳文化界人士的联系不断加强

2009 年 7 月，由文化部、黑龙江省人民政府共同主办，黑龙江省文化厅具体承办的第五届“艺海流金——走进黑土地”大型系列文化交流活动隆重举行，来自港澳及内地的视觉艺术专家、文博机构代表等 100 余名嘉宾参加了活动。整个活动组织精心、安排周密、内涵丰富、重点突出，实现了以文化促进交流、以交流凝聚共识的初衷，为内地与港澳文化界人士搭建交流平台、拓展交流渠道、扩大交流范围、提升交流水平，增进了港澳文化界人士对中华文化的了解与认同。

四、对港澳青少年的工作力度加大，确保中华文化薪火相传

2009 年 6 月，由文化部港澳台办组织安排的“2009 年港澳大学生内地文化实践活动”在北京成功举办。来自香港理工大学、澳门大学等 12 所港澳高校的百余名大学生在国家图书馆、故宫博物院等 11 家文博机构进行了为期一个多月的实习。通过丰富多彩的参观、访问、座谈等文化实践活动，加强了港澳青少年对祖国国情和历史文化的了解，加深了他们对祖国的归属感、对中华文化的认同感以及身为中国公民的责任意识，在内地及港澳地区引起强烈反响。11 月，“国粹香江校园行”活动在香港 6 所高校举行，福建省泉州南音团及福建省梨园戏实验剧团为香港学生举办了南音与梨园戏艺术讲座和示范表演活动，获得热烈好评。

此外，内地与港澳的青少年文化交流活动也十分频繁。江苏省南京小红花艺术团赴港演出，四川省成都市青年艺术团赴港参加“新苗杯”两岸四地青少年艺术汇演，国家图书馆赴澳举办“五四运动历史文献特展”，上海市文广局赴澳门参加“全澳中学生普及艺术教育计划——鉴赏国粹 细味戏曲”演出；香港青年魔术师、香港浸会大学以及澳门科技大学学生也应邀参加“2009 两岸四地大学生魔术交流大会”，香港小燕子舞蹈团、澳门蔚青舞蹈团等应邀来内地参加第五届

“小荷风采”全国少儿舞蹈展演，澳门青年交响乐团也在内地成功巡演。同时，江苏省还接待了来江苏实习的香港理工大学学生，文化厅组织学生在南京图书馆、南京博物院、江苏省美术馆进行了为期一个月的实习，并安排他们参观了南京博物馆、南京市民俗博物馆等重点文化单位。这些活动对促进港澳青年学生对祖国的历史文化的了解和认同起到了积极作用。

五、港澳在国家文化外交活动中的比重增大，“一国”理念不断增强

在内地的积极促进和推动下，港澳文化机构及个人在内地举办的全国性、区域性及国际性文化交流活动中的比重不断增加。2009年，文化部邀请香港芭蕾舞团、澳门中乐团参与国庆60周年献礼演出；邀请香港中乐团赴美国参加2009年卡内基“古今回响”中国艺术节；邀请香港中乐团、香港进念·二十面体、香港艺术馆等参加比利时欧罗巴利亚艺术节中国主题年活动，为港澳文艺团体及个人在国际重要舞台上提供展示机会，向世界展示港澳回归后文化艺术发展成果，增强了港澳地区的“一国”理念。

2009年对台文化交流与合作取得突破性进展

当前两岸关系和平发展面临历史性机遇，大交流局面基本形成。在国务院台办的指导下，在文化部抓住机遇，加强统筹规划，开拓创新，积极搭建两岸交流平台，深入打造交流品牌，全方位推动两岸文化交流与合作，取得显著成效。

2009年对台文化工作乘势而上，对台文化交流无论规模、层次还是影响均得到新的提高，对台文化交流品牌影响力进一步提升。据统计，2009年经文化部审批的两岸文化交流项目多达1067项，与2008年相比增长40%，交流人次达10577人，同比增长68%，首次突破1万人次。其中大陆赴台交流项目396起，5932人次，台湾来大陆交流项目671起，4645人次。

对台文化交流不仅在交流规模上前所未有，而且还取得4个方面的新突破：一是实现自两岸交流以来两岸文化主管部门直接对话。二是实现60年来两岸故宫直接交流。三是首次在台举办“守望精神家园——第一届两岸非物质文化遗产月”，成为两岸交流以来我在台举办的规模最大、持续时间最长、影响最为广泛的大型对台文化交流活动。四是成规模、多批次组派大型文化团体赴台湾中南部交流成效显著。

一、加强高层往来，实现两岸文化主管部门直接对话

2009年7月，文化部部长蔡武作为特邀嘉宾出席在长沙举办的第五届两岸经贸文化论坛，发布文化领域惠台政策并与台湾与会嘉宾广泛接触。台湾“文化建设委员会”副主任委员张誉腾率团于5月来大陆参访交流。两岸文化高层往来从无到有，实现了两岸文化主管部门的直接对话。文化部副部长周和平率团于9月赴台参加“台北听障奥运文化月”，文化部副部长赵少华率团于11月赴台举办“守望精神家园——第一届两岸非物质文化遗产月”系列活动，前文化部副部长艾青春率团于10月赴台举办“两岸城市艺术节——上海文化周”活动。双方就签署两岸文化交流协议、互设民间文化机构、互办海峡两岸文化高峰论坛等议题展开商谈，达成多项共识，形成了两岸官方共同支持和推动两岸文化交流的良性格局。

二、突破障碍，实现两岸故宫直接交流

2009年2月，台北“故宫博物院”院长周功鑫率团来京访问，随后故宫博物院院长郑欣淼应邀于3月赴台访问，就两岸故宫交流事宜进一步互换意见，最终形成关于建立两岸故宫合作的8点共识，从此开启了两岸故宫博物院直接交流的新局面。10月，北京故宫博物院出借39件展品参加台北故宫博物院举办的“雍正展——清世宗文物大展”，实现了两岸故宫60年来首次合作办展，郑欣淼院长率团赴台参加了该展的开幕活动。两岸故宫博物院的直接交流成为海内外新闻媒体关注的焦点。

三、守望精神家园，首次成功在台举办两岸非物质文化遗产月

2009年11月至12月，为贯彻落实第五届两岸经贸文化论坛共同建议，文化部策划、组织240人大型团组在台成功举办“守望精神家园——第一届两岸非物质文化遗产月”，包括“国风——中华非物质文化遗产专场演出”、“根与魂——

中华非物质文化遗产大展”、“台湾无形文化资产特展”和“保护·传承·弘扬——两岸非物质文化遗产论坛”等一系列活动引起岛内各界的广泛关注，加强了两岸在保护与传承中华非物质文化遗产领域的交流与合作，成为两岸交流以来我在台举办的规模最大、持续时间最长、影响最为广泛的大型两岸文化交流活动，为今后两年一次在台举办两岸非物质文化遗产月奠定了坚实基础。

四、成规模、多批次组派大型文化团体赴台湾中南部交流

文化部发挥闽台文化亲缘优势，在台湾中南部地区成功开展一系列文化交流活动，深受台湾基层民众的欢迎。

（一）发挥妈祖文化纽带作用开展两岸传统戏曲汇演

2009 年 3 月，福建省芳华越剧团、福建省莆仙戏剧院、莆田市天妃乐府、厦门市南乐团、泉州市木偶剧团等一行 185 人赴台参加台中县“大甲妈祖国际观光文化节”，不仅与台湾传统戏剧团体共同举办“海峡两岸传统戏曲汇演”活动，而且还分赴台中县、台中市、宜兰县、彰化县等地文化中心及社区交流。

（二）借助“郑成功文化节”平台开展两岸文化交流

2009 年 4 月，福建省杂技团、厦门歌仔戏剧团、泉州南音乐团、漳州木偶剧团等一行 185 人赴台南市参加“2009 郑成功文化节”，并分赴台南县、高雄市、高雄县、屏东县和彰化县等中南部县市交流，引起广泛共鸣。

（三）两岸媒体合作，扩大“妈祖之光”中秋晚会的影响

2009 年 10 月 2 日晚，文化部和福建省委宣传部、福建省广播影视集团联合在南投县日月潭成功举办了“中秋明月夜，情系日月潭——妈祖之光祈福大型综艺晚会”。这是文化部连续第四年、第五次在台成功举办“妈祖之光”大型综艺晚会，东森、中天、民视等岛内主流媒体共同参与全程直播，产生了广泛反响。

五、创新形式，拓展渠道，成功在台举办系列大型两岸文化交流活动

文化部着力推动文化入岛，积极拓展渠道，加强与台方合作，成功在台举办一系列大型文化交流活动，形成广泛影响。

（一）借助台北国际体育赛事平台，彰显两岸拥有共同的中华文化

文化部组派云南映象艺术团和中国残疾人艺术团共 174 人于 2009 年 8 月底至 9 月初赴台，参加“台北听障奥运艺术月”及 2009 台北听障奥运会开幕式演出。云南映象艺术团的精彩演出被台湾媒体评价为“艺术月最绚丽多彩的巨作”。中国残疾人艺术团在开幕式上表演了大型舞蹈《千手观音》，受到 90 多个国家和地区听障体育代表团和全场两万名观众的一致好评和广泛赞誉，引起海内外媒体瞩目。

（二）“两岸城市艺术节”促进上海与台北的城市文化交流

为推动台北市与上海市文化交流，以原文化部副部长艾青春为团长的上海文化交流访问团一行 171 人于 2009 年 10 月在台北成功举办“两岸城市艺术节——上海文化周”大型文化交流活动。上海昆剧团、上海市马戏学校和上海杂技团、“上海世博会图片展”、“上海美术馆馆藏作品展”、“上海电影展”、“百年世博梦”电视纪录片展播以及两岸城市文化论坛等系列活动在台北掀起海派文化热潮。台北市政府将于 2010 年上海世博会期间在上海举办“两岸城市艺术节——台北文化周”。

（三）两岸携手打造“华文戏剧节”

文化部与台湾“中华戏剧学会”合作，组派大陆戏剧界专家学者及北京人民艺术剧院、上海戏剧学院等戏剧表演团体近百人于 2009 年 2 月赴台参加了第七届“华文戏剧节”活动，与台湾地区、香港和澳门特区戏剧界人士共襄盛举。“华文戏剧节”已成为当前两岸三地轮流举办的重要文化交流活动平台。

（四）两岸共同策划举办“海峡两岸当代艺术展”

为加强两岸重要美术馆的馆际交流，文化部成功促成中国美术馆与台湾美术馆于 2009 年 5 ~ 8 月期间轮流在两馆共同举办“讲·述——2009 海峡两岸当代艺术展”。两岸近 60 位当代艺术家近千件当代作品在台中、北京联合展出，引起两岸艺术界广泛关注，成为海峡两岸首次共同策展并在两岸共同举办的大型当代艺术展览。

六、打造对台文化交流品牌，提升品牌影响力

文化部深入打造对台文化交流品牌，“情系

长安——两岸文化联谊行”、“海峡两岸民间艺术节”、“海峡两岸文化产业博览交易会”等品牌的影响力日益扩大。

（一）“情系长安——两岸文化联谊行”深入人心

为加大做台湾文化界人士工作力度，文化部和陕西省政府于2009年7月在陕西省成功举办“情系长安——两岸文化联谊行”大型文化交流活动，100名台湾嘉宾来陕西考察文化古迹、参访文化机构、开展文化研讨及观摩优秀展演项目等活动。

（二）“海峡两岸（厦门）文化产业博览交易会”展会水平与效益双促进

为促进海峡两岸文化产业的对接与合作，推动中华文化在海峡两岸的传承与发展，文化部与福建省人民政府等单位于2009年10月底在厦门市成功举办第二届“海峡两岸（厦门）文化产业博览交易会”，展览期间，两岸文博会共签约82个项目，总交易金额超过87亿人民币，实现了展会品质与经济效益的相互促进，成为海峡两岸文化产业交流与合作的重要平台。

（三）“海峡两岸民间艺术节”深化闽台文化交流

为发挥闽南文化在两岸交流中的作用，文化部与厦门市政府合作于2009年10月底在厦门举办“2009海峡两岸民间艺术节”，邀请台湾明华园等5个表演艺术团体350多人来厦门参加艺术节，体现海峡两岸共同的文化传承。该艺术节与第二届“海峡两岸（厦门）文化产业博览交易会”同期举办，相互支撑，形成合力，扩大了影响。

七、细水长流，推动两岸文化往来

文化部和各地文化行政部门多方推动对台文化交流，两岸文化往来呈现热络局面。

（一）大陆优秀艺术团体赴台交流十分踊跃

文化部与中国宋庆龄基金会合作，连续组派天津青少年艺术团、陕西艺术学校艺术团、中国戏曲学院艺术团赴台湾大中小学开展交流。在文化部的大力推动下，浙江省文化厅于2009年8月至10月成功赴台举办了“第三届台湾·浙江文化节”，中国文联组派8支大陆合唱团428人于11月赴台参加第二届海峡两岸合唱节，河南省文化厅组派210人于12月赴台举办“中原文化宝岛行”活动。

此外，国家京剧院、北京京剧院、江苏省京剧院、苏州昆剧院、青岛交响乐团、广西刘三姐艺术团、福建省人民艺术剧院、福建省实验闽剧院、厦门歌仔戏剧团等优秀表演团体亦相继赴台湾岛内和澎湖、金门、马祖等地交流、演出。中华文化联谊会与中国美术馆在台举办的“大陆当代陶艺展”、中国美术馆的“2009两岸当代水墨画展”、中华文化促进会的“大陆当代国画名家作品展”、中国文联的“世纪初艺术——海峡两岸绘画联展”等艺术展以及“齐白石艺术创作纪念展”、“微笑的俑——汉景帝的地下王国”等文物大展在台成功举办，全方位、多层次向台湾民众展现祖国大陆文化发展成就。

（二）台湾艺术团体来大陆交流日趋深入

文化部邀请台湾艺术大学校长黄光男率台湾地区大学院校艺文中心协会访问团于2009年2月来北京、辽宁、黑龙江参访交流，搭建两岸大学院校艺术交流平台；邀请台湾国光剧团于11月来北京、厦门、福州演出，连续在中国美术馆成功举办“台湾廖修平版画油画展”、“台湾陶艺家李茂宗陶雕展”和“台湾艺术家倪再沁水墨画展”。

台湾汉唐乐府来北京参加国庆60周年献礼演出，台湾戏曲学院等团体来厦门参加“中国戏剧节”，台湾交响乐团、明华园、表演工作坊、屏风表演班等优秀艺术团体在大陆各地的演出也取得了良好的交流效果。台湾演艺界、美术界和画廊业界在大陆十分活跃，两岸图书馆、博物馆、美术馆以及艺术院校广泛开展人员交流，交流经验、分享成果、深化合作，取得丰硕成果。

2009年文化部部、局领导会见港澳人士活动一览表

日　期	活　动　内　容
1月4日	港澳台办主任助理汪志刚在文化部会见香港大学“京津学术交流团”一行35人，并举办“文化对青年人的影响和文化在社会发展中的引导作用”主题座谈会。
3月4日	文化部部长蔡武在中国美术馆会见澳门特区行政长官何厚铧并出席“镜海观澜——澳门艺术博物馆藏澳门美术作品展”开幕式。赵少华副部长、国务院港澳办副主任华健、澳门民政总署管理委员会主席谭伟文等陪同会见。
3月7日	文化部部长蔡武会见并宴请了来京参加“两会”的部分香港全国人大代表、全国政协委员。
4月27日	汪志刚主任助理在部内会见香港特区政府民政事务局常任秘书长尤曾家丽女士一行4人。
6月3日	文化部副部长赵少华在文化部会见了由香港中华厂商联合会会长尹德胜率领的香港工商界人士访京团一行36人。

2009年中国政府文化代表团访问港澳特区一览表

序号	日期	活　动　内　容
1	2.17～22	文化部副部长赵维绥率京剧各流派各行当《京剧名家汇演》及上海京剧院《廉吏于成龙》剧组一行230余人，赴香港参加第37届香港艺术节。
2	3.20～24	文化部副部长赵少华率团出席“雪域风情——藏族非物质文化遗产精粹展”活动。
3	6.23～28	文化部部长蔡武率代表团对香港、澳门进行了访问。
4	10.8～10	文化部部长蔡武率文化部代表团赴香港出席“亚洲文化合作论坛”。
5	10.2～3	文化部副部长王文章率团访问香港，出席“庆祝新中国成立60周年暨第10届‘香江明月夜’大型中秋音乐会”。
6	12.6～7	文化部周和平副部长率团出席“2009博鳌青年论坛（香港）”并发表主题演讲。
7	12.19	文化部部长蔡武、文化部副部长王文章率团赴澳门观看“庆祝澳门回归祖国十周年文艺晚会”。

对港澳台文化交流一览表

2009 年香港地区来访项目一览表

序号	项目名称、团长、人数	邀请单位	来访起止日期	备注
1	中国传统文化促进会 5 人演出“经典回旋”演唱会	中国传统文化促进会	10 月	
2	许月白参加“丁衍庸赤子情怀回顾展暨许月白心月艺术”展	中国对外艺术展览中心	3.12 ～ 26	
3	香港特区金庸等 32 人参加海南“两岸四地艺术论坛”	中国文学艺术界联合会	2 月	
4	香港魔术师毛镇凯等 4 人及香港浸会大学学生等 9 人参加北京 “2009 两岸四地大学生魔术交流大会” 交流	中国少数民族文化艺术基金会	4.3 ～ 5	
5	香港非常林奕华剧团 29 人演出《华丽上班族之生活与生存》舞台剧	广州左岸色彩文化传播有限公司	6.5 ～ 6	
6	香港大提琴家李垂谊等 2 人演出	广州左岸色彩文化传播有限公司	7.4 ～ 5	
7	香港小燕子舞蹈团等 106 人参加第五届“小荷风采”全国少儿舞蹈展演	中国舞蹈家协会	7.23 ～ 30	
8	香港芭蕾舞团 76 人参加庆祝中华人民共和国成立 60 周年献礼演出	中国对外文化集团公司	9.13 ～ 19	
9	大公报（香港）有限公司举办“祖国不会忘记——港澳同胞奉献祖国 60 周年”大型图片展 展览	中国国家博物馆（中华世纪坛世界艺术馆）	10.21 ～ 26	

2009 年出访香港地区项目一览表

序号	项目名称、团长、人数	邀请单位	来访起止日期	备注
1	中国作家协会铁凝等 2 人参加香港艺术发展奖评奖工作	香港艺术发展局	1.17 ～ 20	
2	中国艺术研究院刘祯参加“2009 澳门汤显祖学术研讨会”	香港城市大学中国文化中心	5.20 ～ 21	
3	国家清史纂修领导小组办公室 2 人充实《清史 图录》项目图片数据	商务印书馆（香港）有限公司	4.19 ～ 24	
4	中国歌剧舞剧院何秋生为演唱会做前期考察	香港好合拍制作有限公司	6.10 ～ 20	
5	中国文联仲呈祥参加“二十世纪中国（两岸三地）传记文学国际学术研讨会”	香港艺术发展局	7.22 ～ 24	

续 表

序号	项目名称、团长、人数	邀请单位	来访起止日期	备注
6	中国作家协会高洪波等 2 人参加“第一届丰子恺儿童图画书奖颁奖典礼活动”	香港丰子恺儿童图画书奖筹备委员会	7.21～23	
7	故宫博物院 2 人参加中国艺术博物馆论坛	香港中文大学文物馆	9.3～6	
8	中国艺术研究院田青参加庆祝新中国成立 60 周年丝绸之路节	香港国际艺联有限公司	11.5～10	
9	中国国家博物馆 4 人参加“祖国不会忘记——港澳同胞奉献祖国 60 年大型图片展览”开幕式	大公报（香港）有限公司	9.9～11	
10	文化部民族民间文艺发展中心 1 人“中国文化讲堂”担任主讲	香港中乐团	11.6～9	
11	文化部民族民间文艺发展中心 1 人参加“非物质文化遗产与东亚地方社会”之学术研讨会	香港科技大学	12.4～5	
12	中国文联副主席冯远等 4 人出席“香江明月夜——大型中秋综艺晚会”	香港中华文化城有限公司	10.2～5	
13	文化部恭王府管理中心 6 人友好交流	香港联艺机构有限公司	11.14～16	
14	北京北奥有限责任公司 64 人承办东亚运动会相关典礼活动	香港 2009 东亚运动会（香港）有限公司	10.30～12.31	
15	中央芭蕾舞团 165 人演出《牡丹亭》	香港艺术节协会有限公司	2.4～11	
16	四川省巴蜀艺术院演出 9 人	香港林戈娱乐制作有限公司	1.22～2.17	
17	北京京剧院 85 人演出《CCTV 空中剧院——经典京剧荟萃》	香港中华文化城有限公司	1.1～5	
18	中国国家话剧院 38 人参加大型朗诵晚会“聆听·爱”	香港联艺公司受香港特区政府委托	1.9～13	
19	上海越剧院 69 人演出 4 场越剧	香港文艺演出有限公司	2.11～16	
20	陕西省天地社火艺术团 28 人演出	香港联艺机构有限公司	1.20～2.10	
21	浙江东方民族民间艺术团 33 人参加歌舞综艺晚会	香港中华文化城有限公司	2.6～10	
22	国家京剧院王玉珍演出	香港中华文化城有限公司	1.1～5	
23	广西东方民族实验歌舞团 33 人演出	香港变脸王国际艺术中心	1.29～2.28	
24	河南省歌舞剧院 128 人演出大型情景交响乐《木兰诗篇》	香港九龙福群会	2.15～21	
25	国家京剧院 61 人参加香港艺术节“京剧名家汇演”	香港艺术节	2.16～21	
26	四川省南充市杂技团 11 人公益演出	香港中国文化艺术传播有限公司	1.26～2.2	

续 表

序号	项目名称、团长、人数	邀请单位	来访起止日期	备注
27	上海京剧院 114 人演出《廉吏于成龙》	香港艺术节协会有限公司	2.16～22	
28	北京京剧院 33 人参加“京剧名家汇演”	香港艺术节协会有限公司	2.16～22	
29	广西东方民族实验歌舞团 33 人参加旅游节及旅游展览活动演出	香港变脸王国际艺术中心	2.28～3.29	
30	中国京剧艺术基金会 65 人演出	香港联艺机构有限公司	6.29～7.5	
31	中央民族乐团 丁胜利演出“第三十二乐季”	香港中乐团	4.18～26	
32	广西东方民族实验歌舞团 21 人参加旅游节演出活动	香港变脸王国际艺术中心	3.30～4.28	
33	贵州省文化厅 36 人参加“天后宝诞会景巡游”	香港特区政府元朗十八乡乡事委员会	4.17～19	
34	山西艺术职业学院华晋舞剧团 75 人演出《一把酸枣》	中华文化城有限公司	5.20～24	
35	云南少数民族民间歌舞团 41 人演出《走进大山的传说》	新知（香港）文化发展有限公司	5.16～20	
36	广西海联艺术团 35 人参加“香港广西社团总会第二届常务理事会就职典礼暨庆祝中华人民共和国成立 60 周年晚会”	香港广西社团总会	4.7～11	
37	北京市河北梆子剧团 45 人演出《窦娥冤》、《牙痕记》、《杜十娘》、《杀妻》	香港文艺演出有限公司	7.1～7	
38	广西东方民族实验歌舞团 25 人演出	香港变脸王国际艺术中心	4.29～5.28	
39	内蒙古杂技团 69 人演出民族杂技《成吉思汗风》	香港中华文化城有限公司	6.30～7.6	
40	四川省歌舞剧院 34 人演出	香港联艺机构有限公司	6.11～15	
41	广西东方民族试验歌舞团 29 人旅游展演	香港升华集团有限公司	6.5～7.4	
42	沈阳京剧院 7 人参加“海峡两岸京剧名家老戏新唱汇演”	香港上海戏曲艺术协会	6.3～7	
43	广西合浦县粤剧团 46 人演出	香港良朋曲艺会	6.8～12	
44	中国歌剧舞剧院 6 人参加红歌经典唱中国音乐会	香港中国民族声乐学与会	6.16～21	
45	上海歌剧院 22 人演出《威尔第安魂曲》	香港歌剧院	6.20～22	
46	中国音乐学院金铁霖等 75 人参加“香港各界慰问驻港部队——郭小青独唱音乐会”	香港中华国际文化交流学会	8.2～5	
47	中国交响乐团严良堃演出	香港明仪合唱团	7.13～26	
48	中国国家话剧院 28 人演出《红玫瑰与白玫瑰》	香港联艺机构有限公司	9.9～14	

续 表

序号	项目名称、团长、人数	邀请单位	来访起止日期	备注
49	云南省花灯剧团40人演出《云南风》	香港特区中西区议会议员、中西区各界协会常务副会长李应生	9.20～10.2	
50	陕西省歌舞剧院120人参加“丝绸之路艺术节”	香港文艺演出有限公司	10.5～11	
51	广西东方民族实验歌舞团22人演出	香港演艺王国娱乐有限公司	7.8～8.7	
52	中央民族乐团冯秋生演出	中国文化香港艺术文娱公司、（香港）李明英中国民歌艺术团	8.19～23	
53	中国戏曲学院126人参加“戏曲音乐会”	香港中华文化城有限公司	8.8～11	
54	石家庄市京剧团76人参加“庆祝中华人民共和国成立60周年”演出	香港联艺机构有限公司	9.20～28	
55	拉卜愣寺僧乐团31人参加丝绸之路节庆祝新中国成立60周年	香港国际艺联有限公司	11.5～10	
56	山东省京剧院36人演出《金玉奴》	香港京昆剧场有限公司	8.19～25	
57	山西省文化厅52人参加“地方梆子交流演出”	香港明辉文娱有限公司	8.25～29	
58	中国广播艺术团演奏员马里参加“中国龙——建国60周年”音乐会演出	香港中乐团	9.14～20	
59	上海市演艺总公司135人参加“国庆60周年”文艺演出	香港嘉时国际有限公司	9.14～21	
60	中国国家交响乐团115人参加“香江明月夜——大型中秋晚会”演出	香港中华文化城有限公司	9.29～10.03	
61	广西东方民族实验歌舞团30人演出	香港演艺王国娱乐有限公司	8.25～9.24	
62	中央歌剧院李聪农参加“中国龙——建国60周年”	香港中乐团	9.14～20	
63	上海昆剧团47人演出	香港上海戏曲艺术协会	8.28～9.1	
64	江苏省南京小红花艺术团60人演出	香港中华文化总会	8.26～29	
65	广西杂技团9人参加“中资机构及香港各社区、社团的国庆联欢”	香港联艺机构有限公司	9.25～10.6	
66	河北杂技集团6人参加欢度国庆60周年及中秋佳节的文艺演出	香港联艺机构有限公司	9.29～10.5	
67	山东省济南市杂技团48人演出	香港中华文化城有限公司	12.24～28	
68	四川省成都伯清曲苑演艺有限公司9人参加国庆节及中秋节杂技演出活动	香港林戈娱乐制作公司	9.19～10.6	

续 表

序号	项目名称、团长、人数	邀请单位	来访起止日期	备注
69	云南省文山州民族歌舞剧团 43 人参加欢度国庆 60 年及中秋佳节文化活动	香港联艺机构有限公司	9.29 ～ 10.5	
70	中华全国归国华侨联合会 33 人参加“亲情中华欢聚香江”慰问演出	香港侨界社团联合会	9.23 ～ 26	
71	广西东方民族实验歌舞团 39 人参加旅游展演活动	香港演艺王国娱乐有限公司	9.30 ～ 10.29	
72	成都市教育局组派 新都区新都镇谕亭小学和四川大学西航实验小学 62 人参加“新苗杯”两岸四地青少年艺术汇演	香港金紫荆大联欢组委会和香港资助小学校长会	10.1 ～ 5	
73	河南省嵩山少林寺武僧团 39 人演出舞台剧《快乐少林》	香港天亿国际传媒有限公司	11.1 ～ 8	
74	广西东方民族实验歌舞团 25 人旅游展演活动	香港演艺王国娱乐有限公司	10.30 ～ 11.29	
75	山西五台山佛乐团 33 人参加第三届世界文化系列艺术节	香港国际艺联有限公司	11.5 ～ 10	
76	陕西天地社火艺术团 50 人参加东亚运动会演出	香港联艺机构有限公司	12.11 ～ 14	
77	云南西双版纳州南传佛乐团 28 人参加“丝绸之路艺术节”	香港国际艺联有限公司	11.5 ～ 10	
78	中外文化交流中心组派总政歌舞团周晓林演出现代歌剧《时人李白》	美国亚裔表演艺术中心（香港）	11.25 ～ 12.7	
79	中外文化交流中心组派总政歌舞团周晓林演出歌剧《波西米亚人》	香港奥贝拉歌剧中心	12.12 ～ 15	
80	广西东方民族实验歌舞团 39 人旅游展演活动	香港演艺王国娱乐有限公司	11.30 ～ 12.29	
81	天津市青年京剧团 114 人演出大型交响乐京剧《郑和下西洋》	香港联艺机构有限公司	11.17 ～ 21	
82	中华全国台湾同胞联谊会 14 人举办“中国国粹油画艺术精品展”	大公报（香港）有限公司	2.10 ～ 15	
83	宋庆龄基金会 11 人举办“宋庆龄文物珍品展”	香港特区政府康乐及文化事务署	3.20 ～ 6.17	
84	江西省文化厅举办“景德镇现代传统瓷艺展”	香港大学美术博物馆	4 ～ 6 月	
85	上海市历史博物馆 10 人举办“摩登都会:沪港社会风貌”	香港特区政府康乐及文化事务署	4.29 ～ 8.17	
86	国家文物局 15 人举办“百年中国”展	香港特区政府康乐及文化事务署	9.23 ～ 2010.1.4	
87	中国国家博物馆 12 人举办“开国大典——新中国成立大型图片文物回顾展”	香港文汇报	10.5 ～ 15	

2009年香港特区政府文化代表团来访一览表

序号	日期	活动内容
1	3.7	文化部部长蔡武会见并宴请了来京参加“两会”的部分香港全国人大代表、全国政协委员。
2	1.4	港澳台司司长助理汪志刚主持“文化对青年人的影响和文化在社会发展中的引导作用”主题座谈会，接待香港大学“京津学术交流团”一行35人来文化部参观访问。

2009年澳门特区政府文化代表团来访一览表

序号	日期	活动内容
1	3.4	文化部部长蔡武在中国美术馆会见澳门特区行政长官何厚铧并出席“镜海观澜——澳门艺术博物馆藏澳门美术作品展”开幕式。文化部副部长赵少华、国务院港澳办副主任华健、澳门民政总署管理委员会主席谭伟文等陪同会见。
2	7.26	7月20～26日，由文化部、中央人民政府驻澳门特区联络办公室、澳门特区政府文化局联合主办，中央文化管理干部学院承办的以“共商特区文化产业发展思路、寻求内地与澳门间产业合作”为主题的“澳门特区文化产业高级研修班”在北京成功举办。31名来自澳门特区政府职能部门、行业协会及其相关业界人士参加了研修班学习。

2009年澳门地区来访项目一览表

序号	项目名称、团长及人数	邀请单位	来访起止日期	备注
1	澳门特区李公剑等18人出席海南“两岸四地艺术论坛”	中国文学艺术界联合会	2月	
2	澳门科技大学学生等6人参加北京“2009两岸四地大学生魔术交流大会”	中国少数民族文化艺术基金会	4.3～5	
3	澳门艺术博物馆举办“澳门美术作品展”	中国美术馆	2.24～3.23	
4	澳门政府法务司、澳门民政总署主办“历史的跨越——澳门特区摄影展”	天津博物馆	4.10～5.9	
5	澳汉联谊会“澳门 武汉文化周”演出	武汉市文化局	8.18～22	
6	澳门蔚青舞蹈团12人参加第五届“小荷风采”全国少儿舞蹈展演	中国舞蹈家协会	7.23～30	
7	澳门中乐团80人庆祝中华人民共和国成立60周年献礼演出。	中国对外文化集团公司	9.10～15	
8	澳门乐团70人赴太原、大同、呼和浩特、石家庄演出。	中华文化促进会	8.24～30	

2009年出访澳门地区项目一览表

序号	项目名称、团长及人数	访问城市及邀请单位	来访起止日期	备注
1	国家话剧院王晓鹰指导话剧《大戏法》	澳门戏剧社	3.20～3.23	
2	中国艺术研究院刘祯参加“2009澳门汤显祖学术研讨会”	澳门基金会	5.17～20	
3	中国艺术研究院张振涛、马盛德参加09年澳门非物质文化遗产评审工作会议	澳门博物馆	3.22～25	
4	国家话剧院王晓鹰指导话剧《大戏法》	澳门戏剧社	7.1～21 8.2～25	
5	故宫博物院肖燕翼参加“豪素深心——明末清初遗民金石书画学术研讨会”	澳门艺术博物馆	9.3～7	
6	中国书法家协会2人出席“庆祝新中国成立60周年暨澳门回归祖国10周年诗词书法展”	澳门书法家协会	9.6～9	
7	中国艺术研究院田青为庆祝新中国成立60周年暨澳门回归10周年举办的“世界佛教论坛”	香港国际艺联有限公司	11.1～5	
8	陕西省慈善协会等书画家20人文化交流	澳门特区政府	10.26～29	
9	中国艺术研究院田青参加“澳门道教科仪音乐”研讨会	澳门道教协会	12.4～7	
10	中国文联胡振民等2人出席“中国当代美术展”	驻澳门联络办文化教育部	10.26～31	
11	文化部恭王府管理中心6人参加第二届世界遗产旅游博览会	世界遗产旅游博览会组织委员会	11.12～14	
12	中国文学艺术界联合会副主席胡振民等2人出席“中华情——庆祝澳门回归十周年”摄影大展开幕式、座谈会等活动	澳门摄影学会	12.9～12	
13	中央民族乐团31人参加音乐会“追梦京华”	澳门特区政府文化局	2.18～23	
14	中国京剧艺术基金会65人演出	澳门基金会	6.23～29	
15	中国歌剧舞剧院民乐团16人演出	澳门特区政府文化局	4.19～27	
16	中国残疾人艺术团79人参加大型音乐舞蹈《我的梦》	澳门特区政府体育发展局	4.26～5.3	
17	陕西省戏曲研究院小梅花秦腔团119人参加澳门艺术节演出《杨门女将》	澳门特区政府文化局	5.24～29	
18	河北省歌舞剧院31人参加第九届澳门荷花节开闭幕式	澳门民政总署	6.8～19 6.26～30	
19	杂技演出，成都民俗文艺演出团13人	澳门社会服务中心	6.22～25	
20	武汉市文化局120人举办“澳门 武汉文化周”	澳汉联谊会	8.18～22	

续 表

序号	项目名称、团长及人数	访问城市及邀请单位	来访起止日期	备注
21	甘肃省文化厅拉卜愣寺僧乐团 31 人参加庆祝新中国成立 60 周年和澳门回归 10 周年世界佛教论坛会议及佛教音乐演出	香港国际艺联有限公司	11. 1 ～ 5	
22	上海戏剧学院戏校 64 人“全澳中学生普及艺术教育计划——鉴赏国粹 细味戏曲”演出	澳门特区教育暨青年局	9. 25 ～ 10. 1	
23	北京人民艺术剧院 55 人演出《天下第一楼》	澳门文化中心	11. 11 ～ 16	
24	河南省文化厅 125 人参加第七届澳门妈祖文化旅游节（国庆 60）	澳门中华妈祖基金会	10. 23 ～ 27	
25	中国艺术研究院罗斌参加舞剧《奔月》及澳门第一届“舞蹈专业技术课程”毕业典礼	澳门特区政府文化局	10. 7 ～ 9	
26	陕西安志顺打击乐艺术团 24 人参加第 23 届澳门国际音乐节	澳门特别行政区政府文化局	11. 1 ～ 11. 5	
27	总政歌舞团 90 人参加“庆祝澳门回归祖国 10 周年大型文艺晚会”	澳门福建同乡总会	12. 12 ～ 18	
28	北京京剧院 67 人演出	澳门理工学院	11. 16 ～ 21	
29	内蒙古民族歌舞团 42 人参加“澳门国际音乐节”	澳门特区政府文化局	11. 1 ～ 5	
30	广西梧州粤剧团 51 人演出传统粤剧 4 场	澳门永乐戏院	11. 12 ～ 16	
31	山西五台山佛乐团 33 人参加第三届世界文化系列艺术节	香港国际艺联有限公司	11. 1 ～ 5	
32	云南西双版纳州南传佛乐团 28 人为“世界佛教论坛”演出 2 场	香港国际艺联有限公司	11. 1 ～ 5	
33	浙江省宁波市歌舞团 37 人演出	澳门北区社团	12 月	
34	中国交响乐团 44 人参加“庆祝澳门回归文艺演出”	澳门特区政府文化局	12. 14 ～ 20	
35	中央民族歌舞团 90 人演出	澳门妇女界“贺双庆”筹备委员会	11. 20 ～ 23	
36	文化部民族民间文艺发展中心 52 人参加“内地春节习俗展”	澳门特别行政区民政总署	1. 23 ～ 3. 1	
37	中国艺术研究院 15 人参加“雪域风情——藏族非物质文化遗产精粹展”	澳门	2 月底至 3 月初	
38	中国艺术研究院 27 人参加“雪域风情——藏族非物质文化遗产精粹展”	澳门佛山联谊会	3. 20 ～ 3. 26	
39	国家文物局参加“雪域风情——藏族非物质文化遗产精粹展”	澳门佛山联谊会	3. 20 ～ 3. 26	
40	国家图书馆 6 人参加“五四运动历史文献特展”	澳门青年联合会	5. 1 ～ 4 4. 29 ～ 5. 18	
41	武汉市文化局 120 人举办“澳门 武汉文化周”	澳汉联谊会	8. 18 ～ 22	

续 表

序号	项目名称、团长及人数	访问城市及邀请单位	来访起止日期	备注
42	国务院参事室70人举办"庆祝中华人民共和国成立60周年暨澳门回归10周年全国文史研究馆书画精品展"	澳门书法篆刻协会	8.27～29	
43	中国美术馆6人举办"中国美术馆藏油画精品展"	澳门艺术博物馆	11.6～2010.2.21	
44	国家文物局13人参加"九九归一——庆祝澳门归回祖国10周年故宫珍宝展"	澳门艺术博物馆	12.11～2010.3.14	

2009年台湾来祖国大陆文化交流项目一览表

时间	团组或个人名称	活动情况
1.1	台湾地区蔡琴1人	应山东省演出公司邀请，来青岛国信体育馆演出1场。
1.2	台湾地区纵贯线组合（周华健、罗大佑、李宗盛、张震岳）等4人	应江苏凌云文化艺术有限公司邀请，来无锡体育中心体育馆演出1场。
1.2	台湾地区周杰伦1人	应上海国际文化艺术交流有限公司邀请，来上海卢湾体育馆演出1场。
1.3	台湾地区费玉清（张彦亭）1人	应北京金展望文化艺术有限公司邀请，来北京人民大会堂演出1场。
1.9	台湾地区纵贯线组合（罗大佑、李宗盛、周华健、张震岳）等4人	应桂林市演出公司邀请，来桂林体育中心演出1场。
1.9	台湾地区张惠妹1人	应福建省典格文化艺术有限公司邀请，来泉州市海峡体育中心演出1场。
1.15	台湾地区赵传（赵柏钧）1人	应江苏五环广告传播公司邀请，来南京五台山体育馆演出1场。
1.16	台湾地区张惠妹、纪佳松等2人	应湖南省文化艺术交流中心邀请，来湖南省怀化市体育场演出1场。
1.8～1.10	台湾地区朱孝天1人	应北京苍明文化有限责任公司邀请，来北京展览馆剧场等地演出3场
1.22	台湾地区潘越云（潘月云）1人	应北京北展演艺文化有限公司邀请，来北京展览馆剧场演出1场。
1.23	台湾地区齐秦1人	应北京春秋永乐文化传播有限公司邀请，来北京工人体育馆演出1场。
1.23	台湾地区庾澄庆1人	应上海中演文化艺术有限公司邀请，来上海大舞台演出1场。
1.13～1.17	台湾地区张信哲、朱芷莹、方芳（周正芳）等3人	应北京华艺星空文化发展有限公司邀请，来北京保利剧院等地演出5场。
1.30	台湾地区张信哲1人	应北京苍明文化有限责任公司邀请，来北京工人体育馆演出1场。
1.22～2010.1.24	台湾地区《宝岛一村》舞台剧剧组宋少卿等13人	应浙江省杭州演出有限公司邀请，来杭州等地演出3场。

续 表

时间	团组或个人名称	活动情况
2.12	台湾地区棒棒堂组合（庄濠全、邱胜翊、杨奇煜、廖俊杰、廖亦崟、刘俊纬）、超克七组合（刘禄存、翁瑞迪、韦佳宏、邱翊橙、简翔棋、李铨、吴俊谚）等13人	应广州耀星影视艺术传播有限中心邀请，来广州体育馆演出1场。
2.13～20	台湾地区大学院校文化交流访问团一行25人	应中华文化联谊会邀请,来辽宁黑龙江参访交流。
2.22～26	台湾地区专家、学者林日扬等一行22人	应中国文联邀请，参加“海峡两岸暨港澳地区艺术论坛”活动。
3.1～18	台湾画家李锡奇	应广东美术馆邀请，举办“李锡奇艺术展”。
3.27	台湾地区吴克群、温岚、李茂山、陈玺恩等4人	应厦门市天视文化有限公司邀请，来漳州市云霄县体育场演出1场。
3.29	台湾地区动力火车组合（尤秋兴、颜志琳）等2人	应福州瞳创媒文化传播有限公司邀请，来厦门芭乐量贩KTV新店演出1场。
3.30	台湾地区S.H.E组合（田馥甄、任家萱、陈嘉桦）等3人	应湖南省文化艺术交流中心邀请，来常德市体育运动中心演出1场。
3.30	台湾地区蔡依林(蔡依翎)、苏见信、苏芮（苏瑞芬）、刘若英等4人	应浙江省演出公司邀请，来浙江省德清县一中体育场演出1场。
3.27～4.12	台湾画家叶竹盛	应中外文化交流中心邀请，举办“穷·止·常·故——叶竹盛环境生态系列展”。
3.12～5.31	台湾画家胡念祖、袁金塔	应山东美术馆邀请，在北京举办作品展。
4.2	台湾地区黄维德、范玮琪(范伟琪)、许慧欣等3人	应北京保利演艺经纪有限公司邀请，来北京展览馆剧场演出1场。
4.3	台湾地区高凌风（葛高凌风）、吴宗宪、康晋荣、刘谦等4人	应北京中兴发文化发展有限公司邀请，来上海大舞台演出1场。
4.7	台湾地区周杰伦徐熙媛范玮琪(范伟琪)等3人	应浙江国华演艺有限公司邀请，来浙江省湖州师范学院体育场演出1场。
4.10	台湾地区谭明辉、黄显忠等2人	应北京歌华中演文化有限公司邀请，来北京工人体育馆演出1场。
4.15～19	台湾第雅艺术、梵艺术中心、寒舍空间、陈氏画廊(Gallery J.Chen)等4家艺术机构及随展人员陈冠宇等10人	应北京中艺博文化传播有限公司邀请，参加在北京举办的“中艺博国际画廊博览会”。
4.15	台湾地区刘谦1人	应上海中演文化艺术有限公司邀请，来上海大剧院演出1场。
4.15～19	台湾地区台北越界舞团谢明霏、杨欣璋等2人	应北京春秋永乐文化传播有限公司邀请，来北京东方先锋剧场等地演出5场。
4.15	台湾地区吴佩慈1人	应上海中演文化艺术有限公司邀请，来上海大剧院演出1场。
4.17	台湾地区五月天组合（陈信宏、温尚翊、石锦航、蔡升晏、刘浩明）等5人	应上海东方青年文化传播有限公司邀请，来上海国际体操中心演出1场。

续 表

时间	团组或个人名称	活动情况
4.17	台湾地区周杰伦等 8 人	应上海新碟文化传播有限公司邀请，来北京工人体育馆演出 1 场。
4.18	台湾地区吴克群 1 人	应漳州市环艺演出经纪有限公司邀请，来漳州市华阳体育馆演出 1 场。
4.18～19	台湾地区姜育恒 1 人	应贵州新中亚文化投资有限公司邀请，来乐山市体育中心、眉山市体育馆等地演出 2 场。
4.18	台湾地区刘若英 1 人	应辽宁星汉盈邦文化交流有限公司邀请，来辽阳市体育馆演出 1 场。
4.19	台湾地区五月天组合（温尚翊、刘浩明、陈信宏、蔡升晏、石锦航）等 5 人	应广西壮族自治区演出公司邀请，来广西壮族自治区体育馆演出 1 场。
4.19	台湾地区吴克群等 14 人	应北京城乡行文化艺术有限公司邀请，来北京 798 艺术区演出 1 场。
4.24	台湾地区游鸿明 1 人	应江苏省演出公司邀请，来江苏省连云港市文化艺术中心剧院演出 1 场。
4.24～25	台湾地区范逸臣（范佑臣）1 人	应苏州市国际文化传播有限公司邀请，来常熟理工学院新体育馆等地演出 2 场。
4.25	台湾学者梁尚勇等 20 人	应国际儒学联合会与台湾中华孔孟学会联合邀请，在北京举办，海峡两岸儒学交流研讨会。
4.25	台湾地区纵贯线组合（张震岳、罗大佑、李宗盛、周华健）等 4 人	应浙江省对外文化交流公司邀请，来杭州黄龙体育中心体育馆演出 1 场。
4.25	台湾地区范玮琪（范伟琪）1 人	应汕头市演出公司邀请，来汕头市林百欣国际会展中心大会堂演出 1 场。
4.25	台湾地区周杰伦、南拳妈妈组合等 4 人	应河南中原国际文化传播有限公司邀请，来洛阳市体育中心新区体育场演出 1 场。
4.26	台湾地区任贤齐 1 人	应华瀚国际文化发展公司邀请，来北京工人体育馆演出 1 场。
4.28	台湾地区伊能静（吴静怡）、任贤齐等 2 人	应杭州演出有限公司邀请，来杭州休博园演出 1 场。
4.28	台湾地区动力火车组合（颜志琳、尤秋兴）等 2 人	应浙江省对外文化交流公司邀请，来温州广电中心演播大厅演出 1 场。
4.28	台湾地区周华健、张韶涵、潘美辰等 3 人	应河南省中原国际文化传播有限公司邀请，来河南省信阳市体育中心演出 1 场
4.28	台湾地区辛晓琪 1 人	应贵州省文化演出中心邀请，来铜仁地区文化广场演出 1 场。
4.3～5	台湾地区中兴大学学生蔡哲豪等 9 人	应中国少数民族文化艺术基金会与广东省杂技家协会邀请，来京参加比赛。
4.4～5	台湾地区上默剧团孙丽翠等 5 人	应上海马戏城演出有限公司邀请，来上海话剧艺术中心等地演出 2 场。
4.6～14	台湾画家林文强	应上海文化联谊会邀请，在上海举办个人画展。
4.6～7	台湾地区蔡依林（蔡依翎）、王心凌、张韶涵、杨庆煌、五月天组合等 12 人	应北京城乡行文化艺术有限公司邀请，来北京航空航天大学体育馆等地演出 2 场。

续 表

时间	团组或个人名称	活动情况
4.30～5.3	台湾地区非常林奕华工作室吴天葳等16人	应上海汇阳文化艺术传播有限公司邀请，来上海大剧院等地演出4场。
4.9	台湾地区张韶涵、飞轮海组合（吴庚霖、汪东成、陈亦儒、吴尊）等5人	应中国国际文化艺术公司邀请，来河南省洛阳市新区体育场演出1场。
5～10月	台湾艺术家孙超等20人	应中国陶瓷工业协会邀请，举办法蓝瓷两岸文化大赛。
5.1	台湾地区陈焕昌、涂圣成等2人	应中国国际文化艺术公司邀请，来国家体育场演出1场。
5.1～3	台湾地区王若琳1人	应北京城乡行文化艺术有限公司邀请，来北京通州运河公园等地演出3场。
5.1	台湾地区徐若瑄等11人	应中国国际文化艺术公司邀请，来北京国家体育场演出1场。
5.1	台湾地区蔡依林（蔡依翎）1人	应河南问鼎文化传播有限公司邀请，来郑州曼哈顿商业广场演出1场。
5.1～3	台湾地区苏见信、S.H.E组合等5人	应四川省演出展览公司邀请，来成都市新都区保利198郁金香公园等地演出3场。
5.10	台湾地区张惠妹、庾澄庆、徐怀钰等3人	应辽宁省演出公司邀请，来辽宁省营口技术开发区世纪广场演出1场。
5.15～24	台湾文化产业专业人士交流访问团一行15人	应中华文化联谊会邀请，来深圳、上海、北京等地参访交流。
5.15	台湾地区孙志群、黄迈可等2人	应杭州演出有限公司邀请，来浙江理工大学国际会展中心、杭州萧山区北干风暴酒吧等地演出2场。
5.16	台湾地区赵传1人	应天津圣音文化传媒有限公司邀请，来天津体育中心演出1场。
5.16	台湾地区周杰伦、南拳妈妈组合（詹宇豪、宋健彰）等3人	应福建省中视传播有限公司邀请，来泉州海峡体育中心体育场演出1场。
5.16～17	台湾地区非常林奕华剧团吴天葳等15人	应南京大洋商务广告代理制作有限公司邀请，来南京人民大会堂等地演出2场。
5.16	台湾地区吴克群1人	应福建省演出公司邀请，来福建省武夷山市学院体育馆演出1场。
5.16	台湾地区齐豫1人	应北京中兴发文化发展有限公司邀请，来昆明市昆明体育场演出1场。
5.16	台湾地区长荣交响乐团郭维斌等83人	应湖南省对外文化交流中心邀请，来湖南大剧院演出1场。
5.17	台湾地区纵贯线组合（李宗盛、罗大佑、张震岳、周华健）等4人	应西安曲江文化演出（集团）有限公司邀请，来陕西省体育场演出1场。
5.17	台湾地区信乐团（孙志群、黄迈可）等2人	应江苏省演出公司邀请，来江苏省吴江市盛泽镇影剧院演出1场。
5.17	台湾地区周杰伦1人	应福建省中视传播有限公司邀请，来福建师范大学综合体育馆演出1场。
5.18	台湾地区长荣交响乐团郭维斌等83人	应宁波市演出有限公司邀请，来宁波剧院演出1场。

续 表

时间	团组或个人名称	活动情况
5.19	台湾地区伍思凯、辛晓琪等 2 人	应浙江国华演艺有限公司邀请，来浙江省宁海县开游节演艺中心演出 1 场。
5.2	台湾地区陈珊妮、李艾璇、徐千秀、陈建骐等 4 人	应杭州演出有限公司邀请，来杭州市西湖天地大草坪演出 1 场。
5.20	台湾地区费玉清（张彦亭）、陶晶莹等 2 人	应浙江国华演艺有限公司邀请，来浙江省人民大会堂演出 1 场。
5.21	台湾地区长荣交响乐团林世昕等 85 人	应上海上体文化传媒有限公司邀请，来上海东方艺术中心演出 1 场。
5.21	台湾地区张信哲 1 人	应江苏凌云文化艺术有限公司邀请，来江苏省泰州市体育馆演出 1 场。
5.22	台湾地区张韶涵、周华健等 4 人	应浏阳市兴馆文化发展有限公司邀请，来浏阳市花炮观礼台演出 1 场。
5.23	台湾地区张书铭、费乐群等 2 人	应北京郎域文化传播有限公司邀请，来北京星光现场演出 1 场。
5.24	台湾地区苏见信、齐秦等 2 人	应哈尔滨盛世华文文化传播有限公司邀请，来哈尔滨国际会展中心体育馆演出 1 场。
5.24	台湾地区吴克群 1 人	应江苏高氏国际文化传媒有限公司邀请，来无锡人民大会堂演出 1 场。
5.27～30	台湾画家陈哲等 4 人	应刘海粟美术馆邀请,在该馆举办名家创作画展。
5.27	台湾地区黄家伟 1 人	应上海上体文化传媒有限公司邀请，来上海东方艺术中心演出 1 场。
5.27	台湾地区好客乐队(钟成达,柯智豪、周丽娟、刘靖怡、萧诗伟、陈冠宇）等 6 人	应北京春秋永乐文化传播有限公司邀请，来北京星光现场演出 1 场。
5.28	台湾地区苏见信 1 人	应石家庄市中仁闪凝娱乐有限公司邀请，来河北体育馆演出 1 场。
5.28	台湾地区齐秦、迪克牛仔等 2 人	应安徽省演出总公司邀请，来铜陵市演出 1 场。
5.29	台湾地区林心如、吴克群等 2 人	应北京城乡行文化艺术有限公司邀请，来中国农业大学体育馆演出 1 场。
5.29	台湾地区孟庭苇(陈秀玫)刘若英、苏有朋、王心凌、许茹芸、温岚、萧亚轩（萧雅之）、林志颖、许慧欣等 9 人	应宁波东方二十一文化发展有限公司邀请，来浙江省慈溪市体育中心演出 1 场。
5.3	台湾地区南拳妈妈组合（詹宇豪、宋健彰）等 2 人	应沈阳市演出公司邀请，来沈阳奥体中心演出 1 场。
5.3	台湾地区王若琳、黄钦圣等 2 人	应杭州演出有限公司邀请，来浙江省杭州市演出 1 场。
5.30～31	台湾地区刘谦 1 人	应苏州市对外演出交流有限公司邀请，来苏州市体育中心体育馆等地演出 2 场。
5.30～31	台湾地区非常林奕华剧团吴天葳等 17 人	应陕西神采演出艺术有限公司邀请，来西安等地演出 2 场。

续 表

时间	团组或个人名称	活动情况
5.30	台湾地区苏见信1人	应浙江省对外文化交流公司邀请，来杭州电子科技大学体育馆演出1场。
5.30	台湾地区吴克群1人	应北京对外文化交流有限公司邀请，来北京理工大学体育文化综合馆演出1场。
5.30	台湾地区高胜美1人	应镇江市澳星演出有限责任公司邀请，来镇江工人文化宫剧场演出1场。
5.6	台湾地区陈珊妮、赖圣文等6人	应北京郎域文化传播有限公司邀请，来北京星光现场演出1场。
5.6	台湾地区郑智化等6人	应北京中歌嘹亮音乐传播有限公司邀请，来京演出1场。
5.8～10	台湾地区非常林奕华剧团吴天崴等16人	应北京北展演艺文化有限公司邀请，来北京展览馆剧场等地演出3场。
5.27～6.6	台湾廖修平等10人	应中华文化联谊会邀请，在中国美术馆举办“廖修平版画油画展”。
5.9	台湾地区黄舒骏、刘亮、赖慧蓉、张崇杰、林君穗等5人	应上海光翼文化传播有限公司邀请，来上海浦东正大广场演出1场。
6.6	台湾地区陈绮贞1人	应浙江省对外文化交流公司邀请，来杭州体育馆演出1场。
6.12	台北艺术大学詹惠登等一行22人	应江苏省南京新世纪演出有限责任公司邀请，来江苏演出。
6.12	台湾地区张帝（张志民）、许茹芸等2人	应南京司麦尔文化艺术有限公司邀请，来江苏省淮安市盱眙县都梁公园演出1场。
6.13	台湾地区徐熙娣、蔡康永、罗志祥等3人	应上海索尔比文化演出有限公司邀请，来上海虹口足球场演出1场。
6.13～14	台湾地区刘谦1人	应浙江省演出公司邀请，来杭州市等地演出2场。
6.13	台湾地区言承旭(廖洋震)、黄立行、陈汉典等3人	应上海索尔比文化传播有限公司邀请，来上海虹口足球场演出1场。
6.13	台湾地区李宗盛、罗大佑、周华健、张震岳等4人	应云南省演出公司与昆明申卓文化传播有限公司邀请，来云南省昆明体育场演出1场。
6.13	台湾地区唐禹哲（阮文人）、叶玮庭等2人	应上海索尔比文化传播有限公司邀请，来上海虹口足球场演出1场。
6.13	台湾地区陈明真1人	应江苏省演出公司邀请，来江苏淮安市古顺河体育馆演出1场。
6.13	台湾地区吴克群1人	应广东对外艺术交流中心邀请，来汕头林百欣会展中心演出1场。
6.14	台湾地区张帝（张志民）1人	应南京司麦尔文化艺术有限公司邀请，来南京人民大会堂演出1场。
6.15～21	台湾地区“莎士比亚的妹妹们的剧团”蔡政良等9人	应北京春秋永乐文化传播有限公司邀请，来北京星光现场等地演出7场。
6.17	台湾地区林心如1人	应上海歌舞团邀请，来上海南京路步行街世纪广场演出1场。

续 表

时间	团组或个人名称	活动情况
6.19	台湾地区郑智化 1 人	应北京春秋永乐文化传播有限公司邀请，来北京展览馆剧场演出 1 场。
6.19	台湾地区罗志祥、蔡依林(蔡依翎)等 2 人	应四川省演出展览公司邀请，来成都市体育中心演出 1 场。
6.19	台湾地区罗志祥、蔡依林(蔡依翎)、萧亚轩（萧雅之）、林宥嘉、唐禹哲、张云菁等 6 人	应四川省演出展览公司邀请，来成都市体育中心演出 1 场。
6.2	台湾地区蓝博豪、陈凯文、黎孝芳、等 11 人	应北京精品艺文文化发展有限公司邀请，来北京首都体育馆演出 1 场。
6.20	台湾地区伍佰（吴俊霖）1 人	应北京中录同方文化传播有限公司邀请，来上海大舞台演出 1 场。
6.20	台湾地区周杰伦 1 人	应广东对外艺术交流中心邀请，来广州市长隆酒店演出 1 场。
6.20	台湾地区刘谦 1 人	应青岛时空演出有限公司邀请，来青岛大学体育馆演出 1 场。
6.20	台湾地区张悬（焦安溥）等 2 人	应上海歌星俱乐部邀请，来度曼波（上海）餐饮有限公司演出 1 场。
6.20	台湾地区蔡依林、苏见信、吴佩慈等 3 人	应大地文化娱乐公司邀请，来北京理工大学体育文化综合馆演出 1 场。
6.21	台湾地区范玮琪（范伟琪）、黑涩会美眉组合(郭婕祈、吴映洁、黄滟怡、张筱婕、詹子晴）等 6 人	应上海芳华绝代文化传播有限公司邀请，来卢湾体育馆演出 1 场。
6.22	台湾地区 S.H.E 组合（田馥甄、陈嘉桦、任家萱）等 3 人	应成都演艺集团有限公司邀请，来成都市姣子音乐厅演出 1 场。
6.23～27	台湾学者丁原基等 6 人	应山东省图书馆邀请，在济南参加学术研讨会。
6.24～25	台湾地区黄小琥（黄春凤）、刘锦渊 、董舜文 、黄雨勋 、陈本恩 、李志中等 6 人	应上海歌星俱乐部邀请，来度曼波（上海）餐饮有限公司等地演出 2 场。
6.26	台湾地区齐秦、文章（黄文章）等 2 人	应四川省宜宾市综艺演出展览有限责任公司邀请，来宜宾市南岸财富广场演出 1 场。
6.26	台湾地区张信哲、刘若英等 2 人	应石家庄市中仁闪凝娱乐有限公司邀请，来石家庄市裕彤国际体育中心演出 1 场。
6.26	台湾地区陈明真 1 人	应江西省文化产业开发中心邀请，来南昌市新中原大剧院演出 1 场。
6.27	台湾地区纵贯线组合（周华健、罗大佑、李宗盛、张震岳）等 4 人	应哈尔滨同利达文化发展有限公司邀请，来哈尔滨国际会展体育中心体育场演出 1 场。
6.27	台湾地区蔡琴 1 人	应湖北楚天演出有限公司邀请，来武汉市体育中心体育馆演出 1 场。
6.27	台湾地区童安格、孟庭苇(陈秀玫)、赵传（赵柏钧）、迪克牛仔（林进璋）、高明俊、陈明真等 6 人	应陕西省演出公司邀请，来陕西体育场演出 1 场。

续 表

时间	团组或个人名称	活动情况
6.27	台湾地区周杰伦、刘若英、费玉清（张彦亭）等3人	应江苏东方盛世文化产业有限公司邀请，来泰州市体育中心田径场演出1场。
6.27	台湾地区文章（黄文章）1人	应山东省演出公司邀请，来烟台市牟平区西关礼堂演出1场。
6.27	台湾地区潘美辰1人	应四川陆军文工团邀请，来云南省昭通市体育场演出1场。
6.28	台湾地区刘谦1人	应浙江国华演艺有限公司邀请，来宁波大剧院演出1场。
6.28	台湾地区王若琳1人	应上海开思文化艺术有限公司邀请，来上海大舞台演出1场。
6.19～7.1	台湾陶艺家李茂宗、倪再沁等一行12人	应中华文化联谊会邀请，在北京中国美术馆参加“李茂宗陶艺展和倪再沁水墨画展”。
4.30～5. 2	台湾地区许茹芸等12人	应北京城乡行文化艺术有限公司邀请，来北京科技大学体育馆等地演出4场。
6.30	台湾地区周杰伦1人	应北京中演世纪文化传播有限责任公司邀请，来北京国家体育场演出1场。
6.25～7.1	台湾艺术家詹前裕等16人	应中华文化联谊会与福建省美术家协会邀请，来厦门参加展览活动。
6.5～14	台湾口传文学学会理事长金荣华等4人	应中国民间文艺家协会邀请，来祖国大陆进行交流活动。
6.5～6	台湾地区非常林奕华剧团吴天葳等16人	应广州左岸色彩文化传播有限公司邀请，来广州黄花岗剧院等地演出2场。
6.5～7	台湾地区纸风车剧团罗北安等36人	应北京大剧院演艺中心有限责任公司邀请，来国家大剧院戏剧场等地演出4场。
6.5	台湾地区陈绮贞1人	应浙江省对外文化交流公司邀请，来杭州体育馆演出1场。
6.6～12	台北艺术大学戏剧学系主任洪祖玲等一行25人	应上海戏剧学院邀请，来沪参加上海国际小剧场戏剧展演。
6.7	台湾地区周杰伦、苏芮（苏瑞芬）等2人	应河南省中原国际文化传播有限公司邀请，来河南省演出1场
6.9～26	台湾地区刘谦1人	应浙江省演出公司邀请，来海宁市体育中心体育馆、温州市人民大会堂等地演出2场。
7.1	台湾地区姜育恒1人	应常州市文化艺术传播有限公司邀请，来常州市奥体中心体育馆演出1场。
7.10～20	台湾陶艺家李茂宗1人	应上海文化联谊会邀请，参加该会与朱屺瞻艺术馆举办的作品展等相关活动。
7.10	台湾地区姜育恒1人	应九洲文化传播中心邀请，来北京工人体育馆演出1场。
7.10	台湾地区F.I.R乐队（陈建宁、黄汉青、詹雯婷）等3人	应杭州演出有限公司邀请，来嘉兴市嘉兴体育场演出1场。
7.10	台湾地区蔡依林（蔡依翎）1人	应上海焱阳文化艺术交流公司邀请，来上海宛平剧院演出1场。

续 表

时间	团组或个人名称	活动情况
7.10	台湾地区张帝（张志民）1人	应江苏省演出公司邀请，来镇江市工人文化宫演出1场。
7.11	台湾地区纵贯线组合（张震岳、罗大佑、周华健、李宗盛）等4人	应上海白玉兰文化艺术发展有限公司邀请，来上海虹口足球场演出1场。
7.11	台湾地区五月天乐队（蔡升晏、温尚翊、陈信宏、刘浩明、石锦航）等5人	应北京中演文化娱乐公司邀请，来首都体育馆演出1场。
7.12	台湾地区刘谦1人	应成都演艺集团有限公司邀请，来四川省体育馆演出1场。
7.12	台湾地区动力火车组合、中国娃娃组合（杨初蕾、刘姵君）等4人	应云南省演出公司邀请，来云南大剧院演出1场。
7.12	台湾地区张韶涵、刘若英等2人	应安徽省演出公司邀请，来安徽省宣城市体育场演出1场。
7.14	台湾地区周华健1人	应江苏省演出公司邀请，来徐州市体育馆演出1场。
7.15	台湾地区台湾交响乐团刘玄咏等47人	应北京综艺博览文化交流有限公司邀请，来北京国家大剧院音乐厅演出1场。
7.15	台湾地区孟庭苇（陈秀玫）1人	应黄山市演出有限公司邀请，来黄山市体育馆演出1场。
7.17～18	台湾地区刘谦1人	应天津市滚石文化广告发展有限公司邀请，天津市人民体育馆等地演出2场。
7.17～19	台湾地区杨乃文、范逸臣等17人	应北京春秋永乐文化传播有限公司邀请，来上海金山城市沙滩等地演出3场。
7.18	台湾地区卓依婷1人	应广东中演文化有限公司邀请，来汕尾体育馆演出1场。
7.18	台湾地区任贤齐、吕圣斐、陈杰汉、姜永正、邱培荣等5人	应上海桑德利文化艺术有限公司邀请，来上海半岛1919创意园区演出1场。
7.18	台湾地区林志颖1人	应黑龙江省北方国际文化交流有限公司、北京东方之彩文化传播有限公司邀请，来伊春市政府广场演出1场。
7.19	台湾地区蔡依林（蔡依翎）1人	应上海国际文化艺术交流有限公司邀请，来苏州市体育中心演出1场。
7.19	台湾地区小青蛙剧团李金心民等8人	应上海儿童国际文化发展有限公司邀请，来浙江胜利剧院演出1场。
7.20～30	台湾地区周渝民（周育民）、林依晨等2人	应广州千翔文化传播有限公司邀请，来广州市中山纪念堂等地演出2场。
7.22～26	台湾书法家黄一鸣等20人	应浙江省书法家协会邀请，来杭州参加展览开幕式活动。
7.22	台湾地区迪克牛仔（林进璋）1人	应南京大唐亚太国际演出交流有限公司邀请，来江苏省江阴新东亚大酒店演出1场。
7.22	台湾地区李圣杰1人	应江西华娱传媒有限公司邀请，来南昌市鎏久发酒吧演出1场。

续 表

时间	团组或个人名称	活动情况
7.19～8.4	台湾地区林志炫、苏芮（苏瑞芬）等2人	应福建省演出公司邀请，来福州市融侨锦江新天地室内体育馆、厦门市花样年华夜总会等地演出2场。
7.11～9.12	台湾地区罗志祥、五月天组合（陈信宏、温尚翊、蔡升晏、石锦航、刘浩明）等6人	应上海桑德利文化艺术有限公司邀请，来上海市半岛1919创意园区等地演出3场。
7.24～25	台湾地区刘谦1人	应天星文化娱乐有限公司邀请，来北京展览馆等地演出2场。
7.24	台湾地区刘若英 苏见信 范玮琪（范伟琪）、涂圣成等4人	应云南省演出公司邀请，来昆明新亚洲体育馆演出1场。
7.24	台湾地区郑元畅1人	应广州千翔文化传播有限公司邀请，来厦门市椰风寨海滩游乐场演出1场。
7.25～26	台湾地区偶偶偶儿童剧团孙成杰等9人	应上海儿童国际文化发展有限公司邀请，来徐汇影剧院等地演出4场。
7.25	台湾地区纵贯线组合（罗大佑、李宗盛、周华健、张震岳）等4人	应福建省中视传播有限公司邀请，来晋江市体育中心演出1场。
7.25	台湾地区吕建忠1人	应上海索尔比文化传播有限公司邀请，来上海浦东正大广场演出1场。
7.25	台湾地区S.H.E组合（任家萱、田馥甄、陈嘉桦）、张信哲、齐秦、范玮琪（范伟琪）、林宥嘉、苏见信、飞轮海组合（陈亦儒、汪东成、吴尊、炎亚伦（吴庚霖））等11人	应陕西省演出公司邀请，来西安可口可乐体育场演出1场。
7.25	台湾地区游鸿明1人	应浙江省对外文化交流公司邀请，来衢州市工人文化宫演出1场。
7.25	台湾地区刘若英、罗志祥等2人	应北京世纪轩昂文化艺术传播有限公司邀请，来北京中国农业大学体育馆演出1场。
7.25	台湾地区蔡依林（蔡依翎）1人	应成都演艺集团有限公司邀请，来成都国际会议中心金色歌剧院演出1场。
7.25	台湾地区周蕙1人	应浙江省对外文化交流公司邀请，来温州广播电视总台一楼演播大厅演出1场。
7.26	台湾地区陈麒元1人	应北京诚信宏业投资顾问有限公司邀请，来北京音乐厅演出1场。
7.26	台湾地区纪佳松1人	应广东省演出公司邀请，来东莞市东城文化中心剧院演出1场。
7.27～30	台湾枫香舞蹈团孙翠玲等17人和屏东内埔小学赖昭喜等15人	应中国舞蹈家协会邀请，来京参加第五届“小荷风采”全国少儿舞蹈展演活动。
7.27	台湾地区动力火车组合（颜志琳、尤秋兴）、中国娃娃组合（杨初蕾、刘姵君）等4人	应四川省演出展览公司邀请，来四川省锦城艺术宫演出1场。
7.3～4	台湾地区五月天组合（温尚翊、陈信宏、石锦航、蔡升晏、刘浩明）等5人	应上海白玉兰文化艺术发展有限公司邀请，来上海虹口足球场等地演出2场。

续 表

时间	团组或个人名称	活动情况
7.31	台湾地区陈乔恩、贺军翔等 2 人	应广东千翔文化传播有限公司邀请，来广州市中山纪念堂演出 1 场。
7.23～8.1	台湾音乐家宗绪娴等一行 38 人	应中国交响乐发展基金会邀请到北京国家大剧院、上海东方艺术中心音乐厅和深圳保利剧院各演出 1 场。
7.18～7.19	台湾地区潘裕文、林宥嘉、梁文音、李绍洋等 4 人	应广东对外艺术交流中心邀请，来广州市长隆游乐园、深圳会展中心等地演出 2 场。
7.4	台湾地区杨乃文 1 人	应上海开思文化艺术有限公司邀请，来上海大舞台演出 1 场。
7.4	台湾地区王若琳 1 人	应九洲文化传播中心邀请，来北京工人体育馆演出 1 场。
7.4	台湾地区范玮琪（范伟琪）、黑 girl 组合（黄瀞怡、张筱婕、詹子晴、吴映洁、郭婕祈）等 6 人	应广州千翔文化传播有限公司邀请，来广州市中山纪念堂演出 1 场。
7.3～10.11	台北历史博物馆馆长黄永川等 14 人	应辽宁省博物馆、湖北省博物馆邀请，举办“南张北溥——张大千、溥心畬书画展”。
7.24～8.2	台湾地区蔡依林等 10 人	应南京仟禧文化广告有限公司邀请，来广州大学城体育中心等地演出 4 场。
7.22～8.23	台湾美术馆馆长薛保瑕等 7 人	应何香凝美术馆邀请，来深圳参加展览及相关活动。
7.5～7	台湾嘉宾梁世锐等 6 人	应上海市社会经济文化交流协会邀请，来上海参加展览活动。
7.5	台湾地区姜育恒、吴奇隆、范晓萱、周传雄等 4 人	应上海市世博会筹办工作领导小组志愿者组办公室邀请，来上海市南京路世纪广场演出 1 场。
7.25～7.26	台湾地区小青蛙剧团李金心民等 8 人	应上海儿童国际文化发展有限公司邀请，来上海市中福会儿童艺术剧院等地演出 4 场。
7.8～21	台湾画家郭东荣等 19 人	应中国油画院邀请，来京参加展览相关活动。
8.2	台湾地区齐秦、刘若英、黄品源（黄钰棋）、伍佰（吴俊霖）、徐怀钰、姜育恒等 6 人	应北京华夏龙情文化传播有限公司邀请，来江苏省宿迁市高级技工学校体育场演出 1 场。
8.2～3	台湾地区万芳 1 人	应上海文化娱乐管理有限公司邀请，来上海芷江文化艺术有限公司等地演出 2 场。
8.5	台湾地区纵贯线组合（李宗盛、罗大佑、周华健、张震岳）等 4 人	应大连艺隆演出有限公司邀请，来大连人民体育场演出 1 场。
8.5	台湾地区迪克牛仔（林进璋）、刘若英等 2 人	应哈尔滨盛世华文文化传播有限公司邀请，来哈尔滨国际会展中心体育场演出 1 场。
8.5	台湾地区齐秦 1 人	应四川省演出展览公司邀请，来四川省体育馆演出 1 场。
8.7	台湾地区蔡依林（蔡依翎）1 人	应湖北省演出中心邀请，来武汉洪山体育馆演出 1 场。
8.8	台湾地区张悬（焦安溥）及 Alage 乐团（陈圣弘、郑凯同、林维轩）等 4 人	应河北天澜文化传播有限公司邀请，来河北省张家口张北县演出 1 场。

续 表

时间	团组或个人名称	活动情况
8.8～9	台湾地区亚洲青年管弦乐团团员张哲瑜等20人	应上海东方艺术中心管理有限公司邀请，来上海东方艺术中心、上海音乐厅等地演出2场。
8.8	台湾地区吴佩慈1人	应上海开思文化艺术有限公司邀请，来上海市宛平艺苑演出1场。
7.10～2010.1.9	台湾地区池政谦、池政仪等2人	应江苏省演出公司邀请，来常州中华恐龙园等地演出。
8.1	台湾地区刘谦1人	应郑州天璨星光文化传播有限公司邀请，来河南省体育馆演出1场。
8.1	台湾地区五月天组合（陈信宏、刘浩明、石锦航、温尚翊、蔡升晏）等5人	应哈尔滨同利达文化发展有限公司邀请，来哈尔滨国际会展体育中心体育馆演出1场。
8.14	台湾地区蔡依林（蔡依翎）1人	应浙江国华演艺有限公司邀请，来杭州市黄龙体育中心体育馆演出1场。
8.14	台湾地区刘若英、苏见信等2人	应山东省演出公司邀请，来青岛国信体育中心演出1场。
8.14	台湾地区徐怀钰1人	应福建省金海湾文化发展有限公司邀请，来福建省建瓯市体育中心演出1场。
8.15	台湾地区杨培安1人	应上海国际文化艺术交流有限公司邀请，来上海国际体操中心演出1场。
8.15	台湾地区孟庭苇（陈秀玫）、潘美辰、郑智化等3人	应广西玉林市演出公司邀请，来广西玉林市体育中心演出1场。
8.15	台湾地区游鸿明1人	应上海国际文化艺术交流有限公司邀请，来上海宛平艺苑演出1场。
8.16	台湾地区周杰伦、周蕙、刘若英、许慧欣、信乐团（孙志群、黄迈可）、梁凯恩等7人	应江苏新天地演艺中心邀请，来宿迁市宿迁中学新校区体育场演出1场。
8.16	台湾地区张悬（焦安溥）1人	应广东对外艺术交流中心邀请，来广州市中山纪念堂演出1场。
8.16	台湾地区蔡依林（蔡依翎）1人	应安徽省演出总公司邀请，来安徽省合肥市国际会展中心演出1场。
8.16	台湾地区姜育恒、苏见信等2人	应辽宁省演出公司邀请，来辽宁省葫芦岛市西苑体育场演出1场。
8.18	台湾地区刘谦1人	应南京仟禧文化广告有限公司邀请，来南通市体育会展中心体育馆演出1场。
8.18	台湾地区吴克群1人	应内蒙古金鹰文化艺术有限公司邀请，来呼和浩特市内蒙古体育馆演出1场。
8.19	台湾地区林志颖、卓依婷等2人	应深圳市红鼓演出有限公司邀请，来四川省射洪县中学演出1场。
8.21～22	台湾地区范玮琪（范伟琪）1人	应北京中演文化娱乐公司邀请，来北京展览馆剧场等地演出2场。
8.21	台湾地区五月天组合（陈信宏、蔡升晏、温尚翊、石锦航、刘浩明）等5人	应浙江省对外文化交流公司邀请，来杭州黄龙体育中心体育馆演出1场。

续 表

时间	团组或个人名称	活动情况
8.21	台湾地区动力火车组合（颜志琳、尤秋兴）、中国娃娃组合（杨初蕾、刘姵君）等4人	应北京市对外文化交流有限责任公司邀请，来北京世纪剧院演出1场。
8.21	台湾地区张悬（焦安溥）、陈圣弘、郑凯同、林维轩等4人	应北京郎域文化传播有限公司邀请，来北京星光现场演出1场。
8.21	台湾地区任贤齐1人	应江苏东方盛世文化产业有限公司邀请，来无锡市体育中心新体育馆演出1场。
8.21	台湾地区蔡依林（蔡依翎）1人	应柳州市演出公司邀请，来广西柳钢体育馆演出1场。
8.21	台湾地区迪克牛仔（林进璋）1人	应吉林省演出有限责任公司邀请，来四平市吉林师范大学体育馆演出1场。
8.21	台湾地区周蕙、温岚等2人	应北京光线传媒有限公司邀请，来辽宁省锦州经济技术开发区笔架山海滨广场演出1场。
8.22	台湾地区罗大佑、李宗盛、周华健、张震岳等4人	应安徽省演出总公司邀请，来安徽省合肥市奥体中心演出1场。
8.22	台湾地区周杰伦1人	应广东省演出公司邀请，来佛山市世纪莲体育中心体育场演出1场。
8.22	台湾地区杨瑞代、南拳妈妈组合（张杰、梁心颐、詹宇豪、宋健彰）等5人	应广东省演出公司邀请，来佛山市世纪莲体育中心演出1场。
8.22	台湾地区蔡依林（蔡依翎）1人	应湖南省演出公司邀请，来湖南国际影视会展中心演出1场。
8.22	台湾地区飞轮海组合（吴庚霖、汪东成、陈亦儒、吴尊）、S.H.E组合（陈嘉桦、田馥甄、任家萱）等7人	应北京世纪轩昂文化艺术传播有限公司邀请，来北京科技大学体育馆演出1场。
8.22	台湾地区范逸臣1人	应厦门市天视文化有限公司邀请，来厦门观音山海滨商业街海滩演出1场。
8.23	台湾地区周杰伦、林志炫、S.H.E组合（任家萱、陈嘉桦、田馥甄）等5人	应吉林省演出有限公司邀请，来长春体育中心体育场演出1场。
8.23	台湾地区齐秦、许慧欣等2人	应天津华谊兄弟文化传媒有限公司邀请，来天津体育中心演出1场。
8.23	台湾地区罗志祥、苏见信、徐熙娣、蔡康永、陈汉典、叶玮庭等6人	应浙江省演出公司邀请，来温州体育中心演出1场。
8.23	台湾地区蔡依林（蔡依翎）1人	应江苏中演文化产业有限公司邀请，来常州红星大剧院演出1场。
8.23	台湾地区张悬（焦安溥）、陈圣弘、林维轩、郑凯同等4人	应上海文化娱乐管理有限公司邀请，来上海芷江文化艺术有限公司演出1场。
8.25	台湾地区刘谦1人	应苏州市对外演出交流有限公司邀请，来常州市红星大剧院演出1场。
8.26	台湾地区艺人江美琪、许慧欣、林志玲等5人	应中国儿童少年基金会和湖南省长沙华能文化传播有限公司共同邀请，来四川省参加“爱带我回家”晚会演出。

续 表

时间	团组或个人名称	活动情况
8.26	台湾地区周育民（周渝民）、林依晨等2人	应上海鲍曼文化策划有限公司邀请，来上海浦东源深体育中心演出1场。
8.26	台湾地区温岚1人	应广东省演出公司邀请，来广东省汕头尚格酒吧演出1场。
8.28	台湾地区张信哲1人	应无锡广电星辰演艺传媒有限公司邀请，来无锡市体育中心体育馆演出1场。
8.28	台湾地区杨瑞代、吴欣芸等2人	应沈阳市演出公司邀请，来沈阳奥体中心演出1场。
8.28	台湾地区动力火车组合（尤秋兴、颜志琳）、中国娃娃组合（刘姵君、杨初蕾）等4人	应郑州盛会娱乐文化管理有限公司邀请，来河南省人民大会堂演出1场。
8.28	台湾地区黄小琥（黄春凤）、许振隆等2人	应上海歌星俱乐部邀请，来上海度曼波餐饮有限公司演出1场。
8.28	台湾地区高胜美1人	应徐州振鑫影视文化服务有限公司邀请，来邳州市运河中学体育馆演出1场。
8.29	台湾地区纵贯线组合等4人	应江苏高唐文化传播有限公司邀请，来常熟市体育中心体育场演出1场。
8.29	台湾地区陈绮贞1人	应广州市明星巨典文化艺术有限公司邀请，来广州市中山纪念堂演出1场。
8.29	台湾地区吴克群1人	应广东省演出公司邀请，来深圳体育馆演出1场。
8.29	台湾地区欧开合唱团赖家庆等5人	应上海东方艺术中心管理有限公司邀请，来东方艺术中心演出1场。
8.29	台湾地区蔡琴1人	应河南省商河文化传播有限公司邀请，来河南省郑州市国际会展中心演出1场。
8.29	台湾地区蔡依林1人	应安徽省演出总公司邀请，来合肥市体育中心综合体育馆演出1场。
8.3～4	台湾地区刘谦1人	应江苏省演出公司邀请，来宿安市剧场，淮安市淮州礼堂等地演出2场。
8.30	台湾地区周杰伦1人	应江苏省演出公司邀请，来盐城市新体育馆演出1场。
8.30	台湾地区刘若英1人	应江苏省演出公司邀请，来江苏盐城市体育馆演出1场。
8.30	台湾地区刘谦1人	应陕西省文化演出服务公司邀请，来西安交大思源体育馆演出1场。
8.20～9.10	台湾地区台北爱乐合唱团杜明远等31人	应广东省星海音乐厅邀请，来广东省星海音乐厅演出1场。
8.31	台湾地区高胜美、刘若英等2人	应四川省演出展览公司邀请，来四川师范大学演出1场。
8.1～29	台湾地区范逸臣（范佑臣）、动力火车组合（颜志琳、尤秋兴）及其乐队等10人	应上海桑德利文化艺术有限公司邀请，来上海半岛1919创意园区等地演出2场。

续 表

时间	团组或个人名称	活动情况
8.21～22	台湾地区刘谦1人	应江苏省演出公司邀请，来扬州市新区体育馆等地演出2场。
8.14～12.29	台湾艺术家刘国松等8人	应湖北省博物馆邀请，来该馆举办画展等相关活动。
8.21～23	台湾地区朱宗庆打击乐团林霈兰等21人	应上海东方艺术中心管理有限公司邀请，来上海东方艺术中心等地演出5场。
8.31～9.13	台湾艺术家黄光男	应上海文化联谊会与上海美术馆共同邀请，举办黄光男现代水墨展。
8.28～9.20	台湾摄影家阮义忠	应广东美术馆邀请，来该馆举办摄影作品展。
8.6～12	台湾地区枫香舞蹈团胡亮良等30人和香港特区香港舞蹈团儿童团陈灿观等30人	应山东省青岛电视台邀请，来青岛市人民会堂联合演出2场。
8.7～18	台湾嘉宾徐枫等3人	应上海美术馆邀请，来沪参加展览活动。
8.7～16	台湾艺术家黄湘詅等一行35人	应中国美术馆邀请，举办"白云横翠岭——黄君璧艺术展等活动。
8.7～12	台湾画家周健	应上海荣皇文化有限公司、上海明思广告有限公司、刘海粟美术馆邀请，举办周子荐画展。
8.8～9	台湾地区刘谦1人	应无锡市三百六十度文化艺术传播有限公司邀请，来无锡市新体育中心等地演出2场。
8.8	台湾地区蔡依林1人	应上海桑德利文化艺术有限公司邀请，来上海半岛1919创意园区演出1场。
8.8	台湾地区纵贯线乐队（周华健、李宗盛、罗大佑、张震岳）等4人	应贵州省文化演出中心邀请，来贵阳新体育场演出1场。
8.28～9.6	台湾作家、学者吕正惠等19人	应中国作协邀请，来大陆参加"沈从文文学之旅"活动。
8.8～9.19	台湾地区五月天组合（陈信宏、刘浩明、石锦航、温尚翊、蔡升晏）、陈绮贞等6人	应南京大唐亚太国际演出交流有限公司和上海白玉兰文化艺术发展有限公司邀请，来南京等地演出2场。
9.1	台湾地区蔡琴、张韶涵等2人	应上海白玉兰文化艺术发展有限公司邀请，来上海大舞台演出1场。
9.4	台湾地区吴克群1人	应广东省演出公司邀请，来汕头市林百欣国际会议中心演出1场。
9.4	台湾地区动力火车组合（颜志琳、尤秋兴）等2人	应上海新碟文化传播有限公司邀请，来长沙市魅力四射酒吧演出1场。
9.5	台湾地区文章（黄文章）1人	应北京中演文化娱乐公司邀请，来北京展览馆剧场演出1场。
9.5	台湾地区文章（黄文章）1人	应北京世纪轩昂文化艺术传播有限公司邀请，来北京展览馆剧场演出1场。
9.5	台湾地区飞轮海组合（汪东成、吴庚霖、陈亦儒、吴尊）等4人	应江苏中奥国际体育文化产业有限公司邀请，来南京奥体中心体育馆演出1场。

续 表

时间	团组或个人名称	活动情况
9.5	台湾地区刘谦1人	应江西省文化产业开发中心邀请，来江西省体育馆演出1场。
9.5	台湾地区黄舒骏1人	应江苏浩扬文化产业发展有限公司邀请，来南京人民大会堂演出1场。
9.5	台湾地区黄立行1人	应上海新碟文化传播有限公司邀请，来北京咖钩酒吧演出1场。
9.5	台湾地区台北爱乐管弦乐团林天吉等65人	应苏州科文演出有限公司邀请，来苏州科技文化艺术中心大剧院演出1场。
9.5	台湾地区吴克群1人	应杭州演出有限公司邀请，来绍兴大剧院演出1场。
9.5	台湾地区杨培安1人	应北京世纪轩昂文化艺术传播有限公司邀请，来北京展览馆剧场演出1场。
9.6	台湾地区杨培安、林志颖、张信哲、蔡琴等4人	应北京中外名人文化产业集团有限公司邀请，来北京国家体育馆演出1场。
9.4～5	台湾地区潘安邦、高胜美等2人	应广州市明星巨典文化艺术有限公司邀请，来深圳音乐厅、广州市中山纪念堂等地演出2场。
9.2～7	台湾地区台北爱乐管弦乐团林天吉等56人	应北京巨龙文化公司邀请，来北京音乐厅、苏州科技文化艺术中心、上海音乐厅等地演出5场。
9.5～9.6	台湾地区周传雄1人	应四川永艺演出有限公司邀请，来成都市双流区南湖梦幻岛体验公园等地演出2场。
9.11	台湾地区朱孝天1人	应浙江省对外文化交流公司邀请，来大连市西岗区莱克贝贝酒吧演出1场。
9.5～9.7	台湾地区台北爱乐管弦乐团林天吉等65人	应上海可立弦多演出经纪有限公司邀请，来上海音乐厅演出2场。
9.12	台湾地区赵传（赵柏钧）等7人	应北京春秋永乐文化传播有限公司邀请，来北京工人体育馆演出1场。
9.12	台湾地区费玉清（张彦亭）1人	应无锡市三百六十度文化艺术传播有限公司邀请，来昆山市体育中心体育馆演出1场。
9.12～13	台湾地区刘谦1人	应上海城市舞蹈有限公司邀请，来上海国际体操中心等地演出2场。
9.12	台湾地区游鸿明1人	应杭州演出有限公司邀请，来浙江省湖州市湖州大剧院演出1场。
9.12	台湾地区迪克牛仔（林进璋）1人	应湖南省演出公司邀请，来湖南省岳阳市文化艺术会展中心演出1场。
9.12	台湾地区庾澄庆、张信哲、辛晓琪、五月天组合（陈信宏、温尚翊、蔡升晏、石锦航、刘浩明）等8人	应上海市演艺总公司邀请，来上海市南京路步行街世纪广场演出1场。
9.12	台湾地区齐豫1人	应北京巨龙文化公司邀请，来北京展览馆剧场演出1场。
9.12	台湾地区沈圣哲、庄鹃瑛等2人	应四川省演出展览公司邀请，来成都电子科技大学体育馆演出1场。

续 表

时间	团组或个人名称	活动情况
9.12	台湾地区苏有朋1人	应内蒙古金鹰文化艺术有限责任公司邀请，来呼和浩特市内蒙古体育馆演出1场。
9.12	台湾地区萧亚轩（萧雅之）、吴克群等2人	应上海开思文化艺术有限公司邀请，来上海欢乐谷华侨城大剧场演出1场。
9.12	台湾地区刘若英1人	应精彩东方（北京）文化有限公司邀请，来山东垦利县民丰湖演出1场。
9.13～29	台湾地区范玮琪（范伟琪）、齐秦等2人	应北京艺元鼎文化有限公司邀请,来湖北省随州、十堰等地演出2场。
9.15	台湾地区齐秦、徐怀钰、姜育恒等3人	应北京华夏龙情文化传播有限公司邀请，来宿迁市体育馆演出1场。
9.15	台湾地区兰心合唱团范宇文等37人	应泸州市台胞台属联谊会邀请，来四川省泸州市江阳艺术宫演出1场。
9.15	台湾地区张悬（焦安溥）1人	应安徽省演出总公司邀请，来安徽淮南市体育场演出1场。
9.16	台湾地区游鸿明1人	应杭州演出有限公司邀请，来浙江省象山县石浦皇城沙滩演出1场。
9.16	台湾地区周华健、范玮琪（范伟琪）等2人	应山东省演出公司邀请，来山东省济宁兖州华勤工业园演出1场。
9.16	台湾地区齐秦1人	应南充市演出有限公司邀请，来四川省广安体育馆演出1场。
9.6～10.10	台湾地区周传雄1人	应杭州演出有限公司邀请，来宁波鄞州文化艺术中心大剧院、嘉兴大剧院、杭州林学院等地演出3场。
9.18	台湾地区麻吉组合（黄立成、崔惟楷、费聿锋、洪健钧）等4人	应上海新碟文化传播有限公司邀请，来天津芭芘酒吧演出1场。
9.19	台湾地区艺人周杰伦等3人	应大连市演出公司邀请，来大连参加大连国际服装节开幕式晚会。
9.19～25	台湾汉唐乐府陈美娥等一行28人	应中国对外文化集团公司邀请，来京参加“庆祝中华人民共和国成立60周年献礼演出”活动，并在梅兰芳大剧院演出2场。
9.19～21	台湾唐律长笛合奏团庄清霖等一行22人	应星海音乐学院邀请，来广州星海音乐学院交流演出。
9.19	台湾地区纵贯线组合（张震岳、李宗盛、周华健、罗大佑）等4人	应湖南省演出公司邀请，来长沙贺龙体育中心演出1场。
9.19	台湾地区林宥嘉1人	应上海非凡文化艺术有限公司邀请，来浦东源深体育中心演出1场。
9.19	台湾地区麻吉组合（黄立成、费聿锋、洪健钧、崔惟楷）等4人	应上海新碟文化传播有限公司邀请，来沈阳市鑫嘉鹏餐饮娱乐中心演出1场。
9.19	台湾地区齐秦1人	应贵州新中亚文化投资有限公司邀请，来贵州惠水演出1场。
9.19	台湾地区范逸臣（范佑臣）1人	应江苏省演出公司邀请，来南京审计学院体育馆演出1场。

续 表

时间	团组或个人名称	活动情况
9.20～24	台湾戏剧协进会和五洲园掌中剧团郭陈松等一行12人	应福建省泉州市文化局邀请，到泉州参加福建艺术节交流展演活动。
9.20	台湾地区齐秦、费玉清（张彦亭）等2人	应浙江国华演艺有限公司邀请，来河南省濮阳市体育场演出1场。
9.21	台湾高雄交响乐团欧秀卿等50人	应上海非凡文化艺术有限公司邀请，参加上海城市交响乐团合作演出。
9.23～29	台湾舞蹈界人士郭慧良等一行5人	应中国舞蹈家协会邀请，到贵阳市观摩民族民间舞交流活动。
9.23	台湾地区周蕙、涂圣成等2人	应山东省演出公司邀请，来烟台市体育公园演出1场。
9.25	台湾地区麻吉组合（黄立成、崔惟楷、洪健钧、费聿锋）等4人	应广东对外艺术交流中心邀请，来广州市思加酒吧演出1场。
9.26	台湾地区纵贯线组合（周华健、罗大佑、李宗盛、张震岳）等4人	应江苏东方盛世文化产业有限公司邀请，来南京市奥体中心体育场演出1场。
9.26	台湾地区蔡琴1人	应贵阳市文化演出中心邀请，来贵阳新体育场演出1场。
9.26	台湾地区黄钰棋（黄品源）1人	应上海圣峰文化演艺有限公司邀请，来上海国际体操中心演出1场。
9.26	台湾地区潘美辰1人	应安徽国人文化艺术发展有限公司邀请，来安徽省五河县体育中心演出1场。
9.26	台湾地区麻吉组合（黄立成、费聿锋、洪健钧、崔惟楷）等4人	应上海新碟文化传播有限公司邀请，来武汉市江岸区回归七七酒吧演出1场。
9.27	台湾地区梁文音、林芯仪(林珀如)、赖铭伟、黄美珍等4人	应广东对外艺术交流中心邀请，来广州军区广联礼堂演出1场。
9.27	台湾地区王若琳1人	应杭州演出有限公司邀请，来浙江大学城市学院演出1场。
9.27	台湾地区费玉清（张彦亭）1人	应湖南省文化艺术交流中心邀请，来湖南省湘潭市东方红广场演出1场。
9.28	台湾地区 F.I.R 乐队（陈建宁、黄汉青、詹雯婷）等3人	应江苏新天地演艺中心邀请，来江苏淮安体育运动学校体育场演出1场。
9.29	台湾地区吕建忠1人	应浙江省对外文化交流公司邀请，来温州电视台演播厅演出1场。
9.29	台湾地区庾澄庆、伍思凯等2人	应武汉市演出公司邀请，来武汉市沌口体育中心体育场演出1场。
9.3～12	台湾画家叶竹盛	应中外文化交流中心邀请，来上海美术馆举办叶竹盛环境生态系列展。
9.30	台湾地区蔡琴1人	应浙江省对外文化交流公司邀请，来杭州黄龙体育中心体育馆演出1场。
9.30	台湾地区李翊君（李华苓）1人	应浙江省对外文化交流公司邀请，来杭州市大浪淘沙休闲会所演出1场
9.30	台湾地区张宇、辛晓琪等2人	应贵州西韵文化产业发展有限公司邀请，来贵州遵义市体育场演出1场。

续 表

时间	团组或个人名称	活动情况
9.30	台湾地区动力火车组合(颜志琳、尤秋兴)等2人	应上海新碟文化传播有限公司邀请,来昆明莱妹里餐饮管理有限公司演出1场。
9.30	台湾地区张帝(张志民)1人	应湖南省株洲市演出公司邀请,来湖南省株洲市环洲歌剧院演出1场。
9.27～10.5	台湾地区New Vision乐队(杨晓恩、章谋圣、周以谦、黄殷钟、陈伯元)等5人	应宁波大剧院文化发展有限公司邀请,来宁波、上海等地演出3场。
9.10～24	台湾地区黄小琥乐队(黄春凤、刘锦渊、董舜文、黄雨勋、陈本恩、李志中)、"哈烧客"乐队(张秉慧、李定楠、黄明志、林柏光、杨荞嫣、甘煖琳、林佳颖、阮郁文、高景阳)等15人	应上海歌星俱乐部邀请,来上海度曼波餐饮有限公司等地演出5场。
9.16～20	台湾地区兰阳舞蹈团、舞铃剧团、朱宗庆打击乐团林霈兰等50人	应南京市人民政府邀请,来南京国际博览中心等地演出8场。
9.18～19	台湾地区当代传奇剧场吴国秋(吴兴国)1人	应上海圣翎演出有限公司邀请,来上海美琪大戏院等地演出2场。
9.18～19	台湾地区张帝(张志民)1人	应浙江省对外文化交流公司邀请,来杭州东坡大剧院、温州假日大舞台等地演出2场。
9.18～20	台湾地区吴克群1人	应广东南方文化发展有限公司邀请,来中山市体育馆、珠海市体育中心等地演出2场
9.19～20	台湾地区王心静(王思懿)1人	应北京春秋永乐文化传播有限公司邀请,来广州黄花岗剧院等地演出2场。
9.19～11.21	台湾地区范玮琪(范伟琪)1人	应北京索有文化传播有限公司邀请,来安徽省安庆市石化俱乐部、合肥市安徽大剧院等地演出2场。
9.15～26	台湾地区刘若英、高明俊、欧得洋(李益嶒)等3人	应安徽省演出总公司邀请,来安徽省淮南市体育场、滁州大剧院等地演出2场。
9.18～10.24	台湾地区高胜美、范玮琪(范伟琪)等2人	应浙江国华演艺有限公司邀请,来杭州金海岸大酒店、浙江旅游职业学院等地演出7场。
9.30～11.14	台湾地区纵贯线组合(李宗盛、周华健、罗大佑、张震岳)等4人	应广州市明星巨典文化艺术有限公司邀请,来广州大学城体育中心、深圳体育场等地演出2场。
9.25～10.23	台湾地区S.H.E组合(陈嘉桦、任家萱、田馥甄)等3人	应杭州演出有限公司邀请,来台州职业技术学院体育馆、嘉兴市高中教育园区体育馆等地演出2场。
9.19～30	台湾地区许茹芸、郑智化、刘若英、许慧欣等4人	应浙江国华演艺有限公司邀请,来杭州市淳安县淳安中学、杭州市萧山区体育中心体育场等地演出2场。
9.25～27	台湾地区刘谦1人	应福建省典格文化艺术有限公司邀请,来福州市体育馆、泉州海峡体育中心体育馆等地演出2场。
8.8～9	台湾地区齐秦、黄安、郑智化、裘海正(裘素凤)、辛晓琪、孟庭苇(陈秀玫)、潘美辰、陈明真等8人	应长春市书博文化艺术传播有限公司邀请,来吉林省松原市体育场、长春市体育场等地演出2场。
9.29～10.6	台湾施宝容等49位艺术家	应上海民博会组委会邀请,来沪参加上海民博会。

续 表

时间	团组或个人名称	活动情况
9.9～13	台湾宝胜画廊等49人	应上海文化发展基金会邀请，参加上海艺术博览会展览。
10.3	台湾地区蔡琴1人	应无锡广电星辰演艺传媒有限公司邀请，来无锡市体育中心演出1场。
10.3	台湾地区伊能静（吴静怡）、龙飘飘（许秀春）、高凌风、潘安邦、费玉清（张彦亭）、张韶涵、萧敬腾、侯佩岑等8人	应宜春市演出公司邀请，来江西宜春市袁山公园演出1场。
10.1～4	台湾地区Bike乐队(闻理、欧奕欣、张育嘉、陈信华)等37人	应厦门市天视文化有限公司邀请，来厦门五缘商业街海滩演出1场。
10.5	台湾地区伍佰（吴俊霖）1人	应浙江省对外文化交流公司邀请，来杭州市体育馆演出1场。
10.6	台湾地区纵贯线组合（李宗盛、罗大佑、周华健、张震岳）等4人	应哈尔滨同利达文化发展有限公司邀请，来沈阳奥体中心演出1场。
10.7	台湾地区郑智化1人	应北京春秋永乐文化传播有限公司邀请，来广州白云国际会议中心演出1场。
10.8	台湾地区吴克群1人	应贵州省文化演出中心邀请，来贵州黔西县行政广场演出1场。
10.1～8	台湾地区黄俊杰、陈柏宏等2人	应北京索有文化传播有限公司邀请，来北京欢乐谷景区等地演出53场。
10.9	台湾地区S.H.E组合（任家萱、田馥甄、陈嘉桦）等3人	应云南省演出公司邀请，来云南保山市保山奥林匹克体育中心体育场演出1场。
10.10	台湾地区费玉清（张彦亭）1人	应江苏省星工场文化传媒有限公司邀请，来常州市奥体中心体育馆演出1场。
10.10	台湾地区黄立行1人	应广东对外艺术交流中心邀请，来中山市文化艺术中心演出1场。
10.10	台湾地区张惠妹、范玮琪（范伟琪）等2人	应江苏省演出公司邀请，来江苏省洪泽县外国语中学体育场演出1场。
10.11	台湾地区纵贯线组合（周华健、罗大佑、张震岳、李宗盛）等4人	应郑州天璨星光文化传播有限公司邀请，来河南省体育中心演出1场。
10.13～14	台湾地区康康+康乐乐队(康晋荣、章健智、郑宪聪、黄连记、黄旭升）等5人	应上海歌星俱乐部邀请，来度曼波（上海）餐饮有限公司等地演出2场。
10.14～17	台湾电影界人士李行等一行25人	应中国电影家协会邀请，来南昌市参加百花电影节活动。
10.16	台湾地区苏打绿乐队（吴青峰、龚钰祺、何景扬、史俊威、刘家凯、谢馨仪）等6人	应北京歌华中演文化有限公司邀请，来北京工人体育馆演出1场。
10.16	台湾地区范晓萱1人	应北京北展演艺文化有限公司邀请，来北京展览馆剧场演出1场。
10.16	台湾地区蔡康永、罗志祥、陈汉典、黄立行、徐熙娣、叶玮庭等6人	应四川省演出展览公司邀请，来成都体育中心演出1场。

续 表

时间	团组或个人名称	活动情况
10.16	台湾地区伍佰（吴俊霖）1人	应四川省演出展览公司邀请，来成都体育中心演出1场。
10.16	台湾地区张帝（张志民）、吴佩慈等2人	应南京司麦尔文化艺术有限公司邀请，来江苏省东海县体育中心演出1场。
10.16	台湾地区齐秦1人	应江苏省演出公司邀请，来江苏省泰州市体育馆演出1场。
10.16	台湾地区张惠妹1人	应山东省演出公司邀请，来济南奥体中心演出1场。
10.16～18	台湾地区台北市立国乐团邵恩等74人	应江苏省演艺集团邀请，来南京紫金大剧院、东台体育馆等地演出2场。
10.17	台湾地区纵贯线组合等4人	应浙江省对外文化交流公司邀请，来温州体育中心体育场演出1场。
10.17	台湾地区五月天组合（陈信宏、蔡升晏、刘浩明、石锦航、温尚翊）等5人	应广州市明星巨典文化艺术有限公司邀请，来佛山岭南明珠体育馆演出1场。
10.17	台湾地区吴克群1人	应福州金色年代文化传播有限公司邀请，来福建师范大学综合体育馆演出1场。
10.17	台湾地区齐秦1人	应惠州市艺声娱乐文化传播有限公司邀请，来惠州体育馆演出1场。
10.17	台湾地区萧亚轩（萧雅之）刘若英、庾澄庆等3人	应河南世创国际文化传播有限公司邀请，来河南省体育中心演出1场。
10.17	台湾地区棒棒堂组合（庄濠全、邱胜翊、杨奇煜、廖俊杰、廖亦崟、刘俊纬）等6人	应广东南方文化发展有限公司邀请，来广州军区礼堂演出1场。
10.17	台湾地区游鸿明1人	应福建省演出公司邀请，来福建省福安市体育馆演出1场。
10.18	台湾地区黄安1人	应江苏省演出公司邀请，来徐州市篮球馆演出1场。
10.18	台湾地区辛晓琪、邰正霄等2人	应云南省演出公司邀请，来昆明市体育场演出1场。
10.18	台湾地区张韶涵、吴克群等2人	应江苏高氏国际文化传媒有限公司邀请，来江苏宜兴市体育中心演出1场。
10.18	台湾地区高胜美、齐秦、齐豫、孟庭苇等4人	应浙江国华演艺有限公司邀请，来绍兴市新昌县体育中心体育场演出1场。
10.20	台湾地区动力火车组合（尤秋兴、颜志琳）等2人	应江苏省无锡广电星辰演艺传媒有限公司邀请，来江苏省江阴市体育中心体育场演出1场。
10.10～11	台湾地区林宥嘉、S.H.E组合（任家萱、陈嘉桦、田馥甄）、林依晨、小宇（宋庠锋）、纪佳松等7人	应中演协（福州）文化经纪有限公司邀请，来漳州师范学院新体育中心、福建省体育馆等地演出2场。
10.21	台湾地区张惠妹、吴克群、潘安邦、赵传（赵柏钧）等4人	应昆山市演出有限公司邀请，来昆山市体育中心体育场演出1场。
10.6～16	台湾地区林晓培1人	应北京春秋永乐文化传播有限公司邀请，来北京中央戏剧学院实验剧场、解放军歌剧院等地演出6场。

续　表

时间	团组或个人名称	活动情况
10.22	台湾地区范晓萱、100%组合（任柏璋、陈志雄、陈彦奇）等4人	应上海新碟文化传播有限公司邀请，来上海度曼波餐饮有限公司演出1场。
10.22	台湾地区张惠妹、费玉清（张彦亭）等2人	应浙江国华演艺有限公司邀请，来宁波体育中心体育场演出1场。
10.22～23	台湾地区台北市立国乐团钟耀光等83人	应北京国家大剧院演艺中心有限公司邀请，来北京国家大剧院音乐厅等地演出2场。
10.22	台湾地区王若琳1人	应四川省宜宾市综艺演出展览有限责任公司邀请，来宜宾酒都剧场演出1场。
10.23	台湾地区范晓萱、任柏樟、陈志雄、陈彦奇等4人	应上海新碟文化传播有限公司邀请，来宁波市江东区上上酒吧演出1场。
10.23	台湾地区刘若英、罗志祥、侯佩岑等3人	应无锡广电星辰演艺传媒有限公司邀请，来无锡市体育中心体育馆演出1场。
10.17～11.6	台湾地区王心凌、吴克群、刘若英、王若琳、范晓萱、陈彦奇、陈志雄、任柏樟、张悬（焦安溥）、詹子仪、陈圣弘、郑凯同、林维轩等13人	应杭州演出有限公司邀请，来舟山市体育中心、温州人民大会堂、温州大学大学生活动中心、浙江省人民大会堂、浙江青田夏康体育馆、杭州柳浪闻莺公园等地演出7场。
10.24	台湾地区蔡琴1人	应广东南方文化发展有限公司邀请，来佛山岭南明珠体育馆演出1场。
10.24	台湾地区苏打绿乐队（吴青峰、龚钰祺、何景扬、史俊威、刘家凯、王馨仪）等6人	应上海星世代影音娱乐有限公司邀请，来上海大舞台演出1场。
10.24	台湾地区刘谦1人	应厦门市天视文化有限公司邀请，来厦门市工人文化宫演出1场。
10.24	台湾地区范晓萱、100%组合（任柏璋、陈志雄、陈彦奇）等4人	应上海新碟文化传播有限公司邀请，来江苏无锡市艾姆替音乐酒吧演出1场。
10.24	台湾地区棒棒堂组合（庄濠全、杨奇煜、邱胜翊、廖俊杰、刘俊纬、廖亦崟）等6人	应浙江国华演艺有限公司邀请，来杭州体育馆演出1场。
10.24	台湾地区庾澄庆、王若琳、飞儿乐队（陈建宁、黄汉青、詹雯婷）等5人	应北京世纪轩昂文化艺术传播有限公司邀请，来北京科技大学体育馆演出1场。
10.24	台湾地区林进璋1人	应安徽国人文化艺术发展有限公司邀请，来安徽省安庆市体育场演出1场。
10.24	台湾地区游鸿明1人	应西藏二十一世纪文化传播广告有限公司邀请，来拉萨唐古拉风演艺中心演出1场。
10.24～31	台湾地区齐秦、范玮琪（范伟琪）、萧亚轩（萧雅之）等3人	应石家庄仁和世家文化传播有限公司邀请，来石家庄、保定人民体育场、邢台县新华影院等地演出3场。
10.23～11.1	台湾地区游鸿明、齐秦等2人	应黑龙江省文化艺术发展中心邀请，来黑龙江省牡丹江市工人文化宫、鹤岗市艺术剧院等地演出2场。
10.25～31	台湾书画家张炳煌等37人	应中国友好和平发展基金会邀请，来北京参加展览开幕式活动。
10.25	台湾地区陈涵1人	应上海大剧院邀请，来上海音乐厅演出1场。

续 表

时间	团组或个人名称	活动情况
10.25	台湾地区许茹芸1人	应青海纵横文化艺术发展有限公司邀请，来青海西宁演出1场。
10.26	台湾地区伍思凯、范玮琪（范伟琪）等2人	应浙江国华演艺有限公司邀请，来宁波奉化中学体育场演出1场。
10.13～14	台湾地区章谋圣、周以谦、黄殷钟、杨晓恩等4人	应深圳市东方韵文化传播有限公司邀请，来深圳音乐厅等地演出2场。
10.27～29	台湾画家冯仪等6人	应国家画院和四川省文化厅邀请，参加中国山水文化高峰论坛。
10.28	台湾地区张惠妹1人	应中国国际文化艺术公司邀请，来北京工人体育场演出1场。
10.29	台湾地区台湾交响乐团刘玄詠等76人	应北京国家大剧院演艺中心有限公司邀请，来北京国家大剧院音乐厅演出1场。
10.29	台湾地区温岚、范玮琪（范伟琪）等2人	应广东对外艺术交流中心邀请，来广州体育馆演出1场。
10.30	台湾地区蔡康永、陈汉典、罗志祥、黄立行、徐熙娣、叶玮庭、伍佰（吴俊霖）等7人	应四川省演出展览公司邀请，来成都体育中心演出1场。
10.30	台湾地区周华健1人	应北京城乡行文化艺术有限公司邀请，来广西梧州一中演出1场。
10.30	台湾地区游鸿明1人	应南京仟禧文化广告有限公司邀请，来江苏太仓市中心剧院演出1场。
10.30	台湾地区江美琪1人	应北京艺元鼎文化艺术有限公司邀请，来四川省眉山市体育馆演出1场。
10.30	台湾地区林依晨1人	应湖南省演出公司邀请，来湖南同德职业学院演出1场。
10.30	台湾地区费玉清（张彦亭）、姜育恒等2人	应上海开思文化艺术有限公司邀请，来上海奉贤中学体育馆演出1场。
10.15～11.15	台湾何创时书法艺术文教基金会严芬苓等2人	应江苏省吴江博物馆邀请,来吴江参加该展的布、撤展工作。
10.31	台湾地区S.H.E组合（田馥甄、陈嘉桦、任家萱）等3人	应上海开思文化艺术有限公司邀请，来上海体育场演出1场。
10.31	台湾地区刘若英、童安格、张惠妹等3人	应浙江国华演艺有限公司邀请，来台州体育中心体育场演出1场。
10.31	台湾地区许慧欣、姜育恒等2人	应江苏省星工场文化传媒有限公司邀请，来苏州体育中心体育场演出1场。
10.31	刘若英、童安格、张惠妹等3人	应浙江国华演艺有限公司邀请，来台州体育中心体育场演出1场。
10.31	台湾地区蔡琴1人	应吉林省演出有限责任公司邀请，来长春五环体育馆演出1场。
10.31	台湾地区郑俊义（郑进一）1人	应福建省演出公司邀请，来福州市体育馆演出1场。

续 表

时间	团组或个人名称	活动情况
10.31	台湾地区刘谦1人	应浙江国华演艺有限公司邀请，来浙江省湖州大剧院演出1场。
10.31	台湾地区张韶涵1人	应杭州演出有限公司邀请，来浙江省东阳市横店集团体育馆演出1场。
10.2～31	台湾地区卓依婷1人	应广东中演文化有限公司邀请，来广东省惠州市体育馆、深圳体育馆等地演出2场。
10.17～18	台湾地区张悬（焦安溥）、郑凯同、林维轩、陈圣弘、詹子仪等5人	应上海文化娱乐管理有限公司邀请，来上海世纪公园等地演出2场。
10.17～18	台湾地区丝竹空乐队（彭郁雯、黄治评、陈芷翎、吴政君、Fujii Toshimitsu、Vanbuel Martijn）等6人	应上海文化娱乐管理有限公司邀请，来上海世纪公园等地演出2场。
10.17～20	台湾地区刘谦1人	应广东南方文化发展有限公司邀请，来深圳体育馆、广州市中山纪念堂等地演出2场。
10.30～11.8	台湾地区朱孝天1人	应深圳市文化娱乐交流公司邀请,来深圳大剧院、广州黄花岗剧院等地演出6场。
10.31～2010.5.10	台湾地区陈新明、罗准亦等2人	应上海歌星俱乐部邀请，来上海上鼎餐饮有限公司等地演出156场。
10.17～24	台湾地区吕建忠、动力火车组合（尤秋兴、颜志琳）、信乐团（孙志群、黄迈可）、周传雄等6人	应福建省中视传播有限公司邀请，来泉州市体育中心侨乡体育馆、福建师范大学综合体育馆等地演出2场。
10.30～11.14	台湾画家孙家勤	应浙江美术馆邀请，来该馆举办画展。
10.29～11.2	台湾艺术表演团体及专家学者一行350人	应福建省文化厅、厦门市人民政府合作邀请，来厦门参加演出、研讨、论坛等相关活动。
11.1	台湾地区高胜美、黄安、辛晓琪、郑智化、姜育恒、郃正宵、潘美辰、孟庭苇（陈秀玫）等8人	应江苏中奥国际体育文化产业有限公司邀请，来安徽省安庆市市民广场演出1场。
11.3	台湾地区游鸿明1人	应江西华娱传媒有限公司邀请，来南昌宝马汇酒吧演出1场。
11.6	应四川永艺演出有限公司邀请，来四川省体育馆演出1场	应四川永艺演出有限公司邀请，来四川省体育馆演出1场。
11.6	台湾地区纪佳松1人	应福建省演出公司邀请，来福建体育馆演出1场。
11.6	台湾地区姜育恒1人	应山西阳城星光文化传播有限公司邀请，来山西运城农展中心演出1场。
11.6	台湾地区苏芮（苏瑞芬）、范玮琪（范伟琪）、吴天心、谢宜庭、张悬（焦安溥）、蔡宗华、张怀秋等7人	应福建省演出公司邀请，来福建体育馆演出1场。
11.6	台湾地区庾澄庆1人	应北京天韵星光文化艺术有限公司邀请，来北京国家体育场演出1场。
11.6	台湾地区张韶涵1人	应浙江省对外文化交流公司邀请，来浙江省临海市体育场演出1场。

续　表

时间	团组或个人名称	活动情况
11.7	台湾地区迪克牛仔（林进璋）、赖铭伟、黄美珍、杨培安等4人	应北京洪旭世纪文化发展有限公司邀请，来北京工人体育馆演出1场。
11.7	台湾地区纵贯线组合（李宗盛、周华健、罗大佑、张震岳）等4人	应苏州市对外演出交流有限公司邀请，来苏州体育中心体育场演出1场。
11.7	台湾地区费玉清（张彦亭）1人	应哈尔滨同利达文化发展有限公司邀请，来哈尔滨国际会展体育中心体育馆演出1场。
11.7	台湾地区罗志祥1人	应天津市对外文化交流公司邀请，来天津市大礼堂演出1场。
11.7	台湾地区吴克群、伍佰（吴俊霖）等2人	应上海索尔比文化传播有限公司邀请，来上海体育场演出1场。
11.7	台湾地区伊能静、庾澄庆等2人	应江苏中奥国际体育文化产业有限公司邀请，来南京市江宁区体育中心体育场演出1场。
11.7	台湾地区齐秦、李玟（李美林）、卓依婷、五月天组合（陈信宏、刘浩明、石锦航、温尚翊、蔡升晏）等8人	应盐城市振艺演出服务中心邀请，来江苏省盐城国际会展中心西广场演出1场。
11.7	台湾地区刘谦1人	应江苏省演出公司邀请，来江苏省盐城国际会展中心西广场演出1场。
11.8	台湾地区蔡琴、刘若英等2人	应江苏省演出公司邀请，来江苏省靖江市高级中学体育场演出1场。
11.8	台湾地区张语晨（江语晨）1人	应上海索尔比文化有限公司邀请，来上海宛平艺苑演出1场。
11.1～6	台湾电影界人士李行等一行43人	应中国电影家协会邀请，参加华语青年影像论坛活动。
11.11～17	台湾康木祥工作室	应诺亚洲际艺术品进出口（北京）有限公司邀请，来北京举办木雕艺术展。
11.6～12.5	台湾地区“云门舞集”舞蹈团林怀民等46人	应陕西神采演出艺术有限公司邀请，来深圳大剧院、杭州红星剧院、苏州科技文化艺术中心、上海东方艺术中心、西安索非特人民大剧院等地演出10场。
11.13	台湾地区范晓萱、100%组合（任柏璋、陈志雄、陈彦奇）等4人	应上海新碟文化传播有限公司邀请，来成都Seven Club演出1场。
11.13	台湾地区林进璋1人	应广东对外艺术交流中心邀请，来佛山市顺德区容桂太空城演出1场。
11.13	台湾地区吕建忠1人	应广东对外艺术交流中心邀请，来广州大学商业广场演出1场。
11.13	台湾地区黄安1人	应浙江国华演艺有限公司邀请，来杭州剧院演出1场。
11.14～18	台湾明兴阁掌中戏团、台湾如真园掌中剧团、台湾小乐天掌中剧团和台湾新世界掌中剧团陈金雄等一行40人	应福建漳州木偶艺术节组委会邀请，来漳州参加木偶艺术节的演出活动。
11.14	台湾地区苏见信1人	应上海开思文化艺术有限公司邀请，来上海大舞台演出1场。
11.14	台湾地区陈绮贞1人	应成都演艺集团有限公司邀请，来四川省体育馆演出1场。

续 表

时间	团组或个人名称	活动情况
11.14～20	台湾地区黄立行、范晓萱、任柏璋、陈志雄、陈彦奇等5人	应上海新碟文化传播有限公司邀请，来温州市前线玖玖音乐酒吧、浙江魅力金座酒店等地演出2场。
11.14	台湾地区飞轮海组合（汪东成、吴庚霖、陈亦儒、吴尊）等4人	应杭州演出有限公司邀请，来宁波市鄞州体育馆演出1场。
11.14	台湾地区 S.H.E 组合（陈嘉桦、任家萱、田馥甄）、吕建忠等4人	应江苏新天地演艺中心邀请，来常州大剧院演出1场。
11.7～8	台湾地区陈绮贞1人	应北京中演文化娱乐公司邀请，来北京首都体育馆等地演出2场。
11.15	台湾地区刘若英、苏见信等2人	应江苏中奥国际体育文化产业有限公司邀请，来江苏省南京奥体中心体育场演出1场。
11.15	台湾地区吴克群、王心凌、5566组合（孙协志、王少伟、许孟哲、王仁甫）等8人	应北京中兴发文化发展有限公司邀请，来国家奥林匹克体育中心体育场演出1场。
11.15	台湾地区吕建忠、飞轮海组合（吴庚霖、陈亦儒、汪东成、吴尊）等5人	应上海新碟文化传播有限公司邀请，来昆明市体育馆演出1场。
11.15	台湾地区棒棒堂组合（庄濠全、邱胜翊、杨奇煜、廖俊杰、廖亦崟、刘俊纬）等6人	应浙江国华演艺有限公司邀请，来温州 U－Party 酒吧演出1场。
11.15	台湾地区游鸿明、齐秦、辛晓琪等3人	应内蒙古金鹰文化艺术有限责任公司邀请，来呼和浩特市内蒙古体育馆演出1场。
11.15	台湾地区周传雄、大嘴吧组合（张怀秋、蔡宗华、薛仕凌、Senda Aisa）、方大同等6人	应河北生活时尚广告有限公司邀请，来河北会堂演出1场。
11.15	台湾地区范玮琪（范伟琪）1人	应福建省演出公司邀请，来福建省三明市体育馆演出1场。
11.16～19	台湾学者何碧琪等4人	应故宫博物院邀请，来北京参加研讨会。
11.16	台湾地区易家扬1人	应北京中兴发文化发展有限公司邀请，来北京工人体育馆演出1场。
11.16	台湾地区高子洋、苏圆媛等2人	应第三届海峡两岸茶业博览会筹备委员会邀请，来福建省宁德市演出1场。
11.17～18	台湾地区台北新剧团李宝春等70人	应上海国际艺术节中心邀请，来美琪大戏院等地演出2场。
11.18	台湾地区飞轮海组合（吴庚霖、汪东成、陈亦儒、吴尊）、叶启田（叶宪修）等5人	应漳州市环艺演出经纪有限公司邀请，来漳州少体校演出1场。
11.19	台湾地区周杰伦、五月天组合（温尚翊、陈信宏、刘浩明、石锦航、蔡升晏）、S.H.E 组合（任家萱、田馥甄、陈嘉桦）等9人	应北京中歌嘹亮音乐文化传播有限公司邀请，来北京展览馆剧场演出1场。

续 表

时间	团组或个人名称	活动情况
11.19	台湾地区梁文音、徐佳莹、苏打绿乐队（吴青峰、何景扬、谢馨仪、龚钰祺、刘家凯、史俊威）等8人	应北京中歌嘹亮音乐文化传播有限公司邀请，来北京展览馆剧场演出1场。
11.19	台湾地区温岚等2人	应北京城乡行文化艺术有限公司邀请，来北京五棵松体育馆演出1场。
11.7～12.12	台湾地区彭佳慧、游鸿明、齐秦、范玮琪（范伟琪）等4人	应江西二十一世纪广告有限公司邀请，来江西省体育馆、南昌大学抚州医学院大礼堂、南昌蓝天学院南海剧场、赣州等地演出5场。
11.20～30	台湾书画家刘松炎等2人	应浙江省宁波市天一阁博物馆邀请，来该馆举办画展。
11.20～21	台湾地区朱孝天1人	应江苏新天地演艺中心邀请，来南京人民大会堂演出1场。
11.20	台湾地区信乐团孙志群等4人	应四川永艺演出有限公司邀请，来绵阳市九州体育馆演出1场。
11.20～21	台湾地区齐秦、江美琪、S.H.E组合（田馥甄、陈嘉桦、任家萱）等5人	应湖北楚天演出有限公司邀请，来武汉田汉大剧院、荆州市奥林匹克体育场等地演出2场。
11.20	台湾地区游鸿明1人	应上海伊津贝演出展览有限公司邀请，来安徽省黄山体育馆演出1场。
11.21	台湾地区林志颖1人	应上海新汇文化娱乐（集团）有限公司邀请，来上海大舞台演出1场。
11.21	台湾地区五月天组合（陈信宏、蔡升晏、刘浩明、石锦航、温尚翊）等5人	应广州市明星巨典文化艺术有限公司邀请，来广州体育馆演出1场。
11.21	台湾地区动力火车组合（尤秋兴、颜志琳）、潘裕文等3人	应浙江省对外文化交流公司邀请，来上海国际体操中心演出1场。
11.21	台湾地区黄立行1人	应上海新碟文化传播有限公司邀请，来南京梯恩梯娱乐管理有限公司演出1场。
11.21	台湾地区伍佰（吴俊霖）、王心凌、齐秦、5566组合（许孟哲、王少伟、王仁甫、孙协志）等7人	应四川省演出展览公司邀请，来成都体育中心演出1场。
11.21	台湾地区吴佩慈1人	应江苏省演出公司邀请，来江苏省泰州市兴达会议中心演出1场。
11.21	台湾地区S.H.E.（陈嘉桦、任家萱、田馥甄）等3人	应杭州演出有限公司邀请，来杭州剧院演出1场。
11.21	台湾地区蔡琴1人	应赣州市文化演出服务公司邀请，来赣州市体育中心演出1场。
11.21～30	台湾地区黄文章、张信哲等2人	应浙江省对外文化交流公司邀请，来浙江省青田县江南学校体育场、乐清市乐清剧院等地演出2场。
11.21～28	台湾地区飞轮海组合（吴庚霖、汪东成、陈亦儒、吴尊）、吴克群等5人	应湖南省演出公司邀请，来湖南省衡阳市南华大学电影院、长沙市中南大学电影院等地演出2场。
11.23	台湾地区吕建忠1人	应上海新碟文化传播有限公司邀请，来广西南宁剧院演出1场。

续　表

时间	团组或个人名称	活动情况
11.9～15	台湾地区辰星演艺经纪有限公司张信哲、苏慧伦等20人	应上海中演文化艺术有限公司邀请，来上海美琪大戏院演出1场。
11.24～25	台湾地区台北新剧团李宝春等66人	应保利文化艺术有限公司邀请，来北京保利剧院等地演出2场。
11.27～28	台湾地区台北爱乐剧工厂杜黑等40人	应苏州科文演出有限公司和苏州科技文化艺术中心有限公司邀请，来江苏省苏州科技文化艺术中心大剧院等地演出2场。
11.27	台湾地区郎正宵、谢明祥、洪信杰、谢文德、黄秀侦、郭宗韶、黄显忠、Mike Mclaughlin等8人	台湾地区郎正宵、谢明祥、洪应杭州演出有限公司邀请，来杭州大剧院演出1场。
11.27	台湾地区齐秦1人	应四川金手指文化传播集团有限公司邀请，来乐山市体育馆演出1场。
11.27～28	台湾地区张悬(焦安溥)、林维轩、陈圣弘、郑凯同等4人	应东鸣星文化艺术交流发展有限公司邀请，来广州假日酒店等地演出2场。
11.13～15	台湾地区朱孝天1人	应深圳市文化娱乐交流公司邀请，来上海东方艺术中心等地演出3场。
11.28～29	台湾地区齐豫1人	应北京巨龙文化公司邀请，来北京展览馆剧场等地演出2场。
11.28	台湾地区张惠妹1人	应佛山市演出公司邀请，来佛山市岭南明珠体育馆演出1场。
11.28	台湾地区费玉清(张彦亭)1人	应上海开思文化艺术有限公司邀请，来上海大舞台演出1场。
11.28	台湾地区纪佳松、范逸臣、林宥嘉、苏打绿组合、S·H·E组合等11人	应江苏东方盛世文化产业有限公司邀请，来南京奥体中心体育场演出1场。
11.28	台湾地区苏见信、宋庠锋等2人	应江苏东方盛世文化产业有限公司邀请，来南京奥体中心体育场演出1场。
11.28	台湾地区蔡康永、徐熙娣、陈汉典、黄立行、叶玮庭、飞轮海组合(汪东成、陈亦儒、吴庚霖、吴尊)等9人	应北京春秋永乐文化传播有限公司邀请，来北京首都体育馆演出1场。
11.28	台湾地区刘若英、涂圣成等2人	应广州耀星影视艺术传播中心邀请，来东莞市广东现代国际展览中心前广场演出1场。
11.28	台湾地区齐秦1人	应四川省演出展览公司邀请，来遂宁船山体育馆演出1场。
11.28	台湾地区徐熙媛、范晓萱、徐佳莹等3人	应北京春秋永乐文化传播有限公司邀请，来北京首都体育馆演出1场。
11.28	台湾地区姜育恒1人	应北京城乡行文化艺术有限公司邀请，来天津市天龙迪吧演出1场。
11.29	台湾地区朱孝天1人	应浙江省对外文化交流公司邀请，来汕头市金煌餐饮娱乐有限公司演出1场。
11.29	台湾地区游鸿明1人	应福州金色年代文化传播有限公司邀请，来福州市融侨新天地体育馆演出1场。

续 表

时间	团组或个人名称	活动情况
11.29	台湾地区苏有朋、范逸臣(范佑臣)、张悬(焦安溥)、黄冠龙、郭品超、林维轩、许茹芸等7人	应保利文化艺术有限公司邀请，来北京工人体育馆演出1场。
11.29	台湾地区刘谦1人	应济南新世纪时报文化传播有限公司邀请，来山东省体育馆演出1场。
11.20～22	台湾地区纵贯线乐队（罗大佑、李宗盛、周华健、张震岳）等4人	应北京中演文化娱乐公司邀请，来北京首都体育馆等地演出3场。
11.16～12.3	台湾国光剧团陈兆虎等65人	应中华文化联谊会邀请，来北京、厦门、福州等地演出7场。
11.20～28	台湾地区张信哲、苏慧伦、黄韵玲、吕羿慧等4人	应杭州演出有限公司邀请，来杭州大剧院、宁波大剧院等地演出4场。
11.28～12.24	台湾地区纵贯线组合（周华健、李宗盛、罗大佑、张震岳）、动力火车组合（尤秋兴、颜志琳）等6人	应浙江省对外文化交流公司邀请，来宁波体育场、温州体育中心体育馆、杭州黄龙体育中心体育馆等地演出3场。
11.8～12	台湾知名人士陈履碚等26人	应中国华夏文化遗产基金会邀请，来北京等地举办保护长城遗产系列活动。
11.8～29	台湾鸿禧美术馆副馆长廖桂英等3人	应首都博物馆邀请，来该馆举办文物收藏展。
11.24～12.7	台湾戏曲学院郑荣兴等50人、台湾国光剧团柯基良等63人和台北艺术大学杨其文等72人	应厦门中华文化联谊会邀请，来厦门参加中国戏剧节演出6场。
12.2	台湾地区张惠妹、黄立行、五月天组合（蔡升晏、刘浩明、陈信宏、温尚翊、石锦航）等7人	应上海市演艺总公司邀请，来上海大剧院演出1场。
12.4	台湾地区飞轮海组合（陈亦儒、汪东成、吴庚霖、吴尊）等4人	应福建省演出公司邀请，来泉州石狮市体育馆等地演出1场。
12.5	台湾地区张惠妹1人	应广东对外艺术交流中心邀请，来广州体育馆演出1场。
12.5	台湾地区蔡琴1人	应广东省演出公司邀请,来深圳体育馆演出1场。
12.5	台湾地区卓依婷1人	应茂名市演出公司邀请，来广东省茂名化州市体育馆演出1场。
12.5	台湾地区齐秦、何润东2人	应江苏中演文化产业有限公司邀请，来江苏盐城工学院体育馆演出1场。
12.5	台湾地区黄家伟1人	应上海上体文化传媒有限公司邀请，来上海东方艺术中心演奏厅演出1场。
12.5	台湾地区杨宗纬1人	应北京春秋永乐文化传播有限公司邀请，来北京工人体育馆演出1场。
12.6	台湾地区纵贯线组合（周华健、李宗盛、罗大佑、张震岳）、陈绮贞、辛晓琪、李玟（李美林）等7人	应江苏风潮文化传媒有限公司邀请，来常州奥林匹克体育中心演出1场。

续 表

时间	团组或个人名称	活动情况
12.6	台湾地区 S.H.E 组合(田馥甄、任家萱、陈嘉桦)等 3 人	应上海伊津贝演出展览有限公司邀请，来合肥体育中心综合体育馆演出 1 场。
12.6	台湾地区范玮琪(范伟琪)、飞轮海组合(汪东成、吴庚霖、陈亦儒、吴尊)等 5 人	应南京仟禧文化广告有限公司邀请，来淮安市连水县文化活动中心、徐州市中山堂娱乐中心影剧院等地演出 2 场。
12.8	台湾地区蔡琴、童安格、赵传(赵柏钧)、熊威(熊天平)和潘美辰等 5 人	应江苏新天地演艺中心邀请，来江苏省徐州市新体育馆演出 1 场。
12.9	台湾地区林宥嘉、陈圣弘、陈致颖、张晁毓、田广润、宋奕增等 6 人	应北京郎域文化传播有限公司邀请，来北京星光现场演出 1 场。
12.1～11	台湾少数民族历史文化展	应全国台联邀请，来北京民族文化宫举办“台湾少数民族历史文化展”。
12.4～6	台湾地区台北爱乐乐团杜黑等 38 人	应上海大剧院邀请,来上海大剧院等地演出 4 场。
12.11～24	台湾地区齐秦、齐豫、张洪量等 3 人	应山东省演出公司邀请，来青岛国信体育馆、济南索非特银座大饭店等地演出 2 场。
12.11	台湾地区罗志祥 1 人	应杭州演出有限公司邀请，来宁波华茂体育馆演出 1 场。
12.11	台湾地区黄钰棋(黄品源)1 人	应四川省演出展览公司邀请，来四川省攀枝花学院演出 1 场。
12.12	台湾地区孟庭苇(陈秀玫)1 人	应北京华艺星空文化发展有限公司邀请，来北京首都体育馆演出 1 场。
12.12	台湾地区张惠妹 1 人	应上海开思文化艺术有限公司邀请，来上海大舞台演出 1 场。
12.12	台湾地区五月天组合(温尚翊、陈信宏、石锦航、蔡升晏、刘浩明)等 5 人	应郑州天璨星光文化传播有限公司邀请，来郑州国际会展中心演出 1 场。
12.12	台湾地区飞轮海组合(汪东成、陈亦儒、吴庚霖、吴尊)4 人	应浙江省演出公司邀请，来杭州黄龙体育中心体育馆演出 1 场。
12.12	台湾地区宋庠锋、苏见信 2 人	应上海鲍曼文化策划有限公司邀请，来北京巴那那餐饮娱乐有限公司演出 1 场。
12.12	台湾地区张志民(张帝)1 人	应福州东明文化传播有限公司邀请，来福建省体育馆演出 1 场。
12.16	台湾地区蔡琴、苏芮(苏瑞芬)、黄品源(黄钰棋)、姜育恒 4 人	应广东对外艺术交流中心邀请，来绵阳市九洲体育馆演出 1 场。
12.17～19	台湾地区屏风表演班李国修等 15 人	应北京大道文化节目制作有限公司邀请，来北京 BTV 大剧院等地演出 3 场。
12.17	台湾地区赵传(赵柏钧)、刘若英等 2 人	应北京华瀚国际文化发展公司邀请，来北京人民大会堂演出 1 场。
12.18	台湾地区辛晓琪 1 人	应上海新翼演艺有限公司邀请，来东方艺术中心演出 1 场。
12.18	台湾地区萧亚轩(萧雅之)1 人	应江苏省演出公司邀请，来江苏省徐州市人民舞台演出 1 场。

续 表

时间	团组或个人名称	活动情况
12.18	台湾地区飞轮海组合（陈亦儒、汪东成、吴庚霖、吴尊）4人	应浙江省对外文化交流公司邀请，来温州市体育中心体育场演出1场。
12.19	台湾地区张信哲1人	应上海中演文化艺术有限公司邀请，来上海大舞台演出1场。
12.19	台湾地区蔡琴1人	应南京大唐亚太国际演出交流有限公司邀请，来昆山体育中心体育馆演出1场。
12.19	台湾地区张惠妹1人	应天星文化娱乐有限公司邀请，来北京首都体育馆演出1场。
12.19	台湾地区周传雄1人	应江苏省演出公司邀请，来南京市龙江体育馆演出1场。
12.19	台湾地区刘谦1人	应贵州省文化演出中心邀请，来贵州体育馆演出1场。
12.19	台湾地区姜育恒、苏瑞芬（苏芮）2人	应四川省宜宾市综艺演出展览有限责任公司邀请，来四川省宜宾市体育中心演出1场。
12.19	台湾地区范伟琪（范玮琪）、周蕙2人	应广东对外艺术交流中心邀请，来深圳体育馆演出1场。
12.20	台湾地区苏打绿组合（吴青峰、龚钰祺、何景扬、刘家凯、史俊威、谢馨仪）6人	应浙江省演出公司邀请，来杭州红星剧院演出1场。
12.23～26	台湾地区非常林奕华剧团吴天葳等11人	应北京保利剧院管理有限公司邀请，来北京保利剧院等地演出4场。
12.23～24	台湾地区五月天组合（温尚翊、蔡升晏、石锦航、陈信宏、刘浩明）5人	应上海白玉兰文化艺术发展有限公司邀请，来上海大舞台等地演出2场。
12.23～24	台湾地区陈乃荣、宇宙人组合（林忠谕、陈奎言、陈威达、魏鸿柏）、魔幻力量组合（萧秉治、潘俊佳、黄柏翔、李柏谊、赖世凯、吕思纬）等11人	应上海白玉兰文化艺术发展有限公司邀请，来上海大舞台等地演出2场。
12.11～13	台湾地区苏慧伦、张信哲、吕羿慧、黄韵玲、单承钜5人	应北京北展演艺文化有限公司邀请，来北京展览馆剧场等地演出3场。
12.24	台湾地区伍佰（吴俊霖）1人	应陕西博艺文化传播有限公司邀请，来陕西省西安城市运动公园体育馆演出1场。
12.24	台湾地区蔡琴1人	应广东省演出公司邀请，来广州体育馆演出1场。
12.24～25	台湾地区孟庭苇（陈秀玫）1人	应沈阳市演出公司邀请，来大连富丽华酒店等地演出2场。
12.24～26	台湾地区潘美辰1人	应四川省演出展览公司邀请，来成都喀秋莎实业有限公司俄罗斯大剧院等地演出3场。
12.24	台湾地区姜育恒1人	应北京华艺星空文化发展有限公司邀请，来北京国际饭店演出1场。
12.24	台湾地区赵咏华1人	应山东省演出公司邀请，来济南喜来登酒店演出1场。

续　表

时间	团组或个人名称	活动情况
12.24～25	台湾地区熊天平（熊威）1人	应吉林省演出有限责任公司邀请，来长春市开元名都大酒店等地演出2场。
12.24～26	台湾地区纪华麟1人	应上海可米文化艺术有限公司邀请，来上海可当代艺术中心小剧场等地演出3场。
12.25	台湾地区棒棒堂组合（庄濠全、邱胜翊、杨奇煜、廖俊杰、廖亦崟、刘俊纬）等6人	应九洲文化传播中心邀请，来北京工人体育馆演出1场。
12.25	台湾地区齐秦、齐豫2人	应南京大洋商务广告代理制作有限公司邀请，来南京五台山体育馆演出1场。
12.25	台湾地区台北和谐萨克斯风四重奏（王子豪、陈政宇、张家泓、颜庆贤）4人	应北京北图文化发展中心邀请，来北京国图音乐厅演出1场。
12.25	台湾地区陈乃荣、宇宙人乐队（陈威达、林忠谕、魏鸿柏、陈奎言）、maqic powe乐队（萧秉治、赖世凯、黄柏翔、吕思纬、李柏谊）等10人	应北京郎域文化传播有限公司邀请，来北京星光现场演出1场。
12.26	台湾地区伍佰（吴俊霖）1人	应天星文化娱乐有限公司邀请，来北京首都体育馆演出1场。
12.26	台湾地区纵贯线组合（李宗盛、周华健、罗大佑、张震岳）4人	应广州市明星巨典文化艺术有限公司邀请，来佛山市演出1场。
12.26	台湾地区五月天组合（陈信宏、刘浩明、石锦航、温尚翊、蔡升晏）5人	应湖南省演出公司邀请，来长沙市国际影视会展中心演出1场。
12.26	台湾地区齐秦1人	应南京飞碟演出有限公司邀请，来江苏省邳州市运河中学体育馆演出1场。
12.26	台湾地区蔡琴、姜育恒、郑智化、高明俊、熊天平（熊威）等5人	应江苏省演出公司邀请，来江苏省盐城新体育馆演出1场。
12.24～2010.1.3	台湾地区李依璇、张诗盈、陈威宇3人	应上海新翼演艺有限公司邀请，来上海金茂大厦演示厅等地演出11场。
12.27	台湾地区张帝（张志民）1人	应北京巨龙文化公司邀请，来北京展览馆剧场演出1场。
12.27	台湾地区游鸿明、S.H.E组合（陈嘉桦、任家萱、田馥甄）、林宥嘉、张语晨6人	应四川金手指文化传播集团有限公司邀请，来成都世纪城新国际会展中心演出1场。
12.27	台湾地区周传雄1人	应杭州演出有限公司邀请，来浙江省人民大会堂演出1场。
12.20～2010.1.10	台湾地区长荣交响乐团张逸士等80人	应四川省演出展览公司邀请，来泸州、自贡、成都等地演出4场。
12.31	台湾地区费玉清（张彦亭）1人	应南京大唐亚太国际演出交流有限公司邀请，来南京五台山体育馆演出1场。
12.31	台湾地区张信哲1人	应成都演艺集团有限公司邀请，来四川省体育馆演出1场。

续 表

时间	团组或个人名称	活动情况
12.31	台湾地区伍思凯 1 人	应上海城市舞蹈有限公司邀请，来上海新天地演出 1 场。
12.31～2010.1.9	台湾地区表演工作坊宋少卿等 21 人	应深圳市文化娱乐交流公司邀请，来广州黄花岗剧院、深圳大剧院等地演出 4 场。
12.11～2010.3.31	台湾地区陈富元 1 人	应上海桑德利文化艺术有限公司邀请，来北京世贸天阶等地演出 111 场。
12.23～24	台湾地区赵传（赵柏钧）、许咏岚、金亿文、林群钦、林秀珍、赵杰、尤景文、罗学铭 8 人	应辽宁星汉盈邦文化交流有限公司邀请，来沈阳铁西区铁西体育馆等地演出 2 场。
12.5～11	港澳台 16 位画家	应上海市对外文化交流协会邀请，参加在上海中国画院举办的当代水墨画展。
12.9～12	台湾学者蔡泰山等 12 人	应浙江省宁波市文化广电新闻出版局与上海社会科学院邀请，来宁波参加“海峡两岸妈祖文化学术研讨会”活动。
12.9～2010.1.5	台湾庄正琪等 11 人	应上海美术馆邀请，来该馆举办台湾新世代艺术展 。
2010.2.5～7	台湾地区表演工作坊宋少卿等 21 人	应世纪演出公司邀请，来北京世纪剧院等地演出 3 场。
2010.3.13～21	台湾地区沈航等 19 人	应上海新文化演出有限公司邀请，来上海美琪大戏院等地演出 12 场。
2010.1.15～16	台湾地区纵贯线组合（罗大佑、张震岳、周华健、李宗盛）4 人	应上海白玉兰文化艺术发展有限公司邀请，来上海大舞台等地演出 2 场。
2010.1.15～30	台湾地区莎士比亚的妹妹们的剧团王嘉明等 6 人、沙丁庞客剧团董佳琳等 14 人	应深圳市东方韵文化传播有限公司邀请，来深圳市少年宫等地演出 4 场。
2010.4.2～4	台湾地区魔术师罗飞雄等 3 人，台湾台中技术学院学生张志安等 5 人	应广东省杂技家协会邀请，来北京举办大学生魔术交流。
2010.1.23～24	台湾地区明华园戏剧团孙翠凤等 80 人	应苏州科文演出有限公司邀请，来苏州科技文化艺术中心大剧院等地演出 2 场。
2010.2.24	台湾地区台北和谐萨克斯风四重奏（陈政宇、颜庆贤、张家泓、王子豪）4 人	应吉林省演出有限责任公司邀请，来长春市东方大剧院演出 1 场。
2010.1.27～29	台湾地区表演工作坊宋少卿等 21 人	应上海大剧院邀请，来上海大剧院等地演出 3 场。

2009 年祖国大陆赴台湾文化交流项目一览表

时间	团组或个人名称	活动情况
1.21 ~ 2.24	上海刘海粟美术馆沈虎等 10 人	应台湾唐龙艺术有限公司邀请，赴台北“国父纪念馆”、台中县港区艺术中心举办“水墨·墨戏”展。
1.23 ~ 2.6	云南省歌舞杂技艺术团甘昭沛等一行 46 人	应台湾中华道统慈惠协会邀请，赴台交流演出。
2.2 ~ 8	广东省深圳市群众艺术馆馆长刘兴范等一行 38 人	应台湾基隆枫香舞蹈团邀请，赴台湾进行演出交流。
2.9 ~ 3.3	云南省玉溪市文化艺术团王跃等一行 84 人	应台湾“宜兰县文化局”和台北市飞联娱乐经纪事业有限公司邀请，赴台湾演出。
7.11 ~ 13	湖南省木偶皮影艺术剧院演员彭泽科等一行 4 人	应台湾亦宛然掌中剧团邀请，赴台湾参加演出。
2.20 ~ 3.2	中央民族乐团演奏员张鑫华	应台湾柳琴室内乐团邀请，赴台湾演出。
2.22 ~ 27	北京人民艺术剧院任鸣等 25 人	应台湾“中华戏剧学会”邀请，赴台湾参加“第七届华文戏剧节”演出。
2.9 ~ 16	《上海艺术家》杂志社主编高春明等 6 人	应台湾台海两岸文教经贸合作发展协会邀请，赴台进行交流考察活动。
2.6 ~ 16	北京京剧院院长王玉珍等一行 69 人	应台湾华声文化有限公司邀请，赴台演出。
2.5 ~ 12	江苏省水彩画研究会会长常厚鍠	应台湾宜兰县二月美术学会邀请，赴台参加两岸水彩画作品联展。
2.6 ~ 11	北京舞蹈学院教师张峥等一行 6 人	应台湾中华文化养生运动协会邀请，赴台湾参加演出。
2.4 ~ 10	四川省歌舞剧院院长助理虞亮功等一行 13 人	应台湾哈柏玛斯国际股份有限公司邀请，赴台湾参加演出活动。
2.24 ~ 3.1	上海戏剧学院刘志刚等一行 25 人	应台湾“中华戏剧学会”邀请，赴台湾参加演出交流。
2.21 ~ 28	中国音乐学院教授赵塔里木等 8 人	应台湾南华大学邀请，赴台参加“海峡两岸音乐学教学与学术研讨会”。
3.16 ~ 31	中国国家博物馆馆员付万里	应台湾“中央研究院”历史语言研究所邀请，赴台湾讲学。
2.10 ~ 3.24	湖南省衡阳市杂技团刘超美等一行 20 人	应台湾拉斯维加斯国际育乐股份有限公司邀请，赴台湾演出。
2.20 ~ 26	中国文联所属中国音乐家协会拟组派徐沛东等一行 6 人	应台湾台北艺术家文教推广基金会邀请，赴台参加民间交流活动。

续 表

时间	团组或个人名称	活动情况
2.23 ~ 3.5 和 2.23 ~ 3.2	文化部所属中华文化联谊会与中国艺术研究院共同组派大陆戏剧交流访问团杨化玉等 30 人和大陆戏剧学术交流团田本相等 18 人	应台湾“中华戏剧学会”邀请，赴台湾参加第七届“华文戏剧节”的相关活动并参访交流。
2.20 ~ 4.20	河南省登封市少林寺武僧文武学校释永帝等一行 13 人	应台湾浩正国际事业有限公司邀请，赴台湾进行武术展演活动。
2.15 ~ 24	北京市文物公司温桂华等 5 人	应台湾中华文物学会邀请，赴台湾参访并进行文物学术交流活动。
2.18 ~ 28	中国美术馆副馆长马书林等 8 人	应台湾美术馆邀请，赴台参加“新象——2009 两岸当代水墨画展”。
2.22 ~ 3.3	上海文化联谊会组派马博敏等一行 10 人	应台湾龙唐文化艺术经纪有限公司邀请，赴台参加“美丽宝岛·画我家园”联展的相关活动。
2.9 ~ 12	上海华东师范大学金立德	应台湾宜兰县二月美术学会邀请，赴台参加海峡两岸水彩画展。
2.20 ~ 4.2	江苏省长荣京剧院琴师马履双	应台湾琴锣京曲团邀请，赴台湾讲学交流。
3.4 ~ 10	文化部原部长、著名作家王蒙等一行 3 人	应台湾元智大学邀请，参加元智大学校庆之际举办 2 场演讲并与相关艺文界人士进行交流。
2.14 ~ 7.4	中国音乐学院教授沈洽	应台湾南华大学邀请，赴台湾讲学。
3.29 ~ 4.6	上海音乐学院附中学生石文婷	应台湾台北萧邦音乐基金会邀请，赴台演出。
2.24 ~ 3.2	江苏省苏州市沧浪少年宫组织蒲公英艺术团瞿培良等一行 15 人	应台湾台北市大同区太平小学邀请，赴台湾进行演出交流。
3.1 ~ 6.30	内蒙古民族歌舞剧院演奏员李镇	应台南艺术大学邀请，赴台湾讲学交流。
3.6 ~ 14	中国作家协会组派王充闾等 18 人	应台湾“中国文艺协会”邀请，赴台进行交流参访活动。
2.25 ~ 3.2	北京京剧院梅葆玖等 6 人	应台湾百是传播企业有限公司邀请，赴台进行交流参访活动。
2.22 ~ 7.4	山西省歌舞剧院一级演奏员王宝灿	应台湾南华大学邀请，赴台讲学。
3.18 ~ 31	中央音乐学院教授刘育熙等 2 人	应台湾琴园国乐团邀请，赴台湾参加音乐会演出。
3.14 ~ 25	新疆维吾尔自治区文物局王瑛等 3 人	应台湾时艺多媒体传播股份有限公司邀请，赴台参加撤展工作。

续 表

时间	团组或个人名称	活动情况
3.5 ~ 13	江苏省美术代表团高云等 7 人	应台湾台北市文化艺术促进协会邀请，赴台举办江苏名家联展。
3.2 ~ 11	浙江昆剧团张志红	应台湾佛光人文社会学院艺术学研究所邀请，赴台参加昆剧演出。
2.25 ~ 28	上海博物馆馆长陈燮君等 4 人	应台湾台北故宫博物院邀请，赴台协商 2010 年上海世博会期间“城市文明馆”和“世博会博物馆”事宜。
2.26 ~ 3.18	厦门闽南文化研究会彭一万等 7 人	应台湾河洛文化事业股份有限公司邀请，赴台校订《闽南文化丛书》（通俗读本）书稿。
3.5 ~ 30	四川师范大学教授李金远	应台湾利氏文化有限公司邀请，赴台进行学术交流活动。
3.1 ~ 4	文化部所属故宫博物院院长郑欣淼等一行 10 人	应台北“故宫博物院”邀请，赴台北故宫博物院访问活动。
3.18 ~ 5.21	上海昆剧团导演周志刚等 2 人	应台湾台北昆剧团邀请，赴台讲学。
3.26 ~ 29	北京港通天地之上文化传播有限公司马山岭等 10 人	应台湾台北市山痴画会邀请，赴台参加彩瓷联展。
3.27 ~ 31	广东省文物考古研究所副所长邱立诚	应台湾“中央研究院”历史语言研究所邀请，赴台参加学术研讨会。
3.25 ~ 4.3	中华妈祖文化交流协会访问团一行 14 人	应台湾妈祖联谊会（大甲镇澜宫）、北港朝天宫、鹿港天后宫、台南大天后宫邀请，赴台进行交流考察活动。
3.31 ~ 4.9	北京徐进中国工笔画艺术发展中心有限责任公司徐国顺	应台湾设计创新管理协会邀请，赴台举办画展。
3.12 ~ 19	中华文化联谊会组派福建文化艺术交流团张远等一行 185 人	应台湾台中县港区文化艺术基金会邀请，赴台，在“台中县大甲妈祖观光文化节”期间举办“福建文化宝岛行——海峡两岸传统戏曲汇演”大型文化交流活动。
3.15 ~ 9.26	上海爱听慕文化艺术策划有限公司李娅莎	应台湾采姿国际开发有限公司邀请，赴台进行文化交流活动。
4.10 ~ 6.9	陕西省安塞县文化馆民间剪纸艺人樊晓梅	应台湾中华青年发展交流协会邀请，赴台讲学。
3.20 ~ 29	广西桂台经济科技文化交流协会石才夫等 15 人	应台湾文化经济统一促进会邀请，赴台进行交流考察活动。
3.30 ~ 4.10	安徽省歌舞剧院汪沪敏等一行 9 人	应台湾高雄市国乐团邀请，赴台湾参加音乐会演出。
3.26 ~ 29	山东省济南聚雅斋艺术品有限公司徐国卫等 3 人	应台湾台北市山痴画会邀请，赴台参加彩瓷联展。

续 表

时间	团组或个人名称	活动情况
3.25 ~ 31	文化部离退休人员服务中心游本昌、杨惠华及北京本昌影视文化有限公司张健等 3 人	应台湾彰化县收圆二林万合广懿宫邀请，赴台湾参访交流。
3.29 ~ 4.7	国家清史编纂委员会专家成崇德等 6 人	应台湾政治大学邀请，赴台湾研讨交流。
4.16 ~ 27	北京曲艺家协会秘书长贾德丰等一行 8 人	应台北曲艺团邀请，赴台湾参加“两岸说唱艺术”交流演出。
4.20 ~ 5.12	上海昆剧团一级演员梁谷音等 5 人和上海市剧本创作中心二级编剧王济生	应台湾昆剧团邀请，赴台湾进行昆剧艺术交流。
3.27 ~ 31	广西博物馆林强、蒋廷瑜	应台湾“中央研究院”历史语言研究所邀请，赴台湾参加研讨会。
4.19 ~ 6.2	北京金牌大风文化传播有限公司歌手江奇霖	应台湾金牌大风音乐文化股份有限公司邀请，赴台音乐专辑宣传。
5.15 ~ 6.2	国家京剧院演员常贵祥	应台湾辜公亮文教基金会邀请，赴台湾演出。
4.7 ~ 6.5	浙江省博物馆研究馆员范珮林	应台湾逢甲大学邀请，赴台湾讲学。
5.12 ~ 7.11	浙江昆剧团张世铮等 2 人	应台湾兰庭昆剧团邀请，赴台讲学。
4.23 ~ 28	中国音乐学院吴文光等 2 人	应台湾朝阳科技大学邀请，赴台参加研讨会。
4.19 ~ 6.17	江苏省演艺集团演奏员卢小杰	应台湾东南国中邀请，赴台讲学。
4.15 ~ 20	北京中鼎华艺文化有限公司杜娟	应台湾超级圆顶事业股份有限公司邀请，赴台进行交流访问活动。
4.2 ~ 10	浙江省书法家协会王义骅等 2 人	应台湾中华汉光书道学会邀请，赴台举办书法展。
4.17 ~ 30	福建省实验闽剧院院长林瑛等一行 60 人	应台湾马祖经贸文化交流联谊会邀请，赴马祖、台北演出。
4.5 ~ 15	青岛交响乐团姜正轩等一行 55 人	应台湾高雄市交响乐团邀请，赴台湾演出。
4.27 ~ 6.30	河北省沧州杂技团演员代振庄等一行 20 人	应台湾万象艺术国际事业有限公司邀请，赴台湾演出。
5.2 ~ 9	福建省合唱协会所属合唱团梁祥霖等一行 39 人	应台北艺术家文教推广基金会邀请，赴台湾进行演出交流。
4.20 ~ 5.15	北京现代音乐研修学院音乐剧系教师齐奇	应台北爱乐文教基金会邀请，赴台参加演出。

续 表

时间	团组或个人名称	活动情况
4.16 ~ 25	湖北省文化厅厅长杜建国等4人	应台湾中华文化经济交流协会邀请，赴台进行交流考察活动。
4.27 ~ 5.3	北京人民艺术剧院李六乙	应台湾台新银行文化艺术基金会邀请，赴台参加评选活动。
4.18 ~ 5.17	北京金牌大风文化传播有限公司歌手周笔畅等一行3人	应台湾金牌大风音乐文化股份有限公司邀请，赴台湾交流活动。
4.20 ~ 29	中国演出家协会常务副会长陈自刚等20人	应台湾台北演艺经纪文化交流协会邀请，赴台进行交流考察活动。
4.12 ~ 14	云南艺丰科技工程有限公司技术总监路启龙	应台湾沈春池文教基金会邀请，赴台考察原生态大型歌舞集《云南映象》演出场地。
4.20 ~ 27	浙江省演出业协会金保胜等11人	应台湾威景国际文化事业有限公司邀请，赴台进行交流考察活动。
5.11 ~ 18	中央民族乐团演员谢琳	应台北市国乐团邀请，赴台湾演出。
4.22 ~ 27	上海音乐学院双簧管教授孙铭红	应台湾管乐协会邀请，赴台参加杯管乐大赛活动。
5.8 ~ 6.2	北京京剧院演奏员李萍等2人和天津京剧院演奏员刘云鹤，北京戏曲艺术职业学院教师翟墨等2人	应台湾辜公亮文教基金会邀请，赴台参加京剧演出活动。
5.2 ~ 11	文化部民族民间文艺发展中心主任李松等6人	应台湾“中国文艺协会”邀请，赴台进行学术研讨。
4.23 ~ 29	故宫博物院副院长王亚民等5人	应台湾艺术家出版社邀请，赴台商谈版权合作及交流观摩活动。
4.24 ~ 28	重庆市陪都文化有限公司江碧波等4人	应台湾台北市中华粥会邀请，赴台商谈展览相关事宜。
4.28 ~ 5.6	中华文化联谊会组派福建文化艺术交流访问团林防等一行168人	应台南市立文化中心邀请，赴台南市举办“福建文化宝岛行——郑成功文化节”大型文化交流活动及演出。
5.4 ~ 10	福建省南靖县芗剧团曾成法等一行45人	应台湾金门金城镇东门里代天府邀请，赴金门演出。
4.20 ~ 26	中国艺术研究院美术研究所研究员金申	应台湾中华经贸科技文教暨农业发展促进会邀请，赴台进行交流参访活动。
4.20 ~ 28	江苏省美协副主席尹石等9人	应台湾台北市艺术文化交流协会邀请，赴台进行交流考察活动。
5.3 ~ 6	中国残疾人艺术团团长邰丽华等一行3人	应台湾沈春池文教基金会邀请，赴台湾进行演出宣传工作。

续 表

时间	团组或个人名称	活动情况
5.3 ~ 10	陕西省文联主席赵季平等2人	应台湾国乐团邀请，赴台湾参加音乐会演出。
4.28 ~ 5.8	中华文化联谊会组派大陆文化行政专业人士交流访问团汪志刚等一行17人	应台湾沈春池文教基金会邀请，赴台湾参访交流活动。
5.23 ~ 6.28	中国美术馆馆长范迪安等一行15人	应台湾美术馆邀请，赴台湾举办“2009海峡两岸当代艺术展”活动。
5.8 ~ 6.2	中国戏曲学院教师刘铁山	应台湾辜公亮文教基金会邀请，赴台演出。
5.14 ~ 31	中央音乐学院教授李祥霆及上海昆剧团演员蔡正仁等5人	应台湾趋势教育基金会邀请，赴台参加昆剧示范讲演活动。
5.11 ~ 20	山东省青岛市画家汪稼华	应台湾高雄县书画学会邀请，赴台进行书画交流活动。
5.10 ~ 17	中国文联所属中国传记文学学会会长万伯翱等12人	应台湾“中国新闻学会”邀请，赴台进行交流访问活动。
5.2 ~ 8	中国交响乐团俞松林、中央芭蕾舞团孙荣绮等2人	应台湾造福观音文教基金会邀请，赴台参加音乐活动。
4.27 ~ 5.5	文物出版社社长苏士澍等5人	应台湾“上海书店”邀请，赴台参加画展”。
5.14 ~ 6.2	江苏省苏州昆剧院汤钰林等一行66人	应台湾趋势教育基金会邀请，赴台湾演出。
4.27 ~ 5.3	新疆艺术学院教师阿布都克力木·吾斯曼	应台北市国乐团邀请，赴台湾参加演出。
6.1 ~ 10	大陆当代国画名家刘大为等3人	台湾沈春池文教基金会邀请，赴台举办画展。
5.11 ~ 18	天津市曲艺团演员籍薇等2人、上海评弹团徐惠新等2人、南京市文联陶琪等2人、福建省梨园戏剧实验剧团郭智峰等2人及文化部离退休人员服务中心姜嘉锵1人	应台北市国乐团邀请，赴台湾参加台北市传统艺术季音乐会演出。
5.14 ~ 18	浙江昆剧团演员汪世瑜3人	应台湾趋势教育基金会邀请，赴台湾演出。
5.15 ~ 8.12	河南省安阳市豫剧表演艺术家李平生	应台湾豫剧团的邀请，赴台讲学。
6.28 ~ 9.20	江苏省演艺集团演员黄小午等2人	应台湾水磨曲集昆剧团邀请，赴台讲学。

续 表

时间	团组或个人名称	活动情况
5.5 ~ 16	中央音乐学院伊洪书等6人	应台湾艺术大学邀请，赴台举办讲座活动。
5.20 ~ 6.1	中国美术学院教授毛建波	应台湾艺术大学的邀请，赴台参加学术研讨会。
5.28 ~ 6.6	中央美术学院谭平等7人	应台湾艺术大学邀请，赴台参加学术活动。
5.7 ~ 14	中央美术学院教授许平	应台湾师范大学文化创意产学中心邀请，赴台参加全球华文汉字设计周活动。
8.10 ~ 19	中国民族管弦乐学会组派朴东生等一行32人	应台湾高雄市国乐团邀请，赴台进行演出活动。
5.15 ~ 23	江苏省政协副巡视员、南京中国近代史遗址博物馆馆长尤伟华等一行8人	应台湾“国父纪念馆”邀请，赴台举办《共和之光史诗画展》。
6.5 ~ 12	中国文联访问团一行13人	应台湾“中国文艺协会”邀请，赴台参加海峡两岸绘画大展。
5.19 ~ 30	广西刘三姐艺术团余益中等一行67人	应台湾中华青年发展交流协会邀请，赴台湾演出交流。
5.31 ~ 6.11	中央文史馆名义组派杨延文等8人	应台湾唐龙艺术有限公司邀请，赴台举办中国画展”。
5.7 ~ 16	湖南省湘潭市齐白石纪念馆馆长王志坚等一行22人	应台湾台中县港区文化艺术基金会邀请，赴台举办纪念展。
5.16 ~ 22	江苏省南京收藏家协会张铁宝等一行6人	应台湾陈昌蔚文教基金会邀请，赴台参访交流。
5.20 ~ 24	南京艺术大学教授黄惇	应台湾艺术大学邀请，赴台参加学术研讨会。
5.19 ~ 30	广西美术家协会黄德昌等12人	应台湾“中华青年发展交流协会”邀请，赴台举办画展。
5.31 ~ 6.8和6.15	上海歌剧院院长张国勇2人	应台湾亚艺有限公司邀请，赴台参加演出。
6.10 ~ 23	中国京剧院于魁智等一行75人	应台湾多元化艺术事业有限公司邀请，赴台湾演出。
5.21 ~ 26	上海圣翎演出有限公司媒体总监吴联庆等4人	应台湾当代传奇剧场邀请，赴台湾考察交流。
6.24 ~ 7.6	上海爱乐合唱团艺术总监兼指挥叶韵敏等2人	应台北爱乐文教基金会邀请，赴台湾参加音乐会演出。
5.19 ~ 23	浙江省文物考古研究所研究馆员沈岳明	应台北故宫博物院邀请，赴台湾参加研讨会。
6.1 ~ 30	北京金牌大风文化传播有限公司歌手胡彦斌	应台湾金牌大风音乐文化股份有限公司邀请，赴台进行专辑宣传。

续 表

时间	团组或个人名称	活动情况
6.13 ~ 18	江苏省中山陵园管理局任青等6人	应台湾“国父纪念馆”邀请，赴台举办画展。
5.28 ~ 6.8	中国歌剧舞剧院作曲家刘文金	应台湾造福观音文教基金会邀请，赴台演出。
6.11 ~ 17	上海上体文化传媒有限公司总经理吕玲等3人	应台湾长荣交响乐团邀请，赴台交流考察活动。
6.10 ~ 23	北京于魁智京剧艺术发展基金会曹蕾等4人	应台湾多元化艺术事业有限公司邀请，赴台进行交流活动。
5.22 ~ 30	山东印社范正红等4人	应台湾台南大学语文中心邀请，赴台交流。
6.3 ~ 10	江苏省演艺集团昆剧院柯军	应台湾台北当代艺术馆邀请，赴台参加演出。
6.3 ~ 9	中华民族文化促进会会长高占祥等6人	应台湾台北山痴画会邀请，赴台参加当代国画名家作品展。
6.3 ~ 10	中华民族文化促进会组派范扬等37人	应台湾台北山痴画会邀请，赴台参加当代国画名家作品展。
5.22 ~ 31	中华妈祖文化交流协会团一行15人	应台湾妈祖联谊会、北港朝天宫、鹿港天后宫、台南大天后宫邀请，赴台进行交流活动。
5.28 ~ 6.5	中国美术学院教授赵爱民	应台湾华梵大学书法研究中心邀请，赴台参加学术研讨会。
6.3 ~ 6	福建人民艺术剧院胡小玲等一行38人	应金门县社教文化活动基金会邀请，赴台演出。
6.10 ~ 23	辽宁省沈阳盛世京华文化传播有限公司董事长邱华等2人	应台湾多元化艺术事业有限公司邀请，赴台参加交流研讨活动。
6.15 ~ 29	天津市交通集团公司交通职业学院副教授张羽	应台湾台北艺术大学关渡美术馆邀请，赴台参加展览。
6.12 ~ 19	中国文联党组书记、副主席胡振民等11人	应台湾“中国文艺协会”邀请，赴台参加研讨会及文化交流活动。
6.30 ~ 9.5	陕西省西安歌舞剧院演奏员安源	应台湾兰阳舞蹈团邀请，赴台讲学。
7.17 ~ 8.3	北京冀安斯艺术设计有限公司金贞华	应台湾台北县立莺歌陶瓷博物馆邀请，赴台参加国际陶艺节活动。
6.25 ~ 7.12	河北省廊坊市美术家协会原主席雷金池等2人	应台湾“中国艺术协会”邀请，赴台举办画展。
6.25 ~ 10.11	中国美术馆馆长范迪安等10人	应台湾台北县莺歌陶瓷博物馆邀请，赴台举办大陆当代陶艺展。
6.28 ~ 7.5	中国美术馆王兰等2人	应台湾美术馆邀请，赴台参加海峡两岸当代艺术展。

续 表

时间	团组或个人名称	活动情况
6.22 ~ 24	福建省歌舞剧院吕荣华等2人	应金门万世国际股份有限公司邀请，赴金门考察演出场地。
7.10 ~ 29	河南省洛阳市龙门画院院长谢丽萍	应台湾“中华甲骨文学会”邀请，赴台参加画展。
6.16 ~ 25	上海城市交响乐团曹鹏等一行23人	应台湾高雄市交响乐团邀请，赴台演出。
7.13 ~ 21	北京央华文化发展有限公司舞台剧《陪我看电视》剧组张静初等一行36人	应台湾表演工作坊的邀请，赴台进行演出活动。
7.25 ~ 8.3	中国音乐学院吴灵芬等2人	应台北爱乐文教基金会的邀请，赴台湾观摩国际合唱音乐节。
7.29 ~ 8.12	中央音乐学院戴亚、薛克2人	应台湾高雄市国乐团的邀请，赴台参加演出。
8.2 ~ 9	中国艺术研究院《京剧艺术大典》编撰组成员刘文峰等5人	应台湾台北市文化艺术促进协会邀请，赴台学术访问活动。
6.25 ~ 8.25	河北省石家庄市祎冲杂技艺术演出有限公司付伟等15人	应台湾万象艺术国际事业有限公司的邀请，赴台湾演出。
7.26 ~ 8.18	中央音乐学院杨雪	应台湾原生国乐团的邀请，赴台湾演出。
7.4 ~ 18	中央音乐学院沈乐	应台湾高雄儿童筝乐团的邀请，赴台参加两岸音乐文化交流活动。
7.15 ~ 8.30	中国戏曲学院陈霖苍	应台湾荣兴客家采茶剧团的邀请，赴台参加编导工作。
7.13 ~ 8.1	上海昆剧团二级演奏员林峰	应台湾建辉社会文教基金会的邀请，赴台担任指导工作。
7.5 ~ 8.24	河北省吴桥县杂技团刘振华等一行45人	应台湾飞联娱乐经纪事业有限公司的邀请，赴台演出。
7.8 ~ 11	北京东乐影音文化有限公司杨林等一行5人	应台湾映画传播事业有限公司的邀请，赴台演出。
7.20 ~ 28	福建省厦门市闽南文化研究会彭一万等21人	应台湾河洛文化事业有限公司邀请，赴台参加文化节活动。
7.29 ~ 8.2	上海市作协主席王安忆	应台湾INK印刻文学生活志邀请，赴台参加交流活动。
7.1 ~ 8.10	江苏省苏州戏曲博物馆演员肖向平	应台湾建辉社会文教基金会邀请，赴台进行昆曲排练活动。
8.10 ~ 19	中国民族管弦乐学会刘文金等一行28人	应台湾高雄市国乐团的邀请，赴台演出。

续 表

时间	团组或个人名称	活动情况
7.9 ~ 9.6	河南省豫剧一团作曲张廷营	应台湾豫剧团的邀请，赴台担任豫剧工作。
7.14 ~ 8.8	云南省大理州南涧彝族自治县跳菜艺术团舞蹈教师张淑媛	应台湾台北市陈玟陵舞蹈工作室的邀请，赴台讲学。
7.20 ~ 27	新疆维吾尔自治区乌鲁木齐市塔克拉玛坎文化传播有限公司凯撒尔·艾拜	应台湾艺见传播有限公司的邀请，赴台参加艺人培训。
7.9 ~ 8.1	浙江东方民族民间艺术团马丽争等一行35人	应台湾宜兰县政府和台湾宇杰整合行销有限公司的邀请，赴台参加演出活动。
7.15 ~ 8.30	江苏省演艺集团尚美学院教师陈乐	应台湾荣兴客家采茶剧团的邀请，赴台教学。
8.15 ~ 9.15	江苏省南京艺术学院徐钢等2人	应台湾成功大学规划与设计学院工业设计学系的邀请，赴台交流。
7.12 ~ 18	浙江省群众艺术馆黄敏辉等11人	应台湾中华原住民体育休闲文化艺术发展协会的邀请，赴台参加民间文化推广会活动。
7.25 ~ 8.3	广东省中山市文化广电新闻出版局李正思	应台湾台北爱乐文教基金会的邀请，赴台参加台北合唱节活动。
8.7 ~ 8.23	广东省佛山市文化交流协会会长叶志容等一行18人	应台湾唐龙艺术有限公司邀请，赴台举办佛山现代陶艺展。
7.30 ~ 8.24	上海东绛州鼓乐团张建华等一行34人	应台湾宜兰县政府文化局和台湾宇杰整合行销有限公司的邀请，赴台交流演出。
7.27 ~ 8.7	北京市文物公司温桂华等5人	应台湾中华文物学会邀请，赴台进行文物学术交流活动。
8.2 ~ 23	中央音乐学院王瑟	应台湾畅想室内乐团邀请，赴台进行音乐艺术交流活动。
8.5 ~ 14	北京中视联媒文化传播中心有限公司周子民等5人	应台湾燊泰实业有限公司邀请，赴台进行两岸陶笛推广交流活动。
7.21 ~ 24	中央美术学院傅袆等2人	应台湾东华大学邀请，赴台参加东华大学举办的2009亚洲国际艺术节学术交流活动。
9.23 ~ 30	中国作协副主席陈建功率中国作协代表团一行4人	应台湾文学发展基金会邀请，赴台参加“陈映真创作50周年文艺茶会暨国际学术研讨会”。
7.26 ~ 8.9	上海音乐学院教授夏飞云	应台湾原生国乐团的邀请，赴台演出并举办讲座。
8.10 ~ 17	上海音乐学院教授丁芷诺等2人	应台湾两岸音乐艺术教育协会的邀请，赴台参加音乐艺术交流推广活动。
7.15 ~ 25	上海市作家协会退休作家叶永烈等2人	应台湾速位互动股份有限公司的邀请，赴台参加网络游戏软件故事设计工作。

续 表

时间	团组或个人名称	活动情况
8.28 ~ 9.1	福建省厦门市台湾艺术研究所副所长曾学文	应台湾宜兰县文化局的邀请，赴台参加“2009 台湾戏曲节”的学术研讨会。
7.28 ~ 8.5	福建省京剧票友交流访问团一行 32 人	应台湾《申报》社的邀请，赴台进行京剧票友交流活动。
8.27 ~ 9.5	周和平副部长率中华文化联谊会交流访问团一行 12 人	应台湾沈春池文教基金会的邀请，赴台交流访问，出席“海峡两岸艺术周”及“浙江文化节”开幕等相关活动。
8.20 ~ 27	福建省舞蹈家协会邱守杰等一行 41 人	应台湾基隆市枫香舞蹈团的邀请，赴台参加“2009 海峡两岸舞蹈艺术文化交流活动”。
8.14 ~ 25	中央音乐学院贾国平、兰维薇	应台湾小巨人丝竹乐团的邀请，赴台交流演出。
2010.1.24 ~ 31	广西文联主席潘琦率广西文学参访团一行 5 人	应台湾台北市文化教育交流发展协会的邀请，赴台参加交流座谈会。
7.27 ~ 8.3	温国权为团长的广西宣传文化考察团一行 15 人	应台湾台北市文化教育交流发展协会的邀请，赴台进行交流参访活动。
7.20 ~ 8.9	北京飞蝶文化有限公司夏炎	应台湾义海企业股份有限公司的邀请，赴台进行文化宣传活动。
7.31 ~ 8.10	中央民族大学舞蹈学院院长苏自红等 19 人	应台湾洁兮杰舞蹈团邀请，赴台与洁兮杰舞蹈团合作演出舞剧《妈祖——林默娘》。
8.6 ~ 15	重庆文化交流团吴凯琦等 26 人	应台湾文化艺术发展促进会的邀请，赴台进行演出、展览活动。
8.15 ~ 9.15	上海音乐学院教师陈世哲	应台湾成功大学规划与设计学院邀请，赴台参加“2009 大陆艺术家来台艺术村驻点”活动。
7.21 ~ 24	山东省烟台大学教授崔稼夫等 2 人和兰州大学艺术学院副院长项亮等 5 人	应台湾东华大学的邀请，赴台湾参加东华大学举办的“2009 亚洲国际艺术节”学术交流活动。
7.25 ~ 8.1	浙江省文化厅组派官明等 5 人	应台湾文化艺术发展促进会的邀请，赴台湾进行考察活动。
7.26 ~ 8.14	北京三代文化艺术传播有限公司楼开肇等 2 人	应台湾水月文化事业有限公司邀请，赴台湾考察。
8.1 ~ 7	中华文化促进会组派当代岩彩艺术家访问团张小鹭等 16 人	应台湾东海大学创意设计暨艺术学院邀请，赴台湾参加《海峡两岸岩彩·胶彩画展》及相关学术交流活动。
8.3 ~ 10	海南爱乐女子合唱团邢增仪等 98 人	应台湾台北文山合唱团和新店市妇女合唱团的邀请，赴台进行交流演出。
8.15 ~ 9.15	山东省工会管理干部学院教授陈艳如和临沂师范学院副教授李凌等 2 人	应台湾成功大学规划与设计学院创意产业设计研究所邀请，赴台湾参加“2009 年大陆艺术家赴台艺术村驻点”活动。

续 表

时间	团组或个人名称	活动情况
8.1 ~ 6	中国交响乐发展基金会郭珊等 34 人	应台湾新象文教基金会的邀请，赴台演出。
8.7 ~ 16	福建京剧院燕守平等 99 人	应台湾“中国艺术协会”的邀请，赴台演出。
8.1 ~ 6	中国交响乐发展基金会组派刘鹤等 36 人	应台湾新象文教基金会的邀请，赴台演出。
8.7 ~ 16	福建省艺术馆吴志跃等 30 人	应台湾华冈文教基金会的邀请，赴台举办展览活动。
8.4 ~ 13	甘肃省敦煌研究院侯黎明、李萍	应台湾洁兮杰舞团的邀请，赴台参加“妈祖林默娘”舞剧的公演及相关活动。
8.7 ~ 16	山东省青岛市摄影家协会郝国英等 5 人	应台湾摄影学会邀请，赴台进行摄影与创作活动。
8.2 ~ 9	山东菏泽学院国际交流学院主任冯姝娅等 4 人	应台湾艺术大学邀请，赴台参加“台湾国际艺术交流营”活动。
8.26 ~ 9.3	上海木林画廊朴莲花、上海奥赛艺术品经营有限公司蔡彭城等 4 人	应台湾画廊协会的邀请，赴台参加“台北国际艺术博览会”。
8.29 ~ 9.4	上海宋庆龄基金会小伙伴艺术团鲁平等 63 人	应台湾世界凤凰文化基金会的邀请，赴台交流演出。
8.18 ~ 9.17	国务院侨办刘辉等 21 人	应台湾台北市文化艺术促进协会邀请，赴台举办“何香凝艺术精品展”。
8.20 ~ 26	青岛电视台小白帆少年艺术团潘盛国等 40 人	应台湾基隆市文化局与基隆市枫香舞蹈团的邀请，赴台参加舞蹈艺术交流活动。
9.18 ~ 24	中国国家博物馆退休研究馆员王林	应台湾中华郑和学会邀请，赴台参加文化科技学术研讨会。
8.12 ~ 18	中国美术学院宋建明等 2 人	应台湾廖英鸣文教基金会邀请，赴台参加海峡两岸油画颁奖活动。
8.28 ~ 9.15	浙江省国际美术交流协会周瑞文等 2 人	应台湾成功大学创意产业研究所的邀请，赴台参加大陆艺术家艺术村驻点活动。
8.24 ~ 9.1	中华文化联谊会组派《云南映象》演出团吕霞等 88 人	应台湾财团法人沈春池文教基金会的邀请，赴台演出 2 场。
8.16 ~ 25	中华文化联谊会与中国宋庆龄基金会合作，组派天津市青少年艺术团李晓峰等 32 人	应台湾“中国青年大陆研究文教基金会”邀请，赴台湾交流演出。
9.10 ~ 11.24	北方昆曲剧院导演丛兆桓、秦肖玉等 2 人	应台湾戏曲学院邀请，赴台湾参加昆曲《李香君》的导演工作。

续 表

时间	团组或个人名称	活动情况
8.20 ~ 31	山东省济南市文化局副局长鲍立军等10人	应台湾数位文化协会的邀请，赴台进行文化创意产业考察活动。
8.23 ~ 10.23	贵州省黔东南雅特文化艺术学校辛玉兰等20人	应台湾中华艺术文化交流协会的邀请，赴台演出。
8.12 ~ 9.29	河北省京剧院琴师边发京	应台湾台北市人文国剧团的邀请，赴台进行京剧教学活动。
9.19 ~ 27	中国音乐学院教师宋飞、上海民族乐团二胡演奏家闵惠芬	应台湾台北市立国乐团的邀请，赴台参加音乐会演出活动。
8.18 ~ 27	江苏省苏州市演艺行业联合会副秘书长尤志明等3人	应台湾观光协会的邀请，赴台进行文化交流活动。
8.27 ~ 9.2	北京新丝路模特经纪有限公司李小白等12人	应台湾纺拓会的邀请，赴台参加台北魅力服装品牌展表演活动。
9.10 ~ 11.9	辽宁省沈阳市钢厂干事胡连祝	应台湾台北市人文国剧团邀请，赴台进行京剧艺术教学工作。
8.30 ~ 10.28	江苏省演艺集团扬剧团卢小杰	应台湾东南国中邀请，赴台教学。
10.14 ~ 23	上海博物馆研究员孙慰祖	应台湾“中央研究院”历史语言研究所邀请，赴台进行交流活动。
8.26 ~ 9.14	浙江省文化艺术交流促进会副会长来颖杰等72人	应台湾文化艺术发展促进会的邀请，赴台举办“台湾·浙江文化节”系列活动。
8.21 ~ 26	中国儿童音乐学会常务副会长王效恭等51人	应台湾“中华两岸经贸文化繁荣促进会”的邀请，赴台进行交流演出。
8.24 ~ 31	北京市电影发行放映协会穆建军等14人	应台湾中华电影制片协会邀请，赴台进行交流考察活动。
10.8 ~ 11.7	中国艺术研究院中国文化研究所副所长梁治平	应台湾政治大学邀请，赴台进行法学研究活动。
8.25 ~ 10.24	北京京剧院演奏员杨淏	应台湾华声文化有限公司邀请，赴台教学。
8.31 ~ 9.6	中国残疾人艺术团刘小成等86人	应财团法人台北听障奥林匹克运动会筹备委员会基金会和沈春池文教基金会邀请，赴台北市参加“台北听障奥林匹克运动会”开幕演出。
10.20 ~ 26	广东星海现代舞蹈艺术有限公司现代舞蹈团李剑先等10人	应台湾台北艺术大学的邀请，赴台参加关渡艺术节演出活动。
8.30 ~ 10.5 8.30 ~ 10.9	北京星光灿烂科技服务有限公司艺人王川、何贵荣、苏醒等3人	应台湾索尼音乐娱乐股份有限公司、无限延伸音乐事业有限公司邀请，赴台进行音乐艺术交流活动。

续 表

时间	团组或个人名称	活动情况
9.9 ~ 29	江西省景德镇陶瓷馆黄水泉等5人	应台湾亚太文化创意产业协会邀请，赴台北举办海峡两岸陶瓷精品展。
9.6 ~ 14	湖南省海外交流协会伍美华等22人	应台湾佛光缘美术馆邀请，赴台举办书画展。
9.24 ~ 10.2	湖南省政协副主席、文联主席谭仲池率湖南文联参访团等6人	应台湾两岸教科文交流发展促进会的邀请，赴台参加交流座谈会。
9.20 ~ 24	四川省文物考古研究院文保中心主任韦荃	应台湾成功大学建筑系邀请，赴台参加研讨会。
9.21 ~ 11.20	黑龙江省京剧院赵惠兰	应台湾台北弘梅雅集京昆艺术团的邀请，赴台讲学。
9.13 ~ 21	中央音乐学院教授严洁敏	应台湾台北市立国乐团的邀请，赴台参加演出活动。
8.30 ~ 9.6	浙江省博物馆赵幼强、任卫华2人	应台湾台北县立十三行博物馆邀请，赴台参加展览工作。
10.2 ~ 9	浙江省博物馆何素敏、汤苏婴2人	应台湾台北县立十三行博物馆邀请，赴台参加展览撤展工作。
9.6 ~ 10	浙江省博物馆沈琼华、蔡小辉2人	应台湾台北县立十三行博物馆邀请，赴台参加专题讲座活动。
10.5 ~ 16	北京金牌大风文化传播有限公司胡彦斌	应台湾金牌大风音乐文化股份有限公司的邀请，赴台参加音乐宣传活动。
10.14 ~ 23	文化部前副部长艾青春以中华文化联谊会第一副会长身份率两岸城市艺术节访问团等12人	应台湾新象文教基金会邀请，赴台出席“两岸城市艺术节——上海文化周”开幕式等相关活动及交流参访。
8.31 ~ 9.8	福建省京剧票友交流访问团等32人	应台湾《申报》社的邀请，赴台进行文化交流活动。
9.16 ~ 28	江苏省海外联谊会秘书长陆焕庆等6人	应台湾台北市中华粥会邀请，赴台参加名家书法展。
9.14 ~ 21	上海音乐学院教授王建民	应台湾台北市立国乐团的邀请，赴台参加音乐会。
10.11 ~ 11.9	北京戏曲艺术职业学院陈晨、翟墨	应台湾辜文亮文教基金会的邀请，赴台演出。
10.15 ~ 21	中央芭蕾舞团指挥张艺	应台湾长荣交响乐团的邀请，赴台参加音乐会演出。
10.16 ~ 11.9	北京京剧院李萍	应台湾辜公亮文教基金会邀请，赴台湾参加演出。
9.17 ~ 24	湖北省文联李传锋等7人	应台湾台北交流协会邀请，赴台进行交流。

续 表

时间	团组或个人名称	活动情况
9.10 ~ 19	李可染艺术基金会副秘书长刘莹、李小可2人	应台湾“国父纪念馆”邀请，赴台湾举办画展。
9.19 ~ 23	北川民族中学李波等一行17人	应台湾“中华音乐人交流协会”邀请，赴台湾参加演出。
10.2 ~ 6	中国音乐学院院长金铁霖等91人	应台北市国乐团邀请，赴台湾演出交流。
9.21 ~ 28	中国电视艺术家协会秘书长王锋等6人	应台湾中华广播电视节目制作商业同业公会邀请，赴台进行交流活动。
10.13 ~ 24	国家清史编纂委员会图录组周苏琴等3人	应台北故宫博物院邀请，赴台进行学术活动。
9.19 ~ 25	江苏省吴江博物馆张林法等6人	应台湾何创时书法基金会的邀请，赴台湾举办画展。
11.2 ~ 11	中国文联副主席覃志刚（副部级）率中国音协代表团等4人	应台湾台北艺术家文教推广基金会邀请，赴台参加海峡两岸合唱节。
9.16 ~ 10.16	北京现代音乐研修学院教师齐奇	应台北爱乐文教基金会邀请，赴台参加演出。
9.28 ~ 10.10	故宫博物院华宁等2人	应台北故宫博物院邀请，赴台湾协助展览工作。
10.28 ~ 11.28	江苏省演艺集团戴培德等2人	应台湾幽兰乐坊邀请，赴台进行指导排练活动。
9.20 ~ 29	湖南省老年书画家协会副会长刘鸣泰等12人	应台湾中华大汉书艺协会邀请，赴台举办书画展览。
9.25 ~ 2010.1.31	内蒙古民族歌舞剧院一级演奏员李镇等2人	应台湾台南艺术大学中国音乐学系邀请，赴台讲学。
9.28 ~ 10.9	河南省禹州市委书记周庚寅等9人	应台湾中华博远文化经济协会邀请，赴台进行交流活动。
11.2 ~ 9	贵州画院艺术委员会名誉主任徐圻等11人	应台湾高雄市美术推广协进会邀请，赴台进行学术交流活动。
9.28 ~ 11.26	江苏省演艺集团周义刚	应台湾弘梅雅集京昆艺术团邀请，赴台讲学。
9.30 ~ 10.9	浙江省文化厅厅长杨建新等13人	应台湾中台山文化艺术基金会邀请，赴台参加交流活动。
11.3 ~ 12.2	北京蔡国强艺术工作室王思顺等5人	应台湾台北市美术馆邀请，赴台参加画展。
9.23 ~ 30	中国作协副主席陈建功等4人	应台湾文学发展基金会邀请，赴台参加“陈映真创作学术研讨会”。

续 表

时间	团组或个人名称	活动情况
9.26 ~ 10.5	中华文化联谊会与福建省广播影视集团共同组派大陆艺术团朱清等94人	应台湾民间全民电视股份有限公司邀请，举办“妈祖之光”大型综艺晚会。
10.16 ~ 11.9	天津京剧院演奏员吕玉勇等3人	应台湾辜公亮文教基金会的邀请，赴台参加演出活动。
11.2 ~ 13	天津交响乐团演奏员董金池	应台湾台南艺术大学中国音乐学系的邀请，赴台参加音乐季活动。
10.5 ~ 9	中国艺术研究院创作研究中心研究员莫言	应台湾“中央研究院中国文哲研究所”邀请，赴台参加学术研讨会。
10.5 ~ 10	北京故宫博物院院长郑欣森等8人	应台北故宫博物院邀请，赴台参加“雍正展”开幕式等相关活动。
10.21 ~ 11.1	中国音乐学院教师沈诚	应台湾台南艺术大学的邀请，赴台进行音乐交流活动。
11.1 ~ 12.8	上海昆剧团演奏员林峰	应台湾建辉社会文教基金会邀请，赴台担任戏剧打击乐指导工作。
11.3 ~ 12.2	北京蔡国强艺术工作室郭继锋	应台湾台北市美术馆邀请，赴台参加展览工作。
9.28 ~ 12.28	北京军威中视文化传媒有限公司吴文疆	应台湾大唐艺术剧团邀请，赴台进行戏剧交流活动。
10.5 ~ 10	中央美术学院许平等7人	应台湾师范大学设计研究所邀请，赴台参加研讨会。
10.29 ~ 11.7	中国艺术研究院戏曲研究所副研究员王馗等2人	应台湾嘉义大学中国文学系和台湾戏曲学院邀请，赴台参加学术研讨活动。
10.20 ~ 27	辽宁省文物总店孙亭等3人	应台湾中华海峡两岸文化资产交流促进会邀请，赴台进行交流活动。
9.28 ~ 11.29	河南省固始县京剧团演奏员江锡竹	应台湾台北市中兴国剧团邀请，赴台教学。
10.8 ~ 28	中华文化联谊会与上海文化联谊会共同组派上海文化交流访问团朱咏雷等171人	应台湾新象文教基金会邀请，赴台举办“两岸城市艺术节——上海文化周”大型文化交流活动。
10.29 ~ 11.4	中国戏曲学院傅谨	应台湾嘉义大学中国文学系邀请，赴台参加戏曲两岸学术研讨会。
10.1 ~ 14	北京金牌大风文化传播有限公司周笔畅等2人	应台湾金牌大风音乐文化股份有限公司邀请，赴台参加宣传活动。
10.25 ~ 11.9	中国戏曲学院附中教师孙云岗	应台湾辜公亮文教基金会的邀请，赴台进行演出。

续　表

时间	团组或个人名称	活动情况
10.5 ~ 10	北京服装学院副教授邹游	应台湾师范大学设计研究所邀请，赴台参加研讨会。
10.5 ~ 10	南京博物院院长龚良	应台湾台北故宫博物院邀请，赴台参加开幕式及相关活动。
10.5 ~ 11	内蒙古呼和浩特博物馆副馆长杜晓黎	应台湾台南艺术大学古物维护研究所邀请，赴台参加学术研讨会。
10.12 ~ 19	北京当代艺术馆李铁军	应台湾中华大学邀请，赴台举办油画展。
10.11 ~ 17	北京市文物局副局长崔国民等 3 人	应台湾中华文物学会的邀请，赴台进行学术交流活动。
11.3 ~ 12.26	上海昆剧团二级导演周志刚等 2 人	应台湾台北昆剧团邀请，赴台讲学。
10.17 ~ 23	福建省实验闽剧院林瑛等 56 人	应台湾马祖经贸文化交流联谊会的邀请，赴马祖进行交流演出。
10.11 ~ 11.9	青海省戏剧艺术剧院演奏员李晟	应台湾财团法人辜公亮文教基金会的邀请，赴台参加演出活动。
10.19 ~ 26	大陆文化产业交流访问团张希光等一行 7 人	应台北教育大学人文艺术学院邀请，赴台湾参加文化产业论坛活动。
10.15 ~ 21	广东省珠海市钢琴演奏家陈洁	应台湾长荣交响乐团的邀请，赴台参加演出。
10.18 ~ 11.27	北京巨室音乐文化信息咨询有限公司刘力漾	应台湾华研国际音乐股份有限公司邀请，赴台进行演出宣传事宜。
10.11 ~ 20	重庆市文物参访团吴渝平等一行 39 人	应台湾光彩促进会的邀请，赴台进行交流参访活动。
10.27 ~ 11.7	广东省星海音乐学院副教授严琦	应台湾新象文教基金会的邀请，赴台参加演出。
10.13 ~ 19	上海交响乐团作曲家朱践耳	应台湾交响乐团的邀请，赴台参加专题座谈会。
10.29 ~ 11.9	上海京剧院演员董洪松	应台湾辜公亮文教基金会的邀请，赴台演出。
11.12 ~ 20	南京博物院张敏	应台湾台南艺术大学文博学院邀请，赴台参加学术研讨会。
11.25 ~ 12.4	赵少华副部长以中华文化联谊会会长身份率中华文化联谊会访问团一行 10 人	应台湾沈春池文教基金会邀请，赴台出席“根与魂——中华非物质文化遗产大展”开幕式及两岸非物质文化遗产论坛活动。
11.3 ~ 14	上海博物馆副馆长陈克伦 2 人	应台湾台北故宫博物院邀请，赴台参加学术研讨会。

续　表

时间	团组或个人名称	活动情况
11.20 ~ 29	中国合唱协会团体会员育英·贝满校友老专家合唱团温玉泽等一行33人	应台湾台北市立国乐团的邀请，赴台与台北市立国乐团合唱团联合演出。
11.27 ~ 29	中国电影家协会副主席康健民等2人	应台湾台北金马影展执行委员会邀请，赴台参加颁奖典礼活动。
11.22 ~ 30	中央民族乐团吴玉霞	应台湾台北市立国乐团的邀请，赴台参加专场音乐会演出活动。
11.3 ~ 11	福建省莆田市逸仙书画院林惠中等8人	应台湾台中市“中国书学研究发展学会”邀请，赴台进行书画交流。
11.3 ~ 12	故宫博物院副院长李文儒等9人	应台湾台北故宫博物院邀请，赴台参加研讨会。
10.23 ~ 30	中国东方文化研究会徐涛等10人	应台湾中华动漫交流促进会邀请，赴台参加漫画家大会。
11.2 ~ 11	中国文联副主席覃志刚等428人	应台湾台北艺术家文教推广基金会的邀请，赴台参加交流演出。
11.16 ~ 28	湖南省博物馆学会刘小豹等13人	应台湾震旦文教基金会邀请，赴台交流考察。
10.29 ~ 11.4	湖南省政协副主席、湖南省文联主席谭仲池等6人	应台湾两岸教科文交流发展促进会邀请，赴台进行交流考察活动。
10.30 ~ 11.8	宁夏岩画研究中心李强等9人	应台湾台北县十三行博物馆邀请，赴台举办画展。
11.12 ~ 18	中央美术学院教师王云	应台湾台南艺术大学艺术史与评论研究所邀请，赴台参加研讨会。
11.17 ~ 12.16	北京星光灿烂科技服务有限公司杜娅汇	应台湾索尼音乐娱乐股份有限公司邀请，赴台参加宣传活动。
11.11 ~ 17	中国和平统一促进会副秘书长王安南等一行46人	应台湾传统伦理文化发展协会的邀请，赴台演出。
11.17 ~ 23	天津文化交流团赵鸿友等一行37人	应台湾财团法人中国信托商业银行文教基金会的邀请，赴台交流活动。
10.25 ~ 11.1	福建省泉州市木偶剧团夏荣峰	应台湾汉唐乐府南管古典乐舞团的邀请，赴台演出。
11.5 ~ 17	中华文化联谊会组派中国艺术研究院副院长张庆善等154人	应台湾沈春池文教基金会邀请，赴台举办“国风——中华非物质文化遗产专场晚会”。
10.25 ~ 11.2	中华文化联谊会组派陈思思等57人	应台湾台北演艺经纪文化交流协会邀请，赴台举办“美丽之路——陈思思台北音乐会”。
12.1 ~ 5	广东美术馆策展部蔡涛	应台湾台南艺术大学艺术史与艺术评论研究所邀请，赴台参加学术研讨会。

续 表

时间	团组或个人名称	活动情况
11.14 ~ 12.2	北京蔡国强艺术工作室龙绪理	应台湾台北市立美术馆邀请，赴台参加画展。
11.11 ~ 16	湖北省辛亥革命武昌起义纪念馆馆长梁华平等2人	应台湾"国父纪念馆"邀请，赴台参加学术研讨会。
12.8 ~ 12	中国美术学院副院长宋英明等2人	应台湾廖英鸣文教基金会邀请，赴台参加油画大赛。
11.27 ~ 30	上海杂技团魔术师刘明亚	应台湾富有创意有限公司的邀请，赴台参加演出。
12.18 ~ 23	中国文联所属中国民间文艺家协会副秘书长赵铁信等2人	应台湾"中国口传文学学会"邀请，赴台参加学术研讨会。
11.29 ~ 12.6	内蒙古自治区宣传部副部长毕力夫等7人	应台湾蒙藏基金会邀请，赴台参加展览开幕式活动。
11.7 ~ 11	山东省文化厅厅长亢清泉拟率山东省非物质文化遗产交流团一行5人	应台湾台北市文化艺术促进协会邀请，赴台进行交流考察活动。
11.5 ~ 14	浙江省绍兴市秋瑾研究会邵田田等70人	应台湾台北新潮乐集的邀请，赴台演出。
11.21 ~ 28	中央音乐学院李光华等7人	应台湾台北市立国乐团邀请，赴台参加比赛活动。
11.18 ~ 30	文化部离退休人员服务中心王铁锤	应台湾台北市琴园国乐团的邀请，赴台参加名家名曲音乐会。
11.30 ~ 12.30	中国戏曲学院陈霖苍	应台湾荣兴客家采茶剧团邀请，赴台参加戏曲编导工作。
11.6 ~ 30	江苏省演艺集团刘金星等83人	应台湾弘梅雅集京昆艺术团的邀请，赴台演出。
11.26 ~ 12.13	中央音乐学院孔聪	应台湾台北国际青年演奏家乐团的邀请，赴台进行交流活动。
11.21 ~ 28	浙江省嘉兴市政协副主席、嘉兴市书法家协会名誉主席刘冬生等10人	应台湾社区艺术与人文发展协会的邀请，赴台进行交流活动。
11.5 ~ 10	四川省文物管理局文物保护处处长朱小南	应台湾"中国科技大学"的邀请，赴台参加研讨会。
11.15 ~ 20	安徽省文化厅厅长杨果率安徽省黄梅戏剧院演出团一行60人	应台湾传大艺术事业有限公司的邀请，赴台进行演出。
11.17 ~ 12.2	上海市作家协会主席王安忆	应台湾交通大学亚太文化研究室的邀请，赴台讲学。

续 表

时间	团组或个人名称	活动情况
11.14 ~ 30	中国歌剧舞剧院特聘指挥景建树	应台湾琴园国乐团的邀请，赴台参加音乐会演出。
11.28 ~ 12.7	上海国际昆曲联谊会王诗昌等 8 人	应台湾台北昆剧团的邀请，赴台参加昆曲教学展示联演活动。
11.30 ~ 12.6	中国艺术科技研究所所长白国庆等 6 人	应台湾艺术行政暨管理学会邀请，赴台进行交流考察活动。
11.23 ~ 12.2	中国交响乐团少年合唱团指挥杨鸿年等 2 人	应台湾辅仁大学音乐系邀请，赴台湾参加学术研讨会。
11.23 ~ 26	中国戏曲学院教务处副处长姚志强等 2 人	应台湾戏曲学院的邀请，赴台商洽演出事宜。
11.22 ~ 12.1	国家民委政策研究室主任金星华等一行 42 人	应台湾两岸文化事业有限公司的邀请，赴台湾举办羌族文化展演活动。
12.7 ~ 13	中国舞蹈家协会副秘书长李淑芬等 6 人	应台湾基隆市文化局、基隆市枫香舞蹈团邀请，赴台进行舞蹈交流。
12.10 ~ 21	湖北省博物馆黄勤等 12 人	应台湾鸿禧艺术文教基金会邀请，赴台进行交流考察活动。
12.1 ~ 12	中国音乐学院教授王以东等 2 人	应台湾台南艺术大学中国音乐学系邀请，赴台举办音乐讲座。
12.10 ~ 18	福建博物院杨琮等 3 人	应台湾台南艺术大学邀请，赴台参加文物系列讲座。
1.6 ~ 13	湖北省博物馆王纪潮等 3 人	应台湾鸿禧艺术文教基金会邀请，赴台商谈文物展。
12.1 ~ 20	中央民族大学音乐学院教授许学东等 2 人	应台湾扬琴乐团邀请，赴台湾演出。
11.26 ~ 12.17	中外文化交流中心组派吕军等 34 人	应台北观想艺术中心邀请，赴台举办大陆当代艺术展。
12.7 ~ 13	中华文化联谊会组派中国戏曲学院艺术团赵景发等 75 人	应台湾戏曲学院邀请，赴台湾进行交流演出。
12.6 ~ 15	中国宋庆龄基金会，组派陕西省艺术学校艺术团王瑞青 33 人	应台湾“中国青年大陆研究文教基金会”赴台湾交流演出。
12.2 ~ 11	中国少数民族舞蹈学会马跃等 22 人	应台湾财团法人蒙藏基金会的邀请，赴台进行文化交流活动。
12.7 ~ 24	河南省文化厅副巡视员康洁等一行 210 人	应台湾联合报系文化基金会、台北市东森文化基金会的邀请，赴台举办“中原文化宝岛行”活动。
12.7 ~ 17	北京金牌大风文化传播有限公司胡彦斌	应台湾金牌大风音乐文化股份有限公司邀请，赴台进行宣传活动。

续 表

时间	团组或个人名称	活动情况
12.5 ~ 9	中央美术学院吕中元	应台湾辅仁大学邀请，赴台参加“学术研讨会”。
12.15 ~ 30	北京舞蹈学院张玲等2人	应台湾中华舞蹈交流协会邀请，赴台教学。
12.15 ~ 23	内蒙古自治区阿拉善盟政协主席铁木尔巴图等20人	应台湾中华文化经济统一促进会邀请，赴台进行交流考察活动。
12.22 ~ 30	中国艺术研究院副院长刘茜等8人	应台湾淡江大学邀请，赴台参加彩画交流展。
12.10 ~ 19	上海文化联谊会组织上海市委宣传部朱英磊等7人	应台湾龙唐文化艺术经纪有限公司邀请，赴台进行交流考察活动。
1.11 ~ 1.20	故宫博物院王跃工等2人	应台北故宫博物院邀请，赴台参加撤展工作。
12.24 ~ 29	内蒙古自治区包头市轻工职业技术学院女子管乐团安如林等一行56人	应台湾嘉义市文化基金会的邀请，赴台参加交流演出活动。
12.20 ~ 28	甘肃省文化厅副厅长、甘肃省文化产业协会会长王文全等15人	应台湾周凯剧场基金会邀请，赴台进行交流考察活动。
12.22 ~ 30	中央美术学院教授蒋采萍	应台湾淡江大学邀请，赴台参加“两岸重彩画交流展”活动。
2009.9.12 ~ 2010.2.28	山西省歌舞剧院演奏员王宝灿	应台湾南华大学邀请，赴台讲学。
12.14 ~ 2010.1.3	上海大学数码艺术学院李建林教授	应台湾台北歌剧剧场的邀请，赴台参加歌剧排练和演出活动。
4.21 ~ 2010.1.5	福建省泉州海外交通史博物馆郭育生等3人	应台湾台南市政府文化观光处邀请，赴台参加台南文化节特别展。
12.31 ~ 2010.1.5	国家京剧院常贵祥	应台湾“中国信托商业银行文教基金会”邀请，赴台湾参加演出。
12.20 ~ 2010.1.8	北京别处空间艺术传播有限公司穆磊	应台湾河床剧团邀请，赴台进行交流活动。
11.25 ~ 2010.1.22	青岛大学美术学院教授陶世虎等2人	应台湾“中华亚太水彩艺术协会”的邀请，赴台参加研讨会。
7.5 ~ 2010.1.23	上海爱听慕文化艺术策划有限公司李娅莎	应台湾采姿国际开发有限公司邀请，赴台进行表演训练活动。
12.1 ~ 2010.1.27	保利艺术博物馆	应台湾羲之堂文化出版事业有限公司邀请，赴台参加在台北举办的文物精选展。
8.29 ~ 2010.1.31	中国音乐学院教授沈洽	应台湾南华大学的邀请，赴台讲学。

续 表

时间	团组或个人名称	活动情况
11.5 ~ 2010.1.31	沈阳音乐学院唐毓斌等2人	应台湾台南艺术大学中国音乐学系邀请，赴台讲学。
12.21 ~ 2010.2.19	甘肃省杂技团团长李林安等一行22人	应台湾万象艺术国际有限公司邀请，赴台湾演出。
12.28 ~ 2010.2.25	江苏省演艺集团演奏员徐季平	应台湾台北市醉霜国剧团邀请，赴台湾进行教学交流活动。

2009年文化部重要对台文化交流活动一览表

日　期	活　动
4.28 ~ 5.8	文化部以中华文化联谊会名义与台湾沈春池文教基金会合作，组派港澳台办主任助理汪志刚为团长的大陆文化行政专业人士交流访问团一行14人赴台湾交流，并参加“2009郑成功文化节”有关活动。
5.15 ~ 24	文化部以中华文化联谊会名义，邀请台湾“文化建设委员会”副主任委员张誉腾、主任秘书柯基良率台湾文化产业专业人士交流访问团一行15人来深圳、上海、北京等地参访交流。文化部副部长王文章在北京长富宫饭店会见并宴请了该团，港澳台办主任助理汪志刚与张誉腾等台湾主要官员进行工作会谈。
5.26 ~ 6.7	文化部以中华文化联谊会名义与中国美术馆、台湾沈春池文教基金会共同在北京美术馆主办台湾著名艺术家廖修平“幸福人生——廖修平版画油画展”。文化部长助理丁伟、文化部港澳台办主任助理汪志刚出席开幕式。
6.18 ~ 7.1	文化部以中华文化联谊会名义与中国美术馆、台湾唐龙艺术有限公司共同在北京中国美术馆主办“台湾陶艺家李茂宗陶雕展”和“台湾艺术家倪再沁水墨画展”。文化港澳台办主任助理汪志刚出席开幕式。
7.23 ~ 8.13	文化部以中华文化联谊会名义与中国美术馆、台湾美术基金会、台湾美术馆在中国美术馆共同举办“讲·述——2009海峡两岸当代艺术展”。文化部副部长王文章和台湾“文化建设委员会”副主任委员张誉腾出席展览开幕式。
8.27 ~ 9.5	应台湾沈春池文教基金会的邀请，文化部副部长周和平以中华文化联谊会顾问身份率中华文化联谊会交流访问团一行10人赴台交流访问，并参加“台北听障奥运文化月”有关活动。
10.13 ~ 25	文化部以中华文化联谊会名义与上海市政府共同组派以原文化部副部长、中华文化联谊会第一副会长艾青春为团长的上海文化交流访问团一行171人赴台，与台北市政府合作在台北成功举办“两岸城市艺术节——上海文化周”大型文化交流活动。
10.28 ~ 11.1	文化部以中华文化联谊会名义与福建省人民政府等单位合作在厦门成功举办第二届“海峡两岸（厦门）文化产业博览交易会”。全国政协副主席孙家正、文化部副部长赵少华、国务院台办副主任叶克冬、福建省委书记卢展工和省长黄小晶出席了“海峡两岸（厦门）文化产业博览交易会”开幕式。
10.29 ~ 11.2	文化部以中华文化联谊会名义与厦门市人民政府等单位合作在厦门成功举办“2009海峡两岸民间艺术节”。全国政协副主席孙家正、文化部副部长赵少华出席观看了“2009海峡两岸民间艺术节”开幕式。
10.31 ~ 11.1	文化部副部长赵少华赴福建莆田出席第11届湄洲妈祖文化旅游节开幕式。
11.25 ~ 12.4	应台湾沈春池文教基金会的邀请，文化部副部长赵少华以中华文化联谊会会长身份率团赴台交流访问，出席“守望精神家园——第一届两岸非物质文化遗产月”系列活动。

2009年文化部部、办领导会见台湾人士活动一览表

日期	活动内容
2.13	文化部副部长赵少华在京会见并宴请以台湾艺术大学校长黄光男为团长的台湾地区大学院校艺文协会交流访问团一行20人。
2.16	文化部部长蔡武在京会见并宴请台北故宫博物院院长周功鑫等一行11人。
4.27	文化部副部长赵少华在京会见并宴请原台湾东森媒体集团副总裁赵怡。
7.12	文化部部长蔡武赴长沙出席第五届两岸经贸文化论坛，并宴请台湾“文建会”副主任张誉腾一行18人。
8.8	文化部副部长李洪峰出席在北京中国美术馆举办的台湾著名画家黄君璧“白云怀古国——黄君璧画展”开幕式并致辞。
8.10	文化部副部长周和平在京会见台湾新党主席郁慕明一行3人。
11.25	文化部副部长周和平在京会见并宴请台北市副市长李永萍一行13人。
11.17	文化部港澳台办主任助理杨治在京宴请应中华文化联谊会邀请来访的台湾国光剧团一行66人。
11.28	文化部港澳台办副主任于芃在京宴请台北县文化局局长卿敏良一行3人。
12.21	文化部港澳台办主任董俊新在京会见台湾新党主席郁慕明一行5人。

中国文化年鉴

Chinese Culture Yearbook

文物事业

Cultural Relic Undertakings

综 述

2009年是新世纪以来我国经济发展最为困难的一年。世界经济形势险象环生，国际金融危机持续扩散蔓延，我国经济发展受到严重冲击。面对严峻复杂的形势，党中央、国务院审时度势，及时制定实施了一系列保持经济平稳较快发展的政策措施。这为文化遗产事业发展提供了新的机遇，也对文化遗产保护提出了更高的要求。中央领导同志多次对文化遗产保护作出重要批示，亲临文物、博物馆单位指导工作，体现了党中央、国务院对文化遗产保护工作的高度重视和充分肯定。国家加大文物保护经费投入，2009年中央财政文物保护专项补助经费达48.6亿元，是2008年的1.93倍。全国文物系统高举旗帜、围绕大局、服务人民、改革创新，紧紧围绕党中央、国务院关于保增长、保民生、保稳定的一系列决策部署，履行职责，扎实工作，文化遗产事业的各项工作取得重要进展。

一、紧紧抓住牵动文化遗产事业发展全局的重点工作，集中抓了几件大事

（一）隆重庆祝新中国成立60周年

庆祝新中国成立60周年，是2009年党和国家政治生活中的一件大事，也是举国上下普天同庆的一件喜事。全国文物系统充分发挥文物、博物馆单位的作用，广泛开展形式新颖、内容丰富、主题突出、特色鲜明的纪念活动，营造隆重、喜庆、祥和的节日氛围。开展新中国成立60周年表彰活动，文化部、国家文物局授予21名文博领域的老专家“中国文物、博物馆事业杰出人物”荣誉称号。国家文物局向一批长期从事文物、博物馆工作的同志颁发“文物、博物馆工作60年”和“文物、博物馆工作30年”荣誉证书。各地普遍开展了中国文化遗产事业60年专题调研和展示、表彰活动，总结成功经验，展示文化遗产事业的发展成就和广大文物工作者的精神面貌，展望文化遗产事业的美好前景，凝聚力量，鼓舞士气，坚定信心，在文物系统内形成参与国庆、奉献国庆的生动局面。

（二）稳步推进第三次全国文物普查

2009年以来，第三次全国文物普查工作的力度明显加大。各级领导深入一线督促指导，多方协作势头良好，普查经费落实到位，实地调查成绩喜人。12月15日，中央和地方各级财政累计已投入文物普查经费10.43亿元，全国各级文物普查机构共投入人员4.7万余人；全国实地文物调查启动率为99.7%，完成率为95.8%；全国共调查登记不可移动文物89.2万处，其中新发现65.17万处，复查24.03万处。各地积极加强质量控制，及时做好新发现文物的保护。河南、四川等及时把新发现文物点公布为相应级别的文物保护单位。西藏、四川等积极克服地理环境、自然灾害等不利影响。江苏、浙江积极开展对西部地区的帮扶工作。新疆与国家博物馆联合开展遥感及航空技术应用，提高了普查的覆盖率。工业遗产、20世纪遗产、乡土建筑、文化景观等新型文化遗产在普查中得到充分重视，山东、浙江、福建、海南等水下文物普查取得阶段性成果。各地积极开展实地文物普查阶段的验收工作，做好普查转段准备。

（三）进一步深化博物馆免费开放

在全国文物系统和社会各方面的共同努力下，2009年全国免费开放博物馆纪念馆总数达到1743个，约占文化文物部门归口管理博物馆纪念馆和全国爱国主义教育示范基地总数的79%。2009年，中央财政安排免费开放专项经费20亿元，重点补助地方博物馆纪念馆免费开放所需资金，鼓励改善陈列布展和举办临时展览，支持重点博物馆纪念馆提升服务能力。

（四）扎实开展震后文化遗产抢救保护

随着中央震后文化遗产抢救保护经费逐渐到位，震后文化遗产抢救保护工作进入全面实施阶段。截至2009年10月，灾后文物抢救保护项目资金到位22亿元，灾后实施的文化遗产保护项目进展顺利。已编制、评审了极重灾区的各类文物保护工程方案170多个；完成文物保护单位抢救维修保护项目储备100项，占国家规划项目153项的65.36%。开工项目56个，完成不可移动文物修复工程12个。积极开展藏羌民族文化遗产的保护。茂县羌族博物馆新馆、北川羌族民俗博物馆建设工程正式开工建设。加强灾后重建工作的监督和指导。召开震后文物抢救保护工程动员及专家座谈会、灾后文物抢救保护专家组全体会议，研究部署第三批对口技术援助工作等。开展云南省姚安震后文物保护，龙华寺古建筑群抢修工程

已进入实施阶段。

（五）积极做好文物安全工作

国家出台关于加强文物安全的一系列重要举措。在最近一轮的国务院机构调整中，国家文物局作为加强部门，增设了督察司。根据党中央、国务院领导同志批示精神，国务院办公厅协调中央编办、公安部、财政部、文化部、文物局等部门，形成《关于进一步加强文物安全工作的意见和建议》，由国家文物局牵头研究加强文物安全工作的政策措施，继续深入开展文物安全大检查，开展区域性专项打击盗窃、盗掘、走私、破坏文物的违法犯罪活动。文化部、国家文物局印发《关于加强文物行政执法机构建设的通知》，要求推进、加强文物行政执法机构与队伍建设。从2009年起，“国家重点文物保护专项补助经费”中用于解决全国重点文物保护单位防火设施和重点博物馆防盗设施的费用，从4500万元增加到9000万元，投入翻了一番，为文物安全工作打下了较好的基础。

二、着眼长远、立足发展，扎实做好文化遗产保护的各项基础工作

（一）文化遗产法律法规体系进一步完善

2009年10月，《文物认定管理暂行办法》开始施行。该《办法》的出台，是落实《文物保护法》的又一重要举措，是我国文化遗产法制建设的又一重要成果，使具有历史、艺术、科学价值的文化资源及时认定为文物并得到依法保护，有利于提高社会公众文化遗产保护意识，强化文物部门的责任。积极与国务院法制办等相关部门沟通，推进《博物馆条例》尽快出台。开展大运河保护立法调研，加快《大运河文化遗产保护管理条例》的起草步伐。加强各类标准、规范的制订工作，《古建筑防雷工程施工资质管理办法》、《古建筑防雷工程勘察设计资质管理办法》等已完成审核，即将颁布施行。积极推动保护规划的编制工作，开展文物保护标准体系研究。

（二）文物资源调查建档工作积极推进

以第三次全国文物普查为契机，积极探索普查成果的转化和应用工作，把普查成果与基本建设、城乡规划、旧城改造、新农村建设相衔接，使普查成果最大限度地服务社会、惠及民众；把普查工作与第七批全国重点文物保护单位申报工作结合起来，一些重要发现被列入申报项目。长城资源调查取得阶段性成果，明长城调查已完成主要任务，基本摸清明长城家底。经国务院同意，国家文物局和国家测绘局正式公布明长城总长度为8851.8千米，第一次全面掌握了明长城的现存状况，为划定保护范围和建设控制地带、编制保护规划和修缮方案等提供了支撑。召开长城资源调查工作会议，部署推进秦汉及其他时代长城资源调查工作。继续推进馆藏文物调查及数据库管理系统建设项目，摸清全国珍贵馆藏文物家底。

（三）文物科技工作卓有成效

全面推进“指南针计划”专项，会同中宣部、教育部、科技部、财政部、文化部等10部门成立“指南针计划”专项领导小组，印发《关于全面推进“指南针计划——中国古代发明创造的价值挖掘与展示”专项的意见》。完成专项项目库建设，试点项目进展顺利。八部门建立“中华文明探源工程”部际联席会议制度，《中华文明探源及相关文物保护关键技术研究》科技项目顺利通过专家立项评审，会同文化部、科技部、财政部成功举办“早期中国——中华文明起源展”，出版《中华文明探源工程文集》。《石质文物保护关键技术研究》被批准列入国家科技支撑计划重点项目。11项文化遗产保护领域国家科技支撑计划重点课题通过结项验收，据不完全统计，已研发新技术、新产品、新装置55项，获得专利和知识产权63项，制定技术标准（草案）28项，培养博士、硕士研究生240名，发表论文342篇，出版专著15部。加强文化遗产保护科技创新体系建设，召开国家文物局重点科研基地运行管理座谈会，经科技部批准，依托敦煌研究院成立国家古代壁画保护工程技术研究中心，依托西安文物保护修复中心成立科技部文物保护国际科技合作基地。加强体制机制创新，启动文化遗产保护领域创新联盟建设试点工作，“陶质彩绘文物保护技术创新联盟”正式成立，“国家文化遗产保护科技区域创新联盟”试点项目建设方案编制完成。积极参与国家标准化体系建设工程，组织开展文物保护标准体系研究，41项标准列入国家标准制修订计划，完成21项行业标准的培训、宣贯工作。加强可移动文物保护管理，研究制定《馆藏文物保护修复管理办法(送审稿)》，研发《可移动文物保护修复综合管理信息系统》，

开展《馆藏文物保护技术手册》系列丛书和《馆藏文物修复报告》编撰和出版工作。组织开展科技、信息化、标准化“十二五”规划的前期调研，凝练重点领域和优先主题。

（四）人才队伍建设势头良好

配合重点文物保护工程开展西藏文物保护、博物馆免费开放、大运河保护与申遗、新疆坎儿井保护等专项培训，地市文博管理干部培训、全国重点文物保护单位保护管理机构负责人培训全面展开，已有2/3省份文博工作骨干接受了系统的业务培训。博物馆藏品保护与修复中长期培训计划、博物馆人员文物鉴定中长期培训计划相继展开。配合中组部和中央党校举办文化遗产保护专题研修班，47个文化遗产保护重点城市的分管书记和市长参加了研修。与ICCROM等国际组织在人才培养方面的合作得到加强，举办了博物馆藏品预防性保护等相关研修和培训。河南等省市文物部门也在省委组织部门的支持下举办了文化遗产保护县市长培训班。

（五）文物安全保障机制初步建立

在国务院领导同志的关心下，设立有文化部、国家文物局、公安部等部门参加的全国文物安全工作部际联席会议制度，探索建立文物安全工作的长效机制。召开全国文物安全与执法督察工作会议，总结经验，分析问题，明确任务，与公安部联合部署开展“全国重点地区打击文物犯罪专项行动”和“全国文物单位消防安全大检查”。继续开展2009年文物行政执法专项督察。与国家旅游局等部门联合开展规范全国宗教旅游场所燃香活动，查处和督办长沙“12·29”特大团伙盗墓案、法门寺临展文物未按期撤展归库案件、宣城广教寺双塔违法建设案件、大同云冈石窟违法建设案件、呼和浩特秦汉长城遭破坏案件，以及天津、南京涉及历史文化名城和文化遗产保护等重大违法犯罪案件。推进执法队伍建设，提高执法能力。

三、周密部署、精心组织，稳步推进文化遗产保护的其他各项重点工作

（一）重大文物保护项目进展顺利

西藏三大文物保护工程顺利竣工。投资约5.7亿元的西藏“十一五”重点文物保护工程进入全面实施阶段。山西南部早期建筑维修项目有序开展，完成43处保护规划和74处维修方案的编制工作。应县木塔监测系统、现状信息采集系统均已建成，全面养护工程顺利进行。开展第七批全国重点文物保护单位申报标准和信息采集标准的制定和修订工作。召开湘鄂赣三省革命文物保存现状调研工作座谈会，编制《湘鄂赣三省革命文物保护规划》，开展革命文物保护试点工作。福州三坊七巷、昙石山遗址、施琅宅祠墓等涉台文物保护工程扎实开展。举办全国工业遗产保护利用现场会，推动工业遗产的保护和利用。加强历史文化名镇名村的调研和管理。柬埔寨吴哥窟援外二期工程——茶胶寺维修保护工程深入论证。积极推动文物保护工程审批管理方式改革，扩大试点工作范围。

（二）考古和大遗址保护工作稳步开展

南水北调东、中线初设阶段文物保护方案业经批复，核定投资5.3亿元，文物保护资金纳入年度投资计划，有效保障了考古工作的开展。水下考古机构建设取得进展，国家水下文化遗产保护中心正式挂牌成立。“南海I号”、“华光礁I号”、“南澳I号”等水下考古和文物保护工作有序开展。大遗址保护积极推进，先后组织召开“良渚论坛”、“洛阳高峰论坛”，指导地方政府开展大遗址保护工作。探索建设“国家考古遗址公园”，制定《国家考古遗址公园管理办法（试行）》和《国家考古遗址公园评定细则（试行）》，促进大遗址的保护、展示与利用。良渚、牛河梁、大明宫、隋唐洛阳城等考古遗址公园建设陆续启动。扬州宋夹城考古遗址公园建成开放。

（三）世界遗产事业扎实推进

五台山作为文化景观列入《世界遗产名录》，嵩山历史建筑群和杭州西湖申遗文本编制工作抓紧进行。稳步推进丝绸之路申遗项目，召开丝路跨国申遗协调委员会第一次会议。大运河保护和申遗取得重大进展，建立省部际会商小组，开展大运河遗产资源调查，基本完成地市级保护规划的编制工作，省级保护规划的编制工作抓紧进行。元上都遗址、云南红河哈尼梯田等申报项目进入实质性操作阶段。加强世界文化遗产申报项目储备，形成每年有2～3个条件较为成熟储备项目的竞争态势。加强世界遗产的监测管理和制度建设，召开震后文化遗产保护国际研讨会，举办文化线路遗产保护无锡论坛。

（四）博物馆事业成效显著

在中央领导同志的直接关心下，中国文字博物馆开馆。李长春同志先后九次就中国文字博物馆建设做出重要批示，体现了党和国家对博物馆事业的高度重视。国家有关部委和各有关省份在工程建设、文物征集、陈列布展和资金等方面给予大力支持，充分体现了团结协作精神。据初步统计，目前全国博物馆总数已达3020家，其中文物系统博物馆为2252家。开展二、三级博物馆评估定级工作，公布国家二级博物馆171个、国家三级博物馆288个。目前，国家一二三级博物馆共542个，约占全国博物馆总数的17.9%。推进博物馆体制机制创新试点，按照稳定支持、动态调整和定期评估的原则，启动中央地方共建国家级重点博物馆工作，8家博物馆被确定为首批中央地方共建博物馆，3家博物馆被确定为培育对象。开展民办博物馆专题调研，召开全国民办博物馆工作座谈会，推动民办博物馆建设。目前，文物部门登记注册的民办博物馆为328个，占全国博物馆总数的11%。协调2010年国际博协大会的筹备工作，举办“国际文博合作项目协调人”培训班、国际遗址博物馆馆长河姆渡峰会和执委会会议。开展第八届全国博物馆十大陈列展览精品评选。协调举办庆祝新中国成立60周年全国文化遗产保护宣传讲解大赛。

（五）社会文物管理力度加大

启动文物进出境审核信息管理系统建设，创新文物进出境审核管理手段。制定《文物进出境责任鉴定员管理办法》，规范文物进出境审核管理。先后举办玉器类、杂项类和青藏地区文物进出境审核鉴定培训班。推进文物进出境审核管理机构建设。做好流失境外文物追索的宣传和引导工作，推动流失文物数据库建设。加强文物拍卖资质管理，规范文物拍卖市场秩序。开展文物拍卖企业专业人员聘用试点工作，完善文物拍卖相关制度。为支持博物馆建设和展陈工作，将国家征集的8件珍贵青铜器移交中国文字博物馆收藏；宋代耀州窑瓷器1件交由陕西省耀州窑博物馆代藏；“陈独秀等致胡适信札”13通交由中国人民大学博物馆代藏，较好地发挥国家征集重点珍贵文物的作用。

（六）文物外事工作持续开展

在相关部门的大力支持下，经过11年的艰苦谈判，2009年初，我国与美国签署防止进口中国非法流失文物的谅解备忘录；与土耳其、埃塞俄比亚、澳大利亚签署了相关协定或备忘录。目前，我国已经与12个国家签署打击文物盗窃、盗掘和非法进出境双边协定或谅解备忘录。中国文化遗产研究院与德国考古研究院签署《关于考古与文化遗产保护合作的谅解备忘录》。“大三国志展”、“中国古代帝王珍宝展”、“丝绸之路展”、“华夏瑰宝展”、“西藏文化艺术与考古展”等受到有关方面的高度关注，取得较好的宣传效果。积极创新中外博物馆合作模式，举办“秦汉—罗马文明展”。对台文物交流迈出步伐，“丝绸之路大展”、“微笑的俑——汉景帝的地下王国展”引起较好反响。

（七）宣传和表彰工作日趋活跃

设立文化遗产日主场城市活动机制，开创了文化遗产日宣传工作新模式。北京国子监街等10个历史文化街区荣膺首批“中国历史文化名街”称号；“首届大学生文化遗产保护知识大赛”、“全国工业遗产保护利用上海现场会”等产生较好影响。“国际古迹遗址日”“国际博物馆日”“2009中国记忆”文化遗产日大型电视直播等宣传行动获得较好效果。山东的“文化遗产大篷车”进农村进社区、山西的“十大文物景点”公众网络评选、四川的文化遗产公益歌曲演唱会、广东的“我与恐龙的约会”等，拉近了民众与文化遗产的距离。北京通州区等36个县（市、区）获2009年“全国文物工作先进县”称号，西藏布达拉宫二期保护维修工程指挥部获2009年“文物保护特别奖”。

专　题

党建工作

2009年，国家文物局直属机关党委坚持以邓小平理论和“三个代表”重要思想为指导，深入贯彻落实科学发展观，紧密围绕文化遗产事业的科学发展大局，以加强党的先进性建设和执政能力建设为主线，以建设学习型党组织和高素质的党务工作队伍为重点，努力做好局系统党建工作，取得良好成效。

（一）深入学习实践科学发展观

按照中央的部署，认真开展深入学习实践科

学发展观活动。2009年3月2日，国家文物局党组召开学习实践活动总结大会，局党组书记、局长单霁翔在大会讲话中指出，通过学习实践活动，进一步增强党员干部贯彻落实科学发展观的自觉性和坚定性，明确了推进文化遗产事业科学发展的思路，体现了学习实践活动的实践特色，促进文化遗产保护实践更加符合科学发展观的要求。他强调，要把学习实践活动作为推进文化遗产事业发展新的起点和强大动力，确保取得实实在在的成效，并对进一步巩固和扩大学习实践活动成果提出了要求。中央学习实践活动第11指导检查组组长傅克诚在大会上讲话，充分肯定了国家文物局在学习实践活动中取得的成效。

在巩固学习实践活动成果过程中，国家文物局党组认真落实整改工作方案，努力解决影响和制约文化遗产事业科学发展的突出问题。发扬理论联系实际的学风，促进广大党员、干部宗旨意识、服务意识和忧患意识不断提高，推动文化遗产事业科学发展的思路更加明确。

（二）加强思想政治建设

国家文物局党组制定了《关于进一步加强和改进领导班子思想政治建设的实施意见》，从强化理论武装、提高领导科学发展能力、贯彻执行民主集中制、进一步扩大民主、弘扬为民务实清廉作风等方面，对领导班子建设提出了明确要求，努力把局系统各级领导班子建设成为坚定贯彻党的理论和路线方针政策、善于领导文化遗产事业科学发展的坚强领导集体。局党组制定《关于进一步加强和改进党组、党委（总支、支部）中心组学习的实施意见》，对坚持学习制度、完成学习任务、运用科学理论指导实践、完善决策、推动工作情况提出要求，纳入领导班子考核内容。

局党组中心组集体学习理论，引导党员干部把思想认识统一到中央对形势的判断上来，统一到中央的正确决策和部署上来，为保增长、保民生、保稳定作出积极的贡献。

（三）贯彻中央关于加强机关党的建设的部署

国家文物局直属机关党委在北京和山西太原举办了“局系统学习贯彻党的十七届四中全会精神培训班”和“局系统党务纪检干部培训班”，认真研读《中共中央关于加强和改进新形势下党的建设若干重大问题的决定》，深刻认识新形势下加强和改进党的建设的重大意义，把握其总体要求和主要任务，明确思路和措施。

深入贯彻落实全国机关党的建设工作会议精神。学习胡锦涛总书记关于“机关党建工作必须适应新形势、新任务的要求，走在党的基层组织建设的前头”的重要指示精神，学习习近平、李源潮在全国机关党的建设工作会议上的重要讲话，深刻理解以改革创新的精神加强机关党建工作的要求，增强机关党建工作围绕中心、服务大局的自觉性和主动性。

落实《国家文物局主要职责内设机构和人员编制规定》，建立、健全各司室的党组织。指导直属单位开好民主生活会，健全组织生活制度。

（四）开展讲党性、重品行、作表率活动

“七一”前夕，国家文物局召开系统先进党支部、优秀共产党员、优秀党务工作者表彰大会，表彰9个先进党支部、22名优秀共产党员、10名优秀党务工作者，激励基层党组织和全体党员争先创优，为文化遗产事业发展多作贡献；举办局系统入党积极分子培训班，40余名入党积极分子参加培训，认真学习党的基本知识。2009年，机关和直属单位共发展党员3名，3名预备党员转正；举办局系统党务统计工作人员培训班，增强党员信息库的操作能力，提高党建工作科学化水平；选举14名代表出席了文化部直属机关第八次党代会；指导中国文化遗产研究院召开党员大会，完成院党委换届选举工作；评选局人事教育司副巡视员、离退休干部处处长张秋萍为中央国家机关五一劳动奖章获得者。

（五）开展社会实践活动

2009年，国家文物局直属单位党组织主要负责同志考察了甘肃省武山县扶贫工作和丝绸之路文化遗产保护工作，深入基层文博单位，了解国情，体察民情，加深对党的基本路线的理解。

国家文物局举办了庆祝新中国成立60周年歌咏比赛，来自局机关、直属单位的11支代表队、近300名干部职工引吭高歌，表达对党、对祖国、对人民无限热爱的情怀。国家文物局机关和直属单位党员干部前往中国国家博物馆参观了“复兴之路”展览。按照中宣部、中央国家机关工委的要求，开展“100位为新中国成立做出突出贡献的英雄模范人物和100位新中国成立以来感动中国人物”的评选活动。组织机关干部职工到河北省怀来县开展春季植树活动。会同宁夏回族自治区文物局举办“宁夏红杯——第五届全国部分省区文博系统职工乒乓球邀请赛”，来自国家文物局、故宫博物院、河北、河南、黑龙江、吉林、陕西、甘肃、宁夏文物局的9支文博职工代表队共87名选手共同切磋球艺，增进友谊，表现出新时期文博队伍顽强拼搏、团结向上、争创一流的良好精神风貌。直属机关团委组织团员青年到河北易县开展以“热爱文化遗产，建设精神家园”为主题的社会实践活动，以继承和发扬艰苦奋斗的光荣传统。

（六）加强反腐倡廉建设

在制度建设方面，国家文物局党组召开学习贯彻中纪委十七届三次全会精神大会，学习胡锦涛同志在全会上的重要讲话，结合实际提出具体贯彻措施。局党组制定《国家文物局2009年党风廉政建设和反腐败工作任务分工》，进一步明确各级党组织是反腐倡廉建设的责任主体，各级党政主要负责同志是第一责任人，领导班子成员根据分工抓好职责范围内的工作，把贯彻落实《工作规划》列入各级党组织的重要议事日程。局党组制定《国家文物局党组管理干部任职前人事司听取直属机关纪委意见和直属机关纪委回复人事司意见实施办法》等制度，努力使党风廉政建设制度化、规范化。制定《国家文物局关于加强和改进文物、博物馆行业作风建设的意见》，明确提出加强和改进文物、博物馆行业作风建设的8项主要内容，要求共产党员和领导干部充分发挥模范带头作用，牢记党的宗旨，讲党性、重品行、作表率，清正廉洁、公道正派、勤政为民，自觉接受监督，以良好的形象取信于民，带动干部职工切实把加强和改进文物、博物馆行业作风建设落到实处。

在反腐倡廉教育方面，组织局机关各司室和直属单位党政主要负责同志到北京市反腐倡廉警示教育基地考察参观，进行警示教育。组织党员干部观看《贪之害》反腐倡廉警示教育片，努力使反腐倡廉教育深入人心。

在加强监督方面，组织党员领导干部填报个人有关事项和年度收入，并向中央组织部报告。认真执行党员领导干部民主生活会、年度考核述职述廉、民主评议、诫勉谈话等制度。对局机关行政许可项目、公务员录用、红楼维修工程、办公楼建设工程招投标和“全国博物馆十大精品陈列”评选等进行监督。加强对局系统因公出国（境）团组的管理，严格控制出访团组的数量、规模和在境外停留的时间，确保出访实效。

在查处违纪行为方面，对国家审计署在审计工作中发现的机关和直属单位预算资金执行情况和其他财政收支中存在的问题进行核查，并按照中央要求深入开展治理“小金库”工作，与有关单位领导班子共同查找问题、分析原因、分清责任，提出整改措施，对发生问题的责任人进行严肃通报批评。

人事工作

（一）机构编制

2009年3月，国务院批准《国家文物局主要职责内设机构和人员编制规定》（国办发〔2009〕24号），规定国家文物局内设办公室（外事联络司）、政策法规司、督察司、文物保护与考古司、博物馆与社会文物司（科技司）、机关党委（人事司与机关党委合署办公）。国家文物局机关行政编制84名（含两委人员编制2名，离退休干部工作人员编制6名）。设局长1名、副局长4名，正副司长职数19名（含机关党委专职副书记1名）。

8月，国家文物局印发《国家文物局内设机构、职能配置和人员编制实施方案》，在《国家文物局主要职责内设机构和人员编制规定》基础上明确了内设各部门处室主要职能和人员编制。

（二）专业技术二级岗位评审

2009年4月，经国家文物局专业技术二级岗位专家评审委员会评审推荐，国家文物局党组研究同意，苏士澍（文物出版社编审）、孙毅（北京鲁迅博物馆研究员）等2人具备专业技术二级岗位任职资格。

（三）表彰奖励

中华人民共和国成立60年以来，我国文化遗产事业取得丰硕成果；特别是改革开放30年以来，伴随着经济社会的快速发展，文化遗产事业取得了令人瞩目的成就。一代又一代文物、博物馆工作者，为中华民族文化遗产的保护和传承，艰苦创业、前赴后继、恪尽职守、勤奋工作，做出了无私的奉献，创造了突出的业绩。为激励全国文物系统广大干部职工承前启后、开拓进取、建功立业，2009年6月11日，文化部、国家文物局等在北京举行电视电话会议，隆重表彰获得“中国文物、博物馆事业杰出人物”荣誉称号的21位文博工作者。中央政治局委员、国务委员刘延东，文化部部长蔡武，国家文物局局长单霁翔，各有关部门领导以及于坚等9位受表彰人员出席北京主会场的会议，各地文化、文物部门干部职工出席了各地电视分会场会议。

中国文物、博物馆事业杰出人物名单（按姓氏笔画排序）如下：于坚（原故宫博物院副院长、研究馆员）、马得志（中国社会科学院考古研究所研究员）、王世襄（中国文化遗产研究院研究员）、王宏钧（原中国历史博物馆副馆长、研究馆员）、毛昭晰（原浙江省文化厅副厅长，浙江大学历史系教授）、刘光启（天津市文物局副研究馆员）、杜仙洲（中国文化遗产研究院教授级高级工程师）、吴良镛（中国科学院院士、中国工程院院士、清华大学建筑学院教授）、佟柱臣（中国社会科学院考古研究所研究员）、余鸣谦（中国文化遗产研究院教授级高级工程师）、宋伯胤（原南京博物院副院长、研究馆员）、罗哲文（原中国文物研究所所长、教授级高级工程师）、郑孝燮（建设部教授级高级工程师）、郑珉中（故宫博物院研究馆员）、段文杰（原敦煌研究院院长、研究员）、侯仁之（北京大学城市与环境学院教授）、耿宝昌（故宫博物院研究馆员）、徐邦达（故宫博物院研究员）、宿白（北京大学考古文博学院教授）、蒋赞初（南京大学历史系教授）、谢辰生（原国家文物局顾问）。

在新中国成立60周年之际，国家文物局向全国从事文物、博物馆工作60年以上的66名同志颁发“文物、博物馆工作60年荣誉证书”；向全国从事文物、博物馆工作30年以上的5700余名同志，颁发“文物、博物馆工作30年荣誉证书”。

2009年8月，为推动地方各级政府更加重视、支持文物工作，促进文化遗产事业科学发展，更好地发挥文化遗产事业在推动社会主义文化大发展、大繁荣和全面建设小康社会中的积极作用，文化部、国家文物局联合开展了2009年全国文物工作先进县评选表彰活动。经过各地推荐和评审，北京市通州区等36个县（市、区）荣获“全国文物工作先进县”称号，西藏布达拉宫二期保护维修工程指挥部荣获“文物保护特别奖”。表彰大会于12月22日在北京召开。

2009年度全国文物工作先进县名单如下：北京市通州区、天津市宝坻区、河北省张家口市桥西区、河北省武安市、山西省榆社县、山西省翼城县、内蒙古自治区扎兰屯市、辽宁省本溪县、吉林省柳河县、黑龙江省林口县、上海市静安区、江苏省太仓市、浙江省杭州市余杭区、浙江省平湖市、安徽省固镇县、福建省长汀县、江西省南昌县、山东省莒县、河南省光山县、河南省渑池县、湖北省秭归县、湖南省凤凰县、广东省佛山市高明区、广西壮族自治区荣县、重庆市南岸区、四川省泸县、四川省木里藏族自治县、贵州省务川仡佬族苗族自治县、云南省通海县、西藏自治区江孜县、陕西省富县、陕西省旬阳县、甘肃省庆城县、青海省湟中县、宁夏回族自治区灵武市、新疆维吾尔自治区昭苏县。

2009年6月，国家文物局政策法规司政策研究处处长陈培军被国务院军队转业干部安置工作小组、中共中央直属机关工作委员会、中共中央国家机关工作委员会、国务院国有资产监督管理委员会联合授予“中央单位模范军队转业干部”荣誉称号；9月，中国文化遗产研究院袁毓杰（2007～2010年援藏干部）被国务院授予“全国民族团结先进个人”荣誉称号。

（四）干部管理

2009年2月，任命杨晋英为北京鲁迅博物馆常务副馆长，主持工作，法人代表；任命赵国顺为北京鲁迅博物馆副馆长；任命姚兆为中国文物信息咨询中心副主任，免去其中国文物信息咨询中心总工程师职务；任命邓贺鹰为中国文物信息咨询中心副主任，免去其国家文物局机关服务中心（局）副主任（副局长）职务；任命顾玉才为中国文化遗产研究院院长、党委副书记，免去其国家文物局文物保护司司长职务；任命朱晓东为中国文化遗产研究院党委书记、副院长，免去其中国文物信息咨询中心副主任职务；任命柴晓明为中国文化遗产研究院副院长，免去其国家文物局文物保护司副司长职务；任命侯卫东为中国文化遗产研究院副院长、总工程师；任命解冰为中国文物报社社长；任命张自成为中国文物报社总编辑，免去其文物出版社副社长职务；任命关强为国家文物局文物保护司巡视员、副司长（主持工作），免去其国家文物局办公室副主任职务；

任命李耀申为国家文物局博物馆司巡视员，免去其国家文物局博物馆司副司长职务；任命齐宝利、盛蔚蔚为国家文物局办公室副巡视员。免去孙毅的北京鲁迅博物馆党委副书记职务；免去张廷皓的中国文化遗产研究院院长、党委副书记职务；免去孟宪民的中国文化遗产研究院党委书记、副院长职务；免去张囤生的中国文物报社党总支副书记职务。

4月，任命叶春为国家文物局督察司司长，免去其国家文物局办公室副主任职务；任命关强为国家文物局文物保护与考古司司长，免去其国家文物局文物保护与考古司巡视员、副司长职务；任命周成为文物出版社副社长；任命谭平为国家文物局博物馆与社会文物司（科技司）社会文物处处长，免去其国家文物局办公室（外事联络司）预算处处长职务；任命唐炜为国家文物局文物保护与考古司世界遗产处副处长，免去其国家文物局博物馆与社会文物司（科技司）社会文物处副处长职务；任命李培松为国家文物局办公室（外事联络司）巡视员、副主任，免去其国家文物局文物保护与考古司副司长职务；任命李游为国家文物局办公室（外事联络司）副主任；任命刘铭威为国家文物局督察司副司长，免去其国家文物局政策法规司执法督查（安全保卫）处处长职务；任命陆琼为国家文物局文物保护与考古司副司长，免去其国家文物局文物保护与考古司世界遗产处处长职务；任命许言为国家文物局文物保护与考古司副司长；任命罗静为国家文物局博物馆与社会文物司（科技司）副司长，免去其国家文物局博物馆与社会文物司（科技司）科技与信息处处长职务；任命梁立刚为国家文物局机关服务中心（局）副主任（副局长），免去其国家文物局直属机关党委办公室主任职务；任命刘华彬为国家文物局博物馆与社会文物司（科技司）科技与信息处副处长，免去其国家文物局文物保护与考古司世界遗产处副处长职务。

5月，任命尹建明为国家文物局直属机关党委办公室主任，免去其国家文物局博物馆与社会文物司（科技司）博物馆处处长职务；任命陈红为国家文物局办公室（外事联络司）预算处处长；任命陈培军为国家文物局政策法规司政策研究处处长；任命闫亚林为国家文物局文物保护与考古司考古处处长；任命唐炜为国家文物局文物保护与考古司世界遗产处处长；任命辛泸江为国家文物局博物馆与社会文物司（科技司）博物馆处处长；任命刘华彬为国家文物局博物馆与社会文物司（科技司）科技与信息处处长。

6月，任命张和清为国家文物局办公室（外事联络司）副巡视员；任命刘微为国家文物局办公室（外事联络司）秘书处调研员；任命朱晔为国家文物局办公室（外事联络司）外事处调研员；任命丁军军为国家文物局办公室（外事联络司）国际组织与港澳台处调研员；任命李学良为国家文物局博物馆与社会文物司（科技司）博物馆处副处长、调研员；任命刁道胜为国家文物局博物馆与社会文物司（科技司）科技与信息处副调研员；任命赵歆为国家文物局人事司人事处副调研员；任命黄乔生为北京鲁迅博物馆副馆长；任命刘晓晶为国家文物局机关服务中心（局）主任（局长）助理。

7月，任命刘高潮为国家文物局办公室（外事联络司）财务处处长；免去李游的国家文物局办公室（外事联络司）财务处处长职务；任命张喆为国家文物局办公室（外事联络司）秘书处副处长；任命刘洋为国家文物局文物保护与考古司文物处副处长。

10月，任命张立民为国家文物局人事司副巡视员，免去其国家文物局人事司离退休干部处副处长职务；任命丁军军为国家文物局人事司离退休干部处副处长、调研员，免去其国家文物局办公室（外事联络司）国际组织与港澳台处调研员职务；任命赵歆为国家文物局人事司离退休干部处副调研员。

12月，张建华任国家文物局政策法规司法规处处长试用期满，按期转正；张和清任国家文物局办公室（外事联络司）外事处处长试用期满，按期转正。

在调任及接收军转干部方面，调邓超到国家文物局工作，任督察司安全监管处副处长；调肖莉到国家文物局工作，任文物保护与考古司世界遗产处副调研员；调孙忠云到国家文物局工作，任办公室（外事联络司）预算处副调研员。接收军转干部施雪梅到国家文物局工作，任督察司督察处副调研员。

根据中央组织部《关于提高部分离休干部医疗待遇的通知》（组通字〔2009〕34号），按照干部管理权限进行申报、审批，离休干部马济川享受副部级医疗待遇，离休干部冯屏、田育仁、李世刚、李贤达享受副局级医疗待遇。

（五）人事档案管理建设

根据中央组织部有关要求，2009年8～12月对局机关管理的人事档案进行集中整理，共整理档案材料130余套，补充档案材料近800份。

法规建设

《文物认定管理暂行办法》于2009年10月1日正式颁布施行。这是落实《文物保护法》的又一重要举措，也是我国文化遗产法制建设的又一重要成果。在充分的调研基础上，针对实践中反映比较集中问题，下发了《关于贯彻落实〈文物认定管理暂行办法〉的指导意见》，供各地在开展文物认定工作时参考。

国家文物局配合国务院法制办对《博物馆条例（草案）》进行了两次重大修改，并就有关问题会同国务院法制办在北京、浙江、广东进行深入调研。《博物馆条例》已列为2010年国务院立法工作计划的一档项目，拟于2010年报国务院审议通过。

《大运河文化遗产保护条例》研究起草工作自2009年3月启动以来，国家文物局先后派员赴山东、北京、江苏、河北等地开展调研，在北京专门召开起草工作研讨会，委托中国文化遗产研究院在杭州进行大运河立法的专题调研。《大运河文化遗产保护条例》按计划将于2010年起草完成。

《文物保护单位保护管理办法（草案）》、《流失境外文物调查及追索工作管理办法（草案）》已经征求国家文物局有关部门和部分地方文物部门的意见。从2008年开始，围绕文物保护单位的保护管理，已进行了多次调研和征求意见，待广泛征求有关方面的意见和建议，经进一步修改后进入立法程序。

文物安全与执法督察

文物安全是文物保护工作的基本出发点，为应对当前文物安全的严峻形势，2009年3月，经国务院批准，国家文物局增设督察司，专门负责文物安全监管、行政执法等工作。7月，督察司正式组建，人员11人（其中在编人员6名，借调人员5名）。

督察司设立后，为切实加强文物行政执法督察职责，国家文物局党组明确，文物行政执法督察是整个文化遗产工作的重要内容，覆盖文化遗产事业各个方面，文物安全与执法督察关乎文化遗产保护工作全局。通过执法督察，一方面要使依法行政在文化遗产工作中得到全面、深入的贯彻，促使文化遗产保护步入法制化轨道；另一方面要建立较为完善的文化遗产安全监管体系，使具有历史、文化和科学价值的文化遗产得到全面有效保护，确保文化遗产安全。在局党组正确领导下，2009年文物安全与执法工作顺利开局并呈现出良好的发展势头。

（一）深入调查，明确思路

督察司建司之初，采取横向走访和纵向调研的方式，广泛开展调查研究，了解情况，学习取经。一是到公安、建设、宗教、旅游、环保、海关、工商等7个部（局）的12个司（局）进行了走访调研，学习执法督察工作经验和做法，增强了沟通了解，为以后开展联合执法奠定了良好基础。二是结合专项督察和督办重点案件，分赴20余个省份，对各地文物行政执法与安全工作情况进行摸底调查，总结分析了各地存在的共性问题及其原因，为制定全国性文物行政执法与安全监管政策、措施，奠定了基础。在广泛调查研究基础上，明确了督察司组建初期的工作思路：一是以维护文物法权威和文化遗产尊严为根本使命，严格执法，敢于碰硬。以督办大案要案为突破口，打开工作局面。二是以科学发展观为指导，坚持督察督办与业务指导相结合，严格执法与宣传教育相结合，促进执法工作全面、协调、和谐发展。三是树立“预防为主，关口前移”观念，加强事前检查、事中监管，防患于未然，降低执法成本，减少文物损失。四是广泛借助外力，建立多部门联合执法长效机制，创建社会舆论监督机制，培育各类社会力量参与文物执法与安全监督。五是加强基础工作，研究制定宏观管理制度和措施，健全完善程序标准和技术规范，提高行政执法与安全监管能力和水平。

（二）督察督办要案，树立执法权威

2009年以来，文物行政执法案件和安全事故频发，从各地上报、群众举报以及从媒体获知的各类案件约257件(起)。从宏观监管的角度，督察司对其中一些文物损毁严重、社会影响重大的文物行政违法案件和安全事故（文物违法案件58起，文物安全案件52起）进行了跟踪督办。

违法案件领域：重点督办了历史文化名城天津、南京两地在旧城改造中破坏、损毁历史街区环境风貌和损毁不可移动文物事件及文化遗产保护案、山西大同云冈石窟保护范围和建设控制地带内违法建设案、安徽省宣城市广教寺双塔保护范围和建设控制地带内违法建设案、湖南省宁乡因修公路炭河里遗址破坏案、内蒙古自治区呼和浩特市某公司挖金矿破坏秦汉长城遗址案等；安全事故领域：重点督办了端门城楼失火案、北京拈花寺西配殿火灾案、四川大学华西校区文物建筑“怀德堂”火灾案、福建镇安桥火灾案、青岛德国总督府旧址失火案、法门寺合十舍利塔临展文物未按期归库案，督促北京戒台寺、潭柘寺整改安全隐患等；文物犯罪案件领域：协调公安机关督办湖南长沙市“12·29”特大团伙盗墓案，陕西黄陵双龙万安禅院盗抢案，青海、甘肃新石器时代遗址彩陶文物被盗挖、贩卖案等。经督办，上述案件、事故查处取得了明显成效。

（三）关口前移，加强防范

针对不同时期全国文物安全形势的变化和特点，先后下发了《关于开展汛期文物安全检查的紧急通知》、《关于开展迎国庆文物安全检查工作的通知》、《关于开展文物单位消防安全大检查工作的通知》、《关于2010年元旦、春节期间加强文物安全工作的通知》，预先对文物安全工作提出要求，做出安排，督促各地开展安全检查，消除安全隐患，制定应急预案，开展技能演练，及时采取应对措施。由于事前采取了一系列防范措施，2009年全国文物安全事故发生率较往年持平。

（四）加大执法督察力度

对于重大文物行政违法案件和安全事故进行跟踪督察督办，取得了明显成效，树立了执法权威。在2009年度文物行政执法专项督察中，共督察了11个省份33个区市（州），对126处文博单位进行了执法和安全检查。查出273项隐患和问题，其中涉及文物行政执法工作的31项，文物安全工作的218项，文物基础工作的24项。督察结束后，及时向当地政府及文物部门提出整改要求，并通过开展“回头看”进行跟踪督办，大多数安全隐患得到了及时整改。通过真检实查、真抓实促，进一步增强了当地文物行政部门和文物保护管理机构的安全意识和责任意识，宣传了文物法规知识、执法理念，示范了执法和安全检查的程序和方式，推进了文物安全防范设施建设、文物执法机构和队伍建设，带动和促进了当地文物执法督察和安全监管工作的有效开展。

（五）协调加强联合执法

1. 与公安部联合部署打击文物犯罪专项斗争

主动力邀公安部刑侦局到湖北、安徽两省，就当前田野古墓葬安全形势和打击文物犯罪情况进行联合调研。经多次协调、积极推动，公安部最终确定从2009年12月至2010年6月，在山西、内蒙古、安徽、山东、河南、湖北、陕西、甘肃、青海等9个重点省份开展打击文物犯罪专项行动，遏制文物犯罪蔓延势头。

2. 开展文物单位消防安全大检查

针对全国文物火灾事故频发的严峻形势，经积极主动与公安部协调，联合下发了《全国文物单位消防安全大检查的通知》，确定从2009年12月1日至2010年2月28日，在全国范围集中开展文物单位消防安全联合大检查，督促文物单位落实消防安全责任制，增强防控火灾能力，治理火灾隐患。

（六）切实加强基础工作

1. 建立若干长效机制

一是按照国务院要求，积极筹备“全国文物安全工作部际联席会议制度”，落实了联席会议成员单位、成员、联络员，具文上报国务院。二是在中央财政支持下增加文物安全设施建设经费投入，加强安防设施建设，增强自身安全防范能力。从2009年起，中央财政从“国家重点文物保护专项补助经费”中增加安排部分经费，重点解决全国重点文物保护单位的防火设施和重点博物馆的防盗设施问题。2009年，文物安全设施建设经费增加至9000万元。三是协调加强文物行政执法机构建设。文化部、国家文物局共同下发了《关于加强文物行政执法机构建设的通知》，要求地方各级文化、文物部门充分认识文物行政执法机构建设的重要性和紧迫性，结合当地实际加强文物行政执法队伍和机构建设，强化监管责任，切实履行职责。同时，通过执法督察和案件督办，促进各地机构建设。

2. 完善规章制度体系

建立文物行政执法与安全监管公示公告制度，印发《文物行政执法与安全监管情况公告制度工作方案》。起草《文物行政执法督察与巡查工作规程》、《文物违法案件和安全事故核查、处理工作程序》、《文物单位消防安全检查规程》，拟定了《关于加强文物行政执法工作的指导意见》和《关于加强和改进文物安全监管工作的指导意见》，修订《文物行政处罚程序暂行规定》、《文物系统博物馆安全防范工程设计规范》，逐步完善文物安全管理规章制度与标准规范体系。

（七）成功举办全国文物安全与执法督察工作会议

2009 年 12 月 4 日，国家文物局在郑州召开了全国文物安全与执法督察工作会议。来自全国 9 个省、市的公安刑侦部门，14 个省的公安消防部门，以及全国各省文物部门有关负责同志参加了会议。国家文物局局长单霁翔在会上作了主题报告。公安部部署了“全国重点地区打击文物犯罪专项行动”与“全国文物单位消防安全大检查”。5 个省级文物部门介绍工作经验。会议就加强协作，联合打击文物违法犯罪，建立文物安全长效机制达成了普遍共识。国家文物局副局长童明康对会议进行了全面总结。会后，中央和地方众多媒体纷纷报道，央视新闻联播予以播报，数十家新闻网站登载了会议情况，社会影响广泛。

文物保护

（一）文物抢救保护工作

1. 汶川震后文物抢救保护工程

2009 年 2 月，震后文物抢救保护工程动员及专家座谈会在成都举行。中宣部副部长、文化部党组书记、部长蔡武，国家文物局局长单霁翔，四川省人民政府副省长黄彦蓉等领导同志出席会议并作重要讲话。会议对震后文物抢救保护工作提出了明确要求。此后，多次组织召开灾后文物抢救保护专家组全体会议。10 月，国家文物局印发了《关于四川省灾后文物抢救保护工程中有关问题的意见》，确保工程的顺利实施。12 月，国家文物局和四川省文物局组织专家对都江堰伏龙观灾后抢救保护工程进行了验收。12 月 28 日上午，伏龙观抢救保护工程竣工仪式在都江堰市举行。国家文物局局长单霁翔、副局长童明康，中共四川省委常委、省委宣传部部长黄新初等出席仪式并作重要讲话。伏龙观抢救保护工程的顺利竣工，不仅为我国乃至国际灾后文化遗产抢救保护工作积累了极为宝贵的实践经验，同时也为促进灾区社会经济的全面恢复与发展作出重要贡献。

2. 云南省姚安震后文物保护工程

2009 年 7 月 28 日 ~ 31 日，组织专家赴云南省姚安地震灾区，对在“7·9”姚安 6.0 级地震中受损的全国重点文物保护单位龙华寺、大姚白塔等进行了实地勘察，及时批复了抢修方案。8 月 31 日，组织了龙华寺古建筑群抢修工程开工仪式，工程已进入实施阶段。

3. 西藏文物保护工程

2009 年，西藏布达拉宫、罗布林卡、萨迦寺三大重点文物保护维修工程顺利竣工。8 月 23 日，工程竣工典礼在拉萨举行。中央政治局委员、国务委员刘延东为工程剪彩并发表重要讲话。西藏三大工程自 2002 年开工以来，累计投资 3.8 亿元，用于三处文化遗产的文物本体维修保护和环境整治工作。工程实施过程中严格遵循“不改变文物原状”的文物维修原则，尊重传统、尊重民族风格、尊重科学、不断提高科技含量，确保三处文化遗产得到良好的保护与传承。三大工程是新时期党中央国务院全面加强西藏文化遗产工作的重要内容，也是贯彻党的民族宗教政策、加强民族团结、维护社会稳定的重大举措，为加快西藏经济社会和文化全面协调可持续发展作出了重要贡献。

8 月 25 日，西藏“十一五”重点文物保护工程在江孜宗山抗英遗址举行了开工典礼，标志着西藏“十一五”重点文物保护工程开始进入全面实施阶段。西藏“十一五”重点文物保护工程是党中央、国务院继西藏三大重点文物保护维修工程之后，在西藏开展的又一项重大文物保护工程。工程包括大昭寺、小昭寺、扎什伦布寺、江孜宗山抗英遗址等 22 个重点文物保护单位的维修保护工作，投资总计约 5.7 亿元。

4. 山西南部早期建筑保护工程、应县木塔

山西南部早期建筑维修工程涉及 105 处国保单位，至 2009 年，已编制完成保护规划 58 处，占总量的 55%；完成修缮设计方案 84 处，占总量

的80%。34处工程已陆续开工，其中有19处文物本体工程已经基本完成。工程实施中加大了工程的现场检查和监督。通过多次工地检查表明，南部工程总体状况较好。同时，加大了施工过程中的检查工作力度，加强了资料收集整理、模型制作工作，以确保工程质量。

国家文物局批复了应县木塔监测二期实施方案，督促有关部门进一步完善应县木塔监测系统。应县木塔信息系统建立后，工作人员对以前开展的研究工作进行了梳理，整理、录入图纸887张，图片2498张，方案、勘察报告107本，250多万字，为下一步维修保护工作的开展提供了可靠、准确的信息化资料。同时，全面养护工程顺利进行。

5. 涉台文物保护工程

国家文物局于2009上、下半年先后两次组织专家对涉台文物保护工程进行了工地检查。昙石山遗址保护工程、福州三坊七巷文物保护工程已开始有序实施；施琅宅祠墓等其他项目的保护规划、工程方案编制工作也已开始。工程项目储备进展顺利。

6. 柬埔寨吴哥窟援外二期工程——茶胶寺维修保护工程

2009年，国家文物局完成了《茶胶寺建筑形制与复原研究》、《茶胶寺岩土工程勘察报告》和8处重点建筑的维修方案。10月，组织专家赴现场对维修方案进行了现场论证和指导。

（二）完善文物保护工程管理体系

1. 积极推动方案审批方式改革

2009年上半年，国家文物局重点对《文物保护工程审批管理暂行规定》试点省的工作情况进行了抽查。抽查结果表明：试点工作整体情况良好，基本解决了全国重点文物保护单位方案审批脱离现场、周期过长的问题。10月，经局务会审议通过，决定扩大试点工作范围，将上海、陕西、云南、河南四省市方案全国重点文物保护单位审批权下放。

2. 加强各类标准、规范的制定

国家文物局对已编制完成的北方工程定额进行论证，并结合工程开展了试用工作。

对已基本编写完成的文物保护工程个人资质培训大纲、教材和考试题库进行了初步论证，准备着手启动个人资质培训试点工作。

组织开展了《文物建筑消防工程技术要求》的编写工作，规范文物建筑安全防护工程。

《文物建筑防雷工程施工资质管理办法》、《文物建筑防雷工程勘察设计资质管理办法》和《文物建筑防雷设计和施工技术规范》已通过国家文物局局务会审核。

《文物保护工程报告编写出版管理办法》和《文物保护工程报告编写出版要求》已经完成修改，进入审批阶段。

（三）加强历史文化名城名镇名村的有效管理

2009年，国家文物局组织开展第五批历史文化名镇名村的初评工作，对29个省、自治区、直辖市上报的196处名镇名村申报材料进行了审核。其中115处基本通过审核，27处有待进一步论证，54处不符合评审标准。同时组织对已公布的251处名镇名村的保护管理情况进行调研，重点梳理了名镇名村中的国保单位情况。计划通过国保单位的规划编制和保护维修工作的开展，在“十二五”期间进一步加强对历史文化名镇名村的有效管理。

（四）第七批全国重点文物保护单位申报

国家文物局对第七批全国重点文物保护单位申报标准和信息采集标准进行了反复论证、修订，制定了《第七批全国重点文物保护单位申报指导意见》和《第七批全国重点文物保护单位申报信息采集标准》，印发了《关于开展第七批全国重点文物保护单位申报工作的通知》。委托中国文化遗产研究院开展申报资料整理、初审及现场考察工作。各地申报材料的初步整理已基本结束，计算机录入工作已开展。截至2009年底，各地共报送申报材料4300余处。

（五）革命文物保护

2009年3月，国家文物局在江西南昌召开湘鄂赣三省革命文物保存现状调研工作座谈会，单霁翔局长在会上作重要讲话。计划通过对三省革命文物的专项调查，进一步摸清革命文物家底，编制专项保护规划，争取申请设立专项。此后，三省调查数据陆续通过网上调查系统收集、汇总完毕，总体规划已编制完成。三省革命文物试点工作的开展情况已撰写成报告报中央宣传部。

（六）工业遗产保护

2009年6月中旬，国家文物局在上海组织召开了全国工业遗产保护利用现场会，单霁翔局长、童明康副局长出席会议并作重要讲话。来自全国各省文物行政部门的有关负责同志，部分重要工业城市的领导和有关专家学者等140余人参加会议。会议对工业遗产的保护利用问题进行了积极探索，有力推动了工业遗产保护利用工作的开展。

考古工作

（一）概况

2009年，三峡库区地下文物保护项目的田野考古工作部分已经全部结束；地上文物保护方面，原地保护项目、留取资料项目已基本完成。库区四期移民工程文物保护项目已通过验收，能够满足三峡工程175米蓄水要求。2009年5月18日，白鹤梁水下博物馆建成并正式对外开放，整个工程包括地面陈列馆、交通及参观廊道、水下保护体三部分，通过多种现代科技手段保护、展示白鹤梁题刻。该博物馆不仅是三峡库区文物保护的重点项目，也表明了我国政府对历史文化遗产的尊重。

南水北调工程文物保护工作进展顺利。2009年10月13日，国务院南水北调办批复了南水北调东、中线一期工程初步设计阶段文物保护方案，核定投资5.3亿元，文物保护资金纳入年度投资计划，有效保障了考古工作的开展。截至2009年底，中线干渠京石段文物保护工作全部完成，河北南段、河南段和丹江口库区以及东线山东段、江苏段文物保护工作进展顺利，累计已完成考古发掘面积96余万平方米，超过总工作量的1/3。此外，在工程沿线考古调查工作中，新发现了大量文物点，为第三次全国文物普查工作提供了重要支持。其中，河南新密李家沟遗址和山东高青陈庄西周城址被评为2009年度全国十大考古新发现。11月，国家文物局与中国考古学会共同主办南水北调中线工程考古发现与研究研讨会，研究部署下一阶段南水北调文物保护工作的主要任务，并进行了学术交流。国务院南水北调办、南水北调中线局、南水北调中线水源公司，以及参与工程沿线考古工作的各有关单位和省级文物行政部门主要负责同志参加了会议。会议对于进一步统一各地思想，增强考古工作的课题意识和保护意识，全面提高考古工作质量，规范资金使用和经费管理具有重要作用。

在考古管理工作方面，为适应当前考古和文物保护工作的实际需要，切实提高我国田野考古工作水平，国家文物局组织对《田野考古工作规程（试行）》进行了修订并正式颁行。2009年6月，委托北京大学考古文博学院举办“新修订《田野考古工作规程》培训班”，对全国具有考古发掘领队资格的在职专业人员进行培训，累计培训人员627名，有力推动了各地对新《规程》的理解和执行。10月，国家文物局正式下发了《考古发掘项目检查验收办法（试行）》，规范了考古项目检查、验收工作，对检查、验收工作的程序、标准、要求等提出了明确意见，并组织对甘肃马家塬、磨沟，山东东平陵故城、河北定窑遗址、河南隋唐洛阳城遗址、新郑韩王陵、荥阳娘娘寨遗址等考古发掘项目进行检查，推动地方严格执行相关工作规程，提高田野工作质量。考古资料整理和报告编写工作稳步推进，2009年已编辑出版报告约60部。

2009年7月27～29日，国家文物局在北京组织召开了2007～2008年度国家文物局田野考古奖评审会。来自中国社会科学院考古研究所、中国国家博物馆、北京大学等单位和国家文物局的17位评委对各地上报的30个项目进行了评审。陕西唐陵大遗址保护项目、广东台山新村沙丘遗址、陕西岐山凤凰山（周公庙）遗址等3个考古项目获得国家文物局田野考古奖一等奖，这是首次有3个项目同时获得一等奖，反映出我国田野考古工作质量和水平普遍提高。此外，浙江省文物考古研究所主持的“浙江余杭良渚古城遗址”等6个项目获得二等奖，中国社会科学院考古研究所等单位联合开展的“辽宁大连长海小珠山、吴家村遗址”等11个项目获得三等奖。

（二）重要考古发掘项目

在2009年的考古发掘项目中，有36项被列入国家文物局年度重要考古发现。江苏邳州梁王城遗址大汶口文化中晚期墓地的发现，填补了苏北地区大汶口文化中晚期及其向龙山文化过渡的考古学文化空白。杭州余杭玉架山遗址是首次揭露的长江下游地区新石器时代的环壕聚落遗址，为研究良渚文化小型完整聚落提供了珍贵的资料。湖北孝感叶家庙城址是在鄂东北发现的首座新石器时代晚期城址，丰富了对长江中游史前城址的认识。四川屏山向家坝库区叫化岩遗址的文化内涵具有自身的特点，是川南地区金沙江下游一种全新的考古学文化遗存，对于建立四川地区新石器时代文化的谱系具有重要意义。山东高青陈庄西周城址对于研究“丰”与齐国的关系以及早期齐国的历史具有重要价值。河南荥阳娘娘寨两周时期城址填补了郑州地区西周文化遗存的空白。香港屯门扫管笏遗址包含相当于商周时期、汉代以及明代的文化遗存，为研究香港的历史文化及其与华南地区的文化关系提供了重要资料。云南澄江金莲山墓地复杂的葬式和特殊的葬俗为滇池区域青铜时代文化的研究提供了珍贵资料。新疆乌鲁木齐萨恩萨依墓地的墓葬类型多样，文化面貌复杂，沿用时间为青铜时代至汉唐时期，对研究天山中段乃至整个欧亚大陆草原早期游牧文化具有重要价值。西安长安凤栖原墓葬为研究中国古代的墓葬形制、埋葬制度与埋葬习俗提供了重要资料。曹操高陵的发现为研究古代社会、历史、文化等提供了重要的实物资料。河北磁县北齐高孝绪墓廓清了北齐皇宗陵域的大致范围。江苏张家港黄泗浦遗址为中外海上交通史、港口变迁等研究开拓了新视野。北京大兴辽金塔林遗址以数量较多的中小型塔基为主，发现的经幢题记对于研究北京建都史、辽金时期佛教文化及北京地区的历史地理具有重要意义。河北曲阳定窑遗址发掘了多处晚唐至金的连续叠压地层，有助于全面了解定窑各个时期的生产状况、工艺及器物特征。陕西韩城盘乐壁画墓的发现为研究宋代的服饰、书画、杂剧和中医等提供了宝贵的资料。吉林白城永平金代遗址早期台基建筑的规模、装饰风格以及晚期普通民居建筑的形制，对于研究金代建筑的布局和装饰风格具有重要价值。

（三）合作考古方面的交流与合作

2009年，国家文物局共审理中外合作考古研究项目10个，包括中美合作开展福建沿海史前海洋文化考古和研究项目、中德合作四川佛教刻经考古和研究项目、中日合作吉林旧石器考古研究项目、中土合作开展吐鲁番地区突厥文刻铭考古项目、中以合作开展“中国东北地区的农业与定居社会的起源”考古和研究项目等，并批复新疆小河墓地出土花粉样品赴日本进行检测。中肯合作考古项目稳步推进，2009年商务部正式批准中国和肯尼亚合作实施拉穆群岛地区考古项目，由北京大学和中国国家博物馆负责具体开展与肯尼亚国家博物馆的合作考古工作。

中蒙合作考古项目进展顺利。2009年8月17日～22日，国家文物局组织“中蒙合作考古项目工地检查组”赴蒙古国进行中蒙合作考古项目工地检查。检查组对考古发掘工地现场进行了实地检查，听取了中蒙联合考古队2009年度合作考古工作情况的汇报，查看了部分出土遗物，并检查了中方考古队的资料记录。专家认为，中蒙合作考古项目通过双方科研机构和学者间的合作，加深了两国考古学界的了解和互信，对推动中蒙两国历史文化交流具有重要意义。检查组建议在已有基础上加强与蒙方的交流合作，寻找新的合作项目，不断拓宽双方合作研究的领域。

（四）水下考古工作

国家文物局结合第三次全国文物普查，组织开展全国水下文物普查工作。2009年2月26日～27日，在浙江省宁波市组织召开“全国水下文物普查工作会”，总结近年来我国水下考古工作成果，听取了各有关省市同志的意见和建议，研究、部署2009～2010年我国水下考古和文物普查工作的主要任务。2009年，组织在辽宁、山东、浙江、福建、海南、安徽和西沙海域开展了相关普查工作，其中福建、广东、浙江、海南等省水下文物普查工作已基本完成。

水下考古抢救性发掘工作有序开展。2009年8月～9月，经国家文物局批准，广东省文化厅组织开展“南海I号”古船试掘工作，获得了重要成果，初步掌握了沉船在沉箱中的位置和保存状况，并在试掘基础上积极研究制订“南海I号”古船整体发掘方案和出水文物保护方案。同时，启动了“南澳I号”水下考古发掘项目，积极开展“华光礁I号”出水文物保护工作。

为了深入开展水下文化遗产保护和研究工作，合理整合水下文化遗产保护资源，经文化部党组研究决定，依托中国文化遗产研究院成立国家水下文化遗产保护中心。2009年9月28日，国家水下文化遗产保护中心在中国文化遗产研究院正式挂牌成立，文化部、国家文物局，以及外交部、科技部、公安部、交通运输部、文化部、国家海洋局、海军等国家水下文化遗产保护工作协调小组成员单位有关领导，各有关省、自治区、直辖市文物局以及相关专业机构代表及中国遗产研究院有关人员等70余人参加了揭牌仪式。

2009年6月～8月，国家文物局组织开展“第五期全国水下考古专业培训班”培训工作，培训水下考古专业人员20名，并挑选优秀专业人员赴菲律宾参加深水培训，大大提高了从业人员的技术水平，壮大了水下考古专业队伍。

（五）考古工作会议

2009年1月，国家文物局在北京组织召开了“2008年度考古发掘资质及考古发掘领队资格评议会”，共39人通过评议，获得考古发掘领队资格；1家单位通过评议，获得考古发掘资质。同时，在荆州举办了新领队上岗前的集中培训，增强文物保护意识，提高领队的综合素质和田野考古工作水平。

2009年11月1日～2日，国家文物局主办、河南省文物局承办的“2008～2009年度全国考古工作会”在河南省洛阳市召开。部分国家文物局考古专家组专家，以及来自全国各省、自治区、直辖市文物部门、各考古发掘资质单位和新闻媒体的代表共150余人出席了会议。童明康副局长在会上做了题为《强化管理，继往开来，推动考古工作科学发展》的工作报告。会议安排了主题发言，重点介绍了在考古所管理、南水北调工程考古管理、第三次全国文物普查、中华文明探源、大遗址考古、公众考古、出土文物现场保护移动实验室（车）等方面的经验成果。与会代表分组讨论了童明康副局长的工作报告，并对如何加强考古管理，以及“十二五”期间拟开展的各项重点工作任务提出意见。黄景略、张忠培、严文明、徐光冀等多位专家也就当前考古工作中存在的主要问题提出了建议。这次会议的召开对全面实现我国考古事业“十一五”规划的各项重点工作目标，科学编制“十二五”国家考古和文化遗产保护规划，具有重要的指导意义。

大遗址保护

2009年是全面开展大遗址保护工作的第五年。一年来，大遗址保护工作深入人心，影响力日渐广泛，各项工作稳步推进。以长城、丝绸之路、大运河、西安片区、洛阳片区这“三线两片”为核心的大遗址保护格局基本确立，良渚考古遗址公园、牛河梁考古遗址公园、隋唐洛阳城宫城核心区考古遗址公园等的建设工作相继启动，扬州宋夹城考古遗址公园初步建成开放。南越国宫署遗址、长沙铜官窑遗址、纪南城遗址、郑州商城遗址、元上都遗址、北庭故城遗址等的保护工作在有序推进。重庆钓鱼城遗址、嘉兴马家浜遗址、北宋东京汴梁城遗址等尚未纳入100处大遗址项目库的重点遗址保护工作也积极启动，我国大遗址保护工作进入新阶段。

2009年，国家文物局批准了仰韶村遗址、马家浜遗址、贾湖遗址、彭头山遗址、八十垱遗址、石家河遗址、汉长安城遗址、南越国宫署遗址、中山靖王墓、罗通山城、华清宫遗址、杜陵、森木塞姆千佛洞、苏巴什佛寺遗址、北庭故城遗址等重要大遗址保护规划；陆续批准了牛河梁遗址第二地点、盘龙城遗址、大地湾F901遗址、城阳城址、曲村—天马遗址、晋侯墓地、汉长安城未央宫前殿遗址、邺城金凤台遗址、南越国宫署遗址、七个星佛寺遗址、徐显秀墓、大明宫太液池遗址、大明宫宫墙及宫门遗址、永昌陵陵园遗址、合川钓鱼城遗址等重要大遗址保护方案；协调指导高句丽、殷墟、隋唐洛阳城、西安大明宫、汉长安城、扬州城、丝绸之路新疆段、牛河梁、良渚、鸿山遗址的保护工作，有力地推动大遗址保护工程顺利开展。

6月12日，由国家文物局和杭州市人民政府共同主办、中国古迹遗址保护协会和浙江省文物局协办、杭州市余杭区人民政府和良渚遗址管理委员会承办的“大遗址保护良渚论坛”在杭州市余杭区良渚遗址召开。本次论坛以“大遗址保护与考古遗址公园建设”为主题，是继2008年10月大遗址保护西安高峰论坛之后又一次聚焦我国大遗址保护的盛会。来自财政部、各省、自治区、直辖市文物行政部门、重要大遗址所在城市和保护管理机构、考古与规划单位的代表，以及部分特邀专家共计200余人与会。考古遗址公园立足于遗址及其背景环境的保护、展示与利用，兼顾科研、教育、游览、休闲等多项功能，是中国大遗址保护实践与国内国际文化遗产保护理念相结合的有益尝试，是加强大遗址保护、深化大遗址利用与展示的有效途径，具有鲜明的中国文化遗产保护特色，符合大遗址保护的实际需要。论坛期间审议了由中国文化遗产研究院起草的《国家考古遗址公园管理办法（试行）》和《国家考古遗址公园评定细则》，形成并通过了《关于建设考古遗址公园的良渚共识》，标志着大遗址保护工作进入了一个崭新的阶段。2009年6月11日，余杭区委、区人民政府在莫角山遗址现场举行了良渚遗址保护行动暨良渚国家遗址公园建设启动仪式，并为新成立的良渚遗址考古与保护中心授牌。

10月31日～11月1日，国家文物局与河南省人民政府联合主办、河南省文物局与洛阳市人民政府联合承办的大遗址保护洛阳高峰论坛成功召开。来自国家发改委、财政部、国土资源部，各省级文物行政部门、18个重要大遗址所在城市市委市政府、文物、规划部门，中国社会科学院考古研究所等专业机构和意大利文化遗产与艺术活动部的代表，共约300人与会，围绕“城市核心区的大遗址保护”主题进行了广泛而深入的讨论与交流，共同发布了《大遗址保护洛阳宣言》，取得了丰硕的成果。论坛召开期间还举行了隋唐洛阳城定鼎门遗址博物馆开馆仪式、隋唐洛阳城宫城考古遗址公园启动仪式和“大遗址保护成果展”等系列展览的开幕式等活动，展示近年来尤其是“十一五”以来大遗址保护的突出成果。

12月，国家文物局颁布了《国家考古遗址公园管理办法（试行）》及《国家考古遗址公园评定细则（试行）》。该《管理办法》是在总结国内外文化遗产理念和实践结合我国当前大遗址保护新形势的基础上，针对大遗址保护面临的新问题所提出的，对进一步规范我国考古遗址公园建设，推动我国大遗址保护工作深入开展有重要意义。

世界文化遗产

（一）概述

2009年，中国的世界遗产事业扎实推进。在世界遗产申报方面，2009年6月，五台山作为文化景观被列入《世界遗产名录》，至此我国世界文化遗产数量达到27处，文化与自然双遗产4处。登封“天地之中”历史建筑群和杭州西湖文化景观申报世界遗产的工作进展顺利。丝绸之路、大运河、元上都遗址、云南红河哈尼梯田等项目申报世界遗产工作也取得了新的进展。在遗产保护和管理方面，积极推进长城资源调查、大足石刻千手观音造像抢救性保护工程、高句丽壁画墓文物保护工程等保护项目。同时召开震后文化遗产保护国际研讨会，举办文化线路保护无锡论坛，加强文化遗产保护管理的理论研究工作。在世界遗产监测方面，国家文物局配合世界遗产中心提交了中国5处世界遗产的管理和监测报告，并召开了世界文化遗产监测专家座谈会，就世界遗产定期监测提出了工作建议。

（二）世界文化遗产的申报、保护和管理

2009年6月，在西班牙塞维利亚举行的联合国教科文组织第33届世界遗产大会上，中国山西省的五台山作为文化景观被列入《世界遗产名录》。

国家文物局协调郑州市和杭州市有关方面，抓紧编制登封“天地之中”历史建筑群项目的补充文本，并根据世界遗产中心反馈的预审意见，对杭州西湖文化景观的申报文本进行了相应的完善。

为加强世界文化遗产申报项目储备工作，形成每年有2～3个条件较为成熟的储备项目的竞争态势，国家文物局重点推进丝绸之路、大运河、哈尼梯田、元上都、藏羌碉楼等申报项目。

其中，我国与中亚五国跨国申报丝绸之路项目稳步推进。国家文物局派员出席了2009年5月在哈萨克斯坦举行的丝绸之路跨国联合申报世界遗产第五轮国际协商会议，会议通过了丝绸之路突出普遍价值声明的初稿，组建了协调委员会和专家工作小组。11月初，国家文物局与世界遗产中心在西安共同主办了丝路跨国申遗协调委员会第一次会议，12个成员国和有关国际组织的代表出席了会议。会议通过了协调委员会工作文件，并再次确认了2012年的申遗时间表。

为按时完成申报准备工作，国家文物局发函要求丝绸之路申遗各有关省文物部门，提供详细的补充材料，并召开多次会议，协调、督促申报文本编制工作。另外，国家文物局对《丝绸之路中国段文化遗产保护管理办法》进行了修改完善，并征求了有关专家意见。在2009年4月无锡论坛期间，还召开了有关省文物部门参加的海上丝绸之路文化遗产保护工作会议，对开展海上丝绸之路申报世界遗产的前期准备工作提出了明确的要求。

大运河保护和申遗取得重大进展。文化部和国家文物局牵头建立了大运河保护和申遗省部际会商小组，并由会商小组13部门联合发出了《关于加强大运河保护和申遗工作的意见》。国家文物局印发了《关于加强大运河保护和申报世界遗产工作的通知》和《大运河遗产第二阶段保护规划编制要求》，明确了大运河遗产申报全国重点文物保护单位、世界遗产和保护规划编制审批等

相关工作要求。大运河沿线地区开展了大运河遗产资源调查，基本完成了地市级保护规划的编制工作，省级保护规划的编制工作已经开始。

元上都遗址、云南红河哈尼梯田等申报项目进入实质性操作阶段。国家文物局领导亲赴现场考察，指导申报工作。这两处遗产已由地方委托专业单位，编制保护规划、申报文本，开展遗产保护、展示工作。

在世界文化遗产的保护管理方面，国家文物局积极推进长城资源调查工作和重点世界文化遗产的保护工程。

截至2009年底，明长城调查已经完成了主要工作任务，基本摸清了明长城家底。经国务院同意，国家文物局和国家测绘局正式公布我国明长城总长度为8851.8千米。国家文物局发布了《关于推进秦汉及其他时代长城资源调查工作的通知》，并于2009年10月16日在西安召开长城资源调查工作会议，重点部署推进秦汉及其他时代长城资源调查工作。

大足石刻千手观音造像抢救性保护工程已转入室内实验阶段，开展金箔修复粘接材料、岩石加固材料等研究工作，并形成了《大足石刻千手观音抢救性保护工程总体工作方案》。

高句丽壁画墓文物保护工程已初步完成了对墓葬周边环境、地质地形、病害现状和工作方案的调研工作，并形成了《高句丽墓葬壁画原址保护工程第一期项目实施方案》。

另外，根据国际古迹遗址理事会第16届大会的建议，2009年7月25日，国家文物局在四川成都召开震后文化遗产保护国际研讨会。国际专家对四川灾后文化遗产抢救保护工作给予了极高评价，并邀请中方专家参加国际古迹遗址理事会举办的文化遗产防灾减灾国际研讨会和相关文件起草。此前，国际专家考察了四川震后遗迹和西安保护中心，同意支持西安保护中心的发展。

（三）保护管理研究工作

2009年4月10日~11日，以“文化线路遗产的科学保护”为主题的无锡论坛成功举办，会议形成了《关于文化线路遗产保护的无锡倡议》，呼吁加强我国文化线路遗产资源调查、科学研究、保护规划编制、专项法规制定等工作，建立管理协调机制和多学科参与的研究体系。为进一步深化相关研究，结合当前世界遗产申报管理工作的实际需要，国家文物局在9月底通过课题招标，确定清华大学、中国古迹遗址保护协会等单位承担“文化线路申报世界遗产研究”、“世界文化遗产保护与遗产地经济发展研究”和“国际文化景观遗产保护”等课题。

为进一步加强我国世界文化遗产申报工作和中国世界文化遗产预备名单的管理工作，促进世界遗产申报和管理工作的专业化、规范化，国家文物局委托中国古迹遗址保护协会起草了《世界文化遗产申报项目审核管理规定》和《中国世界文化遗产预备名单管理办法》。

（四）世界文化遗产监测巡视

国家文物局按照世界遗产委员会的要求，提交了5处世界文化遗产保护管理状况的报告，并配合国际组织开展了对澳门历史中心的反应性监测，组织督促4家试点单位编制了世界文化遗产地定期监测报告。

2009年8月25日~26日，国家文物局在福建召开了世界文化遗产监测专家座谈会，审议了试点单位定期监测报告和《中国世界文化遗产监测实施导则》稿，对2010年开展的世界遗产定期监测提出了工作建议。会后对福建的两处世界文化遗产福建土楼和武夷山进行了监测巡视，根据巡视中发现的问题，国家文物局已致函福建省文物局，提出了相关的整改要求。

博物馆

（一）概述

截至2009年底，文物系统共有博物馆2252个，从业人员59919人，馆藏文物1571万件，其中一级文物56277件，二级文物1060569件，三级文物2647498件；观众32716万人次（其中未成年人9978万人次）。加上其他部门和社会力量举办的博物馆，全国博物馆已达3020个，是1949年的143.8倍，1980年的8.1倍；新世纪以来一直保持在每年100个左右的增长速度，这在世界博物馆发展史上极为罕见。自此，我国博物馆已经形成以国家级博物馆为龙头、省级博物馆和重点行业博物馆为骨干，国有博物馆为主体、民办博物馆为补充，类别多样化、举办主体多元化的博物馆体系；原有省级以上大馆大多完成或已开始改扩建或新建，一批市县级博物馆的基础设施得到显著改善；新建博物馆大量采用新技术、新工艺、新材料，提高博物馆建筑的现代化、智能化程度，从而使博物馆的基础设施水平显著提升，与欧美等发达国家的博物馆相比也毫不逊色；在藏品保护管理利用中更加注重传统技术与现代科技手段有机融合，有效提升了藏品保护工作的质量和效率。

截至2009年，全国1743个公共博物馆、纪念馆实现免费开放，约占文化文物部门归口管理博物馆纪念馆和全国爱国主义教育示范基地总数的79%。博物馆观众数呈持续快速增长趋势，每馆平均观众量比免费开放前增长了50%。全国博物馆目前每年举办的陈列展览总数达10000个，每年赴境外文物展览达约80项，产生了广泛的社会效益。

（二）重要博物馆建设

2009年建成开放的重要博物馆有：

1.2月18日，明孝陵博物馆新馆在江苏南京建成开放

明孝陵博物馆新馆是依托世界文化遗产南京明孝陵设立的专题类博物馆，展馆利用原南京手表厂厂房改造而成，平面呈回字形，设有“大明孝陵”主题展览、360度环幕影院、大明生活馆、书吧、文化产品超市等板块，总面积近5000平方米。展览展出了元末农民战争中使用的火铳、明孝陵考古出土的琉璃建筑构件、民间征集的明代瓷器、玉器、钱币等文物，并通过对明孝陵地宫的模拟展示，讲述了明孝陵的选址、营建、规制与和礼制思想，阐述了明代皇家陵寝的历史价值和艺术价值。

2.4月22日，北京新文化运动纪念馆重新开馆

北京新文化运动纪念馆是依托原北京大学红楼旧址建立的全国唯一一家全面展示“五四”新文化运动历史的综合性博物馆。北大红楼是中国新文化运动的主阵地和“五四”爱国运动的策源地，2008年由于红楼维修，北京新文化运动纪念馆暂时闭馆。此次重新开馆通过旧址复原，并推出了“新时代的先声”基本陈列，以及新文化运动重要人物蔡元培、陈独秀等的专题陈列，力图再现20世纪二十年代的北大红楼，使人有身临其境之感，旧址复原共展出实物1198件，复原了李大钊图书馆主任室、毛泽东工作过的阅览室等一些旧址，专题展示五四新文化运动时期的一些重要历史事件。

3.4月30日，广西民族博物馆在广西南宁建成开放

广西民族博物馆历时6年筹建、投资2.3亿元，占地130亩，建筑面积29370平方米，其中展厅面积约8000平方米，是以收藏保护、研究、展示广西各民族繁衍生存、融合发展的民族博物馆，通过收藏、研究和展示广西12个世居民族的传统文化，同时兼顾对广西周边省份各民族以及东南亚各民族的文化研究、文物资料收藏和宣传展示。设有“五彩八桂”“铜鼓文化”和“中国与东盟”3个专题陈列馆及两个临时展览区，展示广西世居民族的历史文化遗存。

4.5月9日，四川博物院新馆在四川成都建成开放

作为四川震后竣工的首个文化设施工程，四川博物院新馆建成后向公众免费开放。四川博物院收藏文物共计26万余件，以巴蜀青铜器、汉代陶石艺术、南北朝佛教石刻造像、藏传佛教文物和张大千绘画艺术为主。四川博物院新馆建设用地88亩，主体建筑达32026平方米，规模是原馆的4倍，展厅数量达15个，展厅面积约10000平方米，新馆设有蜀风汉韵（汉代陶石艺术馆）、巴蜀青铜器、泥与火的艺术（瓷器馆）、大风堂（张大千艺术馆）等10个常设展厅和4个临时展厅，内容涵盖了四川历史发展简况和极具特色的地方文化，向广大观众提供全方位、立体的历史和文化艺术体验，更好地满足人民群众各方面对博物馆的物质和精神文化的需求。

5.5月12日，四川省茂县羌族博物馆重建举行奠基仪式

茂县羌族博物馆是全国唯一的一座羌族博物馆，在“5·12”地震中馆舍受损严重，馆藏文物藏品遭受不同程度损毁。在国家发改委、国家文物局、国家民委等有关部门和对口支援省山西省有关部门的大力支持下，茂县羌族博物馆立项重建。博物馆新址位于县城主干道旁，背靠青山、面向岷江，占地60亩，建筑面积为10000平方米，包括文物中心库房、文物展演厅、文物保护科研区等六大区域，项目总投资达1.4亿元，建筑主体将在两年内建成，对于抢救具有浓郁羌族特色的珍贵文物、弘扬羌族传统文化具有重要意义。

6.7月28日，浙江省自然博物馆新馆在浙江

杭州建成开放

浙江自然博物馆新馆位于西湖文化广场B区，建筑面积约26000平方米，有近13万件珍贵的馆藏标本，新馆馆舍面积扩大了3.8倍，藏品库房面积扩大了3.5倍，陈列展示面积扩大了近5倍，年接待观众能力从15万人次提高到100万人次；陈列内容与形式更加科学、生动，展示手段更加多元、先进，服务功能更加完善和人性化。博物馆定位为以“自然与人类”为主题，以提高公众的自然科学文化素养和生态系统保护意识为宗旨，集科普教育、收藏研究、文化交流、智性休闲于一体的现代自然博物馆。新馆一层为临时展区及公共服务设施；二层主要为“地球生命故事”展区，展示地球各类生命在演化进程中的艰难曲折；三层设有“丰富奇异的生物世界”和“绿色浙江”展区，展现浙江丰富的自然资源和建设生态省的成果，引发人们对“人与自然如何和谐相处”的思考。

7.11月16日，中国文字博物馆在河南安阳建成开放

中国文字博物馆是“十一五”期间国家重大文化工程，是我国第一座以文字为主题，全面反映中国各民族文字、文字历史，集文物保护、陈列展示和科学研究功能为一体的专题博物馆。中国文字博物馆总占地143亩，总建筑面积34500平方米，一期工程用地81.76亩，建筑面积22700平方米，包括字坊、广场、主体馆等。在全国各有关部门和文物收藏单位的大力支持下，中国文字博物馆入藏文物4123件、其中一级文物305件，另有辅助展品1058件。博物馆的陈展体系包括序厅、基本陈列、专题陈列、临时展览等。中国文字博物馆的建成与发展，对于反映中华文明与中国语言文字的研究成果，展示中华民族灿烂的文化和辉煌的文明，传承中华文明，弘扬以爱国主义为核心的民族精神，建设社会主义先进文化具有重要意义。

8.12月20日，浙江省博物馆武林馆区、浙江革命历史纪念馆建成开放

两馆位于西湖文化广场，建筑面积20991平方米，陈列面积约7600平方米。设有“越地长歌——浙江历史文化陈列”、“钱江潮——浙江现代革命历史陈列”、“山水之间——黄公望《富春山居图》与馆藏明清山水画”和“非凡的心声——世界非物质文化遗产中的中国古琴”、“意匠生辉——浙江民间造型艺术”、“十里红妆——宁绍婚俗中的红妆家具”等专题陈列，以及地下一层的临时展厅。基本陈列和专题陈列以区域文化为陈列内容，以信息传播为陈列形式，架构全景式社会历史画卷。两个基本陈列和四个专题陈列共展出各类文物近3000件（组），引入多种非文物展品的表现形式，打造博物馆展示的视觉场域，以增强陈列的吸引力和震撼力。主要是通过场景、模型等项目，营造丰富的展览空间；通过复原考古发掘现场，营造真实的历史环境。以馆藏为基础，通过情景再现和多媒体运用，对中国古琴艺术、浙江民间造型艺术、宁绍地区的婚俗进行完整、活态地展示，并着力揭示物质背后的情感、记忆等非物质文化。

9.12月24日，广东海上丝绸之路博物馆在广东省阳江市建成开放。

广东海上丝绸之路博物馆位于阳江市海陵岛银滩，总占地面积近130000平方米，博物馆主体工程建基面积12000平方米，总建筑面积19000平方米，展厅9000平方米。博物馆主体结构“水晶宫”中，展示有装载南宋古沉船“南海Ⅰ号”的沉箱，以及历年来从“南海Ⅰ号”打捞出水的200多件文物，游客可以在两条长60米、宽40米的水下参观廊近距离看到考古人员现场发掘、打捞文物等水下考古作业的情景。博物馆的展陈设计围绕造船文化和海洋文化的核心，以中国海洋文明史和海上贸易史为主线，通过文献、图片和文物等立体呈现共和国水下考古作业的发展历程和考古成果。

广东海上丝绸之路博物馆的建成为在室内进行古沉船及其相关文物的长期保护、持续发掘、深入研究和动态展示，推动中国水下考古的发展和推进文化遗产保护融入社会大众，提供了必要条件，它的建成开放打破了以往博物馆静态展陈的方式，是在世界范围独有的大型水下考古专题博物馆。

（三）继续深化博物馆、纪念馆免费开放工作

国家文物局与中宣部、财政部研究确定了2009年全国免费开放博物馆名单，加上2008年首批名单，中央财政支持的免费开放单位总计1444个，此外各地有一批博物馆、纪念馆和爱国主义

教育示范基地主动自行免费开放。2009年，中央财政安排专项补助经费20亿元，重点补助地方博物馆纪念馆免费开放所需资金，鼓励改善陈列布展和举办临时展览，支持重点博物馆纪念馆提升服务能力。

2009年，中宣部等四部局研究制定了《关于进一步做好博物馆纪念馆免费开放的意见》，筹备召开全国博物馆免费开放工作会议，对深化博物馆免费开放工作做出进一步的部署，提出要强化调查研究，加紧完善各种配套的政策措施和管理制度，充分发挥公共博物馆纪念馆和爱国主义教育基地宣传和传播先进文化的作用。

编印并免费发放《博物馆展览交流信息》册页（首批收录19个省级以上博物馆的83个展览信息），并在国家文物局政府网站同步发布和适时更新，搭建博物馆交流合作平台。编印《博物馆免费开放调研报告汇编》、《国家一级博物馆导览》、《新形势下博物馆工作实践与思考（暂定名）》，为深化博物馆免费开放提供借鉴。

12月11日，国家文物局在河南郑州组织召开全国博物馆“三贴近”工作座谈会，传达学习中央领导同志视察河南博物院的重要指示精神，对进一步落实“三贴近”要求，加强博物馆工作，促进博物馆事业科学发展，提出了具体要求。会议指出，中央领导同志再次对深入推进“三贴近”作出重要指示，充分体现了党中央对博物馆工作的高度重视和极大关怀，对新时期博物馆事业发展具有普遍的指导意义。全国博物馆工作者要认真学习，深刻领会，努力贯彻落实。要进一步提高认识，理清发展思路，增强时代意识、社会意识、群众意识、服务意识，坚持面向大众，增加陈列展览等文化产品的知识性、趣味性、观赏性、互动性和可参与性，积极主动地融入当地社会发展，以保障公民基本文化权益为着力点，努力构建公共文化服务体系，使参观博物馆成为公众精神文化生活的追求和时尚，努力把博物馆事业发展成为政府支持为主、群众广泛参与、社会贡献率高的公共事业。

（四）启动中央地方共建国家级博物馆工作

为推进博物馆管理体制创新，充分调动中央和地方两个积极性，加大投入力度，使有关博物馆的藏品保护、展示、科研和运行水平显著提高，社会教育和服务能力显著增强，创建一批最能够展现中华文明、反映中国文化价值并具有国际一流水准的博物馆，并构建以点带面、立足区域、辐射全国、面向世界的博物馆综合资源共享平台，2009年12月，国家文物局会同财政部联合召开中央地方共建国家级重点博物馆座谈会，印发《关于开展中央地方共建国家级博物馆工作的通知》，确定上海博物馆、南京博物院、湖南省博物馆、河南博物院、陕西历史博物馆、湖北省博物馆、浙江省博物馆、辽宁省博物馆等8个博物馆为首批中央地方共建博物馆，重庆中国三峡博物馆、首都博物馆和山西博物院等3个博物馆为培育对象。

（五）深化博物馆评估定级工作

在2008年组织开展国家一级博物馆评估定级工作之后，国家文物局组织开展国家二、三级博物馆评估定级工作，并于2009年5月19日公布了国家二级博物馆171个、国家三级博物馆288个，加上此前公布的首批国家一级博物馆83个，国家一二三级博物馆合计542个，约占全国博物馆总数的17.9%。评估定级有效促进了对博物馆专业化的理解和关注，极大地调动了各地进一步改良博物馆运行、管理和服务的动力和积极性。为督促定级博物馆不断提升管理水平和服务质量，形成长效评议监督机制，国家文物局组织北京化工大学经济管理学院完成国家一级博物馆运行状况评价课题研究，制定国家一级博物馆运行评估规则、国家一级博物馆运行评估指标体系；并委托中国博物馆学会启动国家一级博物馆年度运行评估试点工作。

（六）促进民办博物馆健康发展

国家文物局组织完成了《关于规范和促进民办博物馆发展》课题研究。

据不完全统计，截至2009年8月，除广西、西藏、新疆外，各地文物部门登记注册的民办博物馆为328个，约占全国博物馆总数的11%。国家文物局联合民政部、财政部、文化部、国土资源部、住房和城乡建设部、国家税务总局等六部门研究制定了《关于促进民办博物馆发展的意见》。11月12日，在北京召开全国民办博物馆工作座谈会，针对我国民办博物馆发展状况，总结、交流各地发展民办博物馆的做法、经验，系统分析了民办博物馆发展状况、特点、发展趋势及存在的问题，研究新形势下促进民办博物馆健康发展的对策，并提出了促进民办博物馆健康发展的具体思路和对策。

（七）藏品保护

“文物调查及数据库管理系统建设项目”加快推进。

2009年2月，召开专题会议，对在北京等21个省份全面推进文物调查及数据库管理系统建设项目作了部署。12月，印发《关于加快推进文物调查及数据库管理系统建设项目工作的通知》，进一步明确了相关要求。北京等17省（区、市）按计划启动了数据采集工作，吉林、山东、广东、重庆、贵州、西藏等6省（区、市）已陆续向国家文物局数据中心报送馆藏一级文物数据和珍贵文物数据。

（八）展示宣传和社会服务

1. 第八届（2007 ~ 2008年度）全国博物馆十大陈列展览精品评选

此次评选由中国博物馆学会、中国文物报社承办。从26个省份69个博物馆、纪念馆的展览中，评选出“井冈山革命斗争史”（井冈山革命博物馆）等3个特别奖、“陕西古代文明”（陕西历史博物馆）等10个精品奖和“神奇的自然美丽的家园——常州博物馆自然资源陈列”（常州博物馆）等14个单项奖，代表了近年中国博物馆在展示上所达到的最高水平，参评项目内容和形式异彩纷呈，亮点频出，特色鲜明，不仅具有古代文明的独特魅力，而且展示了改革开放的时代气息，无论从主题立意、题材选择，还是从展示手段、科技含量等方面看，均较以前的陈列展览有了显著的提升，评选活动引起社会广泛关注和强烈反响。

2.2010年国际博协第22届上海大会筹备工作推进顺利

2009年4月13日，中国博物馆学会在北京举行专业委员会工作座谈会，推动中国博物馆学会下属各专业委员会加强与国际博协对应专门委员会的联系，积极参加各项活动，在活动中宣传和推广上海大会。5月19日，“第二期国际文博合作项目协调人培训班”在西安开班，为ICOM2010年大会培训培养人才，为以后的国际文博合作项目储备人才提供支持。6月，国际博协正式确认大会主题为“博物馆致力于社会和谐”，中国博物馆学会组织了一系列国际或全国性学术研讨会，深入研讨大会主题，并通过大会官方网站、国际博协官方网站和《国际博协新闻》等途径阐述大会主题。7月2日，国际博协第22届上海大会执委会第三次会议在上海召开，研究部署加紧筹备工作。下半年开始，大会主旨报告人邀请工作顺利推进，11月，大会网上注册开始启动，大会电子投票系统获得认可。

3. 各地组织“5·18”国际博物馆日宣传活动

2009年，国际博物馆日的主题为“博物馆和旅游”。5月18日当天，国际博物馆日主会场启动仪式和白鹤梁水下博物馆开馆仪式在重庆市涪陵区隆重举行，中央电视台第10套节目对活动进行了现场直播。各地博物馆围绕主题，开展了一系列各具特色的宣传活动，普及了“文化遗产人人保护，保护成果人人享用”的理念。国家文物局还组织中国博物馆学会开展了“首届中国博物馆十佳志愿者之星”评比活动，对优秀博物馆志愿者进行评选、表彰，以激励更多的人关注和投身博物馆事业，促使博物馆进一步面向社会。

4. 全国博物馆文化产品开发座谈会在北京召开

2009年，国家文物局组织开展了博物馆文化产品专题调研，并于2月3日在北京召开全国博物馆文化产品开发工作座谈会，研究部署加强博物馆文化产品开发工作，并为参加博物馆文化产品评选的获奖单位颁奖。会议指出，充分利用博物馆的文化资源和技术优势进行文化产品开发，是在博物馆免费开放的新形势下推动博物馆体制机制创新、增强博物馆活力的有效举措，是利用、发挥博物馆稀有宝贵资源，将资源转化为生产力，拓展博物馆文化传播渠道的重要手段，也是向社会提供更多高雅特色文化产品，满足人民群众日益增长的多样化文化消费需求，促进社会主义发展和繁荣的重要渠道。要扎实推进博物馆文化产品开发工作，创造博物馆文化产品开发的良好环境，充分发挥政策引导促进作用。

（九）重要的全国性展览

1.2009年7月30日 ~ 10月7日，“秦汉—罗马文明展”在北京中华世纪坛举行

展览由中国国家文物局和意大利文化遗产与艺术活动部共同主办，分为序幕、帝国的建立、物质文明、日常生活、精神世界、日益融合等6部分，通过展示中意70余家博物馆的489件（组）珍贵文物，辅助模型、图片、视频等组合，再现了公

元前3世纪到公元2世纪之间，雄踞世界东西的秦汉、罗马帝国的辉煌文明。这次展览是中国与意大利政府间第一个文物交流项目，也是2010年意大利中国文化年的开幕庆典项目。此后，该展在洛阳展出。作为2010年意大利中国文化年开幕庆典项目，还将在意大利米兰和罗马举办。

2.2009年9月19日～10月20日，“辉煌60年——中华人民共和国成立60周年成就展”在北京展览馆举行

作为首都国庆60周年重要庆祝活动之一，60周年成就展以“伟大历程·辉煌成就·美好未来”为主题，分为序展、综合展、专题展和展望4个部分。序展分为导言和伟大的历程2个单元；综合展分为经济建设、政治建设、文化建设、社会建设和党的建设5个单元；专题展分为农业、工业、基础设施、科教、文化、人口健康社保、对外开放、资源环境、少数民族、国防、一国两制和外交12个单元。系统展示了新中国成立60年来特别是改革开放以来中国共产党领导全国各族人民不懈探索中国特色社会主义道路的伟大历程；系统展示了新中国成立60年来特别是改革开放以来经济建设、政治建设、文化建设、社会建设和党的建设取得的巨大成就；展望2020年全面建成小康社会和到本世纪中叶基本实现现代化的美好前景。

3.2009年9月25日，“复兴之路”大型主题展览在北京国家博物馆开幕

展览于2007年10月在中国人民革命军事博物馆举办，后经充实修改后于2008年3月再次举办。作为庆祝新中国成立60周年的重要活动，此次又进行了充实修改，并将作为国家博物馆的基本陈列长期展出。展览共分五部分：中国沦为半殖民地半封建社会；探索救亡图存的道路；中国共产党肩负起民族独立人民解放历史重任；建设社会主义新中国；走中国特色社会主义道路。首次以陈列的方式全面展示了中华民族近170年复兴之路的宏大主题。展览通过150多件珍贵文物和980多张历史照片，真实再现了自1840年鸦片战争以来100多年间，陷入半殖民地半封建社会深渊的中国人民在屈辱和苦难中奋起抗争，为实现民族复兴上下求索，特别是中国共产党领导各族人民争取民族独立、人民解放、国家富强、人民幸福的奋斗历程，展示了盛世中华团结和谐的繁荣景象。

4.2009年5月22日至8月30日，“凤舞九天——楚文物特展”在湖南省博物馆举行

展览由湖南联合湖北、河南、安徽等省共同推出，是继“走向盛唐”、“国家宝藏”后的又一次文物精品大展。展览遴选264件(套)楚文物精品，分“尚武修文”、“尊礼崇乐”、“蕴美求奇”、“好巫祈福”等4个部分，全面展示了楚国的政治、军事历史、礼乐文明、艺术成就、思想文化与社会生活等各个领域的高度发展水平和独特魅力。为配合该展组织开展的公共教育讲座、家庭日等教育活动，扩大了博物馆的社会影响，丰富了观众的博物馆参观体验。该展在百日内吸引了22万人次参观，成为当地轰动一时的文化盛事。

社会文物管理

（一）概况

2009年，国家文物局进一步规范文物市场及民间收藏文物的管理，开展文物拍卖许可证年审和申报第一类文物拍卖资质的集中审批工作，推动文物拍卖专业人员资格认定管理的试点工作。加强文物进出境审核机构建设和人才培养，启动文物进出境审核信息管理系统建设。

（二）文物市场监管

1. 文物拍卖许可证年审

国家文物局对2008年12月31日前取得文物拍卖许可证的260家拍卖企业依法进行了审核，通过年审的文物拍卖企业198家，暂停文物拍卖资质18家，撤销文物拍卖资质44家。2009年授予27家企业文物拍卖资质。截至2009年底，具有文物拍卖资质的企业共有243家。

2. 文物拍卖企业增加第一类文物拍卖经营资质的审批

2009年初，国家文物局启动文物拍卖企业增加第一类文物拍卖经营资质的审批工作。3月，国家文物局组织专家委员会，对申报增加第一类文物拍卖经营资质的拍卖企业进行了集中评审，批准10家拍卖企业增加第一类文物拍卖经营资质。

3. 启动文物拍卖专业人员聘用试用工作

2009年3月，国家文物局在江苏地区开展文物拍卖专业人员聘用试点工作。试点地区拍卖企业聘用的经国家文物局考核合格的文物拍卖专业人员，在申报文物拍卖许可证和文物拍卖许可证年审中，可视同具有高级文物博物专业技术职务资格。

4. 申报第一类文物拍卖经营资质企业专业人员考试

2009年11月，申报第一类文物拍卖经营资质企业专业人员考试在京举行，参考人数为历年最多，来自18个省（市、自治区）的91家企业共253人报名参加了考试，最终有33家企业报考的48人通过了68门次的考试。

（三）文物进出境管理

1. 启用2009年版文物进出境审核文件和火漆印章

为进一步规范和加强文物进出境审核工作，自2009年7月1日起，国家文物局启用2009年版的文物出境许可证、文物临时进境审核登记表、文物复仿制品证明、文物禁止出境登记表、文物出境审核申请表等文物进出境审核文件和火漆印章。并要求各国家文物进出境审核管理处负责从所在省（直辖市）各口岸申报进出境文物的审核事项。

2. 召开2009年度国家文物进出境审核管理工作会议

2009年11月5日～7日，国家文物局在山东济南召开2009年度国家文物进出境审核管理工作会议。就文物进出境审核机构体制现状和发展思路进行了探讨，并就《文物进出境责任鉴定员管理办法》的起草制定和文物进出境审核管理信息系统建设等议题进行了讨论。

3. 进一步加大文物进出境责任鉴定员的培训工作力度

2009年6月，国家文物局在天津举办玉器类文物进出境审核鉴定培训班，12月，在南京举办了杂项类文物进出境审核鉴定培训班，来自14个审核管理处和相关省市的60余名鉴定专业人员参加了培训。同时，为推进西北、东北各省、自治区文物进出境审核机构建设，重点开展拟新设文物进出境审核机构的人员培训工作，于10月在西安举办了“青藏地区文物进出境审核鉴定培训班”。

（四）流失文物追索

1. 就圆明园流失文物在法拍卖发表严正声明

2009年2月26日，法国佳士得拍卖圆明园鼠首和兔首铜像一事，引发了中国政府和人民对海外流失文物的高度关注。国家文物局严正声明坚决反对拍卖圆明园文物等非法流失的中国文物，认为这种行为有悖于相关国际条约的基本精神，严重损害中国人民的文化权益和民族感情。鉴于佳士得拍卖行多次公开拍卖从中国劫掠、盗窃、盗掘和走私文物的行为，所涉及的文物均为非法出境，为加强文物进出境审核管理，国家文物局发布了《关于审核佳士得拍卖行申报进出境的文物相关事宜的通知》，要求各国家文物进出境审核管理处认真审核佳士得拍卖行及其委托机构申报文物。

2. 鼓励和支持有关机构和学者开展流失海外中国文物的调查工作

2009年10月29日，就圆明园管理处对原属圆明园的流失文物进行调查研究一事，国家文物局明确表示鼓励和支持有关机构和学者开展流失海外中国文物的调查工作，并重申中国政府支持非法流失文物返还原属国的立场。主张通过外交和法律的手段，按照国际社会处理非法流失文物返还问题的法律框架和原则，促使非法流失出境文物回到中国。

（五）国家重点珍贵文物征集

1. 对重要文物拍品行使国家优先购买权

根据《文物保护法》第五十八条和国家文物局《文物拍卖管理暂行规定》，国家对文物拍卖企业拍卖的珍贵文物拥有优先购买权。在中国嘉德2009年春拍上，国家文物局行使国家优先购买权，以拍卖成交价554.4万元购买了其中的陈独秀等致胡适信札，并交由中国人民大学代藏。这批信札涉及到鲁迅、李大钊、胡适、钱玄同等新文化运动时期的重要人物，所反映内容填补了新文化运动和近现代史研究文献的一些空白。

2. 一批国家征集海外流失文物入藏国有收藏机构

2009年，一批国家征集的重点珍贵文物入藏国有博物馆，包括：10490件道场画交由成都博物院代藏；伯梁其盨等8件青铜器交由中国文字博物馆代藏；宋代耀州窑牡丹纹碗1件交由陕西铜川耀州窑博物馆代藏，有效发挥了征集文物的研究和展示价值。

3. 范季融·胡盈莹捐赠文物交接仪式在京隆重举行

2009年11月23日，“范季融·胡盈莹捐赠文物交接仪式”在北京国子监彝伦堂隆重举行。范季融、胡盈莹夫妇是美国著名的中国文物收藏家。1991年以来，曾多次向国家捐赠青铜器、书画等珍贵文物。此次，又将其收藏的9件秦公晋侯青铜器捐赠给国家。鉴于范季融先生为中外文化交流与合作所做出的突出贡献，文化部授予范季融先生“文化交流贡献奖”。

（六）国家文物鉴定委员会相关工作

开展了国家文物鉴定委员会委员增聘工作。经国家文物鉴定委员会委员全体会议推荐，国家文物局批准，共有11位新委员加入了国家文物鉴定委员会。2009年，国家文物鉴定委员会承担了10多项涉案、征集文物的鉴定工作，有力配合了司法、海关等部门的工作。

文物科技与信息

（一）概述

2009年，在科技创新方面，开展行业科技和信息化“十二五”规划的可行性研究，加强科研成果的转化、推广和展示、宣传工作，启动文化遗产保护领域科研联合体建设，促进了开放、流动、竞争、协作的文化遗产保护科技创新体系的形成。

（二）启动科技发展“十二五”规划战略研究

2009年，国家文物局启动实施了文化遗产保护领域科学和技术发展规划战略研究工作，从文化遗产保护领域科技发展总体战略、考古领域科技问题，以及文化遗产保护传统技术和工艺科学化和文化遗产保护科技成果转化问题等12个方面展开系统研究，为“十二五”科技发展规划的编制奠定坚实基础。

为摸清行业发展现状和存在的问题，科学合理地安排工作，部署开展了科技、标准化、信息化十二五规划的前期调研工作，通过课题形式组织有关科研单位编制，并多次召开会议督促进展、指导做好相关工作。

（三）开展体制机制创新，稳步推进创新联盟试点建设

积极推动创新联盟试点工作。国家文物局与浙江省人民政府，拟采取省部共建的方式，共同支持建设国家文化遗产保护科技区域创新联盟，通过区域创新联盟的建设，充分整合和利用中央和地方资源，优化科技布局，建设成高水平的技术研发平台、人才培育平台。

2009年10月15日，为进一步促进资源共享，推动科技成果的转化应用，协同解决关键技术问题，积极开展体制机制创新，陶质彩绘文物保护国家文物局重点科研基地（秦始皇兵马俑博物馆）、古代陶瓷科学研究国家文物局重点科研基地（中科院上海硅酸盐研究所）、中科院上海有机化学研究所、砖石质文物保护国家文物局重点科研基地(西安文物保护中心)等单位成立了第一个专业性技术创新联盟——陶质彩绘文物保护技术创新联盟。

（四）加强行业指导，提升科研基地自主创新能力

为进一步加强行业重点科研基地的建设管理，2009年4月，国家文物局召开科研基地管理座谈会，进一步总结经验，查找问题，并研究制定了《关于加强国家文物局重点科研基地建设和管理的意见》，完成各基地年度工作报告编撰工作。目前国家文物局重点科研基地12个。

7月30日，古代壁画保护国家文物局重点科研基地（敦煌研究院）获批成立古代壁画保护国家工程技术研究中心，全国政协副主席、科技部万钢部长出席揭牌仪式。该中心是我国社会公益领域第一家国家级工程技术中心，是文化遗产保护科技进入国家科技创新体系的重要标志。

（五）国家科技支撑计划项目顺利通过验收

2009年6月4日，国家文物局组织专家在西安召开“十一五”国家科技支撑计划课题《文物出土现场保护移动实验室研发》结项验收会，我国首台功能全面机动灵活的车载式文物出土现场保护移动实验室研制成功。

在科技部的支持下，国家文物局深入研究、申报确定重点项目列入国家“十一五”科技支撑计划项目，内容涉及文化遗产保护关键技术研究、大遗址保护关键技术研究与开发、古代建筑保护技术及传统工艺科学化研究、室外大型石质文物保护关键技术研究等文化遗产领域内的重点、难点和瓶颈问题。国家文物局积极组织，科学管理，研究制定专项管理办法，对课题实施科学化、规范化管理。“十一五”期间国家科技支撑课题顺利通过结项验收，成果显著，获得自主知识产权和专利177项，发表论文342篇，出版专著15部，制定行业标准（草案）28项。《石质文物保护关键技术研究》列入国家科技支撑计划。

（六）中华文明探源工程成果丰硕

2009年1月，《中华文明探源工程（二）》顺利通过科技部结项验收。3月，科技部、教育部、财政部、广电总局、中科院、社科院、文物局、中国科协等部门和单位，成立中华文明探源工程部际联席会议制度，统筹协调中华文明探源工程全面实施。《中华文明探源工程及其相关文物保护技术研究》通过科技部组织的专家论证。

9 ~ 10 月，国家文物局、科技部、财政部、文化部联合举办“早期中国——中华文明起源展”，这是我国第一次以展览的形式向社会公众宣传、展示中华文明的起源与早期发展历程，受到社会的热烈欢迎和学术界的积极肯定。编辑出版了《中华文明探源工程文集》，集中展示该项目的阶段性科研成果。

（七）指南针计划——中国古代发明创造的价值发掘与展示

2009 年 2 月 17 日，国家文物局会同中宣部、教育部、财政部、科技部、文化部等部门，以及中国科学院、中国社会科学院、中国工程院和中国科协等有关单位，成立了“指南针计划”专项领导小组，并组织召开了领导小组第一次会议。2009 年“指南针计划”试点项目的立项评审、启动实施、结项验收等工作按计划有序进行。11 月，中宣部、教育部、科技部、财政部、文化部、国家文物局等部门，以及中国科学院、中国工程院、中国社会科学院、中国科协等十部门联合印发《关于全面推进“指南针计划——中国古代发明创造的价值挖掘与展示”专项的意见》。

（八）积极开展文化遗产保护科研成果的推广应用

国家文物局通过开展保护科技培训班，将科技研究中形成的成果向广大基层文博保护科技工作人员转化。2009 年，陶质彩绘文物保护科研基地结合文物修复项目，在山东青州举办了为期 3 个月的培训班，使 50 位学员系统学习和实践了陶质文物的修复。古代壁画保护科研基地与英国伦敦大学肯特艺术学院和兰州大学联合办学，培养壁画保护专业人员，第一批壁画保护硕士研究生已于 2009 年毕业，为壁画保护培养了一支生力军，加强了专业人才队伍建设。通过组织编纂出版不同材质文物的保护修复报告和技术手册，进一步加强馆藏文物保护的管理与指导，提高馆藏文物保护工作的科学性和规范性，宣传了文物保护知识。

（九）推进文物保护标准化建设

1. 加快文化遗产保护领域标准化进程，全面提升文化遗产保护标准化水平

国家文物局启动实施了文物保护标准体系研究项目，针对不可移动文物保护、可移动文物保护、文物调查与考古发掘、博物馆，以及文物保护、博物馆信息化及信息建设等 5 个方面，开展标准体系研究工作，构建文物保护标准化体系框架。2009 年，颁布国家标准 2 项，行业标准 11 项，30 项国家标准列入国家标准委制修订计划，并有 11 项行业标准完成送审稿。71 项国家标准建议列入国家标准委《全国服务业标准 2009 ~ 2013 年发展规划》。

2. 开展前期研究，积极筹建文化遗产国际标准化技术委员会

组织开展《在国际标准化组织设立文化遗产保护技术委员会的可行性研究》，对成立文化遗产保护国际标准化组织的必要性、可行性、国际现状、工作方案等进行了深入研究，提出了政策性建议和工作计划。国家标准委将“文化遗产领域走向国际化，建立文化遗产保护国际标准化组织”列入《全国服务业标准 2009 ~ 2013 年发展规划》，作为 2009 ~ 2013 年参与国际标准化活动的重要工作。

3. 重视标准宣贯工作，促进科研成果推广应用

依托局重点科研基地科研力量和科技成果，结合国家重点文物保护专项，组织开展 4 期培训班，通过专家授课、现场演示、学员实践等多种形式，对全国文物、博物馆的共 400 余名专业技术人员进行培训，充分发挥标准在文物保护工作中的科学化、规范化作用，切实提高了文物保护的安全性和合理性。

（十）积极稳妥开展信息化工作

1. 基于泛在网络理念的文化遗产信息化建设可行性研究

为适应当前文化遗产信息有效传播的迫切需求，国家文物局组织开展了基于泛在网络理念的文化遗产信息化建设的课题研究。课题提出了名为“文化遗产泛在计划”的文化遗产信息化建设实施计划，从“无限尺度、城市尺度、遗址尺度、博物馆尺度、文物藏品尺度”五大尺度，建立文化遗产展示、传播能力的新机制、新模式，满足人民群众对文化遗产的个性化和多样化需求。“文化遗产泛在计划”包含“文博互通计划”(国家层面)、“文博星城计划”（城市层面）和“智能文博计划”（博物馆层面）3 个子计划。提出了文化遗产信息化建设产业链，初步明确产业链主体及角色定位；

对落地项目实施阶段的风险进行了预测分析，提出相关防范措施；从组织机制、人才队伍保障和国内外交流等方面提出其他保障措施。

2.“灾后文化遗产抢救性保护综合信息平台”课题研究

课题完成了平台建设的需求分析报告、详细设计报告，搭建完成了“灾后文化遗产抢救性保护综合信息平台”，解决了海量影像数据的管理与应用、空间信息技术在文化遗产抢救性保护的应用模式问题，建立了灾后文化遗产抢救业务流程模型，平台数据库建设与文物保护标准化、文物信息资源标准化有效衔接。

3.完成“文化遗产保护科技平台”的功能扩展和内容更新

项目的实施进一步提升和完善了“文化遗产保护科技平台”的课题管理功能，加强科研成果资源管理和共享，提高信息内容发布与传播形式的系统性、新颖性和创新性，对于宣传国家文物局科技工作政策、介绍最新动态、工作的管理和服务发挥了重大作用。

4.研发“可移动文物保护修复综合信息管理平台”

依托现代技术手段，强化可移动文物保护管理。“可移动文物保护修复综合信息管理平台”研发实施，对可移动文物保护修复项目审批、立项、实施和验收等环节实施信息化管理，加强对项目的即时管理和有力监督，确保文物保护修复的安全性和可靠性。

对外交流与合作

2009年，国际文化遗产保护交流与合作继续深化。为配合国家外交大局，国家文物局积极开展文化遗产对外交流，加强政府间文物交流与合作，加大双边文化遗产保护协定和禁止文物非法进出境协定的签署，积极开展与有关国际组织和民间机构的合作，推进与港澳台地区在文化遗产领域的交流与合作，不断提高进出境文物展览的质量和水平，主办学术研讨会，提高中国在国际文化遗产保护领域的影响力。

（一）加强政府间文物交流与合作

2009年，为执行政府间文化交流执行计划，国家文物局与阿尔及利亚、埃塞俄比亚、保加利亚、俄罗斯、荷兰、捷克、突尼斯、智利等17个国家顺利实施了互访。

2月18日，国家文物局单霁翔局长率中国文物代表团出访了英国、阿尔及利亚和埃塞俄比亚三国，与阿、埃两国政府探讨了加强文物交流与合作，促成了与埃塞俄比亚签署防止盗窃、盗掘和非法进出境文物协定。

3月，国家文物局副局长童明康率团赴美国，应邀出席美国ICOMOS第12届国际研讨会，介绍中国开展四川震后文化遗产抢救性保护的情况。

5月，国家文物局副局长董保华应邀访问突尼斯和捷克，出席“华夏瑰宝展”在突尼斯的开幕式，并与捷克文物主管部门就进一步加强在文化遗产保护领域的交流与合作进行了沟通。

5月16日～25日，国家文物局副局长张柏应邀率中国文物代表团访问俄罗斯和波兰，就与俄罗斯、波兰在加强文化遗产保护、博物馆交流、人员互访和打击文物走私等方面合作进行了深入交流。

6月19日～24日，国家文物局局长单霁翔代表蔡武部长率中国文物代表团应邀赴希腊出席雅典新卫城博物馆开馆典礼。希腊总统、总理以及各部部长、欧盟主席、联合国教科文组织总干事以及多个国家的元首和近30个国家的文化部长出席典礼。正在希腊访问的中共中央政治局常委贺国强同志在单霁翔局长和驻希腊大使罗林泉的陪同下出席了开馆典礼。

11～12月，国家文物局副局长张柏应邀率中国文物代表团访问保加利亚和智利，与保、智文化遗产部门就开展在文化遗产领域的交流与合作进行了深入探讨，与保加利亚就商签打击文物走私双边协定达成一致意见。

11月23日至12月3日，应印度考古局和尼泊尔考古局的邀请，国家文物局副局长童明康率中国文物代表团访问印度、尼泊尔。代表团与印度考古局、尼泊尔考古局负责人进行了会谈与交流，并与尼泊尔就商签打击文物走私双边协定达成一致意见。

与柬埔寨政府合作开展的援柬二期修复项目进入实施阶段；与蒙古、肯尼亚有关机构合作开展的考古工作顺利推进。

11月28日，由国家文物局举办的博物馆高级管理人员国际研修班在京举行结业典礼。为进一步加强与发展中国家在文化遗产保护与管理领域的交流与合作，国家文物局先后与阿富汗等国的文物主管部门签署了一系列有关文化遗产领域的合作协定和备忘录。此次培训班就是为落实相关双边协定及备忘录，扩大与发展中国家的交流与合作而举办的。来自秘鲁、智利、斯里兰卡、韩国、印度尼西亚、哥伦比亚、菲律宾、埃塞俄比亚、马尔代夫、尼泊尔、阿富汗和印度等12个国家的23名学员参加了为期15天的培训。

（二）加大与外国政府商签打击文物走私双边协定力度

2009年1月15日，中国驻美国大使周文重与美国国务院助理国务卿戈利·阿玛利在美国国务院签署了《中华人民共和国政府和美利坚合众国政府对旧石器时代到唐末的归类考古材料以及至少250年以上的古迹雕塑和壁上艺术实施进口限制的谅解备忘录》。国家文物局副局长董保华率领中国文物代表团出席了签字仪式。自1998年始，中国政府即着手与美国政府就签署限制进口中国文物的双边协定进行多次沟通与磋商。谅解备忘录的签署，不仅是防止中国文物非法流入美国的重要举措，而且是推动国际社会在文化遗产领域交流与合作的具体行动。

2月25日，国家文物局局长单霁翔与埃塞俄比亚文物研究保护局局长杰拉在亚的斯亚贝巴签署了《中华人民共和国国家文物局与埃塞俄比亚联邦民主共和国文物研究保护局关于合作保护文化遗产的谅解备忘录》。

6月25日，国家文物局局长单霁翔与土耳其文化旅游部次长伊斯梅特·耶尔马兹在北京签署了《中华人民共和国政府和土耳其共和国政府关于防止盗窃、盗掘和非法进出境文化财产的协定》。

9月16日，国家文物局局长单霁翔与埃塞俄比亚文化遗产研究与保护总局局长贾拉·哈雷马里阿姆·马莫在北京签署了《中华人民共和国政府和埃塞俄比亚联邦民主共和国政府关于防止盗窃、盗掘和非法进出境文物的协定》。这是中国政府与非洲国家签署的第一个政府间防止盗窃、盗掘和非法进出境文物的协定。

10月30日，在李克强副总理和澳大利亚副总理吉拉德的见证下，国家文物局局长单霁翔与澳大利亚环境、水、遗产和艺术部副部长玛丽·威廉姆斯在澳大利亚悉尼签署了《中华人民共和国国家文物局与澳大利亚环境、水、遗产和艺术部关于文物保护的谅解备忘录》。

截至目前，中国已与12个国家签署了防止文物非法进出境的双边协定，是世界上签署此类协定最多的国家之一。

11月13日，在国家文物局局长单霁翔和德国驻华大使施明贤的见证下，中国文化遗产研究院与德国考古研究院在北京签署了《中华人民共和国文化遗产研究院与德意志联邦共和国考古研究院关于考古和文化遗产保护合作的谅解备忘录》。

（三）积极与有关国际组织和民间机构开展合作

2009年，在文化遗产多边国际舞台上，国家文物局进一步发展与相关国际文博组织的关系，积极参与国际会议和重要国际活动，开展各种国际多边文化遗产交流活动，努力营造对我有利的国际环境与氛围。

2月21日，由国家文物局与联合国教科文组织合作主办的联合国教科文组织保护文化遗产日本信托基金项目成果报告会在北京举行。两项保护工程于2001年开始实施，分别获得联合国教科文组织“文化遗产保护日本信托基金”125万美元的援助，为石窟的科学保护提供了良好范例，培养了一批石窟保护的专门人才，也为今后保护工作的深入和更广泛的国际合作积累了经验。

7月，在成都、西安等地召开震后文化遗产保护国际研讨会，国际古迹遗址理事会（ICOMOS）主席、秘书长、副主席等人参加会议，国际同行就震后文化遗产的抢救、修缮和保护问题进行了深入交流。

9月，国家文物局与ICCROM等国际组织合作举办了博物馆藏品预防性保护国际研修班。来自亚太地区10个国家的18名学员参加了为期三周的培训。

10月，中国古迹遗址保护协会理事长童明康率团参加了在马耳他召开的国际古迹遗址理事会咨询委员会会议，并代表中国发言，对完善相关机构建设、充分发挥专业机构咨询作用等提出意见和建议。

11月，中国文化遗产研究院与德国考古研究院签署了合作谅解备忘录，为中德两国在文化遗产保护领域的合作奠定了基础。

11月，国家文物局和联合国教科文组织世界遗产中心共同主办的丝绸之路跨国联合申报世界遗产国际协调委员会第一次会议在西安召开，丝绸之路沿线十几个国家以及相关国际咨询机构的代表参加，就如何建立和完善丝绸之路跨国联合申报的协商机构的工作机制等进行协商和研究。相关国际咨询机构提出了首先编制丝绸之路总体研究报告的技术路线，得到会议的确认。这次会议进一步加强了丝绸之路申报的国际合作。

11月，范季融、胡盈莹夫妇将收藏的9件秦公晋侯青铜器捐赠给国家，以表达爱国之心，支持祖国博物馆事业发展。鉴于范季融先生为中外文化交流与合作所做出的突出贡献，文化部授予范季融先生“文化交流贡献奖”。

2010年，国际博协第22届大会的筹备工作得到各方高度评价。为积极宣传、筹备2010年国际博物馆协会第22届大会，召开中、日、韩国家委员会主席第一届圆桌会议，就2010年国际博协大会加强协调与配合；参与“亚太地区博物馆核心价值宣言”的起草和讨论，广泛宣传2010年上海国际博协大会。

2009年，世界遗产委员会第33届大会上，我国申报项目“五台山”经大会审议作为文化景观成功列入《世界遗产名录》，圆满完成了预定目标。

2009年，国家文物局与美国盖蒂保护所正式签署了第七期合作协定。此前，国家文物局与美国盖蒂保护研究所进行了20余年的合作，取得了良好的合作成果。

2009年度，国家文物局与日本国文化财保护基金、中国三星公司合作，委托中国文化遗产研究院和东京文化财保护研究所承担的中日韩合作丝绸之路沿线文物保护与修复人员培养计划举办了古建筑保护培训班和博物馆藏品保护技术培训班。

此外，国家文物局还派员出席了联合国教科文组织和国际文化财产保护与修复研究中心等组织的一系列重要国际会议，积极参与文化遗产领域的国际事务。同时，派员赴柬埔寨、以色列、日本、意大利等多个国家出席国际学术研讨会、国际博物馆协会相关会议。

联合国教科文组织库木吐喇千佛洞保护修复工程和龙门石窟保护修复工程顺利结项。

（四）对港澳台地区文物交流工作亮点频出

为争取香港民心，与香港民政局合作，在香港历史博物馆举办了“沪港两地发展史”展览；为庆祝澳门回归10周年，与澳门民政局合作，在澳门文化博物馆举办了“九九归一展”，两个展览均在当地社会获得了较好的反响。

针对台海局势及两岸关系出现的新变化，积极配合中央对台工作大局，继续发挥祖国大陆文化遗产资源优势，促进两岸文博团组互访，鼓励文物展览入岛展出。两岸故宫直接交流实现历史性突破：首次实现了院长互访；两岸故宫文物首次同场展出，实现了历史性的突破。

赴台湾“雍正——清世宗文物大展”、赴台湾“微笑的俑——汉景帝的地下王国”获得广大台湾民众的欢迎。

2009年10月7日至2010年1月10日，北京故宫博物院和台北故宫博物院60年来首度合办的展览“雍正——清世宗文物大展”在台北故宫博物院开展。展出的246件文物包括档案、史籍、地图、肖像、绘画书法、瓷器、琉璃等，全面展示这位颇具争议的皇帝的文治武功和艺术品位。

6月27日至9月27日由陕西省文物交流中心与台湾联合报系联合举办，在台北历史博物馆展出，特点显示了汉代“文景之治”代表的是一个国库充实富庶的年代。

（五）文物展览的质量和组织水平不断提高

2009年，国家文物局共审批、组织了赴境外文物展览69项，其中赴比利时“中国古代帝王珍宝展”、“丝绸之路展”、赴突尼斯“华夏瑰宝展”、赴智利“古代中国与兵马俑展”、赴美国“中国秦兵马俑展”、赴日本“西藏艺术与考古展”等展览，有力地配合了重要外交活动并取得巨大成功。

赴日本“大三国志展”于2009年4月在日本圆满结束，展览在日本引起轰动，短短数月观众人数超过百万，成为在日本举办的观众人数最多的中国文物展览。

4月11日，“西藏艺术与考古展”在日本福冈九州国立博物馆开幕。该展由国家文物局与中央统战部合作举办、被列为西藏民主改革50周年宣传活动重点项目之一。展览开幕以来，观众非常踊跃，取得了良好的涉藏外宣效果。展览展出精选自西藏博物馆、布达拉宫和承德避暑山庄等文博单位的展品119件。除日本福冈外，展览还在日本札幌、东京、大阪等地展出。

赴比利时“中国古代帝王珍宝展”作为“欧

罗巴利亚中国艺术节”的开幕活动一个亮点，比利时国王、王室成员及政府全部内阁成员共同陪同国家副主席习近平出席展览开幕式并参观展览。

赴美国“中国秦兵马俑展”在休斯敦、华盛顿等四地巡展，好评如潮。在休斯顿历时5个月的展出中，观众达20多万人次。美国主流媒体予以长时间的关注和报道，《时代周刊》甚至将该展评为年度全美不容错过的十大展览之一。

为庆祝中突建交45周年，“华夏瑰宝展”在突尼斯迦太基遗址博物馆隆重开幕。这是中国第一次在突尼斯也是首次在阿拉伯国家举办文物展，是庆祝中突建交45周年的重要文化活动。突尼斯参议院议长、文化遗产部部长、总统顾问等政要出席了开幕式，对展览给予了高度评价。该展标志着中突文化关系进入了新纪元。此次展出了自商代至明代中国主要历史时期具有代表性的各类文物共78件（组）。

“秦汉——罗马文明展”由中国与意大利两国共同提供展品、共同承担费用、在两国轮流展出，是中意两国文化交流中富有国际影响的创新。此展已于7月、10月份分别在北京中华世纪坛与洛阳博物馆展出。2010年该展将赴意大利米兰、罗马展出，成为在意大利举办的中国年活动的重要项目。

11月，美国总统奥巴马访华期间，专门安排时间参观了故宫和长城。在人民大会堂金色大厅内，中国政府专门调集陈列了6件中国文物精品，中国悠久的历史、灿烂的古代文化给奥巴马总统留下深刻印象。

赴智利“古代中国与兵马俑展”于12月3日在圣地亚哥开幕，智利总统巴切莱特等出席展览开幕式。巴切莱特在展览开幕式上表示：此次展览是中智两国文化交流与合作深化的又一巨大成果，是中智两国建交40周年的重要历史事件，具有非同寻常的意义。

“古代中国与兵马俑展”是为了庆祝智利独立200周年和纪念中智建交40周年而举办的文物展览，由中国国家文物局、陕西省文物局与智利总统府文化中心联合举办，共展出中国文物80件，其中一级品13件（套），参展展品主要来自秦始皇兵马俑博物馆、汉阳陵博物馆、咸阳博物馆等陕西省内众多知名博物馆。

（六）学术研讨会

2009年4月24日，中意合作壁画修复学术交流会在西安召开。中、意两国专家就“意大利壁画修复的方法和技术”“达芬奇《最后的晚餐》的修复”“中意合作项目唐墓壁画保护修复成果介绍”“章怀太子墓壁画保护与修复”“唐代壁画修复工艺和加固材料选择”等课题进行了交流。

5月31日至6月6日，美国国家自然科学基金会亚利桑那加速器质谱实验室组织召开了第20届国际碳十四会议，国家文物局派员参加了此次会议。会议共有来自中国、美国、英国、法国、德国、意大利、俄罗斯、日本、韩国等多个国家的众多碳十四实验室参加，许多处于世界领先水平的碳十四实验室参加了会议。我国的北京大学、西安加速器质谱中心、广西大学等单位的代表参加了会议。会议围绕碳十四方法改进及在考古领域的应用展开研讨。与会代表对北京大学实验室开展的大量工作和在田螺山遗址发掘中开展的科学细致的工作、发挥的重要作用给予了高度评价，并为中国学者能系统、科学地对考古遗址进行研究表示了赞赏。

9月13～17日，来自中、印、英、美、德、法、意、日、挪威、毛里求斯、以色列、土耳其、葡萄牙、伊朗、澳大利亚等15个国家的近80位学者参加了在印度召开的国际冶金史大会，该国际会议为国际冶金史学界的盛会，声誉日隆，影响越来越大。经选举，会议成立了由15人组成的新的委员会，英国伦敦大学学院（UCL）的任天洛（ThiloRehren）教授和北京科技大学的梅建军教授当选为主席。

9月26～29日，国家文物局和甘肃省人民政府与澳大利亚水·环境·遗产部在敦煌共同主办了“文化和自然遗产地旅游可持续发展国际研讨会”，来自21个国家的约100名专家代表出席会议，并形成了关于在世界遗产地促进旅游可持续发展的会议报告，经中澳双方专家修改完善后已正式提交给联合国教科文组织世界遗产中心，将作为中国和澳大利亚政府积极履行《世界遗产公约》的重要见证。

10月14日，国家文物局在首都博物馆举办“中英博物馆连线：经验与交流”研讨会。英国博物馆代表团，国内有关博物馆代表150余人参加，从中英博物馆概览、博物馆管理、博物馆巡展与交流、博物馆陈列设计、博物馆与社区、教育及学习等方面进行研讨，有效增进了两国博物馆之间的了解和专业知识、经验的分享。

10月17～19日，2009东亚文化遗产保护技术国际研讨会暨东亚文化遗产保护学会第一次年会在北京故宫博物院召开。与会学者围绕东亚文化遗产的内涵、东亚文化遗产的价值体现、东亚文化遗产保护理念与方法、东西方文化遗产保护理念和方法的比较研究、具有东亚特色的文化遗产保护研究成果交流发表了演讲。

教育培训

2009年，国家文物局共举办培训班33个，培训各类管理和专业人员1961人。

（一）中央党校文化遗产专题培训

4月7日～17日，国家文物局与中央党校联合举办了地市领导干部文化遗产保护专题研讨班。来自50个文化遗产保护重点城市的分管书记、市长参加了培训。国家文物局局长单霁翔和副局长董保华为培训班授课，副局长张柏和机关各部门负责同志与学员进行了座谈。

（二）地市文博管理干部培训和全国重点文物保护单位保护管理机构负责人培训

地市文博管理干部培训、全国重点文物保护单位保护管理机构负责人培训继续推进，在宁夏、青海、广西、甘肃、河南等五省、自治区举办了培训班，培训学员768人。此项工作开展四年来，全国地市文博管理干部有2/3以上接受了系统培训。

（三）专门业务培训

配合重点工作，国家文物局开展了新疆坎儿井保护培训班、西藏文物保护工程专项培训、博物馆免费开放社教部主任培训、一级博物馆馆长培训、大运河保护与申遗培训、国际博协大会项目协调员培训、地震灾区文博管理干部培训、出水文物保护培训等一系列专项培训。

（四）专业技术人员中长期培训

文博基本业务培训全面展开。举办博物馆专业人员文物鉴定中长期培训青铜器鉴定培训班和书画鉴定培训班；举办博物馆馆藏文物保护与修复中长期培训纸张文物保护培训班、壁画保护修复培训班和陶质彩绘保护修复培训班。培养各类文博专业技术骨干140人。

（五）涉外培训

11月16～30日，国家文物局与ICCROM等国际组织合作，举办了博物馆高级管理人员国际研修班，学员为亚洲、非洲、拉丁美洲等12个发展中国家负责博物馆管理的官员及管理人员，共23人。中日韩合作丝绸之路沿线文物保护与修复人员培养计划举办了古建筑保护培训班和博物馆藏品保护技术培训班。

（六）专家工作

国务院批准文物出版社张昌倬、中国文化遗产研究院刘兰华为2008年度享受政府特殊津贴人员，并一次性发放奖金20000元。

（七）文博高级职称评审

2009年12月，先后召开了2008年度编辑出版、古建工程、文博3个系列高级职称评审会议。本次评审受理了符合参评条件的天津、山西、内蒙古、云南、海南以及中国电信博物馆、中国体育博物馆、民族文化宫博物馆、中央民族大学博物馆和国家文物局直属单位的评审申请共58名。其中申报文博研究馆员资格的35名，申报文博副研究馆员资格的8名，申报编审资格的7人，申报副编审的5人，申报古建高级工程师的3人。经过评委会成员认真审读及讨论，并经过无记名投票，最终通过评审的有24名同志。其中获得文物博物系列研究馆员任职资格的是（共10人）：

天津蔡长奎、刘渤；山西张焯、张广善、丁建平；内蒙古白丽民；海南涂高潮；中国文化遗产研究院柴晓明、崔勇；中国文物交流中心杨阳。

获得文物博物系列副研究馆员任职资格的是（共4人）：

中国电信博物馆于杰民；中央民族大学民族博物馆马晓华；北京鲁迅博物馆戴晓云、肖振鸣。

获得编辑出版系列编审任职资格的是（共3人）：

文物出版社刘小放；中国文物报社王征、张伟。

获得编辑出版系列副编审任职资格的是（共5人）：

文物出版社李睿、孙蕾、郭维富、贾东营；中国文物报社张俊梅。

获得古建工程系列高级工程师任职资格的是（共2人）：

中国文化遗产研究院葛川、张金风。

2009年，补发了1992～2005年度国家文物局高级专业技术职务任职资格评审通过人员的高级专业技术职务任职资格证书。

文化设施建设

Cultural Facilities

综　述

2009年，各级文化部门认真贯彻执行中央有关精神，按照《国家“十一五”时期文化发展规划纲要》中对建设公共文化服务设施网络的要求，加大对公共文化服务设施建设的投入力度，积极进取，开拓创新，各项文化设施建设取得显著成效。

一、全国文化（文物）系统基本建设投资项目总数达到10173个，比上年增加5732个，增长129.07%

2009年，全国文化（文物）系统基本建设投资项目总数达到10173个，比上年增加5732个，增长129.07%；计划总投资达560.62亿元，计划施工面积（建筑面积）1309.01万平方米；本年完成投资额为120.46亿元，其中国家投资95.20亿元，国家投资占本年完成投资总额的79.03%。全国建成项目4925个，比上年增加3663个，增长290.25%；竣工面积339.9万平方米，比上年增加127.4万平方米，增幅达到60%。

2009年，全国文化事业机构基建项目总数为9809个，比上年增加5614个，增长133.8%；计划总投资达367.9亿元；施工面积（建筑面积）1015.9万平方米，比上年增加267.4万平方米，增长35.72%；本年投资额为98.18亿元，其中国家投资64.63亿元，国家投资占本年资金来源的比重为53.46%；本年完成投资额为81.67亿元，比上年增加37.21亿元，增长83.69%。全国文化基建建成项目4842个，比上年增加3667个，增长312.09%；竣工建筑面积284.08万平方米。

在文化基建项目中，全国有185个公共图书馆建设项目，占项目总数的1.89%；公共图书馆建设面积占文化基建项目总面积的15.45%。图书馆国家投资占文化项目国家投资总数的15.60%，实际完成投资额占总数的15.29%。

全国有8958个群众艺术馆、文化馆、文化中心、乡镇综合文化站建设项目，占文化基建项目总数的91.30%；建设面积占文化基建项目总面积的36.50%；实际完成投资额占总数的29.26%。

2009年，全国文物事业机构新建项目总数为364个（不含文物维修项目），比上年增加118个，增长47.97%；计划总投资达192.8亿元，比上年增加69.4亿元，增长56.24%；施工面积（建筑面积）293.09万平方米，比上年增加54.53万平方米，增长22.86%。本年投资额为54.79亿元，比上年增加24.79亿元，增长82.63%；其中国家投资30.57亿元，比上年增加13.77亿元，增长81.96%；国家投资占本年投资额的比重为80.26%。本年完成投资额为38.78亿元，比上年增加12.9亿元，增长50.31%。全国文物新建成项目83个，竣工面积55.86万平方米。

在文物新建项目中，全国有205个博物馆建设项目，比上年增加46个，增长28.93%，占项目总数的56.32%。博物馆建设面积197万平方米，占文物系统总数的53.58%。国家投资22.92亿元，占文物系统总数的74.98%；本年实际完成投资额32.04亿元，占文物系统总数的82.60%。2009年，全国44个博物馆项目建成，竣工面积31.6万平方米。

上述数据表明，2009年国家对文化馆、图书馆、博物馆和乡镇综合文化站等文化基础设施建设的投入均有所增加，说明各地对博物馆、图书馆、文化馆（站）等公共文化服务基层设施建设非常重视，国家投资主要使用于能直接为广大人民群众提供公共文化服务的基层文化设施建设。

二、县级和乡镇级文化事业机构基建项目共9166个，占全国文化事业机构基建项目总数的93.44%

2009年，各级财政对县级图书馆、文化馆和乡镇综合文化站等基层文化设施建设的投入比上年大幅增加。在全国9809个文化（文物）事业机构基建项目中，县级和乡镇级文化事业机构基建项目共9166个，占全国文化事业机构基建项目总数的93.44%。其中，乡镇综合文化站建设项目共8829个。

乡镇综合文化站是我国公共文化服务体系的重要组成部分，是开展农村基层文化工作的重要阵地。对保障农民基本文化权益，促进农村经济社会协调发展起到了十分重要的作用。根据《全国“十一五”乡镇综合文化站建设规划》，“十一五”期间，中央计划投入39.48亿元补助全国2.67万个乡镇综合文化站建设项目，到“十一五”末，基本实现“乡乡有综合文化站”的建设目标。截至2009年底，中央已安排预算内投资21亿元，共补助全国1.27万个乡镇综合文化站建设项目。建成并投入使用的乡镇文化站，对于满足广大农民群众精神文化需求，保障基层群众文化权益发挥了重要作用。

三、全国文化（文物）基建项目投资在亿元以上的筹建项目23个，在建项目62个，竣工项目12个

2009年，全国投资达亿元以上的文化（文物）设施筹建项目有广州文化广场、吉林省图书馆新馆舍建设工程、四川省图书馆新馆建设、云南大剧院（云南民族文化艺术中心）、云南省艺术学校校园改扩建、深圳艺术学校新址工程、太原市杏花岭区图书馆、太原市杏花剧场、太原市杏花岭区文化馆、中国美术馆二期扩建工程、黄冈市黄梅戏大剧院、晋江市文化中心、福建省图书馆少儿馆新建工程、北京奥运博物馆改造工程、黑龙江省博物馆新馆建设、武汉市辛亥革命博物院、贵州省博物馆、宜昌市昭君文化园、广州市南越王博物馆整治工程、广州市南越国史研究及保护中心、南昌市博物馆、济宁市微山湖博物馆、西安市姜寨遗址公园建设等23个项目。

2009年，全国投资达亿元以上的文化（文物）设施在建项目62个，分别是广州歌剧院、广州图书馆、国家图书馆二期工程暨国家数字图书馆工程、河南艺术中心、湖北省图书馆新馆建设工程、郑州市图书馆新馆（市民文化中心）、滨州市文化中心、江西省大剧院、苏州市美术馆、湖南艺术职业学院新址、扬州市文化艺术中心、广东省立中山图书馆改扩建、鄂尔多斯文化艺术中心、河北省图书馆改扩建工程、江苏省美术馆、鄂尔多斯市新区文化艺术中心、四川艺术职业学院和盛校区、天津艺术职业学院新院址、莆田市莆仙大剧院、晋中市灵石县文化艺术中心、潮州市文化艺术馆、海南省文化艺术中心、吉安市文化艺术中心、包头市图书馆、舟山市普陀大剧院、安徽艺术职业学院新校区二期工程、德州市宁津县文化艺术中心、滨州市邹平县文化中心、周口市文化艺术中心、普洱市民族大剧院、鄂尔多斯市鄂托克综合地质博物馆、大连市文化活动中心、福清市文化艺术中心、肇庆市图书馆新馆、惠州市文化中心、五家渠市文化中心、济南市艺术大厦、赤峰市博物馆、甘肃黄河剧院重建项目、天津市滨湖剧院、义乌市图书馆新馆、山东省博物馆新馆、广东省博物馆新馆、陕西省秦始皇陵遗址公园、云南省博物馆新馆、绍兴市鲁迅故里保护整治工程、西湖市民广场改扩建工程（新四军馆改扩建工程）、洛阳博物馆新馆建设、四川省博物馆新馆建设、甘肃省莫高窟保护利用设施、宁波博物馆工程、广州市辛亥革命纪念馆、西安市乐游原历史文化公园、北京市八达岭景区二期升级改造工程、北京市八达岭景区基础设施改造工程、云南省西双版纳民族博物馆、黑龙江省渤海遗址保护工程、德州市博物馆、铜陵市博物馆（铜文化博物馆）、乌兰察布市博物馆图书馆大楼、鄂尔多斯市大路新区博物馆、汕头市博物馆新馆工程、浙江省省博物馆武林馆区和革命纪念馆陈列展览装修工程。

2009年，全国投资达亿元以上的文化（文物）设施竣工项目有12个，分别是：武汉琴台艺术中心二期音乐厅、福建大剧院、鄂尔多斯大剧院、东营市广饶县图书档案综合馆、大连市西岗区市民文化活动中心、湖南省群众艺术馆新馆、秦皇岛市文化广场、厦门市同安区文化中心、浙江美术馆、杭州碑林（孔庙）扩建工程、江西省文物库房、扬州中国雕版印刷博物馆。

四、国家重点文化设施建设共落实资金6.59亿元

2009年，国家级重点文化设施建设稳步推进，全年共落实基建投资65867万元。特别是落实了在奥林匹克中心区建设国家美术馆和非物质文化遗产展示馆暨中国工艺美术馆两个大型文化设施的征地选址工作，为全面履行政府职能、完善公共文化设施体系打下良好的基础。

国家博物馆改扩建工程完成结构施工，“复兴之路”基本陈列于9月25日在改扩建后的老馆北区顺利开展。中国国家话剧院剧场工程结构全部完成，开始装修和设备安装，计划2010年竣工。国家美术馆工程确定项目选址，完成了项目建议书的评审。中国非物质文化遗产展示馆暨中国工艺美术馆工程确定项目选址，编制完成项目建议书。中央歌剧院剧场工程正式启动，已完成项目建议书评审工作。

随着我国综合实力的日益提升和对外文化交流工作的不断开展，国家对海外文化设施建设的投入不断加大。法国巴黎文化中心新楼工程2008年8月完成，开始进行旧楼维修改造工作。曼谷中国文化中心完成地质勘察和初步设计。马德里、东京、乌兰巴托、莫斯科、新加坡等中国文化中心启动选址工作。

中国文化年鉴

Chinese Culture Yearbook

文化人才队伍建设

Cultural Talent Team Construction

中国文化年鉴

综 述

2009年，文化部以邓小平理论和“三个代表”重要思想为指导，深入学习实践科学发展观，立足党的十七大提出的推动社会主义文化大发展大繁荣，兴起社会主义文化建设新高潮，提高我国在未来国际竞争中软实力这一战略目标，结合贯彻落实党的十七届四中全会精神，按照中组部2009年人才工作要点要求，结合文化工作实际，继续实施“人才兴文”战略。

一、以实施国家文化建设重点工程为依托，推动文化人才队伍协调发展

文化部积极依托文化产业园区建设、乡镇综合文化站建设、全国文化信息资源共享工程、国家舞台艺术精品工程、国家重大历史题材美术创作工程、全国重点京剧院团扶持工程、非物质文化遗产保护工程及国家图书馆二期工程暨国家数字图书馆工程等重点项目，加强对文化产业人才、基层文化人才、艺术表演人才、特殊专业领域人才等各类文化人才的培养。

（一）以文化产业示范园区、文化产业基地为依托，培养一支适应文化产业发展需要的文化产业人才队伍

近年来，文化部与北京卓达经济研修学院合作设立了首家国家文化产业人才培训基地，与上海交通大学、北京大学合作设立国家文化产业创新与发展研究基地，与中国传媒大学、深圳市文化产业研究所合作设立了国家对外文化贸易理论研究基地，又与清华大学、南京大学、云南大学等6所高校合作建设了国家文化产业研究中心。2009年，文化部将进一步发挥国家文化产业人才培训基地、国家文化产业创新与发展研究基地和国家文化产业研究中心的作用，给予必要的资金扶持，在每年开展课题研究任务的同时，举办文化产业培训班、文化产业高层研修班、文化产业管理方向的MPA班等，加快培养一批懂经营善管理的职业经理人。

（二）以业务建设为重点，加强乡镇文化站人才队伍建设，不断提高乡镇综合文化站工作人员的综合素质和能力

逐步建立职业资格管理制度，力争把乡镇综合文化站从业人员纳入职业技能鉴定管理体系，加快推进职业资格认定工作；制定《关于开展全国文化站长轮训工作的实施意见》，以提高乡镇综合文化站长的政治素质、文化素质、业务素质和开拓创新能力为重点，分级培训，因地制宜，实现5年内将全国37000余名文化站长轮训一遍的总体目标。2009年，成功举办了两期全国文化站长培训班，100多位乡镇综合文化站站长参加了提高公共文化服务本领和基层文化管理能力等业务技能方面的培训。

（三）加大力度推进全国文化信息资源共享工程基层服务点建设，确保拥有一支具有较高水平的专业队伍，实现工程的健康发展

在分级、分类开展培训的基础上，以县级支中心为培训重点，修订县级支中心培训教材并下发使用，确保2009年内每个达标的县级支中心将有不少于3人参加培训；针对不同岗位的要求，分类实施技术支持、资源使用、服务开展等内容的培训，将现场培训、卫星广播、网络互动、光盘教学等方式有机结合起来，逐步使培训工作实现制度化和规范化；坚持先培训后装机的原则，特别是对于新建网点，须在完成对骨干人员培训、并做到培训考核合格以后才进行设备安装，使培训人员切实掌握设备操作技能，具有开展服务的能力。

（四）国家舞台艺术精品工程实施以来，不仅推出一批具有时代影响力和民族代表性的作品，而且扩大了全国舞台艺术工作者的彼此交流，打造了一批熟悉艺术规律、具有创新精神的艺术家

文化部相继召开了现实题材戏曲现代戏创作研讨会、艺术创作研讨会等，将文化人才工作作为重点议题之一，广泛征求专家学者对文化人才队伍建设的意见和建议，就人才培养中的困难和亟需解决的问题进行了研讨。

（五）国家重大历史题材美术创作工程在全国范围内推荐选拔专业水平优秀、文化使命感强、有驾驭大型主题性历史题材创作能力的画家、理论家，组成了专题创作研究队伍

文化部举办了国家重大历史题材美术创作工程作品展，召开了工作总结会，来自全国的百余名创作者进行深入交流和研讨，在创造优秀主题性美术作品的过程中不断提高创作水平。

（六）国家京剧重点院团保护和扶持规划自2007～2010年实施

定期、分门别类地举办编剧、导演、作曲等

不同专业的专修班，对中青年创作人员和青年演员进行业务培训。4月，召开了全国第二期表演人才培训班，来自28家京剧院团的70余位青年演员参加培训。

（七）非物质文化遗产保护工作坚持以人才培养为先，大力开展人才培训工作

开办了中国非物质文化遗产项目申报培训班，围绕非物质文化遗产申报与保护的关系、申报与评审等内容，对全国200余名工作人员进行培训，以提高保护工作队伍的专业理论水平和工作实践能力。

（八）国家图书馆二期工程暨国家数字图书馆工程列为国家信息产业基础建设的重要内容

结合工程实际需求，自2006年，国家图书馆起即在全员继续教育中增加了数字图书馆专题讲座，聘请馆内外专家介绍国内外数字图书馆领域的最新发展和研究成果、管理服务经验。2009年，开办了中国国家数字图书馆分馆馆员培训班，各分馆馆员就特色资源和服务进行深入的业务交流，有效保障了工程建设的人才支持。

此外，文化部在昆曲扶持、古籍保护、中华再造善本工程等重点工作中，都坚持把人才培养和梯队建设列入工作整体规划。2009年，举办了昆曲艺术节，对昆曲各专业继续举办系列培训班，逐步解决全国昆曲院团存在的表演艺术人才青黄不接的问题。先后举办了古籍普查培训班、全国古籍修复技术班等，提高了专业技术人才的素质，并在实践中锻炼了一大批专业技术人才。

二、以知识更新和提高创新能力为重点，抓好文化人才培养工作

（一）树立大培训观念，构建全方位培训模式

2009年，文化部以加强管理能力、创新能力为重点，相继开展了文化部系统第3期青年干部培训班、第21期驻外干部培训班、第18期全国地市文化局长岗位培训班及2009年公务员初任培训班，坚持邀请专家学者到文化部讲学，举办了知识产权保护专题讲座等，通过以会代训的方式丰富现有人才的知识含量。同时，根据部领导关于对全国文化系统干部进行培训的要求，下发了《文化部关于开展全国文化干部培训工作的通知》，要求自2009年起，各省、自治区、直辖市文化厅（局）每年举办一期“全国文化干部培训班”，文化部将根据申报情况，拨出专项经费予以支持。5月，46位内蒙古自治区的处级干部在京开展了集训。此外，为贯彻落实全国文化体制改革经验交流会精神，推动国有文艺演出院团体制改革工作取得新的实质性进展，文化部举办全国国有文艺演出院团体制改革工作培训班，全面启动国有文艺院团体制改革试点工作。

（二）完善机制，增强人才培养工作的针对性与实效性

为激励人才不间断地学习，按照《文化部干部培训管理办法》，建立起干部培训经费定额补贴制度、各司局培训年度计划申报与汇编制度。利用文化部干部培训信息查询系统，完成了培训档案管理由传统记录方法向电子化管理方式的转变，搭建起信息交流和资源互动共享的平台。文化部开辟了为地方院校培养优秀中青年专业艺术人才的有效途径，以中国艺术研究院艺术硕士（MFA）试点为平台，培养艺术硕士，不仅缓解了地方艺术院校师资力量不足的问题，而且培养了高层次专业艺术人才。

（三）拓宽渠道，在实践锻炼和文化艺术交流中提高人才队伍整体素质

在抓好人才培训的同时，文化部还利用各种机会抓好人才的实践锻炼，在实践中提高他们的能力素质。积极选派援疆干部和博士服务团人员。为使新入部公务员在实践中提高素质，组织9名新入部公务员到河南省文化厅机关和直属单位进行了为期3个月的基层锻炼；并为文化部定点扶贫县选派2名扶贫干部，将扶贫工作与年轻干部的培养使用相结合，取得了良好效果。同时，文化部积极创造各方面条件，鼓励各直属单位为专业技术人才创造施展才华的机会。中国艺术研究院组织设立了“高层学术论坛”，邀请国内外各领域具有重要影响的著名学者、专家做学术演讲，开阔了科研人员的学术视野。中央芭蕾舞团、中国国家画院等单位也通过客席演出、专题写生等途径，为优秀文化艺术人才搭建一个良好的实践舞台，促进他们在实践中成长。

三、以深化改革为动力，不断改进和完善文化人才工作各项机制

充分发挥人才作用，关键是制度和机制问题。为调动人才积极性，实现文化艺术人才资源的优化配置，文化部做了大量工作，推进文化单位的用人及分配制度改革。

（一）稳步推进人才使用机制建设

一是继续深化直属单位人事制度改革，以岗位设置管理为重点，进一步搞活事业单位内部运

行机制，完善相关配套政策。大力推进事业单位岗位设置管理工作，充分考虑单位实际，妥善处理好在职与在岗、专业技术岗位与管理岗位等关系，做到既兼顾现实，更着眼事业发展，努力形成人才结构合理、梯次发展的良性局面。

二是为进一步推进文化行业职业资格制度建设，根据人力资源和社会保障部关于职业技能鉴定有关要求，研究起草《文化行业特有职业技能鉴定规程（试行）》等5个暂行规定，并在浙江、安徽等省的鉴定实践中试行，以指导各地开展文化行业特有职业技能鉴定工作，推进文化技能人才队伍建设。

三是规范人才派遣制度。人才派遣是一种新型的招聘和用人相分离的用人方式，一般在临时性、辅助性或者替代性的工作岗位上实施。2009年，提出重要岗位禁止使用派遣制员工、加强对派遣制员工的教育和管理、加强岗位培训等要求。

（二）完善专业技术人才评价机制

一是修订完善高级职称评审基本条件，逐步建立科学的、多层次的、规范化的专业技术人才评价体系。根据文化事业发展的需要和文化艺术专业人员的成长规律，在充分论证、广泛征求意见的基础上，对各有关单位意见和建议进行整理汇总，对部分专业高级职称评审基本条件进行了修订完善，拟在进一步审定后试行。

二是对2008年职称评审工作情况进行汇总并报部审批，公布职称评审结果。同时，做好2009年职称评审的筹备组织工作。积极落实部领导关于职称评审工作的要求，严格执行评审条件，强化对职称评审材料的审核。在评审会议中严格履行评审程序，坚持公正、公平原则，确保评审质量。

（三）进一步加强和规范人才激励制度

一是积极做好2009年全国文化先进单位、全国文化系统先进集体和先进工作者（简称“三先”）评选表彰工作。“三先”表彰是文化系统最高规格的表彰，每4年开展一次，有效推动各地高度重视文化建设，认真将文化建设纳入当地经济和社会发展规划，将文化设施建设纳入城乡建设规划，加大对文化建设的投入，加强文化基础设施建设和文化队伍建设，有力地促进了基层文化、经济、社会的协调发展。2009年度，表彰65个全国文化先进单位、150个全国文化系统先进集体和253个全国文化系统先进工作者，并于11月在京召开了表彰大会。

二是做好高层次人才推荐选拔工作，以激励高层次专业技术人才。向中宣部推荐文化部王才军等3人为宣传文化系统“四个一批”人才人选。根据国家人力资源和社会保障部工作要求，召开专家评审咨询会，推荐中国艺术研究院宋宝珍等3人为“新世纪百千万人才工程”国家级人选候选人。同时，根据中央人才工作协调小组第十九次会议和文化部领导关于实施文化艺术名家工程的指示，草拟了《文化艺术名家工程实施意见（草稿）》。

三是强化文化行业表彰工作。6月，为彰显非物质文化遗产保护工作的重要意义，以人力资源和社会保障部、文化部名义表彰了一批全国非物质文化遗产保护先进工作者，以文化部名义表彰了一批非物质文化遗产保护工作先进集体和先进个人。同时，召开表彰大会，表彰文化部近期在重大国际芭蕾舞比赛中获奖的演员，鼓励优秀文化艺术人才积极参与国际文化交流。

四是做好“文化交流贡献奖”授予工作。自设立“文化交流贡献奖”以来，文化部为海外各界友好人士颁发“文化交流贡献奖”，以鼓励更多的友好人士投身于中国文化交流事业，为中华民族优秀文化走向国际舞台架设友谊桥梁。2009年，授予巴林新闻文化大臣谢赫梅、埃及艾哈迈德·瓦利等10人“文化交流贡献奖”，表彰他们为中外文化交流与合作作出的突出贡献。

五是在重大文艺活动中注重对优秀人才的奖励和表彰。在第六届全国儿童剧优秀剧目展演、第三届全国地方戏优秀剧目（南北片）展演及即将兴办的第八届全国舞蹈比赛中，在推出优秀剧同时，也展示和表彰了一批优秀的艺术创作和表演人才。同时，开展了国家社会基金艺术学项目评审，为艺术科研人才创造良好的科研条件和科研范围。

四、以强化服务为着力点，加强与人才的沟通与联系

（一）生活上热情关心，发放生活困难补助

年初，为解决部分生活有特殊困难及身患重病的老艺术家、老专家生活困难问题，按照国务院的要求和财政部有关文件精神，文化部向杜近芳等366名老艺术家、老专家发放困难补助，发放范围包括文化部直属院团和中央民族歌舞团、中国铁路文工团等在京中央部委直属艺术院团老艺术家、老专家，发放金额达590万元。结合国

庆60周年，对文化部153名老艺术家进行补助，补助金额共306万元。

（二）政策上加强研究，力争提高老艺术家待遇

积极配合人力资源和社会保障部、财政部制定提高中央艺术团体老艺术家工资待遇的有关政策。制定了部直属单位离休人员“离休补贴”兑现工作方案，切实缓解艺术院团离休人员待遇偏低问题。

（三）开展各项人才走访慰问活动

元旦、春节期间，积极通过走访、举办茶话会等形式，开展慰问专家活动，认真倾听专家的意见。重大节假日期间，定期开展慰问活动。2009年春节期间，文化部领导先后走访20余位老艺术家、老专家，送去节日慰问。

（四）积极为人才排忧解难，为他们解决后顾之忧

始终把人才的冷暖放在心上，关心他们的家庭生活，及时解决干部夫妻两地分居问题。对有即将生育、子女入学升学等急难事情的，文化部积极协调人力资源和社会保障部，做到急事急办、特事特办。对援藏、援疆、扶贫干部，予以优先解决。

五、以加强人才宣传为抓手，积极营造人才成长的舆论环境

近年来，文化部高度重视人才宣传工作。在文化部文化人才宣传工作领导小组的领导下，积极宣传中央关于人才工作的方针政策、宣传文化人才工作的先进经验，宣传文化领域领军人物、优秀专业技术人才、经营管理人才及其成果和主要业绩，从而带动广大文化工作者刻苦钻研，多出成果。

（一）有关部门与新闻媒体相结合，形成专家宣传工作的强大声势

以《中国文化报》为主要宣传平台，专门开辟“人才专刊”并扩大版面，每周一期，在版面、栏目上不断进行改进和完善，专题宣传中央人才工作各项改革措施，推广文化系统各部门各单位在人才队伍建设方面的具体措施和经验，报道各类优秀文化艺术专业人才的典型事迹。

（二）宣传人才工作方针政策与宣传优秀专家典型相结合，反映专家工作的最新成果

在宣传内容上，既注重宣传“人才兴文”战略、科学人才观等党的人才工作方针政策，又注意宣传各地和文化部直属单位加强、改进人才工作的经验和做法，还注重对优秀专家典型事迹的宣传，突出报道各类人才的成长经历和突出业绩。相继开展了关于中央芭蕾舞团等单位人才培养工作的系列报道，收到良好的社会效果。

（三）宣传老艺术家、老专家与宣传中青年文化艺术人才相结合，形成专家宣传的梯队效应

人才专刊开设了名人谈人才、专家视点、文化基石、无语追求、青春飞扬等一系列栏目，分别对不同年龄阶段、不同专业领域的文化艺术领域专家进行系列报道。“无语追求”栏目专题报道老艺术家、老专家，“青春飞扬”栏目专题报道中青年艺术家、专家，“文化基石”栏目专题报道基层文化系统的专家，从而构成了多层次、全方位的专家宣传格局。

六、以党管人才原则为指导，发挥组织人事部门在推进文化人才工作中的牵头协调作用

组织人事部门在推进人才工作和人才队伍建设中承担牵头协调的职能，是坚持和落实党管人才原则的重要保证。加强协调，进一步健全统分结合、协调高效的人才工作机制，不断完善党组统一领导，组织人事部门牵头协调，有关部门各司其职、密切配合，各方面广泛参与的人才工作格局。

（一）围绕中心，统筹考虑人才工作和人才队伍建设的发展战略和规划

围绕文化事业发展需要和文化人才队伍实际，就文化人才队伍2010 ~ 2020年发展规划、文化紧缺人才情况，多次召开了文化部直属单位艺术家、专家及相关部门负责同志座谈会，结合文化艺术门类自身特点和特有的发展规律进行深层次研讨，以利于制定有效的政策措施。对重点文化工作、重点工程提出工作建议，提出下一步文化人才工作规划。同时，积极发挥人事部门在掌握人才信息、人才工作政策方面的优势，支持各司局各单位的业务建设和人才工作。

（二）夯实基础，进一步推动人才信息化建设

文化部在原有的高级专家数据库建设的基础上，不断总结专家数据库建设的经验，开发了新的高级专家信息管理软件，增强数据管理、查询和安全保密功能，分3个阶段收录全国副高职称以上专家信息。同时，开展全国文化系统人才队伍统计前期调研工作。通过掌握全国文化系统人才队伍基本情况，深入分析文化人才建设的现状，重点分析存在的突出问题，明确未来人才需求和趋势。

漫友文化
COMICFANS CULTURE

央视动画有限公司简介

央视动画有限公司成立于 2007 年 3 月 18 日，是由中央电视台全额投资的大型动画企业，由原中央电视台青少节目中心动画部整建制转制后重组而成。

央视动画拥有国内一流的动画片创作人员、制作人员和市场开发人员，拥有精良的动画制作设备及科学有序的管理体系，研发和制作了不同题材（如童话、教育、科幻、历险等）和应用技术（如 2D、3D、定格动画等）的各类动画片。

央视动画有限公司拥有近 200 部电视动画片，原创动画年产分钟数逾 6000 分钟，打造了《西游记》、《哪吒传奇》、《小鲤鱼历险记》、《美猴王》等多部具有高质量和高美誉度的动画片，是获得金鹰奖、星光奖、美猴奖、金熊猫奖等国家大奖最多的动画机构，是我国原创动画生产的支柱型企业。

央视动画的主营业务包括：原创动画生产、动画版权管理与开发、衍生品市场开发、品牌授权、新型媒体业务的合作与开发、相关舞台剧和文化活动举办等。

央视动画始终坚持以动画原创为核心，注重动画创意和形式的多样化及与观众的互动性，积极开拓动画周边市场，探索多种媒体业务和新媒体内容，广泛开展国内国际合作，积极在家庭观众、文化传播和全球文化产业中实现公司品牌价值。

央视动画有限公司正在联合社会力量，谋求多方面、多渠道的合作，在资金、人才、创作生产、引进播出、版权开发、市场拓展等诸多方面广开视野，兼容并蓄，携手业内外、国内外精英，拓展创作题材，丰富风格样式，优化资金配置，开拓衍生品市场，在为不同年龄段观众提供赏心悦目的动画佳作的同时，也将为建立契合中国国情、接轨国际市场的中国动画产业新模式和新秩序做出贡献。央视动画愿携手行业内外、国内外精英，共同创造辉煌！

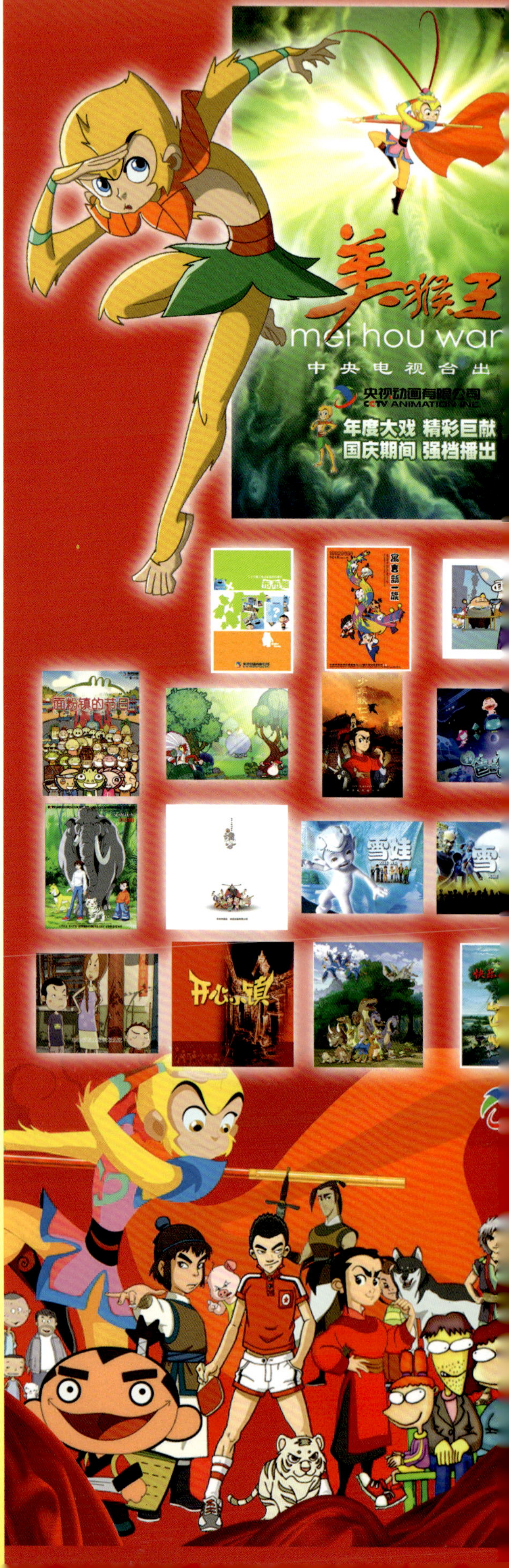

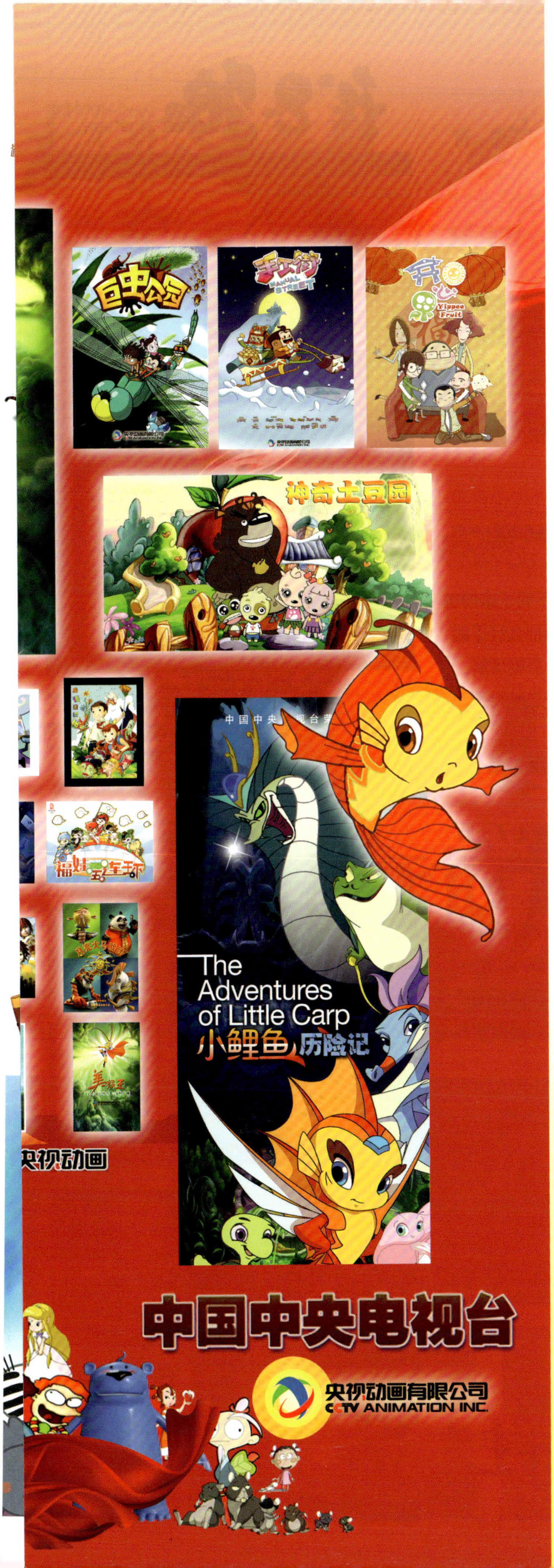

2009-2010年，央视动画接连推出《美猴王》、《小牛向前冲》、《月亮大马戏团》、《开心小镇》、《手工街》、《巨虫公园》等一系列动画佳作，其旗下的“美猴王”、“小鲤鱼”、“大角牛”、“小米”、“雪娃”等动画形象也广受好评。央视动画多部动画片分别荣获金鹰奖、星光奖、美猴奖等多个国家级奖项，多次被广电总局推荐成为优秀国产动画片，其动画形象也分别获得首届中国十大卡通形象评选金鹏奖、中国年度十大最具产业价值动画形象奖等行业大奖。

动画片推介

《美猴王》

作为中央电视台打造的第四部动画大片，《美猴王》故事取材于《西游记》前七回，融进了许多像玉兔、人参果等新的人物，其故事设计和美术造型与当代少年儿童的成长环境及审美情趣充分结合，演绎出一个全新的美猴王故事。

《小牛向前冲》

故事讲述了大角牛和伙伴们历经千难万险，消灭了蝙蝠魔，让牛大都恢复了安宁与祥和，并最终成长为合格的牛大汗接班人。

《月亮大马戏团》

在月亮大马戏团里，有着许多可爱的动物团员们：安静沉着的团长大熊猫高贝、优雅美丽的猫小妞、灵活多动的猴子非非……团员们在一起快乐的演出、快乐的生活。他们像每一个普通人一样，都有自己的优点缺点，都有自己的故事在发生。

《手工街》

在手工街的世界里，人，房屋，动物，花草，日月，交通工具，所能看到的一切都是由手工折纸创造而成，而故事就围绕着手工街小学的一群孩子们展开……

《开心小镇》

这部大型定格动画系列片主要围绕着妞妞、铁蛋等生动可爱各具特色的人物展开。在一场场矛盾冲突中，小镇上的人们逐渐学会了宽容对方，最终开心、幸福地生活在一起。

云南美瑾奇奥传媒有限公司

云南美瑾奇奥传媒有限公司是一家以原创为核心，专业从事卡通影视节目制作、研发及动漫产业运营的文化企业。其动画片《彩云南》荣获2010年度“中国动画学会奖”评委会特别奖。

作为云南本土的新锐动漫企业，云南美瑾奇奥传媒有限公司以云南省多民族文化背景为土壤，通过引进沿海地区及国外先进的创作理念，结合业内最新的制作技术，配合丰富的运营经验，打造既有中国特色又与国际业界接轨的动漫品牌。

自成立以来，美瑾奇奥为推动云南地区动漫产业的发展，营造云南地区的良好动漫氛围，积极举办并参与了各类大型动漫活动。如“第一届、第二届美瑾奇奥Cosplay校园自由行”，“美瑾奇奥中秋动漫欢乐行”等一系列动漫主题活动；在云南·昆明第二届、第三届动漫节上，美瑾奇奥作为最大的参展方，充分运用自身优势，以最佳效果展示云南本土动漫成果，并配合主办方积极推动本土原创动漫作品的传播和延续，受到了社会各界的广泛好评。

2010年，美瑾奇奥成为“2010中国动画年会”的唯一企业承办单位。中国动画年会是全国动画业界最专业、最具规模和影响力的盛会，西南地区是第一次获得该活动的举办权。美瑾奇奥全力协助中国动画学会并圆满完成了“2010中国动画年会”中的各项工作。

目前，总投资10亿元的云南美瑾奇奥传媒有限公司泛亚国际（昆明）动漫产业园项目已经启动，该项目将打造出云南本土与国际相结合、覆盖东南亚地区的动漫产业园区，力争园区内动漫及关联企业超过1000家。该项目还将使动漫产业年产值超过10亿元，带动当地就业人数3万人，年培养动漫专业人才5000人以上。

银河宝贝

特种电影
古特大世界
FANTAWILD WORLD
小鸡不好惹
Chicken Stew
深圳华强文化科技集团简介
深圳华强文化科技集团是华强集团旗下专业从事文化科技产业领域的集团公司。集团大胆将现代高科技和文化产业相结合，以文化为核心，以科技为依托，走出了一条文化科技产业发展的新道路，逐步打造出集“创、研、产、销”于一体的文化科技产业链。集团业务内容涵盖创意设计、文化旅游、媒体网络、影视娱乐、文化消费品等五大领域，以及创意设计、主题公园、特种电影、数字动漫、影视出品、影视后期、网络游戏、电视联播网、文化消费品、主题演艺、旅游服务业等十一个专业方向。
华强文化科技集团是国内唯一具有成套设计、制造、出口大型文化科技主题公园的企业，不仅在芜湖、重庆、汕头、泰安投资建成文化科技主题公园，还在沈阳、芜湖、青岛、湖南、郑州、厦门建立文化科技产业基地，在天津建立国家3D影视创意产业园，并将文化科技主题公园输出到伊朗、南非、乌克兰等国家。华强拥有目前国内规模最大、种类最多、设备最齐全、产量最高、技术最全面的特种电影专业公司，已成功研发出十多类特种电影。华强原创动漫实现了动画无纸化、规模化生产，2010年获得发行许可证的动漫产量达到12818分钟，产量位居全国第二。动漫产品不仅在央视少儿频道等国内100多家电视台播出，还出口到俄罗斯、新加坡、中东、印尼等100多个国家和地区，进入尼克频道（Nickelodeon）等国际主流媒体，先后荣获几十项国际国内大奖。
华强文化科技集团是中国文化科技产业的领跑者！

時代華奥
TIME POWER

福建省时代华奥动漫有限公司，是一家以动漫产业、创意产业为核心的多元化文化企业。注册资金一亿元人民币。主要涉及动漫原创生产、动漫产品发行、动漫品牌推广与授权、文化创意产业基地运营、文化创意项目运营等领域。公司目前运营的主要项目包括：全球首部茶文化原创动画片《乌龙小子》、国产经典动画作品《黑猫警长》影院版、“茶文化”大型绿色网络社区《茶园物语》和海峡文化创意产业基地等。

海峡文化创意产业基地
Cross-Strait Creative and Cultural Industrial Base

時代華奥
TIME POWER

時代華奥
TIME POWER

福建省时代华奥动漫有限公司
地　　址：中国·福建连江贵安创意产业基地1号
筹 备 处：福建省福州市北环中路117号蔚蓝大厦2F
联 系 人：林　鑫　+86-13706942332
电　　话：+86-591-87522811　传　　真：+86-591-87831393
企业网址：www.timepower.cc　动漫官网：www.oolongkids.com

【中国国际动漫节情况简介】

中国国际动漫节由国家广电总局、浙江省人民政府主办，是国家“十一五”文化发展规划纲要列为重点扶持的八大文化会展项目之一，自2005年起，固定落户“动漫之都”杭州，至今已连续成功举办六届。吉祥物“乐乐”，由北京奥运吉祥物“福娃”设计者之一、著名工艺美术大师韩美林设计，寓意中国国际动漫节将抛开束缚、推陈出新，既不失传统，也不乏现代。

动漫节吉祥物 乐乐

中国国际动漫节以“动漫的盛会、人民的节日”为宗旨，以“国际化、专业化、产业化、品牌化”为目标，重点分为会展、论坛、赛事、活动四大板块。会展，即中国国际动漫产业博览会，是每届动漫节进行产业展示、交流、合作的主平台；论坛，主要包括动漫产业高峰论坛、国际动漫节组委会峰会等；赛事，主要有以专业人士为主的“美猴奖”大赛、面向青少年的“天眼杯”国际少年儿童漫画大赛和面向动漫爱好者的“中国COSPLAY超级盛典”；活动，主要包括开幕式文艺晚会、狂欢巡游、动漫主题夜活动、“动漫市集”等，充分调动群众的参与热情，有效汇聚了全国动漫产业的信息流、资金流和人才流。

从2005年至2010年，六届动漫节共吸引了47个国家和地区参与，1400余家次中外企业参展，累计参与人次达到391.2万，成交总金额达到336亿元，被业界认为是“世界上规模最大、人气最旺的动漫盛会”。2010年中国动画年会，中国国际动漫节再次获得肯定，被国家广电总局和中国动画学会评为全国唯一的“中国最具影响力的动漫节展”。经过六年的积累，中国国际动漫节逐渐形成了自身的风格和特色，引起国内外和社会各界的广泛关注。

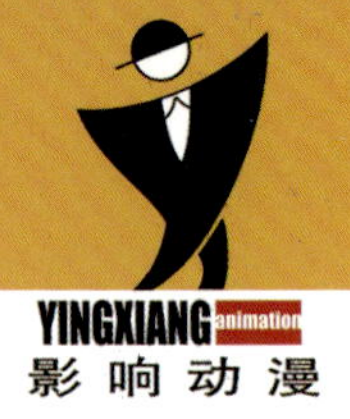

福州影响动漫影视有限公司

公司简介

福州影响动漫影视有限公司，是一家致力于动漫影像制造、开发的文化企业。公司主要从事动画片、影视故事片、漫画的原创拍摄与制作及其发行、引进、承制、成品随片、动漫后衍产品开发与推广等事宜。

公司成立于2003年，2007年被福建省信息产业厅认定为“福建省软件企业”，现为福建省动漫游戏行业协会副会长单位；先后被陕西科技大学和吉林长春动画艺术学院选定为“动画培训实习基地”。公司座落福州软件园，自有动漫产业大楼，面积3300平米。现已拍摄引进电视剧312集，制作动画片2000余分钟合200多集。其中动画片《宠物宝贝环游记》系列、《蟾童》、《无不想》等已陆续在全国各地电视台相继播映。

作 品

宠物宝贝系列动画片现已完成4部共104集，《宠物宝贝》系列动画电影已在策划与筹拍中。其中《宠物宝贝环游记》、《宠物宝贝游世界》在央视少儿频道黄金时段播出期间，在4–14岁年龄段平均收视率高达3.5个百分点，相关音像、图书制品已由广东东和兴音像公司和广州艺州人文化传播有限公司陆续出版发行。该片还获2009年上海国际电影节“白玉兰”奖“最佳动画片”提名。

由我司承制的52集动画片《无不想》，讲述了传说中的无不想国的故事，得到各界好评，并获得第五届“美猴奖”及2009年最佳国产动画片创意提名。

《蟾童》是由我司与福建省地震局合作拍摄的国内第一部防震科普动画片，得到了主管部门及国内舆论界的广泛好评，中国新闻社、中国动画网等媒体都做了相关报道。

地址：福州软件园D区16栋　　总机：0591-87382078　　网址：http://www.yingxiangcn.com

上海今日动画影视文化有限公司

今日动画经过十年奋斗，发展成动画片合作拍摄、制作、发行，版权授权经营与开发，以及图书、音像制品、玩具、礼品的出品销售为一体的综合性动画影视公司。公司坚持国际化合作发展道路，秉承精品动画创作理念，成为中国动画界领头羊，得到海外主流媒体的高度认可。被法国电视三台评为亚洲最信得过的动画公司之一。

今日动画被文化部定为国家文化产业示范基地，并成为全国18家重点动漫企业之一。

与我们紧密合作的主流媒体包括：Disney频道、ZDF（德国国家电视台）、ZDFE、France Television（法国国家电视集团）、TF1（法国电视一台）、M6（法国电视六台）、CCTV、SMG等。与我们紧密合作的著名公司包括：Moonscoop, Futurikon,Marathon,Dupuis,Ellipse等。

公司董事长张天晓先生是旅法动画家，法国卡通人动画公司艺术总监，同时担任中国电视艺术家协会卡通委员会常务理事，中国动画学会常务理事，十部委扶持动漫产业发展部际联系会议专家委员会专家委员，上海电影艺术学院动画学院副院长，中国传媒大学动画学院硕士生导师。

公司汇集了中国优秀的动画导演、美术设计师、原画师、背景师、摄影师等艺术、技术人才，具有国际专业后期制作设备及计算机上色合成系统。

公司参与制作和拍摄的动画作品曾多次在国内外大赛中获得专业奖项：

《中华小子》

入围 2005 美国红树枝国际动画节。

获得2004中国视协动画短片“最佳样片奖”，2005年第八届四川电视节“金熊猫”奖“电视动画片大奖”和“最佳导演奖”，2006日本TBS亚洲数码内容大赛“评委会特别奖”，2007第十三届上海电视节“白玉兰奖”“中国动画片金奖”，2007第四届常州国际动漫艺术周“最佳电视作品大奖”，2008年第四届杭州中国国际动漫节美猴王奖合拍动画片大奖，2008年第24届金鹰奖优秀动画片奖

《马丁的早晨》

入围法国昂西国际动画节，意大利海湾卡通节、葡萄牙电影动画节。

获得中国卡通艺术“金蛙奖”、第二十二届中国电视金鹰奖“电视美术片优秀作品奖”、第七届全国电视节目金童奖“优秀动画合拍片奖”、2005中国动画学会“动画成就奖”，2005年法国Luchon电视节“最佳动画片奖”。

湖南金鹰卡通有限公司

湖南金鹰卡通有限公司，2004年注册成立，业务范围涉及：节目生产、原创动画片生产、动漫舞台剧制作、动漫衍生产品的研发、销售、幼儿园及电子商务网站运营等。

金鹰卡通是国家广电总局首批认定的国家动画产业基地之一，几年来，公司在动画原创、品牌塑造、广告与产业创收、频道覆盖收视与内容策划等方面取得了较好业绩：金鹰卡通迅速成长为中国覆盖最广、收视率最好的中国第一卡通卫视品牌；《超女娃娃》荣获2007年度国家广电总局全国优秀动画片奖；金鹰卡通卫视上榜2008年中国最具影响力的十大动漫企业品牌，当年原创动画片生产跻身全国七强；2009年，原创动画项目《美丽人生》打造中国第一部手机动画电影，获文化部G3创新大奖和第四届中国原创手机动漫游戏大赛优秀作品奖；依托湖南本土著名电视节目内容创新生产的《越策越开心》新媒体项目获优秀作品奖，得到文化部的原创资金扶持；《美丽人生》和《越策越开心》两部作品同时被评选为湖南省2009年动漫产业转型发展十大原创特色作品；2010年，《美丽人生》与《越策越开心》被认定为全国重点动漫产品，公司被文化部认定为全国重点动漫企业，入选2009-2010年度国家文化出口重点企业。截止目前，湖南金鹰卡通有限公司自行生产的原创动画片项目达到6部，约12000分钟，玩具销售规模占据湖南市场的25%。公司目前正在运营《呆家家》、《麦咭先锋》等多个各具代表性的动画创意项目，专注于动漫、幼教、演艺培训、电子商务等四大儿童产业领域的产业拓展。

山东省艺术馆

山东省“歌颂新中国、喜迎全运会”系列群众文化活动——广场演出

山东省艺术馆是政府设立的公益性文化事业单位，成立于1957年，占地面积5791.5平方米，馆舍面积6700余平方米，位于济南市杆南西街27号。

现有在职职工54人，离退休职工38人。在职专业技术人员49人，其中取得高级职称任职资格的23人（正高8人，副高15人），中级职称的18人， 初级职称的8人。行政人员4人，工人1人。党员总数45人(在职党员24人，离退休党员21人)。

馆领导班子现由3人组成，馆长1人，副馆长2人。内设机构10个，设有办公室、老干部科（合属办公）、物业管理部、表演艺术指导中心、视觉艺术指导中心、社会文化艺术培训中心、理论调研信息中心、社会文化服务中心、非物质文化遗产保护中心办公室、数字文化建设管理中心。

山东省艺术馆在山东省文化厅党组的直接领导和全省社会各界的大力支持下，以“三个代表”重要思想为指导，深入贯彻落实科学发展观，锐意进取、不断创新，在开展公共文化服务上实现了新突破，为推动山东经济文化强省建设做出了突出贡献。先后连续8年获省直机关精神文明单位称号，获文化部首次设立的群星奖（服务），被文化部第一次、第二次文化（艺术）馆评估定级“一级馆”，曾受到国家文化部、人事部和山东省委、省政府的表彰，多次受到省委宣传部、省文化厅的表彰和奖励。

2009年6月“祖国在我心中”山东省少年儿童书画大展之现场笔会

我馆独立承担的第十一届全运会开幕式前演出之——泰山童子

全省第二届文化站长班合影

湖南省群众艺术馆

湖南省群众艺术馆成立于1956年，隶属湖南省文化厅，是组织开展全省性群众文化工作，致力于各类文化艺术的辅导、创作与研究，为广大群众提供公共文化服务的公益性文化事业单位。

湖南省群众艺术馆原处长沙市坡子街，占地面积仅2.38亩。2004年省委、省政府投入1.5亿元建立新馆，现坐落于天心区生态新城，东环省科技馆和地质博物馆，南靠省文化厅，北临湖南省青少年活动中心。新馆于2008年投入使用，整个建筑占地总面积49034平方米，建筑面积20066.24平方米，绿化率45%。建有目前国内设施设备最先进的音乐厅（616座席）和多功能剧场（306座席）以及展览厅、培训楼。室外有群众文化活动的场地，室内功能分区明确，各种配套设施齐全，是目前国内最大的省级群众艺术馆之一。2008年被文化部考评小组誉为目前国内建筑面积最大、功能最齐全、最漂亮的省级馆，同年5月，被文化部授予 “国家一级馆”称号。

1	2	3	4	5	6
7	8	9			

1. 湖南省群艺馆馆长何迪明在开馆仪式上致辞
2. 湖南省音乐厅
3. 湖南省群艺馆班子成员及部分员工合影
4. “情系农民工 文艺送春风”演出剪影
5. 第二届湘人湘歌大赛省直赛区活动
6. 湖南省省委、省人大领导及湖南省文化厅厅长周用金参观“盛世丹青 湖湘风采”艺术年展书法展览
7. 开馆仪式场面聚焦
8. 湖南省省委书记周强一行观看世博“湖南周”展演
9. 湖南省副省长郭开朗一行观看“盛世丹青 湖湘风采”摄影作品展览

北京麒麟网信息科技有限公司

麒麟游戏 WWW.7OYX.COM

北京麒麟网信息科技有限公司（以下简称"麒麟游戏"）成立于2007年7月7日，郭力任董事长，注册资金2222.2222万元人民币，位于北京市海淀区学院路39号唯实大厦6-7层，办公面积超过5000平米，是一家以网络游戏研发和运营为核心业务的综合性数字互动娱乐企业。

在核心领导团队方面，麒麟游戏由业界金牌制作人、曾成功打造两款年度Top10网游的尚进担任首席执行官（CEO），资深高级系统分析师曾鹏翔担任首席技术官（CTO）、"说不得大师"邢山虎担任首席运营官（COO）。

在发展规模方面，麒麟游戏现有员工已超过千名，包括北京总部员工700余人，其中游戏专业技术研发人员占一半以上，大专以上学历占89%，并以在哈尔滨、深圳、昆明、南京、杭州、武汉、长沙等50个地区建立了大区办事处。

在公司管理架构方面，麒麟游戏已组建并逐步完善了以研发中心、运营中心和营销中心为核心架构的运作体系，并依靠麒麟游戏产品链，先后成立麒麟影业、麒麟探险、麒麟投资、麒麟数码等全资子公司，拓展成为多元化娱乐产业链。

公司成立三年来运营业绩良好、成长性高。凭借首款网游产品，麒麟游戏2009年度营销总额达到1.3亿元人民币，实现纳税接近700万元人民币；2010年营销总额达到2.58亿元人民币，实现了年度102.35%的高增长，纳税总额达到1574.41万元，增长了126.42%。

麒麟游戏先后在ChinaJoy、中国游戏产业年会、网博会等多个国内行业大会上，获得了包括金翎奖、金凤凰奖、金手指奖、年度最受欢迎网络游戏、年度中国十佳游戏运营商、年度中国十佳游戏开发商等十多个重量级奖项，CEO尚进个人也先后获得了年度中国游戏产业新锐人物奖、年度中国游戏产业最具影响力人物奖，并入选中关村高端领军人才之未来创业之星，获得100万元奖金。

2009年最喜爱的十大网络游戏－成吉思汗

2010年百度世界大会

2008年中国游戏产业年会

2010年百度游戏风云榜

2010年CHINAJOY金翎奖

2009年百度游戏风云榜

2010年北京信息网络产业新业态创新榜

2009年中国游戏行业年会

1. 2010暑期玩家期待公测网游风云榜
2. 2010年第二届中国网吧游戏盛典
3. 2009年金游奖年会最佳营销策划奖
4. 2009年中国游戏产业年会
5. 2009年CGDA颁奖典礼

自贡国际恐龙灯会

◆ 自贡市灯贸管理委员会供稿

在灿烂的中华民族文化宝库中，享有"天下第一灯"美誉的自贡灯会，是一朵光彩夺目的艳丽奇葩，装点着中国盐都自贡，装点着华夏九州。自贡灯会传承千年盐都彩灯文化走向全国，携带着5000年华夏文明走向世界。

自贡灯会，一年一度举全市之力、汇全市之智的举办，使自贡灯会的品牌形象得以极大提升，成为拉动内需促进经济、繁荣群众文化生活、提高城市吸引力和凝聚力的一个公共服务产品和重要会节活动，维护和提升了"天下第一灯"的品牌形象。

自贡灯会被国家旅游局确定为全国两大民俗活动之一，列于40个民俗活动精品榜首，列入2004年中国向世界推介的"中国百姓生活游"主要项目。中国自贡彩灯文化发展园区2004年被文化部命名为"国家文化产业示范基地"，南国灯城景观艺术灯饰照明被建设部确定为全国十个"城市绿色照明示范工程"之一。自贡灯会2007年被国家文化部评为"全国优秀出口文化服务项目"。2008年6月国务院公布的第二批国家级非物质文化遗产名录将自贡灯会名列其中。自贡灯会多次被评为全国最佳国际交流奖、弘扬传统节日奖、2008年12月自贡灯会被评为"四川省十大名节"之一。2009年6月，自贡国际恐龙灯会荣获2008-2009年度中国十大品牌节庆"金海豚"大奖。2010年2月列入国家文化部民族民间文艺发展中心组织实施国家社会科学基金特别委托项目，自贡灯会获《中国节日志》第二批子课题立项。2010年7月自贡国际恐龙灯会荣获"新世纪十年中国节庆产业大奖・中国最具魅力的节庆活动"奖。规模宏大的自贡灯会已成为极具自贡特色的国际性最大型的民俗会节活动。

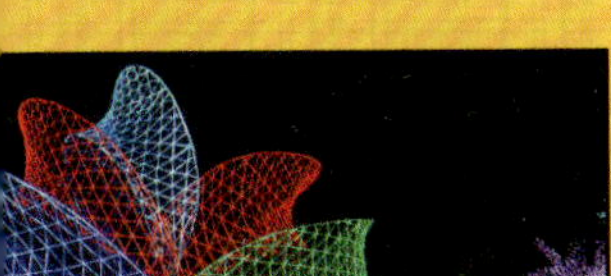

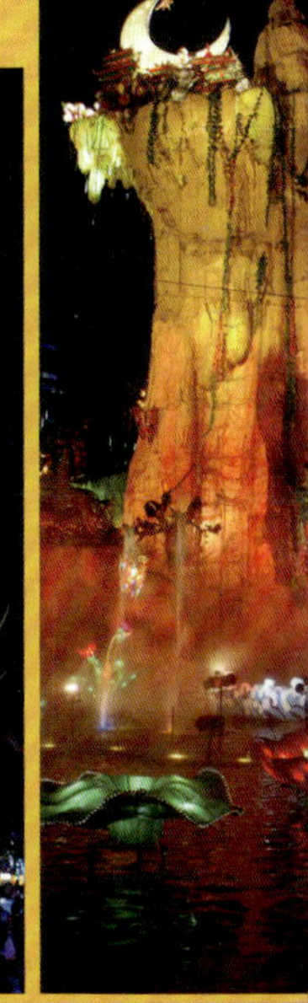

第十七届自贡国际恐龙灯会图片

1.《花开灯城》 2.《梅花报春》 3.《玉白菜》 4.《万象更新》 5.《嫦娥奔月》 6.《嫦娥奔月》 7.《红红火火》 8.《成功之门》 9.《蓝色梦幻》

山東省话劇院

曹禺题

山东省话剧院（团）于1953年1月组建。半个世纪以来，在党和政府领导和关心下，先后创作演出《丰收之后》，《决战》、《沉浮》、《苏丹与皇帝》、《眷恋》、《命运》、《布衣孔子》、《天鹅之歌》、《三毛从军记》，等几十部大型话剧及多部电视连续剧，受到观众的好评以及党和国家领导人的赞扬，先后推出了推出了王玉梅、王俊洲、薛中锐、倪萍、徐少华等若干深受观众喜爱的表演艺术家。

进入新的历史时期后，剧院为深化文化体制改革，在开拓话剧市场方面加大力度，合理利用自身演艺资源，充分借用媒体宣传优势，成立了“齐鲁晚报青年话剧团”，建立了“亲子剧场”，并于2004至2009年成功举办了三届“国际小剧场话剧节”。

献身戏剧事业是我们崇高的职责和对她深深的爱。面对未来我们是这样想的，只要人民需要戏剧，我们将一如既往地坚守这块土地，耕耘、播种。

话剧《大商无算》（图片）

作品由李书圣编剧，柳玉林、王美共同导演。晚清时期，瑞蚨祥少东家孟洛川学业完成返回店铺，没想到精通商术的艾隆标暗中筹划密谋，巧妙利用孟洛川年少气盛、虑事不周之弱点，给予其沉重打击。孟洛川没有气馁，在母亲的启迪下，重新梳理商道课业的内涵，窥知大商门径，得悟大商境界与大商之道。

1. 五子登科－黎安
2. 五子登科－张军
3. 五子登科－吴双
4. 五子登科－谷好好
5. 五子登科－沈昳丽
6. 国庆墙头马上
7. 精华版《长生殿》

河北省河北梆子剧院

文化部首届优秀保留剧目大奖获奖剧目《钟馗》 周长春/摄影

河北省河北梆子剧院成立于1959年，著名艺术大师荀慧生、李桂春曾任该院第一任正、副院长。现任院长王晓英。剧院下设一团、青年团、百灵团、影视制作部、河北大戏院、河北梆子少儿培训部、燕赵演艺公司等7个实体。具有高级职称资格的102人。

建院以来，培养造就了一大批优秀的专业艺术人才，其中，有建功立业的老一辈艺术家；有裴艳玲、张惠云、彭蕙蘅、许荷英、王洪玲等中国戏剧“梅花奖”得主；有陈家和、杨晓利、王新生、马海燕、魏青、苏根树等成就卓著的中青年编创人才；还有在国内外戏剧舞台获取各种殊荣的——张秋玲、王云菊、刘凤岭、邱瑞德、吴桂云、陈宝成、毕和心等河北梆子表演艺术精英，从而形成了一支实力雄厚、令人瞩目的创作、演出群体。

剧院优秀剧目近百出，其中《宝莲灯》、《哪吒》、《钟馗》、《挡马》等剧被拍成影、视艺术片向国内外发行。十多年来，剧院曾先后赴日本、新加坡、法国、圣马力诺、意大利、哥伦比亚、希腊、塞浦路斯、西班牙等国家及港、澳、台地区巡演，受到海内外各界的热情赞扬。《钟馗》一剧九次赴港；《美狄亚》一剧仅在欧美各国演出逾百场。

进入2000年后，创演了《花木兰》、《安提戈涅》、《阿Q正传》、《江姐》、《鬼域逢仇》、《大都名伶》、《浣纱女》、《杏妹》、《绝唱》、《长剑歌》、《想种太阳的孩子》，复排了《洪湖赤卫队》等剧。剧院影视部拍摄的二十集电视连续剧《五彩戏娃》荣获第二十三届全国电视剧“飞天”一等奖和中宣部第九届全国“五个一工程”奖。《钟馗》一剧以其独有的艺术风格及地域特色，被文化部、财政部评为“2002——2003年度国家舞台艺术精品工程提名剧目”；2006年12月，《大都名伶》荣获文化部“全国地方戏优秀剧目展演”一等奖，2007年荣获第八届中国艺术节“文华剧目奖”。2009年，河北梆子《钟馗》荣获文化部首届优秀保留剧目大奖。

文化部首届优秀保留剧目大奖获奖剧目《钟馗》吴桂云饰演 周长春/摄影

文化部首届优秀保留剧目大奖获奖剧目《钟馗》 周长春/摄影

新编越剧《李慧娘》

绍兴小百花艺术中心

编　剧：吕育忠
导　演：杨小青
唱腔设计：李燕华
作　曲：汤小东
打击乐设计：汤小东
舞美设计：倪　放
编　舞：段建平
技　导：陶波
灯光设计指导：周正平
灯光设计：胡宝根、赵兴华

服装化妆造型设计：蓝　玲
舞美监制：　叶瑞芳
音效设计：寿南

吴素英（第24届中国戏剧梅花奖）：李慧娘
吴凤花（第13届中国戏剧梅花奖）：裴舜卿

吴凤花饰裴舜卿
吴素英饰李慧娘

第三届全国地方戏优秀剧目（南北片）展演获二等奖；
浙江省首届文化艺术节获“优秀展演剧目”；
第十一届上海国际艺术节展演；
绍兴市第十一届戏剧节获优秀剧目奖；
2010年9月荣获中国戏曲学会奖；
2010年11月参加第二届中国越剧节。

安徽省桐城市黄梅戏艺术传播公司

新编黄梅戏《胭脂湖》剧照

桐城是桐城文派发源地，著名黄梅戏表演艺术大师严凤英出生在这里。桐城市黄梅戏剧团，成立于1952年10月，市文广新局直属黄梅戏艺术专业表演团体。2004年，剧团在全省艺术团体中率先进行了改革，整合现有资源，组建成立了“桐城市黄梅戏艺术传播公司”。

公司现有演职员40人。其中国家二级编剧1人，国家二级演员3人，三级演员10人。青年演员专业素质好，基本功扎实，现已成为艺术骨干力量。公司自有排练演出场所“严凤英大剧院”。

1988年，剧团创作排演了新编大型黄梅戏《遗祸》，获安徽省艺术节“展演奖”。2006年，公司创作排演了新编大型黄梅戏《胭脂湖》，参加了第四届中国安庆黄梅戏艺术节展演，荣获“金黄梅”奖。2007年，公司又创作排演了新编大型清装黄梅戏《桐城六尺巷》，2009年参加安徽省庆祝新中国成立60周年优秀剧目展演；同年参加了第五届中国安庆黄梅戏艺术节展演，荣获“金黄梅”奖；安徽省文化厅将该剧作为第十三届“文华奖”评选推荐剧目，中央电视台戏曲频道已将两剧实况录像，并于2008年8月9日和2010年元月4日播出。目前，公司上演剧目有：大型古装黄梅戏《天仙配》《女驸马》《春草闯堂》《哑女告状》《费姐》《梁山伯与祝英台》，现代黄梅戏《未了情》，传统黄梅戏《荞麦记》《莲花庵》《蔡鸣凤辞店》，黄梅戏小戏《打猪草》《闹花灯》《打豆腐》《打纸牌》等，并且每年新排或复排新剧目2—3台。

20世纪50年代，老一辈演员张玉珍就在全省调演中荣获表演二等奖，严云林荣获表演三等奖。中年演员许桂枝、江龙胜获安徽省首届中青年戏曲演员演唱大赛二等奖，许桂枝还荣获全国青年黄梅戏演员电视大奖赛“优秀演员”奖，程金明获安庆市首届中青年戏曲演员演唱大赛二等奖。青年演员汪林林、赵长玖荣获安徽省新世纪黄梅五朵金花大赛“黄梅新苗”奖。

近年来，公司坚持送戏下乡，进校园，到企业。演出足迹走遍了本市所有乡镇。外省云南普洱，山西太原，河北石家庄，浙江义乌，湖北黄梅、大冶，河南信阳，江西南昌和本省市县等地区。为繁荣发展黄梅戏艺术，开展文化交流，做出了积极的努力。

新编黄梅戏《胭脂湖》剧照

地　址：安徽省桐城市区和平路118号
电　话：0556-6121408　传真：0556-6121580
Email：hmxlong1988@sina.com　网址：www.tchmx.com

公司（大棚剧场）　下乡演出剧照

公司流动舞台车演出剧照

公司赴云南普洱市演出剧照

新编黄梅戏《桐城六尺巷》剧照

芜湖市芜湖县

黄梅戏剧团

1	2	3
4	5	6

- 文化部蔡武部长给曹帮萍团长颁奖
- 曹帮萍团长在钓鱼台国宾馆与安徽省文化厅葛光局长合影
- 在长安剧场演出和领导合影
- 剧团演职人员在长安大戏院门口合影留念
- 女驸马 洞房
- 女驸马 状元府

《冷宫救主》

曹帮萍团长生活照

四川省川剧院

四川省川剧院成立于1960年，近年来创作表演了一大批优秀剧目，积累了一大批具有代表性和传承性的艺术人才，创作演出的经典川剧《变脸》、《易胆大》、《巴山秀才》两度荣获国家舞台艺术精品工程十大精品剧目奖，文化部文华大奖，中宣部“五个一工程”优秀作品奖等国家级大奖。6人荣获全国戏剧梅花奖，29人获国家文华奖、24人获中国戏剧优秀表演奖，4人获上海白玉兰戏剧奖，被国家文化部、人事部联合表彰为全国文化先进集体，是文化部、财政部确定的国家舞台艺术精品创作演出生产基地，四川省振兴川剧重要基地，国家非物质文化遗产的重要传承单位，国家一级剧院。

建院五十年来，先后创作演出《白蛇传》、《绣襦记》、《芙奴传》、《和亲记》、《卧虎令》、《峨眉山月》、《急浪丹心》、《变脸》、《都督夫人董竹君》、《巴山秀才》、《易胆大》、《火焰山》、《镜花缘》、《尘埃落定》、《夕照祁山》等优秀剧目两百余出，先后荣获第六届、第七届中国艺术节大奖、新剧目奖，第七届、第十届全国“五个一工程”优秀作品奖、第八届中国文华大奖、第四届、第七届、第八届、第十届中国戏剧节大奖、国家人口文化奖、中国戏曲突出贡献奖、国家舞台艺术精品工程十大精品剧目奖等众多殊誉。

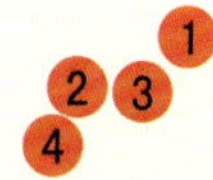

1. 川剧《巴山秀才》剧照，陈智林扮演秀才孟登柯
2. 川剧《变脸》剧照，任庭芳扮演水上漂
3. 川剧《易胆大》剧照
4. 川剧走进清华大学

大型剧目《唱享山西》

太原市歌舞杂技团

太原市歌舞杂技团（有限责任公司）隶属于太原市文化广播电视集团，是集团内太原市广播电台、太原市电视台、太原有线电视网络中心、演艺中心四大产业板块之一。

该团于2009年底在山西省文化体制改革中新组建成立的艺术院团，同时也是山西省委宣传部文化体改重点扶持院团。前身为：太原市歌舞团、太原市杂技团，两团均是具有50多年历史的文艺团体，足迹遍布世界各地70多个国家及地区，荣获诸多文艺类各项大奖。

太原市歌舞杂技团（有限责任公司）规模雄厚、阵容强大，艺术表现形式集歌、舞、杂技、舞美为一体，节目形式多样化，演员表演技艺精湛，拥有国际顶级灯光、音响及流动舞台等设备，承接各种大型演出活动。我团拥有大型剧目《唱享山西》——大型综艺旅游晚会；杂技主题秀《我们年轻，我们去追梦》，目前同时在太原、台湾两地进行常态演出，好评如潮。

年轻是什么
朝气 活力 雷电
花朵 爱情 希望
还有梦想
每个人都有年轻的时候
每个人都有追梦的时候
只要梦还在
我们就永远年轻

我们年轻 我们去追梦

BEING YOUNG CHASING DREAMS

大型原创杂技主题秀

杂技主题秀《我们年轻，我们去追梦》

中华恐龙园全景

常州创意产业基地

常州创意产业基地是常州市委、市政府全面整合国家动画产业基地、常州软件园和环球恐龙城等相关资源成立的创意产业专题园区。基地拥有国家文化部命名的“国家文化产业示范基地”、“国家数字娱乐产业示范基地”，国家广电总局命名的首批“国家动画产业基地”，国家科技部命名的“国家火炬计划软件产业基地”、“常州国家现代服务业文化创意产业化基地”，并荣获“中国最佳创意产业园区”、“中国十佳最具投资价值创意基地”、“中国最具竞争力数字娱乐产业基地”、“中国产业集群品牌50强”等称号。

基地入驻企业近400家，集聚规模位居全国同类园区前列；累计创作完成原创动画片及动画电影36部，其中有14部动画片在中央电视台播出、3部动画电影在全国各大影院上映；16部打入欧美、中东、东南亚市场；31部作品荣获了包括“全国动画精品”一、二等奖、“华表奖”、“白玉兰奖”、“美猴奖”等一批国家级奖项在内的50多个奖项；创建了《炮炮兵》、《小虫三宝》、《恐龙宝贝》、《小卓玛》等一批有影响的动漫品牌；5家企业被国家商务部、文化部、广电总局、新闻出版总署授予“国家文化出口重点企业”，5个项目被授予“国家文化出口重点项目”；在2009全国首批认定的100家动漫企业中，常州占据15席，2010年全国首批认定的36款重点动漫产品，常州3款产品上榜；以“中华恐龙园”为核心的“环球恐龙城”景区成功创建成为国家5A级旅游景区，主题公园、文化演艺、温泉养生等旅游产品蜚声全国；卡龙动画、中华恐龙园等8家企业正在做上市前的准备工作。

基地依靠服务立身发展，推行园区管理服务标准化，被国标委列为全国试点；引进了上海徐汇软件基地一流的服务管理团队，提供增值服务；国家级“中韩游戏人才培训基地”，为企业培养和输送网游人才；组建“知识产权巡回法庭”等维权机构；联合国税、地税等部门为企业配备“税务保姆”；先后建成二维无纸动漫技术服务平台、创意产业产学研联合创新服务等一批国家级、省级公共服务平台；由文化部与江苏省人民政府共同主办的中国（常州）国际动漫艺术周成为全国动漫产业的展示中心、交易中心、推广中心和生产中心。

中韩游戏人才培训基地落户常州

中国（常州）国际动漫艺术周

《恐龙宝贝之龙神勇士》

《小卓玛》

网络动漫形象炮炮兵

国家二维无纸动画公共服务平台

常州创意产业园实景

创意100产业园 2010年被国务院经济研究中心评为：“全国十大杰出文化创意产业品牌”

创意100是山东省青岛市第一家利用废旧老厂房改建的创意产业园区。作为一家企业，我们深感责任重大。因为没有既定经验可循，在这第一家园区的建设中，我们一直推行的是“高门槛、低租金”，“蓄水养鱼”的经营理念。这种理念代表着创意100聚焦文化创意企业，用低租金对他们进行培养。创意100占地面积仅有2.3万平方米，但是每年可以达到3亿人民币的营业额，拉动相关产业创造出30亿的产值，并且带动3000人就业。

经过将近4年的努力发展，我们取得了较好的业绩，是目前青岛市业态最完整的一家创意产业园区。拥有八十余家企业，入住率达到了97%，而文化创意类企业就占到了93%。这一切都代表着创意100已经成为一个成熟、纯正的园区。我们园区的业态包括工业设计艺术和平面设计艺术。

创意100还拥有原创的礼品设计和时尚设计，代表着一种创意与市场、与生活的对接。不仅如此，我们为入驻企业提供完备的工作和生活上的配套服务。我们可以为中小企业提供金融、版权、知识产权登记等一站式服务。在这种完善的配套服务吸引下，更多的高端业态入住园区。

创意100不仅仅是通过租赁的形式来扶植文化创意企业，我们还在积极培养一种消费模式。成功举办了“艺术品进万家”、“首届陶艺展”等活动，目的就是为了培养老百姓对于原创艺术品的消费理念。

创意 100 产业园成立四年来得到了社会各界的认可，在发展过程中被山东省文化厅命名为“山东省文化产业示范基地”、被青岛市文化局授予“青岛市文化产业示范单位”荣誉称号，另有 30 多项其他荣誉代表了社会各界对创意 100 所做工作的支持和肯定。

在未来发展方面，创意 100 将利用自己这四年来的成功发展经验，积极为青岛乃至全国的文化创意类企业发展提供智力输出，并继续推动各项国际合作项目的发展。

■地址：青岛市市南区南京路100号(创意100产业园)3号楼207室 ■垂询电话：0532–80970666 ■网址：www.C100.CC ■E–mail:creative100@126.com

瀛森创意规划顾问有限公司

Imagination Creative Industries Plan Consultants

瀛森创意规划顾问有限公司立足山东，面向全国，为各级政府和文化创意类企业提供文化创意产业规划、新媒体运营、展览展会、培训教育等多种专业服务。2010年以来，瀛森公司在规划和新媒体运营两个方面有了长足的发展，取得了非常大的收获。

中国文化创意产业网（创意时代网:www.ccitimes.com）

创意时代网成立以来，发展迅速，创造了数个第一：青岛唯一一个经工信部批准的“国字号”网站；百度、谷歌非竞价类文化创意产业服务平台排名第一；中文最大的文化创意产业咨询服务电子平台；国内唯一专门为文化创意产业园区招商服务的综合平台；国内最大的文化创意产业信息库；国内唯一的多语言创意产业服务平台；国内唯一集创意规划、设计、研发、推广、销售为一体的综合服务平台；国内唯一紧跟园区发展并为园区提供一站式服务的平台；国内唯一的3G文化服务平台。

创意网站将最大限度的发挥各个政府部门和中澳企业之间的发展潜力，使中国的文化创意产业集群成为亚太地区在新的一轮全球化竞争中异军突起，处于优势地位，占据全球化产业链高端，稳固各地区相对发达城市的龙头地位。

创意产业研究中心

贾斯汀·欧康纳文化媒体和创意产业研究中心立是世界创意产业大师贾斯汀·欧康纳以自己的名字命名的国内唯一的创意产业研究中心，主要服务于山东的文化发展，为各城市提供文化创意产业发展规划。2010年依次完成了红星都市印刷科技创意产业园规划、青岛创意产业规划（2009–2012）、青岛申报“国际创意都市”的可行性分析报告、开发区文化产业规划修订、青岛市文化产业十二五规划、济宁市文化产业规划、青岛市市南区文化产业十二五规划、四方区创意梦工场规划、青岛市四方区工业遗产规划、世界文化创意产业聚集区地图等多个项目，同时承接了德国曼海姆市与青岛创意100产业园合作项目。

青岛市文化创意产业协会

瀛森创意规划顾问有限公司作为运营方，促成了青岛市文化创意产业协会的成立。2010年5月7日，青岛市文化创意产业协会成立大会正式召开，7月，在创意100产业园召开了首次会议。目前，瀛森公司作为承办方，正与协会一起积极筹建联合国音乐之都项目。该项目完成后，将成为青岛市新的文化名片。

CTIMES 时代·创意 中国文化创意产业网

■地址：青岛市市南区南京路100号3号楼5楼C08 ■电话：0532–80970505 ■网址：www.ccitimes.com

M50原为近代徽商代表人物之一周氏的家族企业——信和纱厂，20世纪30年代从青岛迁厂上海。解放后更名为信和棉纺厂、上海第十二毛纺织厂、上海春明粗纺厂，现成为M50创意园。

根据上海纺织产业结构调整的需要，上海春明粗纺厂从1999年底停止了原主业的生产。2000年起，通过都市型工业园区的建设和业态调整，逐步引进了以视觉艺术和创意设计为主体的艺术家工作室、文化艺术机构和设计企业，逐步成为上海具有标志意义的创意园区。

近年来，M50创意园先后引进了20个国家和地区的140余户艺术家工作室、画廊、高等艺术教育以及各类文化创意机构。在入驻企业的选择上，M50始终遵循园区定位，有针对性的引进在文化创意领域内有影响力的机构。这些机构的入驻营造了苏州河畔浓厚的艺术创意气息，吸引了众多国内外的收藏家、媒体、知名人士、艺术爱好者、市民和游客。

通过SWOT分析和对品牌价值的深度提炼，确立了 "艺术、创意、生活" 作为M50品牌核心价值，提出了从主体到客体、从实体到载体转变的发展思路，围绕品牌核心价值开发文化创意项目，打造面向全国的文化创意产业的创新平台，现阶段M50重点开发了 "CREATIVE M50" 创意新锐评选、M50创意设计联盟、M50表演工作坊、M50网上创意园这四项提升园区竞争力的项目。

M50创意园将在市、区政府和上海纺织控股的支持下，在社会各界的帮助下，努力提升文化创意产业的社会和经济价值，展现M50和苏州河浓厚的历史底蕴和文化气息，使之成为苏州河边独特的人文景观，成为2010上海世博会一颗耀眼的明珠。

包头乐园

BaoTou Leyuan

内蒙首家主题娱乐休闲公园

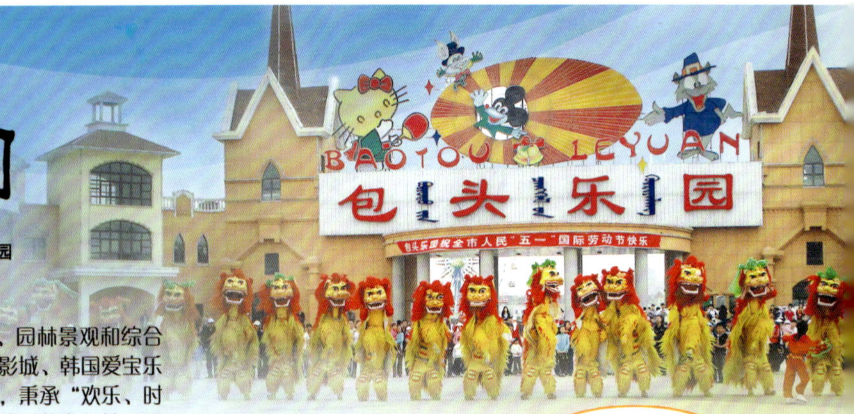

包头乐园是包头市第一家集室内外游乐、文化娱乐、文体休闲、园林景观和综合服务为一体的大型现代主题乐园，她吸纳了美国ITOREC迪斯尼、环球影城、韩国爱宝乐园等世界知名主题公园的设计理念，融合包头市娱乐市场的实际情况，秉承 "欢乐、时尚、青春、动感、神秘、梦幻" 理念，融高科技和全新休闲方式为一体，将参与性、观赏性、娱乐性、趣味性和知识性相结合，为游客营造出一个自然、清新、快乐、刺激的休闲娱乐氛围。

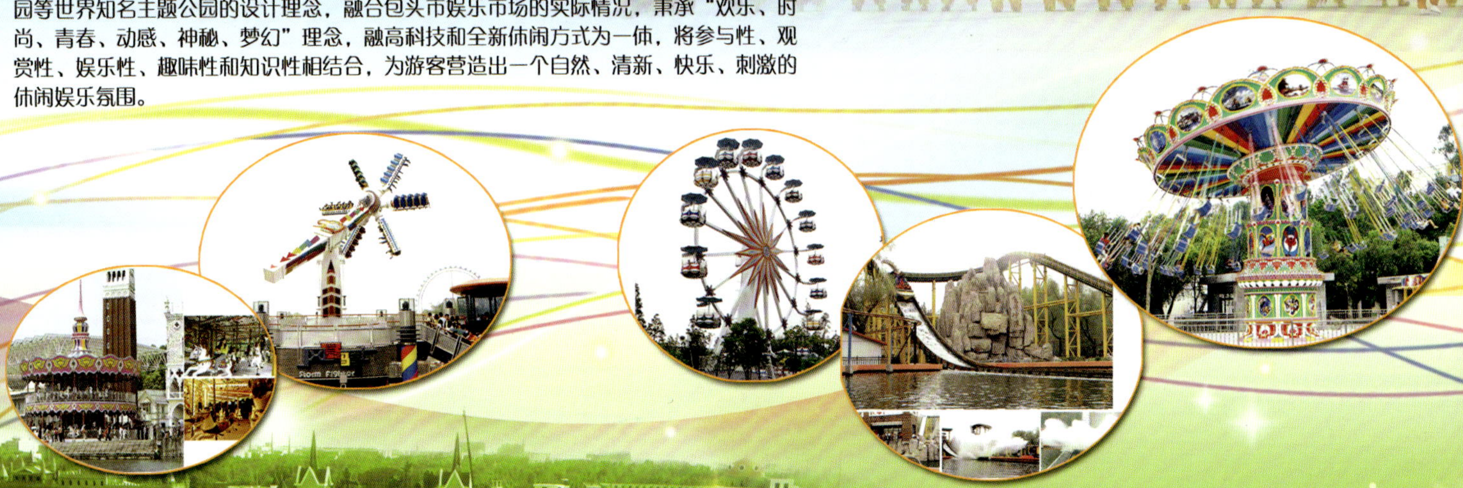

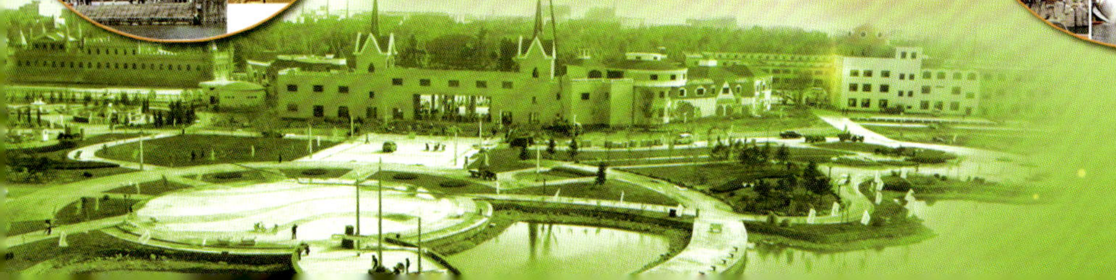

1. 豪华双层转马
2. 极速风车
3. 花篮式观览车
4. 飞舟冲浪
5. 摇摆旋转伞

读者出版集团

读者出版集团有限公司是2006年10月在原甘肃人民出版社基础上改制组建的专业出版集团。改制以来，集团公司的产业不断发展，事业不断壮大，综合实力和市场竞争力不断增强，社会效益和经济效益均得到显著提高。集团主营产品《读者》杂志发行量连续12年领跑中国期刊界，位居中国和亚洲第一、世界综合类期刊第四位，被国人誉为“中国人的心灵读本”。2008年，集团继续深化机制体制改革，强化经营管理意识，牢固树立市场主体观念，不断加强营销和市场拓展力度，克服和化解了诸多不利因素的影响，取得了较为突出的业绩。同年，集团被中宣部、文化部、国家广电总局、新闻出版总署评为“全国文化体制改革优秀企业”。

2009年，读者出版集团按照党中央、国家关于深化出版体制改革的总体要求和省委、省政府的统一部署，以深化改革、推动股改上市为动力，以推进刊群建设、打造国内一流期刊集团为目标，加快出版结构和产业结构调整步伐，探索网络出版、手机出版等新媒体出版，尝试资本运作和与民营企业开展合作，在深化改革、加快发展、提高市场竞争力等方面逐步得到加强，初步形成了品牌优势明显、核心竞争力突出，出版专业特色鲜明，社会效益和经济效益俱佳的良好发展态势。2009年全年出书1654种，比2008年增长29.62%；全年期刊发行过亿册，其中《读者》发行量9000多万册。2009年资产总额、净资产较2008年度分别增长了17.8%和16.02%，实现销售收入、净利润较2008年分别增长了21.3%和40.57%。在央视网主办的“新中国成立60周年推动中国经济·影响民众生活的60个品牌”活动中，《读者》成功入选“60年60品牌”，成为文化类品牌中唯一获得这一殊荣的品牌。根据世界品牌实验室最新评估，《读者》2010年品牌价值达到50.08亿元。2009年集团再次被中宣部等国家四部委评为“全国文化体制改革先进企业”，还被商务部、文化部、国家广电总局、新闻出版总署等部委列入2009-2010年度国家文化出口重点企业。

2009年12月，读者出版集团作为主发起人发起设立了读者出版传媒股份有限公司。股份公司的成立，标志着集团的体制机制改革迈出了关键的一步，市场化程度实现了质的突破，发展步入了新阶段。

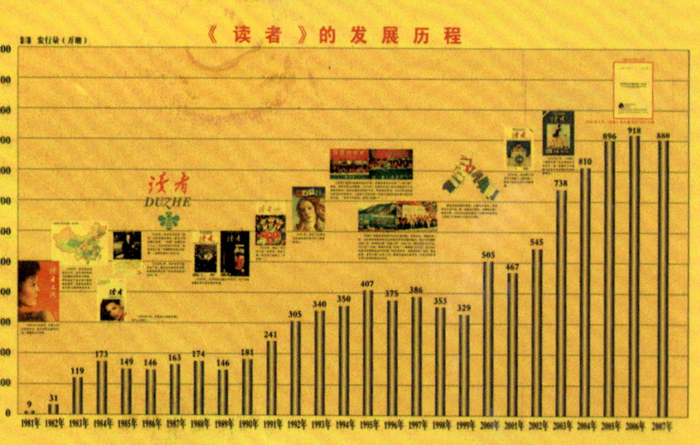

1. 2006年1月18日，读者出版集团成立大会
2. 2009年12月24日，读者出版集团与中国建设银行甘肃分行在兰州宁卧庄宾馆签署“双百双优送文化活动”及业务合作协议
3. 2009年12月11日，《甘肃通史》首发式在兰州宁卧庄宾馆举行
4. 《读者》系列刊物

部属单位概况

Subordinate Unit Profiles

中国艺术研究院

2009年，中国艺术研究院在文化部党组和分管部领导的领导下，在财政部、教育部、科技部等相关部委和上级部门的支持下，坚持以人为本，认真开展深入学习实践科学发展观活动，沿着我院的发展思路和目标，推动理论学术创新，以改革推动全面工作，通过全院同志的共同努力，取得了显著成绩，为进一步发展奠定了基础。

一、艺术科研

2009年，全国参加国家社科基金艺术学评审项目共计1847个，最终102项课题获得立项资助，中国艺术研究院有37个申报项目参加评审，共有10项课题获得批准立项，立项率为9.8%。这些课题分别是：《昆曲口述史》、《新时期艺术道德论》、《艺术流变与文化视野：新世纪的中国电影（2000～2009）》、《60年来香港和内地电影互动及影响研究（1949～2009）》、《中国古代雅乐舞发展史》、《当代晋东南村落赛社演化与戏曲形态研究》、《中国戏曲研究院与“戏改”》、《中国当代女性导演研究》、《融合与个性——广西少数民族音乐的传统与当代变迁》、《中国农村公共文化服务体系研究》。在2009年度文化部文化艺术科学研究项目中，《新时期喜剧小品艺术研究》课题也获准立项。此外，还有获得科技部立项课题《提升国家文化软实力的战略与策略》、国家广电总局立项课题《中国电影图志及发展历史研究（1949～2009）》、人事部资助项目《好莱坞与中国电影（1905～1949）》、北京市立项课题《北京宫廷工艺美术的民间化历程研究》、广州市立项课题《广州市文化产业发展规划》。

2009年，中国艺术研究院结项课题包括：《非物质文化遗产传承与保护规律的研究》、《全国红色旅游景区建筑与环境艺术的调研与开发》、《中国农村城镇化进程和当代民间舞蹈的传承与变迁》、《中国绘画技法史》、《中国传统色彩学》、《中国艺术文献信息资源建设与开发利用研究》。

2009年，中国艺术研究院承担的一批国家重点课题取得重要进展。国家课题《昆曲艺术大典》结题并与出版社签约。《京剧艺术大典》通过初审，其中文学剧目分典已交付出版。国家社科基金重大项目《提高我国文化软实力研究》课题、科技部《提高国家文化软实力战略及策略研究》课题均已全面展开。文化部委托课题《中国廉政史鉴》（思想卷、制度卷）初稿已基本完成。国家发展和改革委员会委托课题《中国传统工艺美术技艺的继承与创新》的研究进展顺利，正在撰写调研报告。另外，《中国艺术科学总论》、《中国现代学术思想史》、《美研所与新中国初期的民族美术保护》、《当代中国社会变迁与传统手工技艺的保护与发展》、《中国特色社会主义文化理论体系研究》、《中国传统建筑营造技艺三维数据库》课题等项目进展顺利，《中国傩舞文化研究》、《中国古代乐舞研究》已经完成。

2009年，中国艺术研究院完成了一系列重要科研成果，正式出版或发表的科研成果包括：专著63部，译著7部，论文529篇，评论311篇，译文11篇，学术资料35种，共计发表字数2988.9万字。

二、艺术教育

2009年，中国艺术研究院研究生院继续向国家外国专家局申请引智项目“世界前沿艺术论坛”。邀请了包括西班牙社会文化艺术协会主席阿图罗·罗德里格·莫瑞特，法兰西艺术院院士让·弗朗索瓦·高利永，德国路德维希博物馆馆长拉芬歇尔德女士，法国巴黎高等音乐学院电影音乐教授弗朗索瓦·波西勒，美国康涅狄格学院舞蹈编导王晓蓝，伊朗电影导演协会会长阿里里萨·拉伊斯扬等国际知名的学者、艺术家来院讲学，对世界文化艺术前沿的热点问题进行了探讨、剖析和交流，搭建了一个与国际一流专家、学者交流的平台。

2009年是博士、硕士研究生报考人数最多的一年，也是博士研究生录取人数最多的一年。硕士、博士研究生新生人数达到166名，其中，硕士研究生录取人数为109人，博士研究生录取人数为57人。2009年是招收艺术硕士的第三年，报考2010级艺术硕士的人数为92名，国务院学位委员会下达的招生名额为20人，报名人数和计划录取人数的比例为4.6 ：1，创历年最高。2009年，录取香港、台湾地区攻读博士学位研究生6名，硕士研究生1名。

2009年，中国艺术研究院在加强基础课程设置的同时，还聘请国内外著名专家学者开设各种学术讲座，为推动学科间的互动，引导学生深入思考发挥了重要作用。另外，还派遣多批研究生到美国、伊朗等国家进行学术交流，在促进与国际知名艺术院校互动、拓宽研究生的学术视野方面，取得了良好效果。

三、艺术创作

2009年，中国艺术研究院艺术创作硕果累累。共计完成美术类作品258项，舞台艺术类作品14项，音乐类作品11项。

2009年，中国艺术研究院创作机构向学术界和社会公众展示了艺术创作方面的重要成果，主持了一系列高质量的研讨和教学活动，在国内外产生了重要影响。先后主办“第一届中国当代版画学术展”、“向祖国60周年献礼——走进新西藏：李树基油画展”、“当代中国画主题展：中国风度”、“第二届国际书法年展暨韩国书家协会全国展”、“渊源与流变——简帛书法研究展”暨“简帛书法研究论坛”、“江山多娇——庆祝中华人民共和国成立60周年篆刻艺术精品展”暨“中日篆刻艺术展”、“庆祝新中国成立60周年——中国写实画派五周年油画特展”、首届“挖掘·发现——中国油画新人展”、“2009景德镇国际陶瓷艺术展”等展览。

四、非物质文化遗产保护工作

2009年，受文化部委托，中国艺术研究院组织专家先后完成“人类非物质文化遗产代表作名录”、“急需保护的非物质文化遗产名录”文本资料修改等工作。具体负责申报的3个项目：中国书法、中国篆刻、中国传统木结构营造技艺入选“人类非物质文化遗产代表作名录”。同时，积极参与文化生态保护实验区的建设工作。先后承办“第三批国家级非物质文化遗产名录申报工作培训班”、“中国非物质文化遗产民间文学、传统戏剧、曲艺、传统美术、传统技艺、民俗类项目保护工作培训班”，以加快非物质文化遗产人才培养。

2009年，中国艺术研究院连续主办或承办了以非物质文化遗产保护为主题的国际和全国性学术研讨会，包括：“第二届中国成都国际非物质文化遗产节·成都论坛”、“第三届中国非物质文化遗产保护·苏州论坛”、“中国（承德）非物质文化遗产保护与开发国际论坛”、“全国非物质文化遗产普查工作和数据库建设专题研讨会”、“全国文化生态保护区建设研讨会”，从非物质文化遗产保护的理论和方法到非物质文化遗产的不同门类保护的对策，开展多层次、多角度的探讨和经验交流。

2009年，中国艺术研究院还主办或承办了一系列非物质展览、展演活动。如：中国非物质文化遗产传统技艺大展、中国传统技艺产品展销订货会、中国传统烹饪和副食加工技艺展演、元宵节民俗踩街等系列活动、“雪域风情——藏族非物质文化遗产精粹展”、“守望精神家园——第一届两岸非物质文化遗产月”系列活动、“中国少数民族传统音乐舞蹈展演”、“第三届中国古琴艺术节（常熟）”、“第五届（中国·金坛）国际剪纸艺术展”，展示了我国非物质文化遗产的独特魅力，为营造全民参与非物质文化遗产保护的良好氛围，发挥了重要作用。

五、学术交流活动

2009年，中国艺术研究院院举办了一系列国际文化交流活动。5月7～8日，与韩国韩中文化艺术FORUM共同主办的“第二届中韩文化艺术界高层学术论坛”在韩国首尔举行。论坛的议题为：北京奥运之后中韩文化艺术交流的发展与展望。双方在诸多问题上达成共识，即确认传统文化价值，增强民族文化自信，携手开展文化领域的合作与交流，共同对亚洲文化的发展作出贡献。10月19日至21日，与欧盟文化中心合作组织联合举办的“第二届中欧文化对话”在丹麦哥本哈根举行。来自中国和欧盟成员国的近百位专家学者和相关机构人士，就文化多样性、文化记忆、创意产业、艺术现状以及中欧间共同关心的文化议题进行了广泛而深入的讨论。9月26日至29日，与山东省文化厅、孔子研究院等单位联合承办“第二届世界儒学大会”。来自中国、日本、韩国、美国、澳大利亚及中国港澳台等21个国家和地区、97个儒学研究机构的300多位专家学者、各界人士参加会议。10月24日至26日，主办“中国戏曲理论国际学术研讨会”。来自中国、韩国、日本、新加坡、美国、丹麦等国及中国香港、澳门和台湾地区的专家学者进行了专题讨论。会议从民族文化的战略高度对中国戏曲的美学内涵、表演理论体系、文化意义等内容加以审视，探索21世纪世界多元文化背景下中国戏曲理论的学术发展和未来趋势，促进中国戏曲的发展和繁荣。

2009年，中国艺术研究院还举办了一系列学术活动,包括:“纪念王朝闻先生百年诞辰座谈会”、“《延安文艺史》出版座谈会”、“中国文化产业发展战略学术研讨会”、“首届彝剧国际学术研讨会”、“第七届华文戏剧节及学术研讨活动”、“中国舞剧艺术研讨会”、“2009国际红楼梦学术研讨会”、“《中国大百科全书（第二版）·舞蹈卷》出版座谈会”、“国际社会学协会休闲研究委员会中期会议暨2009中国休闲与社会进步学术年会”、“主流价值与创新描述——新中国成立60周年献礼影片学术研讨会”、“庆祝四川清音艺术家程永玲艺术生活50周年”系列活动、“汉唐音乐史首届国际研讨会”等，这些学术活动在学术界及各专业领域引起热烈反响。

2009年，中国艺术研究院按照党中央和文化部党组的统一部署和要求，深入学习实践科学发展观，各项工作取得显著成绩。在新的发展阶段，中国艺术研究院将继续坚持“以艺术科研为中心，以人才队伍建设为基础”发展理念，努力形成艺术科研、艺术教育和艺术创作三足鼎立的发展格局，以人为本，充分调动和发挥广大学者、艺术家的聪明才智和勇于创新的积极性，努力把中国艺术研究院建成“全国一流、世界知名”的艺术科研中心、艺术教育中心和国际艺术交流中心。

中国国家图书馆

2009年是可以永载国家图书馆史册的一年。

4月23日“世界读书日”，中共中央政治局常委、国务院总理温家宝亲临国图，与读者交流读书心得，提倡“读书好、好读书、读好书”，有力推动了全民阅读的开展。

9月9日，国家图书馆建馆100周年纪念日，中共中央政治局常委李长春出席国家图书馆建馆100周年庆祝大会并讲话，体现了国家对图书馆事业的重视，这一讲话是建国以来中央领导关于图书馆事业的一次最为系统、最为深刻的重要讲话，成为图书馆界抓住历史机遇，进一步繁荣发展的纲领性文件。中共中央书记处书记、中宣部部长刘云山，中共中央政治局委员、国务委员刘延东，全国政协副主席张榕明出席庆祝大会。

国家图书馆举办了隆重而盛大的百年馆庆系列活动，向世人展示了国图百年来的巨大成就。

7月11日4时30分，国家图书馆名誉馆长任继愈先生因病医治无效，在北京医院不幸逝世，享年93岁。任继愈先生在国家图书馆工作了22年，为推动图书馆事业的发展，为繁荣发展我国文化事业贡献了毕生的精力。全馆上下，社会各界都通过各种形式深切缅怀这位世纪学人。

2009年，国家图书馆接待到馆读者5209103人次，与2008年相比，增长58.82%；全馆流通书刊为26913838册次，与2008年相比，上升70.48%；办理读者证卡22.95万个，与2008年相比，上升51.58%；各类咨询为总量41.78万件，与2008年相比，增长40.11%。此外，还通过讲座、培训、参观、展览等形式服务公众，其中全年开办公益性讲座213场，组织业界培训30期，接待参观295场，举办各类展览49场，举办其他活动379场。截至2009年底，国家图书馆馆藏文献总量为27783105册（件），数字资源总量达327.8TB，其中自建资源达239.1TB。

截至2009年底，正式工作人员1365人，其中正副高级专业技术人员189人，中级专业技术人员657人。

一年来，国家图书馆以邓小平理论和“三个代表”重要思想为指导，以科学发展观为统领，在文化部党组的正确领导下，围绕百年馆庆和国家数字图书馆工程建设两条主线，全馆上下团结一致、迎难而上，奋勇拼搏，全面推进各项工作。

一、深入开展学习实践科学发展观活动

2009年，国家图书馆党委按照《国家图书馆深入学习实践科学发展观活动实施方案》，认真开展深入学习实践科学发展观活动，加强学习型党组织建设，通过组织主题明确、方式活泼的各类学习活动，使全馆上下进一步提高了认识，明确了方向，全面推进了党的思想、组织、作风、制度建设和反腐倡廉建设，为“十二五”规划的制定和今后的发展奠定了坚实的思想基础。

二、加快了国家数字图书馆工程建设步伐，国家数字图书馆工程建设得到大力推进

加强了工程建设组织管理，有机整合技术规划、资源建设、商务采购工作，确保技术规划创新性、资源建设针对性、商务采购公正性。修改了四大核心系统业务需求，完成软件架构的整体调整方案；加大数字资源建设力度，加强了已建

数字资源验收、发布和使用管理工作，继续为全国文化共享工程提供优质数字资源；完成了数字资源规章制度的梳理工作及部分修订工作，世界数字图书馆二期选目工作，国家数字图书馆工程总集成等29项采购项目；数图工程标准规范34个子项目整体进展顺利；建立了9家中国国家数字图书馆分馆，设立了首家成员馆，合作建设“澳门科技大学合作馆”，拓展了国家数字图书馆工程的服务，逐步形成分级分布的服务格局。

三、基础业务建设扎实推进，服务工作迈上了新台阶

圆满完成了本年度文献的采访、加工、编目和典藏工作，古籍特藏采访入藏数量大幅增加，历史遗留未编目文献编目工作和数据回溯工作进一步加快，民国图书书目数据的核查、修改与数据补做工作取得较大进展。

积极推进公共文化服务建设，新服务、新举措的不断推出，使各层次服务取得显著成效。

立法决策服务品牌效应进一步扩大。立法决策咨询服务数量保持增长势头，在部委分馆、开通立法决策服务平台建设上取得进展，形成了面向“两会”的全方位服务品牌，服务工作紧扣国家时事，时效性强，获得中央领导高度评价；在中央国务院部委建立了第七个部委分馆——交通运输部分馆，并开通了中央统战部立法决策服务平台；针对突发事件，提供信息专报，获中央领导好评；常规服务保质保量，全年完成咨询2556件，较上年增长了36%；部级领导干部历史文化讲座16场，品牌影响力和辐射范围继续扩大。

为重点科研、教育和企业组织的服务工作取得了新成绩。积极推进文献提供协作网建设，创建面向企业和科研的服务品牌，用户群体规模扩大，层次提升，提供咨询服务数量显著上升，社会效益和经济效益均得到大幅度提高。

国家图书馆为社会公众服务水平稳步提升。全年来，继续推进公益性服务，不断拓展服务的深度和广度，积极推动全民阅读，推动文化教育服务蓬勃开展，为业界的服务力度进一步加强。深化服务内涵，以满足公民获取知识文化信息的需求。2009年，国家图书馆“中国盲人数字图书馆网站建设”、“全国图书馆志愿者行动”两个项目荣获文化部创新奖；“国家图书馆文津图书奖及其文津读书沙龙”、中国图书馆学会，分别荣获由中宣部、中央文明办、新闻出版总署颁发的全民阅读活动优秀项目和先进单位。这四项公共文化服务奖，均为国内相关服务方面的行业最高奖，是对国家图书馆在加强公共文化服务建设方面取得显著成效的充分肯定。

四、员工队伍建设得到进一步加强，科研工作取得了新成绩

完成了大学应届毕业生引进、选派管理干部到国内大型图书馆挂职锻炼和开设管理能力培训班等工作，使国家图书馆人才结构及素质进一步优化；通过国家图书馆博士后科研工作站的建立、与高校联合培养人才、选派员工赴国外培训学习等方式，为国家图书馆的未来发展储备了人才。

积极开展科研活动，课题立项取得新成绩。成功举办了国家图书馆第十次科学讨论会；完成了2009年度国家图书馆馆级科研课题的立项工作；获得两项国家社科基金资助；部委以上科研项目申报延续了增长势头，成功申报了北京市自然科学基金和国家文物局等机构的科研项目；图书馆学研究所、古文献研究所初步形成了合理的人员建制；启动了“十二五”规划前期调研项目；制定了“国家图书馆古籍藏书题跋整理研究”为主题的近期研究课题；科研与业务结合日益紧密。

五、通过进一步深化改革，增强了事业发展的活力

依据文化部关于直属事业单位岗位设置管理要求，制定了《专业技术人员入轨岗位分级聘用办法》及《国家图书馆岗位管理条例（修订）》，开展了780名专业技术人员分级聘用和岗位工资调整工作；重新修订了各部门职责，进一步理顺了工作关系；适应事业发展需要，微调内设机构，成立国家图书馆互联网信息资源保存保护中心、立法决策服务部系统保障服务组等。进一步拓展和完善了业务外包工作；继续调整和完善后勤服务机制，保障服务质量；深化体制改革，国家图书馆出版社转制工作有序进行。

六、国家重点文化工程建设取得了新成绩

继续开展全国古籍普查登记工作；评审和上报第二批国家珍贵古籍名录和全国古籍重点保护单位，获得国务院批准颁布；开设了22期古籍普查、编目、鉴定与保护培训班，推进古籍保护人才的培养；完成“全国古籍普查平台”各项功能的开发与完善以及部分安装工作；组织制定了古籍保护条例、全国古籍重点保护单位管理办法、国家珍贵古籍名录管理办法等规章制度。做好再造善本续编工作，完善再造善本续编的选目，对使用底本进行鉴定确认，保障工程质量。

继续做好“送书下乡工程”，已完成2009年度选书工作；配合国务院新闻办继续实施“中国之窗”赠书计划。

七、和国际图书馆界的交流与合作进一步加强，拓展了国家图书馆与国外图书馆合作的新领域

通过国际合作项目，搭建传播和共享中华优秀文化的平台，更深入地参与国际合作。提供数字化馆藏，通过“世界数字图书馆”网站向全球公众提供服务；通过中文文献资源共建共享合作项目、筹划数字图书馆海外合作馆等项目加强与港澳台地区以及海外中文图书馆的合作；完成“全球中华寻根网”项目启动阶段的计划；正式启动并顺利实施了第一期国际访问学者项目；与美国哈佛大学图书馆共同开发哈佛燕京图书馆藏中文善本古籍项目；与日本东京大学东洋文化研究所签署意向书，促使该所4000种中文古籍书目数据和影像资源回归国家图书馆。

八、各部门齐心协力，全馆工作得到立体推进

党政工团工作稳步推进，调动了全馆上下的工作积极性；中国图书馆学会选举产生了新一届理事会，推动了行业发展；进一步做好财务工作，国有资产管理和采购项目工作进一步规范；后勤工作稳步推进；离退休干部工作进一步加强；国家图书馆出版社在新闻出版总署首次经营性图书出版单位等级评定活动中，被评为一级出版社，并授予“全国百佳出版单位”称号；安全保卫工作平稳有序；宣传工作成效显著，全年不断掀起宣传高潮，向世界展示了国家图书馆作为一个国际大馆、强馆的新形象。

2009中国国家图书馆大事记

2009年4月23日，温家宝总理来到国家图书馆参加“世界读书日”活动。温总理首先参观了国家图书馆二期新馆，随后来到“国家图书馆文津读书沙龙”与一批年轻的教师和学生读者交流读书体会。他说，今天是“世界读书日”，大家通过读书和举办讲座等形式开展活动，这对于推动全民族养成读书的良好习惯，提倡“读书好、好读书、读好书”将起到促进作用。书籍是人类智慧的结晶。读书决定一个人的修养和境界，关系一个民族的素质和力量，影响一个国家的前途和命运。一个不读书的人、不读书的民族，是没有希望的。

5月9日，“中国国家数字图书馆山东分馆签约仪式”在山东省图书馆报告厅举行。文化部副部长周和平出席了签约仪式，并为山东分馆揭牌，国家图书馆馆长詹福瑞出席了活动。

6月13日，由文化部主办、国家图书馆（国家古籍保护中心）承办的“国家珍贵古籍特展”在国家图书馆开展。全国政协副主席罗富和、文化部副部长周和平、新闻出版总署副署长邬书林以及全国古籍保护工作部际联席会议成员单位的有关同志出席了开幕式。

本次展览汇聚了全国97家古籍收藏单位300件古籍珍品，系统地展示国家、集体和个人在保护古籍、传承文明方面所作出的努力和贡献，展示新中国成立60年来我国古籍保护工作取得的巨大成就。

7月9日，国家图书馆和山西省图书馆达成合作协议，共同建设“中国国家数字图书馆山西分馆”，授牌仪式在山西省图书馆举行。文化部副部长周和平，山西省委常委、省委宣传部部长胡苏平等出席仪式。国家图书馆馆长詹福瑞和山西省文化厅副厅长赵晋蓉共同为“中国国家数字图书馆山西分馆”揭牌。

7月11日，著名哲学家、宗教学家、历史学家，中国共产党的优秀党员，国家图书馆名誉馆长任继愈在北京医院不幸逝世，享年93岁。任先生逝世后，胡锦涛、江泽民、吴邦国、温家宝、贾庆林、李长春、习近平、李克强、贺国强、周永康等同志通过不同方式表达对任继愈先生辞世的深切哀悼并敬献花圈，向任先生家属表示慰问。

9日9日，国家图书馆建馆100周年庆祝大会在京举行。中共中央政治局常委李长春出席并讲话。他指出，图书馆是社会文明进步的标志，是公共文化服务的重要基础性设施，是各级政府保障人民群众基本文化权益的重要实现途径。要牢固树立全心全意做好公共文化服务的理念，进一步增强改革意识、创新意识、服务意识，在传播知识、传承文化，播撒文明、启迪智慧，改革创新、服务群众等方面下更大的工夫，不断开创我国图书馆事业发展的新局面。他说，100年来，国家图书馆秉承“传承文明、服务社会”的宗旨，与时代同进步，与民族共命运，为传承和弘扬中华民族优秀传统文化，满足人民群众精神文化需求，促进知识创新、推动社会进步，作出了不可磨灭的贡献。

庆祝大会后，李长春参观了国家图书馆馆史展。中共中央政治局委员、书记处书记、中宣部部长刘云山，中共中央政治局委员、国务委员刘延东，全国政协副主席张榕明出席庆祝大会并一同参观。国家图书馆馆长詹福瑞，图书界代表、上海图书馆馆长吴建中，国际图联主席艾伦·泰塞女士，文化部部长蔡武在庆祝大会上致辞。

9月16日，在陕西省图书馆，文化部副部长周和平、陕西省委宣传部长胡悦共同为“中国国家数字图书馆陕西分馆”揭牌。此前，国家图书馆和陕西省文化厅、陕西省图书馆达成三方合作协议，共同建设“中国国家数字图书馆陕西分馆”。

11月15日，由国家图书馆主办，云南省图书馆承办的“第12届全国省、自治区、直辖市、较大城市图书馆馆长联席会议”在昆明召开。会议的主题是学习贯彻李长春在国家图书馆建馆100周年庆祝大会上的讲话精神，进一步推动图书馆事业繁荣发展。文化部党组成员、中纪委驻文化部纪检组组长李洪峰出席开幕式并讲话。

11月20日，国务委员、公安部部长孟建柱同志在公安部党委委员、政治部主任蔡安季，公安部党委委员、副部长黄明，文化部副部长欧阳坚等同志陪同下来到国家图书馆视察工作。孟建柱充分肯定了图书馆的重要性，对国家图书馆的服务以及丰富的馆藏给予了高度评价。

12月11日，“中国国家数字图书馆军事科学院分馆”开通仪式在军事科学院军事图书资料馆隆重举行。军事科学院刘成军、政委刘源和副院长刘继贤、文化部副部长周和平、国家图书馆馆长詹福瑞等领导出席了仪式。刘成军、刘源、周和平、詹福瑞共同为“中国国家数字图书馆军事科学院分馆”揭牌，并开通了“中国国家数字图书馆军事科学院分馆网站”。

12月22日，国家图书馆交通运输部分馆签约仪式在北京隆重举行。交通运输部副部长高宏峰、文化部副部长周和平出席仪式并讲话。该分馆是国家图书馆在中央国务院部委建立的第七个分馆，对提高交通运输部领导机关政策法规制定能力，提升交通运输行业科技创新服务能力，将起到积极的推进和促进作用。

2009年国家图书馆馆领导班子名单

馆长(副部长级)：周和平 文人函〔2009〕2519号，2009年12月任命

名誉馆长：任继愈 （7月逝世）

常务副馆长（正局级）：詹福瑞 文人函〔2009〕2519号，12月转任

副馆长：张雅芳 文党函〔2009〕19号，5月免去副馆长职务，调任文化部机关党委常务副书记

副馆长：常丕军 文党函〔2009〕20号，8月任命

副馆长：陈 力

副馆长：张玉辉 2009年12月调离

副馆长：张志清 文人函〔2009〕1112号，6月任命，试用期一年

副馆长：魏大威 文人函〔2009〕1112号，6月任命，试用期一年

故宫博物院

2009年是新中国成立60周年，是贯彻党的十七大精神、学习实践科学发展观的重要一年。在文化部的领导下，故宫博物院以迎接60年国庆为契机，在古建修缮、文物展览、安全开放、观众服务等多方面采取措施，全面展示了故宫文化遗产保护和博物馆建设事业的新成果。同时，也继续做好藏品清理、非物质文化遗产保护、研究出版、数字故宫、对外交流等各项工作，为促进文化大发展大繁荣作出新的贡献。其中，与台北故宫的交流实现历史性突破，双方院长互访，达成8项共识并开始逐项落实。全年接待观众1182万人次，门票总收入5.6亿。2009年，故宫博物院获得人力资源和社会保障部、文化部联合表彰，获得“全国文化系统先进集体”光荣称号，还得到北京市旅游局颁发的“接待服务突出贡献奖”。

一、文物保管

《文物清理七年规划》进入收尾阶段，《故宫博物院藏品大系》继续编辑出版，同时做好文物科技保护和文物征集工作。

文物清理7年规划自2004年启动，到目前为止，共完成98.8万件藏品的清理核对任务，完成文物清理的主体工作。同时，60万册（件）古籍善本特藏清理完毕。全年共修复文物340件（套），开展文物保护修复档案的科学化构建工作。随着清理工作的逐步完成而适时推出的《故宫博物院藏品大系》编辑出版工作，目前绘画编元代以前已经出齐，玉器编、雕塑编、青铜器编均已启动。

对古书画人工临摹复制技术、古代钟表传统修复技术、中国青铜器传统修复等三项传统文物保护修复技艺进行整理，申报第三批国家非物质文化遗产。继续做好电视资料片《故宫绝活·古书画修复》的拍摄工作，做好非物质文化遗产的保护与传承工作。

先后举办了2009年古陶瓷科学技术国际学术讨论会、2009年东亚文化遗产保护技术国际研讨会，加强文物科技保护和文化遗产保护领域的中外交流与合作。古陶瓷保护研究国家文物局重点科研基地（故宫博物院）12月8日挂牌。

在文物征集方面，联系接受张仃先生捐赠的10件书画作品，以及中国工艺美术大师林亨云、王祖光等捐赠13件寿山石作品，丰富充实了馆藏。除继续接受多批次社会捐赠外，完成了对日本银杏堂株式会社收藏的中国历代印章167件（套）的收购，这是故宫博物院首次直接从海外回购中国文物。此外，经过国内青铜器专家一致鉴定同意，购回流失海外多年的西周晚期重器“克”钟，是继《出师颂》之后故宫博物院又一次抢救收购国宝文物的重大举措。

二、完整保护与整体维修

2009年5月5日，召开了第六次修缮工程专家咨询委员会全体会议，文化部蔡武部长作为新任的故宫维修工程领导小组组长出席会议并讲话，故宫大规模修缮工程进入新阶段。

寿康宫、慈宁宫和御史衙门3项跨年度大修工程中，寿康宫维修工程8月底全面完工。慈宁宫维修工程和御史衙门维修工程尚在进行，预计2010年完工。与美国世界建筑文物保护基金会合作，全面启动乾隆花园的保护。与香港中华文物保护基金会合作的中正殿一区的维修保护工程已经交付使用。

经过调研考察，初步完成了故宫整体监测项目方案，从2010年开始，将开展具体项目的监测，更有针对性地、更系统地保护故宫。以研究推进游客管理系统为切入点，通过调研起草游客风险评估及应对报告，逐步构建基于信息系统的游客监测疏导系统，全面提升对世界文化遗产的管理水平。

协调大高玄殿由部队交还故宫一事取得重大进展，做好接收、勘测等的财政预算和相关技术准备工作。

西玉河基地业务用房及库房建设项目于6月15日开工，进展顺利。西河沿文保科技中心项目通过立项专家论证，正在进行方案论证。

三、安全保卫与开放管理

安全保卫与开放管理工作进一步加强。不断强化开放一线职工安全和服务教育工作，严格制度，加强管理。深刻汲取春节期间央视新址发生火灾的教训，加强对全院职工的安全教育，增强安全防患意识。落实市文物局“雷霆行动”要求，加强全院安全检查，保证故宫安全。

积极配合新中国成立60周年庆典活动，实现了“确保国庆安全零事故和万无一失”的工作目标，获得北京市旅游局颁发的“接待服务突出贡献奖”。圆满完成接待美国总统奥巴马参观故宫，以及在人民大会堂金色大厅布置小型文物展展品的任务。顺利完成开放接待任务，全年共接待观众1182万人次，门票收入5.6亿元，与上一年相比，观众人数增长22.17%，票款收入增长22.31%。所有售票窗口全部实现电子售票。

四、展览与宣教

2009年，在故宫院内共举办了8项文物展览：“卡地亚珍宝艺术展”、“白鹰之光——萨克森—波兰宫廷文物精品展”、武英殿“中国历代书画展”（第4～6期）、“丘壑独存——张仃书画艺术展”、“中国寿山石精品展”、“蓬莱宿约——故宫藏黄易小蓬莱阁汉魏碑刻特展”。

结合故宫的展览和历史文化，推出了“走进文化故宫，领略故宫文化”“5·18”国际博物馆日系列庆祝活动和“6·13”中国文化遗产日活动，举办了“故宫知识课堂”（第四届）、“皇帝的新衣”动手彩绘教育活动等各类主题宣教活动。面向校园和社区制作大型“紫禁城图片展”，以展板的形式宣传故宫。

五、科研与出版

以故宫学整合学术资源，加强科研出版工作，进一步提高故宫学的学术影响力。组织完成了故宫博物院1991～2008年科研成果评奖，总结了科研成果，活跃了科研气氛，促进了故宫学的研究。组织开展科研课题项目的申报、立项与结项工作，新批准立项13个课题和3个项目。举办学术讲座6期，学术沙龙12期。

《故宫与故宫学》等一大批有故宫学术特色的“故宫学”著作陆续问世。郑欣淼院长的《天府永藏：两岸故宫博物院文物藏品概述》获“全国文博十佳图书奖”荣誉称号。《故宫百科全书》进入实质性编纂阶段。编辑出版《故宫博物院院刊》6期，《故宫学刊》1辑，《紫禁城》12期。此外还编辑出版了《故宫博物院年鉴2008》以及配合文物展览的各种图录。继续出版“故宫专家学术文库”系列、“大家研究与鉴定”系列、“明代宫廷史”系列、“大家文集”系列等。

2009年10月，成立故宫博物院明清宫廷史研究中心与故宫博物院藏传佛教文物研究中心，同时召开学术研讨会。配合院藏传佛教文物研究中心成立，出版了考古报告式的大型图集《梵华楼》。

根据中央统一部署进行紫禁城出版社体制改革，改革方案正在上报。出版社出书128种，销售码洋2937万元，回款实洋1185万元。《紫禁城》单期印数突破7000份，创历史新高。

六、信息化建设

数字故宫建设工作进展顺利。院信息化办公平台及文物管理系统被文化部选中参加中国电子政务应用成果评选，被评为“中国电子政务效能管理（部委级）优秀奖”。

继续推动将信息化建设成果融入博物馆各项传统领域的工作。院信息化工作平台的功能不断扩展，完成了3.0版本的升级工作。采购管理的新系统已经上线，固定资产管理的系统建设也已经开始，逐步规范了财务支出管理工作，极大地提高了工作效率和监管能力。

完成第三部虚拟现实作品《养心殿》的修改工作，初步完成第四部虚拟现实节目《倦勤斋》的制作。

秉承“帮助各种文化背景的人们读懂博物馆，读懂故宫博物院”的信息化展示工作理念，改版故宫博物院网站。上线后的日平均页面点击率上升40%，达到119万次，受到观众好评。

七、文化产业

为文化产业新发展谋篇布局。开展与产业发展、产业布局相关的各项调研活动，编写完成《关于故宫博物院文化产业发展及文化产品开发的情况报告》。打造东长房观众综合服务区，经营各具故宫特色的纪念品，提升购物休闲环境和服务品质。同时，落实《故宫博物院商品准入制度》。

做好文化产品开发。进行市场调研，开发适销对路商品。配合院内展览，推出特色商品。与专业公司合作，开发生产故宫博物院首届职工文化产品设计与创意大赛作品。制定第二届职工文化产品设计及创意大赛的方案，为2010年在全国范围内开展的故宫文化商品设计大赛做好准备。故宫自己的文化服务中心也不断苦练内功，在加强管理、培训员工方面采取多项措施，调动大家积极性，取得了良好的经营效益。

八、对外交流

不断扩大对外交流成果，增强文化影响力。举办和参展出国（境）展览14项，引进外展2项。14项出国（境）展览为：赴日本“大三国志展”，赴日本长崎孔子庙中国历代博物馆“故宫宫廷文物展（第11期）”，赴美国旧金山、印第安那波利斯、圣路易斯“明代宫廷艺术展”、赴德国德累斯顿艺术收藏馆“金龙银鹰1644～1795——故宫博物院/德累斯顿艺术收藏馆文物联展”，赴日本吉岛家缎通博物馆“地毯展”，赴澳门艺术博物馆“钧乐天听——故宫博物院珍藏戏曲文物特展”，赴新加坡文明博物馆“康熙大帝展”，赴德国巴伐利亚国家博物馆“中国与巴伐利亚四百年展”，赴瑞士李特伯格博物馆，美国大都会艺术博物馆“罗聘的艺术世界展”、赴美国辛辛那提艺术博物馆“中国动物画展”，赴比利时“天子——中国帝王艺术展”、赴比利时“再序兰亭展”、赴台湾“雍正——清世宗时期文物特展”，赴澳门艺术博物馆“九九归一——故宫文物精品大展”。

引进展览2项：“白鹰之光——萨克森—波兰宫廷文物精品展（1670～1763）”、法国“卡地亚珍宝艺术展”。

一些中外合作项目继续进行，包括与荷兰国家自动音乐博物馆合作修复故宫藏钟表文物、与美国世界建筑文物基金会合作保护乾隆花园、与日本凸版印刷株式会社合作的“故宫文化资产数字化应用研究”项目、与德国马普科学史研究所合作的“中国古代宫廷与地方技术交流史”课题研究等都在继续进行。

配合文化部相关部门，接收来自美国耶鲁大

学和参加2009年港澳大学生内地文化实践活动的港澳大学实习生共18人来院实习。

九、与台北故宫交流

建立与台北故宫的交流合作机制。圆满实现两岸故宫院长的首次互访。2009年2月14日至17日，台北故宫周功鑫院长首次率团访问北京故宫，在北京故宫实现了两院院长的首次聚首；随后，郑欣淼院长率团于3月1日至4日赴台回访了台北故宫博物院，达成了两岸故宫合作交流的8点共识。这一里程碑式的开端，对于共同传播和发扬中华文化具有重要意义。

10月，北京故宫出借37件文物，联合台北故宫举办“雍正——清世宗时期文物特展”，并参加展览的学术研讨会。展览开幕后观众如潮，平均每天参观人数近万人次。

十、内部管理与建设

根据事业发展要求，进行部分机构和干部的调整。按照上级部门的要求开展岗位设置工作，完成全院岗位设置首次聘用。

完善制度，加强管理。完成《故宫博物院古建筑保护管理办法》、《故宫博物院商品准入管理办法》、《科研成果奖励办法》、《关于非建制性学术机构的管理办法》、《关于确定故宫博物院硕士研究生导师的规定》、《关于故宫博物院与科研院所联合招收硕博士生的报名条件及管理办法》等9项院规的修订和发布。

中国国家博物馆

2009年，中国国家博物馆（以下简称国家博物馆）在文化部的正确领导下，在国家文物局的指导下，馆领导班子带领全馆职工深入学习实践科学发展观，用科学发展观统领全馆各项工作，紧紧把握新馆建设的历史机遇，解放思想、锐意创新、突出重点、务求实效，在“抓建设、求改革、促发展”的总体思路下，坚持“人才立馆、藏品立馆、业务立馆、学术立馆”的办馆方针，全馆上下团结一致，努力开创工作新局面，各方面工作都取得了显著成绩。

一、为国庆60周年献礼，“复兴之路”基本陈列圆满开展，受到中央领导的好评

在中央领导和部领导的直接关心下，在上级部门的大力支持下，在馆领导和全馆职工的共同努力下，2009年国家博物馆坚定执行中央领导指示，全力做好“复兴之路”基本陈列的各项筹备工作，圆满完成了中央交办的重大政治任务，为国庆60周年献上了一份厚礼。展览得到李长春等中央领导同志和部领导的好评。展览筹备中存在的一些不完善的地方，国家博物馆积极研究修改完善措施，为新馆其他部分的施工装修创造经验。

2009年9月25日上午，“复兴之路”基本陈列开幕，得到李长春等中央领导同志和部领导的充分肯定。展览开幕后的2个月时间内，共接待观众近30万人，日接待观众5000人次，社会报道千余次，得到社会媒体的高度关注和观众的一致好评。展览大大激发了观众的爱党爱国热情，每日多达上千条的展览留言，流露出观众观展后对伟大祖国的无限热爱和对中国共产党的盛情讴歌，展览显示了很好的社会效益。

“复兴之路”基本陈列的筹备过程，也是国家博物馆新馆建成前夕一次全馆大练兵，对工程建设推进、展览筹备、社会宣传教育、安全保卫、后勤保障、重大活动接待、经营整体规划等各项工作都是一次重要演练，为新馆全面开放积累了重要的实践经验。

二、深入开展学习实践科学发展观活动，进一步加强党的建设

（一）继续深入开展学习实践科学发展观活动，认真落实整改方案

国家博物馆高度重视巩固深入学习实践科学发展观活动成果，严格按照文化部深入学习实践科学发展观活动领导小组的统一部署，确保实践活动取得实效和《中国国家博物馆深入实践科学发展观活动整改方案》提出的各项工作落到实处。

2009年2月11日，国家博物馆召开深入学习实践科学发展观活动领导班子分析检查报告通报会暨整改落实阶段动员会。吕章申馆长通报了馆领导班子分析检查报告的内容并对“整改落实”阶段的工作进行了动员。3月10日，国家博物馆召开深入学习实践科学发展观活动总结暨满意度测评会议。吕章申馆长对我馆深入学习实践科学发展观活动进行了总结。

（二）第二届党员代表大会圆满召开，选出新一届党的领导班子

2009年12月22日至23日，国家博物馆第二届党员代表大会胜利召开。这次党员代表大会是在新形势下召开的一次团结的大会、动员的大会和鼓舞人心的大会。会议开得非常圆满，选出了新一届的党委领导班子。大会的工作报告系统反映了5年来国家博物馆的全面工作，反映了5年来国家博物馆党建以服务大局和中心为落脚点，推动全馆各项工作顺利开展所取得的成果，质量很高。

三、改扩建工程结构全面完成，工程质量优良

改扩建工程是国家博物馆的头等大事，国内国际都关注。工程施工难度大，突发事件多，协调部门多，需要全身心投入和扎实推进。2009年，国家博物馆改扩建工程取得了重大进展，已全面完成主体结构建设。钢结构封顶和混凝土结构封顶质量优良。在工程招投标方面，已按照国家和北京市的政府采购和招投标办法，完成了重大的工程招投标工作，最大限度地遏制了腐败。同时，国家博物馆确定了2010年国庆竣工的工期目标，正在按照这个目标，采取各种措施，实事求是地推进工程建设，务求装修细致，质量一流，建设精品工程。

四、40万件文物移交暨人员划转方案被国家文物局批准并实施

国家博物馆和文物信息咨询中心共同上报的移交方案得到了文化部和国家文物局的批准，40万件文物移交工作取得了实质性的进展。40万件文物得以入藏国家博物馆，意义极其重大和深远，是国家博物馆藏品入藏史上的重大事件。国家博物馆将按照移交方案，继续开展文物移库工作。

五、“古代中国陈列”设计和文物租借工作取得成果

“古代中国陈列”是新馆最重要的基本陈列之一，将系统展示中华民族5000年的灿烂文明。该陈列的筹备工作中央领导同志很关心，国家博物馆高度重视，投入了极大力量。2009年“古代中国陈列”筹备工作已全面铺开，展览的内容、形式以及照明、设备等的设计工作正在紧张进行，约300件文物的借展工作取得了显著的成果。

六、全员培训积极开展，各类员工水平不断提高

从2007年开始，国家博物馆按照文化部领导关于开展全员培训的指示，根据人员素质情况，合理规划国家博物馆的培训工作，申请培训经费，采取各种措施，提高现有职工的工作素质，落实人才立馆方针。2009年，全员培训工作有了积极进展，完成了包括业务培训、计算机培训、中层干部培训、青年干部培训在内的多层次、全方位的人员培训，全馆干部和职工的管理水平和认识水平不断提高。培训工作受到文化部人事司的充分肯定。

七、国庆60周年安保工作经受考验，获得安全大奖

国家博物馆地处天安门广场核心地区，作为文保单位，安保工作常抓不懈。2009年，国家博物馆面对60周年大庆活动、改扩建工程施工和文物库房、办公地点分散的特殊复杂局面，高度重视安全工作，充分发挥安保部门职能作用，严格规范安全管理制度，不断加大安全保卫力度，在全馆各部门的共同努力下，国家博物馆安保工作经受了考验，取得了突出成绩，获得了“北京市国庆安保先进集体”称号。这个荣誉是对国家博物馆的鼓舞也是鞭策，全馆各部门要再接再厉，确保安保工作万无一失。

八、学术科研与馆藏经典系列出版成果丰硕

2009年，国家博物馆科研和学术出版活动成绩突出，以藏品为基础，藏品保管、展览等部门都陆续出版了多种高质量的学术出版物，特别是《聊斋图说》等馆经典藏品出版物达到相当高的水准。有关部门要继续把好关，统一出版物格式，规范馆徽使用，努力提高出版质量，打造系列产品，塑造国家博物馆的品牌形象，同时为国家博物馆整体学术水平的提高奠定基础。

九、与国内国际博物馆之间的交流进一步扩大

闭馆期间，国家博物馆外事工作稳步推进。2010年，重点围绕新馆开馆后的国际交流与合作进行准备工作，扩大与国内国际博物馆之间在展览、学术、人员等方面的合作交流活动。随着新馆开馆，对外交流活动将更加频繁。为落实中央领导同志要求国家博物馆发挥龙头引擎作用的指示，国家博物馆要建立起各省博物馆的接待机制，维系与兄弟博物馆之间的友谊，畅通交流渠道。

同时也要建立起与世界博物馆之间的交流和沟通机制，通过外事接待和交流活动，展示中国的5000年文明，显示中国的国力和文化软实力。

十、各项规章制度进一步建立和完善，管理水平大大提高

规章制度建设是国家博物馆健康、顺利发展的保障。国家博物馆十分重视各项制度的建立和完善工作。2009年，在全馆调研的基础上，建立和完善了16项规章制度，全馆制度建设和规范工作取得了阶段性成果。这些制度的建立和完善，是国家博物馆管理水平大大提高的体现，是国家博物馆各方面建设走向法治化、规范化的体现，为国家博物馆建立起按制度办事、靠制度管人的有效机制奠定了基础。

国家博物馆领导名单（以2009年12月31日在职干部为准）

馆长：吕章申

名誉馆长：潘震宙

党委书记：黄振春

副馆长：马英民

副馆长：都海江

副馆长：董　琦

副馆长：张　威

馆长助理：王玉雪

中央文化管理干部学院

一、学院简介

中央文化管理干部学院是文化部直属的干部教育培训机构，集培训、科研与咨询为一体。主要承担文化部机关及在京直属单位各类人员的培训；全国地（市）文化局长以上干部的各类岗位培训；全国文化系统管理干部、文化经营和管理人员的管理技能培训；文化行业各类专业人员的专业技能的培训。

中央文化管理干部学院一贯注重培养人才的创新精神，开发人才的创新能力；紧密联系社会主义市场经济体制的确立给文化建设带来的巨大变化，紧密联系文化体制改革和文化产业发展带来的巨大变化，紧密联系文化领域对外开放的扩大给人才需求和培养带来的巨大变化，坚持学以致用的原则，不断变革培训的内容和方式，创新培训手段和机制。建院20多年来，为全国文化系统培养了数万名管理人才和专业人才，为我国文化的发展提供了大批优质人才。

中央文化管理干部学院在国内最早开始了文化管理科学的教学研究活动，2005年成立的文化发展研究所拥有一支由文化官员、专家学者组成的专兼职研究人员队伍，为各级文化行政主管部门的相关决策提供理论支撑、政策建议及咨询服务，同时也接受其他社会组织的委托，承担咨询项目。由文化发展研究所主办的“文化发展论坛”，是权威的文化管理学科研究及文化评论类的专业网站，已经成为文化领域的广大用户学习、交流、讨论、研究的互动平台。学院创建的网上的文化政策图书馆，涵盖知识产权、文物和文化遗产保护、公益性文化事业、娱乐、演出等多方面的文化政策法规，并提供法规搜索、政策咨询等服务。学院依托文化发展论坛、文化政策图书馆和遍布全国的文化网络，打造一个没有围墙的、永远在线的网上“文化学院”。

二、2009年度主要工作

2009年是以党的十七大精神为指导，进一步贯彻落实科学发展观，认真落实《文化部关于贯彻落实科学发展观进一步加强大规模培训干部工作的实施意见》文件精神的重要一年。

（一）开展全国文化干部培训情况调研

根据文化部开展深入学习实践科学发展观活动统一部署，学院组织成立了专门调研小组，向全国400余个地市文化管理部门发放了调查问卷，并分成4个小组，先后赴黑龙江、广东、四川、海南等13个省（市）进行实地调研，全面了解文化系统干部队伍的基本情况和培训需求，总结培训工作经验，分析查找存在问题。

（二）制定学院“十二五”发展规划

根据部领导的指示和学院工作的实际，着手编制《中央文化管理干部学院“十二五”发展规划》，总结建院30年来的成绩和经验，研究新形势下加快学院发展的基本思路，学院专门成立了规划领导小组，聘请了专业的规划设计研究院，在学院的硬件发展和事业发展两个方面进行总体规划。

（三）召开全国文化干部培训工作座谈会

为进一步推动全国文化系统大规模培训干部工作，总结各地、各单位干部培训工作经验，推动全国文化系统干部培训体系的构建，经部领导批准，2009年11月25～26日，在学院召开了“全国文化干部培训工作座谈会”。部党组书记、部长蔡武，部党组副书记、副部长欧阳坚出席本次大会并作重要讲话，参会代表为全国各省、自治区、直辖市文化厅（局）分管干部人事工作的厅（局）长、人事处长、机关各司局负责人、各直属单位分管干部人事工作的领导。

（四）建设培训基地

为更好地在培训工作中发挥信息化作用，经与文化部全国文化信息资源共享工程携手，共同建设共享工程培训基地，建设示范站，为今后学员进行实际演练做准备。目前，基地已正式挂牌。

中央文化管理干部学院领导名单

院长：张　旭

党委书记：金一伟

副院长、党委副书记、纪委书记：嬴　枫

党委副书记：景小勇

副院长：段周武

院长助理：李春华

中国文化报社

2009年，对于中国文化报社来说是具有历史意义的一年：报社继续深化改革，抓住发展机遇，全面推进报社转企改制工作，11月12日，在中国文化报社基础上组建的中国文化传媒集团正式挂牌成立，中国文化报社从此翻开崭新的一页；报纸质量有了明显提高，正在向成为全国最有影响力、最受读者欢迎的大报之一的目标迈进；组织举办一系列论坛、研讨会、名街评选等文化活动，得到了业内专家的普遍好评；一批基础性工程成功立项并陆续进入筹备阶段，中国文化报社迎来新的历史发展时期。2009年，中国文化传媒集团（中国文化报社）主要完成了以下工作：

一、坚定改革信念，全力以赴推进转企改制各项工作，中国文化传媒集团正式组建成立

根据党的十七大、十七届三中全会、十七届四中全会精神和中央近年来关于推进和深化文化体制改革、新闻体制改革的一系列政策要求，中国文化报社结合自身情况和形势发展的要求，本着深化改革、创新体制、积极推进、稳妥实施的原则，借鉴先期转企改制试点的成功经验，在认真研究论证的基础上，向文化部党组正式提出将报社列为文化部新一轮体制改革重点单位的申请。

经过全报社干部职工团结一心的努力，2009年11月12日，在中国文化报社基础上组建的中国文化传媒集团正式挂牌成立，中国文化报社的转企改制是各部委行业报中第一家主动改企的报社，也是意识形态较强的报纸中改制的第一家。新组建的中国文化传媒集团成为文化系统首批由经营性文化事业单位转制为国有独资公司的中央文化企业，也是中国国家级唯一的一家传媒集团公司。

二、明确指导思想，围绕大局，办好报纸，不断增强《中国文化报》的可读性

从决心改制的那一天起，中国文化报社就认识到，改革的目的是为了报社发展得更好，即通过改革不断做大做强。其中最根本的是要办好报纸，使《中国文化报》在保持其指导性、权威性的同时，要有沉静的文化气息、高雅的文化品格，要好看、耐读。在这一思想指导下，2009年度，报社狠抓报纸质量，强调报纸的可读性，坚持有重点地开好编委会和各业务部门的选题会，抓重点选题和重要栏目，不断提出要求，并且抓好落实。经过采编人员的共同努力，版面质量比以前明显提高，可读性得到加强，出现了一些受到读者好评的版面和栏目。

（一）重大新闻报道亮点频出

1. 围绕文化部重点工作，搞好宣传报道。2009年春节是“5·12”汶川大地震之后的第一个春节，文化部组织直属艺术院团春节前后赴四川地震灾区进行慰问演出，报社领导高度重视对该活动的报道，先后派出多名编辑记者深入基层、深入灾区，报道文化下乡和各地群众的春节文化生活。《中国文化报》先后刊登有关消息、综述、通讯、言论、编者按、评论员文章、演员感言、图片等约150篇（幅），计5万余字。

2009年是新中国成立60周年，文化艺术活动非常多。中国文化报社结合文化部的重点工作，以专栏、通版形式突出报道了国庆献礼演出和大型音乐舞蹈史诗《复兴之路》与“复兴之路”展览以及新中国文化60年的伟大成就。

在国外举办的中国文化节和春节品牌文化活动、亚洲艺术节、亚洲文化合作论坛、亚欧文化艺术节、非物质文化遗产传统技艺大展、成都非物质文化遗产节、全国动漫大展、全国艺术创作会议、国家艺术精品工程、优秀保留剧目评奖、重大历史题材美术创作、上海国际艺术节、欧罗巴利亚中国艺术节、深圳文博会、网络文化博览会、演艺博览会、非洲文化聚焦、法兰克福书展等重大的文化活动，《中国文化报》都进行了比较充分而详实的报道。

2. 关注文化体制改革。深化文化体制改革，推进国有剧团和经营性文化单位转企改制，是2009年文化部的一项重要工作。特别是中国东方演艺集团公司、中国文化传媒集团公司、中国动漫集团公司的组建在社会上产生了广泛的影响。对于这一重点工作，中国文化报社在版面上给予了突出报道，通过消息、专栏文章、典型经验宣传、社论、通版报道等形式持续报道，不断形成宣传的高潮，达到了为改革鼓与呼的社会效果。

3. 跟踪国内外文化热点，加大选题策划，增强报道的独家性。对于文化艺术发展生态、文艺评奖、“文化包工头”现象、文艺批评失语现象、先进文化与草根文化的关系等问题，社会各界都很关注。2009年，中国文化报社针对这些热点问题进行了深入的采访和报道，引起了业内人士和读者的好评。

另外，《中国文化报》还对国际上发生的重要文化事件进行了敏锐的报道。从年初的曼谷新年火灾开始到圆明园兽首拍卖事件、文化产业跨国并购，再到年末的俄罗斯夜总会火灾和哥本哈根气候大会，都有重头稿件推出。

4. 加强突发事件、民生热点的报道。2009年，《中国文化报》加强了对突发事件、民生热点的关注和报道，如央视大火、哥本哈根气候峰会、新疆乌鲁木齐市“7·5”事件、全球甲型流感大爆发等，《中国文化报》都给予了及时、客观的报道。

（二）为加强报纸可读性，《中国文化报》酝酿改版扩版

2009年，《中国文化报》报纸质量有了明显提高，得到业内人士和读者的一致好评。2009年年底，为进一步推进报社事业的发展，报社领导班子研究决定，要对《中国文化报》进行改版扩版，即从主要面向文化系统的带有机关报性质的报纸，转向立足系统、面向社会的综合性文化艺术类的报纸。权威的文化新闻，沉静的文化气息，较强的可读性、耐读性，将是报纸改版以后的主要特色。具体说，就是要把《中国文化报》办得更加生动活泼，贴近读者，力求坚持导向，提高品格，生动活泼。当然，报纸对全国文化建设的指导作用不仅不能削弱，而且某种意义上还要加强。报纸的版数将从每星期的44个版增至56个版。

三、组织主办一系列研讨会、论坛、征文活动以及中国历史文化名街评选活动，引起业内专家一致好评

（一）首批“中国历史文化名街”公布，评选活动圆满结束

首届“中国历史文化名街”评选推介活动自2008年7月启动以来，该活动受到全国各地的高度重视，近200多条街道报名参评。2009年3月，经过罗哲文、王景慧等专家组成的“中国历史文化名街”评选专家委员会的初步评审，16条街道进入“中国历史文化名街”的初选入围名单，接受公众投票。整个评选活动在社会上引起强烈反响，受到了广大公众的热情参与。据统计，截至5月10日，收到全国各地群众投票达140万余件。6月10日，首批“中国历史文化名街”授牌仪式暨高峰论坛在北京国子监举行。

（二）“岁月如歌”、“我的非洲故事”等国际交流背景的活动反响热烈

2009年春季，由中国文化报社国际文化部“岁月如歌——新中国文化交流早期记忆”项目正式启动。活动主体内容分为4部分：在《中国文化报》上开办“岁月如歌——新中国文化交流早期记忆”纪念专栏；在中国文化网开辟专栏转载相关文章、图片和视频等纪念资料；拍摄相关专题的影视片；召开纪念座谈会。

“岁月如歌——新中国文化交流早期记忆”纪念专栏宣传采写活动于2009年6月启动。项目采访对象的范围以知名老艺术家为主，兼顾早期对外文化交流工作的负责同志。8月26日，《中国文化报》开始陆续刊登专栏文章，截至2009年年底，共刊登16篇专栏文章，文章主要分为人物与事件两类。人物类稿件通过知名老艺术家的回忆展示早期对外文化交流的面貌，事件类稿件则通过梳理特殊的文化交流历史事件来展现早期文

化交流工作的艰难与成就。文章引起了良好的社会反响，主流媒体转载率较高。纪念专栏文章将结集出版。

2009年7月，中国文化报社与文化部外联局联合主办了“我的非洲故事”征文活动。本次活动是为了配合新中国成立60周年中国对非洲文化工作的一次新的拓展和尝试。活动总共收到“非洲故事”稿件508篇，稿件来自社会各行各业，覆盖整个社会，稿件内容涉及广泛、文章体裁多种多样。该活动在中国驻外人员中影响最为显著，多位外交部系统的外交官投稿，参与热情十分高涨。活动还引起了其他相关媒体的关注，造成了良好的社会影响。

（三）打造群众文化品牌，组织各种研讨会，论坛等活动，推动群众文化建设

1. 第三届全国特色文化广场暨全国特色广场活动颁奖会议举行。2009年11月，由中国文化报社、中国群众文化学会主办的第三届全国特色文化广场暨全国特色广场活动颁奖会议在广东省东莞市寮步镇举行。全国特色文化广场评选是为了推动我国广场文化的发展，促进富有特色的群众广场文化活动的开展而进行的。此次评选活动从2008年开始启动，全国共有116个广场、47个活动申报，经过专家评选和抽查，最后评选出35个全国特色文化广场、18个全国特色广场文化活动。

2. 全国文化馆馆长年会暨百馆论坛成为基层文化工作者的盛会。2009年12月6日至7日，由中国文化报社、中国群众文化学会联合主办的第三届全国文化馆馆长年会暨百馆论坛在江苏省吴江市举办，会议围绕中央提出的文化大发展、大繁荣这一精神，就如何发挥好阵地作用使文化馆成为公共文化服务的组成部分，如何进一步推动我国公共文化体系建设和群众文化事业发展等问题展开论谈。

3. 各种群众文化经验交流活动活跃。除了百馆论坛等群众文化品牌活动外，中国文化报社还联合中国群众文化学会共同主办了一系列群众文化活动，展示了丰富的群众文化，交流了建设群众文化的经验。如：2009年4月，报社参与主办的“中华颂——国庆60周年全国群众文化美术书法大展”，得到了全国广大群文工作者的积极响应，共征集作品2300余幅，展出作品590多幅，受到社会与广大群文工作者的好评；5月，由中国文化报社和中国群众文化学会联合主办的“中国民间文化艺术之乡——戏剧之乡经验交流会”在山东召开，来自19个省（区、市）的50多名代表，交流了各地建设民间文化艺术之乡尤其是戏剧之乡的新鲜经验；还有“全国首届群文品牌创建论坛暨展示活动”、“打造新时期群众文化品牌”“全国群众文化2009年度论文颁奖及理论研讨会”等一系列群众文化活动。

（四）召开一系列有关文化市场、文化产业的研讨会、论坛等

1. 成功主办第三届中国剧院团论坛。继2006、2007年两届中国剧院团论坛成功召开之后，中国文化报社于2009年7月3～6日在北京主办了第三届中国剧院团论坛，来自全国文化管理部门和演出机构、演出场所的领导和负责人近200人出席了本次论坛。本届论坛从宏观的角度对演艺业的现状与发展进行描述与评析，演讲讨论内容涉及艺术表演团体的体制改革、机制创新、政策环境、市场竞争、文化品牌建立等方面。除演讲外，论坛还专门安排了观摩剧目、参观演出设施、举行洽谈酒会等多种交流形式。

2. 文化市场行政执法创新与实践交流研讨会。6月5日至8日，中国文化报社在兰州举办了“全国文化市场行政执法创新与实践交流 研讨会”，来自北京、重庆、贵州、武汉等地的60余位行政执法人员获邀参加了此次研讨会。此次研讨会以北京市文化市场行政执法案例分析为典型，邀请了全国各地的行政执法工作者集中座谈，就如何在文明执法的前提下提高依法行政水平，应对执法中遇到的各种复杂的疑难案情，有效规避执法漏洞，完善技术监管手段，共同探索文化市场执法管理的新途径。

3. 第二届中国剧场论坛。2009年12月11日，中国文化报社在广州举办第二届中国剧场论坛，主题为“剧场与市场、科学与发展”。本届论坛邀请了政府主管部门领导、专家学者、先进典型代表到会演讲、咨询、座谈，与参会代表相互交流切磋，共同为中国剧场的发展和文化市场的繁荣建言献策。

4. 其他。2009年，中国文化报社文化产业部继续组织策划一系列与文化产业相关的论坛、峰会、高峰对话等活动，提高了版面的专业性和报纸的可读性，扩大了报社的影响力。如“中国文化产业30人论坛”、“中国演出业案例峰会”、“中国动漫之企业精英之专家学者的高峰对话”等。

（五）投资制作话剧

2009年12月12日，中国文化传媒集团影视艺术中心全力打造的话剧《职场女侦探》在北京繁星戏剧村亮相，这是中国文化报社整体转企改制组建中国文化传媒集团后，首次尝试话剧制作。这部由80后戏剧人倾力打造的悬疑喜剧一经上演就得到了北京观众、媒体及有关专家的一致好评。该剧首轮在北京演出20余场之后，迅速进入外省演艺市场演出。

（六）完成一些书籍的编撰工作

1.《文化局长论坛：科学发展与文化创新》。为迎接新中国成立60周年，推动配合全国学习实践科学发展观活动的深入开展，2009年中国文化报社编纂了大型图书《文化局长论坛：科学发展与文化创新》。该书选取了近百家在文化建设上有突出成就的地市、区县级文化局提供的由该局局长撰写的稿件。内容主要以文化发展理念创新、思路创新、举措创新、领导方式方法创新为核心，就公共文化体系建设、繁荣发展文化事业、加快发展文化产业、推进文化体制改革等诸多方面取得的成绩和宝贵的经验以及科学发展的新思路进行阐述。

2.《全国文化机构名址录》。为了全面准确及时地反映2008年人文奥运中各文化单位在奥运期间为繁荣国内文化事业做出贡献，更好地弘扬传统文化，促进国内、国际间的文化交流与合作，由中国文化报社下属文化公司创办的中国文化大黄页，即《全国文化机构名址录》的编撰工作已于2008年开始，2009年该工具书的编撰工作结束，并已出版发行。《全国文化机构名址录》（2008～2009）对文化系统名址进行了大规模复核，该书权威性强、信息准确、内容翔实、检索方便、制作精美，备受各界欢迎和好评。

（七）印刷厂圆满完成“两会”及各项印刷任务

自2008年文化部印刷厂正式划归报社管理后，印刷厂有了很好的发展。2009年，印刷厂的各项工作都有条不紊，圆满完成了“两会”的印刷任务以及人大公报、高检公报、文化部机关各司局的会议文件、资料印刷，以及其他部机关文件、资料、内刊的印刷，以良好的信誉、周到的服务、优良的质量对待每一位印户，受到众多委印单位的好评。

四、一批基础性工程成功立项，迎来新的发展机遇

中国文化报社的转企改制对于报社来说具有里程碑式的意义，中国文化传媒集团的组建为报社的发展提供更加广阔的平台。在2009年度，中国文化传媒集团在部党组的关心和支持下，一批基础性工程成功立项并陆续进入筹备阶段。

（一）印刷厂维修改造工程

根据文化体制改革的总体部署和部党组的有关精神，2008年，中国文化报社与文化部印刷厂进行了资源整合，印刷厂正式划归中国文化报社管理。为满足中国文化报社业务功能的需求，文化部批复同意中国文化报社新业务区的维修改造，总投资为1800万元。2009年，中国文化报社成立的基建办公室开始着手印刷厂的维修改造工程，开展了制定维修改造方案、进行各项招投标工作，编制工程可研性研究报告等一系列前期筹备工作，预计该工程将于2010年6月开工，于2010年底前完成改造。

（二）全国动漫产业信息平台服务管理中心工程

2009年5月19日，中华人民共和国中央十个部委（文化部、信息产业部、国家广电总局、国家新闻出版总署等）扶持动漫产业发展部际联席会议办公室印发了《扶持动漫产业发展部际联席会议办公室关于同意中国文化报社承建“动漫产业信息服务平台”的批复》（动漫办函[2009]号），至此，全国动漫产业信息服务平台管理中心正式落户中国文化传媒集团。

集团公司迅速成立了动漫中心，围绕动漫平台的规划、建设任务，开展了一系列筹建工作，成立了动漫平台建设项目领导小组、筹备组，确定了动漫中心负责人，配备、招聘了各类专业技术人员。安排了办公场所，购置了办公设备，制定了实施方案，签订了建设与维护协议，动漫平台的工作平台和硬件平台建设项目分别进行了招投标。

经过半年多紧锣密鼓的筹备与建设，动漫产业信息服务平台设计工作已经全面展开，预计将于明年8月正式运行。动漫产业信息服务平台是扶持动漫产业发展部际联系会议办公室及专家委

员会开展政务服务、信息发布、项目管理的信息发布平台、电子政务平台和资源服务平台，其面向公众的“国家动漫产业网”也是一个大型的公益性门户网站。

（三）中国文化传媒网的建设

中国文化报社所属网站文化传播网于2000年创办。依托行业媒体强大的采编资源优势和在文化艺术领域所具有的广泛影响力，网站近年来在各类文化资讯网站中脱颖而出，占据权威性地位。随着2009年底中国文化报社作为第一家中央部委主管报社整体转制为中国文化传媒集团，中国文化报社开始计划文化传播网的改造工程，成立了中国文化传媒集团网络中心。按照计划与设想，文化传播网将建成中国最大、最权威的文化类门户网站和中国国内最大的文化艺术数据库，它成为中国文化传媒集团未来的主业之一。该项目第一年投入预算为2000万元。

中国国家京剧院

2009年，国家京剧院围绕“三大工程”总体目标和“明确定位，找准抓手，伸出触角，盘活资源，复合发展”的发展思路，深化改革，奋力进取，各项工作取得了新的成绩。主要工作如下：

一、着眼未来，持续实施“三大工程”，夯实发展基础

2009年，剧院继续把剧目建设、普及传承、人才培养作为全局工作的重点，为持续发展奠定了坚实的基础。

（一）剧目建设，又结硕果

2009年，剧院新创剧目两部。根据《水浒》故事创排的《四海之内皆兄弟》赴日连续演出63场，取得对日文化交流的双赢；根据法国剧作家高乃依代表作《熙德》改编并创排的《情仇剑》于6月完成，在畅和园剧场首演，赵少华副部长审看了演出。一年来，在老艺术家张春华、刘秀荣、张春孝、朱秉谦、宋锋、孙桂元等指导下，剧院三个演出团分别复排了《红灯记》《三打祝家庄》《猎虎记》《穆桂英大战洪州》《佘太君抗婚》等一批现代和传统大戏。同时，以“成本较低，演员较少，剧目好看，适合小剧场演出”的思路，复排了《举鼎观画》《黛玉葬花》《百花赠剑》《卓文君》《花木兰》《汾河湾》《杜十娘》等小型剧目，一批青年演员们通过排练演出，舞台表演水平和经验都有较大提高。2009年，《泸水彝山》荣获中宣部“五个一”工程奖；因与西藏自治区藏剧团合作京剧、藏戏《文成公主》项目，荣获由国务院颁发的“全国民族团结进步模范集体荣誉称号”。

（二）普及传承，出现亮点

为著名艺术家举办系列纪念活动是剧院近年来倡导普及传承工作的重要内容。一年来，成功地举办了张云溪先生诞辰90周年专场纪念演出；李少春先生诞辰90周年系列纪念活动；荀慧生先生诞辰110周年系列纪念活动。在文化部艺术司支持下，我院承办了第二期全国重点京剧院团表演人才培训班，来自全国18个京剧院团的72名青年演员，通过老艺术家的真传实教，表演水平得到明显提高。2009年，在继续开展“少儿京剧夏令营”的基础上，积极与旅行社合作，新开辟了“京剧体验一日游”活动，共接待观众353批次。在中央领导同志关心支持下实施数字电影项目。所有这些普及传承活动的开展，使国家京剧院的示范性、导向性、代表性作用得到进一步的发挥。

（三）人才培养，稳步推进

一年来，剧院通过各项措施的有效实施，人才队伍建设有了新的进展。一是为主要演员继续发展提供支持。剧院在梅兰芳大剧院成功举办了“慧韵琴声——著名老旦袁慧琴专场演出”；支持王润菁以现代戏《杜鹃山》摘得第24届梅花奖。二是加大后备人才培养力度。先后举办了央视青京大赛获奖选手专场演出；后备主要演员专场演唱会；为青年后备人才李阳鸣、马翔飞、周靖等专门排戏；3个演出团也在日常演出中，安排后备人才担当主要配演，由领衔主演带着演，使他们通过舞台实践快速地提高表演水平。三是重视青年演员的专业提升。剧院继续以补贴方式鼓励青年演员在实验剧场演出，同时合理使用专项辅导经费，聘请老艺术家为青年演员辅导排练。

二、坚持公益职能，面向市场，追求社会效益、经济效益双赢

一年来，剧院始终把握公益性质和主体功能，坚持公益演出与市场运作相结合的发展思路，走进农村、工厂、部队、高校，深入基层，贴近群众，同时积极探索文化行业反周期规律，努力开拓国际国内两个市场，社会效益和经济效益双获丰收。

（一）发挥职能，服务政治

2009年是中华人民共和国60周年华诞。在中宣部、文化部组织下，剧院《穆桂英挂帅》入选60周年重大演出活动献礼演出。与此同时，剧院自行组织了《群·借·华》等多台传统经典京剧于国庆演出；还在国家大剧院、梅兰芳大剧院隆重推出《中华神韵》庆祝新中国成立60周年暨李慕良先生作品及经典京剧音乐会，贾庆林、刘延东等中央领导同志出席观看演出。国庆期间，剧院选送青年演员周婧、刘魁魁光荣地代表全国文艺工作者登上了文化彩车，参加60周年庆典盛大阅兵游行活动。2009年，还积极协助文化部，承办了全国重点京剧院团进京展演活动；完成了中国政府招待美国总统奥巴马的专场演出。作为国家院团，积极协助兄弟院团工作，支持辽宁省京剧院优秀代表剧目进京展演；支持山西京剧院排演新编历史剧《晋德裕》；支持北京京剧院演出《赤壁》、《袁崇焕》；支持大连京剧院排演京剧《风雨杏黄旗》；支持中芭《大红灯笼高高挂》赴内蒙古、太原、成都、澳大利亚、英国、韩国等城市及国家演出；年底，组织多位艺术家参加了福建京剧院60周年暨第四届福建艺术节贺演。

（二）深入基层，走近群众

元旦伊始，文化部在梅兰芳大剧院召开了春节“文化下乡”慰问演出启动仪式。在不到一周时间里，剧院3个演出团兵分三路，分别前往天津、大兴、承德的基层工厂、农村、社区进行慰问演出16场。此外，剧院还组织3个演出团的中青年艺术家赴革命圣地西柏坡慰问演出。2009年春节期间，老艺术家杨春霞参加了文化部赴四川地震灾区慰问演出活动。为庆祝新中国成立60周年，中宣部、文化部年内组织了赴基层慰问演出活动。5月和8月，分别参加了由央视空中剧院栏目主办的“河南行”、“黑龙江行”活动。9月，二团奔赴河北承德高速公路建设工地为一线工人、农民进行慰问演出。一年来，继续积极实施三部委联合开展的“高雅艺术进校园活动”，3个演出团先后走进山东、广东、云南、重庆、吉林及北京等6个省市22所高校传播京剧艺术，共演出24场，讲座5场，发出京剧普及资料1万余份。

（三）对外交流，形成品牌

2009年，面对国际金融危机，世界经济持续低迷，全院对外文化交流工作逆势上扬。全年外事接待12起、195人次，涉及埃及、俄罗斯、澳大利亚等国来宾；外事出访22起，326人次，行程至美国、日本、德国、澳大利亚、挪威、新西兰、韩国、中国台湾、香港等国家和地区。2月，以超强阵容组团参加了“2009年香港艺术节暨京剧名家汇演”，赢得了香港观众的好评。6月，应台湾多元化艺术事业有限公司邀请，以于魁智、李胜素为领衔主演的中国国家京剧院访演团第14次踏上宝岛台湾。经过多年努力，赴台商演已经在台湾市场形成品牌。9月，剧院携传统京剧《三打祝家庄》参加了文化部和日本都民剧场财团法人共同主办的“东京京剧节”演出。10月，应柏林中国文化中心和法兰克福书展中国主宾国活动组委会邀请，我院赴德国参加中国京剧推广展演活动，该活动有效地配合了中央高访团赴德访问。荣获新闻出版总署授予的“2009法兰克福书展中国主宾国优秀活动一等奖”。10月，第三次应日本民主音乐协会邀请，携京剧《四海之内皆兄弟》，赴日进行为期69天、演出63场、巡回33个城市的访演活动，观众达13万人次之多，为推动中日文化交流再做贡献。

（四）演出经营，健康发展

2009年，全年完成演出351场，演出收入1217万元，其中包括北京演出138场，京外演出126场，境外演出87场，共演出了剧院近年来新创排和复排的传统保留剧目近107部。在这些演出中，公益性演出66场，含“三下乡”、进校园、政府指令演出等，经费由政府采购、剧院补贴解决；经营性演出285场，收入达792万元，场均收入2.78万元。梅兰芳大剧院委托经营管理已有两年，通过北京国艺升平公司的积极运作，目前大剧院在北京乃至全国有了一定的影响，并逐步走向良性运营轨道。2009年，梅兰芳大剧院对外安排使用282天、演出230场。畅和园剧场自开业以来，以周末精品专场和以优秀经典折子戏为主的青年专场为演出主体，既保证为青年演员提供演出平台，同时也为打造具有国家京剧院水平的品牌特色开辟了新的演出阵地。本年度内，畅和园剧场共安排演出57场，收入74万余元。在本院演出空档期，尝试性地引进了北京京剧院《浮生六记》、北京战友京剧团《白蛇传》、北方昆剧院《十五贯》《牡丹亭》等经典小剧场剧目，探索符合京剧市场的经营模式。

三、推进机制创新，完善内部管理，激发剧院的发展活力

2009年，剧院找准定位，注重统筹兼顾，协调发展，通过“润物细无声”的方式，继续深化各项内部管理改革，为剧院艺术生产提供有力支撑。

（一）转换机制，推动改革

一年来，以“转换机制，加强管理，改善服务，增强活力”为方针，以“出人才、出精品、出效益”为目标，不断理顺艺术创作、演出经营、劳动人事、财务资产、后勤保障、基本建设等内部管理机制，使之更加具有系统性、实效性和可操作性。响应国家公益性事业单位深化改革的方案，剧院开展了以岗位管理、岗位聘用、绩效工资为主要内容的劳动人事和分配制度深化改革的调研，完成了初步方案起草工作。按照“明确定位，找准抓手，伸出触角，盘活资源，复合发展”的工作思路，剧院在实践中，不断创新工作机制，启动了与深圳市文化局、吉林省京剧院的合作共建，从剧目建设、人才培养，扩展到改革管理、资源共享等领域，通过构建全国京剧院团合作平台，以外向型项目引擎推动剧院的创新发展。

（二）完善管理，增强活力

一年来，院内各项管理工作进一步科学化、规范化、制度化。为进一步提高管理效能，加强各部门之间的工作沟通与协调，年底剧院实施了月度工作会议制度。院财务良好地完成了年内各项财务工作，预算管理、财政资金管理、银行账户管理、现金管理、分配管理、固定资产管理日趋完善，保证了各项经济活动的健康实施。2009年，剧院计算机门户网站顺利改版，英语网站实现开通。

（三）基本建设，强势推进

随着剧院综合业务办公楼、梅兰芳大剧院、东四环舞美基地、畅和园剧场相继建成并投入使用，在国家财政支持下，2009年，启动了人民剧场维修改造工程。该项目建设费用3960万元，全部投资由国家承担。5月15日奠基，10月4日全面开工。

近年来，在国家对文化事业加大投入的基础上，国家京剧院通过自身的努力，改变了硬件设施陈旧、惨淡经营的窘况，资产状况发生了翻天覆地的变化。2009年，在国家财政的支持下，剧院在实现社会效益的同时，也创造了较好的经济效益。

2009年国家京剧院名单

院　长：吴　江

党委书记、副院长：刘孝华

党委副书记、副院长：刘惠平

副院长：宋官林

副院长：尹晓东

艺术指导：刘长瑜 （9月到任）

顾　问：赵书成

国家话剧院

一、确立国家话剧院“共和国戏剧长子”的职责意识，以弘扬核心价值观为首要宗旨，努力创作时代精品

从2009年起，剧院提出了要把“共和国戏剧长子”的社会职责意识贯穿于艺术创作以及剧院建设的工作之中的办院基本原则。作为文化部直接领导下的国家院团，国家话剧院必须担负起传播主流戏剧文化的重要责任，这是不容置疑的首要任务。

2009年度，剧院新创作了大型话剧《这是最后的斗争》,5月份进行首轮征求意见演出，而后进行了较大幅度的修改。9月12日，作为新中国60周年庆典剧目正式上演，反响空前强烈，实现了“奏响一曲正气歌”的创作目标。11月下旬，又在天桥剧场进行第二轮11场演出，曾庆红及部领导前往观看，给予了很高的评价。

国家话剧院与国家大剧院联合制作的经典名作话剧《简·爱》，获得了圆满成功。这个戏在很大程度上提高了国家话剧院的品牌形象，成为2009年剧院在艺术上具有新的标高意义的舞台精品。也是国家家话剧院为中国话剧事业的振兴和发展，在艺术方面所做出的重大贡献。

此外，《聆听》系列文学朗诵会的演出也大获成功，展示出了国话艺术家在语言艺术及舞台表现方面的强大功力。《聆听》系列将作为国话精品保留节目，向两岸四地、向全球大中华地区推广，作为发挥国话艺术特色，传承中华语言文化、提升中文国际地位的重要文化传播项目。

二、把握市场需求，提高票房收益，秉承艺术传统，为演出市场输送健康高雅的喜剧作品

国家话剧院在夯实现实主义创作的基础上，确定了喜剧体裁为剧目创作的主打方向之一。2009年先后推出了《都市囧人》和《堂吉诃德》两部喜剧作品，收到了良好的演出效果。

《都市囧人》作为2009年度观众普及作品亮相“国话之秋”演出季。这部戏以现实主义的笔法描绘了当代青年人的爱情经历，语言时尚幽默，对青年人不计后果的爱情冒险做出了一系列辛辣的讽刺，描述了男主角在经历了种种尴尬之后，最终选择了回归纯真专一爱情的情感心路，对现实生活中客观存在的婚恋现象具有一定的启迪和警示意义。

《堂吉诃德》运用当代中国戏剧语言对西方经典作品进行全新的阐释，从全新的视角解读名著，在赋予其时代感的同时保留了原著精髓，使追逐理想、行侠仗义的堂吉诃德精神依然能够在当今社会复活。首轮演出后各方反应良好。

三、保持戏剧生产的多样性，继续繁荣小剧场实验剧目

国家话剧院创作并演出的实验戏剧深得广大青年观众的喜爱与欢迎。经过多年的艺术实践和市场锤炼，先锋实验戏剧已逐渐从探索走向成熟，成为国家话剧院重要品牌体裁之一。作为多元艺术的表现形式，先锋实验戏剧将继续在剧院剧目建设中享有较大的发展空间。剧院将在坚持以现实主义戏剧为主体进行剧目生产布局的同时，继续对实验剧目进行探索，力求保持戏剧生态的多样性，不断繁荣小剧场先锋实验剧目的创作活动。

2009年度，剧院首次尝试举办“青年戏剧人PK营”演出活动。举办这项活动的目的是为民间青年戏剧人提供一个创作及演出的展示平台，借以发现优秀的戏剧作品和创作人才。11月10日起，4部被选中参加PK活动的剧目陆续在国话小剧场上演，共计演出24场。

四、围绕中心、服务大局，努力承担国家院团社会责任和公益使命

作为文化部直属院团，国家话剧院肩负着艺术传播与社会服务的重要责任和公益使命。

2009年春节期间，国家话剧院按照文化部的指示，紧急创作了一台体现时代风貌、以短剧为重要形式的《信》主题综艺晚会。为华南地区的基层群众进行了10场演出，观众人数近2万人。此次巡演的成功证明了国话演员不仅在城市大剧场的话剧舞台上精于创造，也随时能组成一支拉得出、唱得响的演出队伍，把党和国家的关怀送到基层群众身边。

10月份，国家话剧院遵照教育部、文化部和财政部三部委联合主办的“高雅艺术进校园”活动安排，选派《青春禁忌游戏》作为参演剧目，先后赴河南、上海、浙江等省市6所高校进行演出，总计演出12场，所到之处深受高校师生的好评和欢迎，扩展了高等院校学生们的艺术视野，实现了三部委确立的演出目标。12月份，派出《物理学家》剧组再次赴上海，为高校加演4场。在广大师生的掌声和欢呼声中，国家话剧院很好地履行了坚持主流戏剧传播和进行公益文化服务的神圣职责。

五、积极推进艺术管理机制的转型，建立以演出为核心的“艺术生产全流程管理体系”；组建演出策划中心并举办了首届“国话之秋”演出季，全力打造国话品牌

演出运营管理历来是国家话剧院比较薄弱的工作环节。2009年，通过部门职能调整和转型，已顺利完成演出策划中心的组建。形成了剧目策划、市场推广、票务营销、院线建设等艺术生产全流程管理机制，初步改变了国话有史以来始终存在的“重创作、轻演出”的状态，实现了剧目创作与演出市场的紧密结合。

演出运营机制建立后策划实施的第一个项目，就是整合剧目资源，举办首届“国话之秋”演出季。这次演出季从9月2日开幕，到2010年元月3日闭幕，共上演新老剧目17台、安排演出场次270多场，包括年度新戏《这是最后的斗争》、《简·爱》、《都市囧人》、《堂吉诃德》、《聆听》系列文学朗诵会和复排剧目《青春禁忌游戏》等8台大剧场剧目，以及《恋爱的犀牛》、《空中花园谋杀案》等9台小剧场剧目。如此大规模的剧目展示，以整体包装、集中推广的全新方式面向市场，在国家话剧院的历史上尚属首次。这些新创及复排剧目以“09’国话之秋”演出季为展示平台，提高了国话品牌影响力。

借助“09’国话之秋”演出季的举办，“国家话剧院北京演出院线”正式建立。天桥剧场、海淀剧院、蜂巢剧场以及东方先锋剧场和国话小剧场等都已经成为“国话北京演出院线加盟剧场”，保利剧院和国家大剧院等著名场院也都加入到本届演出季的行列，为推广国话艺术搭建起坚实的展示平台。院线的建立，为国家话剧院的演出活动进入常态化提供了重要的舞台保障，使国家话剧院的演出运营方式有了根本性的转变，形成了“长时段、多剧目、多场次、多场点”的“一长三多”国话演出新模式。使国家话剧院的事业发展形成较为清晰的市场取向。

六、进行规范化制度建设，力求完善剧院管理制度体系

剧院基础管理制度欠缺，也是国家话剧院工作的薄弱环节，影响了剧院的健康发展。为加强内部管理，剧院本年度开始进行规章制度建设工作，更新完善和补充制定了一系列规章制度，涉及艺术生产、行政管理以及人事管理等多个方面。填补了多年以来制度建设方面的空白。其中，最重要也是对剧院艺术管理方式将产生重大影响的，是《国家话剧院制作人管理制度》。

《国家话剧院制作人管理制度》明确了制作人是院长艺术经营管理权分解和细化的基本执行单元的概念，强化了制作人在艺术生产中的责任、地位和作用，采用国际通行的艺术生产管理体制，增强以剧组为基本核算单位的演出项目加强成本控制、积极拓展市场和精确进行演出核算的能力与责任，是国家话剧院为实现内部管理机制转换所迈出的重要一步。

其他制度还有：关于规范绩效工资发放、激励专业人员创作积极性的《专业技术人员绩效工资发放标准》、关于加强管理人员工作纪律和提高工作效率的《坐班人员管理制度》，以及为今后进一步加强岗位设置、实行严格人事管理做好内部制度准备的《未聘人员管理办法》等一系列规章制度。一切都是为了一个目标，就是尽最大努力使国家话剧院的管理工作尽快进入正规化、制度化、正常化的轨道。

七、加强内部管理，创新人事管理工作机制，加强干部培训，打造学习型管理干部队伍；创新财管理念，财务工作进入动态管理、精细化管理的良性状态

人事管理方面，尝试改变机制，面向社会公开招聘工作人员。设定了严格的考核程序，通过网上报名筛选、综合素质笔试和面试等环节，择优录取，由文化部人才中心派遣进入剧院上岗工作。这是剧院今年在人力资源管理方面的重大改革举措。实践证明，效果非常好。

剧院中层管理干部是剧院发展的中坚力量，中层干部能力的强弱，水平的高低，是决定我们事业发展的非常重要的因素。为提高剧院干部队伍的能力与水平，2009年剧院组织全体中层干部赴外地学习交流，开阔视野，更新观念。还举办了提高公文写作水平和公文处理能力的专题性培训，以提高干部的工作执行力。

财务管理方面，建立了新的预算管理制度，财务部门细化成本核算，实行剧院支出动态管理和监控预警；同时，完善了资产管理的工作方式和工作制度，建立了剧院固定资产信息统计，为进一步实施剧院国有资产的科学化管理奠定了坚实基础。

八、工程建设进展顺利，廉政反腐常抓不懈

国家话剧院剧场建设工程取得了阶段性成果：结构工程已全部竣工，转入机电设备安装及内外装修工程施工阶段。剧院原址1000平方米临时排练场及配套办公设施于2009年9月份落成并投入使用，缓解了剧院排练场地少、办公场地紧张的现状，为本年度大规模的剧目生产活动提供了重要的硬件保障。

需要强调的是，剧院把反腐倡廉作为工程建设和政府采购的重中之重，不放松反腐教育，筑起反腐倡廉的牢固思想防线。同时，建立起完备的工作监督机制，从制度上堵住漏洞和缺口，使不良行为没有可乘之机，一年来，剧院各项建设工程和政府采购活动没有发现工作人员违纪违法问题。

九、改善福利条件，增强剧院职工归属感。尊老爱老，积极关心离退休干部，努力营造健康和谐的剧院氛围

2009年，剧院在提高职工福利、改善生活条件方面做了很多工作，在可能的情况下，尽量为大家创造较好的工作环境。通过有关部门的努力，坐班人员的午餐问题得到了解决。职工的节日福利也逐渐得到重视。工会在为困难职工“送温暖”的工作上也做得很到位，剧院正在尽一切可能，为职工营造出温暖关爱的良好氛围。

面对剧院退休人员逐年增多，老干部普遍进入双高期的实际情况，今年老干办的同志加大了工作力度，提高对离退休老同志生活状况的关心程度，组织形式多样的文化活动，尽一切可能，让老同志们老有所养、老有所医、老有所学、老有所教、老有所为、老有所乐。

总之，2009年度国家话剧院在剧目创作、人才培养 、制度建设、内部管理等方面呈现出良好的局面，较好地完成了各项工作任务。

中国歌剧舞剧院

一、概况

2009年，中国歌剧舞剧院在文化部领导下，以林文增院长为首的领导班子带领全院演职员工，面对金融风暴带来的影响，齐心协力，全年演出228场，其中：歌剧18场、舞剧4场、音乐会79场、歌舞晚会90场。全年总收入为3124.60万元。人均月工资4788元，比2008年增长15.4%。

二、艺术生产

2009年1月7日，剧院民乐团赴奥地利维也纳金色大厅和奥地利雷欧本演出“东方弦魂胡琴音乐会”。

1月18～24日，剧院组团赴河北等地参加“三下乡”演出。

1月19～20日，剧院新排舞剧《绝代佳人》在天桥剧场首演。

2月23日，剧院与民间歌手李玉刚正式签约。

5月1日，剧院与北京大学歌剧研究院合作的歌剧《青春之歌》在北京大学百年讲堂首演。

5月22日，李小祥副院长参加了国家大剧院世界著名歌剧院高峰会议暨歌剧论坛。

5月26日，剧院民乐团部分成员随“中日韩三国亚洲乐团”赴韩国江陵市参加当地端午祭庆典系列庆祝活动。

7月9～19日，剧院民乐团赴芬兰参加《考斯蒂宁民间音乐节中国主题演出》。

9月23日，剧院新排大型风情歌舞晚会《挡不住的风情》在保利剧院首演。

10月10日，剧院民乐团随温家宝总理出访韩国，为出席中日韩三国第二次首脑会议的领导演出。

11月24日，剧院新编歌舞剧《在那遥远的地方》召开新闻发布会。

三、剧院建设、管理

（1）剧院办公室从1月开始，建立“信息简报”制度，为剧院业务生产起到推动作用。

（2）2009年，剧院党委按照部党组要求，深入学习胡锦涛总书记在十七届三、四中全会和中央纪委三次全会上的重要讲话，结合学习文化部直属机关第八次代表大会精神，把加强领导干部党性修养、树立和弘扬良好作风作为党建重点，切实加强对领导干部作风状况的监督检查。

（3）2009年，下半年剧院领导班子做了调整和充实，党委书记董天恒、副院长郎新建到剧院履新。

（4）董天恒书记上任后，着力加强基层党组织建设，安排6个党支部完成换届选举工作。

（5）2009年，剧院围绕抓中层干部队伍建设与干部选拔机制、人员出口机制、分配激励机制展开工作，4名中层干部通过竞争上岗或民主推荐走上新的岗位。

（6）2009年，剧院公开招聘人才20余名，为剧院发展艺术生产和储备必要的人力资源，完善剧院基本编制。

（7）剧院连续8年被授予“中央国家机关文明单位”。

（8）年内剧院12名预备党员转正，20名入党积极分子列为发展对象。

（9）由李小祥副院长主抓，多位老艺术家组成的《院史》编纂小组，历经5年的艰辛努力，剧院《院史》将于2010年出版。

2009年剧院文化大事记

1月1日，剧院管弦乐团在海口人民会堂演出“新年音乐会”。

1月5日，剧院管弦乐团赴广州为英国芭蕾舞团演出舞剧“罗密欧与朱丽叶”伴奏。

1月7日，剧院民乐团赴奥地利维也纳金色大厅和奥地利雷欧本演出“东方弦魂胡琴音乐会”。音乐会邀请了闵惠芬、宋飞、邓建栋等国内胡琴领军艺术家与剧院民乐团首席柏森等演奏员参加演出。

1月18～24日，剧院组团赴河北等地参加“三下乡”演出。

1月19～20日，剧院新排舞剧《绝代佳人》在天桥剧场首演。

2月8日，剧院管弦乐团在国家大剧院音乐厅演出“施特劳斯作品音乐会”。

2月10日，剧院管弦乐团在国家大剧院音乐厅演出“中国二胡大师经典音乐会”。

2月23日，剧院与民间歌手李玉刚正式签约。

2月21～27日，剧院民乐团在北京音乐厅演出“早春·二月”系列音乐会。

5月，剧院携歌剧《原野》参加2009年“高雅艺术进校园”活动，在河南农业大学等高等学府演出12场。

5月1日，剧院与北京大学歌剧研究院合作的歌剧《青春之歌》在北京大学百年讲堂首演。

5月10日，剧院管弦乐团在国家大剧院音乐厅演出《快乐的女战士》中国交响作品音乐会。

5月16～17日，剧院管弦乐团在保利剧院演出大型京剧交响音乐会“国韵华章”。

5月17日，剧院管弦乐团在国家大剧院音乐厅演出“乘坐‘泰坦尼克’畅游电影世界音乐会”。

5月22日，李小祥副院长参加了国家大剧院世界著名歌剧院高峰会议暨歌剧论坛。并发表了题为《中国歌剧的历史和发展现状》的演讲，共有来自9个国家11个外国歌剧院及机构参加这次会议。这次大范围、高规格的国际歌剧论坛在国内尚属首次。

5月26日，剧院管弦乐团在包头演出“纪念包头政协成立60周年——梁祝、黄河华人经典协奏曲音乐会”。

5月26日，剧院民乐团部分成员代表随“中日韩三国亚洲乐团”赴韩国江陵市参加当地端午祭庆典系列庆祝活动。

6月20日，剧院推出《原野》交响音乐会在国家大剧院演出。这是歌剧《原野》的崭新演出形式，将管弦乐队、合唱队及演员（角色形象）同台表演全部歌剧。之后，7月4～6日重回22年前歌剧《原野》的首演地天桥剧场，三组演员轮番展现。

6月26日，剧院独唱演员朱立群在中山公园音乐堂举办“中国民族歌剧经典选段音乐会”。

6月27～30日，剧院管弦乐团参加由王昆、吴雁泽、李元华、卢秀梅等10余位名家在人民大会堂演唱的《历史的天空》、《忘不了的岁月，忘不了的歌》庆七一大型演唱会。

7月，剧院与中国移动公司签约，逐年为其在全国各地的客户做慰问演出四、五十场，为此剧院可有一笔可观的收入。

7月9～19日，剧院民乐团一行33人在中国音协分党组书记徐沛东和中国文联副主席刘兰芳的带领下赴芬兰参加“考斯蒂宁国际民间音乐节”。乐团上演了《金蛇狂舞》、《走马灯》、《花好月圆》等经典民族交响曲。

7月26日，剧院歌剧演员韩延文在保利剧院演出“中国民族歌剧经典片段演唱会”。

7月28日，剧院歌手李玉刚的个人演唱会“盛世霓裳”在澳大利亚悉尼歌剧院如期举行，澳报的评论以“奇特的天才”、“完美”的“非同寻常”赞美李玉刚，北京晚报更以李玉刚“唱醉悉尼歌剧院”为题报导。

9月17～30日，剧院在北大百年讲堂演出歌剧《青春之歌》。

9月18～20日，剧院新编排的大型风情歌舞晚会《挡不住的风情》在海淀剧院试演三场。

9月23日，大型风情歌舞晚会《挡不住的风情》在保利剧院首演。

10月2～3日，剧院管弦乐团与美国旧金山芭蕾舞团合作保利剧场演出芭蕾舞剧《天鹅湖》。

10月10日，剧院民乐团随温家宝总理出访韩国，为出席中日韩三国第二次首脑会议的领导演出。

10月31日～11月1日，大型风情歌舞晚会《挡不住的风情》在天桥剧场演出。

11月24日，剧院新编歌舞剧《在那遥远的地方》召开新闻发布会。该剧于2010年1月28～31日在天桥剧场首演。

12月22日，剧院歌剧团和交响乐团在河南郑州参加著名歌唱家谭晶的个人演唱会。

剧院领导人员名单

院长：林文增

党委书记：董天恒（6月到任）

副院长：李小祥

副院长：郎新建（8月到任）

党委副书记：孙　毅

副院长：魏银久

中国交响乐团

2009年，中国交响乐团按照中央精神和部党组的要求，坚持“二为”方向、“双百”方针和“三贴近”原则，依循乐团工作思路和发展策略，推进交响乐中国化、中国交响乐国际化，深入开展学习实践科学发展观活动，克服世界金融危机带来的负面影响，实现了社会效益与经济效益的双丰收。

一、努力学习实践科学发展观，结合乐团实际把整改措施落到实处

2009年初，中国交响乐团学习实践科学发展观活动进入了关键的整改落实阶段。作为国家交响乐团的任务就是“改体制、转机制”，科学发展把自身做大做强，通过加大市场资源的基础性配置作用，抓住历史机遇，在国家乐团的艺术水准、艺术特色等方面下大工夫以适应国内外演出市场的变化。

中国交响乐团侧重加强民主决策和党务公开制度的建设，充分尊重党员和群众的意愿。不断加强党的建设，深入学习和贯彻了党的十三届四中全会精神。在深化内部机制改革方面，严格监督机制和考核机制，积极稳妥地对分配制度进行了调整。在廉政建设工作方面，做到了廉洁自律，形成用制度管人，按制度办事的有效机制。

二、坚持“走交响乐中国化、中国交响乐国际化的强团之路”，交响乐创作演出成果丰硕

2009年，交响乐团继续加强推广中国交响乐作品和作曲家的力度。今年的“龙声华韵”系列音乐会继续占据中国原创交响乐作品的制高点，由年初的“金湘作品音乐会”专场（3月9日）到年中“傅庚辰作品音乐会”专场（6月29日）和“叶小纲作品音乐会”专场（7月11日），中国交响乐团2009年为3位中国本土作曲家举办了个人作品音乐会。将“龙声华韵”这个华人作曲家交响乐作品系列音乐会品牌打造得更加响亮。在金湘作品音乐会上举行了3部作品的世界首演：交响组曲《原野》、弦乐队与竖琴《湘湖情》和交响三部曲之一《天》Op.99；“傅庚辰作品音乐会”表达了作曲家对改革开放的深厚感情，产生了良好的社会效果。

7月3日，86岁的大师严良堃指挥国交在大剧院音乐厅演出了《黄河大合唱》，合唱团由国交合唱团、首钢工人合唱团和哈军工校友合唱团近170人组成，音乐会成为纪念冼星海这部伟大经典诞生70周年的盛典。另外，在2月28日，国交在国家大剧院新春演出季中演出了“中国经典管弦乐作品音乐会”，指挥家汇聚了郑小瑛、陈佐湟、张国勇、姜金一和傅人长诸名家。乐团还于11月10日在国家大剧院空军建军60周年晚会上首演了叶小纲的交响作品《蓝天交响曲》，得到空军领导高度赞扬，精湛表演得到了热烈的掌声。

潜心公益，“三下乡”慰问演出精彩连连，“进校园”掌声不断，“大地安魂曲”荡气回肠。

近几年，中国交响乐团重视公益类演出，如赈灾义演、红丝带音乐会、爱耳日音乐会等等。国交近期的一系列“高雅艺术进校园”活动涵盖了交响乐、合唱和室内乐等多种形式，精心设计和安排的专题交响乐音乐会曲目，在高校演出中从不同的角度向学生们展示了交响乐艺术的无穷魅力。演出受到南开大学、天津师范大学、天津理工大学和中国民航大学学生们的热烈欢迎。

2009年，国交一年两次“三下乡”，开创了交响乐下乡和交响乐上高原的先例。年初国交赴西安、郑州和广东演出7场，合唱团赴安徽小岗村、云南等地演出8场，共计15场的演出不仅把高雅艺术带给了众多的观众，更将政府的亲切问候带给了广大群众。6月，乐团结合第二届“世界水与生命”音乐之旅活动在青海省黄河岸边举行“2009年世界防治沙漠化和干旱日主题音乐会”，并赴西宁、互助县、海北州等地进行“三下乡”演出，将交响乐送到了青藏高原，送到了藏族、土族等少数民族农民当中。青海省委书记强卫出席观看了6月10日的音乐会，对国家交响乐团到青海演出表示热烈的欢迎，他说，过去从未有过省级和省级以上的交响乐团到青海演出，这次是国家级交响乐团首次赴青藏高原演出。乐团克服前所未有的困难，团结互助的精神令人感动。

大型交响合唱作品《大地安魂曲》是国交与四川交响乐团共建的重要合作项目之一，为纪念汶川大地震而作。2008年5月，词曲作者一行受中宣部、文化部委托，亲历这场大自然带给人类

的巨大灾难。残酷的人间悲剧和心灵滴血的痛楚与中华民族大爱无疆的精神催生了创作这部安魂曲的冲动。在诸多音乐表现形式中，交响音乐无疑是表达此类哲理式思维最好的载体，而以《大地》命名则是基于对这场世纪罕见大地震中的亡灵最恰当、最深切的告慰。与西方安魂曲不同的是，中国的首部安魂曲作品的文学版本属新创作，并且添加了包括羌笛、羌族以及西南少数民族民歌等地域性很强的民族音乐元素。关峡谱曲、刘麟、宋小明作词的《大地安魂曲——汶川大地震周年祭》于2009年5月12日，在国家大剧院音乐厅由李心草指挥国交隆重首演。评论界称这部作品是“中国音乐史上第一部写人的灵魂的交响曲”。演出场面成为央视新闻报道“5·12”纪念活动的标志性镜头之一。这一演出也成为国交2009年音乐季演出中影响最大的演出。

三、追求卓越与辉煌，音乐季演出经典回眸

国交音乐季的经典品牌“新年音乐会”、“音乐会歌剧”和“聆赏经典”进一步扩大影响。一年一度的音乐会歌剧是国交推出的引进世界经典作品的一大亮点，5月23日国交在国家大剧院歌剧节上隆重上演了瓦格纳的歌剧《漂泊的荷兰人》，这是国家大剧院2009年歌剧节中唯一一部德奥歌剧作品。演出受到社会的高度赞誉，《音乐周报》载文称演出令灵魂“在音乐中沉浮升腾”、国交在李心草棒下“音乐颇富戏剧性和紧张感，宏亮的音色与恢宏的气势令人振奋。”

2009年，中国交响乐团与英国著名指挥家丹尼尔·哈丁、加拿大指挥家马克·帕里索托、美国指挥家莫里斯·佩瑞斯、我国著名指挥家汤沐海、陈佐煌、邵恩、陈燮阳、“小提琴王子”约夏·贝尔、柏林爱乐乐团小号首席加博·塔可维等众多中外名家合作演绎了众多世界优秀交响乐作品，不断丰富着国交的演出曲目，同时也在演奏不同国家、不同时代、不同流派的作品中丰富着演出市场，繁荣我国的演出舞台。

四、全年演出场次、演出收入再创新高，经济效益、社会效益双丰收

2009年，中国国家交响乐团乐队共进行了23场商业演出、音乐季演出29场、公益类演出25场；合唱团单独演出49场。国交通过拓宽市场、开发演出渠道不断增加演出，扩大了社会影响，促进了乐团的发展和艺术家收入的提高。

2009年，中国交响乐团取得了令人欣慰的丰硕成果，演出场次连年提高，职工收入继续增长。

五、喜迎新中国60周年大庆，盛世华章激情演绎

中国交响乐团6月下旬推出大型交响合唱音乐会“我的祖国”、情景合唱音乐会“五星红旗迎风飘扬”，并在南方巡演。此音乐会向新中国成立60周年献礼，激发了人民热爱党热爱祖国、努力建设国家的热情。

10月1日，香港第10届“香江明月夜”大型中秋音乐会隆重庆祝建国60周年，中国交响乐团领衔的两岸三地艺术家演员阵容鼎盛，演出现场场面热烈。香港两届特首、各界代表、中央驻港代表及文化部相关领导出席音乐会，社会反映良好。

六、乐团运营健康平稳，体制机制改革突出成效

2009年，乐团各部门加强自身建设，各项工作开展顺利，财务控制卓有成效；艺术生产紧张有序；老同志工作活跃开展；各项后勤保障落实到位；乐团运营健康平稳。

国交深化体制机制改革：以艺术生产为中心完成北京音乐厅改制为剧院管理有限公司，以现代企业管理制度组建全国音乐厅院线联盟，实现经营权与所有权分离；加强内部机制改革，建立融资机构的同时，建立现代化的管理体系，通过流程管理实现责任管理。

财务管理重点推行“预算控制”，建立财务对业务的动态监控系统。2009年继续执行“用款计划审批制”，掌握资金使用动态和进度，提高资金使用效率。

在文化部正确领导与乐团全体员工的共同努力下，中国交响乐团近几年发展比较顺利，但与文化发展态势和国际标准的要求仍然存在差距，与文化大发展大繁荣的要求仍然存在差距，与人民群众不断增长的精神文化需求仍然存在差距。中国交响乐团坚持走交响乐中国化、国际化之路，在科学发展观引领下，吸收西方优秀文明成果，努力传承和发扬祖国的优秀文化，以不断增强中华文化国际影响力。

中国东方歌舞团
（中国东方演艺集团有限公司）

在文化部党组强有力的领导下，经过一年多的不懈努力和精心筹备，2009年11月中国东方演艺集团有限公司挂牌成立，中国东方演艺集团转企改制工作全面展开。这是伴随着新中国60年的光辉历程一路走来的中国东方歌舞团所面临的重大转折，是在社会主义市场经济条件下，国家艺术院团发展模式的崭新探索。通过改革，全团演职人员更新了思想观念和经营理念，焕发了的工作热情和干劲，为集团实现跨越式发展打下了坚实的基础。

一、深化文化体制改革，开创文艺工作新局面

中国东方歌舞团作为艺术产品的生产经营单位，检验改革是否成功，最重要的体现在于艺术产品的生产上。因此，创作出社会效益与经济效益俱佳的艺术作品，不仅是改革要实现的目标，更是检验改革成效的根本标志。优秀剧目的创作生产，涉及中国东方歌舞团改革和建设的方方面面，已成为转企改制工作中一项根本性的任务。一年来，中国东方歌舞团在紧张的转企改制过程中不忘多创作精品，多演出精品，在推动社会主义文化大发展大繁荣的事业中，发挥着国家级表演院团的导向性、代表性、示范性作用。

2009年是共和国成立60周年，又是改革开放30周年。为适应节庆气氛的市场需求，中国东方歌舞团组织排演了大型歌舞晚会——“元首之夜”，该晚会中的节目是近年来在重大国事活动中专为各国总统、元首精心创作的经典作品，这些作品曾受到国家领导人及各国首脑的高度赞扬，充分反映了我国改革开放30年来舞台歌舞艺术取得的巨大成绩。7月，“元首之夜”在人民大会堂首演，反响强烈，取得了巨大成功，创造了良好的经济效益。

在著名歌唱家、歌剧表演艺术家和声乐教育家王昆从事革命文艺工作70周年之际，由文化部、中国文联主办，中国东方歌舞团与中国音协、北京市东方华夏艺术中心共同承办了“王昆从事革命文艺工作70周年纪念系列活动”。整个系列活动以国家大剧院“王昆从事革命文艺工作70周年师生演唱会‘记忆·情深’”为核心内容。演唱会以唱响红色经典为主题，热情讴歌新中国成立60年来，中国人民在中国共产党的领导下，对民族复兴、国家富强不懈追求的奋斗精神。此外，中国东方歌舞团还配合、承办了出版《王昆从事革命文艺工作70周年丛书》、举行王昆艺术道路专题研讨会、推出电视专题片《风雨同舟》等工作。

2009年，中国东方歌舞团全年演出收入4091.67万元，在聘人员年人均收入6万余元。

二、坚持“一业态为主，多业态经营”的发展构思，提高艺术设备的先进水平

近年来，中国东方歌舞团在艺术创作和经营管理中，引进新思路，实施了一系列的新举措，以实现多层次增值和广泛覆盖的发展目标，实现为全社会服务的宗旨。经过多年的演出积累。2009年，中国东方歌舞团从演出盈利中投入近3000万元资金，购买了品级一流的高清数字设备。该设备包括8+2讯道数字高清电视录像转播车系统和多媒体后期制作及媒资管理系统，具备高标清兼容、同步传输的功能，可实现高清、标清节目同时录制、现场直播的目标，可完成高端影视节目后期编辑、包装的任务，使中国东方歌舞团创作、演出的新晚会能够通过先进设备以不同的载体进行记录并播出，为开发舞台艺术衍生产品、开拓新的经营领域创造了条件。

为迅速形成影视制作生产能力，2009年4月，选送了舞蹈等专业的转岗人员20人在中国传媒大学进行集中的专业培训，这一举措，不仅培养了专业队伍，而且大大缓解了转企改制过程中人员安置的压力，创造了相当数量的转岗再就业岗位。

三、积极开展文明共建活动，为新农村建设贡献力量

根据中央国家机关精神文明建设协调小组办公室《关于广泛开展“城乡统筹，文明先行”主题教育社会实践活动的意见》的精神和具体部署，中国东方歌舞团分别与房山区长阳镇葫芦垡村和房山区长阳镇西场村签订了城乡共建协议。通过开展城乡共建活动，组织开展丰富多彩、形式各样的文化活动，为农村不断提高生活质量，共同促进精神文明建设的健康发展，共同走向和谐，走向富裕，走向文明作出贡献。

2009年6月，中国东方歌舞团与福建省安南市梅山镇蓉中村本着平等协商，友好合作的原则，在文化部签订了《文化共建协议书》，协议双方实施“点对点”文化共建合作，“面对面”指导扶持，结合文艺“三下乡”活动，让蓉中村村民每年都能欣赏到高雅的文化艺术，共享文化艺术改革开放的巨大成果。共建活动不仅能为蓉中村培养乡村文艺人才，而且，也可以通过下乡体验生活中丰富艺术人员的文艺创作，使“文艺为人民群众服务，为社会主义建设服务”更加贴近实际、贴近生活、贴近群众。这充分体现了高雅文化艺术对接乡村文化，对于实现文化资源共享，推进乡村文化大发展、大繁荣，推进社会的文明与和谐的重要作用。

四、加大综合治理力度，创造和谐环境

2009年，中国东方歌舞团完成了办公楼、排练厅及食堂的装修、改造工程，使办公人员的办公环境得到了极大改善，演员排练条件大幅度提高，真正把党代会报告中提出的需要解决的问题落实在实处；积极开展“迎国庆、讲文明、树新风”活动，评选文明处室、文明员工等活动扎实有效，使全团上下“在参与中奉献，在奉献中收获快乐”的意识显著增强，讲文明、筑和谐蔚然成风；安全保卫处经常组织全体同志学习安全法规，明确职责，责任到人，保证团内资产安全，工作、生活秩序良好。

2009年，中国东方歌舞团（中国东方演艺集团有限公司）抓住机遇，与时俱进，革除体制障碍，破解发展难题，深入进行以“转企改制”为主要内容的体制、机制创新，变事业单位为企业实体，以市场主体的身份开展市场经营，参与市场竞争。通过改革，逐步壮大资源实力，焕发生机活力，从而实现新的历史条件下的跨跃式发展。

中国儿童艺术剧院

2009年是中国儿童艺术剧院深入学习落实科学发展观的实践之年，是对外文化交流工作稳步发展的跨越之年，更是减轻甲流影响齐心协力增加演出场次的奋斗之年，取得了良好的社会效益和经济效益。

一、学习实践科学发展观，探索中国儿艺科学发展之路

根据文化部党组的要求，认真开展了学习实践科学发展观活动，以党员干部受教育、科学发展上水平、人民群众得实惠为目标，以实现剧院可持续发展为核心，围绕剧院长远建设，全面查找并解决在思想认识上和实际工作中存在的突出问题。同时按照文化部党组的要求，召开了民主生活会，广泛征求群众的意见，认真开展批评和自我批评，并制定了整改措施。周予援院长在学习实践科学发展观活动总结报告中，着重提出了今后3～5年剧院建设的目标和8个方面的整改措施，号召全院演职员工在部党组的领导下，同心同德，努力拼搏，努力再创中国儿艺建设的新局面。

2009年6月由党委书记雷喜宁带队，一行48名党员和入党积极分子到革命圣地延安，踏着革命先辈的奋斗足迹，感受改革开放给延安带来的全新气息，进行了一次内容丰富的党史、延安精神和艰苦奋斗的教育。

中国儿艺领导班子始终抓住党的自身建设不放松，不断增强党组织的凝聚力和战斗力。班子形成了“学习、团结、有为”的领导集体，在市场经济条件下，不断深化内部机制改革，增强自身发展活力，探索中国儿童艺术剧院科学发展之路。

二、抓住创作和演出，实现社会效益与经济效益双丰收

创作和演出始终是中国儿艺的中心工作，积极创作和演出具有国家水准的儿童戏剧精品，中国儿艺长远发展战略之一。坚持“两为”方向和“双百”方针，着眼于培养社会主义事业接班人，着眼于3.8亿少年儿童的健康成长，着眼于把中华民族优秀传统文化传承下去，是创作和演出儿童剧的指导思想。贴近实际、贴近生活、贴近少年儿童、寓教于乐，是儿童剧创作与演出的根本。历史和现实证明，真情热爱少年儿童、真正了解少年儿童、真诚理解少年儿童，才能创作出深受少年儿童喜爱、对少年儿童有深刻影响、把真善美传达给少年儿童的优秀儿童剧。正是在这种思想的指导下，为了适应不断变化的演出市场，中国儿艺加强了演出营销工作力度，按照市场需求优化资源配置，把中国儿童剧场的固定场所演出与到全国各地的商业演出营销相结合，充分发挥中国儿童剧场与假日经典小剧场的窗口优势，把只限于做上门生意转化为剧场资源、学校资源、外省市资源等优势互补，充分调动营销人员的积极性，使营销贯穿到艺术创作、剧目生产、演出的整个环节。主动出击积极应对甲流等突发情况对儿童剧演出市场的强烈冲击。

2009年，中国儿艺创作并演出了《三只小猪·变变变》、《魔方大厦》、《西游记》（第一部）、《西游记》（第二部）、《十二生肖》、《红沙发音乐城》、《小吉普·变变变》、《皮皮·长袜子》、《十二个月》、《马兰花》、《饼干小子》、《小蝌蚪找妈妈》、《小兔快跑》等13部儿童剧，在北京、广东、云南、黑龙江、山西、西藏等15个省、自治区，20多个城市演出，同时《十二生肖》走出国门赴越南和澳大利亚交流演出，全年演出取得了良好的社会效益和经济效益。

三、展示国家剧院形象，中国儿艺重大项目活动成绩喜人

（一）2009中国儿童戏剧演出季圆满成功

2009年7月12日至10月10日，历时90天，文化部艺术司、中国儿童艺术剧院和中国儿童戏剧研究会，在北京和济南成功举办了“向祖国汇报”庆祝中华人民共和国成立60周年儿童戏剧展演暨2009中国儿童戏剧演出季。演出季剧目内容丰富多彩，剧目种类形式多样，剧目质量精益求精，全国18家儿童剧院团、32台剧目、105场演出，观众达10万多人，受到了首都和济南少年儿童观众的热烈欢迎，得到了有关领导和儿童戏剧专家们的高度赞扬。演出季中，中国儿艺有《马兰花》、《西游记》(第二部)、《小蝌蚪找妈妈》、《十二个月》、《三只小猪·变变变》、《皮皮·长袜子》、《小吉普·变变变》和《魔方大厦》等8部剧目参加展演。这次演出季是中国儿童戏剧的一个盛会，搭建了中国儿童戏剧工作者相互交流学习的平台，是中国儿童戏剧人推动儿童戏剧事业科学发展的坚实步伐，这也是中国儿童戏剧界为庆祝新中国成立60周年献上的一份深情厚礼。

（二）中国儿童戏剧对外文化交流成效显著

2009年“六一”前夕，应越南青少年歌舞剧院邀请，中国儿艺《十二生肖》剧组赴越南河内市，参加“今天的孩子——明天的世界”越南首届国际儿童艺术节，演出取得了极大的成功，拉开了该剧全球巡演的序幕。此次艺术节共有来自中国、日本、韩国、法国4个国家的演出团以及越南国内的15家艺术团体参加，《十二生肖》备受社会和媒体关注，其演出影响力之大，被越南媒体誉为“中国儿童艺术剧院《十二生肖》演出轰动河内，使河内夏天的热浪提前到来！”

2009年10月，《十二生肖》到澳大利亚墨尔本演出，场场座无虚席，观众们不时发出热烈的掌声，赢得了当地少年儿童的热烈欢迎，澳大利亚电台、电视台、报刊媒体等进行了全程采访与报道，全球巡演第二站取得圆满成功，这是中国儿艺成立53年来首次走出亚洲。中国驻墨尔本总领事沈伟廉先生说：“中国儿艺把中国的十二生肖带到澳洲，也把中国的文明，崇尚人与自然和谐相处的文化理念带到了澳洲，你们是当之无愧的中国文化使者，你们精湛的表演，充分体现了中国儿艺不愧为国家一流专业艺术团体”。

（三）首赴西藏演出强化公益演出品牌

长期坚持公益演出，努力扩大公益演出在全国特别是西部地区的覆盖面，是中国儿艺关爱少年儿童健康成长的坚定选择，公益演出已经成为中国儿艺的演出品牌。2009年，中国儿艺赴河北省涿鹿，江西省井冈山、吉安，云南省安宁、宜良、石林，山西省娄烦、静乐、五台、朔州，西藏拉萨，四川达州、成都等地共进行了89场公益演出，受到了当地领导和少年儿童的热烈欢迎。9月7日至11日，中国儿童艺术剧院的艺术家们在雪域高原拉萨，为15000多名少年儿童，真诚奉献了两台形式新颖、生动感人、寓教于乐的经典儿童剧《小吉普·变变变》和《小蝌蚪找妈妈》。14场演出精彩纷呈，少年儿童欢声笑语，互动场面亲切感人，藏族同胞热情欢迎，各级领导高度评价。蔡武部长在中国儿艺上报的《信息快报》第4期上批示：“请将儿艺赴藏演出事发‘文化信息’”。文化部副部长王文章在致周予援院长的亲笔信中表示：“近年来，中国儿艺创作演出的一大批优秀儿童剧受到广大少年儿童的欢迎。这些剧目与中国儿艺历史上各个阶段创作演出的大批优秀经典剧目，都是少年儿童观众喜爱的优秀精神食粮。你们这次送来《小蝌蚪找妈妈》和《小吉普·变变变》，一定会受到拉萨少年儿童的欢迎。”他同时寄语中国儿艺的全体演职人员：“西藏海拔高，中国儿艺的艺术家们大都会有高原反应，我相信大家会克服困难，以高质量完成每一场演出，小观众们的欢乐会是艺术家们的最大欣慰。”

（四）承办动漫舞台剧展演成效喜人

2009 年第四季度，文化部主办了中国动漫大展，由中国儿艺承办了中国动漫大展·动漫舞台剧展演的工作。此次动漫舞台剧展演自 2009 年 10 月 24 日开始至 11 月 22 日结束，取得了良好的社会影响。中国儿艺的《小蝌蚪找妈妈》、《西游记》第一部与第二部等 3 台剧目参加了展演。

2009 年 11 月 30 日，在中国儿艺举办了“动漫舞台剧展演的现状与发展”研讨会，20 多位专家学者探讨了动漫舞台剧的现状、发展机遇和美好未来，提出了推动动漫舞台剧发展的战略与策略，必将推动我国动漫舞台剧健康发展的步伐。

（五）荣获大奖激发斗志肩负责任

2009 年，中国儿艺《马兰花》(新版)荣获文化部“首届全国优秀保留剧目大奖”。这是中国儿艺人的骄傲，中国儿艺人更把它理解为一种荣誉与责任的馈赠。新版的《马兰花》在体裁、主题、结构等一度、二度创作的各方面彰显了独特的气质和魅力。全剧实现了节奏的变化、视觉形象的丰富、时空的自由转换、角色塑造的变形手法、心理空间的强化、神奇童话氛围的营造以及两段体结构设置等等全方位的重大创作突破。

2009 年，神话舞台连续剧《西游记》(第一部)获第六届全国儿童剧优秀剧目展演二等奖；童话剧《小蝌蚪找妈妈》获 2007 ~ 2008 年度国家舞台艺术精品（二期）年度资助项目；获 2009 年文化部原创动漫舞台剧扶持基金。

我们的国家和民族需要文化，需要艺术，民族的精神滋养和文化底蕴的积淀需要从孩子做起。我们的艺术工作者需要俯下身子和孩子成为朋友，我们也需要将孩子举过头顶打开他们的眼界，让他们看到更加高远、更加辽阔的艺术天空。

中国儿艺领导班子坚信，只要全院同志精诚团结、自强不息、埋头苦干、勇于创新，中国儿艺的明天就一定会更加辉煌、更加灿烂、更加美好！

中央歌剧院

中央歌剧院是隶属于文化部的国家歌剧院，始建于 1952 年，目前是中国及亚太地区具有规模优势和实力的歌剧院。

中央歌剧院现有歌剧团、合唱团、交响乐团和舞台美术部。歌剧团聚集着众多优秀的歌剧表演艺术家，他们大都曾获得过国内外声乐大赛的重要奖项，并一直活跃在中国及世界歌剧舞台上；合唱团绝大多数成员是全国各高等音乐学院的佼佼者，他们具有良好的音乐修养和声音表现力，是目前国内具有实力和影响力的合唱团体，演唱曲目广泛，涉及中外著名歌剧和声乐作品；交响乐团以擅长歌剧音乐演奏而闻名，并积累了丰富的曲目，经常参加国内外大型演出，是活跃并受欢迎的交响乐团之一；舞台美术部实力雄厚，除常年高质量完成剧院歌剧、音乐会演出的舞美工作外，还广泛参与中外重大演出和各类大型活动的舞美制作；剧院还聚集着一批颇具实力的作曲家、指挥家、导演、剧作家及舞台美术家。剧院历任院长有著名艺术家李伯钊、周巍峙、卢肃、赵沨、马可、李凌、刘莲池、王世光、陈燮阳、刘锡津。现任院长为著名指挥家俞峰。

半个世纪以来，经过几代艺术家的不懈努力，剧院先后在中国首演、推出并保留了一批世界歌剧经典剧目，其中主要有《茶花女》、《蝴蝶夫人》、《卡门》、《詹尼·斯基奇》、《图兰朵》、《阿依达》、《艺术家的生涯》、《弄臣》、《费加罗的婚礼》、《奥塞罗》、《乡村骑士》、《塞维利亚理发师》、《丑角》、《霍夫曼的故事》、《伊斯国王》等；积累了一批中国歌剧作品，如《刘胡兰》、《草原之歌》、《阿依古丽》、《第一百个新娘》、《马可·波罗》、《杜十娘》、《霸王别姬》等。1988 年夏，中央歌剧院应芬兰萨沃林纳歌剧节邀请，赴芬兰演出了《蝴蝶夫人》、《卡门》、威尔第《安魂曲》及中国音乐作品，得到众多媒体的如潮好评。2008 年 1 月，中央歌剧院携歌剧《霸王别姬》赴美国旧金山、洛杉矶、华盛顿、纽约、休斯顿、达拉斯六地巡演，此次赴美演出，创造出多个第一：第一次以中国完整剧院建制赴美；第一次全部由中国艺术家，用中文在美演唱完整版中国原创歌剧；第一次用一个月时间走遍美国全境；第一次连续演出10场中国原创歌剧。2008年10月，中央歌剧院又首次赴埃及访问演出，在开罗歌剧院连续演出了4场普契尼的歌剧《图兰朵》。剧院还多次前往日本、新加坡、马来西亚、中国台湾、香港和澳门等国家和地区演出外国及中国歌剧，均受各方好评。自1992年以来剧院合唱团、交响乐团连续10年参加澳门国际音乐节的重要演出，得到音乐节组委会、观众的肯定和高度认同。改革开放以来，剧院国际艺术化交流活动得到广泛的拓展。1986年与世界著名男高音歌唱家帕瓦罗蒂合作上演歌剧《艺术家的生涯》获得成功。1999年又与世界著名男高音歌唱家卡雷拉斯进行了合作演出。2001年6月，与帕瓦罗蒂、多明哥、卡雷拉斯成功合作了“世界著名三大男高音紫禁城广场音乐会”，为中国申奥出了力，为民族增了彩；同时不断地开创并拓展着中华民族的歌剧艺术之路。2009年，中央歌剧院首次推出国际歌剧季，集中上演中外优秀歌剧和音乐会，其中在鸟巢上演的歌剧《图兰朵》两天就吸引近10万观众，为歌剧大众化作出了巨大的贡献。

50多年来，剧院一直保持着新人辈出的繁荣局面，青年艺术家在国际国内比赛中频频获奖，在国际艺术交流中保持着高水准，为剧院赢得了广泛的声誉，为剧院的发展提供源源不断的支持力。

作为新世纪的国家歌剧院，将保持着开放性、国际性的发展原则，肩负着发扬民族文化和国际间合作交流的历史重任。

2009年，中央歌剧院坚持科学发展观，以繁荣、发展、稳定社会主义和谐文化为己任，积极探索国家歌剧院可持续性发展的思路，以改革、创新的姿态整合资源、大力推进歌剧创作与演出，积极拓展市场，努力克服金融危机带来的不利影响，以科学的管理机制统领剧院各项工作，经过一年的艰苦努力，圆满完成了工作任务。

据不完全统计，剧院2009年演出了127场，其中歌剧为11部41场；执行三部委“高雅艺术进校园”演出20场；执行文化部“三下乡”慰问演出10场；庆祝祖国60华诞演出及其他商业性音乐会演出53场。与上年相比，不仅演出总场次、演出质量、演出收入有明显提高，而且歌剧演出影响日趋扩大，在面向市场的运作上有重大突破。

1.2009年1月19～23日，中央歌剧院歌剧团、合唱团赴四川什邡、绵竹、大邑、都江堰及山东东营等地震灾区和革命老区进行慰问演出。

在年初文化部召开的“三下乡”慰问演出工作会上，剧院领导主动请缨，赴四川地震灾区最前沿进行慰问演出。1月18～23日，剧院兵分两路，由院领导率包括全部著名歌唱家在内的各80人团队分赴四川什邡、绵竹、大邑、都江堰地震重灾区和山东东营革命老区演出，成为第一个赴四川灾区慰问演出的文化部直属艺术院团。在五天10场演出中，中央歌剧院艺术家克服条件简陋、旅途疲劳、伤病影响、气候多变等不利因素，热情饱满“手握手、心贴心”地为当地群众献上祝福，使灾区领导和民众万分感动，发出“感恩党中央、感恩北京、重建家园、夺回损失”的心声！“三下乡”慰问演出任务的圆满完成，也得到文化部领导的高度评价，部办公厅在文化信息上连载演出全程，新华社、《中国文化部》、《北京晚报》、《北京青年报》也派出著名记者随行并进行了全程跟踪报道。

2.6月至10月期间，中央歌剧院歌剧团、合唱团、交响乐团赴辽宁、吉林、黑龙江、福建、陕西五省20所院校，完成三部委下达的“高雅艺术进校园”慰问演出任务。受到数万名师生热烈欢迎及各省教育厅和院校领导的好评。

3.为庆祝新中国成立60周年，中央歌剧院在国庆节期间，先后主办了“辉煌的60年——中外歌剧经典音乐会”、“海外华人艺术家颂祖国”音乐会，参与和承办了首都“爱国歌曲大家唱”万人歌咏活动和中央国家机关93个部委，包括100余名部长在内4000余人参加的“歌唱祖国”大型歌会，参与了人民大会堂大型舞蹈史诗《复兴之路》全部13场演出，共计18场公益性演出，为首都观众送上丰盛的文化大餐，受到中央领导、文化部领导的好评。

4.9月26日至12月28日，中央歌剧院启动了首届国际歌剧季，共计推出10台剧目，演出23场。

9月26日，辉煌的60年——中国歌剧经典回顾音乐会，北京音乐厅。

9月27日，辉煌的60年——世界歌剧经典回顾音乐会，北京音乐厅。

10月6～7日，世界经典歌剧——普契尼：歌剧《图兰朵》（张艺谋鸟巢版），鸟巢。

10月17日，世界经典歌剧——普契尼：歌剧《图兰朵》，福州大剧院。

10月30日，纪念门德尔松诞辰200周年，莎士比亚——门德尔松：《仲夏夜之梦》（戏剧版），国家大剧院。

11月3～5日，世界经典歌剧——马斯卡尼：歌剧《乡村骑士》，世纪剧院。

11月18～19日，中国第一部新歌剧《白毛女》，人民大会堂。

11月20～23日，世界经典歌剧——莫扎特：歌剧《魔笛》，国家大剧院。

12月3日，世界经典清唱剧——卡尔·奥尔夫《布兰诗歌》，中央歌剧院、香港歌剧团、国家大剧院。

12月22日～28日，中国原创歌剧《山村女教师》，国家大剧院、中央歌剧院联合制作。

此次国际歌剧季涵盖了4个主题；

演绎世界经典——先后在国家大剧院、鸟巢、世纪剧院推出《卡门》、《图兰朵》、《乡村骑士》、《魔笛》等一批外国经典歌剧。

再现红色经典——剧院在北京人民大会堂将红色经典歌剧代表作《白毛女》按照原本演出，展现其永恒的艺术魅力。又与国家大剧院联合制作、推出中国原创歌剧《山村女教师》，以歌剧的表现形式，讴歌现代人的生活。

展演精品片断——9月26～27日，在北京音乐厅举办了“中国歌剧经典回顾”、“世界歌剧经典回顾”两套歌剧音乐会，集之精华，国内歌剧创演之精英，向观众展演中外歌剧作品选段。剧院元老，中国首位著名女指挥家郑小瑛不仅再次执棒演绎中国歌剧经典作品，还亲率她的目前活跃在国际、国内舞台上的优秀指挥家俞峰、陈佐湟、吕嘉、高伟春、胡咏言、彭家鹏等弟子同台演绎世界歌剧宝库中的名篇。

拓展演出体裁——在安排歌剧展演的同时，注重拓展其他演出体裁，如为纪念门德尔松诞辰200周年，10月30日在国家大剧院上演莎士比亚——门德尔松的戏剧版《仲夏夜之梦》和12月3日上演的《布兰诗歌》等。

中央歌剧院首届“国际歌剧季”的成功举办，为振兴发展歌剧艺术，培养歌剧人才、拓展中外歌剧艺术交流、提升国人欣赏水平，创建了一个崭新的窗口与平台。

5. 新剧目的创作。

（1）大型原创民族歌剧《热瓦普恋歌》。《热瓦普恋歌》为新疆少数民族题材作品（编剧为中国音乐学院教授金湘和我院导演李稻川），剧本创作已趋成熟，2009年7月，剧院与金湘教授签订了音乐创作协议，定于2010年1月底之前，完成歌剧总谱和钢琴排练谱，目前音乐创作接近尾声，正待交稿。

（2）大型4幕原创歌剧《大爱无疆》。4幕大型原创歌剧《大爱无疆》以青年歌手丛飞短暂的人生经历和他扶贫助学的感人事迹为基础创编而成，塑造了一个胸怀大爱，并为此而献身的崇高艺术形象。

剧本主题立意崇高而昂扬，对于在市场经济条件下如何确立、弘扬社会主义核心价值观，如何看待个人名利和生命意义，具有较高的思想性和行为的示范性，由衷赞美了我们这个时代人物的真善美。《大爱无疆》已经文化部批准立项，现正在进行二度修改创作，同时邀请知名作曲家进行音乐创作，计划于2010年下半年投入排练，在京首演。

6. 以自主创新的理念构建和谐、可持续发展的国家级剧院。

（1）合理规划剧院发展目标和定位，健全内部运作机制。2009年2月，新任院长俞峰主持工作后，即组织领导班子对全院人力、物力资源，机构及岗位的设置状况进行了深入细致的调研、分析、测算，从剧院长远规划发展着眼，酝酿了剧院建设规划方案和内部运作机制，主要内容是：一是争取落实政府对剧院的相关政策支持，建立“国际歌剧季”作为歌剧发展、交流，培养扩展观众的专业平台，积极推介、推出上演中外优秀歌剧剧目和人才。二是积极推进剧院“场团合一”的发展格局和模式，以争取歌剧场建设为契机，着手解决产销结合，供需一体问题，加强自主创作演出，改变单一“来料加工”的被动状态。三是加快建立、健全剧院内部管理体制步伐，重新进行剧院机构岗位设置，合理整合剧院各种资源，全面提升剧院人员素质和艺术质量，从根本上增强剧院活力和市场竞争力。四是建立艺术产业综合发展体系，开展歌剧基金筹集、歌剧推广以及相关产业营销活动，广开资金来源，支撑和辅助歌剧主体事业的发展。

（2）加强干部的管理和培养使用，提高中层干部执行力。随着剧院各项工作的全面推进，作为承上启下的中层干部环节的执行能力问题日渐突出。鉴于目前中层干部队伍趋于老化，知识结构不够合理，市场经营意识和能力不够强等，剧院特别加强了对现有中层干部的管理和培训使用。首先从优化干部队伍和管理结构出发，从干部岗位设置上拉开批次结构，并着手实施关键岗位的人才引进、交流政策，例如对乐团建立双首席制、财务人员实行公开聘用制、人事管理实行干部交流制等等；同时精心组织了提高干部执行力的 培训和研讨，使中层干部工作责任心明显增强；加强剧院工作沟通制度，建立了剧院干部例会制度，及时解决工作中的问题，把各方面的工作尽可能做到位。

（3）完善专业人才考核、评估机制，全面提升专业人才队伍的整体素质和能力。剧院自2006年坚持实施自1996年以来首次专业技术人员年度考核制度后，各专业团队整体业务能力和演出质量有明显提升，演职人员工作状态有很大改观。

2009年，在年度专业技术考核工作中，更加注重“实战”能力的巩固、提升的考核，在考核内容中加大对上一年度演出曲目考核的比重，以此检验演职员日常演奏和演唱到位程度，督促演职员从每个唱奏细节上及时拾漏补遗，日积月累，不断提升和完善自己的演唱、奏能力。经过近年来的考核及演出实践，乐团、合唱团的演出质量和效果明显提升，也使剧院积累了多台新的剧目、曲目。每次演出都为剧院赢得良好的社会影响和声誉，也进一步增强了演员社会责任心和对剧院的荣誉感。

对一年一度的职称评定工作，剧院也打破了以往只靠评委会评审的习惯作法，把专业技术考核机制扩展到职称评审程序中，全方位推行以考代评，考评结合的方法。评委会邀请在京专业院校、院团各个行当知名专家担任评委，先行对具备职称晋升资格的专业技术人员进行严格的考核；剧院评委会再根据考核成绩，结合德、能、勤、绩各项因素，对申请者做出综合评估，投票推荐，增强评估评审工作的透明度，使一批素质全面、名副其实的优秀专业人才得以正常或破格晋升职称。

7.加强基本建设工作，剧院艺术生产条件明显改善。

（1）自2008年开始的中央歌剧院办公楼、排练厅内部装修改造已完成，现已进入竣工审计阶段。

（2）陆续为交响乐团、舞美中心购置了部分乐器、话筒等急需器材；为演出中心、资料室及各相关办公室购置了摄影、复印和必要的办公设备。

（3）在部领导及相关司局的关心支持下，剧院综合排练厅、舞美仓库等设施装修、扩容改造及交响乐团、舞美中心乐器、器材更新添置项目申请已获批准，计划于2010年开始实施。

（4）寻求支持、抓住机遇、全力运作中央歌剧院剧场建设。中央歌剧院剧场建设在文化部各级领导，特别在计财司的支持帮助下，列入文化部基建项目的前列予以推进。2009年9月、10月，国家发改委投资司、项目评审中心的领导和专家两度来到剧院，实地调研、考察了中央歌剧院剧场场址，对剧场建设完成了论证与评估，力争年底通过立项。

中央芭蕾舞团

一、艺术创作与建团50周年团庆

（一）新剧目创作

（1）修改《牡丹亭》。经过近一年的试验性演出，在多方面听取观众、评论家意见之后，中芭组织创作人员，于2009年4月集中时间对《牡丹亭》进行了修改，5月初在天桥剧场演出3场。此次改版是在保留舞蹈原有大结构基础上，对部分舞段的编排和音乐运用作修改。集合昆曲、西方古典音乐及原创现代音乐的音乐有部分改变。

（2）引进、新排《火鸟》。2009年，中芭首次引进、排演了莫里斯·贝雅大师的名作《火鸟》。5月8日，该作品在北京大学百周年纪念讲堂首演获得成功。事实证明，中芭演员挑战体力极限，将《火鸟》演绎得热情鲜明，充满活力，传递自信与力量，深深打动了观众，是一部性格突出、不可多得的好作品。

（二）建团50周年团庆

9月28日上午，蔡武部长、王文章副部长陪同国务委员刘延东来芭蕾舞团调研。11月25日下午，蔡部长、王文章副部长、办公厅杨建昆主任、艺术司董伟司长及相关工作人员来到芭蕾舞团，带来了国家主席、总书记胡锦涛同志致剧团50周年团庆的贺信。11月27日，芭蕾舞团又收到李长春的电贺，这充分说明党和政府以及文化部党组对中芭的厚爱和关心，令全体中芭演职员万分激动。

围绕全年的团庆演出，我团复排了多个保留剧目和精品节目，包括《红色娘子军》、《大红灯笼高高挂》、《天鹅湖》、《希尔薇娅》、《奥涅金》以及“精品晚会”、“庆典晚会”。

12月26日，胡锦涛主席一行人于百忙之中来到天桥剧场，观看芭蕾舞团演出的芭蕾舞剧《奥涅金》。他与团领导和演职员亲切交流，高度赞赏了中芭的演出水平和艺术质量。

除了安排大量团庆演出，芭蕾舞团还成立筹备小组，主抓与团庆有关的各项工作，包括：出书，出版画册，制作展览，策划、召开国际研讨会，聘请导演拍摄纪录片，邀请长期以来关心支持中芭的政府部门、企业机构及各界人士来团参加团庆，联络老团员、离退休同志，等等。

二、演出经营

据统计，剧团2009年全年演出127场（不含乐队音乐会）。乐队举办音乐会共计16场。

2009年，国内演出工作呈现以下特点：

一是演出季效果明显。演出部尝试在北京地区举办了5个演出季（3月、5月、8月、10月、12月），分别在3个不同剧场（天桥剧场、国家大剧院、北大百年讲堂）。实践证明，这一尝试无论是从观众热情和市场收入双方面来看都达到了较好的效果。从中看到，中芭的品牌效应在北京市场范围内还有较大的提升空间，这是今后工作的努力方向。

二是演出剧目多，除了2009年新创作的《火鸟》和修改版《牡丹亭》，还以团庆为依托复排上演了大量经典剧目，包括《红色娘子军》、《大红灯笼高高挂》、《希尔维娅》、《天鹅湖》、《奥涅金》、“三合一精品晚会”以及涵盖中芭特色剧目片段的庆典晚会。

三是交响乐团硕果累累，不仅成功地为剧团演出伴奏，而且出色地与慕尼黑芭蕾舞团、斯图加特芭蕾舞团、美国国家芭蕾舞团、香港芭蕾舞团等进行合作，还完成了多场高水平的音乐会。

四是公益性演出有声有色。2009年春节假日期间，为积极响应党中央号召，认真落实文化部部署的“文化三下乡”演出任务，芭蕾舞团演职人员牺牲过年与家人团聚时间，大年初三便开始加班排练，圆满完成了北京、天津、河北等地的“文化三下乡”慰问演出。在教育部、财政部、文化部的共同推动下，2009年的“走进大学”普及教育演出达24场，覆盖了南京、合肥、重庆、长沙、昆明、武汉的24所大学。同时，芭蕾舞团还与首都精神文明办和杨澜基金会合作，在北京中学开展“走进芭蕾”活动。11月，我团在北京大学参加“北京论坛之夜——走进芭蕾”演出，有幸通过这个汇集东西方高雅艺术的平台，有效地配合论坛诠释和谐理念与文明内涵。

三、“走出去”文化交流及国际获奖

2009年1月，芭蕾舞团应邀出访法国巴黎，在巴黎歌剧院演出中国经典芭蕾舞剧《红色娘子军》及著名古典芭蕾舞剧《希尔薇娅》。巴黎歌剧院是法国芭蕾的最高殿堂，此次演出是我团首次登上该剧院的舞台，对中国芭蕾事业的发展具有里程碑意义。

应第37届香港艺术节邀请，芭蕾舞团于2009年2月5日赴港，在香港文化中心演出了5场《牡丹亭》。《牡丹亭》在艺术节的亮相引起强烈反响，媒体和观众对芭蕾表现中国文学经典和戏曲经典的形式深感兴趣。

应澳大利亚维多利亚艺术中心邀请，芭蕾舞团在墨尔本艺术中心剧场演出了7场《大红灯笼高高挂》，刘延东在文化部办公厅《文化要情》第107期“中央芭蕾舞团积极实施‘走出去’战略，墨尔本演出获得广泛赞誉”的信息上批示：“中央芭蕾舞团在海外演出成功，既促进了中外文化交流，又弘扬了中华优秀文化，体现了中芭建团半个世纪来的优良传统和精湛创新的艺术风格。择时去团看望同志们。”9月28日上午，延东同志会同蔡武部长、国务院项兆伦副秘书长、财政部张少春副部长及文化部相关司局领导，来到中央芭蕾舞团调研座谈。调研情况已形成材料上报给部办公厅。

随着剧团声誉的传播和与国际舞蹈界关系的日益紧密，剧团优秀演员被越来越多地邀请到各国艺术节、庆典演出中担任客席主演。3月，王启敏和李俊再次随罗兰·佩蒂明星团出访日本，8月，曹舒慈、邢亮出访智利，参加圣地亚哥芭蕾舞团团庆，9月，张剑、郝斌出访匈牙利和斯洛伐克参加庆典演出。张艺出访台湾，任"蝴蝶梦·昭君情——梁祝五十周年巨献"音乐会指挥。胡锦涛主席出访俄罗斯庆祝中俄建交60周年时，文化部抽调王启敏参加17日的文艺演出，她与辽芭吕萌合作，在莫斯科大剧院演出《埃斯米拉达》片段，成为亮点之一，充分展现了我国芭蕾舞艺术的最高水准，获得了文化部特别表扬。

值得一提的是，6月，芭蕾舞团4位年轻演员分别在世界顶尖的国际芭蕾舞比赛中获得骄人成绩。其中何晓宇获芬兰赫尔辛基国际芭蕾舞比赛组委会格罗丽娅大奖，姚海婧获该赛成人组女子金奖，管文婷获莫斯科国际芭蕾舞比赛成人组女子金奖，邢亮获该赛成人组男子银奖。8月27日上午，蔡武部长，赵少华副部长，王文章副部长及其他司局领导在"中央芭蕾舞团国际芭蕾舞比赛获奖演员表彰会议"上亲自为获奖演员及其教员颁发奖金，使我们深受鼓舞。

四、思想、组织、作风建设

2009年，剧团发展了3名新党员，3名预备党员转正。中央芭蕾舞团被中华全国妇女联合会授予"全国三八红旗集体"荣誉称号。演员队支部被评为文化部直属机关先进基层党组织，史冬梅被评为优秀共产党员。冯英团长被评选为全国文化系统先进工作者。芭蕾舞团团委获得"文化部五四红旗团组织"荣誉称号，演员队团支部荣获"文化部优秀团支部"荣誉称号，多名优秀青年被评为文化部青年岗位能手、优秀共青团干部、优秀共青团员"，冯英团长、王才军副书记荣获2007～2008年度"文化部青年之友"荣誉称号。

2008年底，芭蕾舞团青年演员周昆经检查确诊为尿毒症，芭蕾舞团党委、团委、工会发出倡议书，呼吁全体演职人员一起行动起来，救助生命垂危的周昆。演员队捐款额达15万元之多，全团所有部门累计捐赠达21万元。2009年5月，芭蕾舞团马驹桥舞美工作人员曲永德不幸因车祸成为植物人，全团演职员为他进行捐款，相关部门帮助其家属处理车祸善后，为其女儿申请阳光央务助学补助，为其家属解决很多实际困难。

在业务工作之余，剧团组织若干讲座、参观活动，提升员工综合素质，激发员工爱国主义热情，促进大家培养爱岗敬业的职业素养。包括参观"中国巨变"图片巡回展、"复兴之路"展览，邀请北大文学教授孔庆东来团讲解文学作品《牡丹亭》，邀请著名艺术家濮存昕来团为演员讲述他的人生体会，参加中央电视台录播《艺术人生》，观看国家话剧院《这是最后的战争》，组织员工参加部工会举办的保龄球比赛、乒乓球比赛、全国文化系统书画展等等。

2009年12月31日在职领导名单

团长：冯　英

党委书记：庄正华

党委副书记：王才军

副团长：王全兴

中国美术馆

2009年是全国各族人民热烈欢庆新中国成立60周年，文化系统以多种形式展现国家文化成果、营造节日文化气氛的一年，是继续深入学习实践科学发展观，推动文化建设两大一新的一年。在文化部党组的正确领导下，中国美术馆领导班子紧紧团结依靠全体干部职工，努力把握新形势对文化工作的新要求和文化发展的新特点，以改革创新的精神开拓进取，全馆同志苦干实干，形成了全年工作的良好局面，取得了较为显著的工作成效。

一、巩固和深化学习实践科学发展观活动成果，加强领导班子建设，坚持围绕中心、服务大局，科学安排和领导全馆工作

一年来，按照部党组的要求，馆班子继续深入学习实践科学发展观，围绕贯彻党的十七大和十七届三中、四中全会精神，不断提高思想认识，着重思考几个方面问题：在全球经济危机形势下，中央提出保增长、保民生、保稳定的方针，美术馆工作应该如何围绕中心，体现中央的意图；从学习实践科学发展观以来，新一届部党组在把握新形势下的文化发展规律、破解文化发展难题、推动文化建设两大一新上提出了大量新的认识，蔡武部长的许多次讲话对在新形势新条件下搞好文化建设提出了重要见解和要求，美术馆的工作应该如何贯彻落实这些要求；在当代美术多样发展的形势下，我们应该如何在引领美术创作思潮，坚持社会主义核心价值、满足社会多样审美需求方面起更大的作用；在中国日益受到世界注目，国际文化交流愈发重要的形势下，我们应该如何抓住机遇，拓展对外交流，弘扬中华文化；在文化体制的改革中，我们应该如何加强内部管理，形成有效的机制，建立科学的工作方式和规章制度，提高专业水平，使美术馆体现专业艺术博物馆工作水准和代表国家水平；与发展形势相比，现有场馆空间已经越来越显得局促，我们应该如何以创新的思维和方式做好每一个项目，增加对社会的吸引力，保持大观众量，以优质服务提高公共文化服务水平，同时打开思路，谋划未来，做大做强。馆班子在这几方面提高了认识，也形成了认识，并通过会议交流、组织学习、工作讨论，使全馆干部职工形成共识，形成合力。一年来，全馆的工作就是在这些方面的展开和深入，更重要的是，在实践中，全馆干部职工在建设什么样的国家美术馆，怎样建设国内一流、国际知名的中国美术馆有了认识的基础、目标和方向。

科学发展观要求我们在明确工作方向和任务的同时，还要做好制度建设，用制度保障事业的发展。一年来，馆班子较以往更加注重民主集中制的学习和建设，明确了馆长会、办公会、专题工作会和中层干部会、工作协调会等会议的议事制度，在干部人事、全馆规划、重点项目、职工福利、大项资金安排等方面坚持集体讨论、民主决策。通过制度建设，班子成员的团结得到了增强，形成了集体合力。

这一年，馆班子成员新老交替、得到充实，全体成员都以高度的责任心和敬业刻苦的精神分工协作，和大家一起努力工作。

二、以庆祝新中国60周年为主题，以提高公共文化服务水平为目标，形成全馆业务工作的重点、亮点和特色

1. 抓住年度重点，科学安排展览结构，精心实施大型项目

美术馆于2009年春节举办的“中国工艺美术大展”以反映新中国工艺美术成果为特色，拉开了文化系统庆祝新中国60周年活动的序幕。此后，全年的展览安排及相关学术活动都围绕“向祖国汇报”这一主题，形成全年不同季度、不同时间段都有重点展览项目，并形成内容相关的展示群，有利于观众在同一时间内欣赏丰富的展览内容。在文化部的领导下，美术馆集中馆内学术力量，形成了展览策划方案，并援请馆外专家多次讨论，形成了“新中国美术60年”丰富的展览结构和内容，以前所未有的规模和水平展示了新中国美术的发展历程与重要成果，并出版了具有典藏价值的大型画册，和中国美协理论委员会合作组织召开了迄今规模最大的全国美术理论研讨会，总结新中国美术的历史经验。“新中国美术60年”展览于8月中旬开幕后，在社会上引起强烈反响和共鸣，受到观众的普遍好评，海内外媒体广泛报道，形成了2009年引人注目的国家文化盛事。同样，作为庆祝新中国成立60周年的重要文化项目，我馆承担了“国家重大历史题材美术创作工程”的展览实施、相关学术活动以及巡展的任务。为使重大历史题材美术创作工程的作品能够成为我馆的馆藏，在“工程”组织的这几年中，美术馆就多次承担了创作观摩和评审的工作。在2009年“工程”展的实施中，美术馆科学部署，在布展设计、搭建施工、运输安全、作品拍摄、新闻宣传等方面克服了许多困难，解决了许多难题，付出了极大心力，使展览形成壮观的展示效果，在上海、杭州等地巡展中，一方面确保展品运输安全，一方面协助各地美术馆布展，使巡展也达到良好效果。这两个展览作为年度展览的重中之重，经全馆通力合作，收到了显著的社会效益，也得到了中央领导、文化部领导和美术界及广大公众的好评。

此外，本年度美术馆还在文化部有关司局的支持下，与相关学术机构配合，主办了“民生·生民：中国水墨人物画学术邀请展”、“渡：国际灾后应急建筑设计展”、“首届中国动漫艺术大展”、“设计·生产力”、“灵感高原：中国美术作品展”等大型展览，这些展览项目也都体现了“向祖国汇报”的内涵和意义。可以说，中国美术馆的2009年是一个“大展年”。事实也证明，树立精品意识，举办大型项目，才是国家美术馆的应有之为，这有利于反映文化建设的两大一新，有利于引领美术界的创作思想观念，有利于让人民群众感受国家美术发展的成果，也有利于提高美术馆自主策划展览的能力和体现美术馆在实施大型展览项目上的综合水平。在此基础上，美术馆继续严格执行展览资格评审方法，在展览联络、编辑、设计、设备和展讯编辑等方面按规范办事，整体上提高了水平，在美术馆学术的规范严谨和

形式上力求创新的统一上迈出了新的步伐。

2. 进一步扩展对外交流，加大“走出去”力度。

我国的对外文化交流越来越在国家外交大局中体现重要的意义。在文化部的支持下，美术馆的对外艺术交流在2009年呈现出扩展的态势，可以说，中国美术馆2009年也是“交流年”，全年实施了国际（含港澳台）交流项目31个，其中“走出去”的项目多达17个，实现了历史的新高。

从2009年3月美术馆与美国子午线国际中心在美国华盛顿合作主办纪念中美建交30周年“都市中：中国当代艺术展”开始，美术馆的对外交流项目就紧锣密鼓地展开。一年来，为庆祝中捷建交60周年，美术馆与捷克国家美术馆联合举办了“开放的视域：中国当代艺术展”、“影中戏：中国美术馆藏皮影艺术珍品展”，这2个展览准备充分，规模宏大，得到捷方的好评，成为中捷艺术交流新的成果。为庆祝中法建交45周年，美术馆接受文化部任务，承办了“中国印：李岚清篆刻艺术展”，展览在组织过程中，认真编排展览结构，形成新颖的作品展示方式，精心设计展场，组织专家讲学，并协调多方组成展览开幕式代表团，使李岚清同志的篆刻艺术展成为向西欧国家第一次介绍中国篆刻艺术的展览，得到了首长办公室、文化部和我驻外使馆的好评，被称为巴黎中国文化中心建立以来最好的艺术展览。在东京中国文化中心建立之际，美术馆组织了“山高水长：中国现代名家书画精品展”，展览在主题立意、内容选择和作品装裱上精益求精，尤其按照部领导的要求，根据中心空间长期使用的需要做好设计，圆满完成习近平副主席访日为中心揭牌和参观展览的活动。在文化部主办的“欧罗巴利亚中国艺术节”中，美术馆承办了7个主要展览，还与其他单位合作组织了5个展览，“再序兰亭：中国书法大展”、“事物状态：中比当代艺术交流展”、“中国新年：中国美术馆藏中国民间美术精品展”等展览进入比利时皇家美术馆、布鲁塞尔皇家美术宫、根特美术馆等重要博物馆，为“欧罗巴利亚中国艺术节”的成功开幕做了保障，在比利时和欧洲社会产生良好的反响。

2009年，美术馆与台湾、澳门的交流合作步上新的平台，在学术的深度和影响的广度上都有拓展。在对台交流上，美术馆先后在台湾美术馆举办了“心象：2009年两岸当代水墨展”、“讲述：海峡两岸当代艺术展”，在台湾莺歌陶瓷艺术馆举办了“文思物语：大陆当代陶艺展”，在台湾美术馆举办的展览，主题鲜明，规模宏大，首次实现了两岸共同策划主办当代艺术的活动。展览在台产生了积极影响，并且由此发展为两岸美术馆的常态交流。为庆祝澳门回归10周年，美术馆与澳门艺术博物馆合作，先行于春天在我馆举办了“镜海观澜：澳门艺术博物馆藏澳门美术作品展”，在澳门回归纪念日期间赴澳举办了“东方既白：中国美术馆藏油画精品展”，同样取得了良好效果。此外，美术馆举办了来自英国的“泰特英国美术馆藏透纳绘画珍品展”、来自捷克的“兹德涅克·斯克纳之中国”、来自日本的“池口史子油画展”、来自蒙古的“蒙古色彩：蒙古国艺术作品展”等外国美术作品展，以及“白云怀古国：黄君璧艺术展”、中国瑞士新媒体艺术联展等。美术馆的对外交流项目，对内为公众提供了丰富的艺术欣赏内容，对外向世界介绍了中国美术的成果，也提升了美术馆在国际上的知名度，并在多方面锻炼了队伍。

在对外交流中，美术馆注重形成项目策划和项目管理机制，在项目策划上投以大量精力，使项目内容适应国际社会了解中国视觉文化的需求，展现中国美术的时代发展，体现文化上的自主性和主动性。在项目管理上，分工明确，落实到人，认真做好大量外事会谈、国际联络、展览申报和人员出入境手续事务；在展品准备、运输保险、人员接待等方面做到了科学安排，按时正点，确保展览得以完好实施。

3. 继续努力扩大收藏、充分发挥藏品作用、不断完善典藏制度

收藏是美术馆持续的业务工作，2009年在文化部专项资金的支持下，举办了吴冠中、靳尚谊的捐赠作品展，在美术界和社会产生了强烈的反响。为争取吴冠中先生的捐赠，在较短时间里，美术馆积极与艺术家沟通，得到了艺术家的信任，尤其在展览设计和画册编辑印制上体现出了美术馆的专业水平，在新闻宣传上形成广泛报道。同样，在举办靳尚谊捐赠作品展的过程中，也在展览设计、新闻宣传等方面投以大的力气，使展览收到了良好的反响。这两个项目的实施，为馆藏增加了一批有份量的作品。平时，在各种展览举办期间，注意及时组织馆内收藏小组选择作品，收藏了一

批当代美术创作，全年共计收藏450余件。

充分发挥藏品的作用，是近年收藏工作新的目标，2009年突出的增加了藏品利用的频率，扩大了藏品利用的内容，也丰富了藏品利用的形式。分别以馆藏精品巡展，馆藏配合国家项目，馆藏策划陈列，馆藏编辑出版等利用与传播方式，扩大藏品的使用价值。其中，“长风万里西部情：中国美术馆藏精品展”先后赴陕西、上海、福建、湖北展出，中国美术馆藏作品巡回展走进北京5所高校，在“新中国美术60年”等大型展览中，更是大批量运用了馆藏作品，充分发挥了馆藏作品的历史价值、文化价值和艺术价值，全年调用藏品近4000件。在藏品管理上，拍摄了大量藏品提供各种展览使用，规范了出入库登记制度，在撤换展时间短的条件下，确保了藏品出入库安全，2009年共出版馆藏作品画集共9本。与此同时，为收藏保管好“国家重大历史题材美术创作工程展”的作品，及时租用了新的库房，并配备设施，使“工程”展作品得到妥善保管。

4. 继续推进公共美术教育，不断深化公益服务职能

美术馆的公共教育在已有的经验基础上继续摸索扩大教育的内容，创新活动形式，2009年，美术馆主动参与“高雅艺术进校园”活动，精心策划了反映20世纪中国画和中国油画发展面貌的馆藏作品展，在清华大学、北京航空航天大学等五所高校展出，不仅展览内容十分精美，而且按照博物馆展览的规格设计展场，配合宣传册页、专家讲座和导览等手段，立体式地形成了“高雅艺术进校园”的美术活动，受到高等学府师生的普遍欢迎，也获得良好的社会评价。

2009年的公共教育在大型展览项目众多的情况下，坚持推出一系列内容丰富、形式活泼新颖、观众乐于参加的教育项目。儿童美术教育在丰富和完善已有项目的同时不断推出创新项目。在中国传统节日元宵节之际举办“我在中国美术馆过年”的儿童活动；举办家庭亲子免费参观周活动和儿童“展厅探秘”活动，在为期一周的家庭亲子参观周中，就有6000余个家庭参与了活动，总计参加活动的少年儿童人数达1万余人；还举办了“体验水墨——我与大师一起画”的儿童美术教育试验项目；“成长日记——发现自我之旅”的艺术讨论与创作实践活动；“中国美术馆2009民间艺术之旅夏令营”活动以及品牌项目“在展厅上课”等活动，丰富了我馆公共教育的内容，增加了展览的受众面，使艺术理念更加深入人心。

全年举办的美术馆系列学术讲座达19场，组织了签约志愿者近百人，在大型展览中均提供导览服务，正在向建设一支北京乃至全国最好、最专业的志愿者队伍的目标前进。同时，参与社会公益性的艺术普及教育项目，实施了欠发达地区美术教育培训计划。

展览、交流、收藏和公共教育这些业务工作的有机并进，相得益彰，美术馆今年在公共文化服务上迈出了新的步伐，全年观众达80万人，加上“高雅艺术进校园”展览的观众以10万人计，观众总量达到了90万人次，实现了馆班子年初提出的“保八争九”的目标。一年来，贾庆林、李长春、刘云山、刘延东、李源潮等中央政治局以上领导来馆参观指导20人次。在国庆期间，美术馆在没有专门申请经费的前提下提出免费开放的措施，并在安全检查、观众疏导、展厅管理、后勤服务等方面加大人员和经费投入，两个月的免费开放受到了社会各界的极大欢迎和好评，让人民群众感受到浓郁的国庆文化氛围。也为逐步实现免费开放摸索了好的经验。

三、管理职能围绕中心工作不断改革创新，提高业务水平

美术馆的工作格局体现在部门相互协作通力合作的基础上，一年来，2009馆各部门围绕今年的中心工作不断加强科学管理规划和计划，充分调动广大职工的积极性，使管理工作和业务工作一样也有了明显的提高，获得了新的成果。

1. 本年度重要展览活动较以往多，在重要活动实施期间，在上级领导参观视察活动中，积极做好展览的开幕式以及接待准备工作。在宣传上加大力度，取得了明显的实效，经过多年的整合，我馆已拥有集影像、文字、网络等多种媒体的队伍，做到及时准确地发布我馆的新闻信息，媒体宣传覆盖了首都重要的时政、文化、美术、大众乃至时尚娱乐媒体，中央电视台新闻联播、北京电视台、凤凰卫视、《人民日报》、《光明日报》、《中国文化报》等重要媒体多次报道美术馆重要活动。全年向上级单位报送文化信息10多条，有的成为文化要情，刊登文化部《艺术通讯》40余篇。本馆网站4月份实现改版，观众点击率与浏览率不

断提高，现点击率已达1.1亿次，浏览量1000多万人次，平均日访问量5万余人次，已位居全国专业博物馆网站的前列。

2.在人事分配管理方面，按照深化人员聘用制度的改革要求，完善了《中国美术馆岗位设置管理办法》并报经文化部批准。通过择优选拔，2009年接受了4名应届研究生，1名应届本科生，连续举办了中青年专业人员外语培训班，及时做好新参加工作同志的医疗保险、社会保险手续，为在职职工及离退休人员办了医院定点手续，积极组织实施各类优秀人员的选拔、推荐和申报工作，积极接收港澳大学生来馆实习。

3.在安全保卫工作方面，按照文化部《关于国庆安全稳定零事故的总目标》和万无一失的总要求，馆班子领导高度重视，始终把抓安全放在各项工作的首要位置，制定了美术馆《迎国庆平安行动工作方案》，坚持实行安全责任制，组织消防演练，进行多次全馆安全大盘查，及时消除隐患，更新设备，做好维护管理。全年指导累计安检观众80余万人，检查包裹70万余万件，查处危险物品2.5万件，审核展览搭建项目30多个，累计接待上级领导来馆参观展览81人次，均与中央和北京市保卫部门通力配合，确保领导参观顺利安全，得到有关部门的好评。国庆庆典期间，为保障国庆应急分队在美术馆机动备勤工作，先后4次全天候为北京市应急中心提供保障。2009年，美术馆安保部被新华门地区评为平安先进单位。

4.美术馆的后勤保障工作同样围绕新中国成立60周年庆典和全馆中心工作，既做好常规工作，又完成了大量新的任务。在常规工作上，认真做好资产登记管理，根据各部门业务工作需要及时配备各种设施，搞好设备维修，搞好票务管理和车辆服务与管理。同时，认真指导物业公司做好服务配合。在2009年国内大展和国际交流展览项目多、任务重的前提下，认真做好各类展览的报关、制箱、运输等大量工作，在“重大历史题材美术创作工程展”的巡展过程中，及时解决难点，确保装点运输安全，在全年几十个大型展览项目的情况下，运输工作做到万无一失。

5.2009年馆内的基建工作在合理调配资金的前提下得以按计划实施。年初，完成东平房改造，4月份，完成广场地面改造，年底形成了主楼电梯更新和主楼玻璃门廊搭建设计方案，同时，实施了武警驻馆部队用房改造和开水房的搬迁搭建。在清华大学设计研究院的支持下，美术馆多次与厦门市政府协商在厦门鼓浪屿建立分馆，形成了建筑设计初步方案。

6.在部领导的高度重视和部计财司的支持下，美术馆新馆项目完成项目建议书，并经发改委审定，获得了国务院批准。签订了新馆用地手续协议，召开了美术界的专家论证会，并通过不同形式听取美术界的意见，为新馆功能做了进一步论证。与国内著名建筑设计单位进行基本情况的通报，该项目引起国内外建筑界的高度关注，均表示愿意参与设计招投标。有关设计招投标的文件已经基本完成。由部计财司牵头，美术馆还组织了发改委和国家投资项目评审中心专家赴国外考察艺术博物馆功能、国际标准和新的业态。

7.美术馆的事业发展也围绕业务中心工作积极地开拓渠道，2009年5月份，将艺术书店的经营权收回，实现自主经营，并加强了规范管理，走上正轨，同时，筹备并完成了网上购物商城的搭建工作，目前销售品种已达700余种，同时，围绕重要展览项目和利用馆藏资源，开发了一批衍生产品。

8.在财务管理上，坚持实施积极的财务方针，坚持做好年度预算，按预算办事，按规章制度办事。以中心工作为重，合理安排资金，加强预算执行和项目管理，提倡节俭。在全年资金运转超过1个亿的新形势下，确保资金使用安全、准确、高效。在2009年预算执行检查中，美术馆执行情况在文化部系统始终处良好位置，并在中纪委、审计署等上级单位组织的审计中得到肯定。正是由于科学理财，严格管理，确保了全馆工作的顺利开展，重大项目得到充分的资金支持，全馆员工的劳动报酬在往年的基础上得到较明显的提高。

9.在群众工作上，坚持以人为本，关心群众生活，根据美术馆的特点开展形式多样的活动，例如组织职工参加文化部组织的保龄球比赛，组织登山、植树、乒乓球比赛等活动，协助文化部工会举办了“教科文卫全国职工书画展”，平时注重关心离退休人员，通过节日走访慰问病困职工和离退休老同志，解决他们的实际困难。

四、认真搞好党的建设，加强思想政治教育和反腐倡廉，确保全馆事业健康发展

一年来，根据馆党委的工作计划，围绕美术

馆的中心工作积极开展党建工作，并认真贯彻落实上级党委的各项指示。在思想建设工作方面，继续扎实开展深入学习实践科学发展观活动。一是切实抓好学习实践活动整改落实阶段工作。根据中央和部党组的统一部署，在组织党员干部认真开展学习实践活动“回头看”的基础上，形成了《整改落实方案》，并印发各支部、各部门贯彻落实。认真做好学习实践活动总结工作，组织完成了群众满意度测评工作，对美术馆开展学习实践活动情况进行了认真总结。二是深入开展学习贯彻党的十七大和十七届三中、四中全会精神的活动，切实把思想和行动统一到中央的要求上来，及时组织党员学习贯彻文化部直属机关第八次党代会精神；围绕学习贯彻胡锦涛同志在纪念党的第十一届三中全会召开30周年大会上的重要讲话精神，通过组织观看蔡武部长所做的《改革开放三十年中国文化的发展》报告录像，加深党员干部对中国特色社会主义文化事业改革发展必须服从和服务国家发展大局的理解和认识，增强推进文化发展的责任感、使命感和紧迫感。组织党委理论中心组和全体党员开展十七届四中全会精神的学习贯彻，举办了党务干部专题学习班，提高了党员干部对加强和改进新形势下党的建设重要性的认识，进一步增强了党员意识、忧患意识、责任意识，为进一步加强和改进美术馆党建工作奠定了思想基础。三是开展多种形式的思想政治教育活动。根据中央关于围绕新中国成立60周年深入开展群众性爱国主义教育活动的意见精神，结合美术馆工作实际，组织党员召开了“歌颂伟大祖国，发展美术事业”为主题的学习座谈活动；结合建党88周年，组织全体党员和入党积极分子赴爱国主义教育示范基地开展主题教育活动；“八一”建军节组织美术馆复原军人开展了以弘扬我党我军优良传统为主题的参观学习活动；组织离退休人员举办了“中国美术馆老干部庆祝新中国成立60周年书画作品展”。四是深入学习贯彻十七届中纪委三次全会精神，大力开展反腐倡廉教育。根据文化部党风廉政建设工作会议精神，认真组织党员干部传达学习十七届中纪委三次会议精神，全面领会胡锦涛总书记重要讲话精神，并围绕加强党性修养和作风建设，围绕维护党的纪律、保证政令畅通等开展学习教育活动；积极组织党员参加文化部开展的“深入学习实践科学发展观、扎实推进惩治和预防腐败体系建设”理论征文活动。

组织建设工作方面，按照文化部关于党的基层组织建设的相关文件精神，在规范各支部工作上抓落实，做到了对支部工作有布置、有检查，并注意发挥支部书记、支部委员在支部的核心作用，增强了支部开展工作的主动性。同时，按照“坚持标准、保证质量、改善结构、慎重发展”的方针，做好入党积极分子的培养教育和党员发展工作，2009年，有3个支部发展了新党员，一个支部对预备党员按期进行了转正，共发展新党员5名，2名预备党员转正。根据文化部直属机关党委的统一部署，认真组织开展了“创建先进基层党组织、争做优秀共产党员（标兵）和优秀党务工作者”活动，运用典型的示范作用教育、引导、鼓励各支部和扩大党员充分发挥战斗堡垒作用和党员的先锋模范作用，进一步加强党的基层组织和党员队伍建设，在职工群众中树立良好形象。

党风廉政建设工作方面，全面贯彻落实《工作规划》，根据《2009年文化部党风廉政建设和反腐败工作任务分工》内容，结合美术馆实际制定了《中国美术馆2009年党风廉政建设和反腐败工作任务分工》，完成了修订《中国美术馆党风廉政建设责任制规定》。在美术馆招聘人员和干部考核工作、工程招投标和政府采购等工作中按照全程跟踪，履行纪检工作职责。

中国国家画院

2009年是新中国成立60周年大庆之年，又是巩固学习科学发展观活动成果，全面推动文化大发展、大繁荣的重要年份。同时，也是国家画院领导班子人事变更、整体工作全面调整、提升的一年。一年来，在文化部的正确领导下，在文化部相关司局的帮助支持下，国家画院全体干部员工团结协作，按照部领导“做大做强”的指示，结合画院的实际情况，认真落实文化部《2009年文化工作要点》，紧紧围绕创作研究中心工作，以创新的工作思路，务实的工作作风，顺利完成了预期的工作任务，取得了较为优异的成绩。

一、理清工作思路，明确发展方向

2009年，国家画院领导班子人事变更，杨晓阳接替龙瑞同志出任新一届的中国国家画院院长。上任之初，杨晓阳即带领院班子成员开展了广泛深入的调研工作，走访并听取了文化部领导和相关司局领导的指示，分别拜访了张仃、詹建俊、刘勃舒、崔子范、欧阳中石、沈鹏、方增先、杨之光、刘文西、潘云鹤、汤小铭、邹佩珠、郑文慧、龙瑞、刘大为、李宝林、邓林、王迎春、谢志高等德高望重的画界先辈、中国美协和国家画院老领导、老美术家。同时走访了北京画院、上海画院、江苏画院、广东画院等弟兄画院，就国家画院的建设和发展广泛征求意见、虚心听取各方意见和建议、认真学习兄弟画院的成功经验。在国家画院已有的基础上，逐步确立了国家画院新的角色定位和目标任务，进一步确定了国家画院业务建设的“五项功能”和近期5项重点工作任务。

中国国家画院是国家公益性文化事业单位，是中国唯一的代表国家最高水准的专业美术创作研究机构，在当代中国美术事业中，担负着对中国美术事业的引领与导向的任务和对外代表中国，对内代表国家的文化发展使命。国家画院将本着“打破年龄界限，打破专业界限，打破院内外、国内外界限”的原则，创新工作机制，在国家画院现有内设机构数量基本不变的前提下，逐步建立7个二级专业院，即中国画研究院、油画创作研究院、版画创作研究院、雕塑创作研究院、公共艺术创作研究院、书法篆刻创作研究院和理论研究院，逐步实现“世界知名，中国一流”的长远建设目标。

中国国家画院将以“创作、研究、教学、收藏、普及”为主要业务功能，充分发挥国家画院在中国美术界的示范表率作用，不断提升画院自身品质，不断推进当代中国美术的进步与繁荣。并将从“五项重点工作”入手，即：聘请一批大家、建设一批画室、实施中国美术发展工程、实施中国美术海外推广工程、收藏一批精品。以此开创国家画院建设新局面。

二、坚持工作重点，各项事业蒸蒸日上

2009年，国家画院仍以创作、研究为画院各项工作的重中之重，通过一系列的创作研究促进机制，提升创作品质、深化理论研究是国家画院新领导班子的共识。同时，根据当前中国美术的创作研究现状，有针对性地制定了以建立“中国风格”的创作形态，以开展“中国标准”的当代美术价值体系研究为学术建设目标，以“一人一品”为基本学术主张的画院业务建设新思路。并通过恢复和建立每月一次的“学术日”制度，广泛深入地开展学术研究，全面梳理创作研究现状，制定每个部门、每个人的创作研究规划，在全院形成了良好的学术氛围，从而使得在国家画院在创作、研究、展览、交流、教学、收藏、出版、网络信息、普及等方面均取得了很好的成绩。

在创作上，2009年国家画院画家7件作品入选“国家重大历史题材美术创作工程”，入选率占中国画专科总数的1/4，居全国各地区和各美术专业机构之首；13件作品入选“第11届全国美术作品展览”；12位画家分别在国内外举办个人作品展览；26位画家计500余件作品分别参加了各类全国性美展20余次。其中20余件作品分获不同奖项。

年内，国家画院两次组织画家赴四川、湖南写生，深入生活、收集创作素材，促进了创作品质的提升，实践了关注现实、贴近生活、贴近实际、贴近群众的主流创作主张。其中“伟人故里行——中国国家画院湘潭写生创作活动”提升了画家的爱国情感，促发了画家创作激情，创作了一批以湘潭人文历史、民风民情为题的优秀作品，产生了积极的社会影响。同时开展了为韶山小学捐资、捐物、辅导少儿美术创作活动，为社会文明建设尽了国家画院应尽的义务。

在创作取得丰硕成果的同时，2009年国家画院的理论研究工作深入有序地展开。《八大山人山水画研究》、《守望传统中开拓创新——新中国60年中国画回顾》等50余篇论文刊发于全国各类专业报刊。出版学术专著8部。由国家画院主办、主持的论坛、研讨会计18次。其中，“中国山水文化高峰论坛”得到了文化部领导的高度重视，王文章副部长出席了开幕式，论坛活动在全国产生了广泛影响。

2009年，国家画院策划组织和承接的各类美术展览18次。其中“祖国颂——纪念建国60周年全国名院名校美术作品展”、“中国国家画院2008年度作品展”、“中华盛世——庆祝中华人民共和国成立60周年暨中意建交39周年主题国际美术作品展”、“以心接物”系列美术作品邀请展等展览活动较好地配合了60周年国庆活动，同时在中国美术界产生了积极的影响。

2009年，国家画院还开展了一定数量的中外美术交流和港、澳、台美术交流活动，组织了“盛世中华”展在意大利的展览活动，胡锦涛总书记参观了展览并与部分画家合影，杨晓阳院长的作品《盛唐遗韵》作为国家礼品赠送给了意大利领导人。国家画院还主持了“2009中、日、韩美术节活动”，参加了“中美文化杭州对话”活动并作主题发言。另有部分专业人士分赴美、意、法、德、日等国家和港、澳、台地区演讲、交流。

本着针对性、专业性的精英教育原则，国家画院制定了分类组织、因材施教，公共科目与专业科目结合，基础训练与创作实践结合的教学方法。经过多年探索，一种具有中国传统艺术教育特色和国家画院教学特点的教学模式基本形成。2009年，院教学培训工作在进一步完善教学机制继续巩固上年度教学成果的基础上，教学规模稳中有升，新开导师工作室4个，使国家画院教学导师工作室数量达到23个，新招收学员380余人，取得了社会效益、学术效益与经济效益的多重丰收。

2009年，国家画院收藏工作进一步提升，建立了以现当代经典作品收藏为主线，以系列专题收藏为重点的收藏工作原则，在不断完善收藏机制，通过展览、出版、研究等收藏延伸工作，深入挖掘已有藏品的研究利用和美育普及功能的同时，新增黎雄才、卢沉、周思聪、沈鹏、刘文西、林墉等大家名家作品和各类艺术品600余件。为国家积累了一批优秀的艺术财富。

与此同时，2009年国家画院编辑出版了《中国画学》、《中国画院研究》、《中国国家画院创作文献集》、《中国国家画院教学文献集》等各类图书40余部。网站建设取得了较大进步，上传信息5000余条，上传图片2000余幅，日均访问量不断提升，PH值国际综评为6（10为最高），国家画院网在百度、google等著名搜索网站上排名前列。图书刊物的编辑出版和网站工作的进步，不仅为国家画院创作研究成果提供了展示平台，更为加强院内外、国内外美术交流提供了信息保障。

三、清产核资，完善各项规章制度

日常行政管理和后勤保障工作，是国家画院各项业务建设的基础工作。根据画院的整体工作部署，本着“制度建设抓落实，重在养成上见成效”，“设施建设抓配套，重在管理使用上见成效”，“后勤服务抓质量，重在保障有力上见成效”的工作原则，国家画院行政管理和后勤保障工作扎实有效，较好地保证了日常工作的开展，较好地保证了国家画院各项业务职能的高效发挥。

2009年，根据国家画院行政后勤工作的基本现状，重点抓了以下几项工作：

1. 清产核资。2009年，国家画院对固定资产进行了一次全面的清产核资工作，保证固定资产真实、可靠、数据准确无误，做到了账账、账实相符。同时进一步完善了资产管理制度，对库存物资的管理、领用、购买等进行了严格规定。国家画院收藏的经典书画作品，是国家画院的最大固定资产，对国家画院画库的全面资产清查工作是建院以来的第一次，清查工作收效显著，做到了库存作品分类归档、数据准确，并建立了数字化管理方式，做到了查询作品方便快捷。

2. 院容改造。国家画院在对部分办公、教学、创作用房进行了装修、改造、更新设备的同时，新建了水上接待室和茶楼，改善了国家画院的接待条件。迁建了徽派古建筑门楼、戏楼，同时完成了绿化配套工作。两座古建精品落户国家画院，极大地丰富了国家画院的人文景观，提升了国家画院的文化艺术气息。院行政管理部门2009年加大了物业管理服务的力度，逐步走上了管理服务的力度，服务规范化，工作标准化，沟通及时化，指挥畅通化的路子，较好地完成了任务得到了好评。

3. 建章立制。2009年，国家画院根据国家画院管理机制和业务功能的调整对原有各项规章制度进行了进一步的修订完善，同时新增制定了《中国国家画院院士、院委、特聘研究员、特聘课题研究员工作条例》、《中国国家画院固定资产管理使用规定》、《中国国家画院财务工作条例》、《中国国家画院收藏工作条例》等各类规章制度12个。严格周密的规章制度，使国家画院各项工作有章可循，做到全院各个岗位职责、任务明确，工作办法规范，工作中减少了扯皮，减少了失误，提高了效率，提升了质量。使行政管理工作真正成为推动画院进步的重要保障。

为进一步推动院里各项工作的发展，国家画院还将制定与聘用、任免、晋升、奖惩挂钩的“责任目标制度”、“内部奖惩制度”等，切实做到合理使用人才，奖勤罚懒，调动大家工作积极性。

中国对外文化集团公司

2009年，在文化部党组的正确领导下，在中宣部、财政部等部委领导和有关部门的热情关怀和鼎力支持下，不断深入学习实践科学发展观，按照“两大一新”的要求和长春同志的重要指示，深化改革、开拓创新。一年来，集团公司始终坚持以人为本，以改革为纲，以创新为源动力，积极服务于“推动中华文化‘走出去’”的国家战略大局，以服务贸易方式促进优秀中国文化产品走向国外市场。在促进中外文化交流的同时，集团公司还积极开拓国内市场，推动了国内文化市场的繁荣。

2009年，面对国际金融危机的严峻挑战，集团公司的海外业务仍取得了可喜的成绩。2009年，集团公司向全球59个国家和地区的137座城市，派出演出展览项目117起。其中，派出演出项目97起（包括与外方剧团合作的组台演出），演出6000余场，吸引观众达1200万人次；其中商业演出项目占50%以上。同时，集团公司在国内举办承办了97起演出项目，演出379场，剧场观众与广场观众人数达100万人次；在国内八城市举办各类展览27起。

2009年，集团公司被中宣部、文化部等评为“文化体制改革先进企业”、“2009～2010年度国家文化出口重点企业”；集团公司通过公开竞标所承办的法兰克福书展中国主宾国开幕式音乐会，获得新闻出版总署的“优秀活动一等奖”。

一、在内部管理方面，深化内部体制机制改革，提高集团公司管控能力

1. 不断加强企业制度建设。制度建设是企业发展的根本保障，集团公司在发展过程中不断根据现实需要，多方面建立健全现代企业管理制度体系。

2. 建立健全财务管控体系，完善内部管理体制。为强化集团财务管控体系，适应集团跨区域发展及实时财务核算与监控的要求，集团公司2009年着手建立能够跨地区进行财务集中核算、资金集中管理、实时资金监控、统一报表管理及综合财务分析的财务管理系统平台，以满足集团公司综合管控的需要。

3. 加强集团组织建设，全面实施人才战略。2009年围绕集团公司战略目标，建立起以满足业务发展需求的人才引进与聘用机制、岗位管理与绩效考评机制、人才培养与晋升机制、奖惩激励与淘汰机制等，为集团公司发展提供了重要的人力资源保障与智力支持。

4. 健全公司法人治理结构，积极推动股份制改造工作。2009年，文化部党组任命了新的集团公司领导班子，形成了具有中国现代企业制度特质的党委会、董事会、监事会和经理层四套班子，进一步完善了集团公司的领导体系，建立健全了现代企业管理体制，这也标志着集团公司又进入一个标志性的发展阶段。

集团公司还按照部领导的要求，积极推进股份制改造工作；与财务顾问中信建投证券组建联合工作团队，完成了集团公司本部与各子公司尽职调查和管理层人员访谈等工作，初步拟定了业务重组框架与实施计划，为继续推进股改工作奠定了良好基础。

二、在业务发展方面，坚持改革创新，推动业务可持续发展

（一）提升综合服务与创意能力，高质量完成国家重大文化交流项目

2009年，在文化部特别是外联局的大力支持下，集团公司充分发挥综合服务与创意能力，先后成功承办了一系列重大国际文化交流活动，比如第九届“相约北京”联欢活动、首届亚欧艺术节、第11届“亚洲艺术节”、中俄建交60周年庆祝大会、欧罗巴利亚中国艺术节、2009中国文化聚焦、上合峰会开幕式、法兰克福书展中国主宾国开幕式、美国国家交响乐团庆祝中美建交30周年访华演出、美国总统奥巴马访华专场演出等，得到了文化部领导和相关部委领导的表扬与肯定。

这些重大政府文化交流项目的成功承办，再一次证明了集团公司的综合服务与创意能力已经达到非常专业化的水平，而演出展览项目的创意策划和丰富的项目组合，也显示出了执行团队较高的策划与执行能力。

（二）坚持品牌创新，多方开拓国内外市场

打造品牌产品是市场繁荣和竞争制胜的关键，2009年集团公司继续坚持品牌创新，不断开拓市场空间，在国内与国外两个市场上都取得了较好

的成绩。

1. 在国内市场上，集团公司先后举办了一系列大型娱乐演出项目，比如“纵贯线内地巡演音乐会”、“梁静茹北京演唱会”、“五月天北京演唱会”、音乐剧《猫》国内八城巡演，在全国性市场上取得了普遍成功；尤其是“纵贯线”与《猫》两个国内巡演项目在全国范围内的成功运作为演出院线采购配送体系建设提供了经验和借鉴，进一步强化了集团公司作为中国大型娱乐演出运营商的企业品牌效应。

2009 年，集团公司还策划推出了全新的大型综合文化活动品牌——“中国手机文化盛典”，这一活动由文化部作为指导单位，集团公司与中国移动联合主办。这是集团公司以前瞻性的视野和开拓创新的精神，主动出击、创立品牌的一次重要实践。这一活动的举办对于抢占 3G 新媒体的制高点，促进文化产业与高新技术相结合，催生新的文化业态，具有深远的意义。

“中国国际青年艺术周”作为集团公司创办的国内第一个以青年为主题的大型国际文化交流活动品牌，自创立以来，取得了良好的社会反响。2009 年，第二届“中国国际青年艺术周”在为期半个月的时间里，来自英国、奥地利、法国、巴西、菲律宾、瑞典等国以及我国大陆、香港、台湾的青年艺术家、青年学子，围绕“激情熔铸艺术，创新点亮未来”的主题，上演了 13 台充满青春风采、风格迥异的节目。

此外，由集团公司与上海文广新闻传媒集团、上海杂技团、马戏城联合投资制作的多媒体梦幻剧《时空之旅》，即使在全球经济危机的大背景下、入境游客大幅下滑的不利情势下，仍保持着稳定的观众。据统计，截止到 11 月 30 日，《时空之旅》已连续演出 1650 场，票房收入已经超过 1.6 亿元，观众近 170 万人次。2009 年，《时空之旅》还获得了文化部的“优秀保留剧目大奖”。

2. 在海外市场上，面对国际性金融危机的严峻挑战，海外演出仍然取得了可喜成绩，我们共向海外派出了 48 个商业演出项目。2009 年，集团公司共向海外派出 48 个演出项目，派出 988 人，累计演出达 4500 余场。

在海外市场开拓上，集团公司还非常重视国际比赛。2009 年，集团公司选派的节目在国际重要比赛中获得两金两银一铜的优秀成绩。集团公司尝试着把赛场与市场进行有效结合，将国际赛场上的影响力扩大到国际市场中去，实现赛场与市场的有效结合，以取得社会效益和经济效益的双丰收，使中国杂技这一中国优秀传统艺术在国际舞台上不断绽放夺目的光彩，成为中华文化走出去的有效载体。

（三）加强创意策划能力，提高展览业务核心竞争力

2009 年，集团展览业务继续保持快速发展的良好势头，官方业务稳步提升，自主策划项目取得一定突破。全年共赴海外 18 个国家举办展览 20 起，在国内 8 座城市举办展览 25 起，提供商业性展览服务 2 项。

2009 年，集团公司在展览业务方面不断强化市场观念和服务意识，注重宣传推广和市场调研等基础性工作，抓住国庆 60 周年、国家重大外交活动以及“亚洲艺术节”、“相约北京”、“亚欧艺术节”等有利时机，自主研发策划了一系列较有影响的展览活动。

其中，“泰国诗琳通公主眼中的中国个人摄影展”、“坚忍卓绝——2008 · 五月的记忆”大型展览、“薪传——中国少数民族非物质文化遗产展”、“意象东方——中日韩水墨精品展”等项目，成为集团公司展览业务独立策划、大胆创新的点睛之作。

（四）中演票务通全国票务网络铺设工作进展顺利

集团公司在中宣部、文化部和财政部的领导和支持下，积极推进全国性文化体育票务网络建设工作。中演票务通公司迄今已在全国铺设了 22 家城市网络分支机构，正在建设中的还有 15 家，分支机构网络已在全国 37 座城市落地；到明年春节前，我们将按计划如期完成全国 41 座城市分支机构的铺设工作。中演票务通“全国票务网络系统”还荣获了第三届“文化部创新奖”。

2009 年，中演票务通公司作为全国第 11 届运动会唯一的票务系统支持机构，售票超过 100 万张，票房收入超过 1600 万元，创造了历届全运会赛事票房销售和票房收入的历史纪录，在体育赛事领域巩固强化了中演票务通的品牌形象，得到了全运会组委会及山东省人民政府的高度评价，下届全运会的主办城市沈阳也派人赴济南提前与中演票务通洽谈合作。

（五）“文艺演出院线联盟”建设开局良好

2009年，集团公司将“文艺演出院线联盟”和“全国票务网络系统”铺设工作紧密结合，利用全国票务网点建设以及票务系统跟踪铺设的契机，积极推进覆盖全国主要消费区域的“文艺演出院线联盟”建设工作。

2009年，集团公司已成功中标广州歌剧院的经营管理。同时，浙江文化艺术中心大剧院、上海闸北大剧院合作经营事宜亦在积极磋商洽谈之中。

（六）积极开展银企合作，提高资源整合能力

2009年，集团公司银企关系获得了长足发展，先后和中国银行、中国工商银行北京分行、中国进出口银行北京分行等多家银行建立了战略合作关系。与金融机构的银企合作，将为集团公司加大自主创新力度，提高核心竞争力，开拓国际文化市场，提供强大的金融支持，从而进一步加快集团公司跨越发展的步伐。

（七）文化旅游业务稳步前进

旅游业务作为集团公司业务板块之一，2009年也取得了一定的成绩。

在入境业务方面，接待了“丝绸之旅”访华团、联合国教科文组织大使团、日中文化交流协会代表团、阿联酋文化访华团、毛里求斯教学团等30余个团组，4000余人天。在出境业务方面，派出了中国文联赴喀麦隆考察团、中泰文化交流协会交流团等1000余人天。

会议接待作为旅游经营活动的一个重要方面，2009年完成了文化部外联局驻外文化参赞、文化中心主任研讨会、第四期东盟中日韩文化人力资源研讨班等15项（次）涉及1500余人天的会议接待工作。

三、集团公司党建工作开启新局面

2009年，在文化部机关党委的指导与支持下，集团公司党委积极贯彻执行上级党组织的各项任务，同时着重抓了对党员干部的廉政教育，使党风廉政建设真正起到促进和保障管理工作的作用。

2009年11月，集团公司胜利召开了第一次党代会，大会选举产生了集团公司第一届党委委员和第一届纪律检查委员会委员。这次大会是为积极落实中共文化部第八次代表大会精神、确立党组织在集团公司的政治核心地位、更好地发挥基层党组织的战斗堡垒和党员的先锋模范作用重要举措。这次大会也是集团公司进一步完善领导体系，建立健全现代企业管理体制的一个重要举措，标志着集团公司党建工作将以崭新的面貌，迎接新的挑战，开创新的局面。

集团公司领导班子成员名单

董事长、兼总经理：张　宇
党委书记兼副董事长：孙晓红
监事会主席：宋丽红
副总经理：竺自毅
副总经理：万基元
副总经理：李立新
副总经理：阎　东
副总经理：张树新

恭王府管理中心

一、基本概况

恭王府是迄今保存最为完整的一座清代王府，初为营建于乾隆中后期的和珅私宅，继为庆郡王永璘府第。道光三十年（1850年），被赐予恭亲王奕䜣，始称恭王府。民国二十六年（1937年），因小恭王溥伟无力偿债，辅仁大学遂以19.9万元购得其产权。建国后，恭王府收归国有，但一直被很多单位和居民占用。

20世纪70年代末，根据周恩来总理的遗愿，国家开始将恭王府的腾退保护工作提上日程。1986年，恭王府管理处成立；1988年，恭王府花园向社会开放；2003年，文化部恭王府管理中心成立；2008年8月，恭王府完成全面修缮。

恭王府既是保留了完整清代王府建筑的全国重点文物保护单位，又是包含了丰富文化内涵以及优秀民族文化遗产的文化空间和展示平台，具有物质文化遗产和非物质文化遗产的双重属性。作为文化部直属的公益型事业单位，恭王府管理中心肩负着保护和弘扬珍贵民族文化遗产、深化王府文化研究的重任。

在恭王府管理中心发展史上，2009年是非同寻常的一年，也是十分关键的一年——既是经过多年搬迁修缮实现全面开放的第一年，也是中心新一届领导班子组成的第一年，可以说是面临着前所未有的新形势、新任务、新问题、新要求、新机遇和新挑战。在文化部的正确领导下，在文化部各司局的关心帮助下，在有关兄弟单位和社会各界的理解支持下，在恭王府全体干部职工的共同努力下，中心以科学发展观统领各项工作，坚决贯彻执行部党组的各项决议决定，团结奋进，开拓创新，锐意改革，不断进取，顺利实现了新老交替，妥善处理了历史上的遗留问题和体制机制上存在的一些弊端，使各项工作都获得了较大进展，取得了可喜的成绩。截至2009年11月底，全年共接待观众游客达3122948人次，比2008年增长38.04%；各项收入1.67亿元人民币，比2008年增长52.43%。

二、业务建设

（一）古建修缮

由于在府邸修缮工程中所作出的突出贡献，管理中心荣获了“中国古建工程科技进步奖”和“北京市优质工程奖”，这是对中心多年来文物保护修缮工作的充分肯定。

在历时3年的府邸大修竣工之后，古建修缮工作的重点逐步调整为古建筑的合理使用、利用和内部设施的功能性改造，以及进行恭王府总体保护规划和花园整体修缮方案的编制和实施。

（二）文物保护与征集

1. 接受伍炳亮先生捐赠仿明式红酸枝木如意灵芝纹翘头案。

2. 为支持中国艺术研究院自愿捐献作品为山西楼烦县扶贫的义举，收藏了艺研院的知名书画家的现代书画作品26幅，丰富了馆藏书画资料。

3. 面向社会开展老照片的征集活动，通过公开征集、拍卖竞购等方式遴选老照片近60张，对清代王府文化研究有较高参考价值。

（三）展览陈列

恭王府古建筑群的底蕴与展厅面积方面的局限是一对客观存在的矛盾。为了扬长避短，中心近年来在展陈手段方面下了很多工夫，着力突出建筑的古典韵味和展厅的精致小巧；又投资600余万元，实施了对乐道堂展厅的改建工程，一座现代化、多功能的展厅已经竣工；完成了后罩楼抱厦展厅的改造。形成了多功能、多形式、多用途的展览空间。

1. 在继续完善“清代王府文化基本陈列”和“恭王府历史沿革和博物馆建设成果展”的基础上，又举办了河南禹州晋家钧窑作品展、静谧·顿悟——庆祝新中国成立60周年暨恭王府全面开放一周年文物特展(青州龙兴寺佛像展)、“江山多娇”篆刻艺术精品展以及“恭王府艺术系列展”之“金彩华章·李晓军 魏广君 李晓松中国画作品展”、“李健强中国画作品展”、“合美·畅神——三院九人中国花鸟画展”等一系列既能体现王府品位、又具有自身特色的精品展览。

2. 中心的藏品第一次走出了国门，远赴海外参加展览。2009年10月，中心配合国家文物局，将馆藏的5件套明代古典家具选送意大利，参加明代家具展，使海外的观众也有机会领略恭王府的风采，这在中心业务工作上是一个重要突破。

（四）学术研究与非物质文化遗产保护

1. 古籍善本库、拓片库和学术报告厅等项目陆续竣工，学术空间得到扩展，业务氛围有效提升。

2. 建立“口述历史”资料库，逐步搜集整理了一些王府后裔和历史亲历者的采访资料。

3. 完成了“恭王府石刻、碑刻等拓片的二期工程”，新增拓片660件。

4. 恭王府网站优化升级工作顺利完成，从形式到内容都有一个质的飞跃，得到了内外的一致好评，不仅畅通了信息和沟通互动的渠道，也为王府文化的研究搭建起崭新的平台。

5. 出版了《恭王府探秘》、《恭王府修缮》、《恭王府明清家具》等影像光盘，出版了《清宫恭王府秘档——和珅秘档》、《清宫恭王府秘档——永璘秘档》等档案书籍。推动了科研的进步，为王府文化的深入研究提供了最权威资料。

6.6月9～13日的“非物质文化遗产日·恭王府昆曲演出周” 场场爆满，一票难求，已然成为恭王府的又一张名片，彰显了王府文化的品位和内涵。

三、安全保卫

安全保卫工作是恭王府的头等大事，既包括文物古建的安全，也包括游客和职工的人身安全，责任重于泰山，因此要常抓不懈。

1.强化安全保卫工作的制度化和规范化建设，完善、充实各项安全管理制度，使安全保卫各项工作有章可循。

2. 提前进行了国庆黄金周期间的统筹安排，通过联络警力、加强演练，全面部署了各项工作，提高了处理突发事件的能力。经过全体干部职工的共同努力，圆满出色地完成了新中国成立60周年“国庆平安行动”任务。

3. 在职工中开展一系列消防安全宣传活动，进行了“恭王府设施设备知识讲座”等培训，树立职工安全保卫意识，增强职工安全防范能力。同时加强了对单位内部施工现场的安全管理。

4. 实行由中心主任与各部门负责人签订安全责任书的“安全目标管理制度”。

四、开放经营

（一）改善开放环境，提高服务水平

1. 不断加强景区和周边治理，改善开放环境。完善基础设施，优化参观旅游路线，最大限度方便游客。

2. 加强对岗位人员的培训，提高服务技能和服务水平。

3. 积极开展创建国家5A景区，以此作为提高服务水平、完善设施、加强管理、优化环境、改进工作的强大动力。目前已顺利通过北京市评审，报国家旅游局待批。

4. 为保证古建文物安全，合理控制参观人数，给观众创造舒适的旅游环境，开始针对系列游团队业务实行门票预约制度。

（二）创新经营机制

近年来，恭王府文化产业不断发展，经营收入持续增加，不断增长的客流给古建保护和经营服务的各个方面都带来巨大压力，适时调整迫在眉睫。管理中心加紧采取一系列措施，创新经营机制，从以前靠数量取胜的粗放型管理，逐步过渡到以品位和质量为核心的精品化战略，大大拓展了恭王府的产业空间。

1. 强化了经营管理处对企业的开发和管理职能，着手制定“四川饭店”房屋租赁合同到期后的开发使用和经营方案，以“王府家宴”为主题，拟定《王府特色餐厅项目经营方案可行性报告》，并启动了设计招投标工作。

2. 合理规划区域，打造精品项目。划分出普通商品区、大众休闲区和精品消费区等不同风格和定位的销售区域，兼顾不同层次的旅游消费者，不仅开发了潜能、打开了渠道，也为产业的发展准备了更为充足的条件。

3. 调整了多年来的团队商品销售模式，调整导游的销售奖励办法，完成团队导游会员卡积分工作，改变了运行多年的旅游经营模式，实行团队预约制度，既保证了古建文物安全，又保障了恭王府的客源市场，同时给观众创造了舒适的旅游环境。

4. 逐步采用电子售票和电子收银系统。

（三）加大商品开发力度

在巩固旅游地位的同时，积极开发具有恭王府特色的旅游产品。为提升恭王府旅游产品的文化内涵，适应现今旅游市场发展的需要，管理中心启动了首届“恭王府文化旅游商品设计大赛”，以期最大限度发掘社会资源，推出一批蕴含王府文化特色、彰显中国传统文化元素的旅游产品，为恭王府的产业发展和经营创新注入新的活力。大赛得到了社会各界的热烈响应，最终选出了金奖7名，银奖10名，创意奖15名以及优秀奖30名，共计62件作品。这次大赛的成功举办，对促进中心旅游产品由数量型向文化型、效益型转变，加速旅游产业的结构调整起到了十分重要的作用。

五、建设与管理

（一）党的建设

1. 组织了6次中心组学习，集中学习了胡锦涛同志在党的十七届四中全会上的重要讲话、《中共中央关于加强和改进新形势下党的建设若干重大问题的决定》、中共中央办公厅印发《关于进一步从严管理干部的意见》的通知等重要文件，使中心领导班子始终保持着先进的思想、科学的理念和创新的活力，将创造学习型团队的目标落到了实处。

2. 在不断提高理论水平，深入贯彻落实科学发展观的同时，加强思想作风建设，着力解决群众关心的矛盾和问题。

3. 继续做好学习实践科学发展观活动“回头看”工作，积极围绕科学发展进行解放思想大讨论，广泛征求干部群众意见，使整改措施和完善体制机制更加到位。

4. 加强党的组织建设和制度建设，真正做到做事有章可循，使党的建设工作更好地有计划、分步骤地开展。

5. 加强党风廉政建设和干部作风建设。认真学习贯彻第十七届中央纪委第三次全会精神、集中学习《关于党政机关厉行节约若干问题的通知》、《六个“为什么”——对几个重大问题的回答》等文件材料，切实增强领导干部党性修养，为广大党员和群众当好表率。

6. 结合工作实际，开展了“讲党性、重品行、

做表率”、“迎国庆主题党日”等一系列主题活动。

7. 关心职工日常生活，积极做好公益事业。为支持汶川灾区重建和文物普查工作，中心派专人驱车2000多公里，将一辆适于山区道路行使的越野车捐赠给北川羌族民俗博物馆。

（二）制度建设

全面开放为恭王府注入了新的生机和活力，同时也带来了一系列挑战和考验，原有管理模式和制度规范已不能适应新的要求。

1. 深化改革和事企分开

随着恭王府文博事业和文化产业的发展，原有的事企混制、事企混岗的发展模式已经无法适应新形势的要求。因此，在经过一系列的摸底和梳理工作后，中心初步明确了深化改革的总体思路和“两步走”的改革步骤：第一步首先在机构设置、职能分工以及财务上解决事企分开的问题，第二步逐步实现人事和分配渠道等相关领域的划分和剥离。

7月，中央治理“小金库”专项检查组前来检查，提出了不少问题。在部党组的关心支持下，按照部领导的指示和有关司局的要求，管理中心以清产核资和清理整顿公司工作为切入点，痛下决心，在不到一年的时间里完成了两步跨越，从机构、人员、财务、分配、业务等方面全面实现剥离，同时明确了事企之间的法律关系，为今后事业和产业的健康发展奠定了良好基础。

2. 制订发展规划

规划是关系到一个单位长远发展的基础性、战略性和长远性的工作，是明确单位前进目标的蓝图，是大家团结一心努力奋斗的方向。因此，抓好各项规划，做好各种规划，既是新一届班子面临的头等大事，也是中心今后发展道路的必然选择，是中心未来发展的内在要求和根本所在。

（1）着手制定《恭王府管理中心发展战略规划》，包括恭王府事业发展规划和恭王府产业发展规划两块儿。

（2）委托清华大学遗产研究院代为制定恭王府总体保护规划，这是文物保护法规定的工作，是古建保护的法律规范，也是改善周边环境的依据。

（3）制定恭王府旅游发展规划，推进创建5A级景区工作。

（三）人事管理

1. 改变企业用工方式，实行劳动派遣。制定了《外聘人员派遣管理方案》，优化了人员管理，提高了管理效率，节约了管理成本，为2010年的人事改革打下了基础。

2. 加强用工管理，改善工资待遇。充分加强合同制职工管理，把改变用工方式、签订劳动合同与加强管理、改善待遇结合起来。

3. 建立合理有效的激励机制，将薪酬与绩效挂钩，为表现优异的合同制职工提供更多的发展机会和晋升空间，有效激发合同制职工的创造力和工作热情。同时进一步加强对合同制职工的考核和管理，明确奖惩，充分体现了公平和公正。

（四）财务管理

1. 工程项目管理方面

（1）加强合同管理，规范授权程序。

（2）加强项目送审制度，每一个合同项目都要统一经过律师和第三方审计机构审核，有效提高了项目合同的安全系数，降低了违规风险。

（3）强化工程监理制度，确保工程质量和进度。

2. 财务管理方面

（1）加强对事业经费的管理，制定了《大型综合项目经费预算管理暂行办法》。

（2）加强预算管理和项目经费的审计。

（3）不断改善工作程序，加强财务内部控制。

（4）加强固定资产管理，委托专业机构对中心固定资产进行了全面核查，为今后国有资产的管理打下了基础。

六、公共教育

公共教育是公益型事业单位的重要职能之一。

1. 加强志愿者队伍的建设。2009年，连续组织了3场“我与恭王府”志愿者演讲观摩会；8月，中心选送5名优秀志愿者参加由北京市文物局、博物馆协会联合举办的“知北京、爱北京”志愿者讲解大赛，获得了3个三等奖，1个优秀奖的好成绩，恭王府管理中心同时荣获组织奖。

2. 承办了文化部组织的“港澳青年内地文化实践交流活动”；在周边社区、学校和军民共建单位开展“王府知识课堂”系列讲座；在“5·18世界博物馆日”期间开展宣传互动活动，充分发挥公益职能，取得了很好的社会反响。

七、外事接待

2009年，主要接待了原全国政协副主席陈锦华、中国国民党前副主席、台湾前“行政院长”

郝柏村、台湾高等教育司司长何卓飞先生率领的"台湾高等教育专家学者考察团"、台湾孔孟协会副理事长李鎏先生率领的"台湾孔孟学界专家学者参访团"、台湾海基会文化服务处处长孙起明率领的"海基会青年专家学者团"和以日本著名演员、日本中国文化交流协会常务理事栗原小卷为团长的日本中国文化交流协会代表团等政要和友人。

主要领导

主任：孙旭光 2005年9月～2009年12月 2009年3月任命为主任

书记：王永章 2009年3月～2009年12月 2009年3月任命为书记

副主任：李铭钢 2004年1月～2009年12月

副书记：吴　杰 2005年9月～2009年12月

副主任：刘　霞 2005年9月～2009年12月

副主任：边　伟 2005年9月～2009年12月

文化部艺术服务中心

2009年是极不平凡的一年，是文化部艺术服务中心进一步深化机制改革，努力探索，抢抓机遇，加快发展，实现各项工作再上新水平的重要一年。在部党组的领导和有关司局的支持下，以党的十七大精神为指导，以发展为重点，以改革为动力，紧紧围绕"解放思想、转变职能、创新机制、突围发展"这一载体，探索新思路，提出新举措，狠抓班子建设、队伍建设和作风建设，牢牢把握发展这个第一要务，用科学发展观总揽"中心"各项工作，积极稳妥地推进各项工作，取得了一定的成绩。

行政工作回顾

一、认真学习贯彻党的十七届四中全会精神，狠抓思想建设

认真组织党员干部学习、座谈、讨论党的十七届四中全会审议通过的《中共中央关于加强和改进新形势下党的建设若干重大问题的决定》，深刻认识党的十七届四中全会对党和国家的建设的重要性，以及对今后学习和工作的重大指导意义，将其运用于工作、学习中，努力开创党的建设新局面。党员干部纷纷联系实际，畅谈学习党的十七大文件的体会，许多同志撰写了学习文章。

二、加强支部的堡垒工程建设，不断提高党组织的战斗力和凝聚力

1. 以正风气树新风创形象为重点，规范支部管理，加强党风廉政建设。

2. 狠抓领导班子建设，积极引导党员在本职岗位上多作贡献，发挥领导班子的政治核心作用。

3. 注重抓好党的创新理论学习，加强党员的先进性建设，切实增强党员贯彻落实科学发展观的能力和水平。

三、用制度管人，让规范管事，创新内部机构管理机制

按照文化部关于加强文化制度建设工作的部署和要求，我们以实现科学化、规范化、制度化的管理为目标，经过深入调查研究，积极开展谏言献策活动，广泛征求意见，认真归纳整理，在原有规章制度的基础上进行了全面、系统的修订完善工作，按照"用制度管人、按规章办事"和创新发展的理念，历时3个多月时间，制定编印了20多万字的《文化部艺术服务中心规章制度汇编》。

四、强化人事制度队伍建设，抓效能建设促科学发展

1. 改革用人管理机制，优化人员配备。

2. 业务部门主任竞聘上岗。

3. 领导带头，试用新的经济任务指标，调整规范奖惩制度。

4. 聘任常年法律顾问，为"中心"解除业务发展后顾之忧。

五、强化行政管理，提高工作效率，规范办公行为

一年来，"中心"办公室紧紧围绕2009年"中心"各项工作，内强素质，外树形象，充分发挥办公室的枢纽、保障作用，为"中心"日常工作的开展和各项业务工作的顺利实施做出了积极的努力。

六、建立完善规范的有效制度，确保资金的宏观调控，实现收支平衡

2009年收支情况

（1）收入情况

上年财政拨款专项结余：85.84万元

上年度住房改革支出累计结余：248.18 万元

本年财政拨款收入：269.03 万元（人员 188.73 万元、公用 10.30 万元、年内追加项目财政拨款 70 万元）

2009 年各项收入：314.36 万元（事业经营收入 273.86 万元，其他收入 40.48 万元）

本年收入合计：583.37 万元

（2）支出情况

本年人员支出：428.48 万元

其中：在职 357.70 万元（工资支出：240.48 万元、住房改革支出：71.04 万元、社保及补充保险：46.18 万元）

退休 70.78 万元（自管：44.85 万元、离退：25.93 万元）

本年公用支出：247.88 万元

基本支出：138.39 万元

项目支出：109.49 万元

本年经营税金：14.59 万元

本年支出合计：690.95 万元

本年支出中财政拨款支出 416.56 万元，其余需要通过自身创收近 300 万元来弥补资金不足的缺口。近年来，随着工资总额的不断增长，各项保险费用也在大幅增加，2009 年保险费用一项就高达 46.18 万元，离退休费用 70.78 万元，两项费用合计 116.96 万元，占到业务创收的 39%。

业务创收也有了较大幅度的增加，通过与各方进行交流合作，拓展了更多的业务渠道，经营业务纯收入 314 万元，比 2008 年的 180 万元增加了 134 万元，弥补了经费不足，解决了 13 年来为了填补工资和办公经费缺口违规挪用项目经费的问题。

七、做好离退休老干部服务工作，真正做到老有所乐

为庆祝新中国成立 60 周年，“中心”参加文化部直属机关党委组织的“祝福祖国”文化部系统职工歌咏比赛并荣获一等奖；国庆期间在活动中心组织了一场全体职工参加的联欢会，“中心”全体离退休老干部都被邀请参加。老同志们深切感受到党和领导无微不至的关怀，感激之情难以言表。

业务工作梳理

2009 年，在部党组的领导和有关司局的支持下，围绕“两大一新”开展各项文化活动，取得了良好的社会效益和一定的经济效益，在社会上逐步打造并形成良好的品牌。

一、美术部

美术部在“中心”的领导下，以繁荣美术创作为工作主线，本着学术、权威、公平、公正、客观、包容的发展思路，坚持维护已有学术品牌与创新开拓新领域并重，形成“3+2+1”学术品牌，并在系列大型活动中提升了综合实力和权威性。“3+2+1”学术品牌是指美术部业已形成的 3 个成熟学术品牌（即《美术观点》杂志、《中国美术大事记》、当代中国画学术论坛），2 个正在形成的学术品牌（即中国美术大事记中文网、中国美术创作研究基地）和 1 个正在酝酿中的学术品牌（即中国美术大事记档案馆）。

二、培训部

培训部以构建高品位、高标准的培训部为目标，运用理论解决实际问题的能力，取得了良好的工作成就。

组织人员先后对北京、武汉、广州、海南等省市大专院校、动漫培训机构进行考察调研，深入了解我国现阶段培训业务的现状和存在的问题，进行全面分析，拟写《培训部工作方案》。确立培训业务，确立培训目标，制定工作四步法。

12 月 10 ~ 15 日，在深圳成功举办“首届中国演艺论坛”活动。力求达到了解文化市场动态，掌握先进管理经验，促进文化产业发展和推动院团改革的目的。

三、影视部

2009 年拍摄了 2 部电视连续剧，并在中央电视台播出，另外创作完成了 2 部电视连续剧，将于 2010 年初开机拍摄。

四、开发部

聘请了 19 位海内外知名专家和学者为开发部的工作出谋划策，并积极向社会招募人才，组建了专业的文化活动策划与运作队伍。考察国家重点地区的非物质文化遗产项目与代表性传承人和优秀传统手工技艺艺术家，建立非遗及手工艺产品数据库及个人资料档案，与相关传承人和艺术家建立起了良好的合作关系。

国粹苑场馆非物质文化遗产展演展示基地已全面启动。根据项目和不同区域规划出了包括织染绣主题馆、造纸馆、铸造馆、创意馆、传统医药养生馆、陶瓷馆等相应的主题馆，并就确定进驻的项目进行了充分的洽商。

10月13～18日率河北武强木版年画、陕西凤翔木版年画、制扇技艺、王星记扇等国家级非物质文化遗产项目参加了德国法兰克福书展主宾国为期6天的非遗和广场活动。策划组织实施“华夏瑰宝盘扣牵，和谐中华光芒现”为主题的2009“盛世盘情，扣启和谐”中华盘扣北京、东南亚、欧洲、上海巡展活动。策划组织实施以“弘扬中华优秀传统民俗文化 展示中国非物质文化遗产魅力”为主题的2010国粹菁华——民俗文化活动季，于2010年1月31日至2月13日举办。

五、演出部

参加由福建省委省政府与国台办、商务部、发改委等十几个部委共同在福建的厦门、福州两地举办的海峡论坛。与台湾文艺界代表商榷开展文化交流的项目以及实施意见。2009年6月23日，在甘肃天水市伏羲庙主办“敬迎中华人文始祖伏羲女娲传承中华文明”迎圣祈福仪式。筹办“2010年企业家春节联欢晚会”，并力争打造出“企业家春节联欢晚会”品牌。

六、其他业务活动

1.“中心”与福建东讯网络科技有限公司签署共同开拓戏曲彩铃业务开发项目合作协议。借助信息化手段，助力戏曲这一国粹艺术的快速传播，满足戏曲爱好者与时俱进的个性化需求，加强戏曲在多领域的广泛应用，让更多的人了解戏曲，并将摸索出戏曲发展新模式，在扩大戏曲的影响力的同时利用所得的部分经济收益来反哺优秀戏曲作品的创作，努力发展文化信息化，进而，加快中国戏曲事业的创新发展。

2. 策划组织“新世纪的希望——首届华夏青少年中国诗书画‘传承之旅’大型系列公益活动”，并于2009年10月24日在文化部召开了该活动启动及签字仪式。

3. 为庆祝中华人民共和国成立60周年，由“中心”主办了祖国颂·中华传统文化艺术展，于2009年10月24日在全国政协礼堂开幕。

4. 联合中国文物保护基金会共同策划编纂大型系列丛书《中国藏宝录》。

5. 成功举办“华夏青少年国庆电视晚会”以及“中韩魅力风采国际艺术展演活动”。

6. 主办中国非物质文化遗产电视公益宣传活动，并定于2010年上半年在全国范围举行。

7. 围绕公共文化服务体系建设，“中心”业务人员积极开展业务创收。

面向市场，坚持改革、创新，使“中心”的各项业务工作不断有新的突破，为“中心”的安定局面做出了努力。2009年以来，中心在转变职能，加大公共文化服务工作的同时，继续不断创新意识，拓宽市场，努力打造新的文化品牌，为广大人民群众提供更多的优质服务。

艺术服务中心主要领导

主　任：胡　克

副主任：李立中、刘　波

主任助理兼办公室主任：刘清朗

国家清史纂修领导小组办公室

2002年8月，党中央、国务院做出纂修清史的重大决定。10月，国务院批准成立清史纂修领导小组。12月，清史编纂委员会成立。2003年3月，中央编办批准成立清史纂修领导小组办公室。2004年，经国务院批准，清史纂修领导小组更名为国家清史纂修领导小组，清史编纂委员会更名为国家清史编纂委员会（对外称中国国家清史编纂委员会，以下简称“编委会”），清史纂修领导小组办公室更名为国家清史纂修领导小组办公室（对外称中国国家清史纂修领导小组办公室，以下简称“清史办”）。目前，编委会设秘书组、项目中心、编审组、研究丛刊、通纪组、典志组、传记组、史表组、图录组、文献组、档案组、编译组、出版组、图书中心和网络中心等15个部门，清史办设综合（人事）处、财务处、项目管理处、出版处、服务处等5个处。2008年3月，国务院撤销国家清史纂修领导小组，相关工作划归文化部统管。

清史纂修工作自启动至2009年底，共有367个项目和专项课题立项，其中，主体类项目共立项156项，总计有1828位专家参与清史纂修工作。

2009年，编委会和清史办围绕清史编纂的中心任务，明确思路，突出重点，推动清史纂修工作不断取得新进展。

一、加大项目管理力度，积极推进审改工作

2009年，主体工程各项目陆续提交初稿，部分项目进入审改。

通纪是全书的总纲和主线。按照辩证唯物主义和历史唯物主义的立场、观点和方法，将清代历史分成8个前后相承的卷章，用近300万字篇幅，全面记述其历史脉络和发展大势，如实反映清代“兴、盛、衰、亡”的历史发展进程。目前，通纪各卷陆续提交阶段性成果。

典志是《清史》的重要组成部分，总篇幅占全书1/3强。《清史·典志》所设41志，除保留部分传统志目外，为反映时代特点，特别是反映清代后期中国走上近代化的历史进程，将原食货志分解为农业、手工业、交通、对外贸易、财政、金融、近代工矿等志，并根据今天我们对历史、自然的新认识和学术研究的新发展，增设生态环境、人口、民族、边政、华侨、宗教、民俗、教育、医药卫生、台湾、香港、澳门等志。截至2009年底，典志类已立项目74个，按照正常进度进行的项目有46个。

传记是《清史》不可缺少的重要组成部分。《清史·传记》收录人数约3000人，其中既有传统的重臣名士，也有反映清代新特点的近代教育家、科学家、企业家、医生和华侨人士；既有“大人物”，也有具有代表性的“小人物”。在写法上，坚持实事求是，秉笔直书，不溢美，不隐恶，努力写出传主的个性和特点。截至2009年底，共完成初稿2200篇。

史表是用表格的形式反映历史史实，具有言简意明、便于查阅等特点，历来为史家所重视。《清史·史表》分人表和事表两类。在表的内容设计上，突出不同表群的特点，增设信息点，表文内容更加丰富、信息更加准确，并对以往史表中存在的讹误缺佚多有匡正和补充。截至2009年底，史表类已立项目23个，其中16个项目完成初稿。

图录是《清史》的创新。通过图录，不仅可以为印证史实提供直观证据，也可以形象地展示清代社会风貌，补充文字史料的不足，发挥文字叙述所不能替代的特殊作用。2009年，《清史·图录》各卷按照合同的规定内容，编纂工作顺利进展，完成了第二阶段成果的提交和评估，目前第三阶段工作正在紧张有序的进行中。

经过5年的项目研究和撰写，《清史》编纂工作取得初步成果，项目初稿已完成约70%。5月，国家清史编纂委员会启动审改工作。审改工作采取主审专家负责制，分三审三个阶段，从政治观点、学术内容、整体结构、文字风格等方面对初稿进行审改，力求提高质量，做到观点正确、篇幅合理、体例文风相对统一。一是围绕审改原则、目标、标准、职责、流程以及经费安排等展开研究和讨论，起草《国家清史纂修工程主体类项目审改经费管理和使用的原则性意见》，并制定《国家清史纂修工程主体类项目成果审改办法(试行)》等。二是召开审改工作会议，进行审改试点。三是召开问题项目讨论会，就主体项目中存在问题的项目进行逐个研究，协商相关部门及时研究调整方案。截至2009年底，共有41个主体类项目进入审改。

二、基础辅助类项目取得相应进展

档案工作：目前，已整理清代中央级档案160余万件、地方档案30余万件。其中，加工后上传网络、可供修史专家使用的有160余万件，包括清康熙至宣统朝宫中朱批奏折42万件，清雍正至宣统朝军机处录副奏折58万件，清乾隆至光绪朝内阁户科题本27万件，随手档、电报档各近4万件等。

文献工作：现已整理文集、诗集、日记、笔记、谱牒等约12亿字，其中包括一些残破散佚、面临消亡危险的重要文献。

编译工作：《编译丛刊》通过专家评审列入翻译出版计划的译著147种，已经出版32种，其中2009年度出版8种。

出版工作：编委会出版《档案丛刊》、《文献丛刊》、《研究丛刊》、《编译丛刊》和《图录丛刊》等五大系列图书。自2009年起，将出版工作纳入国家政府采购范围，以招标等方式引入市场竞争机制，选定10家出版社为“出版采购项目”中标服务商，并组成清史出版联合体。完成了26个出版项目的招标工作，共计节约经费58.82万元，同比下降32.46%。2009年，共出版图书13种193册。

网络建设工作：共完成14个已结项的档案项目的加密和上传工作。截至2009年底，数字资源库中共有158万件、1076万页清代档案数据可供专家利用。

图书资料工作：现藏与清史有关的档案、地方志、丛书、类书、笔记和研究著作、期刊杂志等5万余册图书。其中，还有数百种珍贵的日文、英文等外文图书。2009年，新增图书和胶片约2000种。

三、积极做好学术研讨和科研攻关

清代历经近300年，留下较多的历史悬疑和有争议问题。这些问题基本分为三类：一是史事考异类，如雍正继位、光绪之死等。二是评议评价类，其中涉及历史人物评价的有明清之际贰臣（降臣），晚清的曾国藩、李鸿章等；涉及历史事件评价的有义和团、洋务运动、太平天国等。三是涉外或有关民族、宗教等问题，如清代与周边国家关系的定位，近代不平等条约与边界变迁的表述等。为解决上述几类重大问题，编委会成立了专门的学术小组进行研究，听取并吸收各方意见，于10月印发《关于清史纂修中重大学术问题表述的意见》。同时组织召开专题学术研讨会，如地理类、宗教类、民族类、思想学术类和文学艺术类典志编纂工作会议，第二届中国秘密社会国际学术讨论会，晚清洋务人物撰写研讨会，以及《清史·图录》编纂工作会议等，听取各方意见。

四、继续做好《清史参考》编发工作，进一步加强对清史纂修的宣传力度

《清史参考》的编发工作继续得到各方面关注。结合时政，挖掘选题，全年共编发《清史参考》49期，自创刊以来已累计印发5.5万份。与《中国文化报》合作，选登《清史参考》及清史工程宣传文章15篇，扩大了清史工程的影响，收到了较好的社会效果。

文化大事记

2009年5月，国家清史编纂委员会启动了对初稿的审改工作。审改工作采取主审专家负责制，分三审三个阶段，从政治观点、学术内容、整体结构、文字风格等方面对初稿进行审改。到年底，共有41个项目进入审改。

10月，国家清史编纂委员会印发《关于清史纂修中重大学术问题表述的意见》，分别就清史纂修中涉及的康乾盛世、太平天国、洋务运动、戊戌变法、晚清经济与社会、清代宏观经济趋势等重大学术问题的表述提供了较为科学严谨的规范。

主要领导

国家清史纂修领导小组办公室主任：石雅娟
国家清史纂修领导小组办公室副主任：马小林
国家清史纂修领导小组办公室副主任：顾　春

中外文化交流中心

一、大力加强思想政治建设

（一）加强理论学习，把握正确方向

中心领导班子带领全体员工深入学习、深刻领会胡锦涛总书记和党中央关于文化发展的重要讲话和部党组的重要指示，遵照文化部副部长赵少华到中心检查指导工作的指示：“外宣工作是中心的核心工作，要把握正确的方向，紧紧围绕外宣宗旨开展各项业务。”坚定一心一意做外宣，全心全意谋发展的信心。

（二）切实加强党风廉政建设

中心党支部2009年初以学习实践科学发展观为契机，系统梳理各项工作程序，召开反腐倡廉研讨会，制定《中外文化交流中心反腐倡廉具体措施》，明确固定资产管理、合同管理、报销等流程，以制度规范实际业务操作；党支部还组织党员干部观看警示教育片，将拒腐防变落到实处。

（三）加强班子建设，互补互融，增强合力

据文化部的人事调整，2009年中心班子构成部分变化，新成员较快熟悉工作；中心坚持领导班子会议制度，注重自身建设，增强政治意识、大局意识、责任意识，提高战略决策和经营能力，实行民主集中制，有效地提高中心人员的凝聚力和战斗力。

（四）加强党建工作

2009年9月，按照程序改选党支部；发展1名新党员，继续培养4名入党积极分子。中心党支部在“创建先进基层党组织、争当优秀共产党员（标兵）、优秀党务工作者”活动中被评为优秀基层党组织，支部副书记马达被评为优秀党务工作者，中心大型项目部获人力资源部、文化部授予的2009年度“全国文化系统先进集体”荣誉称号。

二、加强内部管理，完善制度建设

（一）深化人事制度改革，建立科学高效的

管理制度

继续实行全员竞聘制，聘用中层干部16名，其中40岁以下8名；年中期针对中层干部进行考核，年底针对全体员工进行综合量化考核，考核结果作为干部选拔、聘任和建立规范的激励、淘汰机制提供准确依据。

重视保障员工福利，始自2007年为全体员工补缴养老保险的工作终于2009年全部完成。

（二）规范财务管理，为中心的经营提供支持

通过轮岗、理顺工作流程、健全制度等举措，规范财务管理。财务部建立内部审计机制，规范内部稽核制度；实行项目预算、决算管理，项目立项前编制预算，财务人员进行项目跟踪，全程参与运作；同时，加强财务分析，对项目运作各阶段及各部门运营情况，定期进行财务分析，为中心的决策提供有效依据。

三、主要业务开展情况及其特点

（一）集中优势，做好外宣

根据文化部副部长赵少华要求中心“要有外宣工作一盘棋的思路，应整合资源，与时俱进，主动承担所有文化外宣品的配备工作，如建设外宣网站、为驻外中国文化中心服务与合作等，并据所承担任务配备相应队伍”的指示，中心努力完成外联局交办的各项外宣任务，保证了我各驻外使、领馆及驻外中国文化中心工作的顺利进行。

1.坚持“优质、高效、低成本”原则，完成传统外宣项目：2009年向我各驻外使、领馆提供影视外宣品累计：故事片、专题片DVD共35个主题118000盘；7个主题录像带共1400盘；35毫米电影拷贝36个及海报等宣传品。

2009年，设计制作9个展览16套展品（其中两个为承办项目）；制作橱窗图片13个选题1225套，共26950幅；制作14000本挂历及4种40000张贺卡；设计制作《中国传统节日》CD—ROM10000套及大、小笔记本各10000本；制作采购92种数万件纪念品；制作14项春节外宣营销用纪念品；制作完成“中密建交20周年”、“中朝友好年”主题图片展。为各驻外使、领馆订阅28种、12459份报纸和期刊，完成向40个驻外使、领馆赠送3167种、9866册图书的征订和采购，完成向6个驻外使、领馆发送343种、2058册小型流动图书馆的赠书。完成12项小额援助和为使、领馆、文化中心采购的任务。

2009年，向我各驻外使、领馆发送期刊17种（驻外中国文化中心200余种）242961册、报纸6种（驻外中国文化中心20余种）62162份；DVD光盘30种82620盘，连续剧19部1862套，广播级录像带6种78套，VHS录像带6种112套，大型国庆展览图片167套319箱，澳门图片71套，小型橱窗图片12种1361份，图书40个馆174箱；挂历261个馆13700本，台历234个馆17215本，贺卡4种20280张。普发文化纪念品50余种，春节饰品90余种及其他外宣品数万件。

2009年，出版《中外文化交流》杂志中、英文版各12期，杂志社还承办了“欧罗巴利亚中国艺术节”的新闻宣传工作、接待上海合作组织文化代表团的访华考察任务，接待比利时“欧罗巴利亚中国艺术节”记者团赴华采访任务，完成建交60周年赴东欧三国“中国文化节”的采访任务。

累计为部机关各项活动义务拍摄50多场活动并编辑制作电视专题片。

2.全力落实新增外宣项目：积极建设外宣网站。从版式、内容、设计、硬件和人员配备等方面建设“文通网”，网站第一期配备18人并由“网易”培训；办公地点确定沙滩办公楼5层，现已完成网络光纤的铺设和机房装修。积极为驻外中国文化中心提供服务。2009年，向7个驻外中国文化中心派出10组经济、考古、手工艺、医药、舞蹈、武术等专家、教师授课，为德国中国文化中心“景德镇当代瓷器文化展”组织140件展品。承担外联局重大文化活动资料存档及“Team·China”中国奥运文化制作团队的推广。已入档资料包括首届“亚欧文化艺术节”、第20届“北京国际音乐节”、第11届“中国上海国际艺术节”、第12届“中国吴桥国际杂技艺术节”等活动的文字、视频资料。

3.积极推进外宣工作由代办制改承办制：中心与外联局共同提出外宣工作由代办制改为承办制的方针，除招投标拍片、DVD外包装及盘心设计制作和35毫米电影拷贝洗印等3项工作以外，凡影视外宣涉及的24项工作已全部改为承办制。

4.争取广泛合作，拓展外宣渠道：2009年，中心与美国亚马逊全球音像网络销售系统合作，在其网络推销国产音像制品；完成与美国彩虹电视台的合作摄制和改编外宣系列片的前期工作，

为外宣片在西方主流媒体落地奠定基础；接待毛里求斯、泰国、德国、新加坡、卡塔尔、意大利等7个外国记者采访团于北京、上海、广州、深圳、贵州、甘肃等省、区的采访拍摄工作。

（二）圆满完成国庆60周年系列活动

制作完成《走近中国》等5部外宣片，制作6种700套国庆海报和橱窗图片展，配合外联局完成“新中国60年文化交流纪事”纪录片及文献搜集，组织老专家、老领导召开专题研讨会；参与“辉煌60年——中华人民共和国成立60周年成就展”综合展文化部分和专题展“文化艺术”部分工作并编辑制作《新中国60年舞台艺术精品》、《中外文化交流60年回顾》、《大型实景演出》、《文化信息共享工程》等8个精编版电视片。

（三）全力创建和打造中心自主品牌

已经举办5届的“中国常州国际动漫艺术周”是中心的成功品牌。第六届“艺术周”2009年10月28日至11月2日在常州举行，邀请美、英、法、西班牙、拉脱维亚和印度等动画公司、购片商，与中国动漫界洽商版权转让、承包制作等项目；1月份承办“原创动漫扶持计划终审（2008）”项目，配合市场司原动漫处组织专家对“原创漫画”、“原创动漫演出”、“原创网络动漫”、“原创手机动漫”的评审提供服务。

与南昌市人民政府共同主办“2009中国南昌国际军乐节”、与中国孙子兵法研究会及山东广饶县人民政府合作“中国广饶孙子国际文化节”。

（四）坚持“内展外联”方针，自主策划实施文化活动

中心下属北京赛思博文演出经纪有限公司、北京赛思博艺文化艺术有限公司扭亏为盈。赛思博艺文化艺术有限公司旗下的画廊与《收藏界》杂志社合作成立中外手工美术馆，填补中心业务手工艺美术的空白。

2007年，中心与韩方合作成立的快乐动力（北京）票务科技有限公司，2009业务量逐增，呈现较好势头。

由国家旅游局、文化部、上海市政府、国家广播电影电视总局共同主办，中心承办的大型晚会“‘2010中国世博旅游年’启动仪式暨‘走进世博’大型旅游主题晚会”完成总体方案，将于2010年1月1日在上海举办。

12月初组织龙全等20位大陆画家赴台举办“亦山亦水——2009大陆赴台当代艺术展”。

中国艺术科技研究所

2009年是中国艺术科技研究所发展历程中最具有成效的一年，各项工作又好又快地推进。

一、积极开展学习实践科学发展观活动，巩固学习实践成果

在开展深入学习实践科学发展观活动中，中国艺术科技研究所严格按照《文化部深入学习实践科学发展观活动实施方案》的要求，在文化部统一领导下，制定切实可行的实施方案，精心组织，周密安排，扎扎实实地开展学习活动。

活动开展期间，及时建立组织机构，召开学习动员会，多次组织党员、群众集中学习，深入进行工作调研，开展调研15人次，开展解放思想大讨论3次，召开专题民主生活会，发放征求意见表，广泛征求群众意见，制定出切合实际的分析检查报告。并根据查找出的突出问题制定整改方案在所内公示。在本次活动的测评阶段中，测评满意度为100%。

在学习实践科学发展观活动中，中国艺术科技研究所的每一位干部职工都充分发挥了主人翁意识，为所的发展积极献言献策，提出许多宝贵意见及建议，对中国艺术科技研究所未来发展充分贡献智慧，增强了全所的凝聚力及向心力，收到了良好效果。

二、2009年中国艺术科技研究所业务工作取得的成就

2009年，中国艺术科技研究所在科研业务工作方面取得了5个推进、4个开拓。

（一）推进舞台科技研究工作迈上新台阶

围绕舞台科技的现代化科技研究，中国艺术科技研究所申报了《舞台工程设计仿真系统技术研究》项目，并获得财政部经费支持。该项目通过为专业设计人员提供快捷、直观的设计平台，最大限度地避免设计过程中的不足、失当或错误；它以三维仿真效果为科学评价设计方案提供翔实依据；为灯光设计、音响设计、舞美设计等舞台艺术创作提供平台，在舞台科技研究上迈上了新台阶。

这个项目突出了两个方面的价值。其一是理论价值，体现在降低设计成本和设计周期，提高设计质量，避免损失，减少浪费和节约投资，对提高整个行业的技术水平具有重要意义，为剧场舞台工程技术行业填补了一项空白，具有良好的社会效益和经济效益前景。其二是科研价值，体现在为网络虚拟剧场技术研究奠定基础，为我国3D网络技术条件下全面开展虚拟博物馆、虚拟纪念馆、虚拟美术馆等虚拟技术研究奠定了科研基础。目前，该项目已结题。

（二）推进书画真伪科学鉴定研究工作步入正轨

“书画真伪科学鉴定系统”是在传统经验鉴定的基础上，利用现代科学技术进行辅助鉴定。这一开创性项目尽管启动后面临较大困难和较多问题，但通过及时调整项目负责人，积极努力及社会各界的支持，使这一项目研究在2009年取得了一些成绩。目前已完成科研实验室的建立、科研设备的采购、仪器的安装、人员培训并补充科研人员；在京成功召开由中国艺术科技研究所与首都师范大学共同主办的首届艺术品科学鉴定研讨会，在济南与山东财政学院召开了“艺术品鉴定与投资学术研讨会”；延续和开辟了与首都师范大学、山东财政学院、山东省图书馆等多个收藏、教学机构的业务合作关系；与故宫博物院、国家画院、中国艺术研究院、山东艺术学院、山东美术馆、广西艺术学院、惠州画院等单位的专家进行了交流与合作；赴台湾进行了业务交流，开展了书画艺术生态调研，筹办书画鉴定研究网和美术生态网，使“书画真伪科学鉴定系统”、“中国画艺术生态研究”这两个课题在互补中取得更好的成果；筹备出版《为中国画立案》、《为中国画备案》、《艺术品鉴定方法新探》3部学术著作；拟定了一份较完善的科研项目管理制度，形成从大到小，从粗到细的一整套科研项目管理制度和实施细则；着手进行科技手段采样、人文资料收集、对造假手段进行研究，正在开展对几种常见赝品进行针对性研究；开始了中国书画鉴定数据库的建设，使用数据库方法收集数据进行比较，在书画鉴定界独树一帜。

（三）推进文化标准组织建设，制标工作取得新进展

文化部设立的8个标准化技术委员会，中国艺术科技研究所承担了其中3个标委会秘书处的工作。已完成《美术馆建筑设计规范》、《文化分类框架体系》、《文化服务标准指南》、《文化服务业分类》、《文化服务业术语规范》、《剧场标准体系》、《文化馆标准体系》等基础标准的项目研究和起草等工作，部分草案在一定范围内征求了意见。

参加了国家标准委员会《国家标准框架体系》研究工作；参编了《博览建筑设计规范》、《剧场建筑设施规范》；组建了《临时搭建舞台安全标准》、《剧场安全标准》、《剧院等级评定》、《文化馆服务标准》、《乡镇综合文化站服务标准》等国家标准编制机构。向国家标准委员会和科技部申请设立了标准化公益性科研项目立项。

（四）推进剧场工程技术咨询工作取得新成绩

咨询和技术服务是中国艺术科技研究所围绕科学技术研究业务而开展的调研、实践活动。孙家正部长对这项工作做出了重要批示：“面向社会，面向市场，力争承接更多的项目”。2009年，中国艺术科技研究所发挥专业技术优势为贵州青少年活动中心、鄂尔多斯大剧院、温州大剧院等多家剧院建设提供工程项目咨询和技术服务，为舞台技术研究获得了宝贵的第一手资料，提升了中国艺术科技研究所的科研形象，扩大了社会影响，同时也取得较好的社会、经济效益。

（五）推进有关课题和自主科研课题的立项工作

在文化部审核批准的2009年度文化科技创新项目中，中国艺术科技研究所独立承担和与中国传媒大学合作承担的“舞台灯光控制系统”等4个项目获得批准。完成了“美术馆光环境基础研究”、“剧场仿真设计系统基础研究”、剧场检测仪器设备选型和采购、国家文化地图信息系统与设备采购等项目。参加了国家社哲重点项目“中国特色社会主义文化”课题研究。将要完成“文化行业标准问题与实证研究”国家社科哲学项目；正在开展“国家剧场信息系统”课题研究。受文化部政策法规司委托开展“文化政策法规信息系统”建设项目，受中央宣传部委托，开展“公共文化服务评价指标体系”研究项目。与中国传媒大学合作完成的“科技进步与文化建设研究”受到中宣部和文化部领导的肯定。2009年已完成两批共17个自主科研课题的立项工作。

（六）开拓数字艺术研究新领域

中国艺术科技研究所开拓了数字艺术研究新领域，采用二维、三维数码影像技术保护中国文化资源。先后争取国家拨款500万元，旨在利用现代科技对我国非物质文化遗产抢救性保护探索一条新途径，为博物馆、纪念馆、美术馆等文物馆藏的数字化保护和数字化收藏进行基础科技研究。该项技术研究成果和研究产品将直接以公益的方式服务于文化馆等“五馆一院”的文化资源保护。现已完成前期方案设计、文献整理、任务确定、落实合作单位等工作。

（七）开拓美术考级工作新局面

美术考级对于中国艺术科技研究所是一项同时社会效益和经济效益的工作，截至2009年11月，已签订94家承办机构，5万余人参考。开拓了美术考级工作的新局面。中国艺术科技研究所坚持一方面为提高美术考级承办机构的质量，保证美术考级的进一步发展，撤销了部分不符合美术考级发展的机构；另一方面重新选择了一些更适应美术考级发展的单位作为承办机构，同时在各种媒体进行了宣传，对美术考级的理论研究和推广普及起到了重要作用。

另外，对“中国美术考级网”进行了进一步整改，在争取做到全面宣传美术考级工作的同时，不断扩大网站的影响力及涵盖范围，使中国美术考级网逐渐成为艺术考级行业最规范完善的网络宣传媒介。

2009年10月19日至23日，在湖南省长沙市召开了2009年全国美术考级工作会议。湖南省文化厅、全国社会艺术水平考级中心有关领导、专家以及近40位全国各地美术考级机构的代表出席了会议。会议总结了2009年的美术考级工作，并对2010年的美术考级工作进行了部署。与会代表就推动考级事业，考级多样化等进行了深入探讨。会议不仅为美术考级交流与学习搭建了非常好的平台，对科学规范美术考级工作起到了积极的作用，同时也推动了当地美术考级工作的发展。会议还对美术考级示范单位、先进个人以及优秀承办机构进行了表彰。

（八）开拓新地域，推广主题展览

“中国画·画中国”是中国艺术科技研究所与有关单位共同主办的系列活动。目前已走进江苏、香港、新疆、四川。2009年开拓新地域，走进了山西。5月17日“中国画·画中国”——走进山西作品（北京）展开幕式在全国政协礼堂隆重举行，11届全国政协副主席郑万通等同志参加了开幕式。

2009年8月18日“中国画·画中国”——走进山西作品（太原）展在山西省文联大厦展览厅开幕。画展共展出118幅中国画精品。

此次展出的作品或浑朴或俊秀，或清奇或淡雅，或蕴藉或深沉，或粗犷或简劲。可谓囊三晋之绵绣河山，书山西之辉煌发展，展现了艺术家们深厚的造诣和饱满的热情。画展的成功举办，是宣传山西，展示山西，提升山西影响力的窗口和平台，也是山西和艺术家们为新中国成立60周年献上的一份厚礼。

（九）开拓新思路，开门办所

2009年9月26日，中国艺术科技研究所文化科技创新基地落户沈阳。与沈阳四维科技公司的合作，实现了资源整合、优势互补。根据战略合作框架协议，双方将共同在沈阳市浑南新区建立4D数字技术研发基地和“中国4D数字艺术中心”，还将在项目、人才等各方面开展合作，共同推动4D技术在文化艺术传承、文化资源开发、文艺作品创作等各个领域的应用。

11月16日，中国艺术科技研究所与水晶石数字科技有限公司举行战略合作签约仪式。双方将围绕科研项目合作、人才培养、建立共享平台、推动行业标准化建设等方面展开深入合作。本着“优势互补、科技创新、市场导向”的原则，发挥各自的资源优势，开展科技合作，共同致力于数字科技在文化领域的研究，共同推动新型文化业态的形成，共同致力于科技推动文化产业发展。

至此，中国艺术科技研究所已与中国传媒大学、沈阳4D数字科技有限公司、水晶石数字科技有限公司等3家高等院校和高新技术企业签订了战略合作协议，标志着中国艺术科技研究所开门办所，拓宽研究领域、不断取得新成果。

三、顺利完成中国艺术科技研究所岗位设置工作

2009年8月，在部党组的关心下，中国艺术科技研究所所级领导班子健全。9月，中国艺术科技研究所中层部门负责人选拔聘用工作完成。在本次中层干部竞聘工作中，严格按照党政干部选拔任用条例的要求，在各个环节中秉持公正、负责的态度，坚持政策公开，岗位公开、聘任条件公开、程序公开和聘任结果公开的原则，历经报名、资格审查、讲演、答辩、评议和公示，最终产生出聘任结果，选拔聘用的干部得到大家的公认和拥护。

2009年，中国艺术科技研究所的各项工作取得了较大的成绩，在文化部党组领导下，在所内干部职工的不断努力下，中国艺术科技研究所的工作一定会再上一个新台阶。

文化部民族民间文艺发展中心

一、圆满完成“十部文艺集成志书”全部出版总结表彰系列活动

1. 积极工作，确保国家社科规划和全国艺术科学规划重大项目——十部“中国民族民间文艺集成志书”（简称“十部文艺集成志书”）近300部省卷、400册、4.5亿字全部出版，圆满完成修筑中华民族文化长城的伟大工程。

2. “十部文艺集成志书”编纂出版工程，是由文化部、国家民委、中国文联有关文艺家协会共同发起并主办的一项宏伟的文化基础建设工程。自1979年陆续展开以来，工程一直得到党和政府的大力支持。经过全国数十万文艺工作者近30年的努力，全面反映我国各地各民族戏曲、曲艺、音乐、舞蹈、民间文学状况的宏篇巨著“十部文艺集成志书”于2009年10月全部出版。这是改革开放以来我国在民族民间文化抢救与保护方面所取得的标志性成果，是文艺战线向新中国60年华诞奉献的一份厚礼，充分体现了“盛世修志”、证明了社会主义制度的优越性。

为展示改革开放30年我国在文化基础建设方面的重大成果，总结我国民族民间文化工作的经验教训，肯定和颂扬广大文化工作者多年来为民族文化事业付出的辛勤劳动，2009年10月11日上午，由文化部、国家民委、中国文联、全国哲学社会科学规划领导小组、全国艺术科学规划领导小组主办的“‘十部文艺集成志书’全部出版总结表彰大会”在人民大会堂隆重举行。活动由文化部民族民间文艺发展中心承办。

出席大会的领导同志有，中宣部副部长、文化部党组书记、部长蔡武，全国艺术科学规划领导小组组长、中国文联名誉主席、中国民族民间文艺集成志书总编委会主任周巍峙，中国文联党组书记、副主席胡振民，中宣部副部长王晓晖，国家民委副主任丹珠昂奔，国家新闻出版总署副署长、国家版权局副局长阎晓宏。全国哲学社会科学规划办公室、文化部有关司局、文化部民族民间文艺发展中心、中国艺术研究院及国家民委、中国文联有关文艺家协会的领导，文艺集成志书主编孙慎、罗扬及已故主编遗孀参加大会。各地文化厅、文联有关领导，“十部文艺集成志书”副主编、编委、总编辑部同志、特约审稿员代表，参加“‘十部文艺集成志书’学术研讨会”的老集成工作者代表及有关专家、学者，共230多人参加大会。

中共中央政治局委员、书记处书记、中宣部部长刘云山给大会发来贺信，对“十部文艺集成志书”编纂出版工作给予了高度评价。贺信指出，“十部文艺集成志书”的全部出版，是我国社会主义文化建设的重大成果。“十部文艺集成志书”的圆满完成，充分反映了党和政府对整理保护包括少数民族文化在内的各民族文化的远见卓识，体现了集中力量办大事的社会主义制度优越性，展现了我国文化工作者对繁荣发展民族文化的崇高责任感，必将我国民族民间文化传承、交流、繁荣、复兴产生重大而深远的影响。刘云山希望广大文化艺术工作者认清肩负的神圣使命，大力弘扬优秀民族文化传统，积极推进文化创新，努力在满足人民群众精神文化需求、建设中华民族共有精神家园方面，在推动中华文化“走出去”、提高我国文化的国际影响力和竞争力方面发挥积极作用，为铸造中国特色社会主义文化新辉煌作出更大的贡献。

中共中央政治局委员、国务委员刘延东也为大会发来贺信，对“十部文艺集成志书”全部出版表示祝贺。刘延东在贺信中指出，“十部文艺集成志书”的全部出版，是改革开放30年我国社会主义文化建设的重大成果，是社会主义制度优越性的具体体现，反映了党对民族传统文化的负责任态度，也是中华民族对人类文明的重要贡献，在我国文化和思想史上具有重要意义。她希望广大文化工作者认真贯彻落实科学发展观，加强对

“十部文艺集成志书”的学习和研究，继承和发扬集成工作者无私奉献、艰苦奋斗、永不放弃的精神，积极投身民族民间文化保护实践，让民族民间文化在推进文化创新、增强中华文化活力和社会主义核心价值体系方面发挥更大作用。

总结表彰大会由文化部党组副书记、副部长欧阳坚同志主持。大会首先由中宣部副部长王晓晖、文化部副部长欧阳坚分别宣读刘云山、刘延东贺信。中国文联胡振民、国家民委丹珠昂奔、周巍峙、文化部部长蔡武先后讲话，回顾“十部文艺集成志书”的工作历程，充分肯定“十部文艺集成志书”的历史功绩，要求在此基础上继续推进我国优秀传统文化资源的抢救和保护工作，推动文化创新和文化大发展大繁荣。蔡武部长指出，“十部文艺集成志书”的编纂出版，标志着民族民间文化第一次全面进入了国家志书，这是中国文化史上的创举。它标志着由劳动大众创造和发展起来的民族民间文化登上了国家文化艺术的殿堂，成为了国家文化建设的重要组成部分，也进一步证明了辉煌灿烂的中华民族文明是由各民族共同创造的。

中央领导同志的贺信和有关领导的讲话，对集成工作给予了充分的肯定和高度的评价，对今后的工作提出了新的要求，对整个文化战线的工作都具有指导意义。

3. 举办了展览、展演活动。作为“‘十部文艺集成志书’全部出版总结表彰活动”系列活动的一部分，“大地芳华——中国民族民间文艺集粹展览”及“盛世华章——十部文艺集成志书总结表彰大会纪念演出”先后在国家大剧院成功举办。共计88869名观众参观了“大地芳华——中国民族民间文艺集粹展览”，参加表彰会的代表们更是满怀深情的走入展场，在图文音像展示中回顾了这一重要历程。其中，民间故事、中国戏曲、中国民歌3个数字化展览选题将由法国巴黎第四大学翻译成法文版出版。

4. 举办十部文艺集成志书学术研讨会。2009年10月12日，由文化部民族民间文艺发展中心、中国艺术研究院、中国戏剧家协会、中国舞蹈家协会、中国音乐家协会、中国曲艺家协会、中国民间文艺家协会共同主办的“十部文艺集成志书学术研讨会”在北京举行。有关领导及180多位参加集成志书编纂工作的老领导、老专家出席。研讨会历时2天，大家围绕集成的学术价值与历史意义；集成的考察、搜集、记录的方法论研究；集成后的工作思考与学术研究等问题，踊跃发言，提交论文计有50余篇，将择选出版。

二、组织实施国家级科研项目

1.“中心”与全国哲学社会科学规划办公室进行了专题汇报，由周巍峙向中宣部领导同志写信，经刘云山批示，“中国节日志”、“中国史诗百卷”分别列为国家社科基金特别委托项目。

2.“中国节日志”项目稳步推进。2009年，《中国节日志》31个第一批子课题正式立项，并取得初步成果。为推动整个项目实施，2009年11月，在云南大学建立的“节日文化研究基地”正式挂牌；同时召开“大节日立项问题及节日影像志研讨会”。2009年底，将召开第二批子课题立项评审会。

3. 完成文化部重点科研项目“中国戏曲、民间舞蹈、民间音乐现状调查”。本项目经与各省艺术研究所和部分高校通力协作，至2009年9月已全部结束，本次调查戏曲为29省（区、市），舞蹈为28省（区、市）、民间音乐为27省（区、市）的57个歌种、乐种，共150余万字（含调查报告和数据表）。调查报告和数据表全方位记录了自1980以来戏曲、民间舞蹈、民间音乐的消长和现阶段的生存实况，戏曲、民间舞蹈、民间音乐现状调查总报告已完成初稿。

三、积极筹划、承办“中国原生民歌展演活动”

由文化部、山西省人民政府主办，“中心”承办的“中国原生民歌展演”活动于2009年9月6～16日在山西成功举办。25个省、自治区、直辖市的文化厅、10所院校推荐了24个民族的150组节目参加了初评，最终有20个省份和4所院校推荐的20个民族的36组节目参加了展演活动。展演的民歌手中有曾在CCTV青年歌手电视大奖赛中人气极高并获得银奖的纳西姐妹、羌族兄弟，有曾随温家宝总理出访日本的“侗族大歌”小歌手，有被誉为“鄂尔多斯高原上盛开的莲花”的蒙古族歌唱家巴德玛，也有来自田间地头、名不见经传的少数民族歌手，他们相聚山西，尽情展示我国各地独特迥异的原生民歌。

展演活动由5场展演、1场晚会、10集大型人文纪录片《寻歌——中国原生民歌发现之旅》构成。5场展演在山西卫视的演播厅进行，以“民歌·酒”、“民歌·爱情”、“民歌·自然”、“民歌·生活”、“民歌·传承”为主题进行，同时还邀请了著名音乐理论家、民俗学家、作曲家现场解读民歌，全方位、立体化地诠释中国的原生民歌，让观众在民歌的海洋中感受其非同凡响的生命力。5场展演于9月21～25日在山西卫视黄金时段播出，获得了较高的收视率。此次活动对弘扬我国优秀的民族民间音乐文化遗产，促进各民族民间音乐的展示和交流起到了积极推动作用。

四、澳门年俗展览（贵州、河南）取得圆满成功

由澳门特别行政区民政总署主办，“中心”及湖南省文化厅、湖北省文化厅共同协办的2009年澳门“内地春节习俗展”于1月23日在澳门卢廉若公园隆重开幕，展期37天。此次展览及相关活动在部港澳台文化事务司的大力支持下，在“中心”和两省的通力合作下，共组织两地春节习俗相关特色展品37组（500余件/套）参加展览，同时还组织了湖北省恩施市歌舞团赴澳，在春节期间为澳门市民奉上了一台精彩的民间文艺演出节目。通过展演活动，丰富了澳门市民春节文化生活，进一步增强了澳门同胞的国家意识和文化认同。

五、积极推进文化艺术资源领域标准化建设

完成科技部支撑计划项目“民族文化数字化技术研究及示范应用”。通过项目实施，推动了戏曲、民间音乐舞蹈、民间文献等文化艺术资源的标准化工作。

六、配合教育科技司，完成2009年度国家社科基金艺术学项目的申报受理及相关工作

2009年，国家社科基金艺术学项目申报的数量进一步增加，由2007年的1500项增加到1862项。“中心”认真、细致地完成了项目的受理、整理、归类、汇总、资格审查等各项基础工作，为项目评审打好基础。此后，积极配合司里完成评审会相关工作，较好完成了任务。

文化部全国文化信息资源建设管理中心

2009年，新中国迎来了60周年华诞。文化部全国文化信息资源建设管理中心（以下简称“管理中心”）坚决贯彻落实党的十七届三中、四中全会精神，以科学发展观为统领，与各省级分中心通力协作，较好地完成了各项任务，全国文化信息资源共享工程（以下简称“共享工程”）事业取得稳步发展。

2009年，管理中心连续三年被评为中央国家机关文明单位，文化部信息工作先进单位、文化部优秀党支部、文化部优秀团支部、文化部系统“祝福祖国——文化部系统职工歌咏比赛”三等奖。2009年，文化共享工程还被评为中国电子政务公共服务优秀应用十佳案例。

一、认真贯彻落实中央领导指示，把文化部各项要求落到实处

2009年，中央一号文件又一次提出要推进共享工程。中央政治局常委李长春多次做出重要指示。为贯彻落实长春6月12日在全国少数民族文化工作会议上的讲话精神，管理中心于6月22日在新疆组织召开了“少数民族语言译制工作经验交流会”，进一步规范译制标准，提高制作水平。为贯彻落实李长春在“双百人物”代表座谈会上的讲话精神，管理中心在全国范围内组织开展“学习‘双百’人物事迹”系列活动；根据李长春关于加快整合广电总局电影资源的要求，管理中心加大电影资源建设力度，新征集采购600部优秀获奖影片，电影资源的数量从750部达到1350部；根据李长春指示，管理中心总结辽宁经验，大力推广“进村入户”模式。李长春还在国家图书馆建馆100周年庆祝大会上强调“加快推进全国文化信息资源共享工程建设，努力把文化信息资源共享工程覆盖到基层图书馆”；在四川、陕西、浙江、湖南等省考察时，对共享工程在灾区重建中发挥的积极作用给予了充分肯定。此外，刘延东也深入河北省鹿泉市支中心调研共享工程工作情况。

蔡武部长在各种工作会议上多次强调共享工程的重要性，周和平副部长多次就工程建设做出具体部署，管理中心逐一认真贯彻落实。

二、加快基层点建设，大力推广“进村入户”

2009年，全国共建成975个县级支中心，11649个乡镇基层服务点，另有141488个村基层服务点配备了设备。与中组部农村党员现代远程教育、农村中小学远程教育合作，共建成75万个基层服务点，其中有31.5万个服务点配备了共享工程设备。管理中心制定并颁布了2009年度共享工程省级分中心、地市级支中心、县级支中心、乡镇级基层服务点、村级基层服务点系统配置参考标准，工程整体设备系统化标准初步形成。制作并下发了县级支中心、乡镇基层服务点资源母盘，其中县级1.2TB，乡镇级320GB。

开通共享工程辽宁进村入户平台，实现了全省1.1万个行政村、6万个自然屯、230万农户共享工程的“进村入户”。在此基础上针对在浙江杭州、山东青岛、广东佛山、深圳、河南、贵州遵义等地实现的其他“进村入户”模式展开深入调研，向全国宣传推介数字电视、模拟电视、直播星、IPTV、WIFI无线服务等多种实现手段。

三、创新资源征集方式，提高资源建设针对性

管理中心2009年度新建资源4357小时，6923部/集，共4.7TB，主要内容有地方戏、电影、动漫、讲座、农业专题片、曲艺相声小品、少数民族语言资源、文化专题片、杂技、综艺节目、原创少儿动漫、电子期刊、电子图书、多媒体数据库等，资源累计总量达到23.5TB，提前完成“十一五”规划20TB建设目标。管理中心进一步创新资源征集方式，通过公开招标和专家评审的方式进一步加强了采购透明度和专业性。着力解决资源内容的针对性、适用性问题，根据资源需求的地域性差异，分南方版、北方版整合利用资源；定制有线电视版、辽宁进村入户版、部委公务员版、国庆60年献礼版、双百人物及爱国主义教育版等一系列专版资源。进一步规范民族语言资源译制工作，特别增加了康巴藏语资源的译制内容。

四、加大培训工作力度，提高省县级专业人员队伍素质

管理中心共举办培训12场，其中全国性培训7次，共有4247人次参加了现场学习。重新编写了《文化共享工程县级支中心基础培训教材》、《文化共享工程乡镇基层服务点基础培训教材》，向全国印发8300册。与中国图书馆学会“志愿者行动”开展合作，到重庆、宁夏、江西、海南、云南等西部地区，开展县级支中心馆长培训，共有626人参加。在西藏自治区分中心举办县级支中心培训班。在浙江杭州萧山区支中心建立“文化共享工程培训基地”，举办了“文化共享杯——全国文化信息资源共享工程知识与技能竞赛”。

五、创新技术手段，提高资源传输能力

加快政务外网建设，重点实现了政务外网省级中心全覆盖。深化与国家图书馆的合作，在机房、网络、计算机系统和资源方面取得显著进展。与国家信息中心合作，创建共享工程部委版网站，组织召开了“文化共享工程部委公务员版网站推广暨征求意见会”。强化工程技术管理手段，加速推进运行管理系统建设。全力支持灾区重建，努力把好系统/设备规范管理、验收关。申报获批了文化部“移动终端自助信息服务模式研究”科研项目，与中国移动合作探讨在3G应用方面开辟新的服务模式。

六、围绕庆祝新中国成立60周年，广泛开展基层服务

管理中心组织开展了覆盖全国的“祖国万岁，文化共享——庆祝新中国60华诞”大型主题服务活动，通过图片展览、电影展播、文艺演出、知识竞赛、参与大型公益活动等形式，从文化的视角展示了新中国成立60年来各行各业及百姓生活等方面发生的巨大变化。

参加了北京展览馆举办的“辉煌六十年——中华人民共和国成立60周年成就展”，向观众演示了文化共享工程如何通过有限电视、移动播放器、互联网、卫星等四种方式开展服务。展览期间，香港特别行政区行政长官曾荫权、澳门特别行政区行政长官何厚铧、澳门特别行政区候任行政长官崔世安率领参加国庆观礼的港澳嘉宾参观了文化共享工程展位。

文化共享工程展位还受到了来自全国各地、社会各界的观众及多家媒体的广泛关注，普遍对文化共享工程便捷的服务方式和丰富的文化资源表示认可并寄予厚望。

管理中心在全国组织开展了学习"双百"人物事迹主题征文活动、精选适合青少年阅读的"双百"人物题材电子图书、整合"双百"人物题材的爱国主义电影、启动"双百"人物原创动漫系列项目，同时开办网上专栏、开展有奖答题等活动，在全国范围宣传英雄模范与感动中国"双百"人物的事迹。

策划推出"国事盛典 文化印证"主题展览在全国巡展。

此外，在清明节、劳动节、青年节、"5·12"汶川大地震周年纪念、少年儿童节、党的生日、建军节、国庆盛典等节假日和纪念日，开展全国性文化共享工程服务活动。

七、加大宣传力度，提高工程社会影响力

管理中心向《文化要情》、《文化信息》投稿，2009年在《文化要情》、《文化信息》刊发报道8000字；扩大《工作简报》编发范围，编发简报18期，13万字，360余幅图片；各地媒体对共享工程不重复报道共419篇，共约36万字，其中广播电视报道25次，全国主要平面媒体报道322篇，全国主要网络媒体报道72篇。在平面媒体中，国家级主要媒体报道次96次，地方主要媒体报道150次，有57篇报道发表在各报的头版版面。推广宣传 "山东省共享工程研究项目获第三届文化部创新奖"、"云南首创'农文网培学校'建设模式"等经验。举办了首届共享工程通讯员培训班。

八、完善合作机制，扩大共享工程服务面

管理中心与国家图书馆建立长效合作机制，在技术平台、资源共享、人员培训等方面加深了合作。进一步加强与农村党员干部现代远程教育工作合作，每周向农村党员现代远程教育平台"农村文化"频道提供节目。在辽宁省推进共享工程"进村入户"模式，向辽宁提供2700小时，7.1TB数字资源。与农村中小学远程教育工程完善合作共建机制，整合49小时基础教育资源供辽宁平台使用。管理中心还精选优质资源送往中组部、国家图书馆、国防大学图书馆、国家科学图书馆、浙江大学图书馆、北京大学图书馆、国家扶贫办、国家行政学院图书馆等合作单位，在其机构网站、公共服务场所提供工程资源与展览服务。

九、 加强自身建设，改进队伍业务素质及工作作风

在内部管理方面，管理中心着力修订、健全了各类规章制度并汇编成《文化部全国文化信息资源建设管理中心规章制度合订本》。采取主任业务主管范围调整、中层干部轮岗、业务骨干岗位调整等措施，优化干部队伍结构。遵照国家政府采购相关规定，通过摸索，逐步拓宽渠道，不断克服单一来源采购瓶颈，全面实现公开采购。

中国文化年鉴

Chinese Culture Yearbook

地方文化建设

Local Culture Construction

北京市

一、艺术

【概况】

2009年，北京市市属剧院团、转企改制剧院团、民营剧团创作出一大批社会效益、经济效益双丰收的作品。北京京剧院新创剧目《下鲁城》获第五届中国京剧节一等奖；北方昆曲剧院排演的大都版《西厢记》荣获第四届全国昆曲艺术节优秀剧目奖；中国评剧院新创排的现代评剧《马本仓当官记》获第三届全国地方戏优秀剧目展演一等奖；转企改制剧院团北京儿艺新创剧目《红孩子》、中国木偶艺术剧院大型奇幻木偶剧《猴王·花果山》荣获中宣部第11届“五个一工程”奖，演出场次也均超百场。此外，一批民营剧团和文化公司也涌现出了一批有市场的佳作，如：大道文化的话剧《老宅》，索有文化的音乐剧《我曾有梦》，龙马社的话剧《操场》，希肯国际的话剧《北平·1949》，北京当代芭蕾舞团的舞剧《霾》，国家大剧院的歌剧《山岗上的花朵》、《西施》等等，均为北京的舞台增添了色彩。

【出台北京市舞台艺术创作生产专项扶持政策】

2009年6月30日，《北京市舞台艺术创作生产专项扶持资金管理暂行办法》(以下简称《办法》)正式向全社会发布。这一政策的出台，旨在进一步繁荣北京演出市场，大力推动北京市舞台艺术创作，营造出精品、出人才、出效益的良好创作环境。北京市财政局和北京市文化局将连续5年共同在每年的事业经费中安排2000万元资金，用于扶持能够代表北京舞台艺术创作水平的优秀剧（节）目。专项资金首次面向全社会各种所有制艺术单位，只要能代表国家水准、北京市水准的好作品，政府都会扶持。《办法》一经出台，就受到了多方关注。在一个月的申报期内，共有29个艺术单位申报了41个剧目，经资格审查，共有34个剧目符合申报要求。北京市文化局按照文件规定内容和程序组织了初评和终评，共评出22个剧目进行资助。

【“走进长安戏曲之门”活动】

为了弘扬我国丰富多彩的民族艺术，让更多的人了解戏曲艺术，发现戏曲艺术的魅力。由市文化局主办、北京文化艺术基金会资助、北京长安大戏院承办的“走进长安戏曲之门”系列演出活动将会聚五大剧种，以固定场所、固定时间、低票价运作的方式及不同以往的舞台样式，为首都观众联手打造一个知识性与欣赏性并融的舞台氛围。戏曲普及活动将面向广大青少年，请他们走进剧场现场感受戏曲艺术的魅力，同时，也使青年演员有更多艺术实践的机会。“走进长安戏曲之门”主题活动贯穿长安大戏院2009年全年的演出安排，每月演出2～3场，京剧、昆曲、评剧、梆子、曲剧五大剧种轮番登台，拿出有代表性的作品，有特色的人物、唱腔、表演程式，展示有艺术价值的戏曲演出。每个专场采取讲座与演出相结合的方法进行，表演结束后还有戏曲专家进行点评、讲解。作为戏曲的普及演出，长安大戏院推出占全场40%的低价票，以20元和50元为主，希望能够让更多喜爱戏曲，想了解戏曲的人们走进剧场，感受戏曲艺术的魅力。

【庆祝新中国成立60周年优秀剧目展演】

为期3个月的“盛世华章——为伟大祖国骄傲”北京市庆祝新中国成立60周年优秀舞台剧（节）目展演活动圆满落幕，共有28个剧目参加了展演。参加展演的剧目充分展示了新中国成立以来，特别是改革开放30年以来北京市舞台艺术取得的成就。在持续3个月的系列展演中，汇集了北京市不同时期特别是近10年来创编的优秀剧（节）目，集中北京京剧院、北方昆曲剧院、中国评剧院、北京市曲剧团、北京市河北梆子剧团、北京市交响乐团、北京儿童艺术剧院、中国杂技团、中国木偶艺术剧院、北京歌剧舞剧院、北京人民艺术剧院、北京现代舞团、北京当代芭蕾舞团、天创国际演艺制作交流有限公司等优秀表演团体，王蓉蓉、杜镇杰、韩剑光、魏春荣、王振义等一大批著名表演艺术家将陆续登台亮相，精彩纷呈的各类演出，必将使广大观众在国庆节到来之前，品尝到一道风味独特的戏剧文化大餐。此次系列展演活动由开幕式演出和3个板块组成。开幕式由北京交响乐团演出大型交响音乐会“为祖国骄傲”；红色经典板块包括京剧《红灯记》、《杜鹃山》，评剧《刘巧儿》，儿童剧《红孩子》等；名家名剧板块包括京剧《龙凤呈祥》，昆曲《西厢记》、

《关汉卿》，河北梆子《王宝钏》等；时代华章板块包括京剧《下鲁城》，评剧《马本仓当官记》，曲剧《烟壶》、《龙须沟》、《茶馆》，话剧《鸟人》、《窝头会馆》，舞蹈《紫气京华》、《北京意象》、《当代芭蕾精粹》等。

【第七届北京国际戏剧·舞蹈演出季】

以“经典·融合”为主题的第七届北京国际戏剧·舞蹈演出季于2009年10月29日隆重开幕，在一个半月的时间里，来自美国、英国、德国、西班牙、韩国等国家以及我国台湾、澳门特区和内地的众多专业演出团体和艺术家将带来19台风格迥异、各具特色的中外戏剧、舞蹈精品。此外，本届演出季仍然体现了低票价政策，提出了较之往年更为丰富和重点打造的公益活动组织方案，如举办研讨会、大师课、艺术普及讲座等活动。使第七届北京国际戏剧·舞蹈演出季成为真正属于大众的艺术盛宴。

【举办艺术档案成果展】

由北京市文化局主办、北京戏曲艺术职业学院和北京市艺术研究所承办的“庆祝新中国成立60周年北京市文化局艺术档案成果展”从9月22～10月22日在首都图书馆进行了为期一个月的展出。展览共展出了北京京剧院、北方昆曲剧院、中国评剧院、北京市河北梆子剧团、北京市曲剧团、北京戏曲艺术职业学院、北京市艺术研究所、北京交响乐团、北京歌剧舞剧院有限责任公司、北京儿童艺术剧院股份有限公司、中国木偶艺术剧院有限责任公司、中国杂技团有限公司、北京画院、北京文化艺术活动中心14家艺术单位600余幅图片和部分实物。包括：各种剧（节）目创作中不同版本的剧本原稿，舞美设计图，道具设计手稿，乐谱，场记，党和国家领导人接见著名艺术家的照片，著名艺术家的学习登记册、考试记录，著名艺术大师梅兰芳、马连良、裘盛戎、赵燕侠、李桂云、魏喜奎等使用过的服装、道具，清末以来的手抄剧本、老戏单等，这些珍贵的艺术档案资料平常都保存在各个艺术单位。此次展览是第一次将长年尘封雪藏，秘不示人的珍贵资料面向社会公开展示。

二、群众文化

【概况】

2009年，全市群众文化工作在市委、市政府的领导下，以科学发展观为统领，深入贯彻落实党的十七大、十七届四中全会精神，坚持先进文化的前进方向，以庆祝中华人民共和国成立60周年为契机，繁荣群众文化活动，取得了新成果。一是以庆祝新中国成立60周年为主线，组织开展了丰富热烈的系列文化活动。全市18个区县举办了以“为伟大祖国骄傲”为主题的庆祝新中国成立60周年群众系列文化活动、游行活动、游园活动和联欢晚会。二是继承发扬奥运志愿者精神，组建北京市文化志愿者服务中心，启动“北京市文化志愿者”服务工作。该中心主要负责全市四级文化志愿者网络建设与管理，制定相关规章制度，广泛吸引社会各类文化人才参与公益文化活动。三是突出群众文化的公益性，加强辅导培训工作。全市以公共文化服务体系建设为主要内容，加大群众文化辅导培训工作。全年，全市各类文化馆和基层公共文化机构开展的歌舞、戏曲、摄影、美术、书法等各类辅导培训近百万人次。

【启动“北京市文化志愿者”服务工作】

2009年初，为了继承发扬奥运志愿者精神，经市编办批准，在北京市文化艺术活动中心成立了北京市文化志愿者服务中心。该中心主要负责全市四级文化志愿者网络建设与管理，制定相关规章制度，广泛吸引社会各类文化人才参与到公益文化活动中来，积极营造全民参与文化建设的良好氛围，培养老百姓自己的文化工作者，从根本上解决公共文化服务人才紧缺问题。按照“区域统筹 属地管理”的原则，目前全市共有11个区县文化志愿者服务分中心。组织150名书法志愿者到延庆县、顺义区、大兴区、平谷区、怀柔区、密云县等部分边远农村开展志愿服务。重点支持了房山区打工子弟学校艺术教育志愿服务项目、平谷区培训基层评剧业余团队志愿服务项目、亦庄开发区文化志愿服务项目、民族文化志愿服务项目。邀请市志愿者联合会专家针对志愿精神、公共文化与志愿服务开展讲座，全市各区县文化馆馆长、书记及工作具体负责同志70余人参加了培训班。同时着手建设文化志愿者信息数据库和网站（www.e-volunteer.com.cn），构建文化志愿服务项目发布和信息交流平台，在市与区县文化系统、各类志愿者协会间形成信息及时传递、共享的交互式网络管理机制。

【庆祝中华人民共和国成立60周年群众文化

活动】

5月4日，北京文化艺术活动中心和各区县文化馆联合主办的2009迎国庆“我的北京我的事儿”北京市民DV大赛开赛，共有122个社区300余部作品参赛。7月，在市文化局的支持下，北京文化艺术活动中心、石景山区文化馆、图书馆和摄影协会举办了“为伟大祖国骄傲——2009年北京市民网络摄影大赛”，共有4375幅作品参赛。6月至8月，北京文化艺术活动中心、宣武区文化馆、椿树街道组织开展了以“迎华诞弘扬国粹艺术，促和谐谱写梨园新曲”为主题的“为伟大祖国骄傲——第七届‘椿树杯’”北京市社区京剧票友大赛。

【庆祝中华人民共和国成立60周年国庆游园活动】

国庆期间，市文化局在全市公园举办了“庆祝中华人民共和国成立60周年国庆游园”活动。整个活动分为十方乐奏、百园展示、千园添彩三大部分。“十方乐奏”是在奥林匹克公园、朝阳公园、天坛公园等十大重点公园，通过展览展示和群众互动等方式，重点宣传新中国成立60年来，特别是改革开放30年来，首都现代化建设取得的巨大成果。“百园展示”是在全市选出100个城市公园、郊野公园和城市文化广场作为群众广泛参与活动的场所。“千园添彩”是在全市近千个公园和公共绿地中，营造青枝绿叶、鲜花盛开的环境气氛，悬挂标语、彩旗、灯笼，在全市形成喜庆热烈的节日氛围，吸引城乡群众广泛参与游园，进行自娱自乐的庆祝活动。

【庆祝中华人民共和国成立60周年联欢晚会】

首都国庆60周年群众联欢活动按照中央提出的“隆重、喜庆、和谐、节俭”的原则，突出烟火、强化联欢，既做到联欢场面欢腾热烈，又体现出各区域和行业群众联欢的特色。内容分为联欢表演、与领导联欢和集体舞3个篇章。参演人员5.7万人。中央领导现场观看后给予“很精彩、很感动、很震撼”的高度评价。

【庆祝中华人民共和国成立60周年群众游行活动】

按照“高质量、有创新”的要求，本着“突出思想内涵、坚持以人为本、营造欢庆氛围、增强整体效果、展示开放友好和务实节俭安全”的方针，庆祝中华人民共和国成立60周年群众游行活动对音乐、服装、道具、文艺表演方阵、行进方阵手持物动作、广场合唱团、民乐团等多个方面进行系统的设计和策划。群众游行中特别穿插了“欢乐道情”安塞腰鼓表演、“青春中国”大型集体舞、“世纪跨越”大型群舞、“祝福祖国”大型水袖舞、“爱我中华”民族服装表演和七色光少年鼓号队表演。

【“都市风采”四直辖市系列文化活动】

为了充分发挥直辖市群众艺术馆在城市公共文化服务发展中的主导作用，共同携手打造城市文化品牌，有效促进大众文艺新人、新作的脱颖而出，积极推动城市公共文化的有序发展。2009年，在文化部社文司的倡导和四直辖市文化局的支持下，京、津、沪、渝四直辖市群众艺术馆联合举办了“都市风采——四直辖市系列文化活动”。活动包括“炫舞的都市”舞蹈大赛、“飞扬的旋律”钢琴大赛、“青春的歌声”青年流行歌手大赛、“都市的记忆”艺术摄影大赛等。

【30人入选第三批国家级代表性传承人名录】

2009年5月26日，文化部公布第三批国家级非物质文化遗产名录项目代表性传承人。北京市有30名代表性传承人入选，其中传统舞蹈1人，曲艺1人，传统戏剧6人，传统美术5人，传统技艺15人，传统医药2人。

【京剧申报“人类非物质文化遗产代表作名录”工作完成】

2009年，组织北京京剧院、天津京剧院、上海京剧院等相关单位和部分代表性传承人共同申报京剧入选联合国教科文组织“人类非物质文化遗产代表作名录”，提交申报文本、视频及照片等材料，并根据教科文组织反馈意见对材料进行补充完善，完成申报工作。

【公布第三批北京市级非物质文化遗产项目名录和第二批扩展名录】

2009年10月12日，北京市人民政府公布第三批市级非物质文化遗产名录项目59项和第二批扩展名录项目4项，第三批名录包括民间文学5项，传统音乐1项，传统舞蹈7项，曲艺3项，传统体育、游艺与杂技10项，传统美术11项，传统技艺15项，传统医药4项，民俗3项。

【完成北京市非物质文化遗产传承人才专题调研】

2009年，为给《关于加强非物质文化遗产传承人才保护与培养工作的若干意见(征求意见稿)》的出台提供政策依据，通过参阅资料、专题座谈、定点调查、问卷调查四种方式，对北京市非物质文化遗产项目代表性传承人进行专题调研，完成《北京市非物质文化遗产传承人才保护和培养工作专题调研报告（民间音乐、传统戏剧、曲艺、杂技、民俗类）》。

【周末场演出计划、星火工程】

2009年，根据财政体制改革的新要求，周末场演出计划和农村文艺演出星火工程两个项目将财权、事权统一下划到区县。新办法下发以来，各区县高度重视，都制定了本区县周末场演出计划和星火工程的方案和实施办法等，基本上能够按照新办法规定的要求保证周末场演出计划和星火工程的顺利实施。周末场演出计划全年演出700场。星火工程全年演出7910场。受到了当地百姓的热烈欢迎和积极参与。

【文化惠民演出】

“让低收入群体进剧场看戏”是2009年北京市文化局推出的一项文化惠民措施。其核心内容是由政府买单、企业搭台、院团唱戏、低收入群体免费观看高水平演出，目的是让低收入群体能够走进剧场，实实在在地共享文化成果。此项公益性惠民演出活动将在全市范围内展开，届时，每个城区的低收入群体都将走进现代化剧场，观看高水平的文艺演出。全年已有东城、西城、丰台、崇文、石景山5个区的低收入人群免费观看了高水平的舞台演出。

【北京市群众文化学会经常性科普讲座】

北京市社科联、市群众文化学会、宣武区文化馆举办了2009年北京市群众文化学会经常性科普讲座。该讲座每周开设一次，聘请大学教授、文化学者为社区居民讲解摄影、美术、历史等知识，深受群众欢迎。

三、文化市场

【概况】

2009年，北京文化市场安全监管工作紧紧围绕国庆60周年和“平安北京”建设为核心，以文化内容安全监管和文化娱乐场所安全生产监管为重点，通过宣传教育、风险防控、监督检查等措施，努力为新中国成立60周年营造了安全、稳定、和谐的文化环境，实现了文化市场安全无事故的目标。截至12月31日，北京市地区在京营业性演出场所105家，歌舞娱乐场所1461家，游艺场所77家，互联网上网服务场所1519家；演出经纪机构793家，文艺表演团体294家。

【北京市电影股份有限公司正式成立】

顺利完成北京市电影公司、北京市电影器材公司改制工作，对北京市电影公司进行现代企业制度改造。通过引进北京市国有资产经营有限责任公司和时代今典影院投资有限公司的社会资本共53834万元，建立多种所有制共同参股的混合所有制企业，在资产结构的重组中实现体制机制的创新，解决多年来制约北京市电影公司发展资金不足的问题，为加快院线建设，多层次开发电影制作以及电影衍生产品，实现电影产业链的多元盈利模式，成为具有全国领先地位和海外重要影响的现代影视文化产业集团创造条件，为做大做强北京电影产业奠定基础。2009年1月9日，北京市电影股份有限公司正式成立。

【国家动漫产业基地示范园区落户北京】

2009年2月，文化部根据《国务院办公厅关于转发财政部关于推动我国动漫产业发展若干意见的通知》（国办发〔2006〕32号）精神，启动国家动漫产业园区的选址工作。市文化局积极与文化部和有关评审专家沟通，详细阐述北京的各种优势，争取各项优惠政策。协助北京市政府于4月16日与文化部签署了《文化部、北京市人民政府关于推动首都文化建设的战略合作框架协议》，促成国家动漫产业园区——中国动漫游戏城落户北京；积极配合中国动漫集团、市有关部门和相关区县做好中国动漫游戏城的启动、规划、协调工作，10月14日，文化部、北京市政府在原首钢二通厂召开隆重的新闻发布会，宣布中国动漫游戏城项目正式启动。

【北京演艺集团有限责任公司成立】

2009年5月27日挂牌成立了北京演艺集团有限责任公司。北京演艺集团是北京市政府直属的国有独资文化公司，目前集团包括有中国杂技团有限公司、北京歌舞剧院有限责任公司、中国木偶艺术剧院有限责任公司、北京文化艺术音像出版社、北京市电影股份有限公司、北京市演出有限责任公司、北京对外文化交流公司、北京儿童艺术剧院股份有限公司、北京保利紫禁城剧院管理有限公司9家转企改制文化企业，注册资金1.5

亿元人民币。此项改革，进一步增强了产业发展的集中度。

【北京市文化创意产业发展专项资金初审、监管工作】

2009年6月，协助完成了2009年度北京市文化创意产业发展专项资金文艺演出类（含文化旅游、广告会展、广播影视制作类中涉及文艺演出的项目）和艺术品类共90个项目的初审工作。市文化局提出了“扶优、扶强、扶原创”、“提倡贷款贴息和后期奖励、严控项目补贴”的初审工作总体思路，并制定了可操作性强的《北京市文化局关于北京市文化创意产业发展专项资金文艺演出项目初审工作补充规定（试行）》。此外，继续做好北京儿童艺术剧院股份有限公司《福娃》和中国木偶艺术剧院有限责任公司《猴王》文化创意产业专项资金扶持项目的监督管理工作。

【文化企业有关贷款服务和推荐工作】

2009年，市文化局完成了2009～2010年度国家文化出口重点企业和重点项目的推荐工作；承办文化部办公厅关于申报中国进出口银行“扶持培育文化出口重点企业、重点项目贷款”有关事项，完成了“文化出口重点企业和重点项目贷款”申报工作，组织上报了北京演艺集团有限责任公司音乐剧《牡丹亭》、北京典雅天地文化传播有限公司“深圳2011年世界大学生夏季运动会系列文化活动”、天创国际演艺制作交流有限公司“购买并经营美国密苏州布兰森市白宫剧院”3个文化产业项目向中国银行申请贷款相关材料。

【参加全国安全生产月宣传咨询日活动】

2009年6月14日，在天坛公园，市文化局由吴然巡视员带领，参加“2009年全国安全生产月宣传咨询日活动”并发放宣传品。人大常委会副委员长华建敏等领导同志到市文化局宣传咨询台视察、慰问。

【文化市场安全日活动】

2009年6月16日，由北京市文化局、朝阳区政府主办，朝阳区文委、区安监局、区卫生局、区消防支队、麦乐迪餐饮娱乐管理集团联合承办的北京市文化市场安全日示范演练活动，在朝阳区麦乐迪KTV隆重举行。市文化局、朝阳区政府、市安监局、市公安局消防局、市文化市场行政执法总队，以及各区县文委、部分新闻媒体、朝阳区100余家文化场所的负责人观摩了文化娱乐场所突发事件应急疏散演练。

【文化娱乐场所安全生产大型公开课】

2009年6月30日，市文化局会同市安监局，在首都图书馆大报告厅联合举办了以“弘扬安全文化、构建和谐北京”为主题的文化娱乐场所安全生产大型公开课。各区县文委主管领导、市场科（审批科）科长，部分文化娱乐场所经营单位法定代表人或主要负责人，行业协会负责人共计400余人到场听取了讲座。

【集中开展安全隐患排查治理督查工作】

2009年7月29～31日，市文化局组织有关处室分4个小组，集中对全市18个区县文化委员会落实“国庆平安行动”工作情况进行了督查，抽查了54家文化娱乐场所。

【成立了北京动漫游戏产业联盟】

为建立健全行业组织，大力加强动漫游戏产业中介服务体系建设，市文化局积极支持成立动漫游戏行业协会，与有关动漫企业、管理部门和筹备组进行过多次沟通，经北京市社会建设工作办公室和社团办核准，2009年8月12日，北京动漫游戏产业联盟在北京成立。

【举行宣传片安装启动仪式暨应急疏散演练活动】

2009年9月9日下午，市公安局、市文化局、市文化市场执法总队在海淀区世纪金源饭店组织举行“娱乐场所点歌系统开机提示宣传片安装启动仪式”。在世纪金源饭店地下一层蓝黛迪厅举行了娱乐场所应急疏散安全演练。各区县公安分局、文化委员会主管领导、部分娱乐场所法人代表等共计约140人参加并观摩了活动。

【开展动漫企业认定工作】

根据文化部、财政部、国家税务总局《动漫企业认定管理办法（试行）》（文市发〔2008〕51号）精神，市文化局积极协调市财政局、市国税局和市地税局开展动漫企业认定工作。2009年10月，印发了《北京市动漫企业认定管理工作实施方案》，正式启动了北京市动漫企业认定工作。2009年共有39家企业通过北京市动漫企业认定管理工作领导小组的初审并上报全国动漫企业认定管理工作办公室，据文化部口头通报，全国第一批通过认定的动漫企业共有100家，北京有26家企业通过认定，占全国的26%。

【首届中国动漫艺术大展展演展映活动】

2009年10月26日至11月18日，首届中国动漫艺术大展于北京举行。受文化部委托，市文化局与北京动漫游戏产业联盟共同承办了动画电影展映、动漫演出展演活动，共组织实施了30余部国产优秀动画（数字）影片、5台动漫剧目在大展期间集中展映（演），扩大国产动漫艺术在社会公众中的影响力，为广大群众奉上丰富多彩的动漫艺术盛宴。

【召开安全生产监管工作总结会】

2009年11月19日，市文化局在北京金辉国际商务会议大酒店召开了全市2009年文化娱乐场所安全生产监管工作总结会。各区县文化委员会主管领导、市场科（或审批科）科长、文化娱乐场所安全生产监管部门负责人参加了会议。

【首届北京大学演艺经理人高级研修班结业】

2009年11月21日，由北京市委宣传部、文化局支持，北京大学艺术学院和文化产业研究院合办的首届“北京大学演艺经理人高级研修班”在北京大学举行了结业典礼。本届研修班3月27日开班，课程持续7个月左右，是国内首个政府与高校合作，针对演艺经理人的高级研修班。33名来自北京主要演出院团、民营演出机构的高级管理人员以及部分优秀从业者参与研修班学习。本届研修班依托国家文化产业创新与发展研究基地的国际化高端平台，充分整合北京大学及国内国际高端文化产业研究资源，在课程设置上着重从文化产业管理的学科视角，结合目前国内外行业发展的最新研究成果和政策法规，量身为学员打造一套符合我国演艺行业特点的课程体系。学习期间共进行了演艺策划与营销专题、演艺项目管理专题、演艺法律与政策研究专题、演艺与活动经济专题、演艺人力资源开发与管理专题、演艺经典案例研究专题6个模块的课程。

【组织举办动漫企业培训班】

为规范动漫市场经营秩序，维护动漫市场安全，保护动漫产品知识产权，更好地推动原创动漫产业发展，根据《文化部国家工商行政管理总局关于开展动漫市场专项治理行动的通知》（文市发〔2009〕29号）文件精神，结合北京市实际情况，市文化局于2009年12月中旬举办了北京市动漫市场培训班，邀请有关部门领导和专家介绍了动漫产业发展现状、规范动漫市场相关规定、动漫产业相关税收优惠政策、动漫产业知识产权保护等方面的政策法规知识。行政管理人员、北京动漫游戏产业联盟相关人员及动漫企业代表120余人参加了培训。

【贯彻学习《营业性演出管理条例实施细则》】

为进一步贯彻执行文化部新修订的《营业性演出管理条例实施细则》，规范演出经营行为，加强政府文化主管部门对营业性演出的监管，2009年12月16日，北京市文化局支持并配合北京市演出行业协会在首都图书馆大报告厅组织召开了贯彻学习《营业性演出管理条例实施细则》工作会议。文化部文化市场司、市文化局、市文化市场执法总队、中国演出家协会、北京市演出行业协会有关领导、各区、县文化行政部门负责人及全市主要演出经纪机构、文艺表演团体和演出场所负责人参加了会议。

四、文化交流

【概况】

2009年，如何在复杂的经济形势下，积极发挥外事部门的优势，正确引导我市文化企业应对金融危机，开辟文化“走出去”的新途径，如何在后奥运时期和新中国成立60周年之际，充分利用北京市丰富的文化资源打造我市在世界上的积极形象，成为市文化局2009年工作重点。截至12月底，市文化局共受理出访国外及港澳台地区文化交流项目181批1800人次。其中，局系统56批737人次，归口管理单位125批1063人次。引进国外及港澳台地区共114批1498人次。其中，局系统4批45人次，归口管理单位110批1453人次。

【爱沙尼亚、芬兰春节庆祝活动】

北京市和赫尔辛基市政府于2007、2008年成功举办两届中国春节庆祝活动，在芬兰甚至北欧都产生了广泛影响。2009年，在爱沙尼亚塔林市的建议下，春节品牌活动首次延伸到塔林市。2009年1月22～30日，市文化局派出由北京二中舞蹈团、中国木偶艺术剧院有限责任公司组成的表演团一行43人赴爱沙尼亚塔林市、芬兰赫尔辛基市举办2009年中国春节庆祝活动。演出团以精彩的演出征服了现场数万名观众，给塔林市和赫尔辛基市市民以及当地华人华侨带去了一个欢乐祥和的中国牛年。据了解，塔林市人口有40万人，当天来观看演出的观众就有将近6万人。至此，市文化局已经连续3年在北欧成功举办春节品牌活动，春节庆祝活动在当地已经形成了一种中国文化现象，春节活动每年都吸引十几万民众参与。

【联合国潘基文秘书长夫人观看昆曲演出】

2009年7月24日，联合国潘基文秘书长夫人一行十余人到北方昆曲剧院排练大厅观看昆曲表演。陪同访问和观看表演的还有中国驻联合国大使夫人陈乃清大使、联合国驻华系统协调员马和励夫人、联合国教科文组织北京办事处代表辛格夫妇以及外交部、文化部相关人员。北方昆曲剧院青年演员邵天帅、邵峥、马静等十余名青年演员演出了昆曲代表剧目《牡丹亭·游园惊梦》。演出结束后潘基文秘书长夫人发表了热情洋溢的讲话。联合国教科文组织北京办事处代表辛格夫妇后又专程前往国家大剧院观看昆曲演出，辛格夫妇表示今后要更加关注对昆曲这一列入首批联合国教科文组织非物质文化遗产名录的古老艺术的保护和传播。

【赴南非参加约翰内斯堡狂欢节和华侨国庆活动】

为落实刘淇书记2008年底访问南非时与豪登省商定的选派文艺团体参加该省狂欢节的安排，市文化局一行42人于2009年9月9～15日赴北京市友好城市南非豪登省参加约翰内斯堡狂欢节，并于狂欢节前与当地华侨和驻约翰内斯堡总领馆共同举办了国庆演出。市文化局艺术院团为联欢会特别奉献了一台包括舞蹈、武术、京剧等内容丰富、精彩纷呈的文艺节目。演出当中，房利总领事应邀登台，与著名程派传人、北京市京剧院青年团长迟小秋合作演唱了京剧《沙家浜》选段《智斗》。晚会的最后，在场的所有嘉宾和观众一起合唱《歌唱祖国》和南非家喻户晓的民歌《Shosholoza》。驻约翰内斯堡总领事房利在总领馆花园内举办祝贺北京市艺术团成功参演豪登省狂欢节招待会，同时感谢艺术团为南非侨界庆祝国庆60周年晚会所做的精彩演出。北京市艺术团全体演职员、南非侨界国庆60周年组委会成员、南非侨界代表和总领馆全体馆员及家属共150余人参加。

天津市

2009年是新中国成立60周年，是天津市应对国际金融危机严峻挑战、保增长渡难关上水平的一年，也是文化广播影视工作开拓奋进、取得显著成绩的一年。在市委、市政府正确领导下，文化广播影视系统坚持以邓小平理论和“三个代表”重要思想为指导，全面贯彻落实科学发展观，深入贯彻党的十七大、十七届三中、四中全会和市委九届五次、六次全会精神，紧紧围绕市委确定的奋斗目标和工作思路，以巩固和深化学习实践科学发展观活动成果为动力，以打好文化大发展大繁荣攻坚战、争当文化强市建设排头兵为目标，在应对危机中抢抓机遇，在克服困难中奋勇前进，圆满完成了全年工作任务，文化广播影视工作取得了新进展，重点工作实现了新突破。

一、重大活动

【国庆60周年系列活动隆重热烈、氛围浓郁】

成功举办了天津市庆祝新中国成立60周年大会群众歌咏展演。作为新中国成立以来天津市规模最大的群众歌咏演出，以磅礴的气势、优美的旋律讴歌了新中国60年的光辉历程，充分展示了全市人民昂扬向上、拼搏进取的精神风貌，得到市领导的充分肯定和社会各界的广泛好评。与市委宣传部、广电集团共同举办的庆祝新中国成立60周年“祖国颂”系列文艺展演历时近5个月，先后推出了优秀剧节目集中展演，“五个一工程”、国家舞台艺术精品工程获奖作品展播展演，群众性文化活动和慰问演出活动，一大批思想性、艺术性俱佳的优秀文艺作品集中展现于舞台，既有优秀保留剧目，又有新创的献礼剧目，名家荟萃，异彩纷呈，共演出300余场，受到热烈欢迎。同时，组织开展了庆祝新中国成立60周年社区优秀节目展演、“祖国颂”大型诗歌朗诵会、放歌新滨海——首届环渤海地区青年歌手滨海新区大奖赛、天津市第七届滨海艺术节、第五届家庭文化艺术节、第四届老年艺术节、第四届青年新歌手电视大赛、“我和共和国共成长”全市中小学生读书演讲比赛等形式多样的群众文化活动，唱响了共产党好、社会主义好、改革开放好、伟大祖国好的主旋律，展示了文化广播影视事业发展成果，营造了欢乐喜庆、团结奋进的良好氛围。京剧《华子良》、鼓曲专场《红色经典》进京参加了中宣部、文化部组织的“向祖国汇报”优秀剧目展演活动，受到首都观众的一致好评。天津工艺美术职业学院参与制作了天津市国庆60周年“滨海新貌”彩车，天津市儿童艺术剧团参加了首都国庆60周年群众游行并在“滨海新貌”彩车上表演了舞蹈《祖国好》，表达了对伟大祖国的热爱与祝福。

【落实部市合作协议成果突出】

3月4日，天津市与文化部在京签署了文化发展战略合作框架协议。黄兴国、肖怀远、张俊芳等市领导同志和文化部领导蔡武、欧阳坚、单霁翔、丁伟及文化部各司局负责同志出席签字仪式。按照协议，部市双方将在大力推动公共文化服务体系建设和文化产业发展、建设滨海新区国家动漫产业综合示范园、举办高水平文化产品交易、建立古籍修复中心，加大对外文化交流力度等方面加强合作，定期会商，共同落实和推进有关工作。这是文化部支持天津建设文化强市，进一步加强部市合作的重要举措，对于整合资源，优势互补，形成推动天津文化发展的强大合力具有十分重要的意义。市文化局抓住机遇，狠抓落实，积极推进天津市文化事业和产业发展，国家动漫产业综合示范园7月开工建设，2009中国（天津）演艺交易博览会成功举办，国家级古籍修复中心落户天津图书馆，高水平完成了文化部下达的一系列对外文化交流任务，文化部领导指出，天津是落实部市协议工作最扎实的地区之一。

【我国首个动漫产业综合示范园落户滨海新区】

作为落实部市合作协议的重要内容，经过积极争取，我国首个国家动漫产业综合示范园落户滨海新区中新生态城，2009年7月1日正式开工建设。市委书记张高丽、文化部部长蔡武等出席开工仪式。园区规划占地1平方公里，总建筑面积约62万平方米，将建设成为集动漫、动画、游戏、动漫影视制作及后期衍生品的研发中心，生产制造中心和人才培训、展示交易以及中国标准的制定中心，为推动我国动漫产业发展发挥引领作用。目前，中国传媒大学、《读者》出版集团等单位已就在生态城设立国际动画学院、建设动漫国际交流与研发中心等项目与中新生态城签约。此外，动漫园的建设还得到了新加坡的高度关注，新方表示将把新加坡国际化的动漫产业培训、制作企业引入动漫园，共同打造双学历、双认证的动漫专业学位教育。

【2009中国（天津）演艺交易博览会圆满成功】

由文化部、天津市人民政府共同主办的2009中国（天津）演艺交易博览会于10月30日至11月1日在天津成功举行，来自中直和国内24个省、自治区、直辖市、台湾地区以及美国、德国、韩国、日本、澳大利亚等国家的近160家演艺机构、3000余人参展、参演，近10万人次直接参与了演博会各项活动。“中国演艺第一拍”成功拍卖了12个项目，拍卖金额达2100万元，现场签约31个文化项目，签约金额达1.6077亿元。展会期间，演艺项目交易总额超过2.1亿元。演博会集中展示了文化体制改革和演艺产业发展的最新成果，搭建了演艺业展示交易、交流合作、推动创新和引领发展的平台，对于打造骨干演艺企业，优化演艺市场结构，促进演艺业市场化、产业化发展起到了积极作用，同时为加快天津文化产业发展注入了新的动力。市领导张高丽、黄兴国、肖怀远、张俊芳和文化部领导蔡武、欧阳坚分别作出批示，给予充分肯定。新华社、《人民日报》、中央电视台等数十家国内外新闻媒体对天津演博会进行了大量报道。

【文化体制改革成效显著】

根据天津市机构改革方案，组建了市文化广播影视局，顺利完成了机构改革任务。认真贯彻落实中央和市委、市政府关于文化体制改革的要求部署，加大力度，积极推进，改革步伐明显加快，改革成效不断显现。转企改制取得实质性进展，成立了天津市杂技艺术有限公司、天津电视艺术发展有限公司，组建了天津北方电影集团有限公司。天津市杂技艺术有限公司充分发挥转制带来的机制活力，在管理制度、艺术生产、市场开拓、人才培养等方面进行大胆探索，积极创新，编排了杂技主题晚会“艺海奇功”以及魔术滑稽杂技晚会“津门乐”等大型主题节目，在圆满完成中央元宵节晚会、文化部春节晚会、世界大学生冬季运动会等重大演出任务的同时，积极开拓演出市场，全年演出场次较上一年增加了两倍多。天津北方电影集团将按照产业化、集约化、多元化发展的要求，实现影视制作、发行、放映、院线经营、策划实施大型文化活动等多元业务拓展，标志着我市电影体制改革任务全面完成。局属出版单位转企改制工作扎实推进，启动了天津杨柳青画社和天津市文化艺术音像出版社转企改制工作。全国文化体制改革经验交流会议召开后，分期分批组织了学习培训，进一步统一了思想，提高了认识，坚定了深化改革的信心。在深入调研的基础上，起草了《天津市国有文艺演出院团体制改革总体工作方案》，为深化院团改革打好基础。文化部部长蔡武率中央文化体制改革工作督查组在我市检查文化体制改革工作时表示，天津市委、市政府对文化体制改革非常重视，改革思路清晰，改革决心坚定，改革成效显著，并多次受到中央领导同志的肯定，也为全国提供了典型经验。

二、公共文化

【公共文化设施建设进展顺利】

天津文化中心项目设计方案相继确定，新建博物馆、图书馆、美术馆、大剧院开工建设。完成了文庙博物馆大修和小白楼音乐厅建设、周邓纪念馆环境修整工程。天津艺术职业学院、杨柳青年画馆建设工程进展顺利。基层文化设施建设步伐加快，西青区文化艺术中心、和平区文化艺术中心、大港区文化中心建成并投入使用，南开文化宫古建筑群修缮完成，蓟州美术馆建成开馆，宝坻区文化艺术中心、东丽区文化中心开工建设，塘沽图书馆新馆建设积极推进。

【文化惠民工程成果丰硕】

乡镇文体中心建设扎实推进，静海、宁河、蓟县等8个区县的32个乡镇文体中心建设进展顺利。建成1000个村文化室，完善村文化室器材使用管理规定，真正成为便民、惠民的民心工程。评选命名了第三批天津市民间文化艺术之乡和首批天津市民间文化特色村（社区）。积极推进有线电视村村通工程，在6个区县的76个乡镇、1500个自然村铺设有线电视光缆3300余公里，到村比例达到100%。更新改造了天塔和宝坻区、蓟县发射机及附属设施，实现了全市广播电视节目的无线覆盖。启动了“千村百站”农村文艺骨干培训工程，西青、北辰、东丽、津南、武清5个区的1000多名农村文艺骨干和文化站长参加了培训。天津图书馆开通了“天津公共图书馆电子图书共享系统”和“家庭虚拟图书馆系统”，网上注册用户超过1万户，为公众提供了更加便捷的信息服务。

【群众文化活动丰富多彩】

2009天津国际少儿艺术节以“和平、友谊、未来”为主题，来自37个国家和国内23个省区市的63个少儿艺术团体、2000余名少年儿童参加，举办了国际儿童欢乐城、世界儿童绘画展览、中外儿童大联欢、世界儿童艺术教育发展论坛等系列活动，丰富了少年儿童的文化生活，扩大了天津的国际影响。第二届“和平杯”中国京剧小票友邀请赛、第18届“文化杯”孙犁散文评选活动、全国京东大鼓艺术节、“天穆杯”全国农村题材小戏（小品）剧本征集活动、全国五省市现代民间绘画邀请展、第二届“南开杯”广场舞蹈大赛、第二届鼓舞大赛、首届主持人大赛等群众文化活动，丰富了人民群众的精神文化生活。“和平杯”中国京剧票友邀请赛、“天穆杯”小品展演活动被评为全国知名群众文化活动品牌。

三、文化产业

【文化产业优势效应进一步显现】

围绕“保增长、渡难关、上水平”，将文化与旅游紧密结合，推出七项举措，以文化提升旅游市场，以旅游带动文化消费，充分发挥了文化产业在结构调整、扩大内需、增加就业、推动发展中的作用。全市集中推出了天堂电影沙龙及意式风情区情景表演、津味相声风景线、杨柳青年画大院、今晚听听室内乐系列演出、水上芭蕾、鼓楼戏曲大观园、“开心麻花”舞台剧、天津音乐艺术街等特色文化产业项目，与商贸、旅游、餐饮紧密结合，涵盖了电影、戏曲、曲艺、交响乐、芭蕾等多种艺术门类，累计接待游客近300万人，不但大大增强了天津文化产业的吸引力和影响力，而且推动了商贸、旅游、工业等相关产业发展。“相约环渤海”交响乐经典作品系列演出、“天津之春”中外艺术精品演出季、“华夏神韵”第四届中国民族戏曲优秀剧目大汇演等商演，活跃了演出市场，创造了良好效益。先后组团参加了第五届中国（深圳）国际文化产业博览交易会、第四届中国（北京）文化创意产业博览会和第三届津港服务贸易洽谈会，向国内外推介了天津丰富的文化资源，推出了近百个文化产业招商项目，取得了丰硕成果。

【动漫产业发展步伐加快】

成功举办了“中国原创动漫推广计划（天津展）暨2009天津原创动漫展”，集中展出了近400件漫画、动画、动漫舞台剧、网络动漫等作品，充分展示了天津市繁荣动漫创作、扶持原创发展的最新成果，接待观众4万多人次，社会反响强烈。

开展了“2009中国原创动漫扶持计划”申报工作，18个项目参与申报，对鼓励和扶持原创动漫作品和人才起到了积极作用。会同市财政、税务等部门联合开展了动漫企业认定工作，天津市共有7家动漫企业通过第一批认定，享受到国家财税政策的扶持。滨海高新区设立了5000万元的动漫产业发展专项资金，聚集动漫企业40余家，涵盖动画、漫画、手机动漫（游戏）、网络动漫（游戏）以及数字教育培训等多个领域，年产原创动画达到3300分钟，被市政府命名为天津市首个动漫产业基地。福丰达影视科技有限公司的《逗你玩——马氏相声专辑》和豪峰动画公司的《龙生九子》被国家广电总局评为优秀国产动画片。神界漫画有限公司、津宝乐器有限公司等4家企业被商务部、文化部等四部门评为文化出口重点企业，津宝乐器的打击乐西管乐出口项目被列为文化出口重点项目。

四、艺术创作

【精品生产成果丰硕】

组织创作了话剧《北平·1949》、《我的幸福我做主》，民族管弦乐组曲《连年有余》，河北梆子《灰阑情》等一批新剧（节）目，推出了大型史诗电视剧《解放》等一批优秀影视作品。评剧《寄印传奇》，电影《我的左手》，电视剧《父辈的旗帜》、《大国医》，广播剧《中国钟》5部作品获得中宣部第11届精神文明建设“五个一工程”奖。评剧《寄印传奇》被文化部列入国家舞台艺术精品工程资助剧目，中学生话剧《第七片花瓣》在第六届全国儿童剧优秀剧目展演中荣获优秀剧目奖，这两台戏同时入选第九届中国艺术节参演剧目。电影《我的左手》获得第13届华表奖“最佳故事片奖”。在第27届中国电视剧“飞天奖”评选中，电视剧《父辈的旗帜》、《我是太阳》、《双面胶》榜上有名。天津交响乐团、天津市曲艺团积极探索创新，开拓演出市场，联合推出了大型交响鼓曲音乐会，得到专家和观众的认可。

【文艺演出繁荣活跃】

天津歌舞剧院、天津京剧院、天津市杂技团、天津市青年京剧团等单位圆满完成了香港第五届东亚运动会、中国发展高层论坛2009“天津之夜”等重大演出任务，以精彩的演出展现了天津的美好形象，市领导给予充分肯定。天津京剧院、天津市青年京剧团赴福建参加全国重点京剧团优秀剧目展演活动，赢得广泛好评。由市委宣传部、天津市中华民族文化促进会和天津市文化局共同主办的“李瑞环改编剧目汇演”，来自北京、上海、天津、湖北等地方和海外的名家新秀会聚天津，先后上演了5场大戏和1台演唱会，在全国京剧界产生了广泛影响。市委宣传部和我局共同组织的“保增长、渡难关、上水平”文艺小分队演出活动，先后赴国家“十一五”重大项目——中国新一代火箭产业基地、天津港、响锣湾建设工地等生产建设一线演出，受到热烈欢迎，被誉为“文艺的轻骑兵和流动的宣传队”。各艺术院团全年共演出2800余场，观众160多万人次，演出收入近2000万元，促进了天津市舞台艺术的繁荣，增加了文化的积累。

【艺术科研工作取得新进展】

出版了国家重点科研规划项目专著《中国曲艺志·天津卷》、天津市哲学社会科学规划项目专著《骆玉笙年谱》，完成了《中国广播电视编年史·天津部分》的编写工作和文化部项目《民间戏曲生存现状》、《民间舞蹈生存现状》等系列调研工作。

五、广播影视

【精心组织重点宣传报道】

积极推进广播电视宣传改革创新，提高舆论引导能力，圆满完成了国庆60周年、全国和天津市“两会”、西藏民主改革50周年、澳门回归10周年等重大宣传报道任务。在乌鲁木齐“7·5”事件等重大突发事件宣传中，把握有度，积极稳妥。围绕“保增长、渡难关、上水平”、“同在一方热土，共建美好家园”、滨海新区开发开放等，精心组织宣传报道，为全市中心工作营造了良好的舆论氛围。

【广播电视安全播出和应急保障能力不断增强】

始终坚持预防为主、常抓不懈，抓住广播电视设施设备维护与更新、技术人员培训，备品备件配备与管理和安全播出制度建设与应急演练等关键环节，完善安全运行保障体系，提高安全播出保障能力，确保了国庆60周年等重大活动、重要节日以及敏感时期的播出安全，市文广局、广电集团被国家广电总局评为国庆六十周年广播电视安全播出保障工作先进集体。全年播出时间2289767.1小时，停播率为0.2小时/百小时，在全国处于领先位置。

【荧屏声频和网络视听环境进一步净化】

宣传监管手段不断强化，充分发挥收听收看中心的监管平台作用，实现了对天津电台、天津电视台重点自办节目、部分区县节目及全市网络视听节目的实时监播，全年共开展专项收听收看十余次，监播广播电视节目7000余小时（含广告）、网络视听节目500余小时。局收听收看中心被广电总局评为全国十优收听收看机构。重点加强了对医疗、药品广告及相关资讯服务节目的播放监管，推动全市播出机构签订了《广播电视广告播放自律公约》，严肃处理违规播放广告问题，市级播出机构医疗热线讲座节目大幅压缩。对区县广播电视工作进行了全面考评，对全市广播电视节目制作机构进行了全面审核，进一步推进了规范化管理。

六、文化遗产

【文物保护工作扎实推进】

第三次全国文物普查取得新成果，实地文物调查全部完成，全市共调查登记不可移动文物2467处，其中新发现1421处，复查1046处。天津市工业遗产、乡土建筑、20世纪遗产等新型文化遗产调查工作取得实质性进展，许多文物点填补了本地区文物的时代或类别的空白。积极推进京杭大运河天津段和明长城天津段田野调查工作，对大运河沿线不可移动文物的数量、类型、年代、分布、保存现状、保护需求等进行了调查，共登记古遗址、古墓葬、古建筑、水利设施等不同类型古代遗存近91处，为编制大运河天津段保护规划与大运河整体申报世界文化遗产提供了基础资料依据。明长城天津段资源调查工作顺利通过国家验收，并推出了“探索明长城——天津长城资源调查成果展”。组织实施了全国重点文物保护单位广东会馆、独乐寺乾隆行宫和天津市文物保护单位中共中央北方局旧址、觉悟社、清真大寺、李纯祠堂、天尊阁、秦城遗址等文物维修工程。配合京沪高铁等重大建设工程，精心做好文物保护与考古发掘工作。

积极开展全市古籍普查工作，据统计，天津市收藏古籍约150万册。建成天津图书馆国家级古籍修复中心。南开大学图书馆被确定为全国古籍保护重点单位。63部古籍入选《国家珍贵古籍名录》。

【博物馆事业不断发展】

各博物馆、纪念馆推出了“国庆60周年国家宝藏展”、“开国领袖毛泽东家史家世展”、“滨海的崛起摄影展”、“法国当代艺术大展”等特色展览，全年共接待观众350余万人次，其中青少年观众116万人次，丰富了群众精神文化生活。开展了文博行业“提升服务质量、创建服务品牌”活动，进一步提升了免费开放后博物馆接待服务水平。举办了天津市第四届讲解大赛，在“庆祝新中国成立60周年全国文化遗产保护宣传讲解大赛”中荣获团体二等奖。平津战役纪念馆被评为首批全国全民国防教育示范基地。文庙博物馆、天津鼓楼、李叔同故居纪念馆被命名为天津市爱国主义教育基地。

【非物质文化遗产保护成效明显】

成立了天津市非物质文化遗产保护中心，设立了非物质文化遗产保护专项经费，首次全市非物质文化遗产普查工作扎实推进。市政府公布了天津市第二批非物质文化遗产名录和第一批市级非物质文化遗产扩展项目名录。天津市有6人入选第三批国家级非物质文化遗产项目代表性传承人。西青区文化局被评为文化部非物质文化遗产保护工作先进集体，冯庆鉅荣获全国非物质文化遗产保护先进工作者称号，单魁居、樊云洪荣获文化部非物质文化遗产保护工作先进个人称号。举办了丰富多彩的“文化遗产日”活动，进一步增强了全社会的保护意识。

七、文化市场

【文化市场集中整治行动成效明显】

认真贯彻落实中央和我市净化社会文化环境工作的部署，制定下发了《关于开展我市网吧、娱乐市场综合整治专项行动的通知》和《关于做好我市文化市场集中整治督查行动的通知》，在全市集中开展了以网吧、娱乐市场为重点的综合整治专项行动。市、区文化行政部门和执法部门共同努力，两级联动，集中开展专项整治，强化文化市场监管，促进了全市文化市场的健康发展。

【整治互联网低俗之风专项行动深入开展】

按照中央和我市关于开展整治互联网低俗之风专项行动的部署，下发了《关于进一步做好整治互联网低俗之风专项行动工作的通知》，开展了整治互联网低俗之风专项行动。目前，天津市网络文化企业已全部健全完善了内部管理制度，主动删除网站论坛、游戏对话中存在的低俗信息，全市网络文化环境得到有效治理。举办了首届网络游戏大赛，对营造健康的网络文化环境起到了积极作用。

【积极推进网吧监管平台建设】

制定下发了《关于推进我市网吧技术监管平台系统建设工作的通知》，天津市网吧监管平台建设进展顺利，目前已实现对全市网吧监管的全面覆盖，并与文化部监管平台实现数据对接。

八、对外文化交流

2009年，共办理出国及赴港澳台文化交流事项60项，涉及1016人次；引进各类演出、展览项目63项，涉及人员2428人次，展品1014件。受文化部和市政府委派，天津歌舞剧院、天津市杂技团先后赴美国、墨西哥和巴基斯坦参加我国使馆举办的国庆60周年活动，以饱满的精神、精湛的技艺赢得了热烈赞誉，有效地配合了我国外交活动，弘扬了中华优秀文化，扩大了天津影响。我国驻墨西哥使馆、驻巴基斯坦使馆分别发来感谢信，给予高度评价。天津京剧院赴法国、比利时、意大利、捷克、斯洛伐克的40余座城市进行了为期3个月的商业巡演，受到各国观众的热烈欢迎，并与法国演出商签订了新一轮演出合同，成为中国民族艺术开拓欧洲市场的一次成功实践。天津市青年京剧团赴日本演出22场，票房收入达860万元。华夏未来少儿艺术团先后赴美国、加拿大、马来西亚、菲律宾进行“环球之旅”访问演出，受到当地华人及各界人士的广泛好评，展示了天津少年儿童的艺术才华和精神风貌。天津自然博物馆与法国国家自然历史博物馆缔结姊妹馆，进一步加深了天津与法国的文化交流与合作。天津交响乐团赴韩国、话剧《原野》赴台湾、京剧《郑和下西洋》赴香港演出等，展示了天津文化魅力，促进了文化交流。引进了英国音乐剧《猫》、迪士尼舞台剧《小熊维尼》、波兰铜乐团、奥地利维也纳管弦乐团等高质量演出，丰富了天津市文艺舞台。

河北省

2009年以来，河北省文化系统认真贯彻落实省委、省政府和文化部的要求部署，深入学习实践科学发展观，扎实开展干部作风建设年活动，积极贯彻落实中央和河北省“保增长、保民生、保稳定”的总体部署，紧紧围绕庆祝新中国成立60周年，大力推进文艺创作繁荣和群众性文化活动开展，紧紧抓住应对金融危机、扩大内需的机遇，加快公共文化服务体系建设、文化产业发展、文化市场体系建设和文化体制改革，各项文化工作取得明显进展。

一、以庆祝新中国成立60周年为契机，推进文艺创作繁荣发展

【大力推进艺术创新】

以《柏坡交响》为主要标志，推出了一批弘扬时代主旋律、彰显河北地域文化特色的优秀文艺作品。河北梆子现代戏《女人九香》、《秀色》，话剧《日出而作》、《扭起同和大秧歌》，平调魔幻剧《黄粱梦》，大型实景晚会“海上生明月”，大型原创交响乐作品《柏坡交响·新中国从这里走来》完成创排并成功演出。大型原创交响乐作品《柏坡交响·新中国从这里走来》、新编京剧《响九霄》入选中宣部、文化部主办的“向祖国汇报——庆祝中华人民共和国成立60周年献礼演出”。其中，《柏坡交响·新中国从这里走来》作为中宣部、文化部“向祖国汇报——庆祝中华人民共和国成立60周年献礼演出”开幕演出，于6月8日在国家大剧院成功上演，开创了国家级大型演出活动由地方院团担任开幕演出的先河。中央政治局常委、全国政协主席贾庆林，中央政治局委员、国务委员刘延东，全国政协副主席万钢、林文漪等多位中央领导和11位中央部委领导同志观看了演出，给予高度评价。中央新闻媒体在重要位置和黄金时段给予重点报道，中央电视台六次播出了演出实况。新编京剧《响九霄》已拍成数字电影。平调魔幻剧《黄粱梦》体现了多种艺术形式的集成创新，受到有关专家的高度评价和广大观众的热烈欢迎。国家舞台艺术精品工程资助剧目《棋

盘岭传》加工提高工作已完成并报文化部验收。大型实景文艺晚会“海上生明月”填补了河北省没有实景演出的空白。

【精心组织开展了一系列文艺活动】

圆满完成首都机场“文化国门——河北华章”和“河北文化首都高校行”两项文化宣传活动的文艺演出任务。国庆节期间，“激情河北”彩车参加国庆节群众游行和天安门广场的集中展示活动，得到北京彩车指挥部和专家的好评，囊括了9项奖励；河北狮舞表演团86名演员参加了首都国庆60周年联欢晚会，40只彩狮在晚会第二板块“腾飞中国”第一个出场，将节庆氛围引向高潮；应北京方面邀请，河北省60名歌舞演员在北京市石景山区国际雕塑园进行了多场大型国庆游园演出，河北省是除中直和北京市外唯一受邀参加演出的省份。举办了“庆祝国庆60周年‘洪生杯’第八届河北省戏剧节”，共有15个剧种的58个剧目参加演出，都是近年来河北省剧团首排首演的优秀剧目。本届戏剧节共计演出816场、观众123万人次、演出毛收入达314万元，是历届戏剧节参演剧目最多、演出规模最大、市场运作最好的一次。组织庆祝新中国成立60周年河北省优秀画家“走进太行”美术创作写生活动，筛选出近200件优秀作品在全省各市进行展出，并印制成《走进太行》画册加以发行，在美术界和社会上引起较大反响。举办了首届河北梆子艺术节和庆祝省河北梆子剧院建院50周年大型戏曲晚会。组织了“新河北、新城市、新变化”全省“三年大变样”美术作品展，在河北画报上为每个设区市进行了“三年大变样”系列摄影报道，会同有关部门组织了“三年大变样”美术、书法、摄影作品展和国庆联欢晚会。省博物馆、省民俗博物馆、李大钊纪念馆等各级博物馆、纪念馆举办了一系列陈列展览，反映60年来特别是改革开放以来取得的成就。圆满完成了第12届中国吴桥国际杂技艺术节的筹办工作，并组织杂技节优秀节目进行“吴桥国际杂技艺术节获奖节目中华行”活动，进一步推动吴桥杂技节成为一个家喻户晓的节庆名牌，收到良好效果。

【荣获了一批重要奖项】

2009年，河北省专业文艺工作者共获全国、国际性奖励64项（人次）。省河北梆子剧院《钟馗》获文化部优秀保留剧目大奖。河北梆子现代戏《女人九香》获中宣部“五个一工程”奖，并在全国优秀地方戏（北方片）展演中获得二等奖。由中国文联、中国剧协等单位主办的第二届中国戏剧奖·梅花表演奖（第24届中国戏剧梅花奖）大赛中，河北省著名戏剧表演艺术家、省京剧院院长裴艳玲获得本届大赛唯一的一个梅花大奖，成为全国获此殊荣的第四人。省河北梆子剧院演员刘凤岭、邯郸市东风剧团演员郭英丽获得梅花奖。这是自梅花奖设置以来，河北省获奖规格最高的一次，也是同届获奖人数最多的一次。在上海国际艺术节上，裴艳玲获白玉兰戏剧艺术特别贡献奖。在第12届中国吴桥国际杂技艺术节上，沧州吴桥杂技学校《草帽》和沧州吴桥杂技大世界《鼓韵》获银狮奖，吴桥职教杂技学校《环之舞》获铜狮奖。儿童剧《我想种太阳》获全国儿童剧优秀剧目展演优秀奖。河北艺术职业学院陈世豪表演的舞蹈《离开雷锋的日子》荣获文华艺术院校奖·第九届全国“桃李杯”舞蹈比赛古典舞B级少年男甲组一等奖。《女人九香》、《日出而作》、《喊山》入选2007 ~ 2008年度国家舞台艺术精品工程现实题材优秀剧本。由王国斌、周景伦、徐冰创作的《华北地道战》正式结项，入选国家重大历史题材美术创作工程。

【艺术科研工作取得阶段性成果】

成功申报《以科学技术为基础的网络艺术研究》、《河北辽代壁画研究》、《河北现代戏剧文学史》3项全国艺术科学“十一五”规划课题，承担了文化部《中国民间舞蹈现状调查·河北部分》等4项全国艺术科学“十一五”规划重点课题，其中《以科学技术为基础的网络艺术研究》已顺利结项，其他项目亦进展顺利。完成了全省艺术科学规划课题的征集申报工作，共有150余个课题进行了申报。

二、抓住国家扩大投资拉动内需的机遇，强力推动公共文化服务体系建设

【文化惠民工程取得积极进展】

积极争取国家和省资金，大力加强与基层群众关系密切的公共文化服务设施和服务项目建设。新增投资近5亿元、总投资近10亿元的河北博物馆、省图书馆建设工程顺利推进。省群艺馆新馆建设工程完成选址。基本建成了省杂技团天缘剧

场、裴艳玲艺术中心、省歌舞剧院与河北交响乐团综合楼等基础设施。完成了省京剧院、省梆子剧院、省话剧院等一批演出小剧场的改造升级。已获得批复的372个乡镇综合文化站建设项目全部开工，竣工数量达到一半以上。新获国家批复乡镇综合文化站建设项目345个。完成了304个乡镇综合文化站文艺活动器材和文化信息共享工程设备的招标采购工作。积极谋划了全省文化馆长和文化站长培训工作。文化信息资源共享工程完成资源建设2TB，培训技术人员1000余名，完成了第二批60个县级支中心和322个共享工程乡镇基层服务点设备招标采购工作。为23个县图书馆和249个乡镇图书室赠送了12.6万册农村适用图书。

【群众文化活动丰富多彩】

全省各级图书馆、博物馆、群艺馆、文化馆、乡镇综合文化站等公共文化单位开展了迎国庆“创优质服务”活动，省博物馆、省民俗博物馆、河北美术馆、省群艺馆等省直公共文化服务单位向社会免费开放。河北大戏院举办了“欢乐周末大舞台”系列演出活动，每周演出一剧，成为群众休闲好去处。河北交响乐团举办了演出季活动，在省艺术中心每月演出两场。省心连心艺术团在全省农村开展“为了大地的丰收”百场文艺巡演。省河北梆子剧院、心连心艺术团、交响乐团、京剧院等省直和各市艺术院团广泛开展送文艺进农村、社区、厂矿演出。举办了规模宏大的第二届河北省民俗文化节，包括传统手工技艺展示、非遗项目展演、烹饪技艺和传统名吃展、非遗保护论坛等活动，得到国家民委高度评价。“激情广场欢乐河北”全省彩色周末活动自2009年4月底启动，已演出几千场。着眼打造河北特色的中秋文化品牌，在承德举办了“山庄中秋·燕赵情韵”晚会。开展了以“实现城镇建设三年大变样”为主题的群众文艺作品征评活动。全省公共图书馆开展了“庆祝国庆60周年”2009年度“燕赵少年读书”系列活动，全省300多所小学、6万余名中小学生直接参与，组织开展了百部优秀爱国主义读物荐读及视频资源赏鉴活动。会同省文明办等部门组织了“爱国歌曲大家唱”活动。

【农村文化建设得到新加强】

召开了全省农村文化建设座谈会，进一步研究部署了农村文化工作。加大对农民自办文化的扶持力度，制定印发了《关于鼓励和扶持农民自办文化发展的实施意见》。开展了创建“农村文化之星”活动和“农村文化之星”评选工作，命名“平山县北冶乡北冶村文艺队”等100个农村文化单位和个人为首批河北省“农村文化之星”，在全国引起强烈反响，各大媒体争相报道。命名文安县等12个县（市、区）为第五批“河北省文化先进县”，认真完成了全国文化先进县复查工作并成功推荐文安县、定州市、迁安市为全国文化先进单位，受到文化部表彰命名。

三、围绕发挥河北拱卫首都的“护城河”作用，为国庆60周年营造良好文化市场环境

突出“发扬奥运安保精神，构筑环京文化安全屏障”工作主题，以为新中国成立60周年营造良好文化市场环境为中心任务，从年初开始陆续开展了整治互联网低俗之风、净化社会文化环境、文化市场集中整治等系列大规模整治活动，组织全省各级文化市场管理部门坚持组织领导、执法检查、重点防控、暗访督查、安全排查、宣传教育“6个加强”，确保体系布防、高压严管、整改落实、超前防范、群防群治、市场稳定“6个到位”，高密度、大频度巡查市场，严厉打击违规接纳未成年人、非法网络游戏、内容低俗演出等违法经营活动，深入实施“护城河”工程。在工作中及时总结经验、创新举措，积极推进政府管理、行业自律、社会监督、协调联动、技控防范、绩效评估六大体系建设，重点完善四项长效机制，不断夯实文化市场管理工作的基础。一是严格宏观调控机制。依法对网吧、游艺娱乐市场进行科学规划布局，严格市场准入，严控市场总量。二是强化技术监管机制。网吧技术监管平台建设进展顺利，在全国率先完成了与中央平台的互联互通，在超时营业预警、拦截非法网站等方面发挥了较好作用。三是夯实社会监督机制。在全省11个设区市同时开展集中整治行动法制宣传日活动；会同省文明办、省关工委在“五老”人员中招募3049名网吧义务监督员，有力充实了河北省网吧市场管理力量；制发了《河北省12318文化市场举报电话受理工作制度》，开通网上举报窗口，整治行动中各级文化执法部门共受理和查处群众举报1800余件。四是完善行业自律机制。建立健全行业协会，积极推动文化市场信用建设。截至10月底，全省文化市场管理部门出动377178人次，检查各类场所156554家次，罚款2604657元，责令停业整顿504家次，吊销许可证10家，全省文化市场总体保持了健康稳定的良好局面，较好地完成了文化市场国庆安保任务。

四、充分运用文化产业反周期调节的规律特点，推动文化产业在金融危机形势下逆势而上、加快发展

一是进一步优化文化产业发展环境。配合省人大开展文化产业调研活动，对河北省3批4个国家文化产业示范基地进行了巡检。积极参与制定河北省《文化产业振兴规划》，颁布了《河北省文化产业园区认定管理办法》，起草了《河北省文化产业示范县评选管理办法》和《河北省文化产业示范县评选标准》。二是积极培育扶持重点文化产业项目。积极开展河北省第二批文化产业示范基地申报推荐工作，促成文化部与省政府签约共同建设廊坊万庄文化生态旅游产业园，促成投资10亿元打造黄粱梦文化产业园区项目，积极指导平泉辽河源契丹文化产业群等各地的重点文化产业项目建设。圆满完成了河北省参加第五届深圳“文博会”的承办工作，强力推介87个文化产业项目，实现13个文化产业项目成功签约，签约额达155.3818亿元，位居所有参会代表团首位。参加了第四届中国北京国际文化创意产业博览交易会、首届中国宁夏国际文化艺术旅游博览会，对河北省的文化产业资源和产品进行了广泛的宣传推介。三是积极推进银企文对接。制定发布了《河北省文化市场信用评价指标体系（试行）》，为金融资本考察文化企业资质和信誉提供参考，促进文化产业发展。与省农村信用社协商共建金融资本与文化产业对接机制，起草了《河北省文化厅河北省农村信用社联合社关于扶持培育河北省重点文化企业、文化项目的合作框架协议》，经申报和筛选，有河北易水砚有限公司等5个文化企业进入省农村信用社联合社放贷范围。积极向文化部等国家部委推荐河北省文化企业申报中国银行支持文化产业发展贷款、申报重点出口文化企业和重点项目。四是大力促进文化市场繁荣发展。会同石家庄市文化局研究制定了《关于繁荣省会文化市场的若干意见》，建立了省和石家庄市文化部门的联席会议制度，争取利用3～5年的时间，将省会打造成为全省文化市场发展的示范区，以省会文化市场带动全省文化市场繁荣。为应对国际金融危机，拉动内需，扩大消费，开展了“走近河北瑰宝感受中华文明”文化遗产旅游消费券发放活动，首批发券优惠额1000万元，深受群众欢迎。积极推进对外文化交流，实施“走出去”和“引进来”战略，全省对外及港澳台文化交流呈现十分活跃的态势。

五、围绕传承和弘扬河北优秀历史文化，扎实推进文化遗产保护和利用工作

【重点文物维修保护项目取得阶段性成果】

中央领导高度关注的怀来鸡鸣驿城墙加固保护工程取得明显进展，工程进度及质量得到国家文物局领导和专家的肯定。积极推进大运河河北段保护规划编制工作，确定了65处遗产申报点。河北省第三次全国文物普查野外调查已经完成10个设区市的实地调查任务，新发现不可移动文物18000余处。组织开展了第七批全国重点文物保护单位申报工作。长城资源调查工作取得阶段性成果，完成了河北省明长城资源调查资料整理及内外业资料全面整合工作，正在开展河北省早期长城资源调查工作。配合南水北调、京港澳高速等基本建设的考古工作取得新收获，完成勘探面积100余万平方米，发掘面积3万余平方米，出土各类重要文物1000余件。加强文物管理、行政执法和安全工作，实行全省文物行政执法和文物安全通报制度，编制了《河北省馆藏文物安全管理工作手册》，会同公安部门对文物领域的违法犯罪行为进行严肃查处，同时加强社会宣传，文物工作的法制化建设取得新成效。

【非物质文化遗产保护成效显著】

基本完成全省非物质文化遗产普查工作。全省共摸排线索两万余条，重点普查非物质文化遗产项目9291项，记录文字资料3349.64万字，拍摄照片11.26万张，录音4276.9小时，摄像4523.77小时，收集实物资料6537件，登记实物资料9798件，形成了文字资料2799册，音像资料2823盒，电子资料9309.72G。整理出版了《河北民间音乐传统曲目集成》、《河北省非物质文化遗产图典》（第二辑）等音像书籍，圆满完成全省非遗档案资料数据库建设一期工程。进一步完善省、市、县三级非遗保护名录体系，省政府公布了第三批省级非物质文化遗产名录173项，

38人被列入第三批国家级非物质文化遗产代表性传承人。大力开展非遗保护区和传播基地建设，首批命名了“井陉太行民俗文化生态保护实验区”等11个省级文化生态保护实验区，命名了邢台内邱县等5个省级民族传统节日保护示范地，命名了河北师范大学等10余所大中专院校为河北省非物质文化遗产传播基地。古籍保护工作顺利推进，完成了第二批“国家古籍珍贵名录”和古籍重点保护单位的推荐申报工作。围绕第四个“文化遗产日”，成功举办了第二届民俗文化节，在省会集中展示了60余项非遗项目，受到广泛欢迎，兴起了关注文化遗产保护的热潮。

六、抓住重点，力求突破，文化体制改革稳步推进

一是积极推进省杂技团转企改制。省杂技团注册成立的“河北地缘吴桥杂技演艺有限责任公司”运转良好，60多名杂技团学员以及外聘专业人员已成为开拓市场的主力，与广西及国外多家公司签署了商演协议，并正在创排大型品牌剧目《梦幻西游》，基本形成了“剧团+剧场+精品”的经营模式，为有效扩大市场、提高效益奠定了基础。同时，组织专门力量对省杂技团人员底数、资产状况和经营运行情况进行了详细调研，制定了《河北省杂技团转企改制方案（报审稿）》。通过与财政、编制、人保、工商等相关职能部门多次反复沟通，对方案作了相应调整。资产清查、人员安置、工商登记注册及政策辅导、统一思想等转制准备工作也在扎实有序地筹备进行。二是河北文化音像出版社的改革初见成效。依据产权清晰、权责明确、政企分开、管理科学的要求，积极探索建立新型的资产运营、劳动分配等体制机制。该社转企后，以文化艺术类音像制品的制作、出版、发行和影视剧摄制、发行为主业，同时将积极开发与主业相关的经营项目，提高综合实力。三是河北交响乐团、省话剧院、省歌舞剧院等文艺院团推行了剧组制、制作人制、签约演员制等新型创作演出机制，积极开拓演出市场。四是积极谋划从整体上推进省直文艺院团改革。为把省直舞台艺术资源进行优化组合，实施集团化发展战略，对全省艺术院团改革进行有效示范和引导，切实增强河北省艺术的发展活力和综合竞争力，结合省直文化艺术单位实际，提出了组建河北演艺集团公司的设想。

七、积极实施“走出去”和“引进来”战略，全省对外文化交流十分活跃

实现对外及港澳台文化交流项目93批次、835人次。其中，派出团组37批次，340人次；来访团组56批次，495人次。涉及40多个国家和地区。其中，配合国家外交大局，举办2009埃及—河北文化周，参加新西兰华人春节庆典和鸟取日本节活动，京剧、杂技、民乐赴港澳参加国庆庆典，推动吴桥杂技入台交流成为河北省2009年文化“走出去”亮点；第12届中国吴桥杂技艺术节的成功举办，吴桥杂技学校培训外籍学员支援非洲文化建设和澳门乐团来冀首演，唐山举办河北唐山—韩国友好周成为河北省文化交流“引进来”亮点。

八、其他各项工作取得良好进展

高度重视党风廉政建设，促进文化系统党员干部廉洁自律、依法从政；探索建立健全干部作风建设长效机制，加强廉政文化建设，扎实推进惩防体系建设和行风建设工作。

积极推进基层组织建设，落实基层党建工作制度，充分发挥各级党组织的战斗堡垒作用和党员的先锋模范作用；加强和改进思想政治工作，创新工作方法，强化理论武装，党员干部的理论素质明显提高，宗旨观念不断增强。

安全生产和信访稳定工作扎实有效，全省文化系统未发生大的安全事故和群体性事件。

山西省

2009年，在山西省委、省政府的正确领导下，全省文化工作以推动文化大发展大繁荣为目标，以巩固和深化学习实践科学发展观活动成果为着力点，准确把握经济社会发展形势，认真实施文化建设“七大工程”；积极引深文化体制改革，全力搞好庆典活动，积极开展“三大攻坚”，扎实做好十件大事，努力推进全省文化转型、创新、跨越发展，各项工作取得重大进展，文化事业和文化产业出现了可喜的繁荣局面。

一、高扬时代旗帜，谱写壮美画卷，山西文化艺术雄风再展

庆祝新中国成立60周年是2009年党和国家

政治生活中的一件大事，也是举国普天同庆的一件喜事。围绕这一中心，我们集中人才、集中力量，创作加工了一大批优秀文艺作品，以丰富多彩的艺术形式，在首都北京和三晋大地唱响了共产党好、社会主义好、改革开放好和伟大祖国好的时代主旋律。

【文艺精品晋京献礼展示文艺晋军新风采】

2009年8月29日至9月9日，山西省组织12个院团在首都7个剧场演出近30余场。其中为国庆60周年献礼演出量身打造的新编大型说唱剧《解放》，立意高远、主题鲜明，题材新、视角新、体裁新、运作方式新，引起社会强烈反响，受到广泛好评；全新阵容的梅花版晋剧《打金枝》、京剧《走西口》、歌舞《九曲黄河》等剧目在晋京献礼展演中都获得极大成功。李长春、刘云山、刘延东等12位党和国家领导人、近200位部级领导、300余位文化界名人和近6万名各界群众观看了演出。7月，在北京举办“向祖国汇报——新基地、新山西、新成就”大型画展，60多位国内省内知名画家共创作反映当代山西经济社会发展与山水人文风情的作品120幅，贾庆林等领导同志参观了画展并给予好评。晋京展演展览的成功举办，展现了我省悠久的历史和灿烂的文化，展示了山西省改革开放取得的伟大成就，展示了近年来山西省转型发展和建设文化强省取得的巨大成果，进一步扩大了山西省的对外影响，全面提升了山西的良好形象。

【“魅力山西”彩车彰显山西改革开放新形象】

由省文化厅组织百余人，历时7个月，精心设计制作的“魅力山西”彩车，在国庆佳节进行了精彩表演，10月2～11日又在天安门广场进行了为期10天的展示，观展群众逾1500万人次，并以独特创意与精美工艺的完美结合获得北京指挥部颁发的“群众游行彩车设计制作创新成果奖”、“群众游行彩车优秀设计制作奖”等15个集体单项奖。

【国庆主题活动掀起群众文化新高潮】

以“向祖国汇报，请百姓看戏”为主题，6月成功举办了第三届全国地方戏优秀剧目（北方片）展演。来自北方13个省市的22个戏剧表演团体演出46场，包括10个剧种，会聚20余位文华奖、梅花奖演员，观众近5万人。山西文艺精品进京献礼演出周之后，省文化厅与省委宣传部密切配合，组织部分献礼精品，并抽调山西省各院团优秀剧目，在省城太原开展了历时40天的“展演月”活动，采取政府采购与市场营销相结合的方式，实行低票价制度，为近10万观众提供了又一次华美的艺术享受。

“盛世华章”山西省庆祝中华人民共和国成立60周年文艺晚会、“为祖国喝彩”大型歌会、山西省第四届三晋之春合唱音乐会、山西省第六届广场文化艺术节、激情广场大家唱、山西省民歌民乐民舞调演、山西农民画展、网络摄影展、少儿美术书法优秀作品展、山西省第七届书法临摹展等一连串的文艺庆祝活动让广大群众共同分享祖国繁荣发展的成果，并共同见证祖国富强的历程，把新中国成立60周年庆典活动推向高潮，在全省乃至全国引起了强烈反响。

二、统筹规划，协调推进，文化建设“七大工程”取得新成效

省文化厅积极落实科学发展观学习成果，加强文化工作科学规划与统筹安排，以改革创新为动力，以艺术繁荣为核心，以产业振兴为抓手，以项目建设为着力点，以传承与发展为目标，以重大文化活动和对外文化交流为平台，以人才培养为支撑，围绕年初工作思路，实行工程化布局、项目式指导，文化建设“七大工程”取得了阶段性成果。

【艺术繁荣精品创作取得重要进展】

着力推进繁荣艺术创作“2241430系列文化项目”规划，一批艺术精品和优秀剧目立于舞台，包括说唱剧《解放》在国家大剧院演出，引起轰动，晋剧《麦穗黄了》和《常家戏楼》，歌舞《九曲黄河》、《云·冈》、《塞外长歌》，新版晋剧《打金枝》，京剧《五台圣境》、《赵昌惊驾》等受到了专家与观众的广泛好评，形成了山西舞台艺术创作生产的新高潮。

【文化产业发展步伐加快】

进一步确立了“培育三大支柱、构建八大方阵、打造三张名片”的文化产业发展思路，提出了“十百千”（打造10个龙头项目、100个示范项目、1000个带动项目）项目带动发展的规划意见，形成了以重点项目建设为龙头引领推进全省文化产业全面发展的新格局；协助省委宣传部起草完成了《山西省文化产业发展规划纲要（2009～2015年）》，提请省政府办公厅下发了《山西省文化

产业示范基地评选命名管理办法》；组织参加第五届中国（深圳）国际文化产业博览会、第四届中国中部贸易投资博览会·国际动漫展、首届中国宁夏国际文化艺术旅游博览会和第四届中国（北京）国际文化创意产业博览会，为全省文化企业搭建了展示交易平台，签约项目融资总额达8亿元人民币。

【基础设施建设势头良好】

全力实施“万村千乡文化设施建设工程”，省、市、县、乡、村五级公共文化服务设施建设稳步推进。山西大剧院、山西省图书馆新馆两大重点工程进展顺利，山西戏剧职业学院迁址新建、山西省歌舞剧院改扩建、山西省晋剧院改扩建、山西省曲艺团合作建设、五台山演艺中心、山西文化创意示范园等8项省直文化设施重点建设项目争取列入省政府重点工程建设项目已完成报批工作，有关省领导已作出批示。全省一批县级文化设施相继建成，在建的县级文化设施达到47个，建筑面积11.2万平方米；乡镇综合文化站按照《山西省乡镇综合文化站建设实施方案》稳步推进，截至2009年底，山西省已累计下达乡镇综合文化站补助计划1505个，涉及108个县（区、市）的877个乡镇，占到乡镇区划总数的73.3%，全省乡镇综合文化站开工项目累计达到692个，建成项目401个，完工面积12.1万平方米，累计完成投资2.69亿元。

【文化惠民扎实有效】

从维护好、实现好、发展好人民群众基本文化权益出发，通过改善和提升基层公共文化服务条件、服务能力和服务水平，深入开展送书、送文化信息、送戏下乡活动，着力解决“两少”、“三难”：公共文化设施少、文化产品数量少，看戏难、看书难、了解文化信息难的问题，努力满足人民群众多层次、多方面、多样化的文化需求。2009年以来，下拨文化资源共享资金3758万元、乡镇文化站建设资金8100万元、乡镇综合文化站及村文化活动室设备购置资金6024万元，先后完成了72个县级支中心和15000多个资源共享村级站点的建设工作，为500多个已建成完工的乡镇文化站配备了资源共享及文化活动器材设备，10万册价值210多万元的图书陆续配送到各基层单位，完成了9968个村图书和书柜的配送工作。

【非物质文化遗产保护顺利推进】

组织开展了10万余人次参加的全省非物质文化遗产普查，获取线索20余万条，重大发现135项；完成了第三批国家级非物质文化遗产代表作和代表性传承人申报工作，公布了山西省第二批非物质文化遗产项目和第二批代表性传承人；成功举办了山西省非物质文化遗产传统技艺大展，展出实物8000余件，接待观众7万余人次，现场销售500多万元，达成经济合作协议12项1.6亿元；创新“公司＋农户”的非物质文化遗产生产性保护模式，受到李长春的肯定；晋中文化生态保护试验区申报成功。目前我省国家级非物质文化遗产项目96个，省级项目300个，市级项目593个，县级项目907个，国家级项目传承人72人，省级项目传承人228名，初步建立了国家、省、市、县四级非物质文化遗产保护名录体系。

【形象提升有声有色】

借助新中国成立60周年这一平台，积极组织，精心策划，把国庆60周年庆典变成了宣传山西文化、展示山西形象的舞台，充分展现山西省文化工作的丰硕成果，展示山西省改革开放取得的伟大成就；积极实施“走出去”战略，组派舞剧《一把酸枣》、山西四大梆子折子戏精选及五台山佛乐团等大型优秀团组赴香港演出，创下山西省演艺团组入港新纪录；太原市文化局、晋中市文化局分别组团赴美国、土耳其参加文化交流，把山西优秀的民间舞蹈和小花戏推向了海外；太重鼓乐团赴澳大利亚墨尔本参加当地“中国文化节”活动，被当地华侨冠以“墨尔本的春雷”的美称，受到了我驻墨尔本总领事馆的赞扬和充分肯定。文化交流进一步提升了山西对外的良好形象，形成政府、民间并举和多元发展的对外文化交流新格局；全年完成16个对外文化交流项目，足迹遍及欧、亚和北美三大洲的12个国家和地区。

【人才培养卓有成效】

山西戏剧职业学院和中国戏曲学院联合办学方案确定，年底开始招生；山西艺术职业学院和山西广播电视干部学院合作提升办学层次，取得重要进展，以省艺术职业学院和省戏剧职业学院为重点的人才基地建设初具规模。采取“走出去、请进来”的方式举办了各种形式的专题培训班，从5月中下旬起先后举办了全省文化系统人事干部培训班、县（市、区）文化局长培训班、全省文化系统办公室主任培训班，省文化厅还与文化部人事司共同主办了文化部全国文化干部培训山西省文化站长第一届培训班，对提高我省文化干部的政治、业务素质和开拓创新的能力，进一步促进全省文化建设起到了积极的推动作用。

三、解放思想，实事求是，文化体制改革扎实推进

一年来，山西省文化厅认真学习贯彻党中央、国务院和文化部以及省委、省政府有关文件与会议精神，成立了山西省文化厅文化体制改革和文化产业发展领导组，对全省各级各类文化事业单位进行了调查摸底，采取分类指导、积极推动、大胆探索、稳步推进的原则，积极稳健地推进文化体制改革。

【厅机关“三定”方案顺利完成】

根据山西省政府办公厅下达的《山西省文化厅主要职责、内设机构和人员编制规定》，重新调整、规范了厅机关和各处室的工作职责。划入动漫管理（不含影视动漫和网络视听中的动漫节目）、网络游戏管理（不含网络游戏的网上出版前置审批），及相关产业规划、产业基地、项目建设、会展交易和市场监管的职责；增加指导文化市场综合执法、保护非物质文化遗产的职责，对从事演艺活动的民办机构进行监督、管理，对文化类民办非企业单位、社团、基金会进行登记前审查和日常管理、监督，以及对工艺美术进行行业管理的职责。增设了对外文化联络处和非物质文化遗产处两个机构，实现了山西省文化厅机关主要职责、内设机构与文化部机关基本对应，进一步加强了对文化事业与文化产业的宏观管理职能。

【艺术院团转企改制取得突破】

对全省各级各类艺术表演团体进行了分类排序，根据实际情况选择适宜的试点地区与单位，按照中央和省里确定的时间表、路线图、任务书，结合行业实际，提出了改革的基本思路，起草了《山西省文艺表演院团改革指导意见》，制定了《山西省歌舞剧院转企改制工作方案》，并报经省改革领导组会议批复，于2009年12月18日为山西省歌舞剧院集团有限责任公司正式挂牌，以此为标志，省直和太原、阳泉、晋城、晋中4个试点市的10个试点文艺院团的改革任务基本完成。

【公益性事业单位内部机制改革继续深化】

根据人事部、文化部《关于文化事业单位岗位设置管理的指导意见》（国人部发〔2007〕19号）和《山西省事业单位岗位设置管理实施意见》（晋人字〔2008〕111号），对以图书馆、文化馆为主的公益性文化事业单位，结合全省文化人才队伍现状，起草下发了《山西省文化事业单位岗位设置管理指导意见》，为事业单位绩效工资制度改革和养老保险改革做好前期准备工作。

【文化市场综合执法改革取得明显成效】

按照中央关于文化市场综合执法机构改革的有关精神和省政府实施意见，基本完成了市、县两级文化市场综合执法改革，文化市场管理更加规范协调，执法水平明显提高。积极推进全省网吧市场监管平台建设，不断提高监管水平，逐步建立网吧退出机制，积极引导网吧文明经营、守法经营，构建和谐娱乐环境；按照中央部署，在全省开展整治互联网低俗之风专项行动，查处网吧340多家；开展净化社会文化环境专项行动，取缔黑网吧441个，网吧低俗内容接入与未成年人进入网吧现象得到了有效遏止；充分动员全社会力量，从老干部、老战士、老专家、老教师、老模范五老人员中选聘了5341名社会监督员，初步建立起社会监督机制，文化市场管理监督制度不断完善。

四、改进作风，改善条件，文化发展环境不断优化

【规章制度体系不断完善】

按照建设法治政府和服务型政府的要求，省文化厅以制度建设为着力点，不断加强机关科学化、规范化管理，先后组织起草、制定了《中共山西省文化厅党组工作规则》、《山西省文化厅工作规则》等58项规章制度，规范了厅机关工作行为，明确了文化行政部门职责义务、办事程序，进一步完善了文化工作制度体系。

【政风行风得到明显改善】

以作风建设为重点，厅党组先后向全省各级文化部门下发了《关于加强领导干部党性修养树立和弘扬良好作风的意见》（晋文党发〔2009〕6号）、《关于做好2009年政风行风民主评议工作的实施意见》（晋文发〔2009〕59号）和《关于在全省文化系统进一步加强政风行风建设的意见》（晋文发〔2009〕81号），加大力度改善机关工作作风和机关服务水平，推进政务公开，建设电子政

务，深化行政审批制度改革，开展政风行风评议，聘请政风行风监督员，举行政风行风民主评议听证会，加大了对基层文化服务部门的明查暗访力度，进一步促进了政风行风建设工作的顺利开展，使机关工作作风和机关服务水平有了显著的改善与提高。

【文化安全生产成效显著】

厅党组居安思危，把文化安全生产作为重点工作加强监督管理，不断完善安全生产管理制度体系，有效落实安全生产责任制，扎实开展安全隐患排查整治行动，特别是围绕国庆60周年系列文化活动严密布置，强化管理，责任到人，为国庆60周年系列文化活动顺利进行提供了安全保障。

【机关办公条件逐步改善】

在规范办公程序，完善监督管理制度，加强内部管理的同时，省文化厅积极争取经费，并通过严格的招投标程序，历时3个月，对厅机关办公楼从建筑保温、供暖、供电、供水设施改造等多方面进行了节能改造。机关办公环境、工作条件得到了极大的改善。

【机关党的建设扎实推进】

切实加强厅直属机关党的建设，结合整改方案，认真组织了学习实践科学发展观“回头看”和各种学习、研讨活动，提高了广大党员自觉践行科学发展观，为山西文化大发展大繁荣多作贡献的水平和能力；在“七一”党的生日时隆重表彰了两年来全系统产生的先进基层党组织和优秀共产党员。及时修订直属机关党建工作五年规划，明确当前和今后一个时期内厅机关党建工作的目标和任务，加强了对厅直属单位民主生活会的指导，促进了各基层党组织认真贯彻落实党的十七大、十七届三中、四中全会和省九届党代会精神，加强思想建设和组织建设。成功组织了厅属机关工会和17个基层工会换届工作，顺利通过省直精神文明单位验收和党的工作责任制检查验收。

【反腐倡廉工作取得实效】

根据省委、省政府要求，结合文化工作实际，大力开展党风廉政建设与工作作风建设，整体推进文化系统惩治和预防腐败体系建设，加强对“三重一大”等重要工作的监督检查，与省发改委、省财政厅组成联合检查组，对全省11个市100个县的680个乡镇综合文化站建设情况进行了联合检查，厅机关及全省文化系统党风廉政建设与工作作风建设取得了较大成绩，受到文化部领导的高度评价。2009年11月25日，《中国纪检监察报》头版文章《为社会主义文化大发展大繁荣提供坚强保证》充分肯定了我厅积极推进廉政文化建设和坚持以人为本、认真开展政风行风建设工作的做法。

内蒙古自治区

2009年，内蒙古自治区上下积极应对金融危机严峻挑战，全力以赴“保增长、保民生、保稳定”，文化建设自觉服从服务于这个大局，按照中央和自治区的决策部署，紧紧围绕“两大一新”总体要求，以科学发展观为统领，解放思想，改革创新，狠抓落实，各项工作呈现出加快推进、繁荣发展的新局面，文化发展的基础得到巩固和加强，文化工作的整体实力、地位和作用有了明显提升，为自治区改革发展稳定大局提供了强有力的精神动力和文化支撑。

一、公共文化服务体系建设

按照加大投入，完善网络，强化管理，提高服务，面向基层，惠及全民的思路，扎实推进公共文化服务体系建设，各项工作取得了重要进展。一是打基础、上项目，加快推进公共文化设施建设。紧紧抓住国家和自治区拉动内需、加快基础设施建设的有利时机，着眼文化长远发展，大力实施重大公共文化建设工程。内蒙古图书馆改扩建工程基本竣工，国庆期间正式向社会开放。内蒙古演艺大厦建设进入规划立项阶段。乡镇苏木综合文化站工程投资7100万元，规划建设407个项目。落实资金980万元计划对245个文化站的设备配置进行改善。文化信息资源共享工程投入2090万元，完成了第三批54个旗县支中心设备采购任务，工程建设正在实施中。第四批2071万元建设资金已到位，15个旗县支中心和2941个基层点项目正在进行设备招标采购，年底前全区101个旗县（区）支中心建设任务将全部完成。会同自治区财政厅编制旗县“两馆”改造规划，计划投入6850万元，用4年时间对面积不足800平方米的45个县级图书馆和面积不足1500平方米的86个县级文化馆进行彻底改造升级。二是面向群众，着眼基层，广泛开展文化惠民活动。组织了“百团千场下基层”活动，全区109个艺术团体下基层演出2500余场。投入574万元购置了19台“流动舞台车”，赠发到部分旗县乌兰牧骑，解决了边远地区农牧民群众“看戏难”的问题。实施了“送书下乡工程”，将10万余册图书配送至31个国贫旗县图书馆。积极推动全区博物馆、纪念馆、爱国主义教育基地面向社会免费开放，由2008年的74家增加到108家，接待观众300多万人次，走在了全国的前列。三是加强管理，典型引导，群众文化创建活动蓬勃开展。制定出台了苏木乡镇综合文化站建设管理办法。召开文化站建设现场会，推广了典型经验。完成全区77个公共图书馆评估工作，对19个国家级文化先进旗县进行了复查。广泛开展了全区图书馆、文化馆、文化站、民间剧团、文化大院（文化户）文化广场、文化社区评先创优活动，特别加强了对农村牧区文化大院（文化户）、业余乌兰牧区等基层文化社团组织的政策扶持和资金奖励。社区文化、广场文化、老年文化、少儿文化、农村牧区文化等有组织和群众自办的文化活动遍及全区，群众性文艺创作、演出和展览活动蓬勃开展，呈现共建共享新格局。

二、艺术创作和演出

围绕庆祝新中国成立60周年，加强指导，改进管理，通过举办各类创作培训班、开展舞台剧本征集、召开剧本研讨会等多种形式，繁荣舞台艺术创作，推动民族艺术创新，努力在推出新作品、打造精品力作方面下工夫，涌现了一批具有民族特色、反映时代特点、广受群众喜爱的优秀作品，题材和体裁得到极大丰富，艺术创作呈现出繁荣活跃的新气象，特别是在舞台剧目创作方面有了新突破，全区共推出《巴雅尔与大花眼》、《诺恩吉雅》、《草原记忆》、《花落花开》、《马头琴响起的时候》、《大汉骄子》等近40部重点舞台剧，大部分已投向市场，引起了广泛的社会反响。舞蹈、曲艺、小戏、歌曲等创作也保持了良好势头，全区涌现出300多个新创作品。一批优秀作品先后获得我国文化艺术政府奖和比赛大奖，其中《草原记忆》荣获全国“五个一工程”奖，内蒙古民族歌舞剧院的舞蹈《东归兄弟》获得全国舞蹈比赛二等奖等，展示了内蒙古自治区艺术创作风采。乌兰牧骑建设得到加强。开展了评估调研工作，召开了全区乌兰牧骑工作会议，研究制定了《加强新时期乌兰牧骑工作的意见》，将以自治区党委、政府的名义下发实施，不断推动新形势下乌兰牧骑事业的改革和发展。

全区各类文艺活动精彩纷呈，成功主办和承办了第11届亚洲艺术节、第六届中国·内蒙古草原文化节、全区首届马头琴艺术节、首届二人台艺术节、首届全区民族文艺会演等一系列重大文艺活动。通过举办这些具有导向性、示范性的艺术活动，使自治区优秀民族传统文化得到了全面深入的挖掘、梳理、展示和提升，对于弘扬草原文化核心理念，推动民族文化创新，促进全民文化自觉都有重要作用。出色完成了首都国庆60周年群众游行活动内蒙古彩车“草原飞虹”的设计、制作、展出任务，受到社会各界好评，为自治区赢得了荣誉。“团结奋进的内蒙古”大型展览内容丰富、形式新颖，充分展示了60年来自治区各族人民在党的领导下取得的辉煌成就，在北京民族宫连续展出20天，接待观众38万人次，150多个国家的驻华使节参观了展览，受到党和国家领导人的高度评价。

三、文化遗产保护

2009年以来，自治区文化遗产保护工作受到了国家文物局和自治区领导的高度重视，文物保护经费大幅增加，大批保护工程和项目得以规划和实施，文化遗产保护取得了突破性进展。一是资源普查成果显著。第三次全国文物普查任务已完成了全区总面积的80%以上，验收扫尾工作全面铺开。全区101个旗县都开展了实地调查，投入普查经费2400多万元，向基层一线赠发普查车100辆，新发现不可移动文物7887处，其中有5处荣列国家文物普查重要新发现。长城资源调查顺利进行，统计并公布自治区明长城总里程712.6公里，查明全区战国秦汉长城900余公里。完成了中蒙两国在自治区境内的蒙古族长调民歌田野调查任务，对5个盟市16个旗13个长调风格区进行了全面深入的摸底调查，获得了大量珍贵的第一手资料。二是名录体系建设取得重大进展。9月30日，蒙古族呼麦被联合国教科文组织公布为“人类非物质文化遗产代表作”，实现了“非遗”申报和保护工作又一重大突破。三级“非遗”名录体系建设逐步扩大。评审推荐97个项目申报第三批国家级“非遗”名录。自治区有16人被列为第三批国家级“非遗”项目代表性传承人。评审并向社会公布了第二批自治区级“非遗”111个新增项目和27个扩展项目，自治区级名录项目已达251个，12个盟市全部建立本级“非遗”名录，体系建设正在向旗县延伸。古籍保护取得新成果，42部古籍入选国务院公布的第二批国家珍贵古籍名录。三是实施重大保护工程和项目。自治区“四少”民族文化遗产抢救保护纳入国家工程；投入经费1950万元，重点对辽陵、居延、辽上京等大遗址进行保护；赤峰市二道井子遗址考古发掘取得重要成果；元上都申报世界文化遗产进入攻坚阶段，确定了“时间表”和“任务书”，文本编制、文物保护、环境恢复等工作有序推进；“草原神灯”安防工作成效明显；对自治区境内12000公里长城遗址沿线设立了保护碑，并对重点地段进行了抢修；启动了文化生态保护区申报、评审工作，锡林郭勒盟申报国家级文化生态保护试验区工作正在稳步进行，第一批自治区级文化生态保护区将于年底公布。四是博物馆事业不断壮大，宣传服务水平明显提高。完成了《内蒙古民族博物馆体系建设纲要》编制工作，加快民族特色博物馆布局调整和建设步伐。自治区18座博物馆，分别被评为国家一、二、三级博物馆，内蒙古博物馆成为国家一级博物馆，全年接待观众近百万人次。各类民营博物馆建设进入了蓬勃发展的新阶段。

四、文化市场管理

以创建平安文化市场、促进社会和谐稳定为目标，以净化社会文化环境为主线，以网吧整治为执法重点，坚持守土有责、守土尽责，不断强化全区文化市场监管和建设，全区各类文化经营场所未发生重大事故，违法违规案件明显减少，圆满完成了国庆60周年文化市场安全保障任务。一是完善管理制度，规范执法行为。制定了文化市场管理责任目标，进一步完善了责任书制度，细化了监管责任目标，与各地签订了监管责任书。转变管理职能，推进依法行政，制定了文化市场行政许可规范，统一了许可文书格式，规范了文化市场行政行为。二是创新和延伸管理手段。推进网络计算机监管平台建设，完成了软件开发、线路改造，实现了与文化部中央文化市场监管平台的对接，提高了网络文化市场监管能力和技术手段。积极探索建立网吧社会监督制度，全区共聘请“五老”网吧义务监督员2484名，在网吧监管方面发挥了重要作用。三是深入开展文化市场专项整治活动，确保文化市场健康有序发展。严格控制网吧总量，停止了规划新增网吧的审批工作。严厉查处网吧接纳未成年人经营活动，强化对网吧经营场所的日常监管和集中整治，保持严管重罚的高压态势。全年检查经营场所26000多家次，办结行政案件618件，查处取缔黑网吧46家。大力整治校园周边环境，集中清理不符合开办条件的网吧和娱乐场所。开展了网络百日执法行动，治理互联网低俗之风，净化了网络文化市场。组织了动漫市场专项整治行动，保护动漫产品知识产权，为网络游戏、动漫等新兴产业发展创造了良好的市场环境。

五、文化产业发展

认真贯彻落实中央和自治区关于振兴文化产业的精神，大力推动全区文化产业健康、快速、有序发展。一是健全文化产业政策体系。推动政策规划的制定和出台，先后参与起草和出台了自治区关于加快文化产业发展的若干政策意见、文化产业发展纲要、关于促进非公有制文化企业发展的意见、贯彻落实国务院文化产业振兴规划实施意见等一系列重要政策和规划，鄂尔多斯、锡盟、赤峰、呼伦贝尔、乌海等地相继制定或出台了扶持文化产业发展的指导意见、发展规划以及优惠政策，政策体系逐步完善，发展环境得到优化。二是加强典型引导，推进产业布局调整和规模适度聚集。加快文化产业基地和地区特色文化产业园区建设，开展了第二批自治区级文化产业示范基地评选命名工作。目前，全区拥有国家级文化产业示范基地两家，自治区级10家，已经规划和正在建设的文化产业示范园区和基地20家，文化产业基地和园区建设取得新进展。三是加强招商引资工作。组织自治区8家文化企业和单位参加了第四届北京国际创意产业博览会，开展宣传推介工作，达成多项合作协议，招商引资取得实效。四是加大金融支持力度，促进中小文化企业发展。为自治区10家文化企业向中国银行、中国进出口银行申请贷款，协调解决融资难问题，目前已进入银行审核阶段。五是大力推动民族工艺美术产业化发展。7月，举办了“首届内蒙古文化产业工艺美术创新作品大赛”和工艺美术精品展，参赛作品800余件（套），评选命名了6家自治区级优秀工艺美术生产企业和8位工艺美术家，此次活动受到自治区领导和业界人士的高度评价。六是培育新兴文化业态，重点发展民族动漫产业。举办了第二届动漫展和动漫高峰论坛，成立了自治区动漫游戏协会，制定出台了动漫企业认定工作规程，开展对全区动漫企业认定工作，遴选并向文化部申报了4家企业，组织开展了国家“原创动漫扶持计划”，向文化部申报了23个原创作品和团队，落实国家对动漫企业的财税优惠政策，推动了自治区动漫等新兴文化产业的起步发展。

六、文化体制改革

按照中央和自治区的改革精神和部署要求，加强调查研究，完善改革思路，积极稳妥推进文化系统各项改革工作。一是加快文艺演出院团改革。拟订了内蒙古民族演艺集团组建实施方案，完善了路线图，明确了时间表。确定了内蒙古杂技团作为转企改制的试点单位，拟订了改制方案，内蒙古杂技艺术有限责任公司挂牌工作正顺利推进。乌兰牧骑改革已基本定调，下一步将纳入公共文化服务体系，主要是强化面向基层，服务群众的职能。呼和浩特市整合市歌舞团、民间歌舞团、晋剧团和演出、舞美公司的艺术资源，筹建呼和浩特演艺集团，其中呼市歌舞团年底前将率先实现整体转制。包头市整合市漫瀚剧团、晋剧团、青年晋剧团等，组建了包头市漫瀚剧院。二是推进文化单位职能撤建和资源整合。根据职能变化和工作需要，撤销了原内蒙古文化艺术干部学校，成立了自治区非物质文化遗产保护中心。整合内蒙古博物馆、内蒙古将军衙署博物院、内蒙古考古研究所三个区直文博单位，组建内蒙古博物院，6月完成了领导班子配置和内部机构建制，各项工作有序展开。三是电影公司划转工作顺利推进。内蒙古电影发行放映有限责任公司顺利完成划转，各地划转工作年底前将基本完成。四是文化市场行政执法改革不断深化。自治区和盟市两级13个文化稽查队转为参照公务员管理机构，67个旗县区已建立了文化市场行政执法机构，为下一步推进文化市场综合执法改革奠定了基础。

七、对外文化交流

紧紧围绕国家“走出去”战略，积极参与在国内外举办的中国文化节、文化周以及各类重要演出、展览等，对外文化交流亮点迭出、空前活跃。全区各级艺术院团、文化单位分别赴21个国家和地区开展交流48起1103人次，引进24个国家39个文化代表团和艺术表演团（组）1384人次，文化交流项目数量和人次创历年之最，主要表现在以下三个方面：一是对欧美国家交流日益深入。“安达组合”在美国中西部5个州成功进行了40天65场巡演，还随胡锦涛主席出访俄罗斯，参加了“庆祝中俄两国建交60周年暨中国文化节开幕式”演出活动，得到了中央领导的高度评价，文化部给予了通报表扬。内蒙古杂技团在德国、瑞士、芬兰持续演出660场，观众达273.8万人次。呼和浩特歌舞团赴德国、荷兰、比利时进行了巡演，历时24天，演出32场。自治区文物精品还参加“欧罗巴利亚中国艺术节”、“丝绸之路展”。二是与周边国家交流更加活跃。与韩国两个地区签订了文化交流协议，确定了交流项目。内蒙古博物院“成吉思汗——中国古代北方草原游牧文化展”在日本巡展。鄂尔多斯市5支乌兰牧骑赴亚洲8国访演，《鄂尔多斯婚礼》还参加了在日本东京举行的“2009中国文化节开幕式”并进行专场演出。特别是第11届亚洲艺术节在鄂尔多斯市成功举办，极大提升了自治区的知名度和文化影响力，加深了同亚洲各国文化交流与合作。对蒙古国交流呈现全方位、多层次的新格局。中央领导出席了中蒙建交60周年“乌兰巴托·中国内蒙古文化周”开幕式，并为内蒙古摄影艺术展剪彩，“友谊彩虹”系列文化活动丰富多彩，与蒙古国在考古发掘、蒙古族长调保护、图书馆、博物馆建设等方面的合作不断深化和加强，取得了重要成果。三是对港澳台交流亮点纷呈。内蒙古杂技团《成吉思汗风》在香港连演5场。内蒙古民族歌舞剧院先后赴香港参加了“第23届澳门国际音乐节”和“第三届中华民族文化周”演出活动，并随文化部团组赴台湾参加了“国风·中华非物质文化遗产专场晚会”。内蒙古博物院《父亲的草原母亲的河——蒙古族文物精品展》在台湾故宫博物院隆重开幕，“文化入台”系列活动成效显著。

辽宁省

2009年，辽宁省文化工作在省委、省政府的正确领导下，以科学发展观为统领，按照“高举旗帜、围绕大局、服务人民、改革创新”的总要求，以迎接新中国成立60周年为契机，以建设社会主义核心价值体系为根本，以构建公共文化服务体系、促进艺术创作繁荣、加快文化产业发展、强化文化市场监管、提升文化遗产保护水平为重点，以深化文化体制改革和机制创新为动力，以加强人才队伍建设和党风廉政建设为保障，努力推动文化大发展大繁荣，取得了新的成绩。

一、实施文化惠民工程，构建公共文化服务体系取得可喜进展

【文化信息资源共享工程进村入户工作取得显著成果】

全省已通有线电视的226万农户可以通过广播方式收看共享工程信息，全省已推广机顶盒点播用户209万户。文化部、财政部、广电总局在辽宁召开了全国文化信息资源共享工程进村入户工作现场会。

【乡镇综合文化站建设任务圆满完成】

新下达的157个乡镇综合文化站建设项目已经全部竣工并投入使用。对160个乡镇综合文化站进行了设备扶持。

【成功举办了辽宁省首届农民文化艺术节】

组织全省广场舞蹈会演、农民歌咏会演、皮影戏会演、戏剧曲艺会演、农民画及剪纸展览、非物质文化遗产展示等大型主题活动，参演各类节目百余个，参展作品千余件。全省14个市各组织一台贴近农民、具有浓郁地域特色和生活气息的综艺节目深入农村乡镇，为农民群众演出70余场。45个国家级及省级文化先进县、67个国家级及省级民间艺术之乡、114个国家级及省级非物质文化遗产名录及新建的200余个综合乡镇文化站，均结合本地区实际，组织开展了丰富多彩、健康向上的文化展示活动。各市图书馆、艺术馆、文化馆在文化艺术节期间还集中开展了送书、送戏、送电影下乡活动，送书下乡36万册，送戏180余场，送科技信息23万余份。初步统计，农民文化艺术节期间为广大农民群众举办的文化活动达600余场，参与演出的演职人员2万余人，观众达200余万人次。

【古籍保护及图书馆评估工作全面展开】

成立了辽宁省古籍保护工作专家委员会，全面启动了古籍普查工作。全省两批共有322部古籍入选《国家珍贵古籍名录》，辽宁省图书馆、大连图书馆入选首批全国古籍重点保护单位。完成了第四次公共图书馆评估工作。举办了以“庆祝新中国成立60周年”和“积极开展全民阅读活动”为主题的2009年度图书馆服务宣传周，全省各级各类图书馆组织各类活动1000余项（次）。

【基层文化创先工作取得新进展】

沈阳市于洪区、辽阳市宏伟区被人事部、文化部命名为全国文化工作先进单位。继续开展了省文化先进县、先进乡镇（街道）、先进村（社区）创建活动。全省有4个县区、31个乡镇（街道）、59个村（社区）进入省文化先进行列。命名了沈阳市和平区等5个区、镇为辽宁省民间艺术之乡（基地）。

【“百馆千站”培训工程取得阶段性成果】

在抚顺、本溪、丹东、铁岭4市举办培训班，共培训县区文化馆馆长、乡镇文化站站长和社区文化管理员371人。

二、以庆祝新中国成立60周年为契机，大力促进艺术繁荣

【艺术精品工程再创佳绩】

辽宁人民艺术剧院话剧《矸子山上的男人女人》获中宣部“五个一工程”奖，排名第一；在第二期国家舞台艺术精品工程第一年度评选中，获重点资助剧目第一名，实现辽宁第二期国家舞台艺术精品工程开门红。沈阳评剧院评剧《我那呼兰河》进入第二期国家舞台艺术精品工程第二年度评选初选剧目行列。在文化部举办的第三届全国地方戏优秀剧目（南北片）展演中，评剧《我那呼兰河》获得一等奖，朝阳市评剧团评剧《赵尚志1933》获得二等奖。

【艺术创作取得新进展】

实施了一批重点选题的创作，为辽宁省第八届艺术节做创作准备，如辽宁人民艺术剧院话剧《黑石沟的日子》，儿童剧《那匹白马那些人》、

《水晶之心》，辽宁芭蕾舞团芭蕾舞剧《白蛇传》和大连京剧团京剧《圣女传》。同时着重抓了一批市级院团的重点剧目创作，如大连话剧团话剧《月亮花》、大连杂技团杂技剧《胡桃夹子》、大连歌舞团歌舞诗《海、山、人》、营口盖州市辽剧团辽剧《山这边，海那边》等。

【艺术演出活动丰富多彩】

与省委宣传部共同举办了庆祝中华人民共和国成立60周年辽宁省京剧优秀剧目巡演活动，沈阳、大连、锦州、阜新的京剧院团和沈阳师范大学戏剧艺术学院参加了沈阳汇报演出和进京演出，产生很好的社会影响。参与主办了辽宁省庆祝新中国成立60周年大型歌咏晚会“祖国颂”，举办了“辽宁省迎接新中国成立60周年——优秀剧（节）目红塔演出季”、辽宁省迎国庆舞台艺术演出周等活动。辽宁人民艺术剧院的话剧《黑石沟的日子》参加由文化部主办的庆祝新中国成立60周年优秀剧目展演活动。组织辽宁演艺集团、大连杂技团演员参加在北京天安门广场举行的庆祝新中国成立60周年彩车表演。举办了辽宁省首届东北民歌展演活动。继续开展了高雅艺术进校园、下基层、文化下乡等演出活动。组织了省文化厅“同心乐”文艺轻骑赴北票、建昌慰问演出。辽宁人民艺术剧院、辽宁歌剧院等省直艺术院团深入校园、部队、厂矿演出百余场。

三、提高监管水平，进一步推动文化市场健康发展

【加大文化市场整治力度】

保障文化市场安全。开展了娱乐场所安全专项整治行动。全省共检查娱乐场所11000余家次，检查出安全隐患2000余处，对无证无照的娱乐场所下发整改通知书603家，取缔573家，全省娱乐场所无证经营现象得到有效控制。开展了网吧专项整治行动。全省共出动检查人员2.8万人次，检查网吧场所2.5万家次，查办案件600余件，责令停业整顿526家次，罚款140余万元，网吧场所经营秩序得到进一步规范。国庆期间，开展了文化市场集中整治行动。全省共出动检查人员5.2万人次，检查网吧场所4万多家次，查办案件500余件，罚款128万余元。

【加大引导和扶持力度，促进文化市场繁荣】

优化网吧市场结构，改造和提升网吧产业。与省委宣传部等部门下发《关于进一步推进我省网吧连锁的实施意见》，全面推进网吧连锁工作，实现了“中部城市群网吧连锁比例达到100%，其他地区达到80%”的工作目标，目前全省网吧连锁比例达到99.6%，网吧连锁比例和连锁网吧数量均列全国第一位。演出市场日趋繁荣。全省各类演出团体545家，演出35600余场，比上年增长20%。

【加快步伐，推进网吧监管平台系统建设】

完成了网吧监管平台系统的选型招标工作。完成了省、市监管平台建设，实现与文化部中央监管平台互联互通。

四、加强统筹协调，扎实推进各项文化遗产保护工作

【推进第三次全国文物普查和长城资源调查工作】

共调查登记不可移动文物24587处，其中，新发现12692处，复查11895处，全部完成了实地文物调查工作。完成了明长城资源调查资料整理、国家验收及报送工作。《明长城资源调查报告》已形成初稿。早期长城资源调查工作进度和质量居全国前列，初步新确认各时期长城墙体约160公里。

【推进大遗址保护工作】

积极推进牛河梁遗址的大遗址保护工作。开展了牛河梁遗址第一、二地点保护工程方案核准、牛河梁红山文化国家遗址公园规划编制等工作，一、二地点文物保护工程全面启动。继续加强对辽宁省境内高句丽遗址的保护。完成了五女山山城等文物保护工程方案核准工作；启动了凤凰山山城北门东段、北门西段保护工程；完成了下古城子城址、石台子山城遗址测绘工作。

【全面启动了辽塔保护工程】

按省政府主要领导要求，以争分夺秒、保证质量的原则，38座辽塔的文物本体维修工程全面启动。完成了11座辽塔环境整治和基础设施建设工程初审方案的专家认证。6座先期启动的辽塔保护工程进展顺利，大城子塔、海城银塔维修工程已完工。完成了30座辽塔脚手架搭设工程。完成了全部未修缮辽塔维修方案论证和审批工作。

【继续推进文物保护工程实施和田野考古工作】

实施了清永陵等10余项省级以上文物保护单

位保护工程，完成了明性寺维修保护等20余项文物保护工程方案编写及论证工作。开展了锦凌水库、朝赤高速公路、锦州热电厂等20余个大型基本建设项目的文物保护工作。

【博物馆建设取得新成果】

有序推进全省博物馆免费开放工作。6家首批免费开放博物馆共接待观众150万人次，取得了显著的社会效益。年底又有32家博物馆免费开放。在第八届全国博物馆十大陈列展览精品评选中，沈阳金融博物馆的“走进金融世界”展览获十大陈列展览精品奖，辽宁省博物馆的“辽河文明”展览获最佳内容设计单项奖，标志着辽宁博物馆业务水平进入全国先进行列。举办了以“博物馆与旅游”为主题的纪念第33个国际博物馆日活动。全省有8家博物馆进入国家二级和三级博物馆行列。辽宁省博物馆进入部省共建馆行列。

【扎实推进非物质文化遗产保护工作】

辽宁有15人被文化部命名为第三批国家级非物质文化遗产项目代表性传承人，使全省传承人总数达到35人。省政府公布了第三批省级非物质文化遗产名录41项，使全省省级名录达到102项。圆满完成了全省非物质文化遗产普查工作，搜集非物质文化遗产线索33064条，其中重点线索5219条；登记传承人及讲述人15777人，征集实物11621件、手稿1936册（件）。建立非物质文化遗产博物馆及民俗博物馆、陈列馆、传习所及培训基地66个，出版有关著作及读物41种、31500册。海城高跷艺术团参加了文化部、联合国教科文组织举办的第二届中国成都国际非物质文化遗产节开幕式演出并获得金奖。

【深入开展文物行政执法督查等工作】

举办了全省文物行政执法培训班。对鞍山、本溪等6个市进行文物行政执法督察。调查处理一批文物违法案件，协助公安部门破获系列古墓被盗案，受到各级领导和社会关注。召开了辽宁省第三届世界文化遗产地年会和文物先进县座谈会。举办了大规模的纪念第四个国家“文化遗产日”辽宁省文化遗产宣传展示活动。

五、抓住机遇，加快步伐，文化产业取得新进展

2009年，全省文化系统文化产业达3.38万家，其中，国有文化企（事）业单位2100家，民营文化企业3.17万家。从业人员达30.9万人，实现增加值82.7亿元，比上年同期增加16%。全省文化系统文化产业继续保持着持续、稳定、快速发展的态势。

【推进重大文化产业项目规划和建设】

积极组织实施文化产业项目带动战略。开展了沈阳棋盘山大型实景演出活动项目的策划论证工作。协调、指导沈阳棋盘山开发区家庭游戏机项目、沈阳市沈河区“盛京皇城”的规划、设计、建设工作，打造沈阳清文化品牌。指导推动沈阳市沈北新区华强文化科技产业基地、沈北123文化创意产业园区建设。起草了《关于建设辽西“历史文化走廊”产业带可行性研究报告》并积极推进有关工作。支持和引导鞍山岫玉、阜新玛瑙文化产业进一步发展。建立启动了“辽宁省文化产业信息系统工程”，宣传和推介文化产业合资合作项目202项。

【加强对国家文化示范基地、示范园区的服务与管理】

开展了全省国家级文化产业示范基地巡检工作，召开了沈阳棋盘山、深圳华侨城等四个国家级文化产业示范园区联席会议，促进了基地、园区的发展。辽宁芭蕾舞团、沈阳杂技集团有限公司、大连大青文化产业集团、大连市杂技团、鲍德温（营口）钢琴乐器有限公司被国家有关部委评为2009～2010年度优秀出口文化企业，辽宁演艺集团民族乐舞《女儿风流》，辽宁芭蕾舞团舞剧《末代皇帝》、《二泉映月》，沈阳杂技集团有限公司杂技《龙幻》，大连杂技团杂技《胡桃夹子》被评为优秀出口文化项目。

【推进会展业发展，促进对外文化产业交流与合作】

成功举办了第三届中国东北文化产业博览交易会，境内外参展文化机构800余家，推出东北三省文化产业投资项目451项，现场实现签约合作项目10项，签约额75亿元，省文化厅获特殊贡献奖、优秀组织奖、优秀布展设计奖。组织省内的全国优秀出口文化产品参加了第五届中国（深圳）国际文化产业博览交易会，省文化厅获优秀组织奖和优秀展示奖。参与承办了在盘锦文化产业示范基地举办的第11届全国美术作品展览水彩、粉画展览。在沈阳棋盘山国家文化产业示范园区召开的国际文化创意产业峰会暨第五届世界多媒体与互联网峰会。

【积极扶持动漫产业发展】

大力扶持沈阳、大连动漫产业基地的建设和发展，积极鼓励原创动漫作品的创作。在文化部“原创动漫扶持计划”评选中，沈阳治图文化传媒有限公司《招财童子》、辽宁省美术家协会动漫艺术委员会《斑马线的故事》被评为“原创动漫扶持计划”（2008）扶持作品；大连胡军漫画文化发展有限公司、沈阳治图文化传媒有限公司被评为“原创动漫扶持计划”扶持创作者（团队）。按照文化部、财政部、国家税务总局有关要求，联合省财政厅、国税局、地税局成立了辽宁省动漫企业认定管理工作领导小组，开展了全省动漫企业认定工作，大连水晶石数字科技有限公司成为辽宁省首个通过文化部、财政部、国家税务总局认定的动漫企业。

六、加大力度，加快进度，继续深化文化系统体制改革

【完成辽宁演艺集团转企改制工作】

解决了辽宁演艺集团有限公司出资人等问题，完成了企业注册，继续协调落实辽宁演艺集团转企的相关政策，完善公司法人制度，推进辽宁演艺集团建立现代企业制度。

【推进全省国有文艺演出院团体制改革】

按照中宣部、文化部有关要求，制定了《省直艺术表演团体改革方案》，确定辽宁儿童艺术剧院作为辽宁省的改革试点单位，重新核定了剧院的编制和人员，完成了独立设置财政预算专户、核定资产等工作，制定了《辽宁儿童艺术剧院转企改制方案》，明确了推进改革的计划和措施。同时，制定了2010年全省国有文艺演出院团体制改革方案。目前全省已有辽宁歌舞团等7家院团完成转企改制。

【探索促进演艺产业发展新思路】

为了落实省委宣传部关于“整合辽宁中部城市群演艺资源，打造在国内外有竞争力的演艺集团”的要求，省文化厅、沈阳市文化局召开了沈阳经济区（八城市）演艺产业合作发展研讨会，积极支持由辽宁演艺集团、沈阳演艺集团、沈阳杂技集团牵头整合沈阳经济区（八城市）演艺资源，推进辽宁演艺产业的改革、创新、发展。

七、广开渠道，大力拓展对外文化交流

【加强政府间文化交流】

配合国家外交大局，组派辽宁芭蕾舞演员分别赴俄罗斯和朝鲜参加“中俄建交60周年”和“中朝建交60周年活动暨中朝年闭幕式”演出活动。辽宁歌剧院、辽宁芭蕾舞团派演员随外交部组织的中国青年代表团和团中央组织的中国青年艺术者代表团分别赴韩国和英国访问。辽宁省文物局、辽宁省文物考古研究所和日本奈良文化财研究所在日本奈良共同举办了“三燕文化考古新发现展”。

【加强与港澳台的文化交流】

受文化部委派，接待了台湾地区大学院校文化交流访问团来辽宁参观访问。应香港特别行政区康乐及文化事务署的邀请，辽宁省博物馆在香港举办了“繁华都会——辽宁省博物馆藏画展”。

【活跃对外艺术交流】

加大文化艺术团组走出去步伐，为宣传辽宁多做工作。辽宁歌舞团、沈阳杂技团等艺术团组赴韩国、南美等国进行友好和商业演出，赢得社会效益和经济效益双丰收。积极引进国外的优秀文化艺术，活跃演出市场。法国钢琴家、美国小提琴家、朝鲜平壤艺术团等国外优秀剧节目来辽宁演出，受到热烈欢迎。全年引进国外艺术团体30个、889人次，在省内外演出181场。

【严把文化团组出访审核、审批关口】

按照有关规定，将文化出访团组数量削减了20%。全年全省对外（港澳台）交流项目为194项，1885人次。其中出访团组61项，468人次；来访团组133项，1417人次。

八、进一步加强人才队伍建设、党风廉政建设和文化基础设施建设

【加强专业艺术人才培养】

实施了辽宁省文化艺术人才培养“薪火工程”，选拔一批德艺双馨的作家、艺术家和一批具有发展潜质和培养价值的青年艺术人才，结成师生关系，进行一对一的辅导培养。

【加强文艺科研工作】

修订了《辽宁省文化艺术优秀成果奖评选办法》，评出全省文物博物、图书馆、群众文化、艺术研究四个领域文化艺术科研成果奖27项。全省有4个项目获得2009年度国家社会科学基金艺术学项目立项，1个项目获得2009年度文化部立项。

【提高人才管理水平】

起草了全省文化人才队伍建设情况调研报告，

完成了中宣部人才队伍建设情况调研报告、中编办辽宁省文化系统人才状况情况报告。建立辽宁省文化系统专家管理数据库。对厅直单位的领导班子及其成员进行第五聘期届满考核。

【加强党的建设】

全面巩固深入学习实践科学发展观活动成果，组织开展了学习实践活动“回头看”工作。加强政风建设，开展了讲党性、重品行、作表率活动。加强学习型机关建设，加大了干部职工思想政治工作。开展以党建促工建工作。强化了机关管理。“文化信息资源共享工程”和“优秀剧（节）目演出季活动”被评为省直机关季度最佳实事。

【推进廉政建设】

召开了全省文化系统党风廉政建设工作会议，开展了厅直单位领导班子党风廉政建设情况检查。加强廉洁从政教育，积极推进廉政文化建设。按照《省文化厅党组关于贯彻落实〈建立健全惩治和预防腐败体系2008 ~ 2012年工作规划〉的实施意见》要求，扎实推进惩防体系建设。继续实行领导干部廉洁从政承诺制。

此外，完成了中华剧场改造。启动了省直院团排练场建设等工程。

吉林省

2009年，吉林省文化工作亮点频现。出色地完成了吉林省国庆彩车的设计、参展工作，受到国内各界的广泛赞誉；吉林“中国朝鲜族农乐舞”在联合国申遗成功，为吉林省赢得了荣誉；成功组建了国内首家动漫集团，在全国文化厅局长会议上蔡武部长对此给予了高度评价；吉林省著名京剧表演艺术家倪茂才成功摘取了梅花奖；松原满族新城戏《洪皓》获得“五个一工程”奖和全国少数民族戏剧“孔雀奖”；吉歌集团参加全军文艺汇演和庆祝新中国成立60周年大型音乐舞蹈史诗《复兴之路》排演，延边歌舞团大型朝鲜族民族歌舞《长白山阿里郎》晋京为国庆60年献礼演出等均获得圆满成功。

一、专业艺术

2009年，全省文化行政主管部门所属艺术表演团体68个，从业人员4103人。全年创作首演剧目45个。全年演出8382场次，观众730万人次，总收入26337.6万元，比2008年增加4741.9万元；总支出26262.2万元，其中基本支出21662.4万元。

全省文化行政主管部门所属表演场所33个，从业人员747人，全年演出1.4万场，其中：艺术演出2000场，电影放映1.2万场；总收入4023.3万元，总支出4116.4万元。

2009年，省直文艺院团全年演出1174场，较2008年增加31%，取得了良好的社会效益和经济效益。圆满完成了春节团拜会、元宵京剧晚会、东北亚博览会“相约东北亚”文艺晚会、吉林省国庆60周年大型晚会“潮涌松江”等重大节庆演出任务；成功举办“纪念汶川大地震一周年”广场交响音乐会、第四届二人转·戏剧小品艺术节；吉歌集团参加全军文艺汇演和庆祝新中国成立60周年大型音乐舞蹈史诗《复兴之路》排演，延边歌舞团大型朝鲜族民族歌舞《长白山阿里郎》晋京为国庆60年献礼演出等均获得圆满成功，一些文艺院团相继走进北大、走进国家大剧院、走进维也纳金色大厅，发展的外向空间在扩大。

吉林省著名京剧表演艺术家倪茂才成功摘取了梅花奖；松原满族新城戏《洪皓》获得“五个一工程”奖和全国少数民族戏剧“孔雀奖”；现代评剧《宰相胡同》获第三届全国地方戏优秀剧目展演（北方片）二等奖。

二、文化市场

2009年，全省文化市场经营机构7991个，从业人员28339人。其中娱乐场所2057个，从业人员9098人；网吧3071个，从业人员11508人；其他机构2832个，从业人员7336人。全年营业收入183131.5万元。

按照国家的统一部署，与相关部门联合开展了整治互联网低俗之风专项行动和文化市场集中行动，净化了文化市场。根据文化部的统一要求，在全国率先实现了文化市场监控平台与国家平台的互联互通，得到了文化部的通报表彰。目前，监控平台已完成对全省城乡的基本覆盖，实现了对文化市场的实时监控。

在扎实推进各项文化工作任务完成的过程中，全省各级文化行政部门以科学发展观为引领，着力促进文化与旅游、文化与科技、文化与会展、文化与媒体结合。如集安、前郭依托自身文化资源优势，全力打造文化旅游名城和旅游品牌；吉林国庆60周年彩车因应用白色LED显示屏新技术，而获得“创新成果奖”。

三、文化产业

2009年，全省共有各类文化产业机构9471个，从业人员42197人（其中，高级职称1841人，中级职称3549人）。全年文化（文物）机构总收入122583.3万元，比2008年增加28073.5万元，其中财政收入9243.7万元，比2008年增加31056.1万元；全年总支出123705.4万元，比2008年增加39689.0万元。

2009年，吉林省文化产业逆势上扬，产业聚集、整合效果初显。5月18日，吉林动漫集团正式组建，成为国内首家国有资本相对控股、民营资本广泛参与、按照现代企业制度运行，拥有完整产业链条的文化企业集团。总投资3亿元的吉林原创动漫游戏产业园已完工；总投资7.3亿元的知合国际动漫产业园建设工程正在进行。由文化部、省政府联合主办，省文化厅与吉林动画学院共同承办了2009中国吉林国际动漫高级论坛。来自20多个国家的300多位动漫游戏专家、学者、驻华文化参赞及动漫企业领军人物参加了本届论坛，本届论坛被公认为是近年来国内举办的最具专业性和权威性的一届论坛。

2009年，吉林风雷网络科技有限公司、东北风文化传播有限公司、长春万达国际电影城有限公司、知合动画公司、中等集团、辽源显顺琵琶学校、长春市宇平公司、长春紫玉木兰公司、长春宝凤剪纸公司等一批民营文化企业，在各级党委、政府和文化等有关部门的大力扶持下，经营业绩逆市上扬，初步形成了多种类型、多种所有制文化企业竞合、多赢的新局面。各级文化部门积极组织文化企业参加中国（深圳）国际文化产业博览交易会、中国东北文化产业博览交易会、东北亚博览会、中国宁夏国际文化艺术旅游博览会等展会活动，吉林省文化企业签约总额累计突破14亿元。

四、社会文化和图书馆事业

2009年，全省共有群众文化服务机构969个，从业人员3445人。全年举办各种展览1332个，组织文艺活动8428次，举办各种训练班5337次，培训29.4万人次，组织各类理论研讨和讲座611次。本年度总收入21649.7万元，其中财政拨款20804.5万元，事业收入146.9万元，经营收入22.3万元，其他收入166.0万元。本年度总支出18569.0万元，其中基本支出13840.4万元，项目支出4439.2万元，经营支出57.7万元，工资支出8593万元。

全省文化行政主管部门所属图书馆66个，从业人员1717人（其中，高级职称230人，中级职称689人）。图书总藏量1338.4万册，为读者举办各种活动1081次，参加人数53.3万人次；年收入合计12535.4万元，其中，财政拨款11981.7万元，全年支出合计12140.8万元。

扶持建设1000个农村文化大院工作、“送戏下乡”演出3000场、75个乡镇综合文化站建设3项省政府确定的年度重点民生实事顺利完成。图书馆联盟工作扎实推进。目前，已有29个成员单位，并在继续拓展，取得了良好的社会综合效应。5月18日，中央电视台《焦点访谈》栏目，对吉林省首创的图书馆联盟工作进行了专题报道。数字图书馆建设步伐加快。制定了《吉林省数字图书馆工程建设方案》，与中国数字图书馆有限责任公司合作，成立了中国数字图书馆吉林省分馆。博物馆免费开放顺利推进。全省已有36家博物馆实行免费开放，2009年免费接待观众60万人次。服务载体越来越多。如全省60多个艺术表演团体赴300多个乡镇、1700多个村屯，送戏下乡演出3600多场，观众近200万人次，超额完成了“送戏下乡”演出3000场任务；国庆60周年全省农民文艺调演暨唱响祖国颂展演周和全省农村文化活动月等活动，观众达300多万人次；全省第四届二人转·小品艺术节又推出了一批鲜活作品，涌现了一批艺术新秀。各地围绕庆祝新中国成立60周年开展了丰富多彩的群众文化活动，呈现出欢乐祥和的喜人场面。

五、非物质文化遗产保护工作

截至2009年末，全省已有非物质文化遗产省级名录项目190个，国家级名录项目26个，世界级名录项目1个。吉林省“中国朝鲜族农乐舞”在联合国申遗成功，成为我国唯一列入《人类非物质文化遗产代表作名录》的舞蹈类项目。“满族传统说部”第二批图书由吉林人民出版社出版发行，标志着吉林省抢救保护“满族传统说部”

工作取得显著成果。9台满族剪纸和延边州朝鲜族乐器制作项目参加中国非物质文化遗产技艺大展获得成功，并得到中共中央政治局委员、国务委员刘延东的好评。吉林省非物质文化遗产代表团远赴东欧，在捷克首都布拉格和匈牙利首都布达佩斯进行了非物质文化遗产展示和交流活动，获得了高度评价，并取得了丰硕的成果。

国家级非物质文化遗产项目朝鲜族农乐舞《象帽舞》代表性传承人金明春被国家人力资源和社会保障部、文化部命名为“全国非物质文化遗产保护先进工作者”，前郭县非物质文化遗产保护中心被文化部评为“全国非物质文化遗产保护工作先进集体”，有4人被文化部评为“全国非物质文化遗产保护工作先进个人”。

六、文化信息资源共享工程

2009年，文化信息资源共享工程全面展开，农村覆盖率不断提高。依托吉林省农村党员干部现代远程教育网络，通过合作共建的方式实现资源共建共享，进而完成了共享工程村级服务点建设任务。目前，已在全省建立县级支中心40个，县以下基层网点7134个，覆盖率近76%以上。共享工程吉林省分中心接收国家资源已达10TB，自建吉林二人转、吉林非物质文化遗产、东北抗联和长白山动植物图片等特色数据库等已达1100GB，在全国处于前列。

七、对外文化交流

对外文化交流活跃。省直文艺院团先后赴多个国家进行访问演出和商业演出，较好地配合了国家对外文化交流工作，进一步促进了我省与这些国家的文化交往，通过“走出去”，宣传了吉林文化，扩大了吉林的对外影响力；文化产品“走出去”也有了良好开端，据了解，目前全省出口创汇在30万～50万元的工艺美术品企业有20多家，其中，宇平公司、紫玉木兰公司2009年出口创汇分别在400万美元以上，并与长影集团、吉林出版集团一起荣登国家2009～2010年度文化出口重点企业榜。

2009年，文化部蔡武部长等3位部领导和十几位司局领导先后到吉林省检查指导工作，财政部有关司局的负责同志以及浙江、海南、河南、广西、宁夏等省市文化厅局领导先后来吉林省考察调研，规格之高、密度之大，是吉林省文化系统历史上没有过的，体现了文化部对吉林省文化工作的重视与肯定，也说明吉林省文化系统与外界沟通、互动的渠道日益顺畅。

八、文物考古和博物馆事业

2009年，全省文物业机构125个，从业人员1640人（高级职称205人，中级职称373人），其中文物保护管理机构48个，从业人员345人；博物馆71个（其中：文化行政部门所属51个、其他部门所属20个），从业人员1110人；文物商店1个，从业人员12人。全省文物藏品及文物保管品327628件（套），其中一级品974件，二级品4862件，三级品87248件。举办陈列、展览445个，参观人数643.9万人次。全年收入合计20336.2万元，其中财政拨款14577.7万元；支出合计33536.1万元。

第三次全国文物普查年度工作任务顺利完成，全省共调查登记不可移动文物8080处，其中新发现4047处，复查4033处，调查登记消失文物540处；渤海国遗迹保护工程、高句丽遗迹保护工程、吉林市乌拉街“三府”保护维修工作、辽源市二战盟军高级战俘营旧址保护工作等正按计划推进。文物数据库建设取得重要成果。《高句丽王城、王陵及贵族墓葬保护管理条例》经省第11届人大常委员会第23次会议表决通过，标志着吉林省文物保护法律法规体系进一步完善。省文化厅组织编制的《吉林省重要遗址总体保护规划纲要（2010～2015）》已初步完成。《吉林省文物保护工程施工资质管理办法》和《吉林省文物保护工程勘察设计资质管理办法》的出台，有力地促进了省级及以下文物保护单位保护修缮工作的顺利进行。吉林省秦汉长城资源调查工作取得了重要成果。在通化县境内发现秦汉长城遗迹11处，其中“南台子古遗址”被认为是我国秦汉长城最东端。古籍保护工作取得新进展。有123部古籍入选第二批“国家珍贵古籍名录”，其中吉林省图书馆92部，长春市4家单位列入“全国古籍重点保护单位”。

九、文化基础设施

2009年9月28日，省图书馆新馆项目建设举行了奠基仪式，2010年转入土建阶段；省博物馆、省美术馆新馆项目建设转入内部展陈施工阶段，力争2010年国庆节前开馆；省京剧院长春大戏楼、省吉剧团关东剧院、省文化活动中心东方大剧院、省民族乐团剧场维修改造项目和省群众艺术馆馆舍项目等一批文化基础设施项目陆续竣工并启用;省京剧院大众剧场维修改造项目也在启动，力争2010年国庆节前启用。各市（州）、县（市）对公共文化基础设施的投入加大，松原、延边、梅河口、榆树、通化文化科技中心等项目陆续竣工或启动；长白山满族文化博物馆、吉林市满族博物馆、“四保临江”纪念馆、抚松人参博物馆开馆;长白山自然博物馆进入内部装饰阶段，延边图书馆、博物馆正在建设。随着上述一批文化场馆的开工建设和陆续投入使用，全省公共文化基础设施建设严重滞后的状况有所缓解。

十、文化体制改革

2009年，按照中央确定的改革“线路图”、“时间表”和省文化体制改革领导小组制定的《吉林省深化文化体制改革总体方案》的要求，完成了吉林省曲艺团的转企改制工作，注册成立了吉林省曲艺团有限责任公司，标志着吉林省文艺院团转企改制迈出了关键性一步。吉歌集团已经初步完成资源整合，正在探索深度整合。省京剧院、省博物院、省图书馆的机制创新也初见成效。在对试点单位进行改革的同时，我们自加压力，主动对部分省直文化经营单位进行了改革。相继完成了吉林文化音像出版社、长春音乐厅、吉林省文化印刷厂的改革工作，有效解决了这些文化经营单位的历史遗留问题。长春、通化、辽源3个试点城市文艺院团改革工作也在积极稳妥地向前推进。

黑龙江省

一、概况

2009年是黑龙江文化建设的丰收年，亮点多，成效大。到2009年底，全省共有文化（文物）机构1720个，从业人员14869人。其中艺术表演团体82个，从业人员5122人；艺术表演场所44个，从业人员363人；公共图书馆100个，从业人员1806人；群众艺术馆、文化馆146个，从业人员1855人；文化站1081个，从业人员1532人（其中乡镇文化站900个，从业人员1399人）；艺术教育机构7个，从业人员339人；艺术创作机构12个，从业人员95人；文艺科研机构2个，从业人员68人；其他文化及相关产业153个，从业人员1626人；文化市场管理稽查机构103个，从业人员812人；文物保护管理机构92个，从业人员363人；国有博物馆71个，从业人员1206人（其中文化文物系统所属博物馆61个，从业人员865人）；文物科研机构2个，从业人员46人；其他文物机构8个，从业人员13人。

2009年，全省文化（文物）事业费总支出108340万元，比上年增长22.4%，财政补助收入75798万元，比上年增长20.19%。其中省直事业费支出33542万元，比上年增长20%，财政补助收入30857万元，比上年增长19%。全年共争取到国家基层文化设施建设、重点文化工程、文化遗产保护等专项资金3.3亿元。

二、公共文化服务体系建设

【重点文化工程】

乡镇综合文化站建设。全年启动两批共313个文化站建设，总投资1.1亿元，建设总规模10.6万平方米。到2009年底，第一批国家扩大内需新增项目156个已全部建成投入使用，第二批2009年计划建设项目157个也基本建成。至此，全省新建乡镇综合文化站总数达481个，占全省乡镇总数的53%，建设总规模179179平方米（平均每个乡镇文化站373平方米），总投资18590万元（其中中央投资4888万元，省级投资7866万元，地市、县、乡配套5836万元）。这些文化站绝大多数以单体独立设施为主，由政府无偿划拨土地，达到了应有规模和标准，深受农民喜爱。省文化厅积极协调落实国家和省级财政文化站设备配套资金4280万元（配备428个文化站），举办第二期全省乡镇综合文化站站长培训班，完成全部国家扩大内需新建文化站站长的培训工作，启动了全省新建乡镇综合文化站数据库建设，已实地摄录乡镇文化站124个。

文化信息资源共享工程建设。全年完成36个县区支中心和82个农场支中心建设，使全省建设完善的县区级支中心达163个。通过共享工程建设，黑龙江省、市、县图书馆的自动化、信息化、网络化建设获得历史性突破，正逐步实现由传统图书馆向现代化图书馆的跨跃，为开展大规模、全方位的文化信息服务奠定了坚实的基础。省文化厅为81个县区支中心全部配置了流动服务车，使共享工程服务的基础进一步夯实。依托农党远程教育资源完成6680个村级基层服务点建设，实现了共享工程村级全覆盖。各级支中心可以免费共享省级中心提供的34.5TB的数字资源。覆盖全省的共享工程服务网络对丰富基层群众文化生活，提高基层群众精神文化生活质量，发挥着日益重要的作用。

【公共文化服务网络建设】

2009年，全省文化(文物)基本建设实际完成投资2.56亿元，竣工项目240个，竣工面积11万平方米。新建成图书馆1个、文化馆1个、博物馆5个、乡镇文化站230个、其他文化设施4个。实际完成投资额、竣工项目和竣工面积分别是前3年总和的190%、753%、366.6%。全省各地呈现出文化设施建设投入最多，设施面积增幅最大，设施改造建设最快的鲜明特点。2009年投资在千万元以上的文化设施竣工项目有：建设规模3800平方米的双鸭山市群众艺术馆建设规模6300平方米的绥化市博物馆，建设规模4623平方米的嘉荫县图博馆，建设规模7200平方米的肇东市博物馆。建筑面积5万平方米、占地面积12万平方米的省博物馆新馆将开工建设，黑龙江省渤海遗址博物馆破土动工。全省基层文化设施建设特别是县级图书馆、文化馆建设有了新的进展，建设了一批规模适当、标准适宜、满足群众文化活动基本要求的基础文化设施。齐齐哈尔图书馆、庆安县文化中心、兰西县文化中心、海伦市文化中心等一批项目竣工交付使用。国家和省级财政落实专项资金2650万元，对50多个县级图书馆、文化馆进行了维修改造。初步形成了省、市、县、乡多层次、布局合理、功能先进的文化设施网络。2009年，省级财政筹集专项资金700万元，为23个县级专业艺术表演团体配备了流动舞台车，至此全省共有56台流动舞台车配备到基层院团，为“送文化下乡”广泛深入开展创造条件。至2009年底，全省903个乡镇已全部有了独立设置的乡镇综合文化站工作机构和专职人员。省文化厅在全省开展了全国文化先进县评选复查工作和县级图书馆第四次评估定级工作，绥芬河市、齐齐哈尔富拉尔基区、哈尔滨道外区被文化部评为全国文化先进单位。

【公共文化服务供给】

一是服务群众。围绕庆祝新中国成立60周年，黑龙江省各级文化部门积极组织开展丰富多彩的文化活动，“我和我的祖国”、“城市之光”、“金色田野”主题文化活动，“欢乐北方”系列演出活动，第12届全省“群星奖”比赛、全省声乐比赛、第四届全省少数民族文艺会演、庆祝新中国成立60周年全省优秀剧目展演等，极大地丰富了群众文化生活，营造了喜庆和谐的文化氛围。哈尔滨市“盛世欢歌·祝福祖国”系列群众文化活动共演出1000余场，万余人参演，观众百万余人次。大兴安岭地区、漠河县依据地域民族文化优势，精心打造“中国北方少数民族歌舞服饰展演”活动，带动了当地经贸文化同步发展。目前全省80%以上市、县都拥有自己的品牌文化活动。省级财政拿出专款对130个农村群众文化活动品牌、群体和文化大院进行奖励。落实“全省专业院团赴农村基层演出专项经费”435万元，继续组织开展“政府买单，群众看戏”全省专业院团“送欢笑下基层”演出活动，省、市、县46个专业院团完成送戏下乡演出1920场，使农村群众切实感受到党的文化惠民政策的温暖。图书馆“总分馆制远程延伸服务”已在基层农村建立分馆、站200余个，有半数以上地市级图书馆开办了公益讲座。黑龙江省图书馆创办国内首家“省级版本图书馆”，面向低幼儿童开设亲子阅览室，全年举办“龙江讲坛”40期，接待读者187万人次。各级博物馆深入挖掘馆藏文物资源，举办各具特色的临时展览，提高展览服务水平，推动免费开放工作提档升级，全省博物馆年接待观众665万人次，比上年翻一番。

二是服务大局。2009年，文化工作在服务党委政府中心工作上，切实发挥了凝聚力量、振奋精神、营造氛围的作用。无论是完成“大冬会”演出任务，还是服务“龙港活动周”、“哈洽会”等经贸活动，都发挥了应有作用。特别是圆满完成黑龙江省彩车参加首都国庆60周年群众游行活动的组织实施工作，黑龙江省彩车在60台受阅彩车中以机械化程度最高、科技含量最高、动点最多、媒全关注最多等多项纪录，受到首都国庆群众游行指挥部高度赞誉，为黑龙江赢得荣誉，也使文化工作地位显著提升。

三、专业艺术

依托黑龙江历史文化资源，推出一批舞台艺

术精品。话剧《风刮卜奎》继成功入选国家舞台艺术精品工程资助剧目后，又荣获中宣部“五个一工程”奖，主演艾平获第19届上海白玉兰奖、中国戏剧梅花奖，编剧张明媛获曹禺戏剧文学奖。龙江剧《鲜儿》参加“第三届全国地方戏优秀剧目展演”荣获二等奖，参加第11届中国戏剧节演出获优秀剧目奖、优秀导演奖和优秀表演奖。大型原创歌舞晚会“中华吟”应邀参加国庆60周年献礼演出、上海国际艺术节演出，反响良好，业内专家、媒体和观众对晚会给予很高评价，对黑龙江省为弘扬中华优秀传统文化所作出的贡献由衷赞誉。新创作了北大荒题材的话剧《大荒涅槃》、《一个农场的秘史》，反映林区改革开放的京剧《大青山》，表现铁道兵挺进大兴安岭壮举的话剧《风雪军歌行》，纪念萧红诞辰100周年的歌剧《火烧云》等一批优秀剧目、剧本。为庆祝新中国成立60周年，举办了全省优秀剧目献礼展演，来自全省各级艺术表演团体的12台剧目在省城各主要剧场连续演出了36场，集中展示了黑龙江省近年来艺术创作的优秀成果。加强艺术理论研究和艺术创作指导，2009年，黑龙江省有3项课题分别入选国家社会科学基金艺术学项目和文化部艺术科学研究项目。举办黑龙江艺术职业学院、黑龙江省龙江剧院建院50周年庆典活动，全面总结了50年来黑龙江省艺术人才培养工作和龙江剧的发展历程、艺术实践，为在新的起点上规划事业发展积累了经验。

四、文化产业

【特色优势项目建设】

在金融危机背景下，黑龙江文化产业继续保持较好发展态势。黑龙江冰雕艺术展连续第六年在美国办展，由奥兰多、纳什维尔、达拉斯扩大到美国中心城市华盛顿，并再次到泰国展出，央视整点新闻用两分钟时间专门报道了冰雕展在华盛顿展出的盛况。冰上杂技项目市场前景广阔，国内演出超过200场，并赴欧洲3个国家20多个城市巡演。齐齐哈尔马戏团的杂技表演《空中浪桥》，仅在美国巡演即达420场，创汇百余万元。冰雕艺术展、冰上杂技项目入选国家首批15个贴息贷款重点扶持项目。黑龙江省冰雪艺术发展有限公司、黑龙江省冰尚杂技舞蹈演艺制作有限公司、齐齐哈尔马戏团与之开发运营的特色项目，被商务部、文化部、广电总局、国家新闻出版总署联合评定为2009～2010年度国家文化出口重点企业和重点项目。

【文化产业主体建设】

国家文化产业示范基地发展较快。哈尔滨冰雪大世界成功运营11届，2009年接待中外游客百余万人次，成为当今世界规模最大、景观最多、娱乐项目最全的冰雪文化乐园。哈尔滨新媒体集团——（平房）动漫产业基地创作生产面积发展到4.5万平方米，入驻企业85家，初步形成了集数字内容制作、传播为龙头，集动漫原创、生产制作、出版发行、外包加工和衍生产品研发、生产、销售于一体的动漫产业链，创作生产的动画片有4部获得国家优秀动画片奖。大庆市委、市政府着力打造的黑龙江（大庆）文化创意产业园，集聚效应开始显露。动漫业健康发展。省文化厅积极引导和扶持全省动漫企业发展，开展全省动漫业发展情况调研，依据国家《动漫企业认定管理办法（试行）》，组织动漫企业认定申报工作，2009年，黑龙江有3家企业被文化部、财政部、国家税务总局认定为享受国家动漫产业发展扶持政策企业。积极推荐动漫企业和创作团队进入国家“原创动漫扶持计划”，两家企业获得2008年度文化部“原创动漫扶持计划”奖励。在黑龙江省参与主办的第三届东北“文博会”上，黑龙江有36家文化企业参展，展览规模、产品数量、现场交易皆创历史新高。

【传统文化产业】

文化单位的市场主体意识不断增强，积极探索，走出了独特的产业发展之路。哈尔滨话剧院坚持以人为本，推出“话剧超市”，以多个演出空间、多剧目轮流上演、周期循环的演出方式，吸引越来越多的人走进话剧；齐齐哈尔马戏团坚持走国际化商演之路，常年活跃于美国、日本、泰国等地，已拥有比较稳定的国际市场；大庆市文化局改革艺术创作投入运营方式，推出了《经典永恒》、《鹤鸣湖》等舞台艺术精品；海伦市人民艺术剧院植根于东北二人转的保护与开发，通过录制发行传统二人转光碟，创收百余万元；省直单位京剧院精心运作的“每周一戏”、龙江剧院倾力打造的“百姓剧场”、曲艺团坚持不懈的“送戏下乡”、文化艺术发展中心长期运营的对俄文化交流项目等，均以不同的方式抢占市场空间。

五、文化遗产保护

【文物保护基础工作】

黑龙江省第三次全国文物普查工作取得阶段

性成果，2009年工作任务全面完成。全境实地文物调查普查完成率为100%，调查登记不可移动文物14000处，其中新发现9687处，复查4313处，同时登记消失的不可移动文物513处。林口县率先通过国家实地调查阶段验收。长城资源调查田野调查工作任务已完成，合计调查金、唐长城195公里，新发现金长城烽火台3座，唐长城574米墙段。配合基本建设开展考古调查勘探20余项，发掘遗址5处，发现文物700余件。出版《肇源白金宝遗址》、《渤海国上京城》、《宁安虹鳟鱼场渤海墓地》3部考古发掘报告。向国家申报第七批全国重点文物保护单位37处。投入资金100余万元，全面启动省级文物保护单位保护标志制作树立工作。成功承办中国考古学会第12次年会，提高了黑龙江考古研究工作在中国考古学界的地位和影响。

【重大文物保护和建设项目】

渤海国上京龙泉府遗址保护展示工程取得明显进展。环境整治动迁项目基本完成，74部队正式认定搬迁新址；遗址博物馆主体工程即将封顶；文物本体保护工作全面启动，兴隆寺本体保护工程基本完成。哈尔滨文庙全面完成建成80年首次大修，完善了各种设施，恢复了文庙的规制和功能。对省博物馆保护建筑进行合理修缮，保护规划已经立项。金上京会宁府遗址、侵华日军第731部队罪证遗址等大遗址保护工作有序推进。黑龙江省博物馆新馆建筑方案初步设计已通过中咨公司评估论证，新馆建设用地规划许可证、国有土地使用证、建设工程规划许可证已办理完成。东北抗联博物馆扩建工程已完成建设立项和前期筹备工作。

【非物质文化遗产保护】

2009年12月，黑龙江省首次非物质文化遗产普查工作通过国家验收。此次普查记录文字7416万字，收集图片8545幅、录音1673小时、录像9748小时、实物5397幅，省、市、县三级非物质文化遗产数据库已经建立。2009年新公布第二批省级非物质文化遗产名录86项，至此全省有国家级名录21项、省级名录143项、市级名录219项、县级名录430项，国家、省、市、县四级名录体系初步确立。省级以上名录项目已全部确立了代表性传承人。2009年，黑龙江再次向国家申报第三批国家级名录51项。深入开展了重点项目的保护工作，对21项国家级名录和66项省级名录给予资金扶持，组织国家级名录东北大鼓、赫哲族依玛堪、东北二人转的传习活动，保护工作取得了一定成果，出版了《黑龙江省非物质文化遗产大观》、《黑龙江省非物质文化遗产系列丛书》两部专著。黑龙江省首批国家级保护项目“赫哲族鱼皮制作技艺”、“鄂伦春族狍皮制作技艺”传承人参加中国非物质文化遗产传统技艺大展成为展会亮点，受到国家领导人高度关注，央视有5套节目给予了报道。

【博物馆事业】

2009年，黑龙江博物馆事业长足发展。在国家文物局二、三级博物馆评估定级中，黑龙江省有12家博物馆分别被评定为国家二、三级馆。全省博物馆藏品数字化建设全面启动，已完成全省业务人员培训和珍贵文物调查工作。全年新审批设立博物馆14家，全省博物馆总数达116家。在黑龙江省博物馆成立了黑龙江省首家文物司法鉴定所。黑龙江省博物馆文物复制技术达到了新水平。省博物馆全年征集各类藏品2029件，创下该馆年度征集藏品最高纪录。黑龙江省选手参加全国文化遗产保护宣传讲解大赛，获得团体第一名。在第八届“全国博物馆十大陈列展览精品”评选中，黑龙江省东北烈士纪念馆基本陈列“黑土英魂”、大庆铁人纪念馆基本陈列“铁人王进喜生平业绩展”同获“十大精品奖”，开创该奖项设立以来一省两个展览同时获奖的先河，省委宣传部召开专题会议对获奖单位进行表彰奖励。

六、文化市场建设和管理

2009年，黑龙江文化市场工作坚持一手抓管理，一手抓发展，文化市场繁荣有序。

平安文化市场创建。针对互联网低俗之风、非法演出和音像、动漫、网吧、娱乐市场，网络游戏中存在的违法违规行为，深入开展治理整顿。全年组织大规模的文化市场专项整治行动6次，各级文化市场管理部门出动执法人员12700余人次，检查场所58730余家，处理违法案件1090起，关停整顿经营单位120家，吊销经营许可证22家，确保了全省文化市场平稳有序发展。深入开展净化社会文化环境，保护未成年人健康成长行动，加强对网吧、游艺娱乐场所管理，以校园周边、农村和城市效区为重点，严厉打击网吧接纳未成年人、黑网吧、黑游戏厅违法行为，聘请“五老”

网吧义务监督员8200多名参与网吧市场监督，取得明显成效。黑龙江省文化厅与省关工委联合召开全省“五老”义务网吧监督工作总结表彰大会。黑龙江省网吧社会监督的做法和未成年人权益保护成效得到国家关工委主任顾秀莲和中央政治局常委、中宣部部长刘云山同志批示肯定。

文化市场管理效能进一步提高。2009年，黑龙江省网吧计算机监管平台建设取得显著成果，网吧经营管理系统在全国率先实现与中央监管平台数据对接和联网运行，国家、省、市、县（区）四级监管平台联网运行良好，完成全省5295家网吧的347161个计算机终端的监管软件的升级安装，覆盖率达到100%。鸡西、双鸭山市及所属区、县网吧全部安装了二代身份证识别系统。全省网吧监管系统在线率达到90%以上。文化市场法制建设和队伍建设进一步完善，重新修订了《黑龙江省文化市场管理条例（草案）》（正征求意见），制定了《全省文化市场行政执法考评办法》、《文化市场行政执法人员着装管理规定》、《文化行政执法禁令》等，依法科学管理文化市场工作取得成效。

文化市场逐步走向健康快速发展轨道。依据《娱乐场所管理条例》，结合黑龙江省实际，省文化、公安、工商部门联合制发了《关于加强娱乐场所管理工作的实施意见》，恢复娱乐场所审批发证工作，引导和规范游戏娱乐场所逐步向规模化、品牌化、综合型、特色型发展。依据文化部《关于促进民营文艺表演团体发展的若干意见》，重新确定了民营文艺表演团体的市场准入条件，降低门槛，给予民营文艺表演团体更大的市场活动空间。鼓励扶持大型商演活动，全年审批监管大型商演活动29场，至2009年底，全省登记演出经纪机构32个，从业人员348人，资产总额6537.4万元，主营业务收入4299万元，利润总额450.3万元，举办演出活动1747场次，观众人次每场8603余人次。登记娱乐场所3276个，从业人员12229人，资产总额68096.1万元，主营业务收入38352.1万元，利润总额20027.9万元。

七、对外文化交流

2009年，黑龙江省对外文化交流工作坚持突出重点，发挥优势，对外文化交流取得新成果。对港澳地区文化交流进一步扩大。7月3～9日，黑龙江省人民政府与文化部共同主办了第五届“艺海流金——走进黑土地”大型文化交流活动，接待来自香港、澳门的政府官员和文化艺术界知名人士近百人。代表们参访了黑龙江历史文化遗址和人文景观，出席了黑龙江省文化产业项目推介会，与黑龙江省文化艺术界热切交流，进一步加深了港澳同胞对黑龙江的了解，树立了黑龙江良好的文化形象。活动取得预期效果，为扩大港澳与黑龙江文化领域的交流与合作建立了良好的沟通渠道，得到文化部的高度赞扬。坚持官方和民间并举，保持扩大对俄罗斯、日本等毗邻国家的友好文化往来。坚持与俄远东地区的定期互访，邀请俄阿穆尔州第一副州长一行87人访问黑龙江省，在黑龙江举办第七届“阿穆尔之秋电影节”活动；组派艺术团赴俄哈巴罗夫斯克等地参加青少年艺术节、杂技节等；牡丹江、伊春、黑河等与俄罗斯接壤地区发挥地缘优势，与俄远东地区交往频繁。积极扩大与日本友好城市间的文化交流，组团赴新潟、札幌进行访问演出和展览，在新潟推出“哈尔滨金代文物展”。建立黑龙江对外文化交流项目库，研究扩大对俄文化交流的有效方式。全年经省文化厅派出各类文化团组22个，接待来访团组30个，交流1025人次，涉及16个国家和地区。

八、文化体制改革

2010年12月14日，黑龙江省委办公厅、省政府办公厅印发了《黑龙江省加快推进文化体制改革工作实施方案》（黑办发〔2009〕34号）。方案对改革的指导思想、工作目标和工作任务等进一步明确。按照中央关于国有文艺院团体制改革的若干意见，文化系统的改革工作，根据国家规定的路线图和时间表积极推进。省文化厅制定了全省专业艺术表演团体改革实施方案，确定省杂技团为率先完成转企改制试点单位，年底前转企改制的相关准备工作已基本完成。省文化厅正积极争取落实改革的配套政策，研究不同条件下各类艺术院团改革的具体操作方法和步骤。试点单位黑龙江省电影公司机构撤并的改革主要任务已经完成。全省文化市场综合执法改革的模式基本确立。各地按照《黑龙江省加快推进文化体制改革工作实施方案》（黑办发〔2009〕34号），抓紧研究文化、广电、新闻出版“三局合一”的改革具体模式，年底前，鸡西市在全省率先完成“三局合一”的改革任务，组建了鸡西市文化广电新闻出版局。省文化厅（省文物管理局）“三定”方案已确定，并为今后文化事业发展奠定了很好的基础。全省电影管理机构和职能划转工作已顺利完成。文化厅直属事业单位改革工作正式启动。

上海市

2009年，在上海市市委、市政府和市委宣传部的领导下，市文化广播影视管理局全面贯彻党的十七大和十七届四中全会精神，坚持以科学发展观为统领，以办世博、保民生、抓服务、促发展为核心，一手抓管理服务、一手抓繁荣发展，大力推进公共文化服务、文化产业和文化市场体系建设，文化事业和产业均呈现出持续发展的良好势头。

一、公共文化服务体系建设再上台阶

2009年，市文广影视局将实施重大工程、完善设施网络、加强内容服务、丰富群文活动相结合，公共文化服务体系建设在面向基层、面向群众、维护权益上取得了新成效。一是服务网络不断完善。依托农村有线电视户户通、农村电影放映、全国文化信息资源共享等重大惠民工程，上海公共文化服务基础设施网络进一步优化和完善。2009年，上海中心城区有线电视数字化整体转换和下一代广播电视网（NGB）建设全面启动；农村有线电视平均入户率达75%，农村有线电视基本实现户户通。全市新建或改扩建社区文化活动中心31家，全市社区文化活动中心总量达166家；新增农村文化信息共享工程服务点479家，全市村级服务点总数达1697个，实现对所有行政村的全覆盖。二是内容配送得到加强。社区文艺指导员派送工作实现了对18个区县和16家专业艺术院团的“双覆盖”，145位指导员对91个社区文化活动中心156支业余团队进行辅导，接受辅导的社区群众近12万人次。指导员人才网络数据库亦初步建立，为进一步建立数字化派送服务系统、更好地满足基层多元文化需求作出了有益的探索。此外，全年农村电影放映8.72万场、观众总计897.9万人次，将“一村一月看一场电影”的国家要求提高为“一村一周看一场电影”的标准。三是群文活动深入开展。围绕庆祝新中国成立60周年、上海解放60周年和迎世博，以举办“中华元素”创意大赛、“民博会”和“文化遗产日”主题活动及“春节”、“清明”、“端午”、“中秋”等传统节庆活动为抓手，重点推出一批群众欢迎的文化项目和文化产品。全市全年共开展各类群文活动近45万场次、参与群众超过3900万人次，其中，第11届中国上海国际艺术节群文活动参与群众超过220万人次。同时，通过开展群文奖励基金评选、群文新人新作评选和全国文化先进单位申报等工作，全市群文工作水平得到新提高，全年共创作各类群文作品15428件，中国福利会少年宫小伙伴艺术团等团队在全国性群文比赛中屡获佳绩。

二、文化体制改革实现突破

2009年，市文广影视局认真贯彻中央和本市文化体制改革的总体部署，指导推进国有文艺院团、区县经营性文化事业单位转企改制工作，取得了突破性进展。一是国有文艺院团改革取得阶段性成果。按照中宣部、文化部《关于深化国有文艺演出院团体制改革的若干意见》提出的“时间表”和“路线图”，继2009年6月上海杂技团率先转企改制后，拥有5000万注册资本的上海文广演艺（集团）有限公司于11月正式挂牌成立，集团下属上海话剧艺术中心、上海歌舞团、上海滑稽剧团、上海木偶剧团、上海轻音乐团同时转企改制，分别成立有限责任公司，标志着上海文化体制改革取得阶段性成果。二是重点推进经营性文化事业单位转企改制，至2009年底完成9个区的8家电影院和4家经营性文化事业单位转企改制任务。

三、文化产业逆势上扬

市文广影视局通过项目带动、调整结构、扶持新兴业态等举措，促进本市文化领域各产业门类在应对金融危机的过程中实现了新增长。一是动漫和网络游戏产业发展势头良好。2009年，以张江“动漫谷”二期、动漫技术服务平台建设等重大项目为带动的动漫和网络游戏产业迅速发展。2009年7月，上海动漫公共技术服务平台正式挂牌，提供专业服务4991小时，平均每日21.7小时，为部分资金暂时不足但作品具有潜力的中小动漫企业发展给予有力支持。2009年，文化部、上海市政府共同主办的第五届国际动漫游戏博览会实现交易额约8亿元；全市96家网游运营企业年营业收入有望达到90亿元，主要网游企业原创网游产品出口额达到2650万美金。二是文化产业品牌建设成果丰硕。2009年，上海东方明珠（集团）股份有限公司、上海长远集团被文化部授予第三批“国家文化产业示范基地”称号，全市“国家文化产业示范基地”达到9家。上海城市舞蹈有限公司等14家企业和《少林武魂·慧光的故事》等8个项目列入商务部、文化部、广电总局和新闻出版总署“2009～2010年度国家文化出口重点企业和重点项目目录”。上海城市舞蹈有限公司、东上海国际文化影视公司等6家企业7个项目成功申请中国银行贷款1.3个亿。首批15家市级文化产业园正式挂牌。上海国际文化服务贸易平台作用日益显现。

四、文化市场繁荣有序

市文广影视局坚持一手抓繁荣、一手抓规范，在加强市场培育的同时，坚守依法管理、过程监管，积极营造公平竞争、内容健康、规范有序的发展环境。一是开展无证无照文化娱乐场所和游戏（艺）机市场专项整治。经疏导，135家无证无照歌舞娱乐场所、5家游戏（艺）场所经营单位达到条件取得许可证。二是率先启动网络游戏“适龄提示”工程。按照文化部关于改进和加强网络游戏内容管理的要求，上海在全国率先启动网游产品“适龄提示”工程，指导未成年人及其监护人正确选择适合本年龄阶层的游戏产品，提高网络休闲娱乐的合理性和健康性，该举措得到各方好评。三是开展整治互联网低俗之风专项行动。利用网吧监管平台加强实时监管，对全市700余家网吧7000多个电脑终端进行截屏监管，对浏览低俗视频或网页的网民及时进行劝阻和教育，及时删除了涉嫌低俗视听节目和帖子近5万个，全年对80余家违规网站提交执法机关处理，其中35家严重违规网站被关闭，有效净化了网络环境。四是推动网吧长效管理机制建设。严格执行《2008～2009年网吧总量布局规划方案》，坚持“每1.07万人设立1家网吧、新增网吧额度用于连锁企业设立直营门店、继续停止审批非连锁网吧”3个原则不变，遏制牌照倒卖行为。成立“上海市网吧及游戏机房义务社会监督志愿者总队”，开展查处取缔黑网吧专项行动，加大对网吧违规接纳未成年人查处力度。

五、迎世博行动推进有力

2009年，市文广影视局以开展迎世博600天行动为契机，着力加强文明行业、文明窗口创建工作，取得了阶段性成果。一是迎世博600天行动深入开展。围绕“城市，让生活更美好”的主题，从抓全行业动员、抓行动计划制订、抓服务标准和岗位规范制定、抓全员大培训、抓迎世博先进典型、抓迎世博工作督查、抓查找漏洞整改落实7个方面入手，全面推进文广影视行业迎世博600天行动，各窗口行业单位的服务质量、服务水平、服务效率、服务标准、服务环境等有了明显改善。二是迎世博百场文艺巡演圆满成功。市文广局会同市文明办，采取政府策划主导、社会机构运作的方式，深入基层、深入社区、贴近群众，在社区、公园、建设工地等开展了“上海市迎世博百场文艺巡演”，受众达到10余万人次，同时带动各区县、社区广泛开展迎世博文艺宣传演出、讲座、展览等3000余场。三是世博文化主题论坛筹备工作有序推进。在2010年世博会执委会、文化部的指导下，与主办城市苏州市共同推进“城市更新与文化传承”世博主题论坛的筹备工作，完成了文化主题论坛议程设计、文化主题6个分论坛议题设置、嘉宾邀请初步方案设计等工作。四是世博园区外文化演艺和群文活动组织工作全面启动。编制《上海·长三角地区文艺演出及文化活动主要场所手册》，初步拟订了世博园区外文化演艺活动、群众文化活动以及美术展览等方案。全力推进世博园区内的“上海周”活动策划组织工作。针对世博园区内两万场演出以及园区外文艺活动的大量审批需求进行专题调研，在世博参展者服务大厅设立文广影视受理窗口，实现受理材料网上传输和无纸化审批流程再造，确保了世博园区内外大批量演出申报需求及时得到处理。

六、非物质文化遗产保护成效显著

2009年，市文广影视局以资源普查为基础，以传承保护为根本，以主题活动为提升，全面推进非物质文化遗产和古籍保护工作，取得显著成效。一是普查工作扎实推进。开展了覆盖全市非物质文化遗产普查验收工作，普查资源共计1939

项；公布了第二批上海市非物质文化遗产名录和第一批上海市非物质文化遗产扩展项目名录共计50项，在此基础上申报了41个项目第三批国家级非物质文化遗产名录；公布了第一批上海市非物质文化遗产项目代表性传承人211名，经文化部评审认定其中32人被文化部确定为第三批国家级非物质文化遗产项目代表性传承人；公布了首批上海市珍贵古籍名录，共549部，其中有483部已列为首批和第二批国家珍贵古籍名录；公布首批上海市古籍重点保护单位8家，其中6家被国务院命名为全国古籍重点保护单位。二是保护工作实现突破。上海非物质文化遗产网正式开通试运行，编辑出版了《越剧》、《沪剧》、《竹刻》、《乌泥泾手工棉纺织技艺》、《江南丝竹》5部专项图书和《上海市非物质文化遗产名录图典》；摄制完成《竹刻》、《中医正骨疗法》、《评弹》等6部国家级非物质文化遗产名录项目高清电视专题片。三是主题活动创新提升。成功举办2009年民博会，首次实现了从综合性展会向主题性展会的转变；创新举办首届中华元素创意大赛，历时7个月社会反响热烈。据统计，大赛投稿专用官方网站登录人数达140516人，浏览量达1783073次，投稿作品总数达5599件。

七、重大文艺创作及重大活动承办圆满成功

2009年，市文广影视局以庆祝新中国成立60周年和上海解放60周年为契机，把推动重大文艺创作与举办重大文化活动相结合，努力提升艺术创新能力，着力营造欢乐和谐的文化氛围。一是重大文艺创作成果丰硕。圆满完成“国家重大历史题材创作工程”本市9幅入围作品创作，作品入围率和终审通过率在全国各省市中名列第一。上海京剧院京剧《成败萧何》、上海歌剧院歌剧《雷雨》成功入围2008～2009年度国家舞台艺术精品工程年度资助剧目。上海话剧艺术中心话剧《秀才与刽子手》滚动进入2008～2009年度资助剧目名单。《百年世博梦》被列为国家广电总局重要理论文献电视节目并获得一等奖。《铁人》、《高考1977》、《廉吏于成龙》等庆祝新中国成立60周年重点影视剧取得社会效益和经济效益的双丰收。二是重大文化活动圆满成功。上海市赴京参加庆祝新中国成立60周年彩车巡游和天安门广场展示活动，得到中央领导及北京庆委会的高度肯定。昆剧《长生殿》、京剧《狸猫换太子》、京剧《廉吏于成龙》、革命烈士诗抄朗诵会《红色箴言》、“江浙沪评弹金榜青年演员专场演出”、越剧《红楼梦》、滑稽戏《喜从天降》7台节目赴京参加文化部庆祝新中国成立60周年献礼演出，受到中央领导的高度肯定，得到中央媒体以及北京市民的广泛好评。组团赴土耳其安卡拉市举办“上海文化周”、赴比利时等国举办欧罗巴利亚中国艺术节“上海文化周”和赴台北市举办“上海文化周”等重大交流任务，充分展示了中华传统文化以及上海海派文化的独特魅力。“上海之春”国际音乐节、上海国际电影节、上海电视节、“咱们工人有力量”大型美术主题展、国家重大历史题材美术创作工程入围作品巡展、全国美展中国画展、2009年上海市小节目评比展演等重大展演、展映、展览活动的举行，进一步提升了上海城市文化的影响力。

江苏省

2009年，江苏省文化厅在省委、省政府的正确领导下，深入学习实践科学发展观，全面贯彻落实党的十七大、十七届四中全会和全省文化建设工作会议精神，大力实施艺术生产、农村文化、文化产业和文化市场繁荣计划，在应对金融危机等复杂环境中，文化建设的各项工作成效显著，有力促进保增长、保民生、保稳定的大局。

一、艺术生产

【精心组织国庆重大文化活动】

成功主办或承办庆祝新中国成立60周年系列文化活动，为营造浓厚的国庆氛围，展现全省文化艺术建设成就，丰富人民群众节庆文化生活作出应有贡献，受到省委、省政府的高度肯定和人民群众的普遍好评。

“茉莉盛开颂祖国——庆祝新中国成立60周年江苏省万人歌咏大会”，由省委、省政府主办，省委宣传部、省文化厅承办，共调集专业院团演员和解放军战士2500人，组织群众合唱方阵7000多人，是江苏历史上规模最大的一次歌咏大会。大会以宏大的规模、磅礴的声势，以及群众歌咏辅以中心舞台专业演出的新颖设计，凸显人民群众欢度国庆的宏伟主题，展示新中国60年、特别是改革开放30年来江苏社会主义建设取得的辉煌成就。省委书记梁保华、省长罗志军等领导出席并观看歌咏大会演出。

“吉祥如意——首都国庆60周年天安门广场群众游行江苏彩车展示”活动，以设计独特新颖的彩车浓缩融汇江苏经济、文化、科技元素，充分展现江苏悠久的历史文化和浓郁的地域特色，以及继往开来、创新发展的辉煌成就。为此，江苏彩车还获得国庆游行指挥部颁发的“最佳组织”、“创新成果”和“支持贡献”3项大奖。

“百花争艳——庆祝新中国成立60周年江苏省优秀剧（节）目展演”，突出现实主义创作题材，精心选拔全省近年来新创作的13台优秀剧（节）目参演，表现形式缤纷多彩，内容题材丰富多样，体现全省舞台艺术创作的较高水准和较高成就。

“时代多娇——庆祝新中国成立60周年江苏省美术作品汇展”组织全省有实力、有影响的画家到革命圣地写生，精心创作一批艺术精品，与省美术馆馆藏的部分名家名作一道，以“红色征程”、“火红岁月”、“辉煌时代”3个部分，再现新中国成立、建设和改革的革命历程。

此外，还成功承办“江苏省·中央企业合作发展恳谈会”和“沿海开发（上海）恳谈会”专场文艺演出任务；举办“2009年江苏省优秀新剧目评比展演”、第二届江苏省校园戏剧节等活动。配合国家重大历史题材美术创作工程，启动“江苏省重大主题美术创作工程”。

【艺术精品创作成绩喜人】

舞台艺术精品工程成果突出，苏州市滑稽剧团的《青春跑道》入选2007～2008年度国家舞台艺术精品工程重点资助剧目，南京越剧团的《柳毅传书》、无锡歌舞剧院的《西施》入选2008～2009年度资助剧目；2008～2009年度省舞台艺术精品工程评选出扬州市扬剧团的《县长与老板》等5台剧目为精品剧目，省淮剧团的《唢呐声声》等3台剧目滚动进入2009～2010年度资助剧目，连云港市淮海剧团的《左邻右舍》为精品提名剧目。苏州市滑稽剧团的《一二三，起步走》荣膺文化部“优秀保留剧目大奖”；江苏省演艺集团的《飘逸的红纱巾》、苏州市滑稽剧团的《顾家姆妈》，获得全国第11届精神文明建设“五个一工程”奖。在第11届中国戏剧节上，扬州扬剧团的《县长与老板》获得“优秀剧目奖”和“优秀表演奖”。苏州昆剧院的《牡丹亭》、省昆剧院的《1699·桃花扇》、《长生殿》获得全国第四届中国昆剧艺术节优秀剧目奖。在第四届中国苏州评弹艺术节上，江苏获得13个优秀节目奖中的9个。在第11届全国美术作品展览上，江苏画家获得3个金奖、4个银奖、4个铜奖的好成绩，入选、获奖作品数量均位居全国前列，取得江苏在历届美展上的最好成绩。省戏校的《桃花扇随想》等3个作品荣获文化部文华艺术院校奖——全国第九届“桃李杯”舞蹈比赛群舞表演三等奖、剧目二等奖及院校原创教学剧目奖；江南大学的《羌山红》荣获第八届全国舞蹈比赛“文华节目”表演三等奖。

二、社会文化

【积极强化公共文化服务体系建设】

省级标志性文化设施建设进一步加快，江苏省美术馆新馆落成，南京博物院二期工程开工建设并有序推进。常州、淮安、苏州、扬州等市一批重点文化设施项目开工建设，有的已经落成并对外开放。

【推进农村文化繁荣】

积极开展“乡镇文化站建设成果巩固年”系列活动，设立省级农村文化“以奖代补”资金，举办全省乡镇文化站建设优秀成果交流展示活动，表彰优秀乡镇文化站和文化站长，促进全省乡镇文化站的规范运行和农村文化活动的广泛开展。继续开展“送书、送电影、送戏下乡”活动，全年投入2800万元扶持47个财政转移支付县和黄茅老区共734个乡镇。东海县、金坛市和扬州市邗江区新获“全国文化先进单位”称号，全省39个县（市、区）顺利通过文化部“全国文化先进县”复查，总数居全国第一。

【强化文化共享工程建设】

召开全省文化共享工程建设现场会，落实全省经济薄弱地区支中心建设补助经费，完善文化共享工程省级分中心建设，全面完成各市、县支中心建设。与省委组织部、省财政厅联合下发《关于全面推进农村党员干部现代远程教育与文化信息资源共享工程共建共享的意见》，丰富文化共享工程的内涵和外延。以参加第四次全国公共图书馆评估定级为契机，各地参评图书馆改善办馆条件，强化基础建设，改进社会服务，不断提高公共文化服务水平。

【丰富群众文化活动】

成功举办第五届长三角公共文化论坛，共同研讨城市社区文化建设的理论与实践。与有关部门联合主办2009年度长江流域民族民间艺术节、省第五届农民美术书法大赛作品展、省第五届少儿艺术节、庆祝江苏第22个敬老日大型文艺汇演等。突出文化惠民，深入推进博物馆、纪念馆免费开放工作；结合全省各地的文化特色和馆藏文物特点，打造县级博物馆精品工程；加强跨地域文化交流，精心组织“南京云锦特别展”、“汉画像石精品拓片展”等10个展览在全省11个市县巡回展出。连云港市“和谐文化进万家”广场文化活动被评为全国特色广场文化活动，昆山市陆家镇文化中心广场和吴江市桃源镇严慕文化广场被评为全国特色文化广场。

三、文化遗产保护

正确处理文化遗产保护与经济社会发展的关系，坚持全面、协调、可持续发展的文化遗产保护理念，积极完善文化遗产保护制度，有力推进文化遗产保护工作。

【文物保护工作有序推进】

完成大运河（江苏段）保护规划第一阶段编制任务、南京城墙等全国重点文物保护单位保护规划、第七批全国重点文物保护单位申报工作和第四至六批省级以上文物保护单位保护范围和建设控制地带划定工作。全省名人故居、古民居抢救保护工程第一批9个项目通过验收，向社会免费开放。成功开展第二届江苏省文物保护优秀工程评比活动。顺利完成全省国家二、三级博物馆的评估、定级工作。在第八届全国博物馆十大陈列展览精品评选活动中，“人类的浩劫——侵华日军南京大屠杀史实展”、“神奇的自然，美丽的家园——常州博物馆自然资源陈列”分别获得精品奖和最佳创意奖。严密组织宁杭铁路、沪宁城际铁路抢救性考古发掘，全年申报48项考古发掘项目全部实施完毕，其中梁王城遗址获2008～2009年度国家文物局田野考古三等奖。成功举办“汇聚历史、留存记忆——江苏60年征集文物展”、“重构与解读——江苏60年考古成就展”以及第四个文化遗产日暨第四届江苏省文物节。南通市被国务院批准公布为江苏第9座“国家历史文化名城”，太仓市被文化部、国家文物局评为“全国文物工作先进县”。

【“非遗”保护工作成效显著】

南京云锦织造技艺、中国雕版印刷、剪纸、传统木结构营造技艺、传统蚕桑丝织技艺和端午节6个项目被联合国教科文组织公布为“人类非物质文化遗产代表作”，入选数量居全国之首；评审、公布第二批省级非物质文化遗产名录和第一批省级非物质文化遗产名录扩展项目；全省所有市、县（市）和绝大部分市辖区建立本级“非遗”名录，国家、省、市、县四级名录体系基本形成。积极引导和推进各市、县（市、区）建立健全与本级名录相对应的传承人认定和资助制度，鼓励和支持传承人开展带徒授艺活动，全省又有65人入选第三批国家级非物质文化遗产名录项目代表性传承人，占全国总数近十分之一。全省国家级项目代表性传承人102名，省级传承人251人，建成“非遗”专题博物馆、民俗展示馆和传习所近380个。通过举办“中国非物质文化遗产保护·苏州论坛”、“中国·徐州非物质文化遗产保护高层论坛”等一系列活动，推动“非遗”保护研究，涌现出一批理论研究成果。

【文化遗产普查成果显著】

在全国率先完成实地文物调查阶段性工作，率先完成各县（区）普查基本单元实地文物调查阶段验收工作。截至2009年底，共调查登记不可移动文物点21299处，其中新发现文物点13371处，复查文物点7928处。苏州志仁里、句容城上村遗址、太仓海运仓遗址入编国家文物局《2008年第三次全国文物普查重要新发现》。全省“非遗”普查全面完成，调查、记录“非遗”项目28922个，搜集“非遗”实物33200余件，录制音像资料2900盘（盒），109个县（市、区）全部出版普查资料，全面摸清江苏“非遗”资源的种类、数量、分布状况、生存环境、保护现状及存在问题。

【古籍保护工作全国率先】

组织完成第二批国家珍贵古籍名录、古籍重点保护单位的申报工作，全省共有480部7323册古籍入选《国家珍贵古籍名录》，比首批增加186部，无锡、镇江、南通、吴江市图书馆和扬州大学图书馆5家单位被国务院公布为“全国古籍重点保护单位”，使全省“国保”单位和国家级名录总数继续保持全国第一。经省编办批准，在南京图书馆正式挂牌成立江苏省古籍保护中心。省政府公布全省首批珍贵古籍名录、古籍重点保护单位名单，编印出版《江苏首批国家珍贵古籍名录图录》，展示全省第一阶段古籍保护的工作成果。

四、文化市场

不断探索市场监管新思路，建立健全市场监管体系，有力地净化文化市场环境，保证文化市场的健康有序和繁荣发展。

【积极建设网络化管理平台】

发挥现代网络技术优势，积极构建网络化监管技术平台和信息服务平台，实现从传统单一的市场秩序管理向文化内容监管的延伸。利用江苏省互联网文化单位备案信息系统，实行互联网文化单位网上备案，与公安、电信管理部门对接，实现资源共享共用。启用电子游戏管理信息系统，保证电子游戏经营许可证的唯一性。根据文化部要求，积极推进全省文化市场综合执法办公系统试点工作，建立文化市场管理工作数据库，组织网络文化企业、网吧、歌舞娱乐、电子游艺等经营单位信息资料的录入，提高监管效率。

【严厉打击违法经营活动】

开展打击“黑游戏机室”、网吧市场专项治理、违法音像制品集中收缴和文化市场集中整治等系列专项集中执法行动。在持续4个月清理“黑游戏机室”专项整治行动中，全省先后出动执法人员约1.8万人次，取缔无证照经营场所1297家，收缴非法游戏机1.1万台、电路板3200块，罚款25万元，63人因涉嫌触犯刑事法律被移送公安机关。在违法音像制品集中收缴行动中，销毁违法音像制品近140万张，有效地净化全省文化市场经营环境。

【科学引导文化市场健康发展】

在全国率先制定下发《江苏省网吧连锁经营管理办法》，着力规范全省的网吧连锁经营活动，得到文化部的高度肯定。坚持以“净网先锋”监管平台为支撑，完成与全国网吧监控平台的对接，对入网的5000多家网吧、40万台终端进行动态监控，实现从传统证照管理向证照管理、内容管理并重的转变。5月，中央政治局常委李长春视察江苏连锁网吧经营，对江苏网吧管理工作给予充分肯定，中央电视台、中央人民广播电台等新闻媒体作专题报道。制定下发《加强游艺娱乐场所管理实施意见》，引导游艺娱乐市场改造升级和向规模化方向发展。积极指导行业自我发展，成立省歌舞娱乐行业协会，指导省网吧协会开展“文明网吧”评选、挂牌活动。

五、对外文化交流

全省共有99批文化艺术团组出访世界22个国家及港澳台地区；有10个国家及港澳台地区22个项目、17批文化艺术团组，前来江苏交流访问及举办文化艺术活动。与英国友省联合举办“埃塞克斯郡江苏节”，历时9个月，埃郡三分之一以上居民参加活动，各中小学开设汉语教学课程，建立“江苏语言中心”，实现江苏文化走出去、走进去、留下来的战略性突破。同时，还与南通市政府成功联办第四届尼泊尔“中国节”，与有关部门联办中国甲骨文书法展和“锦绣江苏”图片展，在联合国纽约总部展出，组派江苏艺术团参加欧洲2009年春节文化品牌活动，组织“金陵风江苏中国画名家联展”赴台展出，实施向美国夏威夷大学京剧教学的资助计划，组织省戏剧学校“小京班”参加澳门回归祖国10周年、香港回归祖国12周年庆祝演出，促进对外以及港澳台的地区文化交流。经省文化厅积极申报，文化部批准增设江苏为全国对台文化交流基地。

六、文化产业

着眼“文化产业增长速度高于国民经济增长速度，高于服务业增长速度，成为国民经济的支柱产业”这一目标，实施重大文化产业项目带动战略，使文化产业保持良好的发展势头。

【发挥文化产业资金引导作用】

加强对2007年度文化产业引导资金项目进展情况和资金使用情况的检查，促进文化产业引导资金资助项目顺利发展。认真组织2009年度文化产业引导资金项目的申报工作，确定文化产业引导资金资助项目119个，补助金额1.7亿元。认真做好文化企业贷款工作，推荐上报江苏凤灵文化产业园区等10家文化企业申请中国银行和中国进出口银行的“扶持培育文化出口重点企业、重点项目贷款”，促进文化产业不断发展壮大。

【加强文化产业指导扶持工作】

加强对文化产业基地和园区的指导、管理，批准成立“古淮河文化生态产业园区”、“昆山文化创意产业园”两个省级文化产业园区，使全省国家级文化产业示范基地达到7个，省级文化产业示范基地达到18个，省级文化产业园区达到7个。积极开展动漫企业及动漫产品的认定管理工作，落实国家对动漫企业的财税优惠政策，全省初步认定、上报动漫企业64家，获得国家文化部首批认定企业15家，列全国第二。同时，积极与省商务厅合作，做好国家文化出口重点企业和重点项目的申报工作，全省21家企业入选《2009～2010年度国家文化出口重点企业目录》，13个项目入选《2009～2010年度国家文化出口重点项目目录》。

七、文化体制改革

积极贯彻落实全国文化体制改革经验交流会和全省文化建设工作会议精神，加快推进全省文化系统体制改革步伐，在文艺院团改革、事业单位内部机制改革和文化综合执法改革等方面取得积极成果。

全省文艺院团改革坚持以转企改制为中心环节，全面推进体制机制创新，不断深化全省文艺院团改革。成立江苏省文化厅体制改革工作办公室，起草《江苏省文化系统体制改革实施意见》，召开全省艺术院团改革座谈会，加强对全省艺术院团改革的指导。先后4次对全省文艺院团进行摸底调研，形成《全省市级文艺院团体制改革情况督查报告》，推荐苏州昆剧院作为改革典型材料上报文化部。全省42家市级文艺院团的改革工作均有不同程度的进展，截至2009年底，已有8家院团挂牌转企，5家院团完成工商登记，3家院团转企改制总体方案经地方党委研究通过。

事业单位内部机制改革根据《江苏省事业单位岗位设置管理实施意见》的精神，成立省文化厅事业单位内部机制改革领导小组，稳妥有效地推行事业单位岗位设置管理工作。在进人管理、竞争上岗、干部交流等各方面积累一定经验的基础上，举办深化人事制度改革专题培训班，通过摸底调研和反复修改，制定《文化厅直属事业单位岗位设置管理指导意见》，有效推进文化事业单位强化岗位、转换机制、增强活力，为事业单位内部机制改革奠定坚实基础。

文化综合执法改革全省6个文化体制改革试点市均已完成综合执法改革，建立健全文化市场管理工作领导体制，明确综合执法机构的职能，为全省文化综合执法改革全面铺开奠定基础，并在全国率先将文物行政执法纳入到文化行政综合执法范畴。在南京召开的全国文化体制改革经验交流会上，江苏提交的《江苏省文化行政综合执法改革取得实效》做交流；在常州召开的全国文化市场综合执法改革经验交流会上，常州市文化局做交流发言。还建立江浙沪文物行政执法合作机制，率先探索文物行政执法区域合作联动机制，实现文物执法跨区域一体化发展，推行依法保护文物奖励制度。

八、文化队伍建设

积极加强文化厅系统自身建设，把作风建设和干部队伍建设放在突出位置，树立强烈的机遇意识，强化服务观念，提升工作水平，塑造良好形象，为推动文化大发展大繁荣提供有力的组织保障。

【干部综合素质】

坚持用中国特色社会主义理论、科学发展观和新的文化发展理念教育干部、武装干部，引导干部队伍不断提升思想素质、提高工作能力、转变工作作风，增强依法行政能力，开拓创新能力，综合协调能力。坚持以好的作风选人、选作风好的人，树新风，立正气，形成正确的用人导向和良好的工作氛围。修改完善《江苏文化人才强省发展规划与战略》，积极稳妥地推进职称改革。向省333高层次人才培养工程、“五个一批”人才培养对象、享受政府特殊津贴人员推荐一批优秀文化骨干。

【机关作风建设】

引导机关干部树立良好学风，把理论学习与工作实际紧密结合起来，提高发现问题、分析问题、解决问题的能力。以繁荣发展农村文化为主题，继续实施江苏文化理论创新工程，评选优秀论文并结集出版；“区域文化联动”和“昆曲遗产保护工程”被文化部列为国家文化创新工程项目，“区域文化联动”同时获得第三届文化部创新奖项目；“十一五”艺术科学重点规划课题《昆曲学》已全面展开，并取得阶段性成果。按照建设法治政府、服务型政府的要求，切实转变政府职能，加强机关科学化、规范化管理，开展文处明室评比活动，推动机关提高工作质量和效率，使机关作风和干部精神面貌有明显转变。

【党风廉政建设】

厅党组和厅系统各级党组织高度重视党风廉政建设，认真落实党风廉政建设责任制。贯彻落实中央《建立健全惩治和预防腐败体系2008 ~ 2012年工作规划》和省委《实施办法》，结合文化厅实际，整体推进惩防体系建设工作。积极开展反腐倡廉教育，组织学习中央纪委下发的《关于实行党政领导干部问责的暂行规定》。加大重大文化设施设备政府采购和重点工程项目建设招投标工作、重大文化活动项目资金使用情况的监管力度，认真开展重大活动项目资金使用后的审计工作。加快政务公开网上运行和电子行政监察平台建设工作。加大内控机制建设工作力度，认真开展清理“小金库”、制止公款出国（境）旅游专项工作，落实“厅行节约十项要求”，妥善解决群众通过《政风热线》栏目反映的有关文化建设方面的问题，利用公共文化服务体系和农村文化阵地积极推进农村廉政文化建设。

浙江省

2009年，浙江省文化工作以科学发展观为指导，以庆祝新中国成立60周年为主题，积极应对国际金融危机，深入实施《浙江省推动文化大发展大繁荣纲要（2008 ~ 2012年）》，服务中心、服务大局，以人为本、以民为先，解放思想、开拓创新，扎实推动各项工作。全年工作主题鲜明，亮点纷呈，高潮迭起，呈现出重点突破、整体推进的良好态势。

一、重大文化活动兴起新的高潮

【庆祝新中国成立60周年文化活动营造浓厚热烈的文化氛围】

以全省联动、全民联欢的方式，组织了近百场舞台艺术展演、千场广场文艺演出、百个展览展示，极大地丰富了广大群众的文化生活，营造了浓郁而热烈的社会氛围。组织长兴“百叶龙”民间艺术表演团参加2009年10月1日晚在天安门广场举办的“首都国庆60周年联欢晚会”，荣获国庆活动指挥部颁发的“突出贡献奖”。组织越剧《梁山伯与祝英台》、昆剧《红泥关》、绍兴戏剧名家演唱会“同唱一台戏”赴京参加中宣部、文化部“庆祝中华人民共和国成立60周年献礼演出”活动，社会反响良好。

【首届浙江文化艺术节等重大文化活动成功举办】

围绕庆祝新中国成立60周年的主题，配合省政府、省委宣传部举办了首届浙江文化艺术节，推出了首届浙江文化艺术节舞台艺术展演、以“爱国歌曲大家唱”为主要内容的全省合唱大赛、“万场电影千场戏”下基层、全省群众美术书法摄影展览、大型音舞诗画《最忆是江南》等各种类型、不同风格的文化活动，成为浙江自新中国成立以来规模最大、范围最广的综合性文艺活动。省文化厅承办的6个文化艺术节优秀项目受到省政府表彰。成功承办第三届全国地方戏（南方片）优秀剧目展演，举办浙江省第三届曲艺杂技节，精心组织筹备参与2010年上海世博会文化演艺活动，援助地震灾区举办“浙川同心，山歌再起”文艺晚会。

【以大型文化设施开放为契机的一系列文化活动形成良好社会影响】

浙江自然博物馆新馆、浙江美术馆、浙江省博物馆武林馆区（浙江革命历史纪念馆）先后建成，以开馆为契机举办了一系列有特色、有影响的文化活动，受到了社会的广泛关注与好评。浙江自然博物馆新馆自7月28日正式对外开放以来，推出了“地球生命故事”、“丰富奇异的生物世界”等系列展览，盛况空前，截至12月底观众量达到了67万余人次。浙江美术馆开馆后，举办了“浙江省重大历史文化题材美术创作工程作品展”、“神州国光——黄宾虹艺术展”、“执着的巡游——米罗作品展”等系列大展，日均观众量超2000人次。浙江省博物馆武林馆区开馆伊始特别举办了建馆80周年纪念活动以及从中国国家博物馆引进的“国家宝藏——中国国家博物馆馆藏文化精品”和自办的“越地长歌——浙江历史文化陈列”等展览，广受观众欢迎。此外，温州大剧院、宁波帮博物馆、龙泉青瓷博物馆新馆、嵊泗海洋文化中心等一批市县级重大文化设施先后正式建成投入使用，金华市文化艺术中心、中国婺剧院、舟山市海洋文化艺术中心等也相继开工建设。

【一批有影响力的文化品牌凸显效应】

持续实施文化品牌战略，在成功打造“钱江浪花”艺术团文化直通车巡演、“赏心乐事”系列音乐演出、“雏鹰计划”优秀儿童剧巡演、“新年演出季”、民族艺术和高雅艺术进校园等品牌的基础上，对全省各地具有鲜明地方特色的18项重大文化节庆活动给予指导、协调和扶持，促进形成覆盖全省的文化品牌群。浙江交响乐团正式挂牌成立，推出了原创大型交响乐《钱塘江》，举办了交响乐公益惠民音乐季，努力打造国内一流的交响乐品牌。

二、精品创作和人才培养有了新的成果

【一批文艺精品获得大奖】

2009年，省属艺术院团推出了中国戏曲秀《国色天香》、京剧《哪吒》、新编昆剧历史剧《红泥关》、新编传统越剧《九斤姑娘》、话剧《心灵游戏》等一批新剧目。浙江小百花越剧团《梁山伯与祝英台》入选2007～2008年度“国家舞台艺术精品工程”10大重点资助剧目，并获第三届全国地方戏优秀剧目展演一等奖（第一名）；浙江小百花越剧团新编越剧《五女拜寿》获文化部首届“优秀保留剧目大奖”；宁波市歌舞团舞剧《十里红妆·女儿梦》、宋城集团大型歌舞《宋城千古情》、宁波市委宣传部歌曲《钢筋班的棒小伙》获中宣部第11届精神文明建设“五个一工程”奖；浙江越剧团《九斤姑娘》入选2008～2009年度“国家舞台艺术精品工程”30台资助剧目，并获2009中国戏曲学会“学会奖”；浙江曲艺杂技总团《天台功夫·头顶技巧》和《良渚玉鸟·皮条》两个节目双双获得第17届法国玛希国际杂技节节目金奖和最高奖“法兰西共和国总统奖”；浙江曲艺杂技总团《云顶罗汉——头顶技巧》获第四届世界马戏节（俄罗斯）金奖，并成功申报英国吉尼斯总部吉尼斯世界纪录；浙江昆剧团《红泥关》获第四届中国昆剧艺术节优秀剧目奖（一档）；浙江曲艺杂技总团中篇弹词《无主的豪宅》获第四届中国苏州评弹艺术节优秀节目奖（最高奖）。浙江话剧团《果果的绿野仙踪》获文化部第六届全国优秀儿童剧展演优秀奖。据不完全统计，2009年全省有40多项作品在国内外重大艺术评比活动中获大奖。同时，积极探索戏曲传播新形式，推动戏曲影视化。浙江小百花越剧团拍摄了越剧电影三部曲《西厢记》、《陆游与唐琬》、《梁山伯与祝英台》，浙江越剧团拍摄了越剧电影《盘夫索夫》，浙江越剧团拍摄的《招贤记》获中国电视剧“飞天奖”一等奖。

【一批优秀青年文艺人才脱颖而出】

通过发掘、培养、引进等多种途径，促进文艺人才队伍不断推出优秀原创作品，数以百计的演艺人员在国内外艺术评比活动中获佳绩。浙江昆剧团林为林、李公律和永嘉昆剧团刘文华获第四届中国昆剧艺术节优秀表演奖；杭州越剧院陈雪萍、绍兴小百花艺术中心吴素飞获第24届中国戏剧梅花奖；浙江艺术职业学院吴嘉雯、王鹏获第九届全国“桃李杯”舞蹈比赛一等奖；浙江曲艺杂技总团姚麟获第七届中国杂技金菊奖第二次全国杂技比赛最佳演员奖；浙江曲艺杂技总团青年魔术师王晨获“2008”世界魔术交流大会暨金牌奖国际魔术比赛金奖；杭州歌舞剧院包红获第六届韩国首尔国际舞蹈比赛银奖；杭州歌舞剧院陈芬芳获2008维也纳国际声乐大赛民族唱法第一名、最佳表演奖。

【文化人才队伍建设力度加大】

启动省级文化系统文艺院团专业技术人员素质教育专项工作。深入实施青年艺术人才培养“新松计划”，举办了省属院团青年演员大拜师、第五期青年表演人才高级研修班、优秀青年评弹演员评弹优秀书目专场和浙江省昆剧演员、演奏员大赛等活动。研究修订了群众文化、图书资料系列专业技术资格业绩成果量化评审办法，提高职称评审的公信度。组织开展“浙江省重点创新团队”申报工作，浙江小百花艺术中心运营团队成功入选。

三、基层公共文化服务水平有了新的提升

【基层文化服务阵地建设得到加强】

省政府出台了《浙江省文化馆管理办法》。部署开展全国文化先进单位申报及浙江省东海文化明珠、文化示范村和文化示范社区评选工作，平湖市、临海市和杭州市拱墅区等3市（区）获“全国文化先进单位”。大力推动全省乡镇综合文化站建设，部署开展乡镇综合文化站建设业务试点工作，对全省乡镇综合文化站进行评估定级，乡镇综合文化站列入各市县新农村建设考核指标。全年全省新建或改建乡镇综合文化站近200个，扶持1000个行政村文化活动室配置文化活动器材。针对国际金融危机对企业造成的冲击，开展创建千家“文化共享工程进企业示范服务点”和万家“职

工电子书屋”活动。在全国率先开通网络图书馆，全省公共图书馆实现“一网通”，成立了“浙江省公共图书馆讲座联盟”和“全省公共图书馆信息服务联盟”。嘉兴、杭州、宁波等地基本构建起了城乡一体化的公共图书馆服务体系。

【群众性文化活动广泛开展】

积极发挥大型群众性文化活动的示范作用，带动全省文化活动的全面繁荣。2009 年，与文化部等国家有关部门联合举办了第三届“神州风韵”全国剪纸大赛暨首届全国剪纸创意大赛、第二届“中国·玉环海岛文化节”、“锦绣中华·全国织绣精品大展”等全国性文化活动，举办了浙江省“群星奖”舞蹈大赛、浙江省首届社区文化艺术节、第八届全省音乐新作演唱演奏大赛、第 20 届全省戏剧小品邀请赛等数十项重大的群众文化活动。继续组织大规模的送文化下乡活动，全年累计送戏下乡 1.89 万余场，送书下乡 166.55 万余册。深入实施农村文化队伍素质提升工程，启动浙江省群众文化公益性培训“星光”计划，全年全省各级文化部门培训人员超 3 万人次，有力推动了全省农村“种文化”活动。推进“文化低保”工程，保障低收入农户的基本文化权益。

【公共文化服务交流与研究扎实推进】

承办了全国公共文化服务体系建设现场会，在会上介绍了台州市文化建设“百分之一文化计划”，该计划还获得了文化部第三届创新奖；承办了全国农村图书馆服务网络建设工作经验交流现场会，在会上介绍了嘉兴市图书馆城乡一体化服务经验。开展浙江省基层公共文化服务“创新奖”评选活动。研究制定了浙江省农村公共文化服务评价指标体系。《浙江文化年鉴》获全国年鉴一等奖。

四、文化产业发展有了新的成效

【文化市场体系日趋完善】

积极应对国际金融危机，大力繁荣文化市场，拉动文化消费需求。2009 年全省共引进国外及港澳台的演出团体和个人达 405 批次，演出近 2000 场，遍布全省主要大中城市。草拟了《浙江省游艺娱乐场所总量和布局规划》。对全省网吧总量布局进行新的规划，鼓励和推进互联网文化内容产业发展。目前，全省共设立网络游戏、网络音乐等网络文化企业 58 家，注册资金 5 亿余元，居全国第四位。着力培育艺术品经营一级市场的发展，2009 年浙江又有 7 家画廊入选第三批中国诚信画廊，以总数 12 家列居全国首位。全省共举办文物艺术品拍卖会 34 场，总成交额近 12 亿元。

【文化产业的扶持和引导力度进一步加大】

利用文化产业反经济周期增长的现象，着力优化发展环境，推动文化产业逆势而上。积极扶持舞台科技、动漫等新兴文化产业的发展，成功推荐 8 部原创动漫作品、5 个创作团队（个人）入选文化部“原创动漫扶持计划”，获得国家奖励资金的数额位居全国第二。作为目前全国最大单体电影城的西湖文化广场电影城建设顺利推进，将于 2010 年建成投入使用。扶持龙头企业发展，拓宽融资渠道，推荐宋城集团文化产业项目向中国进出口银行申请贷款 24 亿元。加强文化产业发展机构建设和研究工作，成立了浙商文化促进会，举办了 2009 浙江文化产业论坛，进一步推动文化产业的发展。充分利用高校资源，与浙江大学、浙江工商大学、中国美院、浙江工业大学等高校合作筹建文化产业研究基地。加强文化科研工作，成功组织推荐了 10 家单位 13 个项目获国家社科院基金艺术学项目，至今，浙江承担国家社科院基金艺术学项目累计达 54 项。

【文化产业发展平台发挥“引擎”作用】

中国（义乌）文化产品交易博览会和中国（杭州）国际动漫节影响日益扩大。2009 年，第四届中国义乌文化产品交易博览会共有来自国内 24 个省市区及境外 12 个国家和地区的 683 家企业参展，实现经贸展览成交额 18.49 亿元。2009 年，第五届动漫节共吸引 38 个国家和地区的 300 多家中外企业参展，参观人数达 78 万人次，签约项目 35 项、总成交额 65.3 亿元。精心组织了浙江省 30 个专业艺术院团、25 个剧院参与 2009 中国（天津）演艺交易博览会，积极推介浙江演艺产品。

五、文化体制改革有了新的深化

【公益性事业单位改革进一步深化】

在基本完成公益性文化事业单位改革任务的基础上，加强管理和考核，鼓励文化创新，有效推动了全省各级各类公益性文化事业单位不断改进服务形式，提高服务质量，在构建公共文化服务体系中发挥积极作用。组织开展省级文化系统公益性事业单位改革实践情况的调研，研究谋划深化公益性文化单位改革的措施。

【经营性文化单位改革进一步推进】

积极推动、指导浙江新远文化产业集团对所属的经营性文化单位实施改制转企。目前，省属经营性文化企事业单位改制的总体计划安排已获浙江省文改领导小组批准，正在抓紧组织实施。浙江省文化实业发展中心、浙江省对外文化交流公司和浙江文艺音像出版社都将在近期完成改制任务。

【省属艺术院团的转企改制工作稳步启动】

组织考察团到陕、渝、粤、沪、吉、辽、苏七省市，考察学习文化体制改革先进经验，谋划新一轮改革方案。以浙江歌舞剧院、浙江曲艺杂技总团、浙江话剧团为重点，推动院团转企改制。目前，改制方案已获批准，即将进入实施阶段。继续完善省属艺术院团内部管理机制，激发艺术活力。2009年八家省属院团共演出4100多场次，票房收入超3900万元。召开全省文化局长会议，对新一轮文化体制改革工作进行全面部署。加强对民营剧团的扶持，组织了民营剧团重点调研、民营剧团建设发展民主恳谈会、农村演出经纪人座谈会，积极配合省政府办公厅出台了《关于加快发展民营文艺表演团体的意见》。

【文化市场综合执法改革试点工作全面完成】

承办了全国文化市场综合执法改革经验交流会，介绍了浙江文化市场综合执法改革经验。在全省文化市场综合执法机构组建挂牌工作全面完成的基础上，建立健全一系列长效机制，执法水平进一步提高。浙江文化市场执法工作获文化部2008年度全国文化市场行政执法考评第一名、2009年度全国文化市场综合执法案卷评比一等奖等多项荣誉。

六、文化遗产保护有了新的突破

【世界文化遗产申报和文化遗产普查工作取得重大进展】

认真配合省政府召开全省文化遗产保护工作会议，配合省人大常委会开展文化遗产保护工作的专项执法检查，进一步推动了全省文化遗产保护工作。浙江申报或参与申报的龙泉青瓷传统烧制技艺、蚕桑丝织技艺、篆刻、剪纸4个项目入选联合国教科文组织“人类非物质文化遗产代表作名录”，传统木拱桥营造技艺入选“急需保护的非物质文化遗产名录”，上榜数位居全国前列。继续积极推进杭州西湖、大运河（浙江段）申报世界文化遗产工作，认真部署开展第七批全国重点文物保护单位和第三批国家级非物质文化遗产名录项目的推荐申报工作，努力提高浙江文化遗产的影响力。持续推进全省第三次全国文物普查工作，截至2009年10月野外实地调查全面完成，全省各级财政共投入普查经费10210.42万元，全省调查登记不可移动文物74310处，其中新发现61873处，复查12437处。在率先完成全省非物质文化遗产实地普查的基础上，开展了浙江省非物质文化遗产普查“十大新发现”评选活动，汇总编制了《浙江省非物质文化遗产资源目录清单》，开展非物质文化遗产数据库建设和分布图编制工作，得到了文化部非遗保护督导组的高度评价。

【文物保护工作得到了切实加强】

在新一轮的省政府机构改革中，省文物局由省文化厅内设机构调整为部门管理机构，增设了文物安全处。持续实施“文物保护利用示范项目”，目前，衢州南宗孔庙已完成本体保护项目正待验收，诸暨斯宅古建筑群、绍兴大禹陵的保护工程正在实施，杭州飞来峰造像、兰溪诸葛长乐村古建筑群、浦江上山遗址等正在准备实施。加快历史文化名城、街区、村镇保护规划编制进程，有15处保护规划已通过专家论证，8处保护规划已通过联席审查会议。配合重大建设项目，全年共实施29项考古发掘项目，重点实施了良渚梅家里遗址、余杭玉架山遗址和茅山遗址发掘等18项考古发掘项目，取得了一批重要考古成果。良渚古城考古勘探和发掘项目获国家文物局田野考古奖二等奖。举办了“2009年大遗址保护良渚论坛”，启动了良渚国家遗址公园建设。国家文物局和浙江省政府共建文化遗产保护科技区域创新联盟试点工作正式启动。博物馆免费开放的范围进一步扩大，目前浙江实际实施免费开放的博物馆已有92家，总数位居全国前列。博物馆的评估定级工作取得突出成效，浙江省博物馆被评定为国家一级博物馆并列入“中央地方共建国家级重点博物馆”，二、三级博物馆的数量位居全国第一。良渚博物院的“良渚文化——实证中华五千年文明”获第八届全国博物馆十大陈列展览精品奖，宁波博物馆的“东方神舟——宁波海上丝绸之路主题展”获“最佳创意奖”和“最佳服务奖”。全年全省共组织推出各类展览660余个，接待观众超过1300万人次。

【非物质文化遗产保护体系进一步完善】

加强非物质文化遗产保护机构建设，省文化厅增设了非物质文化遗产处，全省已有6个市和51个县（市、区）相继建立了非物质文化遗产保护中心，并支持建立了浙江省民俗文化促进会。全省现有非物质文化遗产专题展示馆、民俗馆、传习所127处。建立健全省、市、县非物质文化遗产三级名录体系，省政府公布了第三批浙江省非物质文化遗产名录246项和第一批、第二批省级名录扩展项目35项。加强对代表性传承人保护，有51名传承人入选第三批国家级非遗代表性传承人名单，公布第三批浙江省非物质文化遗产项目代表性传承人409名，在全省开展了“服务传承人月”活动，鼓励代表性传承人开展传习活动。继续推进象山海洋渔俗文化生态申报国家级文化生态保护实验区。组织评定公布了12个浙江省非遗中华老字号传承保护基地和60个省级非遗传承教学基地，拟订公布一批省级非遗旅游经典景区，积极探索传承和利用新机制。

【文化遗产保护的宣传和展示活动亮点频现】

围绕第四个“文化遗产日”，与国家文物局联合举办了中国文化遗产日首届主场城市活动，与中国非物质文化遗产保护中心联合举办了首届浙江·中国非物质文化遗产节，组织多项优秀非物质文化遗产项目亮相第二届中国成都国际非物质文化遗产节。成功举办了首届中国（浙江）非物质文化遗产博览会·2009第六届中国中华老字号精品博览会、2009年大遗址保护良渚论坛、第二届中国非物质文化遗产保护论坛。这些活动规格之高、规模之大以及影响之广创历年之最。此外，围绕春节、元宵、清明、端午、三月三等传统节日，举办了一系列特色鲜明的民间艺术展示活动。

七、文化交流活动有了新的拓展

【对外和对台文化交流品牌逐步扩大影响】

深入打造“浙江文化节”对外文化交流品牌和“台湾·浙江文化节”对台文化交流品牌。成功举办了“2009墨西哥·中国浙江文化节”，第一次把浙江大型文化交流活动拓展到了拉美国家，产生了良好的外宣效果。赴台成功举办了第三届“台湾·浙江文化节”，举办赈灾义演、“千峰翠色——浙江龙泉青瓷特展”、“地涌天宝——浙江省博物馆藏雷峰塔出土天宫地宫文物珍品展”、两岸表演艺术研讨会等活动，有力地服务了中央和省委对台工作大局。

【文化交流渠道进一步拓展】

坚持“政府主导、社会参与、市场运作”，进一步扩大交流渠道。积极推进上海世博会“浙江周”及日常文艺活动的各项筹备工作。先后组派浙江民乐团赴法国巴黎参加“春节品牌”活动，浙江民间工艺展览赴阿曼参加第十届马斯喀特艺术节国际手工艺展，浙江艺术团赴爱尔兰、法国和德国参加庆祝中华人民共和国成立60周年巡演、中爱建交30周年庆典演出，浙江歌舞剧院民乐小组赴突尼斯、塞浦路斯和叙利亚国庆访演，浙江婺剧团春节期间赴南美参加国际艺术节等演出活动。同时，各地组织的“2009中国杭州·韩国文化周”、“宁波文化周”、“中国舟山国际沙雕节”、“嘉兴国际漫画展”等国际性文化节会和合作交流活动频繁开展。2009年浙江共实施对外对港澳台文化交流项目494起，3817人次。

【商业性文化演艺和文物展览出口工作稳步推进】

加强对外对港澳台文化交流精品的扶持和培育，指导和支持浙江京剧团创排了中国戏曲秀《国色天香》，浙江歌舞剧院创排了综艺歌舞《水墨江南》，省博物馆与良渚博物院联手打造《浙江良渚文化历史展》等。加大了对商业性演出展览出口项目的指导和扶持力度，组织评审了2009年度浙江省商业演出展览文化产品出口指导目录。全省涌现了浙江曲艺杂技总团杂技《天堂风情》三次赴美洲进行商业性演出、浙江省博物馆有偿向日本输出“圣地宁波——日本佛教1300年的源流”文物展览等一批以市场化运作模式推动演艺展览“走出去”的成功实例。

【长三角文化交流与合作日益密切】

继续推进长三角演出市场一体化进程，签署《长三角地区演出市场一体化战略合作协议》，成功参与举办江浙沪第十六届演出业务洽谈会暨第二届长三角国际演出项目交易会及“迎世博演艺论坛”，合力建立长三角地区互动的演出演艺信息资源共享平台。此外，江浙沪三地联合举办了长三角“迎世博”扎灯大赛展示活动、第七届江浙沪经典越剧大展演等活动，积极推动长三角地区共同参与世博日常活动，进一步构建长三角世博对接机制。

八、文化市场管理机制有了新的完善

【文化市场执法力度进一步加大】

在全面完成文化市场综合执法队伍组建的基础上，将文化市场管理的重点转向建立健全长效管理机制，努力实现科学化规范化管理。大力实施《浙江省文化市场综合行政执法管理办法》，制定《2009年市级文化市场行政执法考评细则》，开展全省文化市场评估工作，分批召开全省文化市场行政执法工作分析会，进一步提高文化市场的管理水平。围绕庆祝新中国成立60周年等重大事件，针对突出问题进行专项集中治理，有效确保全省文化市场的平安繁荣有序。据统计，全年全省文化行政部门共出动检查人员23.17万余人次，检查文化经营单位19.24万余家次，立案调查3671起，取缔无证经营户3533家。

【社会力量全面参与监管的新格局逐步形成】

为健全农村文化市场监管体系，组建了一支3800余人的全省农村文化市场监督员队伍，有效延伸和加强了农村、基层文化市场综合行政执法工作。指导浙江省歌舞娱乐业协会等行业协会建设，发挥文化行业协会在行业自律、行业协调、规范经营、规划指导等方面的作用，目前全省已发展各类文化行业协会100余个。

【文物安全管理工作进一步加强】

强化文物安全责任制，完成了金华市博物馆、江山市博物馆等13个文物库房新建、改造项目以及浙江自然博物馆、宁波市博物馆等10个安全技术防范工程，连续5年实现文博单位安全无事故。加大文物行政执法力度，全年全省文物执法巡查共出动15198人次，巡查各类文物保护单位共计10283处，全省立案处理文物违法案件32起，罚款161万元。与2008年同期相比，出动人次增长23%，处理文物违法案件增长91%。

安徽省

2009年，在安徽省委、省政府的坚强领导和文化部的大力支持下，通过学习实践科学发展观活动，全省文化战线在新年伊始实现开门红的基础上，以王金山、王三运、臧世凯、谢广祥等省领导重要批示为动力，以庆祝新中国成立60周年为主线，以“文化展示年”、“体制改革年”、“文化服务年”为抓手，实施文化保护、文化精品、文化展示、文化惠民、文化产业工程，成功完成了大事要事的组织，经受了急事难事的考验，各项工作创新发展，重点突破，整体推进，全面丰收。

一、出精品，出效益，艺术创作生产实现突破

围绕新中国成立60周年，认真规划，精心打磨，全力推进艺术创作生产，推出了一批体现时代特色、展示徽风皖韵的精品佳作。省话剧院的现实题材话剧《万世根本》，获中宣部第11届“五个一工程”奖。黄梅戏《雷雨》历经5年磨砺，成功入选2007～2008年度国家舞台艺术精品工程，安徽舞台艺术作品首次跻身这一奖项，实现重大突破。儿童剧《山里的泥鳅》参加第六届全国儿童剧优秀剧目展演，荣获二等奖，并在全国巡演。黄梅戏《徽商胡雪岩》参加第三届全国地方戏优秀剧目（南方片）展演，获参演剧目奖。安徽艺术职业学院的舞蹈《花鼓敲天下》，在全国“桃李杯”比赛中荣获一等奖，安徽舞蹈取得“桃李杯”迄今为止的最高奖项。国画《生死印》、油画《抗击非典》入选国家重大历史题材美术创作工程，国庆期间在中国美术馆献礼展出，之后用2年时间在全国巡展，安徽省美术创作实现历史性跨越。在全省第11届“五个一工程”奖评选中，省文化厅与阜阳市委宣传部共同拍摄的电影《农民工》、与马鞍山市委宣传部共同拍摄的电视剧《诗仙李白》、省徽京剧院京剧《天地人心》、省话剧院儿童剧《山里的泥鳅》、省黄梅戏剧院黄梅戏《逆火》获优秀作品奖，省文化厅获组织工作奖。

一年来，全省专业艺术院团相继创作、投排徽剧《一文钱》，黄梅戏《江淮儿男》、《孤山妈祖》、《水仙阿珍》、《独秀山下的女人》、《血泉》、《山梅》，坠子戏《故土情深》，嗨子戏《王家坝纪事》等一批大戏剧目。加工修改黄梅戏《美人蕉》、《徐锡麟》、《桐城六尺巷》等剧目。合肥市庐剧院创作的庐剧《村长娘子》，在社区、乡村演出近百场。全省院团演出剧目上百个，演出上万场，社会效益和经济效益俱佳。

圆满完成安徽省与中央企业调整结构合作发展会议、李长春同志接待、春节团拜等36场重要演出任务。

二、重创新，树品牌，重大文化活动出新出彩

围绕大局，服务人民，成功举办系列重大文化活动。元旦、春节期间，策划组织了“百团千场万人”文化下基层慰问演出活动，100余个省直、市、县专业文艺院团和民营文艺表演团体，将优秀节目送到社区、乡镇、厂矿。国庆60周年期间，组织“向祖国和人民汇报——庆祝新中国成立60周年系列文化活动”，由进京献礼演出、优秀剧目展演、重大文化活动和大型展览活动共4大系列50个项目组成。《天仙配》、《女驸马》、《万世根本》、《山里的泥鳅》4台大戏进京参加中宣部、文化部庆祝新中国成立60周年献礼演出，创全国性调演我省入选剧目数量之最。全省优秀剧目展演，集中展演20多个剧目、200多场次，20余万人次观看。全省文化馆举办公益性广场演出2845场次，观众569万人次；各类展览549场次，观众81万人次。系列活动面向群众，热在基层，规模大，影响好，为国庆60周年营造了欢乐、喜庆、祥和的文化氛围。

第四届中博会文艺晚会“江淮和畅”围绕“创新、合作、共赢、崛起”主题，突出安徽特色、中部特色、时代特色，以“树立起来的徽州风格，流动起来的中部气派，呈现出来的中国水准”，博得了社会各界高度赞誉，被认为是“2009年中国电视文艺、中国文艺舞台、中国区域性文化品牌的一个扛鼎之作”。省文化厅被省政府授予第四届中博会“活动组织奖”。

第二届中国农民歌会11月7日在滁州激情唱响，歌会以新中国成立60年来的“三农”发展前进脉络为主线，以“展示新农村、描绘新生活、讴歌新时代”为主题，激情歌唱八亿农民的喜悦与幸福，热情赞颂当代农村的改革与发展，尽情书写金色田野的富饶与美好，唱响勤劳致富之歌、幸福希望之歌、科学发展之歌、时代艺术之歌。主要有“小康大道”开幕式文艺演出、“唱农民、唱农村”群众最喜爱的歌曲评选活动、第八届安徽花鼓灯会大巡游和新作专场演出、“欢唱的布谷鸟”第二届中国农民歌会全省联动演出、“金色的田野”第二届安徽省农民画·画农民作品展，以及华东地区超级杂交稻原粮生产和示范基地授牌等多项活动，内容丰富，精彩纷呈，进一步打造了安徽特色、中国一流的文化品牌。

此外，省文化厅与安庆市共同承办第五届中国黄梅戏艺术节，组织“绿水青山带笑颜”大型文艺演出以及新剧目展演、经贸招商、展览展销等10大类50余项活动，上下联动，规模空前，展示了黄梅戏传承发展的新成果。

由省文化厅牵头负责的安徽彩车“江淮和畅”，历时近10个月，经过设计、制作、组装、调试以及合成演练，2009年10月1日上午，在天安门广场“我与祖国共奋进”首都国庆60周年群众游行中精彩亮相，亿万观众通过电视收看；10月2～11日，在天安门广场完美展示，1500万人次现场观看；返回安徽后在合肥体育中心、安徽国际会展中心展示。安徽彩车以主题突出，特色鲜明，“识别性强、信息量大、科技含量高、展示位置佳”，尽情表达了安徽人民对新中国60华诞的深情祝福，充分展现了山水安徽、人文安徽、创新安徽、崛起安徽的独特魅力，极大地提升了安徽的美誉度、影响力，受到首都国庆60周年群众游行指挥部和省政府通报表彰。

文化交流有声有色。春节期间，省歌舞剧院民族管弦乐团赴欧非四国7座历史文化名城巡演，皖风徽韵首次在世界音乐圣殿维也纳金色大厅奏响，创造了安徽对外文化交流的多项第一。省长王三运挥毫题词“徽韵出墙，乐舞金色”，鼓励与赞扬安徽民乐走出国门；省委常委、宣传部部长臧世凯作重要批示。11月，“安徽文化周”演出团携黄梅戏、徽剧、京剧赴台湾，4天演出4场，反响强烈，促进了皖台文化交流，是一次成功的文化之旅、合作之行。全年共组织杂技、黄梅戏、花鼓灯、徽剧等特色艺术22批次、320人次，到近30个国家和地区进行文化交流或举办展览。

三、抓重点，保民生，公共文化服务体系建设步伐加快

【全力推进省民生工程乡镇综合文化站建设】

制定下发了《安徽省乡镇综合文化站建设实施办法》和《考核办法》。在中央投资的基础上，按每站30万元的标准补足配齐建设资金，下拨全省。坚持月度通报，及时掌握进度，先后组织5次综合检查，覆盖所有市、县。各市在推进乡镇综合文化站建设过程中，坚持标准重规范，强化督查抓质量，严格要求见成效，工作有力，进展有序，协调有方，推动有为。纳入2009年省民生工程的332个乡镇综合文化站全部竣工，实际完成投资1.47亿元，超过计划投资13.21%。

【抓好文化信息资源共享工程建设】

组织村级基层服务点设备集中采购招标，利用中央和省级配套经费7063万元，为全省17658个村级基层服务点配置投影设备。制定下发了《安徽省文化信息资源共享工程乡镇基层服务点配置标准》，指导乡镇文化信息资源共享工程建设。召开县级支中心建设现场会，举办培训班，安排1632万元，建成32个县级支中心。省中心共征集视频资源安徽地方戏剧420部，全年增加数字资源4TB，完成8集大型电视专题片《安徽民间传统工艺》以及《安徽杂技》多媒体资源库的建设。文化部在全国文化信息资源共享工程督导情况通报中，对我省高度重视、加大投入、加快基层网络建设、丰富数字资源、创新传输方式以及合作共建取得新进展等予以充分肯定。

【推动两馆建设】

以县级公共图书馆、文化馆评估达标纳入2009年省政府对各市文化建设考核指标为契机，推动两馆业务建设和事业发展。安排3700万元，对73个县级图书馆、文化馆实施维修改造达标，对新建或已达标的两馆给予内部设施配套资金补助，优化了资源配置，提高了服务质量。组织开展全省第四次公共图书馆评估，各级图书馆对照标准补缺补差，77个县以上公共图书馆参加，600分以上61个。数据表明，安徽省公共图书馆在办馆条件、技术装备、服务水平等方面均取得长足的进步。省图书馆创新管理模式，通过ISO9001质量体系认证，接受文化部专家组细致评估，有望进入国家一级馆行列。

【继续推进博物馆免费开放】

在2008年全省49家博物馆免费开放的基础上，2009年新增22家博物馆向社会免费开放，拨付2009年两批博物馆免费开放补助资金4717万元，有力提升了71个博物馆的文化教化和辐射能力。继省博物馆成为国家一级馆之后，安庆市博物馆、安徽中国徽州文化博物馆、寿县博物馆、新四军军部旧址纪念馆被评为国家二级博物馆；淮南市博物馆、亳州市博物馆等17家博物馆被评为国家三级博物馆。经省政府同意并报国务院办公厅批准，安徽中国黄梅戏博物馆于11月1日在安庆市揭牌。

四、重传承，促利用，文化遗产保护成效显著

【加强文物保护】

扎实开展第三次文物普查，组织调研督查，全省文物普查实地调查工作已完成98%，共调查登记不可移动文物23266处，其中新发现14229处，复查9037处，调查登记消失文物1771处。12个市、93个县级行政区、98%的乡镇完成实地调查任务，其中怀宁县、固镇县、舒城县，黄山市屯溪区，池州市九华山风景区和马鞍山市花山区、雨山区、金家庄区8个县区顺利通过验收。考古发掘成果丰硕，蚌埠双墩一号春秋墓考古发掘被评为2008年度全国十大考古新发现，六安双墩和蚌埠双墩考古发掘队双双受到省政府通报表彰。组织馆藏文物调查，加快文物数据库建设。圆满完成了新四军军部修械所旧址、休宁三槐堂、芜湖中江塔维修工程等省政府15处年度任期目标任务。按照“多报、报好，争取多批”的原则，经层层筛选、专家论证，完成169家文保单位申报第七批国保工作。在淮北市成功举办“中国大运河保护与申遗高峰论坛”。固镇县成为“全国文物工作先进县”，屯溪老街跻身首批“中国历史文化名街”。加强文物安全和法制工作，制定并实施《安徽省文物保护工程管理办法》（试行）。淮南市文物执法，宿州、定远等地打击文物犯罪取得重要成果。“新中国成立60周年安徽重要考古成果展”于文化遗产日期间推出，共展出全省60多家文物单位收藏的国家珍贵文物800多件。《安徽文物总店玉器图录》等一批论著出版。“鉴宝江淮行”走进黄山、马鞍山、合肥、宣城等市，共鉴定文物艺术品2000余件。

【加强非物质文化遗产保护】

普查工作基本完成，进入全面总结阶段。全省共普查民间文学等16大类计10016条非物质文化遗产线索，形成文字记录1981.46万字，收集照片29976张，录音1646.5小时，摄像3249.65小时，实物1521件，汇编文字资料838册，录制音像资料1436盒，电子资料977.49G。各市相继汇编非遗普查资料共2000余万字。宣纸制作技艺入选联合国教科文组织“人类非物质文化遗产代表作名录”。组织开展第三批国家级非物质文化遗产名录申报工作，评审确定92个项目，经省政府同意报文化部审批。组织第八届安徽花鼓灯会大巡游，集中展示了安徽省丰富多彩的非物质文化遗产保护成果，6000人参加巡游，60000人争相观看。周美洪、蚌埠市文化局等一批非遗、古籍保护暨

文博事业先进单位和个人分别受到人力资源和社会保障部、文化部及国家文物局表彰。青阳县图书馆、皖西学院图书馆等9家博物馆、图书馆成为“第二批国家珍贵古籍名录”单位，安徽大学图书馆、安徽师范大学图书馆、安徽中国徽州文化博物馆成为“第二批全国古籍重点保护单位”。《徽州文化生态保护论文集》、《安徽省第二批非物质文化遗产名录图典》以及60万字的《中国黄梅戏》等完成编纂出版。全年投入非遗保护经费1395万元。

【推进徽州文化生态保护实验区建设】

通过面向社会招标、组织专家论证，完成《徽州文化生态保护实验区总体规划》编制，报文化部论证审批。推动黄山市、宣城市扶持一批非遗传习基地，加强非遗传承人保护，鼓励传承人开展传习活动。公布歙县老胡开文墨厂、徽州区潜口民宅博物馆等10家单位为实验区首批省级非遗传习基地。与黄山市共同承办全国文化生态保护实验区建设研讨会，进一步明确文化生态保护区建设的工作思路和具体措施。加强理论研究与实践创新，与黄山市文化局、绩溪县文化广播电视局共同完成的“徽州文化生态保护的创新与实践”项目，荣获第3届文化部创新奖唯一特等奖。同时，安徽艺术职业学院的“高职艺术人才就业模式的探索与实践”项目获创新奖，实现我省这一奖项零的突破。

五、抓改革，促发展，文化实力不断壮大

【加快推进文化体制改革】

贯彻文化部及省委、省政府关于文化体制改革的统一部署，加大力度，加快进度，认真研究，积极推进。制定印发《安徽省文化厅关于进一步深化文化体制改革的意见》，明确了全省文化系统体制改革的时间表、路线图及任务书。调研、论证、修订、上报《安徽演艺集团组建方案》，成立安徽演艺集团筹备办公室，积极推进集团组成单位的清产核资、集团内部管理制度制定、安徽文化艺术中心和安徽乐团成立报批衔接等工作。加快推进全省国有文艺演出院团体制改革，会同省委宣传部印发了《关于认真贯彻落实〈关于深化国有文艺演出院团体制改革的若干意见〉的通知》，组织4个督查组分赴各地督查贯彻落实情况，确定安徽省杂技团为国有文艺院团首批转企改制试点单位。积极推进厅属17个事业单位岗位设置管理工作，包括省图书馆、文化馆、博物馆在内的全省100多家公益性文化单位推行制度改革。从转变职能入手，完成了厅机关机构改革，增设了政策法规处（与办公室合署办公）、非遗处、产业处，机构进一步健全。与有关部门联合转发中宣部、文化部等《关于加快推进文化市场综合执法改革工作的意见》，推动文化行政管理体制改革取得实质性进展，市级文化、广电、新闻出版等部门职能整合工作基本结束，文化市场综合执法队伍加快组建。

【加强文化市场监管】

以庆祝新中国成立60周年文化市场保障行动为主线，针对重要节庆、重要时段，分阶段开展以网吧、电子游戏机市场为重点，包括演出市场和娱乐场所等门类在内的整治和集中执法行动。围绕净化社会文化环境、保护未成年人健康成长，部署实施了全省网吧市场专项治理、整治互联网低俗之风和清查低俗音像制品专项检查行动。全省各级文化行政部门和执法机构共出动29万余人次，检查各类文化经营单位30多万家次，立案调查3100余件，办结案件3000余件，警告3700余家次，罚款900余万元，停业整顿1000余家次，取消经营资格和吊销许可证200余家，为新中国成立60周年营造了和谐稳定的社会文化环境。全力推进全省网络文化市场监管平台建设，完成6个市新安装和10个市的恢复安装工作，网吧监管在线率提高到85%以上。制定印发《安徽省文化市场行政执法考评细则》，组织并完善全省文化市场行政执法考评和案卷评查。举办全国文化市场行政执法（六省区）培训班，兄弟省区和安徽省文化市场行政执法180余人参加培训。举办全省文化市场行政执法技能大赛，17个代表队70多名选手同台竞技、各展英姿，合肥、安庆、芜湖三市分获团体前三名。

【加快文化产业发展】

适应扩大内需、项目建设带动形势，积极实施重大文化项目带动战略和文化系统“861”行动计划。充分利用中博会、徽商大会、银企对接会等平台，开展多种形式的文化产业项目推介和招商引资活动。在第四届中博会上，推介重点招商项目15个，总额近10亿元，涉及演艺、影视、工艺美术、艺术教育和文化基础设施等门类，12个项目参加中博会项目对接会。与芜湖市共同承

办第二届中国国际动漫创意产业交易会，期间举办了高峰论坛、展览展示、展映展播等系列活动，签约合作项目93个，总交易额达92亿元。主办第五届中国黄梅戏艺术节演出项目洽谈会，来自北京、湖北、江苏及我省的数十家艺术团体、演出商和演艺经纪机构代表100多人参加。列入省“861”行动计划文化产业项目的省博物馆新馆、省歌舞剧院剧场“徽煌大舞台”、安徽艺术职业学院新校区建设二期工程2.1万平方米学生公寓封顶，省杂技团剧场“百戏城”完成立项工作。安徽大剧院加强管理，规范服务，在保质保量完成全省重大活动接待任务同时，不等不靠，面向市场，积极开展经营创收活动，2009年主体经营收入创历史最好业绩。

【加强对民营文化的扶持和引导】

启动全省民营文艺表演团体“3311”计划（力争用3年时间，壮大临泉杂技、埇桥马戏、安庆黄梅戏三大特色区域民营演艺产业，扶持表彰100个民营文艺表演团体，培训1000名民营文艺表演团体骨干），开展民营团体负责人培训、全省民营文艺表演团体“百佳剧团”创评活动，促进安徽省民营文艺表演团体健康加速发展。与阜阳市联合主办临泉首届安徽省民间杂技艺术节，有踩街巡游、杂技比赛等12项活动，全国民间杂技演员和客商2000多人参加。在全国民营文艺表演团体典型经验交流会上，省文化厅的典型发言得到文化部的充分肯定和新闻媒体的广泛宣传。

六、抓效能，争先进，文化影响力显著提升

【扎实开展学习实践科学发展观活动】

围绕学习提高、深入调研，分析检查、查找问题，整改落实、解决问题3个阶段11个环节，突出重点，注重特色，落实责任，强化措施，着眼长效，认真推进。整改落实方案中列出的20个项目全部完成年度整改落实目标任务，省文化厅的做法和成效得到省委指导检查组充分肯定。

【认真落实党风廉政建设责任制】

完善制度，推进惩防体系建设；制定办法，推行“一岗双责”，将业务工作与党风廉政建设一起部署，一起落实；加强对重大建筑工程项目、招录人员、职称评定和领导干部重要事项的监督，加强对落实厉行节约八项要求执行情况、“小金库”专项治理和工程建设领域突出问题专项治理工作的监督检查。在全国文化系统贯彻落实惩防体系建设工作经验交流会上，省文化厅做了落实党风廉政建设责任制的典型发言。

【加强政风效能建设】

厅机关开展每月一个主题的政风效能建设主题月活动，营造浓厚氛围，强化效能意识，推进重点工作。推行政务公开，加强政务窗口建设，厅领导和各处室局负责人定期到省政务中心窗口协调工作，选调机关公务员到窗口锻炼。就推动落实科学发展观、推进民生工程和文化遗产保护、文化市场管理等工作，赴阜阳、蚌埠、六安、芜湖、安庆、黄山、宣城等地学习调研。高质量办理省人大代表建议、省政协委员提案47件，做到件件满意。2008年，我厅获省政府机关政风评议满意等次、省直机关效能建设先进单位，进入第一方阵，创历史最好成绩。芜湖、铜陵、蚌埠、池州、六安、黄山、巢湖等市文化局在市政府目标考核中成绩优异，位次靠前。

【加强领导班子和队伍建设】

结合政府机构改革方案的实施，轮岗交流、调整提拔23名厅机关干部，调整充实了省博物馆、省考古所、安徽大剧院领导班子。对厅直单位和演员艺人严格要求、全力服务，队伍破难题、打硬仗、抓落实的能力进一步提升，干群讲大局、守纪律、共和谐的局面蔚成风气。继续实施人才大培训计划，举办全省戏剧高级编导、非遗普查培训等26个班次，培训2950人次。省黄梅戏剧院优秀演员周源源以在黄梅戏《逆火》中的出色表演，获得第24届中国戏剧梅花奖，成为安徽省第11朵戏剧“梅花”。省艺术研究院时白林获“时代领跑者——新中国成立以来最具影响的劳动模范”提名奖。繁昌、铜陵、五河3个县，宁国市文化广播电视局、马鞍山市文化局、安庆再芬黄梅艺术剧院、颍上县文化局、滁州市文化局、安徽省图书馆6个单位，苏伟、刘传师、张志翔、金明、高扬、沈汉青、靳晓苏、曾玉琴、蒋建国9名同志被评为全国文化先进单位、文化系统先进集体和先进工作者，受到人力资源和社会保障部、文化部表彰。

【文化科研工作成果丰硕】

除两个项目入选第3届文化部创新奖外，据不完全统计，3年来，厅系统出版《安徽省首批非物质文化遗产名录图典》等专著23部，《文物研

究》、《新戏剧》、《农家乐》等期刊丛书3种，《黄梅戏唱法与唱腔》等教辅资料7种，《安徽省书画院建院30周年作品集》等选集11种，《安徽民歌经典》光盘第一辑。编印《调研报告选编》以及中国农民歌会画册等重要资料24种，对宣传、总结、提升我省文化工作发挥了重要作用。前不久颁发的2005～2006年度全省社会科学文学艺术出版优秀成果中，全省文化系统获艺术类一等奖1项、二等奖6项、三等奖19项，获社科类著作、论文二等奖各1项，涵盖多种艺术门类，获奖率逐届提高。

此外，信息、调研和宣传工作等都取得了新的成绩，受到文化部、省委宣传部表彰。第四届中博会、第五届中国黄梅戏艺术节、第二届中国农民歌会等文艺晚会录像均在中央电视台播放；在新华社印发的新中国成立60周年国庆新闻图片中，安徽彩车图片得以入选，扩大了安徽的影响力和美誉度。

七、文化部和省委、省政府高度重视、大力支持，科学发展环境越来越好

2009年，文化部领导多次来皖调研，给安徽文化工作以高度关注，充分肯定，及时指导。4月25～26日，文化部党组副书记、副部长欧阳坚一行出席第四届中博会相关活动，并调研芜湖市文化创意产业等发展情况。5月20～21日，文化部副部长周和平赴安庆市调研公共文化服务体系建设工作。10月15～18日，文化部部长蔡武陪同李长春同志来皖考察、调研，在省委、省政府汇报会上指出：“安徽首创中国农民歌会，2009年准备办第二届，这在文化建设上是非常有意义的，是非常重要的创新，体现了人民群众是文化工作主体的思想”。10月21～24日，欧阳坚再次来皖，出席在芜湖市举办的第二届中国国际动漫创意产业交易会，并到黄山市、马鞍山市考察调研，就文化体制改革、文化遗产保护和动漫产业发展等发表了重要意见。10月29～31日，周和平副部长出席在安庆市举办的第五届中国黄梅戏艺术节，考察调研黄梅戏艺术中心暨安徽中国黄梅戏博物馆等公共文化设施建设情况。10月27～31日，中纪委驻文化部纪检组长李洪峰到黄山市、池州市考察文博单位，指出，安徽文化资源丰富，文化工作任重道远。11月6～8日，文化部副部长王文章出席第二届中国农民歌会并接受媒体采访，指出，这两年安徽文化发展势头很好，舞台艺术有目共睹，文化产业走在前列，公共文化服务体系逐步完善。11月2～9日，文化部原党组书记于幼军到黄山、宣城、池州、合肥、安庆、芜湖、马鞍山市调研。国家文物局副局长张柏等也多次来安徽检查指导。

2009年，省委、省政府高度重视文化工作，出台了《关于加快建设文化强省的若干意见》，首次将文化建设列入对各市人民政府考核指标，将乡镇综合文化站建设等文化项目纳入省民生工程；王金山、王三运、臧世凯、谢广祥等多次听取文化工作汇报，多次就文化工作作出批示，提出了新的更高要求，赋予文化战线更重要的历史责任，给全省文化战线以极大的鼓励和鞭策。

福建省

2009年是深入实施海西文化强省战略的关键之年。福建省文化厅坚持“服务海西，文化强省，项目（品牌）带动，改革创新，加强管理”的总体思路，围绕中心，服务大局，积极进取，努力作为，各项工作取得新进展，有亮点、有特色、有成效。

一、庆祝新中国成立60周年和纪念古田会议80周年“两大”系列文化活动隆重热烈

【安排好庆祝新中国成立60周年系列文化活动】

省直文化系统举行了“庆‘七一’歌唱祖国、歌唱党”歌咏比赛，18支合唱队、872人参加。闽剧《贬官记》、《王茂生进酒》，木偶戏《钦差大臣》3台戏入选中宣部、文化部主办的庆祝新中国成立60周年献礼演出活动并先后晋京参演。省芳华越剧团与浙江越剧团联手晋京为新中国60华诞献演。福建彩车“扬帆海西”亮相天安门广场，向全国、全世界展示“海西”风采。在“庆祝新中国成立60周年‘祖国好’诗歌朗诵比赛”中荣获一等奖第一名，在省直工委举办的“庆祝新中国成立60周年‘祖国好’诗歌散文创作比赛”中，获一等奖、二等奖、优秀奖各1项。在全省范围内，评选出近10年来具有重要历史、科学和艺术价值的文物保护成就、文物考古新发现和博物馆建设成果。组织开展了福建省第一届博物馆陈列展览精品评选，并在福建博物院和9个设区市博物馆举办了“庆祝中华人民共和国成立60周年福建文博成就”专题展览。自2010年7～10月开展为期4个月的文化市场集中整治行动，切实强化执法检查力度，有力整顿规范文化市场经营秩序，为新中国成立60周年营造和谐稳定的社会文化环境。

【做好纪念古田会议召开80周系列文化活动】

举行了省直文化系统“继承革命传统，弘扬古田会议精神”为主题的建党88周年和古田会议80周年纪念大会。组织省属艺术院团开展“走进红土地”慰问演出。配合中央“心连心”艺术团慰问龙岩古田。支持古田会议旧址群第三期保护维修工程建设、龙岩的闽西革命历史博物馆和毛泽东才溪乡调查纪念馆新馆及革命旧址等革命文物陈列布展、改版更新或安全防护水平提升工程，全面展示古田会议历史。组织举办了以中国近现代史为主要内容的“古田杯”全省文化文物系统博物馆、纪念馆讲解员培训班暨讲解比赛活动。龙岩的闽西革命历史博物馆全面改造，龙岩市博物馆建成并开设龙岩建设成就展。

二、艺术创作生产和展演持续提升

【成功举办第四届福建艺术节】

艺术节为期1个月，有十大类、百大项活动和演出，京、津、沪等全国一流京剧院团集中在福建省进行近一个月的展演。艺术节中所展示的艺术作品无论是立意、构思，还是表现手法上均有较大突破。这是迄今规格最高、规模最大、持续时间最长的一次艺术盛会，是对福建省海西战略实施以来文化艺术创作生产成果的一次全面检阅和展示。艺术节京剧展演活动，有国家京剧院、北京京剧院、上海京剧院、天津京剧院、天津市青年京剧团、吉林省京剧院、台湾“国光京剧团”、福建京剧院等8个院团参演，在福州演出14场，在厦门演出6场，观众达20000多人次。这次展演集中了当前京剧界的最强实力、最强阵容和最高水准，不仅在福建是首次，在全国也是空前的。

【加大艺术创作力度】

举办福建京剧院李盛斌先生诞辰100周年优秀剧目展演活动，中央电视台《空中剧院》栏目进行连续三场录制和播出。高甲戏《阿搭嫂》、越剧《唐琬》分获全国地方戏优秀剧目（南北片）展演二等奖、三等奖。京剧《北风紧》荣获第五届中国京剧节新编历史剧一等奖、第11届“五个一工程”优秀剧目奖、“中国戏曲学会奖”。原创数字电影《鹤乡谣》获得了2009美国圣地亚哥第六届国际儿童电影节组委会“优秀影片奖”。我省有2人获第24届梅花奖。省艺术职业学院的独舞《铜雀女》获第八届全国舞蹈比赛优秀表演奖。2008～2009年度，国家舞台艺术精品工程资助项目共评选出32台剧目（30台大剧目、2台小戏），其中福建省2台剧目入选，分别是京剧《北风紧》和仙莆仙戏现代文明小戏《搭渡》。省杂技团的杂技《灯偶——空中造型》于2009年9月参加第四届俄罗斯国际马戏艺术节并获银奖。省歌舞剧院选送的《古老的一首歌》、福州市歌舞剧院选送的《妙音鸟》分获“中国江南文化节·江南舞蹈赛”专业组铜奖。第九届文华艺术院校奖“桃李杯”舞蹈大赛，福建艺术职业学院荣获专业比赛二等奖1个、三等奖3个、评委会特别奖1个、优秀奖4个、创作奖2个、教师论文三等奖3个，共14个奖项；厦门艺术学校女子群舞《阿婆的幸福生活》在全国第九届“桃李杯”舞蹈比赛中获表演金奖、创作金奖。这是福建省历年来“桃李杯”舞蹈比赛的最好成绩，也是历史性的突破，还实现了我省在全国“桃李杯”舞蹈比赛获金奖零的突破。闽剧《别妻书》、歌仔戏《蝴蝶之恋》、音乐剧《停一停，等等我们的灵魂》3台剧目获得第11届中国戏剧节优秀剧目奖，越剧《唐琬》(新编)获得剧目奖，省实验闽剧院演员陈洪翔等人获优秀表演奖、王仁杰获优秀剧本奖。这是福建省参加中国戏剧节以来获得的最佳成绩。文化部从全国351部剧目中评选出18个剧目为“首届优秀保留剧目大奖”，福建省的莆仙戏《春草闯堂》、闽剧《贬官记》、木偶剧《火焰山》3部剧目入选，数量位居榜首。组织院团创排优秀作品。如舞蹈专场《我在舞中飞》、闽剧《别妻书》、话剧《我的父母之乡》、杂技《家园》、越剧《唐婉》(新版)等。鼓励和支持各艺术院团开拓演出市场，增加院团收入，丰富人民群众文化生活，营造节日良好文化氛围。集中力量创作完成省委省政府部署安排的重要演出任务以及与其他部门联办的演出活动。

【继续加强文艺科研工作】

承办2009年国家社会科学基金艺术课题立项

评审会议。这是国家艺术学课题开评16年来首次在首都以外的省市举办的活动。我省项目7项入选居全国首列。召开第四届“京沪闽”作曲研讨会、“郭祖荣交响作品座谈会”以及举办华东、华中、东北等13省戏剧期刊“田汉戏剧奖”评奖活动。出版《2008年福建艺术研究论集》、《宗教与戏剧研究丛稿》、《音乐知识教程》（上、下）等著作3部共160多万字。完成省哲学社会科学重点课题“闽南文化生态保护区建设研究”；完成“省传统文化知识和遗传资源知识产权保护课题”的子课题任务；完成《闽南文化生态保护区规划》。志书工作方面完成初稿30多万字，收集各地市文化志资料60多万字。

三、公共文化服务体系建设持续增强

【加快文化基础设施建设】

推进省少儿图书馆、省昙石山遗址保护和博物馆二期、福建艺术职业学院新校区二期、省图书馆古籍书库扩建等项目建设，完成省艺术职业学院从旧校区整体搬迁新校区，完成福建歌舞剧院搬迁大剧院工作。继续推进乡镇文化站建设列入省委省政府年为民办实事项目。组织好中央安排支持的革命老区75个乡镇综合文化站建设。做好200个乡镇文化站2009年安排的200个项目（包括中央苏区配套项目）。落实省财政下拨1000万元扶持新建200个乡镇文化站共享工程配套设备。

【深入实施文化信息资源共享、艺术扶贫、文化下乡等惠农文化工程，健全文化服务网络】

制定并上报了《福建省文化信息资源共享工程建设方案》（2009 ~ 2010年）。加大基层文化信息共享工程投入，推进与农村党员干部现代远程教育工程、广播电视村村通工程等相结合，实现共建共享。省级中心已建成1000M带宽的通道，拥有400M专用线路，建成约17 T可供使用的数据信息，建成了《闽南文化》等专题数据库。着手《福建舞台艺术》、《客家文化》等专题数据库的建设。积极推进县级支中心建设和基层网点建设。安排360万元专项经费用于18个县级支中心建设，建成206个基层网点。进一步加强基层管理人员和业务骨干的培训工作。共安排6期培训班，受训人员300多人。举办了全省文化信息共享工程知识竞赛。持续推进送书送戏下乡工程、农村电影放映工程、艺术扶贫工程、高雅艺术进校园等一批惠民文化工程。继续举办文化下乡，开展情系闽东——省文化系统文化下乡系列活动。进一步推进高雅艺术进大学校园，省属艺术院团进入全省相关高校演出近70场次。“福建艺术扶贫”、“三坊七巷历史文化遗产保护规划及数字技术应用”2项获得第三届文化部创新奖。在中央领导支持下，促成蓉中村与东方歌舞团达成了文化共建合作协议。省图书馆圆满完成文化部全国公共图书馆第四次评估检查工作。基本完成全省公共图书馆的评估定级工作。莆田积极推进民间职业剧团加演现代文明小戏活动，这一举措得到中央领导刘云山、刘延东的高度重视，并分别做了重要批示。省文化厅认真总结推广莆田经验。

【大力加强基层文化队伍建设】

省级财政对村级文化协管员安排每人每月100元专项补贴。加强对村级文化协管员队伍的培训。编辑出版《村级文化协管员手册》，用于指导村级文化协管员开展工作。县级以上文化部门共组织培训班292期，参训人员达5600多人次。自2006年以来，共组织县级以上培训班近千期（次），基本完成村级文化协管员的轮训。召开了全省村级文化协管员经验交流会议暨农村文化工作座谈会，表彰奖励148名优秀村级文化协管员。举办“全省村级文化协管员文化技能大赛”。组织了全省乡镇文化站站长培训班。

四、文化产业发展和文化市场管理持续推进

【文化产业加快发展】

一是继续完善文化产业相关配套政策。如配合福建省出台《加快文化产业发展的意见》、制定了演艺娱乐业2009工作要点、草拟了“演艺娱乐业”（2009 ~ 2010年）发展规划等。二是搭建发展文化产业平台。在第五届中国（深圳）国际文化产业博览会上，省文化厅带去的“非遗”项目和晋江木偶剧团展示效果良好。参与主办的第七届中国·海峡项目成果交易会——海西创新、创意产业供需见面洽谈会，共有163家IT、动漫等行业及专业机构参会，其中台湾动漫创意专业机构19家。第13届厦门“9·8”投洽会——投资海西对口洽谈会推出了2009福建文化产业投融资项目53项，邀请到16位美国客商。第二届海峡两岸（厦门）文化产业博览交易会台湾参展商

从原来所占的比例20%增至30%；此次交易会共签约82个项目，签约总金额为87.0477亿人民币，同比分别增长了15.7%和47.46%，其中，演艺签约项目有了新的突破，共签约项目16个，涉及金额达1.946亿元。文博会约吸引了30万人次的市民参与。省文化厅组织的文化产业园区展、非物质文化遗产展、演艺馆成为展会的亮点和重头戏。厅机关和省非遗保护中心获得优秀组织奖。评选13家文化企业为第四批省级文化产业示范基地。至此，福建省共有46家省级以上文化产业示范基地，其中国家级3家。三是文化产业博览会期间文化部出台了继续支持福建加快海西文化建设的若干意见。强调支持福建申报国家级文化产业示范基地、园区，加大对福建动漫游戏产业规划、产业基地、项目建设、会展交易、市场监管等方面的支持力度。指导海峡西岸经济区专、精、特、新文化企业发展。支持海峡西岸经济区文化产业项目、文化产业基地等平台建设。四是抓好文化产业项目推介。征集、整理了2009年重点推出的"福建省文化产业投融资项目"53个，在中国文化产业网发布及作为"深博会"、"9·8投洽会"等展会的招商项目推出。福建省7家企业1个项目被认定为2009～2010国家重点文化出口企业和重点项目。五是建立了文化产业研究基地。与厦门大学建立了省级文化产业研究基地，举办了文化产业经营人才培训班。

【文化市场管理规范有序】

全省共出动文化执法人员153180人次，检查网吧等文化经营单位83436家次，其中，网吧25202家次，娱乐14723家次，演出3662家次，音像13073家次，其他经营单位26776家次。立案1989起，停业整顿319家，吊销营业许可证7家，收缴违法音像制品、非法书报刊等78万张（册），罚款830多万元。一是注重规范发展，切实加强文化市场管理。加强网吧管理，在全省部署开展网吧"网络文化经营许可证"年审换证；严格控制网吧变更法人地址；积极配合省人大等有关部门开展网吧市场调研；会同省文明办等有关部门就从"五老"人员中聘请网吧义务监督员工作进行组织部署；印发《全省网吧违规行为处罚标准》，统一规范网吧市场行政执法行为；按时完成了我省网吧监控平台与文化部的互联互通建设。同时，加强娱乐演出市场管理和演出市场的培育引导，以及加强动漫企业认定管理、网络游戏管理和美术品市场管理。二是开展集中整治，大力净化社会文化环境。组织开展整治互联网低俗之风专项行动，全省各级文化部门共删除低俗图片、视频、文章等21742张（个）、违禁游戏210个，整治互联网低俗之风取得了阶段性成果。部署开展以网吧市场整治为重点的净化社会文化环境工作。自2009年7月至10月集中整治行动期间，福建省各级文化部门共出动检查61370人次，检查各类文化市场经营单位45162家次（其中网吧21717家次），查处违规案件784件（其中网吧649件），收缴非法音像制品176968张（盒），取缔和处以吊销许可证处罚218家，停业整顿154家。三是强化安全检查，推进平安文化市场建设。1月31日，长乐拉丁酒吧火灾事故发生后，立即下发切实加强文化市场安全工作的相关，对全省文化系统组织开展安全工作专项检查进行了部署安排。及时转发《全省公众聚集场所消防安全严查整治专项行动方案》并提出了具体实施意见。联合公安、消防等有关部门对福州城区的130家文化娱乐经营场所进行检查、督促。会同省公安厅等部门在全省组织开展了公众聚集场所易燃可燃装修材料消防安全专项整治工作，并组成检查组对各设区市的整治工作进行了验收。文化市场集中整治行动、全省文化市场交叉执法检查、召开的多次厅直属单位和有关文化经营业主参加的会议，部署落实安全生产工作，并在春节、五一、端午、国庆等节庆期间对各厅属文化娱乐单位进行了安全检查。此外，还举办了福建省第三届农民电影节活动，对全省的电影管理职能划转工作进行了部署安排和督促检查，并于6月上旬顺利完成了省级电影管理职能的划转工作等。

五、对台对外文化交流持续拓展

2009年，成功办理了对外、对港澳交流项目61批、1021人次，来访9批、163人次；闽台文化交流项目37批、3602人次（不含营业性交流演出项目，其中赴台28批1035人；来闽9批2567人次，交流人次比2008年同期又递增了50%）。

【加强"入岛"文化交流，突出"向南移"、"向下沉"】

厦门歌仔戏剧团赴台湾宜兰、台北、台中、

高雄四城市进行巡回演出，创下了一台戏万人观看的火爆场面。全年共组织三批“福建文化宝岛行”交流活动。第一批“福建文化宝岛行”5个团队共185人赴台参加“妈祖文化节”开展海峡两岸传统戏曲汇演系列文化交流活动；第二批“福建文化宝岛行”5个团队168人前往台南市参加“2009郑成功文化节”，深入民进党执政县市开展交流，填补了大陆文化团组赴屏东县、高雄县交流的空白；第三批“福建文化宝岛行”3个团队195人随同省委常委、副省长陈桦率领的我省经济文化赴台交流台入岛交流。福建京剧院首度入岛演出，举办福建“非物质文化精品展”。还有影响较大的“两岸客家族谱文物展”先后在台北、台中、高雄、苗栗等地进行展出，这是两岸第一次客家族谱交流。省实验闽剧院第八次赴马祖参加“妈祖文化节”演出，并经马祖赴台北、桃园等地演出。张克辉率领的妈祖文化交流参访团入岛，在岛内引起很大反响。林则徐禁烟170年之际，福建人民艺术剧院以“珍爱生命，拒绝毒品”为主题的儿童剧《爱与恨》首度赴金门演出，填补了省人民剧院对台演出交流的空白。《爱与恨》也是目前唯一赴金门演出的大陆儿童剧。“福州市闽王王审知金身赴台巡安暨宗亲文化交流访问团”一行85人入岛开展闽王金身首次入岛巡安交流活动，新编歌舞剧《开闽王》随团在台北、高雄、基隆、马祖等地巡演。“相约台中”第二届海峡两岸（台中—福州）合唱节在台湾地区台中市成功举行，来自海峡两岸和香港地区的16支合唱队伍参与，展示了两岸合唱文化交流盛况。

【扎实推进对外文化交流】

一是港澳文化交流实现常态化。组织省歌舞剧院舞蹈《出海》和省杂技团《行为艺术——度》节目赴江西参加“紫荆龙情在江西”电视综艺晚会演出。参加由省委常委、宣传部长唐国忠率领的“海西先行新风采”赴香港、澳门宣传推介文艺演出活动。这是我省迄今赴港澳进行文化交流参与单位最多、节目内容最丰富的一次演出。宋闽旺厅长应香港政府邀请赴港参加“亚洲文化合作论坛2009”活动。二是东南亚文化交流持续活跃。省杂技团赴新加坡参加第16届“春城洋溢华夏情”演出活动；厦门小白鹭歌舞团赴菲律宾参加第一届国际舞蹈节和舞蹈研究会以及国际旅游文化节；莆田市侨联组织莆田市艺术团赴香港、新加坡、马来西亚、印尼进行慰问演出。三是欧美日非文化交流有新跨越。在俄罗斯鞑靼斯坦共和国首府喀山市举办的上海合作组织成员国“实用工艺美术联展”，省艺术馆的“福建民间艺术”代表中国参加了展览。福建图书馆文化交流小组赴法国下诺曼底大区交流访问，商谈两省图书馆与法国下诺曼底大区图书馆合作事宜。与文化部外联局成功举办了“朋友·伙伴·兄弟——中国摄影家眼中的坦桑尼亚、卢旺达”摄影展。以泉州、漳州、晋江三地木偶剧团组成的省木偶代表团参加法国海滨迪莱城举办的国际木偶节演出活动。2008年10月至2009年10月，福建博物院与日本相关方面联合举办“海上丝绸之路的出发点——福建”展览。泉州木偶剧团赴美国参加“古今回响——欢庆中国文化”艺术节开幕式演出。福建京剧院赴法国参加巴黎中国文化中心主办的第四届中国戏曲节，经典京剧剧目《四郎探母》赢得“头彩”。

【注重加大“请进来”互动交流的力度】

参与举办第四届海峡两岸保生慈济文化节、首届“海峡论坛”之“中华情·海峡缘”综艺晚会、“郑成功文化节”“闽台姓氏族谱和涉台文物展暨宗亲恳亲会”、“第三届闽台对渡文化节暨蚶江海上泼水节”、第18届海峡两岸（福建东山）关帝文化旅游节、“2009海峡两岸民间艺术节”、第11届中国·湄洲妈祖文化旅游节等活动。“6·18”中国海峡项目成果交易会期间，台湾新党主席郁慕明等专程到省闽剧院观看闽剧《七色石》。闽台缘博物馆2009年接待参观人数超100万人（其中台胞7.5万人），比2008年接待参观人数大幅增加。“2009海峡两岸民间艺术节”首次实现了两岸戏剧合作开幕式演出《蝴蝶之恋》，这是两岸歌仔戏界60年来真正的团对团舞台合作。第11届中国·湄洲妈祖文化旅游节还首次举行“湄洲妈祖金身巡安兴化”活动。漳州举办的海峡两岸木偶艺术节是在我省第一次举办的海峡两岸木偶艺术节。

六、文化遗产保护持续加强

【积极推进文物保护】

一是加强文物地方立法建设。省人大常委会审议通过《福建省文物保护管理条例》于2009年10月1日正式实施，立足于福建省文物保护的特点，率先从地方立法的层面就涉台文物、水下文物、中央苏区革命文物的保护进行立法规范。围绕修订的《条例》，组织开展全省性文物普法宣传系列活动，召开宣传贯彻新《条例》座谈会。依法规范文物、考古和博物馆建设等方面的行政许可程序。积极促成国家文物局出台《关于进一步支持海峡西岸经济区文化遗产保护的意见》，从加大对福建省文化遗产保护资金投入和项目支持等6个方面加大对福建省文化遗产保护的支持力度。二是全面推进第三次全国文物普查。2009年全省各级政府财政到位文物普查经费1040万元，共登记不可移动文物27456处，其中新发现18056处，复查9400处，全面完成我省第三次全国文物普查第二阶段实地调查工作。对福州、莆田、泉州、漳州等沿海地区开展水下考古调查，继续进行平潭碗礁一号沉船遗址水下考古发掘。省政府核定公布第七批省级文物保护单位203处。三是做好文化遗产管理。昙石山遗址博物馆对遗址厅北侧的遗址进行了抢救性考古发掘。稳步推进全省涉台文物保护工程，积极组织编制全省涉台文物保护总体规划。完成施琅宅和祠、天一总局等一批重点涉台文物保护规划或保护方案的编制，组织实施昙石山遗址、三坊七巷建筑群等首批重点涉台文物的维修和保护工程。组织编制《“福建土楼”保护总体规划纲要》。开展“武夷山”和“福建土楼”世界文化遗产地巡视和检查。全面启动厦门鼓浪屿申报《中国世界文化遗产预备名录》工作，完成申报文本编写和保护规划纲要编制；启动福建船政建筑群、闽东北贯木拱廊桥申报《中国世界文化遗产预备名录》的前期调研工作。“福建土楼”荣获联合国教科文组织授予的“遗产保护杰出成就奖”。开展第七批全国重点文物保护单位的申报遴选推荐工作，形成71处省级文物保护单位和第三次文物普查重要新发现点申报列入第七批全国重点文物保护单位的方案。推荐福州闽安镇等一批名镇、名村申报第五批中国历史文化名镇名村，推动福州三坊七巷入选首批全国十大历史文化名街，推动清流县赖坊镇、永泰县嵩口镇、福安市廉村和屏南县际下村获得第四批中国历史文化名镇、名村。加强全省革命文物的保护。四是开展“文化遗产日”活动和文博系列活动。5月下旬到6月下旬在全省各地市相继开展，以综合性活动、文化艺术展览和纪念林则徐系列活动为三大主题，具体活动多达25项。福建闽越王城博物馆完成了基本陈列展览更新；福建昙石山遗址博物馆完成二期保护工程及遗址厅改建。将“三坊七巷”中的全国重点文物保护单位“二梅书屋”作为“福建省民俗博物馆（筹）”馆址来建设；联合主办“第二届木拱廊桥国际学术研讨会”、“中国古桥保护学术研讨会”。五是加强文博队伍建设。省政府授予廖国华革命烈士光荣称号。“文化遗产日”期间，福建省有63位从事文物、博物馆工作30年以上的文物、博物馆工作者受到国家文物局表彰。

【强化非物质文化遗产保护】

一是进一步完善福建省非物质文化遗产保护的工作机制。制定了《福建省非物质文化遗产名录申报评审管理暂行办法》和《福建省非物质文化遗产项目代表性传承人认定与管理暂行办法》两个规章，并在全省进行论证和征求意见。二是加强省级非物质文化遗产名录体系建设，积极申报国家级项目名录。组织第三批省级非物质文化遗产名录的申报、评审工作。省政府公布了第三批省级非物质文化遗产名录共88项（含扩展项目6项）。省级非遗项目增至288项。积极做好第三批国家级项目的推荐申报工作。我省申报的“南音”、“妈祖信俗”入选联合国《人类非物质文化遗产代表作名录》，“木拱廊桥营造技艺”入选联合国《急需保护的人类非物质文化遗产名录》。三是加快闽南文化生态保护实验区建设。修订下发《闽南文化生态保护实验区示范点（示范园区）建设方案》和《闽南文化生态保护实验区示范点（示范园区）管理办法》，加大对闽南文化生态保护实验区30个示范点（示范园区）建设指导。组织“闽南文化生态保护实验区专题展”参加第二届中国成都国际非物质文化遗产节，获组委会颁发的“太阳神鸟金奖”。海峡两岸闽南文化生态保护研讨会在厦门召开，这是海峡两岸首次以公开方式共同探讨文化生态保护理论、交流实践经验，开拓了两岸文化交流的新领域。开通福建省非物质文化遗产网站。在北京召开闽南文化专题资源数据库专家论证会。四是组织全省非物质文化遗产普查工作。召开全省非物质文化遗产普查工作会议。对全省的非遗普查工作进行全面评估验收。全省文化系统共投入10122人，培训41427人，发动社会参与人员65939人，获取普查线索近20万条，对17个门类90303个项目进行了调查(县级以上),形成了5742万字的调查记录、700多幅照片、700小时录音和854小时录像等原始资料。在这个基础上,各地对普查资料进行了全面的梳理和编辑。目前,全省乡镇以上单位已基本完成资料汇编工作,共结集1614册、音像资料1355盒,电子文档1123.4G。通过这次普查,初步摸清了全省非物质文化遗产的现状。五是古籍保护取得新进展。有三家单位列入全国古籍保护重点单位、78部古籍列入《国家珍贵古籍名录》名单。此外,一批非物质文化遗产保护工作单位和个人获得表彰。

七、文化体制改革持续展开

进一步充实和加强文艺演出院团体制改革工作班子负责改革工作。加强调研和督查,定期通报文化体制改革进展情况和工作进度。建立健全工作责任制,把各项改革任务落实到具体工作部门。深入贯彻落实全国文化体制改革经验交流会精神,出台贯彻落实中宣部、文化部《关于加快艺术院团转企改制的实施意见》,加快推进有条件的文艺院团转企改制,重点做好省杂技团、省文艺音像出版社落实转企改制。省文艺音像出版社有限责任公司挂牌成立和西湖影剧院开业。省杂技团转企方案上报。督促福州、厦门各推出一个院团转企改制。积极推进公益性文化单位内部人事、收入分配和社会保障制度改革。拟订了《关于深化我省艺术表演团体体制改革等意见》;制定了《省文化厅直属艺术表演院团管理办法》、《省文化厅直属艺术表演院团主创演人员管理办法》;省属各院团都制定了业务考核制度、演出补贴制度等行之有效的规章制度。

此外,在党的建设、廉政建设、队伍建设、老干部工作、效能建设、绩效考评、门户网站建设和财务管理、国资管理、文化统计和政府采购等方面也取得显著成效。

江西省

2009年,江西省文化工作围绕中心,服务大局,应对金融危机积极行动,重大活动展现精彩,服务群众富有成效。文化的繁荣发展,为江西应对金融危机、实现经济平稳较快发展提供了强大的精神动力,为构建社会主义核心价值体系、促进社会和谐稳定发挥了重要的作用,为满足全省城乡人民群众不断增长的精神文化需求作出了积极努力。

一、围绕中心,服务大局,大型文化活动影响广泛,艺术创作生产成果丰硕

在庆祝新中国成立60周年期间,江西省组织大型风情歌舞《赣风》、采茶戏《山歌情》、大型情景歌舞《井冈山》晋京,圆满完成了中宣部、文化部共同主办的“向祖国汇报”——庆祝中华人民共和国成立60周年献礼演出。其中大型情景歌舞《井冈山》在国家大剧院演出,成为全国献礼演出系列活动的“压轴大戏”。成功举办了省市军民庆祝新中国成立60周年文艺晚会,第一次将焰火与歌舞节目结合,精心演绎了新中国60年来各个时期标志性的22首歌曲,用文艺晚会的形式礼赞伟大祖国60年光辉历程,展现了一幅经济发展、文化繁荣、社会和谐的瑰丽画卷。组织江西10多名著名山水画家和国家级工艺美术大师创作了长达60米、由60块大型瓷板组成的大型瓷板画《西江揽胜图》,向国庆60周年献出了一份厚礼,全景式展示了改革开放后的江西美景。在举办各类文化活动的实践中,江西逐步打破了过去那种“政府管出钱,专家像过节,百姓看不见”的传统模式,第四届江西艺术节分别在景德镇、抚州、新余、南昌四个市举办,来自全省32个专业艺术表演团体的赣剧、采茶戏、人偶戏、山歌剧、话剧、京剧、评剧、花灯戏8个剧种的11台大型戏剧、28个小戏(小品)参加了“玉茗花”戏剧节展演。参演剧目总量、演出时间都是上一届戏剧节的两倍。艺术节使广大基层群众欣赏到多姿多彩的艺术精品,共享文化发展的丰硕成果。2009年,在省委、省政府的关怀和支持下,在省财政投入600万元资金,实施江西省文艺创作繁荣工程的推动下,文化部门在工程实施中坚持扶持原创性、地域性、示范性艺术精品的方向,省级扶持,地方参与,极大地调动了广大文艺工作者的创作激情。全省新创作舞台剧本20余个,新创作音乐、歌舞、杂技等作品120余个,共有16台大型新创剧目与广大观众见面。这些剧目内容健康,形式多样,反映时代,表现群众,深受城乡观众的欢迎。其中一批优秀剧节目脱颖而出,在2009年，中宣部第11届精神文明建设“五个一工程”评选中，鹰潭的歌曲《旗帜》、赣州的戏剧《快乐标兵》、江西省歌舞剧院创作演出的《井冈山》光荣获奖，实现江西歌曲项目获奖“五连冠”，戏剧项目两部作品同时获奖、与北京市并列全国第一的重大突破。

二、面向基层，服务群众，文化惠民活动富有成效

江西在文化工作中，根据农民占全省人口2/3的现实，始终坚持把以人为本、文化惠民、面向基层、服务群众作为自己的根本任务，在全省文化建设中切实做到“三个倾斜”，即重大资金向基层倾斜，设施建设向农村倾斜，文化服务向农民倾斜，使广大人民群众平等地享有文化发展成果。

农村文化3项活动使广大农民受益。农村文化3项活动呈现“四个增多”的新特点：省级专业艺术院团参演增多，仅省直6个专业剧团春节期间就下到40余个乡镇为农民群众演出60多场；“农民点单”式服务增多，由农民自主选择喜欢的艺术团体和节目；数字电影放映增多，全省农村电影数字化放映覆盖面达到70%；农民自创文艺节目增多，文体活动更贴近群众。2009年，全省送电影下乡27.7万余场，送戏下乡1.3万场，开展文体活动7938次，受益群众达8193多万人次，实现了文艺演出和文体活动覆盖全省乡镇、电影放映覆盖全省行政村和农村中小学。

免费开放为群众提供更好的服务。2009年，为更好地做好博物馆、纪念馆免费开放工作，适应免费开放形势发展和观众需求，省文化厅提出“免费+优质”的服务要求，采取了一系列提高服务质量的有效措施，对9个免费开放的博物馆纪念馆陈列展示进行了改善提升设计，省博物馆、安源路矿工人运动纪念馆、景德镇民窑博物馆、樟树市博物馆等重点馆已改善基本陈列；先后举办了全省博物馆、纪念馆讲解词、讲解员大赛，有效提升了全省博物馆、纪念馆的讲解水平和服务质量。全省92家博物馆、纪念馆共免费接待观众1681万人次，同比增长166%。在第八届全国博物馆十大陈列展览精品评选中，全国爱国主义教育示范基地井冈山革命博物馆的基本陈列“井冈山革命斗争史”名列榜首，获得最高奖“特别奖”；南昌八一起义纪念馆的基本陈列“南昌起义”，获得“精品奖”，实现了江西省陈列展览首获殊荣零的突破。

公益展演为弱势群体提供多彩的文化生活。为了解决城镇中一批“文化贫困户”的文化生活，2009年，江西首次以优秀节目展演的形式，在城市中开展了影响广泛的公益大展演活动。在春节期间举办了“相约春天——江西省2009年新春公益大展演”；在国庆期间举办了“相聚金秋——江西省庆祝新中国成立60周年优秀剧目公益大展演”。两次大展演免费派送门票，30余台具有江西本土特色的原创新舞台剧在南昌逐一公演，观众达数万人次，其中包括农民工和生活处于低保状态的困难群体。免费的文化大餐不仅使城市人丰富了文化生活，也为农民工兄弟带来了欢乐。

三、合理布局，全力推进，文化设施建设步伐加快

江西在公共文化服务体系构建中，既注重软件建设，也注重硬件建设，文化设施建设特别是基础设施建设取得显著成效。2009年，全省已竣工和在建的公共文化项目51个，总投资28.5亿元，投入力度和建设规模均创历年新高。总投资4.99亿元的省重点工程江西艺术中心大剧院工程已经封顶，2010年10月将投入使用；11个设区市建有艺术中心6个、大剧院11个，其中总投资分别为2亿元的赣州艺术中心、抚州文化园等一批格调高雅、功能齐全、设施先进的文化设施加快了建设步伐，有些已建成并投入使用，投资6.5亿元的南昌大剧院也已立项。新建成的抚州汤显祖大剧院成了江西优秀剧演出的重要场所，建成以来共有10多台国内外有影响的剧节目在此上演。在基层文化设施建设中，江西通过实施农村文化建设工程，全面推进文化信息资源共享工程、县级图书馆文化馆维修改造工程、基层文物维修与保护工程的实施，全省已建成文化信息资源共享工程省级分中心1个，支中心72个，乡镇（村）基层站点11471个；新建和改扩建69个县级文化馆、图书馆，有40%的县级“两馆”达到国家二级馆标准；64处省级文物保护单位进入全面维修。赣州、抚州、萍乡、吉安、进贤、德安、分宜、新干、高安等20余家市县级博物馆相继开馆或立项奠基，总投资4.78亿元的南昌新四军军部旧址维修改造工程已完成新陈列大楼主体工程。根据国家发改委、文化部《“十一五”全国乡镇综合文化站建设规划》，2008年底，国家安排江西乡镇综合文化站项目368个，国家补助资金5556万元。通过全省文化部门一年的努力，2009年，全省已建成409个，完成建设投资1.3亿元。

四、注重效益，狠抓项目，文化产业和文化市场日益繁荣

在文化产业的发展中，江西以“重点抓项目，抓重点项目”的方法，实施重大文化产业项目带动战略，加快文化产业基地和区域性特色文化产业群建设，加快了文化产业的发展步伐。全省投资规模上千万元以上、已开工建设的文化产业项目超过50个，其中超亿元的8个。泰豪动漫产业基地、景德镇陶瓷创意文化产业基地等一批重大文化产业项目建设进展顺利；投资2.5亿元的“八大山人”文化产业园用地面积约3200余亩，总建筑面积愈48.5万平方米，成为江西省文化产业的重要项目。2009年，江西文化系统文化产业总产值已达150多亿元，销售总收入达42.9亿元，增长20.8%，占全省GDP的比重约为0.7%，文化市场经营单位吸纳社会就业人数4.5万人，呈稳步上升态势。江西作为文化资源大省，充分利用红色文化的优势，努力发挥红色旅游的带动效应。截至2009年，全省红色文化旅游综合收入近300亿元，增长25%，吸纳直接就业人数16万人，间接就业80万人，规模占全国红色文化旅游1/3。江西以动漫产业为抓手，积极推动创意产业发展。2009年，省文化厅对全省动漫产业进行了深入调研，成立了江西省动漫行业协会，举办了全省动漫原创作品大奖赛，与法国埃夫里市共同举办了中法数字艺术与动漫国际活动周，来自40多个国家和地区的动漫专家学者和业内人士1000人，现场观众近万人参加了在南昌首次举办的动漫周活动。制定了《扶持江西省动漫产业发展的若干意见》，出台了《江西省动漫企业认定管理办法》，对一批重点动漫企业和动漫产品给予扶持。全省已有重点动漫企业和工作室20余家，参加动漫行业协会的企业300余家，实现产值近百亿元。江西致力农村“一村一品”文化活动的挖掘和开发，形成规模的已达到800多个，年产值达300多亿元；全省已有7000多个祠堂改造成为农民文化活动园，使广大农民群众从文化的客体变成了主体，实现了从“看文化”到“办文化”、从“文化娱乐”到“文化致富”的转变，真正成了文化的主人。

五、挖掘历史，传承文化，文化遗产保护和利用成效显著

在文化遗产保护和利用工作中抓重点、攻难点，文物保护和利用有序推进，重点文物保护力度加大，博物馆展陈服务质量明显提高。普查工作走在全国的前列。截至2009年底，全省实地调查完成率为100%，共登记不可移动文物34087处，其中新发现29018处，复查5069处，普查经费到位1884.3万元。成功举办全省第三次全国文物普查与文化遗产保护摄影图片展，全面展示全省第三次全国文物普查新发现及普查成果。将革命文物保护与红色旅游结合起来，在南昌召开了湘鄂赣革命文物保护现状调查座谈会，编制了《江西省2010～2015年革命文物保护专项规划》，使革命文物成为爱国主义教育和革命传统教育的基地。成功举办新世纪江西考古成果展，充分展示了新世纪以来考古事业取得的令人瞩目的成就，展示了被评为全国十大考古新发现李渡元代烧酒作坊遗址、景德镇明清官窑遗址、靖安李州坳东周墓葬等140余件文物精品。

六、打造品牌，扩大交流，对外文化交流与贸易提升江西文化国际影响力

省文化厅坚持“走出去”与“引进来”相结合，积极挖掘江西文化资源，打造江西特色文化品牌，提升文化产品的影响力和竞争力，努力拓宽对外交流渠道，加大文化交流与合作，扩大江西文化国际影响力。2009年，江西对外及对港澳台文化交流项目29项，其中派出7项，129人次；引进项目22项，242人次。其中4月至6月，在香港大学美术博物馆举办“景德镇现代传统瓷艺展”；5月，省博物馆参加了文化部在突尼斯举办的“华夏瑰宝展”；5月11～15日，在联合国教科文组织总部首次展出78件当代景德镇陶瓷艺术作品；9月9～20日，在台北举行“景德镇·台北海峡两岸陶瓷精品展”；9月8～16日，省杂技团在澳大利亚演出。

七、创新机制，激发活力，文化体制改革深入推进

按照中央和省委关于文化体制改革的有关要

求，江西在文化体制改革中按照区别对待、分类指导的原则，制定了江西文化体制改革的时间表、路线图和任务书，省直国有院团转企改制和事业单位内部改革加大了创新力度。2009年，省直国有院团改革启动实施，确定江西省木偶剧团作为转企改制试点单位，研究和拟订了改革方案，已完成江西省木偶剧院有限责任公司的注册和挂牌工作，转企改制初步到位，为江西加快推进经营性国有文化单位转企改制，建立现代企业制度，加快培育一批合格的文化市场主体探索了一条新路。同时，在全省加大了国有院团的改革力度，通过整合资源，形成了国办剧团相对合理的梯次结构，提高了国有剧团的办团质量。加强了对民营剧团的扶持，民营剧团从无到有，蓬勃发展。2009年底，全省共有民营剧团1560多个，改善了艺术院团的所有制结构，形成了多种所有制并存的发展格局。2009年，全面实施事业单位改革，全省各级博物馆、图书馆、文化馆等单位的社会保障、劳动人事、收入分配等方面的内部改革扎实推进，在全省文化系统文化事业单位全面启动了以聘用制为主要内容的人事制度改革。截至2009年底，全省文化系统已有90%的文化事业单位实行了合同聘用制，与单位签订聘用合同人员也达到90%，为江西全面深化文化体制改革奠定了良好的基础。

八、重要会议、重要活动

【全省文化局长会议在南昌召开】

2009年2月23日，全省文化局长会议在南昌召开。会议回顾和总结了2008年的工作，部署2009年文化工作。江西省委常委、宣传部长刘上洋出席会议并讲话，省人大常委会副主任蒋如铭、省政协副主席汤建人出席会议。江西省文化厅领导李玉英、汪天行、曹国庆、王晓庆、魏玮、任永新出席会议。全省各设区市文化局长、省文化厅机关各处室和直属单位350余人参加会议。省委宣传部副部长、省文化厅党组书记、厅长李玉英做工作报告。会议确定，2009年全省文化系统以举办庆祝新中国成立60周年文化艺术活动为契机，精心打造江西地方特色艺术精品，促进江西省文艺繁荣；以农村文化建设和文化惠民工程为重点，进一步完善覆盖城乡的公共文化服务体系，切实保障全省人民的基本文化权益；创新管理方式，优化市场结构，进一步促进文化市场繁荣有序发展；以重大文化产业项目为龙头，以文化产业园建设为重点，使文化产业成为应对金融危机的一个新增长点；加大保护力度，健全保护机制，进一步做好文化遗产工作；扩大对外文化交流，打造特色品牌，不断提升江西文化在国际市场上的影响力；转变职能，锐意创新，推动文化体制改革工作取得新进展；切实加强文化人才队伍建设、机关效能建设和党风廉政建设，为推动文化大发展大繁荣提供坚强保证。会议要求，全省文化系统要积极应对文化发展面临的新形势，切实做到“保增长、保民生、保稳定”，变压力为动力，变危机为生机，变经济波动期为发展机遇期，以文化惠民和文化强省为主要目标，解放思想，改革创新，全面推进各项工作，为江西在促进中部崛起中有更大作为提供强大的精神动力和文化支撑，以优异成绩向新中国成立60周年献礼。要把加快发展作为文化工作的第一要务，不断推进文化领域的创新发展。把关注民生、加强服务作为文化工作的重大使命，切实抓好各项文化惠民工程。把维护稳定作为文化工作的第一责任，不断提高促进社会和谐的能力。要深入贯彻落实科学发展观，振奋精神、扎实工作、锐意进取、开拓创新，努力兴起文化建设新高潮，推动江西文化创新发展，为促进江西省经济平稳较快发展、不断迈出富民兴赣新步伐作出新的更大的贡献。会议还对2008年度设区市文化工作目标管理考评先进单位进行了表彰。

【江西3部艺术精品晋京献礼祖国60华诞】

2009年8～10月，江西省大型情景歌舞《井冈山》、原创大型风情歌舞《赣风》、赣南采茶戏《山歌情》3部剧目晋京参加由中宣部、文化部共同主办的“向祖国汇报”——庆祝中华人民共和国成立60周年献礼演出，获得圆满成功，产生重大影响。展演活动是中宣部、文化部共同主办的国庆60周年系列宣传文化活动的重要组成部分，共有全国各地的113部精品剧目参加演出，江西省3部作品入选，入选数量在全国名列前茅。3部剧目相继亮相首都舞台，既是对江西新时期文化建设辉煌成就的集中展现，也是对江西形象的集中宣传和有力提升。

【成功举办第四届江西艺术节】

为欢庆新中国建立60周年，营造欢乐祥和的节日气氛，满足人民群众的文化需求，实现开门，服务百姓，江西省文化厅将办节重心向基层下移，国庆期间，安排在新余、景德镇、抚州同时举办第四届江西艺术节。艺术节分戏剧节、音乐舞蹈艺术节两部分。戏剧节分别在景德镇市、抚州市举行，为期18天，来自江西各地的32个文艺团体、35部大小剧目参加展演；音乐舞蹈艺术节在新余市举行，为期6天，11个设区市代表队和省歌舞剧院、省内部分院校代表队共同演出了11台165个节目。第四届江西艺术节充分展现江西文艺事业的日益繁荣和创作成果。此次艺术节参演的剧目题材广泛、形式多样，是一届参与人数多，艺术水平较高的盛会。

【《西江揽胜图》获吉尼斯世界纪录】

为充分表达江西儿女对祖国母亲的一片赤子之情，反映赣鄱大地新中国成立60年，特别是改革开放31年来发生的生动变化，体现江西艺术家坚持文艺为人民高歌，为时代写赋的责任感、使命感，江西省文化厅组织20多名陶瓷美术大师，集体创作了通景屏风瓷板画《西江揽胜图》。该画由60块高180公分、宽60公分的瓷板构成，红木框架镶嵌，寓意新中国60华诞。该画是中国美术史上规模最大，参与画家和工艺美术大师最多、制作工艺最复杂的一幅陶瓷美术作品，最集中反映江西山水人文，代表江西山水画创作和陶瓷工艺最高水平作品。现已成功申报吉尼斯世界纪录。

【江西省井冈山革命博物馆、八一起义纪念馆两项陈列展览喜获中国博物馆界陈列展览最高荣誉】

2009年10月18日，江西省井冈山革命博物馆、八一起义纪念馆两项陈列展览喜获中国博物馆界陈列展览最高荣誉。在由国家文物局主办，中国博物馆学会、中国文物报社共同承办的第八届全国博物馆十大陈列展览精品评选终评会暨颁奖仪式上，江西省“井冈山革命斗争史”名列榜首，获“特别奖”；“南昌起义”获“精品奖”。“全国博物馆十大陈列展览精品评选”每两年一届，是全国文博行业最具影响力的评选活动。经层层筛选评比出来的获奖陈列展览精品，代表了中国博物馆在展示上所达到的最高水平。本届入选项目是从全国2000多个博物馆，两年中举办的2万余个展览中精选出来的，初评出69家博物馆，24个项目单位进入终评，最终评出3个特别奖、10个精品奖、14个单项奖。“井冈山革命斗争史”是井冈山革命博物馆的基本陈列，整个展览采用“红色经典，现代表述”的总体设计理念，运用“编年体夹专题”的陈列体例，注重大气、庄重、简洁、明快的特征，突出了对井冈山道路的叙述和井冈山精神的诠释，并通过现代化的展示手段和丰富的表现形式，形象地宣传、展示了井冈山革命斗争时期的大量珍贵文物、图片、资料，令人耳目一新。“南昌起义”是南昌八一起义纪念馆的基本陈列，展览展出437件革命文物，按照“全息互动式设计”进行陈列布展的，使参观者在多维空间中各种感官能同时摄取大量展览信息。除展示文物，还使用了雕塑、油画、多媒体科技、场景复原、大型多媒体景观等多种现代化展陈手段，再现了光辉的革命历程。

九、重大事件、重要文化建设项目

【江西省委书记苏荣考察靖安东周古墓出土文物】

2009年5月12日，江西省委书记苏荣在靖安考察工作期间，到靖安县博物馆考察2007年度“全国十大考古新发现”水口李洲坳东周古墓葬出土文物。考察中，苏荣书记充分肯定了近年来江西省文物工作取得的成绩和为江西经济社会发展作出的贡献，对江西省文物考古工作连续取得的丰硕成果表示祝贺。省委常委、省委秘书长赵智勇，副省长洪礼和等陪同考察。苏荣一行饶有兴致地考察了水口李洲坳东周古墓葬出土文物。当他得知新世纪以来江西省先后3次荣获年度“全国十大考古新发现”时非常高兴，充分肯定了近年来江西省文物工作坚持科学保护、合理利用，为构筑社会主义核心价值体系，为江西经济社会发展作出了贡献。

【江西公共文化服务走在全国前列】

江西省是全国最早提出实施文化惠民工程，并开展系列活动的省份。“农村文化三项活动”近两年不断完善、不断创新，已经实现“四个全覆盖”。全省省、市、县三级专业文艺团体全年送戏下乡1.3万场，为农民放映电影27.7万场，开展农民喜爱的文体活动7938次，受益群众达8193多万人次，文艺演出和文体活动覆盖全省1435个乡镇、电影放映覆盖全省16618个行政村和15864个农村中小学。农村文化3项活动呈现省级专业艺术院团参演增多、“农民点单”式服务增多、农民自创文艺节目增多、数字电影放映增多“四个增多”的新特点。农民群众称赞这是实实在在的“百姓工程”、“民心工程”。2008年，江西省在全国率先免费开放博物馆、纪念馆，2009年，省文化厅又提出了“免费加优质”的服务要求，全面提升免费开放水平。全省免费接待观众达1600万人次，同比增长166%。江西在科学发展中，高度重视文化建设，高度重视文化民生，高度重视人民享有的文化权益，并在实践中取得了实实在在的成效，受到了中央领导同志和中央有关部委的充分肯定和高度评价，得到了新闻媒体的普遍关注。中共中央政治局委员、中宣部部长刘云山在新华社《国内动态清样》第4269期“江西斥巨资为农村文化埋单收到良好效益”一文上批示：“政府买单送文化到农村，这是建设公共文化服务体系的重要内容，江西的做法值得总结和推广。”

【江西自然科学博物馆】

江西自然科学博物馆（暨中国新能源科技馆）是江西省2008年重点工程建设项目，2008年2月动工，占地面积1200亩，规划建筑面积8.3575万平方米，总投资约10亿元人民币，是江西投资最大的单体建筑，其中土建总投资约为4.34亿元，设备及布展费用约为5.32亿元，其他建设0.34亿元。项目选址位于江西省新余市仰天岗管理委员会辖区仰天岗大道西延段以北约200米处，南邻周坑村，北面为周坑水库。主要建设有科学中心、生命科学厅、地球环境厅、研究教育中心、太空剧场、植物园等，用于展示自然史研究成果、普及自然科学知识、宣教科技文化文明、激发大众科技兴趣、培养大众创业热情，提高全民科学素质，建设目标是“全国一流、世界先进”的全国科普教育基地、4A级国家风景旅游区和国际科技文化交流平台，是新余市科普教育平台和城市旅游景区，江西科普教育基地、江西对外科技文化交流的重要平台。2008年、2009年陆续实现场地开放，将于2010年底实现全馆开放运营。

【新兴动漫创意产业得到突破性发展】

2009年，向文化部推荐泰豪等3个动漫创作团队和《阿香日记》等8个原创动漫作品参加文化部“原创动漫扶持计划”评审。先后举办了全省大学生动漫节活动周、大学生动漫文学作品征集大赛，深得社会关注和好评。10月，联合法国埃夫里市政府和南昌市人民政府、泰豪集团在南昌共同举办“中法SIANA09南昌国际动漫艺术周”，邀请包括中、法、德、英、美、日、韩等44个国家和地区的政府、企业、高校等相关机构专业人士参会。活动周对于扩大江西文化对外影响力，促成省内企业和国内外知名企业之间的交流与合作，推动动漫产业发展发挥了积极作用。

山东省

一、公共文化服务设施建设加快，文化惠民工程深入实施

2009年，各级把建立完善公共文化服务体系作为保障人民群众基本文化权益的基础工作，普遍加大了工作力度，全省公共文化设施建设掀起高潮。省博物馆新馆主体工程已经完工，进入内部装修和展陈设计阶段。市、县重点文化设施建设全面展开。一批市、县综合性文化设施陆续开工建设，部分已竣工使用。全省新开工市、县文化设施建设项目50多个，竣工48个，完成投资40多亿元。乡镇综合文化站建设持续推进，2009年新建成572个，完成年度计划的161%，全省符合国家标准的乡镇文化站达到1291个，完成“十一五”规划目标的93%。以全国图书馆评估定级为契机，积极推进图书馆设施建设和业务能力建设，取得明显成效，山东省被评为国家一、二、三级的图书馆分别达到48个、38个和21个，其中二级以上图书馆数量居全国第一位。实施文化惠民工程取得新进展。完成了文化共享工程省中心技术平台的升级改造，对全省的辐射带动能力得到提升；市、县支中心的功能进一步增强，基层站点规范化建设成效显著，评选命名省级规范化站点100个。共享工程进万家服务平台建设业已启动，建成了共享工程网络视听台，为广大农村群众学文化、学科技、学法律、了解市场信息提供了方便条件，山东省不仅成为全国唯一的“示范省”，而且荣获2009年度“文化部创新奖”。基层公共文化辅导工程开始实施，对100多个基层示范点群众文艺骨干的辅导培训全面展开。文化下乡、进社区等活动深入开展，有效丰富了基层群众文化生活。抓住全国文化先进县复查机遇，组织对全省34个全国文化先进县进行严格认真检

查，并全部通过文化部复查验收，同时青岛城阳区、东营广饶县、临沂郯城县荣获“全国文化先进单位”称号。

二、重点文化活动取得圆满成功，繁荣艺术创作取得新成果

2009年，各地以庆国庆、迎全运等重大活动为契机，加大艺术创作力度，组织举办了一系列精彩文艺演出和群众文化活动，极大丰富了城乡群众文化生活。以“向祖国献礼、为全运喝彩”为主题的第九届山东文化艺术节，以及“歌颂新中国、喜迎全运会”系列群众文化活动，于8月底拉开帷幕，历时两个多月，期间省城举办专业演出66台剧目120余场，各市组织戏剧、曲艺、杂技、交响乐、歌舞剧、话剧等各类文艺演出400余场，群众文艺演出1400多场，演出节目12000多个，参演人员达16万多人次，观众几百万人次，为国庆节和全运会营造了喜庆热烈、欢乐祥和的文化氛围，受到社会各界的高度赞扬。艺术节期间，还成功举办了“新中国成立60年山东十大经典剧目”评选、“第三届山东国际小剧场话剧节”，圆满完成了全运会开闭幕式大型演出活动的组织实施，为全运会成功举办作出了积极贡献，受到省委、省政府的嘉奖。参加国际、全国性艺术评比展演活动取得新成绩。山东省杂技团《激昂青春——蹬人》节目荣获世界杂技界最高奖——第34届蒙特卡洛国际马戏节“金小丑”奖；山东省《苦菜花》、《山东汉子》两台剧目晋京参加庆祝新中国成立60周年献礼演出，《苦菜花》荣获文化部首届“优秀保留剧目大奖”，成为全国18个获此殊荣的剧目之一；滨州市的吕剧《杨广和》荣获中宣部第11届“五个一工程”奖；山东省有4个剧目分别荣获第六届全国儿童剧优秀剧目展演“优秀剧目奖”、全国地方戏优秀剧目展演参演剧目奖；有两名演员荣获“第二届中国戏剧奖·梅花表演奖”，其中1人为“二度梅”；山东青年管理干部学院作为全国唯一一所地方院校代表，选派20名师生参加了大型音乐舞蹈史诗《复兴之路》的演出。此外，山东省还有3幅作品入选国家重大美术创作工程，居全国前列；庆祝新中国成立60周年山东省美术、书法、摄影展取得圆满成功。

三、文化体制改革实现新突破，文化发展活力进一步增强

2009年，围绕解放和发展文化生产力，以文艺院团转企改制、文化市场综合执法改革为重点，加大推动文化体制改革的力度，重点领域和关键环节的改革取得实质性突破。省直文化单位改革迈出新步伐。通过对山东省杂技团、山东省文艺演出公司、山东剧院、山东文化音像出版社、戏剧丛刊社、山东省文化厅招待所实施转企改制和资源重组，成立了山东演艺集团有限公司、山东省杂技演艺有限公司、山东文化传媒有限公司。一批市、县国有文艺院团有的实行单体转企改制，有的通过结构重组实施转企改制，全省完成转企改制的国有文艺院团达到14家。文化市场综合执法改革取得重大进展，17个市全部组建了文化市场综合执法机构，较好地解决了文化市场执法的体制性矛盾，执法力量得到加强，文化市场执法进入一个新阶段。公益性文化事业单位机制改革深入推进，内部活力明显增强，服务效能进一步提高。

四、文化遗产保护得到加强，弘扬民族优秀文化取得新成效

2009年，坚持有效保护与合理利用相结合，进一步强化文化遗产保护基础工作，完善保护机制，文化遗产保护体系逐步健全。第三次文物普查进展顺利，已调查登记不可移动文物35000多处，其中新发现21000多处，全省实地调查任务已全面完成。不可移动文物保护工作扎实推进，省级以上重点文物保护单位划定保护范围和建设控制地带、树立保护标志、落实保护单位等工作基本完成。考古发掘工作取得新进展，全省完成考古发掘3万多平方米，南水北调东线工程考古发掘取得重要成果，继寿光双王城盐业遗址群被国家文物局评为“2008年度全国十大考古新发现”后，淄博高青县陈庄村西周遗址又被中国社科院评为“2009年度六大考古新发现”。重点基本建设工程的文物保护工作顺利推进，先后完成了20多个工程项目的文物调查工作。大运河“申遗”、齐长城资源调查、大遗址保护工程均取得新进展。博物馆事业发展步伐加快。全省有20个博物馆正在新建或改扩建，有6个博物馆已完成建设规划；在全国博物馆评估定级中，山东省有35个博物馆被评为全国一、二、三级馆，总量居全国第二位；全省免费开放博物馆115个，免费接待观众1400多万人次。召开了全省文物工作会议，对当前和今后一个时期的全省文物工作作出全面部署，并对18个先进集体、29名先进工作者进行了表彰。

非物质文化遗产保护工作成效显著。全面完成了非物质文化遗产资源普查，山东省创建的“四个一”普查验收模式受到文化部肯定，建设各类非物质文化遗产馆和传习所167处，整理上报全国第三批非物质文化遗产名录备选项目231项，居全国第一位。公布第二批省级名录171项，传承人127人，山东省有34人被确定为第三批国家级非物质文化遗产代表性传承人。文化遗产日期间，全省共举行文化遗产进校园活动80多场，举办展览220多个，专场演出90多场，进一步增强了全社会的文化遗产保护意识。古籍保护工作扎实推进，完成普查2.3万余部，居全国首位；山东省有7个单位入选第二批“全国古籍重点保护单位”，523种古籍入选第二批国家珍贵古籍名录，入选数量居全国第一位。

五、文化产业发展迈出新步伐，文化市场繁荣有序

积极发挥文化产业在应对金融危机冲击、促进经济结构调整和发展方式转变中的特殊优势，不断完善扶持文化产业发展的政策措施和管理服务体系，山东省文化产业呈现逆势上扬的发展态势。2009年全省文化产业增加值超过1000亿元，增长15%以上。骨干企业和示范基地的带动作用日益显现。省级文化产业基地发展到71家，国家级文化产业示范基地发展到6家。动漫产业发展步伐加快，全省动漫企业发展到136家，动漫产品年产量超过2万分钟，济南、青岛、烟台已建立3个国家级动漫产业基地，山东省动画片《孔子》、《小牛向前冲》、《智斗沙尘暴》等相继在央视播出，受到观众欢迎。文化产业项目招商引资取得新成效。组织7家文化企业30多个项目参加“2009（香港）山东省区域发展战略说明会暨经贸洽谈会”，签订合同4个，合同外资10.56亿美元。积极推进文化产业融资平台建设，与省农业银行联合下发了《关于搭建融资平台、支持文化产业发展的实施意见》，向省农行推荐贷款项目14个，申请贷款总额20亿元；向中国进出口银行申报重点扶持文化企业和项目10个；青岛市文化局与招商银行青岛分行签订了战略合作协议，首批申报贷款企业39家，贷款总额4.78亿元。结合山东半岛蓝色经济区建设规划，组织编制了《山东半岛蓝色经济区文化产业发展专项规划》。

文化市场环境进一步优化。以“创建平安文化市场，促进社会和谐稳定”为目标，在全省广泛开展文化市场集中整治行动，坚决打击含有禁止内容的文化产品经营活动，全面开展游艺娱乐场所专项检查，加强网吧市场监管，组织开展了动漫市场专项整治，有效净化了社会文化环境。文化市场监管体系不断完善，网吧管理实现了与全国计算机监管平台的互联互通和国家、省、市、县四级监管平台的联网运行，各项主要监控指标均列全国前三位。加强了对网吧连锁经营的管理，进一步规范了同城网吧连锁经营审批程序。制定了全省游艺娱乐场所总量与布局规划，积极探索长效监管机制建设，游艺娱乐场所管理逐步规范化、科学化。

六、文化科教法规建设取得新进展，文化创新力不断提高

积极做好国家艺术科学重点课题申报工作，全省有5个项目被文化部批准立项，申报和批准数量居全国前列。组织开展了2009年度全省艺术科学重点课题立项、全省文化艺术科学优秀成果奖评审，批准立项课题333项，评出优秀成果一、二、三等奖共381项。组织举办了全省艺术院校美术大赛获奖作品展，53所院校选送20多个门类作品1600多件，展览获奖作品208件。“威海卫”杯2009山东省艺术院校音乐舞蹈大赛获得圆满成功，全省42所艺术院校的700多个节目、1500多名选手参加了比赛，对发现培养新人、推动山东省艺术教育事业发展发挥了积极作用。

七、对外文化交流规模扩大，质量和层次进一步提升

2009年，成功举办了第二届世界儒学大会，设立并颁发了首届“孔子文化奖”，促进了国际儒学研究和学术交流。积极利用文化遗产资源开展对外交流活动，组织举办了“青州佛像展”、“山东古玉展”、“日照农民画展”、泰山皮影戏等一系列赴境外的展览展演。艺术表演团体到国外演出交流更加活跃，省杂技团、青岛交响乐团、省京剧院、泰山民族乐团等，分别赴美国、俄罗斯、日本、韩国、澳大利亚、以色列等国家和地区进行交流演出，受到当地欢迎；省吕剧院传统剧目《墙头记》获第四届巴黎中国戏曲节“评委会特别奖”。

来访交流项目数量增多、质量提高。成功举办了“萨尔瓦多·达利、费利克斯鲁林雕塑展”、“影像亚洲——首届国际职业摄影师大会暨中外摄影家聚焦泉城国际摄影大奖赛”、俄罗斯莫斯科国立交响乐团、美国迪斯尼舞台剧《小熊维尼》来山东省演出等一系列活动。全年外派出访团组93起、980人次，来访团组125起、1314人次，出访和来访数量均创历史最高纪录，进一步提高了齐鲁文化的国际影响力。

河南省

2009年，河南省文化系统围绕省委、省政府的总体部署，抢抓国际金融危机带来的发展机遇，以科学发展观为统领，团结拼搏，锐意进取，不断推进职能转变，服务能力和管理水平不断提高，各项工作成效显著。

一、加强设施建设，强化工作管理，公共文化服务体系进一步完善

不断加强公共文化服务基础设施网络建设。中国文字博物馆在中央、省领导及国家有关部委的高度重视和大力支持下，于2009年11月16日隆重开馆，江泽民同志亲笔题写馆名，李长春、刘延东、陈至立等党和国家领导人出席开馆仪式。投资4100万元的河南博物院整体功能提升工程顺利完工，并于11月15日以新的面貌向社会开放，成为全国博物馆“三贴近”工作的典范。洛阳博物馆新馆、陈星聚纪念馆建成开放，郑州市博物馆的“古都郑州”陈展荣获第八届全国博物馆十大精品陈列奖。一年来，全省新建、改扩建县级文化馆、图书馆12个，争取中央和省财政资金1.7亿元（中央建设补助资金1.08亿元，省财政配套资金6300万元），实施了文化站建设项目719个。许昌市群艺馆、洛阳新区图书馆、平顶山文化艺术中心、鹤壁市艺术中心、许昌市综合文博馆、信阳市图书馆、周口市文化艺术中心、平顶山市博物馆、新乡市博物馆、南阳市博物馆、周口市博物馆、驻马店市博物馆等建设工程进展顺利。各级党委政府高度重视农村文化大院建设。郑州市基本建成800个农村文化大院，永城市采取政府以奖代补的办法投资450万元建设150个村级文化大院。城市社区文化中心建设开始进入各级政府和文化部门的重要议事日程，建设步伐加快。强力推进重大文化惠民工程。文化信息资源共享工程争取国家建设资金7211万元，完成50个县级支中心建设和19000个村级基层点升级改造。图书配送工程向37家县级图书馆配送了资金达100万元的图书。继续实施“舞台艺术送农民”活动，省、市、县投入800多万元补贴优秀舞台艺术演出2136场，实现了每乡每年一场公益性演出。全省80余座博物馆、纪念馆实现了免费向公众开放，全年免费接待观众1000多万人次。广泛开展群众文化活动。全省各级文化行政部门共组织开展群众文化活动约3万场次。其中，“春满中原”春节系列文化活动、第四届河南省少儿文化艺术节、第十届河南省音乐舞蹈大赛、河南省海伦杯钢琴大赛、全省农民画画展以及郑州市“光辉的历程”群众文化活动、洛阳牡丹花会、开封菊花会、平顶山中国曲剧节、南阳张仲景科技文化节、安阳殷商文化旅游节、濮阳“两节一会”文化活动、漯河“播种文化行”、信阳茶文化节、驻马店全国东西合作会民间文艺表演赛、周口周末一元剧场等文化展演和赛事活动都产生了广泛影响。全省144个乡镇被命名为“河南省文化先进乡镇”，74个乡镇被命名为“河南省民间文化艺术之乡”，103个社区被命名为“河南省群众文化活动先进社区”。

二、围绕重点，强力推进，文化体制改革取得突破性进展

国有文艺院团改革迈出了至为重要的一步。在省委、省政府领导的直接推动和省直有关部门的大力支持下，河南省歌舞剧院的改革在深入调查研究、广泛征求意见的基础上，完成了制定方案、清产核资、资产评估、提前退休人员安置及工商注册等一系列工作，11月10日，河南歌舞演艺集团有限责任公司正式成立。河南歌舞剧院在转企改制工程中，不仅成功破解了原有职工的安置难题，而且拓清了发展思路，盘活了国有资产，激发了职工积极性。中央政治局常委李长春对河南歌舞剧院改革工作给予了充分肯定。全省5个改革试点市各完成了1家国有文艺演出院团体制改革。其中，洛阳市歌舞剧院的改革经验在全省推广。文化事业单位改革进一步深化。制定下发了《河南省文化厅关于直属单位深化改革的实施意见》，省图书馆、省群众艺术馆作为公益性文化事业单位改革试点，进一步深化了改革。指导全省博物馆（纪念馆）、图书馆、文化馆、美术馆等公益性文化单位进一步创新机制，深化人事聘用、收入分配、定岗定编等改革。经营性文化事业单位转企改制加快步伐。河南省演出公司、中州影剧院、《传奇故事》杂志社、河南省文化艺术音像出版社完成了转企改制任务，2009年12月30日，河南文化艺术音像出版公司、河南省演出有限公司、河南传奇故事文化传媒有限公司、河南中州影剧院有限公司正式成立。文化市场综合执法改革快速推进。按照省委办公厅、省政府办公厅批转的《关于加快推进文化市场综合执法改革工作的实施意见》，12月底，郑州、开封、洛阳、商丘、安阳5个改革试点市的文化市场综合执法改革工作基本到位。

三、精心组织系列活动，为新中国成立60周年营造了欢乐、喜庆、祥和的文化氛围

2009年，成功组织“爱国歌曲大家唱”活动。累计举办主题文化活动约18000多场（次），组织参赛队伍约30万支，参与人数约2300万人。在北京举办了“向祖国献礼——庆祝新中国成立60周年河南省优秀剧目北京展演月”大型献礼演出活动。组织河南省8个演出团体9台优秀剧目在北京演出21场，受到了首都观众的好评。在全省举办了“向祖国献礼——河南省庆祝新中国成立60周年现实题材优秀剧目演出季”大型演出活动。组织40个演出单位、60台优秀现实题材剧目在全省各地演出120场，集中展示了新中国成立60年来河南省现实题材舞台艺术的丰硕成果，收到了良好的社会效果。圆满完成了河南省庆祝新中国成立60周年彩车制作和参加首都庆祝游行活动，并获得首都国庆群众游行指挥部颁发的彩车设计制作优秀奖。成功举办了“黄河交响诗——河南省庆祝新中国成立60周年交响音乐会”。与中央电视台联合摄制了6集电视专题片《九州盛豫春满园——新中国豫剧60年》，集中宣传我省豫剧艺术取得的巨大成就。配合庆祝新中国成立60周年，省文化厅组织实施的慰问全国重点工程一线工人、南水北调移民等演出、省豫剧三团优秀剧目“河南豫剧海南行”演出，以及省京剧院的京剧《嫦娥》、省豫剧一团的豫剧《常香玉》参加“CCTV空中剧院河南行”、省曲剧团曲剧电视剧《陈三两》在中央电视台戏曲频道展播等，都取得了圆满成功。

四、实施精品战略，加强艺术管理，文艺创作演出继续保持良好的发展势头

2009年，文艺创作取得了新成就。省直文化单位创作的16台（件）文艺作品荣获“河南省第五届文学艺术优秀成果奖”。省豫剧二团新版大型古装豫剧《清风亭上》荣获2008年国家舞台艺术精品工程十大精品剧目，省豫剧一团豫剧《常香玉》荣获第10届全国“五个一工程”奖地方戏曲类第一名。省歌舞剧院木偶剧《牡丹仙子》获第11届“金火花”国际木偶艺术节“金火花”金奖。郑州市杂技团杂技《荡杆飞绳》获第33届蒙特卡洛国际马戏节“铜小丑”奖和评委会特别奖。省豫剧一团的《常香玉》、省豫剧三团的《香魂女》、鹤壁市的《调查》3台剧目进入2009～2010年度国家舞台艺术精品工程32台初选剧目，为河南省舞台艺术增添了更高的荣誉。信阳市大型器乐舞蹈《鼓娃闹茶乡》参加全国第三届少儿才艺展演获“国星奖”。省话剧院小品《好邻居》参加“全国小品研讨会暨优秀社区小品交流演出”活动。成功组织了全省第五届专业舞蹈大赛暨首届河南舞蹈“洛神奖”评比活动、全省第二届县（区）级暨民营文艺团体戏剧大赛、全省第四届专业声乐、器乐比赛，推出了一批优秀新人新作。

艺术表演团体生产经营取得较好成绩。省直院团克服金融危机造成的不利局面，积极排演新剧目，开拓新市场，较好完成了各项工作目标。8个院团全年共新排、复排剧目24个，演出1120场。商丘演艺集团演出2387场、收入440万元。开封市大型原创歌舞剧《清明上河图》全年驻场演出200场，接待观众近7万人（次）。精心组织河南艺术中心演出季活动，全年组织演出194场，接待观众10多万人次。

五、一手抓管理，一手抓繁荣，文化市场有序发展

2009年，网络文化市场稳步发展。实现了河南省网络文化市场计算机监管平台与全国网络文化市场计算机监管平台对接，提高了网吧监管效率。在全省聘请了1235名文化市场“五老”义务监督员，共同维护文化市场环境。举办了“网络文化新生活”大型公益活动，提升了网吧行业的形象。与省公安、工商等部门联合开展专项治理，打击违规网吧，整治校园周边环境。组织开展了5次网吧专项整治“闪电”行动，查处违规网吧10883家次，提请工商部门取缔黑网吧223家。娱乐业市场进一步繁荣。放宽文化市场准入，全年审批成立演出经纪机构18家，引进涉外演出26台。加强演出娱乐市场管理，推进卡拉OK内容管理服务系统建设工作，郑州市80%的歌舞娱乐经营场所安装了卡拉OK内容管理服务系统，位居全国前列。加大农村庙会、物交会等演出活动的监管力度，严厉打击各类非法文艺演出活动。文化执法水平得到提高。制定了网吧、娱乐、演出3个市场门类的行政执法裁量标准，举办了行政裁量权培训班，开展了行政执法案卷评选活动，对行政执法人员进行了考核，并重新颁发了行政执法证，全省文化市场执法水平进一步提高。

六、突出重点，加强指导，文化产业发展进一步加快

抓好文化产业示范园区建设。制定了《关于加强全省文化产业园区建设的意见》，命名开封宋都古城文化产业园区、登封嵩山文化产业园区为“河南省文化产业示范园区”，并积极申报国家级文化产业示范园区，文化部已经组织专家组完成对两个园区的专题调研工作。推动文化改革发展试验区建设，举办了全省文化改革发展试验区文化产业培训班。推动新兴文化产业快速发展。成立了省扶持动漫产业发展厅际联席会议，指导全省动漫产业发展。指导国家动漫产业发展基地（河南基地）和郑州市动漫产业基地建设，组织优秀动漫企业申报文化部“原创动漫扶持计划（2009年）”。与文化部文化产业司、郑州市人民政府联合举办的中国（郑州）国际动漫论坛暨2009中国（郑州）国际动画节目交流会获得成功。组织河南省文化企业参加第五届中国国际动漫节、第五届中国（深圳）国际文化产业博览交易会和2009中国（天津）演艺交易博览会，集中宣传和推介我省文化产业项目。举办了2009年河南省创意设计作品大赛。扶持文化产业品牌。濮阳市对杂技情景剧《神龙部落》进行改造升级，实现在郑州定点商业演出。郑州市“禅宗少林·音乐大典”、开封市“大宋·东京梦华”二期工程建设开始实施。命名郑州市天人文化旅游有限责任公司等10家企业为“河南省十佳民营文化企业”，开封县朱仙镇等10个乡镇为“河南省十佳文化产业乡镇”，民权县北关镇王公庄村等10个村为“河南省十佳文化产业村”。

七、夯实基础，抓好项目，文化遗产保护工作取得了重要成果

圆满完成第三次全国文物普查阶段性工作。截至2009年12月31日，圆满完成全省第三次全国文物普查实地调查阶段的工作任务，全省累计新增不可移动文物13万余处。长城资源调查工作已完成计划工作量的70%。已完成第七批全国重点文物保护单位的申报工作。推进非物质文化遗产保护工作。全面启动全省非物质文化遗产普查工作，普查各类线索180余万条，调查项目22万余条。申报第三批国家级非物质文化遗产代表性传承人30人。公布了第二批省级非物质文化遗产项目160个，第一批省级名录扩展项目29个。积极申报世界文化遗产。第33届世界遗产大会确定嵩山历史建筑群为2010年世界遗产大会审议项目。丝绸之路河南段的申遗文本和各申报点规划已编制完成。大运河河南段正在进行申遗点的遴选工作。认真抓好重点文物保护工程。大遗址保护工作取得重要阶段性成果，省政府和国家文物局联合举办了大遗址保护洛阳高峰论坛。隋唐洛阳城定鼎门遗址博物馆建成开放。内黄县三杨庄遗址博物馆试开放。开封古城墙维修保护工程继续推进。临颍陈星聚墓园保护维修工程顺利完工。新郑胡庄墓地、荥阳娘娘寨遗址两个考古发掘荣获年度“全国十大考古新发现”。曹操墓的发掘在海内外引起了极大关注。支援江油文物恢复重建工作进展顺利。加强古籍保护工作。河南省共有89种古籍入选国家珍贵古籍名录，新乡市图书馆、郑州大学图书馆被命名为国家级重点古籍保护单位。

八、服务大局，广开渠道，对外及对港澳台文化交流进一步扩大

2009年，积极实施“走出去”战略，加强文化交流。参与组织实施“中原文化澳洲行”、“中原文化港澳行”、“澳门妈祖文化旅游节”、“中原文化宝岛行”等活动。全省共组织对外及对港澳台文化交流项目96批次。河南杂技武术艺术团赴苏丹等国进行友好交流、少林寺功夫团参加联合国教科文组织总部举办的“文化多样性活动周”闭幕式演出、《程婴救孤》赴法国参加戏剧节，组派河南省图书馆、河南省美术馆、河南艺术职业学院赴美国、澳大利亚、日本进行文化交流省美术馆成功举办“朋友·伙伴·兄弟——中国摄影家眼中的加蓬、马里”摄影展，河南艺术中心接待美国芝加哥康克迪亚交响管乐团来我省演出，都取得很好的效果，加强了友好交流。积极拓展对外商演项目。郑州市歌舞剧院赴澳大利亚演出33场，郑州星光演出有限公司赴美国、以色列，少林寺中国功夫团赴荷兰、土耳其，新乡、漯河、濮阳的杂技赴美国、韩国、乌克兰、俄罗斯等国家和地区的演出，都取得了良好的经济效益和社会效益。开展文物对外交流合作。全年实施境外展览项目5个，省外展览项目4个。其中，在日本独立举办了“北宋汝窑青瓷考古发掘成果展”、组织“中国河南·文明摇篮”赴南非参加了第二届“首都艺术节”。洛阳市博物馆承办了“秦汉——罗马文明展”。进一步拓展对台文化交流。按照省委、省政府安排，2009年12月，组织了“中原文化宝岛行”的文化活动，“河南农民画展暨河南民俗艺术展”展出6天，大型乐舞《河洛风》演出成功。积极参加文化部“大陆文化行政专业人士交流访问团”，派遣省内艺术家、学者赴台交流访问，派遣豫剧教师赴台湾豫剧团进行豫剧导演和教学工作，台湾戏曲学院新编昆曲剧目《李香君》来河南省交流演出。

九、转变工作作风，强化制度建设，全省文化工作进一步规范

切实加强文化系统党风廉政建设。按照省委、省政府要求，认真组织开展了“讲党性修养、树良好作风、促科学发展”专题教育活动、“廉政文化进机关推进年”活动和政风行风评议工作。严格执行《河南省文化厅工作规则》、《关于加强对重大事项监督的意见》等工作制度，加强财务管理推行财务公开，开展基建审计、领导干部离任审计、重大事项专项审计等内部审计工作，对重大文化招投标、政府采购等活动加强了监督。进一步强化宏观管理。制定了《河南省公共文化设施管理办法》，出台了《河南省公共图书馆工作条例》、《河南省文化馆工作条例》、《河南省综合文化站工作条例》及图书馆、文化馆、文化站考评办法，进一步明确公共文化服务单位的工作职责，逐步建立绩效评估考核体系。对乡镇综合文化站建设、文化信息资源共享工程、非物质文化遗产普查等重点工作，加大督查力度，深入基层文化单位实地检查指导，促进了这些重点工作的开展。积极推进文化法制建设。配合省人大修订《河南省〈文化保护法〉实施办法》提请省人大审议。配合省人大出台了《关于加强基层文化设施建设的决议》，这是河南省文化设施建设方面的第一部法规性文件。对非物质文化遗产保护开展了立法调研工作。进一步加强文化队伍建设。坚持厅党组中心组学习制度，坚持机关处室和直属单位政治、业务学习制度，不断提高干部职工的政治业务素质。在厅机关开展了“先进文化、和谐文化、廉政文化”主题读书活动，倡导良好的学习风尚。制定下发了《河南省文化系统2009～2012年干部教育培训工作规划》，落实《河南省文化系统2009年干部培训工作计划》，组织全省文化局长外出学习考察，选送机关干部和业务干部参加文化部、省委组织部、宣传部以及厅机关的各类培训，更新知识，提高管理能力和业务技能，收到了良好效果。

十、其他工作

【2008年度“全国十大考古新发现”揭晓新郑胡庄墓地、荥阳娘娘寨城址成功入选】

2009年3月31日，由国家文物局主办的2008年度“全国十大考古新发现”在北京揭晓，河南省新郑胡庄墓地、荥阳娘娘寨城址成功入选。至此，河南省历年获得“全国十大考古新发现”的项目已达34项，在全国各省市中继续保持领先地位。

胡庄墓地是以两座高级贵族夫妇合葬大墓为核心的战国晚期韩国王陵。此次发掘首次发现了韩国王侯级大墓棺椁的完整形态，是韩国王陵考古的重要突破，对东周陵墓考古学研究具有重大意义。

娘娘寨城址是目前郑州地区唯一能够确认的西周时期城址，为西周时期筑城方法、城墙结构、设防措施、功能布局等研究提供了重要的新材料，也为探寻郑州地区西周封国遗址提供了重要线索，对于认识郑州地区西周文化遗存面貌具有突破性价值。

【河南省木偶剧《牡丹仙子》喜获第11届国际木偶艺术节最高奖】

2009年5月10～17日，河南省歌舞剧院木偶剧团排演的《牡丹仙子》赴塞尔维亚参加第11届金火花国际木偶艺术节演出，荣获本届艺术节最高奖也是唯一大奖——金火花奖，同时还获得金火花导演单项奖。

金火花国际木偶艺术节是国际木偶及皮影联合会举办的最高级别的国际木偶比赛，此次也是河南省艺术团第一次参加木偶类国际权威赛事。

【中华社会文化发展基金会甲骨文建设发展基金管委会在安阳市殷都区揭牌】

2009年8月22日，中华社会文化发展基金会甲骨文建设发展基金管委会在殷都区正式组建成立。文化部文化产业司副司长李晓磊、省文化厅党组成员、副厅长郭书城及安阳市有关领导同志出席了成立仪式。该基金管委会是由文化部主管的全国性公募基金会——中华社会文化发展基金会所设立的专门用于保护世界文化遗产殷墟，以及甲骨文和相关文字事业发展的专项公益基金，对于广募公益基金，进一步提升甲骨文在全世界的知名度、弘扬汉字文明、传播殷商文化、加快殷墟大遗址公园建设步伐具有重要意义。

该基金管委会成立在全国体现3项领先：一是在全国性公益基金会中第一个成立的保护世界文化遗产专项基金；二是国家级基金会在保护世界文化遗产中，第一次探索与地方政府、与企业三方展开合作的一次组织结构的创新；三是在我国文化体制改革中，第一次以公益基金会为体制，充分运用国家赋予基金会的优惠政策，推动文化事业发展的制度创新模式。

该基金管委会成立当日即募集资金260万元，意向捐赠资金和捐物已达1500万元左右，其公益事业作用十分明显。目前，首届小屯世界文字论坛正在筹备之中。

【郑州博物馆“古都郑州”陈列荣获全国博物馆十大陈列精品奖】

2009年10月18日，由国家文物局主办的“第八届全国博物馆十大陈列展览精品”评选结果在北京揭晓，郑州博物馆的“古都郑州”陈列以高票荣获全国博物馆十大精品陈列展览奖。十大陈列展览精品奖是中国博物馆界的最高奖项。截至目前，河南省已有5个陈列展览获得这一殊荣。

郑州博物馆是国家一级博物馆。“古都郑州”陈列于2008年5月18日“国际博物馆日”正式对社会开放。“古都郑州”陈列分为“山河颂·文明沃土”、“商都赋·王者之都”、“郑韩风·故都春秋”三大部分，着重表现郑州地区在华夏文明起源和中国早期都城发展史上的重要地位。自开放以来，接待观众近60万人，取得了良好的社会效益。

【河南歌舞演艺集团有限责任公司正式成立】

2009年11月10日，河南歌舞演艺集团有限责任公司正式成立。省委常委、宣传部长、副省长孔玉芳，省委宣传部副部长马正跃、李庚香，省政府办公厅副秘书长李建庄，省文化厅厅长杨丽萍，省文化强省建设和文化体制改革领导小组办公室、省发改委、财政厅、人力资源和社会保障厅、省政府国资委、省工商局等有关单位负责同志，以及省歌舞剧院全体人员、省直演出院团主要负责人等出席了挂牌仪式。

河南省歌舞剧院成立于1996年，是一个集声乐、舞蹈、民族音乐、交响乐、曲艺、木偶6个剧种为一体的目前河南省唯一大型综合性国有艺术表演团体。长期以来承担着河南省大型庆典、专题性文艺晚会的创作演出、接待中外高层领导人及访问演出任务。河南省歌舞剧院改革是河南省委、省政府确定的文化体制改革重点任务之一，自从被确定为转企改制的试点单位以来，不断加大力度加快进度，对内部机制以及机构的设置、人员管理、收入分配政策等进行了探索改革。经省政府研究决定，在河南省歌舞剧院的基础上，成立河南歌舞演艺集团有限责任公司。

【中国文字博物馆开馆】

2009年11月16日，在由江泽民同志亲笔题写馆名的中国文字博物馆一楼中厅，中共中央政治局常委李长春庄严宣布：“中国文字博物馆开馆！”中共中央政治局委员、国务委员刘延东出席开馆仪式并做重要讲话。全国人大常委会副委员长、全国妇联主席陈至立，全国政协副主席、中国社会科学院院长陈奎元，第十届全国人大常委会副委员长许嘉璐，文化部部长蔡武，新闻出版总署署长柳斌杰，新华通讯社社长李从军，中宣部副部长翟卫华，国家发改委副主任刘铁男，财政部副部长张少春，国家广电总局副局长赵实，国家文物局局长单霁翔，中国社科院副院长高全立，经济日报社社长徐如俊，国家民委专职委员李文亮，省领导徐光春、郭庚茂、陈全国、王全书、孔玉芳、曹维新、铁代生、靳绥东及我国著名红学专家、文学史研究家、中国文字博物馆首任馆长冯其庸等出席开馆仪式。全国部分省（区、市）文博系统代表、全国文化界部分专家学者，以及省直有关部门负责同志参加了开馆仪式。省委副书记、省长郭庚茂主持开馆仪式。

话题，中原出土“许昌人”与确保奥运环保、“神七”宇航员太空行走等成为2008年中国十大新知话题之一。1964年，灵井“许昌人”遗址被发现。2005年，考古学家开始对该遗址进行考古发掘。2007年底，考古工作者发现了“许昌人”头盖骨化石，复原后可为一较完整的人类头盖骨化石。据初步研究推测，“许昌人”距今约8万至10万年，对于研究东亚古人类演化和中国现代人类的起源具有重大学术价值。

【少林功夫精彩亮相联合国教科文组织总部】

巴黎当地时间2009年5月20日晚，由文化部组派的河南少林功夫代表团赴法国参加世界多元文化节并在联合国教科文组织总部隆重上演。联合国教科文组织文化总干事瑞维利、中国文化部副部长赵少华、少林寺方丈释永信、我国驻联合国教科文组织大使衔代表师淑云在开幕式上致词，联合国教科文组织副总干事巴博萨先生、我国驻法国大使馆孔泉大使、联合国教科文组织高官、各国常驻联合国教科文组织代表及巴黎各界人士共约1500多人观看了演出。

湖北省

2009年，湖北省文化部门以科学发展观为统领，正确判断形势，扎实开展工作，积极推进改革，大力改进作风，各项工作取得良好成绩。

一、以举办重大文化活动为契机，推动艺术创作持续繁荣

【重大文化活动不断兴起高潮】

2009年，全省纪念新中国成立60周年文化活动丰富多彩、氛围热烈。各级文化部门全力以赴，组织开展了上千场舞台艺术展演、广场文艺演出、展览，极大地丰富了广大群众的文化生活。歌剧《洪湖赤卫队》、京剧《徐九经升官记》、豫剧《山野秀才》等湖北省优秀剧目参加中宣部、文化部“庆祝中华人民共和国成立60周年献礼演出”活动，赢得了部领导的高度赞誉和首都观众的热烈欢迎。圆满完成了庆祝新中国成立60周年文艺晚会、纪念李先念同志诞辰100周年文艺晚会、“德中同行——走进湖北·武汉”开幕式音乐会等一系列演出任务。举办了第九届“楚天文华奖”全省音乐舞蹈比赛，启动了“情系神农架”大型美术创作项目，举办了“在共和国的旗帜下成长——湖北省画院优秀作品展”。省文化厅分别与孝感市、黄冈市政府共同举办了湖北省第四届楚剧艺术节、第七届黄梅戏艺术节，促进了我省地方戏曲的繁荣与发展。随州的首届世界华人炎帝故里寻根节、来凤的中国土家摆手舞文化旅游节、十堰的“一个城市的创业史”大型图片展等，都产生了良好的社会反响。

第八届全国舞蹈比赛等全国性文化活动圆满顺利。全国29个省、自治区、直辖市和台湾地区，解放军和各部委所属院团、院校的116个节目、2000多名舞蹈艺术新秀会聚湖北参赛，我省精心筹备、组织，圆满完成了承办任务，受到文化部、省委、省政府和参赛单位的充分肯定和好评。省艺术馆承办的第11届全国美术作品展油画展，反响热烈，受到全国同行和各界观众的交口称赞。

“文化惠民、免费看戏”活动盛况空前。在省委宣传部的统一领导下，省文化厅精心组织，全省17个专业文艺院团精心挑选出50余台精品剧目，在全省5座城市19个演出场馆演出103余场。舞台上好戏连台，明星闪耀；剧场里座无虚席，观众痴迷，在岁末寒冬形成了一道温暖、靓丽、和谐的文化惠民风景。

【一批新的剧目立上舞台】

紧紧围绕“出作品、出人才、出效益”的工作目标，全省各地创作激情竞相迸发，推出了舞剧《王昭君》、京剧《火烧赤壁》、黄梅戏《月圆中秋》、黄梅戏《李四光》等新剧目。省歌剧舞剧院倾力打造的《王昭君》甫一演出，就被第11届中国上海国际艺术节选为开幕式大戏，东方卫视、上海电视台直播了演出盛况。一批极具地方特色的文艺作品，如武汉的《梦幻九歌》、《水墨江城》，荆州的《呀吙咿嗬》、宜昌的《三峡

风情》，黄石的《金布银贴》、咸宁的《梦寻咸宁》，鄂州的《吴都风华》，襄樊、保康的《荆山楚源》，荆门、钟祥的《钟聚祥瑞》，随州的《炎帝大歌》等，成为各地靓丽的文化名片。

【一批文艺精品在全国获奖】

武汉人艺的儿童剧《古丢丢》、湖北省实验荆州花鼓戏剧院的花鼓戏《生命童话》、十堰市艺术剧院的《乡试》分获中宣部第11届“五个一工程”奖及其他全国奖项。省地方戏剧院的《大别山人》、武汉杂技团的《英雄天地间》和荆门市艺术剧院的《十二月等郎》等4台剧目入选文化部2008～2009年度国家舞台艺术精品工程资助剧目，占全国30台总数的13%，数量之多创各省入围国家舞台艺术精品工程之最。在第八届全国舞蹈比赛中，湖北省13个节目参赛，10个节目获奖。

【一批优秀文艺人才获得嘉奖】

各类文艺人才勇攀艺术高峰，在各自领域获得佳绩。朱世慧、郑学国等11人被国家人力资源和社会保障部、文化部授予全国文化先进工作者荣誉称号。张辉获第24届中国戏剧“梅花奖”。董继宁、杨俊、梅昌胜等一批优秀文艺人才分别获批国务院特殊津贴、中宣部“四个一批人才”、文化部优秀专家、中国突出贡献舞蹈家、湖北省有突出贡献中青年专家、省政府专项津贴等。省文化厅继续对省直艺术院团一级演职员承担创作演出活动进行择优资助，进一步激发了演职人员的创作热情。

二、以维护人民群众基本文化权益为目的，促进公共文化服务体系日趋完善

【文化基础设施建设有重大进展】

省图书馆新馆工程建设顺利推进，实现了年内完成正负零的目标，累计合同金额超过3.5亿元。湖北艺术职业学院新校区建设工程启动。国内一流、投资7.2亿元的武汉琴台音乐厅建成投入使用。宜昌市图书馆、黄石市博物馆等一批地方重点文化工程竣工交付使用，黄冈市博物馆、咸宁市博物馆、黄石市图书馆、鄂州市图书馆等工程开工建设。2009年，全省下达乡镇综合文化站建设项目311个，建设资金5150万元，下达项目个数和资金额度创历年之最。

【公共文化服务重点项目整体推进】

全省投入文化信息资源共享工程建设资金4014万元，建成县级支中心29个、乡镇基层服务点135个、村级服务点10091个，完成资源建设120GB，超额完成了规划任务；新配送流动舞台演出车21台，基本上实现了全省专业剧团一团一车的目标，解决了基层单位送文化下乡转场难、搭台难、交通难的问题；开展全省专业院团上山下乡巡回演出，全年演出21816场，观众2320万人次；积极构建覆盖城乡的图书馆服务网络，延伸服务手段，其作法在全国经验交流会上发言。

【群众性文化活动广泛开展】

组织开展了武汉城市圈、鄂西生态文化旅游圈群众文艺展演暨全省第13届“楚天群星奖”、全省第13届中小学生幼儿美术书法作品比赛、全省少儿文艺“金蕾奖”和全省残疾人文艺比赛等数十项重大的群众文化活动。宜昌的“三峡文化广场月月演”活动，十堰的“讲一堂课、演一场戏、送一次书”活动，荆州的“四季放歌·流动大舞台百场惠民巡演”（即春有民俗闹春，夏有消夏纳凉，秋有金秋歌会，冬有隆冬赛场），荆门举办的农民工、低保户等困难群体子女美术、书法公益性培训班等，吸引了大量群众参加，丰富了群众精神文化生活。荆州等地文化部门还开展了农村文化建设四个“十佳”、“群众满意的基层文化站所”等创建表彰活动，促进和提高了基层文化单位组织开展文化惠民活动的自觉性和积极性。

【公共文化服务的保障机制得到强化】

起草送审了《乡镇综合文化站管理办法》、《关于进一步加强文献信息资源共建共享服务基层的实施意见》等重要文件，不断完善财政投入保障机制。对公共文化建设项目签订目标责任书，完善绩效考评机制，开展检查督办。制定并实施公共文化服务人员培训规划，不断提高基层文化工作者素质。

文化部督导组考察湖北省基层文化建设情况后给予充分肯定，认为“领导重视、工作得力、成效显著，形成了湖北经验”。仙桃市文化局等6家单位被国家人力资源和社会保障部、文化部授予全国文化先进集体荣誉称号；安陆市、秭归县被文化部命名表彰为全国文化先进单位（全国文化先进县）。

三、以依法行政、加强监管为手段，全省文化市场环境进一步繁荣规范

【强化监管，不断净化文化市场】

省文化厅会同省工商局等部门在全省范围内

开展了以整治违规网吧和黑网吧为重点的网吧专项治理行动，共查处、取缔黑网吧 2255 家。开展抵制互联网低俗之风专项治理行动，一批违规经营的网吧被查处。开展第 11 届音像市场法制宣传周活动和违法音像制品统一销毁活动，共销毁违法音像制品 130 万余盘，保护了知识产权。对游艺娱乐、演出、动漫、网络游戏等文化市场实行集中整治行动，游艺娱乐场所非法定节假日接纳未成年人、利用电子游艺设备进行赌博或变相赌博、假唱、假演奏以及表演禁止内容等违法活动受到严厉查处和打击。仙桃市开展文化市场“八大战役”，取得明显战果，《湖北日报》发表文章称《仙桃硬是管住了网吧》。据统计，全省全年共出动文化市场执法人员 8 万余人次，检查网吧 7 万余家次，歌舞娱乐场所 6000 余家次，游艺娱乐场所 2000 余家次；查处违规经营单位 1500 余家次，停业整顿场所 300 余家次。有效遏制了文化市场的违规经营，经营场所的整体形象得到明显改善。

【加强宏观调控，优化市场结构】

按照“控制总量、合理布局、加强引导、提升档次、优化结构”的原则，制定了全省网吧总量和布局规划，重新核发了全省 8237 家网吧的“网络文化经营许可证”。与省公安厅、省工商局联合下发了《关于进一步加强游艺娱乐场所管理的通知》，明确了全省游艺娱乐场所的总量布局、设立标准、审批程序、监管措施。荆州、仙桃、潜江等地通过重组、兼并、联营，压减网吧数量，改善网吧环境，开办了一批上规模、上档次、守法经营、文明服务的大型网吧和“网吧超市”。鄂州市探索网吧分级管理模式，有效提高了监管效率。

【积极探索建立政府管理、社会各方面力量参与监管的长效机制】

建立了以新闻舆论、群众参与为主的社会监督机制，充分发挥 12318 举报电话作用，认真受理群众举报，发挥新闻舆论的作用，及时在新闻媒体上对违规经营进行曝光；建立了以经营者自我约束和互相监督为基础的行业自律机制，全省已发展各类文化行业协会 10 余个，在行业自律、行业协调、规范经营、规划指导等方面发挥了重要作用；建立了以高新技术运用为辅助的技术监控机制，文化市场管理信息系统与省政府外网实现对接，网吧监控平台、二代身份证验证上网设备在部分试点地区逐步推行。

【加强文化市场执法队伍建设，提高执法人员素质】

开展了全省文化市场行政执法绩效考评工作，举办文化市场管理和执法人员培训班，执法人员思想素质、业务素质和执法能力进一步增强。全省文化市场行政执法人员统一着装、挂牌、持证执法，树立了文化市场行政执法人员的良好形象。

四、以出台政策、服务引导为重点，推动文化产业快速发展

【积极制定政策，扶持新兴产业发展】

由省文化厅联合省直多部门起草的《关于推动我省动漫产业发展的意见》经省政府批准发布。文件明确了湖北省动漫产业发展的指导思想、基本思路和发展目标，建立了由省文化厅牵头，省发展改革委、财政厅等多个部门参加的扶持动漫产业发展部门联席会议制度，制定了财政、税收、金融等方面的扶持政策，这份文件在全国省级同类文件中的政策含金量突出，将对推动湖北省动漫产业发展起到重要作用。鼓励和推进互联网文化内容产业发展，新审批了盛泰网络科技、齐进网络技术开发有限公司等一批网络文化企业。武汉市洪山区创意大道创意产业聚集区、东湖高新区中国光谷动漫产业基地、“汉阳造”创意产业聚集区、武昌县华林艺术村等一批文化项目和企业已初具规模，发展前景良好。

【加大服务推介力度，湖北省文化产业得到有力支持】

开展了首批省级文化产业示范基地评选命名，确定知音传媒、江通动画等 10 家企业为首批省级文化产业示范基地。江通动画股份有限公司、武汉艾立卡电子有限公司被商务部、文化部等四部委评为“2009 ~ 2010 年度国家文化出口重点企业”，并给予 300 万元的出口奖励；武汉杂技团的《海盗》被评为“2009 ~ 2010 年度国家文化出口重点项目”。抓住文化部与中国银行、中国进出口银行签订贷款合作协议的契机，推荐 16 家文化企业上报文化部争取资金支持，其中宜昌金宝乐器制造有限公司、楚天激光集团股份有限公司等企业经批准获得银行信贷额度达到 1.2 亿元。组织湖北省重点文化企业和特色文化产业项目参加深圳国际文化产业博览交易会等文化交易展会，一批项目签约或达成合作意向。

【积极应对国际金融危机，推动文化产业特

别是演艺业实现逆势上扬】

2009年，新审批演出经营机构5家，引进国外及港澳台演出团体和个人达100余批次，演出2500多场，遍布全省主要大中城市。湖北剧院、琴台大剧院、武汉剧院及一批中小剧场充分发挥场馆功能，逐步从周末双休演向隔天演过渡，演出效益明显。其中，湖北剧院完成演出场次150余场，实现经营收入1300万元，纯收入560万元，比2008年同期分别增长30%和30.5%。江汉剧场在电影市场竞争不断升级的环境下，通过加强技术改造，改善服务质量，加大营销力度等措施，电影票房收入屡创新高，全年收入超过1300万元，比2008年增长46%。

五、以文化遗产普查申报、博物馆免费开放为重点，文化遗产保护和利用取得新的成果

【文化遗产普查和申报工作取得重大进展】

第三次全国文物普查工作田野调查任务全面完成，新发现不可移动文物38000处，居全国前列。完成了第七批全国重点文物保护单位、第五批中国历史文化名镇名村和第三批国家级非物质文化遗产名录项目的推荐申报工作。完成全省非物质文化遗产普查工作。省政府公布了第二批省级非物质文化遗产名录73项。由湖北省牵头申报的“端午节”被联合国教科文组织命名为“人类非物质文化遗产代表作”，这是中国第一个进入人类非物质文化遗产的传统节日，进一步提高了湖北省文化遗产资源的影响力。省古籍保护中心挂牌成立，古籍普查工作全面启动，湖北省两家单位入选第二批全国古籍重点保护单位，122部古籍入选《国家珍贵古籍名录》。

【文物维修保护工作得到切实加强】

完成了京汉铁路总工会旧址、盘龙城遗址等一批重点文物单位和大遗址保护项目申报书的编制审批工作。完成了湖北省革命文物保护规划编制和专项经费网上填报等工作。制定《湖北省文物保护工程勘察设计资质管理办法（试行）》等文件，文物维修保护工程管理进一步规范。考古发掘取得新收获。荆州熊家冢墓地部分殉葬墓及车马坑文物保护工程取得新进展，并向国家文物局申报了主冢和附冢考古发掘及文物保护初步方案。文物安全意识不断强化，实现了全省馆藏文物安全年和文物消防安全年。

【博物馆建设及免费开放取得新成绩】

湖北省博物馆被列入“中央地方共建国家级重点博物馆”。湖北明代藩王博物馆已开始文物陈列布展，2009年“五一”期间将对外开放。全省免费开放博物馆已达79家，全年接待免费参观人数达840万人次。各级博物馆在推进免费开放工作的同时，改造提升现有陈列展览，推出一批临时展览，服务水平进一步提高，在全国博物馆十大展览精品奖和单项奖评比中，省博物馆《曾侯乙墓》陈列获“最佳服务奖”和“最佳新技术、新材料应用奖”，武当山博物馆“武当道教文物展”荣获“最佳制作奖”。

【重大工程建设中的文物保护工作顺利推进】

全面完成三峡工程湖北库区文物保护规划的各项任务，共完成考古发掘面积47万平方米，考古勘探面积近200万平方米，出土文物标本约11万件，其中珍贵文物2万余件，出版研究报告20册，为“后三峡”文化文物资源的开发与利用打下良好基础。屈原祠仿古新建工程竣工，巴东狮子包古建筑群整体对外开放，秭归凤凰山古建筑群进入陈列布展阶段。南水北调文物保护工作稳步推进，年度考古勘探面积5万平方米，考古发掘面积4.33万平方米。对引江济汉兴隆水利枢纽工程中的严仓墓群、新城遗址等11个项目进行抢救保护，涉及考古勘探面积8.98万平方米，考古发掘面积6.3万平方米。编辑出版了《峡江遗珍——三峡工程湖北段出土文物图集》、《汉丹集萃——南水北调工程湖北库区出土文物图集》，集中展示了三峡工程湖北库区和南水北调工程丹江口库区文物保护重要成果。

【文化遗产保护宣传声势进一步扩大】

大力开展“中国文化遗产日”、“国际博物馆日”系列宣传活动。出版了《湖北文物典》等大型图书。非物质文化遗产保护宣传深入人心，集中开展了以“弘扬民族文化，延续中华文脉”为主题、为期一个月的非物质文化遗产宣传月系列活动，举办了“荆楚记忆”文艺晚会、非物质文化遗产大型图片展、民间文艺系列展演、非物质文化遗产进高校和非物质文化遗产专家论坛等，增强了全社会的文化遗产保护意识。

六、以打造品牌、拓展渠道为重点，对外文化交流活动呈现新的亮点

【一系列重大文化交流活动大放异彩】

《家住长江边》赴新加坡演出产生轰动影响，

受邀到总统府演出，得到新加坡总统等国家领导人高度评价。湖北省和湖南省共同承办了“澳门内地春节习俗展演”，受到澳门同胞的热烈欢迎。湖北省民族歌舞团赴巴基斯坦访问演出取得圆满成功。湖北省文化厅承办的“挪威湖北周”5项文化交流活动，赢得挪方高度评价，挪威外交部副部长伊丽莎白·沃拉斯称赞“文化交流活动精彩纷呈、亮点突出，在中挪文化交流史上前所未有，是推动两国文化进一步交流的催化剂”。完成了“德中同行——走进湖北·武汉”的系列文化活动，受到中外嘉宾的赞誉。

【文化交流渠道进一步拓展】

整合湖北省对外文化交流资源，编制《湖北省对外文化交流项目精选手册》向国（境）外推介。积极与美国驻武汉总领事馆、法国驻武汉总领事馆联络，开展了一系列文化交流活动。充分利用第六届湖北武汉台湾周、“海峡两岸屈原文化与旅游产业合作发展论坛”等平台，积极推介湖北省文化资源，签订了部分合作项目。全年共审核、审批涉外演出、展览75批次，23个国家和地区1450人次来我省开展对外文化交流活动，湖北省47批次，637人次赴15个国家和地区开展对外文化交流活动。

七、以体制机制创新为重点，积极稳妥推进文化体制改革

【顺利完成了电影管理职能划转工作】

按中央要求，着眼事业发展，顾全大局，稳妥制定省级电影职能划转方案，并顺利组织实施。积极配合省财政厅，将2008年全省农村电影场次补贴资金3646万元及时核准发放至各市州电影公司。指导、协调各市州文化局和电影公司做好电影职能划转相关工作，保证了顺利平稳移交。

国有文艺院团转企改制工作稳步推进。贯彻落实《关于深化国有文艺院团体制改革的若干意见》，向省文化体制改革领导小组报送了《湖北省话剧院转企暨组建湖北话剧影视艺术发展有限公司方案》和《湖北音像艺术出版社转企改革方案》，并多次进行专题汇报，目前各项工作正在推进之中。武汉市平稳妥善地完成了豫剧、越剧、评剧三团转企改制工作，新成立的武汉金鹤文化公司已正式挂牌运营，实现了把转企改制与发展产业相结合的改革目标。

【文化市场综合执法改革初见成效】

全省市、县两级试点地区文化市场综合执法改革进展顺利。仙桃市、天门市、武穴市作为市、县两级试点，合并文广新三局，组建了文化市场综合执法机构。天门市被中宣部表彰为全国文化体制改革先进地区。省级文化市场综合执法改革取得新进展。省政府印发的《湖北省文化厅主要职责内设机构和人员编制》明确了省文化厅指导全省文化市场综合执法的工作职能。

【积极开展武汉城市圈、鄂西生态文化旅游圈文化共建】

整合文化资源，加强协作共建，省政府与文化部签订了武汉城市圈部省共建协议书，省文化厅与襄樊市政府签订了文化发展共建备忘录，部分共建项目已经启动。武汉城市圈重要文化活动一体化项目启动，建立了城市圈公共图书馆联盟，开通了公共图书馆联盟网站，实现了圈内图书通阅服务。

八、以民主评议政风行风活动为抓手，大力促进文化工作队伍建设

【扎实开展民主评议政风行风活动】

2009年，全省文化系统被省政府列为民主评议政风行风对象。厅党组多次专题研究，深入调研，广泛征求意见和建议。制定了《全省文化系统民主评议政风行风工作整改方案》，认真整改落实。全省文化部门把行风评议工作与学习实践科学发展观、“能力建设年”等活动结合起来，以解决突出问题为重点，以群众满意为标准，扎实完成了行风评议各项工作任务。干部职工的思想得到升华，作风得到改进，工作效率得到提高，较好地解决了人民群众关注的一些文化热点、难点问题，有力促进了全省各项文化工作。省文化厅被省纠正行业不正之风领导小组评为“湖北省民主评议政风行风优秀单位”。

【认真抓好文化系统党建和文明创建工作】

认真落实中心组学习制度和党员干部理论学习制度，努力建设学习型党组织。开展学习实践科学发展观“回头看”活动，狠抓整改落实，进一步增强了广大党员贯彻落实科学发展观的自觉性和坚定性。省文化厅被评为全省理论学习先进单位。

【认真落实党风廉政建设责任制】

切实增强党员干部的法纪观念和廉洁从政意识。发挥文化部门优势，开展廉政文化建设，省

地方戏曲艺术剧院创作的廉政教育剧目《但愿人长久》在全省巡演，受到省纪委和广大党员干部的好评。严格按照程序选拔任用干部，省委巡视组对省文化厅干部作风建设和选人用人公信度进行专项巡视，给予较高评价。加强干部培训，湖北省文化厅被文化部评为干部培训先进单位。出台了《湖北省省级文化系统企事业单位领导干部经济责任审计办法》，开展了小金库治理和文化系统工程建设领域突出问题治理。加强行政审批电子监察，确保依法审批。

一年来，湖北省文化系统广大干部职工恪尽职守，不辱使命，砥砺奋进，兢兢业业，真抓实干，较好地完成了各项任务，为推动文化大发展大繁荣作出了努力。

湖南省

2009年，湖南省文化系统紧抓国家拉动内需、省委实施“弯道超车”战略的机遇，以举办庆祝新中国成立60周年系列活动为中心，以基层文化设施建设为重点，迎难争先，文化建设出现了逆势上扬的可喜局面。

一、专业艺术

2009年是新中国成立60周年，省文化系统服务大局、服务人民，围绕新中国成立60周年庆祝活动，狠抓文化创作，推出了一批舞台艺术精品，充分展示、歌颂了60年辉煌成就。

2009年，成功举办了“向祖国汇报——2009年湖南艺术节”，全省22个代表团、24个艺术品种、31台优秀剧（节）目在14个剧场演出51场，省祁剧院和衡阳市祁剧团的《梦蝶》、省湘剧院的《李贞回乡》、省歌舞剧院的《天山芙蓉》、花垣县苗剧团的《玛汝沃黛雄》、娄底市花鼓戏剧团的《花落花开》、株洲市艺术剧院的《鹅卵石》、湖南艺术职业学院的《五十二家别墅》、长沙市湘剧院的《酒村长》、省京剧团的《广陵散》9台剧目获“田汉大奖”；群众文化舞台演出节目多达86个，美术、书法、摄影作品展共征集作品6500多件，展出775件，553件获奖，是近年来规模最大、作品质量最高、参观人数最多、社会评价最好的一次展览。株洲市承办了艺术节群众文化舞台演出和闭幕式，展示了该市艺术创作水平，不仅有一台剧目夺得“田汉大奖”，而且有《少女的第一场雨》等多个节目获金奖。

2009年，全省舞台艺术生产取得了重大突破。省花鼓戏剧院的《老表轶事》入选2007 ~ 2008年度国家舞台艺术精品工程十台重点资助剧目，省委省政府举行表彰大会，对省花鼓戏剧院给予百万元重奖，对6名主创人员记一等功，8名主创人员记二等功。省湘剧院的《李贞回乡》入选国家舞台艺术精品工程前30台精品剧目，省花鼓戏剧院的《作田汉子也风流》获中宣部第11届精神文明建设“五个一工程”奖。永州市政府设立“永州市文学艺术奖”，鼓励该市文艺创作。

二、文化市场

2009年，湖南文化主管部门加大监管力度，创新监管手段，开展了专项整治行动，建立了长效工作机制。大力推进了网吧的连锁经营，严厉打击“黑网吧”，全年共压减网吧305家。长沙市继续深化网吧管理长效机制建设，在原有158家绿色上网场所的基础上又新增加了100家，绿网总量达到258家，制定出台了《长沙市未成年人绿色上网场所管理暂行办法》，联动工商部门开展黑网吧治理“回头看”活动，严控反弹。实施了“阳光娱乐工程”，积极引导健康文明的文化娱乐消费方式。省文化厅将文化宣传阵地湖南网乐潇湘网站与原有网吧监管系统进行融合，建成湖南网乐潇湘文化市场管理服务平台，并已投入安装实施，5月底前要覆盖全省。组建了中国（湖南）动漫公共技术服务平台管理中心，充分发挥中国(湖南)动漫电视公共技术服务平台和中国（湖南）手机动漫公共技术服务平台的作用，以优惠价格提供给创业者使用，并向在校大学生免费开放，取得了良好的社会效益和经济效益。制定了电子游戏娱乐场所总量布局规划和行政许可程序规定，修改了互联网上网服务营业场所总量布局规划，加强了“12318”举报受理平台、文化市场信息通报短信平台、文化市场视频会议系统等现代化办公手段建设。

有效开展了净化社会文化环境工作，成立了工作领导协调小组，下发了《湖南省文化厅关于净化社会文化环境工作实施方案》，开展了专项治理行动，共查处违法违规经营场所11585家次，查处、督办大案要案22起。开展了互联网低俗之风、动漫市场、电子游戏市场专项整治行动，成效明显。全年共建立健全各项规章制度27则，培训执法人员1500人次，对1332名执法人员进行了执法资格考试并换发新证，全省14个市州142个执法机构全部实现网上办案。湖南省开发建设的文化执法办公办案系统部分内容属全国首创，受到文化部高度肯定，并被吸纳采用。

三、文化产业

2009年，全省文化系统积极应对金融危机，整合资源、创新机制，文化产业出现了逆势上扬的良好态势。

【深化文化体制改革，积极培育市场主体】

积极推进了文化体制改革，由湖南省文化厅主导，新成立了14家文化企业，包括新组建的酷奇动漫公司、金思达网络公司、一通票务公司，使多数文化事业单位逐步成为市场主体，总体上实现了主营收入增长30%、个人收入增加15%的目标。2008年12月，省政府召开常务会议，明确湖南省杂技团、湖南音像出版社为转企改制单位，并同意省文化厅成立文化艺术产业集团。

【开拓旅游演艺市场，打造旅游演艺品牌】

全省各地加大招商引资力度，大力发展文化产业，总投资150亿元、占地7500亩的湖南华强文化科技产业基地在株洲云龙示范区奠基开工，成为中部地区最大的文化科技产业项目，该项目以文化为核心、以科技为支撑、以旅游为平台、以生态为依托，按照国家4A级以上景区标准进行建设，打造成文化创意丰富、科技水平高端、产业发展集约、带动效应巨大、生态环境和谐的“中国迪斯尼”。省属院团根据张家界发展旅游演艺市场需要，在张家界打造了3台旅游节目，投资约1亿元的张家界实景演出大型歌舞剧《新刘海砍樵》正式演出，2009年5月文化厅和张家界市政府联合举办了首届“中国湖南张家界国际乡村音乐周”，26个国家的31支著名艺术团体，5天时间在5个景点演出了28场乡村音乐，国内外147家媒体400多名记者到现场采访，4家电视台现场直播，采编和转发各类新闻报道1万多篇，10多万中外游客在张家界现场观看了表演，在国内外产生了较大的影响，外交部对省文化厅发来表扬专函。2008年省会长沙的娱乐演艺市场得到发展和提升。投资4000万元的“中国琴岛之夜”歌厅重新开业，成为国内“第一歌厅”和湖南省“商务大客厅”。2009年湖南大剧院调整领导班子，整合优势资源，全年共完成剧场演出210场次，电影放映场次1万多场，剧场演出和电影放映收入突破1600万元，全院总收入创纪录地达到了2200万元的历史新高。

【调整文化产业结构，发展文化产业新业态】

2009年5月，“第四届中国原创手机动漫游戏大赛”在北京大学的百年讲堂正式启动，大赛分8个活动板块，参赛人数和作品比上年增加1倍，连续两年省文化厅在省广电中心举办的颁奖晚会，都请来了文化部、工信部、共青团中央、中国移动总公司的领导莅临出席，周强省长亲自出席。颁奖晚会都在卫视台录播。由省文化厅发起的这项大赛，培育和引领了一个新的文化业态，催生了一个上市公司。省演出公司自筹资金201万元成立了“湖南一通票务中心有限公司”，建立了统一的电子票务销售平台，抢占了文化娱乐业电子票务市场先机。省文物总店完成全面改造，面积扩大4倍，整栋大楼的经营额从2000多万增加到1亿元，成为中南地区最大的艺术品古玩市场。

【开展文化企业普查，强化文化服务职能】

2009年，省文化厅开展的文化企事业单位普查工作，为建立全省重点文化企业名录，扶植培育重点企业奠定了基础。为解决文化企业融资解难问题，向文化部推荐16个项目申报“扶持培育文化出口重点企业、重点项目贷款”、“支持文化产业发展贷款”，共申请贷款9200万元，推荐28个项目申报省文化产业引导资金。在澧县召开了全省文化局长工作会议之后，又在张家界召开全省文化系统文化产业工作会议，对发展文化产业相关工作进行部署，评选和表彰了相关行业领军人物、文化产业优秀单位和先进个人。

四、社会文化和图书馆事业

【有力推进了公共文化设施网络建设】

积极推进了省博物馆改扩建工程，完成了项目论证和规划设计；湖南艺术职业学院搬迁扩建项目列为2009年省级重点建设项目，目前有新的进展。认真组织实施了乡镇综合文化站建设项目，争取省政府办公厅召开了全省乡镇文化站建设电视电话会议，下发了《关于加强乡镇综合文化站建设的通知》，扭转了文化站建设中挤占挪用，应付差事的局面，为落实好乡镇文化站建设任务，文化厅组成了由厅领导带队、相关处室参加的调研组，到全省14个市州展开了专题调研。文化信息资源共享工程依托43000个农村党员干部现代远程教育村级服务点，完成设备扩充升级和加挂标牌工作，该工程已建成县级支中心41个，35个县级支中心的设备采购工作正在进行中。全年共采购流动舞台车42台，全面完成首轮流动舞台车的政府配送工作，实现了省委省政府提出的“全覆盖”工作目标。较好地完成了文化部每四年组织一次的公共图书馆评估定级工作。各地都加大了对文化设施建设投入力度，如常德市投资近5亿的常德人民文化影视城已完成主体工程；张家界市文化局把2009年定为文化基础设施和公共文化服务体系建设年，强力推进文化基础设施建设，其中计划总投资1.13亿元，占地面积24亩，总建筑面积15359平方米的市博物馆项目正式开工建设；邵阳市积极推进市文化艺术中心建设，该工程总建筑面积为12万平方米，总投资2.5亿元，已列入2009年全市十大重点工程之一；郴州市文化中心落成，市博物馆、市图书馆正式向市民开放。怀化市公共图书馆是怀化市政府重点建设项目，预计2009年下半年可交付使用。

【广泛开展了各类群众文化活动】

省文化厅积极组织协调、配合有关部门广泛开展群众艺术活动：与省教育厅、长沙市人民政府共同主办“祝福祖国 乐满星城”长沙市广场音乐演出活动；与省军区、省教育厅联合主办“军歌嘹亮颂祖国”湖南省高校国防生歌咏活动；与省老干局、省文联等7个单位共同主办“芙蓉王杯”书画作品大展；与省文联、省美术家协会共同举办“庆祝新中国成立60周年——湖南省优秀美术作品展览”；省群众艺术馆、省演出公司、湖南大剧院、省直艺术院团等单位组织举办了“情系农民工，文艺送春风”慰问农民工专场文化晚会，在金融危机背景下起到了稳定情绪、提振信心的作用。积极组织、参加了全国性的群众文化活动，推荐湖南省两个艺术团参加文化部举办的“永远的辉煌”——第11届中国老年合唱节，获“红岩奖”（金奖）和“红梅奖”（银奖）；组织枫树山小学红枫艺术团参加第三届中国少年儿童合唱节比赛，获最高奖——“小百灵”杯奖。省文化艺术产业集团（筹）在开展“演艺经典、惠民三湘”经典剧（节）目全省剧场巡演活动中，创新服务方式，由省市级专业剧团在正规剧场演出经典大戏，政府补贴，让老百姓花一顿快餐的钱看一场大戏。省财政列支400万元补贴300场大戏在全省基层剧场演出。在省城举办高雅艺术鉴赏活动14场次，起到了引导健康消费、重新培育市场的效果，中央电视台多个频道给予高度评价。各市州都积极开展各类文化节庆活动，为新中国成立60周年营造了欢乐祥和的氛围，如省会长沙先后组织开展了歌咏合唱比赛、群文广场展演、少儿读书竞赛等各类文化活动1032场，特别是“爱国歌曲大家唱”，“百万群众颂祖国”和“庆国庆群众游园集会展演”等重大活动将长沙市的庆祝活动推向高潮；湘潭市成功组织了“爱国歌曲大家唱”群众合唱节和韶山毛泽东铜像广场“歌唱祖国”全市群众性大型文艺演出等系列活动，全市29万人次参加了“爱国歌曲大家唱”活动，142支队伍参加了全市决赛；衡阳市举办了“责任衡阳、信心衡阳、和谐衡阳”大型美术、书法、摄影展览，承办了“湘台一家亲”大型文艺晚会。

【提升了公共文化服务水平和质量】

2009年，全省文化系统71家博物馆、纪念馆实现了免费开放，参观人数增长了49%，参观者的满意度达到99%，受到国家文物局的表彰，争取到中央财政每年补助1.8亿元。承办的“三湘巨变——新中国成立60周年湖南经济社会发展成就展览”，参观人数达31万人次，得到春贤书记、周强省长、路建平部长等领导和社会各界的一致好评。益阳市周立波故居2008年接待参观游客6万余人次，张春贤书记6月考察了周立波故居，对故居的维护维修、陈列布展和对外开放给予了充分肯定，并指示将“三周”文化品牌做大做强。岳阳市文化艺术会展中心自接管以来，保持了高效运转，已接待省内外参观考察团体32次，成为岳阳文化旅游的一个重要窗口单位，先后举办了“黄河之声”新春音乐会、“国际滑稽小丑嘉年华”、“美非文化之旅”等一系列大型文艺活动，每场演出都邀请下岗职工、劳模代表等特殊群体免费观看，让他们共享文化繁荣发展成果。在博物馆、纪念馆免费开放基础上，我们正在试行全省文化系统图书馆、文化馆的免费开放工作，湖南图书馆全年的服务人次、文献服务册次、网络点击率、数字资源服务量都较2008年同期有所提高。省少儿馆承办的三湘读书月——2009年全省少年儿童“新中国60周年道德模范故事会”读书竞赛活动取得圆满成功。全省“演艺惠民工程”完成演出6746场，超额完成746场，惠及全省基层群众约540万人。娄底市文化局将演艺惠民“送戏下乡”任务分解，与市为民办实事考核办公室、市财政局联合下发《关于认真做好2009年“为民办实事——送戏下乡”工作的通知》和《2009年全市文化系统“为民办实事——送戏下乡”实施意见》，确保各县市区资金到位，将“送戏下乡”任务与年终目标管理考核挂钩，将惠民工程落到实处。郴州市政府办印发《“文化惠民工程”实施方案的通知》，将为民办实事和国家启动内需新增投资的文化项目概括为“文化惠民工程”，同时下发了《郴州市人民政府关于加快郴州文化事业和文化产业发展若干意见》，解决了一些制约文化事业和文化产业发展的顽症，为文化事业繁荣和产业发展提供坚实的保障。常德市澧县邀请安徽小梅花黄梅戏剧团成功开展“低价演出周”活动，拓展了以往完全由政府买单送戏的模式。

五、对外文化交流

全年开展文化交流活动共计142批1019人次。圆满完成文化部派遣的文化交流任务，组派“湖南省综合艺术团”赴丹麦参加华人春节庆典活动，打造“春节文化品牌”；“湖南日本周”活动成为加强湖南省与日本在文化、教育等领域的交流与合作平台；在叙利亚和科威特成功举办了“中国艺术节——湖南文化周”，全面展示了湖南文化精品，科威特国家电视台现场直播活动盛况，扩大了湖湘文化在海湾地区的影响力；俄罗斯、哈萨克斯坦、菲律宾等外籍团队在湖南省的定点演出规模不断扩大，演出场所类型增多，港澳台演员在湘演出频繁；湖南省杂技团已经连续第六年在土耳其成功商演；大型皮影剧《西游记》和木偶戏《三国志》赴日巡演一年，受到广泛赞誉；省演出公司承办的“纵贯线”超级乐团演唱会在长沙取得了较大成功。

六、文物考古和博物馆事业

2009年度，全面开展了第三次文物普查，新发现文物1.2万多处。完成第七批“国保”申报工作，安江农校纪念园成功特批为“国保单位”。配合湖南省重点建设工程进行考古发掘，新发现古遗址40多处，古墓葬500多处，发掘23万平方米，清理出各类文物2000余件。省文物考古研究所取得了潇水流域考古的新突破。省博物馆成为国家文物局首批纳入的8家“国家级博物馆”之一，获得国家常年拨款2000万元；韶山毛泽东遗物馆“风范长存——毛泽东遗物展览”荣膺“第八届全国博物馆十大陈列展览精品”特别奖；在全国博物馆定级评选中，湖南省获评一级博物馆3个，二级博物馆7个，三级博物馆8个，在全国处于中上水平。濂溪故里得到全面维修，长沙窑遗址、舜帝庙遗址、屈子祠等基本完成规划，铜官窑国家考古遗址公园前期工作正式启动，在《中国汨罗屈子文化园概念设计方案》中新增了屈原纪念馆和屈子书院两个设计项目。完成了第二批国家珍贵古籍名录、保护单位的申报工作。

完成了国家级非物质文化遗产保护项目、传承人申报工作，2009年，湖南省共推荐了110个项目参加第三批国家级非物质文化遗产项目的评审（2009年公布结果），又有22人被命名为国家级非遗项目代表性传承人。公布了湖南省第二批省级非物质文化遗产保护项目名录。目前，全省共有国家级非物质文化遗产保护项目70个，省级保护项目221个。开展了全省非物质文化遗产普查工作和科研项目的立项工作，召开了全省非物质文化遗产普查现场经验交流会议，湖南师范大学的“非物质文化遗产保护与旅游产品升级”和湖南工业大学的“中国古代设计史史料学研究与数据库建设”通过国家课题立项批准，湖南工程学院的“湖南滩头木版画研究”通过文化部课题立项批准。为第一、二批省级非物质文化遗产项目和第一批省级非物质文化遗产项目代表性传承人发放了标牌和传承人证书。组织参加了“中国成都国际非物质文化遗产节”、“中国非物质文化遗产传统技艺大展”、“2009澳门内地(湖南)春节习俗展”、第四个“遗产日”庆典演出活动等。湘西土家苗族文化生态保护实验区已通过文化部专家论证，湘西自治州非物质文化遗产保护中心被评为全国先进集体。湖南省2009年共入选国家级珍贵古籍名录81部，其中湖南图书馆占61部。

七、艺术科研与教育

2009年，湖南实施了“人才兴文”战略。改革人才引进机制，不拘一格引进、推荐高层次人才，开展动漫技术职称的评定，为湖南省动漫产业的跨跃式发展奠定坚实的人才基础。为了解决省直文化单位人才青黄不接的问题，省文化厅面向全国公选了53名青年艺术人才，“人才兴文”省直文化系统人才培养与引进综合展示活动，得到省领导的高度评价，国内多家媒体进行了报道。举办了非物质文化遗产保护专业人员高级研修班，艺术管理干部高级培训班等一系列文化专业人才培训班，在吉首大学授牌成立“湖南省非物质文化遗产保护研究与人才培养基地”。湖南艺术职业学院入围省级示范性高等职业学院。湖南省艺术研究所承接的国家课题《湖南戏剧文化现状调查与研究》完成全部调查与撰稿工作，课题成果即将出版、结题。

八、重大事件

【澳门春节习俗展】

由澳门特别行政区民政总署主办，文化部民族民间文艺发展中心及湖南省文化厅、湖北省文化厅共同协办的“洞庭南北贺新岁——湘鄂春节习俗展”，从2009年1月23日至3月4日在澳门卢廉若公园春草堂成功举行，澳门民众反响热烈，共有21264人次参观了展览。自2001年起，澳门特别行政区民政总署开始举办“内地春节习俗展”，至今已成功举办了8届。此次展览荟萃了湖南、湖北两省60余幅民俗摄影作品及600余件反映春节习俗的实物展品。成为办展9年来展品最丰富，特色最鲜明，参观人数最多的一次展览，也获得了澳门民政总署和文化部的高度评价和赞扬。“2009年澳门内地春节习俗展”湖南展出作品包括湘绣、滩头年画、剪纸、少数民族服饰和乐器、凤凰纸扎等300余件实物展品，同时辅以江永女书、长沙棕编现场手工艺制作和表演，以及30张图片、1部多媒体视听艺术片、1场专家讲座等。集中展示了湖南汉族、土家族、瑶族、侗族、苗族的手工技艺和民族过年习俗。包括长沙棕编、湘绣、宝庆竹刻、浏阳花炮、花瑶挑花、土家织锦、滩头木版年画、浏阳菊花石、蓝印花布等项目实物和侗族合拢宴、苗族赶秋、过赶年等民俗图片。湖南省非物质文化遗产保护项目代表性传承人长沙棕编王文定、江永女书胡美月受到特别邀请，参与现场表演，展示独特技艺。展览期间，澳门民政总署与湖南省文化厅举行了“图书交换活动的启动仪式”。

【“马王堆汉墓”主题展亮相美国】

为增进中美两国间的文化交流，由湖南省博物馆和纽约华美协进社中国美术馆联合主办的“马王堆汉墓：古长沙国的艺术和生活”出土文物展2009年2月12日至6月7日在纽约向美国公众开放。这次展览包括了2000多年前的漆器、丝织服饰、简帛、木俑、青铜器等70余件精美文物，是省博物馆以马王堆汉墓出土文物为主题的展览首次单独在美国集中展出。华美协进社中国美术馆于2月11日特举办了展览的预展酒会，中国驻纽约总领馆副总领事董晓军、美国亨利·鲁斯基金会亚洲项目主管海伦娜·科伦达女士、李灵先生以及华美协进社董事长甘维珍女士、华美协进社会员和诸多爱好中国文化的纽约各界人士200多人参加了会议。与会嘉宾对展出的马王堆汉墓精美文物表现出了极大的兴趣，对2100多年前中国西汉社会所达到的高度文明程度惊叹不已。这次展览按文物类型分两个展室进行陈列，展览的主题为“马王堆汉墓：古长沙国的艺术和生活，公元前3世纪至公元前1世纪”。为了让美国公众更好地参观和理解展览的深刻内涵，主办方还安排了一系列教育活动，主要有专家讲座、研讨会、短期课程及湘菜烹饪课等，其中陈建明馆长所做的《长沙国与马王堆汉墓》学术报告，系统地介绍了长沙国与马王堆汉墓的关系、马王堆汉墓的发掘过程和出土文物保护研究的基本情况，吸引了众多的美国观众和华人华侨听众参加，对提升马王堆汉墓和省博物馆在美国的社会影响起到了积极的促进作用。

【“山猫”获美国大奖】

2009年5月，由湖南山猫卡通有限公司制作、吴晖导演的大型魔幻娱乐动画故事片《山猫吉咪历险记》在美国纽约国际独立电影电视节斩获“最佳动画影片奖”。这是自该节创建以来，第一部获奖的中国原创动画故事片。该项大奖成为山猫卡通节目进入美国主流媒体播出的“通行证”。美国纽约国际独立电影电视节被誉为美国主流媒体选播影视片的风向标和指南针。《山猫吉咪历险记》作为唯一一部入选本届独立电影电视节的中国动画片，凭借其精美的制作，绚丽的画面，独特的山猫功夫令评委耳目一新，最终从来自世界各地的近百部电影、电视、动画片中脱颖而出，获得“最佳动画影片奖”，从而为“山猫吉咪”系列卡通形象及品牌融入世界多元化市场奠定了坚实的基础。

【“12·29”系列古墓葬被盗案】

7月31日，震惊全国的长沙“12·29”系列古墓葬被盗案成功告破。是日，该案涉案文物交接仪式和表彰大会在长沙举行。国家文物局、湖南省政府授予长沙市公安局“文物保护特别奖”，并对长沙市5个单位和10位个人进行表彰。国家文物局局长单霁翔、副局长童明康，省领导周强、李江、陈润儿、路建平、郭开朗以及长沙市有关领导出席了交接仪式和表彰会，并参观了此次破获文物的展览。系列古墓葬案发后，长沙市委、市政府联合公安、文物部门，一方面组织60人的公安专案组，辗转8省20市县，行程数万公里，不舍昼夜追踪犯罪分子和追缴被盗文物，一方面组织文物专家对被盗古墓葬逐一进行应急技术处理，安排人员值守古墓，确保其他古墓葬没有再遭盗掘。该案已捕获犯罪嫌疑人53名，主要犯罪嫌疑分子已全部落网；收缴涉案文物304件，其中国家一级文物12件，二级文物48件，三级文物89件，彻底摧毁了一个横跨湘、鲁、赣等省份的特大盗墓团伙。此外，长沙市委、市政府还采取了设立文物违法行为举报奖励制度、建立文物公安联合执法机制、加快文物普查认证和公布进度、建立野外重点文物安全防范系统、实施野外重点文物报警防护系统工程五大措施，从根本上加强文化遗产安全防护。

【湖南省实现国家级精品剧目零的突破】

2009年9月，2007～2008年度国家舞台艺术精品工程精品剧目名单揭晓，湖南省花鼓剧院创作演出的优秀剧目《老表轶事》名列其中，荣膺全国“十大精品剧目”，此举实现了湖南省在国家级精品剧目评选中零的突破。由文化部和财政部共同实施的国家舞台艺术精品工程，是一项具有开创性的重大文化建设项目。湖南省曾有《秋天的花鼓》、《老表轶事》、《走进阳光》等4次入围该项目的初选剧目。此次《老表轶事》是第二次入选，并最终以浓郁醇厚的地方特色，积极高扬的主题思想，酣畅淋漓的故事架构，惟妙惟肖的人物塑造，成为“十大精品剧目”，填补了湖南省尚无“国家级舞台艺术精品”的历史空白。《老表轶事》自2001年投入创作以来，历经8年艰难磨砺，屡获殊荣，2003年在首届湖南艺术节上获得金奖，并获23项单项奖；2005年在第七届中国艺术节上荣获文化部“文华大奖”以及4项单项奖；2005年成为国家舞台艺术精品工程提名剧目；2007年荣获中宣部第10届“五个一工程”优秀剧目奖；2008年入围2007～2008年度精品工程年度资助剧目，并获邀晋京在国家大剧院参加“纪念改革开放30周年全国现实题材优秀剧目展演”活动；2009年终于破茧成蝶，实现该剧在舞台艺术领域获奖“大满贯”，成为我省当之无愧的优秀品牌和文化名片。

广东省

一、文化艺术

2009年是新中国成立60周年的大喜之年，广东省文化系统深入贯彻落实科学发展观，争当实践科学发展观的排头兵，解放思想，创新思路，推动我省艺术创作工作大发展。一是各地、各单位精心组织，周密安排，紧紧围绕新中国成立60周年大庆宣传工作的中心任务，充分发挥文艺宣传的优势，组织了各类专场演出、文化艺术节庆、展览展示等活动，丰富了广大人民群众的精神生活，在社会上营造了良好的文化艺术氛围；二是进一步提升广东文化软实力，奖励优秀剧目，调动各地文化部门和剧团积极性，促进院团面向观众和市场，带动艺术创作、艺术市场发展。艺术精品战略结出累累硕果，广东在国际性和全国性重要艺术活动中共获大奖19项。

【弘扬民族文化主旋律】

2009年，围绕广东省委、省政府的中心工作，省文化厅参与组织举办粤剧新年盛会、广州新年音乐会、广东省2009年春节军民联欢音乐会等高雅艺术品牌活动，艺术品位进一步提升，影响力不断扩大，在社会上引起了良好的反响。

【举办第六届广东现代舞周】

7月，省文化厅组织举办第六届广东现代舞周，来自中国、以色列、丹麦、西班牙、荷兰、法国等地的顶尖舞团共献上了40多台原创作品，观众反响热烈，营造了良好的艺术氛围。

【2009广东国际旅游文化节开闭幕式】

11月13日，来自全球80多个国家和地区的1万多名嘉宾和中国1万多名观众一起观看了以“敞开岭南情怀，拥抱快乐世界”为主题的开幕式文艺晚会。本次开幕晚会在广州大学城盛大举行，将人与自然的和谐理念与广东旅游结合在一起，突出展示广州亚运会和岭南极具代表性的山水、人文美景。11月19日，本届旅游文化节闭幕式文艺晚会分5个篇章演出："岭南迎宾曲"、"盛世狂欢节"、"欢乐长隆夜"、"四海汇花城"、"长隆邀请您"等，共有7000多名观众现场观看演出。开幕式、闭幕式综合文艺晚会得到国家旅游局、广东省主要领导及社会各界的高度好评，是对旅游文化节"欢乐祥和，活力广东"主题的完美诠释，充分展现广东独有的旅游资源与文化魅力。

【优秀舞台剧剧本征集活动】

2009年，为进一步提高剧作家的积极性和创作热情，省艺术研究所牵头成立"广东剧作人之家"。把全省主要的剧作者都聚拢在一起，集思广益，通过观摩、座谈会、作品研讨、创作辅导等形式开展活动，共同为广东艺术创作的发展出谋划策，取得了良好效果。在全省范围内恢复了一年一度的优秀舞台剧剧本征集活动，得到广大剧作者的积极响应，共收到参评作品61部，评出获奖作品26部。

【庆祝新中国成立60周年的文艺活动】

2009年是新中国成立60周年的大喜之年。广东各地、各单位精心组织，周密安排，完成"祖国步步高——广东省文艺界庆祝中华人民共和国成立60周年文艺晚会"、"广东省春节团拜会"、"中华之声——名家名歌演唱会"、"永远跟党走——广东省委办公厅纪念建党88周年专题文艺晚会"、纪念新中国成立60周年北京国庆游行广东彩车"领潮争先"制作展演等大型文艺活动。广东省委常委、宣传部部长林雄等省领导出席观看了"祖国步步高——广东省文艺界庆祝中华人民共和国成立60周年文艺晚会"，并给予高度好评；全省宣传文化、社科界及群众代表约1300人观看演出，共庆新中国60华诞。

【首次举办优秀舞台剧全省巡演活动】

从2009年开始，由省委宣传部与省文化厅联合组织，用两年时间，采取政府采购形式，组织了舞剧《骑楼晚风》、人偶剧《八层半》等8部第10届省艺术节一等奖作品，全力宣传推介一批高质量的舞台艺术，力求通过巡演形成广泛的社会影响力。7月31日，巡演活动在广州市蓓蕾剧院启动，首演剧目为广东省木偶剧团创演的人偶剧《八层半》。广州、深圳、珠海、汕头等12个城市演出64场，10万余观众观看了演出。

【推动艺术精品战略】

2009年，广东省专业艺术表演团体共获得国内外艺术奖项19项。其中，由广州市创作排演的杂技剧《西游记》成功入选2007～2008年度国家舞台艺术精品工程，实现继舞剧《风雨红棉》为广东省首夺文华大奖后，广东优秀文艺作品在全国最高艺术领域又一个"零"的突破。3月，组织人偶剧《八层半》、儿童剧《小鸡要飞》参加在广州市举行的第六届全国儿童剧优秀剧目展演，前者获特等奖，后者获优秀奖；5月，组织粤剧《东坡与朝云》、粤剧《三家巷》、粤剧《刑场上的婚礼》参加在杭州市举行的第三届全国地方戏优秀剧目（南方片）展演的演出活动，在当地引起了较好的反响；7～8月，组织粤剧《山乡风云》、山歌剧《桃花雨》参加中宣部、文化部在北京主办的纪念新中国成立60周年献礼演出，获得观众的一致好评；11月，在湖北省举办的第八届全国舞蹈比赛中，广东选送的《生命的空间》、《女儿花》分获文华舞蹈节目创作三等奖、创作三等奖；《时迁盗甲》、《破·立》分获文华舞蹈节目优秀表演奖、优秀创作奖。

二、社会文化

【实施东西两翼文化设施建设工程】

广东省从2005～2008年实施东西两翼文化设施建设工程，到2009年进入绩效考评和检查验收阶段。4年期间，广东省财政共拨出1亿元，对全省东西两翼等地区386个文化设施建设项目进行扶持。截至2009年，完成建设项目337个、在建项目49个。

【社区文化建设】

截至12月，全省共建城市社区5028个，其中建成社区文化中心3593个，占总数71%；社区文化中心从业人数9232人，其中专职人员3487人，占总人数的38%，兼职人员5900人，占总数的64%；公用房屋建筑面积9663.6平方米，室外活动面积8998.82平方米。

【广东流动演出服务网】

2009年，省文化系统组织各类流动演出服务30000余场次，受益观众6000万人次。

【文艺作品评选】

2009年3月，省文化厅组织专家对全省各市文化部门报送的451件业余文艺作品（戏剧71件、小品147件、曲艺102件、音乐131件）进行认真评选，共评出获奖作品172件和3个组织奖。

【举办广东省第六届群众戏剧曲艺花会】

2009年7～9月，省文化厅组织开展广东省第六届群众戏剧曲艺花会节目评审、选拔等前期筹备工作；11月22～26日，广东省第六届群众戏剧曲艺花会在茂名市成功举办，全省21个地级以上市和省直共22支代表队、800多名演职员参加了本届花会。花会期间，共组织6场比赛和5场展演，集中展示广东省自2006年以来群众戏剧曲艺创作和演出的成果。经组委会评审组认真、公正评审，评出特别荣誉奖1个，组织奖8个，节目综合奖金奖30个、银奖37个。

【参加第三届中国少年儿童合唱节】

2009年7～8月，省文化厅组织深圳中央教育科学研究所南山附属学校合唱团和广州市越秀区东风东路小学合唱团，参加文化部、教育部在呼和浩特市主办的第三届中国少年儿童合唱比赛。其中，深圳南山附属学校合唱团获“小百灵杯”（金奖）、广州市东风东路小学合唱团获“小云雀杯”（银奖）。

【参加“永远的辉煌”——第11届中国老年合唱节】

2009年9月，省文化厅组织珠海市香洲区老干部活动中心合唱团、广东省老干部活动中心金枫合唱团、深圳市群声合唱团赴重庆市参加文化部主办的“永远的辉煌”第11届中国老年合唱比赛，3支队伍均获得“红岩杯”（金奖）。

三、公共图书馆

【推进文化共享工程县级支中心建设】

2009年9月22日，为加快推进工程建设，省文化厅在珠岛宾馆召开“广东省文化信息资源共享工程县级支中心建设工作会议”，方健宏厅长与2009年计划完成建设的各县（市、区）文化广电新闻出版局局长签订了《全国文化信息资源共享工程广东省县级支中心建设责任书》。一方面争取省财政厅和省委宣传部支持的专项建设经费1800万元，另一方面要求珠三角地区各县（市、区）和文化先进县（市、区）落实配套资金，年内全省基本完成县级支中心建设。

【第二批国家珍贵古籍名录和全国古籍重点保护单位评选】

2009年1月，省文化厅组织开展第二批《国家珍贵古籍名录》及第二批全国古籍重点保护单位的申报工作。经专家评议，向文化部申报503种珍贵古籍为第二批《国家珍贵古籍名录》，申报暨南大学图书馆和华南师范大学图书馆为第二批全国古籍重点保护单位。6月，国务院公布第二批《国家珍贵古籍名录》和第二批全国古籍重点保护单位中，广东省共有196部古籍入选，暨南大学图书馆和华南师范大学图书馆被命名为第二批全国古籍重点保护单位。

【文化、教育、科技三大系统文献信息资源共建共享】

2009年2月，省文化厅组织召开全省公共图书馆、高校图书馆及科技情报机构代表30多人参加的专题研讨会，并对承担此项工作的省中心图书馆委员会组织机构及成员进行调整；4月，省文化厅、财政厅、教育厅和科技厅联合发出《关于组织开展广东省文献资源共建共享的通知》，就建立全省图书情报界公益性、跨系统、跨部门、跨行业、跨地区的“广东省文献资源共建共享协作网”提出要求。广东省中心图书馆委员会制定《广东省跨系统文献资源共享技术方案》和建设“珠江三角洲数字图书馆联盟”方案，并开通网上服务平台，对珠三角地区公共、高校、科研三大系统现有数字图书馆资源进行有效整合。

【推进广东流动图书馆建设】

截至2009年底，广东流动图书馆共建成分馆67个，2009年新增4个；累计总进馆人数2160万人次、总阅览册次4059万册次、总外借册次226万册次、解答读者咨询30万件。3月，省文化厅召开2009年度广东流动图书馆总结表彰大会，对化州等13个流动分馆和万美琼等59名同志进行了表彰。

【全省公共图书馆评估检查验收】

2009年5月，省文化厅组织开展全省公共图书馆评估地级相关工作。在各个参评图书馆自评和各地级以上市文化部门对本地区公共图书馆初评的基础上，10月11～16日，省文化厅组织省公共图书馆有关专家、学者分成4个评估检查验收小组，赴全省各地对地级市公共图书馆及初评750分以上的县级公共图书馆进行复评，并将评估结果上报文化部。2010年2月，在《文化部关于公布一、二、三级图书馆名单的通知》中，广东省有46所公共图书馆被评为国家一级图书馆、25所公共图书馆被评为国家二级图书馆、28所公共图书馆被评为国家三级图书馆，

四、非物质文化遗产

【非物质文化遗产普查取得阶段性成果】

截至 2009 年年底，广东省共摸查非物质文化遗产资源线索 4 万余条，调查重点项目 7600 多个，整理文字记录 1400 多万字、照片 12 万张、录音记录 2400 多小时、摄像记录 3000 多小时，征集和登记实物资料 23000 余件，基本摸清全省非物质文化遗产家底，初步掌握全省非物质文化遗产的种类、数量、分布状况与生存环境，为保护工作向纵深开展打下坚实的基础。

【粤港澳三地联合申报人类遗产】

2009 年 9 月 30 日，联合国教科文组织保护非物质文化遗产政府间委员会第四次会议审议并批准了“粤剧”列入“人类非物质文化遗产代表作名录”。11 月，广东省文化厅、广州市文化局共同组织策划庆祝粤剧“申遗”成功新闻通报会，启动开通“中国粤剧网”仪式，组织粤剧申遗成功专场演出等相关活动，极大地加强粤剧“申遗”的宣传和影响力。

【文化生态保护区建设】

2009 年，广东省文化厅积极推进“客家文化（梅州）生态保护实验区”的申报工作，组织专家对广府文化、潮汕文化、客家文化、雷州文化进行考察，拟在 2010 年命名 2 ~ 4 个省级非物质文化遗产生态保护区，全面推进非物质文化遗产的活态和整体性保护。

【建立数据库】

2009 年，《广东省非物质文化遗产名录图典》收集 1500 张代表性图片，共计 50 万字，全面介绍广东省入选国家级、省级非物质文化遗产名录项目和代表性传承人所掌握的知识、技艺和技能。广东省非物质文化遗产保护中心建立国家和省级名录项目档案资料，完成广东省非物质文化遗产档案数据库。该项工作走在全国前列，得到文化部的高度评价。

五、文化市场

2009 年，文化市场管理工作按照文化部和广东省委、省政府的部署，坚持以科学发展观统揽全局，以“迎接新中国成立 60 周年，开展文化市场集中整治行动”为主线，进一步规范文化市场秩序。面对国际金融危机对我省文化市场的冲击，及时调整工作思路，增强服务意识，大力推进全省文化市场的繁荣发展，取得较好成效。

【持续开展整治行动】

2009 年，在全省范围内持续开展整治互联网低俗之风专项行动，全面清查网吧、网络游戏及网络动漫（含手机动漫）的低俗内容；组织开展“两会”期间文化市场执法专项行动，重点对销售政治性音像制品、网吧违法违规经营行为进行清查；全面检查演出、娱乐场所应急预案的落实情况；开展清理低俗音像制品专项工作；组织开展网吧专项整治行动；组织开展文化市场集中整治行动等。据不完全统计，全省共出动文化行政执法人员 499012 人次，检查各类文化市场经营场所 265262 家次，责令改正 4033 家次；受理举报 2624 件，立案调查各类违法违规案件 2439 宗，办结案件 2541 宗；移交案件 178 宗；责令停业整顿 766 家次、吊销经营许可证 49 家，罚没人民币 10115916 元，没收各类非法制品、设备等 17061703 件；依法取缔各类无证照文化市场经营场所 1964 家。

【理顺和转变工作职能】

一是调整理顺了查处取缔“黑网吧”执法体制，调整后文化行政部门不再承担查处取缔“黑网吧”的工作职责；二是按照中央和省“三定”方案的要求，文化厅先后与省广播电影电视局、新闻出版局完成了电影发行放映和音像制品批发、零售、出租管理职能的移交；三是组建广东省文化市场综合执法局，该局为广东省人民政府直接领导的行政执法部门，具体委托省文化厅管理；四是下放审批权限，原由广东省文化厅负责的“设立演出经纪机构审批”、“设立互联网上网服务营业场所省内连锁经营单位审批”、“举办涉港澳和在歌舞娱乐场所进行的涉外营业性演出审批”、“设立中外合资、中外合作经营娱乐场所审批”等文化市场行政审批事项，下放各地级以上市人民政府。

【推进计算机监管平台建设】

2009 年，省文化厅如期实现与全国网络文化市场监管平台互联互通这项重要任务。根据广东的实际情况，借助公安系统已建立的信息网络安全技术措施，实现与文化部网络文化市场监管平台的互联互通，实现信息安全保护技术措施和经营管理技术措施合二为一，完成对网吧日常经营行为的在线监管。该项措施已通过文化部测试，预计 2010 年即可完成与全国网络文化市场监管平台的对接，实现中央、省、市三级联网在线监控。以信息安全保护技术措施和经营管理技术措施合二为一的方式建设文化市场计算机监管平台，广东在全国尚属首创。

【依法审批】

2009年，省文化厅依照法定职能，共受理审批演出经纪机构52家，受理审批（审核、备案）涉外及涉港澳台营业性演出项目583项；受理审批中外合资、中外合作歌舞娱乐场所3家，受理审批中外合资、中外合作游艺场所12家；受理审核经营性互联网文化单位51家。

六、文化产业

【推动国产音像制品“走出去”】

2009年，省文化厅审核出口的国产音像制品达98.1万张（盒），节目达201038个，分别销往美国、瑞士、英国、日本、加拿大、澳大利亚、新加坡、马来西亚、中国香港、澳门等国家和地区。

【积极发展文化旅游业】

2009年6月，省文化厅和省旅游局印发《广东国民文化旅游休闲实施方案》，联合开发广东古代文化游、海上丝绸之路游等多条由重点文物保护单位和特色博物馆构成的文化旅游线路。中山市举办“2009中山岭南水乡旅游文化节”，挖掘文化旅游内涵，实现文化与旅游融合发展。

【推动文化产业集群和特色园区建设】

2009年，省文化厅重点推动“广东动漫游艺游戏产业集群”、“广东动漫（玩具）创意产业集群”和“中山市镇级文化产业集群”建设项目。建立广东香云纱产业园区和广东麓湖山文化产业园等特色园区。

【推动文化会展业发展】

2009年元旦期间，第二届广东中山文化消费节顺利举办，共有80多家文化企业参展，13万人次参加了各项文化消费活动。4月，汕头举办第11届中国广东澄海玩具国际玩博会，洽谈贸易总额达12.3亿元，比上届增加2000万元，其中出口40%，内销约60%。5月，第五届中国（深圳）国际文化产业博览交易会开幕，据统计，参观第五届文博会各项展览观众达357万人次，比上一届增加88万人次，总成交金额880.69亿元，比上届增加178.37亿元，增幅达25.4%。11月，2009年中国广东（中山）国际游戏游艺博览交易会（简称“游博会”）在中山市举办，3天的展会共实现贸易成交额20.8亿元，比上届增长69%，参观人数近10万人次，比上届增长66.7%。

【扶持和推动动漫产业发展】

2009年，省文化厅、财政厅、国税局和地税局联合成立广东省动漫企业认定管理工作指导小组，下设办公室，制定《广东省动漫企业认定管理工作规程（试行）》。全省有54家企业通过初审，8家企业通过文化部终审，被认定为国家首批动漫企业。广东共向文化部推荐原创漫画作品37份，原创漫画创作者（团队）6个，原创动漫演出作品5份，原创动漫演出团队2个；参加全国“原创动漫扶持计划（2009年）”评选，有10部动漫作品及8家单位（团队）分别获得动漫作品扶持及创作团队扶持。举办首届深圳动漫节、东莞国际影视动漫版权保护与贸易博览会、惠州市首届动漫时尚文化展等。

【成立文化市场综合执法局】

为加强对全省文化市场综合执法的管理和监督，广东省人民政府成立广东省文化市场综合执法局。根据《广东省文化厅主要职责内设机构和人员编制规定的通知》（粤府办〔2009〕90号），广东省文化市场综合执法局为省人民政府直接领导的行政执法部门，具体委托省文化厅管理，集中行使省文化厅、广播电影电视局、新闻出版局有关文化市场管理的行政处罚、相关监督检查及行政强制职责；指导、监督全省文化市场行政执法工作；组织协调重大执法任务及跨区域执法工作；协调指导文化市场综合执法队伍建设；承担省文化市场管理工作领导小组的日常工作。根据广东省编办印发《关于核定省文化市场综合执法局行政执法专项编制的通知》（粤机编办〔2009〕295号），广东省文化市场综合执法局为正处级单位，行政执法专项编制20名。12月7日，广东省政府发布公告（粤府函〔2009〕250号），广东省文化市场综合执法局开始正式履行职责。

七、对外和对港澳台文化交流

2009年，广东省对外对港澳台文化交流工作取得了较好成绩。全年对外对港澳台双向文化交流项目共992批，14288人次；其中出访项目377批，7357人次，来访项目615批，6931人次。

【对外文化交流】

1月26日至2月9日，广东艺术团一行23人赴留尼旺演出，这是广东连续5年在春节期间组派艺术团赴留尼旺演出。

6月7～22日，广东艺术团一行27人赴菲律宾、越南、柬埔寨演出；组派岭南画派作品展赴菲律宾举办展览，展出广东12位艺术家的国画作品63幅。9月6～14日，广东省在白俄罗斯、塞尔维亚举办了"当代水墨艺术展"，白俄罗斯和塞尔维亚文化部部长和中国驻白、塞大使出席展览开幕式，展览受到好评。9月23日～12月13日，广东美术馆策划的"中国人本——纪实在当代摄影展"赴美国纽约华美协进社中国美术馆展览。10月8～17日，广东现代舞团一行24人赴德国慕尼黑参加广东省与德国巴伐利亚结好5周年庆典演出活动。10月9～22日，省文化厅与省外办共同组织广东艺术团25人，赴多米尼克、巴巴多斯、格林纳达3国访问演出，受到热烈欢迎，当地总统、总理及内阁成员出席观看艺术团的演出，当地媒体评价说是中国去的最好的艺术团，受到中国驻外使馆表扬，格林纳达总理给黄华华省长发来亲笔信对广东艺术团表示感谢。2009年，广州杂技团大型杂技《西游记》赴新加坡演出3场，赴澳大利亚参加第三届"澳亚艺术节"演出；广东粤剧院两次赴加拿大进行有偿演出；广东现代舞团赴美国、荷兰进行有偿演出等。

【对台文化交流】

5月，广东省首次邀请台湾方面组团参加第五届中国（深圳）国际文化产业博览会。省文化厅接待台湾文化产业专业人士交流访问团，商谈两岸文化交流与合作事宜。8月5～24日，省文化厅、佛山市文广新局组织"传承与超越——佛山现代陶艺展"赴台湾台北、台中市展出。10月20～26日，广东星海现代舞蹈艺术有限公司现代舞团一行10人赴台湾，参加台北艺术大学主办的"2009关渡艺术节"演出活动。

【对港澳文化交流合作】

2月，省文化厅与香港特区政府民政事务局、澳门特区政府文化局共同签署《粤港澳文化合作五年发展规划2009～2013年》，重新确定今后5年合作总体要求、发展目标以及一批主要发展项目。以庆祝祖国60周年大庆、香港回归12周年、澳门回归10周年为主题，完成一批高质量的交流合作项目。组派广州交响乐团100人赴澳门演出5场音乐会；南方歌舞团赴江西南昌参加《紫荆龙情在江西》电视演出活动；广州杂技团《西游记》剧组赴澳门参加庆祝澳门回归10周年庆典演出活动。4月，省文化厅与中央政府驻港联络办举办第四期"粤曲艺术研修班"；中英街历史博物馆与香港国民教育中心签署"国情教育基地协议书"，开展共建"国情教育基地"活动；粤港澳三地合办"世界阅读日"活动。6月，建立三地统一的演出票务网，更新"粤港澳文化资讯网"版面，扩大文化资讯网的服务层面。2009年，先后举办"纪念五四运动90周年展览"、"闪亮的青春——纪念五四运动90周年大型图片展览"、"香港：共和国与你同行——纪念中华人民共和国成立60周年大型展览"。

【参加比利时欧罗巴利亚中国节】

10月，省文化厅选派广州交响乐团115人、深圳福永醒狮团15人赴比利时布鲁塞尔参加"欧罗巴利亚中国艺术节"开幕式演出。在艺术节开幕式上，深圳福永醒狮引领习近平副主席和比利时国王走入会场，进行高超技艺表演；广州交响乐团音乐会拉开"欧罗巴利亚中国艺术节"帷幕。

【第四届"中泰一家亲"音乐歌舞晚会】

2009年12月21～25日，由中国文化部和泰国外交部共同主办的第四届"中泰一家亲"音乐歌舞晚会，在广东东莞市玉兰大剧院举行。泰国朱拉蓬公主亲自登台弹奏古筝，与广州交响乐团、广州市工人合唱团，共同演奏中国与泰国的民族乐曲。随朱拉蓬公主来访的泰国艺术团与广东歌舞剧院同台展示两国优秀舞蹈作品。广东省副省长万庆良会见、宴请泰国朱拉蓬公主一行，并出席观看晚会演出。朱拉蓬公主、泰国驻华大使馆、驻穗总领馆及文化部，对广东的工作安排表示高度赞扬。

【官方文化往来及领馆活动】

2009年8月，应泰国驻广州总领事馆邀请，广东省文化厅副厅长景李虎赴泰国进行文化交流，考察文化设施，并探讨中泰文化交流事宜。10月，应法国驻广州总领事馆邀请，广东省文化厅副厅长杜佐祥赴法国进行文化考察，并与法国文化部门专业人士会面交流。是年，我省接待"阿拉伯国家文化艺术人才培养高级研修班"、尼泊尔政府文化代表团、英国博物馆代表团等。广东省文化厅多次协助各国驻穗总领事馆举办演出、展览文化活动，涉及加拿大、英国、澳大利亚、印度、法国、意大利、韩国等9个国家13个项目。

八、文博工作

【文物普查】

2009年是广东文物普查田野实地调查工作关键年。全省共调查和复查文物点约37000处，其中新发现26000多处，均居全国前列。全省一线普查队员共1100多人，普查工作到达率和调查水平较高，对重要发现和特色文物有概括性介绍，对消失的不可移动文物点和没有发现文物点有情况解释。各级政府投入经费7400多万元，位列全国第二。

【文物安全防范和执法督查】

2009年，广东相继发生多起文物安全事故。5月，广东省专门开展打击与防范文物犯罪和文物消防工作，贯彻国家文物局文物行政执法与安全监管情况公告制度，发出《关于进一步加强文物安全工作的通知》，就文物安全事故进行了通报。通过文物安全检查，对存在的文物安全隐患进行及时整改，全省各级文物保护单位、世界文化遗产地、各文博单位、考古发掘工地和文物保护工程维修工地，进一步完善防火、防盗、防坍塌等安全措施，提高安全防范和应对事故的能力，安全意识和忧患意识得到加强。

【提升文物保护层级】

2009年，广东省启动第六批省级文物保护单位评估和第七批全国重点文物保护单位评审、推荐工作。省文化厅分别向省政府和国家文物局推荐第六批广东省文物保护单位49处，第七批全国重点文物保护单位的推荐单位44处；会同省建设厅共同评审推荐第五批中国历史文化名镇4个、名村6个；会同省建设厅公布第二批广东省历史文化名镇7个、名村15个、历史文化街区8个。

【考古调查与发掘】

2009年，省文化厅组织全省考古资质单位完成配合基础建设工程中的考古调查、勘探项目22个，调查路线累计954公里，调查、勘探面积约309.6万平方米。8月18日～9月27日，"南海I号"试掘工作在广东海上丝绸之路博物馆内展开，广东省委书记汪洋及部分省领导视察了工地现场。此次试掘，使用三维激光测绘技术，实时高精度记录各探方的发掘资料并建立已揭露船体的三维数字模型，基本探摸清沉船在沉箱中的位置和保存状况。出水各类文物247件，包括景德镇窑、德化窑、龙泉窑、磁灶窑和义窑的产品。试掘期间，中央电视台等多家媒体进行了现场直播和专题报道，社会反响强烈。

【文物宣传与出版工作】

2009年，省文化厅编辑出版《广东文物》、《文物保护法律法规宣传册》、《中国文物60年（广东卷）》、《广东文物考古30年》等。据不完全统计，全年共向国家文物局主办网站、报刊报送各类稿件、简报等120多篇，在广东文物网上发布文物工作信息近200篇，高效展示广东省各地文博工作情况和信息动态，促进行业信息交流，广泛宣传文化遗产保护政策。

【文物工作获奖】

2009年，广东省文物、博物馆工作获得多项国家奖项。"南海I号"整体打捞及文物保护项目获得中国航海学会科技进步一等奖及文化部创新奖；台山新村沙丘遗址发掘项目获得2007～2008年度国家文物局田野考古一等奖；深圳博物馆的"深圳改革开放史"展览荣获全国博物馆"十大"陈列展览精品奖；佛山市高明区被评为全国文物工作先进县；广东省代表队参加新中国成立60周年全国文化遗产保护宣传讲解大赛获得团体二等奖，个人特别奖1个、二等奖1个、三等奖3个、优秀奖1个。

九、博物馆

【积极实施文物博物馆惠民工程】

2009年，广东省具备免费开放条件、符合免费开放要求的博物馆、纪念馆已全部免费开放，总数达133家，在全国名列前茅。免费开放后各馆人数均有大幅增加，免费参观的人数达1700万人次。通过推进博物馆信息化建设、加强安全防范和规范管理、服务创优、内容创新等手段，让人民群众共享免费开放的实惠。

【广东省流动博物馆】

截至2009年底，"广东省流动博物馆"已发展成员单位70个，举办展览150余场，吸引观众440万人次。自启动以来，深受基层博物馆和当地人民群众广泛欢迎，加强多边展览交流，发挥传承历史文化和精神文明建设的独特作用。

【新中国成立60周年系列活动异彩纷呈】

国庆期间，广东省举办多场国庆特展。"羊城新生——纪念广州解放60周年展"、"巫与神的世界——三星堆金沙珍宝展"、"中国历代绘画精萃展"、"历史的丰碑、永恒的经典——庆祝新中国成立60周年暨多党合作制度确立60周年经典图片展”等。

【5·18国际博物馆日】

2009年“5·18国际博物馆日”期间，省文化厅组织开展粤港澳文博交流活动和各类展览、讲演、比赛、鉴定等活动。5月19日，省文化厅、东莞市文化局在虎门镇海战博物馆广场举行“走进东莞文明”系列活动，开展一系列知识性、趣味性强的互动游戏、特色表演等，吸引粤港澳三地近50家博物馆现场宣传推介，部队、企业、学校、社区等千余人参与，多家媒体跟踪报道，取得良好的社会效果。

广西壮族自治区

2009年，广西壮族自治区文化系统在中共广西壮族自治区党委、自治区人民政府的正确领导下，全面贯彻党的十七大和十七届三中、四中全会精神及广西壮族自治区党委九届六次、十次会议精神，深入学习实践科学发展观，按照高举旗帜、围绕大局、服务人民、改革创新的总体要求，围绕贯彻落实胡锦涛总书记关于“保增长、保民生、保稳定，保持广西发展良好势头”的指示精神，以文化惠民为己任，改革创新，共克时艰，开创了文化工作新局面。

一、公共文化服务供给能力日渐提高

加强公共文化网络设施建设，建立公共文化服务保障运行机制，健全公共文化服务体系，提高公共文化服务水平。根据实际，制定了以边境县县级文化基础设施建设、边境县乡镇综合文化站设备购置、广西边境行政村文化室建设、边境县流动舞台车、骆越文化建设等广西边境地区文化建设项目。加强乡镇文化站管理工作，在全区选择14个乡镇文化站作为自治区乡镇综合文化站管理办法试点，还在14个设区市举办学习落实文化部乡镇综合文化站管理办法培训班，培训全区所有文化站站长和分管文化工作的副乡（镇）长。启动了上海世博会广西活动周四台节目演出活动筹备工作。全区有自治区博物馆、百色起义纪念馆等36家公共博物馆和纪念馆向社会免费开放。组织开展第四次县级以上公共图书馆评估。举办的第15届“八桂群星奖”精彩纷呈，在选送的88个文艺节目中评出55个节目参加在南宁的决赛，并选出节目参加全国群星奖比赛。评出全区小康文化示范户99户、全区优秀村屯文艺队40个，培育了一批优秀文艺团队。河池市金铜鼓艺术团受邀参加2009年中国教育电视台春节联欢晚会。群众文化活动丰富多彩，南宁的绿城歌台、桂林的漓江之声、央视激情广场走进临桂、钦州的快乐周末等广场文化活动红红火火、精彩纷呈。积极开展送书下乡、送戏下乡等文化惠民活动，把国家配送价值100万元的87978册图书送到5个国贫县、62乡镇，送戏下乡慰问演出1100场。来宾市率先实施以“求乐、求技、求知”为主要内容的文化惠民工程，引起广泛关注。按照文化先进县评比标准对已获广西文化先进县的36个县进行复评，昭平县、鹿寨县被评为全国文化先进县。柳州市文化局和自治区图书馆、木偶剧团以及藤县文化局获全国文化系统先进集体；南宁市文化局陈晓玲、自治区艺术学校潘世明、自治区桂剧团龙倩、桂林市艺术研究所杨戈平、博白县杂技团苏伟、贺州市平桂管理区沙田镇综合文化站蒋仕宽、陆川县文化馆李德禄获全国文化系统先进工作者。投资7498万元建成2007～2008年国家下达广西212个乡镇综合文化站；投资2945万元改造维修了部分区直剧团排练场所和广西壮族自治区群众艺术馆、博物馆、图书馆业务用房以及南宁剧场；投资5879万元为广西文化信息资源共享工程45个县级支中心、499个乡镇基层点、783个村级基层点配备设备，并进行安装调试。举办广西文化致富工程专题培训班，培训全区1100多个乡镇的副乡（镇）长、综合文化站长和文化致富工程试点的村委支书、村主任以及2008年农村小康示范户所在村委的支书和主任2800人。广西铜鼓博物馆、美术馆、文化艺术中心建设正式启动。防城港市图书馆、文化艺术中心、市博物馆和桂林市图书馆、博物馆、大剧院及贵港市图书馆、博物馆等一批项目开工建设，建成凌云县、乐业县、平果县文化中心；浦北县新图书馆、文化馆投入使用。

二、文化艺术创作生产演出日臻繁荣发展

2009年3月7～10日在象州县召开了全自治区舞蹈编导创作研讨会，有70余名舞蹈编导出席了研讨会，特邀了文化部艺术司原司长于平做了专题讲座。着力打造广西气派舞台艺术精品，涌

现了一批优秀剧目。大型舞剧《碧海丝路》荣获第11届精神文明建设"五个一工程"奖；音乐剧《桂花雨》赴京参加庆祝中华人民共和国成立60周年献礼演出，并滚动进入2008～2009年度国家舞台艺术精品工程（二期）剧目；桂剧《欧阳予倩》参加第三届全国地方戏优秀剧目南北片展演获三等奖；壮族歌剧《壮锦》获中国戏剧节剧目奖；群舞《迁徙记忆——腊染》、双人舞《历程》分获第八届全国舞蹈比赛表演奖、优秀奖。舞蹈《铜鼓敲出壮乡情》参与庆祝新中国成立60周年大型音乐舞蹈史诗《复兴之路》演出获得好评。大力实施本土名星培养计划，推出了一批文艺人才。第七届广西戏剧展览精彩纷呈。剧展由文化厅独办改为和广西壮族自治区文学艺术界联合会、广西电视台联办。第七届广西剧展小戏小品展演于4月23～28日在南宁举行，共展演了9场51个剧目，有300多名演员参加；第七届广西剧展大型剧目展演于9月在南宁市举行，有《碧海丝路》、《桂花雨》、《御赐玉棋》、《欧阳予倩》、《壮锦》、《白头叶猴》、《天上的恋曲》、《山水桂林》、《灵渠长歌》、《谷魂》、《小雪猫与独耳鼠》、《哎呀，我的小冤家》、《金凤凰》、《西江龙母》、《目连救母》等15台大戏参加。剧展共有47个剧目获奖，一批剧目获单项奖；自治区副主席李康和自治区文化厅余益中厅长、自治区文学艺术界联合会主席潘琦等观看演出。第五届广西音乐舞蹈比赛更是盛况空前，有声乐、器乐、舞蹈等271个节目参赛，评选144个节目在南宁进行总决赛，总参演人数1400余人，有101个节目获奖。剧展和比赛成为全区广大文化工作者向祖国献礼的平台，推出了一批新人，丰富了群众生活。围绕国家和自治区的中心工作以及重点工作，一批重大文化活动成功举办。出色完成广西"国庆彩车"设计制作游行任务，获首都国庆60周年群众游行指挥部颁发的最佳设计奖、创新奖。自治区文化厅和自治区群众艺术馆获首都国庆60周年群众游行优秀组织单位奖，参与彩车设计、制作的廖昆铭等4人获首都国庆60周年群众游行指挥部专家组成员突出贡献奖。9月29日，广西庆祝中华人民共和国成立60周年大型歌舞音画《五星红旗》在南宁人大会堂成功举办，自治区党委书记郭声琨和自治区主席马飚等自治区四大班子领导与全区各界代表观看了演出。纪念百色起义、龙州起义80周年文艺晚会于12月11日晚在百色市成功，晚会由解放军总政歌舞团与广西自治区文艺团体共同演出。还成功的举办了第五届泛珠三角区域合作与发展论坛暨经贸洽谈会开幕式文艺演出、自治区纪念地方人大常委会设立30周年文艺晚会、"爱国歌曲大家唱"、"保增长、迎国庆、送欢乐"6000亿元全区全社会固定资产投资项目等一系列重大文化演出活动。

三、文化遗产保护工作日趋深化

第三次全国文物普查野外调查工作扎实推进。到2009年12月完成全区第三次文物普查实地调查，顺利完成文物普查第二阶段任务。至2009年12月31日，全区累计到位文物普查经费1751.01万元（不含中央财政补助经费），各级普查机构一线普查人员投入1015人；按乡镇计，全境普查启动率为99.9%，共有99个县级行政区域完成实地文物调查，全境普查完成率为98.8%，调查登记不可移动文物11491处，其中新发现6140处，复查5351处，基本完成田野调查任务。全年自治区文物收藏单位共采集35356件文物数据，采集15825件文物影像数据。《靖江王陵文物保护规划》获国家文物局批准，报自治区人民政府公布实施。广西连城要塞遗址及友谊关文物保护与展示规划编制工作顺利实施。完成广西民族博物馆建设收尾工程和露天展示园建设，于4月30日正式对外开放。广西民族生态博物馆1+10工程基本建成。完成宁明县花山岩画保护工程前期工作，完成《花山岩画保护规划》修改工作和平台地质勘探和加固设计、岩画本体开裂勘察以及加固材料研究试验、花山岩画第一期抢救性加固工程设计方案，完成岩画第一期保护工程脚手架设计和搭设，完成建立监测体系方案等工作。全年国家文物局下拨500万元，至2009年底共争取国家文物局拨款1300万元用于花山岩画保护工程。维修南宁市广西土改工作团部旧址等15处重点文物保护单位。对贵阳至广州高速铁路等20个项目建设用地进行考古，抢救和保护一大批文物。公布了79处第6批自治区文物保护单位，开展全区第7批全国重点文物保护单位推荐申报工作。全区有4个博物馆被评为国家二级博物馆、12个博物馆被评为国家三级博物馆。柳州博物馆"古生物化石展"获全国文物陈列精品最佳制作奖。广西获全国文化遗产保护宣传大赛团体三等奖。容县获全国文物工作先进县。广西共71位同志获得国家文物局颁发的从事文物工作30年荣誉证书。自治区博物馆、广西文物考古研究所采取馆校结合方式，继续与广西师范大学合办考古与博物馆学硕士点，共建研究生实习基地，开拓培养高层次文博人才新领域。

全面完成非物质文化遗产普查工作。本次非物质文化遗产普查共举办各类培训班525个、参训学员16081人（次），广西文化系统共投入普查人员3517人、社会各界参与28668人，召开普查座谈会1207次、参与人数23587人，走访传承人19958人，文字记录6745.09万字，拍摄照片72980张，录音1440.63小时，摄像5150小时，收集实物3296件，汇集资源线索131502条，编印普查资料汇编350册，基本摸清了家底。积极推动广西铜鼓习俗申报联合国急需保护的非物质文化遗产名录，组织完成了中英文申报文本制作、专题片摄制、解说词编撰等相关材料的准备工作，于8月上报文化部；有序推进红水河流域铜鼓文化生态保护试验区申报国家级工作。2月9～24日，组织侗族木构建筑技艺和钦州坭兴陶两个项目参加文化部在北京农业展览馆举办的中国非物质文化遗产传统技艺大展。会同自治区民委制定了《广西赴京参加全国少数民族非物质文化遗产音乐舞蹈类调演实施方案》。积极建设桂剧、壮剧、侗族木构建筑营造技艺等传承基地和毛南族肥套、瑶族服饰贺州、广西民歌研究、广西非物质文化遗产传承等展示中心建设。在第四个文化遗产日前后，举行了广西第二届歌王大赛、广西非物质文化遗产摄影展、古壮文古籍文献讲座、骆越文化专题讲座、地方戏曲专场展演和“南宁、桂林、崇左、百色、贵港五市普查成果展”以及广西民族文化网开通仪式等7个主题活动。命名78名同志为第二批自治区级非物质文化遗产项目代表性传承人，全区有黄达佳、温桂元、洪琪、李人并、罗周文5名同志入选第三批国家级非物质文化遗产项目代表性传承人，三江县侗族木构建筑营造技艺国家级传承人杨似玉被人事部、文化部评为全国非物质文化遗产先进工作者，田林县北路壮剧传承人闭克坚、三江县文体局杨永和、百色市文化局潘泰新3人被文化部评为非物质文化遗产保护工作先进个人。贺州市八步区文化馆被文化部评为非物质文化遗产保护工作先进集体。随着《广西壮族自治区人民政府关于公布第一批全区珍贵古籍名录和第一批全区古籍重点保护单位名单的通知》（桂政发〔2009〕64号）下发，共有155部古籍入选第一批广西壮族自治区珍贵古籍名录，命名广西壮族自治区图书馆、博物馆和桂林图书馆、柳州市图书馆、广西师范大学图书馆、自治区少数民族古籍整理出版规划领导小组办公室等为第一批全区古籍重点保护单位。自治区图书馆、广西师范大学图书馆入选国务院公布的第二批全国古籍重点保护单位，45部古籍入选第二批国家珍贵古籍名录。广西非物质文化遗产精品展览获走进澳门。

四、现代文化市场体系建设不断完善，文化产业的整体实力和竞争力日渐壮大

2009年，共出动人员23.21万人次，检查文化经营单位24.86万家次，受理举报2321件，立案调查2410件，办结案件2203件，收缴非法音像制品56.58万盒（张），罚款554.07万元，没收违法财物30.54万件，责令整改4341家次，停业整顿369家次，取缔违规经营场所2321家，吊销文化经营许可证22家。从3月至6月，开展全自治区净化社会文化环境专项治理工作，制定了《广西壮族自治区文化厅贯彻落实〈中央办公厅、国务院办公厅关于进一步净化社会文化环境促进未成年人健康成长的若干意见〉的实施方案》，下发了《广西壮族自治区文化厅净化社会文化环境专项治理行动方案》，自治区文化厅余益中、李格训、唐正柱等领导同志带工作组分别到河池等12个设区市的几十个县乡检查调研文化市场行政执法并督促净化社会文化环境专项治理行动的落实情况。从7月1日至10月31日，开展了全区文化市场集中整治行动。还开展了动漫市场专项集中整治行动和互联网、手机媒体涉黄、低俗信息专项集中整治行动。投入专项建设经费30多万元建成自治区文化厅网络文化市场监管平台，10月31日实现与文化部全国网络文化市场计算机监管平台联通。开展全区文化市场综合执法机构改革调研活动。积极参与全区统一集中销毁侵权盗版音像制品和各类非法出版物活动及广西知识产权宣传周活动。精心组织了第九届新春文艺演出月活动。自治区文化厅文化市场获广西“扫黄打非”有功集体。

根据国家批准实施的《广西北部湾经济区发

展规划》，制订了广西文化系统文化产业发展行动计划(初稿)，并在南宁召开了全区文化产业工作会议上进行了研讨，该行动计划对全区文化系统文化产业的资源存量、发展现状、区域优势、存在问题、发展思路、目标措施等进行了分析和研究，特别将南宁国际民歌艺术节、北海艺术家村、防城港市的四大节庆、钦州坭兴陶以及桂林产业园区、百里柳江文化产业带、柳州动漫产业园等一批重点项目进行了规划布局。为落实国家文化产业振兴规划，根据自治区人民政府主要领导指示精神，自治区文化厅组织编制了广西文化产业发展规划，规划从发展基础和形势、指导思想和基本原则、总体目标和主要任务、政策保障措施等方面对广西在“十二五”时期加快发展文化产业作出了全面部署。实施重大项目带动战略卓有成效。启动了南宁动漫城、桂林文化产业园区建设。加快北海珍珠、北海贝雕、钦州坭兴陶、靖西绣球等项目建设。柳州蓝海科技有限公司年销售额达1.2亿元，哈虎网访问量在全国动漫专业网站中排名第三，《印象·刘三姐》2009年演出497多场、票房收入1.2亿元。自治区文化厅与文化部文化产业司、对外文化联络局于10月28至31日在南宁成功举办了2009中国—东盟文化产业论坛。参加本届论坛的有文化官员、专家学者、企业家代表等250人，其中国内代表45人、国外代表23人。围绕“文化产业与社会发展”主题，就金融危机给中国与东盟各国文化产业带来的机遇和挑战、民族文化遗产的传承保护与产业开发、奥林匹克与文化产业、大型实景演艺的特点及效果评价、创意与城市发展、中国—东盟自由贸易区框架下文化产业的合作进行了大会主题发言、文化产业战略互动对话、专题晚会、项目考察等。此前，委托上海社会科学院文化产业研究中心和广西自治区文化厅组成课题组对2006～2008年，3届中国—东盟文化产业论坛进行评估，形成了中国—东盟文化产业论坛评估报告，并于3月26日在北京举办了中国—东盟文化产业论坛评估报告论证会，邀国内的7位文化产业专家学者对该评估报告进行了评议和论证，并就论坛的举办提出意见和建议，文化部产业司刘玉珠司长、李小磊副司长和广西自治区文化厅余益中厅长、李格训副厅长等出席了会议。圆满完成了第五届中国（深圳）国际文化产业博览交易会的参会参展工作，自治区李康副主席率团全程参加了本届文博会，广西共推出了11个招商引资项目、发放项目册2000册，舞剧《碧海丝路》应邀在本届文博会连演两场。完成了首届中国宁夏国际文化艺术旅游博览会的参会参展工作，自治区陈章良副主席率团参加了这次博览会，自治区民委、广电局、旅游局以及各市代表共约50名成员参加，重点宣传了广西21个国家、自治区级文化产业示范基地。完成第四届中国（北京）国际文化创意产业博览会的参会参展工作，广西壮族自治区文化厅唐正柱副厅长率团参加了本届文博会。

五、对外和对港澳台文化交流日见活跃

积极配合国家文化外交大局，着力提高文化对外文化交流能力。2009年，对外文化交流50多起，1220人次，涉及韩国、澳大利亚、新西兰、中国台湾等十多个国家和地区，涵盖演出、展览、文博交流等活动领域，对外商业演出7起，演出269场。民族博物馆举办有东盟国家博物馆参加的“博物馆藏品与人力资源交流与合作学术研讨会”，举办了印度尼西亚国家博物馆文物精品展；自治区博物馆举办了越南出水陶瓷展，并和广西文物考古研究所合作与越南国家博物馆合作出版《越南出水瓷》专著，正编辑出版《越南铜鼓》；广西文物考古研究所与越南考古研究院举办了广西—越南考古工作交流会，与越南、老挝签订合作发掘古文化遗址的协议，将于2010年赴老挝发掘。1月23日至2月4日，受文化部的委派，自治区文化厅抽调自治区歌舞剧院、杂技团、木偶剧团的部分演职人员，组成了以李格训副厅长为团长的中国广西壮族自治区艺术代表团，参加了在泰国海滨城市芭堤雅、首都曼谷、南部城市合艾和旅游胜地普吉岛等地举办的为期13天的泰国“2009中国春节文化活动”，挑选了广西原生态民歌《壮乡美》、壮族群舞《甜蜜蜜》等20个节目，为泰国观众奉献了14场精彩演出表演，刮起一股广西旋风，引领泰国观众踏上了壮乡之旅。1月25日下午，泰国总理阿披实、副总理素贴、泰国旅游和体育部长春蓬、曼谷市长素坤潘等政府高级官员，以及以文化部副部长赵少华为团长的中国政府文化代表团参加了“2009中国春节文化活动”开幕式，泰国诗琳通公主亲自主持泰国

2009中国春节文化活动开幕仪式，并专门观看了中国代表团的2个节目，广西艺术代表团表演的苗族女子群舞《银落舞》是其中之一。此次活动，文化部组派了165人的强大演出阵容，除广西艺术团69人外，还有海南、山东、安徽、吉林、内蒙古、黑龙江六省区的艺术团同时前往泰国参加。5月13～20日，应越南文化体育旅游部和越南国家历史博物馆的邀请，以自治区副厅长陈映红为团长的广西文化代表团先后考察了越南著名的历史文化遗址、国家历史博物馆等，考察期间广西壮族自治区博物馆和越南国家历史博物馆签署了《越南国家历史博物馆和广西壮族自治区博物馆未来五年合作意向书》。9月29日，应中国驻越南使馆的邀请，自治区文化厅派出了广西民乐小组一行9人，赴越南河内参加中国驻越南使馆国庆招待会和中越双方合办的“今日中国”图片展开幕式文艺演出。7月23～30日，组成了以自治区文化厅副巡视员马红英为团长的广西刘三姐艺术团一行40人，携歌舞剧《刘三姐》赴马来西亚进行文化交流活动。马来西亚上议员、新闻通讯、艺术及文化部副部长王赛芝女士亲临现场观看演出，并于7月24日接见了艺术团主要成员，马来西亚主流媒体对本次交流活动做了专题报道。防城港市充分利用与越南接壤的区位优势，创造性的开展了如组织龙舟赛中越文化艺术交流文艺演出、中国—东盟港口青年联谊晚会、中越边境（东盟兴—芒街）商贸·旅游博览会文艺晚会暨焰火晚会、京族哈节等一系列中越文化交流活动。4月19日～5月18日，自治区木偶剧团与香港明日教育机构、美国美宝矿艺术团合作，排演了木偶剧《反斗兔智斗聪明猴》，在香港牛池湾文艺中心剧院、上环文娱中心共成功演出10场。据全统计，2009年广西赴香港演出项目总数14个，演职员375人。赴澳门项目总数1个，演职员50人。演出内容涉及广西民族歌舞、粤曲演唱、杂技、木偶戏等多个门类。5月21～30日，以自治区文化厅厅长余益中为团长的广西刘三姐艺术团赴台湾进行文化艺术交流演出活动，5月23日、28日晚分别在台北中山纪念馆和高雄劳工育乐中心进行了演出，带去了广西经典剧目《刘三姐》，签署了“桂台文化交流备忘录”等合作协议，达成广西经典剧目在台商演意向。11月12～14日，组织“广西非物质文化遗产精品展”赴澳门展出，受到观众的一致好评，被组委会授予“最佳展台设计奖”。

六、以党风政风建设为重点，文化体制改革稳步推进，人才队伍和法制建设等各项工作齐头并进

大力加强党的建设，落实党风廉政责任制。深入学习贯彻党的十七届四中全会精神，坚持固本强基，狠抓理论学习，注重活动创新，深入开展学习实践科学发展观活动和党组织服务年活动，建设学习型党组织、学习型领导班子和学习型机关，理论联系实际，深入调查研究，着力提高用中国特色社会主义理论体系武装头脑、指导工作，党员干部的思想政治水平有了新提高，基层党组织建设有了新加强。党风廉政建设责任制得到落实和《自治区文化厅关于贯彻落实建立健全惩治和预防腐败体系2008～2012年工作规划的工作方案》得到实施。加强廉政文化建设，开展形式多样的廉政文化宣传教育活动。

文化体制改革稳步推进。围绕探索国有艺术院团体制改革途径，探索以调整艺术院团布局结构来推进国有艺术院团体制改革，组织论证了自治区壮剧团、自治区彩调剧团、自治区桂剧团组建广西地方戏曲剧院的可行性方案。自治区演出公司和广西音像出版社转企改制工作进一步推进，改制方案已上报自治区人民政府审批。修改了《广西壮族自治区直属剧团演出效益奖励专项资金的管理办法》。结合事业单位岗位设置、岗位聘用制定，进一步深化了公益性文化事业单位劳动、人事、收入分配3项改革，完成了广西壮族自治区文化厅文化事业单位岗位设置方案和自治区本级电影行政管理职能划转。

积极实施“人才兴文”战略。大力加强干部队伍和文化人才队伍建设，加强人才推荐和选拔工作，积极推进文化专业人才队伍建设，文化干部队伍建设得到加强。广西文化艺术创作人才小高地成功申报为自治区级人才小高地。建立了广西文化干部教育培训基地。完成了区直文化系统文化事业单位岗位设置方案。举办了全区文化系统处级干部培训班、基层文化站站长首期培训班、文化市场行政执法、设区市文博管理干部和全国重点文物保护管理单位负责人、青年演员表演技巧等各门类培训班18个，参加培训人员约800人次。自治区文化厅所辖的自治区艺术学校进入了国家级重点中等职业学校行列。成功举办了中国艺术职业教育协会第23届年会。自治区文化厅机关年中调整和充实了一批中层干部，新上任的同志干劲实足，在较短时间内打开了工作的新局面。

文化法制建设取得可喜进展。经有关部门批准，9月自治区文化厅成立了法制办公室，由一名正处级干部兼主任。会同自治区人大常委会开展《广西壮族自治区民族民间传统文化保护条例》执法检查。对全区（含市县）47项（行政许可30项、非行政许可17项）行政审批项目重新进行了清理。编制了自治区文化行政审批规范指南，重新调整和修改补充的操作规范和流程图共有30个行政许可项目、17个非行政许可项目，对每个项目都规定了承诺办结时限，承诺办结时限平均为法定期限的55%。全年共办理审批项目和非许可项目60件，均在承诺期限内办结，平均提速70%以上，在政务中心运行情况统计中连续获效能排行榜第一名单位之一，得到100%非常满意的好评价。组织了全区文化市场行政执法绩效考评及全区文化市场交叉大检查活动，派出5个交叉检评组对全区约40个市、县进行文化市场管理执法检查及评比。对南宁市鑫洪网吧不服南宁市文化局作出吊销其"网络文化经营许可证"处罚事例，经自治区文化厅调查审议后，作出维持被申请人给予申请人吊销"网络文化经营许可证"的处罚，全年全区尚未发生有关文化行政许可、行政处罚等行政诉讼的败诉案件。清理规范性文件17件。自治区文化厅机关有17位同志参加了行政执法培训班，并获得了广西壮族自治区行政执法证。2009年区直文化系统参加普法考试1474人、实际参考1457人、因病或者因出差缺考17人、参考率为99%、及格率100%。大力开展文化法制宣传活动，发放各种文化法制宣传资料10万份。5月，印发了《广西壮族自治区文化厅政府信息公开实施办法（试行）》，指导自治区图书馆设置政府信息查阅场所，在自治区图书馆门户网站设置"政府信息公开查询平台"专栏，自治区文化厅在自治区政府门户网站共发布政务信息69条。启动了广西壮族自治区文化建设"十二五"规划编制思路课题研究。

海南省

一、公共文化设施工程建设

2009年加快海南省文化公园重点项目建设，省歌舞剧院，已完成主体结构工程，将于2010年交付使用，届时，将结束海南建省20多年来无大型专业剧场的历史；市民文化广场完成修改设计论证，在抓紧进行施工。省博物馆二期（南海馆）项目启动了前期建设工作，它的功能定位是展示南海海洋历史和权益、强化国民海洋意识、提供科普教育和展示高品位书画的重要平台。

全省规划建设乡镇综合文化站204个，已建成188个，占全部项目的92.2%；在建两个，筹建14个，占全部项目的7.8%。

文化信息资源共享工程完成了20个县级支中心建设，覆盖率达100%；在建的有119个乡镇基层服务点和1200个行政村基层服务点。

二、专业文艺

【文艺创作】

抓好文艺精品剧目的创作。海南省重点文化艺术项目—现代琼剧《下南洋》，由省琼剧院完成了创作排演，公演后广受欢迎，得到专家和有关方面的好评，并荣获多项国家奖项。该剧晋京参加"向祖国汇报—庆祝中华人民共和国成立60周年献礼演出"，得到刘云山、孙家正等中央领导和戏剧专家的高度赞誉。

省歌舞团、省民族歌舞团等深入基层、农村采风创作，创作、整理了一批民间民族舞蹈作品和原生态民间歌曲等。荣获多项大奖的大型原创民族舞剧《黄道婆》，经过修改排练，艺术水准得到新的提升，重排演出获得了成功。

为保护、传承、发展琼剧艺术，缓解琼剧剧本紧缺、质量不高的问题，2009年初，省委、省政府宣传文化部门联合向全国开展征集戏曲剧本活动，得到各地剧作者的大力支持，共征集到来自全国各地（包括香港和台湾地区）的剧本89部。包括现代题材作品44部、古装（历史）题材作品45部，其中，符合参评的作品76部。

【重要活动演出】

海南省主要文艺院团等单位积极举办和参加

有关重要活动的演出，主要有：

2009年2月22日，省民族歌舞团、海口市艺术团在海口为参加"海峡两岸暨港澳地区艺术论坛"的两岸四地百余位知名文艺学者和专家演出了被誉为"海南文化名片"的大型黎族歌舞诗《达达瑟》，受到与会者的热烈欢迎和高度赞誉。3月，在全国"两会"期间，省歌舞团赴京为参加第11届全国人大二次会议的六省区代表团演出大型原创民族舞剧《黄道婆》。3月27日，由省慈善总会主办，省委宣传部、省文体厅和省民政厅协办的庆祝海南省慈善总会成立"大爱·海南"大型文艺晚会在海口市举行。省歌舞团、省文化艺术学校与总政歌舞团、广州军区政治部战士文工团等单位的300多名演员同台演出。9月15～21日，省委宣传部、省文体厅和海口市政府联合举办"海南省庆祝新中国成立60周年琼剧惠民演出活动"。省、市琼剧院团免费为市民和优抚对象等演出了近年来创作的优秀剧目，受到观众的热烈欢迎。

此外，举办"2009中国旅游年"生态主题专场文艺晚会、"颂祖国赞三亚"非物资文化遗产广场文化晚会，为参加2009年博鳌亚洲论坛年会的中外嘉宾举行演出，以及参加有关大型国际会展的文艺演出活动等。

【基层演出】

省各文艺院团等深入基层、农村开展演出活动。海南省歌舞团先后到澄迈、琼海等市县（驻军部队）演出歌舞节目45场，观众近10万人次；海南省民族歌舞团先后在三亚、万宁、五指山市等9个市县农村、部队巡回演出62场，观众近14万人次；海南省琼剧院赴海口、文昌、琼海等7个市县为农民群众演出103多场，观众45万人次。

【文艺评奖】

由省委宣传部、省文体厅、省琼剧基金会联合出品，省琼剧院创作演出的海南省重点文化项目——现代琼剧《下南洋》，参加第三届全国地方戏优秀剧目展演，荣获二等奖；参加第11届中国戏剧节，荣获优秀剧目奖。

省文化艺术学校学生陈虹、韩裕畴分别荣获第五届"德艺双馨"中国文艺展示活动舞蹈比赛金奖，第四届中国青少年艺术节美声少年组比赛银奖。

三、文化交流活动

2009年，根据新的情况新的要求，积极开展对外文化交流活动，对外文化交流取得了新的成绩。全年开展文化交流活动项目共101项、849人次，其中，出访台港、东南亚、北美等国家和地区文化交流项目8项，334人次；国外及台港地区的演艺人员、专家来访海南省文化交流项目93项，515人次。举办海峡两岸暨港澳地区艺术论坛，两岸四地绘画摄影联展等文化会展活动。

【对外文化交流】

2009年，海南省文化艺术团组等赴中国香港、中国台湾、新加坡、美国等国家和地区进行文化交流演出活动。1月22日～2月4日，应泰国旅游体育部、曼谷市政府邀请，海口市艺术团一行随文化部组团赴泰参加"2009中国春节文化活动"，给泰国观众带去了《天堂海南岛》、《永远的邀请》等有浓郁海南地方特色和民族风情的精彩文艺节目，获得泰国观众的热情赞扬。6月11～21日，省琼剧院应美国南加州海南会馆邀请赴美南加州进行"亲情中华行"访问演出活动，受到海外乡亲的热烈欢迎。8月3～10日，应台北文山合唱团、新店市妇女合唱团邀请，海南爱乐女子合唱团一行98人赴台进行交流演出及考察活动。9月25日～10月6日，为配合香港各界庆祝新中国成立60周年和欢度中秋佳节，应香港联艺机构邀请，省民族歌舞团一行赴香港深入部分社区进行文艺演出，受到香港观众的热情欢迎和称赞。9月27日～10月4日，为庆祝新中国成立60周年暨香港旅港海南同乡会第20届董事会就职，省琼剧院二团应邀参加由旅港海南同乡会主办的第一届香港海南文化节琼剧汇演。10月24日～11月2日，应新加坡海南会馆邀请，海南省琼剧院组团赴新加坡演出大型琼剧剧目。10月25～31日，海南博物馆应新加坡海南会馆邀请赴新加坡参加第二届海南文化节征集华侨文物活动。12月16～18日，海南省民族歌舞团随三亚市旅游委员会组团赴香港参加三亚旅游促销活动演出等。

年内，奥地利、西班牙、俄罗斯、美国、巴西、哥伦比亚、日本、韩国、菲律宾、马来西亚、中国台湾、中国香港等10多个国家和地区的艺术家、演艺团队等来我省进行文化艺术交流演出活动。4月1～4日，奥地利钢琴大师瓦尔特·葛罗本拜尔格应海南省国际文化交流协会邀请来我省举办讲座并进行合作交流。11月13～19日，日本著名吉他大师铃木严先生、歌唱家张珺女士应海南省国际文化交流协会邀请来我省进行文化交流。11月16～23日，奥地利宫堡茨克尔合唱团应海口市政府邀请，参加首届中国南方（海口）合唱艺术周演出。12月30日，韩国、美国、中国香港、中国台湾地区的演艺人员，应海航集团等邀请，参加欢乐中国行·新跨越·新梦想晚会演出。

【海峡两岸暨港澳地区艺术论坛】

由中国文学艺术界联合会和海南省人民政府主办的“海峡两岸暨港澳地区艺术论坛”于2009年2月23日在海口开幕。论坛为期4天。全国政协副主席、中国文联主席孙家正致贺信。中国文联副主席冯远、杨志今，海南省委常委周文彰，海南省副省长林方略，国台办交流局局长戴肖峰，海南省文联主席韩少功，以及两岸四地在文化艺术领域具有影响的专家、学者、评论家及管理者100多人出席了论坛。本次论坛旨在探索当代中华艺术的发展规律、发展战略和价值取向等，探讨更好地推动不同地域中华艺术的相互影响，促进不同地域艺术群体和艺术门类的相互交融。

【两岸四地绘画摄影联展】

“两岸四地当代绘画联展”和“海之情——两岸四地摄影联展”于2009年2月23～28日在海南省博物馆举行。两岸四地当代绘画联展汇集了两岸四地60余位知名美术家应邀创作的精品力作，涵盖了国画、版画、水彩等多个画种，集中展示了两岸四地美术家的艺术风貌和学术高度。两岸四地摄影联展以“海之情”为主题，100幅摄影作品从不同视角描绘海的魅力、运动和变化，赞美两岸四地同胞之间的似海深情。

四、社会文化

【海南省东西南北中广场文艺会演】

2009年9月13～17日，一年一度的海南省东西南北中广场文艺会演，分别在琼海、三亚、东方、澄迈、白沙5个市县举行。参赛节目有70个，经评比，共评出表演奖57个，其中琼海市代表队的舞蹈《远征》等12个节目获一等奖，东方市代表队的舞蹈《噢噢调》等26个节目获二等奖，陵水县代表队的女子群舞《跳碗舞》等19节目获三等奖；三亚市代表队的黎族舞蹈《筛筛筛》等26个节目获得创作奖；三亚市、东方市、白沙县、澄迈县、琼海市5个市县获得组织工作奖。

【迎国庆群众文艺系列活动】

为庆祝中华人民共和国成立60周年，表彰海南省第二届乡土文化节暨东西南北中广场文艺会演获奖单位，推动群众文艺活动的开展，省委宣传部、省文体厅、中共海口市委、海口市人民政府联合举办庆祝中华人民共和国成立60周年群众文化系列活动。2009年9月30日活动开幕式在海口市举行。省委书记卫留成，省长罗保铭，省政协主席钟文，省委常委、海口市委书记陈辞，省委常委、秘书长许俊等省领导，省、市宣传文化部门负责人和海口市四套领导班子成员出席了开幕式。在开幕式上，对获得表演奖、创作奖和组织奖的单位进行了颁奖表彰；获奖节目在开幕式上分别做了精彩的汇报表演。省、市领导和3000多名群众观看了演出。

【群艺大舞台——西沙行】

为让群众文艺活动走进边疆海岛，慰问驻岛部队和单位，省群众艺术馆参与组织“群艺大舞台——西沙行”活动。2009年5月21日，“群艺大舞台——西沙行”一行赴西沙永兴岛慰问驻岛官兵及西沙工委工作人员。省武警文工团带去的精彩节目和西沙工委的工作人员及家属自导自演的节目一起同台表演，节目丰富多彩，军民互动联欢。

【文化信息资源共享工程】

2009年，文化信息资源共享工程完成了20个县级支中心建设，覆盖率达100%；在建的有119个乡镇基层服务点和1200个行政村基层服务点。向国家申报的海南旅游文化专题资源库、热带资源专题数据库、海南省非物质文化遗产保护专题资源库、黎族文化专题资源库、琼剧专题资源库、三亚市重大赛事活动专题数据库6个海南省地方资源建设项目第一期成果已挂网试运行。

【非物质文化遗产保护】

完成“黎族纺织染绣技艺”申报世界非物质文化遗产的各项工作。2009年9月28日至10月2日，联合国教科文组织在阿联酋阿布扎比召开的保护非物质文化遗产政府间委员会议上，正式批准“黎族传统纺染织绣技艺”进入联合国教科文组织首批设立的《急需保护的非物质文化遗产名录》。

2009年，有5人被文化部命名为国家级第三批非物质文化遗产项目代表性传承人，他们是：“黎族民歌”传承人王女不大；“琼剧”传承人王英蓉、陈育明；“黎族传统纺染织绣技艺”传承人刘香兰；“黎族树皮布制作技艺”传承人黄运英。

完成海南省第三批非物质文化遗产项目申报、评审工作，省政府公布了第三批省级非物质文化遗产项目31项，第一批省级非物质文化遗产扩展名录两项和第二批省级非物质文化遗产扩展名录两项。至此，海南省级非物质文化遗产名录共80项，8项扩展项目。

完成非物质文化遗产普查验收工作。海南省从2006年开始全面开展非物质文化遗产普查工作，基本掌握了全省非物质文化遗产的家底，普查记录的非物质文化资源项目共计25710项。

【历史文化遗产评选】

2009年6月，在首届“中国历史文化名街”评选中，海口骑楼老街以其现今国内骑楼建筑保留规模最大、保存基本完好、极富中西特色、充满南洋建筑风情，获评首批十大“中国历史文化名街”称号。经文化部专家评审，海南省申报的古籍名录《昌黎先生集四十卷外集十卷遗文一卷》，明徐氏东雅堂刻本，入选第二批《国家珍贵古籍名录》名单。该书由海南师范大学图书馆收藏。

【文化下乡】

2009年，全省送书下乡160万册，送戏下乡900场，送电影下乡8500多场。完成文化下乡工作任务。丰富了农村基层文化生活，促进了农村精神文明建设。

五、文博考古

【文物保护工作】

2009年6月，省政府公布了第二批省级文物保护单位，共有北礁沉船遗址、灵照墓、张岳崧故居、天涯海角石刻、符家宅等66处文物保护单位入选。至此，全省共有省级文物保护单位108处。根据国家文物局《关于开展第七批全国重点文物保护单位申报工作的通知》，全省共上报了申报项目22处。加强重点文物保护单位的安全防范和维护等工作，编制完成了海瑞墓、丘浚故居、中共琼崖第一次代表大会旧址等一批重点文物保护单位的安全防范、维修工程设计方案和保护规划，已通过了国家文物局的审核，在逐步予以实施。海口市历史文化名城保护规划和儋州东坡书院、海口五公祠等一批重点文物保护单位的保护规划或安全防范、维修工程设计方案已完成或在抓紧编制。

【考古和文物普查】

完成了对崖州古城文物明门、盛德堂等文物保护单位的考古调查与勘探。配合大型基本建设，省考古所先后对三亚珊瑚石墓群进行考古调查；对昌江核电厂工程建设用地、海南洋浦30万吨级原油码头及配套储运设施工程建设用地（包括海域）等进行考古调查与勘探。推动国家文物局南海水下考古中心建设，相关建设方案已报国家文物局。

全省各市县文物普查野外调查工作已完成80%。截至2009年底，全省共调查登录不可移动文物2737处，其中复查1066处、新发现1671处，消失不可移动文物121处。2009年5月10 ~ 29日，根据国务院关于开展第三次全国文物普查的要求，由海南省西南中沙办事处组织，对西沙永兴岛、东岛、浪花礁、玉琢礁和七连屿一带海域进行了水下文物普查，普查海域面积约7096平方公里，新发现11处重要的文物遗存。8月23日至9月10日，经对琼海、万宁、陵水、三亚、乐东、昌江、儋州等市县沿海进行水下文物普查，取得水下文化遗存线索46处，经调查确认沉船遗址（疑拟点）12处。沿海水下文物普查完成总工作量的80%。建设完成“海南三普数据库管理系统”、“海南文物古迹浏览和古代城址三维仿真系统”。

【博物馆】

2009年，省博物馆、海口市博物馆、定安县博物馆、李硕勋烈士纪念亭等21家博物馆、纪念馆向社会免费开放，参观人次达150万人次以上。省博物馆在保证办好固定展览外，通过各种渠道，充分利用现有场地，与国家文物等部门和相关单位通力合作，举办了一系列丰富多彩的展览活动，如中国书画名家10人展、国家宝藏展、海南生态省建设10年成果展、“热血铸丰碑”庆祝海南解放60周年艺术展、至尊国礼——中华人民共和国国际礼品（海南）展、百年翰墨——纪念祝嘉诞辰110周年书法展、祝嘉书学院师生汇报展等。观众人数在100万人次以上。

六、文化市场管理

2009年，全省有文化经营场所3409家，其中音像制品经营单位507家，网吧1140家，图书批发、零售、出租店277家，歌舞娱乐场所505家，印刷厂296家，电子娱乐场所291家，演出经纪机构18个，营业性演出团体100个，营业性演出场所59家，其他娱乐场所216家，举办各类演出活动2万多场次。年内，加强文化市场管理，全省出动检查执法人员约2.8万人次，开展检查行动1.3万多次，检查文化市场经营场所、单位2.58万家（次），查缴没收各类非法书报刊、音像制品和其他印刷品等67.8万件，罚没款近120万元。停业整顿文化经营单位63家，取消经营资格35家，警告723次。受理举报516起，立案调查756起，移交案件58起，办结547起。

【娱乐市场】

2009年，根据文化部的统一部署，在实施卡拉OK内容管理服务系统试点建设的基础上，全省推进服务系统第二阶段建设工作，实现服务系统对全省全部卡拉OK场所的覆盖。推荐先进市县的经验做法，促进相互学习借鉴，推进本地区服务系统建设，同时，加强市场稽查，强化对卡拉OK场所经营内容的监管，依法查处违禁娱乐内容或歌曲点播系统与境外的曲库联接、侵犯知识产权等违规行为。

【出版物市场】

春节前后，省文化市场稽查总队组织力量加强市场检查执法，并联合各市县文化部门进行暗访查处，深入开展打击盗版音像制品和盗版教辅读物经营活动。相继捣毁了一批非法盗版、淫秽音像制品和教辅读物地下窝点。2009年7月13日，文化市场执法部门在海口琼山区查处一个贩卖盗版淫秽光盘的窝点，查获约8万张（盒）盗版淫秽光盘，这是近年来海南省查获的最大贩卖盗版淫秽光盘窝点。出版物市场整治工作取得良好的成效。

【网络文化市场】

一是加大网吧结构调整力度。一方面以文化部核定的《海南省2009年网吧总量布局规划方案》为指导，开展网吧审批工作。另一方面通过加大执法力度，对一批严重违规经营网吧予以吊销经营许可，以及通过收购、兼并、重组等市场手段整合现有网吧存量市场，逐步提高海南省网吧规模和档次。二是完善网吧监控平台。根据文化部文化市场司的工作要求，选用文化市场发展中心开发的网吧监控软件，进一步提高监控平台的科技含量，改善和弥补系统漏洞，改进升级系统功能，封堵不良网络游戏。全省共安装监控软件290家，2009年4月中旬，省级管理中心完成建设工作，目前运转良好。三是积极开展整治互联网低俗之风专项行动。根据文化部文化市场司的有关通知要求，积极开展对网吧及网络游戏、网络动漫中低俗内容的监管和清理整治行动。1月22日至2月6日，全省共出动检查执法人员570人次，检查网吧475家，及时处理登录和浏览淫秽色情、低级庸俗网站网页的行为，查处和取缔一批接纳未成年人网吧和无证经营的黑网吧。省文化市场稽查总队还与省广播电视互联网监测中心积极配合，加强对网络内容的即时监测工作，并邀请主要媒体记者对重点地带的网吧进行检查，曝光网吧存在问题和有关查处情况。四是开展全省查处黑网吧专项行动。6月，省工商局、省文明办、省公安厅、省文体厅、省通信管理局和省机关工委，共同召开全省查处取缔黑网吧专项行动电视电话会议，建立了全省查处取缔黑网吧专项行动联席会议制度，并部署在全省开展查处取缔黑网吧专项行动。从6月开始，全省开展为期3个月的查处取缔黑网吧专项行动，专项行动期间，建立查处取缔黑网吧专项行动联系机制，以农村、城乡结合部、学校周边黑网吧为目标，以查处取缔黑网吧、禁止网吧接纳未成年人为重点，对网吧开展全面检查。经文化等各执法部门人员对黑网吧的摸排和线索搜集，对发现的黑网吧和被吊销许可证的网吧，积极配合工商部门予以取缔。进一步规范网吧市场秩序。五是在海口开展百日网吧专项整治行动。海口市公安局、文体局、工商局联合开展为期100天的网吧专项整治行动，依法严厉查处一批违法违规网吧，取缔一批无证无照经营的黑网吧。海口市各级文体部门还针对网吧违规接纳未成年人、超时经营、经营非网络游戏和不按规定登记上网人员身份信息或者保存登记信息不足60天等违规经营行为进行了查处。经过整治，网吧市场经营秩序明显好转，取得阶段性成果。六是在全省实行媒体曝光“网吧黑名单”制度。5月以后，省文化市场稽查总队在海口地区率先实施媒体曝光“网吧黑名单”的做法，对违规经营网吧产生极大的震慑作用，网吧市场整治取得明显成效。省文化部门推广这一成功经验，在全省实行媒体曝光“网吧黑名单”制度。对在日常检查中发现有下列六种违规行为的网吧一律予以曝光：一是黑网吧；二是被吊销“网络文化经营许可证”的网吧；三是一次接纳未成年人超过8名的；四是超时经营并接纳未成年人的；五是在网吧服务器上存储或提供淫秽色情影视或照片及信息的；六是接纳未成年人的。

【开展净化社会文化环境工作】

2009年3月9日，召开全省净化社会文化环境暨“扫黄打非”工作电视电话会议，传达中办国办文件和有关会议精神，要求进一步动员全省力量，切实把净化文化环境工作抓实抓好，为全省经济社会又好又快发展提供良好的社会文化环境，开创全省未成年人思想道德建设工作新局面。根据会议精神，省文化部门制定了《净化社会文化环境实施方案》，确定文化市场管理部门净化社会文化环境的主要任务和措施，积极开展工作活动。包括加大网吧管理力度，整治校园周边文化环境，开展出版物市场专项整治，清理整治演出、歌舞娱乐、电子游艺、广电、印刷等市场。为使活动更有效地开展，省文体厅联合团省委和关工委开展聘请净化社会文化环境志愿监督员工作，经过认真考察、筛选和培训，聘请一批志愿监督员参加活动。

【文化经营场所安全生产监管】

2009年，全省各市县文体局联合安监、公安、消防、卫生、工商等部门对辖区内网吧、歌舞厅、慢摇吧、电子游艺场所等文化经营场所进行全面检查。一些市县还通过召开全市（县）娱乐场所经营业主动员大会，对安全生产监管工作进行部署，按照“属地管辖”和“谁主管谁负责”的原则，落实任务，明确责任。通过检查，全省文化体育经营场所能认真吸取深圳舞王俱乐部火灾教训，禁止在经营场所燃放烟花爆竹，安全意识有所提高，保证安全通道畅通，消防器材配备基本齐全并保持良好使用率，安全生产秩序总体良好。

七、文化产业

【奥林匹克国际村落户三亚】

2009年3月16日，三亚市政府与中体产业集团股份有限公司在北京国家体育总局签署项目建设合作意向书，奥林匹克国际村落户三亚“国家海岸”海棠湾。这表明北京奥运会后一个重要的奥林匹克遗产正式确定安家海南。奥林匹克国际村总用地面积约2200亩，项目分为五大功能区：文化功能区，包括奥林匹克博物馆、雕塑公园、文化广场；运动功能区，包括奥林匹克青年学院、运动休闲中心、水上竞技中心及户外运动设施；会议功能区，包括奥林匹克大家庭、论坛、国际奥委会专属会所；度假功能区以及度假区滨水高尚商业区。项目计划总投资为52亿元，开发周期为7年。

【首批重点文化产业园区授牌】

2009年3月20日，省文化体制改革与发展领导小组与省发改委在三亚南山举行全省第一批文化产业重点园区授牌仪式暨业主座谈会。首批共11家单位入榜，分别是：海口大致坡琼剧文化产业群、海口长流创意产业园、《印象·海南岛》大型实景演出、三亚创意新城、南中国海影视文化生态园、三亚南山文化旅游区、三亚南山大小洞天旅游区、三亚天涯海角游览区、文昌海南航天主题公园、定安文笔峰道家文化苑、保亭呀诺达热带雨林景区。本次会议旨在落实国家鼓励支持文化产业优惠政策，充分发挥重点园区的带动示范作用。

【《印象·海南岛》成功上演】

由张艺谋、王潮歌和樊跃共同指导的大型实景演出《印象·海南岛》，经过两年的排演，在海口市西海岸印象剧场精彩上演。它是海南促进文化与旅游产业相结合推出的第一个大型实景演出节目，也是张艺谋团队继创作《印象·刘三姐》等之后第四个印象系列作品。

【组团参加第五届深博会】

2009年，组团参加第五届中国（深圳）国际文化产业博览交易会。本届深博会是我省历届参展规模最大、展览项目最多的一次，共推出30个参展项目，参展实物产品种类多达数百件，展览取得了良好的宣传和社会效应，受到第五届深博会组委会的表扬。

重庆市

2009年，重庆市文化广电工作紧紧围绕“建设城乡统筹的文化强市和长江上游文化中心”的奋斗目标，突出改革、发展两大主题，体现“加快”、“率先”两大要求，实现了事业和产业协调发展，文化、广电、文物齐头并进，成效显著，亮点纷呈，为贯彻“314”总体部署、落实国务院3号文件、推动“五个重庆”建设提供了有力的精神动力和智力支持。

全市文化机构1275个（不含文化市场机构），其中文化部门专业剧团30个、其他艺术表演团体130个、艺术教育机构1个、文艺科研机构1个、公共图书馆43个、艺术馆1个、文化馆40个、乡镇（街道）文化站994个、电影放映单位703个、博物馆（纪念馆）37个、文物管理所39个。全市不可移动文物点12898处，其中世界文化遗产1处，全国重点文物保护单位20处，市级文物保护单位337处，区县文物保护单位1154处。现有文物藏品总量76万余件。

一、加速推进文化惠民工程建设，文化民生进一步改善

【重大文化设施建设稳步推进】

重庆大剧院正式竣工。重庆市文物考古所大楼基本建成，国泰艺术中心、川剧艺术中心、重庆自然博物馆等项目进展顺利；启动了重庆国际马戏城、重庆市群众艺术馆等项目开工前期工作；积极筹划实施重庆艺术学校、重庆抗战遗址博物馆群、重庆工业遗产博物馆、重庆“三线”建设博物馆、重庆广播电视监测台搬迁等项目。

【群众文化活动丰富多彩】

春节期间开展的送戏、送电影下乡“双送”活动，举办演出1890场，放映电影7281场，参与群众470多万人次。国庆期间开展的“红十月”文化活动，集中展映电影10000场，组织文艺演出600场。继续实施“渝州大舞台”城乡文化互动工程，送戏下乡1035场，农村文化进城18场。“唱读讲传”活动广泛深入开展，全年共开展红歌传唱活动2万多场，极大的提升了重庆市民的精气神，重庆的红歌传唱活动受到中央领导的高度评价。区县“唱读讲传”形式多样、富有特色。央视《焦点访谈》赴大渡口区、北碚区进行专题采访，北碚区“缙云之声”合唱团参加了“全国爱国歌曲大家唱”展演晚会，渝中区举办了央视《激情广场》爱国歌曲大家唱，万州区保持了“天天有、周周演、月月赛”的良好氛围，万盛区举办了元旦、春节、元宵“三节”文化活动，忠县举办了“半城山水满城橘”大型音乐诗朗诵会等等。

二、文艺创作取得重大突破，呈现出勃勃生机

【抓文艺创作的体制机制建设实现重大突破】

召开了全市舞台艺术创作工作会，出台了《2008～2012年舞台艺术创作发展规划》、《舞台艺术（一度）重点创作项目专项资金资助暂行办法》和《舞台艺术创作扶持激励办法》。成立了舞台艺术创作组织委员会和专家委员会，建立了两年一次面向全国征集优秀剧本的制度，建立了优秀作品资源库。

【文艺创作生产捷报频传】

投入一度创作经费566万元，首次面向全国征集剧本181部，全年新排演各类剧目18台。话剧《三峡人家》入选国家舞台艺术精品工程三十强；儿童剧《小萝卜头》荣获第六届全国儿童剧优秀剧目展演优秀奖第一名；川剧《金子》名列文化部新中国成立60年18部优秀保留剧目第一名；歌剧《巫山神女》主演张礼慧荣获中国戏剧梅花奖；沈福存、沈铁梅父女双双获得第七届“中国金唱片奖”戏曲类“艺术家个人金奖”；市歌剧院获得第七届全国“金钟奖”合唱比赛二等奖；巨幅中国画《川西三月》入选国家重大历史题材美术创作工程。重庆杂技艺术团、重庆市歌剧院获市政府集体二等功，重庆市文化艺术研究院获集体三等功。歌曲《火辣辣的城》获第11届精神文明建设“五个一工程”奖。

【重大品牌文化活动精彩纷呈】

牵头承办了第二届中国重庆文化艺术节，六大类17项主体活动和分会场700余场群众文化活动成功举办。116场国内外精品剧目和本地新创剧目集中展演；选拔产生了首届“舞台艺术之星”和“舞台艺术新秀”各10名；武陵山民族文化节、三峡库区移民文化节等节中节活动集中展示了重庆浓郁的地方特色文化。成功承办了第11届中国老年合唱节，全国57支老年合唱团3000余人来渝参赛，圆满实现了文化部提出的“把第11届当成第一届来办，切实办出水平、办出效果”的目标。打造了首届重庆演出季，实现了经济效益和社会效益双丰收。组织了“重庆市2009春节联欢晚会”、“清明交响音诗画文艺晚会”、“端午戏曲晚会”三大传统节庆晚会活动。重庆彩车“三峡放歌”、铜梁龙舞、大足万古鲤鱼灯舞精彩亮相北京，《金子》、《花木兰》参加全国精品剧目献礼演出。

三、文化产业逆势上扬，文化发展后劲增强

2009年，评选出首批18家市级文化产业示范

基地和示范园区。第12届渝洽会和第二届重庆文化艺术节签约项目10个，协议总金额46.07亿元。成功组织2009西部国际动漫文化节，国内外参展企业138家，现场销售额500万元以上。城市电影共放映15.35万场次，观众557.33万人次，票房收入1.7亿元，比2008年分别增长15%、62%和68%，票房总量在全国排名第八位，西部第二位。外地来渝演出达4474场次，仅首届重庆演出季和第二届重庆文化艺术节，各项收入达6100多万元。文化市场经营单位达8100多家，全年经营收入23亿元，增加值16亿元。重庆享弘数字影视公司等4家文化企业以及动画片《乐乐熊奇遇记》等8个产品分别进入国家文化出口重点企业和重点项目目录，企业和产品数量均居西部第一位。

四、文化交流新格局逐步形成，文化影响力进一步增强

【文化交流活动量增质升】

继续坚持“走出去”和“引进来”相结合战略，先后组织杂技、民乐、川剧、绘画和民间手工艺等赴美国、法国、德国、加拿大、日本等16个国家和地区演出展示，对外文化交流项目18起，出访人数275人次；先后承接来自美国、法国、德国、加拿大、奥地利、意大利、马来西亚、克罗地亚等26个国家和地区文化团体的交流访问和商业演出活动，引进项目70个，访问人数618人次。重庆杂技艺术团赴美国塞维维尔市进行商业演出洽谈，签订为期5年的演出合同，塞维维尔市命名每年12月1日为重庆日。

【重庆文化影响有所扩大】

举办了第11届中国上海国际艺术节重庆文化周活动，整体推出仪式活动、展演活动、访谈讲座、群文活动4大类活动，被上海国际艺术节组委会认为是办得最地道、最专业、最有影响的文化周。成功申办第12届亚洲艺术节，这是重庆首次承办大型国际性文化活动，对进一步扩大重庆文化的影响必将产生积极而深远的影响。重庆杂技艺术团的《红舞鞋》、《蹬人》、《感——倒立组合》等节目频频赴美国、日本、瑞士等国进行商业演出，受到国外观众的高度评价，扩大了重庆文化的影响力和知名度。

【学术交流领域不断扩大】

三峡博物馆正式与英国威尔士国家博物馆、埃及努比亚博物馆签订友好合作意向书；赴台湾地区开展抗战大后方历史文化学术交流，在抗战历史档案、资料、文物、出版等方面取得实质性合作成果；派员赴美国、瑞士、匈牙利等国进行学术交流。红岩联线管理中心打破传统文物收集模式，派员到美国国家档案馆、胡弗研究中心收集资料共计31000余份；到台湾收集图书资料共计1000余册。

五、文化遗产保护取得新成就，特色文化进一步凸显

【文物保护取得新进展】

全年实施地面文物维修项目53个近8万平方米；地下文物调查勘探项目56个13.6万平方米；考古发掘项目29个2.47万平方米，出土文物1748件。第三次全国文物普查田野调查完成率、覆盖率、新发现率均达到100%，调查登记不可移动文物29253处，其中新发现19923处，复查9330处。完成了涪陵白鹤梁水下文物保护工程、酉阳龚滩古镇搬迁复建工程等重点文物保护工程。大足石刻千手观音抢救性保护工程前期勘察工作取得阶段性成果，受到国家文物局领导和专家的充分肯定。抗战遗址保护工作取得新进展，对182处抗战遗址实行了挂牌保护，完成了12处抗战遗址、9处革命遗址保护项目。公布了第二批市级文物保护单位193个，申报第七批全国重点文物保护单位74个。

【博物馆工作呈现新亮点】

新增免费开放博物馆、纪念馆14家，总数达到32家，参观总人数超过1300万人次。推出展览153个，送文博展览下乡200场。涪陵白鹤梁水下题刻博物馆5月18日建成开馆，CCTV—10全程直播4个小时。重庆“三线建设”博物馆文物征集工作全面启动，重庆自然博物馆新馆、大足石刻陈列总馆、三峡移民纪念馆前期工作进展顺利，新开工建设区县博物馆3个，启动区域文物中心库房建设3个。三峡博物馆纳入首批中央和地方共建国家级重点博物馆序列，7家区县博物馆被评为国家三级博物馆。馆藏文物数据库建设已经完成一级珍贵文物数据信息采集工作，数据合格率达100%，受到国家文物局的充分肯定和表扬。

【非物质文化遗产保护取得新成效】

完成了非物质文化遗产初期普查任务，共普查线索4118项；19人列入国家级第三批非物质文化遗产代表性传承人；153种古籍列入第二批国家珍贵古籍名录，两家图书馆列入第二批“全国古籍重点保护单位”。公布了重庆第二批市级非物质文化遗产名录97项，第一批市级非物质文化遗产项目代表性传承人196人，区县级非物质文化遗产名录200项；向国家申报了渝东南少数民族文化生态保护区规划。完成了全市第一、二级古籍普查任务，共普查古籍800种。

六、文化体制改革走向深入，行政管理得到加强

【文化体制改革稳步推进】

拟以组建重庆演艺集团的方式推进市级专业文艺表演院团的体制改革，方案已通过市委、市政府审定同意。国有文化企业的改制不断深化，市美术公司、市电影公司和文华置业公司已做好前期改制准备工作。公益性文化单位在坚持公益属性的前提下，通过中层干部竞争上岗、职工全员聘用、职称评聘分离、拉开分配档次等改革措施，建立起竞争、激励和约束机制，增强了发展活力。

【加强文化市场管理】

开展了新中国成立60周年、动漫市场、以“黑帮”为主题的非法网络游戏等10多项专项整治行动，停止网吧审批，加强网吧管理。开展了卡拉OK内容管理服务、网吧监管两个市场监管平台的建设。出台了《关于促进民营表演团体发展的若干意见》，加强对演出市场的管理。依法打击文物犯罪活动，未发生文物安全事故。

七、机关作风进一步转变，服务水平进一步提升

扎实推进机关作风建设。通过“执政为民、服务发展”专项整改活动的开展，使一批矛盾得到集中化解。完成了对40个区县和24个直属单位的“双联”工作，走访了一批重点文艺专家、学者，广泛征求他们的意见和建议。切实减少审批事项，将行政审批项目由65项减少为36项，下放审批权限9项。服务质量明显提升，在局机关行政审批大厅设置电子查询系统和电子监察系统；窗口单位设置了多项便民、利民服务设施，免费开放博物馆、纪念馆，完善了游客咨询、景区指南等相关配套措施。及时公开政府信息，接受群众监督。全年共发布文化广电方面的信息1500余条，召开新闻发布会22次，组织局领导4次作客“阳光重庆”。

八、重要会议、重大事件、重要活动

【2009全国艺术创作会在渝召开】

2009年11月5～6日，来自中宣部、文化部以及全国各地文化厅局和艺术院团的负责人在渝共同探讨艺术创作和艺术精品涌现的规律，共商文艺发展大计。文化部党组书记、部长蔡武，重庆市长王鸿举，文化部副部长王文章，重庆市委常委、宣传部长何事忠，副市长谭栖伟出席了大会开幕式。开幕大会上，王鸿举市长致辞。蔡武部长做专题报告，回顾了新中国成立60年来，我国文艺事业辉煌的发展历程，改革开放30年来艺术创作的规律和特点，揭示和总结了现阶段艺术创作面临的新问题和新要求，对全国相当一段时期的舞台艺术创作将起到重要的指导作用。在会议分组讨论中，各参会代表结合各地实际，深入探讨了艺术创作工作的经验和体会，并提出了许多建设性意见和建议。在交流总结大会上，重庆市文化广播电视局局长汪俊代表重庆做了题为《健全体制机制昂起创作龙头》的交流发言。文化部党组成员、副部长王文章出席闭幕会议并做总结讲话。会议期间，与会领导和代表观看了方言话剧《三峡人家》，对这部重庆本土话剧力作给予了极高的评价。

【成功召开重庆市舞台艺术创作工作会】

2009年4月27日，召开了重庆市舞台艺术创作工作会。会议全面总结了重庆直辖以来舞台艺术创作取得的成绩；剖析了全市舞台艺术创作工作的客观现状和面临的良好机遇；安排部署了今后5年的工作任务和目标要求；组织成立了重庆市舞台艺术组织委员会和专家委员会，建立和完善了重庆舞台艺术创作组织领导机制；制定出台了《重庆市2008～2012年舞台艺术创作发展规划》、《重庆市舞台艺术创作扶持激励暂行办法》、《重庆舞台艺术（一度）重点创作项目专项资金资助暂行办法》等舞台艺术创作扶持激励和资金保障机制；明确了今后5年舞台艺术创作的基本目标、选题方向以及激励保障措施；表彰了2008年获得国家级奖励的艺术项目；与6个艺术单位签订了创作生产责任书。市委宣传部、市文化广电局有关领导以及各区县（自治县）文广新局、

全市艺术专业院团负责人和从事艺术创作的专家近200人参加了会议。

【川剧《金子》获文化部首届“优秀保留剧目大奖”】

优秀保留剧目评选活动是文化部对改革开放30年来的舞台艺术创作成果进行的一次全面的调查和筛选。重庆市川剧院排演的川剧《金子》以其历久弥香的艺术魅力，从全国各地推荐申报参评的1200部剧目中脱颖而出，名列入选剧目之首。2009年12月15日，重庆市川剧院院长、《金子》主演沈铁梅作为获奖剧目院团代表参加了在北京举行的优秀保留剧目大奖表彰会，接受文化部部长蔡武颁发的奖牌证书及奖金。

【中国画《川西三月》入选国家重大历史题材美术创作工程及作品展】

由重庆著名人物画家、国画院名誉院长马振声、顾问朱理存、院长周顺恺3位画家用3年半时间，合作完成的巨幅中国画《川西三月》成功入选国家重大历史题材美术创作工程并参加了作品展览，成为西南地区唯一入选的一幅中国画作品。

【新版歌剧《巫山神女》获第二届中国戏剧奖·梅花表演奖】

2009年5月13日，重庆市歌剧院《巫山神女》（新版）参加第二届中国戏剧奖·梅花表演奖（即第24届中国戏剧梅花奖）比赛，经过激烈角逐，荣获第二届中国戏剧奖·梅花表演奖（第24届中国戏剧梅花奖）终评演出优秀表演奖，主演张礼慧获第二届中国戏剧奖·梅花表演奖（即第24届中国戏剧梅花奖），成为继沈铁梅、马文锦、黄荣华、张军强之后，重庆的第五位梅花奖获得者，填补了重庆歌剧梅花奖的空白。

【重庆市第三次全国文物普查取得阶段性成果】

截至2009年底，文物普查田野调查完成率、覆盖率、新发现率均达到100%，调查登记不可移动文物29253处，其中新发现19923处，复查9330处。累计到位文物普查经费1908.31万元（不含中央财政补助经费），其中市级财政到位经费678.21万元，区县（自治县）级财政到位1230.1万元。各级普查办人员245人，一线普查队员587人。

【圆满承办第11届中国老年合唱节】

2009年9月2～6日，由文化部、重庆市人民政府主办，文化部社文司、重庆市文化广播电视局、中国合唱协会承办的“永远的辉煌”——第11届中国老年合唱节在重庆成功举行。来自全国57支老年合唱队伍3000余人参加了此次盛会。本届老年合唱节创造了面向全国公开征集节徽，指定演唱红歌，鼓励演唱新创曲目，合唱团走进学校、社区、广场“4个”第一。经过角逐，本届老年合唱节共评出“红岩杯”奖19个、“红梅杯”奖25个、“红叶杯”奖13个，重庆12支合唱团参赛，荣获“红岩杯”奖7个、“红梅杯”奖4个、“红叶杯”奖1个，居全国各省区市第一。中央政治局委员、市委书记薄熙来，文化部副部长赵少华、部长助理丁伟等领导分别出席老年合唱节开、闭幕式。

【市政府公布第二批市级非物质文化遗产名录】

公布的第二批市级非物质文化遗产名录共有10个类别97个项目。其中，民间文学6项，包括巴文化传说、巫溪民间故事等；传统音乐19项，包括跳蹬石工号子、诸佛盘歌等；传统舞蹈12项，包括万古鲤鱼灯舞、夔州竹枝歌舞等；传统戏剧10项，包括厉家班京剧艺术、木腊庄傩戏等；曲艺4项，包括四川清音（重庆）等；传统体育·游艺与杂技3项，包括金六福字牌等；传统美术3项，大足石雕等；传统技艺29项，包括重庆吊脚楼营造技艺、静观花木蟠扎技艺等；传统医药3项，包括郭氏养生按摩手法等；民俗8项，包括华岩寺腊八节、宝顶香会等。

【重庆市文化代表团访英取得成果】

应英国文化协会、英国威尔士政府对外事务部、威尔士艺术委员会、威尔士国家博物馆等单位的邀请，由重庆市文化广播电视局局长汪俊率重庆市文化代表团于2009年6月20～28日赴英国访问。代表团先后与英国文化协会，伦敦泰晤士艺术节办公室、威尔士政府对外事务部、威尔士国家博物馆、威尔士艺术委员会、威尔士千禧年艺术中心、威尔士国家现代舞团等部门和单位进行了工作会谈和会晤，就重庆与英国进一步加强文化艺术领域的交流、开展多方位的文化项目合作进行了广泛的讨论，并对重庆大足石刻艺术展赴英国威尔士国家博物馆展出，英国威尔士国家现代舞团来渝参加第二届重庆艺术节、重庆市艺术表演团体到威尔士千禧年艺术中心演出、威尔士艺术委员会等英国艺术机构与重庆文化交流机构建立经常性沟通交流机制，英国艺术机构来渝举办艺术管理培训、威尔士艺术机构为重庆工业博物馆规划建设提供规划咨询等合作交流项目进行了具体磋商，达成了共识，双方就上述项目的落实分别商定了工作备忘录或进一步磋商的方式和工作计划。

【2009西部国际动漫文化节在重庆举办】

重庆市文化广播电视局、重庆市新闻出版局、重庆市创意产业发展领导小组办公室、重庆市文化资产管理公司、九龙坡区政府共同主办的2009西部国际动漫文化节是中国西部城市首次举办的国际动漫文化节。该活动从2009年3月中旬开始，5月3日落幕。举行了西部动漫产业发展高峰论坛、九龙坡区动漫文化周、动漫游戏角色扮演大赛、动漫文化展览展示、西部电子竞技大赛、重庆高等职业院校学生职业技能大赛成果展、西部插画大赛、动漫花车巡游、动漫节闭幕文艺演出等10项大型活动。5月1～3日在重庆国际会展中心举办的动漫文化展览展示活动是本届文化节的最主要活动，展会展出面积为1.2万平方米，设置国际标准展位320个，共有138家公司及动漫社团参展。其中，有来自日本、中国香港、北京、上海、广州等19家企业参展，现场观众人数达5.5万人次。

四川省

2009年，四川省文化厅在省委、政府的坚强领导下，带领全省文化系统全面贯彻党中央、国务院的总体部署和省委经济工作会议精神，以“加快灾后文化恢复重建，加快四川文化强省建设”为工作主线，坚持抢抓机遇、坚持项目落实、坚持实施“四结合”，即把灾后文化恢复重建重大项目与构建覆盖城乡公共文化服务体系相结合；把促进文化产业壮大文化市场繁荣与转变经济发展方式调整经济结构相结合；把加速推动民生工程建设与保障人民群众文化权益相结合；把加大政府投入与扩大多元内需相结合，促进全省文化体制改革迈上新的台阶，推动四川全省文化事业又好又快持续发展。

一、舞台艺术

【繁荣艺术创作实施精品生产】

在新中国成立60周年来临之际，省委宣传部、省文化厅共同举办了“四川省庆祝新中国成立60周年优秀剧目展演”活动，精心策划、组织、复排、创演了一大批传承民族文化、紧扣时代脉搏，颂扬人间大爱，反映伟大的中国共产党领导全国人民开创美好新生活的优秀剧目，遴选了其中川剧《死水微澜》、人偶儿童剧《巨人的城堡》、乐舞《羌风》、舞剧《红军花》、杂技《花重锦官城》等14台优秀剧目于8月至9月期间在成都集中展演。

为庆祝新中国新中国成立60周年，中共中央宣传部、文化部共同举办了“庆祝中华人民共和国成立60周年献礼演出”活动，遴选了四川省川剧院的川剧《巴山秀才》、四川人民艺术剧院的音乐剧《未来组合2008》、四川德阳市杂技团的杂技情景剧《飞翔》、省军区国防歌舞团的民族歌舞《四川依然美丽（一）》、四川民族歌舞团的民族歌舞《四川依然美丽（二）》5台富有鲜明时代特点、地域特色的传统剧目和新创剧目进京展演。于2009年8月14日至9月23日，先后在北京市民族宫大剧院、解放军歌剧院、朝阳剧场、天桥剧场演出5场，生动展示了四川人民历经灾难困苦却信念弥坚的宝贵精神和欣然可期的美好未来。《人民日报》、《光明日报》、《四川日报》、《中国文化报》、人民网、新华网、中央电视台、北京卫视等众多主流媒体，均对展演情况进行了报道。

此外，由省歌舞剧院与四川博远羌风文化传播有限公司精心打造的大型羌族乐舞史诗《羌风》于8月5～10日在北京保利剧场连续展演7场，以独特的民族魅力和震撼的艺术效果引起了一定的轰动，也是四川省文艺创作生产投资主体多元化发展的有益尝试。

“5·12”周年祭期间，省委省政府安排部署，省文化厅艺术处组织了4支“灾后重建、恢复生产”慰问演出小分队，分赴茂县、北川、雅安、崇州、广元、什邡、广汉、安县、绵阳、都江堰等十余个地震重灾区进行慰问演出，历时半月，行程数千公里，演出20余场，观众达数万人次。四川省文化厅直属文艺单位创演了以“弘扬抗震救灾精神”为题材的歌舞剧《不能忘却的记忆》、音乐剧《未来组合2008》、曲剧《羌山儿子》、乐舞史诗《羌风》、原生态歌舞《羌魂》等重点剧目，在成都集中展演共计60余场。

【推进院团体制改革激发内部活力】

在体制改革思路上，省文化厅坚持总体规划、分类指导、重点突破、分步实施的原则，积极稳妥地推进院团体制改革。在横向上，省国有文艺院团体制改革分为省级院团体制改革，市、州、县级院团体制改革。在纵向上，省国有文艺院团体制改革在2009年底完成体改试点单位——省歌舞剧院的体制改革，其他艺术院团将在总结本省和兄弟省市体改经验的基础上，逐步推广实施。

在总体上，全省国有文艺演出院团体制改革分为公益性院团体制改革和盈利性院团体制改革。在改革中，坚持把转企改制作为深化国有文艺演出院团体制改革的中心环节，既保证公益性国有文艺演出院团的健康发展，又推动经营性国有文艺演出院团的不断壮大；既着力扶持转企改制的院团做大做强，又显著增强国有资本在演艺领域的主导作用、加大对代表四川浓郁地方特色剧中的保护力度。

【以学术文艺慰问为带动提升艺术发展水平】

元旦以及春节前后，省文化厅与文化部共同组织国家文艺院团、省直文艺单位、文艺小分队奔赴绵阳、德阳、广元等极重灾区，开展慰问演出，先后演出100场，观众达5万人次，以文化特有的形式传递党和政府的关怀，激发灾区群众团结奋进的昂扬斗志，树立重建美好新家园的坚定信念。

2009年9月下旬至10月下旬，中国国家画院、省文化厅共同主办的以“和谐中国·美好家园”为主题的“中国山水画学术邀请展暨中国山水文化高峰论坛（四川·成都）”在成都举行。该活动以“和谐中国·美好家园”为主题，分“秀丽天府·山水四川”——中国山水画提名大展，“四川有爱·山水更美”——四川中国山水画写生采风活动和“坚守与创新”——中国山水文化高峰论坛3个板块，集中展示新中国成立60年来中国山水画艺术及山水文化发展取得的丰硕成果和突出成就。活动共收到全国各地画家作品3000多幅，从中选出了320幅进行集中展览。

9月18～30日期间，由省文化厅组织的部分巴蜀笑星及当地精干演员文艺小分队，分赴成都市、崇州市、阿坝州茂县、黑水，德阳市罗江县，绵竹孝德镇、汉旺镇，绵阳市安县、北川县，广元市青川县、剑阁县等地，行程2000多公里，开展以“千里驰援·爱洒四川”为主题的“感恩全国人民——四川省慰问灾后恢复重建援建工作者文艺演出”的系列慰问活动。此次慰问演出，共计演出15场，慰问援建者达1万人次。

10月16～18日，由省文化厅、省舞美学会共同主办的“四川省舞台美术成果展览暨舞美发展论坛”在成都举行。作为隆重庆祝新中国成立60周年的重大活动之一，此次活动集中回顾了四川省舞台美术所走过的光辉历程，生动展示了新中国成立60年来特别是改革开放以来，我省舞台美术取得的丰硕成果。来自全省各地的150多名舞美工作者参加学习培训，700多件舞美作品参展，为我国戏剧界、舞台美术界同仁提供了更好地了解四川艺术和舞台美术概括的平台。

【全力配合中共四川省委、四川省人民政府相关工作的开展】

2009年6月10日，“第二届成都国际非物质文化遗产节”开幕，按照省委、省政府的安排部署，省文化厅出色完成“第二届成都国际非物质文化遗产节开幕式演出”任务，圆满完成“2009年四川省人民政府国际文化旅游节开幕式文艺演出”，完成2009年9月29日“四川省人民政府国庆招待会文艺演出”，以及“第10届西部博览会的省政府招待会演出及西部博览会文化展厅演出”等重大指令性演出，全力配合了省委、省人民政府相关工作的开展。

【川剧《火焰山》轰动首尔】

2009年10月20日，赴韩参加第16届中日韩BESETO戏剧节的四川省川剧院在韩国首尔明洞艺术剧场成功首演，川剧《火焰山》精彩纷呈的演出，受到韩国观众的热烈欢迎。我驻韩国使馆文化参赞兼首尔中国文化中心主任车兆和观看了演出并看望了全体演职人员，并对演出给予了高度的评价。

二、社会文化

【全力推动灾后文化设施恢复重建】

2月19日，黄彦蓉副省长主持召开了“关于新增中央投资项目检查紧急会议”，省文化厅厅长郑晓幸庚即召开厅务会部署，发出督办通知并赴县区实地抽查，汇总全省材料，向省政府写出详实请示汇报和整改措施，向各市州文化局发出督察情况的通报，确保了乡镇文化站按时开工。

省文化厅领导多次带领社文处、省图书馆、省文化馆相关人员及共享工程四川省分中心的专家和技术人员，赴北川、安县、汶川、茂县等20个重灾区，督察灾后“两馆”重建工作，并送去共享工程安装设备，使四川灾区文化馆图书馆灾后重建进展顺利，共享工程基层点投入运行，对四川文化复苏起到了至关重要的作用。

【大力发展社会文化事业以文化和谐促进社会和谐】

四川省文化厅以保障人民群众求职为了为出发点，优化公共资源配置，加大对广大农村地区和不发达地区文化扶持力度，加强农村“两馆一站”建设，“文化列车、百姓公益讲座、千场文艺下乡、万场电影进农村、欢歌笑语到农户、流动舞台进工地、川歌川舞慰民工、名家名角下基层”等文化品牌活动进一步深入开展，实现了从“文化下乡”到“文化驻乡”，缩小城乡之间、区域之间文化发展差距。加强对农村文化、社区文化、少儿文化、民族文化、老年文化和残疾人文化的指导扶持，并在四川全省范围内举办形式多样的比赛，精心组织群众踊跃参加各类国家级大赛并取得不凡的成绩。2009年四川省文化厅指导推荐的四川文化队伍分别在文化部、教育部举办的第三届中国少年儿童合唱节中一举夺得小云雀银奖；在全国首届童声合唱电视公开赛中荣获金奖和最佳领唱奖，在11届老年合唱节中分获金、银、铜奖；在第七届全国残疾人艺术汇演（成都赛区）获得一、二、三等奖。

（三）举办全省重大会议指导全省社会文化工作

根据中央领导同志指示精神，2009年5月30～31日，首届全国城市社区文化建设经验交流会在四川召开。省文化厅和成都市人民政府按照省委书记刘奇葆、省长蒋巨峰作出的“按承办要求，尽快部署，精心准备，务求办出新水平”重要批示精神，精心策划，认真组织。省文化厅在大会上介绍了社区文化建设“六个点”的创新经验。国务委员刘延东为大会专程发来贺信，文化部部长蔡武指出：“这次会议主题明确，内容丰富，形式活泼，讲求实效，在文化系统会风建设上也做出了好榜样。”文化部副部长周和平指出：四川省委、省政府和成都市委、市政府对这次会议高度重视，文化厅文为会议的筹备和召开付出了辛勤的劳动。此外，文化部社图司还专程向省文化厅发来感谢贺电指出：整个会议的筹备、组织和接待工作，周到细致，有条不紊。

【开展文化惠民大行动群众普享文化实惠】

根据中共中央宣传部、文化部及四川省委、省政府“丰富节日文化活动，满足群众文化需求”的指示精神，四川省文化厅精心筹备、全面部署、积极开展文化暖冬抚慰心灵行动，为灾区送去灯笼、春联、书画等群众喜爱的文化作品，指导780套板房文化站共享工程服务点全面安装到位。在省文化厅党组的组织下，共计2.03万场迎新春文化活动在全省开展，送去了欢歌笑语，送去了党和政府的关怀。中共中央政治局常委李长春到灾区视察基层文化阵地，参观板房文化站和社区电子阅览室，上网游览文化信息共享工程，充分肯定四川文化灾后重建“扎实推进、初见成效”。中共四川省委书记刘奇葆参与都江堰市共享工程支中心举办的游园活动，为群众加油助威。文化部副部长王文章参观北川羌寨文化站和文化信息资源共享工程设备播放演示，挥毫写下“弘扬羌族文化是我们共同的责任”。

“2009年四川省文化系统迎新春文化活动暨成都市城乡文化大互动”开展，此次活动吸引了5000余名群众参与。全省各个市州纷纷举办了启动仪式，为群众送上文化大餐。

“唱红歌、读经典、办讲坛、送文化——庆祝新中国成立60周年全省十万城乡群众文化活动”推进仪式举行，省委宣传部部长黄新初、副省长黄彦蓉亲临现场参与活动并发表重要讲话。仪式现场为群众免费发放红个光碟10万张，“文化信息资源共享工程资源包”8000余份，精品图书5000多册。从5月到8月，多达2100余场文化活动在全省社区、乡村展开，共计547.4万人次群众参与。新华社、《人民日报》、《四川日报》、四川电视台等10余家国家、省级媒体对推进仪式聚焦报道。

【举行赠书捐赠活动传递精神食粮抚慰心灵】

省文化厅多次赴灾区调研，并按灾区群众的要求，确定两三年内最新出版的农村、医疗、种养业、和重建等精品赠书目录，送交国家图书馆任继愈先生、作家王蒙等组成的专家委员会审定。按照省文化厅提供的赠书目录，文化部、财政部为四川灾区39个重灾（县）区图书馆和780个灾区板房文化站配置1.9万包图书，共计115万册。

这是新中国成立以 来全国规模最大、数量最多的一次面向基层的赠书活动。为千方百计解决灾区人民对书籍的渴求，省文化厅与省图书馆共同举行了老一辈无产阶级革命家万里之子，散文作家万伯翱新著《五十春秋》签赠仪式，将万伯翱先生的1000余册图书、2万元稿费捐赠给四川地震灾区。

三、文化产业

【以产业带动战略为抓手培育龙头项目和骨干企业】

2009年,全省储备并推荐文化产业项目288个，过亿元的文化产业项目69个，其中18个项目启动或正在启动，三星堆文化产业园、康巴文化产业园等一大批文化产业项目全面开工建设。同时，向各类银行等金融机构推荐重大文化产业项目28个，总估算投资65亿元人民币，已投放资金7亿元；利用深圳国际文化产业博览会推荐文化产业项目288个，其中12个项目引起外资重视。

省文化厅党组抓住新中国成立60周年、西部大开发30周年等契机，高薪聘请专家编制文化产业项目意见书，仅2009年全省已储备文化产业重大项目155个，估算总投资279亿元。基本形成以成德绵广乐雅文化产业带和藏羌彝文化走廊为龙头，遍布遂宁、南充、自贡、广安、巴中、泸州、资阳、达州等地的重大重大文化产业项目储备网点。

【以产业集聚工程为目的打造特色产业和品牌企业】

在建设西部文化产业高地，促进文化产业集群发展的实践中，省文化厅党组着力打造一批高起点、高水准、规模化、具有示范效应的文化产业基地和园区。成都武侯祠锦里文化旅游项目、成都宽窄巷子历史文化街区保护项目、成都三圣乡风景区、建川博物馆聚落、洛带古镇景区、德阳绵竹年画、绵阳江油李白故里、广元千佛岩产业园区、昭化三国古城、九寨沟民族文化演艺中心等32项文化产业年产值均在1000万元以上。年产值在100万元以上的重点文化骨干企业共51项，包括成都金沙博物馆《金沙》音乐剧场、成都《天地吉祥》歌舞剧、成都桃花故里景区、德阳杂技表演、广元女皇文化产业园、红军渡、西武当文化旅游园、昭化古城三国文化产业园、眉山三苏祠博物馆、乐山乌木珍品文化博物苑、雅安根雕、九寨沟演艺产业群、凉山彝族漆器等。储备项目共57项，数量多，前景好、预计收益高、投资上亿的大型项目33项，仅位于藏羌彝文化走廊的阿坝州大型储备项目就达18项。

【以建设文化产业项目为基础提高民营文化企业竞争力】

2009年，省文化厅大力扶持三圣乡中国当代艺术基地、青城山中国当代美术馆群、红星路创意产业园区、自贡灯贸有限公司、德阳市杂技团有限责任公司、四川安仁建川文化产业有限责任公司等民营文化企业，鼓励民营资本及个人投资兴办文化企业和各类文化类民办非企业机构，在文化产业品牌资金扶持、文化出口重点项目贷款申请推荐、文化产业示范基地命名评比等各项工作中，做到非公有文化企业和国有文化企业一视同仁。

2009年上半年，省文化厅认真组织开展扶持文化品牌资金申请及专家评审工作，共收到申请扶持文化产业品牌资金项目近200项，包括游戏项目开发并推广、动漫形象设计展示并推广、艺术品推广、大型川南婚俗歌舞剧等《幺姑出嫁》、《华蓥山双枪老太婆》及幺妹歌舞剧等具有自主知识产权的文化产业品牌，2009年波兰“中国彩灯文化节”、魅力新川剧、贺岁温哥华等对外文化贸易产品和服务项目，巴中皮影、川北灯戏、传承弘扬百年龚扇等特色文化产业品牌项目等31项项目通过评审，共安排扶持资金321万元。

【以灾后文化恢复重建为契机加速文化产业资源整合和建设】

省文化厅围绕“加快恢复重建，加快建设西部经济发展高地”的总体要求，把握机遇，加速四川文化产业资源整合和建设步伐。到2009年底，文化产业灾后重建项目已全面启动，文化产业项目累计开工22个，累计完工项目10个，完成总投资25633万元，占规划总投资的10.47%。其中成都市累计开工项目2个，累计完工项目0个，完成总投资30万元，占规划总投资的0.03%；绵阳市累计开工项目9个，累计完工项目6个，完成总投资424.8万元，占规划总投资的1.98%；广元市累计开工项目7个，累计完工项目3个，完成总投资24935万元，占规划总投资的35.69%；雅安市累计开工项目3个，累计完工项目1个，完成总投资214万元，占规划总投资的55.15%。

2009年度，全省文化产业恢复重建争取中央资金达12450万元，覆盖文化产业项目14个。首批落实中央资金1.2亿元，其中省级项目1个，即灵岩山文化产业园，金额3000万元。市州级项目4个，金额2500万元，包括千佛崖文化旅游园区1200万元，广元市女皇文化产业园900万元，广元市艺术学校350万元，广元市艺术培训基地50万元。县级项目9个，金额6950万元，包括成都市都江堰青峰书院10万元，成都市都江堰皮影博物馆10万元，德阳市旌阳区孝泉德孝城3000万元，德阳市中江红色文化旅游区1543万元，阿坝州茂县羌寨绣庄50万元，阿坝州茂县艺术培训基地120万元，阿坝州茂县羌族歌舞演艺中心200万元，阿坝州茂县古羌民族民俗休闲文化中心2000万元，阿坝州茂县鹊桥奇石馆17万元。

四、对外文化

【对外文化工作呈现新格局】

2009年以来，四川文化"走出去"再上新台阶，文化交流、文化贸易、文化外宣携手并进，国际影响力、竞争力、辐射力同步增强，呈现出一排前所未有的景象。全省文化系统围绕"加快推进文化恢复重建和加快文化强省建设"，变压力为动力、化挑战为机遇，以更加开放、更加务实、更加深入和可持续发展的方式参加全球文化交流与合作，全面恢复四川对外和对港澳台文化交流，全面提速四川对外文化贸易。2009年，全省审批对外文化交流项目254项，同比增长76%，出访130项，同比增长71%，两项均达到历史最好水平，创造了历史性突破；另外，实现文化贸易额2亿元，呈现止滑回升良好势头，商业性演出、网络文化产品和服务出口逆势而上，同比增长50%。

【以重大活动促进"两个加快"增强文化影响力和开放形象】

"中国成都国际非物质文化遗产节"、"四海同春文化四川"、春节品牌活动、"点燃梦想——越南中华彩灯节"、法国"四川美食文化节"、"中法文化交流之春"、"四川文化中东行"参加以色列、土耳其、约旦国际民间艺术节，围绕中华人民共和国60年华诞在国外开展了"天姿伴国乐走进美国"、"四川民间艺术南美行"活动，四川省艺术职业学院以帮助地震灾区学生的"绿色扶苗"工程荣获美国总统人文艺术委员会"站得更高，艺术改变人生"国际大奖，"爱在天地间"四川民族歌舞赴台感恩巡演等系列重大的国际文化活动和对港澳台文化交流使得四川文化在海外的影响力得以提升。

受文化部派遣，由遂宁市川剧团、遂宁市春苗杂技团联袂组成的遂宁市民间艺术团一行15人，于2009年9月22日至10月7日赴圭亚那、苏里南、特立尼达和多巴哥三国进行文化交流，在外演出12场，其中圭亚那7场，苏里南3场，特多2场，观众达3万余人次。

应阿联酋迪拜阿维斯基金会邀请，由文化部主办"2010欢乐春节·迪拜"系列文化活动于2010年2月22日在阿联酋迪拜正式举行。作为本次活动重要组成部分的"天姿国乐"民乐演出，由省歌舞剧院天资国乐团担任。

【天姿国乐走进美国】

2009年9月19日，省歌舞剧院"天姿国乐"受文化部派遣，与美国中西部艺术联盟合作开展的中国民乐走进美国中西部社区的首场活动现场。在为期43天的巡演中，"天姿国乐"团将在美国中西部地区5个州面向社区大众、青少年学生举办近70场中国民乐讲座和5场专场音乐会。当地电视台对乐团进行了专访报道。

五、文化市场

【加强灾后重建推进灾区文化市场繁荣】

2009年，按照文化部和四川省委、政府对加强推进四川文化市场灾后重建的指导思想，全省规划的2259个灾后恢复重建项目共2041个完成重建。经调整后四川省灾区文化市场受损的1575个经营网点基本完成恢复重建，推动了灾后文化市场的繁荣。

【提高文化市场服务效能推动文化市场繁荣发展】

根据文化部等部委的文件精神，省文化厅在充分调研的基础上，制定四川省网吧市场、游艺娱乐市场发展总量和布局规划，引导网吧、游艺娱乐经营场所合理布局。促进其规模化、品牌化发展，繁荣全省文化市场。打造演出、网络文化、艺术品等市场品牌。着力扶持九寨沟演艺群、德阳杂技团等四川民营演出品牌，打造省演出展览公司、成都演艺集团公司等演出经纪知名企业，重点宣传、推广《尘埃落定》、《红叶旅途》、《未来组合2008》、《5·12不能忘却的记忆》、《红军花》等优秀剧目；指导飞马画廊、蓝色空间画廊、K画廊、雅风画廊、千高原艺术空间等中国诚信画廊举办现当代艺术展及学术交流活动。蓝色空间画廊已在美国开设画廊。

2009年，全省网吧在总量没有增加的情况下，计算机终端数达到了62.9万台，增加2.9万台；全省娱乐场所大改小450余家，新增歌舞娱乐场所80余家，规模化成效显著。中国无线电音乐基地异军突起，网络音乐收入在2008年40亿元的基础上达到60亿元，成为网络文化的代表。

【强化文化市场管理规范文化市场秩序】

在新中国成立60周年和西部大开发10周年之际，先后开展了净化社会文化环境、网吧市场专项整治、文化市场经营场所消防安全专项整治、查处取缔黑网吧专项行动、查处取缔无证照游艺娱乐场所专项整治行动、动漫游戏市场专项整治、打击“假唱”专项行动、迎国庆保平安专项行动、净化社会文化环境专项大检查、查处取缔无证经营场所专项大检查等。查处违法案件1727件，罚款400多万元，停业整顿174家，吊销许可证22家；取缔无证电子游戏经营场所1840家；消除娱乐场所消防安全隐患400余家；取缔“黑网吧”500余家；经营场所整改1003家；查封违规机型、机种7600台，销毁6769台，依法取缔非法音像制品地下销售窝点16个，收缴非法音像制品200多万张（盒），确保了文化市场平安。其中，省文化厅的“9·19”假唱案成为全国首例打击假唱案件，被文化部评为“2009年度全国文化市场十大案件”。省文化厅，省文化厅稽查总队、双流县文化体育局都被评为办案有功集体，受到文化部的表彰，受到媒体的高度关注，全国200多家媒体予以报道，社会反响很大，中央电视台《综合频道》、《新闻频道》、《今日说法》栏目多次报道。

六、公共图书馆

【四川省图书馆新馆开工】

2009年12月23日，省图书馆新馆举行开工奠基仪式。四川省委副书记、省长蒋巨峰宣布工程开工，省委常委、省委宣传部长黄新初主持开工仪式，副省长黄彦蓉出席并讲话。省文化厅党组书记、厅长郑晓幸在开工仪式上致辞。省图书馆新馆项目位于成都市文化核心区天府广场西侧，总投资4.6亿元，占地17亩，建筑面积51000平方米。根据规划，建成后的四川省图书馆新馆将成为中国西部最大的公益性文献信息基地、数据中心、区域文献网络中心、专题文献研究中心和大众文化教育活动中心。

【积极开展图书馆标准化网络化现代化建设】

2009年，省文化厅党组按照省委书记刘奇葆关于“要重视图书馆事业，并努力实现馆藏条件的现代化，充分发挥图书馆服务各项事业的特殊作用”的指示精神，认真落实省委宣传部部长黄新初关于“暗器包书记批示做一次认真研究，提出方案”的批示，多次组织力量进行调研，形成了《四川图书馆事业发展规划》和《图书馆馆藏现代化方案》并上报省委、省政府。2009年，全省文化信息资源共享工程建设完成780个灾区板房文化站共享工程设备的安装调试并投入使用；2008年欠账的53个文化信息资源共享工程县级支中心设备安装到位，2009年底已全部投入使用。2009年，举办了全省文化信息资源共享工程培训班。在首届全国文化信息资源共享工程知识和技能竞赛中四川代表队荣获冠军。

七、博物馆事业

【西南第一大博物馆顺利开馆】

在省委、省政府的高度重视下，在社会各界的密切关注下，在省文化厅党组的领导下，省文物局带领省博物馆全体干部职工经过180天的奋战，完成省博物馆新馆主体工程和陈列布展工作，让沉寂8年之久的西南第一大博物馆于2009年5月9日顺利开馆并向公众免费开放。

四川博物院的顺利开馆，得到社会各界的广泛好评。目前，四川省博物院二期工程建设已基本竣工，部分楼层已陆续启用。

四川博物院开馆以后，一方面继续抓好对公众服务的工作，也注重业务工作的发展。对因新馆建设而落后文物数据库采集工作应头赶上，抽调70余名业务人员专门从事文物数据库采集工作（配备6套照相设备，布置6个摄影棚同时开展工作）。预计在2010年6月底完成馆藏珍贵文物数据采集工作。

【博物馆纪念馆免费开放工作成效显著】

2009年第二季度，省文化厅对2008年首批12家免费开放博物馆纪念馆经费使用情况进行了了解，同时配合省财政厅，测算2009年度首批12家免费开放博物馆纪念馆补助经费，按照2008年基数拨付中央下达的补助经费6615万元。第二批

39家博物馆、纪念馆免费开放的补助经费，中央补助经费已经下达。博物馆、纪念馆免费开放工作的实施，极大地拓展了博物馆的社会效益。自2008年以来，12家免费开放博物馆参观人数500万人次，同比增长1倍；四川博物院开馆以来，每天平均接待观众3000人次以上，极大的满足了群众的基本文化需求。

【灾后博物馆、纪念馆恢复重建进展顺利】

2009年8月19日，省政府第39次常务会议审议并原则通过了《北川、映秀、汉旺、深溪沟地震遗址遗迹保护及博物馆建设项目规划》。10月22日，省委书记刘奇葆主持召开四川省灾后重建委员会全体会议，会议审议并原则通过了省政府第39次常务会议有关决议，同意经费估算为9.36亿元，并提出自然、生态、简朴科学和旅游项目不纳入规划项目的决定。

按照灾后恢复重建规划，四川全省博物馆、文管所和中心库房恢复重建项目47个。其中，广元市朝天区文管所、广元市元坝区文管所、广元市剑阁县文管所和阿坝黑水县文管所4个单位的修复加固工作已经完成。德阳市绵竹市博物馆、德阳市汉源县文管所、阿坝理县文管所、阿坝小金县文管所4个单位的重建和雅安市芦山县博物馆的修复加固工作已经开工。

【第八次荣获“全国十大陈列展览精品奖”】

2009年10月，继三星堆博物馆、四川省博物馆、自贡恐龙博物馆、朱德纪念馆、邓小平纪念馆、峨眉山博物馆、杜甫草堂博物馆等博物馆、纪念馆荣获“全国十大陈列展览精品奖”后，由国家文物局主办，中国博物馆协会、中国文物报社承办的第八届全国博物馆十大陈列展览精品奖评选活动中，成都金沙博物馆基本陈列“走进金沙”在全国69个参赛展览中，收获了第三名的好成绩，获得“全国博物馆十大陈列展览精品奖”。

【组织编撰《天府藏珍——四川馆藏文物精华》】

2009年5月，省文化厅组织人员开始编撰《天府藏珍——四川馆藏文物精华》一书，介绍了从四川全省范围内遴选出的340余件一级文物和重要出土文物精品。该书于10月由四川科技出版社正式出版。为展示四川辉煌灿烂的文化遗产，组织编写了《全国重点文物保护单位——四川文化遗产》，得到了广大读者的欢迎和喜爱。

八、文物工作

【加强灾后重建推进灾后文物保护工作】

省文物管理局在文化厅党组的领导下，认真贯彻落实科学发展观，始终坚持“保护为主、抢救第一、合理利用、加强管理”的文物工作方针，扎实工作全力推进灾后文物抢救保护工作。在进一步督促各地加快对受损文物维修保护方案编制的同时，四川省文物管理局组织省内外优秀专家，召开了12次方案评审会，已完成39个极重灾县（市、区）不可移动文物抢救维修方案、规划共计171个，储备灾后不可移动文物抢救保护项目108项，占《汶川地震灾后恢复重建公共服务设计建设专项规划》中不可移动文物抢救保护项目总数的70%。

2009年，全省共下达了两批灾后文化遗产抢救保护基金，总数已达20.9223亿元，占国家核定24.22亿元的86.38%，落实援建资金69201万元。

【加强灾后工程检查加快工作进程】

省文化厅在完成43处文物保护单位第一期抢险加固工程和完成15处文管所、博物馆馆舍临时加固和馆藏文物清理工程的基础上，新开工13处文物保护单位和3处少数民族村寨的抢救保护工程以及4个文管所、博物馆建设工程。

2009年，全省灾后文物抢救保护工程项目开工78个，竣工17个，开工率为35.29%，竣工率为7.69%；完成投资额为1.8亿元；39个重灾县（市、区）已新开工13处文物保护单位和3处少数民族村寨的抢救保护工程。预计年内德阳、绵阳、成都、雅安、阿坝等地的20余个工程将陆续开工。

【“三普”工作走在全国前列】

2009年，省文化厅共召开了三普督导会议共25次，给国家文物局网站发送工作动态176篇，成果展示140篇，工作简报12篇，信息月报8期，给四川全省各市州及扩权县发放资料共31920份。

截至10月31日，全省共调查登记不可移动文物92667处，其中新发现79028处，复查13639处；调查登记消失文物4522处，四川全省普查完成率80.2%，共有61个县完成了实地文物调查，其中有一个县已验收合格。到2009年底，调查登记不可移动文物总量和新发现文物数量暂时排名全国第一。

九、文物考古与发掘

【第11次荣获“全国考古十大新发现”】

继三峡工程淹没区考古调查和发掘、长江三峡库区——丰都烟墩堡旧石器时代遗址、成都平原史前古城址群、华蓥南宋安丙家族墓地、忠县中坝遗址、三峡库区云阳李家坝遗址、四川成都全兴水井街酒坊遗址、四川成都古蜀船棺合葬墓、金沙遗址之后，绵竹剑南春天益老号酒坊遗址荣获“全国十大考古新发现”后，2009年3月，由国家文物局主办、中国考古学会承办、中国文物报社协办的第19届“全国十大考古新发现”评选活动，四川成都江南馆街唐宋街坊遗址入选，这是四川考古的又一重大发现，填补了成都考古的空白。

十、非物质文化遗产

【第二届非遗节成功举办】

经国务院批准，由文化部、四川省人民政府、联合国教科文组织主办，成都市人民政府、省文化厅、中国非物质文化遗产保护中心承办的第二届中国·成都国际非物质文化遗产节(以下简称“非遗节”)以“多彩民族文化，人类精神家园”为主题，2009年6月1～13日在成都市成功举行。这是自1972年中国恢复在联合国的合法席位以来，联合国教科文组织首次在我国参与主办的大型文化活动，31个国家常驻联合国教科文组织大使、联合国教科文组织代表专程来川出席活动。本届非遗节共组织六大类370多项节会活动，120余支国内外表演队伍和1000多个非遗项目参加表演，超过520万游客和普通市民直接参与，直接拉动社会消费54.2亿元。以其鲜明的主题，丰富的活动，广泛的参与，科学的组织，在国际国内产生了积极广泛的影响。中国成都国际非物质文化遗产节已经成为四川和成都的重要国际文化交流品牌，成为国内展示非物质文化遗产、增进文化交流与合作、促进保护事业发展的重要平台，成为展示人类文化多样性，促进相互了解和沟通的国际大舞台。

【非遗节永久落户成都】

第二届国际非物质文化遗产节以“多彩民族文化，人类精神家园”为主题，突出展示文化魅力，增进交流与合作，推动传承发展，在国际国内产生了积极广泛的影响。2009年8月，经文化部批准，中国·成都国际非物质文化遗产节永久落户四川成都。

8月28日，文化部以“办外函〔2009〕424号”回复省文化厅，同意与省人民政府每两年于全国“文化遗产日”期间在四川省成都市举办一届中国成都国际非物质文化遗产节。

【不断完善名录体系建设】

截至2009年底，全省共有国家级代表性传承人57人，省级项目代表性传承人575人；国家级非物质文化遗产保护名录105项，省级非物质文化遗产保护名录333项。经省非物质文化遗产保护工作专家委员会对全省申报的143个项目进行了认真遴选、科学论证、严格评审，并报经省政府批准，同意推荐“朵乐荷”等116个项目申报第三批国家级非物质文化遗产名录项目。

【“羌年”入选联合国教科文组织“急需保护的非物质文化遗产名录”】

2008年9月5日，省文化厅接中国非物质文化遗产保护中心通知，国家级非物质文化遗产“羌年”已入选中国向联合国教科文组织申报“急需保护的非物质文化遗产名录”的初选名单。省文化厅紧急启动申报工作的相关程序，成立了由厅主要领导牵头的领导小组，决定由省音乐舞蹈研究所担负“羌年”整个申报工作具体事务。经过大家的努力，“羌年”于2009年2月22日，通过国家专家的评审，入围中国向联合国教科文组织申报“急需保护名录”的正式名单。后又经联合国相关专家的评审，正式于2009年10月1日，在阿拉伯联合酋长国首都阿布扎比举行的联合国教科文组织保护非物质文化遗产政府间委员会会议宣布，来自中国的“羌年”被教科文组织遴选出，并首批进入该《名录》的遗产名单。

十一、灾后文化恢复重建

【灾后文化重建有序推进】

截至2009年底，全省已累计开工公共文化基础设施建设项目427个，占项目总数的38.2%，完成投资总额31754万元，占估算总投资的15.1%。完工33个文化项目。文化产业项目累计开工项目22个，累计完工项目10个，实际完成投资金180720万元。规划的2259个文化市场灾后恢复重建项目共2041个完成重建，经调整后文化市场受损的1575个经营网点已有1433个经营网点完成恢复重建，占恢复重建经营网点总数的91%。精神家园建设开工项目15个，项目开工率为年度目标的26.8%。已完成171个极重灾县（市、区）不可移动文物的抢救维修方案和规划，完成58处文物保护单位抢险加固和馆藏文物清理工程。

【四川灾后馆藏文物修复工作顺利进行】

“5·12”汶川大地震使三星堆博物馆馆藏文物受到较为严重的损坏。为修复保护受损的古陶瓷文物，中国文物保护基金会、四川三星堆博物馆和中国文物保护基金会古陶瓷基金管理委员会于2009年6月上旬共同发起了“保护文物、我们携手”的公益活动。6月12～27日，古陶瓷基金管理委员会修复中心组织的赴三星堆志愿者修复工作队克服了文物破损度高、部分器物质地过于疏松等不利条件，严格本着“修旧如旧、修复过程可逆”的方针，运用现代科技结合传统工艺，精心施工、各展绝技，确保了修复工程顺利进行。

2009年6月28日，在广汉市三星堆博物馆举行的纪念“三星堆发现80周年暨震后修复文物返还仪式”上，按照最高标准修复的第一批12件珍贵文物无偿交还给了三星堆博物馆。这批文物修复工作的顺利完成，标志着四川灾后馆藏文物的修复工作已全面展开。

贵州省

2009年，在党的十七大关于兴起社会主义文化建设新高潮精神的推动下，在贵州委省政府的正确领导和文化部的指导下，继续以科学发展观为指导，立足抓大事、议大事，注重长远规划，实施重点突破，在全省文化建设的多个方面取得了重要进展，进一步增强了抓好全省文化工作的信心和决心。

一、抓好精品剧目展演和重大文化活动，彰显艺术创作新活力

2009年，抓住庆祝新中国成立60周年暨贵州解放60周年全省优秀剧（节）目展演这一契机，进一步推动文艺精品的打造，在为人民群众提供丰富的精神食粮的同时，众多优秀剧目纷纷“走出大山”，数10年来第一次大规模地在全国甚至国际性舞台上集中亮相，充分展现了当前贵州省舞台艺术所取得的成绩和贵州文化的无穷魅力。如以享誉世界的贵州侗族大歌和富于神秘感的傩文化为背景，打造了大型民族舞剧《天蝉地傩》，2009年下半年演出后受到观众欢迎和国内著名艺术家的高度评价，被媒体誉为是继20世纪60年代精品舞剧《蔓萝花》之后贵州舞剧艺术的又一高峰，是贵州舞蹈艺术的新标杆。11月中旬，该剧应邀参加了文化部主办、上海市政府承办的第11届中国上海国际艺术节压轴演出，随后到浙江湖州、宁波等地进行了巡回商演，受到热烈欢迎，取得圆满成功。12月中旬，《天蝉地傩》又在第七届中国舞蹈荷花奖上一举夺得编导金奖、服装金奖、男主演表演金奖及剧目银奖，再次引起关注。还有黔剧《大学生村官》首次以评比形式入选全国地方戏优秀剧目展演；话剧《天地文通》于2009年12月初参加了第11届中国戏剧节（厦门）演出并喜获“剧目奖”，省话剧团团长、国家一级演员、男主演关放获单项“优秀表演奖”。这是中国戏剧节自1988年创办以来，贵州省唯一一台入选前往展演并获奖的剧目，成为戏剧节上的亮点；大型民族歌舞《多彩贵州风·山里的日子》、大型红色题材花灯剧《征人行》分别参加了文化部举办的“向祖国汇报——庆祝中华人民共和国成立60周年系列文艺活动”献礼演出，大型舞蹈《岜沙邦约生》参加2009CCTV电视舞蹈大赛并荣获银奖，等等。另外，在国庆期间，从全省范围遴选出16台优秀剧目在省会贵阳和其他市（州、地）集中进行展演，社会反响强烈。

在组织开展重大文化活动方面，由省文化厅牵头负责的贵州彩车参加首都国庆游行是2009年工作的一大亮点，展示了贵州的良好形象。在省委省政府领导的关心和部署下，省文化厅多次召开会议对彩车设计制作工作进行专题研究，协调解决有关困难和问题，经过全体彩车设计制作和表演人员的艰苦努力，贵州彩车得到了首都国庆彩车指挥部的充分肯定，被称为“精美的民族艺术品”，“属本次游行彩车中的上乘之作。”活动结束后，首都国庆游行指挥部授予我省彩车工作“创新成果奖”，“彩车设计制作奖”、“彩车最佳组织单位奖”、“优秀组织单位奖”、“支持贡献单位奖”等多项奖励，颁发了锦旗和奖牌，相关人员同时受到表彰。另外，省文化厅成功承办的庆祝新中国成立60周年暨贵州解放60周年大型国庆晚会“桂花开放幸福来”于2009年9月30日晚在省人民大会堂成功演出后，省委、省政府主要领导上台接见了演职人员，并祝贺演出取得圆满成功，晚会录像由贵州卫视进行了多次播放。

二、大力加强文化基础设施建设，公共文化服务体系逐步完善

2009年，省文化厅以国家扩大内需、加大对基础设施建设的投入为契机，继续以相关文化惠民工程为抓手，不断加强全省文化基础设施建设。在文化信息资源共享工程方面，2008年30个县级支中心的准备工作及配套经费全面落实，同时完成了18369个文化共享工程村级点的设备安装、调试任务。2009年的25个县级支中心建设任务将在国家下达贵州省建设资金后立即启动。在乡镇综合文化站建设方面，2008年下达的313个建设项目已基本完成，2009年新增的400个建设项目大部分已开工建设，争取在2010年上半年全部完成。另外，完成了全省所有地、县级公共图书馆的评估工作并报文化部。10个社区的文化活动室设备采购及安装任务全部完成。2009年9月底，"贵州数字图书馆"正式开通，标志着为公众提供文化服务的能力进一步增强。

三、持续推进文化遗产保护工作，文化传承成效显著

文物保护工作方面，一是文博公共文化服务体系建设实现新跨越。在省博物馆、遵义会议纪念馆等6家单位列入2008年全国免费开放的博物馆、纪念馆的基础上，在各级财政的大力支持下，2009年贵州省先后又有33家博物馆、纪念馆向社会免费开放。被列入免费开放的博物馆、纪念馆都相继对内部设施和服务进行了提升改造。另外，投资近4个亿的省博物馆新馆建设已进入开工准备阶段。二是全省第三次文物普查工作积极推进。第三次全国文物普查工作从2007年4月启动，到2011年12月结束。截至目前，全省普查完成率为67.9%，共普查不可移动文物7798余处，其中新发现文物点4805处，复查文物点2993处，普查工作成效显著。三是启动了渝黔、贵广快速铁路沿线文化遗产与文化产业发展战略规划的编制，文化遗产直接服务于经济建设的力度进一步加大。规划范围是渝黔、贵广快速铁路沿线经过的遵义、贵阳、黔南、黔东南等地级行政单位，以及上述市、州内距中心城市1小时车程的县、市；规划内容涉及渝黔、贵广快速铁路沿线文化遗产保护重点、文化产业重点布局、文化产业发展模式、文化遗产保护与文化产业发展重点项目等；规划突出文化遗产核心价值在文化产业发展中的作用，文化产业发展对规划区域经济社会发展的作用；规划时限以2008年为规划基准年，规划期为2010～2015年。四是文物保护利用工作成效显著。继续对以传统工艺为特色的雷山县控拜村进行指导完善，发挥其在村落文化景观保护方面的示范作用，彰显文化遗产保护新理念。大力推动荔波水利大寨的保护和利用工作。推进传统民居保护和适居性改造工作。对遵义市境内高速公路沿线村寨进行优秀传统文化的挖掘、保护和弘扬，全面推动文化遗产保护和新农村建设。另外，在各地上报的基础上，编制了95个今后一段时期的文物重点保护项目。

在非物质文化遗产保护工作方面，第三批省级非物质文化遗产名录共147项（220处）于2009年9月30日由省政府公布，从中遴选出的104项（142处）已作为第三批国家级非物质文化遗产项目向文化部申报。总体上看，贵州省中央、省、市（州、地）、县（市、区、特区）四级名录体系建设成绩突出，名列全国前矛，贵州已经成为名副其实的非物质文化遗产资源大省，这也是文化软实力的重要体现。特别值得一提的是，经过努力，"贵州侗族大歌"于9月30日被联合国教科文组织批准列入了《人类非物质文化遗产代表作名录》，上升到了国际保护平台，成为了全世界人民共同享有的非物质文化遗产，同时也填补了贵州省世界级文化遗产名录的空白，全省上下为之骄傲自豪。此外，全省非物质文化遗产普查工作也顺利完成。

四、加强文化市场监管，促进文化产业发展

在文化市场管理方面，制定了全省网吧总量布局规划，进一步规范了全省网吧管理工作。同时，努力推进和完善网络文化市场计算机监管平台，建立健全长效管理机制。深入调研考察，学习外省市游艺娱乐场所的先进管理经验，在此基础上开展了全省游艺娱乐场所调查和清理工作。与中国演出家协会、贵阳市政府共同成功主办了以"科学发展、文化创新"为主题的"2009中国（贵阳）国际演出交易会"，来自全国各地的600余名演出界人士参加了交易会，进一步带动了全省演出市场的发展。

文化市场监管方面，2009年，全省文化系统共出动执法人员30693人次，检查各类文化经营场所29830家；收缴非法音像制品706321张（盒），收缴非法书报刊61087册，收缴电子游戏电脑版2856块；取消文化经营户资格143户，移交司法机关立案处理5人，罚款176万余元。从3月份开始，重点开展了为期7个月的“全省网吧集中整治专项行动”，逐步规范经营行为，净化社会文化环境。经过努力，全省网吧违规接纳未成年人、超时经营、登记不规范（不落实）等违规行为得到有效遏制，市场经营秩序明显改观，全省文化市场呈现持续、健康的发展势头。

在文化产业发展方面，一是争取对重要演出场馆的支持。在省委、省政府领导的亲自关心下，省发改委已于2009年12月底批复省北京路影剧院改造项目正式立项，目前正在完善相关手续，落实项目经费；协调指导对省人民剧场实施引资改造。二是通过网络媒介加大对安顺兴伟文化产业发展有限责任公司等国家级文化产业示范基地的对外宣传力度，努力发挥基地在发展文化产业方面的引领示范作用。三是认真开展动漫企业认定工作。为贯彻落实文化部、财政部、国家税务总局有关文件精神，做好动漫企业认定管理工作，省文化厅牵头成立了“贵州省动漫企业认定管理工作办公室”，并与相关厅局联合下发了文件。另外，文化部“原创动漫扶持计划（2009）”的申报工作也正在开展之中。四是积极参加了深圳国际文化产业博览会等文化产业会展工作，建立完善了我省文化系统文化产业项目库，积极为文化企业发展壮大创造条件。

五、持续开展对外文化交流，“走出去”成效显著

2009年，省文化厅在继续实施“走出去”战略，将贵州民族文化推向世界方面同样成效显著。全年对外及对港澳台文化交流项目共23起367人次。涉及欧美和东南亚等12个国家和中国香港、台湾地区。如组团参加了西班牙国际民间艺术节、希腊第15届国际音乐舞蹈节、2009维也纳春季世界合唱音乐节；在奥地利举办了“中国贵州少数民族美术展”；继续扶持遵义杂技团赴菲律宾、美国等地进行商演，开拓国外演出市场。同时，与港澳台的文化交流项目也逐步增加。如组织省歌舞团一行35人参加了香港“天后宝诞会景巡游”活动；率贵州画院学术交流团赴台交流考察，增进了两岸艺术家的相互了解和友谊；还与省文史馆共同组织文化交流访问团赴台举办了“海峡两岸贵州同乡书画联展”，等等。

六、稳步推进文化体制改革，文化创新能力逐步提升

一是积极推进贵州京剧院挂牌成立后的相关后续工作。组织拟定了岗位技术考核标准和相关考核办法，上岗考核工作正在积极推进。二是按照中央和省里深化文化体制改革的安排部署，我们按照既要积极又要稳妥的思路，实事求是地分析省直文艺院团面临的实际困难，并积极向省里反映，研究提出了省直文艺院团和其他文化单位体制改革的总体部署。2009年12月18日，由贵州省杂技团转企改制组建的贵州省杂技团有限公司和由贵州省文化演出中心转企改制组建的贵州省演出有限责任公司挂牌成立仪式在贵阳大剧院隆重举行，标志着省直文艺院团和相关文化单位的改革取得了重大进展。三是在省有关部门的支持下，将省歌舞团提升改造为贵州民族歌舞剧院，并在人才建设和硬件投入等方面得到明显加强；四是深化公益性文化事业单位内部机制改革。先后启动并完成了省图书馆和省博物馆的内部机制改革工作，等等。

2009年，省文化厅在文化建设上取得了较好成绩，工作上不乏亮点。同时，从贯彻落实科学发展观的高度，与满足广大人民群众日益增长的文化需求、推动全省文化大发展大繁荣的目标相比，工作还有差距，还需要继续加大工作的力度。例如：如何继续深入挖掘贵州省民族文化的丰富内涵、促进文艺精品的打造方面，仍然需要深入思考、大胆探索、积极实践；公共文化服务体系建设方面，在文化基础设施逐步“硬起来”的同时，如何加强内容建设，向人民群众提供高质量的文化服务，还需要继续努力；文化遗产保护方面，如何实现保护和发展的双赢，仍然需要在理论与实践的双重结合中积极探索、大力推进；面对日益活跃的文化市场，监管手段和能力也需要进一步提升；特别是在发展文化产业方面，思路还不够宽，措施还不够实，在这方面的工作力度还需要进一步加大，等等。所有这些，都需要在今后的工作中不断加强、不断改进。下一步，我们将继续加大对各方面人才的培养使用力度，继续争取国家和省里对文化建设的投入，不断解放思想，真抓实干，为推动全省文化大发展大繁荣作出新的更大的贡献。

云南省

2009年，在云南省委、省政府的领导和文化部的指导下，全省文化系统紧紧围绕建设民族文化强省的战略目标，以实施文化建设三年促进计划为抓手，按照“立足全局抓政策，整合资源抓合力，突出农村抓特点，创新工作抓亮点，围绕项目抓落实”的思路，全面推进文化建设，取得明显成效，继续保持了加快发展的良好势头。

一、公共文化建设取得新突破

大力推进文化信息资源共享工程建设，建成县（市、区）支中心50个、基层站点407个，累计建成县（市、区）支中心91个、基层站点682个。大力推进基层文化设施建设，建成乡镇综合文化站200个，在建361个；安排维修改造图书馆9个、文化馆4个、文工团（队）9个。在全国首创“文化信息资源共享工程农民素质教育网络培训学校”，已挂牌407所，培训农村致富带头人近3000人。大力扶持克木人、莽人文化建设，投入资金240万元，安排建设村文化活动室20个。2009年，共争取国家补助资金1.53亿元，省级投入5343万元，用于基层文化基础设施建设和设备购置。

组织实施“云南省文化大篷车千乡万里送戏行”活动，已赴23个县158个乡镇演出169场，深受农民群众的欢迎；举办云南省第六届民族民间歌舞乐展演，推出一批优秀节目和人才；举办首届云南少数民族酒歌大赛，是我省规模最大、参加队伍最多的一次少数民族酒歌展示；举办“辉煌60年·云南省红色文化系列活动”；启动首批“文化惠民示范村”创建活动；开展全国和省级文化先进县复评工作、图书馆和乡镇文化站评估定级工作；举办省图书馆百年馆庆、省考古所成立50周年庆祝活动。

二、艺术创作保持繁荣发展的强劲势头

花灯剧《梭椤寨》获得第11届全国“五个一工程”奖及第三届全国地方戏优秀剧目展演一等奖，是云南省地方戏剧有史以来获得的最高奖项；杂技《流星》获第二届西班牙国际马戏节杂技比赛最佳青年演员奖；群舞《阿细跳月》获第八届全国舞蹈比赛文华奖表演铜奖和第五届CCTV舞蹈大赛铜奖；群舞《田棚细语》获第七届中国舞蹈“荷花奖”表演铜奖；群舞《烟盒变奏》获第七届中国舞蹈“荷花奖”编导铜奖；花灯小戏《冤家亲家》获第三届中国戏剧奖小戏小品奖“观众最喜爱的小戏奖”和优秀导演奖；话剧《我的西南联大》、京剧《白洁圣妃》、歌舞《舞彩云》、花灯剧《梭椤寨》、杂技剧《雨林童话》及大型文艺晚会“七彩颂歌”、“爱在天地间”、“南疆军旗红”、“希望的田野”获第五届“云南文化精品工程”优秀作品奖；花灯《山上的嫂子》、《审村长》、《憨憨戏主》获云南文艺基金贡献奖；省花灯剧团优秀青年演员高洪章获云南省流行歌曲创作大赛三等奖、杨慈获“金钟奖”云南赛区选拔赛一等奖；赵力中美术作品入选国家重大历史题材美术创作工程，中国画《红土地·云之南》获第11届全国美术作品展览获奖提名，中国画《写意云南·男人》、《加油站》、《梅里雨晴图》和油画《高原行旅》获第11届全国美术作品展览入选奖，是云南省近年来入选全国美展人数最多的一年，在全国同级别的画院中排名前列。

歌舞《彩云放歌》在第17届昆交会暨第二届南亚国家商品展上成功演出，受到南亚国家领导人的高度赞誉；《我的西南联大》应邀赴北京大学、南开大学巡演，在高校师生中引起热烈反响；配合省委宣传部在北京成功举办首届中国聂耳音乐（合唱）周，产生良好影响；高质量完成国庆彩车的设计、制作和展演，较好地展示了云南60年来的发展和各民族的精神风貌；红河州歌舞团创演的大型歌舞《红河彩韵》赴京参加庆祝新中国成立60周年献礼演出，受到广泛好评；面向全国公开征集剧本，共收到剧本106个；与省电视台共同组织“云之南”艺术团赴农村、厂矿、灾区、高校等慰问演出，与都市时报共同开展“新中国·星云南”以成就见证新中国成立60周年评选活动，与省直有关部门赴香格里拉县共同开展了文化科技卫生“三下乡”集中示范活动；策划和组织了一系列庆祝新中国成立60周年文艺演出及纪念关肃霜诞辰80周年系列活动。

三、文化遗产保护工作成效明显

在物质文化遗产保护方面。一是文物普查工作取得重要成果，全省参加普查人员有2700多人，投入经费4256万元，调查登记不可移动文物15047处，其中新发现11184处，极大地丰富了云南文化遗产的数量和类型。二是争取国家补助经费3739万元、省级投入909万元，启动姚安地震灾区文物保护工程，实施云南濒危建筑抢救工程，完成文物维修项目28个，编制文物保护单位保护规划9个。三是配合大型基本建设，完成水电、公路、铁路等55项工程的考古勘探、调查工作；完成澄江金莲山第二次考古发掘工作；省文物考古研究所主持发掘的剑川海门口遗址入选“2008年度中国十大考古发现”。四是启动了5个州市和10余个县级博物馆建设，全省博物馆、纪念馆由2008年的64个增加到129个，博物馆网络体系初步建成；完成全省博物馆评估定级工作，其中省博物馆、云南民族博物馆被评为国家一级博物馆，昆明市博物馆等30家博物馆被评为国家二、三级博物馆；积极推进博物馆免费开放，争取中央财政补助经费1243万元、省级配套经费155万元，云南省38家公共博物馆、纪念馆实现了对社会的免费开放。五是完成了《丽江古城保护状况报告》和《丽江古城突出普遍价值真实性声明》并提交第32届世界遗产委员会审议。同时，组成云南省文化遗产代表团，协助国家文物局对大会提出的丽江古城保护状况的质疑进行说明和陈述。六是红河哈尼梯田申报世界文化遗产工作受到国家文物局的高度重视，已列入我国近几年申遗项目；正式启动了申遗保护规划和申报文本的编制工作，申遗工作进入实质性操作阶段。七是成功举办云南省首届“文化遗产保护与经济社会发展论坛”，对提高云南省文化遗产的开发和利用水平起到了积极的促进作用。八是开展文物信息数据中心建设，文物普查和馆藏文物信息数据录入工作快速推进。

在非物质文化遗产保护方面。省政府公布第二批省级非物质文化遗产保护名录133项，省级名录已增加到301项；制订国家级和省级非物质文化遗产保护项目年度保护计划和实施方案35个；在云南民族村、西双版纳傣族园、西双版纳民族职业中专等地建立了省级非物质文化遗产传承基地，新建非物质文化遗产保护传承示范点和传习所20个，累计建成75个；有19人列入第三批国家级非物质文化遗产传承人，全省共有国家级传承人51人；完成大理白族文化保护实验区、香格里拉多样性文化生态保护区申报全国十大文化生态保护实验区工作和火把节、绕三灵、傣剧申报世界人类非物质文化遗产代表作名录工作；开展非物质文化遗产知识（技艺）“进校园、进课堂、进教材、进社区、进农村文化广场”活动，有10位民间艺人被聘为大学客座教授；继续开展古籍普查和数据库建设，做好第二批国家级古籍重点名录和重点古籍保护单位申报工作；落实省级非物质文化遗产传承人生活补助，帮助开展传习活动；组织我省非物质文化遗产传承人和项目（节目）参加全国非物质文化遗产传统技艺大展、全国传统手工技艺生产性保护论坛、全国少数民族音乐舞蹈展演、成都国际非物质文化遗产节、深圳“云南风情周”活动；举办小龙四方街传统技艺大展、第六届民族民间歌舞乐展演、“云南记忆——非物质文化遗产传统技艺大展”以及“非遗画忆——云南省美术作品展”，以上活动受到了专家和社会各界的好评；召开全省民族传统文化保护区建设经验交流会议，举办全省非物质文化遗产保护工作培训班。

四、文化产业发展出现了新景象

我省国家文化产业示范基地发展势头良好，一批文化企业迅速成长。《云南映象》姊妹篇《云南的响声》采取商业运作模式，取得了首轮巡演50场的好成绩；《丽水金沙》在苏州推出续作，成功进军省外演艺市场；云南中天文化产业股份有限公司运作的“文化空间”大型文化产业项目顺利启动；云南柏联和顺旅游文化发展有限公司打造的和顺古镇旅游文化项目，游客人数和收入大幅上升；昆明福保文化城有限公司成功承办“第二届中国民间艺术节”；世博吉鑫集团继升级“吉鑫宴舞”、“勐巴拉娜西”大型民族歌舞表演之后，在海南三亚成功推出“浪漫天涯”大型歌舞晚会，集团规模迅速扩大；中和东方文化产业发展有限公司出品的大型原创歌舞集《香格里拉记忆》成功首演；云南民族民间工艺品交易市场作为云南优秀工艺品交易集散中心的地位进一步凸显。

文化系统文化产业发展加快，成效明显。由省杂技团创作的民族主题杂技，赴法国进行为期半年的商业演出，这是该团首次以整团形象开拓国外演出市场；省话剧团与君远房地产有限公司共同打造的音乐剧《丽江情人》即将推向市场；省歌舞剧院打造的大型旅游歌舞晚会“梦幻腾冲”已经进行试营业演出；云南文化艺术职业教育集团挂牌成立，成为云南省目前规模最大的职教集团。

大力推动云南省文化企业“走出去”。积极组织我省较有优势的民族工艺类和演艺类文化企业参加省外大型文化会展，以展促销。全年组织了上百家（次）文化企业和近200人（次）的企业家，先后参加了义乌文博会、东北文博会、宁夏文博会、上海国际艺术节演出交易会、北京文博会等大型文化会展。同时，成功举办“2009年第二届昆明国际工艺品暨旅游文化纪念品博览会”。

积极发展动漫产业，开展全省首次动漫行业的摸底调查，制定下发了《云南省动漫企业认定管理办法》，举办了全省首届动漫产业发展高级研修班。

五、文化体制改革有了实质性进展

根据中央和省委、省政府的部署要求，认真贯彻落实“云发〔2009〕12号”文件精神，结合省属文化事业单位实际，在调查研究、多方论证的基础上，按照“三种性质、五个类别”全面启动厅直属单位深化文化体制改革工作。目前，云南民族文化音像出版社已转企改制为云南民族文化音像出版社有限责任公司；省文化市场综合行政执法总队已挂牌成立；云南艺术剧院、省歌舞剧院、省杂技团、省文物总店转企改制工作进展顺利；公益性文化事业单位及目前暂时保留事业体制的文艺演出院团内部3项制度改革加快推进；云南文化艺术中心、昆明聂耳交响乐团组建工作进入具体操作阶段。

六、文化市场管理进一步规范

深入开展净化社会文化环境专项整治行动，成效明显。全省共出动文化市场行政执法人员57928人次、检查文化经营单位53644家次、停业整顿198家，配合工商部门取缔无证经营103家。完成全省网络文化市场计算机监管平台建设，实现对全省3620家网吧、26万余台计算机终端的实时监控；继续推进“绿色上网专区”试点工作，全省新建“绿色上网专区”10个，累计建成14个；加强“五老”网吧义务监督员队伍建设，全省建有“五老”网吧义务监督员队伍50多支2400多人，已成为对网吧实施社会监督的一支重要力量；完成两家互联网文化经营单位的初审并报经文化部批复同意，审批演出经纪机构5家，审批涉外、涉港澳台营业性演出41台；举办演出经纪人培训班，有67人经培训合格取得资格证书；强化娱乐场所管理，规范演出市场秩序，针对突出问题开展了专项整治。

七、对外文化交流不断扩大

派出对外文化艺术团组和个人24起357人次，分别出访14个国家；接待外国文化艺术团组及个人10起100人次，分别来自8个国家。其中：云南艺术代表团参加我国在芬兰举办的民乐节“中国年”活动，玉溪市花灯剧团赴日本参加中日韩文化交流演出，昆明市红叶少年合唱团赴法国参加第20届欧洲管弦乐艺术节，省对外文化交流协会艺术团赴奥地利维也纳金色大厅举办“东方百灵·多彩云南”音乐会，省杂技团赴西班牙参加第二届西班牙国际马戏节等，较好地向世界展示了云南民族文化。派出对港澳台文化交流团组和个人9起370人次；接待港澳台文化交流团组和个人4起18人次。其中：玉溪滇剧团、省杂技团、曲靖市麒麟区歌舞团首次组团赴台湾演出，是大陆赴台湾规模最大、时间最长的一次艺术展示，受到国台办和文化部的高度评价，并在台湾宝岛产生“云南文化”的影响；省花灯团、文山州民族歌舞团赴香港参加国庆60周年庆祝演出；西双版纳州南传佛乐团赴港澳参加国庆60周年庆祝活动等，为增进云南与港澳台文化交流与合作发挥了积极作用。

八、重大文化设施项目建设进展顺利

作为云南省标志性文化设施建设项目的省博物馆（新馆）实际完成投资2.51亿元，基础工程已开工建设；云南文化艺术中心（云南大剧院）实际完成投资2000万元，完成设计方案的开标和评审工作；云南艺术家园区项目实际完成投资3000万元，完成修建性详细规划方案编制。同时，作为省属文化系统重点文化建设项目的云南文化艺术职业学院危房改扩建取得突破性进展，已完成危房拆迁工作；省话剧团搬迁新建工作已完成用地申报手续；云南民族文化传习学校建设已完成可行性研究报告。

九、文化人才队伍建设得到加强

与省教育厅、省民委、省人保厅在全省范围内共同组织实施“云南省文化艺术人才培养工程”，力争用5年时间使全省具有影响的各类文化艺术人才占到总数的10%，并培养一批能代表云南25个民族、特别是16个特有民族和7个人口较少民族的文化艺术人才。与上海市文广局达成文化人才培养合作协议，并举办了“文化产业发展与文化经营管理培训班”。完成对全省1400多名乡镇文化站站长的任职资格培训，履职能力和综合素质明显提升。举办全省文化经营管理人才及动漫创意经营人才高级研修班、全省文化系统戏剧（戏曲）创作高级研修班，对厅直属单位638名专业技术人员和管理人员进行了素质教育培训。

积极开展深入学习实践科学发展观活动“回头看”工作，巩固和扩大了学习实践活动成果；开展了对省文化厅联系的41个新社会组织深入学习实践科学发展观活动的督促指导，取得较好成效。进一步加强直属系统党的建设，认真落实党建工作目标责任制，开展“个人形象一面旗、工作热情一团火、谋事布局一盘棋”主题实践活动和群众评议机关作风活动，直属系统的作风和干部的精神面貌有了明显变化。党风廉政建设扎实推进，为文化建设与发展提供了坚强的政治组织保证。积极推进了惩治和预防腐败体系建设，认真落实党风廉政建设责任制；组织开展了主题教育、警示教育活动等；加强了对重点工程建设的监督，开展了“小金库”专项治理工作，对中央扩大内需有关文化建设项目进行实地督查；在直属系统试行兼职纪检员工作制度，组建了一支由26名党员干部组成的兼职纪检队伍。文化政策法规工作、老干部工作、文化信息宣传工作、综治工作等进一步加强，取得了新的成绩。

十、重要活动、重大事件

【《关于加强农村公共文化服务体系建设的意见》出台】

2009年1月8日，云南省委办公厅、省政府办公厅以1号文件下发了《关于加强农村公共文化服务体系建设的意见》（以下简称《意见》）。这是党的十七届三中全会召开后，在全国各省、自治区、直辖市中第一家以省委、省政府“两办”名义出台的关于农村文化建设的文件，是新时期云南全面加强农村文化建设的重要政策性、指导性文件，也是近10年来云南在农村文化建设上有明确规定的加大财政投入力度最大的文件。《意见》在农村文化建设的各个方面都有新举措和新要求。其中，富有创新性的举措有4项，开创了“四个首次”。首次安排农村“文化惠农”活动补助经费：从2009年起，云南省级财政每年按照农民人均0.5元的标准安排文化惠农活动补助经费，用于农民享有文化基本权益的活动补助，云南省级财政每年将新增投入1750万元，专门用于扶持边境、藏区和贫困地区农民开展丰富多彩的文化活动。首次决定选派文化副县（市、区）长、副乡（镇）长：组织、人事、宣传、文化部门每年要从懂文化政策、有工作实践经验、德才兼备的干部中，选派一批文化副县（市、区）长、副乡（镇）长，主要负责文化建设工作。从2009年起，云南各级将分批向有关县（市、区）、乡（镇）选派文化副县（市、区）长、副乡（镇）长。首次提出给民间艺人评定职称：2009年，云南将首次开展民间艺人职称评聘试点工作。同时加强对非物质文化遗产传承人的保护和扶持，由各级政府每月给予适当的生活补助。2008年，云南省级财政按照每人3000元标准，向581名省级非物质文化遗产保护项目代表性传承人发放了生活补助。首次规定乡镇综合文化站及工作人员实行“双重管理”：乡镇综合文化站履行宣传政策、信息服务、文化能人培养、科普培训、协管农村文化市场、活跃群众文化等职能，其业务由县（市、区）文化部门指导，日常工作由乡（镇）主管、县（市、区）文化主管部门协管；调动和调整乡（镇）综合文化站工作人员，要与县（市、区）文化主管部门协商。《意见》同时规定，对乡镇综合文化站专职管理人员实行上岗前培训制度，每3年对全省文化系统干部进行一遍轮训。

【杂技《璇——蹬人流星》获国际大奖】

第二届西班牙国际马戏节于2009年2月19～23日在西班牙中东部城市阿尔瓦塞特市举行，共有来自中国、俄罗斯、西班牙、德国、墨西哥和古巴等11个国家的80余名马戏和杂技选手参加。由云南省杂技团创作的新作《璇——蹬人流星》，把流星和蹬人这两个颇具技术含量的杂技技巧进行全面地创新，使两种看似没有关联的技巧有机地合二为一，并在设计上融入了倒立技巧，让节目的表现更具观赏性和层次感，最终在第二届西班牙国际马戏节中获最佳青年演员奖。

【云南省“文化大篷车·千乡万里送戏行”活动启程】

为解决农民看戏难的问题，“文化大篷车·千乡万里送戏行”活动于2009年7月5日正式拉开的帷幕。此次“文化大篷车·千乡万里送戏行”以云南省文化厅直属六院团为主，组成六个演出分团，将用5年的时间走遍全省1367个县、乡（镇），每年紧扣省委、省政府的中心工作确定2009年的主题，保证每个月都有演出分团在乡镇演出。截至12月底6个分团共奔赴了昆明、大理、玉溪、楚雄、普洱、德宏、昭通、曲靖等州（市）的24个县，157个乡镇，为各地送去精彩演出188场，惠及观众近30万人次。

【哈尼梯田申报世界文化遗产】

2009年7月9日，云南省政府高峰副省长率省文化厅、省文物局，红河州委、州政府及有关部门的主要领导赴国家文物局专题汇报红河哈尼梯田保护、管理和申报世界文化遗产工作。9月29～30日，国家文物局单霁翔局长赴哈尼梯田进行调研。同时，启动哈尼梯田申遗保护规划和申报文本的编制，申遗工作进入实质性操作阶段。12月21日，国家文物局在北京召开全国文物局长会，单局长在会上做工作报告时，将哈尼梯田与河南嵩山、杭州西湖、丝绸之路、大运河列为近几年申遗项目。

【第二批省级非物质文化遗产项目公布】

2009年7月，为弘扬优秀民族文化遗产，加强对非物质文化遗产项目的保护，云南省政府公布了第二批省级非物质文化遗产项目共计13个类别133项，其中民族医药、云南围棋制作技艺、民族民间体育竞技、过桥米线等云南特有项目入选省级非物质文化遗产名录。

【云南省娱乐业协会成立】

为促进行云南省娱乐业健康发展，由省文化厅批复同意的云南省娱乐业协会于2009年8月6日，在连云宾馆宣告成立，举行了第一次会员代表大会。来自全省各州市娱乐业界72名会员中的69名代表，在省文化厅、省民政厅的监督下，由协会筹备组提名，经过无记名投票选举产生了云南省娱乐业协会第一届理事会理事和常务理事、会长、副会长、秘书长，通过了《云南省娱乐业协会章程》。省文化厅副厅长黄丕义到会对协会的成立表示祝贺。云南省娱乐业协会是继省演出协会、省音像协会、省网吧协会后批复成立的第4个行业协会。

【缅甸政府文化代表团访问昆明】

应中国文化部邀请，由文化部长钦昂敏率领的缅甸政府文化代表团一行4人于2009年8月16～23日访华，并于8月21～23日访问了云南昆明。云南省人大常委会副主任杨保建、省文化厅厅长黄峻和石林县副县长毕春华分别会见、宴请了缅甸政府文化代表团，并介绍了云南丰富多彩的民族文化艺术，以及云南与缅甸的文化交流状况，希望进一步发展云南与缅甸的文化交流与合作。访昆期间，代表团考察云南民族文化保护和农村文化工作，并与云南省文化厅讨论了发展缅甸与云南文化、艺术、文物交流的意向。

【《云南映象》献演台湾】

2009年8月29～30日，云南舞蹈家杨丽萍带领88位《云南映象》剧组成员赴台参加文化部举办的“海峡两岸艺术周”，在台北小巨蛋为台北观众奉献了一场原生态歌舞盛宴。此次《云南映象》为9月5日开幕的第21届台北听障奥运会暖场。演出期间，听说“8·8”水灾使台湾省的少数民族同胞蒙受了巨大损失，演出团团员们感同身受，尤其关心他们在重建家园过程中对自身文化的保护，都希望能够尽点心、出点力。剧组成员积极响应赈灾捐款，捐出15万人民币演出费给台湾灾区，以帮助灾区人民重建家园。

【首届中老越三国丢包狂欢节】

2009年10月2～4日，“首届中老越三国丢包狂欢节”在江城县成功举办。这次活动分魅力江城、原色江城、狂欢江城、美食江城、传情江城五大板块、17个项目共计25项活动。把三国的体育与文化、文化和经济、艺术与生活充分融合，并把少数民族艺术、群众文化、经贸洽谈等融入了节庆的主题中。此次活动共接待老挝、越南以及国内代表团共计122个，国内外游客达3万多名，收入达420万元。在推出的42项招商项目中，有26家国内外企业参与洽谈，实现招商引资总额达7.3亿元。

【第八届全国舞蹈比赛】

为进一步推动我国舞蹈艺术的繁荣和发展，发现、鼓励优秀编创、表演人才，由文化部主办，湖北省文化厅承办的第八届全国舞蹈比赛于2009年11月在湖北省武汉市举行。云南代表队共推荐26个作品参加比赛，9个作品进入比赛决赛。由云南省红河哈尼族彝族自治州歌舞团创作的群舞《阿细跳月》荣获文华舞蹈节目表演三等奖；由云南省昆明市民族歌舞剧院创作的群舞《河灯祈福》获得文华舞蹈节目优秀创作奖。

【云南省图书馆建馆百年】

11月14日，云南省图书馆迎来了建馆100周年华诞。这是云南首家文化单位迎来“百岁生日”，是云南文化发展进程中的一件大事。11月15～16日举行了“云南省图书馆百年馆庆系列活动”。全国政协副主席、中国文联主席孙家正，云南省委书记白恩培，省委副书记、省长秦光荣，国际图联主席埃伦·苔丝、秘书长詹妮弗·尼克尔松发来贺信贺电。中纪委委员、文化部党组成员、中纪委驻文化部纪检组组长李洪峰，中国文联名誉主席、文化部原党组书记、代部长周巍峙，云南省委常委、省委宣传部部长张田欣，省人大常委会常务副主任晏友琼，省人民政府副省长高峰，云南省政协副主席顾伯平，省老领导梁公卿、王义明，文化部社会文化图书馆司副巡视员孙凌平，文化部民族民间文艺发展中心主任李松，国家图书馆馆长詹福瑞，文化部全国文化信息资源建设管理中心主任张彦博，中国社会科学院图书馆馆长杨沛超等出席庆典。省文化厅厅长黄峻主持大会。云南省图书馆是中国最早建立的公共图书馆之一，也是中国西南地区建馆最早的图书馆。100年来，云南省图书馆扎根祖国西南边陲，立足云南丰厚而绚丽的民族文化资源，始终以“启迪民智，传承文明”为己任，为弘扬优秀的民族传统文化，满足边疆各族人民群众不断增长的精神文化需求。100年来，云南省图书馆与时代同进步，与民族共命运，逐步从一个藏书楼式的近代图书馆发展成为设施先进、功能齐全、资源丰富、服务优质的现代化图书馆，发展成为云南省传播现代文明、启迪民众智慧、促进知识创新的重要平台。

【云南省首届“大家乐”群众文化广场舞蹈大赛】

2009年12月2～3日，云南省首届“大家乐”群众文化广场舞蹈大赛优秀节目展演在昆明举行。来自全省16个州市经过初赛、复赛层层选拔的1100名业余演员，46个优秀节目参加了决赛。经过评奖委员会认真评选，共有8个节目荣获金奖、16个节目荣获银奖、22个节目荣获铜奖；有6个州市文化局荣获优秀组织奖、10个州市文化局荣获组织奖。这也是云南省2009年组织开展的全省性具有较大影响力的大型主题群众文化广场活动。展演以丰富多彩、生动活泼、雅俗共赏的广场舞蹈形式，带动了当地村镇文化、街道文化、校园文化、家庭文化、企业文化的蓬勃开展。

【云南民族文化音像出版社有限责任公司成立】

2009年12月25日，省文化厅在昆明文化科技大楼前举行“云南民族文化音像出版社有限责任公司”揭牌仪式。云南省委宣传部常务副部长、省文产办主任尹欣和云南省文化厅党组副书记、副厅长花泽飞共同为该公司揭牌，并向该企业法定代表人授印；云南省工商行政管理局副局长曹阳向公司颁发了企业法人营业执照。揭牌仪式由云南省文化厅党组成员、副厅长黄玲主持。云南民族文化音像出版社有限责任公司前身是云南民族文化音像出版社，成立于1993年。多年来，该社制作、出版和发行了1300多种以弘扬云南民族文化为主要内容的音像制品。为抢救和保护人类文化遗产、弘扬云南民族文化、加强与国内外文化艺术交流作出了重要贡献。云南民族文化音像出版社有限责任公司按照《公司法》的要求完成了企业法人工商注册，建立了法人治理结构，将成为产权清晰、责任明确、管理科学的现代音像出版企业。

【2010年中美新年音乐会】

由省文化厅与富滇银行联合主办，云南金潇湘影视文化有限公司承办的2010年云南中美联袂“富滇之夜”新年音乐会，于2009年12月27日晚在海埂会堂隆重上演。省委常委、副省长李江，省人大常务副主任晏友琼、李春林，副省长曹建方，云南省政协副主席陈勋儒、曾华、罗黎辉等领导出席了音乐会，与现场近2000名观众一道观看了演出。音乐会以“新浪漫主义”著称的美国纽约曼哈顿交响乐团的艺术家与赵云红、王红星、唐丽、李佳等云南本土青年艺术家同台献艺。经典演绎了《费加罗的婚礼》序曲、《学院庆典》序曲、《舞姿圆舞曲》、中国管弦乐曲《春节序曲》、《瑶族舞曲》、《梁山伯与祝英台》等中外曲目。

【云南省文化市场综合执法总队成立】

2009年12月28日，“云南省文化市场综合执法总队揭牌仪式”在云南艺术剧院隆重举行。

云南省人大副主任李春林，省政府副秘书长白庚胜，省委宣传部常务副部长、省文产办主任尹欣，省文化厅厅长黄峻等有关领导出席了揭牌仪式。李春林、白庚胜为该队揭牌。云南省文化市场综合执法总队是根据中央关于深化文化体制改革的部署和《中共云南省委、云南省人民政府关于进一步深化文化体制改革推进经营性文化事业单位转企改制的若干意见》，通过调整省文化厅（含省文物局）、省广电局、省新闻出版（版权）局现有的文化市场执法职能和执法队伍，组建统一、高效的云南省文化市场综合执法机构，对全省网络文化市场、娱乐文化市场、出版物市场进行监管，同时对省内违法安装广播电视设施设备的行为进行处罚。综合执法总队将整合全省执法资源，构建“统一领导、统一协调、统一执法”的文化市场综合执法体制，进而推动文化事业、产业的繁荣发展。它的成立是云南省深化文化体制改革的一项重要成果，对加快云南民族文化强省建设将产生积极而重要的影响。

【第三次全国文物普查成果丰硕】

云南省文物普查实地调查从2008年开始，历时两年，截至2009年12月30日，全省共有2745人参加文物普查，是新中国成立以来最大规模的一项文物保护工程；累计投入文物普查经费4256万元；全省129个县均启动并完成了实地文物调查，启动率和完成率均为100%，圆满完成了文物普查第二阶段的工作任务。调查登记不可移动文物15047处，其中新发现11184处，超额完成《云南省文化遗产保护工程实施方案》中新发现1万处的目标。从全国情况看，云南省普查人员数位居全国第六位，普查经费投入数位居全国第七位，仅少于一些沿海发达省市；新发型文物数位居全国第十四位。从全省情况看，经文物普查文物数量由5300处新增到15047处，增幅近300%，极大地丰富了云南文化遗产的数量和类型，充分体现了云南省文物普查取得的丰硕成果。

【云南省91部古籍入选第二批《国家珍贵古籍名录》】

国务院公布的第二批《国家珍贵古籍名录》中，收录了包括汉文和藏、回鹘、西夏、蒙古、察合台、彝、满、东巴、傣、水、古壮、布依等12种民族文字的古籍4478部。云南省共有91部珍贵古籍入选。其中省图书馆62部、云南大学图书馆7部、省少数民族古籍整理出版规划办公室4部、省社会科学院图书馆5部、省楚雄彝族自治州档案馆8部、省楚雄彝族自治州博物馆2部、省武定县民族宗教事务局1部、省丽江市玉龙县图书馆1部、云南民族大学昂自明1部。

西藏自治区

2009年，在自治区党委、政府的坚强领导下，全区各级文化部门和广大文化工作者始终坚持以邓小平理论和“三个代表”重要思想为指导，全面贯彻落实科学发展观，按照年初确定的各项工作任务，狠抓落实，扎实工作，文化事业与文化产业工作均取得了可喜成绩。

一、参与国家组织的各项重大文化活动和自治区各类重大文化活动取得突出成效取得圆满成功

国庆60周年群众游行主题彩车“和谐西藏”的设计、制作和庆典游行等工作取得圆满成功。自治区彩车和彩车工作人员荣获“彩车设计制作优秀奖”等10多项殊荣。新创作的大型歌舞《魅力西藏》赴京参加了中宣部、文化部举办的“向祖国汇报”大型展演活动，在北京连续演出3场。组织62名演员和编导，参加了国庆主题晚会“复兴之路”的创作演出，受到了文化部的隆重表彰。围绕百万农奴解放纪念日，与中央电视台联合推出了大型主题晚会“走向阳光”。选派大型歌舞《天上西藏》、话剧《扎西岗》赴京参加了“纪念西藏民主改革50周年演出周”活动，在北京共演出5场。承办了纪念西藏民主改革50周年成就展（北京展）的设计和制作工作，党和国家主要领导参观了展览，给予了高度评价。承办了“内蒙、广西、宁夏、新疆、西藏5个自治区成就展”西藏展区的设计和制作工作，取得了显著效果。

在拉萨成功举办了大型群众歌咏大会“翻身农奴把歌唱”，承办了爱国歌曲大家唱活动。承办了西藏民主改革50周年成就展（拉萨展）的各项工作。复排推出了经典剧目《不准出生的人》，创作推出了西藏自治区政协成立50周年专题文艺晚会“我们携手走过”。根据自治区统一安排，各地市组织文艺演出队赴各援藏省市开展了答谢演出活动，取得了显著成果。

全区各级文化部门结合本地实际，组织和辅导了形式多样、丰富多彩、群众广泛参与的国庆60周年和西藏民主改革50周年文化活动，形成了城市、乡村、社区、企业、校园文化活动蓬勃开展的良好局面。拉萨市组织机关、学校、企事业、社区群众近1.5万人，举办了7场“红色歌曲拉萨唱”活动。

二、公共文化设施和文化信息资源共享工程建设步伐全面加快

2009年落实资金3365万元，安排新建13个综合文化活动中心和81个乡镇综合文化站建设项目。其中，8个县综合文化活动中心和62个乡镇综合文化站建设项目顺利县竣工，部分设施已经投入使用。落实资金1230万元，安排49个县级综合文化活动中心、4个乡镇综合文化站和9个民间艺术团内部设备购置工作。日喀则等部分地区已经完成设备采购和发放工作。与此同时，完成了投资300余万元的自治区艺术研究所顿旺大院维修工程，投资900万元的自治区群艺馆维修改造工程进展顺利。林芝地区财政投入1200余万元，为500余个乡镇和行政村配备了广场音响、实用图书、书架等内部设备。林芝地区还围绕社会主义新农村建设建成了16个“新农村，新文化”示范村。全区3个公共图书馆全年接待读者2万余人次，借阅图书近2.5万余册。昌都地区图书馆被评为全国三级图书馆。

全年落实资金2988万元，建成了41个西藏自治区文化信息资源共享工程县支中心，全面启动了数字资源加工整理工作，“藏戏八大传统剧目数字资源库”建设工作基本完成。

三、群众文化活动丰富多样、“送文化下乡”活动成效明显

全区各级文化部门进一步把繁荣和发展群众文化活动作为一项重要内容，积极组织开展群众性文化活动，有效丰富和满足了群众文化生活。林芝地区八一镇开展“传唱林芝歌、传跳林芝舞”广场文化活动，全年参与群众达到50余万人次。日喀则地区在珠峰文化节期间，组织18个县市文艺调演活动，组织5场文艺演出，参演人员达到4000余人。拉萨市在雪顿节期间，组织开展藏戏汇演、文艺演出等各项文化活动，有效带动了城乡文化活动建设。山南地区琼结县农民卓舞队的节目《雅砻春潮》2008年参加了“西藏电视台藏历年晚会”、“中国少数民族传统音乐舞蹈展演”、第五届CCTV电视舞蹈大赛并获银奖、应邀赴台湾参加了“守望精神家园—两岸非物质文化遗产展演”活动，得到了文化部和自治区的高度评价。组织业余歌手参加了“第七届中国西部民歌（花儿）歌会”等群众文化活动，荣获多个奖项。在拉萨成功举办了14场“经典儿童剧走进西藏”公益演出活动，得到了拉萨少年儿童的一致欢迎。全区10支专业文艺表演团体全年深入基层农牧区、城市社区和地震灾区慰问演出600余场，全区18支县民间艺术团全年下乡演出873场。特别是区直三团下乡演出的场次和质量有了显著提高。组织“西藏今昔展”在那曲地区和拉萨郊县进行了巡展。

四、管理措施不断完善、发展思路进一步明确

颁布实施了《西藏自治区县综合文化活动中心、乡镇综合文化站管理办法（试行）》、《西藏自治区民间艺术团管理办法（试行）》、《西藏自治区文化信息资源共享工程管理办法》，推动了基层文化工作管理的制度化。

根据国家和自治区统一要求，在认真总结“十一五”规划落实情况的基础上，经过反复论证和衔接沟通，形成了自治区“十二五”时期文化发展总体思路和重点建设项目，为编制我区“十二五”文化发展规划奠定了坚实基础。目前，这些思路和项目已经得到了自治区和国家有关部门的认可，基本列入自治区总体规划中。

五、文艺创作、管理、研究取得可喜成绩

复排推出了话剧《不准出生的人》，修改推出了新编藏戏《朵雄的春天》，创作推出了大型歌舞《魅力西藏》。日喀则地区大型特色民族歌舞《珠峰彩虹》参加了第11届上海国际艺术节。大型藏戏《朵雄的春天》参加了第三届全国地方戏优秀剧目展演，获得荣誉奖。自治区5个节目进入全国第八届舞蹈大赛决赛，其中，4个节目获得不同奖项。话剧《扎西岗》入选国家舞台艺术精品工程重点扶持项目，填补了自治区国家艺术精品工程项目自主创作的空白。同时，该剧获得了第三届自治区“五个一”工程奖。山南地区新创作的舞蹈《夯杆起，踏歌来》荣获第三届自治区“五个一工程”奖。自治区歌舞团创作的歌曲《多彩的哈达》、舞蹈《热萨玛》等4个节目分别获得了“第五届珠穆朗玛文学奖”和“才旦卓玛艺术基金奖”。据统计，全区专业文艺团体全年新创作剧(节)目近300个,文艺创作取得了显著成果。

制定、出台并正式实施了《区直三团下乡演出管理办法》和《西藏自治区重点剧(节)目、优秀剧(节)目投入机制和奖励实施办法》，极大地调动了区直专业文艺团体下乡演出的积极性，充分调动了创编人员创作精品佳作的主动性和创造性。

完成了社会科学重点课题《中国器乐集成·西藏卷》、《中国民歌集成·西藏卷》的修改、编写工作和《中国藏戏史》编撰出版工作。

六、非物质文化遗产保护工作得到进一步提高

藏戏、格萨尔成功入选联合国人类非物质文化遗产代表作名录，填补了我区没有世界级非物质文化遗产代表作的空白。22名传承人入选第三批国家级代表性传承人名录。新公布了101项第三批自治区级名录。向文化部申报了61项第三批国家级名录。16部古籍入选第二批国家珍贵古籍名录。下拨专项经费，对入选国家级和自治区级非物质文化遗产名录的代表作开展了保护和传承工作。完成了墨竹工卡县藏族天文历算达普天文观测点的维修工作。整理出版了《歌舞的海洋》等一批非物质文化遗产系列丛书和《八大藏戏经典唱腔》等一批音像制品。

拉萨娘热乡民族风情园、娘热乡民间艺术团、拉萨城关区古艺建筑美术公司等一批以非物质文化遗产演出、展示为主的龙头文化企业不断发展壮大。

全区各级文化部门积极开展“文化遗产日”活动，充分利用新闻媒体开展文物和非物质文化遗产宣传活动，文化遗产保护观念不断深入人心，全社会的保护意识得到显著增强。

七、文化市场得到全面监管和净化，健康有序发展

全面加强对歌舞娱乐场所的巡查力度和隐患排查工作，完成了拉萨、林芝、山南3个有条件的地区卡拉OK场所内容监管设备的安装。全年共出动执法人员近1.3万余人次，检查文化经营场所1万多家，收缴各类非法音像制品7.4万多张(盘)，其中政治性非法音像制品2535张(盘)，责令停业整顿63家，吊销13家文化经营单位的许可证，有效抵制了达赖集团反动文化的渗透，有效维护了文化市场发展秩序。

通过积极引导、鼓励和扶持，文化市场经营种类不断丰富，经济实体、经营单位数量不断增加，规模和服务水平显著提高。目前，全区文化市场经营单位达到2407家，从业人员近2万人。

经过多次调研、反复研究、几次修改完善，《西藏自治区文化市场管理条例》经自治区九届人大常务会第十二次会议审议，正式于2008年12月30日颁布实施，自治区文化市场管理工作全面步入了法制化发展轨道。在全区范围内广泛开展了“优秀歌舞娱乐场所”和“文明网吧”评选工作，共命名了6家“优秀歌舞娱乐场所”和3家“文明网吧”，有力倡导了守法经营、诚信经营的文化市场经营理念，有效引导了文化市场健康有序发展。

八、通过加强政策研究和市场培育，文化产业发展迈出了新步伐

评选命名了全区首批8家文化产业示范基地。拉萨岗地经贸发展有限公司被文化部命名为国家级文化产业示范基地。组织开展了文化产业骨干企业的调研工作，基本掌握了我区骨干文化企业的发展现状。

目前，已经形成了10个具有可行性、操作性和市场前景的文化产业项目，并纳入文化部全国文化产业项目工程。开通了我区文化产业信息发布系统。在第四届北京国际文化创意产业博览会上成功举办了首届西藏文化产业项目推介会和现场签约仪式。向首都文化企业和新闻媒体推介了自治区24个重点文化产业项目。展销期间，除销售所带产品外，签订产品订单18个。在推介会上，现场签约项目5个，签约总额达7.45亿元，取得了历史性突破。

成立了西藏自治区动漫企业认定管理工作领导小组。成功举办了“中国原创动漫推广计划—优秀动漫产品进西藏”系列活动，向各地市文化局发放了动漫产品。

到目前为止，全区拥有从事文化产业的企业和单位近3000家，从业人员2万余人，门类20余种，实现税收每年2000余万元。全区共有8家自治区级文化产业示范基地，其中，岗地经贸发展有限公司还被文化部命名为国家级文化产业示范基地。在文化产业发展过程中，涌现出了拉萨娘热民俗风情园、唐古拉风演艺中心等一大批龙头文化企业和娘热乡民间艺术团等一批文化产业先进集体，极大地提升了西藏文化产业的整体实力和竞争力。同时全区各级文化部门，适应市场需要，整合利用各方面力量，创作推出大型原生态歌舞《幸福在路上》，民族歌舞《喜玛拉雅》、《五彩西藏》、《雪域放歌》、《珠峰彩虹》、《雅鲁藏布情》、《藏北音画》、《西藏韵》等大批演艺产品，并陆续投放市场，取得了良好的经济效益。

九、深入开展学习实践科学发展观活动，文化工作队伍得到不断发展

文化厅系统各单位和各地市、县文化部门按照中央和自治区的统一安排，参加了学习实践科学发展观活动，进一步统一了发展思想，凝聚了发展力量，鼓足了发展干劲，为全面推动文化繁荣发展提供了有力的思想基础。

自治区文化厅组织举办了全区文化市场行政执法、民间艺术团创作、共享工程县支中心操作管理、非物质文化遗产保护、文化文物和文化市场统计等各类培训班10余期，受训人员近500名。组织开展了全区238名文化市场管理专兼职人员业务考核工作。全区各地市也进一步加强了基层文化队伍的培训工作，举办了一系列培训和辅导工作，取得了显著效果。

十、2010年文化事业与文化产业发展目标

（1）继续保持昂扬向上的精神面貌，全面贯彻落实中央第五次西藏工作座谈会精神，努力开创2010年我区文化工作新局面。

（2）抓好战略研究，突出长远发展，进一步做好“十一五”规划总结和“十二五”规划编制工作，切实构建文化工作的战略布局。

（3）抓好首要任务，突出阵地建设，进一步建立和完善公共文化服务体系，切实维护和保障人民群众的基本文化权益。

（4）抓好精品工程，突出创作演出，进一步唱响时代主旋律，切实为人民群众提供更多更好的精神文化食粮。

（5）抓好保护传承，突出合理利用，进一步加强非物质文化遗产保护工作，切实弘扬民族优秀文化传统。

（6）抓好市场管理，突出监管效能，进一步净化市场环境，切实推进文化市场健康有序发展。

（7）抓好产业发展，突出政策扶持，进一步加强宏观管理，切实提升文化产业竞争力。

（8）抓好改革创新，突出机制转换，进一步推进文化机制改革，切实为文化发展提供强大动力。

（9）抓好品牌建设，突出广度和频度，进一步加强对外及对港澳台文化交流，切实提升西藏文化的影响力。

（10）抓好人才培养，突出作风建设，进一步加强文化工作队伍的教育和培训工作，切实培养和造就适应文化发展需要的栋梁之才。

陕西省

2009年，在陕西省委、省政府的正确领导下，全省文化系统以邓小平理论和“三个代表”重要思想为指导，认真贯彻党的十七大和十七届三中、四中全会精神，深入贯彻落实科学发展观，坚持社会主义先进文化前进方向，坚持“二为”方向和“双百”方针，努力建设和谐文化，推进文化体制改革和文化创新，增强文化发展活力，大力繁荣文艺创作、发展公益性文化事业和文化产业，不断繁荣文化市场，积极实施文化“走出去”战略，全省文化建设保持了持续稳定发展繁荣的好势头，为全省经济社会发展营造了良好文化氛围。据不完全统计，我省在国内外文化活动中共获奖项81项，其中全国一等奖22项。

一、重大文化活动

2009年是新中国成立60周年。为了进一步扩大陕西文化在国内外的影响力，增强陕西文化的软实力，省文化厅创新思路，认真策划，争得项目，精心组织了系列晋京文化活动。在首都国庆60周年大型庆典活动中，由1020人组成的陕西“欢乐道情”安塞腰鼓方阵作为唯一一支由农民为主体组成的京外表演队伍和陕西彩车“三秦新韵”参加了首都群众游行活动，精彩亮相天安门广场，得到了在场的党和国家领导人以及海内外各界观众的热烈欢迎和媒体的广泛关注及高度赞扬，为陕西赢得了荣誉。安塞腰鼓方阵获得了首都国庆60周年群众游行指挥部颁发的优秀组织奖、最佳创新奖、优秀表演奖和突出贡献奖；省文化厅同时获得“精心组织千人腰鼓，再现三秦文化风韵”的锦旗。陕西彩车获得了首都国庆60周年群众游行指挥部颁发的最佳组织奖、创新奖、奋进奖和设计制作优秀奖4项大奖。3台大型优秀剧目——秦腔现代戏《大树西迁》、大型杂技主题晚会“汉唐百戏”和大型陕北信天游歌舞剧《山丹丹》参加了由中宣部、文化部举办的60周年晋京献礼演出，受到中央有关部委领导和专家以及观众的好评。在省内，举办了“和谐中国、欢乐童年”第二届陕西省少儿艺术节以及全省美术书法摄影展，承办了陕西省庆祝国庆专题晚会“十月的颂歌”等活动，以检阅文艺成果的形式向祖国生日献礼。这些活动的成功举办，特别是以安塞腰鼓方阵和陕西彩车形成的强大影响力，使陕西文化迅速成为全国媒体关注的焦点，对于宣传陕西、树立陕西新形象，扩大陕西文化在海内外的影响发挥了积极作用。省委办公厅、省政府办公厅对陕西省参加首都国庆60周年群众游行的安塞腰鼓方阵、陕西彩车和献礼演出活动的26个先进单位和149名先进个人进行了通报表彰。

二、文艺创作

青春版秦腔历史剧《杨门女将》参加文化部主办的“向祖国汇报——庆祝中华人民共和国成立60周年第三届全国地方戏优秀剧目（北方片）展演”，获“剧目”奖。组织了9部优秀剧目参加陕西省第11届精神文明建设“五个一工程”戏剧类作品评选。其中秦腔现代戏《柳河湾的新娘》、《大树西迁》，陕北秧歌剧《米脂婆姨绥德汉》、大型实景历史舞剧《长恨歌》、秦腔现代戏《桥弯弯月圆圆》获陕西省第11届精神文明建设“五个一工程”奖。《柳河湾的新娘》还荣获中宣部第11届精神文明建设“五个一工程”奖。

为了庆祝新中国成立60周年，纪念秦腔晋京50周年，在北京成功举办了“陕西秦腔文化周”活动，由省、市、县三级秦腔剧团分别在北京梅兰芳大剧院、解放军歌剧院和中央戏剧学院实验剧场演出了历史剧《杜甫》、《浣花溪赋》、《母子恨》，新编现代戏《桥弯弯月圆圆》，经典传统剧《三滴血》和开幕式“大秦之腔华彩乐章”等6台剧目。这是继1958年秦腔大规模晋京后，再度以集体形象亮相北京舞台，是一次陕西文化“走出去”、践行文化强省的成功尝试，充分展示了陕西秦腔文化的独特魅力，受到了北京逾万名观众和国内外戏剧界专家学者的高度赞誉。为了向三秦父老汇报“陕西秦腔文化周”的盛况，在西安举行了为期10天的“陕西秦腔文化周晋京剧目汇报演出”活动，反响强烈。省文化厅对在“陕西秦腔文化周”活动中的7个先进单位和65名先进个人进行了通报表彰。

美术作品《纺线线》、《在延安文艺座谈会上的讲话》成功入选国家重大历史题材美术创作工程；雕塑作品《奥运系列》获全国优秀城市雕塑评选“年度大奖”；《谐韵》获全国“徐悲鸿奖—2009宜兴中国城市雕塑大赛”优秀作品奖。

精心承办了省委、省人大、省政府、省政协迎新春团拜会。圆满完成了清明公祭黄帝陵告祭乐舞的演出任务。组织大型原创杂技晚会“汉唐百戏”为第13届西洽会进行了专场演出。精心组织第五届陕西省艺术节的获奖剧目到农村进行演出，开展了全省剧场建设及经营状况调研。征集了2009年度全省社会科学艺术学课题并上报文化部。

三、社会文化

2009年，继续实施“两馆一院一站一室”农村文化设施建设工程、文化信息资源共享工程、农村舞台艺术繁荣工程、农村文化人才培训工程和“送书下乡工程”等农村文化建设五大工程。为165个乡镇综合文化站、1665个村文化室配送了活动器材，新建成35个文化共享县级支中心、225个乡镇4137个村基层服务点。省分中心生产视频资源817部，整合加工的资源达到14.8TB，作为服务窗口之一的“陕西文化信息网”，点击率已达74.8万人次。印发了文化部颁发的《乡镇综合文化站管理办法》。举办了农村文化人才培训班、全省第四、五期乡镇文化站站长岗位培训班、戏曲骨干培训班和文化共享管理及技术人员培训班，培训各类人员300多人。

开展示范性导向性文化活动，活跃城乡群众文化生活。组织文化单位参加了全国妇联在宝鸡市陈仓区举行的“三下乡送温暖”陕西行相关活动；组织文艺院团参加了在宝鸡扶风举办的全省“三下乡”示范活动，向农民朋友奉献了一台精彩文艺节目。组织社会团体参加全国老年合唱节、第七届西部民歌（花儿）大赛、中国西部原生态民歌赛、全国民间舞蹈展演、中国部分省市民族民间歌手大赛、首届全国农民合唱大会等活动，均获奖取得好成绩。

积极开展未成年人文化活动。举办了“和谐中国·欢乐童年”第二届全省少儿艺术节，内容包括文艺演出、美术、书法、摄影、作文及手工技艺展。在四个多月的时间里，全省有9个市举办了分会场活动，演出文艺节目608个，参演的少年儿童达5444人，观众约8.2万人，西安主会场演出5台综合晚会61个节目，参演的少年儿童有1350人。从各市选送的上千幅美术书法摄影作品和作文中，遴选出680幅作品进行了展览，促进了全省少儿艺术创作。组织了“中贝元”杯欢乐与你成长经典儿童剧展演活动。与省宋庆龄基金会共同举办了“我爱我师”第五届全省少儿书法绘画展览活动。

以创建文化先进县为抓手，促进文化建设的全面发展。修订下发了新的《陕西省文化先进县评选复查办法》和《陕西省文化先进县评选复查标准》，安排布置了全省第四批省级文化先进县的复查工作，经评审申报，铜川市耀州区、榆林市榆阳区、镇巴县3个区县被文化部、人事部授予全国文化先进单位称号。运用科技手段，提升公共图书馆服务水平。陕西省图书馆百年馆庆之际，实现了图书自动化借还系统的启动运行，全省71个县级图书馆和3个市图书馆建成了文化共享分中心，迈出了传统型公共图书馆走向现代化公共图书馆的新步伐。

四、非物质文化遗产保护

2009年，经省文化厅组织申报，在中国22个入选联合国教科文组织“人类非物质文化遗产代表作名录”项目中，西安鼓乐、中国剪纸成功入选，充分显示了陕西文化资源的特色魅力和非遗保护工作取得的实绩。省文化厅对在申报工作中的3个先进单位和11名先进个人进行了通报表彰。

以典型引路，完成非遗普查工作。召开了全省非物质文化遗产普查工作经验交流会议。对全省各市的非物质文化遗产普查工作进行了检查验收。全省共普查到非物质文化遗产项目线索38416条，有8513个项目已进行了深入调查，基本达到了“家底清、现状明、记录全、质量高”的普查要求，标志着我省第一次非物质文化遗产普查工作全面完成。在第四个全国遗产日期间，省政府审定并公布了第二批陕西省非物质文化遗产名录150项。全省省级非物质文化遗产项目已达295项。

举办了“陕西省非物质文化遗产传统技艺大展”和非物质文化遗产深入保护论坛。61个项目的116名传承人或项目介绍人演示了各自的技艺，87名表演艺术家轮流在现场进行了表演。研讨了非物质文化遗产保护特别是生产性保护问题，对于用理论指导陕西省的非物质文化遗产保护工作，具有积极的促进作用。隆重表彰了荣获全国非物质文化遗产保护先进工作者、先进单位、先进个人称号的1个单位和5名个人，为新入选的18位国家级非物质文化遗产传承人颁发了证书，进一步营造了保护工作的氛围。组团参加了成都第二届国际非物质文化艺术节演出和全国传统舞蹈展演的参赛工作，获得好评。

组织完成了申报国家第二批珍贵古籍名录和全国古籍重点保护单位工作，1个单位被评为全国古籍重点保护单位，100部古籍入选国家第二批珍贵古籍名录。

经过积极筹备，陕西秦腔博物馆于9月26日正式开馆，得到了社会各界群众特别是广大戏迷、秦腔工作研究者、秦腔老艺术家的高度评价。省文化厅对在陕西秦腔博物馆筹建工作中的4个先进单位和40名先进个人进行了通报表彰。

五、文化产业和基础设施建设

2009年，按照省政府的统一部署，省文化厅先后牵头组团参加了第13届西洽会文化项目西洽会旅游文化馆陕西文化展区参展参会、第五届深圳文博会、宁夏国际文化艺术旅游博览会等活动。活动中的演出剧目展示、动漫企业推介、民间艺术品展示销售，以及展区内的小型文艺展示演出、动漫真人秀，吸引了众多客商与观众，全面展示和宣传了陕西省文化产业创新发展的新成果、新形象、新规划。众多文化产业重点项目引起了参会客商的浓厚兴趣，产生了诸多投资合作意向。省文化厅获得组委会颁发的最佳投资促进活动奖、最佳组织奖、最佳创意设计奖、优秀布展奖等多项大奖。拟定了《陕西省民间艺术发展有限公司组建方案》并召开了座谈会。召开了全省文化系统文化产业工作会议，总结了近几年来文化产业工作取得的成绩和不足，对作出突出成绩的先进集体和个人进行了表彰，命名了14个文化产业示范基地和示范单位，安排部署了下一阶段工作，为进一步推动文化系统文化产业的健康快速发展奠定了良好基础。

起草上报了2009年陕西省民生工程文化专项计划。起草并向省政府报送了《西安文艺路演艺基地总体规划思路方案》。起草修订了《陕西省文化事业发展专项资金整合意见》。与省发改委联合组织了中央新增投资文化站建设项目全省大检查，并及时总结通报了全省建设情况。与省财政厅共同向文化部、财政部申报了陕西省2009年372个文化站设备经费请示。与省财政厅共同编制了县级文化馆、图书馆2009～2012年维修改造规划。与省发改委落实并下达了四个重点县灾后重建中央补助1.1亿元包干投资计划。起草了国家“十一五”文化发展规划执行情况评估报告。完成了2008年度文化系统决算工作。开展了财政供养人员信息统计汇总和财务核算工作。

六、文化市场管理

2009年，组织了中国（陕西）动漫产业投资促进论坛和长安漫谈——走进高校活动。内容包括“主题论坛”、“投资促进圆桌恳谈”、“项目对接封闭洽谈”、“走进高校——长安‘漫’谈活动”。业内知名人士和国内外动漫企业代表100余人参会。本次论坛吸引了19家美国、韩国等国外动漫企业，8家台湾企业，50余家外地动漫企业，40余家本地动漫企业参会。《陕西省进一步加快动漫游戏产业发展的实施办法》已报省政府待批。完成了中国原创动漫扶持计划2009年度陕西省的项目审核及上报工作。

进行了依法行政工作和法律法规知识宣传，树立良好的文化行政执法形象。针对音像市场存在的经营非法音像制品、侵犯知识产权等突出问题，召开了全省净化市场暨有序开放电子游艺娱乐市场工作会议和全省音像批发市场经营户专题会议。积极采取相应措施，整顿了一批问题较为明显的音像制品经营场所。针对游艺娱乐场所管理，出台了《游艺娱乐场所管理办法》。同时开展了全省净化文化市场检查活动并对网吧进行了专项整治。全年全省共检查出动123641人次，检查演出市场1846家次（场次）、艺术品市场156家次、游艺娱乐场所6135家次、歌舞娱乐场所6370家次、网吧26113家次，受理举报2008件，立案调查2775件，罚款294.3万元，责令停业整顿1595家次，吊销许可证28家。协助团中央开展了“青少年网络成瘾状况及对策研究”课题的调研工作。经多方努力，陕西省动漫游戏行业协会正式成立。

七、对外文化交流

2009年，继续加强和扩大对外文化交流，提升陕西文化影响力和竞争力。以省政府名义组织举办了“情系长安——两岸文化联谊行”大型文化交流活动。来自台湾地区96位有代表性的文化界、新闻界嘉宾及50多位内地嘉宾，行程3000公里，在西安等地参加了一系列的文化参访、学术交流和联谊活动。此项活动规模大、人数多、时间长、规格高，内容丰容，受到台湾嘉宾的热忱好评，对两岸关系的发展起到了积极的推动作用。

经过精心策划和推荐争取，陕西“天地社火”艺术团于8月赴英国精彩亮相爱丁堡国际军乐节，为来自世界各地的近30万观众奉献了30场精彩的演出，我驻英使馆以“中国社火照亮英国爱丁堡”为题向文化部、外交部、陕西省政府等发函给予了高度赞扬。省政府办公厅对“情系长安——两岸文化联谊行”文化交流活动组织筹备工作的9个先进单位和参加第60届英国爱丁堡国际军乐节演出活动的3个先进单位和12名先进个人进行了通报表彰。省文化厅对参加第60届英国爱丁堡国际军乐节演出活动的5个先进单位和18名先进个人进行了通报表彰。

继续打造春节文化品牌，组织天地社火演出团、省民间艺术剧院鼓乐队赴港参加了牛年迎新春系列演出活动。组派省戏曲研究院小梅花秦腔团的青春版秦腔历史剧《杨门女将》赴澳门参加了第20届澳门艺术节。举办了第30届中国陕西·日本京都中日书画联展。组织陕西省歌舞剧院《大唐赋》剧组120人，赴香港参加了“丝绸之路艺术节”。

加强了对外对港澳台文化交流归口管理。召开了全省对外对港澳台文化交流工作会议，举办了“走向世界的陕西文化艺术——改革开放30年陕西对外文化交流回顾展”，编辑印制了纪念册。

全年共受理审批全省对外文化交流项目56项，组织22批文化团组575人次赴国外和中国港澳台地区进行了对外文化交流活动；邀请接待了来自31个国家和港澳台地区的33批335人次文化团组来陕进行参观、访问和洽谈文化交流项目等活动。

八、文化体制改革

认真贯彻中央《关于深化文化体制改革的若干意见》，按照省上的统一部署与要求，坚持区别对待，分类指导，循序渐进，逐步推开。为推动文化系统文化体制改革，省文化厅加强调研工作，起草上报了文化系统文化体制改革中经营性文化事业单位转制为企业的有关政策规定、支持文化企业发展的有关政策规定和支持文化事业发展的有关政策规定。

按照整合资源、创新发展的思路，经过深入调研、认真研究、积极筹备，组建了由省直6+2单位组成的陕西演艺集团有限公司，已于2009年10月28日挂牌运行，初步完成转企改制，使文化体制改革迈出了新的步伐。同时，指导省戏曲研究院、省图书馆制订了深化内部机制改革的实施方案。指导省文化音像出版社制订了转企改制方案并报省文改办审批。

【队伍建设】

2009年，全省文化系统深入开展学习实践科学发展观活动。继续把学习实践科学发展观作为全年的中心任务，精心组织开展了一系列学习实践活动，不断把学习实践引向深入。广泛开展了解放思想大讨论活动，充分吸纳学习调研成果和群众意见，找准找深影响科学发展的突出问题，明确推动全省文化科学发展的目标方向、总体思路、工作要求以及加强领导班子自身建设的主要措施。省文化厅党组结合实际，制定了整改落实方案，提出了要在文化精品生产、公共文化服务体系建设、文化产业发展、文化市场管理、对外文化交流、人才队伍建设等“六个方面上水平”的奋斗目标。

加强党风廉政建设，召开了全系统会议进行工作部署，与厅直单位签订了廉政责任书，并对落实情况进行督促检查。加大宣传教育力度，组织观看警示教育资料片，提高了各级领导和广大干部反腐倡廉自觉性。

继续实施以党支部建设为重点的“固本强基”工程。举办了厅直系统基层党建“固本强基”研讨班，促进党组织建设规范化、制度化。从检查考核情况看，65个党支部基本达到了政治坚定、组织巩固、作风优良、制度健全、队伍精良的目标，达标率为98.5%，省直机关工委对我厅直系统“固本强基”工作给予了高度评价。

加强干部选拔任用工作。严格执行《党政领导干部选拔任用工作条例》、《公务员职务任免与职务升降规定（试行）的通知》、《陕西省文化厅主要职责内设机构和人员编制规定》等，坚持公开、平等、竞争、民主、择优和注重实绩的原则，不断增强选人用人透明度和群众认可度。全年共选拔任用处级干部28人（包括拟任用14人），其中厅直属单位6名处级领导，厅机关10名处级领导（包括8名拟任用处级领导）。在16名处级干部中，女性5人，本科以上学历15人，37岁以下6人。

机关建设进一步加强。制定了重要工作目标管理责任制一览表，加强日常考核，完成了省委、省政府下达的年度目标各项任务。根据机构改革有关精神，拟定了省文化厅的主要职责、内设机构和人员编制方案（草案）并上报省编办批准。

民间组织管理进一步加强。召开了全省文化艺术类民间组织管理工作会议，举办了“社团——我的家园”征文活动，进行了社团纠风整顿和2008年度社团年检工作，指导文化艺术类新社会组织积极开展了学习实践科学发展观活动。

完成人大建议5件、政协提案22件的答复工作，并对省领导重点督办的建议提案进行了回访。召开了2009年年度度省直文化系统“创佳评差”总结表彰汇报会。组队参加了省直机关领导干部“庆新春”乒乓球赛、中长跑联谊赛、全省领导干部乒乓球赛、省直机关第一届智力运动会、陕西省首届妇女运动会、厅直系统“迎国庆、讲文明、树新风”礼仪知识竞赛等。举办了全省文化系统干部职工乒乓球比赛。组织了春节慰问老模范、老干部、困难党员及困难群众活动和“两联一包”扶贫工作。

社会治安综合治理和安全保卫及消防工作不断加强，坚持重大文化活动制定预案和重大节假日安全检查，确保了陕西彩车、千人腰鼓等晋京活动的圆满完成和文化系统的稳定平安。

文化统计、档案、保密、信息、信访，后勤服务、劳动就业管理、老干部服务管理等工作也有序进行。

甘肃省

2009年，甘肃省文化工作以党的十七大和十七届三中、四中全会精神为指导，认真贯彻落实科学发展观，按照省委、省政府“四抓三支撑”以及加快建设社会主义新农村的总体要求，紧紧围绕推进全省文化大发展大繁荣和特色文化大省建设这一主线，以文化体制改革为动力，以项目建设为抓手，大力推进社会主义核心价值体系建设、公共文化服务体系建设、文化产业发展、文艺精品创作、文化遗产保护、文化人才队伍建设等“六大工程”，使全省各地、城乡之间文化事业和文化产业发展跃上了新的台阶。

一、文化艺术精品创作

2009年，甘肃省文化系统以庆祝新中国成立60周年重大文化活动为契机，紧紧围绕“为祖国献礼”的主题，加大文艺创作力度，推出了一批文化艺术精品，组织举办了一系列庆祝活动，唱响了主旋律。京剧《丝路花雨》、秦剧《百合花开》同时荣获中宣部第11届精神文明建设“五个一工程”优秀作品奖；舞剧《丝路花雨》、《大梦敦煌》同时荣膺文化部“优秀保留剧目大奖”；陇剧《官鹅情歌》入选国家舞台艺术精品工程（二期）重点资助剧目；舞剧《丝路花雨》、《大梦敦煌》，话剧《老柿子树》，秦剧《大河情》等4部剧目被中宣部、文化部选调赴京参加庆祝新中国成立60周年献礼演出。这些成绩在西部省区均位居第一，在全国也处于领先地位，引起了强烈的反响，受到社会各界的一致好评，扩大了甘肃戏剧的知名度。10月16日至11月2日举办的“甘肃省庆祝新中国成立60周年新创剧目调演”，28台新创优秀剧目在省城兰州相继上演，极大地活跃了我省戏剧舞台，丰富了国庆期间群众文化生活。由省委宣传部、省文化厅主办的“甘肃省加快戏剧大省建设论坛”，邀请了省内外有关专家和领导及新闻媒体近100人参加，专家们根据全国目前戏剧发展的形势和最新动态，特别是结合甘肃省戏剧发展状况，从不同角度分析了甘肃省如何加快戏剧大省建设，提出了许多很有见地的意见和建议，对推进文化艺术精品工程建设，发展和繁荣甘肃省艺术事业将起到积极作用。

二、群众文化活动

2009年，甘肃省各级文化部门围绕新中国成立60周年，组织开展了大量群众文化活动，覆盖全省14个市州，为庆祝新中国成立60周年营造了浓厚的社会文化氛围，取得了良好的社会效益。组织了第四届甘肃省群星艺术节，来自全省各地的3000余人参加了舞蹈、音乐、器乐、小品、美术、摄影等艺术门类的比赛和角逐。与省委宣传部联合主办的“庆祝新中国成立60周年暨纪念兰州解放60周年——精品艺术送百姓大型文艺演出周活动”，采取政府买单、群众凭身份证在13个赠票点免费领取入场券的方法，演出了“歌唱祖国交响音乐会”、“红色经典曲目交响音乐会”、大型现代陇剧《苦乐村官》以及梅花奖得主联袂演出的秦腔折子戏专场，6000多人次观看了演出，深受群众喜欢。与省直机关工委、省广电局、省文联、省广电总台联合主办的“甘肃省直机关庆祝新中国成立60周年歌唱祖国文艺汇演”，80多个省直单位、3000多人参加汇演。并精心打造了颁奖晚会，数次在甘肃卫视播出，在群众中反响很好。精心制作的甘肃彩车“盛世华章”，以其浓郁的地域特色，优美的艺术造型，获得了广泛称誉，荣获了优秀艺术设计奖，在天安门广场展示的11天里，约1300万人观看了甘肃彩车，优美的飞天成为天安门广场上的一道亮丽的风景，展示出了陇原发展的新活力。组织参加了庆国庆第11届全国老年艺术节，参选曲目获得红叶奖。

三、公共文化服务

一是在2009年元旦、春节期间，组织全省各级文艺院团演出3000多场次，观众达200多万人次，仅省直8个文艺院团，演出215场，观众40多万人，是历年来元旦春节期间演出最多、观众人数最多的一年。同时，还集中开展了文化“六送”下乡进社区活动，形成城乡联动、形式多样、丰富多彩的文化活动场面，营造了热烈、和谐、欢乐的节日气氛。二是充分发挥共享工程优势，面向基层，服务群众，先后开展文化共享工程下乡进社区活动8场次。三是组织实施了2009年送书下乡活动，对全国送书下乡工程中分送甘肃省的30万册图书进行分配，全省26个县级图书馆、229个乡镇文化站、90个灾区集中安置点受赠，有效解决了农村群众看书难，看新书更难的问题。四是举办了“舞动的黄河”系列群众文化活动。在兰州的城关、安宁、西固等区的社区开展了6场公益性演出，观众达到数万人。在城关、七里河、安宁的4所院校开展了群众文化进校园演出活动，4000多师生受益。在公园组织演出了30场，农村18场，并专门到福利院、养老院等单位为弱势群体专场演出8场，公共文化服务的覆盖面不断扩大。

四、重点文化设施建设

2009年，省文化厅以建立健全公共文化服务体系为目标，硬件软件并举，大力推进文化基础建设和公共文化服务活动。在硬件建设方面，省级重点文化设施建设项目进展顺利：“金城第一戏楼”项目主体封顶，舞台机械设备安装完毕，装修项目已开始施工；飞天文化产业大厦建设项目已完成建筑面积10万平方米，年内主体完工；黄河剧院拆除重建项目10月25日开工奠基，基坑开挖、支护和降水工程全面展开；文溯阁《四库全书》藏书楼后续建设工程经过努力，省发改委已批复立项。基层文化设施建设力度进一步加大：2008年底国家扩大内需安排甘肃省201个乡镇综合文化站建设项目，进行了竣工验收交付乡镇投入使用；8月下达的219个建设项目目前已全部完成选址、施工设计、招投标等前期工作，95%的项目开工建设。同时，为79个已建成文化站每个站配备了10万元的设施设备。甘肃省8个重灾县的171个建设项目列入中央资金补助项目和对口支援项目，已完工5个（全部为乡镇综合文化站），开工建设18个。在99个灾区集中安置点建成了共享工程服务站点，完成30个县级支中心的设备安装，制作了9000多分钟的数字资源，内容包括甘肃省地方戏剧、民俗文化、名家讲座等，已上传国家中心使用，与省农村党员干部现代远程教育共建共享工作进展顺利，5557个乡村基层点的文化共享设备全部安装到位。

五、文化产业发展

2009年，省文化厅继续加大项目工作力度，积极为企业服务，培育市场主体，提升我省文化产业发展的质量。通过中国文化产业网等平台，积极为金城关文化园、兰州创意文化产业园、敦煌文化产业园等文化产业园区服务，牵线搭桥引入文化企业实体，加大宣传力度。《大梦敦煌》和天水汉唐陶艺有限公司陶瓷雕塑工艺品进入第一批我国优秀出口文化产品名录中，其中兰州市大剧院《大梦敦煌》拟投资1000万元的国外巡演项目获得国家进出口银行的信贷支持。不断充实全省文化产业项目库，利用中国文化产业网及各种文化产业博览会等平台推介甘肃省优势文化产业项目。认真做好全省文化产业基地和园区的申报工作，在省上命名的第一批文化产业示范基地和园区名录中，文化系统业务指导范畴的基地有12个，占全省命名基地的92%；园区1个，占全省命名园区的50%。为破解文化企业在发展中普遍缺乏资金的难题，与省委宣传等部门联合组织召开了全省银文对接洽谈会，积极协调服务，为文化企业与金融企业开展银文合作铺路搭桥，促成了飞天文化产业有限公司等项目与金融企业的合作。精心筹备，圆满完成了第四届全省文化产业博览交易会、深圳文博会、首届宁夏国际文化产业交易会参展参会工作，选择了一批优势文化产业项目进行推介。经过努力，栗亭砚开发等一批项目寻找到了合作企业。组织参加了中国（天津）演艺交易博览会，《炫目·甘肃》五彩缤纷，充分展示了甘肃的文化特色和文化优势。组织召开了贯彻落实国务院《文化产业振兴规划》研讨会，邀请我省学术界和企业界的专家和代表，从不同角度对《规划》进行了解读，研究探讨我省文化产业发展思路和方向。

六、文化市场管理

2009年，全省各级文化行政管理及文化市场行政执法部门以网络文化市场、娱乐市场和演出市场管理为重点，按照“优化、创新、协调、服务”的要求，加大日常监管，强化依法行政，确保了全省文化市场健康有序发展。一是以保护知识产权和未成年人合法权益为重点，强化网络文化市场管理。仅在净化网吧专项整治行动中，全省各级文化行政管理、执法部门出动执法人员12082人次，检查网吧8383家次，封堵非法游戏网站34.23万次，并配合公安、工商部门取缔了设在城乡结合部和学校周边的一些“黑网吧”。聘请1300多名网吧社会监督员，成立“五老”义务监督队伍，广泛发动社会力量监督网吧经营。二是着眼繁荣文化娱乐市场，稳步推进游艺场所审批工作。经过反复调研论证，适量放开自2001年起关闭的全省游艺娱乐场所，对全省不同地区、不同地点游艺娱乐场所的总体数量、设立要求、审批规定和日常监管等进行了明确规范。积极做好美术品进出口审批管理工作。三是开展了迎国庆文化市场集中整治行动，对文化经营场所的检查覆盖率达到了100%，保证了国庆期间文化市场的良好秩序。四是进一步加大了文化市场行政执法队伍的培训力度。省文化厅举办了2起文化市场行政执法人员培训班，培训一线行政执法人员170多人。先后派出10多人次参加了全国文化市场行政执法人员的业务学习和培训。五是积极配合相关部门做好文化市场的消防、禁毒等综合治理工作。在对公众聚集场所、高层和地下建筑消防安全专项整治中，先后重点检查文化市场经营场所2240多家，督促整治火灾隐患200多处。

七、文物保护

2009年，全省各级文博单位以第三次文物普查、丝绸之路申遗、长城资源调查，以及敦煌莫高窟保护利用设施和大地湾遗址博物馆建设等重点工程为载体，全面加强文物的保护工作。第三次文物普查全省共调查登记不可移动文物11324处，其中新发现2864处，复查8460处，调查登记消失文物221处，调查登记不可移动文物数量和普查完成率分别居全国第18位和第14位。丝绸之路申报世界文化遗产工作继续推进，对《炳灵寺石窟保护规划》、《麦积山石窟保护规划》进行修改审核并报请省政府公布，制作了11处申遗备选点的保护范围和缓冲区的界碑、界桩，向国家文物局上报了各申遗备选点的申报文本；继续推进申遗备选点环境整治工作，全面组织开展各申遗点文物本体保护，管理规划制定工作即将完成。长城资源调查进展顺利，明长城资源调查基本结束，甘肃省明长城长度居全国之首，明长城调查工作报告正在编写之中，明长城独立烽燧调查工作年内完成；秦汉及其他时代长城资源调查工作全面启动。敦煌莫高窟保护利用工程包括风沙防护、安防、崖体加固及栈道改造、游客服务中心4个子项目，总投资2.61亿元。其中风沙防护工程共完成工程总面积751469平方米，占工程总量的56.5%；安防工程完成了主管沟开挖、北区管道铺设工作，开挖主干线电缆沟1350米，完成线路铺设750米；崖体加固及栈道改造工程已确定施工单位，即将开工建设；游客服务中心正在进行工程招投标准备工作和施工图审查。大地湾史前遗址博物馆建设土建工程完成并通过竣工验收，暖通工程基本完成，安防消防工程方案已经国家文物局审批同意并开始实施，陈列布展和内装修、室外环境工程等项目正在开展前期工作。

八、非物质文化遗产保护

2009年，全省非物质文化遗产保护以国家级名录项目为重点，以宣传、展示活动为载体，扎实开展各项保护工作。一是重点做好非遗普查工作，通过专门召开会议安排部署、组成3个督导组分赴各地督导检查、检查验收等措施，摸清了全省非遗资源及分布基本情况，编写了普查工作报告，完成了全省非遗普查工作。同时，积极做好非遗申报工作，在国务院公布的第一、第二批国家级非物质文化遗产名录项目中，甘肃省环县道情皮影戏、陇剧、二郎山花儿会、兰州太平鼓等52个项目入选其中，“甘肃花儿”成功入围联合国非物质文化遗产名录。二是开展代表性传承人申报工作，及时上报文化部公示了“兰州鼓子”等22位第三批国家级非物质文化遗产项目代表性传承人。三是组织开展了“文化遗产日”系列活动。在省博物馆举办了非遗保护成果展，并组织兰州太平鼓和苦水高跷进行现场表演，同时还举办了国家级非遗项目兰州鼓子集中汇演，使参观的群众进一步加深了对非遗项目的了解。四是组织全省各地非遗项目积极参加了国家举办的系列活动。组织庆阳香包、保安腰刀两个国家级非遗保护项目参加了中国非物质文化遗产传统技艺大展系列活动；组织庆阳香包、夜光杯雕、临夏砖雕和保安腰刀4个项目参加了中国成都国际非物质文化遗产节；组织庆阳香包绣制参加了“锦绣中华”织绣大展。2009年，甘肃省张掖市肃南县文化局被文化部评为全国非物质文化遗产保护先进集体，定西市岷县文化局马列被评为全国非物质文化遗产保护工作先进个人，庆阳市环县道情皮影传承人史呈林被评为全国非物质文化遗产保护工作先进工作者。古籍保护工作有序展开，经过认真普查、各地申报、省上组织专家评选论证和文化部评选，兰州大学图书馆、夏河拉卜楞寺被评定为第二批全国古籍重点保护单位，西北民族大学图书馆及有关图书馆收藏的《藏文大藏经甘竹尔》等155部古籍善本图书被列入第二批《国家珍贵古籍名录》。

九、文化体制改革

2009年，省文化厅认真贯彻落实《中共中央宣传部、文化部关于深化国有文艺演出院团体制改革的若干意见》和文化部南京会议精神，积极推进文化体制改革。一方面认真传达学习有关文件及会议精神，组织研讨会、座谈会等研究贯彻落实意见，编印相关的政策汇总，组成考察组赴宁夏、陕西、浙江等省考察文化体制改革情况，为全面推进文化系统文化体制改革打好基础。另一方面，坚持“区别对待、分类指导，循序渐进、逐步推开”的改革方针，着力推进公益性文化事业单位管理体制、运行机制改革和经营性文化单位转制改革试点工作，取得了一定成效。目前，省图书馆作为公益性文化事业单位管理体制改革试点单位，改革试点任务已基本完成，实行中层干部竞争上岗、目标责任管理，馆内全员聘用双向选择，专业技术人员实行以高职低聘、低职高聘、规定任职年限、任职业绩考核为主要内容的专业职务聘任制；实行以岗定薪、按绩付酬的岗位绩效工资制度和奖金分配制。省秦剧团、省陇剧院作为资源整合试点，改革工作稳步推进。省秦剧团积极改革艺术作品生产方式，拓展服务渠道和产品种类，精简内设机构，合理核定编制，引进竞争机制，实行中层干部竞争上岗和目标责任管理，建立了以岗位绩效工资制度为重点的工资、奖金分配等13项规章制度；省陇剧院组建陇剧演艺有限公司，在艺术生产和演出上实行剧组项目管理，探索政府投资与吸收社会资金共同进行艺术生产的路子，同时根据市场需求增加了秦腔剧目演出，成立了青年艺术团，形成了陇剧、秦剧、综艺3个演出类型的运营机制，扩大了市场空间。省杂技团作为转企改制试点单位，积极探索以敦煌飞天文化发展有限责任公司为依托进行转企改制途径，一是将杂技与敦煌艺术相结合，邀请全国著名导演、舞美设计、音乐制作、服装设计，斥资600多万元，打造了杂技剧《敦煌神女》，参加中国杂技第二届金菊奖评选并获优秀剧目奖，打开了演出市场。二是与敦煌市政府合作，整合敦煌市艺术团、敦煌电影院，成立敦煌杂技艺术歌舞剧院，斥资1200多万元，修建敦煌大剧院，提高敦煌旅游文艺演出档次，拓展演艺市场。同时进一步与敦煌市政府、敦煌研究院协商，探索演出门票和莫高窟、鸣沙山、月牙泉等敦煌著名景点门票捆绑销售的思路和方法，进一步开辟新的演出阵地。三是采取向银行贷款、向企业借款、请求社会赞助等方式，筹集资金2600万元，为艺术生产、开拓市场注入资金；四是完善法人治理机构，建立现代企业制度，利用现有土地资源，开发文化产业，实行多种经营；五是积极协调，落实配套政策，经过反复研究、修改，向甘肃省文化体制改革领导小组上报了省杂技团转企改制试点《工作方案》。

十、文化人才队伍建设

2009年，省文化厅认真做好文化干部培训工作，进一步加强人才队伍建设，举办了全省基层文化骨干培训班，共有110多名文化馆长、文化站长、农村实用文化人才参加培训；组织选送部分文化站长参加了文化部举办的全国文化站长培训，并制定了长期培训计划。积极推进人才队伍建设工程，先后向省委宣传部、组织部、省人事厅上报领军人才、“陇原青年创新人才扶持计划”、高层次人才的推进人选32名。完成了甘肃省专业技术人才支撑体系建设《敦煌莫高窟保护利用设施项目建设人才开发配置计划》报告、《甘肃文艺创作精尖人才开发配置计划》报告。同时，进一步加强省直文化单位干部队伍建设，召开了省直文化单位领导班子思想政治建设座谈会，制定了《关于加强省直文化单位领导班子思想政治建设的意见》、《关于指导省直文化单位召开民主生活会的意见》、《省文化厅及直属单位县处级后备干部选拔培养办法》、《省文化厅厅管领导干部谈话制度》和《省文化厅厅管领导干部诫勉制度》等文件，进一步完善了干部管理制度。

十一、对外和对港澳台文化交流

采取“走出去”和“请进来”等多种形式，加大对外文化交流力度，积极推进甘肃文化走向世界。全年共审核、组织、办理出访和来访项目60起，373人次。一是积极争取交流项目，加大对外文化交流力度。为落实中非合作论坛北京峰会精神，推动中华文化走进非洲，受文化部派遣，组成甘肃艺术团赴非洲的坦桑尼亚、津巴布韦、加纳三国进行了友好访问演出，参加了哈拉雷国际艺术节，共演出11场，受到文化部、驻外使馆、驻外中资机构的高度评价和非洲朋友的热烈欢迎。精心组织甘肃省环县道情皮影展览和演出团参加了欧罗巴利亚中国艺术节的“中国木偶皮影精品展”展览和艺术节皮影演出活动。举办了“朋友·伙伴·兄弟——中国摄影家眼中的埃塞俄比亚”摄影展。为加强与港澳地区的文化交流，省陇剧院一行赴香港参加了“中国梆子艺术”演出活动，甘南拉卜楞僧乐团赴香港和澳门进行了交流演出，并参加了在港举办的“丝绸之路艺术节”。赴台湾参加了第七届华文戏剧节、“2009亚洲国际艺术节”和“马祖林默娘舞剧”的公演及其相关活动。文博单位凭借自身的学术优势，不断扩大学术影响，加强项目合作，与国外及中国港澳台地区交流频繁，分别赴日本、英国、德国、俄罗斯、美国、韩国、哈萨克斯坦、加拿大等国进行保护合作项目的研究和学术交流、研讨活动。敦煌研究院与美国盖蒂保护研究所、澳大利亚环境遗产部共同举办了自然及文化遗产地管理与可持续旅游国际研讨会，近40个国家和地区的80名学者、代表参会，进一步扩大了我省在世界遗产管理领域的国际影响。二是以促进交流、扩大影响为目标，热情细致地做好外事接待工作。全年有近80多个国家和地区的文化界人士来甘肃省进行考察访问和学术研讨等文化交流活动。主要有：精心接待了以美国博物馆和图书馆协会主席为团长的美国文化代表团一行，积极推介了甘肃省文化遗产保护方面取得的成就。组织接待了2009年度“非洲文化人士访问计划·文化政策圆桌会议”代表团一行来甘进行文化交流活动，来自非洲19个国家的司局级官员对甘肃省进行文化交流与参访活动。组织接待了第六届驻外文化中心学员奖学之旅代表团，巴黎、柏林、首尔、开罗、毛里求斯、贝宁、马耳他7个驻外中国文化中心的国外学员20多人来甘肃省进行文化交流，安排学员进行了以丝绸之路为主的文化参访活动，让国外学员进一步了解和感受甘肃文化的无穷魅力。组织安排“东盟10+3人力资源开发合作研讨班”代表团来甘肃省的参访活动，13个国家和国际组织的文化界人士近30人围绕甘肃省特色文化资源和非物质文化遗产保护等进行了实地考察，增进了甘肃省与东盟国家人民之间的相互了解和友谊。三是加强对外文化宣传活动，加大对外对港澳台文化联络工作力度。编制了全省重点对外文化交流演展项目音像资料，在香港《文汇报》文化栏目连续六期宣传甘肃省的文化资源和文化成就。在对甘肃省对外文化交流现状进行全面调研的基础上，积极筹建甘肃省对外文化交流项目库，并与文化部外联局、驻外使（领）馆及国境外文化机构联络，与有关部门商谈对外文化交流项目。

十二、文化法制工作

省文化厅不断健全和完善文化法制工作制度，认真落实行政执法责任制，加强文化行政执法的监督检查，大力规范文化行政执法行为。成立了依法行政工作领导小组，制定了《全省文化系统2009年普法依法治理工作实施意见》。制定印发了《省文化厅开展“法律六进”活动的实施意见》，在省直文化系统广泛开展了“法律六进”活动。制定、修改了《甘肃省文化厅贯彻落实〈中华人民共和国民族区域自治法〉办法》、《甘肃省文化厅行政许可管理实施办法》等11个法制工作制度，将执法责任制考核纳入年度工作目标责任考核范围，监督检查文化行政执法情况，确保了文化法律、法规、规章的正确实施。

青海省

2009年，青海省文化和新闻出版厅巩固和深化学习科学发展观活动的成果，按照省委、省政府的部署要求，紧紧围绕年度重点工作目标任务，团结奋进，不断创新，着力推进和谐文化建设，全面繁荣公益文化事业，加快发展民族文化产业，保持和发展了文化新闻出版事业持续健康协调发展的良好势头。

一、全省文化局长会议

2月13日，2009年全省文化局长会议在西宁召开。会议传达贯彻了全国文化厅局长会议和全省宣传部长会议精神，认真总结2008年全省文化工作，全面部署2009年文化工作。副省长吉狄马加在会上做重要讲话。省文化厅厅长曹萍在会上做工作报告，并对2009年文化工作从7个方面进行了安排部署：一是在加强公共文化服务体系建设上下工夫，切实保障人民基本文化权益；二是在繁荣艺术创作上下工夫，努力推出优秀精神文化产品；三是在加快文化产业发展上下工夫，不断提高整体实力和竞争力；四是在推动文化创新上下工夫，增强文化发展的活力；五是在文化“走出去”上下工夫，不断增强青海文化的影响力；六是在提高项目工作水平上下工夫，以项目带动文化事业发展；七是在加强党的执政能力和先进性建设上下工夫，为推动文化发展繁荣提供坚强保证。

二、艺术生产

2009年，采取重点剧目评审、专项资金补助、双向合作等方式，大力促进艺术创作和生产，推出了一批具有浓郁民族地域特色、面向旅游演艺市场的优秀剧（节）目。各地策划、创作、打磨、演出精品剧目的意识进一步增强，艺术创作氛围日趋浓厚。与北京成桥文化传播公司合作的2台文化旅游剧目大型音画歌舞史诗《秘境青海》、青海花儿音乐诗剧《雪白的鸽子》分别于2月和4月在北京保利剧院正式上演，获得广泛好评。《雪》剧在青海公演20场。由省民族歌舞剧院编创的反映撒拉族历史、风土人情和民族文化的大型民族歌舞《中国·撒拉尔》，在7月初青海召开的全国扶持人口较少民族发展现场观摩会上亮相演出并连续演出10场，受到与会代表及广大观众的赞誉。省戏剧艺术剧院与浙江京剧团合作创排的现代少儿京剧《藏羚羊》演出206场。西宁市重点打造的大型民族歌舞剧《天域·天堂》演出近40场，果洛州创作的格萨尔剧《赛马称王》正式搬上舞台。黄南州对《热贡神韵》进一步加工打磨，并参加了文化部“中华人民共和国成立60周年献礼演出活动”，在北京民族文化宫连演3场。圆满完成了2009年春季广交会开幕式文艺演出任务。全省10个专业艺术表演团体全年完成各类演出1432场次，观众达166万人次。艺术研究和艺术教育工作稳步推进。国家西部课题《青海藏传佛教寺院音乐文化研究》已结项。《青藏高原藏戏遗产保护与研究》、《青海藏传佛教绘画艺术基础数据库》等课题研究进展顺利。

群众文艺创作成绩斐然。“玉树卓舞·好时光”获全国传统舞蹈大赛金奖，省少儿活动中心合唱团获第三届中国少年儿童合唱节“小黄鹂”奖杯。组织参加第七届宁夏中国西部民歌（花儿）歌会，获金奖1个，银奖2个、铜奖2个。组织参加中国原生态山西省民歌展演活动，2位歌手入选展演活动曲目奖。在中国西部广西原生态山歌比赛中，甘肃省4位歌手获最佳金嗓子奖和最佳风采奖。

三、公共文化服务体系建设

以丰富和活跃城乡各族群众精神文化生活为出发点，大力实施重点文化惠民工程，着力改善文化民生，基层文化建设得到加强，文化服务设施网络进一步完善。文化信息资源共享工程突出重点，着眼于提高建设质量，总投资1162万元的循化等14个县级支中心建设全部建成。乡镇综合文化站建设工程61个项目已建成并竣工验收，中央拉动内需第三批下达的79个项目，正在抓紧进行各项前期工作，春节后将开工建设。《青海省省、州（地市）公共文化设施建设规划》、《青海省县级两馆维修改造工程规划》编制完成，并已上报国家发改委、财政部、文化部。农（牧）家书屋工程已完成600家农（牧）家书屋建设。其中，6个州（地、市）的15家书屋被国家督导组评为优秀。文化进村入户工程投入1301.6万元，为21个县的560个村文化活动室、28个业余剧团、79个民间歌舞队、3个曲艺队和皮影社配备了音响（含DVD、电视）、服装、乐器、光碟及其他文化活动用品。基层文化设施装备工程落实资金905万元，向24个州、县级群艺馆、文化馆配备了业务活动器材和设备。惠民出版计划已出版《青海省城乡居民家庭健康手册》、《牧草生产加工机械化技术》等图书。农牧区电影放映工程全年共放映电影3.45万场次，观众达678万人次，并向83家农牧区电影放映队各配发了一套数字放映设备。“送书下乡”工程共采购图书4.4万册，价值48万元，已配发到全省各州、地、县公共图书馆。

四、重大文化活动

利用特色文化旅游资源，创意和培育青海特色鲜明、具有国际影响力的民族文化品牌，加大基层节庆文化活动的指导力度，一个以省级节庆为龙头，州县节庆为骨干的全省节庆活动网络日趋壮大。2009年6月15日，在贵德县黄河岸边举办的“青海国际水与生命音乐之旅——2009世界防治荒漠化与干旱日主题音乐会”获得圆满成功，特邀世界三大男高音之一的何塞·卡雷拉斯等众多著名歌唱家演出，通过艺术的形式，向世界人民表达了青海生态立省、保护环境的决心和信心。第二届青海湖国际诗歌节成功举办，共邀请美国、法国、德国、俄罗斯、西班牙、马其顿等45个国家和中国内地及港澳台地区的220余名诗人参加，推出了开幕式暨高峰论坛、文艺演出、青海湖诗歌墙揭幕仪式、金藏羚羊奖颁奖仪式、“青海湖畅想”交响音乐会、昌耀诗歌馆开馆仪式、诗歌朗诵会、采风创作等多项主题活动，与上届相比呈现出规模超前、内容丰富、群众参与、组织有序的特点。第二届青海国际唐卡艺术与文化遗产博览暨第六届民族文化旅游节，通过展示、销售、鉴赏等方式，进一步为青海省的唐卡等工艺美术产品提供了产品展销、信息交流、项目洽谈的重要平台。共接待国内外游客及省内外参观群众2万余人次，销售金额163.75万元，社会效益和经济效益明显。

五、文化产业

2009年，依托历史文化、宗教文化和民族文化资源，大力发展民族文化产业，促进特色资源转化为产业优势。工艺美术、民族图书音像出版、艺术培训、娱乐演出、文化旅游等产业扎实推进。工艺美术作为发展特色文化产业的突破口，得到了持续发展，以大通皮影、湟源皮绣、循化石画等为代表的一批特色工艺品投放市场，效益良好。加大省级文化产业发展专项资金的管理和使用，采取贷款贴息、资金补助等方式，落实资金1105万元，对湟源排灯、大通皮影、黄南热贡艺术等特色文化产业项目给予了重点扶持。组织开展第二批省级文化产业示范单位评选活动，共命名示范单位11家，示范园4个，示范户8个。青海文化产业大厦正式开业。这是继青海工艺美术大厦之后青海省改造建成的又一特色文化产品的集中经营场所。第七届青海民族民间工艺美术品展吸引省内外80余家企业、单位和个体经营者参展，累计销售各类工艺品18万元，订货金额16万元。组团参加第五届中国深圳国际文化产业博览交易会、中国宁夏首届文化艺术旅游博览会，各类工艺品销售额44.4万元，签约订货金额达284.2万元。并荣获组委会颁发的优秀组织奖、优秀展示奖和优秀展示展览奖。举办三江源转产牧民文化技能技艺培训和阳光工程民族艺术培训班，对1555名农牧民进行了文化技能培训。邀请广东轻工职业技术学院艺术设计学院教授对西宁地区工艺美术行业的79名从业人员进行了工艺美术专业知识培训。文化市场主体不断壮大。省级文化类民办非企业单位达68家，文化类社团12家。西宁新之奇文化艺术有限公司获中国文化产业优秀企业“活力奖”。

七、文化遗产保护

2009年，第三次全省文物普查田野调查工作全面展开。共调查登记不可移动文物4824处，其中新发现1725处，复查3099处。明代长城资源调查工作已通过国家项目组最终验收。丝绸之路“申遗”青海段保护规划正在加紧编制。塔尔寺、贵德玉皇阁等全国重点文物保护单位二期维修进展顺利。喇家遗址正式移交地方管理。湟中县博物馆和柳湾彩陶博物馆通过国家三级博物馆评定。省博物馆全年免费接待观众40余万人次。

非物质文化遗产保护取得新进展。省政府正式公布了青海省第三批省级非物质文化遗产代表作名录，7个州、地、市，16个县(区)的9个大类48个项目入选，其中32项申报国家级项目。“热贡艺术”被联合国教科文组织批准为人类非物质文化遗产代表作名录。青海省康巴拉伊传承人才仁索南、汗青格勒传承人查汉扣文等22位民间艺人被确定为第三批国家级非物质文化遗产项目代表性传承人。黄南州文体广电局被文化部授予“非遗”保护先进集体称号，格萨尔艺人达哇扎巴等5人被授予“非遗”保护先进个人称号。12部古籍被公布为第二批《国家珍贵古籍名录》。

七、新闻出版事业

认真审核2009年度图书、音像、电子选题计划469种，对已出版的重大出版物和相关选题进行了检查。对青海新华手机报和青海手机报进行了实地调查，共排查各类互联网违禁出版物490部。组织开展了报纸、期刊和内部资料编校质量专项审读检查工作，编制了党报党刊建设项目和图书、音像、电子重点出版项目工作。在春季中小学开学之际，对全省中小学教材课前到书情况进行了检查，确保全省中小学教材印制质量好于往年，基本做到了课前到书，人手一册。完成2008年度报刊核验、驻青记者站、音像出版年检和新闻记者证换发工作。举办了2期新闻出版采编人员资格培训班。积极向新闻出版总署申报《江河源生态》、《藏族教育》2种期刊。完成了《西游记》、《聊斋》和《十世班禅》光盘制作工作。目前，已出版图书258种62.93万册，重印图书66种54.05万册。

八、文化市场

部署开展全省校园周边和游艺娱乐场所专项整治活动，严厉打击网吧的违法违规经营行为，配合有关部门重点查处取缔校园周边黑网吧、黑电子游戏（艺）厅、黑歌舞厅。利用网络文化市场计算机监控平台，有效封堵不良游戏网站31862次，弹出公益宣传公告6391632次。组织开展文化市场法制宣传、“保护知识产权宣传周”主题活动。加强“扫黄打非”舆论宣传，严防各类非法出版物传播。销毁非法出版物10.93万件。全省共出动文化稽查人员48660人次，检查各类文化经营场所45669家次，查处违规经营单位1005家次，取缔违法经营单位59家，收缴非法音像制品115893张，有效净化了全省文化市场环境。

九、对外文化交流

坚持“走出去”与“请进来”相结合，拓宽对外文化交流渠道，不断提升对外文化交流水平，有效地宣传了青海和青海的特色文化资源。与非洲贝宁建立了良好的互动机制，双方交流合作日趋深入。继3名民间艺人赴贝宁、法国巴黎参加“2009中国春节文化周”展演活动之后，2009年10月，剪纸艺人王凤英、掐丝画艺人李联霞应贝宁中国文化中心邀请，作为老师，赴贝宁开展一个多月的剪纸和掐丝画技能培训。受文化部委派，青海艺术团圆满完成了赴英国“春节文化品牌”演出任务，在伦敦、北爱尔兰贝尔法斯特市等地演出4场，累计观众达35万余人次。艺术团精彩的演出，受到了英国各界观众的欢迎和好评。文化部发来专函对青海艺术团在英期间的演出活动给予了充分肯定，表扬青海艺术团为国家以及青海赢得了声誉。立足青海独特的人文自然资源，面向世界举办的“青海国际水与生命音乐之旅——2009世界防治荒漠化与干旱日主题音乐会”、“第二届青海湖国际诗歌节”、“第二届青海国际唐卡艺术与文化遗产博览暨第六届民族文化旅游节”等重大文化交流活动获得圆满成功。“三大文化创意品牌”活动正在成为向世界展示青海经济社会发展成就和独特文化资源的重要窗口。

十、人才培养

文化人才培训渠道进一步拓宽，规模进一步扩大，培训质量不断提高。根据人才队伍状况制定了省文化新闻出版系统2009年度人才培训计划，把人才培训工作纳入了规范化、制度化轨道。全年安排培训班21期，累计培训1308人次。选派26名专业技术人员赴省外参加高层次人才培训活动。先后选派3名厅级干部、19名处级干部、13名科级干部参加了文化部、省委党校、省委组织部、省委宣传部等部门举办的“文化产业高级研修班”、“厅级领导干部”、“中青年领导干部”、“宣传文化系统处级领导干部”等各类培训班。

十一、党风廉政建设

认真学习实践科学发展观，坚持以党的执政能力建设和先进性建设为主线，以加强自身建设为保障，坚持围绕中心、服务大局、狠抓落实，以改革创新精神加强和改进机关党的思想、组织、作风、制度和反腐倡廉建设，充分发挥基层党组织的战斗堡垒作用，为促进文化各项事业的发展提供了坚强的思想政治保证。制定印发了《中共青海省文化和新闻出版厅关于做好学习实践活动落实整改和“回头看”工作的通知》，推进学习实践科学发展观活动达到预期目的。对厅党组中心组理论学习进行安排，印发了《省文化和新闻出版厅党组中心组学习计划的通知》，全年中心组共集中学习14次。处以上领导干部撰写读书笔记、心得体会100余篇。举办各类学习班、培训班、专题讲座、辅导讲座、报告会、座谈会等9场次，参加人数达500余人次。组织开展了“缅怀革命先烈，为共产主义事业奋斗终身”、“爱岗敬业，为青海文化新闻出版事业作贡献”、“祝福祖国—省文化新闻出版厅庆祝新中国成立60周年歌咏大会暨青海解放60周年歌咏大会”等各类活动。举办了厅系统专兼职党务干部培训班，对厅系统近70名专兼职党务干部在“如何提升学习力”方面进行了培训。

宁夏回族自治区

一、重大事件、重要活动

【“塞上古韵——宁夏文物特展”亮相福建艺术节】

作为第四届福建艺术节的重要活动之一的“塞上古韵——宁夏文物特展”于2009年11月8日在福建省博物院隆重开幕。

该展览由宁夏回族自治区文化厅和福建省文化厅联合主办，由福建博物院、宁夏博物馆和宁夏固原博物馆共同承办。此次展出的文物主要以宁夏岩画、宁夏历史文物和宁夏回族民俗文物三大部分，以极具宁夏地方历史和地域民族特色的文物为主，共展出宁夏博物馆和宁夏固原博物馆馆藏珍贵文物238件，其中国家一级文物25件。

“塞上古韵——宁夏文物特展”不仅成为福建观众了解宁夏的一个生动窗口，而且对进一步增进两地文化交流，加深两省区的友谊，促进两省区共同发展，起到了重要的作用。展览历时近4个月，于2010年2月28日在福建博物院结束展出后，在福建泉州海洋交通博物馆等地展出。

【2009年宁夏艺术创作演出获得多项全国奖】

2009年，宁夏各级文化部门结合实施“文化精品引领工程”，积极组织开展艺术创作演出活动，获得多项全国奖，取得可喜成绩。其中，音乐剧《月弯月圆花儿甜》（作者：丁跃、韦宝平）获文化部2007 ~ 2008年度国家舞台艺术精品工程现实题材优秀剧本奖；舞剧《月上贺兰》（银川艺术剧院）被选进入文化部2008 ~ 2009年度国家舞台艺术精品工程资助剧目，并获得第七届中国舞蹈“荷花奖”舞剧•舞蹈诗铜奖；舞蹈《金色汤瓶》（宁夏歌舞团）参加文化部新中国成立60周年大型音乐舞蹈史诗《复兴之路》演出（北京人民大会堂），获纪念奖；话剧《铁杆庄稼》（宁夏话剧团）获第19届上海白玉兰戏剧表演艺术集体奖；宁夏话剧团获全国总工会全国五一劳动奖；秦腔《庄妃与多尔衮》（银川市秦腔剧团）荣获第三届全国地方戏（南北片）优秀剧目奖；银川市秦腔剧团青年演员李小雄获第24届中国戏剧梅花奖。

【大型民族音乐会“红歌飘塞上”银川上演】

为庆祝新中国成立60周年，2009年9月22日，宁夏举办了“红歌飘塞上”大型民族音乐会。

“红歌飘塞上”音乐会由自治区党委宣传部、宁夏军区政治部、自治区文化厅、甘肃省文化厅、陕西省文化厅、自治区党委直属机关工委、自治区总工会、自治区教育厅和银川市政府联合主办，宁夏歌舞团承办。

音乐会在全体演员与观众的齐声大合唱《东方红》的优美旋律中拉开帷幕。音乐会由“难忘岁月”、“烽火历程”和“祖国颂歌”3个乐章、39首经典歌曲组成。合唱、民族管弦乐合奏、女声二重唱、男声四重唱、女声小组唱，加上区内外著名歌唱家奉献的一曲曲男女声独唱的红色经典乐曲、歌曲，让观众在回顾与向往中，充满觉醒、振奋、自强、向上的感悟。来自各单位、各部门群众演出方阵的歌声此起彼伏，让一幕幕红色记忆在宁夏体育馆了重现。整台歌会体现出大制作、大容量、高品位的艺术特色，为现场观众奉献出一场不同凡响的视听艺术盛宴。

音乐会在自治区党政军领导和全体演员与观众齐声大合唱《歌唱祖国》的旋律中落下帷幕。音乐会演出的红色旋律充分表达了宁夏人民的心声、团结的力量。

【大型舞剧《花儿》首演】

经过3年的磨砺，2009年10月23日，大型舞剧《花儿》在宁夏人民会堂首演，自治区领导王正伟、崔波、徐松南、刘晓滨、杨春光、苏德良、蔡国英、冯炯华、姚爱兴等与近2000名观众一起欣赏了首场演出。

舞剧《花儿》由著名艺术家张继钢出任总编导，赵季平、张宗灿、丁颖、鞠毅、宋立分别担任作曲、编剧、执行编导、舞美及服装设计。舞剧以缤纷的想象和浪漫的表达，诉说了黄土地上人们、羊们刻骨铭心的牵挂以及生命之花永恒的瑰丽。在演出过程中，谭晶、王宏伟、雷佳等参加伴唱，组成一个强强联合的创作团队，成为宁夏舞台创作迄今绝无仅有的超级组合。该剧由序“花儿开了”、一幕“花儿俊了”、二幕“花儿黄了”、三幕“花儿红了”、四幕“花儿谢了”、尾声“永远的花儿”五部分组成，将宁夏的“花儿”回族舞蹈和浪漫故事融于一体，通过生动的肢体语言，塑造了追求真爱的回族歌手花儿、不畏强暴的牧羊人羊哥以及凶残的草大等舞剧形象。

2009年底，《花儿》晋京汇报演出后在全国进行巡演，并于明年5月应邀参加上海世博会演出。

【第一部大型回族花儿风情歌舞剧《回族婚礼》上演】

2009年12月12日，由自治区党委宣传部、中卫市委、市政府主办，中卫市委宣传部和海源县委、县政府承办，海原县花儿艺术团创排的大型回族花儿风情歌舞剧《回乡婚礼》在宁夏人民会堂汇报演出。

自治区领导陈建国、王正伟、蔡国英、何学清、安纯人，中卫市领导和参加全区经济工作会议的代表及银川观众一起观看了汇报演出。

宁夏花儿于2005年被列入首批国家级非物质文化遗产名录，是回族的原创音乐。花儿演唱在中卫市回族聚居区海原县有着广泛的群众基础和鲜明的民族特色。为把宁夏花儿家乡最优秀的文化品牌和民族风情弘扬出来，使花儿这支回族文化艺术的奇葩走出宁夏、走向全国，充分展示回族文化的丰富内涵，提升宁夏作为“回族之乡”的文化软实力，在自治区党委、政府关于实施文化精品工程的要求下，在自治区党委宣传部的大力支持和指导下，中卫市党委、政府组织专人对花儿进行挖掘整理，在花儿的艺术形式上大胆创新，将音乐等多种艺术形式融入到花儿中，创排出一批优秀的回族花儿歌舞和剧（节）目。大型花儿风情歌舞剧《回乡婚礼》作为2009年文化民生计划的一台文化旅游剧目，是在深入挖掘海原花儿的回族民间文化艺术资源的基础上，经过一年精心打造的花儿舞台艺术精品。

【贺兰县荣获“全国文化先进单位”称号】

2009年11月24日，在全国文化先进单位命名表彰大会上，贺兰县被国家文化部命名为“全国文化先进单位”称号。

近年来，贺兰县按照文化发展、产业兴旺、队伍壮大、精品呈现、活动丰富、行风优良、设施改观、管理规范的文化建设总体要求，认真贯彻文化建设与政治、经济和社会建设并重的方针，通过抓公共文化服务体系的建立健全，抓基础设施的建设完善，抓文艺精品的创作生产，抓文化活动的组织开展，抓文化遗产的抢救保护，抓文化市场的繁荣稳定，推动了全县文化事业的蓬勃发展。

【剧本《月弯月圆花儿甜》入选国家舞台艺术优秀剧本】

在2007～2008年度国家舞台艺术精品工程剧本征集评审中，由自治区作家丁跃、韦宝平创作的我国首部花儿音乐剧本《月弯月圆花儿甜》成功入选现实题材优秀剧本，并获得文化部30万元资金扶持，其中5万元用于奖励剧本作者。这是自治区在舞台艺术方面获得的国家最高奖项。

《月弯月圆花儿甜》以宁夏南部山区回族群众移民搬迁为时代大背景，以回汉青年甜甜与水泉的恋情为故事主线，展示了回乡人民思想上、生活上的巨大变化。剧本人物特色鲜明，故事情节跌宕起伏，使整部音乐剧实现民族性与时代性的融合，原汁原味地再现回族风俗，体现了宁夏各族儿女民族团结、共同奋斗的精神面貌。

【宁夏博物馆获第八届全国博物馆十大陈列展览精品评选活动最佳形式设计奖】

由国家文物局主办的第八届（2007～2008年度）全国博物馆十大陈列展览精品评选活动终评2009年9月在京揭晓，宁夏博物馆参评项目“朔色长天——宁夏通史陈列”荣获陈列展览精品最佳形式设计奖。这是宁博50年来首次获得全国最高荣誉。

“宁夏通史陈列”陈列规模宏大，气势磅礴，展出面积3000多平方米。展出的“朔色长天”以“文明曙光”、“农牧家园”、“丝绸重镇”、“大夏寻踪”、“塞上江南”5个单元，集中展示了距今3万年到明清时期，宁夏各个朝代历史文明孕育、产生、发展的过程及其对中华文明的奉献。宁夏博物馆从2008年8月28日“宁夏通史陈列”免费开放展出以来，受到众多参观者的好评，先后接待53万多名观众参观。

本届评选获奖的陈列展览，是从全国26个省、区市文物部门和国家文物局直属单位推荐的69个博物馆、纪念馆参选项目中，通过初评、终评两个阶段，最终评出3个特别奖、10个精品奖和14个单项奖。

【宁夏博物馆全面展开馆藏珍贵文物数据采集及著录工作】

宁夏博物馆于2009年11月18日成立了“文物调查数据库项目工作小组”，认真学习研讨《馆藏珍贵文物数据采集著录规则》，对其中的指标项和著录规范要求进行了分析讨论，明确了目标任务。宁夏博物馆馆藏珍贵文物共3000余件，其中一级文物系1996年国家文物局鉴定委员会鉴定确认的共计159件，二、三级文物系文化厅〔2006〕90号文件确定的专家组鉴定，共计3000余件。针对任务重、时间紧、难度大等困难情况，小组制定了详细的工作方案和工作进度。先对一级文物进行信息采集，再分为三个小组对二、三级文物进行信息采集，为全区馆藏文物数据库的如期建成打下良好基础。

【宁夏美术馆成立】

2009年11月1日，宁夏美术馆在宁夏书画院挂牌成立，“纪念舒同—— 舒安、任平书画展”同时开幕。宁夏回族自治区党委书记陈建国、政府主席王正伟为宁夏美术馆和舒安、任平书画展揭牌剪彩。

宁夏美术馆的成立，结束了宁夏没有区级美术馆的历史，将进一步推动宁夏包括书画艺术在内的各类美术事业的发展，是宁夏回族自治区党委、政府 “小省区办大文化”的重要举措和文化系统深化文化体制改革、推进宁夏美术工作创新的实际行动。宁夏美术馆将以书画艺术为主体，积极协调全面推进全区书画、雕塑、工艺美术等各门类美术艺术齐头并进地发展，并以加强职责、扩大业务、转变工作方式、增强公共文化服务能力为工作目标，从以创作为主的传统美术馆职能，向创作、研究、征集、收藏、陈列、交流等新型美术馆转变，进一步推动宁夏美术事业全面繁荣。

为庆祝宁夏美术馆成立，自治区文化厅邀请我国当代书法大师、有着“红军书法家、党内一枝笔”革命荣誉的舒同先生的儿子和儿媳———著名书画家舒安、任平，在宁夏举办“纪念舒同——— 舒安、任平书画展”。展览集中了舒同及舒安、任平创作的200多幅书画精品。

【宁夏首家视障读者阅览室开放】

2009年5月17日，银川市图书馆视障读者阅览室对外开放。阅览室有盲文图书300册、盲人有声读物194种、盲人读者上网电脑10台。同时，还开展了电话预约、续借图书、送书上门、盲人电脑培训、集体外借等服务。宁夏纪念馆、博物馆全部免费开放。

全区各级文物部门归口管理的公共博物馆、纪念馆，全国爱国主义教育示范基地全部向社会免费开放。我区六盘山红军长征纪念馆、盐池县革命纪念馆、固原市博物馆、西吉县博物馆、同心县博物馆被列入免费开放范围。因免费开放致门票收入减少部分，全部由中央财政负担，运转经费增量由中央财政分别按照东部20%、中部60%和西部80%的比例进行补助。

【全国首届群众文化品牌评选揭晓“清凉宁夏”榜上有名 】

“全国首届群众文化品牌”评选活动刚刚在浙江省揭晓，宁夏的“清凉宁夏”与北京的“社区一家亲”、广西的“漓江之声”、山西的“文化大院”、四川的“成都风”等一起，被评为全国“群文品牌”。

2009年3月，在文化部指导下，中国群众文化学会发起“全国首届群众文化品牌”展示评比活动，全国共有160多个群众文化项目推荐参评，宁夏的“清凉宁夏”文化广场获得专家和评委的一致好评，获得全国“群文品牌”荣誉，这是“清凉宁夏”文化广场活动继2006年获得“全国特色广场文化活动”称号后取得的又一个全国荣誉。

由自治区党委宣传部、文化厅、财政厅等单位共同主办的“清凉宁夏”广场文化活动，创办于2002年，作为宁夏颇具影响力的公共文化服务品牌项目，极大地带动了全区乡村文化、社区文化、校园文化、军营文化、企业文化的发展，取得了良好的社会效益，受到社会广泛好评。在“清凉宁夏”的带动下，目前全区建立特色品牌文化广场活动30多个，每年演出1300场以上，参演人员10万多人次，观众300多万人次。

【首届中国宁夏国际文化艺术旅游博览会成功举办】

2009年9月8日，首届中国宁夏国际文化艺术旅游博览会在宁夏银川拉开了帷幕。这是自治区历史上第一次由国家5个部委与宁夏联合举办的国际性重大品牌文化活动。博览会历时9天，7个国家部委及其所属单位、16个外国驻华使馆、26个省区市、600多家文化企事业机构、40余家国内外媒体纷至沓来。作为文博会闭幕式的第七届中国西部民歌（花儿）歌会颁奖晚会自1998年创办以来，由文化部和宁夏携手历经多年共同倾力打造、精心培育，已成功举办了6届，在全国产生了深远影响，成为西部具有国家级水平的文化品牌，为保护、继承、发展和流传民歌（花儿）方面做出了显著的成绩和贡献。本届歌会有来自青海、新疆、广西、西藏等省区的汉、藏、壮、回、满、苗等20多个民13支代表队共200多名民歌歌手参赛，成为历届歌会规模最大的一次。

在文博会上，自治区一批新创剧目优秀剧目悉数亮相；法国和东方歌舞团等15个国内外演艺团体携带着《锦绣金达莱》、《宫崎骏动漫音乐会》、《一把酸枣》、《狸猫换太子》、《刘老根大舞台》等40台优秀剧（节）目荟萃塞上，演出100多场次，观众人数达10万人次。期间，集中举办了“六盘山杯”全国摄影大赛暨宁夏摄影艺术周系列活动，“丝绸之路国际学术研讨会”学术讲座，“贺兰雅集”全国文史馆馆藏书画精品暨台湾书画名家作品展，中国回族精品文物展，“塞上江南·神奇宁夏”全国旅游诗词大赛颁奖暨朗诵晚会等10项具有国内和国际水平文化活动。博览会的举办，彰显了“弘扬传统文化、讴歌繁荣盛世、促进民族团结、共谋和谐发展”的主题，促进了国内外民族优秀文化艺术和旅游事业的融合发展，展示了民族地区经济社会发展成就，提升了宁夏的影响力、吸引力和知名度与美誉度。

【宁夏第三次文物普查工作受到第三次全国文物普查领导小组办公室表扬】

国务院第三次全国文物普查办公室对第三次全国文物普查各省份普查进度统计数据（截至2009年10月31日）的报送情况进行分析评比和通报。宁夏统计数据报送时间在规定时间内居于全国首位。通报指出宁夏已连续两次在全国报送数据名列第一，并且在报送格式的要求和数据计算的准确性上，通报要求各省学习借鉴。

2009年7月2日，自治区政府专门召开第三次文物普查领导小组会议，现场协调解决存在的问题，确保百日内完成实地调查工作。经过3个月的努力，截至10月31日，全区99%的乡镇完成田野调查，文物登记点共计4200多处，新发现文物2720个，复查1400处。

为把全国第三次文物普查工作做得更加扎实，11月15～17日，宁夏文物局在青铜峡市组织召开了全区第三次全国文物普查实地调查阶段验收试点观摩会，青铜峡市文物普查实地调查工作顺利通过验收，成为宁夏首个通过自治区文物普查验收的县（市、区），并由此拉开了全区文物普查实地调查阶段性验收工作的序幕。

【自治区为4名国家级非遗传承人颁发勋章】

2009年6月11日，全国非物质文化遗产保护、古籍保护暨文博事业杰出人才表彰、颁证、授牌电视电话会宁夏分会召开。宁夏4名国家级非遗传承人获得勋章和奖杯。

这是自治区继6位民间艺人列入国家级非物质文化遗产传承人之后，又有4人入选国家级非遗传承人。其中，固原回族花儿歌手张明星为“宁夏回族山花儿”传承人；平罗县的杨达吾德为“回族民间器乐”传承人；平罗县的徐建业为“佛教音乐（北武当庙寺庙音乐）”传承人；隆德县的杨栖鹤为“泥塑（杨氏家庭泥塑）”传承人。另外，在当日的全国表彰大会上，国家级非物质文化遗产项目“花儿”的代表性传承人马兰花获全国非物质文化遗产保护工作先进个人称号；隆德县文化广播电视局获文化部非物质文化遗产保护工作先进集体称号；马生林、安宇歌、张国勤获文化部非物质文化遗产保护先进个人称号。

【《西夏陵6号陵抢救性保护工程施工方案》通过专家评审】

2009年，自治区文物局组织专家对敦煌研究院设计的《西夏陵6号陵抢救性保护工程施工方案》进行了评审。听取了敦煌研究院做出的详细说明后，评审团成员对方案予以了肯定，并提出了在方案实施过程中需注意的事项和修改意见。

西夏6号陵是迄今为止被发掘的第一座西夏帝陵地宫，上世纪70年代对其进行过清理，于上世纪90年代初回填。回填土未加以夯实，致使回填土因雨水浸泡下陷形成了一个大的积水坑，雨水连年浸泡使墓室和墓道均出现了坍塌。陵园内各墙体及角阙、角台、陵塔等夯土遗址，因长年暴露在外，受风雨侵蚀，出现墙体坍塌、干缩开裂、夯土表面片状剥离、雨水冲刷形成的水沟等多项病虫害。针对上述成因，受西夏陵区管理处委托，敦煌研究院通过细致调查、试验，做了大量前期准备工作，出台了这项抢救性保护工程施工方案。

这项方案前期工作做得扎实，有较强的针对性和可行性。方案在借鉴、总结3号陵保护工程经验基础上提出，有利于西夏陵文物保护，也有利于推广以往所取得的成功经验。

【银川市秦腔剧团演员李小雄摘得梅花奖】

2009年5月18日，第二届中国戏剧奖·梅花表演奖（第24届中国戏剧梅花奖）颁奖晚会在杭州余杭区余杭体育馆隆重举行。银川市秦腔剧团的李小雄登上了全国戏剧表演最高奖——梅花奖的领奖台。这是自治区继柳萍、张晓琴之后戏曲演员又一获得此项殊荣。

二、基础设施建设

【宁夏大剧院基础施工项目开工】

2009年，自治区重点工程——宁夏大剧院基础施工项目于6月23日开工。该项目由宁夏伊地集团大力长螺旋公司承建。

宁夏大剧院工程总投资4.5亿元，占地5.4公顷，客容量为1568座，内含演出用房、设备用房、多功能厅和地下、室外停车场等，是目前宁夏规模最大、功能最先进、设施最齐全的大型剧院。工程计划于2011年竣工。

【宁夏红旗文化大厦奠基】

2009年9月10日，宁夏“红旗文化大厦”动工奠基仪式在银川市解放街原红旗剧院旧址隆重举行。大厦投资1.74亿元，共19层，总高99.8米，是一座集演出、排练、办公和文化服务为一体的综合型、开放型、信息化现代文化大厦。

原银川红旗剧院是宁夏建成最早的重要群众文化阵地之一，它的再开发建设一直备受自治区领导和社会各界关注。2009年，自治区文化厅牵头将红旗剧院与宁夏京剧团、宁夏歌舞团3家文化单位的土地房产资源整合，通过市场方式与宁夏银基房地产开发有限公司联合开发。新建的“红旗文化大厦”建筑面积2.3万平方米，包括2个剧院、8个排练厅，满足上述3家单位整体迁入要求。大厦为银川再添一座地标性建筑的同时，也改善我区文化基础条件、扩大公共文化服务、推动全区文化繁荣发展方面将发挥重要作用。

三、对台文化交流

2009年以来，自治区积极开展对外文化交流工作，不断增进宁夏与国内外及港、澳、台地区的了解和友谊，进一步促进宁夏对外开放，扩大提升宁夏在国内外的知名度、美誉度和影响力。在对外文化交流工作中，我们确定了围绕“一个主题”，突出“九大文化”特色，做到“四个结合”，全方位宣传展示宁夏文化的特色和优势。即：紧紧围绕实现自治区跨越式发展，建设富裕、文明、和谐、美好新宁夏为主题；突出“以回族优秀文化为主体的多元文化、丝绸之路文化、红色经典文化、以‘两山一河’为代表的大漠黄河生态文化、西夏遗存文化等九大区域特色文化”；结合宁夏跨越式发展的实际，把对外文化宣传融入党委、政府的中心工作中，发挥好对外文化的服务、促进作用。结合文化资源优势的实际，大力挖掘民族民间艺术资源，增强对外文化交流的吸引力。结合回族和历史传统文化的实际，着力打造品牌，成为对外文化交流的亮点。结合经济实力的实际，整合文化资源资金优势，保证对外文化交流的质量、档次和文化含量。

文化交流是海峡两岸关系和平发展的基础，也是两岸同胞共同的需要。近年来，自治区加强了两岸民间文化艺术的交流，以增进双方进一步的了解，促进两岸两地文化的繁荣发展。11月26日至12月10日，应台湾唐龙艺术有限公司邀请，宁夏京剧团创演的现代京剧《海上生明月》剧组一行60人，赴台湾省台北市、台中市交流演出，历时15天。此次演出对促进海峡两岸文化艺术交流，实现祖国早日和平统一，弘扬国粹艺术，宣传扩大宁夏在海外的影响力，起到了积极的作用。11月21～29日，应台湾海峡两岸民间交流促进会邀请，自治区党委宣传部组成文化交流团，赴台开展文化交流。此次宣传文化交流是贯彻落实中央关于大力推进中华文化“走出去”战略要求，积极推进我区与台湾地区文化交流，进一步扩大自治区在台湾及东南亚地区的知名度与影响力。11月初，应台湾台北县十三行博物馆的邀请，宁夏文化厅组织的宁夏岩画研究中心交流团赴台湾举办“史前宁夏岩画特展”。此次展览旨在增进岩画艺术研究交流，促进两岸文化遗产保护研究，拓展岩画推广教育服务。

四、图书馆事业

宁夏图书馆新馆是宁夏回族自治区成立50周年大庆重点工程项目，位于人民广场东侧，与新建的宁夏博物馆南北相对，地处城市两大交通主干线之间，交通便捷，环境优美。新馆馆舍占地33,134平方米，建筑面积33,242平方米。

2009年是宁夏图书馆实现跨越式腾飞的一年。1月9日，宁夏图书馆新馆正式向社会全开放，开设读者服务窗口22个、提供读者使用的计算机224台、阅览坐席1480个。全年共接待读者230541人次，其中：馆内个借阅点145141人次、读者讲座4200余人次、各类读者活动74200余人次、接待读者参观700余人次；外借图书158419册次，其中：中文普通图书86206册次、青少年外借32211册次、馆外流通点及集体外借共4万余册次。举办“塞上人文论坛”10期、各类展览12期、名家签名售书1次、名家书画笔会1次、“六一”主题活动4场。承办“首届中国宁夏国际文化艺术旅游博览会——阅读新视界”展洽会5场次、续展10场次；承办“中国图书馆学会西部万里行志愿者行动”宁夏站活动；协助自治区文化厅开展全区市县图书馆评估定级工作。开拓创新、利用社会力量以更丰富多样的形式服务读者。与自治区残联联合开办残障人士阅览室，配备盲文书籍及盲文学习机；与银川市34个社区签订协议，开办社区图书室，将宁夏图书馆丰富的馆藏送达广大读者的家门。还与红十字基金会人天基金联合开创具有历史性突破的社会捐赠活动，为自治区南部贫困山区、中部干旱带地区45家县、乡（镇）图书馆（室）捐赠价值200多万元的图书，创我区图书捐赠的新纪录。

2009年，出版专著《宁夏图书馆志》、《稀见宁夏古方志2部（点校注疏本）》，参与出版《2009年宁夏文化蓝皮书》、《宁夏通志》；编辑出版业内核心期刊《图书馆理论与实践》全年12期；编发《图书馆情报学精选文摘》6期、《社区生活报》12期，编印完成《古籍目录》（书本式）、“地方文献导藏书目”（上、下），创刊《资政参考》与《政务公开信息集萃》；发表论文10余篇。为迎接“全国省级公共图书馆第四次评估定级”，宁夏图书馆还本着“以评促建”的原则，以评估为契机，抓住机遇，整改建设，推动了宁夏图书馆新馆基础设施、业务建设和服务水平的进一步提升，摘掉了多次评估不入级的帽子，获得了文化部颁发的“省一级图书馆”的称号。宁夏图书馆现藏有纸质文献150万余册（件）、电子文献60万余册（件），并形成了由西夏文献、回族及伊斯兰教文献、宁夏地方文献及近代来华教会藏书等构成的“特藏”体系。宁夏图书馆不断优化数字资源内容，丰富传输形式，与全区的21个县市级图书馆实现了VPN专线联网，使县级图书馆都具备了数字图书馆服务能力。同时，通过全国数字图书馆服务网络提供跨库无缝集成服务，为广大基层读者提供了丰富的文化资源，实现了全区资源共享。

新疆维吾尔自治区

2009年是贯彻落实党的十七大和十七届四中全会精神，确保“十一五”规划全面完成的关键之年。是党和国家事业发展进程中极为重要的一年，也是新疆维吾尔自治区改革开放和现代化建设进程中极不平凡的一年。自治区各级文化部门、各族文化工作者在自治区党委、自治区人民府的正确领导下，全面落实科学发展观，坚持一手抓改革发展、一手抓团结稳定，在反分裂斗争尖锐复杂、各种挑战异常严峻的情况下，紧紧围绕自治区中心工作，坚决贯彻自治区党委、自治区人民政府的决策部署，始终保持昂扬向上的精神状态，不断创新体制和方式方法，不断增强工作主动性、系统性、前瞻性和战略性，卓有成效地完成了庆祝“新中国成立60周年”系列文化活动；经受住了“7·5”事件的严峻考验；推进了艺术创作的蓬勃发展；开展了丰富多彩的社会文化活动；促进了“两大一新”和文化体制改革的有序实施和整体推进；圆满完成了中央调研组来疆调研的接待协助任务；更加强化了文化遗产保护工程。为维护和促进自治区改革、发展、稳定大局，发挥了文化工作的重要作用。

一、坚持用中国特色社会主义理论、科学发展观武装头脑，加强党的建设，提高党组织驾驭、指导文化建设的能力

一年来，自治区各级文化部门深入学习贯彻党的十七大和十七届四中全会精神，以建设社会主义核心价值体系、增强建设先进文化的能力为根本任务，按照“讲党性、重品行、作表率”的要求，加强了文化系统党的建设和队伍建设。文化厅党组狠抓党员干部理论学习，开展了形式多样的理论教育学习活动，举办各种类型培训班，成效显著。开展深入学习实践科学发展观活动取得丰硕成果，经督导组测评，群众学习整改满意率达96%。继续狠抓直属基层单位党组织建设，在新疆石窟研究院组建了党委，对厅机关、直属单位党（委）支部和基层组织进行了调整改选和换届工作，建立健全了文化厅系统基层党团和群众组织，切实发挥了党对文化工作的领导和把关

定向作用。召开了文化厅系统庆祝建党88周年暨表彰大会。举办了“向祖国汇报”纪念“五四”90周年青年诗歌朗诵会；组织两个青年代表队参加了区直机关工委举办的纪念“五四”90周年暨庆祝新中国成立60周年青年诗歌朗诵会，分别荣获大赛的特别奖和二等奖。组成百人合唱团参加自治区庆祝新中国成立60周年“祖国颂”歌咏大会，荣获自治区最佳演出奖。各地州市文体局也都以开展深入学习实践科学发展观活动为契机，强化学习，开展意识形态领域反分裂斗争再教育；完善制度、规范决策程序；加强职工队伍建设，整顿工作作风。全区各级文化部门党组织驾驭指导文化工作的能力得到进一步提高。

二、加大投入，进一步完善覆盖城乡的公共文化服务体系，提升公共文化服务水平

在各级党委、政府的大力支持下，自治区公共文化服务体系网络建设进展顺利。2008年底和2009年第一批下达自治区的155个乡镇文化站项目已交付使用，2009年第四批安排自治区的262个乡镇综合文化站，已建成完工41个，其余项目2010年上半年均可完工。南疆三地州行政村、社区文化室和两馆维修工程已启动实施。县级两馆维修项目从2009年开始进行，分4年完成，维修改造资金共需7457.4万元，其中：中央安排5480万元，自治区各级财政配套1977.4万元。2009年12月初，中央对自治区县级图书馆、文化馆维修改造经费1640万元，自治区配套549.7万元，共计2189.7万元全部安排用于南疆三地州喀什、和田、克孜勒苏柯尔克孜自治州行政区域内辖24个县（市）的两馆维修。后续两馆维修经费将逐年拨付到位。全疆376个乡镇（街道）文化站完成了评估定级工作，评出一级文化站101个，二级文化站102个，三级文化站121个。分别在巴音郭楞蒙古自治州、昌吉回族自治州两地举行了县以上基层文化管理干部、文化馆专业干部培训班，共培训240人。为400个新建的乡镇文化站、南疆三地州24个县(市、区)及部分县级图书馆送图书12万余册，为400个乡镇文化站配备设备。全疆文化信息资源共享工程加快推进，已建成县级支中心61个，村级基层服务点7606个，初步形成了自治区、县市区、乡镇和行政村四级“文化信息资源共享”服务网络。据统计，仅2008年以来，自治区共享工程为各地下发各种光盘8万余张，电子读书卡3000余张，以及通过移动硬盘和易播宝为基层提供各类资源达5000 TB。完成了全国第四次县级以上公共图书馆的评估定等工作，自治区图书馆参加了国家文化部的评估，取得了较好成绩。2009年底，国家财政部下达自治区第三批流动舞台车购置经费677万元，购置舞台车22辆。截至目前，大部分地州能够依托流动舞台车搞好文化节目下乡演出活动，收到很好效果。2009年，全区免费开放博物馆、纪念馆从2008年的34家增加到47家，全年共接待观众总人数达300余万人，其中青少年参观人数达50余万人次。乌鲁木齐市图书馆开设了“乌鲁木齐文化讲坛”品牌专栏，全年举办讲座45期，观众达3000多人，受到乌市各族群众青睐和好评。全年共投入文化文物事业资金5.12亿元，其中投入文物事业资金1.5亿元，投入乡镇综合文化站资金1.05亿元，投入行政村资金1.2亿元，投入共享工程资金7457.4万元。

三、提振信心、营造氛围、精心组织、积极参与庆祝新中国成立60周年重大活动

2009年是新中国成立60周年，为营造和谐、团结、喜庆的文化氛围，全区各级文化部门精心组织、积极参与国庆活动。自治区文化厅承担自治区庆祝中华人民共和国成立60周年大型文艺晚会“天山的祝福”排练和演出的组织协调工作。在“7·5”事件后、“9·3”针刺事件期间，厅党组面对各种不利因素，组织带领参演单位、870多名演员克服各种困难，保证了“天山的祝福”的顺利演出，获得自治区领导的充分肯定及各族观众的广泛赞誉。承办了“新歌唱新疆”大型演唱会和“新中国成立60周年内蒙古广西宁夏新疆成就展”。组织新疆艺术剧院歌剧团携《冰山上的来客》赴京参加“向祖国汇报——庆祝中华人民共和国成立60周年全国‘名家名剧’系列展演活动”。新疆文化艺术学校积极参加全国21省区市新农村少儿舞蹈展演活动，选送舞蹈节目《小艺人》荣获“表演金奖”和“特别贡献奖”，受到中国舞蹈家协会领导和专家们的好评。

各地州市文化部门面对自治区特殊复杂的反分裂斗争形势，围绕60周年国庆，以丰富群众文化活动为目的，组织开展了系列文化活动，充分发挥了文化稳定人心，稳定社会大局的作用。喀什地区举办了为期三天的国庆文艺汇演；阿克苏地区组织开展了“多浪情韵”少数民族器乐专场演奏会、“魅力阿克苏”摄影展等系列活动；克拉玛依市举办了“庆祝新中国成立60周年暨克拉玛依市第十届水节开幕晚会”，3500余名演员参加演出；乌鲁木齐市组织市属专业艺术表演团体演出220余场，吸引观众20余万人次。通过举办系列文化活动，充分展示了新中国成立60年来、新疆和平解放60年来，在党的领导下，全区各族人民团结奋斗，共同建设美好家园的光辉历程，凝聚了人心、提振了信心。

四、坚持面向基层、面向群众，文艺创作演出进一步繁荣，群众文化活动丰富多彩

开展了“千场演出送基层”文化惠民活动，举办了“新年·新春音乐会”、“清明音乐会”。开展了内容丰富多彩的“百日广场文化活动竞赛”和“乡村百日文体活动竞赛”。举办了庆祝“六一”国际儿童节少儿文艺专场演出和“群星耀天山”群众才艺大赛活动。组队参加“2009年张家界国际乡村音乐周”，新疆队荣获最佳人气奖。新疆画院积极组织参加第11届全国美展，1幅作品获提名奖。积极参加“祖国好”全国文化系统大型职工书画展，新疆有8幅作品入选，其中新疆画院亚里坤·哈孜的油画《和田舞女》荣获二等奖。成功举办第三届全疆舞蹈大赛和第二届全疆器乐大赛。自治区群艺馆选送35幅农民画参加在美国华盛顿展览，反响良好。

新疆杂技团创作的杂技剧《你好，阿凡提》自2009年1月15日公演以来，共演出120余场，观众达74000余人次，演出收入达260余万元，创造了新疆文艺舞台上同一部剧目在同一剧场不间断演出的最高纪录。《废墟上的婚礼》、《大巴扎》两台剧目作为新疆艺术剧院2009年重点打造的舞台精品，创排工作有序开展。歌曲《一家人》荣获“五个一”工程奖，音乐杂技剧《你好，阿凡提》、歌舞晚会“木卡姆的春天”、小品《一百万》、小品《感谢》，杂技节目《软钢丝》、《爬杆》荣获第三届天山文艺奖。

各地州市也进一步加大文艺创作投入，精品力作不断涌现。阿勒泰地区精心打造的大型哈萨克族歌舞诗《阿嘎加依》已上演6场，受到广泛好评；和田地区新玉歌舞团创作的《党的政策亚克西》在央视2010年春晚演出；石河子市创作的歌舞豫剧《天山雪莲》获兵团“五个一”工程奖；巴州创作完善的蒙古族舞蹈《托布秀情》获第二届中国蒙古族舞蹈大赛创作铜奖、表演铜奖和组织奖；五家渠市创作的少儿舞蹈，获全国第五届“小荷风采”舞蹈大赛金奖；昌吉州为纪念福建省援疆一周年编排的晚会“闽昌缘”，在福建省各地巡回演出31场次，加深了闽昌两地的文化交流，编排的新疆曲子剧《哈哈泉子的户儿家》也即将与观众见面；哈密地区重新整理和编排的大型歌舞《请您尝块哈密瓜》在新疆电视台春晚演出；吐鲁番地区邀请自治区知名编导，指导创作了近年来全地区最高水平的，具有浓郁地域特色的大型歌舞晚会“吐鲁番的葡萄熟了”；博州地区投入大量人力、物力、财力精心创编了自治州歌舞团成立以来，最具规模和代表性的大型舞蹈诗画《赛罕·赛里木》。

五、稳步实施重点保护项目，进一步做好文化遗产保护工作，弘扬中华优秀传统文化

第三次全国文物普查及长城资源调查工作取得重要成果。丝绸之路（新疆段）重点文物抢救保护工程继续推进。丝绸之路（新疆段）申报世界遗产工作进展顺利。吐鲁番坎尔井抢救保护工程已正式启动。中国文物保护技术学会第六次学术年会在乌鲁木齐成功举行，来自全国各个省区市49家单位的150名学者参加了研讨，提交论文131篇。自治区博物馆与甘肃省博物馆联合举办了“天山南北·古道遗珍”新疆文物专题展。首都博物馆为庆祝新中国成立60周年举办的“千古探秘”展，自治区有100余件文物参展，是参展省份中数量最多的。新疆石窟研究院在加强重点文物保护、维修的同时，重点加强配套基础设施建设，全年接待海内外游客1.6万多人次。

2009年，自治区人民政府向社会公示了自治区第二批非物质文化遗产名录项目78项，第一批自治区级扩展项目21项。经自治区专家委员会评审，推荐92个项目申报国家级名录。对全区23个第三批国家级非物质文化遗产名录代表性传承人发放生活补助金每人每年3600元。评选出第二批自治区级非物质文化遗产代表性传承人131人。对全区14个地（州、市）以及16个县（市）的“非遗”普查和保护工作进行了验收和督查。自治区投入"非遗"普查经费580万元，为85个县和部分地州配备电脑、照相机、录音笔、摄像机。古籍图书文献普查保护工作也有新的进展。全区共有27部古籍入选全国古籍普查第二批国家珍贵古籍名录，新疆维吾尔自治区图书馆入选为国家古籍重点保护单位。申遗工作也取得重大成就，柯尔柯孜族史诗《玛纳斯》申报联合国人类非物质文化遗产代表作取得成功。

六、依法行政，规范管理，促进文化市场有序发展

2009年，自治区文化厅将申请的190名编制全额配给全区各地州市文化市场管理部门，缓解了目前大市场、小队伍，一套班子、几块牌子的困难状况。开展了各类专项集中治理行动。全年全疆共出动检查人员近20万人次，检查各类文化市场12万余家，办结各类案件754起，收缴非法音像制品47万余张，停业整顿违法经营场所152家，取缔经营场所52家。全疆38%网吧终端已实现软件正版化。进一步规范了全疆各KTV经营场所，强化了依法缴纳版权使用费工作。

七、积极扶持，重点培育，大力推进文化产业发展

2009年，自治区文化厅组团参加了第五届中国（深圳）国际文化产业博览交易会，取得圆满成功。新疆代表团荣获第五届文博会"优秀组织奖"、"优秀展示奖"2项大奖，共有11个项目合同现场签约，签约合同金额高达2.81亿元，比上届"文博会"新疆签约金额翻了一番多。自治区博物馆成立了文化产业公司，以开发馆藏文物纪念品为主，开展文物修复、复制、展陈设计等多项业务，取得了较好的社会效益和经济效益。新疆文物总店秉承"诚信经营"的理念，精细运作，在逆境中求发展，难能可贵。新疆艺术剧院人民剧场克服金融危机和市场竞争及"7·5"事件等方面的不利影响，积极进行营销策划，全年票房收入取得喜人成果。

八、加大对外文化交流力度，增强新疆民族文化在国际上的影响力

2009年，经自治区文化厅审批的对外及港澳台文化（文物）交流项目46项，人数达477人。接待来自29个国家和地区来访团（组）7个，共计138人。1月9～28日，自治区文化厅党组书记韩子勇带领新疆艺术团赴非洲三国（吉布提、博茨瓦纳、毛里求斯）进行访问演出，取得圆满成功。为此，自治区党委副书记、主席努尔·白克力作出重要批示，给予表扬。与台北历史博物馆共同举办的"丝绸之路——新疆文物大展"，产生广泛影响，受到普遍好评。"7·5"事件发生后，自治区加大了对外文化交流力度，文化交流演出3次。其中，自治区副主席铁力瓦尔迪·阿不都热西提率新疆歌舞艺术团一行，赴马来西亚、新加坡进行了文化交流活动，自治区人大副主任乃依木·亚森率新疆歌舞团一行50人赴澳大利亚、新西兰参加"中国新疆综合文化交流活动"。新疆木卡姆艺术团一行赴芬兰、比利时进行了文化交流演出，这些文化交流演出活动，充分展示了新疆各族人民良好的精神风貌，加大了对"东突"分裂势力的舆论打击力度，压缩了热比娅之流分裂势力的境外舆论空间。阿不力孜·阿不都热依木厅长也率新疆木卡姆艺术团赴台湾演出取得极大的成功。以上活动均受到了中央、自治区的表扬和表彰。成功组织评选、颁发了2009年度"小岛康誉新疆文化·文物事业优秀奖"。

九、稳步推进文化体制改革，加强文化人才队伍建设，为推动文化大发展大繁荣提供保证

2009年，成立了新疆艺术剧院副厅级差额预算管理事业单位。成立了自治区文化厅非物质文化遗产保护处。先后为乡村文化站申请增编250名，为文化市场管理队伍申请增编190名，缓解了基层文化工作人员严重不足的问题。积极争取人才培训经费20万元，培训全疆文化行业各级各类专业技术人员900余人。积极开展文化艺术科技工作，向全国艺术科学规划办申报艺术科研课题43项，有两项课题被文化部立项。

各地州市也不断加强文化队伍建设。伊犁州为州直3个艺术表演团体增加了20个招聘指标；巴州完成了对州歌舞团和库尔勒市歌舞团的整合，阿克苏地区完成了塔里木歌舞团和地区歌舞团的整合。通过整合，实现了艺术表演团体人力、设备等资源的优化配置，提升了创作、演出的实力。

十、应对"7·5"事件，反应快速、措施有力、收效显著

"7·5"事件发生时，正在上海开全国文化厅（局）长座谈会的自治区文化厅党组书记韩子勇第一时间指示在家的厅党组成员，坚决贯彻自治区党委、政府的决策决定，立即启动应急预案，全力应对突发暴力犯罪事件。通知要求厅直属各单位，特别是地处事发地的单位领导，要立即收拢、清点人员，明确要求单位干部职工不得卷入和参与，组织力量做好防范工作，要千方百计的救助一切可能救助的遇险群众，为正确果断处理该事件赢得了宝贵时间。“7·5”事件发生时，厅长阿不力孜·阿不都热依木在上海学习。根据工作需要，也经请示提前结束学习，第一时间返回单位，靠前指挥。期间，厅党组第一时间召开党组会做出具体部署，分片包干、检查落实直属单位情况，上报信息，加强了厅领导带班、值班。在文化厅的每个重点单位和家属区域建立临时党支部、组成治安联防队，实行24小时值班，强化安全防范措施，加强正面教育，确保了全厅系统的安全稳定和办公秩序的正常化、有序化。全厅系统1700名各族文化工作者(其中少数民族干部职工占65%)无一人受伤。先后保护、救助各族群众、演职人员达2000人。第一时间做好慰问活动，为驻地公安武警官兵送去西瓜12000公斤、矿泉水685箱、馕2000多个等慰问品。第一时间组织广大干部职工捐款，据统计，文化厅系统为“7·5”严重暴力犯罪事件中受害群众捐款66万余元。第一时间完成自治区党委、政府下达的征迁任务，文化大院45户居民和3个直属单位坚决贯彻自治区党委的决策部署，按照党委的要求进行了搬迁。第一时间发挥文化艺术工作优势，先后组织了劳模、文化艺术界知名人士、离退休老干部等召开座谈会，声讨以热比娅为首的分裂势力犯下的滔天罪行。第一时间制作和张贴“民族团结、和谐新疆”6000张维、汉文字的宣传招贴。第一时间组织30多位音乐工作者创作了歌曲《一家人》。第一时间选派20名各族优秀干部赴基层社区开展维稳宣传教育。于9月28日成功举办了各族文化工作者庆祝新中国成立60周年联欢会。总之，利用多种形式开展了“维护民族团结、维护社会稳定”为主题活动，在社会各届引起强烈反响，受到好评。自治区文化厅党组在应对“7·5”事件中反应快速、应对得当、措施有力、收效显著，文化厅系统队伍稳定表现突出。因此，新疆艺术剧院、新疆杂技团的领导、文艺骨干受到中央领导的接见。中共中央政治局委员、中央书记处书记、中宣部长刘云山，中共中央政治局委员、国务委员刘延东分别做出重要批示，对新疆文化系统各族干部给予表扬。因“7·5”事件的突出表现，新疆艺术剧院荣获“全国民族团结进步模范集体”，新疆杂技团荣获乌鲁木齐市“民族团结先进集体”。

“7·5”事件后，地州、县各级文化部门也都认真贯彻各级党委、政府的决策部署，通过加强干部职工思想教育、举行座谈会、开展干部返乡回村宣讲等多种举措，发挥文化部门优势，积极做好维稳工作。

十一、圆满完成中央调研组的接待协调任务

自治区文化厅党组多次开会，提高谋化、统筹协调、充分准备，在各级文化部门的积极配合下，分时段、圆满地完成了中央宣传教育文化调研组、中央文教卫生组来疆的调研任务。

2009年11月5～14日，由文化部副部长周和平带队的调研组分为两个小组，先后考察了自治区图书馆、博物馆等7家区直文化单位和阿勒泰、阿克苏、喀什、克州、和田等地、州的20余个县、乡、村共97个文化点，行程10万余公里。11月14日，中央政治局委员、书记处书记、中宣部部长刘云山率中央宣传教育文化调研组一行来到新疆艺术剧院调研，观看了由新疆艺术家们精心准备的歌舞表演和器乐演奏，实地察看了杂技、民乐团、管弦乐、舞蹈等排练场所，并与演员合影留念。文化厅党组高度重视中央调研组的调研工作，第一时间成立了领导小组，召开3次党组扩大会议、1次党组专题会议，形成各类文字材料20余万字，在调研过程中，各地州县文化部门积极协调配合做好了中央调研组的调研工作，对中央调研组关于新疆文化工作的调研方案和报告的形成起到了积极的促进保障作用。

十二、安全生产、综合治理、工会、老干等工作成绩显著

2009年，自治区文化厅系统安全生产、综合治理等工作进一步加强，为群众服务的能力和水平不断提高。文化厅安全生产工作以名列第一的高分值通过了自治区的考核，被自治区人民政府表彰为先进单位。综合治理、计划生育工作扎实开展，受到上级考核组的好评。老艺术家住宅楼工程和新疆木卡姆艺术团综合楼工程进展顺利，先后为34名机关干部办理了统建房购房手续，为厅系统35名干部职工办理了团购房手续，解决了干部、职工的购房需求。厅党组慰问走访了文化厅系统全国、自治区劳模20人、异地安置离休人员4名，发放慰问金2.1万元；厅老干处为老同志们免费发放和赠送《党员之友》、《今日新疆》等刊物60余册（份）。文化厅老干部党支部被自治区党委组织部评为“先进离退休干部党支部”荣誉称号。厅办公室全年共编发各类信息88期，保密工作扎实开展，成绩显著，被自治区保密局评为2009年保密工作先进单位。

全区各级文化部门对抓好安全生产、综合治理的认识不断提高。石河子市文化局为加强对文化内容和文化生产的安全管理，成立了领导小组，全年召开安全生产专题会议20余次，组织开展了消防演练。由于安全工作责任到位，2009年，自治区文化厅各级文化部门未发生一起重大文化安全事故，确保了全区各级各类文化活动的顺利开展。

新疆生产建设兵团

一、文化基础设施建设不断加强，文化事业进一步推进

【2009年“十件实事”中文化建设项目圆满完成】

连队综合活动室（含文化、党组织活动室）建设任务完成情况。2009年，兵团党委实施的“十件实事”惠民工程中，连队综合活动室（含文化、党组织活动室）计划建设100个，每个建设标准200平方米，总建筑面积20000平方米。平均每个投资16万元，其中，国家专项补助资金5.5万元（有5个单位为6万元），兵团本级财务资金10.5万元（有5个单位为10万元），总投资1600万元，其中，国家专项补助资金552万元，兵团本级财务资金1048万元。100个连队综合活动室（含文化、党组织活动室）建设任务全部超额完成任务。

团场综合文化活动中心建设任务也按计划完成。兵团党委为加大基础文化设施建设力度，2009年将团场文化活动中心建设列入兵团党委“十件实事”惠民工程。计划建设15个团场综合文化活动中心，每个建筑面积1500平方米左右，造价1500元/平方米，每个平均投资225万元，总建筑面积22300平方米，总投资3475万元，其中，兵团投资3359万元，师团自筹116万元。

【文化信息资源共享工程建设稳步推进】

2009年，文化部下达兵团35个县级支中心建设任务，每个68万元，其中，文化部下达资金80%，计54.4万元，兵团师团配套资金20%，计13.6万元。共投入资金2380万元，其中，国家下达资金1904万元，兵团师团配套476万元。

对35个县级支中心建设项目进行统一招投标。2008年，兵团文化广播电视局根据文化部下发的文化信息共享工程县级支中心设备配置标准，结合兵团实际情况，拟定了兵团县级支中心设备配置标准，对国家文化部下达兵团文化信息资源共享工程35个县级支中心建设任务办理了相关统采手续。兵团统采中心对建设项目所涉及的软、硬件设备进行了统一采购。

召开兵团文化信息资源共享工程工作会议。2009年7月15～16日，兵团文化广播电视局在农二师召开兵团文化信息资源共享工程工作会议。会议认真总结了兵团自2005年启动文化信息资源共享工程以来的一些好做法、好经验，明确了2009年兵团文化信息资源共享工程具体组织实施方式和工作重点。会上，兵团文化广播电视局与各建设单位层层签订建设协议，明确各单位建设任务、目标和工期，确保工程早日发挥效益。会议期间与会代表实地参观、考察了已建成的农二师27团县级支中心。

【兵团《文化志》成功出版印刷】

历时3年的兵团《文化志》编纂工作，已于2009年国庆前正式付梓印刷。

【南疆基础文化设施建设项目规划工作】

按照国家发改委的要求，兵团文化广播电视局、兵团发改委起草了《关于编制〈南疆三地州兵团垦区经济社会发展近期建设重点项目专项规划〉的建议》。编报建设2009～2010年南疆三地州兵团团场文化活动中心12个，覆盖人口10.7万人，建设规模22300平方米，总投资4460万元；编报建设2009～2010年南疆三地州兵团连队综合文化活动室170个，覆盖人口11.4万人，建设规模39400平方米，总投资4040万元。

二、喜迎国庆60周年，文艺事业异彩纷呈

【组织参加庆祝新中国成立60周年、兵团成立55周年系列文艺活动】

认真组织“为祖国喝彩”兵团文艺节目录制展播。根据兵团党委宣传部长办公会议安排，2009年9月2～5日在兵团文化中心组织进行了“为祖国喝彩”兵团文艺节目展演及电视录制活动，共有来自13个师（农八师在本师专场演出）、塔里木大学、兵团老年艺术团、兵团少儿艺术团等16个单位选送的46个节目参加演出和录制。展演评出组织奖4个，节目一等奖8个，二等奖12个，三等奖15个，鼓励奖11个。所有录制节目经剪辑后于国庆期间在兵团电视台进行了展播。

组织兵团豫剧团参加庆祝新中国成立60周年优秀剧目（南北片）展演。2009年6月，部领导亲自率队，带领兵团豫剧团携豫剧《天雪》参加“向祖国汇报——庆祝新中国成立60周年”暨第三届全国地方戏优秀剧目（南北片）展演活动。该剧在演出中获得了“荣誉奖”。

组织兵团歌舞团参加庆祝新中国成立60周年献礼演出活动。根据文化部的安排，7月28～29日，兵团歌舞团在北京天桥剧场参加庆祝新中国成立60周年文艺演出。演出内容宣传了兵团屯垦戍边事业、弘扬了兵团精神，得到了观众普遍的好评。

组织举办兵团“为祖国喝彩”主题文艺晚会。9月10日，兵团在农八师石河子举办了“为祖国喝彩”主题文艺晚会，晚会经录制后浓缩1小时在中央电视台在文艺频道播出。

【做好兵团第五届精神文明建设“五个一工程”评选实施工作和全国第11届“五个一工程”送审工作】

根据《关于认真做好第11届精神文明建设“五个一工程”评选工作的通知》(中宣办发〔2008〕26号)精神，兵团安排部署了兵团第五届精神文明建设“五个一工程”的评审工作和全国第11届“五个一工程”的申报工作。兵团第五届精神文明建设“五个一工程”入选作品17部(首)。其中，戏剧类5部，电影类2部，电视剧和广播剧类3部，歌曲类5首，文艺类图书类2部。上报中宣部11部作品参加全国的评审，包括：戏剧类3部，电影类2部，电视剧1部，广播剧类2部，歌曲类3首。

【组织兵直文艺团体开展“送戏下乡”活动】

按照兵团党委的指示要求，兵团文化广播电视局组织兵直8个文艺团体自2008年12月中旬开始至2009年3月底，在全兵团开展了“送戏下基层”活动。各专业剧团精心组织，周密部署，克服演出无场所、无暖气等多种困难，分赴基层团连演出演出122场，观众达到12万人次。

【组织兵团杂技团赴法国参加明日国际杂技节】

受法国明日国际杂技节组委会的邀请，兵团杂技团于2009年春节期间参加第30届法国明日国际杂技节，演出获得了银奖。

【组织兵团杂技团参加上海国际艺术节】

根据上海国际艺术节组委会的通知，兵团文化广播电视局推荐上报并组织兵团杂技团杂技剧《戈壁儿女》于10月底参加上海第11届国际艺术节，被《文化报》等全国媒体和当地媒体广泛报道，产生了较大的社会反响。

【推荐上报全国文化系统先进集体和先进个人】

按照《关于评选全国文化系统先进集体和先进工作者的通知》（人社部函〔2009〕141号）的文件要求，兵团文化广播电视局与兵团人事局共同下发了《关于开展评选推荐全国文化系统先进集体和先进工作者的通知》（兵人明传〔2009〕33号）。7月20日，兵团文化广播电视局组织召开领导小组会议，严格按照评选要求对各单位的申报材料进行审定，并向文化部推荐了候选单位和候选人。11月初，文化部公示了入选名单，并于11月24日在北京进行了表彰。农六师五家渠市荣获全国文化先进单位称号，农三师文工团荣获全国文化系统先进集体称号，兵团豫剧团王建昌、农四师文化广播电视局刘灿霞荣获全国文化系统先进工作者称号。

三、注重做好基础工作，逐步健全文博工作管理体制

【兵团军垦博物馆二次改陈工作正式启动】

在兵团党委的关心下，在上下各单位的努力下，历时3年的兵团军垦博物馆二次改陈工作于2009年上半年正式进入施工阶段。

【整理上报兵团、师、团三级博物馆站基本情况】

兵团文化广播电视局在总结第一批4个博物馆免费开放工作经验的基础上，对兵团范围内所有42个博物馆、纪念馆的详细基础数据进行统计。

4月15日，经与自治区文物局协商，将兵团范围内42个博物馆、纪念馆（陈列馆）纳入自治区文博系统予以统筹规划管理，并纳入自治区免费开放系列，同时向国家申报免费开放补助资金846.2万元。

【认真做好2009年博物馆、纪念馆免费开放资金分配工作】

继2008年国家下达兵团4个免费开放博物馆、纪念馆补助资金369万元之后，2009年国家继续下达369万元。兵团文化广播电视局根据财政部和文化部有关要求，认真做好资金的分配工作。

【协调兵团农六师五家渠市博物馆建馆、布展工作】

2009年4月1日，兵团文化广播电视局召开农六师五家渠市拟建“将军纪念馆”布展大纲评审会。会议对农六师有关建设“将军纪念馆”最终命名、布展形式、陈列内容等提出修改意见，并对建设该馆的目的意义、定性定位、审批程序和建设时限及具体要求做出明确指示。

四、加大宣传保护力度，文化遗产保护事业成绩突出

【认真安排并组织好全国第四个“文化遗产日”兵团相关工作】

发放兵团非物质文化遗产项目图册。第四个“文化遗产日”前，组织印刷了《新疆生产建设兵团非物质文化遗产项目图册》，对兵团非物质文化遗产保护工作启动以来的重要文件、项目名录、传承情况作了详细介绍。图册分发兵团机关各部局、各师、院（校）等单位，总结展示了兵团非遗工作的成果，广泛宣传了兵团非物质文化遗产各个项目，进一步扩大了加强文化遗产保护的影响，为兵团继续开展非遗普查、宣传、保护、传承奠定了基础。

举办兵团非物质文化遗产项目展览。2009年6月8～12日，兵团非物质文化遗产展览在兵团机关大楼一楼大厅举办，展出了兵团14项非物质文化遗产项目（包括国家级项目5项）和兵团非物质文化遗产传承人情况，以图文并茂的形式首次对兵团非物质文化遗产详细情况进行了宣传、介绍，在为期5天的展览时间里，有包括兵团领导、兵团各部局在内的千余人参观了展览。兵团机关展览结束后，所有展板将运往兵团农六师五家渠市博物馆继续长期对外展览。农八师文体局于6月13日“文化遗产日”当天，在兵团军垦博物馆广场组织举办了八师有关非物质文化遗产项目和博物馆内部分馆藏文物的展览，八师2000余干部职工群众参观了展览。

组织参加全国非物质文化遗产表彰电视电话会议。按照文化部的要求，6月11日下午3时，兵团分会场如期、顺利地参加了全国非物质文化遗产保护、古籍保护暨文博事业杰出人物表彰、颁证、授牌电视电话会议。兵团党委、兵团副秘书长赵广勇、兵团非物质文化遗产保护工程领导小组成员单位领导、兵团文化广播电视局全体及各直属单位领导等近50人参加。会议认真听取了国务委员刘延东及文化部部长蔡武的重要讲话，在全国电视电话会议结束后，兵团在分会场为获全国非物质文化遗产保护先进集体和先进个人颁奖、授牌。兵团文化广播电视局文化事业处荣获文化部非物质文化遗产保护工作先进集体称号；农六师五家渠市文化局副局长尹慧莲和碱蒿子土碱烧碱技艺国家级传承人、农六师新湖四场六连退休职工田希云，获得“文化部非物质文化遗产保护工作先进个人”荣誉称号。

参加杭州“锦绣中华”织绣、刺绣展览。为充分展示我国有着4000多年灿烂文化历史的织绣和刺绣艺术，中国非物质文化遗产国家保护中心于2009年6月13～18日在浙江省杭州市举办了“锦绣中华—中国织绣精品大展”。受邀参展的有来自全国17个省区市的60多位代表，带着近500件织绣和刺绣作品。兵团文化广播电视局带队农六师国家级非物质文化遗产保护项目哈萨克毡绣布绣部分作品参展参评。通过大展组委会专家评比，兵团参展作品获得1个银奖，2个铜奖和2个优秀奖。

组织新闻媒体宣传。在文化遗产日系列活动开展期间，兵团文化广播电视局组织各师、院校结合各自的实际，开展了丰富多彩的活动，在兵团范围内营造了较好的氛围。除此之外，积极依托报纸、电视、广播电台、网络等新闻媒体，设置专栏专题，播发有关文章，不断加强对外宣传。兵团日报社、兵团电视台、兵团建设杂志社对全国电视电话会议兵团分会场和展览进行了新闻报道。兵团杂志社开辟专栏，在6月份以后，每期刊载一篇文章，对兵团非物质文化遗产项目名录逐一介绍宣传。

【确定公布兵团首批非物质文化遗产传承人】

1月12日，兵团文化广播电视局印发《新疆生产建设兵团文化广播电视局关于公布第一批兵团级非物质文化遗产项目代表性传承人的通知》（兵文广发〔2009〕2号），公布第一批兵团级非物质文化遗产项目代表性传承人15人。第一批兵团级非物质文化遗产项目代表性传承人的确定公布，对促进兵团范围内非物质文化遗产保护工作，弘扬优秀的民族传统文化和兵团精神具有重要意义。经申报，农六师碱蒿子烧制土碱技艺传承人田希云被认可为国家级传承人。

【评审第二批兵团级非物质文化遗产项目名录】

兵团文化广播电视局于2009年8月份开展了兵团第二次非物质文化遗产项目普查及申报工作。兵团各师、院（校）及有关单位在申报时限内共上报项目19项。经专家组认真评审，兵团领导研究，并向社会公示，确定将其中的10项列入第二批兵团级非物质文化遗产项目名录。入选的10个项目为：农三师图木舒克市文化局申报的刀郎人渔猎；农六师五家渠市文化局申报的阿肯弹唱、枪杆诗、锅盔技艺、拔廊房；农七师文广局申报的麦秸画；农九师文广局申报的现代套彩烙画；兵团党委党校申报的屯垦歌谣、屯垦故事；兵团豫剧团申报的新疆豫剧等。兵团文化广播电视局在此基础上组织申报了第三批国家级名录。

五、兵团文化市场和产业工作

【加强文化市场行政执法人员培训】

2009年，兵团选派了5名文化市场行政执法人员参加由文化部举办的文化市场行政执法培训班。5月，兵团在农一师举办了为期5天的第九期文化市场行政执法培训班，共有77名文化市场行政执法人员参加了培训。

【兵团文化市场集中整治】

2009年，联合兵团综治办、公安局、教育局、开展了“扫黄打非”、净化社会文化环境集中行动。组织开展了元旦、春节前文化市场专项整治行动、“两会”期间文化市场专项治理行动、打击政治性宗教类非法出版物集中治理行动、网吧和学校周边文化环境集中整治行动、动漫市场专项整治行动、国庆节前兵团文化市场和校园周边环境集中整治行动。通过兵团各级文化市场行政执法人员的共同努力，积极为广大兵团职工群众营造一个健康良好的社会文化环境。

【深入开展“扫黄打非”集中行动】

2009年，根据工作需要，兵团文广局对兵团“扫黄打非”工作领导小组进行了调整，进一步加强了对兵团“扫黄打非”工作的领导力度。为庆祝新中国成立60周年，根据国家、自治区的统一部署，兵团文广局先后安排了三次“扫黄打非”集中行动。尤其是“7·5”事件后，进一步加强了对政治性非法出版物和反动宣传品的清查，加强了对校园周边环境的治理，目前兵团社会文化环境良好。

【兵团题材影视剧拍摄】

电影《诺亚堡》首映、电视剧《八千湘女上天山》在湖南卫视播出、纪录片《秘筑中巴公路》已完成，2010年将在中央电视台有关频道播出。《屯垦将军张仲瀚》、电影纪录片《南泥湾》正在筹拍。

文化机构人员

Cultural Organization Staff

北京市

北京市文化局

局长、党组副书记：降巩民
党组书记、副局长：张文华
党组副书记、副局长：何　昕
党组成员、副局长：王　珠（女）
党组成员、北京京剧院院长：李恩杰
副局长：王　鹏
党组成员、纪检组组长：崔国红
党组成员、副局长：张　晓
党组成员、副局长：关　宇
巡视员：叶重辉
巡视员：吴　然
副巡视员：阮兰玉
副巡视员：倪晓建

东城区文化委员会主任：李承刚
西城区文化委员会主任：李征帆
朝阳区文化委员会主任：黄晓伟
丰台区文化委员会主任：王艳秋
石景山区文化委员会主任：高洪雁
海淀区文化委员会主任：陈　静
门头沟区文化委员会主任：陈世杰
房山区文化委员会主任：李立新
通州区文化委员会主任：杜德久
顺义区文化委员会主任：刘振河
昌平区文化委员会主任：陈玉起
大兴区文化委员会主任：王　健
怀柔区文化委员会主任：焦安琦
平谷区文化委员会主任：张　兴
密云县文化委员会主任：李洪仕
延庆县文化委员会主任：张素枝

天津市

天津市文化广播影视局

党委副书记、局长：赵鸿友
党委副书记、副局长：金洪跃
党委常委、副局长：靳方华
副局长：金永伟
党委常委、副局长：游庆波

和平区文化和旅游局局长：杨　振
河东区文化和旅游局局长：石春波
河西区文化和旅游局局长：朱义海
南开区文化和旅游局局长：张金锁
河北区文化和旅游局局长：张丽强
红桥区文化和旅游局局长：张志忠
滨海新区文化广播电视局局长：张仁刚
东丽区文化广播电视局局长：张耀国
西青区文化广播电视局局长：高　艳
津南区文化广播电视局局长：杨俊明
北辰区文化广播电视局局长：杨国珍
武清区文化广播电视局局长：黄维学
宝坻区文化广播电视局局长：王长彬
宁河县文化广播电视局局长：运志扬
静海县文化广播电视局局长：周士华
蓟县文化广播电视局局长：赵海军

河北省

河北省文化厅

党组书记、厅长：冯韶慧
党组副书记、副厅长：王离湘
副厅长：边发吉
党组成员、驻厅纪检组组长、监察专员：徐亚平
巡视员：姚来茹
党组成员、副厅长：彭卫国
党组成员、副厅长：李建华
党组成员、省文物局局长：张立方

石家庄市文化新闻出版局局长：李耀峰
石家庄市新华区文体局局长：姜明明

石家庄市桥西区文体局局长：李淑珍
石家庄市长安区文体局局长：冀晓云
石家庄市桥东区文体局局长：周　建
石家庄市裕华区文体局局长：娄京慧
石家庄市开发区文体局局长：李在兰
石家庄市矿区文化旅游局局长：刘玉斌
藁城市文体局局长：彭志军
鹿泉市文体局局长：艾新建
新乐市文体局局长：赵山路
辛集市文体局局长：田英秋
晋州市文体局局长：康晋涛
井陉县文体局局长：张富海
正定县文体局局长：李铁民
栾城县文体局局长：牛树增
平山县文化局局长：陈建廷
灵寿县文体局局长：付建民
赞皇县文体局局长：吕建民
赵县文体局局长：高志英
元氏县文体局局长：王春平
高邑县文体局局长：李二刚
行唐县文体局局长：王海陆
无极县文体局局长：李跃清
深泽县文体局局长：纪书强

张家口市文化局局长：邓幼明
桥东区文化体育旅游局局长：张向荣
桥西区文化体育旅游局局长：朱　军
高新区文化教育局局长：王　云
宣化区文化旅游局局长：王军强
下花园区文化体育旅游局局长：夏　净
察北管理区文化体育局局长：陈海玲
塞北管理区文化局局长：张　宇
崇礼县文化旅游局局长：宇文清
万全县文化体育局局长：宋世元
尚义县文化旅游局局长：樊殿武
阳原县文化局局长：王宏宇
沽源县文化广播电视局局长：刘建军
涿鹿县文化体育局局长：高峰河
怀来县文化教育体育局局长：唐玉虎
宣化县文化教育局局长：张　斌
康保县文化体育局局长：白　秀
蔚县文化体育局局长：宋建中
赤城县文化体育管理办公室主任：侯海云
张北县文化体育广播电视局局长：张　金
怀安县文化体育旅游广播电视局局长：
　　韩少龙

承德市文化局局长：杨　铭
双桥区文化局局长：王乃明
双滦区文化局局长：上官承志
营子区文化局局长：朱克玉
承德县文化局局长：吴永杰
滦平县文化局局长：武永军
宽城县文化局局长：刘丰华
隆化县文化局局长：郑玉民
围场县文化局局长：封志虎
丰宁县文化局局长：张　成
兴隆县文化局局长：邓久国
平泉县文化局局长：秦凤彬

秦皇岛市文化局局长：李文生
抚宁县文化体育局局长：韩雪夫
昌黎县文化局局长：滕运涛
卢龙县文化体育局局长：韩淑敏
青龙满族自治县文化体育局局长：佟云超
海港区文化体育局局长：刘海波
山海关区文化局局长：王艳霞
北戴河区文化体育局局长：李春光
秦皇岛经济技术开发区社会发展局局长：
　　王满成

唐山市文化局局长：罗向军
路南区文体局局长：刘玉海
路北区文体局局长：董　洁
开平区文体局局长：蒋海洪
古冶区文体局局长：黄春茜
丰润区文体局局长：吴国庭
丰南区文体局局长：田殿江
遵化市文体局局长：杨连广
迁安市文化体育旅游局局长：刘　海
玉田县文体局局长：王玉峰
迁西县文体局局长：高晓峰
滦县文体局局长：王庆刚
滦南县文体局局长：卢常青
乐亭县文体局局长：姚清华
唐海县文广局局长：王之海

廊坊市文化局、新闻出版局局长：卢留虎
三河市文化体育局局长：冯东升
大厂县文化体育局局长：白占冬
香河县文化体育局局长：吴君清
广阳区文化体育局局长：吴宝山
安次区文化体育局局长：李振生
固安县文化体育局局长：纪永英
永清县文化体育局局长：贾如波
霸州市文化旅游局局长：朱　红（女）
文安县文化体育局局长：王盛运
大城县文化体育局局长：刘铁良
廊坊开发区文教卫生局局长：王清达

保定市文化局局长：王福友
定州市文体局局长：李保占
高碑店市文体局局长：赵书贤
安国市文体旅游局局长：许耀东
涿州市文体局局长：张剑平
曲阳县文化文物旅游局局长：张建霞
涞水县文体教育局局长：张福利
安新县文体教育局局长：张双龙
容城县文体教育局局长：张彦忠
雄县文化旅游局局长：张双立
蠡县文体教育局局长：张永江
唐县文体教育局局长：吕海震
高阳县文体教育局局长：杨僧豹
定兴县文体局局长：姚克欣
满城县文体局局长：宁洪水
阜平县文体广电局局长：李　仓
涞源县文体局局长：刘曙光
顺平县文教局局长：冀宝良
望都文体教育局局长：崔增森
清苑县文体局局长：杨东兰
博野县文体电视局局长：周光明
易县文体教育局局长：许俊良
徐水县文体局局长：郑大锁
新市区文教局局长：倪学红
北市区文教局局长：冯　华
南市区文教局局长：李建辉

沧州市文化体育局局长：廉　晨
吴桥县文化旅游局局长：杨洪志
东光县教育文化体育局局长：郭建桥
泊头市文化局局长：范凤驰
南皮县教育文化体育局局长：张立勇
献县教育文化体育局局长：远中和
肃宁新闻出版局局长：吴慧灿
任丘文化局局长：李铁乱
河间市文化局局长：钱晓通
沧县文化旅游局局长：刘景潮
青县文化体育旅游局局长：张敬先
黄骅文化体育广电局局长：张云洪
海兴文化教育局局长：王克勤
孟村文化教育局局长：张立新
盐山文化教育局局长：刘　辉
新华区文化教育局局长：涂　强
运河区文化教育局局长：刘恩敏
渤海新区文化教育局局长：王洪建
开发区文化教育局局长：姜文亮

衡水市文化局局长：李根起
桃城区文体局局长：王世江
枣强县教文体局局长：李连申
冀州市文教局局长：黄同明
故城县教文体局局长：马立俊
武邑县教文体局局长：朱志生
武强县教文体局局长：李永倦
阜城县教文体局局长：白识军
饶阳县教文体局局长：魏同彦
深州市文体局局长：李会来
安平县文体局局长：王彦博
景县文体局局长：李树旺

邢台市文化局局长：王殿银
清河县文体局局长：孙国芳
邢台县文体局局长：吴国会
沙河市文体局局长：樊旗金
内邱县教文体局局长：马成龙
宁晋县文体局局长：赵志军
隆尧县文体局局长：任京国
任县文体局局长：刘云周
高开区文化局局长：杨　选
新河县教文体局局长：宋成民
平乡县文体局局长：郭根水
广宗县文化局局长：尹永华

威县文体局局长：杨立群
柏乡县文体局局长：杨中玉
南和县教文体局局长：郭军平
临城县教文体局局长：韩志林
巨鹿县文体办局长：王西川
南宫市文体局局长：白来文
临西县文体局局长：陈祖亮
桥东区教文体局局长：杜高生
桥西区教文体局局长：王之良
大曹庄文体局局长：叶万兴

邯郸市文化局局长：冯洪波
丛台区文教体局局长：徐梦书
复兴区文教体局局长：裴献堂
邯山区文教体局局长：裴相峰
邯郸县文化旅游局局长：邢运平
广平县文教体局局长：张维刚
肥乡县文教体局局长：郝红燕
馆陶县文体办主任：马月起
永年县文化局局长：王明川
曲周县文体办主任：朱金生
涉县文教体局局长：刘得洋
鸡泽县文教体局局长：侯宝方
磁县文体旅游局局长：朱玉生
大名文体旅游局局长：田淑平
成安县文教体局局长：秦爱民
武安市文体局局长：王慈娴
魏县文体旅游局局长：李慧芳
临漳县文教体局局长：李　博
邱县文体局局长：卢玉中
峰峰矿区文体旅游局局长：陈　虎
邯郸马头生态工业城文教局局长：张宪舫
邯郸经济开发区文教局局长：申向东

山西省

山西省文化厅
党组书记、厅长：张明亮
党组成员、纪检组组长：李春荣
党组成员、副厅长：贾新田
党组成员、副厅长：郭　立
党组成员、副巡视员：窦明生
党组成员：贾茂盛
党组成员：李　力
党组成员：赵银邦

太原市文化广电新闻出版局局长：田志捷
小店区文化广电新闻出版局局长：李春涛
迎泽区文化广电新闻出版局局长：胡伟民
杏花岭区文化广电新闻出版局局长：王东军
尖草坪区文化广电新闻出版局局长：赵劲钧
万柏林区文化广电新闻出版局局长：高剑光
晋源区文化广电新闻出版局局长：赵　卫
古交市文化广电新闻出版局局长：康志明
清徐县文化广电新闻出版局局长：马永红
阳曲县文化广电新闻出版局局长：李继宏
娄烦县文化广电新闻出版局局长：王爱军

大同市文化广电新闻出版局局长：李恒瑞
城区文化广电新闻出版局局长：杨亚峰
矿区文化广电新闻出版局局长：濮建文
南郊区文化广电新闻出版局局长：王洪涛
新荣区文化广电新闻出版局局长：张　礼
阳高县文化广电新闻出版局局长：李海谨
天镇县文化广电新闻出版局局长：周进利
广灵县文化广电新闻出版局局长：苏子旭
灵丘县文化广电新闻出版局局长：孙尚游
浑源县文化广电新闻出版局局长：于海滨
左云县文化广电新闻出版局局长：孙东红
大同县文化广电新闻出版局局长：杨春茂

阳泉市文化广电新闻出版局局长：高士萍
城区文化体育旅游局局长：石壮志
矿区文化体育旅游局局长：任文祥
郊区文化体育旅游局局长：周崇浩
平定县文化体育旅游局局长：郗小英
盂县文化体育旅游局局长：张金瑞

晋中市文化广电新闻出版局局长：朱荣耀
榆次县文化广电新闻出版局局长：赵凌中
太谷县文化广电新闻出版局局长：张国文
祁县文化广电新闻出版局局长：范向宏
平遥县文化广电新闻出版局局长：王桂梅
介休文化广电新闻出版局局长：裴卫东

灵石县文化广电新闻出版局局长：王世强
寿阳县文化广电新闻出版局局长：赵　源
昔阳县文化广电新闻出版局局长：翟贵军
和顺县文化广电新闻出版局局长：常跃生
左权县文化广电新闻出版局局长：王建军
榆社县文化广电新闻出版局局长：李宪军
开发区文化广电新闻出版局主任：张建兵
长治市文化广电新闻出版局局长：陈秀英
城区文体广电新闻出版局局长：张　省
郊区文体广电新闻出版局局长：史海莲
潞城市文体广电新闻出版局局长：秦虎钢
长治县文体广电新闻出版局局长：李　龙
长子县文体广电新闻出版局局长：宋　杰
屯留县文体广电新闻出版局局长：杨庆春
壶关县文体广电新闻出版局局长：李国祥
平顺县文体广电新闻出版局局长：申安根
黎城县文体广电新闻出版局局长：王苏陵
襄垣县文体广电新闻出版局局长：孙　波
武乡县文体广电新闻出版局局长：张碧玉
沁县文体广电新闻出版局局长：秦苏良
沁源县文体广电新闻出版局局长：赵永进

晋城市文化广电新闻出版局局长：张秋旺
城区文化广电新闻出版局局长：翟国良
沁水县文化广电新闻出版局局长：柴粉香
阳城县文化广电新闻出版局局长：赵旱兴
陵川县文化广电新闻出版局局长：陈永清
泽州县文化广电新闻出版局局长：秦兴敏
高平市文化广电新闻出版局局长：戴建民

临汾市文化广电新闻出版局局长：傅尊师
尧都区文化广电新闻出版局局长：蔡海平
侯马市文化广电新闻出版局局长：范孟龙
霍州市文化广电新闻出版局局长：张黎明
襄汾县文化广电新闻出版局局长：张　翔
曲沃县文化广电新闻出版局局长：杨切喜
翼城县文化广电新闻出版局局长：侯　霆
洪洞县文化广电新闻出版局局长：赵文卿
浮山县文化广电新闻出版局局长：段锦瑞
安泽县文化广电新闻出版局局长：张泽民
古县文化广电新闻出版局局长：尚立春
乡宁县文化广电新闻出版局局长：张来有
吉县文化广电新闻出版局局长：强朝晖
大宁县文化广电新闻出版局局长：王录明
蒲县文化广电新闻出版局局长：张文龙
隰县文化广电新闻出版局局长：任志平
永和县文化广电新闻出版局局长：葛　毅
汾西县文化广电新闻出版局局长：马明明

运城市文化广电新闻出版局局长：杨金贵
盐湖区文化广电新闻出版局局长：关兴刚
河津市文化广电新闻出版局局长：齐彦青
永济市文化广电新闻出版局局长：李金州
临猗县文化广电新闻出版局局长：张自力
芮城县文化广电新闻出版局局长：薛亚琴
夏县文化广电新闻出版局局长：文东雷
闻喜县文化广电新闻出版局局长：张海明
新绛县文化广电新闻出版局局长：郝振海
绛县文化广电新闻出版局局长：孙权胜
垣曲县文化广电新闻出版局局长：杨金祥

忻州市文化广电新闻出版局局长：潘孝忠
忻府区文化局局长：胡忠田
定襄县文化局局长：张尚瑶
原平市文化局局长：郑争妍
代县文化局局长：黄凤翔
繁峙县文化局局长：韩　英
五台县文化局局长：马廷飞
宁武县文化局局长：郭俊杰
神池县文化局局长：王淑文
五寨县文化局局长：杨子建
岢岚县文化局局长：赵广林
河曲县文化局局长：王建国
保德县文化局局长：张广明
偏关县文化局局长：秦永进
静乐县文化局局长：李富魁

朔州市文化广电新闻出版局局长：郭文新
朔城区文体局局长：赵晓宇
平鲁区文体局局长：戴　远
山阴县文体局局长：王跃文
右玉县文体局局长：庞日亮
怀仁县文体局局长：余仲谦
应县文体局局长：吴桂山

内蒙古自治区

内蒙古自治区文化厅
厅　长：王志诚
副厅长：明　锐
副厅长：安泳锝
副厅长：赵新民
副巡视员：李鸿英
副巡视员：程建林
办公室主任：马天杰
人事教育处处长：李蒙智
机关党委副书记：张和平
计划财务处处长：张文俊
纪检组副组长、监察室主任：王佩章
文物处处长：王大方
艺术处处长：刘希燕
文化市场管理处处长：李丹自
社会文化处处长：赵增春
离退休干部工作处处长：王世英

呼和浩特市文化局局长：王黑小
新城区文体局局长：李　珊
回民区文体局局长：王月平
玉泉区文体局局长：康丽霞
赛罕区文体局局长：张　毅
土默特左旗文体局局长：荣宏伟
清水河县文体局局长：张文玲
托克托县文体局局长：贾来东
和林格尔县文体局局长：王建功
武川县文体局局长：云挨元

包头市文化局局长：洪　涛
固阳县文体广电局局长：杨惦恩
达尔罕茂明安联合旗文体广电局局长：金永利
白云鄂博矿区文体广电局局长：李　峰
石拐区文体广电局局长：王旭东
土默特右旗文体广电局局长：敖建军
九原区文体广电局局长：刘占江
东河区文体广电局局长：张　真
青山区文体广电局局长：龙　纲
昆都仑区文体广电局局长：孙丽娟

乌海市文化局局长：化金贵
海勃湾区文化局局长：李　平
乌达区文教体局局长：左光禄
海南区文教体局局长：刘秀珍

赤峰市文化局局长：张金东
阿鲁科尔沁旗文体广电局局长：布和巴特尔
巴林左旗文体广电局局长：陶建英
巴林右旗文体广电局局长：布和巴特尔
克什克腾旗文化局局长：孙再兴
林西县文体广电局局长：毕长山
翁牛特旗文体广电局局长：高明霖
喀喇沁旗文体局局长：吴晓峰
宁城县文体广电局局长：吴京民
敖汉旗文体广电局局长：许景泉
红山区文体局局长：张兆明
元宝山区文体广电局局长：刘玉海
松山区文体局局长：李国君

通辽市文化局局长：杨宝坤
霍林郭勒市文化广电局局长：于海宝
扎鲁特旗文化广电局局长：徐文彦
科尔沁左翼中旗文化广电局局长：蔡云龙
开鲁县文化广电局局长：王景平
科尔沁区文化广电局局长：于海明
科尔沁左翼后旗文化局局长：姜哲义
奈曼旗文化广播电视局局长：王书博
库伦旗文化广播电视局局长：丛日成

鄂尔多斯市文化局局长：张占霖
达拉特旗文化广播电视局局长：潘海峰
乌审旗文化广播电视局局长：查干夫
伊金霍洛旗文化广播电视局局长：赵子杰
鄂托克旗文化广播电视局局长：云苏米雅
杭锦旗文化广播电视局局长：辛易莲
准格尔旗文化广播电视局局长：马广清
鄂托克前旗文化广播电视局局长：刘治成
东胜区文化局局长：张光耀

呼伦贝尔市文化局局长：诺　敏
海拉尔区文体局局长：王　姗

扎兰屯市文体广电局局长：杨　光
牙克石市文体广电局局长：关　海
额尔古纳市文体广电局局长：孙景山
根河市文体广电局局长：沈进利
陈巴尔虎旗文体广电局局长：陈彦龙

满洲里市文化局局长：吴铁英
二连浩特市文体局局长：王佩芬
新巴尔虎左旗文体广电局局长：达·朝鲁门
新巴尔虎右旗文体广电局局长：齐海龙
鄂温克自治旗文体广电局局长：尤　拉
鄂伦春自治旗文体广电局局长：陈　辉
阿荣旗文体广电局局长：孔　捷

巴彦淖尔市文体局局长：刘还俊
临河区文体局局长：王春叶
杭锦后旗文体广电局局长：高　飞
磴口县文体广电局局长：任海韬
五原县文体广电局局长：高伍良
乌拉特前旗文体广电局局长：石红兰
乌拉特中旗文体广电局局长：王志强
乌拉特后旗文体广电局局长：辛志军

乌兰察布市文化局局长：张立中
集宁区文化局局长：王志强
丰镇市文化局局长：王孝飞
察哈尔右翼前旗文化局局长：邢妙珍
察哈尔右翼中旗文化局局长：王继英
察哈尔右翼后旗文化局局长：曹　军
凉城县文化局局长：冀文俊
兴和县文化局局长：刘　坤
商都县文化局局长：高培武
化德县文化局局长：李建刚
卓资县文化局局长：赵万元
四子王旗文化局局长：吴依仁太

兴安盟文化局局长：张国平
乌兰浩特市文体局局长：孙长富
阿尔山市文体局局长：姜天纯
科尔沁右翼前旗文体局局长：闫淑兰
科尔沁右翼中旗文体局局长：高金虎
扎赉特旗文体局局长：庞志刚
突泉县文体局局长：王　清

锡林郭勒盟文体局局长：李　询
锡林浩特市文体局局长：张福山
西乌珠穆沁旗文体广电局局长：斯琴巴特尔
东乌珠穆沁旗文体广电局局长：萨仁苏和
正镶白旗文体局局长：吉日嘎拉达来
苏尼特右旗文体广电局局长：额尔登巴拉
苏尼特左旗文体广电局局长：胡木吉利
太仆寺旗文体局局长：杜　伟
镶黄旗文体广电局局长：哈　斯
阿巴嘎旗文体广电局局长：贾美洋
正镶蓝旗文体广电局局长：孟克巴特尔
多伦县文体局局长：刘守峰
乌拉盖文体局局长：田冬冬
多伦县文物局局长：吴克林
正镶蓝旗文物局局长：刘学民

阿拉善盟文化广播电视局局长：包　金
额济纳旗文化广播电视局局长：李发英
阿拉善右旗文化广播电视局局长：许学峰
阿拉善左旗文化广播电视局
　　局长：黄韦仁别立格

吉林省

吉林省文化厅
党组书记、厅长：林　君
党组成员、副厅长：谢文明
党组成员、副厅长：朱成华
党组成员、副厅长（省文物局局长）：翟利国
党组成员、纪检专员：赵尊华
党组成员、副厅长：张宝宗
副巡视员：任智富

长春市文化局局长：吴　强
朝阳区文体局局长：赵金荣
南关区文体局局长：李敏玲
宽城区文体局局长：丁贵林
二道区文体局局长：孙艳秋
绿园区文体局局长：关英杰
双阳区文体局局长：赵　军

德惠市文体局局长：刘玉才
九台市文体局局长：程延辉
榆树市文体局局长：耿淑环
农安县文体局局长：刘树瑜

白城市文体局局长：宋亚峰
洮北区文化新闻出版和体育局局长：张印福
大安市文化新闻出版和体育局局长：赵连举
洮南市文化新闻出版和体育局局长：姜新建
镇赉县文化新闻出版和体育局局长：李树文
通榆县文化新闻出版和体育局局长：孙忠富

松原市文化新闻出版和体育局局长：高香兰
宁江区文化新闻出版和体育局局长：张彦伟
扶余县文化新闻出版和体育局局长：宋爱平
长岭县文化新闻出版和体育局局长：刘凤奇
乾安县文化新闻出版和体育局局长：马福文
前郭尔罗斯蒙古族自治县文化新闻出版和体育局局长：学树慧

吉林市文化新闻出版和体育局局长：张国利
船营区文化新闻出版和体育局局长：石　森
龙潭区文化新闻出版和体育局局长：赵汝田
昌邑区文化新闻出版和体育局局长：闫巨友
丰满区文化新闻出版和体育局局长：张守国
磐石市文化新闻出版和体育局局长：孙国臣
蛟河市文化新闻出版和体育局局长：张德胜
桦甸市文化新闻出版和体育局局长：刘　勇
舒兰市文化新闻出版和体育局局长：徐成宪
永吉县文化新闻出版和体育局局长：奚柏东

四平市文化新闻出版和体育局局长：崔永刚
铁西区文化新闻出版和体育局书记：李雅洁
铁东区文化新闻出版和体育局局长：刘铁栋
双辽市文化新闻出版和体育局局长：董占琼
公主岭市文化新闻出版和体育局局长：刘　杰
梨树县文化新闻出版和体育局局长：刘子德
伊通满族自治县文化新闻出版和体育局局长：杨密林

辽源市文化新闻出版和体育局局长：郑　裕
西安区文化新闻出版和体育局局长：唐春晖
龙山区文化新闻出版和体育局局长：苏星明
东丰县文化新闻出版和体育局局长：赵志才
东辽县文化新闻出版和体育局局长：杜　发

通化市文化新闻出版和体育局局长：张玉霞
东昌区文化新闻出版和体育局局长：佟寅华
二道江区文化新闻出版和体育局局长：刘初英
梅河口市文化新闻出版和体育局局长：孙晓婷
吉安市文化新闻出版和体育局局长：董志坚
通化县文化新闻出版和体育局局长：李春和
辉南县文化新闻出版和体育局局长：武艳奇
柳河县文化新闻出版和体育局局长：姚　远

白山市文化新闻出版和体育局局长：葛会清
八道江区文化新闻出版和体育局局长：周希胜
临江市文化新闻出版和体育局局长：刘　励
江源县文化新闻出版和体育局局长：张晓波
抚松县文化新闻出版和体育局局长：王　森
靖宇县文化新闻出版和体育局局长：王　强
长白朝鲜族自治县文化新闻出版和体育局局长：王　林

延边朝鲜族自治州文化新闻出版和体育局局长：沈秀玉
延吉市文化新闻出版和体育局局长：黄春玉
图们市文化新闻出版和体育局局长：高胜龙
敦化市文化新闻出版和体育局局长：张春华
珲春市文化新闻出版和体育局局长：蔡洙光
龙井市文化新闻出版和体育局局长：金成福
和龙市文化新闻出版和体育局局长：金永虎
汪清县文化新闻出版和体育局局长：陈雪梅
安图县文化新闻出版和体育局局长：金　健

辽宁省

辽宁省文化厅
党组书记、厅长：郭兴文
党组副书记、副厅长：许　波
党组成员、副厅长：牛辅恒、丁　辉、殷仁连
党组成员、纪检组组长：佟　昭
副巡视员：郑全志、王　琦

沈阳市文化局局长：谢　石

辽中县文化局局长：李雅儒
康平县文化局局长：王庆君
新民市文化局局长：祁宝华
法库县文化局局长：马长青

大连市文化局局长：王星航
瓦房店市文化局局长：范　俊
普兰店市文化局局长：张福君
庄河市文化局局长：梁静波
长海县文化局局长：马　军

鞍山市文化局局长：刘耀庭
海城市文化局局长：李恒品
台安县文化局局长：刘仲丹
岫岩县文化局局长：高明东

抚顺市文化局局长：刘英伟
新宾县文化局局长：孟庆宇
抚顺县文化局局长：王满杰
清源县文化局局长：董　平

本溪市文化局局长：赵常清
本溪县文化局局长：施长华
桓仁县文化局局长：金文莲

丹东市文化局局长：刘桂腾
东港市文化局局长：王金刚
凤城市文化局局长：马　明
宽甸县文化局局长：王清祥

锦州市文化局局长：吴玉林
凌海市文化局局长：王兴刚
北镇市文化局局长：孔令权
黑山县文化局局长：靳建新
义县文化局局长：刘　杰

营口市文化局局长：曲景太
大石桥市文化局局长：刘梅祥
盖州市文化局局长：李家政

阜新市文化局局长：李　兵
阜新县文化局局长：包佐贵
彰武县文化局局长：孙建国

辽阳市文化局局长：陶希铭
辽阳县文化局局长：王　朋
灯塔市文化局局长：李宏林

铁岭市文化局局长：陈　雨
昌图县文化局局长：徐忠诚
西丰县文化局局长：刘大成
开原市文化局局长：王洪涛
调兵山市文化局局长：张大勇
铁岭县文化局局长：张大权

朝阳市文化局局长：曲福丛
北票市文化局局长：李云文
凌源市文化局局长：聂斌程
朝阳县文化局局长：孙宝良
建平县文化局局长：刘希鹏
喀左县文化局局长：于长江

盘锦市文化局局长：高佩亮
盘山县文化局局长：祝成刚
大洼县文化局局长：徐海洋

葫芦岛市文化局局长：韩庆春
兴城市文化局局长：郭长林
绥中县文化局局长：齐志学
建昌县文化局局长：王连军

黑龙江省

黑龙江省文化厅

党组书记、厅长：白亚光
党组成员、副厅长：宋宏伟
党组成员、副厅长：王珍珍
党组成员、副厅长：綦　军
党组成员、纪检组组长：姜一海
副巡视员：张学文

哈尔滨市文化局局长：杨晓萍
五常市文化体育局局长：杜凯波
双城市文化局局长：郑孟楠

阿城区文化体育局局长：景晓龙
尚志市文化局局长：何树岭
巴彦县文化体育局局长：刘淑伟
呼兰区文化体育局局长：洪永生
宾县文化体育局局长：战继和
依兰县文化体育局局长：敖卫中
延寿县文化体育局局长：於德华
木兰县文化体育局局长：陈　发
通河县文化体育局局长：董龙江
方正县文化体育局局长：邓永峰

齐齐哈尔市文化局局长：陈万禄
富裕县文化体育局局长：李　强
拜泉县文化体育局局长：马志英
甘南县文化体育局局长：张宏莲
讷河市文化体育局局长：陈玉龙
克山县文化体育局局长：杨庆林
龙江县文化体育局局长：付贵彬
依安县文化体育局局长：李保厚
克东县文化体育局局长：龚洪伟
泰来县文化体育局局长：解锡河

牡丹江市文化局局长：王凤菊
绥芬河市文化体育局局长：闫春光
宁安市文化体育局局长：卢志文
海林市文化体育局副局长：刘兴利
穆棱市文化体育局局长：于　晶
林口县文化体育局局长：高　军
东宁县文化体育局局长：孙胜高

佳木斯市文化局党委书记：张伯维
富锦市文化体育局局长：顾立军
抚远县文化体育局局长：张庆柱
桦南县文化体育局局长：曹　琳
汤原县文化体育局局长：陈立志
同江市文化体育局局长：申云杰
桦川县文化体育局局长：吕村笙

大庆市文化局局长：伊文琦
杜尔伯特蒙古族自治县文化体育局局长：任青春
林甸县文化体育局局长：田纪学
肇州县文化体育局局长：邵　军
肇源县文化局局长：付道全

鸡西市文化局局长：刘洪飞
密山市文化体育局局长：李志超
虎林市文化体育局局长：徐学星

双鸭山市文化局局长：王佳慧
集贤县文化局局长：王　学
饶河县文化体育局局长：张　巍
友谊县文化体育局局长：张东岳
宝清县文化局局长：王成新

伊春市文化局局长：张志麟
铁力市文化体育局局长：韩　斐
嘉荫县文化体育局局长：程谟杰
七治河市文化局局长：陈正中
勃利县文化体育局局长：任永华

鹤岗市文化局局长：海　声
绥滨县文化局局长：姜维华
萝北县文化体育局局长：张兴海

黑河市文化局局长：常玉辉
爱珲区文化体育局局长：姚景伟
黑河市文物管理委员会主任：潘忠林
五大连池市文化体育局局长：张　颖
五大连池风景名胜区文化体育局局长：王　斌
逊克县文化体育局局长：李长福
孙吴县文化体育局局长：刘廷泽
北安市文化体育局局长：刘凤芝
嫩江县文化体育局局长：郝　冰

绥化市文化局局长：尹德全
肇东市文化体育局局长：柏万明
安达市文化体育局局长：夏德君
海伦市文化体育局局长：王文儒
兰西县文化体育局局长：李力群
庆安县文化体育局局长：兰亚军
绥棱县文化体育局局长：杨曙晨
望奎县文化体育局局长：李春玲
明水县文化体育局局长：马秋雨
青冈县文化体育局局长：苏芳山
北林区文化体育局局长：薛长泉

大兴安岭地区行署文化体育局局长：付日明
呼玛县文化体育局局长：黄义忠
漠河县文化体育局局长：张宝君
塔河县文化体育局局长：徐海峰

省农垦总局文化委员会主任：冯　力
省森工总局文化局副局长：李瑞丰
哈尔滨铁路局宣传部部长：姜建平

上海市

上海市文化广播影视管理局

党委书记：陈燮君
党委副书记、局长：朱咏雷
党委副书记：刘　建
党委委员 艺术总监：马博敏
党委委员、巡视员：张　哲、刘文国、王　玮、王小明、贝兆健
副巡视员：施大畏

黄浦区文化局局长：叶　盛
卢湾区文化局局长：蒋锡明
徐汇区文化局局长：陈澄泉
长宁区文化局局长：胡以申
静安区文化局局长：张爱华
普陀区文化局局长：刘毛伢
闸北区文化局局长：陈　宏
虹口区文化局局长：陆　健
杨浦区文化局局长：周　海
闵行区文化广播影视管理局局长：何国文
宝山区文化广播影视管理局局长：彭　林
嘉定区文化广播影视管理局局长：燕小明
浦东新区文化广播影视管理局局长：尤　存
金山区文化广播影视管理局局长：刘　杰
松江区文化广播影视管理局局长：耿国方
青浦区文化广播影视管理局局长：曹伟明
南汇区文化广播影视管理局局长：诸惠华
奉贤区文化广播影视管理局局长：王建华
崇明县文化广播影视管理局局长：刘锦涛

江苏省

江苏省文化厅

党组书记、厅长：章剑华
副厅长：高　云
党组成员、副厅长：马　宁
党组成员、纪检组组长：王世华
党组成员、副厅长：秦基春
党组成员、南京博物院院长：龚　良

南京市文化局局长：陈光亚
玄武区文化局局长：孙　光
白下区文化局局长：张振荣
秦淮区文化局局长：黄　俊
建邺区文化局局长：金光明
鼓楼区文化局局长：张国防
下关区文化局局长：姜东林
浦口区文化局局长：卢厚今
栖霞区文化局局长：徐观昌
雨花台区文化局局长：于志珍
江宁区文化局局长：刘道成
六合区文化旅游局局长：薛少林
溧水县文化局局长：管红玲
高淳县文化局局长：张永年

无锡市文广新局局长：叶建兴
崇安区文体局局长：陈志刚
南长区文体局局长：徐伟雄
北塘区文体局局长：朱平方
滨湖区文体局局长：孙力民
锡山区文体局局长：周皖红
惠山区文体局局长：钱俊法
新区社会事业局副局长：夏心明
江阴市文化局局长：王建炜
宜兴市文化局局长：宗培君

徐州市文化局局长：单兴强
贾汪区文化局局长：戚德海
泉山区文教体局局长：石运昌
云龙区文教体局局长：赵民强

鼓楼区文教体局局长：李乐东
九里区文教体局局长：薛振利
邳州市文体局局长：沈　波
新沂市文体局局长：王书香
丰县文体局局长：孙　洪
沛县文体局局长：张景谦
铜山县文体局局长：冯军成
睢宁县文体局局长：杨　蕴

常州市文化广电新闻出版（版权）局
党委书记：黄　欣
局　长：赵唯强
天宁区教育文体局党委书记：丁　方
钟楼区教育文体局党委书记：徐澄范
戚墅堰区教育文体局局长：贺国良
新北区社会事业局局长：茅雪鹤
金坛市文化局局长：贺进军
溧阳市文化局党委书记：胡国勤
局长：朱洪伟
武进区文化局局长：郝建成

苏州市文化广电新闻出版局局长：汤钰林
金阊区教育文体局局长：王　依
平江区教育文体局局长：陆丽瑾
沧浪区文化体育局局长：朱　敏
吴中区文化体育局局长：李　强
相城区文化体育局局长：沈炳泉
高新区、虎丘区教育文体局局长：顾彩亚
苏州工业园区社会事业局局长：华雪兴
常熟市文化局局长：庞　欢
张家港市文化广播电视管理局局长：郑国祥
昆山市文化广播电视管理局局长：赵红骑
吴江市文化广播电视管理局局长：钱　俊
太仓市文化广播电视管理局局长：黄友良

南通市文化局局长：黄振平
崇川区文化局局长：高　峰
港闸区教育与文化体育局局长：李　峰
南通开发区社会事业局局长：黄洪生
启东市文化局局长：黄　慧
海门市文化局局长：陈忠新
通州市文化局局长：周伯鸣
如皋市文化局局长：姚呈明
海安县文化局局长：丁建民
如东县文化局局长：张　轶

连云港市文化局局长：田　明
新浦区文化局局长：范益军
海州区文化旅游局局长：仲新生
连云区文化局局长：周永刚
赣榆县文化局局长：王学济
东海县文化局局长：陈　林
灌云县文化局局长：冯苏明
灌南县文化局局长：祁小莉

淮安市文化广电新闻出版局
局长、党委书记：郑泽云
清河区文体局局长：刘桂珍
清浦区文体局局长：王福康
楚州区文化局局长：杨文杰
淮阴区文化局局长：朱爱民
涟水县文化局局长：刘以庆
洪泽县文化局局长：夏宝国
盱眙县文化局局长：刘建华
金湖县文化局局长：李中秋

盐城市文化局局长、党委书记：陈晓莲
盐都区文化广播电视局局长：丁　勤
亭湖区文化局局长：吕凤华
大丰市文化局局长：刘启方
东台市文化局局长：吴仲勤
响水县文化局局长：戴强国
滨海县文化局局长：李耀川
阜宁县文化局局长：徐　闯
射阳县文化广播电视局局长：嵇永法
建湖县文化（旅游）局局长：陈远立

扬州市文化（文物）局局长：陆苏华
维扬区文化教育局局长：高德霞
邗江区文化体育局局长：朱跃建
广陵区文化局局长：徐　超
江都市文化旅游局局长：蒋　伟
仪征市文化体育局局长：陈　彪
高邮市文化局局长：黄　平
宝应县文化体育局局长：钱永建

镇江市文化局局长：张　兵
丹徒区文体局局长：赵　勤
京口区文体局局长：李莉珺
润州区文体局局长：陈晓鸽
新区社会发展局局长：陆海栋
扬中市文体局局长：张源泉
句容市文体局局长：方寿根
丹阳市文化局局长：陆中华

泰州市文化局局长：陈士宏
海陵区文教局局长：顾宝林
高港区文教局局长：张霁明
靖江市文化局局长：季灿华
泰兴市文化局局长：许咏诗
姜堰市文化局局长：周　谅
兴化市文化局局长：刘春龙

宿迁市文化广电新闻出版局局长：仲向阳
宿城区文化广电新闻出版局局长：李士禄
宿豫区广播电视文化局局长：王新春
沭阳县文化广电新闻出版局局长：毛善科
泗阳县广播电视文化局局长：王东成
泗洪县广播电视文化局局长：赵　勇

浙江省

浙江省文化厅

党组书记、厅长：杨建新
党组成员、副厅长，省文物局局长：鲍贤伦
党组成员、副厅长：田宇原
党组成员、副厅长：陈　瑶
党组成员、副厅长：来颖杰
党组成员、副巡视员、人事处处长：杨越光
巡视员：齐有为

杭州市文化广电新闻出版局局长：陈建一
拱墅区文化广电新闻出版局局长：谢作盛
上城区文化广电新闻出版局局长：丁建华
下城区文化广电新闻出版局局长：吴建中
江干区文化广电新闻出版局局长：胡春久
西湖区文化广电新闻出版局局长：魏小平
滨江区文化广电新闻出版局局长：丁幼芳
萧山区文化广电新闻出版局局长：任关甫
余杭区文化广电新闻出版局局长：冯玉宝
临安市文化广电新闻出版局局长：褚林森
富阳市文化广电新闻出版局局长：周亦涛
建德市文化广电新闻出版局局长：邱剑娟
桐庐县文化广电新闻出版局局长：王樟松
淳安县文化广电新闻出版局局长：黄存菊

湖州市文化广电新闻出版局局长：宋　捷
吴兴区文化广电新闻出版局局长：蒋立敏
南浔区文化广电新闻出版局局长：莫建华
长兴县文化广电新闻出版局局长：陈亦祥
德清县文化广电新闻出版局局长：陈震豪
安吉县文化广电新闻出版局局长：董才宝

嘉兴市文化广电新闻出版局局长：王鸣霞
南湖区教育文化体育局局长：柴永强
秀洲区教育文化体育局局长：陈明根
平湖市教育文化体育局局长：沈力行
海宁市文化体育局局长：虞铭华
桐乡市文化体育局局长：杨惠良
嘉善县文化体育局局长：倪学庆
海盐县文化体育局局长：王祖利

舟山市文化广电新闻出版局局长：邱平海
定海区文化广电新闻出版局局长：张交和
普陀区文化广电新闻出版局局长：张剑飞
岱山县文化广电新闻出版局局长：孔德科
嵊泗县文化广电新闻出版局局长：林明忠

宁波市文化广电新闻出版局局长：陈佳强
海曙区文化广电新闻出版局局长：陈建东
江东区文化广电新闻出版局局长：郝军海
江北区文化广电新闻出版局局长：胡岳金
北仑区文化广电新闻出版局局长：袁　侠
镇海区文化广电新闻出版局局长：余维勤
鄞州区文化广电新闻出版局局长：周海明
慈溪市文化广电新闻出版局局长：张伯伟
余姚市文化广电新闻出版局局长：熊培军
奉化市文化广电新闻出版局局长：毛伟芳
宁海县文化广电新闻出版局局长：万吉良

象山县文化广电新闻出版局局长：任先顺

绍兴市文化广电新闻出版局局长：李永鑫
越城区文化教育局局长：马成永
诸暨市文化广电新闻出版局局长：金海炯
上虞市文化广电新闻出版局局长：宣霞金
嵊州市文化广电新闻出版局局长：黄皎昀
绍兴县文化广电新闻出版局局长：沈祖卫
新昌县文化广电新闻出版局局长：童黎明

衢州市文化广电新闻出版局局长：郑奇平
柯城区文化局局长：何晓文
衢江区文化广电新闻出版局局长：谢根兴
江山市文化广电新闻出版局局长：何政芳
常山县文化广电新闻出版局局长：鲁周清
开化县文化广电新闻出版局局长：方金全
龙游县文化广电新闻出版局局长：姜　锴

金华市文化广电新闻出版局局长：杨鸽声
婺城区教育文化体育局局长：唐振华
金东区教育文化体育局局长：陆品能
兰溪市文化广电新闻出版局局长：张　靓
永康市文化新闻出版局局长：翁卫航
义乌市文化广电新闻出版局局长：何文飞
东阳市文化广电新闻出版局局长：吴　刚
武义县文化广电新闻出版局局长：刘斌靖
浦江县文化广电新闻出版局局长：张华浦
磐安县文化广电新闻出版局局长：路金平

台州市文化广电新闻出版局局长：戴康年
椒江区文化广电新闻出版局局长：何昌廉
黄岩区文化广电新闻出版局局长：郑胃奇
路桥区文化广电新闻出版局局长：罗河笙
临海市文化广电新闻出版局局长：苏小锐
温岭市文化广电新闻出版局副局长：王海荣
三门县文化广电新闻出版局局长：郭　萍
天台县文化广电新闻出版局局长：王太龙
仙居县文化广电新闻出版局局长：朱　普
玉环县文化广电新闻出版局局长：翁长锋

温州市文化广电新闻出版局局长：吴　东
鹿城区文化广电新闻出版局局长：王庆顺
龙湾区文化广电新闻出版局局长：叶自力
瓯海区文化广电新闻出版局局长：周向勇
瑞安市文化广电新闻出版局局长：黄友金
乐清市文化广电新闻出版局局长：郑晓峰
永嘉县文化广电新闻出版局局长：胡佐光
文成县文化广电新闻出版局局长：刘　军
平阳县文化广电新闻出版局局长：王小川
泰顺县文化广电新闻出版局局长：雷国金
洞头县文化广电新闻出版局局长：甘海选
苍南县文化广电新闻出版局局长：李晖华

丽水市文化广电新闻出版局局长：赵碧华
莲都区文化广电新闻出版局局长：杨美仙
龙泉市文化体育出版局局长：黄国勇
缙云县文化体育出版局局长：施碧清
青田县文化广电新闻出版局局长：陈炳云
云和县文化体育出版局局长：邱伟荣
遂昌县文化广电新闻出版局局长：潘成松
松阳县文化广电新闻出版局局长：张碧联
庆元县文化广电新闻出版局局长：叶先良
景宁畲族自治县文化广电新闻出版局局长：
　严慧荣

安徽省

安徽省文化厅
党组书记、厅长：杨　果
党组成员、巡视员：肖桂兰
副厅长：李修松
党组成员、副厅长：田传江、张居淮
党组成员、纪检组组长：姚安海

合肥市文化广电新闻出版局党组书记、局长：
王　节
瑶海区文化局局长：何美林
庐阳区文化局局长：丁凤云
蜀山区文化局局长：罗　昕
包河区文广局局长：占雄才
肥东县文化广电新闻出版局
　党组书记、局长：何长先
　党组副书记、局长：胡正宏
肥西县文化广电新闻出版局党组书记：王修好

长丰县文化广电新闻出版局党
组副书记、局长：张多用
党组书记、副局长：王泽水

淮北市文化广电新闻出版局
局长、党委副书记：王治江
党委书记：邓泽川
相山区文化广播和旅游局局长：黄　静
杜集区文体广播局支部书记、局长：许钦敏
烈山区文体广播局党组书记、局长：罗广才
濉溪县文化局党组书记、局长：许明英

亳州市文化旅游局局长、党组书记：杨立民
谯城区文化广播电视局局长、党组书记：
邓书人
涡阳县文化局局长、党组书记：张群录
蒙城县文化局局长、党组书记：苑　旭
利辛县文化局局长：武　奇

宿州市文化新闻出版局局长：姚玉金
埇桥区文化局局长：宋　健
砀山县文化局局长：王冠群
萧县文化局局长：潘　辉
灵璧县文化局局长：王从效
泗县文化局局长：徐　海

蚌埠市文化局局长：谢克林
龙子湖区文体局局长：沈家群
蚌山区文体局局长：赵振图
禹会区文体局局长：傅　强
淮上区文体局局长：汪　涛
怀远县文体局局长：蒋　伟
五河县文体局局长：裴锦茹
固镇县文体局局长：耿　剑

阜阳市文化（新闻出版）局长、党组书记：
杨维洪
颍州区文化局长：侯幼林
颍泉区文化局长：宫光明
颍东区文化局长：赵海滨
界首市文化（新闻出版）局长：魏　灿
临泉县文化（新闻出版）局长：刘　英
阜南县文化（新闻出版）局长：王志豪
颍上县文化（新闻出版）局长：赵莉华
太和县文化（新闻出版）局长：李　玉

淮南市文化局党委书记：史国华
局长：孙献光
凤台县文化局局长：李白月
党组书记：赵宗祥
大通区文体局局长：姚冬梅
田家庵区文体局局长：杨素芳
谢家集区文体局局长：宫　玲
八公山区文体局局长：马伯超
潘集区文体局局长：屈良海
支部书记：孙会中
毛集实验区文体局局长：朱克云

滁州市文化局局长：汤国建
琅琊区文化局局长：吴文翰
南谯区文化局局长：曹光武
明光市文化局局长：徐永明
天长市文化局局长：孙启智
来安县文化局局长：董秀荣
全椒县文化局局长：田胜林
定远县文化局局长：石明家
凤阳县文化局局长：邸金强

六安市文化局党组书记、局长：黄道甫
金安区文化局党组书记、局长：杨进
裕安区文广局党组书记、局长：杨光华
叶集试验区文广局党组书记、局长：台德颋
开发区社会发展局党组书记、局长：张为民
寿县文广局党组书记、局长：李延孟
霍邱县文化局党组书记、局长：李　冰
金寨县文化局党组书记、局长：徐　浩
舒城县文化局党组书记、局长：杜全明
霍山县文化局党组书记、局长：张宜明

马鞍山市文化委员会主任：卞建秋
花山区文体局局长：周　政
雨山区文体局局长：陈立平
金家庄区文体局局长：杜存新
当涂县文体局局长：汪恭金

巢湖市文化局局长：蔡小莉

居巢区文化局局长：梅魁林
无为县文化局局长：柏毅生
庐江县文化局局长：王　升
含山县文化局局长：孟祥展
和县文化局局长：刘金山

芜湖市文化委员会主任：宋建华
镜湖区文化局长：方虹明
鸠江区文化局长：陈　敏
弋江区文化局长：马　靖
三山区社会事业局局长：吴昌桂
繁昌县文化局长：季　春
芜湖县文化局长：胡昌海
南陵县文化局长：王孝高

徐费嘉宣城市文化广电新闻出版局局长：
宣州区文广局局长：刘宗发
郎溪县文体局局长：夏生华
广德县文体局局长：汪雪峰
宁国市文广局局长：杨从生
泾县文体局局长：秦秀伦
旌德县文体局局长：汪海明
绩溪县文广局局长：胡红蔚

铜陵市文化（新闻出版、版权）局局长：张德宏
铜陵县文化旅游局局长：蓝　飞
郊区文体广局局长：汤彩凤
狮子山区文体局局长：张业福
铜官山区文体局局长：陈应义

池州市文化局局长：谭幼平
贵池区文化局局长：韩　华
东至县文化局局长：张广祥
石台县文化局局长：李　敏
青阳县文化局局长：胡好友
九华山工委政治处主任：吴少华

安庆市文化广电新闻出版局局长：苏　斌
大观区文化体育局局长：江金宝
迎江区文化体育局局长：何家宏
宜秀区文化体育局局长：杨积平
桐城市文化局局长：谢益雄
怀宁县文化体育局局长：吴江海
望江县文化体育局局长：徐志斌
潜山县文化局局长：曹　凯
太湖县文化局局长：叶德勤
宿松县文化局局长：虞家乐
岳西县文化体育局局长：储争鸣
枞阳县文化体育局局长：蔡新国

黄山市文化局局长：金　涛
屯溪区文化局局长：王迎春
徽州区文化局局长：娄光辉
黄山区文化局局长：罗毅力
休宁县文化局局长：方来寿
祁门县文化局局长：陶丽娟
黟县文化局局长：金忠民
歙县文化局局长：范海生

福建省

福建省文化厅
党组书记、厅长：宋闽旺
党组成员、副厅长：陈　朱
党组成员、副厅长、纪检组组长：张　远
党组成员、副厅长：陈立华
党组成员、省文物局局长：郑国珍

福州市文化局局长：陈梅良
福州市文物局局长：杨　勇
鼓楼区文体局局长：刘正辉
台江区文体局局长：郑　刚
仓山区文体局局长：吴振锵
晋安区文体局局长：张贞良
马尾区文体局局长：谢木宁
琅岐经济区社会发展局局长：翁捷灵
福清市文体局局长：翁瑞光
长乐市科技文体局局长：吴永忠
闽侯县文体局局长：陈步强
连江县科技文体局局长：张建国
闽清县文体局局长：曾永祥
罗源县科技文体局局长：丁　枫
永泰县科技文体局局长：陈光荣

平潭县科技文体局局长：高　云

厦门市文化局局长：罗才福
思明区文体局局长：洪纯吉
湖里区文体局局长：林进春
集美区文体局局长：吴吉堂
海沧区文体局局长：姚金洪
同安区文体局局长：叶红旗
翔安区文体局局长：纪清渊

漳州市文化与出版局局长：于建生
芗城区文体局局长：李鹰鹰
龙文区文体局局长：陈宽彬
龙海市文体局局长：苏志良
漳浦县文体局局长：林建耀
云霄县文体局局长：施秋江
东山县文体局局长：蔡猛添
诏安县文体局局长：沈海源
南靖县文体局局长：蔡志祥
平和县文体局局长：林晓茵
华安县文体局局长：李金德
长泰县文体局局长：戴玉生

泉州市文化局局长：龚万全
泉州市文物局副局长（主持工作）：陈健鹰
鲤城区文体旅游局局长：曹嫦平
丰泽区文体旅游局局长：洪月辉
洛江区文体旅游局局长：卢恩水
泉港区文体旅游局局长：郭志雄
石狮市科技文体旅游局局长：吴泽荣
晋江市文体局局长：黄延艺
南安市文体局局长：李元生
惠安县文体局局长：王洪波
安溪县文体局局长：王亚菲
永春县文体局局长：康文德
德化县文体局局长：陈金殿
泉州经济技术开发区社会事业局局长：苏伟卿

三明市文化与出版局局长：陈丽珍
梅列区文体局局长：段世峰
三元区文体局局长：翁国荣
大田县文体局局长：林春忠
建宁县文体局局长：阮贵庆
将乐县文体局：阙珍萍（副局，主持工作）
明溪县文体局局长：严明清
宁化县文体局局长：连新福
沙县文体局局长：叶克秋
泰宁县文体局局长：孟闽乐
永安市文化体育出版局局长：王盛森
尤溪县文体局局长：柯德钦
清流县文体局局长：巫锡仁

莆田市文广新闻出版局副局长：郑国荣
城厢区文化体育局局长：林平凡
荔城区文化体育局局长：廖国治
涵江区文化体育局局长：孔令建
秀屿区文化体育区局长：周超鸿
仙游县文化体育局局长：林顺明
湄洲岛管委会社会事务办主任：戴玉瑞

南平市文化与出版局局长：曾一帆
延平区文体局局长：吴建华
武夷山市文体局局长：罗秋涛
邵武市文体局局长：任玉新
建瓯市文体局局长：徐智勤
建阳市文体局局长：韦　武
顺昌县文体局局长：游代荣
浦城县文体局局长：郑　敏
光泽县文体局局长：翁振军
松溪县文体局局长：伊宏强
政和县文体局局长：李陈洪

龙岩市文化与出版局局长：张耀清
新罗区文化体育出版局局长：邱小厦
连城县文化体育局局长：马勋明
永定县文体局局长：沈庆城
长汀县文体旅游局局长：李松树
武平县文体局局长：罗小云
漳平市文体局局长：陈维芳
上杭县文体出版局局长：赖荣生

宁德市文化与出版局局长：翁惠文
蕉城区文体局局长：苏方金
古田县文体局局长：黎　曦
屏南县文体局局长：陆世飞
周宁县文体局局长：陈源清

寿宁县文体局局长：龚月琴
福安市文体局局长：施长铃
柘荣县文体局局长：林建峰
福鼎市文体局局长：张祖强
霞浦县文体局局长：高　建

江西省

江西省文化厅

省委宣传部副部长、省文化厅党组书记、厅　长：李玉英
党组副书记、副厅长：汪天行
党组成员、副厅长：曹国庆
党组成员、副厅长：王晓庆
党组成员、纪检组组长：魏　玮
党组成员、省文物局局长：史文斌
副巡视员：任永新

南昌市文化新闻出版局党委副书记、局长：杨文斌

东湖区文化广电旅游新闻出版局局长、书记：巫　滨
西湖区文化广电旅游新闻出版局局长：林　峰
青云谱区文化广电旅游新闻出版局局长：罗洪斌
湾里区教育科技文化体育局局长：胡光华
青山湖区文化体育局局长：陶平
南昌经济技术开发区社会事业发展局文化广播办主任：黄玉英
南昌高新技术产业开发区社会事业发展局副局长（主持工作）：刘小敏
红谷滩新区社会事业发展局局长：徐仲平
江西桑海经济技术开发区社会事业发展局局长：曾　辉
南昌县文化广电旅游新闻出版局局长：陈小妹
新建县文化广电旅游新闻出版局局长：刘明慧
进贤县文化广电旅游新闻出版局党组书记、局长：吴振明
安义县文化广播电视旅游新闻出版局局长：万青林

九江市文化新闻出版局局长：柯亨龙

浔阳区文化教育局局长：王健蓉
庐山区文化教育局局长：刘合祥
经济技术开发区文化教育局局长：廖菁菁
共青城社会发展局（文化局）局长：邹隆茂
庐山管理局文化处党总支部书记、处长：洪建国
九江县文化广播电视局局长：王事建
瑞昌市文化广播电视局局长：祝炳光
武宁县文化广播电视局局长：柯亨达
修水县文化广播电视局局长：戴嵩青
湖口县文化广播电视局局长、总支书记：秦明兴
都昌县文化广播影视出版局局长：邵伦秀
彭泽县文化广播电视新闻出版（版权）局局长：黄彭声
星子县文化广播电视新闻出版（版权）局局长：夏茂臣
德安县文化旅游广播新闻出版（版权）局局长：柯宁安
永修县文化广播电视新闻出版局局长：杨祚育

上饶市文化（文物）局党组书记、局长：涂相珍

上饶县文化广播电视局局长：徐先亮
德兴市文化广播电视局局长：徐润金
铅山县文化广播电视局（挂新闻出版局、版权局）局长：邓世英
婺源县文化广播电视局局长：汪立新
弋阳县文化局局长：黄英龙
余干县文化局局长、党总支书记：史　俊
广丰县文化广播电视局局长：徐贵清
横峰县文化局局长：刘定勇
鄱阳县文化局局长、书记：黄育兰
玉山县文化局局长：曹卫亚
万年县文化局局长：胡宏照

抚州市文化局党委书记、局长：李建林

临川区文体广电局局长：聂江波
南城县文体广播局局长：刘惠能
南丰县文体广电局局长：黄福平
金溪县文体广电局局长：张建龙

资溪县文体广播局局长：章建华
宜黄县文体局局长：吴萍
广昌县文体局局长：王咏平
乐安县文体体育广播局局长：龚幼光
黎川县文体广播电视局局长：雷旭东
东乡县文化局局长：李巧仁
崇仁县文体广播局局长：熊兴
金巢经济开发区管委会社会事业局局长：
　　余筱朵

宜春市文化和新闻和出版局局长：李光发
丰城市文化局局长：谢爱平
奉新县文化局局长：李志丹
高安县文化局局长、党组书记：罗晔根
靖安县文化局、新闻出版局局长：刘承春
上高县文化和新闻出版局局长：胡周文
铜鼓县文化局局长：涂光明
万载县文化局局长：周细辉
宜丰县文教局党委书记、局长：李佳春
袁州区文化教育局、新闻出版局局长：罗　坤
樟树市文化局局长：熊云凯
吉安市文化广播电影电视局局长、
　　党委副书记：曾富善
安福县文化广播电视局、新闻出版（版权）局
　　局长、党组书记：彭丽志
吉州区文化局局长：王　辉
吉安县文化广播电视局局长：李才生
吉水县文化广播电视局局长：夏彬彬
井冈山市市委宣传部副部长、文化局局长：
　　熊赛苏
青原区文化广播电视新闻出版局局长：张　斌
遂川县文化广播电视局局长：黎育清
泰和县文化广播电视局局长、台长：温双凤
万安县文化广播电视新闻出版局局长：罗国强
峡江县文化广播电视局局长：裴　诚
新干县文化广播电视局局长：陈　琳
永丰县文化广播电视局局长：金有亨
永新县文化广播电视新闻出版局局长：刘德生

赣州市文化和广播电影电视局局长：钟家伟
章贡区文化和广播电影电视局书记、
　　新闻中心主任李禾丰局长：殷芝萍
赣县文化和广播电影电视局局长：刘友军
上犹县文化和广播电影电视局局长：张继茂
崇义县文化和广播电影电视局局长：王受传
南康市文化和广播电影电视局局长：朱吉祥
大余县文化和广播电影电视局局长：钟余珍
信丰县文化和广播电影电视局局长：陈鸣飞
龙南县文化和广播电影电视局局长、
　　新闻出版局局长：徐晓虹
全南县文化和广播电影电视局局长：陈　辉
定南县文化和广播电影电视局局长：李海春
安远县文化和广播电影电视局局长：赖德新
寻乌县文化和广播电影电视局局长：温康平
于都县文化和广播电影电视局局长：袁尚贵
兴国县文化和广播电影电视局局长：邓京红
瑞金市文化和广播电影电视局、
　　市委宣传部副部长：钟瑞春
会昌县文化和广播电影电视局局长：许永春
石城县文化和广播电影电视局局长：徐根雄
宁都县文化和广播电影电视局局长、
　　新闻出版局局长：夏章奎
副书记、文物局局长：江　华
乐平市文化广播影视新闻出版局局长：王小平
浮梁县文化广播影视新闻出版局党组书记：
　　胡柳忠
昌江区文化广播影视新闻出版局局长：马莉萍
珠山区文化旅游广播影视新闻出版局局长：
　　徐智勇

萍乡市文化广电新闻出版局党委副书记、
局长：邓建萍
安源区文广局党组书记：王金安
　　　　　　局长：文　博
芦溪县文广局局长：李忠生
上栗县文广局副局长：黄绍良
湘东区文广局局长：何建明
莲花县文广局局长：刘春明

新余市文化新闻出版局局长：万新安
分宜县文化广播新闻局党组书记、局长：
　　钟智安
渝水区文化广播电视新闻局党组书记、局长：
　　彭梅根
新余经济开发区社会事业局局长：杨绍真
仙女湖区社会事业局局长：陈根保

孔目江生态经济区科技文化旅游局局长：
严小平

鹰潭市文化广电新闻出版局局长、党组副书记：周佐明
贵溪市文化广播电视局局长：郭映龙
余江县文化广电新闻出版局局长：陈新有
月湖区文广局局长：王　蘖
龙虎山风景名胜区文化教育局局长：刘卫星

山东省

山东省文化厅
党组书记、厅长：亓清泉
党组成员、副厅长：邢玉斗
党组成员、副厅长：谢治秀
党组成员、副厅长：李宗伟
副厅长：李国琳

济南市文化广电新闻出版局局长：刘程华
历下区文化局局长：李新生
市中区文化局局长：夏正平
槐荫区文化局局长：刘洪建
天桥区文化局局长：王希君
历城区文化广电新闻出版局局长：王德福
长清区文化广电新闻出版局局长：马洪昌
章丘市文化广电新闻出版局局长：李传武
济阳县文化广电新闻出版局局长：艾　刚
商河县文化旅游局局长：陈成金
平阴县文化广电新闻出版局局长：井庆春

聊城市文化局局长：杨　达
东昌府区文化体育局局长：李炳泉
临清市文化局局长：王兴刚
冠县文化体育局局长：李孟波
莘县文化局局长：孔祥彬
阳谷县文化体育局局长：曹保国
东阿县文化体育旅游局局长：王宪民
茌平县文化体育旅游局局长：仇长义
高唐县文化局局长：田方宏

德州市文化局局长：张慧君
德城区文化局局长：吴海蓉
禹城市文化局局长：邢仁强
乐陵市文化局局长：李泽林
宁津县文化体育局局长：郑福庆
齐河县文化局局长：孔爱国
陵县文化局局长：魏丽萍
临邑县文化体育局局长：修广利
平原县文化局局长：孙宝胜
夏津县文化局局长：张文明
庆云县文化体育局局长：马文洪
武城县文化局局长：刘建义

东营市文化广电新闻出版局局长：马洪军
东营区文化体育广电新闻出版局局长：苏咏霖
河口区文化体育广电新闻出版局局长：王春霞
广饶县文化体育广电新闻出版局局长：刘中范
垦利县文化体育广电新闻出版局局长：郭树礼
利津县文化体育广电新闻出版局局长：李先锋

淄博市文化出版局局长：曹庆文
张店区文化局局长：赵　锦
淄川区文化旅游局局长：唐加福
博山区文化局局长：孙悦欣
周村区文化局局长：丁秀霞
临淄区文化局局长：毕国鹏
桓台县文化局局长：曹瑞刚
高青县文化旅游局局长：杜丽娥
沂源县文化局局长：许曰坤

潍坊市文化新闻出版局局长：盛兆辉
青州市文化新闻出版局局长：许新益
安丘市文化新闻出版局局长：李恩方
昌邑市文化新闻出版局局长：凌德全
高密市文化新闻出版局局长：郭言兴
诸城市文化新闻出版局局长：傅相琪
昌乐县文化新闻出版局局长：朱英平
临朐县文化新闻出版局局长：白星超
潍城区文化旅游新闻出版局局长：苏　宏
奎文区文化旅游新闻出版局局长：王艾君
坊子区文化新闻出版局局长：潘锡才
寒亭区文化旅游新闻出版局局长：徐化源
莱芜市文化广电新闻出版局局长：陈君业

烟台市文化广电新闻出版局局长：徐明
牟平区文化局局长：纪风宏
福山区文化服务中心主任：权福晓
芝罘区文化局局长：孙安平
莱山区文化局局长：林荣胜
海阳市文化广电新闻出版局局长：王同清
莱阳市文化广电新闻出版局局长：鲁世旭
栖霞市文化局局长：林德义
招远市文化广电新闻出版局局长：魏永兵
蓬莱市文化广电新闻出版局局长：王　轶
龙口市文化广电新闻出版局局长：徐宝勤
莱州市文化广电新闻出版局局长：孙瑞强
长岛县文化局局长：李　明

威海市文化广电新闻出版局局长：王廷琦
荣成市文体广电出版局局长：刘殿晓
文登市文化局局长：于军宁
乳山市文化广电新闻出版局局长：王　涛
环翠区文化广电新闻出版局局长：尹小毅

青岛市文广新局局长：姜正轩
市南区文化新闻出版局局长：张　馨
市北区文化局局长：秦继河
四方区文化局局长：刘文杰
李沧区文化局局长：王恕民
城阳区文化局局长：吕永翠
崂山区文化局局长：王保生
开发区文化局局长：张文晓
胶南市文化局局长：胡敬斌
胶州市文化局局长：于敬军
莱西市文化局局长：程灿谟
即墨市文化局局长：辛修慧
平度市文化局局长：何洪选

日照市文化广电新闻出版局局长：郑玉霞
东港区文化体育局局长：王伟举
岚山区文化体育局局长：戚丽丽
莒县文化体育局局长：张启泽
五莲县文化体育局局长：单忠元

临沂市文化广电新闻出版局局长：郑西溪
兰山区文化局局长：陈广新
罗庄区文化体育局局长：张永胜
河东区文化体育出版局局长：许　珂
郯城县文化广电新闻出版局局长：王建彬
苍山县文化体育局局长：陈国义
沂水县文化局局长：韩世海
沂南县文化局局长：尹永宝
平邑县文化体育局局长：宋玉田
费县文化体育局局长：王发恩
蒙阴县文化局局长：李　明
莒南县文化广电新闻出版局局长：王兴堂
临沭县文化广电新闻出版体育局局长：卢洪贵

枣庄市文化局局长：孙桂俭
市中区文化局局长：刘永堂
滕州市文化局局长：朱瑞国
峄城区文化局局长：张洪银
薛城区文化局局长：王广法
台儿庄区文化局局长：李振启
山亭区文化局局长：冯统义

济宁市文化广电新闻出版局局长：周立华
市中区文化广电新闻出版局局长：刘运国
任城区文化广电新闻出版局局长：祝自强
兖州市文化广电新闻出版局局长：周广珍
曲阜市文化广电新闻出版局局长：胡　勇
邹城市文化广电新闻出版局局长：刘嵩博
泗水县文化广电新闻出版局局长：廉嘉华
微山县文化广电新闻出版局局长：王　磊
鱼台县文化广电新闻出版局局长：吕高民
金乡县文化广电新闻出版局局长：周忠勤
嘉祥县文化广电新闻出版局局长：江心静
汶上县文化广电新闻出版局局长：马玉申
梁山县文化广电新闻出版局局长：刘汉江

泰安市文化局（市新闻出版局、版权局、文物事业管理局）局长：胡立东
泰山区文化局局长：王利民
岱岳区文化体育局局长：许　杰
新泰市文化体育局局长：胡孝法
肥城市文化体育局局长：王　霞
宁阳县文化体育局局长：李新生
东平县文化体育局局长：殷广勇

莱芜市莱城区文化体育新闻出版局局长：董义和
钢城区文化体育新闻出版局局长：张学波

滨州市文化广电新闻出版局局长：边茂田
滨城区文化旅游局局长：赵景峰
博兴县文化旅游局局长：刘国升
沾化县文化体育局局长：孙明合
无棣县文化局局长：门福通
邹平县文化体育和旅游事业发展局局长：
高　宝
惠民县文化局局长：王振华
阳信县文化局局长：孙富强

菏泽市文化广电新闻出版局局长：陈庆勇
牡丹区文化体育局局长：褚中原
曹县文化体育局局长：张云涛
定陶县文化体育局局长：王江峰
单县文化局局长：谢孔芹
成武县文化体育局局长：崔传礼
巨野县文化体育局局长：解瑞民
郓城县文化体育局局长：宋广居
鄄城县文化体育局局长：李　军
东明县文化局局长：孔素梅

河南省

河南省文化厅
党组书记、厅长：杨丽萍
党组成员、副厅长：崔为工
副厅长：董文建
党组成员、纪检组组长：陈月玲
党组成员、副厅长：李霞
党组成员、副厅长：郭书城
党组成员、副厅长：黄东升
党组成员、省文物管理局局长：陈爱兰
党组成员、河南博物院院长：张文军
副巡视员：王天虹
副巡视员：康　洁

郑州市文化局局长：闫铁成
中原区文化新闻出版局局长：陈守正
二七区文化旅游局局长：牛志宏
管城回族区文化旅游局局长：宋贵平
金水区文化旅游局局长：刘健
上街区文化新闻出版局局长：张海涛
惠济区教文体局局长：青华山
新郑市文化局局长：唐宏伟
登封市文化局局长：李松乾
新密市文化旅游局局长：吕新中
巩义市文化局局长：李小亭
荥阳市文化局局长：王志忠
中牟县文化局局长：王玉忠

三门峡市文化局局长：郭炎堂
湖滨区文化局局长：王文新
义马市文化局局长：高新超
灵宝市文化局局长：张建华
渑池县文化局局长：方丰章
陕县文化局局长：张续涛
卢氏县文化局局长：王惠军

洛阳市文化局局长：徐建莉
西工区文化局局长：王鸿飞
老城区文化局局长：任巧丽
瀍河回族区文化局局长：温柱梁
涧西区文化局局长：段起旭
吉利区文化局局长：李　健
洛龙区文化局局长：杨建春
偃师市文化局局长：陈贵禄
孟津县文化局局长：李乾有
新安县文化局局长：葛新士
栾川县文化局局长：程民生
嵩县文化局局长：高见喜
汝阳县文化局局长：张刚学
宜阳县文化局局长：常顺卿
洛宁县文化局局长：李合威
伊川县文化局局长：李耀曾

焦作市文化局局长：孔令江
解放区文体局局长：布财勇
山阳区文体局局长：冯小亮
中站区文体局局长：任新娥
马村区文体局局长：李春玲
孟州市文化局局长：田丽洁

沁阳市文化局局长：苏明武
修武县文化局局长：王应战
博爱县文化局局长：张海生
武陟县文化局局长：张晓红
温县文化局局长：原玉芹

新乡市文化局局长：范　禄
卫滨区教文体局局长：焦红琴
红旗渠教科文体局局长：陈学勇
凤泉区教文科局局长：牛万新
牧野区教文体局局长：谢东红
卫辉市文化局局长：张斌世
辉县市文化局局长：高顺利
新乡县文化旅游局局长：张丽霞
获嘉县文化局局长：孙世明
原阳县文化旅游局局长：赵光岭
延津县文化教育体育局局长：张运民
封丘县文化旅游局局长：万传中
长垣县文化局局长：辛延立

鹤壁市文化局局长：陈高潮
淇滨区文化教育体育局局长：杨家业
山城区文体局局长：霍林河
鹤山区文化教育体育局局长：郭兴水
浚县文化局局长：袁克胜
淇县科技文化局局长：马　翔

安阳市文化局局长：王金涛
北关区文化旅游局局长：于庆元
文峰区文化旅游局局长：齐　军
殷都区文化局局长：李建武
龙安区文化局局长：田培勋
林州市文化局局长：郭明生
安阳县文化局局长：牛建国
汤阴县文化局局长：李长武
滑县文化局局长：任清剑
内黄县文化局局长：张宪军

濮阳市文化局局长：刘乡英
华龙区教文体委主任：王进增
清丰县文化旅游局局长：王亚光
南乐县文化旅游局局长：韩金河
范县文化旅游局局长：卢培聚
台前县文化旅游局局长：刘崇良
濮阳县文化旅游局局长：郭志选

开封市文化局局长：申亚平
鼓楼区文化局局长：李　芳
龙亭区文化局局长：辛瑞霞
顺河回族区文化局局长：张　磊
禹王台区文化局局长：严鸿道
金明区文化局局长：张克勤
杞县文化局局长：李艺玲
通许县文化局局长：岳邦亮
尉氏县文化局局长：仝伟平
开封县文化局局长：毛志娟
兰考县文化局局长：黄克忠

商丘市文化局局长：高继峰
梁园区文化局局长：李汉杰
睢阳区文化局局长：马廷富
永城市文化局局长：王晓五
虞城县文化局局长：朱保良
民权县文化局局长：杨子善
宁陵县文化局局长：郑学峰
睢县文化局局长：黄　伟
夏邑县文化局局长：张为标
柘城县文化局局长：邵建文

许昌市文化局局长：张　琳
魏都区文化局局长：吕国增
禹州市文化局局长：辛丽贞
长葛市文化局局长：谢永和
许昌县文化局局长：陶义红
鄢陵县文化局局长：刘东涛
襄城县文化局局长：聂清杰

漯河市文化局局长：卢锁印
源汇区文化局局长：刘增光
郾城区文化局局长：黄国良
召陵区文化局局长：王志敏
舞阳县文化局局长：张杰民
临颍县文化局局长：安东汉

平顶山市文化局局长：肖元欣
新华区文化局局长：鲁文彬

卫东区文化局局长：李　卿
湛河区文化局局长：王绍强
舞钢市文化局局长：陈广民
汝州市文化局局长：张清江
宝丰县文化局局长：王富友
叶县文化局局长：李良臣
鲁山县文化局局长：魏国平
郏县文化局局长：刘继增

南阳市文化局局长：陈华山
卧龙区文化局局长：李　成
宛城区文化局局长：刘仙崇
邓州市文化局局长：闫富传
南召县文化局局长：王贵富
方城县文化局局长：刘金祥
西峡县文化局局长：乔　琰
镇平县文化局局长：姚金波
内乡县文化局局长：薛有仓
淅川县文化局局长：凌　飞
社旗县文化局局长：郭金发
唐河县文化局局长：华金松
新野县文化局局长：张显勤
桐柏县文化局局长：郭　军

信阳市文化局局长：潘　林
浉河区文化局局长：郝全修
平桥区文化局局长：王乐友
息县文化局局长：姜学志
淮滨县文化局局长：韩　光
潢川县文化局局长：苏振国
光山县文化局局长：曹振国
固始县文化局局长：李顶霞
商城县文化局局长：杨允琪
罗山县文化局局长：李松海
新县文化局局长：梅　松

周口市文化局局长：王少青
川汇区文化局局长：段　文
项城市文化局局长：田　桦
扶沟县文化局局长：白玉峰
西华县文化局局长：赵耀宇
商水县文化局局长：卫素安
太康县文化局局长：孙照乾
鹿邑县文化局局长：张存良
郸城县文化局局长：徐新建
淮阳县文化局局长：樊廷贵
沈丘县文化局局长：王永生

驻马店市文化局局长：张新国
驿城区文化局局长：王新平
确山县文化局局长：闫群东
泌阳县文化局局长：吕贤玉
遂平县文化局局长：张　超
西平县文化局局长：丁国顺
上蔡县文化局局长：刘景才
汝南县文化局局长：杨民生
平舆县文化局局长：陈鸿飞
新蔡县文化局局长：张世发
正阳县文化局局长：梁汉俊

济源市文化广播电视局局长：李培献

湖北省

武汉市文化局局长：和晓曦
江岸区文化体育局局长：罗贵庚
江汉区文化体育局局长：杨向农
硚口区文化体育局局长：闫福恒
汉阳区文化体育局局长：李作义
武昌区文化体育局局长 张青植
青山区文化体育局局长 薛波
洪山区文化体育局局长 蒋华
东西湖区文化体育局局长：张小平
汉南区文化局局长：王为均
蔡甸区文化体育局局长：朱建村
江夏区文化体育局局长：杨家堤
黄陂区文化局局长：刘季平
新洲区文化体育局局长：夏安平

十堰市文化体育局局长：牛孝文
张湾区文化体育局局长：郭瑞兵
茅箭区文化体育局局长：林青海
丹江口市文化体育局局长：周长国
郧县文化体育局局长：梁建明

竹山县文化体育局局长：薛继田
房县文化局局长：黄宝富
郧西县文化体育新闻出版局：钟建华
竹溪县文化体育局局长：陈施云

襄樊市文化体育局局长：陈乐一
襄城区文体局局长：徐学琴
樊城区文体局局长：刘明军
襄阳区文化局局长：王顺满
老河口市文体局局长：冯　雨
枣阳市文化体育局局长：陈　胜
宜城市文化局局长：李福新
南漳县文化局局长：胡炳龙
谷城县文化体育局局长：张旭升

荆门市文化体育局局长：胡　耕
东宝区文化局局长：潘祖建
钟祥市文化局局长：费晓洪
沙洋县文体教育出版局局长：卢鸿雁
京山县文化局局长：曾　峰

孝感市文化体育局局长：丁国琰
孝南区文体局局长：余红松
应城市文体局局长：金　洋
安陆市文体局局长：曹成海
汉川市文体局局长：李绍斌
孝昌县文体局局长：刘国琼
大悟县文体局局长：刘海华
云梦县文体局局长：关想平

黄冈市文化局局长：肖红娟
麻城市文化局局长：祝汉蛟
武穴市文化局局长：邓全球
红安县文化局局长：李琅环
罗田县文化局局长：郭小双
英山县文化局局长：段如意
浠水县文化局局长：王佑安
蕲春县文化局局长：周振东
黄梅县文化局局长：黎耀成
团风县文化局局长：余秋明

鄂州市文体局局长：周　岫
鄂城区文体局局长：刘明星
梁子湖区文体局局长：柯青芬
华容区文体局局长：倪海滨

黄石市文化局局长：曹树莹
黄石港区文化卫生体育局局长：李　林
西塞山区文化卫生体育局局长：蔡大池
下陆区文化卫生体育局局长：曹跃林
铁山区文化卫生体育局局长：马传松
大冶市文体局局长：明水泉
阳新县文体局局长：陈正稳

咸宁市文体局局长：程学娟
咸安区文化局局长：毛晓光
赤壁市文体局局长：宋世成
嘉鱼县文体局局长：章少阶
通城县文体局局长：宋旺龙
崇阳县文化局局长：王向阳
通山县文体局局长：吉四贵

荆州市文化局局长：詹宇生
洪湖市文化局局长：李秀武
松滋市文化局局长：刘学敏
江陵县文化局局长：段昌彪
公安县文化局局长：王贤杰

宜昌市文化局局长：王永平
西陵区文体局局长：席群英
伍家岗区文体局局长：王　辉
点军区文体旅游局局长：刘复军
猇亭区文体局局长：刘绪军
夷陵区文化局局长：曾庆泉
宜都市文化局局长：杨用燕
当阳市文化局局长：杨亚平
远安县文化局局长：吴建东
兴山县文化局局长：邹志斌
秭归县文化旅游局局长：马尚朝
长阳土家族自治县文体局局长：胡世春
五峰土家族自治县文体局局长：邹永斌

随州市文体局局长：孙国成
曾都区文体局局长：吕文军
广水市文体局局长：余银功

恩施土家族苗族自治州文体局局长：徐开芳
恩施市文体局局长：陈启鹤
利川市文体局局长：赵 龙
巴东县文体局局长：黄在满
宣恩县文体局局长：谢庆慧
咸丰县文体局局长：邓永刚
来凤县文体局局长：岳 琼
宣恩县文体局局长：谢庆慧
鹤峰县文体局局长：文武汉

省直辖县级行政单位：
仙桃市文化广电新闻出版局：胡晓华
天门市文化广电新闻出版局：李小明
潜江市文化局局长：郑学国
神农架林区文体局局长：王占军

湖南省

湖南省文化厅
党组书记、厅长：周用金

长沙市文化广电新闻局局长：周志凯
岳麓区文体局局长：王 洪
芙蓉区文体局局长：成良访
天心区文体局局长：雷丽娜
开福区文体局局长：王辉君
雨花区文体局局长：周宏伟
浏阳市文体局局长：朱玉喜
长沙县文体局局长：丁 琛
望城县文体局局长：冯群芳
宁乡县文体局局长：贺太泉

张家界市文化局局长：兰智平
永定区文体局局长：赵 文
武陵源区文体局局长：肖忠义
慈利县文体局局长：戴名龙
桑植县文体局局长：刘桂芳

常德市文广新局局长：陈 华
武陵区文广新局局长：郭德西
鼎城区文广新局局长：余建明
津市市文广新局局长：聂 宇
安乡县文广新局局长：候正武
汉寿县文广新局局长：张宏勋
澧县文广新局局长：余长国
临澧县文广新局局长：吴景华
桃源县文广新局局长：徐进华
石门县文广新局局长：覃业翼

益阳市文化局局长：钟志京
赫山区文化局局长：蒋美华
资阳区文化局局长：郭 云
沅江市文化局局长：徐鄂春
南县文化局局长：汤光前
桃江县文化局局长：蔡明焕
安化县文化局局长：熊栋才

岳阳市文化广电新闻出版局局长：龚卫国
岳阳楼区文化局局长：吴怡红
君山区文化局局长：黄泽斌
云溪区文化局局长：徐剑平
汨罗市文化局局长：欧阳三华
临湘市文化局局长：廖明斌
岳阳县文化局局长：郑一夫
华容县文化局局长：王良庆
湘阴县文化局局长：龙佑祥
平江县文化局局长：罗继明

株洲市文化局局长：杨小幼
天元区文化局局长：杨忠明
荷塘区文化局局长：汤文辉
芦淞区文化局局长：周定杰
石峰区文化局局长：陈琳敏
醴陵市文化局局长：易小龙
株洲县文化局局长：朱 琳
攸县文化局局长：颜继瑞
茶陵县文化局局长：段跃华
炎陵县文化局局长：唐青平

湘潭市文化新闻出版局局长：杨铁桥
岳塘区文化局局长：陈百安
雨湖区文化局局长：李 萍
湘乡市文化局局长：彭湘喜
韶山市文化局局长：谭明章

湘潭县文化局局长：莫柏槐

衡阳市文化局局长：李安元
雁峰区教文体局局长：杨成栋
珠晖区教文体局局长：凌小敏
石鼓区教文体局局长：汪衡湘
蒸湘区教文体局局长：肖隆喜
南岳区教文体局局长：王伟强
常宁市文化局局长：邹求荣
耒阳市文化局局长：贺辉才
衡阳县文化局局长：龙国华
衡南县文化局局长：黄国兴
衡山县文化局局长：唐云翔
衡东县文化局局长：陈和平
祁东县文化局局长：王柏吉

郴州市文化局局长：廖美林
北湖区文化局书记：李永宗
苏仙区文化局局长：蒋德和
资兴市文化局局长：曹日平
桂阳县文化局局长：彭忠德
永兴县文化局局长：李仁顺
宜章县文化局局长：黄海云
嘉禾县文化局局长：王继国
临武县文化局局长：曹夏平
汝城县文化局局长：陈建平
桂东县文化局局长：周海燕
安仁县文化局局长： 李琼林

永州市文化局局长：李小星
冷水滩区文化局局长：齐光文
零陵区文化局局长：李立新
东安县文化局局长： 卿克纯
道县文化局局长：罗明桥
宁远县文化局局长：郑　亮
江永县文化局局长：谢明尧
蓝山县文化局局长：唐新辉
新田县文化局局长：黄　英
双牌县文化局局长：蒋　喆
祁阳县文化局局长：黄爱蓉
江华瑶族自治县文化局局长：周德新

邵阳市文化局局长：王铭祥
双清区文化局局长：李　巍
大祥区文化局局长：罗康平
北塔区文化局局长：简　洁
武冈市文化局局长：曾少剑
邵东县文化局局长：罗小阳
邵阳县文化局局长：王席军
新邵县文化局局长：陈丰收
隆回县文化局局长：张　晗
洞口县文化局局长：刘兴茂
绥宁县文化局局长：全昌爱
新宁县文化局局长：李涵喆
城步苗族自治县文化局局长：阳盛武

怀化市文化局局长：刘靖灵
鹤城区文化局局长：陈小松
洪江市文化局局长：邓剑军
沅陵县文化局局长：唐珍梅
辰溪县文化局局长：张碧波
溆浦县文化局局长：张建平
中方县文化局局长：宁关林
会同县文化局局长：龙世泉
麻阳苗族自治县文化局局长：向　杰
新晃侗族自治县文化局局长：杨先尧
芷江侗族自治县文化局局长：龚霄汉
靖州苗族侗族自治县文化局局长：陆通欢
通道侗族自治县文化局局长：张建国

娄底市文化局局长：李东升
娄星区文化局局长：曹霞希
冷水江市文化局局长：匡建军
涟源市文化局局长：唐裕奇
双峰县文化局局长：肖卫平
新化县文化局局长：曹曙初

湘西土家族苗族自治州文化局局长：孟宪政
吉首市文化局局长：向白麟
泸溪县文化局局长：杨　政
凤凰县文化局局长：王亚平
花垣县文化局局长：龙江涛
保靖县文化局局长：彭美桃
古丈县文化局局长：刘　平
永顺县文化局局长：向洪斌
龙山县文化局局长：田发奎

广东省

广东省文化厅
党组书记、厅长：方健宏
党组成员、副厅长：杜佐祥
党组成员、副厅长：景李虎
副厅长党组成员：马新民
党组成员副厅长：杨　树
党组成员、纪检组组长、监察专员：严建强
党组成员、副巡视员：王业群
党组成员、副巡视员：苏桂芬
党组成员、副巡视员：杨伟时
党组成员、文化市场综合执法局：胡搌国

广州市文化局局长：陆志强
越秀区文广新局局长：陈建秀
荔湾区文广新局局长：郭泽果
海珠区文广新局局长：区志明
天河区文广新局局长：李伟明
白云区文广新局局长：尹　广
黄埔区文广新局局长：沈小革
番禺区文广新局局长：李玉东
花都区文广新局局长：温炳棠
南沙区文广新局局长：陆履平
萝岗区文广新局局长：张作和
增城市文广新局局长：李思平
从化市文广新局局长：谭　智

清远市文化局局长：卢少峰
清城区文广新局局长：罗延安
英德市文广新局局长：吴国添
连州市文广新局局长：唐记南
佛冈县文广新局局长：朱伟初
阳山县文广新局局长：饶火明
清新县文广新局局长：刘绍荣
连山壮族瑶族文广新局局长：黄天发
连南瑶族自治县文广新局局长：吴卫清

韶关市文广新局局长：何正平
浈江区文化新闻出版局局长：黄海鹰
武江区文广新局局长：曾宏作
曲江区文广新局局长：林自贤
乐昌市文广新局局长：王志明
南雄市文广新局局长：肖丽琼
始兴县文广新局局长：陈向明
仁化县文广新局局长：洪家贵
翁源县文广新局局长：曾贺芳
新丰县文广新局局长：陈汉辉
乳源瑶族自治县文广新局局长：张光胜

河源市文广新局局长：蒋武生
源城区文广新局局长：黄伦富
紫金县文广新局局长：徐志鹏
龙川县文广新局局长：王洪涛
连平县文广新局局长：吴旺宜
和平县文广新局局长：黄嘉乐
东源县文广新局局长：陈发友

梅州市文广新局局长：杨剑忠
梅江区文广新局局长：李健生
兴宁市文广新局局长：罗幼珣
梅县文广新局局长：郭　劭
大埔县文广新局局长：黄伟强
丰顺县文广新局局长：陈光华
五华县文广新局局长：张远平
平远县文广新局局长：黄伟强
蕉岭县文广新局局长：徐　青

潮州市文广新局局长：林广鹏
湘桥区文广新局局长：陈　丹
潮安县文广新局局长：林伟峰
饶平县文广新局局长：陆锡文

汕头市文广新局局长：姚英杰
金平区文广新局局长：郑文义
濠江区文广新局局长：吴继儒
龙湖区文广新局局长：廖楚平
潮阳区文广新局局长：陈振通
潮南区文广新局局长：蔡宗舜
澄海区文广新局局长：陈映东
南澳县文广新局局长：柯伟煌

揭阳市文广新局局长：李锡安

榕城区文广新局局长：林汉城
普宁市文广新局局长：谢金昭
揭东县文广新局局长：吴伟斌
揭西县文广新局局长：贝志锋
惠来县文广新局局长：元健雄

汕尾市文广新局局长：温国栋
陆丰市文广新局局长：李汉沛
海丰县文广新局局长：陈　孙
陆河县文广新局局长：彭展星

惠州市文广新局局长：罗川山
惠城区文广新局局长：刘少辉
惠阳区文广新局局长：叶茂庭
博罗县文广新局局长：廖建新
惠东县文广新局局长：谢帝水
龙门县文广新局局长：钟福新

东莞市文广新局局长：陈志伟

深圳市文广新局局长：陈　威
福田区文化局局长：李雷鸣
罗湖区文化局局长：张远翔
南山区文化局局长：姜广华
宝安区文化局局长：吴少平
龙岗区文体局局长：曹卫星
盐田区文广新局局长：陈琼英

珠海市文广新局局长：刘福祥
香洲区文广新局局长：彭　苏
斗门区文广新局局长：韦大奇
金湾区文广新局局长：张　文

中山市文广新局局长：郑集思

江门市文广新局局长：廖振明
江海区文广新局局长：李伟垣
蓬江区文广新局局长：莫以坚
新会区文广新局局长：李悦忠
恩平市文广新局局长：钟润兰
台山市文广新局局长：黄伟华
开平市文广新局局长：谭伟平
鹤山市文广新局局长：黄建荣

佛山市文广新局局长：徐东涛
禅城区文广新局局长：张远征
南海区文广新局局长：麦绍强
顺德区文广新局局长：张新杰
三水区文广新局局长：严振飞
高明区文广新局局长：吴兆华

肇庆市文广新局局长：欧荣生
端州区文广新局局长：邱建华
鼎湖区文广新局局长：区耀垣
高要市文广新局局长：傅瑞联
四会市文广新局局长：雷声亮
广宁县文广新局局长：邓兴平
怀集县文广新局局长：徐奇天
封开县文化局局长：杨　松
德庆县文广新局局长：董洁平

云浮市文广新局局长：梁仁球
云城区文广新局局长：陈志亮
罗定市文广新局局长：王福文
云安县文广新局局长：李妍姬
新兴县文广新局局长：朱文伟
郁南县文广新局局长：潘庆林

阳江市文广新局局长：冯绍文
阳春市文广新局局长：张衍楚
阳西县文广新局局长：陈　进
阳东县文广新局局长：苏培植

茂名市文广新局局长：黄　刚
茂南区文广新局局长：梁荣杰
茂港区文广新局局长：赖　胜
化州市文广新局局长：何刘生
信宜市文广新局局长：凌　胜
高州市文广新局局长：刘权明
电白县文广新局局长：郑闪光

湛江市文广新局局长：林向凡
赤坎区文广新局局长：黄柳坚
霞山区文广新局局长：曾继房
坡头区文广新局局长：陈燕玲
麻章区文广新局局长：郑永丰

吴川市文广新局局长：陈燕熙
廉江市文广新局局长：李建军
雷州市文广新局局长：牧　野
遂溪县文广新局局长：陈士旺
徐闻县文广新局局长：张世斌

广西壮族自治区

广西壮族自治区文化厅
厅　长：余益中
副厅长：李格训、陈映红、唐正柱、覃　溥、马红英

南宁市文化局局长：陈晓玲
兴宁区文化和体育局局长：陈戊妹
江南区文化和体育局局长：谢　嘉
青秀区文化和体育局局长：赖清玲
西乡塘区文化和体育局局长：覃卫文
邕宁区文化和体育局局长：苏凯精
良庆区文化和体育局局长：刘建军
武鸣县文化和体育局局长：潘进忠
横县文化和体育局局长：杨焕荣
宾阳县文化和体育局局长：韦梦飞
上林县文化和体育局局长：韦海东
马山县文化和体育局局长：张小栋
隆安县文化和体育局局长：农宜陟

桂林市文化局局长：唐柳林
象山区文化体育局局长：王　坤
七星区文化体育局局长：曾令辉
叠彩区文化体育局局长：田　碧
秀峰区文化体育局局长：吴德明
雁山区文化局局长：陈玉明
灵川县文化局局长：左珂蔓
龙胜县文化局局长：周艳红
灌阳县文化局局长：龙晓红
恭城县文化旅游局局长：陈广仪
永福县文化体育局局长：黄流琪
兴安县文化旅游局局长：胡　琳
阳朔县文化体育局局长：刘建强
荔浦县文化体育局局长：黄小光
平乐县文化旅游局局长：李任科
临桂县文化和体育局局长：张捷林
资源县文化体育局局长：唐向忠
全州县文化局局长：刘俊春

柳州市文化局局长：唐柳荫
城中区文化和体育局局长：周小燕
柳北区文化和体育局局长：王继萍
阳和工业新区文体局局长：陈　蓓
鱼峰区文化和体育局局长：阳　绚
柳南区文化和体育局局长：徐旭阳
柳江县文化和体育局局长：韦宝萍
鹿寨县文化和体育局局长：韦星阳
融安县文化和体育局局长：赵大亮
三江侗族自治县文化和体育局局长：吴树辉
柳城县文化和体育局局长：杨辉强
融水县文化和体育局局长：曹树明

梧州市文化局局长：罗绍杰
万秀区科卫文体局局长：欧雄伟
蝶山区科卫文体局局长：黄金莲
长洲区科卫文体局局长：黎燕中
岑溪市文化和体育局局长：张小玉
苍梧县文化和体育局局长：禤赤坚
藤县文化和体育局局长：茹恩南
蒙山县文化和体育局局长：肖映山

贵港市文化局局长：陈日清
港北区文化和体育局局长：刘志琴
港南区文化和体育局局长：黄冬珍
覃塘区文化和体育局局长：吕彩兰
桂平市文化和体育局局长：梁耀海
平南县文化和体育局局长：陈世穆

玉林市文化局局长：李　克
玉州区文化和体育局局长：谭艳艳
福绵区文化和体育局局长：吴志明
北流市文化和体育局局长：钟森文
容县文化和体育局局长：梁　彬
陆川县文化和体育局局长：谢华南
博白县文化和体育局局长：李书耀
兴业县文化和体育局局长：麦昭阳

钦州市文化局局长：林钦娟
钦北区文化和体育局局长：莫谦炳
钦南区文化和体育局局长：王　伟
钦州经济开发区社会工作局局长：邓宗富
三娘湾旅游管理区社会工作局局长：刘广尤
灵山县文化和体育局局长：陆万晓
浦北县文化和体育局局长：龚义师

北海市文化局局长：廖美材
合浦县文化体体育局局长：黄炳羽
北海市海城区文化体育广播影视局局长：蒙海涛
北海市银海区教育文化体育局局长：杨　铖
北海市铁山港区文化体育广播影视局局长：陈钦武

防城港市文化局局长：朱海燕
港口区文化和体育局局长：聂卫权
防城区文化和体育局局长：何春梅
上思县文化和体育局局长：雷爱新
东兴市文化和体育局局长：姚起权

崇左市文化局局长：林　凡
江州区文化和体育局局长：周海深
扶绥县文化和体育局局长：钟文庆
大新县文化和体育局局长：玉　红
天等县文化和体育局局长：刘富荣
宁明县文化和体育局局长：彭安威
龙州县文化和体育局局长：林　海
凭祥市文化和体育局局长：马靖文

百色市文化局局长：黄如松
右江区文化局长：张孝云
田阳县文化和体育局局长：吴才现
田东县文化和体育局局长：周章师
平果县文化和体育局局长：陆东立
德保县文化和体育局局长：沈先邦
靖西县文化和体育局局长：梁　冰
那坡县文化和体育局局长：朱宁波
田林县文化和体育局局长：蓝　宏
隆林各族自治县文化和体育局局长：杨朝林
西林县文化和体育局局长：丁韦震
凌云县文化和体育局局长：陈永明
乐业县文化和体育局局长：韦宣兆

河池市文化局局长：邱有海
金城江区文化局局长：杨　晓
宜州市文化局局长：韦昌忠
环江县文化局局长：卢朝阳
罗城县文化局局长：银联健
南丹县文化局局长：韦忠武
巴马县文化局局长：杨秀明
凤山县文化局局长：马吉光
东兰县文化局局长：周华强
都安县文化局局长：潘康生
大化县文化局局长：王友文
天峨县文化局局长：韦联魁

来宾市文化局局长：张庆琨
兴宾区文化局局长：潘永荪
合山市文化和体育局局长：李国孟
象州县文化和体育局局长：张志光
武宣县文化和体育局局长：张敬波
忻城县文化和体育局局长：韦江胜
金秀县文化和体育局局长：黄　萌

贺州市文化局局长：廖　平
八步区文化和体育局局长：黄爱娱
平桂管理区文化和体育局局长：吴敏开
钟山县文化和体育局局长：刘　勉
昭平县文化和体育局局长：莫扬华
富川瑶族自治县文化和体育局局长：何开林

海南省

海南省文化广电出版体育厅
党组书记、厅长：范晓军
党组成员、副厅长：王炳林
党组成员、副厅长：陈亚俊
党组成员、副厅长：柳松华
党组成员、副厅长：许振凌
巡视员：周忠良
副巡视员：陈文宝

海口市文化体育局局长：徐　涛

龙华区文化体育局局长：许善宁
秀英区文化体育局局长：陈恩睿
琼山区文化体育局局长：周启轩
美兰区文化体育局局长：邓其仓

三亚市文化出版体育局局长：廖民生

省直辖行政单位：
文昌市文化广电出版体育局局长：许达超
琼海市文化广电出版体育局局长：王诗钗
万宁市文化广电出版体育局局长：肖传能
五指山市文化广电出版体育局局长：刘宏杰
东方市文化广电出版体育局局长：文海平
儋州市文化广电出版体育局局长：陈　茅
临高县文化广电出版体育局局长：符龙勤
澄迈县文化广电出版体育局局长：曾德英
定安县文化广电出版体育局局长：梁定伟
屯昌县文化广电出版体育局局长：叶　颖
昌江黎族自治县文化广电出版体育局局长：庞大海
白沙黎族苗族自治县文化广电出版体育局局长：赖　伟
陵水黎族自治县文化广电出版体育局局长：徐光强
乐东黎族自治县文化广电出版体育局局长：邢齐波
琼中黎族苗族自治县文化广电出版体育局局长：邓开扬
保亭黎族苗族自治县文化广电出版体育局局长：李　冠

重庆市

重庆市文化广播电视局
党委书记、局长：汪　俊
党委委员、重庆红岩联线文化发展管理中心主任：厉　华
党委委员、副局长：程武彦
副局长：刘明华
党委委员、副局长：温俊华
党委委员、副局长：张洪斌
党委委员、副局长：李廷勇
党委委员、纪委书记：马岱良
党委委员、重庆中国三峡博物馆馆长：黎小龙
党委委员、局长助理：席　华
副巡视员：肖　敏
副巡视员：罗世全
副巡视员：曾昭伦
副巡视员：刘传明

四川省

四川省文化厅
党组书记、厅长：郑晓幸
党组成员、副厅长：窦维平
党组成员、副厅长：泽　波
党组成员、机关党委书记：李兆权
党组成员、省纪委驻文化厅纪检组组长：孙舒亚
巡视员：胡继先
副巡视员：盛宗毅

成都市文化局局长：朱树喜
锦江区文化广播电视局局长：陆　江
青羊区文化广播电视局局长：刘咏梅
金牛区文化广播电视局局长：胥厚全
武侯区文化广播电视局局长：唐　凯
成华区文化广播电视局局长：韩际舒
高新区社会事业局局长：吕　毅
青白江区文化广播电视局局长：李华蓉
龙泉驿区文化体育局局长：曾　列
都江堰市文化广播电视局局长：罗鸿亮
彭州市文化广播电视局局长：黎　蕊
崇州市文化局局长：李　超
邛崃市文化体育局局长：王茂楠
温江区文化广播电视局局长：帅　仑
新都区文化广播电视局局长：王　莉
双流县文化旅游局局长：刘　伟
郫县文化体育局局长：陈　杰
新津县文化体育局局长：鲁健根
金堂县文化体育局局长：尹全红

大邑县文化体育局局长：戴　勇
蒲江县文化广播电视局局长：卿　蓓

广元市文化局局长：齐庆民
利州区文化体育旅游局局长：杨向华
元坝区文化体育旅游局局长：朱太毅
朝天区文化体育旅游局局长：柳文祥
苍溪县文化体育旅游局局长：黄新明
剑阁县文化旅游局局长：母大明
旺苍县文化体育局局长：刘　雄
青川县文化体育局局长：吴柄贵

绵阳市文化局局长：马宗舜
涪城区教育文化体育局局长：何成明
游仙区文化旅游局局长：宋　波
高新区社会发展局局长：鲜于龙
三台县文化体育局局长：胡本华
盐亭县文化旅游局局长：郭　建
梓潼县文化旅游局局长：蒲远富
江油市文化旅游局局长：任德远
平武县文化旅游局局长：何　永
安县文化旅游局局长：胡声志
北川羌族自治县文化旅游局局长：林　川
四川省科学城文化体育局局长：张建民

德阳市文化局局长：包育建
旌阳区文化体育局局长：曾　宁
绵竹市文化体育局局长：余天培
广汉市文化体育局局长：邓　双
什邡市文化局局长：吴　漾
中江县文化体育旅游局局长：刘飞舟
罗江县文化体育局局长：曾家华

南充市文化局局长：白　云
顺庆区文化旅游局局长：罗存胜
高坪区文化体育局局长：申　英
嘉陵区文化体育局局长：陈　焱
西充县文化体育局局长：谢　勇
南部县文化体育局局长：刘　坚
仪陇县文化体育局局长：周全民
蓬安县文化旅游局局长：王俊英
营山县文化体育局局长：谢　露

阆中市文化局局长：任　益

广安市文化体育局局长：郑建军
邻水县文化体育局局长：杨正德
华蓥市文化体育局局长：陈建国
岳池县文化体育局局长：龙丽君
武胜县文化体育局局长：彭章锡

遂宁市文化局局长：杨辉国
船山区文化体育局局长：彭　文
安居区文化体育局局长：雷西林
射洪县文化体育局局长：滕　勇
蓬溪县文化体育旅游局局长：吕　历
大英县文化体育局局长：杨勋文

内江市文化局局长：黄　刚
市中区文化体育局局长：杨　松
东兴区文化体育局局长：刘远奇
资中县文化体育局局长：曾　斌
隆昌县文化体育局局长：袁荣彬
威远县文化体育局局长：郭永权

乐山市文化局局长：叶三强
市中区文化体育局局长：李碧波
五通桥区文化体育局局长：胡世琼
沙湾区文化体育局局长：向洪敏
金口河区文化体育局局长：江　莉
峨眉山市文化体育局局长：林　立
犍为县文化旅游局局长：彭树怀
井研县文化旅游局局长：李旭东
夹江县文化体育广播电视局局长：张一平
沐川县文化体育局局长：涂海燕
峨边彝族自治县教育文化体育局局长：徐树祥
马边彝族自治县教育文化体育局局长：吴林章

自贡市文化局局长：周富民
自流井区文化体育局局长：李　庆
贡井区文化体育局局长：林立强
大安区文化体育局局长：李开友
高新区文化新闻出版稽查大队队长：宗兰英
沿滩区文化体育局局长：宋　潮
荣县文化体育局局长：邓权亨

富顺县文化体育局局长：黎　明

泸州市文化局局长：王一平
泸县文化体育广播电视局局长：游书勇
合江县文化体育广播电视局局长：龙启权
叙永县文化体育广播电视局局长：杨文浩
古蔺县文化体育广播电视局局长：罗　庆
江阳区文化体育局局长：陈　宏
纳溪区文化体育广播电视局局长：张治童
龙马潭区文化体育局局长：林跃明

宜宾市文化局局长：汪　庆
翠屏区文化广播电影电视局局长：王敏川
宜宾县文化体育局局长：王吉生
南溪县文化体育和旅游局局长：李录明
江安县旅游和文化体育局局长：王太然
长宁县旅游文化体育局局长：邓崇德
高县文化体育旅游局局长：杨玲敏
筠连县文化体育旅游局局长：王　玉
珙县文化体育局局长：朱建军
兴文县文化体育局局长：周　彬
屏山县文化体育旅游局局长：周洪湖

攀枝花市文化（新闻出版·版权）局局长：马晓凤
东区文化体育局局长：衡明坤
西区文化旅游局局长：王　政
仁和县文化体育局局长：蒋加赋
米易县文化旅游局局长：张　勇
盐边县文化体育广播电视局局长：杨文慧

巴中市文化体育新闻出版局局长：任晓娟
巴州区文化新闻出版局局长：李家军
通江县教育文化体育局局长：田　勇
南江县文化体育新闻出版管理办公室主任：李荣富
平昌县文化体育新闻出版局局长：张　杰

达州市文化局局长：陈先杰
通川区文化体育局局长：蔡小军
万源市文化局局长：张　鹏
达县文化体育局局长：张光福
宣汉县文化局局长：刘志宏
开江县文化教育局局长：阳甫忠
大竹县文化体育局局长：杨　刚
渠县文化体育局局长：刘荣忠

资阳市文化局局长：石朝武
雁江区文化体育新闻出版局局长：杨　毅
简阳市文化体育局局长：施　亮
安岳县文化体育局局长：邹　平
乐至县文化体育局局长：李　炜

眉山市文化体育局局长：李建章
东坡区文化体育局局长：李永攀
仁寿县文化体育局局长：吴秉成
青神县文化体育局局长：黄云华
丹棱县文化体育旅游局局长：邹丽琴
洪雅县文化体育局局长：杨明春
彭山县文化体育局局长：吕卫东

雅安市文化新闻出版和广播电视局局长：王家骢
雨城区文化体育广播电视和新闻出版局局长：李晓春
名山县文化体育局局长：陈开义
荥经县文化体育局局长：张　斌
汉源县文化体育局局长：姜有才
石棉县文化体育旅游局局长：及康生
天全县文化体育局局长：刘乾能
芦山县文化旅游局局长：周　静
宝兴县文化体育广播电视局局长：陈宜杰

阿坝藏族羌族自治州文化局局长：冯青龙
汶川县文化体育局局长：余　梅
理县文化体育局局长：何江林
茂县文化体育局局长：李安全
九寨沟县文化体育局局长：刘善刚
松潘县文化体育局局长：窦　华
金川县文化体育局局长：黄发强
小金县文化体育局局长：李真明
黑水县文化体育局局长：杨根思
马尔康县文化体育局局长：张　燕
壤塘县文化体育局局长：泽任朗加

阿坝县文化体育局局长：马　柯
若尔盖县文化体育局局长：李玉塔
红原县文化体育局局长：哈　祥

甘孜州文化新闻出版局局长：陶明德
康定县文化旅游局局长：刘　洪
泸定县旅游文化局局长：何　怡
丹巴县文化旅游局局长：罗顺方
九龙县文化旅游局局长：李元彬
雅江县文化旅游局局长：乔晓青
道孚县文化旅游局局长：刘力和
甘孜县文化旅游局局长：孙春明
新龙县文化旅游局局长：四龙仁孜
德格县文化旅游局局长：向秋扎西
白玉县文化旅游局局长：黄　兴
石渠县文化旅游局局长：李　宏
色达县文化旅游局局长：泽拉措
理塘县文化旅游局局长：泽仁旺堆
巴塘县文化旅游局局长：绒　布
乡城县文化旅游局局长：李　鸿
稻城县文化旅游局局长：次登达娃
得荣县文化旅游局局长：胡　松

凉山州文化广播电视局局长：付　荣
西昌市文化体育局局长：张　枫
木里县文化广播电视局局长：罗永忠
盐源县广播电视文化局局长：陈兴国
德昌县文化体育广播电视局局长：贺　萍
会理县文化广播电视事业管理局局长：许　荣
会东县文化体育局副局长（主持工作）：左永刚
宁南县文化体育局局长：杨红英
普格县文化旅游局局长：阿基俄而
布拖县文化体育局局长：特觉史墨
金阳县文化体育旅游局局长：吉火尔色
昭觉县文化旅游体育局局长：李　峰
喜德县文化旅游招商局局长：马海锁古
冕宁县文化旅游局局长：魏志强
越西县广播电视文化体育局局长：阿苏越尔
甘洛县文化体育局局长：文　毅
美姑县文化体育旅游局局长：瓦西古以
雷波县文化体育局局长：白忠明

贵州省

贵州省文化厅
党组书记、厅长：徐　圻
党组成员、副厅长：黎盛翔
党组成员、副厅长：邓　健
副厅长（正厅级）：谢彬如
党组成员、副厅长：宋　健
党组成员、机关党委书记：罗运琪
党组成员、省文物局局长：王红光
党组成员、纪检组组长：孔　锦
巡视员：董林生
副巡视员：张宝林、卢培仁

贵阳市文化局党委书记：张　骏
党委副书记、局长：王春雷
云岩区文体广电局局长：李伟民
党组书记、副局长：金　萍
南明区文体广电局党组书记、局长：张亚玲
花溪区文体广电局局长：刘修华
小河区文体广电局局长：杨　婷
乌当区文体广电局党组书记、局长：耿礼元
白云区旅游文体广电局局长：张美彪
党组书记：孙　莹
清镇市文体广电局党组书记、局长：左国均
修文县文体广电局党组书记：黄占勇
局长：杨　梅
开阳县文体广电局党组书记：杨　辉
局长：贺　毅
息烽县旅游文体广电局党组书记：杨再艳
党组副书记、局长：朱登林
金阳新区管理委员会社会事务管理局局长：
刘俊生

六盘水市文化体育局党组书记：金之栋
局长：高荣光
六枝特区文体广电旅游局党组书记：江　泳
局长：李清洋
盘县文体广电旅游局党组书记：刘　英
局长：邹兴林
水城县文体广电旅游局党组书记、局长：

冯　伟
钟山区文体广电旅游局党组书记：王　劭
局长：张国燕

遵义市文化体育局局长：张鹏健
党组书记：龙庆松
红花岗区文广电旅游局局长：杨家林
党组书记：单增为
汇川区文体广电局局长：吴建渝
遵义县文体广电旅游局局长：魏明伟
党组书记：李　平
赤水市文体广电旅游局局长：宋秋萍
党组书记：洪启后
道真自治县文体广电旅游局局长：余家学
党组书记：王　江
凤冈县文体广电旅游局局长：敖克模
党组书记：郑海安
仁怀市文体广电旅游局局长：王道勋
党组书记：龙　强
绥阳县文广电旅游局局长：杨　进
党组书记：汪　洋
桐梓县文体广电旅游局局长：杨国祥
党组书记：陈　平
务川自治县文体广电旅游局局长：文　鸣
党组书记：杨晓康
习水县文体广电旅游局党组书记、局长：
罗勤生
余庆县文体广电旅游局局长：周忠武
正安县文体广电旅游局局长：杨晓宇
党组书记：马红娟
湄潭县文体广播电视局局长：赵　翔

安顺市文化和体育局党组书记、局长：邹正明
关岭自治县文体广电旅游局党组书记：伍光林
局长：丁美键
平坝县文体广电旅游局党组书记：马　宁
局长：于　洋
镇宁自治县文体广电旅游局党组书记、局长：
金越生
紫云自治县文体广电旅游局党组书记、局长：
卫　雨
西秀区文体广电旅游局党组书记、局长：
毛凯东
普定县文体广电旅游局党组副书记、副局长
（主持工作）：帅　昕
黄果树社会事务管理局局长：李晓翔
开发区社会事务管理局党组书记、局长：
张纯海

毕节地区文化和体育局党组书记：刘　军
党组副书记、局长：李明泽
毕节市文体广旅游局党组书记：勒　展
党组副书记、局长：徐兴志
大方县文体广旅游局党组书记、局长：曾祥富
黔西县文体广旅游局党组书记、局长：陈　玲
金沙县文体广旅游局党组书记：卓毓江
党组副书记、局长：蒋重江
织金县文体广旅游局党组书记：史登相
党组副书记、局长：韦　刚
纳雍县文体广旅游局党组书记：赵达贵
党组副书记、局长：周训照
威宁县文体广旅游局党组书记：易红珊
党组副书记、局长：肖良宪
赫章县文体广旅游局党组书记：吴桂红
党组副书记、局长：张建华
百里杜鹃风景名胜区文体广旅游局党组成员、
副局长：李　凯

铜仁地区文化和体育局局长：龙丽红
党组书记：王恩田
铜仁市文化广播电视局局长：李益民
江口县文化广播电视局局长：龙建军
玉屏自治县文化广播电视局局长：朱仕明
党组书记：李昌伦
松桃自治县文化广播电视局局长：吴家永
万山山特区文体广电旅游局局长：张小辉
石阡县文化广播电视局局长：余安华
印江自治县文体广电旅游局局长：符红英
思南县文体广电旅游局局长：朱应松
德江县文化广播电视局局长：安　康
沿河自治县文化广播电视局局长：蒋　柯

黔东南州文化体育局党组书记：韦玉新
党组副书记、局长：霍盛红
凯里市文体广电局局长：张　洪
施秉县文体广电局副局长：吴启宏

黎平县文体广电局党组副书记：蒋宪标
天住县文体广电局局长：龙景舜
丹寨县文体广电局党组书记、局长：陈光明
麻江县文体广电局局长：曾正军
党组书记、副局长：谢翔云
剑河县文体广电局党组书记、局长：吴重庆
榕江县文体广电局党组书记、局长：左才宏
台江县文体广电局局长：杨　华
岑巩县文体广电局局长：许昆堂
黄平县文体广电局党组书记、局长：张廷华
雷山县文体广电局局长：张　德
三穗县文体广电局党组书记、局长：吴会师
从江县文体广电局党组书记、局长：吴佳理
镇远县文体广电局党组书记、局长：饶　阳
锦屏县文体广电局党组书记、局长：杨昌勇
凯里经济开发区文化局局长：覃崇军

黔南州文化局党组书记、局长：李　芸
都匀市文广局党组书记、局长：尹　惠
福泉市文广局党组书记、局长：刘弟华
长顺县文体广电局党组书记、局长：雷尊顺
罗甸县文体广电局党组书记、局长：卢　云
平塘县文体广电局党组书记、局长：石家勋
荔波县文体广电局党组书记、局长：蒙永辉
独山县文体局局长：池继霞
贵定县文体广电局局长：龙　林
龙里县文体广电局党组书记、局长：沈连富
惠水县文体广电局党组书记、局长：罗永国
翁安县文体广电局党组书记、局长：黎　明
三都县文体广电局党组书记、局长：梁家源

黔西南州文化局党组书记、局长：高祥国
兴义市文体广电局局长：鄢　鸣
　　党组书记：田进岭
贞丰县文体广电局局长：王　崇
兴仁县文体广电局局长：李永刚
册亨县文体广电局局长：代安祥
普安县文体广电局局长：谭代宽
安龙县文体广电局局长：王万良
晴隆县文体广电局局长：周　技
望谟县文体广电局局长：王朝晖
兴义顶效开发区社会事务管理局局长：杨爱玲

云南省

云南省文化厅
党组书记、厅长：黄　峻
党组副书记、副厅长：花泽飞
副厅长：陶国相、黄丕义、黄　玲、熊正益、
　　范建华、普仲亮、李增新
副巡视员：郭保全、张永康

昆明市文化局局长：朱建国
五华区文化局局长：张　阳
盘龙区文化局局长：彭　磊
官渡区文体局局长：马春梅
西山区文体局局长：薛扬涛
东川区文体局局长：胡布平
安宁市文体局局长：王国花
富民县文体局局长：张晓明
嵩明县文体局局长：刘锦仙
嵩明县文体局局长：杨　利
晋宁县文体局局长：万春林
宜良县文体局局长：李秀英
禄劝县文体局局长：张运平
石林县文体局局长：张海斌
寻甸县文体局局长：范克有

曲靖市文化局局长：纪爱华
麒麟区文化局局长：王　飞
沾益县文化局局长：杨树民、孟天涛（11～12月）
马龙县文体局局长：余　磊
陆良县文化局局长：满明生、太　文（8～12月）
师宗县文体局局长：李　跃
师宗县文体局副局长：郭仕敏
罗平县文化局局长：陈利平
富源县文体局局长：方盛仙
宣威市文化局局长：钱周祥
会泽县文化局局长：王怀顺

玉溪市文化局局长：桂江静
红塔区文化局局长：张绍清
通海县文化局局长：文　伟

江川县文化局局长：刘绍宏
澄江县文化局局长：李　锐
华宁县文化局局长：胡永文
易门县文化局局长：吴光祥
峨山县文化局局长：何家海
新平县文化局局长：李少文
元江县文化局局长：王愿平

保山市文化广电新闻出版局局长：赵家华
隆阳区文体局局长：张文芹
施甸县文体局局长：李月山
腾冲县文化广播电视体育局局长：欧阳昭统
龙陵县文体局局长：李绍元
昌宁县文体局局长：穆尚勇

昭通市文体局局长：李华章
昭阳区文体局局长：吴纯灵
鲁甸县文体局局长：罗发洪
巧家县文体局局长：李永翔
镇雄县文体局局长：高发崑
彝良县文体局局长：李连华
威信县文体局局长：段锡勇
盐津县文体局局长：谢超健
大关县文体局局长：许万民
永善县文体局局长：韩先录
绥江县文体局局长：许国江
水富县文体局局长：肖　燕

丽江市文化广电新闻出版局局长：高世祥
古城区文化广电新闻出版局局长：李之典
玉龙县文化广电新闻出版局局长：和东升
永胜县文化体育广电新闻出版局局长：陈绍军
华坪县文化体育广电新闻出版局局长：蒋仕成
宁蒗县文化体育广电新闻出版局局长：马雄斌

普洱市文化局局长：武献民
思茅区文体局局长：刘学春
宁洱县文体局局长：傅　雷
景东县文体局局长：罗德贵
景谷县文化局局长：李俊发
镇沅县文化局局长：徐建华
墨江县文体局局长：张林群
孟连县文体局局长：陶婉香

澜沧县文体局局长：李扎迫
江城县文体局局长：刀艳华
西盟县文体局局长：李华新

临沧市文化局局长：张龙明
临翔区文化局局长：武雪梅（1 ~ 11月）
临翔区文化局局长：杨永寿（12月）
凤庆县文化局局长：杨　林
云县文化局局长：何金良
双江县文化局局长：铁明亮
耿马县文化局局长：李　炜
沧源县文化局局长：魏　诚（1 ~ 4月）
沧源县文化局局长：赵志强 (4 ~ 12月)
永德县文化局局长：罗炯明
镇康县文化局局长：张东云

德宏州文化局局长：许贵荣
潞西市文体局局长：杨黎蓉
瑞丽市文化局局长：康丽年
盈江县文体局局长：张芝能
梁河县文体局局长：王爱红
陇川县文体局局长：刘永恩
畹町开发区文化局长：玉　摆

怒江州文化局局长：普利颜
泸水县文化局局长：祝林荣
福贡县文化局局长：阿普早
兰坪县文化局局长：蔡武森
贡山县文化局副局长：和丽芳

迪庆州文化局局长：浦　江
香格里拉县文化局局长：杨丽山
德钦县文体局局长：陈树华
德钦县文体局副局长：斯那吉层
维西县文体局局长：杨丽平

大理州文化局局长：杨政业
大理市文化局局长：张志宏
洱源县文化局局长：李灿文
剑川县文化局局长：何伯纪
鹤庆县文化局局长：田冰园
宾川县文化局局长：施德兴
祥云县文化局局长：李建培

弥渡县文化局局长：徐　逵
南涧县文化局局长：商　祥
巍山县文化局局长：张　洪
漾濞县文化局局长：郎跃军
云龙县文化局局长：古小龙
永平县文化局局长：赵亚明

楚雄州文化局局长：杨国良
楚雄市文化局局长：周　兵
牟定县文体局局长：何光明
双柏县文体局局长：王仁礼
禄丰县文体局局长：冯　晴
永仁县文体局局长：肖朝发
南华县文体局局长：何　青
武定县文体局局长：鲁自福
姚安县文体局局长：李成龙
大姚县文体局局长：何兴平
元谋县文体局局长：王　颖

红河州文化局局长：李正有
个旧市文体局局长：后卫鸿
开远市文体局局长：王　新
石屏县文体局局长：普仕祥
建水县文体局局长：武　锐
弥勒县文体局局长：罗丽莉
泸西县文体局局长：朱富林
红河县文体局局长：李飞飞
元阳县文体局局长：朱文珍
绿春县文体局局长：王本宏
金平县文体局局长：丁建军
屏边县文体局局长：杨　敏
河口县文体局局长：张有云

文山州文化局局长：陈亚非
文山县文化局局长：杨俊梅
砚山县文化局局长：权丽萍
西畴县文化局局长：杨玉芳
麻栗坡县文化局局长：关文霞
马关县文化局局长：谢国庆
丘北县文化局局长：朱　立
广南县文化局局长：黄先泰
富宁县文化局局长：杨琼

西双版纳州文体局局长：张志贤
景洪市文体局局长：陶保华
勐海县文体局局长：刀林冬
勐腊县文体局局长：杨飘龙

西藏自治区

西藏自治区文化厅
厅长：尼玛次仁

拉萨市文化局局长：洛　嘎
城关区文化局局长：毛刍定
林周县文广局局长：米玛次仁
当雄县文广局局长：张晓冬

那曲地区文化局局长：次仁龙培
那曲县文化局局长：曾小辉
嘉黎县文广局局长：喻海州
比如县文化局局长：加　洛
聂荣县文化局局长：卓玛玉珍
安多县文化局局长：次旦卓嘎
申扎县文化局局长：尼玛旺堆
索县文化局局长：罗文广
班戈县文化局局长：邓小良
尼玛县文化局局长：罗耀贵

昌都地区文化局局长：苏安水
昌都县文化局局长：国　庆
江达县文化局局长：扎　西
贡觉县文化局局长：泽　嘎
类乌齐县文化局局长：仁增巴登
丁青县文化局局长：拉巴次仁
察雅县文化局局长：向巴元丁
八宿县文化局局长：普　布
左贡县文化局局长：阿旺次仁
芒康县文化局局长：桑　登
洛隆县文化局局长：江春洛步
边坝县文化局局长：孔翠霞

林芝地区文广局局长：崔晓东
林芝县文化局局长：达　娃

波密县文广局局长：卢俊香

日喀则地区文化局局长：金巴洛珠

阿里地区文化局局长：索南群党
札达县文化局局长：达　珍

陕西省

陕西省文化厅
党组书记、厅长：余华青
党组成员副厅长：蒋惠莉
副厅长：刘宽忍
党组成员纪检组组长：李延军
党组成员、副厅长：李军民
机关党委书记：彭　英
副巡视员：强双喜、李全虎、王志强

西安市文化广电新闻出版局局长：王凯利
莲湖区文化体育局局长：孙历斌
新城区文化体育局局长：张阿萍
碑林区文化体育局局长：王宗会
灞桥区文化体育局局长：陈亚红
未央区文化体育旅游局局长：陈永顺
雁塔区文化体育局局长：殷凤兰
阎良区文化体育广播电视局局长：魏　烜
临潼区文化体育广播电视局局长：姚华山
长安区文化体育广播电视局局长：聂小林
蓝田县文化体育广播电视局局长：卫清民
周至县文化体育广播电视局局长：时周平
户县文化体育广播电视局局长：韩兆斌
高陵县文化体育广播电视局局长：薛江南

宝鸡市文化广电新闻出版局局长：史钧生
渭滨区文化旅游局局长：杨安立
金台区文化广电局局长：刘东林
陈仓区文化文物旅游局局长：吴双虎
凤翔县文化广电局局长：王强健
岐山县文化广电局局长：崔功林
扶风县文化广电局局长：成广宁
眉县文化文物广电局局长：王国元
陇县文化局局长：张　奇
千阳县文化旅游局局长：夏　攀
麟游县文化广电局局长：兰乾生
凤县文化体育局局长：巨　涛
太白县科技文化文物局局长：王新敏

咸阳市文化广电新闻出版局局长：刘　鹏
秦都区文化体育局局长：吴晓秦
渭城区文化体育局局长：郭增勇
兴平市文化体育局局长：郭继荣
三原县文体广电局局长：党德海
泾阳县文体广电局局长：张永利
乾县文体局局长：赵明博
礼泉县文体局局长：杨安康
永寿县文体局局长：杜景安
彬县文体局局长：樊俊峰
长武县文体旅游局副局长：宋相武
旬邑县文体局局长：燕培植
淳化县文体局局长：张新明
武功县文体局局长：韩宁超

铜川市文化广电新闻出版局局长：鱼福昌
耀州区文化局局长：刘海明
王益区文体局局长：杨金印
印台区文体局局长：李文杰
宜君县文体局局长：樊茂生

渭南市文化广电新闻出版局局长：华惠民
临渭区文化体育旅游局局长：惠双奇
华阴市文化体育事业局局长：丁玉民
韩城市文化体育事业局局长：王　勇
华县文化体育事业局局长：贾平京
潼关县文化体育事业局局长：汤振华
大荔县文化体育事业局局长：李高峰
浦城县文化体育事业局局长：万少平
澄城县文化体育事业局局长：李忠义
白水县文化体育事业局局长：孙进忠
合阳县文化体育事业局局长：杨治安
富平县文化体育事业局局长：杨立新

延安市文化广电新闻出版局局长：曹振乾
宝塔区文体事业局局长：刘永喜
延长县文体事业局局长：强海洋

延川县文体事业局局长：袁竹林
子长县文体事业局局长：张宏良
安塞县文体事业局局长：刘进益
志丹县文体事业局局长：李志刚
吴起县文体事业局局长：曹宪武
甘泉县文体事业局局长：刘玉东
富县文体事业局局长：任宏江
洛川县文体事业局局长：李小龙
宜川县文体事业局局长：王思宣
黄龙县文体事业局局长：石文学
黄陵县文体事业局局长：刘俊生

榆林市文化广电新闻出版局局长：李博
榆阳区文体局局长：刘彦平
神木县文体局局长：项世荣
府谷县文体局局长：谭玉山
横山县文体局局长：师发光
靖边县文体局局长：李炅旻
定边县文体局局长：艾　君
绥德县文体局局长：贺怀杰
米脂县文体局局长：乔雄波
佳县文体局局长：刘建新
吴堡县文体局局长：李彦林
清涧县文体局局长：郭彩萍
子洲县文体局局长：石国玉

汉中市文化广电新闻出版局局长：成铁军
汉台区文化文物广播电视局局长：邵小河
南郑县文体事业局局长：李小平
城固县文体事业局局长：任　康
洋县文体事业局局长：刘亚林
西乡县文体事业局局长：韩富海
勉县文化体育局局长：王亦民
宁强县文化旅游局局长：何正剑
略阳县文化体育局局长：胡　超
镇巴县文化旅游局局长：王科玉
留坝县文化教育体育局局长：李建安
佛坪县文化教育体育局局长：高　鸿

安康市文化文物广电局局长：杨海波
汉滨区文化文物广电局局长：夏亚洲
汉阴县文化旅游广电局局长：张宽慧
石泉县文化旅游局局长：贾玉春
宁陕县文化旅游广电局局长：吴大斌
紫阳县文化旅游局局长：胡培德
岚皋县文化广电局局长：杜文涛
平利县文化文物旅游局局长：唐如刚
镇坪县文化旅游广电局局长：秦绪基
旬阳县文化旅游局局长：何家立
白河县文化旅游广电局局长：白建根

杨凌示范区社会事业局局长：王居仓

商洛市文化文物广电局局长：段向东
商州区文化广电局局长：张　勇
洛南县文化广电局局长：陈翔宇
丹凤县文化广电局局长：淡兰治
商南县文化广电局局长：高　鑫
山阳县文化广电局局长：杨　彬
镇安县文化广电局局长：何代瑜
柞水县文化广电局局长：韩祖学

甘肃省

甘肃省文化厅
厅长：邵　明
副厅长：王兰玲、李慎滨、王文全、
　　　　张　明、杨惠福

兰州市文广局局长：范　文
城关区文广局局长：常瑞舫
七里河文体局局长：马尚文
西固区文化局局长：刘克钧
安宁区文体局局长：张萧兰
红古区文体局局长：苏新风
永登县文体局局长：张永贵
榆中县文体局局长：李学玲
皋兰县文体局局长：郁建文

天水市文化文物出版局局长：苏定武
秦安县文化旅游局局长：马明祥
张家川县文化旅游局局长：张济安
甘谷县文化文物旅游局局长：任光明
武山县文化旅游局局长：王京生

清水县文化文物旅游局局长：刘志伟
秦州区文体局局长：陈　强
麦积区文化体育局局长：王　琛

白银市文化局局长：安进宝
白银区文化局局长：顾振邦
平川区文化局局长：武永宝
会宁县文化局局长：王士忠
靖远县文化局局长：马树文
景泰县文化局局长：余会柱

嘉峪关市文化局局长：王　平

酒泉市文化局局长：屈　纲
肃州区文体局局长：高殿国
金塔县文体局局长：王　军
玉门市文化出版局局长：何玉宝
瓜州县文体局局长：康付明
敦煌市文体局局长：任聚生
阿克塞县广播电视体育局局长：塞立古
肃北县文化广播电视体育局局长：张建科

张掖市文化出版局局长：张维谦
甘州区文化出版局局长：童国瑞
临泽县文化出版局局长：德恒德
高台县文化出版局局长：郑伏英
山丹县文化出版局局长：吴多恭
民乐县文化文物出版局局长：任志玲
肃南县文化出版局局长：安秀梅

金昌市文化出版局局长：何济国
永昌县文化出版局局长：姚禄山
金川区文教局局长：姜智基

武威市文化新闻出版局局长：陈永坚
凉州区文化体育局局长：杨福元
民勤县文化体育局局长：周怀勇
古浪县文化体育局局长：亢永泰
天祝县文化体育局局长：胡忠林

定西市文化出版局局长：陆　平
安定区文化出版广播影视局局长：杨立新
通渭县文化局局长：牛昌斌
临洮县文化局局长：李廷凤
陇西县文化局局长：王国豪
岷县文化局局长：王继忠
漳县文化教育体育局局长：徐志明
渭源县文化出版旅游局局长：漆　慎

平凉市文化出版局局长：甘成福
崆峒区文体局局长：邸广平
泾川县文体局局长：卢永锋
灵台县文体局局长：牛正夫
崇信县文体局局长：杨永宏
华亭县文体局局长：马存丁
庄浪县文体局局长：李平德
静宁县文体局局长：牛永琪

庆阳市文化出版局局长：杨广玉
西峰区文化局局长：毛会科
庆城县文化局局长：刘国华
宁县文化局局长：白恒祥
正宁县文化局局长：潘文社
合水县文化局局长：董生春
镇原县文化局局长：路永新
华池县文化局局长：王文彪
环县文化局局长：杨　涛

陇南市文化局局长：尚志金
武都区文体局局长：李德强
成县文体局局长：孙浩文
徽县文体局局长：张　霖
康县文体局局长：苟长途
西和县文化局局长：王四各
宕昌县文体局局长：沈和义
礼县文体局局长：赵旭东
两当县文化局局长：成仁才
文县文化局局长：沈　璇

临夏州文化出版局局长：马丰春
临夏市文体局局长：马　钰
东乡县文化局局长：马忠华
永靖县文体局局长：冉维宁
康乐县文体局局长：刘建文
积石山县文体局局长：马向真
和政县文化局局长：赵元虎

临夏县文体局局长：王辉忠
广河县文体局局长：马进云

甘南州文化局局长：云丹龙珠
合作市文化局局长：王作斌
夏河县文化局局长：贡保南杰
舟曲县文化局局长：仇为民
卓尼县文化局局长：吴　华
临潭县文化局局长：丁志远
迭部县文化局局长：纪学红
碌曲县文化局局长：唐　涛
玛曲县文化局局长：交　考

青海省

青海省文化和新闻出版厅
厅　长：曹　萍（女）
副厅长：李加曲、冯兴禄、吴解勋、
张承伟、王建平、吕　霞（女）

西宁市文化广播电视局局长：苏磊红
城中区科技文体旅游局局长：李增仓
城东区科技文体旅游局局长：于江红
城西区科技文体旅游局局长：蔡庆文
城北区社会发展局局长：肖　勇
大通回族土族自治县社会发展局局长：苏亚玲
湟源县社会发展局局长：田文禄
湟中县社会发展局局长：李成云

海东地区文化广播电视局局长：谭　玲
平安县社会发展局局长：桑永生
乐都县文化科技广播电视体育局局长：张生荣
民和回族土族自治县社会发展局局长：李　珍
互助土族自治县社会发展局局长：朱学良
化隆回族自治县文化局局长：钟世芳
循化撒拉族自治县文化局局长：何永忠

海北藏族自治州文体广播电视局局长：芦生发
海晏县文体广播电视局局长：阿生梅
祁连县教育科技文化局局长：马金国
刚察县科技体育局局长：贡宝东智
门源回族自治县科技文化局局长：马志龙

海南藏族自治州文化体育广播电视局局长：周侠生
共和县文化体育广播电视局局长：李海青
同德县教育文化局局长：才　智
贵德县文化局局长：姬良梅
兴海县教育文化体育广播电视局局长：
俄日项杰
贵南县文体广播电视旅游局局长：俄毛却

黄南藏族自治州文化体育局局长：马明生
同仁县文化体育局局长：娘毛才让
尖扎县文化体育广播电视旅游局局长：杨中卡
泽库县文化体育局局长：多杰扎西
河南蒙古族自治县文化体育局局长：扎西东周

果洛藏族自治州文体广播电视局局长：索南吉
玛沁县文体广播电视局局长：却　松
班玛县文体广播电视局局长：才让卓玛
甘德县文化教育局局长：王如林
达日县文体广播电视局局长：王喜文
久治县文体广播电视局局长：晓　峰
玛多县文化广播电视旅游局局长：岳玉民

玉树藏族自治州文体广播电视局局长：旦周才仁
玉树县文体广播电视局局长：马文青
杂多县文化教育局局长：才仁扎西
称多县文化教育局局长：索南尼玛
治多县文化教育局局长：肖　平
囊谦县文化教育局局长：才旺巴丁
曲麻莱县文化教育局局长：春　武

海西蒙古族藏族自治州文体广播电视局局长：官　炬
德令哈市教育科技文体局局长：王国福
格尔木市文体广播电视局局长：蒲建军
乌兰县教育科技文体局局长：韩永玺
都兰县教育科技文体局局长：韩木生
天峻县教育科技文体局局长：张德祥

宁夏回族自治区

宁夏回族自治区文化厅
厅长：杨玉经
党组副书记、副厅长（正厅级）：阮教育
党组成员、副厅长：陶雨芳
党组成员、纪检组组长：思仲举
党组成员、宁夏文化投融资公司总经理：严亚军
副巡视员：许　成、行小卫

银川市文化广播电视局局长：关　琪
兴庆区文化体育旅游局局长：杨学文
金凤区文化体育旅游局局长：郑良海
西夏区文化体育旅游局局长：袁振海
灵武市文化广播电视旅游局局长：杨华东
永宁县文化广播电视旅游局局长：王建邦
贺兰县文化广播电视旅游局局长：张学明

石嘴山市文化广播电视旅游局局长：温福安
大武口区文化广播电视旅游局局长：曲世勃
惠农区文化广播电视旅游局局长：吴　亮
平罗县文化广播电视旅游局局长：马玉贵

吴忠市文化旅游广播电视局局长：马云峰
红寺堡区文化旅游广播电视局局长：孙　冲
利通区文化旅游广播电视局局长：杨红梅
青铜峡市文化旅游广播电视局局长：李润生
盐池县文化旅游广播电视局局长：刘世琛
同心县文化旅游广播电视局局长：马　啸

固原市文化体育旅游局局长：吴会军
原州区文化体育旅游局局长：马玉福
西吉县文化广播电视局局长：马存贤
隆德县文化广播电视局局长：曹德贵
泾源县文化广播电视局局长：鄢生勇
彭阳县文化广播电视局局长：万亚平

中卫市文化体育广播电视局局长：王学军
中宁县文化体育广播电视局局长：季耀武
海原县文化体育广播电视局局长：田野

新疆维吾尔自治区

新疆维吾尔自治区文化厅
党组书记、副厅长：韩子勇
党组副书记、厅长：阿不力孜·阿不都热依木
党组成员、副厅长：艾尼瓦尔·阿不都许库尔、黄永军
党组成员、文物局局长：盛春寿
党组成员、纪检组组长：徐　良
党组成员、副厅长：徐锐军、李建军
党组成员、副厅长、新疆艺术剧院院长：卡米力·吐尔逊
党组成员、新疆艺术剧院党委书记：张建新
副巡视员、人事教育处处长：陶建生
副巡视员、非物质文化遗产保护处处长：马迎胜

乌鲁木齐市文化局党组书记、副局长：王晓燕
天山区文体局局长：闫玉凤
米东区文体局局长：陈　萍
新市区文体局局长：刘　霖
水磨沟区文体局局长：张　卫
头屯河区文体局局长：谷立群
达坂城区文体局局长：马学明
乌鲁木齐县文体局局长：马全宏
沙依巴克区文体局局长：居来提·阿吉

克拉玛依市文化局局长：常锋英
独山子区文体局局长：杜新兰
白碱滩区文体局局长：韩德胜
乌尔禾区文体局局长：翟兰芳
克拉玛依区文体局局长：高　原

石河子市文化体育局局长：张新宁

喀什地区文体局局长：阿力木江·阿西木
喀什市文体局局长：阿布都克日木·苏里坦
泽普县文体局局长：吐鲁洪·买买提
疏附县文体局局长：曹　军

疏勒县县委宣传部副部长、文体局局长：
　　髙　岚
叶城县文体局局长：阿依买提·塔里甫
巴楚县文体局局长：买买提明·艾海提
伽师县文化广播电视局局长：荆登科
岳普湖县文体局局长：杜　巍
英吉沙县文体局局长：艾克拜尔·阿不力孜
麦盖提县文体局局长：祖农·司拉木
莎车县文体局局长：艾尔肯·买买提
塔什库尔干塔吉克自治县文体局局长：刘　洋

阿克苏地区文体局局长：吐尔洪·阿不都热合曼
阿克苏市文体局局长：陈霄鸿
温宿县文体局局长：李爱军
拜城县文体局局长：张　钦
库车县文体局局长：艾合买提·克比尔
新和县文体局局长：鲍自斌
沙雅县文体局局长：李林春
乌什县文体局局长：王　红
阿瓦提县文体局局长：赵　伟
柯坪县文体局书记、副局长：刘东霞

和田地区文体局局长：居来提·买色依提
和田市文体局局长：阿不力克木·马木提
和田县文体局局长：任建荣
皮山县文体局局长：阿不力克木·塔力甫
墨玉县文体局局长：艾合买江·马合木提
洛浦县文体局局长：艾孜左拉·日介甫
于田县文体局局长：吴安臣
策勒县文体局局长：亚热·买提努尔
民丰县文体局局长：卡吾儿江·买提库尔班

吐鲁番地区文体新闻出版局党组书记、
　　副局长：买合木提·肉孜
吐鲁番市广电文体局局长：张江成
托克逊县广电文体局局长：陶长江
鄯善县广电文体局局长：周仕明

哈密地区文体局党组书记：吴广亮
哈密市文体局局长：许业江
伊吾县文体局局长：吕开娥
巴里坤县文体局局长：高丽红

克孜勒苏柯尔克孜自治州文体局局长：陈广礼
阿图什市文体局局长：哈斯木·艾沙
阿合奇县文体局局长：卿慧明
乌恰县文体局局长：多力坤
阿克陶县文体局局长：阿力甫

博尔塔拉蒙古自治州文体局局长：
　　艾山江·阿不都克里木
博乐市文体局局长：祁全生
精河县文体局局长：石立新
温泉县文体局局长：巴雅尔

昌吉回族自治州文体局局长：吴　勇
昌吉市文体局局长：于佩英
玛纳斯县文体局局长：杨立新
呼图壁县文体局局长：荣世瑞
阜康市文体局局长：李凤姝
吉木萨尔县文体局局长：齐吉平
奇台县文体局局长：刘生存
木垒县文体局局长：王炬东

巴音郭楞蒙古自治州文化局局长：傅增堂
库尔勒市文体广电局局长：刘建军
且末县文体局书记：杨延龙
焉耆县文体局局长：燕　婷
和静县文体局局长：王昌胜
和硕县文体局局长：吴卫东
博湖县文体局局长：宁志品
轮台县文体局局长：艾合买提·克日木
尉犁县文体局局长：依力哈木·买买提
若羌县文体局局长：孟捍高

伊犁哈萨克自治州文体局局长：米　赞（副厅级）
伊宁市文体局局长：秦　文
奎屯市文体局局长：张治宇
伊宁县文体局局长：托乎提艾力
霍城县文体局局长：沙东梅
尼勒克县文体局局长：加娜尔
昭苏县文体局局长：叶尔江
特克斯县文体局局长：努尔加克
沙湾县文体局局长：班军云
巩留县文体局局长：穆哈太
新源县文体局局长：沙兰拜

察布查尔县文体局局长：文　健
青河县文体局局长：艾登别克
托里县文体局局长：古丽斯坦
和布克赛尔蒙古自治县文体局局长：吾图那生

塔城地区文体局局长：张福钰
塔城市文体局局长：洪　波
额敏县文体局局长：王永辉
裕民县文体局局长：唐丽敏
乌苏市文体局局长：范建新

阿勒泰地区文体局局长：巴合提
阿勒泰市文体局局长：热合曼艾拉
哈巴河县文体局局长：王新强
布尔津县文体局局长：加纳尔别克·赛特尔汗
吉木乃县文体局局长：于述刚
福海县文体局局长：刘婧琚
富蕴县文体局局长：王春红

新疆生产建设兵团

新疆生产建设兵团文化广播电视局
局　长：万卫平
副局长：王运华、曾建勇、王瀚林、
麻　霞、王建民
副巡视员：唐　林、赵映根

农一师文化广播电视局局长：崔俊海
农二师文化广播电视局局长：何国庆
农三师文化广播电视局局长：牛志军
农四师文化广播电视局局长：李　斌
农五师文化广播电视局局长：龙利金
农六师文化广播电视局局长：刘　毅
农七师文化广播电视局局长：王次会
农八师石河子市文体局局长：张新宁
农九师文化广播电视局局长：罗新果
农十师文化广播电视局局长：严　格
建工师文化广播电视局局长：曾其祥
农十二师文化广播电视局局长：吴春云
农十三师文化广播电视局局长：李济源
农十四师文化广播电视局局长：周保平

【编者注，以上各省、市、县、生产建设兵团的文化机构人员是根据年鉴编辑部现有资料整理，对未统计和近期人事变动的单位，请及时联系所在省厅年鉴负责人。】

索　引
INDEX

汉语拼音索引

A

B

C

D

F

G

H

J

T

W

Z

数字索引

标点符号索引

中国民族管弦乐学会

中国民族管弦乐学会会长 朴东生

二胡培训班

学会驻会人员体验生活

华乐大典首发式暨新闻发布会

文华奖艺术院校奖民族乐器演奏比赛评委合影

参赛选手演奏

少儿独奏乐器比赛

文华奖论坛

学术研讨会

桃李芬芳音乐会

不同的文化 一种声音

中国乐器协会简介

中国乐器协会（英文简称CMIA），是中华人民共和国民政部批准设立的全国性社会团体，是由各种经济类型的乐器生产、经营、科研、教学、服务等企事业单位、社团和个人自愿组成的行业性中介组织；在政府指导下，承担全国乐器行业的协调管理与自律。其宗旨是为企业、为行业和政府服务，维护行业利益和会员单位的合法权益，促进行业健康发展。

中国乐器协会成立于1989年3月，现有团体会员400余个，以及钢琴调律师及提琴制作师为主的个人会员3000余名，会员遍布全国各地。协会下设13个分支机构，各分支机构按专业分类在协会授权的业务范围内开展活动。

中国乐器协会自成立以来，坚持贯彻国家产业政策开展行业调查研究，在制定行业发展规划、实施名牌战略、培育乐器市场、加强行业自律、规范企业行为、参与编制乐器行业国家职业标准、产品标准、开展职业技能培训与鉴定、举办国内国际乐器展览会、提供信息咨询服务、开展行业技术交流、承担政府部门交办的任务等方面开展积极有效的工作。

为庆祝澳门回归十周年和中华人民共和国建国六十周年，澳门青年交响乐团7月11日至8月6日间应邀到国内东莞、深圳、广州、上海、北京、郑州、武汉等七个城市，举行「拥抱祖国」和「跨越时空音乐之旅」两个系列音乐会，以突出的表现，除了发挥「音乐大使」，提升澳门形象的政治意义外，更凸显出新生代的音乐劲旅本色。是次巡演活动，对加强内地和澳门的文化交流、进一步加深文化的认识具有特殊意义；同时也可以向祖国人民展现澳门回归后年轻一代的艺术风貌，带去了澳门青少年对祖国人民的热爱情怀。另一方面，也可以让青交的学生们更多地了解祖国的文化、风土人情。对他们今后的成长会产生深远的积极影响。作为澳门文化艺术上的一个品牌，「拥抱祖国」中国巡演活动对于澳门青年交响乐团具有十分重要的意义。

梁建枫师生合作演奏优美乐章

为庆祝澳门回归十周年于大三巴之大型演出

邀请大师华人音乐家同台演出－华人之光

乐团到访广安演出后不舍留影

Macau Youth Symphony Orchestra
澳门青年交响乐团

2009年于北京中山音乐堂——拥抱祖国中国巡演

北海中华文化促进会

北海中华文化促进会（以下简称北海文促会）成立于2007年元月15日，经北海市民政局登记注册，主要由北海市和其他省市的著名文化学者、艺术家、社会活动家、理论工作者，文化企业家及热爱文化事业的企业家自愿结成的非营利性社会民间团体。上级主管部门为北海市文化局。北海中华文化促进会是中华文化促进会的团体会员及理事单位，同时为广西中华文化促进会分会，法人代表帅立国。

北海文促会的宗旨是："弘扬中华文化，促进国际交流"，北海文促会的业务范围：挖掘、弘扬当地优秀文化遗产，开展文化艺术、学术理论研究，组织文化艺术展演活动，策划、实施各类文化活动和文化建设项目，开展文化交流、企业文化建设，以及文化咨询与培训服务工作。

北海文促会目前有会员281人，团体会员单位8个，理事68名，常务理事49名，北海文促会设驻会主席团，负责主持日常工作。北海文促会自成立三年多以来，紧紧围绕协会宗旨，以文化活动为载体，整合各方资源，组织了大小文化活动80余次，为北海的文化发展和繁荣作出了积极贡献，并多次受到北海市委、市政府的高度赞誉和表扬，被北海市委宣传部授予"北海市群众文化活动特别贡献奖"。

1. 大型电视系列片《北海儿女》开播仪式
2. 一年一度的"海门杯"龙狮比武大赛盛况
3. 北海市首届全国中老年健身歌舞才艺展演活动
4. 北海市首届少儿国学经典诵读大赛

北海中华文化促进会成立大会隆重举行

中国孔子基金会

中国孔子基金会成立于1984年，是由文化部主管、民政部注册的全国公募型非营利性组织。其宗旨是通过社会募集运作基金，组织和推动海内外研究、传播、弘扬孔子思想、儒学和中国优秀传统文化的活动，为建设中华民族共有精神家园、构建和谐社会，增进海内外华人团结、实现祖国统一，促进世界文化交流、维护世界和平服务。现任会长韩喜凯，常务副会长刘胜玉、朱正昌，理事长梁国典。

建会20多年来，中国孔子基金会在国家有关领导和各级政府的关怀下，在海内外仁人志士的大力支持下，为推动孔子、儒学及中国传统文化的研究与传播作出了积极的探索和努力。尤其是最近几年，中国孔子基金会认真贯彻党的十七大精神，全面落实科学发展观，紧紧围绕中国孔子基金会的宗旨，以改革为动力，以打造文化品牌、文化载体为重点，以机关文化建设为保障，大力弘扬中华优秀传统文化，中国孔子基金会的各项事业得到了快速发展。2009年中国孔子基金会荣获文化部、山东省人民政府颁发的首届“孔子文化奖”。

1.2007年8月在北京召开的“奥林匹克精神与儒家文化论坛”
2.2010年9月由文化部、山东省政府主办，中国孔子基金会等单位承办的第三届世界儒学大会
3.2009年9月动画片《孔子》首播、图书首发式，图为国家广电总局副局长胡占凡，山东省委常委宣传部长李群，理事长梁国典等领导以及项目合作单位负责人在发布会上
4.2009年5月孔子文化世界行活动在奥地利首展，图为理事长梁国典（中）陪同山东省委常委宣传部长李群、奥地利上奥州副州长海合勒观展
5.2009年9月中国孔子基金会荣获首届孔子文化奖，图为理事长梁国典在领奖
6.2010年5月中国孔子基金会与孔子学院总部签署战略协议书，图为理事长梁国典与孔子学院总部总干事许琳交换协议书
7.2010年4月与山东大学签署战略合作协议书，全国人大原副委员长许嘉璐、山东大学校长徐显明、中国孔子基金会理事长梁国典等领导出席签字仪式
8.2009年9月纪录片《孔子》开机启动仪式新闻发布会，全国人大原副委员长许嘉璐、山东省委常委宣传部长李群等领导在开机仪式上
9.2009年3月中国孔子基金会召开第五届理事大会

湖北省实验花鼓剧院

吴培义，国家一级演员，中国戏剧家协会会员，中国演出家协会理事。享受国务院特殊津贴专家。1970年参加工作，1987年毕业于湖北广播电视大学。1983年始任潜江花鼓剧团负责人。1993年湖北省实验花鼓剧院成立时任书记暨法人代表至今。多次率院(团)晋京、出国、赴省夺得国家或省级艺术大奖。两次赴京出席全国文化工作先进表彰大会。曾任数10个剧目主演或获奖。有数10篇专业论文、报告文学、小说在国家或省级刊物上发表或获奖。

湖北省实验花鼓剧院(潜江市荆州花鼓剧团)始建于1956年，现有干部职工129名。其中，一级演员4名，一级作曲1名，各类副高级职务11名，中级职务40名。中国剧协会员10名，湖北省剧协会员30名。

早在60年代初，剧团创作的现代小戏《拦花轿》就被推荐进京为朱德等中央领导演出。1974年，剧团移植的现代戏《平原作战》入选赴京参加全国文艺调演获首都观众的好评。1983年剧团创作的大型现代戏《家庭公案》获省创作演出等五项一等奖，同年晋京演出引起轰动，暴满13场。1990年，剧团根据曹禺名著改编创作的大型荆州花鼓戏《原野》进京(进中南海)演出，受到李瑞环、曹禺等中央领导和专家的好评。1996年，《原野情仇》再次晋京为全国第六次文代会演出，并先后应邀到中国人民大学、中国石油部进行专场演出。2006年9月，剧院首次赴德国演出成功。2007年，中央电视台录制了胡新中、李春华、孙世安、吴培义等四名国家一级演员的精品名段唱腔在《名段欣赏》栏目播放，2011年，此批经典唱腔将被制作成卡拉OK DVD在全国出版发行。2008年，剧院以华师大花鼓戏大专班的青年演艺人才为主演队伍创演的大型现代戏《生命童话》，参加了首届湖北省地方戏艺术节。2009年，该剧又被选赴杭州参加全国地方戏艺术节。2010年，《生命童话》作为湖北省唯一一台地方戏被文化部选赴广州参加了第九届中国艺术节。

自80年代始，剧院(团)共有20余台戏(次)和100余人(次)分获国家、省、市各级艺术奖励。其中，《家庭公案》获文化部特别奖。《原野情仇》先后荣获中国曹禺戏剧文学奖、中国剧协优秀演出奖、"五个一工程"奖和中国文华新剧目奖。主演胡新中、李春华双获中国戏剧梅花奖，孙世安荣获中国文华表演奖。《生命童话》先后荣获湖北省"优秀剧目(金)奖"和国家文华优秀剧目奖和文华编剧奖、文华导演奖、文华舞美奖等多项国家级艺术大奖。青年演员丁明安荣获九艺节表演奖。杨礼福获湖北省音乐创作一等奖。潘兰平、马红丽、吴文军、刘全娥、王庆艳、刘丽萍获湖北牡丹花戏剧奖。答沙获湖北省荆州花鼓戏艺术节表演一等奖。

20余年来，剧院曾多次受到各级党委和政府的表彰奖励。1984年首获文化部嘉奖。1985年剧团被定为湖北省重点剧团。1986年被湖北省委省政府授予"把艺术奉献给人民的好剧团"称号。1990年再受国家文化部的表彰奖励。1993年，剧团升格为湖北省实验花鼓剧院。2000年2月16日，花鼓剧院负责人吴培义代表剧院赴京出席了全国文化工作先进表彰大会，受到国务院总理朱镕基等党和国家领导人的亲切接见，剧团受到国家文化部和人事部的双重表彰。2006年7月，剧院党组织被中组部命名为"全国先进基层党组织"。

电话：0728—6243558　6243135
邮编：433100

《生命童话》剧照

中国画报协会

中国画报协会（英译名：China Association of Pictorials　缩写：CAP）是由全国各画报类杂志社以及画报领域的专家学者自愿结成的行业性、非营利性的全国性社会组织。属国家一级协会，独立法人单位。业务主管单位是中华人民共和国文化部，经注册管理单位中华人民共和国民政部批准，于2009年3月25日成立。会长龚心瀚。此前本会曾作为中国期刊协会下属的二级协会经历了18年的发展阶段。

本协会的宗旨是高举中国特色社会主义伟大旗帜，以邓小平理论和“三个代表”重要思想为指导，深入贯彻落实科学发展观，以经济建设为中心，坚持改革开放，坚持党的四项基本原则，为实现全面建设小康社会和传播社会主义先进文化，促进我国画报事业更加繁荣而努力。

目前，协会正在健全组织机构，加强业务建设，筹建网站和内部刊物，努力苦练内功，以更好为会员服务，为发展我国画报事业服务。

地　址：北京西城区三里河路40号　邮　编：　100037
电　话：　010—68992480

协会会员单位的记者在云南迪庆国家级自然保护区拍摄金丝猴。

协会成立一年多，已经举办了5次摄影展览。

澳门回归10周年前夕，协会组织全国画报赴澳门采访报道。这是记者们在珠海拱北通关时的情景。

中国画报协会于2009年3月25日正式成立。

2010年9月，中国画报协会年会在宁夏回族自治区召开，同时协会与自治区政府共同举办了“美丽宁夏　黄河金岸”大采风。这是记者们在著名景区沙坡头。

山西省长治市群众艺术馆

中国文协影视艺术中心正在拍摄音乐电视《毛主席来到咱农庄》里的镜头

中国文协主要领导香港文化考察留影　照片左起：世界文艺杂志社记者赵吉峰，香港分会副主席张淑美，总会副主席罗舰国，总会副主席兼摄影家分会主席陈雅玲，总会执行主席兼秘书长刘云峰，民间艺术家分会常务副主席杨兆群，总会副秘书长刘迅，总会副秘书长樊高瑞，香港分会秘书长黄海英，总会副主席兼民间艺术家分会和香港分会主席宋曙光

举办的“向祖国敬礼——金波和他的战友们”北京演唱会，其中马艺源副主席还担任本次演唱会组委会宣传总监。10月初，影响几代人的著名民歌《毛主席来到了咱们农庄》由中国文协与四川省郫县人民政府成功摄制成音乐电视片。10月25日晚，安徽省委书记张宝顺在香港君悦酒店会见中国文协澳门分会副主席兼海南分会主席符树柏及总会副主席兼民间艺术家分会和香港分会主席宋曙光与香港分会副主席张淑美。10月27日，中国文协作家分会副主席庄汉新教授创作的长篇小说《曾经沧海》继获得中国作协“全国征文评比一等奖”后，又于“中国作家金秋笔会(北京)颁奖仪式”上被组委会特别授予“中国作家金秋笔会年度先进文化建设贡献奖”。11月13日上午，宋曙光副主席代表中国文协出席在澳门举办的“中国-葡语国家经贸合作论坛第三届部长级会议”开幕式。15日会后，中国文协副主席兼民间艺术家分会和香港分会主席宋曙光、中国文协澳门分会副主席兼海南分会主席符树柏、中国文协香港分会张淑美副主席一行赶到珠海，与毛主席纪念堂广场巨型石雕作者、当代雕塑大师赵树同进行会晤交流。11月25日至28日，中国文协执行主席兼秘书长刘云峰和副主席兼摄影家分会主席陈雅玲、副秘书长钟声南下深圳、珠海、澳门等地，与宋曙光副主席、黄绥泉副主席、陈永坚副主席、澳门分会和海南分会符树柏主席、香港分会张淑美副主席等一起，和深圳、珠海、澳门、海南等地社会名流及著名企业家进行互动交流，广泛征求社会各界对本会筹拍反应襄渝铁路建设部分场面的电影《被岁月遗忘的角落》事宜及协会如何壮大发展的真知灼见，收效显著。

中国文协众多活动的开展，为弘扬中华优秀文化，加强中国与世界各国及海峡两岸的文化交流起了十分积极的作用，深受党和政府赞誉与支持，在海内外产生了较为深远的影响。（文/张静怡）

协会网站：www.ciala.com.cn　www. wlaap.com
通联地址：（100600）北京国际邮局第9011号信箱
电子信箱：wyjxh@yahoo.com.cn
北京地址：北京市复兴路乙20号42号楼512室
电话：010-88232339　88226136　传真：010-88232339

第二排：中国文协总会常务主席刘坚（左三）、总会执行主席刘云峰（左二），总会副主席张文麟（左一），总会副主席顾正主（右二），总会副主席黄竞仪（右一）等协会主要领导与出席本会广东联络办挂牌仪式的代表合影

前排：中国文协总会副主席张文麟（左二）、香港德兴发集团总经理黄志勇（左四）、总会执行主席刘云峰（左五），总会副主席陈雅玲（右四）、总会副主席吴伟民（右三）、总会副秘书长蒋劲华（右二）、总会副主席罗舰国（右一）、总会副主席宋曙光（后排左一）、总会副秘书长樊高瑞（后排左四）

中国文协总会执行主席刘云峰（左二）与上海合作组织首任秘书长张德广（右二）、中国美协主席刘大为（左四）、中国美协原副主席和浙江美协主席肖锋（右一）、中国美协中国画艺委会秘书长孙克（左三）、杭州市民间组织管理局曾欣华处长（左一）

中国少年儿童文化艺术基金会

中国少年儿童文化艺术基金会(英文缩写CFCAC),建立于1986年,是中华人民共和国文化部主管,国家民政部登记注册的社会公益慈善团体。

该会的宗旨是:促进与繁荣少年儿童文化艺术事业,用文化艺术形式陶冶情操,开发智力,使其健康成长;致力于把我国少年儿童培养成有理想、有文化、有道德、有纪律的一代新人。

该会的业务范围是:根据国家有关规定募集、设立、管理和规范地使用少年儿童歌舞、戏剧、书画等专项基金;组织有益于少年儿童身心健康的文化艺术演出、展览、比赛、交流、影视制作等各项活动;资助老、少、边、穷地区建设学校,发展教育;选拔人才、重点扶持,开展国际交流。

该会先后组派少儿艺术团出访奥地利、匈牙利、丹麦、日本、泰国、美国、俄罗斯、马来西亚、韩国和荷兰等国家;邀请奥地利著名的拉肯巴赫青少年铜管乐团、丹麦哥本哈根柏洛铜管乐团、日本木坚树皮影剧团、日本少男少女合唱团、美国南加州青少年管弦乐团、俄罗斯儿童演出团、泰国学生参访团等来华演出;2007年夏,邀请了瑞士音乐家首次来华与中国的音乐家合作,在北京和广东举办《和谐之声》大型公益音乐会。2008年四川汶川大地震,该会除了积极募集善款外,还组织了《爱在你身边》音乐创作,为灾区人民献爱心。

春风秋雨数十载,佳木繁花万千重。今天的基金会已是一个拥有一定规模的新型的公益慈善机构。设有事业发展部、产业项目部、基金部、宣传联络部、国际合作部等多个职能部门。

该会将继续发挥自身职能与优势,与时俱进,开拓创新,努力为海内外商家、侨胞来华投资公益慈善事业和相关产业提供平台,为关爱下一代做出新的贡献!

贵州省安顺市黄果树艺术团

安顺市戏剧组赴保加利亚演出剧照

获贵州省"五个一工程奖"的大型花灯剧《玩灯唐二》剧照

获贵州省第四届少数民族文艺汇演金奖的大型苗族舞蹈诗《我的巴躲·我的家》剧照

《玩灯唐二》剧照

安顺市黄果树艺术团是在原安顺京、川、花、黄果树艺术团四个剧团的基础上组合而成。自2005年"四团合一"以来,完成历年的"三下乡"演出任务,累计完成329场次;同时,积极参加各种抗灾慰问巡演活动。参加了多次巡演。先后赴全省等重灾区慰问演出,行程数万余公里。观众人次达十几万余人。

除每年完成中国·贵州黄果树瀑布节、贵州安顺(龙宫)油菜花旅游节、春节团拜、会务演出等等大中型文艺演出外。先后组织和策划了大小型舞台艺术作品近百余部,特别是大型剧目《黄果树组歌》《龙宫情韵》《屯堡人》《金果银瀑》《玩灯唐二》《我的巴躲·我的家》等的排练演出,其演出频率和规模在贵州省均列前茅。

黄果树艺术团作为安顺市唯一的专业艺术团体,在传达市委市政府的方针政策、对外宣传安顺、弘扬黔中文化等等方面起着不可低估的作用。每年完成和超额完成历年的目标考核指标,荣获市文化局颁发的特等奖。

中华国际杰出书画家协会
天津市津门沽上书画院

1 2 3
4 5 6

1. 天津市首届新农村农民书画作品大赛开幕式
2. 组织“书画名家走进梨木台”写生创作活动
3. 吕院长向中华慈善总会“慈善书画万里行”活动捐赠巨幅作品
4. 吕院长、谢大弘常务副院与李来柱将军在展会合影留念
5. 原天津市委常委、市政协副主席、市延安精神研究会会长何国模为我院承办“刘奎龄弟子展”致辞
6. 市延安精神研究会会长何国模、副会长阎东与吕院长亲切交谈

地　址：天津市河西区太湖路20号
电　话：022-88263736　邮编：300210
邮　箱：TJJMGS@126.com

吕俊杰院长在曲阜“环渤海中国书画艺术展”开幕式上

吕院长与世界华商联合会余勇主席在投资高峰论坛会亲切留影

参加在北京人民大会堂举行的第21届中国国际友好文化节并作书画展示

吕俊杰常务主席与欧盟艺术家在展会上

吕俊杰常务主席为首届“中华人”天津书画艺术交流大会致辞

◀高峰监摹壁画榆林二十五窟《说法图》

敦煌佛学書畫院

陸浩題

佛光照丝路　佛画绘敦煌
——高峰与他的佛学书画院

由高峰先生创办的敦煌佛学书画院以“传承佛教艺术，弘扬敦煌文化”为宗旨，以敦煌守护神常书鸿先生敦煌“研究思想”进行佛学研究和佛画创作，开辟了一片独具特色的敦煌艺术新天地。

高峰，毕业于西安美院，现任敦煌佛学书画院院长，甘肃省美术家协会会员，敦煌市美术家协会理事。20世纪80年代在莫高窟工作期间，他潜心于敦煌壁画的学习临摹、研究创作，并有幸得到了常书鸿、段文杰、樊锦诗、李最雄等敦煌学专家的指导，获益匪浅。

更让高峰感到弥足珍贵的是，他得到了常书鸿先生的敦煌“研究思想”墨宝：“研究必须仔细地占有材料，分析它的各种发展形态，并探讨这些形态的内部联系；只有这项工作完成以后，现实的运动才能得到适当的描绘。”常书鸿先生的敦煌“研究思想”，影响了一代又一代的敦煌学者。段文杰先生为敦煌佛学书画院题词“中国敦煌展”，饱含着对敦煌艺术传人的关爱之情，对敦煌佛学书画院的发展给予了极大的鞭策和鼓舞。

敦煌壁画是历史与宗教结合的产物，壁画的内容来源于佛经，所以敦煌壁画中的佛祖、菩萨、飞天无处不有佛的影子，壁画的风格是不同历史时期的绘画风貌。高峰认真“读画”：在历史与宗教的大背景下，从画内和画外，悉心研究各个历史时期壁画的形式、风格和相互影响及内在联系；在领会其内涵，胸有成竹后进行临摹；在不失原画色彩、线条造型的基础上，“整旧如旧”，以达到真实传递敦煌壁画艺术原貌和本质的目的，既尊重原作，又推陈出新。

10余年来，高峰情系敦煌，矢志不渝，读画作画，继承弘扬，孜孜不倦，循序渐进，在敦煌佛画艺术领域开拓进取，独辟蹊径，他的榆林25窟说法图、创作唐代舞乐图、唐代菩萨、观音菩萨、普贤菩萨、涅槃佛、千手千眼观音、反弹琵琶、飞天等佛画作品，以其流畅的线条，浓淡的色彩，逼真的造型，独特的魅力，深受中外游客的喜爱。

近年来，高峰在艺术上取得了丰硕的成果。他先后在上海、广东汕头、浙江天台等地举办了书画展，为承传佛教艺术，弘扬敦煌文化，发挥了积极的作用。《人民日报》海外版和中央电视台等媒体对敦煌佛学书画院进行了宣传报道。日本众议院议员竹下亘在敦煌访问期间，参观了敦煌佛学书画院，收藏了10余幅佛画，并题词“竹有上下节”、“走自己的路”以示鼓励，印度驻华大使拉奥琦、中国徐悲鸿书画院院长、中央美术学院教授冯法祀、中国美协主席刘大为、著名书法家爱新觉罗·启博、中国山水画大师龚柯和山东美协主席王承典为敦煌佛学书画院题词，原中央工艺美术学院院长常沙娜亲临画院指导。甘肃省委书记陆浩在百忙中亲笔为敦煌佛学书画院题写了院名。这些，都成为高峰艺术创作道路上弥足珍贵的记忆和不竭的精神动力,激励着他在佛画创作的道路上不断创新。

院长高峰先生的画作被国内外收藏家广泛关注并收藏。

▲ 高峰创作作品《佛光普照》

敦煌佛学书画网 www.dhfxsh.com

泰興書畫院

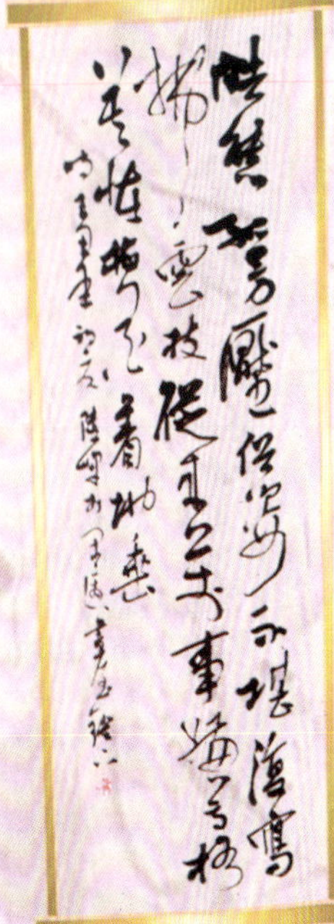

陆峰书法作品

王晓平书法作品

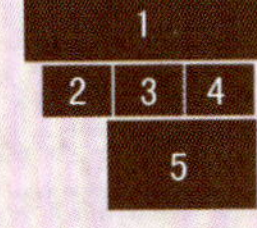

1. 纪念朱东润先生诞辰110周年，当代全国书法名家作品邀请展
2. 著名书法家刘恒、朱培尔来画院指导、讲学
3. 江苏泰兴海南海口四人书法作品联展
4. 江苏省书法家协会秘书长李啸观看王晓平书法展
5. 全国书法名家邀请展暨陈潮与清代书法研讨会

中国名家书画研究院

齐子洛题

中国名家书画研究院是由全国不同流派的美术家组成的艺术团体，是目前中国人数最多、名家最多、宣传最多、活动最多、公益慈善事业做得最多的画院。

中国名家书画研究院（简称中国名家书画院）是由中国不同流派的美术家组成的艺术团体，院址设在中国首都北京，还将在全国各省、直辖市、自治区成立分院及大中城市创作基地。

中国名家书画院吸纳在美术创作、美术评论、美术研究、艺术设计等方面成就卓著者为院士，集中了全国有成就、有影响的美术专家和学者，是综合美术各门类的艺术机构。现有院士400多人，其中书画艺术名家100多人。成立近十年来，组织书画活动200多次，新闻宣传报道累计十多万次，堪称中国最大的书画院。正广纳贤才，欢迎全国各地书画艺术人才入院。

中国名家书画院名誉院长由全国政协常委，造型艺术大师袁熙坤先生、清华美院教授，彩墨画大师宋涤先生等担任。院长由书坛巨匠郭子绪教授担任。中国匹夫集团总裁，策划大师许喜林先生担任本院执行院长（法人代表）。书画院的日常工作由执行院长主持。欢迎社会各界人士广泛交流与合作！

中国名家书画研究院主要成员名单

名誉院长：沈鹏、冯远、袁熙坤、宋涤、刘大为、王明明、卢禹舜、李铎、欧阳中石、张海、姜昆、徐沛东、苏士澍、何家英、娄师白、崔如琢、王子武、沈道鸿、姚少华、范宝俊、李景、周克玉、武春河、罗尔纯、胡永凯、王挥春、郭雅君、汪国新、吴东魁、上官洪夫、张永金、戴士和、邹德忠、张孝友、蓝天野、鲁光、李魁正、邢少臣、钮茂生、罗哲文、施江城、唐国强、赵准旺、孙其峰、孙菊生、南海岩、喻继高、刘文西、方楚雄、徐乐乐、石齐、于志学、刘玉楼、马振声、吴欢、郑百重、李胜洪

高级顾问：闫明复、刘忠德、龙永图、田鹤年、徐瑞新、陶海心、刘松林、李连仲、任葆琦、闫振堂、杜耀西、张汉兴、侯又白、解艾兰、刘伯郎、赵春宏、王爱唐、王明富、刘精松、韩德乾、解思忠、行佛、刘逢君、张锦茹、徐志刚、王长泰、王刚、李砚强、宋建文、王蓓、张伯义、王景清、赵炳礼、杨建昌、赵蓬奇、杨丽丽、王雁南、王克、张玉凤、管小彤、陈文玲、任青云、孙希岳、张广龙、郭玉祥、李成仁、周文彰、沈青

艺术顾问：刘艺、白伯骅、杨彦、寇镇、紫文双、陈大章、姚治华、雷正民、龙开胜、王子忠、齐建秋、赵又弘、秦龙、周宏兴、王庆云、吴承训、臧敬儒、赵才萱、高馀丰、赵才萱、高馀丰、刘汝阳、郭正英、牟成、马海方、张绍武、许丽、白燕君、杜希贤、陈泽坤、陈亚莲、蓝犁、崔自默、李果、曹新元、王书平、萧瀚、于凉、郑桂兰、赵建民、黄彬、张广志、赵荣璧、姚振普、史祥彬、王敬之、徐鸣、王鸿钧、孟云飞、苏民范、黄君、张元国、理勤功

院　长：郭子绪

执行院长：许喜林（13901328207）

常务副院长：任文彪、王利军、张本海

◀ 刘云山，中共中央政治局委员，中宣部部长（右二）
欧阳坚，国家文化部常务副部长（左二）
袁熙坤，全国政协常委，国际造型艺术大师（右一）
许喜林，中国名家书画研究院执行院长（左一）

中国名家书画研究院执行院长许喜林与
中央政治局委员，国务院原副总理吴仪合影
▼

地址：北京市复兴路乙59号巨星大厦8层
邮编：100036　电话：010-68270495
Email:pifu2000@sina.com
网址：www.mingjia960.com

广州珠江画院

（香港珠江书画院）

广州珠江画院（香港珠江书画院）由江荣宇先生创办，画院宗旨是弘扬和传承中国传统书画艺术，扩大艺术交流，热诚免费为书画家提供宣传推广服务。画院通过设在美国、日本等地的分院，把中国书画家的作品向世界推介。受到广大书画艺术家的欢迎，为促进中华文化艺术业的发展作出积极的贡献。

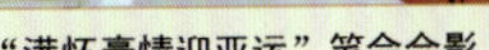
“满怀豪情迎亚运”笔会合影

笔会创作现场

院长江荣宇先生在即兴创作

创作现场

長城永固 民族復興 中國強大 世界和平

院长江荣宇先生作品

院长江荣宇先生作品

联系地址：广州市东风西路132号流花广场园景中心1702室

联系电话：020-81366685 080-81366890

书画院网址：http://www.hkzjshy.com

博客：http://jry.gz.blog.163.com/

邮箱：jry.gz@163.com

厦门大学艺术学院

厦门大学由著名爱国华侨领袖陈嘉庚先生于1921年创办，是教育部直属的全国重点综合性大学，国家“211工程”和“985工程”重点建设的高水平大学。

厦门大学艺术学院位于厦门岛南端，背依连绵起伏的五老峰，面临碧波万顷的东海。这里风光旖旎，四季如春，具有培养艺术人才的优良学习和生活环境。同时学院拥有完备的师资力量，现有全职教师109名，其中教授22名，副教授30名。

厦门大学艺术学院创办于 1983年，1984年起招收本科生。1986年获准设立音乐学、美术学硕士学位授予点；2003年获准设立艺术设计硕士学位授予点；2005年获准设立艺术硕士（MFA）学位授予点。学院各专业同时面向海外招收外国留学生和港、澳、台、乔学生。目前在校本科生1298名，在校硕士生312名。

厦门大学艺术学院依托厦门大学学科门类齐全的优势，以艺术创作为中心，以学兼中西为基础，以开发学生潜能为目标，在跨越式发展中建立交叉学科、特色学科， 推动素质教育，培养既继承优秀传统又富于创新精神的高层次艺术人才。

厦门大学与福建省文化厅合作成立，“福建省文化创意产业研究基地”、“福建省文化创意产业人才基地”揭牌仪式。（右起福建省文化厅厅长宋闽旺、厦门大学校长朱崇实、厦门大学副校长张颖）

2010年5月27日，国务院学科评议组（艺术学科）召集人、教育部艺术专业硕士指导委员会美术学科组长、中国美术学院教授、艺术人文学院院长曹意强教授做客厦门大学南强学术讲座

2009年1月厦门大学艺术学院一行九人应邀赴美国交流演出获得成功。为夏威夷州立大学、阳伯瀚大学、南加州斯克瑞普斯女子大学、加州大学戴维斯分校的师生，带去了具有浓郁中国民族风格特色、高质量高水平的音乐会和学术论文演讲

学院照片

艺术硕士毕业

热烈庆祝浙江舞台设计研究院建院四十周年

武汉大剧院

浙江舞台设计研究院创建于1971年，是我国最早建立的专业舞台技术科研机构，是我国现代舞台技术的开拓者。是全国文化系统第一家进行股份制改革的事业单位。深得各级领导的肯定与支持，习近平、张德江、李铁映、钱学森、高占祥、刘忠德等领导同志曾先后莅临视察或题词。

厚积四十年专业经验，以“卓越成就未来”的理念，铸就“金舞台”卓越品牌。集咨询设计、顾问监理、产品研发、生产施工于一体，为文化设施工程提供剧场工艺、机械、声、光、电等全方位舞台技术专业解决方案。

四十年精耕细作，享誉业界。于1988年创办专业学术期刊《艺术科技》杂志。在舞台产业拥有完善的现代化科研与生产基地。形成了一支舞台技术体系完备、技术过硬的团队。是国内第一家获得中国演艺设备技术协会评定的“舞台机械、灯光、音响”三个一级的企业。工程业务、舞台设备以及流动舞台车等业务销售遍布全国34个省（市、区）。完成了大剧院、大会堂、影城、电视台、文体场馆等工程项目千余个。

浙江舞台设计研究院有限公司

地址：杭州市滨康路680号
电话：0571-89891222
传真：0571-89891333
邮编：310053
http://www.wutaiyuan.com

代表工程
1. 人民大会堂
2. 全国政协礼堂
3. 中央军委大楼
4. 国家大剧院
……

中国国际文化传播中心

中国国际文化传播中心（CHINA INTERNATIONAL CULTURAL COMMUNICATION CENTER）于1984年经国务院批准成立，是国家对外文化交流与传播的重要窗口。中心领导长期致力于国内外文化交流工作，与世界130多个国家和地区的政要进行了友好往来，为国际文化传播事业做出了积极贡献。

应美、英、俄、法、德、瑞士、澳大利亚、加拿大、匈牙利、日、韩、泰等国政府的邀请，与各国文化、教育、经济、科技、体育机构和文艺团体进行了多种形式的交流和合作。其活动涵盖了政治、经济、文化、艺术、科技、教育、体育、宗教及学术研究等多个方面，促进了与世界各国之间的文化交流，加深了与世界各国人民的真挚友谊。

指导思想：坚持党的基本路线，坚持四项基本原则，坚持国家对外文化宣传工作的方针政策，把握社会主义先进文化的前进方向，弘扬社会主义荣辱观，建设社会主义和谐文化，繁荣和发展社会主义文化事业和文化产业，解放思想，实事求是，与时俱进，开拓创新。

原　则：紧密团结在以胡锦涛同志为总书记的党中央周围，坚持以马克思列宁主义、毛泽东思想为指导，高举邓小平理论和“三个代表”重要思想的伟大旗帜，深刻领会十六届六中全会精神，全面贯彻落实科学发展观和构建社会主义和谐社会的重大战略思想。

宗　旨：弘扬和传播社会主义先进文化，加强国际文化交流合作，推动中国文化走向世界，引进国外先进科技文化成果，提升中国文化的国际影响力和竞争力。紧紧抓住建设社会主义核心价值体系的根本，大力推进和谐文化建设，为全面建设小康社会、构建社会主义和谐社会、实现中华民族的伟大复兴贡献力量。

任　务：加强与世界友人在各个领域的交流与合作，积极参与国内外文化交流与传播，让世界真正了解中国，让中国广泛了解世界，增强中国文化的认同感。促进祖国和平统一，增进世界华人的凝聚力，向世界展示辉煌灿烂的中国文化和社会主义建设的伟大成果。

1	2	3	4	5
6	7	8	9	10
11	12	13	14	15

1. 西班牙国王胡安·卡洛斯一世亲切接见龙宇翔主席
2. 龙宇翔主席与现韩国国务总理金滉植亲切交流
3. 龙宇翔主席与马来西亚亲王以及皇家拿督在一起
4. 龙宇翔主席与新加坡总统纳丹
5. 龙宇翔主席与来华访问的泰国前总理差瓦立·永猜裕（Gen. Chavalit Yongchaiyudh）亲切会晤
6. 龙宇翔主席在纽约出席联合国公务员日并与潘基文秘书长及优秀公务员合影留念
7. 龙宇翔主席在纽约出席联合国公务员日活动
8. 龙宇翔主席出席联合国公务员日大会并发表致辞
9. 龙宇翔主席、张宗银副主席与联合国副秘书长沙祖康一同出席联合国公务员日活动
10. 龙宇翔主席与印度外交部长克里希纳亲切会晤
11. 马来西亚IPC集团通过中国爱心工作委员会向青海省玉树地区捐赠善款
12. 龙宇翔主席出席“情系玉树，奉献爱心”书画笔会
13. 戴述高副主席参加爱心捐赠活动
14. 龙宇翔主席出席第49届国际小姐总决赛
15. 中心组织云南贫困地区小学生来京夏令营

中国音乐家

顾 欣

Gou Xin

著名男高音歌唱家，国家一级演员，全国政协委员，民盟九届、十届中央常委、民盟江苏省委副主委。中国东方演艺集团董事长、总经理，江苏省演艺集团有限公司董事长。中国艺术研究院研究员，博士生导师，南京艺术学院硕士生导师，中国音乐家协会副主席，江苏省音乐家协会名誉主席，南京大学、东南大学、解放军理工大学兼职教授，荷兰埃茵霍温市立艺术学院、荷兰梵高芬市音乐学校客席教授，国务院政府特殊津贴获得者。

一九八六年获第二届全国青年歌手电视大奖赛专业组美声唱法第一名，同年赴法国参加第十六届巴黎国际声乐大赛，获特别奖，并两次获得江苏省人民政府通令嘉奖。

从艺以来，顾欣先后在《波西米亚人》、《托斯卡》、《鲸油》、《弄臣》、《木棉花开》、《孙武》等中外歌剧中担任主演，并两次荣获文化部颁发的“文华表演奖”，第九届全国戏剧“梅花奖”及江苏省人民政府颁发的“文学艺术大奖”。

二〇〇〇年起连续六届出任CCTV全国青年歌手电视大赛美声唱法组评委。

二〇一〇年CCTV中国经济年度人物提名奖获得者。

中国音乐家

刘文金
Liu Wen Jin

著名作曲家、指挥家，一九六一年毕业于中央音乐学院。历任中央民族乐团团长、中国歌剧舞剧院院长等职。现任中国歌剧舞剧院艺术指导。

主要社会职务：中国民族管弦乐学会副会长；中国音协创作委员会副主任；中国音乐著作权协会常务理事；亚洲乐团(Orchestra ASIA)艺术总监。

曾创作了大量民族器乐和其他体裁的音乐作品。其代表作有：二胡《豫北叙事曲》、《三门峡畅想曲》，二胡协奏曲《长城随想》、《秋韵》、《雪山魂塑》，二胡套曲《如来梦》，竹笛协奏曲《鹰之恋》，笙协奏曲《虹》，琵琶协奏曲《东方剑魂》，柳琴协奏曲《酒歌》，古筝协奏曲《丹青仙子》等；民族管弦乐《太行印象》、《难忘的泼水节》、《十面埋伏》、《茉莉花》、《戏彩》、《泰山魂》，歌曲《大海一样的深情》、《黄鹤楼送孟浩然之广陵》，佛教音乐《月音》、《风谷原乡》、《法眼宗》，交响合唱套曲《五天银烛辉》，舞剧《长恨歌》等。

刘文金曾以作曲家、指挥家、学者的身份访问过美国、澳大利亚、希腊、奥地利、新加坡、泰国、日本、韩国、朝鲜以及港、澳、台等地区，进行广泛的文化交流活动。

一九九一年，被文化部列为有杰出贡献的艺术家，接受了国务院颁发的荣誉证书和政府特殊津贴。

中国音乐家

杨 青
Yang Qing

北京首都师范大学教授、博士生导师、首都师范大学音乐学院院长。

一九五三年七月出生，湖南醴陵人。

一九七〇年入湖南省衡阳市歌剧团任小提琴演奏员。

一九七八年入上海音乐学院民族理论作曲系学习作曲，师从胡登跳、何占豪、邓尔博、朱晓谷等教授。

一九八三年上海音乐学院毕业后入北京中国音乐学院作曲系工作，任作曲、配器课教师。

二〇〇二年六月调入首都师范大学。

社会兼职：中国音乐家协会理事；北京音乐家协会副主席；中国民族管弦乐学会常务理事；《音乐创作》编辑委员会委员；全国艺术硕士专业教学指导委员会委员；全国艺术类专业教学指导委员会委员。

主要理论著作：《作曲基础教程》（高等教育出版社出版）及各种音乐评论、音乐随感等。

主要音乐作品：《苍》（笛子与交响乐队）、《觅》（扬琴与打击乐）、《竹影》（民族室内乐）、《倾杯乐》（民族室内乐）、《伊人》（舞蹈音乐）、《招魂》（混合室内乐）、《潇湘风情》（民族管弦乐队音诗）、《水中的舞蹈》（女高音与交响乐队）、《悠远的回应 II》（古筝独奏）、《雨．竹》（民族管弦乐队）、《兰花花》（舞剧音乐）、《白鹿原》（舞剧音乐）、《长恨歌》（舞剧音乐）、《北京述说》（交响诗）等数十部作品。

主要影视音乐作品：《大磨坊》、《国歌》、《雄魂》、《毛泽东和他的儿子》等二十余部。

艺术家之窗

四川省文化馆

四川省文化馆(原四川省群众艺术馆)建于1965年，坐落于成都市中心西一环路口。现有馆舍占地1112平方米，建筑面积9943.52平方米。其中办公用房996平方米，占馆舍面积的9.7%；活动用房5846.6平方米。设有合唱、舞蹈、戏曲等排练场9个；数码音乐制作（录音棚）、影像摄制（非线）编辑、平面艺术设计、印刷品设计排版、四川社会文化网网站等工作室5个。有文化艺术培训教室20个。合作开办公共文化服务机构2个。有室外活动场地784平方米，设置标准宣传展示橱窗4个，展线48.13米。在现有基础条件下，通过合理规划、优化管理，注重内、外部环境美化、艺术化，尽可能营造与公共文化服务基本场所相适应的文化氛围。

馆内设置10个职能部门：行政办公室、党办、计财部、物管部、理论信息部、文艺创作部、文艺培训部、音乐舞蹈部、戏剧曲艺部、美术摄影部。内含四川省少儿艺术国际交流中心、四川省社会艺术水平考级中心、社会艺术培训中心、民族民间演艺中心、民间工艺研发中心、影视中心以及《四川文化》、《四川文苑》、《四川音乐舞蹈》刊物编辑部等。

1. 中国2010年上海世博会“四川周”文化系列活动《天府四川·熊猫故乡》艺术巡游
2. 首都庆祝中华人民共和国成立60周年阅兵式及群众游行《奋进四川》方阵
3. 四川省庆祝中华人民共和国成立61周年“感恩·奋进”群众歌咏晚会
4. 中国2010年上海世博会“四川周”文化系列活动《蜀风神韵》广场民族民间艺术表演

SICHUANSHENG DIWUJIE SHAOSHU MINZU YISHUJIE
2006

四川省少数民族艺术节开幕式

和风

腊月

李升权

1942年生，现为中国美术家协会会员。曾任《美术大观》执行主编、编审，辽宁水彩画协会副会长。获得中国首届水彩画艺术展银奖，全国第八届《群星奖》作品展铜奖，第九届全国美展优秀奖，全国水彩画（水粉）人物展优秀奖等多个奖项。入选《中国现代美术全集》（水彩卷）《中国百年水彩画展画集》等。

秋花

三月

贺建国

1940年1月生，河北保定人。现为天津美术学院教授、中国美术家协会会员、天津美术家协会名誉理事、天津文史研究馆馆员、天津美术家协会水彩画专业委员会会长。曾任天津市第八届政协委员，第十二届、第十三届天津市人大代表。

中国音乐家

张立萍

zhang Li Ping

著名女高音歌唱家。现任中央音乐学院教授、声乐歌剧系主任。二〇〇一年由加拿大回国,在中央音乐学院执教至今。曾经在美国纽约大都会歌剧院、英国皇家歌剧院、德国慕尼黑国家歌剧院、柏林德意志国家歌剧院、法国巴黎国家歌剧院、西班牙巴塞罗那歌剧院、意大利帕尔玛歌剧院等世界一流歌剧院担纲主演了《蝴蝶夫人》、《波希米亚人》、《拉美摩尔的露其娅》、《图兰多特》、《茶花女》、《卡门》、《弄臣》、《浮士德》、《费加罗的婚礼》、《魔笛》等几十部歌剧。作为一位现今在国际上非常活跃的歌唱家，她的足迹遍布世界各地，往返于中国、英国、美国、法国、西班牙、意大利、德国、挪威、冰岛等国。